國家清史編纂委員會·文獻叢刊

祁寯藻集

1

譜傳·日記·信札
馬首農言·隨筆
雜記·附錄

清·祁寯藻著
祁寯藻集編委會編

國家古籍整理出版專項經費資助項目

三晉出版社

圖書在版編目（CIP）數據

祁寯藻集/(清) 祁寯藻著；任國維總主編—太原：
三晋出版社，2009.10
ISBN 978-7-5457-0131-9
Ⅰ. 祁… Ⅱ. ①祁… ②任… Ⅲ. 雜著-中國-清代
Ⅳ. Z429.49

中國版本圖書館 CIP 數據核字（2009）第 169012 號

祁寯藻集

著　　者：[清] 祁寯藻
責任編輯：張繼紅　落馥香
出 版 者：山西出版集團·三晋出版社（原山西古籍出版社）
地　　址：太原市建設南路 21 號
郵　　編：030012
電　　話：0351-4922268（發行中心）
　　　　　0351-4956036（綜合辦）
　　　　　0351-4922203（印制部）
E-mail：sj@sxpmg.com
網　　址：http://sjs.sxpmg.com
經 銷 者：三晋出版社
承 印 者：揚州文津閣古籍印務有限公司
開　　本：787mm×1092mm　1/16
印　　張：180.5
字　　數：2700 千字
版　　次：2011年2月　第1版
印　　次：2011年2月　第1次印刷
書　　號：ISBN 978-7-5457-0131-9
定　　價：980.00 元（全三册）

ISBN 978-7-5457-0131-9
9 787545 701319 >

祁寯藻集編委會

祁寯藻集編纂執行委員會

祁寯藻集

（第一册）

主　　编：閻鳳梧　　郭華榮　　張瑞君

副主编：劉長海　　張崇德

編　　輯：傅惠成　　李庶民　　王寶駿

沈建中　　弓有芳　　武定命

趙久福

祁寯藻六十五歲畫像

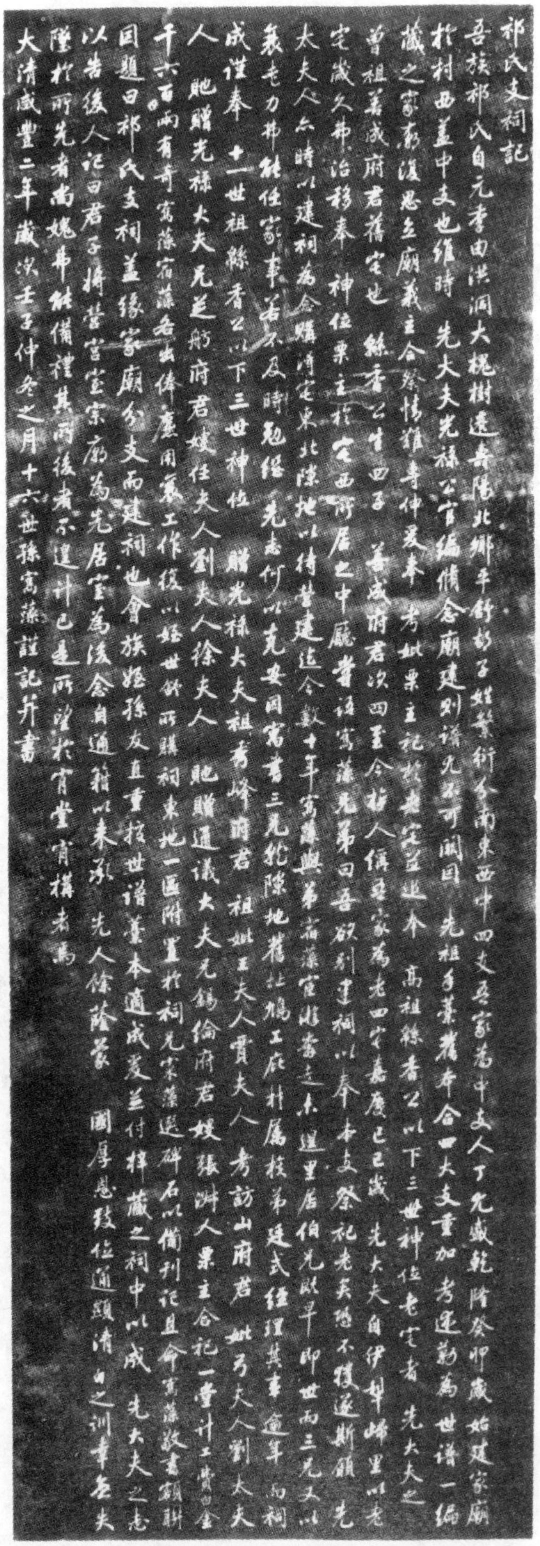

祁寯藻書《祁氏支祠記》碑

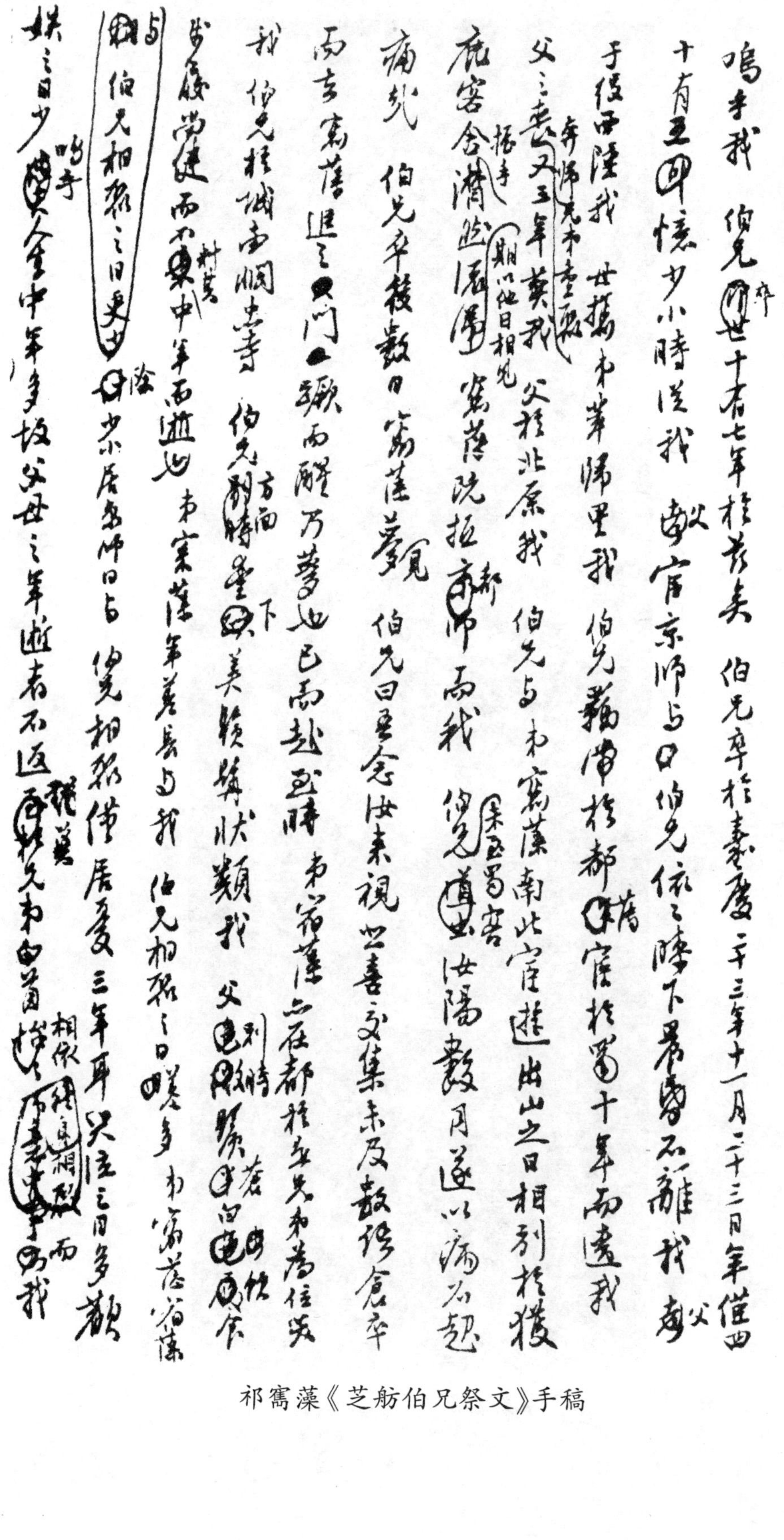

祁寯藻《芝舫伯兄祭文》手稿

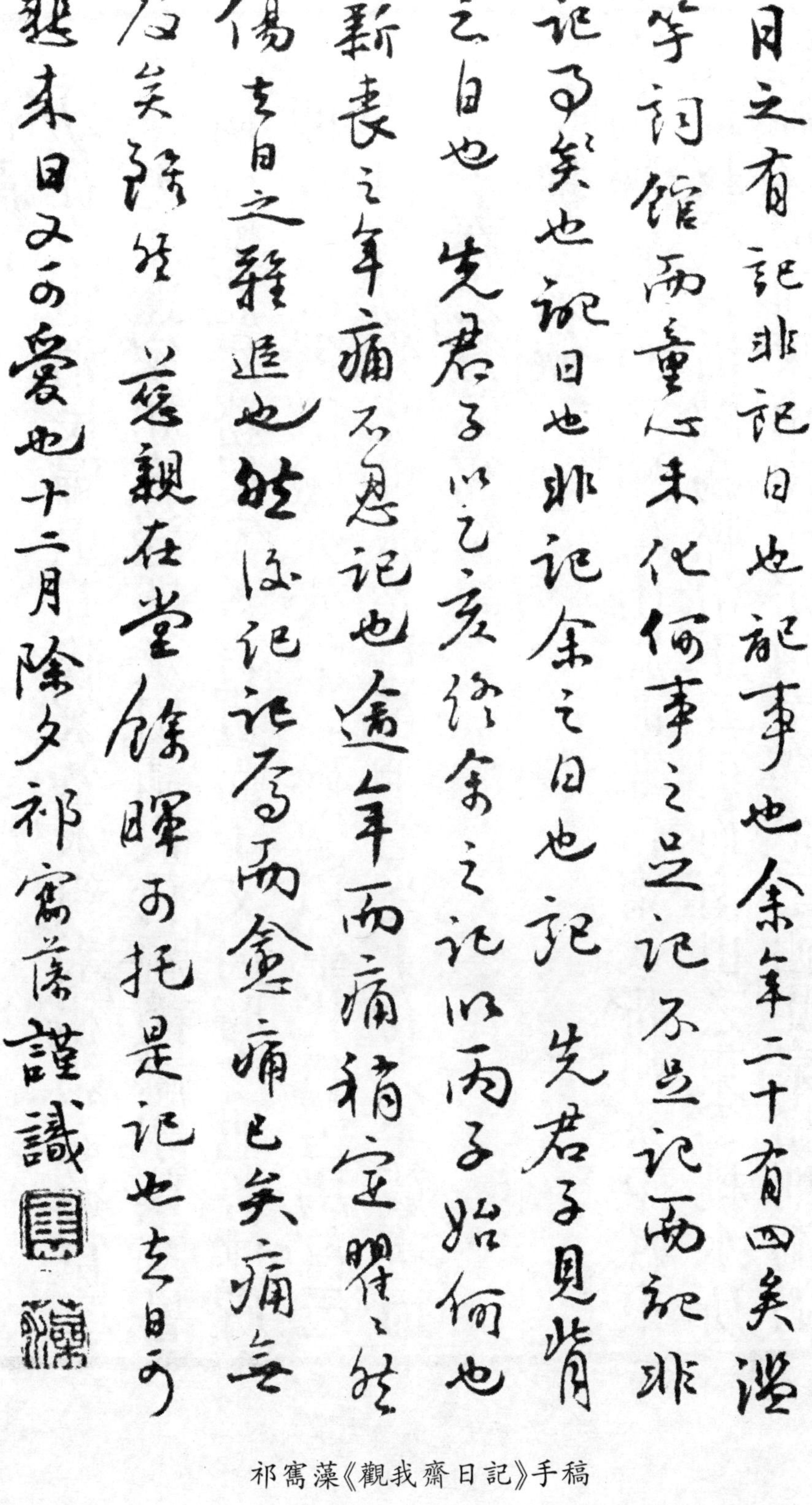
日之有記非記日也記事也余年二十有四矣濫竽詞館而童心未化何事之足記不足記而記非記可笑也記日也非記余之日也記先君子見背之日也 先君子以乙亥終余之記以丙子始何也新喪之年痛不忍記也逾年而痛稍定瞿瞿然傷去日之難追也然後記記焉而愈痛已矣痛無及矣謹維 慈親在堂餘暉可托是記也去日可悲來日又可愛也十二月除夕祁寯藻謹識

祁寯藻《觀我齋日記》手稿

馬首農言

幼從京宦稍長歸里五載家塾未親耒耜弱冠遊宦二十餘年還家如客遑問及田請假侍親讀禮守墓寒暑四周惟農是務農家者言質而不文因時度地各述所聞耳目既習徵驗亦久煩言碎辭以筆代口古馬首邑今日壽陽先疇世服詒自黃羊道光十有六年歲次丙申季春之月祁寯藻記

地勢氣候

壽陽縣居太行之頸項山脈西北自甯武忻州來至縣東北境枝分右出融爲縣治正幹引而南山之東爲桃水所導源又引而東南由平定州至樂平之西陡泉嶺則洞過

《馬首農言》咸豐五年刻本

顧氏先世手蹟凡七札，錢唐、元城二公明季皆以死節著（咸建字如心，錢唐人，謚忠節；天敘號简州，元城人），忠節書清氣平，點畫不苟，何其寧也！夫成仁就義，其大節易見，思已抑屈，澤之遠望者匪哉！新陽廖滕生貞掄能守其業者也，勉旃，斯有望已。道光十九年十月崑山試院壽陽祁寯藻拜識

祁寯藻題識手稿

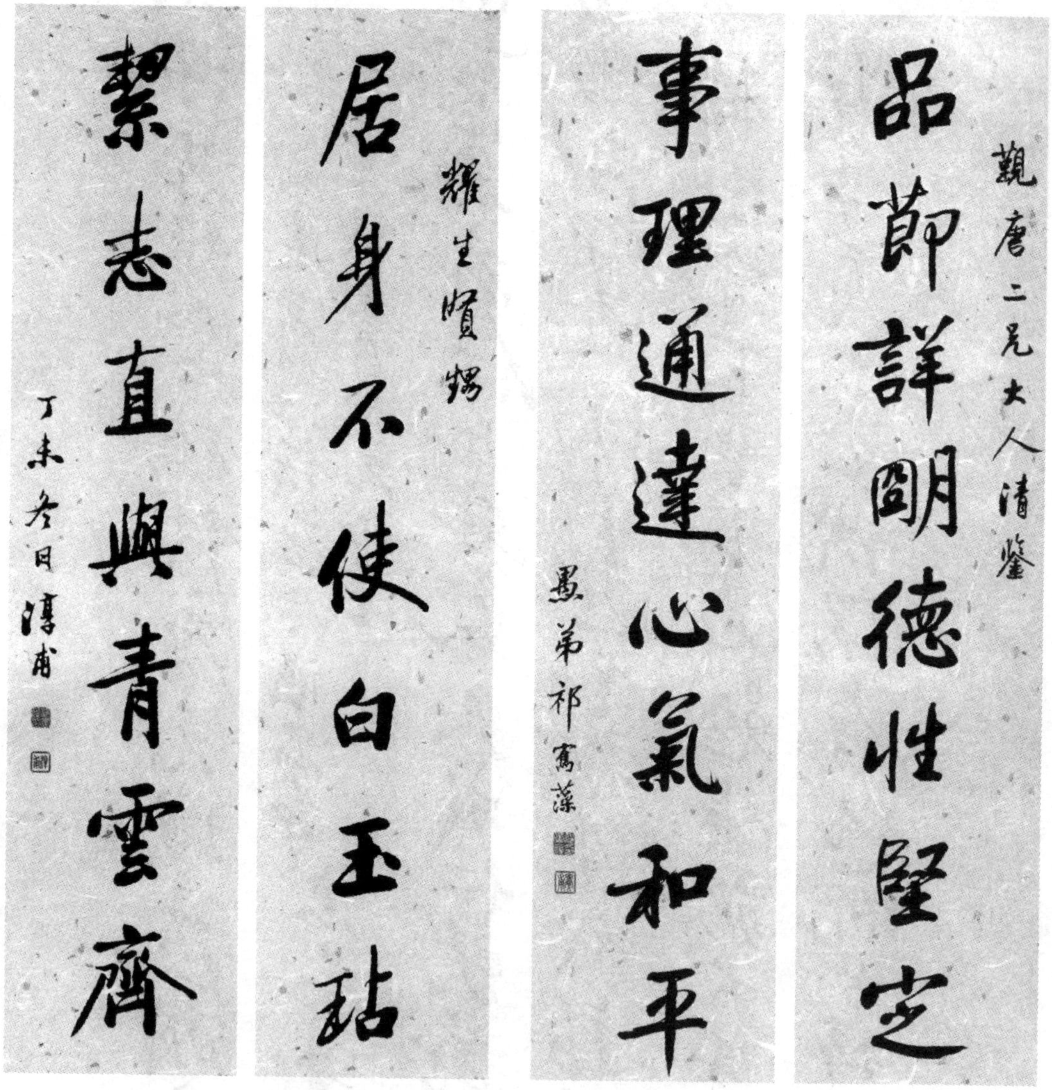
品節詳明德性堅定
覲唐二兄大人清鑒
事理通達心氣和平
愚弟祁寯藻
居身不使白玉玷
耀生賢甥
絜志直與青雲齊
丁未冬日淳甫

祁寯藻書對聯

總 序

戴 逸

二〇〇二年八月,國家批准建議纂修清史之報告,十一月成立由十四部委組成之領導小組,十二月十二日成立清史編纂委員會,清史編纂工程於焉肇始。

清史之編纂醞釀已久,清亡以後,北洋政府曾聘專家編寫《清史稿》,歷時十四年成書。識者議其評判不公,記載多誤,難成信史,久欲重撰新史,以世事多亂不果。中華人民共和國成立後,中央領導亦多次推動修清史之事,皆因故中輟。新世紀之始,國家安定,經濟發展,建設成績輝煌,而清史研究亦有重大進步,學界又倡修史之議,國家采納衆見,決定啓動此新世紀標志性文化工程。

清代爲我國最後之封建王朝,統治中國二百六十八年之久,距今未遠。清代衆多之歷史和社會問題與今日息息相關。欲知今日中國國情,必當追溯清代之歷史,故而編纂一部詳細、可信、公允之清代歷史實屬切要之舉。

編史要務,首在採集史料,廣搜確證,以爲依據。必藉此史料,乃能窺見歷史陳迹。故史料爲歷史研究之基礎,研究者必須積累大量史料,勤於梳理,善於分析,去粗取精,去僞存真,由此及彼,由表及裏,進行科學之抽象,上升爲理性之認識,纔能洞察過去,認識歷史規律。史料之於歷史研究,猶如水之於魚,空氣之於鳥,水涸則魚逝,氣盈則鳥飛。歷史科學之輝煌殿堂必須巋然聳立於豐富、確鑿、可靠之史料基礎上,不能構建於虛無飄渺之中。吾儕於編史之始,即整理、出版《文獻叢刊》、《檔案叢刊》,二者廣收各種史料,均爲清史編纂工程之重要組成部分,一以供修撰清史之用,提高著作質量;二爲搶救、保護、開發清代之文化資源,繼承和弘揚歷史文化遺産。

清代之史料,具有自身之特點,可以概括爲多、亂、散、新四字。

一曰多。我國素稱詩書禮義之邦,存世典籍汗牛充棟,尤以清代爲盛。蓋清代統治較久,文化發達,學士才人,比肩相望,傳世之經籍史乘、諸子百家、文字聲韵、目録金石、書畫藝術、詩文小説,遠軼前朝,積貯文獻之多,如恒河沙數，不可勝計。昔梁元帝聚書十四萬卷於江陵，西魏軍攻掠，悉燔於火，人謂喪失天下典籍之半數，是五世紀時中國書籍總數尚不甚多。宋代印刷術推廣，載籍日衆，至清代而浩如煙海，難窺其涯涘矣。《清史稿·藝文志》著録清代書籍九千六百三十三種，人議其疏漏太多。武作成作《清史稿·藝文志補編》，增補書一萬零四百三十八種，超過原志著録之數。彭國棟亦重修《清史稿·藝文志》，著録書一萬八千零五十九種。近年王紹曾更求詳備，致力十餘年，遍覽羣籍，手抄目驗，成《清史稿·藝文志拾遺》，增補書至五萬四千八百八十種，超過原志五倍半，此尚非清代存留書之全豹。王紹曾先生言："余等未見書目尚多，即已見之目，因工作粗疏，未盡鈎稽而失之眉睫者，所在多有。"清代書籍總數若干，至今尚未能確知。

清代不僅書籍浩繁，尚有大量政府檔案留存於世。中國歷朝歷代檔案已喪失殆盡（除近代考古發掘所得甲骨、簡牘外），而清朝中樞機關（内閣、軍機處）檔案，秘藏内廷，尚稱完整。加上地方存留之檔案，多達二千萬件。檔案爲歷史事件發生過程中形成之文件，出之於當事人親身經歷和直接記録，具有較高之真實性、可靠性。大量檔案之留存極大地改善了研究條件，俾歷史學家得以運用第一手資料追踪往事，了解歷史真相。

二曰亂。清代以前之典籍，經歷代學者整理、研究，對其數量、類別、版本、流傳、收藏、真僞及價值已有大致了解。清代編纂《四庫全書》，大規模清理、甄别存世之古籍。因政治原因，查禁、篡改、銷毁所謂"悖逆"、"違礙"書籍，造成文化之浩劫。但此時經師大儒，聯袂入館，勤力校理，盡瘁編務。政府亦投入巨資以修明文治，故所獲成果甚豐。對收録之三千多種書籍和未收之六千多種存目書撰寫詳明精切之提要，撮其内容要旨，述其體例篇章，論其學術是非，叙其版本源流，編成二百卷《四庫全書總目》，洵爲讀書之典要、後學之津梁。乾隆以後，至於清末，文字之獄漸戢，印刷之術益精，故而人競著述，家嫻詩文，各握靈蛇之珠，衆懷昆岡之璧，千舸齊發，萬木争榮，學風大盛，典籍之積累遠邁從前。惟晚清以來，外强侵凌，干戈四起，國家多難，人民離散，未能投入力量對大量新出之典籍再作整理，而政府檔案，深藏中秘，更無由一見。故不僅不知存世清代文獻檔案之總數，即書籍分類如何變通、版本庋藏應否標明，加以部居舛誤，界劃難清，亥豕魯魚，訂正未遑。大量稿本、抄本、孤本、珍本，土埋塵封，行將澌滅。殿刻本、局刊本、精校本與坊間劣本混淆雜陳。我國自有典籍以來，其繁雜混亂未有甚於清代典籍者矣！

三曰散。清代文獻、檔案，非常分散，分别庋藏於中央與地方各個圖書館、檔案館、博物館、教學研究機構與私人手中。即以清代中央一級之檔案言，除北京第一歷史檔案館所藏一千萬件以外，尚有一大部分檔案在戰争時期流離播遷，現存於臺灣故宫博物院。此外，尚有藏於瀋陽遼寧省檔案館之聖訓、玉牒、滿文老檔、黑圖檔等，藏於大連市檔案館之内務府檔案，藏於江蘇泰州市博物館之題本、奏摺、録副奏摺。至於清代各地方政府之檔案文書，損毁極大，但尚有劫後殘餘，璞玉渾金，含章蘊秀，數量頗豐，價值亦高。如河北獲鹿縣檔案、吉林省邊務檔案、黑龍江將軍衙門檔案、河南巡撫藩司衙門檔案、湖南安化縣永曆帝與吴三桂檔案、四川巴縣與南部縣檔案、浙江安徽江西等省之魚鱗册、徽州契約文書、内蒙古各盟旗蒙文檔案、廣東粤海關檔案、雲南省彝文傣文檔案、西藏噶厦政府藏文檔案等等，分别藏於全國各省市自治區，甚至清代兩廣總督衙門檔案（亦稱《葉名琛檔案》），英法聯軍時遭搶掠西運，今藏於英國倫敦。

清代流傳下之稿本、抄本，數量豐富，因其從未刻印，彌足珍貴，如曾國藩、李鴻章、翁同龢、盛宣懷、張謇、趙鳳昌之家藏資料。至於清代之詩文集、尺牘、家譜、日記、筆記、方志、碑刻等品類繁多，數量浩瀚，北京、上海、南京、廣州、天津、武漢及各大學圖書館中，均有不少貯存。豐城之劍氣騰霄，合浦之珠光射日，尋訪必有所獲。最近，余有江南之行，在蘇州、常熟兩地圖書館、博物館中，得見所存稿本、抄本之目録，即有數百種之多。

某些書籍，在中國大陸已甚稀少，在海外各國反能見到，如太平天國之文書。當年在太平軍區域内，爲通行之書籍，太平天國失敗後，悉遭清政府查禁焚毁，現在中國，已難見到，而在海外，由於各國外交官、傳教士、商人競相搜求，携赴海外，故今日在外國圖書館中保存之太平天國文書較多。二十世紀内，向達、蕭一山、王重民、王慶成諸先生曾在世界各地尋覓太平天國文獻，收獲甚豐。

四曰新。清代爲傳統社會向近代社會之過渡階段，處於中西文化衝突與交融之中，産生一大批内容新穎、形式多樣之文化典籍。清朝初年，西方耶穌會傳教士來華，携來自然科學、藝術和西方宗教知識。乾隆時編《四庫全書》，曾收録歐幾里得《幾何原本》、利瑪竇《乾坤體儀》、熊三拔《泰西水法》、《簡平儀説》等書。迄至晚清，中國力圖自强，學習西方，翻譯各類西方著作，如上海墨海書館、江南制造局譯書館所譯聲光化電之書，後嚴復所譯《天演論》、《原富》、《法意》等名著,林紓所譯《茶花女遺事》、《黑奴籲天録》等文藝小説。中學西學,摩蕩激勵,舊學新學,鬥妍爭勝,知識劇增,推陳出新,晚清典籍多别開生面、石破天驚之論,數千年來所未見,飽學宿儒所不知。突破中國傳統之知識框架,書籍之内容、形式,超經史子集之範圍,越子曰詩云之牢籠,發生前所未有之革命性變化,出現衆多新類目、新體例、新内容。

清朝實現國家之大統一,組成中國之多民族大家庭,出現以滿文、蒙古文、藏文、維吾爾文、傣文、彝文書寫之文書,構成爲清代文獻之組成部分,使得清代文獻、檔案更加豐富,更加充實,更加絢麗多彩。

清代之文獻、檔案爲我國珍貴之歷史文化遺産,其數量之龐大、品類之多樣、涵蓋之寬廣、内容之豐富在全世界之文獻、檔案寶庫中實屬罕見。正因其具有多、亂、散、新之特點,故必須投入巨大之人力、財力進行搜集、整理、出版。吾儕因編纂清史之需,賈其餘力,整理出版其中一小部分;且欲安裝網絡,設數據庫,運用現代科技手段,進行貯存、檢索,以利研究工作。惟清代典籍浩瀚,吾儕汲深綆短,蟻銜蚊負,力薄難任,望洋興嘆,未能做更大規模之工作。觀歷代文獻檔案,頻遭浩劫,水火兵蟲,紛至沓來,古代典籍,百不存五,可爲浩嘆。切望後來之政府學人重視保護文獻檔案之工程,投入力量,持續努力,再接再厲,使卷帙長存,瑰寶永駐,中華民族數千年之文獻檔案得以流傳永遠,沾溉將來,是所願也。

序

成崇德

《祁寯藻集》共二百七十餘萬字,是國家清史編纂工程文獻項目和全國古籍整理規劃領導小組批准的重點出版項目。在即將出版之前,《祁寯藻集》編委會邀我爲此寫序。我認爲值此實施清史編纂工程之際,編輯出版《祁寯藻集》適逢其時,是清史研究中的一件好事。

在清代中晚期,壽陽祁氏出過四個翰林。祁寯藻官至體仁閣大學士、首席軍機大臣,其父祁韵士官至户部主事,其弟祁宿藻官至御史,其子祁世長官至工部尚書兼順天府尹。可謂文化名門,顯赫一時。當時有"南翁(翁同龢家族)北祁(祁寯藻家族)"之説。尤其是祁氏的學術成就,更令人佩服。祁韵士是清代輿地學的開拓者,祁寯藻雖身居宰輔,仍精研儒學,筆耕不輟,給我們留下了豐富而可貴的歷史資料。今天把它整理編輯出版,定會嘉惠學林,澤及後世,其功德無量。

《祁寯藻集》中所録的内容,除《馬首農言》、《䜣䜣亭集》三十二卷、《䜣䜣亭後集》十二卷外,多數爲首次點校出版,就學術研究價值而言,甚爲可貴。

祁寯藻的一生,處於清代中晚期内外憂患重重之時,他歷事四朝(嘉、道、咸、同),久參樞密,"忠清亮直",愛國愛民。"民爲邦本,本固邦寧"是他爲官的基本思想和行動準則。鴉片戰爭時,他任軍機大臣,爲主戰派的代表之一,《南京條約》簽訂之後,清代學者包世臣寫信給"春圃先生大司農樞密閣下",稱道"六月初,白門(南京)之計和夷,急報到都下,獨閣下伏青蒲排其議,天下傳誦,偉矣!所以與有光榮也"(《齊民四術》第393頁)。咸豐初,祁領樞務,上疏皇帝起用人才,聽納直言,成爲咸豐皇帝的股肱之臣。執掌户部期間,他經皇帝批准,一年内豁免民間欠税銀二千餘萬兩,糧二百餘萬石。他參與整頓鹽政,復通海運,深受百姓歡迎。太平軍興,他認爲是官吏腐敗所致,應整飭吏治。朝廷爲籌軍餉,開設"釐捐",他認爲"窮民受累實深"(《清史列傳·四十六》)。可見其愛國憂民之志。同治初,他任穆宗皇帝的領班老師,啓沃皇帝要"崇尚節儉","杜漸防微",做"仁君"。後人稱祁爲"同治中興"的先軀。他的言行,對清代道、咸、同三朝政局,産生過重大的影響,是一位卓越的政治家。

祁寯藻是一位政績卓著的高官,又是一位博學多識、造詣精深的學者。他疏言要"通經致用","義理與訓詁不可偏重",他"提倡樸學,延納寒素,士林歸之"。時人秦緗業稱"公精研經史,縱覽諸子百家,殖學稽古,蔚爲一代儒宗"(《祁文端公神道碑銘并序》)。徐繼畬贊譽他"相業詩業兩相稱,壽陽端合比歐陽"(《徐繼畬詩集》)。俞樾對他的評價是"國朝經術昌明,掃虚浮而歸之實學,諸老先生發明訓詁,是正文字,實有因文見道之功;數十年來,此事衰息,獨吾師以經學受主知,倡後進,海内治經者,奉爲圭臬"(《俞曲園書札》第16頁)。徐世昌評價他:"道咸之間,海内多事,朝貴中尚文學接世流者,惟文端爲碩果,時論尤歸之。"(《晚晴簃詩匯・詩話》)由此可見祁寯藻深得學術界的推崇。

他所著《馬首農言》,已列入中國古代農學科技文獻中。他組織清代著名學者李申耆等人編校重刻的《説文繫傳》四十卷(附校勘記三卷)、朱子《小學》和批注的《三國志・魏書》,也深得學者稱贊。他所著《䜢䜪亭集》三十二卷、《䜢䜪亭後集》十二卷等,集詩詞近三千首。後人稱他是宋詩派的代表,詩壇領袖。他的書法有"楷書稱首","一時之最,人共寶之"的稱譽。

他出資爲其父祁韵士,友人張穆、程春海、苗夔,刊刻了不少有價值的學術著作;還爲他人寫過不少墓志銘,還撰寫了許多日記、序跋、考證,詳細地記述了當時歷史,其評價和叙述,均切要辟理,是研究清代中晚期歷史極有價值的資料。

他不僅在文字學、音韵學、史學方面做出了貢獻,他還注重輿地學、譜牒學的研究。他的著作和他爲别人刊刻的著作,在當時乃至後代均推挹備至,影響極深。

他爲人清介端重,處事謹慎,樂於薦人,獎掖後進,"是正派人"(道光帝語)。他久秉鈞衡,門人遍天下,引見者甚衆,如江忠烈、李棠階、王茂蔭等多爲朝廷重臣,政績卓然。但不通賄賂。其居處簡樸,而藏書甚多。"居鄉見童子塾中歸,必詢所讀書,其聰穎者,獎以筆墨等物。家居篤孝友睦,家庭清風儉德,一時無兩"(《山西獻徵》)。可見其高尚品德。時人張維屏稱:"壽陽相國性如玉潔,心比春和,學博而不矜,才豐而不露,見人有善必稱道之。其休休有容之度,蓋有古大臣之風焉。"左宗棠稱"壽陽相國祁文端公,孝友清德,天下稱之”。縱觀其一生,政治家、學者、藝術家,在他身上得到了并行不悖、相得益彰的統一,甚爲難能可貴。

當然,生活在十八世紀的祁寯藻,有其時代的局限性,我們不能苛求他在學術思想上作出超出他所處時代的貢獻。作爲一個歷史人物,能在當時被皇帝稱爲忠臣,被民衆稱爲清官,被學人稱爲儒宗,被藝術家稱爲詩詞、書法大家,已屬不易。他的民本思想,治國方略,處事之道,治學精神,對後人頗有值得借鑒的地方。

《祁寯藻集》的編纂出版,是我國古籍整理工作中的一項重要工程,也是清史編纂和清史研究的一個重要組成部分。它不僅對了解祁寯藻本人和他的爲政思想、學術成就,對社會的貢獻,所産生的影響,有着重要作用,而且對認識那個時代中國的政治、經濟大環境,亦有相當重要的參考價值,也爲現代學術研究開掘出一灣活水。謹以此書,冀傳其博大之學,願更多的讀者能得其沾溉。

二〇〇六年十月於北京

中國人民大學清史研究所

《祁寯藻集》編輯説明

祁寯藻，字叔穎，又字淳甫，敬避御名而改字實甫，自號春圃、觀齋，山西壽陽人。生於乾隆五十八年（1793）六月初四日，卒於同治五年（1866）九月十二日。嘉慶十九年（1814）進士，改翰林院庶吉士，授編修。道光元年（1821），命在南書房行走，歷提督湖南學政、通政使司副使、光禄寺卿、内閣學士、江蘇學政、户部侍郎、吏部侍郎。十九年，命偕侍郎黄爵滋視福建海防及禁煙事，連擢左都御史、兵部尚書。二十一年，命爲軍機大臣。道光三十年，文宗即位，拜體仁閣大學士。祁寯藻自道光中論洋務與穆彰阿不和，至是文宗鋭意圖治，罷穆彰阿，祁寯藻遂領樞務，開言路，起用舊臣。咸豐元年（1851），調任工部，兼管户部三庫事務。二年，復調户部。四年，稱病被允致仕。十一年，穆宗即位，特詔起用。疏陳時政六事，言甚切摯，並被嘉納，次第施行。命以大學士銜授禮部尚書。同治元年（1862），穆宗入學，命直弘德殿，偕翁心存、倭仁、李鴻藻授讀。祁寯藻提倡樸學，延納寒素，士林歸之。身歷四朝，學粹品端，忠清亮直。贊畫樞務，簡任綸扉，總理部務，克慎克勤，無忝厥職。卒後，晉贈太保，入祀賢良祠，謚文端。

祁寯藻在朝居官五十餘年，留下了大量的文稿。爲了弘揚中華民族優秀傳統文化，把祁寯藻的遺稿進行整理、編輯出版，以達到古爲今用之目的，一九九九年七月，成立了山西省祁寯藻研究會，從此開始了《祁寯藻集》編輯出版工作的籌劃。多年來，研究會曾派人到藏有祁寯藻遺稿的全國各大圖書館、檔案館等進行了查閲。得知，在全國各地藏有祁寯藻的遺稿有四十三種之多。其中刻本有《馬首農言》、《䜱䜪亭集》三十二卷、《䜱䜪亭後集》十二卷、《觀齋行年自記》，其餘爲手稿本。

爲把《祁寯藻集》的編纂工作落到實處，二〇〇三年十一月組建了《祁寯藻集》編委會，主任由三晉文化研究會會長李玉明擔任，總主編由祁寯藻研究會會長任國維擔任，并聘請了清史研究專家戴逸等七位先生爲顧問。全國古籍整理出版規劃領導小組批准該書爲重點古籍出版項目；二〇〇六年五月，經清史編纂委員會批准，成爲國家清史編纂委員會文獻叢刊項目。

在此期間，《祁寯藻集》編委會得到了晉中市政府、壽陽縣政府經濟上的支持，派人到全國各地圖書館，搜集到祁寯藻的遺稿三百餘萬言。接着，組織清史研究學者對搜集到的祁寯藻遺稿進行了研究和分類，並分頭組織人員進行校勘。稿件按内容分爲以下幾類。

譜傳，包括《祁大夫字説》、《祁氏世譜》、《鶴皋年譜》、《觀齋行年自記》、《祁氏支祠記》、《顯妣劉太夫人行述》、《伯兄芝舫府君墓表並銘》、《哭次男宣藻》、《季弟幼章行略》等。

日記，包括《觀我齋日記》、《奉使記》、《樞廷載筆》、《息園日記》及《甘肅查辦全案》等。

信札，包括寫給兄弟、子、侄、朋友的書信。

馬首農言，不分卷，是一部農學專著。

隨筆，包括《思復齋隨筆》五卷、《食笋齋日課》、《實齋隨筆》等。

雜記，包括《毛詩》重言、《詩》毛傳鄭箋古義、《爾雅正義》摘録、《歷代循吏紀事》、《律賦存稿》、《甲戌考試卷底本》等，以及序、跋、題、記、識、祭文、墓誌、墓表、碑銘、碑記，還有《文心雕龍》摘句、對聯、觀齋印存等。

爲加深讀者對祁寯藻的了解，在《雜記》後附録晚清名臣、民國學者對祁寯藻的評論，以及清史列傳《祁寯藻》、《祁文端公神道碑銘》、《祁寯藻墓表》、《顯考實甫府君墓志》等。（以上爲第一册）

詩詞，包括《䜱䜌亭集》三十二卷、《䜱䜌亭後集》十二卷。還有從各種資料中增録的《䜱䜌亭後集》十三至二十卷、《息園存稿》四十五首、述懷詩四十七首、詩補遺二十二首、試帖詩五首、尺華齋試律存草九十五首、詞二十三首，詩詞合計近三千首。

祁寯藻的詩作在清代頗有影響，陳衍所編《近代詩鈔》將祁寯藻詩列爲編首，認爲“有清二百年間居高位而主持詩壇者，康熙爲王士禎、乾隆爲沈德潛、道咸間即祁寯藻”，把祁寯藻列爲清代詩史中具有時代意義的代表人物。

縱觀他的詩作，各體俱備，内容豐富，廣泛地反映了清代道光、咸豐時期的政治、經濟、軍事和社會現實，是我們研究清代晚期歷史的寶貴資料。他既是一位忠清亮直、爲政愛民的高官，又是一位有思想、有感情、有造詣、有藝術功力的詩人。政治家與藝術家集於一身，并行不悖，相得益彰，這是很可貴的。

祁寯藻的詩，不論是《䜌䚲亭集》、《䜌䚲亭後集》，還是手稿《䜌䚲亭後集》後八卷，均是按年代編輯的。與《祁寯藻集》其他内容對照，可以比較清晰地了解詩篇的著作背景，及其與作者生活經歷的聯系，加深對作品思想内涵及感情意藴的理解。

校勘，包括《説文解字繫傳校勘記》上、中、下三卷。

批注及考證，包括批《三國志・魏書》、《三姓山川》、《富克錦輿地略》、《琿春境内村屯里數》、《寧古塔村屯里數》、《京口山水考》等。（以上爲第二册）

奏議，包括從道光朝至同治朝祁寯藻上疏的奏摺。

題本，包括咸豐朝祁寯藻上疏的題本。（以上爲第三册）

每類各篇，一般按成文時間先後編次，時間不詳者，列入各類文之末。

各册所據底本，無標點，不分段，編輯時均予以標點、分段。有的底本爲行草書手稿復印件，録校人員難以辨認，編輯時聘請專人進行識别并抄録，力求準確無誤。

爲了便於讀者查閲使用，每册各有前言、凡例和目録。

每册正文之前，編排祁寯藻的手迹若干件，供讀者欣賞和了解其原稿面目。

《祁寯藻集》總的策劃和編輯由總主編、副總主編組織專人實施，具體編務由劉長海承辦。各册的點校、編輯事宜，由各册主編、副主編負責。初稿完成後，即呈送清史編纂委員會，審訂後出版。

由於原底本多爲行草書手稿，加之有些字迹模糊，辨認較爲困難，雖請多人識别，恐仍有差錯，敬請讀者諒解、指正。

在搜集資料和編輯過程中，得到了清史編纂委員會，國家古籍整理出版規劃領導小組，中國人民大學清史研究所，中國近代史研究所，中國第一歷史檔案館和北京、上海、南京、陜西師範大學、山西大學等圖書館；山西省政府原副省長范堆相，中共山西省委宣傳部，中共晉中市委、晉中市政府，中共晉中市委宣傳部，中共壽陽縣委、壽陽縣人民政府，中共壽陽縣委宣傳部等單位和個人的大力支持和幫助，在此謹表誠摯謝意。

《祁寯藻集》編委會

前　言

《祁寯藻集》第一册，收録譜傳、日記、信札、《馬首農言》、隨筆、雜記及附録七個部分。

“譜傳”部分有：《祁大夫字説》、《祁氏世譜》、《鶴皋年譜》、《觀齋行年自記》，以及《顯妣劉太夫人行述》、《季弟幼章行略》等等，是祁寯藻撰寫的家世主要資料。還有《祁氏支祠記》、《先君祭文》、《先太夫人畫像記》等大量輔助性資料，也十分珍貴。祁寯藻雖然位極樞廷，生前並未大量印制自己的著作，他死後，兒孫亦未整理出版。這里彙集的資料，百分之七十是許多熱心祁寯藻研究的人，不辭辛苦從全國各地圖書館及其故鄉搜集到的。

“日記”部分，除記述朝廷禮儀的《樞廷載筆》、陪同刑部侍郎黄爵滋巡視浙閩海防的《奉使記》等專題日記外，嘉慶二十一年（1816）的《觀我齋日記》、咸豐十一年（1861）的《息園日記》、同治年間的《静默齋日記》及奉命查辦陝甘總督布彦泰案的《甘肅查辦全案》，咸豐四年（1854）至十年（1860）蒙恩致仕期間的《養閑餘録》等，都記載着不同時期的國家事、朝中事、家鄉事、家族事、家中事、個人事，生動真切，感人至深，具有很强的史料價值。沿襲文人寫日記風尚，二十四歲起連續寫日記的祁寯藻，應該遺存大量日記。遺憾的是，目前只搜集到他十年左右的日記資料，恐不及其日記總量的五分之一。

至於“信札”部分，祁氏本北方望族，有“南翁（同龢）北祁”之説。加之祁寯藻官歷四朝，又多任考官，桃李門人甚多。更兼喜好儒學詩詞書法，秉性至爲愛國愛民、愛族愛鄉，因而社會交往頗多，書信往來是最主要方式。其日記中顯示，祁寯藻有時每天寫好多信，一生信札成千上萬，難以計數。然而信札又是最易焚毁失散之物，所以目前我們只搜集到祁寯藻信札一百八十餘件。這些信札，有主的、無主的，朋友的、親屬的，完整的、殘缺的，均各占半數，像九十餘件有主信中，四十七件是寫給兒子祁世長的。而無主信中，有些可能也是寫給祁世長的。所以和普通民衆一樣,祁寯藻的信札以家信爲主體。

《馬首農言》以北京圖書館收藏的咸豐五年(1855)刻本爲底本,參閲1932年崔廷獻等人的重印本和《秦晉農言》1957年印本。爲使讀者了解《馬首農言》的重印情况,編輯時特將1932年重印本收録的王菉友《馬首農言校勘記》和崔廷獻、劉輝棻寫的兩篇序言,收録其中。《馬首農言》是我國寶貴的農業科學遺産之一。此書已收入《續修四庫全書》中,後幾經重印,1957年又編入《秦晉農言》。可以説它是一部重要的古農書,它記載的我國北方地區農業生産傳統經驗,在今天仍具有實用價值,對我們研究農業史、農業技術史,指導農業生産,有重要的歷史意義和現實意義。

"隨筆"部分的《思復齋隨筆》一至五卷,是祁寯藻於道光十四年至十六年在壽陽老家守孝時寫的。《食笋齋日課》、《實齋隨筆》原稿未具寫作時間,從内容看,爲道光朝時所記。

"雜記"部分的《毛詩》重言、《詩》毛傳鄭箋古義、《爾雅正義》摘録,爲祁寯藻於道光十一年六月手録。《歷代循吏紀事》二卷,未具寫作時間。這四種著作録自1976年臺灣經聯事業出版公司出版的《壽陽祁氏遺稿》。《律賦存稿》是祁寯藻於咸豐八年整理的舊作。這些手稿,少數爲嘉慶間侍父蘭山書院時作,多數爲出仕後道、咸朝時作。《甲戌考試卷底本》,是嘉慶十九年祁寯藻考進士的試卷,録自《壽陽祁氏遺稿》。

祁寯藻撰寫的序、跋、題、記、識、祭文、墓志、墓表、碑銘、碑記,少數幾篇抄録於上海圖書館藏祁寯藻著《涌碧軒雜文存草》、《思復齋初稿》和臺灣文海出版社1976年出版的《祁叔穎尺牘詩稿》,大部分抄録於各地圖書館藏清代人的刻本或稿本、碑記。

《文心雕龍》摘句,爲祁寯藻咸豐八年摘録;《中州集》摘句,爲道光十六年摘録;《東坡集》摘句、《文選》五言八言,未具抄録時間。以上摘句均録自《壽陽祁氏遺稿》。

《自撰對聯》,少數抄録自《壽陽祁氏遺稿》,大部分是從各種刊本、山西省博物館、晉祠博物館、書畫拍賣市場、收藏家手中抄録的。

《觀齋印存》,爲祁寯藻自存印譜,刻於不同的年代,記載着他許多爲官、工書的信息，是我們研究他個人歷史與書法的重要資料。

附録收入有關祁寯藻的評論及清史列傳、墓表等，以加深讀者對祁氏的了解。

從本册的内容可以看出，官至首席軍機大臣、體仁閣大學士的祁寯藻及其父子兄弟家族輩，對當時社會所做的貢獻和産生的影響。祁寯藻一生勤政愛民、剛正不阿、舉賢薦能、政績卓著。而其爲官清廉之德，更令人敬佩。他“忠清亮直，不結黨派”；他“門無雜客，不通賄賂”；他“雖好宏獎，而不受私謁”。逢年過節他不在家時，總要寫信示警家人：“年底各處有送銀信者，連信均交來人，切勿退銀收信。”孫女滿月，他告家人“如八舅母送東西可收，别處一概婉辭”。從《養閑餘録》中看，他所得俸禄，不是給濟親戚師長，就是助友刻印書籍，而自己却“以日用不够，力加裁節内外飲食之費，計月核減”。咸豐四年因病“蒙恩致仕”，在日記中寫道：“惟念生平，頗喜施予，不問家人産業，所受之際更不敢苟，去官之日毫無蓄積，私心自問，殊覺灑然……”到咸豐十年告老還鄉養病時，老家僅有舊屋數間，破爛不堪，難以容身，只好借方山僧院暫養。因而清人秦東來在《稟請祁文端公入祀鄉賢祠事蹟節略》中，用宋處士魏野贈寇准的詩句來贊頌祁寯藻：“有官居鼎鼐，無地起樓臺。”祁寯藻臨終前叮囑兒子祁世長：“他日誌墓之文，汝無乞尊官貴人爲之，既多諛辭，且恐失實，吾不願也。”世長亦“清勤愛士，一守寯藻舊規”。以致後人評論祁家“清風儉德，霍山以北言家範者，必稱首焉”。

本册所收録的祁寯藻遺稿，對我們研究祁寯藻嚴謹的治學精神、高尚的思想品德、對社會的貢獻，以及晚清時期的歷史、文化和人物，具有重要的學術和史料價值。

“一代賢相”祁寯藻，近五十餘年參與政事，是清朝中晚期有影響的代表性人物，尤其曾爲“同治中興”建言獻力，很值得後人重視和研究。

在本册資料搜集過程中，我們得到國家圖書館、上海圖書館、南京圖書館、山西省圖書館、山西省博物館、晉祠博物館、壽陽地方志辦公室以及壽陽平舒祁氏族人、平舒鄉文化站王銀海先生等的大力支持；在校訂過程中，鄭俊華、尚思兩位學人給以幫助，謹此一並致謝！

日記、信札、隨筆和雜記,原稿均爲行草書手稿,是從各地圖書館中抄録的,增加了辨認難度。我們在編輯時,慎之又慎,做了諸多努力,但由於學識、特别是書法知識水平有限,錯誤難以避免,尚請專家、讀者批評指正。

凡 例

一、本書共分三册，是對祁嶲藻作品的首次全面整理。

二、原刻本、謄寫本中多用古體字、異體字、通假字、俗體字（含簡筆體），且在一篇之中時常混用古體與今體、正體與異體。由於該書均經祁嶲藻手訂，又由其子祁世長、侄孫祁友直、祁友麟校對，依據國家清史編委會《文獻整理工作通則》之規定，本書一般不作改動。個别生僻字改爲規範字，以不發生歧義與異音爲準。作者手稿中雜用各體，本書多仍其舊；草、行體字，改爲規範字。筆畫稍異而結構相同、筆畫相同而結構不同之異體字，改爲規範字。

三、底本與手稿中殘缺及脱漏處以□表示，無法辨識處以△表示；錯字或有疑問者加圓括號，其後之正字加方括號；本書編者所加内容用圓括號括注。

四、底本中的避諱字，一律改爲規範字。

五、底本中原有夾注，字號縮小，字體相异。

六、長文適當分段，並加標點；詩用逗號、句號，詞按詞譜標點；詩題後之小字爲寫作時間、與詩題成爲一體者，句末不加句號；題中句中夾注爲一字、數字、或爲人名者，一般不加標點；引文不完整者、無底本可查對者，不加引號。

七、雜記中引文頻繁，且係隨手抄録，本書一般不作校勘。

八、本書第一、二册之校記置於當頁之末，用＊號表示。

九、本書第三册之檔案按具文時間先後順序編排；無具文時間者，按硃批時間編排，並以＊號注明；既無具文時間，亦無硃批時間者，以原檔號爲序，排在最後；奏片、清單等，雖無具文時間，但與主件密切相關者，排在主件之後。

十、檔案標題爲編者所加，奏議之文種於標題後注明，題本之文種則省略。每件檔案之時間，置於標題之下。

十一、奏議中所有具奏人祁嶲藻及其職銜均省略。題本中之職銜只標明祁嶲藻，其他聯銜具奏者均予删除。

十二、檔案中凡有皇帝批語者,均加“硃批”二字標明。批紅原在封面,現一律排在文件之後。

十三、墓誌、行狀題目上的大段職銜,一律刪除。

十四、有關編輯未盡事宜,見本書《編輯説明》及各册之《前言》。

目 録

譜 傳

日 記

日記

信 札

信札

馬首農言

隨　筆

雜　記

附　録

譜傳

釋　奚*

《左氏傳》祁奚,晉大夫。《吕氏春秋·去私篇》祁黄羊。高誘注:黄羊,祁奚之字。古者,字必從名,取孳生之義。《説文》奚,大腹也;從大,𦣻省聲。𦣻,籀文系。亣部。又,豯生三月,豚腹豯,豯兒也。豕部。《周禮·職方氏》幽州,其澤藪曰豯養,杜子春讀豯爲奚,《説文》亦作奚養。段氏玉裁曰:杜盖説此藪名取大腹意,故易豯爲奚,而班、許從之。奚養,《説文·草部》"藪"字下。《説文》養,供養也,從食,羊聲。羧,古文養。食部。藪名奚養,殆謂其大有容能供養人者。然則奚之取名,意猶黑肱、黑臀之類,而羊有美善之義,故以黄羊爲字。《莊子·至樂篇》羊奚比乎,不箰久竹。羊奚,草名,似亦取羊大腹狀。又《周禮·酒人》奚三百人。注:猶今官婢。《説文》媄,女隸也。百里奚衣五羊之皮媵於秦,後遂號"五羖大夫"。以其媵而謂之奚,與以其鬻羊而謂之奚,與其義皆可互證也。

---

* 本篇中之引文均系節録,故不加引號。

祁大夫字説*

案:《吕覽》原文及諸家之説,不合觀則不明晰。今詳録之,以備參攷。

《吕氏春秋·去私篇》晉平公問於祁黄羊曰:"南陽無令,其誰可而爲之?"祁黄羊對曰"解狐,可。"平公曰:"解狐非子之讎耶?"對曰:"君問可,非問臣之讎也。"平公曰:"善。"遂用之,國人稱善焉。居有閒,平公又問祁黄羊曰:"國無尉,其誰可而爲之?"對曰:"午也,可。"平公曰:"午非子之子耶?"對曰:"君問可,非問臣之子也。"平公曰:"善。"又遂用之,國人稱善焉。孔子聞之曰:"善哉!祁黄羊之論也。外舉不避讎,内舉不避子,祁黄羊可謂公矣。"高誘注:黄羊,晉大夫祁奚之字。案:吕氏所記與《左傳》情事頗異。《新序》亦述此事,半同《左傳》,半同《吕覽》,然皆不云字黄羊也,故不引。

《吕氏春秋·開春篇》叔嚮之弟羊舌虎善欒盈。欒盈有罪於晉,晉誅羊舌虎,叔嚮爲之奴而朡。祁奚曰:"吾聞小人得位,不爭不祥;君子在憂,不救不祥。"乃往見范宣子而説也,曰:"聞善爲國者,賞不過而刑不慢。賞過則懼及淫人,刑慢則懼及君子。與其不幸而過,寧過而賞淫人,毋過而刑君子。故堯之刑也,殛鯀於虞而用禹,周之刑也,戮管蔡而相周公,不慢刑也。"宣子乃命吏出叔嚮。救人之患者行危苦,不避煩辱,猶不能免。今祁奚論先王之德,而叔嚮得免焉,學豈可以已哉。高誘注:祁奚,高梁伯之子祁黄羊也。案:祈、祁,古字通。

寯藻少讀吕氏書,憙先大夫表德,納此懿稱,足以補杜注之闕,而未達名字相應之誼,藏之於心。每覯通人數典,必及人之以文來告者,發揮旁通,爛然可軸。適祁縣重修書院成,建大夫專祠於院中,并幣聘吾仲兄宷藻掌書院,教司祀事。寯藻聞之,感祖德之永長,懼令聞之失墜也,用編次衆作,棨置祠中,以備家乘掌故云爾。案:先大夫墓始見《魏書·地形志》。《元和志》云在祁縣東南七里,今其地名榮仁邮。

道光二十七年仲春月朔,裔孫寯藻謹識。

(一)

河間苗　夔先路

壽陽祁春浦侍郎,丁酉視學江蘇,戊戌出棚試諸生,題有《晉大夫祁奚字

---

* 以下各篇中之引文多系節録,故多不加引號。

黄羊解》。見《吕氏春秋・去私篇》，漢涿郡高誘注。是時，夔隨棚襄校，侍郎命作一篇。因以濫竽而點筆曰：案《説文》奚，大腹也。從奚得聲之字十有二，獨於豕部豯下，言生三月，豚腹奚。奚，皃。而佗從奚者可類推也。鼷，水蟲也，隸黽部，黽頭與佗頭同。大徐曰臼象其腹。故黽部蠅蟲之大腹者，當變从建首字黽聲也。鼉，水蟲，似蜥易，長大，皮可冒鼓。《詩》鼉鼓逢逢。《釋文》沈，音檀。《集韻》收二十五寒，亦作鱓。《吕氏春秋・古樂篇》曰顓頊令鱓，先爲樂昌。鱓乃偃浸，以其尾鼓其腹，其音英英。在《集韻》十陽，从央聲，音央。與倡、鱔、鼉、鱓，皆從單聲。《説文》單，大也。大腹之解，引申於豯，而旁通於蠅。是知蠅爲大腹，解之樞紐，而鼷爲水蟲，解之綫索。因鼷而悟驒騱，乃大腹之馬。因蠅而悟蟬螇，亦皆大腹兼能飛鳴之蟲也。大夫名奚，《史記》作傒，《大戴記》作徯。徯，待也。腹大者行遲，故曰待徯。或作蹊。蹊，徑也。徑似羊腸，故蹊從大腹之奚也。奚屬人，故亦作傒，借人以該物也。凡此從豕、從馬、從蟲、從鼠、從隹、從鳥、從黽，而皆不從羊。名奚，而字以羊也。何居《周禮・職方氏》幽州澤藪曰豯養，杜子春本作奚。《説文》豸部無豯，大、小徐二本引《職方氏》亦衹作奚養，从羊聲。兑爲澤，爲羊。《月令》水澤腹堅。澤可言腹，而藪亦可以大腹之奚名之歟？《列子・天瑞篇》、《莊子・至樂篇》俱有羊奚比乎不筍之文。《釋文》引司馬彪云：羊奚，草名，根似蕪菁。然則大根駭人，有似羊之大腹奚奚然。名奚，而字以羊也，其以此歟？百里奚、五羊皮，奚與羊涉，古人已先之矣。或曰奚好五色羊裘。既曰五色，何必黄此而字黄羊也？當更有説。古人黄羊祀竈，奚豈有此事歟？然而書缺有閒，載籍無(稽)[稽]。奚字黄羊，當與氏曰羊舌、號曰五羖者同偁，固不當以黑獺、墨騠之例例之也。何則？《禮記》緇衣，引《詩》狐裘黄黄。徐本作横。《淮南子》玉横維其西北之隅。注：横，猶光也。《説文》黄，從田，炗聲。炗，古文光。古人名字多於雙聲疊韻得之，黄與皇、王音同義借，豈黄有廣義、羊有祥義耶。左氏《傳》君子謂祁奚於是能舉善。《説文》善，吉也，從誩、從羊、作譱。篆文作善，此與義、美同意，義、美皆從羊，而善乃誩羊也。《易》積善之家，必有餘慶。蕭該《漢書・音義》慶，音羌。羌亦建首字羊聲也。今《漢書》慶，亦有作羌者。慶又與卿同，雲五色爲“慶雲”即“卿雲”也。《説文》卿，章也。《白虎通》卿之爲言，章善明理也，宜富貴大吉祥。蓋神明字義，蟬聯通説而言之也。大夫舉善，緜延至今三千有餘歲方興未艾，經言豈欺我哉！

（二）

安邱王　筠菉友

壬寅八月，筠至澄懷園謁壽陽夫子。夫子留之數日，從容謂之曰："晉祁大夫，吾之遠祖也。緜緜延延，以至於今。士食舊德，農服先疇，恒居晉之故國，未嘗徙而之他者三千餘歲，皆承君子之澤也。顧大夫名奚，《說文》曰奚，大腹也。而何以字曰黄羊？汝盍爲我攷之乎？"筠於是時第憶《爾雅》"羳羊黄腹"一語，而是羳非奚，未敢以對。退而攷《說文》从奚之字，(几)[凡]十二徯待也。重文作蹊謑，恥也。重文作謧鞻，革生鞮也。雞，知時畜也。籀文作鷄膎，脯也。騨騱，馬也。鼷，小鼠也。豀，山瀆無所通者。螇鹿，蛁蟟也。媐，女隸也。《周禮·天官》多言奚，皆媐之省也。凡皆徒聲無義者，不具論。惟鼷，水蟲也，隸黽部。案：是部或水或陸，或巨或細，形甚不倫而同从黽者，則以黽腹大，故諸大腹之物皆从之也。鼷，又从奚聲，則其爲大腹可知也。又豕部，豯，生三月，豚腹豯。豯，皃也，則其從奚義也。許君明言之，而是豕非羊，更無論黄矣。案：羊以白爲常色，故釋畜曰羊，牡羒、牝牂，直謂之羊。郭注乃目之曰吴羊，又曰今人便以牂羖爲白黑羊名也。若夫黑羊，則《爾雅》早區别之曰夏羊、牡羭、牝羖矣。《召南》之羔羊，《鄭風》之羔裘，皆白羔也。黑羔則爲大裘，天子郊天之服也。古之言羊者不及他色，況乎"黄羊祀竈"見於他說，殆亦薦紳先生所難言矣。遂又攷大腹之見經典者，《易》說卦曰"離"，於人也爲大腹。《荀》九家有爲牡牛，然"兑"乃爲羊。《山海經》曰丹熏之山有耳鼠，食之不脎。郭注曰脎，大腹也。見《埤蒼》，音采。是則言大腹者，亦不涉及羊也。十一月，再謁夫子，具以告曰："此義殆不可攷矣。晉獻公時，有羊舌大夫，因埋羊一事而人偁之，後遂爲子孫之氏族。幸而其事傳於後世，故人得知其所由也。然則偁祁大夫爲黄羊，或者本非其字，而大夫有此事，人遂以此目之，而其事則未見載籍乎？即如樗里子、黥布，《史記》直以當時所偁者偁之，不必盡舉其姓字。或黄羊亦此類乎？"夫子曰："《夏官·職方氏》幽州澤藪曰豯養。豯從奚聲，養從羊聲，得毋其聲中有義乎？且澤藪包羅富有，含孕萬類，魚龍之所潛躍，草木之所蕃蕪，或有大腹之象乎？《月令》曰"水澤腹堅，則藪不亦可以腹言乎？"筠謹案《說文》不收豯，艸部藪下言幽州"奚養"字正作奚，特養不作羊耳，知豯非脱文，奚非殘字者。許君所列九州之藪，全述職方，而大徐本甫田弦圃，與今《周禮》本異，小徐則同，獨"奚養"則二徐不異也。顧"奚養"之見羣書者,鄭注職方曰"貕養"在長廣,《漢書·地理志》琅邪郡長廣縣奚養澤在西。《秦地圖》曰劇清地幽州藪,《元和志》萊州昌陽縣奚養澤在縣西北四十里,《寰宇記》萊陽縣貕養澤,《地理志》云長廣縣西有奚養澤。長廣故城在今縣東五十里,漢屬東萊郡是也。凡皆能實其所在之地,而不能言其命名之由,則就藪之名義之不可攷,足證人之名義之不可攷矣。蓋古地名多有不可解者。設本不可解,則人無是語,又何以名其地?可知古初本以爲常語也。古語既變,斯人不聞其義矣,則名字之不可攷者無乃類是。竊嘗思春秋時,人名與字不相比附者,鄭公子發字子國,《商頌》"受小國是達,受大國是達,率履不越,遂視既發",依鄭箋説之,則發與國有合也。齊闞止字子我,古文我作戎,从勿,勿者,古文㐸也。《説文》但收物,而不收勿勿,然利之古文秎从之,而从物諸字則勿勿錯出,是知其皆㐸字也。楚公子圍娶於鄭,請垂櫜而入,以示無弓,則我从垂戈,不與止戈爲武有合乎?以上二事與《經義述聞》異。此以字義推之,而得其仿佛者也。吳子乘又名壽夢,以須从爲葑、蒺藜爲茨例之,則壽夢而乘,可以反切知之。《經義述聞》不及此事,以其非一名一字也。此以字音推之,而得其仿佛者也。獨至祁大夫之名與字,則義與音皆不足以推之,而寯遂窮於附會矣。且夏時有車正奚仲,則以奚爲名者古矣,而春秋時名奚者甚少。成公二年《左傳》新築人仲叔于奚。杜注:于奚,守新築大夫。元凱既以于奚爲名,則仲叔其字也。凡以伯仲叔季爲字者,蓋有二端:或冠而字之,不取表德,直以第行呼之者;或其初本取表德,乃不見於左氏《傳》。及其老也,用五十以伯仲之法始見於《傳》,今遂無由聞其本字者。于奚乃字仲叔,合兩第爲一,較之楚成大心字孫伯,尤不可解也。閔公二年,魯公子奚斯字子魚。《經義述聞》曰奚,讀曰鮭,聲近假借也。斯,語辭。竊謂襄公十四年《傳》衛庾公差亦字子魚,《孟子》作庾公之斯。斯,即是差,則非語辭。《小雅·瓠葉》箋云:斯,白也。今俗云斯白之字作鮮。似當云鮮白之字作斯,傳寫誤倒。然則,差者鲝之省,斯者鮮之借。故字子魚,奚讀曰鮭,與鮮亦相中矣。然必改奚之讀,而後可通。設如本字説之,亦終不可通也。抑鮭字不見於經,《説文》亦不收,則是古人無此語,即改奚之讀,而亦未必可通也。或者奚斯與之斯同例,奚、之二字皆語辭,如左氏寺人惠牆、伊戾。服虔曰:惠、伊皆發聲。《孟子》孟施舍,趙岐曰:孟姓舍名施,發音也。是知語辭皆在名之上。以此爲例,尚略可通也。夫《經義述聞》於春秋人名字爲之解詁,獨至祁大夫則不能爲之説。況以寯之鄙陋,何足以知之。故次序前後問對之語,並所攷之故實以上於夫子,以俟博訪通人。如有能核其實者,則寯爲之執鞭,所欣慕矣。

（三）

道州何紹基子貞

壽陽尚書之遠祖，爲晉祁大夫奚。事見《春秋》内外傳，而皆不及其字。高誘注《吕氏春秋》於《去私篇》祁黄羊云：黄羊，晉大夫祁奚之字；於《開春篇》云：祁奚，高梁伯之子祁黄羊也。兩注互證，高氏所據必有甚確矣。《尚書》以《周官·職方氏》幽州澤藪曰貕養。貕從奚聲，養從羊聲，疑其聲中有義，有足與大夫名字相發明者。案《説文》引幽州藪正作"奚養"。《易·説卦》傳"兑"爲妾，爲羊之羊。虞仲翔作羔，云女使。鄭康成本作陽，謂養無家，女行賃炊爨。兩家字異義同，疑皆本作厮養字，羔以字形誤省。陽者注其音，而誤爲正文耳。養從羊聲，羊亦自有養義。《孟子》庠者，養也。庠從羊也。《説文》訓"奚"爲大腹，其訓女隸之媄，《周官》正作奚，奚之爲女隸，猶養之爲女使。"兑"，於八卦爲澤，奚養之義，可會矣。然欲以是證祁大夫之名與字，則有所難。安以大夫字曰黄羊，不得略去黄字，單執羊字爲説也？務求其義，則莫如《爾雅》"羳羊黄腹"一語矣。《説文》羳，黄腹羊也。《爾雅》此文當羳字爲句，羊黄腹爲句。古從"番"之字約有二義，曰大也、白也。《左傳》皤其腹，言其肥白也。宰夫胹熊蹯不熟，獨熊掌言蹯，亦言肥厚也。《易》錫馬蕃庶、《書》庶艸蕃廡，言壯盛也。《爾雅·釋艸》蘩、皤蒿，據《詩》疏引陸璣云：凡蒿，白色爲皤。《釋文》引《本艸》注云：此蒿粗於青蒿，是兼白與大二義也。《釋蟲》蟠、鼠負，《説文》蟠，鼠婦也。據《詩》疏引陸璣云：伊威一名鼠婦，似白魚，蓋其形博而且白。名以婦者，亦取大腹義也。羊之肥白者曰羳，其腹多黄。以理推之，黄爲中央土色，凡物之肥大者，其腹必多黄，故黄亦有大義。羊而黄腹曰黄羊，猶人而黄髮曰黄耇也。《説文》奚，从大，繇省聲。繇，籀文系字。系者繫也，凡可繫牽之物而大腹者，皆可稱奚。茲獨有取於羊，羊者祥也、善也，肇錫嘉名之意也。又《莊子·至樂篇》羊奚比乎不箰。《釋文》引司馬云：羊奚，艸名，根似蕪菁。然則大根駭人，有似羊之大腹奚奚然，故有是名矣。名奚而字黄羊，非此之謂邪？奚斯字子魚。百里奚飯牛，而牛肥，疑因飯牛而稱奚。故《左傳》止稱百里，皆名奚、字黄羊之左證。至大夫之名，《大戴記》作傒，《史記》作傒，迻寫增易，無足爲據。郭氏於"羳羊黄腹"下注云腹下黄，至爲簡當。近日邵氏、郝氏乃俱以後世所謂黄羊狀如羊，小小者當之。初不思此句上下文，皆不及羊之别種也。因《爾雅》而得大夫名字相因之義，又因名奚字黄羊，而悟《爾雅》之義。謹質之，尚書以爲有當否?

(四)

嘉定陳　瑑小蓮

太歲戊戌,吾師壽陽夫子以祁奚字黄羊解試諸生。瑑曾有鄉壁坿會之説,未經呈閲。越七年乙巳,謁夫子於京邸,出王菉友、何子貞兩家之作見示,引證處閒有與拙説暗合者。因檢舊作,點竄一二,坿書册尾,曰:祁奚之字黄羊,見《吕覽·去私篇》注。案:高注吕書,頗多異詁。如御,鼓也;量,行也;神,御也;兩,技也;扣,持也;又朱襄爲炎帝别號、少皡爲帝嚳之子摯兄也;神農爲少典之子赤帝也之類,俱不見於雅詁傳注之書。若奚字黄羊,則嘗取《周禮·職方氏》澤藪曰"貕養"以證之。杜子春讀貕爲奚,《説文》亦作奚。又《列子·天瑞》、《莊子·至樂》,俱有羊奚比乎不筍之文。羊奚,艸名,倒文即奚羊。養取羊聲,豈澤藪多羊奚艸,而以倒文名其藪爲貕養歟?又晉大夫羊舌氏之族有陽處父,而夷羊五亦作陽,疑五即處父之族。或晉之方音夷羊連屬,故曰夷羊、夷奚,音亦相近也,然無佗證。竊嘗謂奚聲近鮭,《廣韻》鮭有苦圭、户佳、古携三切,音皆近奚。奚又作傒。百里奚,《管子》作傒。衛彪傒,《吕覽》作奚。是奚、傒爲孳乳字。而傒又讀若雞,見淮南《本經》。傒,人之子女,注是奚,即雞也。名奚字黄羊,取於物之同類也。又案:奚斯馬名赭。《白馬賦》注云:馬即飛兔、奚斯是也。以奚之取義於馬而字羊,義尤顯著。即晉大夫郤豹字叔虎,見《晉語》注;羊舌虎字叔羆,見《唐書》宰相世系表之例。又《説文》奚,大腹也。從大,從䌛省聲。䌛則其聲,大則其義。美,從羊從大。徐鼎臣謂羊大則美。奚羊皆以大爲義,亦足以爲奚字黄羊之詛。顧名奚字羊似矣,何以必曰黄羊?曰此疊韻之例也。近儒錢氏謂古人名字多取雙聲疊韻。羊爲土畜,又爲土木之母,中央土其色黄,羊以黄爲尚。名奚字羊,又取物土之宜疊其韻,以足其文曰黄羊。

黄與皇、王同音,義亦當爲大。凡从黄得聲之字,如《堯典》光被四表。光爲"廣"之假借。《西都賦》横被六合,皆廣遠之義,皆與大義相近。瑑并記。

(五)

光澤何秋濤願船

壽陽尚書以《祁大夫字説》示秋濤,命綴所聞於後。秋濤自顧學譾識陋,何足以知古誼。而惟夙有志於聲音故訓之學,每得一義,恒思究其源流;畜疑於中不求裁正,非爲學之道也。用是不敢辭。謹案:苗先路、王菉友、何子貞、陳小蓮諸先生之説,網羅剔抉,蓋無遺義,何能復贊一語? 竊就肊見所及,引申其未竟之緒,襍以軵會之言,釐爲三篇,具書如右。謹以獻於大君子之前,惟不棄而辱教誨之,感甚,幸甚。丁未正月二十九日。

古名、字多相應,而祁大夫之字獨與其名不相比坿。是非以假借轉注之義推之不可。蓋奚之義爲大腹,而羊與養通,養有長義。《夏小正》時有養日。傳曰養,長也。此言養爲羕之假借,而長與大義近,斯奚與羊可相爲訓之一證矣。然則艸有羊奚,藪有奚養,果皆取義於長大歟? 曰:(几)[凡]物大者必美,美然後可養,故大腹者恒有養義。《易》"離"爲大腹,"頤"象大,"離"則義取於養大,服類於孕字,而"字"即有愛養之義。《公羊傳》注:炊亨者爲養。鄭氏《易》注"兑"爲陽,謂養無家,女行賃炊爨。陽與羊通,是皆取其能養人而命之也。而"媄"訓女隸,通作奚,所掌者亦養人之事,是則奚與羊並有養義矣。艸之大根若蕪菁者,其爲物必良,藪之以富得民者,其利賴尤廣。此必不專取大義而遺養義可知也。且物之異於恒者,始常相驚,而終益於用。《説文》云:芋大葉根實駭人,故謂之芋也。近儒段氏亦云:荷蓋大葉駭人,故謂之荷。然則芋取義於吁,《説文》吁,驚也。荷取義於何,羊奚取義於奚,皆以其大而駭之,因以爲驚辭疑辭。案:于亦大也。《春秋傳》仲叔于奚,疑仲叔是其氏,與魯之叔仲氏同意。于其字,奚其名,古人名、字並偁,皆先字後名也,此可證名奚者多從大義。又《説文》㞋部云:城郭市里,高縣羊皮,有不當入而欲入者,暫下以驚牛馬。是羊亦所以驚物者,此又可證羊、奚同義。古人深於詁訓,隨舉一端,皆可旁通。實則蹲鴟、扶渠之屬,其所資至博,亦足見大之與養,義固相成矣。二字同義,則可分可合。故艸名羊奚,藪名奚養,顛倒而意不異。名奚字羊,觀乎此而可得其解矣。然而謂之黄羊者何也? 蓋黄從古文光聲。光者,桄也。《尚書》光被四表,《後漢書·馮異傳》引作"横被",則黄之訓與大近。黄爲中央之色。鄭注《禮記·郊特牲》、王弼注《易》得黄金,用黄牛,皆訓黄爲中。《白虎通義》謂黄者中和之色,自然之性,則黄之訓與養近。且道家以中黄斥人身之中,其説近古,當有所本。《廣雅》云:腸,詳也。詳、羊音近義通。此又與大腹之義有相合者。《易》鼎黄耳,虞仲翔注"離"爲黄。安知不由大腹之義推之歟? 則言黄之故,亦約略可得矣。或曰《吕覽》缶醯黄蜹,高誘注:黄,美也。《詩》種之黄茂,傳以黄爲嘉穀。嘉亦美也。古人字多冠以子,子者男子美稱,黄之爲美,義與子同,其亦肇錫嘉名之意。故羊之上冠以黄歟? 是説也旁無它證,則亦未敢以爲信云。案:缶醯黄蜗,蓋亦大腹能養物之義。養與美皆从羊,義通也。

凡名、字不可解者,多由古人語異。至或取於地以爲名,則不得其解者恒十九。晉續鞠居之名,傅青主以問閻潛邱,潛邱以鞠居爲地名。青主謂晉人何取它國之地爲名?潛邱曰:有《風俗通》之説在。縣令問主簿:靈星在城東南何法?主簿仰答曰:唯靈星所以在東南者,亦不知也。青主不覺笑。然則地名之難攷可知已。今案祁大夫之名字質以地志,則似藪名之説較確。蓋奚養之藪,其旁地本有黄名也。攷《漢書·地理志》琅邪郡長廣有萊山萊王祠,奚養澤在西。《秦地圖》曰劇清地幽州藪。《元和志》曰豯養澤在萊州昌陽縣西北四十里,今則爲登州府萊陽縣地。《太平寰宇記》謂長廣故城在萊陽縣東五十里。説甚確,而以爲漢屬東萊郡則誤。然此地爲琅邪郡之東北境,實與東萊之黄縣密邇。《地理志》東萊郡黄有萊山松林,萊君祠莽曰意毋。《元和志》故黄城在登州黄縣東南二十五里古萊子國,今爲登州府黄縣地。案:今黄縣與萊陽相去僅百餘里耳,奚養在萊陽縣,故長廣城之西正居黄縣,故黄城之南相距尤爲至近。度古之藪澤廣大類數百里,黄城必與其藪相接。《漢志》自省文不言耳,即謂漢時藪澤已小,而周時地廣亦無不可。楚之雲夢,廣八九百里。而其後僅爲小小澤,浸爲陵谷遷變,水漸涸而民田其閒故也。今鉅野縣爲故大野澤地,任縣等處爲故大陸澤地,土率肥沃。秦時飛輓起於琅邪黄陲,則黄地饒芻粟,可知正由古昔爲藪,是以地較肥饒。奚養與黄本在一地,此亦可證。且黄有萊山松林,而長廣亦有萊山。萊山爲齊八祀之一,必非異地同名者可比,蓋一山亙二縣也。又黄有萊君祠,長廣亦有萊王祠,其必萊之遺民追念萊先君之德而爲之。然惟黄爲萊故都,長廣有近都藪澤,爲萊君所嘗游觀,故咸有是祠,它縣不得同也。此皆堅證。況先秦地名多因古昔,黄必萊都之舊名。地既與奚養相近,則名亦可以相假。觀晉之祁邑,有謂以昭餘祁得名者可以類推。案:黄與長廣當是漢人分隸郡國時,始割屬青、徐二州,古必不爾。或曰然則奚養之旁地何以名黄,祁大夫何以不名黄字奚羊,而故錯綜其文令人疑?蓋亦有説以處此乎?曰有。案《左傳》夷羊五,《晉語》作夷陽午。豯養音義與夷陽近,夷陽與夷庚近。《廣雅》堩、蹊、畛、迒,道也。蹊或作徯,徑也。徯與奚通。祁大夫之名,《大戴記》所載正作徯字。畛或作踁,亦通作亢,《釋名》曰鹿兔之迹曰亢。《太玄經》見豕在堂,狗繫之迒。范望注云:迒,迹也。張衡《西京賦》迒杜蹊塞。薛綜注云:迒,道也。《左傳》以塞夷庚。杜注:夷庚,吳晉往來之要道。《詩序》云:由庚,萬物得由其道也。庚與迒,古亦同聲。堩之言亙,徑之言經,迒之言杭,皆横度之名也。《漢書》大横庚庚。服虔注云:庚庚,横貌,義與迒同。以上參用王氏疏證之説。晉、吴二國之要道名夷庚,以横度得名。然則凡地勢之横者,皆可得此名。奚養澤地屬長廣,奚有廣義,養有長義。縣名與澤名相應,蓋取於澤以命之。此澤紀於《禹貢》,曰海濱。在殷,曰海隅。在春秋時,曰申池。此條秋濤别有攷一篇,兹不具載。《禹貢》之海濱,以緣海爲名。胡朏明謂海濱、廣斥,當通登、萊二府,瀕海八九百里,可以煑鹽之壤皆是,蓋以斥爲限也。其曰廣斥者,登、萊地斗入海中,其形横長。奚養之藪,其形當亦横長。地勢東西曰廣,亦曰横。長廣有鹽官,正廣斥故壤,其名廣宜也。黄則横之假借,其地名黄,亦猶之名廣耳。竊謂夷庚、夷陽、夷羊、奚養,俱一聲互轉,黄羊猶言横庚。名蹊字横庚,亦名字相應無可疑者。古人字少,一音常兼數義,固不必因彼而病此也。

祁大夫之字,秋濤嘗兩爲之説矣。類因其音之相近,而推究之。惟古人音中含義,音同而義殊者恒多矣。於異之中復得其同,斯發揮旁通,乃可比類以盡其奥。爰攷《説文》黄部,䵷字似可通於奚者,因復爲之説曰:《廣雅》䵷,黄也。《説文》䵷,鮮明,黄也,從黄,圭聲。又云:䕸,黄華也,從艸,䵷聲。䕸從䵷聲,與䵷同義。《説文》第舉形聲,以包會意。《後漢書·馬融傳》曰:蓶扈䵷(榮)[熒]。䵷,或作䕸。白圭名丹,王伯申先生以圭爲䵷之假借。案:䵷從圭聲,有胡卦、户圭二切。圭與奚攷之三百篇,古音並同部、從奚之字。鞵,《玉篇》、《廣韻》亦作鞋。《説文》鼃、鼷二字,音訓並近,疑本一物,以藼貉之地異其名耳。《廣雅》曹憲音云:螇,今人作鮭字。如此,《淮南子》注觟讀傒,徑之傒也。《水經》横水注雞水,即桂水也,雞、桂聲相近。合觀諸説,知奚、䵷可通。又䵷爲鮮明,黄其義,亦取於音。《方言》、《廣雅》並云:烓,明也。是圭有明義也。黄而鮮明,黄之美者也,故字曰黄羊。羊,猶美也。羊舌大夫之長子名赤,字伯華,與孔氏之門公西子同名字,説者謂其取於采色。祁大夫之名奚字黄,或亦此意。且羊與揚通,《説文》紺下有帛深青、揚赤色之説,蓋以色之浮於表者爲揚也。驃下云:黄馬發白色。騂下云:馬頭有發赤色者。發、揚義並同,今俗猶有此語。或黄羊即黄揚,則更與鮮明之義合矣。又玉部瑒下云:金之美者,從玉,湯聲。湯從昜,與羊音近,故亦有美義。金美必黄色鮮明,其理亦互相備,是亦一旁證也。總之,去古既遠,書缺有閒,嘗試以音求之。羊,在戴氏古轉語第三章奚黄,並在第四章奚羊,反語則成黄字。儻以壽夢爲乘、邾婁爲鄒之例言之,則無不可知者。今以疊韻爲字,或亦即其音似而取之,今人失其傳歟？謹依鄭君注經改讀，以就詁訓之例，理而通之，並具所疑以竢知者。

書　後

䔊，《説文》訓爲黄華，當即《爾雅·釋艸》之權，黄華蓋圭權一聲之轉。郭注：今謂牛芸艸爲黄華。華黄葉似苜蓿，《説文》芸下亦云似目宿。芸與權亦一聲之轉。然則䔊也、權也、芸也，一物也。《釋木》又云：權，黄英，郭注未詳。《説文》以權爲黄華木，《玉篇》以爲黄英木。考《釋艸》又云：木謂之華，草謂之榮，榮而不實者謂之英。是英、華當分屬艸、木，特以對文則别，散文則通。故《爾雅》之訓互易，《説文》既正其名以木爲黄華，則䔊下宜曰黄英。作華者，傳寫之誤也。英從英聲，《集韻》十陽所收，乃古音之僅存者，與羊同音。《廣雅·釋詁》訓英爲美，又與羊同義。英、羊之可通，明甚若是，則祁大夫蓋名䔊字黄英，於《爾雅》、《説文》胥有合矣。昔王伯申先生嘗謂五色之别見於物名者，可比例而得之。因舉黄色之名，謂若權、蠸皆是。今攷而知若圭、若奚，皆可爲黄色之别名。儻亦雅訓之幸而未泯者歟？書前説既畢，復思得此，並識之以質大雅。秋濤又記。

附文

黟縣程鴻詔伯敷

承示《祁大夫字説》，有以杜本《周禮》證奚養義者，有以《莊子》羊奚、《爾雅》羳羊黄腹、《説文》奚，大腹證者；有以權，黄華、䔊，黄華，謂名䔊、字黄英者。假借、轉注、諧音、指事，各有發揮旁通之妙。展視驚然，既已獲彼隨珠，輒欲獻餘鄭璞也。趙章程曰：《易》兑爲妾爲羊。羊者女使，與周官女奚義相比附。黄者，小辭。黄口訓幼，見《淮南子·氾論訓》注。女生三歲爲黄，見唐《開元志》。然則名取於媛，故字黄羊，謙德之光彌可寶貴，此一説也。田清河曰：《漢書·司馬相如傳》騊駼、驒騱，《匈奴傳》作驒奚。《説文》驒騱，馬也。《廣韻》則云似馬而小。《毛詩》有驪有黄。傳：黄騂曰黄。然則奚也、黄也，皆馬也。似馬而小，故曰黄羊。《隋書·禮儀志》羊車駕果下馬，其小如羊可證也。又，奚斯亦馬名，見於《文選》。斯白，見於《詩箋》馬目白爲魚，亦見於《爾雅》。所以奚斯字子魚，亦可證也。申繻論名有取於物，龍馬之神君子比德，此又一説也。趙田皆，鷄澤縣學生員，昨歲從鴻詔游，及今一年，遂能爲此説，亦頗可喜。鴻詔謂《魏書·張淵傳》注：奚仲四星在天津北近河旁，太古時造車輿者精上爲星。又《史記·天官書》東井爲水事,其西曲星曰鉞。戉北,北河;南,南河。據此,奚仲與井近河,所以百里奚字井伯,祁大夫名奚字黄羊,皆取象於奚仲之星。羊即祥字,亦訓祥義。奚仲四星以黄爲祥,井亦有一大黄星,黄道所經,爲秦分野。雍州土黄,故曰黄祥,與農祥屬辭相似。又作東邑奚仲,亦黄帝之裔。坤爲大輿,土尚黄色,義在引伸也。奚仲傳説星名,最古不疑,周時無之。又于奚字仲叔,亦是取奚仲星,亦不疑仲叔并舉矣。夫古之奇人,在地爲河岳,則奚養之説也;在天爲日星,則奚仲之説也。質諸大雅,忝以嘉義訓焉。

祁氏世譜

祁氏世譜引

《記》曰“萬物本乎天,人本乎祖”,又曰“尊祖故敬宗”、“敬宗故收族”。三代以降,九兩五宗之法久廢。士大夫家所賴以敦本睦族、不失先王之遺意者,惟有敘譜一事而已。譜之敘,必明其所自出。吾宗祁氏,出自黄帝。《史記》注,黄帝子二十有五,一食于祁,遂爲氏。歐陽文忠公爲祁衛尉墓碑嘗引之。至《姓苑》、《姓纂》諸書,則稱帝堯之後。夫堯氏伊祈,非祁也。祈、祁古文雖通用,但祈或作耆。又,李唐時有處士伊祈元解,是伊祈自爲一姓,厥證甚明。祁氏之賢,晉大夫奚最著,《春秋傳》稱其“内舉不辟親,外舉不辟讐”者也。奚生午,午生盈,盈之世滅于六卿,子孫失位,遂爲庶人,散之他國。其居晉者,太原、河東諸郡悉有之。類皆食德服疇,瓞緜椒衍,守耕讀之舊緒,紹唐魏之遺風。顧以百代滄桑,罕存圖籍,世次先後,不可得而詳焉。吾祖碩公,當元之季始自洪洞來徙壽陽,逮韻士之身,閲十五世,族中子姓至數十百人。嗚呼!可謂盛矣。雖然,韻士竊有感也。夫一人之身,生而爲昆弟,昆弟之子又生而各爲昆弟,世漸遠,則情漸疏。嘗以韻士一世度之:某也兄,某也弟,緦服以内者,韻士少從游,韻士罔弗與之習。緦服以外者,韻士以薄宦故,離鄉日久,不能盡知而徧識之也。過此以往,時異世殊,形睽勢隔,其不至如蘇明允所云“塗人也”者幾希,譜之敘,烏可緩乎哉。先是,族無譜,吾父長治公廣諮博訪,實草創之,未有成書。韻士懼久而失傳,且欲藉斯譜之成,相與序昭穆,别長幼,俾吾族之父父子子、兄兄弟弟,肅然興起其尊祖敬宗之心,而求以合乎先王敦本睦族之意,斯則韻士之所厚勖也。夫譜成,於是乎書。

乾隆甲辰年姑洗月朔日,十五世孫韻士薰沐謹識。

祁氏世譜*

十四世孫文汪原編

十五世孫韻士謹述

十六世孫朝鸞校録　十八世孫友直重校録

十六世孫寯藻謹刊

* 本世譜無法校訂,除改正個别錯字外,一律照録原文。

始祖	二世	三世	四世	五世	六世	七世	八世	九世	十世
旺 配謝氏 生子二 仲成 仲章 謹案：吾宗祁氏系出有周晉大夫奚，世居於晉。自始祖以上，譜牒莫考，相傳爲河東郡之洪洞人。公自洪洞徙居壽陽平舒村，遂家焉。迄今閱二十二世，宗支最盛。	仲成 配王氏 生子一 維新	維新 配張氏 生子一 恒	恒 配王氏 生子三 伏然 伏仁 伏威	伏然 配梁氏					
				伏仁 配胡氏 生子四 昭 明 暉 暹	昭 配吳氏 王氏 生子三 碧 鐸 恭	碧 配王氏 生子四 廷傳 廷貴 廷良 廷真	廷傳 配王氏 張氏 生子四 行 棟 木 果	行 配胡氏 李氏	
								棟 配白氏 生子二 應輔 應獻	應輔 配趙氏
									應獻 配俞氏 生子一 緒
								木 配趙氏	
								果 配趙氏 張氏	
							廷貴 配王氏 生子三 堡 進 堯	堡 配王氏 生子二 應南 應德	應南 配梁氏 生子一 社
									應德 配郭氏 生子一 悌
								進 配趙氏	
								堯 配梁氏 侯氏	

始祖	二世	三世	四世	五世	六世	七世	八世	九世	十世
							廷良 配侯氏		
							廷真 配張氏 生子二 倉 庫	倉 配張氏	
								庫 配宋氏	
						鐸 配王氏 生子三 大學 大儒 大敘	大學 配趙氏 生子三 璠 玳 琮	璠 配王氏 張氏 生子二 應宰 應實	應宰 配馮氏
									應實 配許氏
								玳 配趙氏 生子二 應器 應瑞	應器 配王氏 生子一 勤
									應瑞 配梁氏 生子三 普 亮 勃
								琮 配李氏 生子二 應星 應宿	應星 配冀氏 李氏 生子二 思 納
									應宿 配梁氏 生子二 會 管

始祖	二世	三世	四世	五世	六世	七世	八世	九世	十世
							大儒 配趙氏 生子二 輂 ⿱斌金	輂 配趙氏 生子二 應斗 應官	應斗 生子一 隆
									應官
								⿱斌金 配王氏 生子一 應朝	應朝 配張氏 生子二 滕 胖
							大敘 配王氏 生子三 允 陽 奮	允 配趙氏 生子一 應果	應果
								陽 配張氏 周氏	
								奮 生子一 應章	應章 生子一 柳
						恭 配趙氏 張氏 生子一 大常	大常 配王氏 生子二 深 湖	深 配王氏 生子二 應成 應信	應成
									應信 配王氏 生子一 臻
								湖 配張氏 生子三 應禮 應遠 應義	應禮 配王氏 生子四 煥 光 興 鶴

始祖	二世	三世	四世	五世	六世	七世	八世	九世	十世
									應遠 配趙氏 生子二 念 秦
									應義 生子一 立
					明 配趙氏				
					暉 配王氏				
					暹 配王氏 生子四 佐 佘 鼎 就	佐 配張氏 生子二 大美 大寶	大美 配安氏 郝氏 生子一 公	公 生子三 朋賢 朋孝 朋喜	朋賢 生子一 必顯
									朋孝 生子一 正顯
									朋喜 生子一 士顯
							大寶 生子一 周	周 生子二 應綽 應時	應綽 配郭氏 生子一 倫
									應時 配趙氏 傅氏 生子一 才

始祖	二世	三世	四世	五世	六世	七世	八世	九世	十世
						余 配張氏 生子一 大海	大海 配劉氏 生子一 堂	堂 生子一 應占	應占 生子二 潤 法
						鼎 配王氏			
						就 配梁氏 生子一 大金 先是，祖塋在村東南高岡之上三里許，地名雁朋堰。追公卒，始卜葬葦地灣，距村僅百餘步，岡繼起伏，林木蔥蔚，堪輿家稱佳城云。	大金 配趙氏 岳氏 生子六 梘 楄 槼 楠 梓 梗	梘 配趙氏 生子三 應明 應清 應根	應明 配趙氏
									應清 配李氏
									應根 配王氏
								楄 配梁氏	
								槼 配趙氏 生子一 應益	應益 生子一 曉
								楠 配侯氏 生子一 應璞	應璞 配王氏 生子三 苗 昌 器
								梓 配張氏 生子一 應選	應選 配王氏 生子三 江 河 爵

始祖	二世	三世	四世	五世	六世	七世	八世	九世	十世
								梗 配趙氏 生子二 應滿 應倉	應滿 配王氏 生子一 染
									應倉 配張氏
				伏威 配賈氏 生子二 茂 全	茂 配趙氏 生子三 永安 永信 永清	永安 配任氏			
						永信 配安氏			
						永清 配李氏 生子四 大舉 良富 良起 良積	大舉 配郭氏		
							良富 配馬氏		
							良起 配王氏 生子一 穩	穩 配馬氏 生子七 應雷 應霆 應電 應霞 應霍 應霓 應霄	應雷 配周氏 生子二 素 干
									應霆 配安氏
									應電 配尚氏
									應霞 配劉氏 生子二 光先 光祖
									應霍 配閻氏

始祖	二世	三世	四世	五世	六世	七世	八世	九世	十世
									應霓 配李氏 生子一 光前
									應霄 配趙氏 生子三 光顯 光明 光耀
							良積 配趙氏		
					全 配鄭氏 生子四 永寧 永賢 永福 永壽	永寧 配周氏			
						永賢 配鄭氏 生子一 大寬	大寬 配王氏 生子一 邦靜	邦靜 配王氏 生子三 應陽 應春 應森	應陽 配郭氏
									應春 配楊氏
									應森 配李氏 生子二 遠 沅
						永福 配侯氏			
						永壽 配張氏 生子一 大衢	大衢 配潘氏 生子二 邦俊 邦瑞	邦俊 配李氏 生子二 應習 應佩	應習 配李氏
									應佩 配潘氏

始祖	二世	三世	四世	五世	六世	七世	八世	九世	十世
								邦瑞 配李氏 生子一 應周	應周 配馮氏 生子一 剛
	仲章 配李氏 生子一 維賢	維賢 配張氏 生子一 傅全	傅全 配張氏 生子四 顯 選 祥 演	顯 配弓氏 康氏 生子二 得林 得聚	得林 配米氏				
					得聚 配張氏 生子四 文玉 文彬 文質 文舉	文玉 配張氏 王氏 生子三 大倉 大庫 大億	大倉 配劉氏 生子四 彙 芥 盈 征	彙 配王氏 生子一 進良	進良 配王氏 生子一 俊
								芥 配梁氏 生子一 進孝	進孝 配梁氏 生子三 記 詳 讚
								盈 配王氏 生子一 進賢	進賢 配安氏 生子一 路
								征 配王氏 生子二 進忠 進金	進忠 配王氏 生子一 訓
									進金 配張氏
							大庫 配聶氏 李氏 生子一 懷	懷 配侯氏 生子二 應鑾 應奉	應鑾 配李氏 生子一 定寧

始祖	二世	三世	四世	五世	六世	七世	八世	九世	十世
									應奉 配冀氏 王氏 生子一 定志
							大億 配冀氏 生子一 川	川 配梁氏 生子三 應哲 應貴 應相	應哲 配趙氏 生子一 定得
									應貴 配張氏
									應相 配王氏 生子一 繼昌
						文彬 配王氏 生子四 大益 鳳霄 鳳雲 鳳宿	大益 生子一 愷	愷 生子三 彥仲 彥仕 彥俊	彥仲
									彥仕 生子一 定宰
									彥俊
							鳳霄		
							鳳雲		
							鳳宿		
						文質 配貴氏 生子三 鳳梧 鳳樹 鳳桐	鳳梧 配王氏 生子四 曇 冕 翦 昺	曇 配梁氏 生子二 應蘭 應先	應蘭 配王氏 生子三 定安 定邦 定國

始祖	二世	三世	四世	五世	六世	七世	八世	九世	十世
									應先 配任氏 生子三 定才 定宋 定明
								冕 配弓氏 生子四 應齊 應林 應豪 應明	應齊
									應林 配張氏
									應豪 配張氏
									應明 配王氏
								翦 配宋氏 生子二 應江 應湖	應江 配梁氏 生子一 定資
									應湖 配王氏 趙氏 生子三 定全 定潤 定金
								曷 配王氏 生子一 應騰	應騰 生子二 定依 定從

始祖	二世	三世	四世	五世	六世	七世	八世	九世	十世
							鳳樹 配安氏 生子三 漢 綿 珠	漢 生子一 應光	應光
								綿 生子一 應祥	應祥
								珠 生子一 應棟	應棟 配王氏
							鳳桐 配王氏 生子一 景	景 配侯氏 生子一 應寬	應寬 配王氏 生子四 定運 定寶 定玉 定珠
						文舉 配王氏 生子五 鳳金 鳳翀 鳳岩 鳳山 鳳玘	鳳金 配王氏		
							鳳翀 配任氏 生子三 乾 楚 魯	乾	
								楚	
								魯 配李氏 生子三 應祚 應玉 應運	應祚 配王氏 生子一 繼文
									應玉 配張氏 生子一 繼武
									應運 配王氏 生子一 繼緒

始祖	二世	三世	四世	五世	六世	七世	八世	九世	十世
							鳳岩 配王氏 生子三 坤 兑 壘	坤	
								兑	
								壘 配郝氏 生子二 應遥 應道	應遥
									應道
							鳳山 配孟氏 生子一 聖	聖	
							鳳玘 又名鳳瑞 配吴氏 生子二 順 采	順 配傅氏	
								采	
				選 配王氏 李氏 生子三 得剛 得友 得財	得剛 配趙氏 鄭氏				
					得友 配張氏				
					得財 配王氏 李氏 生子四 朝 相 左 右	朝 生子一 大先	大先 生子二 根 信	根 生子二 應熙 應環	應熙 生子二 貴珍 貴榮
									應環 生子一 一珍

始祖	二世	三世	四世	五世	六世	七世	八世	九世	十世
								信 生子二 應欽 應利	應欽 生子一 恕
									應利 生子四 彥 綱 敏 豹
						相			
						左			
						右 生子三 大遜 大文 大約	大遜 生子一 監	監 生子二 應士 應科	應士 徙居上峪鎮 生子二 護 當
									應科 生子二 慶 定
							大文		
							大約 生子一 嶒	嶒 生子二 應經 應權	應經
									應權 配任氏 生子三 繼珍 席珍 玉珍

始祖	二世	三世	四世	五世	六世	七世	八世	九世	十世
				祥 配王氏 生子三 得世 得原 得浩	得世 配王氏 楊氏				
					得原 配王氏 生子二 文悦 文勤	文悦 生子二 大有 鳳翔	大有 生子一 禄	禄 生子一 應中	應中
							鳳翔 生子一 侃	侃	
						文勤 生子二 鳳棲 鳳集	鳳棲 生子二 能 長	能 配王氏 生子一 應棲	應棲 配王氏 生子二 定清 定瀞
								長	
							鳳集 生子一 積	積 生子一 應棠	應棠 生子一 奭
					得浩 配米氏 王氏				
				演 配張氏 生子一 得興	得興 配梁氏 生子一 廣	廣 明嘉靖間，授陝西平涼府隆德縣神林所大使。生子二 大正 大吉	大正 生子二 竘 端	竘	
								端 生子三 應才 應智 應學	應才 生子一 董
									應智 生子一 貴
									應學 生子一 林

始祖	二世	三世	四世	五世	六世	七世	八世	九世	十世
							大吉 生子三 徵 根 奥	徵 生子一 應資	應資 生子二 繼榮 繼華
								棖 生子二 應庫 應樊	應庫
									應樊
								奥 生子一 應成	應成 生子三 愛 品 梅

十一世	十二世	十三世	十四世	十五世	十六世	十七世	十八世	十九世
緒 應獻子 配王氏 生子一 養蒙	養蒙							
社 應南子 配胡氏 生子一 養質	養質 配張氏 生子三 先龍 先虎 先豹	先龍 配李氏 弓氏 生子一 自榮	自榮 配趙氏 生子二 澤周 澤渭	澤周 配王氏 生子四 來清 來臨 來運 來功	來清 配張氏 生子一 令昇	令昇 配張氏		
					來臨			
					來運 配傅氏 生子一 令碧	令碧 配賈氏 李氏 生子三 相玉 相明 相會 出嗣	相玉 配王氏	
							相明 配王氏 生子二 夢泰 夢禮	夢泰
								夢禮
					來功			
				澤渭 配席氏 生子二 來仁 來義	來仁 配馮氏			
					來義 配冀氏 范氏 生子一 令通	令通 配王氏 嗣子一 相會	相會	
		先虎 配趙氏						

十一世	十二世	十三世	十四世	十五世	十六世	十七世	十八世	十九世
		先豹 配張氏 生子三 自安 自富 自忠	自安 配梁氏 生子四 澤利 澤吉 澤章 澤義	澤利 配董氏 生子一 來祚	來祚 配聶氏 生子一 令貴	令貴 配白氏		
				澤吉 配王氏 生子二 來寶 來玉	來寶 配任氏			
					來玉 配聶氏			
				澤章 配王氏 傅氏 生子三 來金 來銀 來滿	來金 配安氏 傅氏 生子一 令順	令順		
					來銀 配趙氏 生子一 令典	令典		
					來滿 配王氏 生子一 令宇	令宇 配陳氏		
				澤義 配高氏				
			自富 配齊氏 閻氏 梁氏 生子二 澤鋭 澤淮	澤鋭 配郭氏 生子三 來福 來禄 來全	來福 配馬氏 生子二 令太 令倉	令太 配李氏 馬氏 生子二 相武 相威	相武 配王氏 生子二 夢金 夢銀	夢金
								夢銀
							相威 配吳氏 生子一 夢喜	夢喜

十一世	十二世	十三世	十四世	十五世	十六世	十七世	十八世	十九世
						令倉 配馬氏 閻氏 生子一 相鴻	相鴻	
					來禄 配閻氏			
					來全 配傅氏 生子二 吕和 吕忠	吕和		
						吕忠		
				澤淮 配安氏 生子一 來望	來望 配張氏 生子三 令成 令坊 令愷	令成 配王氏 生子三 相德 相元 相貞 出嗣	相德 配王氏 生子二 橞京 槦京	橞京
								槦京
							相元	
						令坊 配王氏 生子二 相昇 相忠	相昇	
							相忠	
						令愷 配王氏 嗣子一 相貞	相貞 配傅氏 生子四 樋京 槐京 桂京 林京	樋京
								槐京
								桂京
								林京

十一世	十二世	十三世	十四世	十五世	十六世	十七世	十八世	十九世
			自忠 配温氏 生子四 澤明 澤寬 澤成 澤耀	澤明 配周氏 生子一 來珍	來珍 配張氏 生子二 令元 令寶	令元 配張氏 生子一 相魁	相魁 配齊氏	
						令寶 配秦氏 生子一 相文	相文 配王氏 生子二 會德 會昌	會德 會昌
				澤寬 配郭氏 生子二 來英 來喜	來英 配史氏 生子二 令儀 令環	令儀 令環		
					來喜 配張氏 生子一 令才	令才		
				澤成 配張氏 生子一 來森	來森 配趙氏 生子二 令盤 令昭	令盤 配喬氏		
						令昭 配辛氏 生子二 相湧 相泉	相湧 相泉	
				澤耀 配王氏 生子一 來珠	來珠 配趙氏			

十一世	十二世	十三世	十四世	十五世	十六世	十七世	十八世	十九世
悌 應德子 生子一 養志	養志 配韓氏 生子二 先鵬 先鶴	先鵬 配楊氏 生子一 自滿	自滿 配馮氏 趙氏 生子二 澤雲 澤雨	澤雲				
				澤雨				
		先鶴 配郭氏 生子一 自發	自發 配郭氏 生子三 澤長 澤濡 澤官	澤長 配魏氏 嗣子一 來忠	來忠 配趙氏			
				澤濡 配高氏 嗣子一 來國	來國			
				澤官 配李氏 生子三 來忠 出嗣 來國 出嗣 來要	來要			
勤 應器子 生子一 崇元	崇元 配王氏 生子一 爾英	爾英						
普 應瑞長子 配袁氏 生子一 崇榮	崇榮 配趙氏 生子三 爾弼 爾珍 爾富	爾弼 配梁氏 聶氏 生子一 自道	自道 配梁氏 吳氏 生子二 治國 治民	治國 配周氏 生子二 玉琛 玉珪	玉琛 配梁氏 鄭氏 朱氏 生子二 令德 令印	令德 配米氏 生子三 生光 新光 生財	生光 配米氏 生子二 日富 日貴 殤	日富
							新光	
							生財	

十一世	十二世	十三世	十四世	十五世	十六世	十七世	十八世	十九世
						令印 配梁氏 生子二 俊玉 俊寶	俊玉 配王氏	
							俊寶	
					玉珪 配王氏 王氏 生子二 令憲 令官	令憲 配楊氏 李氏 生子一 生珠	生珠	
						令官		
				治民 配李氏 生子三 玉瑄 玉璣 玉珂	玉瑄 配梁氏 生子一 令金	令金 配董氏 生子三 生望 生屯 生發	生望 配楊氏 生子一 日聰	日聰
							生屯 配魏氏	
							生發	
					玉璣 配周氏 李氏 王氏 生子一 令虎	令虎 配魏氏 生子一 生官	生官	
					玉珂 配米氏 生子一 令福	令福 配張氏 生子四 榮先 榮華 榮富 榮貴	榮先 配趙氏 生子一	
							榮華 配王氏	
							榮富 配馮氏	

十一世	十二世	十三世	十四世	十五世	十六世	十七世	十八世	十九世
							榮貴 配張氏	
		爾珍 配宋氏 趙氏 生子二 自哲 自智	自哲 配安氏					
			自智 配王氏 生子一 治榮 葬村東 地名河 東坪	治榮 配趙氏 生子四 玉瑛 玉城 玉珽 玉琩	玉瑛 配王氏 馬氏 王氏 嗣子一 令謥	令謥 配喬氏 嗣子一 友醇	友醇 配梁氏	
					玉城 配王氏 白氏 生子二 令誦 令詳	令誦 配官氏 生子三 友明 友善 友恭	友明	
							友善	
							友恭	
						令詳 配閻氏		
					玉珽 配王氏 張氏 張氏 嗣子一 令譓	令譓 配郭氏 生子二 友聞 友仁	友聞 配冀氏	
							友仁	
					玉琩 字潤章 配李氏 生子三 令珠 令譓 出嗣 令謥 出嗣	令珠 配趙氏 生子三 友直 友醇 出嗣 友賢	友直 字質卿 配任氏 生子二 日壽 日康	日壽
								日康
							友賢	

十一世	十二世	十三世	十四世	十五世	十六世	十七世	十八世	十九世
		爾富 配李氏 生子二 自楷 自清	自楷 配馮氏 周氏 生子一 治家 嗣子一 治均	治均 配趙氏				
				治家 配王氏 生子三 玉信 玉琢 玉富	玉信 配安氏 生子二 令孚 令宣	令孚 配楊氏 生子二 相喜 相寶 出嗣	相喜	
						令宣 嗣子一 相寶	相寶	
					玉琢			
					玉富 配趙氏 生子一 存銀	存銀		
			自清 配齊氏 生子一 治居	治居 配張氏				
亮 應瑞次子 配張氏 生子二 崇福 崇禄	崇福 配傅氏 生子三 爾相 爾扶 爾節	爾相						
		爾扶						
		爾節						
	崇禄 配張氏 生子四 爾定 爾安 爾寧 爾靜	爾定 配任氏 生子三 自正 自直 自剛	自正 配張氏 生了二 盡忠 樹梁	盡忠 配劉氏 生子一 玉珻	玉珻 字韞輝 親見七 代五世 同堂 欽賜正 八品	令名 配梁氏 生子二 象賢 繼賢	象賢 字肯堂 配鄭氏 生子四 夢魁 夢鈴 夢星 夢筆	夢魁 配王氏 生子二 傳奚 廣濟

十一世	十二世	十三世	十四世	十五世	十六世	十七世	十八世	十九世
					敕贈修職郎 配任氏 劉氏 生子一 令名			夢鈴 配張氏 生子二 傳午 廣譽
								夢星 配解氏 生子一 廣意
								夢筆 配張氏 生子一 廣和
							繼賢 配聶氏	
				樹梁 配温氏 趙氏 劉氏 生子三 玉珠 玉寶 玉瑋	玉珠 配閻氏 鄭氏 生子四 令文 令秀 令章 令常	令文		
						令秀 配周氏 生子一 冠賢	冠賢 配閻氏 生子三 夢斗 夢月 夢合	夢斗
								夢月 配畢氏 生子
								夢合 配李氏
						令章 配王氏 生子一 成賢	成賢 配李氏 生子三 夢元 占元 魁元	夢元
								占元
								魁元
						令常		

十一世	十二世	十三世	十四世	十五世	十六世	十七世	十八世	十九世
					玉寶 配吳氏 生子二 令行 令從	令行 配趙氏 王氏 生子一 會賢	會賢 配周氏 生子一 夢義	夢義
						令從 配趙氏 生子一 聚賢	聚賢 配張氏	
					玉瑋 配傅氏 田氏 生子二 令柱 令根	令柱		
						令根		
			自直 配聶氏 生子一 澤浩	澤浩 配王氏 生子二 玉完 玉琰	玉完 配趙氏 王氏 生子一 令規	令規 配楊氏 生子一 尚賢	尚賢 配王氏 生子一 夢達	夢達 配梁氏
					玉琰 配周氏 生子三 令矩 令望 令聞	令矩 配竇氏 生子一 禮賢	禮賢	
						令望 配劉氏 生子一 景賢	景賢	
						令聞		

十一世	十二世	十三世	十四世	十五世	十六世	十七世	十八世	十九世
			自剛 配王氏 生子一 樹材	樹材 配冀氏 生子五 玉琯 玉佩 玉瑁 玉璜 玉珧	玉琯 配張氏 嗣子一 令霞	令霞 配趙氏 生子一 佐賢	佐賢 配吳氏 生子一 夢泰	夢泰
					玉佩 配王氏 張氏 生子一 令來	令來 配高氏		
					玉瑁 配米氏			
					玉璜 配王氏 生子二 令仁 令法	令仁		
						令法 配張氏 生子三 士賢 贊賢 瑞賢	士賢	
							贊賢	
							瑞賢	
					玉珧 配任氏 趙氏 生子四 令霞 出嗣 令善 令式 令達	令善 配王氏 生子一 忠賢	忠賢	
						令式 配高氏		
						令達 配王氏 生子二 泰賢 福賢	泰賢	
							福賢	
		爾安 配王氏 生子二 自强 自宏	自强					
			自宏					

十一世	十二世	十三世	十四世	十五世	十六世	十七世	十八世	十九世
		爾寧 配冀氏 生子二 自序 自守	自序					
			自守					
		爾靜 配宋氏 生子四 自祥 自喜 自法 自有	自祥 配宋氏					
			自喜 配安氏 生子一 樹銀	樹銀 配趙氏				
			自法 配王氏					
			自有 配銀氏					
勃 應瑞三子 配王氏 生子四 崇望 崇光 崇興 崇明	崇望 配侯氏 生子三 爾言 爾義 爾祥	爾言 配王氏 生子一 自林	自林 配馮氏 生子三 樹槿 樹桯 樹常	樹槿 配李氏 生子一 玉璽	玉璽 配王氏 生子一 令修	令修		
				樹桯 配安氏				
				樹常 配張氏 生子三 玉珊 玉瓚 玉泗	玉珊 生子一 令高	令高		
					玉瓚			
					玉泗 配張氏 生子一 令序	令序 配趙氏 生子一 友貞	友貞	

十一世	十二世	十三世	十四世	十五世	十六世	十七世	十八世	十九世
		爾義 配安氏 生子二 自寬 自量	自寬 配張氏 生子一 樹龍	樹龍 配閻氏				
			自量 配安氏 生子三 樹威 樹鎮 樹忠	樹威 配張氏 王氏 吴氏 生子二 玉瓌 玉磬	玉瓌 配孔氏 生子一 令傑	令傑		
					玉磬 配董氏			
				樹鎮 配米氏 王氏 生子一 玉衡	玉衡 配董氏 生子二 令益 令禄	令益		
						令禄		
				樹忠 配趙氏 生子二 玉璞 玉珣	玉璞 配銀氏			
					玉珣 配董氏 生子一 鳳儀	鳳儀		
		爾祥 生子一 自寧	自寧					
	崇光 配安氏 生子三 爾吉 爾位 爾占	爾吉 配趙氏 王氏 生子二 自德 自有	自德 配鄭氏 生子二 樹望 樹蘭	樹望 配范氏 生子二 玉珍 玉琳	玉珍 配傅氏 生子一 令榮	令榮 配吴氏 生子一 輔賢	輔賢 配吴氏 生子二 夢盛 夢盤	夢盛 配逯氏 生子一
								夢盤

十一世	十二世	十三世	十四世	十五世	十六世	十七世	十八世	十九世
					玉琳 配王氏 生子三 令新 令文 令會	令新 配高氏		
						令文		
						令會		
				樹蘭 配王氏 生子三 玉璉 玉環 玉瑲	玉璉 配喬氏 生子一 令滿	令滿		
					玉環 配賓氏 生子一 令猷	令猷 生子一 育賢	育賢	
					玉瑲 配牛氏 生子一 令瑞	令瑞 配梁氏		
			自有					
		爾位 配王氏 生子三 自義 自勇 自善	自義 配趙氏 生子二 樹棚 樹樓	樹棚 配閻氏 生子一 玉璧	玉璧 配閻氏 生子二 令謨 令煥	令謨 配趙氏 生子一 順賢	順賢 配王氏 王氏 生子一 夢全	夢全
						令煥 配趙氏 生子一 運賢	運賢 配王氏 生子一 夢長	夢長
				樹樓 配曹氏 生子二 玉璋 玉全	玉璋 配周氏 生子二 道清 令清	道清 配王氏 陳氏 生子一 貴賢	貴賢	

十一世	十二世	十三世	十四世	十五世	十六世	十七世	十八世	十九世
						令清		
					玉全 配冀氏 生子一 道通	道通		
			自勇 配杜氏 生子一 樹杉	樹杉 配謝氏 田氏				
			自善 配郭氏 生子一 樹相	樹相 配冀氏 生子一 玉瑾	玉瑾			
		爾占 配閻氏 趙氏 生子二 自廣 自才	自廣 配白氏					
			自才 配白氏					
	崇興 配張氏 生子一 爾立	爾立 配趙氏 王氏 生子一 自朋	自朋 配周氏 生子一 樹梂	樹梂 配王氏				
	崇明 配王氏 生子三 爾才 爾威 爾洪	爾才 生子二 自扶 自起	自扶					
			自起					
		爾威						
		爾洪						

十一世	十二世	十三世	十四世	十五世	十六世	十七世	十八世	十九世
思 應星長子 生子二 明聲 明貴	明聲 配劉氏							
	明貴 配趙氏 楊氏 王氏 生子一 爾清	爾清 配王氏 生子二 自鋭 自元	自鋭 配趙氏 王氏 生子二 澤永 澤久	澤永 配高氏				
				澤久 配温氏 李氏 生子三 玉功 玉魁 玉琇	玉功 配喬氏 生子三 令端 令厚 令珍	令端		
						令厚 配許氏 生子一 友良	友良	
						令珍 配秦氏 生子一 友義	友義	
					玉魁			
					玉琇 配康氏 生子四 令寬 令還 令奎 令運	令寬		
						令還 配馬氏 生子一 友全	友全	
						令奎		
						令運		
			自元 配高氏					
納 應星次子								

十一世	十二世	十三世	十四世	十五世	十六世	十七世	十八世	十九世
會 應宿長子 配宋氏 生子三 明法 明哲 明智	明法 配張氏 生子一 爾功	爾功						
	明哲 生子一 爾培	爾培 配逯氏 生子二 自彪 自修	自彪 生子一 澤長	澤長				
			自修					
	明智							
管 應宿次子 生子一 明通	明通 配閻氏 生子一 學孟	學孟 生子一 自認	自認					
隆 應斗子 生子二 養星 養秀	養星 配范氏 生子一 逢年 嗣子一 逢德	逢年						
		逢德 配孟氏 生子三 自明 自謙 自譽	自明					
			自謙					
			自譽					
	養秀 配趙氏 王氏 冀氏 生子一 逢貴 嗣子一 逢盛	逢貴 配侯氏 生子二 自申 自庚	自申 配吳氏 生子一 樹輝	樹輝 配王氏 生子二 玉璁 玉瑢	玉璁			
					玉瑢 配　氏 生子一 令元	令元		
			自庚 配閻氏					
		逢盛 配王氏 生子二 自泰 自平	自泰 生子二 樹義 樹方	樹義				
				樹方				

十一世	十二世	十三世	十四世	十五世	十六世	十七世	十八世	十九世
			自平					
滕 應朝長子 配趙氏 生子一 養廉	養廉 生子三 逢祥 逢運 逢時	逢祥						
		逢運						
		逢時						
胖 應朝次子 配王氏 生子一 懋芳	懋芳 增廣生 配張氏 生子二 逢吉 逢原	逢吉 配米氏 高氏 安氏 張氏 生子二 自運 自通	自運 配石氏					
			自通 配李氏 生子四 樹棆 樹屏 樹美 樹梧	樹棆 配王氏 賀氏 生子一 玉璐	玉璐 配袁氏 王氏 李氏 馬氏 生子一 漸逵	漸逵 配宋氏 班氏 李氏 生子一 友俊	友俊	
				樹屏 配趙氏 嗣子一 玉玥	玉玥 配周氏 嗣子一 令熙	令熙 配安氏		
				樹美 配梁氏 生子二 玉玒 玉玥 出嗣	玉玒 配王氏 生子二 令豐 令熙 出嗣	令豐 配王氏		
				樹梧 配馮氏 生子一 玉璛	玉璛 配閻氏 生子二 令吉 令慶	令吉		
						令慶		

十一世	十二世	十三世	十四世	十五世	十六世	十七世	十八世	十九世
		逢原 配吴氏 生子二 自重 自穩	自重 配吴氏 生子一 樹枏	樹枏 配鄭氏 米氏 孟氏 子玉壺	玉壺 生子一 令遠	令遠		
			自穩					
柳 應章子 嗣子一 明成	明成 配高氏 生子二 爾元 爾榮	爾元 配趙氏 生子二 自相 自業	自相 配馬氏					
			自業 配王氏					
		爾榮 配李氏 生子一 自建	自建					
臻 應信子 配趙氏 魏氏 生子三 養初 養善 養朋	養初 配王氏 生子四 雲秀 雲茂 雲興 雲密	雲秀 配王氏						
		雲茂 配聶氏 生子三 自省 自賢 自妥	自省 配袁氏 馬氏 冀氏 生子一 樹桂	樹桂 配馬氏 宋氏 生子二 玉玬 玉玟	玉玬 配冀氏 生子二 令美 令範	令美 配李氏 生子二 汝賢 效賢	汝賢	
							效賢	
						令範		
					玉玟 配馬氏 解氏 生子一 令圖	令圖 配張氏 生子二 舉賢 耀賢	舉賢	
							耀賢	
			自賢 配趙氏					

十一世	十二世	十三世	十四世	十五世	十六世	十七世	十八世	十九世
			自妥 配吳氏 生子一 樹展	樹展 配趙氏				
		雲興 配王氏 生子一 自來	自來 配王氏 生子一 珍	珍				
		雲密 配趙氏						
	養善 配武氏 生子二 雲展 雲大	雲展 配張氏						
		雲大 配吳氏 生子三 自觀 自元 自茂	自觀 配李氏 生子四 鉁 錦 銘 鋑	鉁 配聶氏				
				錦 配閻氏 生子四 秉直 秉儀 秉裕 秉成	秉直			
					秉儀 配王氏 生子一 令哲	令哲 配姚氏 生子一 有德	有德	
					秉裕			
					秉成			
				銘 配蔡氏				
				鋑 配喬氏				
			自元 配聶氏 生子一 玉	玉 配蔡氏 生子二 朝忠 朝義	朝忠 配劉氏 任氏			

十一世	十二世	十三世	十四世	十五世	十六世	十七世	十八世	十九世
					朝義 配吴氏 生子一 令輝	令輝		
			自茂					
	養朋 配王氏 生子二 雲配 雲愷	雲配 配王氏 生子一 自潤	自潤 配米氏 李氏 生子三 樹禮 樹植 樹楙	樹禮 配董氏 生子三 秉仁 秉智 秉春	秉仁 配張氏 生子三 令如 令光 令和	令如 配王氏 生子一 有福	有福	
						令光 配趙氏 生子一 有禄	有禄	
						令和 配喬氏 生子一 有祥	有祥	
					秉智			
					秉春			
				樹植 配趙氏 生子一 秉義	秉義			
				樹楙				
		雲愷						
煥 應禮長子								

十一世	十二世	十三世	十四世	十五世	十六世	十七世	十八世	十九世
光 應禮次子 配冀氏 生子三 養瑜 養義 養彪	養瑜 生子一 雲霓	雲霓						
	養義							
	養彪							
興 應禮三子 配齊氏 生子一 養正	養正 配王氏 生子二 雲潤 雲星	雲潤 配梁氏						
		雲星						
鶴 應禮四子 配康氏 生子二 養要 養宏	養要 配杜氏 生子一 雲澤	雲澤 配侯氏						
	養宏 生子一 雲沛	雲沛						
念 應遠長子								
秦 應遠次子								
立 應義子 配王氏 生子三 得明 得心 得成	得明 生子一 雲法	雲法 配白氏						
	得心							
	得成							

十一世	十二世	十三世	十四世	十五世	十六世	十七世	十八世	十九世
必顯 朋賢子 配趙氏 生子二 懷道 懷德	懷道 配王氏 生子一 雲霞	雲霞 配閻氏 生子三 文寶 文福 文禄	文寶 配張氏 生子三 樹仁 樹森 樹直	樹仁				
				樹森 配郁氏				
				樹直 配翟氏				
			文福 配高氏 生子二 樹杞 樹枧	樹杞				
				樹枧 配閻氏 生子一 朝班	朝班			
			文禄 配周氏 生子二 樹興 樹晉	樹興 配張氏 生子二 朝品 朝職	朝品			
					朝職			
				樹晉 配張氏				
	懷德 配任氏 生子一 雲變	雲變 配趙氏 生子一 文湜	文湜					
正顯 朋孝子 生子一 懷忠	懷忠							
士顯 朋喜子 生子一 懷元	懷元							

十一世	十二世	十三世	十四世	十五世	十六世	十七世	十八世	十九世
倫 應綽子 配趙氏 生子一 養全	養全 配趙氏 生子三 雲耀 雲慶 雲辰	雲耀 配王氏 生子三 自儒 自學 自效	自儒 配王氏 生子一 樹成	樹成 配趙氏 生子二 廷千 廷萬	廷千 配高氏			
					廷萬			
			自學 配李氏 生子一 樹敏	樹敏 配王氏 生子二 燕哲 燕碩	燕哲 配王氏 劉氏 生子一 元會	元會 配王氏 生子四 履植 履儀 履棟 出嗣 履柄	履植 配王氏 生子一 日福	日福
							履儀	
							履柄	
					燕碩 配王氏 生子一 忠梅	忠梅 配喬氏 嗣子一 履棟	履棟	
			自效 配王氏 生子二 樹明 樹亮	樹明				
				樹亮 生子一 廷用	廷用			
		雲慶 配梁氏						
		雲辰						
才 應時子 配田氏 生子一 養玫	養玫 配閻氏 生子五 雲碧 雲昭 雲輝 雲燦 雲漢	雲碧 配王氏 生子一 自珍	自珍 配王氏 胡氏 生子一 樹栻	樹栻 配胡式 生子一 廷會	廷會 配梁氏 生子一 玉柱	玉柱		

十一世	十二世	十三世	十四世	十五世	十六世	十七世	十八世	十九世
		雲昭 配梁氏 生子二 自武 自⿱斌金	自武 配吳氏 生子三 樹英 樹法 樹章	樹英				
				樹法 配趙氏 生子一 廷琮	廷琮 配趙氏 生子一 墉	墉		
				樹章 配王氏 生子二 廷德 廷義	廷德			
					廷義			
			自⿱斌金 配梁氏 生子一 樹存	樹存				
		雲輝 配王氏 張氏 生子一 自仁 嗣子一 自美	自仁 配馮氏 生子二 樹杰 樹梱	樹杰 配王氏 生子二 廷賢 廷益 出嗣	廷賢 配王氏 嗣子一 準	準 配閻氏 生子二		
				樹梱 配張氏 嗣子一 廷益	廷益 配鄭氏 生子二 阜 準 出嗣	阜 配鄭氏		
			自美 配馬氏 生子三 樹杬 樹功 樹枋	樹杬 配高氏 生子二 廷佐 廷順	廷佐 配張氏 生子一 琬	琬		
					廷順			

十一世	十二世	十三世	十四世	十五世	十六世	十七世	十八世	十九世
				樹功 配魏氏 子廷蘭 生子一 廷喜	廷蘭 配陳氏 生子一 萬成	萬成 配張氏 生子二 履通 履順	履通	
							履順	
					廷喜			
				樹枋 配石氏 生子三 廷寶 廷蒼 廷庫	廷寶			
					廷蒼			
					廷庫			
		雲燦 配趙氏 董氏 生子二 自然 自桂	自然 配王氏 生子一 樹棫	樹棫 配劉氏 董氏 王氏 生子一 廷柱	廷柱 配張氏 生子一 碩	碩 配王氏 生子二 韞玉 韞輝	韞玉	
							韞輝 配張氏 生子	
			自桂 配張氏 生子二 樹通 樹順	樹通 配張氏				
				樹順				
		雲漢 生子一 自全	自全 配張氏 生子二 樹栽 樹種	樹栽 生子一 廷技	廷技 生子二 士英 勉良	士英		
						勉良		
				樹種 配孟氏 生子二 廷治 廷有	廷治 配　氏 生子二 大鹿 二鹿	大鹿		
						二鹿		
					廷有			

十一世	十二世	十三世	十四世	十五世	十六世	十七世	十八世	十九世
潤 應占長子 配任氏 生子二 養惠 養息	養惠 配梁氏 生子二 九敘 九祥	九敘						
		九祥 配冀氏						
	養息 配周氏 生子二 雲鴻 雲動	雲鴻 配謝氏 生子一 文鼎	文鼎 配解氏					
		雲動 生子三 文善 文喜 文炳	文善 配張氏 生子三 樹榛 樹椐 樹楸	樹榛 配高氏				
				樹椐 配施氏 生子一 朝寶	朝寶 配梁氏 生子三 最 景 暠	最 配侯氏 生子		
						景 配石氏 生子		
						暠 配趙氏 生子		
				樹楸				
			文喜 配周氏					
			文炳 配王氏					
法 應占次子 配安氏 王氏 生子二 養志 養相	養志 配梁氏 生子一 九徵	九徵 配鄭氏 生子二 國相 國臣	國相 配張氏					
			國臣 配馬氏					
	養相							

十一世	十二世	十三世	十四世	十五世	十六世	十七世	十八世	十九世
曉 應益子 配胡氏 張氏 生子二 養俊 養彥	養俊 配傅氏 生子一 斗翼	斗翼 生子一 俊儒	俊儒					
	養彥 配王氏							
苗 應璞長子 配郭氏 生子三 崇德 明德 耀德	崇德 配張氏 生子一 雲翔	雲翔 生子一 鴻儒	鴻儒 配任氏					
	明德 配史氏 生子一 雲翱	雲翱 配王氏 生子二 肖儒 英儒	肖儒 配梁氏 生子三 樹楨 樹棟 樹梅	樹楨 配周氏				
				樹棟 配劉氏 傅氏 生子二 燕登 燕殿	燕登 配王氏 生子三 道興 道立 道成	道興 配馬氏		
						道立 配馬氏 生子一 恒月	恒月	
						道成		
					燕殿 配王氏 生子一 道生	道生 配周氏 生子二 守仁 守義	守仁 配張氏 嗣子一 桂枝	桂枝 配姜氏
							守義 配趙氏 生子二 桂林 桂枝 出嗣	桂林

十一世	十二世	十三世	十四世	十五世	十六世	十七世	十八世	十九世
				樹梅 配岳氏 王氏 生子四 廷昇 燕進 燕先 燕選	廷昇 配趙氏 生子三 道明 元明 道寶	道明		
						元明		
						道寶 配劉氏 張氏 生子三 通泰 順泰 成泰	通泰	
							順泰	
							成泰 配楊氏 生子	
					燕進 配梁氏 生子一 道仁	道仁		
					燕先 配賀氏 生子一 元善	元善		
					燕選 配王氏 張氏 生子一 道安	道安		
			英儒 配冀氏 嗣子一 樹桐	樹桐 配張氏 生子二 廷麟 廷鳳	廷麟 配傅氏 生子二 元愷 元章	元凱 配王氏		
						元章 配吳氏 生子二 中繼 中戊	中繼	
							中戊	

十一世	十二世	十三世	十四世	十五世	十六世	十七世	十八世	十九世
					廷鳳 配竇氏 生子二 元音 泰森	元音 生子一 忠恕	忠恕	
						泰森		
	耀德 配梁氏 生子二 雲鵠 雲鷥	雲鵠 配潘氏 郝氏 生子一 文繡	文繡 配王氏 閻氏 生子四 樹芳 樹蓮 樹蒲 樹荏	樹芳 配王氏 王氏 生子二 燕斌 燕⿱斌土	燕斌 配王氏 生子三 元福 元禄 元祥	元福 配安氏 任氏 生子四 履效 履敬 履教 履信	履效	
							履敬 配魏氏	
							履教	
							履信	
						元禄 配王氏 生子三 履義 履德 友慶 出嗣	履義 配張氏 生子	
							履德 配曹氏 生子	
						元祥 配張氏 生子一 履敦	履敦 配王氏	
					燕⿱斌土 配劉氏 生子一 元三	元三 配馬氏 梁氏 生子一 履敞	履敞	
				樹蓮 配安氏 史氏 生子三 燕珍 燕寶 燕珠	燕珍			
					燕寶			
					燕珠			

十一世	十二世	十三世	十四世	十五世	十六世	十七世	十八世	十九世
				樹蒲 配李氏				
				樹荏				
		雲鷺 配楊氏 聶氏 楊氏 生子二 文湛 文洟	文湛 配楊氏 生子二 樹儀 樹俊	樹儀 配安氏 生子二 燕士 燕正	燕士 配王氏			
					燕正 配張氏 袁氏 生子二 元亮 元德	元亮 配竇氏		
						元德 配喬氏		
				樹俊 配王氏 楊氏 生子四 燕榮 燕華 汝弼 出嗣 燕貴	燕榮 配張氏 張氏 生子二 元寬 元吉	元寬 配王氏 竇氏 生子二 履節 履坦	履節 配趙氏	
							履坦 字子貞 配閻氏 生子二 桂鰲 桂郁	桂鰲
						元吉 配趙氏		
					燕華 配高氏			
					燕貴 配王氏			
			文洟 配康氏 温氏 趙氏					

十一世	十二世	十三世	十四世	十五世	十六世	十七世	十八世	十九世
昌 應璞次子 明庠生 配李氏 崇祀節 孝祠 生子四 懋德 懋蘭 俊德 敬德 謹按：始祖以下歷十一世，均隱居力田。公生而敏悟，嗜讀書，與胞弟器、族弟繼昌，砥礪成名，詩禮之傳家實肇於此。公以崇禎庚辰即世，距生萬歷丙申，享年四十有五。遺孤懋德八齡，懋蘭四	懋德 字邵初 稟膳生 崇祀忠孝祠，行蹟載邑乘。 配張氏 生子二 雲龍 雲翼	雲龍 字六御 康熙戊子歲貢生，候選訓導，勅贈文林郎，江南來安縣知縣，貤贈直隸清河縣知縣。 配趙氏 周氏 張氏 生子四 文溥 文淳 文瀚 文濬	文溥 庠生 配張氏 生子二 樹楷 樹模 此公没時，樹楷僅二歲，張氏能堅貞矢志，孝事慈教。請於有司得旌奏表。	樹楷 庠生 配解氏 生子四 廷璜 廷煜 廷燦 廷炯	廷璜 太學生 配任氏 喬氏 生子一 振基	振基 配傅氏 生子一 履泰	履泰 配安氏 張氏 生子二 桂秀 桂芳	桂秀 配郭氏 桂芳 配弓氏 生子四 命銜 俸銜 佩銜 禎銜
					廷煜 配閻氏 聶氏 生子一 師曾	師曾		
					廷燦 字覲光 庠生 配傅氏 劉氏 任氏 趙氏 生子四 時英 時銘 開基 世基	時英 配王氏 生子二 廣泰 豐泰	廣泰 豐泰	
						時銘 配李氏 生子一 致泰	致泰 配馬氏 生子一 桂馥	桂馥 配張氏 安氏 生子二 命財 命元
						開基 配吳氏 生子四 恒泰 昌泰 永泰 德泰	恒泰 配王氏	
							昌泰 配趙氏 生子一 桂馨	桂馨 配姜氏 生子一 命忠
							永泰 配王氏	

十一世	十二世	十三世	十四世	十五世	十六世	十七世	十八世	十九世
齡，俊德、敬德尚在襁褓中，兼值兵燹之際，李太君鞠育支持，備罹荼毒，四子，賴以成立，職者僉謂公讀書積德之報。							德泰 配楊氏 生子二 桂根 桂蒼	桂根
								桂蒼
						世基 配冀氏 白氏 生子一 吉泰	吉泰	
					廷炯 配謝氏 王氏 傅氏			
				樹模				
			文淳 增廣生 配傅氏					
			文瀚 字北溟，康熙戊子科舉人，癸巳恩科進士，選授江南滁州來安縣知縣，調江陰縣知縣，所至有惠政，改潞安府	樹楚 字翹奄，乾隆庚午恩貢生，候選教諭。配孫氏 解氏 郝氏 生子四 廷爕 廷炳 廷煥 廷煟	廷爕 字亮工，太學生，配劉氏 閻氏 生子二 創基 洪基	創基 配李氏 生子二 履豫 履咸	履豫 者民 配魏氏 生子一 桂芬	桂芬 配米氏
							履咸 配梁氏 生子三 桂山 桂林 桂枝	桂山 配張氏 生子二 命知 命侯
								桂林 配竇氏 生子一 命守
								桂枝

十一世	十二世	十三世	十四世	十五世	十六世	十七世	十八世	十九世
			長治縣教諭。配李氏 側室王氏 生子三 樹楚 樹梃 樹業			洪基		
					廷炳 字蔚友 廪膳生 配王氏 閻氏 生子一 培中	培中 配王氏 梁氏 生子二 履謙 履道	履謙 配喬氏	
							履道 配郭氏 生子三 桂薌 桂元 桂高	桂薌 字伯芬 配史氏 温氏 生子二 命哲 命勝
								桂元 配孫氏
								桂高 配翟氏 王氏
					廷煥 配武氏 生子四 興基 端基 定基 丕基	興基		
						端基		
						定基		
						丕基		
					廷熠 配郝氏 生子二 敏中 用中	敏中 配閻氏 傅氏 生子一 履萃	履萃 配石氏 生子二 桂英 桂蘭	桂英 配劉氏 馮氏 生子一 命達
								桂蘭 配岳氏
						用中 配閻氏 生子一 履花	履花	

十一世	十二世	十三世	十四世	十五世	十六世	十七世	十八世	十九世
				樹梃 字松年 廩膳生 配石氏 生子二 廷猷 廷炎	廷猷 配潘氏 生子一 培亨	培亨 配蔣氏 生子一 履豐	履豐 配鄭氏 生子二 憋 奓 出嗣	憋 生子二 命森 命性
					廷炎 配任氏 王氏 生子一 培元 王氏年二十歲夫亡，守節五十餘年。	培元 配劉氏 生子一 恩光	恩光 字照林 庠生 配張氏 嗣子一 奓	奓 配盧氏 生子二 命新 命伸
				樹業 字有堂 太學生 配王氏 李氏 張氏 生子一 三聘	三聘 配胡氏 任氏			
			文濬 字哲之 增廣生 敕贈文林郎，直隸清河縣知縣。 配王氏 生子四 樹檀 樹檜 樹槐 樹桓	樹檀 字香園 庠生 配傅氏 生子二 占元 掄元	占元 配王氏			
					掄元 配趙氏 王氏 生子二 紹宗 出嗣 成宗	成宗 配王氏		

十一世	十二世	十三世	十四世	十五世	十六世	十七世	十八世	十九世
				樹檜 字聖培乾隆癸酉科舉人，題授直隸廣平府清河縣知縣。配趙氏生子一汝舟嗣子二如陵汝弼	汝舟			
					如陵 配王氏生子一琛	琛 字賁南庠生配潘氏謝氏冀氏生子二履晉履成	履晉 配李氏生子二桂金桂銀	桂金
								桂銀
							履成 配袁氏	
					汝弼 配馬氏冀氏生子三世宏世和世泰	世宏 配馬氏生子		
						世和		
						世泰		
				樹槐 配聶氏生子一體元	體元 配周氏生子一瑾嗣子一紹宗	瑾 配馬氏		
						紹宗 配張氏生子二履正履全	履正	
							履全 配任氏生子	
				樹桓 配張氏生子四如岡如陵出嗣如山如川	如岡 字鳳宇太學生配王氏馮氏管氏生子一世傑	世傑		

十一世	十二世	十三世	十四世	十五世	十六世	十七世	十八世	十九世
					如山 早卒，婦任氏殉節			
					如川 配冀氏 李氏 生子三 世佑 世信 世倬	世佑 配王氏 生子二 履仁 義和	履仁	
							義和	
						世信 配白氏 生子二 永和 中和	永和	
							中和	
						世倬		
		雲翼 字六翮 康熙丙寅拔貢生，候選直隸州州判。 配石氏 劉氏 李氏 生子一 文錦	文錦 字繡軒 康熙甲午歲貢生，舉鄉飲大賓。 配潘氏 孟氏 生子一 樹極	樹極 字建中 太學生 配韓氏 生子五 廷儀 淑儀 舜儀 定儀 令儀	廷儀 字翽羽 庠生 配張氏 劉氏 張氏 生子二 陞印 加印	陞印 配曹氏 郭氏 范氏 生子二 履庠 履序出嗣	履庠 配任氏 生子二 桂雲 桂月	桂雲
								桂月
						加印 嗣子一 履序	履序	
					淑儀 配聶氏 馬氏 生子一 石麟	石麟 配温氏 生子二 履周 履和	履周 配花氏	
							履和	

十一世	十二世	十三世	十四世	十五世	十六世	十七世	十八世	十九世
					舜儀 佾禮生 配孟氏 王氏 柄氏 生子二 正錫 純錫	正錫 配周氏 聶氏 閻氏 禹氏 生子一 丕顯	丕顯	
						純錫 耆民 配曹氏 馬氏 趙氏 生子一 履綏	履綏 配胡氏 王氏 鄭氏 生子一 桂修	桂修
					定儀 太學生 配郝氏 張氏 生子五 振家 振興 振貴 振寶 振福	振家 配傅氏 生子一 來泰	來泰 配姜氏	
						振興 配尚氏		
						振貴 配趙氏 生子一 履成	履成 配段氏	
						振寶		
						振福		
					令儀 配郭氏 生子一 振名	振名 太學生 配王氏 閻氏 張氏 生子四 履厚 履觀 履升 履晉	履厚 配喬氏	
							履觀 配左氏 生子一 桂犀	桂犀
							履升 配王氏	

十一世	十二世	十三世	十四世	十五世	十六世	十七世	十八世	十九世
							履晉	
	懋蘭 字郁初 康熙壬申歲貢生，候選訓導。 配閻氏 趙氏 宋氏 生子二 雲企 雲生 事兄如嚴父。	雲企 字素望 增廣生 配趙氏 鄭氏 孟氏 王氏 生子一 文沆 嗣子一 文瀛	文瀛 字豐宇 配趙氏 尚氏 生子三 樹岳 樹聲 樹嵩	樹岳 字岱岩 庠生 配曹氏 趙氏 生子三 廷對 廷錫 廷雋	廷對 字搢書 配武氏 生子一 用唐	用唐 字帝臣 庠生 配王氏 吳氏 生子二 履壯 履信	履壯 配張氏	
							履信 配吳氏 生子二 春芳 春華	春芳 配趙氏 生子一
								春華
					廷錫 配張氏 張氏 生子一 宗唐	宗唐 配劉氏 張氏 生子三 履觀 履寬 履端	履觀	
							履寬	
							履端	
					廷雋 配王氏 生子一 景唐	景唐 配曹氏 生子一 履益	履益 配康氏 生子二 春發 春榮	春發
								春榮
				樹聲 字殿颺 庠生 配尚氏 傅氏 生子一 廷獻	廷獻 配冀氏 生子三 際唐 贊唐 嗣唐	際唐 配王氏 生子二 履亨 履順	履亨	
							履順	
						贊唐 配劉氏 賈氏 生子三 履敦 履榮 履德	履敦	
							履榮	
							履德	

十一世	十二世	十三世	十四世	十五世	十六世	十七世	十八世	十九世
						嗣唐 配武氏 生子五 履忠 履義 履節 履吉 履照	履忠 配梁氏	
							履義	
							履節 配孔氏	
							履吉	
							履照 配吕氏 生子	
				樹嵩 配梁氏 生子二 廷訓 廷誥	廷訓 配劉氏 生子二 承唐 佐唐	承唐 配梁氏 生子二 履和 履合	履和	
							履合	
						佐唐 配魏氏 生子二 履茂 履盛	履茂	
							履盛	
					廷誥 配王氏 生子二 崇唐 興唐	崇唐 配馬氏 張氏 生子二 履朋 履寶	履朋	
							履寶	
						興唐		

十一世	十二世	十三世	十四世	十五世	十六世	十七世	十八世	十九世
			文沆 字毓彬 太學生 配王氏 生子二 樹檍 樹橚	樹檍 配郭氏 冀氏 生子一 朝鳳	朝鳳 配冀氏 張氏 生子一 世淑	世淑 配　氏 生子一 友寬	友寬	
				樹橚 配温氏 任氏 生子二 朝輔 朝鷺	朝輔			
					朝鷺 配趙氏 生子二 世全 世業	世全		
						世業		
		雲生 配閻氏						
	峻德 配梁氏 王氏 生子一 雲雯	雲雯 配王氏 李氏 生子三 文濂 文潔 文瀞	文濂 字效周 配李氏 生子一 樹立	樹立 字鶴亭 增廣生 配楊氏 生子一 衍慶	衍慶			
			文潔 配梁氏 生子三 樹棱 樹棣 樹檢	樹棱 配曹氏 康氏 生子三 廷珻 廷琦 廷玥	廷珻 配侯氏 生子一 培玉	培玉 配馬氏 生子一 合麟	合麟	
					廷琦 配趙氏			
					廷玥 配李氏 趙氏 生子一 培成	培成 配劉氏 傅氏		
				樹棣 配魏氏 生子一 廷琇	廷琇 配馬氏			

十一世	十二世	十三世	十四世	十五世	十六世	十七世	十八世	十九世
				樹檢 配趙氏 生子一 廷瑶	廷瑶 配侯氏			
			文瀞 配閻氏 生子一 樹椿	樹椿 配梁氏 安氏 生子二 廷珮 廷環	廷珮 廷環			
	敬德 敕贈修 職佐郎 配趙氏 安氏 敕贈孺 人 生子二 雲路 雲瑞	雲路 字典五 雍正丙 午歲貢 生，選 授寧武 府偏關 縣 訓 導。 配張氏 高氏 馬氏 温氏 生子一 文治	文治 字煥然 庠生 配張氏 王氏 卞氏 魏氏 生子三 樹榮 樹榛 樹樫	樹榮 字茂亭 配王氏 劉氏 生子二 子俊 子儀 出嗣	子俊 字章民 配馬氏 劉氏 生子三 世維 世純 出嗣 世紀	世維 配張氏 生子三 書麟 長麟 生麟	書麟 配張氏 生子四 觀照 廣泰 出嗣 觀德 觀明	觀照 配袁氏 生子 觀德 觀明
							長麟 配張氏 生子一	
							生麟 配張氏 生子一	
						世紀 者民 配王氏 嗣孫一 廣泰		廣泰
				樹榛 字栗菴 庠生 配閻氏 嗣子一 子儀	子儀 字象汾 增廣生 配李氏 嗣子一 世純	世純 配周氏		

十一世	十二世	十三世	十四世	十五世	十六世	十七世	十八世	十九世
				樹檉 庠生。配高氏				
		雲瑞 字玉五，庠生，敕贈修職郎，晉贈儒林郎，累贈朝議大夫，貤贈資政大夫，誥贈光祿大夫。配雒氏，敕封太孺人，晉贈安人，累贈恭人，貤贈夫人，誥贈一品夫人。生子二：文汪、文洋	文汪 字沛然，雍正壬子優貢生，選授陽城縣訓導，補鳳臺縣，復補朔州，陞潞安府長治縣教諭，署寧武府教授司鐸。二十年成就人才最多。崇祀忠義孝弟祠。誥贈朝議大夫，晉贈資政大夫，誥贈光祿大夫。配王氏、賈氏，誥贈恭人，晉	樹榗 字贊亭，庠生，敕贈文林郎。配潘氏，生子一：朝鸞	朝鸞 字鳳翥，乾隆庚子科舉人，候選知縣，猗氏縣教諭。配李氏、徐氏，生子一：世倫	世倫 字右第，太學生。配王氏、王氏，生子二：有餘、有尚	有餘 配袁氏，生子 有尚 配王氏，生子	
				醇士 字福亭，候選府照磨，舉鄉飲大賓，貤封儒林郎。配郝氏，貤封安人。生子一：朝鳴	朝鳴 字雅音，從九品。配王氏			

十一世	十二世	十三世	十四世	十五世	十六世	十七世	十八世	十九世
			贈夫人，誥贈一品夫人。生子四 樹楷 醇士 恕士 韻士	**恕士** 字忠一號貫亭乾隆乙酉科舉人，歷任山東嘉祥縣、汶上縣、博山縣、蘭山縣知縣，署嶧縣、魚臺縣、蒲臺縣知縣事，所至有善政，不可枚舉，至今各邑士民稱道弗衰，蓋作宰閱二十餘年云。配閻氏生子三 朝騫 朝鵬 朝鷙	**朝騫** 字騅客太學生候選縣丞 配張氏 生子一 世修	**世修** 字亦盧增廣生 配王氏 生子二 有詔 有穀	**有詔** 字嘉言 配趙氏 **有穀** 字善夫 配馬氏	
					朝鵬 早卒 配王氏			
					朝鷙 字鷹揚太學生舉鄉飲介賓 配樊氏 生子二 世侃 世鈞	**世侃** 字效陶 早卒 **世鈞** 字石臣 配米氏 生子一 友梅	**友梅**	

十一世	十二世	十三世	十四世	十五世	十六世	十七世	十八世	十九世
				韻士 字諧庭，又字鶴皋。乾隆丁酉科拔貢生，中式經魁，戊戌科聯捷進士，翰林院庶吉士，肄習國語，散館授職編修，大考陞授右春坊右中允，武英殿纂修，國史館總纂，國史館提調，改户部雲南司主事，遷河南司員外郎，福建司郎中兼寶泉局監督，乾隆己酉	宬藻 字國華 增貢生 實録館謄録，議敘四川鹽場大使，歷署華陽縣縣丞，簡州州判，太平廳經歷，敕授修職郎，貤贈光禄大夫。 配任氏 劉氏 徐氏 貤贈一品夫人 生子四 世弅 世庚 世齡 世舒 出嗣	世弅 字眉石 嘉慶丙子優貢生，歷署臨縣、臨汾縣教諭，榮河縣訓導，補長子縣訓導，現任屯留縣訓導，敕授修職佐郎。 配潘氏 敕贈孺人 側室王氏 生子一 友觀	友觀 字海瀾 庠生 配任氏	
						世庚 字小山 庠生 貤贈修職郎 配孟氏 貤封孺人 嗣子一 友益	友益 字望三 庠生 配張氏	

十一世	十二世	十三世	十四世	十五世	十六世	十七世	十八世	十九世
				科、嘉慶庚申恩科、順天鄉試同考官。 誥授奉政大夫，誥贈資政大夫，誥贈光禄大夫。 配弓氏，誥贈宜人，誥贈夫人，誥贈一品夫人。 配劉氏誥封宜人，誥封太夫人，誥贈一品夫人。 生子六 宬藻 宣藻 宷藻 富藻 寯藻 宿藻		世齡 字君壽道光戊子科舉人，選授文水縣教諭，敕授修職郎。 配王氏敕贈孺人 生子一 友益 出嗣 側室胡氏 生子三 友咸 殤		
					宣藻 字錫綸貤贈通議大夫 配張氏貤贈淑人 嗣子一 世舒	世舒 字季申太學生署直隸天津葛沽司巡檢，補清河縣典史，調交河縣典史。 配李氏		
					宷藻 字仲寅道光癸卯科舉	世敦 字復齋例貢生 配聶氏	友晉 聘孟氏	

十一世	十二世	十三世	十四世	十五世	十六世	十七世	十八世	十九世
					人，馳封光禄大夫。配劉氏，馳贈一品夫人 配梁氏馳封一品夫人生子一世敦 側室趙氏生子一世篤	孟氏 李氏 生子三 友晉 友謙 友孚	友謙 聘任氏 友孚	
					富藻 幼殤			
					寯藻 字叔穎嘉慶庚午科舉人，甲戌科進士，翰林院庶吉士，散館授職編修兼撰文國史館協修，實録館纂修，南書房行走，文淵閣校理，	世長 字子禾咸豐辛亥恩科舉人，一品蔭生，户部陝西司員外郎，工部營繕司員外郎。誥授奉直大夫。配李氏誥封宜人。生子二		

十一世	十二世	十三世	十四世	十五世	十六世	十七世	十八世	十九世
					日講起居注官，道光壬午會試同考官，壬午廣東鄉試正考官，提督湖南學政，右春坊右中允，翰林院侍講，右春坊右庶子，翰林院侍講學士，署國子監祭酒，通政使司副使，光禄寺卿，内閣學士兼禮部侍郎銜，兵部左右侍郎，户部右侍郎兼管錢法堂事務，提督江蘇	友濟 殤 彭年		

十一世	十二世	十三世	十四世	十五世	十六世	十七世	十八世	十九世
					學政，户部左侍郎，吏部右侍郎，都察院左都御史，兵部尚書，辛丑會試副考官，户部尚書，辛丑、甲辰、乙巳、丁未、壬子朝考閱卷官，辛丑、乙巳教習庶吉士，丙午順天鄉試正考官，管理户部三庫事務，庚戌殿試讀卷官，上書房總師傅，協辦大學士，稽察欽奉上諭			

十一世	十二世	十三世	十四世	十五世	十六世	十七世	十八世	十九世
					事件處，文淵閣領閣事，查倉大臣，賜紫禁城內騎馬，實録館總裁、監修總裁，管理工部事務，現任經筵講官，太子太保，體仁閣大學士，管理户部事務，軍機大臣，誥授光禄大夫。配曹氏，誥贈一品夫人，生子一殤。配陳氏，誥封夫人，誥贈一品夫人。生子四，世元殤			

十一世	十二世	十三世	十四世	十五世	十六世	十七世	十八世	十九世
					世長 世京 殤 世燾 殤 側室劉氏生子一 殤			
					宿藻 字幼章，道光乙酉科舉人，壬辰科挑取謄錄，景山官學教習，戊戌科進士，翰林院庶吉士，散館授職檢討，國史館協修，國史館纂修，國史館提調，甲辰會試同考官，甲辰廣西鄉試副考官，乙巳特授湖北黄州府	**世佶** 字吉人，庠生，三品廕生，太常寺博士，敕授文林郎。 配劉氏，敕贈孺人 配王氏，敕封孺人		

十一世	十二世	十三世	十四世	十五世	十六世	十七世	十八世	十九世
					知　府， 署漢黄 德　道， 調補武 昌府知 府，廣 東鹽運 使司鹽 運　使， 廣東按 察使司 按　察 使，湖 南布政 使司布 政　使， 現任江 寧布政 使司布 政　使， 軍功賞 戴　花 翎，誥 授資政 大夫。 配王氏 誥贈夫 人 配劉氏 誥封夫 人 生子一 世信			

十一世	十二世	十三世	十四世	十五世	十六世	十七世	十八世	十九世
			文洋 字浩然乾隆庚辰歲貢生，候選訓導，舉鄉飲大賓。 配解氏 生子三 宗典 宗堯 宗奚	宗典 字經世 配王氏 生子二 朝驥 朝鷺	朝驥 字子良 配王氏 生子一 世鑄	世鑄 配趙氏 生子一 友慈	友慈	
					朝鷺 字覲光佾禮生 配王氏 任氏 生子三 世鐸 世銘 世偉	世鐸 配馬氏 生子二 友哲 友須	友哲 友須	
						世銘 配梁氏 王氏 生子二 友蘭 友愛	友蘭 友愛	
						世偉 字顧彥 配梁氏 生子二 友端 友智	友端	
				宗堯 宗景伊庠生例贈文林郎 配王氏 王氏 余氏 生子一 朝驤	朝驤 字步衢嘉慶戊寅恩科舉人，襄陵縣訓導。 配姜氏 生子一 世恩	世恩 字錫章衍聖公府齎奏官 配蔡氏 常氏 生子一 友麟	友麟 字仁圃 配袁氏	

十一世	十二世	十三世	十四世	十五世	十六世	十七世	十八世	十九世
				宗奚 字達後 從九品 配李氏 生子二 朝驌 朝騤	朝驌 字駛之 配閻氏 王氏 生子三 世攸 世仲 世績	世攸 配王氏 生子四 郉 卲 郷 郘	郉	
							卲	
							郷	
							郘 配曹氏	
						世仲 配王氏 生子一 郊	郊	
						世績		
					朝騤 字克猷 佾生 配冀氏 生子四 世僖 世健 世偁 世倗	世僖 字慎齊 配冀氏 側室馮氏 生子二 友廉 友節	友廉	
							友節	
						世健 字子康 配趙氏 生子二 友和 友孝	友和	
							友孝	
						世偁 字效禹 武庠生 配王氏 生子一 友弟	友弟	
						世倗		

十一世	十二世	十三世	十四世	十五世	十六世	十七世	十八世	十九世
器 應璞三子 庠生 配任氏 生子一 新德	新德 配張氏 生子一 雲鵬	雲鵬 配王氏 魏氏 生子二 文濤 文潤	文濤 配張氏 王氏 雷氏 生子三 樹模 樹森 樹彬	樹模 配張氏 嗣子一 廷瑛	廷瑛 配王氏 生子一 元忠	元忠 配閻氏		
				樹森 配吳氏 生子一 廷碧	廷碧 配王氏 嗣子一 元和	元和 配閻氏		
				樹彬 配李氏 生子二 廷端 廷佐	廷端 配趙氏 趙氏 生子二 元昇 元德	元昇 配馮氏 生子一 崇	崇	
						元德 配劉氏 生子二 峻 巘	峻 巘	
					廷佐 配宋氏 生了二 元寶 元吉	元寶 配張氏 生子一 峯	峯	
						元吉 配趙氏 吳氏 生子二 崔 岫	崔 岫	
			文潤 配王氏 生子三 樹標 樹權 樹樊	樹標 配范氏 生子一 廷彥	廷彥 配高氏 生子三 培 坊 垣	培 配王氏		

十一世	十二世	十三世	十四世	十五世	十六世	十七世	十八世	十九世
						坊 配馬氏 生子四 履福 履進 履益 福成 出嗣	履福 履進 履益	
						垣 配周氏 生子一 履謙	履謙 配趙氏 生子一 桂吉	桂吉
				樹權 配張氏 畢氏 生子一 廷書	廷書 配趙氏 生子一 元亨	元亨 生子一 履柱	履柱	
				樹樊 配梁氏 生子二 廷臣 廷仕	廷臣 配張氏 李氏 生子二 元僖 元佑	元僖		
						元佑 配安氏 生子一 履阜	履阜 配郭氏 趙氏	
					廷仕 配楊氏 王氏 尚氏 魏氏 生子二 元貞 元祥	元貞 配趙氏 宋氏 生子一 履有	履有	
						元祥 生子一		
江 應選長子 配王氏 生子一 養寧	養寧							

十一世	十二世	十三世	十四世	十五世	十六世	十七世	十八世	十九世
河 應選次子 配王氏 生子四 養禎 養富 養福 養禄	養禎 配梁氏 生子一 雲静	雲靜 配董氏 生子一 文林	文林 配李氏 生子一 樹基 嗣子一 樹棃	樹基 配王氏 高氏 生子三 表正 朝禮 朝雉	表正 配李氏 生子一 世佃	世佃 配李氏		
					朝禮			
					朝雉 配張氏 尚氏 生子一			
				樹棃 配閻氏 生子一 身正	身正 字理質 配李氏 閻氏 生子二 世貞 世偲 出嗣	世貞 字蔚州 配趙氏 傅氏		
	養富 配王氏 生子一 雲鵬	雲鵬						
	養福							
	養禄 配張氏 生子二 雲長 雲世	雲長 生子二 文泰 文森	文泰 配馮氏 生子一 樹福	樹福 配高氏				
			文森 配鄭氏 生子二 樹根 樹棃 出嗣	樹根 嗣孫一 世偲		世偲		

十一世	十二世	十三世	十四世	十五世	十六世	十七世	十八世	十九世
		雲世 配王氏 生子一 文沄	文沄 配張氏 生子三 樹合 樹臯 樹檻	樹合 配石氏 生子三 如魁 如春 出嗣 如東 出嗣	如魁 配冀氏 生子一			
				樹臯 嗣子一 如春	如春			
				樹檻 配竇氏 嗣子一 如東	如東 配張氏			
爵 應選三子 配趙氏 生子二 養定 養安	養定 配王氏 嗣子一 雲洲	雲洲 配董氏 生子二 文吉 文法	文吉 生子一 樹𣝗	樹𣝗 配張氏 聶氏 生子二 廷悦 廷愷	廷悦 配閻氏 生子二 坤 墅 出嗣	坤		
					廷愷 配趙氏 嗣子一 墅	墅		
			文法 配銀氏					
	養安 配吴氏 生子二 雲斗 雲樞	雲斗 配張氏 傅氏 生子三 文浩 文澤 文湞	文浩 配安氏 生子一 樹杰	樹杰 配周氏				

十一世	十二世	十三世	十四世	十五世	十六世	十七世	十八世	十九世
			文澤 配傅氏 生子一 樹枝	樹枝 配冀氏 米氏 生子二 廷龍 廷輅	廷龍 配趙氏 嗣子一 增	增 配任氏 嗣子一 韞福	韞福	
					廷輅 配石氏 生子二 增 出嗣 壂	壂 配梁氏 任氏 生子二 韞福 出嗣 韞義	韞義	
			文湞 配王氏 趙氏 生子一 樹棰	樹棰 配王氏 冀氏 生子三 廷全 廷傑 廷倫	廷全 配馬氏			
					廷傑 配史氏 生子一 境	境		
					廷倫 配徐氏 陳氏			
		雲樞 配馮氏 生子一 文沂	文沂 配周氏 生子二 樹棠 樹杲	樹棠 配趙氏 生子二 廷耀 廷良	廷耀 配馬氏 生子一 垿	垿 配王氏 趙氏 嗣子一 友慶	友慶	
					廷良 配任氏			
				樹杲 配張氏 生子一 廷光	廷光 配安氏 生子二 世桐 世德	世桐 配傅氏 生子一 友信	友信	

十一世	十二世	十三世	十四世	十五世	十六世	十七世	十八世	十九世
						世德 配齊氏 生子一 友義	友義	
染 應滿子 配孫氏 生子二 養寬 養亮	養寬 配温氏 馬氏 生子二 雲廣 雲卿	雲廣 配楊氏 生子一 文深	文深 配趙氏 生子二 宗泰 宗岱	宗泰 配王氏 李氏 冀氏 生子二 廷堅 廷五	廷堅 從九品 配閻氏 張氏 嗣子一 世儀	世儀		
					廷五			
				宗岱 配趙氏 王氏 生子三 廷甫 廷式 廷均	廷甫 配周氏 嗣子一 世僼	世僼 配胡氏		
					廷式 字思古 配閻氏 冀氏 生子五 世僼 出嗣 世儐 世儀 出嗣 世佼	世儐 配王氏		
						世佼		
					廷均 配冀氏 安氏 張氏 孟氏			
		雲卿 配王氏 生子一 文豹	文豹 生子二 樹山 樹川	樹山 生子二 廷寶 二寶	廷寶 生子一 伶兒			

十一世	十二世	十三世	十四世	十五世	十六世	十七世	十八世	十九世
					二寶			
				樹川 生子一 廷環	廷環			
	養亮							

十一世	十二世	十三世	十四世	十五世	十六世	十七世	十八世	十九世
素 應雷長子 配張氏								
千 應雷次子 配李氏 生子一 養德	養德 配王氏 生子四 先蘊 先智 先慧 先藉	先蘊 配張氏 生子一 自順	自順 配范氏 生子二 澤盈 澤常	澤盈 配高氏 王氏 聶氏 生子二 廷玉 廷珻	廷玉 配趙氏 生子二 鵬舉 鵬翔	鵬舉 配馬氏 楊氏 裴氏 嗣子一 福成	福成 配王氏 生子一 景繡	景繡 配温氏 生子一
						鵬翔 配趙氏 嗣子一 福泰	福泰 配梁氏 聶氏 王氏 生子一 景純	景純
					廷珻 配閻氏 子鵬鳩	鵬鳩 配劉氏 生子二 永泰 福泰 出嗣	永泰 配王氏 張氏 賀氏 生子一 景福	景福
				澤常 配高氏				
		先智 生子三 自立 自彦 自璧	自立 生子一 澤福	澤福				
			自彦 生子二 澤仁 澤義	澤仁 配李氏 生子三 廷魁 廷智 廷全	廷魁			
					廷智			
					廷全			
				澤義				

十一世	十二世	十三世	十四世	十五世	十六世	十七世	十八世	十九世
			自璧 生子二 澤正 澤厚	澤正				
				澤厚				
		先慧 配宋氏 生子一 自扶	自扶					
		先籍 生子三 自悦 自聰 自望	自悦 生子二 澤覆 澤禄	澤覆				
				澤禄 配趙氏 生子一 廷柱	廷柱			
			自聰 生子一 澤會	澤會				
			自望 生子二 澤定 澤膏	澤定				
				澤膏 配劉氏 生子四 廷瑞 廷棟 廷珠 廷珍	廷瑞 配梁氏 生子二 鵬翼 鵬翽	鵬翼		
						鵬翽		
					廷棟			
					廷珠			
					廷珍			
光先 應霞長子 配郭氏								

十一世	十二世	十三世	十四世	十五世	十六世	十七世	十八世	十九世
光祖 應霞次子 配康氏 生子三 養身 養名 養玉	養身 養名 養玉							
光前 應霓子 配梁氏 生子一 養慎	養慎 配張氏 生子一 法貴	法貴 生子一 自禮	自禮 生子一 澤満	澤滿 配梁氏 生子三 廷秀 廷良 廷漢	廷秀 生子二 鵬福 鵬真 出嗣	鵬福		
					廷良 生子一 鵬禄	鵬禄		
					廷漢 嗣子一 鵬真	鵬真		
光顯 應霄長子 配王氏 生子一 養浩	養浩 配劉氏 王氏 生子四 先奥 先凌 先鋭 先誼	先奥 嗣子一 自階	自階 配康氏					
		先凌 配張氏 生子四 自階 出嗣 自恭 自儉 自讓	自恭 配婁氏 生子一 澤近	澤近				
			自儉 配安氏 生子三 澤發 澤洪 澤滸	澤發 配石氏 生子一 玉⿰王蜀	玉⿰王蜀 又名廷盛 生子一 連墀	連墀		
				澤洪 配王氏 張氏 生子一 廷璠	廷璠 配王氏 生子二 連陛 連城	連陛		

十一世	十二世	十三世	十四世	十五世	十六世	十七世	十八世	十九世
						連城 配張氏 生子一 聚財	聚財	
				澤滸 配梁氏 生子三 玉珵 玉瑍 玉理	玉珵			
					玉瑍			
					玉理 配吳氏 生子二 連榮 連發	連榮		
						連發		
			自讓 配冀氏 生子三 澤興 澤隆 澤洞	澤興 配閻氏 劉氏 生子三 廷寶 玉瑄 玉瑭	廷寶 配喬氏			
					玉瑄 配梁氏 生子二 連富 連貴	連富		
						連貴		
					玉瑭 配馬氏			
				澤隆 配張氏 趙氏 羅氏 生子一 廷銘	廷銘 配王氏 生子一 連碩	連碩		
				澤洞 配高氏				

十一世	十二世	十三世	十四世	十五世	十六世	十七世	十八世	十九世
		先鋭 配王氏 生子四 自麇 自昌 自和 自合	自麇 配吴氏 生子三 澤運 澤泰 澤冐	澤運 配張氏 趙氏 生子三 玉瓆 玉德 玉琴	玉瓆			
					玉德 配張氏			
					玉琴 配王氏 生子二 元亨 元義	元亨		
						元義		
				澤泰 配閻氏 鄭氏 生子一 玉望	玉望 配米氏 生子一 元景	元景		
				澤冐 配王氏				
			自昌 配張氏 生子四 澤棟 澤賓 澤訖 澤被	澤棟				
				澤賓 配任氏 生子三 玉魁 玉華 玉林	玉魁 配王氏 生子一 元宏	元宏		
					玉華			
					玉林			
				澤訖				
				澤被				
			自和 配王氏 生子一 澤布	澤布				

十一世	十二世	十三世	十四世	十五世	十六世	十七世	十八世	十九世
			自合 配胡氏 生子四 澤榮 澤華 澤富 澤貴	澤榮 配王氏 冀氏 生子一 玉璠	玉璠 配劉氏 生子二 元順 元威	元順 元威		
				澤華 配侯氏 生子二 玉根 玉枝	玉根 配康氏 生子一 元智	元智		
					玉枝 配王氏			
				澤富 配王氏 生子一 玉五	玉五 配任氏 王氏			
				澤貴 配張氏 生子三 玉謙 玉會 玉崗	玉謙 玉會 玉崗			
		先誼 配周氏 王氏 生子一 自英	自英					
光明 應霄次子 配李氏 生子二 養瓏 養琥	養瓏 配安氏 養琥 配高氏							

十一世	十二世	十三世	十四世	十五世	十六世	十七世	十八世	十九世
光耀 應霄三子 配趙氏 生子一 養英	養英 配任氏 生子四 先吕 先福 先禄 先盛	先吕 配梁氏 生子二 自金 自銀	自金 配閻氏 生子一 澤玉	澤玉 配趙氏 生子一 廷梅	廷梅 配高氏			
			自銀 配安氏 生子二 澤琅 澤泗	澤琅 配張氏 生子一 廷鎖	廷鎖 配石氏			
				澤泗 配王氏 趙氏 生子一 廷德	廷德 配任氏 生子一			
		先福 配馬氏 生子一 自漢	自漢 生子一 澤林	澤林 又名澤萬 生子二 廷法 廷望	廷法 生子三 世財 世光 世興	世財		
						世光		
						世興		
					廷望 生子五 世隆 世榮 世華 世富 世貴	世隆		
						世榮		
						世華		
						世富		
						世貴		
		先禄 配王氏 張氏						
		先盛 配冀氏						

十一世	十二世	十三世	十四世	十五世	十六世	十七世	十八世	十九世
遠 應森長子 配梁氏 生子一 崇懷	崇懷 配趙氏 生子二 先元 先成	先元 生子二 自新 自愷	自新 配郝氏 生子二 澤津 澤望	澤津 配王氏 生子一 廷榮	廷榮			
				澤望 配冀氏 生子二 廷華 廷桂	廷華			
					廷桂			
			自愷 配王氏 生子一 澤洧	澤洧 配王氏 生子一 廷富	廷富 配馬氏 生子一 鵬喜	鵬喜 配侯氏 生子二 廣泰 玉泰	廣泰	
							玉泰	
		先成 生子一 自海	自海 配温氏 生子一 澤喜	澤喜 配趙氏 生子一 廷朝	廷朝			
沅 應森次子 配王氏 生子二 尚文 尚武	尚文 配趙氏 生子二 先桂 先爵	先桂 配安氏 生子一 自誠	自誠 配王氏 李氏 生子六 澤深 澤源 澤清 澤潤 澤溥 澤沛	澤深				
				澤源 配王氏 生子三 廷輝 廷燦 廷才	廷輝			
					廷燦			
					廷才 配席氏			
				澤清 配王氏 生子一 廷煒	廷煒 配鄭氏 生子二 鵬萬 鵬雲	鵬萬 生子一 湧泰	湧泰	
						鵬雲 配陳氏 生子二 全泰 發泰	全泰	
							發泰	

十一世	十二世	十三世	十四世	十五世	十六世	十七世	十八世	十九世
				澤潤 配李氏 生子一 廷焞	廷焞 配王氏 生子二 鵬飛 鵬耀	鵬飛 配王氏 生子一 昌泰	昌泰 配尚氏 生子一 景德	景德
						鵬耀 配馬氏 生子三 永泰 有泰 開泰	永泰	
							有泰 配康氏 王氏 生子一 景意	景意 配張氏
							開泰	
				澤溥 配任氏 生子四 廷煊 廷煐 廷灼 廷炤	廷煊 配吳氏 生子二 鵬儀 鵬翱	鵬儀 配王氏 馬氏 生子一 五泰	五泰 配張氏 生子二 景萬 景茂	景萬 配張氏 生子一 慈讓
								景茂 配許氏
						鵬翱 配任氏		
					廷煐 配馬氏 生子一 鵬玉	鵬玉 配張氏		
					廷灼 配王氏 生子二 鵬舉 鵬科	鵬舉		
						鵬科 配高氏		
					廷炤 配趙氏			

十一世	十二世	十三世	十四世	十五世	十六世	十七世	十八世	十九世
				澤沛 配張氏 生子二 廷燃 廷燈	廷燃 配趙氏 生子三 鵬展 鵬樢 鵬鶴	鵬展 配李氏 生子一 逢泰	逢泰	
						鵬樢 配臺氏 生子一 德泰	德泰	
						鵬鶴 配王氏 生子三 凝泰 恒泰 碩泰	凝泰 配張氏 趙氏 嗣子一 景瑄	景瑄
							恒泰 配冀氏 嗣子一 景瑜	景瑜
							碩泰 配張氏 生子四 景瑄 出嗣 景瑜 出嗣 景瑚	景瑚
					廷燈 配閻氏 生子二 鵬鳴 鵬現	鵬鳴 配馮氏		
						鵬現 配侯氏 生子一 洪泰	洪泰 配任氏 生子二 景昌 景亨	景昌 配劉氏 生子一 慈孝
								景亨

十一世	十二世	十三世	十四世	十五世	十六世	十七世	十八世	十九世
		先爵 配趙氏 閻氏						
	尚武 配温氏 生子一 先貞	先貞						
剛 應周子 配魏氏 生子三 友望 友興 友倉	友望 配王氏							
	友興 配張氏 生子二 仁重 仁義	仁重 配高氏						
		仁義 配喬氏						
	友倉 配張氏 生子一 仁貴	仁貴 配史氏 馬氏 生子三 順成 化成 玉成	順成 配王氏 聶氏 生子一 澤寬	澤寬 配王氏				
			化成 配史氏 趙氏 生子一 澤恩	澤恩 配趙氏 史氏 生子四 廷福 廷禄 廷禎 廷祥	廷福 配張氏 生子一 元魁	元魁 配王氏 生子一 泰義	泰義	
					廷禄 配王氏 生子一 元捷	元捷 配閻氏 生子一 泰德	泰德	
					廷禎 配馬氏			

十一世	十二世	十三世	十四世	十五世	十六世	十七世	十八世	十九世
					廷祥 配王氏 吳氏 賨氏 生子一 元俊	元俊 配王氏 生子二 泰興 泰盛	泰興 泰盛	
			玉成 配孫氏					

十一世	十二世	十三世	十四世	十五世	十六世	十七世	十八世	十九世
俊 進良子								
記 進孝長子 配劉氏 生子一 成貴	成貴 配王氏 生子一 斗高	斗高						
詳 進孝次子 配王氏								
讚 進孝三子 配任氏 生子一 成名	成名 配張氏 生子二 斗魁 斗相	斗魁 配張氏 生子一 國良	國良 配趙氏 生子一 澤蟠	澤蟠 生子一 廷斌	廷斌 配馮氏 生子二 正福 元福	正福 配王氏 生子一 隆泰	隆泰	
		斗相				元福 生子一 德泰	德泰	
路 進賢子 配王氏 生子二 成利 成義	成利 配劉氏							
	成義 配張氏 生子一 斗文	斗文 配王氏 生子二 國安 國寧	國安					
			國寧					
訓 進忠子								
定寧 應鑾子 配張氏								

十一世	十二世	十三世	十四世	十五世	十六世	十七世	十八世	十九世
定志 應奉子 配聶氏 生子四 成顯 成亮 成道 成運	成顯 配張氏 生子一 斗建	斗建 配趙氏 生子一 文會	文會 配趙氏 生子二 樹榕 樹校	樹榕 配趙氏 生子二 永烈 英烈	永烈 配王氏 周氏 生子一 忠	忠 配王氏 冀氏 生子一 學智	學智	
					英烈			
				樹校 配吳氏 生子一 紹烈	紹烈			
	成亮							
	成道 配王氏 生子二 斗柱 斗直	斗柱 配趙氏 生子二 文全 文德	文全 配趙氏 生子四 樹棖 樹樸 樹楸 樹榆	樹棖				
				樹樸 配崔氏 生子一 廷周	廷周			
				樹楸				
				樹榆				
			文德 配張氏 生子三 樹穫 樹蔚 樹芬	樹穫				
				樹蔚				
				樹芬				
		斗直						
	成運							
定得 應哲子 生子一 成功	成功 生子一 斗福	斗福						

十一世	十二世	十三世	十四世	十五世	十六世	十七世	十八世	十九世
繼昌 應相子順治戊子拔貢生，候選直隸州州判，行蹟載邑乘。配趙氏生子一鶴舞	鶴舞 武庠生配閻氏生子二斗星斗燦	斗星 庠生						
		斗燦 庠生配王氏嗣子一文翠	文翠 配劉氏生子一樹海	樹海 配宋氏生子四廷芸廷花廷蕚廷芳	廷芸			
					廷花 生子二元福元禄	元福		
						元禄		
					廷蕚			
					廷芳			
定宰 彥仕子								
安定 應蘭長子配趙氏生子一成選	成選 配李氏							
定邦 應蘭次子								
定國 應蘭三子								
定才 應先長子配趙氏生子一成章	成章 配史氏生子一斗明	斗明 配張氏生子一國寶	國寶					
定宋 應先次子配任氏生子一成科	成科 生子一斗宦	斗宦						

十一世	十二世	十三世	十四世	十五世	十六世	十七世	十八世	十九世
定明 應先三子								
定資 應江子 配梁氏 生子三 成文 成武 成周	成文 配任氏							
	成武 生子一 斗彥	斗彥 配王氏 昌氏 生子一 國壁	國壁					
	成周 配王氏							
定全 應湖長子 配施氏 生子二 成美 成良	成美 配胡氏 常氏 生子三 斗光 斗正 斗富	斗光 配王氏 生子三 國珠 國明 國泰	國珠 配李氏 趙氏 生子三 澤禄 澤祥 澤震	澤禄 配寧氏 生子二 來熙 來碧	來熙			
					來碧			
				澤祥				
				澤震				
			國明 生子一 澤遠	澤遠				
			國泰 配王氏 生子一 澤庫	澤庫 配胡氏 生子三 廷政 廷敾 廷敏	廷政 配趙氏 生子一 振武	振武 配喬氏		
					廷敾 配張氏 生子一 元成	元成 配喬氏		

十一世	十二世	十三世	十四世	十五世	十六世	十七世	十八世	十九世
					廷敏 配張氏 生子二 元惇 元憘	元惇 配尚氏		
						元憘 配趙氏		
		斗正 配傅氏						
		斗富						
	成良 配宋氏							
定潤 應湖次子 配王氏 生子二 成富 成財	成富 配馬氏							
	成財 配趙氏 生子一 斗照	斗照 生子一 國清	國清					
定金 應湖三子 生子一 成楊	成楊 生子二 先俊 先成	先俊						
		先成						
定依 應騰長子								
定從 應騰次子								
定運 應寬長子								
定寶 應寬次子 生子二 成德 成業	成德 配蔡氏 生子一 雲從	雲從 庠生 配米氏 生子二 文源 文清	文源 生子一 澤貴	澤貴 配王氏 生子一 廷寶	廷寶			
			文清					

十一世	十二世	十三世	十四世	十五世	十六世	十七世	十八世	十九世
	成業 配趙氏 生子一 雲攀	雲攀 配馮氏 冀氏 生子二 文洪 文演 嗣子一 文魁	文洪 配吳氏 生子一 樹林	樹林 配馮氏 生子四 廷望 廷盛 廷興 廷珍	廷望 廷盛 廷興 廷珍			
			文魁 配安氏 生子二 樹枳 樹梃	樹枳 配王氏 李氏 生子一 廷瓚	廷瓚 配吳氏 生子二 元玉 元士	元玉 配梁氏 生子二 學成 學詩	學成 配周氏 學詩 配任氏 生子一	
						元士 配趙氏 生子四 學書 學義 學紀 學全	學書 學義 學紀 學全	
				樹梃 配趙氏 生子一 廷吉	廷吉 配趙氏 生子四 元永 元盛 元清 元泰	元永 配喬氏 生子一 學齡	學齡	
						元盛 生子一 學森	學森	
						元清 配高氏		
						元泰		

十一世	十二世	十三世	十四世	十五世	十六世	十七世	十八世	十九世
			文演 配鄭氏 生子二 樹楸 樹心	樹楸				
				樹心				
定玉 應寬三子 配王氏 生子二 成儒 成福	成儒 配王氏 生子二 斗山 斗俊	斗山 配趙氏 生子一 文海	文海 配温氏 生子一 澤兆	澤兆 配王氏 生子一 廷璵	廷璵 配米氏 李氏 生子一 元益	元益 配胡氏 生子五 繼魁 占魁 聚魁 士魁 武魁	繼魁 配閻氏 生子一 桂明	桂明
							占魁 配劉氏 弓氏 生子一 福	福
							聚魁 配周氏 生子一 桂春	桂春
							士魁	
							武魁	
		斗俊 配郝氏						
	成福 配王氏							
定珠 應寬四子								
繼文 應祚子								
繼武 應玉子								

十一世	十二世	十三世	十四世	十五世	十六世	十七世	十八世	十九世
繼緒 應運子								
貴珍 應熙長子								
貴榮 應熙次子 徙居放 馬溝 生子三 成恩 成善 成德	成恩 生子五 斗金 賜文 賜才 賜秀 賜德	斗金 配王氏						
		賜文 配安氏						
		賜才 配趙氏 生子二 文官 文宧	文官 配安氏 生子一 樹橋	樹橋 配李氏				
			文宧 配安氏 生子二 樹苞 樹山	樹苞 配閻氏 嗣子一 福藻	福藻			
				樹山 配安氏 生子三 福藻 出嗣 昇藻 昌藻	昇藻			
					昌藻			
		賜秀 配張氏 王氏 生子二 泰定 泰初	泰定 配王氏 生子二 樹棶 樹根	樹棶 配王氏				
				樹根 配王氏 嗣子一 朝有	朝有			

十一世	十二世	十三世	十四世	十五世	十六世	十七世	十八世	十九世
			泰初 配王氏 王氏 韓氏 生子二 樹茂 樹曇	樹茂 配王氏 生子二 朝元 朝有 出嗣	朝元 配郝氏 生子二 世福 世禄	世福 配王氏		
						世禄		
				樹曇 配楊氏 劉氏				
		賜德 配郭氏 劉氏 生子二 文明 文成	文明 配趙氏 劉氏 生子三 樹萊 樹杏 樹彪	樹萊 配張氏 生子一 朝住	朝住			
				樹杏 配閻氏 生子二 朝玉 朝貴	朝玉 配葛氏 生子三 元佑 元順 元泰	元佑		
						元順 配安氏		
						元泰 配潘氏		
					朝貴 配王氏 生子一 元清	元清		
				樹彪 配閻氏 生子二 富藻 貴藻	富藻			
					貴藻			
			文成 配閻氏 生子二 樹珠 樹玉	樹珠 配高氏				

十一世	十二世	十三世	十四世	十五世	十六世	十七世	十八世	十九世
				樹玉 配高氏 生子二 朝密 朝實	朝密			
					朝實			
	成善							
	成德 配高氏 生子二 賜仁 賜義	賜仁 配鄭氏 生子二 文亮 文寬	文亮 配安氏 生子二 樹喜 樹照	樹喜 配高氏				
				樹照 生子一 朝成	朝成 配馬氏 李氏 王氏 生子二 世義 世光	世義		
						世光		
			文寬 配高氏					
		賜義 配高氏 生子一 文蔚	文蔚					
一珍 應環子 配魏氏 生子一 成立	成立 配魏氏 生子一 賜龍	賜龍 配席氏 生子一 文友	文友 配吳氏 趙氏 生子二 樹訓 樹常	樹訓 配趙氏 朱氏 生子三 廷憲 廷寭 出嗣 廷宣	廷憲 配閻氏 袁氏			
				樹常 嗣子一 廷寭	廷寭			
恕 應欽子								

十一世	十二世	十三世	十四世	十五世	十六世	十七世	十八世	十九世
彥 應利長子								
綱 應利次子								
敏 應利三子								
豹 應利四子								
獲 應士長子 配王氏 生子四 友忠 友志 友恩 友惠	友忠 配閻氏 生子二 賜林 賜華	賜林 配王氏 生子一 進貴	進貴					
		賜華 配張氏 生子一 進寶	進寶 字汝賢 配閻氏 傅氏 生子二 樹精 樹槐 葬上峪 軍家圍 地	樹精 字青木 恩賜九 品 配王氏 郭氏 劉氏 蔡氏 生子三 朝昇 朝斌 朝煥	朝昇 字賜谷 監生 配胡氏 竇氏 安氏 生子一 世儒	世儒 議敘八 品 配孟氏 王氏 生子一 弼諧	弼諧	
					朝斌 字濟堂 武庠生 配王氏 孟氏 趙氏 生子三 世佑 世仁 世佐	世佑 監生 配席氏 趙氏 生子一 開甲	開甲	
						世仁 軍需議 敘 配劉氏 張氏		

十一世	十二世	十三世	十四世	十五世	十六世	十七世	十八世	十九世
						世佐 增廣生 配王氏 鄭氏		
					朝煥 武庠生 配王氏 張氏 生子三 世作 世傳 世价	世作 配劉氏		
						世傳 武庠生 配張氏 生子二 開科 開選	開科	
							開選	
						世价 配畢氏		
				樹槐 字植三例貤贈修職佐郎，崇祀孝弟祠。配閻氏 生子三 朝麟 朝驊 朝駿	朝麟 字仁甫 監生 配王氏 生子一 淦	淦 武庠生 城工議敘 配喬氏 李氏 李氏 生子一 弼直	弼直 武庠生 配張氏 生子一 作楫	作楫
					朝驊 配楊氏			
					朝駿 字適聲 號雲衢 道光甲辰歲貢生，候銓儒學訓導，己酉舉	世伊 字象衡 庠生 配王氏 生子三 開先 開第 開鼎	開先	
							開第	
							開鼎	

十一世	十二世	十三世	十四世	十五世	十六世	十七世	十八世	十九世
					鄉飲大賓，軍需議敘。配石氏生子一 世伊			
	友志 配李氏 生子三 賜顯 賜光 賜榮 葬上峪 温家地	賜顯 配王氏 生子二 進成 進美	進成 配李氏 生子二 樹連 樹傑	樹連				
				樹傑				
			進美 配王氏 安氏 生子一 樹宰	樹宰				
		賜光 配李氏						
		賜榮 配閻氏 徙居榆 次縣						
	友恩							
	友惠 配王氏 生子三 賜元 賜福 賜禄	賜元 配閻氏 生子一 進玉	進玉 配王氏 王氏 生子三 樹成 樹榮 樹林	樹成 配王氏 王氏 生子二 廷萬 廷瑞	廷萬 配侯氏 生子一 溱	溱		
					廷瑞 配李氏 張氏			
				樹榮 配范氏 生子二 廷顯 廷揚	廷顯 配梁氏 生子一 潚	潚 生子一 開業	開業	

十一世	十二世	十三世	十四世	十五世	十六世	十七世	十八世	十九世
					廷揚 配李氏 生子一 潤 澤	潤 配王氏 生子一 開益	開益	
						澤 配李氏 生子一 開運	開運	
				樹林 配王氏 生子二 廷光 廷覲	廷光 配王氏			
					廷覲 配康氏 生子一 吉	吉		
		賜福 配閻氏 生子三 進來 進禮 進賢 葬上峪 官地	進來 配高氏 生子一 樹功	樹功 配高氏 生子一 廷朝	廷朝			
			進禮 配李氏 生子一 樹楷	樹楷 配宋氏 生子一 廷傑	廷傑			
			進賢 配王氏 趙氏 生子二 樹權 樹桂	樹權 配閻氏 聶氏 生子一 廷義	廷義 配閻氏			
				樹桂 配米氏 生子二 廷衡 廷綸	廷衡 配鄭氏 生子三 世明 世輝 世慶	世明 配霍氏 生子一 開盛	開盛	

十一世	十二世	十三世	十四世	十五世	十六世	十七世	十八世	十九世
						世輝 配馮氏		
						世慶		
					廷綸 配閻氏 生子一 世耀	世耀 配孟氏		
		賜禄 配王氏 生子二 進仁 進義 葬上峪 一頃圍	進仁 配王氏 生子一 樹茂	樹茂 配李氏 生子一 廷虎	廷虎			
			進義 配王氏 生子二 樹魁 樹森	樹魁 配閻氏 安氏 生子一 廷昌	廷昌 配王氏 生子一 得意	得意		
				樹森				
當 應士次子 配趙氏 生子四 友碧 友張 友金 友諭	友碧 配周氏 生子三 賜良 賜虎 賜豹	賜良 配李氏 生子二 進富 進全	進富 配李氏 生子一 樹堯	樹堯 配張氏 生子一 廷彥	廷彥 配王氏 生子一 招銀	招銀 配王氏 生子一 弼威	弼威	
			進全 配閻氏 生子三 樹苓 樹花 樹望	樹苓				
				樹花				
				樹望 配岳氏 生子一 廷閏	廷閏			
		賜虎 配張氏 徙居赤 城縣						

十一世	十二世	十三世	十四世	十五世	十六世	十七世	十八世	十九世
		賜豹 配李氏						
	友張 配王氏							
	友金 配李氏							
	友諭 配李氏 生子一 賜明	賜明 配王氏 生子二 進善 進喜	進善					
			進喜					
慶 應科長子 配閻氏 生子一 成攀	成攀 配賈氏 生子一 雲貴	雲貴 配王氏 生子二 自福 自禄	自福 徙居野狐嶺 配施氏 生子三 澤汪 澤深 富民	澤汪 配王氏 生子四 廷龍 廷虎 廷鶴 廷成	廷龍 配馮氏 生子四 錦珍 錦德 錦玉 錦寶	錦珍 配趙氏		
						錦德 配馮氏		
						錦玉 配楊氏		
						錦寶		
					廷虎 錦全 錦會	錦全		
						錦會 生子二 有道 有壽	有道	
							有壽	
			自禄 配王氏 生子三 澤海 澤河 澤盛	澤海 配傅氏 王氏 生子四 廷密 廷察 廷宲 廷寄	廷密			
					廷察 配馬氏 王氏 生子一 丕榮	丕榮 配喬氏		

十一世	十二世	十三世	十四世	十五世	十六世	十七世	十八世	十九世
					廷寀 配張氏			
					廷寄 配陳氏 生子三 丕義 丕法 丕財	丕義 配趙氏 生子一 履金	履金	
						丕法 配高氏		
						丕財 配楊氏 生子一 履銀	履銀	
				澤河 配趙氏				
				澤盛 配馮氏 生子三 廷實 廷安 廷宅 出嗣	廷實 配鄭氏 生子三 元晉 元恩 元慶	元晉 配魏氏 生子一 有榮	有榮	
						元恩 生子一 有華		
						元慶 配馮氏 生子二 有富 有貴	有富 有貴	
					廷安 配梁氏 生子一 元豐	元豐		

十一世	十二世	十三世	十四世	十五世	十六世	十七世	十八世	十九世
定 應科次子 生子二 成現 成賢	成現							
	成賢 生子二 斗雲 斗完	斗雲						
		斗完						
繼珍 應權長子 配王氏 趙氏 生子六 明鳳 成烈 成績 成俊 成猷 成威 葬西南圍	明鳳							
	成烈							
	成績 字顯初 配趙氏 生子一 斗環 葬青槐地南頭	斗環 配劉氏 安氏 生子二 文方 文正 葬青槐地北頭	文方 配張氏 吳氏 梁氏 生子一 樹德	樹德 配馮氏 生子一 廷璋	廷璋 配趙氏 生子一 元順	元順 配趙氏		
			文正	樹桴	廷宅	元輔	嘉澍	
	成猷							
	成威 配馬氏 生子一 斗承	斗承 配康氏 生子一 文清	文清					
席珍 應權次子								
玉珍 應權三子								
定清 應樓長子 配王氏 生子三 成芳 成蘭 成運	成芳 配王氏 生子一 斗北	斗北 配閻氏 王氏 生子一 文富	文富 配李氏 張氏 生子二 澤滄 澤滿	澤滄 配閻氏 生子一 廷直	廷直 配康氏 生子一 元碧	元碧		

十一世	十二世	十三世	十四世	十五世	十六世	十七世	十八世	十九世
				澤滿 配閻氏 生子一 廷延	廷延 配梁氏			
	成蘭 配王氏							
	成運							
定瀞 應樓次子 配王氏 生子四 成花 成宓 成莪 成玉	成花 配馬氏							
	成宓							
	成莪							
	成玉 配吳氏 趙氏 生子四 斗福 斗禄 斗正 斗喜	斗福 配聶氏 生子一 文貴	文貴 配張氏					
		斗禄 配吳氏 生子三 文仁 文義 文禮	文仁 配王氏					
			文義 配李氏 生子一 澤威	澤威				
			文禮 配秦氏					
		斗正 又名斗禎 配張氏 生子二 文通 文達	文通 配王氏 生子一 澤奎	澤奎				

十一世	十二世	十三世	十四世	十五世	十六世	十七世	十八世	十九世
			文達 配劉氏 生子二 澤元 澤第	澤元 澤第				
		斗喜 又名斗祥 配張氏						
奭 應棠子 生子二 成周 成輔	成周 成輔							
董 應才子								
貴 應智子 生子一 成鳳	成鳳 生子一 斗曜	斗曜 生子二 國治 國正	國治 國正					
林 應學子 生子一 成譽	成譽 生子二 斗秀 斗元	斗秀 斗元						
繼榮 應資長子 配王氏 生子一 成彥	成彥 配周氏 嗣子一 斗吉	斗吉 配單氏 生子一 文美	文美					
繼華 應資次子								

十一世	十二世	十三世	十四世	十五世	十六世	十七世	十八世	十九世
愛 應成長子 生子一 成龍	成龍 生子一 斗見	斗見 生子一 國洪	國洪					
品 應成次子								
梅 應成三子								

二十世	二十一世	二十二世	二十三世	二十四世	二十五世	二十六世	二十七世	二十八世
傳奚 夢魁長子								
廣濟 夢魁次子								
傳午 夢鈴長子								
廣譽 夢鈴次子 配王氏 生子三 永山 對山 樂山	永山 對山 樂山							
廣義 夢星子								
廣和 夢筆子								

二十世	二十一世	二十二世	二十三世	二十四世	二十五世	二十六世	二十七世	二十八世
命衜 桂芳長子								
俸衜 桂芳次子								
佩衜 桂芳三子								
禎衜 桂芳四子								
命財 桂馥長子								
命元 桂馥次子								
命忠 桂馨子								
命知 桂山長子								
命俟 桂山次子								
命守 桂林子								

祁氏世系考

祁氏,黄帝之苗裔也。昔黄帝二十五子,其得姓者十四人、十二姓,曰:姬、酉、己、祁、滕、葴、任、荀、僖、姞、嬛、依。青陽與夷鼓同己姓,元囂與蒼林姬姓,故云十二姓。見《國語》。姬之後爲周,黄帝正統也。己爲金天氏,後有莒國。春秋時有荀國,有任國、南燕姞姓,而我祁氏七姓之子孫,獨不見經傳。洎夫晉悼復伯之季,首以祁子爲中軍尉。越數年,祁子舉子午以自代,老爲公族大夫,君子美之。午卒,午之子盈,因六卿利祁氏之田,合力滅之,瓜分食邑,遂與羊舌氏俱亡。見《左傳》。由是祁氏之支派遂分,或奔、或徙、或居采邑,其世其人皆不可得而聞焉。自是而降,晉有祁嘉,字孔賓,酒泉人。見《晉史·隱逸傳》。宋有祁寬尹,和靖先生門人。元有祁宰,《元史》有列傳。明有祁杲御史,祁敕主事,祁秉忠死節,祁承爜有《國朝徵信録》二百十二卷,祁順有《巽川集》二十卷,祁彪佳字宏吉,浙江山陰人,官兵部尚書。《明史》有列傳。玆數人者,意即當日奔徙者;之、雲、仍、與,吾不得而知也。顧或者謂祁氏本帝堯之後,不知放勳姓伊祈氏,史傳顯有明文;況唐有伊祈元解,仙人縝髮童顔,氣息香潔,與人話千百年事,皆如目睹。見《太平廣記》。則伊祈自爲一姓,而祁氏非堯後也明甚,又安知《國語》之言乎。

歲癸卯,從兄樹檜自清河致仕歸於族,創建家廟時,叔兄恕士作宰嘉祥,而韻士又濫竽詞館,弗克躬荷一甎一石于先人之庭。顧念廟建,則譜尤不可闕,以書抵仲兄醇士、從兄樹立,檢覓舊譜,郵寄京師。韻士謹仿史家年表例,編次成帙,屬猶子朝鸞輩楷録一通,藏之廟中。他日當命剞劂,氏以傳永久。甲辰端陽前三日,韻士又識。

敘譜之法,須定凡例,吾譜無之,因有數條不能了然於胸中,故未敢臆斷。如螟蛉係同宗子,可書"嗣子";異姓子,則當書"義子",且亦不宜入譜;側室與正室,宜别其文。惟生子者得書,餘皆不宜混列。又族中徙居他處者,自某始亦當注明,使後人可考。姑闕此疑,望兄等廣詢族老,隨筆存記,俟剞劂時,再爲訂證,庶不致後之覽者滋惑也。韻士又識。

余家自高祖起,諸生書種未嘗斷絶,人才輩出,其列黌序、貢成均者踵相接,然皆不得志於科名。康熙戊子,先伯江陰公領鄉薦,癸巳成進士,始破荒焉。嗣是,書香益茂,家庭師友。先大夫及吾叔浩然先生暨江陰公嗣子翹菴松年輩,彬彬雅雅,才名著三晉。乾隆癸酉,聖培二兄獲售,既而叔兄貫亭捷於乙酉,余之掄魁也亦以丁酉,三酉三人,若操左券。而余之登第入詞垣,余姪之列賢書，又不出戊戌、庚子間，適與戊癸花甲輝映，奇矣！

余家世譜，余祖長治公粗定之。季叔鶴皋公詳次之，并筆引跋，曲費精心。朝鸞盥手展視，瞭如也。乃或有疑余譜爲過簡者，余曰作譜之意，將以誌祖宗世系之源流，使子孫不忘所自來也。豈以飾人耳目，矜其族望哉？今世故家之譜，大編長册，非有力者不能修，譜成束之高閣，族人莫由得見。更多歷年，族類益繁，因循推諉，漸致散逸，至有子孫而不知祖父之名字者，皆由於不簡之過也。簡則易修，簡則易考。易修，則子孫人人樂修，而譜存者多；易考，則子孫人人樂考，而知祖者衆。此余之意也夫。

嘉慶癸酉年嘉平月朔日，十六世孫朝鸞謹跋。

余家世譜編次始末，具詳於先大夫光禄公暨同祖長兄鳳翥先生序跋筆記中。譜初成，僅有寫本藏之家廟，族人傳鈔，未遑剞劂。咸豐元年，十八世孫友直檢得從兄朝騤家所鈔舊譜，思欲重加攷校，續成一編，而支分派别，丁齒繁衍，搜羅匪易。友直賦性敦慤，不憚咨詢，近户遠村，靡不踵及。時則有族叔樹訓、族兄明經朝駿、族姪孫履坦助之尋訪，歲律一周，藁本初就。友直手寫數過，詳慎叅攷。於是吾族南、東、西、中四支，近數十年世次、名諱附入舊譜，釐然畢具，校録之力可謂勤已。初，祁氏始祖河東公於元之季，自洪洞縣大槐樹遷居壽陽縣北平舒村。二世族祖仲章爲南股，五世族祖伏威爲東股，六世族祖昭爲西股；昭之季弟六世祖諱暹，爲余家中股之祖，此四大支也。居平舒村者户口最繁，或遷居别村外邑，流寓他省，譜中悉載。今年友直奉譜來都，寯藻受而讀之，謹依先大夫舊譜體例，率子姪輩重爲編校，遂付梓人，蓋先志也。適余家支祠落成，因㮣刷多本，分致同族，而以鋟版藏之支祠，俾世世子孫慎守，時加修輯，毋墜厥緒焉。

大清咸豐二年歲次壬子孟冬之月，十六世孫寯藻謹記。

十七世孫世佶長校字

西　股

十三世雲大徙居宗艾鎮,後人又徙居西長村聶家嘴。

十四世自泰徙居東口外。

十五世澤雲、澤雨徙居東口外。

十六世來全徙居直隸承德府建昌縣化十里溝。

十七世令猷徙居歸化城。

中　股

十五世樹栽、樹種徙居直隸承德府豐寧縣郭家屯。

十五世樹山、樹川徙居興化鎮。

十六世燕珍、燕寶、燕珠徙居關東。

十六世廷煥徙居寧武府五寨縣。

十六世廷佩徙居廣東。

十七世用中徙居歸化城。

東　股

十四世自漢徙居直隸承德府張三營。

十五世澤福徙居歸化城。

十五世澤滿徙居直隸承德府建昌縣柳條溝。

十六世廷魁徙居直隸承德府建昌縣東九佛堂。

十六世廷瑞徙居東口外嘈碾溝。

十六世玉崗徙居直隸承德府平泉州大明城。

十八世德泰徙居直隸承德府平泉州大鹿溝。

南　股

十世應士徙居上峪鎮。

十一世貴榮徙居放馬溝。

十三世賜榮徙居榆次縣。

十三世賜虎徙居直隸宣化府赤城縣。

十三世斗承徙居歸化城。

十四世自福徙居野狐嶺。

十五世澤祥、澤震徙居歸化城。

十六世廷寶徙居吳家墕。

十六世廷鶴徙居歸化城。

十六世廷密徙居東口外。

鶴皋年譜

余族祁氏,爲晉著姓,其占籍於壽陽也,自始祖河東公始,十五傳至余,世居平舒村。余初名庶翹,應試改名韻士,字諧庭,一字鶴皋,以所居山房額别號筠淥。村東北四十里有方山,往時愛其風景,嘗有卜築山中之志,顧宦學無成,忽忽六十餘年,茲老矣,獲賦遂初,而買山無資,竟成畫餅。慚對山靈,得毋騰誚,因復改號訪山,以誌夙約。暇日僂計,生平家居之日不過十載,追維往事,一一在心。既爲按年編述出處之概,重復省覽,不勝日月逾邁之感矣。嘉慶癸酉八月自題。

乾隆十六年辛未一歲

八月十四日酉時生於鳳臺縣學署。時先君子官鳳臺訓導,年四十九,母賈太恭人年四十一,兄贊亭諱樹楷十九歲,兄福亭諱醇士十四歲,兄貫亭諱恕士九歲,姊七歲。

十七年壬申二歲

十八年癸酉三歲

祖母雒太恭人即世,隨先君子歸重。

十九年甲戌四歲

二十年乙亥五歲

始識字,記絶句。是年,先君子服闋。

二十一年丙子六歲

入家塾讀書。

二十二年丁丑七歲

二十三年戊寅八歲

兄贊亭、貫亭,同時補附學生。

二十四年己卯九歲

先君子補官朔州訓導。姊適吳氏,姊丈國子助教吳井榆,余姑子也。越二年,姊没,年十七。

二十五年庚辰十歲

學作詩。

二十六年辛巳十一歲

始學作文。侍母赴朔州任。

二十七年壬午十二歲

偕兄貫亭聽講鄗陽書院。山長周霽亭先生諱煌孫，江蘇山陽明經，邃於經學，善談論，美鬚髯，時年六十六，自號髯翁。飲興豪甚，每開講，引巨觥，琅琅作金石聲。闢俗解，闡要義，啓發人心思，余兄弟深得其益。

二十八年癸未十三歲

手鈔詩韻全部，欲平仄審也。是年冬，先君子遷官長治縣教諭，便道至家，挈余之任。

二十九年甲申十四歲

兄貫亭奉母至署，姪朝鸞(徙)[從]焉，年四歲，爲兄贊亭出。先君子得孫晚甚，鍾愛之。長治爲潞郡大學，閣庋書籍自《十三經注疏》以及廿二史各種悉備。余兄弟日恣翻誦，而余性尤喜談史事，抄撮尋究，日夜不輟，即古人爵里、姓字必爲疏記，小册纍纍。性之所好，殊不厭也。

三十年乙酉十五歲

先君子督課極嚴，以余文字稍進，獎勵之。是年秋，兄貫亭鄉試中式第二十三名舉人。

三十一年丙戌十六歲

歸里完婚。十二月，弓宜人來歸，余年十六。宜人父諱勳世，居本邑段王鎮。母氏張，兄附學生持正，弟從九品表正。

三十二年丁亥十七歲

應縣試取第一名。時邑宰龔岷川先生延其同年陳蒓涘先生閱卷，得余文，極爲獎贊，謂不愧讀書人手筆。既而，蒓涘先生就館潞郡，聞余詣署省侍，亟召晤，且約排日爲文，爲之批閱，所以獎掖者甚至。蒓涘先生諱庭學，順天宛平籍，乾隆丙戌進士。岷川先生諱導江，浙江仁和籍，亦丙戌進士。

三十三年戊子十八歲

應院試，受知於學使吕守一先生，補附學生。先生諱光亨，安徽旌德籍，乾隆辛未進士，官御史，授余《孝經》，使講習之。是年秋七月，先君子見背，余以赴省試，行五十里馳歸，語詳先君子譜中。九月，奉柩歸里。

三十四年己丑十九歲

葬先君子於村東陽和堖之新阡，前母王太恭人祔葬焉。是年冬，兄貫亭就館靜樂，門人爲李清葵、李燨、李清芬。余亦同往授讀，門人爲李鑾宣。李氏閥閲舊家,書樓十餘間,藏弆極富,多善本書,畫亦絶佳。課餘次第觀覽,開卷有益。余留静樂五載,非爲(修)[脩]脯計,戀其有書可讀耳。

三十五年庚寅二十歲

母賈太恭人見背,余時送試忻州,由盂邑山中馳歸。

三十六年辛卯二十一歲

先太恭人於二月祔葬。前十日,兄贊亭以察視窑穸,中陰寒暴亡,年三十九。三年之内,父母、長兄叠遭變故,哀慘已極,痛不欲生。而孤姪朝鸞年甫十一,煢煢在疚,彌切(鴿)[鴒]原之悲,乃與兄貫亭携之出門,迭爲教讀,以冀成立。

三十七年壬辰二十二歲

是年服闋。兄貫亭與余頻年遊學,家事悉兄福亭一人支持。此後遂以爲常,忘内顧焉。

三十八年癸巳二十三歲

始應歲試,補增廣生。

三十九年甲午二十四歲

科試補廪膳生。學使爲曹劍亭先生,諱錫寶,江蘇華亭籍,乾隆丁丑進士,官御史。時本邑諸生有秦、祁、趙、魏之目,謂余及秦君尚志、趙君宗文、魏君向中也。秋,病目甚劇,勉就闈,卷薦弗售。九月,辭静樂館,讀書晉陽書院。主講爲蘇園公先生,諱去疾,江蘇常熟籍,乾隆癸未進士。是年五月,第一子宬藻生,時第一女五歲,長適廪生王敷政,爲本邑生員王公獻賓子。女後於辛亥年歿,年二十一,遺一女。

四十年乙未二十五歲

就館太原李觀察家,門人爲李應垣、李應均,侄朝鸞從學。是年,叔父九峯公卒。

四十一年丙申二十六歲

辭李氏館,僦居校尉營道院讀書,與曲沃張西園國翰、静樂李丹溪清葵、介休劉澄齋錫五同筆硯,旋同膺選拔。時相國朱文正公任山右方伯,宏奬人才,暇輒課所學,爲講經史,余蒙識拔最摯。太原司馬蔡公、陽曲令吕公,亦以詩賦相勗。余有《白桃花賦》見賞於吕,蔡亦推奬不置,咸有知己之感。朱文正公諱珪,順天大興籍,乾隆戊辰進士。蔡公諱亮茂,浙江德清籍,乾隆丁丑進士。吕公諱公滋,河南新安籍,乾隆壬辰進士。

四十二年丁酉二十七歲

受知於學使國石堂先生,舉選拔貢生。先生諱國柱,滿洲鑲黄旗人,乾隆乙丑進士,官翰林侍讀學士。是年秋,余鄉試中式第五名舉人,時鄉闈猶分經掄中,余習《禮記》爲孤經,故置第五。座師一爲長洲褚均心先生,諱廷璋,乾隆癸未進士,官翰林侍讀學士。一爲歙縣金輔之先生,諱榜,乾隆壬辰狀元,官修撰。房師爲張文園先生,諱灝,陝西富平籍,乾隆己丑進士,官嵐縣令。是科解元秦尚志與余同邑同學,榜發,座師晤學使,知兩人者素齊名,喜甚,以爲針芥之投,所見略同,果不謬也。先是,陳蒓涘先生别十餘年,至是由比部出守潞郡。余單騎往謁,至則先生爲之倒屣,亟命笠颿世兄預從余學,余亦以窗課就正蒓涘先生,若丁亥年事。每一藝出,口講指畫,改削評隲,必期於是而後已。余時文工夫略有所得,皆先生指示之力也。余嘗舉以示人,謂師弟淵源有自云。

四十三年戊戌二十八歲

會試中式第九十三名,座師金壇相國于文襄公,諱敏中,乾隆丁巳狀元。嵩撫棠先生,諱嵩貴,蒙古鑲黄旗人,乾隆辛巳進士,官閣學。韓城相國王文端公,諱杰,乾隆辛巳狀元,時官少宰。房師爲雷紹堂先生,諱輪,四川井研籍,乾隆己丑進士,時官户科給諫。殿試第二甲第四十七名,賜進士出身。朝考論一、詔一、疏一、詩一,欽取第二十一名,引見改翰林院庶吉士,尋派習清書。大教習師其一初爲大宗伯德文莊公,諱德保,滿洲鑲白旗人,乾隆丁巳進士。繼爲相國阿文成公,諱阿桂,滿洲正白旗人,乾隆戊午舉人。其一爲錢蘀石先生,諱載,浙江秀水籍,乾隆壬申進士,官少宗伯。小教習爲富竹軒先生,諱富炎泰,滿州鑲藍旗人,乾隆丁丑進士,官翰林侍讀學士。是科狀元戴蓮士先生衢亨亦習清書,約余同學。冬十月,弓宜人攜子女至京,姪朝鸞偕來,余課讀如初。

四十四年己亥二十九歲

朝鸞應試補附學生。是年,恭遇覃恩,先祖、先君子俱邀勅贈儒林郎、翰林院庶吉士,祖母雒太孺人、前母王太孺人、母賈太孺人俱贈太安人。

四十五年庚子三十歲

春二月,高宗純皇帝南巡,恭進詩册。四月散館,列二等第一名,引見授編修職。秋九月,請假省墓,適朝鸞鄉試中式第五十七名舉人。此子幼失怙,無兄弟,余自遊宦以來,所至必攜與俱,茲幸成立,繼先人書香,聞之喜不自勝。抵里之日,拜先兄贊亭主,與孀嫂潘孺人相見,不覺涕之何從也。是年十月,弓宜人以産後失調病卒，兄福亭爲余聘劉氏婚。

四十六年辛丑三十一歲

二月，劉宜人來歸余，年十八。宜人父諱熤，世居平定州河底鎮，乾隆丁巳進士，官湖北宜昌司馬，署漢陽太守。母宜人。兄貢生培和。四月，兄貫亭於會試後大挑一等，籤掣山東試用。時從兄樹檜任直隸清河令，余以送兄貫亭赴東，便道過其署相見，留十餘日，甚歡，商定他時建立宗祠事。會内兄弓子固與其從兄泉岡太守招余至永平署中，爲山海關之遊，乃至臨榆海上，登澄海樓觀日出。夜夏方半，東方雲氣頳黑，已乃遞變朱碧黄色，日隱隱自水中湧出，不可偪視，但見百道金光激射天半，波濤奔擁，煙霞變幻，千態萬狀，不可縷述，洵鉅觀也。九月，假滿還京供職，充武英殿纂修《四庫全書》分校官。十月，劉宜人攜子女至京，朝鸞仍來從學。是年秋，兄貫亭補山東嘉祥令。

四十七年壬寅三十二歲

充國史館纂修官。先是，奉旨創立《蒙古王公表傳》，武進管先生幹貞纂傳數篇，奉差離館。時無錫相國嵇文恭公爲總裁，知余諳習清文，派令接纂是書。余既任事，通核立傳體例，計内札薩克凡四十九旗，外札薩克若喀爾喀土謝圖汗、車臣汗、札薩克圖汗、賽因諾顔，若青海、若阿拉善、若土爾扈特，多至二百餘旗，以至西藏及回部，均應立總傳、分傳。羌無故實，文獻奚徵，雖有抄送旗册，雜亂糾紛，即人名亦難卒讀，無可作據。乃悉發大庫所貯清字紅本，督閲搜查，凡有關於外藩事蹟者，概爲檢出，以次覆閲詳校，擇其緊要節目，隨閲隨譯，薈萃存作底册，以備取材。每於灰塵坌積中忽有所得，如獲異聞。積累既久，端緒可尋，於是各按部落條分縷析，人立一傳，必以見諸實録紅本者爲準。又以西北一帶山川疆域，必先明其地界方向，恭閲《皇輿全圖》，譯出山水地名，以爲提綱。其王公等源流支派，則核以理藩院所存世譜訂正勿訛。如是者八年而書始成。時與余同修此書者，惟檢討郭可之在逵一人耳。

四十八年癸卯三十三歲

正月，第二子宣藻生，後於癸丑年病殤，年十一。是年，同人作文字會，余與編修孫敬軒希旦、吴古餘舒帷、顔酌山崇溈、吴樸園鼎雯、馮魚山敏昌、王乙齋天禄、錢次軒栻，檢討李墨莊鼎元、駕部邵楚帆自昌、韓聘之湯衡皆預焉，間數日一聚，討論商榷，上下古今，極友朋之樂。農部管韞山世銘别選《戊戌房書》行於世。

四十九年甲辰三十四歲

《四庫全書》告成，議叙，紀録二次。是年，高宗純皇帝詣盛京謁陵，恭進詩册。

五十年乙巳三十五歲

二月，奉旨大考翰詹諸臣於乾清宫，賦一、論一、七言律一，余列二等第十六名。遇有坊缺，吏部夾單開列請旨。是年，高宗純皇帝南巡，恭進詩册。

五十一年丙午三十六歲

五月，第三子寀藻生。

五十二年丁未三十七歲

充國史館提調兼總纂官。國史，三品以上大臣事蹟多者，例得立傳。惟查輯必以官書爲據，私家撰述不得闌入。册籍紛如，易有舛漏。余在史館久，國初掌故尚能熟悉貫通，必詳必慎，所進書未嘗有誤，每辰入酉歸，雖風雨寒暑無間。嵇文恭公知余勤勞，深爲器重。公諱璜，江蘇無錫籍，雍正庚戌進士。是年，兄貫亭調任汶上令，越年餘，因公離任。

五十三年戊申三十八歲

秋八月，國學丁祭，余以資俸較深，輪充分獻官，行禮於崇聖祠西廡，詩以誌事，有"今日方能入聖門"之句。是年，本族宗祠落成，余撰族譜一册，寄藏祠中。

五十四年己酉三十九歲

《蒙古回部王公表傳》書成，仰蒙欽定，凡一百十二卷。奉旨議叙，加一級，紀録二次。初，是書因屬創立，又須清漢合璧，需用人多，繙譯、收掌、謄録、供事人等二百餘名，自備資斧，在館效力十年於兹。書既成，循例開單請叙，總裁阿文成公、嵇文恭公、彭文勤公皆允代奏，獨和相珅不肯，以蒙古字未譯爲詞。余言蒙古字乃理藩院續辦之事，非史館所能越俎，且查各館定例，謄録、供事悉給公費，每居五年，議叙一次，今此書效力人員，本係自備資斧，不給公費又越十年之久，著有微勞，勤苦可憫，若不奏請鼓勵，未足以昭平允。阿文成公以爲然，乃得具奏，蒙恩給叙如例。或謂余忤和相意，將有不利，(餘)[余]曰職任提調，公事公言，利害非所計也。時居京察，掌院阿文成公、嵇文恭公保薦一等，以行走勤慎，才具明練，注考，引見記名，以道府用，仍加一級。是年四月，第二女生，長適候選兵馬司吏目閻庭椿，爲順天府府尹閻公泰和子。閻公世居平遥縣大閻村，乾隆壬辰進士。八月，充順天鄉試同考官，得士薛任之、湯開、顧履厚、王進祖、陳庭碩、方仲梓、王丹楓、方遵轍、盧承祖、寥守謙、恒山、惠璡、解玷、哈晉、嵩延、劉承祖,凡十六人。

五十五年庚戌四十歲

坊局缺出,吏部夾單具題,"奉旨:祁韻士著補授右春坊右中允。欽此。"隨具呈謝恩,由軍機處代奏,奉旨:"知道了。欽此。"恭遇覃恩,先君子晉贈翰林院編修、右春坊右中允。余本身妻室,應得封典,呈請貤封。兄福亭由府照磨貤封儒林郎、翰林院編修,嫂郭氏貤封安人。時《國史大臣列傳》自雍正十三年以前通完纂竣,均蒙欽定,凡八百餘篇。奉旨議叙,紀録二次。欣逢萬壽大慶,恭進詩册。是年,第四子富藻生,越二年殤。子宬藻授室任氏,爲本邑宗艾鎮任公懋官女。

五十六年辛亥四十一歲

四月,奉旨大攷翰詹諸臣於正大光明殿,賦一、奏疏一、五言排律一,余列三等第十四名。引見以部屬用籤,分户部,在雲南司主事上行走。前次丁巳大攷,開坊翰林由四品降改者補郎中,五六品降改者補員外郎,其由編檢降改者補主事。此次陸學士伯琨、法學士式善皆補員外郎,余與編修俞君廷掄等一體改補主事,皆和相珅所爲也。阿文成公命余仍兼國史館總纂。七月,管户部現審處,審辦八旗爭訟地畝田租之事。是年冬十月,第一孫世弁生子,婦任氏産後病歿。

五十七年壬子四十二歲

二月,高宗純皇帝巡幸五臺,余由户部派往扈從,往返三十八日。秋,兼管捐納房,尋隨大宗伯紀文達公覆校文淵、文源兩閣《四庫書》。

五十八年癸丑四十三歲

六月,第五子寯藻生。上年,兄貫亭捐復原官,赴東候補,至是補博山令。

五十九年甲寅四十四歲

十月,赴熱河,覆校文津閣《四庫書》,十二月還京。

六十年乙卯四十五歲

户部纂則例,充分纂官。八月,第三女生,越六年殤。

嘉慶元年丙辰四十六歲

恭遇覃恩,先君子晉贈奉政大夫、户部雲南清吏司主事,母晉贈太宜人。余得誥授奉政大夫,妻弓氏贈宜人、劉氏封宜人。是年二月,子宬藻繼娶徐氏,爲宛平徐公汝瀾女。徐公寄居天津硍坨嘴,乾隆庚子進士,時官福建漳平令。

二年丁巳四十七歲

二月，題補雲南司主事。三月，子宬藻補附學生。五月，第四女生，字嘉慶辛未進士、編修張公敦頤之子，張公世居平定州大楊泉。是年，兄福亭卒於家，年六十。兄家居，終身敦厚正直，舉充鄉飲大賓，爲鄉里所推重。子一朝鳴，從九品。

三年戊午四十八歲

是年，兄貫亭調任蘭山令。

四年己未四十九歲

正月，第二孫世庾生。是年，内外臣工言事者多漕倉之事，職隸滇司，每有條奏，分别准駁，呈常定稿。時成親王總理户部，以余奏撰稿得體，屢蒙獎賛。冬，選授河南司員外郎，坐辦雲南司事。子寀藻由太學生報捐府檢校候補。

五年庚申五十歲

春，題授福建司郎中，充則例館提調，仍坐辦雲南司事。兩年以來，漕倉章程，奏明改定，擇其要者，輯爲《己庚編》一册，别撰《滇司職守説》懸於司堂之壁，以紀其事。八月，充順天鄉試同攷官，得士費士璣、葉有和、葉玢玉、輅恒福、陸佳棟、羅嘉元、朱垂廣、沈用維、馬應熊、鹿庭芳、文雅、英瑞、劉濟川，凡十四人。是年，恭遇覃恩，先祖、先君子俱晉贈朝議大夫、户部福建清吏司郎中，祖母、母俱晉贈太恭人。

六年辛酉五十一歲

三月，上謁東陵，奉派扈從，往返十八日。時届京察，保薦一等。四月，引見加一級。七月，保錢局監督引見，奉旨："寶泉局監督差著祁韻士去。欽此。"仍兼本部行走。十一月，第六子宿藻生，聘湖南候補知縣王公萬齡之女，王公世居太原省城。是年，子寀藻授室劉氏，爲平定生員劉公元春女。劉公世居河底鎮，與内兄劉育堂同族。子宬藻補增廣生，選拔副貢。

七年壬戌五十二歲

郎中俸滿截取，保繁缺，知府引見，記名候陞。子宬藻攷取實録館謄録候補。是年秋，兄貫亭卒於蘭山官署，年六十一。憶少小時，隨兄讀書，昕夕不離，厥後出門就館以及供職京師，亦時相追隨，未嘗遠隔。自辛丑歲，兄作宰齊魯，各宦一方，始僅以尺札代面。戊申、己酉間，兄卸任入都，相依二載。壬子歲復官，旋又别去。十年之間，不獲一晤，遂爾永别，每一念及，爲之酸鼻。兄官東省二十年，歷任四邑，所至愛民以實，約束胥吏以嚴，民爲衣傘頌德。性清介，卒之日，一無所有，眷屬幾不能歸。子二：朝鶱候補縣丞，朝鷙太學生。

八年癸亥五十三歲

七月,差滿回部供職。

九年甲子五十四歲

局庫虧銅案發,歷任監督奉旨逮問治罪,余名亦在牘中。向來監督交代,僅憑册造出結,相沿致誤,追悔莫及。

十年乙丑五十五歲

二月,同案監督五靈泰遣子申訴,欽派大臣覆訊,奉旨:"五靈泰發往熱河效力,宗室鳳麟、遐齡,丁樹本、董成謙、祁韻士均發往伊犁當差。欽此。"是月十八日由京啓行,七月十七日到戍,將軍松湘浦先生派充印房章京。自余西行後,眷屬歸里,子宬藻以充補實録館謄録留京。八月,第三孫世齡生。

十一年丙寅五十六歲

公事之暇,閉户讀書,受業者熙慶、復蒙、善祺、丁廷藎凡四人。

十二年丁卯五十七歲

創纂《伊犁總統事略》十二卷,别摘山川疆域爲《西域釋地》二卷。是年,子宬藻議叙,分發四川候補鹽大使,子寯藻補附學生,第四孫世舒生。

十三年戊辰五十八歲

七月期滿,蒙恩釋,令回籍。十月二十日,由伊犁啓行,次年三月初八日抵里。是役也,馳驅萬里,備述所經,有《萬里行程記》、《濛池行稿》及《西陲百詠》詩刻。子寯藻補廩膳生。

十四年己巳五十九歲

三月,子寯藻授室曹氏,爲平定曹公玉樹女。曹公乾隆庚子進士,官浙江衢州太守。四月,孫世弅授室潘氏,爲本邑羅城生員潘君淑英女。十月,萬壽聖節,入都恭進詩册,隨班行禮。十一月旋里。

十五年庚午六十歲

松湘浦先生調任兩江總制,招余襄理幕務。二月,至清江浦。四月,至江寧。是年,孫世弅補附學生,子寯藻舉優貢生,鄉試中式第十一名舉人。

十六年辛未六十一歲

二月,由江寧旋里。三月,訪張筠圃方伯於太原,留課其子張承恩、張汲讀。筠圃尋擢湖北中丞,余以不習南中水土未赴。七月,陝甘制府那繹堂先生約余至署授讀。十月,攜第五子寯藻抵蘭,令偕門人容安、容恩讀書。是年,有《平舒山莊六景詩》刻。

十七年壬申六十二歲

兼充蘭山書院山長。是年,孫世彛補增廣生。

十八年癸酉六十三歲

四月,諸生感余教澤,爲製"西河楷模"額,懸講堂中。列名者,舉人俞登淵、趙連魁、彭鶴齡、李德元,副榜朱慶元、史寶,拔貢馬疏、韓秉太、王者佐、滕成章、張應蘭,優貢翟敏德,廩生張振濯、趙潤等一百五十人。六月,第一曾孫友準生。

十九年甲戌六十四歲

閏二月,繹堂先生移節保陽,寓書見招,仍至署中課讀,以第六子宿藻、長孫世彛隨,兼充蓮池書院山長。四月,子寯藻會試中式第九十七名,覆試一等第十八名,殿試第二甲第三名,賜進士出身,朝考第十一名,引見改翰林院庶吉士。余以戊戌通籍,今寯藻又以甲戌入翰林,兩世清華,賀者多謂余有積德。自揣耿介愚直,毫無可稱,惟頂戴天恩祖佑,勗子敦品勵志耳。

此府君自訂年譜也,嗚呼,痛哉!孰意至此遂絶筆耶。不孝宬藻等方冀年復一年,長依膝下,孰意府君竟棄不孝等而長逝耶,嗚呼,痛哉!謹和淚濡血,附誌數言於簡末。府君既以甲戌春來保陽,旋聞不孝寯藻成進士、入詞館,甚喜,手書寄諭曰:"余族自十世後肇啓書香,及余身罔敢失墜。汝祖嘗言:吾子孫若皆力學敦品,書種子不繼絶,足矣。今汝幸獲寸進,當思繼祖父之業。勉之哉,毋墮乃志。"不孝寯藻謹受命,誌之不敢忘。自是府君氣體愈加健爽,授及門靜止、湛園兩昆季經史之學,口講指畫,昕夕不倦多年,師弟相得益親。又以蓮池書院爲畿輔首善之區,人才傑出可造就者甚衆,每月更增課期,逐卷必詳加評削,復面爲訓迪,以故諸生悦服,士風大振。八月,不孝寯藻請假省親至保陽,見府君動履矍鑠,私心竊愉快焉。九月,不孝寯藻歸里將母,府君率不孝宿藻及長孫世彛於歲杪亦同西旋,舉家團聚,舞綵承歡,一門之内,雍雍如也。府君前歲館蘭陽,以積勞故患腰痛,旋服藥有效。比年來舊恙時作時止,府君初不介意,然精神亦漸減。是歲十二月旋里後,因勞困感風寒,累日不思飲食,轉成瘧疾,不孝等心神焦灼,急延醫診視,百計調理。至今歲正月間,漸就平愈。時那繹堂制府復寓書見招,府君以病體既痊,即於二月十九日束裝就道,既登輿,顧家人曰:"吾自揣精力尚健,又善飯能睡,不露十分老態,汝輩勿念也。"不孝等聞命唯唯,喜懼交集,孰意府君抵保僅十餘日,瘧疾復發,徧體冷汗大作,至五六次,醫言内脈已虧,又嬰外感,投以參苓,竟無微效,嗚呼,痛哉!府君竟棄不孝等而長逝耶。府君痛於嘉慶二十年三月二十五日未時壽終保陽書院正寢，享年六十有五。不孝宬藻自乙丑歲叩送府君西行後，旋即遠宦川省，十載之中，天涯睽隔，生不能親色笑，没不能視含歛，終天抱恨，何以爲人。不孝宷藻居家奉母，又不獲躬侍府君朝夕盡養。不孝寯藻去歲請假回籍，數月以來，奔走之日多，定省之日少。不孝宿藻年幼無知，隨侍府君，不能慎選名醫上藥，悉心調治，以致府君病勢日臻，遂不起，嗚呼，痛哉！不孝等罪深孽重，擢髮難數，復何面目偷（廷）［延］視息於人世耶。先是，府君至保陽，不孝等恐病後體弱，元氣未復，舊症易於觸發，因檢治瘧諸方、府君所服之有效者，令世弇持往侍奉，詎世弇抵保時，府君病已沉劇，越一日，遂溘然見背，嗚呼，痛哉！不孝宷藻、寯藻在籍聞訃，星夜奔喪，偕不孝宿藻及長孫世弇匍匐扶柩歸里，一切後事幸完善，免遺悔，皆繹堂制府提攜軫恤之力也。當府君疾作，猶以書院課卷數百本置枕邊，手自評定，時惓惓靜止、湛園昆季學業，神氣言笑如平日，略無一語及家事，蓋素性澹定如此。府君孝友肫篤，每與不孝等言及先大父大母事，輒泣下不能成聲。又嘗撰先二伯父墓表云："人到中年憂傷多，故鴒原之感尤所驚心。回憶少小時，雁行追隨杳不可得，灑涕黄泉，思爲一訴。"嗚呼，至性所寓，時流露於言語筆墨間若此。府君一生澹泊儉素，無所嗜好，性敏毅，讀書必窺其大，每覽一編，捷如掃葉，尤喜談史事於斷爛中，别具特識。居官二十餘年，清慎介直，不避艱苦，以在史館久，凡國初掌故及滿洲蒙古王公世家、爵里、世系，與夫西北邊疆地理形勢，熟悉貫通，瞭如指掌。著有《西陲總統事略》、《西域釋地》、《萬里行程記》、《己庚編》、《書史輯要》、《珥筆集》、《袖爽軒文集》、《覆瓿詩集》、《筠渌山房試帖》、《濛池行稿》、《西陲百詠》，其餘《訪山隨筆》、《雜録》及采摘諸家紀載彙集成卷者共十餘種。伏念府君立身行己之大，服官勤政之要，若不即今闡述一二，不孝等罪戾滋大，謹泣録府君自訂年譜授梓。至府君嘉言懿行，譜中未載者尚多，他日當别輯家傳補之。不孝等苦塊昏迷，語無倫次，伏冀大人先生俯鑒哀忱，錫之銘誄，以光泉壤，不孝等世世子孫感且不朽。

慈命稱哀 哀孤子 宬宷寯宿 藻泣血謹誌

觀齋行年自記

祁氏,系出春秋時晉祁大夫之裔。自七邑既分,支派散徙,其居晉者,所在皆有,世系譜牒,莫得而詳。吾始祖碩公,當元之季,自洪洞來徙壽陽。壽陽,古馬首邑,亦祁氏七邑之一也。傳至十一世祖諱昌,明季諸生。逮寯藻之身,閱十六世。高祖諱敬德,贈修職佐郎;高祖母氏趙、氏安,俱贈孺人。曾祖諱雲瑞,縣學生員,贈朝議大夫,晉贈光禄大夫;曾祖母氏雒,贈恭人,晉贈一品夫人。祖諱文汪,優貢生,長治縣教諭,崇祀忠義孝弟祠,贈朝議大夫,晉贈光禄大夫;祖母氏王、氏賈,俱贈恭人,晉贈一品夫人。父諱韻士,字諧庭,號鶴皋,拔貢生,乾隆丁酉舉人,戊戌進士,歷官編修、右中允,改官户部至郎中,誥授奉政大夫,誥贈光禄大夫;母氏弓,贈宜人,誥贈一品夫人;母氏劉,誥封宜人,誥封太夫人,晉贈一品夫人。子六人:寯藻次五;兄宬藻,增貢生,四川鹽場大使,貤贈光禄大夫,弓太夫人生;宣藻,貤贈通議大夫;寀藻,舉人,候選知縣,貤封光禄大夫;富藻,幼殤;弟宿藻,道光戊戌進士,翰林院檢討,官至江寧布政使,誥授資政大夫,咸豐三年以守城歿於王事,特恩賜卹追贈右都御史,俱劉太夫人生。先君、先母事蹟訓誡,俱載年譜行述中。茲僅記余出處大略如左。李鴻藻填諱。

乾隆五十八年癸丑六月己未初四日乙丑亥時生。先考光禄公,官户部主事,年四十三;先妣劉夫人,年三十。

五十九年甲寅,二歲。

六十年乙卯,三歲。

嘉慶元年丙辰,四歲。

二年丁巳,五歲,始識字。

三年戊午,六歲,就傅受業於竇先生一鶴。

四年己未,七歲。

五年庚申,八歲。

六年辛酉,九歲。

七年壬戌,十歲。

八年癸亥,十一歲。

九年甲子,十二歲。先君以户部郎中、前任寶泉局監督失察虧銅案獲辠,余與大姪世彝隨侍獄中，讀書，始學詩。

十年乙丑，十三歲。同案監督五靈泰遣子申訴，欽派大臣覆訊。二月，事白，恩免重辠，先君奉戍伊犁。五月，先母率余兄弟妹姪等回壽陽。六月，受業於平定張先生觀藜，字芸閣。自竇先生後，虞鄉趙先生映奎、合肥孫先生傳緒、日照蘇先生平世，皆從受業。至是，芸閣師館余家，始爲講解諸經、四子書，學應試文字、詩賦，凡五年。

十一年丙寅，十四歲，始看《史》、《鑑》。

十二年丁卯，十五歲，科考取古學，補縣學附生第五名。學使爲新城陳鍾谿先生希曾。應鄉試。

十三年戊辰，十六歲。歲考，受知於當塗黄勤敏公鉞，字左田，時官庶子。取一等一名，補廩膳生。始從公受古詩之學，稍知訓詁字義。鄉試薦卷主司鮑覺生先生賞余經文，備而未中。是年秋七月，先君蒙恩釋，令回籍。

十四年己巳，十七歲。三月，曹夫人來歸，年十九歲，平定進士、衢州府知府壽階先生玉樹女，母任恭人，生母楊孺人。四月，先君自伊犁旋里。

十五年庚午，十八歲。肄業晉陽書院，以明年五臺召試，學使檄行各屬應試諸生，赴省會考故也。科考取一等一名。縣學舉優行。鄉試中式第十一名舉人。座師湘潭石鱐庭先生承藻，官編修；延津申鏡汀先生啟賢，官檢討；房師銅仁楊雲浦先生棣秀，官偏關縣知縣。

十六年辛未，十九歲。應會試，不第。六月，旋里。是年秋，陝甘總督那繹堂先生名那彦成，謚文毅，延先君授其子讀，並主講蘭山書院，余隨侍。

十七年壬申，二十歲。蘭山書院藏書頗多，前山長武威進士張介侯先生澍，好古博學人也。架上經史子集多經手校，引證貫通，悉有根柢。余因得縱觀，略窺讀書門逕。先君命讀《史記》、《漢書》，始學爲古文。繹堂先生授余作字用筆法。

十八年癸酉，二十一歲。九月，隨侍旋里。時總督那公奉命馳赴河南滑縣總統軍務，固原提督楊公遇春副之，先簡標下精兵五百啟行，過静寧城外，朝食無嘩，秋毫不犯，余始見行軍紀律。楊公後封侯，官至陝甘總督，謚忠武。

十九年甲戌，二十二歲。會試中式第九十七名。座師吏部尚書錢塘章桐門先生煦，工部尚書吴縣周蓮塘先生兆基，禮部侍郎覺羅寶獻山先生寶興，禮部侍郎青陽王蓮府先生宗誠，房師御史新城陳石士先生用光。覆試一等第十八名，殿試二甲第三名進士，朝考入選第十一名，改庶吉士。時那公軍務凱旋，仍延先君至直隸督署授學，兼主講蓮池書院。九月，余請假出都，至保陽省覲，旋里。是冬，先君還家，余偕兄弟率姪輩奉觴上壽，雙親喜見顔色，訓勵有加。蓋自甲子年後，無此樂也。

二十年乙亥，二十三歲。二月，先君仍就保陽館，季弟宿藻隨侍，大姪世弇繼往省視。三月，中寒瘧，舊疾復發，醫藥罔效，竟於二十五日遽捐館舍，慟哉！慟哉！余聞赴星奔，與弟姪扶柩歸里。一切後事幸完善，免遺重悔，皆繹堂先生軫恤之力。先母夙有痰疾，哀慟益劇，家計亦益艱矣！是年冬，繹堂先生寓書，招余往襄硯席。先君自訂年譜刊成。

二十一年丙子，二十四歲。保陽督署繕校奏牘，并撰擬駢體奏御文字，閲河間書院課卷。

二十二年丁丑，二十五歲。繹堂先生緣事回京，就館於其家，校勘書畫法帖。七月，旋里。

二十三年戊寅，二十六歲。四月，安葬先君暨先母弓夫人於北岡新阡，納銘於墓，黄左田先生撰，植松數十株。六月，入都，寓庶常館習詩賦。聖駕詣盛京謁三陵，恭進詩册。十月，就館左田師宅，襄理南齋，供奉筆墨諸事。是冬，先大兄卒於河南旅次。十一月，曹夫人卒於家。

二十四年己卯，二十七歲。四月，散館一等第二名，授職編修。八月，充國史館協修兼撰文。聖壽六旬，恭進賦册《衢問》一篇。是年秋，吾母太夫人就養京寓。自乙丑歲還里，於今十五年矣。十一月，陳夫人來歸，年十七歲，新城石士先生之女。余會試房師，官至侍郎，母魯夫人，生母席恭人。

二十五年庚辰，二十八歲。仁宗睿皇帝升遐。充實録館纂修。

道光元年辛巳，二十九歲。三月，奉旨著在南書房行走。時同入直者編修程春海前輩恩澤，官至侍郎。始讀朱氏所刊《説文解字》大徐本并段氏注。同程公奉命恭纂《春秋左傳讀本》。書成，恭呈欽定，發武英殿刊印頒行。

二年壬午，三十歲。三月，充會試同考官。五月，充廣東鄉試正考官。十二月，恩賜御書"福"字一方。以後除出差回籍外，均蒙賜"福"字。

三年癸未，三十一歲。初居澄懷園直廬。五月，簡放湖南提督學政。七月，到任，歲考裁新進童生紅卷陋規，奏復童生覆試黎明入場之例，以杜流弊。近來覆試太遲，牌示嚴催罔應，蓋以卷規藉口也。科考選拔優生，裁卷費贄儀，非敢矯激，亦此意耳。是年秋季，太夫人率三兄并眷屬至長沙官署。

四年甲申，三十二歲。湖南文風華實並茂，士重氣節。各屬廪生，諭以察弊規條,先在約束子弟,毋爲招摇所惑。諸生頗能實力遵行,歷試州郡,幸無鉅案。試詩賦多以經語命題,不敢割裂經句。因文取才,佻巧固非所尚也。以提督楊公芳所刊射式,發給邊郡武生,俾資練習。

五年乙酉,三十三歲。六月,歲科試訖,登衡山,宿祝融峯寺,觀日出,還長沙。是月,子世長生。九月,六弟宿藻鄉試中式舉人。選刻《湖南試牘》。是年冬,任滿受代,奉母啟行。三兄自漢陽回里。

六年丙戌,三十四歲。正月,還京供職,奉旨仍在南書房行走。此後假滿、服闋、差旋均同。六弟會試後,奉太夫人還里。

七年丁亥,三十五歲。充文淵閣校理。

八年戊子,三十六歲。京察一等。二月,補授右春坊右中允。九月,三姪世齡鄉試中式舉人。十月,補授翰林院侍講,旋充日講起居注官。

九年己丑,三十七歲。二月,補授右春坊右庶子。是年秋,聖駕巡幸盛京,以南書房翰林兼講官隨扈往返三月。自入直後,每歲東西兩陵均派隨扈。

十年庚寅,三十八歲。七月二十日,以母病奏請開缺,回籍省視。奉旨:"著准其開缺,賞假三箇月,回籍省親。"次日具摺陳謝,召見垂詢臣母年歲病狀,於三月假外加賞一月,并蒙獎勵有"求忠於孝"之諭,感激涕零。即日出都,晝夜儹行,於月杪抵里。太夫人以痰疾卧牀不能起立,忽聞恩命寯藻歸省,感喜出於意外。出都時寮友各饋蠟丸上藥,連服數丸極有效。比及三月,已能下牀緩步行走,而精力尚未復元。寯藻假期已滿,未能回京。時樞相曹文正公兼直南齋,謹遣人齎呈往請代奏展假。蒙恩傳諭,俟伊母病愈,再行來京,不必限以假期。小臣烏鳥私情,仰邀慈鑒,自是得以安心在籍侍奉矣。

十一年辛卯,三十九歲。假中蒙恩賜《御制詩初集》、《欽定平定回疆戰圖》。向例頒賞書籍,由軍機處進名單。寯藻係回籍人員,例不開列,兩次皆硃筆加賞,誠異數也。九月,太夫人舊病有瘳,步履日健,侍奉來京,具摺叩謝,銷假供職。疊蒙恩詢,令臣母明年夏就養直園,體恤周至,感激難名。十一月,補右庶子。十二月,充文淵閣校理。

十二年壬辰,四十歲。二月,補授翰林院侍講學士,旋充日講起居注官。六月,署國子監祭酒。七月二十四日,因母病請假十日未愈,奏請開缺侍養。奉旨:"著賞假一箇月,毋庸赴園謝恩。"是日,召見垂詢并蒙恩諭云:"汝母痼疾非不可瘳之症,年未七十,從此頤養,可躋上壽。汝年方壯,若即告歸,豈不可惜?朕已賞汝假期,必可醫治有效,毋須遽請終養。"仁施曲體,逾格垂慈,實夢想所不到。太夫人病中聞之,伏枕流涕,即日飲食漸進,調理匝月,霍然病已。寯藻於是詣園謝恩供職,如獲更生之慶。十月,補授通政使司副使。自壬辰春至癸巳夏,寯藻官凡四遷,每有陳謝,俱蒙恩詢臣母近狀。聖人錫類之仁,俾得榮親娛志,追思大德,銜感終身。

十三年癸巳,四十一歲。二月,補授光禄寺卿。四月,補授内閣學士兼禮部侍郎銜,派閲朝考卷。是年夏,太夫人就養園廬。秋九月,六弟宿藻侍奉安輿還里。

十四年甲午,四十二歲。太夫人以寯藻請養,蒙恩未准開缺回籍,擬即全家來京,暫還料理家務。今年爲孫輩娶婦,即挈之來,孰意冬杪末疾復作。春初雖漸平復,而腹瀉氣弱,飲食日減,竟於正月二十五日不起。寯藻聞赴,即日星奔回里,伏棺號泣,抱恨終天,慟哉,慟哉!是年八月,合葬於先大夫之墓。

十五年乙未,四十三歲。先大夫墓表勒石,程春海先生撰。添補墳樹,先太夫人行述刊成。適長孫承重其婦之姑在爲祖母服議,與春海先生書《三年之喪説》二篇。鄉俗三十六月,與古今制不同。是年,撫軍延主書院,辭不就。兩年讀禮家居,始習農事,撰《馬首農言》十四篇。壽陽縣,古馬首祁大夫七邑之一也。

十六年丙申,四十四歲。六月,服闋到京。先於五月,奉旨補授兵部右侍郎。未到京補原官,卽蒙遷擢,蓋特恩也。九月,轉補兵部左侍郎。十二月,恩賜御書"福"字"壽"字各一方。以後除出差外,均蒙賜"福"、"壽"字。是年,先大夫所輯《西域釋地》一卷、《萬里行程記》一卷刊成。

十七年丁酉,四十五歲。正月,兼署户部左侍郎。八月初二日,調補户部右侍郎兼管錢法堂事務,同日簡放江蘇提督學政。九月,到任學政,駐劄常州府江陰縣。十二月,轉補户部左侍郎。是年,先大夫所輯《西陲要略》四卷刊成,并刊《吴侍御玉遺疏》。侍御,崇禎中邑人。

十八年戊戌,四十六歲。二月,出棚考試。閏四月,歲考蘇州、松江、鎮江、太倉三府一州訖,回署接考常州府。六弟宿藻會試中式進士,改庶吉士。先大夫以乾隆戊戌科進士館選,今宿藻通籍科分,適符周甲之歲。兩世清華,兄弟相繼,當如何砥厲以報君親耶。十一月,江寧、揚州、淮安、通州、海門廳三府一州一廳歲考訖。是歲,疊奉諭旨嚴禁鴉片煙,飭刑部議定吸食鴉片罪名新例。謹撰《新樂府三章》,闡述朝廷好生之德,辟以止辟之微意,刊示各學生童互相勸戒,仍嚴飭各屬官吏不得藉端擾累。是年,重刊族祖北溟公《化民録》。族祖諱文瀚,康熙癸巳進士,爲江陰令。去官後,邑人栞其告諭。

十九年己亥，四十七歲。四月，徐州府海州歲科兩考並訖，即接辦淮安、常州、江寧三府科考，並録遺事宜。八月，回署奏請定各省貢監遊幕隨任起文録科例限，以防弊混，禮部議准通行。九月，調補吏部右侍郎。十一月，蘇州府太倉州松江府科考訖。十二月，補授都察院左都御史。是歲，重刊宋本《説文繫傳》，並刊朱子《小學》。遵旨恭書《聖諭廣訓》，並欽定“黜異端以崇正學”四言韻文，刊板頒發各學生童。重修常州試院考棚。

二十年庚子，四十八歲。先於十二月奉旨馳驛前往福建，會同閩浙總督鄧廷楨查辦事件，同使者刑部侍郎黄公爵滋也。歲(鈔)[杪]出都。正月，寯藻接奉廷寄，謹將學政關防送交巡撫暫署，與黄樹齋少司寇自常州啓程。二月，抵福州省城，寓貢院。樹齋隨帶刑部司員二人，余無隨員。是月，補授兵部尚書。七月，查辦事竣。奏事凡八次。先奉廷寄，浙江有查辦事件。八月，行抵杭州，寓閩督行臺。事竣，由西湖靈隱寺謁宋岳忠武、明于忠肅二公祠墓歸，即啓行。九月，常州江上接奉廷寄，仍往福建查辦事件。即日回舟南下，海疆夷務自是始矣。十月，由同安縣渡海抵厦門，察勘礮臺、石壁、沙壘、兵勇防守，及六七月間夷船再至攻擊情形，復奏。是月，還至福州，啓行回京。十一月，途次浦城、石門，兩奉廷寄，均即復奏。十二月，過泰安縣謁岱廟。是月二十六日還京，偕侍郎黄公復命，到兵部尚書任。

二十一年辛丑，四十九歲。三月，命充會試副考官。閏三月，調補户部尚書，派閱朝考卷。自辛丑至咸豐癸丑均派閱朝考卷。五月，派教習庶吉士。九月八日，奉旨著在軍機大臣上行走。十一月，賜紫禁城内騎馬。

二十二年壬寅，五十歲。正月，充經筵講官。

二十三年癸卯，五十一歲。京察。正月，奉硃諭交部議敘。九月，山西鄉試，三兄中式舉人。兄自嘉慶甲子科北闈秋試，迄今四十年，始獲一第，年已及耆矣。

二十四年甲辰，五十二歲。時户部籌饟繁劇，管理大學士暨滿漢尚書均直樞廷。上命尚書賽公賽尚阿與寯藻輪班，五日入直，五日留署辦事至乙巳歲十月均同。

二十五年乙巳，五十三歲。五月，派教習庶吉士。十月十日，陳夫人卒於京寓内寢，享年四十有三。夫人事姑勤謹和順。辛卯、壬辰、癸巳之間，太夫人衰病日甚，余乞終養又未獲，内廷每日趨直，夫人獨力侍奉飲食藥餌，晝夜檢視、衣不解帶者兩載，太夫人稱之曰孝。生五男，今存者僅世長一人。余輓聯云："共艱苦廿七年，竭力事親能助我；嬰疾病纔十日，傷心教子更何時。"又追悼詩八章，皆紀實也。内廷大臣期喪給假十四日，假滿仍命日日入直。改派侍郎輪班留署。十一月，命管理户部三庫事務。時值庫虧案後。

二十六年丙午，五十四歲。京察。正月，奉硃諭交部議敘。閏五月，奉旨馳驛前往天津查辦事件，同使者兵部尚書文公文慶。八月，命充順天鄉試正考官。是年，先大夫恭纂《皇朝藩部要略》十八卷、《藩部世系表》四卷刊成。

二十七年丁未，五十五歲。户部舉行海運，以連年東南河決故也。道光六年海運刱始，雲南司全案具在，至是斟酌變通，踵而行之，飭司編爲後案。至今江浙歲漕開春放洋，次第抵天津海口，撥船運至通州，夏秋間全漕收竣，較河運轉速，以糧船之幫費爲津通之運資。十年來幸無阻滯，然究屬一時權宜，風濤、盜賊事事可慮。長久之計，仍以河海竝運爲中策也。

二十八年戊申，五十六歲。校刊先大夫《己庚編》四卷。嘉慶五六年間清釐漕政，内外臣工言漕利弊者紛集農部。先大夫時職滇司，每下議，司農必屬秉筆，此皆疏稿也。今漕政又值變通，司存多半霉爛，檢尋家笥，得考舊章，爲之一快。刊成，以數十部存滇司備稽覈，乃知文章貴有用也。

二十九年己酉，五十七歲。京察。正月，奉硃諭交部議敘。二月，命充上書房總師傅。七月，奉旨著以户部尚書協辦大學士。是月，命管理户部三庫事務。十月，奉旨馳驛前往四川查辦事件，召見諭以改道甘肅，會同新任總督琦善查訊控案。十一月，過華陰謁嶽廟。是月二十八日，抵蘭州省城。隨帶司員户部員外郎鍾秀、主事董醇、刑部主事馮栻。十二月二十一日，事竣具摺後即啓行。憶嘉慶辛未歲，侍先大夫讀書蘭州督署兩年，署後園曰"灌園"，上接北城有望河樓。黄河以二十四艘爲橋，蓋趙充國治橋道以制西域遺制也。每歲九日登高，那文毅與幕客讌集吟詠。四十年來風景如昨，書院同學猶有存者，不勝今昔之感也。

三十年庚戌，五十八歲。正月二十二日，行至介休縣，恭聞宣宗成皇帝升遐，伏地震痛，罔知所措。臣寯藻自元年蒙恩入直南書房，三十年來高厚生成之德，涓埃未報。樞廷備職，忝與參知，乃以簡書載塗，瞻仰龍髎，攀號莫及，椎心雪涕，銜結終身矣。二十六日，過壽陽縣，前奏過籍請假五日省墓，已蒙恩諭。兹值國故，恭逢皇上御極，謹當星馳赴都，曷敢以私情遷延。因屬三兄代祭先塋，即由縣遄程北上。二月六日還京恭覲天顔，仍隨同軍機暨王大臣入對，午刻叩謁几筵，隨班行禮。旋蒙頒給遺念先皇御用貂冠一頂，四團龍挂一件，荷包一對,鼻煙壺一箇。俯伏流涕,祗領恩念,什襲恭藏。是月,派充實録館總裁官。四月,命稽察欽奉上諭事件處,派充殿試讀卷官。六月三日,奉旨授爲大學士。十二日,奉旨著爲體仁閣大學士。十月,派充實録館監修總裁官。十二月,充文淵閣領閣事。

咸豐元年辛亥,五十九歲。正月朔日,命管理工部事務。三月,兼署管理户部事務。時大學士賽公以欽差大臣督軍廣西。是年二月,子世長以一品廕生引見内用,次日率領謝恩,世長蒙召見。籤分户部陝西司員外郎。閏八月,山西鄉試榜發,世長中式舉人。九月,孫友頤生。小名彭年。

二年壬子,六十歲。京察。正月,奉硃諭交部議敘。三月二日,慕陵永遠奉安禮成,奉旨:"大學士祁寯藻敬題神主'恪恭齋肅',著賞加太子太保銜。"六月,上以臣寯藻年六十,派奉宸苑卿舒興至臣園寓,齎到恩賞御書"贊綸篤祜"扁一面,"福"字、"壽"字各一方,壽佛三尊,鑪瓶三事,嵌玉如意一柄,蟒袍一襲,蜜蠟朝珠一盤,文綺二十四端,大小荷包十二對,銅、玉、甆陳設十件。具摺謝恩,仰蒙垂詢諄切,感激難名。九月,命管理户部事務,毋庸管理工部事務。子世長例應回避,改工部營繕司。是年,祁氏支祠落成。乾隆癸卯歲,先大夫與族人剏建家廟,本支曾祖以下栗主仍在家供奉。去年,寯藻與兄宲藻、弟宿藻商建支祠,至是工竣,奉四世主暨先大兄、二兄主供奉祠中。是冬,《祁氏世譜》刊成。初,家廟既建,先大夫謹以先祖手編譜稿,仿史家年表例,編次增修成帙,命從兄朝鸞書而藏之廟室。族人傳鈔,未遑剞劂。咸豐元年,族孫友直檢得舊譜,與族叔樹訓、族兄朝駿、族孫履坦等,逐户諮詢,重加考校。於是吾族南、東、西、中四支近數十年世次附入譜中,釐然畢具。今年友直奉譜來都,寯藻謹依先大夫編述體例,重校付梓,刊印多本,徧致同族,而以鋟板藏之支祠,以垂永久。

三年癸丑,六十一歲。正月三十日,六弟宿藻以江寧布政使守城勞瘁,歐血殞命。先是,湖北武昌府爲粵匪所陷,兩江總督馳赴上游九江一帶防堵,遇賊一戰失利,即退軍金陵。軍械饟需盡委而去,沿途險要一概撤防,以致賊衆順流直下,省城被圍,事具將軍等連銜參摺中。方制軍之出師也,藩庫存帑搜括無遺,并將部撥守城銀三十萬盡提至軍營。宿藻焦急萬狀,乃請中丞咨借兩織造、龍江、上海各關銀,并揚州鹽務、近屬地丁各款,以應守城急需。晝夜部署,寢食俱廢,惟將軍同心合力,深知其難。上元縣令劉君同纓亦竭力襄辦,而事煩心瘁,繼以憤鬱,遂得歐血之疾。二十七日賊至城外,猶登陴躡望樓,諄諭各兵以槍礮及賊乃發，發輒斃賊。二十九日忽歐血數升，自城上舁歸。三十日竟不起，臨終大呼以力不從心、不能殺賊爲恨。慟哉！二月七日報到，上批督臣摺有“若非爾畏葸退避，祁宿藻尚可稍盡丹忱”等語。一介微臣仰邀天鑒，死且不朽。寯藻於召對復蒙恩慰，并諭云：“朕明日臨雍，已派汝直講，禮成，即賞汝假。”銜涕叩謝而出，同寮亦爲之愴然。六月，恩卹金陵死事諸臣，以宿藻歿於王事，勑部照布政使軍營病故例，加等議卹，旋議上贈右都御史銜，蔭子世佶以知州注册候選。高厚生成之德，至斯已極。弟自元年八月來都陛見，九月出京赴江寧任，兄弟聚首數旬，揮淚而别，遂不復相見，悲哉！余比年有暈眴頭摇之疾，至是益劇，飲食亦減矣。

四年甲寅，六十二歲。四月，西苑召對，以臣頭摇垂詢，奏云肝家風病，服藥尚未見效。六月，因左脇脹痛、氣喘頭暈請假二次，七月初間銷假。上以臣氣力太弱，諭令且回寓將息。又五日乃入直，而胃氣總未平復。閏七月後，又以感受時氣，不寐少食，暈眴益甚，請假三次。八月二十九日，奏請開缺，奉硃批：“卿宣勤有年，深資倚任，著不必開缺，仍在家安心調理，亦不必限定假期。總宜氣和心平，勿生忿憒，自可速痊。過數月後，再行酌量。”蒙恩體恤周至，感激涕零。前後假中，御賜題《畫馬圖》石刻二幅，御製《開誠痛戒因循詩》以代諭墨刻一幅。十月朔日，宫中祀神，蒙賜糕一盤。數月以來加意調攝，乃以痢久卧牀，元氣大虧，肝火上衝，致生頭創，曠職半載，悚惕萬分。又值京察屆期，不得已，瀝誠再請開缺。十一月二十五日，奉上諭：“祁寯藻因病久未痊，懇請開缺一摺。大學士祁寯藻三朝舊臣，在内廷行走有年，並管理部務，勤慎趨公，深資襄贊。八月間因病奏請開缺，諭令不必限定假期，安心調理。兹據奏稱，醫治數月，尚未痊愈，懇請開缺，情詞肫切，若不允所請，轉無以安其心。祁寯藻著准其開缺，以大學士致仕，俾得息心静養，以副朕優眷耆臣至意。”聞命之下，伏枕叩頭，涕零如雨，當即具摺陳謝。念自甲戌通籍四十年來毫無報稱，乃荷恩施，逾格奬慰優加，從此衰病餘生悉賴鴻慈再造，撫衷銜感，没齒難名。十二月，自東華門外寓廬，移還宣武城南下斜街四眼井舊宅。時畿輔軍務未竣，病體方劇，是以謝恩摺内不敢遽請回籍也。是月十八日，恩賜御書“福”字一方、“壽”字一方。此後恩賜均於次日具摺陳謝。余居係官房，每月扣俸，今致仕，借俸扣抵。正房凡三層，余居前層，世長夫婦率孫男女輩居中層，後層供奉神主，東邊内外小書房二所，前院迤西爲客廳。此房相傳爲國初宛平王相國熙别業，今馬廄南猶有荒園數畝，蓋舊址也。

五年乙卯，六十三歲。元旦，恭具賀摺。正月二日，宫中祀神，蒙恩賜糕一盤。凡賜品均於次日具摺陳謝。正月十四日，移園廬佛龕於城寓南軒供奉，即六十歲時賜佛三尊也。十九日，率子姪入塾讀書。二月朔日，賜糕。六月九日萬壽聖節，具摺恭賀。三兄漁莊先生來都，夏初還里，今年政七十也。參贊大臣科爾沁郡王僧格林沁先後攻克連鎮、馮官屯，生擒逆首，河北肅清。四月十八日，上諭"致仕大學士祁寯藻，前在軍機大臣上行走，懋著勞勩，著一併交部從優議敘"。部議軍功加三級。老病餘生，恩施下逮，感涕難名。十月朔日，賜糕。十二月十八日，御書"福"、"壽"字各一方。去年六月後，病中讀岳板《左傳》、《薛文清公讀書録》、《文信國集》、《翁氏古泉彙攷》，間有校勘手録。而久痢氣虚，肝創上衝，目光歧視，見物成兩，自分生理已微茫矣。自奉恩旨致仕，有"息心靜養"之諭，又恭繹前奉手詔："總宜氣和心平，勿生忿憒，自可速痊。"伏念才輇任重，仰賴成全，俾免隕越，從此安心調理，轉覺肝氣漸舒。有郭醫者名言義，字子方。先爲治痢有效，再治頭創。至今年六月，痂始脱盡，扶杖可行。余自二十歲後，從無大病，入直三十年未曾乞一病假。此次病源，實因軍興饟匱，籌畫無才，焦憂愧憒，積久所致。聖明洞鑒，不加譴責，再生之幸，誠夢想所不到也。去年正月，御賜額書二幅：一曰"學古有獲"，一曰"以勤爲本"。謹以"勤學"名齋，以誌感勵。又於元年蒙賜御書蘇軾《望湖樓》詩五首，去年又蒙書賜此詩。竊思蘇詩末首云："未成小隱聊中隱，可得長閒勝暫閒。我本無家更安往，故鄉無此好湖山。"豈人生出處進退固有數耶？余紀恩詩有"老學尚思勤有獲，長閒敢道退無家"，又鎸小印曰"息靜軒"，自號閒叟、息翁。感仰恩私，曷其有極。

六年丙辰，六十四歲。先君自訂年譜至乙卯歲而止，此後但有日記，不孝世長謹據逐年所記續録。先君自甲寅冬因病致仕，越歲乙卯夏，始能扶杖步於庭，冬日與同舍諸君作消寒會，率子姪輩九日温一經。是年春，同邑公車來京，下榻寓齋西偏。先君自道光庚子歲差旋後，凡屆禮闈同邑孝廉應試者，或爲僦居僧寺，或留本寓同住，率以爲常。是年初值致政，又喜舊疴稍瘳，遂與諸君時作文字飲。四月，同邑任挹春熙弼、閻夢巖汝弼及平定陳勿齋先生士枚、嗣君蓋章同榜成進士。勿齋先生性耿介，以銓曹外簡擢至陝撫，因案落職，嗣君少年獲雋，信善人有後也。任、閻皆吾邑績學士，故此次不孝世長雖下第，而先君喜慰彌甚。平定諸生董勤方父客游，卒於廣西之宣化縣，兵氛遠阻，隻身往尋。先君歎其孝行篤至，贈之以詩。時勞辛階制軍崇光撫粵，胡恕堂中丞興仁爲方伯，粵人蔣霞舫府丞達官京師,皆先君通家友,因致書爲謀先資,俾免留滯,越歲得歸葬,著《董孝子行》紀其事。六月,爲田秋原秀才蔚稌納粟爲技官。秋原,前京兆田公嵩年長子也。公與先君同里同學又同直南齋,性骨鯁,交久投契。京兆既早卒,未竟所施,秋原又屢躓秋賦,家無以自給,故謀於京兆舊交,醵金助之。十一月朔日,《宣宗成皇帝實録》告成,以曾充監修總裁官,賞食全俸。恭和御製——《禮成恭紀》詩。旋由實録館頒給監修官錢百貫,蓋監修總裁例有鞍馬之賜也。十二月三日,武昌、漢陽同日克復,時益陽胡文忠公林翼方督師鄂中。是年,讀《後漢書》,刊《䟢䚗亭集》三十二卷,《會典要略》録稿成帙。此書道光初年賜本,典圖事例,卷帙浩繁,謹録要略,用歸簡明。

七年丁巳,六十五歲。去年,壽陽藍公祠成,先君《教織歌》并張君《教織記》,皆手書勒石祠壁。是年冬十月,劉雪厓龕寓書,以《靈壽縣志》載明壽陽令申公教織事在藍公前,適同邑進士劉黼廷翼之攝靈壽令,以邑志寄閲,與雪厓書同日到。先君嗟異感慕,因賦詩寄雪厓,并致邑中董事諸君,刻石壁間,表彰循績。藍公諱尚質,明萬歷間知壽陽縣事。申公諱傑,嘉靖間知壽陽縣事。蓋吾邑民氣古樸,但知力耕,紡織之教則成於藍公,權輿於申公也。延金陵端木子疇明經埰,課孫彭年讀書。明經自金陵陷後奉母避難,由蘇而浙而京師,跋涉數千里,篤孝人也。先君督學江南時試高等,知其爲人,敬而延之。是年,讀《史記》、《前漢書》,手批《四子書》。

八年戊午,六十六歲。讀欽定《左傳讀本》,自記云:"以岳本校補杜注於簡端。是書兼收服、賈諸説,可資參攷。地名從今,以備尋檢。陶雲汀制軍澍曾有刊本,今板不存,殿板印行頗不易得。"又讀岳本《禮記》,以惠定宇先生校宋本校之。惠跋云:"拙菴行人購得宋槧《禮記正義》示余,按唐《藝文志》書凡七十卷,孔穎達奉詔撰《五經正義》與經注别行。宋以來始有合刻,南宋時又以陸德明釋文增入,謂之《附釋音禮記注疏》,編爲六十三卷,監本及毛氏所刻皆是本也。今以宋本校毛本,訛字四千七百有四,脱字一千一百四十有五,闕文二千二百一十有七,異者二千六百二十有五,羨文九百七十有一,點勘是正,四百年來闕誤之書犂然備具。今監本及毛氏所刻諸經尚稱完善,而《禮記》闕誤獨多,拙菴此書可謂希世之寶矣。"讀段氏《説文解字注》,輯《世説碎金》一卷,校刊《䟢䚗亭後集》十二卷。九月,從姪友觀中式本省副榜。

九年己未,六十七歲。讀岳本《毛詩》,自記云:"讀詩必須細繹,傳、箋、序亦不可不讀。毛傳、鄭箋分别觀之,不必强合。王氏伯厚《困學紀聞》説詩各條,偶節録於上方。又取顧氏炎武《本音》,與苗氏夔《毛詩吟訂》參挍之。他如段氏玉裁之《毛詩故訓傳》及程瑶田、胡承珙、陳奐諸家説,亦間采之。"先君性喜讀《毛詩》,以其感發性情,長於諷諭;於《朱子集傳》、《詩義折中》,悉講求貫串,卽在官時,無歲不覽誦一過,暇輒諷詠數篇,以自怡悦。今年手批獨詳,以爲家塾讀本。是歲,涇陽徐訒菴孝廉章佩館於家,課世父漁莊公幼子世篤讀書。訒菴之祖熙耷先生法績與先君交最契,嘉慶己卯歲,同讀書庶常館時凡七人,繪有《芸館讀書圖》,先生其一也。

十年庚申,六十八歲。四月,不孝世長會試中式,改翰林院庶吉士,先君喜慰,訓以"立品讀書,毋蹈陋習"。五月,世父漁莊公卒於家。越月,從兄世舒亦卒,家書先後報聞。先君慟念骨肉,思鄉更切,自是頭眴之症又數數發。七月,海夷入寇,京師戒嚴,貴近欲奉上巡幸木蘭,時廷臣言事者甚多。先君與常熟翁文端公均以疴閒居,感激迫切,各具密疏,上皆采納。是歲回籍,具摺奏明,懇辭全俸,仰蒙恩允。并有《條陳時務》一疏。家中老屋一區,東西兩院。西院八間,修葺可居;東院破屋攲斜,僅能容田家瓦盆、飯甕等事。於是埽除支祠屋宇,朝夕焚香,兼以讀書養静。

十一年辛酉,六十九歲。四月,從兄世齡以廣文保薦知縣,進省考驗,病卒於家。孝友伉爽,先君慟惜之。五月,借方山僧院養疴。山在村東北四十里,上下兩寺,松翠彌谷,飛泉滿山。壽陽地高早涼,山中更無暑氣,著《入山記》一册。八月,還村居。村北隙地二畝餘,構土屋三間,繚以短垣,雜植果樹花竹,去先壟僅數武,寂莫人外。先君歸自方山,卽在此朝夕游憩,仍以"息園"名之。九月,從姪友觀中式本省舉人。是月,恭聞文宗顯皇帝龍馭上賓,伏地駭痛,卽具摺恭慰聖哀。遺詔到縣,先君詣萬壽宫,偕邑紳隨同地方官哭臨。十月二十一日,奉上諭:"予告大學士祁寯藻,忠清亮直,學問優長,著卽來京聽候簡用。欽此。"是月,賜文宗遺念冠服,自記云:"一介庸愚,受三朝知遇之恩,毫無報稱。乃於咸豐四年因病蒙恩以大學士致仕,及今已逾七年。既荷先皇恩禮,俾全始終;復邀新政寬容,特予起用。温綸獎勵,感激涕零,卽應就道。惟因久病,未能一時啟行。謹具謝摺,陳明現在病狀,俟開春卽當遵旨北上。"十一月,遣不孝世長赴京恭遞謝摺,并《條陳時務》一疏,均蒙諭旨允行。十二月,奉上諭:"祁寯藻著以大學士銜,補授禮部尚書。欽此。"

同治元年壬戌,七十歲。二月六日抵京。先於初二日奉慈安皇太后、慈禧皇太后懿旨:"前因皇帝沖齡,亟宜典學,曾經降旨,令議政王保舉師傅。嗣經該王大臣等各舉所知,臚列以聞。當皇帝養正之年,自應及時就學,以裕聖功。現諭欽天監選擇吉期,於二月十二日皇帝在弘德殿入學讀書。翰林院編修李鴻藻,前蒙文宗顯皇帝派令授讀。兹復特簡禮部尚書前任大學士祁寯藻、管理工部事務前任大學士翁心存、工部尚書倭仁,均屬端謹,學問優長,堪膺師傅之任。祁寯藻、翁心存、倭仁、李鴻藻,均著在弘德殿授皇帝讀。該大學士、尚書等各以耆碩重望,爲時所推,歷受累朝知遇之隆,至優極渥。編修李鴻藻經先皇帝特加簡用。其各朝夕納誨,同心啓沃。帝王之學不在章句訓詁,惟冀首端蒙養,懋厥身修。務於一言一動,以及天下民物之賾,古今治亂之原,均各講明切究,悉歸篤實,庶幾輔成令德,措正施行,宏濟艱難,克光大業等因。欽此。”先君於是具摺謝恩,極陳衰病情形,難勝部務,并請叩謁梓宫。翼日,蒙兩宫皇太后、皇上召見,復面懇開缺。優詔不許,特予免開一切差使,以示體恤。次日謝恩,呈進摘録經史二帙,遂偕同直諸公日日入直。移居西安門外寓齋。四月,不孝世長散館授編修。時陝西賊擾孝義、鎮安各廳縣,山西防務喫緊,具疏陳防堵要隘,并保薦人才。六月,派閲拔貢朝考覆試卷。會議已革兩江總督何桂清罪名,因大學士會同刑部原奏斷語,義有未安,另疏具陳。七月,有統籌北省軍務大局疏。閏八月二十日,正在弘德殿侍皇上讀書,頭暈舊疾猝發,扶歸寓所,歐瀉交作,眴暈不止,請假調理。嗣因病久未痊,兩次籲請開缺致仕。蒙恩寬予假期,未允致仕。時皇上已讀《大學》,日講《帝鑑圖説》。先君具疏,反復推闡“爲人君止於仁”一言,進呈陳宏謨《大學衍義輯要》六卷、朱子《小學》六卷、杜詔《讀史要略》一卷。又應詔保薦賢才,遵旨臚舉所長奏聞。假中蒙賜《宣宗成皇帝聖訓》,賜糕,賜“福”、“壽”字。是年,從兄世弇卒於臨晉學署。兄年長先君二歲,幼同學,一生坎壈。其子友觀,去歲捷於鄉,老懷差慰,一病遽卒,先君尤慟惜之。

二年癸亥,七十一歲。正月、二月,宫中祀神,均蒙賜糕。假滿,眴疾漸愈,飲食亦能照常,遂銷假入直。蒙兩宫皇太后召見,恩諭以年老,入直、退直不必限以時刻,又出入給扶,皆格外體恤也。移居西華門外静默寺。八月,庶母劉宜人卒於京。九月,派同惠親王、恭親王、醇郡王在弘德殿詳閲《文宗顯皇帝實録》黄綾本,有恭閲實録記。集柳公權書《大達法師碑》字,爲御殿箴,偕同直諸公進呈,陳弘德殿。十月,偕同直倭公、李公奏釋服逾期,吉禮舉行。皇上沖齡,一切玩好游觀興作之漸,及服御用項,槩宜崇實黜華,以新聖學、固聖德。奉兩宫皇太后懿旨一道并原摺存弘德殿,以備省覽。十一月,疏陳弭盗安民,必須循吏，請分别表彰録用。原任同知劉大紳、原任按察使李文耕、已故大順廣道劉煦，均諭宣付史館編入《循吏傳》。直隸知縣張光藻、陳崇砥、王蘭廣，山東知縣蔣慶第，山西知縣程豫、吴輝祖，江南優貢端木埰，山西舉人秦東來，均奉旨交吏部帶領引見。十二月，蒙賜御書"福"、"壽"字各一方，慈禧皇太后御書"夙夜寅清"扁一面，"龍"、"虎"字各一方。

三年甲子，七十二歲。正月，移居東華門外北池子。比年，先君與同直諸公恭侍講帷，每有講説，誾誾惻惻，出於至誠，上輒動容稱善。五月，不孝世長充湖南鄉試副考官。六月，因暑熱觸發頭暈舊疾，兼患腹瀉，請假調理。嗣因病久不痊，乞退。七月二十四日，奉上諭："前據祁寯藻疊次因病請假，先後降旨給假，安心調理。兹據奏稱，假期已滿，病仍未痊，懇請開缺，並退出内廷差使等語。祁寯藻年逾七旬，精力尚健，在弘德殿行走，深資啟沃。兹因舊疾屢發，尚未痊愈，奏請開缺，情詞肫懇，自應勉如所請。祁寯藻著准其開禮部尚書之缺，仍以大學士銜在弘德殿行走。俟調理就痊，自行酌量進内，毋庸拘定日期，以示體恤。欽此。"金陵克復，蒙恩紀録二次。九月，叔父幼章公靈柩由金陵歸里。十二月，蒙賜御筆"福"、"壽"字各一方，御筆"美意延年"扁一面。

四年乙丑，七十三歲。先君自去秋開缺後，安心調理，胸疾少痊。冬間觸寒又發，發輒傾跌，是以未敢遽行入直。自春徂秋，時作時止，遂於八月初八日，籲請致仕，并請停賞全俸。是日，奉上諭："本日據大學士祁寯藻奏衰病日久，難以起假入直，籲懇致仕一摺。據稱醫治經歲，病體總未痊愈，自顧衰軀已成廢疾，力懇退出内廷差使，停賞全俸，准予致仕。覽其所奏，情詞真切，若不允其所請，轉不足以示體恤。祁寯藻著准其開弘德殿差使，以大學士致仕，仍加恩支食全俸，以示篤念耆舊至意。欽此。"次日，具摺謝恩，自記云："聞命之下，感深隕涕。回思咸豐四年十一月蒙恩致仕，迄今又十年矣。兩朝恩眷，以禮始終，人臣遭逢，實爲至幸。惟衰朽依戀之私無時或釋耳。"先是，因科爾沁親王僧格林沁在曹州城西剿賊遇害，有北路軍務喫緊，畿輔防堵尤要，亟須人才以資任使一疏。叔父幼章公前以江寧布政使守城積勞病故，兩江總督曾公國藩奏請附祀江寧將軍祥厚專祠，以昭忠烈，特旨允之。沈經笙中丞桂芬以憂去官。自記云："近年晉省大吏能用人愛民者也。時值髮捻兇兇，闌及汝、陝一帶，晉防喫緊。比年軍饟多資三晉，儻有竄擾，關繫甚重，沿河守令尤宜慎選。如潞安太守葉桂芬、蒲州太守李慶翱、解州刺史程豫，皆晉省好官，均能位置得宜，收指臂之助。又自鴉片煙開禁，山西民間種罌粟者靡然從風，幾欲充斥五穀。方伯王公榕吉詳請示禁，沈公奏之，遂奉旨申禁。鄉人來京者云：榆次、壽陽間示諭，種罌粟者畝徵四千錢，責成里長，明歲即不種，徵亦如之。姦民無利可圖，今歲罷種者多，不煩挨查而禁令自行，此善於救弊者也。聞前此絳州李刺史廷樟已有成法，各省此風日熾，推此辦法，庶望非種漸鋤耳。王子懷侍郎茂蔭丁憂在籍卒，奉旨以“廉靜寡營，遇事敢言，忠愛出於至性”褒卹。先君日記云：“此余官户部日，諸司中畏友也。追念臨别拳拳，手書寄念，曷勝悲感，擬輓言以寄奠。扁曰‘聖朝遺直’；聯曰‘諫草逾萬言，每讀焚餘，心事光明照青史；交情獲三益，最傷别後，手書感惻繫蒼生’。”李文園宗伯棠階薨於位。宗伯爲先君道光壬午會房所得士，最器重之。自記云：“宗伯昔以太常降調回籍，元年奉召來京，洊擢尚書，入直軍機，數掌文衡。今年六十八，以勞瘁，旬日間遂不起。正人云徂，不勝傷感。輓聯云‘帝知理學儒臣，一歲九遷，終有嘉謨酬盛德；世仰清風亮節，大河喬嶽，常留浩氣在中州’。”讀松文清松筠《古品節録》，自記云：“此書本高安朱文端所輯歷代名儒名臣循吏傳，并摘文端評語，或一人，或二人，以四言韻語四句括之，始於留侯、武侯，終於元代，簡明不支。文清嘗語人曰：‘吾在官遇事，但有古人好樣子，便毅然爲之。’此録蓋其篋中祕也。”十月朔，宫中祀神，蒙賜糕一盤。自記云：“故事，祭肉不出宫門，王大臣請假或予告，加恩則賜糕。寯藻先後致仕，均叨胙餘，蓋異數也。”先君京宦多年，供奉三代神位。因念始祖以下祀禮闕如，敬製挂軸一幅，書始祖以下至太、高祖神位，命不孝世長敬謹繕成，題曰《祁氏本支世系神位圖》，於冬至日供奉中庭，用合冬至祭始祖之義，命子孫世守之。是日，爲孫彭年行冠禮。自記云：“余五十九歲得孫，小名彭年，七歲入塾從端木師讀書，名之曰‘友頤’。友，其輩行所同；頤，則取卦名也。今十五歲，余遵司馬温公訓，爲行冠禮。因思周、程兩大儒之名，曷敢云友。竊嘗服膺漢儒許叔重《説文解字》，謂後世學者繇篆法得窺籀古文，詳訓詁，以明義理，舍是書莫究其原始，爰爲更名曰‘友慎’，字之曰‘伯重’。尚友許君，古訓是式，非敢仰希五經無雙之目，或庶幾略識文字，探討義理，不至誤於俗學云爾。冠禮久廢，《儀禮》、《戴記》所載，用意親切詳重，此司馬《家訓》、朱子《小學》所以諄諄言之也。”又曰：“余既爲彭孫行冠禮，命名曰‘友慎’，欲其由文字訓詁以探討義理，尚友許君，淑慎爾德也。夫慎德必先志學，志學必先窮經。因自十一月七日，每夜讀書退塾後，爲舉經訓一二條，令其檢尋傳注各義，更命世長爲之講解，每月彙成一册，時自省察，慎之勉之。”

五年丙寅，七十四歲。讀倭艮峯相國新刊《小學集解》，以吳中刊本挍之。讀《三國志》。七月，先君手刱遺疏。自記云："余因氣不勝暑，豫擬遺摺，並竭愚忱，命彭孫録之。"白露節自記云："夜氣甚清，寅卯間睡醒，湛然見此，心如澄水，一方不動，百念未起。俄而，思五姪將來京，八姪將回里，又念友益姪孫讀書，貧苦無以爲生。種種念起，澄水中如塵灑面，著水而入，此心紛然矣，急用收視返聽之法救之。"八月朔，爲從弟世篤行冠禮。自記云："冠禮之廢久矣，余遵温公訓，去冬爲孫友慎、今秋爲八姪世篤行之。主前行禮見於祖禮，不敢專也。見於叔父兄嫂姑姊出詣書塾，謁先師，拜端木師，三加之儀，變通行之，居然有成人之意，乃知古禮足重。"先君春間精神尚好，手挍書籍不輟。入夏困暑，飲食無味，日形羸瘦，服藥或效或不效。中秋後飲食大減，二十三日後疾增劇，終日危坐，不欲服藥。病中得句云："病久豈忘憂世念，夢中還有薦賢心。"九月初四日，命不孝世長具筆墨，欲試作書，題一絶句云："天子臨軒選異材，八方平定物無灾。上元事業十年後，定有賢豪應候來。"遂瞑目不語，蔆苓罔效。十二日未時竟棄養。嗚呼，痛哉！十四日，遺疏上。諭曰："予告大學士祁寯藻，學粹品端，忠清亮直。由翰林入直南書房，洊擢正卿，贊畫樞務，簡任綸扉，總理部務，疊受先朝知遇之隆，克慎克勤，無忝厥職。咸豐四年間以樞務積勞，因病開缺。朕御極之初，蒙兩宫皇太后簡用耆臣，重加倚畀，以大學士銜補授禮部尚書，命在弘德殿授讀，朝夕納誨，啟沃深資。旋復因疾予告在家食俸。老成碩望，中外咸知。方冀頤養安和，遐齡久享，遽聞溘逝，悼惜良深。著賞給《陀羅經》被，派鍾郡王帶領侍衛十員，即日前往奠醊，加恩晉贈太保，照大學士例賜卹，入祀賢良祠。任内一切處分，悉予開復。應得卹典，該衙門察例具奏。靈柩回籍時，並著沿途地方官妥爲照料。伊子翰林院編修祁世長，著俟服闋後以翰林院侍讀候補；伊孫祁友慎，著賞給舉人，准其一體會試，用示朝廷篤念耆臣至意。欽此。"禮部以卹典請予祭葬，内閣請謚，賜謚曰"文端"。

孤哀子祁世長泣血謹録

舊德記

祁寯藻謹述

祁氏，黄帝之苗裔也。昔黄帝二十五子，其得姓者十四人十二姓，曰姬、酉、己、祁、滕、葴、任、荀、僖、姞、嬛、依。青陽與夷鼓同己姓，元囂與蒼林姬姓，故云十二姓。見《國語》。姬之後爲酉，黄帝正統也。己爲金天氏後，有莒國。春秋時有荀國、有任國、南燕姞姓，而我祁氏七姓之孫，獨不見經傳。洎夫晉悼復霸之季，以祁子爲中軍尉。越數年，祁子舉子午以自代，老爲公族大夫，君子美之。午卒之後，六卿利祁氏之田，合力滅之，瓜分食邑，遂與羊舌氏俱亡。由是祁氏之支脈遂分，或奔、或徙、或居采邑，其世其人皆不可得而聞焉。自是而降，晉有祁嘉，字孔賓，酒泉人。見《晉史·隱逸傳》。宋有祁寬尹，和靖先生門人。元有祁宰，《元史》有列傳。明有祁杲、御史。祁敕、主事。祁秉忠、死節。祁承㸁、有《國朝徵信録》二百十二卷。祁順、有《巽川集》二十卷。祁彪佳，字宏吉，浙江山陰人，官兵部尚書。《明史》有列傳。玆數人者，意即當日奔徙者；之、云、仍、與，不得而知也。

其居晉者，太原河東諸君悉之。吾祖碩公，當元之季。《玉五府君碑》云：元延祐二年，始自洪洞來徙壽陽。自洪洞大槐樹遷居壽陽縣北平舒村。其後，丁齒繁衍，遂分四支：二世族祖諱仲章，爲南支；五世族祖諱伏威，爲東支；六世族祖諱昭，爲西支；昭之季第六世祖諱暹，爲余家中支之祖。居平舒者户口最繁，亦有遷居别村外邑及流寓他省者，俱載世譜中。

始祖碩公諱旺，二世祖諱仲成，中東西三支之祖。三世祖諱維新，四世祖諱恒，五世祖諱伏仁，中西二支之祖。六世祖諱暹，中支之祖。七世祖諱就，八世祖諱大金，九世祖諱楠，十世祖諱應璞，十一世祖綿香府君諱昌明，縣學生員。自始祖以下，均隱居力田。至府君，生而敏悟，嗜讀書，與弟生員器、族弟拔貢生繼昌，砥勵成名，詩禮之傳實肇於此。性至孝，父母偶疾，徹夜不寐，素行剛毅，磊落不群，鄉人敬服。生於萬曆二十四年八月四日，卒於崇禎十三年歲在庚辰六月十五日，享年四十有五。遺孤懋德，時甫八齡，懋蘭四齡，俊德、敬德俱在襁褓，兼值兵燹之際，配李太君鞠育支持，備罹荼毒。四子讀書勵志，賴以成立。康熙十一年，邑宰吴侯旌其閭曰“水雪流芳”。享年七十有三，崇祀節孝祠。世譜、墓碑。高祖善成府君諱敬德，二歲失怙，母教劬勞，終身感慕。每遇生辰，食粥三日，蔬菜不進，如是者七十餘載。事兄嫂如事父母，諸兄歿，爲服心喪三年，蓋更以師禮事之也。秉性耿介，重義輕財，周卹孤貧，不黨流俗，享壽八十，白髮童顔，耳聰目明，步履康健，鄉里以“老人星”目之。配趙孺人、安孺人。子二：雲路，廩膳生；雲瑞，庠生，敕贈修職佐郎。墓碑。

曾祖玉五府君諱雲瑞，縣學生員。孝友寬和，周急濟衆，持家勤儉，教子有方，敕贈修職郎，累贈儒林郎、朝議大夫，貤贈資政大夫，誥贈光禄大夫。配雒太孺人，累贈至一品夫人。子二：文汪、文洋。世譜、墓碑。

祖秀峰府君諱文汪，字沛然。八歲通《四子書》、《尚書》、《毛詩》章句。稍長，聞鄰邨梁公家富藏書，輒往借觀，細字手録，丹黄鈎貫，精研道腴。常以蒸餅漬硯墨而食，僮至，始知其誤。補學弟子後，從王石和太史珻遊，益肆力於古文。雍正壬子，以優行貢京師，爲祭酒孫文定公所器重。後授陽城縣訓導，歷鳳臺縣、朔州訓導，攝陵川、高平、馬邑、左雲及寧武府學，蒙升長治縣教諭，前後爲廣文二十二年，勉諸生以積學敦行，爲文根底經術，士趨之如流水。其在鳳臺、朔州也，值歲災，襄理賑務，不假手吏役鄉保，一僕一馬，往來雨雪中，比户履勘，極次躬親敬給，不辭勞困，諸弊肅絶。先是，學使某聲勢熏灼，衆競奔赴，或以多金浼公代達院閣，叱之去，人咸目爲迂。後學使敗，奔赴者亦敗，公獨超然無所累，介節、先見有如此。性澹泊，齏鹽自苦，迎養儒林公雒安人於官署，則甘旨愉怡。少偕弟文洋讀書，兄弟師資，友愛無間，時助金爲婚娶費。初娶王，早卒；繼娶賈，淑行純篤。子四：樹槢，邑諸生；醇士、恕士，乾隆乙酉舉人，山東知縣；韻士，乾隆戊戌進士，官右春坊右中允。公生平踐履篤實，謂學術無愧古人，有益當世，課士教子無殊法，學者宗之，稱秀峰先生。墓表，褚筠心先生撰。孫文定公方以明經治事，提倡國子，知君邃於學，器重之。嗣以五經應京兆試，已入彀，榜額溢，主試者信手落其一，乃即君。文定察君無幾微愠，愈歎許焉。自此無進取意，遊息性道，彈琴自娱。君清介正直，謂學聖賢，當自立品，始揭聯於楹云：“動静胥歸於正，身心自養其和”。又曰：“氣節爲文章之本，吾讀史至名臣諸傳，未嘗不感慨欷歔，欲淑身於第一流人，官職偶然耳，何足較。”其司鐸也，因地施教。陽城在太行之麓，人文盛而習少儇，教以黜聲華，崇經術，芟枝葉之辭。朔爲邊庠，人文樸僿。長治雖大，學人文久不振，君勤舉月課，口講指畫，潔盤餐、給紙筆爲獎勸，士爭趨之。其在鳳臺，遇水菑，偕令勘菑區，詳慎得宜。大吏賢之，將薦膺民社，以母老辭。在朔值旱饑，捐俸購米蔬，以課代賑，曰：“召諸生之貧，授之餐。”多全活。分襄賑務，往來風雪中，按户口審注無遺濫，升斗親視給。或笑其勞，曰：“苟非吾分所當爲，其何敢越俎？當爲不力，非吾所知也。”生平寡言笑，慎交游，義利之辨尤嚴。任陽城時，學使某勢烜赫，暮夜有以金啗君通院閽者，拒之。未幾某果敗，人服其先見。嘗誡諸子曰：“儉用勝求人，諺語可味。”又謂：“吾最體止足之義，如吾四子皆敦品勤學，書種子不斷絶，足矣。”神道碑，戴文端公撰。

叔祖九峰府君諱文洋，字浩然，幼敦愨有至性，隨奉政公入家塾讀書，日積寸許，必精熟解大義。余家世以《尚書》傳經，公尤好《春秋》之學，專治之，爲文謹嚴，有法不屑之核。時補博士弟子，尋食餼，磅礴鬱積，文辭益茂，顧獨以所治《春秋》號孤經，中額少，場屋屢薦弗售。餼滿貢成均，就職訓導。余家素貧，公以澹泊訓子姪，奉政公任廣文先後二十餘年，所得俸必半以遺。公性剛正，不喜面諛人，里黨重之。公事必諮而後行，邑舉鄉飲酒禮，延充大賓，人咸以爲無愧。享年八十有二。子三：宗典、宗堯，庠生；宗奚。孫五：朝驥、朝驌、朝騁、朝騄、朝驤。先大夫撰墓表。

世父贊亭府君諱樹楷，別號梅溪。博學多聞，書學率更有楷法。長從吳蘊山先生遊，刻苦力學，有文名，補博士弟子員。頻薦未遂，而讀書不輟，蒔花種竹恬如也。乾隆戊子，朝議公卒於官，偕諸弟徒步扶櫬回里，謀窀穸地，得陽和阡。堪輿家以爲佳兆，但不利長子，衆疑之，公慨然曰：“葬親得安，即不利吾一人，吾弗悔議。”乃定營葬。瘁心力，得腹脹疾。庚寅歲，賈恭人復見背，慟觸舊疾，竟不救，享年三十有九。配潘孺人。子一，朝鸞，庚子領鄉薦，選猗氏教諭。孫，世倫。介休劉登齋先生錫五撰墓表。

世父福亭府君諱醇士，別號厚菴。幼習經書，必手鈔誦憶。戊子、庚寅之歲，吾父朝議公暨吾母賈恭人相繼見背，伯兄贊亭又於辛卯疾逝。四載之中，三罹變故。我兄弟煢煢在疚，搶呼欲絶，喪葬大事，兄以一身經營，幸勿有悔。服闋，余與叔兄貫亭遊學授館，以至釋褐入仕，浮沉宦海，天各一方。兄獨守家園，無暇遠出，艱難生計，摒擋支持，匆匆垂三十年。秉性正直，爲鄉人所重，事無巨細，必先諮而後行。當是時，宗祐邱隴，祭掃弗缺，兄實主之；親串往來，慶弔弗遺，兄實專之；賦税徭役，雞犬弗驚，兄實當之；雀角忿爭，勸諭力解，兄實平之；祠宇道路，修整無廢，兄實倡之；祈賽禱雨，誠敬胥格，兄實先之。凡斯善舉，不可殫述。生平居心行事，惟以忠信爲質，睦婣爲訓。德望孚於里閭，面責人過而不怨；恭儉出於天性，甘守貧約而不尤。故鄉飲盛典延充大賓，洎乎身歿，罡舂相弗。嗚呼！古所稱尊行君子刑於家而化於鄉者，兄當之信無愧焉。享年六十，以余官貤封儒林郎、翰林院編修。配郝安人。子一，朝鳴，從九品。先大夫墓表。

世父貫亭府君諱恕士,字忠一。幼穎悟,從大父官鳳臺時,甫六歲,讀書日積寸許,應聲成誦,文詩奇警。年十七補邑庠生,二十四舉於鄉,乾隆乙酉科也。大父顧而喜曰:“吾與汝叔父久研經史,不得一第,今乃在汝,吾兄弟之心慰矣。雖然,學無止境,始於身心,終於民物,儒者之業豈獨以科名爲重哉。”於是益究心經義、治事之學,先大父暨先從兄朝鸞,先後從世父講畫,多所啟發。辛丑,大挑一等,揀發山東知縣。初任嘉祥,勘水菑按户給賑,不假手吏胥。調汶上,汶故多盜,下車糾察捕治,不畏豪猾,盜悉竄他邑。會汶盜包五行劫鄰縣案發,文武官奉檄往捕,弗獲。聞公至,即自就縛曰:“不敢累吾父母也。”然竟以是案失察,罣吏議。吏部以因公獲咎,開復原官,補博山,調蘭山。博邑事簡民淳,蘭山爲沂郡首邑,衝繁號難治。公拊循整飭,因地治之,各有政聲。嘗謂爲政之要,首在得人心;其次莫如約束吏胥,捕治盜賊。前後山東廿餘年,若金、照*、魚臺、嶧、蒲臺諸縣皆攝事,無不本此三語爲治。生平耿介,不能俯仰隨人。終身一令,身後蕭然,眷屬幾不能歸。享年六十有一,猶憶公赴書至京師日,先大夫方食,投以筯,吐飯慟哭,舉家惶遽。寯藻雖幼,亦號咷不已。彼時不知其悲,今思之益慟。配閻孺夫人。子三:朝鶱,候選縣丞;朝鵬,早卒;朝鶩,太學生。孫:世修,增廣生;世儒。墓表,寯藻撰。

* 查《清史稿》,山東州縣無名“照×”者。此“照”字,似指日照縣。

祁氏支祠記

吾族祁氏自元季由洪洞大槐樹，遷壽陽北鄉平舒邨，子姓繁衍，分南、東、西、中四支。吾家爲中支，人丁尤盛。乾隆癸卯歲，始建家廟於村西，蓋中支也。維時先大夫光禄公官編修，念廟建則譜尤不可闕。因先祖手藁舊本，合四大支重加考述，勒爲世譜一編，藏之家廟。復思立廟，義主合祭，情難專伸，爰奉考妣栗主祀於老宅，並追奉高祖綿香公以下三世神位。老宅者，先大夫之曾祖善成府君舊宅也。綿香公生四子，善成府君次四，至今族人偁吾家爲老四宅。嘉慶己巳歲，先大夫自伊犁歸里，以老宅歲久弗治，移奉神位栗主於宅西所居之中廳。嘗語寯藻兄弟曰："吾欲别建祠，以奉本支祭祀，老矣，恐不獲遂斯願。"先太夫人亦時以建祠爲念，購得宅東北隙地，以待營建。迄今數十年，寯藻與弟宿藻宦游奔走，未遑里居。伯兄既早即世，而三兄又以衰老，力弗能任家事，若不及時勉繼，先志何以克安？因寓書三兄，就隙地舊址，鳩工庀材，屬族弟廷式經理其事。逾年而祠成，謹奉十一世祖綿香公以下三世神位，贈光禄大夫祖秀峰府君，祖妣王夫人、賈夫人；考訪山府君，妣弓夫人、劉太夫人；貤贈光禄大夫兄芝舫府君，嫂任夫人、劉夫人、徐夫人；貤贈通議大夫兄錫綸府君，嫂張淑人栗主合祀一堂，計工費白金千六百兩有奇。寯藻、宿藻各出俸廉，用襄工作。復以侄世舒所購祠東地一區，附置於祠。兄寀藻選碑石以備刊記，且命寯藻敬書額聯，因題曰"祁氏支祠"，蓋緣家廟分支而建祠也。會族侄孫友直重校世譜藁本適成，爰並付梓，藏之祠中，以成先大夫之志，以告後人。記曰：君子將營宫室，宗廟爲先，居室爲後。念自通籍以來，承先人餘蔭，蒙國厚恩，致位通顯，清白之訓，幸無失墜。於所先者，尚愧弗能備禮，其所後者不遑計已，是所望於肯堂肯構者焉。

大清咸豐二年歲次壬子仲冬之月，十六世孫寯藻謹記并書。

祁氏雁朋堰先塋記

塋在村東南五里岡上,四山環拱,坐癸嚮丁。我始祖河東公諱旺,元季自洪洞縣大槐樹里,遷壽陽縣北鄉平舒村。卜兆于茲,子孫繁衍,分中、東、西、南四支。余家爲中支,户口最盛。每支各卜新塋,皆分派于此。碑三:其一,康熙三十八年己巳三月立,碑陽大書"祁氏始祖碩公諱旺謝氏暨列祖先塋之誌"十七字。碑陰誌云:"本族户大人繁,各派墳塋卜吉另葬。老墳拜掃止清明一祭。代遠年深,恐致迷失,因之立碑銘、刊石桌、樹旺柱,以誌不忘。嗚乎!水源木本,其來有自。祖功宗德,流澤無疆。後之孫子,尚其慎之。"族人勒名者二百五十有六,我高祖善成公諱敬德與焉。其一,嘉慶十年乙丑八月立,我先考資政公撰文。平舒祁氏有二族,余家爲遷民,與土著同姓不宗。此碑爲置祭田而設,而文中於數典忘祖之戒三致意焉。蓋亦前碑代遠年深,恐致迷失之意也。其一,重置祭田碑,嘉慶二十三年戊寅三月立,寯藻撰文。祭田之置,始於嘉慶八年,厥田九畝七分,俾周氏耕之,爲丙舍以守墓。至是復置田四畝五分,合前田十四畝有奇。朔望、二十四節氣皆有祭,祭之豐殺,稱其家塋。東二十二丈八尺,西二十三丈五尺,南九丈八尺,北十丈九尺。松三十三株,近二十年所植也。塋地外仰内俯狀若盆,雁春秋往來必翔集焉,故曰"雁盆"。或曰雁所朋也,謂之"雁朋",高平曰"堰",則壽陽方言也。道光十有四年歲在閼(逄)[逢]敦牂夏六月辛亥大暑日,十六世孫寯藻謹記。

先君祭文

嘉慶二十年三月二十五日未時,先君痛於保陽蓮池書院。寯藻在籍聞訃,星夜奔喪。匍匐扶櫬,於四月二十五日午時抵里。今屆七七之辰,製文恭祭。濡毫泣血,不知所云。

嗚乎!何昊天之不弔兮,乃獨降此鞠凶。何兒命之不辰兮,乃獨罹此憂忡。何椿齡之易邁兮,曾不少駐夫音容。念父之生我兮,哀罔極之久荷。劬勞備於一身兮,又重之以坎坷。少績學而勵志兮,雖貧困而不挫。抱遺編而長吟兮,歷十年之燈火。游黌序而登賢書兮,遂聯翩於青瑣。標詞苑之英聲兮,分農司之一坐。唯夙夜之在公兮,矢勤慎而弗惰。紹箕裘於先業兮,時凛凛而恐墮。心無忝於所生兮,事必求其當可。既接物以和平兮,復守正而不跛。懿衆善之畢集兮,應享年於期耋。庶烏私之稍遂兮,得承歡於繞膝。胡日月之不淹兮,竟呼搶而莫及。何桑榆之難挽兮,况客游於他邑。悵關山之修阻兮,望家庭而永訣。當吾父之疾劇兮,猶手書而寄閲。恐家人之驚惶兮,故含意而未説。謂藥病之不投兮,覺精神之少輟。召長孫其速來兮,庶侍養之無缺。孫雖來而病不起兮,僅一面而遽别。先君疾劇時,猶强起手書寄家曰:"藥病不投,是以未即全愈,不過身子發軟而已。可令世弇速來伺候。家中見字切勿驚惶。"孰料世弇於三月二十四日抵保,而先君遽於次日逝耶?悲哉!折素紙以寫哀兮,何言言之悲切。乍聞信而將疑兮,恐傳語之恍惚。急匍匐以星奔兮,恨長途之難越。撫靈几而一痛兮,迸血淚之汩汩。爰諏日以扶櫬兮,指雲旐而西發。越七日而抵里兮,惟神魂其返宅。慟兒輩之孽重兮,罪難數於擢髮。既不能盡養於寢膳兮,又不能親視夫湯藥。或宦遊於天涯兮,或株守於鄉曲。惟幼子之率從兮,又沖愚而寡識。先君於二月十九日自家啓程赴保陽節署,僅以幼子宿藻從。時宿藻十五歲。致温凊之失調兮,雖參苓亦無力。悼百身之莫贖兮,悲五中之似鑠。欲陟岵而望父兮,竟九原之不作。欲招魂而無術兮,弔雲間之控鶴。求諸彼而求諸此兮,又安知幽靈之所托。聊告哀於七祭兮,冀泉臺之鑒格。嗚乎哀哉!尚饗。

焚黄告墓文

維道光十五年歲次乙未冬十月丙辰朔下元之節前一日乙卯,不孝男祁寀藻、寯藻、宿藻,恭奉覃恩誥命,謹具清酌、香楮、庶羞之奠,焚黄致告於皇清誥授奉政大夫、户部福建清吏司郎中顯考訪山府君,誥贈宜人顯妣弓太君,誥封宜人、晉封太宜人顯妣劉太君之墓曰:嗚呼!男寯藻蒙先人之庇蔭,嚴君之教誨,通籍服官垂二十載,昊天之德罔極,禄養之報徒虚。憶昔甲戌成進士、入詞館,次年即遭我父之喪,未獲迎養霑升斗之禄,以少酬先志。自戊寅服闋,入都授職,我母就養官舍。癸未秋,奉板輿於湖南學署,至丙戌春乃還。自是或居京,或旋里,然慈體漸衰,寯藻始而請假,繼則請養。仰荷朝廷錫類之仁,不次之擢,俾榮乃親、娱乃志,而寯藻亦復徘徊於進退之間,以爲禄糈固勝於菽水,封錫有待於顯揚也。先是,屢逢慶典,例得封贈,寯藻官階五品,無加於親。及由京卿洊升今職未一年,而我母見背。葬之逾月,恭聞覃恩下逮,雖守制人員亦得予誥,而春暉已逝,曾不須臾延駐,親捧綵綸。是則不肖奉養有虧,貽悔抱慟於無窮者也。玆於本年九月吉日,恭奉到誥命三軸,我曾祖父母、祖父母均贈如例。我先大夫得誥贈資政大夫、内閣學士,兼禮部侍郎加一級。我母弓宜人、劉太宜人,均得誥贈夫人。寵錫龍章,榮增馬鬣,被崇封於三代,庶默慰於雙親。不肖寀藻、寯藻、宿藻感涕哀慕,詣墓焚黄,謹告恩施,伏惟靈鑒。尚饗。

先太夫人畫像記

影堂之祭,南中最重。北方專奉栗主,不置影;即行樂小像,士大夫亦罕有之,閨閣更無聞焉。先君子終於保陽,有孫生者善爲容,寫像逼肖,歲時展拜,不忍仰視。我母太夫人之喪,里中無工畫者,不得傳遺像。再逾月,始聞吾族曾孫夢星粗習繢事,乞爲追寫,數易藁乃成。我母方面豐頤,疏眉長目,鼻口端厚,兩耳垂珠。生平未嘗施彩澤,而人不知。晚歲齒落,輔頰微斂,髮白疎疎,而鬢不脱,雖數病羸,神氣自若。去年冬,夢星曾一謁我母於病中,未暇審視。下筆神貌,將合將離,蓋追寫若斯之難也。非夫心手相知,而徒以口語相授,安能庶幾乎？吾之心既不能得之於夢星之手,而夢星之手又安能得之於吾之口。悲夫！夫太夫人之儀容竟不可傳乎？雖然,猶愈於不傳也。古之人有刻木而不死其親者矣。謂夫精神所注,不繫乎形似也,況吾兄弟之悵焉愴焉,惚焉慨焉,瞿瞿然若見而若聞者,雖微此焉能已乎？然吾子若孫因此以求吾之父,因吾之父以求太夫人之聲音笑貌則亦庶幾乎傳焉。吾既悔夫爲人子而不知醫親之病,而莫之致以生也,此區區之繢事,而亦有餘悔焉。嗚乎！古人工書者,若顏平原、柳公權、李北海、裴休,當時碑板,不得其書,至謂之不孝。若夫曹衣吳帶,世乃以畫師目之,夫畫師亦焉可少哉！

劉太夫人墓誌銘

烏虖！我先君子弱冠，遭我祖父母之喪，煢煢厲志十年而成名，以振吾家。惟我前母弓太夫人，克相厥艱，載育子女，享年不永。我母太夫人歸於我先君子，再造家室，啓我後人。先君子官京師幾三十年，浮沉於史館，坎壈於郎官，卒罣吏議，孑然遠戍。晚乃敖遊南北，以山水文字自娱，賫志以終，未竟所施，命也夫，命也夫！我太夫人年十八歸我家，五十餘年，勤勤懇懇，貧困患難之中，卒賴以濟撫前室子女及弱孫，成弓太夫人之志。教子孫，擇嚴師訓迪，俾我先君子令名罔或失墜。先君子既葬，未踰年，伯兄即世。我太夫人迫於衰病，力持家政，至老弗怠。惟我祁氏世積德，自十一世祖緜香公，以母教起家，及我祖我父，代傳懿訓，天其或者相吾宗，假手於太夫人，畀之艱，以光厥緒耶？不然，何心勞力瘁至於此極耶！道光庚寅，寯藻請假省親，於是天子知我太夫人之賢，比起假，數垂問，不次遷擢，俾榮乃親，娱乃志，而我太夫人疾病侵尋，禄不逮養。慟哉！慟哉！太夫人姓劉氏，世爲平定名族。考諱煜，乾隆丁巳進士，湖北宜昌府同知。妣王宜人，治家有禮法。以乾隆二十九年十月初六日亥時生。我太夫人，六歲而孤，秉宜人之教，女工無所不習。既長，慈厚嚴明，識度卓越，教子孫必以宜人爲法。道光十四年正月二十五日子時卒於家，享壽七十有一。子六人：宬藻，弓太夫人生，增貢生，由謄録議敘四川鹽課大使，戊寅歲卒。宣藻，年十一殤。宷藻，國學生，候選府檢校。富藻，幼殤。寯藻，由翰林編修累遷内閣學士。宿藻，乙酉科舉人。女三人：長，弓太夫人生，適同邑歲貢生王敷政。次，適平遥原任兵馬司吏目閻庭椿。次，適平定廩貢生張麗暹。孫七人：世弇，優貢生，候補訓導，伯兄子，幼鞠於太夫人，今承重者也。世庚，庠生。世齡，戊子科舉人。世舒，國學生。世佶、世敦、世長。孫女一人。曾孫二人：友益、友觀。曾孫女二人。太夫人以嘉慶丙辰，覃恩誥封宜人。嘉慶己卯，以子寯藻官覃恩誥封太宜人，以子寯藻今職加級例得誥封一品太夫人。卒之歲秋八月戊申，合葬於先君子墓。墓在壽陽縣平舒村北一里葦上之原，距先塋不數武，前岡後山，鄉卯背酉，壙深九尺，土潤而厚，我太夫人所卜也。烏虖！幽壤一閉，靈輴不返。哀哀父母，長此終天。不孝等既述懿行，以待表墓，復刻石埋詞，用誌無窮之慕。不銘，哀不能銘也。不孝男祁宷藻、寯藻、宿藻泣血謹誌，寯藻泣血并書。

顯妣劉太夫人行述

皇清誥封宜人，晉封太宜人，例晉封一品太夫人，顯妣劉太夫人行述。

嗚呼，痛哉！我母太夫人，竟棄不孝等而長逝耶！不孝等生弗能養，疾弗能醫，積罪深重，弗自隕滅，而延禍於太夫人。蒼天蒼天，竟如是耶！而猶靦顏視息於人世耶！顧念太夫人半生患難，阨困備至，卓識定力，再造家室，有非尋常所能及者。若不及時敘述，不孝等罪戾滋大。銜泣濡血，謹識大端於左。

太夫人姓劉氏，世居山西平定州河砥鎮。考諱煜，乾隆丁巳科進士，湖北宜昌府同知。妣王宜人，生子一女二。太夫人最幼，端莊聰敏，識量過人。女工一見便習，刺繡翦花，不假粉本，動合法度。王宜人治家嚴，教子女弗姑息。宜昌公終於官署，太夫人甫六歲，事王宜人能得歡心，以故獨鍾愛之。年十八歸我先君子爲繼室，時弓太夫人遺女十一歲，子宬藻七歲，即不孝承重孫世弁之父也。先君子戊戌通籍，改庶吉士，庚子授編修，請假省墓，旋入都供職。太夫人攜子女從，是歲辛丑乾隆四十六年也。先君子性磊落，不問人家生計。直史館十年，纂《蒙古回部王公表傳》一百十二卷。退食篝鐙，丹黃不釋手，暇則與同年友爲文字飲。閒數日一聚，肴饌豐潔。坐客竊訝寒素薄宦，何以辦此？既乃知閨中往往典簪珥爲之也。太夫人以名門愛女從宦京國，城南數椽，居大不易，梱以内無澣衣婦。晝則治中饋，米鹽零雜皆出一手；夜則爲子女縫紉澣濯，至三四鼓弗輟。孤姪朝鸞從先君子讀書，太夫人待之猶子，無厚薄焉。是時，王宜人老矣，念女甚，軒車來都，入室蕭然，有矜憐之色。太夫人再拜而進曰："女不幸，不逮事舅姑，相夫子敢不敬戒，撫前室子敢不愛護，以貽母憂。"閱數歲，太夫人歸省，宜人喜曰："吾向念汝勞苦耳。今觀汝勤不言勞，貧不言苦，真吾女也，勉之。"自是别，遂不復相見。太夫人每與子孫輩言及此，輒流涕，教子孫未嘗不以宜人爲法也。五十六年，先君子以右中允改户部主事，閱六載不補官，外無升(之)[斗]之禄，内無朝夕之儲。長子婦任氏生世弁，四十日而殁。長女嫁，數歲亦殁。子宣藻、富藻先後疾殤。家運屯蹇，萬事艱辛。太夫人舍己子乳而乳孫，焚香籲天，爲孫乞命。嫁奩既罄，至以一巾辦一炊，心勞力瘁，慮不支，輒暗泣。先君子自署還，則改容而語，不及家事，問之則迂詞而對。迨嘉慶二年，先君子補官洊升郎中，將外遷。九年，忽有錢局失察之案，歷任監督皆奉譴，遂罷職下獄。太夫人晝夜號慟，絶而復蘇，命寯藻、世弁隨侍獄中，率宷藻倉惶歸里，鬻薄田爲槖饘需。朝士哀之，識與不識，悉出貲助。明年，同案五靈泰遣子申訴，事白，奉旨戍伊犁。太夫人乃以親知所助，爲先君子俶裝，命宬藻留京補謄録，而自攜幼弱還壽陽。時相國戴文端公、京兆閻墨園、給事曹定軒諸先生，皆先君子至交，力勸留京。太夫人泣謝，曰："吾不忍使諸君見吾流離也。"遂行。過平定，聞張蕊青先生名觀藜，德行學問，矜式鄉閭，亟延爲子孫輩師，行李甫卸，書聲即起。太夫人從先君子居京師二十四年，先人敝廬僅有存者，妯娌衰老，族黨生疏，入門悽然，無可依倚。時宷藻年二十，孫世弁十五，寯藻十三，幼女九歲，宿藻甫五歲。太夫人拜舅姑主，泣祝曰："惟祁氏世積德，未食厥報，若以舅姑之靈，夫子生還，室家重聚，機杼之教，責在老婦，敢弗盡瘁以勗後人。"會邑洊饑，斗米錢千三百。不孝等猶記侍太夫人噉穀麩粥，求醃菜弗得，而師饌必具酒肉。師察知固辭，卒不少殺。從姪朝驤貧不能延師，每過塾輒從宷藻問字。太夫人知之，請於師，俾從學，後亦舉於鄉。當是時，母教既嚴，師訓亦力，冬夜視參星西下乃就寢。村舍荒寒，書聲激楚，慈帷聞之淚溼衣袂，然終不令不孝等知，晚年偶道及，猶酸鼻也。十四年，先君子蒙恩放還，見門庭整肅，子孫讀書不廢業，喜曰："吾始念不及此。"於是悉以家事屬太夫人，而自遨遊於秦隴、江南、燕薊間，將以山水文字送老焉。十九年，寯藻成進士，入詞館，請假歸省。先君子亦自保定書院歸，舉家歡聚，計此十年中履險處困，非復常境，幸毀室再完，拮据少慰。明年春，先君子復至保陽，遽以瘧疾不起，嗚呼痛哉！先是，太夫人以憂勞得痰疾，哀慟發益劇，猶勉治喪事。二十三年夏四月，葬先君子暨弓太夫人於葦上之原；而長子宬藻於是歲冬，以疾卒於河南。舊慟兼新慟，齒髮頓衰矣。己卯，寯藻授編修，乃就養都門，棖觸往事，且悲且喜，蓋自乙丑還里，十五年矣。道光辛巳，皇上御極之元年，寯藻入直南書房。明年春分校禮闈，秋典試廣東，三年視學湖南。太夫人誡之曰："汝父京宦幾三十年，己酉、庚申兩與文事，皆鄉試分校。汝父所未歷者，汝年少驟得之。遭逢恩遇，可謂幸已，其何以報稱。"寯藻逡巡而對曰："清、慎、勤之箴，敢奉以終身。"太夫人曰："然。清毋激，慎毋隘，勤毋擾。勗哉！汝毋以三者徇人。"寯藻怵惕受教，誌之弗敢忘。太夫人教子嚴而有法。弗命之坐，弗敢坐；弗與之言，不敢言。有弗，率必責之。寯藻年十五入泮，十六應歲試，學使黄左田先生拔置第一。試歸，侍從伯父側，應對有矜詞，不知太夫人牖外聞之也。詰旦，發其衾而杖之，且哭曰："汝父遠戍萬里，吾間關攜汝輩歸，延師教讀，冀汝或成立，繼汝父志。今少得輒足，豚犬耳，吾無望已！"寯藻銜涕受杖，刻骨感悔。自是，科第每有進，官每遷，太夫人心喜之，而色轉峻。典試廣東時，切戒歸裝不得有異物，又諭毋濫交徵逐以損汝志。視學湖南時，方盛暑，寯藻先行，宲藻奉慈輿，秋季乃至，有僕某者迎抵漢口，愬於太夫人，以寯藻裁革陋規，不近情，請復之。太夫人笑而不答，至署之次日，逐僕某。寯藻愕然，請其故，乃知之，由是署中無敢妄議者。太夫人御下慈而嚴，周恤疾苦，如不及。奴婢勤惰，纖悉必知，賞罰必得。故人樂爲用，而不敢欺。嘗曰：“居家不可有閒人，閑則惰，惰則不惟廢事，且生事。”居楚兩載，日課家人鍼黹，朝授以小筐，夕則收之，以驗其勤否。寯藻每按試歸，必出示手製鞶囊，光采爛然，今猶藏弆兩枚，葢六十歲作也。五年秋，學使任滿，太夫人還京，明年還里。宿藻暨孫世齡疊膺鄉舉，寯藻亦累遷至右庶子。此數年家庭安吉，太夫人喜動顏色，舊痾有瘳，不孝等私心竊幸，乃庚寅秋七月，忽遘末疾。寯藻聞信焦灼，請假歸省。上召見垂問，准其開缺，賞假三月，回籍省親。既復，蒙恩展假，不限時日，寯藻得以安心奉湯藥。至十一年秋，太夫人體漸痊，感戴鴻慈，依戀京闕，遂輕軒就道，秋季抵都。寯藻銷假供職，復蒙温語垂詢，令臣母就養園廬，避喧避暑。自念寒微，叨玆矜恤，母子感涕，莫知所報。十二年秋七月，太夫人偶因積熱成痢。寯藻請假十日，治未愈，乃具摺陳情乞養。仰荷恩諭，以臣母痢疾非不可瘳之症，年未七十，無須遽請終養，特旨(嘗)[賞]假一月，且命無庸赴園謝恩。仁施曲體，逾格垂慈，實夢想所不到。太夫人病中聞之，伏枕流涕，即日飲食漸進，亟投藥餌，霍然病已，比及一月如初。寯藻於是詣園謝恩，如獲更生之慶。自壬辰春至癸巳夏，寯藻凡四遷，每有陳謝，必荷垂詢。葢聖人錫類之仁，俾得榮親娛志；而太夫人於患難疾病之餘，天錫之福，申申不已。所以致此，匪偶然也。初，僦屋近市，湫隘囂塵，不可久處，乃移居下斜街。慈意怡然，日散步庭宇間，修植花果，與親串往來譚燕，又數出郊看西山，至澄懷園，卽寯藻之直廬也。周覽遠近，樂其湖山花木之盛，爲之加飯，信宿乃歸。太夫人之北上也，宲藻、宿藻暨閻氏女，皆隨侍内外，孫男女六七人依依膝下，晨夕無間，時復誦稗官小史，以博一笑。太夫人工圍棊，晚年目力衰遂輟，賴家人笑語消日，喜自點食單，會親戚必醉飽乃喜。内賜文綺、荷囊及魚鹿、瓜果之屬，必分榮親故相慶幸。居京師兩載，忽思鄉里迫欲歸。不孝等再三懇留，諭以明年爲孫輩娶婦後，挈全眷入都。乃於十三年秋，宿藻侍奉西旋。初行，肩輿日行數十里，繼乃百里，不少倦。既至家，則扶杖過鄰舍，視場圃，有問視者輒譚笑，竟日坐不改容。寓書寯藻曰：“吾暫歸甚樂，旋復來，勿念也。”孰意十一月二十四日，末疾復作，亟投清解之劑，至春初漸平復,計日可瘥。忽於正月十四日,腹瀉氣弱,不思飲食,蔆朮無靈,祈禱罔驗,竟於二十五日子時終於内寢。嗚呼,痛哉!不孝宲藻、宿藻日侍左右,無藥可醫,無術可挽,呼天搶地,萬死莫贖。不孝寯藻於二月初二日,在京聞訃,不孝承重孫世弅方卸署臨汾縣訓導事,於二月初三日聞訃,先後星奔回籍,伏棺號呼,音容莫覩,椎心泣血,抱恨終天。嗚呼,痛哉!太夫人自庚寅秋病,病而起,起而入京師。壬辰秋又病,病而起,起而旋里。數病數起,元氣漸靡。不孝等罔知憂懼,以爲可恃。去年慈輿出都,不孝寯藻叩送於郊,欲泣不敢,欲慰不忍,孰知此別,遂成永訣耶?寯藻爾胡不攀轅牽裾,以挽此行耶!胡不隨行,退而躬耕,而使高堂抱無窮之思耶!已矣,長負罪以没世矣,尚何言耶!尚何言耶!太夫人生於乾隆二十九年十月初六日亥時,享壽七十有一。彌留之頃,問者盈闥,考終之日,六親揮淚。蓋由天性誠厚,喜怒不飾。人有善,若己有之;過,則面折之。退無後言,躬秉禮法,式於鄉黨,故生而見敬,殁而見思。至若遭歷艱危,扶持門祚,中流失船,卒賴以濟,識力之堅,身心之瘁,不孝等知之不能言,言之不能盡,區區楮墨,豈足彷彿萬一耶。太夫人以嘉慶元年覃恩誥封宜人,二十四年覃恩以子寯藻官誥封太宜人,以子寯藻今職加級例得誥封一品太夫人。子六:宬藻,弓太夫人生,增貢生,由謄録議敘四川鹽場大使,嘉慶二十三年卒。宣藻,十一歲殤。不孝宲藻,國學生,候選府檢校。富藻,幼殤。不孝寯藻,由編修洊升内閣學士兼禮部侍郎。不孝宿藻,乙酉科舉人。女三:長,弓太夫人生,適同邑歲貢生候選訓導王敷政。次,適平遥縣元任北城兵馬司吏目閻庭椿。次,適平定州廪貢生候選訓導張麗暹。孫七:不孝承重孫世弅,優貢生,候選訓導;世庾,庠生;世齡,戊子科舉人;世舒,國學生;世佶、世敦、世長。孫女二,曾孫二友益、友觀,曾孫女二。今以道光十四年八月十六日戊申,將合葬於先君子之墓。不孝等苫凷昏迷,追述梗概,語無倫次。伏冀當代大人先生,俯鑒哀忱,錫之銘誄,以光泉壤。不孝等死且不朽,世世子孫,感且不朽。

承重孫祁世弅

孤哀子宲寯宿藻泣血謹述

芝舫伯兄祭文

嗚乎！我伯兄卒十有七年於兹矣。伯兄卒於嘉慶二十三年十一月二十三日，年僅四十有五。憶少小時從我父官京師，與伯兄依依膝下，晨昏不離。我父于役西陲，我母携弟輩歸里。我伯兄羈於都，薄宦於蜀，十年而遭我父之喪，奔歸，兄弟重聚。又三年，葬我父於北原。我伯兄與弟寯藻南北宦遊，出山之日，相别於獲鹿客舍，握手潸然流涕，期以他日相見。寯藻既抵都，而我伯兄未至蜀，客汝陽數月，遂以病不起，痛哉！伯兄卒後數日，寯藻夢見伯兄曰："吾念汝來視。"悲喜交集，未及數語，倉卒而去。寯藻追之門，蹶而醒，乃夢也。已而，赴至。時弟宿藻亦在都，於是兄弟爲位哭我伯兄於城南憫忠寺。伯兄方面豐下，美鬚髯，狀類我父。别時鬚蒼白，飲食、步履尚健，而不料其中年而逝也。弟寀藻年差長，與我伯兄相聚之日差多。弟寯藻、宿藻除少小居京師日，與伯兄相聚僅居憂三年耳。哭泣之日多，歡娱之日少。

嗚乎！人生中年多故，父母之年，逝者不返，□□兄弟，白首相依，而我伯兄年不償志，未竟所施，斯則吾家之不幸也。今我母又見背矣。伯兄若在，今年六十有一，家有長君，雖失怙恃，尚有禀承。今則嬛嬛，誰可告訴？少小之事，孰能言之？吾父母之憂患困苦，孰能知之？子弟之讀書勵志，孰能教之？悲夫，悲夫！

伯兄既卒，孤侄扶柩權厝於家，以我母春秋高，弗忽舉窆事。今卜於道光十四年八月十六日，安葬我母暨我伯兄，先期遷柩於中庭之西，敬告哀悃。自伯兄即世，諸子成立，世弇以優貢司鐸，世庾入舉，世齡舉於鄉，世舒以國學援例從九品，孫男女有四人，斯皆長嫂鞠育之力，可稱慰我兄於冥漠之中者也。兄其辭兹殯室，往即佳城，從我父母，依我新塋，永永松楸，以妥以貞。嗚乎哀哉！尚饗。

伯兄芝舫府君墓表並銘

皇清敕授修職郎、增貢生、實録館謄録、四川鹽場大使、署華陽縣縣丞、簡州分防州判、太平廳經歷、貤贈奉政大夫、右春坊、右庶子、顯考芝舫祁府君暨顯妣任太宜人、劉太宜人、徐太宜人之墓

伯兄芝舫府君墓表並銘

嗚呼！我伯兄芝舫府君，不幸中年即世，於今三十有一年矣。兄弟六人，今存者三，寀藻家居，寯藻官京師，宿藻出守江漢之間。存者既天各一方，而歿者渺然不可再見，悲夫！宰木已拱，孔懷永歎，尚何忍言耶！抑何忍無言耶！兄諱宬藻，字國華，生七歲而弓太夫人見背，劉太夫人撫之成立。由縣學增廣生員、例貢生，考取實録館謄録，議敘四川候補鹽場大使、歷署華陽縣縣丞、簡州州判、太平廳經歷，所至有政聲。華陽城□回民某，恃其富豪，侵占官街，到任即按治之。有提標兵躍馬輿前，出言不遜，執而杖之曰："提督雖尊，汝兵也；吾職雖卑，地方官也，奈何藐法！"由是境内肅然。大憲聞而嘉之，曰："成都五方襍處，禁約宜嚴，祁丞如此，法可行矣。"寶川局鼓鑄錢文，大小厚薄不一。司事者以兄任事覈實，俾襄局務，匠役憚之，積弊頓革。城口經歷、太平廳同知所轄地居萬山中，回環數百里，夙號姦藪。兄於嘉慶二十年攝篆，下車之初，履行保甲，即獲林清案内次要逆犯，解廳究辦。是年，丁先大夫憂回籍。服闋，仍赴川中，道出河南息縣，徐君砥齋留居官舍，遂病不起。砥齋，吾兄之妻弟也。兄元配任宜人，生子世弁四十日而歿。繼配劉宜人無出。徐宜人生子三：世庾、世齡、世舒。撫世弁恩勤，不啻己出。以故，任宜人之弟樸庵視徐宜人亦如同胞姊，終身禮誼彌篤。兄秉性質直，不能隨俗俛仰，文詩書翰均有法度，顧屢薦輒不售。甲子、乙丑之歲，先大夫罷官遠戍，室家離散，不得已以一官餬口，而徐宜人亦率諸子輩依於外氏。至先大夫之喪而始一聚，逮先太夫人之喪而再聚。其間窮困抑鬱盤錯之境，寯藻與兄身親之，而口不能盡述之也。先是，仲兄錫綸年十一殤，先大夫、太夫人哭之慟曰："必爲立後！"我兄嫂心默識之。及太夫人將葬，嫂語諸弟曰："遺言在耳，不可使仲叔無後。"乃以世舒繼之。親族感歎，僉謂能成先志，且慰兄心焉。兄生於乾隆三十九年五月二十三日，終於嘉慶二十三年十一月二十三日，年四十有五。以道光十四年八月十六日，葬於葦上之北原先大夫墓側，嫂任宜人、劉宜人祔焉。任宜人生於乾

隆三十八年十月十六日,終於五十六年十二月二十三日,年一十有九。徐宜人生於乾隆四十一年五月十四日,終於道光二十六年九月十五日,年七十有一。子世弇,丙子優貢生,長子縣訓導。世庚,縣學附生,道光十六年卒。世齡,戊子舉人,即選教論。世舒,國學生,直隸候補典史。孫友益,縣學附生。友觀、世弇等既奉徐宜人之柩合葬於墓,踰年將樹石表阡,以書來告。濡豪揮涕,乃爲之銘。銘曰:

憶與兄别,戊寅之歲。仲夏之月,旅次獲鹿。攬袂灑泪,行李倉卒。兄適巴蜀,寄孥中州。川路難越,弟客都門。貧病交集,夢魂恍惚。若有所見,若有所言。�焉以歿,輓之弗止。踵之弗及,瞿然而蹶。吾兄往矣,歲月幾何。視予齒髮,告爾子孫。念予昆弟,勒此片碣。

大清道光二十八年冬十月,五弟寯藻謹撰并書。

哭次男宣藻癸丑六月十二日

改官近三載,艱辛萬事嘗。飢驅類臣朔,廩禄羡粃糠。嗷嗷室交讁,貧與病相將。大病成癆瘵,小病生疽瘍。自吾瘦骨外,無人獲安康。前歲汝兄婦,曾偕汝姊亡。客歲汝季弟,又以暴疾殤。猶曰懷抱耳,置之神弗傷。汝今年十一,乃亦去堂堂。噫嘻吾運蹇,致汝罹災殃。吾欲入汝室,還欲登汝牀。思與汝一見,僅見汝衣裳。呼名卒不應,搔首空徬徨。念汝性聰慧,骨相且端莊。出語似成人,了了不尋常。經書愛講解,字句能推詳。汝病前未劇,命汝誦《金剛》。慮汝精力疲,但令日一章。永訣之前夕,汝尚跽吾旁。云已誦數周,兒心覺明光。吾聞大歡喜,勉以勤讚揚。誰知靈根苗,移植向西方。汝逝應勿恨,吾存獨感愴。人生三不幸,吾乃一身當。少小失怙恃,中年悼空房。即今雖未老,鬢髮漸欲蒼。憶昔發軔始,卓犖興激昂。長安游宦久,倒長類黄楊。寸心得失知,遷黜增慚惶。所期家積慶,兒女侍成行。或添賢後嗣,書種繼縹緗。汝兄年及冠,尚未登文場。譬彼適閩越,裹足仍面墻。汝弟即有二,其一目左盲。又如俟河清,乏材造舟梁。汝竟長已矣,吾復安所望 。夭壽數有定,骨肉恩難忘。況當屯邅際,汝命摧冰霜。苦雨夜漫漫,黄泉路茫茫。吾淚不易灑,一痛裂肝腸。

右先大夫哭我仲兄錫綸詩一首,作於乾隆五十八年六月十二日,即兄之卒日也。兄生於乾隆四十八年□月□日。年十一,以瘵疾卒於京師。吾父母愛之深,哭之慟,歸其柩於里,且曰它日必爲立後。嘉慶二十年吾父見背,越三年卜葬於平舒村北原上新塋。又十六年而吾母即世。合葬之日,并遷兄柩祔於左側,時道光十四年八月十六日也。兄未娶而殤,邑俗殤不成禮,取女子之殤合葬焉,乃成禮。有張氏女婉孌而殂,作配吾兄,永慰幽塗。事雖從俗,情則難已。長嫂徐氏命季子世舒爲兄繼嗣,克成先志。寯藻既爲兄請封于朝,謹録先大夫手稿,刻石墓道以誌餘慟。吾兄弟六人,今存者三焉。兄之言貌,宲藻放愻記之。寯藻生甫八日而兄卒。詩云汝弟有二,謂宲也寯也,宿藻則詩中未之及也。悲夫!後之子孫尚其念諸。

道光十六年夏四月日,弟宲藻、寯藻、宿藻謹記,寯藻并書。

季弟幼章行略

咸豐三年,歲在癸丑正月三十日,江寧布政使祁宿藻籌防積勞病故。其夏六月,特旨賜卹。明年十一月,其兄寯藻以衰病蒙致仕。又二年,病少間,乃爲敘次其行事大略,使其孤録之,以傳於後嗣,曰:

嗚呼!吾弟字幼章,先大夫贈光禄公之第六子也。先妣劉太夫人以嘉慶六年辛酉之歲十一月二十五日,生弟於京師宣武門外鐵門官舍,時先大夫官户部郎中。九年,以寶泉局銅斤短絀,歷任監督俱被議。十年二月,先大夫奉戍西陲。五月,先太夫人率子孫男女輩歸壽陽,時弟甫五歲也。六歲入家塾,初從吾師平定張先生,繼受業於許蓮西先生。十四年,先大夫回籍,那文毅公延主保陽講席。甲戌、乙亥年間,弟隨侍讀書,旋丁先大夫憂。年十八,補縣學生員。性爽直慷慨,有大度,尤喜讀史。初學爲文,出語輒不凡,先大夫喜其有英氣。文毅嘗謂寯藻曰:“君清華之品,令弟則政事才也。”先太夫人察諸子才無過季子者,遂委以家政,艱難煩碎無不立辦。嘗隻身走千里,赴戚黨之難,卒全其家。又爲鄉里畫救荒之策,糴糶錢米,周轉不匱,窮民賴以存活。道光五年乙酉科鄉試中式舉人。時余督學湖南,任滿奉太夫人還京,弟迎於欒城。自是侍奉安輿往來京寓,而學業不輟。壬辰科會試挑取謄録,又考取教習。十四年春,丁先太夫人憂,秋安葬。明年,主講洪洞書院,席未煖,而趙城賊曹順變起,戕官據城。洪洞,鄰邑也。縣令俞君知弟素習金湯籌策,倉卒問計。弟告以嘉慶間滑縣用兵,鄰境金鄉、濬縣守城事宜,夜集同城官吏紳士,急簡兵勇,括城中火器軍械,得數十百件,搜獲内應伏賊二十餘名,分段守禦,布置粗就。遲明,曹逆率賊已逼城下,欲焚城門,梯垣而上。弟率兵勇從城上槍斃賊首數人,餘匪少卻。趙城之起事也,學使方試平陽生童,商賈雲集,一二日間擄脅至數千人,以故圍城,勢甚蠭擁,人心兇懼。弟謂俞君曰:“賊雖衆,其前列多擄脅,在後者乃真賊也。吾槍藥俱少易盡,非避實擊虚難以取勝。”於是令城上兵勇同聲大呼曰:“被脅者左!”衆遂左奔,乃擊其右;復大呼曰:“被脅者右!”右奔,乃擊其左。如此三四,前脅多逃,後賊多死,賊黨大潰,遂解圍。弟曰:“急追之,可盡殲焉。”俞君有難色,弟亦自謂客授不便堅執,然甚惜曹逆之得免脱也。趙城事平,縣令擬以弟勞績上,力辭之,載書三篋而歸。後俞君卒於任,眷屬還京,貧乏不能自存,弟周卹之,十餘年不少倦。戊戌科會試中式進士,改翰林院庶吉士。時余督學江蘇,弟請假來南,相見悲喜,渡江同登金山絶頂,與賓客賦詩。弟詩意以爲長江天塹,自古戰守安危所繫,數百言中惓惓及之,若有先見也。二十年,散館授職檢討,充國史館纂修提調官。二十三年,翰詹大考二等,賜大緞。二十四年,甲辰科會試充同考官。是年,鄉試充廣西副考官。二十五年秋七月,特授湖北黄州府知府。黄郡詞訟繁難,前守積案三百餘起,控訴無虚日,乃日坐堂皇收呈,即訊即斷。其有案情膠葛者,立限迅傳要證,絶不拖累。麻城民熊祖武叔嫂爭産,絫歲不解,爲判詞千餘言示之,感服,遂罷訟。數月舊案悉清,新案不積,而控訴亦稀矣。二十六年,黄郡旱,步禱於城東大崎山,戴雨而還,耆老奉采帛懸輿者,接踵於道。明年又大旱,初與同城官吏禱得小雨,乃獨設壇於雪堂致齋,合署不茹葷酒,三日大雨盈尺,歲乃有秋。以郡城爲江漢鏁鑰,歲久弗治,緩急無以爲備,乃捐俸爲倡,紳民踴躍,卽日積貲數萬,鉅工克成。文廟亦重修葺。城南青雲塔者,全楚形勢所繫,久毁,至是並起,韓魏公春草亭亦復舊觀焉。齊安書院膏火資缺,應試者漸少,分俸增給。每課親爲諸生評閲,獎勵有加,士風大振。二十八年夏,武昌水菑,前守適以目疾告大吏,謂弟能治劇,奏調首郡。當是時,省城西南漢陽、文昌、平湖諸門已閉,城外數百里田廬淹没。登龜山、黄鶴樓,西望荆州,東至黄州之廣濟、黄梅,巨浸連天,城内民居、街市、衙署多在水中,菑民露棲城上或高阜處,幾無隙地。而菑賑例有定期,勢難延待,乃先捐辦粥賑,親嘗分散。又捐錢,以數十文爲一小串,計口均分,每日約散數千餘串。選公正紳耆董其事,不假吏胥手。至十月,例賑屆期,私恤乃止。二十九年五六月間大雨,江水暴漲,直逼城下,較去年尤甚。各門壅閉,僅留大小東門通城外洪山,爲出入徑路,其餘城垣不浸者止二三版。官民聳動,弟毅然曰:“此太守責也。”乃冒雨率屬徒步,晝夜履勘,迅集工料,隨方堵築,竭數日之力,城乃得全。初,仍捐辦錢粥,而暑溼蒸鬱,沴疫相繼,老弱卧病,彌滿街衢。復備藥料、餅餌分給,死者給棺掩埋。於是大吏倡捐於上郡中好義之士,同力相恤。郡守廉俸已罄,則出息暫貸,漢鎮之鄉局,署中親友、幕客、家丁,皆傾囊濟急。又於永安局外設育嫠堂,棉衣不由胥役領辦,郡署雇縫人製而發之,城外菑民委員接濟。忽一日,有婦女數千,鬨集洪山寺,勢甚洶洶。委員鍵門不知所爲,總督裕公、署巡撫唐公問郡守何策散遣,對曰:“已思得辦法,第須假大憲一言爲信耳。”於是單騎步從一二人,徑造寺門,大聲傳諭曰:“督撫差知府給賑,毋譁!”衆少避,遂入寺,而委員賫錢已竭,倉卒無從假給,乃翦寸紙數千,手批錢數,押記宣示上官德意,逐口散給,期以三日來寺領取，一時歡聲，紛紛散去，兩憲大悦。自是城外給錢飭依此法，人情翕然。至冬間，接辦例賑，散遣流民，合境安集。武昌郡試向在貢院，地曠僻，巡緝難周。倩手暗通吏役，輒先匿號舍。弟察知之，躬坐龍門收卷給籤，倩手無卷不得出，踰垣被獲，悉得其情，申以勸戒，其弊遂絶。去楚時兩郡士民俎豆祝之。是年七月，升授廣東鹽運使。九月，升廣東按察使，三十年三月任事。七月，韶州府屬匪徒滋事。八月，帶兵赴清遠縣剿賊。九月，巡撫葉公親涖督辦，指授機宜，清遠、英德、連州、翁源水陸隘口，先以兵勇扼截，防賊竄路。九月，擊賊於英德望夫岡，又敗之大坑口。十月，擊賊於翁源雪廟墩。十一月，再敗之佛岡二渡水及英德魚子灣。十二月，追賊於和平浰頭墟。咸豐元年正月，再追賊於長寧瑶田墟。七捷，賊大潰，不能復聚，乃入山搜捕，九路並進，賊首周亞華獲於鐵溪尾，李單眼壬獲於觀音鄉，羅漗潒獲於鋪嶺山，鄧十富獲於金坑山，黄毛五獲於塘背村，劉忝城獲於圓腦山，其餘大小頭目獲三百六十餘名，生擒夥匪三千餘人。兩月之間，剿捕淨盡，地方肅清。事竣，葉公上其勞績，蒙恩賞戴花翎。

先是三十年八月，升授湖南布政使；咸豐元年二月，調補江寧布政使，俱奉旨俟剿辦事竣，再行赴任。是年五月始交卸北上，八月到京陛見，九月出都。兄弟藉得聚首數旬，揮淚而别，自是遂不復相見。時豐北河決，即於途次捐銀三千兩賑流民。十月抵任，總督陸公督辦河工，奏委辦武闈事。二年四月，欽使協辦大學士杜公、將軍怡公奏派督辦江南賑務，有旨截留江廣漕糧三十萬石備賑。五月，至徐州親身履勘，酌定賑務章程十條：一、漕船卸米及州縣存儲處所；一、漕米豫籌撥運；一、州縣領兑漕米，派道府監兑；一、上屆災區户口、賑票業已收回，仍委員查核；一、查填户口，州縣及委員互相稽核；一、散賑分别大小口，按月給領；一、放米多分廠所，免致擁擠混淆；一、賑米視災區輕重分撥，沛縣九萬石，豐縣七萬五千石，碭山縣二萬三千石，銅山縣五萬石，邳州三萬石，迤下宿遷、桃源、沭陽、清河、安東、海州共三萬二千石；一、附近決口棚栖災民依舊給恤；一、州縣運米腳價，動用捐賑餘銀支發。事竣回任。十二月，聞湖北武昌失守，江蘇巡撫楊公奉命赴金陵督辦防堵。總督陸公自河工回省，以欽差大臣督兵赴上游九江防守。三年正月十九日，陸公由九江回省。於是將軍偕副都統、提督及藩司據實馳奏，其略曰："臣等疊奉諭旨，以逆匪有東之下勢，江寧城大兵單，守禦必應嚴密，所有城垣九十六里安礮設防，擇要布置。臣祥厚與撫臣楊文定、提臣福珠洪阿及鄒鳴鶴，並督同藩司祁宿藻及江寧八旗協領等和衷趕辦。兩月以來，修補城垣，製造火藥鉛彈，運買米石，招募壯勇，製備防守一切器具，屢次出示安民，地方尚稱安謐。督臣陸建瀛因前營總兵恩長於武穴遇賊失利，即回舟東下，藉口下游江寧吃緊，趕回布置，沿途險要，並不屯紮。不顧江西、安徽兩省，更將駛上師船火礮一概徹回，專守水路之東西梁山，而蕪湖陸路爲入江蘇之門户，亦均徹防。於十八日夜半隻船抵省，十九日黎明進城，遂致合城紳民一時驚擾，紛紛遷徙，雖出示嚴禁，力難阻止。復經臣等函致督臣，應統帶舟師，仍赴上游迎擊，以固門户，而定人心。乃督臣晏坐衙齋三日，並無回信。加之撫臣移往鎮江，臣等力爲勸阻，仍於二十二日清晨委之而去，民情倍加驚惶。伏思目今急務，固結民心，尚恐緩急難恃，若任其紛紛遷徙，土匪因而竊發，奸細勾結，是未禦外侮，將成内變。現在督撫意見參差，進退無據，省城震動，雖有駐防旗兵志切同仇，人思敵愾，無不奮勇爭先，力圖報效，無如兵力太單，賊船順流下竄，朝發夕至，守禦萬分緊迫。除防範一切事宜，均由臣等督同藩司並道府等官、八旗協領，激勵官紳，安慰居民，竭盡血誠辦理外，謹合詞由驛六百里馳奏。"此二十三日拜發摺也。先是，制軍出省，部撥軍帑三十萬兩，又藩道庫銀約二十萬，俱隨營備用。藩庫所餘不及十萬，部撥省城防堵銀三十萬，制軍復劄徐州中途截取，上海解礮六百位，止留四十防城。弟焦急萬狀，乃議請巡撫咨借兩織造龍江、上海各關銀，並提揚州鹽務欠款及近屬地丁，以應急需。一切軍械均須添造，而帑絀時迫，工商疑懼，必藩司面諭，衆乃信從。又移上、江兩縣漕米，催解各屬兵米，俱入城倉。西門外米商囤積，亦勸移入城，官給腳價。事無鉅細，手自擘畫，寢食俱廢。惟將軍同心合力，深知其難。上元縣令劉君同纓亦竭力襄辦。而事煩心瘁，繼以憤鬱，二十六日防堵總局議事，遂得歐血之疾。二十七日賊至城外，隨同將軍等登陴守禦，躡望樓覘賊遠近多寡，諄諭各兵槍礮及賊乃發，以八旗官兵奮勇，立提庫銀千兩獎之。二十九日，忽歐血數升，自城上舁歸，狂吐不止，至三十日辰時竟不起。臨終大呼以力不從心，不能殺賊爲恨。會將軍造門問知，悲歎而去，合城士民兵勇聞之無不流涕，自是人心惶懼。二月十一日省城遂陷，將軍、副都統、提督等力戰陣亡。當前奏之上也，聖心震怒，特頒諭旨，督撫皆獲重譴，授將軍以欽差大臣關防兼署總督。比驛遞至金陵，而將軍已不及見矣。

朝廷憫死事諸臣，優加褒卹，以臣宿藻平時辦事認真，籌防積勞，歐血殞命，亦屬歿於王事，敕部臣照藩司軍營病故例加等議卹。尋議上，比照正二品官殉難例，追贈右都御史，廕一子以知州註册候選。高厚生成之恩，至斯已極。

弟享年五十有三。元配王氏,贈夫人。繼配劉氏,封夫人。王夫人生子世佶,邑庠生,以三品廕生謁部候考,甫引見歸里,而金陵城陷。弟卒於外寢,親族、僕輩斂而厝諸城北僻地。時劉夫人病已昏暈,不及見也,聞之即服毒,毒薄不死,舁以從居厝旁屋。城陷,扶婢投屋後塘水,婢死,而夫人爲鄰婦所援。逾數日投繯,繯絶,又不得死,病益篤,爲邑人胡氏家屬救出,世佶迎還家,不食而卒。余兄弟六人,今存者三兄及寯藻兩人而已。季弟若在,或能爲國家宣力四方,少圖報稱,竟以力竭心摧,賫恨而歿。天乎?人耶?悲夫!悲夫!弟自爲舉子時,即逢寇難,筮仕楚粤,水葅盜賊,艱險備嘗,卒以金陵守城,盡瘁而殞。然由詞臣受先皇特達之知,自出守至陳臬僅五載。我皇上御極之初,擢任藩司,重荷硃批獎勵,及開缺奏到,猶蒙恩鑒丹忱,逾格優卹。一介小臣,渥膺曠典,死且不朽。是用次其行事,以志銜感,且以俟立言君子之采擇。卽日江城蕩平,骸骨歸葬,更將濡豪礱石,爲吾弟題墓道也。

咸豐六年歲次丙辰九月,第五兄寯藻揮淚記。

孤哀子世佶泣血謹録

菊影閣留影之銘

南昌寒女,養于藏園。夫人愛之,俾媵魚軒。事余惟謹,事夫人順。和于家人,寡言而信。犅涉文字,頗嫻膳羞。有子而夭,寔命不猶。素琴罷張,餘徽空撫。朝回侍硯,夜興聽鼓。余以衰疾,八年去官。藥匙羹梜,神勞力殫。兼撫幼姪,慈誨備至。曲體我心,隱酬兄志。適子敬之,爲請貤封。族鄗僩之,席榮益恭。廿有六年,從余南北。一旦怛化,能不悽惻。余昨被召,扶病北驂。脱其簪珥,葺甘泉庵。閨閤愚誠,祈余老健。反葬庵側,亦遂所願。菊目表名,影目存形。片石可語,視此幽銘。

同治二年九月,䙰谻亭主人手題。

日記

觀我齋日記

丁巳十一月六日燈下閱舊事，有應存者，感念今昔，爲之慨然。時冬至前夕也。

觀我齋日記　春浦

嘉慶丙子二十一年　觀我居士祁寯藻手記

余自去歲三月廿五日，遭先君大故，自保陽扶櫬旋里，家居累月。嗣因容靜止二兄寓書見招，於八月間仍來保陽節署，襄理筆硯之事。十二月復旋里，卜定先君新阡於村北之葦岡。余舊阡去村東南三里許，地名陽和堰，先祖先伯俱葬焉。惟阡之西偏，迫處一隅，又面臨崖磡，勢不能容先君之窀穸，堪輿家皆以爲不便，乃謀改卜新阡，實出於不得已。葦岡之下即葦灣，灣之北數步，即余家先世舊阡，與新阡相爲對待，雖改卜，仍傍先人之邱墓，非敢任意遷徙也。兄芝舫於十二月十一日自川回籍，以家信浮沉，直至九月廿四日始聞訃，故回籍稍遲耳。

正月二十日　延請平定明經許蓮西長庚先生到館課讀，受業者，弟宿藻、姪世弁、世庾、世齡、世舒五人。宿藻及世庾學爲童藝；世弁已補增廣生員，務舉業；世齡、世舒尚幼，未開筆。

廿六日　自家啓行，過平定，曹仲蘭叔岳挽留小住一日。壽陽河水尚凍結未解，車輪輾之，琤琤如碎石聲。至平定塞榆河邊，時見有浣衣者。井陘、獲鹿則春水方生，陂塘皆滿矣。三百里間，氣候寒暖不同如此。

二月初三日　行抵保陽。次日即移裝入節署，與靜止相晤，甚歡。靜止業師新延江蘇孝廉蔣香杜廷恩先生，先生學富而心下，專講理學，躬行實踐之功，蓋篤慎君子也。同事者復有余鐵香鼎，江西新建廩貢生，才高績學，善詩，有《風篁山館集》，又精於鐫刻、篆隸，務舉業。

初六日　與家靜齋三兄晤。靜齋名鎮，其先世自山西洪洞，遷陝西韓城，又自陝西遷浙江紹興，即祁忠愍公彪佳之裔孫也。靜齋曾祖由紹興復遷直隸保定省城。靜齋之父名英，中式順天舉人，任山西沁水、臨汾縣，升雲南羅平刺史。甲戌歲，先君主講蓮池書院，以靜齋之胞姪龍昌、鳳昌暨子麟昌，俱肄業書院，遂相識。静齋於是謁先君，執子姪禮，且告曰："鎮先君官臨汾時，即告諭鎮等兄弟曰：'壽陽祁氏，實余同族'。彼時雖知之，而無由面叙也。今得見於此，豈非天假之緣哉！"是歲八月，余自都請假回籍省親，過保定，先君命與静齋兄晤，一見如故，親愛逾常。去歲乙亥，先君見背，余聞訃自家奔喪來保，静齋極力襄辦喪務，靈輿得以妥速旋里。静齋兄弟三人，長名鎬，現官浙江鎮海縣知縣；次名锜，未娶而卒。大兄生子四：熊昌、龍昌、鳳昌、麟昌。鳳昌繼嗣二兄，麟昌繼嗣静齋。静齋生子二：鵬昌、鶴昌。

與雝客大兄晤叙，余告之以家中光景。雝客大兄名朝鶱，先伯貫亭公長子，由河工未入，加捐縣丞，以無力過班，故不得分發試用，現館清苑高明府幕中。先伯歷任山東劇縣二十餘年，卒之日宦囊蕭瑟，一無所有，至今諸兄飢軀奔走，餬口四方。余家世本寒素，儒爲鷄廉，啄一粒，食一粒，無足怪者。嗟乎！亦可見先伯居官清介之操矣。

十六日 那繹堂夫子垂念舊誼，薦余主講河間瀛洲書院。近來書院一席，兼攝者多，徒收脩脯之資，不任教誨之責。余材輶學淺，謬叨承乏，居此席，即當任其事，余之分也。况今歲值鄉試之年，河間在直省，久稱名郡，文風最盛，豈可不實力敦誨，俾諸生得有師資，益生鼓舞。顧余在制署襄理筆札，勢不能驅車之館，乃致書河間太守彭公應杰，并寄題書院，托太守傳集生徒，按期作課，每月初二、十六，定期兩課，當日交卷，不准遲延。課卷來往，郵筒相將，此後遂以爲常。書院應課者五十餘人。

廿四日 田季高嵩年自家入都，過保定，宿西關客舍。余策騎往見之，握手甚歡。余與季高訂交，自庚午年始，時黄左田夫子督學山右。科歲兩試，壽邑取余第一。盂邑之第一，則季高也。迨左田夫子差滿回京，侍直内廷，約季高襄理筆墨，後又奉命視學山左，旋擢少司農，回京供職。數年來，車塵馬足，季高無不追隨其間。甲戌歲，余成進士，入詞館。適左田夫子自山左還轅，招余於澄懷直廬，襄侍研席。自五月迄八月，與季高聯窗共几，重訂舊歡。嗣余請假出都，旋丁外艱，而季高亦遭重庭之戚，倉惶歸里。一年之中，人事遷變，停雲落月，結想徒勞。不謂於旅舍得晤，亦離合之奇緣也。匆匆分手，未罄積懷。鴻爪泥痕，他日請念。此心殊耿耿耳。

三月初二日 念余先君見背，將及一載。音容莫覩，夢寐亦稀。夜坐挑燈，愴然淚下。因援筆製祭文一首，聊以告哀。先君塋地既定，將擇日開土。因求鐵香書八分"鶴皋佳城"四字，附家信内寄回，刻於墓道之石額。

初八日 詢靳僕，知家中老僕婦楊氏，於正月廿九日病没。此婦乃余家得力之人，余兄弟幼時，皆婦所抱持乳哺長成者。一旦長逝，不勝悲楚。

老僕靳之良來保定。家慈以寯藻年輕遠出，不放心，故遣渠來此侍候。面詢家中近事，一切平安，甚慰。

十七日 先君周年期近，寯藻以櫜筆薊門，不獲躬侍靈幃，奉香潔醴，稍竭哀思，撫膺遠望，慟也何如！專遣靳僕旋里，以代身祭。寯藻惟有望靈叩首而已。先靈有知，庶其鑒之。

十八日 沈二兄用維保定人，庚申孝廉，出先君門下。辛未，余報罷春闈歸里，路出保陽。沈以是科成進士，歸班在家，聞余來，與其兄永維同到西關看候，并贈余路費，世誼殷拳可感。沈後告降選授奉天學正，乙亥之冬，忽焉構疾，遂不起。沈年未五十，且無子，可哀也。今其兄接柩來保，設幕於北門之外，余弔而哭之。

廿三日 滿洲大臣子弟素嫻騎射，向有挑選侍衛之例。本年又值挑期，容湛園名已奉御筆圈出，定於四月初間引見。於其行也，余以紫穎一束贈之，曰："願君習武備，不忘文事。"

廿五日 嗚呼！先君見背一年矣。歲月易過，音容難再，悲哉！

四月初三日 送本家大嫂周孺人殯，因得拜其先人之墓。步出城東南，彌望青葱，草樹平遠，芳妍如畫。余抵保陽六十日，至是始知有春色。

初五日 余嘗謂學古文，當以龍門爲宗，而體裁至昌黎大備。蓋遷史萃衆家之説，成一家之言；韓文起八代之衰，冠八家之首。其氣渾浩排奡，有一往無前之槩；而古奥幽折，煩簡詳略，平正奇險，仍復無體不備。學古文者，誠以此爲圭臬，復泛覽古今百家著作，以神其變化，暢其心胸，則昌黎所謂"氣盛則言之長短與聲之高下皆宜"者，庶幾近之矣。頃與香杜先生論及，意見相合。乃買《史記》、《韓文》各一册，置案頭，以便朝夕披讀焉。

初八日 香杜先生爲余言，石琢堂韞玉廉察未大魁時，旅寓京師，其夫人家居，值元日晨起，群鴉噪庭，烏雲滿砌，幾數十百。時夫人方梳沐，以爲不祥，命揮之去，衆羽雜沓，飛鳴而散。有鴨頭自空中墜庭前，皆愕然不解其故。是歲琢堂成進士，得殿狀，乃悟曰："鴨者，甲也，甲第之頭也。"今人喜鵲而惡烏，觀此兆，烏亦何惡於人哉。

初九日 榮太史者，少司寇那公之子，直隸制軍繹堂先生之姪也。太史名綬，生子小名印哥。制軍寄書司寇，且嘲太史曰："此可謂'印纍纍而綬若若’矣。”

初十日 盥讀文昌《孝經》六章。第一章言育子也，第二章言體親也，第三章言辨孝也，第四章言守身也，第五章言教孝也，第六章言孝感也。經文明顯淺近易曉，如説家常話，俱從腑肺中自然流出，愷惻纏綿，曲盡情理，無微不到，與《曾子》十八章大旨相發明。是徹上徹下、極微極顯功用，讀之始覺心惻然動，繼則惕然懼，潸然悲，終則手舞足蹈，而不自解其心之何以樂。孝之感人至深，入人至切也如此。余既慟先君之不可作，而猶竊幸慈親之在堂也。古人云“孝子愛日”，自今以往，余乃知日之不可不愛矣。刻此經者，香杜先生也。

十一日 靳僕自家來保定，得家信，知慈親康健，眠食如舊，甚慰。并面問靳僕家中事，縷析俱備。家中竈室，向在西邊，至是移置於前院之東房，蓋取東厨之意也。先君諱日，親串咸集，晚間密雨飄灑終夜。今年壽陽雨澤頗多，春事已興，麥田可望成熟，刻下米價日減一日，是大好消息。余家世農，所望者米賤耳。

十二日 寄家信。以六弟課文，頗有典故渲染，而恐其一味貪寫詞藻，致類獺祭，久且不顧題理題神，愛糟粕而棄精液，不可不預爲之慮。因令其翻閱發蒙小品文集，看其層次出落，點逗運用，以爲初學楷式。二姪世庾，一併諭之。

十五日 繹堂夫子親臨蓮池書院，甄别諸生文藝，以“君子欲訥於言而敏於行”爲題，余亦擬作一首呈政。夫子評云：“其清在神，其秀在骨，胸有智珠，筆若轉圜，是閱歷已至之候。”前數日，夫子閱余所作《黄金臺賦》，謂氣味似庾子山，且曰：“祁世兄其秀在骨，將來要做名翰林。”余聞命慚愧，益增黽勉，自顧菲材，當何以勉副師望。是日謁夫子，又談及此，夫子命余作賦及試帖詩，俱以古人事蹟命題，可以開盪心胸，馳騁筆力，卓然自成一隊。又云：“填詞須學南宋，其丰韵意致，自有一段恰好分際，非詩非曲所能移易，此中當善爲領會。”

十六日 與香杜先生、鐵香，同看書院課卷，生童共二百餘人。

十七日 晚飯後，同静止到箭亭看馬，并看静止步射。

十八日 相傳江蘇洞庭山，康熙間有老尼，每歲五月某日，望空致祭，慟哭盡哀，人莫識其意。或言老尼即明季史閣部可法之妾，揚州破後，削髮入山。有得其祭文者，讀之乃祭閣部之文也。詞意悲壯悽惻，令人淚下。此事香杜先生爲余言之。

二十日 讀《鮚埼亭集》所載明兵部尚書張公神道碑銘。公諱煌言,字元箸,别號蒼水,浙之寧波府鄞縣西北廂人也。國初大兵下江南,浙東拒命,雖一歲遽定,而江海之間,告警者累年。寧波之首事者爲錢、沈二公,其間相繼殉節者四十餘人,最後死者爲公。公極推鄭成功之忠。嘗曰:"招討始終爲唐,真純臣也。"成功聞之,亦曰:"侍郎始終爲魯,豈與吾異趨哉!"後以兵敗,爲故校使暗中所執。臨刑,望鳳凰山一帶,曰:"好山色!"賦絶命詞。公之未死也,嘗賦詩欲葬湖上岳忠武王、于忠肅公二墓之間,於是鄞人捐金購公首而葬之。人但知誇公之忠誠,而予更服公之經略。故涉歷山海之間,且耕且屯,而民樂輸賦;招撫江北三十餘城,而市不易肆;小住緱城,而陂塘之利,傳之無窮。惟其深仁以成遺愛,斯在古人中,諸葛孔明渭南之師,不過爾爾。凡此皆《鮚埼亭集》中語也。集爲鄞人全謝山先生祖望所著。

李穆堂先生諱紱,字巨來,學者稱爲穆堂先生。生平學道宗旨,先立乎其大者,嘗曰:"吾苟内省不疚,生死且不足動心,何況禍福;禍福且不足動心,何況得失。以此處境不難矣。"康熙己丑進士,揚歷三朝,負重望者四十餘年。任直隸總督時,力言河東總督田文鏡之殃民。公之好士,出於天性,偶取放翁詩題楹曰:"遠聞佳士輒心許,老見異書猶眼明。"蓋實録也。

廿一日 接家信。知慈親以久未得余信,想念殊切。此月初一、十二,余寄家兩信。向來家信托郵筒往來,不過四五日即到。此信何以經久尚未到家,或途間有浮沈耶?

廿三日 接家信,知前兩信家中俱收到矣。慈親甚喜歡,放心。聞荔峰學使定於五月初一日齊集科試生童,大姪擬於月之廿八日啓行上省應試,許蓮西已於十七日回平定去高樓底新宅。培元老姪,聞於月之十六日去世,不勝悲悼。姪之曾祖北溟公諱文瀚,中式康熙年間進士。余家甲榜開科,自北溟公始。北溟公子孫,皆列黌序。四世至培元及弟培亨,皆以名童生,終身偃蹇,不得博一青衿。培亨素有酒疾,年四十餘遂卒。而培元巋然獨存,性恬退謹守,遇事謙讓,無疾言戾色,凡族中長幼及親友相識,無不服其涵養也。一生設館訓蒙,獲其脩脯,以贍升斗需。雖家資較昔日北溟公在時,不敵十之一二,然賴姪之勤苦自勵,絶長補短,尚不至乞米他人。余家先世多富,數十年來消磨殆盡,朝饔而夕不繼者往往皆是。惟姪以謹守不賭錢、不妄費,爲保家之主。生一子,名恩光,嘉慶庚午補弟子員,得繼書香,人亦恂恂有父風,蓋姪厚德之報也。余先大父生平嗜琴,以優貢肄業成均,嘗於都市買一琴一劍,携歸故里。嗣後歷任廣文,所至必挾以自隨,摩挲不釋手。先大父即世,劍術不傳,琴亦無能嗣響者。獨培元姪專心學之,能自得師。搆琴譜,朝夕尋究不輟,如是者幾三十年。眈精抉微,深領旨趣,直接先大父不傳之秘。先大父琴名"龍吟古調",不彈久矣。至是,姪取以自適,滌塵啓匣,拂拭生新。去歲余讀《禮》家居,長夏無事,姪每携琴過余,爲撫《洞庭秋思》一闋,琅然清圓,如置身山水間。且與余約,他日當授余以琴,勿令子孫不傳此調。今歲正月,余將來保陽,見姪精神矍鑠,笑語如舊,謂其養氣功深,宜躋上壽。孰料分手後甫及三月,而姪遂一病不起耶?嗚乎!《廣陵散》自此絶矣。(此則日記有作者眉批:"撫今追昔,言之心惻。自記。")

廿四日 容瀾止世兄以扈從驚馬事,奉旨交部議。繹堂夫子手示瀾止書云:"功名蹉跌,乃少年之幸。試思汝從此升起,到七八十歲,做何官?汝閲歷數年,頗有見識,然有見識易,定見識難,須要在定字上用功夫。此時不可故意喜笑,亦不可牢騷,再得亦不可畏葸,爲患得失之人,則不可問矣。壞一次官,莫白白壞了,須置些貨在肚裏。勉此行之。"云云。觀此數語,何異馬援《戒子弟書》及顔、柳之《家訓》乎。大臣休休度量,寵辱不驚,於此亦可想見。

廿五日 與静止談及居心待人之道,静止云:"居心不可自小,待人不可自大。"余服其名言。

廿九日 接家信,知慈親身體如常健適,甚慰。前夕夢至家,見慈親以頭顲枕,余從旁作扶持狀。既覺,心甚不安。至是得信,始略放心。

先君新阡葦岡,定於廿八日啓土。家中於廿七日,以車接縣中張師肇三先生錦標王應睢耀麟二先生來家,并請弓印章表兄佩綬一同到家商酌塋地事。三人皆素嫻堪輿,故求其合意商酌卜阡事,不敢求福,只求免悔。三人成衆,衆口曰可,亦庶乎其可歟。

五月初一日 姜筠厓先生以《黄庭》石刻見示,後跋之。此穎上《黄庭》也,傳爲褚河南所書,遺泮池中,夜有光,人疑爲寶,求之得此石,《黄庭》以此本爲佳。或云乃玉刻,又云此石已碎,今穎上人家,猶有藏一兩段者。又跋云:"《黄庭經》以褚臨本爲第一,宋高宗刻之禁中,米元章稱爲天下無雙。然石缺其半矣。後此行世爲吳通微書,不啻霄壤,有識者自能辨之。此本爲思古齋原刻,雖標目已割去,而古色古香,流溢行間,近日已爲僅見。"筠厓名鈐,行七,善書法,精於岐黄之術,蘇門洞庭山人。

初二日 發家信,並寄回三兄、六弟文詩各數首。

初三日 與香杜、鐵香言及凡人思慮過度,則徹夜不眠。余謂安眠之訣,不外静心。心不静,皆耳目鼻口手足擾之也。每日臨卧時,以目視心,以耳聽心,以鼻臭心,以口問心,以手捫心,以足踞心,則五官所用,皆專於一,自然心無旁騖而眠穩矣。由此而常行之,亦君子誠意慎獨之功也。

初四日 跋筠厓所藏繹堂夫子縮臨《多寶塔》後云:繹堂夫子家藏《多寶塔》碑帖"鑿井見泥"。"鑿"字,近搨多剥落模糊,此帖獨完善,且雄渾圓勁,迥異肥腫一派,知爲宋搨無疑。夫子勳業文章,彪炳天壤,性尤嗜書,筆法出入於北海、誠懸,而歸本於平原,故此帖最所珍愛。嘗欲手臨五百本,公暇輒撫几揮毫,今臨摹幾及百本。筠厓此本,乃甲戌十二月所臨,夫子自跋云第廿七本。時方總制保陽,歲終有所陳奏,必手繕。爰以摺紙縮臨此帖,蓋試筆也。今歲四月,筠厓自吴門來,出此册屬題。謹識數語於後,至筆力章法,衆目共仰,無俟末學贊一詞耳。

初五日 曉起拜節,與同事諸公相晤。早飯後出遊蓮花池,樹木青葱,亭臺迤邐,陂塘引水,處處皆滿,深可丈許,荷葉浮水面田田,如錢如蓋。步入蕊幢精舍,小坐飲茶,與老僧話,禪室有藤花一架。緑陰圍院,寺外復有雙藤,蒼根盤踞,大可一圍餘,支離偃蹇,作諸怪異狀。坐其下,清風徐來,爽然若秋,惜余來遊稍遲,藤花謝已久矣。余聞藤樹最難長大,數百年方及一圍。蓮花池在元時已有此地,想此藤亦或於元時栽植者。有榆樹一株,葉上開花,紅色。同人莫知其名,余問之土人,知名榆葉梅,蓋以梅枝接榆樹根所成也。蓮花池在保陽城中,去制署東不及半里,名勝甲于一郡。鑾輅時巡,於此駐蹕,故御碑、御詩刻者頗多。壁上嵌師蘭皋先生家相十二詠,皆五古。一曰《春午坡》,二曰《萬卷樓》,三曰《花南研北草堂》,四曰《高芬閣》,五曰《宛虹亭》,六曰《鶴柴》,七曰《蕊幢精舍》,八曰《藻泳樓》,九曰《繹堂》,十曰《寒緑軒》,十一曰《篇留洞》,十二曰《含滄亭》,皆蓮池中勝地。是日同遊者蔣香杜先生、方晴皋先生仁、姜筠厓先生、余鐵香、余鐵簫熹即鐵香之弟、葉蘭坡鎮、史若川學海,與余凡八人。

初六日 接郭親家承庥京中來信。親家中式嘉慶戊辰進士,歸班候選知縣,今歲已屆選期,入都投供。寄田季高一信,囑其轉懇左田夫子,爲先君撰墓誌。余前已有信呈懇左田夫子矣,并托季高求左田夫子《壹齋詩集》,賜一函,以使展讀,隨時師法衣鉢源淵,竊自附於瓣香之祝云。

初七日 謹校訖阿文勤公《德蔭堂全集》，凡十六卷。文勤公中式康熙四十八年己丑科進士，由翰林官至大學士。三使朝鮮，兩使準噶爾，三掌翰林院事。宏猷碩畫，載在國史。蓋文成公之考，今繹堂制軍之曾祖也。

《阿文成公年譜》刊刷既就，蒙繹堂夫子賜余一部。

初八日 徐達夫先生陶璋爲人和平寬厚，嘗戒人曰："繒薄則裂，器薄則缺，薄未有可久者。"洵名言也。見江蘇《元和縣志》。

接家信，乃五月初三日所發之信也。慈親安康，家中近日諸事寧静，閱之甚慰。並知四月廿七日王應睢先生來家，張師肇先生因學使齊集科試，率生徒赴省應試，不能偕來。是日弓印章表兄亦來家。廿八日，兩人同到葦岡新塋，細看地方向背形勢，依舊照去臘看定西山卯向。是日巳時二刻，三兄焚香奠酒，敬告本山土地之神，讀祭文一章，默祈神祐。祭畢，用紅線調向點穴。穴深丈三，寬丈二，兩旁啓濠後，邊土不動，圈成土窑，用磚安定根脚，兩複兩圈。穴内土不取出，匠人謂之土牛。俟將來安厝之日，再擇吉日取土安門。王先生於廿九日驗穴内土色，土質細而色黄，下至丈一尺，始覺濕潤氣。是日午後，送王先生回縣。匠人係段王村盧逢運、本村本家廷賓兄。小工用四五人，每日一人工價一百一十文。約於五月初十日塋工告竣，否則於十一日交芒種節後，即不宜動土矣。是月初一日，王姐丈及王敷文表兄同祁琛姪，到塋看視，極口贊服，王先生眼力不錯，吉人臨吉地，自古皆然。府君一生積德，斷無不得善地之理。三兄並求王先生將新塋來龍去路、沙水拱抱、向背形勢，逐一細繪成圖，詳悉注明，以便展卷了然。爲人子者，不可不知堪輿之法。余兄弟資力鈍拙，當府君在日，自謂百年可恃，於此事漠不關心，至是始深悔向之不學也。王先生云："俟今歲秋八九月間來村，登西山一覽全勢，方能畫得曲折分明。"王先生爲人慷慨，重交情，不計利。余家卜塋大事，屢次煩瀆，每請必來，來即步行周覽村之近地，登山涉險，以手相援，攀石而上，不憚辛苦困倦，且又健步，眼力最清，數十里内形勢起伏，了了在目。他人視之，殊不能分明縷析也，蓋其卓識過人如此。張先生此次以考事不獲來，然屢次相度，兩人見識議論相同，始定此塋。昔賢一飯之惠，終身不忘，況於卜葬之大事乎。銘心感泐，余兄弟當何以報之。

閻姐丈自去臘患病，至今春總無大效。先是，慈親命大兄到平遥大閻村看視，并令家人金氏婦前往伺候。至是初一日金婦回家，云姐丈病已愈，但未能健壯如初耳。

初九日 香之爲用,所以辟惡散濕,通神豁氣也。盤香似盤而圓轉如意,大者數百層,小者亦十餘層,以鐵絲紐盤撑之,爇靜室中,終日一縷氤氳不散,且尤便於吸烟。余愛其圓潔而適於用,作《盤香賦》。

初十日 制署諸友於西院北廳早飯,甫入坐,聞梁間瑟瑟作鼠嚼聲,隨見一絲細土,自仰塵中破隙糝下。同人恐塵羹土飯之不可食也,乃相與移食於院之凉棚下。時天色值欲雨未雨之間,方步出門閾,則轟然一聲,如雷貫耳,廳之横梁中斷,瓦木齊傾,棹椅壓折盡碎。吁,可畏哉!向使此時正雨,雖有塵灰,同人必不出,能保無傾壓之患乎?呼吸之際,間不容髮,天耶?人耶?維時同坐者,沈桐岡太守華旭濮文霞縣佐城許葭邨先生思湄陳笠山别駕建余鐵簫三兄熹凡五人。

十一日 《困學紀聞》司馬公詩曰:"虞舜在倦勤,薦禹爲天子。豈有復南迎,迢迢渡湘水。"數語可破蒼梧九疑之惑。

人參爲藥中極品,而見諸古人題詠者甚少。唐皮日休《友人以人參見惠》詩云:"名士寄來消酒渴,野人煎處撇泉華。"

十二日 批閱河間書院生童課卷。

十三日 寄家信。致彭子俊太守一函,并寄河間課題。致盛和鈞廉察一函,懇其代催束鹿脩脯。束鹿書院即和鈞廉察薦余主講者也。是日一更後大雨。

十四日 從鐵香處借《金石三例》共十卷,讀之。此書乃潘蒼崖先生所撰。先生諱昂霄,字景梁,官至翰林侍讀學士,謚文僖。

讀彭尺木先生所著《居士傳》,共五十六篇。先生名紹升,法名際清,自號知歸子。是傳專言佛教,人不必僧,教同歸佛。中間若龐居士之於宗,李長者之於教,劉遺民之於净土,百世之師也。故三人者,皆專傳,尊師也。其他立專傳者,大都軼邁等倫,難爲匹儷,餘則數人共一傳云。李長者隱神福山下,即今壽陽之方山,去余家三十里。近有人得山中斷碑,神福"福"字作"蝠"字。乃知是山舊以"神蝠"得名,後人以福、蝠同音,遂訛傳爲神福也。山中多松,蓋數十萬株。栽松者,山下之雒善人也。己巳歲,余從先君及張蕊青夫子觀藜李澮齋表兄嘉謨劉蘭圃姐夫毓秀并本家昆弟諸姪,同遊山中,兩日一夜,興盡而返。蓋此山爲余邑之勝地,而李長者又此山之傳人,先君嘗有《方山雲樹》詩及《夢游方山》長歌。時欲泐石山厓,結廬棲隱,而此志終未之逮也。今讀李長者傳,恍然如身在巖壑間。他日歸田,定當鎸刻傳文,嵌之石壁,以誌華嚴仙人之勝蹟,且上酬先君未了之夙願。不知歷碌飢軀,能容我息肩否耳。

十七日 發家信,交佟弁國興帶去。佟弁去歲護送先君靈櫬旋里,一路極力照拂。到余家住三日,啓行回保陽,臨别時哭幾失聲,雖係回人,而天性甚摯。今因繹堂夫子差往山西、陜甘一帶,送《阿文成公年譜》,道出壽陽,故托其帶信,并寄家中黑葛布袍一件,膏藥二包,帶板帶子一副,并致平定刺史吴念亭公祖安祖一信,壽陽明府希秀巖父臺齡阿一信,壽陽少府邱春畦四兄戟士一信,陜西督糧觀察蘇雲畊二叔一信。名成額。

十九日 東鹿明府徐君濂送來書院今歲春夏二季脩脯六十金。惜佟弁已去,不及寄呈老母,少供甘旨之需,爲悵悵耳。

二十日 静止將啓行入都應試,余爲之檢點書格所藏書畫册卷。古人名蹟頗多,最佳者,宋搨《九成宫碑》,米襄陽《虹亭詩》墨蹟,董香光、莫雲卿是龍書札墨蹟,趙仲穆雍《十國來王圖贊》,後有吴寬及王陽明山人跋。邢子愿臨《十七帖》,丁南羽雲鵬五百羅漢白描,趙松雪《蜀山圖》歌,盧仝《七椀茶詩》墨蹟,孫樹峰岳頒《山水圖障歌》,仇十洲英《四園圖》,唐伯虎寅山水畫圖。又有《九歌圖》、《長江圖》,趙千里伯駒《蓬島琳宫圖》,元人花卉圖,皆名蹟也。

二十一日 曉起偕香杜、鐵香到西箭道,看静止馬射。香杜先生招遊蓮花池,余與鐵香先至,方晴臯次至,吴更生長卿最後至,静止以事不果同遊。蔣清泉應麟,香杜先生長嗣也。更生,杭州人,穀人先生族孫,工四六文,著有詩稿,選語工雋,善用冷典。又雜著《虎僕瑣拾》數卷,用筆頗雅,就館錢潤齋夫子臻幕中,辦書啓一席。

二十二日 題姜筠厓《秋夜讀書圖》畫册。晚飯後接家信,知慈親康健,甚慰。學試已畢,余家無入學之人,惟及泉兄朝驤聞其考列一等一名,甚喜,尚未得確信耳。及泉少家貧,讀書不成,棄而學獵,日持鳥鎗行山中,獲野禽以供高堂甘旨。嘉慶乙丑歲,余家自都西旋,延師讀書,書室距及泉宅僅隔一牆。及泉每夕獵歸,聞書聲,心甚樂之,乃復涉獵詩書,久而拈毫作八股文,輒有片段可觀,詩賦字用筆亦頗韶秀。家三兄嘉其有志學業,可望造就,與之口講指畫。後遂受業於張蕊青觀黎夫子門下,補弟子員,科試歲試非第一名,即第二名,考古必列前茅。周石芳系英先生、陳荔峰嵩慶先生兩學使,極爲奬贊。及泉兄乃余家後來之秀,折節讀書能自拔於流俗,其人才足倚也。今年二十七歲。

二十三日 得曹仲蘭桂樹叔岳來信,知内人近來服疎通氣血之藥,舊日胸膈疼悶之症已愈。

二十六日 接家信。知學使科試已畢,壽陽考生員題係"武王不泄,邇不忘遠"二句,詩題《密葉成翠幄,得成字》。生員取一等者五人:第一朝驤兄;第二鄭梅,韓村鄭錫三天寵之胞姪;第三即余之胞姪世弇;第四逯映堂,白家莊人,即張師肇之徒;第五張錦標,師肇即其字也。童生入學者十二人:郝占鰲,郭村人;賈光谷,賈家溝人;郝書,白道村人;安志仁,解愁村人;王俊卿,石板溝人;孟敷猷,段王村人,朝驤兄之徒;鄭延社,郭家溝人;趙林書,羅城人;王景嘉,古城人;吳俊傑,黄門人;樊象五,南溝人;張清方,東門人。許蓮西考古第一,考貢監又第一,可謂老手無敵。葦岡新塋,已於初八日完工。

母親命寯藻七月内上京時,買三合油雨帽三頂,内有送馬景廬俊修先生雨帽一頂。三兄命買養目眼鏡。

母親命到京,諸相好親戚朋友處,俱請安候好。家中今年雨水頗多。壽邑地氣寒,却不喜多雨。然亦無礙,若五月内多晴,六月多雨,則農人喫飽飯矣。

邱春畦載士四兄,今歲春間請定三兄西席,頃因渠家眷在保定,以事不果來壽,致書三兄,暫緩此約,并送束脩十六金。三兄再三婉却,其意殷拳可感也。

二十八日 署中同人公餞容靜止二兄、蔣香杜先生、余鐵香一兄。同席者,沈桐岡太守、宋雲卿炳司馬、陳笠山別駕、吳藜庵實裕明府、濮丈霞縣佐、卓萼聯別駕、王鑑泉輅縣檢、方晴皋先生、姜筠厓先生、許葭邨先生、古紫山遊擊、余鐵簫三兄與余凡十六人。

六月初二日 托香杜先生帶去致温景僑年伯承惠信,俞東川前輩老伯肯堂信二件。

巳刻,蔣香杜、余鐵香啓行。申刻,靜止啓行。余送至北城外十五里許河橋,日落旋署。寄容瀾止、湛園兩昆仲信,并寄家竹軒墳信一件,内有郭親家承麻信。

初三日 發家信。因山東中丞陳笠颿先生咨催先伯東省虧空之事,咨文到保,查朝騫兄是否在保遊幕,告家中知之。

初四日 與雝客大兄同在靜齋家中喫飯,盤桓竟日,張燈時旋署。接家信,知佟弁於五月廿四日到壽陽,所帶信件各物,家中俱已收訖,留佟弁一飯而去。大兄五月廿六日午飯後,從陜省旋里,一路平寧,甚慰。過平遥見閻姐夫,病已好,能飯,惟氣弱,尚未起牀耳。二姐姐身體尚好。許蓮西同連姪,擬於六月初間,自省回來到館。

初五日 巳刻,寄靜止二兄信。老僕靳自良連日感冒時氣,四肢乏力,不能飲食,面漸黄瘦。余念其年已望六,精神頹唐,莫若回家養病。正擬覓車送渠回平定,適郭南浦三兄承緒從都中回里,道出保陽,握晤,即托南浦順便携帶靳僕回家,一路可以放心。留南浦一飯,送扇一柄,與靳僕紋銀五兩,大錢一千,令其於初六日早間一同啓行,并寄家信一封,托南浦到家後面交。

接平定吴念亭公祖覆信。

初六日 直隸易州安河重脩工成。繹堂先生將泐石於河次,親書碑文,并命余寫一副本。

讀劉舍人勰《文心雕龍》一書,愛其網羅群籍,多所折衷,於凡文章利病,抉摘靡遺。綴文之士,苟欲希風前秀,未有舍此而別求津逮者。

初七日 題吴更生長卿《魚山神女圖》卷後。早飯後,寫小楷一千字。

初八日 寫摺兩開。雝客大兄清早入署相晤,快談半日,即在署中喫早飯而去。蔣清泉一兄來署晤談,過午方去。午飯後,鐵簫過我,因與之同到西院,與陳笠山、沈雲帆潮縣佐夜話。沈患瘡甚劇,新愈,故問之。是日申刻,寄靜止一信。

初九日 與鳳姪改課作,填廓《趙子昂蜀山圖》真蹟雙鈎。以詩賦雜作書横幅,求正於錢潤齋臻方伯。余與方伯舊有世誼,稱太世叔。因庚午余鄉薦之歲,方伯開藩山右任闈中提調事,余應在弟子之例,至今以師生相稱云。

屬吴更生轉求姚脩白司馬畫。司馬名嗣懋,浙江人。先君提調國史館時,司馬供事於館,故有世誼。精於畫法,山水尤佳,以吏才著於直省。日日訊案,無暇於筆墨閒適之事,畫以官掩,故人多不知也。

偶翻閱《河間府志》,知瀛州書院,其初在府城東南,明知縣王遇賓所建。後廢,移於城北門外僧寺。乾隆十三年,張太守九鈞復移於郡學明倫堂西偏之齋房。十七年,杜太守甲莅任,以書院在城外,與借住齋房,皆非體也,乃在郡庠西南隅擇地,鳩工庀材,三月而竣。中設講堂一座,兩旁肄業房各十二間。後建董子、毛公祠三間。東藏書房三間,西山長房三間。東厨西庫,以及門楹并河房草亭,後池種樹,以爲諸生游息之所。每年山長脩儀一百二十兩,供膳一百兩。生童肄業二十四人,每日每人給膏火銀五分,每月兩次大課。

初十日 讀錢陟園先生選《考訂資治通鑑綱目全書》,讀唐詩。

十一日 批閱河間書院課卷四十六本,讀《綱目》,作古詩二首。

十二日 寄靜止信一件。打烏絲一紙，與六弟、連姪批課文，讀《綱目》、唐詩，作古詩二首。

十三日 連接靜止京中寄來兩信，知同香杜、鐵香到京後諸事順緒。初八日已作課，并念余岑寂，諄諄致問。余劇談性慣，一旦與諸相好賦别，頗覺無聊。得此書，恍若面譚也。靜止并寄來致陳曼生、馮放山二函，已交姜筠厓轉寄矣。是日讀《綱目》，作古詩一首。一更後濯足畢，欲眠未眠，風雨有聲，枕簟間若得秋氣。

十四日 曉起凉爽，天氣陰晴相半。出簷間獨步，荷缸内數莖出水，高者幾一尺，金魚三頭游葉下，往來甚樂。

讀《綱目》，并與鳳姪閱改課作三首。張燈後到西院，與宋雲卿、方晴皋晤，談及滑縣軍營之事，意氣飛揚。唐稼農晉錫，向余在蘭陽時，稼農以委員在署襄事，朝夕相晤，嗣以河南軍事告奮勇，從繹堂制軍抵軍營。稼農體素弱，又值軍書旁午，筆不停輟，以勞疾卒於軍。稼農工詩，性恬雅和厚，以末秩偃蹇不得志而終，可惜也。同人言及，爲之欷歔者久之。

以近作古詩質於余鐵簫，并問奇字，查字典得之，甚喜。乃知(泉)[淵]明"疑義相與析"之句有味。

十五日 發家信，寄回三兄、六弟、連姪課文。讀《綱目》，作詩一首。張燈後，西院沈、余鐵簫來談，少頃，王鑑泉亦來，至二更去。

十六日 讀《綱目》，與姜筠厓晤。

十七日 寫摺，小楷二千五百餘字，自晨至午寫完。讀《綱目》，作古詩一首。晚飯後，雲氣陰濃，遥聞雷聲，如人語甕中。頃刻間，大雨從西來，傾盆如注，屋不見瓦。時余方遣家人齊姓上街買物未回。余徘徊中堂，簷溜拋濺入户，珠泡滿地。院寂無人，蕭然懔然，如置身空谷中。少頃雨歇，齊姓回署云："鼓樓下水深半尺，勢如出峽，市間有負人渡水者。"蓋值此大雨時行之際，行路遇此，必淋漓盡致矣。

十八日 曉起寫字。近日筆墨債多，几上紙卷、扇柄堆擁，略爲揮筆酬之。蔣清泉來署晤談，看余近作古詩數首，并家信托余轉寄京中，交蔣香杜夫子。適史若川學海將啓行入都，即托其帶去面交。若川、江南溧陽諸生，精於考證之學，著有《五嶽圖考》、《六朝故城考》、《四書地理通釋》若干卷。史文靖公貽直裔孫，以甲戌歲自南來直，以弟子禮謁先君，遂訂交焉。爲人忠誠樸直，略無藻飾，蓋篤慎好古君子也。今以捐監入都，應試北闈，並托其帶去寄静止一信。

寫摺小楷一千餘字。寫畢即出門，到藩署，與若川送行，並拜藩署諸友：王霽翁宗導、姜筠厓、祝芸舫二兄志裘、吳更生、孫藝莊長怙，即在藩署喫晚飯方歸。藝莊，長洲人，淵如先生星衍之姪，本家二嫂内姪也，乾隆戊戌北籍進士，孫撝吉履謙年伯之姪。年伯以冒籍參革，後捐復歸班。藝莊與余論世誼，兄弟稱呼。精篆刻鐫石、八分書，材藝士也。

張燈後，得静止、鐵香來信。到西院坐，與吳藜庵、余鐵簫晤談，三更方散。

十九日 早起寫摺小楷五百餘字。寄静止、鐵香信二件。是日天氣熱甚，院中若有硫黄氣。晚間鐵簫過談，讀《綱目》、唐詩。

静齋三兄着人送菓品兩盒，鮮氣撲人，頓覺屋舍生凉意也。

二十日 曉起，净髮整容。寫摺小楷一千餘字，讀《綱目》。是日張燈後接家信，家中十七日所發，知慈親身體精神，近日少衰，胸間隱隱作痛。醫家診視，以爲肝氣受傷，又擬加感冒風寒，刻下服藥漸效，聞之心甚懸念。寯藻槖筆薊門，飢驅作客，不能朝夕侍養膝下，每一念及，寸衷不安。幸大兄已自陝回家，三兄暫緩赴縣少府邱春畦之幕，兄弟三人在家奉侍，稍可放心耳。接許蓮西信，并考試詩賦文章，出色當行，令人欽佩。及泉兄考試文亦捎來，看氣勢蓬蓬勃勃，皆中才也。邱少府亦寄信來。

廿一日 昨夜睡後，大雨傾盆，雷聲絡繹奔走雲際，時斷時續。但聞簷溜如箭聲，撼窓紙琤琤欲穿。四更，余披衣開門出看，旋復擁被而卧，凉意侵榻。夢中恍惚若家中遣人來接，以慈親身體欠安告余，心中焦急不安，欲跨馬出城，頃刻如到家狀，覺乃夢也。悵然惕然，久之乃定，蓋因昨晚接家信故耳。至曉雨未歇，雲氣壓屋，窓暗朦朧，如欲曙未曙之際。至早飯後，漸漸晴霽。晚飯時，凉棚上了了見夕陽返照，林影參差也。是日寫摺小楷七百余字，讀《綱目》。

廿二日 庚午日，初伏。曉起發家信，望慈親節勞珍養，刻下服藥效驗若何，即望寄知，以慰孺慕。並寄回蓮西、及泉文賦各件。蓮西聞已於初十日到館矣。讀《綱目》。寄静止信，内有鐵簫家信；家竹軒信，内有静齋三兄屬寄信二件。

廿三日 寫摺小楷一千二百餘字。方晴皐先生以制署歷年所存往來各省尺牘信稿，屬余代爲揀擇，摘其尤要者存之。其餘泛泛通問之信，俱付之丙丁，以清几案塵埋煩冗之患。讀《綱目》，寫行書數幅。

廿四日 寫摺小楷一千餘字,寫畢即復檢點信稿。自晨至暮,匆匆無暇讀《綱目》矣。

廿五日 昨夜大雨,至曉猶數陣飄灑,幸屋舍尚未滲漏。披衣出院,凉意侵膚,若新秋氣候。荷缸内亭亭静植,翠蓋中凹,雨珠明净,走盤不定,以手弄之,如瀉水銀。缸水極清,魚見人驚,穿荷葉下,往來倏忽,若戲若避。余非魚,誠不知魚之樂何如也。惜以塵牘盈几,撥冗不暇爲詩以紀其情景耳。是日晚飯張燈後,余、鐵簫、沈雲帆過譚,古紫山頃復至,譚至一更後。時余案上置《邸抄》一本,雲帆謂余,報不可不看。知古者亟須通今,洞達時務,亦是學問。昔方靈皋先生苞嘗以文謁某相國求正,相國命過三日來取文。如期往取,則文未加點,可否不置一辭。先生請其故,相國曰:“先生文誠佳,然欲傳世,則未也。欲傳世,則敝廬方下榻以待先生,再讀三年書可耳。”時先生博極群書,名重一時,聞相國言,乃錯愕不自安,亟請所藏秘書,以廣聞見。相國乃曰:“經史盡人皆讀,然學者知讀古史,而未知讀今史也。余有朝報一室,可日往觀之,久必有得。”先生翻然乃悟,向云文未達時務,言之成理,而施之無當,無益於世。自是留心世事,淹貫古今,遂浸浸乎登歐蘇之堂矣。雲帆爲余言如此。雲帆以吏才著於直,其言似有所見,故記之。

廿六日 讀《綱目》,至新莽稱假皇帝,遂謀即真之事,未嘗不歎莽之詐僞矯飾,卒傾漢祚。尤可恨者,莽之變,太皇太后王氏釀之也。莽之就國也,閉門不出,其志實無他求,及太后復詔用事,輔孺子,行周公之事,負扆南面。寖假而假皇帝,寖假而篡弒,其謀已成,而太后亦不能制。坐受新室父母之號,徒有漢家寡婦之名,雖握玉璽以痛哭,服黑貂以祖臘,而神器已失,赤符未興。當此之際,罪將安屬?故曰莽之變,太后釀之也。至若拜金匱之符,信黄龍之讖,金縢册祝,大誥敷辭,每立一政,輒效古人,每遇一災,反稱嘉瑞,欲欺天而自欺,遂拂民而從欲。坐令揭竿四起,鼎沸川騰,猶且執威斗以厭勝,信天命之在予。愚哉莽也,天奪其魄矣。昔之名譽濫竊,一朝敗壞,奸雄欺人,何濟於事。安見詐僞矯飾,竟能傾人國家哉!

廿七日 寫摺小楷五百餘字。吴藜庵明府奉委署理慶雲縣事,余到西院送行賀喜,暢談。藜庵以進士分發直省,得缺後,因事挂誤,旋又開復原官。爲人謙雅和平,迥非風塵俗吏可比。清苦自勵,官囊蕭然,而口不言貧,頗不失讀書人本色。午刻,王鑑泉一兄來談。鑑泉人亦雅静,善書法,詩詞篆刻,俱有可觀。藜庵,浙江人;鑑泉,蘇州太倉人。晚間闞大兄自京來,帶來温景僑承惠年伯信一件。

廿八日 寫摺小楷一千餘字。早飯後，藜庵來辭行，余出門拜客，送藜庵起程。與繆芷庭紱先生晤談，遂出西關到槐樹店與鄉親晤談。又到北大店拜關大兄慎思未遇。關大兄與余世交，父諱遐年，山西壺關人，以翰林在京，與先君至好，同在鐵門一條街中住，屋宇相對，朝夕共談。關老伯爲人清節慷慨，言語閎亮。每至夏日與先君在大廳院，共几而談，聲徹重門以内。彼時余年甫髫齡，初入家塾，讀書畢，侍先君側，猶依稀記得昔年言論丰彩，歷歷在目。老伯即世，家計蕭索，不可支。嗣君東西奔走，長爲旅人。長嗣、次嗣俱在庠序，今之路過保陽者，即其長嗣也。庚午歲，關大兄曾到壽陽余家，敝衣藍縷，孑身無依，家中人莫能識。家母詢其里居姓氏，乃知爲關老伯之子，垂涕曰："此我昔年在京所見之關大官也。彼時尚幼，眉目秀倩，亭亭玉樹，常在我家庭間與諸兒閒戲，今何以至此？"乃細詢其歷年零落光景，且持之泣，以衣衣之，因典簪珥得二十餘金，資其旅費，慰而遣之。迄今已七年矣，關大兄仍未獲一第，飢驅道路。嗟乎！吾輩讀書寒素，家徒壁立。居官則以官爲家，罷則無所與歸，子孫漂泊，一旦如此，可悲也夫！

從西關入城到四槐樹，與金氏昆仲長國華、次國蘭晤。此二人皆先君主講蓮池時所賞識者，閲其近日課作數首。到本家三兄處閒叙，即在其家喫午飯方還署。接静止信。是日制軍賜西瓜一枚，并命爲殷芥舟圻製《雪蓬集》序。

廿九日 看《雪蓬集》八卷畢。得家信，知慈親胸間疼痛之症，業已服藥痊愈。此數日内，焦灼盼望，夢寐不寧，得此信差覺少慰。晚飯後，謁繹堂夫子，時夫子正與古紫山手談，余從旁看弈。深院人静，片雲在天，心與之俱遠，有手揮目送之致。張燈後，大雨如注，睡中猶聞陣陣作勢，屋上泉鳴。今年雨水頗多，田禾固須潤澤，然亦不可過多也。希秀岩父臺老伯靈阿寄信來。

三十日 寫家信，并寄秀岩老伯一函。早飯後，蔣清泉入署晤談。寄静止信，即着李福帶去面交，後李福以事不果行，此信遂廢。

閏六月初二日至初八日 那繹堂夫子因甘省賑務之事，因公獲咎，奉命入部，即於初二日申刻啓行。此數日内，署中匆劇，太夫人患病，經此動心之事，更加焦灼。静止二兄於初三日燈後來保陽，即擬送眷進京，奈連日大雨，途中水深幾五六尺，勢可没馬。署中房屋滲漏殆遍，墻壁坍(搨)[塌]，屋中流水有聲。余居書房，地面泥深二寸許，庭柱傾側，垂覆可畏，徹夜不眠。此亦主人將去之徵也。當繹堂夫子之初奉嚴旨也，外人洶洶，皆以爲勢必籍家以入官。署中同人,一時擔負行篋,踉蹌而出者十餘人,西院爲之一空。其不去者,古紫山与余兩人而已。事初發,有勸余速行以免累者,余婉言謝之,且曰:“食人之食者,忠人之事,此士之所以報知己也。昔日共安樂,今日共患難,義不容辭。”既而,勸余者竟去,余獨悄然危坐,伏案舐筆若平時。偶過西院,見凉棚低暗,滿院閉門,排户而入,惟見文書、印封狼藉遍地,俯仰感歎,至于淚下。嗟乎!官場如戲,人情如紙,類如是耶。初三日寄家信。初七日接家信,并文詩各件。

初九日至二十日 旱路斷不可行,公署又未便久住,靜止心甚焦急,而太夫人病體愈加,飲食甚減,奈何奈何。不得已,於初九日由保陽南關登舟啓行,由水路入都。奈船甚少,僅有牡丹頭三隻,女眷而外皆無坐船。余自巳刻已移裝到岸,至申刻始呼買小舟,安排行李。腹飢腸轉,轆轆有聲。人語喧呼買船,終夜不斷,至次日猶有不得船者,皆岸邊露坐一夕。此初行時光景也。

自保陽至天津,沿途橋梁極多,船行來往,俱從橋下穿過。今年雨大,水長船高,橋身去水纔四尺有餘,船不能過。初啓行時,兩日僅行五六里。爲橋所阻,直至水勢稍落,方得挂帆,過仙人橋以下,便無阻礙矣。由保定至天津,皆下水。府河及安州、新安境内之依城等河,皆有縴道,河亦狹,此時水大溜駛,可以暢行。府河内有廢橋一座,將近趙北口有淀,過趙北口又有淀,其水皆深而廣,過此即係新開之河,直至會同玉帶等河,皆有縴道,其河面較新安境内爲寬,其水性不激,亦可暢行。過台頭,淀泊漸多,亦漸廣,然東淀不如西淀之深,雖廣無慮也。其淀内有荷花十餘里,刺船而入,境界爲之一新。過揚芬港,便有潮汐,所謂楊家河、八里河,其水深緩,行自佳。過此則爲天津,天津而北,則上水也。天津之三岔口,此時水勢正盛。此係通海之處,舟子到此,察天色,看風勢,小心從事。入北運河,糧船雲集,停泊兩岸,於縴道甚有礙,幸護送者多,令糧船暫移,可以沿岸加夫拉曳,尚不至擁滯。由保定抵天津行七日,天津抵通州四日。於廿日由通州起早入都,沿途余與周八先生同船。周先生行八,名渭,係孝廉,保定人,善醫,因那太夫人之病,故同來京。余自保陽登舟之次日,王畹香履泰司馬差人到舟次送信,内載沿途水路所過地方情形甚悉。畹香與余爲世兄弟,其尊人諱琨,與先君戊戌同榜成進士。畹香雖未得科目,然積學深茂,尤明於水利,著有《畿輔安瀾志》一書,曾進呈御覽,收入《四庫全書》。人亦温雅渾厚,莊重不佻,與人交頗有真意。徒以落落寡交,不爲俗吏所喜,故同官中頗有以夜郎相誚者。然其爲人,終不失爲厚重君子也。

余生平喜乘馬而畏乘船，曾三渡滹沱，兩渡黄河，爲時不過數刻，於水行風景，未暇領略。是役也，水宿者凡十一日，雖非江河之大，然潮平岸闊、風正帆懸之景，頗得一二。布帆無恙，差不惡也。余之乘船，自是始。

廿一日 余二十日到京，即在前門外西珠市口西柳樹井家錫嘉二兄宅内下行李，僅住一宿。二十日即入部看謁繹堂夫子，夫子命仍搬在城内東華門外西堂子胡同宅内居住。即於廿一日移居城内，與静止、瀾止、湛園三昆仲，朝夕聚晤，并與香杜、鐵香晤叙，同院居住。

廿二日 入部謁繹堂夫子，適繹堂夫子奉旨以母老患病，賞假十日，暫出部回家侍奉。此皆夫子孝心所感，故能上契宸心，承兹曠典也。

廿四日 與彭荷邨作邦三兄、段篪軒仲庚二兄晤。篪軒以豫東例捐郎中，簽發户部，住前門外校尉營，荷邨同寓。余與荷邨同窗同年同譜，與篪軒亦係同窗同譜。數年至好，形影無猜。自甲戌秋間别後，至是重聚，相見倍歡，即在篪軒處喫晚飯，入城。寄家信，由米市胡同山西塘務寄去。

廿八日 出城到篪軒處借其車拜客，申鏡汀夫子、石鸝庭夫子、陳鍾溪夫子、陳石士夫子、賈二先生履中、温景僑年伯、劉年伯、常芸閣五兄、祁大兄爾誠、郭親家承庥，最後到黄左田夫子家。夫子聞寯藻來，甚喜，出晤，問訊一切。與諸位世兄見面，話舊，與田季高四兄晤叙，即在左田夫子處喫晚飯。住宿井西書屋，與在軒大兄初民、三兄季高、静山暢叙至四更方就寢。并得《壹齋集》詩一部，《壹齋集》乃夫子新刊詩稿也。

廿九日 曉起到張曉沂敦頤姻伯處晤叙。時天色欲雨，即雇車入城。

七月初一日 讀《壹齋集》，讀唐詩。晚飯後，與同人爲續麻頂針之戲，聊以破悶耳。

看宋搨《淳化帖王大令書》一本，趙子昂《泥金天冠山真蹟》一册，唐人書《欝卓越經真書》一册，皆墨寶也。

初四日 繹堂夫子假滿復入部。連日秋熱，是日晚間濃雲四合，凉風吹衣，少時大雨鳴簷。余與香杜、鐵香圍燈共坐，談詩争作奇語，可喜可愕。雨小歇，鐵香去，獨余與香杜兩人憑几談心。余因述先君見背時情事，欷歔淚下，抱恨無已。忽見疾電瞥眼，霹靂一聲，自北而南，聲動屋瓦，几硯間有聲，不覺作色驚起。香杜因爲余言，自入都十餘年來，未聞如此大雷，乃嘆東坡詩云“山頭只作嬰兒看，無限人間失箸人”二語，良不誣也。是夜暢談，就榻時已五鼓矣。

初六日 入部謁繹堂夫子，盤桓竟日，看夫子臨《多寶塔》，看《十七貼》舊搨。晚飯後，與靜止、瀾止同車而返。

甲子歲，先君因公獲咎，自七月入部，至乙丑二月出部，獄中住凡八閱月。余時年甫十二，與胞姪世弇從先君於獄中讀書，余開筆作文完篇，自獄中始。迄今丙子，已十二年矣，又謁繹堂夫子於此。夫子所居之室，即先君昔歲所居者也。余感歎之餘，至於淚下。又謁獄神廟及楊忠愍公祠，祠中古榆婆娑牆側，生意猶存，慨然想見昔歲侍先君時光景。人事變遷，得馬失馬，類如是也，悲夫！

初七日 昨晚自部中還寓，得靜齋三兄信，知靜齋已偕姪文叔來京。今早正欲出城去看，適四姪來謁，晤談問訊一切，知雝客大兄尚在清苑之幕，孫藝莊已從錢潤齋夫子赴江西撫署，甚慰。留四姪在寓喫早飯，同車出城，到西河沿大成店，與靜齋晤。靜齋於一二日内將赴遵化之任。留四姪在都，不放心，余欲挽四姪城内覓寺居住，以便照應，而靜齋云："海岱門外花兒市大街工堂子胡同，有周表親者，名錫祺，在京住家，已招四姪往寓伊宅，甚安靜便當。"余聞之甚喜。談少頃，即辭去，到五斗齋訪友不遇，適天色欲雨，雇車到竹軒二兄處，與九叔晤，并閱三姪文詩。喫晚飯後小雨，余即在二兄處住宿，與二兄暢談，適靜齋三兄亦來，共坐至三更方散。

初八日 喫早飯後，從竹軒處雇車入城。

初十日 李福將赴保定，余寄家信一封，令其持送清苑，托高明府郵寄。是日早飯後出城，到竹軒處官菜園上街，并到鎮江會館，與史若川晤，并見强名溱大兄、庚午孝廉，同年。汪二兄，與若川同居者也。到米市胡同山西塘務，到愍忠寺晤宋雲卿、王太守，并候董子詵，即驅車入城到部，謁繹堂夫子。夫子教余以學字命筆之法，回寓時已張燈矣。因雲卿將赴保陽，托其帶致盛廉訪、韓觀察二函。瀾止贈余手書聯語，蓋學歐字也。

十二日 爲文叔四姪閱課文四篇，課詩五首，即着齊升送去。

十四日 到部謁繹堂夫子，時施西山道元三兄在坐，與古紫山對弈。夫子臨《多寶塔》帖，此第七十本也。少頃、汪常吉入部來謁，夫子贈以手臨之帖，筆法較前所臨更遒緊團鍊。值此屯邅之時，猶能心氣和平，染翰不輟，非學養素定，升沈不驚，何以及此。是日盤桓竟日，晚飯後與瀾止同車而返。汪以醫名於京師，那太夫人之病，服汪藥始漸有效。人亦安雅恂恂，無岐黄家習氣，殆名手也。

十五日 清晨,容静止到國子監録科,史若川於昨晚搬來城内。是日與静止同考,余偕香杜夫子、鐵香送場,點名甚遲。是日正值祭酒謁廟之期,櫺星洞闢。余與香杜、鐵香及張子實名葆泉二兄同謁大成殿,瞻仰閟宫,因得觀宣王石鼓於廊下,古色斑斕,洵數千年法物。十鼓中有二破缺,作臼形者,即昌黎詩所謂"故人從軍在右輔,爲我度量掘臼科"者也。旁有張得天照行書《石鼓歌》碑,四面皆字,字大如手,屈伸遒秀,酷似香光得意之筆。又有國朝乾隆年間新刊石鼓十枚。古柏數株,大可十餘圍,疑元時所植。摩娑其下,徘徊不能去。已而,祭酒行禮畢,司鑰者促余行,門外唱名未已,時已將午,與鐵香旋寓。張子實,山西陽城人,古愚年伯敦仁之次子。年伯與先君同殿試,家藏書最富,今爲江西觀察、南昌府太守,蓋鄉先生中篤學君子也。晚間静止出場,並觀録科文詩,甚慰。

十六日 史若川昨晚出場,寓劉信芳環之先生宅内。今早來相見,盤桓竟日,喫晚飯出城,回其本寓。

十七日 爲文叔四姪閲課文五篇,令齊升送去。金國華、國蘭兩昆仲自保陽來都應試,訪余相晤甚歡。宋雲卿來云,已定於十九日啓行矣。

讀《續黔書》八卷,乃甘肅武威張壽穀太史澍所著。太史改館補外職,筮得黔之玉屏,因其風土人物,作爲此書。爲人博雅,常聞其讀書之日,卧思三日,誠隴西之學者也。

自箴云:"機心喪守,機言喪口。大匠之門,斧傷其手。善諂者失君,善俠者失友。夫惟知機,是以失機。夫惟不失機,是以不知機。知機則殆,失機則敗。不殆不敗,是以遠害。"

十八日 汪雨園元焯二兄來晤。雨園尊人與余先君同事於松湘浦相國總制兩江之幕,適雨園赴江寧省親,以未納監故,不得入場。先君爲之言於湘浦相國,雨園因是白手得監照,得以應試,以故感激先君甚摯。余初未知此事,因史若川諗知,爲余言之。雨園,鎮江丹塗人也。竹軒二兄來晤。

臨顔魯公《祭姪文》草帖,筆法雄秀,的是宋拓。容瀾止三兄出此帖示余,故手摹一本,以備朝夕披覽也。

十九日 早飯後偕静止二兄同到部,謁繹堂夫子,盤桓竟日。晚飯後大雨,偕瀾止三兄回寓。

二十日 張五兄熙來晤。其兄名杰,聞在直隸試用直隸州知州,五兄候補兵馬司正指揮,兄弟皆以能員著稱。

强大兄溱來晤。强,鎮江人,庚午孝廉,與余同年,即余甲戌會試同年。强名上林之族姪孫也。强大兄字沛厓。

廿一日 爲文叔姪評課文四篇,課詩二首。查字典得數奇字,甚喜。學無大小,展卷有益。昔邢子才嘗謂"誤書",思之亦是一適,誠善於讀書者。

數日來患口瘡,余以黄連水漱齒,尚未愈。頃與汪先生名常吉晤,云是胃火所致,服元參、麥冬、薄荷三味,當有驗也。

廿三日 汪二先生名常吉,字淳圃,長洲人,以豫東例捐未入。贈余吹口藥方:用上川連四分、真青飛黛錢五分、兒茶七分、蘇薄荷净葉一錢五分、生石膏一錢、冰片三分、月石一錢,共研極細末,無聲。

二冬膏用天門冬、麥門冬二味,服之有清心潤肺之功。每日早晚,用四五茶匙白滚湯,沖化服之。此方得之於周八先生,偶憶及,一併記之。

是日出城拜客,寄家信一件,從提塘寄去。晚到左田夫子處,適左田夫子請客,劉葦間大懿年伯及劉清年伯均在坐,余謁之,垂問甚摯。客去,余與夫子暢談,即下榻於井西書屋。井西者,夫子之别號也。以鉞星在井之西,而所居又鄰於井,故夫子自號井西老人,不嫌與黄子久同號也。黄大、二、三世兄俱晤,并静山二兄、季高四兄暢談半夕,又與吴三兄晤面,吴即左田夫子之壻。

廿四日 自左田夫子處出門,到石士夫子處、葦間年伯處、劉年伯處,并送方何年伯。以先君之年譜送之事,到景僑年伯處,到常芸閣五兄處,相見甚歡。芸閣名恒昌,山西鳳臺人,與余同年同館,自甲戌都中作别,各歸里。芸閣以昨歲十一月來京師。今年春間,芸閣失偶,六月中聘娶傅同年之堂姊。余與芸閣誼同蘭譜,余年亞芸閣十餘歲,因得見其新婦,即在芸閣處喫早飯。後入城到部,即在部中住宿,與繹堂夫子講論運功之法,夫子頗不寂寞耳。

芸閣出近作詩示余,愛其五古有法,彼此相勗。芸閣復贈余延荔浦名君壽者詩刻數葉,長於五律。荔浦,山西陽城人。陽城之工詩者張延齋,張君名晉,字雋三,余嘗讀其《明史》、《樂府》及《論詩絶句》,筆捷而論當,洵爲詞壇老手。周石芳系英夫子視學山右時,有陽城人李毅應童子試,詩頗可觀,詰其師,則曰:"吾師雋三先生也。"先生以一衿遨游天下名山大川,足跡半天下,以屢誤歲試,故學使褫其名。石芳夫子急延入幕,欲謀復其青衿,張固辭不可,其高尚如此。石芳夫子刻其近作數種,即余向所見者也。雋三既受知於當道,而荔浦名尚未出里閈。今以一令候揀吏曹,名之有幸不幸,無足怪者。荔浦詩筆稍遜雋三,惜兩人余皆未見耳。

廿五日 同瀾止共車旋寓。

廿六日 出城到竹軒家兄處住宿,愛其庭間古藤一架,蒼老清濃,疑爲數百年物。問之二兄,曰:"此元時大德四年之藤也。"藤根向有刻字,今漫漶不能辨。相傳爲都下第二株藤,載於戴菔堂先生璐《藤陰雜識》者,甚悉。余與二兄約,閒時當繪圖做詩,以爲古藤壽,二兄許之。頃與左田夫子談及此藤,乃大德十一年所植。錢擇石先生曾爲古藤長句,限三字韵。

廿六日至廿九日 自竹軒二兄處入城,到部謁繹堂夫子,即在部中住宿。此數日内,夫子命寯藻與瀾止兄同几摹臨《九成宫碑》,并訓以作字之法,愈緩愈進。常人落筆即思滿幅驅毫不定,拙目驚羡,謂如風卷落葉者,余視之直抄書傭耳。作字緩則筆定,疾則筆滑。不但工書,即此是學,人品學問,俱可呈露,非可草草也。余祇領訓辭,銘諸心版,日與瀾止分箋共研,暇則與古紫山談棊。夫子藉以破寂,余亦縱談不形,跼蹐情態,雖圜墻高矗,夜間鈴鐸郎當,作諸悽慘聲,只可作棘闈風雨聽之耳。廿九日晚飯後旋寓。

八月初一日 兩月不見家信,心殊懸念,未知慈親近日身體如何,昆弟妹姪侍養如何,讀書如何,先生功課如何。場期已近,余盼望連姪得中一第,昨得佳卜,未知能否如願也。有便人赴保定,寄雝客大兄信,恐家信寄到保定,耽擱未發,故作字問之,且致余近況。勞人奔波,無可告慰,恨不如田舍翁終歲飽喫飯、寸步不出鄉之樂,篋中有帛倉有粟,豈向天涯走碌碌?徒以家計累人,遠違萱侍,撫惶自問,能不黯然。想此時老母諸兄,亦當團坐,屈指計歸期也。書此數語時,四壁蛩吟,一燈如豆,城樓鼕鼕,報三鼓矣。

初三日 從郭親家承庥處接到家信,知慈親安健如常。兩月懸系,一旦頓釋,甚慰。

初四日 出城到左田夫子處祝壽。夫子乃初五日誕辰,寯因素冠,不應置身綵衣之列,故前一日預祝也。

是日晚間,即在左田夫子處寓,着齊升到家二兄處。接到家信,乃平遥閻壽宇姐夫專人到京之便,路出壽陽,故寄此信。知連姪於七月十三日上省考優應試,蓮西亦擬於廿日後赴試,並詢知姐夫之症全愈,行履如常,甚慰。

初五日 到同鄉各處相好,凡先君公祭幛上列銜者,俱親身往拜,謝其厚意。驅車一日,尚有未到之處。是晚即在竹軒二兄處住。

初六日 一早入城。是日順天大主考入闈者:董柘林相國,黄左田少宗伯,陸平泉以莊副憲。同考官入闈者:戚人鏡、陳鴻、黄中傑、錢騋、孔昭虔、祝慶蕃、伍長華、王惟詢、陳俊千、黄玉衡、史評、廖文錦、陳玉銘、許邦光、王茂松、劉斯湄、陳官俊,並家竹軒二兄,凡十八人。左田夫子之世兄及竹軒二兄之子,皆以迴避未入場。同鄉張大兄學孔來拜晤,方晴皋自保陽來都。是日接到保定寄來家信,乃家中寄到保定,而雝客大兄又寄京者,並接大兄來信,知在清苑署中,甚善。

初七日 同年呈三兄麟來晤,送家信,着閻姐夫來人帶回。

初八日 一早送靜止、若川、鐵香入闈。是日人數衆多,異常擁擠。并於場門前晤送段篪軒、田季高、李世兄爾誠、家四姪鳳昌、四川之張文山淳修。

初九日 清晨到部,謁繹堂夫子,并看視德午亭克精阿廉察。在部盤桓竟日,並晤長州顧二先生。與瀾止同車而旋。

初十日 未刻,容二兄出場。申刻,史若川出場。酉刻,鐵香出場。文詩皆可觀,余但望其作同榜耳。《四書》題《子以四教節,唯天下至誠爲能盡其性,故曰或勞心至治于人》。詩題《洗心藏密,得心字》。

十一日 入第二場,余送三人至場門。見田四兄文詩甚佳,中才也。接家信。

十二日 到部盤桓竟日,抵暮而旋。

十三日 出場。《易經》題《剛健篤實輝光,日新其德》。《書經》題《歛時五福,用敷錫厥庶民》。《詩經》題《百室盈止,婦子寧止》。《春秋》題《衛侯使寧俞來聘文公四年》。《禮記》題《人情以爲田》。

十四日 入第三場,余送至場門。二三場皆魚貫而入,不似頭場之擁擠矣。到靜齋三兄小寓,看鳳昌四姪試作三藝及詩,俱妥,頗有望,甚喜。出城到竹軒二兄宅,適九叔及三姪皆出。一茶而去,遂旋寓。靜止臨入場時,贈余十金。

是日奉旨更换學政,除順天學政杜愕、廣西學政朱方增、貴州學政張猷仍留學政。其餘學政:江蘇則湯金釗,安徽則賈允升,浙江則李宗昉,江西則顧懷慶,山東則辛從益,山西則賀長齡,河南則史致儼,陜甘則蘇兆登,福建則吴椿,湖北則沈維喬,湖南則謝階樹,廣東則傅棠,四川則俞恒澤,雲南則牛坤。奉天府丞兼學政則余座師申鏡汀啓賢夫子也。

十五日 嗚乎!自先君見背後,兩度中秋矣。回憶壬申、癸酉兩載,從先君在蘭陽節署,每值此節,白雲暖空,素月流天,先君率余步入灌園中北小岡後,登枕流待月之亭。此亭當園西北隅最高處,望月甚佳。斯時也,舉杯邀客,懷果獻親,雖身在天涯,而歡承膝下。曾幾何時,恍如夢寐,而此境竟不可復得矣,悲夫!

是日持名帖,爲那太夫人賀節後,即到部謁繹堂夫子。晚間即宿部中,與方晴皋、古紫山、顧淦,號星垣。侍夫子夜坐,談論至五鼓方寢。寄家信,從塘務寄去。

十六日 清晨由部旋寓,靜止已出場矣。策問五題,一問《四書》注疏,一問《唐鑑》,一問循吏,一問箴銘,一問畫繪。鐵香、若川至午後方出,二人同號,策皆條對,甚喜。少頃,鳳昌四姪來晤。

十七日 靜齋三兄偕文叔四姪回保定,留布袱一个,囑托蔣老夫子回保時帶回。是日午後到部,偕同人喫全猪,抵暮而返。

十八日 早間,丁立齋樹本老伯來晤,縷叙其近年家事甚悉,并細詢先君病危時光景,及卜阡相度之事。立齋老伯與先君同患難交,欷悼備至,不勝故交零落之感。立齋善堪輿之術,己巳春由伊江旋里,路出壽陽,留余家宿數日,延其看視余家祖阡,故一切方向知之特詳。

早飯後,出城到竹軒二兄處見九叔,旋過段篪軒、彭荷邨處,看篪軒試作,適周七兄維新來,相晤甚歡。斯人乃余所久仰者也,今始見之。少頃,田季高來,閱其試作,筆甚超逸,嫌其首藝前路欠緊醒耳。盤桓竟日,至一更後方旋竹軒處住宿。

十九日 從竹軒處雇車到申鏡汀夫子處,未遇。晤張曉浒姻伯,適靈石之王六兄汝椿在座。到鎮江會館晤史若川、强淨厓,聞若川行有期矣,贈菲儀二金,聊以表意,即在會館中喫早飯。到王蓮府宗誠夫子處。上年余入都時,即到夫子處拜太夫子之靈,今吾師將扶柩回青陽,故復拜靈一别,并呈紼敬四金。適蔣丹臨祥墀前輩來,因得謁之。到左田夫子處晤在軒大兄。到石士夫子處,值夫子到通州看鑑堂陳,名觀者。太世叔病去,世兄皆不在家,故未得晤。驅車入城,到弓弦胡同楊二兄春榮處,未遇,乃旋寓。

廿二日 接家信,乃七月廿六日自家中寄京,交錫嘉二兄拆開同閲者。慈親體健,惟倚閭之望甚切耳。聞連連今年功夫長進,文章有簡鍊清真之意,甚喜。余得吉卜,家三兄聞亦得佳夢,遥遥相應,倘得一第,豈不爲吾家生色耶。

廿三日 送蔣香杜先生移居城外長元會館。先生與史若川約於廿七日啓行同赴保陽，先搬出城，以便買車南下。八月聚首，一旦將離，不勝孤寂悵惘之至。静齋包袱，托其帶去矣。

是日出城，因静止還余前在保陽代借一項，必須親身交付也。吃早飯後旋寓，移榻於香杜先生所居之南齋。正在料理間，適静止自部中遣車來約，即刻到部謁繹堂夫子，即在部中住宿。

廿四日　吃早飯後自部中旋寓，張十三、十五昆弟陸續來晤，孫六兄來。

廿六日　清晨到鼓樓後和興局王鄉親處，未遇。吃早飯出城到彭三兄處晤談。篪軒時以感冒未愈，未得見面。到郭親家真武廟坐兩个多時辰，就近偕郭二兄同到楊三兄蔭源處坐，看其入場之作。晚到竹軒二兄處，同戈五兄、常芸閣、祁老大、王鄉親同席吃飯。

廿七日　早起到常芸閣處晤談，旋到郭雲衢二兄父垣處。二兄約余喫早飯，并約荷邨、季高、周小石曰堅、江蘇太倉貢生吳三兄左田先生之婿，同席喫飯畢，驅車過傅大兄同年門，留柬而去，即入城，時已夕陽在地矣。一更時堂子胡同西口外桅廠失火，延燒十數家。余出簷間，但見屋脊照耀，院樹皆赤，蓋相距不及半里，救火之聲，喧闐如雷，幸風小人衆，至三更後即漸漸撲滅耳。

廿八日　昨於廿一日繹堂夫子之事，已奉諭旨定案，惟賠項將及四萬兩，立限一年完交，方准寧家。當即具呈，擬於十日内措交銀二萬兩，交房地契價二萬兩。刑部於廿三日具奏，兹於是日辰刻奉旨，准於十日内完交，再降諭旨。即日措辦賠項交部，甚匆匆也。余於是日到部謁繹堂夫子，抵暮偕鐵香旋寓。寄家信。

廿九日　爲彭荷村作曲沃李廣文木五十壽言，因荷村催促甚急，匆匆擬就，亦未暇細意斧藻也。

九月初一日　爲雒表兄寫紙屏六幅，因其在家時諄諄囑余故也。又書條幅數件，并求瀾止、鐵香書數幅。

初二日　黑子自家中來，得家信，并詢悉慈親身體、眠食如常健適，家中大小人等俱平静無事，甚慰。一切瑣屑家事俱悉。聞姪孫恩光與其父母，以時恙同月而殂，不禁驚悼失聲。恩光之父即培元，其卒也，家信中曾言之，而未知其子之相從而逝也。培元父子素以謹厚稱於鄉，余族之最善良者。方謂其有積德，後必昌，胡乃至此？哀慘已極。天道無親，常與善人，若培元父子可謂善人矣，而報之若此，哀哉！幸恩光有子尚幼，或望其繼緒一綫耳。

大兄與世彛尚未旋里，因世彛於場後考優，故遲之也。三兄及六弟諸姪在家照應，秋稼甚忙。今歲年景雖未大熟，亦不甚劣，七月廿七、八日已下霜，幸禾已飽實，無礙。

接保定靜齋二兄信，寄來辣醬一瓶，并收到皮衣各件。接曹二爺信，接曹老大熙賡信，知内人已於八月十七日來家矣。

初三日 復曹二爺并靜齋三兄信。

初四日 寫册頁三開，作試帖詩二首。

初五日 本擬入部，因瀾止共談未暇，與靜止已有成約而不獲踐，殊悵悵也。

初六日 喫早飯後，同瀾止入部謁繹堂夫子，并將試帖二首呈閲。題係詠古之作，夫子謂余詩猶帶館閣氣，此等詠古題，總要脱盡習派，直當古詩作，方耐人看。寯藻受命，誌之不敢忘。夫子又命同人擬詠古題一百餘首，暇日各作，以爲讀史之助，頗有益也。晚飯後偕瀾止同旋。寄家信。

初七日 瀾止贈余圓硯一枚。早飯後余正假寐，適王畹香司馬以奉督憲委查灤河之便，自保定來京，相見歡慰，各道胸中所欲言，感慨欷歔，不能自已。李漁卿者，名文溆，行八，雲南人，寄籍姑蘇，余同年李太史名浩之胞弟，而畹香之愛壻也。以畹香官於直，故同居焉。前歲余先君設館蓮池，畹香使其壻受業門下。漁卿故讀書世家子弟，人亦恂恂書卷之氣，盎然可近，而面目清臞，如有宿恙。今歲夏，余將來京，聞其抱疴甚重，遣人視問之。兹聞其病竟不起，深爲婉悼。漁卿年僅二十餘，可惜也。

初八日 辰刻，繹堂夫子奉命出部，回家侍養，并賞瀾止三等侍衛，湛園以上虞備用處柏唐阿用。天恩霶霈，一家團聚，皆大歡喜，余與同人莫不踴躍翱翔矣。

余在宅内接見繹堂夫子於中庭。是日自部中出者余鐵香、顧星垣淦，行二，長州人。方晴皋及古紫山皆搬出城居住，伊二人數日後即起身回保陽，故出城也。

初九日 摩詰九日詩云："獨在異鄉爲異客，每逢佳節倍思親。遥知兄弟登高處，遍插茱萸少一人。"讀罷，令人三歎。

繹堂夫子賜銀二十兩。早間，同人恭送那太夫人壽麵、壽燭二事。石黼庭夫子承藻枉過，迎晤。夫子近移居於將軍教場下四條胡同。

十一日 揭曉：容二兄、鐵香、若川、田季高及文叔四姪皆不第，中式者多不識，心殊悵悵。山西中正榜四人：智一中、范鈊、侯親賢、□□□。中副榜一人：李世亨。智中北元頗爲吾鄉生色，當即着人到竹軒二兄處取闈墨一閲，所取皆清真雅正之作，粲然可觀。河間書院内中二人，其一李鈞，中二十名。今歲余閲河間卷，屢取超等第一，奇其才，書致河間彭子俊太守，囑其代致意李生，勉其上進，今果得第，自喜眼力尚不大錯也。其一張文熾，中九十六名，亦余屢取超等者。竹軒二兄房内中十二人，副榜六人，多名下士，可喜。余昔歲從先君遊隴西，主講靜寧亦樂書院，適癸酉鄉試，王道坦中正榜，劉伯鷗中副榜，今河間亦然，既自慰，又自幸也。接家信并連連秋試文詩，不過清順而已。劉雪疇名瀚爲余畫竹，筆頗秀。

十三日 出城到竹軒二兄處道喜，適二兄出門，見二嫂及九叔諸姪，得閲山西題名録，家中無中式者。壽陽中正榜二人，解元劉霈，壽陽宿學也，今果掄元，足爲一邑生色。李仙蟠與余同入學，今中十五名，爲文筆力頗鋭，可望聯捷。此二人皆余縣中好手。許蓮西中二十八名，可喜。余與蓮西自丁卯訂交，嗣後同肄業晉陽書院，聯窗共几，相知最深。以蓮西之才華贍博，而終躓於文場，余早料其必不然，今果拔萃而登，安得謂文章無定價耶。馮子防城四兄中三十八名。子防，絳州人，亦與余同在書院最相好者，屢困秋闈，一旦中選，可喜。京中相好皆下第，而吾鄉之登科者，半多舊識，差堪自慰耳。

到彭荷邨處坐，見段篪軒二兄病已痊愈，尚未起牀，面色頗瘠。適季高亦在坐，余惜其以如此奇才而所遇齟齬，不得一第。各相慰勉，不勝悵悵。起更時回竹軒處，相晤甚歡。竹軒爲余備述場中閲卷光景，及門生中所最賞識之文，頗自喜，談至三更方散。竹軒自通籍後，兩直考差，一爲廣西學使，一爲順天同考，其差運頗利也。

十四日 到申鏡汀夫子處謁見夫子，定於十八日啓身赴奉天學使之任。因談及此次園上召見時，諭以廿三年盛京謁陵，舉行召試之典。此事若成，亦發祥之盛事也。到石黼亭夫子處、賀前輩耦庚先生長齡處，皆未遇。謁石士夫子，談踰晷刻。到左田夫子處，時夫子方復命還家，相見甚歡，暢談闈中之事，日落時入城。

石士夫子處西席顧蔄塘先生翰無錫人，庚午孝廉，與余爲大同年，人頗淵雅。

十五日 鳳昌姪秋試，薦而不售，可惜。方晴皋將回保陽，囑其將薦卷帶去，交靜齋兄收啓。晤卜魯泉，魯泉乃星垣之令親也。發各處書信，頗匆匆也。三橋先生寄信來，并收到束鹿今歲秋冬脩脯六十金。盛和鈞廉察以差次奏對失辭，發往盛京，聞之不勝歎惋，當即泐函奉慰。余東鹿一席，即廉察所薦者。

十七日　竟夜大風，攪林有聲。曉起甚寒，落葉打窓，微冰在砌。四望同雲，鋪滿空際，此釀雪天氣也。少頃，果飛花數點，飄灑庭除，着地即融，但見碎點如梅痕耳。明日立冬，故有此瑞雪應候，余於是有歸思矣。寄家信。

十八日　余鐵香上館，靜止、瀾止以其令郎受業於鐵香。

晤畢晴皋烜，長洲人，精於寫照，行四。

二十日　天色漸曉，擁被未起，但聞窓外有瑟縮聲，如擘布然。開户視之，則皓雪盈庭，滿院如玉。屋瓦層層如絮，高幾寸許。今年多一閏月，故早得雪也。

廿一日　那太夫人自立冬節後積痰滯氣，脈息陡更。汪淳圃診視，以爲怪脈既現，危在朝夕。幸服人參，一日五錢，藥力扶持，彌留數日，至是日巳時壽終，享年七十有五。太夫人自廿三歲守節撫孤，時繹堂夫子方三齡，迄今五十餘年，辛苦備嘗，恩榮兼備。御賜"勵節教忠"扁額，天語褒嘉，聿旌貞德，四世一堂，起居八座，詢人間所罕覯。余侍門下六年於兹，雖未獲瞻仰懿顏，而時蒙推食之惠，垂念逾常。今歲閏六月，自保陽啓行時，猶復分賜食品。余去歲丁艱，蒙太夫人垂憫再三。即余一身而受恩如是，則太夫人之慈愛福蔭，見於他事者可知。一旦捐館，令人隕涕。晚間成服後，余與同事諸人哭於太夫人之靈，見繹堂夫子擗踴慟絶，靜止、瀾止、湛園昆弟，同聲大號，悲不能已。唁慰畢出，遂料理喪事。

寄家信後，即接家信，知世弅姪取優貢一名，甚喜。余與姪自幼齡入學，朝夕不離。余既成進士，而姪仍一青衿。余日望姪之得一進步，爲吾家增色。今雖未獲一第，得優貢聊可自慰。從此加功課讀，上進何難，是在姪之努力耳。山西優貢四人：郭汝良，長治縣廪生；陳愈耀，絳縣廪生；郭芬，聞喜縣廪生；其一即吾姪也。

廿二日至廿五日　數日以來，趕緊分送各處訃音，京中五城及直隸全省之訃，數日内俱送完。定於廿六日頌經起，至十月初五日止，初八日發引，十六日安葬。

廿六日　是日專遣黑子到保定去，借曹二爺一項，即遣送交。致書於三橋觀察，復與靜齋兄書，寄去闈墨一部。

廿七日至十月初七日　數日俱分送各省訃音，及一切喪事，甚匆匆也。

顧星垣之姪見堂二兄，名健行，務舉子業，在都閒居，托星垣約至寓中，幫寫訃信七十餘件。見堂頗清雅，人亦和靄可近。

黑子於初六日自保定回京。接家信，知世弇姪今歲試卷在聞喜縣奏公房内，已閱薦矣。因主考欲中副車，房師欲中正榜，彼此相持，遂致擠落，可惜也。

接靜齋兄信、曹二爺信，蔣香杜、吳更生、吳若川俱有信來。

韓三橋觀察書來云，河間束脯尚未催到。

初八日　早起送那太夫人殯，一時執紼者幾及千人，儀衛甚盛。沿路陳設綿延五六里，觀者如堵。繹堂夫子暨諸孫哭踴盡哀，道旁爲之淚下。余與同事諸人送出沙窩門外橋上，哭别回寓，時日已西矣。

古紫山、方晴皋前於繹堂夫子出部後即回保定，兹聞太夫人仙逝之信，俱趕來京送殯。

十五日　偕晴皋、紫山到楊坊村繹堂夫子廬次，遍觀阿文勤公暨文成公墓園，規模闊遠，環衛周密，始信將相發祥，其來有自。塋無墓碑，惟御製文碑二座，巍然對立。問之靜止，云此塋初建時，堪輿家以爲不宜樹石故耳。

十六日　送那太夫人殯安厝，儀衛甚盛，繹堂夫子哀痛逾常。余觸目心傷，因想及先君子保陽見背時光景，不覺淚下如絲，涔涔不能已也。

葬式穴土數丈，下平數丈，不用磚石鑲砌。靈輿入穴，土木相連，不用椁。問之都人，云欲使土脈與人氣相接也。余家葬法多以磚石砌爲窨，有石門，置靈輿於内，閉石下土。墳上插孝杖樹幡，幡杖皆柳木，易活，十年而墓木已拱矣。都中葬法與余家異。

十七日　偕紫山從楊坊還城，繹堂夫子贈白鏹四十。時余將旋里，即拜辭夫子於廬次。

十八日　移居出城，到竹軒二兄處住，連日整理行滕，甚匆匆也。到各處辭行，荷邨、篪軒、季高諸同人爲余餞行。

廿一日　自都啓行，雇轎車二輛，雇到保定。

廿三日　到保定，入城寓靜齋三兄處，相見甚歡。

廿四日至十一月初六日　河間書院脩脯，今歲尚未送到。時彭太守應杰已卸事，調任保定首府，新任河間太守則穆大爺揚阿也。余到保定見韓三橋觀察文綺，觀察代爲催取，致書於穆。余差吳忠到河間取來冬季脯金六十，而春夏秋三季脯金，彭太守頗有難意，始欲全送，繼而又欲不送，繼而又欲止送一季之脯，其中有多少葛藤。余以書院一席，原非市道，不願與之計較。又因終年作客，阮囊羞澀，不能不藉於此，且今歲余爲河間諸生批閲課作，亦非無功而食者可比。羈滯十餘日，不能啓身，而彭太守仍復漠然。當是時，家慈來諭，催速回里，不得已定于初七日自保陽啓身，不能守候矣。此行甚不得意，幾爲逆旅所阻，蓋客况之難如此。保陽住半月，極承静齋三兄飲食照應如親手足，可感。

初七日 自保陽啓身，坐駝轎一乘，騎騾一，馬一，住清風店。

初八日 宿伏成驛。

初九日 宿獲鹿縣。

初十日 宿核桃園。

十一日 宿平定州，即在曹仲蘭叔岳處住。

十二日 自平定啓身，宿張靖。

十三日 早晨到家，見慈親康健，甚喜。兄嫂弟妹姪等相見，甚歡。許蓮西聞余來家，自書房到内院看余，問訊殷殷。余爲之賀喜，同到書房坐話，談論舊事，娓娓不已。晚與兄弟輩同榻而寢，天倫之樂，甚怡怡也。

十五日 差吳忠到縣，與希父臺、邱少府請安。

十九日 到縣見父臺及邱春畦四兄，問謝一切，送字畫數件。秀岩父臺招食。是晚即在羅城潘親家處住。見張師肇、王應睢二先生。先生爲先君之新塋繪圖一册，極爲詳細，來龍去脈，沙水環抱，歷歷分明，豁如指掌。余按圖細閲，頗得其大局形似，胸中若有所解，稱謝不已。

二十日 自縣城回村，携新塋圖一册，與兄弟同看，藏之篋笥，以備參考。

廿八日至十二月初八日 平定刺史吳念庭安祖公祖，十二月十三壽辰，盂邑明府賈屏山秉鍾前輩、秀岩父臺共爲制錦。屏山前輩已撰就壽言，秀岩父臺囑余書之。廿八日自村到縣，在東門張師肇先生東軒下榻。東軒地僻而寬閒，屋亦明凈，滿室和暖，如座春風。數日内書寫壽屏，極承父臺拳意，屢招飲食，兼惠紙筆墨，書竣又以衣料相貺，余固辭不獲也。見縣學閻老師廷瑾及劉老師溥。閻字伯良，劉字廉甫，行十九，庚午北皿副車，與余同年，年未三十，人亦豁達，陽城人，乃張古里敦仁年伯之内姪也。春畦少府招飲，王應睢先生招飲，鈕先生懷綬亦相晤，年七十而矍鑠如少年，丰采依然，坐談移晷。初七日壽屏書竣，適相好携紙索書者甚夥，走筆應之，絡繹不休，自巳至戌，摺牋者踵至，幾如山陰道上，應接不暇矣。自愧腕力薄弱，不免貽笑方家耳。

寄容静止二兄信、韓三橋觀察信、狄小同名垣先生信、姚子正三兄信、雝客大兄信、楊雲浦夫子信。狄小同，者杭人也，方制軍幕中總辦。姚子正名榮，亦在方制軍幕。直之保定籍，乃春畦四兄胞兄。春畦繼嗣外家，故從邱姓。子正形瘦如鶴，人頗淵雅好古，多藏古今書籍碑帖及名人字畫。余久耳其名，在保定時，一見如故，贈余《廣群芳譜》一書、厲太鴻鶚《宏博詩集》。余謝之以詩牋，并囑余寄家信於春畦，此信所以報也。

接保定靜齋兄信，知河間修脯彭太守送到奏閱之數，並知明歲閱書穆太守已經送到，在道署存。同復靜齋兄信。

初八日自縣回村。東軒小住十日，極承師肇先生款待，洽然可感。

十六日　師肇先生清晨到家，爲先君新塋看視圍墻種樹地方，定明尺丈，一飯而去。

十九日　到段王村，與光宗表兄弔紙。先是，弓光宗大兄佩縉於十月間病故。是日爲七七之辰，余哭而奠之。光宗少貧，家無尺土，饔飧時慮不給。光宗奮志自立，讀書不成，去而學賈，貿易於太原郡，性慷慨誠實，有經計，然諾不欺，以故市人多敬信之。榆次郝姓者，富家也，托以萬金，任其生發。越數年，獲利且倍，又數年而生息又倍，市争趨之。後又受王氏之托，委以重貲，獲利如前。光宗不欺人，故人亦不欺光宗，樂爲光宗使，同心協力，不憚勤苦。而光宗之家亦以是漸裕，治田買宅，遂致小康，豈非市道中錚錚矯矯者哉。今歲援例授從九品職銜，余方冀其壽而康，昌而熾。一旦殂謝，不勝悲惜。光宗年甫六十，且有老母，可傷也。子四，三子學賈，一子業農。

廿四日　趙家村韓姓、後溝村□姓，持酒肉來謝。先是，余爲韓門□氏、□門樊氏，手書貞節牌額，以旌其孝。其族人感余之意，余固辭讓，不能拒也。余與二姓素不識，因周覲光維新大兄爲余言，始有此舉。鄉鄰有節婦，親族共旌之，褒揚閨範，善事也，余所樂爲。是日覲光亦同來。

廿九日　連日摒擋家事，頗忙。年近歲終，未免扣門之呼耳。是日王先生德和來村，余嘗爲之閱批課文數篇，頗與其意相合。王爲文每首總有精煉之語，是以動目。加功上進，亦中才也。

日之有記，非記日也，記事也。余年二十有四矣，濫竽詞館而童心未化，何事之足記？不足記而記，非記事也矣。記日也，非記余之日也，記先君子見背之日也。先君子以乙亥終，余之記以丙子始，何也？新喪之年，痛不忍記也。逾年而痛稍定，瞿瞿然傷去日之難追也，然後記。記焉而愈痛已矣，痛無及矣。雖然,慈親在堂,余暉可托。是記也,去日可悲,來日又可愛也。十二月除夕,祁寯藻謹識。

祁文端公手書日記一册,去秋以銀餅二十,得於揚州書賈錢長美所。案:公於嘉慶十九年甲戌成進士,明年乙亥三月,丁贈公鶴皋中允憂,自保陽扶櫬還里,是册起自二十一年丙子正月,則未小祥也。册尾自跋,謂新喪之年,痛不忍記。逾年而痛稍定,瞿瞿然傷去日之難追也,然後記。則公居喪未嘗記,記自此始。是年客保定節署,掌牋奏。府主文毅公那彦成,又薦公兼河間書院山長。閏六月,文毅以陝甘賑務獲譴下獄,賓客皆散。公從至京師,護視維謹,間數日,必至獄或留宿焉。文毅得釋,尋丁母憂,公又爲之經紀。及歸里,已歲暮矣,而日記於是終。時公年才二十四,已能急難風義相始終如此。其後兩執樞柄,朝政清明,使將相收戡亂之效,以弼成中興之治者,可於此窺其微焉。書面有咸豐丁巳十一月六日識語,時公年六十五,上距作日記之歲,四十有一年矣。

宣統遜國後八年己未中元節,吴興劉承幹謹識。

奉使記

道光二十年正月初二日 接軍機大臣兵部火票十二月廿二日發。廷寄。

初七日 巡撫咨送兵部勘合一道。

十一日 接江蘇巡撫裕咨,准吏部咨,道光十九年十二月二十六日,内閣奉上諭:"都察院左都御史,著祁寯藻補授。欽此。"新任學政,禮部左侍郎毛式郇。

二十日 委江陰縣教諭顧翔雲齎送江蘇學政關防一顆,交巡撫裕謙暫爲署理。時魯山中丞赴鎮江開壙,定於二十一日。敕書一道,并交巡撫繳内閣。是日差承差張濤齎請聖安摺一件、謝恩摺一件、恭報交卸起程摺一件,共一夾版,送至裕中丞行轅,託其專弁齎京,領回批摺仍令差弁送至出差處所。

是日未刻,自江陰學政駐劄衙門啟行。用船一隻,跟役六名,多升、李蘭、楊興、薛慶、禹甸、安福。均照兵部勘合定例。勘合由兵部發巡撫轉交。札江陰縣轉行,前途州縣並無前站,管厨、轎頭、各色名目及門包各項小費,一切水、菜、煤、米均係自行買備,無庸地方供給。登舟得黄南坡冕署常州太守信,知黄少司寇于十六日渡黄,登舟南下。是日亥刻,宿青暘鎮三十里。

署江陰縣知縣候補通判加同知銜陳延恩,雲乃,行二。署城守營游擊恒山字峻峰,行七。江陰縣教諭顧翔雲,侍萱,行四。訓導劉銘,庚午同年,箴山,行三。江陰縣丞孫炤文,星源,行二。典史徐裕,子筠,同年鑑之姪,行四。顧山司巡檢曹鈔,頡雲,行二。署水師守備淩慶鰲,冠山,行四。本缺徐濤,現署高賢都司。城守營守備賈有祥,瑞成,行二。千總安康吉人,行一。興奎瑶圃,行一。文巡捕主簿吴一夔,燮堂,行三。武巡捕把總盛鳴遠青涯,行八。江陰學廪生夏煒如、六承如、宋景昌、夏灝,生員徐思鍇、陳大聲、沈成、受鳴贊,生員夏翼琳、蘇輪、陳鎮、陳疇,均送至南關水次。晴,無風。

雲乃司馬殷殷相送,舟中飲餞,直抵青暘峻峰遊府,與千總賈有祥均至青暘相送。

青浦署令孔一峰同年昭顯專人具禀重修孔宅事,估計一萬二千兩,擬通省捐辦,仿照震川書院成案。因已交卸,將禀交陳司馬轉申撫院。捐廉一百,已札發松江府。一峰另有賀信,餽三百元,並門包。面諭來人,卻之。

二十一日 宿皋橋。四十里。南風,晴。

無錫縣令明奕李彭齡金匱縣令安諱,有才孫逢堯來晤。無錫送公文九角,内禀信三角留。咨二角、申文四角,交無錫縣轉申撫院。無錫、金匱二縣送席,卻之。

江蘇漕務,州縣之累,其弊有三:一曰包户白規,一曰幫費,一曰銀價太昂。

二十二日 聞黄樹齋少司寇爵滋,行六,癸未翰林、御史。昨日已過常州,今晨余命棹迎至潘葑相遇,恭請聖安。隨帶司員雷以諴,癸未進士,湖北咸寧人,行七。羅天池,丙戌進士,廣東新會人,行六。皆刑部主事,供事三名。常州署守黄南坡冕,行二。來晤,吴中幹吏也。

雲乃司馬復送至望亭始别。

是日晴,西北風。宿滸墅關。六十里。滸墅關在長洲縣西北。《吴地記》:本名虎疁,唐諱虎,錢氏諱疁,改爲許市。《平江記事》:後人訛,舊因於許字點水爲滸,市訛爲墅,迄今兩稱之。

黄少司寇坐船一隻,司員二人船一隻,供事三人船一隻。十九年十二月二十八日出都。

二十三日 過蘇州省城,織造基溥,署布政使張筠邨晉熙,行七,廉察,署按察使王夢湘玥,行七。觀察江寧鹽道,署蘇州府李月汀璋煜,署長洲縣練廷璜,署元和縣王錫九,蘭史,行二,署吴縣蔡維新,柳堂,行二,俱來晤於舟次。

宗姪次山大令之鈐,行二,西庚縣尉雲昌,行三,相見。次山送食物。書吏謝溥齋送恭書《聖諭廣訓》、欽定敬闡《聖諭廣訓》、《黜異端以崇正學韵文》刊本二册。此書寯藻於十二月恭書,正月中旬始刊成,未及再校,已咨巡撫,俟刊成復校,再行頒發。《欽定四言韵文》,恭照禮部劄開繕寫,與都下傳鈔之本,尚有參差,須再謹攷。

蘇州陳碩甫奐,段懋堂先生高足弟子,人品醇雅,似漢經生。所箸《毛詩傳疏》二十年,今始定稿。屬月汀觀察郵示一册,詢可傳也。頃晤月汀,還其稿本,並約同人匃工付梓。

闔閭城畔水如煙,三見春風倚棹邊。過郡漸分吴越國,題橋猶認宋元年。

趙興顧定船大小三隻赴江陰。家眷啓行約在二十七日,附家信一件。朱雪篁世兄元佑自海寧來見。太湖寶帶橋去姑蘇驛十五里,橋長南北五十三孔,橋西即太湖之尾。

寶帶橋

寶帶橋西望太湖,檣頭綄羽尚栖烏。具區亦是公家物,未必天心欲沼吴。

署吴江縣韓倬章、署震澤縣吴時行,即補知州來見。

是日晴,東北風,挂帆。宿吴江縣南關。八十里。夜與樹齋暨兩雲司撿録公事,丑正始回船。下弦月影,與橋同彎,水明人静,中有清氣。夜夢吐齒,其慎言戒剛存柔之兆乎？書以自警。

二十四日 晴,東南風,縴行。

平望湖在運河西,隔一隄,中有沙墩,距吴江南四十里入浙江界,在王江涇北里許,去平望南二十五里許。

福建省十府,二直隸州,六十二縣。

福州府:閩、侯官、長樂、福清、連江、羅源、古田、屏南、閩清、永福。

興化府:莆田、仙遊。

泉州府:晉江、南安、惠安、同安、安溪。

漳州府:龍溪、漳浦、海澄、南靖、長泰、平和、詔安。

延平府:南平、順昌、將樂、沙、尤溪、永安。

建寧府:建安、甌寧、建陽、崇安、浦城、松溪、政和。

邵武府:邵武、光澤、建寧、泰寧。

汀州府:長汀、寧化、清流、歸化、連城、上杭、武平、永定。

福寧府:霞浦、福鼎、福安、寧德、壽寧。

臺灣府:臺灣、鳳山、嘉義、彰化。

永春州:德化、大田。

龍巖州:漳平、寧洋。

福建水師提督一,總兵三:金門鎮、海壇鎮、臺灣鎮兼轄陸路。

福建、廣東合設總兵一:南澳鎮,副將三:金門鎮屬閩安協、臺灣鎮屬臺灣協、澎湖協皆外海水師。

福建陸路提督一,總兵四:福寧鎮兼轄水師、汀州鎮、建寧鎮、漳州鎮。

副將五:提督屬福州城守協、興化城守協、建寧鎮屬延平城守協、臺灣水師鎮屬北路協、總督本標中營。以上《會典·兵部》。

福建水師戰船:

外海:同安船二百二十二、趕繒船十、雙篷艍船二、雙篷舿船一、米艇船三十、杉板船一、横洋船一。

内河:八槳船三十五、六槳船八、四槳船五、快哨船十一、艕船二、花座船三、小哨船十、小巡船十八、哨船六十三。

修造戰船廠四:福州廠、泉州廠、漳州廠、臺灣廠。

凡船廠由道府及附近之副將、參將管理,仍遴委丞倅都守等官在廠監修。

外海戰船,自修造之年爲始,届三年小修,小修後三年大修,大修後三年拆造。如尚堪修理者,仍令再次大修。

内河戰船,自新造之年爲始,届三年小修,五年大修,大修後三年仍行小修。如尚堪修理,仍令再次大修。

浙江、福建、廣東三省外海戰船,係按年更換篷索,其餘各省三年中更換一次。以上《會典·工部》。

是日,宿王江涇。七十里,江浙交界。

二十五日 過嘉興府。署知府于尚齡,庚午西防同知,署嘉興縣徐榮,廣東駐防,有文名,署秀水縣王丕顯,山西五臺人,乙酉富陽縣,秀水縣劉紹锜,昨夕見於王江涇。是日,烏中丞差文武巡捕官來,令其持柬回謝。

署嘉興協副將、撫標中軍參將費宗葵來見。

西水驛茶禪寺前三塔,隄上多女桑。

蘇杭兩郡之水,匯於吴江縣北十里脚步橋,皆注泖湖,出吴淞口,由上海入海,俗云八百里平江,自杭至鎮江也。

晴,無風。亥刻,宿石門縣。一百十里。

署石門縣阮應奎,廣西庚申舉人,略老來見。

二十六日 曉發,西北風,細雨,輕帆。

東南一角見浙西山矣。兩岸稗桑彌望無際。高陽橋、宋老橋、戴帽橋、北陸橋、五王橋、落瓜橋、七里橋,一路橋梁頗多。間十里許,桑岸小溪曲通邨落,至塘西鎮,去杭州北新關五十里。終日雨。入夜,篷窗淅瀝有聲。

是日,宿北新關。一百二十里。

二十七日 辰刻開舟,抵杭州省城五里。雨止。終日陰。

浙江巡撫烏爾恭阿,行三,布政使宋其沅、湘帆二先生,按察使周開麒,石生行,糧道趙光祖,述園一兄同年,杭嘉湖道宋國經,兄同年,寧紹臺道李紹昉,候補道按察使銜桂菖,兩浙鹽運使岳鎮南,杭州將軍奇明保,副都統恒興,杭州織造富呢雅杭阿,俱出城北關碼頭恭請聖安,復送至南門外江口舟上。

浙江學政李國杞因病未晤。

署杭州府知府王壽昌,行六,本任嘉興府,子仁。

署仁和縣象山縣知縣王燕堂,蘭國,行六。

署錢塘縣傅延燾均來見。

杭州水利通判栗毓杞,行五,樸園河帥之胞弟,其太夫人迎養在署,來晤。託其致信河帥,告知家人,予行抵杭城日期。

登岸輿行,入武林門北門,出鳳山門南門换舟。江山船,俗名頭彎船,即九姓漁船也,相傳爲陳友諒之黨裔,明初編爲漁户。陸行三十里,行李以小舟三越壩載過,抵暮乃到。開舟里許,泊六和塔下。是日,恭聞大行皇后大事。浙江巡撫於正月二十五日接准禮部咨開,正月十一日丑時,大行皇后崩逝。本部具奏,恭頒直省,敕諭于朝鮮。援照道光十三年孝慎皇后册謚禮成頒詔,發給該國使臣賫回成案請旨一摺,于本月十四日奏,本日奉旨:"依議。欽此。"相應刷印原奏,先行知照浙江巡撫轉行文武各衙門,于敕諭到日,一併遵照。直省文武各官,於奉到諭旨之日爲始,摘冠纓,齊集公所舉哀,不辦事三日,持服二十七日而除。二十七日内不嫁娶,不作樂。以大行皇后崩逝日爲始,不薙髮百日,軍民人等摘纓,不嫁娶,不作樂七日。督撫以下免其遣官進香。又道光十三年五月,辦理孝慎皇后喪儀,"奉旨:自王以下,有頂戴官員以上,均著百日後薙髮,期年内停止宴會音樂。軍民人等均著一月後薙髮,百日内停止宴會音樂。欽此。"以上摘録禮部原奏。

據浙省成案奉到部文,各官先换玄青褂,不作樂宴會,俟奉到敕諭之日,遵例成服。又道光十三年浙省將軍、巡撫具請安摺,此次亦遵照成案。寯藻與黄少司寇奉使差次,未奉部文,不敢具摺,謹擬於途次何處奉到敕諭,即以是日成服。

錢塘江上游水自徽州來,亦有自江西來者,漸江、瀫水,皆其上流。詰朝挂帆,便入畫圖中矣。

二十八日 陰,東風。王子仁太守刿船相送,子仁曾隨敬公徵、朱文定公士彦出差江南,於使事頗悉。王、傅兩令送至聞家堰。

遠山如招,近山如邀。上水如逢,下水如迎。招邀逢迎,山水有情。逢迎招邀,人與情饒。《棹歌》。

是日,宿富陽縣西門碼頭。一百二十里。署富陽縣令李鴻戊戌進士,山東人來見。

二十九日 東北風,挂帆。

細雨溟濛,四山雲氣,下與江連,舟人椶衣箬笠出入,米顛潑墨中,非筆痕所能到也。與舟人語船頭,指點前路,嚴州府西通徽州、衢州府,西南通江西有兩路,蘭谿縣東通金華府、温、處各府。今日江面漸收,兩山漸近,水勢亦漸溜。

官船一隻,每站發錢千二百,客船每站二千餘,或千八九百。每船合水手約及十人。泊舟,前用雙木樁貫之,後用大竹,非大水不釘岸繫纜,亦有鐵貓鎮風。舟户祀周宣靈王,未知何神,俟攷。

自江蘇運河溯浙之嘉興、石門至杭,陸行。由杭城出南門,江口登舟,溯錢塘江而上,迤邐西南行,經富陽、桐廬、嚴州、蘭谿、龍游、衢州、江山,抵仙霞嶺。

建德縣富春驛前上水過淳安縣,三百六十里至徽州府。蘭谿縣有水路七十里至金華府,陸路止六十里。衢州雙溪口有水路至常山縣。

雨中過九里洲,出船頭借舟人破蓋立望,萬株香雪,間以青松,隄草新緑,鮮嫩如畫。雲氣冒山,黑白如玳瑁。天峰影江光,高低深淺,咫尺不同。因憶吳蘭雪舍人嘗得王元章冕《九里洲梅花》長幅,有卜宅之志,都下老輩題詠豔羡。今得遊目飽看於篷窗煙雨之間,乃知人間筆墨洵有寫不到處也。

桐廬縣令李志鈞來見。援例,山東人。

雨中過九里洲望梅花

元章妙墨留題在,梅隱中書蘭雪自號願竟虚。何意布帆煙雨裏,萬花開處我來初。

桐廬縣對岸西山新雪,天半白雲横截,餘青一桁如城堞然。青青者麥,生于陵陂,春痕寒色,點綴無際。

是日,宿鵜灣。一百十里,前二三里即灘。

三十日 東北風,欲晴。

過港灘,入七里瀧。諺云:“有風七里,無風七十里。”兩山夾水,水如不流,類廣東清遠峽。

七里瀧

三日濃陰一日晴,風帆斜送上灘行。釣臺大比雲臺冷,始信羊裘不爲名。

釣臺謁嚴先生祠

嚴州嚴瀨屬先生,誰向春陵憶漢京。釣渚臺前仍有地,客星天上本無名。孤懷尚不同良黨王良、周黨,遠見何曾爲歙彭來歙、岑彭。笑我披裘祠下過,一竿可許倚灘聲。奉祀生嚴雲山出見,屬搨石刻,歸途相待。

祠有張忠獻浚詩刻、近人阮芸臺相國碑記,皆可傳。壁上題句光聰諧七古,頗佳。何子貞兄弟皆有詩。古碑山脚露立半圮，須以亭覆之，守土者之責也。

祠東對岸山上謝皋羽墓，有大松，無祠，宜補建。

岸上人家柴垛林立，詢舟人，云海塘柴工多購於此。昔年里居，題畫云：“山不必秀，樹不必奇。獨有舟子，厥狀解頤。西水辰谿三百里，回頭記我上灘時。”過嚴州烏石灘偶憶及録之，而山樹較畫有致矣。

出七里瀧即烏石灘。午後日出。

嚴州府陳泰來，元和人，援例，建德縣謝曾祺，任丘人，丁卯舉人來見。

新安江自徽州來，至嚴州城外東北入江。常山一水西南來，至衢州入江。

穀水，今名衢江，源出仙霞嶺，流經西安、龍游二縣，東北入金華府界爲蘭谿。班固云：太末縣有穀水，東北至錢塘入江。江山縣。

漸江，一名新安江，自徽州府歙縣東流逕淳安縣及建德縣南，又東北逕桐廬縣，入杭州府界。

東陽江，自金華府界流入，至建德縣東南注漸江。以上三條，洪亮吉《乾隆府廳州縣圖志》。

富春山，在桐廬縣西三十里，顧野王云：“七里瀨在東陽江下，与嚴陵瀨相接。今土人謂之瀧，一名富春渚。”

桐溪，在桐廬縣北三里，至桐君山下入浙江。李善引《十洲記》，桐廬縣新安、東陽二水合于此，是東陽江亦浙江上源也。此二條同上，移載《釣臺》詩後。

是日，小泊嚴州府建德縣。一百里。宿桐溪埠。十里。

二月初一日　壬戌，晴。西南風力甚微。

縴行人負一繩，駢肩絫足，出入山腰。舟行如紙鳶，遠近成陣。自桐溪至大洋三十里。

自桐溪至大洋

小洋才過大洋來，西崦人家點翠薹。凹凸雪峰銜日出，参差粉壁界煙開。

繩牽短艇風鳶上，路轉危灘磨螘回。記取嫩晴天色好，淥波如鏡照春醅。

舟過石塘灣，小泊。登東岸緣草而上，得平岡，麥苗新緑如繡。嚴州以上山田多麥少稻，五穀皆有。

九姓漁船：錢、陳、嚴、孫、許、何、林、袁、李。以船爲家，不許陸居。每船歲輸税于官，他姓船無税。

署蘭谿縣金華府屬趙鵬程貴州貴筑人，辛巳舉人，大挑來見。

焦石灘距蘭谿縣二十里，山形如虎飲澗，縴夫緣山額而過，水勢溜急。

蘭　谿

穀水來何駛，蘭谿故作灣。山開斜日駐，邨遠大江閒。垂釣吾將隱，浮槎客未還。遥思北征鴈，已度廣陵關。

是日，宿蘭谿縣。一百里。

初二日　晴，無風。

縴行一路多灘，人聲、篙聲、水聲相雜。水碓頗似井陘道上，往時水極清，今雨初晴稍渾。井陘乃水磨，此是水碓，疊石激流，舟過頗艱。

樹齋以《仙屏書屋詩鈔》示讀，爲之評選。其詩有真性情，送人歌行，因地贈言，皆有實際。郭羽可儀吉張亨甫際亮詩中交道沉厚，憂士濟世之心，一篇之中三致意焉。樹齋自爲御史時，直聲藉藉，天語褒勗。鴻臚一疏，遂洗鴉片積習。數年之中，累遷少司寇。頃與余同使閩南，舟中深譚，遂爾膠漆。讀其詩，益信其人矣。樹齋云："羽可以德勝，亨甫以才勝。"

是日，宿張家埠。八十里。距龍游縣十里。

龍游縣屬衢州府秦淳熙，乙酉舉人，乙未庶常，六合人來見，書生本色。

初三日　曉晴，旋陰。

龍游，腴田歲可三獲，麥、稻、豆也；瘠田一穫，稻也。竹紙出龍游西安，地產茅竹，其稚者截而納之池中，層疊間以石灰漚爛，搗汁成紙。山皆民業，各有界址。材木之利頗饒，多争山案。民情質樸，文風稍陋。士兼耕讀，嚴、衢之俗差同。秦大令云。

水碓歌

一輪横嵌魚灘中，九碓坎坎高下舂。居民累石助灘勢，潄水使輪如使風。嚴州溯衢州，灘路三百里。人道山田瘠，不知山田美。山田種稻兼麥菽，民勞心善寡馳逐。卻將全力事畊稼，一歲居然有三熟。山有木，水有竹，搗竹爲紙，伐木爲舟更爲屋。頭舂輸官次糴錢，人力既盡天亦憐。一生飽喫山田米，坐看錢唐上水船。

是日，宿陽邨灣。七十里。距衢州府三十五里。夜雨。

初四日　曉雨稍歇，東北風，挂帆，遠山見日影。

西安縣衢州府附郭余士𣖁，安徽鳳陽人，乙未進士，衢州府湯俊，南通州人，與王藹堂親，曾官户部，舊屬均來見。

九姓漁家棹歌

郎乘下水船，灘聲逐儂來。儂乘上水船，北風吹郎回。有鳥名畫眉，畫眉只解啼。有魚名比目，比目不能飛。春山帖翠額，春水拖湘裙。持鏡不自照，照見江上人。鷗鷺不近岸，芙蓉爲誰老。何時水上萍，化作道旁草。

昔者禹之倮國，解衣而入，冠帶而出，因之也。積俗之難挽如此哉！客有感焉，故爲是歌也。

衢州鎮總兵郭宏升，行二，湖南人，曾出兵川陝軍營，樸健相晤。

是日，宿衢州府西安縣三十五里。西門外水次。

行李開單，留存物件亦開單，均交湯太守分別查核收存。湯君援例户曹截取出守，人頗安詳。

衢、嚴一帶，去年有秋，民情安樂，官長整暇，較之蘇杭氣象不同。

初五日 晴，微陰。

自衢州陸路啓行。

百靈集中伙四十里。江山縣宿。四十里。

縣令倪玢來見。雲南己巳，無才。

守備署都司周光碧，敬修制軍之長子也，驍勇有家風。

山 行

浮槎日日問烟蘿，又縛篼輿走澗阿。麥隴碧於春水活，菜花黄比夕陽多。眼前山勢迎人合，夢裏灘聲撼枕過。客意漸新天漸遠，卻從閩嶠憶江沱。

初六日 雨。

江郎中伙五十里。縣以江山得名，俗所云“江郎三片石”也。奇峭如屏，高插天表。

保安鎮宿四十里。

初七日 晴。

過仙霞嶺五里小憩。天雨寺東有浣霞池，一亭照水，山泉引竹滿寺，面對北山，曠然一覽。

小竿嶺、楓嶺皆陡峭。廿八都中伙四十里。九牧宿。三十五里。楓嶺乃江西、浙江、福建三省交界，有封禁山，周數百里，去楓嶺南十里閩浙交界。仙霞嶺在江山縣南一百里，又南去福建浦城縣一百二十里，上有關，或云即古泉山之嶺也。周百里，登嶺凡三百六十級。唐乾符五年，黄巢破饒、信、歙等州，轉掠浙東，因刊山開道七百餘里，直趨連州，即此嶺也。

浦城縣署令龍載恬，四川人，曾任直隸西路同知，因尹老須一案降調，捐復知縣，壬午進士來見。前任即楊輔山世兄承澤也，時因案撤任。

初八日 晴。

山路漸開。浦城有水路可達福州。

漁梁中伙三十里。浦城縣宿，四十五里。在西門外公館。

是日，收呈詞五件。一咨閩撫，四批建寧府，皆浦城案。

天氣漸煖。

初九日 晴煖。

臨江塘中伙三十五里。石陂塘宿。四十五里，屬浦城。

西陽嶺峻峭，小憩。青山，白雲，精舍。縣令陳珄題取楊文公"黄昏更過西陽嶺，滿目青山與白雲"句也。禪堂白瑞香、山蘭幽香，令人心清。

吴甄甫文鎔中丞遣武巡捕把總，曹振禄差弁饒廷達、曾廷舉額外二委來接。收呈詞一件浦城僧，批建寧府飭查。

初十日 晴。

馬嵐中伙五十里，屬甌寧。大雨。營頭塘宿。四十五里，甌寧。雨止，甚煖。道路橋梁多不治，公館外插嚴禁鴉片旗而已。

方伯差文巡捕試用直隸州州判朱燦榆，來接黄少司寇。文巡捕候補布政司照磨鄧堉、建陽縣羅鏞，江南宿遷人，援例明白安詳。行保甲頗認真，新調晉安，松龕極稱廉幹。

十一日 陰。

七姑店中伙四十里，建陽。建陽縣宿。四十里。

山路狹峻，午後稍平坦。建陽北門外有長橋，南門外過渡入公館。館後建溪，緑波如鏡。開窗夕眺，北山翠影，瀉春照神，清人心目。中伙大雨，夕止。

甌寧縣民婦余江氏，呈其子姪二人爲營弁銃刀殺斃案，懸五載，正兇未獲。控告氏子余方禄未到，取該氏供，行延建邵道徐繼畬查送案卷。

已革蒙古佐領世襲男爵恒齡以事消檔，發建陽十餘年，具紅禀與樹齋商，交建陽羅令還之。其妻云宗室女意在乞幫，不便幫之。

桂制軍良，今日宿葉坊關，兼程夜行，明日可遇。其眷屬今日住建陽。由江西來,自崇安入建陽。

鄧制軍廷楨,聞於正月十六日自粤東啓行,由潮州入福建汀、漳、泉、興化一帶,至省約在月半。

十二日 早晴,夕雨。

宸前中伙四十里,建陽。葉坊宿。四十里,甌寧。

建寧鎮曾大觀來晤。湖北人。

建寧府嘉恒平庸,甌寧縣柯培元山東膠州舉人,曾兩至臺灣,似有才而滑,諸事廢弛。

吳撫臺咨文。補官出差,部咨照例事。

十三日 晴。

建寧府中伙四十里,甌寧。太平驛宿。四十里,建安。

建安縣朱湝來見。雲南舉人。案首爲諸生控告賤裔冒考,文理不通,批延建邵道徐松龕提訊。朱令數年間,曾任晉江三載。

建安而下,山路愈峻而窄,有極險處。

十四日 晴。

大横塘中伙四十里,南平。延平府宿。四十五里,南平。公館在城外隔浮橋。

吳荷屋方伯榮光入都展覲,是日宿延平相晤,託帶六弟信,附羅六湖比部信中。

徐松龕觀察繼畬來見,次早復見。

延平府沈汝瀚,海如,江西人來見,因臺灣張丙案得花翎,有才,不知其它。松龕頗稱之,刑名幕出身也。

延平副將靈福來見。有花翎,蓋亦臺灣得者。

出公館數里即劍浦塘。

十五日 陰。

劍浦至金沙塘中伙四十五里,南平。清風嶺宿。四十五里,南平。山徑險峻,到清風已曛黑矣。公館在嶺上,地高夜寒。

十六日 午後大雨,至夜半始息。

黄田塘中伙四十五里,古田縣屬。水口塘宿。四十五里,古田。署古田縣候補同知蔡觀龍來見。山陽人,援例。

古田本缺周立宰亦自省來水口相見。河南人,坦率。是夕雨甚,宿公館,次日登舟。

十七日 雨止。

登舟曉發，坐船一隻，從人船一隻，轎船一隻，皆小船也。合司員、供事，共船十五隻。

向南行，西風，挂帆。

浦城下至水口，處處皆灘。自水口至福州，水平無灘，可夜行，計一百九十里抵省。

距福郡十五里鳳山橋，起早入城。向例：各官迎送，皆於西門外五里之鳳皇亭。

鄧制軍已於十四日接印，正月十九日至粵東起行。昨日得來信。

侯官縣唐黄裳昨日來見余，楚南選拔士也。胡恕堂太守興仁頃署首郡，亦楚南士，本任漳州府，由陝西商州奉特旨簡放，異數也。

得吳甄甫中丞復函，致鄧制軍信已轉交矣。

入閩四首，次雷春霆比部仙霞嶺韵

七閩天下險，萬壑欝縱横。不意周南滯，翻爲嶺表行。客星銀漢聚，仙嶂赤霞明。洗耳池亭坐，江灘無此聲。

建溪雷自吼，閩嶠蟄仍蟠。古樹矜鱗甲，奇禽惜羽翰。入雲人影細，過雨日光寒。亦欲題厓竹，曾誰彩筆干。

度嶺疑無地，群峰莽刺天。迴瞻關北寺，横鎖越中煙。鑿壁餘斤斧，分畺限水泉。故知犬牙錯，表裏義森然。

市屋穿幽出，溪橋架險通。誰令山澤國，乃雜漢夷風。蜃氣樓臺見，漁人綱罟空。春疇方有事，悵望使君驄。

是日，宿大麥溪一百里，風側難使帆也。登岸得平田，麥有穗者，一片李樹花初謝，陰尚稀，中有大木多連理合抱，翠蔭深厚。詢曹弁，云龍眼樹也。東岸山插天，青翠如畫。

船頭見唐令告示"嚴禁鴉片"，末云"實貼月仙，户部盪船"。詢其故，乃知户部地名也，在福州城西，盪船漁户亦與江山船差似。一路急灘，忽得二百里平水，地勢漸開，都會結脈於此。汀州水路亦下水，東北經延平匯建谿，趨福州。

二月十八日　行抵福建省城，寓貢院。

七月十二日　查辦事竣，自福州啓行。具摺八次。

八月初三日　抵浙江省城，寓閩督行臺。

八月二十六日　查辦事竣，自杭州啓行。具摺二次。

九月初二日　行距常州府十餘里，接奉廷寄，即日回舟南下。

初六日　嘉興府舟中具摺一次。

二十三日　建寧府登舟。

二十六日　水口换船。

二十八日　抵福州。

後入閩四首疊前韵

北嚮復南征，徘徊雁陣横。澄江還汎汎，遠道重行行。星火郵書急，旌旗海嶼明。炎方苦雷電，天意欲收聲。

海上神仙宅，誰教蜃市蟠。倚天賴長劍，論事惜柔翰。萬里羸糧盡，三軍裹甲寒。翱翔有深慮，肯遂寘河干。

貪狡情何極，堯仁覆以天。蛟門静枹鼓，鷺島駭風煙。莽莽沙爲壘，明明貨是泉。長城何處在，消息轉茫然。

寬猛時相濟，蠻夷道自通。由來譚戚將，必有藺廉風。勝算終能定，邊儲且未空。無令鱗介族，睥睨漢廷聰。

十月初一日　自福州啓行。

閩縣三角亭中伙三十里。渡烏龍江。距三角亭十里。

風口宿閩縣，四十五里。

初二日　福清縣太平中伙三十五里。漁溪宿。四十五里。

初三日　莆田縣江口中伙三十五里。興化府宿。四十里。

初四日　仙遊縣風亭中伙六十里。塗嶺宿。二十里。

初五日　惠安縣中伙三十里，渡萬安橋，在泉州北二十里。泉州府宿。五十里。

初六日　晉江縣五龍中伙三十三里。南安縣大營宿。二十七里，山上下有二寨。

初七日　馬巷廳沙溪中伙三十里。同安縣宿。四十里。

初八日　同安縣後殿宫中伙三十里。潯尾汎渡海。距中伙五里，北爲潯尾汎，南爲高碕汎。

抵廈門，三十五里。寓寨内提督署西公館。

自福州城南過南臺，渡烏龍江，海國風景爲之一新。天氣極煖，著單衣猶揮汗。福清、莆田、惠安、晉江、南安、馬巷、同安皆濱海，惟仙遊在山中，無海口。惠、晉海口，皆夷船出没寄泊之地。大墜山有泉，夷人時取水於此。深滬、梅林各鄉奸民販煙，近年視爲恒業矣。馬巷爲洋盜淵藪，同安亦然。其人習水敢死，頑悍成俗。莆田以北，風氣與閩侯相仿。莆之山川明秀，沃野開曠，大似江南。興化一郡轄莆田、仙遊二縣，而錢糧甲於全閩，地利然也。途次，訟詞亦稀。入惠安界，遠見童山枯焦，色赤而慘白，如剥皮存肉，令人舉目失驚。迤南直至同安，山無寸草，路無嘉木，人家磚瓦皆紅，蓋土色赤也。其山非紅沙即黑礁，碎石如鬥，向背無情，俗好械鬥，豈地勢使然耶？因思南荒未闢之初，此地半淪於海，鴻波蕩漏，細者爲沙，粗者爲礁。迨至海水揚塵，陸陵屢變，土異膏腴之性，山無華實之毛。居民爲網罟爲生，斥鹵爲業，蓺落花而作果，種薯蕷而充糧。氓之蚩蚩，與黿鼉同居；吏則冥冥，復螟螣爲害。上侵下漫，有由來已。粤之潮州，閩之泉漳，風氣差同，號稱難治。然民耐勤勞，士敦氣節，奇材碩學，代有其人。前賢過化，遺俗猶在。封疆大吏擇賢令而久任之，減其疲累，養其廉節，責以清訟牘勤，教訓官民相孚，寬猛以濟，未始無轉移之效也。

福清令胡嵩年、晉江令羅鏞、南安令陳玕，皆非俗吏。同安令胡國榮能勞苦，亦奔走之才。

厦門在閩南海中，宋爲嘉禾嶼，一曰鷺門，又曰鷺嶼。鷺島周圍不及百里，乃全閩之咽喉，泉漳之外屏，臺澎之内鍵，而金門在其東北，又爲厦門之外蔽也。北太武山在金門南，太武山在厦門南，對岸東則外洋。大擔、小擔、浯嶼、青嶼各海口，自北迤南，横排數點，遠望如鷺，或即鷺門取義耶？自海口入内洋，迤北而西，即厦門之白石頭汛、安海汛、水摻臺、頭巾礁新礮臺、新築。大礮臺，西至文汎口皆内港要害。大礮臺南對岸山嶼仔尾，即南太武山脚之旁支。礮臺之西横峙港中者曰鼓浪嶼，與嶼仔尾大礮臺有犄角之勢。自文汎口迤西，則商旅輻輳，民廛市屋，直連港面，所謂十三路頭也。嘆夷礮船六月初七月杪，兩擾厦門，皆從青嶼口入，直衝大礮臺。我軍併力攻截，亦以礮臺爲扼要，沿海築沙墩置礮位，層層布列。諭紳士、練鄉勇、官募水勇，皆興泉永道劉荘年燿椿之力。荘年，山東進士，由庶常改縣令，所至循聲，士民愛戴。自煙禁以來，緝奸捍夷，竭盡心力。厦警之後，移駐海岸軍工廠，數月未嘗還署。當夷船再至時，督率兵勇往來礮火中，一島商民賴其保障，安堵如故。而軍門白羽乃在東山石洞間，如達摩面壁，且名之曰指揮臺，繪像徵詩。將軍不好武，儒冠多誤身，可爲慨然。

余偕樹齋暨省之六湖，由潯尾汎渡海，日午風恬，纖蘿不動，早潮初退，輭沙輿行里許,換小船平底,人輓泥行,其古者泥乘輴之遺製耶?又里許,乃登渡舟,余兩人一舟,省之六湖一舟。以划龍船牽之而涉。划龍船者,同安胡令國榮新造四隻,莊年觀察造二十隻,備夷而設也。製似龍舟,而輕捷過之。十八槳,划水如風,頃刻遂登彼岸。胡令曰:"渡海得此天氣,不易也。"莊年觀察、厦防顧丞教忠候於南岸高碕汎,相與陸行三十里,直到海口閲勘。由十三路頭迤東至大礮臺,即兩次與夷船接仗處。以千里鏡測外洋海口,大擔、青嶼山石,黑白分明,浯嶼更遠,在青嶼之外。遂至新礮臺、水摻臺,一路沙墩整密,兩墩之間,置大礮一位,共三百十六門,有銅礮一門,重二千余斤。阮芸臺相公鐫銘其上,云得之交阯者。七月二十六日副將靈德用以擊中夷船,焚其篷索,四出雙中,即此礮也。

是日,陳雨峰軍門同至水摻臺,防守兵丁除提標二千一十名外,汀、漳、建寧、興化、延平、同安客兵共一千七百名,鄉勇數百名,按隊整肅,居民環觀,氣象鎮靜,厦之民情,視泉屬各縣質厚不嚣。入境有耆民焚香迎者,以遠在海島,使臣罕至故也。紳士員外林國華、中書吳廷材、舉人吕世宜、監生林書,皆捐貲築石壁、募水勇者,均來見。鄉民張忠等十四名及弁兵曾侍堯等十六名,訪問防夷前後情形,歷歷如繪。時莊年與紳民創築石壁,爲海防久遠之計,須費三萬金。中丞吳公文镕韙其議,籌萬五千金先與之。其餘官捐廉,紳出貲。石壁分三段:自水摻臺之左地名鳥空圓山脚下起,西至大礮臺之左爲一段,長四百零七丈五尺;又自礮臺迤西起,至軍工廠之左爲一段,長三十五丈;自文汎口之右海沙坡起,至小港口爲一段,長五十丈。三段共長四百九十二丈五尺。基石入土五尺,壁高一丈,基寬一丈四尺,間五丈開一礮洞,擬於明年春間竣工。余勸紳士於今冬速成之。夷情狡詐貪利,數十年來,以鴉片毒我民命,耗我民財,繳煙之後,仍欲售煙,是以粤東林制軍有奉旨封港之舉。而夷商義律公然假其國王之命,招雇夷匪,恃其船礮,據我定海,擾我厦門,然後赴天津海口,呈狀訴冤,其心叵測,已可概見。我皇上洞鑒其微,不遽予以勦滅,特命琦制軍善赴粤查辦,如果夷匪悔罪輸誠,自可通商開港。第鯨鯢之性,反復何常,倘或求取無厭,勢且猖狂思逞。粤閩、江浙、山東、直隸、奉天七省沿海要口,及此未雨綢繆,庶幾有備無患。封疆大吏,所當仰體聖廑,思患預防。凡海口要隘,或添建礮臺,或多築沙墩、土墩、石壁,相地度勢,安礮防兵。更諭紳民,練備鄉勇,以逸待勞,使逆夷無隙可乘,不二三年,其勢瓦解。然後開三面之網,因其窮蹙,撫而柔之。馭外之道,恩威並用,不特鷺門一隅,區區籌備而已。

初九日　初十日　住厦門,大風。

十一日　啓行。高碕渡海。東北風猶未息,波濤軒然,不似來時景象。午後乃渡,淩波萬頃,一葉如飛。海面潮至約十里,潮退不過五里,而水色深緑,澒洞無際,自具大觀。

萬安渡在晉江北二十里,俗名洛陽橋,以"樂洋"同聲而名,或曰如郡縣僑置之例。蔡忠惠題橋石刻二,今移祠内,石旁鐫小字兩行,搨本多遺之,附記於此。曾孫奉議郎、直秘閣、提舉福建路市舶、賜緋魚袋桓立石,福唐上官石鐫《端明墓道碑》,今在仙遊縣。

樂洋江水洛陽橋,應是南朝憶北朝。一樣圖畫思舊意,清明人物上河饒。

十四日　泉州拜摺。

十九日　抵福州,仍寓貢院。重登越王山麓,慨然有感。夏間胡恕堂擢四川道,密委查浙江臺州案。

將軍保禹言昌,行三,中丞吴甄甫,瑞蓉堂元,行四,方伯常南陔大淳,行二,權臬戴昆禾嘉穀,行六,權鹽道史椒圃致蕃,署福郡閩侯兩縣仍褚仙臺登,唐勉齋黄裳。惟徐松龕繼畬,行七署汀漳龍道,不得面晤,同安道上得其手書。常芸閣恒昌同年擢浙藩,鄧嶰筠制軍以粤東夷務罷職,赴粤遇於同安旅館,惘惘而别。

福州城南觀鑄礮。先是,禹言將軍、嶰筠制軍、甄甫中丞,以海防宜重請於朝,捐廉鑄大礮三十二位,得諭允飭督標中軍副將富爾遜布承造。告養都司顧德銘知鑄造式,制軍物色得之,命其督工。八千斤重者十六位,每門長一丈二尺五寸,頭大二尺一寸,圍圓六尺三寸,尾大一尺六寸,圍圓四尺八寸,膛口徑寬七寸五分,厚四寸二分五釐。六千斤重者十六位,每門長一丈一尺三寸,頭大一尺八寸,圍圓五尺四寸,尾大一尺三寸,圍圓三尺九寸,膛口徑寬六寸,厚三寸五分。八千斤者約配藥四十斤,銕子四十斤。六千斤者配藥三十斤,銕子三十斤。約計演放可及二三十里。鑄礮之法:先製礮模,厚泥爲皮,細鐵爲心,銕心外仍敷以泥,尾上,口下,立於地平,以木架護之。穴其上,鎔銕汁注之。鑪用雙鞴,貫鉄釜中。釜之腹敷以泥,加以套。釜圈形,貯炭,炭上以生鉄條排之。炭熾鉄鎔,汁沉灰浮,再加炭加鐵,鎔汁滿釜,兩人舁而登架,傾於礮模中。其法頗簡捷,顧德銘傳自老礮工者也。同觀者樹齋、省之六湖暨將軍、中丞、藩臬、道府文武各官。時庚子歲十月二十一日丁丑。歲庚子月戊子日丁丑。

樞廷載筆

道光二十二年壬寅

正月元旦 王公百官先詣慈寧宮門外行禮，由西掖門至太和殿丹墀下，分班行禮。是日呈遞如意，旋即回賞。

初二日 卯刻，坤寧宮賜吃肉，王公滿漢一品大員咸與。

初一日* 軍機大臣先於巳刻詣懋勤殿祗候。上御乾清宮。召見，行三叩首禮。手賜荷囊一枚，内貯金錢二枚。是日，朝賀貂褂，召見補褂。

初七日 忌辰。太廟時享，遣官行禮。齋戒期内，貂褂不挂珠。

十一日 上詣天壇齋宮。王公大臣侍班，蟒袍補服。召見仍着補褂，退更貂褂。

十二日 上幸圓明園。軍機大臣、南書房翰林均出入賢良門外，西向侍班，蟒袍補褂。召見更常服貂褂。謹按：是日，上仍御龍袍召見大臣。

十五日 正大光明殿賜宴。外藩、諸王公、滿漢大臣滿文武一二品、漢文臣一品。暨朝鮮南掌使臣，辰初一刻入坐，蟒袍補褂。臣寯藻與宴，坐次在東邊，刑部尚書阿勒清阿之次。是日，東邊大學士潘世恩、尚書卓秉恬、尚書阿勒清阿、尚書祁；西邊大學士穆彰阿、尚書許乃普、尚書李振祜、尚書廖鴻荃。

先一日賞元宵。自十四日至十六日均蟒袍。

十六日 正大光明殿小宴廷臣。儀注，是日蟒袍補褂。先時進殿東西厢祗候，届時按左右翼分班，北向立於戲臺旁。上升坐，由丹墀東西階上，循檐柱前二人趨至明間柱内，并衆隨立。行一跪三叩禮畢，由東西末進殿，至本位立。上命坐，叩首就坐。賞菜，行一叩首禮。飯畢，太監進茶，各就本位跪。上進茶，行一叩首禮。賞茶，行一叩首禮。撤飯桌，上果桌、元宵，遞酒者出位。太監捧酒向明殿，遞酒者同進，衆起立。遞酒者跪，衆皆跪。上進酒，行一叩首禮，就坐。賜酒到，行一叩首禮。太監進果茶，賜衆茶，撤果桌。

十七日 巳正，赴宜門西朝房後内務府公所，官揀人參。向例，每歲參到，軍機大臣二人會同内務府大臣，並御史督令官商揀擇，分別成數具奏。是日，偕賽鶴汀司空及敬達齋徵、裕誠、麟梅谷魁。盛京票參四十八斤十二兩。

---

* “初一”疑有誤，因前已有元旦、初二記事。

内選得五等参三十二斤六兩、渣末十斤八兩、泡丁五斤十四兩,比較成數足數七成。吉林票參、泡丁五十五斤十兩。内選得五等参三十七斤十五兩、渣末十斤十二兩、泡丁七斤,比較成數將及七成。寧古塔票參、泡丁十六斤十四兩。内選得五等参九斤十四兩、渣末五斤八兩、泡丁一斤八兩,比較成數將及六成。秤驗,均與原數相符。

四月初一日 换凉帽,賞奶餅。考侍講李嘉瑞、侍讀張芾、右贊善何桂清於南書房。欽命"三畏論"。先是,戴鹿牀學士熙於三月二十七日請養親假回籍,李鐵梅、張小浦入直。鐵梅於四月二十日放福建學政,何根雲繼入直。館課題《百谷仰膏雨賦》以"不崇朝,而徧雨天下"爲韵。《賦得岣嶁山尖神禹碑,得"奇"字》。

初五日 派揀發河南武職。祁、賽尚阿、龔守正、端華,午初正白旗教場。參將:壽山、文祥年二十餘,馬步俱好,識字。游擊:端祥、伊天綳阿。都司:和昌、德奎。

十八日 派揀選江蘇文員。祁、裕誠、慧成、黄爵滋。

知府二員*:錢桐、鼐滿達、景瑞、劉元孺。圈者,召見撤回注銷。同知二員:劉大烈、程正棨、連山、松海。知縣二員:任芬、劉果、白友穆、單偉志。宗人府主事:何桂馨、盧樹。倉場筆帖式:崇本、定泰、奎熙。

特旨:"崔光笏、徐青照發往江蘇,以知府差遣委用。"

二十七日 賞歙硯一方。仿漢石渠閣瓦硯。

會審湖北逆首鍾人傑、陳寶銘、汪敦族三犯。

會審山東捏稱團練王慶元、向新疆。

賞人參一等八兩。

二十八日 賞芽茶二瓶。

三十日 派揀補武職。祁、善燾、端華、陳官俊。

四川夔州協副將德通、福禄,頭等侍衛。山西平陽營參將額勒金泰、明德,二等侍衛。河南汝寧營參將博崇武、奇成額,二等侍衛。

五月初一日 賞端陽景物小荷包一枚、香袋大小八件、扇套一件。

初四日 賞齋戒牌四個、香袋八個、香珠十一串、椒珠十串、十錦香袋一匣、青陽扇一匣十柄、藥錠宫佩一匣、宫扇二柄、花葛手巾二條、深淺色葛二卷、布二卷。

---

* 本段三個"二"字,均爲原文,與所列人數不符。

賞上用寶藍二則、芝地紗一連、屯絹袍套料二連、葛紗一端。

初九日 賞寶藍單絲屯絹袍料、天青褂料二端。

七月初一日 館課題《翠微賦》以“名征《爾雅》,形入畫圖”爲韵。《賦得納涼聯句,得“韓”字》。

十九日 賞魁龍瑞草銀灰織緞袍料、天青馬褂料二端。

二十五日 仁宗睿皇帝忌辰。軍機大臣例隨聖駕,詣安佑宮行禮。是日寅正,進西南門祇候。寅正三刻,由門内迤西岡後抵藻園門内上船,自南而北,折而東,舟行里許,浦荷岸柳,秋雨甫歇,涼雲在天。宮在清淨地後北岸,侍班於雙松之間。駕過,隨渡木橋,詣牌樓額曰“羹牆維慕”東,行三跪九叩禮,仍退侍,並候駕還,從出。上御青紗袍褂,從臣青褂。

八月初八日、初十日 進同樂園聽戲。王、大臣七月杪派出。

東邊:睿親王照料恩桂、惠親王、睿親王、端親王、成親王一間。穆彰阿、潘世恩、祁寯藻、何汝霖一間。賽尚阿奉命以欽差大臣防堵天津海口,故未與。敬徵、恩桂一間。張芾、何桂清一間。

西邊:車登巴咱爾照料裕誠、定郡王、怡親王、僧格林沁一間。車登巴咱爾、那遜巴圖、濟克默特、德勒克包楞、德木楚克扎布、玻多歡、忠山一間。裕誠、阿靈阿、琔珠一間。

八月初一日 賜榆次貢瓜二枚。

初八日 卯初刻,詣東樓門,循墻而北,入門西折,入重門,祇候於北小室。卯初三刻上船,沿溪向北,過飲練長虹亭。西望大橋,舊有金鰲、玉蝀二牌樓,今撤去矣。東望春和鎮,東南一片明湖,即福海也。將到同樂園,橋東一水亦通福海,見御舟紗窗寶座穿橋而東,迎奉太后駕。皇上祇候,跪迎於復月臺。是日,諸王、大臣辰初入坐,未初一刻散出。上召見軍機大臣於正殿,由東川堂趨階西北。上退,亦如之。上命四阿哥咸豐帝、五阿哥惇親王、六阿哥恭親王、七阿哥醇親王,太監抱出出見。穆鶴舫、潘芝軒兩相國,皆總師傅,行拉手禮。寯藻與何雨人侍郎行跪見禮。見畢,命諸王及滿蒙王大臣詣復月臺,觀阿哥舞刀,皆曠典也。惠親王、瑞郡王、四額附馬德木楚克札布,觀公主舞刀,内務府大臣敬徵亦與焉。

賜果盒、奶卷、碗豆泥小食。萬壽日,恭進如意,仍賞還。

初十日 卯初,詣東如意門、軍機堂。卯初二刻入宮門,祇候於正大光明殿丹墀下。卯正,上升殿受賀。行禮畢,即詣同樂園。辰初入坐,巳正二刻退。是日召見,賜小食同前日。賞寶藍龍文大緞一連、月白花綢一端、徽墨一匣、齋戒牌一枚、帽緯一匣、荷包四對、人參茶膏一瓶、金龍磁盤二個、綉囊雙面銅鏡一柄。

同樂園承應戲單*：

初八日，天香介壽全部，七政揚光、金英表瑞、直圖好合、曲倩良媒、冰人自薦、荒服來王、攝將龍頷、鬧散鴛幃、奪谞角勝、衒寶生嫌、揮戈揚武、尋迹追踪、擬續鸞交、空勞鳳卜、烏兔歸元、天香慶祝，共十六出，長二十七刻三分。

初十日，福禄壽十二分，爭功請罪張明德、祁進禄，二刻十分，壽祝萬年三刻，雪夜訪賢陳進朝，二刻五分，瑶林香世二刻，月下追信袁慶喜，一刻五分，萬年甲子一刻六分，三氣李平安，十二分，太平有象、萬壽無疆共二刻五分。

萬壽聖節，自初七日起至十五日，日俱蟒袍補褂。初九日、十一日係忌辰，仍青褂。

二十九日　新疆、雲南、貴州、福建、廣西，上御洞明堂勾到。係上年停勾各起。上東向，大學士、軍機大臣暨刑部堂官、内閣學士分南北入。大學士等跪南，刑部堂官跪北，學士滿漢分跪。滿閣學捧本跪於門，中設几，起居注官入門左右立。上命坐，大學士、軍機大臣、刑部尚書叩首就位。閣學先讀舊事緩決本，次讀新事服制常犯各起。上宣示案情。除緩免外，其預勾者，漢大學士承旨秉筆，設几研勾訖，滿大學士請黄删，漢大學士奉勾到名匣，以次退。

九月初四日　勾到四川，初六日奉天、陜甘，十一日湖廣、浙江，十六日江西、安徽、河南，十八日江蘇、山西，二十一日山東、直隸、熱河。

九月館課題《稻人賦》以"地官之屬，能知水利"爲韵。《賦得黄金臺，得"才"字》，七言十六韵。

二十六日　上御洞明堂勾到。本年各起，第一起新疆、雲南、貴州、福建、廣西。

二十八日　派驗看吏部月選官：祁寯藻、龔守正、李宗昉、李煌、倭什訥、特豈額、訥爾亨額、趙光。是日，上還宫齋戒。

十月初一日　太廟時享禮成。上御坤寧宫。賜阿哥、王、大臣吃肉。補服，不着蟒袍，卯正三刻。賞奶餅六十枚。

初二日　賞亮羊肉一方。

初四日　賞銀灰大緞一端、天青雲龍瑞草宫綢一端。

初十日　皇太后萬壽聖節。辰初，皇上詣綺春園宫門降輿，由東門入，二

---

* 以下戲曲名繁多，不加書名號。

宫門外丹陛上行禮。阿哥、王公在橋北，二品以上文武在橋南，三品以下在大宫門外，分東西班行禮。自初七日始，蟒袍補服，至十三日止。是日，軍機大臣先入直廬，卯正復詣綺春園宫門祇候，行禮畢，即還直廬，預備召見。

二十二日勾到四川，二十六日廣東新舊兩年、奉天，二十八日浙江、江西、陝甘。

十一月初二日湖廣、江蘇、安徽，初六日河南、山東，初八日山西、直隸、熱河。

十一月初七日 賞佛手十六個。

十二日 駕還宫，卯正三刻預備。是日，王公文武大臣蟒袍補服，跪迎於西安門外三座門。

十三日 派揀選宗人府主事缺：祁寯藻、裕誠、特登額。内閣中書：李藻正、吴華淳陪。

十四日 上御懋勤殿朝審，勾到寅正。是日素褂。其餘勾到日均常服，不挂珠。

十七日 賜哈密瓜一枚。

二十日 賞冰焦一尾、赭鱸魚一尾。

二十三日 賞青猓皮六百張、銀鼠二百個。

十二月初六日 派揀發廣西知縣大員：祁寯藻、賽尚阿、許乃普。

蒯光焕、陳慶桂、世炘、布勝阿、楊壎 、張釿、隆善、金樹榮、陳時昌、文成、博崇武、肇麟。

初十日 賞哈密瓜一枚、氆氇一卷。

二十六日 賞"福"、"壽"字、天青緞一卷、天青江綢一卷、寶藍江綢一卷、月白紡綢一卷。

二十八日 賞荷包三對，又一枚。

二十九日 賞荷包一對，又一枚，内有八寶、手巾二塊、橘子一桶。

正月初九日 上宴大臣。大學士穆彰阿、尚書卓秉恬一桌，尚書祁寯藻、尚書龔守正一桌，尚書許乃普、尚書李振祜一桌，尚書廖鴻荃、尚書吉倫泰一桌。以上東邊。

大學士潘世恩、尚書敬徵一桌，尚書色克精阿、尚書裕誠一桌，尚書阿勒清阿、尚書賽尚阿一桌，尚書恩桂、侍郎何汝霖一桌。以上西邊。

賞緙絲寶藍蟒袍料一件、金駝色大卷緞一端、玻璃挂燈一對、手爐一個、鼻煙壺一個、鼻烟一瓶、玉羊一件。

十八日 上服正面貂褂。

二十日 開印,陳偉堂先生到署。

二十一日 孝穆皇后忌辰,均素服。

二十五日 賞銀灰大緞一端、天青江綢一件。織染局春衣賞。

三十日 上還宮。

二月朔日 賜食肉坤寧宮。補褂。

初二日 辰初刻,上御經筵。滿講官八人立丹墀下東,漢八人立西。駕升傳心殿。講官由東西階上,分班行二跪六叩禮,由殿左右門入,滿東漢西,立於柱前北向。直講官四人滿:裕誠、關聖保;漢:龔守正、潘錫恩。出班於講案前,行一跪三叩禮,還立。滿講官出班,詣案前左,以左手起界尺開講章。講《四書》畢,掩卷鎮紙退,入本班。漢講官出班,亦詣案左,如滿講儀,退。上宣《四書》御論滿文,群臣均跪聽,滿大學士贊揚。聖論訖,均起立。滿講官出位,詣案右,講經文,漢亦如之。上宣經論漢文,群臣如前跪聽。漢大學士恭贊訖,以次由左右殿門退,至丹墀行二跪六叩禮。禮畢,上起駕,自殿後乘輿,御文淵閣。講官暨日講官、九卿、聽講官均隨入,滿東漢西入坐,賜茶,行一叩禮。禮畢,上還宮。群臣詣前殿東厢與宴,奏"抑戒"之詩。禮成,詣太和門外,謝恩。是日,講官例著蟒袍,各官均補服。軍機於賜茶後,隨駕還,備召見,不與宴。召見畢,即出東華門,由德勝門回園入直。

《四書》題《言顧行,行顧言》,《經》題《安民則惠》。

初六日 上還宮,齋戒三日,祭社稷壇。次日,祭朝日壇。十年一舉,凡上閱祝板出入均補服侍班。

上還園。朝日壇禮成,東嶽廟早膳,出德勝門,詣綺春園。

十五日 派閱考試六部保送御史卷十四本,題《功懋懋賞論》、《認真修練水師策》。同派閱卷:善燾、陳官俊。

十八日 保送御史引見,記名九員:林揚祖、齊承彥、徐松、汪本銓、雷以諴、陳慶鏞、王桂、安詩、張寶璐。

三月初三日 上駕幸南苑。圓明園起,二十二里釣魚臺中伙,二十里鎮國寺門,六里駐蹕新衙門。共四十八里。撤圍。元鐵獅子二,在新衙門行宮前,宮後有望春樓。

初四日 新衙門起,十六里駐蹕團河。

初五日 十四里安佑廟,六里晾鷹臺殺虎,十四里回蹕團河。共三十四里。

初六日 仍駐蹕團河。

初七日 團河起,十四里安佑廟,六里半關帝廟,二里永慕寺,五里元靈宮,四里半駐蹕舊衙門。共三十二里。宮後有聽雨樓,宮川東德壽寺。

初八日 舊衙門起,二十四里鎮國寺門,四里中頂中伙,十七里釣魚臺中伙,二十二里綺春園,詣皇太后宮請安。共六十七里。

自南城外至南苑路程附録:

出南西門即右安門,十二里鎮國寺門,六里新衙門,十六里團河,二十里舊衙門,十二里大紅門,八里永定門。

團河行宮前殿曰璇源堂,後曰涵道齋,更後有翠潤軒,四面軒窗臨水,係小舟在漁樂汀之側。岸西有漪鑒軒,沿岸花樹與樓榭,青紅掩映,明妍如魚。璇源堂召見,額曰"時與天游"。

舊衙門行宮前殿,即明正德時之武殿,所謂豹房者也。東壁懸仁宗《南苑記》,西壁《南苑圖》。中額曰"閱武時臨";聯曰"揚烈居安不忘武,保邦圖治在誠民",皆高宗御筆。

隨扈凡五日,賞鹿肉。

十四日 派揀選。祁寯藻、廖鴻荃、端華、惠成,午正赴上諭館。

兵馬司副指揮:彭善繼;吏目:胡鑅。

雲南知府一員:翟發宗;同知二員:成文、李秉鈞;知縣五員:彭松毓、扎勒抗阿、李榮爛、瑺岳、聶鏸敏。

福建知縣四員:冀洪、王德潤、信和來、蘇貺周。

道光二十四年甲辰

正月初一日 朝賀貂褂*,召見補褂。召見軍機大臣於乾清宮西煖閣。手賜壓金蘭花荷包一枚,内貯金錢二箇。

初二日 坤寧宮賜食肉。蟒袍補褂。召見易貂褂。

初四日 上幸圓明園,賢良門外侍班,蟒袍補褂。

初五日 派經筵直講官四員:賽尚阿、祁寯藻、闞聖保、陳官俊。御論《四書》題《取人以身》,《經》題《德威惟畏》。

初六日 是日召見。賀天喜,三叩首,親王、内務府大臣跪賀,不叩首。八阿哥生寅時,越三日,賞喜果。

初七日 凡齋戒期内,駕不親行。遇忌辰,常服不挂珠。

---

* 以下作者手稿多處均作"挂",是否指"挂朝珠",存疑。今視文義,改作"褂",不逐一標明。

初九日 山西謝恩,酌借倉穀。

十一日 是日,孝全皇后忌辰。城中接駕諸臣,禮部面奉諭旨,常服補褂,不穿蟒袍。上還宫齋戒,宿齋宫。先一日,樞臣回城。

十三日 上詣天壇齋宫。侍班者蟒袍補褂。召見,近年皆仍補褂,自曹文正始也。

十四日 祈穀壇禮成,上還園。十四、十五、十六日均蟒袍貂褂,賞元宵百枚。

十五日卯正二刻 上御正大光明殿,賜宴外藩並廷臣。滿漢一品、滿二品皆入坐。臣寯藻左邊入宴,在阿勒清阿之次。是年,暹羅、緬甸來朝與宴,朝鮮陪臣以有國王妃服,例不與宴。與宴者,蟒袍補褂,召見仍貂褂。

十六日午初三刻 是日,上服正面皮褂。上御正大光明殿,小宴廷臣。東第一桌,穆彰阿、敬徵;第二桌,恩桂、陳官俊;第三桌,許乃普、李振祜;第四桌,吉倫泰,哈哴阿。西第一桌,潘世恩、卓秉恬;第二桌,祁寯藻、裕誠;第三桌,阿勒清阿、賽尚阿;第四桌,何汝霖、玻多歡,凡十六人。賽尚阿遞酒,賞緙絲寶蘭蟒袍料一件,天青二則江綢一端,月白花紡綢一端,玻璃珠燈一對,鳳味玉杯一枚,銅手爐一箇,漆花唾盒一箇。同日,賞犀角二箇,荷蘭毯一條。籤云本年中宫例貢。

十七日 翰林院送經筵御論並講章刻本。

二十日辰時卯刻 開印。是日到署行禮,朝服。禮畢,更補褂。自開印後,與何雨人少農輪班,五日入署辦事,五日入直。

二十一日 孝穆皇后忌辰。向年若值開印,次日吏部值日,奉旨常服不挂珠。軍機先期面奏請旨,傳知各衙門。

廿五日 入直。先一日回園,申刻大雪徹夜,積至五寸,詰朝無風雨而晴。是日,揀選考取軍機章京十八員,先於廿二日鶴舫相國、鶴汀司空同考,定於二月初五日帶領引見。

德椿書中、英秀專中、瑞亨户筆、衡光禮筆、賽沙布理筆、嵩壽中書、桂昌工筆、瑞琇吏筆、文彬中書、寶福理筆。以上記名十員。

二十八日 上還宫齋戒。齋戒期内、忌辰,常服挂珠。

二月初一日 社稷壇禮成,賜食肉於坤寧宫。蒙古王公等年班已回。是日,六部尚書皆與焉。是日巳刻,演禮於文華殿。

初二日卯正二刻 上御文華殿。經筵臣賽尚阿、臣祁寯藻、臣關聖保、臣陳官俊,以次直講《四書》文,《書經》文。蟒袖文房式補褂。上宣御論迄,御文淵閣,賜茶如常儀。詳見禮部儀注。是日講畢,趨出東華門,由地安門出德勝門,先至園中直廬,俟駕自綺春園請皇太后安還召對。穆相以庶常課留城,何雨人以進署留城。

初四日 到署,自卯至午,雨雪深透,抵暮晴。先於初三日還城。三兄、三姪已於初二日到京相見,喜慰。壽陽舉子亦次第來矣,共十三人。

十三日 東河報蟄失埽,占勢難合龍。

二十日 上御門辦事,户部領班。是日,派閱癸卯順天舉人補覆試卷:“禹之行水也,行其所無事也,如智者亦行其所,無事則智亦大矣。”《賦得雨中禁火空齋冷,得“寒”字》,杜芝農云韋蘇州句。

閲卷八人:祁、朱嶟、特登額、舒興阿、文慶、徐士芬、祝慶蕃、趙光。一等三名:戚士彦、郭長清、黄秩林,二等十六名,三等四十七名。後五名:楊慶棨、祝璟、苗抗、劉清潭、李恒益。上詣東陵,原定於二月二十七日啓蹕,改於三月初三日至廿七日。奉旨:“著三位阿哥恭代行禮。”

三月初九日 與鶴汀司空揀參,盛京四十八斤十二兩,寧古塔十六斤十四兩,吉林五十五斤四兩零。

初五日 庶常館大課《鳴鳩拂其羽賦》,以題爲韵。《春晚緑野秀,得“春”字》。

初六日 聽宣會試正考官陳官俊,後副考官文慶、徐士芬,同考官吴嘉淦江蘇、丁彦儔河南、陳源兖湖南、朱昌碩浙江、祁宿藻山西、郭沛霖湖北、吉明滿洲、劉成萬安徽、黄鐘音四川、田雨公山西、梁國琮廣東、許振礽江西、李佐賢山東、黄倬湖南、鄒振傑湖南、蔣琦淳廣西、倉景恬河南、何桂清雲南。六弟入闈,三兄、三姪、世齡,照例回避。會試《四書》題:“下學而上達”二句,“有所不足”二句,“以爲未嘗有材焉”二句。詩題《白駒空谷得“人”字》、《任昉薦士表》。宗室會試題《舉直錯諸枉則民服》,詩題《鸎出谷,得“聲”字》。

廿六日 大挑舉人至廿九日,每二十人爲一排。一等三人,二等九人,河工由一等内再挑。壽陽傅乾元榮褒一等,郝肯堂二等。派惠親王、定郡王、恩桂、端華、成剛、何汝霖。是日奉命,令臣寯藻來園入直,以何少司農例宿禁中也。

廿九日 午後還城。

四月初一日 上還宫齋戒。初四日,常雲大祀,即日雨近年所無,當是豐年之象。

初二日 派揀送都司守備等缺。祁寯藻、賽尚阿、特登額、祝慶蕃。

直隸懷安路都司:德奎、宧恒。

直隸石門路都司:廣恒、奎林。

四川松藩鎮右營都司:惠興、景恒。

山西高山城都司:福格、花沙布。

山西大同鎮左營守備:德魁、景亮。

廣西梧州協中軍都司:順保、王(焙)[焙]。

直隸寶坻營都司:榮錫、嵩櫳。

初八日 賞一等參八兩。一等者八兩,二等者六兩,三等者四兩,三等減半者二兩,皆五等官參也。官參上品者不過三等。

初九日 會試揭曉,六弟第五房得士十三人。十四名楊照藜,直隸定州人。四十二名葉華春,浙江仁和人。七十二名吳朝鳳,江西都昌人。九十六名陳耀圖,直隸清苑人。一百六名朱彦華,江蘇上元人。一百十六名金鈞,浙江仁和人。一百卅三名杜翰,山東濱州人。一百四十五名張逢辛,直隸清苑人。一百六十四名周治潤,河南祥符人。一百六十七名吉第,鑲白滿洲人。二百九名蔡廷蘭,福建澎湖人。二百十五名盛康,江蘇陽湖人。二百廿七名張奮翼,甘省鎮番人。

十三日 祁、特、文、陳孚恩派揀選。副指揮:李岑。陝甘總督衙門筆貼式:承錦、聯豐、承恩。

十四日 派閱會試中式貢士覆試。穆、卓、祁、許、文、特、侯、朱、賈、趙。一等、二等、三等、四等。不列等二名:華定祁、蔡廷蘭。四等不列等均停。殿試一科,《四書》題《既得人爵,而棄其天爵,則惑之甚者也》。《詩》題《百谷青芃芃,得"豐"字》、《白香山賀雨詩》。

十六日 考試試差"既得之"至"無所不至矣","謙也者,致恭以存其位者也"。《君臣一氣中,得"公"字》。唐崔國補句。

十八日 庶常散館,寅正三刻,與穆鶴舫相國率各庶常於圓明園大宫門内橋南,行三跪九叩禮入場。《夫子之牆賦》以題爲韵。《松柏有心,得"時"字》。一等十九名,江國霖館元,二等四十二名,三等五名。

十九日 閲卷,許、陳、文、侯、杜、羅。二十二日引見,留館授職四十八人,辛丑四十二人,即用縣六人,餘分部。

二十日 殿試。二十四日拆十本。一甲一名孫毓溎,二名周學濬,三名馮培元。

二十八日 朝考《不可無耻論》、《存誠去僞疏》、《訏謨定命,得"儀"字》。

廿九日 賞茶三瓶。

三十日 穆、祁、許、陳、文、朱、柏、賈、趙、羅文俊,派閱卷。是科朝考始分等第,一等二十七名,黄經第一。二等五十九名,三等一百七名,四等十二名。

五月初一日 賞端陽景物荷包一枚、香袋四對。

五月初七日 賞米色滿花葛紗一端、天青二則大卷屯絹褂料一連、上用寶藍二則紗一連、寶藍二則大卷屯絹褂料一連,共四卷。

七月二十七日 賞《香山圖》一大軸,乾隆御覽之寶,董邦達畫。綫法畫一張。臣二字一張,田嵩年。又畫九張:李士倬山水一幅、曹樹德山水二幅、黄增《高僧圖》一幅、汪承霈《松月石泉》畫一幅、錢維城《玉蘭桃花》畫一幅、沈焕花卉大小二幅、朱憲章花卉一小幅,共計十二張。

道光甲辰恩科鄉試主考名單:

雲南:晏端書,戊戌,編修,江蘇。雲南:朱昌碩,丙戌狀元,户員外,浙江。貴州:萬青藜,庚子,講學,江西。貴州:何紹基,丙申,編修,湖南。福建:瑞常,壬辰,閣學,蒙古。福建:楊福祺,戊戌,編修,山東。廣東:何桂清,乙未,侍講,雲南。廣東:龍啓瑞,辛丑狀元,修撰,廣西。廣西:馮桂芬,庚子,編修,江蘇。廣西:祁宿藻,戊戌,檢討,山西。四川:錢振倫,戊戌,編修,浙江。四川:湯雲松,庚子,編修,江西。湖南:李臨馴,戊戌,檢討,江西。湖南:喬晉芳,乙未,刑員外,山西。浙江:朱嶟,己卯,兵侍,雲南。浙江:惲光辰,戊戌,編修,順天。江西:葉覲儀,癸巳,祭酒,江蘇。江西:李佐賢,乙未,編修,山東。湖北:倉景恬,戊戌,編修,河南。湖北:殷兆鏞,庚子,編修,江蘇。江南:徐士芬,己卯,工侍,浙江。江南:江國霖,戊戌,編修,四川。陝西:甘守先,庚子,編修,雲南。陝西:陳寶禾,乙未,編修,浙江。山東:舒興阿,壬辰,兵侍,滿洲。山東:胡應泰,乙未,編修,順天。山西:龍元僖,乙未,編修,廣東。山西:匡元,庚子,編修,山東。河南:厲恩官,庚子,編修,江蘇。河南:田雨公,戊戌,編修,山西。

順天正考官:杜受田,癸未,總憲,山東人。副考官張澧中,丁丑,刑侍,陝西人。羅文俊,壬午,閣學,署工侍,廣東人。

順天同考官:姚福增,壬辰,吏員,江蘇。蔣琦齡,庚子,編修,廣西。梁敬事,丙申,編修,浙江。黄倬,庚子,編修,湖南。陳枚,庚子,編修,山東。邵綸,丙申,中書,浙江。王東槐,戊戌,檢討,山東。張鑅,乙未,司業,順天。汪本銓,己丑,禮郎,江蘇。沈元泰,庚子,編修,浙江。顧嘉蘅,庚子,編修,湖北。鄭瓊詔,庚子,編修,福建。雷維翰,庚子,編修,江西。孫銘恩,乙未,庶子,江蘇。徐士穀,丙申,編修,江西。鍾音鴻,戊戌,編修,江西。王芳,癸巳,編修,浙江。周炳鑒,庚子,編修,浙江。

欽命題《文獻不足故也》,二句:"悠久所以成物也","王説曰詩云"至"戚戚焉"。《言去其辯,得"誠"字》,應吉甫詩。

八月初八日 進同樂園聽戲之王大臣:東邊照料睿親王、文慶。惠親王、睿親王、瑞郡王、成郡王一間,穆彰阿、潘世恩、祁寯藻、賽尚阿、何汝霖一間,敬徵、文慶、琔珠一間,西邊照料僧格林沁、裕誠。定郡王、怡親王、僧格林沁一間,車登巴咱爾那遜、巴圖德勒克、巴楞德木楚克扎布一間,哈朗阿玻多歡、端華、巴清德特興額一間,裕誠、阿靈阿一間。

初十日 卯正,升殿。辰初,赴同樂園聽戲。賞寶藍二則江綢一連、天青八絲緞一連、月白紬一疋、帽緯一匣、蓮頭香一盒、人參茶膏一瓶、銅花瓶一個、荷包四對、磁盤二個、徽墨一桶。

八月廿六日 派潘世恩、祁寯藻、花沙納閱宗室鄉試覆試卷五本。二等三名:載鏗中四名,色欽中五名,舒路中一名。三等二名:謙惠中三名,桂山中二名。

九月十六日 派穆彰阿、卓秉恬、祁寯藻、許乃普、文慶、周祖培、花沙納閱甲辰恩科鄉試覆試卷。一等十三名:李嘉黻十七名,李鴻藻七十二名,孫觀五十四名,沈寶昌五十九名,周壽昌二名,華翼綸二十名,顧世綸百十八名,曹鴻舉三十二名,史致飴百三十三名,吳師祁二百二十六名,李鴻章八十四名,謝棠三十名,華承皋二百十八名。二等三十九名,三等九十七名,四等二名。張圻、慶文,罰停二科,不列等一名,周灝孫革去舉人,係癸卯科,補覆試。十七日覆閱中式卷與覆試卷筆迹相符,著爲例。

廿八日 派驗看吏部月選官:祁寯藻、柏葰、侯桐、花沙納、倭什訥、舒興阿、劉重麟、李菡。

十月初一日 賜食肉於坤寧宫,臣寯藻班在第三排之六人,每排六人。第一排惠親王、四阿哥、五阿哥、六阿哥,以次親王、郡王,蒙古親王、郡王、額駙、軍機大臣、六部尚書，補褂不穿蟒袍。頒時憲書。

上於九月二十七日還宮齋戒，孟冬時享太廟。初三日，紫光閣閲武進士馬步射。初四日，箭亭閲弓刀石，引見，親定甲乙。初五日，御太和殿傳臚，還圓明園。

初二日 賞奶餅、晾羊肉。

十四日 賞哈蜜瓜一枚。

十月二十六日 換貂褂。

十一月初五日 上還宮。

十四日 賞青狐頦皮二百五十張、八絲緞一連，賞佛手不記日期。

十二月初二日 派揀選新疆糧餉章京：祁寯藻、劉重麟、裕誠、花沙納。各衙門筆貼式保送取二十員，挨次注册，遇有用一人新疆當差，五年報滿以主事用。缺出以三人爲一班，吏部帶領引見，將次用竣，再行揀選。上次係十九年揀選：薩昌阿戶部，覺羅隆昌禮，珠亮吏，阿爾祜達理藩院，成慶禮，松林翰林院，福珠隆阿刑科，福恒繙書房，寶純工科，長泰兵科，同福太常寺，瑞琇欽天監，國慶起居注，福克精阿光禄寺，達林侍衛處，覺羅年長鑾儀衛。

初四日 賞耿餅四十個。

初五日 賞奶糖。

初六日 賞氆氇兩個。

初九日 特舉三壇神雪祀典，派四阿哥、五阿哥、六阿哥。上親詣大高殿拈香，分派諸王詣風雲雷電。

十一日 大雪三寸有餘，即日上詣大高殿祀謝，派阿哥於十七日分詣三壇祀謝。此典自嘉慶十年舉後，迄今再舉。

廿日 賞貢絹二大卷、蠟箋一大卷。

廿一日 賞帽緯二匣。

廿二日 賞蠟箋二大卷。

廿六日 賞"福""壽"字二方。

廿七日 賞大卷紅綢一連、石青大緞一連、紡綢二端、圓金緞一端。

廿八日 前一日跪進春帖子。同在懋勤殿，賞春帖子，拜。筆墨箋絹福方之賜，如常年例。

廿九日 賞大小緙絲荷囊四對外，福壽小荷囊一枚，内貯八寶金銀十八件。拜麅麈，賞鹿一、賭鱸魚一、各色魚六、鹿肚一腸一、野鷄六、百合粉一斤、藕粉一斤、緑葡萄乾一斤、山藥粉一斤、文水葡萄干一斤、柿霜一匣、糯餅一枚、瓜果津膏一瓶、挂面一把、奶餅一斤。此一二品大員例賞也。

卅日　賞荷包手巾外，歲歲平安小荷囊一枚。

息園日記

重光作噩之歲褶欿六九叟隨筆

八月初六日 自方山還息園。息園者,余致仕留京,寓宣武城南下斜街四眼井宅,南小園之名也。咸豐四年十一月二十五日,余以久病未愈,再疏請開缺。蒙恩以大學士致仕,有"息心靜養,優眷耆臣"之諭,因自號息翁,軒曰息靜,並以名園,用志恩眷。逾年,河北肅清,以前直軍機微勞,特旨優加議敍。又逾年,實録館書告成,以曾充監修總裁官,賞食全俸。自請老後,每年正月二日、二月朔、十月朔,宫中祀神,均蒙賜糕。歲終,御書"福""壽"字,仍荷頒賜。又恭和御製實録告成詩,恩禮數加,不遺衰朽。竊念寒門下士,學淺才迂,自嘉慶十九年成進士,入詞館,道光元年入直南書房,漸躋清秩,叠柄文衡。乞假歸省,仍拜賜書。陳情侍養,特邀温諭。遂由卿班濫厠樞省兵農,兼掌政事參知,備員上書房,教習庶吉士。歷官清要,時懼弗勝。先皇知遇之恩,天高地厚。在軍機時,夷務初興,與首揆議論,時有不合。仰蒙鑒諒,不加譴責,刻骨銘心,感激思奮。嗣因奉使西邁,龍馭上升,銜報無階,哀號徒切。

今上皇帝踐阼之初,特加優禮,備荷咨詢,擢授體仁閣大學士。會值粤西盜起,流毒楚吴,北犯大河,狂奔畿輔。命將出師,徵兵籌餉,任重力薄,憂憤成疾,而季弟又以金陵守城没于王事。公私哀瘁,遂不能支,累疏告休,實非得已。是以都門留滯,未忍歸田。直至去年八月八日,六龍北幸,犬馬無依,衰病餘生,不能爲國宣力防守,又不敢與聞時議,於是揮涕出都,扶病還里,此時事又一變也。先是,七月下旬貴近有請,駕幸木蘭之舉,廷臣交章諫阻。寯雖閒居,亦難緘默,拜疏之日,得旨停蹕,旋發内帑犒軍,人心大定。而貴近家屬業已北行,擁侍鑾輿卒成此舉。而臣民不知,惟見都城門閉,驚惶無措,寯欲再疏挽留,無路可達。八月杪,乃由晉撫摺報附上,瀝陳時事危急,宜圖長策,并陳明回籍,懇辭賞俸,仰荷俞允,感涕難名。從此《朝報》不聞,跧伏山中,長爲草莽之臣矣。今年夏五月,方山僧寮,養疴數月,舊患未瘳。仰觀俛察,憂懼交并,書不盡言,言不盡意,存此數行,聊示子孫而已。山中積旬陰霧,近始放晴。乘輿下山,由榮家溝、雒家店、陳家河、宗艾鎮、太安邨還家,猶未午也。

初七日 謁家祠,遂至小園。夏間去時,鑿坯未就,歸來,長兒已爲料理。軒窗粉堊,字畫在壁。雖土屋三間,短垣數尺,而果樹雜蔬,花竹相暎,近依松壟,遠借山青,四無人聲,頗可養静,仍以"息園"名之。得句云:"彔月山中住,還家得小園。青葱入畦徑,爽朗出窓軒。西北峰巒集,東南草木蕃。平臺一登眺,夕照滿隤垣。"

初八日 甲子,陰,小雨連日。與家人晤敍,閑話桑麻。平定張氏老妹,今年六十五,尚强健。所撫招姑,即石州遺腹女也,今年十二矣。回思去年今日京城光景,至今心悸。時無萊公,遂令野鳥入室,實可痛哭。鄉試第一場,余家應舉者,大姪之子友觀,前科副榜;族孫嘉澍科試,初入學書塾。與端木子疇談山中碑刻。晚飲六姪東樓下。

初九日 乙丑,微陰。遠望方山已在雲霧中,夕陰益沈。淵明詩云:"斯晨斯夕,言息我廬。"東坡白鶴峰新居成,詩敍引之。余更取坡翁意,名吾廬曰"息廬"。是日,園中安排筆、研、布被、皮褥,便可高枕而眠矣。

初十日 丙寅,陰雨竟日,至夕尤劇。午坐小車自園還,杖履已銜泥矣。

十一日 丁卯。昨晚西風大作,今晨放晴。秋禾得此暄暴,可望有收。姪子輩與子疇小飲,遂游北寺,觀新泉,試茗,余亦承彭孫踵至。歸來,微風泠然,秋滿襟袖。劉生蘊六韜同行。

十二日 戊辰,晴,西南風。午睡起,明窓(静)[凈]几,可以揮豪。老僕張喜爲煮佳茗。登平臺望西北一帶,白鹿、雙鳳、方山諸峰,松翠了了如畫,雲陰在山,聚散往來不定。午飯後再來,入柴門,山光益清。村居日三飯,早午飯往還,至再步一二里許,體以勞宣,安步以當車。顔生知足,我所師也。余嘗集李義山、陶淵明句爲聯云"夕陽無限好,虚室有餘閑",書寄三兄,恰合小園風景。京寓息園寫真,揭北窗上,其竹籬外皆姜家園。園故康熙間宛平王相國熙別業,今廢爲菜圃,然古柏七株,森翠如舊,吾廬借景也。何子貞紹基太史題曰"借園",同人爲寫《借園寒趣圖》,題詠頗多。余嘗爲《鄰樹》詩二首,贈常熟翁遂盦相國,俛仰之間,又成陳迹。

十三日 己巳,晴。北原謁先大夫墓,並拜諸兄墓。舊松四十一株,蒼翠如幕,四十餘年宰木成林矣。新松活者二十二株,皆穉栽也。崇福寺觀唐陀羅尼石幢,寺門雙松對立,後殿古松存者東一株,數百年物,前殿右松亦高數丈。僧善全掃除禪室可坐,寺東南新泉漸深,頗宜烹茶。乘小輿還園。舊碑明成化以後猶存。趙氏七賢祠,蓋晉卿衰、盾後,文子至簡子、程嬰諸人,碑記不詳,俟再攷。夕陰,夜雨。

十四日 庚午,朝晴。先大夫生日,詣家祠設祭行禮。由五姪場院下坡至園。園路二,一由北閣,一由場院,皆不及一里,杖行極便。世長在家祠蘭叢書屋讀書,"蘭叢",先君肄業晉陽書院時齋額也,見介休劉澄齋年丈詩集,補書屋額以示後人。午飯後,家人請端木太夫人來園游覽。太夫人教子有法,患難中家訓藹然,子疇夫婦亦能承顔悦志。慈體康彊,行不須杖,名門風範,令人起敬。自癸丑歲金陵避難來京,去年八月同來壽陽,子有茅容之孝、婦有梁鴻之恭,吾子孫獲此益友人師,何幸如之。

十五日 辛未,晴。詣家祠行禮。端午、中秋,村俗皆不做節,惟師門致饋節物行禮。連日暄爽,秋禾日見茂實,過秋分便次第開鐮矣。偶有所感,得句云"老厭儀文避佳節,病除煩惱要和顔"。北原野菊淡紅色,一片如繡,彭孫輩摘取盈握,插古銅瓶,别有風致。夕陰見月,世佶、世敦、世長、友麟,約子疇、蘊六兩先生、吉軒世兄園中看月。歸,已亥正矣。

十六日 壬申。昨夜雨,檐溜有聲,早晴,山光如洗。登平臺彌望,禾稼如雲,南北村樹、廬舍、炊煙相接,一片清氣,撲人眉宇。子疇詞云"我願浮雲盡揭讓,取青天朗月,千里共清暉",高歌慨慷,有太白"長安不見使人愁"之意。夜月大佳。閻夢巖汝弼來訪,宿東樓下。

十七日 癸酉,晴。夢巖,丙辰進士,官户部主事,去年請假回籍。品端學樸,留心小學、訓詁,箸有《毛詩緒餘》十卷,頗有條理,吾鄉之博雅君子也。曾館吾家八年,在京同廌,今夕再宿,問其近讀何書,云從相好處借得柴虎臣《考古類編》。虎臣名紹炳,國初人,長於經濟、考訂之學。

十八日 甲戌,晴。夢巖還下州。任槐庭慶三以張石州穆《小棲雲亭》第二圖卷來,錢唐戴鹿牀侍郎熙畫,何子貞紹基題首,石州自題二篇,云:"侍郎前爲作圖失去,此補寫者。鹿牀和題并前圖題跋録後。"余亦有和石州詩,道光二十九年八月題:"是冬奉使蘭州,明年二月還京,而石翁已作古人,悲夫!"馮魯川志沂亦題後。石州故後,其子姪不能守業,盡鬻所藏字畫、書籍,槐庭及吾族人履坦各得其二三種,皆名筆也。盂縣田季高京兆既殁,二十餘年家貧如洗,其幼子少琴,今年山中,尚持家藏黄勤敏書畫册來屬題,兩家子弟相去何如耶。少琴名蔚穀,生員。其兄蔚稌,候選訓導、故京兆,號夢琴。王子卿先生澤曾爲作《夢琴圖》,今尚存。

十九日 乙亥,秋分,陰。小豆、黑豆、糜黍次第收獲,秋場日日聞拉戈打穀枷板扇車聲矣。小園植穉松四株,細竹兩叢;果則蘋婆、林禽、櫻桃、沙果二十餘栽;菜則蔓菁、芥、蘿蔔、葱、王瓜、豆角十餘畦。蒲桃新條弱不勝架,野茉莉紅黄明豔一片,種自京園囊盛來者。墻角野花多不知名,近有移自方山者,不審土脈宜否。晚雲大興,四山如墨,雷聲殷殷,西北風甚,由西北至東北雨勢極大,掠吾村而過。聞十五日雷雨,要羅山一帶被雹頗劇,幸周圍五六里耳。是日村中脩道,將穫,以便車輓。

廿日 丙子。昨夜西北風極大,至曉未休,天氣驟涼,幸未着霜,禾黍被風劘擊已甚。嘉澍省試歸,昨晤,知闈中平穩。

廿一日 丁丑。昨風至夕止,天晴無雲,甚冷。今晨霣霜,霜雖不重,而黍、蕎麥已萎,農人謂之"硬凍"。園花委地,惟蘿蔔、芥菜碧色不改,松竹則翛然不知也。登臺一望,腰鐮滿野,穫事起矣。遣張僕夫赴京,月杪可到。

廿二日 戊寅,社。立秋後五戊日爲社,里諺云"先社後秋分,必定好收成",蓋百穀至社日乃熟。吾鄉氣候早寒,秋分前後往往見霜,故社在前乃稔徵也。國家祈穀以辛日,春秋祀社稷以戊日,祀先聖以丁日,皆有定日,惟雩祭擇吉日舉行,大雩則非常祭也,大旱行之。壽陽地冷,平舒、太安二村尤冷,盖受黄嶺口西北風,故霜特早。昨日之凍,它村或不爾。古農家言"收穫如寇盜之至",又云"惟禽其饗之",不但播種宜亟亟也。張孔彰孝廉嘉言、李君(復)[馥]其芳來訪,張自太谷還,李自太原省城還,云昨日各村俱凍,諺語"硬凍脊梁霜凍窪"也。聶六巖子敬、春膏子惠昆仲,遣人送晉陽食物來。春膏董工方山時,承照拂,余爲書聯幅頗多,山中神祠扁、對,皆已栞成懸挂矣。是夕,姪孫友觀與閻甥國輝鄉試畢還村,時大姪任臨晉教諭,友觀由署赴省應試,閻甥前自方山回平遥,今試訖同來。

廿三日 己卯,陰。友觀于昨亦自省歸,國輝、友觀文詩俱妥。吾省應試者四千六百餘人,吾邑五六十人,場事平安。閻甥以乃祖京兆公遺照二見示,一乾隆癸丑御史巡東漕時作《登岱圖》,一嘉慶壬申作《泛菊圖》,題詠多一時名人。

廿四日 庚辰,晴。李君(復)[馥]云,省城書肆見介休楊墨林尚文家書籍、字畫皆出,除書籍外,字畫卷軸多至千餘件。墨林卒未及十年,收藏已盡散失。墨林富而好古,敬禮士大夫,是以一時名彦多與爲交,助其鑒賞,頗多珍品。張石州爲選刻《連筠簃叢書》,多不經見之本;俞理初正燮《癸巳存稿》,余所鈔副本亦在刻中。在京師一質庫存板,曾問其子姪,擬刷印行世。夷變後,不知此板仍存否。世間收藏舊家,惟鄞縣范氏天一閣,自明以來至今弗替,其餘大抵隨聚隨散,或燬於火,或殘於兵,或子孫不能守,雖多藏厚亡,物理常然,亦可嘅也！平定張甥孝枚來。

廿五日 辛巳,晴。子疇書陶詩《庚戌歲九月中於西田穫早稻》一首與彭孫,令熟讀之,當知民生在勤之理,且識稼穡之艱難也。世知淵明高隱,而不知其與曠放者迥然不同。"田家豈不苦,弗獲辭此難。四體誠乃瘦,庶無異患干",其識力堅定,非特心契沮溺,亦即素位而行之義,於莊老清談世界,獨返真樸,不爲畸行高論,何等人物！"庶無異患干",即勞則善心生,義更深至。

廿六日 壬午,微陰。小園霜後書所見,得句云:"小園石榴花,去時花似錦。歸來秋葉黄,有酒不能飲。南墻四小松,北牖雙竹叢。風霜了不知,醉我明月中。"大抵霜後天轉晴煖,山氣更佳。今科鄉試第一場題"寬則得衆"四句,祖述堯舜,憲章文武,有安社稷臣者。詩題《倚山修竹有人家,得"筠"字》。東坡《自興國往筠宿石田驛南廿五里野人舍》詩,《五代史·職方考》:"筠州,南唐置,割洪州之高安、上高、萬載、清江四縣爲屬而治。"高安,陸游《南唐書》:"元宗保大十年陞洪州高安縣爲筠州。"時子由謫筠州監酒税,故東坡有往筠之作。主考官孫殿撰家鼐燮臣,行一,安徽人。沈編修秉成仲復,行二,浙江人。是日晴煖。

廿七日 癸未,晴。昨晚坐手輿往北寺,子疇與閻耀生、六姪、長兒,承八姪、彭孫先在焉。新泉益清,啜茗兩甌。出門遠山晴翠,夕陽萬皺,了了如畫。西原平闊,秋稼已收,歸路負載者接踵不絶,忙中大有閒趣。

廿八日 甲申,晴。曹夫人、陳夫人神主移於東院正房中間,歸來一年始有此屋廬也。陳夫人有遺照,身後摹寫,不甚形似。夫人卒於道光廿五年十月十日卯時,年四十有三,生於嘉慶八年八月廿八日□時,卒之二日,孫女思飴生,今年十七矣;曹夫人生於乾隆五十六年十二月十九日□時,卒於嘉慶廿三年十一月四日□時,年二十有七,均厝於珠渡灣。

廿九日 乙酉,晴。張子安大甥還陽泉山莊。今年種田不多,南河再再地共七畝穀,穫小石十四石;高粱一畝兼穀地,所種穫小石三石;黍半畝,穫小石一石四斗,皆上穫也。壽陽二十甬爲一大斗,以一穀六米計之,得大石米四石二斗,黍一大斗應得七升米。高粱不碾。高粱,稷也,《月令》謂之首種。程氏《九穀考》辨之甚明,前人多以穄黍當之,誤矣。去年今日自京挈眷還鄉,余以老病留滯都門六載,不意遭此時勢,無路報恩。少陵云"世亂遭飄蕩,生還偶然遂”,千古一慟!老妾劉氏、兒子世長夫婦、孫彭年、孫女思飴、增年,游宦四十餘年,一家七口歸來,老屋八間,蹔居五姪世佶樓院,客至則宿六姪世敦東樓下。書籍等物盡寄京寓,留人看守,去冬今春始次第取歸,書籍半寄僧寮,不能盡載矣。舊僕多、李二人及隨從家丁依戀弗去,同行者金陵端木子疇夫婦,奉其太夫人亦寓山村,患難之交,天涯比鄰。彭孫仍從師讀書,八姪世篤、姪孫友晉、友謙同塾。連日晴煗。

九月朔 丙戌。陰雲淡薄,似欲作雨。田間刈禾已盡,場事亟亟,村無閒人。村塾兒童放秋學二十日,爲收穫也,吾家子弟仍令在塾。寄沈小梅壽嵩書并入山詩、長者像記,時新擢陜西糧道;吳仲雲同年振棫書并詩五首、長者碑、唐天祐碑;張筱浦副憲芾書并其尊公墓碑,均擬託陜甘學政畢公帶去。仲雲以雲貴總督告病寓秦中,筱浦回籍補守服制,襄辦陜省團練事務。夜小雨。

初二日 丁亥,晴爽。巳午之交,風起雲飛,蕭蕭秋氣,鄰樹黄葉鮮明,别有一段風景。北閣下有老楊一株正對閣門,根於道西,老榦偃屈,横出道東,如橋如門。橋門上又起三榦,高皆及丈許,儼若三峰,青翠紛披,居然又一重閣也。族叔壽成老人手植。老楊之北,余家舊場,先太夫人所置,方周二里許,北、東、西皆倚土崖向南,門左右場房。太夫人既葬服除,余兄弟宦游,不得已拆爨以居,而此場五家仍共之,場北岡上即新阡也。息園在場之東北數十步,每日往來必過場門。秋稼如雲,日日聞打穀聲。唐人詩云:“開軒面場圃,把酒話桑麻。待到重陽日,還來就菊花。”田家真景正在此時。去冬輯唐人田家詩數百首,令敦姪書之,今尚未終卷。

初三日 戊子,晴。吾鄉最重芥菜,其根葉天然甘辛,用作旨蓄,鹹酸均宜,終年食用,藉此不特禦冬而已。語云“齩得菜根斷,則百事可做”,喻其堅辛也。霜後黄葉漸深,須趁老緑時拔之。民不可有此色,士大夫不可不知此味也。較其品味,惟伏薑、秋菘可偁三友。平定女工細切芥根如絲,瀹之色白如銀,謂之銀絲菜,南北客筵以此下酒,與王瓜瀹並重,名曰“碧玉銀絲”。古人以春初早韭、秋末晚菘、千里蒓羹、末下鹽豉爲美,固非肉食者所能領略耳。“末下”當與“千里”竝作地名解,其義較勝,作“未下”者轉覺詞費。小園種芥特多,今日與壽老談及,因併記之。

初四日 己丑,晴。閻墨園先生遺照二,其孫國輝自平遥來求題。一《登岱圖》,題云:“我生之初,歲在癸丑。日月云邁,六十有九。岱雲在望,谷神長守。服膺誨言,自嗟老朽。”跋云:“嘉慶辛未之歲,寯年十九,初試春官,寓公甘石橋宅。有貴游世交招飲,夜深乃歸。公秉燭坐待,誡以勿近損友,自是始知擇交。老成典型,即此一端可見已。姻家子祁寯藻謹銘并識。”公壬辰進士,官至順天府府尹。其次子庭椿,余姊夫也。一《泛菊圖》,題云:“《登岱圖》乃乾隆五十八年公爲御史巡視東漕時作,此則嘉慶十七年作也。須眉風度,儼若寯辛未歲京廡所見。逾二年再入都,而公已作古人矣。咸豐十一年,公孫國輝求題,距摳謁侍坐時又逾四紀。瞻仰之餘,益令人有老圃晚香之感。重陽前五日謹記。”《登岱圖》卷首黄小松易乾隆癸丑歲八分書,題者鐵冶亭保、百菊溪齡、裴子光謙、管松厓幹珍、邵朗巖玉清、陳梅垞萬全、錢撫棠樾、平寬夫恕、汪如洋、彭石夫壽山,則余舊交也。《泛菊圖》題者蔡瀫山之定、陳玉方希祖。二圖皆有公手跋,多名人題詠。題付閻甥昆弟,其慎守之。

初五日 庚寅,寒露,晴,風冷。諺云“寒露百草枯”,然草中亦有經冬不枯者,惜未能撿《本草》辨其名也。友觀姪孫爲大姪卜宅村西,冷官歸來,斯有望已,詩以速之云:“蘭山舊宅傍村西,宅爲吾三世父蘭山公舊居。白鹿嵐光夕照低。有菊且容三徑醉,無田聊借一枝栖。衰年叔姪終相守,老圃鉏犁欲共携。小園西南與此宅相望。盼汝歸來須及早,風煙南望使人迷。時河南方有兵事。”眉石大姪時爲臨晉教諭,今年七十一矣。

初六日 辛卯,晴。今年吾邑秋收中上,若遲凍十日,當穫上稔。凡穀計畝論箇,以吾家各房較之,崇實堂六房穀十畝一百卅箇,莊頭卅四畝三百五十四箇,思復堂五房四十二畝四百四十箇,勤脩堂二房、三房十九畝二百六十箇,勤貽堂四房卅五畝四百四十箇,吾家今年未遑農務,僅種穀七畝九十餘箇。每箇穀九把,每把百莖。又云男子穀九把爲一箇,婦人穀十二把爲一箇,以把有大小耳。昨晚見牧童背羊而還,問之,曰“羊瘋了”,羊病瘋未之前聞。在在地起回回白菜,豐本大頭,以葉包心爲熟,可醃可煮,味甘滑。此種出西域,近五十年吾邑始種,今則家家作菜矣。老僕張喜云,甘肅平凉府以此爲飯,秦中名曰“蓮花白”。又回回山藥,圓甘似芋,興安、漢中諸郡徧地種之,謂之“楊遇”,以楊忠武遇春勦川楚教匪時,兵行絶糧,采此而食。南山中得此種歸,遂以名之。吾邑近年始種。張僕曾游陝甘者也。

初七日 壬辰,晴。劉岳秀世兄嵩峙屬題青主先生隸書《漢李翕開道碑》十二幅,太谷負氏收藏者。爲題數字云:“此書頗佀郭有道碑,公佗先生東謹之作。細觀用筆,終類鉤摹,非手書也。”

初八日 癸巳,晴。昨晚族姪元輔自絳州還。元輔字贊臣,族兄定中廷宅之子,廩貢生,候選訓導,從余京師十餘年。丁巳歲,絳州刺史李君廷樟字榕峰,行一。在京延定襄辦幕務,訓課諸郎。李君,粵西人,廉吏也,山東清查案内特保升知州。賓主相得,兹暫還吾鄉。其子嘉澍已於夏間入學,其弟元翼暨子姪輩皆恂謹和睦,定中先兄之遺澤也。贊臣工書翰,從李君游,略得其堪輿術,留心時務,聞雲南學政張編修錫嶸鏡塘曾列之薦牘中。山東、河南賊匪往來不定,河北逼近太行,頃聞潘木君鐸奉命來晉防堵澤潞一帶,調兵大同二千,已集省垣矣。

初九日 甲午,晴。辰刻飯畢,省中報録人到,姪孫友觀鄉試中式二十三名舉人,合家喜慰,先大夫曾孫輩初得科舉也。己未,觀孫中副榜,今列正榜。眉石大姪聞之,同此慶幸,口占《志喜寄大姪并勖友觀》云:"緜緜世澤繼芬芳,冉冉隤齡近夕陽。報捷正逢花滿徑,是日重九節。感深翻覺淚霑裳。艱危時勢須人濟,策勵精神要自彊。兩地登高身共健,歸來老圃有餘香。"是科中式者,平定三人;盂縣七人,内教諭一人,副榜一人;壽陽三人:祁友觀、王藝蕙、張丕謨,副榜一人郭紹華,東四處共十五名。山西中額六十七名,原額六十,捐輸加額七名。

初十日 乙未,晴。謁家祠行禮,合家同賀。書五字聯語付友觀,云"蘭叢餘澤遠,菊圃晚香多"。"蘭叢",先大夫書齋額,友觀小名徵蘭也。"讀有用書之齋",書與蘭孫。縣幕韓曉洲佩鈺來,向與大姪交好者,浙江原籍,寄居陽曲。高紫烽崇基父臺回任,委辦盂縣釐捐設卡事。鄰邦循吏弭此事端,可見弊政亦賴賢者挽救也。曉洲云木君非辦防堵,乃來晉訪親友耳。晚與子疇坐平臺上,稼收野闊矣。

十一日 丙申,晴。昨日村中看畔停止。看畔者,秋收田禾在野,守望須人,刈穫登場,然後停止,此每年鄉約也。老屋東北角起小閣,題曰"晚翠閣",系以小詩云:"虚閣跨檐角,遠山張畫屏。悠然見蒼翠,何必出門庭。人外夕陽好,夢中塵海經。從今閒便上,杯酒莫教停。"是日,北原謁先大夫、太夫人墓暨大兄、二兄、三兄墓,行禮。友觀,乃大兄芝舫府君次孫也。大兄子四:長世弇,即友觀之父,現任臨晉教諭,優貢生;次世庾,縣學生員,年未四十而卒,繼子友益;三世齡,道光戊子舉人,文水縣教諭,保舉知縣,今年四月病卒於家,子友益出繼,友巽、友豫、友麗;四世舒,監生,前任直隸清河、交河兩縣典史,去年六月卒,無子,友豫繼之。

十二日 丁酉,晴。友觀赴省謁主考座師、同考房師并學政彭先生,即前歲副榜座師也。填寫中式親供。世長同行。閻耀生亦回平遥,今日宿什貼,分路而去。事有不期而合者,大姪新買之宅,蘭山公舊居也。蘭山公乾隆乙酉中式二十三名舉人,今友觀名次適與相符。居此宅第,同此科名,堂構之義可不念諸?

十三日 戊戌,晴。昨秦紫瀛先生東來,行三與李君馥携酒肉來賀。紫瀛,優貢生,道光己亥科舉人,品端學樸,研精性理,門徒偁盛,閻夢巖户部即其受業弟子,與先三兄交契。戊戌、庚子兩入都,余以奉使吳閩,未獲相聚,曾於丙申歲服闋,將北上,邑侯鍾元甫先生汪杰署中一見。時館縣幕,至今始得暢敍,粹然吉人也。現在設館太谷山中,昨晚偕君馥來園,坐平臺看山,抵暮乃歸,宿於東樓下。今日飯後,各還村矣。

明窗净几,筆研精良,固是人生一樂。年豐俗美,兵燹不及,此則今日遭逢之尤幸者。自道光三十年粵西賊起,延及湖南北,長江東下,安慶、江寧兩省城相繼被陷,鎮江、揚州盤踞支蔓,而江西全省糜爛,止餘南昌省會未失。湖北武昌省城三陷,漢陽、德安、黄州諸郡旋得旋失。湖南幸保長沙省垣,其士大夫同心共力,練勇殺賊,威聲甲於南國。兵興以來惟恃楚軍,駱籥門秉章、胡潤之林翼,南北兩巡撫,亦當今之長城也。廣東、福建土寇蠭起,此剿彼竄。雲南回匪、貴州苗匪,連年肆擾。江南自向軍門榮歿,繼者和春與張提軍國樑不合,忌功愊諫,以致大軍再潰,張軍門力戰陣亡,常州、蘇州一時俱陷,浙之杭州亦爲皖南逸賊襲破,此又時勢一大變也。自咸豐三年金陵陷後,全皖俱震,賊遂竄及河南,踰大河、北直圍懷慶,復由太行西南竄入山西,陷平陽諸郡縣,由潞安山中突入直隸順德、廣平,直奔天津,折而靜海、阜城、高唐、臨清。一年之間,畿輔震動,京師戒嚴,幸科爾沁王僧格林沁統大兵扼其要害,聚而盡殲,河北肅清,而軍餉南北告罄,山西、陝西、四川徵求日迫,民生凋弊極矣。今蜀中又遭賊亂,止餘秦晉兩省供給京師并南北諸軍餉需。而去年夷匪乘間闌入都門,憑陵上國,以致乘輿播越,淀園、三山俱燬於火,此變古來罕有。而鴉片開禁,毒流中邦,天主行教,將徧海内,此又亘古以來未有之大變也。老病餘生,休官七載,慟心蒿目,無力報恩。孟子云:"能言距楊、墨者,聖人之徒也。"今則不吸鴉片、不習天主耶蘇教者,即我聖朝之良民志士,亦即聖人之徒也。

盂縣田少琴五世兄蔚穀來訪,持家藏壹齋師山水一軸,嘉慶乙亥歲二月澄懷園作;又一横幅《糖熓栗米窩兒酒》五古二首,嘉慶壬申歲十月書;又王子卿先生澤壬申歲爲季高兄作《夢琴圖》横幅并詩跋，皆老輩名筆。今年六月，少琴以吾師書畫一册，來方山禪室相示，題而歸之，今又獲觀遺墨，幸慰何如。張孔彰孝廉亦來。少琴留宿。

十四日　己亥，晴。小園起重門，築土墻，今日作工即用園土。跋《夢琴圖》云："去年人日，夢抱琴坐空山磐石上，得操四句，未了而寤。今年方山養疴，每坐靈松岩下，放悲夢中觀此圖，又類靈岩松泉之間，夢邪？真邪？了不能辨。季翁善琴，往年同直南齋，曾授余指法，惜未能領略一二。展卷追尋，益不勝人琴之感。"跋壹齋師山水直幅云："今年六月，少琴訪余方山，以吾師書畫一册見示，爲之坐卧其下者三日，題而歸之，此作亦井卤老人得意之筆，季高從師久，受知深，故以爲贈。老病門生獲觀遺墨，竊自欣幸，又喜少琴之能守家藏也。"跋栗酒詩横幅云："勤敏公書法老益腴潤，享年九十餘，其神全也。《壹齋集》，竹垞後卓然一大家。老門生寯藻謹識。"

十五日　庚子，晴。昨晚有雲，風亦淒緊，夜月一出，天宇廓清。亥刻，獨立中庭，村巷無聲，歸而息偃，月上窗櫺矣。今晨家神前拈香，詣十字街關帝廟、土地堂拈香，謁祠堂，每朔望皆行禮。世長在家，亦有代行禮時。近日睡眠差穩，精力略勝，步履起跪，尚可自勉。吾在京每日早起，中庭佛堂拈香行禮，到家亦然。佛三尊，乃六十壽御賜者，題曰"三菩提室"。歸家後，謹移奉京廣西長椿寺壇樓上。頃將方山李長者像記裝成，懸園屋壁上，每晨焚香，仍前意也。嘗有楹聯云："習勤朝運甓，省過夜焚香。"非敢佞佛求福，藉此常存敬畏耳。是夕，張僕夫自京回村，得常熟相國王少鶴、何白英書。燈下世長自省遣人持信來，即批復之，詰朝仍付來人，再晨即可抵省。

十六日　辛丑，微陰。田少琴回盂，其書畫交之，送至宗艾，買車而去。晚晴。

自七月下旬世長來方山，云縣中傳聞國有大故，不勝驚駭。八月初即還村舍，聞驛路文書由京出者俱用藍印，繼有都下來人，僉云已册立皇太子，并命載垣、端華、肅順、景壽、穆蔭、匡源、杜翰、焦佑瀛輔翼儲宮，贊襄一切政務。《邸報》傳鈔，震慟莫措，然未奉有遺詔，不敢冒昧成服，攀號呼搶，北望欲絶。因令世長詣省，頃得來信，知詔書於月之初九日始到晉省，中丞遵行各郡，大約望後始能頒發，此信確矣！龍髯弓劒，渺莫攀矣！草莽孤臣，老病銜恩，不獲叩詣几筵，瞻仰昊天，曷其有極！昨張僕夫自京回壽，得常熟翁相國及王少鶴、何白英諸公書，略知都中近狀，恭聞大行皇帝七月十七日□時升遐，聖壽三十有一,梓宫定於九月廿三日自熱河奉移還京。十月九日甲子卯時,今上登極,頒詔。又聞安徽克復安慶省城,江寧江水灌城,賊窟將潰,湖北德、黄諸郡漸次克復。人心望治孔殷,仰見天心悔禍,中興氣象日新。寯藻衰朽餘生,得以再覯昇平,雖死不恨矣。

十七日 壬寅,陰。寯以老病,頭暈耳鳴,動輒眩昏,不能奔馳北上,負疚銜哀,寸心如熾。竊念受恩深重,例當恭遞請安摺,并恭慰聖孝摺,已專人賫摺赴京,令家丁前往熱河宫門奏事處恭遞,復承中丞英公桂關切,亦以爲然。不知此時已呈遞否?又不知與現行摺式合否?殊深懸系。伏聞兩宫撫衛帝躬,仁慈濬哲;左右王大臣凛遵成憲,奉行惟謹。此皆列祖在天之靈默相垂佑,俾我大行皇帝未竟之緒,惟皇纘述丕顯丕承,實天下臣民之幸也。御前軍機同受顧命,怡、鄭、景、肅均就樞廷辦事,爲贊襄政務處所。所幸垂簾,謹援古制,懿訓宣詔,惟願宣仁復見宗社之福,周公若曰"休兹,知恤鮮哉",立政惟人,用勱相我國家,弼此丕丕基焉。

十八日 癸卯,晴。昨日草溝郭實之紹華來宿東樓下。實之本字國蕚,余爲易之。廩生,學有根柢,今科中式副榜第四名。比年設館余家,授友晉、友謙等讀,去冬以母老歸侍。子疇先生書塾即其館也。得大姪臨晉九日書云,河南捻匪有竄山西之信。又聞平陸縣探報,賊已至會興鎮,與晉境逼,不知已渡黄河否?天下軍需惟賴秦晉,拱衛京師之要區也。"一夫當關,萬夫莫開。所守或非親,化爲狼與豺。"表裏山河,守不得人,未必無患。前車可鑒,能不寒心?《息園銘》云:"息心静養,老蒙温諭。退而名園,用紀恩遇。去國還鄉,結廬守墓。庶幾息焉,保兹歲暮。蕭蕭山木,養以雨露。日夜所息,春暉久駐。"

十九日 甲辰,晴。頃見《邸報》,大行皇帝廟號、尊謚,孝德皇后尊謚,母后、聖母尊封皇太后,均敕敬謹擬上。皇上恭行三年之服,百日縞素,總理喪儀。王大臣、御前大臣、軍機大臣、近支王公,均縞素百日,其餘各官遵制二十七日而除。平日辦事,纓頂素服,遇大典禮,遵用吉服。列朝故事載在會典,參酌奉行。

聞近來主考、學政均用籤掣,未知中外大員如何簡放。偶得《訊菊》一絶句云:"白衣送酒已經霜,宋寘東籬怕舉觴。不解謫仙何所苦,爲花惜此兩重陽。""菊花何太苦,遭此兩重陽",太白《九月十日即事》詩也。

二十日 乙巳,晴。早飯後步至大庭館,與族姪贊臣昆弟閑談。由西場坡北下回園。《耳聾》一律云:“阿翁真箇似痴聾,竟欲呼兒問朔風。牀脚惟聞鬥牛螘,籬根何暇責鷄蟲。臨衰鼙鼓催人急,晉省正辦防堵。多病文章笑我窮。但願書聲常在耳,三間土屋一冬烘。”是日霜降。

廿一日 丙午,晴。竹軒兄身正送盆菊,即供於淵明小像之側,詩以謝之云:“我有一片秋,寄在陶公家。餘香滿衣袖,飄落天之涯。黄蝶隨君來,尋我壁上花。花影送君歸,柴門殘月斜。”

廿二日 丁未,晴。西可解河源孝廉嵩來訪。孝廉道光元年辛巳科舉於鄉,今年七十二歲,好學覃思,著有《五經補注》、《四書文義》,記醜而博,訓詁時有心得,雖不無穿鑿武斷,究非煖煖姝姝之儒也。主講受川書院已十餘年,吾邑之老宿也。霜降割葦,農人犂田、翻糞,爲來歲計。宿麥已種矣。樹葉霜後尚未盡脱,主豐年兆。世長省中書來云,蒲州一帶現無警報,且有賊匪回竄之説,不知臨晉所聞虚耶?抑守境者報省有掩飾耶?平陽鎮總兵田在田,現在大營,此係署任。聞帶兵駐守茅津渡,即河東之要害也。友觀自省赴臨晉矣。是日,五姪及世長亦自省歸。

廿三日 戊申,晴。友觀房師、前祁縣令、署虞鄉縣知縣張曉湖,汝清,行三。山東館陶縣人,辛亥舉人。正考官孫殿撰,安徽壽州人,己未進士。副考官五品銜沈編脩,浙江歸安縣人,丙辰進士。時監臨官山西巡撫英公桂,香岩。滿洲正藍旗人,辛巳繙譯舉人。提調官山西雁平道崇泰,蒙古鑲黄旗人,乙酉舉人。監試官試用道鄧裕生,湖北江陵人,壬子舉人。外點名官道銜太原府知府王溥,陝西蒲城人,戊戌進士。候補知府陳潤生,甘肅武威人,癸卯舉人。

廿四日 己酉。昨晚陰,夜雨,子丑之間淅瀝有聲,今晨雨漸息,雲猶漬。園中看山,雲脚已起,雨勢將止。此時雨正望甚,可以翻犂滋宿麥。秋冬間雨足,再得冬雪,春事可憑矣。昨日北河張孝廉來,名丕謨,今年拔貢新中式舉人,文、詩、字皆可觀。又得少鶴書,京師安静,少鶴仍未得臺缺,近有騎省之悼,歸思頗濃也。恭閲《邸鈔》,大學士、九卿謹擬上大行皇帝尊謚曰“顯皇帝”,廟號曰“文宗”,母后皇太后徽號曰“慈安”,聖母皇太后徽號曰“慈禧”,年號用“祺祥”二字。山西巡撫傳示,百日不薙髪,以宫中大事之日起七月十七日,至十月二十七日止爲百日。

廿五日 庚戌,晴。今日本村報賽演劇,以國服,公議停止,禮也。南寺晉水聖母、龍神前,仍舊設供、拈香三日。前與劉君韶商及,深以爲然。劉君讀書知禮人也,合村士民均以爲宜。人宜之,神其聽之,禮云樂云,玉帛鐘鼓云乎哉。里中糾首自北寺請藏山大王行像，龍崖溝請龍神行像，與寺中聖母、龍母像合祀。寯率世長亦同行禮，默告停止演劇之由。擬一聯於前楹，劉君韙之。舊碑惟康熙年間二通。寺中高槐四蔭，門南古木參天，吾村之屏幛也。自村北而西、而南、而東，折而北，由五姪埸院過新祠而還，日已嚮午。平定新舉人曹振頤來，柳谿之姪也。寄沈小梅、吳仲雲、張筱浦信件，畢學使過壽已託寄去。

廿六日 辛亥，陰。兩主試託書聯、扁，并送《藩部要略》、《月齋集》、《禝觚亭集》，均已送訖。寅卯之間，睡起着衣，秉燭静坐，倚枕小息，遲明而興。以後夜長，不能徹曉酣寢，惜目力不似往時能久讀書，亦不能作詩遣悶矣。

廿七日 壬子，大霧。不見遠山，霜露氣濃，寒將至矣。南廟聖母殿聯云："懸甕山高，碧玉一灣分晉水；翦桐澤遠，慈雲千古蔭唐封。"劉蘊六與諸糾首欣然付梓，即擬於十月望懸挂殿檐前。糾首云先大夫舊有一聯，亦擬重新油飾也。吾省各郡邑恭祀聖母，僉云"水神"，莫知所本。此寺康熙間碑云，是晉祠之神。按：晉祠有大興朱文正公珪撰碑記，以聖母爲唐叔虞之母邑姜，考據典確，允爲篤論。阮文達公元亦有句云："漫説叢祠住女郎，亂臣元是古周姜。"此聯即用斯義。懸甕之山，晉水出焉。寺舊額曰"靈分晉水"，源流溯禹，祀典從周，信不誣也。息園自題一聯云："閑坐日長，幽栖地僻；近依松翠，遠借山青。"午晴。

廿八日 癸丑，陰晴相間。"倚鳳嶺，眄龍河，看廟貌莊嚴，長新俎豆；乘慈雲，灑法雨，願神恩普渥，永奠枌榆。"此先大夫撰聯也。廟院戲臺前石柱，乃族祖諱竩者所立。相傳有神力挾石柱而至，康熙初年三藩叛，用兵，曾應募至京師，入布庫營。布庫者，角力奏技，若古角觝之類，今悉滿洲蒙古人，無漢人矣。其神力緣由，事多奇誕，至今父老傳説不一，不敢盡信，姑記其略。午巳間大晴。

廿九日 甲寅，晴。昨晚邑侯高紫峰崇基差人來云，遺詔到縣。感慟難名，日内即詣縣恭聽宣讀。

卅日 乙卯，晴。寅刻自村率五姪世佶、六姪世敦、子世長啓行，辰刻至縣城，恭詣萬壽宫，跪瞻大行皇帝遺詔。舉哀成服，行三跪九叩禮。時地方官知縣高崇基、教諭劉邦彦、訓導王毓秀、典史嚴銘、守備李□□，外委分東西兩班，東地方官，西寯藻與閻汝弼、世佶、世敦、世長。李守備因病未到，前署知縣劉昱卸事未到，本邑劉翼之補到。行禮，北望軒雲，攀号莫及。退詣各官署,不敢見,各官亦至廨所。縣中送食。

十月朔 丙辰,晴。向例每歲十月朔,頒來歲時憲書。明年爲祺祥元年,感恩述哀,恭紀以詩云:"頒朔一陽復,建元天下春。那知七旬叟,已作五朝人。涕泣聞遺詔,艱危念庶民。天開周祚遠,世覩漢儀新。灤水迴龍馭,九月二十三日,梓宫自熱河恭奉還京。燕雲護鳳扆。衮衣思碩輔,瑶闕仰宣仁。今上於十月初九日卯時升御太和殿,頒恩詔。葱鬱山陵起,謳歌海寓親。王師頻奏捷,荒服總來賓。幸際光華旦,長爲草莽臣。銜恩徒感激,衰病獨傷神。"是日,家祠行禮,設供掃墓。

萬壽宫在縣城西門内南街東轉向南,正殿供奉牌位。住持海艎看守,即南寺僧也。藍公祠在縣署西路北。藍公諱尚質,陝西膚施人,明萬歷中知縣事,教民紡織,三年而成俗,至今賴之。順治間,邑人張所賦記其事,寯藻因爲《藍公教織歌》。於是鄉人感公遺愛,勼資建祠,中奉牌位,東西鐫張記并余詩,其政績備於記詩中。東壁鐫彭詠莪相國蘊章詩,皆由京寄壽。咸豐六年工竣,扁、聯余撰并書。扁云×××。聯云:"賷布想文翁,千載馨香留石室;鳴琴聞單父,萬家機杼答弦歌。"昨始謁祠行禮,追思遺愛,留連畫廊,恍然身親其際矣。今日端木子疇埰亦詣萬壽宫行禮成服。遺詔謄黄,縣中傳到,即恭貼於村中十字街關帝廟正墻,俾鄉人公瞻敬悉。

初二日 丁巳,晴。贊臣姪回絳州幕,其子嘉澍明年從端木先生學文詩,即延其課姪孫友巽、友豫,并姪世忠讀書。巽、豫,三姪之遺孤;友忠即先三兄之幼子也。榆林坪人來,爲補種果樹。

初三日 戊午,晴。子疇先生命卯印每夜伴其幼叔綏兒讀書,聞之喜爲四十字勖之:"家有讀書聲,翛然夜氣清。老夫百事嬾,惟此最關情。善問如攻木,遺編念鑿楹。三冬時可惜,莫負短燈檠。"爲書一横幅,懸於屋壁,俾觸目益加鼓勵。竟日西北風,晴,寒冬將屆矣。

初四日 己未,晴。盆花藏於西場土窖,明春出之。案頭盆菊三叢,黄紅疏散,鷄冠翹然,深如染霜,秋色故不在多耳。北村任朝鳳,老陰陽家也,世傳其業。前數日爲余諏穿井日,忽然化去,可惜。午後陰,有風,晚益寒,還家坐土炕,與鑪火漸親。入夜風甚。

初五日 庚申,立冬。徹夜大風怒號,窓紙欲裂。由西北轉西南,直至辰巳,雷鳴潮湧,其勢未已。連日晴爛,得此收斂,正合冬令,惟惜雲陰吹散,不能成雪耳。是日,園西南穿井。趙小玉者,郇之善穿井者也。穿井宜冬,陽氣在下。任翁云約三丈餘得水。

初六日　辛酉，晴。先母劉太夫人生日，詣家祠設供行禮。書樓下得余少時嘉慶丙寅春日，余年十四歲。手書二册，一爲先君《西陲百詠》，一則雜録國朝諸名家賦，末一篇《白桃花賦》，乃先君肄業晉陽書院時作。時方伯朱文正公及山長蘇先生去疾諸公皆歎賞之，遂以得名。此稿從鳳立大兄朝鸑處鈔出。鳳翁與寯同祖昆弟，世父贊亭公樹楷之長子，乾隆庚子舉人，猗氏縣教諭。少有神童之目，四歲能誦《毛詩》全部，先大父口授也。生平喜繕録書籍，手書細字成册者幾等身焉。

初七日　壬戌，晴。北閣南扁曰"北極大帝"，祀真武；北扁曰"大慈悲"，祀觀音，皆畫像也。北閣下迤西觀音古祠，祠下舊有泉潺潺盈軌，春夏往來者每陷於淖。不知何年，村人以鐵釜塞泉眼。未塞之前，閣北人家頗盛，有住户二十九；井塞後，凋耗日甚。道光戊戌歲，余季弟幼章入祠館，泉復涌出細流，旋又湮没。去冬，村井多涸，北村人於崇福寺東南掘得一泉，賴以汲飲。而世長適以是年登第，蓋泉流地脈往往與人事相應。余少時讀書村舍，猶見泉水横閣東注也。今年正月十三日，雪水晴融，盈渠直瀉，余有《觀春漲》詩紀其事，亦數十年罕見者。

竹軒兄持一詩文小册見示，多余課作，先君批閲者，蓋隨侍蘭州時窗課也。竹兄云世貞可爲録一副本來。少時文賦律詩隨手爲人持去，家無存稿，惟雜體詩頗以敝帚存之。

初八日　癸亥，陰，無風，不寒。雍正六年正月三十日諭旨："據本内稱'熊應璜出宰壽陽，輕刑禁耗，士民感頌'等語。熊應璜在任未及二年，其輕刑未知所輕者何刑，而禁耗亦是職分當爲，通省皆然者。此外，善政及民，士民實心感頌者更有何事？果克膺鄉賢祭祀之典與否，著行文山西巡撫查明。等因。"此江西巡撫布蘭奉題本也。謹案《壽陽縣志·宦蹟》條下："熊僎，江西人，由進士康熙十三年知壽陽縣，除弊止争，以木隸代役，居官儉樸，民以不擾"云云，熊僎當即是熊應璜。南省士人每有官名有譜名，寯視學湖南時，公牘中往往見之。不知當時山西查覆如何，觀縣志，係乾隆三十四年重脩，載入循吏，則本籍鄉賢之請，當允行矣。

初九日　甲子。卯時，今上皇帝御太和殿，受王公百官朝，頒登極恩詔於天下。奉旨："御名上一字毋庸恭避，下一字謹避，書作'湞'，以前書籍毋庸追改。"

初十日　乙丑。昨日早陰，旋即開朗，竟日和煖如春。今晨復陰，先室陳夫人忌日也。晚霞四溢，其雪兆耶？

十一日　丙寅。黎明風起，南窗獵獵有聲，因雲作雪，點綴衣袖。辰刻到園，西山已有積雪。登臺見山顛白雲一縷，與雪下接，北山一帶則仍慘澹如睡，不見雪痕。西南風未已，静聞松濤宛若方山禪院最幽處也。

冼雲樵學使斌，榜名倬邦。自京來涖任山西，過壽陽，紆道見訪。雲樵，廣東南海人，丁酉舉人，辛丑余充會試主考成進士，主事分工部，洊升郎中、軍機章京，擢湖廣道御史。其人恬澹平正，寡交游，喜收藏書畫，亦自工書畫，贈余畫一軸《翠柏淩霄花》，筆意老潔，校前所作益進。余以關防所繫，專人露函，止其前來；不肯，竟造廬曰："夫子素日風範，人所共知，弟子亦差自信，何嫌爲？"一飯而别。雲樵少曾應武試，又文試七次乃入學，於寒士功苦固深悉之。告以重經學，文題勿割裂聖賢語氣，勿以僻事難人，則文風自振，士氣不浮，可望得樸實之材，深然之。終日風寒。

十二日　丁卯，晴，風寒。縣中以《京報》見示，略知近事，惟斷爛不全耳。

十三日　戊辰，晴，風。穿井三丈餘，昨日得水，土細泉甘。今晨汲十四桶，見土，仍須深穿，積水五尺許，便可源源接濟矣。正定王石廬蔭豐世四兄來訪。石廬爲遠亭明府之子，□□科進士庶吉士。其仲兄蔭□，山東同知，長、三兄俱故。兹將赴太原省城，紆道而來，屬書"太史第"三字并聯、幅。遠亭名世耀，余壬午會房分校所得士，曾任壽陽令，有循聲，以目疾去官，授學於家，子弟皆有成就。其考諱定柱，曾任□□按察使，乾隆丁酉科與先君同年。

十四日　己巳，晴。石廬飯後啓行之省。余四姪世舒繼娶於王，即石廬之從祖姑也。其子□□十九歲隨侍。

十五日　庚午，從姪世僖敬於所居祀至聖先師，凡有頂戴者，黎明咸集，拈香禮畢，設茶果，午設酒筵，俗曰"徧會"。里中故老相傳已久，每歲二月二日，祀文昌於村東南嶺，有祠，亦紳士董其事，輪流增益，選爲賓主。此舉更在徧會前也。去冬十月望，吾家主祭。井成，置井欄。井口皆以沙石，轆轤繩罂悉具。今晨焚香告成，名曰"孚井"。先是，道光辛卯歲，余將侍太夫人安輿入都，筮得"井"之上爻："井收，勿幕有孚，元吉。"抵都供職，翰林花園所居有井，因以"孚"名之，有《孚井》詩。京官數十年，居皆有井。道光末年，更以"孚吉"名齋。老病還鄉，得孚井養之占，皆恩波所及也。擬於井旁勒小石，紀年月，屬端木先生題之。早陰，午晴煖。

十六日 辛未,晴,風。昨晚偶見《邸鈔》,感激時事,徹夜不寐。杜老詩云“百年垂死中興時”,又云“惟將遲暮供多病,未有涓埃答聖朝”。伏覩重華繼述,能哲而惠,又何憂何畏乎?

十七日 壬申,晴。《粤西偶記》常湖陸祚蕃武園著,何其鄙夷斯邦之甚邪!柳州儋耳,得子厚、子瞻而名始彰。著書者揚善而隱惡,言忠信,行篤敬,雖蠻貊可行矣。

十八日 癸酉,早陰,旋晴。張石州《小栖雲亭記》云:余家陽泉山莊,爲金栖雲道院,元遺山詩所謂“開窓納山影,推枕得溪聲”者是也。有亭翼然高出林杪,浙人張君世犖榜曰“卧雲”。先大夫及余兄弟皆嘗讀書於此,每欲易“卧”爲“栖”,用備掌故,以先世舊題,未敢輒更也。兹余卜兆,京北靄家橋宜丁阜,地隸昌平,以圖經攷之,其西北七十餘里,則金章宗之駐蹕山也。山陽有栖雲嘯臺,章宗嘗築亭於其上。兩地嘉名適相結搆,而此地峰聯遼碣,流帶玉泉,山影溪聲,較之鄉郡一隅,規模爲闊遠矣。因擬它日結茅墓田之旁,顔曰“小栖雲”,雨眺晴咞,徜徉終老,余之願詎有侈於是者哉!書此爲券,并繫以詩:“野亭築得小栖雲,種黍無錢亦可欣。香山詩云:“欲作栖雲計,須營種黍錢。”蓑笠喜酬西塞願,松蘿看勒北山文。翠峅晝影闌前涌,玉瀑琴聲枕上聞。依舊吾家好春色,鶬花吟竹問誰群。”道光廿八年十月立冬日,肎齋居士張穆記。

十九日 甲戌,晴。顧亭林先生《京東考古録》、《山東考古録》、《救文格論》、《雜録》四種,載吴青壇震方所輯《説鈴》中,可廣見聞。

二十日 乙亥。小雪十月中。今日同雲密布,四山如睡,大有雪意。辰刻到園,飛花着衣矣。化爲細雨,巳刻止,僅溼地面而已。午晴,夕冷。

廿一日 丙子,晴冷,霜氣頗重。常方伯績由縣送祺祥元年時憲書,明年閏八月,與咸豐元年同。《孚井銘》云:“筮井上爻曰有孚,目名吾井卅載餘,往來不改從所居,老得斯泉志不渝,息叟作銘復厥初。”井深四丈,水深四尺餘。近年井泉不王,得水惟艱。穿工云明春澤起,泉源當益通也。

廿二日 丁丑,晴。冀寧道鍾識帆秀寄示派防潞、澤、遼、平定二府二州各口隘防兵,及潞、澤、遼三屬民團練勇數目清單。識帆於道光廿九年以户部員外隨余讞案蘭州,老成安詳,頗有識量,文理亦優。

廿三日 戊寅,晴。縣中送《京報》來,内有怡親王載垣、鄭親王端華、協辦大學士户部尚書肅順,奉旨均着拏問,派恭親王等、大學士、九卿、翰詹、科道,公同議罪。旋議:照大逆不道律,淩遲處死。奉旨:“量從末減,載垣、端華,均賜令自盡。肅順改爲斬立决。景壽、穆蔭、匡源、杜翰、焦祐瀛,均退出軍機。景壽革職,留公爵、額駙職銜。穆蔭革職,發往軍臺效力贖罪。匡源、杜翰、焦祐瀛均革職,免其發遣。等因。”人道惡盈,三凶罪而天下服。朝政廓清,中興可致,宗社之佑,中外臣民之幸也。

廿四日 己卯,晴。平定張二甥孝瞻來接四妹夫人。昨日解河源孝廉來訪云,明年已謝受川書院之席。河源經學頗深,恐後來者難爲繼也。正與解君談,有二肩輿造門,乃陜甘主考何公廷謙唐公壬森差旋過境,由太安驛紆道惠顧。何字棣栅,行一,官中允,安徽□□人,乙巳教習庶吉士。唐字根石,行三,浙江蘭谿人,由翰林、御史,今官吏部給事中。朝考閲卷,以余曾有文字淵源,拳拳來問,贈閴墨、食物;求書,贈以詩集、後集。京華舊雨,難得相見。涇陽張小浦副憲有書來,并寄唐碑數種,其相念亦甚勤也。上燈後,田世兄國俊自省來,以紙求書其祖碑文,啜茶即行,宗艾宿。是日,國服廿七日而除,例冠纓頂,服青袍褂。

廿五日 庚辰,晴。《蚓菴瑣語》槜李王逋肱枕著,明末國初人。載康熙六年七月禮部題本云:“該臣等計算,直隸各省巡撫造送册内,勑建大寺廟共六千七十三處,小寺廟共六千四百九處。私建大寺廟共八千四百五十八處,小寺廟共五萬八千六百八十二處。僧共二十一萬二百九十二名,道士共二萬一千二百八十六名,尼姑共八千六百一十五名。”以上通共寺廟七萬九千六百二十二處,僧、道、尼姑共二十四萬一百九十三名。數目散總未合,似刻本有誤。終日西南風,頗寒。

廿六日 辛巳,晴。張氏妹率石州之女招姑還陽泉,其子孝瞻隨侍,轎一乘,騾一頭,明日可抵家,約明年夏初再來。老年兄妹甚難爲别,彼此灑泪。今日到園,午眠輒癈,令家人送午飯來。食紅薯頗佳,同郕鄭二翁自欒城寄三十斤來,吾邑土膠,不能種也。

廿七日 壬午,晴。是日國服百日,例得薙髮。蓋以宫中大事之日爲始,由巡撫傳知各屬官民遵照。

廿八日 癸未,晴,風。連日有所撰擬,未遑瑣記。是日晚間,王少鶴拯書來,并前差恭遞跪慰聖孝一摺賫回。

廿九日 甲申,晴,冷。移書案近煖炕,得句云:“夜來爐火頻添炭,曉起窗櫺已見冰。”今冬總未得雪,殊切望耳。

十一月朔日 乙酉,晴,冷。都門有不炭木鑪,潔白輕便,頗適用,偶帶一具來，略有損破。老僕張禄完之，製一架，居然春滿一室矣。撰擬之件，今日具稿，頗資子疇力，令長兒録之。

初二日 丙戌，晴，冷。有以垂柳栽二株來者，壽成老人爲植東窗外。凡冬月松柳，俗謂之“悶種”，明年凍融，多發生也。

初三日 丁亥，晴，冷。連日寅初即醒，着衣秉燭撰擬，頗有關繫頭昏耳鳴，不暇顧矣。古人不以甲子名歲，歲則自有閼逢以下十名爲干，困敦以下十二名爲支。後人遂謂甲子歲、癸亥歲，非古也。以甲子名歲，雖自東漢以下，然其時制詔、章奏、符檄之文，皆未嘗正用之。其稱歲必曰元年、二年，其稱日乃用甲子、乙丑，如己亥格、庚戌制皆日也。至宋始有亂其名者，年號、地名必全書，無割取一字用之者。地名亦必全用，如宛大、上江之類亦爲不通。《楚辭》：“攝提貞於孟陬兮，惟庚寅吾以降。”攝提，歲也；孟陬，月也；庚寅，日也。屈子以寅年寅月庚寅日生。杜氏《左傳》注云：夜半，即今所謂子也；鷄鳴者，丑也；平旦者，寅也；日出者，卯也；食時者，辰也；隅中者，巳也；日中者，午也；晡時者，未也；日昳者，申也；日入者，酉也；黄昏者，戌也；人定者，亥也。一日分爲十二時，始見於此。顧亭林《救文格論》。

初四日 戊子，晴。高父台來，以《京報》見示。十月廿四日，奉刻報廿四，實廿一日。上諭：“予告大學士祁寯藻，忠清亮直，學問優長，著即來京，聽候簡用。欽此。”伏念一介庸愚，受三朝知遇之恩，毫無報稱，乃於咸豐四年，因病蒙恩以大學士致仕，及今已逾七年。自去秋八月還里後，頭暈耳鳴，步履蹇滯，衰狀愈甚。既荷先皇恩禮，俾令始終，復邀新政寬容，特予啓用。温綸獎勵，感激涕零，即應就道。惟因久病嚴寒脾泄，昏暈中未能一時啓行。謹擬謝摺，陳明現在病狀，俟開春精力略可支持，即當遵旨北上。先遣世長赴京陳遞，並將撰擬摺件一併賫遞。

初五日 己丑，晴。田治庭世兄自盂來，梁翁佩璧來訪，張大甥孝敉來。

初六日 庚寅，晴。是日大寒節。敉甥云四妹夫人回家，均平安也。

初七日 辛卯，晴。昨晚樂平宋二世兄良保來，以其尊人《自敍》，屬爲題記。竹溪同年淇，行二，庚午同榜。《自敍》有官雲南附禄勸縣減錢糧加銀、斷夷人争控山廠、龍陵廳添設邊卡練丁三事，皆循良實績也。爲題數行於後。竹溪以運京銅勞績，升姚州知州，告休歸里，年七十三。今又五年矣，春間猶能策蹇訪余於百里外。矍鑠哉，斯翁也！贈其子對聯，字之曰“子循”，亦恂謹佳子弟也。田治庭回盂，其曾祖碑文，託子疇爲書之。

初八日 壬辰。陰雲四合,大有雪意。子循偕張大甥回平定去。晚晴。

初九日 癸巳,晴。早詣南廟,拈香行禮。前書聖母楹聯刻成,今日懸挂,劉藴六來告,并約爲老趙爺勒石,用余考辨一條。還過書塾與子疇談,又有所得。古人云"開經望三益",信然。

初十日 甲午,晴。率長兒拜先大夫、太夫人墓,以寯奉恩旨,世長入都遞摺也。謝摺一件,夾片一件;奏事摺一件,夾片一件。

十一日 乙未,晴煖。世長與世佶啓行入都,李蘭、冷升隨行,張僕及本家如意亦同行。是夕,世長自縣來信,并鍾識帆信、蔣霞舫達信。

十二日 丙申。曉起,雪鋪小院,一白如氈,今年龍公初試手也。雖僅分許,已覺林岫皓然到圍,遠山如在烟霧中矣。王少鶴書來,恭録恩旨,始知係十月二十一日内閣下也。此信廿二日發,由太安驛孟鄉親送到,故較遲耳。信中述及廿日頒賞遺念退位諸老,惟常熟翁相國與寯兩人。叩感堯仁,攀号莫及。回憶道光三十年二月,自蘭州使還,叩謁宣廟几筵,恭領遺念,十二年來衰朽餘生,復蒙波及,惟有隕涕。午後暢晴。遺念賞前任大學士祁寯藻膳牌係黄簽,開明各件。青氈冠一頂,貂皮袍一件,玉煙壺一件。賞件樞廷沈、曹兩公代領,交領班王拯面陳西邸,即存少鶴處。

十三日 丁酉,晴。《感恩恭紀》一首。此詩移後。

十四日 戊戌,曉陰,旋晴。巡撫英公桂咨,接到吏部文,内閣十月廿一日奉上諭云云,即前恩旨也。咨文十二日自省城發,太安驛送來。信寄長兒,明晨遣人送黄門鎮塘務王鄉親速遞。向來京信往來皆由塘務王翁,信人也,從不浮沉。此信屬少鶴轉交。縣中送星使麟梅谷魁、沈朗亭兆霖二名柬來云,已過縣西去,不知適秦適晉耳。

十五日 己亥,晴,風。曉詣十字街關聖前行禮,謁家祠。送黄門信。與廷式弟商辦舊祠楹門兩聯,擬補書刻木。

十六日 庚子。早赴園,雪花着衣,微風而冷。子疇爲摘《五經》中要言已成帙矣。今日又以《論語》、《大學》、《中庸》摘句來示,且云《孟子》亦即卒業也。

高紫峰邑侯於昨午來云,自太安驛送星使西去,星使致語云,恭邸望寯早至京也。比日寒泄,上緊調理,開春必擬啓行。自顧衰病如此,惟增感悚。雪花細碎飄灑,旋晴旋陰,此釀雪天也。月食一分四十四秒,申正初刻七分初虧,申正二刻一分復圓。

十七日 辛丑，陰。節近冬至，欲雪不雪，殊殷望也。

十八日 壬寅。昨日奇寒。午飯後，擁被瑟縮煨炕竈隅，遂不赴園。向夕綏綏雪下，二更後止。夜無犬吠，但聞鑼梆聲。黎明未啟户，先捲窗視之，則小院掃痕復合，屋瓦淺白，乃知夜間雪待伴也。早飯後，小輿到園，閣西轍迹一路輾開，直送園扉外。入門則西北一帶山披絮帽，壟松栖白，翠濤湧見，别有天地。登臺四望，岡巒起伏，遠近林木村舍，明潔如畫，高下坡陀，層疊分明。北寺門外，二人閑倚而已。有物蹲北原雪中，豎子以犬呼之不動，狼邪？犬邪？一段荒寒風景，惜無人爲補《雪笠圖》耳。《雪笠圖》，前年吴子重爲余作者。竟日陰寒，雪僅寸許。

十九日 癸卯。早起，霧氣彌漫，俄成樹稼，四山一白，不辨林巒，惟松林栖煙，湧銀疊翠。少頃，日出矣。“山明望松雪”、“日色冷青松”二語，猶未盡此景之妙。偶閱鈕玉樵琇《觚賸·獻花寺僧》一條云，鵝血可治病噎，無不驗者。今夏三姪正坐此病不起，聞忻州人家有婦人施藥，取治亦無效，惜不知此方耳。

二十日 甲辰，晴，冷。曉窗玻璃噓氣成冰，畫字頗有秀勁之致。憶前十年出使隴西，曾於輴窗上畫蘭，戲爲《冰畫》詩，此等情景亦《息園寒趣圖》中之一端也。

廿一日 乙巳，冬至節。謁家祠，因退憩於左廂，啜茗啖餳棗，與族兄弟身正、廷式坐談片刻，此祠例也。年節主祭者供之，惟老者得與茶果之筵，故榜曰“燕毛”。早飯後，詣北原拜墓。微雪飄灑，比還園，又放晴矣。昨日兩得長兒、信姪獲鹿書，十六日發，已雇車北上，約廿二、三可到京，并傅晉寄《京報》各件。贊臣自絳寄信來，并榕峰刺史信。知府衔署絳州本缺沁州。

廿二日 丙午，晴。“息園”、“䙴䘳亭”兩額書刻成，懸園屋檐兩層，聯語懸兩楹，皆尖山陳姓刻也。陳藝頗優，今夏方山各扁、對皆其手刻。“息園”題云：“甲寅歲以老病致仕，蒙恩有‘息心静養’之諭，因名所居曰‘息園’。去年八月回籍，於村北隙地結廬守墓，仍以‘息園’名之。草莽之臣，優游歲月，皆恩賜也。”“䙴䘳亭”銘云：“古上艾地，有此亭名。千載而下，以名吾亭。既名吾亭，復名吾詩。詩不足傳，亭以傳之。”聯云：“閑坐日長，幽栖地僻；近依松翠，遠借山青。”

廿三日 丁未，晴，風，冷。寄京信交黄門高升店王鄉台。致英中丞書、鍾觀察書，答其咨文，并録寄諭旨。常方伯亦有札壽陽縣文。

廿四日 戊申,晴。檢點書畫、文具,庋閣收藏,將爲北上束裝計也。是日未至園。鍾識帆信來,亦致星使敦促入都之語。

廿五日 己酉,晴。友麟爲我録戊午歲以後詩稿,將續付梓。後集自甲寅至丁巳歲詩十二卷已刊。戊午至庚申歲出京,約又有七八卷,還里以後歸《息園存稿》,吟興闌珊矣。

廿六日 庚戌。晨興,日色明霽,而墻陰雪痕糝地,到園一路人蹤,輕塵不起,始悟夜雪非晨霜也。書家廟舊聯:"'馬首肇遷,五百年前遺澤遠;龍章崇錫,廿三世後被恩長。''家學詩書綿教澤,廟堂禮樂蔚人文。'十六世孫寯藻謹書長聯。"略易數字,餘俱仍舊。擬將舊聯書藏正庭。又東廡西廡,東西易爲左右,以廟坐西鄉東也。又書"文昌祠"三字,并聯云:"天下大文章,源從孝友;古來名將相,氣應星辰。"此程春海先生所撰,語頗典重。余村文昌祠在東南嶺上,有松,舊額"人文化成",先大夫請那文毅公彥成所書;家廟正庭額"敦本睦族",請松文清公筠書,皆先大夫立也。

廿七日 辛亥,晴。余所藏宋搨《大觀帖》弟六册,王右軍書,北平翁覃谿先生校定,細字數萬言,海内此帖,生平所見無踰是者。道光年間,章太史瓊爲物色者。又《淳化閣帖》閩本,姚姬傳先生校定,亦數千言,吴京兆鼎昌所贈,亦足珍尚。又古銅觶,李慰望顧釋其篆爲"杜蕢",爲題"寶觶山房"額,道光中年賜器也。偶撿書厨,因記之,以示子孫。

巡撫英公咨文恭録請聖安三分摺式,敬謹遵行:十月二十六日,議政王、軍機大臣面奉諭旨交内閣。巡撫咨文十一月廿六日由縣送到。

臣跪請慈安皇太后聖安;

臣跪請慈禧皇太后聖安;

臣跪請皇上聖躬萬安;

應用清字者,安摺清漢合璧。

廿八日 壬子,晴。今多僕往索馬溝、尖山定轎并轎夫,爲開春啓行計也。張石州書詩幅送還任華祝,其《小栖雲亭圖》卷且擬借觀,到京再屬諸名人題跋。

《談往》一書,花村看行傳者偶録也。西洋來賓一條云:"利馬竇,萬歷三十年由廣東東粤率其徒龎迺峨、龍化民等五六人至五羊城,轉入八閩,遞上金陵。自言來自大西洋國,路遠十萬,泛海九年。初出千里鏡、自鳴鐘、舉重算法諸事件,更出歐邏巴輿地圖。留都臺省,尊爲西儒。渾天儀、量天尺、勾股法,算時測度,卜影景星,談玄説奥。”又曰:“大統歷已壞,會須修之,因咨送燕京。適首善書院之室被擊,顔其門曰‘修歷局’。明朝君臣上下未見有鑒識品題,畢竟定爲何如人者,則賓之而已。”此書於明末朝政時局慨乎言之,雖傳聞異詞,亦足爲殷鑒已。

廿九日 癸丑,晴。連日寅刻披衣起坐,撿點文具、奏摺、書札、詩片、碑帖等件,撥炭盆,翦燭,呵筆寫記。家人鼾睡,病叟獨醒,此間佳趣,惟自領之。撿訖,滅燭倚枕小憩,窗色已白矣。

十二月朔 謁關帝廟行禮,支祠行禮畢,遂詣崇福寺佛前、趙文子祠、關帝前行禮。寺後殿左廡南,供白衣大士像軸,先太夫人生平所奉,安葬後移奉寺中。今日拈香,見像已損蝕,因屬僧善全重裝,并以寯書《心經咒》刻本附於像下,以志感慕。爲善全号曰“松幢”,以後殿古松、前殿唐石經幢,皆寺中古蹟也。晴,不甚冷。是日二九,日惟甲寅。

初二日 乙卯,晴。十月二十一日,奉旨來京,聽候簡用。《紀恩》二首:

百年難遇中興朝,重疊温綸下九霄。常熟翁相國心存、河南李太常棠階、江西劉殿撰繹,同日奉旨起用。仰覩光華雲糾縵,回看鬢髮雪飄蕭。盛名自古誰能副,兵氣於今尚未銷。天語褒榮臣節勵,“忠清亮直,學問優長”八字褒榮,感激滋懼。酬恩何以獻芻蕘。奉命時正擬有所陳奏。

憂患餘生出國門,衰庸自分老山村。豈知野叟桑榆景,重沐天家雨露恩。駑馬雖容趨紫禁,夕陽只是近黄昏。平生學古慙無獲,“學古有獲”額書,先皇所賜。敢向丹書細討論。

解河源孝廉來訪,宿東樓下。

初三日 丙辰,晴。任槐庭刻《忠義堂顔帖》,何子貞家所藏真蹟,張石州摹本也,跋而還之。

初四日 丁巳,晴。得佶姪、長兒京信,上月廿二日到京,廿三日發信,一路平安,擬於廿六日遞摺請安,摺用三分。

解孝廉著書頗多,其《五經補注》、《四書正義》、《史編綴事》,多可採處,吾邑老輩知讀書人也。秦紫瀛孝廉東來亦讀書沈静之士,其門人閻夢巖農部,則能貫穿經義,兼究六書、訓詁之學,其所箸《毛詩緒餘》十卷,可傳之作。又,乾隆年間孝廉劉仲孺先生元一箸有《帝王年系都邑考》六卷,首列帝王年世分合圖,自伏羲癸酉元年,至我大清乾隆甲子,計八十九甲子,除伏羲癸酉前甲子内短九年,至乾隆甲子,計五千三百三十一年。運有正閏,勢有分合,世有長短,此圖括其大凡。次帝王分合總論,次帝王年系都邑便覽。其子嘉慶丙子解元嵩識云:"史之有圖,常例也,類皆平鋪直敘,略記其代而已。先君每頁分爲數行,每行貫以甲子、甲午,運有正閏,統有分合。自伏羲癸酉而下,崛起者何年,割據者何歲,承繼者何時,閱一圖而千載可坐而致也。"次子雪厓明經霖校梓。中丞來信。

初五日 戊午,晴。聶春膏子惠屬余爲《重脩方山昭化上院記》,據云,道光二十六年,邑侯福山王公晉介創議重脩,命僧人衛和募化,邑人聶子惠等經理,共費錢九千餘貫,咸豐二年工竣。

初六日 己未,晴。寄譚竹崖中丞、鄭松峰方伯書,内有致家仲衡信,詢齊、豫賊匪情形。

初七日 庚申,晴。方山工程重脩者:古佛殿、藏經閣、閻王殿、伽藍殿、玉皇閣、文殊閣、華嚴閣、鐘鼓二樓、五龍祠、白龍神祠、東西官房、天池、金剛泉、五龍池;剏建者:春秋樓、藥王廟、吕祖廟、趙文子祠、程子祠、東西碑廳、聽松樓、飛石泉、月池、拄持院一所。春膏信來云云。

初八日 辛酉,晴,冷。早起吃臘八粥。子疇爲輯《史鑑摘事》,已脱稿矣,與《經訓摘句》皆小楷手書成帙。此二種雖僅編録,於帝王政治之要已括大凡。子疇,忠孝人也,其志學即此可見。

初九日 壬戌,晴。答陳淮生蘭弟内兄書。淮生自澤郡寄俸百金,爲北上之資。衰病如此,何以副望。又及子鶴事,爲之歎惜。子厚勇於爲人,不自貴重,古今同慨。君子論人,瑕瑜不掩;訐人爲直,賢者所惡。友柏内姪時在省城寶珊處,并答其書,來使張升持去。陽曲閻户部執桓昨過此,一宿而去。

初十日 癸亥,晴。昨日馬履謙、履亨屬爲其尊人景廬先生墓表,以墓銘拓本來。景廬諱俊修,善醫,先太夫人還里後,每病必延景廬診治有效,心感無既。余兄弟至交。履謙,其次子,邑生員;履亨,三子,習其醫業。古城馬氏,景廬其白眉最良者也。是日三九。約子疇來。

十一日 甲子,晴。今日不宜陰,所謂"冬雨甲子,牛羊凍死"也。然一冬無雪,時氣不正,人多疾病,農事可虞。去冬雪極霑足,今秋幸得中稔,若臘間能沛渥澤,春耕尚可及時。昨夢中得句云:"紅歛老芽久,青舒新葉纔。"亦望雪之意耳。是夕得佶姪、長兒京中月朔所發信,知謝摺并條陳摺均於十一月廿日恭遞,請安摺遵用三分。

十二日 乙丑,晴。寄京信,諭佶姪、長兒在京擇交最要,凡事收斂,勿招物議。所奏事件已奉特旨鑒允，礦廠釐局蒙恩罷減，暮年感激，惟有涕零。其各條崇聖學、收人材、敦節儉諸事，均飭議辦，不知南省清漕之議可行否？非兵燹大劫後，積弊不能清，大劫後亦不可不清，此事關繫甚大。湖北胡潤之中丞林翼行之已效。曾(遂)[滌]生制軍今方節制江浙四省，當可力挽此弊。所謂窮則變，變則通，通則久也。觀《邸鈔》，御史朱潮奏軍情、吏治各條俱極剴切，此大器也。孫給諫楫進明張居正所輯《帝鑑圖説》一書，於聖學大有裨益，似於《四庫全書總目》中見此書名，未讀其書。前奏亦思及此圖書，並列養正始基，蓋心不厭則易入，力不勞則有功也。孫文定公《三習一弊疏》，已飭國史館撿録進呈矣。

十三日 丙寅，晴。《邸鈔》載禮親王等會議郊壇配位一摺，奉上諭："郊壇配位總以三祖、五宗爲定，世世子孫，永爲法守，至皇考功德超邁，允宜稱宗祔廟，百世不祧。等因。欽此。"

郊壇配位奏摺并上諭一道，謹録全文，用紀典禮。寯藻昔充宣宗成皇帝實録館監脩總裁官，竊見皇史宬石室中金匱恭藏實録已滿，奏明宣廟實録告成，每匱多藏數帙，始敷藏弆。奉旨依議。文宗顯皇帝實録將來告成，似應敬照前式，將歷朝金匱帙數均匀恭藏，則石室臺基寬裕有容矣。附記於此。

十四日 丁卯。昨晚月邊雲起，漸盈天際。曉起，沉陰作寒，大有雪意，已午間漸開霽矣。先太夫人生平所奉觀音大士像，移奉北寺幾三十年矣，塵蝕太甚，屬僧善全重裝，附寯昔書《心經》刻本於下，并記以詩："紫竹青蓮黯復新，鑪香縹緲認前因。天南烽火何時了，爲灑楊枝洗戰塵。"夕陰，又合。

十五日 戊辰。昨夕平定曹叔延松頤，行三。自省還過，宿東樓下。今早雪花漫空，小留到園，看我書大字。午刻，關帝廟有羔羊之獻，請叔延與子疇杯酒消寒也。京信到，臘九日發，塘遞甚速。

十六日 己巳。昨日雲陰釀雪，至夜不散。早起，階墀屋瓦，玉糝有痕。辰刻來園，日已杲杲，惟見遠峰白顛而已。叔延還州。京官穿青褂，不拘袍色，朔望常服，齋戒日常服挂珠，几筵前青袍褂摘纓，轎不用青色。現未帖春聯，娶親、移徙，間有帖者。夜夢得句云："同輩凋零知己少，暮年憂患受恩多。"

十七日 庚午，晴，西北風。寄京信。自上月廿五至臘朔，京信三，俱收閲矣。京廙小園尚未荒廢，久客還鄉，又將作客，七十老翁本難遠出，感戀恩私，不容已耳。聞子鶴遠戍，將過敝邑，遣多僕往候于道，贈以先君所箸《藩部要略》、《西陲要略》、《西域釋地》、《萬里行程記》,以備長途撿閲。舊貂馬褂一件,則余所恒服者,聊以志把袂之别。子鶴生平熱腸喜任事,不暇擇交,遂因人受累。盛名難副,末路難保,吁足畏哉!夢巖先生來訪。

十八日 辛未,晴。前奏已奉上諭二道,謹録存於左。至崇聖學、舉人才、敦節儉等條,業經疊次降旨辦理等因,未見明文。王子懷侍郎得奉褒綸,忠誠可慰,自以起假爲是。田敬堂大理頃得其復信,以嚴親八十,擬陳情侍養,此聖朝所必鑒允者也。

十九日 壬申,晴。是日四九,天氣不甚嚴寒,總由雪少故耳。昨得王鴈汀先生書,新以總憲起用,明春進京。向在農部共事,謹慎老成,學足致用,由山陝巡撫擢川督,調粤督,告病僑居汾郡數年矣。

多僕自縣回,已接見子鶴尚書於公館,致信物,得復書有"揮淚感銘"等語,且對多僕揮淚,其眷屬隨後到,即小住王湖鎮度歲。寶珊二世兄山西候補道景謨奉母居太原,五世兄隨侍西行。保定郡守徐孟卿爲雇轎送至王湖,沿途除兩車兩馬外,不宿公館。子鶴,熱腸人也,其才終可用,但望早晚賜環耳。

廿日 癸酉。同雲四合,又有雪意。尖山陳工師送家廟刻飾對聯兩副來,又書北寺關帝廟扁"護國祐民"、閣北觀音堂扁"普度",均交其刻飾之。張禄自平定回郵。

廿一日 甲戌,晴。子疇先生書塾散學,率姪、孫輩從先生於至聖先師前焚香九叩,敬謝先生教澤,啜茗而還。令壽姪、彭孫及李栓兒園中寫字。是日大寒,風冷。縣少尹嚴佩雲六兄銘來送食物,留一飯而去,所送畫卷等件璧還。得大姪臨晉書,友觀正月二日可啓行。

廿二日 乙亥,晴。《邸鈔》禮親王世鐸等會議具奏一摺,謹載於左。

廿三日 丙子,陰。昨晚,張二甥孝瞻偕同州西郊郝生鴻藻來讀書應童試者,人頗安詳,求爲其尊甫六十壽書。今日祀竈節也。燈後李蘭自京還,十三日啓行,書信、衣物等件均收到,京中平安。康興亦自懷慶歸,鄭廉察寄件收到。河北捻匪此剿彼竄,意在窺晉太行隘口,雖有防兵練勇,究可慮也。縣尊送食物并友觀會試咨文。

廿四日 丁丑,晴。張奉世與郝嵩峰行六回州,貸券已交郝生矣,長兒京中寄來者。爲縣學貟君恩尊翁書大"壽"字并八十壽扁,學師前此親來求書。是日掃舍宇。小園午飯,抵暮乃歸。

廿五日 戊寅,晴陰相間,西北風極冷,《豳風》"二之日栗烈",氣寒也。

今年雪不及寸,較去年寒已遲矣。年事頗冗,質卿、仁圃兩姪孫爲我料理,老夫但坐卧土屋而已。專脚送食物至王湖鎮,子鶴住此度歲,其屬眷當可追及,家室蒼茫,殊可念也。子疇到下州訪閻夢巖,且以所輯經、史二册,屬爲挍勘。

廿六日 己卯,晴,冷。宗艾,壽之巨鎮也。百貨列廛,遠邑商集,雙日爲集,遠近麕至,年終廿六日集尤繁盛,一歲商民生計於此歸楚。堪笑鯫生,去國還鄉,又築債臺。晏子云"待以舉火",愧不能繼其遺風,然此心忻慕執鞭,有願士大夫無論出處,總以利人濟物爲念,何况親族分屬一體?世俗析産便同陌路,甚且厚薄倒施。父兄之教,子弟之承,觀此可以慨世變矣。書此以示子孫,毋忽老夫苦口訓戒之意。

廿七日 庚辰,晴,冷。由縣寄英中丞、鍾觀察、彭司馬翊勞大令文慶并總憲王鴈汀五兄書,皆復書也。子鶴復書并回食物四種,相念慨然。

廿八日 辛巳,晴。昨任槐庭送《方山圖》,雖匠畫,亦略具規模,松太少,擬入都覓好手重摹之。

廿九日 壬午,晴。族黨饋歲,是午置杯酒,爲子疇先生餞歲,并延劉藴六先生,族姪孫嘉澍與敦姪、友益、友直、友麟諸姪孫同聚。今年消寒無詩,因國服不帖春聯,村民則歌舞昇平也。

三十日 癸未,晴。書土地神聯:"土爰稼穡,地出醴泉。"扁云"平爲福",語出《莊子》。爲子疇太夫人書"福"、"壽"字二方。鄉俗不辭歲,惟先生前承姪孫輩行禮。自去年八月廿九日回里,兩度歲矣。明年七十又將應召入都,出處真有定數邪?

歲在元默閹茂𥻗𥻗七十翁隨筆

同治元年正月 甲申朔,晴。寅刻祭神迎歲,土地、竈神前行禮。詣關帝廟、土地堂行香,謁新祠、家廟,合族行禮。世父贊亭公、福亭公、貫亭公神主前,七、八、十世父神主前均行禮,拜葦灣祖墓,北原先大夫、太夫人、大、二、三兄之墓。還園居,恭紀以詩云:"輿治方同道,維新乃中興。居辰星拱極,洗甲日銷冰。堯舜宫中號,聰明海内稱。自嗟遲莫眼,拂拭望觚棱。"時奉召將入都。

初二日 乙酉。寅刻西北風作,至曉益劇,極冷。秉燭寄臨晉大姪書,呵凍手僵。年前祀竈前得大姪書,云友觀正月二日啓行,燈節前後可到,與吾同入都也。又云每年擬寄四十金,爲三姪家用度。又云去年北原三兄葬後,繼以四姪,形家以爲不宜,果有三姪之變。若連年祖塋動土,恐致驚動,須俟四姪葬後三年乃葬。此論頗有見,非盡術家言也,已諭友益等遵行。風霾且曀,九九中弟一寒天也。長洲吕種玉藍衍著《言鯖》云:“梵言阿蘭若音惹,漢言精舍也,譯曰‘無諍’,或曰‘空静處’,若以爲香草、乾草,則非梵音矣。”余嘗爲京師慈仁寺戒公書“阿練若”三字,戒公云出《楞嚴經》,與阿蘭若同義,撿之果然。戒公苦行,熟精内典,嘗爲余談豐干、寒山、拾得公案,元元本本,可廣知識。

初三日　丙戌,晴,風,冷。北寺觀音堂行禮畢,到村北郭宅賀年,其老人連城行三環城行四暨其姪鶴齡孝廉、鶴書秀才及光藜、光熙輩皆見,茶果暢談,還過傅掌柜少坐。光藜肄業晉陽書院,文、詩、字均有法度,鄉薦之選也。昨日縣侯高紫峰二兄來,與其幕賓韓曉洲一飯而去。高侯慈惠長民,民愛戴之。寄大姪信。

初四日　丁亥,晴,冷少減,春將至矣。寄京信後,雪樵學使書以問北上行期,不能不答。關防所繫,書皆露呈,禮也。初二日,族婦女會食。三日,族子弟會食。四日,里社族友小集。六日,延師友。春盤魯酒,以聯鄉誼而已。諺云:“五十不造屋,六十不種樹,七十不製衣。”宋章申公父銀青公俞年七十,集親賓爲慶,會有餉柑者,味甘而實極瑰大。既食之,嘉其種,即令收核種之後圃。坐人竊笑,意謂不十年不着子,恐不能待也。後公食柑十年而終,語出《言鯖》,亦古希事。吾築土屋,植果樹,又將製行衣矣,得毋爲里諺所笑耶?

初五日　戊子,晴。余性躁多言,老病始悔之。書扁卧室以自警曰“金緘韋佩之室”,庶幾改過,而過每不免。又夜眠不能達旦,寅刻披衣起坐,秉燭看書,口乾思茶水,倉卒不得,亦覺悶鬱。老人氣質未平,所學日退,可不戒哉?今日子疇先生令堂倪太孺人生日,前一日送祝敬,兹承六姪暨八姪、丙卯兩姪孫、彭孫拜賀。風息而寒益甚,筆凍指僵,不知何處得雪也。萬季野先生《群書疑辨》多確卓之論,詢與亭林抗行。季野名斯同,四明人也。

初六日　己丑,晴。今日辰正刻十三分立春,寒氣少減。請子疇、蘊六、王醫士、家竹軒兄身正、伯淵、族孫嘉澍春盤小集。任槐庭、傅樗麟來。小浦、小梅信件、贊臣書由縣送到。撿點書箱。春打六九頭,亦有五九尾者。

初七日　庚寅,晴。人日無風,寒氣亦減,好氣象也。撿點衣箱,行期已近矣。中莊劉輔廷翼之三世兄來,云今年須赴保定算交待,不能起假。

初八日　辛卯。晴和無風,春氣漸轉,人日、穀日晴煖,人和年豐之象也。復贊臣書,並致絳州李榕峰廷樟刺史,其所論河南勦匪情形極確,要在地方文武紳民不分畛域,乃克有濟。近來各省軍務皆坐此弊。榕峰,粤西人,曾任山東知縣,特擢晉牧,循廉吏也。精於堪輿,每年陽宅修造合否,簡明刊單,以貽相知,意殊切至。姪孫友益生日,字之曰“穀生”。京信至,嘉平廿八日發,十二月二十五日,内閣奉上諭:“祁寯藻着以大學士銜,補授禮部尚書,未到任以前,着李菡署理。欽此。”正擬於正月二十日啓行北上,又蒙恩補官禮部,雖較輕簡,現在稽考典禮,仰贊維新之治,職任綦要,恐非衰軀所能勝任,俟到京據實陳明,感悚下忱,當荷朝廷鑒察也。閻萝巖來,廿日亦擬北上。

初九日 壬辰,晴,風。昨晚祭星,以紅紙搓油,釘於錢上一百八枚,星出焚香祭之,先太夫人母家舊俗也。竊思穀日夜祭,當是祭八穀星,亦祈穀之意。五日送窮,翦紙爲五女,黎明爆竹送之門外。是日,撥竈炭灰,謂之送窮土;車挑净土,謂之填新土,亦里俗也。記余年十七時,先君命作《送窮詩》,有“五日休祥占曰富,一年福禄始於春”之句。慈顔喜曰:“此子吐屬尚無寒酸氣。”又《送竈曲》末句云:“莫登天兮訴貧,貧不極兮心不苦。”先三兄獎之。

初十日 癸巳,晴,吾村拾紫節也。演劇於關帝廟前,夜放煙火,北閣然燈架字曰“天下太平”。街起松棚,秧歌龍燈,式歌且舞,豐年有之。吾以國服,閉門不樂。民間服除,擊壤頌祝,亦元年元春之盛遇也。昨夕平定僚壻劉竹友大兄慶餘之子炳煌來訪,并帶到曹叔延信件,留宿今日,觀劇看燈。炳煌字星垣,行一,州庠生,例貢。贈以對、扁,竹友少余一歲,寄“積善日長”扁。内弟曹欽甫熙賡,行一。堯臣熙績,行二。二小扁。答叔延書。盂縣本家同賈先生來。三姪書院課徒。

十一日 甲午,晴。劉星垣世兄回平定,嚴佩雲送食物送行,任槐庭遣价送行資。連日村節,賓客紛如。夕觀燈火於十字街,發揚春氣,散解時疫,即爆竹送寒之意。

十二日 乙未,晴。篤姪、彭孫早飯後隨余至園,寫字温書,午後送回。宋璟《八月五日千秋節表》云“月維仲秋,日在端午”,是知凡月之五日,皆可稱端午。蓋“端”者始也,首也,猶今言初五也。推此,則每月初一至初十皆可云端。又元日爲“履端”,亦取此意。但宋表不曰“端五”而曰“端午”,或是日適逢午日,俟再攷。《天香樓偶得》檇李虞兆絳虹升著。

十三日 丙申,晴,風。晨飯後,子疇書塾小坐,請定入學日期。《岳忠武王集》、朱弁《曲洧舊聞》二書還子疇。《有不爲齋議稿》,子疇新箸也。兵農經國要務,極言其弊,繼以挽正之策,可謂憂時慮遠之士。它日建樹必有可觀,忠孝人固非愚迂也。

十四日 丁酉,晴,煖。尖山傅翁送轎來,即乘以詣雁朋堰老塋祭埽,告將入都。塋前石卓,清明可立。惟去年補松廿餘株,以井水缺少,漸有黄萎,今年必須淘井灌漑耳。

十五日 戊戌,晴,上元。祠堂寯謹主祭,世偉、世鈞、世貞、友于贊禮,默告入都。村北郭三先生連城四先生環城暨其姪孝廉鶴齡秀才鶴書等,持酒肉各色送行。其族人亦到園,持酒二壺相送。昨日傅先生作霖,良弼、上峪本家來送。

十六日 己亥,晴。詣陽和堰祖塋祭埽,篤姪、彭孫侍親族送行。

十七日 庚子,陰晴相間。支祠六案設供告辭。是日入學,嘉澍伯淵亦入學,在高樓院東房,世忠小姪、友巽、友豫兩姪孫,并伯淵之弟姪五人讀書。每歲束脩五十千,大姪書來,願備一半,其餘一半并雜項供應,吾爲料理之。夕友觀回里,一路平安,便可同行。大姪書來人還復之。

十八日 辛丑,晴。詣北原先大夫、太夫人墓焚香叩别。七十老叟出山,歸期何日?惟有量力報恩,益加敬慎,伏冀先靈保厥終始也。珠渡灣先室兩夫人墓視别,慨然。友觀侍。是日,英中丞、常方伯、鍾觀察、洗學使,均專人來致書并送程儀,媿不敢當,即具復婉辭,雖素有來往問訊,不便見累也。瑞廉察亦致名柬來,送答之。高父臺送酒饌,因余不敢擾驛站故耳。連日親友族里持酒肴賀送者踵接,情誼之厚,且感且媿。息園覓人住看,廷周,族之老弟也。子疇先生送菜,又議稿一册,多有關繫之言。

十九日 壬寅,晴。送者甚多,行色匆匆矣。太原王太守溥亦差人送行,具函辭謝。晚間,轎夫騾隻俱到。

祁文端公予告於髮捻猖獗之時,出都於木蘭秋獮之日,復召於三凶既誅之後,此其歸居家園六閱月中日記也。公官京朝數十年,始倡宋詩,尤孶漢學,顧此記中於學問、掌故皆不甚言及,偶一見之而已。觀其從容居處,天真簡樸,愛君憂國之志時流露楮墨間。國之將興也,其君子必以儉素真誠率先天下;其將衰也,則浮誕緐侈常始於貴人。公此記雖文字無多,意度乃頗與聰訓齋語相近,同治中興之兆於此卜之矣。公孫字孶敏者居揚州,與先君爲僚埒於卞氏,其家人甘食美服,口皆燕語,非復文端之風。孶敏死數年,劫後家藏書籍蕩盡,此二册吾友張君嘉禾購得之云。己卯孟夏之月,儀徵陳含光謹跋。

靜默齋日記

(同治二年)十一月二十一日 甲子月,甲子日,金奎。

上宫中拜佛。二九初,久不雪,氣候不和,伙熱多嗽。翰林接見世長,第三次。慎選守令策《四皓安儲論》,字典:"晧"字,日部、白部皆收。"四皓"收白部,《説文》引作"四顥",又與"皞"通,音昊。

十一月二十二日 乙丑,晴,煖。

昨日,奉旨祈雪。二十四日,上親詣大高殿拈香,時應宫、昭顯廟、宣仁廟、凝和廟,分命恭、惇、鍾、孚四王拈香。

午正退直。

壽禧和碩公主八十月二十九日下嫁,額駙扎勒豐阿。壽莊和碩公主九十一月二十二日下嫁。

二十三日 丙寅,晴煖無風。

近日入直,頗覺氣喘。

二十四日 禮部值日,丁卯,晴。

卯初二刻,上詣大高殿拈香,常服不挂珠。賞燕窩一包。恭遞封奏一件,片二件。

二十五日 戊辰,晴。

昨日内閣奉上諭一道:"寯藻所保原任山東同知劉大紳、山東按察使李文耕、已故直隸大順廣道劉煦三員,堪入國史館《循吏傳》,如所請行。保舉現任之直隸任縣張光藻、獻縣陳崇砥、知縣王蘭廣、山東知縣蔣慶第、山西徐溝縣程豫、汾陽縣吴輝祖共六員,各督撫給咨,送部引見。教習期滿在部投供之知縣江南優貢端木埰,在籍候選知縣山西舉人秦東來,均交部帶領引見,候旨録用。摺片發鈔。"

二十六日 己巳,晴。

午正退直。發往江蘇以知縣用十四員,仍飭吏部於科甲出身中揀發十員,因巡撫李公請也。吕侍御序程請查逆産及荒廢地畝,安置難民降衆,奉旨准行。

貴州舉人鄭珍、莫友芝、前奉天知縣安徽進士張保衡,均發往江蘇以知縣用。

二十七日 庚午,晴。

未入直。惠邸請假。禮部送各司京察官單,定於初二日過堂,商定舉劾。

二十八日 辛未,晴。

艮峰相國《莎車行記》一卷,乃咸豐元年任葉爾羌幫辦大臣途次所著,爲之跋,并以先君《西陲要略》、《西域釋地》二書贈之。艮翁篤守程朱之學,故語多鞭辟近裏,着己直諒,益友也。老得良規,庶幾寡過,何幸如之。艮峰《壬子日録》一卷,亦跋之。

二十九日 壬申,晴。

夜少睡,巳正退直。

慈禧皇太后賞"福"、"壽"字二方,"龍"、"虎"字二方。是日,養心殿有引見人員,均研頭謝恩。王、御前大臣、軍機大臣、弘德殿行走、内務府大臣。

壽成叔、質卿族孫,自壽陽來京。

十二月朔日 癸酉,晴。

三九,望雪甚殷。午刻,天主堂法國北堂火。西華門外蠶市口。昨日壽明寺火。山東撫奏保知縣蔣慶第,奉旨發往山東。

初二日 甲戌,晴。

禮部京察過堂,未入直。午初到部。同事:尚書倭崇菴倭什琿布,行六。左侍郎察鑑泉察杭阿,行二。麗寶生鍾璐右侍郎綿佩卿宜,行二。吴和甫存義儀製司掌印德恩、謝棨照、祠祭司掌印奇克慎、李文敏。

申初回寓。

初三日 乙亥,晴。

四額駙奈曼王德木楚克扎布病痊請安。時御前大臣醇郡王、六額駙景壽、奕山。四額駙假滿,仍爲御前大臣。科爾沁親王僧格林沁仍在軍營。爲艮峰略談及六書之學,艮峰云學期改用六書,似非所急。

初四日 丙子,陰。午未,陰晴相間。

今日鼻淵又發,受勞所致,擬請狄芳九春畹治之。狄,鎮江人,其族兄狄惺菴子奇與程侍郎春海交善,爲挍訂《戰國策地理書》。

初五日 丁丑,竟日陰,夜晴。

狄君來診,云係膽熱移於肺家,服藥一劑。

初六日 戊寅,晴。

上詣大高殿拈香,設壇求雪。風、雲、雷、雨廟,仍遣諸王拈香。連日鼻淵劇發，今午退直較早。

艮翁示觀南豐劉簾舫先生衡遺書，皆官行文字，其子良駒都轉渠行，蓋循吏也。

狄方云兩寸脈俱浮而緩，左關微數，此乃膽熱向客肺家，近復感受風熱，遂致鼻淵。《内經》云膽熱則移於肺者是也，擬理肺並清膽熱爲主。

白甘菊花一錢半，炒，當歸首二錢半，酒洗，麥冬二錢，去心米，炒，蘇薄荷六分，霜桑葉四錢半，炒，天花粉一錢，橘紅一錢，鹽製，雲茯苓二錢，白通草七分，荷鼻三个爲引，石首魚頭中小石研末沖服。外，辛夷一个，綿花包好塞之。煨附子一个，葱涎和搗極爛，夜塗涌泉穴。

初七日 己卯，晴。

以鼻淵先退直。

復閻丹初中丞書敬銘，行五。論山東吏治。洗雲樵侍御斌來談。賞耿餅一包。

初八日 庚辰，晴。

上宫中拜佛。賞臘八粥。三九不得雪，令人殷望。

初九日 辛巳，晴。

四九氣不寒，冰有消者，地氣不應。

初十日 壬午。寅刻起，天陰甚沈，入直至午，又放晴矣。恒暘、恒燠之徵，不無過慮。樹棿老人來京，十三日回家。

十一日 癸未，忌辰，晴。

寄壽陽高紫峰父台太宜人壽聯、補服。寄家中度歲之資，舊債點綴而已。庚、辛兩年在家用度甚繁，又添債累。質卿病，先令壽成叔回，明春再送質卿歸也。

馮玉成十三日偕壽成回里。

十二日 甲申，忌辰，晴。

昨日，上御書"福"、"壽"字各一方，賞恭王，軍機御前大臣惠、醇二王，弘德殿行走之祁寯藻、倭仁、李鴻藻、倭什琿布、伊精阿。傳旨："毋庸謝恩。""福"、"壽"字各方五寸，結構筆力完整清秀。上時八齡，讀書至《孟子·公孫丑》篇。

十三日 乙酉，陰，午後又晴。

拈香服青褂，還宫更常服。

上詣大高殿拈香祈雪，諸神廟王等拈香。丑刻大寒。十二月中天氣不寒，人多(漱)[嗽]涕。

芳九來診開方，食後服。另一吸方：蘇薄荷一錢，辛夷五分，老絲瓜蔓四錢，煅青黛五分，研極細末，如鼻煙嗅之。

懋勤殿祭神，每年夏冬共二次。

十四日 丙戌，陰，旋晴，午又風。

蘭孫今日入直，前二日微恙。蒙古扎薩克王公陸續到京。

醇王携大字横幅與同直看，係"人和"二大字。款，德善舌寫，云面試之，以口含墨吐紙上，以舌運轉。"人和"二字，蒼老如枯筆勁逹，奇技也。古有以頭濡墨者，未聞舌能作字，世俗好怪，令人發笑。德善，護軍營滿兵也。記之以廣異聞。

十五日 丁亥，陰，午又晴。

端木子疇埰，由吏部帶領引見。

連日(漱)[嗽]，上鼻淵未止，或藥過清涼耶？午初退直。

今日在内，聞麗川尚書愛仁使山西，旋至正定府病故，不勝嗟歎。前年麟梅谷魁沈朗亭兆霖兩尚書使甘肅，麟病歿，沈爲山水所溺。去年王子懷侍郎茂蔭偕愛公使晉，子懷以母憂去，愛不果歸，星使何阨於西北耶！端木先生忠孝性成，耿介不苟，學識通達，才足有爲，寯與相處七年，深敬其人。去冬專摺保舉，今復列薦章引見。奉旨："着以内閣中書即補。"不勝感激。此忠孝之報，可以風勵士林矣。

十六日 戊子，陰沈，似有雪意。午間微散，未申復合，令人有望雲之思。

雲南鹽法道吳惠元久未到滇，以規避休，改放御史彭瑞毓。滇省爲回匪所隔，官斯土者，多以逾限干議，似應令總督酌量變通辦理。兩粵、黔、蜀皆滇之鄰，就近量移，予以升途，仿煙瘴邊缺之例，或可鼓勵。否則缺懸不補，吏治日弛，邊圉之憂也。賞藏香二束。

十七日 己丑，晴。

夜(漱)[嗽]少睡，未能入直。狄君又來診云，肺氣弱，仍帶風寒，故(漱)[嗽]且瀉。書袁午橋先生輓聯云："十載戰功多保障，江淮盡瘁，無慙諸葛表；三朝恩眷重酬庸，祠廟思親，仍着老歲衣。"袁公謚端敏。

十八日 庚寅，微陰，旋晴。

仍未入直。昨夜復大咳氣緊。自初三日小觸風寒涕(漱)[嗽]，遂致鼻淵劇發,近(潄)[嗽]愈數,亦因積勞所致也。

晚陰甚濃。今日四九已滿,若得雪,猶在春前。

王子懷來云,明正出京赴江西矣。

十九日 辛卯,微雪鋪地,寒色滿天。

今日禮部值日,勉强入直,而(潄)[嗽]涕不止,力未能支。卯正餘遂退,雪亦晴矣。世長來城繕摺。明日請假。

《皋謨》、《九德》二節書屏四幅,答恭邸節物,并送《通禮》二函。

二十日 筆帖式耆安遞摺,得旨,賞假二十日。是日壬辰,晴。

賞大卷江綢二端、帽緯一匣、春帖子,賞各色絹箋四十張、福方十張、湖筆廿支、揚筆十支。

慈禧皇太后御書"夙夜寅清"扁,賜臣寯藻。弘德殿師傅、御前大臣、諸王、軍機均拜賜,誠曠典也。

上書"福"、"壽"大字,昨日賜下,蓋南書房代筆。

愚見宫中有《輿地全圖》及《官職圖》,皇上退書房後可資觀覽。又諭:"皇帝卯正上學,約及辰初一二刻還宫用膳,膳後上學。辰午功課,通融酌量可也。"蓋封印後,功課減半,今日開印,次日故有是諭。午初退直,倭、李兩公未正退直。寯以衰病,深抱不安。

廿一日 癸(亥)[巳]。昨晚大風竟夜,達旦少息,午後復作。

午正退直。

廿二日 甲(子)[午],晴,冷。

未正三刻退直,連日精力尚可支持。

廿三日 乙(丑)[未],晴。

午正先退直。陝甘回匪日熾,總督熊公麟病危,事深可慮,早間與恭邸談及。李强齋尚書棠階散直過訪,復詳言之,并以得人接任爲難。

連日陣風,春寒猶未減也。

廿四日 丙(寅)[申],晴。

昨日京察題本,旨下:"議政王優敘,文祥、寶鋆、李棠階、曹毓瑛議敘,總督官文、曾國藩、駱秉章,左宗棠、李鴻章優敘,吏部左侍郎孫葆元、内閣學士中常原品休致,餘着照舊供職。"大學士、尚書至副都御史,均由内閣公摺謝恩。

午正三刻,先退直。

昨以《穀日雪集》詩録送孫韶甫還里,廿五日與子懷侍郎同行,由王家營一路旋南,其兄琴西在曾帥軍營也。

《執中成憲》共八卷,雍正六年命儒臣採集經史子集。十三年書虞三代盛,老逢甲子上元春。寯生於乾嘉之際,丙辰授璽,三年訓政,皆曾聞見,經歷三朝,受恩優渥。香山句云:"消磨歲月成高位,比類時流是幸人。大歷年中騎竹馬,幾人得見會昌春。"誠然,誠然。

廿五日 丁酉,晴。

昨日晚間,吴竹如少司寇廷棟來問,云子懷先生代達余意,欲請一診。竹如先生久已欽慕,未敢以名柬瀆,懷翁談及,竟爲之光容,感悚難安。診云膽熱肝火客肺,上致鼻淵,與狄君診案差同。

玄參二錢,夏枯草二錢,辛夷一錢,生竹絡一錢,青菊葉二錢,生草五分,荷梗二錢,煎水代茶,治鼻淵。

蘿卜汁一兩,秋梨汁一兩,杏仁汁一兩,生薑汁一兩,人乳一兩,以上五汁入(錫)[餳]糖二兩,烊化水沖,治欬嗽。

吴君咸豐初官秋審處,曾以會審案見之,久聞其理學功深,品行端粹。曾滌生爲侍郎時,嘗力薦之。倭艮峰、李文園,皆久與訂交。兹承枉過,何幸如之。今早遣人謝李,兼謝子懷也。

翁月舫蒙恩出繫,遣戍伊犁。

俞奎垣自溺案定,倫紀攸關,自不容刻求父兄之過。倭、李博采公論,儒者斷獄,固應如是。穆清軒自軍臺寄黄羊、湯羊二隻來。

廿六日 戊戌,晴。

王笑山副憲來問,翁叔平脩撰來詢。月舫已出都省侍太夫人,蹔廌廣安門外三晉廟。近來士大夫家教謹飭,能世其學者,常熟翁氏爲最。文端相公行述年譜所記,繁簡均有法度。

夜嗽略輕,得少睡,便覺好。惟畏風,不耐用心,多語亦覺勞乏。

左軍攻剿杭城,直抵城隍山下,陣斬其僞王鄧光明,餘杭賊亦敗潰。

吴和甫存義放浙江學政,其禮右侍郎,殷譜經北镛署理。

夢境不清,肝火客肺之徵。

廿七日 己亥,晴。煖甚,一冬無雪矣。

聞白蘭嵒侍御恩佑云,保定一帶,有得雪三四寸者,近京則無。蘭嵒自楚南學政召還,行李幾困。然其謹飭公勤,吾鄉重之。李蘭孫親家來問。

賞大荷包二个内銀錁二，貂皮二个，白紬、白布各一方。此荷包手巾年例也。賞山鷄三對，黄羊一隻，挂麪十支。

王拯定甫太常《大觀殘本》二册，二王并唐人書。留觀彖月，矜慎未敢着筆，年尾且送還。

欬未已，鼻淵便恐受累，奈何。

答相知書，加數行墨，便爾不堪，衰可知已。

今日戌正初刻八分立春，交三年正月節。

廿八日 庚子，晴，煖。

艮峰先生來問，孫少宰同坐。是日客見者多，覺勞。

賞佩囊大小二對，平安小荷包一箇，閩柑三十枚。

廿九日 辛丑，晴，微風，至夜西北風大作。

恭懸賞字扁，大小四面。

卅日 壬寅，晴。風至黎明息，煖。

春聯帖齊。申刻，家人侍食，長兒夫婦、八姪、友直、友謙兩姪孫、彭孫、思飴、增年兩孫女，圓案同坐，亦足慰老懷也。謙來京已兩年，直十一月來，因小恙留京，恰好如在家鄉情味。

狄芳九餽食品。

此二日似覺精神較佳。

閲《邸鈔》，所保直隸知州王蘭廣，前因劉侍御參其失守城池，總督查明棗强曾有賊匪十餘人闌入，該縣殺二賊，餘匪逸去，城未失守，仍奉旨引見。直隸王方伯榕吉來信云，其官聲素著，自幸復自警也。

同治三年正月元日 癸卯，晴。

氣象安静，寅刻起，接神行禮，又向闕叩首。神主前行禮，家人賀歲，開筆寫大小字數幅。此上元甲子第一日也。“孝弟忠恕”四字，人生第一義，其日省之。書二紙與長兒、謙孫，且自勉焉。時年七十有二。辰刻，謁家塾，至聖先師像行禮。爲端木先生太夫人賀歲。同鄉閻夢巖、張少銘、本家季聞表姪、劉珂鳴皆見，餘概不敢當也。

初二日 甲辰，晴，微風。

宫中祀神，賜糕一盤，叩頭祇領。明日具摺陳謝。

蘭孫親家來見。城内外遣人賀歲，假中不能趨詣。

初三日 乙巳，終日陰冷，晚見飄雪，晴而復陰。

今日國忌,不賀歲。謝摺領下:"知道了。"

孫蕖田讀學鏘鳴,以參本地方官爲左制軍查奏不符,奉旨休致。

初四日 丙午,曉起,同雲密布,大有雪意,午後晴。

上於今日入學,自三十日至初三日未入學。封印期内,每日午初散學,尋常皆未刻。天家功課,迥勝人間也。

張少銘振新水部,吾鄉後進有志之士。觀其元日、二日兩詩,可見從此力行,不爲空言,進境殆未可量。開年數日,所患差減。

初五日 丁未,晴。

端木子疇太夫人倪,七十正壽,奉觴稱祝,衆賓滿堂,贈以聯語:"鳳閣承恩,名因學著;鸞章錫羡,福與春長"。稱年侍生許滇生,以程春海前輩八分篆書屏二幅屬題。滇生比年不出,以書畫消遣,今年七十八歲,尚乘車出城,矍鑠哉!南齋舊雨,剩此翁矣。

初六日 戊申,晴。

初七日 己酉,雪。

早起,欣然書一絹條云:"一年好景,多在雪窓客臘,請假出城,望雲積思。今日人日,飛白盈階,綏之未已。坐南堂看竹徑,偶然欲書,亦一樂也。"

四川臬司牛樹梅,命來京引見,以蔣志章代之。

冬無雪,人多嗽。春雪雖遲,可減時氣。令彭孫賦《人日雪》詩。

初八日 庚戌。昨夜大雪,卯刻披衣開窓,房櫳院砌皆滿矣,約有五寸餘。

今日爲子疇置酒,約夢巖、少銘、白蘭嵒、家季聞觀《借園寒趣》小卷,走筆呈坐客云:"立春後十日,春雪猶未遲。人日連榖日,勢將雪尺滋。天時有補救,人事亦如之。軍興十年餘,南北遭創痍。戡亂在得人,即今尚可爲。譬如麥將枯,陳根委荒陂。益之以霢霂,秀實仍有期。皇天至仁愛,大澤無偏私。息園有病叟,病久還求醫。得此一霑潤,清涼沁心脾。舉觴勸嘉客,聽叟前致辭。寒趣倘可借,更求畫中詩。"坐客皆能詩,蘭嵒、季聞兼善畫也。

初九日 辛亥。昨日午刻後雪止,竟日陰,今早快晴。南窓臨《佳想安善帖》,看《大觀帖》二王書六卷至十卷,雖非舊搨佳本,曾經浙杭南雅堂收藏,陸小雅同年以炟贈别者也。

移南階下雪獅於西墻花池,堆爲小山。

《方山藝文志》,辛酉歲山居時搜拓碑帖輯成,命友謙姪孫鈔録成帙,今已訂爲一卷,再加校勘,它日可梓行也。别有《入山記》一册,乃山居日記,詩數十首，聊記蹤迹而已。

日午檐滴如縷，西北風起，莫寒特甚，夜衾瑟縮，一冬氣煖，陽伏而泄，固應春寒乃爾。

李文園來問疾，卧室坐談，云初三日又發病，樞廷先退直，老境大略相同。前日王子懷來云，正月中將赴九江，經營太夫人殯葬後事。子懷以病未能星奔，知者諒之。談及出處及當代人才、時事隱憂，不覺灑淚。

世長見蘭孫司成，告以十一日具摺。續假十日。惠邸已於今日起假矣，遣人問疾，亦以續假告之。

初十日 壬子。

昨日祈穀壇大祀，今日時享太廟，均遣王恭代時享。前一日，上親詣行禮，蓋沖齡踐祚，一切典禮俱照王、大臣會議舉行。晴，風冷甚。

何白英國琛來問，見《雪集》詩，索一小幅。白英觀察由浙乞養，奉親都下十餘年，讀書課子，論事直厚，由其本行篤也。

十一日 癸丑，晴。

具摺請續假十日，允之。假中往往亥眠卯起，較傫直自便多矣。造物佚我以老，誦香山《不致仕篇》："朝露戀富貴，夕陽憂子孫。"每念瞿然。

蘭喦侍御自湖南學使歸，以王蓬樵宸仿北苑《瀟湘圖》長卷見示，自跋云："前用董法，後參米筆，蓋二十四次臨本也。"

風冷，臘日所無。吾家穀日夜間祭星，蓋祭八穀星也。此星明，主歲豐。初十日謂之拾紫節，里閭演劇放燈。家居村名平舒，四圍有水，中高而平，故名，與太安村同社，邑乘謂之太平社。前年還鄉，不意兵燹世界見此升平景象也。

今日世長承八姪、卯姪孫、彭孫游琉璃廠書肆。此爲京師城南翰墨之場，每年正月上元以前，士大夫多往觀之。外國朝鮮人賀歲者，必購異書而還。軍興以來，書賈漸稀矣。

十二日 甲寅，清冷微減。

午暄，寫聯、幅數事，十指僵如馬槌也。

慶三世兄佐步行來問疾，云到靜默齋兩次，乃知余以病出城。去臘，其兄子鄂禮工部主事承襲子爵，蓋那文毅師滑縣軍功封爵，容靜止安參贊初襲，三襲仍歸其孫。余自十九歲從先君客授蘭山節署，與靜止同筆研，見其四世盛衰之感，昌黎所以勉馬北平也。

得蓮齋觀察三壽由慶陽寄書，言陜甘軍務情形，翊雲制府熙麟忠清憂國，病漸不支，多將軍多隆阿大軍未能至涇州，恐制府力難久任，急須能督師勦賊之大臣迅援甘省云云。不知陜西漢中一帶賊勢如何，多帥能分身否。西北之憂，何所底止。此信筆帖式志光送來，觀察之子也。書云蘭州因狄道克復，湟中就撫，大局尚覺鎮定，惟寧、靈失守以後，賊勢太衆，我兵專力涇州一帶，不能兼顧，恐其蔓延蘭省或東竄陜西。

三壽曾任雲南府，以道員用。咸豐初年，余在户部任内，曾保薦之。今以病退，熙制軍請旨發往甘肅，差遣委用。

十三日 乙卯，早陰冷，向午漸晴。

獨坐偶有所悟：君臣之際，朋友之間，自古聖賢尚難處之，故曰："事君數，斯辱矣；朋友數，斯疏矣。"然則遂無道以處之乎？曰："有。君使臣以禮，臣事君以忠"，"與朋友交，言而有信。"

近日倭、李二公以理學倡導後進，風氣殆將轉乎？吾教子孫唯以"孝弟忠恕"四字，聖賢千言萬語，皆不外此。爲治不在多言，顧力行何如耳，爲學亦然。今日綬姪、彭孫等入學。

賞燕窩一斤，哈密瓜一筩。

趁午暄出，詣長椿、慈仁二寺。住持如月、祥林皆它出，與知客談，散步而還。

十四日 丙辰，晴。

宣宗成皇帝忌辰也。憶庚戌歲正月蘭州使還，至山西介休縣，接中丞兆那蘇圖咨文，始聞大事，驚痛罔措，謹承司員鍾秀、董淳今改名恂、馮栻，即於行館舉哀行禮成服，星奔赴京，過本籍壽陽，不敢以請假在先，便道省墓，即今十五年矣。

偶閱萬年時憲書，自余初生乾隆五十八年六月初四日乙丑，至今同治三年正月二十二日甲子，共二萬五千八百零六日，四百三十甲子矣。絳縣老人偶爲戲語，遂開術家推算命運之漸，謙孫檢得此數，亦頗細心，因録存之。

絳叟一事，有數善焉：一言而善，吏問諸朝，一也；師曠、史趙、士文伯朝多君子，二也；趙孟謝而仕之，三也；以役孤老而廢其輿尉，四也；魯使歸語，晉未可媮，五也；且明歷數，六也。"亥有二首六身，下二如身，是其日數也。"注云："亥字二畫在上，併三六爲身，如筭之六"，"下亥上二畫，豎置身旁。"襄公三十年。

十五日　丁巳，晴。

城南團防周密，夜巡甚勤，自庚申秋至今不懈，陳子鶴尚書此事頗盡心焉。長椿寺散粥幾及十年，此則汪穆度承元京卿力任其事。

余每日早起，中庭焚香行禮。自癸丑歲二月六弟殁後，非病甚弗輟，致敬無祈，藉以收斂身心耳。朔、望并歲時、忌日家祭，謹遵先訓，以承子孫。

今日申刻約何白英國琛蔣霞舫達劉韞齋琨孫韶甫鏘鳴胡小蘧家玉王定甫拯觀齋小集，皆辛丑通家。韶甫罷官將出都，别緒惘然。白英養親，霞舫謝病，尚留京師。是科同人大抵拙於仕宦，拙固愈於巧也。

十六日　戊午，晴。

假中擬挍先君子所箸《藩部要略》等書，因欬嗽氣緊，鼻淵不止，力不能辦。今上元節已過，五日内即應起假，衰病侵尋，老將廢業，奈何奈何。此番再出，量力供職，儻得請老而休，幸免隕越，更復何求。

今日爲子疇上學設席，請夢巖、少銘，又約趙朗甫太史曾向、張恰山吏部觀鈞，非生客也。

湖北荆宜施道張立之建基辛丑以知縣歸班，今有書來問，始知其已擢監司，是科會榜在京者，不過十餘人矣。聞鄭松峰元善病，不果赴山東。四川臬司牛雪樵樹梅亦奉旨來京引見，不知何時得晤耳。

十七日　己未，早陰，午晴。

午後乘小車至琉璃廠寶名書堂。廠肆昨日初散，游人漸少，扶杖散病，尚可優游。檢取《三禮圖》、《儀禮圖》、《貞觀政要》等書攜歸，遂便道謝蘭孫司成晤談，問月内殿廷講讀事，略聞貂裘已换矣。書堂主人李姓，祁縣人，年未四十，録目尚熟。

回拜李蘭孫、閻夢巖、張少銘。

十八日　庚申，晴。

料理入城事務。

十九日　辛酉，晴。

神主前行禮。子疇先生處談，午刻乘轎入城，便道拜客，倭艮翁處亦答拜。新廡東華門外北池子中間路西，頗軒爽，有甘井焉。距東華門不過半里，與西静默寺相彷。世長隨侍，宿於城中寓齋。明日具請安摺。

二十日　壬戌，晴。

具摺銷假。卯正，上入學，請安謝恩，在弘德殿。辰正，吏部等衙門引見，兩宫皇太后前請安謝恩，蒙召見於養心殿東暖閣，垂簾西向，醇郡王帶入，再謝叩，賜上墊一叩首，詢問病狀服藥，命每日閲實録後退直，不必未刻，格外體恤，感悚交并。詢上功課，奏云："皇上仰承慈訓，深知敬畏。臣等恭侍講讀，敢不勉竭愚忱。惟望聽言納諫，日就月將，聖學養正之功，實基於此。"太后諭："皇帝還宫後别無玩嬉，一切耳目外好，悉勑屏除。"奏云："臣集柳書《玄秘塔》字，書屏四幅，送惠邸外，顔《多寶》、柳《玄秘》二帖各三分，其八、九、十，阿哥皆學書，曾以文詩臨仿相質，故贈之。"

曹叔延自宣化來京。

廿一日 癸(巳)[亥]，晴。

今日雇輀出城，還下斜街宅。連年度歲皆在假中，昨有"朝典恩寬乞病身"之句，撫衷慙悚，感莫能名。

贈狄芳九聯云："詩句多傳知有暇，人生自足乃爲娱"，扁曰"四田畊夫之室"，狄君自號，盖謂書田、硯田、心田，人情以爲田也。

"和致祥室"，吾昔爲劉婭書扁也，其室則邇，其人甚遠。東坡句"吾室惟法"，喜解人語也。

今日封印。

廿二日 甲(午)[子]，晴。

敬舉三壇祈雪典禮，天神、地祇、太歲三壇，分派諸王行禮。上詣大高殿拈香，時在立春前五日。賞鰉魚一段，餳糖一包。明年正月二日，惠邸與寯藻均賜糕。

奏事處傳片。

廿三日 乙(未)[丑]，晴。

連夜大嗽，不得穩睡。

議政樞垣公緘來問，并詢春帖之詞款式，作書答之。

李文園、王子卿、何白英諸相好來問。

懋勤殿史監來送宫燭四匣。内節賞，昨已交史監矣。如意三柄交殿中，屆期彙遞。

廿四日 丙(申)[寅]，晴。

昨夜嗽涕甚劇，丑刻後少安，今日尚覺可支。寫大門聯："國恩家慶，人壽年豐"。正廳寫"親見唐成"。乾隆元年丙辰御製序刊行，艮峰相國進呈。懋勤殿有此書。

廿五日　丁卯，晴。

今日入直，恭侍講讀，偕倭、李兩公以聽言用心，戒狎侮，矯輕惰，爲上再三陳説。言雖激切，區區愚忱，誠有所不得已耳。

未正三刻，惠邸同散直。

是日，先太夫人忌辰。追念慈訓，感慟彌深。

吴和甫存義調吏部右侍郎，王笑山發桂補授禮部右侍郎。笑山以庶常改禮曹，嫻於掌故，曾充軍機章京。

蔣慶第來見，直隸玉田人，壬子進士，曾任山東知縣，以知州用，告病回籍。寯藻聞其吏治、才識卓然，其言沈重，保舉，奉旨引見。閻丹初中丞亦保之，字箸生，行四，癸卯舉人，出龍翰臣殿撰房，先三兄同年。其考蕉軒敘倫，壬午春闈分校士也，歷仕江西興國、崇義、贛縣知縣。

廿六日　戊辰，晴。

今日功課有進，未正完竣。

直隸總督劉公長佑，號蔭渠。到京，湖南己酉拔貢，以軍功數年擢至兼圻，與左公宗棠皆楚傑也，畿輔剿賊，未見所長。前直督文煜奉旨馳赴甘肅慶陽，督辦糧台。

閣部院大臣公摺謝恩，九卿京察引見。通政司副使趙東昕年力就衰，原品休致。國子監司業馬壽金聲名平常，勒令休致。

廿七日　己巳，晴。

今日功課安詳，未初一刻退直。

驚蟄，二月節。

柳下惠"進不隱賢"，朱注"不枉道也"，與下句"必以其道"似無别寓意；"不羞汙君，不卑小官，可以進則進，不自隱其賢，惟不枉道以進"，似於上下句意貫注。艮、蘭兩君皆以爲然，不知前人有此解否？

單地山總憲懋謙來談，許久乃去。

廿八日　庚午，早陰，片雪，午晴。

功課平匀，未正退直。

白蘭喦來，爲題《寒趣圖》，以湖南著詩見質，詩畫皆有意境。艮峰云："'進不隱賢'，進賢不蔽之意，對'非其友不友'。"説亦直捷有理。

廿九日　辛未，晴。

功課安静，午正先退直。

趙蓉舫光靈鄉生桂齊小雲承彦吳竹如廷棟請柬,辭之。二月三日文昌館。復直隸王蔭堂榕吉方伯書,論保舉各員。京察原品休致謝恩,勒休例不具謝。

二月 壬申,朔。宫中祀神,派食祭肉於坤寧宫,卯正二刻入坐。惠邸送祭肉。

初二日 癸酉,晴,午後陰。

京察一等人員引見,自初二日至初六日。

“進不隱賢”,趙岐注:“進不隱己之賢才,必欲行其道也。”焦氏《正義》:“以用也。”《韓非子》:“群公公正而無私,不隱賢,不進不肖。”《鹽鐵論》:“見賢不隱。”《潛夫論》:“凡驕臣之好隱賢也,既想其正義以繩己,又耻居上位而明不及下。”此“隱賢”謂隱蔽賢人,與趙注義異。閻夢巖檢得數條,前兩説皆有本,趙注爲優。

功課前滯後暢,未初退直。

初三日 甲戌,陰,未刻細雨溟濛,至夕未已,春意盎然。

近日蘇賡唐廷魁署河南布政使,劉融齋熙載擢國子司業,皆稱得人。三壽亦補寧夏道。惟聞陝甘情形孔棘,多軍久頓漢中一帶。劉中丞溶阻隔,熙制軍病甚,令人懸切。左帥收復海寧州,南中亦未見捷報。

今日功課艱滯。未初先退,精力不支,恐難經久也。

初四日 乙亥。昨夜先雨後雪,至曉未已,幸無風,不致地甲。戴雨入直,與艮翁言:“至誠而不動者,未之有也。遇難處事,勿徒憤急,總須平心自責,竭誠以濟之。”艮翁深以爲然。又云:“《中庸》‘鬼神之爲德’一章,是前後關鍵,以前言中庸,至此提出‘誠’字,後半乃暢言之。誠者天道,誠之者人道。孟子之學出於子思,程朱表章《四子書》,其功與孔子删《詩》、《書》、定《禮》、《樂》、修《春秋》同。”

今日功課匀順,唯《先進》一第稍覺心散,作字亦敬。未初三刻退直。

雨止仍陰,入夜又雨,無風不寒,燈下記此。

倭禮尚書崇庵,以妻喪請假。

九九畢。

初五日 丙子。夜雨,至曉成雪,直至巳午,棼棼不已。無風,嚮夕仍陰。

功課膳前極順,膳後艱澀。未初先退。

初六日 丁丑。寅刻仍雨,辰巳間雲氣漸薄,至午大晴,無風。

是日祭文廟,遣官行禮。

上詣聖人堂行禮。功課爽快。未初退直。

復楊慶伯重雅書,寄字一册,自書七律一首,甲子立春前作也。慶伯,辛丑翰林,四川候補道,署成都府知府。此信交川餉委員趙令基,山西平遥人。

京察旨下。

初七日　戊寅,陰晴相間。

功課極順。午正二刻退直。

是日祭社稷壇,遣王行禮。孝淑睿皇后忌辰,上仍青(掛)[褂]。群臣同禮部京察司員:滿洲四員,郎中德恩、奇克慎、威麟均鈐出,員外豫章未鈐出;漢二員,郎中謝榮照、員外李文敏均鈐出,仍命堂官出具切實考語,帶領引見。筆帖式五員,慶啓、覺羅三德、達新泰主事銜均鈐出,雙壽、承志未鈐出。

初八日　己卯,大晴。

未初二刻退直。恭聞實録至湖北省城失守,徐廣縉有心遷延之罪,浮於賽帥矣。

初九日　庚辰,晴。

巳正先退直。到禮部署慰問崇菴宗伯,答拜理堂少司馬伊精阿、吴竹如少司寇。

同治四年七月　癸亥,朔,晴。

昨日新調山西按察使陳舫仙湜,行三。來寓請見,云其尊人爲余前典學湖南時湘鄉學生員,取一等補廪者。余適在長椿寺,未見也。今日命世長答拜,亦未晤。

初二日　甲子,晴。

潘星齋侍郎來談。曹嵐樵給諫八十生日,贈聯云:“心超京洛風塵外,樂在倪黄山水間。”又《人壽金鑑》一函。

張石州女招姑,吾妹撫之,今年十六歲,其兄孝瞻爲字盂縣李世兄恩鼎爲繼配,今日行納采禮,孝瞻出都,孝敉將事。

初三日　乙丑,晴,處暑七月中。

星齋爲寫《白蓼花圖》,并和余詩題其上。

昨夕舫仙廉察來見。咸豐六年始帶勇出山依曾營,歷戰楚黔,安慶、江寧克復,皆有勞績。保至臬司,由陝調晉專辦防堵,不由秀才出身,年三十餘,盖禦侮才也。其吏治不知如何。

初四日　丙寅,晴。

《資政要覽》,順治十二年欽定,有序,向未之見。端木舍人新購得之,凡三卷,共三十章,後一卷諸臣後序,《四庫全書》中子部儒家類恭載。

舫仙廉察辭行。

初五日 丁卯。連日蟲蟲而熱,今日陰晴相薄,蒸鬱火甚。

"君從何處來,還從何處去。湛然來去間,方寸無一事。亦非無一事,事大力難濟。力難濟奈何,區區存此志。"此前夜夢中句也。《近思録》:"人於夢寐間,亦可以卜自家所學之淺深。"余思慮夢多,近漸少。時事變遷,兵事未定,此則夢寐顛倒,心氣不固之徵也。

何白英奉其太夫人柩,歸浙安葬。

初六日 戊辰,陰熱不雨,入夜雨至亥子間,無風雷。

初七日 己巳,早仍陰,午晴,天氣較爽。

初八日 庚午,晴。

諭旨申嚴用宦寺之弊,從御史穆緝香阿請也。摺并鈔存。

讀《近思録》加圈,徐侍郎閬刻本注甚簡,易看。

晚陰悶熱。

初九日 辛未,陰,晨有風。

蘭孫閣學爲其長世兄十一日娶婦。仙洲名兆瀛,行一。

初十日 壬申,晴爽。園花秋色,明豔如畫,不須奇異,即此野卉,亦饒天趣。新種竹已筍矣。

十一日 癸酉,晴。

艮峰先生來談,恭聞上讀《書經》至《武成》篇。十一、十二,殿上無功課。

十二日 甲戌,晴。

慈安皇太后萬壽,恭遞如意。臣在家公服,望闕九叩首,命世長詣午門前行禮。

十三日 乙亥,晴。

少銘來談,示爲《彭孝女記》。

十四日 丙子,陰晴相間。

好而知其惡,惡而知其美者,天下鮮矣。

專欲難成。喜聞過,進德之基,亦爲政之要也。

必有忍,其乃有;濟有容,德乃大。

責人苛者,恕己必甚。

言過其實,即是自欺。

道聽而塗説,德之棄也。

十五日 丁丑。昨夜大風,詰朝陰曀。

中元家祭,神主前行禮。至暮焚楮帛,鄉俗所云"送寒衣"也。蒿香又名蒿燈。

十六日 戊寅,晴。連日有秋意。

蘭孫閣學來談。

《奉天録》,唐德宗出幸事;《昭忠録》,元兵取宋事,皆無名氏箸。伍氏《粤雅堂叢書》。

十七日 己卯,晴。

馮玉成來,多日未見,在淀園生理,同村人也。

沈經笙中丞今日爲其太夫人受弔,同鄉感中丞德教,公送輓幛。晉省近年大吏能用人、愛民者也,去而見思,宜哉。聞賊闌及汝、陝一帶,晉防喫緊。方今軍餉多資三晉,儻有竄擾,關繫甚重,如何如何。

十八日 庚辰,陰。

自鵶片煙開禁,山西民間種罌粟者靡然從風,幾欲充斥五穀。方伯王公榕吉詳請示禁,中丞沈公桂芬奏之,遂奉旨申禁。鄉人來京者云,榆次、壽陽間示諭,種罌粟者,畝徵四千錢。責成里長,明歲即不種,徵亦如之。姦民無利可圖,今歲罷種者多,不煩搜查而禁令自行,此善於救弊者也。聞前此絳州李刺史廷樟已有成法,尋給諫鑾煒曾爲余言之。各省此風日熾,推此辦法庶望非種漸鋤耳。肅順作俑,至於此極,死有餘辜矣。

十九日 辛巳,陰,白露,八月節。

談畿輔水利者,明貴溪徐冏卿貞明,字孺東。《潞水客談》最詳。國朝雍正間曾脩畿内水利,設四局:京東、京西、京東南、京西南。怡賢親王總其成,高安相國爲之輔,文安陳子翽以翰林學士爲營田觀察使,經理三載,得田七千餘頃。王薨,繼任無人,事遂中止。此道光元年永清成雲識跋《客談》後語,《伍氏叢書》中刻之。興大利除大害,必待時而行,《易》所謂窮變通久者此也。

"露從今夜白,月是故鄉明。"感舊思鄉,它人百鍊不能到。

廿日 壬午,陰晴,風涼,草木含秋氣。

六月菊號"江西蠟"者,紅紫粉白,光豔溢畦照盆,唯無黄者,故知秋菊獨有佳色耳。葵有兩種,獨花者高丈餘,稍低者花多至十餘頭,逐節而開,不盡向日也。

廿一日　癸未,晴。

爲張大甥、八姪書團扇。胡小蘧爲子毓清娶婦。

廿二日　甲申,晴。

册封琉球國王正使翰林檢討壬子進士趙新,副使中書于光甲。故事:奉使者例得一品頂帶、補服,准照銜請封。以出海遠使,故榮之。趙,閩人。于,天津人,丙午順天余取士也,丙辰進士,授職編脩,大考改官。頃來謁,以眩發尚未見,須明年始啓行耳。

廿三日　乙酉,晴,熱。今年雨缺,自夏至秋,雲欝風凉,竟成旱象。

蘭嵎爲畫秋樹小亭横幅。

廿四日　丙戌,晴,熱。

胡小蘧來見。程立齋豫,行五。來見,篤信有守,識力有爲,徐溝任内能挫宋景詩悍卒,升解州,引見特用知府。沈中丞可謂能用人,愚亦自幸所聞之不謬也。程云山西好官葉桂芬,前在解州能得民心,陝回不敢犯晉境,現升潞安太守。又平陸令張懷塑現調鳳臺,皆中丞所識拔者。

廿五日　丁亥,陰,旋晴,風,昨夜熱甚。

聞賊南竄南陽一帶,去晉略遠。晉省四面設防,東、南、西防髪捻,北防逆犾,南有河山之險,北則邊塞草地,民回襍處。守土官久不設備,吏治亦弛,方今選才練兵,安民和衆,大吏之急務也。立齋云,沈中丞深以爲慮。

友直自深澤來。

廿六日　戊子,晴。

夢巖書"彭孝女刲臂愈祖疾"事,典雅比例有据,不爲空言,學者之文也。

宋張方平樂全老人《芻蕘奥論》,世少傳本,伍氏所刻二卷。

夕陰。

廿七日　己丑。

昨夜丑刻風後雨來,棚簷有聲,終夜不斷,早起飄灑中清氣撲人,綿衣難禦。園卉生新,此近日渴望不得者。秋種可下,糧賈平,民心定,所關匪細也。

廿八日　庚寅,連陰,微雨斷續。

寄勞辛階制軍書,以衰病再告致之。又徐壽衡侍郎屬爲辛翁書團扇,以《息園五絶句》應之,託寄此書。爲晉臬陳舫仙湜,行三。書屏對,交其戚譚君轉寄。

晚復雨,夜半方止。

廿九日 辛卯。天晴氣爽,大好景象,夏秋來未有也。

卅日 壬辰,晴。

陝甘總督楊岳斌湖南提督水師載福,改名者也。到任後,屢疏參劾甘省督軍失律之提鎮,頗有整頓氣象。西陲正多事,亟望文武材略。

八月 癸巳,朔,陰。

杜蘭溪觀察將還粵東來辭,别緒惘然。湘中選拔舊友寥寥矣。目疾漸愈,年六十餘,鬚亦白。託其寄筠仙、鑑塘、亦峰、吴、高兩令書,并《小學》各二册。

爲陳立齋書聯幅。

陳子木挈眷到京。

晚小雨。

初二日 甲午,晨雨午止。

蘇郡吴孝廉大澂以《西銘》、《東銘》篆屏見贈,請爲書“莊敬日彊”四字。篆頗有法度,小印。清卿行二書畫多藝之士,有志於道。劉韞齋,甲子科江南所得士也。汪柳門庶常鳴鑾請書“五世同堂”扁。汪比年肄業成均,屢試第一,亦吴士也。

初三日 乙未,昨陰今晴,重緜加衣。

贈立齋《小學》并拙書屏刻。

松文清《古品》節録本,高安成文端所輯。《歷代循良傳》并摘文端評語,或一人,或二人,以四言韵語四句括之,則文清手纂也。始於留侯、武侯,終於元代,簡明不支。文清嘗語人曰:“吾在官,遇事但有古人好樣子,便毅然爲之。”此録盖其篋中秘也。

夕陰小雨。

初四日 丙申,陰雨,秋分八月中。

《驗方新編》,善化鮑相璈編,番禺潘仕成刻,又刻近人尺牘二册。其子部郎桂贈,更索余書屏刻八幅。

“慎言語,節飲食;尊德性,道問學。”近集聯語。

初五日 丁酉。昨竟日雨,今日放晴,稟禾種麥,不違農時,殊可慰也。

陳子木世兄來見。李儀部文敏以恭刊捷峰,陝西進士。定陵永遠奉安禮儀前後奏稿見示。衰病微臣不獲隨扈行禮,瞻仰龍輴,惟有感叩。

今日丁祭，詣至聖先師神像前行禮。

申刻雷雨。諺云："八月雷，徧地賊。"連年寇盜充斥，秋分後往往聞雷聲也。

初六日 戊戌，晴。

家季聞來談，其五兄仲衡之銓自河南來，開復知府，例引見，孝友人也。

節費交蘭孫帶入。

初七日 己亥，晴。

趙撝叔之謙浙紹人，舉人。好古多聞，書學魏齊碑板，工篆印，介然寡交，與季聞善。喻芳余懷信雲南人，丙午通家，選貴州黔西州，留心時事，講求古今，有用之材，豐下方頤，其福孔厚。二君今皆將出都，置酒餞之。仲衡、季聞同坐，子嚋、夢巖、少銘與焉。

去年七月廿四日，因病情告，蒙恩開禮部尚書缺，仍以大學士銜在弘德殿行走。及今逾歲，病未就痊，擬請退出内廷行走，并乞停俸，於明日具摺，今日交中書額君代遞。

初八日 庚子，晴。

恭遞告退并辭賞俸摺，内閣奉上諭："本日據大學士祁寯藻奏，衰病日久，難以起假入直，籲懇致仕一摺。據稱醫治經歲，病體總未痊愈，自顧衰軀已成廢疾，力懇退出内廷差使，停賞全俸，准予致仕。覽其所奏，情詞真切，若不允其所請，轉不足以示體恤。祁寯藻著准其開弘德殿差使，以大學士致仕，仍加恩支食全俸，以示篤念耆舊至意。欽此。"聞命之下，感深隕涕。回思咸豐四年十一月蒙恩致仕，迄今又十年矣。兩朝恩眷，以禮始終。人臣遭逢，實爲至幸。惟衰朽依戀之私，無時能釋耳。

初九日 辛丑。黎明大雨，具摺謝恩，明日陳遞。晚雨。

初十日 壬寅。

恭遞謝摺，奉旨："知道了。"

"臣山右寒門，弱冠釋褐，服官已逾四紀，告退曾歷八年。學識多迂，守一介寒儒之素；遭逢獨幸，蒙兩朝致仕之恩"云云。

大霧，陰雨。

十一日 癸卯，晴爽。

子嚋以再予致仕，仍賞全俸，賦詩見贈。

十二日 甲辰，晴。

登昆盧古閣，西山繞郭，清明如畫。

汪嘯盦少宗伯來談。仲衡來。

十三日 乙巳，陰。

王笑山少司寇來談甚早，比鄰多年，極承關切。

王子懷茂蔭以吏部右侍郎同治二年奉使山西，丁繼母憂回籍，卒於安徽省城。奉旨以廉静寡營，遇事敢言，忠愛出於至性，褒卹。八月初二日，上諭。此寯官户部日，諸司中畏友也。遐念臨别拳拳，手書寄念，曷勝悲感，擬輓言以寄奠，扁曰"聖朝遺直"，聯曰"諫草逾萬言，每讀焚餘心事，光明照青史；交情獲三益，最傷别後手書，感惻繫蒼生"。

夜晴，月色大佳。

十四日 丙午，晴。

先大夫生日也，祭主行禮，與四妹追憶違侍五十年矣。嘉慶丙子歲三月廿七日燈下，保定督署差弁佟君來村赴報，并奉影像來，先太夫人慟絶逾時，兒輩哭踊情狀，至今吾妹歷歷能道之，悲哉！

十五日 丁未，晴。

李蘭孫、孫杉麓、孫汝霖，閻、張兩君皆來見。

懋勤殿仍送西瓜、月餅節賞來。

十六日 戊申，晴。卯時月食。

昨因見客談久，繼以看書，勞眩又作，燈下坐睡，逾時遂定，今日平復矣。

十七日 己酉，晴。

曹嵐樵給諫來談，年八十而童顔頒白，如五六十許人，行步從容不杖，腰脚極健，眠食安善，不藉導養而神完體固，此則學養所致也。"勤生暇，儉生廉"，張鹿仙炳堃太翁《坐銘》六字。

十八日 庚戌，晴。

撤凉棚。

江蘇李中丞覆奏，殷閣學奏釐金捐餉過甚，辯論數千言，兼及俗儒流弊。憤激之詞，彼此同之，不知公論以爲何如。

十九日 辛亥，晴。風竟日甚凉，寒露九月節。

《小學集解》，儀封張伯行孝先先生輯。《課子隨筆》，清恪公子師載又渠先生輯，河内夏錫疇用九先生鈔録，今山左同人栞行，王子梅寄贈。又《先正讀書訣》，歷城周永年書昌先生輯，子梅屬爲序，萝巖代撰。

廿日 壬子,晴。

辛丑科秋會。

王秋浦宗海司馬,丙午順天鄉試所得解元也。在粤西八年,署思恩縣,以軍營績保同知,署慶遠府二年餘。聞劉中丞長佑以樸實剛方,勤求吏治,保知府。有《慶遠鄉教記》二册,又通禀時事八條,理財用、任賢才、一事權,皆親歷切要之務。今以丁母憂回京,盖紹興入籍順天者,循吏也。以貌取人,或失之也。

廿一日 癸丑,晴。

白蘭嵒、張怡山,家仲衡、季聞昆弟來廌小集。

此後同鄉京官謝恩摺,嶲不列銜。

連日夢先嚴君及三兄、六弟、亡室,皆似有行旅情景,記憶不清,不知何故。

艮峰相國今日翰林接見,世長以廌中陪客,先一日申明不能至署。

酉刻客散。

廿二日 甲寅,晴。

换戴煖帽。

怡山、叔平贈和余"閒"字七律。

艮相來談。

廿三日 乙卯,晴。

潘紱庭來談。

宋吕正獻公家法《小學》"善行"首條:"及之人生,内無嚴父母,外無嚴師,而能成者鮮矣。"

午刻,五姪偕友麟姪孫來京,相見悲喜交集。友謙姪孫拜其嗣父,吾弟有孫矣。

廿四日 丙辰,晴。

徹東隔扇,南炕較軒敞。

畢東河少司馬來談。

廿五日 丁巳,晴。

吾家平舒村與太安、龍門河等村皆處壽陽窪地,不宜多雨。今秋小旱,乃得中稔,以土寒惡溼故耳。

廿六日 戊午,晴。

冠禮之癈久矣,彭年孫今年十五,擬斟酌古禮,仿温公之訓爲之。商於子疇先生,不以爲迂。棄幼志,學成人,古禮之用義深矣。

董醞卿少司農來談。

廿七日 己未,陰。

至聖先師位前行禮。

菊始華。

浙紹祠設奠,與祭者逾百人。

廿八日 庚申,晴。

族人桂犀曾孫偕其妹壻出古北口,到八溝尋其叔履升,過京小住。

吴鈐,江蘇通州人學士也,優貢教習,檢發來京。

廿九日 辛酉,晴。

曾卓如,前四川總督,再起以四品京堂用,來晤,年七十六矣,强直人也,精神尚可,惟步履略蹇耳。壬午科李文園、温明叔并卓翁,尚有三同年在京,亦佳緣也。

申酉間,西北雲起,小雨一陣,有風,聞雷。

卅日 壬戌,陰。

汾陽吴月峰行六大令輝珇來信云,秋禾可望有收,晉省種植罌粟風氣漸轉。此事專賴上游實力奉行,地方官勸戒之力。因時救弊,是在人也。吴君氣宇、言論不失書生本色,其子兵部員外傳縉壬戌舉人。

九月 癸亥,朔,陰,漸寒。

彙復王子梅前後三信,寄《先正讀書訣》擬序,託王蓉洲給諫轉寄,並及方小東朔刺史。小東,皖人,能隸古,有金石著述、詩集。前來京,以眩發未晤。子梅書來倆之。老病筆札幾癈,人事應接亦簡略,力與心違矣。

土王用事。

初二日 甲子,晴。

《近思録》摘句,爲友麟姪孫書四小幅。

家仲衡太守以開復引見。

"烏乎石州,學博、志大、氣高,而昌谷不壽。孝于親,友于兄弟,而童烏不秀。箸書滿家,下士逡巡笑之,而鴻儒偉彦褰裳争就。惜乎湛思遠慮,世莫能深究也。壽陽祁寯藻爲題墓石,以表于吾鄉而傳諸後。"此石其家至今未立,已逾十年矣。其兄子孝敉録出,且記於此。

初三日 乙丑,晴。

仲衡來。陳小舫廷經御史駁劉中丞蓉摺，言雖太盡，義則懔然。中外相維，不可偏重。言官尊朝廷、折驕帥，亦不爲過也。

言語錯誤，固由心氣不足，亦傷"易則誕"之一端也。《家人·象》曰："言有物，行有恒。"勉之，戒之。

夜起記昨日口過。

初四日　丙寅，晴。

昨得徐松(龕)[龕]太僕繼畬書，知應召入都，已啓行矣。喜成二律，并簡蘭嵎給諫。蘭嵎，太僕高弟也。

霜降九月中，吾鄉霜降割葦，農事畢矣。

仲衡、季聞約長兒食。

彭孫生日。

初五日　丁卯，晴，午後陰。

屋北隔一小巷，東角官房，神機營火藥局近日移此，日夜舂杵聲不斷。此處人烟雖少，西北比鄰皆人家，歲時爆竹亦有可慮。今日醇邸來驗，不知如何設法防護也。

初六日　戊辰，陰，午後小雨。

棗强縣李秉衡，字鑑堂，奉天監生，捐班。其人精力敏給，有操守，公事認真，任棗强有政聲，今升蔚州，有信來。直隸候補縣楊中桂，字丹林行一，山西屯留人，丙午舉人，大挑，今補棗强，歷署豐潤等縣，有政聲。今日晤敍，氣宇開爽，能以愛民求治爲本，志爲循吏。二令皆畿輔之良也，劉制軍、庚方伯、丁廉舫三憲皆君子，屬吏可以興起。

夕，西北風兼雨，終夜紙窓獵獵有聲，寒甚。

初七日　己巳，早晴。風至午後仍未息。

初八日　庚午，晴。

昨日西山見雪，今日草木見霜，池水見冰，漸換皮衣矣。

午刻白蘭嵎、張怡山、叔平昆弟、張少銘、閻夢巖邀集長椿寺高齋，終席幸未眩發，頗有鄉人飲酒之樂。

初九日　辛未，晴。

慈仁寺顧先生亭林神位設奠，羅椒生大農主祭，到者九人，世長與焉。

初十日　壬申，晴。

徐松龕太僕到京，廓代州館，命世長投帖往見，録詩贈之。雖用扶掖，精神、言論不衰，今年七十一，吾鄉之學者也。

李銕梅大兄至，自保陽枉過快談。

十一日 癸酉，晴。午後風，連日清霜，草木漸黄落矣。

研齋小而向陽頗煖，布簾土炕亦復清潔。病夫高枕，居然老農歲晚務閑情景也。

十二日 甲戌，初陰，旋晴。

陳繹萱郡丞崇砥來京晤敘。

蔣霞舫病起，詩長篇果力，可喜慰也。

徐松龕來晤，白髯豐下，耳目聰明。《道德之光》闈其手校後謹書，擬借閲之。

十三日 乙亥，晴，風。

松龕小飲觀齋，其弟子張漢槎水部方泳、白蘭嵒給諫、閻夢巖、張少銘同坐，終席暢談，精力周帀。贈我手纂《五臺新志》三册，《瀛環志略》并《超山書院課程》、重刻朱石翹孫詒《廣西團練事宜》，皆有用之書也。

早微眩，旋止。

十四日 丙子，晴，風漸息。

小圃剩菘菜、宿麥，掩映松竹而已。池魚移置瓦甕向陽，游泳有自得之趣。看書、啜茗、静坐，晨出午還，日以爲常。

十五日 丁丑，晴。

鄉人有饋酒肴者，即約松龕話舊，以尚未具摺，故不敢具柬耳。

今日與四妹及敉甥、招姑、佶姪、長兒、友麟、友謙家集，篤姪、彭孫與坐，二孫女隨其母别坐。天氣暄煖，老翁酒餘歡適，真似還鄉也。

《唐史論斷》三卷，宋孫甫之翰撰，司馬、歐陽、蘇、曾，皆云七十五卷，盖《唐史記》已佚，此其論斷耳。有唐一代，治亂得失已具於此。《四庫提要》已著録，近《粤雅堂叢書》復刊之。

宋吕文穆可謂大臣矣，擬書其言行，置諸坐右。

十六日 戊寅，晴，煖。

爲友謙書"祁氏書樓"直幅四大字。

十七日 己卯，晴。風雲間作，天不甚寒。

是日，上恭奉兩宫皇太后啟鑾。廿二日，永遠奉安文宗顯皇帝、孝德顯皇后梓宫於定陵，即日恭奉廿三日，黄輿自陵恭奉回京。神牌、黄輿。廿五日回鑾，廿六日恭奉神牌升祔太廟。翼日廿八日頒恩詔於天下。

十八日 庚辰,晴。

研齋假寐,午日滿窗,扶杖看魚,潑剌水面,殊自得也。

十九日 辛巳,晴,風。酉時立冬十月節。

爲吾邑白鹿山寺書"爽氣西來"扁。

大風竟夜,甚寒。

廿日 壬午,晴,風減仍寒,冬令至矣。

廿一日 癸未,陰寒有風。

仁圃、子受兩姪孫明日將還里,别緒殷然。

晚晴。

廿二日 甲申,晴煖,無風。

許叔文其光太史約長椿寺高齋午茗,潘星齋紱庭昆弟、何青耜、梁馨士同談,逾時而還。仁圃、子受日西始啓行。

廿三日 乙酉,小雨,氣漸寒,有雪意。

汪嘯盦少宗伯潘太夫人八十壽,書一大"壽"字祝之。

閻夢巖之大兄鼎臣汝梅挈其十五歲子秉純來京,饋吾鄉挂麵、麻油、月餅,年六十餘。

《重脩方山昭化院碑》鎸成拓示,夢巖代撰文,子疇書用顔法可傳,聶三先生令姪子輩成之。老翁十餘年督工上寺,一律重新,聶翁去年逝矣。

雨夕止。

廿四日 丙戌,晴。

王公大臣等接駕於黄新莊,留京王、大臣接於城外,禁中是日值宿者免接。

廿五日 丁亥,小雨。

是日,上奉兩宫皇太后回鑾。

近日汪嘯盦少宗伯、賈荆山方伯太夫人皆八十壽,不演劇,不設筵。大臣以時事艱難減禮,抑可見賢母之教也,亦送一大"壽"字。

廿六日 戊子。昨雨飄灑竟日,今日巳午間豁然晴朗,無風,不寒。

升祔大典,氣象清明,瞻望五雲,額手偁慶。

廿七日 己丑。昨夕風起天陰,今日西北風劇,寒甚。

廿八日 庚寅,晴。

曹叔延辦道差竣來京,與友直同晤,即約今日偕閻大先生諸君小集敝廛。

叔延現對調赤峰已到任,友直襄其幕務。

風寒甚。

廿九日　辛卯,晴。

昨蘭孫閣學來云,陵工安固,典禮無愆,安奉日天氣暢晴,皆休徵也。

甘肅查辦全案

道光二十九年十月初二日奉旨　三十年二月初四差竣

爲牌行事。照得本閣部堂於十月初二日奉上諭:"著派祁馳驛前往四川查辦事件,所有隨帶司員,著一併馳驛。欽此。"定於本月十二日辰刻,率同隨帶司員户部員外郎鍾秀、主事董醇、刑部主事馮杕、供事陶嘉猷、虞若采、陸誠、張球起程。沿途行走迅速,爲此牌仰沿途經過驛站、州縣,所有應需馬匹,亟宜早爲預備,以便隨到隨行,不得臨時短少遲誤。尖宿館舍,只須打埽潔淨,毋庸結綵懸鐙,供頓一切。本閣部堂并司員等所雇騾馱及供事坐車,俱係自行發價,業經發訖。該辦差家人,不得藉差冒銷。至隨帶家人,俱跟隨行走,并無前站,亦無轎夫頭、廚役、剃頭等役。倘有影射、假冒、需索等情,該地方官立即稟究。如無前項情事,亦即出具印結呈案。各宜凛遵,毋違。須牌。

牌仰經過驛站州縣　十月初五日

爲咨行事。道光二十九年十月初二日奉上諭:"著派祁馳驛前往四川查辦事件,所有隨帶司員,著一併馳驛。欽此。"所有本閣部堂祁隨帶户部員外郎鍾秀、主事董醇、刑部主事馮杕,及供事陶嘉猷、虞若采、陸誠、張球,定於本月十二日辰刻起程,應需勘合火牌,相應一併移咨兵部,查照給發可也。

兵部　十月初五日

爲劄行事。本閣部堂道經徐溝縣途次,據宜武里户頭高名馳攔輿呈控銀匠蘇安坦等錢糧加費一案,訊稱係徐溝縣人,除批示飭遵外,相應將原呈劄行該府查明辦理可也。

太原府　十月二十五日

爲移咨事。據徐溝縣宜武里户頭高名馳呈控銀匠蘇安坦等錢糧加費一案,除劄太原府查明辦理外,相應咨明貴部院查照可也。

山西巡撫　十月二十五日

爲劄行事。本閣部堂道經霍州途次,據霍州武舉劉聯魁呈控族姪劉美德縱子毆尊、串官捏揭一案,除批示飭遵外,相應將原呈劄行該司查案訊結。特劄。

山西臬司　十月二十九日

爲移咨事。霍州武舉劉聯魁呈控族姪劉美德縱子毆尊、串官捏揭一案,除劄臬司查訊辦理外，相應移咨貴部院查照可也。

山西巡撫　十月二十九日

爲劄行事。本閣部堂道經洪洞縣途次，據該縣監生許嘉會呈控本縣典史擅受民詞一案，除批示飭遵外，相應將原呈劄行該府確查訊辦。特劄。

平陽府　十月二十九日

爲咨行事。洪洞縣監生許嘉會呈控本縣典史擅受民詞一案，除劄平陽府確查訊辦外，相應咨明貴部院查照可也。

山西巡撫　十月二十九日

爲劄行事。本閣部堂道經聞喜縣途次，據該縣從九品吳官福呈控衛喜康捏寫保狀、硬令填銀一案，除批示飭遵外，相應將原呈劄行該州分別追究。特劄。

絳州　十一月初四日

爲牌行事。照得本閣部堂奉命查辦事件，前已牌仰沿途州縣，現在將入秦境，合再牌行經過驛站、州縣，所有應需馬匹，亟宜早爲預備，以便隨到隨行，不得臨時短少遲誤。尖宿館舍，只須打埽潔淨，毋得結綵懸鐙，供頓一切，亦毋庸鼓吹執事迎送。本閣部堂并司員等所雇騾馱及供事坐車，俱係自行發價，業經發訖。該辦差家人，如有藉端冒銷，一經查出，定即嚴懲不貸。至隨帶家人，俱跟隨行走，並無前站，亦無轎夫頭、廚夫、剃頭等役。倘有影射、假冒、需索等情，該地方官立即稟究。如無前項情弊，亦即出具印結呈案。各宜凛遵，毋違。須牌。

牌仰陝西一帶沿途州縣　十一月初五日

爲咨行事。聞喜縣從九品吳官福呈控衛喜康捏寫保狀、硬令填銀一案，除劄絳州知州分別追究外，相應咨明貴部院查照。再，本閣部堂由晉入秦，所有山西境内呈遞各詞，前後共計接收四案，均經隨時分別批發臬司、府、州等審辦，相應一併咨明貴部院查照可也。

山西巡撫　十一月初七日

爲劄行事。本閣部堂道經華州途次，據劉三多呈控謀業霸産、異姓亂宗一案，除批示飭遵外，相應將原呈劄行該州查案，分別訊辦。特劄。

華州　十一月初九日

爲牌行事。照得本閣部堂奉命查辦事件，現在行抵陝西，率同隨帶司員户部員外郎鍾秀、主事董醇、刑部主事馮栻、供事陶嘉猷、虞若采、陸誠、張球，向甘肅省城前進。爲此牌仰經過驛站、州縣，所有應需馬匹，亟宜早爲預備，以便隨到隨行，不得臨時短少遲誤。尖宿館舍，只須打埽潔淨，毋得結綵懸燈，供頓一切，亦毋庸鼓吹執事迎送。本閣部堂并司員等所雇騾馱及供事坐車，俱係自行發價，業經發訖。該辦差家人，如有藉端冒銷情事，一經查出，定即嚴懲不貸。至隨帶家人，俱跟隨行走，并無前站，亦無轎夫頭、廚夫、剃頭等役。倘有影射、假冒、需索等情，該地方官立即禀究。如無前項情弊，亦即出具印結呈案。各宜凛遵，毋違。須牌。

牌仰沿途經過州縣　十一月初九日

爲劄行事。本閣部堂道經臨潼縣途次，據該縣民人劉仁呈控劣弟兇橫、避抗不案一案，除批示飭遵外，相應將原呈劄行該縣提訊核奪。毋遲。特劄。

臨潼縣　十一月初十日

爲劄行事。本閣部堂道經咸寧縣途次，據蒲城縣已革訓導羅漢章呈控羅富貴串通捏詳、盆冤莫伸一案，除批示飭遵外，相應將原呈劄行該臬司親提確訊察究。特劄。

陝西臬司　十一月十二日

爲劄行事。本閣部堂道經涇州途次，據該州民人李士魁呈控賊盜揵搶、捕頭惡霸一案，除批示飭遵外，相應將原呈劄行該州迅提察究，秉公審訊，毋稍徇縱。切切。特劄。

涇州　十一月十五日

爲咨行事。本閣部堂道經陝西境内，接收華州民人劉三多呈控謀業霸産、異姓亂宗一案，臨潼縣民人劉仁呈控劣弟兇横、避抗不案一案，蒲城縣已革訓導羅漢章呈控羅富貴串通捏詳、盆冤莫伸一案，共計三案，均經隨時分别批發臬司及華州、臨潼縣審辦外，相應咨明貴部院查照可也。

陝西巡撫　十一月十五日

爲劄行事。本閣部堂道經涇州途次，據静寧州文童陳兆瑞及馬德、石映峨等呈控各一案，除批示飭遵外，相應將原呈三紙劄行該臬司分别飭查訊辦。毋遲。特劄。

甘肅臬司　十一月十六日

爲劄行事。本閣部堂道經平涼縣途次，據該縣民人尚慶呈控貪官病民一案，又呈控劣貢漁利、濫收鹽税一案，除批示飭遵外，相應將原呈二紙劄行該臬司確查訊辦。毋遲。特劄。

甘肅臬司　十一月二十一日

爲劄行事。本閣部堂道經平涼縣途次，據固原州民人姬榮祖等呈控書役積弊、派商偏苦一案，除批示飭遵外，相應將原呈一紙劄行該府秉公嚴辦。毋違。特劄。

平涼府　十一月二十一日

爲移咨事。本閣部堂自入甘肅境内，接收涇州民人李士魁呈控賊盗撻搶、捕頭惡霸一案，當即批發該司秉公審訊。又接收静寧州文童陳兆瑞呈控假典惑民、縱姦誣良，又民人馬德呈控瞞官舞弊，又民人石映峨呈控設賭殃民，又平涼縣民人尚慶呈控貪官病民，並呈控劣貢漁利，共計五案，均經隨時分别批發臬司審辦。又接收固原州民人姬榮祖等呈控書役積弊、派商偏苦一案，當即批發平涼府秉公嚴辦。以上統計七案，相應摘録案由，咨明貴閣督部堂查照可也。

陝甘總督　十一月二十一日

爲劄行事。本閣部堂道經静寧州途次，據該州民人韓惇三等呈控韓錫陽等毆傷堂叔、屢告不准一案，除批示飭遵外，相應將原呈劄行該州秉公查訊。毋違。特劄。

静寧州　十一月二十二日

爲劄行事。本閣部堂道經會寧縣途次，據静寧州民人李生喜呈控朦充營書、詎約乞改一案，除批示飭遵外，相應將原呈劄行該府確查訊辦。毋違。特劄。

平涼府　十一月二十二日

爲劄行事。本閣部堂於二十三日抵西鞏驛途次，接據賫呈各卷宗，除交原派委員沿途收管外，相應劄覆該司等可也。

甘肅藩臬兩司　十一月二十四日

爲咨行事。照得本閣部堂於十月初二日奉旨查辦事件，并面奉諭旨，會同審辦。兹已將抵省垣，理合咨明所有藩臬兩司，賫送行轅卷册各件，合行仍派原送委員賫送貴閣督部堂查閲，會同審辦可也。

陝甘總督　十一月二十六日

爲劄飭事。本閣部堂奉命前來，會同查辦事件。所有公館日用火食蔬菜，均係自備價值，開單交買。今發交銀一百兩，劄仰該府備結具領易錢。每日轉飭按照市價購買，照單注明價值，毋任少有科派，及抑勒行户情事。所發銀兩,將次用完,即行備結,陸續給領。經此劄飭之後,勿許地方官設立大廚房名目,庶辦差家人亦不致藉端冒銷,致滋糜費。毋違,切切。特劄。

蘭州府　十一月二十七日

爲咨覆事。照得本月二十七日按准咨文内稱,前督部堂布任内,辦過此次清查卷中并丁憂岷州知州陳昌言、安定縣胡薦夔等,稟訐巡邊報銷以及黑錯寺並番回械鬥各案,逐一檢齊,開單咨送,請煩查覆辦等因,并卷箱一只,咨送前來。除將文卷收存公所備查,會同覆辦外,相應先行咨復貴閣督部堂查照可也。

陝甘總督　十一月二十七日

爲劄行事。本閣都堂道經金縣途次,據會寧縣民人鄒士林呈控教官磕不滿慾任意捏詳一案,除批示飭遵外,相應將原呈劄行該府覆辦。毋違。特劄。

鞏昌府　十一月二十七日

爲咨行事。本閣部堂自入甘肅境内,沿途接收呈詞七案,兹經摘録案由,咨明在案。兹於静寧州途次,據該州民人韓惇三等呈控韓錫陽等毆傷堂叔一案,當經批發該州秉公查訊。又民人李生喜呈控李殿甲朦充營書、誆約乞改一案,亦即批發平涼府確查訊辦。又於金縣途次,據會寧縣民人鄒士林呈控教官磕不滿欲任意捏詳一案,亦即批發鞏昌府覆辦。連前共計十案,相應咨明貴閣督部堂查照可也。

陝甘總督　十一月二十七日

爲劄行事。本閣部堂道經皋蘭途次,據從九品戴玉元呈控寧朔縣知縣聶爾耆昧良抗債、仗勢淩壓一案,除批示飭遵外,相應將原呈劄行該臬司確訊飭追。毋遲。特劄。

甘肅臬司　十一月二十九日

爲劄行事。本閣部堂道經皋蘭途次,據階州道政司譚心静呈控吳顯謨等修房掘棺、私移别葬一案,除批示飭遵外,相應將原呈劄行鞏秦階道確查訊辦。毋遲。特劄。

鞏秦階道　十一月二十九日

爲咨行事。本閣部堂在皋蘭途次,據從九品戴玉元以寧朔縣知縣聶爾耆昧良抗債、仗勢淩壓,攔輿呈控一案,當即批發臬司確訊飭追。又據階州道政司譚心静呈控吳顯謨等修房掘棺、私移别葬一案,亦即批發鞏秦階道確查訊辦。計連前十二案,相應咨明貴閣督堂部查照可也。

陜甘總督　十二月初一

爲劄行事。據前任岷州知州陳昌言原禀内稱，扣記過銀二百一十兩。查此項記過銀始自何年，是否向有定章，該員究因何案記過，并記過幾次。劄仰該司劄到逐一查明聲覆。勿遲，切切。特劄。

甘肅臬司　十二月初一

爲劄催事。照得本閣部督部堂奉命會審事件，所有案内人證，業經飭提在案，兹因日久尚未到齊，合亟劄催。劄該司等將已到人證，開單具呈；未經到案之人，速即催提，星夜兼程，押送到轅，以便質問。毋遲。切切。特劄。

甘肅藩臬兩司　十二月初三日

爲飭查事。所有陳昌言前在岷州知州任内，實虧庫款共銀七千九百二十八兩六錢二分三釐，自查參之後，該員有無完繳銀兩。合亟劄司。劄到，迅即查明登覆，以憑覈辦。毋遲。特劄。

甘肅藩司　十二月初三日

爲飭查事。本閣部督部堂現訊前任岷州知州陳昌言禀訐一案，據陳昌言供稱，托克清阿、徐采、張琅三員，均因規避苦缺，盤踞省垣，派入清查局内，托克清阿自二十八年題補環縣，旋調安化，均是虚報到任等詞。合即劄飭。劄到，該司查各該員有無虚報到任情事，即刻查明登覆，以便覈辦。毋遲。特劄。

甘肅藩司　十二月初三日

爲飭查事。本閣部督部堂奉命會審案件，所有前任陜甘總督布赴新疆大臣任時，是何年分、官職。合亟劄飭。劄到，該司迅速查明，限即日即刻登覆行轅，以憑覈辦。毋遲，切切。特劄。

甘肅藩司　十二月初四日

爲移咨事。本閣部督部堂奉命查辦前任陜甘總督布奏屬員陳昌言列款禀訐一案，所有案内牽控院幕捐職從九品朱垣，即一帆，濫薦幕友；又藩幕候選縣丞孫繼烈，即孫企青，於清查款内改换名目；又議叙八品頂戴丁寶田，即丁德培，悔婚另娶。現經訊明，均各供認，相應移咨貴部，即將各該員斥革，以便嚴行審訊可也。

甘肅藩司　十二月初五日

爲劄飭事。所有前任岷州知州陳昌言一員，業經奏請革職。固原州知州徐采、鎮原縣知縣張琅、吐魯番同知托克清阿三員，亦經奏明解任，仰該司一併派員看管。至院幕捐職從九品朱垣，即朱一帆，藩幕候選縣丞孫繼烈，即孫企青，議敘八品頂帶丁德培，即丁寶田三名，均已咨革。相應一併知照該司可也。

吏部　十二月初五日

爲知照事。照得本閣部督部堂於本月初五日未刻在甘肅省城拜發奏事夾板一副，由驛馬飛遞。相應知照貴部，希即轉交奏事處呈遞可也。

兵部捷報處　十二月初五日

爲牌行事。照得本閣部督部堂於本月初五日未刻在甘肅省城拜發奏事夾板一副，并咨兵部公文一角，由驛馬飛遞至兵部捷報處告投。爲此，牌仰沿途驛站、州縣一體小心接遞，毋得片刻遲延，擦損淋濕，致干參處，須至牌者。牌仰經過驛站、州縣爲傳催事，照得本閣部堂會同陝甘閣督部堂，於本年十二月初五日由蘭州拜發奏摺夾板一副，公文一角，事關緊要，合行由驛加牌四百里傳催。爲此，仰沿途經過州縣、驛遞遵照，即將此次奏摺夾板并公文，無分雨夜，由四百里星馳遞到良鄉縣，將此牌暫存該縣，俟此奏摺夾板批回到縣時，仍由四百里押牌遞送前來，毋得稽遲擦損，致干查究不貸。速速。此加牌傳至良鄉縣止。右牌仰沿途驛遞官准此。

甘肅藩司　十二月初五日

爲飭查事。所有道光二十六年閏五月初四日，陝甘總督布奏親巡卡隘，在甘肅藩庫存貯新疆備用款内借動十萬兩，究竟巡邊本案實在題銷若干，其餘銀兩歸入何款覈辦，抑係將十萬兩全行提用。仰該司詳細查明，迅速登覆，以憑查辦。毋遲。特劄。

甘肅臬司　十二月初五日

爲飭查事。本閣部督部堂查辦前任岷州知州陳昌言禀訐一案，據原禀内稱，該員本無虧短。檢閲前督布奏案，清查開列該員實虧岷州任内庫款銀七千九百餘兩。現經傳到陳昌言供稱，内五千九百餘兩業經交待後任張聰梓，有監交印册可憑。玆據該藩司詳據張聰梓禀稱，該員陳昌言虧短銀五千八百餘兩，分毫未交，與陳昌言所供不符。除陳昌言認定銀一千五百餘兩，據該司原文内稱，由該員籍變産年内交完，及糧價銀五百餘兩，曾否買補交倉，由司飛飭查覆外,所有陳昌言、張聰梓交待案内虧短銀兩五千九百餘兩,該兩員内,究竟應在何員名下勒追,相應劄司。劄到,刻即自行傳喚該兩員查覈,案據質算明晰,著落追繳,并查明陳昌言實在虧短數目,是否與奏案清單相符,迅即詳細聲覆,毋任稍有含混。切切。特劄。

甘肅藩司　十二月初六日

爲飭查事。前經陝甘總督布會同青海大臣達剿辦雍沙并黑錯寺番務,所有官兵需用軍項統共若干,内應報銷若干,現在曾否報銷,究在何項提用,及隨營委員係何員名。劄到,該司刻即查明,分析詳細登覆,以憑覈辦。毋遲。特劄。

甘肅藩司　十二月初六日

爲飭查事。所有胡薦夔在安定縣任内虧短倉庫銀糧,已入清查奏案若干,清查以後,復經查出若干,相應劄司。劄到,刻即詳細查覆,以憑覈辦。毋遲。特劄。

甘肅藩司　十二月初七日

爲咨明事。所有前任岷州知州陳昌言一員,業經奏請革職。固原州知州徐采、鎮原縣知縣張琅、吐魯番同知托克清阿三員,亦經奏明解任。又院幕捐職從九品朱垣,即朱一帆,藩幕候選縣丞孫繼烈,即孫企青,議敘八品頂帶丁德培,即丁寶田,均已咨革。相應咨明貴閣督部堂查照可也。

陝甘總督　十二月初七日

爲飭查事。檢查陳昌言稟訐内有達青海、莊守相繼告病等語,相應劄飭該司,即將達洪阿、莊俊元報病日期及報病原呈,檢查送轅,以憑覈辦。毋遲。特劄。

甘肅藩司　十二月初八日

爲飭查事。清查册内托克清阿實虧岷州任内庫款銀二千餘兩。陳昌言稟訐案内,據稱托克清阿前在岷州虧銀四千餘兩,錢八百串。覈於清查册造數目不符,相應劄飭該司查明該員究係虧缺若干,刻即詳細登覆,以便覈辦。毋遲。特劄。

甘肅藩司　十二月初八日

爲飭查事。道光二十六年十月二十四日,陝甘總督布奏請籌議沿邊事宜,擇要添設卡汛。奏准後,在於何處添設卡汛,及所添卡汛地名、兵數,劄飭該司於劄到,刻即查明登覆。毋遲,毋漏。特劄。

甘肅臬司

爲飭查事。據陳昌言稟訐内稱,近年以來,番匪擾害,搶劫甘涼營馬七千餘匹等語。仰該司查明搶劫案内,馬匹是否有七千餘匹之多,即將數目查明,詳細查覆,以憑查覈。毋遲。特劄。

甘肅藩司　十二月初八日

爲飭查事。現訊據省書郭升供稱,省書師福麟曾經捐職,府經劉鑒堂,即劉兆麟,係文生員,是否屬實。仰即查明登覆,并將該省書二人趕緊嚴緝,務獲歸案審辦。毋遲。特劄。

甘肅臬司　十二月初八日

爲劄查事。前任總督布當日在任時,文武巡捕幾員,現在何處。仰該司刻即查明數,開列具呈。毋遲。特劄。

蘭州府　十二月初九日

爲飭查事。據陳昌言原稟内稱,甘省已徵未報七八十萬兩之多。劄仰該司,劄到,查明該省每歲額徵銀兩若干,本年已經報徵若干,各州縣有無已徵未報情事。迅即查明聲覆,以便覈辦。毋遲。特劄。

甘肅藩司　十二月初九日

爲飭查事。前經本閣部督部堂劄查胡薦夔在安定縣任内虧短倉庫銀糧并已未入奏各數,一併詳覆。現據該司覆詳内僉稱,胡薦夔全案俱已呈賫行轅,局中再無案據等語。今將胡薦夔原卷一案及該縣造報清册三本發回,迅即覆算明晰,再行詳報,并將原卷清册一併送轅備查。毋遲。特劄。

甘肅藩司　十二月初九日

爲劄行事。據甘肅按察司將岷州李世華等并州卷一宗解送前來。查李隨花一案業已了結,與現審案件無涉,應將李世華、李世楝二名仍交該司,即日飭令自行回籍,州卷一宗一併發還可也。

甘肅臬司　十二月初九日

爲飭查事。據陳昌言稟訐内稱,近年以來,番匪擾害,搶劫甘涼營馬七千餘匹。巴燕戎回番數萬人械鬥兩年,殺傷千餘人等語。兹將各原卷宗發回,仰該司速即查明搶劫營馬若干,殺傷兵民若干,當日是否請兵動餉,一併分析詳細登覆,以憑覈辦。毋遲。特劄。

甘肅藩臬兩司　十二月初十日

爲劄飭事。所有前調丹噶爾同知彭衍堂,業經訊明在案,應劄該司轉飭該員即行回任。毋違。特劄。

甘肅藩司　十二月初十日

爲飭查事。清查局稟稱，據安定縣胡薦夔稟報，前款生息彌補不敷銀一千八百七十五兩零，係前縣史詡原抵墊報民欠。至鋪墊各款内，前任王源怡鋪墊作抵銀七十八兩一錢二分，周兆錦鋪墊作抵銀一十兩二錢四分，惠存鋪墊作抵銀四十八兩七錢二分，孔昭燦鋪墊作抵銀一百三十四兩五錢七分七釐，琦齡青器公館作抵銀三千九十九兩六錢七分三釐五毫。以上各項，劄仰該司。劄到，即將各該員在安定縣任内所短銀數，是否與清查奏案清單内開員名數目相符，迅速查明登覆，以憑覈辦。毋遲。特劄。

甘肅藩司　十二月十一日

爲飭查事。據陳昌言稟訐内稱，徐采前署中衛、張掖，虧銀萬餘兩等語，仰該司迅速查明該員徐采前在中衛、張掖等縣任内，究竟有無虧缺倉庫銀糧情事，據實聲覆，以憑覈辦。毋遲。特劄。

甘肅藩司　十二月十三日

爲飭查事。據陳昌言稟訐内稱，甘肅虧空，每州每縣或十萬八萬，或三萬五萬不等。又有已徵未報，每州每縣皆在一萬八千兩以上。或經道府查明在案，或經後任稟明，通省已徵未報七八十萬兩之多。道府盤查倉庫，明知州縣皆虧，但令虛出印結，且有已經批駁各款，仍准換詳立案各等語。合行劄仰該司，迅將以上各情逐細查明，究竟有無其事，切實聲覆，毋任少有掩飾含混可也。切切。特劄。

甘肅藩司　十二月十三日

爲移咨事。據岷州知州陳昌言列款稟訐上司案内，牽涉省書郭升、師福麟、劉鑑堂等三名。據郭升供稱，師福麟捐過府經官職；劉鑑堂名劉照藜，是文秀才等語。當即劄查蘭州府。旋據該府詳報，師福麟係陝西富平縣人，於道光八年由監生遵酌增二卯事例加捐縣丞，籤掣第二名，歸部註册，遇缺即選。劉鑑堂即劉照藜，係臯蘭縣人，於道光十九年考取第七名文生等因。查詢省書一事，即係外州縣坐省家人。除文生劉照藜咨行禮部斥革外，所有師福麟以候選職官甘心卑鄙，有玷官箴，相應移咨吏部，先行斥革，并劄知甘肅、陝西布政司可也。

吏部　甘肅藩司　陝西藩司　十二月十四日

爲移咨事。據岷州知州陳昌言列款稟訐上司案内，牽涉省書郭升、師福麟、劉鑑堂等三名。據郭升供稱,師福麟捐過府經官職;劉鑑堂名劉照藜,是文秀才等語。當即劄查蘭州府。旋據該府詳報,師福麟於道光八年由監生捐縣丞,籤掣第二,歸部注册,遇缺即選。劉鑑堂即劉照藜,係皋蘭縣人,於道光十九年考取第七名文生,撥入府學等因。查詢省書一事,即係外州縣坐省家人。除將候選縣丞師福麟咨行吏部斥革外,所有劉鑑堂即劉照藜身列黌門,甘爲人下,實屬玷辱斯文。相應知照禮部先行斥革,并咨陝甘學政可也。

禮部　陝甘學院　十二月十四日

爲飭查事。前據甘肅布政司覆詳内稱,陳昌言實虧岷州倉庫銀七千九百二十八兩六錢二分三釐,内除該員將二十八年下忙地丁銀四百六十八兩五錢八分三釐,業經解司;及買還下色倉斗糧七百五十二石六升五合八勺,亦據查明報收外,所有該員准於年内完交銀一千四百六十一兩四錢一分八釐。張聰梓承認交代銀一千八百七十五兩七錢七分一釐。該二員現在曾否完繳?又據詳稱,張聰梓欠交代案内銀九百兩,嚴長宦經手買糧銀二千六百四十兩,現在曾否稟覆?合行劄仰該司。儻仍未報完繳,未經稟覆,速即飭催。一俟完報,亦即登覆。切切。特劄。

甘肅藩司　十二月十四日

爲咨詢事。據陳昌言稟訐内稱,巡邊案内,將十萬兩鯨吞入己。黑錯寺軍需賸銀,分給委員院司道府,致送節壽。陞調缺出,託佘奎、佈中協賄説,及諱言番務,聽任劣幕等款。詢據陳昌言,供無確據。業經查案,分别訊究辦理外,其事出有因各款,相應咨詢貴督部堂,按照清單,逐款咨覆可也。

前任陝甘總督布　十二月十五日

爲劄問事。所有安定縣知縣胡薦夔稟訐該道需索等情,仰即查照原稟,一併據實登覆,以憑覈辦。毋遲。特劄。

蘭州道　十二月十五日

爲飭查事。據陳昌言供稱,托克清阿、徐采、張琅三員,均是虚報到任,只求行查有無稟報公事印文到司,以徵虚實。又訊據托克清阿、徐采、張琅三員供稱,伊等任内,或本署有應辦稿件,或出有交代報部册籍,只求詳查等語,兩造各執一詞,相應劄行該司,查明該三員任内,是否有案件册籍印文可憑,速即據實登覆,以憑覈辦。毋遲。特劄。

甘肅藩司　十二月十六日

爲知照事。照得本閣部督部堂,於本年十二月二十一日辰刻,拜發奏事夾板一副，由驛馬上飛遞，相應知照貴部，希即轉交奏事處呈遞，並附刑部公文一角，亦希轉送可也。

兵部捷報處　十二月十九日

爲咨送事。照得本閣部督部堂奉旨查辦案件，現經審明定擬，除恭摺具奏外，相應抄録全案供招，咨送貴部查覈可也。

刑部　十二月十九日

爲牌行事。本閣部督部堂於本月二十一日辰刻，拜發奏事夾板一副，並咨兵部公文一角、刑部公文一角，由驛馬上飛遞至兵部捷報處告投。爲此，牌仰沿途驛站、州縣，一體小心接遞，毋得片刻遲延，擦損淋溼，致干參處。毋違。須牌。

經過州縣地方官

爲咨行事。據岷州知州陳昌言列款稟訐上司案内，牽控前臯蘭縣管號家人佘奎，并令胞弟佘維藩報捐知縣一節。據佘奎供稱，係安徽涇縣人，本身未當長隨，以前即名佘維藩，并未捐過官職，只有同高祖弟佘士燮寄籍大興，報捐知縣等語。查捐輸知縣佘士燮，訊係佘奎，即佘維藩同高祖弟，是否屬實，應咨明佘士燮寄籍順天府，查明照例辦理等因。此摺於十二月二十一日具奏，相應咨明貴府尹查照辦理可也。

順天府　十二月十九日

爲劄行事。本月初七日，據已革千總任智呈控營員梁生嶽侵吞錢糧一案，又據臯蘭縣民人呈控土豪雷義等私設公堂一案，除批示飭遵外，相應將原呈劄行該司，分别親提飭查訊辦。毋遲。特劄。

甘肅臬司　十二月初九日

爲移咨事。本月初七日，據已革千總任智呈控營員梁生嶽侵吞錢糧一案，當即批發臬司親提確訊。又臯蘭縣民人高東元呈控土豪雷義等私設公堂一案，亦即批發臬司飭查訊辦。連前共計十四案，應咨明貴閣督部堂查照可也。

陝甘總督　十二月初十日

爲劄行事。本月十四日，據慶陽府安化縣民人張興隆呈控依勢欺愚、藐法鯨吞一案，除批示飭遵外，相應將原呈劄行該司飭訊查究。毋遲。特劄。

甘肅臬司　十二月十五日

爲移咨事。本月十四日,據慶陽府安化縣民人張興隆呈控杜生花欺愚鯨吞一案,當即批發臬司飭訊查究。連前共計十五案,相應咨明貴閣督部堂查照可也。

陝甘總督　十二月十五日

爲劄行事。本月十七日,據西寧縣民人索祥呈控以長欺幼、霸吞家財一案,除批示飭遵外,相應將原呈劄行該司秉公查訊。毋遲。特劄。

甘肅藩司　十二月十七日

爲移咨事。本月十七日,據西寧縣民人索祥呈控索興忠等以長欺幼、霸吞家財一案,除批飭藩司查訊外,計連前共十六案,相應咨明貴閣督部堂查照可也。

陝甘總督　十二月十七日

爲牌行事。照得本閣部堂查辦事竣,於本月二十一日巳刻,由蘭州起程回京,率同隨帶司員户部員外郎鍾秀、主事董醇,刑部主事馮栻、供事陶嘉猷、虞若采、陸誠、張球。沿途行走迅速,爲此牌仰經過驛站、州縣,所有應需馬匹,亟宜早爲預備,以便隨到隨行,不得臨時短少遲誤。尖宿館舍,只須打埽潔淨,毋得懸鐙結綵、執事鼓吹、供頓一切。地方文武各官尤不得在道旁迎送。本閣部堂并司員等所雇騾馱及供事坐車,俱係自行發價,業經發訖。該辦差家人,如有藉端冒銷、科派閭閻等情,一經查出,定即嚴懲不貸。至隨帶家人,俱跟隨行走,并無前站,亦無轎夫頭、廚夫、剃頭等役。倘有需索等情,該地方官立即稟究。如無前項情事,亦即出具印結呈案。各宜凛遵,毋違。須牌。

經過驛站州縣　十二月十八日

爲劄行事。據迪化州知州琦齡稟稱,前在安定縣署任内,作抵青器鋪墊併詳明本管道府立案,攤銷墊修衙署、倉廒、文廟等項銀三千零九十九兩,實係因公賠累,力難捐修,叩求詳查等語。既據稟稱詳明本管道府有案,相應劄行該司,歸於覆查案内覈辦可也。

甘肅藩司　十二月十八日

爲移咨事。前准咨到卷箱一隻,計十九宗,今已查辦完竣,應將原卷加封繳還貴閣督部堂查收可也。

陝甘總督　十二月二十日

爲劄行事。前於十一月二十四日,賫到岷州陳昌言控案,共卷六宗、册三封;又番回械鬬,共案十二宗,内除本月初十日藩司領回卷一宗,又發交藩臬兩司卷十二宗,尚存案卷五宗、册三封,相應發還該兩司查收可也。

甘肅藩臬兩司　十二月二十日

爲劄知事。所有前發交銀一百兩,易九七大錢一百七十六千七百文,計自十一月二十九日起,至十二月二十日止,逐日照單覈算,共用錢一百六十千四百五十文。下賸錢一十六千二百五十文,即作爲收拾四乘行轎、零星及貼補公館零用之需,毋庸繳還,相應劄知該府可也。

蘭州府　十二月二十日

爲移咨事。本閣部堂現已差竣回京,所有委派當差之文巡捕張文鏕、武巡捕張維義,並戈什哈、秦兆泰、李春芳、袁學詰差事,甚屬勤勞妥協。其應如何獎勵之處,相應移咨貴閣督部堂酌量辦理可也。

陝甘總督　十二月二十一日

爲劄行事。本月二十日,據陝西朝邑縣職員高聯蕙呈控勢官挺抗、陷害囚押一案,除批示飭遵外,相應將原呈劄行該府查訊。毋遲。特札。

蘭州府　十二月二十一日

爲移咨事。本月二十日,據陝西朝邑縣職員高聯蕙呈控勢官挺抗、陷害囚押一案,除批飭蘭州府查訊外,計連前共十七案,相應咨明貴閣督部堂查照可也。

陝甘總督　十二月二十一日

爲欽奉事。十二月初五日,本閣部堂會同具奏一摺,於本月二十四日承准軍機大臣寄回,當即敬謹開視,并恭録御批備存外,相應將御批原摺并廷寄諭旨,飛咨貴閣督部堂欽遵查照可也。

陝甘總督　十二月二十四日

爲牌行事。十二月初五日,本閣部堂會同具奏一摺,於本月二十四日行抵安定縣城接奉批回,當於本日申刻將原夾板一副加封,并公文一角,由驛馬上飛遞,至欽差陝甘總督衙門告投。爲此,牌仰沿途驛站、州縣,一體小心接遞,毋得片刻遲延,擦損淋溼,致干參處。毋違。須牌。

經過驛站州縣　十二月二十四日

爲欽奉事。道光二十九年十二月二十一日,本閣部堂會同具奏一摺,於本月十一日承准軍機大臣寄回,當即敬謹開視,並恭録御批備存,並將本部堂請假一片留存外,相應將御批原摺并諭旨,飛咨貴閣督部堂欽遵查照可也。

陝甘總督　正月十一日

爲牌行事。道光二十九年十二月二十一日，本閣部堂會同具奏一摺，於本年正月十一日行抵臨潼縣接奉批回，當於本日午刻將夾板一副加封，并公文一角，由驛馬上飛遞，至陝甘總督部堂衙門告投。爲此，牌仰沿途驛站、州縣，一體小心接遞，毋得片刻遲延，擦損淋溼，致干參處。毋違。須牌。

經過驛站州縣　正月十一日

爲劄行事。本閣部堂道經乾州途次，據醴泉縣民婦羅侯氏呈控堂姪羅長慶等群毆伊夫羅玉成身死一案，除批示飭遵外，相應將原呈劄行該司研訊確情，分别究辦。毋違。特劄。

陝西臬司　正月初八日

爲劄行事。本閣部堂道經長安縣途次，據渭南縣民人張慶雲呈控鋪夥王化溥吞資疊害一案，除示飭遵外，相應將原呈劄行陝西按察司秉公訊辦。毋遲。特劄。

陝西臬司　正月初九日

爲劄行事。本閣部堂道經華陰縣途次，據該縣民人趙國杰攜姪趙呆兒呈控嚴宗孔等共毆趙國順、成篤一案，除批示飭遵，并令趙呆兒回里外，相應將趙國杰并口供及原呈，一併劄飭該道提訊察究。特劄。

潼商道　正月十二日

爲咨行事。本閣部堂道經乾州途次，據醴泉縣民婦羅侯氏呈控堂姪羅長慶等群毆伊夫羅玉成身死一案，當即批發臬司研訊究辦。又於長安縣途次，據渭南縣民人張慶雲呈控王化溥吞資疊害一案，亦即批發臬司秉公訊辦。又於華陰縣途次，據該縣民人趙國杰攜姪趙呆兒呈控嚴宗孔共毆趙國順、成篤一案，亦即批發潼商道提訊察究。以上共計三案，相應咨明貴撫部院查照可也。

陝西巡撫　正月十二日

爲劄行事。本閣部堂道經陝西華陰縣途次，據垣曲縣已革監生辛攀桂呈控楊春榮等賄串揑詳一案，除批示飭遵外，相應將原呈劄行該州查訊。毋遲。特劄。

絳州　正月十四日

爲劄行事。本閣部堂道經聞喜縣途次，據永濟縣民人王福林呈控護捕縱賊一案，除批示飭遵外，相應將原呈劄飭該府查訊究辦。毋遲。切切。特劄。

蒲州府　正月十六日

爲咨行事。正月十九日在平陽府途次，接收刑部咨文二件。除將原文備存外，相應將刑部覆奏勘語鈔録，移咨貴閣督部堂。查照辦理可也。

陝甘總督　正月十九日

爲劄行事。據喬百祥呈控承審命案、護官冤民一案。又陳守義呈控孤兒被拐無着一案，除批示飭遵外，相應將原呈二紙劄飭該司，分别提訊，飭催究辦。毋遲。特劄。

山西臬司　正月二十七日

爲劄行事。據王德義呈控賄買蠹役、私押班房一案，除批示飭遵外，相應將原呈劄飭太原府飭查究辦。毋遲。特劄。

太原府　正月二十七日

爲咨行事。本閣部堂在陝西途次，據垣曲縣已革監生辛攀桂呈控楊春榮等賄串捏詳一案，當即批發絳州查訊。又入山西境内，接據永濟縣民人王福林呈控護捕縱賊一案，亦即批發蒲州府查訊究辦。又據霍州民人喬百祥呈控承審命案、護官冤民一案，又據介休縣民人陳守義呈控孤兒被拐無着一案，均批發臬司，分别提訊，飭催究辦。又據徐溝縣民人王德義呈控賄買蠹役、私押班房一案，當即批發太原府飭查究辦。共五件，相應咨明貴撫部院查照可也。

山西巡撫　正月二十七日

爲移咨事。本閣部堂於道光二十九年十月初二日，奉旨馳往甘肅查辦事件，現已差竣回京。所有本閣部堂祁，暨隨帶户部員外郎鍾秀、主事董醇，刑部主事馮栻，勘合四張；供事陶嘉猷、虞若采、陸誠、張球，火牌四張；又陸續收到兵部、刑部咨文，共火票二張，相應一併咨送貴部查銷。其拜發奏摺，批回火票二張，已在途次隨摺咨行陝甘總督，應由該督自行繳銷可也。

兵部　二月初四日

陝甘總督臣布彦泰跪奏：爲丁憂知州清查案内倉庫虧缺，勒限追繳後，砌詞稟訐挾制，據實奏請欽派大臣來甘審辦，仰祈聖鑒事。竊臣於道光二十九年九月十四日，據甘肅藩司温予巽、臬司明誼詳揭，據丁憂岷州知州陳昌言，在該司等衙門稟訐賄賂徇私等情，將原稟揭送前來，臣查閲稟辭，不勝詫異。伏查上年冬間，欽奉諭旨，清查甘肅倉庫，當即設局，委員專辦。總辦局務之司道綜覈定案，並以各屬所報因公挪移之款，數目多寡不同，彌補之方互異，覈其果否實屬，因公以定准駮，並將立案過多，及逾奏定年限者，量加删減。其中致虧無名、彌補無限者，列爲實虧，均已據實覆奏，勒限追繳，并造册咨部在案。現在已有如數完繳之員，是實虧限追暨駁令賠繳者不獨該員。岷州一處如果局中官幕圖利作弊，該司道等豈竟毫無覺察，而何以稱屈抑者又僅止該員一人？至所稱蘭州府等處，每州虧空或十萬八萬，或三萬五萬，皆由賄賂通行，捏報開除，究竟何以指實？又該員所稱，已徵未報，每州每縣皆在一萬八千兩以上，道府查明有案等語。查甘肅各屬銀糧，前於清查八個月限内，經臣委令道府分往盤查。旋據結報，各屬委無以完作欠情事，亦經臣奏明，督飭司道仍不時嚴查，隨時參辦。今該員既稱各屬均有已徵未報，無難令其指明，分别覆查，立見真僞。至此次派局辦事之環縣知縣托克清阿、兩當縣知縣徐采、鎮原縣知縣張琅，先曾調省委辦回疆等處軍需報銷，因即委辦清查，並非虚報到任，無故留省。托克清阿署岷州任内，因公那移之項，已經後任揭報，造入清查實虧項下，勒限追繳，本無隱飾。所稱徐采署任有虧而不列入參案，如果屬實，後任又焉肯代人賠累，不行揭報？至該員所訐諱言番案一層，臣於二十五年蒙恩簡放陝甘總督，二十六年三月到任，正值番賊滋擾之際，當與前署督臣林則徐熟商，以番賊鼠竊狗偷，出没靡常，不值竊兵擣穴，惟在相其山川險易，酌安汛卡，逐段防守，以期得宜。是以奏明帶兵親往巡查，於沿河傍山各要隘，擇其最要，添設卡汛，或常川駐守，或按時巡防，藉資捍衛，均經奏明辦理。所調兵數，皆有各營文册可稽。支銷銀兩，除官兵借裝，仍行扣還外，僅用銀四萬餘兩，無不於例准開銷之中，力求撙節。該員并未隨營，據稱將十萬兩有用之財鯨吞肥己等語，殊屬誕妄。又稱將黑錯寺軍需賸銀一萬二千兩，分給隨帶委員三人。查勦辦黑錯寺，係達洪阿帶兵前往，臣并未親去，委員三人，並未指明姓名，更屬臆造。年來間有賊番肆搶，偶致傷兵失事，無不即時奏辦。該員所稱搶劫營馬七千餘匹，殺官兵無數，不敢入奏。無論營馬皆隨時操演，所需不能缺少，若官兵被戕，例有䘏賞，豈無數官兵之家屬，竟甘緘默不言，從何隱匿不奏。至於巴燕戎格撒拉回子與河南黑番爭鬬，事所恒有。二十八年，番回因爭建供拜俄博，復相械鬬。彼時西寧知府莊俊元禀請調兵勦辦。臣以蠻觸相爭，豈可輕舉妄動，靡餉勞師，是以飭令妥爲辦理。該府旋即告病，臣復另委文武妥員前往曉諭禁戢，番回均即遵服，出具永息爭端甘結完案。既未調兵動帑，又無傷害兵民，故不敢瑣屑上瀆聖聽，并非有所規避，置之不論不議也。前任西寧辦事大臣達洪阿告病，在於二十六年勦辦黑錯寺之後。今該員稱，爲因臣諱言番案之所致，其矛盾更可概見。署臣標中軍副將佈克慎，營務諳練，訓兵有方。前在游擊任内，勦辦黑錯寺，首著勤勞，蒙恩儘先升用，由部推補參將。嗣經臣保升副將，原係循資遷擢。且其人謹慎體面，乃稱與皋蘭縣内長隨佘奎，爲臣之招財童子，未知該員有何證據，任意謗誣。幕友朱一帆，名朱垣，係前督臣林則徐延辦刑名事件。臣到任時，經林則徐薦於臣署，仍辦刑名。林則徐之延其入幕，係由前臬司楊以增所薦。臣到任至今，從未聞其有何劣蹟。所稱托克清阿串通劣幕朱一帆，將該員稟請提禁之案，記大過二次，將該員應領二百一十兩皆扣，記過一層。查甘肅舊章，遇有不關題咨之案辦理失當者，酌量記過示懲。每記過一次，在於本員應領廉俸内，扣銀三十兩，存於司庫，以爲每年冬底春初，煮粥賑濟之用，由來已久。岷州民人李世華控案，本係二十六年該員任内之事，未結卸事，移交托克清阿接辦，亦未完結。該員於二十七年回任之後，又經提省委審，始行結案。據臬司詳請，將托克清阿記過一次，該員記過兩次，經臣照詳批結。兹稱係托克清阿串通臣署幕友朱一帆，將其記過，與案不符。如使罰非其罪，該員何不辯於當時，而訟於今日？且兩過只應扣銀六十兩，今稱扣銀二百一十兩，是其所記之過不僅此一案也。所稱藩司署中幕友孫企青，令丁寶田棄其前妻，以女妻之。無論有無其事，他人兒女婚姻，與該員何干，而亦牽砌稟訐，更屬混行牽扯。臣於一切公事，無不與司道和衷商搉，斟酌辦理。幕友不過代司筆墨，從未令其參預。該員所稱“甘肅有天皆是黑，制軍無事不由朱”之謡，臣詳加訪察，實屬全無影響，平空編造歌謡，是何居心？又稱龔、劉二姓婦女在官署行走，及以妾與張琅爲妾等情，肆口污衊，居心尤爲險詐。其所指升調各缺得受金銀，匯兑進京等語，該員既形諸稟牘，自有確鑿證據。聖明在上，一經派員查訊，無難虚實立辯。臣忝列大員，何甘任其詆誣。至該員稟内所稱，從前接收交代前任本有虧短等語，查州縣交代一經出結，即惟後任是問。該員身任岷州八年，即使前任有虧，已屬徇情濫接。且所指多係已故之員，顯係有心狡賴。查該員陳昌言以捐納知州，在任捐升知府，不知急公自愛，乃因虧空銀糧列入清查案内，奏參限追，輒敢任意砌款具稟，實屬奸險無賴。若不澈底根究，從嚴辦理，殊不足以儆刁玩而肅官方。伏乞皇上派員來甘，切實訊辦，用昭折服，并將該員投遞原稟照録，恭呈御覽。爲此，恭摺具奏，伏乞皇上聖鑒訓示。謹奏。

照抄丁憂前任岷州知州陳昌言呈遞原稟

前任鞏昌府岷州知州、候選知府陳昌言，謹稟大人閣下：敬稟者，竊甘肅省自布宫保諱言番務，民不堪命矣。加以清查不實，賄賂通行，州縣不可爲也。大人公正廉明,異日霖雨蒼生,事業正未可量。所有甘省情形,耳聞目見,想在洞鑒之中。與其隨聲附和,後悔無及,何如上達天聰,官民陰受其福。卑職至愚極陋,當千瘡百孔之任,量入爲出,本無虧短。謹將因公受累,並辦理清查弊端,爲我大人陳之。自布宫保二十五年奏請巡閱,卑職奉委湟中,見其帶兵不滿一千,所有番匪出入要路,並未嚴加防守;郵民受害之家,亦未略加撫恤;既將皇上十萬兩有用之財鯨吞肥已,又將黑錯寺軍需賸銀一萬二千兩分給隨番委員三人。不學無術,誤國病民。是以近年以來,番匪擾害,民不聊生。搶劫甘涼營馬七千餘匹,殺傷官兵無數,而亦不敢入奏。巴燕戎回番數萬人械鬥兩年,殺傷千餘人,先後委員查明,而竟置之不論不議。達青海、莊守坐視不忍,相繼告病,職此故也。本年奉旨清查,自應澈底根究,乃昭慎重。查甘肅虧空,蘭州、寧夏、甘涼府屬最多,每州每縣或十萬八萬,或三萬五萬不等。又有已徵未報,每州每縣皆在一萬八千兩以上,或經道府查明有案,或經後任稟明。清查局中,此次皆因佘奎爲之賄賂通行,捏報堤工災賑,全行開除。其他但無情託,任意挑持。所以然者,皆由局中官幕爲利是圖,通同作弊也。查托克清阿、徐采、張琅三人,均因規避苦缺,盤踞省垣,派入清查局内。托克清阿自二十八年題補環縣,旋調安化,均是虛報到任。前署岷州虧銀四千四百兩、錢八百串,尚未全交,又將李世華、李世楝、武秀詳革,監禁八月之久,匿未通報。經卑職差竣回任,稟請提省審訊,其冤乃白。復串通劣幕朱一帆,將請示提禁人員記大過二次。去年卑職丁憂後,不知如何播弄,司中又將廉俸銀扣去二百一十兩,作爲記過銀。如此任性妄爲,現又題升吐魯番同知矣。徐采於二十五年題補兩當縣,留省辦理文案。前署中衛、張掖美缺,虧銀萬餘兩,此次清查,竟未列入參案,現又題升固原州矣。至於張琅,卑污苟賤,以布宫保之妾爲妾。又令隨同前任河州龔太太、調補定邊縣劉太太,常到院署行走,迎合憲意,不入耳之言,來相告語,真令人爲之痛恨也。幕友朱一帆狂妄無知,楊河督前在甘肅臬司任内,因其劣蹟多端,傳集通省州縣,將伊驅逐出省。布宫保現又延請入幕,爲其所愚,是以外面歌謡"甘肅有天皆是黑,制軍無事不由朱"。孫企青自處司館以來,遇有升調缺出,以及應領應辦各案,必使佘奎授意於人,坐享漁人之利。寶藩台知其爲人,故有"季氏富於周公"之說。至令丁寶田棄其前妻,以女妻之。如此翁壻,位列上賓,其人其品已可概見。若道府盤查倉庫,明知州縣任任皆虧,每到一處,但令虛出印結,即可含混下場,甚至倉庫全虧,規費銀兩送到,亦肯代爲掩飾;過於認真,又恐和盤托出，如安定縣胡令故事。總之，布宫保到甘以來，但知寡人好貨，惟讒諂面諛之言是用，州縣艱難不知也。遇有升調缺出，只要黄金四百、白銀二千，託佘奎、佈中協一説，富貴功名即在眼前。佘奎、佈中協者，乃布宫保招財童子也。數年之間，一以游擊題升副將，一以皋蘭管號家人，置買房産三十萬，並令胞弟佘維藩報捐知縣，不義而富且貴，未有如是之甚也。至於節壽送禮，多多益善。道府以上，每次五六百兩不等，如循化同知吳龍光，每遇節壽，送元寶銀三百兩，鞏昌交卸，即署平涼。信乎直道而事人，焉往而不三黜也。所收銀兩，已令佘奎由光泰永號，匯至京中數十萬矣。蟒袍每件作銀□兩，燕窩每匣作銀八兩，全行賣與佘奎。梁巡捕備知其情，題升濟木薩縣丞，借銀三千兩，而竟如數付給，貨悖而入，亦悖而出。卑職在任八年，不善夤緣，不會巴（級）［結］。去年丁憂後，又遇清查案件。署岷州張聰梓請示批駁各款，係朱一帆授意，孫企青代擬稟稿，一則曰革職監追，再則曰何恃不恐。公令森嚴，卑職何敢置辯。惟是道府立案，通省皆未删除，且有已經批駁各款，仍准换詳立案，獨將岷州批准立案各款一概删除。通省州縣虧空，有十萬八萬兩者，皆肯爲之掩飾，獨將岷州倉庫無虧，任意挑持。通省已徵未報七八十萬兩之多，亦皆爲之掩飾，獨將岷州墊報銀兩，不准後任帶徵作抵。憲恩高厚，感戴人多。卑職何辜，誤入參案。不揣冒昧，具實直陳，仰懇大人抄録原稟，據實揭參，認真查辦，則感戴鴻恩，不獨卑職一人已也。所有接收歷任虧短下色糧一萬二千一百六十五石零，現已彌補七千六百四十四石六斗一升二合，合銀五千九百二十四兩五錢七分四釐。又陳故任無著上色糧三千石，按年攤銷，現已攤補歸倉一千五百一十四石九斗五合四勺，合銀二千三百四十六兩八錢四分七釐。又攤銷過各項銀三千三百二十餘兩，又因公賠累用過銀一萬三千二百一十五兩，又院司道府節壽、門包、公幫等項用過銀一萬三千七百二十三兩，又省書包案用過銀九千八百五十三兩，均有印簿可查，合并申明，伏乞垂鑒。卑職昌言謹稟。

再，前據委盤鞏、秦、階屬倉庫，蘭州道楊能格稟揭安定縣倉庫銀糧虧短，與册造數目不符等情，旋據該縣胡薦夔以該道楊能格沿途需索，該員曾以銀二百兩并門包等項，求門丁楊姓婉轉未收，以致被揭撤任等語，節經批發藩臬兩司查明詳覆去後，兹據會詳委員覆算核明，倉庫實有虧短，册造亦有舛錯，另行更正辦理。其胡薦夔稟訐楊能格一節，事關清查案内虧員稟訐委盤監司虚實，均應確究，相應請旨，一併派員訊辦，以昭覈實。爲此，附片具奏，伏乞聖鑒訓示。謹奏。

道光二十九年十月初五日,字寄琦善。奉上諭:“前據布彦泰奏,丁憂知州砌詞稟訐挾制,照抄原稟呈覽,請派大臣審辦一摺,又另片奏知縣稟訐道員等語,明發諭旨,係派祁馳往查辦,而面諭祁飭令會同琦善審辦。此案事關屬員稟訐上司贓私多款,均經指出案據姓名,必應確查根究,以成信讞。惟查訪不密,恐受欺朦,故朕朱批琦善之摺,有‘已派員來川,卿速赴新任’之語,諒該督必能默會慎密之意。現已馳赴陜甘總督之任,著於接晤祁時,即查照原稟各情,飭提人證卷宗,會同研訊,務期水落石出,勿存成見,秉公定擬具奏。布彦泰業經告病開缺,並著傳旨扣留備質,原摺片及原稟均鈔給閲看,將此諭令知之。欽此。”

奏爲屬員訐告上司重款,到案供無確據,請旨革職嚴訊事。據前任陜甘總督布彦泰奏,丁憂知州虧短倉庫,勒限追繳,稟訐挾制,請欽派大員審辦一案,十月初二日奉旨,命臣祁馳往查辦,並面奉諭旨,會同臣琦善審辦。於十月十二日,率同隨帶司員户部員外郎鍾秀、主事董醇、刑部候補主事馮栻,出京途次,函致臣琦善到任後,先行分别提傳。臣琦善於十一月十五日到任,當將應提人證卷宗,趕緊檄調,並將院司劣幕,勒令出署,取保候訊。一面將新任甘涼道、現署按察使李恩慶留省,派同審辦。臣祁於十一月二十八日行抵甘肅省城,當即接晤會商。案關被參屬吏稟訐封疆大員贓私多款,自應秉公研鞫,謹遵聖訓,不敢稍存成見。唯款項既多,案情較重,若將該前任岷州知州陳昌言所稟各款,徑向該前督及被控各員詰問,誠恐恃無確據,未必遽行承認。該知州既經列款稟訐,自不難將確切證據按款指實,以便從此根究。連日督同司員等提傳該員,逐款訊問,並不能將所控重情確切供指。如原稟布彦泰巡邊案内,以十萬兩有用之財鯨吞肥己一款,訊據供稱,布彦泰番案未經認真查辦,心疑十萬兩並未用完,實無確據。如黑錯寺軍需賸銀一萬二千兩,分給隨營委員一款,訊據供稱,係前署岷州張聰梓告知。如遇有升調缺出,只要黄金四百、白銀二千一款,訊據供稱,有胡薦夔、張聰梓可證。及傳到胡薦夔、張聰梓等,與該員當面質訊,張聰梓等僉供並不知道,亦未説過。轉詰該員,唯有俯首無詞,情甘認罪。如致送節壽、門包等項,均有印簿可查一款,訊據供稱,簿已遺失。嚴行究詰,勒令繳出,據稱實係捏情聳聽,并無印簿可繳。如原稟中軍副將佈克慎暨皋蘭縣家人佘奎,爲布彦泰招財童子一款,三面質對,該員茫然不能指實。調到光泰永號帳簿,逐細查閲,亦無布彦泰匯銀進京之事。

其他如牽控婦女出入院署一款，現傳劉方氏之夫、陜西定邊縣知縣劉湛，尚未到案。訊據鎮原縣知縣張琅供稱，本年價買龔宅使女爲妾，買後始知曾在院署爲婢屬實，並未再入院署走動。又據龔孫氏之子、候補未入流龔世鉞供稱，道光十年，布總督前赴青海辦事大臣任所，行抵皋蘭，其妻患病，留省調治。維時伊父龔均正任皋蘭知縣，布總督諄托照料，伊母孫氏常往看視，經理藥餌。伊父故後，流寓甘省。布總督到任，其妻念舊，時常賙恤。伊母亦曾於布總督巡邊時，入院署向其妻告幫。其妻故後，並未再往等因。臣等檢閱原稟，應以訐告前督臣布彦泰贓私各款爲重。今經訊問，其牽控之款尚屬有因，而重款轉無確據。未便任其起滅自由，稍涉含混，除將已提未到各員嚴切催傳，並就現到人證卷宗，按照原稟各情，逐一詳查研鞫外，相應請旨，將捐升知府、前任岷州知州陳昌言先行革職，澈底根究，務期水落石出，以成信讞。爲此，專摺具奏，伏乞皇上聖鑒。謹奏，請旨。

再，陳昌言原稟清查不公、官幕舞弊各情，臣等檢閱清查册籍，蘭州、平凉兩府即有辦理參差、改換名目情事，如皋蘭縣礮岸木壩一款，改爲黄河堤塀。又皋蘭、平凉等縣修理公館各款，均經改换名目。訊據藩幕孫繼烈供認屬實，隨經提傳清查局員詰問，除固原州知州徐采尚未到案，據現已到案之鎮原縣知縣張琅、吐魯番同知托克清阿僉稱，雖經派入清查局内，其中准駁均係藩署作主，職等概未與聞。覈其供詞，顯有不實不盡，意存諉卸。除將藩幕候選縣丞孫企青，即孫繼烈，及供認濫薦幕友之督幕、捐職從九品朱一帆，即朱垣，並悔婚另娶之藩幕、議敘八品頂戴丁寶田，即丁德培，咨部斥革外，相應請旨，將固原州知州徐采、鎮原縣知縣張琅、吐魯番同知托克清阿一並解任，嚴行究辦。謹奏，請旨。

再，前督臣布彦泰片奏，蘭州道楊能格稟揭安定縣胡薦夔倉庫虧短，致被該縣以該道沿途需索、送銀未收等情稟訐一案，奉旨交臣等會同查辦。現在案内人證尚未到齊，趕緊催提，俟傳集到日，一併嚴訊究辦，理合附片聲明。謹奏。

道光二十九年十二月十五日，奉上諭："祁、琦善奏屬員訐告上司，到案供無確據，請旨革職嚴訊一摺，又另片奏請將清查局員解任究辦等語。捐升知府、前任甘肅岷州知州陳昌言，著即革職。固原州知州徐采、鎮原縣知縣張琅、吐魯番同知托克清阿，均着解任，交祁、琦善澈底根究，嚴行訊辦。餘著照所擬辦理。該部知道。欽此。"

奏爲遵旨查辦事件審明，分别定擬具奏，仰祈聖鑒事。竊臣等奉命審辦前任陝甘總督布彦泰奏，丁憂知州虧短倉庫，勒限追繳，稟訐挾制一案。前於十二月初五日，奏明辦理情形，將審無確據之前任岷州知州陳昌言，請旨革訊，並附片請將清查局員固原州知州徐采、鎮原縣知縣張琅、吐魯番同知托克清阿，一併解任，究辦在案。臣等查閲該革員陳昌言原稟前任陝甘總督布彦泰贓私重款，及牽涉婦女出入院署，局員幕友營私骫法各情，其控屬有因者，固宜逐層研詰，徹底根究；即供無確據者，亦必提同在事人員，調齊兩司文卷，詳細研窮，務得確情，以期兩造均無枉縱。連日督同司員户部員外郎鍾秀、主事董醇、刑部候補主事馮栻、署按察使、甘凉道李恩慶，一面將調到各案卷逐細檢查，一面提集人證詳加訊問，謹將審出各款虚實情節，逐一開列於後：

一、原稟内稱，布彦泰奏請巡閲，帶兵不滿一千，將十萬兩有用之財鯨吞肥己等情。查布彦泰於道光二十六年奏請巡邊，在於司庫新疆備用款内借動銀十萬兩，收入番案經費款内備用。嗣巡閲邊卡，及貴德番務兩案，實共提用銀七萬五千餘兩，業經造報，題請覈銷。其餘銀二萬四千餘兩，據署藩司覆稱，現存司庫，並未提用。訊據陳昌言供稱，先時奉委湟中，曾聞請餉十萬兩之多，是以疑其鯨吞肥己。今經查明，始知原請十萬兩並未全行提動，所帶兵數無從確指，情甘認誣。

一、原稟内稱，布彦泰將黑錯寺軍需賸銀一萬二千兩，分給隨營委員三人等情。查黑錯寺剿辦番匪，係達洪阿帶兵，並非布彦泰親往。當時動用銀兩款目轇轕，尚未奏銷。是用銀尚無確數，何從覈計餘賸銀兩？詢查在事文武委員共有九人，當令陳昌言將單開姓名，指出何人分用，該革員茫然不能供指。是原稟賸銀一萬二千兩分給委員三人之語，亦屬無據。

一、原稟内稱，近年番匪擾害，搶劫甘凉營馬七千餘匹，殺傷官兵無數，不敢入奏；巴燕戎格回番械鬭，殺傷千餘人，委員查明，置之不議。達洪阿、莊俊元不忍坐視，相繼告病等情。臣等查布彦泰任内，番匪滋擾，並無殺傷官兵之案。其搶奪營馬各案，統計一千七百餘匹，業經隨時奏明。至巴燕戎格回番械鬭，互有殺傷，經前西寧府知府莊俊元稟請調兵剿辦。該前督臣布彦泰以蠻觸相爭，不肯勞師糜餉，飭令委員曉諭番回，出具息爭甘結完案。查閲莊俊元告病原稟，係因骽疾稟請開缺，批飭蘭州府查驗屬實；青海大臣達洪阿係因病奏請開缺，均未牽涉番回事件。

一、原稟内稱，督署幕友朱一帆劣蹟多端，及藩署幕友孫企青清查受賄，並令丁寶田棄妻另娶等情。訊據朱一帆，即朱垣供稱，升任楊藩司任内，曾因批駁司詳措詞失當，欲遞回籍，後經服禮寢息，嗣經屢換總督，均未出幕，曾向各處推薦幕友。至辦理陳昌言記過一案，指爲有意傾軋，實屬措詞荒謬，情甘認罪。又據孫企青，即孫繼烈供稱，辦理清查，准駁兩歧，改換名目實係任意軒輊，並無各該員請託及佘奎串通賄囑情事。又丁寶田，即丁德培供稱，幼曾隨任湖北，聘定黄姓之女；嗣因游幕來甘，復聘孫企青之女爲妻；孫氏故後，仍將黄氏迎娶，並非孫企青囑令棄妻。至原禀"甘肅有天皆是黑，制軍無事不由朱"歌謡，及謂孫企青有"季氏富於周公"之説，經臣等詢訪，並無是語，即嚴訊陳昌言，亦不能指出實據。

一、原禀内稱，張琅以布彦泰之妾爲妾，又令隨同龔、劉兩姓婦女常到院署等情。前經臣等訊據張琅供稱，本年價買龔姓使女魏氏爲妾，買後始知曾在院署爲婢屬實，並未再入院署走動。又據龔孫氏之子、候補未入流龔世鉞供稱，道光十年布彦泰前赴青海大臣任所，行抵皋蘭，其妻患病，留省調治。維時伊父龔均正任皋蘭知縣，布彦泰諄託照料。伊母孫氏常往看視，伊父故後流寓甘省。迨布彦泰升任總督，其妻念舊，時常賙恤。伊母亦曾於布彦泰巡邊時，入署向其妻告幫，其妻故後並未再往等因。兹復傳到劉房氏之夫、定邊縣知縣劉湛，訊據供稱，伊妻房氏幼曾隨任流寓福建省城，與前任總督林則徐住宅比鄰，眷屬來往。迨林則徐查辦西寧番務時，其妻留居省館，伊妻房氏前往看視。適值布彦泰之妻往拜，邀同到署一次。其時劉湛赴任隴西，嗣聞前事，即以不應率進上憲衙門向斥，後來並未再往。

一、原禀内稱，布彦泰遇有升調缺出，只要黄金四百、白銀二千，佘奎、佈克慎乃招財童子，一説即成等情。訊據佈克慎供稱，前於剿辦黑錯寺番案，以出力保奏，奉部推升督標左營參將，二十七年奏補甘肅永固協副將。所有官員升調，不但文官與佈克慎無涉，即武職亦俱由總督主裁。陳昌言並不識面，其因何憑空誣陷，求令切實指出。嚴詰陳昌言，先據供稱，係胡薦夔、張聰梓向其告述。乃傳到胡薦夔、張聰梓等，與該革員當面質訊，僉稱並不知道，亦未説過。再向該革員訊詰，始據供稱，實因見佈克慎數年之間，由游擊驟升中協，自係布總督任用之人；又見佘奎以皋蘭縣長隨出入院署，曾代銷售燕窩、蟒袍，廣有財産，必係向院署説事過錢，遂以二人爲布彦泰招財童子。至黄金四百、白銀二千，原係隨口編造。甘肅地瘠民貧，州縣無不賠累，安有如許金銀賄買苦缺。現經訊明，佈克慎並無賄通情事。又原禀所稱佘奎置買房産三十萬兩，並令胞弟佘維藩報捐知縣一節，訊據佘奎供稱，本身未當長隨以前，即名佘維藩，並未捐過官職，只有同高祖弟佘士燮寄籍大興，報捐知縣，曾經幫過銀一千兩。現蒙調查家産，實止一萬餘金，並無三十萬之多。曾代布總督賣過燕窩八匣、蟒袍十件，及包辦酒席，常進院署屬實。至所控辦理清查、升調各案，通行賄賂，實無其事。佘奎係一管號家人，安能與總督説合銀兩，只求詳情。轉詰陳昌言，亦復不能供指。

一、原稟内稱，道府以上節壽送禮，每次五六百兩。循化同知吳龍光，每遇節壽，送元寶銀三百兩。布彦泰令佘奎由光泰永號，匯至京中數十萬兩等情。訊據吳龍光供稱，去歲在鞏昌府任内，於六月初間托陳昌言轉交伊省書帶去元寶銀三百零九兩，囑交省寓胞姪等三人，爲在省需次日用之費。伊省書劉姓交胞姪等收訖，有帳可查，從無致送節壽之事。並據陳昌言供稱，六月初間在鞏昌府時，適差省書劉鑑堂進省，彼時吳龍光托其順便寄省元寶銀三百兩，記係五月初間。又聞吳龍光有要緊用項之言，遂疑爲布總督致送節禮。現經查出吳龍光日用帳簿，實係六月初間寄省中公館家用之項，自係實情。其餘道府果否致送，并無確據。調查光泰永號帳簿，細加查閱，並無布彦泰匯銀寄京之事。又原稟梁巡捕題升縣丞，借銀三千兩一節，訊據陳昌言供稱，巡捕梁恩綬升任濟木薩縣丞，曾言道途遼遠，非三四千金不能動身，只好求布總督幫助，後來見伊起身，心疑必係布總督借給銀兩。現在梁恩綬已故，實在別無證見。當傳到同時在院署充當巡捕之候補府經歷李光興供稱，前巡捕梁恩綬未升縣丞以前，曾與同事臨行借銀一層，並未聽見。

一、原稟内稱，在任八年，不善貪緣巴結，曾送院司道府節壽、門包、公幫等項，用過銀一萬三千餘兩，又省書包案用過銀九千八百餘兩，均有印簿可查等情。臣等查閲該革員原稟，既稱不善貪緣，又稱送過院司道府節壽銀兩，實屬自相矛盾。既據原稟内稱，均有印簿可查，自應到案，即行呈出。乃連日迭經嚴詰，勒令繳出，據供委係因恐藩司不辦，意在捏情聳聽，其實並無印簿。如果院司道府實在收過節壽陋規，清查時必不挑斥。况致送陋規，與受均干法紀，豈有預立印簿，自取敗露之理。現在身犯重罪，皆因清查不公，有激而成，若實有收受陋規情事，正當舉出洩忿，何肯代爲掩飾。至省書名目即係坐省家人，因伊承辦提省犯人口糧、差役盤費，故謂之包案。其實在省買辦物件，照料公館，皆其經管。具稟時，意圖表白因公賠累，是以一併牽説，並非伊等有盤踞勒索情事，亦未立有印簿。飭傳陳昌言省書三人，劉鑑堂，即劉照藜,係文生員,業已潛逃。提到師福麟、郭升二名,供認充當省書屬實。師福麟供認,係捐納縣丞,計共賺銀七兩。郭升亦供認賺銀十多兩。呈出零星帳單,覈與陳昌言所供相符。

一、原稟内稱,前署岷州知州托克清阿接審李世華等一案,串通劣幕朱一帆,將伊記大過兩次,扣廉俸銀二百一十兩等情。查據署藩司覆稱,記過章程始自乾隆五十五年,每過計扣廉俸銀三十兩,彙歸皋蘭縣冬間開廠施粥應用。陳昌言先後五案,共記大過七次,計應扣銀二百一十兩,並將該革員記過各案開單詳覆前來。臣等查甘肅記過章程既經歷有年所,所扣銀兩亦與記過次數相符。惟有過罰銀,究非正辦,現已由臣琦善飭司停止。調查李隨花等共毆李三成原案,訊與李世華等無涉,經該革員陳昌言將托克清阿誤禁李世華等情由稟出。朱一帆代府擬稿内稱,該革員係屬有意傾軋,是以該革員心懷不甘。兹據供稱,甘肅實有記過舊章,任内實係記過七次,並非托克清阿播弄所致。

一、原稟内稱,托克清阿、徐采、張琅規避苦缺,盤踞省垣,派入清查局内,均係虚報到任等情。提到該局員解任固原州知州徐采、鎮原縣知縣張琅、吐魯番同知托克清阿,僉供委因派辦番務報銷,清查局務,勢難歇手,奉諭先行具報到任,并非規避營謀。訊據布彦泰供稱,該員等平時當差勤勉,接連辦理軍需報銷,清查各局事務,更易既屬乏人,事件又難停手,是以令其先報到任,均係因公差委,并非各該員無故逗遛,亦無營求規避情事。至托克清阿對調安化,據稱未奉覆准,即升今職。安化本未到任,無所用其虚報。詰以清查册籍舛錯參差一節,據托克清阿供稱,本年正月初派辦清查,甫經開局,張藩司旋即升任,春署藩司於二月初到任。自二月至四月,册多駁更未定。閏四月,温藩司到任,諭令趕緊辦理。旋以限期緊迫,先就到局之册斷定准駁,提造清册,送督署覈看後,於六月底發下全册,逐股簽注。自七月初一日起,諭令於三日内覆算繕呈,因爲期過迫,僅能督同覈算,未及細對原底,實難辭咎。至開局以來,均係藩司與幕友孫企青酌定,再送臬司道府及職等標畫。孫企青如何改易名目,實不知情,亦無圖利舞弊情事。質之徐采、張琅,供俱相同。

一、原稟内稱,托克清阿前署岷州,虧銀四千四百兩、錢八百串,尚未全交。徐采前署中衛、張掖兩縣,虧缺萬餘兩,清查未列參案等情。查據藩司覆稱,岷州清查册内並無托克清阿虧銀四千餘兩、錢八百串之數。其短交庫項及删作實虧銀共二千五十餘兩,已入清查造報。臣等檢閲清查奏報原案,查覈數目相符。至徐采中衛縣任内,查有册造因公虧糧一千二百餘石,歸入攤銷生息彌補,此外别無虧缺。查據署藩司覆稱,中衛、張掖兩縣,該員實無虧銀萬餘兩情事。又原禀内稱甘肅虧空,每州每縣或十萬八萬,或三萬五萬不等。查據署藩司覆稱,甘肅地瘠民貧,州縣入不敷出,虧那在所不免。然如陳昌言所禀,每州每縣虧空或十萬八萬、三萬五萬不等,合計通省七十二廳州縣,勢須虧累在四五百萬以上,實無如此之多。又原禀所稱已徵未報,每州每縣皆在一萬八千兩以上,通省已徵未報七八十萬,道府盤查,州縣虚出印結等情。查據署藩司覆稱,通省新舊民欠錢糧共止四十九萬餘兩,其已徵未報之數焉得轉較民欠尤多?道府身膺監司方面,何至明知虧短,但令虚出印結,是否陳昌言另有確據,應由陳昌言指實根查。臣等查通省新舊民欠錢糧共止四十九萬餘兩,若如該革員所禀,已徵未報有七八十萬兩之多,是必各廳州縣將此四十九萬餘兩全行徵齊,猶須豫徵二三十萬兩,方符此數。該管各上司不應如此聾瞶,即百姓又焉能竟無告發?至道府盤查,州縣虚出印結及换詳立案各情,質之陳昌言,並無實據可指。其所稱清查不公一節,實有准駁兩歧,未能允協之處。現經查出,於另摺内逐細聲明,奏請覆覈。至所稱甘肅虧空,寧夏、甘凉府屬最多,臣等查閲清查原案單開,如蘭州府屬之皋蘭、金縣、河州,寧夏府屬之寧夏、平羅、靈州、中衛,甘州府屬之張掖,凉州府屬之鎮番、永昌等各州縣均有虧短,業經奏明有案,應請統歸覆查案内,一併覈辦。

一、原禀内稱,該革員於岷州任内并無虧短,各屬道府立案,通省皆未删除,獨將岷州倉庫無虧,任意挑斥等情。臣等查清查案内道府立案,生息攤銷諸款,各屬有准有駁,並非通省皆未删除。至該革員原查實虧銀七千九百餘兩内,除解過銀四百餘兩,及現經署藩司查明後任張聰梓應交銀一千八百餘兩外,其餘虧缺銀兩,檢閲清查原報底册,或以鋪墊執事、木器、食物請抵,或以生息不敷銀兩虚抵,或自認變産完交,並非實銀在庫。該革員率稱本無虧短,實屬有意含混。

以上各條内,唯婦女入署、幕友盤踞、清查不公、官員虚報到任、管號家人代賣物件各款,訊屬有因。其餘贓私重情,或稱懷疑妄控,或稱風聞不實,均屬查無確據。臣等以該革員既敢臚列重款,訐告大員,自必確有實據,何以一經提訊,於重大各情即甘俯首認誣?恐布彦泰及官幕人等,實有贓私重情,該革員旋起旋滅,更難保無賄和等弊。乃隔别研詰,不特布彦泰暨在案人證堅稱並無其事,即該革員亦稱,委因丁憂離任,適值清查,起意將鋪墊執事、木器、食物等件抵作實銀,若能准抵,祇實虧銀一千七百餘兩。後來清查局中,將列抵各款删去,不准抵作實銀,致虧短銀五千八百餘兩。復經布彦泰飭令删除修理款内銀兩,不准攤銷,以致共虧銀七千九百餘兩,列入清查參案。心疑局員串通院司各幕,有意刁難。又想布彦泰身爲總督,爲何任聽官幕舞弊,心懷憤恨,遂將平日懷疑及風聞無據之言,一並列款具訐投遞,冀得嚴參洩憤。今經嚴詰,已蒙將事屬有因各條審實,其餘本係一時糊塗,冒昧砌稟,並無賄和情事。再三研詰,矢口不移。案無遁飾,應即擬結。查律載:誣告人死罪未決者,杖一百,流三千里,加徒役三年;又例載:屬員已知上司題參、摭砌款蹟、捏詞誣揭者,一事審虚,即行反坐,於誣告加等例上,再加一等治罪;又例載:幕賓、長隨盤踞衙門者,幕賓照書役年滿不退例,杖一百;長隨枷號一箇月,杖一百,各遞回原籍,分别發落;又律載:許嫁女已報婚書,若再許他人,已成婚者,杖八十;男家悔而另聘者,罪亦如之,各等語。此案已革候選知府、前任甘肅岷州知州陳昌言,於清查案内虧短倉庫銀糧,經前督臣布彦泰列入參案,輒敢牽砌多款,捏詞誣訐,冀圖一併嚴參洩忿,居心實屬險詐。查閲原稟各款,應以訐告布彦泰巡邊案内侵吞銀十萬兩爲最重,如果屬實,布彦泰罪應論死。今審係虚誣,自應依律反坐。陳昌言除控屬有因各款,及贓無確數,無憑坐誣,或例應坐誣,罪止流徒不議外,合依誣告人死罪未決杖一百,流三千里,加徒役三年律,杖一百,流三千里,加徒役三年。係屬員誣揭上司,照例應再加一等,請旨從重,發往新疆充當苦差。該革員尚有應繳銀兩,應即著落家屬,嚴行追繳。已革候選縣丞、藩司幕友孫企青,即孫繼烈,久處藩幕,雖訊無串通賄囑各情,惟於清查案内,任意准駁,改換名目。已革從九品職銜、督署幕友朱一帆,即朱垣,屢經易任,未出督幕,雖訊無别項劣蹟,惟曾向各處推薦幕友,又屢擬文批措詞失當。佘奎,即佘維藩,先充長隨,業已辭退,輒借包辦酒席,出入衙署,並代售衣物,雖訊無勾通行賄等弊,均屬不安本分。遍查律例,並無幕賓、長隨有犯前項各情,作何治罪專條,自應即照盤踞衙門各本例問擬。孫企青,即孫繼烈,朱一帆,即朱垣,佘奎,即佘維藩,均合依幕賓長隨盤踞衙門,幕賓照書役年滿不退,例杖一百;長隨枷號一箇月,杖一百,各遞回原籍例,孫企青、朱一帆均遞回浙江山陰縣原籍,杖一百,折責發落。佘奎遞回安徽涇縣原籍,枷號一箇月,滿日杖一百,折責發落。已革八品頂戴、藩署幕友丁寶田,即丁德培,先曾聘妻黄氏,復娶孫企青之女孫氏爲妻,雖孫氏故後,仍將黄氏迎娶,究屬悔婚另娶。丁寶田,即丁德培,應照男家悔婚另娶者杖八十律,杖八十。業已革去頂戴,應免發落,未便任其逗遛甘省,應飭令自行回籍。省書師福麟、郭升,於該革員飭令在省專辦提省人犯口糧等件,輒侵漁銀十餘兩及七兩不等。查省書名目即駐省長隨,遇有提省案件、人犯口糧、差役盤費,俱由彼處墊付,本屬相沿惡習。師福麟係捐納縣丞,在逃之劉鑑堂,即劉照藜,係文生員,乃甘爲下賤,實屬不知自愛。除在逃之劉鑑堂,即文生劉照藜,業經咨明禮部及陝甘學政斥革,仍飭緝獲另結外,師福麟應咨明吏部革職,與郭升均酌照不應重律,杖八十,折責發落。所賺銀兩,爲數無多,已據陳昌言供請免追,應免追繳。至省書一項,無裨公務,徒滋侵漁,已由臣琦善查明斥禁。前督臣門丁陳敬託佘奎售賣衣物,雖係奉有主命,亦有未合,應照不應輕律,笞四十,折責發落。前任陝甘總督布彦泰,雖查無贓私重情,惟以封疆大員,於關防衙署,任聽婦女往來;清查事案,辦理致多歧誤;以及辦公需人,主令屬員虛報到任;零星衣物,輒聽家人輾轉售賣。種種粗率,致招物議,應請旨交部嚴加議處,應即回京聽候部議。原任布政使温予巽,責有專司,乃於清查要務,任聽幕友率意准駮,致多舛錯,本干嚴議,業已病故,應毋庸議。解任固原州知州徐采,前署張掖、中衛,查無虧短銀兩;鎮原縣知縣張琅,訊無卑污迎合各情;吐魯番同知托克清阿,前署岷州任,虧短銀二千五十餘兩,查已完繳二千兩,於陳昌言記過案内,並未播弄舞弊,各該員委辦清查,亦均未與佘奎、孫企青勾通受賄。徐采於題補兩當縣,張琅於題補鎮原縣,托克清阿於題補環縣,均因督臣委辦奏銷,及清查事務,飭令先報到任,與貪緣規避者不同。惟既經留省專辦清查事務,並不認真查覈,輒因限期緊迫,隨同司幕草率了事,實屬咎無可辭。徐采、張琅、托克清阿,應請一併交部議處。該省清查舛錯參差之處,臣等已於另摺奏請覆查。其陞任布政使張祥河、前署任布政使春熙,雖任事未久,未便置之不議,應與隨同畫稿,並非專辦之司道府縣各員,一併由部查取職名,分别議處。調任陝西定邊縣知縣劉湛,於其妻房氏在林宅公館與布彦泰之妻會遇,諭令入署一次,該員適在隴西任所,並不知情,應請免議。永固協副將佈克慎,並無關通賄合。署平凉府事、循化同知吳龍光,並未致送節壽,應與訊無不合之李光興、龔世鉞等,均無庸議。捐輸知縣佘士夔,訊係佘奎,即佘維藩同高祖弟,是否屬實,應咨明佘士夔寄籍順天府,查明照例辦理。調到文卷,分别發還。全案供招,咨送刑部備覈。臣祁於拜摺後,率同隨帶司員起程回京覆命。所有會同審明定擬緣由,理合恭摺具奏,請旨。道光二十九年十二月二十一日奏,三十年正月初三日奉御批:"另有旨。留夾片一件。欽此。"同日奉上諭:"祁、琦善奏,審明甘肅知州稟訐上司挾制各款,分别定擬一摺。此案陜甘總督布彦泰,雖查無贓私重情,惟封疆大吏關防不密,辦理清查致多歧誤,並令屬員虚報到任,任聽家人售賣衣物,種種粗率,殊負委任。著照議交部嚴加議處,即行回京,聽候部議。解任固原州知州徐采、鎮原縣知縣張琅、吐魯番同知托克清阿,於留省辦理清查事務,並不認真查覈,輒隨同藩司劣幕草率了事,實屬咎無可辭。徐采、張琅、托克清阿,均著交部議處。升任布政使張祥河、前署布政使春熙,督辦清查,參差舛錯,雖在任未久,亦著交部議處。其隨同畫稿,並非專辦之司道府縣各員,著交部查取職名,分别議處。餘著該部議奏。欽此。”

再,前督臣布彦泰附片奏稱,委盤鞏、秦、階屬倉庫蘭州道楊能格稟揭安定縣倉庫虧短,與册造數目不符。旋據該縣胡薦夔以該道沿途需索,送銀未收,以致被參撤任等情,請旨一併派員訊辦一案。臣等查蘭州道楊能格會同藩司等原詳内稱,胡薦夔虧短銀糧,除歸入前任完交,及列入清查參案外,復查出該縣虧銀五百餘兩、糧五千五百餘石,將該員詳請撤任參辦。復查安定縣胡薦夔原稟,其所稱沿途需索,及送銀二百兩未收,業經布彦泰附片奏明。此外尚有牽控該道奉委盤查,並未親歷其地,及秦州致送銀一千二百兩,階州致送銀一千一百兩,鞏昌府屬致送銀一千兩,並製辦壽屏壽幛,每屬派銀五兩,有鞏昌府首縣信函可憑等語。臣等詳閲案情,該縣致送銀兩,該道並未收受,所稱秦州、階州等處致送銀兩,應令指出確據,以憑嚴究。乃胡薦夔堅稱,並無實據。勒令交出鞏昌府首縣隴西縣攤派信函,查閲信内祇有備用夫馬等件,並無攤派規費及製辦屏幛等情。臣等復加究詰,據供委因倉庫虧短,册造不符,經該道查出,欲行參辦。又聞家人錢升稟稱,該道路過通安驛,公館未經掃除,冒雨前進,夫馬亦未動用,恐係有意需索規費,遂令家人潘榮許銀二百兩,托該道門丁張順婉轉求情,張順不敢代回。知該道必行揭參,一時情急,恐致監追。心疑秦、階等屬未必無虧,何以未聞參揭,自係致送較厚,已經收受,遂以該道勒索等情具稟。差信業已呈出,此外並無攤派銀兩信函,所有倉庫虧短,情願依限賠交等語。飭傳蘭州道楊能格取具親供,並提到安定縣家人潘榮、錢升及該道門丁張順,供俱相同。調到秦州知州董平章、階州知州葛以簡,訊稱該道委係親身盤查,並無致送規費情事。復傳到隴西縣知縣黄世安,據供該道奉委盤查,照例應給民夫,是以先期傳信,此外並無攤派銀兩信函。覈與各供無異,應即擬結。查律載:官吏人等,非因事而受財,坐贓致罪,各主者通算,減半科罪,罪止杖一百,徒三年。又律載:誣告人徒罪加所誣罪三等。又例載:屬員已知上司揭參,摭砌款蹟、捏詞誣訐者,革職。一事審虚,即行反坐,於誣告加等例上,再加一等治罪。又律載:有事以財行求得枉法者,計所與財坐贜論,二百兩減半科罪,杖六十,徒一年。又例載:以財行求有首從者,爲從無禄人,聽減二等各等語。此案撤任安定縣知縣胡薦夔,於蘭州道楊能格奉委盤查該縣倉庫,覈與所報不符,會同藩臬兩司將該員稟請撤任參辦,輒以該道沿途需索夫馬、收受規費等情,捏詞妄訐,冀圖挾制,實屬刁詐。查閱各款,應以所告楊能格收受規費銀兩爲重,如果屬實,楊能格應照坐贜致罪,減半科罪,五百兩以上,罪止杖一百,徒三年律,杖一百,徒三年。今審係全誣,自應依律加等問擬。撤任安定縣知縣胡薦夔,除以財行求計贜二百兩,減半科罪,杖六十,徒一年,及例應反坐,各輕罪不議外,應請旨即行革職。照誣告人徒罪加所誣罪三等律,於杖一百,徒三年罪上,加三等,擬杖一百,流三千里。係屬員誣揭上司,照例應再加一等,應請旨從重發往新疆効力贖罪。該員尚有應繳銀兩,應即著落家屬追繳。該員家人潘榮聽從伊主,向蘭州道家人張順婉轉求情,並有致送銀二百兩之語,即屬爲從,應照有事以財行求得枉法者,所與財坐贜論,計贜二百兩,減半科罪,係爲從無禄人,照例聽減二等,於杖六十,徒一年罪上,減二等,擬杖九十,折責發落。係口許虚贜,例不議追。蘭州道楊能格,訊無收受規費及濫索夫馬情事,委係親身前往盤查,亦未收受壽屏、壽幛等件,其於安定縣倉庫虧短,據實揭參,並無不合,應毋庸議。秦州知州董平章、階州知州葛以簡,訊無致送規費情事。隴西縣知縣黄世安,訊無攤派銀兩情事,其致寄差信,亦係照奉委盤查,准其動用民夫之例辦理,應與訊無不合之張順、錢升,亦均毋庸議。供招咨送刑部備覈。所有會審定擬緣由,理合附片具奏,請旨。御批:“另有旨。欽此。”同日奉上諭:“祁、琦善奏,知縣稟訐道員,審係全誣等語。甘肅撤任安定縣知縣胡薦夔因蘭州道楊能格查出該縣倉庫虧短,輒以該道沿途需索夫馬、收受陋規等情,捏詞妄訐,冀圖挾制,實屬刁詐。現在審係虚誣,自應按律懲辦。胡薦夔著即革職,從重發往新疆効力贖罪,應繳銀兩,即著落依限賠繳。楊能格訊無不合,著與並未致送規費及攤派銀兩之秦州知州董平章等,均毋庸議。餘著該部議奏。欽此。”

奏爲查明甘肅省清查案件,舛錯參差,未能劃一,請由督臣督同新任藩司澈底覆查,另行覈議,以昭慎重,仰祈聖鑒事。竊查甘肅爲邊疆重地,兵餉倉穀爲數甚鉅,各屬收支款目繁多。上年欽奉諭旨清查,自應將各廳州縣開除款項，立定准駁章程，一律辦理。兹經臣等查出蘭州、平凉兩府册報，即有款目不符之處，業於前摺附片陳明在案。此外，各府州縣連日督同司員等檢閲册籍，復查出甘州府張掖縣及皋蘭縣修理墊修工程等款，俱係案准在先，批駁在後。又有一事兩歧，如平凉知縣楊景彬、靳宣任内，同一修理公館，一則歸入攤銷，一則列作實虧。又如平羅縣修理書院，則照准攤銷，靈州及鹽茶廳書院膏火，則删駁不准。即如已革岷州知州陳昌言，其清查原奏單開，係屬實虧銀七千九百餘兩。現經查明，内有四百六十餘兩，該革員已於清查未經奏報以前，解交司庫。又有一千八百餘兩，應由後任張聰梓名下完交，單内均未分晰剔除開報。安定縣知縣胡薦夔清查原奏，單開係實虧銀一百四十餘兩，賠補銀四千一百餘兩。現經查明，此外尚虧短糧五千五百餘石、銀五百餘兩，單内漏未列入。該前督臣布彦泰續參胡薦夔片内，即有册造舛錯等語，是甘肅此次清查辦理章程，舛錯參差，未能畫一，以致被參人員紛紛藉口之實在情形也。臣等疊次詰訊局員，並細加訪察，實因奉到清查定限以後，前藩司張祥河甫經承辦，旋即升任。署藩司春熙自二月至四月，正當各屬册籍駁查之際，未及詳議。迨前藩司温予巽閏四月到任，期限已迫，其精力又未能周密。前督臣布彦泰疊次嚴催，各州縣奉駁另造之册尚多未到。該司恐誤定限，僅就原册酌擬准駁呈送。該前督閲定，趕緊具奏，以致因公動用之款列入實虧。出借籽種、口糧等項，實欠在民、未能追繳者，又復列入實貯。其他此駁彼准、此准彼駁之案，不一而足。此又該省辦理清查遲延於前，草率於後之實在情形也。臣等伏思甘肅清查款内，生息、攤銷兩款最易牽混。攤銷一項，前後各任展轉套搭，而各廳州縣自行生息一項，更爲他省所無，尤屬紛紜轇轕。現查局中底册，准、駁既屬兩歧，實貯、實虧又復混淆，則前督臣布彦泰所奏清單條款，亦難據爲定議。現經原議王大臣會同户部指駁多款，臣等復查出各案舛錯參差情形，若非另立限期，澈底覆查，不足以清積弊而昭平允。臣等再三商酌，惟有請旨將甘肅清查各案，自奉到部文之日，再予限八箇月，由臣琦善督飭新任藩司，揀派妥員，逐款清釐，庶款目不至混淆，而虧賠亦歸覈實。臣琦善於到任後已劄行各屬，令將倉庫實在情形詳細禀覆，儻查有侵蝕等弊，即行嚴參。其從前舛錯參差各件，概行更正，以歸畫一。如有應行酌量變通之處，一併覈議，隨時奏明，請旨遵辦。臣等爲清查覈實起見是否有當，伏乞皇上聖鑒訓示。謹奏。御批："另有旨。欽此。"同日奉上諭："祁、琦善奏甘肅省清查案件舛錯參差，請另行覈議一摺，著琦善督飭新任藩司，揀派妥員，悉心釐剔。自奉到部文之日，再予限八箇月，逐款清釐，覈議具奏，毋稍含混遷就。該部知道。欽此。”

再，甘肅藩司業蒙簡調張集馨，該司由京陛見，前赴貴州，應由陝西取道四川，境界毗連，路徑較捷，距此間亦屬不遠。現在甘肅正值續辦清查，款目轇轕，勢難緩待。而司庫銀兩，有無未清，亦應稽覈。若俟抵黔後，再由撫臣行知前來，未免有需時日。該司已奉有即赴新任之恩旨，自應及早前來甘肅。臣琦善於接奉諭旨，即就近行知該司，飭令趕緊折回甘肅，接印任事。庶庫項清查，均得及早清釐；吏治官方，亦可幫同整飭。緣爲慎重公務起見，不揣冒昧，附片陳明。謹奏。御批：“極是。欽此。”

再，臣祁籍隸山西壽陽縣，距驛路僅十餘里。臣自服闋入都供職，迄今已十四年，先塋久疎拜埽。兹幸由甘肅差旋，道出里門，仰懇天恩賞假五日，回籍省墓，以展私忱。感激鴻慈，實無涯涘，不揣冒昧，附片陳明，伏乞恩鑒。謹奏。御批：“依議。欽此。”

再，臣祁、臣琦善，先後由東南兩路馳抵甘肅省城，沿途逐加諮訪。甘肅地瘠民貧，差務絡繹。地方官因公賠累，漸致虧那。上司因循相沿，遂開挾制之風，亦非布彥泰一任所致。現在兩案牽控，皆因清查而起。各該員因有虧缺，遂畏罪藉詞抵制，惡習實亦不免。布彥泰年力正强，亟思遇事認真，以圖報稱。惟性情褊急，錢穀刑名，均非素諳，往往就一面以爲整飭，未及通籌全局。兼之喜怒任情，細行不矜，清查則惟期從嚴，又未悉心勾稽，以致司幕准駁率意，舛錯參差。其婦女出入衙門，原屬念舊情殷，於風憲關防，轉涉疏慢，貽人怨望口實。總因閱歷尚淺，是以胸無把握。臣等既有所聞，不敢不據實密陳。伏候聖裁。謹奏。

協辦大學士、户部尚書、軍機大臣臣祁寯藻恭記。

閩省事宜

道光十七年五月，閩浙總督鍾祥福建巡撫魏元烺會奏議覆鴻臚寺少卿葉紹本嚴除械鬥弊端一摺，原奏四條，議覆四條，大略相同。原奏預行教化，議覆須徧及城鄉並當兼言利害。原奏起釁根由，議覆聽斷公勤，即可平爭息鬥。原奏嚴禁誣累，議覆不可姑息，不可畏難。原奏吏胥弊蠹，議覆懲辦吏胥，宜知其弊病所在。

福建現立章程：教衿耆、教族長、教衆民三條，並緝捕審斷切近各法，編立章程，發給守令施行。覆奏摺末附奏制軍存稿。

前任興泉永道周凱治泉、漳械鬥議，其策有三：上曰清丈，次曰裕用，次曰重法。教化之要又有五：首曰清民族，次曰訓童蒙，三曰嚴家長，四曰除莠民，五曰收兇器。其議甚詳。胡太守興仁録送。

十七年五月，沈守汝瀚稟請深滬移駐陸路右營遊擊一員，梅林澳移駐水師左營遊擊一員。深滬本有炮臺，梅林添建炮臺一座，泉郡海口多至一百餘處。梅林、深滬等處尤爲夷船必由之路，歷次寄椗之區。應查奏稿。

福州將軍嵩溥籌議查拏閩省海口鴉片章程。軍機大臣會同該部議奏。

十七年七月，魏撫通札，據臬司常詳查道光十二年起各屬詳報，致斃二命以上各案，共一百五十六起，内已經獲犯未結者三起，已獲未破獲者七起，犯未破獲者七十三起。又詳報命案，奉院批查是否械鬥捏釁，□詳查覆，未到者共七十三起，勒限嚴催。是否參辦，應查。

海疆督撫提鎮留心水師人材。

胡恕堂太守手札：十九年寄江陰學署。昔也富鬥，今也窮鬥，海畺民情尚信而直，不信則弗從，非無治法，難在州縣得人耳。

廣東收繳鴉片以後，歷次入奏略節。黄南坡太守冕送。

欽差大臣林則徐諭嘆咭唎國王文。吴棣華前輩廷琛送。

沈太守汝瀚查辦晉江衙口通夷煙案，十六年十一月起，十八年九月奏。督鍾祥、撫魏元烺。

首犯施淑寶在逃，施猴監斃，林即絞決。

海口夷船情形。沈太守呈。

道光十八年正月起至二十年二月止，閩省各屬稟報，夷船在洋遊弈、寄泊、堵逐情形，並水師拏獲奸民販煙各案節略。署臬司糧道常南陔大淳録送，制軍處同送。

泉、漳、海口近日情形。胡恕堂送。

閩省各屬報獲鴉片煙犯已未辦結名數。常南陔送。

漳屬海口清摺。恕堂送。

二十年正月二十三日，吳甄甫文鎔中丞查明夷船拋泊，水師提督陳化成驅逐情形一摺片奏，泉州晉江、惠安二縣海口防範，委興泉永道劉耀椿防緝，並撥兵委員事宜。

二月廿二日，吳撫片奏，正月初八、十三等日，二月初四日，夷船在梅林大墜各洋面遊弈，金門鎮總兵竇振彪驅逐情形。

漳州府胡興仁通禀，拏獲通夷奸民盧月得等七名供摺。二十年二月十五日，鄧制軍親訊定案。十八年二月廿二日拏獲。

吳中丞札興泉永道籌治海防。泉州。

鄧制軍廷楨到任，會籌漳郡一併籌辦札兩道，李昭美、劉耀椿總其事。此議始於甄甫也。

鄧、吳札拏漳、泉奸民。南安黄砌等，晉江高領興等，詔安沈田老等。

又訪拏販烟前往新寄坡之奸匪文生、沈律等。詔安咨水師札兩道。

會商驅堵夷船禀稿。胡恕堂。潮漳兩郡海口，四條。

福建署按察使督糧道常大淳申報，道光二十年三月初八日詳。泉、漳二府屬在洋行劫道犯審明定擬，已奏辦六次，共九十三起，已獲未審結十九起，未獲十五起。道光十七年起。泉、漳二府屬二、三、四命以上，獲犯未審結六起，未獲三十二起。十七年起至二十年二月，并無具報械鬥之案。二、三、四命以上，兩姓疊有鬥殺，即械鬥也。泉、漳二府屬陸路行劫盜犯，已辦結二十四起，獲犯未辦結十起，報劫未獲犯十五起。十七年起。

海口添設炮墩法，用沙囊，可隨地移置。

甄甫中丞示漳、泉二府屬官各條。

閩省内地、臺灣水師提鎮協各營官兵額數。

閩省水師營汛配撥船隻及兵丁名數。

閩省水師各營巡洋章程。

閩省水師各營會哨章程。

閩督程奏海洋處分，兵部議奏。道光十六年十月。

閩督鍾奏南北洋合巡章程。道光十六年十二月。

養閑餘録

咸豐七年丁巳記起，八年戊午、九年己未、十年庚申，换銀、出銀、入銀。

咸豐四年歲次甲寅十一月廿五日，因久病懇開缺，蒙恩致仕。十二月十五日，自城内東華門甜水井寓移出，宣武門外下斜街四眼井舊宅養痾閒居。以日用不給，力加裁節内外飲食之費，計月覈減。惟念生平頗喜施予，不問家人産業，所受之際更不敢苟。去官之日，豪無蓄積。私心自問，殊覺灑然，而素性伉爽，遇事緩急，猶難自已。僅就力之所及、心之所安者，黽勉爲之，亦不計後之能繼否也。

息靜老人漫記

付和致祥室

此息翁零用自記。至家務日用銀錢，均歸長兒經理，不復瑣細問之。

遇事須行方便，勿占便宜；待人不可苛刻，要存忠恕。以誠待人，寧受人欺；以詐疑人，必受人害。慎之。

此皆致仕後，朋情之厚，交際之雅。存之以示子孫。

换　銀

六兩四錢、四兩九錢、九兩七錢五分、四兩八錢七分、五兩一錢五分、四兩八錢、六兩〇二分、五兩六錢六分、七兩八錢四分、四兩、七兩二錢五分、十七兩二錢五分。

以上，就存换銀單彙記。

此外，數年漏記者不在内。

丁巳年五月補記。

丁巳年换銀

十四兩六錢八分。六吊八五，合京錢一百吊〇五百六十文。

貳百兩。去色柒兩。七吊五六，合京錢一千四百五十九吊〇八十文。

壹百兩。去色三兩。七吊五六，合京錢七百卅三吊三百廿文。

以上二項，作爲捐輸平糶京錢弍千吊，呈交順天府，又捐粥壹百六十吊，交邊年兄葆誠。

九兩六錢五分。七吊一五，合京錢六十九吊。并拓工。

此項，長椿寺刻三明塼塔銘添用，共九十五吊。

六月七日 換銀九兩。七吊一，合京錢六十三吊九百文。

長椿寺初四日素菜請客，又僧送瓜果，給香資廿吊，賞老道人等四吊。

七月八日 換銀十四兩二錢。七吊一五，合京錢一百〇一千五百卅文。符南樵葆森刻詩送一百吊。

八月二日 換銀四兩八錢二分。七千三百五十，合京錢卅五吊四百廿文。

八月十一日 換銀四兩九錢。八千六百，合京錢卅七千二百四十文。

十月十四日 換銀四兩九錢。八千〇六，合京錢卅九千四百九十文。

十二月九日 換銀十四兩七錢。九千〇五十，合京錢一百卅三千文。

内付長椿寺、慈仁寺年底香資各廿千，老道各二千。自八月節起，送花、送喫食俱在内。臨時另賞一千，官帳。

戊午二月廿三日 換銀十四兩四錢五分。八千九百四十，合京錢一百二十九吊一百八十文。

祖世兄旭太夫人故，幫一百吊。

四月四日 換銀四兩六錢。合九千三百四十，共京錢四十二千九百六十文。

四月十六日 換銀九兩九錢。合九千九百，共京錢九十八千文。

五月一日 換銀四兩。合十吊〇六百，共京錢四十二吊四百文。

六月八日 換銀四兩六錢。十吊二百，共京錢四十六千九百廿文。

内付長椿寺送爪席廿吊，送人四吊。

七月廿四日 換銀十二兩二錢五分。合十一千，共京錢一百卅四千七百五十文。

八月初十日 換銀四兩六分。合十二千，共京錢四十六吊九百廿文。

九月十四日 換銀九兩八錢。合十二千，共京錢一百十七吊六百文。

巡更捐錢二百千，先付一百千文。

十月五日 換銀九兩八錢六分。合十三千一百五十，共京錢一百廿九吊六百六十文。

巡更捐錢又付一百吊，全交。

十月廿一日 換銀四兩六錢三分。十三千〇二十，共京錢六十吊〇二百八十文。

如月送禮、菜、菊,共香資四十吊。

十一月十一日 換銀四兩七錢二分。十二千一百,共京錢五十七吊一百文。

慈仁寺香資五十吊。

十二月三日 換銀十兩〇八分。十二千五百,共京錢一百卅八千五百文。

十二月十三日 換銀十兩。十二千四百,共京錢一百二十四千文。

此二項内,共賞馬元家一百千。

十二月廿一日 換銀四兩八錢五分。十三吊,共京錢六十三吊〇四十文。

己未正月十五日 換銀四兩九錢。十三千五百,共京錢六十六千一百六十文。

二月×日 換銀十三兩九錢。十四千,共京錢一百九十四千六百文。

二月廿一日 換寶銀五十二兩六錢。合十四千一百四十,共京錢七百四十三千七百六十文。收拾菜園。

四月廿九日 換銀十兩〇六錢二分。十三千九百,共一百四十七千六百二十文。

六月二日 換銀三十兩〇五錢四分。十五千,共京錢四百五十八吊一百文。收拾菜園。

六月廿五日 換銀四兩七錢八分。十五千三百五十,共京錢七十三千三百八十文。

八月八日 換銀十五兩〇三錢。十三千一百,共京錢二百〇一吊文。換官號,民錢鋪不開票。

八月十四日 換銀四兩九錢。十三千八百,共京錢六十七千六百廿文。

十月十日 換銀九兩六錢三分。十三千五百五十,共京錢一百卅吊〇四百八十文。

十一月十日 換銀四兩九錢。十二千六百,共京錢六十吊〇四百八十文。

十一月十四日 換銀十兩。十二千八百,共京錢一百二十八吊。付琴錢百吊。

十一月廿八日 換銀十四兩五錢四分。十一千九百,共京錢一百七十三吊⊙廿文。

十二月廿一日 換銀六兩六錢弍分。十二千六百,共京錢八十三吊四百文。

十二月廿四日 換銀四兩弍錢。十二千九百九十,共京錢五十吊〇六百四千文。

庚申十二月、正月×日 換銀四兩四錢六分。十二千五百,共京錢五十五吊七百文。

正月廿六日 換銀七錢九分。十二千八百,合九十八吊〇一百文。爲友麟捐監餘銀。

閏三月廿四日 換銀四兩四錢七分。十三千三百四十,合九八,五十九千六百廿文。

四月十三日 換銀八兩九錢四分。十四千,合九八,一百廿五千一百六十文。

(四月)廿九日 換銀十四兩二錢七分。十四千四百,合九八,二百〇五千四百八十文。

五月二日 換銀四兩五錢七分。十四千三百,合九八,六十五千三百四十文。

六月 換銀四兩六錢。十六千,合七十三千六百文。換銀二兩二錢,合二十一千二百廿文。

七月十二日 換銀九兩五錢七分。十二千八百,共一百廿二千五百文。

此項刻石州《游牧記》用。

甲寅冬,買字畫京錢五十四千,張照、朱德潤、王澍、明女史。買字畫京錢卅三千,文伯仁、張敔。

乙卯年零用未記。

丙辰,劉姊丈、慶餘、竹友,捐款四十兩。慶三爺頤幫,鼐二兄滿達幫,鄂世兄素幫,三兄屢次寄。

用 銀

寄世佶買地銀一百兩,正月李其芳帶去。寄世佶修老宅一百兩,九月。又寄老宅五十兩,十二月。賞吳媽病回二兩,七月。送劉開生翰純四兩。賞楊福回家五兩。藍公祠五十兩,十月。友直回家五兩,十月。與和致祥室廿兩,十二月。

三節賞家人等皆用錢,零用及買字畫書件用錢,送廟中加香資用錢。

此丁巳年五月補記,以後出銀分記。出錢不用細記,在换錢數内。

另與四妹五兩,丙辰年底。另與四妹五兩,丁巳午節。與陳宅小郎荷包内銀一小(定)[錠],七年閏五月。與劉六銀五兩,七年閏五月廿九日,劉因病回家,旋故。寄劉二表兄二兩,七年七月廿三日交珂鳴。寄世佶修老宅一百兩,七月廿日。寄三兄月費五十兩,七月。每月大錢十五千,五月起。以上兩項,交元輔帶去交世佶换錢轉送。另與四妹五兩,丁巳中秋節先付。

丁巳八月三日 與元輔姪五兩,自盛京歸里,針線二事,筆墨紙。

丁巳十月十四日 與四妹五十兩,十七日啓行回平定。

十月十四日 交四妹寄與張孝瞻甥捐費銀五十兩。四妹臨行面與。每年五石米,屬明珠姪隨時交付,兑錢還給。自戊午年始。

世佶姪來都云,於新地中收米付給,不必盡用明珠代給。七年十二月又記。

付佶姪脩老宅銀一百兩,丁巳十一月。

幫郭雲亭驥遠後事廿兩,丁巳十一月。

寄三兄年底銀十兩,丁巳十二月。月費在外。三兄之項,除由長兒豫備外,此皆另寄者五十兩月費。

與姜興之學詩筆潤十六兩,丁巳十二月。

小像一,朝衣大像一。

與世長日用寶銀一(定)[錠]五十兩。與和致祥室二十兩,丁巳年底。

戊午年

劉二表兄際昌後事,正月十一日再助十兩。前十兩由日用帳出,均交珂鳴。如月赴南,送四兩,正月。友麟回家,寄其祖母二兩,二月十九日。

三月七日 寄三兄十兩六錢。丙南孫小考用,馮玉成帶去。

(三月)廿三日 崇道台芳太夫人奠分十兩。

四月二日 賞王黑子嫣二兩。

四月四日 賞多升十兩,四家又五兩。

四月七日 又用五兩。

四月廿三日 幫祖世兄旭,其女回家,十兩。

五月一日 石師母徐恭人奠分十兩,託胡恕堂寄其孫世兄。

五月四日 送何願船主事秋濤十兩,校補《肙齋遺書》。

六月二日 出奠分四兩。介翁。

七月廿五日 送劉鼎鳴赴南,銀二兩。

八月十日 賞李蘭二兩。

八月十三日 送何願船秋濤十兩。

八月十八日 與友直三兩,回家,另世長日用帳内與十五兩。

(八月)十九日 友直回家,寄三兄五兩。先生束脩、三兄月費,均在日用帳内。寄二姪婦二兩。寄四妹四兩。以上四分,俱二兩平。

十一月卅日 送何願船十四兩,内有寫書助銀。

十二月九日 送祖湘霞旭五兩。

十二月十七日 送吴冠英儁八兩,畫消寒卷,未收,以前覓參二錢。送郭世兄芝生,雲亭子。十兩。賞李蘭五兩。年節錢賞在外。

己未 正月初十日至十四啓程,姑奶奶回江西盤費壹百兩,内少爺帳内出五十兩。替袁姑爺家還帳銀式拾兩。另與姑奶奶十兩,又一小錁與會兒小姑娘。姑爺住江西省城進賢門内于家前巷育德堂吴宅,轉寄此袁大世兄岳家,寄信照此注明。

寄大姪廿兩,二月。送鄒雲階焌杰卅兩,由御史放潯守,湖南入學,二月十七日。

與李蘭岳母徐五兩,二月十九日。

寄龍方伯啟瑞奠分廿兩,二月廿九日。

寄三兄月費京平五十兩,九年正月起。寄三兄壽平十兩,己未二月廿九日託協成號帶回。

四月十八日 寄三兄五兩。寄四妹五兩。與元翼姪四兩。以上均交翼姪帶回。與李蘭四兩,海兒出花。

五月初一日 何願船十兩,送寫進呈書。送吴冠英十兩,年前八兩未收,此節因小照補送。

五月二日 賞李蘭二兩。送郭世兄五兩,芝生。

六月十日 賞鄭升勿竺之僕老病。三兩,扇一柄。

八月十三日 送郭世兄雲亭之子五兩。賞李蘭二兩。

八月廿四日 賞李福回家二兩。

九月十日 寄家中先生束脩二十兩,壽平。寄三兄月費三十兩,計至十月。

九月十六日 曹柳谿内弟汝愚,龍門縣。奠敬五十兩,另輓聯。

十月廿四日 送毛世兄其父玉成,丙午其祖□俱殉難。十兩。山東伯雨先生之曾孫。

十二月十四日 送祖湘霞旭十兩零四錢。

十二月十七日 送郭世兄雲亭之子十兩。

十二月十九日 寄三兄五兩,交杜誦清芬。計至明年二月,外月費五十兩,世長兑寄。

(十二月)廿一日 送朱小世兄五兩,汀州□式璟之孫,庚午世誼,父子殉節,天津人。

(十二月)廿四日 買方詢遠畫一軸,五兩。改付京錢五十一千文,清。

(十二月)廿五日 送松筠菴心泉和尚香資二兩,道人四吊。賞李蘭五兩。

庚申正月五日 賞劉升二兩,薦高西齋處,另十千,松江府。

正月廿六日 與友麟捐監二十八兩,市平。送拜年小兒荷包内約二兩。

二月十二日 賞武慶回家二兩。

(二月)十三日 質卿回家,另與五兩。

四月十三日 報國寺立碑,香資四兩,外素供錢三十千。

(補記)**閏三月十九日** 本家十一老爺之鐮,高平。六兩,會試回里程儀。

四月十三日 本家八姪鸞昌,保定,山西榆社典史。六兩。

四月廿四日 仁圃二兩,廿五日三十歲生日。

四月廿六日 吳冠英儁十二兩,午節畫小照,送印色等件。

四月廿九日 與李蘭二兩,二海滿月。

五月三日 送郭世兄雲亭子五兩庭蘭、芝生。賞李蘭二兩。午節。

七月十一日 寄三兄葬費五十兩,先寄。與仁圃廿兩。

余在官日,非至親至交、向有交際者,一概餽贈,不敢收受。入軍機後,即親交亦必再三斟酌。是以去官日毫無積蓄,自問頗覺坦然。園中房二所,連年一賣一贖,藉資用度。蒙恩賞俸,并長兒俸,及即給費外,用項不敷,是以親友佽助,不敢峻却。在人無所圖,既非勢交;在己無所嫌,周之可受。此老年爲境所累,不得已耳。子玉銘云:“受施慎勿忘,子孫其念兮。”

以前未記入項。

咸豐七年冬間入項,交世長日用。以前未記。

喬道台松年,鶴儕世大兄,運司銜常鎮道。一百兩。龍翰臣啓瑞,江西藩臺,辛丑。五十兩。楊太史泗孫、湖南主考,丙午。二十兩。秦刺史聚奎,星五,辛丑,直隸州府銜。五十兩。曹柳溪汝愚内弟,龍門縣,知州銜。五十兩。李河台鈞,夢韶。錢鈔、制錢二百千。陳竹伯啟邁,辛丑。銀鈔二百兩。顧子山文彬,漢黄道,辛丑。壹百兩。黄郝存經,河東道。卅兩。郭雨山沛霖,淮徐道。五十兩。崇雨舲恩,東撫。壹百兩。趙靜山德轍,蘇撫。壹百兩。

十二月廿四日　園寓贖價舒宅八百兩。此係一千兩,京錢三千吊,留二百兩歸自用項下。鍾識帆秀,歸綏道。二百兩。沈小梅壽嵩,辛丑,西安府。一百兩。董醞卿醇,清河道。一百兩。

八年正月　崇小農芳,内閣,四川鹽茶道。一百兩。

二月　莊衛生受祺,湖北荆宜道,三兄座師。一百兩。

四月六日　元和縣鄧湘浦賢芳五十兩。丙午。

四月七日　祁慧堂從智,行四,陕西郃陽縣。十二兩。

十二日　楊慶伯重雅,四川順慶府,世兄送到。一百兩。

五月　武豹南蔚文,大名府捐道。一百兩。恒月川福,晉撫。一百兩。曹柳溪汝愚五十兩。

六月八日　胡恕堂興仁,湖南拔貢,甘藩赴浙。二百兩。答以貂裘補服。

七月廿五日　濮少霞詒孫,四川道,行一,其弟慶孫。四十兩。前送巴緞袖紙。

捌月節　曹柳溪汝愚,龍門縣。五十兩。答以銀鼠貂帽沿袖。

九月十六日　王月川友端,歙子懷一家,浙糧道。五十兩。請酒,答以對聯。

九月廿五日　英香岩桂,河撫調山西,五兄大公祖。二百兩。另送世長三十兩。

十一月十六日　孫學台如瑾,陕城回來。二十兩。

十一月廿九日　沈小梅壽嵩,西安府道銜,辛丑。二百兩。另送世長廿兩,留。

十二月五日　貢荆山璜,山東登萊道,實録館教習。五十兩。

十二月十四日　勞辛階壹百兩,入後賬。

呂曼叔儁孫,陕署同州府。四十兩,自留。

王贋汀慶雲,四川制台。壹百兩。

十二月廿二日　鍾識帆秀,歸綏道。貳百兩,交世長一百,外口磨麪。黄郝存經,河東道。六十兩。

十二月廿四日　胡恕堂二百兩交世長一百兩。又五十兩寄世長。崇雨舲一百兩。

十二月廿五日　郭觀察禮圖運使銜,辛丑。官票三百兩。

九年二月九日　喬鶴儕松年,江南道。五十兩。

二月廿日　鄭年兄元善,光州升漢中府。一百兩。

二月廿九日　王靜山增謙,行四,廣東糧道。一百兩。己卯舉人,户部京察。又送世長元卷五十兩。

三月十二日　恩振堂麟，甘泉，行二，户部。一百兩。

三月十四日　德景融椿，軍機内閣，行二。五十兩。

三月廿二日　錫惠，前夔府，工部。一百兩。

三月廿四日　袁漱六芳瑛，道銜，松江府，石師之甥。三十兩。

三月卅日　段鏡湖光清，行二，浙臬，宿松，己卯舉人。百金。

六月　郝商耆彭齡，行五，耀州。百金。擬作世佶續地用。

六月十一日　龔任臣衡齡，辛丑，陝西寧陵廳同知以知府用。六十兩。送詩集。

八月廿日　胡恕堂四十兩。

八月廿二日　楊慶伯重雅，四川順慶府。一百兩。又廿兩送世長。

(補記)六月　謝質卿(名)蔚亭(號)，丙午，陝西乾州。一百兩。

九月十日　胡潤芝林翼，湖北撫。五十兩。

十月二日　林屺瞻揚祖，甘藩。一百兩。

十月十五日　洪潤堂錫深，山東臨清人，延平府署臺灣府，在仕候選道，辛丑，係馬太史元瑞表親。二百兩。自留用一百兩。

十月廿日　胡恕堂寄八十兩。

十一月十三日　王伯尊成謙，山東禹城縣，丙午。贄敬四十兩。己未分房。

十一月廿日　劉雉峰子城，行二，河東道。五十兩。

十一月廿一日　薛覲唐焕，行二，江寧藩司。貳百兩。

十一月廿八日　劉篠北煦，開州以知府用，山西趙城人。壹百兩。梅平，醴重先生之子。

(十一月)廿九日　黄受臣宗漢，川督留京。貳百兩。

(十二月)初十日　吕曼叔儁孫，署同州府。六十兩。

(十二月)十四日　勞辛階崇光，廣督。叁百兩。留一百自用。

(十二月)廿四日　黄郝存經，山西臬。四十兩。

(十二月)廿五日　顧子山文彬，湖北鹽道，辛丑第。壹百兩。

(十二月)廿六日　清黼廷盛，山東藩。五十兩。

(十二月)廿七日　黄莘農贊陽，東河督，癸巳。壹百兩。

(十二月)卅日　高西齋倬，松江府，辛丑，兵部。壹百兩。河南河内人。

十年正月七日　祁慧堂從智，行四，靈石人，陝郃陽縣。壹百兩。

正月廿六日　楊詒堂式穀，禮侍，江南主考。五十兩。許其光自廣東榜眼超服。

二兩。

二月十一日　喬鶴儕松年，淮運臺臬銜。壹百兩。

(二月)十六日　黄郝存經，晉臬。五十兩。外圍拜百金交馬介樵。

二月杪　朱潮己未分房，袁小午保恒己未分房。

三月初　楊濱正泗孫，福建主考。

三月初七　沈雲巢兆澐，庚午年丈，晉臬升浙藩。壹百兩。

三月廿七日　錢萍矼寶青，湖北主考。四十兩。帶見。

閏三月二日　鄧世兄輔綸，候補浙江道，厚浦之子。四十兩。

閏三月廿一日　侯梯月登雲，寧夏道，庚申帶見。十二兩。入後帳。

五月七日　户部外捐零項卅餘兩。午峰送到。

(五月)十一日　秦星五聚奎，署□縣。賀儀廿四兩。八舅老爺澤州賀儀廿四兩。

(補記)四月十日　任親家慶三賀儀廿兩。

六月十日　鄭松峰元基賀儀百金。專人宋姓，河南南汝光道幫辦團練大臣。

六月廿二日　李蘭蓀鴻藻，壬子，河南學政回京。土儀廿兩。

七月初七日　沙鑑塘翊清，湖南拔貢，廣東廣寧令升知府。二百兩。

入項　另存自用五十兩，又陸續入九百兩。胡恕堂、王静山、鈕峴、沈春湖、董醖卿。又三百兩。此項匆翁丁巳春送，留用。乙卯、丙辰年間留用。

又少爺陸續交來或卅或廿兩，皆乙卯以前未記，細數隨時零用矣。

户部外捐留五十兩。此丁巳年五月補記，以後隨時記。

入　銀

沈雲巢一百兩，丁巳七月即付老宅脩費。姚年兄錫華五十兩。七月即付三兄月費。胡恕堂興仁壹百兩，丁巳十二月廿二日。園寓贖價二百兩，丁巳十二月廿四日。此項一千兩，其八百交世長日用，入前賬。

戊午，二月十日　胡潤芝林翼，湖北撫。五十兩。芸閣先生之子世交。

四月十二日　楊慶伯重雅寄世長廿兩。

六月　胡恕堂留贈項内留五十兩，秦星五聚奎，府銜直隸知州。卅兩。辛丑奉天。

十月四日　吕學使序程，山東回京，庶常教習，門生。十五兩。

(十月)初九日　何太史福咸，帶見小門生，戊午。代贄四兩。

(十月)十五日　岳大人正仁，山西學台。瞻敬六兩。

十一月七日　潘世兄祖蔭,陜西主考。十兩。

十一月十三日　孫雨驅汝霖,鳳臺縣,丙午。三十兩。

十一月廿八日　沈小梅西安守道銜,辛丑。廿兩。送世長留。

十二月十四日　勞辛階崇光,乙酉,廣西撫。壹百兩。此項交前帳,世長用補入。

十二月廿二日　吕曼叔僞孫,丙午,署同州。四十兩。

鍾識帆秀留百金。入前帳。

十二月廿四日　胡恕堂留百金。入前帳。

己未二月十四日　王伯尊成謙,行二,山東禹城縣,丙午。卅兩。

二月廿二日　竇東山珣辛丑,帶見小門生,戊午。代贄八兩。

二月廿三日　楊濱石泗孫,丙午。代贄十兩。丁巳湖南小門生。

二月廿五日　張怡琴桐,辛丑,帶見小門生,戊午。代贄六兩。

二月廿五日　文式言格,湖南藩,工部。壹百兩。

三月二日　畢東河道遠,閣學,辛丑。代贄八兩。丙辰廣西小門生。

三月十日　何制台根雲,□□老太前□歲。一百兩。

四月廿九日　王補忱凱泰,帶見小門生。贄見捌兩。己未會試。

五月廿日　王少鶴帶見小門生。贄十六兩。己未會試。

十月十五日　洪潤堂錫琛,辛丑。留一百兩。又一百交世長入前帳。

十月十八日　華祝三,侍讀銜編修,河南主考。土宜八兩。江西人,丁未。

十一月八日　朱百川,世三兄,文定之姪,階州。贄八兩。淮安歲案。

十一月廿一日　錢萍矼寶青,辛丑,湖北主考。壹百兩。自湖北寄來。

十一月廿二日　鍾伯平啟峋,讀卷銜主考。土宜八兩。

十一月廿五日　汪穆度承元,教習,浙主考。土宜十兩。

十一月廿九日　沈世兄長材,行三,春湖同年之子。廿兩。山西太谷令捐府。

十二月十日　聶爾康,原名泰,丙午,廣東新會縣。五十兩。

十二月十四日　勞辛階,自留壹百兩。入前帳。

十二月廿五日　秦星五聚奎,署彝縣。四十兩。

十年二月、三月　楊詒堂式穀,江西主考。五十兩。並帶見。

楊濱石泗孫,己未,福建主考。卅兩。帶見。

侯梯月登雲,帶見。十二兩。

四月十三日　楊濱石庚申會試,帶見。八兩。

五月十二日　王少鶴庚申會試,帶見。廿兩。

雜記

《内則 · 禮記第十二》:“八年,出入門户,及即席飲食,必後長者,始教之讓。”《論語》:“有酒食,先生饌。”先生,父兄也。《孟子》:“徐行後長者,謂之弟;疾行先長者,謂之不弟。”

彭孫今年八歲,當知禮讓,《内則》、《論語》、《孟子》記之莫忘。

咸豐八年四月十四日雨後,息園老人記。

彭戲東舛安光卿詩,馬秋岳寫雪景并記詩、法梧門詩,周載軒《和冬廬八詠》,《日長添綫賦》、《題九九消寒圖》兩詩,以上皆周作。

彭文勤《消寒詩畫小卷》合裝,咸豐八年戊午臘月屬江陰吳冠英儁摹全畫,金陵端木子疇書詩。未全録。余與兒子世長亦間有補書,又屬冠英爲作《消寒梅柳小景》附於卷後,以志欽慕。它日流傳,又添一重故事也。臘五日卯刻燈下記。

信札

信 札

答静寧陳湛園溥刺史延講亦樂書院啟

前聞駕抵蘭垣，旋經返旆，悵荆瞻之未遂，懷儀結而徒殷。小春廿後，展讀琅函，敬惟刺史閣下福履綏和，政祺懋吉。鴻才久著於閩南，惠澤覃敷於隴右。臨風遡想，企頌彌深。承愛尺簡相招，猥以皋比；見屬清言褒飾，慚感交并。寯學類雕蟲，才同刻鵠。董帷自勵馬帳，奚堪矧復。温温賢牧，久號方家；赫赫專城，應多大雅。鄭康成望隆高密，師模定勝孫崧；韓昌黎化洽潮陽，表範寧資趙德。方對典型而黽勉，何當華翰之揄揚。顧以杞梓叢生，夙仰山川靈秀；絃歌廣被，争推禮樂宗工。聞風則相見恨遲，望氣則先瞻爲快。蘇郡開吟咏之壇，許參末席；同州延文學之座，願趾餘光。辱承敦委之殷勤，敢不敬從而唯命。奇文共賞，勉攄一得之愚；雅範時親，殊叨三生之幸。

答繆石軍霖唐稼農晉錫再索賦稿啓

頃得華函，過承獎飾。駢詞儷製，雅譽清褒。叨郭李之品題，仙舟在望；荷韓黄之推許，樂句寧知。聯誦齒芬，轉增顔甲。自維材�識淺，丐馥沾膏。鹿鹿無奇，�自畏。模山範水，猶有意於鑽研；繪句絺章，總貽譏於撏撦。矧以嶽嶽宗工，元元大雅。李陽冰雄推筆虎，劉禹錫望重詩豪。入東西之屋，久已傾心；分上下之牀，誰容攘臂。而寯乃以刻楮庸才，操觚末技。説《詩》於匡鼎之庭，顧曲於周郎之座。此間傖父，覆醬瓿以懷慙；何處少年，食蛤蜊而自愧。一之已甚，豈可再乎？惟念譾陋之羞，既難自掩；衡評之助，端賴諸賢。相逢京兆，願爲賈島之推敲；不有歐陽，誰訂劉幾之僻陋。爰吮墨以重抄，復連篇而再瀆。爲魏公藏拙，庶幾有望於徐陵；恃惠子知余，敢曰無慚於子建。聊陳卮語，用代塵譚。

再啓者，昨讀稼農足下《五泉八詠》，高風逸致，藴藉灑然。温飛卿“八叉”之手，速藻先摛；杜子美“八興”之篇，英詞獨鑄。讀之令人置身岩壑，馳想烟霞。倘得書賜一幅，懸之斗室，朝夕吟覽，足當卧遊。以籓溷之蕪辭，易錦囊之麗製。揭蚓投魚，即以此賦作釣詩鈎可耳。

與李在春德元孝廉書

春初接奉朵雲，辱承眷注。秪以河山迢遞，鱗雁稀逢；尺素久稽，寸心如結。遥想足下撫序延禧,順時納祜。侍重闈而衍慶,瑞靄椿庭;披萬卷以探奇,芬揚藝圃。更喜絳帳宏開,士列扶風之坐;緇林廣被,經傳通德之門。逖溯芳輝,定饒佳興。貴邑諸公,摛華掞藻。名噪蘭陽,僂指秋風。扶摇健翮,可預賀也。寯株守一編,無長足録。雖狙狙其有志,究鹿鹿之無奇。雕蟲自愧,知見誚於子雲;畫虎難成,恐貽譏於新息。不見叔度,鄙吝日生,不堪爲知己道耳。茲者張翰思吳,望蓴鱸而引興;廉頗願趙,瞻代馬以將歸。天山西望,兩載辭家;灞水東流,他日請念。專泐數行,以伸别悃。不堪持贈,聊憑隴驛之梅;何處相逢,共折燕臺之柳。臨穎馳想,不盡依依。

家君賀那繹堂制軍平定滑城啓嘉慶十八年十二月

前得賜函,遠辱記注,并知軍營大概情形,私衷藉以歡慰。茲於嘉平二十九日接静止來信,欣悉大兵已於十二月初十日攻克滑城,生擒賊首,餘黨並無一人兔脱。逖聽之下,載頌載馳。恭維制軍閣下,勳高帷幄,績懋鈐韜。承九重之赫怒,蕩滌苗民;樹三捷之雄威,廓清豫野。師稱君子,踴躍者六千人;令稟將軍,增移者十萬竈。以此攻城,何城不克?猶且身冒烟烽,力衝矢石。揮鞭箠以擣穴,四面齊驅;接梯棧以飛空,五門並駕。地雷震響,摧堅易於折枯;火弩流輝,陷鋭同乎穿縞。譬若捧崑崙以壓卵,傾渤澥以澆螢。渠魁就縛,已看燕雀焚巢;聚族全殲,不慮鯨鯢漏網。七旬之功,奏諸一旦。上慰宸衷之宵旰,下蘇兆姓之雲霓。仰見將門武略,太常銘纘祖之勳;抑且慈闈歡顔,板輿協倚閭之望。占符地水六爻,丈人以行師爲吉;凱奏天山三箭,壯士皆衣錦而還。吹短簫以振旅,玉燭調元;飲勞酒以稱觥,椒花晉頌。暖入一陽,温肅自隨夫時序;榮膺三錫,酬庸行被夫恩綸。馬伏波之樹柱,遜此豐功;韓橫海之登壇,讓茲偉烈。某属在下風,彌深額慶。望祥雲而引領,瞻福曜以馳思。回憶平凉行館,迎謁前旌;見制軍神閒氣静,好整以暇。早知仁人之師,捷於破竹;儒帥之度,重若撼山。宜乎嵩山左右,仰壽宇而競效三呼;洛水東西,凛天威而胥欽九伐。荷寵眷之優隆,立奇勳於指顧也。惟是僻處偏隅,鳬趨未遂;情殷忭舞,雀躍難名。肅泐丹緘,聊將素悃。有懷投筆,即當磨盾之書;他日採風,願上平淮之雅。候鴈鄉北,春風轉東。山中猶寒,天上已暖。臨書翹企,無任欽遲。

與容静止農部書

寯藻再拜,奉書静止二兄閣下:昨者都門趨晤,快挹光儀。祇以騶從迅旋,未獲暢叙爲歉。瀕行時,復承摯愛殷拳,謀及旅寓。推陳蕃下榻之情,荷杜陵廣厦之庇。移居得地,感謝殊深。敬惟閣下慶衍重闈,歡承庭訓。樂嘉蔭之餘閒,披藝林而肆力。剛日柔日,枕葄乎千箱;今人古人,居稽於一室。眼學偕耳受俱融,口誦與心維共暢。當此晴雲霽雨,早鶯初鸎。開了鳥之窓,鑾箋細擘;對庚辛之檻,斑管輕題。以屈宋作衙官,呼莊騷爲奴僕。陸機製賦,但患才多;祖詠唫詩,非關意盡。筆陣群驚其速藻,文壇獨領夫雄師。知不徒周朗之陳書,僅餘十篋;揚雄之篆刻,空守一編也。寯兩載琴樽,曾陪隴邸;三年風雨,又上燕臺。學干禄之文章,隨擔囊之行李。芙蓉鏡下,依稀柳汁彈人;桃李門前,果否朱衣點我。回首蘭陽聚晤,接夕連晨。補雅禊於名泉,摘香蔬於小圃。此心耿耿,何日忘之。所幸金蘭誼重,翰墨緣深。移絳帳於蓮池,證瓣香於芸案。從此停雲落月,無煩遠道之思;促膝譚心,共喜奇文之賞。惟念弟姪輩童心未化,鈍質難醫。觀文則見誚蹲鴟,識字則貽譏杕杜。孺子何知,得奉康成謦欬;後生有望,倘邀許劭題評。庶幾剩馥殘膏,俾之沾丐;微言緒論,長其見聞,則幸甚,幸甚。尊紀旋署,泐此敬問起居,諸望珍攝,不盡欲言。　寯再拜。

答容靜止書此嘉慶十九年六月在京邸信。

辱手書,墨痕藹然。相距三百里之遥,宛如面叙,讀之不覺神與俱馳也。書言近興不佳,是以所學皆縮,足見志高心下,寡過未能之意。即此一語,再四讀之,竊爲吾兄賀也。學問之道,能進不如能退。俗儒記誦篇章,鑽研故紙,偶有一二見界,便自詡新奇。得寸失尺,譬諸管窺蠡測,烏識天海之高深哉。兄以超邁之姿,勵沉潛之學,運思如鑄,駈筆欲飛,浸浸乎衙官屈宋,奴僕莊騷矣。然猶謙抑,不敢自居,造詣正未可量,安得不令人歎服耶!都門近日苦雨,道泥濘,幾不可行。弟亦不願出門,日徵逐城市間,已於五月二十七日移居澄懷園直廬。承左田先生借廡相款,出紛華而就泉石,頗與鄙性相近。每當暑雨新霽,蟬聲在林,軒窓左右,萬荷蕭疎,對此境界,覺心神爲之一爽。又喜與瀾止兄暇日過從,彈棋讀畫,或臨摹古人名帖,徘徊往往竟日,較之在城中匆匆聚晤,不啻十倍。惟弟自春徂夏,俗冗羈絆甚苦,筆墨之事,日就疎懶。今欲整頓舊業,奈園中無書可讀。日内擬從相好處借幾種來,少助枵腹,庶不令老蠧笑人耳。日夕望面晤,臨穎鄭重。

答容静止農部啓此嘉慶二十年扶先君櫬旋里後信。

六月二日得手書，遠辱記注，殷勤懇摯，詢問再三，并念及舍弟姪輩讀書，遥錫規箴。仰見閣下垂愛舊誼、拳拳無已之懷，廻環展誦，感悉交深。際兹長夏如年，想吾兄體履佳善，慰甚，慰甚。承示屢以教讀之事追憶先君，欷歔感喟溢於楮穎間，讀之不覺愴然。在吾兄沖情摯意，迥邁恒常，眷念昔游，自不能已。竊以文章之事，得失寸心；教學之方，彼此一致。繆老夫子雖天性淵穆，恪守三緘，而吾兄以敏達卓軼之才，日對皐比，當必善於領益。春風在坐，舊雨關心，切勿戀戀於去年今日也。寯自旋里以來，家居讀《禮》，終日閉門，了無一事。間或涉獵《書》、《史》，偶有感觸，託諸吟諷，亦不過哀蛩振壁，枯蟬噪樹而已。蘇少公嘗云："士生於世，使其中不自得，將何往而非病?"寯自顧一身匏繫，四壁磬懸，前行後曳，左支右絀，此情此景，可謂病已。吾兄當何以教之？約於秋間，促裝北上，再圖良晤。光儀不遠，引領爲勞，不多瀆。

上黄左田夫子書乙亥十一月

寯藻罪深孽重，遭先君大故。四月自保陽扶櫬旋里，長夏閉門，自謂此三年内埋頭讀《禮》，塞耳不聞塵事矣。奈新喪未殯，老母在堂，家兄遠宦蜀都，前已飛信寄去，不知此時能到否？寯藻年輕寡識，值此艱難萬狀之時，勢不能不出門就館，所謂"飢來驅我去，不知竟何之"，寒士境遇，無可如何。八月初十日有自都中來者，蒙吾師惠手書垂唁，且籌及寯藻近況，命入都仍侍研席。仰見關念周摯，讀之泪下。寯藻受知最深，感恩最切，夫復何言！惟念先君見背後，一切附身附棺事，俱賴那繹堂制府垂情軫恤，俾倉卒間幸免遺悔。復荐寯藻主講河間書院一席，容静止世兄屢次寓書見招，殷勤厚誼，愧無以報。今若翻然辭去，在制府澄懷大度，雖不介意，私心究覺未安。若逕留寓保陽，則鈞命在耳，又無以副栽植之意。進退輾轉，莫能自主。竊惟寯藻侍立門墻，叨荷飲食，教誨視如子姪，可以無言不盡。前函敬已縷陳，兹復委曲瑣瀆，誠恃吾師俯鑒此區區之忱，必有以諒其不得已也。先君塋地刻下正在相度之時，如得善地，即當負土山中。惟墓誌銘尚闕焉未備，伏念吾師與先君多年至好，交在忘形，若得椽筆表彰，不但閭里揚輝，貞珉耀色，即先君不白之衷，亦必微顯闡幽，見諸筆墨。昔蘇子瞻整次其祖父行狀，求曾公爲作墓碣，寯藻一介樗庸，何敢仰希前賢。然門下追隨十載，仰止之心亦猶瓣香之祝南豐也。不揣冒昧，用敢瀆請。先君年譜，並呈青覽。寯藻東西奔走，曾不獲近侍函丈，少助寸管之力,復以私意上干清神,寔覺不安。伏望格外鑒諒,則寯藻感且不朽,闔家感且不朽。

賀容湛園恩擢任侍衛書

四月初四日戌刻差弁回保陽,欣聞閣下榮膺寵錫,擢任羽林。羽林自是佳官,得之少年尤佳。忭聽之餘,不禁色舞。寯與閣下同筆硯有年矣。自辛未秋迄今丙子春,中間來往於隴西、薊北數千里之地,聚散離合,鴻爪無定。而結契日久,投分日深,閣下不以寯之不才,視以青眄。聯窓共几,情厚邁常。寯早知閣下天姿器識,迥殊凡品,今果扶摇直上。子美有句云"同學少年多不賤",又云"富貴應須置身早",安得不令人艷羡耶。雖然,以閣下之家聲世業,異日必爲國家楨幹之臣,建立勳業,紹繼前猷,豈若常人得一官,輒欣欣然奉檄而喜乎!期門佽飛,特進階之始基耳。尚冀恢宏德量,策勵前途,此則寯所望於閣下,亦閣下平昔所自期許者。世交至好,叨承過愛,想不以鄙言爲迂泛也。寯自握别以來,終日據案伊唔,料理青箱舊業,暇輒與静止兄及鐵香談論移晷,樂且忘疲。刻下瀾止兄已登卿貳,而静止復跻列賢書。閣下金昆玉友,焜耀德門,辱在知交,亦增榮幸。專函裁賀,不盡神馳。

復鄂中丞書

雲浦大公祖大人閣下:十一月六日接奉惠函,敬諗鈞衡納福,鼎履增崇,適符額吹。重承獎勵逾分,垂愛有加,復將河東關聘賜下,摯意殷情,溢於楮墨。感激悚愧,莫可言宣。寯自遭憂以來,心力耗敝,兩目眵昏,鮮民之生,百務俱廢。刻下窀穸初竣,松楸待葺,擬於此兩年中屏謝人事,整次先人手蹟,藉得依廬習静,閉户養疴,因另爲子姪輩延師課讀,實緣精神不能兼顧。日前詠之先生寄到尊賜關聘,謹將下忱縷復,仰希鑒原。嗣接春海少空來信,乃知芸閣先生念寯回籍生理維艱,先已奉書左右。鮩罍餘生,遠勞良朋之恤,近荷地主之恩,古道仁風,唯有感涕。當即緘復芸閣、春海兩先生,並以昏耗不敢抗顔之故,縷析布達。兹蒙厚誼載頌,益令感慚無地。伏念河東人文所萃,寯既不能躬親授讀,館即封寄課卷,亦須詳慎評改,稍盡心力,昏憒之餘,斷難勝任。非敢過爲矯執,實恐有負栽培。叨恃深知,定邀俯察。不揣冒瀆,謹將關聘仰繳。伏望大君子鑒其區區之誠,獲免不近人情之責,感荷仁施,實同身受。肅此布悃,兼鳴謝忱,恭頌崇祺,虔希涵諒,無任感愧惶悚之至。　次愚

弟制謹啓　十月十七日

代二姊與家竹軒兄墳書

適閻氏宗妹佩芹斂袵敬問二兄嫂偕福。多年未見，瞻仰南雲。前在京師時，晤姪輩詢悉履候，載慰載馳。妹生不逢辰，命途乖舛，所天既逝，諸孤未成，男女煢煢，無所依倚，兼以邱嫂多病，孤姪又殤，姪女零丁，相依爲命。家運如此，生理茫然，猶幸慈闈，永侍色笑，庶幾愛日，煦育寒冰。去年孟春，老母又背，椎心泣血，孰知我艱，無告之窮，至妹已極。昨蒙兄嫂垂憐垂唁，懃懃拳拳，賻以百金，叩領哀感，即欲經營兆宅，安葬先夫。其柰嗸嗸，迫于餬口，舊逋莫償，已難排遣，新炊屢斷，遑恤其它。坐是遷延，眴及兩載。三女、四女年皆及笄，姪女亦長，次第許字。去夏今春，三舉嫁事，搜括蓋篋，轆轢塵釜，心焦力瘁，百計俱窮。妹前二十年右目已翳，今春正月左目又昏，起居出入須人扶導。昨歸壽陽延醫診治，醫云肝家火炎，宜服羊肝。自念内傷已久，年幾五旬，貧病交攻，夫喪未葬，俯仰身世，憂懼相乘。比年壽陽昆弟隨時佽助，今遭大事，家用孔殷，五弟居廬，亦在窘步。妹之境遇，進退需人，得一耗一，得百耗百，似此悠悠，實非長筴。今欲重累親戚，共貸千金，壽陽昆弟並及三壻，各已見假五分有四，更望助成此舉，俾得急置塋田，先夫兄弟獲就窀穸。葬事有餘，兼可薄典山田，歲收租米，妹之餘年或可少延。否則今日投親，明日告匱，縱蒙矜恤，豈可爲常。竭忠盡歡，禮所不取。妹雖婦人，敢昧于斯？徒以遭值艱屯，萬不得已，想我兄嫂當亦悽惻念我先人，哀此惸獨也。長子國光，今年二十二歲，從舅讀書；次子國輝，今年十二歲，隨妹家居，亦令就塾，他日或有進步，再報仁施。然此過言，徒屬妄想。妹心傷目翳已是廢人，自斷此生無幾相見。感荷大德，銘勒在心，生當銜環，殁當結草而已。謹布謝悃，縷述近狀，翹首嶺嶠，佇望飛鴻。　妹斂袵肅拜

致遠亭世大兄唁函

遠亭世大兄大人禮次：去歲世兄過壽，猥承遠垂注，唁慰殷拳，錫以祭筵，敬薦慈几，銜哀感泣，與日俱深。兹于六月十一日專紀來舍，忽奉素書并讀禮告，驚悉年伯母太夫人鸞輿仙逝，震慟難名。伏思徽儀久著，華潔崇封。傳家則鍾、郝齊芬，衍慶而孫、曾競秀。春暉宛在，遺憾應無。

大兄大人純孝性成，侍養周至，一旦值此大故，不知若何呼搶。惟吾兄素

有目疾，尚未全愈，窀穸事殷，箕裘任重。致哀無蹈乎過禮，養身即所以事親。同是鮮民，曷敢以常言慰藉，實念尊體關繫甚重，不能不懸思更切也。寀等苫塊餘生，心神昏瞀，不獲叩奠慈闈，躬襄執紼，曷勝悚歉。謹具輓匾一懸，奠金伍拾兩，聊將哀悃戔戔之敬，慙愧彌深。舍六弟今春二月就館洪洞，甫下榻即值趙城之警。客中戒嚴，幸獲安堵。寯自三月中右腕受寒作癱，迄今百餘日，尚未霍然。執筆作書，如挽强弩，是以未能手肅，寀謹具函奉唁。起居伏希保重，千萬！　世愚弟制祁寀寯藻頓首

再者，寯自去歲二月奔喪回里，眷屬于四月言旋，家嫂亦携姪輩于五月中自河南歸。八月十六日謹奉先慈靈輀安葬，并葬先大兄、二兄，三事並舉，幸賴親友周卹，黽勉克濟。而新逋舊負日累月深，全家六十餘口仰屋而嗟。六弟之館，歲脯不及二百金，而寯又不能遠出，辭河東之聘，坐是益困。三復來書，并致家三兄、舍弟書，鮮民之生，同聲一慟，而足下所處，倍難于寯。以大有爲之才，困于目疾，遭斯艱窘，而寯亦適在憂困之中。每念前惠頻仍，曾未寸報，中心藏之，何日忘之。壽邑紳士受足下恩者，愚弟兄所知矣。如任宅去春其翁已故，兩子析爨，家計漸艱，專遣舍姪赴彼商議，渠感激甚誠，而力不從心。謹備奠金二十兩，不便却之，并附尊紀帶上。其餘他處，以愚見揣之，恐難有濟。并此奉復，伏望鑒察，不勝慙歉之至。　寯又肅　乙未六月十四日復王遠亭世大兄信。

致兵部尚書王大人書

兵部尚書王大人、老夫子大人鈞座：寯藻忝侍門墻，步趨廿載，渥蒙教誨，感切身心，倉猝出都，五中銜結。伏惟道體安和，撫時納福，光儀膽溯，寤寐依馳。寯藻竊禄養親，未能娱志。先慈以衰病之軀，頻年跋涉，不獲安佚。去秋板輿西歸，又未能攀留隨侍，以致高堂抱無窮之思，鮮民有終天之痛，千擗萬踊，悔將何及！伏念先慈居京兩載，仰荷關垂，時勞騶從過詢，屢遣中閨存問，隆施厚誼，銘刻難諼。春仲銜恤星奔，又蒙躬親弔唁，周詳懇惻，垂念慈闈，錫以輓言，賜之厚奠，手書下逮，慰勖殷拳，存歿銜恩，哀感曷極。寯藻於二月十五日回籍，與兄弟輩經塋大事，謹卜於本年八月十六日安窆。先慈行述，俟刊竣寄呈鈞覽。日月奄忽，心神昏瞀，肅函叩謝，不知所云。伏惟鑒察，無任仰企。

受業制祁寯藻稽顙謹啓

再者，□婦已於四月十二日抵里，仰承姨太太暨世嫂垂念，再三存問，瀕

行又荷厚餽，感難言喻，附此叩謝，世兄大人均此敬謝。

致靜濤七兄書（二件）

（一）

靜濤七兄大人閣下：頃奉手示，承查明田世兄捐輸一事，訓導由雙月、單月、雙單月分缺，先用分發，共須用京滿錢一千一百五十二吊、銀票一百四十四兩；由廩捐貢，加錢一百九十五吊云云。此外，尚有同鄉結費。頃於公局查明，逐層遞加，須用實銀市平七十九兩以上，合計捐項并結費，約共須實銀三百三十餘兩。弟擬措實銀一百兩，則結費一宗全數外，尚有剩數。惟捐項尚望鼎力佽助，並賴同人集腋而成。前與滇生兄面商，極承關切，允爲佽助。又，緻堂兄係京兆舊世誼，亦願措助。詩舲兄現爲田世兄荐館，此事雖未面商，想素關念，亦必忱助。惟蓉舫兄未曾面晤奉商，可否轉致？此舉自以及早辦妥爲望。

七兄大人能爲多措若干，此外，再懇面晤同人，商酌湊集，便易爲力。惟結費一項，必須此時一併籌妥。否則捐後不能注册，仍屬無益也。數煩廑念，感佩難言。專此奉復。暑熱，即頌近安，不一。　愚弟祁頓首

（二）

靜濤七兄大人閣下：結費單并田世兄履歷單一紙，屢承示籌。田世兄捐項，費神之至，欽感難言。滇生、詩舲、緻堂諸兄處均即分函轉致，詩翁已送到銀四十兩，緻翁亦允助四十兩。滇翁昨亦有信來，并擬與蓉舫、梅橋兩兄商之。兹將弟措市平實紋壹百兩、詩舲兄四十兩送上，希察收。日內，緻堂兄處銀，亦當面交尊處合計。

惠助之數，約敷捐款，即望七兄大人就近交捐局辦理，初一日卯期前或可辦成。滇翁諸兄處銀到，即可爲結費之用。倘有餘數，田世兄亦可作歸資也。仰荷垂念舊誼，力成此舉，容再寄信。田世兄秋間自遵化書院回京，再令其叩謝。專此奉布，即請臺安，統惟鑒詧，不宣。　愚弟祁手肅　六月廿五日

滇、緻兩兄信呈閲。

致詩舲兄書

敬啓者：前蒙鼎言爲田秋原世兄嘘荐館席，仰見關垂世好，欽佩莫名。頃晤柏靜濤七兄商酌，擬與二三相好湊集捐就訓導分發。查明逐層捐項，約需

實銀貳百五十兩，結費銀七十九兩，共計實銀叁百叁十餘兩。弟擬措實銀壹百兩，静濤兄慨助實銀壹百兩、銀票伍十兩。此外所短之數，尚賴集腋以成。滇翁、緻翁兩兄處，弟前面商，均承關切，允爲佽助。玆復函請兩處准數，以便及早籌辦。伏惟詩舲大兄大人情殷舊誼，素荷提攜，自必樂成此舉。敢懇先將賜助若干之數，先爲示知。其銀即懇交静濤兄處，由部交捐，較爲妥速。耑此奉函，即頌近安。敬候回示，不盡企切。　愚弟祁頓首

致滇生、緻堂兩兄書

敬啓者：日前面商田秋原世兄蔚稌捐就教職一事，仰蒙垂念舊誼，慨允佽助，欽佩奚如。昨已托柏静濤七兄由部查明，由廩捐至分缺，先用訓導分發。按目前市價，約需實紋銀二百五十餘兩；又查明同鄉結費，需實紋銀七十九兩，合計共需實銀三百三十餘兩。弟擬措實銀壹百兩。頃接静濤兄來函，蒙慨助實銀壹百兩、銀票五十兩。此外所短之數，尚需集腋以成。伏望滇生六兄大人、緻堂四兄大人將賜助銀數若干，先爲示知。其銀即懇交静濤兄處，由部交捐，較爲妥速。

□□、詩舲兩兄處，均已分函轉致矣。季高京兆之弟即係同人爲助捐教職，得缺數年，不幸又故，其世兄家竟無以自存。惟望至好舊交再爲提携，始終玉成。想關念素切，均有同情也。耑此肅函奉布，即頌時安。敬候回示，不盡企切。

復張琴南妹壻麗暹書

來示云，蓮舫廉訪以河東講席，乃中丞授粲雅意，未便固卻，屬足下致書，甚厚，甚厚。僕之再辭，非守禮遵例、膠執己見也，誠以束脩之名，與投贈異。投贈乃人情之常，束脩則有教誨之道。適館授粲，詩人所美，亦必適館，然後授粲。僕之心耗目眵，百事俱癈，既不能出門就館矣，而當道憐而諒之，恐其無以爲生，以爲不就館而閲文筆畊，所穫無傷于廉。授粲之意誠而婉、厚而周，僕之感德，實出肺腑。顧念千里閲文，於教誨之道豈有裨益？不特河東諸生失望，即吾邑人士亦必詫異，取受之際，豈敢或輕！舍弟頃應洪洞之聘，且必令其親往授讀，而僕乃坐享館粲，揆之私心，何以自安？且芸閣、春海兩前輩，不俟僕求而爲之先容；中丞方伯不聽僕辭，而曲加體恤。惓惓如此，意者以僕之迂拙，尚有可取乎？僕雖憂困，亦思感激自重，以報知己，使吾鄉人曉

然知大君子之古道待人，郭、范遺風於今尚在，而區之專謹，亦或免爲桑梓所竊議也。不然缾罍餘生，何事不賴賻恤，硁硁于此，豈爲名哉？承示諄切，重以蓮舫前輩之命，惟有感悚。聊布悃忱，幸轉達垂諒焉。 寯藻再拜

致右軒四弟書（三件）

（一）

右軒四弟大人閣下：客歲承惠書存問，適值賤軀抱疴，展轉在牀，不獲及時奉復。頃价來，又辱翰札，兼惠珍玩文具，拳拳厚意，紉感良深。面詢貴价，敬悉履候曼福，潭第綏和，適符私祝。承詢捐輸議敘一事，緣各省捐輸章程祇能照户例覈算，五百金係加一級，不能加五品銜。若在京，捐銅局報捐，其數較減。已屬王紀查詢，并將本籍六品捐輸户例查明，另紙寄上，統望鑒察。"晉公祠"額已書就，大小二分，即付來人帶上，希酌用之。《平淮西碑》石刻，聞正月可刻成，尚望多搨數分見寄爲幸。鄙狀自去秋七月因痢疾卧牀兩月，又患火瘡，頭額、眉睫至今痂未全脱；右目爲瘡火熏灼，視物益眴；左腿足筋痛，步履須人，不得已於去冬十一月陳請開缺，蒙恩體恤，准予致仕。從此衰病餘生，皆賴鴻慈再造。現已移居城外，安心調理，或冀春煖漸就平復。惟年力衰劣，值此時艱，殊難自安耳。草草復謝，即請臺安。統惟鑒照，不宣。世愚兄祁寯藻頓首 正月廿七日

並候闔潭均吉。外附上針線微物四事，希哂納。

（二）

右軒四弟大人閣下：前奉惠函，敬悉一切。兹於嘉平三日復讀來書，藉諗體候納福，潭祉祕綏和適，符臆頌閎。現由汴梁援例以州牧候選，欣慰之至。明年臺駕來都，不審定期否，先望示知。前承將拙書"晉公祠"、《平淮西碑》文勒石，工竣務祈飭選良工多搨幾分惠寄。都下相知頗索此本，益望速寄爲感。閣下到京，亦可分布諸至好也。來人遄歸數行，此番出京，一切書籍等件全未載歸，須來歲再遣人到京撿點耳。此謝，并頌時安。昆弟均吉，不一。 世愚兄寯藻頓首 十一月四日

右軒老弟大人閣下察收。

長兒另啓外件。

（三）

寯藻手復。八月杪扶病回里，精力益衰，舊恙時發，老態益增。承遠道遣

紀存問,并惠普洱茶團,拜領銘感。自到家後,至今未敢出門,大雪風寒,即筆札亦甚喫力,勉復數行,想鑒諒也。前拙書《平淮西碑》底本四軸,仍存京寓。手復并請臺安,即賀新喜,不盡。 世愚兄祁寯藻頓首 乙卯十二月十一日

致林則徐書(五件)

(一)

少穆老前輩大人閣下:客歲閩粤相望,藉通音問,拳拳關注,縷縷長言。使旋途次,又奉教言,并圖卷各件,如晤清光,每懷感佩。祇以海國波濤,軍書旁午,未敢以局外談議,擾瀆籌思。家竹軒兄到粤,想已將區區懸系之城縷達矣。甄甫中丞來京,詢悉大旆抵浙,正深延企。雷霆雨露,盡是恩施;忠藎之懷,祇行素位。惟念長途跋涉,觸暑而行,劬勞之極,繼以遠役,私心軫結,無可慰贈。附上先君子著書二種:一爲《西陲總統事略》,即《新疆識略底本》,一爲《萬里行程記》。自山西太安驛起,迄於惠遠城,其間道里經涉,可備檢閱,即求鑒定。

寯藻才疏識淺,忝領度支。值此籌餉孔亟,略無善策報國便民。日夕兢兢,深恐隕越,知我者何以教之?子文編修請假出都,託其便寄此函,當可必達,惟祝早晚賜環,載膺倚眷。伏望保重千萬,不盡馳切。 館侍祁寯藻謹啓

(道光二十一年)六月十八日雨后

前函諄命稱謂,遂不敢以年家侄再瀆,然此心究覺難安也。

舍弟宿藻附筆請安。

(二)

少穆老前輩年伯大人閣下:去歲奉使,閩粤相望,藉通尺素。承惠示海圖,拳拳垂注。嗣因夷務孔殷,未敢以蕪詞瑣瀆。昨於六月中,子久太史出都,附上一書,并《西陲事略》、《道里》二書,不審途次子久能相遇否?望風懸系,渴思如何!頃者,聖恩載沛,眷倚重膺,行見績著金堤,勛崇玉節。詹企旌麾,載欣載頌。

寯藻自客臘旋都,趨公歷珞。春闈竣事,又忝農官。值海防籌餉,日事勾稽,而東河巨工,更需經費。自愧理財乏策,識劣才疏,恩重報微,日深悚惕。尚望榘言時錫,發啓迂蒙,實所翹企。兹乘羽便,手布悃私,敬請台安。伏維珍重千萬,不宣。 侍年愚侄祁寯藻謹啓 (道光二十一年)七月十一日

(三)

年愚侄祁寯藻謹奉少穆年伯老前輩大人閣下:頃奉賜函,驚聞年伯母夫

人仙逝,當即走唁鏡帆同年,細詢病狀,乃知因積勞舊恙,長途感受暑淫,竟以肝風不起,實出意外。伏念伉儷情深,艱難誼重,不審如何軫悼。諸位世兄南北遠違,更難自遣。人生中年以后,氣血漸衰,葦戚之懷,何堪蘊結。況年伯大人爲國宣勤,兼圻任巨,尚望隨遇善遣,勿過神傷。區區寸忱,實深懸系。

侄自前年十月,繼室云徂。公私萃於一身,城圍兼顧兩地,鬢白齒脱,意緒惘然。曾爲輓詩八首,自述鄙懷,附寄一紙奉覽,亦知此恨人人所有,聊以慰釋尊抱耳。鏡帆即日出都,一切致奠,遵諭概却。凡屬知好,益用歉然。肅具蕪緘,奉聞左右,敬請時安。伏維垂察,不莊不備。　寯藻謹啓　(道光二十七年)十二月十一日

(四)

日前肅函奉慰,計已入鑒。伏想曠懷,定如私冀,念甚念甚。昨從鏡帆同年處得讀示諭漢回文,真摯剴切,心平語重,排難解紛之中,惻然見仁人君子之用心。斯誠滇民之福也。

銅議已奏上清,虧缺即可漸籌長策,但望此後歲運無誤耳。回疆軍需稍定,中州賑事就緒,北省均得冬雪,或是豐年之兆。部庫仍前支絀,鹽漕疲敝已極。不得已,海運多三十萬石,鹺課則無法挽救,即變通亦須治人,談何容易!附陳一二,言不盡意。伏維珍重千萬,不宣。　侄寯藻再肅　(道光二十七年)嘉平廿三日退直

(五)

少穆年伯老前輩大人侍右:二月十七日奉到手示,知前肅緘,已邀鑒察。敬諗體候安和,藎勤日篤,慰系交至。永昌漢回,積忿已久,頃又有奪劫焚殺之事,竟因私仇而藐及長吏。似此兇悖情形,必應用兵剿辦。現聞節麾已莅大理,提鎮分率弁兵,東西兩路夾擊。籌劃秩如,先聲定懾賊氣。且告諭真切,紳士良民定多感勵。散其黨羽,殲厥渠魁,當不致蔓延日久。從前漢回互殺,尚無抗官情事,官亦不便以兵威加之。此則直藉提案爲名,肆行兇狡,官兵一出,罪有主名。且有回匪報復牽掣於内,官兵震懾於外,孰肯不顧身家,甘心爲此一隅哨匪玉石俱焚耶?以局外愚見度之,大兵到日,痛剿一二次,賊膽既落,勢當星散,或可縛獻逆首,即在彼土盡法懲治。在漢民無可借口,而回衆亦可平心。或者數十年之蘊積,一旦了此大劫,亦未可知。惟地方文武得人,能知麾下之用心,輕重緩急,辦理得手,庶不致遷延時日,更費周章。軍需僅借動十萬,即捐輸亦無多,此事甚難籌劃。近來各省撥款,日不暇給,大

抵課虚責實,緩不濟急。若滇事續有需費,當如之何?廣東距滇尚近,祇有税款分季報解。近已爲南河撥去廿餘萬,其餘部庫,專待急用。除此一項,不知滇、黔兩省,更有何款可以通融,尚望速示,并希籌及濟急之策,幸甚禱甚。

出納官券之説,具見苦心,展誦銘佩。静以待時,非司農一人之力所能斡旋。即以海運論,不費官帑,增米卅萬,而尚不免悠悠之口,辦事之難可知。承念諄摯,用敢縷復,不足爲外人道也。

鏡帆同年,前已出都,身體平安,曾面屬寄慰一函,想望下或已入鑒。公務緊迫,邊郡氣候不常,伏望珍護。即請台安,不莊不備。統惟涵察,恕之。

年愚侄祁寯藻謹啓　(道光二十八年)二月十八日

致辛階書*(二件)

(一)

辛階賢弟大人閣下:月前接到四月朔日手書,知前兩函均入鑒察,荷邨先生銘文早承轉寄,感慰復至。夏日始炎,伏諗延薰納祜,適協頌私。寯趨公碌碌,五日入署之局暫停,仍須輪流上庫監兑收放。城園時有往返,捐納房之案已結,静候部議。寯雖到任在二十一年前,於十七年已署侍郎,且現在失於覺察,實難辭咎。是以與芝軒師相商定,先具摺請議處也。此案情節尚輕,吏部案情尤重,尚未定讞,關繫名節,豈敢臆測。廷尉天下之平,想必不至偏執。敝省之案已奏結,部覆想亦定議。寯於本籍案件從來不敢妄議,且離鄉日久,知識闊踈,迂謹素行,當可見諒於通國,亦閣下所深信也。上艾公祖循聲嘉著,人無閒言,不知何故闌入風議,幸上憲公明,力爲申白。凡屬部民蔭受其福,公道在人,亦何慮悠悠之口乎?桂山廉訪來都,彼此亦曾談及,頃吉履安太守亦將鄙意屬爲面達,想中丞聞之,必諒我耳。裁公項抵活引,甄别不遺餘力,晉之鄙人何幸得此庇覆。頃得皖撫曉林書至,淪翁政聲恐大公祖對不過部民云云。寯復書云,爲我謝淪翁,正恐部民難對使君耳。千里一笑,想有同心。長兒回里安厝之事已竣,四月中已還京,令其照常讀書。京寓平順,承念附慰。雲谿館席,深煩清神。此君全未歷事,纏繞不已,寯亦從此不敢再惹。前書縷縷,想知我者亦知其無可如何也。北方旱而南國多雨,天道流行,唯望年豐政簡,民氣漸舒。捐輸陜、甘二省,均准上兑。選法章程,吏、兵尚未議。

* “階”字,原書又作“皆”。

上番案似得手,不知究竟若何。滇回事尚未已,信乎,邊務之難。手復布悃,即頌臺安午祉。統惟心照,不宣。 祁寯藻頓首 五月三日

(二)

辛階賢弟制府大人閣下:夏初得惠書,秉承遠念,厚意頻仍,感歉不安,當肅謝函布悃,想已入鑒。頃董紀來,又奉手書,乃端陽日所發,以馬齒加長,遠辱吉詞。此番來都,衰聵益甚,力辭部務,幸蒙體恤,得免一切差使。而禮儀正值繁重之時,精力仍難周至,深恐貽誤聖恩優禮。畀令侍直秘殿,此則分不敢辭,且欲藉此稍竭寸誠,圖報萬一。前進《經訓摘句》、《史鑒摘事》二册,不過鈔録成帙,然經中要義,已具大概。若於此粗講大義,逐日擴充,似與聖心有所裨益。蓋帝王之學,不徒誦讀,讀一句書,有一句之用,講一件事,明一事之理。由經及史,由淺入深,就將之功,日月可冀。自嗟逢莫,頭昏耳聾,知慮日耗。昨因感受寒暑,已請假十日。入伏勉强趨直,倘不能支,惟有陳力,仍守前轍。故山千里,再欲西旋,便恐無此精力矣,言之惘然。生日避客僧寮,即壽詞概不敢領。尊惠則垂念老朽飲食藥餌之資,至意拳拳,則又不敢固却也,拜領惟增感媿。

閣下盡心竭力,公論自在。東西兩省及海疆綏撫,確有明效。大抵責備不遺餘力,皆任事之人,其勢必至,又不能面面圓通。讒譏所繇,自古同慨。然在位時不覺,去則見思,比比如是。至粤東,迥非昔比,亦猶晉省。以晉中捐輸釐税、鹽課加項例之,則知粤省此實在情形,蒙所深知。然晉之不支,亦不能見信於當事。除此二省,無可展轉,此則今日之大可適者耳。世兄來都,頃已晤談,聞有退志。州縣亦大難爲,老退之人幾不願勸人進取矣。若閣下則似不可遽退,俟軍務稍有轉機,再議行止替人,所關甚重,幸爲國自勉,是所望也。都門時疫盛行,頃略有秋意,或可漸減。比因暑熱入直,移寓西安門外較近處,秋涼仍還城南老屋。讀書、寫字、作詩皆廢,無可奈何。不知舊雨何時得見,面敘心曲。手此奉謝,即頌勉安,不莊不備。 寯藻頓首 長兒隨叩

七月五日

致俞樾書(二件)

(一)

自乙卯秋臺旆出都,寯以養疾城南,札翰久廢。貴鄉兵燹後,未知僑廡何方,每深馳念。傾承手翰,始悉比年津門客授,箸述等身,欽慰兼至。示讀《群

經平議》第十四卷，專論《考工記・世室重屋明堂制度》，根底淵深，詞義簡要，紬繹旬月，頓豁鄙懷。歷代明堂之制，見於秦氏《五禮通考》，其中辨正舊注者不爲無功，要亦互有出入，未足以難鄭也。陳氏《五經異義疏證》，采輯近儒新説，又案而不斷，鮮所折衷。至五帝之説，莫詳於《家語》，馬氏、林氏皆祖其説。無事深辨大箸，據隋《宇文愷傳》訂正《考工》一字之衍，遂使記文八十一字略無齟齬，且於鄭注之訛逐層駁正，并附以圖，三代世室重屋明堂相因之制璨然在目。而秦漢以來，規模亦略具於斯。此誠覃思精義，有功於經傳者也。此外經議各種，如有定本，并望寄觀，以祛區瞀。至若賓萌高義，必不以窮愁累虞。卿非窮愁，亦不能箸書以自見於後祖也。寯懸車八載，蒙召出山，衰病之軀，慚無報稱。去夏以眩疾再告開缺，聖恩高厚，留直内廷。在假經年，益增愧悚。平生讀書，既乏深湛之思，中年從事簿書，究心鮮暇，垂老精力更復不支。足下學裕才優，名山箸述，正未可量。承示己未年曾惠寄詩稿一部，竟未收讀，不知何處浮沈，仍望寄讀爲幸。《考工記平議》亦乞再寄一本，緣敝門下閻夢巖農部深佩此書，屬爲代懇，閻君亦老於經學者也。手肅奉復，鑒察，不盡。

（二）

往年再荷惠書，備紉垂注。自秋徂冬，老疾頻作，肅復久稽，尚希原恕。比維道履宜福，餐衛增綏，河汾授經，士仰模楷，示亭問字，功在典墳，爲左右慰，尤爲津門人士慶也。承惠大箸二册，謹已拜登。其一即致夢巖農部，均深感佩。法書導源，籀頡古香，溢於豪素。頃已裝褫成軸，用光齋壁，以誌欽遲。來函云云，何太謙也。寯自客秋，以宿疾難已，三疏籲陳，幸蒙聖慈俞允。得請以來，益漸衰朽，一卷一鐙，生平結習，仍不免藉以自娱。而疾疢之餘，精力日減，思欲扶輪大雅，瞠乎後矣，良用媿歎！兹因人便，手此布謝，并坿呈安邱王氏菉友所著《説文釋例》二十卷、《説文句讀》三十卷，寄請鑒定。春寒，伏惟道體加攝。不盡欲言。

與杜繼園翰書己未八月

月前承示賀君崧齡《六書原始》一書十五卷，從《説文》始一終亥，悟得文字孳乳相生之義。前三卷論干支五行，後十二卷天地人物，分類原始，各立卷第，不拘許君部居，而訓解則以《説文》爲主。時有參會，或補遺字，徵引亦博於“六書”。研究功深，自成一家之言，可謂苦心孤詣。衰病累旬，略讀一過，獲益良多。惟卷一敘目,以希夷繪圖發論,又有辯論朱子之語,似須再酌。羽屬目中,因"卤"字坿入"鹵、鹽"等字,未知是否敘目中亦論及之矣。近人若王菉友之《説文釋例》、《説文句讀》,苗先路《説文聲訂》諸書,皆卓然成家。此書獨出刱例,亦説"六書"者所資攷究也。十五册鈔本奉繳,乞察收。并問時安,不宣。

致鍾瑞星先生書(二件)

(一)

寄鍾瑞星先生:關書信件,一一均即轉致。即定於十三日啓行,十七日當可到署,尚在《驪駒》未唱之前。主賓晤敍,師弟雍容,座上春風,益殷欽企。寯近狀如常,堪慰系念。賢姪到省,樸實有才,上游自必器重。静翁多時抱恙不出,晤時當爲致意也。差人遄歸,匆匆奉復,即頌新喜,并請升安,不一。姊壻祁寯藻頓首　新正十二日

闔署均問,不另。

長兒已在部,呈明會試,不須當差,且理舉業。惟人事煩見,試期已近,未知能副尊望否。附此,叩安。

(二)

秋暑尚熱,想動定安善。寯步履較前差勝,惟右臂舊患未能脱然,眠食尚可,足慰系念。世兄當差甚好,必有成就。瑞星先生課讀,當相得也。即頌近安,不一。　寯藻手肅　七月十二日

致柳谿内弟書(四件)

(一)

柳谿内弟大人閣下:正月中,貴西席自京赴館,奉寄一械,想已入鑒。比維履任新禧,循聲益茂,定如頌私。未審何時可以元旋,馳企殊殷。頃劉竹友姻兄來都,擬赴龍門奉訪,知閣下兼權州篆,託先致信二件,希即示復。吾鄉公車現已陸續北來,賢姪在直當差,想均順吉。瑞星先生到館,教法如何,念念。寯入春粗適,左肢尚未復元,近日偶有脾泄之症,亦無大妨。舍姪世舒之案,聞部議均照督閣定擬,幸得脱此重累。關念素切,附此奉聞,并謝種種厚意也。手此布悃,即頌升安。統惟照察,不備。　姊壻祁寯藻頓首　長兒隨叩　二月十四日

闔署均問,不一。

(二)

柳谿内弟足下:前貴紀李升赴世兄處過京,并謄録書手賫到,手書前後兩函均收到。時承垂注,藉諗自蔚州元旋,日增循祉,閤署吉羊,欣頌無似。并知府丞處轉寄之信已入鑒,及堯臣弟手示收讀,前日到都,一切平善。竹友兄本擬龍門一行,堯臣既來,此舉可止,渠捐布都事銜矣。堯臣多年在外,自以早歸爲要。楊玉竟爾荒唐至此,渠尚未來京,即來亦必却之不見。來書示及,殊覺慙恧。若非師門舊人,前亦不必爲推荐也,瑞星先生希致意。舍姪世舒幸得無事,推愛屢及,惟有心感。陸静翁去年杪已作古人,無子,聞其弟在都。此君一生,亦殊可歎。草此,并頌升安。諸惟鑒詧,不一。　姊壻祁寯藻頓首　長兒隨叩　三月廿三日

闔署均問。

(三)

柳谿内弟閣下:日前張紀帶到之函已收讀。頃手示重承垂注,知由府丞處寄上一椷,已入鑒照,并荷因時拳念,清俸分頒,感媿無似。龍邑秋收尚得中稔,政平民樂,適符臆頌。世兄津門差務已竣,想循假可得荐保。醖卿觀察平和通達,能用人,其精力勤密素著,從事所屬,當可益資諳練也。寯近狀平適,除左臂外,一切無恙,惟不耐勞苦耳。瑞星先生功課,師生相得,聞之慰甚,希爲致意。秋氣漸深,即惟動定佳勝。閤署安禧并謝,不一。　姊壻祁寯藻頓首　長兒另稟　八月十三日

拙集頃甫栞就,奉寄一部,敬祈教正。非至好不敢獻醜,如有錯謬,仍望示改。并附上浣花牋八匣,撿收爲幸。

(四)

柳谿内弟閣下:九月中奉手書,遠承記注,摯誼殷拳,前有信奉謝,想已收閱。感銘無似。又荷惠貺佳章,加以奬飾,許以"散仙"。拙集本不足持贈,重辱題句,媿幸難言。謹依元均奉和,得三首呈致。昨世兄來都,怱怱即行,未及録寄,老弟覽之,當笑其閒逸,漸忘老醜耳。左臂雖未如常,亦無大礙,近日氣候不寒,頗難調理。聞軫念孱軀,以省心節事爲囑,感難言喻。長兒近雖作課,究覺歲事紛心。賤恙差減,堪慰系念。新春即賀大喜,並頌升安,不一。　姊壻寯藻頓首　長兒隨叩

堯臣内弟近安,賢姪輩侍佳。

呈□□六兄大人書

查長沙爲湖南首府，所屬十三州縣，人文甲於他郡。現據瀏陽、湘陰二縣詳請增額，察其文風，亦屬實在情形，若不因時籌畫，寒畯未免失望。惟遽議加增，又恐各縣紛紛援請，勢無底止。且查通省各學，人文相稱，一時實無可裁之額。弟意與其議增縣額，彼此勢有偏枯，不如請增府額，臨時量爲撥取。增額於縣，不如增於長沙府，學額二十五名外，奏請增設五名，共三十名。比之廣東廣州府嘉應州各學額數尚不爲多，且長沙府額二十五名内，有五名係由本屬茶陵裁撥，從前并未奏請增額，屬在首郡，似尚易於措辭。如此酌議，瀏陽、湘陰俱可無需請增，而他縣亦不致藉詞希冀。是否可行，乞六兄大人□商蓮舫先生妥核，示覆爲望。

致□□大兄大人信

大兄大人尊覽：六月廿後由塘寄去一信，又由龍門河脚子寄回一信，想俱收到。七月十一日接京中七月初二日信，七月十二日接張峻山二兄帶來信，并馬連包二个、衣物等件俱收到。恭聞阿哥誕生，凡屬臣民無不歡抃稱慶。四川開縣舒明府信收到，黄萬青年兄來都，兄可看視照應。弟尚欠渠二百金，此時實難措還，只好從緩矣。左田夫子聞於七月初可入都，朝廷體恤之恩，耆臣依戀之悃，可云兩盡。惟弟不能在京親謁承誨，此則緣薄遇慳，遥望悵結。望振甫、小田兩兄，爲我叱名請安，並道馳切之誠。咱家須備些喫食送去，如徐廉峰、徐熙菴、賈亮儕等有公請之局，務必打聽入一名字。此事或託廉峰，或託亮儕、熙菴俱可。八月節並左田夫子壽辰，均送水禮表敬。弟此時不能少助吾師行貲，慚愧之至。咱家已經科考，世脩姪名列二等，現在省城聽候獎賞，即留省過鄉試纔回也。世脩稟一件寄上，并壽陽生員一等一名，童生入學姓名可同奕蘭兄共閲也。四妹丈一等□□。　淳甫稟。

代三晉公寓籌畫信

啓者：吾鄉京城中會館各屬俱有，惟圓明園向無館寓。今擬仿照園中雲南會館，購置房屋一所，爲三晉公寓。凡吾鄉新中式舉人、進士並拔貢覆試、朝考、引見，及京官赴園當差，外官來京引見者，均有止宿處所，免致另覓居停，實爲妥便。惟購買房屋、置備器具，此項經費先須籌畫。爲此，奉商諸位鄉臺協力佽助，共成盛舉，希書召銜助項若干，匯存同鄉值年之處。一俟積有

成數，即（原件無下文——編者）

致常芸閣五兄信

常芸閣五兄特擢觀察，聞之甚喜。弟與芸閣有通融之項，係二百金，不知芸閣能爲弟擔當否？如何了結，此時如未啓行，吾兄可面晤，與之一商。弟伏處山中，勢難展轉，望芸閣爲我先清此項，弟他日再還芸閣何如？容静止參贊獲咎，幾不可測，令人懸念。大嫂安好，世脩姪書房用功亦好，闔家均吉。

劉遇鶴虧空幾及二萬兩，現已全盤露出矣，可駭！二姐姐現在平遥，大約冬初又將占房也。省城現在科試，世脩姪已入省。京中劉清元姪鋪中欠項，係何時舊欠？何宅項能到手，吾兄即清楚之。重齡姪家俱平安，可告知之，弟等平善。手此，具請近安。家中夏田尚好。　弟寯藻謹啓　宷、宿同筆　六月廿三日

□甫兄、□齋弟均爲候安。

致張石州四弟信

石州四弟大人足下：寯於月之十八日自平遥回里，讀足下初八日手書，具悉一切。十餘紙中情真語切，所以爲寯兄弟謀者周悉，而吾弟之况覼縷畢具，閱之幾至涙下。非至性友愛，不能籌畫委屈至此；非吾輩骨同至好，亦不能親切言之如此也。緣六弟尚在西縣，一路謝客未回，擬待其回，即專人造府送大衍之數。兹於廿四日又得手書並寄到各信件，一一具領。致伯若大兄信，遵即閱看。家務之難，雖賢者不免，家人睽必始於婦人，《易》義扼要爲千古通病。舍妹性情執拗暴急，必多開臯於伯若兄，致老弟千里外揮涕焦心，愚兄弟同爲攢眉且抱媿也。六弟至今未回，寯思府上需用孔亟，不可再緩，且向村鋪中挪辦五十金，於明日專人送府。並致大兄家信，封口送上。並致大兄信云，吾弟從京寄到者必無參差，妹丈尚在省，信息甚尠，想六弟回必悉其詳也。老弟作客不得意之時又添家計，憂能損神，不可不慎。寯往年亦曾飽嘗此味，無可如何，只好排遣，讀書便是排遣上藥。先儒格言尤能醫難治之症，日翫數葉，平心觀理，可以蠲忿忘憂，通閉解結，萬勿爲境累心並累身也，切囑，切囑！寯家况亦非易處，只以癡聾二字處之。三兄性雖急而容盡言，六弟閱歷近更平和，寯自思真幸人也。各處寄項，年底令韓升送回甚好。劉生如相晤，即以前所言贈之，此人非諸劉比也。祝蘅畦俟作札再寄之。封典之恩，聞之感涕，寄上履歷節略一

紙,可速交李奕蘭爲辦,年終能得爲幸。勿齋處亦同問訊。此頌文安。惟自重,千萬! 愚兄制寯藻頓首

塘人立候,匆匆先寄數行奉報,三兄均此問候。

致春畦四兄大人信(五件)

(一)

春畦大人閣下:初九日在保陽接誦手書賜復,備承厚意關注,銘感無以。藉諗四兄大人近祉綏嘉,潭祺集福,適符心頌。弟於初六出都,初八日抵保,方制軍已赴差次。子正三兄公暇相晤,劇譚甚歡,藉慰積悃。十七自保啓行,二十三日抵里。因舍六弟姻事在即,日内即須赴省一行,未獲趨謁光儀,晤謝一切。專人請安,送上府報并木匣一箇,祈檢收。符呈拙書聯語揩紳,即望鑒納。弟大約中秋後方能自省旋歸,再圖暢敘也。此請臺安,統希荃照,不一一具。 愚弟祁寯藻謹白

(二)

春畦四兄大人左右:前月二十一日家慈到都,接奉手書,欣悉履祉勝常,適慰鄙惟。并面詢舍弟,知兄之芘覆敝廬者無微不至。老親瀕行時,又蒙假以筍輿,俾遠道安吉,皆兄賜也,謝謝。承示一切,弟敬領悉,必當留意,如有機會可乘,惟駑力之是盡,不敢自諉。所致駱令親信件俱交訖。弟歷珞趨直,無善可稱。春闈得士二十三人,才疏學淺,遂爾抗顔,賓自愧耳。舍弟回里,敬此奉謝,吉請升安,不勝馳企。 愚弟祁寯藻頓首 四月七日

嫂夫人閫祉,世兄均吉。

(三)

春畦四兄大人閣下:七月八日由元甫父臺處奉到惠書,備承綺注,敬悉騶從於閏夏元旋省會,贊籌筆之勳。元旋未審絲蘿喜事約在何時,想玉杵藍橋爲斯不遠,可勝忭賀。弟抵保後稿筆如舊,公暇輒信手整頓篋笥故紙,借以消遣。容静止二兄擬於六月初啓行入都,弟以署中公事頗繁,不能一同北上,約秋差順便到京一行。尊囑代銷湖穎,到京後或可於相好處多銷數枝也。兹因那制軍專差之便,肅泐奉請升安,不既治□。 愚弟祁寯藻頓啓 五月十七日

(四)

春畦四兄大人閣下:昨於中秋節後,束裝載道,趨謁光儀,祇以接晨即發,未獲暢敘。别來倏已經旬,比維四兄大人政祉延禧,禮躬納吉,臨風遡溯,定

符頌私。弟於八月二十五日已抵保陽，承容二世兄借廡相款，雅意拳拳，兼屬以筆墨之事，安硯有地，足慰注懷。專此泐械，即請升安，惟鑒不宣。　愚弟制祁寯藻頓首

再啓者：承示湖筆，屬銷保陽，相好頗有愛之者，但單内所開每帖若干兩，"每帖"二字未解其義，大約指十枝而言也。望詳示悉，以便售值，禱切，禱切。又及：《多寶塔》已寫信令家中撿出送呈堂上，想旦晚可入照也。

（五）

昨者在城屢晤清暉，快申積愫，兼荷推食，殊深銘泐。别後接讀手示，敬悉四兄大人已自州城旋吉，并承代辦壽儀。念庭公祖復函業經收到，叨在至好，屢以瑣務煩瀆清神，感難言罄。東風已轉，歲華更新，閣下柏酒椒盤，官清無事，想見撫時納祜，百福駢臻，驤首錦堂，彌殷忭頌。弟自臘月八日還村料理年事，怱怱少暇，近有句云："臨年家事增三倍，近日詩情減九分。"閣下亦可想見其光景矣。拙書壽言，了不足觀，歸來忸怩不安者數日，猥承賜翰過奬，益增顔甲。專价送呈食物，廿一日得手書，重辱記注，并蒙惠賜洋布、湖穎、徽墨種種多珍，仰見厚意殷拳，有加無似，拜領之下，慙感交深。大筆秀硬通神，酷肖松雪，昔人云"仙人嘯樹，玉女臨風"，彷彿似之。得此如獲瑶瑜，珍重，珍重。初秋薄霽，天氣清爽，想體履安善可慰也。弟擬於八月初間束裝北上，彼時入城再圖晤敘。附上粗箋兩匣、碧桃數枚，聊將謝悃。即請臺安，餘容面瀆，不宣。　愚弟制祁寯藻頓首謹白

春畦四兄大人閣下家慈命筆致候，家三兄暨舍弟姪輩俱請安。

致仲畇仁兄大人信（二件）

（一）

仲畇仁兄同年大人閣下：四月二十六日得十六日手書如面談，喜盛無似，藉坐履候安善，又聞秦中邊鄙不滋行，甚幸，甚慰。江皖疊警，逼近珂鄉，而豫東緊接雉河，捻巢出没，往來畿南，防兵已集，風聲亦及秦晉，想閣下籌筆四顧，爲之躊躇也。近晤同年李藹山並李銕梅，俱云陝民戴德甚厚，政和民戢，年歲亦好，雖捐輸、徭務不無棘手之處，而上下相信，其氣完固，亦當今之樂土也。甘省邊餉，不知若何。弟前年已抱隱憂，比歲如何支持，殊爲懸心。近畿久旱，昨日得快雨可三寸，麥穗可黄略飽，大田正資發榮，是好氣象。弟春來脾泄時作，近乃小恙在髲，似覺輕便，左臂仍痛，公車來都，不無應接，尚不大形

疲頓。長兒爲家務所累，不暇伏案，報罷固在意中。承念唯有慙媿，但勖其立志，讀有用書耳。

閣下二千里外借書，大是佳話。謹撿得《高宗聖製詩》共五集，刊校三年，當有餘集，未經賜得。另單並若干函，交紀綱戴姓附便寄上。此武英殿本，曩所購得，今則殿本甚難刷印，廠肆竟不可得。吾兄公暇可資考識，儘可多留數月，不須怱怱寄還。前後摺跋多不全，恐各函中亦不無缺葉也。《祁大夫字説》一本、《藍公教織記歌》二紙，並呈鑒正。藍公，敝邑之神明宰，今乃得其事蹟，擬致鄉人爲立專祠，俎豆之。膚施人，可有更知其鄉行者否？此公作吏如是，居鄉可知，似亦當於本籍表彰之也。敢請飭屬詳考其軼事，仍望示及爲幸。何子貞到京不及一月，憶及閩南荔支，已一舸南下矣，竟未得面超極。尊箸稿成，宜即付梓，先覩爲快。小梅太守聞已履任，弟已將春海先生孫郎母子受惠事致之。天漸熱，伏惟起居佳勝，珍重千萬。諸希照詧，不盡馳仰。　年愚弟祁寯藻頓首　四月廿八日雨後

（二）

仲畇仁兄同年大人閣下：去歲曾接到手書并寄示大作，知自雲南展轉入蜀，暫作草堂之客，詩句纏緜，感惟舊雨，每誦慨然。奈寯頭風時發，心緒瞶瘵，詩亦久不成章。天末懷人，寸心萬縷，無從着筆。每有蜀中人來，時時寄聲問訊，亦不知所居究在何處。頃於筠軒兄處送到手示，開緘如面，深幸舊交無恙，乃知去冬由成都至漢中，今春至楚境，聞貴鄉兵燹，折入秦中，五月始抵西安。滔滔南紀，何處可歸，不料時事遂至於此。"傷心不(敢)[忍]問耆舊，復恐初從亂離説。"我生之初，不堪回想；我生之後，不敢逆料。古人居易俟命，脩身以俟，惟有勉其在己之所不容已耳。閣下既無家可歸，而寯自病休僑寄都門，原冀時勢漸平，再具摺請歸里，不謂此數年來，江海波瀾日深，人事變遷日甚，都下光景日棘，卧病西郊，精力亦復大衰。今春又聞先三兄在里病逝，骨肉止剩一身。憶己酉冬赴隴，曾有差旋過籍省墓之請，蒙先皇恩允。嗣於歸途，遽值國故，遂而過門不入，至今銜感抱恨，便恐此願難償。亡弟骸骨委弃金陵，孑然餘生竟有難歸之勢，讀來書不禁老淚同傾也。小兒世長十年郎署，已成老大，題名館選，實覺滋慙，乃承吉詞賁飾，感愧益甚，不知它日能副長者期望否。近日部曹稱職極難，人人惴惴改官爲士，仍理書生本業，將來以客授伏處鄉里足矣，敢有餘望耶？同年今剩幾人，聞秋坪尚不大衰，李藹山在粤東尚健，餘無音耗。弟今年詩竟不作，記前書"真病不能呻吟"之語同此情。惟手肅

奉謝,敬問安祺。統惟照察,不盡欲言。 年愚弟祁寯藻頓首 長兒隨叩 庚申歲六月十六日,時年六十有八。

致兒子世長信(四十七件)

(一)

徐州寄去第七號包封矣。廿八日换涼帽啓行,渡黄河而北,一路天晴,今日已到沭陽之高塘溝行館。昨日接署中七號封,知考棚漸起,合署平安,甚慰。上諭一道,此處已知之。吾與六弟、石州、伯禧諸同人均平順,家人輩亦安靜。計初四日可抵海州,四月底能到淮安方好。接家信,三兄又赴靈石舊館任升,尚無來意,聽之可也。長兒請安帖收到,此後再寄詩文,即令多升重謄,亦可寄去。江陰一信、胡光伯一信、文巡捕一信、祖世兄回信,即送去。邳州途次晤王小瞻,留飯,次日送别,伊之二世兄已回江西矣。五月節倘有送禮者,無論何處,一槩辭謝,將其來信寄棚可也。江陰送來酌收食物數品而已,亦不必回送。書院、武衙門俱不必送,到海州再寄考期單回去。 四月二日

淳甫手寄

朱雪篁因妻病昨已回去,自宿遷回矣。其存銀并箱件,俟回署交蔡師爺再帶。五嫂大人福安。 弟宿藻附筆。長姪好。

(二)

諭長兒知:十七日接汝十五日稟并户部議稿底摺,由順天府遞至。廿日又接十七日家信,知家中平順,一切甚慰。吾在此身子甚好,家人等亦安靜。兹定於廿四日巳刻拜摺,即於巳刻啓行回京,由陸路行走,約廿六日黎明即可抵通州打尖,是日進朝陽門,出德勝門,一直到園。可速令史轎夫頭雇定三班轎夫,仍系自行發價。於廿五日午後到通州等候,即晚間到通亦可,不可遲誤。仍令章桂騎家中馬,率同轎夫等赴通,勿令多事需索。以備廿六日接换。再令馬元帶錢米,同厨子於廿六日一早到園,預備是日晚飯。可將長襟紗袍、紗(挂)[褂]、朝珠、帽子、似在園中。風帶、亮紗、芝地、實地、補(挂)[褂]。袍子用藍紗的,葛紗帶一件,緯帽子、白胎、黄萬絲胎兩樣。細細檢點裝箱帶園,以備廿七日换用。告知衙門跟班筆帖式,説我廿七日遞摺覆命,廿六日到園。倘雨水道路難走,遲一、二日到亦未可定,此臨時斟酌,不必告筆帖也。自天津起至蒲口卅五里,蒲口至楊村廿五里,楊村至蔡村廿五里,蔡村至河西務卅五里,河西務至碼頭四十里,碼頭至通州四十里。吾廿六日擬直到園,不由城外行走,俟復命後,數日内再回城寓。天津

十五、六日陰雨連綿，十七日立秋暢晴，此數日又漸熱。吾腹小瀉不妨，頃已平復，寢食俱好，勿念。此信由文大人處送到，仍賞酒錢，不必再寫回稟矣。孔脩先生極相得，司員諸兄和衷盡力，一切順適。家中想亦平安，並問甥、姪輩均好。　六月廿一日午刻　淳父字天津行館復命請安摺文，孔脩處預備。

（三）

侯君榮爵對一副寫得即送去。黄州信今日張茂回已帶去矣。長兒喉痛大好否？快晴氣候，正時疫可除矣。八寶坤順丸送去二丸，李蘭家可服否？　初七日未正　淳父字

（四）

平陽沙泊村彭世兄催石州寄石州譔刻其先人《荷村先生行述》，除留京存賈亮才處，下餘若干本即交彭處來人帶回平陽去。其來人不知在何處。初三日一早，著看號人騎一馬下園備用，勿遲。吾於退直回城拜客，出順城門回家，文章、賦、詩本，均閲批帶回。　初一日　淳父字

（五）

紅底金線鴨腰荷包賞件、鷄心荷包那宅送的兩穗，各尋出一个來送園用。穿紗一裹圓用。萬絲緯帽换紗裏帽邊如得了，即送來。安好纓頂。

《喜雨亭》考辨一條，長兒可令吴泰謄真帶來，其底稿汝收存可也。延壽糕一匣，汝等嘗之，禧公送，係延壽果做成，頗有風味。

上論鈔本卅八本，每年作一套，須撿點勿遺失。新寫之本是否係廿四、廿五兩年？一併裝訂作套。

石州要來，自是爲春海先生詩文事，請他過了初五來何如？商之。此數日吾與汝大兄説話恐未暇耳。　卅日　淳父字

（六）

平遥有妥人回去，可寄汝二姑母紋銀五十兩。

六行書顔色太淡，且留用，仍須向各鋪中覓之。

贊臣姪來園，不岑寂矣。錢票卅千收到。　十三日　淳父字

（七）

送好酒十斤來，燕窩、京錢四十千，圓桌面。廿五日汝祖母太夫人忌辰上供，汝謝客先從城外起，帖用"谢"字，不可用領謝帖。再去城内要緊處。今日剃頭宜避風爲要。廿六日可令汝媳婦移居上房，姜媽與祥麟在堂屋住，昨我忘記吩咐矣。姜媽月底回家可也。　上元日卯刻　父字

（八）

户部知會山西壽陽縣王晉介等已解到地丁等銀，到京可著人用治愚弟全帖請安。先向提塘打聽住何店，今日即去，勿遲。説我在園中，專人來也。並打聽山西解官共幾位，皆何官？此向王太爺處一詢便知。贊臣姪今早可啓行否？念念。　廿日寅正　淳父字

（九）

昨日申正三刻到園，一切妥順，咳嗽亦減，夜睡並不大嗽，比昨日好多了，勿念。

十三日贊臣姪來園，將書稿應帶來者並信件均帶來。家中好小米再帶些來。十七日請客菜單可照陳先生處開來，令李蘭帶來面定。錢票京錢帶卅千來。六行照此樣紅箋紙如有，買兩匣來，門對紅紙再買一張來。　新正十二日卯正　淳父字

（十）

贊臣母病，必應速歸省視，即爲雇車，日内啓行。除盤費外，另與卅金帶去，吾已面告贊姪矣。惟園中乏人幫辦，不知郝二兄何時到京？贊臣侍奉母愈後，春夏間仍可來都也。吾聲音漸復舊，勿念。　十九日寅正　淳父字

（十一）

顧椿一信系僞託，用刻板字，一紙皆係汙衊。顧君之語，大約有求不得之徒洩忿所爲，吾閲畢已焚之矣。匿名揭帖，照例不問，况空言耶。賽大人處亦得一信，亦焚之。書皮注“大井楊老中送來”，此必楊門上問送書人姑假地名耳，亦不必去查問。人情險詐，此後如有寄銀、信或寄東西者，非的確知交勿收，令其送園，一面速寄園，令我先知之，以便接信時查問。

今早令張五奎回城帶一信去，十一日賽老太太壽辰，送八色禮，初十日送。勿忘。好油麥面送些來，或城中蒸好送來，賽大人要喫。孫宅壽分係初八日，須問明再送。此人培生不知底裏，或問陸處，或問程大人銓當知之。王宅紹復訃信且留園。　初七日　淳父字

（十二）

家中拉行李車可令於十三日早來，是日吾若請假三日，即可全搬進城。再帶來京錢拾千開發園賬，再帶一空板箱來好裝什物，留園中寺内。新房尚未空出，大約臘間方能交代。汝四哥少蟒袍一件，可令李蘭爲買一件，顧繡新鮮者，夾的合式。月半後必須赴直也。裴少爺，曲沃驄太守之子文章，烝昞堂批看，回城交之。　初九

日　淳父手字

（十三）

李石梧星沅送奠敬百金收之，回城再帶回，另送别敬二百，已辭却。如城内再送來，即仍婉辭謝也。着人去送行，打聽何日出都，其世兄聞同去，亦致候。普大人泰亦着人送行，如送奠敬亦可收，别敬再酌，寄我知之。十二日孫女滿月，如八舅母送東西可收，别處一概婉辭。汝媳婦仍須避風寒，不可大意。汝八舅來，兄妹之情定當一慟。吾今日又爲汝母作一祭文，令韓升謄稿，十三日再帶回去。手寫千言不自知，其剌剌難已也。老伴頓失，愈思愈悲，强作排遣而已。幸右臂已好了十分之九，小有脹滯，略覺軟耳。現料理園寓各物，以備搬回城去。出殯事宜想俱辦妥，石州不知仍來幫否？吾回城再約之。　淳父字　初十日燈下

甥姪輩均問好。

（十四）

昨晚帶回之信想已收到，賦四篇、詩一本發回。明日長兒若來園，可令李蘭送來菜單面定。如大雨便門内難以行車，長兒且緩來亦可。孫芝房庶常想已請定矣。馮大人其太太係許姓否？是否七十雙壽？抑六旬晋幾，即查明。

今日吏部具奏：户部堂官失察捐納房案内，處分降一級留任，司員掌印主稿者降一級留任，散行者罰俸二年。奉硃批，俱不准抵銷。豆子領否？　廿日

（十五）

傾琦大人琛自城中着趙姓家人來，持書告幫，只需京紋十兩。觀其來信，一寒至此，吾心甚惻。此君現在庫案有罰賠之項。素有脾氣，頗不平庸，吾恐其以他事來干，今所求尚在意中。急人之難不可少緩，可於明日清早着李蘭送十兩銀到他宅，持名片面求見琦大人交之，已告知他家人矣，琦可以面見。説我不另作復信也。渠信，汝閲之自悉。　十六日午刻　淳父字

（十六）

長兒：知汝十五日自城内啓行到常興店，次日汝元輔兄回園，接到汝稟，並面詢一切，甚慰。連日大風，計十八日可抵保定，若途中無雨水阻滯，十一、二天當可到家。一切稟命長者而行，辦理安厝事務，不可鋪張太過。汝三伯父如在介休，可速寄信請勿爲此事回家。一來年紀六旬餘，往來勞頓；二來書院今年科年課試，不可躭誤，就説我説令汝轉稟。汝到家，有汝大娘們及諸兄料理，我甚放心也。邱春畦四兄未寫唁信奠分卅金，託郝五兄帶回，可託妥人送

至省城，省城劉宅會銀一同送去。其家必在省城有公館，想可確收不誤。安厝定期是否廿二日？即速寄知。京寓大小平安，門户妥靠得人，勿念。吾亦無恙，汝須自撿點，以慰我思。心園定於廿日外與徐五兄出都。專此示知。　二月十九日　淳父字

闔家人俱問訊。

（十七）

米票印領二紙，衙門送來，令張五奎帶回。春間毛大人處着車送來，頗短少，除脚價外，所耗實多。此次吾擬託柳二爺處雇車到通。或着一家人持名片去同去領來，似較着實。倉上雇車，用其口袋亦不費事。令李蘭、楊興打聽明白，寄我知之。倉場侍郎二位德、毛大人。

張曉詹留贈二數可收。賞丁宅家人大錢一千。丁宅房租送來，蘭兒已回我矣。魚尾甚好，吳泰能爲南烹，令我慨然。可令人到户部庫上，説要上庫日期單，可開來。七月初九係成日，吾欲請孫庶常鼎臣來園，可先問明能定是日否？一切筆札委積，亟須清理也。

昨日送來食物、信件，俱收到。郭次虎已於昨日陛辭，是以即日約其便飯，不及另請。今日渠回城，不過數日淹留，如有留贈可收，賞其來人，即將賜物酬答其意。屯絹袍（挂）[褂]即好，或用大卷屯絹（挂）[褂]，再配以大匣纓緯。新領出瓶茶等件，湊四色送之。如渠無贈項，不必送也。陳勿齋寄來奠金否？查明。羽毛馬褂園中亦覓不見，家中再尋。　十五日　淳父字

（十八）

張升帶來物件均收到。楊同年殿邦送來竇老師買得圍屏價值單，辦理極好。可持吾名片仍送到楊宅，請其世兄與陸都老爺商辦可也。　廿三日　淳父字

（十九）

家信收到，米收到。今日曹欽甫已回城，捐銜二紙，明日李蘭帶到文昌館交付，定捐何項即寄知也。宅内門户人等須嚴整和靜，長兒留神，李蘭夫婦好好稽察，勿大意。小孩子好否？廿一日家中着人送京錢卅吊來。　十九日　淳父字

（二十）

勘合送渠二兄禄閣繳回兵部。陳勿齋寄晒堂信，可交其世兄拆閲，再將轉寄銀信確交勿錯。家中須記誰寄之信，俟寄復勿齋信中提及。杜蘭谿字一卷寫畢即送，

陳子鶴一小對亦送。余未及寫。此二卷皆在家中未帶園。缺襟馬(挂)[褂]等件帶回。袍二件,馬(挂)[褂]四件,葛紗一,黄色、米色紗二,共三件,皆一裹圓。 廿八日 淳父字

(二十一)

甘肅寧夏道楊能格丁母憂,七月初可以到京,在阜成門外圓廣寺伴靈停柩。有信來,查前是否行禮。初二日請園中客,可即定下厨子,或初一日晚來,或初二日一早來。勿誤。再帶來燕菜幾錢,即交張泰帶來。吾初四日上庫,初三日回城,庫中已有知會來了。 廿九日 淳父字

(二十二)

贊臣、佶姪十六日當可趕到京,十七日湖北摺差便可帶去信矣。汝六叔若來京,佶姪擬先赴楚照應眷屬,亦是正辦。吾到保定,制軍以次均晤,設席蓮花池面辭,入城回拜制軍,餘俱柬答。制軍差戈什哈送出境,其意拳拳。雨單、毛單等物已託槐樹店買得,今早已有霡霂之勢。大約自保定到獲鹿須四站,計過吾邑當在廿三、四矣。吾身子甚好,夜眠三、四時刻。轎中尚到獲鹿未寄信,過平定見勿齋弟之世兄,告之京中平安等語,竹報已交矣。張世兄拱極亦見。老夫子墓誌説明未能趕作,其行譜,石州現在酌定。他日吾師墓表,我當任之。陽泉兩甥均見,送我食物。四妹妹平安,給以廿兩。廿二日到壽陽城住宿,三兄携丙兒與吴表兄來看,相見悲喜,談至亥時。三兄以館中冷炕,仍回表兄處住。廿三日清平遇見三姪携得兒並敦姪均來見,至太安驛仍談敘一切。因四姪婦日内病没,伊等料理,是以不能。

(二十三)

廿三日太安驛寫一信交三姪封寄,内言一路平安,及到縣見三兄等語。廿五日宿平遥縣城,見用賓、耀生兩甥,欣悉二姊强健,大小均吉。無物寄二姊,給以廿兩。次日黎明啓行矣。吾身子極好,勿念。家人等俱安静。前六弟有屬向申宅通融之意,未知能否。昨日過榆次,見王蘭圃燕堂太守服闋,正要入都,吾面託爲六弟代借,伊已允諾,似乎數竿可通融也。六弟到京,即可向伊面商。伊十一月初間可到京,吾家須先打聽住何處,送菜去問訊,勿忘。耀生擬入都看六舅,或專遣人去,尚未定。此信即交之,想不遲滯也。此後寄信,或到西安再發。勿齋交款如何? 念念。晒堂亦均問,並望照拂一切。六弟到京,想在十一月廿内外,念念。 十月廿五日燈下 平遥行館 淳父諭長兒

(二十四)

渠已慨允數千金,均可商量,如此則不必另覓借處。蘭圃到京在先,可時

打聽問訊之。周竹谿、郝夢山、段恬園、裴四弟驊均見面，華陰寺又見徐蕪園，皆可慰也。吾明日可抵西安省城，此信仍託詩翁摺便。勿齋交項多少？念念。刻下仍在京否，爲我致念。昞堂先生同此拳拳。贊臣好。汝須撿點身體，謹慎門户，讀書静攝。飴孫好好看視。吾此行自必加意慎重，勿念。　十一月初九冬至日驪山温池行館　淳父寄

此信即呈汝六叔父閲並道喜問好，多少話不能面敘，却悵悵也。

（二十五）

諭長兒知：吾於十一月十日到西安省城，託詩舲中丞寄去一信，約計廿前後京中可以收到。汝十月十九日信，吾入陜境已收閲。鶴汀先生信亦收到。吾自西安啓行，一路平順。陜甘一帶自華州起，直到皋蘭，積雪不斷，入甘境雪尤大，有盈尺者，皆冬至前一日得雪，恰好雪在客前，山路得免凍滑。而六盤以西晴嵐山、王公橋、車道嶺，俱係峻阪懸厓，高岸深谷，雪凝不消。一條大道外，迷漫皆冰雪，幸無大風，不大冷。自出京至蘭州，未遭一不好天氣，誠難得也。吾頭暈時時檢點，亦尚未發，丸藥日一粒，大約到燈後略覺小眩，睡起一覺，便清楚矣。十一月廿八日午刻到蘭州省城，琦静菴節相與署藩明古漁誼，署臬李季雲恩慶，温東川方伯於十一月廿一日作古，不知新藩何人。均接至東關，請聖安。入城，吾先拜静翁，而静翁已先到公館相候。吾回館一見，極爲周洽，一談三箇時辰，抵暮乃歸。吾次日答拜，亦談了兩箇多時候，敘齒相稱，公事意見相合，持平核實，並無成見，不必向外人談及。看來查辦不至爲難。此月初旬可發一摺。是否一月工夫能了，則不敢定，以人証有較遠處耳。公館在制署東南，相距不過半里，司友及供事同一館住，鎖院嚴密，火食發價自備。家人等一路極安静，亦無小恙。楊福騎馬亦尚可支持，到館歇息月餘，便望回程矣。臘月廿八、正月初四、初八，皆是吉日，若臘底不了，正月初能拜摺啓行，連請假回籍五日計算，則二月杪可以回京，但不知能否？又不知另有别省差使否？如有續派之件，汝鶴汀大叔必知，汝可一詢，但問有無續差，不必問何事，亦不妨。鶴弟如寄我信，汝即於家信中寄來爲要，如無信，亦不必問取也。制軍摺差送信到家，可酌賞二兩，託其帶回信，外封上注明。如差竣業已啓行，乞於沿途確交云云。汝或再作一信，寄至詩舲中丞處亦可。户部鍾秀石帆大兄、董醇醖卿大兄、馮栻曉滄四兄三君子甚相得。三位家信，須即刻確送，並速取回信，封入咱信中一併寄來，一日内方好，恐摺差出京必速。並差人問訊三位府上平安。送信各宅時，即便問之。令李蘭到各宅勿遲，説我問各府上年事不致爲難否？董公處如有爲難，通融

數十金俱可。董、馮皆有老太太,爲我請安。到公館,吾發火食銀百金,交首府縣,又賞供事等五十兩。制軍派署臬李六兄癸巳,平涼道,尚未到任。會同司員審案,甚妥。文武巡捕二人,皆制軍派來。一切浮費删除殆盡,主客同心,事事好商量矣。京中近事,如放官、遷調、出差等事,寄我知之。門户小心,身子檢點,贇臣作伴,吾甚放心。明春李蘭回壽,贇臣似須留京方好。李蘭回家,須於正月廿五前後自京啓行。此係無别差計算,若有别差再定。俟吾再寄信回,便可定局。此時約略言之耳。飴孫好否?吾甚念之。如出花,須先表發,飲食時時檢點,勿令積食。年底各處有送銀、信者,連信均交來人,切勿退銀收信,轉參差也。若通家、同年、至好難却者,暫將來件收存,云俟我回京,再稟知復信。昞堂先生年底如有通融之處,須爲籌之,如不談及,汝亦不可唐突也。吾身子必自斟酌,勿念。行程日記已盈一册,得詩五、六十首,便可知吾精力。除頭暈舊症外,無他苦也。汝六叔自鄭州寄我信,常方伯已寄到。湖南新寧賊匪近來撲滅否?部庫儲款如何?均問鶴汀弟,寄我知之。並問贇姪暨合家大小不一,昞堂先生爲我請安。　己酉年十二月朔日　淳父手字

(二十六)

十三日交楊轎頭一信帶回。十四日寅刻,汝六叔摺差來投信,拆閲甚慰。當即作一札,汝看畢,連汝稟一同封交陳弁可也。吾賞該弁二兩,京中再酌賞之。十五日遞摺,十七日接摺,汝打聽鶴汀先生是否奉旨着來見,即寫信到陜西撫台處,十六日到園,散直後打聽便知,是日子鶴赴庫。轉交爲妥。汝六叔到京,約在十一月杪矣。　十月十四日卯刻　淳父寄諭長兒

六叔信即送勿齋、昞堂同閲,便可悉其近狀。

(二十七)

吴縣相師假滿,如竟請開缺,恩旨若何?速寄我知。到西安已知之矣。至吾之補授與否,吾大約到甘省當在此月廿七、八日矣。亦須速寄。過分之榮,吾以爲懼。途中獨坐,自念衰老日形,即此收帆,可謂知止不殆,況頭暈之症雖未時發,心常惴惴。客夜獨宿一屋,武慶、劉升同在外屋,聞其酣睡,披衣坐念時事,轉羨伯昏瞀人之得全天真也。今夕宿温池上,恐頭暈不敢浴。吴仲銘擬月之十五日啓行迎摺,其光景僅能了官累耳。漏下三鼓,子正一刻,不能寐,翦燈披衣復起,作此數紙。　淳父記冬至子之半,恰是此時。

(二十八)

諭長兒知:吾在西安所發之信,此時尚未得回信。十二月初間,託靜翁節

相寄一家信,内有同事鍾、董、馮三位家信,約廿間必可收到。京寓想平安也。吾自十一月廿八日到甘肅省城,公館距督署甚近,一切面商極爲投合,辦理得免稽遲。茲已定案,擬於十二月廿一日拜摺,即日啓行東歸。此行甚屬順利。吾頭暈時時提防,尚未大發,仍服丸藥。摺内附片請假五日回里掃墓,諒蒙恩允。摺子到京當在正月初五以前,汝向鶴汀大叔處詢明,即着李蘭於正月初十日後即啓身回壽。前信所云□可,京中門户要緊,李蘭又回,不知多升仍在京否? 即令馬元暫看大門。贇臣不必回里,到京後即有應寫各件,且爲我照料前院及門上出入,勿稍疎忽。長兒無須遠接我,到園日,長兒來園等候。劉升到京,即令下園收拾房屋,汝與贇臣輪替到園一看便是,不必令家眷先來園中,俟我到後再定日搬園可也。專此寄知,並問贇臣姪、長兒均好,飴孫女好。

十二月十七日　蘭山行館　淳父手字

晒堂先生處爲我請安,京寓一切望照料爲感。

(二十九)

諭長兒知:十二月十七日寫一信,初五日以前所發之信想早收到。託静翁節相差便寄京。廿一日辰刻拜摺,即日巳刻啓行,同事三人,一切平順。案亦逐層訊明,與琦制軍會奏,計正月初二、三可到。奉諭旨後,汝當知其原委也。廿四日行抵安定縣,奉到十二月初五日所發之摺,係十五日自軍機封遞。恭瞻御批係用墨筆,外用藍印,殊深震駭,既未奉到明文,途次不敢冒昧聲張。到西安必得確信矣。惟思此次摺内有請假五日之奏片,若京中有事,豈可過里尚作躭延? 擬於到壽日,順道一叩先墓,即速啓行北上。家中既不留住,又不便請親族,須將緣故寄知壽陽姑太太之處,即無須往接,説明不能多延之故。此信必須早寄,或專人送家,免三兄等盼望也。則李蘭無須回家,亦不必寄回銀兩,吾到家酌量安頓可耳。吾大約正月初八日可到西安,正月廿五、六可到壽陽。彼時或令劉升先回京,壽陽至大不過一日躭擱,二月初十前必可到京。京中一切典禮及衣冠服色,並到京用何顔色摺請安,穿何顔色長褂,抑係馬褂,均請示鶴汀大叔。與我寄回信仍交原差,可送盤費四兩。託其沿途探投勿誤。現在想已全進城,明春在城抑在園,亦寄我知,要,要! 吾身子極好,頭暈亦未大發,時時檢點,勿念。專此諭知,並問贇臣姪好,合家大小均問不一。　十二月廿六日戌刻　會寧縣公館　淳父字

此信託制軍解送金課摺差帶去,因其路過交之,前信約亦交該差,想可並收到也。

（三十）

諭長兒知：吾於十二月廿四日安定縣途次寄一信，連前在甘省所發之信，當於正月十日前後均到。玆於正月初六邠州途次，宋大勳摺差帶來十二月廿三日京信兩封，並鶴汀信、籌賑事例、禮部儀注。大行皇太后大事始聞確信，又聞聖躬彊固，私心稍定。今日陝省亦差人來接，省中於初三日奉到諭旨，陝省現在青袍褂摘纓，尚未素服。尚未奉到遺誥。因思奉使在途，部文所不及，自應斟酌例意，敬謹遵行，擬於初九日到西安省，將素服做成，即成服而行。比及到京，已在廿七日縞素之後，青袍（挂）［褂］綴纓請安，與同朝服色不致兩歧。户部庫存銀若干，能支持否？漕竟要誤，令人懸切。元脩覆奏不知云何，念念。復命應用缺襟馬褂，若在此時，想穿青袍褂，不用馬褂，汝可請示鶴汀大叔爲我酌定，即將青袍、青褂預備，二月初十頭可到京。，或珠毛、或小羊皮可也。青袍用單罩可否？如不可，即做一件。亦問明勿錯。吾自出甘省，一路晴煖，直至過六盤後，始於涇州一帶遇雪。身子極好，專此諭知。　正月初六日　永壽縣館燈下　淳父字

前信中有寄樞廷同直一公信，已收到轉送否？

（三十一）

諭長兒知：汝前由陝西寄二信，詩舲中丞均已寄到。正月初六日邠州途次接到十二月廿三日京信，廿一日靈石途次又接正月十三日京信，始聞石州之故。方在悲悶中，到靈石又見硃諭。廿二日到介休，撫台差弁送來刻報三紙，驚聞龍馭上賓，痛哭椎心。伏念奉使不及四月，疊聞大事，震駭心神，銜命孤臣，圖報何日。蒙恩賞假五日，本不敢多作遷延，今併此一回里亦覺不安，擬與同事併同前進。壽陽請三兄來縣一見。京中轎夫來接，能於初四、五到涿州，否則吾即用站夫，何處接到何處換可也。到京應何服色，須問明鶴汀大叔，預備珠毛青褂有否？可翻穿，白袍可罩否？大襖京中似有。用白的，抑用藍的？路上有。均須備好，勿致臨時不及。李蘭可令其與轎夫來接，或再令馬元亦來，恐到京先另有用處也。平遥、陽泉、壽陽兄弟姊妹必可一見，拜埽之事且俟他日，想先靈亦默頷之。現在園中抑城中耶？接來時將《京報》正月及二月初間均帶來，路中即可看了。請安摺自係白摺，如何書寫，先問一樣子，問子鶴説我請安。到日再酌。吾聞此信寢食不安，幸可支持，勿念。專此諭知，并問合家，不一。

閣甥、贊臣姪、振甫兄、昞堂先生均問。　正月廿四日寅刻　淳父手字

（三十二）

諭長兒知：汝初九日啓行，次日李蘭來城，知汝等出都，一切妥當。十四

日王友謙來京,得汝十一日古城稟,知路上順適,天氣熱,尚未遇雨,按程廿日前可到家。吾身子甚好,飴孫女亦大好矣,滿院跑耍。城内外宅大小平安,門户安靜。晒堂先生已得御史,可喜。渠之二世兄十三日回京,汝到家拜墳後,即須料理課業。家中恐不免應接,即到盂縣書院從劉止齋先生靜養月餘。汝三兄時常到館,吾亦放心。七月中再赴省録遺,須覓一靜處閉户習靜,斷不可與官場往來。汝八舅如在省,亦不必住伊公館。凡事謹慎,起居飲食加意撿點,勿大意,勿妄言,處吾鄉尤要謙謹。汝六叔約七、八月間當可來都,家眷尚不知留南省否?汝三伯父念六弟欲相聚,似可於其出都時路過欒城相見,較京中路近,又可細談家務。俟汝六叔到京,即寄信回家,約定日期,路上等候。彼時天氣漸爽,老年目衰亦可不致過勞,可先稟明,以慰懸念。祠堂工程此刻已有幾分?寄我知之。需費共計若干,能約略大數否?中莊劉宅寄汝六叔信二封,此時難於寄往,只可俟到京再交之。汝三兄信已收閲,家中事一切請示長者而行,勿專主也。并問汝好。　五月十四日申刻　淳翁手諭

三伯父母大人、諸兄,以次合家均代我請安問好。

(三十三)

諭長兒知:十五日寄去一信,計廿日汝可到家,一路定平安。京中大小均好,飴孫極好,吾身子亦耐勞。仙九外遷閩浙總督,樞廷尚未添人,公事更覺喫重,軍務仍如前情形。籔脩先生内召,諸事歸一。鶴相此刻計可到粵矣。汝在何處靜讀?念,念。一切撿點,勿令老翁結記也。汝六叔近來未得信,不知家眷能否回里。國輝甥信寄回家中,自汝三伯父母大人以下諸兄,以次一一爲我道念,不一。京師少雨略旱,城内外門户安靜。晒堂得御史,擬另覓房,尚未定。　五月廿五日　淳翁手字

(三十四)

昨信已封,兹接到十五日獲鹿所發稟,知一路平順,甚慰。京中乾熱,日内望雨。吾公事雖忙,尚耐勞,頭暈亦未發。今日樞廷添人,係彭詠莪少空蘊章熟手也。汝到家後,想已有信寄京矣。　五月廿六日　淳翁又筆

今日得汝六叔四月廿八日自廣東清遠縣寄來信,知軍務完後,端午節前方能回省,再謀起身,一切平安,可稟汝三伯父知,并問合家大小,不一。

(三十五)

廣西軍務尚順,賽相此時已到。園敬翁内召,事權歸一矣。六叔信來,合署均好,謝摺並祝萬壽摺均遞,惟不知何日起程,由何路行走?家眷回家,亦

未得信。家中何時科考?汝考遺約何時?時寄信來。　六月四日　淳翁手字

汝三兄、六兄、贊臣兄來信,均批回交之。

(三十六)

昞堂先生定於月之廿日搬房,是日已送菜、點心。昞堂舊居尚未租出,其大世兄亦漸愈,與二世兄擬同回晉秋試。

王曉林内補少寇,其世兄敬熙爲租定横街查宅屋,前寄存吾家書籍、家具等件,均擬於七月初取回,已令李蘭、張升照單查點,屆期付之。

頃賽相報到於六月四日到桂林,一切布置甚妥,事機頗順。寄汝《京報》等件,近事可悉。

大雨時行,山水發時,行路最要小心,不可冒險。　六月廿一日　淳翁又筆

(三十七)

諭長兒知:今日由提塘寄一信去,計到壽陽,汝或已啓行入省,可令咱家送信至省也。張大、二世兄於初三日送路菜出都到省,汝可面詢京寓一切光景,大小均好,吾亦耐勞,勿念。張大世兄出場後回朔州,汝可在省送伊些喫食,寄張老太太。場中文詩草稿,可託張二世兄帶京,或於提塘寄京亦可,以速爲妙。汝大兄如從屯留來省驗看,其費用不敷,汝等酌量通融可也。録遺題目,寄我知之,並問諸姪、諸姪孫,不一。　七月朔日　淳父手書

(三十八)

首場文詩吾已批閲,大致尚不澀滯,初次應試,不過爾爾。吾另爲點竄字句數處,録送昞堂、石州閲看。石州已批點,意在獎厲後進也。兩稿均送汝看,汝將原草留存,將石州評點者仍交張升今日帶回。三場亦不可草草,二場題吾已知之,不難作也。有草即帶來,無則不必另謄。一切撿點,勿忽。十六日出場先回城外,十七日再來園可耳。

(三十九)

場中坐何號、係何字,本號中多少人,抬頭細心。出三場收拾場具,可賞號軍者與之。應帶出之件,怱忙恐有遺失,須細撿也。園中一切均好。　十三日巳刻諭

另如意一柄,即令張升送惠大人豐處道喜,其女出閣請送妝也。

袁世兄二位、王世兄均賀,闈作出場再讀。

(四十)

三場平安,吾心甚慰。首二場作均看過,初應試尚不草草,築想亦順敘也。今日出場到神主前行禮,十四日誕辰,吾未能回城行禮。明日再來園。

二場文批回。首場文詩石州批者仍帶去,非至好不必令看。送汪世兄書銀,另單照辦。　八月十六日　諭長兒

(四十一)

今日山西撫台奏捐輸成數,吾蒙恩優敘,深不自安。明日具摺陳謝,摺稿即存汝處。太谷孟樹倫捐三萬兩,賞道銜、花銜,其餘尚未奏到。現有五十萬分先後解部,其續捐不知若何。吾若入闈,應帶書籍有在城外者,便中撿出,月半帶來歸箱。小孩子等均好。袁氏姨女今日當可回城矣。　初八日　諭長兒

劉親家世兄、孟世兄、陳表姪均問,不一。

(四十二)

世長知:昨晚張車夫自京回來,接少鶴信,云已託人查照式樣遞報。正擬著泠升赴省送信,恰好汝差人於燈下亦到,知中丞慰摺稿收存,汝來信亦留存,關切之至,恐熱河已經呈遞,致有重複。汝可向中丞面陳,即云京師相好知家君必須具摺,已擬代爲查照呈遞。如再接信未能遞,彼時再請中丞代遞,須婉言回明,要,要。此時中丞處且緩辦理可也。此數日中,遺詔如頒到,即赴縣成服。以何日爲百日?汝須問明中丞,以便遵照。京中各信總一包,并着來人安姓,其報喜錢三千,家中當付之。於十六日一早即回,十七日開城可到。其脚價仍由省中發,家中另與二百酒錢。吾身子好,合家好,并問汝好,覯孫好,不一。　息翁手字　九月十六日寅刻

少鶴信中要語勿示人,要,要。

汝若回家稍遲數日,仍須將面陳中丞事再寄我一信,以免結記。覯孫何日啓行回臨晉去?汝若即由省寄信少鶴,十七八摺差可帶去纔好。令其辦妥即速交塘務寄一信爲要。若不能遞,專脚送信來壽,速速,勿悞。領下摺,另交妥便再賫回。

(四十三)

前信并小摺一个交上峪人張萬寶帶去,兹又有邨人祁錫命赴京再帶一信。家中大小均平安,想汝於初七、八必到京,一路當平順也。夢巖頃已來村相見,所帶之件次第收到,其脚價已面告質卿明白矣。京寓如劉藴齋能住甚好,即租價不多亦可,恐售主難遇,即不必多等候之。二所官房必須官員接住,扣俸抵租亦妥,總以速辦爲要。家中東院開工後,門户要緊,近來村中不甚安

静,開工雇一下夜人照料方妥。汝五兄場院牲口、車輛甚不放心,渠尚未回。汝三兄所患仍舊,眷屬聞有歸志。吾眠食均好,日出村外步行二、三里,似覺耳鳴少減,勿念。霜桑葉洗眼用之,此地頗難購,京中可捎些來。痧藥、藿香丸、靈寶丹等藥,均要物也。子疇家中亦平安,餘具前信中。此二信到,當同時也。冷升、王勤定於十九日起身,再帶信去。汝身子須檢點,一切謹慎爲要。家人等并問好。　二月十三日　息翁諭長兒知之

（四十四）

世長知:汝自獲鹿寄二信并夢巖帶來各件,一一收到。十六日得汝到京初九日來信并《京報》各信,知一路平順,初七即到京寓,甚慰。同日得保定寄來信,均收閱。昨寄汝二信,内有小摺一个。一係上峪人,一係本家,聞其俱於十三日啓身,想廿日後已到京矣。吾身子較前漸好,能睡,頭暈亦減,惟耳鳴不已,聾之徵也。每扶杖出村外,便覺耳根清净,頭目爽適,或可從此却病,俟汝回家,吾即入山養疴矣。汝安頓書籍,料理雜事,但得住宅有人賃居,即早歸來,以慰吾念。東院小工如期辦理,質卿一切細心,省吾煩瑣。家中大小平安,彭兒等讀書無曠,子疇先生認真教導,可感。汝三兄住房已收拾,大約眷屬可回。近日未得信,想所患不甚重。至告教一節,查明即寄信來,勿遲。汝行時,吾記慶眗都統,喬都松年轉二信交汝此信,子疇甚記念。帶去,務必確寄。□竹伯、胡恕堂二處,汝須手書告知吾回家光景。“心急手闌,此時不能作書,南望湘雲,不知此生能再把晤否。”此數語,即録寄之。子懷、伯英、嘯山、少鶴諸君子多多致念,一腔心事,筆不能罄。常熟相公亦甚念之。吾病坐言多心勞,近乃力洗前非,寫字作詩亦復從簡,家事更不費心。冷升、王勤到京,面詢可悉也。汝身子慎檢爲要。立叔、季聞兩賢姪合家均念,爲我□問,不一。家人輩均問。　二月十七日　息翁手字

（四十五）

昨日思飴、增兒等回家好否?遇雨否?吾擬於十四日如不奏事。清早喫飯後出城到寓。節屆中元,神主前行禮即可拜先生。閻先生吃點心後再回城中,汝在家候可也。十五日再上供,汝等行禮並焚化包袱等件。世佶姪同此。

十二日巳刻　諭世長

倭艮峰先生昨奉旨協辦。

（四十六）

頭昏、臂痛,六晝夜不得寐,七十老翁恐不能堪此,書四十字以見意:“衰

病念君親，流離想下民。古來皆有死，天下豈無人。大節惟忠孝，平生習苦辛。所思崇聖學，君道止於仁。” 同治元年九月三日卯刻鐙下　寯藻力疾具草付世長

（四十七）

飴孫之症，屢有反復，吾甚念之。是急是慢、宜温宜涼，不知何從，或且以止藥爲得中醫耶？截風錠果有效否？乳食如何？發燒如何？顧醫之論如何？

吾定於二十一日在翰林花園請客，可先定厨子。是日極早來園，到張大人處辦席，勿誤。先將菜單開明，李蘭送來，并帶燕菜。　十五日申正　淳父字

無題信（八十五件）

（一）

七月十五日，振甫大兄、勿齋表弟、奕蘭大兄均請安。家中六月初小旱，旋得透雨，年景可望有收，京中少雨，奈何。容靜止二兄到京有恩典否？煦齋先生門第重新，令人欣慰。七月二十六日到。母親大人六月内精神極好，入秋又覺肝氣不平。中秋後入都之説且勿告人，□臨時又□局。弟身子頗結實，惟念慈體不能一時復元，進退無計，未免焦灼耳。專此敬請尊安，不一。

弟寯藻謹啓

（二）

昨奉手翰，適將還園，未作答。大研已附來人去，即將贋款磨去可也。研銘尊書極好，乃欲假拙腕耶？勉書奉上，斷不可用，不如用尊書加賤款於末，較藏拙耳。先君《西域釋地》一卷，往年石士先生欲爲付梓，已寫定而未刻。頃撿出奉閲，乞校正款式，有未合處即希（原文無下文——編者）

（三）

簽押房内間書架挪在外間東墻，將二堂牀挪入，預備吾回去住。二堂作爲看卷之所。老李仍住在後，不必挪移，前信中已詳之。簷前席篷如難搭，即做一小布帳，遮住内間窗户可也。淮安考試單寄去，可送登之一閲。登之信閲畢，封口送去。文巡捕、武巡捕信俱收到，爲我問之。　淳甫手具　五月朔日

（四）

卷面用監臨提調印。但書年貌、三代，惟録遺卷面上有某縣某學印。中後、録遺卷一同解部與否，吾記不清矣。若録遺卷，必須由本縣用印，自然以合例爲

妥,臨時請示學台並春湖先生,想有一定辦法,即照俊秀例亦妥。廕生考試舊樣甚少也。

六弟到署,且不必拜申耆前輩,縣中亦且勿去,俟吾到署後三兄啓行後。再拜可也。吾若不考淮安,十一月初必回署,否則十一月底亦可回也。六弟覽并問好,念甚,念甚。 淳甫又具

（五）

廣東張刺史錫蕃百金,本家五姪送來,不便却之,可着人到本家處説明收謝之。栗春坪百金送行。此二封,六弟昨已帶回矣。韓姑爺鈔處須着人謝步送行,總未得見,歉然。

郭次虎已送來三百金,收之帶回。回送各物照信酌備,明日寄我知之再送,勿遲。字號另條前交李蘭住處,章桂去過,李蘭可與章桂同到。裴二兄所説茶葉,局内看其光景可交往否再定。

絳州吕大老爺士淳騾馬市晉陞店,即令人持帖去打聽何日啓身,説我在園中未得面見。如未啓行,即送菜。

（六）

信八封分送,帖太爺對一副,同王大老爺燕堂信即交之,勿遲。明日出京。内有勞大人一信,交提塘速寄要緊。十四日君誕辰,備一供席,是日即請六弟太太、光姪婦在東院喫飯,作一團圞會也。吾昨夜又夢見太夫人似侍食狀,臨節心動屢屢矣,不知何故。板鴨、月餅已收到。 淳甫手具 八月十一日

（七）

陶制台已遞摺開缺,撫台已接印。藩護撫,臬署藩,徐州道朱襄署臬,想月初即可奉旨簡放矣。此棚歲考文事已畢,初四日考武,一切平順,吾與六弟合幕均平安。江陰考棚想已開工,務屬登之隨時示知署中,斷不可少借工匠之力,切要,切要!朱雪篁家信一件,即交江陰班船寄蘇,苗仙露一信亦交之,并問兩先生也。又,石州寄俞、苗兩先生信,即交。 三月一日 淳甫手具

（八）

寄詩庭信,可爲我先道賀。棚中實無暇修札,只好俟到任再致函矣。海州齊集定於四月四日,已發牌文。題目各單,長兒看送先生閲,並問景韓、仙露均安。我現穿珠毛袍、羊皮套,天氣漸暖了。老李、多升等均好。

（九）

子疇尚未補缺,今秋未與鄉試。順天初十日揭曉,吾鄉首題:“不忮不求”

至"何足以臧"。袁孝廉懋寅住夢巖處劉輔廷住吾宅現均來京。季聞九月十日爲其子恩孚授室。鄭小山河督到京即須赴任。王少鶴仍在京,時相見。友謙與其八叔八月廿二日來京,家中俱平安。三姪八月初四已葬,大姪十一月卜葬。吾鄉八月初隕霜矣,吾邨尤甚。白蘭嵒得給事中。奉世甥解火藥三萬斤到山西去,晉境無事。四姑在京平安,八姪、彭孫亦好。楊湘筠河東官聲頗好,子安甥往依之,亦無新政。友直已到曹叔延幕,李根亦薦往。吾家事,仁圃照料。

(十)

今日即著人到鄭大人祖琛處請安送行。廿八日啓行。三姪當已到京,念,念。家中平安否?寄我知之。敦姪詩看畢付之。投卷子、定小寓俱不可遲了。郝二兄已投卷否?梁家壽詩金箋一幅,好好包送來。趙畇代作詩吾已帶來。家鄉黄酒送一小瓶來,不必多。石師賠項日内酌定交期,再寄信回去。葛禮山、張鏡川兩信稿如得,即送來。 廿七日 淳甫手字

(十一)

容老太太奠敬百金想已親送,何日發引?石州明春續娶定期否?幫項即臨期先送五十金亦可。閻、張兩甥想均到京,六叔各助若干,何日回去?念,念。王蘭圃爲六叔貸項若干?葉棣如告病開缺,其症如何?李錫民□□係何症請假?子鶴署理能常上衙門否?俱問鶴汀便知。八舅年前可有缺得選否?汝四兄已卸事回保定否?抑回家否?家中大庭館房價係何處墊付?抑未付耶?年底賞福壽字及春帖子牋、筆等件,吾得賞否?寄我知之。其餘皮子等件,自未必賞。上書房、南書房添人否?鈕、李、蔡、金四君寫書何時呈遞,恩賞如何?以現在公事論,吾二月下旬似可回京,臘月底、正月初啓行未敢定。自到公館歇息數日,吾身子更好,勿念。 十二月二日飯後辰刻呵凍書

(十二)

今年何時自園搬回城中,恐在冬至以後矣。季仙九園居何處?明大人回京,其房不能閒出,仙九必另移居,兩人得吳縣師之廑,可謂機緣適巧也。王開甫出守鳳陽,何日出都?大捐何時開例?其刻本可託鶴汀要一本,於家信中封來,如太厚不便封入,即不寄亦可。陳勿齋究竟交銀若干?汝六叔幫若干?六叔何日出都?此次京中需用若干、借項若干?京中得雪否?冷否?自華山至隴西積雪不斷。年底寄家各項何時寄去?汝三大爺、三兄寄若干?趙興不來京,多升年内回家,明正能來否?李蘭明春如回壽陽,看門何人妥當?馬元能否?以上各條寄我知之。李蘭回須備三百金,吾送三兄、二姊、四妹、三姪等

處各五十金。其餘吾盤費不敷,且有備席及幫親族小費。汝照年底單開一單,交李蘭帶回備查。

(十三)

亮才兄所查之件,養息款不錯。昨早小浦、根雲已託史館相好歸致亮才矣。石州信收到,昨已與芸閣先生談及。渠幕中似已有人,兄云能爲石州另卜一枝否?渠云到任後斟酌,其意大約非虚諾也。已另致信,可即致石州,不另復,十二、三可面晤。此數日瑣襍事甚忙,加以卜宅事愈紛擾,挑鐙書此。淳甫手具　初九日鐙下

(十四)

郭南浦送銀三百不敢收,其圖帖、紬子可收。請先生爲我宛委答一信,送稿來速復,言其缺苦,情誼如此,益覺不安,另紙所言,只好付之不論。以便將銀付還來人也。六弟處銀似亦勿收爲妥。雒寅、宬表兄處會銀,查明是否全清或清過若干,記前在家時萬兄送還一項,不知是此項否?如未還,即將會銀湊全,交光姪帶回交明,仍須餘外再幫數兩,二兩即可。方覺周到。三兄信中所云張世兄晉藩係張三先生之子,老夫子之胞姪也。既有所言,只好酌寄十金,聊將鄙悃。至薦書院之事,吾自入軍機以來,未曾作字與人説事,三兄更難代謀,只好宛復之,或將來信稿送石州閲之,爲酌量情節亦可。

陸小雅代程玉樵爲朱君建彦捐從九職銜,共市平足紋一百〇五兩八錢六分,小雅來信小雅信帶回存。云已墊付其銀,向吾處歸還,此項約須九月内付之。

平定劉連襟大兄慶餘可先送菜四碗并點心,柳雅堂大兄彬可送些東西,帶回鼻煙可送。或尺頭或針線,幾色才好。伊十六日即啓行,勿遲。　十四日　淳甫具

(十五)

張五奎來,得三兄並諸姪信,面詢一切,知光姪侍奉平安回里,甚慰,甚慰。秋收大好,西望遥思光姪,令其速回爲是。吾意並不欲二光出考,不知可寫信止住老兄否?吾弟酌之。王小厓今日着人來取官銜,已付去。其園居不能住,昨日已定。文孔脩宅,紀四爺見面説定,斷無改易矣。朝斌兄字今早送回,想收到。長光上學甚慰。吾大約廿七日晚可回城,如到報則廿八日回,臨時再定。縣翁既送席,光姪臨上京必當叩謝,須具"治愚姪稟帖",不知他知道否?寄信告之,勿令失禮。　十九日　淳甫手書

(十六)

家信閲畢,仍令光姪帶來,吾再作回書也。方山李長者祠布施,六弟爲我

一酌多少若何，似無須太多耳。

(十七)

六弟來信，言静齋三兄面述一切甚詳，吾已悉知，其設想亦太幻妄矣。徐穉蘭廿日前後出都，園中請喫飯矣。李成兒臨時搬到渠寓，已面説明。凉帽已帶來，可用。劉大親家想可多住幾日，二親家來，六弟爲我請席，館中搭棹可也。

吾師大人來京，聞之甚喜，甚念。吾弟想已面謁，自應請到吾家下榻，不知師意如何？可與石州商量，倘以爲不便，亦勿强請，遵命而行。鶴師處且緩提及。吾師來吾弟請示定期，先寄信何日來園，以便預備酒席。見，須先一日弟隨同來園即住宿，次日謁見。吾欲請小浦、根雲作陪，皆吾師同年，庶不寂寞。二十七日以前方好，廿四、五日恰好鶴師園中好見，城内難見也。若廿七日以前不能來園，兄回城備席，在家奉請，亦可請小浦、根雲陪也。乙未陽城田君秋亦到京，曾來園拜，亦可請陪。同鄉乙未在京者何人，亦可請陪。李蘭可持我名帖先請安，大紅單帖上銜小字“受業祁寯藻”。此數日且送菜、點心去。不知世兄同到京否？如到，亦持名片候之。石州令郎出疹，須着人時常問之，告知家人可也。日内可着蘭兒來園，一切面諭之。六弟近好。　廿日燈下淳甫手書

(十八)

苗老爺送程儀六兩。黄世兄捐教官之事，如湊出五百金，即交李秬香龠通處上兑，短多少再補。

張世兄處送月費一大千，初一日起。

四妹妹狐皮襖買一件。送六老爺，要小毛皮套甬，可撿出一件。送李□經大老爺狐皮甬，或銀灰賞緞亦可，另送書一部。

再帶來大錢五千。李海帆方伯宗傳前有訃帖，以無便不能寄。兹其世兄到京，蘭兒可查出前帖寄園，查明帳簿。酌量補送分子。黄大世兄之夫人亦逝，訃來寫一唁信，可寄十六金，交徐穉蘭帶寄。

(十九)

今日吾已清爽，比昨日强多了，聲音亦漸亮。申師母處禮須即送，對子吾寫好再送去。是日，太太須親往拜壽，此不可闕之禮文也。何日領米？吾當遣張五奎回城同去。　初二日未刻淳甫手書登之帶來書，明日送兩包來。

(二十)

三兄昨晚來園快聚，十六日清早着車來接。庚明子且令其回城幫忙，明早教馬元同車來，不必帶鋪蓋。换蘭兒回城。一、二日，再换回馬元去。如不過

禮，簡便甚好。四妹妹即在西房住，外甥如住不下，可與三兄同住。搭棚須斟酌，小心火燭門户，能將就爲妙。牌二十對清單，昨日已令車夫帶回矣。帶回舊貂領一條，照樣换一新的，要本色黑頭的。　十月十五日卯刻

（二十一）

王三世嫂信來，欲挪百金，難却其意，如何展轉，送五十兩可也，以早爲妙。

除送賀聯收下外，其送賀金者俱不敢領，謝敬辭用一紅帖。

張太親翁處請安謝步。

家中廿六日着車二輛來。

瓦硯一方即送張石州。今日即送去。其代圈何少君詩，務祈於廿四日以前送園爲妙，勿遲也。

廿二、三日不拘定日期，可令送園一席，要好者，以備請園中同直君子。即教厨子跟一人來，次日請客，酒壺杯筷俱全，中席一桌。送麩料車來，可帶大錢十千，以備回城時開發。信一紙同硯送去。　廿日卯刻

（二十二）

竹伯聯韶而出，可喜。頃面説挪用一、二之數，可問明即付之。西院上房，長兒可移住。其衣箱寄上房内，書箱存外。惟書札又須我受勞，且再議也。十七日吾上庫，十六日可回城。

文四篇、賦一篇，閲畢送回。贊臣筆頗開展，加功可望大進。長兒亟須變其拘束之筆，多看《史》、《鑑》古文，熟讀《報任少卿書》、《哀江南賦》二篇，當有效驗，吾少時得力此二篇也。

十三日課題《亦將有以利吾國乎》、《星使出詞曹得“星”字》。國一層，吾國一層，利吾國一層，有以利吾國一層，將字一層，亦字一層。此字字拆説題也，或段或股，按切戰國時勢，言之自有生發。

慶大人錫，耆中堂少君。署兵部侍郎，差人道喜。賽大人處，可着人告知渠少君，説他們大人已閲畢。安徽、江西兵於閏五月二日自江西九江府起身北上矣，大約六月半可到京。爲其老太太請安。

《聖諭廣訓》一本、《御制四言韵文》一本，吾在江南書刻者，即尋出交汝大兄帶去。後院書房北架上試查之。

昨日竹伯帶回信片並文賦數篇，題目一紙當收到。竹伯云通融二百，可付之。郝彭齡來人如取信來，可告之隨後再寫復信。竹伯處各信稿本並未起稿信件，細細檢明，令李蘭取回送園，或俟吾回城再帶園亦可。

兵部瑞大人常丁憂，明日即着人到城内唁問，并打聽何日開弔，係内艱，抑係外艱？渠係杭州駐防，恐其不開弔即奔喪回杭。家中查帳，行奠分若干兩，另備一障。如係内艱，即查明姓氏。如不即起行，吾初六、七日回城再送分子。　十三日　手字

（二十三）

趙興回園，知申師母處示諭，並柳二年伯處所云，均已知悉。此房吾所甚願，而妙手空空，自愧自笑。今日請太太再親謁師母，能借得三千，至少得此數。方可與芸翁商量，柳處或可再通融二千便好。師母處近來家事，不專任柳翁，恐柳説不及吾家人親去説也。太太與師母説能四千更好，並云亦知世兄捐郎中，不無花費，惟此事難得機會。師母若出四千，此房即算師母留下，吾家出租亦好。芸閣先生出京定於十六日，時甚迫急，吾已與面約，失此機會，難得此吉宅矣。柳處今日再着人道謝，問明能爲我借二千，以速爲妙。大約十二、三日必須付芸翁四千，則定局矣。如兩處俱不能，即著人告知潘處，好讓人另出手，不可游移，令我爲人訕笑也。　初九日寅刻

（二十四）

王小厓二信帶回，房屋事如申宅不能，奈何！吾甚願此宅，六弟能向吾鄉公局中暫挪千金否？兄出名暫借，稍展一、二月歸還，似尚可行。芸翁處總須四千現成方好，今日吾弟送印結去，再以兄言相詢，能先交三千，俟其眷出京，再交二千餘何如？若申、柳兩處如願，則更妙矣。　初九日寅刻

（二十五）

十六日家中備席請竹伯，爲餞行，邀趙岵存昀劉韞齋琨作陪。可着人今日即請定，吾回城約在未刻也。家中水車不必來園，席面照前次即可。前日已面約竹伯矣，再請定，恐其忘記。孫大人葆元處差人道喜謝步。全大人慶處道喜謝步。蔡念慈道喜。聞明日十五日兵部奏派揀選，如派上，午後回城。　十四日巳刻

（二十六）

送來酒食等件收到。惟夢山二兄尚未來園，獨過中秋，殊寂寂耳。明晚着車回，後日劉舅爺與兩子來，石州不知同來否？賞墨一匣挑回去。　淳甫手具　中秋

（二十七）

今著趙興回去，轎車回去。送回如意一柄。昨日挑回墨一匣，想收到矣。

明日劉舅老爺、光、長少爺來園,如欲住下,須帶被褥來。石州來否?今日問明。郝二兄今日尚未回園,不知城中有別事否?不必催。或今晚可回耶?昨夕月色大佳,吾獨步稻隴,帶月而歸,得詩四首,待夢山來屬和也。　十六日淳甫手具

（二十八）

羽毛單套、小呢單套,預備下雨套穿,即送來。紅紬雨傘一柄,買一新的,舊的已破不好用。信件及朱、張兩處訃帖批好帶回,餘件俱批回。四妹妹近日聞信如何?念,念。　十九日卯刻

（二十九）

張升之兄且留城中使喚。有李升者,高平人,昨從保定來,陳皋蘭同年傳均薦之,吾令其來園供役,此時正乏人用。唐藩台處,吾與汝六叔寄書一箱、信一件,已交之。曹舅爺忽有此奇想,豈有因耶?吾想會銀昔未曾收,汝可細查會簿。吾又想汝祖父出口時,親朋均有幫助,曹外舅亦當有助項,不過一、二百金。或因此耶?其餘無甚欠情處。汝母出殯,渠出若干分子行禮,亦查寄我知之。任兄方堅欲假館,而曹舅又迫以捐銜,皆未可以常情論也,可笑,可笑。吾廿七日擬上庫,尚未定。　廿三日寅刻

（三十）

今日寅正一刻到園,一切平順,勿念。右臂已覺更好。家中門户要緊,長兒須檢點身子,勿過哀着急,與諸兄商量辦事。吾數日内當回城看視也。廿六日寅刻淳甫字

（三十一）

毛大人信一件,將印領、米照二紙封入,妥送勿遲,已面託矣。舊夾靴仍送來,薄綿韈亦送來。可爲我做綿子薄綿韈,外用粗紬面,或可輕便。近日靴子太重,甚喫力,要,要!皮套褲一雙取來。今日親家太太可到京,初到,趙興在彼照料一切。爲我請安,送席一桌。會親日須與竹軒二嫂請帖、本家三兄請帖,并其女、胭脂胡同韓宅二嫂之小姐。廳上零碎紙札各件,趙興爲我收拾送上房。張先生紫風似應具帖,吾自稱"姻愚姪"。内院能不搭棚更好,否則僅搭檐前一段,挂彩紬亦好。　十月十二日寅刻

（三十二）

昨日收到陝藩吴子苾六兄式芬信賀壽,内有壽言二百韵一紙,媿不敢當,可寫信璧之。其信後黏一條,係交回信地方,可先著人問明係何人妥當,再將此

信並内件裝入封内確交,取其收條回信爲要。此信專著李元送回。張詩舲中丞回信、常年兄回信,均交否?孫貿谷先生壽對送否?　八月朔日淳甫字

(三十三)

今日龔大人壽分須送去,鄂宅賀分初六日送否?再送一件厚皮袍來。明日着妥人送來,或青頦皮或大狐皮,不要烏雲豹。發引槓件已定,臨時不知須用飯食否?寺中如何安排?與竹伯、眪堂商之,以簡便爲要。

程玉樵有信來,云將所欠四千交汪衡甫處,可預備妥當。如須補平,另封色。吾十三日如請假,即日可回城,便可送交。玉樵月半後亦擬到京,慶世兄佐昨日來園送膏藥,吾臂更覺好矣。　初八日　淳甫字

(三十四)

弓箭、文章、信、小衫、手袖等件均收到。初三日一早著水車、轎車兩輛來園。李蘭來。今日李銕梅、張小浦、何根雲在南齋考題,係“三畏論”。明日當有旨。此三君皆名翰林,昨皆下榻於此。長兒文三篇閲批帶回,尚有進機,惟平板句仍不免耳,細看先生評改。　淳甫手具　初一日

(三十五)

俸米票並印領共二件送回。裝在信内,看畢封送。另一信仍託其代領。致毛芾邨先生,可令楊興送至通州倉場衙門,或俟毛大人回城之日,探聽明白。確送勿誤。曹鎮齋之弟文振親送來百金,却之再四,以同鄉至好不便堅執,故受之送回。石州有急需,可即令蘭兒送卌金,交其夫人或趙宫贊收之。石州此數日現在園也。

寄竹軒兄信寫就裝於紅封内,即日送城内十姪確收,並陳勿齋信,留六弟處。吾弟再加數行,一並送交可也。園中平順,惟天氣甚燥,吾弟等不來,免此風熱亦好。初七日晚能回城甚好,但恐有報到耳。此問近好,不一。　淳甫手具　初五日寅刻團河行帳

(三十六)

横街之房如不敷住,即回覆師母,勿令久待。據楊興云云,則竟係不敷住也。移居亦大不易,且仍舊貫爲佳。　淳甫又具

(三十七)

明日擬請石梧午飯,令人回去取燕窩二兩來,隨便用之。吾右臂又見好些,仍服藥酒。《廣事類賦》一函帶來,《文選》一部亦帶來。昨早帶回一信,内有清單,寄家各項想收到。此數日内尚無回城機會。　初四日寅刻　淳甫字

（三十八）

積雨驟寒，正思添衣，城中人來，恰如吾願，亦可慰也。六弟信亦收閱，家信仍帶回。遂平遇張鳴岡，想見其旅館翦鐙話舊之樂。入湖北界，一路好走矣，惟託蘇臬台帶之信未接到。渠已到園，明日當遣人一詢也。郭宅對、綾均收，寫畢再帶回。竹軒二兄遺摺并耆等奏摺鈔底二件閱畢，明日著妥人封好送交十姪、十二姪，勿遲。吾十六日回城，先到城内本家處，明日上供焚化想已預備。　十四日　淳甫手字

（三十九）

令兄恕翁聞請陛見允准，不知何時自粤啓行，殊深懸念。寯左臂仍未復元，餘差平適。承念數行，復頌升安，不既。　寯藻手肅

（四十）

初十日由塘寄去一信，想已收到。增姪、多升、韓升於初九日到家，一切銀信、輓帳、聯扁均收到，衣服、書籍檢點已清。多升又帶來手書，得悉一切，稍慰。刻下服藥，想已平復，頭眩之恙已好否？起居飲食須自家檢點，勿大意。聞大姑太太、十四姑太太朝夕照應，吾甚放心，爲我道謝。兹仍令增姪回京韓升亦回接家眷，啓行之期，京中酌定，先寄我知，路上加意檢點。跟家眷回者：老李、任升、韓升、周貴並增姪，共五人足用。董成便可不必送來，聞其仍到勞太史處，甚好。吾將來到京，仍用他也。趙興、馬元二人跟我回家，甚小心勤慎。吾將趙興荐之程春海處，馬元荐之祝蘅畦處，不知可收用否？如不得善地，可託羅、勞諸年兄爲之位置，勿令失所。韓升則聞大姑太太處需人，彼可服役年底。浙江差旋，京中必用人趕車，此人可靠之至。

家眷臨行時，吾意送石州廿金，紅簽寫"元卷"二字。似不可少。石州初移祝宅，一切需用何從出，吾甚念之。如石州必不肯受，可令任升面見祝九兄，將此項面交，俟家眷啓行後，祝九兄再交之可也。陳升亦酌量與伊幾千文，籌其辛苦。

徐蓮峰轉借之項，大姑太太爲我轉借南雅夫人一項還之。此舉甚善，感甚，感甚！

發引日期定於八月十六日矣，二姐姐、四妹妹此刻均回家，發引時再來。二姐姐臨别，痛不可言，真苦命也！三甥女定於五月廿七日出閣，須預備些添箱禮帶回來，不必太費。尤嫣即令其跟回，有韓升回京送他，甚妥當。家中大小平安，吾身子無恙。一切詢趙興，可悉。　三月十四日　春浦手字

（四十一）

劉制台韵珂誥軸，問寶老爺埗不知領下否，此次摺弁來，有信要帶去。即問明，以便作回信。何三太太聞已來京，着人請安。鈕先生鳳綸來信云，書院李姓倡捐膏火之事竟成烏有。吾家捐項，父台擬覓便寄回京，此事再酌。王老父台亦有信來。

郭南浦承緒竟病逝，有訃書來。三月初六啓柩回里。吾即作信，外輓幛一軸，外五百兩，答其前年情意，即託汝岳母帶去，即預備銀兩，勿遲。要，要！查郭南浦與咱前年行禮若何，開來。吾另具唁函，十五日帶回。

（四十二）

《綱鑒易知録》内明太祖洪武至崇禎末一套，令長兒查出帶來。周世大兄誦芬分發廣東，月半即啓行，可著人送行。此會試座師蓮塘先生之子，可送菜數色更好，勿遲。緯帽白絹胎、藤絲胎俱帶來試看，要，要！已帶來矣。徐穉蘭青照太守已召見，瀕行須送些東西。尺頭、荷包等物。子鶴升通副，可道喜去。

慧大人、朱大人俱持帖請安，其餘各處勿漏。長兒可向李蘭問明我之詩稿在何箱内，遇便連箱送來。王中堂回城，六弟可親去訪其同回之。董先生似名萬清，山西人，在何處住？吾欲求一治指痛方也。左手非肝即痰。遇便詢之，不必亟亟。　三月十一日　淳甫手具

（四十三）

六弟遷官時光景並恩諭奬勵之處，詢鶴汀先生自可敬悉。奏對規矩亦可細細請教老夫子，並兩人子鶴、仙九諸兄。仙九與我頗誠切，不妨請教，却勿以私干也。琦節相聞有月之十五日到任之信，封畺老手，吾必請教辦理，不敢執成見也。吾出京時留二紙與六弟，閲訖即丙，不可示人。内言洋盜情形，此係水師專責，惟陸路緝捕，臬司爲要，吾前書未言及。督撫皆同心協力，較楚北必另有一般氣象。六弟何日到京，何日出京？細細與我寄信。

伯厚兄之賢姊竟不起，可歎、可歎！慈懷何以爲慰，先爲代致，容走問也。《繫傳》一函並菉友校本奉上，摘録訖，仍付還爲望。《滿大臣傳》一函，俟竹伯回廩，再撿出送去。何日移居，歲尾殊難料理，容面敘一切。此復，即請石州仁弟大人箸安。　寯藻頓首　初九日長兒日内漸愈，能飲食，唯小嗽耳。

（四十四）

文昌館請客，蘭兒須細心安頓，一切係咱們承辦，不可躭錯。説我在園，不能奉陪。另有一紙，請三老爺與三少爺看。章貴回，錢票收，菜、另書一包

收到。　廿四　淳甫字

(四十五)

衣服等件、紀元編對子,均收到,肉、薏米亦收。已拜客單存園中,此後隔數日一寄來。六弟另片亦收閲,所論夷情極合。石州來信云,小甥女花事甚難爲功,焦急之至,念,念。陳荔浦片查井油一條已收。帶回竹簾一挂、板簾二挂,又古北口所産山葱、柳蒿野菜,聊取新味,無甚佳致。　淳甫具　十二日未刻

(四十六)

王世兄、本家若綏兄并謝,均代問好。李其芳兄信收到,其借項查帳算明再答之。家中又有捐輸一事,擬與吾弟面商。牙痛,想因煩熱所致,園中清涼,可一來也。若綏兄有何事來京?抑回里耶?逆夷陷寶山、上海,又復退出,其意叵測,殆將北駛,令人憤恨。六弟近好。　淳甫手具　廿三日

(四十七)

甥兒輩來園甚好,住數日再令長兒回城。王、任兩先生明日回家爲我送行。寄家各項即封好寄回。六弟送渠等回後,得暇可來談也。　淳甫手具　廿四日

(四十八)

董宅宗遠祝敬寫侍生,其壽對已書,即送去。八言大對尺寸不對换好即送來。須細心看長短,要好的。薛銀槎扇、對均寫得,另對一卷并送淮生八兄處。去年託。申宅五臺布施一事,自以世兄作書與晉藩爲宜,他人似難越俎也。六弟可致意柳年伯轉達。

兵鈐内外書一函,吾弟仍交館中繕槧一分較妥,或託亮才兄處,可速竣。其價先須問明,以速爲妙。若交石州,即須廠肆書坊寫之,恐有傳播,借主似不願布宣也,酌之。手卷裱好送來,明日府君忌辰,家中上供。　寯藻手具　廿四日

(四十九)

昨得知會尚書祁,唯奏事處文稱"奏准,賞糕一盤",應於正月初三日具摺謝恩,請於初二日午未之間來寫下斜街四眼井取摺,摺房諸位查照。　十二月廿九日　祁具

(五十)

未初之刻已到園中,今日仍未大清爽。咳(漱)[嗽]吐痰聲啞,而小便已

紅黄色，寒火漸下矣。今晚靜憩，明日必好，勿念。王中堂墓志紙收到，俟寫畢再交去。其園寓不能住，六弟可告知。聞其初四日啓行，蘭兒持片往送。
淳甫手具　初一日

（五十一）

細檢册載書目，祇有《御製詩文初集》，無《養正全集》，或係早年爲人借去，遂不歸也。悵然無以報命，奈何。蕚園觀詧信已作就，内附手書數行，檢收確寄。今午甫從園旋，明晚又將赴園，僕僕殊少意緒。此頌，石州仁弟大人箸安。　寯藻頓首　十二日申刻

（五十二）

海淀冰窖民房一所，言定價京錢叁千壹百吊。初十日將契紙交付，先給壹千伍百吊。日内即須預備滿錢票壹千伍百吊。言明八个底兒錢，每京錢一千短四文，以滿錢票除扣可也。即用八底兒錢票亦好。初十日清早著多升帶票子來勿誤。　十月初八日　淳甫手字

（五十三）

寺屋租價算至十一月，短伊兩月房錢。茶租在外。日内遇便送錢票京錢四十吊每月租錢廿吊來付之，明正搬房再算清可也。新屋今日午後可付一半，價立契。

張石州處先遣人往謝，并問李篆卿夫人愈否？即將米一併送去亦可。

李石梧星沅、普安園泰，新放雲南臬台。到園。此二處如有贈項，可收。若送奠分，即不再收别儀。

汝八舅父到京，即寄我知。子鶴信一件，王姨甥世昌寄。蔡太史念慈信一件，即送。　十一月初二日寅刻　淳甫手字

（五十四）

王小瞻代買物價，遇蘇時照單交之，并可將續買各物帶回也。

上城李姨母竟不起，表兄信來，可痛！須多寄賻儀。又涇陽徐七兄訃亦到，亦須至少三百金，當從何處寄去？祝九兄升光禄寺卿，又分會房，許六兄升閣學，皆近事也。六弟信來，且不必寄回，只將淮生一信寄去，并祁增一信查收。

陶道台駐劄常熟，非崑山也。寄京項只好自松江回署時途間着人送去，聞其四月杪方能啓身也。

（五十五）

楊濱石親來送小門生單并贄儀，送回查收，約六兩。定於初一日城外本宅來

見,可令董位等豫備。前次已有來者否? 節費單内茶房加八千,懋勤殿厨房添八千,送克什二千,共十八千,即付來人多五帶來。《經權論》三篇,不知孰是子疇,孰是夢巖作? 小雨可望成霖耶? 同鄉今日到者幾人?　四月廿八日

(五十六)

王中堂輓、扁、對一副,寫好送回,再備奠敬五十兩,年愚姪款。即令蘭兒送去,勿遲。日前六弟帶回府君手書神道碑一幅,擬裱册頁,不知已付裱否? 吾身子好,惟心緒憂悶難釋耳。　五月十七日鐙下　淳甫字

(五十七)

八言硃紅蠟箋裱對一副,明日帶來。今日青墨卿廖放江蘇學政,趙光調户左侍郎,仍係季芝昌署,黄琮調兵左,何桂清放兵右侍郎。李栯堂煌竟作古人,可歎!　初五日午刻字

(五十八)

耀生住此,日有游覽,卯印來便令其回邨。渠云補增學費五兩尚欠付,吾欲送以六金,即作元卷。其兄寄項少則二金,多亦不過四金。伊不應試,似可從減,汝酌之。

寄徐松龕詩五首、信一紙、長者像一紙,付耀生帶去。吾擬明日移蚊帳于炕中間,以避北墻溼氣。　七月六日

(五十九)

講義要體會,注意先説正義,再推闡引證。經史以按切時事、用人行政爲切,亦不必拘定三、四百字,即再暢達亦可,不可平板。另紙送去。　十五日字

明日四川、湖南題本下閣,無事不必來城。

十七日御門,移園居可改於二十日。

(六十)

今日奉旨充上書房總師傅,力辭不獲,萬分惶惴。明日具摺陳謝。已託樞直代遞。三相國因童君俱出,三天交議,童亦退出,匡充授讀。家中不必即挂門封,亦非升遷,不但不敢喜,轉增懼也。菜單且留,請客之局已公商緩期,不必定厨子矣。　十二日

(六十一)

鶴汀先生信,吾已收讀。六弟來京承關切寄知,感甚。六弟可替我道謝,途次不及手肅,俟到甘肅省後,辦理略有頭緒再奉寄也。雨人諸先生不必談及鶴汀寄信,緣我未以吾弟來京之言相煩耳。

衙門中公稟一件,係爲刑部問明冒領養廉一案奏結。户部堂官聯銜請議處之事,此乃照例事件,寄知亦可慰念。丁太守艺舲如到京,則彼一案亦可了結,亦須寄我知之。此案六弟詢鶴汀先生便知其詳,可以放心。

(六十二)

汝鶴汀大叔處須親去替我請安。静菴制軍十一月十五日到任,其眷屬一半回京,一半來甘,於十二月初二日到署矣。説前信已收到,甚慰,甚念。吾於十一月廿八日到甘省,天寒日短又怕頭暈,且須俟制軍到任後先爲布置,是以不便加站行走。承琦静庵節相一見如舊,公事意見相合,持平核辦均無成見,如無續交之件,或月餘可以竣事。此次出差與庚子年情狀大不同,頭暈之症時時恐發,幸一路勉强支持,又未遇大風雪,平安爲幸。司友三君子均相得,毫無齟齬,惟念部庫儲款不知如何?大捐開後,現在光景如何?湖南新寧匪勢如何?甚爲懸系。清查大局自須歸入王大臣所議,係該督覆奏,此行但就案論案耳。静翁亦同此見。聖躬想更安健。何時大搬家?明正何日還園?鶴舫師相暨雨人、仙九、子鶴諸兄近狀一一均念,寄我知之。此信託制軍交摺差帶去。此紙即呈汝鶴汀大叔閲之。勿另與外人看。各同直均未具函,俟事竣拜摺再統寄信也。　嘉平朔日　淳翁手字

(六十三)

子疇先生須於日内取同鄉印結到文選司具呈,親老告近即可謁見滿印君矣。告近例須引見前聲明,奉旨後便不准,要,要!呈底酌定送我。宣紙屏四幅,先令青雲齋壓朱絲一看再裱,十日内能得方好。前屏如裱好,連匣送來,做匣,質卿昨日請人看如何,念,念。　息翁初五日卯刻

(六十四)

家中有大匣子,不必佳者。鼻烟今日即可交來人取回。如有二、三匣,一併取來,此處日内有送人用的,勿遲。

長兒已愈,甚慰。贊臣姪已來園。十七日搬到園寓可也。　初八日未刻

(六十五)

咸豐六年歲次丙辰十一月十八日,舜卿、春湖兩兄大人自晉陽惠示手書,并讀舜翁爲春翁壽詩三首并《晉祠聖母廟辨》一篇,又春翁七十自序一篇。千里相念,簡翰遠貽,諷誦再三,如親晤敘,感喜不可言喻。謹和元韵,奉寄舜卿、春湖兩兄,以申鄙悃,并質卿五兄同教正之。

(六十六)

日前承惠絹牋并領珍味,紉感良深。園寓屢煩清神,深抱不安。昨奉來

示云，松三世兄欲令即日交房，已面囑綱紀轉達鄙意。此房數年看守已久，不得已於今年暫覓居停，藉資照應，一切爲難情事早在鑒中。松三兄贖房之意，如前一、二月中先有成言，必可如期應命。今爲期太促，礙難展轉，是以於交價之初即申明兩月交房之説。向來租贖房屋均有搬移展限，况松三兄世好彼此早有通融，此時即借項贖房亦係世交，想無不可鑒諒。敬祈鼎言轉致，於兩月内交房。如能先期早交，敝處亦必不肯躭延也。肅此，奉復，布悃，敬頌台禧。統惟涵鑒，并謝不一。 愚弟祁寯藻頓首 丁巳十二月廿七日

（六十七）

送來物件均收到。汪嘯盦學使頃來晤，廿四日即赴通按試。其行甚速，可着人謝步道喜，勿薦人也。

季聞已到龍樹院否？爲我致問。 廿一日午刻

子疇、夢巖兩先生均問。

（六十八）

昨夜睡三四次，約有兩時辰。今早寅正即起，開門月在西屋脊，松聲滿山，頭亦未暈。楊老夫子處，恐送對來不及，即送禮去，説我現未能握管可耳。田治廷世兄今日再留一游，渠問爲其曾祖碑事，夢巖已代撰。欲請子疇先生代書，又爲其祖求八十壽對，亦請疇翁撰寫，隨後帶去。傅君藥方與丸方同，似不必盛暑服湯藥也。小寸封帶幾箇來。 六月十六日

（六十九）

張太翁碑紙二幅，有格；另有一小様，俱妥極，可即請先生照寫，字體均照小様寫。渠極留心小學者也。碑額留此，大字吾自書之。小浦先要即寫一回信。收到回信，其碑文九月内託陝甘學政帶去極妥，此事勿緩。

好燕窩再帶些來，此甚效，現勾兩三日用。早晚煮粥兩食之。小浦信留。拓碑紙送五十張來，内畫心連卅張。墨四兩即送來。好西瓜再送兩个來。 十五日。

（七十）

此兩日山中大霧，今午後始放晴。吾昨夜偶吐，係乾嘔痰水，停食受濕。大便亦不甚瀉，吃藿香丸即止。頭暈亦輕。今日未刻已扶杖到白龍泉，看吾家車來也。申刻又陰。

傅先生爲吾開丸藥方帶回，用家中好熟地即送宗艾製丸，初頭送來廿丸可也，餘存家中。初四日可令車來拉行李等件，卯即可回。初八日轎子、轎夫來

山，早些來更好。廿八日早仍大霧，恐秋陰傷稼，溼氣損人。吾昨夜眠極穩，勿念。汝在家料理，無須再來山了。　廿七日

（七十一）

九月初旬，專遣小兒世長詣省叩謁台端，並懇代遞摺件，仰荷鑒允，并承大旆過邑，差弁垂問。隆情稠疊，銘感奚如。嗣於十月廿日，勳舫公祖專差送到行轅，寄回硃批摺件，謹即叩領，并懇將摺片呈案轉咨户部查照，諒蒙鑒督。昨聞棨戟元旋已過縣境，弟僻居山村，未及迎候祗謝，殊深歉仄。恭惟香岩太公祖兄大人云云，肅函奉謝，敬請台安。統祈鈞鑒，不宣。　名正肅　治愚弟祁頓首拜大帖

（七十二）

曾布、張商英《宋史·列傳》撿來。汝來時帶來。上院因天覺而起，碑石皆佳，曾題名亦可觀，惜人皆不能爲地重耳。昨夜眠甚穩，今早爽快，勿念。又得宋初一石幢，乃知昭化舊名普安也。　十七日

（七十三）

關帝扁即帖木上即可刻，大字者合式。能於八月初懸挂方好。吾擬中秋前回家，或初九、或十三，自山啓行再定，且勿告人准期也。

八尺皮紙再帶五張來，以便送人，要，要。汝來時帶來。裏間炕收拾畢須燒乾，勿令溼氣。廷式弟昨日來送羊肉、饅頭、包兒，元翼姪同來，今早飯擬回邨。　十九日

（七十四）

頃得汝八舅信，係陳福送，譚氏全眷到天津順便帶來者。信中云，譚甥説定津門吳家女，俾其完娶相依，每年許寄助百金，先付川資約三百金。其言似近情理。及面詢陳福，乃知是推而遠之，所付亦不足以贍。吳宅大不平，仍擬送回澤郡，此皆聽婦言行事，非丈夫也。陳福已先着人回郡送信，不知下文如何。愛子孫而不詒以厚德，世人憒憒者何多耶。新泰因病初愈不果來，亦好，即來京，亦甚不放心。登之署徐州府，病卒於路，可歎！此陳氏厚道人也，惜哉！

（七十五）

如意一柄，六月六日惇王受册送。須預備勿遲。《大學衍義輯要》并《衍義補輯要》係合套，倭艮翁借。

借項取到。續房事不可緩。騾雇妥否？添帶何人？即少一人亦可，車出城，楊媽今日即回來。惲、何兩處對條，吾今日可書。　廿九日午刻字

（七十六）

李蘭蓀今早云，昨日伊女病暑甚劇，不省人事，幸針後能言，尚未平穩，其太夫人甚著急。汝可專人今晚去看，明日係節，不好問病。說我甚惦記，并問兩太夫人節安。明日不入直，蘭蓀在家，汝或一往看看更好，或令請韓花農看何如？　五月四日

（七十七）

游青來云，十五後回家，明春二月來。吾已面賞伊銀四兩，其盤費汝酌付之。

子木移居吾家，并爲墊房租，連月利共十二兩。此房續期杳然，奈何。西鄰一所急須出租，有相好者年前便定爲要。藥末不必汲了，吾左鼻仍涕，夜（漱）[嗽]尤數，蒸梨頗好。今日蘭蓀入直，午初吾即退直矣。子疇先生今日想必來也。包子交去人取來。　十四日未初字

（七十八）

昨聞令郎、令婿同時入泮，抃喜無似，專遣丁代躬走賀，想邀鑒察。鏡堂鴻臚云，連日同人喜筵雲集，其樂何如，令人欣羡。鏡堂衡文大省，亦可爲吾鄉慶也。手肅奉賀大喜，即請升安，不一。　愚弟祁寯藻頓首　十三日

附上贈琦六大人琛銀二封，祈入署之便飭交，取一收條爲望，拜懇，拜懇。又及

（七十九）

昨日倩妙堂快談，欣慰無似。頃勞辛階方伯到京，十七日準午刻，弟與季仙九同約辛階在敝寓小聚，奉請三兄大人是日惠顧園廬，藉圖暢敘，務望早臨爲幸。此訂，即請時安，不一。　愚弟祁寯藻頓首　中秋日

仙九兄屬致意。

（八十）

今日二月十四日有山西省錢糧遞緩恩旨一道，小蘧著人送來，可即擬謝摺。能於十九日禮部值日遞更妥，否則二十日亦可，汝可即出知單也。

吾入城，身子極好，昨夜亦能睡，喉音漸如常。今日未初二刻偕衆退直，已小睡四刻矣。　十四日申正三刻　息翁字。

（八十一）

廿九日接包封并長兒文詩均收，此地録遺事畢，一切平順。吾兄弟及同幕均平安，定於初六日啓行。六弟住屋可預先全開窗户風晾，勿令潮濕，要，

要！十一、二日當可回署也。先生屋牀帳俱收拾妥當。 淳甫手具 初三日

邵、鄭兩先生入場。胡文甫先生丁憂。俞理初先生制台已請定留省。此次回署，吴、李、張三位並苗仙露、伯禧共五人。

（八十二）

胭脂胡同韓宅房子，隨便六弟見面詢之，吾回城再商量。園中文宅尚未去，再定。京宦三十年，一椽如此難卜，亦自笑也。石州信收到，任宅碑字年内必書。初七、八日可著車帶箱子來拉東西，回拜各處單另帶去。 初四日淳甫具

（八十三）

連日苦熱，適荷投瓜之惠，山中得此，鎮心有術矣，謝謝！多時未晤，想吾兄大人體履安善，慰甚，慰甚。寯長夏閑門，了無一事，瞻望豐儀，不勝馳溯，擬於百日後造署謁敘，一申積悃耳。肅此泐謝，即請吉安。統希鑒察，餘容面罄，不宣。 棘人祁寯藻稽顙

家慈暨家三兄命筆請安、致謝。

（八十四）

到山中十日，眠食均適，所患似少減，寡言省事，治病要藥也。近頗能睡，甚好。汝大兄信知三姪事，同此慟切。寄款當已分致，究竟老年處事厚道，吾有一紙可寄去。家中除姪孫輩讀書外，吾都能不挂懷也。

先生處爲問侍安，合家同問。 五月二十五日 息翁（章）

（八十五）

湖南門生張希、袁家寶如署，可留住，吾明年閱卷少人故也。其所帶英中堂寄書等件，即着巡捕向縣中派一官投速送淮安，勿遲。吾考畢淮安，要與英中堂寄信，須看過何書，方能寫信也。吾與六弟身子均好。 十月二十五日六閘舟中 淳甫手具

十一月初十日到。

馬首農言

《馬首農言》序

五方之氣候不齊,故其樹蓺亦各異,先王所爲物土之宜而布其利也。壽陽踞太行之項,環山爲邑,獨西北通黄嶺一峽,故其氣候特寒。谷雨播種,秋分隕霜,傳諸農諺者,言穡事之尤艱也。淳甫相國居邑之平舒村,民風淳樸,比户勤農,人無猗頓之資,家有《山樞》之儉,上至鮐背,下至垂髫,莫不以占晴雨、力耕耘爲治生之務,此《農言》一書所由作也。其書先辨種植,次及農器,繼採古諺方言,附以占驗之術、畜牧之方、水利救荒之策,於農事本末,既賅備矣,復録前賢訓俗之文,以敦規勸。如戒淹喪、禁囤積、懲游蕩、儆刻薄,又於務本之中約舉大端,與世指迷。是有裨於風俗人心,豈可與《齊民要術》等書同類而觀哉? 夫晉人多居積,善行賈,今漸有中於奢靡而入於匪僻者矣。壽陽之土獨瘠,此天與以嚮義之資,而使之無過也。生斯土者,誠知稼穡之惟寶,抑末技而重本圖,庶幾災禍不侵,人登仁壽也夫。

長洲彭蘊章敬題

馬首農言

幼從京宦,稍長歸里,五載家塾,未親耒耜。弱冠游宦,二十餘年,還家如客,遑問及田。請假侍親,讀《禮》守墓,寒暑四周,惟農是務。農家者言,質而不文,因時度地,各述所聞。耳目既習,徵驗亦久,煩言碎辭,以筆代口。古馬首邑,今曰壽陽,先疇世服,詒自黄羊。

道光十有六年歲次丙申季春之月,祁寯藻記。

地勢氣候

壽陽縣居太行之頸項。山脈西北自寧武、忻州來,至縣東北境枝分,右出融爲縣治,正幹引而南,山之東爲桃水所導源。又引而東南,由平定州至樂平之西陡泉嶺,則洞過水導源處也。全境之水,惟東界南北芹泉,東流爲桃水而歸滹沱。餘皆匯趨城南,合洞過以西注於汾。縣志。

環壽皆山,獨黄嶺一峽,受西北風,故氣特寒。韓文公《題壽陽驛》詩云:"風光欲動别長安,及到邊城特地寒。不見園花兼巷柳,馬頭惟有月團團。"至今有"冷壽陽"之諺。穀雨後始布種,秋分後即隕霜,農事艱難,倍於他邑。太安、平舒兩村尤寒,以地窪近河故也。

種　植

穀者,樹蓺之總名。北方則專屬之粱,而以粱之名移於稷,又移稷之名混於黍,於是粱、稷、黍三者,言人人殊。國朝程徵君瑶田著《九穀考》,獨據許氏《説文》,證以鄭氏《周官·九穀注》,力破諸説之謬。余參之目驗,信其不誣。今之所謂穀,即《説文》之禾也。禾,粟之有稾者也。其實曰粟,其米曰粱。今之所謂高粱,即《説文》之稷也。黏者爲秫,故俗呼高粱爲秫秫,呼其稭爲秫稭。《月令》:"首種不入。"鄭注:舊説"首種謂稷"。今北方諸穀播種,高粱最先,粟次之,黍穈又次之。高粱最高大,又先種,故曰五穀之長,故司農之官曰后稷。因之爲五穀之總名,因之爲祭穀之總名也。唐蘇恭誤解陶通明"稷與黍相似"之云,遂欲於黍中求稷,乃曰:"《本草》載稷不載穄。"因以穄爲稷。不知黍中有穄,猶稷中之有秫,稻中之有粳。北方稷、穄音相邇,穄奪稷名,因謂稷、穄一物,而以黏不黏分黍、稷,失之矣。《説文》穈、穄互釋,稷穧互釋,其爲二物甚明。程説如是,姑撮其略。知此,乃可言種植矣。

穀,多在去年豆田種之,亦有種於黍田者,亦有復種者。諺云:“不怕重種穀,只怕穀重種上聲。”蓋謂穀類不一,苗有紅白。當换種也。未種之先,耕一次,耙二次,以多爲貴。俗謂:“耕三耙四鋤五遍,八米二糠再没變。”原,穀雨後立夏前種之;隰,自立夏至小滿皆可種。原,深二寸,畝用子半升;隰,寸餘,子半升二三合。農人下子多以半升計。種畢,以砘碾之。地濕,則俟乾,然後碾之。恐有風鑽入壞子。至六七日,復碾之。苗出土時,蟲子傷苗者,有截白、截青之名。截青尚可俟其發生,截白則宜改種,勿遲。苗高寸餘,原,先鋤,所謂“早鋤一寸,强如上糞”是也。隰,宜間,去聲,拔苗令稀。不宜鋤,鋤則苗已留成,防其因濕而壞也。尺餘則可鋤矣。臨伏再鋤,以土壅根,令其深固。穀莠最多,如黄顱、灰背、老牛草之類,皆宜鋤淨。立秋至白露,三鋤以去草。至秋分社時,以手撥其瓣,視有緑穀否,無,則熟可穫矣。穫後去其根,犁之,令地歇息。

黑豆,多在去年穀田或黍田種之,萬勿復種。諺云“重復黑豆子種穀,無糞下子謂之子種。一年一個没甚吃”是也。又云:“莊家種黑,十年九得。”蓋土宜黑豆,宜多種也。穀雨後先種,原,子三半升,犁深三寸;隰,子亦如之,深則二寸。深雖耐旱,少不發苗;淺雖發苗,後不耐旱。原,宜稠,三四寸一苗;隰,宜稀,亦不過一尺。苗低,淺鋤之;苗高,深鋤之。二遍,亦以土壅根,秋、夏、黑、白等豆皆然。穫後旋耕,以備來年種穀與高粱。不可於蕎麥地種。諺云:“蕎麥見豆,外甥見舅。”

麥種不一。春麥於去年黑豆、小豆田春分時種之。種法有二:以犁耕而種者,原,子六半升。隰,七八半升。地濕而肥,一京斗俗以五升爲一小斗,亦曰京斗。至多矣。宜淺不宜深。俗云:“麥子犁深,一團齊根。”地喜堅實,不喜懸虚。俗又云“麥種場”是也。耕畢,耙二次,耙不厭多。以钁勾開地界而種者,每畝下子略多於耕,勾畢以足覆土踏之。耕微深,熟較遲;勾微淺,熟較早。耕者於出土時復耙之。地既著實,亦無“串黄”之慮。雨後麥芽無力,不能出土,黄芽長至三四寸,謂之“串黄”。勾者亦於出土時復踏之。草麥與種春麥同時,畝用子十升。拐麥畝用子六升。草麥、拐麥,穫在夏至,俗謂“得節不得節,夏至吃大麥”。春麥至伏乃刈之,俗云“麥子不受伏家氣”,謂熟在伏前也。又云“麥子傷鐮一張皮”,傷鐮,謂刈太早也。宿麥於秋分前後種之,與春麥同法,但耕微深耳。

高粱,多在去年豆田種之。其田秋耕者爲上,春耕者次之。犁深二寸,耙一次。穀雨後種之,深寸餘,子半升至一升皆可,切忌過深,深則子粉矣。種畢砘之。苗高三四寸則鋤，立苗欲疏，二尺餘亦不爲遠，尺五至稠。再鋤時，以土壅根。肥地可留其支苗，薄地則去之。鋤不厭多，多則去草，且易熟。熟以色之紅紫爲驗。

小豆種法與黑豆同。所異者，黑豆先種原，後種隰；小豆先種隰，後種原。犁較黑豆宜深，所謂"小豆犁淺，不如不點"。苗小時，以手間之。原，苗相距宜五寸，隰；雖一尺亦可。立秋則鋤，鋤喜陰雨，俗有"乾鋤穀苗濕鋤豆，細雨淋淋鋤小豆"之説。至大小豌豆、扁豆，與種春麥同時，皆係夏田。紅豆不拘遲早，鋤忌午日。緑豆與種小豆同時，宜午鋤。若鋤遇陰雨，多生旱蟲。

黍有穄黍，與種穀同時。穄黍外，又有大小白黍，大小黑黍，大小紅黍之别。大者先種後熟，其粒大，耐風；小者後種先熟，不耐風。於去年穀田、黑豆田，芒種時種之。先耕一次，宜深；種時再耕，宜淺，雖一寸亦可。下子畝六七合。耙二次，先以木板拖之，恐其"没紋"，初出土，葉如鼠耳，若遇雨，泥水貫其心則死，謂之"没紋"。後復砘之。地喜匀和，忌土塊，俗云"黍種湯"。未出土時，雨亦不妨，俗又有"黍子頂瓦出"之説。三四葉則間之，留苗寸餘，雙單相間。俗云："稠糜忽闌黍，黑豆地中卧下狗。"鋤亦不必深。驗老嫩如驗穀法。

蕎麥，多在本年麥田種之。有先耕後以耬種者，耕宜深二寸，耬深止一寸，種畢耙之。有和糞點者，耕止寸餘深。點法有二：點於犁溝者耕微淺，點在棱背者耕微深。有將子亂灑地面後，以犁耕之，以耙覆其種者。三法皆忌大雨，大雨則謂之涸傷。俗有"蕎麥不涸傷，就拿布袋裝"之語。至亂灑者雖易結子，熟時難挽，蕎麥用手挽，不用刈。不如點種二法爲善。

油麥，多於去年黑豆田、瓜田種之。性喜濕。布種之法：原，不過三半升；隰，則有四五半升者。其種，一種有早晚而穫亦因之。夏油麥與種春麥同時，穫在初伏。穫後其田種蕎麥則遲，至秋分種宿麥爲宜。與小豆同時種者，俗謂之"二不秋"，穫在處暑後。與黍同時種者，謂之秋油麥，穫在秋分後。種時以燒酒少許匀子，其莖勁而有力，不爲風靡。下子若遇陰雨、東風，穗多黑煤，宜忌。點者居多。苗高三四寸則鋤，立苗與春麥、宿麥同，太疏則難熟矣。

諺曰："小滿前後，安瓜點豆。"瓜類甚多，栽時不甚相遠。如中瓜則先栽，倭瓜次之。黄瓜、甜瓜與葫蘆、瓠子相繼並栽。其法，將子用温水浸過，撲於地上，一一入盆芽之，芽之然後栽之。其性蔓生，且多枝節。葉下皆有一頭，以手切去，方不混條。葫蘆切其正頂，瓠子獨留正頂。甜瓜則又切其正頂，留其支頂，見瓜又切其支頂。切時必正午方好。黄瓜任其支蔓，不用切頂，圍以冱油爲最。倭瓜宜多栽,必須伏前埋條,切去支節。至伏則瓜朽爛,立秋後雖多結實,亦難黄熟。

蒜,多栽於濕處,俗有“清明不在家”之説。多則以耬畫地,少則以钁子勾開地界,不必過深。稀,五寸一種;稠,則三四寸亦可。小滿鋤草。芒種時於行隙中灑紅蘿蔔。欲灑芥菜,則俟初伏。處暑起回,辦之。其有不分瓣者,謂之獨孤蒜,灸,用以承艾,不患成瘡。

余初得邑人張氏耀垣種植諸説,復與同研友冀君乾詳細參考,質之老農,皆以爲然,遂記之。

穀之種不一,一穗粒顆多寡不同。以道光十四年秋收九分計之:灰穀一穗七十六瓣,瓣百八十四粒或百六十粒,得八千九百八十九粒。大白穀一穗七十九瓣,瓣百一十九粒或百粒,得八千八百三十四粒。小白穀一穗九十九瓣,瓣六十五粒或八十五粒,得七千八百九十二粒。小蛇穀一穗九十三瓣,瓣百粒或百二十粒,得九千四百九十二粒。小黄穀一穗八十五瓣,瓣百一十五粒或百二十粒,得九千八百三十五粒。若準以大有年所穫,一穗萬粒,有過之無不及也。諺曰:“春種一斗子,秋收萬石糧。”信然。

犁之淺深有法。欲微深,則向前稍送之;欲微淺,則向後稍抹之。欲大深,則將上木貫打緊,下木貫打鬆;欲大淺,則反是。其法不一,以類推之。欲察犁跡淺深,於耕過土埋處,手刨之乃見。春犁宜淺,秋犁宜深。深不過二寸半,淺不過一寸或寸餘。然亦有特用深犁者,地力不齊也。今年耕墒,明年耕壟,則地力有餘矣。

糞宜早運田中,不可遲延。三冬有暇日即運之,無暇日則至新春運之。田在河外,尤宜早運;凍解路淖,人力、車力均難施矣。運畢須於田中椎碎。

凡犁田,深不過六寸,淺不過寸半。山田四寸爲中。河地,秋三寸,春二寸半。秋犁較春犁深五分或一寸。秋犁棱窄,春犁棱寬。秋一步七棱,春一步六棱。

碌碡壓地。山田,秋宜壓,春宜磨。磨似耙,木齒形如鹿角。平田,春宜耙,秋宜犁。山田乾燥,恐熟土爲風吹去,來年禾稼不長,故用壓、用磨。平田不須也。

凡耬,有糞耬,大小三筒。有子耬。小三筒。

凡穀,初生三四葉,先挑草,次間苗,即拔苗也,平地、河地皆用之,雨多時尤要,山地不須間。次鋤苗。

凡鋤,深,謂之摟;淺,謂之鋤,先鋤後摟。鋤主立苗欲疏,摟則壅土培本。

俗謂刨窩跌彈,使雨水不散,亦不畏風。自鋤至摟,三次爲勤,二次亦可,一次爲惰,四次者田無草萌矣。

凡穀田,自秋犁始,至來歲入倉止,凡用人力二十餘次:犁秋田、俗名秋殺地。運糞、自始凍至開凍。耙春田、俗名打苐頭。打土塊、俗名打坷垃。打糞塊、俗名打瘤糞。散糞、或灑、或溜、或棱。犁春田、俗名翻地。耙、布種、碾砘、三石横穿一木牽之,俗名拉砘子。復砘、挑草、間苗、間,去聲,一曰揀苗。鋤、二鋤、三鋤、刈穫、捆載、切穗、打場、先以碌碡碾之,再打。打穀枷板,俗名拉戈。入倉。

壽邑麥不宜多種,大率十畝中種一畝。北麥來自歸化城,又有東麥。黑豆宜多種,易收。太原迤西,黑豆多販自壽陽。穀供一邑之食,有餘販之他邑。南鄉人多因土崖爲窑,積穀無霉爛之虞。稻米來自太原縣,所謂晉祠大米也。油有麻油,無香油。石炭土産,然質軟多烟,不及平定之佳。

蕎麥開花於七月十五日前後,月下結子。天陰則子難實,蓋得陰氣而實也。其性屬陰,故寒。

凡五穀皆有花,畏雨。穀花青,黍花碧,高粱花黄,蕎麥花白,黑豆花或淡紫或白,小豆花黄,扁豆花淡紫,豌豆花深紫。《杕杜》詩云"黍稷方華",箋云"六月時"。

白蘿蔔花白,紅蘿蔔花淡紫,芥花黄,茄花深紫,瓜花黄,回回山藥花白,回回白菜花黄,此二種近年始種。白菜花黄。

農 器

耒,耜上句木也。耜,鍤也。犁,墾田器也。耒耜曰犁耙,所以散墢、去芟、渠疏之義也。凡耕而後有耙。勞記到切,無齒耙也。撻,打田篲也。櫌於求切,椎塊器也。礰古竹切碡徒篤切,北方以石,南人以木,耙而後有礰碡焉。耬落候切車,下種器也。砘車,砘石碢也,以木軸架碢爲輪,故名砘車。瓠種,竅瓠盛種也。牛軛,服牛具也。

钁居縛切,劚田器也。鍤楚洽切,鍬也,所以開渠者。長鑱仕杉切,踏田器也。鐵搭,其齒鋭而微鈎,似耙非耙,劚土如搭也。杴,鍤屬,與鍬鍤異。鐵杴惟宜土工,木杴可揀初責切穀物,以竹爲之者,謂之竹揚杴與江、浙颺籃少異。鑱,犁之金也;鏵胡瓜切,鍤類,起土者也。鑱開生地,鏵開熟地。北方多用鏵,南方皆用鑱。鐴蒲狄切,犁耳也。剗楚簡切,平土器也。鍘呼互切,耬足所耩金也。

錢子踐切,銚也,銚,七遥切。似鍬非鍬,殆與鏟同。養苗之道,鋤不如耨力豆切,耨不如鏟楚簡切。鎛布各切,耨别名也,耨,除草器也。櫌鉏,櫌爲鉏柄也。

鉏,立薅也。鐙多鄧切鋤,剗草具也。鏟,平削也。銍知栗切,穫禾穗刃也。艾魚肺切,穫器,今之劃鐮也。古艾從草,今刈從刀。鐮力詹切,刈禾曲刀也。鏺蒲末切,兩刃刈也。劚即計切,開荒刃也。斧,伐木刃也。鋸,解截木也。鍘查轄切,切草也。礪,磨刃石也。

杷蒲巴切,鏤鍬器也。杷耙以攤曬穀,耘杷以耘稻禾,竹杷場圃,樵野間用之。扒博拔切,無齒耙也,所以平土壤、聚穀實也。杈,箝禾具也。禾鉤,斂禾具也,比之手榑力展切甚速便也。搭爪,如爪之搭物,速於手挐也。禾擔都濫切,負禾具也。連枷古牙切,擊禾器也。

蓑,雨衣也。笠,戴具也。屝,草履也。屨,麻履也。

蓧徒吊切,盛穀種器。蕢,盛穀器。筐,竹器之方者。筥,竹器之圓者。畚音本,土籠力重切也。笹徒本切,盛穀器,兼篅市專切、䉛章恕切而言也。笹多露置,可用盛糧;篅䉛在室,可用盛種,皆收穀所先具者。穀匣,盛穀方木層匣也。籮,挐米穀器。筹才何切,造酒造飯用之漉米,又可盛食物也。儋都監切,盛米器也,或作甔,瓦器也。籃,竹器,無繫爲筐,有繫爲籃。箕,簸箕也。簸,揚米去糠也。帚,短者謂之條亦作苕帚,長者謂之掃帚。又有種生者,一科一帚,謂之獨帚。籭所宜切,篩穀物,可以除粗取精也。箱所交切,飯箱也,南曰籅於六切,北曰箱。南方用竹,北方用柳,按:凡竹器北方多用柳爲之。皆漉米器,或盛飯所以供酒食也。篩穀篣,與袋同音,土語俗呼。竹器。颺籃,謂風飛也,不待車扇,又勝簸箕。種上聲簞,盛種竹器也。曬盤,曝穀竹器也。

杵臼,舂也。碓,石舂也。堈居郎切碓,踏碓也。槽碓,受水以爲舂也。礱力董切,磑穀器,所以去穀殼也。輾女箭切石碢,轢穀也。輥古本切輾,世呼曰海青碾,喻其速也。颺與章切扇,揚穀器,場圃用之者謂之扇車。按:壽邑扇車,大小二種,小者謂之米扇,大者謂之虎頭,與此少異。磨,莫卧切,《唐韵》作磨。石磑五對切也,主磨曰臍,注磨曰眼,轉磨曰斡,承磨曰盤,載磨曰牀。凡磨上皆用漏斗。油榨,取油具也。

倉,穀藏去聲也,有屋曰廩,無屋曰庾。庾,露積穀也。凡露結者,編草覆之,謂之積苫。囷,圓倉也;京,方倉也。窖古孝切,藏穀穴也,方曰窖,隋他果切,謂狭而長。曰竇。升,十合量也;斗,十升量也;斛,十斗量也。夫量者躍於龠,合於合,登於升,聚於斗,角於斛。概工代切,平斛斗器也。

釜,煮器也。甑,炊器也。箅,甑箅也,所以蔽甑底也。

下澤車,田間任載車也;大車,平地任載車也。守舍,看禾廬也。牛室,耕牛爲寒築室,納而皂之也。

水栅,排木障水也;水閘,開閉水門也。陂,野池也;塘,猶堰也。陂必有塘,故曰陂塘。翻車,謂龍骨車也;筒車,流水筒輪也。戽候古切斗,挹水器也;桔槔,挈水械也;轆轤,纏綆械也;瓦竇,泄水器也。浚渠,引川水爲渠,以資沃灌也;陰溝,行水暗渠也;井,地穴出水也。

水磨,以水激磨隨輪轉也;水礱,水轉礱也;水碾,水輪轉碾也;機碓,水搗器也;缶,汲水器也;綆,汲水索也。

王禎《農器圖譜》,摘其南北通用者節録之,其詳具本《農書》中。

農 諺

農之有諺,其來最古。《説文》:"諺,傳言也。"古者輶軒所採,風謠所遺,片言隻句,散在里鄙,曩籍亂縷,可得而言,若:"黍稷無成,不能爲榮。"《國語》。"土長冒橛,陳根可拔,耕者急發。"鄭氏注《月令》引《農書》。"力勤十頃,能致嘉穎。"王嘉《拾遺記》。"三月昏,參星夕。杏花盛,桑葉白。""河射角,堪夜作。犂星没,水生骨。"崔寔《四民月令》引農謡。"蜻蛉鳴,衣裘成;蟋蟀鳴,懶婦驚。"《月令》注引里語。"射的白,斛米百;射的玄,斛米千。"酈道元《水經注》引諺語。"陂汪汪,下田良。"《水經注》。"欲得穀,馬耳鏃。子欲富,黄金覆。"賈思勰《齊民要術》。"椹厘厘,種黍時。"《齊民要術》注。"坐賈行商,不如開荒。濕耕澤鉏,不如歸去。耕而不勞,不如作暴。"王禎《農書》。斯並至理恒言,不涉纖俗。其或發聲近鄙,適用爲良。"雖有絲麻,無棄菅蒯",以彼廛身從事,樸野不文。《管子》、《吕覽》之篇,氾勝、崔賈之説,目未劉覽,言輒符合。自天時、地利、人情、土俗,並有徵信,無假雕飾,豈非循之則得,違之則失哉?雖孔門興"不如"之嘆,班氏有"鄙者"之譏,"小道恐泥,壯夫不爲",然三變之禾,取其顧本;耦犂之法,足以富民,豈曰"瑣屑",概以略諸?

打了春,四十日擺條風,風莫風,不上身。春風不寒。

打了春,連鞋單布裙。不著襪。

一年打兩春,黄土變成金。

驚蟄河開。又曰"驚蟄河開河不開"。

河重凍,穀重種。春寒,河開復凍。

驚蟄聞雷米如泥。又:驚蟄雷謂之雪裏雷,主豐年。

春分耩麥。春麥。

春社燕來。

春風有雨病人稀。

清明栽蒜。又曰"清明不在家,白露不在外",謂種蒜、收蒜時也。

二月清明有花,三月清明無花。

穀雨耩山坡。種穀,山坡暖,故早種。

穀雨搶頭種,立夏種河灣。河地寒,故遲種。

立夏種胡麻,九股八格杈;小滿種胡麻,到秋祇開花。

麥望四月雨。又曰"麥望四節雨",蓋麥秀四節也。

立夏不種黑。謂黑豆。

初一初二缺斤兩,初三初四麥彈黄。初五初六霜降早,初七初八打滿場。初九初十溢了場,十一十二有餘糧。四月占雨。道光十一年四月八日雨,是歲豐。

四月四,麥挑旗,五月端午麥秀齊。

三月黑豆四月米。謂納糧。

四月八,凍煞黑豆甲。

小滿前後,安瓜點豆。

小滿麥定胎。胎,麥節也。

穀種至小滿。

小滿花棉花,不回家。棉花遲種則不收。

槐芽兒鷄爪,種穀稀少。

芒種急種黍,夏至也不遲。

芒種植黍生芽。

芒種黍子急種穀。謂重種者。

有錢難買五月旱,六月連陰吃飽飯。

夏至日得雨,一點值千金。

夏至不種高山黍,還有兩垧種糜子。垧,畝也。

得節不得節,夏至吃大麥。又曰"夏至吃角角",謂豆角也。大麥,麥别種。

夏至不留秧。謂著蓬、回回白菜諸秧,至此皆種。

黑豆不識羞,夏至開花立了秋。

五、八月小盡,晚田少種。謂降霜早。

五月小,必定好;五月大,必定怕。

小暑吃角角,大暑吃麥麥。豆角謂之角角,金劉嵓老瞻詩有"厨香炊豆角"之句。

天河掉角吃角角，天河東西吃新米。

夏至三庚入伏，立秋五戊爲社。有六戊者。

麥子不受中伏氣。又曰“麥子不受伏家氣”。

伏裏無雨，穀裏無米。

頭伏摟，滿罐油；二伏摟，半罐油；三伏摟，没來由。摟，鋤之深也；油，粒飽湛也。

頭伏蘿蔔末伏菜。又曰“頭伏蔓菁末伏芥”。

立秋有雨萬物收，處暑有雨萬物丢。

立秋三日不下子。

早立秋，凉颼颼；晚立秋，曬煞牛。謂立秋時到午前爲早，午後爲遲。

處暑熱不來。

處暑吃高粱。主豐收。

穀兒黄挂頭，全憑鋤一鋤。

八月初一灑一陣，旱到明年五月盡。

白露一半田。小糜、小黍、小豆此時有成熟者。

齊白露，摘瓜挽小豆。

白露耕宿麥。

七月十五遊花田。蕎麥開花。

七月白露麥種早，八月白露麥種遲。

秋分耩麥。宿麥。

秋分割田。

先社後秋分，必定好收成；先秋分後社，必定忍餓。

不怕秋分不怕社，只怕晝夜相停那一夜。秋分夜多霜。

過社十日無生田。

秋社燕去。

寒露百草枯。

重陽無雨盼十三，十三無雨一冬乾。

霜降割葦。

霜降搭橋。

立冬不使牛，還有三垧朝陽地。

小雪羊回圈。

小雪封地，大雪封河。

明冬暗年。冬至日晴,元旦陰無風,主豐年。

新冬舊年。

冬至一陽生。

一九二九,吃飯温手;三九四九,凍破碓臼;又曰“開門叫狗”。五九六九,沿河看柳;七九河開,八九雁來;又曰“七九八九,沿河看柳”。九九又一九,犁耬遍地走。一説黎螻,蟲名,小如米,色紅,小兒謂之“紅陽婆”。九九後此蟲遍地走,余目驗良然。壽陽地寒,此時犁耬不能出地,當指蟲言。又,沿河看柳,特言近河樹木似有烟氣耳,非謂柳色至此已青也。

七九河開河不開,八九雁來必定來。道光十五年二月初七日始聞雁,在九九第二日。

七九六十三,行人路上把衣擔。

九九又一九,便是春分候。

九日一場風,伏日一場雨。

春打六九頭。

臘月三白兩樹稼,莊家出門拍大話。道光七年十二月初三日、初九日冰花满樹,次年大有。九年正月十六日、十八日、十九日三番樹稼,亦豐。

臘七臘八,出門凍煞。

臘月半,泥水滲。陽光漸生,日光融也。

冬暖時時凍,春寒日日消。

天寒日短,無風就暖。

辰趕月,好收麥;月趕辰,餓煞人。十二月二十四日五更候之。

參正割田,辰正拜年。皆指旦中言。《夏小正》:八月“参中則旦”。俗説元旦接神,即接辰也。吴丈彦明説。許慎《説文解字》:“晨,房星,爲民田時者,從晶,辰聲,晨、震或省。”段氏玉裁注:“《爾雅》曰:‘天駟,房也。大辰,房、心、尾也,於天官爲東方蒼龍。’《周語》曰:‘農祥晨正。’韋曰:‘農祥,房星也。辰正謂立春之日,晨中於午也。’農事之候,故曰‘農祥’。《爾雅》注曰:‘龍星明者,以爲時候,故曰大辰。’以‘晨’解例之,當云從晶、從辰。辰,時也,辰亦聲。爲民田時者,正爲從辰發也。晨,星字,亦經作辰。《周語》:‘辰馬農祥,植鄰切。’”鄭康成曰:“凡記昏明中星者爲人君,南面而聽天下,視時候以授民事。”壽陽“北”謂之“正”,蓋即取“正南面”之義,方言甚古。

幾時霜降幾時冬,四十五天就打春。霜降、冬至多同日。

冬離寒節一百五,寒節離伏不用數。冬謂冬至。

過了冬,長一針;過了年,長一綫。

羊馬年,好種田。

過了閏月年,走馬就種田。

有懶人,無懶地。

莊家憑糞土。

要秋收,先喂牛。

犁深土,耙絨土,耬淺土,多糞土,少田土。農家五土,糞多田少,其穫必倍。

麥子種泥條,黍子種乾土。

麥宜稠,穀宜稀。又曰"彭祖活了八百,忘不了稀穀稠麥",又曰"稀穀打下稠穀子,氣得稠穀沒處死"。

莊家種黑,十年九得,有一年不得,換一斗米吃。土宜黑豆。

子不種麥亥不麻,丙丁種穀不生芽,庚辛黍稷無子粒,壬子黑豆不開花。

一坐三苗,苗至稀。一毀三不得。

不怕重種穀,只怕穀重種。重種穀指已種旋毀者,穀重種謂一地兩年種穀。

重復黑豆子種穀,一年一個没甚吃。無糞下籽謂之子種。

黑豆不識羞,遮了黑突溝。言犁宜淺。

麥種場,黍種湯。麥地宜堅,黍地宜柔。

黍子頂瓦出。

蕎麥見豆,外甥見舅。去年種蕎麥地,今年不宜種豆。

黍茬種豆,親如娘舅。豆宜於去年黍田種之。茬,舊根也,凡苗重種則不長,惟麥宜之。

種瓜得瓜,種豆得豆。

蕎麥不涸傷,就拿布袋裝。

麥子十五豆八顆。下子每握之數。

三犁蕎麥一遏黍。一遏,一犁也。又曰"三翻糜子一遏黍"。

麻三穀六,菜子一宿。老蕎惱了,翻身就出。謂生之日數遲早。

麥耩凌沙溝數多。凌沙,凍地將消者。凌讀如雷,溝一作勾,麥穗中小瓣謂之勾。

扁没三,黑没四,小豆角角没十四。豆之顆數。

南麥開花在黑夜,北麥開花在白天。

榆錢錢落地,還有兩垧穀地。又曰"打爬穀地"。

藺藺開花點小豆,小豆開花打藺藺,藺藺落葉葉,小豆摘角角。藺藺有刺,結小紅顆,山坡多有之,熟則紫,味甘,可爲面,一作棟棟。

穀實一百五十日,黍實一百二十日,蕎麥實七十日。

麥子犁深,一團皆根;小豆犁淺,不如不點。

春地耙三遍,牛蹄躧踏遍。

耬中惜子,主老餓死;棱中惜苗,主老受貧。下子宜密,鋤苗宜疏。

天旱鋤田,雨潦澆園。

天旱澆山，雨潦澆川。

鋤勾上有水，鋤後田潤。叉匙上有火。翻場禾易乾。

耕三耙四鋤五遍，八米二糠再没變。

穀鋤一寸，强如上糞。

麥澆小，穀澆老。雨。

乾鋤糜黍去熱草濕鋤豆，不傷根。細雨淋淋鋤小豆。不傷葉，易長。

莊家荷起犁耙，一百日吃夏；莊家荷起鋤鉤，一百日吃秋。

莊家作在鋤鉤，買賣作在一秋。

水地蘿蔔旱地葱。

旱棗潦西瓜。

麥熟杏黄，買賣人歇凉。

穀上垛，女上炕；穀攤場，女歇凉。

穀擔槍，女歇凉。

好黍不見葉，好穀不見穗。

杏兒塞了鼻孔，騎上毛驢换穀種。

穀兒拖泥秀，還要太陽爇。

麥子鑽火秀，還要根頭濕。

麥子扯泥條，乞兒舍了瓢。種時有雨，主豐。又曰“麥子凍折腰，乞兒擲了瓢”。

麥秀五節，穀秀六葉。

糜子挨著手，一畝要打七八斗。

蕎麥不扣根，還有七日生。

春雨溢了壟，麥子扁豆丢了種。

秋禾連夜變，夏田一晌午。

秋不凉，子不黄。

有錢難買秋後熱。

膭穰穀，鍋底粥。穀打二次謂之膭穰，其粒堅好。

春凍脊梁秋凍窪。

有遲一月養種，無遲一月收割。

豆打長稭，麥打短稈。

麥子傷鐮賽豆黄，黍子傷鐮一團穰。

山地少收，河地多收，十年平坡一般收。

養蠶種地當年福。

種在地,收在天。

家有五口,一犋牛兒緊走。

陰雨長工歇,牧羊兒受厄。

莊家生得俏,越貴越不糶;莊家完了糧,便是自在王。

地是刮金板,年年有出産。

八月牀上無繡女。

有米吃到五月,有炭燒到臘月。

春種一斗子,秋收萬石糧。

甲日下雨甲日晴,甲日不晴十日泥。

久旱逢庚變,雨澇遇甲晴。

壬子癸丑破,水從山頭過。道光十五年六月二十五日癸丑破前夕大雨。

壬子癸丑水連天,甲寅乙卯響梆乾。

蝦蟆叫,水甕津,如不信,挽艾根。艾根有小白彈,皆主雨。

海現三日下大雨。

雲南鉤風,雲北鉤雨。

天上鉤鉤雲,地下水圪洞。

東虹忽雷西虹雨,南虹下大雨,北虹賣兒女。

淋了土王頭,一十八日不使牛。

淋了土王,一日一場。

淋了伏頭,單日旱,雙日雨。

天旱雨澆山,雨澇水澆川。

早燒陰,晚燒晴。

春甲子風,夏甲子旱,秋甲子連陰,冬甲子濫。雨。

三日東風不由天。主雨。

單珥風,雙珥陰。日旁氣。

一霧十日晴。

早看東南,晚看西北。有雲,主雨。

辛多麥不收。正月上旬得辛遲。

春旱不算旱,秋旱去一半,六月連陰吃飽飯。

金斗糧長,水斗雨,火斗旱,土、木斗人瘁。每月半驗。

榆錢飽,時候好。

一年槐子二年麥。道光五年槐花子繁,次年麥收。又曰"槐花子稠,明年麥收"。

雨前毛雨不雨,雨後毛雨不晴。

晚雨下到明,早雨一日晴。

天旱東風不雨,雨澇西風不晴。

八十老兒没見東雷雨。

月牙兒仰,米糧長;月牙兒卧,米糧落。又曰"月牙兒栽倒也,米糧衰",上弦。

土霧三日下大雨。

要看騎月雨,單看二十五。前月二十五日雨,次月十五日前多雨。

東風刮到西,金尅木。西風連夜吼。已午時少息。又曰"西風不過酉,東風連夜吼"。此言驗。

火日多風雨,戊己不同天。

伏日東風不下雨。謂之旱東風。

八月十五雲遮月,正月十五雪打燈。主豐。

今年冬不冷,明年夏不熱。主歉。

流錐長,小豆黄。簷溜冰筋,謂之流錐。道光六年三月二十七日,檐冰尺餘,是年小豆收。

雲朝西,雨點賽簸箕;雲朝東,忽雷礮響一塲風。

月暖火。月外紅雲如火狀,主雨。

兩頭小,必定好;兩頭大,必定怕。謂正、十二月大、小盡也。

連頭忽雷多雨雹。夏正午暴雲,雷聲不絶,主雹。有西北風時居多。

五月裏迷霧,行船不用問路。主潦。

黑豬過河。夏雲,主雨。

閏月年不栽樹,閏月年不作醬。

窗間窟,三石二斗穀。風力重。

熱極生風,寒極生雨。

忽雷雨,連三塲。

東風潮雲,西風下雨。夏。

伏裏三朝二雨。

三日不下熇一磚。

早雨一日晴。

雲相交,雨相飄;雪油地,滿收成。雪消如油。

占　驗

日赤無光,謂之“水泛”,主遠郡有水災,多在午後。月赤亦然。

天鼓鳴,主豐。

霜葉紅謂之“山兆紅”,主明年豐。

穀成時穗上多穀牛牛,蟲名。主豐。

月暈圓,主陰;缺,主風。

雲壓山謂之“山戴帽”,主雨。

積雪遍地不能消謂之“蓋被”,牧羊者最怕此。

西虹,主菜不收。

黑豆葉翻,主雨。

天倉開,主豐。天倉,星名。

春,東風雨;夏,西風雨。東風晴,謂之“旱東風”。秋西北風,霜;冬東風,雪。

寸草飽,主豐。田間小草,長不過寸,故名。俗謂年荒寸草不收,即指此也。

蚤多收黍,蠅多收蕎麥。象形。

五月一日雨,主生五花蟲。端午雨,亦然。即蚜蚄蟲,有白頸鴉來,蟲即滅。

雲夕淹日,主雨。晚燒忽止。

伏内東風,謂之“旱風”,不雨,生蟲;西南風謂之“金風”,多雨。

山鵲噪樹梢,主風。

無雨而霧,謂之“旱霧”,主傷苗花。

日黄,主風;紅,主雨。

蟻出垤,主雨。又或成群不計其數,一道往來,謂之“蟻傳道”,亦主雨。

犬嚼草,主雨。

立夏後幾日布穀鳴,秋成幾分,即如其數,一旬外另數。

十月一日晴,人多病;陰,主冬寒。

臘八前夕,以冰置糞堆燒之,明年莊稼不生蟲。

臘八日,以碗水置中溜,視冰凸何方,主何方豐;中央,主本地豐。

方　言

犁溝謂之“墒”,兩犁之間謂之“隴”。高地謂之“堖”,下地謂之“窪”。寬者謂之"坪",狹者謂之"堰"。凸者謂之"圪塔",凹者謂之"圪洞",水聚處亦曰"圪洞"。土塊謂之"克拉"。春凍釋謂之"澤起",秋漲消謂之"落澤"。砌石瀉水謂之"水簸箕"。巷謂之"合朗",棒謂之"不浪"。物傾斜謂之"走作",又謂之"克流"。疾雷謂之"忽雷",小雨謂之"忽星",星讀如西。又謂之"薄瑟"。虹謂之"降"。元微之有"山頭紅似巾"之句。雹謂之"冷雨",冰謂之"冬凌"。暖謂之"暖和",寒謂之"涼騷",薄寒中人謂之"迫"。檐冰謂之"流錐",薄陰謂之"麻陰"。昨日謂之"夜來",明日謂之"早晨"。午謂之"晌午",晚謂之"後晌"。午睡謂之"歇晌",夜眠謂之"歇"。早禾謂之"稙"。伴行謂之"相跟"。相,入聲。《老學庵筆記》:"世多言樂天用'相'字,多從俗語,作思必切,如'爲問長安月,如何不相離',是也。"然北人大抵以"相"字作入聲,至今猶然,不獨樂天。老杜云:"恰似春風相欺得,夜來吹折數枝花。"亦從俗聲,乃不失律。喚人謂之"瞧",寄語謂之"導"。取謂之"荷",去謂之"召"。思念謂之"結計",閑談謂之"道喇"。美謂之"克器",醜謂之"憨甚"。無謂之"没拉"。析産謂之"另",同居謂之"夥"。田家禁約謂之"夥狀",秋成守望謂之"看畔"。受僱耕田者謂之"長工",計日傭者謂之"短工"。租田種者謂之"莊家",又謂之"伴種"。鬻女工所需物者,謂之"貨郎子"。歲尾嫁娶謂之"戀歲"。屋謂之"家"。棉花謂之"花"。硯謂之"硯瓦"。婦人蒙面謂之"眼紗"。田鼠謂之"各犁",行疾而溜。其大者謂之"黑老"。出穴則目無見。鵲謂之"涅鵲",山鵲謂之"灰老婆"。蜻蜓謂之"河嬉"。蟬謂之"秋涼蟲"。蟋蟀謂之"買油老"。鶯謂之"黄婁"。即黄栗留。蠹魚謂之"不瘦",米蟲亦曰"不瘦"。水面小蟲謂之"水虱"。蛤謂之"海螺簸箕"。鳩謂之"種穀蟲","四盤八寶",鳩自呼也。"暑兒",夏蟲也;色黑,大如黑豆,飛能眯目。"寒兒",秋蟲也。又名毛蟲,多在禾穗中。或曰"暑往寒來",一蟲名也。似蜂而小,飛有定處,經久乃移。柿自軟曰"醂"。《本草·醂柿》注:調菹也。糞瓜謂之"乃瓜"。瓜蔓漸長,以土壓之,謂之"壓瓜"。《夏小正》:乃瓜,一本作"乃衣瓜",疑即壓瓜也。乃瓜之名甚古。凡秋收,麥曰"挽",油麥曰"割",小豆曰"挽",黑豆曰"撲",糜黍曰"割",亦曰"挽",亦曰"攫",取其穗。蕎麥曰"挽",穀曰"割",高粱曰"斫",瓜曰"摘",菜曰"起",蒜曰"起",葱曰"挽",豆角曰"摘"。凡登場取穗,麥曰"扣",油麥曰"扣",黑豆曰"扣",糜黍曰"扣",亦曰"攫",穀曰"切",高粱曰"牽"。藕謂之"藕根"。《説文·草部》:"蓮,蕭蓮也,杜林曰,藕根,藕當作蕅。"段玉裁注:"郭璞曰,北方以藕爲荷,用根爲母號也。"然則杜林謂藕爲"蓮"。余初疑"根"字爲贅,以郭説證之,則藕根即荷根,殆猶北方之古語也。

五穀病

捉不住苗。傷濕,種不出土。地乾,亦有此病。

忽闌。苗不匀。

偏稜。耬不平故也。如二稜有苗,一稜無苗即是。偏,去聲。

涸傷。初種大雨淤泥,地生甲皮,苗不得出。

隔别。種傷雨,苗不出。

茹薄。種時不得深淺之法,或子濕,則苗冗亂少穗。麥、黍、糜皆有此病。

格都。苗出土傷濕,葉卷曲不舒。

麻。苗稠而間遲,見雨則苗細而高,不壯。

火籠。豆苗旱,似火焦。

灰竄。小豆葉灰。

油旱。豆苗旱甚似油點。

竄瓣。穀穗半枯,傷濕。

捏栽。已鋤之草,遇雨復活。

白黴。穀旱死。

霉。種濕,則穗出白泡,中有黑毛,即霉變也。

立僵。穀傷秋雨,將成而槁,色白。

竪穀。禾秀未脱,穗不下屈,蓋地氣所致,土人有祀竪穀神者。

怪穀。禾未出穗,此穀已黄熟,相傳有鳥銜去先報田神云。

老穀穗。無實而毛似貂尾,煎湯可治痢疾。

莠。俗名"毛莠"。

鬼秫秫。高粱結實不牢,觸之即落。

糜活子。黍、糜結實不牢者。

黄蘆心。穀之無穗者。

糧價物價

糧價,視歲之豐歉,其貴賤亦有制。以斗計之:壽陽二十甬爲一斗。米,貴至一千二三百錢,賤至四百上下。麥,貴至一千一二百錢,賤至五百以上。嘉慶四、五年,麥賤至四百以上。黄米,黍之去殼者。貴至一千一二百錢,賤至五百上下。糆子,蕎麥去皮者,貴至一千以上,賤至四百上下。乾隆二十四年賤至一百以上。高粱,貴至八百以上,賤至二百五六十。小豆,貴至一千一二百錢,賤至四百上下。小豆價視米。黑豆,貴至八百以上,賤至五百上下,或至二百上下。黑豆價視高粱。穀以米六分作價,黍以黄米六分作價,蕎麥以糀子六分作價。扁豆,貴至九百以上,賤至四百以上。油麥,貴至七百上下,賤至二百以上。糜子價視穀。咸豐四年,壽陽穀每斗一百六十錢,米三百,小豆二百二十,黑豆一百二十,黍子二百四十,黄米四百,高粱一百六十,油麥二百六十,麥子四百八十,糀子四百二十,蕎麥一百八十。白麪每斤二十四五錢,蕎麪二十,油麥麪十六,豆麪十四。聞之里中父老,僉云自來糧價賤無過此年者。

日用諸物,多取資於他邑,其價與時消長。油出神池、利民等處,每斤錢一百上下,賤至七十以上。酒出榆次、朔州等處,本邑亦有之。皆高粱燒酒也,黍酒本邑自釀。每斤與油價相若,賤至五十以上。鹽上者出歸化城,每斤三十上下,賤至二十以上;次者出應州、徐溝等處,每斤二十上下。邑納鹽課,不食官鹽,長蘆官鹽每斤三十上下,此私銷也。醬上者出太原省城,每斤五十上下;次者出歸化城,每斤四十上下。碱出陝西神木等處,每斤三十上下。鐵器出潞安、盂縣等處。田間鐵器,半出本邑,半出他邑,木器亦然,其價以物爲斷。棉花出直隸欒城、趙州等處,每斤自一百四五十至四百上下。每斤有定價一百二十錢,價貴則斤數減,價減則斤數增。平斤而外,有不足一斤者,謂之小斤,有一斤多者,謂之老號。布出直隸獲鹿、欒城等處者,謂之"東布",每尺木尺加二寸,此大尺也;木尺加一寸者,裁尺。三十上下至四十上下。出本邑者,農人所需較"東布"爲多。餘布鬻於北路,每尺亦大尺錢二十上下。咸豐四年,壽陽棉花每斤一百二十錢,麻油每斤六十三四,酒四十,青鹽十八,堿二十,醬四十上下,價亦極賤。

歲之豐歉由於天,糧價之低昂亦由於天,然有不盡由於天者。豐歲糧賤,非減價不能糶;歉歲糧貴,非增價不能糴,此由於天也。若值不豐不歉之歲,較之豐年未得其半,比之歉歲尚云薄收,而糧價驟長,視大歉而更甚,此豈盡由於天乎?即如道光十四年,壽邑秋收有四五分者,有二三分者,參差不等,而八月初間,禾黍尚未登場,糧價旦夕昂貴。雖以後之收成已可逆睹,而以前之蓄積尚有贏餘,何市集之米,一時遽空?良由逐利之徒,坐擁厚資,壟斷左右,一見禾米空秕,度後日之收穫孑虚,遂爾囤積居奇,致一時之市價騰踴。是歲事之歉猶未可知,而人事之歉已難救止。此風一倡,狡獪煽騰。借如粟米一囤:朝,一商以八百買之;夕,一商以九百買之;明日,一商復以一千買之,輾轉迭買,愈增愈貴,而莫知所終極。而貧民之乏食者,雖糴升斗而不予。以故,民間雖有積蓄之家,亦靳而不糶,一則待價之增長,一則慮後之無資。諺云"莊家生得俏,越貴越不糶",此之謂也。更有甚者,買者不必出錢,賣者不必有米,謂之"空斂"。因現在之米價,定將來之貴賤,任意增長。此所謂"買空賣空”,虚抬高價,而使價終不能平也。或謂粟米貴賤,自有一定之數。然或貴或賤,聽牙行視糧之多寡以增減,何市集之價尚平,而商賈已暗增數倍?是歲之歉與不歉,盡操於斯人之手也,而何得謂有一定之數乎?壽邑以農爲重,上户田多者積蓄有餘,憑糶糧以爲日用之資,即中户稍有贏餘,或三斗,或二斗,亦憑出糶爲水火之用。而鄰境之不足者,如榆次、平定諸地,兼可搬運待食,非若他境之土狹人稠,不足償其用也。是不必有商賈囤積,而自充足有餘也。或曰,如朔州、歸化城,俱有糧店,粟積如山,何不可爲之?不知彼處爲粟米聚會之所、五方輻輳之地,糴者必由此入,糶者必由此出,不論歲之豐歉,此其常事,苟非商賈囤積,粟米焉能流通?此又以地言之,而非可同日語也。或又謂,二處之米粟亦極昂貴,何故?夫二處地廣糧多,今歲雖云薄收,較之他境,尚屬豐盈,穀米即云稍長,何至昂貴不止。皆因關南商賈,日夜奔走,叢集其地,厚資囤積,以致米粟價高,不能四達。此又奸商逐利,使遠近之價不能平也。夫古人權三十年之通,雖有水旱,民無菜色。今賈人盡力囤積,以爲奇貨,是歲本不歉,一轉盼間,而即成大荒大歉矣。又邑之棉花,買自欒城,統計一邑,每年不過用數千駝。今歲雖云薄收,而舊日之積蓄,尚有數千駝,亦足資一年之用。而富商六七八人故以高價盡數買積,以專其利,每駝非六七十千不售。夫有六七八人之專利,致使一邑停機住紡,衣著無物,是億萬人之號寒,盡操於六七八人之手,可勝嘆哉!今穀米諸物,訪諸四境,本屬薄收,價之昂貴,勢所必至。然亦漸增漸長,因其自然。何至瞬息之間,騰貴無涯?此荒之由於人致而不盡由於天,所當急爲區處者也。爲今之計,宜於各處市集飭禁稽查。其從前囤積者,令其平價出糶,祗許小販往來搬移,大賈毋得再積。各鄉耆老公平廉慎之士互加訪察,如有不遵嚴禁者,禀官究治;其牙行有狥隱射利者,嚴加懲辦;其胥役騷擾、土棍詐詐者,罪之。如此實力稽核,遠近畫一奉行,則糧廣而價自平,價平而糧益廣,人致之荒可泯,而天致之荒,亦可少彌矣。族兄歲貢生、候選訓導朝駿説。

夫造物之所以無盡藏者,恃化育之流行而已。育,自無而之有;化,自有而之無。自苗而秀、而實,育也;自收而藏、而食,化也。不有育也,將何以化?化之有滯,育斯窮矣。古之聖人,有無懋遷,農末相資,所謂盡物之性,亦贊化育之一端也。今舉天地所育,壅閉之使不得化,枵腹者啼饑,深藏者速腐,吾知非天地之心也。近者道光二、三年至十年、十一年,屢遭荒歉,斗米價錢三百文,增至錢八九百文。各市鎮倉箱,多者萬餘石,少亦幾千石。十二年歲大歉,斗米錢千二三百文,閭閻大困,人情洶洶,此育而不化之明驗也。是年冬,市無赤米,囷簏空虛。十三四年,歲始稍豐,此化而後育之明驗也。愚民無知,見利不見害,自怙充餘,垂涎末富,豈知生機一塞,百弊滋萌,蠹人心,害風俗,干刑憲,長亂源。領本開商者,視財東爲孤注;得隴望蜀者,寄素産於賭場。歲歉則恃穫利而驕淫其心,年豐則憂賠折而斫喪其命。爲富人者,反爭勸爲此,此何心耶!然則如之何而可?道光十二年,各處大荒,囤糧揹價,貧民握錢,無處易米。晉省介休、太谷、忻州有紳士富户某某,各糾其村中富人出資,依市價糴米儲於社,派清慎者司之,減價糶給,各護其村中之窮民。所出錢本不足,更捐之,至來春米價略平乃止。此本社倉捐賑之法,有共見之利,而無不見之害,誠盛德事也。是在爲富人者,處善循理,損己以益人,實人己之兼益。禮義之生,自富足始,庶幾太和醞釀,風雨調諧,遐邇貧富,得相安於無事,不亦休哉!西苛村解孝廉畬説。

水　利

壽陽向無水利。惟南鄉韓村南有小河,俗名白馬河。其源發於和順、平定、樂平諸處,自邑之羊頭崖鎮南向西流,至鎮西,名闊頭河;會泉水,小河乃大。又至冷泉寺西,與壽水合;又至盧家莊南,與渦水合。渦水甚微,自渦山出,北流與小河合。至段廷村東歡喜嶺北,水勢漸盛,地亦漸闊,有田十數頃,乃河南村、段廷村、韓村三村之地。開渠灌溉,實始於乾隆二十五年也。先是,韓村、段廷村、北東村之間,有田十數頃。雍正元年,韓村開渠,自建公村西、段廷村東、葫蘆崖底接水灌田。二年而渠壞。乾隆五十八年,韓村貢生鄭景僑與村人復開此渠,未成而景僑卒。至嘉慶二十二年,其子生員天與又與村人議,自段廷村東隨河接水。渠路有占段廷村地者,畝出租千五百錢,其渠遂成。又小河之南,韓村、河南村、南東村三村之地,灌田數頃,其渠則道光十四年始開者也。又北東村、西落鎮、南東村亦有水田十數頃,乃自韓村西接水灌注者。邑之水利,盡於是矣。韓村鄭孝廉天寵説。

《平定州志》云,《通志》:壽陽民田多山坡旱地,不能設渠。《舊志》:壽水在縣南二里許。盛夏山水暴漲,河流上下皆赤,惟壽水獨清。開渠溉田,可爲民利。

畜　牧

宋·陳旉《農書·牛説》云,四時有温涼寒暑之異,必順時調適之。春初,必盡去牢欄中積滯。蓐糞,亦不必春也。但旬日一除,免穢氣蒸鬱,以成疫癘,且浸漬蹄甲,易以生病。方舊草朽腐、新草未生之初,取潔淨稿草細銼之,和以麥麩、穀糠或豆,使之微濕,槽盛而飽飼之。豆仍破之可也。稿草須以時暴乾。天氣凝凛,即處之燠暖之地,煮糜粥以啖之,即壯盛矣。亦宜預收豆楮之葉與黄落之桑,舂碎而貯積之;天寒,即以米泔和銼草、糠麩以飼之。春夏草茂,放牧必恣其飽。每放必先飲水,然後與草,則不腹脹。又刈新芻,雜舊稿,銼細和匀,夜喂之。至五更初,乘日未出、天氣涼而用之,即力倍於常。日高熱喘,便令休息,勿竭其力。當盛寒之時,宜待日出晏温乃可用。至晚,天陰氣寒,即早息之。大熱之時,須夙喂令飽健。至臨用,不可極飽,飽即役力傷損也。牛之病不一,或病草脹,或食雜蟲以致其毒,或爲結脹以閉其便溺。冷熱之異,須識其端。其用藥與人相似也。壽邑飼牛忌麩糠,與此小異。

養犢最爲農家之利。或畜牸,或買犢,一年之間,可致倍獲。犍牛其利尤多。《詩》曰:"誰謂爾無牛?九十其犉。"蓋牧養得宜,故字育蕃息也。但不可售於屠肆。牛之勤苦,其功甚大;羸老,則輕其役而養之可耳。律有屠牛之禁。語曰"戒食牛肉者不染瘟疫",理當然也。

邑志云,産牛特高大,以耕作、負重,勝於常産,四方爭販易焉。

吾邑趙漢章先生宗文《莳竹編》云,牛宜圈於厩中。喂草之後,冬則繫於露天,夏則繫於樹陰,俱在屋之前後,以便看管。其所卧之處,用黄土鋪墊,積久成糞。陰雨,仍放欄中,不必牽出也。豕不可放於街衢,亦不可常在牢中。宜於近牢之地,掘地爲坎,令其自能上下,或由牢而入坎,或由坎而入牢。豕本水畜,喜濕而惡燥。坎内常潑水添土,久之自成糞也。

《致富奇書》云,羊性惡濕,棚棧宜高燥,常掃除糞穢。巳時放之,未時收之。春、夏早放,秋、冬晚放。食熟物則腹脹,不能轉草。鷄棲宜掘地爲籠,籠内著棧,可免狐狸之害。生鷄初到家,便以淨温水洗其足,放之,自然不走。壽邑羊,春則出山,牧之於遼州諸山中;秋則還家,牧之於近地;禾稼既登,牧之於空田。夜圈羊於田中,謂之圈糞,可以肥田。鷄亦有散放者,不盡籠飼也。

備 荒

區田,斸地爲區,布種而灌溉之,可備旱荒。櫃田,築土如櫃,種蓺其中,以時疏泄,可備水荒。行之山國,則櫃田尚可,區田非宜,以無水可灌溉耳。至於蝗災,吾邑罕見。惟蚄蚄傷稼,乃旱蟲也。農人言,此蟲遇白項鴉群飛則滅。“秉畀炎火”,可以治蝗,不能除蚜蚄也。水、旱、蟲災皆難備禦,則蓄積之法不可不講。北方高燥,無霉變之虞,粟可支久。耕三餘一,耕九餘三,謹其蓋藏,毋縱商販囤積。一遇歉歲,富民或施貸,或平糶,不待蠲賑,而民無死徙。救荒之策,無善於此。必不得已,則所謂《救荒本草》、《野菜博録》、《康濟録》諸書,皆可參試。至王氏《農書》附載辟穀數方,則又不得已之下策矣。

道光十一年,壽陽大旱,予弟宿藻與村人議周急之策。其略曰,今歲旱荒,秋成歉薄,不敵去歲之半數。百里内,米價騰踴。閏九月間,邑侯鍾公汪杰令於城關市鎮各處號囤禁米,平價出糶,救時恤災,誠善政也。但村舍無糧,去市較遠,寒餓之人,負米往來數十里,頗覺費力。且有孤貧、婦女、老病、幼弱之人,升合所需,早晚零買,既不能遠赴城市,又不能多辦錢鈔,告糴無門,取攜不便,晨餐夕飯,幾於斷炊。此合社所共知,同人難坐視者也。兹於十二月十五日鳴鐘齊集北寺,村人公議,量力捐資,得錢若干,存社買米。隨時隨價,公入公出;現錢買米,不短不賒;錢米輪轉,運濟周流。迨至明歲秋收,糧米充足,販糶有人,給用不乏,復將錢本各歸原人。再者,量米之時,議有定數:多,不許過一升;少,則合勺聽便。祇給貧户不時之需,難供大衆無窮之用。至於力辦斗粟人家,自宜仍赴城市糴買,村社錢少米缺,勢難支應。公議至平,事出情願。如有隱蔽、偷減、攘奪之事,不遵約束,輕則合社議罰,重則稟官究治。凡我村人,各宜安貧守儉,自食其力,無慢無私,以期感召豐亨也。

祠 祀

陸清獻公《靈壽志》論云,龍王者何?其地祇之主龍者歟?抑古豢龍、御龍之類歟?古者祈雨,天神則有風伯、雨師,地祇則有名山、大川。隋唐間祈雨,初祈嶽鎮、海瀆及諸山川能興雲雨者;七日,乃祈社稷及古來百辟、卿士有益於民者;又七日,乃祈宗廟及古帝王有神祠者;又七日,乃修雩祈神州。宋興,始有五龍廟及九龍堂之祈。蓋龍神之祀,於古無聞,有之自宋始也。至廟貌、冕服擬於王者,特世俗從二氏之説耳。

盂縣王石和先生《琤集》云,介之仙臺有所謂蚜蚄廟。余偶經其地,有紳士語曰,此田子方廟也。遍索碑記,無復言子方事,惟門額有“三賢”字,其字跡斷落僅可尋。《汾乘》載子方與卜子夏、段干木,號三賢。想昔之好義者,建祠於兹。後人不覈,徒以子方與蚜蚄音相合,而又冠以田,遂置子夏、干木不道,而子方之名,獨以訛顯。今廟像尚三,其加冕而旒,則後人附會而新之也。

趙漢章先生《羊舌大夫廟考》云，壽邑舊有羊舌大夫廟。前明《一統志》云，在縣治東，祀晉大夫羊舌氏。今《一統志》云，在縣治西南四十餘步，今廢。康熙十一年，沭陽吴公修邑乘，藍本於明季神宗時所輯志書，而今《一統志》仍其説。明《一統志》天順五年所撰，又在神宗前百餘年，而一以爲治西，一以爲治東。以今觀之，似明志爲較優也。邑治東南十五里有龍化山，俗呼爲樹兒嶺，山之巔有小廟一楹，其神像赤面長須、烏帽角帶，以夫人配享，而無碑志可考。詢之土人，曰："羊頭神也，姓李名果。有人盜羊而遺其頭，不敢不受，受而埋之。後盜羊事發，詞連李氏，掘羊頭而示之，以明己不食。識其舌，舌存得免，號曰羊舌。"《左傳・孔氏正義》亦引此説，以爲杜注不從，聊記異聞。噫！山甿村叟，目不識丁，而口傳耳熟，越二千餘年，而猶嘖嘖道其事。儻所謂禮失而求諸野者歟？又考《新唐書・世系表》，晉武公子伯僑生文，文生突，羊舌大夫也。又云晉之公族，食邑於羊舌。突生職，職五子：赤、肸、鮒、虎、季，夙爲羊舌四族也。《正義》之説如彼，《唐書》之説如此。羊舌之所以得姓受氏者，俱不可得而深考。然斯廟之爲羊舌大夫，則灼然可信矣。按晉獻公使太子申生伐東山皋落氏，狐突御戎，羊舌大夫爲尉。狐突欲行，羊舌大夫曰："不可。違命不孝，棄事不忠。雖知其寒，惡不可取。子其死之！"處人父子之間，而能以忠孝相勖，卒使申生得成其爲共，微大夫之力不及此。況祁傒對平公之言曰："羊舌大夫其幼也恭而遜，恥而不使其過宿也；其爲侯大夫悉善而謙，其端也；其爲公車尉信而好直，其功也；其爲和容温良而好禮，博聞而時出，其志也。"羊舌大夫之行如此，其亦可稱立功立言之不朽者矣！

皋落在今樂平之東境，而平定州有申生廟、狐突廟。壽之西境五十里，亦有狐突墓。大約東山一役，經過斯土，後之人遂尸祝而俎豆之耳。突子職以聰敏肅給輔中軍尉祁傒。悼公十五年而卒，平公立，祁傒請老。職子赤輔中軍尉祁午，食邑於銅鞮，故曰銅鞮伯華。銅鞮故城，在今沁州城東南。赤弟肸，即叔向，習於春秋，爲平公傅，仲尼稱爲遺直，食邑於楊氏。今平陽、洪洞縣南二里，有古楊城，叔向所築。晉頃公十二年，魯昭公之二十八年也，晉殺祁盈及楊食我，遂滅祁氏、羊舌氏。祁傒免叔向於獄，而分祁氏之田以爲七縣，分羊舌氏之田以爲三縣。據杜注，銅鞮、平陽、楊氏三縣，爲羊舌所食之邑。伯華、叔向之墓，在今沁州城東南。而今之壽陽，爲韓固所治之馬首廟，即在馬首東十餘里，則壽陽雖非其食采之地，而亦其過化之區。廟祀千秋，有由然矣！

七義祠：趙武、韓厥、程嬰、公孫杵臼，益以鉏麑、提彌明、靈輒，凡七人。盂縣藏山，相傳爲程嬰藏孤之地，故盂、壽間多祀之。或曰八義，兼謂程嬰取他人嬰兒以代趙孤者也。

老趙神，禱子者祀之，不知何神，疑即程嬰也。嬰存趙孤，其功獨巨，宜享專祠。後遂沿存孤之事，以祈廣嗣。今神像氈笠、短衣，囊兒負肩，仍似倉皇避難狀。其囊兒蓋即趙武也。以嬰爲趙氏老，故稱老趙。俗云昔有農人趙老，多子，殁而祀之。誣矣！

民間五祀：曰天地，曰土神，曰門神，曰竈神，曰司牧。又有家堂神，謂之合家歡樂，其圖具翁、媪、兒、孫諸像，俗名小爺爺。兒童皆祀之。

邑有風神山，祀狐原本孤字突，不知何據。

織　事

織事：曰擇花，土人呼棉花爲花。曰彈花，曰搓花，搓爲細卷。曰紡花，曰纏繞，曰拐綫，曰漿綫，曰絡綫，曰鈎綫，曰引布，梳綫也。曰安機，曰卸布，曰錘布，曰漿布，曰裁縫。

布一匹，舊長三丈六尺，今長三丈四尺。健婦一歲得布五十匹。一布餘錢可得百五十，計五十匹得七千五百餘錢，得五十二三丈餘布。

《縣志》曰："藍尚質，陝西膚施縣人，由選貢萬歷十九年知壽陽縣。政尚勤儉，躬行化民。邑素不諳紡織，至是始教之，民賴其利。祀名宦祠。"相傳初教時，縣令爲製紡織具，僱織婦分四鄉教之。月察歲考，獎勵備至。至今父老能譚其事，然多不知藍公名者，固宜表而出之，尸而祝之也。

邑不飼蠶，不種稻。地氣晚寒，或非所宜。然唐、魏《風》凡三言"桑"，《汾沮洳》詩、《鄭箋》直以採桑爲視蠶事。《鴇羽》之三章曰"不能蓺稻粱"，其所蓺固不僅黍、稷也。今太原迤南郡縣多稻，且有蠶織者。邑之南鄉，近亦有水田，可種稻。《志》載物産有桑，有絲絹，由來已久。乾隆中，余家從伯父樹桓妻張氏，嘗飼蠶，手織繭綢。數十年來，此風寂然。十畝之外，閑閑泄泄，豈盡關地氣耶！

雜　説

壽陽風俗之厚，莫如喪禮。民間三年之喪，皆以三十六月爲斷，謂之三週年。墓祭，一歲凡五日：元旦、清明、七月十五、十月初一、冬至。新葬親者，三年内,清明、七月十五、十月初一,皆前一日掃墓,謂之上新墳。

徐氏乾學《讀禮通考》云,案唐人王元感嘗創三十六月之論,爲張公柬之所闢,已無餘蘊矣。乃沈堯中復爲此説,韋人鳳引檇李沈氏説。豈未睹張公之文耶?必以三年爲三十六月,將《禮》文所云"期之喪二年"句,又何以解之?萬斯同曰:"予鄉四明之俗,禫除之後,仍以素服終三十六月,歷祀相沿,莫以爲誤。既非古典,又違時制。"乃不知禮者,竟以爲古禮當然,而不敢變;其知禮者,又以爲親喪宜厚,而不敢議。此實非禮之禮,君子不以爲可也。《禮》言"倍期",蓋荀子之説,其義甚精,與《公羊傳》漸三年之義,互相發明。所謂三年之喪,二十五月而畢也。後世折衷定禮,以二十七月爲斷,自是不易之制。壽邑民間喪禮,雖未合立中制節之宜,而唐、魏遺風,至今弗改。余嘗著《三年之喪説》二篇,推闡仁人孝子哀痛未盡,思慕未忘,不容已之心。亦以見吾鄉喪服風俗相沿,亦必有本也。

吾邑劉鶴園孝廉霱《戒淹喪文》云,肇自委壑衣薪之後,爰有遷庭祖廟之文。立主所以棲神,送死乃當大事。往而不返,命稟於天;遺之以安,死必歸土。外姻屆期於踰月,改葬降服而成緦。東山落淚於雨崩,西伯傷心於水嚙;上世雖不封不樹,中古則若斧若堂。此"掩骼埋胔",《禮經》謹時月之令;而停喪掩柩,國法嚴律例之條也。乃有晚近不守前型,既魄降而魂升,仍家居而室處。暫盡帷堂之奠,杳無執紼之期。習以爲常,恬不知怪。豈古今之異尚乎?抑習俗之移人歟?不揣固陋,請畢其説。謂屬纊未久,遷於中野,心所未忍。夫子之於親,已幽明之異路,則葬之與養,亦服事之同情。禮重修虞,精氣將依而不渙;事如暴骨,椸椑亦殆而不安。陰陽之錯處堪憂,笑語之音容罔據。其不忍别者,姑託仁孝之名;其習而忘也,誰抱哀傷之意?子弱冠而不娶,何以爲情;喪屢歲而未行,乃若是恝。古稱凡附於棺者必誠而必信,今以之死而生者不知而不仁。此其未解一也。謂亡者有知,家人父子應有流連不舍者。豈知安樂之時喜於聚首,愁苦之會足以灰心。隔膚髮於兒孫,渺瞻依於霄壤。以所不忍見聞者而使之聞見,以所無可言語者而聽其語言。寂寞一堂,咫尺千里;撫膺莫訴,籲天無從。况婦姑谿勃之聲,言言訢誶;兒童譃浪之習,句句詼諧。叱狗尚避乎客之尊,反唇乃忘乎親之近。鐙前饒舌,詎免無能斯倍之情;泉下吞聲,彌增相逼難堪之恨。此其未解二也。謂宫室之居,委於草莽,未免有情。顧神明原體貌於榱楹,而形骸難昭著於耳目。魂兮歸來,葬者藏之。夜臺枕北牖之陰,壽域鞏南山之固,固並行而不悖,實理勢之兼通矣。否則,罅隙不堅,難免賊風之竊入;燠寒相繼,莫禁戾氣之頻蒸。紛紛弔客之臨,蟻隊緣棺而上;寂寂靈帷之奉,蠅沙就席而鋪。鷄犬扇拂其塵灰,鳥雀塗污其粉堊;材葦蒙戎而並積,器皿雜沓以階陳。爨竈相鄰,煙氛薰炙;溷圊難去,臭味差池。夫埋玉於岩下寒松,土脈之涵濡無盡;羈身於門前矮屋,物理之枯槁難言。子息受困於風霾,高堂竭蹶而恐後;父母久僵於天日,同室淡漠而無關。此其未解三也。謂朝饔夕飧,便於供奉,故姑徐徐爾。抑知瀡瀡是養,所貴色笑之親;跪奠有時,莫重新鮮之薦。魚鲊尚千里之可通,馬鬣豈一朝而難至。果其孝誠不減,聞雷莫阻泣墓之悲;祇恐洸潰時形,當食而有戛羹之慮。委其事於子婦,每境過而情遷;役其志於貪饕,且後親而先己。春禴秋嘗,禮祇宜不疏不數;菜羹疏食,誰復能必祭必齊。勉彊於一飯之投,遲延於三日之出,不愁鼠瘦,且喜猫肥。褻棄鬼神之餘,幾等呼蹴之與。此其未解四也。謂豫凶非禮,渴葬未安,以待異日。此尤不思之甚矣!喪事有進無退,人情慮患於先。陵谷之變遷無常,禍患之紛來難料。鄰人失火,孝子覆靈柩以長號;山水揚波,太守扶柳車而幾墜。此固萬死於終天,猶是百有之一事。若夫蜉蝣之寄,菌槿之華,朝不及夕,晉臣莫解其言偷;生也有涯,莊叟難禁其怛化。黄粱未熟,方爭逐乎利鎖名韁;玄髮易繙,俄驚逝於電光石火。空負隴阡之卜,先遊蒿里之魂。當年玉立成叢,憚一勞於大隧;邇日雁行失次,隔再世於同羣。彼松柏之古墟,痛未植於成塋之手;即衰麻之虚事,毫不及於謝世之身。不得已而子代父勞,弟任兄事,兼經姪輩,並累宗枋。苫次其空,幾疑無兒而絶嗣;孤哀何在,且等别繼而承祧。親不能葬,生我何爲?念及於是,有不痛心者乎!即曰卜兆以居,擇吉而窆,固有其理,勿泥其文。惟養心田,乃成福地。循環六氣,何一歲皆不利於時辰;制化五行,豈屢年盡有妨於山向。徒希鬱鬱佳城,苦難覓滕公之室;遍閱茫茫大地,果孰符郭氏之經?借先人之遺體,妄圖富貴於牛眠;執後進之痴情,坐失光陰於駒過。弗慎厥始,雖悔可追。此其未解五也。謂傷哉貧也無以爲禮,徐俟豐裕庶其可焉。夫盡朝夕慕,哭泣皆是真情;斂手足形,聖賢不苛厚禮。桐棺三寸,奚羡乎富室奢風;麥飯一盂,孰笑其貧兒乞相。而乃貪厚實以營生,慕豪華而媚俗。節哀有日,侈望無期。究之枯魚銜索,幾時分潤西江;窮鳥依人,何處宏開東閣。日作糊口之謀,謀無從置;翌時短周身之策,何事懸碑。借庇護於數椽,寒涼侵於屋漏;伴蕭條於四壁,侍衛渺於芻靈。甚而作客他鄉,服賈異地,託比鄰之照拂,究隔膜而迂疏。密網蛛羅,飛磷火起。霜寒露冷,長嗟旅櫬無歸;蓬斷草枯,竟屬僧房永寄。實罪莫逭,虚願難酬。此其未解六也。謂親壽不齊,將以待其同穴。雖合葬之説,質之古而可通;而露處之文,考之經而鮮據。椿林拔後,未亡人興祭竈之悲;萱草萎時,勉加餐有悼亡之句。置之於目見耳聞之近,愈感其形單影隻之傷。排遣有人,强顔歡笑;觸緒添恨,嗚咽誰知?易地皆然,愁嘆既非長年之術;虚位以待,形跡難免祝死之疑。抑思二人而即厭其煩,各尋方便之路;百子而不窮於愛,孰如鞠育之心。任日月之如馳,毫心目之不慘;職偶偏於覆載,幸不至於偕亡;費必較其錙銖,乃共艱於再舉。此其未解七也。謂舍舊圖新,非之者多,何其悖哉!時勢所在,宜審於一心;聖善有懷,豈委於旁貸。生非空桑是出,何至人云亦云;事異築室與謀,乃言君可則可。各盡其道,莫望痛癢之相關;無愧於心,惟思恩勤之自補。如曰破格以行,衆口必起囂囂之謗;試思垂涕而道,何人與共蓼蓼之哀。致使逝水增波,覆車接軫。故鬼新鬼,大年小年。壘壘排牙,門填覆尸之港;陳陳櫛比,庭成亂瘗之墳。有時女嫁兒婚,空房應怯於小膽;豈乏賓迎客賀,幽宅且迫於長筵。將鬼神之遠謂何,抑吉祥之事安在?竟從同而不變,乃執一而偏牢。此其未解八也。更有絃歌之彦,翰墨之儒,既選庠序之英,宜重轉移之任,何乃隨風而靡,舍己以從。不協義之所安,唯求物之無忤。婦孺口實,反爲鐵案之遵;典則心傳,莫望棘人之見。不能俗歸於雅,適使士變爲民。繐帳高懸,難議康王之釋冕而反;漆鐙空焰,誰知叔向之受弔爲重。大祥既與之琴,久離苫塊;卒哭不知其日,安事詩書。無以歸厚而善其終,豈其失禮而求諸野。何氓庶之癡迷難醒,而衣冠之惑溺轉深。此其未解九也。願假楮筆,廣播士林,庶藉箴規,咸知改革。至於出言之俚鄙,聒耳之絮煩,固所不計也。

《唐風》:"綢繆束薪。"《傳》云:"男女待禮而成,若薪芻待人事而後束也。"今里中娶婦之夕,束草燎於門首,殆猶古風。乃知《詩》雖託興,事亦紀實。束薪之風既存,俟著之俗宜革。有志復古者,純帛無過五兩,御輪必期三周。儉而中禮,亦易行也。《蒔竹編》云:"本富爲上,末富次之。"此古人不易之論也。本富謂以務農致富,最能長久;末富謂商賈興家,雖不能如務農之久遠,然本分求財,並無傷天理壞良心之事,亦尚可永。至於不義之富,非道之財,轉瞬煙雲,化爲烏有。不知律有一定,利息以三分爲準,若違禁而取,法所不宥。且豪富適所以致怨,而刻薄必不能久享,亦何益哉。吾邑宗艾鎮趙氏世以農爲業,自明迄今弗替,此本富也。諺云:"莊家錢用不完,買賣錢三十年,衙門錢當日還。"又云:"賭博犯法,人所皆知。"然今之人,無不習於賭者,以甚盛之家業,而轉瞬化爲烏有,以可教之子弟，而不久流爲乞丐，傾家蕩産，辱祖玷宗，皆由於賭。君子懷刑，豈可自罹法網，而不知自悔也。父戒其子，兄勉其弟，各務正業，即不能光顯門户，亦勿流於小人之歸。

《訓俗編》云，古之學者耕且養，三年而通一藝，非特爲饔飧之謀，亦使以知稼穡之艱難也。子弟讀者不耕，猶曰吾有所事也。乃有既不讀書，又無他業，而又不從事於耕耨，第令鮮衣美食，安享榮華。不數年間，家道零落。教不先而率不謹，雖悔何及。宜使之服力田間，習爲勞苦，知粒米之可貴，自不敢用度之過奢。守身克家，莫急於此。《蒔竹》、《訓俗》二編，皆吾邑趙漢章先生撰。

鄉間市易之區曰“集”。間數日一集。趁虚者，謂之“趕集”。按洪氏《隆興職方乘》云，嶺南村落，有市謂之“虚”，以其不常會，多虚日也。西蜀曰“痎”，言如痎疾，間而後作。江南惡以疾稱，因止曰“亥”。徐筠《水志》云，荆、吴俗以寅、申、巳、亥日集於市。

時憲書幾龍治水，俗曰：“龍少雨多，龍多雨少。”殊不盡然。道光十四年二龍治水時，雨調匀；十五年八龍治水，夏旱秋潦。漁洋山人《居易録》引王定國《甲申雜記》云，崇寧四年乙酉，凡十一龍治水，自春夏迄秋，皆大雨水溢。

《四庫全書目録》農家類十部：後魏·賈思勰《齊民要術》十卷；宋·陳旉《農書》三卷，附《蠶書》一卷；元至元十年官撰《農桑輯要》七卷；元·曾明善《農桑衣食撮要》二卷；元·王禎《農書》二十二卷；明·周定王朱橚《救荒本草》二卷；明·徐光啓《農政全書》六十卷；明·西洋熊三拔《泰西水法》六卷；明·鮑山《野菜博録》四卷。我朝乾隆八年，欽定《授時通考》七十八卷，頒行天下。凡八門：曰天時，曰土宜，曰穀種，曰功作，曰勸課，曰蓄聚，曰農餘，曰蠶桑。皆本諸天道，修人事以盡地力。《豳風》、《無逸》敦本重農之至意，其備於是焉。

邑人著述，載與《平定州志》者，有袁萬里《律吕解增注》、黄鍾《積算圖》、張璠《靈樞經注》、《日月五星志》、閻芝《子史要略》、吴玉《奏疏草》、高可久《修綆録》、《詩文集》，皆明人，書多散佚。余所見者，惟吴侍御《奏疏草》十篇，曾爲校刊問世。國朝趙漢章先生宗文任湖南酃縣、綏寧縣令，著《訓俗編》、《蒔竹編》二卷，皆有刊本。余從其嗣君生員五雲鈔讀之，皆民生日用切要之論也。

先府君光禄公，嘉慶年間，曾爲伊犁將軍松文清公纂輯《西陲總統事略》十二卷，徽郡程也園部郎刊刻。復撮其要爲《西陲要略》四卷、《西域釋地》二卷。又撰《皇朝藩部要略》,曰内札薩克,曰外札薩克,曰額魯特,曰回部,曰西藏,凡十八卷;又《己庚編》二卷,均已刊行。府君愛方山松泉之勝,晚年自號訪山,有《訪山詩文集》、《書史輯要隨筆》諸書。

余家平舒村,在太安村南二里許。《縣志》:"西北鄉十七所,其一平安所轄一村曰太平,距城三十里。"是太安、平舒本一村也。今平舒北有唐崇福寺,寺有神功元年經幢,規模宏壯。意當時人煙稠密,連延數里。後乃析爲二村,而《縣志》仍因其舊。邑故山國,此獨平坦,故曰太平。

平舒,兩見《漢書·地理志》,代郡平舒、勃海郡東平舒,皆縣名也。吾州張蓀圃先生佩芳曰:"地名古今多同,平定以宋太祖征河東首下之,故名。"然功臣表有平定敬侯齊受。《地志》:"西河郡下有平定,晉武帝始置樂平郡。"然漢宣帝時有樂平侯霍山,章帝名東郡之清爲樂平,唐又於饒州之長樂置樂平。壽陽晉始名縣,而東晉又以淮南之壽春爲壽陽。非詳加考核,往往有以彼地之事引入此地。唯盂以山形得名,始自漢以來,而亦未有同者。見《平定州志》。

嘉慶年間,古城村農以斷崖下得貨泉古錢十餘甕,又漢鏡一枚。馬景廬俊修曾以所得古錢數百見贈。景廬善醫,即古城人也。道光十二年三月,壽陽牧者,掘土得《唐安定梁君墓志銘并序》,石刻完好。余里居時,聞此石已輾轉數手,惜未見其文。後視學江左,邑侯鍾元甫録文寄示,詞雅體潔,其地名有飴露鄉、段亭村,山名有巨山,皆可補正《縣志》之闕誤,作詩報之,附記於此:"元黓執徐月在辰,片石獲自牧羊子。乃唐梁君之墓銘,太和七年殯於此。輔國之孫季淮子,年十有一惠而美。能諷孔文顏氏字,苗而不秀童烏似。段廷村西巨山南,飴露之鄉近壽水。厥名曰春字曰春,春華未萼霜雪委。乘羊戲馬人不見,謝玉瓊珠誰所誄。不著撰人名氏。劉生好古獻我侯,劉雪巖霦,邑諸生,留意金石。侯以尺書遺千里。金鐘既得地靈發,壽諺云:"古城南,古城北,没耳金鐘露半壁。"去年侯於縣治前竟得之,乃金大定鐘也。天池復濬人文起。方山頂天池將湮,侯濬治之,刻石紀事。陽摩山銘大曆二年丁未,《陽摩山功德銘》文。靈嵩記,寶應元載《古靈嵩寺新造功德堂記》。大樂元和六年辛卯,《大樂山重修古楞伽寺碑記》。神福天祐四年丁卯,《神福山寺靈跡記》。碑並峙。是皆唐筆久湮鬱,我創得之手民李。其芳善鐫字,與雪巖同好。與我村北陀羅幢,余家平舒村北崇福寺有唐神功元年石幢,高丈餘,八角三層,上層蓮花頂已圮,中層鐫《陀羅尼經》,額周圍鐫十六大字曰"上爲皇帝陛下敬造佛頂尊勝陀羅尼幢"。其時武后臨朝,所云皇帝陛下蓋謂武后,上則謂中宗也。然神功年號猶係大唐,不書周代,當日人心可知矣。手每摩挲心獨喜。

邑乘闕略遺金石,六十年來待編紀。《壽陽縣志》:乾隆三十四年知縣仁和龔導江重修。我侯通博百事理,意在搜抉證前史。宦游悵望碧夫容,兀坐一齋如夢耳。此年得吾邑碑拓,所至别懸一室,額曰"碧夫容齋",取吴蓮洋《方山》詩"巉巖高捧碧夫容"句意,以寄鄉思。不惜氈蠟遠相投,江上春來有雙鯉。"

馬首,即春秋之舊址。宗艾,疑上艾之故稱。晉州之寨猶存,賀魯之城尚在。古驛傳於韓句,洞過載在《水經》。鷲巖見諸《隋書》,鵶谷著於唐代。簡子墓亦趙氏之九原,程子窊乃宋賢之逆旅。不獨河有童子之號,山以長者得名也。他若龍門、龍潭、芹泉、柳泉、甘草、黄楊、蓮花、柏子,雲煙作社,水磨成灘;上曲、下曲、中曲,墟里迴環;東可、西可、中可,澗阿幽邃;南燕竹、北燕竹,即古之名州;上解愁、下解愁,皆今之樂土。頡紇村、鹹塌村,奇字堪徵;郤略嶺、屋科村,方言可證。又不僅禝飢之亭,綿蔓之水,標新故訓,領異前聞也。且陽摩靈嵩之寺,神福華嚴之洞,崇福陀羅之幢,大樂楞伽之碣,並有唐筆,猶餘古風。昭化院之像石,文留趙宋;燕周里之經塔,字溯金源。稽之志乘,挂漏殊多。僻在榛艿,摹拓絶少。余既帶經負鋤,時復懷鉛問字,偶爾創獲,如結奇緣。發漢甕之錢,買山許隱;拾趙陵之瓦,趙簡子墓瓦細者可爲硯。穿硯堪書。所以流連桑梓,不能無餘慕焉!

族姪元輔校字

附　録

一、王菉友《馬首農言》校勘記

洞過水:筠案:“洞”是借字。《説文》“迵”下云“迵,迭也”,是正字。迵迭,即是通達。《史記·倉公傳》:“診其脈曰迵風。”注云:“言風徹五藏也。”然《説文》亦借“洞”爲“迵”。宀部“宕”下云“過也,一曰洞屋”,是也。

穀:案:穀爲總名,禾爲專名,自是定論。然《説苑·張中種穀》,即呼禾爲穀。《説文》:“芑,白苗嘉穀;虋,赤苗嘉穀;粟,嘉穀實也;禾,嘉穀也。”《爾雅·釋草》:“芑,白苗;虋,赤苗。”郭注:“皆好穀。”是漢、晉人皆呼禾爲穀也,特不見於經耳。至於禾之爲總名也,則穀字從禾,黍、稷、粳稻之類穀名多從禾。故《七月》之詩:禾、麻、菽、麥,此專名也;“十月納禾稼”,則總名也。竊惟製字之聖生於北方,禾爲日用所不可少,故以之統率諸穀也。

稭:《説文》:“稭,禾稿。去其皮,祭天以爲席。”然則稭本秫稿之專名。

稷:案《毛詩》言祭品,率先黍稷。后稷又以之名官,知上古所重者稷也。而《王制》言稷食菜羹,則以之爲降食,知後人嗜欲日開,飲食日精也。

衹怕穀重種:安邱諺云“不怕重茬,衹怕重芽”,即此意。惟豆亦然,故謂之調苗,調苗則易茂。且穀種赤苗,則白、青、黄苗皆莠也,易於施鋤。

以手撥其瓣:案:“瓣”,當作“機”,見《吕覽》、《説文》。

拐麥:《玉篇》木部有枴拐,手部無拐。

鐮:《説文》作“鎌”。

不如不點:點者,種也。安邱俗以耬種之者,謂之“耩”;以犁耕之,以手下子,謂之“點”。

耐風:耐,似當作“能”。《漢書》云:“能風與旱。”

後復砘之:安邱亦呼爲“砘”。獨脚耬則石砘一,雙脚耬則如輪矣。《齊民要術》所云三脚耬,沂州南至徐州乃有之。砘之事,古爲之“案”。《説文》:“案,轢禾也。”

嫩:《説文》作“嫰”。

耙:《説文》作“鑼”。安邱則鐵齒謂之“鑼”,以條平編木筐上謂之“耮”。直隸道中所見,則“鑼”亦通名“耮”。

安瓜:安邱同此語,而其音則上聲。如或壽陽語亦是上聲,則似當作"揞"。《廣韵》:"揞,'烏敢切',手覆也。"與安瓜之事相近。

以手切去:切者,蓋即掐也。《説文》新附字:"掐,爪原本瓜字刺也。"

切其正頂:安邱謂之"打頭"。瓜之生而不苦者,安邱謂之稍瓜;生苦熟甘者,謂之甜瓜。打頭時,先稍瓜後甜瓜則可,顛倒之則稍瓜亦苦矣。又菜園惟此一種菜,乃可以爲種。若一園諸菜皆有,當其花時,蜜蜂採之,若留爲種,則形味皆失其常。此皆物理之不甚可解者。

蒜:各篇中蒜屢見而不及葱、韭。案《説文》:"葷,臭菜也。"《釋典》以葱、蒜、韭、薤、興渠爲五葷。道家易興渠以蕓薹,皆謂其有氣臭也。惟薑、芥辛而不葷。筠嘗見甘肅之薤,本如水仙花。種於蔽邑,以漸而小,三年後直與葱同,花葉皆同。惟葉極滑,露所不能黏著,故曰薤露。葱、韭雖無異可言,而葱子之將成也,其莖荏弱,不以物楮柱之,致其子至地,來年必一子生數莖,不中食。架者皆一莖。此亦老圃之所有事也。

秋收萬石糧:唐·李紳詩:"春種一粒粟,秋收萬顆子。"萬與一對,舉盈數耳,其實一粒所收,不止萬顆也。穀之初生,一粒一莖,比其長也,族生三四莖或五六莖矣。稗之族尤盛,俗名曰糁。諺曰:"糁子有百口家眷。"

今年耕墒:"墒",似當作"場"。《玉篇》場下云"耕場。"《廣韵》同,又有重文"䎫"。農之打場也,今年自地中起,明年自地邊起。耕不但欲地之熟,亦資日之暴。暖氣入地,其肥加倍,故耕不欲陰而風。

大小三筩:"筩",當作"脚"。三脚耬見《齊民要術》,沂州府用之。安邱用獨脚耬、雙脚耬。至於"耬"字,《説文》作"樓",見"楒"字下,又作"廔"。

椎:安邱則椎之兩三次,始運而之田。

田無草萌:鋤之力不但去草,實堅、實好,皆鋤力也。安邱鋤禾五六次以爲常,斗粟可得六升五合米。聞鋤九次者得米九升矣,以無秕而糠又薄也。豆鋤四次者,來年種之,雖堅地大雨,隴背皆平,力能負土而出。緑豆鋤次過多則不可爲飯,然以之作粉則較少鋤者多太半。下隰口訣曰:"一耕,二鋤,三糞。"

蘿蔔:"蔔",亦作"菔"。古服、葡同音,故《關雎》服、側爲韻。《易》:"服牛乘馬。"《説文》引"服"作"犕"。紫花菘即蘿蔔,《爾雅》作"蘆萉"。郭注:"萉,宜爲菔。"

鋤:鋤柄曰櫄,見《説文》。安邱皆呼"鋤櫄"。

犁:《説文》作“𥎊,耕也”,此古義也;《玉篇》:“犁,耕具也”,此後世義也。古人耕地,但知用一金,即今之鑱也,故須耦耕。漢人於鑱上再加一金,即今之犁也。然其時鑱亦爲之犁。《説文·玉部》“瑁”下云:“犁冠是也。”鑱乃有冠,以瑁於耜。犁,側置鑱上,所以覆土,未嘗有冠。以此知之。

鍬:《爾雅·釋器》:“斛”謂之“疀”。郭注:皆古“鍬、插”字。言“斛”爲古“鍬”字也。然“斛”仍是訛字。《説文·斗部》:“斛”,引《爾雅》:“斛,謂之疀。”

古艾從草:案:“艾”是借字。《説文》:“乂或作刈,芟草也。”是正字。《爾雅·釋詁》:“乂,治也。”凡《詩》、《書》訓治之“乂”,皆“嬖”之省文。

鏩:古之“鈇”也,其木質謂之“稿碪”。“碪”,亦作“椹”、“砧”,《説文》但作“甚”。

礪:古作“厲”。底厲能錯磨,故得嚴厲之義,爲借義所奪,乃加“石”作“礪”以别之。

杊:當作“捌”。《説文》新附“捌”字,引《方言》云“無齒耙”。

比之手槤:“槤”字不知何字之誤。“槤”乃瑚璉之“璉”之正字;“摙”乃“連”之俗字,然是漢世俗字。連,負擔也。既借“連”爲“聯”,乃加“扌”以别之。“槤”、“摙”二字,古人亦並借“輦”字爲之。

條箒亦作苕:案:苕箒爲正意,出《左傳》杜注。

箟:即“篩”之古字也,今音隨字變矣。亦作“簁”,訛作“簻”。謂以玉爲柱者,從爲之辭也。

謂之積苫:《爾雅》:白,蓋謂之“苫”。又《儀禮》:“寢苫枕塊”,則借字也。《説文》:“葠,喪藉也。”

墮曰竇:“墮”當作“橢”,見《説文·木部》。《儀象考成》:“橢圓形,又謂之鴨蛋形。”

塘猶堰也:《説文》無“塘”字,借“唐”爲之,《阜部》:“堤,唐也。”是也。毛氏刓改爲“塘”。《詩》:“中唐有甓”,蓋即《爾雅·釋宫》:“廟中路謂之唐”也。“唐”衹是途而用爲陂塘者。自障水言之謂之“陂”,自其岸可通行人言之謂之“塘”。陂、塘,蓋是一物。

轆轤:亦作“轒轤”,并見《廣韻》一屋;又作“樚轤”,見《集韻》一屋。

地穴出水也:“地穴”,似當作“穴地”。《爾雅·釋水》邢疏引《説文》:“井,鑿地取水也。”今本無此句。

氾勝:《漢書·藝文志》:《氾勝之書》,似"勝之"爲名。此或用《左傳》晉重例。

風莫風:"莫",蓋"兮"、"猗"之類,語詞也,似可從俗作"麽"。

驚蟄聞雷米如泥:驚蟄必雷,雷不必聞,惟雉聞之而鳴。先輩説《夏小正》雉震呴語。

清明栽蒜:安邱天氣暖,冬種蒜而五月出之,故曰"夏至不劚蒜,必定散了瓣"。言夏至以後蒜瓣不復附麗其根也。

九股八格杈:"格",依《説文》當作"輅"。然庾信《小園賦》:"枝格相交"祇作"格"。安邱芝麻止兩種,名"大八杈"者多枝,名"霸王鞭"者無枝。

芒種稙黍生芽:《魯頌》:"稙稚菽麥。"《毛傳》:"先種曰稙,後種曰稚。"《説文》:"稙,早種也;稚,幼禾也。"案:此乃百穀早晚之通名,非菽麥之專名也。臨淄人猶呼早麥曰"稙麥",安邱不聞此語矣。

小暑吃角角:筠聞此語誠作"角"音,而其字則當作"莢"。《説文》:"莢,草實。"《唐韻》:"古葉切。"安邱呼青、黄、白、黑豆之莢皆曰"夾",呼豇豆之莢則曰"角",呼牛、羊角亦如"夾"也。頃又檢得《廣雅》曰:"豆角謂之莢。"

油粒飽湛也:"湛",似當作"綻"。綻,坼裂也。《説文》:"果孰有味亦坼。"是也。但五穀粒雖極大,亦未嘗坼耳。案:此語似指豆而言,故曰"油"。且頭伏始鋤,亦必是豆。若是秫穀,則安邱諺云"立夏三日見鋤田,立夏十日遍鋤田",不能待頭伏也。

頭伏蘿蔔末伏菜:安邱諺云"頭伏蘿蔔,末伏蕎麥",蕎麥地中未有不帶小蔓菁者。小蔓菁祇可旨蓄禦冬,非都中所謂大頭菜也。安邱别之曰"大蔓菁"。

煞,道家之"殺"字也。

先社後秋分:安邱諺曰:"先分後社,有糧無人借;先社後分,糧食貴如金。"案:兩地諺語同者極多,獨此一事正相反背。

九九:安邱諺:"一九、二九不出手;三九、四九凌上走;五九、六九沿河看柳;七九六十三,路上行人把衣擔;八九七十二,黄牛遍地是;九九八十一,家裏送飯坡裏吃。"凡此類語,各據本地之寒暖言之,必不齊同也。又曰:"春打六九頭,七九便使牛;春打五九尾,凍殺三千火燎鬼。"案:此特以驗寒暖耳,乃作此很語,誠鄙諺也。

先喂牛:《月令·季春》:"喂獸之藥"作"喂",《説文》則作"萎"。

穀宜稀：安邱諺："稀穀秀大穗，來年長好麥。"蓋收穀之後，其田即種麥也。

叉匙上有火："匙"，當作"鹵"。《方言》有無鹵杷。安邱語曰："鋸口有火，刀頭有水。"凡接樹者，必以刀斷之，若斷之以鋸，不能生也。

麥秀五節："五"，似"四"之訛。麥，秋種夏熟，受四時全氣，故四節四葉。

雲南鈎風北鈎雨：安邱語："上鈎風，下鈎雨。"

早燒陰，晚燒晴：安邱語："早燒不出門，晚照行千里。"又曰："早上燒，晚上澆。"

一霧十日晴：安邱語："久晴大霧必陰，久雨大霧必晴。"

晚雨下到明，早雨一日晴：安邱亦有此語。又曰："開門風，閉門雨。"亦謂："晨風竟日，暮雨竟夜。"

八十老兒没見東雷雨：安邱有之，然是古語矣。今屢屢見之。

黑豬過河：一天星月而黑雲横截天河，是雨徵也。

忽雷雨連三場：安邱語"雷雨三下餳"，與此同意。《説文》："餳，晝食也。"安邱謂午飯爲"餳飯"，因謂正午爲"餳午"，日夕爲"下餳"。

塼：《玉篇》、《廣韻》有"塼"、"甎"、"甗"三字，皆可用。《小雅·無羊》傳："瓦紡，塼也。"《經典釋文》作"專"，《説文》同。古文假借，似難用。

墒：見《種植》篇。

巷謂之合朗："合"與"巷"雙聲，"朗"與"巷"之今音迭韻。《唐韻》："巷，胡絳切。""絳"字以古音讀之，則與"巷"之古音合；以今音讀之，則與"巷"之今音合。京師謂之"胡同"，正是"巷"之古音切脚也。下文"棒"謂之"不浪"，其誤同此。"共"聲、"豐"聲皆在東、冬部，"良"聲則陽、唐部。

虹謂之絳：案：此是轉音，非改字也。《廣韻》四絳："絳"與"虹"同音，古巷切；古音則"絳"、"紅"同，户工切。

藕根：案：此别自一物，今謂之"藕帶"者是也。大而短者謂之"藕"，細而長者謂之"藕帶"。帶生藕，藕生花、葉，帶之上不能生花、葉也。《爾雅·釋草》謂之"蔤"。

鬼秫秫：此乃去年遺種自生者。本以落而生，故結實仍落。即如麥初登場，必有自落之粒。欲來年麥早熟，即以此自落者至秋種之，可以早得接濟，然落於畝中亦多。經碌碡而得者，即種之不落，亦同此理。

墈：當作"鹼"，見《説文》。

牛:牛於六畜中最易肥,故諺曰:“年驢、月馬、十日牛。”安邱喂牛亦用麥糠,然淘汰必精。設有黄丹,則牛病矣。

多虚日也:此解似誤。“虚”從“北”,虍聲,故《説文》云“虚,大北也。”案:人之作室,必依北虚,故名村曰“虚”。後人分别之作“墟”,遂專爲空虚字矣。市在村落中,故曰“趁虚”也。

安邱王筠曰,在昔周公敶《無逸》曰:“先知稼穡之艱難。”孔子稱周公之才之美,而《風》、《雅》所載周公之作,反復田事,津津若有餘味。唐、魏之《風》言稼穡樹蓺諸詩,多出於在位之君子。孔子删《詩》,獨有取焉。壽陽,古馬首邑,爲晉祁氏七邑之一,其俗勤儉務農,至今猶有古風。淳甫夫子幼從京宦,弱冠入官,未嘗親田事,而其所著《馬首農言》十四篇,諄諄於土物之宜、耕耘之候,纖悉必備。蓋本《詩》、《書》艱難勤儉之訓,而以約旨卑思隱其詞於一邑之中。信乎“士食舊德,農服先疇”,祁大夫之遺澤長久,引而勿替也。筠家帶經而鋤者十餘世,創見此書,逢其故業,故樂而校之。校畢,並跋。

二、《馬首農言》序

吾邑劉君藴真、霍君子俊擬復刊祁文端公《馬首農言》一書,囑余爲之序。余讀之而有感者約十餘事。適客至,相與縱談及之。文端公以大學士致仕,惟農是務,有文中子親耕之風。吾人一入仕途,便汲汲不可終日,解組之後,亦未聞及於農事。何古今人之相殊如此?感想一。吾邑種植,以穀、豆爲大宗,麥類次之,故餐餐有小米,甚則雜以糠秕。壬戌歲,余由政務廳長出守河東道尹。丁卯,移鹽運使。居晉南者六七年。巡行所至,見人民之所食者,皆麥飯。同一省也,而民食之不同有如此。感想二。吾邑犁田,淺者寸餘。古人重深耕,謂爲能加收穫。吾鄉收至薄,殆淺耕之故歟?感想三。農具不加改良,用力多而收效少。今雖不能如外國之大農,純用機器,亦當研求省力之器械。感想四。農之有諺,人每視爲鄙語,不值記載。余以爲農諺者,即農人之文學,其言有實用,較勝於文人之文學。感想五。五穀多病害,若得良法以除之,則産量多有增益。感想六。吾邑志載物産,有桑,有絲絹,諺有“小滿花,不回家”之語。則養蠶、栽桑、種棉,必爲舊有之業,何以今竟寥寥,豈地利之失宜?抑後人之廢事乎?感想七。自正太軌成,盂及吾邑之糧,皆便於外運,買空賣空。昔年之患在病民者,今則患在病商。若夫囤積居奇,亦糧商操縱之故技,乃世界之事,更有可驚可愕者。數年前聞美國因産麥過多,竟以一百二十萬噸付之一炬，而同時他國及我國人民之死於饑饉者，實繁有徒。亦見商無中外，私利而已。今欲將生產平均調節，自非實行地方自治、民生主義不爲功。感想八。吾邑土質固不宜多雨，然一遇久旱，亦復束手無策，諺謂靠天吃飯者也。是故變土壤與辦水利，有待乎實地之講求。感想九。吾邑宜牧羊，毛亦美，惟每頭僅剪一二斤。如能改牧美利奴之羊種，則可增至十倍。感想十。積穀備荒，我國有"三倉"之舊制，亦即近世合作之先聲。乃合作之新制未興，而舊有之社倉亦廢，是退化也。感想十一。吾邑自藍公教織以來，織布大興，民賴其利。乃因習用外貨之故，織土布者，亦漸稀矣。民國初年，余以河北高陽織布獲大利，擬仿而效之。商之官紳，初以款絀爲詞，繼乃獨立遣人至高陽，購機覓匠，設立"益壽工廠"。命名"益壽"者，取益利壽陽意也。董其事者爲王君潤齋、武君煥章，助之者白君子平、趙君龍友及族叔大年公，固未嘗不慘淡經營也。乃試辦兩年，徒靡數千元之巨款，不得已改營花布業。事與願違，至今引以爲憾。果邑人之生計不需此乎？抑辦理者之未能因地制宜歟？感想十二。言至此，客去，因筆之以爲序。吾鄉貧瘠久矣，菽、稷外，鮮大宗出產。近年農村負擔加重，借貸利高，費用日增，生產如故。雖勤勞慣性，尚在保存，而游惰奢靡之風，亦漸漸長矣。長此以往，一縣之財政，各村之經濟，欲其不困也得乎？爲今之計，惟有提倡增加生產，促進鄉村合作，救濟農村金融，使人盡其力，地盡其利。吾知馬首父老從此農業進化，必更有新興之農言以餉來者。民國二十一年七月崔廷獻識。

三、《馬首農言》序

二十年六月，壽陽友人欲重印祁淳甫先生《馬首農言》，索余序。余曩年在北京曾一讀之，自種植至於織事十數篇，皆老農經驗與社會實象。安邱王菉友時官山西，以小學提挈晉人，其德不鮮。《校勘記》多以考據及其鄉語對證，凡爲研究社會民俗與民生古今進化之跡者，皆可讀之。再讀之後，有所記作，爲此書之序，可乎？

（一）就吾人食物上所見之進化

徵引程瑤田《九穀考》，知"穀"爲總名，"禾"爲專名，其中"稷"爲祭穀之總名。《校勘記》云："上古所重者，稷也，而《王制》之稷食菜羹，則以之爲降食。"吾人試以今日情形溯厥上古，一苗之植與古今需供事實沿革尤大。吾人今日所需之主要食植物，古別爲禾、麥、菽三類。自古書所見，《說文》"禾"部字頗夥。自禾之種、禾之德、禾之象、禾之構造、禾之量法、禾之治法，以至於“黍”部之黍種及黍之關係。以其多也，而有“秝”部之字；以其芳也，而有“香”部之字；以其需必精也，而有“米”部之字。於米之德、象、構造、治法、量法，以至成食物量之、治之，而有“毇”與“臼”部之字。祭祀之所薦，黄鐘之爲律，國力之所本。伯益之後，封地於秦，秦宜禾，故從禾。在有文字以前，事事足以助原人之進化以成文化者，惟禾類植物爲然，若麥與菽則異是。

中國自周以上首推三百五篇爲信文，其中“麥”之字凡數見。如“爰采麥矣”、“芃芃其麥”、“丘中有麥”、“碩鼠碩鼠，無食我麥”、“麻麥幪幪”以及“黍稷重穋，禾麻稷麥”等。又《周頌》：“思文后稷，克配彼天。立我蒸民，莫匪爾極。貽我來牟，帝命率育。無此疆爾界，陳常於時夏。”又，“於皇來牟，將受厥明，明昭上帝。”所謂“來牟”，即麥也。《説文》：“來，周所受瑞麥來麰也，二麥一夆，象其芒朿之形天所來也，故爲行來之來。詩曰：‘詒我來麰。’”又，“麥”字下曰：“芒穀。秋種厚薶，故謂之麥。”徐鉉曰：“夂，足也。周受瑞麥，來麰如行來，故從夂牟聲。”又“牟”字下曰：“牛鳴也，象其聲氣從口出。”故知牟、麥同爲“M”聲，來爲牟、麥之復輔音“ML”之“L”聲。

就精神觀念言，麥之爲物，在周人先祖所得。然不能考其爲何時，然確知爲古來民族最珍重之紀念。如“帝命率育，無此疆爾界，陳常於時夏”及“將受厥明，明昭上帝”等文字，愈爲頌遠世之語，愈足以證明當時偶然得之之欣慰。就字形推之，麥之象形，因其爲天所詒來，則竟爲行來之來字所由。其榦在上，其芒向下，形容其自天下詒之狀。且爲牟聲，想見其得到時無以名之，即以牛鳴之聲代名。厥後則更寫其行來之意，而以“來”加“夕”爲麥，而在文字屹立一部，以示别於其他穀名。

按歐、亞、非洲各民族，在新石器時代則知種麥。古代希臘、羅馬且有埃及種，足以表示其原爲得於其東南方者。然埃及今無野麥，其後，有人在黑門山（Mtmermon）坡上發見野麥，乃知麥之原殖進化地方，或爲地中海西端沉下之地。中國之麥當來自西南，所謂周人之祖，當是新石器時代之神話。

惟菽則可徵者少。“菽”因與“豆”同聲，漢時已以豆字代菽，故從菽之字，亦以“豉”代“叔”。惟菽之種類不見，今日北方豆類之多，幾與禾類相頡，可以知古來黄河流域造字人之方，其豆僅有。

就植物之種類以察其進化。古時之所以少菽無麥而多禾者，在今日山西、陝西、河南各省所有之植物，可以見之。原來造字人之地域，即禾類植物進化之區,今日所見者,如薌、莠、稗及不可名之擬態禾類,不可勝計。而菽與麥之種,除必需者外,則無一物。在今日植物分類學上所見,豆類植物範圍固廣,然草本而以果實供人食之豆類,則無擬似者焉。故其結論可以説,禾爲原來造字地所進化之原有植物,麥爲原無而早來者,菽則爲原來少有,而又有發由他地漸補移來者。且今日所需富有澱粉之食物,凡爲古文字所不及見者,其類爲夥。在人生研究上,應作今日食品之進化研究以敷陳之,可也。

(二)就吾人言語聲音上所見之進化

"無"謂之"没拉",是在今日輕脣音之"無",而諺尚存古人重脣音者。"無"字在古與"莫"、"秏"、"靡"、"冒"、"末"、"曼"、"没"等音同讀者也。

"巷"謂之"合朗","棒"謂之"不朗","疾雷"謂之"忽雷",是古時言簡而音重,所發見之復輔音,今日尚在口中者。王《校勘記》以爲"合"與"巷"雙聲,"朗"與"巷"之今音疊韻,固是。但古人言簡時之字音,多以"ㄌ"[L]爲第二子音與第一子音相連,如:"GL"、"KL"、"HL"、"BL"、"PL"、"ML"、"FL"、"DL"、"TL"等是。"孔"曰"窟窿","團"曰"突欒","滾"曰"骨朧","錚"曰"直棱","奥"曰"圪勞",皆同此例。有時更將復輔音讀重,其"ㄌ"聲亦可獨立成音,"忽雷"之"雷",即此結果。古文與籀文雷字中間之"回",雷聲也。其初讀回爲"GL"、"KL"、"HL"系之讀音,讀之愈重愈頻,則始足以方其回轉之想象,而舌之顫音生,即"ㄌ"聲愈顯,乃成雷之讀聲。原其字音即忽雷也,今日之字,凡爲"ㄌ"聲,多有由復輔音而來者。

"小雨"謂之"忽星"[注:"星"讀如"西"],是太行以西大部份之古音。即庚、耕、清、青、蒸部之字,在文字上讀之爲鼻音"ㄥ"收聲,而諺音則不惟不加"ㄥ",且有種種之讀音:

有以"ㄧ"爲韻者。"星"讀如"西",即屬此類。天晴之"晴",星宿之"星",清明穀雨之"清"、"明",天明之"明",眼睛之"睛","病","領",腿脛骨之"脛","聽",人命之"命",燒餅之"餅",錫條之"錫",原平鎮之"平",凌井溝之"凌"、"井",京陵城之"京"、"陵"。

有以"ㄖ"爲韻者。正月之"正",正廳之"正",聲音之"聲",外甥之"甥",團城、堯城、祁城、邵城、白城等之"城",稱物之"稱"兒,量物之"升"子,蒸食之"蒸"。

有以"ㄛ"爲韻者。耕地之"耕"曰"ㄐㄧㄛ","硬"曰"ㄋㄧㄝ","杏"曰

“ㄒㄧㄛ”。

有以“ㄤ”爲韻者。“硬”曰“ㄋㄧㄤ”,“迸”曰“ㄅㄧㄤ”,“杏”曰“ㄒㄧㄤ”。

有以“ㄩ”爲韻者。兄弟之“兄”曰“ㄒㄩ”。

古人之音所以至今尚得聞者,創行於一時,傳移於一地,必有剛性不變不斷之器久貯之。如自然現象、吾人身體、家庭需物、古地名等不磨之語音,猶之金石木甲之有可以防止物理及化學等外力作用,不能改移其性與狀,使古之文字、書畫、實物賴以傳者。以上之古韻,凡太原平原及滹沱流域之諺音爲古語者多如此。壽陽、遼、沁、和順、榆社、武鄉對於庚、耕、青、清、蒸部字省“ㄅ”而韻“ㄧ”者,則多爲省“ㄅ”而韻“ㄭ”。平舒之“平”,即如此讀。

“ㄭ”音何也？Beruhard Karlgreu 謂中國言語中多有附注韻母[Vowelless apicales],有一種齒跟附注音,一爲北京語中“時”字之韻,即中國注音字母之“ㄖ”;一爲北京語中“死”字之韻,可代以“ㄭ”。吾儕於念聲母“Z”時,將舌與齒跟中間之通路少微放寬,恰好減去其聲中之摩擦音,即容易念出[北京大學國學季刊]。壽陽、遼、沁等地方語言,即係以“ㄭ”爲韻之要素。且有“ㄭ”而無“ㄖ”,讀“ㄭ”最濃之區,衹有P、ㄘ、ㄑ,而無ㄐ、ㄑ、ㄒ。甚至以ㄐ、ㄒ、ㄑ一及ㄓ、ㄔ、ㄕ,概以P、ㄘ、ㄑ、ㄭ出之者。

伴行謂之“相跟”,相,入聲。壽陽爲入聲區域之東終點。原來太行之西,霍山之北,雁門之南,各依其高脊蜿蜒之形勢,劃爲古今貯藏古音者之區。最著者爲貯存古來之所謂入聲,足以供今人考究之標本。但自來之究音韻者,尚未瞭解入聲本身爲何物,衹拘於江左四聲,以爲入聲除同聲[雙聲之聲]之外,無他關係。故有兩種錯誤:

一、强以入聲各韻部,配於平、上、去各韻部。如顧炎武以下,言人人殊。孔廣森、嚴可均、章炳麟又專配於無鼻音之“之”、“支”等各韻,且以“緝”、“盍”以下各韻,爲有鼻音而配於“侵”、“談”各韻,結果皆未能自圓其說。

二、泥於自來傳說入聲短促,即收藏之讀法,而以最良好之試驗方法試之,亦言人人殊。甚至以北京非入聲之“入聲”,而亦與平、上、去同來試驗,結果不過於平、上、去之外,又多一短促之平聲。

實地考察,其初,衹知太原平原各地爲與江、浙兩省所讀之入聲相同,而與河北平原人[北京在内]所讀之入聲分歸於平、上、去三聲者,截然不同。其次,又就山西本省各地讀音比較,始知此與地理交通上有所關係。因沾嶺之東爲昔陽、平定、井陘等各縣,已與北京爲同一讀音。沾嶺以西之壽陽、榆次各地,即爲入聲區域。沾嶺東、西屹然劃一最大分明界限:東爲中原音韻之音,以入聲變讀爲平聲之區,今日注音字母標準所從出者;西爲古來原有入聲之區,即古來入聲所貯存者。

入聲者何也?古來以爲平、上、去、入分列四種,謂之四聲,且以此四聲分配四角爲其讀法,其判别似乎衹知有抑揚關係。今人又不加細察,而以中原音韻之河北音加以研究,真不知其所在。其實爲聲[雙聲之聲]與韻之關係,平、上、去、入同爲一聲,平、上、去爲一韻,入又爲一韻。即如此,相跟之"相"讀如"想",與平、上、去所讀之"相"、"想"、"象"比較,"相"、"想"、"象"三者爲同聲同韻,不過以抑揚别之。入聲之"相",雖與三者同聲,而又爲一韻。總之,所謂入聲者,與平、上、去比較,而爲同聲異韻。亦可謂雙聲而不叠韻,即别於平、上、去,而又爲一韻者也。

入聲之韻何也?現在究之,亦爲人類原始母音之一,即萬國聲音學會記音法之"Λ"也。惟"Λ"在英吉利語中,衹爲字中所間之短音,而入聲之韻,可以在句末爲韻脚,稍長讀之。壽陽與太原平原各地之入聲,如屋、北、鹿、獨、宿音,即以此音讀之。

入聲之韻,"Λ"音之外,尚有"Y"爲韻。大抵讀"Λ"時,脣稍張,即流爲"Y"。壽陽與太原各地讀"發、達、八、殺"即爲此韻。且太行以東之無入聲區,如《中原音韻》、《李氏音鑒》及今日之北京語與注音字母之讀"發、達、八、殺",亦爲"Y"韻,是尚有保存原入聲之部份者也。

"Λ"與"Y"音,太原平原人讀之多有加重。一若讀平、上、去中之上聲者,如徐溝、清源等縣人之諺語"八月十五殺韃子","八、月、殺"三字爲"Y"韻,"子"爲"Λ"韻,"十"爲"Λ"上聲韻,"韃"爲"Y"上聲韻。

(三)就吾人生活上所見之進化

本書所記有最重要者,即糧價物價篇所載,讀之可以見前清乾隆、嘉慶、道光、咸豐四朝百年中,人民之生活需要與供給、自產與輸入,在社會經濟之過程上,確爲真而可信之史料。余爲補助讀者之力,分列二表:

表一

品　名	貴　至	賤　至	各年最賤價比較
小　米	1300 下 1200 上	400 上下	咸豐四年 300
穀	以米六分作價		咸豐四年 160
糈　子	1000 以上	400 上下	乾隆二十四年 100 以上 咸豐四年 420
蕎　麵			咸豐四年蕎麵斤 20
蕎　麥	蕎以糁子六分作價		咸豐四年 180
黄　米	1100 上 1200 下	500 上下	咸豐四年 400
黍　子	以黄米六分作價		咸豐四年 240
麥　子	1100 上 1260 下	500 上下	嘉慶四、五年 400 以上 咸豐四年 480 咸豐四年麵斤 24、25
高　粱	800 以上	250～260	咸豐四年 160
小　豆	1100～1200	400 上下	咸豐四年 220 咸豐四年麵斤 14
黑　豆	800 以上	500 上下 或 200 上下	咸豐四年 120
扁　豆	900 以上	400 以上	
油　麥	700 上下	200 以上	咸豐四年 260 麵斤 16

表二

品　名	出　處	價	賤　價	備　考
油	神池、利民	100 上下	70 以上 咸豐四年 63、64	
酒	榆次、朔州本縣	同油價	50 上下 咸豐四年 40	
鹽	歸化城	30 上下	20 以上 咸豐四年 18	邑納鹽課,不需官鹽,長盧私鹽,斤 30 下上
次醬	應州、徐溝	20 上下		
醬	省城	50 上下	咸豐四年 40 上下	
次鹽	歸化城	40 上下		
鹹	陝西神木	30 上下	咸豐四年 20	
鐵器	潞安、盂縣			
日用鐵器及木器	半出本邑	價以物斷		
棉	趙州、欒城等處	140～150～400 上下 咸豐四年 120		每斤有定價 120 文,價貴則斤數減,價賤則斤數增。平斤而外,有不足一斤者謂之小斤,多者謂之老號
東布	獲鹿、欒城等處	30 上下～40 上下		木尺加二寸曰布尺;又木尺加一寸曰裁尺
本邑布		20 上下		農人所用比東布爲多,餘布市於北路

注記:"里中父老僉云自來價低,無過咸豐四年",與正文所記乾隆二十四年及嘉慶四、五年,皆爲人民生活在社會經濟史之過程上一個特點。然本書正文成於道光十六年,刊於咸豐五年,咸豐四年後則不知之。是應别求參考,以證明此年是否最低限也。

僅此二表,雖未得產出、需供之量數與逐年屢記之數,得以指數,徵其演變,而農民在某時代經濟生活之度,可以略見其概況。其中慨乎言之者爲商惡,曰"囤積居奇",曰"空斂",曰"買空賣空",曰"歲之歉與不歉,盡操斯人之手",曰"六、七、八人之專利,致使一邑停織住紡,衣著無物。是億萬人之號寒,盡操於六、七、八人之手"。懋遷有無必須商,而此商惡今日如故。今日物價已較當日高若干倍,非有消費組合事業如春筍怒生者,不足以補其所患。當然,非有最確當指數,不足以資統計供計算也。

中國自古農國,以世界四分之一人民生長聚族,在理應以農產供給世界。乃一問其所產,則不惟不餘,且恃入口之糧以爲生。並糧之入超額,計自民元以來歷年統計之百分數,有在五十以上者,可以謂吾民生命,常係於帝國主義者之手。就美國對中國糧食關係言,據十六、七年美國經濟各報常載,美國供中國入口之糧,在一九二六年度,營麵商大贏,而營米商大絀,影響於紐約一時之金融。竅其實在,皆因中國南部人民改食麵者日多。且云估世界四分之一人民食物所嗜,即有左右世界金融之力。自我視之,亦可謂世界金融,即有左右我生命之力也。政府於此,應以法獎勵殖產,其唯一之根本動力,應設不動產及農產抵押銀行,以輕利借貸,使農家有金融之可言,以增加農產,則根本爲治之法也,否則不國。

其他如風俗、著述、地理、古物之述證,言簡意賅,可當志略。余思春秋馬首、九原故址,不悉爲今之何地。吾人如能以法得其所在而發之,將與治史者增多古物證據,以爲進化層級之顯然研究,則尤所深蘄者也。

二十年七月徐溝劉輝蘂序

隨　筆

思復齋隨筆卷一道光十四年甲午秋九月

壽陽、榆次之間多古墩臺廢址，相距率五、六里許，皆在岡阜絶高處，可以眺遠。意明代所築，以備北邊者。今之墩臺多在大道旁，所望不過數里，不如舊墩之阨要矣。

晉祠在太原縣西南十里懸甕山南，晉水所出，有兩泉：祠左曰善利，右曰難老。難老泉獨旺，清湍汩汩，蘋藻經冬，鮮碧可愛。太白詩所謂"晉祠流水如碧玉"也。難老泉涌成潭，潭前鑿石孔十，又以石界水，七分北注，三分南注，灌溉三十里。兩派皆入于汾。

唐叔虞祠，乾隆時重修，大興朱文正公珪時爲方伯，撰碑考證明確。聖母祠相傳爲龍母，無所考，朱碑據閻百詩若璩説，定爲邑姜，足破千古之疑。閻説據宋政和殘碑《祈雨報謝文》。近阮雲臺節相元有句云："漫説叢祠住女郎，亂臣原是古周姜。"亦取閻説。又，朱竹垞彝尊《遊晉祠記》石刻在叔虞祠。

晉祠古柏二，相傳周柏也。青主傅先生山題曰"晉源之柏第一章"，蓋謂左一株尤古。道光四年因風折卧，爲里人翦伐。觀察王幼海志瀜聞之趨救，已無及。今存者僅右一株耳。余嘉慶十九年冬遊此，猶見第一章。廿載重來，爲之三歎。介休介子推墓前有漢槐，陽曲狄梁公故里有唐槐，皆古物。

貞觀晉祠之碑，唐太宗製并書碑額，飛白神筆也。碑下方剥蝕。乾隆時邑人楊二酉取舊搨本重刻一石，與舊碑並峙，規模僅具，神采不逮遠矣。

壽陽大樂山，由界牌北澗入二十里餘，石壁幽秀，多嘉木珍果，有唐楞伽寺碑，駢詞楷法，可翫。

陽摩寺地界盂縣，在壽陽雙鳳山之北，石洞深邃，相傳元魏建剎，有唐《陽摩寺功德堂記》，其書右行，銘詞可觀。又，唐《古靈嵩寺功德堂記》高一尺，長丈餘，皆摩厓刻。縣志不載，從無搨本。余道光十年請假歸里，屬石工李其芳搨之。《靈嵩寺功德堂記》，字似褚法，頗類《甎塔銘》。

《方山李長者行蹟碑》，上段畫像，下段記，石刻小楷，精妙完好，乃宋時刻。在昭化院，崇寧元年七月沙門宗勝立石。《山西通志》作《行蹟碑》。

盂縣田雅鄰頌年家觀《墨池堂帖》，明·章藻刻。又，徐健菴乾學《讀禮通考》、秦蕙田《五禮通考》，皆初刷本。又觀傅青主詩幅絶佳，《太原段帖》四卷，皆傅青主書，太原段絆刻。

甲午十月,謁吾師張芸閣先生觀藜於清源儒學,觀《寶賢堂帖》。明·晉世子奇源刻。《寶賢》乃雙鈎《絳帖》,益以晉諸王世子及宋後名人書,石刻在今晉陽書院。傅青主跋謂:“有明藩刻三,周之《東書堂帖》、肅之《淳化帖》,晉之《寶賢堂帖》,以《寶賢》爲勝。”又觀《絳帖》善本,帖刻於宋淳化間,世所傳《潘駙馬師旦帖》也。

平遥閻甥國光家觀《餘清齋帖》,帖刻於明萬歷丙申,續刻於甲寅,乃吳用卿廷刻,多董思翁跋。米元章謂右軍帖五,不敵子敬跡一。今觀大令《中秋帖》,的是米顛祖脈。大令《東山帖》,顏清臣行書所出。王元琳珣《伯遠帖》,筆蹤神爽奕奕。元琳書世不多見,必非贋本。宋濂跋:“世傳黄庭多惡札,而樂毅亦梁代模書畫像,非晉筆。”此唐人臨右軍書帖。海嶽審定,豈容議耶?

《玉虹樓帖》,張文敏公照書,曲阜孔氏刻。

平遥尹甥婿助周家有胡安石西安手書《道德經》一册,雜臨各帖一册。《道德經》臨宋搨本絶佳,乃麄紙書,署款翫易老人安石,康熙甲申獄中書。論《易》先天後天圖,不取朱子説。

薛松巖登五,平遥優貢,善書,有《聖教》氣味。尹氏贈余薛書二幅。又觀其先人墓誌及《長子縣儒學碑記》搨本,皆佳。松巖乾隆時人,年至八十九卒。

《蒔竹編》,吾邑趙漢章先生宗文嘉慶三年令湖南綏寧時所著,凡五十五條。自養及教,纖悉畢具,切於民生日用,因地而施。余視學湖南訪其書,有綏寧老生云,趙公祠當藏之。乃得一帙。先生遺愛在民,至今尸而祝之。曾令鄜,聞亦有祠。頃晤嗣君五雲云,任鄜時曾刊《訓俗編》,家有鈔本。他日當見詒也。

《秋碧堂帖》,梁蕉林相國家刻,卷端皆有蕉林收藏印。陸機《平復帖》,筆力勁折,董香光以爲玄常而後,逸少而前,第一名蹟。《戲鴻堂貼》未收,以無鈎摹善手也。黄山谷書漢人《得道陰長生詩》三首,神采俊秀。山谷跋云:“以生筆試佳紙,洵得意之書。”蕉林相國名清標,直隸正定人。

壽陽四圍皆山,獨西北黄嶺一山口受西北風,故氣特寒,霜降亦早。昌黎詩所謂“邊城特地寒”,諺云“冷壽陽”,職此之故。平舒、太安兩村霜降尤早,蓋地窪近河故也。農事種宜遲,穫宜早,艱辛倍於他邑。

《思復齋》跋語,曾子曰:“人之生也,百歲之中有疾病焉,有老幼焉,故君子思其不可復者而先施焉。親戚既没,雖欲孝,誰爲孝?年既耆艾,雖欲弟,誰爲弟?故孝者不及,弟有不時,其此之謂與?”余年踰無蓺,身爲鮮民,不可復者已無及已。憘憘之愛,爲日方長,永念制言,書此自勗。道光十四年冬十一月寯藻記。

《大戴記》,宋時列於十四經,注者惟盧辯字景宣,周尚書右僕射。一家,頗簡略。近盧抱經文弨戴東原震釐正其文字訛舛,汪紉青照作爲解詁,采摭諸説,王青浦昶爲之序,而刻於汪君没後,校勘未精。别有孔顨軒繼涑栞本,較善。《大戴記》,漢·信都王太傅戴德撰。王伯厚曰:"德取以爲記,云撰,誤矣。"

盧氏文弨曰:"《大戴》之極精粹者《曾子》數篇,而《立事》一篇,尤學者所當日三復也。"

惠氏棟曰:"此書始於三十九,終於八十一。有注者止二十四篇,其餘十五篇無注。但間有校正,字句異同之處不類本注。今訪求宋元舊刻,校正其間與《周書》、《周禮》、《小戴》、《荀卿》諸書異同及字句多少之處,皆依此書原本。"

王伯厚應麟《困學紀聞》云:"《大戴記》之《夏小正》、管子之《弟子職》,孔叢子之《小爾雅》,古書之存者,三子之力也。"

《大戴記·少間篇》,子曰:"所謂失政者,疆蔌未虧,人民未變,鬼神未亡,水土未絪。糟者猶糟,實者猶實,玉者猶玉,血者猶血,酒者猶酒。"《續古今攷》云:"此五語甚怪。意者謂政雖已失,未至大亂。總九句觀之,天地人三才未全乖亂,人主好惡是非未全顛倒,尚可爲也。"

《春秋説》題辭云:"天文以七,立精以五,故嘉禾之滋,莖長五尺。五七三十五,神盛,故連莖三十五穗,以成盛德,禾之極也。禾者,衙滋液也。稻之爲言精一作藉也,麥之爲言殖也,菽者屬也,黍者緒也,麻之爲言微也。"

《春秋佐助期》云:"粟神名許給,姓庸天。麥神名福習。黍神名佾倭蘭郝。荳神名靈殖,姓樂。"

《春秋握誠圖》云:"劉嫗夢赤鳥如龍,戲己生執嘉。執嘉妻含始游雒池,赤珠刻曰玉英,吞此者爲王客,以其年生劉季爲漢皇。"

《淮南子》:"汾水濛濁而宜麻,濟水通和而宜麥,河水中濁而宜菽,雒水輕利而宜禾,渭水多力而宜黍,漢水安重而宜竹,江水肥仁而宜稻,平土之人慧而宜五穀。"

《論語比考讖》云:"水名盜泉,仲尼不漱;里名勝母,曾子斂衿;邑名朝歌,顔淵不舍。七子弟子掩目,宰予獨顧,由蹶墮車。"宋均注:"子路患宰予顧視凶地,故以足壓之。"

《古微書》三十六卷，明·南郡華容人孫子雙瑴著録。一曰《删微》，一曰《焚微》，一曰《綫微》，一曰《闕微》，多得之《十三經注疏》及廿一史書志及《太平御覽》、《玉海》、《通典》、《通攷》、《通志略》諸書。《尚書緯》則有考靈曜、帝命驗、中候、五行傳、璇璣鈐、刑德放、運期授、帝驗期、中候握河記、中候考河命、中候摘洛戒、中候雜篇。《春秋緯》則有元命苞、演孔圖、合誠圖、文曜鉤、運斗樞、感精符、考異郵、潛潭巴、説題辭、漢含孳、佐助期、保乾圖、握誠圖、内事、命歷序。《易緯》則有通卦驗、坤靈圖、稽覽圖、河圖數、筮類謀、九厄讖、易雜緯。《禮緯》則有含文嘉、稽命徵、斗威儀。《樂緯》則有叶圖徵、動聲儀、稽耀嘉。《詩緯》則有含神霧、推度災、汎歷樞。《論語緯》則有比考讖、撰考、陰嬉讖、摘輔象、摘衰聖。《孝經緯》則有援神契、鉤命訣、中契、左契、右契、威嬉拒、内事圖。《河圖緯》則有括地象、始開圖、絳象、挺佐輔、握通記、雜緯篇、玉板、龍魚河圖。《洛書緯》則有靈准聽、甄曜度、摘六辟、録運法、河洛讖。

嘉慶壬申，禹航陳世望重校《古微書》栞之，其跋云："考緯之興，熾於東漢。郎中郗萌集《圖緯讖占》爲五十篇，緯與經並行不悖。惟雜以終張之言、新莽之説，舛謬往往間出。隋煬帝時，惡天下家藏讖緯諸書，上效祖龍，付之一炬。經存緯亡，實始於此。又考注緯文諸家，鄭玄、宋衷見之《隋志》，宋均見之《新唐書》，李淳風見之《中興館閣書目》，而宋兩朝《藝文志》云，今之緯書存者惟《易》。是緯亡不盡亡於隋也。"按：魏高祖太和九年詔，自今圖讖祕緯及名爲《孔子閉房記》者，一皆焚之，留者以大辟論。是焚緯不始於隋矣。

賁居子孫瑴號曰："諸緯文俱佚矣。惟《乾坤鑿度》二册獨存，故不贅録。秦燬《經》而《易》完，隋錮《緯》而《易緯》完，故知《易》之神力遠也。"

《爾雅》：鶌鳩戴鵀，邵氏晉涵《正義》云："《禮記》疏引孫炎云：鳲鳩，自關而東謂之戴鵀。"案《方言》以鳲鳩即戴鵀，故孫炎本以爲説。郭氏彼注云，尸鳩即布穀，非戴勝也。

董仲舒曰："《春秋》它穀不書，至於麥禾不成，則書之。"以此見聖人於五穀，最重麥與禾也。

張聯英，壽陽人，通醫經諸方，更喜刑法家言，得遼東范氏《乾坤法竅》一書，精心領會，遂工相地之術，其説與今青囊諸家異。又知天文星象，自製渾天儀星毬，能推步日月食。聯英幼重聽，讀學不多，而好深湛之思，今年五十餘矣。族兄朝駿爲予言之。

劉霦，字雪巖，壽陽生員。其兄霱，嘉慶丙子科解元，兄弟績學有奇才。霦尤奇逸，不屑帖括，欲爲僧者屢矣。同舉挽之，勉就試，輒冠軍。歲試後，列第一。賀藹畊長齡學使奇之，然霦無意科舉，嘗往來五峰觀。酷愛傅青主先生書，片紙必鐫石，自號龍泉道人。予集東坡句一聯贈之曰："古器縱横猶識鼎，青山偃蹇如高人。"

八穀八星在西藩外，五車星北，一主稻，二主黍，三主大麥，四主小麥，五主大豆，六主小豆，七主菽，八主麻子。

《説文》："冬至後三戌，臘祭百神。"《風俗通》曰："臘者，接也。新故交接，大祭以報功也。漢家火行，火衰於戌，故曰臘也。"高堂隆曰："帝王各以其行之盛而祖，以其終而臘。火生於寅，盛於午，終於戌，故火家以午祖，以戌臘。"《搜神記》："漢陰皇后之祖陰子方，臘日晨炊，而竈神形見。子方再拜受慶，家有黄犬，封以祭之，謂爲黄羊。自後暴富，故世以臘日祀竈。"《漢書·郊祀志》："李少君有祀竈方。"今北方率以十二月二十三日祀竈，不用三戌日也。

《史記》一百三十卷，漢·司馬遷撰。缺其十篇，褚少孫補之。考《漢志》載《史記》百三十篇，不云有缺，則當時已與少孫書合爲一矣。古注存者有裴駰宋、司馬貞、張守節唐三家本，各爲書。宋元豐刊本合三家之注爲一，至今仍之。

《漢書》一百二十卷，漢·班固撰，其妹昭續成之，唐·顔師古注。然地理、藝文志中有固自注，或併引爲師古，非也。固原書次第備見于敘傳之中，而《南史·劉之遴傳》，别有《漢書》真本之説，顛倒其篇目，竄亂其字句，寔爲謬妄。

《後漢書》一百二十卷：《本紀》十卷、《列傳》八十卷，宋·范蔚宗撰，唐·章懷太子注；《志》三十卷，則晉·司馬彪續《漢書》之文，梁·劉昭注之唐以前本各爲書。宋乾興中，判國子監余靖建議校刊，乃取以補范書之亡。諸家徵引多稱《後漢書》某志，失之矣。

《三國志》六十卷，晉·陳壽撰，宋·裴松之注。壽不以正統予蜀，爲後儒之論端。然晉承魏祚，壽爲晉臣，僞魏是僞晉也，未免于不論其世。裴松之注，引據博洽，中多補正事跡，而不及音義與故實，然亦間注數篇，疑欲爲之而未竟也。

《晉書》一百三十卷，唐·房喬等撰。以陸機、王羲之二傳，太宗製贊，故卷首題太宗御撰。考典午一代，不乏名臣，而御製贊者，僅一工文之傳，一工書之傳,風旨可知。其略實行而獎浮華,忽正典而取小説,蓋有由來。世僅以駢體爲譏,未中其根株之失也。

《宋書》一百卷,梁·沈約撰。據約進表稱,紀、傳合表、志爲七十卷。今本一百卷而無表。考《史通》所述與今本同,則由來已久。中有闕卷,補以《南史》,亦自宋已然。

《南齊書》五十九卷,梁·蕭子顯撰。原本六十卷,至唐已佚下卷,北宋本載有進書表,見晁氏《讀書志》。今其表已佚,又《文學傳》無敘,《州郡志》及《桂陽王傳》均有闕文。蓋南北史行,而八書俱微。

《梁書》五十六卷,唐·姚思廉撰。篇末題陳吏部尚書姚察者凡二十有六,蓋思廉此書,因其父之遺稿也。

《陳書》三十六卷,唐·姚思廉撰。是書雖亦因其父之稿,而其父所撰僅二卷,餘皆出于一手。故列傳禮例秩然畫一,惟江總、袁憲之屬,已仕隋而列之。《陳書》殊失限斷,蓋姚察亦入隋爲祕書丞,思廉欲移其父入陳,則不得不先移總等。此足見一涉私心,先自亂其例矣。

《魏書》一百十四卷,北齊·魏收撰,宋·劉恕等校定。稱其亡佚不完者二十九篇。《書録解題》又稱《太宗紀》補以魏澹書,《天文志》補以張太素書。今本又闕卷十二《孝靜帝紀》、卷十三皇后傳,不知以何書補亡。《太平御覽》所引魏澹書校之,疑亦取澹書也。

《北齊書》五十卷,唐·李百藥撰。晁公武《讀書志》稱,是書殘缺不完。今本列傳之中,無論贊者十九卷,有贊無論者一卷,有論無贊者五卷,傳文亦多似補綴而成,非其本書。

《周書》五十卷,唐·令孤德棻等撰。是書殘缺亦甚多,取《北史》以補亡。又多所竄亂而不著其所移掇者何卷,所削改者何篇,德棻之原本遂不可辨。諸史之中,惟《北齊書》及此書斷爛最甚。

《隋書》八十五卷,唐·魏徵等撰。其書出自衆手,舊本每篇或題名或不題名,已不能盡知誰作。其十志本名《五代史志》,蓋當時五史並脩,故志亦兼該五代。以《隋書》居末,故列於《隋書》之中。今竟稱《隋志》,蓋失其寔。

《南史》八十卷,唐·李延壽撰。是書與《北史》出一手,而義例頗爲兩岐。大抵因四史舊文稍爲删潤,補缺者少,削繁者多,不及《北史》成一家之言。

《北史》一百卷,唐·李延壽撰。是書較《南史》用力獨深,如周則補《文苑傳》,齊、周則補《列女傳》,皆不似《南史》之缺略。出酈道元於《酷吏》,附陸法和於《藝術》,亦不似《南史》之因仍。殆家世北方,見聞較近,故綜述特爲詳密歟?

《舊唐書》二百卷,晉・劉昫等撰。自《新唐書》出,此書遂廢。然其本流傳不絶,表昫之長,攻歐、宋之短者亦不絶。實則互有短長,不容偏廢。仰承睿鑒,以新舊二書並校刊頒布,誠千古之至公,論史者無庸復贊一詞矣。

《新唐書》二百五十五卷,宋・歐陽修、宋祁同撰。本紀、表、志,修所定;列傳,祁所定也。大旨以事增文省,求勝舊書,而事多採小説,文多成澀體,亦在於此。至於唐代詔令,多駢體長篇,揆以史裁,理難備載。或以爲病,則非也。

《舊五代史》一百五十卷,《目録》二卷,宋・薛居正等撰。自金泰和中立《新五代史》於學宫,此書遂漸散佚。今從《永樂大典》録出,稟承睿鑒,得復列於正史。

《新五代史記》七十五卷,宋・歐陽修撰。大旨以《春秋》書法爲宗,譬之三傳,薛近左氏而歐近公、穀,不必執彼廢此,亦不必執此廢彼也。舊有徐無黨注,至爲淺陋,原本所載,今亦姑存焉。

謹案:近萍鄉劉金門侍郎鳳誥著《五代史記注》若干卷,其書始自朱竹垞檢討彝尊蒐羅碑版,彭芸楣相國元瑞得其稿本,復加蒐輯,未及成書,以稿付金門侍郎成之,體例仿裴松之注《三國志》,而旁採小説,不免嗜奇務多之癖,然蒐輯博贍,實薛、歐之功臣。李鹿苹制軍鴻賓栞行之。

《宋史》四百九十六卷,元・托克托等撰。大旨在於表章道學,其餘皆姑以備數。故疎舛蕪漫,僕數難窮,即遼、金國語,亦不一核視,致煩聖朝之改譯,即他可知矣。柯維騏以下屢有改脩,然才謝三長,亦終無以相勝。故考宋事者,仍依據正史焉。

《遼史》一百十六卷,元・托克托等撰。遼制,國人著作,不得傳於鄰境。故五京兵燹,蕩然無存。脩史之時,無可考證,僅據耶律儼、陳大任二家所紀,以成是書,故頗傷疎略。惟《國語解》一卷,仿古人音義之意,其例甚善,而訛舛亦多。今欽稟睿裁,與金、元二史、《國語解》均爲改譯。謹並以新本著録,俾不失真焉。

《金史》一百三十五卷,元・托克托等撰。金一代典制脩明,圖籍亦備,又有元好問、劉祁諸人私相綴輯,故是書有所依據,較遼史爲詳。該承脩者明於史裁,體例亦爲嚴整。

《元史》二百十卷,明·宋濂等撰。其書倉卒而成,最爲草略。碑誌之語,案牘之文,往往不及脩改。順帝時事雖經採補,亦復不詳。太祖嘗命解縉改脩,書竟不成,故至今仍以是書列爲正史。

《明史》三百六十卷,國朝保和殿大學士張廷玉等奉勅撰。經始於康熙十八年,雍正二年詔諸臣續蒇其事,至乾隆四年告成。其中考究未詳者,近又承命刊正。今謹以新定之本著於録。

以上正史,俱從《四庫全書簡明目録》中節鈔。

《通鑑紀事本末》四十二卷,宋·袁樞撰。因司馬光《資治通鑑》之文,分類排纂,以一事爲一篇,各詳其起訖,使節目分明,經緯條貫,遂於史家二體之外自爲一體,迄今不可磨滅。然溯其根柢,實則《尚書》,每事爲篇,先有此例。

《宋史紀事本末》二十六卷,明·陳邦瞻撰。初,馮琦類次宋事,以續袁樞之書,未成而殁。是書因琦遺稿者十之三,自補葺者十之七,凡一百九篇。諸史之中,《宋史》最爲蕪穢。邦瞻排比棼絲,俾就條理。其書雖亞於袁樞,其難則較樞十倍矣。

《元史紀事本末》四卷,明·陳邦瞻撰。凡二十七篇,其律令一篇,則臧懋循所補也。所據惟《元史》及商輅《續綱目》,故不及《宋史紀事本末》之該博。又元明間事,皆以爲宜入國史,併順帝北行、關一代之興亡者亦删不録,殊多漏略。然於一代典制,則條析頗詳。

《明史紀事本末》八十卷,國朝谷應泰撰。因張岱石匱藏書,排纂編次,分爲八十篇。每篇論斷皆仿《晉書》之例,行以駢偶。雖非正裁所有,亦可云别調孤行矣。

《四庫全書簡明目録》節鈔。

宋《登科録》存者二本,紹興十八年《同年小録》一卷,以朱子名列第五甲第九十人,故寶而藏之。寶祐四年《登科録》一卷,狀元爲文天祥,二甲第一人爲謝枋得,第十七人爲陸秀夫,並孤忠勁節,其精神亦自不朽也。

《兩漢博聞》十二卷,宋·楊侃編。摘録前後《漢書》之文,不依篇第,不分門類。惟簡擇其中字句、故事,列爲標目,而節取顔師古、章懷太子注列於其下,往往可訂本文、注文之訛漏。

《南史識小録》八卷、《北史識小録》八卷,國朝沈名蓀、朱昆田同編。仿《兩漢博文》之例,取南北史字句、鮮華事迹新異者摘録成編,不分門類,仍以原書卷目爲次。

以上二部,《四庫全書》史鈔類。

《官箴》一卷,宋·吕本中撰。篇帙無多,而語皆明切。其首揭“清慎勤”三字,千古言吏治者,莫之易也。

《救荒活民書》三卷,宋·董煟撰。《捕蝗考》一卷,國朝陳芳生撰。

《荒政叢書》十卷,國朝俞森撰。《康濟録》六卷,國朝倪國鏈撰。此書道光初年王引之奏請栞頒。

《救荒本草》二卷,明·周定王朱橚撰。《野菜博録》四卷,明·鮑山撰。

思復齋隨筆卷二道光十五年乙未春正月

《黄帝素問》二十四卷，唐·王冰注，晁氏《讀書志》作王砅，蓋欲傅會杜甫詩而改之。原本殘缺，冰採《陰陽大論》以補之。

《靈樞經》十二卷，是書論鍼灸之道，與《素問》同號《内經》。然至南宋，史崧始傳於世，最爲晚出，或以爲王冰所依託。其書雖僞，其法則古所傳也。

《難經本義》二卷，周·秦越人撰，元·滑壽注。越人撰《難經》八十一篇，發明《内經》之旨。壽以文士而精於醫，故其注較諸家所得爲多。

《肘後備急方》八卷，晉·葛洪撰。凡分五十三類，但有方而無論。

《千金要方》九十三卷，唐·孫思邈撰。

《證治準繩》一百二十卷，明·王肯堂撰。採摭繁富，條理分明，考方論者莫該洽於是書。

《本草綱目》五十二卷，明·李時珍撰。取諸家本草，删繁除複，補漏訂訛，彙爲一編。凡十六部、六十二類，所收諸藥一千八百八十二種。每藥先列正名爲綱，次以釋名集解，辨疑正誤，次以氣味、主治、附方，冠以圖三卷，序例二卷，百病主治藥二卷，考證精博，與王肯堂《證治準繩》，均爲醫學之淵海。

《景岳全書》六十七卷，明·張介賓撰。大旨以温補爲宗，主持太過。

《類經》三十二卷，亦介賓撰。李杲羅從謙嘗有是作，不自介賓始。

《絳雪園古方選注》三卷，附《得宜本草》一卷，國朝王子接撰。選録古方而推闡其製方之意，辨析往往又造微，附載《本草》亦簡括。

《七政推步》七卷，明·貝琳撰，即默德納馬沿麻之回回歷也。梅文鼎勿菴《歷算書記》曰："回回歷法，刻於貝琳，其布立成以太陰年，而取距算以太陽年，巧藏根數，雖其子孫爲臺官者莫能知。"然回歷即西法之舊率，泰西本回歷而加精耳。

《乾坤體義》二卷，明·西洋利瑪竇撰，是爲西法入中國之始。上卷言天象，皆發古人所未發，罕譬曲喻，具有至理。下卷言算術，以邊綫、面積、平圓、橢圓，互相容較，亦補古方，田少廣所未及。雖篇帙無多，而言天皆得諸實測，言算亦取以捷法，較古術爲精密焉。

熊三拔《表度説》一卷、《簡平儀説》一卷，陽瑪諾《天問略》一卷，龍華民《新法算書》一百卷，皆明時西洋人。湯若望，國朝西洋人。

《歷算全書》六十卷，國朝梅文鼎撰。文鼎歷算之法，近世推爲絶學。康熙時，有積學參微之。御題其弟文鼐，數學亞於其兄。

《周髀算經》二卷、《九章算術》九卷，此二書皆算法之最古者。

《幾何原本》六卷，西洋薩几里得撰，利瑪竇譯，明·徐光啓所筆受也。其書爲歐羅巴算學之祖。

道光元年，予在懋勤殿見西洋烏玉鏡一枚，質似細石，色黑可鑑。康熙年間，湯若望辨認奏片一紙，據云，彼國常産，不甚貴重，亦不詳其何用。御製《烏玉鏡》五律一首，載初集中。

西洋火法，以二寸許厚玻璃，截作尺許大圓片，以機軸轉之生風，取銅缾小口者承其風而吸之，乃牢塞其口，不使通氣。人以指節觸缾，則火星迸出，兩肘震動，雖十餘人聯手而立，無不一時俱動，不解何故。云此可治陰寒臂肘痛症，余曾於素孟幨訥方伯家見之，試驗信然。

西洋傳影法，以小匣中屜糊細薄白紙，上下兩鏡，天晴時於黑室中穴窗作小孔，以鏡對孔開匣，令人於窗外過隙，則紙面全身呈露，衣服顔色分明，笑語神氣曲曲逼肖，即於紙面鉤摹，百不失一。高中丞杞家嘗有此物，予在那繹堂彦成尚書家見之。

《京氏房易傳》三卷，今世錢卜之法，寔出於此。

李虚中《命書》二卷，舊本題鬼谷子撰，唐·李虚中注。鬼谷子，縱横家，不聞能知禄命。李虚中雖善禄命，而其法用年月日不用時，與此書言四柱者不合，所舉官職亦多宋制。殆宋人所依託，而其言近理要，不可盡廢。

《星命淵源》五卷，不著編輯名氏。凡五種，一曰《通玄遺書》，二曰《果老問答》，三曰《玄妙經解》，四曰《觀星要訣》，五曰《觀星心傳口訣補遺》。大抵推衍唐·張果之説，雖出依託，而談五星者寔以此爲祖本。

《徐氏珞琭子賦注》二卷，宋·徐子平撰。《珞琭子賦》出於南北宋之間，或稱王子晉，或稱陶宏景，皆爲依託，惟此注真出子平手。今稱推八字者曰“子平”，因其名也。

《遁甲演義》二卷，明·程道生撰。言遁甲者祖《洛書》，其寔乃《乾鑿度》太乙行九宫法也，於諸術數中最有理致，是編亦頗得其精要。

《學古編》一卷，元·吾邱衍撰。專爲篆刻印章而作，首列三十五舉，詳述書體正變及章法、鐫法，次合用文籍品目。凡四十六條，而附以洗印、印油二法。

《元元棊經》一卷,宋·晏天章撰。凡十三篇,蓋以變通於兵,故仿《孫子》篇數也。於棄取、攻守之道,言簡而理該,歷代國手無能出其範圍。

《茶經》三卷,唐·陸羽撰。古來稱善茶者,以羽爲首;言茶之書,亦以是書爲首。

《茶録》二卷,宋·蔡襄撰。襄以陸羽《茶經》不載閩産丁謂茶圖,又但論采造,不及烹試,乃作此書。上篇論茶,下篇論茶器,皆烹試之法也。

《草木子》四卷,明·葉子奇撰。凡八篇,自天文、地紀、人事、物理,皆一一辨析,頗多微義。其記元代故事,亦頗詳核。

《元明事類鈔》四十卷,國朝姚之駰撰。皆摘取元明諸書,分門隸載,亦江少虞《事實類苑》之流。元人記載較少,故蒐羅主於詳;明人記載最多,故去取主於慎。體例頗不苟。

《古今同姓名録》二卷,梁·孝元皇帝撰,唐·陸善經續,元·葉森補。所録同姓名人,雖不及後來明人余寅諸家之備,然類書之存於今者,莫古於是。

《白孔六帖》一百六十卷,《六帖本》三十卷,唐·白居易撰。《續六帖本》亦三十卷,宋·孔傳撰。其合兩書爲一,而析成百卷,不知爲誰。據《玉海》所載,則宋本已然矣。其名《六帖》者,唐制帖經,以得六爲通也。

《雞肋》一卷,宋·趙崇絢撰。取古事之相似而不同者各以類聚,爲後來駢雅同書之祖。類書之别出此格,猶袁樞於史家二體之外,别創紀事本末之一體,後遂亦不能廢也。

《桯史》十五卷,宋·岳珂撰。其曰"桯史",蓋襲李德裕之故名,而取義不甚可解。

《王子安勃集》十六卷,《盈川集》楊炯十卷,《附録》一卷,《盧昇之照鄰集》七卷,《駱丞賓王集》四卷。

《會昌一品集》二十卷,《别集》十卷,《外集》四卷,唐·李德裕撰。《會昌一品集》皆武宗時制誥。

《芳蘭軒集》一卷,宋·徐照撰。照字靈暉,永嘉四靈之一也。其詩源出武功,姚合。取境太狹,然清瘦不俗。《二薇亭詩》一卷,宋·徐璣撰。璣字靈淵,四靈之二也。其詩與徐照如出一手。《西巖集》一卷,宋·翁卷撰。卷字靈舒,四靈之三也。其詩較二徐稍秀潤。《清苑齋集》一卷,宋·趙師秀撰。師秀號靈秀,四靈之四也。四靈皆以鍊字爲宗,而師秀才力稍富健。

《姚少監詩集》十卷,唐·姚合撰。早以武功縣詩二十首得名,後官至秘書少監,詩家終謂之姚武功。其詩亦即稱武功體,大抵刻意於五言,五言尤刻意中二聯。其冥搜物象,多人意想所不至,而瑣屑纖巧亦由於此。永嘉四靈皆沿其末派者也。

《滏水集》二十卷,金·趙秉文撰。原本三十卷,以不乖儒理者爲内集二十卷,以主張釋老者别爲外集十卷。今外集已佚,惟内集存。劉祁《歸潛志》論秉文於詩最細,於文頗疎;李之純於文最細,於詩頗疎,蓋責備賢者之論。要其才高學博,亦一世之雄。

案《平定州志》:秉文字周臣,别號閑閑,滏陽人,金大定二十年進士。泰和三年爲平定州刺史,前政苛於刑而盜愈繁,秉文一尚寬簡,旬月盜賊屏跡。民饑,出禄粟倡賑,全活甚衆。徵爲翰林學士,拜禮部尚書。文章德業爲時推重,至今人猶慕之,湧泉亭遺像尚存,祀名宦。

《滹南遺老詩》四十五卷,金·王若虚撰。金元間徵實之學,無出若虚右者。

《遺山集》四十卷,《附録一卷》,金·元好問撰。好問才雄而學贍,其詩皆興象深遠,風格遒上,古文亦繩尺嚴密,根抵盤深。歐、曾、蘇、黄固未易及,使與游、楊、范、陸旗鼓相當,正未知勝負。所在金元兩代,談藝者奉爲大宗,名下固無虚士也。好問字裕之。

《吴文正集》一百卷,元·吴澄撰。一名《支言集》,揭傒斯奉詔撰。澄碑文稱:"皇元受命,天降真儒,北有許衡,南有吴澄。"然衡好講學,澄好著書。衡之文明白質樸,達意而止。澄則詞華典雅,雖篤實不及衡,而文章固較勝焉。

《魯齋遺書》八卷,《附録二卷》,元·許衡撰。

《静修集》三十卷,元·劉因撰。其文遒健排奡,迴在許衡、吴澄上,而醇正不減於二人。其詩比興深微,闖然入作者之室。北宋以來,講學而兼擅文章者,因一人而已。

《道園學古録》五十卷,元·虞集撰。金元之間,元好問爲文章耆宿。迨元之季,則以集爲大宗。此集凡分四編,曰《在朝稿》、曰《應制稿》、曰《歸田稿》、曰《方外稿》。其陶鑄羣材,固不減廬陵之在北宋也。《道園遺稿》十六卷,其從孫堪編,蓋以補《學古録》之遺也。

《文安集》十四卷,元·揭傒斯撰。其文叙事嚴整,朝廷典册及碑板巨製,多其撰著。其詩則清麗婉轉,如出二手,然神骨秀削,終非姹紫嫣紅也。

《雁門集》三卷,《集外詩》一卷,元·薩都拉撰。原作薩都剌,今改正。虞集作

《傅若金集》序稱:"進士薩天錫最長於情,流麗清婉。"薩都拉本色目人,其集稱《雁門》者,蓋其祖父以來,世居是地也。

《青陽集》四十卷,元·余闕撰。闕孤忠勁節,其詩沈侵漢魏,風力高騫於元代,别爲一格。其《上賀丞相》四書,尤關安危大計。使用其言,天下事未可知也。

《東山存稿》七卷,《附録》一卷,元·趙汸撰。有元一代,經術莫深於黄澤,文律莫精於虞集。汸受經於澤,學文於集,淵源所自皆天下第一,故其文在元季亦翹然特出。

《東維子集》三十卷,《附録》一卷,《鐵厓古樂府》十卷,《樂府補》六卷,《復古詩集》六卷,《麗則遺音》四卷,皆元·楊維楨撰。

《明太祖文集》二十卷。案《明太祖文集》見於國史《經籍志》者凡二部,見於黄虞稷《千頃堂書目》者凡四部。此本爲姚士觀、沈鐵所校刊,即焦志所列第一部也。

謹案:今内廷南書房有《明太祖高皇帝集》,文集附諸臣箋注、頌揚之語,詩賦襍作附文集後,寯曾見之。

《宋學士全集》三十六卷,明·宋濂撰。《誠意伯文集》二十卷,明·劉基撰。

濂初學於吴萊,復學於柳貫、黄溍,根柢經訓,發爲文章,遂爲明一代之冠冕。基文亞宋濂,詩亞高啓。

《陶學士集》二十卷,明·陶安撰。壽文入集始於安。

《槎翁詩集》八卷,明·劉崧撰。崧爲明代豫章詩派之宗,楊士奇等皆沿波而起。

《白雲稿》五卷,明·朱右撰。右嘗録韓愈、柳宗元、歐陽修、蘇洵、蘇軾、蘇轍、曾鞏、王安石文爲《八先生集》。"唐宋八家"之目,實源於是。

《大全集》十八卷,明·高啓撰。自訂爲《缶鳴集》。啓天才高逸,在明一代詩人上。

《眉菴集》二十卷,明·楊基撰。基與高啓、張羽、徐賁號"明初四傑"。

《鳴盛集》四卷,明·林鴻撰。晉安詩派以"閩中十子"爲祖,鴻又爲十子之冠。

《榮進集》四卷,明·吴伯宗撰。明一代臺閣之體於是濫觴。三楊爲明臺閣之體。

《懷麓堂集》一百卷,明·李東陽撰。東陽主持文柄三四十年,迨北地信陵别開蹊徑,天下響應,茶陵之壇坫遂微。其後七子餘波流爲剽竊,論者又復理東陽舊説,互相攻詰,展轉不休。然東陽導原唐宋,具有典型,故殫諸雄傑之才能搚而勝之,終不能擠而廢之也。

《空同集》六十六卷,明·李夢陽撰。明一代文章體裁自夢陽而變,文章門户亦自夢陽而分,毁譽交爭,迄無定軌。平心而論,其詩才力富健,誠足籠罩一時,而摹擬有痕,刻畫過甚,亦開剽竊之風。其文則故作聱牙,以艱深文淺易。

《大復集》三十八卷,明·何景明撰。李夢陽倡復古之論,景明和之。摹擬之弊,二人所短略同。至夢陽雄闊之氣,景明諧雅之音,亦各有所長。

《升庵集》八十一卷,明·楊慎撰。有明一代博洽者無逾於慎,尤研索唐以前書,故其詩含吐六朝,於明代别立門户。其文稍遜於詩,而亦具有古法。

《甫田集》三十五卷,《附録》一卷,明·文徵明撰。自謂少時從陸放翁入,核其所作,語殆不虚。

《滄溟集》三十卷,《附録》一卷,明·李攀龍撰。李夢陽初變文體,尚與李東陽兩派並行。後七子出,尊崇北地,而長沙之燄遂熸,攀龍其首也。

《弇州山人四部稿》一百七十四卷,《續稿》二百七卷,明·王世貞撰。四部者,賦部、詩部、文部、説部也。世貞初羽翼攀龍,後巋然獨存,爲時耆宿,其聲價遂出攀龍上。而摹擬剽襲,流弊萬端,其受攻亦甚於攀龍。要其才學富贍,規模廣闊,實足籠罩羣才。

《午亭文編》五十卷,國朝陳廷敬撰。晚年手自删削,定爲此篇,以所居午亭山莊爲名。於時古文推汪琬,《堯峰文鈔》。詩推王士禎。《精華録》。廷敬自序謂與汪、王不苟雷同,知其才力學力均足有以自立者,故不肯隨人作計矣。

寯曾於太原書肆,見聖祖仁皇帝御書"午亭山莊"扁額中有"康熙御筆之寶",蓋當時賜廷敬者也。

《蓮洋詩鈔》十卷,國朝吳雯撰。雯天才雄駿,有其鄉元好問之風。最受知於王士禎,而其詩激昂沈着,實與士禎異趨。凡士禎所稱,皆取其近己者耳,不足盡雯所長。惟熟於内典,動摭釋氏,故實拉襍堆垛,是其一短。

《梅村集》四十卷,國朝吳偉業撰。

《湯子遺書》十卷,國朝湯斌撰。康熙己未博學鴻詞,謚文正。

《林蕙堂集》二十六卷,國朝吳綺撰。綺與陳維崧同以四六名。《陳檢討四六》二十卷。

《曝書亭集》八十卷,《附録》一卷,國朝朱彝尊竹垞撰。

《西陂類稿》三十九卷,國朝宋犖牧仲撰。《綿津山人集》乃其初刻。

《湛園集》十卷,國朝姜宸英撰。宸英西溟年七十始登第。

《古懽堂集》三十六卷,附《黔書》二卷、《長河志籍考》十卷,國朝田雯山薑撰。

《榕村集》四十卷,國朝李光地撰。厚菴謚文貞。

《三魚堂文集》十二卷,《外集》六卷,《附録》六卷,國朝陸隴其撰。稼書謚"清獻"。

《懷清堂集》二十卷,國朝湯右曾撰。浙中之稱詩者彝尊,後即推右曾。

《敬業堂集》五十卷,國朝查慎行初白撰。《望溪集》八卷,國朝方苞靈皋撰。

《香屑集》十八卷,國朝黄之雋撰。皆集唐人句,爲香匳詩,凡古今體九百三十餘首,組織工巧,如自己出。雖非正格,然實爲唐宋以來所未聞。

《六臣注文選》,六臣者以吕延濟、劉良、張銑、吕向、李周翰五臣注,合李善注爲六也。

《河岳英靈集》三卷,唐·殷璠編。所録常建等二十四人之詩,凡二百三十四首。

《中興間氣集》二卷,唐·高仲武編。起至德初,迄大曆末,凡詩一百四十首,作者二十六人。

《松陵集》十卷,唐·陸龜蒙編。其名則皮日休所題,蓋崔璞爲蘇州刺史時,辟日休爲從事,適龜蒙亦往謁璞,因相倡和,遂録爲此集。其中,龜蒙、日休之作三百四十二首,璞及顔蕘、張賁、鄭璧、司馬都、李縠、崔璐、魏樸、楊昭業等僅詩三十一首,特附見而已。

《薛濤李冶詩集》二卷,不著編輯者名氏。唐女子工詩者多,然無出李冶之上者。薛濤雖不及冶,亦可接武。

《才調集》十卷,蜀·韋縠編,凡一千首。縠生五代文敝之餘,故所録多取晚唐,以穠麗秀發爲宗。馮舒、馮班引其書,合作西崑體,則一隅之見矣。

《文苑英華》一千卷,宋太平興國七年李昉等奉勅編。蓋以續《昭明文選》,故《文選》迄於梁初,此書即託始梁末,而下迄於唐。然南北朝之文十之一而弱,唐代之文十之九而强,往往全部收入,唐人諸集賴以考見。宋·彭叔夏撰《辨證》十卷。

《西崑酬唱集》二卷,宋·楊億編。凡億及劉筠等十七人,皆摹李商隱體。

《樂府詩集》一百卷,宋·郭茂倩編。總括歷代樂府歌詞,上起陶唐,下迄五代,分爲十二類,網羅該備。其解題敘述源流,尤爲詳備。言樂府者,以是集爲祖本。

《回文類聚》四卷,《補遺》一卷,宋·桑世昌編。《補遺》一卷,康熙中朱存孝編。

《蘇門六君子文粹》七十卷,不著編輯者名氏。所録凡秦觀、張耒、晁補之、李廌、黄庭堅、陳師道六家之文。

《中州集》十卷,附《中州樂府》一卷,金·元好問編。以金一代詩分爲十集,大抵以詩存史,故姓名之下各列小傳,在宋末《江湖集》上。

《元文類》七十卷,《目録》三卷,元·蘇天爵編。凡分四十有三類,所録諸作,自元初迄延祐,與姚鉉《唐文粹》、吕祖謙《宋文鑑》鼎立而三。程敏政《明文衡》努力繼之,然論者終不以配此三書也。

《閩中十子詩》三十卷,明·袁表、馬熒同編。十子者,林鴻、陳亮、高棅、王恭、唐泰、鄭定、王偁、王褒、周元、黄元也。閩中詩派從是發源,皆主於摹仿唐調。

《四六法海》十二卷,明·王志堅編。四六中第一善本。宋·王銍有《四六話》二卷,宋·謝伋有《四六談麈》一卷,在王銍《四六話》上。

《花間集》十卷,蜀·趙崇祚編。詩變爲詞,始於中唐,而成於五代,然大抵附見詩集中。其以長短句,自爲一編者,自此集始。其語多濃艷而隱秀,不似後來暢發無餘,蓋詞之初體本如此。宋·周密編《絶妙好詞》七卷,始於張孝祥,終於仇遠,凡一百三十二家,採掇菁華,幾於篇篇皆善。

《詞綜》三十四卷,國朝朱彝尊編。所録宋、金、元詞凡五百餘家,鑒别精審,迥在諸家詞選之上。

以上皆從《四庫全書簡明目録》中摘鈔。烏玉鏡、火法、傳影法三條皆自記,案語皆自記。

《册府元龜》載,開元七年,吐火羅國王上表獻解天文人大慕闍,智慧幽深,問無不知。伏乞天恩,唤取問諸教法。知其人有如此之藝能,請置一法堂,依本教供養。此與今之利瑪竇天主堂相似,而不能行於玄宗之世。顧亭林《日知録》。

山左蒲松齡《聊齋志異》,窮極狐鬼情狀,以古文爲小説者也。相傳脱稿,質之王漁洋先生。漁洋欲以十萬錢市之不可得,乃評而還之,予題一律云:“搜神突過干家記,明鬼窮追墨子篇。誰道虞初爲小説,故知蒙叟是真仙。連珠孤憤三千牘，唾玉才華二百年。怪底羼提老居士，欲抛清俸買雲煙。”蒲號柳泉居士。

建除之名自斗而起，始見於太公《六韜》云“開牙門當背建向破”。《越絶書》：“黄帝之元執辰破巳，霸王之氣見於地户。”《淮南子·天文訓》：“寅爲建，卯爲除，辰爲滿，巳爲平，午爲定，未爲執，申爲破，酉爲危，戌爲成，亥爲收，子爲開，丑爲閉。”《漢書·王莽傳》：“十一月壬子直建，戊辰直定。”蓋是戰國後語。《史記·日者傳》有建除家。《日知録》。

《負暄雜録》曰：“山藥本名薯蕷，唐代宗諱豫，改名薯藥；宋英宗諱曙，遂名山藥。”

周遵道《豹隱紀談》，石湖居士戲用鄉語，云土俗以二至後九日爲寒燠之候，故諺有“夏至未來莫道熱，冬至未來莫道寒”之語。又一説，夏至後云：“一九至二九，扇子不離手。三九二十七，喫茶如密汁。四九三十六，爭向路頭宿。五九四十五，樹頭秋葉舞。六九五十四，乘涼不入寺。七九六十三，夜眠尋被單。八九七十二，被單添夾被。九九八十一，家家打炭墼。”冬至後云：“一九二九，相喚不出手。三九二十七，籬頭吹觱篥。四九三十六，夜眠如路宿。五九四十五，太陽開門户。六九五十四，貧兒爭意氣。七九六十三，布衲兩檻褸。八九七十二，猫兒尋陰地。九九八十一，犁耙一齊出。”范公吴人，不免用鄉語。

錢唐汪師韓《談書録》，東方朔《占歲書》：“自正月一日至八日，爲鷄、狗、猪、羊、牛、馬、人、穀。其日晴，所主之物育，陰則災。”按《占歲書》莫識由來，而其説則見於王充《論衡·物勢篇》，又見《北史·齊·魏收傳》。其言本諸晉議郎董勛，不云出東方朔也。顧亦不及王充，何歟？又《遼史·禮志》，凡正月之日，一鷄、二狗、三豕、四羊、五馬、六牛、五六互易，與前微異。七日爲人。其占晴爲祥，陰爲災，俗煎餅食於庭中，謂之熏天。《荆楚歲時記》，正月七日爲人日，陸佃《埤雅》作五牛、六馬，無八穀。

放翁句云：“不喜謁人欣客至，慣遲作答愛書來。”予謂意有自得，無客亦佳。心能相知，不書更簡。嵇康之絶交，殷浩之投渚，激矣。平原君坐有三千客，朱齡石日裁八十函，亦豈非好名之過哉。

李伯時公麟書《孝經》，董思翁跋，以爲力追鍾法，收之《戲鴻堂帖》中。近人惟石菴相公得其筆妙。文清小楷得力於鍾，其行草則索靖《出師頌》導源也。文清嘗自言詩爲上，題跋次之，書又次之。英煦齋相國爲予述之。

謝莊《瑞雪詠》、《山夜憂》、《懷園引》、《長笛弄》,集中皆不載。其手蹟藏於賀方回者,今不可見。戲鴻堂刻已是摹本,董跋謂其似蕭子雲,而小加姸雋。《長笛弄》云:"月起悠悠,當軒孤管流。欝顧慕,含羈舍楚復含秋。青苔蔓,熒火飛,騷騷落葉滿衣。夜何長,君吹勿近傷。夜長念,綿綿吹傷滅人年。"其三作亦婉麗,宜手書祕惜之也。

米芾審定歐陽率更《度尚帖》、《庾亮帖》,贊曰:"渤海貌怪,字亦險絶,真到内史,行自爲法,莊若對越,俊如跳擲,後學莫窺,遂趣尫劣。"

《昌黎集·壽陽驛題》絶句:"風光欲動别長安,春半邊城特地寒。不見園花兼巷柳,馬頭惟有月團團。"又《鎮州初歸》詩云:"别來楊柳街頭樹,擺撼春風祇欲飛。還有小園桃李在,留花不發待郎歸。"《集注唐語林》云:"退之二侍妾,名柳枝、絳桃。初使王庭湊,至壽陽驛絶句云'不見園花兼巷柳',蓋寄意二姝。逮歸,柳枝遁去,故《鎮州初歸》詩云云也。"《補注邵氏聞見録》云:"孫子陽爲予言,近時壽陽驛發地得二詩石,唐人跋云'退之有倩桃、風柳二妓,歸途聞風柳已去,故云云。'後張籍《祭退之》詩云'乃出二侍女',非此二人耶?"按穆宗長慶元年七月,成德軍大將王庭湊殺其節度田宏正以叛,次年二月,詔雪庭湊罪。後以爲節度使,以公爲兵部侍郎,宣尉其軍,《平定州志》,老君洞後厓石上刻"韓愈吳丹過此"六字,乃使鎮州宣慰王庭湊時題名也。途次太原作此詩。蓋所謂"翻翻走驛馬,暮齒良多感"之時也。壽陽四圍皆山,獨黄嶺一山口受西北風,氣候特寒,至今有冷壽陽之諺。園花巷柳,春深不見,的是山城真景。隨境遣懷,本無深義,而詞人好奇,故作新論。以《鎮州初歸》有"待郎"之句,遂爾附會稗説,牽連前詩,使大賢心事,受誣千載,不可不辨。《縣志》載平定州牧陶易和韓韵云:"馳驅王事敢懷安,措大惟知半臂寒。笑煞語林工附會,春風擺亂絮成團。"

孫綽《天台山賦》:"應真飛錫以躡虚。"應真,羅漢也。

《論語》:"籩豆之事,則有司存。"邢昺疏言:"執籩豆行禮之事,則有所主者存焉。"朱注:"有司之守,以有司爲官司之稱。"褚遂良書《唐太宗哀册》云:"去劒滋遠,清徽方閟。爰詔司存,傳芳瓊宇。"以"司存"二字爲禮官之稱,與邢、朱之説不同。

《論語》:"左邱明耻之。"何晏注:"孔曰左邱明,魯太史。"邢昺疏:"左邱明,魯太史,受《春秋經》於仲尼者也。"蓋本杜預《春秋序》之説。孔穎達《春秋序》疏引太史公《十二諸侯年表序》云:"自孔子論史,記次《春秋》,七十子之徒,口受其傳。魯君子左邱明懼弟子各有妄其意,阮《校勘記》,以今本《史記》各安其意爲善。失其真,故具論其語成《左氏春秋》。”沈氏云:“《嚴氏春秋》引《觀周篇》云,孔子將修《春秋》,與左邱明乘如周,觀書於周史,歸而修《春秋》之經。邱明爲之傳,共爲表裏。”《藝文志》云:“左邱明,魯太史也。”是言邱明爲傳,以其姓左,故號爲“左氏傳”也。今朱注引程子曰:“左邱明,古之聞人也。”謝氏曰:“邱亦耻之,蓋竊比老彭之意。”與舊注疏不同。若以老彭爲例,似不應直斥邱明。以《論語》諸弟子斥名之例證之,似邱明非古人也。

袁簡齋枚《隨園隨筆》,程綿莊云:“孔子廟有欞星門,其誤已久。”按《詩·小序》云:“絲衣,繹賓尸也。高子曰靈星之尸也。”漢高祖始令天下祀靈星,《後漢書》注云:“靈星,天田星也。欲祭天者,先祭靈星。”《風俗通》:“縣令問主簿,靈星在城東南,何法曰惟靈星?”所以在東南者,亦不知也。《宋史·禮志》云:“仁宗天聖六年築南郊壇,外壝周以短垣,置靈星門。”夫以郊壇外垣爲靈星門者,所以象天之禮,用之於聖廟,蓋以尊天者尊聖也。其移用之始,始於宋景定。《建康志》、《金陵新志》並言聖廟立靈星門,惟元《志》誤以“靈”作“欞”,後人承而用之,則不知其義之所在矣。《晉史·天文志》云:“東方角二星爲天闕,其間天門也。左角爲天田,其南爲太陽道,右角爲將,其北爲太陰道。”蓋天之三門也,與《後漢書》語正相印證。俗儒曲解以爲養先於教,蓋猶知“欞”之爲“靈”也。或曰義取於疏通,則直以爲窗欞之欞。誤矣。

《朝野僉載》,韋莊頗讀書,數米而炊,秤薪而爨,惟慳吝耳。

《北夢瑣言》,温庭筠多爲鄰鋪假手,號曰救數人也。侍郎沈詢之舉别施鋪席授庭筠,不與諸公鄰比。翌日於簾前請庭筠曰:“向來策名者皆是文賦,託於學士某。今歲場中,並無假託,學士勉旃。”因遣之。按鄰鋪假手,即今試場代倩也。

蜀祕書少監黄筌,收得道士張素卿所畫八仙真形八幅,以獻孟昶。八仙者,李巳、容成、董仲舒、張道陵、嚴君平、李八百、長壽、葛永璝。出《野人閑話》。

季路稱季,不解其義。《檀弓》:“子路曰:吾寡兄弟,而弗忍也。”寡兄弟,何以稱季?《左傳·哀公十五年》:“使告季子。”杜預注:“季子,子路也。”孔穎達《正義》云:“《論語》稱子路爲季路,則字季,故呼爲季子也。”

“覬覦”字見《左傳·桓公二年》師服語。是以民服事其上,而下無覬覦。覬,音冀;覦,羊朱反。

“噬齊”字見《左傳·莊公六年》騅甥、聃甥、養甥謂鄧侯語。“若不早圖,後君噬齊。”注:“若齧腹齊,喻不可及。”

《左傳·桓公六年》:“於是諸侯之大夫戍齊,齊人饋之餼,使魯爲其班,後鄭。”十年:“魯以周班,後鄭。”班,次也。北宫錡問周室班爵禄,孟子以爲諸侯去其籍。春秋初,其籍固未去,故《傳》曰:“齊、衛、鄭來戰於郎,我有辭也。”杜注云:“魯直諸侯曲,故言我有辭。”蓋以周班爲辭,諸侯惡其害,已漸去其籍。至戰國時,其詳不可得聞矣。周之宗盟恃先王之命,賜我先君履,皆周班之類。莊公二十三年,曹劌回朝,以正班爵之義,請救邢以存簡書。成公二年,晉侯使鞏朔獻齊捷於周王,使相告之,曰:“非禮也,勿籍。”注:“籍,書也。”三年,臧宣叔對成公語,即孟子答北宫錡所本。成公十八年,臧武仲曰:“事大周無失班爵,而加敬焉可也。”

《春秋·僖公元年》:“楚人伐鄭。”杜預注:“荆始改號曰楚。”

思復齋隨筆卷三道光十五年夏四月至冬十一月

《左傳·僖公九年》春："宋桓公卒，未葬，而襄公會諸侯，故曰子。凡在喪，王曰小童，公侯曰子。"杜預注："在喪，未葬也。小童者，童蒙幼末之稱。周康王在喪稱予一人，釗禮稱亦不言小童，或所稱之辭，各有所施。此謂王自稱之辭，非諸下所得書，故《經》無其事，《傳》通取舊典之文，以事相接。"之、稱，去聲。

《左傳·文公八年》春："晉侯使解揚歸匡戚之田于衛，且復致公壻池之封。自申至于虎牢之竟。"杜注："公壻池，晉君女婿。"按：池氏恐始於此。

《左傳·宣公十一年》："令尹蔿艾獵城沂，使封人慮事。"杜注："慮事，謀慮計功。《廣雅》云，無慮都邑也。"

成公五年夏："晉荀首如齊逆女，故宣伯餫諸穀。"注："野饋曰餫，運糧饋之，敬大國也。"餫音鄆。

鮑明遠《梅花落》云："中庭雜樹多，偏爲梅咨嗟。問君何獨然，念其霜中能作花，霧中能作實。摇蕩春風媚春日，念爾零落逐寒風，徒有霜花無霜質。"花、實上下分韵，詩家謂之創格，不知《大雅·文王有聲》篇："鎬京辟雍，自西自東。自南自北，無思不服。"東、北分韵，已有此體矣。

《左傳·襄公九年》："穆姜薨於東宫，始往而筮之，遇艮之八。"杜注："《周禮》大卜掌三易。"然則雜用《連山》、《歸藏》、《周易》二《易》，皆以七八爲占，故言遇艮之八。

襄公二十三年秋，齊侯伐衛，先驅注：前鋒軍申驅次前軍貳廣公副車啓左翼胠右翼大殿後軍。

《左傳·昭公二十七年》："冬，公如齊，齊侯請饗之"，"乃飲酒，使宰獻而請安。"注："比公於大夫也。禮君不敵，臣宴大夫，使宰爲主。獻，獻爵也；請安，齊侯請自安，不在坐也。"按：今人卑幼起居尊長及賓主通問，謂之請安，本此。

哀公十年，"冬，楚子期伐陳，吴延州來，季子救陳。"注："季子，吴王壽夢少子也。壽夢以襄十二年卒，至今七十七歲。壽夢卒，季子已能讓國，年當十五六，至今蓋九十餘。"

哀公二十三年，"春，宋景曹卒，季康子使冉有吊曰：以肥之得備彌甥也。"注："景曹，宋元公夫人小邾女，季桓子外祖母。肥，康子名。彌，遠也。康子父之舅氏，故稱彌甥。”

《尚書》九，共九篇。宋·劉敞曰：“《虞書》‘九共’應作‘九邱’。”古文“邱”作“丠”，與“共”相似，故誤傳以爲“共”耳。孔安國序：“九州之志，謂之九邱。邱，聚也。言九州所有，土地所生，風氣所宜，皆聚此書也。”

机，《説文》：“机，木也。《山海經》：單狐之山多机木。”蓋即今榿也。《易》：“渙奔其机。”《左傳》：“投之以机”、“設机而不倚”，皆“几”字加“木”，非古也。俗本因机字，又訛作“機”，尤非。

燈花報喜之説，其來已久。《西京雜記》曰：“目瞤得酒食，燈花得錢財。”杜詩：“燈花何太喜。”韓詩《詠燈花》云：“更煩將喜事，來報主人翁。”

《爾雅》艾冰臺，注疏未詳。惟《博物志》有“削冰令圓，向日以艾，承影得火”一條。李時珍《本草綱目》據以釋“冰臺”之名，可補郭、邢闕略。陸佃《埤雅》引《博物志》云“艾曰冰臺”，其以此乎？

《公羊傳·隱公十有一年》：“夏五月，公會鄭伯於祁黎。”釋文：祁，音巨之反，又上之反。

《公羊傳·莊公三十有一年》：“春，築臺于郎，何以書？譏，何譏爾？臨民之所漱浣也。”何休學：“無垢加功曰漱，去垢曰浣。禮天子外屏，諸侯内屏，大夫帷，士簾，所以防泄慢之漸也。”

《公羊傳·僖公十九年》：“梁亡，魚爛而亡也。”注：“魚爛從内發。”

《公羊傳·閔公二年》：“夏五月乙酉，吉禘于莊公，其言吉何？言吉者，未可以吉也。曷爲未可以吉？未三年也。三年矣，曷爲謂之未三年？三年之喪，實以二十五月。”注：“時莊公薨，至是適二十二月，所以必二十五月者，取期再期，恩倍，漸三年也。”疏：“二十五月是再期矣，故曰取期再期矣。父母之喪倍於期者之恩，正當其禮數，故曰其恩倍矣。言漸三年也者，謂二十五月，漸得三年之竟，故云漸三年也。”

《公羊傳·文公二年》：“公子遂如齊納幣，娶在三年之外，則何譏乎？喪娶三年之内不圖婚。”

《公羊傳·定公元年》：“三月，晉人執宋仲幾于京師。仲歲之罪何？不蓑城也。”注：“若今以草衣城是也。”阮氏元《校勘記》：“《唐石經》‘蓑’作‘衰’，《釋文》作‘不衰’，云或作‘蓑’。”《困學紀聞》云：“按《左氏傳》‘遲速衰序，於是焉在’，又云‘宋仲幾不受功’。‘蓑’字當從《漢志》作‘衰’，與左氏合。”《經義雜記》曰：“五行志不衰城。”師古曰：“衰城，謂以差次受功賦也。衰，音初爲反。一曰衰讀曰‘蓑’。蓑城，謂以草覆城也。蓑，音先和反。”按《釋文》

及《漢志》公羊本作"不衰城"，《説文》："衰，草雨衣，從衣，象形。"何注用《説文》本義作"蓑"，俗字也。衰城，義當從師古説。

《穀梁傳・僖公二年》："冬，不雨。不雨者，勤雨也。"范寧《集解》："言不雨，是欲得雨之心勤也。"杜詩："澤國雖勤雨。""三年春王正月，不雨。不雨者，勤雨也。夏四月，不雨。一時言不雨者，閔雨也。"《集解》："閔，憂也。""六月，雨。雨云者，喜雨也。"

《穀梁傳・僖公二十八年》："天王守于何陽。""水北爲陽，山南爲陽。"

《穀梁傳・文公十有八年》："夫人姜氏歸於齊。"注："其子被殺，故大歸也。""姪娣者，不孤子之意也。"注："言其一人有子則共養。""一人有子，三人緩帶。"疏："緩帶者，優游之稱也。"

《穀梁傳・成公十有八年》："築鹿囿。"楊士勛疏云："徐邈、何休皆云地名，天子囿方百里，公侯十里，伯七里，子、男五里。據阮氏《校勘記》改定。案《毛詩傳》云，囿者天子百里，諸侯三十里。與徐、何二説別者，《詩傳》蓋據孟子稱，文王囿七十里，寡人三十里，故約之爲天子、諸侯三十里耳。未審徐、何二家據何爲説也。"案：今《孟子》作"寡人之囿方四十里"，此《疏》作三十里，疑誤刻。閻若璩《西臺釋地》："周時七十里之囿，今僅四十三里。"參以《毛詩傳》："囿所以域養禽獸，諸侯四十里。"恰合自注。此四十里，又與今合。書籍所云里數，原具有兩説。

《九章算術》九章九卷，《海島》一卷。《海島細草圖説》十卷，國朝李雲門先生潢譔。戴金谿先生敦元序曰："莫若作《四元玉鑒》序，謂《河洛圖書》泄其秘，黄帝《九章》著之《書》，其章有九，其術則二百四十有六，始方田，終句股，包括三才，旁通萬有，凡言數者，莫得而逃焉。唐立明算科，《九章》、《海島》共限習三年，試《九章》三條，《海島》一條，不特陳其數，且欲明其義也。自時厥後，算科既廢，書亦不彰。近時以算名者，如王寅旭、梅定九文鼎諸君子，咸未之見。迨吾宗東震原氏與修《四庫全書》，從《永樂大典》中録出。一刻於曲阜孔氏，再刻於常熟屈氏，而古學復興，然未及盡求其解也。鍾祥李雲門先生博綜群書，尤精算學，推步律吕，俱臻微妙。於古人立天元一、大衍求一、正負開方諸術，多所發明。《九章》、《海島》，更多心得。嘗言陳其數者，下學之言也；知其義者，上達之功也。有數先有象，有象皆可繪。舊注所云，解此要當以棋者一一顯之於圖，於東原氏所謂舛誤不可通者，一一疏而通之。探賾索隱，鈎深致遠，臚名標目，咸式古訓，撰《九章》、《海島》、《細草圖説》共十卷，亦猶劉徽析理以辭、解體用圖之意也。惜未寫定，哲人其萎。其甥程儀部晴峰矞采謹守遺稿，延吴門沈孝廉名欽裴俠侯至其家，算校編輯，鳩工付梓。以敦元粗閲撰述緣起，屬爲識其綱要，於時距先生之歿已八年矣。敦元既幸見是書之成，復感先生之不及親覩，而尤望他種之陸續綴集也，爰不獲辭而系以言。開化後學戴敦元謹撰。”

目　録

方田第一，凡三十六問。粟米第二，凡四十六問。衰分第三，凡二十問。少廣第四，凡二十四問。商功第五，凡二十八問。均輸第六，凡二十八問。盈不足第七，凡二十問。方程第八，凡十八問。句股第九，凡二十四問。

方田以御田疇界域，粟米以御交質變易，衰分以御貴賤廩税，少廣以御積冪方圓，商功以御功程積實，均輸以御遠近勞費，盈不足以御隱雜互見，方程以御錯糅正負，句股以御高深廣遠。

《九章算術》、《海島算經》，皆魏·劉徽注，唐·李淳風等注釋。

劉徽序云：“按周公制禮，而有九數，九數之流，則《九章》是矣。漢北平侯張蒼、大司農中丞耿壽昌皆以善算命世。蒼等因舊文之遺殘，各稱刪補，故校其目則與古或異，而所論者多近語也。九數有重差之名，凡望極高、測絶深而兼知其遠者，必用重差。句股則必以重差爲率，故曰重差也。”

説曰“古算用籌”，《漢書》云：“其算法，用竹徑一分，長六寸，二百七十一枚，而成六觚爲一握。”《孫子算經》曰：“凡算之法，先識其位，一從十横，百立千僵，千十相望，萬百相當。”又云：“六不積，五不隻，謂算籌也。其乘式，則置實於上位，置法於下位，置乘得數於中位。其除式，則置實於中位，置法於下位，置除得數於上位。”《孫子算經》所謂“乘得在中央，除得在上方”，是也。

皇清《開國方略》：天聰八年十二月辛丑，宴察哈爾新附諸臣。目云：七年八月有鳥曰鵽鳩，群集遼東。遼東素無此鳥，乃西北蒙古所産，其色淡黄，形如鴿，爪如人足而有毛。國人皆曰蒙古之鳥，來至我國，必蒙古有歸順之兆云。

天聰八年十二月丁酉，墨爾根喇嘛載護法嘛哈噶剌佛像至盛京。注云：元世祖時，有帕克斯巴喇嘛，用千金鑄護法嘛哈噶喇像，奉祀于五臺山，後請移于蒙古薩斯嘉地。又有薩爾巴胡圖克圖喇嘛，復移于察哈爾祀之。至是墨爾根喇嘛知天運已歸我國，于是載佛像來歸。按：今京師有嘛哈噶喇佛寺。

天聰九年正月，正宗室名分。太祖世子俱稱阿哥，六祖子孫俱稱覺羅，皆就其原名稱爲某阿哥、某覺羅。六祖子孫俱繫紅帶。

天聰九年八月庚辰，貝勒多爾衮等收復察哈爾部衆，獲歷代傳國璽。目云：貝勒多爾衮等奏報，收獲歷代傳國玉璽。璽藏於元朝大内，至順帝棄都城，携之入沙漠。後崩於應昌府，璽遂遺失。越二百餘年，有牧羊於岡下者，見一山羊三日不齧草，但以蹄跑地。牧者發之，璽乃見，歸於元後裔博碩克圖汗。後爲察哈爾林丹汗所破,璽歸林丹汗,林丹汗亦元裔也。貝勒等聞璽在蘇泰福晉所,索之既得,視其文,乃漢篆"制誥之寶"四字。璠璵爲質,交龍爲紐,光氣煥爛,洵至寶也。太宗受玉璽,親捧之率衆拜天,傳諭左右曰:"此玉璽乃歷代帝王所用之寶,天以畀朕,非偶然也。"

天聰十年夏四月乙酉,太宗文皇帝受尊號,建國曰大清,改元崇德。崇德三年六月庚申,設理藩院,專治蒙古諸部事。崇德四年十二月庚戌,朝鮮國王李倧立碑紀恩,其文曰:"大清崇德元年冬十有二月,寬温仁聖皇帝以敗和自我始,赫然怒,以武臨之,直搗而東,莫敢有抗者。時我寡君棲於南漢,凛然若履春冰而待白日者殆五旬。東南諸道兵相繼奔潰,西北師逗撓峽内,不能進一步,城中食且盡。當此之時,以大兵薄城,如霜風之捲秋籜,鑪火之燎鴻毛。而皇帝以不殺爲武,惟布德是先,乃降敕諭之曰:'來,朕全爾;否,則屠之。'有若英瑪諸大將,承皇命相屬於道。於是我寡君集文武諸臣,謂曰:'予託和好於大邦,十年於兹矣。由予昏惑,自速天討,萬姓魚肉,罪在予一人。皇帝猶不忍屠戮,諭之如此,予何敢不欽承,以上全我宗社,下保我生靈乎?'大臣協贊之,遂從數十騎,詣軍前請罪。皇帝乃優之以禮,拊之以恩,一見而推心腹,賜賚之恩,徧及從臣。禮罷,即還我寡君於都城。立招兵之南下者,振旅而西,撫民勸農,遠近之雉舉鳥散者,咸復厥居,詎非大幸歟?小邦之獲罪上國久矣。己未之役,都元帥姜功烈,助兵明國,兵敗被捦。太祖武皇帝止留功烈等數人,餘悉放回,恩莫大焉,而小邦迷不知悟。丁卯歲,今皇帝命將東征。本國君臣,避入海島,遣使請成。皇帝允之,視爲兄弟國,疆土復完,功烈亦還矣。自兹以往,禮遇不替,冠蓋交集。不幸浮議煽動,構成亂梯。小邦申飭邊臣言涉不遜,而其文爲使臣所得。皇帝猶寬貸之,不即加兵,乃先降明旨,諭以師期,丁寧反覆,不翅耳提面命,而終未免焉,則小邦羣臣之罪,益無所逃矣。皇帝既以大兵圍南漢,而又命偏師先陷江都,宫嬪王子暨卿士眷屬俱被俘獲。皇帝戒諸將不得擾害,令從官及内侍看護。既而大沛恩典,小邦君臣及被獲眷屬,咸歸於舊。霜雪變爲陽春,枯旱轉爲時雨,區宇既亡而復存,宗社已絶而還續,環東土數千里,咸囿於生成之澤。此實古昔簡策所希覯也,於戲盛哉!漢水上游,三田渡之南,即皇帝駐蹕之所也,壇埸在焉。我寡君爰命水部,就其所增而高大之,又伐石以碑之,垂誌永久,以彰夫皇帝之功之德,直與造化而同流也。豈特我小邦世世永賴,抑亦大朝之仁聲武誼,無遠不服者,未嘗不基於兹也。顧摹天地之大,日月之明,不足彷彿於萬一,謹載其大略。

銘曰:天降霜露,載肅載育。惟帝則之,并布威德。皇帝東征,十萬其師。殷殷轟轟,如虎如貔。西番窮髪,曁夫北貉。執殳前驅,厥靈赫濯。皇帝孔仁,誕降恩言。十行昭回,既嚴且温。始迷不知,伊戚自貽。帝有明命,如寐覺之。我后祗服,相率而歸。匪惟憚威,惟德之依。皇帝嘉之,澤洽禮優。載色載笑,爰束干矛。何以錫之,駿馬輕裘。都人士女,乃歌乃謳。我后言還,皇帝之賜。皇帝班師,活我赤子。哀我蕩析,勸我穡事。金甌依舊,翠壇維新。枯骨再肉,寒荄復春。有石巍然,大江之頭。萬載三韓,皇帝之庥。"

崇德七年五月戊寅,禁善友邪教。太宗諭禮部曰:"自古僧以供佛爲事,道以祀神爲事。近有善友邪教非僧非道,一無所歸,實左道也。且人生而爲善,則死亦無罪。苟無罪戾,何用立善友之名?既有罪矣,雖爲善友何益?與其積惡而爲善友,何若行善之爲愈乎?語云'行善者,天降以福',善原在心,非不食肉之謂也。今因康養民、李國梁等倡善友邪教,合羣結黨,私造印劄,惑世誣民,紊亂綱常。凡列名於籍者三百餘人,法司俱擬死罪。朕加寬宥,止誅爲首者十六人。自今以後,除僧道外,凡從善友邪教者,爾部永行禁止。如有不遵約束,或被人首發,或經各衙門察獲者,殺無赦。該管各官及本主不行察究者,一例治罪。"

崇德七年六月甲辰,始編漢軍八旗。世祖章皇帝順治元年五月己丑,大兵定燕京。攝政睿親王多爾袞。謹案:世祖以六歲即位。順治元年冬十月乙卯朔,世祖章皇帝定鼎燕京,高宗御製《開國方略》序云:"粤昔成湯放桀於南巢,惟有慚德曰,予恐來世以台爲口實。斯誠大聖人昭德垂裕萬世之訓,而非漫爲謙辭也。蓋世之治亂,猶日月之盈晦,四海之周序。治極必亂,亂極亦必返治。此守器者所宜保泰,而嬗代循環,所由有開創也。湯之後爲武王,其於處桀紂,則武已不如湯矣。三代以下,武之不如,其餘又何足屈指數?故以開創論之,實不如有元之與我大清也。夫中國之嬗代,莫非其祖宗本其君之臣子也。有元興於北漠,我大清興於東海,與中國無涉。雖曾受明之官號耶,究不過羈縻名繫而已,非如亭長、寺僧之本其臣子也。況乎戴不共之讎,乘自壞之勢,我朝始基居長白山之俄朵里城,國號滿洲。越數世至肇祖,居赫圖阿拉,在阿朵里城西一千五百餘里。地當明境邊徼之外,本非屬國。傳至景祖、顯祖,爲尼堪外蘭構釁於明,貽害二祖。我太祖以不共戴天之讎,又乘明季紀綱廢壞、閹宦弄權之勢,乃奮志復仇。於天命三年,以七大恨告天,遂親統師征明撫順,招降守將,擊敗全軍,嗣於薩爾滸破明四路兵二十萬衆。神武布昭,克定遼瀋,我國家億萬載之丕基,遂肇於此。至太宗雖亦躬擐甲胄,臨陣決戰,然既得盛京,規模已定,較之太祖斯稍易矣。撫定中原,建基主極,以武王于湯有光擬之,則實於漢明有光,而唐宋在所弗論矣。故兹《開國方略》之著，不重於繼明定中原，而重於自俄朵里以至赫圖阿拉，因十三甲筆路藍蔞，得盛京而定王業。若夫興王之始，長白朱果，蓋猶簡狄玄鳥、姜嫄履跡，天生聖人治四海，必有祥符，與衆不同，而更在於聖人之奮智勇、受艱辛，有冠人世、答天命，夫豈易哉？予小子受祖宗之業，每於讀《實録》，觀我太祖開國之始，躬干戈、冒鋒刃，有不忍觀、不忍言而落淚者。繼思不忍觀、不忍言之心爲姑息之仁，其罪小；至此而不念祖宗之艱難，不勤思政治以祈天永命、慎守神器，其罪大。故令諸臣直書其事，以示後世。即明臣之紀本朝事蹟，如黄道周之《博物典彙》之類，不妨節取以證信實。然予此爲匪啻自勵而已也，欲我萬世子孫，皆如予之觀此書之志，其弗動心落淚，深思永念，以敬天命、守祖基，兢兢業業，惟循環治亂之幾，則非予之子孫而已矣。此《開國方略》之書所以作也。嗚呼！可不敬哉，可不慎哉。"

《開國方略》書成，臣阿桂等表節略：溯成邑成都之漸，再遷越千五百里而遥；稽卜年卜世之期，養晦至六十二年而後。五日之間，先後殄四千萬衆；三河既下，大小收七十餘城。蓋自九姓翦除以還，洎乎兩京營建之始，大武之烈遠矣，同文之治基焉。展神旌於北部，地靈呈玉璽之祥；馳義旆於南荒，天險鞏冰橋之固。三十二册成編咸備，軒紀常新；五十一年大衍重開，羲圖無量。

《論語》："至於犬馬，皆能有養。"何晏集解引包云："犬以守禦，馬以代勞，皆養人者。"朱注從何晏後一説，謂甚言不敬之罪。寯按《内則》："曾子曰：'孝子之養老也，樂其心，不違其志，樂其耳目，安其寢處，以其飲食忠養之。'又曰：'是故父母之所愛亦愛之，父母之所敬亦敬之，至於犬馬盡然，而况於人乎？'"孔穎達疏云："言父母所敬愛犬馬之屬，盡須敬愛，而况於父母所敬愛人乎？"與《論語》義可互證。若云"父母所愛之犬馬，皆能有以養之"，則朱注之義更暢矣。

風流雲散，一别如雨。瞻望遐路，允企伊佇。雖則追慕，予思罔宣。王仲宣贈蔡子篤。和通篪塤，比德車軌。雖則同域，邈其迥深。贈士孫文始。惟詩作贈，敢詠在舟。憂患同也，贈文叔良。自夏涉玄冬，彌曠十餘旬。清談同日夕，情盼叙憂勤。望慕結不解，叙意於濡翰。君侯多壯思，文雅縱横飛。小臣信頑鹵，僶俛安能追。劉公幹贈五官中郎將。誰謂相去遠，隔此西掖垣。拘限清切禁，中情無由宣。贈徐幹。亮懷璵璠美，積久德逾宣。曹子建贈徐幹。親交義不薄。贈丁儀。本圖相與偕，中更不克俱。恩愛久不虧，在遠分日親。倉卒骨肉情，能不懷苦辛。贈白馬王彪。郢人逝矣，誰與盡言。仰慕同趣，其馨若蘭。嵇叔夜贈秀才入軍。吏道何其迫,窘然坐自拘。纓緌爲徽纆,文憲焉可踰。恬曠苦不足,煩促每有餘。良明貽新詩,示我以遊娱。道長苦志短,責重困才輕。是用感嘉貺,寫心出中誠。張茂先答何劭。自昔同寮寀,於今比園廬。同上。私願偕黄髮,逍遥綜琴書。何敬祖贈張華。居陪華屋,出從朱輪。方驤齊鑣,比迹同塵。陸士衡贈馮文熊。及子棲遲,同林異條。年殊志比,服舛義稠。陸士衡答賈長淵。佇眄要遐景,傾耳玩餘聲。與士龍。夕息旋直廬,豐注溢修霤,黄潦浸階除。秋雨多也,贈顧彦先。停陰結不解,通衢化爲渠。同上。惆悵瞻飛駕,引領望歸旆。贈顧公真。安得忘歸草,言樹背與衿。贈從兄士光。終朝理文案,薄暮不遑瞑。答張士然。瞑,古"眠"字。隆思亂心曲,沈歡滯不起。爲顧彦先贈婦。愧無雜佩贈,良訊代兼金。贈馮文熊。我若西流水,子爲東跱岳。贈弟士龍。長離云誰,咨爾陸生。或云左宦,清塗攸失。吾子灑然,恬淡自逸。優游省闥,珥筆華軒。潘安仁爲賈謐贈陸機。婆娑翰林。潘正叔贈陸機。情猶同生,義則師友,二賢相得甚歡。傅長虞贈何劭、王濟詩序。雙鸞游蘭渚,二離揚清暉。長離,靈鳥也。詩。損書及詩,損猶辱也。今君遇之矣。勖之而已,不復屬意於文二十餘年矣。久廢則無次,想必欲其一反,故稱指送一篇,適足以彰來詩之益美耳。劉越石答盧諶詩序。既孤我德,又闕我鄰。詩。在木闕不材之資,處雁乏善鳴之分。自奉清塵,于今五稔。待接彌優,穎眷逾昵。謹貢詩一篇,抑不是以揄揚宏美,亦以攄其所抱而已。若公肆大惠,遂其厚恩,錫以咳唾之音,慰其違離之意,則所謂咸池酬於北里,夜光報於魚目。盧子諒贈劉琨詩序。飾奬駑猥,方駕駿珍。上宏棟隆,下塞民望。詩。妙詩申篤好,清義貫幽賾。恨無隋侯珠,以酬荆文璧。盧子諒答魏子悌。牽率酬嘉藻,長揖愧吾生。謝宣遠答靈運。華宗誕吾秀,綢繆結風徽。煙熅吐芳訊,雲臺與年峻。萎葉愛榮條,涸流好河度。行矣勵令猷,寫誠酬來訊。謝宣遠於安城答靈運。成裝候良辰。飲餞野亭館,分袂澄湖陰。謝惠連獻康樂。辭滿豈多秩,謝病不待年。偶與張邴合,久欲還東山。雖非休憩地,聊取永日閑。謝靈運還舊園。與子别山阿,含酸赴修軫。顧望脰未悁,瘦也。汀曲舟已隱。攢念攻别心。靈運與從弟惠連。傾想遲嘉音,果枉濟川篇。辛勤風波事,款曲洲渚言。酬從弟惠連。屬美謝繁翰,遥懷具短札。顔延年贈王太常。對禁限清風。何以銘嘉貺,言樹紛與桐。顔延年答鄭尚書。朋好雲雨乖。采茨葺昔宇,翦棘開舊畦。顔延年和謝靈運。崇情無遠迹,清氣溢素襟。棲鳳難爲條,淑貺非所臨。誦以永周旋,匣以代兼金。王僧達答顔延年。高閣常晝掩,荒階少諍辭。謝玄暉在郡卧病,呈沈尚書。馳暉不可接,何況隔兩鄉。謝玄暉贈西府同僚。書記既翩翩,賦歌能妙絶。相如恧温麗,子雲慚筆札。陸韓卿答顧希叔。

懷情徒草草。范彦龍贈張徐州謖。脉脉阻光儀。范彦龍贈王中書。望久方來萃，悲歡不自持。任彦升贈舒桐廬。

《文選》贈答詩，詞旨深婉，猶有風人遺意。摘録一斑，爲選辭之助。

《困學紀聞·孔氏傳》云："散氏，宜生名。"愚案《漢書古今人表》："女皇，堯妃，散宜氏。"當以散宜爲氏。閻云："大戴《禮記·帝繫》篇，堯娶於散宜氏之子，謂之女皇。"薛氏尚功《鐘鼎彝器款識》卷十四有散季敦，以敦爲武王即位之四年作。跋云："武王之時，散氏惟聞散宜生。季，疑其字也。"阮氏元《鐘鼎彝器款識》卷八有散氏盤。跋云："案散氏著于周者，有散宜生。《書·君奭》孔傳：散，氏；宜生，名。考大戴《禮記·帝繫》，當以散宜爲氏，生爲名。然薛書有散季敦，此銘亦曰散氏，則《書》傳以散爲氏是也。曹氏之升《四書摭餘説》集注：'散，氏；宜生，名。'蓋本《書》孔傳。曰散，曰散宜，皆氏也。《正義》引馬季常《論語》'予有亂臣十人'注，作散姓，誤。"

寯案：堯時散宜氏，後或别爲散氏。若"司馬"爲"司"，"歐陽"爲"歐"之類。散氏、宜生名之説，雖未敢確斷，然古人以宜名者，若宜臼鬭宜申；以生名者，若申生、歸生、陽生，皆兩字爲名。宜生之名，正與相類。

《墨子·兼愛》下第十六："湯曰惟予小子履，敢用玄牡告於上天，后曰今天大旱，即當朕身。履未知得罪于上下，有善不敢蔽，有罪不敢赦，簡在帝心。萬方有罪，即當朕身；朕身有罪，無及萬方。"畢氏沅校注："今《湯誥》文微異。孔安國注《論語》'有罪不敢赦，帝臣不蔽，簡在帝心。朕躬有罪，無以萬方；萬方有罪，罪在朕躬'云：'《墨子》引《湯誓》其亂若此。《國語》内史過引《湯誓》云：'余一人有辠，無以萬夫；萬夫有罪，在余一人。'"又云："詳此文是湯禱旱文。"

《七患》第五："《夏書》曰，禹七年水。《殷書》曰，湯五年旱。"與《管子·權數》、《莊子·秋水》、《荀子·王霸》、《賈誼·新書》、《淮南子·王術》所云不同。

竹影金瑣碎，泉音玉淙琤。浮虚有新劚，摧扤饒孤撑。囚飛黏網動，盜啅接彈驚。蔬甲喜臨社，田毛樂寬征。露螢不自暖，凍蝶尚思輕。窑煙冪疏島，沙篆印迴平。紅皺曬檐瓦，黄團繫門衡。乾棗、瓜蔞。東枯樵指秃，刈熟擔肩頳。瀟碧竹遠輸委，湖嵌石費攜擎。割錦不酬價，構雲有高營。城南聯句，韓愈、孟郊。

愁去劇箭飛，讙來若泉涌。析言多新貫，攄抱無昔壅。念難須勤追，悔易勿輕踵。會合聯句。韓愈、張籍、張徹、孟郊。

一噴一醒然，再接再礪乃。鬥雞聯句，退之、東野。

單絺厭已褫，長箑倦還捉。大壁曠凝淨，古畫奇駮犖。納涼聯句，退之、東野。

棗圃落青璣，瓜畦爛文貝。禽情初嘯儔，礎色微收霈。庶幾諧我願，遂止無已太。秋雨聯句，退之、東野。

投奓與礙同填隍，跧梁闖竇。椎肥牛呼牟，載實駝鳴圂。征蜀聯句，退之、東野。

匡鼎惟説詩，桓譚不讀讖。同宿聯句，退之、東野。

一晨長隔歲，百步遠殊界。美君知道腴，逸步謝天械。吟馨鑠紛雜，抱照瑩疑怪。祛煩類决癰，愜興劇爬疥。小生何足道，積慎如觸蠆。雨中寄孟刑部幾道聯句，退之、東野。

人憶舊行樂，鳥吟新得儔。繫石沈靳尚，與屈原同列。開弓射鴅吺。軃兜、遠游聯句，韓、孟、李習之。

室婦歎鳴鸛，家人祝喜鵲。逢掖服翻蔪，漫胡纓可愕。澤髮解兜牟，酡顔傾鑿落。跋朝賀書飛，塞路歸鞍躍。摛文揮月毫，講劍淬霜鍔。池蓮折秋房，院竹翿夏籜。晚秋郾城夜會聯句，韓愈、李正封。

《堯山堂外紀》：“白樂天初至京，以所業謁顧著作况。况覩姓名，熟視曰：‘長安米貴，居大不易。’及披卷首篇曰：‘咸陽原上草，一歲一枯榮。野火燒不盡，春風吹又生。’乃嘆賞曰：‘道得箇語，居亦何難。’又云：‘長安冰雪，至夏月則價等金璧。’白詩名動閭閻，每需冰雪，論筐取之，不復償價，日日如是。”

王漁洋《居易録》云：“今語謂皮衣之長者曰褡褳。此語最古。郭一經曰：‘半臂衫也。起於隋時，内官服之。’”

《居易録》：“按各省漕糧額數，每年共米三百五十六萬九千二百五十五石。今康熙三十二年，江西、浙江、江南三省，共約蠲一百八十一萬二千石有奇。京、通各倉，現存歷年支剩米八百三十萬五千五百二十石有奇。每年應支官俸、兵餉米計二百八十七萬五千六百石。三十三年，除派撥兵餉外，各直省共存剩銀二千五百八十三萬三百二十九兩零。”

《袁中郎集·時尚篇》云：“古來薄技小器，皆可成名。鑄銅如王吉、姜娘子，琢琴如雷文、張越，磁器如哥窯、薰窯，漆器如張成、楊茂、彭君寶。士大夫寶玩欣賞，與詩畫並重。近日小技著名者尤多，皆吳人。瓦壺如龔春、時大彬，價至二三千錢。銅鑪，稱胡四；扇面，稱何得之；錫器，稱趙良璧，好事家爭購之”云云。予又曾觀《顧東江集》，弘正間舊京製扇骨，最貴李昭。《七修類纂》：天順間有楊塤，妙於倭漆，其漂霞山水人物，圖畫不如。《居易録》。予在京師，見石叟銅器甚精，每器銀鑴石叟二小篆，明時物也。近年巴子安慰祖。銅器仿古，幾欲亂真。

陳曼生鴻壽瓦壺、錫壺銘刻精工，許珊林槤磁器亦精，皆士人也。

湯允謨云：“識文，夏用鳥迹篆，商蟲魚篆，周蟲魚大篆，秦大小篆，漢小篆、隸書，三國隸書。晉宋以來皆楷書，唐用楷隸，三代同陰識，謂之偃囊，其字凹。漢以來或用陽識，其字凸，間有凹者。或用刀刻如鐫碑。凡陽識决非三代物。”《鐵網珊瑚》

五代和凝爲文章，以多爲富，有集百餘卷，自鏤板行世，識者非之。《聞見録》云：“唐明宗長興二年，宰相馮道、李愚請令判國子監田敏，校正九經刻板印賣，朝廷從之。”《居易録》云：“刻書始于五代，昔人率以爲然。予按司空表聖《一鳴集》有爲東都敬愛寺，募雕刻律疏印本。疏云自洛城□□乃焚印本，漸虞散失，欲更雕鎪云云。則唐已刻書，此其昭昭可據者，顧前無引之者何也。”

《歐陽文忠集·論雕印文字劄子》云：“今後如有不經官司詳定，妄行雕印文集，並不得貨賣。”

道光十五年十月初九日，加上“恭慈康豫安成莊惠壽禧皇太后”徽號，以十月初十日爲皇太后六旬大慶聖節也。

周靈王二十一年庚戌魯襄公二十二年冬十月庚子，孔子生。周建子十月，即夏之八月，今行夏時以八月二十七日申時孔子生。

敬王四十一年魯哀公十六年夏四月十八日乙丑，孔子卒，年七十三。今二月十八日忌辰。

宋高宗建炎四年庚戌九月十五日午時，朱文公生於南劍州今延年府尤溪縣之寓舍。文公生庚戌年丙戌月甲寅日庚午時。以上二條載《朱子文集大全類編·道學淵源》及年譜中。康熙壬寅朱子十六代孫玉重刊。

宋濂溪周子得孟子不傳之統。周子名敦頤，字茂叔，道州瑩道縣人，謚元。周子傳之二程子，大程子名顥，字伯淳，河南洛陽人，明道先生，謚純。二程子名頤，字正叔，伊川先生，謚正。二程子傳之楊子，名時，字中立，南劍州將樂人，龜山先生，謚文靖。楊子傳之羅子，名從彦，字仲素，家劍浦後徙沙縣，豫章先生，謚文質。羅子傳之李子，名侗，字願中，南劍州劍浦人，延平先生，謚文靖。李子傳之朱子。載《道學淵源》條内。

錦纜廻沙磧，蘭鳳避荻洲。荷風驚浴鳥，橋影聚行魚。長虹雙瀑布，圓闕兩芙蓉。樹宿含櫻鳥，花留釀蜜蜂。風逆花迎面，山深雲濕衣。澗底百重花，山根一片雨。澗寒泉反縮，山晴雲倒回。黎陽水稍淥，官渡柳應春。小村治澀路，低田補壞渠。短筍猶埋竹，香心未啓蘭。門嫌磁石礙，馬畏鐵菱傷。峽路沙如月，山峰石似眉。巡寒重挾纊，酌水勝簞醪。無風樹即正，不凍水還平。新禽解雜囀，春柳卧生根。秋雲低晚氣，短景側餘暉。澗險無平石，山深足細泉。短松猶百尺，少鶴已千年。風雲能變色，松竹且悲吟。纖腰減束素，别淚損横波。壯冰初開地，盲風正折膠。野老披荷葉，家童掃栗跗。殘月如初月，新秋似舊秋。秋雲粉絮結，白露水銀團。關門臨白狄，城影入黄河。春窗刻鳳下，寒壁畫花開。新藤亂上格，春水漫吹沙。月落將軍樹，風驚御史烏。長藤連格徙，高樹帶巢移。横階仍鑿澗，對户即連峰。賦用王延壽，書須韋仲將。冰弱浮橋没，沙虚馬跡深。窮愁方汗簡，無遇始觀爻。水蒲開晚結，風竹解寒苞。穿渠移水碓，燒棘起山田。蒼鷹斜望雉，白鷺下觀魚。滴瀝泉澆路，穹窿石卧階。圓珠墜晚菊，細火落空槐。有城仍舊縣，無樹即新村。雜曲隨琴用，殘花聽酒須。桐枝長舊圍，蒲節抽新寸。投壺欲起電，倚柱稍驚雷。崩沙雜水去，卧樹擁槎來。嘉苗雙合款，熟稻再含胎。風烏疑近日，露掌定高雲。楊柳成歌曲，蒲桃學繡文。鳥鳴還獨解，花開先自薰。麥隨風裏熟，梅逐雨中黄。鞭石未成雨，鳴鳶不起風。學異南宫敬，貧同北郭騷。自紅無假染，真白不須妝。半道聞荷氣，中流覺水寒。密菱障浴鳥，高荷没釣船。野衣縫蕙葉，山巾篸筍皮。無機抱甕汲，有道帶經鋤。論文報潘岳，詠史答應璩。覆局能懸記，看碑解暗疏。池水朝含墨，流螢夜聚書。值熱花無氣，逢風水不平。絡緯無機織，流螢帶火寒。細縷纏鐘格，圓花釘鼓牀。霜風亂飄葉，寒水細澄沙。山明疑望月，岸白不關沙。雨住便生熱，雲晴即作峰。石險松横植，巖懸澗竪流。澗水纔窗外，山花即眼前。路高山裏樹，雲低馬上人。面紅新著酒，風晚細吹衣。沙城疑海氣，石岸似江樓。梨紅大谷晚，桂白小山秋。石軟如香飯，鉛銷似熟銀。

張溥云："史評庾詩綺艷，杜工部又稱其清新老成。此六字者，詩家難兼，子山備之。"又云："唐人文章去徐、庾最近，窮形寫態，模範是出。"誠知言也。拾其香草，略見一斑。

錢塘倪魯玉璠注釋《庾集》，題辭云："自滕逌撰集於新野，魏澹闡注於房陵，逌之所撰，自魏及周，著述裁二十卷。其南朝舊作，蓋闕如也。及隋文帝平陳，所得逸文增多一卷，故《隋書·經籍志》稱集二十一卷。其所摭拾者，大抵揚都十四卷之遺也。澹字彦深，爲太子舍人，廢太子勇深禮遇之，令注《庾信集》，《隋史》列傳具載其事。《舊唐書》志有集二十卷，與本傳合，要稱其滕王所撰也。《庾集》在於周、隋，有此二本矣。今其書並已不傳，世之所謂《庾開府集》，本宋太宗諸臣所輯，分類鳩聚，多不詮次。取而注之，文集凡十有六卷,并釋其序、傳,撰年譜、世系圖二篇。有所脱漏,在於末卷總釋。”

王漁洋《精華録·壽陽驛題韓文公詩後》云:“天寶昔喪亂,崒干及阿犖。扇禍始漁陽,流毒被河朔。辛苦九門戰,堂堂李與郭。滋蔓逮三鎮,世守恣兇虐。軍中立留後,諸藩擅官爵。山東勁兵處,縣官實自弱。元和聖天子,咨相授方略。淮蔡洎淄青,次第就束縛。移兵壓山東,勢如掃秋籜。遺恨功未成,殺機生魏博。庭凑何么麽,跳梁敢弗恪。偉哉昌黎公,談笑狎巨鰐。我行過壽陽,遺詩緬猶昨。韓愈殊可惜,朝廷乃大錯。真卿與巢父,兹事詎堪數。誰與秉國成,蛾眉竟謡諑。杜牧有罪言,千秋實良藥。”惠定宇棟訓纂引漁洋《蜀道驛程記》:“壽陽縣使院中,有韓文公使成德絶句,元祐癸酉左宣義郎、知縣事孟天常子履重刻。”

太傅、武英殿太學士、歙縣曹公振鏞,謚文正,故大學士松筠,字湘浦,謚文誠,加尚書銜、工部尚書王伯申引之,兩廣總督盧厚山坤,致仕大學士托津,一年之中,老成徂謝,海内同悲。陝甘總督楊公遇春,請老歸四川,恩加侯爵。故固原提督楊侯芳,字誠村,亦以疾還貴州。二楊皆百戰虎臣,一時去位,不無大樹飄零之感。

道光元年辛巳三月一日,余與程春海恩澤前輩,入直南書房,以歙縣曹儷笙相國、當塗黄左田尚書薦也。尚書視學山右,余以文字受知久矣,相國則未識面。既入直,尚書語余曰:“歙縣以足下充撰文翰林,從未私謁,斷爲有品,遂列薦牘,誠特識也。”追念知己,益用慨然。

邑侯鍾元甫汪杰云:“韓文公詩亭在今太安驛。”非也。太安驛向無城,韓詩云“邊城”,當是指縣治言,且詩題云《壽陽驛》,可證。又云:“今書院、馬厮中,兩處均有宋時韓詩石刻。”不知即漁洋所見孟子履重刻者否。

元甫復書云:“來示論韓文公詩刻一事,《精華録》所引《蜀道驛程記》,壽陽縣使院中石刻,漁洋所見,確是今書院中物。”今書院即國初時使院也。惟驛院中更有一石,題“宋元祐癸酉孟天常刻”,與書院石刻無二,不知何故。至《唐語林》所載“園花巷柳”爲寄意柳、桃二姝而作,自是好事者附會之詞,而不知其厚誣大賢至於如此。前志既辨其謬,而猶載金君和韵於後,何其無卓識也。

《精華録》訓纂卷三上,“西弄”條下,引祝允明《前聞記》:“今人呼屋下小巷爲弄。《南史》:‘蕭諶接鬱林王出自延德殿西弄,弑之。’丁度《集韵》:‘弄’,厦也,屏也,又作庨。’蓋即今稱耳。《字書》又出‘衖’字,俗又呼‘弄唐’,‘唐’,亦路也。高澹人《天禄識餘》:‘《南史》西弄,宫中别道如永巷之類也。’元《經世大典》所云‘火衖’,注,即音弄。《丹鉛總録》:‘今之巷,名爲胡洞。’《字書》不載,或作‘衚衕’,又作‘衙衕’,皆無據。《南齊書》云云,注弄巷也。南方曰‘弄’,北曰‘衙衕’,‘弄’之反切爲‘衙衕’也,蓋方言耳。”

按:今京師“巷”謂之“衚衕”,壽陽“巷”謂之“合朗”,皆方言反切之聲。

平陽徐柳厓崑官京師日,邀同鄉諸老食家鄉麪,賦長句二十韵,索先君和。今《覆瓿集》中和詩已佚。録其原作云:“冬日飲湯不飲水,北人嗜麪過稌秠。即今一陽初見復,思鄉因憶鄉味美。玉露酒名釀冰澗河濱,新韭翦芽龍祠里。酒耶韭耶遠莫致,家廬忽來亦可喜。銀泥玉屑搓抄工,秋練春繇婉轉似。莖草丈六化爲身,一窩絲細柔繞指。因員成珪方成璧,柳葉生春蝴蝶起。殊名或問肇何年,談古依稀髣髴耳。憶昔來麰降平陽,蓮蒲扇厨應有此。娥皇媖首皆妙才,濬思入微創其始。然而茅茨方淳樸,粒食初興寧有是。懸揣增華自漢家,供於平陽公主使。子夫少皃纖手揮,故令分形變奇傀。惜也食經不能載,瑣事又不見信史。一鄉各嗜一鄉味,但曰平陽麪而已。僑邸邀客缺陪鼎,盤無兼味聊爾爾。殊媿名非列八珍,未必真堪下箸匕。野芹欲獻暄欲負,不旨仍妨竟曰旨。折簡那敢邀異客,供吾桑梓忘其鄙。却憶年來嗜此者,高雅笥河朱夫子。”

思復齋随筆卷四道光十五年乙未冬十一月至丙申二月

鍾元甫邑侯記申中丞啓賢語云:“昔見山西俗尚儉樸,今入境大非昔比。儉樸則誠實,誠實則民安分,而無邪僻之習。奢華則淫蕩,淫蕩之極,將窮而爲匪,無所不至。近日士子蔑棄先正典型,無復根本經術,豈知漢儒解經,謹守師法,不敢背師而從他説。夫不背其師,自不敢背其親;不敢背其親,自不敢背其上矣。官無大小,皆盡一心;學無精粗,皆歸一理。無論天文、地理、書算、藝術,一切皆以實而有用者,考諸古而施諸今,非以誇奇逞誕也。”中丞河南延津人,嘉慶壬戌科進士,號鏡汀。元甫精算學,知天文,博學工文詞。鏡汀先生,余庚午鄉試座師。

《歐陽文忠公集·論班行未有舉薦之法劄子》云:“臣伏見朝廷選任百官,文武各用。文官在選者,各有舉主。惟有武官中近下班行,並無賢愚分别,一例以年歲遞遷,使賢愚同滯。臣欲乞將近下班行,比類選人,别立舉官之法。仍乞嚴爲約束,重其連坐之法,使舉者不容冒濫,則才與不才漸可分别,而用人不濫。”

《歐陽集·條約舉人懷挾文字劄子》云:“近年舉人公然懷挾文字,皆是小紙細書,抄節甚備。每寫一本,筆工獲錢三二十千,亦有十數人共斂錢一二百千,傭倩一人,虚作舉人名目,依例下家狀入科場,只令懷挾文字至試院,其程試則它人代作。事敗,則不過扶出一人,既本非應舉之人,雖敗别無刑責,而坐獲厚利。”

《歐陽集·論臺諫官唐介等宜早牽復劄子》云:“自古人臣之進諫於其君者,有難有易,各因其時而已。若剛暴猜忌之君,不欲自聞其過,而樂聞臣下之過。人主好察多疑於上,大臣側足畏罪於下。於此之時,諫人主者難,而言大臣者易。若寬仁恭儉之主,動遵禮法。自聞其失,則從諫如流;聞臣下之過,則務爲優容以保全之。而爲大臣者,外秉國權,内有左右之助,言事者未及見聽,而怨仇已結於其身。故於此時,諫人主者易,而言大臣者難,此不可不察也。自古人主之聽言也,亦有難有易,在知其術而已。夫忠邪並進於前,而公論與私言交入於耳,此所以聽之難也。若知其人之忠邪,辨其言之公私,則聽之易也。凡言拙而直,逆耳違意,初聞若可惡者,此忠臣之言也。言婉而順,希旨合意,初聞若可喜者,邪臣之言也。至於言事之官,各舉其職,或當朝正色,顯言於廷,或連章列署,共論其事。言一出則萬口爭傳,衆目共視,雖欲爲私,其勢不可。故凡明言於外、不畏人知者,皆公言也。若非其言職,又不敢顯言,或密奏乞留中,或面言乞出自聖斷,不欲人知言有主名者,蓋其言淺傾邪,懼遭彈劾。故凡陰有奏陳而畏人知者,皆挾私之説也。自古人主能以此術知臣下之情,則聽言易也。"

道光十五年乙未十二月,立春後四月,祀竈之夕,夢謁當塗左田師於里第,長君在軒初民侍側。師聞寯來相見,甚樂,談詩讀畫,論古今事,神采與辛卯九月在都時不殊。會有約師出遊者,師遂篴輿往踐。予詢在軒曰:"竊聞椒園爲我夫子燕居之地,花木屋廬,清閟如畫,藏書萬卷,一一手校,可得窺乎?"在軒愀然曰:"大人近不樂居此,扃鎖久矣。"予固請,必欲一窺。在軒黽勉許之。周旋之間,師駕已返,手持一横卷折枝花卉,展觀未了,灑然而寤。師自丙戌冬請老歸里,至今幾十年,新春年八十有七矣。去年得書云:"目力昏澀,精神尚健。"今年無信來,甚念。予今春頗有南圖,冀親函丈,右腕作痛累月,此念遂沮。椒園即師起居燕寢,豈宜扃鑰?在軒已是陳人,胡乃侍側?意者其爲逍遥曳杖之讖乎?姑識於此,以申嚮往之思。

《歐陽文忠集》有《進納長馬空名誥海詞》、《進納人空名誥海詞》,蓋即今所謂籠統詞頭也。又有賜陳執中、王德用、文彦博、賈昌朝諸大臣生日禮物口宣,即今一品大臣賜壽之典也。又有《聖節五方老人祝壽文》,一東方老人,二西方老人,三中央老人,四南方老人,五北方老人,謂五嶽也,即今萬壽聖節恭進祝册也。

《六一居士傳》:"六一居士初謫滁山,自號醉翁。既老而衰且病,將退休於潁水之上,則又更號六一居士。客有問曰:'六一何謂也?'居士曰:'吾家藏書一萬卷,集録三代以來金石遺文一千卷,有琴一張,有棋一局,而常置酒一壺。'客曰:'是爲五一爾,柰何?'居士曰:'以吾一翁老於此五物之間,是豈不爲六一乎?'"

《歐陽三琴記》:一爲張越琴,一爲樓則琴,一爲雷氏琴。

歐陽《與王源叔問古碑字書》:"縣有古碑一庁,一作"所"。在近郊數大冢之間,《圖經》以爲儒翟先生碑,其文云:'先生諱壽,字元考,南陽隆人也。'大略述其有道不仕,以敎學爲業,然不著其姓氏,其題額乃云:'玄濡斆一作玄儒蒙。先生碑'。'斆'字疑非'翟'字,而莫有識者。許慎《説文》亦不載,外方無佗書可考正。其文辭簡質,皆隸書。書亦古樸,隱隱猶可讀,乃云熹平三年所立,去今蓋八百五十六年矣。”熹平,漢靈帝年號。《集古録目》云:“後漢玄儒婁先生碑。”

韓退之年未五十,而視茫茫,髮蒼蒼,齒牙動摇。歐陽永叔四十三,鬢鬢皆白,眼目昏暗。司馬君實年垂四十,感慨白髪。白樂天一生作達,而龍鍾歎老之句,見於盛年。古賢學養深粹,尚爾不免,何況鯫生,更迫哀苦,目眵擘痛,又何恠乎? 道光十五年除夕前一夕,因讀《文忠集》記此。開年,年四十有四矣。

歐陽《與沈待制邈,字子山書》:“俗以立秋日卜秋暑多少,據今日之勢,猶當更猖狂爾。然世言春寒、秋熱、老健,此三者終是不久長之物也。”《與劉侍讀原父書》:“惠以古器銘文,發書驚喜失聲,羣兒曹走問迺翁夜獲何物,其喜若斯? 信吾二人好惡之異如此,安得不爲世俗所憎耶。”《與梅聖俞書》:“讀軾書,不覺汗出,快哉! 快哉! 老夫當避路放他出一頭地也。軾所言樂,乃某所得深者爾,不意後生達斯理也。”又云:“家人見誚,好時節將詩去人家厮攪,不知吾輩用以爲樂爾。後日絶早過喫不托。”《與曾舍人鞏,字子固書》:“昨在潁無所營爲,所以少留者,蓋避五月上官,未能免俗爾。”《與蘇編禮洵,字明允書》:“孫兆藥多涼,古方難用於今。”《與焦殿丞千之書》:“某來日遂移過高橋宅中,俟稍定疊,便去般出學。”又云:“更俟一二日太太祝歸,略令灑掃,衮衮度日,公私不濟一事,此京師之態也。”《與尹材書》:“墓銘刻石時,首尾更不要留官銜、題目,及撰人、書人、刻字人等姓名,祇依此寫。晉以前碑皆不着撰人姓名,此古人有深意,况久遠自知。篆蓋祇著‘尹師魯墓’四字。”《與蔡交書》:“某忝以拙訥,獲銘當世仁賢多矣。如此文復何所讓,但以禮制爲重,亦不遲年歲中,貴萬全無他議也。”

《歐陽外集·衛尉卿祁公神道碑銘》:“惟太原祁氏,其先出於黄帝之子二十五人,一食於祁,遂爲氏。太原晉公盛於春秋之際,祁氏亦盛於晉。其後世遠而衰,子孫散亡,一作“亡散”。之他國。有居譙者,即爲譙人。後幾世,生公,諱某。公由曾祖一有“考”字。以來,畜德藴明,世不大顯。公生幾歲,始有賢子革。革,咸平三年以鄉貢進士中一作“及”。第,始以禄榮其親。後幾歲,公卒。卒之歲,實景祐當作“德”。四年正月二十七日,享年六十有一。革既棄官服喪於家,日月二字一作“既”。訖,如禮起復就仕。仕又某年,始爲尚書郎,然後又以爵榮之。一命贈大理評事,累升衛尉卿。夫人楚氏,某人女,其賢爲公之配,後公以卒。天聖八年,始以公夫人之喪合葬譙縣湯陰鄉。將葬,乃考其世德,刻石藏墓中,又圖刻於墓隧之外,以暴露顯揚,孝子之心也。初,公閑居常命革曰:‘祁氏世有仕族,一作“官”。名聲可稱聞者,比比出於時。自國家建隆以來,天子每一作“歲”。歲下書四方,舉賢能之士以官之。而四方之人摩肩爭出,獨祁氏無一人之迹至譙刺史廷下稱應書者,豈吾門遂癈乎?抑大癈而後興也?或後遂興,興由汝也?’於是盡出其家之有,益市羣書,日釀酒爲具,以待四方之賓,使與之遊。每鄉里大儒先生講説授學校一作“徒”。子,即隨酒具以往,勤勤盡其歡,歲時未嘗懈怠,不一有“敢”字。顧資産之有無者,惟奉其家祭祀,及以禮士君子爾。由是浸漸以成人,及享子禄不數歲乃終,人謂力勞而報約,何也?既而享名爵,登九卿,然後鄉里榮之。夫享子養人之常,歿而榮不朽,顧天之報予,孰云無厚薄哉!惟公以純尊敦實履其身,行其家,以大其門,教其子,卒成其志。志成矣,而身歿,身歿而名益榮矣。今又得顯書其行,揭之金石,以彰爲善之効,而以其餘勸於後人,得爲賢也。噫!今有人一作“人有”。負材與能,昂立人上,與時爭高下,不肯分寸屈其心,而卒困厄顛踣,怏怏不得志,欲一縣佐不可得,以至窮且老、歿無聞者,幸而得志,處富厚,極崇高,即死而身名俱滅,子孫至爲僕隷,轉死溝壑者,亦不可數。用彼較此,得失孰多乎?豈負材與畜德,所享固不同耶?碑具,使來乞辭。辭具,又爲之詩,以貽譙里之童子使歌,歌以永公之無窮也。衣車赫赫馳者誰,生世不聞死莫知。卿居里門乃褐衣,歿榮之存令名垂。人有不信考斯碑,卿之有碑由子爲,後之父者宜所思。”

《歐陽公胥氏夫人墓誌銘》,徐無黨撰。《楊氏夫人墓誌銘》,焦千之撰。皆附公集中,蓋述公語也。時公在憂制,舉祔葬之禮,故命門人秉筆。

道光十六年正月六日,平定州連山莊民祁俊林、祁徹、祁丕仁三人,持其家譜詣予村訪求族派。六弟宿藻見其三人者,皆農而愿者也。撿其譜,乃明洪武初自洪洞縣遷居平定軍籍。其始祖曰銓,其子孫顯者,一舉人,一陽高縣校官,一都司。余家亦洪武初自洪洞大槐樹遷壽陽者,然洪洞以前譜無考,不敢援附,款其人而謝之。平定之譜,乃乾隆四十八年祁亮采所著。

歐陽祭桓侯文:“謹以彘肩巵酒之奠,告於桓侯張將軍之靈。”今晚田秋稼將實而少雨,神生以忠勇事人,威名震於荆楚,歿食其土,民之所宣告也。

歐陽跋杜祁公書:“余以尚書、禮部郎中、龍圖閣直學士留守南都,公已罷相致仕於家者數年矣。余歲時率僚屬候問起居,見公福壽康寧,言笑不倦”云云。今人春帖每書“福壽康寧”四字,疑即本此。

歐陽跋學士院題名:“余嚮在翰林七年,嘗以謂宰輔有任責之憂,神仙無爵禄之寵。既都榮顯,又享清閑,而兼有人天之樂者,惟學士也。自頃以來,叨被恩私,俾忝政論。力疲矣,而勤勞不得少息;心衰矣,而憂患浩乎無涯。却思玉堂如在天上,偶因發篋,閑覽題名,不覺慨然,遂書於此。"

壽陽山産石炭,窯深莫側,炭柱森列於中,似天然不假斧鑿。柱雜瓦石,不盡炭也,殆昆明刼灰之類。山上有車道,窯中炭必有車跡,雖數百丈,其跡不滅。炭亦酥粉,不堅緻。窯師遇之,便知上有車道也。豈地氣深透使然耶?理不可解。

歐陽《集古録目》*:後漢《殽阮君神祠碑》。施君爲陜西都轉運使,爲余模此本,云碑文已磨滅,初不可辨,以麪填其刻,稍尋其點畫,命工鐫治之,乃可讀。施君名昌言。　後漢《碑陰題名》。漢碑存於今者,惟華嶽與孔子廟最多。其陰往往列修廟人姓名,并記其所出鈔數,不過三百至五百。今斯碑有'錢各五百'四字。　後漢《文翁石柱記》。文翁學生題名,凡一百有八人:文學、祭酒、典學、從事各一人,司儀、王事各二人,左生七十三人,右生三十人。文翁在蜀教學之盛,爲漢稱首。其弟子著籍者,何止於此?蓋其磨滅之餘,所存者此爾。　漢《孔宙碑陰題名》。漢世公卿多自教授,聚徒常數百人。其親授業者爲弟子,轉相傳授者爲門生。今宙碑稱弟子者十人,門生者四十三人,故吏者八人,故民者一人。宙,孔子十九世孫,爲泰山都尉,自有録。　後漢《劉寬碑》。右漢太尉、車騎將軍、特進、逯鄉二字一作"封"。昭烈侯劉公碑,公諱寬,有兩碑,皆在洛陽。其一故吏李謙所立,而此碑門生殷包碑作"苞"。等所立。漢公卿故吏門生,各自立碑,以伸感慕,惟見於此。今人家碑碣,非其子孫,則他人不爲立也。　後漢《太尉劉寬碑陰題名》。此題名在故吏所立之碑陰,其别列於後者,在寬子松之碑陰也。寬以漢中平二年卒,至唐咸亨元年,其裔孫湖城公爽,以碑歲久皆仆於野,爲再立之,并記其世序。嗚呼! 前世士大夫世家著之譜諜,故自中平至咸亨四百餘年,而爽能知其世,以如此之詳也。蓋自黄帝以來,子孫分國受姓,歷堯舜三代數千歲間,詩書所紀,皆有次序,豈非譜繫源流,傳之百世而不絶歟? 此古人所以爲重也。不然,則士生於世,皆莫自知其所出,而昧其世德遠近。其所以異於禽獸者,僅能識其父祖爾,其可忽哉? 唐世譜牒尤備,士大夫務以世家相高。至其弊也,或陷輕薄,婚姻附託,邀求貨賂,君子患之。然而士子修飭,喜自樹立,兢兢惟恐墜其世

---

* 《集古録目》,歐陽修之子歐陽棐撰。歐陽修有《集古録》,又名《集古録跋尾》。

業,亦以有譜牒而能知其世也。今之譜學亡矣,雖名臣巨族,未嘗有家譜者。然而俗習苟簡癈失者非一,豈止家譜而已哉!　後漢《朔方太守碑陰》。當時修廟出錢,不過三百至五百,蓋漢世物輕幣重。今華嶽孔子廟碑陰,所列亦皆如此。　後漢《北海相景君銘碑》。銘有云"不永麋壽",余家集録三代古器銘,有云"眉壽"者,皆爲"麋"。蓋古字簡少通用,至漢猶然也。　後漢《孫叔敖碑》延熹三年。名饒,字叔敖,而《史記》不著其名。而見於他書者,亦皆曰叔敖而已。微斯碑,後世遂不復知其名饒也。　後漢《冀州從事張表碑》。其辭有云"仕郡爲督郵,鷹撮盧擊",是以狗喻人。蓋漢人猶質,不嫌取類於鷹犬。　後漢《司隸從事郭君碑》。前世碑碣,但書子孫,而不及兄弟,惟郭氏碑載其兄弟甚詳。蓋古人譜牒既完,而於碑碣又詳如此,可見其以世家爲重。　後漢《郭先生碑》。諱輔,字輔成。其少也孝友而説學,其長也寬舒如好施,是以宗親歸懷,鄉鄙高尚。其用"鄉鄙"字,與漢婁壽碑同。其曰"寬舒如好施",蓋以"如"字爲"而"也。《春秋》書"星隕如雨",釋者曰:"如","而"也。然施於文章以"如"爲"而",始見於此。寯嘗見漢銅鏡背銘云"明而日月世少有",是以"而"爲"如"也。　後漢《唐君碑》。字正南,换君昌陽令,吏民慕戀,牽君車輪不得行。君臣流涕,道路琅玕。

《宋文帝神道碑》云"太祖文皇帝之神道",凡八大字,而别無文辭,惟以此爲表識爾。古人刻碑,正當如此,而後世鐫刻功德、爵里、世繫,惟恐不詳。然自後漢以來,門生、故吏多相與立碑頌德矣,余家《集古》所録三代以來鍾、鼎、彝、盤銘刻備有。至後漢以後,始有碑文。欲求前漢時碑碣,卒不可得。是則冢墓碑,自後漢以來始有也。　陳《張慧湛墓志銘》。不著書撰人名氏,余家《集録》所見頗多。自開皇、仁壽而後,至唐高宗已前,碑碣所刻,往往不減歐、虞,而多不著名氏,如隋《鉗耳君清德頌》。或有名而其人不顯,如隋丁道護之類。丁道護啓法寺碑。

唐《孔子廟堂碑》,虞世南撰并書。余爲童兒時,嘗得此碑以學,當時刻畫完好。後二十餘年,復得斯本,則殘缺如此。因感夫物之終葬,雖金石之堅,不能以自久。於是始欲集録前世之遺文而藏之,殆今蓋十有八年,而得千卷,可謂富哉!嘉祐八年九月二十九日書。　唐《德州長壽寺舍利碑》有云"浮雲共嶺松張蓋,明月與巖桂分叢",迺知王勃云"落霞與孤鶩齊飛,秋水共長天一色",當時士無賢愚,以爲驚絶,豈非其餘習乎?寯按庾子山《華林園馬射賦》:"落花與芝蓋同飛,楊柳共春旗一色。"乃唐人濫觴。　唐《皇甫忠碑》貞觀十四年。忠爲泰州龍門令,歲滿，縣民前左勳衛裴公隱等一千三百人，申省請留。八座報云："公等請來遲晚，縣令今已替訖。好人堪用，縣國共須，豈一縣士庶，獨懷悕惜？所請不允。"當時臺省文字如此可愛。　唐《孔穎達碑》，于志寧撰。傳云"字仲達"，碑云"字沖遠"。以"沖遠"爲"仲達"，以此知文字轉易失其真者，何可勝數。

唐《益州學館廟堂記》，永徽元年顔有意書。高朕之名，於義不安，頗疑有意得於古碑之訛缺爾。　唐《薛仁貴碑》天寶二年。苗神客撰，云"公諱禮，字仁貴"。唐書列傳，不云名禮，疑後世文士或其子孫爲增之也。　唐《張嘉正碑》開元二十六年。李邕撰，蔡有鄰立書。李絳《論事集》言吐突承璀欲於安國寺爲憲宗立紀聖德碑，乃先立碑建樓，請學士撰文。絳疏論以爲不可，憲宗遽命以牛百頭拽碑倒。蓋未撰文，而先立碑建樓。此碑有鄰又云"立書"，亦應先立石矣。今人立碑須鐫刻成文，然後建立。蓋今昔所爲不同，各從之其便爾。　唐《安公美政頌》安公名庭堅。唐《石壁寺鐵彌勒像頌》皆開元二十九年。二碑皆參軍妻高氏書。寯曾見石壁寺碑搨完好，似貞觀《晉祠銘》筆意，在今交城縣。歐公以二碑字體不類，疑模刻不同，又疑好事者寓名以爲奇也。　唐《蔡有鄰廬舍那珉像碑》開元十六年。唐世名能八分者四家，韓擇木、史惟則世傳頗多，而李潮及有鄰特爲難得。　唐《顔真卿麻姑壇記》大曆六年。小字《麻姑壇記》歲月闕。今世所行多小字本者。漁洋《居易録》所載，已以大字本爲難得矣。　唐《李陽冰城隍神記》云："城隍神祀典無之，吳越有爾。"然今非止吳越，天下皆有，而縣則少也。　唐《賀蘭夫人墓誌》，陸贄撰，或云贄書也。題曰"祕書監陸公夫人墓誌銘"，而贄自稱姪曾孫。此石在常州。　唐《虞城李令去思頌》元和四年。李白撰文，王遹篆。唐世小篆之學不數家，自陽冰獨擅，後無續者。其前惟有《碧落碑》，而不見名氏。遹，開元、天寶時人，在陽冰前而相去不遠。然當時不甚知名，余以集録求之勤且博，僅得此爾。今世以小篆名家，如邵不疑、楊南仲、章友直，問之，皆云未嘗見也。　唐《陽公舊隱碣》元和中。李靈省篆額。自李陽冰後，靈省所書，筆畫甚可佳，既不顯聞於時，亦不見於他處。　唐《崔能神道碑》長慶三年。李宗閔撰。按：唐世無賜金印者，官制古今沿革不同，而其名號尚或相襲。自漢以來，有銀、青、金、紫之號。當時所謂青紫者，綬也；金銀者，乃其所佩印章爾；綬，所以繫印者也。後世官不佩印，此名虛設矣。隋唐以來，有隨身魚，而青紫爲服色，所謂金紫者，乃服紫衣而佩金魚爾。宗閔謂賜金印者，繆也。今世自以賜緋銀魚袋、賜紫金魚袋結入官銜，而階至金紫光禄大夫者，遂於結銜去賜紫金魚袋，皆流俗相承，不復討正久矣，故因宗閔之失并記之。　唐《鄭澣陰符經序》開成二年。唐《山南西道驛路記》開成四年。唐《何進滔德政碑》開成五年。唐《李石神道碑》會昌三年。唐《高重碑》會昌四年。唐《康約言碑》大和七年。唐《復東林寺碑》大中十一年。以上皆柳公權書。

《十八家法帖》,實二十五帖,蓋書者十八家爾。而流俗又自有羲之十八帖,然皆出於官法帖也。太宗皇帝時,嘗遣使者天下購募前賢真蹟,集以爲法帖十卷,鏤板而藏之。每有大臣登進二府者,則賜以一本,其後不賜。或傳板本在御書院,往時禁中火災,板被焚,遂不復賜。或云板今在,但不賜爾。此十八家者,蓋官法帖之尤精者也。

歐陽《歸田録》上。開寶寺塔,在京師諸塔中最高,而制度甚精,都料匠預浩所造也。塔初成,望之不正而勢傾西北,人恠而問之,浩曰:"京師地平無山,而多西北風吹之,不百年當正也。"其用心之精如此,國朝以來木工一人而已。至今木工皆以預都料爲法,有《木經》三卷行於世。世傳浩惟一女,年十餘歲,每卧則交手於胸爲結構狀。如此踰年,撰成《木經》三卷,今行於世者是也。

孫宣公奭曰:"近世謚用兩字,而文臣必謚爲文,皆非古也。"公卒,謚曰宣,成其志也。　仁宗器服簡質,用素漆唾壺盂子,素瓷盞進藥,御榻上衾褥皆黄絁色,已故暗。宫人取新衾覆其上,亦黄絁也。然外人無知者,惟兩府侍疾,因見之爾。

《歸田録》下。唐人奏事,非表非狀者,謂之牓子,亦謂之録子,今謂之劄子。凡羣臣百司上殿奏事,兩制以上非時有所奏陳,皆用劄子。中書、樞密院事有不降宣敕者,亦用劄子,與兩府自相往來亦然。若百司申中書皆用狀,惟學士院用咨報,其實如劄子,亦不書名,但當直學士一人押字而已,謂之咨報,今俗謂"草書",名爲"押字"也。此唐學士舊規也。　往時學士循唐故事,見宰相不具靴笏,繫鞋坐玉堂上,遣院吏計會堂頭直省官。學士將至,宰相出迎。近時學士始具靴笏,至中書與常參官雜坐於客位,有移時不得見者。　用錢之法,自五代以來,以七十七爲百,謂之"省陌",今市井交易又尅其五,謂之"依除"。

《歐陽事迹》發等述。嘉祐二年,先公知貢舉。學者爲文以新奇相尚,文體大壞。僻澀如"狼子豹孫,林林逐逐"之語,恠誕如"周公平圖,禹操畚鍤,傅説負版築,來築太平之基"之語。公深革其弊,士人紛然驚怒怨謗。其後稍稍信服,文格遂變而復古。

壽陽縣二十四都糧目

在坊都共糧八百〇五石八斗二升九合八勺

在厢都共糧五百九十一石二斗〇八合

東一都上下共糧六百八十一石〇一升七合五勺

東三都共糧六百九十八石八斗二升五合二勺

東四都共糧六百〇三石四斗八升九合四勺

東五都共糧六百〇五石七斗一升九合五勺

東七都共糧四百八十石〇六斗五升二合八勺東無二都、六都。

南一都共糧五百九十五石七斗九升〇一勺

南二都共糧五百九十八石六斗三升一合五勺

南三都共糧五百〇二石八斗七升八合五勺

南五都共糧八百一十一石五斗三升二合九勺

南六都共糧五百八十二石二斗四升四合一勺南無四都。

西一都共糧五百九十五石五斗四升三合八勺

西二都共糧三百一十九石八斗二升〇七勺

西三都共糧五百七十五石八斗〇四合四勺

西四都共糧九百石〇四斗八升二合五勺

西六都共糧九百四十八石八斗八升四合一勺

西八都共糧八百五十四石七斗一升一合五勺西無五都、七都。

北一都共糧四百三十一石三斗九升二合九勺

北二都共糧八百一十石〇五斗九升一合八勺

北三都共糧七百八十石〇三斗四升四合八勺

北四都共糧七百一十七石九斗一升九合七勺

北五都共糧五百七十六石八斗二升一合三勺

北七都共糧七百三十三石九斗六升四合八勺北無六都,平舒祁氏北七都八甲人。

總計二十四都,通共糧一萬五千八百〇四石一斗〇一合五勺。

余家祁氏中、東、西、南四股,先人遺留合户世享樂利地俗名當門户地。不知始自何時,意明末逃户所遺也。共田一頃二十畝,在宗艾鎮西南三里許,東西長而南北狹,相聯不絶,共糧一石七斗五升六合八勺。

小嶺地八畝一段,溝地二畝,又一段九畝,又一段五畝,又溝一畝,共地五塊二十五畝。每年租米五京石四京斗。宗艾人祁通泰租,承還保人吴景昌。

小嶺地四畝四段,車道溝地十畝八段,又地五段二畝,又地六段四畝,紅蓮坡地州卅三段六畝,溝地六段四畝,溝地四段三畝,溝地四段二畝,共地七十塊三十五畝,每年租米六京石。宗丈人趙有寶租。

小嶺地七畝二段,紅蓮坡地三畝一段,馮家溝地五畝二段,共帶小堎十二塊,大小堎共地十七塊十五畝,每年租米三京石七京斗。宗丈人王如發租,承還保人王嘉謨。

小嶺地三段,溝地四段,車道嘴地十六段,共地二十三段十畝。土著平舒村人祁澤遠租,承還保人祁令名。

南首地三畝,順道地二畝,褲兒腿地二畝,紅蓮坡地二畝,馮家溝地六畝,上帶小堎共地十五畝,每年租米二京石六京斗四京升。宗丈人李書升租,承還保人李樸。

馮家溝地十五段三畝,紅蓮坡地十七段四畝,小嶺地二段八畝,車道溝地一段五畝,共地二十畝,每年出租四京石。孫家莊人周士通租。

以上雜費均各租種地人出納。

現年四股,各當里長、收頭、册書人,多寡分租,當一年門户,共量十年租,到十年再輪當之年,又議充退。此嘉慶十五年重查丈確切筆記。從兄朝鷺、鳳翥氏筆記,重録於此備撿。

余家明洪武初自洪洞縣大槐樹遷壽陽,道光十五年,六弟宿藻主講洪洞玉峰書院,訪大槐樹,無知之者。或云洪洞北關堰頭橋,乃北橋寺舊阯,有明時石幢,幢側古柳一株,亦百餘年物。故老相傳,即昔時大槐樹地也。

思復齋隨筆卷五道光十六年丙申春二月

《書》曰:"滿招損,謙受益,時乃天道。"不特欲滿招損,即理滿亦招損也。典謨言簡而該,禹之誓師,何詞之繁也,得毋近於矜伐乎?知益贊禹拜之心,則知史臣載筆之恉矣。吾邑弓印章佩綬孝廉説。

用兵之道,剿撫益施。非剿則不畏威,非撫則不懷德。禹之徂征,征,剿也。帝之誕敷文德,德,撫也。自古中國之馭外夷如此。楊誠村芳通侯説。

《吳越備史》:"武肅王錢鏐在軍中,用圓木作枕,睡熟則攲,由是得寤,名曰警枕。"《范祖禹集》:"司馬温公以圓木爲警枕,少睡則枕轉而覺,乃起讀書。"胡侍《真珠船》:"警枕不始於司馬温公,蔡中郎有《警枕銘》。"《禮記·少儀》:"弓、茵、席、枕、几、穎、杖、琴、瑟、戈。"注云:"穎,警枕也。"謂之穎者,穎然警悟也。《格致鏡原》。

《中州集》:迂齋先生周馳,字仲才,濟南人,有《敧子》詩:私盍反,支起也。"勿以微才棄,安危任不輕。誰怜一片小,能使四方平。几案由吾正,桮盂免爾傾。何當遇夷坦,沈默更何營。"此詩王仲澤所傳,或以爲仲澤作也。

田轉運特秀,字彦實,易縣人。彦實所居里名半十,行第五,以五月五日生,小字五兒。二十五歲鄉、府、省、御四試,俱中第五,年五十五,八月十五日卒。造物之戲人如此。

趙充國屯田便宜十二事:一、屯田致穀;二、據其肥饒;三、民不失業;四、罷兵省費;五、河湟漕穀;六、繕治郵亭;七、坐得必勝;八、無經阻遠;九、不損威武,虜難乘間;十、無驚罕幵,使生它變;十一、治湟陿橋,以制西域;十二、豫息徭役,以戒不虞。漢宣帝時。

匡衡上漢元帝疏曰:"治性之道,必審己之所有餘,而强其所不足。蓋聰明疏通者,戒於太察;寡聞少見者,戒於壅蔽;勇猛剛强者,戒於太暴;仁愛温良者,戒於無斷;湛靜安舒者,戒於後時;廣心浩大者,戒於遺忘。必審己之所當戒,而齊之以義,然後中和之化應,而巧僞之徒不敢比周而望進。"

漢哀、平間,卓茂爲密令。民有言部亭長受其米肉遺者,茂曰:"亭長爲從汝求乎?爲汝有事囑之而受乎?將平居自以恩意遺之乎?"民曰:"往遺之耳。"茂曰:"遺之而受,何故言耶?"民曰:"竊聞賢明之君,使民不畏吏,吏不取民。今我畏吏,是以遺之。吏既卒受,故來言耳。"茂曰:"汝爲敝民矣。凡人所以羣居不亂,異於禽獸者,以有仁愛禮義知相敬事也。汝獨不欲修之,寧能高飛遠走不在人間耶?吏顧不當乘威力强請求耳。亭長素善吏,歲時遺之,禮也。”民曰:“苟如此,律何故禁之?”茂笑曰:“律設大法,禮順人情。今我以禮教汝,汝必無怨惡;以律治汝,汝何所措其手足乎?一門之内,小者可論,大者可殺也。且歸念之。”王莽時,茂以病免歸。光武訪求之,年七十餘,以爲太傅,封褒德侯。

光武以姑臧長孔奮爲武都郡丞。姑臧在河西最爲富饒,奮力行清潔,爲衆人所笑,以爲身處脂膏,不能自潤。及從竇融入朝,單車就道。

壽陽聶氏園成,請名,余名之曰“矩園”。銘曰:“閑居奉親,遊者于于。所好既絜,其心弗踰。是爲聶氏之矩園,匪以自娱。”

吾邑李簡卿先生秉銓,康熙時人。《研露居稿·重修方山昭化院記》云:“元祐戊辰,大學士張商英奉使河東道,謁長者祠,就讀所著《華嚴論》有省,爲諭衆建昭化院。昭化院之名自兹始。迨政和二年,徧錫天下仙佛名號,乃勅錫通玄爲顯教妙巖長者,因賜名神福山爲方山。方山之名自兹始。”丙申三月,從劉雪巖借簡卿先生詩文稿一册。詩學少陵頗沈着,文亦摹仿昌黎。惜鈔本斷爛,恐久而遂湮不傳,附識於此。與范彪西先生書論理學,明陽明先生之非禪,識亦卓。

予於道光十四年甲午二月初二日,在内閣學士任内,聞太夫人訃,丁憂。二月十五日回籍,八月十六日合葬劉太夫人於葦上新塋。是年十月,皇太后萬壽六旬,慶節覃恩,贈先君奉政公爲資政大夫、内閣學士兼禮部侍郎,加一級;贈前妣弓太宜人、我母劉太夫人爲夫人。乙未十月朔日,焚黄告墓。丙申四月三日,阡表刻成,樹石於墓前。五月二日服闋。二十日,自籍啓行北上。二十三日,内閣奉上諭:“兵部右侍郎著祁寯藻補授,欽此。”二十七日至保定,家人任升賫邸鈔至。六月初三日到京,具摺謝恩,奉旨:“仍著在南書房行走,欽此。”

《資治通鑒·唐肅宗本紀》:“杲卿子泉明爲王承業所留,因寓居壽陽。”胡三省注:“晉置壽陽縣,屬樂平郡。後魏廢樂平郡,以壽陽縣屬太原郡。《九域志》:‘在太原府東一百八十里。’然本朝太原府,已移治陽曲。宋白曰:‘壽陽縣本漢榆次縣地。’後魏《風土記》:‘晉末山戎内侵,太原之民來向山東,戎即居之。’真君十年,出徙壽陽之户於大陵城南置壽陽縣。隋開皇改壽陽爲文水縣,又於壽陽故城置壽陽縣,即今縣是也。”

河東河道總督臣栗毓美跪奏:爲試辦磚工,確有成效,請預提銀款,先事籌辦,以資儲備而裕工需事。

竊照河工修守向以稭料爲正宗，南河始兼用碎石。考之史册，漢以竹楗塞瓠子，土石兼施；明以木囷塞陽武，瓦石並用。我朝河臣靳輔刊著《治河方略》，亦載有磚石工料。誠以黄河變遷靡常，治河之法，要在因地制宜，隨時變通，始不致有悮事機。臣於道光十五年到任，適值秋水漲發，豫省北岸黄心、衛糧兩廳，原、陽兩汛分溜成河。因向無埽工，並未貯備料石，隄内外汪洋一片，簣土難求。不得已，放價收買民磚，拋壩攩護，始得化險爲平。若拘泥於鑲埽之法，守候稭料，必致坐失機宜。就令物料應手，而臨隄鑲埽，險而多費，更屬難以意計。上年堵截北股支河，亦係先用磚石拋壩，後用土料加戧，工程極爲穩固。數十年串溝隱患，悉已消除。因見有成效，隨於最爲緊要之欄黄堰、黑堈上及祥河下，北蘭儀中河，儀、睢、商、虞東省之唐河各廳，次第試辦。或築壩挑溜，或砌坦防風，或填墊埽前溝槽，或拋護隄前灘厓，用以杜新工減舊埽，寔已屢試屢驗。間有因原拋未能放足坦坡者，雖經大溜衝刷時，形蟄卸然，探量磚塊仍存水底，加拋即能屹立，較之鑲埽，刷深引溜，偶經閃失，即行漂没，無存夷險，判若天淵。且不但此也，河工之最險者，埽經三四年料朽刷塌，名曰脱胎，動輒相連數段，必須逐一補還。埽經淤閉後，溜至復滙，謂之舊工。新生料已糟朽，尤須搶鑲新埽。倘機宜稍失，即釀成巨險。若拋築磚壩，加護碎石，一經灌淤凝結，歷久彌堅，可以免二者之患。此臣親身督辦試行，有效者也。

恭查道光元年前河臣嚴烺任内，欽奉上諭："前據孫玉庭等奏：'江境河工兼用碎石，連年已著成效。豫東黄河向來拋護碎石，以致漫決頻仍，請勑東河臣體訪情形，仿照江境兼用碎石。即創始之初，多費數十萬金，而日後工固瀾安，不惟節費，實可利民'等語，南河險工於埽壩之外，拋護碎石，業經歷著成效。隄工既資鞏固，錢糧亦歸節省。該署河督曾任南河，熟悉此事情形，且曾經黎世序反覆籌商，以爲必須仿照江境兼用碎石，工程方資鞏固。著即將豫省黄丕仿照江境辦理之處，確加體察，詳細訪問，或酌量試辦，得有一二段工程是否有效，先行據實奏明。總期於工程實有裨益，是爲至要等因。欽此。"維時前河臣嚴烺先於馬營工挑水壩試辦，迨後河臣張井、嚴烺、吴邦慶復於蘭儀、柴壩及兩岸各廳試拋，無不得力。嗣經吴邦慶因專案請銀費用浩繁，奏明於添料項下改辦六成碎石。歷年遵照辦理，工固瀾安，深資利賴。然自道光元年至今十數年中，埽段已至加倍，經費因之遞增。推原其故，實原豫省河工距山較遠，石必取於鞏縣、濟源。非其地不能採，運必待於春杪夏初；非其時不能到，購運之費倍於南河。故凡各廳險工僅用碎石偎護埽根，並未拋築石壩，大溜仍逼埽前上提,下坐蟄鑲,接鑲迄無底止,是以工可固而費仍不能節也。

檢查道光元年孫玉庭、黎世序等原奏,有"拋築石壩長十餘丈,挑溜開行並稱,埽工以柴稭爲之。柴質松而易朽,石質堅而不壞。埽至脱胎,頓成巨險;石能節費,永無流弊。南河大廳用石之後,每歲省費將及一半"等語。反覆敷陳,極爲詳盡,核與臣現在拋築磚壩情事相仿。查豫省上年埽工較往年少銀十餘萬兩,雖加以原、陽新生險工搶修堵築之用,所費甚巨,而總計歷年用項比較,並未加多。且以亘長四十餘里之危隄,逼近大溜,概用磚土築壩,竟能抵御盛漲,不致釀成大患,是固工節費與石壩亦復相同。臣因河工關繫重大,不敢師心自用,隨於春間派委曾辦磚工員弁,前赴江南銅、沛各廳,查看石工,合同該廳、營講求辦法。據禀,各廳有拋石壩者,有築土壩厢做柴眉外拋碎石者,各壩長十數丈至數十丈不等,並繪圖説前來,核與豫省現辦磚工毫無二致。伏思碎石一項,前曾欽奉諭旨試辦。今磚與石質雖稍異,而功用相等,購辦既易,方價較石料亦減,自應請旨仿照辦理。惟每廳所需磚料甚多,置窯燒造非數月不能集事,且拋築磚工應於桃汛以前,灘面涸露之時,相度形勢辦理,始合機宜。若必俟霜後估計奏請,彼時將近冬令,土凍難以做坯。迨春融燒造,深恐緩不濟急。臣於去冬奏請豫提例撥防險銀十萬兩,飭廳趕辦磚塊。今春二月上堤新磚辦未足數者,仍係收買民間舊磚。此後恐以亦難以爲繼,若非提前預辦,臨時轉費周章。查河工稭麻碎石,均係於歲前霜後估辦,而磚塊一項,應於夏間早爲燒造,庶可無悮工需。且稭石外添一工料,防險更爲有益。合無仰懇聖恩俯念工程緊要,準於戊戌年春、伏雨汛,例撥備防銀三十萬兩,内由河南藩庫豫提銀十萬兩,分派各廳窯座,先時燒造,勒限歲前與稭料一體堆足。臣來春勘工之便,每到一廳,亦可相機督同拋辦,其銀款應請與歲稭、麻、石統歸於來年報銷。在經費並未加增,不過提早數月得以及時儲備,於工程實有裨益。至東省僅止兩廳,需磚無多,無須預請錢糧。臣仰荷鴻慈,俾以全河重任,固不敢因循遷就,徒博節省虚名,亦斷不敢不以固工節帑爲急務。兩年以來,不避嫌怨,時與道、廳實力講求,悉心籌畫,非磚石不能固工,非減埽斷難節帑,而非拋壩挑溜,亦斷不能減埽。臣才識謭陋,豈敢以修防大計妄議更張,惟磚工既與南河石工無異,似可仿照試辦。近來河工埽愈多,工愈險,費愈巨,爲補偏救弊,計舍此别無良策也。容俟經歷大汛,察看有無流弊,再當據實具陳所有籌備磚價緣由。謹縷析繕摺具奏。

道光十七年五月二十日,内閣奉上諭:"栗毓美奏試辦磚工確有成效,請豫提銀款,先事籌辦一摺。河南省黄、沁各工,收買民磚,抛壩攩護,化險爲平,屢著成效,該河督請撥銀兩,先期籌辦。著照所請,准其於戊戌年春、伏兩汛,例撥備防銀三十萬兩,内由河南藩庫豫提銀十萬兩,分派各廳,多添窯座,先時燒造。惟磚料體質堅鬆迥異,必須工料堅實,方能經久。該河督務當先期飭知廳員認真監造,臨時該河督親往驗收。倘有草率偷減等弊,即行嚴參懲辦。其所提銀款,著與歲稭、麻、石統歸來年報銷。該部知道。欽此。”

國史館已進《儒林傳》目録計共八十五人

顧炎武、張弨、吴任臣、王夫之、陳大章、劉夢鵬、謝文洊、彭任、張貞生、胡渭、顧禹祖、葉佩蓀、黄宗羲、黄宗炎、黄百家、孫奇逢、耿介、顧棟高、陳祖范、吴鼎、梁錫璵、李容、王心敬、李因篤、高愈、高世泰、顧樞、刁包、閻若璩、李鎧、楊開沅、吴玉搢、曹本榮、惠周惕、惠士奇、惠棟、余蕭客、應撝謙、陸世儀、沈昀、張履祥、劉汋、萬斯大、萬斯選、萬斯同、嚴衍、沈炳震、李塨、潘天成、顔元、薛鳳祚、梅文鼎、王錫闡、王懋竑、張爾岐、馬驌、陳厚耀、范鎬鼎、劉源渌、邵廷采、邵晉涵、周永年、朱鶴齡、李光坡、李鍾倫、沈彤、蔡德晉、盛世佐、吴廷華、王士讓、徐文靖、任啓運、全祖望、朱筠、盧文弨、孫志祖、江永、臧琳、汪紱、胡匡衷、戴震、凌廷堪、武億、錢大昕、錢塘

國史館已進《文苑傳》目録共七十四人

李來泰、潘耒、徐釚、陳維崧、吴綺、陸棻、陸奎勳、施閏章、高詠、朱彝尊、譚吉璁、姜宸英、嚴虞惇、汪琬、汪楫、汪懋麟、沈廷芳、毛奇齡、尤侗、秦松齡、倪燦、嚴繩孫、孫枝蔚、李念慈、吴雯、傅山、申涵光、史申義、周起渭、趙執信、馮廷櫆、查慎行、查嗣瑮、查昇、梅清、梅庚、吴嘉紀、陶季、李鍇、馮景、王士禄、王士祜、徐夜、厲塏、邊連寶、葉燮、勵鶚、商盤、黄之雋、胡天游、喬萊、喬億、邵長蘅、柴紹炳、張丹、黄虞稷、張鵬翀、孫致彌、計東、谷應泰、宋琬、姚鼐、姚範、趙青藜、汪越、朱仕琇、魯仕驥、劉大櫆、吴定、陳儀、顧景星、葉封、蔣士銓、陳兆崙

國史館已進《循吏傳》目録共二十一人

白登明、趙廷標、方國棟、湯家相、崔宗泰、于宗堯附《崔宗泰傳》、張沐、王又旦、崔華、姚文燮、衛立鼎、邵嗣堯、陶元淳、祖進朝、劉棨、陳悳榮、陳慶門、畢振姫、李賡芸、茹敦和、嚴如熤

食笋齋日課

《顔氏家訓·勉學篇》:"吾嘗從齊王幸并州,自井陘關入上艾縣東數十里有獵閭村。"後百官受馬、糧在晉陽東百餘里亢仇城側,並不識二所本是何地,博求古今,皆未能曉。及檢《字林韵集》,乃知獵閭是舊䣝餘聚,亢仇舊是禐㼼亭,上音武安反,下音仇。悉屬上艾。時太原王邵欲撰《鄉邑記注》,因此二名,聞之大喜。

按《太平寰宇記》,平定縣本漢上艾縣地,即今平定州也。以地里考之,䣝餘聚在平定東,禐㼼亭則在平定西,當壽陽縣地。蓋晉陽即今太原縣,今之壽陽實在晉陽東百餘里也。余少時讀《顔氏家訓》,喜其奇字可玩,且爲吾鄉古蹟,因自號"禐㼼亭長"以誌嚮慕,每欲闢地築亭,宦遊未果。會在京師,與富春周芸皋觀察前輩譚及,欣然潑墨。適姑蘇陶君亦爲余作此圖,一時聯璧,都付裝池。他日歸田,必於溪山好處位置此亭。吾言不食,當以斯圖爲左券矣,并系以詩:

受書每愛黄門訓,問字如過揚子亭。二十年來塵土狀,出山慚對草堂靈。

誅茅如地起三椽,潑墨無心得兩箋。畫裏似聞人失笑,溪山如此不歸田。

《字林》難得覓遺書,《酈注》洞渦平聲蹟尚餘。千載同心有王邵,欲將志乘補鄉閭。

歸夢日隨綿蔓水,築亭終傍獵閭村。他時馬首團團月,不獨題詩滿驛門。

《昌黎集》有《題壽陽驛》詩:"風吹欲動别長安,及到邊城特地寒。不見園花兼巷柳,馬頭惟有月團團。"蓋使王庭湊時作也。今太安驛有詩亭。

壹叟題額,寸園作圖。圖既乞彼,額亦貽予。齋之竹,先生植之;齋之額,先生錫之。非惟錫之,且手書之;匪惟書之,又從而圖之。圖既成矣,竹既生矣。既葺既營,先生迺行。

壹齋先生嘉慶甲戌夏,自山左學使召還南齋居此始種竹。丁丑夏,篆"食笋齋"三字額之。庚辰,命季君寸園作圖,圖有二,此初本也。道光丙戌冬,先生年七十有七,予告歸蕪湖。丁亥春,寯藻移居斯齋,時寸園之弟小田儀部將南歸,出圖見贈,各有題咏,書於幀尾。戊子夏,先生寄和詩來,且貽寯手書舊額。於是合裝成卷,以誌斯名緣起。退食之餘,几窗展玩,覺先生言論豐采去人不遠,而頻年師生聚散之感更何如也。庚寅夏六月,寯藻記。

齋之東曰樂泉西舫，月湖之南迤西有屋二區，倚山臨水。齋西北曰近光樓，據一園之勝，樓上恭懸康熙宸翰“青翠霄漢”四字。蓋園舊爲索相別業，此其賜額也。齋東北曰藤花老屋，屋凡二區，楝宇寬敞，殆張文和公澂懷園居舊址，花木多百餘年物。更西廢屋二區，基址尚存。園西門内及東峰後，向皆有佳構，余甲戌歲猶見之，今化爲園丁菜圃矣。時同寓斯園者，仁和龔季思閣學、錢塘許滇生侍講、常熟翁邃盦中允、楚雄池籥庭編修及余凡五人。蕭山湯敦甫尚書今爲總傅，例不常直，偶來信宿焉。附識於此。

實齋隨筆

烟　草

姚旅《露書》:“吕宋國有草,名淡巴菰,一名金絲醺。”劉廷璣《在園雜志》:“閩外人相傳高麗國,其妃死,王哭之慟。夢妃告曰:‘塚生一草,名曰烟草。采之焙乾,以火燃之,而吸其烟,則可止悲。’亦忘憂之類也。王如言采得,遂傳其種。”外國有蓋露、佘糖、髮絲等名。《食物本草》:“烟草,一名烟酒,春種夏花,秋日取其葉曝乾,切葉如細髮。草頂數葉,名曰蓋露。”王訒菴昂《本草備要》:“烟草辛温有毒,治風寒、濕痹、滯氣、停痰、山氣、瘴霧。其氣入口,醒能使醉,醉能使醒,饑能使飽,飽能使饑。人以代酒代茗,終身不厭,故一名相思草。然火氣熏灼,耗血損年,人自不覺耳。閩産者佳。”

全紹衣祖望《鮚埼亭集》有《淡巴菰賦》。自序云:“今淡巴菰之行遍天下,而莫能考其自出,以其興之勃也,則亦無故實可稽。姚旅以爲來自吕宋。按淡巴者,原屬吕宋旁近小國名。王圻言其明初曾入貢,有城郭、宫室、市易,君臣有禮,但淡巴之種入上國,其始事者,亦莫知爲誰。黎士宏曰:‘始於日本,傳於漳州之石馬。石馬屬海澄。’然亦不能得其詳,爰賦以志之。”其略曰:是即《説文》之所謂荶,抑《廣韵》之所謂蔫。古嘗志之,今廣其傳。迢迢淡巴,非我域中。僻居荒海,曠世來同。何其嘉植,不脛而趨。五沃之土,隨在而生。不以形化,而以氣融。不以味饜,而以臭通。琅琦督相,視爲野葛。錢忠介公最惡之。梁谿明府,指爲旱魃。見《南北略》。黄山徵君,明火勿汙。歙人宗誼事。賞心尚少,知己尚孤。豈知金絲之薫,足供清歡。神效所在,莫知辟寒。蠲煩滌悶,則靈諼之流;通神導氣,則仙茅其儔。於是或採湘君之竹,或資貝子之銅,各製器而尚象,且盡態以極工。即今俗名烟袋。更有出别裁於舊製,搆巧思以獨宣,詆火攻爲下策,夸鯨吸於共川。厥壺以玉,厥匙以金。比以佩鐫,足慰我心。是以茂苑尚書,雅傳三嗜。必不得已,去一去二。獨愛是菰,長陪研席。王、馬、和、錢,更增一癖。風流可即,顧物興思。誰修菰祭,以公爲尸。長州韓慕廬尚書嗜酒及棋,與此而三。或問之,以必不得已之説。初云去棋,繼云去酒,時人傳爲佳話。且夫醒可醉,醉可醒,是固酒户之所宜也;饑可飽,飽可饑,是又胃神之所依也;閑可忙,忙可閑,是又日用之所交資也。而或者懼其竭地力、耗土膏,欲長加夫屏絶,遂投畀於不毛。斯非不爲三農之長慮,而無如衆好之難回,觀於紅草之稱,而知其行世之未衰也。

借書

《漢書·景十三王傳》:河間獻王從民間借書,“必爲好寫之,留其真本,加金帛賜以招之。”由是四方借書,必奉以獻之。

《南史》:“柳世隆性愛涉獵,啓高帝借秘閣書,上給二千卷。”

又,任孝恭祖、父並爲將帥,幼孤,“精力勤學,家貧無書,常崎嶇從人假借。”

《晉書·齊王攸傳》:“就人借書,必手刊其謬,然後反之。”

《唐書》:李敬玄博覽羣書,高宗在東宫,召入崇文館,兼領侍讀,仍借御書讀之。

《魏書·甄琛傳》:琛“從許叡、李彪假書研習,聞見益優。”

《藝苑雌黄》:李濟翁云:“借書一癡,惜書二癡,索書三癡,還書四癡。”

棉花

聖祖仁皇帝曾製《木棉賦》,迨乾隆年間,直隸總督方觀承恭繪《棉花圖》,撰説進呈。高宗純皇帝嘉覽之餘,按其圖説十六事,親製詩章。今上即位,軫念民依,爰於幾暇,敬依高宗聖製原韵作詩十六首,命文穎館輯爲一書,名《授衣廣訓》,并將方督所進圖幅,命如意館仿照鈎摹成書。

謹案:“棉”古作“緜”,凡純密者之通稱。今隸從木以别於絲,而其名乃有專屬。稽之載籍,實曰“吉貝”,亦稱“古貝”。《禹貢》揚州“厥篚織貝”,傳謂“貝即吉貝,木棉之精好者。”蓋自草衣乍革,桑土初蠶,其事已與稼穡並興矣。《周官》典婦功之職,既絲、枲並掌。又别設典枲,掌布絲縷紵之麻草之物。明其爲類衆多,所治非一物也,而箋疏者胥略焉。迨齊梁間,職方始能詳其物土,與其名類。迄於唐,而木棉多見歌詠,然大抵言樹高尋丈者耳。今之庳枝弱莖,花如葵而實似桃,春種秋斂者,民間但呼曰棉,故謂布曰棉布。唐宋時,滄、邢、趙、貝諸州,嘗貢之,而明人王象晉謂北土廣樹藝而昧於織,南土精織紝而寡於藝,似亦未爲篤論也。我聖祖仁皇帝,省方勤民,謂棉之功不在五穀下,摛揚天藻,著爲鴻篇。恭逢高宗純皇帝御治之初,纂輯《授時通考》一書,特以桑餘之利,木棉最廣,詳加采録,以輔農功,其事益與耕桑並重。臣備員畿輔,伏見冀、趙、深、定諸州屬,農之藝棉者什八九。産既富於東南,而其織任之精,亦遂與松、婁匾。仰賴聖主福佑,頻歲告登,畿民席豐履厚,煦嫗於如春之温,更以其餘輸溉大河南北。憑山負海之區,外至朝鮮,亦仰資賈販,以供楮布之用。蓋其本土所出,蹺浮而不韌,不中紝練也。夫西域之屈眴,高昌之白疊,海南之烏驎、文縟,皆木棉類耳,而前史艷稱之,非以産自遐陬,梯航難致哉?今者聲教四訖,天方大食、自古不賓之人,重譯獻琛,罽錦冰絲,充斥外府,等諸常珍。惟此黄穰青核,含暄抱陽,日滋阜於固原膴膴之間。人習耕鉏,家勤織作,使夫林林總總者,不繭絲而纊,不狐貉而裘,豈非扶輿之瑞産,昌生之靈貺耶?古者樹墻下以桑,而五十可以衣帛,時猶未能徧澤也。今則無老幼貧富,取不窮而求易給,衣被天下之利,博於隆古矣。臣職在宣畝,謹以咨茹所及,自棉之始藝,以至成章受采,列爲十六事,十六説:佈種、灌溉、耘畦、摘尖、採棉、揀曬、收販、軋核、彈花、拘節、紡綫、挽經、布漿、上機、織布、練染。各繪爲圖,圖系以説,恭録聖祖仁皇帝御製賦於册首,上呈黼座,以仰承茂時育物,爲民開衣食之源者,至周悉爾。直隸總督臣方觀承恭跋。

《授衣廣訓》告成上進表

伏以皇春播煦,五絃叶薰阜之風;聖渥覃津,萬彙被曘温之氣。采古奏於明堂月令,治拱垂裳;課廣生於蔀屋歲功,恩醰挾纊。燮陰陽而調五韙,祁寒廑衣褐之咨;教樹藝而兆四秋,重燠佐檿桑之用。俾宜物土,實益民生。臣等誠懽誠忭,稽首頓首,上言:竊惟貢登卉服,厥篚紀自《夏書》;種釋木棉,異品疏於《蔡傳》。草衣乍革,即彰貝錦之文;桑土既蠶,兼采島蠻之制。細纑紉繭,更傳草實於高昌;斑布抽絲,爰擷花柎於林邑。呵羅單國,偕貝葉以齊來;中大通年,儷藥香而入獻。腰邊横幅,宋祁載筆於《唐編》;口外吹緜,張勃纂言於《吴録》。字區古吉,莫詳《繁露》之書;種别吴滇,誰唱班枝之曲。鷓鴣飛畔,憶度嶺之年時;鶗鴂鳴餘,值播沙之節序。梵夾分從西域,曾志睒婆;法衣傳自南宗,亦名屈眴。輕逾纖羽,合號烏驎;軟勝氄茸,特珍鵝毳。唐昌一樹,瓊枝並玉蕊之花;河鼓七襄,白緤勝明光之錦。春風雙袖,著來定是奇温;冬月複襦,不信猶餘釄冷。是則耘逢烏犍,程功分東作之餘;貺比龍精,利用在西陵而外。蘭干蒲練,遜此純農;葛越橦華,慚其麗容。然而白旄紕罽,爻間衹菉昆侖;黄潤比筒,任土僅聞梁益。是以班書四十五日,但詡績絢;唐代長短中功,不關庸調。此等於一女不織,而或受之寒;將何以九州同貫,而永亨其利也？欽惟皇帝陛下，化協甄陶，功隆亭育。慶雲溥圜，吉輝騰建木之邱；瑞日毬暾，靈曜燭榑桑之國。地不愛寶，芸生胥效其功能；天必因材，百族咸歸於煦嫗。開物成務，乃亦有秋；率事勸功，所其無逸。盡人性，斯及物性；一民寒，而曰己寒。嘉兹吉貝之名，實冠群芳之譜。丹毫掞賦，三百言全摛天地之文；瑯管題詩，十六章兼備春秋之氣。圖呈寶鑒，丹青進豳館之篇；歌贊彤廷，珉石勒疆臣之作。欣際重華纘服，念先烈而賡炳金繩；繼照敷綸，眷民依而怙繙翠墨。鈎摹粉本，邀乙夜之披吟；番疊瑶牋，布辰猶於題品。枡諸門而授簡，薈全帙以編蒲。麗圖用暢其瓠摫，系説首詳於種植。選來青核，禁烟趁百五之辰；墢徧白沙，泠風帥中央之勢。蓬蓬曉翠，人來方罫畦邊；岸岸春流，樹靜桔槔聲衰。功同除莠，行疏臺笠之間；事等決芸，影動鉏犁之外。似摘茗而不聞伐鼓，餘椵梃之三椏；類條桑而無事提筐，賸莽衢之四布。作花作絮，後先分南北之枝；宜白宜黄，採擷戒霜風之信。景催西顥，披殘萬朵晴雲；曝向南榮，堆作一庭飛雪。抱絲貿得，載從秋水估航；策蹇駝來，歸趁斜陽墟市。軸膏轉處，既左旋而右抽；珠顆抛餘，用取材而落實。蠟弦揚抑，皆引商刻羽之音；緼絮溟濛，有擘柳摇蘆之態。蓍簪細卷，乍撚冰條；髹几自排，新授玉箸。熒熒篝火，蟋蟀入而庭户寒；軋軋繅星，絡緯鳴而柷柿急。南牀北架，鯛牽鞴扇之輪；五躡七籆，機引轆轤之緒。支稜絡處，滳稱漿清；盆手繅時，濕宜風戾。受經持緯，縱横出自鴛梭；挈綫攀花，熨貼平於鳳鑷。彈棋織就，剪裁傳黄媪之遺；鈿粟量來，尺幅準吳淞之樣。精曰疊而粗曰貝，美自含章；三入纁而五入緅，白宜受采。此皆執繩袍表，闢宵旰之經綸；裁法絜仁，稟宫庭之制度。面審乎人官物曲，半織半耕；酌劑乎佩實銜華，至纖至悉。詠歌勤苦，迎寒息臘之詩；軫恤艱難，被毳荷旃之侶。氣回陽晼，儼賜褚以章身；候釋凜威，詎澼洸而皸手。密逾五緎，非闘靡於良裘；熯過八蠶，異徵祥於獨繭。風敦賁素，珍吹綸吹絮之奇；物斥馹華，祛浣火浣灰之製。裁成造化，書豈僅農家者流；茂育羣生，術本是齊民之要。臣等幸參館局，獲與編摩，欽寶思之集大成，竚珍鐫而快先睹。宸章炳焕，滜彝訓以垂訓詞；德産精微，本紹衣以宏衣被。補桑餘於通考，徵名晰草木之蕃；覽芸帙而周知，譜韵挈風謡之細。從此課饒萌隸，徧播琴於麻土絹鄉；志陋梧潯，逾纂組於冰紈雲錦。福原富本，咸思纖纊之遺；崇樸黜奢，遠軼弋綈之儉。曰安且燠，服其服而彌感在躬；惟愛斯臧，布似布而漫矜博物。紩攣示式，幬八極於祥風和氣之中；襦袴興歌，躋一世於化寓春臺之上。臣等無任瞻天仰聖，踴躍歡忭之至。

《易》曰"束棉戔戔",或謂棉即帛。《廣雅·釋器》以紬訓棉。《釋名》曰:"棉猶湎,湎柔而無文。"

臺灣生番

福建臺灣自康熙二十二年平定之後,始屬内地。乾隆戊申,復討平林爽文之亂,迄今洋洋海表,歌咏太平矣。惟臺灣邊界,深山叢林,自古未闢之區,生番居之。性與人殊,攀援險峻,如履平地。不食五穀,以鹿爲食。善弩,用弩者伏機於地,欲左則左,欲右則右,百發百中,以此射鹿,無不應聲立倒,番人謂之釣鹿。其俗好殺,中國人有入其境内,輒殺而取頭供禮之,蓋愛内地之容貌也。番人相較,以殺人獲頭級多者爲强。

得　師

吕叔簡坤《呻吟語》:"鶴之父子,蟻子君臣,鴛鴦之夫婦,果然之朋友,烏之孝,騶虞之仁,雉之耿介,鳩之守拙,觀禽獸而得吾師矣。松柏之孤直,蘭芷之清芳,蘋藻之潔,桐之高秀,蓮之緇泥不染,菊之晚節愈芳,梅之貞白,竹之内虚外直,圓通有節,則觀草木而得吾師矣。"

同　異

盧仝與馬異結交詩云:"仝不同,異不異,是謂大同而小異。仝自仝,異自異,是謂仝不往兮異不至。"昌黎寄詩有"往年弄筆嘲同異"之句。

雜 記

《毛詩》重言*

國 風

《周南·關雎》詁訓傳第一重言三十四

關關:關關雎鳩。傳:和聲也。
萋萋:維葉萋萋。傳:茂盛貌。
喈喈:其鳴喈喈也。傳:和聲之遠聞。
莫莫:維葉莫莫。傳:成就之貌。
采采:采采卷耳。傳:事采之也。
詵詵:螽斯羽詵詵兮。傳:衆多也。
振振:宜爾子孫振振兮。傳:仁厚也。
薨薨:薨薨兮。傳:衆多也。
繩繩:繩繩兮。傳:戒慎也。
揖揖:揖揖兮。傳:會聚也。
蟄蟄:蟄蟄兮。傳:和集也。
夭夭:桃之夭夭。傳:其少壯也。三見。
灼灼:灼灼其華。傳:華之盛也。
蓁蓁:其葉蓁蓁。傳:至盛貌。
肅肅:肅肅兔罝。傳:敬也。三見。
丁丁:椓之丁丁。傳:椓杙聲也。
赳赳:赳赳武夫。傳:武貌。三見。
采采:采采芣苢。傳:非一辭也。六見。
翹翹:翹翹錯薪。傳:薪貌。二見。
振振:振振公子,振振公姓,振振公族。傳:信厚也。三見。

《召南·鵲巢》詁訓傳第二重言十二

僮僮:被之僮僮。傳:竦敬也。

---

* 以下抄録文字眉目清晰,故不加引號。

祁祁:被之祁祁。傳:舒遲也。

喓喓:喓喓草蟲。傳:聲也。

趯趯:趯趯阜螽。傳:躍也。

忡忡:憂心忡忡。傳:猶衝衝也。

惙惙:憂心惙惙。傳:憂也。

振振:振振君子。傳:信厚也。三見。

肅肅:肅肅宵征。傳:疾貌。二見。

脱脱:舒而脱脱兮。傳:舒遲也。

《邶·柏舟》詁訓傳第三重言二十五

耿耿:耿耿不寐。傳:猶儆儆也。

棣棣:威儀棣棣。傳:富而閑習也。

悄悄:憂心悄悄。傳:憂貌。

燕燕:燕燕于飛。傳:鳦也。三見。

悠悠:悠悠我思。箋:心悠悠然。

曀曀:曀曀其陰。傳:如常陰曀曀然,陰而風曰曀。

虺虺:虺虺其靁。傳:暴若震靁之聲虺虺然。

夭夭:棘心夭夭。傳:盛貌。

泄泄:泄泄其羽。傳:飛而鼓其翼,泄泄然。

悠悠:悠悠我思。

雝雝:雝雝鳴雁。傳:雁聲和也。

招招:招招舟子。傳:號召之貌。

習習:習習谷風。傳:和舒貌。

遲遲:行道遲遲。傳:舒行貌。

湜湜:湜湜其沚。箋:持正貌。

俁俁:碩人俁俁。傳:容貌大也。

悠悠:我心悠悠。

殷殷:憂心殷殷。箋:心爲之憂殷殷然。

瀰瀰:河水瀰瀰。傳:盛貌。

浼浼:河水浼浼。傳:平地也。

汎汎:汎汎其景。傳:汎汎然迅疾而不礙也。二見。

養養:中心養養。傳:養養然憂,不知所定。

《鄘·柏舟》詁訓傳第四重言十一

委委:委委佗佗。傳:行可委曲蹤迹也。
佗佗:委委佗佗。傳:德平易也。
奔奔:鶉之奔奔。二見。
彊彊:鵲之彊彊。箋:奔奔彊彊,言居有常,遠飛則相隨之貌。二見。
孑孑:孑孑干旄、干旟、干旌。傳:干旄之貌。三見。
悠悠:驅馬悠悠。傳:遠貌。
芃芃:芃芃其麥。傳:麥芃芃然方盛長。箋:言未收刈。

《衛·淇奥》詁訓傳第五重言二十

猗猗:緑竹猗猗。傳:美盛貌。
青青:緑竹青青。傳:茂盛貌。
敖敖:碩人敖敖。傳:長貌。
鑣鑣:朱幩鑣鑣。傳:盛貌。
洋洋:河水洋洋。傳:盛大也。
活活:北流活活。傳:流也。
濊濊:施罛濊濊。傳:施之水中。
發發:鱣鮪發發。傳:盛貌。
揭揭:葭菼揭揭。傳:長也。
孽孽:庶姜孽孽。傳:盛飾。
蚩蚩:氓之蚩蚩。傳:敦厚之貌。
漣漣:泣涕漣漣。
湯湯:淇水湯湯。傳:水盛貌。
晏晏:言笑晏晏。傳:和柔也。
旦旦:信誓旦旦。傳:信誓旦旦然。
滺滺:淇水滺滺。傳:流貌。
杲杲:杲杲出日。傳:杲杲然日復出矣。
綏綏:有狐綏綏。傳:匹行貌。三見。

《王·黍離》詁訓傳第六重言二十一

離離:彼黍離離。三見。

靡靡:行邁靡靡。傳:猶遲遲也。三見。

搖搖:中心搖搖。傳:憂無所愬。

悠悠:悠悠蒼天。傳:遠意。三見。

陽陽:君子陽陽。傳:無所用其心也。

陶陶:君子陶陶。傳:和樂貌。

爰爰:有兔爰爰。傳:緩意。三見。

緜緜:緜緜葛藟。傳:長不絶之貌。三見。

檻檻:大車檻檻。傳:車行聲也。

啍啍:大車啍啍。傳:重遲之貌。

施施:將其來施施。傳:難進之貌。箋:舒行伺間,獨未見己之貌。

《鄭·緇衣》詁訓傳第七重言十三

旁旁:駟介旁旁。疏:旁旁然不息。

麃麃:駟介麃麃。傳:武貌。

陶陶:駟介陶陶。傳:驅馳之貌。

淒淒:風雨淒淒。傳:風且雨,淒淒然。

喈喈:雞鳴喈喈。傳:雞猶守時,而鳴喈喈然。

瀟瀟:風雨瀟瀟。傳:暴疾也。

膠膠:雞鳴膠膠。傳:猶喈喈也。

青青:青青子衿。傳:青領也。二見。

悠悠:悠悠我心。二見。

瀼瀼:零露瀼瀼。傳:盛貌。

渙渙:方渙渙兮。傳:春水盛也。

《齊·雞鳴》詁訓傳第八重言十七

薨薨:蟲飛薨薨。

瞿瞿:狂夫瞿瞿。傳:無守之貌。

崔崔:南山崔崔。傳:高大也。

綏綏:雄狐綏綏。傳:綏綏然無别。

驕驕:維莠驕驕。

忉忉:勞心忉忉。傳:憂勞也。

桀桀:維莠桀桀。傳:猶驕驕也。

怛怛:勞心怛怛。傳:猶忉忉也。

令令:盧令令。傳:纓環聲。

唯唯:其魚唯唯。傳:出入不制。

薄薄:載驅薄薄。傳:疾驅聲也。

濟濟:四驪濟濟。傳:美貌。

瀰瀰:垂轡瀰瀰。傳:衆也。

湯湯:汶水湯湯。傳:大貌。

彭彭:行人彭彭。傳:多貌。

滔滔:汶水滔滔。傳:流貌。

儦儦:行人儦儦。傳:衆貌。

《魏・葛屨》詁訓傳第九重言八

糾糾:糾糾葛屨。傳:猶繚繚也。

摻摻:摻摻女手。傳:猶纖纖也。

提提:好人提提。傳:安舒也。

閑閑:桑者閑閑兮。傳:男女無别,往來之貌。

泄泄:桑者泄泄兮。傳:多人之貌。

坎坎:坎坎伐檀兮。傳:伐檀聲。伐輻、伐輪。三見。

《唐・蟋蟀》詁訓傳第十重言十八

瞿瞿:良士瞿瞿。傳:顧禮義也。

蹶蹶:良士蹶蹶。傳:動而敏於事。

休休:良士休休。傳:樂道之心。

鑿鑿:白石鑿鑿。傳:鮮明貌。

皓皓:白石皓皓。傳:潔白也。

粼粼:白石粼粼。傳:清澈也。

湑湑:其葉湑湑。傳:枝葉不相比也。

踽踽:獨行踽踽。傳:無所親也。

菁菁:其葉菁菁。傳:葉盛也。

睘睘:獨行睘睘。傳:無所依也。

居居:自我人居居。傳:懷惡不相親比之貌。

究究:自我人究究。傳:猶居居也。

肅肅:肅肅鴇羽。傳:鴇羽聲也。鴇翼、鴇行。三見。

悠悠:悠悠蒼天。三見。

《秦·車鄰》詁訓傳第十一重言十六

鄰鄰:有車鄰鄰。傳:衆車聲也。

厭厭:厭厭良人。傳:安靜也。

秩秩:秩秩德音。傳:有知也。

蒼蒼:蒹葭蒼蒼。傳:盛也。

淒淒:蒹葭淒淒。傳:猶蒼蒼也。

采采:蒹葭采采。傳:猶淒淒也。

將將:佩玉將將。

交交:交交黄鳥。傳:小貌。三見。

惴惴:惴惴其慄。傳:懼也。三見。

欽欽:憂心欽欽。傳:思望之心中欽欽然。

悠悠:悠悠我思。

渠渠:夏屋渠渠。箋:猶勤勤也。

《陳·宛丘》詁訓傳第十二重言八

洋洋:泌之洋洋。傳:廣大也。

牂牂:其葉牂牂。傳:盛貌。

煌煌:明星煌煌。

肺肺:其葉肺肺。傳:猶牂牂也。

晢晢:明星晢晢。傳:猶煌煌也。

忉忉:心焉忉忉。

惕惕:心焉惕惕。傳:猶忉忉也。

悁悁:中心悁悁。傳:猶悒悒也。

《檜·羔裘》詁訓傳第十三重言六

忉忉:勞心忉忉。
欒欒:棘人欒欒兮。傳:瘠貌。
慱慱:勞心慱慱兮。傳:憂勞也。
沃沃:夭之沃沃。傳:壯佼也。三見

《曹·蜉蝣》詁訓傳第十四重言三

楚楚:衣裳楚楚。傳:鮮明貌。
采采:采采衣服。傳:衆多也。
芃芃:芃芃黍苗。傳:美貌。

《豳·七月》詁訓傳第十五重言十三

遲遲:春日遲遲。傳:舒緩也。
祁祁:采蘩祁祁。傳:衆多也。
沖沖:二之日鑿冰沖沖。傳:鑿冰之意。
譙譙:予羽譙譙。傳:殺也。
翛翛:予尾翛翛。傳:敝也。
翹翹:予室翹翹。傳:危也。
嘵嘵:予維音嘵嘵。傳:懼也。
慆慆:慆慆不歸。傳:言久也。四見。
蜎蜎:蜎蜎者蠋。傳:蠋貌。
几几:赤舄几几。傳:絇貌。

小　雅

《鹿鳴之什》詁訓傳第十六重言四十一

呦呦:呦呦鹿鳴。傳:呦呦然鳴而相呼。三見。
騑騑:四牡騑騑。傳:行不止之貌。二見。
嘽嘽:嘽嘽駱馬。傳:喘息之貌。
翩翩:翩翩者鵻。二見。

駸駸:載驟駸駸。傳:驟貌。

皇皇:皇皇者華。傳:猶煌煌也。

駪駪:駪駪征夫。傳:衆多之貌。

韡韡:鄂不韡韡。傳:光明也。

丁丁:伐木丁丁。傳:伐木聲也。

嚶嚶:鳥鳴嚶嚶。傳:驚懼也。

許許:伐木許許。傳:柹貌。

坎坎:坎坎鼓我。

蹲蹲:蹲蹲舞我。傳:舞貌。

烈烈:憂心烈烈。箋:憂貌。

業業:四牡業業。傳:業業然壯也。

騤騤:四牡騤騤。傳:彊也。

翼翼:四牡翼翼。傳:閑也。

依依:楊柳依依。

霏霏:雨雪霏霏。傳:甚也。

遲遲:行道遲遲。傳:長遠也。

旆旆:胡不旆旆。傳:旒垂貌。

悄悄:憂心悄悄。

彭彭:出車彭彭。傳:四馬貌。

央央:旂旐央央。傳:鮮明也。

赫赫:赫赫南仲。傳:盛貌。三見。

喓喓:喓喓草蟲。

趯趯:趯趯阜螽。

忡忡:憂心忡忡。

遲遲:春日遲遲。

萋萋:卉木萋萋。

喈喈:倉庚喈喈。

祁祁:采蘩祁祁。

萋萋:其葉萋萋。

幝幝:檀車幝幝。傳:敝貌。

痯痯:四牡痯痯。傳:罷貌。

《南有嘉魚之什》詁訓傳第十七重言三十七

罩罩:烝然罩罩。傳:篧也。
汕汕:烝然汕汕。傳:樔也。
翩翩:翩翩者鵻。
瀼瀼:零露瀼瀼。傳:露蕃貌。
泥泥:零露泥泥。傳:霑濡也。
濃濃:零露濃濃。傳:厚貌。
忡忡:鞗革忡忡。傳:垂飾貌。
雝雝:和鸞雝雝。
湛湛:湛湛露斯。傳:露茂盛貌。三見。
厭厭:厭厭夜飲。傳:安也。二見。
離離:其實離離。傳:垂也。
菁菁:菁菁者莪。傳:盛貌。三見。
汎汎:汎汎楊舟。
棲棲:六月棲棲。傳:簡閱貌。
騤騤:四牡騤騤。
央央:白旆央央。傳:鮮明貌。
翼翼:四騏翼翼。傳:壯健貌。
央央:旂旐央央。
瑲瑲:八鸞瑲瑲。傳:聲也。
淵淵:伐鼓淵淵。傳:鼓聲也。
闐闐:振旅闐闐。
嘽嘽:戎車嘽嘽,嘽嘽焞焞。傳:衆也。二見。
焞焞:嘽嘽焞焞。傳:盛也。
龐龐:四牡龐龐。傳:充實也。
囂囂:選徒囂囂。傳:聲也。
奕奕:四牡奕奕。
蕭蕭:蕭蕭馬鳴。
悠悠:悠悠旆旌。傳:言不讙譁也。
麌麌:麀鹿麌麌。傳:衆多也。

儦儦:儦儦俟俟。傳:趨則儦儦。
俟俟:儦儦俟俟。傳:行則俟俟。

《鴻雁之什》詁訓傳第十八重言二十三

肅肅:肅肅其羽。傳:羽聲也。
嗷嗷:哀鳴嗷嗷。傳:未得所安集,則嗷嗷然。
將將:鸞聲將將。傳:鸞鑣聲也。
晣晣:庭燎晣晣。傳:明也。
噦噦:鸞聲噦噦。傳:徐行有節也。
湯湯:其流湯湯。箋:波流盛貌。
皎皎:皎皎白駒。四見。
秩秩:秩秩斯干。傳:流行也。
幽幽:幽幽南山。傳:深遠也。
閣閣:約之閣閣。傳:猶歷歷也。
橐橐:椓之橐橐。傳:用力也。
殖殖:殖殖其庭。傳:言平正也。
噲噲:噲噲其正。箋:猶快快也。
噦噦:噦噦其冥。箋:猶煟煟也。
喤喤:其泣喤喤。
濈濈:其角濈濈。傳:聚其角而息濈濈然。
濕濕:其耳濕濕。傳:呞而動其耳濕濕然。
矜矜:矜矜兢兢。
兢兢:矜矜兢兢。傳:矜矜兢兢,以言堅彊也。
溱溱:室家溱溱。傳:衆也。

《節南山之什》詁訓傳第十九重言四十五

巖巖:維石巖巖。傳:積石貌。
赫赫:赫赫師尹。傳:顯盛貌。二見。
瑣瑣:瑣瑣姻亞。傳:小貌。
蹙蹙:蹙蹙靡所騁。箋:縮小之貌。
京京:憂心京京。傳:憂不去也。

愈愈:憂心愈愈。傳:憂懼也。

惸惸:憂心惸惸。傳:憂意也。

夢夢:視天夢夢。傳:王者爲亂夢夢然。

仇仇:執我仇仇。傳:猶謷謷也。

赫赫:赫赫宗周。

慘慘:憂心慘慘。傳:猶戚戚也。

慇慇:憂心慇慇。傳:慇慇然痛也。

佌佌:佌佌彼有屋。傳:小也。

蔌蔌:蔌蔌方有穀。傳:陋也。

爗爗:爗爗震電。傳:震電貌。

嚻嚻:讒口嚻嚻。箋:衆多貌。

悠悠:悠悠我里。傳:憂也。

浩浩:浩浩昊天。

憯憯:憯憯日瘁。箋:憯憯憂之。

潝潝:潝潝訿訿。傳:潝潝然患其上。

訿訿:潝潝訿訿。傳:訿訿然思不稱乎上。

戰戰:戰戰兢兢。傳:恐也。

兢兢:戰戰兢兢。傳:戒也。

交交:交交桑扈。傳:小貌。

温温:温温恭人。傳:和柔貌。

惴惴:惴惴小心。

戰戰:戰戰兢兢。

兢兢:戰戰兢兢。

提提:歸飛提提。傳:羣貌。

踧踧:踧踧周道。傳:平易也。

嘒嘒:鳴蜩嘒嘒。傳:聲也。

淠淠:萑葦淠淠。傳:衆也。

伎伎:維足伎伎。傳:舒貌。

悠悠:悠悠昊天。箋:思也。

奕奕:奕奕寢廟。傳:大貌。

秩秩:秩秩大猷。傳:進知也。

躍躍:躍躍毚兔。
蛇蛇:蛇蛇碩言。傳:淺意也。
緝緝:翩翩緝緝。傳:口舌聲。
翩翩:緝緝翩翩。傳:往來貌。
捷捷:捷捷幡幡。傳:猶緝也。
幡幡:捷捷幡幡。傳:猶翩翩也。
好好:驕人好好。傳:喜也。
草草:勞人草草。傳:勞心也。

《谷風之什》詁訓傳第二十重言四十七

習習:習習谷風。箋:和調之貌。三見。
蓼蓼:蓼蓼者莪。傳:長大貌。二見。
烈烈:南山烈烈。傳:烈烈然至難也。
發發:飄風發發。傳:疾貌。
律律:南山律律。傳:猶烈烈也。
弗弗:飄風弗弗。傳:猶發發也。
糾糾:糾糾葛屨。
佻佻:佻佻公子。傳:獨行貌。
契契:契契寤歎。傳:憂苦也。
粲粲:粲粲衣服。傳:鮮盛貌。
鞙鞙:鞙鞙佩璲。傳:玉貌。
凄凄:秋日凄凄。傳:涼風也。二見。
烈烈:冬日烈烈。箋:猶栗烈也。
發發:飄風發發。箋:疾貌。
滔滔:滔滔江漢。傳:大水貌。
偕偕:偕偕士子。傳:强壯貌。
彭彭:四牡彭彭。傳:彭彭然不得息。
傍傍:王事傍傍。傳:傍傍然不得已。
燕燕:或燕燕居息。傳:安息貌。
慘慘:或慘慘劬勞,或慘慘畏咎。二見。
冥冥:維塵冥冥。傳:蔽人目明,令無所見也。

明明:明明上天。

眷眷:眷眷懷顧。箋:有往仕之志也。

將將:鼓鐘將將。

湯湯:淮水湯湯。

喈喈:鼓鐘喈喈,傳:猶將將。

湝湝:淮水湝湝。傳:猶湯湯。

欽欽:鼓鐘欽欽。傳:言使人樂進也。

楚楚:楚楚者茨。傳:茨棘貌。

與與:我黍與與。

翼翼:我稷翼翼。箋:黍與與、稷翼翼,蕃廡貌。

濟濟:濟濟蹌蹌。

蹌蹌:濟濟蹌蹌。傳:濟濟蹌蹌,言有容也。

踖踖:執爨踖踖。傳:言爨竈有容也。

莫莫:君婦莫莫。傳:言清靜而敬至也。

子子:子子孫孫。

孫孫:子子孫孫。

畇畇:畇畇原隰。傳:墾辟貌。

雰雰:雨雪雰雰。傳:雪貌。

翼翼:疆埸翼翼。傳:讓畔也。

彧彧:黍稷彧彧。傳:茂盛貌。

苾苾:苾苾芬芬。

芬芬:苾苾芬芬。箋:苾苾芬芬然香。

《甫田之什》詁訓傳第二十一重言二十七

薿薿:黍稷薿薿。箋:薿薿然而茂盛。

萋萋:有渰萋萋。傳:雲行貌。

祁祁:興雨祁祁。傳:徐也。

泱泱:維水泱泱。傳:深廣貌。三見。

裳裳:裳裳者華。傳:猶堂堂也。

交交:交交桑扈。箋:猶佼佼,飛往來貌。二見。

奕奕:憂心奕奕。傳:奕奕然無所薄也。

怲怲:憂心怲怲。傳:憂盛滿也。

騑騑:四牡騑騑。

營營:營營青蠅。傳:往來貌。三見。

秩秩:左右秩秩。傳:秩秩然肅敬也。

逸逸:舉醻逸逸。傳:往來次序也。

温温:温温其恭。箋:柔和也。

反反:威儀反反。傳:言重慎也。

幡幡:威儀幡幡。傳:失威儀也。

僊僊:屢舞僊僊。傳:僊僊然。

抑抑:威儀抑抑。傳:慎密也。

怭怭:威儀怭怭。傳:媟嫚也。

僛僛:屢舞僛僛。傳:舞不能自正也。

傞傞:屢舞傞傞。傳:不止也。

《魚藻之什》詁訓傳第二十二重言二十一

淠淠:其旂淠淠。傳:動也。

嘒嘒:鸞聲嘒嘒。傳:中節也。

蓬蓬:其葉蓬蓬。傳:盛貌。

平平:平平左右。傳:辯治也。

汎汎:汎汎楊舟。

騂騂:騂騂角弓。傳:調利也。

綽綽:綽綽有裕。傳:寬也。

瀌瀌:雨雪瀌瀌。箋:雨雪之盛瀌瀌然。

浮浮:雨雪浮浮。傳:猶瀌瀌也。

黄黄:狐裘黄黄。

芃芃:芃芃黍苗。傳:長大貌。

悠悠:悠悠南行。傳:行貌。

肅肅:肅肅謝功。箋:嚴正之貌。

烈烈:烈烈征師。箋:威武貌。

英英:英英白雲。傳:白雲貌。

懆懆:念子懆懆。釋文:愁不申也。

邁邁:視我邁邁。傳:不説也。

幡幡:幡幡瓠葉。傳:瓠葉貌。

漸漸:漸漸之石。傳:山石高峻。二見。

青青,其葉青青。傳:華落葉青青然。

大 雅

《文王之什》詁訓傳第二十三重言三十六

亹亹:亹亹文王。傳:勉也。

翼翼:厥猶翼翼。傳:恭敬。

濟濟:濟濟多士。傳:多威儀也。

穆穆:穆穆文王。傳:美也。

明明:明明在下。傳:察也。

赫赫:赫赫在上。

翼翼:小心翼翼。

洋洋:牧野洋洋。傳:廣也。

煌煌:檀車煌煌。傳:明也。

彭彭:駟騵彭彭。

緜緜:緜緜瓜瓞。傳:不絶貌。

膴膴:周原膴膴。傳:美也。

翼翼:作廟翼翼。箋:廟成則嚴顯翼翼然。

陾陾:捄之陾陾。傳:衆也。

薨薨:度之薨薨。

登登:築之登登。傳:用力也。

馮馮:削屢馮馮。傳:削墻鍛屢之聲馮馮然。

將將:應門將將。傳:嚴正也。

芃芃:芃芃棫樸。傳:木盛貌。

濟濟:濟濟辟王。箋:其容濟濟然敬。二見。

峨峨:奉璋峨峨。傳:盛壯也。

勉勉:勉勉我王。

濟濟:榛楛濟濟。傳:衆多也。

莫莫:莫莫葛藟。傳:施貌。
雝雝:雝雝在宫。傳:和也。
肅肅:肅肅在廟。傳:敬也。
閑閑:臨衝閑閑。傳:動摇也。
言言:崇墉言言。傳:高大也。箋:猶孽孽將壞貌。
連連:執訊連連。傳:徐也。
安安:修馘安安。
茀茀:臨衝茀茀。傳:彊盛也。
仡仡:崇墉仡仡。傳:猶言言也。
濯濯:麀鹿濯濯。傳:娱遊也。
翯翯:白鳥翯翯。傳:肥澤也。
逢逢:鼉鼓逢逢。傳:和也。

《生民之什》詁訓傳第二十四重言四十一

赫赫:赫赫厥靈。傳:赫顯也。
旆旆:荏菽旆旆。傳:旆旆然長也。
穟穟:禾役穟穟。傳:苗好美也。
幪幪:麻麥幪幪。傳:幪幪然茂盛也。
唪唪:瓜瓞唪唪。傳:唪唪然多實也。
叟叟:釋之叟叟。傳:聲也。
浮浮:烝之浮浮。傳:氣也。
泥泥:維葉泥泥。傳:葉初生泥泥。
戚戚:戚戚兄弟。傳:内相親也。
熏熏:公尸來止熏熏。傳:和説也。
欣欣:旨酒欣欣。傳:欣欣然樂也。
芬芬:燔炙芬芬。傳:香也。
顯顯:顯顯令德。
穆穆:穆穆皇皇。傳:天子穆穆。
皇皇:穆穆皇皇。傳:諸侯皇皇。
抑抑:威儀抑抑。傳:美也。箋:密也。
秩秩:德音秩秩。傳:有常也。箋:清也。

處處:于時處處。箋:處其所當處。

言言:于時言言。箋:言其所當言。

語語:于時語語。箋:語其所當語。

蹌蹌:蹌蹌濟濟。

濟濟:蹌蹌濟濟。箋:蹌蹌濟濟,士大夫之威儀也。

顒顒:顒顒卬卬。傳:温貌。

卬卬:顒顒卬卬。傳:盛貌。

翽翽:翽翽其羽。傳:衆多也。箋:羽聲也。二見。

藹藹:藹藹王多吉士,藹藹王多吉人。傳:猶濟濟也。

菶菶:菶菶萋萋。

萋萋:菶菶萋萋。箋:菶菶萋萋,喻君德盛也。

雝雝:雝雝喈喈。

喈喈:雝雝喈喈。箋:雝雝喈喈,喻民臣和協。

板板:上帝板板。傳:反也。

管管:靡聖管管。傳:無所依也。

憲憲:無然憲憲。傳:猶欣欣也。

泄泄:無然泄泄。傳:猶沓沓也。

囂囂:聽我囂囂。傳:猶謷謷也。

謔謔:無然謔謔。傳:謔謔然喜樂。

灌灌:老夫灌灌。傳:猶款款也。

蹻蹻:小子蹻蹻。傳:驕貌。

熇熇:多將熇熇。傳:熇熇然熾盛也。

《蕩之什》詁訓傳第二十五重言五十七

蕩蕩:蕩蕩上帝。箋:法度廢壞之貌。

抑抑:抑抑威儀。傳:容也。

繩繩:子孫繩繩。箋:戒也。

温温:温温恭人。傳:寬柔也。

夢夢:視爾夢夢。傳:亂也。

慘慘:我心慘慘。傳:憂不樂也。

諄諄:誨爾諄諄。

藐藐:聽我藐藐。傳:藐藐然不入也。

騤騤:四牡騤騤。傳:不息也。

慇慇:憂心慇慇。

甡甡:甡甡其鹿。傳:衆多也。

蟲蟲:藴隆蟲蟲。傳:蟲蟲而熱。

兢兢:兢兢業業。傳:恐也。

業業:兢兢業業。傳:危也。

赫赫:赫赫炎炎。傳:旱氣也。

炎炎:赫赫炎炎。傳:熱氣也。

滌滌:滌滌山川。傳:旱氣也。山無木,川無水。

亹亹:亹亹申伯。箋:勉也。

藐藐:既成藐藐。傳:美貌。

蹻蹻:四牡蹻蹻。傳:壯貌。

濯濯:鉤膺濯濯。傳:光明也。

番番:申伯番番。傳:勇武貌。

嘽嘽:徒御嘽嘽。傳:喜樂也。

翼翼:小心翼翼。箋:翼翼然恭敬。

肅肅:肅肅王命。箋:敬也。

業業:四牡業業。傳:言高大也。

捷捷:征夫捷捷。傳:言樂事也。

彭彭:四牡彭彭。箋:行貌。

鏘鏘:八鸞鏘鏘。箋:鳴聲。

騤騤:四牡騤騤。傳:猶彭彭也。

喈喈:八鸞喈喈。傳:猶鏘鏘也。

奕奕:奕奕梁山。傳:大也。

奕奕:四牡奕奕。

彭彭:百兩彭彭。

鏘鏘:八鸞鏘鏘。

祁祁:祁祁如雲。傳:徐靚也。

訏訏:川澤訏訏。傳:大也。

甫甫:魴鱮甫甫。傳:甫甫然大也。

嘆嘆:麀鹿嘆嘆。傳:嘆嘆然衆也。

浮浮:江漢浮浮。傳:衆彊貌。

滔滔:武夫滔滔。傳:廣大貌。

湯湯:江漢湯湯。

洸洸:武夫洸洸。傳:武貌。

明明:明明天子。

赫赫:赫赫明明。傳:赫赫然盛也。

明明:赫赫明明。傳:明明然察也。

赫赫:赫赫業業。傳:赫赫然盛也。

業業:赫赫業業。傳:業業然動也。

嘽嘽:王旅嘽嘽。傳:嘽嘽然盛也。

緜緜:緜緜翼翼。傳:靚也。

翼翼:緜緜翼翼。傳:敬也。

藐藐:藐藐昊天。傳:大貌。

潰潰:潰潰回遹。傳:亂也。

皋皋:皋皋訿訿。傳:頑不知道也。

訿訿:皋皋訿訿。傳:窳不供事也。

兢兢:兢兢業業。箋:戒也。

業業:兢兢業業。箋:危也。

周　頌

《清廟之什》詁訓傳第二十六重言七

濟濟:濟濟多士。

斤斤:斤斤其明。傳:明察也。

喤喤:鐘鼓喤喤。傳:和也。

將將:磬筦將將。傳:集也。

穰穰:降福穰穰。傳:衆也。

簡簡:降福簡簡。傳:大也。

反反:威儀反反。傳:難也。

《臣工之什》詁訓傳第二十七重言十

嗟嗟:嗟嗟臣工,嗟嗟保介。傳:勑之也。二見。

喤喤:喤喤厥聲。

雝雝:有來雝雝。箋:和也。

肅肅:至止肅肅。箋:敬也。

穆穆:天子穆穆。

陽陽:龍旂陽陽。傳:龍旂陽陽,言有文章也。

央央:和鈴央央。

宿宿:有客宿宿。傳:一宿曰宿。

信信:有客信信。傳:再宿曰信。

《閔子小子之什》詁訓傳第二十八重言十三

嬛嬛:嬛嬛在疚。箋:嬛嬛然孤特,在憂病之中。

高高:無曰高高在上。

澤澤:其耕澤澤。箋:澤澤然解散。

驛驛:驛驛其達。

厭厭:厭厭其苗。箋:厭厭其苗,衆齊等也。

緜緜:緜緜其麃。

濟濟:載穫濟濟。傳:難也。箋:難者,穗衆難進也。

畟畟:畟畟良耜。傳:猶測測也。

挃挃:穫之挃挃。傳:穫聲也。

栗栗:積之栗栗。傳:衆多也。

俅俅:載弁俅俅。傳:恭順貌。

蹻蹻:蹻蹻王之造。傳:武貌。

桓桓:桓桓武王。

魯　頌

《駉》詁訓傳第二十九重言三十五

駉駉:駉駉牡馬。傳:良馬腹幹肥張也。四見。

彭彭:以車彭彭。傳:有力有容也。

伾伾:以車伾伾。傳:有力也。

繹繹：以車繹繹。傳：善走也。
祛祛：以車祛祛。傳：彊健也。
明明：在公明明。箋：明義明德也。
振振：振振鷺。傳：羣飛貌。二見。
咽咽：鼓咽咽。傳：鼓節也。二見。
茷茷：其旂茷茷。傳：言有法度也。
噦噦：鸞聲噦噦。傳：言有聲也。
蹻蹻：其馬蹻蹻。傳：言彊盛也。二見。
昭昭：其音昭昭。
穆穆：穆穆魯侯。
明明：明明魯侯。
矯矯：矯矯虎臣。箋：武貌。
濟濟：濟濟多士。
桓桓：桓桓于征。傳：威武貌。
烝烝：烝烝皇皇。傳：厚也。
皇皇：烝烝皇皇。傳：美也。
實實：實實枚枚。傳：廣大也。
枚枚：實實枚枚。傳：礱密也。
赫赫：赫赫姜嫄。
耳耳：六轡耳耳。傳：耳耳然至盛也。
皇皇：皇皇后帝。箋：皇皇后帝謂天也。
將將：犧尊將將。
洋洋：萬舞洋洋。傳：衆多也。
增增：烝徒增增。傳：衆也。
巖巖：泰山巖巖。
奕奕：新廟奕奕。

商　頌

《那》詁訓傳第三十重言十八

簡簡：奏鼓簡簡。

淵淵:鞉鼓淵淵。

嘒嘒:嘒嘒管聲。傳:嘒嘒然和也。

穆穆:穆穆厥聲。箋:美也。

嗟嗟:嗟嗟烈祖。

鶬鶬:八鸞鶬鶬。傳:八鸞鶬鶬,言文德之有聲也。

穰穰:豐年穰穰。

芒芒:宅殷土芒芒。傳:大貌。

祁祁:來假祁祁。箋:衆多也。

芒芒:洪水芒芒。

烈烈:相土烈烈。傳:威也。

遲遲:昭假遲遲。

優優:敷政優優。傳:和也。

烈烈:如火烈烈。

翼翼:商邑翼翼。箋:商邑之禮俗,翼翼然可則傚。

赫赫:赫赫厥聲。箋:赫赫乎其出政教也。

濯濯:濯濯厥雲。箋:濯濯乎其見尊敬也。

丸丸:松柏丸丸。傳:易直也。

《詩》毛傳鄭箋古義*

國　風

周　南

臥而不周曰輾。箋　琴瑟在堂,鍾鼓在庭。箋

精曰絺,麤曰綌。傳　古者王后織玄紞,公侯夫人紘綖,卿之內子大帶,大夫命婦成祭服,士妻朝服。庶士以下,各衣其夫。傳　古者女師,教以婦德、婦言、婦容、婦功。祖廟未毁,教于公宫三月。祖廟既毁,教于宗室。婦人謂嫁曰歸。傳　婦人有副褘,盛飾以朝事舅姑,接見于宗廟,進見于君子,其餘則私也。傳　衣,謂褘衣以下至褖衣。箋　父母在,則有時歸寧耳。傳

人君黄金罍。傳　玄馬病則黄。傳　觥,罰爵也,饗燕所以有之者。禮,自立司正之後,旅醻必有醉而失禮者,罰之亦所以爲樂。箋

凡物有陰陽情欲者,無不妬忌,維蚣蝑不耳。箋

枝曰條,榦曰枚。傳　斬而後生曰肄。傳　魚勞則尾赤。傳　麟信而應禮,以足至者也。傳

召　南

鵲之作巢,冬至架之,至春乃成。箋　諸侯之子嫁於諸侯,送御皆百乘。傳

沼沚谿澗之草,猶可以薦。王后則荇菜也。傳　執蘩菜者,以豆薦蘩葅。箋　被,首飾也。傳　早夜在事,謂視濯溉饎爨之事。《禮記》:主婦髲鬄。箋

草蟲鳴,阜螽躍而從之,異種同類。箋　婦人雖適人,有歸宗之義。傳　既見,謂已同牢而食也。既覯,謂已昏也。《易》曰:男女覯精,萬物化生。箋　嫁女之家,不息火三日,思相離也。傳

古者婦人先嫁三月,祖廟未毁,教于公宫;祖廟既毁,教于宗室,教以婦德、婦言、婦容、婦功。教成之祭,牲用魚,芼用蘋藻,所以成婦順也。此祭,祭女所出祖也。法度莫大於四教,是又祭以成之,故舉以言焉。蘋之言賓也,藻

---

* 以下抄録文字眉目清晰,故一般不加引號。

之言澡也。婦人之行尚柔順,自潔清,故取名以爲戒。箋　方曰筐,圓曰筥,有足曰錡,無足曰釜。傳　亨蘋藻者於魚湆湆,去急反。之中,是鉶羹之芼。箋　宗室,大宗之廟也。大夫士祭於宗廟,奠於牖下。傳　牖下,户牖間之前,祭不於室中者。凡昏事,於女禮設几筵於户外,此其義也與? 宗子主此祭,維君使有司爲之。箋　蘋藻,薄物也。澗潦,至質也。筐、筥、錡釜,陋器也。季女,微主也。古之嫁女者,必先禮之於宗室,牲用魚,芼之以蘋藻。傳　主設羹者季女,則非禮也。女將行,父禮之而俟迎者,蓋母薦之,無祭事也。祭禮,主婦設羹。教成之祭,更使季女者,成其婦禮也。季女不主魚。魚葅實,男子設之。其粢盛,蓋以黍稷。箋

茇,草舍也。箋

道中始有露,謂二月中嫁娶時也。箋　《周禮》:仲春之月,令會男女之無夫家者,行事必以昏昕。箋　物有似而不同,雀之穿屋不以角,乃以咮。箋　昏禮,純帛不過五兩。傳

古者素絲以英裘,不失其制,大夫羔裘以居。傳　退食,謂減膳也。箋

靁出地奮,震驚百里。山出雲雨,以潤天下。傳

三十之男,二十之女,禮未備,則不待禮會而行之者,所以蕃育民人也。傳　女年二十而無嫁端,則有勤望之憂。箋

以色曰妬,以行曰忌。箋《小星》序。　三心、五噣,四時更見。傳　心在東方,三月時也。噣在東方,正月時也。

嘯,蹙口而出聲。箋

非禮相陵則狗吠。傳

襛,猶戎戎也。傳　平,正也。武王女、文王孫,適齊侯之子。傳

記蘆始出者,著春田之早晚。箋　虞人翼五豝,以待公之發。傳　君射一發而翼五豝者,戰禽獸之命,必戰之者,仁心之至。箋　騶虞,義獸也,白虎黑文,不食生物。傳

邶

日,君象也。月,臣象也。微,虧損也。君道當常明如日,而月有虧盈。今君失道而任小人,大臣專恣,則日如月然。箋日居月諸,胡迭而微。　緑,當爲"褖",故作褖,轉作緑,字之誤也。箋《緑衣》序。　褖兮衣兮者,言褖衣自有禮制也。諸侯夫人祭服之下,鞠衣爲上,展衣次之,褖衣次之。次之者,衆妾亦以

貴賤之等服之。鞠衣黄,展衣白,褖衣黑,皆以素紗爲裏。今褖衣反以黄爲裏,非其禮制也,故以喻妾上僭。箋　緑,末也。絲,本也。傳　禮,大夫以上衣織,故本於絲也。箋

歸,歸宗也。遠送,過禮。傳　婦人之禮,送迎不出門。箋　飛而上曰頡,飛而下曰頏。傳

終日風爲終風。傳　霾,雨土也。傳　陰而風曰曀。傳　嚏,讀當爲不敢嚏咳之嚏。今俗人嚏,云人道我,此古人之遺語也。箋

南風謂之凱風,樂夏之長養。傳

伊,當作緊,緊猶是也。箋自詒伊阻。

由膝以上爲涉。傳　瓠葉苦而渡處深,謂八月之時,陰陽交會,始可以爲昏禮,納采問名。箋　以衣涉水爲厲,謂由帶以上也。傳　揭,褰衣也。傳　由輈以上爲軌。傳　納采用雁。旭,日始出,謂大昕之時。傳　雁者,隨陽而處,似婦人從夫,故昏禮用焉。自納采至請期用昕,親迎用昏。箋　冰未散,正月中以前也。二月可以昏矣。箋　歸妻,使之來歸於己,謂請期也。箋此條在冰未散上。

東風謂之谷風,陰陽和而谷風至。夫婦和而室家成,室家成而繼嗣生。傳　畿,門内也。傳　潛行爲詠。箋

中露,衛邑也。傳　泥中,衛邑也。傳

前高後下曰旄邱。傳　土氣緩,則葛生闊節。箋　大夫狐蒼裘。傳　流離,鳥也,少好長醜。傳　充耳,塞耳也。人之耳聾,恒多笑而已。箋

泠泠字伍水,亦作伶。氏世掌樂官而善焉,故後世多號樂官爲泠官。《簡兮》序。

教國子弟,以日中爲期。傳　御衆有文章,言能治衆,動於近,成於遠也。傳　執轡如組。籥六孔。傳　祭有畀、煇、胞、翟、閽、寺者,惠下之道,見惠不過一散。傳　散受五升。箋公言錫爵。

祖而舍軷,飲酒於其側曰餞,重始有事於道也。傳

北門,背明鄉陰。傳

邪,讀如徐。箋其虚其邪。

古者后夫人,必有女史彤管之法。史不記過,其罪殺之。后妃羣妾以禮御於君所。女史書其日月,授之以環,以進退之。生子日辰,則以金環退之。當御者以銀環進之,著于左手;既御,著于右手。事無大小,記以成法。傳　彤管,筆赤管也。箋　彤管,以赤心正人也。傳　説懌,當作"説釋"。箋　牧,田官也。傳

鄘

髦者,髮至眉,子事父母之飾。傳　禮,世子昧爽而朝,亦櫛、纚、笄、總、拂髦、冠、緌纓。箋

副者,后夫人之首飾,編髮爲之。笄,衡笄也。珈,笄飾之最盛者,所以别尊卑。傳　珈之言加也,副既笄而加飾,如今步搖於上飾。古之制所有,未聞。箋　象服者,謂褕翟、闕翟也,人君之象服,則舜所云"予欲觀古人之象,日月星辰"之屬。箋　褕翟、闕翟,羽飾衣也。傳　侯伯夫人之服,自褕、翟而下如王后焉。箋　尊之如天,審諦如帝。傳　絺之靡者爲縐,是當暑袢延延,以戰反,又如字。之服也。傳　后妃六服之次,展衣宜白。縐絺,絺之蹙蹙者。展衣,夏則裏衣縐絺。此以禮見於君,及賓客之盛服也。展衣字誤,《禮記》作"襢衣"。箋　定,營室也。方中,昏正四方。楚宫,楚邱之宫也。仲梁子曰"初立楚宫"也。傳　定星昏中而正,於是可以營制宫室,故謂之營室。定昏中而正,謂小雪時,其體與東壁連正四方。箋　揆,度也。度日出日入,以知東西。南視定,北準極,以正南北。傳　建國必卜之。故建邦能命龜,田能施命,作器能銘,使能造命,升高能賦,師旅能誓,山川能説,喪紀能誄,祭祀能語。君子能此九者,可謂有德音,可以爲大夫。傳　國馬之制,天子十有二閑。馬六種,三千四百五十六匹。邦國六閑,馬四種,千二百九十六匹。衛之先君,兼邶、鄘而有之,而馬數過禮制。今文公滅而復興,徙而能富,馬有三千,雖非禮制,國人美之。箋

夫婦過禮則虹氣盛,君子見戒而懼,諱之,莫之敢指。箋　隮,升;崇,終也。從旦至食時爲終朝。傳　朝有升氣於西方,終其朝則雨,氣應自然。箋

注旄於干首,大夫之旃也。浚,衛邑。古者臣有大功,世其官邑。傳　《周禮》:孤卿建旃,大夫建物,首皆注旄焉。箋　紕,所以織組也。總紕於此,成文於彼,願以素絲紕組之法御四馬也。傳　祝,當爲"屬",屬,著也。箋素絲祝之。

弔失國曰唁。傳　草行曰跋,水行曰涉。傳

衛

緑,王芻也。竹,萹竹也。傳　治骨曰切,象曰瑳,玉曰琢,石曰磨。傳　充耳謂之瑱。琇瑩,美石也。天子玉瑱,諸侯以石。傳　金錫鍊而精,圭璧性有質。傳　君子之德,有張有弛,故不常矜莊,而時戲謔。箋

大人德盛而尊。嫁則錦衣加褧襜。傳　褧,禪也。國君夫人翟衣而嫁。今

衣錦者,在途之所服也。尚之以禪衣,爲其文之大著。箋 女子後生曰妹,妻之姊妹曰姨,姊妹之夫曰私。傳 説,當作“襚”,《禮》、《春秋》之襚,讀皆宜同。衣服曰襚,今俗語云。箋 人君以朱纏鑣扇汗,且以爲飾。傳 夫人以翟羽飾車。茀,蔽也。傳 大夫未退,君聽朝於路寢,夫人聽内事於正寢。大夫退,然後罷。傳

季春始蠶,孟夏賣絲。箋 用心專者怨必深。箋泣涕漣漣。 鳩,鶻鳩也。食桑葚過,則醉而傷其性。傳 士有百行,可以功過相除。至於婦人無外事,維以貞信爲節。箋 帷裳,童容也。箋 泮,讀爲“畔”。畔,厓也。箋

舟楫相配,得水而行。男女相配,得禮而備。傳

韘,玦也,能射御則佩韘。傳 韘之言沓,所以彄沓手指。箋 小船曰刀。箋

殳,長丈二而無刃。傳 兵車六等:軫也,戈也,人也,殳也,車戟也,酋矛也,皆以四尺爲差。箋 諼草令人忘憂。傳

孔子曰:“吾於木瓜見苞苴之禮行。”傳

王

蒼天,以體言之,尊而君之,則稱皇天。元氣廣大,則稱昊天。仁覆閔下,則稱旻天。自上降鑒,則稱上天。據遠視之蒼蒼然,則稱蒼天。傳

鑿墻而棲曰塒。傳 雞栖于杙爲桀。傳

蓷,鵻也。暵,菸菸,於據反。貌。陸草生於谷中,傷於水。傳

以采葛喻臣以小事使出。箋 彼采蕭者,喻臣以大事使出。箋 彼采艾者,喻臣以急事使出。箋

大車,大夫之車。毳衣,大夫之服。天子大夫四命,其出封五命,如子男之服。傳 古者天子大夫,服毳冕以巡行邦國,而決男女之訟,則是子男入爲大夫者。毳衣之屬,衣繢而裳繡,皆有五色焉,其青者如鵻。箋

留,大夫氏;子嗟,字也。傳 子嗟放逐於朝,去治卑賤之職而有功,所在則治理,所以爲賢。箋 子國,子嗟父。傳

鄭

緇衣者,居私朝之服也。天子之朝服,皮弁服也。箋 諸侯入爲天子卿士,受采禄。傳 卿士所之之館,在天子之宫,如今之諸廬也。箋 蓆,大也。傳

二十五家爲里。傳

在旁曰驂。箋　騁馬曰磬，止馬曰控，發矢曰縱，從禽曰送。傳

二矛，酋矛、夷矛也，各有畫飾。箋　左旋，講兵。右抽，抽矢以射。居軍中爲容好。傳　左，左人，謂御者。右，車右也。中軍，謂將也。兵車之法，將居鼓下，故御者在左。箋

侯，君也。傳　緇衣、羔裘，諸侯之朝服也，言古朝廷之臣，皆忠直且君也。君者，言正其衣冠，尊其瞻視，儼然人望而畏之。箋洵直且侯。　三英，三德也。傳　三德，剛克、柔克、正直也。箋　閒於政事，則翺翔習射。傳　士大夫以君命出使，主國之臣必以燕禮樂之，助君之歡。箋

親迎，同車也。傳　佩有琚瑀，所以納閒。傳

言他人者，先鄉齊晉宋衛，後之荆楚。箋豈無他人。

堂當爲棖，棖門梱上木近邊者。箋俟我乎堂兮。　衣錦褧裳，嫁者之服。傳　庶人之妻嫁服也。士妻紂衣纁袡。箋　墠，除地町町者。男女之際近而易，則如東門之墠；遠而難，則如茹藘在阪。傳

青衿，青領也，學子之所服。傳　禮，父母在，衣純以青。箋　古者教以詩、樂，誦之歌之，絃之舞之。傳

如雲者，如雲從風，東西南北，心無有定。箋　荼，英荼也，言皆喪服也。傳

蔓草而有露，謂仲春之時草始生，霜爲露也。箋

渙渙，春水盛也。傳

齊

雞鳴而夫人作，朝盈而君作。傳　東方明，則夫人纚笄而朝。傳

獸三歲曰肩。傳

門屏之間曰著。素，象瑱。傳　我視君子則以素爲充耳，謂所以懸瑱者。或名爲"紞"，織之。人君五色，臣則三色而已。箋　瓊，華美石，士之服也。傳　人君以玉爲之。箋　瓊瑩，石似玉，卿大夫之服也。傳　瓊英，美石似玉，人君之服也。傳

上曰衣，下曰裳。傳　挈壺氏失漏刻之節，東方未明而以爲明。箋　古者有挈壺氏，以水火分日夜，以告時於朝。傳

衡獵之，從獵之。種之，然後得麻。傳　必告父母廟。傳　取妻之禮，議於生者，卜於死者，此之謂告。箋

重環，子母環也。傳　鬈，讀當作"權"。權，勇壯也。箋　鋂，一環貫二

也。傳

如雨，言無常。天下之則下，天不下則止。箋其從如雨。

車之蔽曰茀。諸侯之路車，有朱革之質而羽飾。傳　發夕，自夕發至旦。傳齊子發夕。　此豈弟，猶言發夕也。豈，讀當爲“闓”。弟，古文《尚書》以“弟”爲“圛”。圛，明也。箋

目上爲名，目下爲清。傳猗嗟名兮，美目清兮。　二尺曰正。傳不出正兮。　正，所以射於侯中者。天子五正，諸侯三正，大夫二正，士一正，外皆居其侯中參分之一焉。箋　姊妹之子曰甥。箋

四矢，乘矢。傳　反，復也。禮，射三而止。每射四矢，皆得其復處，此之謂復。射必四矢者，象其能禦四方之亂。箋四矢反兮。

魏

夏葛屨，冬皮屨。傳　婦人三月廟見，然後執婦功。傳　言女手者，未三月未成爲婦。箋

公路主君之軞軞，音毛。車，庶子爲之。晉趙盾爲軞車之族是也。箋

魏君薄公税，省國用，不取於民，食園桃而已。箋　曲合樂曰歌，徒歌曰謡。傳

山無草木曰岵。傳　山有草木曰屺。傳　父尚義，猶來無止。母尚恩，猶來無棄。兄尚親。猶來無死。傳

風行水成文曰漣。傳　種之曰稼，斂之曰穡。傳　一夫之居曰廛。傳　冬獵曰狩，宵田曰獵。箋　貉子曰貆。箋　萬萬曰億，獸三歲曰特。傳　十萬曰億。箋　圓者爲囷。傳　熟食曰飧。傳　飧，讀如“魚飧”之飧。箋

古者三年大比，民或於是徙。箋

唐

蟋蟀，蛬也，九月在堂。傳　庶人乘役車。役車休，農功畢無事也。箋

襮，領也，諸侯繡黼丹朱中衣。傳　繡，當爲“綃”，綃黼丹朱中衣。中衣以綃黼爲領，丹朱爲純也。箋

椒之性，芬香而少實。今一捄之實，蕃衍滿升，非其常也。箋

三星，參也。在天，謂始見東方。傳　三星，謂心星也。心有尊卑、夫婦、父子之象，又爲二月之合宿，故嫁取者以爲候焉。昏而火星不見，嫁取之時也。

今我束薪於野,乃見其在天,則三月之末、四月之中,見於東方矣,故云不得其時。箋　隅,東南隅也。傳　心星在隅,謂四月之末、五月之中。箋　參星正月中直户也。傳　心星在户,謂五月之末、六月之中。箋　三女爲粲,大夫一妻二妾。傳

鴇之性不樹止。傳

侯伯之禮七命,冕服七章。傳　天子之卿六命,車旗衣服,以六爲節。傳

道左之陽,人所宜休息也。傳　道左,道東也。日之熱,恒在日中之後。箋

齊則角枕錦衾。傳　夫雖不在,不失其祭也。箋　居,墳墓也。傳　室,猶冢壙。箋

秦

寺人,内小臣也。傳　陂者曰阪,下濕曰隰。傳　八十曰耋。傳

四馬六轡。箋　冬獻狼,夏獻麋,春秋獻鹿豕群獸。傳　獫、歇驕,田犬也。長喙曰獫,短喙曰歇驕。傳　載,始也。始田犬者,謂達其摶噬始成之也。箋

一輈五束。五,五束也。束有歷錄。桑也。傳　此羣臣之兵車,故曰小戎。箋　文茵,虎皮也。傳　西戎板屋。傳　厹,三隅矛也。傳　蒙,討羽也。伐,中干也。傳　苑,文貌。傳　蒙,尨也。討,雜也。畫雜羽之文於伐,故曰尨伐。箋

白露凝戾爲霜,然後歲功成。國家待禮,然後興。傳　逆流而上曰遡洄。傳　順流而下曰遡游。傳

諸侯狐裘錦衣以裼之。箋　紀,基也,堂畢道平如堂也。傳　畢,終南山之道名,邊如堂之墻然。箋

戈,長六尺六寸,矛長二丈。傳　澤,潤澤也。傳　襗,褻衣,近汙垢。箋

母之昆弟曰舅。傳

夏,大也。傳　屋,具也。渠渠,猶勤勤也。箋　四簋,黍、稷、稻、粱。傳

陳

四方高、中央下,曰宛邱。傳　鷺鳥之羽,可以爲翳。傳　翳,舞者所持以指麾。箋

婆娑,舞也。傳

楊葉牂牂,三月中也。興者,喻時晚也,失仲春之月。箋

誰昔,昔也。箋

大夫乘駒。傳　馬六尺以下曰駒。箋

蒲以喻所説男之性,荷以喻所説女之容體也。正以陂中二物興者,喻淫風由同姓生。箋　自目曰涕,自鼻曰泗。傳

檜

諸侯之朝服,緇衣羔裘。火蜡而息民,則有黄衣狐裘。今以朝服燕,祭服朝,是其好絜衣服也。先言燕,後言朝,見君之志不能自强於政治。箋　三諫不從,待放而去。思君如是,心忉忉然。箋

喪禮,既祥祭而縞冠素紕。時人皆解緩,無三年之恩於其父母,而廢其喪禮。箋　除成喪者,其祭也朝服縞冠,朝服緇衣素裳。然則此言素衣者,謂素裳也。箋　祥祭朝服素韠者,韠從裳色。箋　子夏三年之喪畢,見於夫子,援琴而絃,衎衎而樂,作而曰:"先王制禮,不敢不及也。"夫子曰:"君子也。"閔子騫三年之喪畢,見於夫子,援琴而絃,切切而哀,作而曰:"先生制禮,不敢過也。"夫子曰:"君子也。"子路曰:"敢問何謂也?"夫子曰:"子夏哀已盡,能引而致之於禮,故曰君子也。閔子騫哀未盡,能自割以禮,故曰君子也。"夫三年之喪,賢者之所輕,不肖者之所勉。傳我心蘊結兮,聊與子如一兮。

發發飄風,非有道之風。偈偈疾驅,非有道之車。傳　迴首曰顧。箋　亨魚煩則碎,治民煩則散,知亨魚則知治民矣。傳　檜在周之東,故言西歸。箋

曹

蜉蝣,渠略也,朝生夕死。傳　掘閲,容閲也。傳　掘閲,掘地解閲,謂其始生時也,以解閲喻君臣朝夕變易衣服也。箋　麻衣,深衣。諸侯之朝,朝服,朝夕則深衣也。箋　大夫以上,赤芾乘軒。傳　佩赤芾者三百人。箋　薈蔚之小雲,朝升於南山,不能爲大雨,以喻小人雖見任於君,終不能成其德教。箋

鳲鳩,秸鞠也。鳲鳴之養其子,朝從上下,莫從下上,平均如一。傳　其帶伊絲,謂大帶也。大帶用素絲,有雜色飾焉。騏,當作"璂",以玉爲之。箋

稂,當作"涼"。涼草,蕭蓍之屬。箋　諸侯有事,二伯述職。傳　有王,謂朝聘於天子也。郇侯,文王之子,爲州伯,有治諸侯之功。箋

豳

九月霜始降,婦功成,可以授冬衣矣。傳　大火者,寒暑之候也。火星中而

寒暑退，故將言寒，先著火所在。箋　一之日，十之餘也。一之日，周正月也。觱發，風寒也。二之日，殷正月也。栗烈，寒氣也。傳　此二正之月，人之貴者無衣，賤者無褐，將何以終歲乎？是故，八月則當績也。箋　三之日，夏正月也。豳土晚寒。于耜，始脩耒耜也。四之日，周四月也，民無不舉足而耕矣。田畯，田大夫也。傳　喜，讀爲"饎"。饎，酒食也，言勸其事，又愛其吏也。箋　微行，墻下徑也。五畝之宅，樹之以桑。傳　柔桑，稺桑也。蠶始生，宜稺桑。箋　蘩，白蒿也，所以生蠶。春女悲、秋士悲，感其物化也。傳　豫畜萑葦，所以爲曲也。傳　角而束之曰猗。女桑，荑桑也。傳　條桑枝落之，采其葉也。女桑少枝長條，不枝落者，束而采之。箋　載績，絲事畢而麻事起矣。玄，黑而有赤也。朱，深纁也。陽，明也。祭服玄衣纁裳。傳　伯勞鳴，將寒之候也。鶪。五月則鳴。豳地晚寒，鳥物之候，從其氣焉。凡染者，春暴練，夏纁玄，秋染夏。爲公子裳，厚於其所貴者説也。箋　《夏小正》四月王萯秀葽其是乎？物成自秀葽始。箋　孟冬天子始裘。傳　于貉，往搏貉以自爲裘也。狐狸以共尊者，言此者時寒，宜助女功。箋　豕一歲曰豵，三歲曰豜。大獸公之，小獸私之。傳　其同者，君臣及民因習兵俱出田也。不用仲冬，亦豳地晚寒也。豕生三曰豵。箋

自七月在野，至十月入我牀下，皆謂蟋蟀也。言此三物之如此，著將寒有漸，非卒來也。箋　向，北出牖也。墐，塗也。庶人蓽户。傳　曰爲改歲者，歲終而一之日觱發，二之日栗烈，當避寒氣而入所穹室墐户之室而居之，至此而女功止。箋　春酒，凍醪也。眉壽，豪眉也。傳　介，助也。既以鬱下及棗助男功，又穫稻而釀酒，以助其養老之具，是謂豳雅。箋　瓜瓠之畜，麻實之糝，乾荼之菜，惡木之薪，亦所以助男養農夫之具。箋　春夏爲圃，秋冬爲場。傳　場、圃同地耳。物生之時，耕治之以種菜茹。至物盡成熟，築堅以爲場。箋　後熟曰重，先熟曰穋。傳　入爲上，出爲下。傳上入執宫功。　既同，言已聚也，可以上入都邑之宅，治宫中之事矣。於是時，男之野功畢。箋　十月定星將中，急當治野廬之屋。其始播百穀，謂祈來年百穀於公社。箋　冰盛水腹，則命取冰於山林。沖沖，鑿冰之意。凌陰，冰室也。傳　古者日在北陸而藏冰，西陸朝覿而出之，祭司寒而藏之，獻羔而啓之。其出之也，朝之禄位、賓食、喪祭，於是乎用之。《月令》："仲春，天子乃獻羔開冰，先薦寢廟。"《周禮》："凌人之職，夏頒冰，掌事秋刷，上章備寒。"故此章備暑，后稷先公禮教備也。箋　兩樽曰朋。饗者，鄉人以狗，大夫加以羔羊。傳　公堂，學校也。觥，所以誓衆也。疆，竟也。傳　於饗而正齒位，故因時而誓焉。飲酒既樂，頌大壽無竟，是謂豳頌。箋　無能毁我

室者,攻堅之故也。寧亡二子,不可以毁我周室。傳 時周公竟武王之喪,欲攝政成周道,致太平之功。管叔、蔡叔等流言云:“公將不利於孺子。”成王不知其意,而多罪其屬黨。興者,喻此諸臣乃世臣之子孫,其父祖以勤勞有此官位土地。今若誅殺之,無絶其位,奪其土地。王意欲誚公,此之由然。箋

公族有辟,公親素服,不舉樂,爲之變,如其倫之喪。傳我心西悲。 烝,寘也寘,音田。傳 古者聲“寘”,填、塵同也。箋烝在桑野。 町畽,鹿迹也。熠燿,燐也。燐,螢火也。傳 垤,螘塚也,將陰雨則穴處先知之矣。鸛好水,長鳴而喜也。傳 鸛,鳥也。將陰雨則鳴。箋 此又言婦人思其君子之居處,專專如瓜之繫綴焉。瓜之瓣有苦者,以喻其心苦也。烝,塵;栗,析也。言君子又久見使析薪,於事尤苦也。古者聲栗、裂同也。箋有敦瓜苦,烝在栗薪。 倉庚仲春而鳴,嫁取之候也。箋 縭,婦人之褘也,母戒女施衿結帨。九十其儀,言多儀也。傳 女嫁,父母既戒之,庶母又申之。九十其儀,喻丁寧之多。箋

隋銎隋,徒禾反;銎,曲容反。曰斧。斧斨,民之用也。禮義,國家之用也。傳 四國,管、蔡、商、奄也。傳 鑿屬曰錡。傳 木屬曰銶。傳

柯,斧柄也。禮義者亦治國之柄。傳 媒所以用禮也,治國不能用禮則不安。傳 以其所願乎上交乎下,以其所願乎下事乎上,不遠求也。傳伐柯伐柯,其則不遠。

鴻,大鳥也。不宜與鳧鷖之屬飛而循渚,以喻周公今與凡人處東都之邑,失其所也。箋

老狼有胡,進則獵其胡,退則跲其尾。進退有難,然而不失其猛。傳 公孫,成王也,豳公之孫也。傳 公,周公也。孫,讀當如“公孫於齊”之孫。孫之言孫遁也。周公攝政七年致太平,復成王之位,孫遁辟此成功之大美。欲老,成王又留之,以爲大師,履赤舄几几然。箋

小 雅

鹿鳴之什

鹿得蓱。苹,蓱也。傳 呦呦然鳴而相呼,懇誠發乎中。傳 示,當作“寘”。寘,置也。周行,周之列位也。好,猶善也。人有以德善我者,我則置之於周之列位,言己維賢是用。箋 德音,先王道德之教也。視,古“示”字也。飲酒之禮,於旅也語。箋

文王率諸侯,撫叛國,而朝聘乎紂。故周公作樂,以歌文王之道,爲後世法。傳四牡騑騑,周道倭遲。 盬,不堅固也。思歸者,私恩也。靡盬堅者,公義也。傷悲者,情思也。傳 無私恩,非孝子也。無公義,非忠臣也。君子不以私害公,不以家事辭王事。箋 嘽嘽,喘息之貌。馬勞則喘息。傳 臣受命,舍舍,音釋。幣於禰乃行。傳不遑啓處。 諗,念也。父兼尊親之道,母至親而尊不至。傳將母來諗。人之思恒思親者,再言將母,亦其情也。箋 忠臣奉使,能光君命,無遠無近,如華不以高下易其色。傳皇皇者華,於彼原隰。 懷,和也。傳每懷靡及。《春秋外傳》曰:"懷私爲每懷也。"和,當爲"私"。衆行夫既受君命,當速行。每人懷其私相稽留,則於事將無所及。箋 忠信爲周,訪問於善爲咨,咨事爲諏。傳 咨事之難易爲謀。傳 咨禮義所宜爲爲度。傳 親戚之謀爲詢。兼此五者,雖有中和,當自謂無所及,成於六德也。傳 中和,謂忠信也。五者,咨也、諏也、謀也、度也、詢也。雖爲此於忠信之賢人,猶當云已將無所及於事,則成六德,言慎其事。箋

承華者曰鄂。不,當作"柎"。柎,鄂足也。鄂足得華之光明,則韡韡然盛。興者喻弟以敬事兄,兄以榮覆弟,恩義之顯,亦韡韡然。古聲不、柎同。箋 原也,隰也,以相與聚居之故,故能定高下之名,猶兄弟相求,故能立榮顯之名。箋 脊令,雝渠也。飛則鳴,行則搖,不能自舍耳。傳 雝渠水鳥而今在原,失其常處,則飛則鳴求其類。箋 兄弟尚恩怡怡然,明友以義切切然。傳 飫,私也。不脱屨升堂謂之飫。傳飲酒之飫。 私者,圖非常之事。若議大疑於堂,則有飫禮焉。聽朝爲公。箋 九族會曰和,孺屬也。王與親戚燕則尚毛。傳 九族,從己上至高祖,下及玄孫之親也。屬者,以昭穆相次序。箋兄弟既具,和樂且孺。 王與族人燕,則宗婦内宗之屬,亦從后於房中。箋妻子好合,如鼓瑟琴。 帑,子也。傳樂爾妻帑。

丁丁,伐木聲也。嚶嚶,驚懼也。傳 丁丁嚶嚶,相切直也。箋 君子雖遷於高位,不可以忘其朋友。傳求其友聲。 以可否相增減曰和。平,齊等也。箋終和且平。 許許,柿柹,孚廢反。貌。以筐曰釃,以藪曰湑。傳

天子謂同姓諸侯、諸侯謂同姓大夫皆曰父,異姓則稱舅。國君友其賢臣,大夫士友其宗族之仁者。傳 圓曰簋,天子八簋。傳 粲然已灑播播,本又作拚,甫問反。矣,陳其黍稷矣,謂爲食禮。箋於粲灑埽,陳饋八簋。 湑,莤莤,所六反,與《左傳》縮酒同義,謂以茅泲之而去其糟也。字從艸。之也。酤,一宿酒也。傳 此族人陳王之恩也。王有酒則泲莤之,王無酒酤買之,要欲厚於族人。箋

高平曰陸,大陸曰阜,大阜曰陵。傳　春曰祠,夏曰禴,秋曰嘗,冬曰烝,公事也。傳　公,先公,謂后稷至諸盩。盩,直留反,周太王父名。箋于公先生。　君曰卜爾者,尸嘏主人,傳神辭也。箋　弔,至也。傳神之弔矣。　神至者,宗廟致敬,鬼神著矣,此之謂也。箋　質,成也。傳民之質矣。　成,平也。民事平,以禮飲食相燕樂而已。箋　恒,弦;升,出也。傳　月上弦而就盈,日始出而就明。箋

西伯將遣戍役,先與之期以采薇之時。今薇生矣,先輩可以行也。箋　古者師出不踰時。今薇生而行,歲晚乃得歸。箋　柔,始生也。傳薇亦柔止。　柔謂脆脆,七歲反。晚晚,音問。之時。箋　少而剛也。傳薇亦剛止。　剛,謂少堅忍時。箋　十月爲陽。時坤用事,嫌於無陽,故以名此月爲陽。箋　往則庶乎一月之中三有勝功,謂侵也、伐也、戰也。箋一月三捷。　腓,當作"芘"。此謂戎車者,將率之所依乘,戍役之所芘倚。箋小人所腓。　弭,弓反末彆彆,音鼈。者,以象骨爲之,以助御者解轡紒紒,音計,又音結。宜,滑也。服,矢服也。箋象弭魚服。

遣將率及戍役,同歌同時,欲其同心也。反而勞之,異歌異日,殊尊卑也。《禮記》曰:"賜君子小人不同日。"此其義也。箋《出車》序。　出車,就馬於牧地。傳　上我,我殷王也。下我,將率自謂也。箋我出我車。　龜蛇曰旐。傳　牧地在遠郊。箋　鳥隼曰旟。傳　將率既受命行而憂,臨事而懼也。箋憂心悄悄。　王,殷王也。南仲,文王之屬。傳　塗,凍釋也。傳雨雪載塗。　草蟲鳴,晚秋之時也。箋　此時亦伐西戎,獨言平玁狁者,玁狁大,故以爲始,以爲終。箋

罶,曲梁也,寡婦之笱也。太平而後,微物衆多,取之有時,用之有道,則物莫不多矣。古者不風不暴,不行火。草木不折,不操斧斤,不入山林。豺祭獸,然後殺。獺祭魚,然後漁。鷹隼擊,然後罻羅設。是以天子不合圍,諸侯不掩羣,大夫不麛不卵,士不隱塞,庶人不數罟。罟必四寸,然後入澤梁。故山不童,澤不竭,鳥獸魚鼈皆得其所然。傳

此三篇者,鄉飲酒燕禮用焉。曰笙入立於縣中,奏《南陔》、《白華》、《華黍》是也。孔子論《詩》,《雅》、《頌》各得其所,時俱在耳,篇第當在於此。遭戰國及秦之世而亡之,其義則與衆篇之義合,編故存。至毛公爲詁訓傳,乃分衆篇之義,各置於其篇端云。又闕其亡者,以見在爲數,故推改什首遂通耳,而下非孔子之舊。箋《南陔》、《白華》、《華黍》序。

南有嘉魚之什

江漢之間,魚所産也。傳　罩,罩篧也。傳　汕,汕樔也。傳　樔者,今之撩

罟也。箋 君子下其臣,故賢者歸往也。箋 綏,安也。鄉飲酒曰賓以我安。箋 鵻,壹宿之鳥。傳 壹宿者,壹意於所宿之木也。箋 眉壽,秀眉也。傳

此三篇者,鄉飲酒燕禮亦用焉。曰乃間歌《魚麗》,笙《由庚》;歌《南有嘉魚》,笙《崇丘》;歌《南山有臺》,笙《由儀》,亦遭世亂而亡之。燕禮又有《升歌》、《鹿鳴》、《下管》、《新宮》,《新宮》亦詩篇名也。辭義皆亡,無以知其篇第之處。箋《由庚》、《崇丘》、《由儀》序。 在軾曰和,在鑣曰鸞。傳 此說天子之車飾者,諸侯燕見天子,天子必乘車迎於門,是以云然。箋

露之在物湛湛然,使物柯葉低垂,喻諸侯受燕爵,其儀有似醉之貌。諸侯旅酬之則猶然,唯天子賜爵則貌變,肅敬承命有似露見日而晞。箋

夜飲,私燕也。宗子將有事,則族人皆侍。不醉而出,是不親也;醉而不出,是渫宗也。傳 天子燕諸侯之禮亡,此假宗子與族人燕爲説爾。族人猶羣臣也。其醉不出、不醉而出,猶諸侯之儀也。飲酒至夜,猶云不醉無歸,此天子於諸侯之儀。燕飲之禮,宵則兩階及庭門皆設大燭焉。箋 夜飲之禮在宗室,同姓諸侯則成之於庶姓,其讓之則止。昔者陳敬仲飲桓公酒而樂,桓公命以火繼之。敬仲曰:"臣卜其晝,未卜其夜。"於是乃止,此之謂不成也。箋 豐草喻同姓諸侯也。箋 杞也,棘也,異類喻庶姓諸侯也。箋 桐也,椅也,同類而異名,喻二王之後也。箋

彤弓,朱弓也,以講德習射。傳 言謂王策命也。王賜朱弓,必策其功以命之受。出藏之,乃反入也。箋 大飲賓曰饗。箋 右之者,主人獻之,賓受爵奠於薦右。既祭俎乃席末坐,卒爵之謂也。箋 飲酒之禮,主人獻賓,賓酢主人,主人又飲而酌賓,謂之醻。醻,猶厚也,勸也。箋

大陵曰阿。傳 古者貨貝,五貝爲朋。箋 舟者,沈物亦載,浮物亦載,喻人君用士,文亦用,武亦用,於人之才無所廢。箋 從此至《無羊》十四篇,是宣王之變小雅。箋《六月》序。

《六月》,宣王北伐也。《鹿鳴》廢,則和樂缺矣。《四牡》廢,則君臣缺矣。《皇皇者華》廢,則忠信缺矣。《常棣》廢,則兄弟缺矣。《伐木》廢,則朋友缺矣。《天保》廢,則福禄缺矣。《采薇》廢,則征伐缺矣。《出車》廢,則功力缺矣。《杕杜》廢,則師衆缺矣。《魚麗》廢,則法度缺矣。《南陔》廢,則孝友缺矣。《白華》廢,則廉耻缺矣。《華黍》廢,則蓄積缺矣。《由庚》廢,則陰陽失其道理矣。《南有嘉魚》廢,則賢者不安,下不得其所矣。《崇丘》廢,則萬物不遂矣。《南山有臺》廢,則爲國之基隊矣。《由儀》廢,則萬物失其道理矣。

《蓼蕭》廢，則恩澤乖矣。《湛露》廢，則萬國離矣。《彤弓》廢，則諸夏衰矣。《菁菁者莪》廢，則無禮儀矣。《小雅》盡廢，則四夷交侵，中國微矣。《六月》序。日月爲常。傳　記六月者，盛夏出兵，明其急也。箋　言先教戰，然後用師。傳閑之維則。　師行三十里。傳　織，徽織也。鳥章，鳥隼之文章，將帥以下衣皆著焉。箋　夏后氏曰鈎車，先正也。殷曰寅車，先疾也。周曰元戎，先良也。傳鈎，鈎鞶行，曲直有正也。寅，進也。二者及元戎皆可以先前啓突敵陳之前行。其制同異未聞。箋　張仲，賢臣也。養父母爲孝，善兄弟爲友，使文武之臣征伐，與孝友之臣處内。傳

田，一歲曰菑，二歲曰新田，三歲曰畬。傳　《司馬法》："兵車一乘，甲士三人，步卒七十二人。"宣王承亂，羨卒盡起。箋其車三千。　交龍爲旂，龜蛇爲旐。傳　命服者，命爲將受王命之服也。天子之服韋弁，服朱衣裳也。箋　鉦以靜之，鼓以動之。傳　二千五百人爲師，五百人爲旅。箋　伐鼓淵淵，謂戰時進士衆也。至戰止將歸，又振旅伐鼓闐闐然。《春秋傳》曰："出曰治兵，入曰振旅。"其禮一也。箋　五官之長出於諸侯，曰天子之老。傳

同，齊也。宗廟齊毫尚純也，戎事齊力尚强也，田獵齊足尚疾也。傳我馬既同。　田者，大芟草以爲防，或舍其中。褐纏旃以爲門，裘纏質以爲槸。槸，魚列反。間容握驅而入，擊則不得入。左者之左，右者之右，然後焚而射焉。天子發然後諸侯發，諸侯發然後大夫士發，天子發抗大綏，諸侯發抗小綏，獻禽於其下。故戰不出頃，田不出防，不逐奔走，古之道也。傳　甫草者，甫田之草也。鄭有甫田。箋　時見曰會，殷見曰同。傳

《爾雅正義》摘録晉·郭璞註　邵晉涵正義　唐·陸德明釋文

釋　詁

菿,大也。郭註云:菿義,未聞。

《正義》云:菿菿,郭陟孝反。顧野王都角反。孫都耗反。者,《説文》云:"菿,草大也。"舊疏引《韓詩》云:"菿彼甫田。"本於《詩釋文》也。《玉篇》引《韓詩》與《釋文》同。《毛詩》作"倬",古字通用。《説文》云:"倬,著大也。"《大雅·桑柔》云:"倬彼昊天。"鄭箋:"倬,明大貌。"今本《説文》作"菿",艸大也。菿,艸木到,後人所竄易也。

省、緐、穀,善也。郭註:省、緐、穀,未詳其義。

《正義》云:省省,先郢反。者,《大雅·皇矣》云:"帝省其山。"鄭箋:"省,善也。"《禮記》大傳云:"省於其君。"鄭註以爲善於其君也。緐緐勑金反。郭勑淫反。者,《類篇》云:"緐,繕也。"《叔于田》鄭箋云:"繕之言,善也。"穀穀,古豆反、古侯反。者,《行葦釋文》云:"句,《説文》作穀。"案上文云:"敦弓既堅。"堅,好也,則穀,當爲善也。

如、肇,謀也。郭註:如、肇,所未詳。

《正義》云:如,通作"茹",《周頌·臣工》云:"來咨來茹。"《邶風·柏舟》云:"不可以茹。"鄭箋俱云:"茹,度也。"度即爲謀。故《釋言》又云:"茹,度也。"肇者,《大雅·江漢》云:"肇敏戎公。"毛傳:"肇,謀也。"

忥、顗、頠,靜也。郭註:忥、忥,本或作"氣",同許氣反。顗、頠,未聞其義。

《正義》云:忥,《説文》作"㾕",云靜也。顗顗,魚豈反、五愷反。者,《説文》云:"顗,謹莊貌。"本或作"寏"。《説文》云:"寏,靜也。"頠頠,魚毁反。沈五罪反。孫、郭五鬼反。者,《説文》云:"頠,閑習也。"

禧,告也。郭註:禧,未聞。

《正義》云:禧者,《説文》徐鍇本云:"禧,禮告也。"案"禧"通作"釐"。《漢書·文帝紀》:"祠官祝釐。"謂禮告也。

雉、順、劉,陳也。郭註:雉、順、劉,皆未詳。

《正義》云:雉者,《左傳》疏引樊光、服虔云:"雉,夷也;夷,平也。"《文選》註引服虔云:"雉、夷,聲相近。"聲近者其義同。《喪大記》云:"夷於牀。"鄭

註:“夷之言,尸也。”夷訓爲尸。尸者,陳也,是輾轉相訓也。順者,《坊記》引《君陳》曰:“爾有嘉謀嘉猷,入告爾君於内,女乃順之於外,曰此謀此猷惟我君之德。”順者,陳敘也。此謀此猷惟我君之德,即其陳敘之詞也。劉者,《淮南·原道訓》云:“劉覽偏照,謂陳覽也。”

羕,長也。郭註:羕,所未詳。

《正義》云:羕羕,羊讓反,字從“永”。者,《説文》云:“羕,水長也。”《詩》曰:“江之羕矣。”《文選》註引《韓詩》作“江之漾矣”。《薛君章句》云:“漾,長也。”羕,通作“養”。《夏小正》云:“時有養日,時有養夜。”養,長也。又,羕爲古“永”字。齊侯鎛鍾云“羕保其身”,又云“羕保用昌”,是也。

孟,勉也。郭註:孟,未聞。

《正義》云:孟者,班固《幽通賦》云:“盍孟晉以迨羣兮。”漢人用雅訓也。嘉定錢詹事曰:“《洛誥》云:‘汝乃是不蘉。’孟、蘉聲之轉。”《釋文》引馬融云:“蘉,勉也。”孔疏謂鄭、王皆訓爲勉也。

寅,進也。郭註:寅,未詳。

《正義》云:寅者,《司馬法》云:“殷曰寅車。”《六月》毛傳引之鄭箋:“寅,進也。”《漢書·律曆志》云:“引達於寅。”寅,通作“夤”。顔師古《漢書》註引《書》曰:“夤亮天功。”《漢書》敘傳云:“夤用刑名。”《漢紀》作“寅用刑名。”李仲璇《孔子廟碑》:“寅賓,作夤賓。”《玉篇》云:“夤,進也。”

神,重也。郭註:神,所未詳。

《正義》云:《益稷》云:“天其申命用休。”《史記》作“天其重命用休。”楊倞《荀子》註云:“再命曰申。”神者,《説文》云:“神,天神,引出萬物者也。”又云:“申,神也。”鄭註《禮運》云:“神者,引物而出。”《風俗通義·怪神篇》引傳曰:“神者,申也。”是神與申義同。

滕、徵,虚也。郭註:滕、徵,未詳。

《正義》云:滕者,《咸上六象》傳云:“滕,口説也。”孔疏云:“所競者口,無復心實也。”徵者,鄭氏《易·損卦》云:“君子徵忿懫欲。”註云:“徵,清也。”言清虚也。

戮、逐,病也。郭註:戮、逐,未詳。

《正義》云:戮以耻辱爲病。鄭註《秋官·掌戮》云:“戮,猶辱也。”《左氏·文十年傳》云:“國君不可戮也。”逐者,舊疏引《衛風·考槃》云:“碩人之軸。”鄭箋云:“軸,病也。”孔疏云:“軸與逐,蓋古今字異。”

翦、篲，篲，本又作彗，同息遂反、徂歲反。勤也。郭註：翦、篲，未詳。

《正義》云：翦，當作"踐"。鄭註《玉藻》云："踐，當爲翦。"《書》疏引鄭註《書》序云："踐，讀曰翦。"《史記》集解引服虔云："踐，翦也。"是踐、翦古通用。《左氏·文元年傳》云："踐修舊好。"《士相見禮》云："不足以踐禮。"皆言勤也。篲，當作"蔧"。《泰初六》云："以其彙。"《釋文》云："古文彙作蔧。"鄭註云："勸也。"

禧、禠，福也。郭註：禠、禧，書傳不見，其義未詳。

《正義》云：禧，通作"釐"。《説文》云："釐，家福也。"《漢書·孝文紀》云："祠官祝釐。"如淳曰："釐，福也。"《賈誼傳》："受釐，坐宣室。"是也。顔師古云："釐，本字作禧。"禠禠音斯。郭常支、巨移二反。者，《説文》云："禠，福也。"義本《爾雅》。張衡《東京賦》云"祈禠禳災"，《元賦》云"蒙厖禠以拯民"，據《爾雅》爲義也。

諲，敬也。郭註：諲，未詳。

《正義》云：諲者，《大雅·生民》云："克諲克祀。"《毛傳》："諲，敬也。"《左氏·桓六年傳》云："以致其諲祀。"杜註："諲，絜敬也。"禋、諲，古字通。

嶠、戕，危也。郭註：嶠、戕，未詳。

《正義》云：嶠嶠，郭音聿，施音述。者，《説文》云："嶠，危也。"《龍龕手鑑》引舊註云："嶠，事之危也。"戕者，《逸周書》芮良夫解云："爾乃矒亂𧩯。"戕，《祭義》云："戕及其親。"猶孟子云"以危父母"也。

治，故也。郭註：治，未詳。

《正義》云：治，當爲"始"。《益稷》云："在治忽。"《史記》作"來始滑"。《漢書·律曆志》引作"七始詠"，是治、始二字相溷也。《墨子·經篇》云："始，當時也。"是始，即故也。

孔、魄、哉、延、虚、無、之、言，間也。郭註：孔、穴、延、魄、虚、無，皆有間隙。餘未詳。

《正義》云：哉者，《周頌·雝》云"假哉皇考"之者，《臣工》云"惟暮之春"言者，《有客》云"薄言追之"，皆謂詞之間也。

徽，止也。郭註：徽，未詳。

《正義》云：徽者，《坎上六》云："係用徽纆。"揚雄《解嘲》云："徽以糾纆。"以徽爲止也。

豫，厭也。郭註：豫，未詳。

《正義》云:《雜卦傳》云:"豫,怠也。"

迪,作也。郭註:迪,未詳。

《正義》云:迪者,《微子》云:"詔王子出迪。"迪,訓爲"行",行即作也。

於,代也。郭註:於義未詳。

《正義》云:於者,《孟子·萬章》篇引《逸書》云:"女其于予治。"于、於字通用,言汝其代予治之也。趙岐註:"以爲助我治事。"助與代,義相通也。

衛、蹶、假,嘉也。郭註:《詩》序曰:假,樂嘉成王也。餘未詳。

《正義》云:衛,通作"偉"。《莊子·大宗師》云:"偉哉造物。"《釋文》引向秀云:"偉,美也。"《淮南·覽冥訓》云:"偉哉造化。"高誘註:"偉哉,猶美哉。"蹶蹶,居衛反。假,户嫁反。者,《唐風·蟋蟀》云:"良士蹶蹶。"單舉其文,亦爲美詞也。

郡、臻、仍、迺、侯,乃也。郭註:迺即乃。餘未詳。

《正義》云:古者乃、仍二字通用。郡,通作"窘"。《小雅·正月》云:"又窘陰雨。"鄭箋:"窘,仍也。"臻者,《易釋文》引《京房易》云:"水臻至臻。"亦仍也。故《廣雅》云:"仍,再也。"郡、臻二字俱從仍取義也。仍者,《春官·司几筵》云"凶事仍几"後,鄭云:"故書仍爲乃。"先鄭云:"乃,讀爲仍。"是仍、乃二字相通也。

艾、歷,相也。郭註:艾、歷,未詳。

《正義》云:艾、歷者,《方言》云:"裔、歷,相也。"裔,艾聲之轉也。《郊特牲》云:"簡其車徒,而歷其卒伍。"歷爲相閱也。

神,治也。郭註:神,未祥。

《正義》云:神者,《小雅·信南山》云:"維禹甸之。"《毛傳》:"甸,治也。"鄭註:《地官·稍人》云:"甸,讀如維禹敶之之敶。"《韓詩》甸,作"敶"。古者甸、陳聲同陳,又轉爲神,其義同也。《說文》云:"敒,理也。"理即爲治,亦以聲近義同也。

毖、神,慎也。郭註:神,未詳。

《正義》云:神者,《魯頌》云:"閟宫有侐。"鄭箋:"閟,神也。"又《說文》云:"秘,神也。"閟、秘、毖,音義同,是神即毖也。

元、良,首也。郭註:良,未聞。

《正義》云:良者,《小雅·六月》毛傳云:"元戎,先良也。"是以良爲元也。《左氏·昭元年傳》云:"良,醫也。"猶《周禮》所云"上醫"也。又《少儀》所謂

“良綏”,鄭注以爲“君綏”,君即上也。

賡、揚,續也。郭註:揚,未詳。

《正義》云:揚者,《益稷》云:“皋陶拜手稽首颺言。”《史記》作“皋陶拜手稽首揚言。”是颺即揚也。《曾子·立事篇》:“身言之後人揚之。”

猷、假,已也。郭註:猷、假,未詳。

《正義》云:猷者,《春秋·宣八年》:“壬午猷繹。”《公羊傳》云:“猷者,通可以已也。”又《春秋·文六年》云:“猶告於廟。”《穀梁傳》云:“猷之爲言,可以已也。”猶、猷,古通用。假者,《曲禮》云:“天王登假。”鄭註:“假,已也。”本或作“瑕”。《大雅·思齊》云:“烈假不瑕。”鄭箋:瑕,已也。孔疏以爲釋詁文。

求、酋、在、卒、就,終也。郭註:嗣先公爾酋矣,成就亦終也。其餘未詳。

《正義》云:求者,《地官·牛人》云“共其享牛求牛”後,鄭云:“求,終也。”終事也。《大雅·文王有聲》云:“遹求厥寧。”舊疏引下武云:“世德作求。”鄭箋:“求,終也。”在者,《左氏·昭十二傳》云“將何以在”,哀二十七年傳云“多陵人者皆不在”,皆以在爲終也。卒者,《小雅·蓼莪》云:“我獨不卒。”鄭箋:“卒,終也。”昭二十四年傳云:“以待其卒。”《衆經音義》引孫炎云:“卒,病之終也。”

釋言

葢,葢,古害反。舍人本作“害”。割裂也。郭註:葢,未詳。

《正義》云:《君奭》云:“割申勸文王之德。”鄭註《緇衣》云:“割之言,葢也。”葢、割雙聲,義存乎聲。《公羊·襄二十七年傳》云:“眜雉彼視。”何休註:“眜,割也。”眜,葢聲之轉也。又顔師古《漢書》註云:“葢,音公盍反。”

邕、支,載也。郭註:皆方俗語,亦未詳。

《正義》云:《釋文》邕字又作“擁”。舊疏引謝氏云:“邕字又作擁。”釋云:“擁者,護之載。”案《左氏·襄二十五年傳》云:“陳侯免,擁社。”謂載社主也。支與“楮”通,楮柱所以承載。

洵,龕也。郭註:未詳。

《正義》云:洵,信也。洵,又爲龕。龕,苦南反。字或作“含”,本今作“龕”也。《逸周書》祭公解云:“周克龕紹成康之業,言能信繼也。”

廩,廯廯,息淺反。也。郭註:或説云即倉廩,所未詳。

《正義》云:《説文》云:"亩,穀所振入。宗廟粢盛,倉黄亩而取之,故謂之亩。"亩,或作"廩"。《釋名》云:"廩,矜也。寶物可矜惜者,投之其中也。"《文選》註引《月令》章句云:"穀藏曰倉,米藏曰廩。"《釋文》引孫炎云:"廦,藏穀鮮絜也。"舍人云:"廦,少鮮也。"《廣雅》云:"廦,倉也。"

辟,歷也。郭註:未詳。

《正義》云:《釋詁》云:"辟,辟,婢亦反。一音壁。律法也。"律與歷聲相近。《漢書·律曆志》云"以律起歷",又云"律,法也,莫不取法焉"。辟、歷,以聲爲義也。

釋　訓

忯忯、惕惕,愛也。郭註:心焉惕惕,《韓詩》以爲悦人,故言愛也。忯忯,未詳。

《正義》云:《説文》云:"忯,忯,郭徒啓反,與"愷悌"音同。顧舍人渠支反,李余之反。《釋文》無下一小横。愛也。"《釋文》引李巡云:"忯忯,和適之愛也。"忯,本或作"㚰"。《漢書》敘傳註孟康曰:"㚰㚰惕惕,愛也。《陳風·防有鵲巢》文。"毛傳:"惕惕,猶忉忉也。"韓詩亡於宋初,今於他書無考。

萌萌,在也。郭註:萌萌,未見所出。

《正義》云:萌萌,當作"萠萠"。《説文》云:"萠,存也。"《玉篇》引《爾雅》作"萠萠",省作"悶悶"。《文子·上禮篇》:"其政悶悶,其民淳淳。"《淮南》引《老子》亦作"悶悶"。

釋　親郭註:無,闕疑。

釋　宫郭註:無,闕疑。

釋　器郭註:無,闕疑。

釋　樂

宫謂之重,商謂之敏,角謂之經,徵謂之迭,羽謂之柳。郭註:皆五音之别名,其義未詳。

《正義》云:《玉海》載徐景《安樂書》引劉歆云:"宫者,中也、君也,爲四音之綱,其聲重厚,如君之德而爲重。商者,章也、臣也,其聲敏疾,如臣之節而爲敏。角者、觸也、民也,其聲圓長,經貫清濁,如民之象而爲經。徵者,祉也、事也,其聲抑揚遞續,其音如事之緒而爲迭。羽者,宇也、物也,其聲低平掩映,自下而高,五音備成,如物之聚而爲柳也。"郭云其義未詳,蓋不取劉歆之説。案劉歆所釋宫,中也、商,章也諸義,《漢書·律曆志》取之。《白虎通義》云:"角者,躍也,陽氣動躍。徵者,止也,陽氣止。商者,張也,陰氣開張,陽氣始降也。羽者,紆也,陰氣在上,陽氣在下。宫者,容也、含也,含容四時者也。"與劉氏所釋之義大指相通。宫、商、角、徵、羽,既各有其義,則先儒所釋重、敏、經、迭、柳之義,亦不容廢矣。

《釋文》引鄭註:"《禮》云柳,聚也。"

徒鼓鍾謂之修,徒鼓磬謂之寋。郭註:未見義所出。

《正義》云:徒鼓鍾謂之修,其義未詳。徒鼓磬謂之寋,《釋文》引李巡云:"置擊衆聲寋連也。"本或作"謇"。

釋　天

歲陽,歲名。月陽,月名。郭註:自歲陽至此,其事義皆所未詳。通者故闕而不論。

太歲在甲曰閼閼,烏割反、於歇反,又於虔反。逢,符隆反。逢。

《正義》:《衆經音義》引李巡云:"萬物鋒芒欲出,擁遏未通,故曰閼逢。"《淮南·天文訓》:"寅在甲曰閼逢。"高誘註:"萬物鋒芒欲出,擁遏未通。"閼逢,《律書》作"焉逢"。

在乙曰旃蒙。

《正義》:《天文訓》云:"卯在乙曰旃蒙。"高誘註:"萬物遏蒙甲而出。"《律書》作"端蒙"。

在丙曰柔兆。

《正義》:《衆經音義》引李巡云:"言萬物皆垂枝布葉,故曰柔兆也。"孫炎云:"萬物柔婉有條兆也。"《天文訓》云:"辰在丙曰柔兆。"高誘註:"萬物皆生枝布葉。"《律書》作"游兆"。徐廣曰:"一作游桃。"

在丁曰强圉。

《正義》:《衆經音義》引李巡云:"萬物皆剛盛未通,故曰强强,本或作"彊"。圉。"孫炎曰:"萬物皮孚堅者也。"《天文訓》云:"己在丁曰强圉。"高誘註:"萬物剛盛。"《律書》作"强梧"。

在戊曰著著,直魚反、直略反,陟慮、遲慮二反。本或作"祝"字,章六反。雍。廱字又作"雍",同。本或作"黎"字,力低反。

《正義》:《天文訓》云:"午在戊曰着雍。"高誘註:"位在中央,萬物繁養四方。"《律書》作"徒惟"。

在己曰屠維。

《正義》:《天文訓》云:"未在己曰屠維。"高誘註:"屠、别、維,離也,萬物各成其性。"《律書》作"祝犁"。

在庚曰上章。

《正義》:《天文訓》云:"申在庚曰上章。"高誘註:"陰氣上升,陽氣畢生。"《律書》作"商横"。

在辛曰重重,直龍反。光。

《正義》:《天文訓》云:"酉在辛曰重光。"高誘註:"萬物就成,熟其煌煌。"《律書》作"昭陽"。

在壬曰𢆯黓。

《正義》:《天文訓》云:"戌在壬曰玄黓。"高誘註:"歲終包任萬物。"《律書》作"横艾"。

在癸曰昭陽。

《正義》:《天文訓》云:"子在癸曰昭陽。"高誘註:"陽氣始萌,萬物合生。"《律書》作"上章"。

釋 陽

太歲在寅曰攝提格。

《正義》:《史記索隱》引李巡云:"萬物承陽起,故曰攝提格。格,起也。"《天文訓》云:"太陰在寅歲,名曰攝提格。"高誘註:"格起萬物,承陽而起。"《易緯·是類謀》云:"攝提招紀。"鄭註云:"攝提招紀,天元甲寅之歲。"

在卯曰單閼。單,音丹,又音蟬,或音善。閼,於葛反,又於虔反。

《正義》:《索隱》引李巡云:"陽氣推萬物而起,故曰單閼。單,盡也。閼,止也。"《淮南》云:"太陰在卯歲,名曰單遏。"高誘註:"單盡遏止,陽氣推萬物而起,陰氣盡止。"《索隱》又引孫炎本作"蟬"焉,云蟬猶"伸"也。

在辰曰執徐。

《正義》:《索隱》引李巡云:"伏蟄之物,皆振舒而出,故曰執徐。執蟄,徐舒也。"《淮南》云:"太陰在辰歲,名曰執徐。"高誘註:"執蟄、徐舒,伏蟄之物皆散舒而出。"

在已曰大荒落。

《正義》:《淮南》云:"太陰在已,曰大荒落。"高誘註:"荒,大也。方萬物熾盛而火出,霍然落落大布散。"《索隱》引姚察之説與高誘同。大荒落,《律書》作"大芒駱",《天官書》作"大荒駱",《堂邑令費鳳碑》作"歲格",于"大巟"者省文。

在午曰敦敦,如字,韋昭音頓。牂。

《正義》云:《索隱》引孫炎云:"敦,盛;牂,壯也,言萬物盛壯。"《淮南》云:"太陰在午歲,名曰敦牂。"高誘註與孫炎同。

在未曰協洽。

《正義》:《索隱》引李巡云:"陽氣欲化萬物,故曰協洽。協和,洽合也。"《淮南》云:"太陰在未歲,名曰協洽。"高誘註:"陰欲化萬物和合。"協洽,《律書》作"叶洽",《童子逢盛碑》作"協給"。

在申曰涒灘。涒,湯昆反。灘,本或作"攤"。郭勑丹、勑旦二反。《字林》大安、化安二反。

《正義》:《衆經音義》引李巡云:"言萬物皆循精氣,故曰涒灘。灘,單盡也。"孫炎云:"涒灘,萬物吐秀傾垂之貌。"《淮南》云:"太陰在申,曰涒灘。"高誘註:"涒,大灘,循萬物皆循其精氣。"《吕氏春秋·十二紀序意篇》云:"歲在涒灘。"高誘註:"涒,大也;灘,循也。萬物皆大,循其情性也。涒灘,誇人短舌不能言,爲涒灘也。"《説文》云:"涒,食已而後吐之。"魯相韓勑造《孔廟禮器碑》作"涒歎"。

在酉曰作噩。

《正義》:噩,本或作"咢"。《律書》作"作鄂"。《索隱》引李巡云:"作咢,皆物芒枝起之貌。"《淮南》云:"太陰在酉,曰作鄂。"高誘註:"作鄂,零落也,萬物皆陊落。"《漢書·天文志》云:"在酉曰作詻。"

在戌曰閹茂。

《正義》:《索隱》引孫炎云:"萬物皆蔽冒,故曰閹茂。茂,冒也。"《淮南》云:"太陰在酉曰掩茂。"高誘註:"掩,蔽;茂,冒。萬物皆蔽冒。"閹茂,《律書》作"過茂"。

在亥曰大淵獻。

《正義》:《索隱》引孫炎云:"淵,深也。大獻萬物於深言,蓋藏之於外也。"《淮南》云:"太陰在亥,曰大淵獻。"高誘註:"淵,藏;獻,迎。萬物終在亥,大小深藏窟伏以迎陽。"

在子曰困敦。敦,都鈍反。

《正義》:《索隱》引孫炎云:"困敦,混沌也。言萬物初萌,混沌於黄泉之下也。"《淮南》云:"太陰在子歲,名曰困敦。"高誘註:"困敦,混沌,陽氣皆混沌,萬物牙蘖。"

在丑曰赤奮若。

《正義》:《索隱》引李巡云:"陽氣奮迅,萬物而起,無不若其性,故曰赤奮若。若,順也。"《淮南》云:"太陰在丑歲,名曰赤奮若。"高誘註:"奮,起;若,順也。陽奮物而起,無不順其性。"赤,陽色。《律書》作"汭漢",歲名。

月在甲曰畢,在乙曰橘,在丙曰修,在丁曰圉,在戊曰厲,在己曰則,在庚曰室,在辛曰塞,在壬日終,在癸曰極。

《正義》:《史記·曆書》云:"年名焉逢,攝提格,月名畢聚。"《索隱》云:"聚,音陬。"是也。又引僖公云:"月雄在畢,雌在訾。"訾則娵訾之宿,洪邁以爲虞喜之説。字誤作"僖公"。案虞喜以陬爲娵訾之星,非也。《唐書·曆志》引《洪範》傳云:"曆紀始於顓頊上元太始,閼蒙攝提格歲,畢陬之月,朔日己巳。"是以畢陬爲月名,其來古矣。畢、橘諸義未詳。

月 陽

正月爲陬。郭註:《離騷》云:"攝提貞於孟陬。"

二月爲如,三月爲寎,四月爲余。

《正義》:如、寎,義未詳。《釋文》云:"寎,本或作窉。"余者,《詩》疏引李巡云:"四月萬物皆生枝布葉故曰余。余,舒也。"孫炎云:"物之枝葉發舒。"《釋文》云:"孫本作舒。"案《小雅·小明》云:"日月方除。"毛傳:"除,除舊生新也。"鄭箋:"四月爲除。"是余本又作"除"。

五月爲皐,六月爲且,七月爲相,八月爲壯,九月爲玄。郭註:《國語》云:"至於玄月"是也。

《正義》:皐、且、相、壯,義俱未詳。玄者,《詩》疏引李巡云:"九月萬物革盡,陰氣侵寒,其色皆黑。"孫炎云:"物衰而色玄也。"

十月爲陽。郭註:純陰用事嫌於無陽,故以名云。

十一月辜,十二月涂。

《正義》:辜,義未詳。《秋官》硩蔟氏以方書“十有二月之號”。鄭註:“月謂從娵至荼。娵、陬、荼、涂,俱假借字。”

月名

夏曰復昨。郭註:未見義所出。

《正義》:《詩》箋及何休《公羊註》引《爾雅》俱無此句。徐彦疏云:“諸家《爾雅》悉無此言,郭本有之。”賈公彦云:“復昨者,復昨日之胙祭。”楊士勛云:“謂之復昨者,復前日之禮也。”《釋文》云:“昨,本又作祚,亦作胙,福也;胙,祭肉也,義竝同。”

釋地

陵莫大於加陵。郭註:今所在未聞。

《正義》:《風俗通義》云:“《國語》:周單子會晉厲公於加陵。”《爾雅》曰陵莫大於加陵,言其獨高厲也。陵有天性自然者。”案今《國語》無此文。《淮南·人間訓》亦云:“晉厲公之合諸侯於嘉陵。”加、柯,聲相近,加陵即柯陵也。《春秋·成十七年》:“同盟於柯陵。”杜註:“柯陵,鄭西地。”《周語》云:“柯陵之會。”韋註:“柯陵,鄭國地名。”

釋邱

天下有名邱五,其三在河南,其二在河北。郭註:説者多以州黎宛營爲河南,潛敦爲河北者。案此方稱天下之名邱。恐此諸邱碌碌未足用當之,殆自别更有魁梧桀大者五,但未詳其名號今所在耳。

《正義》:以州黎宛營爲河南,潛敦爲河北,蓋漢以來之舊説。郭不從者,以《爾雅》於陳有宛邱,以下始據地望言之。營邱、敦邱,《爾雅》衹釋其形狀,未可專指一處。又據當時目驗諸邱形狀,不足以當魁梧桀大之稱,故從闕疑。

釋山

釋水

徒駭,郭註:今在成平縣,義所未聞。

《正義》:《書》疏引李巡云:"徒駭者,禹疏九河以徒衆起,故曰徒駭。"孫炎云:"徒駭,禹疏九河用功雖廣,衆懼不成,故曰徒駭。"

太史。郭註:今所在未詳。

《正義》:《書》疏引李巡云:"太史,禹大使徒衆通其水道,故曰太史。"《詩》疏引孫炎云:"太史者,大史徒衆,故依名云。"《釋文》引"或云太史者,史官記事之處。"《導河書》云:"太史在德州安德縣東南,經滄州臨津縣西。"未之詳也。

馬頰。郭註:河勢上廣下狹,狀如馬頰。

《正義》:《通典》云:"馬頰在平原郡界。"《元和郡縣志》云:"德州安德縣馬頰河在縣南五十里,平昌縣馬頰河在縣南十里。"

覆鬴。郭註:水中可居,往往而有狀如覆釜。

《正義》:《通典》云:"覆釜在平原郡界。"《導河書》云:"覆釜在永静軍阜城縣東,經東光縣西北。"

胡蘇。郭註:東光縣今有胡蘇亭,其義未詳。

《正義》:《詩》疏引李巡云:"胡蘇者,其水下流,故曰胡蘇。胡,下也。蘇,流也。"孫炎云:"胡蘇者,水流多散胡蘇然。"顔師古云:"胡蘇,下流急疾之貌也。"

簡。郭註:水道簡易。

《正義》:《史記·正義》云:"簡在貝州歷亭縣界。"

絜。郭註:水多約絜。

《正義》:《輿地廣記》云:"簡絜在臨津。"《金史·地理志》:"南皮縣有潔河。"

鈎般。郭註:水曲如鈎,流般桓也。

《正義》:《釋文》云:"李本作股,云水曲如鈎,折如人股,故曰鈎股。"陸氏所見李巡本與《書》疏異。《釋文》引郭氏音義云:"鬲、般,仲秋下旬碑"股桓"。案古"盤"字皆作"般",與"股"同,《九經古義》據此。則李本作"股",或即"股"字傳寫之訛。今皆爲縣,屬平原郡。"案《漢書·地理志》:"平原郡般縣。"顔師古註引《爾雅》郭註爲證。《通典》云:"鈎盤在景城郡。"《元和郡縣志》:"棣州陽信縣鈎盤河經縣北四十里。"《太平寰宇記》:"滄州樂陵縣鈎盤河在縣東南五十里。"

鬲津。郭註:水多阨狹,可隔以爲津而横渡。

《正義》:《漢書·地理志》:"平原郡鬲縣,平當以爲鬲津。"《詩》疏云:"徒駭是九河之最北者，鬲津是九河之最南者。"《爾雅》之文從北而説也。太史、馬頰、鉤盤，文在胡蘇之上，則三者在成平之南、東光之北也。簡絜、覆釜，文在胡蘇之下，則三者在東光之南、鬲縣之北也。按九河次第，《詩》疏以鉤盤列第四，覆釜列第八，陸氏《釋文》以覆鬴列第四，鉤盤列第八，所見本異也。鬲縣故城在今德州北。

釋 草

蓤蓤，悦轉反，又古本反。雀弁。郭註：未詳。

《正義》下文云：莔、藚，陸璣疏云："一名爵弁。"爵與雀，古通用。詳見下。陸疏云："河東、漢中謂之藚，幽、兗謂之燕藚，一名爵弁。"

蘾、蘾，户怪反。烏蕵、蕵，西存反。蕍、菟荄、蘩、菟奚。郭註：皆未詳。

《正義》：蘾，一名烏蕵。下文又云澤烏蘾，形狀所未詳也。蕍，蕍，音練。一名菟菟音兔。荄。荄，古來反，一音皆。《説文》云："蕍，白蘞也。"或作蘞。《繫傳》云："《本草》白蘞，藥也，一名兔荄。藤生，根似天門冬，一株下有十許。"案《唐風·葛生》云："蘞蔓於野。"毛傳："蘞生蔓於野。"疏引陸璣疏云："蘞似栝樓，葉盛而細，其子正黑如燕薁，不可食也。幽州人謂之烏服，其莖葉煮以哺牛除熱。"是也。蘩，一名菟奚，下文云菟奚。奚，音兮。顆涷，即款冬也。詳見下。

蘬、懷羊。郭註：未詳。

《正義》：蘬，蘬，胡罪反。一名懷羊。《西京賦》云："戎葵懷羊。"其形狀未詳。《玉篇》"蒐"作"蘬"。

葟、葟，耻力反。藋。郭註：未詳。

《正義》：《釋文》引《聲類》云："葟藋，苗茵，詳由反。芝也。"是葟藋，一名茵芝。郭以葟藋爲未詳，是茵一名芝也。

經、履。郭註：未詳。案此條《正義》亦闕。

葋、艼熒。葋，求於反。艼，天頂反、天丁反。熒，音迴，又音瑩。郭註：未詳。

《正義》：葋，《説文》作"朐熒"，《玉篇》作"熒"。《中山經》云："熊耳之山有草焉，其狀如蘇而赤華，名曰葶薴，可以毒魚。"葶薴，疑即艼熒，聲相近也。

蓧、蓨。蓧，他彫反。蓨，他的反。郭注：未詳。

《正義》：蓧與蓨古通用。《史記·周勃世家》："封爲條侯。"表作"蓨侯"。《漢書·地理志》："信都國脩縣。"脩，音條。《括地志》作"蓨"，是也。下文云

“苗蓨”。《玉篇》以蓧、苗、蓨三字轉相訓，是苗即蓧也。苗、蓧古音相近。《易》云：“其欲逐逐。”《漢書》叙傳作“其欲攸攸”是也。《管子·地員篇》：“其草宜苹蓨。”蓨，一名“蓫”。《小雅·我行其野》云：“言采其蓫。”《齊民要術》引《詩義疏》云：“今羊蹄似蘆菔，莖赤，煮爲茹，滑而不美，多噉令人下痢。揚州謂之羊蹄，幽州謂之蓫，一名蓨，亦食之。”《詩釋文》云：“蓫，本又作蓄。《本草》云：羊蹄，一名蓄。”陶註云：“今人呼爲秃菜，即蓄字音訛也。”

蘩、蘮。蘩，居肇反。蘮，音伐。郭注：未詳。

《正義》：蘩，《類篇》作“蹇”，草名蘮也。《釋文》：“本亦作搴罰。”

薜、庾薜，布麥反。庾，或作“蒝”，羊主反，又音庾。草。郭註：未詳。案《正義》此條亦缺。

蘢、天蘥、須、葑蓯。葑，方孔反。蓯，音總。郭注：未詳。

《正義》：《鄭風·山有喬松》云：“隰有游龍。”《鄘風·桑中》云：“爰采葑矣。”此釋之也。蘢，一名天蘥。《管子·地員篇》：“其山之淺，有蘢與斥。”尹知章註以蘢爲草名也。下文云“紅，蘢古，其大者蘬。”廣其名也。詳見下文“須”。葑蓯者，《詩》疏引孫炎云：“須，一名葑蓯，即下文所謂須，蕵蕪也。葑，通作蘴。”《方言》云：“蘴蕘，蕪菁也。陳楚之間謂之蘴，齊魯之郊謂之蕘，關之東西謂之蕪菁，趙魏之郊謂之大芥。其小者謂之辛芥，或謂之幽芥。”《詩》疏引陸璣疏云：“葑，又謂之蓯。吴人謂葑蓯、蔓青，幽州人或謂之芥。”案《鄘風》鄭箋云：“葑，蔓菁也。”《坊記》注云：“葑，蔓菁也。陳宋之間謂之葑。”《太平御覽》引《爾雅》舊註云：“江東呼蕪菁爲菘。”菘、須聲相近，是須即蕪菁，一名蔓菁也。《本草·别録》有“蔓青”。陳藏器云：“蕪菁，北人名蔓菁。今并汾、河朔間燒食其根，呼爲蕪根，猶是蕪菁之號蕪菁，南北之通稱也。塞北、河西種者名九葉，蔓菁亦曰九英菘。”郭氏下註云：“似羊蹄，葉細味酢，可食。”亦指蔓菁言之也。

蔨荶、止。郭註：未詳。濼、貫衆。衆，音終。郭註：葉圓，鋭莖，毛黑，布地，冬不死。一名貫渠，《廣雅》云“貫節”。

《正義》：别三名也。貫衆，一名蔨荶，一名止濼。《釋文》引《本草》云“貫衆，一名蔨荶”，是也。郭氏以蔨荶、止爲未詳。濼，一名貫衆，師讀不同故也。

薜、牡蘩。郭註：未詳。

《正義》：《説文》云：“薜，壯贊也。”《釋文》：本贊作“蘩”。

苗、蓨。郭註：未詳。

·《正義》:即上文所謂"蓧蓨"也。詳見上。

蘵、蘵,息廉、子廉二反。百足。郭註:未詳。

《正義》:《説文》以蘵爲山韭,此云百足,蓋異種而同名也。

垂、比葉。郭註:未詳。案此條《正義》亦闕。

困、衱袶。衱,居業反。袶,音絳,又蒲空反。本今作"絳"。郭註:未詳。

《正義》:袶,今本作"袶"。《釋文》云:"本今作袶。"《廣韻》引《爾雅》作"衱袶"。

葞、蔜,葞,音米。蔜,五刀反。樊本作"葞蔜麥"。郭註:未聞。

《正義》:閻若璩云:"《爾雅》以蔜釋葞,即上文之蔆蔓也。"案《玉篇》云:"蔜,葞子菜。"而蔆蔓亦名滋菜,是一物也。

茈、茈,豬葉反,又阻留反。字又作"菆"。小葉。郭註:未聞。

《正義》:《釋文》云:"茈,本或作菆。"《説文》云:"菆,麻蒸也。"《管子·地員篇》謂麻之細者如蒸。細即小也。菆爲小葉之麻,所以别於山麻也。

枹、枹,音包。霍首、素素,蘇故反,又作"索"。華、軌鬷。鬷,子工反,又音總。郭註:皆未詳。

《正義》:枹,通作"苞"。如《詩》:"苞有三蘖。"《玉篇》引作"枹有三枿",是也。《説文》云:"苞,艸也。南陽以爲麤履。"《廣韻》云:"素華,一名軌鬷,其形狀未詳。"

姚莖、涂薺。郭註:未詳。按此條《正義》亦闕。

繁由胡。郭注:未詳。

《正義》:《夏小正》云:"繁由胡者,繁母也。"即上文"皤蒿",詳見上。

芫、芫,亦作"芫"。東蠡。蠡,音禮。郭註:未詳。

《正義》:《西京賦》云:"薇蕨荔芫。"《集韻》云:"芫,草名,葉似蒲,叢生,未聞其審。"

搴、柜朐。柜,音巨。朐,巨俱反。郭註:未聞。按此條《正義》亦闕。

蕈、荂、荼。郭註:即"芀"。猋、藨、藨,《釋文》作"藨"。芀。郭註:皆芀、荼之别名,方俗異語所未聞。

《正義》:此釋荼與芀之别名也。荼者,茅秀也。《地官》有掌荼下士,"掌以時聚荼。"《考工記》:"鱸人之事,望而眡之,欲其荼白也。"《既夕禮》云:"茵著用荼。"《鄭風》云"有女如荼",吴語云"望之如荼",註皆以爲草秀也。草秀色白,故言白者多取象焉。《夏小正》云:"荼,雚葦之秀。"顔師古《漢書》註云:"荼者,今俗所謂蒹錐也。"又引應劭註,以荼爲野菅,蓋由蒹錐案蒹錐,吾鄉謂之葦錐。亦色白。菅爲草類,以其色白,故並稱荼矣。《説文》、《繫傳》云:"荼,草秀也。"《荆楚歲時記》引犍爲舍人曰"杏華"。如荼可種白沙,亦以荼爲色之白者也。又謂之"藁",又謂之"荂",聲之遞轉也。芀者,芾類之秀,又謂之"猋",又謂之"蔍",皆聲轉也。《廣韵》云:"蔍,萑葦秀。"

蘛、芛、蘛,羊米反。芛,郭音豬,羊無反,顧羊述反,謝私尹反。樊本作"葦"。葟、華榮。郭註:《釋言》云:"華,皇也。"今俗呼草木華初生者爲芛,音豬豬之豬。蘛猶敷蘛,亦華之貌,所未聞。

《正義》:《説文》云:"芛,艸之皇榮也。"華,榮也。蘛通作"敷"。《説卦》傳王甫本云:"震爲敷。"《六書故》引王肅註云:"華之通名鋪,爲華貌,謂之蘛。"是蘛、芛、葟、華、榮五字轉相訓也。郭氏《釋言》註引此文互相證明也。芛,讀如豬豬之豬。蘛猶敷蘛者,劉逵《吴都賦》註云:"敷蘛,華開貌。"李善云:"蘛與蘛,同庾俱切。"

櫰、櫰,俱縛反。橐含。郭註:未詳。

《正義》:橐含一名"櫰"。案上文烏階釋"櫰",《釋文》此亦作"櫰"。疑櫰字誤,或通用,俟考。上文烏階亦名"櫰",郭註以爲染草也。鄭註典染草有"橐盧",疑鄭君所見本異。橐含,當作"橐盧",即烏階也。

釋 木

髡、梱。梱,五門反。郭註:未詳。

《正義》:《説文》云:"梱,梡木未析也。梡,梱木薪也。"梱,當作"梱"。《趙策》云:"爲木材以接手,狀如振梱。"是其狀也。

椶、柜柳。椶,音袁,又于眷反。柜音巨,又音舉。柳音邛,又作"柳"。郭註:未詳。或曰:柳當爲"柳"。柜柳似柳皮,可以煮作飲。

《正義》:椶,一名柜柳。《説文》云:"柳,椶柳木也。"《繫傳》引《爾雅》:"椶,柜柳之名。"不見於它書,故郭云未詳。或曰柳當爲"柳",存異説也。《玉篇》云:"柳,柜柳。"與或説同。柜柳,後世謂之"欅柳",葉似樗而狹長,大者高數丈,皮麤厚。今山中采茗者或雜柳葉以眩人,欅柳亦其一也。監本脱"以"字,今從宋本。

狄、臧槔、槔,音羔。貢、綦。郭註:皆未詳。

《正義》:《玉篇》云:"楸,臧槔也。"《釋文》引舍人本槔作"皐",樊光本作

“梏”。案《説文》云：“梏，木也。讀若皓。”貢、綦無考。監本臧作“藏”。

朻朻，音糾，居幽反，又音皎。者聊。郭註：未詳。

《正義》：聊，《玉篇》作“栁”，云木名也。朻，本誤作“科”。

櫰、黄英、輔、小木。郭註：櫰、輔皆未詳。

《正義》：《説文》云：“櫰，黄華木。”《玉篇》以爲“黄英木”。按《釋草》云：“櫰，黄華。”草木之華有相似也。輔者，《鄭風·山有扶蘇》毛傳云：“扶蘇，扶胥，小木。”輔爲扶、胥之合聲。《小雅·正月》云：“無棄爾輔。”言任載之車旁，輔之小木也。

楊徹、齊棗。郭註：未詳。

煮、填填，音田。本或作“顛”同。棗。郭註：未詳。

正義：齊棗，一名楊徹。《釋文》云：“徹，本或作橵。填棗，一名煮。”

柷柷，章六反，本今作“祝”。州木、髦柔英。郭註：皆未詳。

《正義》：柷，本亦作“祝”。祝、州，古音通見。《春秋傳》、《玉篇》作“椨”，木名也。《齊民要術》引《南方記》云：“州樹野生三月，花色仍連著實。五月熟，剥核，滋味甜，出武平州，樹即州木矣。”髦，一名柔英，未詳。《廣韵》連引“髦柔英”於“柷”字下，非也。

釋　蟲

諸慮、慮，音驢，又力攄反。奚相。相，音葙，又息亮反。郭註：未詳。

《正義》：《釋文》云：“慮，本或作蠦。相，舍人本作桑。”案“奚桑”次於“蠶桑”，蓋以類相從者矣。或以諸慮爲“蚊”，非也。

不蜩、王蚁。蚁，音甫。郭註：未詳。

《正義》：《玉篇》以蚁爲“蟾蠩”，謂之“不蜩”，所未詳也。

莫貈、莫，本或作“蟇”，同武博反。貈，本或作“貉”，户各反。蟷蜋、蛑。郭註：蟷蜋有斧蟲，江東呼爲石蜋。孫叔然以《方言》説，此義亦不了。

《正義》：孫叔然以《方言》説，此義亦不了者，《方言》云：“螳蜋謂之髦，或謂之虰，或謂之蝆蝆。”孫叔然據《方言》，此文取下文“虰”字上屬，郭氏所不從也。《説文》作“丁蛵、負勞”，則“虰”字不應上屬矣。

傅、負版。版，亦作“蝂”。郭註：未詳。

《正義》：傅，一名負版。柳宗元《蝜蝂傳》云：“蝜蝂者，善負小蟲也。行遇物輒持取，昂其首負之，背逾重，雖困劇不止也。其背甚澀，物積因不散，卒躓仆不能起。人或憐之,爲去其負。苟能行,又持取如故。又好上高,極其力不止,至墮地死。"案宗元所説似寓言,然負重之蟲,所在有之,特未聞有"負版"之名耳。《玉篇》云:"蝂,蟦蝜也。"則當云"傅負",一名"蝂"。

蛶、螪何。蛶,本或作"捋",音劣,又力活反,螪,失羊反。《字林》之亦反。何本或作"蚵",音訶。郭註:未詳。

《正義》:蛶,一名螪何,《説文》作"商何"。《玉篇》作"蛶,螪蚵也。"又云"蚵蠪"。蝪蜥,《集韵》引《爾雅》:"蛶,螪何。"以爲蝪蜥之類也。

蛜威、委黍。郭註:舊説鼠婦别名,然所未詳。

《正義》:《詩》疏引舍人云:"伊威,名委黍。"案《説文》云:"委黍,鼠婦。"是委黍爲鼠婦别名,無可疑也。上文云"蟠鼠"。負,詳見上。

蛭蝚、蛭,豬秩反,又徒結反。蝚,如由反。至掌。郭註:未詳。

《正義》:《本草》云:"水蛭,一名至掌。"是蛭蝚,即《釋魚》所謂"蛭蟣"也。蛭爲水族,而互見於《釋蟲》者,蛭之類有草蛭,在深山草中;有石蛭,生石上;有泥蛭,生泥中,是爲蟲類。《論衡·商蟲篇》云:"下地之澤,其蟲曰蛭。"蛭食人足,亦以蛭爲蟲也。詳見《釋魚》。

密肌、繼英。郭註:未詳。

《正義》:繼英,《玉篇》作"蠿蝧",謂之密肌,未詳。

釋 魚

鮤、鯠。鮤,力兮反,又音棃。鯠,音來,《字林》作"鯠",音七。郭註:未詳。

《正義》:《廣雅》云"魾鮤",《釋文》引《埤蒼》云:"鮤,鯠魾也。"則與上文"魾"字連屬。魴、魾上文。然魾自爲"魴",不聞魴名鮤鯠也。《廣雅》以鯠爲"鰻",更無所據。全祖望云:"即鰣魚也。"案鮤與"鰣",今音相通。鰣音近鯠,全説爲得之。今鰣魚似魴而長,色白味腴,肉多細刺,與郭氏釋"當魱"之形狀相合,是當魱即鰣魚之大者矣。《類篇》云:"其生有時,吴人以爲珍。"

蜪蚅。蜪,徒刀反。蚅,於革反。郭註:未詳。案此條《正義》亦闕。

釋 鳥

鶅、鵵鶅,側其、側事二反。鵵,他故反,本亦作"兔"同。軌。郭註:未詳。

《正義》:此與東方之雉同名而殊類也。

輿、鵛鷋。輿,音餘,樊、孫本作"鸒"。鵛,古形反,本亦作"徑"。鷋,音徒。郭註:未詳。

案《釋文》作"輿"。

《正義》:《玉篇》云:"鸒、鵛鷋,又云鷋鳩也。"鳩鷋,鳥喙蛇尾也。《廣雅》以鵛爲怪鳥。

鸐、齒艾。郭註:未詳。案此條《正義》亦闕。

密肌、繫英。郭註:《釋蟲》已有此名,疑誤重。

《正義》:《釋文》:"本密作鶓,英作鶧。"郭疑爲重出,則郭本不從鳥。《玉篇》云:"鶓肌、繼鶧,鳥名。"又云:"鷂,鳥名,鳥似鵲。"密、峃,古通用,蓋《爾雅》家之舊説也。

鶛、劉鶛,音皆,又音界。劉,或作"留"。疾。郭註:未詳。

《正義》:鶉之雄者亦名鶛,故《玉篇》云鶛,鶬鶉也。劉疾,其同名而異類者與?

鴩、餔枝。鴩,大結反,《説文》音吐節反,本今作"鴩"。餔,音步,字或作"鵏"。豉,如字,本今作"敊"。郭註:未詳。案《釋文》作"鴩,餔豉"。

《正義》:《説文》作"鴩,鋪豉。"《玉篇》云:"鴩,鋪豉鳥。"

鸕、諸雉。郭註:未詳,或云即今雉。

《正義》:《説文》釋雉有十四種,其一曰"盧諸雉"。張揖《上林賦》註云:"鸕,白雉也。"

釋　獸

闕洩、多狃。郭註:説者云脚饒,指未詳。

《正義》:《釋文》云:"𠘧,《字林》或作狃。"𠘧爲脚指跡也。闕洩,未詳。

鼭鼭,音時。鼠。郭註:未詳。案此條《正義》亦闕。

鼣鼣,字或作"鼥",符廢反。鼠。郭註:《山海經·説獸》云"狀如鼣鼠",然形則未詳。

《正義》:《釋文》引舍人云:"其鳴如犬也。"《中山經》云:"倚帝山有獸焉,其狀如鼣鼠,白耳白喙,名曰狙如。"郭氏彼註云:"《爾雅》説鼠有十三種,中有此鼠,形所未詳也。"

鼤鼤,音問,又音文。鼠、鼨鼨,音終,又徒冬反。《説文》、《字林》皆云豹文鼠也。鼠。郭註:皆未詳。

《正義》:《玉篇》云"鼤,斑毛鼠",《説文》云"鼨,豹文鼠也",與郭氏異。

釋 畜

犑犑,古閴反。牛。郭註:未詳。按此條《正義》亦闕。

邵氏晉涵《爾雅正義》據唐石經暨宋槧本及諸書所徵引者審定經文,增校郭註,仿唐人正義。其序云:"郭氏體崇矜慎,義有幽隱,或之未詳。今考齊魯韓《詩》、高融、鄭康成之《易》註、《書》註,以及諸經舊説,會粹羣書,尚存梗概,取證雅訓,辭意瞭然。其跡涉疑似,仍闕而不論;確有據者,補所未備。附尺壤於崇邱,勉千慮之一得,所以存古義也。"

道光十一年歲次辛卯夏六月寯藻手録。

歷代循吏紀事卷一

漢

文翁廬江舒人。少好學,通《春秋》。以郡縣吏察舉,景帝末爲蜀郡守。

表率諸生唱蜀中,西南教化起文翁。翁每出行縣,益從學官、諸生、明經,飭行者與俱,使傳教令,吏民見而榮之。京師受業何嫌陋,縣吏窮經亦號通。文翁見蜀地僻陋,欲誘進之,乃選郡縣小吏開敏有材者,遣詣京師受業博士。尋得孔顔真樂處,直追齊魯大儒風。是時,蜀地學於京師者比齊魯。又修學宫於成都市中,爲石室祀孔子,以顔、曾以下高弟配享。後世文廟從祀延及諸儒,其原皆自文翁發之。家絃户誦沿流遠,所在州城立學宫。至武帝時,乃令天下郡縣皆立學校官,自文翁爲之始。

龔遂字少卿,山陽南平陽人。以明經爲官,至昌邑郎中令,宣帝時爲渤海太守。

無知赤子迫飢寒,捕逐紛紛亦太殘。遂謂民困於飢寒,而吏不恤,故使陛下赤子盗弄陛下之兵於潢池耳。於是乘傳至渤海界,勑屬縣悉罷捕逐盗賊吏。治亂如繩休欲速,去奢還本乃能安。遂謂治亂民猶治亂繩,不可急也。惟緩之,然後可治。又見齊俗奢侈,好末技,不田作,迺躬率以儉約,勸民務農桑。鉤鉏自是田間樂,刀劍何須壁上觀。遂初至渤海,謂諸持鉤鉏者皆良民,吏毋得問,持兵者乃爲盗賊。盗賊聞教令,即時解散,棄兵弩而持鉤鉏。又見民有帶持刀劍者,使賣劍買牛,賣刀買犢,曰:“何爲帶牛佩犢?”長者之言誠善對,老臣權作水衡官。數年,上遣使者徵遂,議曹王生曰:“天子即問君何以治渤海? 宜曰皆聖主之德,非小臣之力也。”遂如所言,上笑曰:“安得長者之言而稱之。”以遂年老不任公卿,拜爲水衡都尉,議曹王生爲水衡丞,以褒顯遂。水衡典上林禁苑,共張宫館,爲宗廟取牲,官職親近,上甚重之。

黄霸字次公,淮陽陽夏人。少學律令,喜爲吏,武帝末以待詔補侍郎謁者,後爲河南太守丞。宣帝即位,召爲廷尉正,旋擢揚州刺史,三歲調潁川太守。前後凡八年,治爲天下第一。五鳳三年代丙吉爲丞相。甘露三年卒,謚曰定侯。

紛紛酷吏喜鉤連,獨用寬和治潁川。昭帝立,霍光以刑罰痛繩群下,繇是俗尚嚴酷,而霸獨用寬和爲名。務在成全多體恤,力行教化以身先。霸力行教化而後誅罰,務在成就全安長吏。夏侯議詔誠當舉,張敞彈詞未必然。霸爲廷尉正,坐長史少府夏侯勝非議詔書,霸不舉劾,皆下廷尉。爲丞相時,京兆尹張敞舍鶡雀飛集丞相府,霸以爲神雀,議欲以聞,敞奏霸仁厚有知略,微信奇怪也。按敞以務虚名奏霸,先儒方孝孺曾辨之。帝曰賢人君子矣,雖無相業亦流傳。天子以霸治行終長者,下詔稱揚曰:“潁川太守霸,宣布詔令,百姓向化,可謂賢人君子矣。”及爲丞相,號令風采不及丙、魏、于定國,功名損於治郡時。

朱邑字仲卿,廬江舒人。少爲舒桐鄉嗇夫,遷補太守卒史,舉賢良爲大司農丞,遷北海太守。以治行第一,入爲大司農。神爵元年卒。

淑人君子詔書揚,留得芳名四字香。邑卒後,天子下詔稱揚曰:"大司農邑廉潔守節,退食自公,亡疆外之交,束脩之餽,可謂淑人君子。"衹爲廉平多長厚,旋因公正舉賢良。邑爲嗇夫,廉平不苛,所部吏民愛敬焉。入爲大司農,篤於故舊,然性公正,不可干以私,天子器之。禄分九族皆郇黍,恩庇群黎似召棠。邑身爲列卿,居處儉節,禄賜以共九族鄉黨,家無餘財。先是爲嗇夫時,存問耆老孤寡,遇之有恩。所部吏民皆愛敬,至今立廟祀桐鄉。邑病且死,屬其子曰:"我故爲桐鄉吏,其民愛我,必葬我桐鄉,後世子孫奉嘗我,不如桐鄉民。"及死,葬之桐鄉西郭外,民果爲邑起冢立祠,歲時祠祭不絶。

召信臣字翁卿,九江壽春人。以明經甲科爲郎,出補陽穀長。舉高第,遷上蔡長。超爲零陵太守,病歸。復徵爲諫大夫,遷南陽太守,又遷河南太守。竟寧中徵爲少府,年老卒官。

千阡百陌費經營,出舍田郊力勸耕。信臣好爲民興利,務在富之,躬勸耕農,出入阡陌,止舍離鄉亭,稀有安居時。度地通渠資溉灌,立碑均水息分爭。信臣行視郡中水泉,開通溝瀆,起水門、提閼凡數十處,以廣溉灌。又爲民作均水約束,刻石立於田畔,以防分爭。人心每戒繁華甚,户口多從儉樸生。信臣在南陽,禁止嫁娶送終奢靡,務出於儉約。其化大行,郡中人莫不力田,百姓歸之,户口倍增。所在吏民呼召父,鄉賢名宦兩祠榮。信臣在南陽,吏民親愛,號曰"召父"。元始四年,詔祀百辟卿士有益於民者,蜀郡以文翁、九江以召父應詔。歲時二千石率官屬祠信臣冢,而南陽亦爲立祠。按九江即今之鄉賢祠,南陽即今之名宦祠。

尹翁歸字子況,河東平陽人。爲獄小吏,曉習文法,喜擊劍,人莫能當。會田延年爲河東太守,徙署督郵。後舉廉爲弘農都尉,徵拜東海太守,以高第入守右扶風。元康四年卒。

温良謙退語言歡,法急豪强弗少寬。翁歸温良謙退,不以行能驕人,至其治盗,則緩於小弱,急於豪强。捕盗何須衣是識,案名衹向籍中看。翁歸在東海,郡中賢不肖及奸邪罪名盡知之,縣縣各有記籍,收取黠吏豪民,案致其罪,以一警百,吏民皆改行自新。後在右扶風,亦縣縣有籍。延年自謂無能及,定國纔知不可干。延年悉召故吏親臨見,令有文者東,有武者西,閲至翁歸,伏不起,曰:"翁歸文武兼備,唯所施設。"延年召問,甚奇其對,自以能不及。又翁歸將往東海,過辭于定國,定國欲屬邑子兩人,及與翁歸語終日,不敢見其邑子,既去,乃謂邑子曰:"此賢將,汝不任事,又不可干以私。"三子皆才爲郡守,一門循吏慶彈冠。翁歸三子皆爲郡守,少子岑,歷位九卿。

韓延壽字長公,燕人也。徙杜陵,少爲郡文學。霍光擢爲諫大夫,遷淮陽太守,徙潁川。數年,徙爲東都太守,爲天下最,入守左馮翊。後與蕭望之相攻訐,不直,遂棄市。

長公教化似文翁,學校規模更覺隆。論者謂文翁於蜀,不過獵其英而咀其華,延壽考行古禮,與民爲讓,彬彬乎三代之遺。未見鸞旂歌茷茷,儼聞鼉鼓奏逢逢。延壽修治學宫,春秋鄉射,陳鐘鼓管絃,盛升降揖讓,及都試講武,設斧鉞旌旗,習射御之事。求賢待用無虚日,立法皆行有古風。延壽所至,必聘其賢士,以禮待用。又與民議定嫁娶喪祭儀品,略依古禮,不得過法,百姓遵用其教。前此潁川多告訐,誰將禮讓示寬洪。先是,趙廣漢爲太守,患其俗多朋黨,令相告訐。延壽欲改之,故教以禮讓。

張敞字子高,本河東平陽人,祖父孺徙茂陵,敞又徙杜陵。曾擢豫州刺史,宣帝徵爲大中大夫,復出爲函谷關都尉。會膠東盜起,徵爲膠東相。入守京兆尹,坐事免,後復拜爲冀州刺史。

春秋大義守殘編,經術猶能自保全。敞發伏禁姦不如趙廣漢,然敞本治《春秋》,以經術自輔,不純用誅罰,以此能自全。面責豪酋皆効力,指揮掾吏各爭先。敞在膠東,明設購賞,吏追捕有功,上名尚書,調補縣令者數十人,由是盜賊解散。衣裾有識安京兆,囊橐窮搜到廣川。敞在京尹,廉得偷盜酋長數人,召見責問,因貰其罪,署以爲吏,遣歸休。置酒,小偷悉來賀,且飲醉。偷長以赭汙其衣裾,吏坐里閭,一日捕得數百人,由是桴鼓稀鳴。後在冀州,廣川王姬昆弟,及王同族劉調等,通行爲盜囊橐。吏追捕窮窘,縱迹皆入王宮。敞搜索得之,皆捕格斷頭,懸王宮門外。可惜子高方略在,至今徒以畫眉傳。敞爲京兆,朝廷每有大議,引古今,處便宜,公卿皆服,天子數從之。然無威儀,又爲婦畫眉,故終不得大用。

王尊字子贛,涿郡高陽人。初元中遷虢令,轉守槐里,兼行美陽令事,後擢安定太守,遷東平相。南山盜起,徵爲諫大夫,行京兆尹事,遷光禄大夫,坐事免。後復遷爲東郡太守,卒於官。

乍賢乍佞一王尊,三老同聲爲雪冤。尊爲京兆尹,御史大夫奏尊暴虐不改,外爲大言,不宜備位九卿,尊免。湖三老公乘興等上書訟曰:"尊以京師廢亂,起家爲卿,賊亂既除,即以佞巧廢黜。一尊之身,乍賢乍佞,豈不甚哉?"書奏,天子復以尊爲徐州刺史。面敕功曹皆自勉,身當水患不知奔。尊在安定,告屬縣曰:"願諸卿勉力,正身以率下。"又敕掾功曹各自砥礪,助太守爲治。後在東郡,河浸瓠子金隄,吏民皆奔,尊止宿隄上不動,而水波稍卻迴還。牧羊有志還勤學,叱馭爲忠豈大言。尊少孤,諸父使牧羊澤中。尊竊學問,能史書。又師事郡文學官,治《尚書》、《論語》,略通大義。爲益州刺史,行至邛郲九折阪,問曰:"此非王陽所畏道耶?"吏對曰:"是。"尊叱其馭曰:"驅之。"王陽爲孝子,王尊爲忠臣。但願東平修法度,毋持布鼓過雷門。東平王不奉法度,傅相連坐,及尊視事,謁見王。太傅在前,説《相鼠》之詩,尊曰:"毋持布鼓過雷門。"王怒,起入後宫,尊亦直趨出就舍,不少屈。

薛宣字贛君,東海郯人。初爲長安令,補御史中丞。成帝即位,出爲臨淮太守,徙陳留太守,入守左馮翊,遷爲少府,以御史大夫代張禹爲丞相,封高陽侯。

殿中立法有規模,白黑分明不使汙。成帝初即位,宣執法殿中,所貶退稱進,白黑分明,繇是知名。信及渠魁群小散,功歸長吏一私無。宣守陳留,盜賊禁止,吏民敬其威信。入守左馮翊,得吏民罪名,輒召告縣長吏,使自行罰,曉曰:"府所以不自舉發者,不欲代縣治,奪賢令長名也。"長吏莫不喜懼。賞恭易地皆良器,游湛辭官少濫竽。是時高陵令楊湛、櫟陽令謝游,皆貪猾不遜,宣移書責之,各解印綬去。其令平陵薛恭,職不辦;令鉅鹿尹賞,舉茂材,遷在粟。粟小易治,宣即奏賞與恭换縣,二人視事數月,兩縣皆治。莫道高陽經術淺,猶知方進是名儒。宣爲相,官屬議其煩碎無大體,而天子好儒雅,宣經術淺,上亦輕焉。先是,翟方進爲司直,宣知其名儒,有宰相器,深結厚焉,後方進竟代爲宰相。

卓茂字子康，南陽宛人。初辟丞相府史，後遷密令。平帝時遷爲京部丞，以病歸。光武即位，先訪求茂，以爲太傅，封褒德侯。建武四年卒。

少年折節事江生，詩禮功深算術精。茂學於長安，事博士江生，習《詩》、《禮》及曆、算，究極師法，號爲通儒。蝗不爲災須視德，馬因誤認可原情。王莽秉政，天下大蝗，獨不入密縣界。先是，茂出行，有人誤認其馬，茂心知其謬，然嘿解與之。他日其人別得所亡馬，乃詣府歸馬，叩頭謝茂。身施善教民皆愛，口少惡言化自行。茂爲密令，視民如子，舉善而教，口無惡言，吏民親愛，而不忍欺之。初，茂到縣，有所廢置，吏人笑之。茂理事自若，數年，教化大行，道不拾遺。東漢循良尤輩出，應推密令是先聲。論者謂光武中興，當戰將角才之秋，獨首先禮茂，俾居三公之上，以厚德風天下，遂使東京循吏輩出。

衛颯字子產，河南修武人。建武二年辟大司徒鄧禹府，除侍御史、襄城令，遷桂陽太守。二十五年徵還，欲以爲少府，會被疾不能拜起，以桂陽太守歸家。

桂陽深谷萬山中，鑿險縋幽路始通。先是含洭、湞陽、曲江三縣，民居深山濱溪谷，不出田租，去郡遠者，或且千里。颯乃鑿山通道五百餘里，流民稍還，漸成聚邑，使輸租賦，同之平民。爲設婚姻興禮教，先修庠序起儒風。桂陽郡接交州，頗染其俗，不知禮則。颯下車，修庠序之教，設婚姻之禮，期年邦俗從化。鐵官既立消私訟，田賦皆登祝屢豐。耒陽縣出鐵石，他郡民庶常聚會私爲冶鑄。颯起鐵官，斥私鑄，歲所增入五百餘萬。視事十年誰代理，勸民蠶織有茨充。颯視事十年，郡内清理。後南陽茨充代颯守桂陽，亦善其政，教民種殖桑柘麻紵之屬，勸令養蠶織屨，民得利益。

任延字長孫，南陽宛人。更始元年拜會稽都尉，建武初徵爲九真太守，旋擢武威太守，坐事轉召陵令。顯宗即位，拜潁川太守。永平二年徵會辟雍，因以爲河内太守。視事九年，卒於官。

春秋詩易少年通，不愧長安號聖童。延十二爲諸生，學於長安，明《詩》、《易》、《春秋》，顯名太學，號爲"任聖童"。設立水官興地利，講求田器作農功。延在九真，令民鑄作田器，教之闢墾，百姓充足。後在武威，置水官吏，修理溝渠，人蒙其利。武威悍俗皆銷盡，交趾蠻風一洗空。武威大姓田紺，多爲暴虐，延收繫之。其子尚又聚數百人攻郡，延即發兵破之，自是威行境内。先是，九真不識父子之姓、夫婦之道，延皆以年齒相配，産子者始知種姓，咸曰："使我有是子者任君也。"掾吏子孫皆力學，化民惟與錫光同。延在武威又立學官，掾吏子孫皆令詣學受業，郡遂有儒雅之士。初，平帝時，漢中錫光爲交趾太守，教民以禮義，故史臣謂嶺南華風，始於二守焉。

劉昆字桓公，陳留東昏人，梁孝王之裔也。建武五年除江陵令，後徵拜議郎，稍遷侍中、弘農太守。二十二年徵代杜林爲光禄勳，二十七年拜騎都尉，三十年以老乞骸骨。中元二年卒。

桑弧蒿矢典儀新，瓠葉皤皤俎豆陳。王莽時，昆教授弟子恒五百餘人春秋饗射，常備列典儀，以素木瓠葉爲俎豆，桑弧蒿矢以射菟首。火不爲災原視德，虎皆遠渡亦知仁。昆在江陵，連年火災，昆輒向火叩頭，多能降雨止風。後守弘農，仁化大行，虎皆負子渡河。帝問其行何德政而致是？昆對曰："偶然耳。"帝以爲長者之言。彈琴雅化追單父，繫易工夫受戴賓。昆少習容禮，又受施氏《易》於戴賓，能彈雅琴，知清角之操。太子王侯胥入學，儒林冠冕自彬彬。帝令昆入授皇太子及諸王小侯五十餘人，《後漢書·儒林傳》以昆列第一。

郭伋字細侯，扶風茂陵人。世祖即位，拜雍州牧，轉尚書令。建武四年出爲中山太守，明年轉漁陽太守，九年拜潁川太守，十一年調并州牧，二十二年徵爲大中大夫。明年卒，年八十六。

恩波兩次及并州，竹馬兒童拜細侯。行部每過通德里，須期還止致書郵。伋於王莽時，調并州牧，素結恩德。至是行部至河西美稷，有兒童數百各騎竹馬，道次迎拜。伋問兒曹何來？曰："聞使君到，喜，故來迎耳。"比事訖，諸兒送至郭外，問使君何日當還？伋謂："别駕從事，計日告之。"及還，先期一日，伋爲違信於諸兒，遂止野亭，須期乃入。威行冀北渠魁服，化被江南黨與收。伋在漁陽，設攻守之略，匈奴不敢入塞。守潁川，招懷趙宏、召吴等數百人，悉遣歸農。後宏、吴黨與聞伋威信，遠自江南，或從幽冀，不期降者，絡繹不絶。任久纔知方面重，牧民功業自千秋。是時，朝廷多舉伋可爲大司空，帝以并州尚有盧芳之儆，且匈奴未安，欲使久於其任，故不召。

杜詩字公君，河内汲人。建武元年，一歲中三遷爲侍御史，安集洛陽，復使之河東，尋拜成皋令，再遷爲沛郡都尉，轉汝南都尉。七年遷南陽太守，十四年卒。

父母賢名召杜當，兩公遺惠在南陽。詩在南陽，時人方之召信臣，故爲之語曰："前有召父，後有杜母。"愛民省役常稱便，破賊如仇不畏强。詩省愛民役，造作水排，鑄爲農器，百姓便之。先是，洛陽將軍蕭廣縱兵暴横，詩遂格殺之。後之河東，至大陽，聞賊楊異等規欲北渡，乃與長史急焚其船，將突騎斬之，賊遂翦滅。矢志公平官作好，束身節儉吏爲良。詩性節儉，少有才能，仕郡功曹，有公平稱。姦人詐僞何由測，請立兵符早自防。詩謂間者發兵，但用璽書，或以詔令，如有姦人詐僞，無由知覺，可立虎符以絶姦端。書奏，從之。

孔奮字君魚，扶風茂陵人。建武五年河西大將軍竇融署爲議曹掾，守姑臧長。八年賜爵關内侯，至京師，除武都郡丞，尋拜爲武都太守。後上病去官，卒於家。

力行清潔慕君魚，囊橐蕭然亦自如。奮身處脂膏，力行清潔。隴蜀既平，河西守令咸被徵召，財貨連轂，彌竟川澤，惟奮單車就道。姑臧吏民及羌胡，共斂牛馬器物千萬以上，追送數百里，奮謝之而已，一無所受。奉母極求珍膳備，養身不厭菜根疏。奮事母孝謹，奉養極求珍膳，而躬率妻子甘菜茹。吏民振臂隨軍後，妻子捐軀破敵初。是時，隴西餘賊隗茂等殘殺郡守，奮追之急，賊乃執奮妻子以爲質。奮年已五十，惟一子，終不顧，窮力追之。吏民感義，莫不倍爲用命，卒禽茂等，奮妻子亦爲所殺。爲讀春秋明大義，一經授受早傳書。奮從劉歆受《春秋左氏傳》，弟奇作《春秋左氏删》，晚有子嘉，官至城門校尉，亦作《春秋説》。

張堪字君游，南陽宛人。年十六，受業長安，志美行厲，諸儒號曰"聖童"。世祖即位，召拜郎中，三遷爲謁者，尋拜蜀郡太守。在郡二年，徵拜騎都尉，後又拜漁陽太守。

家貲百萬不難推，况是公孫已破財。堪早孤，讓父餘財於兄子，凡數百萬。當公孫述破時，珍寶山積，捲握之物，可富十世，而堪去職之日，乘折轅車，布被囊而已。布被折轅清節勵，桑枝麥穗好音來。堪在漁陽，勸民耕種，以致殷富，百姓歌曰："桑無附枝，麥穗兩歧。張君爲政，樂不可支。"威能討賊軍聲著,惠足臨民治道該。蜀郡計掾樊顯曰:"堪在蜀漢,仁以惠下,威能討賊。"贏得狐奴皆沃野,八千餘頃稻田開。匈奴嘗以萬騎入漁陽,堪率數千騎破之,郡界以清,乃於狐奴開稻田八千餘頃。

宋均字叔庠,南陽安衆人。年十五爲郎,通《詩》、《禮》,調辰陽令。後爲謁者,遷上蔡令、九江太守,尋遷東海相,坐法免。顯宗徵拜尚書令,遷司隸校尉,後出爲河南太守。

民風古樸在薰陶,苛察無如渾厚高。均不喜文法,謂吏貴弘厚,若苛察之人,身雖廉法,而巧黠刻削,毒加百姓,災害流亡所由而作。蝗不爲災臨界散,虎知向化渡江逃。時南陽楚沛多蝗,惟飛至九江界者輒東西散去。先是,郡多虎暴,募設檻穽,猶多傷害。均到,退姦貪,進忠善,一去檻穽,其從虎相與東游渡江。興修學校寬敷教,禁絶淫祠戒即慆。均在辰陽,以俗信巫鬼,爲立學校,禁淫祀,人皆安之。矯制降蠻功最著,祇酬金帛慰勤勞。伏波困後,均謂忠臣出境,有可以安國家者,專之可也。乃矯詔命吕種奉詔入蠻,告以恩信,而勒兵隨其後。蠻人震怖,斬其大帥以降。光武嘉其功,迎賜以金帛,時論以爲酬賞稍薄。

王景字仲通,樂浪誹邯人。初辟司空伏恭府,永平十二年議修汴渠,明年渠成,三遷爲侍御史。十五年拜河堤謁者,建初七年遷徐州刺史,明年遷廬江太守,卒於官。

天文術數廣搜羅,法立墕流爲治河。景少學《易》,又好天文術數之事。時有薦景能理水者,顯宗詔與王吴共修浚儀渠。吴用景墕流法,水乃不復爲害。修理浚儀成效著,疏通汴水費工多。帝以修浚儀功業有成,遂遣景與王吴共修汴渠。景商度地勢,防遏要衝,疏決壅積,十里立一水門,令更相洄注,無復遺漏之患。景雖簡省役費,猶以百億計。芍陂早罷催魚税,稻隴新添叱犢歌。廬江不知牛耕,地力有餘,食常不足。郡界故有孫叔敖芍陂稻田,景乃修起蕪廢,教用犂耕,由是境内豐給。神雀飛來諸瑞兆,中州獨得氣之和。時杜篤奏遷還長安,景以宫廟已立,恐人情疑惑,會有神雀諸瑞,乃作《金人論》,頌洛邑之美。

廉范字叔度,京兆杜陵人,趙將廉頗之後也。顯宗時舉茂才,再遷爲雲中太守,後歷武威、武都二郡太守。建初中遷蜀郡太守,數年坐法免,卒於家。

九死一生百慮空,天留孝子作英雄。范迎父喪歸葭萌,船觸石没,范抱棺俱沈。衆傷其義,鉤求療救,僅免於死。故人厚意承張穆,知己殊恩報鄧融。張穆,范祖父丹之故吏也。聞范迎父喪,重貲送范,不受。後聞其僅免於死,復馳使持前貲追送,又固辭。永平初,隴西太守鄧融備禮謁范爲功曹,及融爲州所舉案,范託病至洛陽,變姓名,求代廷尉獄卒。居無幾,融果徵下獄,范侍衛左右,盡心勤勞。况有師資關大義,願撓國法寫愚衷。先是,范詣京師受業,事博士薛漢,會漢坐楚王事誅,故人門生莫敢視,范獨往收殮之。吏以聞,顯宗大怒,范叩頭曰:"臣以爲漢等皆已伏誅,不勝師資之情,罪當萬坐。"帝怒稍解,因貰之。休嫌叔度來何暮,將略猶存乃祖風。成都舊制禁夜作,以防火災。范弛前禁,但嚴使儲水,百姓爲便,歌之曰:"廉叔度,來何暮。不禁火,民安作。昔無襦,今五袴。"先是,匈奴大入塞,范兵不敵,適日暮,令軍士各交縛兩炬,三頭爇火,營中星列。匈奴驚救兵至,將退,范令軍中蓐食往赴之,斬首數百級,匈奴自相轔死者千餘人,由此不敢復向雲中。

魯恭字仲康,扶風平陵人。肅宗時拜中牟令,和帝時爲魯《詩》博士,拜侍中。永元九年遷光禄勳,十二年代吕蓋爲司徒,坐事免。永初元年復代梁鮪爲司徒,三年以老罷,卒於家,年八十一。

依經奏議語和平,詩教原能理性情。恭少習魯《詩》,後爲司徒,奏議依經,潛有補益。終不自顯,故不以剛直爲稱。縱有嘉禾先兆瑞,休因伏莽遂窮兵。和帝立,竇憲欲擊匈奴,恭諫曰:"今邊境無事,宜修仁行義,奈何以一人之計,棄萬人之命乎?"不從。斷刑惟恐天時失,贊化宜從月令行。是時以盛夏斷獄,恭上疏云:"《月令》孟夏斷薄刑者,謂輕罪已正,不欲久繫,故時斷之也。其決獄案考,皆以立秋爲斷,則天地以和,刑罰以清矣。"莫怪中牟三事異,仲康德政數難名。先是,螟不入中牟,袁安使肥親往廉之。恭隨親行阡陌,坐桑下,有雉止兒旁,親問兒何不捕?兒曰:"雉方將雛。"親矍然而起,與恭訣曰:"所以來者,欲察君之政迹耳。今蟲不犯境,一異也;化及鳥獸,二異也;竪子有仁心,三異也。久留徒擾賢者。"遂還以白安,是歲嘉禾生恭庭中。

秦彭字伯平,扶風茂陵人。永平十五年拜騎都尉,建初元年遷山陽太守。在職六年,轉潁川太守。章和二年卒。

伯平教化在慈仁,不愧當年萬石秦。彭六世祖襲爲潁川太守,與群從同時爲二千石者五人,故三輔號曰"萬石秦氏"。禮定六親儀可象,田分三品力能均。彭在山陽,每春秋饗射,修升降揖讓之儀,爲人設四誡,以定六親長幼之禮,有遵教化者,擢爲鄉三老。又興起稻田數千頃,分别肥、瘠、差爲三品,各立文簿,藏之鄉縣,奸吏無所容詐。彭乃上言,宜令天下同其制。詔令三府以所立條式,班下州郡。周官舊制雖難復,禹貢遺謨儘可循。論者謂田分三品,即《周官》不易、一易、再易之舊法。雖古者受田於公,後世民自營田,不能盡如周制,但因所差等,以定賦之高下,猶有《禹貢》之遺意焉。條式頒行諸瑞兆,嘉禾甘露鳳麒麟。彭轉潁川太守,有鳳凰、麒麟、嘉禾、甘露之瑞。

第五訪字仲謀,京兆長陵人,司空倫之族孫也。初仕郡爲功曹,察孝廉,補新都令,遷張掖太守。順帝時遷南陽太守,後拜護羌校尉,卒於官。

傭耕爲養一家肥,力學何須計少微。訪少孤貧,常傭耕以養兄嫂,有閑暇,則以學文。令補新都方待理,名傳鄰縣亦來歸。訪補新都令,政平化行,三年之間,鄰縣歸之,户口十倍。開倉救敝蒼黎活,入界無災盗賊稀。張掖歲饑,訪未及上言,即開倉賑給以救其敝。吏爭之,訪曰:"太守樂以一身救百姓。"由是一郡得全。歲餘,官民並豐,界無盗賊。護理西羌恩信著,化行邊境服其威。訪拜護羌校尉,邊境服其威信。

王渙字稚子,廣漢郪人。和帝時舉茂才,除温令,遷兖州刺史,坐考妖言不實,罷。歲餘,徵拜侍御史。永元十五年爲洛陽令。元興元年卒。

少年任俠逞雄姿,改節爲儒得所宜。渙少好俠,晚而改節,敦儒學,習《尚書》,讀律令,略舉大義,故能以平正居身,得寬猛之宜。簡選賢能孚衆望,推原情詐塞群疑。和帝嘗問太守陳寵,在郡何以爲理?寵曰:"臣任功曹王渙以簡賢選能,主簿鐔顯拾遺補闕,臣奉宣詔書而已。"帝大悦,渙由此顯名。後在洛陽,其冤嫌久訟,歷政所不斷者,莫不曲盡情詐,壓塞群疑。又能發擿姦伏,京師稱歎以爲神。宏農服賈來相報，洛邑居民去後思。渙喪西歸，道經弘農，民皆設槃案於路。問其故，咸言往時持米入洛，爲卒司所鈔，恒亡其半。自王君任事，絶無侵枉，故報之。又洛陽百姓追思其德，爲立祠安陽亭西，每祀輒絃歌而薦之。綱目特書王渙卒，官雖縣令有榮施。朱子作《綱目》，縣令書"卒"者，陳寔、王渙二人而已。

孟嘗字伯周，會稽上虞人。仕郡爲户曹史，後察孝廉舉茂才，拜徐令，遷合浦太守。後以病上，被徵當還，吏民攀車留之，不得進，乃以民船夜遁。卒於家，年七十。

伯周早負不貪名，合浦還珠益見清。嘗少修操行，合浦不產穀而海出珠，與交阯比境通商，常以珠易穀。先時，宰守多貪，珠漸移於交阯。嘗到郡，革易前敝，去珠復還，百姓皆反其業，商貨流通，稱爲神明。冤婦已逢於定國，茂才應是趙連城。上虞有寡婦事姑至孝，姑死後，女弟誣婦鴆其母，婦竟冤死，自是郡中連旱。後守殷丹到官，嘗具陳寡婦冤誣事，因曰："昔東海孝婦，感天致旱，于公一言，甘澤時降。宜戮訟者，以謝冤魂。"丹從之。即刑訟女，祭婦墓，天應澍雨。背毛腹毳皆增價，槊木朽株亦向榮。楊喬薦表有云："嘗實羽翮之美用，非徒腹背之毛，而廊廟之寶棄於溝渠，臣誠傷心。夫物以遠至爲珍，士以稀見爲寶，槊木朽株爲萬乘用者，左右爲之容耳。"至寶弗登廊廟上，楊喬七表竟難爭。嘗隱處窮澤，身自耕傭，鄰縣士民慕其德，就居止者百餘家。楊喬七表薦嘗，竟不見用。

王堂字敬伯，廣漢郪人。初舉光禄茂才，遷穀城令。永初中拜巴郡太守，遷右扶風。永建二年徵入爲將作大匠，坐公事，左轉議郎，復拜魯相。數年遷汝南太守，免歸家，年八十六卒。

政存簡一洗塵煩，數載曾無鼠雀喧。堂爲魯相，政存簡一，至數年無辭訟。補闕拾遺歸應嗣，選才授職委陳蕃。堂在汝南，嘗云："簡覈才職，委功曹陳蕃；拾遺補闕，任主簿應嗣。庶循名責實，察言觀效焉。"邊民有患終當救，内寺專權弗肯援。西羌寇巴郡，爲民患，堂馳兵赴賊，斬擄千餘級，巴庸清静，遷右扶風。安帝西巡，阿母王聖、中常侍江京等並請屬於堂，堂不爲用，由是以守正見稱。事緝化清成效著，好官原不在多言。堂守汝南，搜才禮士，不苟自專，乃教掾吏曰："古人勞於求賢，逸於任使，故能化清於上，事緝於下。"自是委誠求當，不復妄有辭教。

蘇章字孺文，扶風平陵人。安帝時舉賢良方正，對策高第爲議郎，出爲武原令。順帝時遷冀州刺史，調爲并州刺史，以摧折權豪坐免。後徵爲河南尹，不就，卒於家。

少年博學擅宏通，强切猶存乃祖風。章少博學，能屬文。其祖父純，性强切而好毀譽，士友咸憚之，至相謂曰："見蘇公患其教責人，不見，又思之。"三輔號爲大人。今夕言歡恩叙舊，明朝案事法從公。章遷冀州刺史，故人爲清河太守，章行部，案其姦臧，乃請太守爲設酒殽，陳生平之好甚歡。太守喜曰："人皆有一天，我獨有二天。"章曰："今夕蘇孺文與故人飲者，私情也；明日冀州刺史案事者，公法也。"遂舉正其罪。指陳得失胸如鏡，摧折權豪行似銅。章爲議郎，數陳得失，其言甚直。後在并州，以摧折權豪忤旨，坐免。隱歸鄉里，不交當世。可惜大才難再用，竟歸鄉里老英雄。時天下日敝，論者舉章有幹國才，朝廷不能復用。

羊續字興祖，太山平陽人。初辟大將軍竇武府，武敗，坐黨事禁錮十餘年。及黨禁解，復辟太尉府,四遷爲盧江太守。中平三年拜南陽太守,六年徵爲太常,會病卒,時年四十八。

胸中自有出奇兵,到處威行賊黨平。續在盧江,破黄巾賊與安風賊。後江夏兵趙慈殺南陽太守,又拜續爲南陽太守,與荆州刺史王敏共擊慈,破之。屬縣餘賊,並詣續降。首惡已除伸國法,脅從罔治飭田耕。續數平劇賊,皆宥其枝附,賦與佃器,使就農業。懸魚不受同僚賄,羸馬皆知太守清。時權豪之家多尚奢靡,續深疾之,常敝衣薄食,車馬羸敗。府丞常獻其生魚,續受而懸於庭,後又進之,乃出前所懸者以杜其意。千古緼袍傳美事,何須公位乃馳名。靈帝欲以續爲太尉,時拜三公者皆輸東園禮錢千萬,令中使督之,名爲左騶,其所之往,輒厚加贈賂。續迺坐使人於單席,舉緼袍以示之曰:"臣之所資,惟斯而已。"左騶白之,帝不悦,以此故不登公位,而徵爲太常。

陳寔字仲弓,潁川許人。常作縣吏及都亭刺佐,復爲郡西門亭長,尋代鍾皓爲功曹。司徒黄瓊辟之,補聞喜長,再遷太丘長。靈帝初,大將軍竇武辟爲掾屬。中平四年卒於家,年八十四。

先生文範至今傳,四長高風倡潁川。寔自兒時,雖在戲弄,已爲等輩所歸。有志好學,坐立誦讀,卒後謚爲文範先生。先是,荀淑、韓韶、鍾皓與寔皆以名德爲當時所尊,號爲"潁川四長"。就獄無非求解禍,弔喪亦是偶行權。時黨錮禍起,人多逃避,寔曰:"吾不就獄,衆無所恃。"遂請囚,遇赦得出。時中常侍張讓父死,歸葬潁川,一郡畢至,而名士無往者,讓甚恥之,惟寔獨弔焉。及後復誅黨人,讓感寔,故多所全宥。縣中舊吏誰能恕,梁上偷兒我自憐。寔初爲吏,有殺人者,揚吏以疑寔,縣遂逮繫考掠,無實而後得出。及寔爲督郵,迺密託許令禮召揚吏,聞者咸歎服之。又有盜止寔梁上,寔呼子孫訓之曰:"不善之人,未必本惡,習以性成,遂至於此,梁上君子者是矣。"盜大驚,自投於地,稽顙歸罪。寔徐譬之,令遺絹二匹,自是一縣無復盜竊。可惜太原三立閣,不留遺傳附諸賢。寔爲聞喜長,故太原三立閣舊設寔主。崇禎時修三立諸賢傳,削去太丘,以其弔張讓一事也。不知此舉全活善類多人,未可厚非。

賈琮字孟堅,東郡聊城人。舉孝廉,再遷爲京兆令。中平元年有司舉爲交阯刺史,在事三年,爲十三州最。徵拜議郎,又爲冀州刺史。大將軍何進表爲度遼將軍,卒於官。

潢池赤子效蝸爭,賈父初來叱犢耕。交阯多珍産,前後刺史率無清行,故致怨叛。琮到部,蠲復徭役,使民各安其業,簡選良吏,試守諸縣,歲間蕩定,巷路爲之歌曰:"賈父來晚,使我先反。今見清平,吏不敢飯。"化雨甘隨交阯界,威風竦震冀州城。時黄巾新破,兵凶之後,郡縣重斂,因緣生姦,迺特召琮爲冀州刺史。褰裳遠視民情達,解綬先逃吏敝清。惟有董昭黄就在,芝蘭荆棘兩分明。冀州舊典,傳車驂駕,垂赤帷裳,迎於州界。及琮之部,升車言曰:"刺史當遠視廣聽,糾察美惡,何有反垂帷裳以自掩塞乎?"命褰之,百城聞風悚震,諸有臧過者,悉解印綬去。惟癭陶長濟陰董昭、觀津長梁國黄就,當官待琮,於是州界翕然。

陸康字季寧,吴郡吴人。少仕郡,舉茂才,除高城令。光和元年遷武陵太守,轉守桂陽、樂安二郡,坐事免。復徵拜議郎,會盧江賊起,拜爲太守,獻帝加忠義將軍,城陷,發病卒,年七十。

漢武銅人淚未乾,秋風已老不勝寒。魏明帝詔宫官西取漢孝武捧盤仙人,盤既折,仙人潸然淚下,重不可致,乃留灞壘。是時,靈帝欲鑄銅人,故引以喻之。除煩就約成功易,極欲窮奢望治難。救敝忠言纔上達,肆讒毒口已交彈。是時,國用不足,詔調民田畝斂十錢,康乃上疏諫曰:"先王治世,除煩就約,以崇簡易,故萬姓從化。末世衰主,窮奢極侈,造作無端,故黎民吁嗟。陛下聖德承天,當隆盛化,豈有聚奪民財,以營無用之銅人。"書奏,内倖譖康大不敬,徵詣廷尉。侍御史劉岱爲表陳解釋,免歸田里。免歸田里誠無愧,誰向廬江作守官。康免後,會廬江賊反,遂又起爲廬江太守。

吴祐字季英,陳留長垣人。初舉孝廉,後以光禄四行,遷膠東侯。在膠東九年,遷齊相。大將軍梁冀表爲長史,及冀誣奏太尉李固,祐争之,遂出爲河間相,因自免歸,年九十八卒。

長垣牧豕不知貧,吟咏經書謝故人。祐常牧豕於長垣澤中,行吟經書,遇父故人,謂曰:"卿二千石子,而自業賤事,縱子無恥,奈先君何。"祐辭謝而已,守志如初。解帶訂交傳季札,越壇結友識黄真。祐父恢爲南海太守,欲殺青簡以寫經書,時祐年十二,諫曰:"此書若成,載之兼兩。昔馬援以薏苡興謗,王陽以衣囊徼名,嫌疑之間,先賢所慎。"恢乃止,撫其首曰:"吴氏世不乏季子矣。"後舉孝廉,將行,郡中爲祖道,祐獨越壇與小吏黄真結友而去。嗇夫引罪投明府,男子酬恩屬後身。嗇夫孫性,私賦民錢,市衣以進其父。父怒曰:"有君如是,何忍欺之。"促歸伏罪。祐問其故,性具談父言,祐曰:"掾以親故受污穢之名,所謂觀過斯知仁矣。"又安丘男子毋丘長,從母行市,遇醉客辱其母,長殺之。祐憐其情,使與其妻同宿獄中,妻遂懷孕。至冬盡行刑,長乃嚙指吞之,含血言曰:"妻若生子,名之吴生,言我屬兒以報吴君。"因投繯而死。試問馬融何面目,甘同賊黨陷良臣。梁冀誣奏李固,祐請見争之,不聽。馬融爲冀章草,祐責融曰:"卿何面目見天下之人乎?"

童恢字漢宗,琅邪姑幕人。初辟公府,除不其令,舉尤異,遷丹陽太守,暴疾卒。

禍臨府主獨來爭,事後飄然杖策行。投刺人情奚足怪,有條吏治要持平。恢少爲吏,執法廉平,司徒楊賜聞而辟之。及賜被劾,掾屬皆投刺去,恢獨詣闕爭之。及得理,掾屬歸府,恢杖策而逝,由是論者歸美。後爲不其令,吏人有犯,隨方曉示,若稱其職,禮之酒殽,耕織種牧,皆有條章。恩沾比縣聞風化,訟息連年似水清。猛虎垂頭甘服罪,莫將苛政誤蒼生。恢在不其,一境清静,牢獄連年無囚,比縣歸化者二萬餘户。民嘗爲虎所害,設檻捕獲二虎,恢咒曰:"汝若殺人,當垂頭服罪;自知非者,號呼稱冤。"一虎垂頭震懼,即時殺之。其一視恢鳴吼,遂令釋放。吏人爲之歌頌。

劉寵字榮祖,東萊牟平人。以明經舉孝廉,除東平陵令。後四遷豫章太守,又三遷會稽太守,徵爲將作大匠,轉爲宗正大鴻臚,後兩爲司空,頻遷司徒太尉,免歸,卒於家。

若邪山谷古桃源,吠犬如何徹夜喧。盼到清風吹蔀屋,纔看明月照花村。青錢待選情殊厚,白璧無瑕氣自温。寵自會稽徵還山陰縣,有五六老叟自若邪山谷間出,人齎百錢以送寵。寵勞之曰:"父老何自苦。"對曰:"它守時,吏發求民間,至夜不絶,或狗吠竟夕。自明府下車以來,狗不夜吠,民不見吏。年老遭值賢明,今聞當見棄去,故自扶奉送。"寵曰:"吾政何能及公言耶?勤苦父老。"爲人選一大錢受之。他日隨車甘雨過,掃除亭舍拜高軒。寵嘗出京師,欲息亭舍,亭吏止之曰:"整頓灑掃,以待劉公,不可得也。"寵無言而去,時人稱其長者。

仇覽字季智，一名香，陳留考城人。年十四，縣召補吏，選爲蒲亭長，王渙署爲主簿。結資入太學，學畢，歸鄉里，州郡並請，皆以疾辭。

化彼鳴梟集泮林，先生善教入人深。亭人有陳元者，其母詣覽，告元不孝。覽爲陳人倫孝行，譬以禍福之言，元卒成孝子。鄉邑爲之諺曰："父母何在在我庭，化我鳴梟哺所生。"逞威縱有鷹鸇志，獻瑞何如鸞鳳音。王渙謂覽曰："聞陳元之過，不罪而化之，得毋少鷹鸇之志邪？"覽曰："以爲鷹鸇不如鸞鳳。"不以游談誇玉尺，全憑自守作金鍼。覽入太學，有同郡符融與覽比宇，賓客盈室。覽常自守，不與融言，融奇之，乃謂曰："京師英才四集，志士交結之秋，雖務經學，守之何固？"覽正色曰："天子設太學，豈但使人游談其中？"高揖而去。融後與郭泰往謁之，遂留宿，泰嗟嘆，下牀爲拜。閨門修整垂家範，待物從無喜怒心。覽雖宴居，必以禮自整。妻子有過，輒免冠自責。妻子庭謝，候覽冠，乃敢升堂。家人莫見喜怒聲色之異。

劉矩字叔方，沛國蕭人。初爲雍邱令，四遷爲尚書令。梁冀出爲常山相，後復爲尚書令。延熹四年代黄瓊爲太尉，以蠻夷反叛免。靈帝初代周景爲太尉，以日食免，卒於家。

雍邱鷄犬寂無聲，路不拾遺教化行。矩在雍邱，以禮讓化，其無孝義者，皆感悟自革。於路得遺，輒推求其主。民有爭訟，矩常引之於前，提耳訓告。訟者感其言，往往罷去。亮直縱非權貴意，賢良還是孝廉榮。矩初舉孝廉，後舉賢良方正，性亮直，不能諂附權勢，以是失大將軍梁冀意。耻通諸郡聯交納，喜拔名儒待匪征。矩再爲上公，所辟召皆名儒宿德，不與諸郡交通。順辭默諫，多見省用。宏濟時艱多默諫，同心輔政有暠瓊。太尉黄瓊爲司空，以矩代瓊爲太尉。矩與瓊及司徒種暠，同心輔政，號爲賢相。

劉寬字文饒，弘農華陰人。桓帝時累官南陽太守，靈帝初徵拜太中大夫，其後兩拜太尉，皆以日食免。復拜永樂少府，遷光禄勳，封逯鄉侯。中平二年卒，年六十六，謚昭烈。

物惟相類乃相連，誤認寬牛怒不遷。有失牛者誤認寬牛，寬無所言，下車以牛與之。已而，其人别得所失牛，乃歸寬牛，謝曰："慚負長者。"寬曰："物有相類，事容脱誤，何爲謝之。"化導諸生披竹簡，過懲小吏用蒲鞭。寬爲太守，吏人有過，但用蒲鞭罰之，示辱而已。每行縣，輒引學官祭酒及處士諸生，執經對講，人感德興行，日有所化。蒼頭市酒何須駡，侍婢翻羹且見憐。寬嘗坐客，遣蒼頭市酒，迂久，大醉而還。客怒，駡曰："畜産。"寬曰："此人也。駡言畜産，辱孰甚焉。"又夫人欲試寬令恚，伺當朝會，裝嚴已訖，使侍婢奉肉羹，翻汙朝衣。寬神色不異，乃徐曰："羹爛汝手乎？"其性度如此。長者聲名傳海内，和平養到性中天。寬温仁多恕，雖在倉卒，未嘗疾言遽色，海内稱爲長者。

任峻字伯達，河南中牟人。初爲主簿，轉騎都尉。後以功封都亭侯，遷長水校尉。建安九年卒。

都亭創議掃烟塵，明府停驂乃募民。暫附曹公成一旅，先除董賊定三秦。漢末擾亂，中牟令楊原欲棄官走。峻説原曰："董卓首亂，天下側目，然未有先發者，非無其心，勢未敢耳。明府如能唱之，必有和者。"原從其計，遂發兵。會曹操起關東，入中牟界，峻建議舉郡歸曹。儲糧爲解關中困，闢地還從許下屯。操每征代，峻常居守以給軍。是時，軍食不足，乃以峻爲典農中郎將,募百姓屯田許下。伯達惟思扶漢祚,如何認作魏家臣。峻終身仕於孝、獻之朝,其没時,操之逆迹猶未著。史臣以其與操同事,遂斥爲魏臣,惜哉!

董和字幼宰,南郡枝江人。劉璋以爲成都令,轉巴東屬國都尉,遷益州太守。昭烈定蜀,徵爲掌軍中郎將,與孔明並署左將軍大司馬府事。

集思廣益善裁成,參署七年每事爭。武侯嘗云:"參署者,集衆思、廣忠益也。"又云:"董幼宰參署七年,事有不至,至於十反。"巴蜀移風留軌制,蠻夷向化洽輿情。蜀土富實,時俗奢侈。和躬率以儉,爲之軌制,所在皆移風善變。後在益州,守其清約,與蠻夷從事,務推誠心,南土愛而信之。殷勤報國丹忱著,儉樸持家素志明。武侯嘗云:"幼宰之殷勤,有忠於國。自和居官,外牧殊域,内幹機衡,二十餘年。死之日,家無儋石之財。"有子休昭能守正,少年曾與費齊名。和子允,字休昭,守正下士,爲太子舍人時,與費禕齊名。

附魏

杜畿字伯侯,京兆杜陵人。初爲郡功曹,守鄭縣令,後爲河東太守。曹丕稱帝,以畿爲尚書僕射,卒於官,年六十二。

少年折獄恥深文,裁決如流善解紛。畿守鄭縣,縣内繫囚數百,裁其輕重,盡決遣之,郡中奇其年少而有大意。力拒遂超當一面,計縻先固待三軍。韓遂、馬超之叛,弘農馮翊多應之,惟河東民無異心。先是,高幹舉并州反,河東人衛固、范先與幹通謀,而河東太守王邑被徵,固等以請邑爲名,遂絶陜津。時操已遣兵討之,未至,乃拜畿爲太守。畿詭道從郖津渡,以計縻之,會大兵至,固等伏誅。農功有課征繇減,經學相傳教化勤。畿在河東,班下屬縣復其繇役,課民畜牸牛草馬,下逮雞豚犬豕,皆有章程。百姓勸農,家家豐實。於是開學宫,親自執經教授,郡中化之。吏治常爲天下最,纔知國士奏殊勳。畿在河東十六年,常爲天下最。先是,建安中畿至許,荀彧即稱之爲國士。

鄭渾字文公,河南開封人。初爲邵陵令,遷左馮翊,轉上黨太守,遷京兆尹。及魏稱帝,爲侍御史,加駙馬都尉,遷陽平、沛郡二太守,又轉山陽魏郡太守,遷將作大匠。

禁民漁獵務三時,去子刁風可漸移。邵陵民不念産殖,生子無以相活,輒不舉。渾所在奪其漁獵具,課使耕桑,重去子之法。民初畏罪,後稍豐給,無不舉贍,所育男女,多以"鄭"爲字。破散梁興須振旅,掃除靳富利行師。渾遷左馮翊,梁興等爲寇鈔,議者勸渾保險,渾曰:"保險自守,是示弱也。"乃發民逐賊。及夏侯淵擊興,渾爲先登,遂斬興。後又破靳富、趙青龍諸賊,由是山賊皆平,民安産業。桑林雨潤皆成圃,榆葉星羅遍作籬。魏郡苦乏材,渾課民樹榆爲籬,兼植五果。入魏郡界,村落齊整如一。種稻開田籌水利,至今猶號鄭公陂。沛下溼,患水澇,渾於蕭、相二縣界。興陂遏,開稻田,民賴其利,號曰"鄭陂"。

附吴

顧邵字孝則,吴郡吴人,雍之子也。年二十七爲豫章太守,在郡五年卒。

顧雍相業步江東，孝則猶存乃父風。雍之相吴，史稱其選用文武將吏，隨能所任，心無適莫，以此克成吴業。邵之雅好人倫，殆有父風。會見停車參孺子，何勞下榻拜龎公。邵到豫章，下車祀先賢徐孺子之墓，優待其後。結交士類芻蕘訪，獎拔人材芥蔕空。初，錢唐丁諝出於役伍，陽羡張秉生於庶民，烏程吾粲、雲陽殷禮起乎微賤，邵皆拔而友之。其後諝至典軍中郎，秉雲陽太守，禮零陵太守，粲太子少傅，世以邵爲知人。弱冠聲名齊陸績，誰從吴下數阿蒙。邵少博覽書傳，與舅陸績齊名，而陸遜、張敦、卜静等皆亞焉。阿蒙謂吕蒙，《江表傳》："非復吴下阿蒙。"

歷代循史紀事卷二

晉

王恂字良夫，東海郯人。累遷河南尹，咸寧四年卒，贈車騎將軍。

老子猶龍蝶化周，清談已唱晉風流。獨開虎觀人文萃，遂使鴻都士行修。魏晉之間，崇尚老莊。恂於是時，獨建立二學，崇明五經，尤足珍焉。好友何妨辭駿馬，居官那用給租牛。鬲令袁毅嘗餽以駿馬，恂不受。及毅敗，諸受貨者悉被廢黜，恂獨無所污。自魏給公卿以下租牛客户，數各有差，其後小人憚役，多樂爲之。武帝詔禁募客，恂明峻其防，所部莫敢犯。在朝忠正防閑峻，鶴立雞群孰與儔。恂博通文義，在朝忠直。

胡威字伯武，淮南壽春人。初拜侍御史，遷徐州刺史，入爲尚書，加奉車都尉，拜前將軍，監青州諸軍事，以功封平春侯。大康元年卒，謚曰烈。

胡威清節早馳名，畢竟無如乃父清。武帝嘗謂威曰："卿孰與父清?"對曰："臣父清恐人知，臣清恐人不知，是臣不及遠也。"小子採樵親負荷，大人賜絹自分明。質爲荆州時，威往省，身自驅驢。每至客舍，皆親樵爨。既至，見質停廐中。十餘日辭歸，質賜絹一匹爲裝，威曰："大人清高，不審於何得此?"質曰："俸禄之餘，以爲汝糧耳。"威始受之。勤修政術功爲最，嚴立官箴法必行。威在徐州，勤於政術，風化大行。後入朝，諫時政之寬，帝曰："尚書郎以下，吾無所假借。"威曰："臣之所陳，豈在郎丞令史，正謂如臣等輩，始可以肅化明法耳。"按史稱晉武寬厚足以君人，明威未能厲俗，故威以過寬爲諫。怕是空談終誤國，循良豈敢盜虛聲。是時，方以清談相尚，故循良之績鮮有如威者。

范晷字彦長，南陽順陽人。少游學清河，遂僑居焉。初補上谷太守，遭喪不之官。後爲司徒左長史，轉馮翊太守，徵拜少府，出爲涼州刺史，轉雍州，元康中加左將軍，卒。

氐羌擾攘藉青疇，西土田桑盡失收。依舊勸農扶耒耜，從新播種荷鋤耰。稼雲酉熟占牛背，蠶月辛勤祭馬頭。晷轉雍州時西土荒毁，氐羌蹈藉，田桑失收，比屋困弊。晷傾心化導，勸以農桑，所部甚賴之。他日仲將施積穀，撫綏堂邑似雍州。晷子廣，字仲將，爲堂邑令。會大旱米貴，廣散私穀賑饑人，遠近流寓歸投之，户口十倍。

曹攄字顔遠，譙國譙人。補臨淄令，入爲尚書郎，轉洛陽令，尋轉中書侍郎。長沙王乂以爲驃騎司馬，乂敗免官，起爲襄城太守。永嘉二年高密王簡鎮襄陽，以攄爲征南司馬，卒於難。

少年力學好深思，到處爭傳吏績奇。攄少有孝行，好學，善屬文。孝婦伸冤終有日，縲囚慕義不愆期。臨淄有寡婦，養姑甚謹。姑以其年少，勸令改適，婦守節不移。姑愍之，密自殺。親黨告婦殺姑，獄當決矣。適攄至，知其有冤，更加辨究，具得情實，時稱其明。又歲夕釋囚暫歸，克日令還。掾吏固爭，攄曰："此雖小人，義不見負，保爲諸君任之。"至日果還，一縣歎服，號曰"聖君"。威行洛邑風聲著,化被襄城雨露滋。洛陽時當大雪,宫門夜失行馬,檢察莫知所在。攄使收門士,群官咸謂不然,攄曰:"宫掖禁嚴,非外人所至,必門士以燎寒耳。"詰之果服。襄城屢經寇難,攄綏懷振理,旬月漸復。縱使身爲崔曠陷,恥教名附李陵碑。高密王使攄督參軍崔曠,討流人王逌。曠,奸凶人也,詭攄前戰,期爲後繼,既而不至。攄獨與逌戰於酈縣,軍敗死之。故吏及百姓並奔喪會葬,如赴父母焉。論者謂崔曠之陷曹攄,與宋潘美之陷楊業,事正相類。

丁紹字叔倫,譙國人。歷官廣平太守,遷徐州刺史,未之官,轉荆州,南渡河至許,而南陽王模爲都督,又啓爲冀州。永嘉三年暴疾卒。

廣平四境獨安全,河北蹂躪數十年。紹在廣平,政平訟理。於時河北騷擾,靡有完邑,惟廣平四境乂安,是以皆悦其法而從其令。破散汲桑成效著,掃除羯賊凱歌旋。紹以破汲桑有功,加寧北將軍,假節兼冀州諸軍事。時羯賊爲患,紹捕而誅之,號爲嚴肅,河北人畏而愛之。中原壯志勤陶甓,待旦雄心唱祖鞭。瑣瑣浚晞何足道,叔倫所向已無前。紹自以才足爲物雄,當官涖政,每事克舉,視天下事若運於掌握,遂慨然有董正四海之志。若王浚、苟晞輩,紹意蔑如也。論者謂紹之用兵,所向輒克,使究其才用,當與祖逖、陶侃爲輩。

顔含字弘都,琅邪莘人。累遷東陽太守,後以大司農豫討蘇峻有功,封西平縣侯,拜侍中,除吴郡太守,未之官,復爲侍中,尋除國子祭酒,遷光禄勳。致仕二十餘年,年九十三而卒,謚曰靖。

顔公在事趣田耕,濫食游民亦矯輕。含將至吴郡,王導問政將何先,含曰:"南北權豪,競招游食,國弊家豐,執事之憂,且當徵之勢門,使反田桑。數年之後,欲令户給人足。"導歎曰:"顔公在事,吴人斂手矣"。論士莫如周顗正,接交惟許鄧攸清。或問江左群士優劣,含曰:"周伯仁之正,鄧伯道之清,卞望之之節,餘則吾不知也。"馮懷問禮猶嫌佞,桓氏求婚不喜盈。時論以王導帝之師傅,百僚宜爲降禮。馮懷以問含,含曰:"鄙人老矣,不識時務。"既而,告人曰:"吾聞伐國不問仁人,向者馮祖思問佞於我,我豈有邪德耶?"桓温求婚於含,含以其盛滿不許。身享大齡關素行,早聞孝弟有賢聲。含少有操行,以孝弟聞。

王藴字叔仁,太原晉陽人,孝武定皇后父也。補吴興太守,定后立,遷光禄大夫,領五兵尚書,封建昌縣侯,不受,乃授都督京口諸軍事、左將軍、徐州刺史,假節。頃之,徵拜尚書左僕射,遷丹陽尹,復以爲都督浙江東五郡鎮軍將軍、會稽内史。太元九年卒,年五十五。

叔仁性體本和平,到處皆歌惠化行。救命止憐饑待振,違科那計罪非輕。藴累遷尚書吏部郎,性和平,不抑寒素。在吴興開倉振貸,主簿請表上待報,藴曰:"百姓嗷然,路有饑饉,若須報,何以救將死之命乎?專輒之愆,罪在太守,且行仁義而敗,無所恨。"卒以違科免官。士庶詣闕訟之,詔特左降晉陵太守,復有惠化,百姓歌之。縱依令典辭封爵,尚有威權執禁兵。藴以恩澤賜爵非三代令典,固辭不受。爲避嫌疑求外補,椒房恐累伏波名。藴以姻戚不欲在内,苦求外出,故復以爲會稽内史。

吴隱之字處默,濮陽甄城人。拜奉朝請,再遷晉陵太守,累擢左衛將軍。隆安中爲廣州刺史,尋拜度支尚書,遷中領軍。義熙八年請老,九年卒。

救寒無被坐無氈,佃仄籬垣屋數椽。隱之雖居清顯,冬月無被。自廣州還,家僅小宅數畝,籬垣仄陋，不容妻子，常以竹篷爲屏風，坐無氈席。糧足一身非自厚，禄均九族未嘗偏。隱之雖日晏歠菽，不饗非其粟；儋石無儲，不取非其道。每月得禄，裁留身糧，餘悉分賑親族。元興中詔書褒之，有云："孝友過人，禄均九族。"矯情勵己魚猶曬，至孝過人鶴亦憐。隱之在廣州，常食不過菜及乾魚，帷帳器服皆付外庫。時人頗謂其矯，然亦終不易。先是，年十餘喪父，每號泣，行人爲之流涕。及執母喪，哀毁過禮，哭臨之時，雙鶴警叫。及祥練，復有群雁俱集，時人以爲孝感。心是夷齊終不易，那知世上有貪泉。距廣州二十里地名石門，有水曰貪泉，俗謂飲者輒懷無厭之欲。隱之至，酌而飲之，賦詩曰："古人云此水，一歃懷千金。試使夷齊飲，終當不易心。"於是清操愈厲。

南朝宋

杜慧慶《宋書》作慧度，此從《南史》，交阯朱䳒人。繼父瑗爲交州刺史，以斬盧循功，封龍編縣侯。武帝踐阼，進輔國將軍。少帝景平元年卒，年五十，追贈左將軍。

居官任事若家常，不礙彈琴好老莊。慧慶儉約質素，能彈琴，頗好莊老，而爲政纖密，有如居家。禁絶淫祠民莠去，崇修學校士林光。慧慶在交阯，禁斷淫祀，崇修學校，由是威惠霑洽，盜賊不起，乃至城門不夜閉，道不拾遺。私財勸賞清邊寇，餘禄均分濟歲荒。盧循破合浦，徑向交州，慧慶破之。循復招餘黨以進，慧慶悉出私財以充勸賞，自登高艦，放火箭焚循艦，一時潰散，遂斬循。嘗值歲荒人饑，則以私禄賑給。杜氏一門三杖節，名傳交阯世流芳。慧慶子宏文，復繼父爲交阯刺史。元嘉四年，宏文已得疾，被徵，或勸以待愈，宏文曰："吾杖節三世，常欲投軀帝庭，況被徵命，而可晏然乎？"即輿疾就道，行至廣州卒。

劉秀之字道寶，東莞莒人。景平二年除駙馬都尉，元嘉中再爲建康令。孝武鎮襄陽，以爲襄陽令，復除西戎校尉，梁南、秦二州刺史，加都督。孝建初以起義功，封康樂縣侯，徙丹陽尹，遷尚書右僕射。後爲雍州刺史，將徵爲左僕射，會卒，贈司空，謚忠成。

以錢易絹貨流通，予直纔知買物公。先是，漢川以絹爲貨，秀之令用錢，百姓利之。後在丹陽，縣官買物，多不予直，秀之極言其非宜，不納。堰起六門防水患，田開千頃兆年豐。襄陽有六門堰，良田數千頃。堰久壞，公私廢業，秀之復修之，雍部由是大豐。襄陽赴難皆稱義，刺史無財乃見忠。元凶邵弑逆，秀之即日起兵，求赴襄陽。孝武入定難，遷爲益州刺史。梁、益豐富，前後刺史莫不營聚，多者致萬金。秀之心力堅正，獨清潔，家無餘財。撫卹饑民多惠政，不徒兩袖有清風。秀之躬爲儉約，以救饑饉。

南朝齊

傅琰字秀珪，北地靈州人。仕宋爲武康令，遷山陰令，元徽中遷尚書左丞。齊高帝輔政，復爲山陰令。昇明中自縣擢爲益州刺史，齊建元四年徵爲驃騎將軍、黄門郎。永明中行荆州事，卒。

勤清兩字即官箴，理縣《齊書》作"治縣"，此從《南史》。何嘗有譜臨。先是，琰父僧祐嘗令山陰，有能名，至琰復再任著績。時言諸傅有理縣譜，子孫相傳，不以示人。琰子翙復令山陰，有能名，建康令孫廉問曰："聞大人發姦擿伏，惠化如神，何以至此？"曰："惟勤而清。清則憲綱自行，勤則事無不理。"論者謂"勤清"二字,即諸傳之理縣譜。雞破縱然分豆粟,絲團誰解辨糖鹹。山陰有二姥爭團絲,姥各別業,一賣鹹,一賣糖。琰令挂團絲鞭之,有鐵屑,乃罰賣糖者。又二野父爭雞,琰問何以食鷄?一云粟,一云豆。乃破雞得粟,罪言豆者。縣内稱神明,無敢爲偷。能臣自有防民術,孝子惟存愛母心。琰遭母喪,鄰家失火,延燒琰屋。琰抱柩不動,鄰人競求赴救,乃得俱全。琰股髀之間,已被烟焰。不愧當年稱傅聖,一門政績著山陰。琰仕宋爲武康令,遷山陰令,並著能名,二縣皆謂之"傅聖"。

范述曾字穎彦,吴郡錢塘人。齊初爲南郡王國郎中令,遷太子步兵校尉,帶開陽令。明帝即位,遷永嘉太守。東昏時拜中散大夫,還鄉里。入梁,以爲大中大夫。天監八年卒。

廉禄均分不自私,家徒四壁老無貲。述曾勵志清白,不受餽遺,平生所得禄皆以分施。及老,遂壁立無資。通商就業恩膏溥,化賊爲良悍俗移。永嘉所部横陽縣,山谷嶮峻,爲逋逃所聚,前後二千石討捕莫能息。述曾下車,開示恩信,諸凶黨襁負而出,編户屬籍者二百餘家。自是商賈流通,居人安業。接踵前賢方汲黯,流型後輩式師施。述曾在齊,沈約以方汲黯。仕梁卒後,吴興且師施爲臨安令,亦以廉潔稱,當時以比述曾。齊梁溷迹關時勢,可惜文言注失遺。述曾嘗從吕道惠受五經,所注有文言。

南朝梁

夏侯夔字季倫,譙郡譙人。由大匠卿累遷司州刺史,領安陸太守及郢州刺史。元顯達降,詔改爲北司州,以夔爲刺史,兼督司州,封保城縣侯。大通六年轉豫州刺史。在州七年卒,謚曰桓。

出奇制勝護司州,北道防閑賴夏侯。時譙州刺史湛僧智圍東豫州,刺史元慶和於廣陵入其郛。魏將元顯伯率軍赴援,夔乃自武陽出會僧智,斷魏軍歸路,慶和遂降,顯伯聞之夜遁,由是義陽北道與魏絶。勁卒萬人資戰守,良田千頃備征求。豫州積歲連兵,人頗失業。夔於蒼陵立堰,溉田千餘頃,歲收穀百餘萬石,以備充儲,兼贍貧人。又有部曲萬人,馬二千匹,並服習精强,爲當時最盛。嘉賓每念高軒過,舊友還思下榻留。夔性好人士,不以貴位自高,文武賓客常滿座,時尤以此高之。在郡七年恩惠著,前兄後弟政優優。初,夔兄亶亦任豫州,有恩惠,於是百姓歌曰:"我之有州,頻得夏侯。前兄後弟,布政優優。"

張緬字元長,范陽方城人,弘策之子,襲封洮陽縣侯。起家秘書郎,出爲淮南太守,尋爲武陵太守,還拜太子洗馬、中舍人,累遷豫章内史,後爲御史中丞。遷侍中,未拜卒。

勤修苦學歷辛酸,手不停披眼界寬。緬少勤學,手不輟卷,有質疑者,隨問輒對,略無遺失。童子亦知軍務重,少年應作老成看。弘策從武帝舉兵向都,緬甫十歲,留襄陽,每聞軍勝負,輒憂喜形於顔色。及弘策遇害,居喪過禮,服闋,出守淮南。武帝疑其年少,未閑吏事,取文案試令斷決,見其允愜,甚稱賞之。恥爲鉤距誇明斷,賴有權衡策治安。緬爲政任恩惠,不設鉤矩。吏人化其德,亦不敢欺。御史推繩何所忌,圖形臺省勵當官。緬爲御史中丞,推繩無所顧望,號爲勁直。武帝圖其形於臺省,以勵當官。

南朝陳

褚玠字温理，河南陽翟人。起家王府法曹，累遷太子庶子、中書侍郎。太建中除戎昭將軍、山陰令，尋免，太子令入直殿省。十年除電威將軍、淮南王長史，十二年遷御史中丞，卒，年五十二。

引弓射虎不爲奇，剛直如繩大節持。玠有膽決，善騎射，嘗出獵遇虎，引弓射之，再發皆中口入腹。及爲御史中丞，甚有直繩之稱。莫謂脂膏難自潤，尚餘蔬菜可充飢。委輸課最心無愧，去暴除殘職所司。玠在山陰時，舍人曹達義爲高宗所寵，縣富人陳信諂事義達，信父顯文恃勢横暴。玠乃執顯文鞭之一百，信卒因義達譖玠免官。去官之日，不堪自致，因留縣境，種蔬菜自給。或以嗤玠，玠曰："吾委輸課最，不後列城，除殘去暴，姦吏跼蹐。若謂不能自潤脂膏者，則如來命。"獨惜朝章編未訖，空傳文奏重當時。玠博學，善屬文，辭義典實，不好艷靡。自梁末喪亂，朝章廢弛。玠方欲改張，大爲條例，綱維略舉，而編次未訖。所制章奏、雜文二百餘篇，皆切事理，見重於時。

北朝魏

韓麒麟昌黎棘城人。參征南慕容白曜軍事，表爲冀州刺史。孝文時拜齊州刺史，卒，謚曰康。

寬和示衆下齊城，無事立威已著名。白曜破升城，將坑之，麒麟諫曰："今方進趣，宜示寬厚。勁敵在前，而便坑其衆，恐三齊未易圖也。"白曜從之，皆令復業，齊人大悦。及在齊州，從事劉普慶説曰："明公仗節方夏，無所斬戮，何以示威？"麒麟曰："人不犯法，何所戮乎？若必須斬斷以立威名，當以卿應之。"普慶慚懼而退。授職良才皆荷寵，推恩華族亦蒙榮。麒麟請推用豪望，增置吏員，廣延賢哲，庶華族蒙榮，良才獲叙，因以懷德安土，朝議從之。工商玉食荒年兆，童僕絲衣侈俗成。欲挽頹風歸樸素，備爲格式勸農耕。太和十一年大饑，麒麟表陳時務，略曰：自承平日久，競尚矜夸，浸成侈俗。富貴之家，童妾袨服；工商之族，玉食錦衣。故令耕者日少，田者日荒，饑寒之本，實在於斯。愚謂凡珍玩之物，皆宜禁斷，吉凶之禮，備爲格式，令貴賤有别，人歸樸素。制天下男女計口受田，請減絹布，增穀益租。官有宿積，則人無荒年矣。

李平字雲定，頓邱人。孝文時行河南尹，徵拜度支尚書，領御史中尉，旋行冀州，爲高肇王顯所陷，除名。延昌初復除定、冀二州刺史，孝明初轉吏部尚書，遷右僕射，加散騎常侍，卒，謚文烈。

孝文稽古樹風聲，布化承流恃李平。平涉獵群書，好《禮》、《易》，有大度。論者謂南北紛紛，競尚西方之學，孝文稽古禮文，風聲日正，故承流者耳目漸染，其所崇好亦爲之翻然一變。太學儼充秦博士，講堂如見漢諸生。形圖至聖衣冠肅，贊立先賢俎豆盛。平爲相州刺史，修飾太學，簡試通儒，以充博士，選五郡聰敏者教之，圖孔子及七十二子於講堂，親爲立贊。别有丹青施客館，薄冰虎尾誡貪盈。先是，臺使多好侵漁，平乃畫履虎尾、踐薄冰於客館，注頌其下，以示誡。

張華原字國満，代郡人。高祖引爲法曹參軍，遷大丞相府屬，後累遷兗州刺史，卒於官。

宇文愛士欲留之，驥足從來不受羈。華原嘗奉使入關，宇文泰愛之，有拘留之意，謂曰："若能屈驥足，當共享富貴，不爾，命懸今日。"華原曰："有死而已，不敢奉命。"泰嘉其亮正，乃使東還。盜賊聞風求納款，囚徒指日定歸期。華原至兗州，廣布耳目，境内大賊及鄰州亡命三百餘人，皆詣華原歸款，州獄繫囚千餘。華原隨事決遣，至年暮，惟餘重罪數十人。華原各給五日假，遣歸家，申賀曰："期盡速返。"囚等依期畢至。三軍踴躍爭摩壘，一郡悲號爲立祠。高祖每號令三軍，常令華原宣諭意旨。卒後，兗州人大小莫不號慕，爲立祠，四時祭焉。猛獸未知何處去，但聞六駮逞雄奇。先是，州境數有猛獸爲暴。至是，甑山中忽有六駮，出食猛獸，咸以爲化感所致。

北朝齊

崔伯謙字士遜，博陵人。高歡召赴晉陽，補相府功曹，遷瀛州别駕。高澄輔政，以爲京畿司馬。齊天保初除濟北太守，後除南鉅鹿太守，徵拜銀青光禄大夫，卒，謚曰懿。

清言俗事不相蒙，容止儼然氣内充。伯謙少讀經史，平生容止儼然，未嘗有愠色，親朋至，置酒相娱，清言不及俗事，士大夫以爲儀表。長吏畏威如夏日，庶民懷惠似春風。伯謙在濟北，改用熟皮鞭鞭人，不忍見血，示恥而已。有朝貴過郡，問人以太守政治，人曰："府君恩化，古者所無。"因誦民歌曰："崔府君，能臨政，易鞭鞭，布威德，民無爭。"客曰："既以德化，何更任威？"對曰："長吏憚威，人庶蒙惠。"瀛州已著康歌美，督府應推雅道隆。世宗嘗勞之曰："卿騁足瀛部，已著康歌，督府務殷，是用相授。"時族弟暹方居寵要，伯謙以雅道自居，非吉凶未嘗造暹。縱有沈冤何足慮，解紛俟我白鬚公。伯謙在南鉅鹿，事無巨細，必自親覽。民有貧弱未理者，皆曰："我自有白鬚公，不慮不決。"

蘇瓊字珍之，長樂武强人。高澄以儀同開府引爲刑獄參軍，遷南清河太守，遭憂解職，尋起爲司直廷尉正。皇建中賜爵安定縣男，行徐州事，後爲大理卿而齊亡，入周爲博陵太守。

司刑遇我好參軍，斷決無疑善解紛。先是，府僚有推并州盜事者，賊已拷伏，惟未得贓。澄更以付瓊，瓊乃别推得賊，盡獲贓驗。澄大笑，語前妄引賊者曰："爾輩若不遇我好參軍，幾致枉死。"後京師爲之語曰："斷決無疑蘇珍之。"總集大儒施教化，率同諸吏受陶薰。瓊在清河，每年春，總集大儒衛覬隆、田元鳳等，講於郡學。諸吏文案之暇，悉令受書，時人指吏曹爲學生屋。鄰無遏糴通商便，境不居奇勸貸勤。瓊在清河，貸粟於富家以給饑者。後在徐州，時淮南歲儉，瓊請聽糴淮北；及淮北饑，復請通糴淮南。自是，商販往來，彼此兼濟。論者謂朱子之賑南康，亦惟通商勸貸而已。通商故鄰無遏糴而客米雲集，勸貸故境無居奇而舊穀益出，殆權輿於瓊法而行之者歟。討債祇須玄理悟，沙門緘口入青雲。清河道研爲濟州沙門統，資産巨富，在郡多有出息，常得郡縣爲徵。瓊每見則談問玄理，研雖爲債數來，無由啓口。其弟子問其故，研曰："每見府君，徑將我入青雲間，何由得論地上事。"

裴延儁字平子，河東聞喜人。齊宣武即位，爲中書侍郎。明帝時拜幽州刺史，後歷官至吏部尚書。莊帝初於河陰遇害，其子元直敬猷，並有學尚，與同死。

群官博議好鋪張，獨著一堂正論長。宣武專心釋典，延儁上疏諫，及詔立明堂，群官博議，延儁獨著一堂之論。督亢疏渠資灌溉，戾陵起堨固隄防。田功已畢農收利，學校初興士有光。范陽郡故有督亢渠，漁陽燕郡有戾陵諸堨，久廢莫修。延儁乃相度形勢，隨力分督，未幾而就，溉田百餘萬畝，爲利十倍，百姓賴之。又命修起學校，禮教大行，人歌謡之。考績常爲天下最，裴公作吏是循良。在幽州五年，考績爲天下最。

北朝周

裴俠字嵩和，河東聞喜人。從孝武入關，除丞相府士曹參軍，後除河北郡守。周孝閔帝踐阼，除司邑下大夫，遷民部中大夫，轉工部。武成元年卒，謚曰貞。

裴氏家規世所聞，嵩和作傳表清芬。俠在河北，去職之日，一無所取。民歌之曰："肥鮮不食，丁庸不取。裴公貞惠，爲世規矩。"俠又撰九世伯祖貞侯傳，以爲裴氏清公自此始。瞻烏已定關西局，市馬常空冀北群。俠從孝武入關時，妻子猶在東郡，鄭偉曰："天下方亂，未知烏之所集，何如東就妻子。"俠曰："吾既食人之禄，豈以妻子易圖。"及至河北，罷漁獵丁夫，但收庸直以市馬。歲月既積，馬遂成群。延譽朝廷非溢美，流芳典策見殊勳。俠嘗曰："清者涖職之本，儉者持身之基。我大宗世濟其美，故能存見稱於朝廷，殁，流芳於典策。"吏民感戴歌功德，不愧當時獨立君。俠卒後，河北吏民感俠遺愛，乃作頌紀其清德。先是，俠與諸牧守謁宇文泰，泰命俠别立，謂諸牧守曰："俠清慎奉公，爲天下最，今衆有如俠者，可與俱立。"衆皆默然無敢應，乃厚賜俠。朝野嘆服，咸號爲"獨立君"。

薛慎字伯護，河東汾陰人。累遷禮部郎中，周孝閔帝踐阼，除御正下大夫，封淮南縣子，歷師氏御伯中大夫。保定初出爲湖州刺史，尋爲蕃部中大夫，以疾去職，卒於家。

雨化風薰學者師，諸生課業賴先知。六經奥旨心常醉，三史菁華手自披。宇文泰於行臺省置學，取丞郎及府佐德行明敏者充之，令旦理公務，晚就講學，先六經，後子史，復使慎爲學師，以知諸生課業。草亦有情呼作孝，竹因多淚號爲慈。《述異記》："舜草，今之孝草也。"《群芳譜》："慈竹内實而節疏性弱，形緊而細可代藤。"年來盡革諸蠻俗，父子同居不忍離。湖州界雜諸蠻，常苦劫掠。慎仍集蠻豪，殷勤勸誡，期年翕然從化，諸蠻乃相謂曰："今日始知刺史真人父母也。"先是，蠻俗子娶妻，雖父母在，即别居。慎仍親自誘導，示以孝慈，於是風化大行，盡革舊俗。

隋

梁彦光字修芝，安定烏氏人。仕隋爲岐州刺史，轉相州，以政不理坐免。後復爲相州，卒於官，謚曰襄。

變魯變齊法不同，改絃易調乃能工。養禾自有興苗雨，除莠還須偃草風。岐俗質，彦光以静鎮之，所部大安。嘉禾連理，出於州境。相人詐，治如岐州法，故坐免。後拜趙州刺史，彦光曰："臣前待罪相州，百姓呼爲戴帽餳。請復爲相州，改絃易調，庶以變其風俗。"上從之。豪猾遠逃無健訟，大儒來試化顓蒙。彥光再治相州，發摘姦隱，有若神明，豪猾皆潛竄。又以人情好訟，乃招致山東大儒，每鄉立學，常以季月召集臨試，有勤學者升堂設饌。及大比，又行賓貢之禮，於是風俗大改。天生紫石傳佳話，到處人知有孝童。彥光七歲時，父遇篤疾，醫云餌紫石英可愈。彥光忽於園中得之，人以爲至孝所感。

劉曠不知何許人。開皇初爲平鄉令，遷臨潁令，後拜莒州刺史。

牧民最怕屢紛更，單騎之官免送迎。爲吏自來多尚劾，有君如此復何爭。曠爲平鄉令，單騎之官，有訟者曉以義理，不加繩劾，所得禄，用賑窮乏。百姓感其德，更相謂曰："有君如此，何得爲非。"庭閒月淡羅空設，獄静風清草自生。曠在平鄉七年，風教大洽，獄無繫囚，囹圄皆生草，庭可張羅。善政常稱天下最，特蒙優詔賜恩榮。曠在臨潁，清名善政爲天下第一。高熲言其狀，上召見，勞之曰："天下縣令多矣，卿獨能異於衆，良足美也。"顧侍臣曰："若不殊獎，何以勸人。"於是下優詔，拜莒州刺史。

王伽河間章武人。開皇末爲齊州行參軍，後擢爲雍令。

脱囚非例不常行，偶一爲之世所驚。會見豚魚咸可格，休因鼠雀謂多爭。伽被州使送流囚李參等七十餘人詣京師，行次滎陽，呼囚謂曰："若等犯法，枷鎖亦太苦。吾爲若脱去，各行詣京，能無違期乎？"囚皆拜曰："必不敢違。"於是舍之而去。流人感悦，依期悉至。上聞而驚異，召見稱善，并流人赦之，乃下詔曰："凡在有生含靈稟性，若臨以至誠，明加勸導，則賊必從化，人皆遷善。"人皆似李刑將措，官盡如王法自平。詔書又云："率土之人，非爲難教，良是官人不加曉示，致令陷罪，無由自新。若使官盡王伽之儔，人皆李參之輩，刑措不用，其何遠哉？"莫道循良惟兩漢，開皇吏治本詳明。論者謂開皇之治，簡覈吏職，故其時户口大蕃，民得休息，東漢以還，於斯爲盛。

長孫平字處均，代人。開皇三年拜度支尚書，後轉工部尚書，未幾遇譴，尋除汴州刺史，歷許、貝二州。又遷相州，坐事免。俄復進位大將軍，拜太常卿、吏部尚書，卒於官，謚曰康。

救災善政數開皇，到處民間立義倉。不假縣官司出入，分儲里社便輸將。備荒自有豐年穀，就食無煩異地糧。開皇三年，議爲水旱之備，平奏請諸州勸課，當社共立義倉。收穫之日，令民各出粟麥，上户不過一石，中户七斗，下户四斗，皆儲義倉，委社司簡校。若時不熟，即以此穀賑給。自是，州里豐衍。信是度支籌上策，豈徒作吏頌循良。平是時爲度支尚書，後爲刺史，俱有善政。

辛公義隴西狄道人。開皇初轉駕部侍郎，以功除岷州刺史，又遷牟州刺史。煬帝即位，以讒免。後起爲司隸大夫，檢校右禦衛武賁郎將，從征至柳城郡卒。

松柏經寒興自豪，時瘟豈足困吾曹。晉咸寧中大疫，庚衮二兄俱亡，次兄毗復危殆，父母諸弟皆出次於外，衮獨留不去。及毗病得瘥，衮亦無恙，父老咸曰："歲寒然後知松柏之後凋，始知疫癘之不能相染也。"連朝救疾風薰榻，岷俗畏病，一人有疾，舉家皆逃。公義欲變其俗，乃遣人輿置廳事，親設一榻，坐其間，終日連夕，對之理事，所得禄盡用市藥，迎醫療之，病者悉瘥，乃召其親戚曰："死生有命，不關相染，前汝棄之，所以死耳。"諸病家子孫皆慚謝。累日提刑露坐牢。公義遷牟州，下車先至獄中,露坐牢側,驗問十餘日,決斷咸盡,方還大廳。合境皆呼慈母愛,公義在岷,合境皆呼慈母。無人不念使君勞。牟後有訟者,父老遽曉曰:"此小事,何忍勤勞使君。"往往兩讓而止。官寮犯法終難捨,黜陟非私未可撓。仁壽元年充揚州道黜陟大使,豫章王暕恐某官寮犯法,使人迎囑公義。公義惟曰:"不敢有私。"及至,皆無所縱捨。

魏德深弘農人。爲文帝挽郎,累遷貴鄉長。煬帝時轉館陶長,復還貴鄉。郡丞元寶藏害其能,及越王侗徵兵,寶藏遂令德深率兵赴東都,後歿於陣。

纔别貴鄉赴館陶,一家歡笑一號咷。傾城遠送那知苦,闔境來迎敢告勞。德深轉館陶長,貴鄉人傾城送之,號泣之聲,道路不絶。既至館陶,闔境老幼皆如見其父母。盼得清風吹故里,喜逢舊雨化吾曹。貴鄉父老詣闕請留德深,詔許之。館陶父老復詣郡相訟,以貴鄉文書爲詐,郡不能決。會持節使者至,乃斷從貴鄉,館陶人從而之貴鄉者數百家。從征士卒甘心死,哭向都門不忍逃。是時,寶藏以武陽歸李密。德深所領皆武陽人,每念親戚,輒出都門,東向慟哭。或曰:"李密近在金墉,歸易耳,何自苦。"其人皆曰:"從魏明府來,何忍去。"其得人心如此。

律賦存稿除館課已刻外，再選九首戊午五月

雲無心以出岫賦以“山川出雲，遍雨天下”爲韻

膏融綉甸，澤沛瀛寰。兩儀執柄，四序維環。繄甘霖之氾濩，資瑞靄之斕斒。雨灑千疇，慰農望於須臾之際；雲興四嶽，施神功於俄頃之間。敷大化於無心，津莖潤葉；驗休徵於有象，歙野噴山。原夫雲之在岫也，紛綸狎獵，繚繞纏綿。輕容鳳翥，細影蟬聯。勢將飛而更住，形欲往而仍牽。吉藻覆金根之蓋，祥葩開玉井之蓮。垂虹澗底，冪樹峰巔。鳥篆絲絲，披絪緼於翠黛；魚鱗隊隊，映澹蕩於清川。若夫岫之含雲也，萬壑潆洄，千巖嵂崒。石燦文星，階流藻日。凝碧蘚以痕深，疊蒼松而蔭密。聚來似複，乍迷疊巘之形；凝處常濃，仍帶奇峰之質。若層巒之韞玉，縟采中涵；如寶甕之噓桐，清陰上出。在天成象，拔地騰文。當梅炎之送霽，正麥氣之迎曛。霧溟濛而散曙，風駘盪而吹薰。桐生氣茂，蔀屋情殷。喜化機之勃發，徵協氣之氤氳。列向窗中，望螺紋於遠岫；飛依嶺表，覩綺縠於梢雲。於是攢洞口以層層，繞峰腰而片片。映黛色以孤標，隨嵐光而萬變。穿林欲濕，豈待喚於林鳩；觸石將翔，詎爭奇於石燕。協氣驗上升之候，計日以占；祥膏符下尺之期，崇朝而遍。於是宿靄濃蒸，輕雷暗度。電轉深巖，飆回遠樹。始油油以抽緒，虬壑平鋪；旋靄靄以擢枝，鱗塍競注。宛酌醴而傾觴，如飛泉而灑路。淋漓被澤，定知多稼之均霑；優渥興歌，豈僅公田之先雨。良以靈通山谷，德至川淵。葱蘢勢結，霡霂陰連。噓氣成雲，縹緲之豐姿可繪；嵌巖作岫，冲虛之境象斯傳。惟苞符之默契，順時序以昭宣。推妙化於機緘，友風子雨；契元功於橐籥，際地蟠天。皇上治洽熙春，恩覃函夏。呈麗景於三階，沛醲膏於九野。曰雨而雨，衍疇則箕範堪徵；似烟非烟，錫瑞而虞歌並寫。小臣芸館承暉，楓軒奏雅。陋陶令停雲之製，徒吟松菊庭前；懷唐臣喜雨之篇，曾侍芙蓉闕下。

嘉慶己卯散館題，余考列一等第二名，吴殿撰其濬第一名。此賦殿撰借刻於館課賦中。

共登青雲梯賦以題爲韻

原夫雲棟呈材，雲官紀統。瞻雲徵太史之書，凌雲獻大人之頌。故登天

府則簡拔惟賢，登龍門則品題遂重。望三千之蓬島，指顧非遥；搏九萬之鵬程，扶摇可縱。開福地以高翔，肅仙容於景從。此則星環斗極，觀象者近天子光；風入蘭臺，披襟者與庶人共也。爰有謝家寶樹，雅愛詩朋。一生蠟屐，三尺朱藤。游名山而目騁，溯勝境而神凝。抗疏峰於窈窕，搜密徑於崚嶒。石棧鈎連，儼天梯之可接；林巒洞闢，知雲路之堪升。倘尋嵩岳以幽棲，定呼子晉；若過蘇門而長嘯，似遇孫登。然而縱心孤往，遺世獨醒。雖高瞻而遠矚，僅隻影而單形。彼衆友之相招，尚來竹徑；苟群賢之不至，誰會蘭亭。况乎振衣碧落，飛舄蒼冥。出入於烟霞之窟，徘徊於牛斗之靈。豈可不風飆共上，環佩同聽。飛泉響於嵐間，一條虚白；倚劍光於天外，四面空青。於是嘯月餐霞之侣，攀鱗附翼之群，爭馳情於縹緲，遂接踵而紛紜。杳然若盤鵰之摩霄漢，翩然如翔鶴之出塵氛。拾級以升，形何嫌乎雜遝；歷階而上，境不礙乎氤氲。有時仙露垂來，高處之衣衫欲濕；縱被天風送去，空中之笑語猶聞。莫不栖身極巘，插脚行雲；則見危懸碧磴，峻壓丹梯。千盤遠近，萬疊高低。石徑鋪苔而緑碎，林花著雨而紅齊。非借術於長繩，居然取月；豈追蹤於短轡，宛爾騎霓。既拍肩而並立，亦聯袂而相攜。分齊州九點之烟，青光未了；削太華三峰之翠，雲影初迷。恍如破浪乘風，窮江天於浩渺；寧似捫参歷井，望蜀道以攀躋。方今糾縵盈廷，輪囷靄樹。神鱗競躍於天衢，駿驥爭驤乎皇路。人依華蓋，候磚影以偕來；地闢瀛洲，聽履聲而共步。結伴則衆仙同詠，曲是霓裳；觀光而多士齊趨，山無韋布。願仰九重閶闔，薰毫賡干吕之詩；常隨八伯星雲，珥筆掞登高之賦。

黄金臺賦以“王欲招賢，請從臣始”爲韻

霸圖千古，天府一方。山河割據，關塞綿長。占星分乎析木，樹國始乎甘棠。壯士悲歌之地，雄才馳騁之場。登碣石而遠眺，見金臺之高翔。招賢有館，闢土無疆。誰其築此，實惟昭王。當夫燕祚中微，齊郊逞欲，爭兩界於犬牙，立七雄於鼎足。强鄰肆封豕之威，小國來牽羊之辱。吴沼之勢已成，曹社之謀誰屬。燕山黯淡而煙凝，易水蕭條兮寒緑。遂使草滿荒郊，烟銷寶玉。王乃提虎旅，奮龍鑣，揮倚天之劍，樹摩壘之標。將欲恢宏土宇，驅策風飆，而帷幄之籌未運，弓車之禮未招。楨幹未呈於白屋，茅茹未拔乎翠苕，其何以旁搜而遠採，揚滯而飛翹。故懸幣以求，爛爛兮黄金之高北斗；築宫以待，巍巍乎層臺之矗絳霄。爾其爲狀也，嵯峨峻聳，夭矯盤旋，千層璧合，四面珠聯。

闢朱堂於上界,開華闕於中天。虹梁垂以下瞰,雲翼抗而高騫。鏤瓊綴檻,截玉裝椽。褱以藻繡,絡以綸連。三品之寶,輝耀其前。豈若蘭臺避暑,丹臺延年。徒自詡其安處,終無關於養賢。於是覩宫館之瑰奇,恍棲神於太景。慮其相士之未真,而士不接踵而延頸也。乃進郭隗,長跽以請。師範是尊,國鈞是秉。豈不以立賢者必示其方,樹表者先端其影。以千金而市駿骨,則良驥空群;以國士而禮賢豪,則真才脱穎。大王之賢,小臣之幸。玉鏡照乎遐區,蒲輪徵於近境。彼夫隱蓬蒿以屈蠖,瞻閶闔以攀龍。縱横在掌,韜略盤胸。談笑則方城可却,指揮則函谷可封。羞劍鋏之寄食,耻珠履之追蹤。蓋晉侯虒祁之宫所不能致,亦楚王章華之館所不能容。朝享千鎰,暮陳萬鍾。坐無虚設,儲不改供。莫不登臺獻策,奔走而來從。斯時也,威揚壇坫,勢接齒唇。捲甲入臨淄之野,横戈指海岱之濱。七十二城望風盡下,二千餘里按轡周巡。向使鐵籠之車竟折,火牛之陣亦馴。墨邑無奇軍之勝,寧臺有重器之陳*。則駸駸乎鞭笞韓魏,囊括楚秦,胥北向而稱臣矣。此金臺之遺蹟,所以歷今古而常新。然而事業未終,爭雄方始。徒窮壯采於雕墻,僅結豪情於文綺。執轡而過夷門,擁彗而迎屠市。彼激烈之成風,詎安危之足恃。曷若聖朝側席求賢,闢門選士,庇廣厦以皆歡,度宏規而大起。黄金騄駬,昔年英俊之鄉;麟閣雲臺,今日帝王之里。

同律度量衡賦以題爲韻

昔者姚墟受祚,蒲坂垂躬。祥徵合璧,治協揮桐。蹌來儀於翽羽,宣亮采於華蟲。乃御黄屋,開紫宫,陽春布德,巡狩於東。山川之祀既肅,玉帛之儀攸隆。群后覲光,聲爲律而身爲度;一人班瑞,量其材而衡其功。審音以授人時,官兼羲命;制器以前民用,職重垂工。故省方必始岱宗,所以明陰陽之代;而著象必昭銅式,所以驗風俗之同。原夫考日定聲,辨辰生律。溯伶倫之含少竹筒,既創其規;觀王母之昭華玉琯,復呈其質。分寒暄之候,取義於分;率清濁之音,徵名爲率。學鳳吹於桐峰,驗葭灰於緹室。短長協九寸之中,損益酌三分之一。彌綸乎,二十四氣月令無違;經緯乎,三百六旬歲功不失。蓋黄鍾定而八音克諧,亦玉律調而萬物咸秩。若夫規圜以象天,璧羨以起度。審毫釐而不差,覩肘指而能布。忖於寸蒦於尺,放之而引丈遂伸;室以几堂以

* 此句"重"字下底本缺一"器"字,據《史記·樂毅列傳》中"齊器設於寧臺"補。

筵,循之而野涂可步。他若嘉量既成,平衡斯具。多寡之用惟均,重輕之權弗誤。語其大,則馬牛量谷,倉箱隨地以充盈;析其微,則燕雀集衡,銖兩稱心而挹注。此皆範金以制其形,而因累黍以推其數者也。特是萬有不齊者物之情,一成不變者器之狀。雄鳴與雌鳴迭奏,而綜和宜審元音;金式偕玉式俱呈,而司契總歸哲匠。盈虛酌劑,知登升角斛之難欺;高下誠懸,必平準直繩之各當。况乎同文同軌,車書共底夫平成;同節同和,禮樂胥昭夫揖讓。則與人同善,先操臨下之權;稽古同天,乃見執中之量。故其時卿雲擢瑞,華屋舒英,賓門肅穆,嶽貢修明。歌南薰以阜民財,六律胥鳴其豫;命章亥以步地紀,五度不爽其程。關石垂夏府之藏,寧分乎公量家量;璿璣察虞廷之政,詎判乎上衡平衡。十二州就日瞻雲,民知順則;五十載垂裳端冕,德協惟精。又何必考六同於春官,僅備工師之習;徵大同於洪範,徒稽卜筮之貞而已哉。我皇上握符闡珍,建極綏祚,奉天無私,因物以付。軒筩周尺,耀秘典於圖書;珠斗玉繩,播宏規於道路。玆復篤念羹牆,蠲誠霜露。舉輦輅以周巡,望橋山而展慕。東來紫氣,欣覘風土於聯吟;北拱黄星,願繼賡颺而獻賦。

桐葉封弟賦以"周公入賀,史佚成之"爲韻

在昔成王踐阼,元相造周。屏藩既樹,兄弟爰求。懲桃蟲之肇允,思桑土之綢繆。方艱難而陳七月,何嬉戲而命諸侯。豈其擇地而封,朕志先定;抑或有文在手,神夢終酬。其事則創,其心則童。維玆貴介,生長深宫。親則宜土田之錫,愛則欲茀禄之同。雖舉國以相畀,詎所言之未公。葛藟縈之,本是同根之木;鳳凰鳴矣,先裁一葉之桐。曰:"小子虞,命爾圭執。俾侯於唐,作邦厥邑。越之雉可用羽儀,客之馬尚思維縶。矧棠棣之孔懷,乃絲綸之未及。有如此木,相期枝幹之扶;暨予同心,更望謀猷之入。"虞拜稽首,爲天子佐。出厢之東,降階之左。豈聞命而若驚,宛受玉而不惰。捧心而碧月盈懷,垂手而緑雲滿座。念桐生之連理,共繫苞桑;譬桐葉之知時,敢疏朝賀。時則周公趨而進曰:"王以弱弟爲賢,授以陶唐故址。惠逮鴒原,歡騰麟趾。瑞未頒於春官,言已書於右史。從此山河帶礪,地即分茅;若爲丹雘垣墉,材堪作梓。"王乃莞爾而辭,惵然若失。知人君無戲言,幸朝廷有良弼。予以五正九宗,分以鼓鐘琴瑟。毋以貴而驕,毋以幼而佚。當時翽羽共傳藹藹之風,他日椒聊遂衍離離之實。然而事既嫌於飾過,迹尤近於要盟。寶玉有展親之典,旅獒戒狎侮之萌。以黼裳之輔相,贊斧扆之鈞衡。伯禽之封尚垂訓誡,叔虞之命

豈故逢迎。此遷書特斷爲史佚,而柳辨致疑於周成也。迄今覽參星之野,過晉水之祠,考樞榆之俗,味蟋蟀之詞。甕山春而新芭可拂,汾曲秋而落葉先知。猶復摩挲古柏,抉剔殘碑。想築室於周詩,式相好矣;尋軼文於唐誥,前言戲之。

蕭翼賺蘭亭賦以"才藝權謀,必能稱旨"爲韻

右軍筆法,得自天臺。蘭亭一叙,珍若瓊瑰。七傳而至智永,垂老而授辨才。藏寢梁而深秘,緘篋笥而罕開。以唐帝之工書,猶難力取;何蕭郎之多智,竟爾攜來。在昔太宗,兼通六藝。擅東晉之風流,耽二王之體勢。凝思觴詠之間,結想流湍之際。慕羲之爲作傳,詔魏公使品第。謂永和三百廿五字猶有傳人,謂王家三千六百箋不如修褉。帝乃心存索驥,迹托談禪,虚席而待,安車以延。歎鵝群其渺矣,撫贋本以示焉。僧乃遜詞屢謝,含意難宣。望白雲兮何在,指青山而翩然。寂寂琳宫,永閟千秋之寶;沉沉鐵限,不移萬乘之權。林茂竹修,山陰路幽。門無剥啄,客有勾留。逐范蠡之一舸,披嚴光之敝裘。潦倒而徒看畫壁,徘徊而猝遇比邱。彼何人斯,如有三生之約;真吾友也,聊爲斗酒之謀。飲興方酣,談鋒間出。既踰月而唱酬,遂兩情之膠漆。眠琴曲録之牀,揮麈維摩之室。論書而棐几奚存,題字而蒲葵久失。恨魚目之混珠,慨鼠鬚之無筆。一則形骸放浪,擁寶墨而自誇;一則顧盼躊躇,恐真書之難必。仰睇觚棱,金題玉繩。網塵初墮,劍彩旋騰。笑到拈花之佛,窺來擊鉢之僧。其氣則龍跳虎卧,其光則霞蔚雲蒸。是醉書之初本,若神助而有憑。除非濡墨狂生,乃傾倒以相示;縱使裼裘公子,欲摩挲而未能。豈知豪奪難施,巧偷轉勝。欲求蘭上之真,暫假終南之徑。秦庭之璧被褐而懷,越海之珠走檕不脛。馳烟而驛路爭看,敲月而禪扉莫應。從此繡衣歸去,悵促膝其何時;回思墨勅宣來,懼酬恩之未稱。蓋由哲后崇文,儒臣獻技。留嘉話於僧寮,助臨池於學士。始歸策府琅函,終作昭陵繭紙。惟率更之石刻巋然,而定武之碑摹溷矣。徒令後之攬者,感慨古今,揣摩形似。環肥燕瘦,猶勞蘇子吟詩;鐵畫銀鈎,只數趙家承旨。

偶觀永樂摹刻定武《蘭亭》并仿李伯時《修褉圖》,卷尾載《法書要録》、何延年《蘭亭記》、《尚書故實》唐野史事,戲爲賦之。劉餗《嘉話》云,隋平陳,帖歸晉王廣,王不之愛。僧果從王借搨,終不求索。僧果死,辨才得之。太宗爲秦王,遣蕭翼取之,與此所記少異。辛卯七月八日自記。

彈鋏賦以"肉食者鄙,未能遠謀"爲韻

昔孟嘗君虚懷若谷,有馮先生客來不速。一則貴擬平原,一則寒如范叔。其迹也若疏若親,其交也不諂不瀆。猶餘一劍,報恩終致其身;欲享千金,説士誰甘於肉。方其躡芒屩以來遊,睨屏風而寄食。衣凝秋水之塵,帶落長虹之色。未辨雄雌,頓加拂拭。將欲倚天外,侍君側,却曼胡之纓,耀鞞琫之飾。拄頤而顧盼生姿,垂佩而周旋比德。乃一彈而三歎,響忽錚錚;豈衆醉而獨醒,情難默默。始則氣欲干霄,聲如躍冶,星碎牀琴,雨飄屋瓦。悲遇合於龍泉,惜功名於魚鮓。長鋏長鋏兮,胡不歸也。繼則慨當以慷,憂來如瀉。入不能廣廈細旃,出不能高車駟馬。徒斂鍔而摧鋒,竟曲高而和寡。長鋏長鋏兮,客胡爲者。維時傳舍之中,任俠之士,聳誚騰譏,攢眉塞耳。徐而聆之,歌猶未已。匪忻慕乎執鞭,匪吁嗟乎四簋。曰:"余無以爲家,安能忍而與此。"或效寧生扣角,欲感齊侯;幾同伍子吹簫,見羞吳鄙。夫其不狷不狂,如怨如誹。屢爲不平之鳴,大有激昂之氣。難求諒於等夷,况徑施諸豪貴。藏銛芒而莫陳,挾厚望其奚慰。視侯嬴之遇無忌,睥睨何如;非鮑叔之知夷吾,包容或未。乃歌纔出於金石,誼已篤於友朋。舍再遷而禮愈重,居期歲而名無稱。譬純鈎之至寶,待薛燭而始登。彼錐履之才短,詎處囊而價增。券書十萬之錢爲君市義,珠履三千之客愧爾無能。厥後湣王見疑,公子遄返。出齊境而旁皇,指薛城而繾綣。雞鳴狗盗者掉臂紛馳,扶老攜幼者褰裳獻悃。卒也鑿窟重完,補牢未晚。致兩國之交迎,恃三端之有本。論者謂田文得士,至田横而不衰;馮子運籌,較魏子而尤遠也。是知器在利,不在大。斯劍也,三尺之修,德務施不務報;斯人也,國士之儔,昔下座而鬱鬱,今高枕而優優。然觀其帶櫑具,脱蒯緱,陵轢恣爽,嘯傲王侯。偶類毛遂之成事,詎知曹劌之遠謀。雖爲濁世之公子所笑而謝,竊恐孔門五尺之童或聞而羞也。

黄華二牘賦以"揮毫不輟,各自有意"爲韻

懿圖書之肇啓,留筆札之芳徽。構精心以獻技,窮變體以探微。訝星陳而雲布,疑霧結而烟霏。六草三真,江左之才名並著;一臺二妙,尚書之逸興遄飛。非不布白分行,點纖波而取媚;孰是連篇累牘,弄柔翰而齊揮。爰有黄華多藝,筆虎爭豪。擣藤谿之秋水,翻墨海之春濤。事以熟而偏精,不慮他歧之惑;心以分而能用,寧虞應接之勞。儼格調兮同工,絳樹之聲傳兩曲;恍生

枯兮迴别,文通之管下雙毫。徒觀其章草沈雄,殳書健倔,勢若蛟騰,形疑蠖屈。披柿葉以霞舒,拂桃花而香鬱。韋陟之五雲作體,逐此離奇;鍾繇之三色成文,方兹嵬崛。幾謂終南意盡,竭全力而爲之;渾忘大令才高,窺一斑而豈不。又若楷法端嚴,丰神秀潔。既壁立以針懸,亦珠圓而磬折。雲藍幾疊,森森桂樹之風;翠縷千般,點點梨花之雪。成規則屈玉垂金,結勢則鉤銀畫鐵。兩盡或嫌其兩窮,中分恐至於中輟。豈知功必要夫兼全,意無妨於偏著。惟相得而益彰,遂並行而偕作。宜左宜右,眼前之筆陣縱横;不後不先,腕底之珠璣錯落。倘許蓮花入夢,定開並蒂之香。有時麥紙鋪窗,誤認雙歧之穫。顧影而波回三折,雅致如如;淩虚而目下十行,仙姿各各*。或岁崱兮峰危,或迷離兮星墜。或並駕以齊驅,或摩肩而交臂。或高標之揭雲,或餘力之破地。任彼一錢麻粒,工細字於蠅頭;笑他十様蠻箋,造層樓於鳳翅。拂几而清風兩袖,斜飄藤角之烟;臨池而名帖雙鉤,低映苔鬚之翠。輕參活筆,隨宛轉以無端;巧奪天工,果淵源其奚自。是蓋發慧業於靈心,傳神機於寶帚。木可入乎三分,才已淩乎八斗。却訝魚游比目,人依洗硯之波;若教曲寫連珠,纖借回文之手。擬射鵰兮藝苑,中必疊雙;看拔幟兮書城,奇應寡偶。買雞林之二幅,何分爾界此疆;并腹藁之二難,固已絶無僅有。然而巧恐傷纖,情多飾智。雖稱便捷之能,終乏精詳之意。燕相之過書舉燭,不免差池;王家之誤筆成牛,近於游戲。神果通夫三昧,書裙而珍貯黄囊;法既備夫六文,揮扇而價增錦肆。將見鼠鬚蠶繭,乞蘭亭九萬之箋;何須月露風雲,獻翰牘三千之字。

高山流水賦以"伯牙鍾期,相遇知音"爲韻

昔伯牙學琴於成連,三年而不獲。游乎渤澥之鄉,集乎蓬萊之宅。溯天籟於杳冥,窮仙心於幽僻。但見海水風翻,雲山洞闢,樹斷峰青,帆迴浪白。渺渺兮情移,飄飄兮意適。神工早示於吾師,妙技何須乎將伯。爰有鍾子期者聞而造焉,曰:"琴之爲德,可以禁邪;琴之爲用,可以滌瑕。是以覩鶴飛而歎師曠,觀魚躍而知瓠巴。今先生擅天下之至妙,視古人而有加。亦將寫素心於焦尾,而揮清響於落霞乎。"先生於是憑素几,弄紅牙,曠然而望遠,翹然而思遐。若有人兮,芰裳蘭佩;此何聲也,山巔水涯。爾其孤音直上,衆響齊從。巉巖嵂崒,陵谷琤琮。懸危崖兮墜石,振幽壑兮長松。藹藹兮,岐陽之鳴

* 此句中"各"字下補一"各"字,上聯爲"雅致如如",下聯應爲"仙姿各各"。

鷟鷟;峨峨兮,太華之削芙蓉。聆斯聲者,乃如攀絶壁,躡奇峰,踞虎豹,登虬龍。鈞天一曲,高山萬重。情磅礴以相激,氣扶輿而自鍾。俄而操纏綿於玉軫,托縹緲於冰絲。幾回蕩漾,一派淪漪。臨春波而送遠,隔秋水而相思。木葉下洞庭之浦,江皋凝斑竹之枝。聆斯聲者,又如身淩三島,目斷九嶷,簫吹鮫女,鼓擊馮夷。嗟湘靈之不見,指流水以爲期。徒觀夫椅桐作質,金玉其相。緑綺三尺,朱弦一張。分宫折徵,刻羽引商。勢如遠而如近,形乍低而乍昂。駟馬聞之而仰秣,雙鵠感之而來翔。豈知馳心壺嶠,合眼江湘。覽滄波之浩浩,激神岳之嶙嶙。海上則歌傳水調,峰頭則樂奏雲璈。蓋惟聲假器而斯傳,境隨心而可遇。偶彈指於天倪,恍棲神於太素。俯仰千秋,蒼茫四顧。雁落平沙,鴻飛遠樹。倏石破兮天驚,疑山鳴兮水怒。長空飄鸞鶴之吟,斷峽響鼉鼊之路。莫不玉匣横陳,瑶徽暗度。既乃白露下,涼飆吹。松影在地,月華臨帷。七條不動,三疊漸遲。碧簟夜深之候,緑陰眠穩之時。心已游於沕穆,理不滯乎成虧。猶復餘音若續,遠響堪追。淵渟岳峙,神動天隨。此則風簫之清聲所不能擬,而豈箏笛之俗耳所可與知哉。於是子期嗒焉如有所失,泠然若有所尋。仰天長嘯,抱膝孤吟。歌曰:"有美一人兮何愔愔,坐白石兮彈瑶琴。一彈使人遠,再彈使人深。"歌響未沉,萬籟蕭森。重調玉柱,更發蘭襟。又歌曰:"遠莫遠兮寒山之岑,深莫深兮弱水之潯。鴻濛兮太古,窅杳兮予心。嗚呼,世無成連兮誰其嗣音。"

眼鏡賦以"目之於色也"爲韻

稽勝略之新編,考方輿之小牘。傳巧製於西洋,配圓規於古竺。璧彩耀兮奩開,菱花紛兮霧蹙。鏡懸靉靆,雲波乍屬。以通神眼,放光明,楮葉輕遮而護目。擬以金臺銀印,滿剌加創此奇模;方之珠钂晶盆,賽典赤珍爲重鬻。物無隱而弗彰,光不分而能蓄。傳觀則月窟雙圓,攬視則江心一掬。映雙眸而奕奕,微生玉佩之烟;具隻眼而空空,勝買鮫綃之櫝。原夫八銖刻鳳,七寶盤螭,珊瑚挂桁,瑇瑁裝帷。舞雞翹兮宛轉,翔鵠羽兮參差。撲地而青銅乍溢,安花而粉絮低窺。雖鏡臺之堪詠,非冰案之所宜。不是金篦,何須刮膜;居然玉鑑,直許齊眉。既自他而有耀,經屢照而寧疲。剪秋水於方瞳,瀏其清矣;敲春冰於冷眼,睆而視之。爾其蟾精薄暈,桂魄澄虚。裁玻璃而雪滑,晃雲母而屏舒。堆聚墨之凹痕,圓光閃閃;淬淩波之皺影,皓彩徐徐。犀角玲瓏而淺押,蟬緌妥貼以平梳。錦縷雙穿,鼻觀之寒香迸透;冰壺四照,眉峰之俗障全祛。非關明眼之囊,重瞳不隔;差勝點睛之筆,半榻相於。霧裏看花,五色應知其莫礙;管中窺豹,一斑猶笑其多疏。遂乃鋪銀海而平揩,拂金膏而細拭。添慧業於心神,助靈源於目力。看山傳窈窕之真,讀畫解褷灖之惑。别鬚眉兮畢現,偏宜漆點鯨波;迴顧盼兮多姿,未許紗籠蟬翼。睛分青白,阮嗣宗徒負狂名;手畫方圓,劉光伯逾增卓識。任爾盈盈合浦,明珠呈照膽之形;憑誰爛爛空巖,紫電掣飛精之色。則有役志鑽研,耽情撏撦。人儕甪里之生,名重香山之社。借朗澈於容成,資通明於般若。纖埃淨洗,蚊睫爭豪。寶扇勻張,蠅頭競寫。莫愁雲霧看花,直可參差辨瓦。符十二地支之數,寧視有而疑無;拓三千眼界之途,固功多而累寡。王氏則紫珍貯匣,蔑以加焉;唐宮則花綬啣圭,不是過也。從此披雲撥霧,瞻日華於仁壽庭中;願隨測海窺天,侍磚影於芙蓉鏡下。

導河積石賦以"黄河千里一曲"爲韻

天生大禹,水治陶唐。滌源宅隩,挈領提綱。萬派胥歸於海谷,百川首重夫河防。截雲根而浩浩,迴地軸而湯湯。懸溜如擎鼇釜,驚濤欲撼黿梁。坎弱水黑水以經營,遥傳丕績;先北江中江以濬決,直接榮光。疏其勢而旁通,東注見朝宗之軌;溯其源而利導,西來爲托始之方。他時險鑿龍門,天外之三峰削翠;此日波迴積石,雲邊之一綫流黄。爾其接仙津於碧漢,連灝氣於銀河。遠出崑岡,半泓瀲灩;近依葱嶺,百丈嵯峨。合流則北會于闐,撈出九華之玉;蓄勢則東歸坳澤,澄來千頃之波。乃伏流而入地,旋涌出而盈科。重源脉注,萬點星羅。其始也,雪漲條分,漾清湍而屈曲;其繼也,砂泉輻凑,排濁浪以滂沱。三十六國之遐荒,源流已遠;千七百渠之澎湃,會合殊多。占牛斗兮遥通,尚許浮查而至;念隨刊兮欲奠,何妨縱葦而過。然而蒼茫莫外,浩渺無邊。山盡平蕪之野,雲低飛鳥之天。詎濫觴之可挹,非懸瓮之能沿。惟兹唐述,拱峙西偏,遥通星宿,遠控祁連。分秀色於蓮峰,不假巨靈之擘;擅奇形於碣石,何來愚叟之遷。巖可藏書,岣嶁之碑銘宛在;嶺疑列笏,會稽之玉帛依然。危攀而巨紐穿崖,捲冰簾兮萬仞;俯瞰而奔流瀉壑,移蓬島兮三千。遂乃噴沫冲融,濕波邐迤,浪吸文鯨,鱗拋赤鯉。翻瓢則勢挾風雲,掣練則聲掀輴樏。映長虹以泱漭,寧須結鎖成橋;排天塹以奔騰,不信投鞭斷水。潑墨之螺峰,蕩漾瓜蔓津前;銜珠之貝闕,參差桃花浪裏。界豁五丁之斧,金隄詎比其崔嵬;泥傾六斗之膠,竹箭難方其迅駛。聳鰲頭之傑柱,勢欲戴夫三山;收湟陿之旁流，潤應滋乎九里。既順軌兮無淤，亦循途兮不溢。經沙磧以縈迴，入中原而勁疾。响雷激電，雍州之豬野緜延；東峽連山，太華之林巒嵂崒。秦關蜿蜒以南迴，底柱岧嶤以東出*。王屋太行之險隘，直訝平吞；孟津洛汭之波濤，還疑怒叱。指溟渤以歸墟，疏九支以匯一。赴壑共慶夫安瀾，先河獨操夫要術。蹑昆吾而鑄鼎，庚辰佐命之年；開宛委而銘功，癸甲勞心之日。方今聖天子清宴凝庥，圖書應籙。鞏億載之金湯，和八方之玉燭。要荒效順以來同，西域開疆而内屬。羅卜在花門之境，雪且成河；火敦猶青海之區，山非採玉。陋張騫之鑿空，漢家未覩真源；笑都實之重探，元代徒矜遠矚。白雲遠上，尋舊蹟于孤城；紫塞遥横，驗洪濤于九曲。夏書之次第堪徵，爾雅之釋文可續。寧必山經海誌，一編窮宇宙之奇；久已錫範陳疇，萬世賴平成之局。

鞠有黄華賦以"籬菊初開，黄爲正色"爲韻

若夫蓮塘粉墜，蓼岸紅歆。丹楓灼爍，碧篠葳蕤。惟治蘠之雅卉，實隱逸之芳姿。何處園林，瘦影横斜之地；幾番風雨，秋容點綴之時。栽從薜荔墻邊，吐萼而香迷曲徑；植向茱萸泬外，含英而艷繞疏籬。爾其瑞表芳園，芳流甘谷。或標壽客之名，或擅長春之目。瓊妝淡掃，凝素練以横拖；墨髻濃梳，綰烏雲而細簇。或捻新痕於紫玉，淺門鮮妍；或塗麗彩於丹砂，輕籠馥鬱。莫不芳散山椒，叢開野菊；然而華非正色，種雜秋蔬。未詳月令，空賦郊居。比金精而奚似，回蠟味而難如。黄絹新裁，剪輕香於碎錦；黄裳小試，粘薄暈於斜裾。窺老圃以參差，遠隴雲深之際；布寒畦以淡冶，空亭葉落之初。始含苞兮嫭掩，旋散纈兮香堆。挹新涼於緑扇，凝淺縟於蒼苔。摇風而綽約難停，密綴林間之橘；逐雨而繽紛欲散，輕抛江上之梅。倘逢瘦蝶穿花，粉衣乍褪；豈是香鵝染草，金粟齊開。則有居鄰彭澤，里住柴桑，孤松落蔭，三逕留芳。對幽叢而徙倚，憐晚艷以徜徉。淡欲如人，簾襯白衣之影；濃堪歸客，杯分紅秫之香。門前之柳葉偏疏，輕霜點素；澗口之桃花不落，夕照流黄。况三秋之雅集，當九日之良期。蹑蓮峰兮啓宴，澆杏酪兮供炊。處處題餻，摶蝺丸而共擲；家家插鬢，結金縷以同垂。落烏帽於參軍，簪嵌玳瑁；烘紫髯於玉局，盞映琉璃。招隱而手攀山桂，傾陽而心托園葵。蘭露朝搴，偕落英而並采；螢囊夜聚，豈腐草之能爲。至若月冷如圭，秋澄似鏡，雁影初斜，蛩吟乍競。垂玉箔

---

* 此句中"岧嶤"下補一"以"字。上句爲"秦關蜿蜒以南迴"，下句應爲"底柱岧嶤以東出"。本篇多有此種句式。

兮將闌，壓花鈿兮不正。光摇膩燭，銅臺之草色宵迷；影落寒星，紙帳之烟痕夜淨。豈無摇落之悲，自有蕭疏之性。故夏正以鞠榮爲農時，吕覽以鞠落爲嘉稙。紀其候而時不差，循其名而義可識。惟土氣之中涵，斯金英之外飾。釀爲酒醴，可薦上尊；概作裳衣，亦昭純德。徑雖荒而猶存，泉豈寒而不食。自後人譜分百種，欲與草本而爭榮；惟君子德協中央，不以露霜而變色。

夏雨雨人賦以"太平之世，十日一雨"爲韻

稽劉向之書遺，溯齊匡之治最。惟膏澤之所施，實農功之攸賴。敷至化以涵濡，浹群生而霧霈。春則風而夏則雨，紀候恩覃；潤乎物而雨乎人，稱師德大。金穰錫瑞，資兑澤之充周；玉燭延和，法乾元之保太。原夫雨也者，萍號則起，雷動斯行，潤蒸石礎，濃洽金莖。上升而雲陰布濩，下尺而土脈滋榮。沛甘膏而缶滿，懸激溜而盆傾。澤遍崇朝，溯鴻功於嶽峙；霖符三日，瞻象緯於階平。然而情殷望歲，化洽知時。春露方濡，略藉溟濛之灑；秋禾待曝，寧煩霢霂之滋。惟長嬴之啓序，當長養之初基。麥凌晨而氣靄，槐卓午而陰垂。秉鶉火以乘權，夏者假也；覘魚星而應節，雨以潤之。時則櫻椀分厨，欒欄繞砌，荷沼花疏，蘭池草細。堆緑雲之萬疊，樾蔭移涼；綴黄雪之千團，梅炎送霽。驅縟景於祝融，佇飆輪於屏翳。西郊雨至，乍諧箕畢之占；北牖人來，如到羲皇之世。爾其沐翠岫以朝新，零青疇以曉濕；纔凝葉而霏微，旋濯枝而厭浥。處處蒲蓑，家家箬笠。野田漲滿，趁五卯之初移；新井淘餘，驗三庚之乍及。不假雨珠雨玉，倉自求千；宛如樹木樹人，穫應計十。蓋以人之望雨也，終歲胼胝；而雨之及人也，群情洋溢。欲繼長而增高，必培根而俟實。當夏畦之作苦，忽被霑濡；豈夏暑之興咨，猶煩軫恤。靈符默課，無愆壬癸之期；奇律徐歈，恰紀丙丁之日。由是蔀屋歡忻，芸生茂密，萬物任興，三時平秩。滋被隴之桑麻，渥鋪菜之穎栗。渠寧待決，知膏澤之常匀；汗不頻揮，喜農功之永佚。從此丹禾紫粒，長歌豐樂於登三；回思玉液金津，早荷生成於抱一。方今夏啓恢台，人依壽宇。敷闓澤於綿區，浹仁聲於比户。象應蒼龍，民驅丹扈。饕軒騰繡甸之歌，解阜奏薰琴之譜。共仰寅衷對育，群資元善於長人；午陛賡颺，共誌休徵於時雨。

四氣爲政賦以"政法四時，調和玉燭"爲韻

緬鴻化之延熙，偉鶡冠之論政。本五至以觀民，因四稽以定命。郅治燦

於珠囊,洪澤昭於玉鏡。惟王省歲,驗雨暘寒燠之徵;惟帝授時,瞻鳥火昴虛之正。協重華於恭己,德秉璿璣;凝庶績於撫辰,居臨斗柄。原夫四氣之運行也,騰降高卑,彌綸廣狹。陰陽助其盪摩,宇宙資其充洽。斡旋乎七十二候,月令無違;經緯乎三百六旬,歲功不乏。考建寅于夏統,爰披小正之書;稽周甲於軒圖,聿創大撓之法。太極定儀,參中成位。天垂象以敷文,后綏猷而出治。賓師食貨,規模備極。其精詳長養,收藏節序,皆循乎度次。齊其政于六典六官,測其氣于二分二至。覆載本無私之教,德奉乎三;紀綱垂不紊之絛,維張厥四。於是景巍巍之懋典,修穆穆之隆儀。既仰觀而取鑒,遂崇效而成規。通治理于苞符,因心作則;運化幾于橐籥,以息相吹。何須職列臾藟,誇占日占星之術;固已圖呈疇範,慰好風好雨之思。蓋乾道健而上端主極,亦泰階平而下協民時。爾乃凝旒黃屋,負扆紫霄,九功並叙,六典均昭。虞廷以百揆分猷,必明乎天工人代;周禮以六卿佐績,猶計乎歲會月要。蓂莢舒英,盛治紀土階之瑞;葭灰應律,和聲徵筠管之調。此政行于上,所以法大圜而建崇朝也。若夫文騰璧府,憲炳金科。萬邦歸于正直,八統泯夫偏頗。布德如春,驗霑濡之化廣;望君若歲,知煦嫗之恩多。鼓大冶于鴻鈞,衆星遥拱;開元模于象魏,正月始和。此氣應于下,所以遵王路而動謳歌也。蓋惟氣體物以寓形,政因民以從欲。符造化于張弓,式儀型于執玉。清寧合撰而難名,寬猛並行而各足。四時爲吏,君心操馭吏之權;四序如環,王道本循環之局。故一十九篇之闡治,楚語堪稽;而三十五字之訂訛,韓文可録。皇上景運開熙,淵衷抱蜀,緝化宣風,甄時鼓俗。冒方域以運樞,絜圓規而凝籙。典章頒乎四仲,綜春秋冬夏而平分;聲教訖于四隅,統南朔東西而内屬。政懸浹日,群瞻炳煥于烏輪;氣映聯珠,遠軼光輝于龍燭。

歲寒烟賦以"色浮端硯,光動蜀箋"爲韻

雪案燈檠,銅壺漏刻。鑪篆晴烘,簾波凍織。烏闌緑綺之間,青鏤紅絲之側。五兩松煤,雙丸犀墨。烟既暖而堪供,歲因寒而轉憶。披吟牋之疊疊,似瀉濤痕;映畫幀之層層,仍留黛色。則有禪宗蕭散,詩品清幽。選廬峰之妙品,傳雅甑於荆璆。欣故人之見餉,托微詠以相酬。一番珍重,千里綢繆。豈歲月之磨人,能移堅白;想雲烟之過眼,幾閲春秋。展卷而金壺汁溢,開緘而玉玦光浮。當夫然脂細滴,碾麝匀團。數升飲龍,萬杵敲殘。漆投膠而更膩,花浥露而初乾。溜雨成皮,助淋漓於腕底;研冰作紙,添波折於毫端。宛符上

德之懷，形宜處晦；不改後彫之節，質本淩寒。及其匣啓青琳，圖開素絹。凝棐几而霞蒸，出錦囊而霧絢。噴石液兮沄沄，割珠英兮片片。春生黍谷，吹緹絮以齊飛；凍到銅瓶，濯珠璣而並濺。五色染夢中之筆，定許生花；一痕聚凹處之波，無煩炙硯。於是搴紙帳，踞琴牀，槭粉本，檢詩囊。輕漚淡沫，矮紙斜行。寫騷思於九歌，懷人遲暮；繪癯顏於三友，對景徜徉。迎歲梅開，欲向脂妝並點；消寒酒熟，還疑雪椀分光。蓋其功比丹鉛，鍊殊紫汞。增妙采於淵雲，佐精研於鄭孔。摩挲而欲試管城，拂拭而常依書籠。調成烟劑，韋家之精製猶傳；貢作歲需，漢代之尚方是董。倘許置藏懷袖，經三載而香存；若教研鍊都京，歷十年而彩動。豈不以墨之取象也適協純陰，松之成材也不驚炎縟。惟多心而多節，能成入木之功；不尚白而尚玄，詎受變絲之辱。掃巖腹之蒼烟，鐫案頭之黑玉。雲水交深，冰霜氣足。幾度蘭亭歲晚，供灑筆於山陰；何人翠袖天寒，寄浣花於西蜀。士有書筠就簡，緝柳成編，蘭釭夜剔，藜杖冬然。抱貞姿而守默，羞麗藻以爭妍。濯來秋兔之毫，臨池月暈；響入春蠶之葉，下筆珠聯。不煩墨客陳辭，效揚子鋪張羽獵；竊願經神侍坐，爲鄭公寫定詩箋。

雲母屏風賦以"雲母屏風，分隔其間"爲韻

綸扉日暖，寶鼎香薰。花磚邐迤，珠樹繽紛。金爵觚稜之地，玉蟬佩委之群。則見夫屏開桂殿，座倚蘭棼，鏤光蜀錦，刻翠湘篔。澄素彩於螭坳，一痕秋水；映圓輝於雉扇，幾疊春雲。溯漢廷之故事，循范史之遺聞。爰有第五薦賢，鄭公綰綬。班躋太尉之尊，位出司空之右。懷執鞭之夙慕，傾蓋不忘；感推轂之先容，循牆而走。人如紀亮，何妨隔座於中書；事異廉頗，詎必回車於寮友。分對駊娑之殿，一片冰心；巧移軨匝之屏，千層雲母。爾其澄波皎潔，粹質瓏玲，濠州納贐，鉅鹿鍾靈。產自廣阿之澤，珍同火齊之形。來水並傳夫磁石，餌粉不亞夫仙苓。素魄涵月，明珠孕星。藍田玉潤，碧海晶瑩。裁根作枕，劚腹爲瓶。迴環掩映，無如此屏。於是增華釦砌，揚彩璇宮。聯罘罳以絡網，鎖環鈕以穿銅。羽篸照而疊翠，珊樹森其裝紅。芙蓉帳外，玳瑁筵中。四圍碧篁，一桁朱櫳。窗欞洞闢，門闥周通。天花簇錦，壁障流虹。倚崇扉而軼雨，排峻宇而披風。沓璧連璋之狀，重葩累繡之文。護烟痕於篤褥，停燭曜於靈旛。綈素迸其色，柟榴揚其芬。萬户千門，鏡華曉溢；五樓十閣，山字平分。豈必緑沉散彩，碧慮垂紋。圖畫雲臺之像，銘書麟閣之勳。則見靄靄銀鈎，深深金脈，點綴纖毫，迷離咫尺。三稜擁處，乍疑廬嶺烟浮；六扇拖來，不礙瀟湘

水隔。雀翎舒而欲翔，蟬翼薄而無隙。恍似庭間張幔，混碶磩之流黄；豈其壁後置人，遮簾衣之淺碧。非玩物以設施，蓋縈情於退思。挹椒風而宛在，觀玉色而温其。内隱更衣之軒室，外臨縉笏之階墀。列屋而居，奚存夫畛域；分曹而坐，可免夫矜持。詎若九華鳳羽，四摺蛛絲，塗成水墨，刻以琉璃。徒致誇於服飾，究無補乎箴規。況復簪毫楓陛，珥管蓬山，石渠校典，玉署趨班。曾看詩句十聯，書屏風而墨濕；願借筆花五色，繪屏几而雲環。陳金鑑於千秋，地臨璧府；仰斧依於萬國，天近宸顔。儻須銘述黄香，鏤意於雕蟲之末；豈止賦追羊勝，織詞於文錦之間。

抱一爲下式賦以題爲韻

稽微旨於伯陽，證化幾於大造。張郅治於四維，祕沖懷於三寶。知其白，守其黑，唯聖人通天下之情；和其光，同其塵，斯天下仰聖人之道。三十輻爲一轂，象溯椎輪；億萬人爲一心，風行偃草。此上德所以無爲，而群生於焉在抱也。爰自羲畫初開，頡書首出。字貫三而尊王，音諧六而定律。數有由始，挈其始而終可知；物有本原，探其原而委可悉。可名非常名之理，故太極復歸於無；不用爲衆用所歸，故大衍必虚其一。維天下之繁頤，實五方而異宜。地官辨其疆域，爾雅釋其邊陲。考其度，則一百八十有二；記其里，則九萬四千有奇。驂夏后之兩龍，難窮赤縣；御周王之八駿，莫覩玄池。使非德奉三無，運軒圖而下蟠上際；何以光臨四表，瞻堯日而東作南爲。且夫引綱必坿其本，衡物必操其權。絜群情以立則，凝庶績以居先。一也者，執中之契；式也者，宰治之筌。式于九圍，建中之規懋矣；式彼四國，臨下之事彰焉。垂裳穆穆，遵路平平。矩矱無踰，金在鎔而水在器；範圍不過，矩爲地而圜爲天。蓋惟淵默深宫，撫臨函夏，居重御輕，裒多益寡。抱蜀以全其體，物慮皆恬；抱嬰以返其真，天機自寫。珍如抱璞，原被褐而虚懷；懔若抱弦，乃張弓而盈把。敕萬幾於一日，時叶乘龍；視中國爲一人，志存馭馬。忘言忘象，谷神早得於環中；觀我觀民，天道不窺於牖下。豈非闔闢兩儀之門，權輿四大之域，握要妙於乾符，探希夷於兑塞。王心一，則無黨無偏；民志一，則不知不識。道德一，則風俗攸同；車書一，則軌章罔忒。太牢之享，化洽於登臺；小鮮之烹，理通於治國。譬五聲之諧暢，何妨琴瑟之專；知七政之均齊，不越機衡之式。然而關楗徒勞，準繩莫裕。辭終涉於課虚，位豈同於行素。其一也，乃爲谿爲谷之懷；其式也，非如玉如金之度。方今壽宇宏開，皇風廣布。九重垂拱，致位育而無言;參兩運樞,法陰陽而倚數。小臣抱戴日暉,式遵天路。披五千言於柱史,如瞻紫氣以騰文;仰十六字於虞廷,願效卿雲而獻賦。

持螯賦以"滿城風雨近重陽"爲韻

水國魚寒,霜天雁斷。冷到楓江,秋深颯館。吹烏帽兮風高,插黄花兮鬢短。人如阮籍之狂,座有嵇康之懶。甕底能眠,樽中自滿。但逢佳節,須酩酊以相酬;不有嘉肴,將徜徉其誰伴。惟蟹之名,取象横行。躁宜穴寄,肥豈腸撐。臍則尖團錯雜,質則黄白分明。嘉兩螯之極美,助三斗之餘醺。珍逾海物,味擅江城。當稻花新熟之天,肯閒雙手;向蘆葉最深之處,足了一生。爾其縛蒲梢以串串,編竹簖以叢叢。來向沮洳之際,入於掌握之中。珠泡噴白,茶眼窺紅。圓腔火炙,凸背霞烘。加以黄橙緑橘,佐之白筍青葱。米汁難抛,願破太常之齋日;鱸魚雖釣,不思張翰之秋風。詎借箸以先籌,將揎衣而就取。流膏則鮮若梅鰕,斫雪則嫩如瑶柱。指原可染,非關入鼎之黿;劍不須彈,豈類無魚之釜。憐司馬之渴,病肺能消;笑東方之飢,空囊自撫。關心幕府,者番冷爲殘羹;縱目江湖,幾處斜風細雨。當夫葦浦棲烟,蓮房墜粉,月落人稀,潮平岸遠。爬沙箇箇,依葭菼而潛形;郭索聲聲,向草泥而鬥吻。殼已黄封,袍猶碧緼。捕從蟹舍,橋邊之破網初開;挂到漁蓬,船外之疏燈半隱。於是泛白波而釀熟,斟緑蟻而香濃。聊恣大嚼之酣,有人行樂;欲索老饕之饜,此物堪供。内則輪囷疊疊,外則戈甲重重。許我清饞,知監州之不怕;憑誰誤食,讀爾雅其何庸。調成玉糝之羹,寧煩洗手;製就金腴之饌,儘可捫胸。斯時也,杯盤狼藉,賓客疏狂,既醉既飽,歌以侑觴。乃歌曰:"魚有膾兮蟹有匡,陳旨酒兮浮瓊漿。歲將暮兮不歸,思公子兮斷腸。"歌響繞梁,滿坐彷徨。重調玉管,更發清商。又歌曰:"江鄉風味好,時節正重陽。但願年年健,持螯樂未央。"

盤香賦以"重簾不卷留香久"爲韻

裊裊溶溶,似淡仍濃。花薰豆蔻,鑑隱芙蓉。緑綺三疊,碧紗一重。盤谷氤氲之境,香爐縹緲之容。爾乃麝臍抱馥,雞舌含甜。輕團鳳腦,細捋龍髯。盥薇作粉,鏤玉成奩。蝸涎影密,蛛網痕纖。堆螺子以安屜,織蝦鬚而混簾。盤綴露華,香塗金鬱。犀柱中擎,銀絲外拂。霧磴迴旋,月輪髣髴。如環之圓,如鏡之屈。薝蔔祛塵,栴檀供佛。意可聞乎,心清豈不。時則朱户晴開,緑窗晝卷。花壓欄低,草扶砌淺。三銖夏葛之衣,一紙春蠶之繭。佳客初來,異書乍展。滿室古香,霏烟結篆。既而桂魄斜吐,蘭釭半收。竹蔭無暑,琴聲若秋。焙茶移竈,燃杖照樓。星斗垂而欲轉,火珠走而仍留。疑燭龍之噴焰,訝淵魚之銜鈎。若乃幽閨鏁翠,深院流黄。千枝玳瑁,六幅瀟湘。採蘅蕪以約腕,焚艾納以薰裳。顧影而亭亭鵶髻,迴文而曲曲羊腸。莫不慵添刺繡,艷鬥凝妝。綺閣人静,雲屏晷長。披餘馨於甲煎,憶扣結於丁香。願將寶鴨烟盤,作文鴛紐。晨移漢殿前,夕爇唐宫後。宛轉締芳心,清芬襲素手。一縷香痕化紫霞,翠爐金鉔同長久。

霜鷹賦以"架上霜毛海國鷹"爲韻

伊鷙鳥之鷹揚,擅奇姿於鳩化。含火德以明離,秉星精而燭夜。蕃滋實産夫鍾山,學習曾傳夫季夏。新豐市北,供俠客之馳驅;渭水城南,助將軍之獵射。倘使圖開素練,驚逸態於軒楹;何妨翼戢雕樊,蓄威容於戟架。時則木落沙平,天低野曠,草茀寒郊,烟清疊嶂。養綷羽兮初齊,扇金飆兮益壯。嗤瑣屑於鷄廉,陋清貧於鶴餉。梟鐘之九乳方鳴,猿臂之雙聯乍放。錫嘉名於轂轆,側搶林梢;迴遠勢於晨風,孤盤塞上。爾其爲狀也,威能懾竄,力可摧剛。喝三聲以迅疾,凌六翮以低昂。閃金眸兮電掣,垂玉爪兮錐藏。頂如山而半聳,顱似卵而微長。尾彗斜梳,刷毰毸於短頸;牙鋒淬試,充漉漉於饑腸。向寥空而祭鳥,迎代漠以扶霜。當夫魚鱗結陣,豹霧藏韜。雄飛隼矢,健握龍弢。控九良之德驥,馳四尺之神獒。此鳥於焉,辭錦絆,謝華絛,舒勁翅,下晴皋。竦身試撟,弭角爭豪。宛轉則輕如項劍,盤旋則快似并刀。四圍之鼓角喧闐,聲迴夕照;千頃之江河洶涌,勢挾秋濤。鵠浴蹁躚,整暇而半空揚距;鳶飛拉沓,排虚而三度伐毛。頻施力於羣豰,詎較能於駑駘。剪荆棘兮紛紛,捎原田兮每每。猜禽睨之而心驚,駭獸當之而氣餒。瘦拳屈曲,擎鷄腦以爭鮮;枯眼迷離,撲兔鬒而散彩。冷月挂璇韝之影,攝雉何難;明珠抛翠緤之光,擒猿可待。任彼龍拏虎踞,形蜿蜒以摩天;憑看雨血風毛,氣騰翔而負海。蓋其性類鶻驅,情羞鶩食。曾陪夢澤之游,況秉金方之德。顧盼而殊異凡材,指揮而不留餘力。呼從畫壁,彎緑嘴而依人;放入長空,鼓青骹而厲翼。偶爾雪泥印爪,板橋之踪迹堪尋;有時楓葉棲翎,紅樹之人家可識。遠掠射鵰之圃,含蓄怒於沙場;斜衝書雁之雲,落空寒於水國。然而鳥鈔無厭,禽饗難勝,形偏善匿,眼亦堪憎。詎協嚶鳴之雅,徒傳搏擊之能。征邁獨標其厲疾,飽颺何取乎飛騰。雖支遁之矜奇,愛兹俊逸;即郅都之秉直,方彼鋒稜。工部則詩吟義鶻,子雲則象取雕鷹。物因時而攫搏,秋得氣以嚴凝。要豈若阿閣來儀,振羽翔九苞之鳳;滄溟變化,摶風徙萬里之鵬也哉。

蘆花被賦以"君欲吾被,當爲賦詩"爲韻

客有挐舟遠浦,艤棹斜曛。吟囊綴錦,書篋排芸。羡漁家之蘆被,殊田父之緼黂。花團簇簇,雪點紛紛。織霧成影,揉波作紋。未便飄零,逐江干之紅葉;不堪持贈,移嶺上之白雲。拚將越縠千層,主人愛爾;乞取蠻箋一片,此物酬君。觀夫蓼嶼參差,蘋洲屈曲。人家則稻熟蓴肥,時節則橙黄橘緑。蒹葭浥露而梢垂,萑葦搖風而影觸。半溪涼雨,驚宿鷺以爭拳;三尺寒潮,卷輕鷗而出浴。紉薜荔兮爲裳,藉芙蓉兮當褥。蘆中鼓楫,時逢解劍之人;花底傾樽,足了持螯之欲。於是扶瘦荻,摘雕菰,搴墜蘀,擷飛莩。始蓬蕽兮壓帽,旋篴簌兮盈襦。蒲茸抽而遜潔,柳絮糝而嫌麤。擘向艙頭,鵝絨細摺;堆從舵尾,魚網平鋪。劇憐布被將穿,思牽蘿於杜老;却笑綾花自寫,矜賜綺於肩吾。比繭猶輕,方綿更靡。著手成烟,圍身似水。鍼七孔而痕疏,線雙挑而縫起。孤帆瑟瑟,路回明月灘邊;四壁蕭蕭,人在秋聲館裏。當楓亭兮釣罷,火尚吹蘆;儻荻管兮裝成,書宜畫被。既行擕之甚便,復坐擁兮何妨。薰茶竈而添煖,覆蘚磯而助涼。朝朝板閣,夜夜繩牀。白墮初熟,黑甜正長。琴隨處以堪眠,陰連碧篠;枕無端而入夢,味近黄粱。縱教雪滿荆扉,卧榻而袁安未起;不羡風生蘭帊,披襟而宋玉能當。遂使油幕謝妍,錦衾慚膩,椰席倦張,桃笙慵侍。却五彩之鴛鴦,移九華之翡翠。海客藏之而自珍,騷人覩焉而稱異。形殊蠟屐,費他幾兩之心;價抵蒲葵,赢得數行之字。搴靈均之蕙帶,聊憑微詠以相將;贈平子之貂襜,獨抱芳情而何爲。非投報於瓊瑶,豈商量於縑素。捧藤笥以開緘,巡梅檐而索句。躊躇而筆債堪償,珍重而行縢欲付。緑蓑青笠,忽逢相賞於斯人;竹屋紙窗,更得此間之佳趣。呼午甌而睡足,如游莞蒻之鄉;倚秋帳而吟殘,不學枏榴之賦。迄於今喧聞逸事,艷誦新辭。追海涯之高躅,眄山濼之清漪。花鋪茵而片片,柳綰地而絲絲。何處銜蘆,鴻爪泥痕之路;幾人襆被,雞聲茅店之時。願偕竹箄傳看,握斑管而退之製曲;便許蘭縑賭勝,題松牌而白也工詩。

河橋賦以"造舟爲梁,杜預舊制"爲韻并序

在蘭州城外,以二十四船爲之,天下黄河止此一橋耳,遂爲賦之。

稽重鎮於金城,接雄州於狄道。聳龍尾之奇峰,連鳳林之古堡。河水湯湯,東流浩浩。經積石而初見瀠紆,至皋蘭而漸形渾灝。險扼三邊之要,襟帶迴環;途當四郡之衝,金湯拱抱。雉堞臨波而滉漾,忽見舟橫;虹橋卧水以參差,若由天造。原夫河橋之制,昉自岐周,禮隆迎渭,詩詠造舟。渡臨晉而橫船,欲訪秦襄之舊址;游富平而啓宴,猶聞杜預之成謀。唐貞觀之大陽,雙虹彩落;魏太和之南伐,一綫雲浮。莫不結絙繩以放栅,牽笮索以行輈。宛轉斜通,問渡踏桃花之浪;逶迤半偃,乘風破竹箭之流。然而迢迢隴坻,渺渺邊陲。雖有臨川之閣,曾無題柱之詩。維彼馮勝,創此良規。橋名鎮遠,地跨河湄。倚金墉而鞏固,連石嶂以嶔奇。千七百渠之奔騰,星濤直瀉;二十四艘之亘互,鐵纜平垂。直使投鞭,撫雄心而自失;非關擲杖,矜幻術而奚爲。爾其架飛甍於四面,安畫鷁於中央。既鈎心兮鬥角,亦斗轉兮箕張。勢盤旋而欲折,形蜿蜒以將翔。浪吸鯨鱗,射千層於貝闕;波填鵲影,通九曲於銀潢。依稀玉井傾來,款款之蓮舟乍掣;彷彿金隄矗處,森森之竹楗頻颺。懸巨紐以穿雲,横排雁齒;瀉奔流以注壑,直撼鼉梁。若夫岸解春冰,林開霽雨,細草連陂,繁英被隖。河山雖尚遜秦關,風景則差同鄠杜。緑楊十里,烟迷撲絮之天;朱雀雙灣,霧斂停橈之浦。挽機輪於水面,淩虛而雪瀑輕拋;横梵塔於波心,倒影而風鈴細舞。縱使泥傾六斗,不礙投膠;何須險鑿三門,已成砥柱。是則迹異登臨,情存備預。欲利涉而遄征,思長駕而遠馭。行人結伴以往還,塞馬空群而來去。誰云河廣,居然縱葦而過;不道橋成,即是浮槎之處。映池臺於濁浪,偏宜館結逍遥;涵星宿於榮光,錯認堆成灧澦。夾岸之石門窈窕,柳暗花明;摩天之雲嶺嵯峨,龍蟠虎踞。蓋斯橋也,地逼蘭陽,險超隴右。作邊塞之咽喉,爲上流之領袖。當關可守,有天造地設之奇;飛渡奚由,兼大川名山之秀。九曲經千里而遥,一線非崇朝可就。製本從先,式惟由舊。褰裳而涉,鄭卿之小惠徒勞;鞭石而成,秦史之侈談轉陋。遂乃連遠塞兮溯洄,傍重扃兮迢遞。聯巨艦而雲屯,截洪濤而電逝。靈鼉仰戴夫崔嵬,舞鶴遥淩夫埤堄。登危樓以遠瞰,尋崑岡葱嶺之源;俯峻堞以平臨,控玉塞陽關之勢。輸誠者納贐胥通,效順者循途罔滯。孰不取道斯橋,興歌利濟。瞻都會之津梁,識河山之帶礪。會見玉圖表瑞,安瀾符岳瀆之靈;欣看璧水騰文,望闕頌橋門之制。

機輪引河賦* 以題爲韻

若夫經涂表直，濬畎流徽。肇疏通於水具，資潤澤於芳畿。河開鄭國之渠，溉田饒蓄；園灌漢陰之井，抱甕忘機。聊同挹彼注兹，喜樽罍之共濯；豈若輊前軒後，儼車輔之相依。嘉名擅宋代之規，蒲輿髣髴；巧製傳晉王之邸，脂轄依稀。斲輪扁而運斤，湧出千潭翡翠；輓金河以成沼，傾來萬斛珠璣。爾其幬廉取急，肉稱惟均，桯圍屈曲，輻湊嶙峋。既扼衡而下迤，亦揉木而盤囷。勢迴環兮利轉，形蜿蜒兮求伸。跳沫則横臨極浦，碾颷則危聳平津。類伐檀之坎坎，殊過闕之轔轔。百尺高擎，水面之輕帆共駛；一奩斜啓，江心之寶鏡同陳。響接銀牀，淺濕轆轤之綆；光分棘軸，平懸炙輠之輪。遂乃揚細溜以還輮，鼓微瀾而接軫。欲欲笑夫投錢，功詎煩乎結軔。渡鴻毛於弱水，宛轉徐抽；迴蓮筏於仙源，參差漫引。投轄來驍騰之駕，馬亦名秧；隔溪聞伊軋之聲，輿還號筍。倘共查浮九曲，游天漢而船横；寧隨鯨戲重淵，吸西江而水盡。則有平疇露潤，方罫烟拖。秫含香於彭澤，麥吐秀於滹沱。鋪黄雲兮穲稏，捲緑浪兮婆娑。斗柄傾時，密灑千畦之雨；桔槔轉處，肥添萬頃之波。更有園開金谷，館啓紅鵝。或澆花而傍砌，或洗硯而臨河。或招涼兮澗竹，或銷夏兮池荷。莫不向清湍而擊轂，通淺瀨以盈科。至若嶺接秦關，雲連隴樹，雉堞凌霄，虹橋跨霧。川原壯雍地之觀，山壑殊荆門之赴。轉軹衡於郭外，濁浪空排；環襟帶於城邊，奔流直注。導河則積石非遥，拓地則屯田可護。百二關之沃衍，灌溉何難；三十輻之周遭，樞機自具。嗤寓言於舟芥，覆杯存莊叟之篇；驗微理於水輪，濡筆效陳章之賦。

堂花賦**

溯齊東之緒語，傳藝圃之新謀。挺名葩兮凍坼，敷異卉兮寒抽。惟堂也墐户而居，製類懸鐘之室；惟花也先時而放，芬連結綺之樓。其人則不亞橐駝，運匠心以獨妙；其地則爭推馬塍，窮香國而偏幽。候值飛灰，時逾薙草。白雪盈階，黄綿製襖。眠花塢兮人閒，守花房兮鶴老。縱有款冬之樹，鬥艷無多；惟餘迎歲之梅，舒英特早。何巧術之拈香，擅芳規而掞藻。胸藏成竹，竟爾目遇以神；手撒天花，居然技近乎道。遂乃密構茆庵，斜封竹舍。聯紙帳以

* 此題上作者注：《河橋》、《機輪》二賦，皆讀書蘭州時作。

** 此題下未注明用何韻。

糊櫺,掩柴扉以補罅。既劚窖而培隄,復穿坳而植樹。酴醾之小架平垂,芍藥之迴欄半亞。沃以似雪之湯,馥以如蘭之麝。麗日訝其迎春,薰風疑其轉夏。催淺深之火候,暖入千枝;釀多少之雲陰,香生一夜。或攢密葉,或點疏叢。或搖簏簌,或綴玲瓏。或爭妍於杏苑,或競秀於蘭宫。或玉楮雕成,眉約雙彎之翠;或金錢擲去,指餘一捻之紅。莫不低縈竹綆,淺拂筠籠。火速齊開,截黍筒而暗咒;風流自賞,吹葭管而潛通。護曉凍於珠幡,錯認鋪將佛力;撾新寒於羯鼓,真宜唤作天工。分明兮花鏡,綽約兮花鈿。插花甆兮浥露,簪花筆兮淩烟。秪少香蜂,抱花鬚兮冉冉;何來紙蝶,捎花蕊兮翩翩。果教堂號流霞,列千層之絳幔;何異堂名晝錦,鋪四照之瓊筵。幾陣繽紛,誤入桃源之洞;數行爛漫,深藏金谷之天。彼夫光風轉蕙,暖律催蓂。鋤芸窗兮愛緑,染柳汁兮憐青。潑墨而寒消粉壁,披帷而馥散銅瓶。處處園林,爭懸綵勝;家家庭院,穩護金鈴。按候雖呈其麗彩,隨時始綻夫芳馨。豈竟春成觸手,品異流形。驗速化于栽培,早洩葩符之秘;逞新奇于驅遣,還通草木之靈也哉。

賀蘭硯賦以“硯之美滑而發墨”爲韻并序

東坡論硯以澀不留筆,滑不拒墨爲佳。若端若歙,皆名産也,而出自北地者特尠。于闐之青鐵硯、臨洮之洮硯外,此無聞焉。近有所謂賀蘭硯者,産于寧夏山中,素不以硯名。好事者袖之來,其色青緑相間。製硯試之,澀如滑如,與東坡所云略合。噫!斯石也,置之勝地,爭購者接踵矣,乃棄是邦,而人莫之識,至今始喜得之,硯豈有遭乎。爰爲賦以張之曰:

將欲托幽興於素毫,摛妙辭於黄絹。拈犀玦以磨丸,擘雁箋而瀉練。則必匣啓翠濤,屏開金線,鑱玉層層,割雲片片。扶夏鼎之三鈎,補媧爐之百鍊。然而魏臺瓦蝕,飛銅雀兮香銷;河水泥澄,濾桃埏兮彩絢。芙蓉岸上,平看緑石之磯;翡翠牀邊,慣試青琳之硯。雖人世之希珍,非古今所罕見。若夫方傳朔郡,地接西陲,長城斜倚,河曲分歧。訪赫連之舊蹟,尋元昊之遺基。積雪而山腰瘦削,浮嵐而石髮紛披。膩痕疊絮,華影銜芝。上出一峰,秀聳淩雲之筆;中流雙澗,香生洗硯之池。驚巧樣於栗岡,詩吟白也;訝奇形於風字,價重羲之。遂乃命良工,陳衆技,試磨礱,加礪砥。密剷金星,輕鑽玉髓。碾石屑兮沙輪,抽羅紋兮縠理。雕精晶以飾斗,界畫分明;截寶璐以裝隄,鈎邊邐迤。炯色耀其廉隅,纖塵祛其渣滓。張耒之冰壺朗澈,未便同清;帝鴻之墨海沖虚,差堪並美。爾其刻角揞龜,聯坳飲獺,鏡彩張奩,弓形貫札。圓膚似璧,雲波瀲灩以徐蒸;方面如田,竹節檀欒而細茁。冷浸蟾蜍之背,桂月初凝;光摇鸜鵒之睛,金篦暗刮。泓澄而翠黛低窺,磯小而琳腴淺刷。寧許拋來筆塚,鎖蛛網以烟迷;倘教置傍銅瓶,研花甃而雨滑。則有銀鈎擅勝,鐵畫爭奇。寄閒情於黑角,傳雅翫於紅絲。或愛之而成癖,或銘焉以自私。嶺海重游,曇秀則珍爲舊物;端溪遠贈,禹錫則得自新知。拜米老兮爲兄,三峰入畫;呼坡仙兮作友,一磬催詩。濯錦鯉於松膠,如聞瀺灂;盤蒼鱗於漆澗,欲作之而。翹雞距以淋漓,捋鼠鬚而秀發。皓露零於層莖,玄雲潤夫片碣。冰紋囚墨,微澄鼓腹之凹;霧影團綃,細暈鼇心之凸。圓毫促點,逸態横生;淡沫輕漚,餘薰未歇。趁研京之妙手,錦製連珠;增書扇之芳名,池臨缺月。豈非氣韞山輝,靈符地德,品亞卞和,珍侔垂棘。超瓦礫之凡材,産琅玕之奥域。其水則崑崙溯派,通汗漫於淵源;其田則炎漢開渠,著肥饒於墾植。坤珍闡而逾新,太璞完而作式。士衡一見,嗤燒硯於君苗;離石群推,喜傾囊於薛稷。洵稱文字之祥,亦賴雕鐫之力。願共球琳納贐,覲光而地接臨雍;倘邀藻翰騰文,錫寵而侯封即墨。

李將軍射虎賦以"視之乃草中石"爲韻

維西隴之驍才,守北平之巨壘。擅飛將以成名,登射壇而耀技。豹韜六略,雄搴帳下之旗;猿臂雙彎,慣引黄間之矢。摩寒鵰於落日,壯氣難降;趁健馬於秋風,邊聲乍起。麾軍而石立燕山,校獵而冰開易水。桓桓矯矯,威名早重乎鷹揚;逐逐眈眈,幻影如來夫虎視。爾其劍霜暗拭,弓月平垂,鳶旌蕩漾,鶴陣參差。望空山兮霧隱,迷縟草兮烟馳。覆鹿何心,意似夢蕉之誤;成羊有術,非關叱石之奇。馬以蒙而可犯,狐雖假而堪疑。游雲夢以彎弧,熊渠則誠開金石;集石梁而飲羽,宋景則勇奪蛟螭。化頑性於三生,或點頭而悟也;摧堅光於七札,將蹲甲以穿之。於是挽弢衣,抽弩鎧,控幹膠,鳴鐃錞。聲叱咤以無端,勢盤旋而有待。凝眸遠注,爭擊刺於卞莊;裂眦危撑,陋瞋呼於朱亥。淩虛失愬愬之容,對影呈般般之彩。飛千鈞之箭鏃,虎穴能探;畫五色之堋雲,虎侯宛在。任爾嘷風嘯雨,雄姿欲比夫闞如;憑他落雁吟猿,盛氣應同夫來乃。其手則柔,其弓則燥。機不虛張,筈不再造。既持彀而難收,遂應弦而立倒。白額崢嶸而貫鏑,似射吴潮;蒼鬐夭矯以銜竿,如穿魯縞。斑花削處,揮淬鍔於昆吾;楛矢攢來,現神雞於陳寶。鋸牙欲鬥,嶔崎而怒氣平騰;弭耳方傾,洞達而銛芒盡掃。耀星精兮夜冷,天低北斗之杓;凝石魄兮宵沉,雪滿南山之草。彼夫六麇獻介,雙鶻摩空。或椎胸而蹴豹,或拉掌而批熊。或碎擲千金,蛟斷横江之上;或威淩三尺,蛇蟠大澤之中。奚若兹因心設象,履尾稱雄。驅秦嶺以揮鞭,服猛更難於出柙;補媧爐而錬竈,摧堅惟恃夫闞弓。不解攀鞍,影斂青莖之羽;倘宜鑄枕,光分赤冶之銅。驗精誠於物理,侔巧力於神工。方今化洽賓賢,文敷釋獲。觀禮教於張侯,息威容於貫革。龍旜旖旎,色映軨旂;貍步鏗鏘,聲諧棨戟。騶虞表瑞於葭蓬,麟趾呈祥於藪澤。詠車攻而歌吉日,周宣以搏獸爲娱;陳羽獵而獻長楊,漢武以從禽爲適。豈知虎賁脱劍,臨雍開橐戢之庭;虎觀談經,望闕頌肺嘉之石也哉。

雁字賦*

若夫水國迢迢,江天瑟瑟,玉笛花吹,金莖露溢。吟暮雨於林蟬,餞涼颸於燕鳦。賓鴻送響,楓橋葉落之天;旅雁驚寒,蓼岸花疏之日。淩虚而或後或先,弄影而時疏時密。偶爾魚鱗結陣,擅巧搆以無雙;居然鳥跡成書,幻奇形而不一。爾其謝雁門之積雪,辭雁磧之清霜。覓歸程於關塞,尋舊路於衡陽。逸態翩翩,輕疑鵠落;修姿肅肅,穩若鸞翔。既就班而結隊,亦布白而分行。似解諧聲,競奏絲簧之調;差同染翰,高依雲漢之章。遂乃光迎夕照,影帶殘霞。寫秋容以澹沱,飄素彩以横斜。乍迴旋而兔掃,倏蜿蜒而龍拏。蘆影低銜,寄餘情於畫荻;泥痕淺印,迴遠勢於驚沙。作勢而真疑起鳳,淩空而莫認塗鴉。雨後淋漓,訝町畦之盡脱;風前宛轉,儼波折之相加。至若依冷月於平湖,伴寒星於曲棧。摇飛白兮難停,比丹青兮更幻。排來銀漢,臨池之墨彩遥騰;掠向烏橋,題柱之風流自慣。倘連珠而製曲,依稀野鶴同吟;羌垂露以舒毫,彷彿秋蛇共綰。則有草茀龍堆,沙連虎帳;馬飲城邊,羊歸塞上。驚遠戍於三秋,對寥天而一望。幾年投筆,心懷楊柳之詞;何處懸書,夢斷刀環之唱。更或霧鎖空閨,簾垂寶桁。拈翠羽兮輕移,背銀檠兮懶向。似曾相識,殷勤傳織錦之文;未免有情,狼藉學畫眉之樣。一自鸞臺别後,遂爾參差;曾隨鯉素歸來,爲君惆悵。彼夫山雞善舞,野鶩難馴,書銜石燕,墨吐金鱗。豈若兹刷羽襹褷,宛烟霏霧結;添毫活潑,如星布雲陳。誰教欄寫烏絲,倒影而纖痕可數;恰許碑名碧落,書空而逸態偏真。疑問字於青天,斜排一一;豈催詩於紅葉,密寫人人。士有雕龍擅譽,吐鳳懷才。瞻鵠書以下逮,步藜閣以叨陪。名

* 此題下原有"以一行斜雁向人來爲韻",被作者勾去。

題雁塔之巔，錦標乍試；署列雁箋之尾，雲縷新裁。分銀管於清班，鑾坡日暖；侍彩毫於秘省，雉扇烟開。黼黻揚休，偕鵠峙鸞停而並重；羽儀叶吉，共鵷行鷺序以齊來。

山明望松雪賦*

客有徘徊栗里，徙倚柴關。竹窗瑟瑟，苔徑斑斑。望雲霙兮冪歷，堆黛髻兮孱顔。千頃之寒江釣罷，一林之倦鳥飛還。瓊樹裝成，當水榭風亭而外；玉峰削就，在生綃澹墨之間。唫白雪以抽辭，憑誰唱和；眄蒼松而弄影，許我躋攀。何須畫展蕉陰，卧邵公之半榻；不亞香生梅塢，棲和靖之孤山。爾乃晨光澹沱，灝氣晶瑩。霧溟濛兮暗濕，風料峭兮微鳴。鴉散襹褷之影，蟹驚郭索之聲。岩畔則平懸水鏡，樹梢則側挂銅鉦。鶴氅披來，呼花童而埽徑；虬枝深處，偃翠蓋以扶棚。落空素於團雲，陰遮石壁；爭暮寒於秀嶺，冷斷山城。碧篠青杉，掩爐峰而密翳；丹苓白术，摇銀海而分明。於是瞻皓彩以低迷，對貞蕤以遠望。蔭或密而或疏，枝如卑而如抗。凌霄而峻拔重巒，集霰而斜盤疊嶂。琳柯夭矯以徐伸，楮葉參差而細颺。灑千層之碎粒，色綻松花；翻十里之寒濤，聲掀雪浪。倘教繫馬吳門之匹練横拖，直欲乘風剡水之孤舟共訪。危擎鐵幹，淺覆霜茸。戴纖針兮半壓，垂短鬣兮全封。勢交加而謖謖，形粂疊而重重。柳絮添肥，似惜釵痕之瘦；梨雲助淡，翻嫌黛色之濃。銜弱毳以毰毸，應迷皓鶴；蟄修鱗而蜿蜒，不辨蒼龍。載酒寧須乎釀雪，鋤籬何取夫移松。況復夜景淒清，寒光皎潔。看玉宇之空明，訝冰壺之朗澈。人蹤斷而橋横，鴻爪留而霧纈。半珪斜挂，深林之月影低穿；千股圓排，古寺之鐘聲遠徹。婆娑而細綴瑶華，偃蹇而輕霏玉屑。虬鬚乍撚，啅凍雀兮爭枝；麈尾頻揮，飄香蛾兮撲雪。遂乃選勝揞笻，探幽引步。岧嶢秦嶺之巔，絡繹藍田之路。遮黛笠兮平捎，敂林扉兮小住。張琴欲和，枯藤之繚繞彌幽；採藥曾經，曲磴之迴環恐誤。驚麝眼兮窺香，刷鵰翎兮失素。楚畹以幽蘭儷曲，豈飛節之能如；南山則翠柏成圍，同後彫之足慕。果許詩誇白戰，歐公對雪以拈題；憑將筆寫青葱，崔子哦松而作賦。

沙雅爾梨賦**

蓋聞葡萄傳大宛之種，若榴表安石之奇。紫文細核，遠溯崑崙，赤實丹華，

* 此題下原有“以題爲韻”，被作者勾去。

** 此題下未注明用何韻。

遥呈王母。從來嘉植,每托質於異區;不信元光,難移根於西域。沙雅爾者,今庫車所屬之回城也。實産名梨,爭推上品。體小而脆,食不留渣。稽諸爾雅,山樆既列瑶編;錫以嘉名,香雪新充物貢。比之瓜稱哈密,蓮號西番,非僻壤之多珍,迺湛恩之溥被爾。爰作賦曰:

維兹快果,鬱彼豐顔。一奩的爍,三色斕斒。呈祥箭谷,紀瑞塗山。青田繁而沃衍,玄圃熟而分頒。洞庭則園植萬株,香侵竹石;河濟則家封千户,霧鎖林關。豈若種自花門,爛漫風霜之後;形同樹檖,迷離苞棣之間。爾其名齊瀚海,蔭接葱巒。傍柳城兮列茂,滋蓮雪兮供餐。扶弱幹於龍堆,土膏鬆而暢達;插靈根於雁磧,川脈潤而深蟠。處處花開,糝枝頭之密絮;年年雨洗,黏袖底之輕紈。璚屑零柯而結實,金飈裂葉而催寒。絶似華林,參差翠合;應殊碩果,磊落星殘。其爲狀也,縟影堆雲,繁紋疊練,密綴流丸,匀裁寶扇。擎縹蔕兮香團,綴紫莖兮彩絢。搓碎點於圓膚,染微酲於皺面。嫩色玲瓏而涣緑,半映鈿螺;纖痕妥貼以安黄,雙飛蠟燕。濃懸露甕,纍纍之沆瀣初凝;冷擲冰壺,滚滚之珠璣欲濺。濯梅綃於粉水,寧誇鄧橘之移;垂斗實於桐丘,不亞江萍之薦。攜從大食,採向天方。望山園而計斛,瞻沙圃以傾筐。張谷猶輸其穠郁,哀家詎比其芬芳。尋仙樹於毗婆,千林夕照;趁健蹄於叱撥,一騎秋香。貯以車渠之椀,盛以玳瑁之囊。脆劈雲腴,入饌則冰桃雪藕;甜侵崖蜜,鋪筵則玉汁瓊漿。沁心脾以凝寒,醍醐直注;敲齒牙以吐慧,煩餶胥忘。偶逢飣坐之人,沃清懷於嗽石;不假鎮瓜之術,消渴飲於含霜。是蓋坤珍既闡,木德無睽。順生機之鬯茂,霑渥澤之均齊。三尺曾傳夫絳質,五升更軼乎丹荑。輸包篚於遐陬,紫緘裹貯;獵清香於禁苑,黄絹封題。仙掌高擎,偕馬乳龍鬚而遠至;夏凌細淬,共金鹽火齊以分攜*。寧云遷地弗良,化枳踰淮流之北;爭覩飲和有慶,傳柑遍隴水之西。

筆陣賦以"筆掃千軍,勢如列陣"爲韻

王右軍雅擅書名,精傳筆術,結構森嚴,豐神秀逸。尋雅趣於中山,運奇思於不律。臨池之八法難追,入木之三分莫匹。禊修曲水,春風潑墨之時;經寫黄庭,秋雨籠鵝之日。貯囊則錦啓雲烟,題扇則香濃竹漆。鄭重千金之字,遊藝苑以含毫;縱横八陣之圖,步文壇而載筆。爾其匠意潛通,神機獨造。嚴部伍之森

---

* 此句中"金"字下缺一字,似應爲"鹽"字。"金鹽"、"火齊",均可入藥,據補。

森,覽天淵之浩浩。既目想兮心遊,亦手柔兮弓燥。棋堪作壘,察方圓動靜之宜;管亦名城,參闔闢盈虚之道。對琳編而脱穎,欲試毛錐;迴玉軸以彎弧,應穿魯縞。只訝方塘水溢,胸中之兵甲全傾;翻疑寶笥星聯,腕底之欃槍盡掃。於是疊花箋之九萬,裁翰牘之三千。共龍賓以掩映,偕璧友以迴旋。舞來鸛鵒之容,將伸乍屈;排去鵝鴉之勢,欲斷仍連。倏若鴻驚,影翩翩而避繳;紛如蟻戰,形戢戢以爭羶。動指麾於汗簡,供步伐於丹鉛。校字而雄開後勁,藏鋒而力據中權。圖成峭壁懸崖,天外削三峰之石;織就纖波濃點,筆端簪五色之蓮。觀夫殳書佶屈,章草紛紜,精超畫掌,巧軼書裙。聳鼠鬚以特立,颺雞距以平分。斜綰釵枝,起千尋之燕壘;健扛鼎足,淩百斛之龍文。倚筵而項劍輕抛,淋漓翰墨;開篋而并刀快剪,叱咤風雲。何處搴旗,定借懸針之手;有時洗硯,應來背水之軍。又若楷法端嚴,規模峻麗。始宛轉兮相生,旋參差兮共衛。蠅頭之結體偏工,鵝眼之抄經不滯。看下管之如神,宛行師之有制。條分縷析,聊當聚米而成;逐隊隨班,未許衝圍以逝。倘連營於細柳,春蠶聞食葉之聲;曾投筆於陽關,旅雁誤驚沙之勢。吮向珊瑚格畔,搦麟角以爭豪;揮從翡翠牀前,抽筍尖而騁鋭。或馭繁兮操簡,或避實兮擊虚。或奔騰而掣練,或偃仰而牽裾。或迷離以錦燦,或灼爍以霞舒。或急走銜枚,鐵騎伏白登之始;或横銛對槊,江雲燒赤壁之初。堂堂整整,雅雅魚魚。射石羽於千林,書真似虎;傾松烟於五斗,墨豈成豬。披圖而直欲摧堅,寧懷椽之可比;透紙而猶堪賈勇,笑拔幟之難如。蓋其變化因心,馳驅合節。惟步驟之無愆,遂雕鏤之不屑。離奇則綰蚓縈蛇,峭直則鈎銀畫鐵。麾竹箭以開場,控桃花而入埒。緑沉散彩,分壯氣於魚麗;青縷凝香,助豪情於鶴列。撲紅塵而不染,層霄之鳳泊鸞翔;驚白戰以相逢,幾幅之烟霏霧結。所以論二王之筆札,首重山陰;而資千古之臨摹,先標快雪。彼夫字裹金生,行間玉潤,飢若怒猊,渴如奔駿。削龍鐘以三折,宛爾波迴;拈箘簵以雙鈎,居然泥印。洛神亦著夫清遒,碧落曾傳其古峻。奚若兹揺五嶽以紛馳,檄千軍而坐鎮。文疑隱豹,運籌藏霧豹之韜;利欲分犀,馳筆作水犀之陣。惟願飛毫拂素,重尋墨本於蘭亭;寧須範水模山,徒買書船於寶晉也哉。

棉賦效荀卿體*

有物於此英英兮,如在天之白雲。功被天下,其氣烟煴。其實也磊落,其

---

* 以下三篇抄録自祁寯藻《勤學齋文草》。

華也繽紛。不火而燠，不裘而温。無貴無賤，待之而存。自南自北，來之海垠。五土之所宜，四民之所勤。臣愚不識，請占之靈氛。靈氛占之曰："匪蜎匪蠕，匪黍匪稌。爲木爲草，若精若麤。後世所有，上古所無。"乃命苑窌，訊之黄姑。於是黄姑支機而語之曰："此夫林邑之鵝毳者與？罽賓之樹絮者與？木果而不食、草實而不茹者與？喜沙土而惡沮洳者與？春種而秋賦，夏茂而冬煦。軸之而核去，彈之而華翥。始棼而終理，外澤而内素。土以爲母，布以爲子。與蠶爲友，不瞑不起。輕於束帛，重於麻枲。《禹貢》織貝，其開先也；㯃絲之利，不能專也；自唐迄今，民用乃便也。衣被在民，降種在天。跂彼織女，七襄爛然，夫是之謂棉也。"

袁文《甕牖閑評》云，木棉止合作此"綿"字，今字書又出一"棉"字，爲木棉。是"棉"字宋人所增，亦由時市有木棉，商賈通習。俞氏《癸巳類稿》。

按《廣韵》"棉"下注云"木棉，樹名"。吴録云，其實如酒杯中有綿，如蠶綿可作布，又名曰"緤"。蓋木棉後出，今之棉草又後於木棉。名以物定，自以從"木"爲得。"實"字者孳也，孳乳而益多也。淳甫記。

蝗賦

息翁以病去官，偃卧城南三年矣。左髀不良，廑得轉旋。秋晴散步，植杖田間。有田間野叟捕蝗，詣前逡巡而言曰："自吾畊於郊，十年於兹，蝗不爲菑。比五六年，穰穰熙熙。余糧栖畝，惟禽且饗之。今秋穫屆時，蝗來何爲？云自齊楚，延於近畿。騰陵驀越，卒不及揮。側聞朝廷下捕蝗之令，嚴飭所司。郡縣奔走，罔敢或違。蝗乃拚飛，火之塹之。或撲或祛，而遺種弗除，慮養厥疽。鄉鄙不識斯蟲之生滅，天歟？人歟？翁非故司農大夫歟？敢問所居。"翁曰："噫嘻嗟呼，吾固老農之不如也。雖然，夙忝農政，讀農書，其敢忘諸？蓋聞蝗有四種，螟螣蟘，惟苗是食。其子曰蝝，亦名曰螽。一生而百子，或匿水澤，或淪地中。雨則爲魚，旱則爲蟲。得雪則深伏，不雪而上衝。或曰介蟲之孽，愆陽所生。大兵之後，沴氣所萌。或謂自天而降，或云神所使令。或吏貪而冥冥，或民困而嬛嬛。跂喙失其度，草木隕其精。鷹隼不能擊，猫虎不及迎。其來也如墜雨，其去也如流星。薨薨繩繩，千形萬聲，羌不可得而名焉。是以春秋之災，《洪範》傳之曰眚。史家著之，譬若盜賊；詩人詠之，甚於稂莠。豈天災之流行，固國家所代有；抑人事之感召，繇氣焰之所取。不然，潁川之黄霸，中牟之魯恭，九江之宋均，密縣之卓公，瞻彼鄰邦，群蜚刺空，胡不入境?孰驅孰攻?亦有力畊窮谷,養親微禄。高式之麥不傷,昌邑之禾大熟。胡千里無寸莖,而一邑一家有餘粟也?賢哉魯相,露坐界上。蘊隆蟲蟲,四境無恙。大哉唐宗,行禱苑中。掇蝗而吞,天下爲豐。故貞觀之治,衆賢在公,下及昆蟲,豈特法秉畀之遺意,采讜論於姚崇已哉!”翁言未終,叟容有恪:“古訓既聆,願徵時若。”翁曰:“善,今且就子之所聞,擴子之所知。宣播聖德,授子歌詩,爲億兆誦之。”其詩曰:我皇單心兮親民如傷,詔下畺臣兮念彼飛蝗。蝗之生兮近及畿輔,聞之心惻兮矧予目覩。禁苑深深兮蝗飛蔽天,秋稼將刈兮蓊不見田。吏不上聞兮聞或不實,嗟吾民兮誰爲恤之。又詩曰:我皇恤民兮憫彼菑荒,詔下畺臣兮慎簡循良。吏不奉法兮盜乃起,飛蝗爲菑兮亦政之秕。鳳凰飛兮吉人多,蝝爲魚兮虎渡河。民脂民膏兮爾俸爾禄,嗟吾民兮誰爲牧!

盆蘭賦并序

斜街之西,居鄰華市,得澤蘭數叢,盆蓄之,感而爲賦曰:

何楚澤之猗猗兮,鬱羈愁於燕市。辭空谷之舊侣兮,庶新知之足恃。郊扉闃其晝閉兮,車馬逝而不止。幸素衣之未緇兮,託芳鄰於兹里。謇吾抱此羸疾兮,媿九畹之莫滋。春冉冉其將盡兮,懼飄風之汝吹。願紉佩以申款兮,無綺石與文甆。蕭艾翳其當門兮,荃不察余之所爲。苟中情其信芳兮,跂燕姞爲陳詞。曰惟王者之香兮,固國人之所服。衆草與爲伍兮,亦何傷乎幽獨。疇曳裾於朱門兮,孰握髮乎白屋。進既不能飾媚以求容兮,退又不忍偃蹇以自暴。羌何去而何從兮,豈獨清而衆濁。矧善人之與居兮,香不聞而自化。彼煙華之鬥艷兮,依市門而索價。汲寒泉而心惻兮,得瓶綆於井眉。諒臭味之無差池兮,雖瓦注其何悲。聆金玉之德音兮,降道左而肯顧。芳菲菲其襲予兮,乃繾綣而若慕。哀江南之春草兮,招山阿之桂樹。吾將適彼岑海兮,忽褰裳而窘步。惟湘君之久要兮,又焉敢怨夫遲莫。

亂曰:不香兮易熏,不膏兮曷焚。去故國兮千里,升君子之堂几。流水兮深山,欲往從之兮道阻且艱。撫瑶琴兮一曲,與子同心兮夫何言。

丁巳歲三月廿三日作。

眉朱批:粤東閩越,昔所游歷,惟楚南香草尤繫於懷。

甲戌考試卷底本

生之者衆(四句)

備舉生財之道,以人權之而已。夫生之爲之者存乎人,食之用之者亦存乎人。衆寡疾舒之道,生財者可不審歟?且自《禹謨》載勤儉之文,而《禹貢》遂定財賦之制。論者謂國奢示儉,而非勤以作事,則儉者亦窮;民生在勤,而非儉以永圖,則勤者亦匱。聖天子不言有無,而盈虚調劑之下獨有握乎?勤儉之大原者,夫亦曰道而已矣。[眉批:**轉腕有力,落落大方,入手老。**]今夫道存絜矩,既歸本于必忠必信之端;而道在阜財,當致詳于有土有人之後。以乾始之有美利,而不能自興也,于是有生之者。顧吾考職方所掌,利以辨其地,穀以辨其種,畜以辨其擾。統九州之物産土宜,而不使九州之人共治之,則生之不衆,食于何資?夫天下大利必歸農,故九職必先九穀,而百工商賈皆通貨賄之宜。古者田事興於貴,故三推不後九推,而公卿大夫皆與勞酒之賜。[眉批:**不專指農,方切衆字。**]其始生也,以君養民;其既生也,以民奉君。庶幾哉,稾人其可供歟!然而禄以詔廉,倖進多則官與民爭食矣;禄以代耕,胥吏多則民與民又爭食矣。[眉批:**精語。**]朝廷多素餐之譏,即草野少胼胝之力。食之者不寡,生之者亦烏能衆乎?且夫《周官》之設也,職事不下數千,而奠食者無過三百。屬觀於周公以公兼冢宰,召公以公兼司空,蘇公以公兼司冠,則百司、庶尹更不慮官廩之虚縻,豈非以衆濟寡之道得哉?[**包《一切經》義。**]以造物之無盡藏,而不能自裕也,於是有爲之者。顧吾觀《月令》所紀,蠶桑成于春,麥黍成于夏,穀實成于秋。舉三時之耕耘收穫,而不竭三時之力專營之,則爲之不疾,用于何有?夫董戒之權操于上,庤器曰勸,耕耦曰趨,故遂人之職同里宰,襏襫之任委諸民;乘屋曰亟,終里曰發,故農官之頌繼《豳風》。[**詮"疾"字有證據,可補注疏。**]其獨爲也,不敢憚勞;其共爲也,不敢求逸。庶幾哉,太府其可充歟!然而侈大之辟,創建非常,則國用浮于民用矣;豐亨之朝,匪頒太濫,則私用又浮于公用矣。[**對健。**]作無用之器以耗民力,必作無益之事以奪民時。用之者不舒,爲之者更何能疾乎?且夫王制之成也,歲杪以量出入,而制用者通以三十年。縱使膳夫不敢會王膳,酒正不敢會王飲,庖人不敢會王羞,而九式節財,要皆有權衡之定數,豈非以疾供舒之道,得哉?[眉批:**景致排宕**。]故曰克勤克儉,生財之要道也。

尾批:此題排列四比,原屬正格,但千手雷同,未免太板。兹獨化四爲兩,布局極有斟酌。其回環串合處,俱以書卷佐之,確切典雅,不愧讀書人手筆。

子曰德之不修(一節)

以不能爲憂者,聖心之純也。夫修與講、徙與改,非夫子所難也,而猶以不能爲憂,聖心之純不可見哉!嘗謂樂以忘憂者,聖人之所以自信也;而樂道之心終不勝其憂道之心者,又聖人之所不自信也。[**開口吸盡西江**。]故學者欲觀聖人之樂,不若先觀聖人之憂。得其所憂,而其所樂者可知矣;得其所不憂,而其所憂者亦可知矣。不然,如吾夫子備至德之全,抱好學之志,精義以致用,止善而不遷,亦何所不能者,而揆其心若有所歉,何哉?[眉批:**反折而入,舉重若輕**。]以爲學問之功,不日進則日退。讀書數十載,而篤信敏求之際,參驗焉而究覺多疎,則其得力者安在也?[眉批:**渾括有氣魄**。]性情之用,不日偷則日强。孜道數十年,而躬行實踐之餘,歷指焉而尚留遺憾,則其求慊者何事也。[**點次有法**。]有主乎修者焉,德之不可不成也;有主乎講者焉,學之不可不明也;有主乎徙與改者焉,聞義之不可虚其聞,不善之不可絶於善也。蓋常持此意以旴衡千古,見夫精一本于執中,幾康安于汝止,斯乃古帝之所以明峻德也。允懷者遜志時敏,緝熙者日就月將,斯乃後王之所以紹聖學也。義勝則從,有尚父丹書之箴焉;改過不吝,有仲虺日新之誥焉。[眉批:**得此波瀾,理障一空**。]古今來,内聖外王之學,孰非兢兢業業,不敢暇逸者哉?而吾也竊自審之。[**忽落有神**。]夫人有精神專注之端,始也見爲有餘,繼也見爲不足,竭一己之心思與之相守,而日用之行習莫非重遠之程,則不必事之阻吾以不能,而不啻其阻之也。抑人當甘苦閲歷之候,局外每見其易,局中常見其難。殫畢生之智力與之相循,而寤寐之思維曾無慰藉之處,則不必勢之限吾以不能,而不啻其限之也。是則可憂也。憂不在高遠之務,而在庸行之常。[眉批:**末句點睛,神采欲飛**。]切磋不忘,明德新于一日;韋編可絶,學易加乎數年。而擇善而從,不善而改,尤必視三人之行以師之。則知困能强,心雖若有所阻,而不敢自阻其氣。憂不在遇合之疎,而在學術之淺。[眉批:**意到筆到**。]德有未全,震以修省而致福;學有未博,兑以講習而得朋。而見善則遷,有過則改,要必本風雷之益以策之。則望道未見,心雖若有所限,而不欲自限其才。此吾所以夙夜孜孜，而願與學者共質之也。

尾批：扼"憂"字貫串上四句，線索在手，不覺題之板重。筆無停機，饒有逸氣，故自迥不猶人。

行有不得者……天下歸之

反己以正其本，不必求諸天下也。夫行有不得，皆己之身未正耳。身正而天下歸，又安俟他求乎？且君子將有所行于天下，甚無藉乎權勢之所在也。夫權勢之所在，馭之而已，未足以勝之；勝之而已，未足以化之。[眉批：**侃侃而談，取題生動**。]惟夫整躬率物，立一人之準，通萬類之情，則不必挾其所行，以爭得失于天下，而大同之化，翕然嚮風焉。如愛人、治人、禮人，皆其所行者也；不親、不治、不答，則行有所不得者也。曾是仁也、智也、敬也，而徒求之天下哉？天下無不愛戴其君父，[**從"歸"逆入，有勢**。]而小惠未徧，必不能入閭閻之瘏瘵，而動其鼓舞之機，故錫福斂時，會極胥本乎建極。天下無不各獻其性情，而誠意未孚，必不能起愚賤之心思。而責以報施之事，故發邇見遠，觀我即徵諸觀民，所謂己也。[**"己"字自當鄭重出之**。]夫以一己立乎天下之上，而好惡不涉於偏陂；以一己居乎天下之先，而親疎各因其厚薄。此其道在所當反。即以天下蘊乎一身之中，而作所必原於疾；敬以天下運乎一身之際，[**"身"字納在"己"字內**。]而臨民自著夫威儀。此其道在所當正。身不正，則雖六典懸于象魏，三物詢於賓興，而條教號令或以滋天下之疑，禮樂文章且以啓天下之僞。[眉批：**接法自然，一片神行**。]多欲而施仁義，其行焉者，既失惠鮮之恩意；即歸焉者，亦非嚮往之真忱。身既正，則雖守謙讓之小心，無非常之大業，而孝弟始于宮闈。天下頌王心之一，絃歌被于閭黨；天下見刑措之風，端拱而出治術。[**包孕如許史事**。]其行焉者，既得主而有常；而歸焉者，自無遠而弗届。宇宙雖大，得其矩而絜之，不難通也。正百官即以正萬民，而朝野感應之，故方域不得而限之。[眉批：**氣厚筆遒**。]觀于秪台德先，而朕行驗其不距；寛仁彰信，而我后望其來蘇。初非要結乎斯世，而在己之惠心有孚，所爲先天下而作其志氣也。百姓雖愚，取其懷而予之，不難動也。正人心即以正風俗，而君民一體之意，庶頑不得而間之。觀于兩階敷文，而有苗亦且來格；三旬修教，而因壘遂以輸誠。秪自默參諸方寸，而本身之表率常端，所爲合天下而受其裁成也。令出惟行弗惟反，而反己者時凛馭索之思；民罔常懷懷于仁，而歸仁者自具草偃之勢。[**到底不懈**。]有天下者，夫亦慎其所求而已。

尾批:題之層次畢清,字字咀嚼有味,妙在局緊機圓,應律合節,想見得意疾書之概。

賦得受中定命得"中"字

帝德敷申命,清寧合撰通。保三觀在上,執兩用其中。甘白昭嘉質,玄黄贊化工。維新千里共,作式九圍同。正位時占鼎,含光象取豐。衆星環拱極,群嶽拜呼嵩。統接薪傳遠,人游軌物隆。握符乾道健,淵懿仰宸衷。

尾批:冠冕合體。

序、跋、題、記、識

《嚴匡山廉察紅茗山房館課》序代

原夫緣情之作,必推麗則爲工;鳴盛之才,惟以和聲是尚。風騷激楚,未諧雅頌之元音;桴鼓喧闐,難語賡颺之巨製。問堅城於五字,蘇李首肇權輿;稽切響於四聲,沈宋聿傳楷式。溯彼開元,待詔以文章供職;洎乎天寶,朝廷以詩賦取才。俊逸清新,杜少陵之所許;精詳研鍊,元僕射之所稱。是以八風從律,實符八韵之全;三載培英,兼擅三長之勝。敬維匡山夫子,富春舊裔,滇海高門。世承儒雅之傳,少以才名見重。點蒼嶺畔,幾紉錦囊;聽瀑樓頭,時題黄鶴。固已邱壑拓其胸襟,江山資其詠嘯已。既而,射策巍科,簪香華牓。飽五經以溢笥,許慎則群號無雙;珍片玉以輝山,郄詵則獨標第一。逮夫紅綾啓宴,紫闥聯班。傳菱紙於承明,校芸編於天禄。銀毫竹管,宏文擲金地之聲;東壁西園,雅譽隆木天之選。司馬以史才表望,紬石室之奇函;孟堅以賦體擅長,典蘭臺之秘笈。山開宛委,益肆網羅;地辟嫏嬛,咸供漁獵。知律既足以審音,賦詩亦因以見志。於是清辭綺合,縟旨雲興。移日影於花磚,寅衷橐筆;辨鈴聲於鎖院,丙夜裁箋。珠樹仙人,吟資腹稿;金華學士,句寫屏風。或揄揚風雅,潘江偕陸海齊傾;或咀嚼芬芳,宋艷與班香共摘。或鏤金而滿眼,蟲魚悉任雕鎸;或剪綵以因心,花柳皆隨組織。莫不刻燭頻催,揮毫立就。高情則浴日摩空,細意則分宫析徵。萬卷胸撑,李義山無須獺祭;八叉手敏,劉賓客慣得驪珠。選詞不假乎推敲,拈韵能諧夫競病。三千翰牘,陋風雲月露之篇;四十賢人,多錦繡琳琅之體。麟麟炳炳,雅雅魚魚。非徒撏撦言工,不數餖飣爲富。允矣詩才之七步,居然斗酒之百篇。爰謀剞劂以代傳鈔,更命鄙人謬爲弁首。某學類雕蟲,才同刻鵠。仰門墻之範,叨文字之知。裘名狐腋,寧堪麻枲爲緣;琴號龍唇,敢以柷敔作倡。惟念北海儒宗,書帶侍階前之草;况復南豐詩派,瓣香分座上之春。謝康樂芙蓉可愛,爲鮑照所傾心;沈隱侯雌霓非誣,許王筠以知己。頓忘窺豹之譏,彌切登龍之幸。恭疏短引,仰竢鴻裁。

德午亭觀察太恭人七秩壽序代甘肅蘭山書院諸生作

蓋聞西池王母瓊筵,開獻歲之觴;南嶽夫人玉軸,啓登真之籍。蓮船十丈,人間則曲奏雲璈;桂殿千尋,天上亦歌聞霓羽。濯丹砂而曜彩,井號延齡;羅紫菊以揚芬,泉名益壽。坤元積慶,含宏符行地之貞;艮止增崇,茀禄協兼山之永。恭維德太恭人者,今署方伯觀察德公之壽母也。簪紱名門,貂蟬望族。衿纓自著夫禮儀,組紃無資於姆教。譚邢表範,幼工秋菊之銘;鍾郝垂型,長善春椒之頌。爰自齊牢,洎乎降阼。儷璸赤野,合珏藍畦。步陸孤躬持節儉,歸譙國以宜家;烏石蘭德懋言容,相冠軍以助政。卿班中饋,孰齊筐筥之風;京府小君,允淑笄珈之度。懿徽不亞夫魚軒,榮錫早膺夫石窌。於是女牀山畔,綵鳳啣珠;天姥峰前,慈烏繞樹。蓀蕙滋其鄂跗,琅玕擢其駢柯。王氏則三槐結蔭,竇宗則五桂聯香。子如文伯,官箴常式。夫敬姜人,是大家哲嗣,更賢於曹穀。觀察公以麟角之姿,承熊丸之教。初由京秩出莅專城,駸歷昆滇,久騰茂績。既而,分符北地,露冕西涼。爰奉板輿,用歡禄養。旋以屏翰之司,兼攝旬宣之任。碧幢建節,敷惠政以優優;紅旛開藩,扇仁風而藹藹。身作歲星,福我壽我;手調元氣,風人雨人。况復澤沛膠庠,情殷桃李。官司考察之餘,集青衿而試藝;户版登稽之暇,量玉尺以衡文。賦獻淩雲,頻叨賜鐳;銘陳石闕,競荷酬縑。生等親煦嫗於春和,沐栽培於渥澍。典型在望,識荆州於倚馬之年;聲價頓增,遇元禮於登龍之日。獲仰素絲之介節,益徵畫荻之芳型。欣惟太恭人瑞藹含飴,祥呈舞綵。值令節於懸符,逢良辰於設帨。天開五日,五福之疇範延禧;壽揲七旬,七葉之門楣肇慶。金芝三秀,偕冰桃雪藕以爭妍;白玉四環,共嶽豆溟盃而耀色。庭舒長樂之花,萲闈日麗;檻拂恒春之樹,柘館風輕。屬在庠序之末班,彌切兕觥之遥祝。敬駢巵語,歡頌古稀。欽宣文之閫德,寧徒太學諸生;奉都督之母儀,敢後長沙人士。

常母宋太孺人七十壽序

山川靈秀,千秋鳴鳳之鄉;人物英多,一代登龍之地。椒聊衍慶傳家,則共羨唐風;甲子延禧問歲,則群推絳縣。從來朱禒之名邦,不乏錦堂之盛事。况復萲庭懋蔭,算揲古稀,棠樹爭華,門饒賢俊。木天雅望,培英可用鴻儀;珂里榮歸,介壽爰歌燕喜。恭惟宋太孺人者,同年芸閣常太史之本生母也。譚邢令族,鍾郝芳型。徽柔式範,幼工秋菊之銘;淑慎標躬,長擅春椒之頌。迺以邦媛,作嬪象賢。甫詠齊牢,即當代匱。奉匜撰杖,上承色笑於衰姑;異本同源,下篤恩勤於弱息。主中闈之饋養,黽勉醪鹽;嫻内則之儀文,從容紛帨。瑶池集慶,階舒四照之花。天倫之樂事咸臻,少長之群賢畢集。某等忝附齊年,叨逢盛會。臨風傾聽,獲聆懿訓之昭垂;製錦抒詞,略述高門之梗概。兕觥祝嘏,遥瞻公瑾堂前;絳幔聽經,恍列宣文座末。願酌西來汾水,當慈闈種壽之泉;且依北向雲山,獻盛德如岡之頌。

陳荔峰督學德配孫恭人五十壽序代

蓋聞珠林瓊樹,華筵獻王母之觴;玉檢芝泥,寶笈披真妃之牒。八琅奏而響徹雲璈,四德彰而輝生彤管。故家庭燕喜,多萃聚於高門;黻黼鴻猷,每兼資於内政。况復鳳山鼉水,地屬名區;藻沚蘋濱,詩稱雅化。歷輶軒而問俗,文章推侍從之臣;勤筐筥以明虔,夙夜詠公侯之事。設帨欣逢盛會,稱觥爰祝熙齡。恭惟孫恭人者,同年荔峰學使之德配,而前大銀臺虚船公之女孫也。簪纓望族,禮法名宗。式金玉以標躬,淑笄珈而表範。凛有齊之義,少習閨箴;矢無斁之衷,長嫻姆教。遂乃儷璸赤野,合珏藍畦,以映雪之家風,適乘龍之碩彦。芝芙錫夢,明誠獲佳兆於前;鳳凰和鳴,敬仲卜昌祺於後。雖奉匜撰杖,未逮高堂;而結帨施衿,無慚相室。主中闈之饋食,黽勉醪鹽;嫻内則之儀文,從容緘管。或脱簪珥以償書,或焚蘭膏而佐讀。遂使荆山太璞,價重連城;合浦明珠,珍逾照乘。崔岐叔之多才,五千卷撑腸拄腹;張茂先之博物,三十車充棟汗牛。黄雪飄來,正槐市横經之地;碧雲深處,已霓裳奏曲之期。開燒尾之筵,魚龍跋浪;入登瀛之選,壺嶠生春。揮毫則金地擲聲,聽履則木天翔步。未幾,黄麻起草,賦獻淩雲;紫殿宣題,詩催織錦。允釐明試,較三載考績而更隆;抽秘騁妍,非十年讀書則鮮濟。學使公以吐鳳之雄姿,施釣鰲之鉅手。運思如鑄,驅筆若飛。飽五經以溢笥,許慎則學擅無雙;珍片玉以輝山,郄詵則名標第一。秘省爭傳,珠樹擬仙人之品;清班特擢,金華有學士之稱。北闕恩崇,南齋望重。綸言日贊,古事須問仲舒;藻采雲騰,高文必推司馬。於是操鑪錘以造士,握衡鑒以程才。星軺所至,人仰斗山;絳帳所經,手提風雅。近則中山上谷之區,遠而粤海閩江之域,莫不披沙揀金,搜巖采幹。參苓胥歸藥籠,桃李盡在公門。當是時,恭人潔嘉栗以奉先,被澣衣而襄事。履貴能勤,席豐寧儉。偶延客至,即列鼎其奚辭;倘屬官需,雖一蚶而不受。雅量與朱絲比潔,高風偕玉尺同清。及學使公之再遇廷試也,天子方集承明之彦,校雅頌之文。虎觀蜚聲,鴻章掞藻。羽獵之賦,無殊乎長楊;陳蕃之名,僅次於徐孺。重叨御獎,過北冀以空群;四掌文衡,臨西河而設教。採風以唐魏爲先,相士豈平原可比。典型在望,識荆州於倚馬之年;聲價頓增,遇元禮於登龍之日。宗工之教澤方新,賢媛之贊襄益著。况乎蘭芽秀茁,棣萼華聯。友于之愛,無愧二難;孝謹之風,克承萬石。不特婦教能修,抑且母儀足式。兹當揆覽之辰,適際嘉平之月。錦堂晝啓,樹蔭恒春;栢館晴烘,花明長樂。霞觴舉而壽宴宏開,鳳誥頒而仙籌疊晉。某等叨附齊年,許參末座,或陪玉署以同遊,或莅花封而出牧。當年雜佩,曾贈知來;此日高軒,又承屢過。聆宣文之壺範,寧徒太學諸生;奉陶母爲女宗,敢後長沙人士。爰陳巵語,酈泉補甘菊之銘;敬綴蕪詞,晉殿效春椒之頌。

跋繆石軍所藏鐵冶亭尚書臨《道教序》册子後

觀冶亭尚書所臨《道教序》,神恬氣静,筆筆中鋒,洵墨寶也。更喜此册傳播海内幾二十年,終歸於閣下。而泲水蘭山、東西宦轍之間,復兩得尚書手跋,此尤難事。翰墨奇緣,蘭荃佳話,當何如珍重耶!至寯以野鶩之見,得窺巨筆,亦非了無眼福者。

重修壽陽縣學宫碑記

粤自《周官》九兩之職,道重師儒;漢代三雍之儀,化隆庠序。故講堂開於西蜀市,刀布者修文;横舍起於南陽觀,俎豆者習禮。從來賢牧之振興,首在士林之嘉惠。要使槐宫棘寺,風雨攸除;襴帶唐巾,衣冠增色。而後矩矱足以範物,丹青可以染人。壽陽縣學初建於元祐之年,再新於至元之世。自時厥後,代有經營。洪維我朝,累增式廓。先是,大成殿以嘉慶辛酉六年重修,迄辛未十六年蕆事。十載之中,宫墻甫就;兩楹而外,締構未遑。蓋規模既闳,斯繕葺匪易也。我邑侯長白希公以保障之才,作神明之宰。虚堂懸鏡,介節凛若壺冰;比户鳴絃,淳風被諸琴管。固已政清訟理,民和年豐已。迺瞻校舍,周覽黌宫,見其堂齋祠宇之基,講席賓筵之地,棼橑陊剥,杗廇傾頽,將綿蕝其安施,洵縮版之有待。然而千緡造宅,尚賴捐資;百金營臺,猶虞廢産。矧兹堂皇廣厦,繚繞精廬,若作梓材,寧云小補?衆皆斂手謂難,公獨仔肩其事。於是琴堂置醴,紳士趨風,共樂仁施,群襄義舉。輸金恐後,爭選劉寵之錢;集腋能成,詎載馮驩之券。練日鳩工,庀材授匠,經始聿定,贊成有人。時則學師任公、閻公、少府邱公,罔不心度權衡,手操量鼓。往來如運甓之勤,餘陰尚惜;傴僂爲循墻之走,執事必恭。若夫日省月試,口講指畫,俾餼廪稍食不糜無益之費,竹頭木屑皆儲有用之材,則邑之縉紳先生實董其役焉。是役始於甲戌十九年七月,竣於乙亥二十年八月。逾年落成,衆廢俱舉。宫墉聳峻,丹雘增華。時速而功倍,取多而用宏。則見有鳥革翬飛,如跂如矢,殖殖噲噲,巍然式臨者,明倫堂也。廊腰縵回,檐牙高啄,盤盤囷囷,屹然對峙者,堂下之兩齋也。堂之東,廟幹崔嵬,神宫赫奕,則崇聖祠、韓文公祠、忠義孝弟祠在焉。堂之西,環堵縈紆,列庭顯敞,則司教、司訓、前後學署在焉。當斯時,執經負笈之生,握素懷鉛之士,歡聲載路,接踵闐門。僉以謂魯恭三異,未詳勸學之文;王允十奇,不著崇儒之政。蓋從事簿書,每置膠庠爲末務;勞形案牘,遂視博士若閑曹。以致絳帳或鞠爲園蔬,青衿且佻於城闕,逖稽曩籍,罕覯隆規。而公獨能敷鴻藻,括元模,導萬物之津梁,振六經之羽翼。賈洪爲令,親授生徒;范寧在官,力興學校。夫荆玉含寶,必俟乎開瑩;幽蘭懷馨,先資乎扇發。將見多士舒翹,衆流仰鏡。蹈德詠仁者,追齊魯之風;升堂入室者,尋孔顔之趣。方山壽水之間,濟濟、翼翼、峨峨如也。用是綜其顛末,勒以貞珉。庶典型不墜,望賢關聖域以爭趨;諷誦相摩,覩璧沼環林而自勵。勖哉來哲,無替前猷。希公名靈阿,辛未進士,滿洲正黄旗人;任公名卜傳,舉人,文水人;閻公名廷瑾,解元,徐溝人;邱公名戟士,順天宛平人,因並載之。

跋那繹堂制府《奏議初編》後代容静止作

右爲家君《奏議初編》二十八卷。凡奉命督軍訊案、歷任外省,及近年間諸政績大略悉備。家君少失怙,自三歲迄今未嘗少離大母膝下。雖屢膺簡命,馳驅王事,或遠至數千里外,甫莅任即迎養大母於官舍。板輿所至,安悉侍焉。自喜躬奉重闈,面承嚴訓,得以讀書餘暇,稍窺服官之道。顧家君素性沉密,每退食,雖侍大母側,從無片語。及公事煌煌大典,安也何敢預聞。竊讀歷年奏議所載,獲諗一二。甲戌春,家君由滑城凱旋抵直督任,安趨庭之餘,撿篋笥中奏稿,紛紜散漫,慮其久而易失,思所以彙集之。商於壽陽祁鶴皋夫子,夫子忻然稱善,不辭煩冗,爲之編次家君京任各奏議。時安以年幼,未能存記,僅就現存各稿,自嘉慶四年己未奉命視師陝右迄今十八年,癸酉平定滑城中間十餘年,駸歷封圻,凡有關於國計民生者,隨時便宜陳奏,及所奉諭旨,充箱累牘,多不勝紀。擇最要者繕録,裒爲斯編,題曰《奏議初編》,示續輯未有艾也。家君嘗訓安曰:“爲人作事須步步靠實,乃可對天對人。”况吾家世受國恩至深且厚,尤當爲朝廷求實治。歷觀奏議,兵、刑、錢、穀、保薦、參劾,以及陳情、叩恩各摺,因事敷奏,體例匪一,要皆字字出於至誠,愷切直陳,上報主知。仰荷聖明洞鑒,綸翰指示,有可有否,莫不鑒此誠衷也。當家君再任兩秦時,安以主政分秩農曹。自維年少多所未諳,因請假隨任數載於兹,家君所以誨迪安者,無不備至。今又輯斯編以資朝夕觀法,庶得所遵循。他日入官莅事,或不至隕越貽羞。且自今以往,家君政績日臻,凡奏議之續編者,一官一集,源源不已。而安之黽勉從事,亦於是乎始,既自幸又自勖也。謹識。

李廣文先生五十壽序代彭荷村舍人作

世之稱觴介壽者,余知之矣。大都緣飾以取工,鋪張以誇麗,擷珠林瓊樹之華,披玉檢芝泥之籍。二首四身曰亥,證奇蹟於絳人;上古八千爲春,侈寓言於蒙叟。至若桓氏之鳴玉,張家之珥貂,袁姓之朱衣,楊宗之華轂,潘岳則但述家風,陸機則先陳世德。羌無故實,徒事巵詞;不有名賢,疇當綺製。恭維司鐸李先生者,吾鄉之宿望也。華封境裏,夙稱富壽之鄉;姑射山前,舊屬神仙之里。錦囊衍緒,綵筆傳家。聲華久著於登龍,吟誦曾聞於掛犢。先生質原穎敏,才更權奇。揚雄綺歲,擅靈節之銘;任昉髫齡,誇月儀之製。遂乃研精綈槧,肆志縹緗,眼學偕耳受俱融,口誦與心維共暢。舞餘象勺,遂舉膠庠;拾得青衿,未逾昏冠。蜀都弟子,長卿固自才多;漢殿諸生,賈誼最爲年少。固已文堪摩壘,賦擬淩雲矣。然而風聲在樹,當高堂遲暮之年;日氣含山,值人子摧愴之境。斯時也,纘承弓冶,惟賴象賢;檢點巾箱,兼營家計。量腹度身之訓,恪守夫嚴君;商鹽糴米之艱,無諉乎介弟。在旁觀爭歎其賢,而先生獨甘其苦。猶且短檠夜剔,長卷晨攤,庭漂麥而不知,徑生蒿而罔顧。褰裳泮水,既采魯宫之芹;拔幟文壇,遂餐虞廩之米。豈非困不役心,勞不忘學者乎。夫周官九兩之職,道重師儒;漢代三雍之儀,人隆庠序。講堂設而西蜀知文,横舍興而南陽習禮。先生以爲成己必兼成物,淑世即以淑身。故三年絳帳,不改風清;一片青氊,無嫌官冷。爰當癸酉之春,出攝廣文之篆。地名壽水,心是廉泉。楊時之爲博士,聞達不求;胡瑗之授生徒,科條皆修。嗣以滑臺小醜,煽惑跳梁,洛水訛言,流傳隔境,妄謂魚魂之遺孽,潛藏馬首之鉅區。一邑盡驚,千家思散。縱使風聲鶴唳,屬幻想而非真;保無豕突鴟張,因奸民而乘勢。先生則廣集耆英,旁招秀彦,申明大義,洞釋群疑。晝則比户,風行未遑席煖;夜則登陴,露坐不畏衣寒。寅寮倚以爲城,黎庶望之若歲。研稽之學既如彼,保障之才又如此。豈必簪香鷲嶺,攀桂樹之一枝;懷媚驪淵,探珠光於萬頃,而後蜚英聲,騰茂實哉!蓋其天懷純孝,南陔不媿吹笙;至性友于,北阮應能讓宅。而且義篤交游,情深排解,端楷模於士範,樹矜式於鄉閭。許元度之窓前,無非詩畫;陶淵明之室内,祇有琴樽。樂道怡神,義方示訓。宜乎蘭階蕙砌,森森之嘉蔭常新;橘井芝田,鼎鼎之仙籌正盛。兹際懸弧令序,覽揆良辰,雅詠如松,禮徵曰艾。較高適學詩之歲,已著才華;當翁子富貴之期,正宜榮顯。某忝陪桑梓,舊識門楣。愧嗣君之問字,曾説青藍;感知己之忘形,不分膠漆。蕪詞敬綴,歡會遥瞻。我有嘉賓,竹葉同傾於日下;君無高卧,蒲輪早待於山中。

跋吴蓮洋徵君詩集後

嘉慶二十年夏六月,余家居讀《禮》,長晝無事。偶檢書格,得吴蓮洋徵君詩二十卷,讀三日畢,既詩其集尾,復綴數言以爲跋。徵君,蒲陽布衣,性澹泊,不事進取。讀書傺南之鄭谷,破屋數椽,莳梅種竹,藉吟諷以自娱平生。足跡所到,遍覽名山大川,與海内賢豪交游。故疎宕奇逸之氣見諸筆墨間者,落落然自成一家。徵君之卒也,新城王漁洋先生爲撰墓誌,稱徵君好仙釋,有空諸所有,仰青雲睹白日之意。今觀其詩,瀟灑淡遠,脱盡町畦凡徑,殆所謂以禪證詩,得性靈之奥秘者耶。徵君少游都下,士大夫罕知其詩,獨漁洋見而大異之,以古人相許,遂訂交焉。集中所載,與漁洋酬和者獨多,諒亦感漁洋之知己也。昔余先君過中條,有詩云:"蓮洋不遇漁洋老,冰雪誰將數卷論。"嗟乎,士之懷才未試,卒老岩穴若徵君者何可勝數!譬之驥伏櫪間,桐焦爨下,世無伯樂,中郎雖奇軼卓犖之質,不過與朽木、駑駘同受喤於拙目已耳,又烏知其調七絃,致千里哉!余不惜徵君以如此之才不見遇於世,而獨喜漁洋之能知人也。然則徵君雖不遇猶遇已。是集重編於乾隆甲午之秋,吾鄉張確齋觀察校之,北平翁覃溪前輩又校之。覃溪前輩邃古而精於考典,凡集中音韵未檢者,悉釐辨無遺。然徵君以搏象探驪之手,偶有疎漏,亦不足爲全豹病。崑崙之水,洪流九曲,而淤沙並瀉;太華之峰,秀極萬仞,而土壤兼收。河聲岳色,詩卷具在,後有作者,必能辨之。

蓮洋詩集半出漁洋評點。蓮洋固異才,漁洋尤爲愛才。乙亥六月十四日,春浦自記。

《郝氏族譜》序

嘉慶乙亥秋,郝君經詔以所自撰族譜既成,請余一言爲序。余惟族之有譜,所以考世系、叙昭穆也。隋唐以前,歷代皆置圖譜局郎,令史掌之。凡百官族姓之有譜牒者,上之官,撰次簿狀,藏諸秘閣。其後官不撰次,惟聽私家著述。或稱慶系圖,或稱家譜、族譜,命名不同,取義則一。按郝氏,自商帝乙封子期於太原郡郝鄉,因以爲氏。壽陽舊隸太原,今之郝氏,即其後也。郝君嘗語人曰:"余族祖籍壽陽北鄉西峪村,地僻而族繁,復遷村北之寨底村。肇遷以來,凡世支分派别,椒衍瓞綿,以故寨之人郝姓者十有六七焉。獨余祖世居舊里,迄今弗徙。西峪先塋,年遠不可考已。可考者,寨之松樹圍也。兩村族人歲時致祭,咸於是乎在。自時厥後,營兆域者多在寨,以所居者寨也。獨余之新阡仍卜於峪,以所居者峪也。先是余族有圖無譜,凡族人所自出與其所出,皆以次排列於圖,有條不紊。余懼其久而將湮也,披圖考核,勒成一編。庶後之覽斯譜者,孝弟之心油然自生,不至若蘇明允所云視爲塗人,則幸矣。"余聞其言而善之。夫上治祖禰,下治子孫,旁治昆弟,尊尊親親,别以禮義,而人道竭矣。郝君能睦其族,繫之以姓,而筆之於書,洵可謂反本復古,不忘其初者。昔郝賢,漢人也,爲上谷太守,以功封衆利侯,載在史表。郝隆,晋人也,亦以讀書績學見重當世。家聲不墜,餘慶維新。斯譜成,而郝氏子弟皆知篤於孝友,彬彬焉由文學以莅政事。余將賀其保世滋大,而先烈未有艾也,豈特考世系、叙昭穆,僅附諸紀載之體例云爾哉!

嘉慶二十年歲次乙亥七月下浣,翰林院庶吉士祁寯藻拜序。

《山莊六景詩》跋

蓋聞桃源縱棹,五柳環自柴門;竹館眠琴,三徑開當輞水。或尋山而躡屐,或賞月而登樓。蘭亭修右軍之禊,蠶繭鼠鬚;甫里訪魯望之居,筆牀茶竈。勝懷每兼夫勝具,目謀更繼以神謀。舒登眺之幽情,識古今之同契。兹則鄉臨壽水,社接方山,雖殊穲稏之村,久著太平之巷。樹無年而不緑,山何處以非青。蒼巒矗峙,梯鳳棧而虹飛;素練斜拖,瀉龍潭而玉碎。遥聆滿壑松聲,寒濤入耳;小步空庭月色,爽氣迎眉。聳危幢於古刹,千年之蘚碣猶存;敲清磬於疎林,十里之溪烟欲斷。况復鷗波瀲灧,鶴渚淪漣,拱嵐翠以如門,環堤流而似鏡。遠樹與螺峰並碧,落花隨乳燕爭飛。浣衣處處,影上紅橋;挑菜家家,歌騰紫陌。迎風則漲起青蘋,冷到蘆舟之岸;帶雨則園開緑竹,涼生魚市之雲。路入仙人巖下,分峭石於天冠;春歸華子岡頭,展層屏於翠塢。田園之風味,堪娱周菘庾韭;泉石之襟期,未遠謝草江花。家君涉趣,拈六景以含毫;

群棣聯唫,偕十人而吮墨。既詩情之漫引,亦畫本之新裁。招賢方唱咏竹林,乘興每往來蓮社。形勝傳爲佳話,賡酬望之同人。詎擬天光雲影,四時樂鹿洞之春;聊思揭蚓投魚,一曲備巴人之調云爾。實齋祁寯藻謹跋。

《硯北草堂詩稿》跋

丙子仲冬,寯藻自都下還里,昆弟團聚甚樂,無事輒分箋索句,至夜深三四鼓方睡。吾兄出示此卷,挑燈讀之,小有評點。詩之工拙勿計,一時怡怡之情景,他日可念也。嘉慶二十有一年臘之念一日,弟寯藻識。

吾鄉王致菴太宜人壽序

吾鄉王致菴主政,鳳臺望族也。以道光元年舉於鄉,二年成進士,官禮部。四年迎賢母宋太宜人於京邸。致菴爲人恂謹篤實,其官於朝也,勤而慎。奉示太宜人起居,色笑能得歡心。吾鄉之士大夫聞致菴之言,見其行事,僉曰賢母之教。今年,太宜人春秋六十有五,同人咸謀製錦爲太宜人壽,而屬寯藻爲文。寯藻於是就致菴而諮焉,始悉其家世與夫太宜人之懿德慈教,喟然乃嘆致菴之稟承有自,而太宜人之受福孔宜也。太宜年十七歸磐安先生,事姑孝謹。姑痛癱,舉動需人。太宜人奉侍牀褥十年如一日,甘旨、湯藥、温清之節,相夫子同心同力。暇則操井臼,勤織紝,家事鉅細,惠賴以濟。磐安先生年五十三捐館舍,時致菴甫及冠,弟妹俱弱。致菴少有羸疾,太宜人撫育之餘,課以詩書,督責不少貸。今致菴已成名,而弟名時中者亦蜚聲庠序。婚嫁之事既畢,含飴之樂日臻。太宜人之德,方之古所稱畫荻丸熊者,豈有異歟?然寯藻竊猶有進焉。夫家道之隆替始於婦人,故《易》有二女同居不同志之戒,而家人之卦必先占女正位乎内。其象,巽順離明。蓋順則不爭,明則知要,必深諳乎大體,曲當乎人情,而後家人可宜,家道可久。若夫累世同居,自古爲難。蔡邕三世不分財,郭世儁七世同居,張公藝九世同居,陳昉十三世同居,長幼七百口,自漢以來載在史册者曾不多見。論者或高其義,稱其忍,美其家訓。而其閨門之中,日用瑣屑,已有賢母賢婦維持調護於其間,故《易》曰"无攸遂,在中饋,貞吉"。明以莅之,有嚴君之義;順以行之,有交愛之誠。惟其德无攸遂,而其象乃無不遂也。太宜人之家同居八世矣,其父兄之教不令而行,其子弟之率不肅而威,其婦姑宗娣之間人無間言。而太宜人處極盛之時,有閑家之任,威如藹如,既和且節,仰而事,俯而育,用能承其先業而啓其後人。世之賢婦勤於操作者多矣,而教子以成名者鮮焉,能教貧而上和下睦如太宜人所履之境又鮮焉。至其務節儉,好施與,親族感其仁,鄉黨高其義,斯皆足以見太宜人之德,而惟此尤足以見太宜人之德之順且明也。太壽者酬也,以太宜人之德之順且明如此,此其宜子孫致榮顯、登上壽而享備福也固宜。然則天之所以酬太宜人者,又曷有極哉!是爲序。

養福堂記

嘉慶己卯,當塗夫子壹齋先生年七十,仁宗錫以額書曰"養福增壽"。先生於是以"養福"名其堂,紀君恩、勵晚節也。越十年,道光己丑,先生年八十,致仕三年矣,神明不衰,厥德彌劭。天子眷念耆舊,寵賚有加,復錫額曰"引年頤志",聯曰"玉瀾圖繪依光近,緑野襟懷養福長"。先是,癸未秋,駕幸萬壽山,宴十五老臣於玉瀾堂,繪像賦詩。先生時年七十有四,以軍機大臣與斯盛典,至是上憶及之。且"養福"二字,兩朝御書,先後同撰,若有期而合者。蓋先生之受知甚深,而其以德致壽之徵,誠有由也。夫福者備也,無所不順者之謂備。《易·頤》之象曰"觀其所養",又曰"觀其自養"。劉子曰:"能者養之以福。"由是以譚福者天命之所同,養者君子之所獨。君子勤禮,勤禮則致敬,致敬則有動。作威儀之則以定其命,其福也若固然,其養也非强致。夫有養形而不獲福者矣,未有養德而福不至者也。先生幼失怙恃,長於外家,一衿坐窮,八試不售,其於遇合可謂艱已。四十登科,浮沉郎署,乞假授徒,十年不出,其於功名可謂恬已。向使絳帳不輟,青山長隱,古桑數椽,終老牖下,世無愛才薦出如朱文正公其人者,爲之推輓於當路,則雖有宏深偉彦之學,輔世長民之德,沉倫掩抑,無以自達。而先生方且超然高蹈於山巔水涯之外,詩酒書畫,放浪以自樂,若陸魯望之於笠澤,林和靖之於孤山,抗志希聲,遯而不悔。其文學詞章,上之以致力必傳於後,可不謂福焉?及乎被賢相之薦,承前席之咨,二十餘年出入承明著作之庭,八掌文衡,得人稱盛,九遷而至正卿,聲望日重。今天子御極之初,召直樞密,委以度支,五載贊襄,論思獻納,進不謀利,退不計功,雖温樹無言,而朝野相慶。御題繪像詩有"豈獨文章禁省冠,一德密勿惟幾康"之句,君臣契合,千載一時,蓋非外人所能擬議也。先生歷官清要,力持大體,請謁不行,門無雜客。退食之餘,蒔竹栽花,肅然自得。寯藻自爲秀才時,以文字見賞於先生。從游既久,時聞緒論,自經史以迄百家,口講指畫,移晷不倦,而無一言及於私。其性情廉介亮直,昭昭如是;其出處光明坦易,綽綽又如是。宜乎受知兩朝,全始全終,身名俱泰也,先生之福也。章三上乃得請,詔賜藥餌,並給俸以寵異之。及歸,具謝,猶蒙手答,慰問諄至。去年以回疆獻俘,陳賀嘉奬,出所進奏牘示樞臣。且上嘉其誠懇,以所進奏牘示樞臣,且留省覽。今復下詔褒美,賜以手書,遠溯三代引年之典,近擬裴相緑野之榮,優禮邁於蒲輪,懋賞及於哲嗣。惟皇斂福,用敕錫之;惟臣養福,尚克受之。於戲,何其禕歟!夫德者福之基,福者德之致。德莫先於知止,福莫大於知足。知止知足,不殆不辱。先生不蘄福而福歲之,而世之孳孳蘄福於靡已者,或未可必也。或曰:"五福備已,其若富何?"寯藻曰:此先生之不蘄福者也。二疏之散金,豈不念子孫歲?且使富而可求,則進不必以徵,退不必以辭已。或曰:"先生生而有文,在手曰井,其受福之象耶?且名遂身退,其即井以辨義之旨耶?"夫如是,則井收勿幕,養而不窮,期頤之福,豈有涯哉!敢以斯言爲先生壽,以代登堂之祝焉。

道光九年歲在己丑仲夏之月吉日,受業祁寯藻拜撰並書。

盂縣方山鎮文昌閣記

《史記·天官書》云:"斗魁、戴匡、六星,曰文昌宫。"《孝經援神契》云:"文者精所聚,昌者揚天紀。輔弼並居,以成天象。"六星則上將、次將、貴相、司命、司中、司禄,合此六星,乃成一宫。道家不知司命特六星之一,謂文昌獨司文人之命。又以文昌宫在北斗魁上,以魁與文昌並祀,復附會字形以爲魁像。其實北斗七星,一至四爲魁,五至七爲杓,魁非一星之名也。又有易魁爲奎者。奎十六星,天之武庫,非若東壁二星主文章圖書也。自宋初五星聚奎,占者以爲文明理學之兆。《路史》亦有蒼頡觀奎星圜曲之勢,創文字之説,於是祀者本之。梓潼神,姓張,諱亞子,其先越巂人。唐宋人詩文雜著所載神事,互有不同,均無降世爲王侯將相之事。《明史·禮志》云:"梓童顯靈於蜀。"文昌、六星與之無涉。世以文昌、梓潼爲一神,乃出於道家之《化書》,其言支離不足信。然自明以來,相沿奉祀幾遍天下。盂縣方山鎮東南,其地隆然而高,曰岡上。里人創建文昌閣,祀奎星、文昌六星及梓潼神,别梓潼與文昌爲二,不沿俗誤,合祀於閣,而分設專主。以道光十二年經始,十五年落成。高明有象,享祀惟昭,事重崇文,功歸好義,誠善舉也。工竣,屬記於余,因略考顛末,俾鐫之石。至若漢曹景完碑所云開南門,望華嶽,取嚮明之義,庶使學者獲人爵之報。古之善頌禱者,類如是也。余不復贅。

賜進士出身、資政大夫、内閣學士兼禮部侍郎、壽陽祁寯藻謹撰。

重修雙鳳山五龍聖母廟碑記

雙鳳山在壽陽縣城北四十里,兩峰翼然,象鳳之峙。山有五龍洞,石具龍狀,五色成文,懸壁垂珠,四時津潤。相傳爲聖母登真之勝地,禱雨輒應。環山遠近諸村,歲時報賽於祠之下,琳宫巍焕,寶相莊嚴。其創建權輿,歷年滋遠。重修之碑,自元以來有可攷焉。嘉慶十有六年增其式廓,舊貫鼎新。我先大夫手譔碑銘,勒之貞石。歲周二紀,年慶屢豐,更議繕修,用答神貺。於是輸資獻力,庀材鳩功。閎殿重暉,山門永固。層樓傑閣,載葺載營。畫棟棲烟,文軒架雨。門之東舊有棧道,以石易木,爲基六尺,爲洞十一,長九丈,寬一丈,如衡如砥,嵌實梯空。遠望則彩虹亘天,平步則銀灣鋪地,洵靈巖之屏障,仙宇之津梁也。迺構廣厦以覆崇碑,風雨攸除,雕篆不朽。經始於道光十五年春,落成於秋。僉屬鄙人,俾叙顛末。事重乎報德,才慚乎勒銘。爰爲祈雨、謝雨、迎神、送神之辭四章,臚述嘉佑之無窮,及我鄉人享祀妥侑之誠,以告來者,庶使翠岫霞明,丹題日焕。龍湫之澤,普潤芸生;馬首之區,長蒙蕃祉。其辭曰:

嘉種降兮神功,熾菑兮畝南東。豐隆前導兮屏翳弭節,藴藴而暑兮蟲蟲而熱。雲軿兮飆轍,延頸兮心如結。我欲攀龍兮,龍之淵深以幽。蜿蜒上升兮,龍告我以遠游。遠游兮雨天下,還驂睠睠兮枌榆之社。

春不雨兮胡耕?夏不雨兮胡耘?秋不雨兮胡穫?匪神之惠兮我民奚託?民樂兮融融,神澹澹兮沖沖。我欲瞻龍兮,龍之宫幽以深。鞠膯陳詞兮,龍告我以無心。無心兮功普,何以報之兮式歌且舞。

神之來兮何方,般裔裔兮壽水之陽。被華文兮曳阿錫,飛龍秋兮駕雌霓。周流常羊兮若有,靚與與兮翼翼。仰流兮奮臆,使靈風兮滌塵。雷砰訇兮雲鱗鱗,滋液滲漉兮何生不均?神哉沛兮功無垠。

神之歸兮何所,紛總總兮延佇。雙鳳兮回翔,松之下兮不秋而涼。薦嘉觴兮擊靈鼓,裴裒放悲兮若有覩。寂漻兮夷猶,攀樛枝兮願少留。壇宇爛兮丹青,山呦呦兮冥冥。群生啿啿兮神之馨,長無極兮千億齡。

爲王省山《晉溪詞草》題詞

大集善寫性情,的是唐△詩絶句,殆自道也。近以腕痛廢書,開卷不能自已。挑燈讀訖,隨讀隨注,間有一二就正處,未知當否,惟松坪先生教之。佳處難以枚舉,遠追遺山,近繼午亭,連澤必傳於世,此唐魏正聲也,欽佩之至。

道光乙未,同硯愚弟祁寯藻謹識。

馬庭裕先生《制義遺稿》序

《明史·選舉志》云:"專取四子書及《易》、《書》、《詩》、《春秋》、《禮記》五經命題試士。"其文略仿宋經義,而體用排偶。至成化中始有八股之名,國初因之取士,遂爲定制。乾隆元年,命儒臣方苞精選前明及我朝四書文,爲多士式。方是時,天子敦崇實學,以經義爲人心士習之端倪。風會所趨,有關氣運,而海内綴學之士,莫不涵濡聖化,發抒義理,清真雅正,言必有物。一時文章,稱極盛焉。吾邑馬庭裕先生,諱慶餘,以乾隆庚辰科成進士,任河東鹽運司教授。親老請養,終於家,鄉人公舉入祀忠義孝弟祠。生平敦行劭德,學養深粹。其爲文溯源六經,切究宋元諸儒之説,以求聖賢意旨之所在。復參之子史百家,恢宏其識議,而抑揚其音節。辭以達理,氣以運辭,至性所流,充溢筆墨間,而時俗險仄纖巧之習,一切屏棄。學者得其口講指畫,爲文皆有法度可觀。授受之緒,至今弗替。全集久已散佚,道光十四年,其曾孫生員文蔚蒐輯遺稿,於斷紙賸墨之中,得塾課若干首,彙帙將付剞劂,而屬寯藻序之。寯藻少時嘗聞諸先君子,知先生之爲人,私心景仰,恨不得見。今幸得讀先生之文,矜平躁釋,恍然如親謦欬。善乎,方氏之言曰:"言者,心之聲也。"古之作者,其氣格風規,莫不與其人之性質相類。而況經義之體,以代聖人賢人之言,自非明於義理,挹經史古文之精華,雖勉焉以襲其形貌,而識者能辨其僞,過時而湮没無存矣。其間能自樹立,各名一家者,雖所得有淺有深,而其文具存,其人之行身植志亦可概見。若先生者,可以當之矣。自先生至文蔚,四世庠序,克繼家學,而文蔚懃懃懇懇,惟以手澤湮没爲懼,其志亦云篤矣。世之爲古文者,動目制義爲近體,不足傳。夫襲古人之形貌,而所學所行不足以濟之,以視先生之文,傳不傳何如也?

道光十有五年歲次旃蒙協洽秋九月,同里後學祁寯藻謹書於平舒山莊之思復齋。

讀李肇《國史補序》記

唐李肇《國史補序》云:"言報應、敘鬼神、述夢卜、近帷箔,悉去之。紀事實、探物理、辨疑惑、示勸戒、採風俗、助談笑，則書之。”歐陽文忠公《歸田録》大抵以肇爲法，而小異於肇者，不書人之過惡，以謂職非史官，而掩惡揚善者，君子之志也。余居憂以“思復”名齋，蓋取《大戴記》曾子之語，流覽記憶，隨筆鈔録，聊備遺忘，非敢妄希前賢也。

道光十有六年春正月，祁寯藻記。

跋傅青主先生真蹟石印本二

大字直逼山谷，小札信筆擲來，都成規矩。此老胸中常有恃，談笑可却千熊羆，識者當共領之。

道光丙申三月，壽陽祁寯藻拜並識。

《吴侍卿奏稿》識

《吴侍卿奏稿》序，由原任壽陽縣令、都學、江都金門詔頓首拜撰。

此稿向無刻本，寯藻於道光乙未居里，得之公族孫、生員京家。篇帙斷爛，恐遂湮没，因借抄付梓。前邑令金侯爲撰序并家傳。其傳略云，公玉，字之璋，一字和璞，號昆峰，壽陽縣人。父成美，貢生。公生而才氣雄偉，與雁門孫白谷尚書爲布衣交。中天啓辛酉舉人，壬戌進士。初任博野令，調蠡縣，内遷廣西道監察御史。以劾長山加級，并勅建坊，賜“忠讜”二字。丁外艱歸里，當道過者咸懾憂曰：“壽陽卧令一虎矣。”服闋，數年不起用。迨盜賊充斥中州，饋餉紛沓，羽檄旁午。忌者思中之，乃外遷河南道參議，專督糧儲。公至任，痛時事不可爲，憤恚卒。時崇禎十三年，年五十有五，崇祀鄉賢祠、忠義孝弟祠。子二：運隆，蔭生；運泰，庠生。隆子二：蘭、蕙，並國學生。蘭子延齡，舉人；蕙子蒿齡，庠生。延齡子二：晫，文穎館修書，候選州同；俊，廪膳生員。蒿齡子礨，廪膳生員。金侯序已弁疏首，其傳即剌取疏文而成，别有刻本。兹攝其家世履貫，序所未詳者附之書後。

丙申冬十一月，里後學祁寯藻謹識。

《化民録》跋

右《化民録》一卷，從伯祖北溟公雍正初令江陰時告諭條目，去官後，邑人彙刊者也。公治績，家乘不詳，僅見於墓表中有“人歌其德，建一文亭”之語。寯藻幼讀書里塾，聞公曾孫培元時時言公作宰軼事。培元喜史漢之學，能雅琴,不事舉業。其子恩光有聲庠序,蚤卒。公之遺書,於是散軼。又公玄孫履豫亦頗知公事,然多傳聞失實,不足徵。今履豫年七十餘,老無子,可歎也。去年秋,寯藻奉命視學江蘇,使署駐江陰。下車之初,檢閲邑志,乃知公治績大概。訓導劉君得此録刊本於廩生蘇逢盛家,條目具備。諭中往往及浮屠果報之説,蓋爲鄉愚婦女説法,不得不爾。今江陰絶不聞有輕生打降之習,殆志所云"俗以一變"者歟?一文亭遺址不存,去思碑亦訪不得,恐公之績久而漸湮,謹校録重刊敘。碑間有闕處,一仍其舊,而以志傳、墓表附後,庶循誦先澤,益以自勵云爾。

道光十八年歲次戊戌秋七月,户部左侍郎、南書房翰林、提督江蘇學政、從姪孫寯藻謹跋。

《鴻雪因緣圖》序

夫江淮禹穴,太史公之壯遊;金馬碧鷄,王大夫之使節。刺史柳州諸記,山水方滋;緇流佛國一編,烟雲過眼。雖歷向禽之五嶽,涉夫子之八州,情隨境遷,風流雲散,從未有綜厥前踪,被之圖繪,若今河帥見亭先生者也。先生三韓貴胄,七葉名卿,讀賜書於綺年,宣壯猷於蚤歲。爰於退食之暇,俾寫留爪之緣,記言數千,爲圖八十。丹青則江山生色,金碧則樓閣交輝,固已擅董、巨之長,竭趙、李之藝矣。然而貢陳益地,僅分白阜之能;殿繪嘉陵,特屬黄圖之玩。雖資雅鑒,無與昔遊。又或生涯橐筆,身世勞薪,跡類書傭,事更府主。雖輪蹄之徧歷,實筆墨之牢騷。即或相如持節,博望乘槎,既目染而耳濡,復高軒而駟馬。然或梁孫闌沫,西窮大夏之居;蜒户龍人,南極反景之國。深箐蔽地,白葦刺天。當其流連,輒殷棖觸。甚或一囊琴劍,萬里關河,瞻太行之白雲,吟隴頭之明月。當歸之藥,徒寄藁砧之詠。無期觸景生懷,無情有恨。山川雖麗,風雨興思。四者並難,千禩同慨。先生庭趨東郡,養侍南陔,聞詩三輔之間,走馬兩浙之域。時則湖探明聖,樓號韜光,想鐵弩之雄風,尋梅梁之故實。孫興公作賦之地,謝靈運著屐之山,風日清和,吟嘯諧鬯。此則先生未冠以前之緣也。既而文光東壁,戰捷南宫,終童上書之年,蘇頲對經之日,身依薇省,職效花磚。以西清之神仙,作東方之夫婿。金蓮許撤,畫舫徐行。沓合四明,車迎百輛。踏六橋之烟月,談天一之圖書。逮夫供職木天,歸省泰岳,孔林展禮,明湖尋詩。養雲浴日之奇,漢碣秦碑之勝,摩挲不厭,嘯歌矢懷。若乃觀仙蝶於太常,頒珍鹿於史館,占清班於天上,留逸事於人間。此則先生三十以前之緣也。且夫黄鐘大吕,非叩無以發其聲;赤堇干將,非割無以知其利。先生一麾出守,五馬專城,訪文簡修褉之橋,拜忠宣授命之墓,探二水三山之名勝,搜六朝五季之遺聞。秋風白塔之烟,夜月翠微之址,俯仰今昔,感慨係之。既迺徐擿作郡,任昉之官,拔薤除奸,種棠勿伐,鳴琴播治,人訝神君,奉輿行春,民歌壽母。其間黄山白嶽,昉溪殊泉,帆溯桃源,轅攀練浦。凡縈青而繚白,供抽秘而聘妍,視篆汝陰,觀察忠武。隨會莅官而盜靖,賈讓治河而波恬,赤白之丸不探,竹箭之流允翕。弔吹臺之名彦,懷百泉之隱君,太室、伊闕之瑰奇,梁苑、風陵之勝概,金勒所至,斑管輒圖。此又先生四十以前之緣也。嗣是陳臬旬宣,建牙開閫,鑾花四照,湘蘭載紉,圖所闕如,心焉企及。寯藻以中春令序,塗出清江,親挹芝芬,細瞻藻繪,竊卜先生以九能之才,無四難之累。此後星明臺鼎,功奠河淮,贊化斗樞,調元綸閣。飛遵鴻陸,流惠愛於衮衣;畫入麒麟,紀勛名於樂石。則此册也,誠不過風雅之編年,雪泥之陳迹也已。

道光己亥八月,愚弟祁寯藻拜撰。

重刻《朱子小學》跋

古之所謂小學,蓋曰幼儀《内則》,所謂書就外傅,朝夕學幼儀是也。自後學樂、誦詩、舞勺、舞象、學射御,皆不兢兢於語言文字,而惟服習於動作、進退,使之渾化於耳目、手足、筋骸、血脈、聲音之屬,以調柔之,醞釀之,使自入於聖賢之路而不自知也。三代以降,幼學缺然。童兒名爲入學者,惟相引以字義、形、聲,以觀其才能。故朱子輯《小學》一書,薈萃古聖成模,旁及後世嘉言善行,以啓誘愚蒙。我朝聖主仁皇帝俾譯其書以教國子,世宗憲皇帝命武英殿刊印頒行,所以昭回聖化,廣勵學官。臣寯藻奉命視學江蘇,有忝司存,輔翼無術。士子彬鬱者多,而或缺於督躬實修。巧者馳心於功利,弱者隕志於貧窮,嬰文網者往往而有,而是書於承學,士頗不知貴重。故謹刻之,徧貽士子。竊又念朱子此書本摘取於經傳,學者所皆誦習,而昔賢多爲注釋,詞繁不殺,學者苦之。兹特從其省,至音義或異,則仿《釋文》,附列數條於各卷之末。其歷代名賢則附注姓氏、號謚,使閲者心目開朗,且欲使知服習於耳、目、手、足、筋、骸、血脈、聲音之間,以反諸幼儀之古云爾。

道光十九年十月,臣祁寯藻謹識。

顧氏先世手蹟識

顧氏先世手迹凡七札。錢唐、元城二公,明季皆以死節著。咸建字如心,錢唐令,謚忠節。天敘號荀洲,元城令。忠節書心清氣平,點畫不苟,何其定也。夫成仁就義,其先德可思已,抑流澤之遠,豈有涯哉?新陽廩膳生員掄能守其業者也,勉旃斯有望已。道光十九年十一月,崑山試院壽陽祁寯藻拜識。

吾鄉平定朱公純—明季令蒲城,死流寇之難。方城危日,或諷之去,叱曰:“死生何事,此豈吏部堂上論資格地耶?”余嘗見公臨難手書,壯其節,悲其志。又於保定見山陰祁忠愍公徇節時與家人書,慨然有同姓之感。手録一通,付其後裔。因觀此册,附記於後。

增修江陰考棚記國朝學政祁寯藻

國家培養人才超軼前古,士之應科歲試者,大縣多至四五百人,小縣不下二三百人,而秀民之應童子試者更倍蓰焉。江蘇爲人文淵藪,各屬試院皆漸次增廣,而常郡猶仍舊制。東西兩文場僅容千四百人,而武、陽、宜、荆應試文童,每場率二千以外。使者廳事及平時吏役治事之所,皆編列坐號,華離紛糅,巡徼難周。舊號亦多頽圮,且簷宇卑庳,晝景如晦。几坐皆用木,脆弱易摇。又有古樹穿出榱棟之間,每當風雨驟至,滲漏者十居其半。蓋院外隙地率高院内數尺,開拓爲難,而舊例修葺經費皆支官項,動撥尤不易。以故,東文場於丙申歲大風毁,後雖經更建,而規制狹隘,西文場之楹欹棟腐如故也。戊戌夏,余校試常郡,目睹生童跼蹐之狀,出入礙步,左右礙肘,心甚憂之。適九學廩生稟請勸捐增修,即允其請。捐廉爲倡,八邑咸踴躍從事,遂於歲杪鳩工庀材。明年春,余將按部淮徐,凡調集捐資、選舉紳董,則屬之江陰令陳君延恩及廣文顧君翔雲、劉君銘。夏五月,余自淮上歸,而工已告竣。隘者廣,高者平,晦者明,摇者固。新檐古木,兩不相侵。計人列號,適逾其數。階除溝厠,位置秩如。陳君語余曰:“舊文場東院内隙地甚廣,其西則鄰近前明功臣二吳侯祠。雖經祠裔捐隙地,視東猶隘,故東西各增建文場十一間。東每間十架,而西減其二。舊有城隍祠内班房,在今西新文場地,今移建於東,因地勢也。新舊之間庭各廣丈六尺,新文場外夾道各八尺,繚以磚墻,高丈六尺,厚尺六寸,其外復以墻繚之,重關防也。其坐號,每人占地廣尺八寸,深四尺。東西舊文場容七百五十人,新文場容千二百五十四人。堂上洎水設堂號,容二百四十四人。几坐俱以厚木爲面,青石爲足,防抵觸與動摇也。四圍濬溝,曲達於外,備水潦也。凡用錢約八千緡,而平址購石居其半焉。是役也,經始於戊戌十二月,落成於己亥五月。爲時甚促,幸尅日告成。規模式廓不可無文以示後來。"余惟事有宜急者不可緩,義所當爲者不容辭。此舉當籌議時,其中委曲繁重之故,有非一二言所能殫述者。賴陳君主其成,諸邑令長、師生襄其事,士民輸其力。江陰職員張世承、生員沙淮、世承之子監生錫齡董其役。雖集貲有難易,初議有異同,毅然作之,及臻厥成,而人心晏如也。余曩歲視學湖南,增修岳州號舍,工竣,示諸生曰:"善教者,廣其居;善學者,廣其儲。廣則不孤,隘則無餘。請以斯言與多士交勖焉。"至陳君以一邑任闔郡之勞,以數月建百年之功,愛士之誠,出乎天性。此多士所共鑒,而無待余言者也。

陳志序道光二十年學政祁寯藻

道光丁酉秋,寯藻承天子簡命,視學江蘇。江蘇使署,舊設江陰。明年三月,江右陳君以司馬來攝斯邑篆,余方按臨蘇州。及歸,試常郡,聞邑人士頌署令賢能,下車數月,百弛具張。適郡士以考棚隘陋,呈請更新。余檄郡守,通飭八邑捐修,而郡守委司馬總理其事。事頗難集,時復甚促,逮逾年科試時輒能委曲求濟。刻期竣功,改作增建,悉中機宜,余以知司馬果賢且能也。既而謁余,曰:"江邑志書失修者將百年矣,邑之人以是役相屬望甚殷。近延紳士商修之,已有緒略。書成,將乞鑒定焉。"余喜券其必成而諾之。歲杪旋署,間嘗以所擬志稿見示。全稿都若干卷,𢿙若干門,綱舉目張,條析貫串。每門之首,冠以小敘,皆司馬所自爲。舉此邦興革纖悉、人情風俗,簡括以數語,而靡弗兼賅。其全書則就諸志之繁簡異同,參考互訂,折其中,求其是,雖一人一事,必再三詳審。凡與志館諸君往復辯論決擇者,塗乙滿紙,丹黄爛然,並出司馬一人之手,非如他郡邑之輯志乘,守令或僅署名校訂已也。江陰素稱繁劇,司馬治簿書餘,猶能從容泚筆。蓋司馬以篤學久困場屋,今本才、學、識三長勠成一書,藉以展其素所藴蓄。而余於平日稔知司馬之理庶政,頗有志於古循良之風,兹觀是書,其設施經濟已可概見。而於士習民風之要,愛民教士之誠,隨在流露,是即以此爲司馬治譜可也。夫人情風俗,數十年而一轉移者也。其轉移而善者,令之所宜奬勸鼓舞也;其轉移而不善者,令之所宜防微杜漸也。然以千百里外之人驟涖一邑,其人情風俗非所習也,勢又不能户察而家咨也。非有考鏡之資，烏能洞悉興利除弊之原哉？斯志也成，後令覽之，可藉手以奏治績；邑人士覽之，可景行以跂前徽，關係詎淺尠也？寯藻蒙恩命内召，兼奉八閩之役，不及候書成，與爲商榷，以踐前諾。惟考棚之成也，余既礱石記之矣，於司馬斯志，實不能無言也。爰識此，留以弁諸簡端。

精法樓祀汪容甫先生記代祁淳甫學使

純皇帝三十七年正月，詔曰："朕稽古右文，津資治理，幾餘典學，日有孜孜。古今著作爲慮數千百家，或逸在名山，未登柱史，宜及時采集，以彰同文之盛。其令各直省督撫會同學政等，同飭所屬，加意購訪。除坊肆所售瑣屑無當者毋庸采取外，其歷代流傳舊書有關世道人心者自應首先購覓，至發揮經傳、考核典章、旁暨九流百家之言有裨實用者，亦宜備爲甄擇。又如歷代名人、本朝士林宿望而有詩文專集各著成編，均應概行查明。在坊肆者應爲給價，家藏者官爲裝印。其有未經鐫刻、衹係鈔本者，不妨繕録副本，仍將原書發還，並嚴飭所屬一切善爲經理，毋使吏胥藉端滋擾。"時朱筠爲安徽學政，奏請將《永樂大典》擇取繕寫，各自爲書。奉旨派軍機大臣爲總裁官，仍於翰林等官選定員數，責令及時查校。三十八年五月，詔曰："浙江、江南督撫及兩淮鹽政奏到購求呈送之書已不下四五千種，並有稱藏書家願將所有舊書呈送者，固屬踴躍奉公，尚未能深喻朕意。方今文治光昭，恐名山石室儲蓄尚多，用是廣爲蒐羅，俾無遺佚，冀以補微輔闕。伊等將珍藏善本應詔匯交，深可嘉尚。若因此收存不發，轉使耽書明理之人不得保其世守，朕豈肯爲之。所有各家進到之書，俟校辦完竣之日，仍行給還原獻之家。"命文淵閣之外更鈔三份，再建三閣，曰文匯、曰文瀾、曰文宗於浙江兩淮，以其獻書特多故也。於時京都總裁及翰林等，亦已校録《永樂大典》中書成至五六百種，計全書通著録及存目都萬七百七十一部，十七萬一千四百十卷。文匯在揚州東園，文宗在鎮江金山，文瀾在杭州西湖。維時汪容甫先生以博學洽聞名當世，公卿間交重之，乃以布衣典三閣書。始於金山精法樓，繼乃至西湖卒，捐館於湖上之葛嶺，爲祠於葛嶺而祀焉。久之，京江人士嘗從先生游者，念先生之不可復作，仍即閣中肖先生貌而祀之。先生之子、農部郎喜孫郵書於予，請爲之記。夫昭明之選樓，任公子讀書臺，千古動人仰止者，豈不以先賢靈爽眷眷於兹，承學士愛羨之思與爲肸蠁乎？何況諄誨故老，醇儒師傳，啓發編章，校理秘文，蓋有不殊於劉中壘之天禄閣、班蘭臺之白虎觀者哉！尸而祝之，亦其宜也。

是爲記。

《説文聲訂》敘

不達古音不可以讀古書,何論文字製作之原也。顧昔之言音苦其疏,今之言音苦其密。太密則必有扞格不通之處,不通而變爲合韵類近之説,是無異一堂區爲兩堂,不許其隔垣對語,而許其越户相從也,疑於以今律讞古獄矣。河間苗君仙麓篤守亭林十部之學,而於十部之疏踳丩葛者,折疑解滯,首首入貫。蓋亭林當推輪之始,猶旁資衆説,不無雜越,苗君則一以洨長爲宗,惟專故精也。二徐兄弟皆治《説文》,皆不達古音,然楚金第謙存案語,鼎臣則輒刊聲字。今以《繫傳》校之,知許書爲大徐所點竄者指不勝僂,猶幸小徐書存,間足相證耳。寯藻前視學江蘇,假得景鈔《繫傳》宋本於元和顧氏,念汪、馬本至爲潦草,更事剞劂。而苗君適在幕中,乃屬其於校勘異同外,别撰《聲訂》若干條,綴諸小徐書後。夫諧聲者,六書之一事也,漢以前學者蓋皆無疑於此。亭林於二千載下獨尋墜緒,實有興滅繼絶之功。後學補苴其罅漏可也,變亂其條理不可也。若苗君者,庶乎亭林之功臣歟!寯藻樂得小徐之書,稍復許君之舊,更樂得苗君之説,以會顧學之通。爰爲醵金,敘而行之。

道光二十一年冬十一月,壽陽祁寯藻敘。

《太乙舟文集》序

凡人立身有本末,師友有淵原,學力有厓涘。國史、家傳所不能備者,讀其專集而胥可考焉。此集之所以足重,有不僅因文筆之工者,然文筆不工,則其集亦不傳。外舅陳石士夫子嘗詔寯藻曰:“力宗漢儒,不背程朱,覃溪師之家法也。研精攷訂,澤以文章,姬傳師之家法也。吾於二師之説無偏執焉。”蓋夫子於乾嘉大儒若朱文正、彭文勤、錢宫詹,江右學者自蔣心餘、魯山木諸先輩以下,皆擩染浸漬,遠有耑緒,而祈嚮所專,則惟桐城姚先生是法。實事求是,議務持平,不齦齦於漢宋之爭,而精思所詣,其言自足爲世法;不規規於韓歐之貌,而真氣所薄,其文皆有關乎世教。視學浙江時,疏罷宋孫覿專祠,天下頌其風烈,而寯藻所尤服膺者,諫垣諸劄子也。論攻道口賊情形,謂宜諭將兵者廣召謀計之士,與圖破賊,不必專恃大礮轟擊,則有戎昭果毅之勇,而無玉石俱焚之患。論邪教滋蔓之原,則以爲大興、宛平之選吏,未得慎簡之方;河南、山東之察吏,未得舉措之道。言洞機要,符於廟算。睢口決,上營田三策:一曰急興修堵決口之工,以工代賑;一曰令地方官曉諭買田者,募民耕種,耕田既可得食,買田亦無廢土;一曰仿廢員效力營田水利之法令,大吏於因公詿誤者,責其分段興修,湔雪有路,則人樂赴功。復於廢員效力一事,更專疏論之。於虖!讀書蘄致用也。如夫子之論,豈非實可見諸施行,還至而立有效者哉!夫子胸無城府,旁賢趨士,門無留客。其翼進後學也,諄諄款款,因材曲誘;挾一蓺來者,無不揄揚微至,若不容已於言。所甄拔士,但稍異俗學,輒降抑袚濯,不復以籍、湜相待。故凡游夫子之門者,莫不滿所欲以去,而飲和飫德,其氣質且久而自變焉。夫子於甲戌春分較禮闈,寯藻實出門下,既復重之婚姻,妻以愛女,後堂絲竹幸得與聞。用於立身本末,師友淵原,學力厓涘,若皆有以窺見彷彿。今讀《太乙舟集》,證諸平昔聞見,其氣善,其語質,不以髡、衍之辨鶩亂經義,不以申、韓之術周内人倫。信乎,仁義之人其言藹如矣。是集編定者梅伯言農部,刻布者黄右爰比部也。右爰性資淳實,風義尤切於師門,謂寯藻受夫子知愛深,當弁言集端。竊惟夫子以癸巳春出使浙中,越一年而寯藻奉諱家居。比夫子還朝未期月,旋歸道山,寯藻尚未禫也。積二十年,師恩摯眷,瞻仰未由,今乃效李漢之序昌黎,是重足悲已。

賜進士出身、光禄大夫、户部尚書、南書房行走、受業壻祁寯藻謹序。

《太乙舟文集》又序

見其人而知其心,人之真者也;見其文而知其人,文之真者也。人有緩急剛柔之性,而其文有動静陰陽之殊。譬之查棃橘柚味不同,而各符其名;肖其物,猶裘葛冰炭也。極其所長,而皆見其短,使一物而兼衆物與衆味之長,則名與味乖;而救其短,則長不可以復見,皆失其真者也。失其真,則人雖接膝而不相知;得其真,雖千百世上,其性情之剛柔緩急見於言語行事者,可以坐而得之。蓋文之真僞,其輕重於人也固如此。新城少宗伯陳公爲後起之葆秀,世也先德之,一話一言必且研而繹之,播而傳之,俾天下後世之仰名德者,咸克循誦習傳,以知所宗法。斯於世爲有功,而於先德爲克紹,而况觥觥之集,經猷學業之所著者哉!《太乙舟文集》若干卷 ,外舅陳石士先生所著,公子蘭第手所編校者也。前此,公門人黄君右爰嘗刊於邗江,寯已序而行之矣。公長孫大煥官楚北,今年寓書來,謂公集既出,求者紛至,板之留邗江者,道遠無以應。兹且重刊於武昌,屬更爲之序,以志爰始。夫爲人子孫之樂傳其先業也固矣,然必其力有所餘而後能行乎其志。今大煥以微官求升斗之禄養,遠陟江漢而能儲其薄禄之餘，以廣先人之業，可不謂賢乎！抑因之有感矣。太乙舟者，先生之家塾也。公退之暇，讀書述文，常居其中。大燉於諸孫年最長，常侍側，其視學閩淅，亦皆隨侍。一篇脱稿，恒命其手録焉。其研精覃思、伸紙行墨之狀，大燉皆親見之。迄於今，公之德業流播當世，公之文章常在天地，即公之聲音笑貌，亦往往於莊誦間彷彿見之，而墓木拱矣，能勿悲哉！至於立身之本末，師友之淵源，學力之厓涘，前序及之矣，兹弗綴焉。

受業壻祁寯藻謹序。

壽陽縣文昌廟記

戴筐六星見於遷史《天官書》，羅泌又謂倉頡睹奎星而創文字。此文昌、奎星之祀所由仿乎？我邑舊文昌廟正殿三楹，旁廡即爲義塾，里豆庠籩翼如也。日久圮甚。鄉校之毁，國大夫惜之。邑侯鍾公、黄公先後諭紳士勸募重修，得萬四千餘金。廣其基，狹者拓；壯其宇，敝者新。改建四明樓，上祀奎星，下祀文昌。兩廊各三間，下院如之。東題名，西紀工。廟門左右爲鐘鼓樓，樓左爲文昌三代祠。召住持，奉香火，爲購地四十畝。外院講堂三間，其旁學舍十餘間，較舊制有加。並購地五十畝，以其租爲延師費。餘千金，益受川書院膏火，甚盛舉也。夫紺宫碧殿，非以侈巨觀；春版秋戈，非以循故事。所望都人士誦法先賢，爭自砥礪，副作人之化而蒙斗魁之庥，科第蟬聯，蔚成文藪，實有厚幸焉。是役也，倡於道光十六年，成於二十年，計用費一萬四千有零，其得邀議敘者三十家。因備書捐資諸公，以爲勸。

經筵講官、户部尚書、軍機大臣、南書房翰林、邑人祁寯藻謹撰。

大清道光二十二年五月穀旦。

《覲象居古今體詩鈔》序

舅兄小石承家學，於經史古文皆單騖顓精，研思入眇，而性之所近，得於詩教者尤深。當是時，蘭雪吴先生以詩名耀海内，機會輳集，僂指泉流，今所傳《香蘇館集》，人無不豔且誦之。而小石其館甥也，性既尤與詩近，又得婦翁指授。識力所到，往往抉藩孤詣，不肯因人爲進退。使究其所學，或者直度驊騮，亦豈易量哉？寯藻自甲戌禮闈受知於夫子，習書太乙舟中，諸舅已皆咄咄露鋒穎，相得極歡，而小石與余情最洽。婚姻之約，夫子主之，小石實陰贊之。云夫詩，古之人所爲藴養性靈、和悦氣體者，不獨男文奏懷，抑亦養生之助焉。

而從事此者刻意爲之,不苦則不知其味,太苦又每以傷生。小石體素羸,抱喘哮症,冬春尤劇,顧耽唫不輟,投贈唱和之事,往來無虛日。余嘗視疾榻前,小石忻然縱話,侈陳詩旨,不覺自忘其疾,余亦忘余之爲視疾來也。小石既殁,吳先生哀其遺稿,選定二百餘篇,付其子友栢藏之家。友栢既重刻夫子文集,因併梓斯稿,附之集後,而馳書以告曰:"願得一言弁簡首。"當余之初與小石交也,削箋角勝,意氣如雲,謂他日果獲爲世用,必蘄有以自見。匆匆三十年,既老且秃矣,不獨事功無所表見,即此區區文字之業,亦以多故乏交,久漸荒落也,夫豈小石所及料者哉!

道光二十有三年歲次癸卯春二月,妹壻祁寯藻拜敘。

《皇朝藩部要略》記

謹案先大夫自訂年譜云:"乾隆四十七年,充國史館纂修官。先是,奉旨創立《蒙古王公表傳》,武進管先生幹貞纂傳數篇。奉差離館時,無錫相國嵇文恭公爲總裁,知余諳習清文,派令接纂是書。余既任事,通核立傳體例,計内札薩克凡四十九旗。外札薩克,若喀爾喀、土謝圖汗、車臣汗、札薩克圖汗;賽因諾顔,若青海、若阿拉善、若土爾扈特,多至二百餘旗。以至西藏及回部,均應立總傳。八傳羌無故實,文獻奚徵?雖有鈔送旗册,雜亂糾紛,即人名亦難卒讀,無可作據。乃悉發大庫所貯清字紅本督閱搜查,凡有關於外藩事迹者,概爲檢出。以次覆閱詳校,擇其緊要節目,隨閱隨譯,薈萃存作底册,以備取材。每於灰塵坌積中忽有所得,如獲異聞。積累既久,端緒可尋。於是各按部落,條分縷析,人立一傳,必以見諸《實録》紅本者爲準。又以西北一帶山川疆域,必先明其地界方向,恭閱《皇輿全圖》,譯出山水地名,以爲提綱。其王公等源流支派,則核以理藩院所存世譜,訂正勿訛。如是者八年,而書始成。時與余同修此書者,惟檢討郭可之在逵一人耳。"云云。先大夫既成表傳一百二十卷,進呈御覽,爲今著録《四庫》之欽定。外藩蒙古、回部王公表傳底册數十帙,未經更事釐訂,藏之家篋,五十餘年幸無失墜。逮寯藻奉命視學江蘇,駐節江陰,武進李申耆前輩見而好之,因屬寶山毛生甫先生爲參考編輯。江陰宋勉之補表成書二十二卷,題曰《藩部要略》,從《西陲要略》例也。又越七年,平定張石州復爲校補訛脱,乃墨諸版。石州又以先大夫之創爲各傳也,先辨其地界方向,譯出山水地名以爲提綱,而是編疆域未具,讀者昡之。爰以《會典》、《一統志》爲本,旁采各書,别纂爲《蒙古游牧記》若干卷。它日卒業,將付梓以行。

道光二十五年歲次乙巳五月，男寯藻謹記。

《桂勝集》序

桂林象郡，地拓嬴秦，漢下戈船，唐分邕管，輿圖既列，風教斯通。然而山川雲物之瑰奇，花竹禽魚之珍麗，求之紀載，略而不詳。洎夫水帶山簪，昌黎有詠；桂山名勝，因此而彰。由是子厚羅池，去華石碣，趙清獻搆亭之地，蘇文忠繫纜之鄉，遷客騷人登臨唫嘯。至范石湖《桂海巖洞志》成，一壑一邱，標題殆徧。然後灕江灌水，比曲瀟湘，獨秀闌鑾，爭奇台蕩。地以人傳，斯其效已。詩舲方伯開藩粤西，棠蔭既成，筍輿間出，屐齒所涉，形諸詠歌。溪澗寫其阻深，峰巒繪其明秀，里諺之語皆成雅音，贈答之章不遺風俗。謝康樂游覽之篇，劉連州竹枝之唱，兼斯二美，蔚爲一編。夫名賢莅止，輝映一方；嘉什流傳，芬留千載。峴山碑側，叔子之所感懷；高陽池邊，山公之所沈醉。西子湖以香山而著，滕王閣以子安而稱。大凡流峙之奇，因時顯晦；耳目之近，豈無勝區？未值其人，雖盛弗傳耳。方伯風雅成性，著作等身，大集觥觥，首先斯刻。殆亦鄴中懷古，動睎高望遠之情；嶺南論詩，寓發潛闡幽之意。詞章之外，寄託遥深，豈與夫鏤繪風雲，流連光景，矜奇競艷，夸美詞壇已哉！

道光丙午夏六月既望，壽陽祁寯藻譔。

《順天文鄉試録》前序

道光二十有六年秋八月，順天鄉試届期，禮臣以正副考官請得旨，命臣祁寯藻偕臣文慶、臣福濟典厥事。伏念臣山右下士，遭逢恩遇，由詞垣洊陟正卿，視學外省，備員内廷文字之役，疊與衡校。方以不克仰副簡任爲懼，兹復奉命主試京闈，撫衷倍形悚惕。謹偕臣文慶、臣福濟齋祓入闈，矢慎矢公，得士如額，擇其言之尤雅者，恭呈御覽。臣謹拜手稽首，颺言簡端。臣維古者鄉舉里選，或以德進，或以事舉，言揚特其一端。自古法遞變不行，而取士一皆以言，誠以言爲心之聲，著之爲文，則足以明道義而維風教。抑又聞之，君子之文，其德全；志士之文，其義全；詞士之文，其思全。德也可以經化，義也可以立事，思也亦可以紀物。顧使以文求士，而僅以思全之文，充科目之選，其於古所謂以言揚者，相去幾何哉？夫鄉舉爲多士進身之始，京圻爲直省風教之始。皇上黜華崇實，整飭士風，文教誕敷，無遠弗届。八旗及畿輔士子，與夫各直省之觀光京兆者,有體有用,不乏其人。而一二聰明才智之士,亦或不免惑於時尚,規規相效,鮮有當於德全義全之旨。臣竊慮之,校閲之際,恒兢兢焉。夫制藝代聖賢立言,既足以覘其内藴,而又觀乎詩律,以徵其心性之敦厚;觀乎經策,以徵其學識之淵閎。詳求於十四藝之中,而所謂得人之道在於知人,知人之法在於責實者,或庶幾矣。《詩》曰:"芃芃棫樸,薪之槱之。"又曰:"周王壽考,遐不作人。"言乎教化盛,而人材奮興也。《易》曰:"觀乎人文,以化成天下。"言乎文治盛,而世道日隆也。多士沐浴聖澤,爭自濯磨,讀有用之書,黜無本之學。他日文成業著,必不區區以詞藻相焜燿也。此則臣所願與諸人士共勉者爾。

經筵講官、户部尚書、臣祁寯藻謹序。

新建關聖帝君廟碑記

蓋聞敬者主一,無適之謂也。主一則專,無適則安,安而且專,乃可以交神明而昭誠恪。而況帝君之聖,所過者化,所存者神,上下與天地同流,豈曰小補之哉!壽邑西張所寨北村,舊奉帝君甚謹,然未有專廟,附像於菩薩廟中,非所以安神,村之人有歉焉。歲辛亥,公議建廟於村南之青龍寨,詢謀僉同,共襄善事。村人吳敏行施地基二畝,資助者踵相接也。於是鳩工庀材,而功以興,不數月而告竣。嗚呼,盛矣!夫以帝君之在今日,上自宫城禁闥,至於通都大邑,下逮窮鄉僻壤,無不立廟依神,歲時奉祀,昭其敬也。寨北村在邑之西北隅,其地厚而人樸,謹愿而少僞。是舉也,非有徼倖求福之心,具見敬慎不敗之意。是則所謂主一無適者,自足以格幽明而蒙樂利,故即其所以敬帝者質言之:若帝之澤被生民,功垂萬世,固人人能知之,即人人能言之,無俟予之贅述云。村人來乞記,書此以落其成。

賜進士出身、誥授光禄大夫、體仁閣大學士、邑人祁寯藻薰沐謹撰。

山陝衆商會館《續撥厘金碑記》序

聞嘗綜稽往籍,《書》紀圖終慎始之訓,《禮》詳耕九餘三之文,《易》垂利用爲大之經,《詩》載有備無患之義。以是知經始之難也,而繼緒尤不易,即厘金一事亦然。如山陝會館者,倘諸君子僅創於前,而衆善人莫爲於後,則需費浩繁,日久殆盡,將巍巍莫大之殿宇,何以永遠輝煌?穰穰多方之客商,何以安保福利乎?憶昔年來,屢捐厘金銀若干,其規模意義勒諸貞珉者,已深切著明矣。物因多歷年所，唯恐左支右絀，爰集衆商公議，仍按舊例抽分，五年爲止，何思遠而慮深也！惟望藹藹吉人，修多善而應多福，懷永圖而利永貞，同心同德，共勸盛舉，斯不負前此奮興之雅意焉。豈僅爲梨園樂歌娱一時之耳目，雕梁畫棟壯四方之觀瞻云爾哉？矧赫赫在上，乃聖乃神，俾爾戩穀。庶幾河運通行，商賈日如雲集；財源輻輳，福禄時若雨淋。銖積寸累之功，豈曰小補之哉？則由前而美斯彰者，亦由後而盛必傳，以似以續。不惟廟貌千古焕然，可保其常新；即俎豆四時燦然，各見其備矣。凡百君子，共沾福利於無疆也有以夫。

内廷行走、大學士、文淵閣領閣事、管理户部三庫、總理工部事各處、加三級祁寯藻撰文。

《隨軺載筆》第六種《度隴記》序

道光二十九年冬，寯藻奉命馳驛，前往四川，改道陜甘。同行者户部主事董君醇及員外郎鍾君秀、刑部主事馮君栻。使還，董君以塗次所纂《度隴記》請序。蓋是行也，往還四月餘，排日記載，舉凡山川道里、形勝關隘，與夫民風土俗、建置沿革之故，詳哉，其言之徵引浩博。於近今作者，尤數數稱陶文毅《蜀輶日記》一書。夫古來奉使秦隴者多矣，不皆有記記矣，無其才，無其學，亦不傳。昔宋鄭剛中以試秘書少監，充樞密行府參謀，作《西征道里記》。明都穆奉使册封，作《使西日記》。及文毅之書，皆秦中奉使行記之表。表者，文毅所作本郡縣圖志，上溯桑、酈，旁證亭林、東樵、潛邱、次風之書，其典核視阮亭《蜀道驛程》、《秦蜀驛程》二記殆過之，而於國計民生，拳拳致意，尤諸書所不及。顧以"蜀輶"名其書，於秦西極邊之地闕焉。穆自京師奉使西邁，與今兹道路所經略同。第文士之書，流連風景，又猥雜俚説，昧於剪裁。至剛中從樞密樓公當宋紹興間，陜西初復，兵火凋殘，搜覽未周，書止一卷，蓋其宜矣。今寯藻與諸君當國家承平二百年，行燕晉秦隴四千里，地博民殷，邊關清肅。朝廷下尺一之符，馳一介之使，指揮整飭，若網在綱。驛館僚佀治官文書戢，即得以案圖訪俗，篝鐙箸書。此固董君之勤練有爲，而又以見我國家法度紀綱，控馭施設，所爲可久可大者，人存政舉，顧力行何如耳。文毅經濟吏治，當世名臣，即如鹽政、海運諸事，與它所經畫，今日之踵行，皆當時創舉。其作《日記》一書，於御史典試之時，已有毅然自命之志。士果留意振興當世之務、國計民生，必有終受其利益矣。

咸豐元年孟春之月，壽陽祁寯藻序。

《毛詩吟訂》敘

《詩》自毛傳、鄭箋而後，主義理者多，主聲韵者少。唐雖有陸元朗《詩經音義》，亦不能專主古音。然古音時有未盡，改者如“旭日始旦”下，引《說文》旭，讀若好，《字林》呼老反，南音乃林反，僭音七尋反，《爾雅》釋山釋文，臨河注河，或作魚依反之類。惜唐陸詞等定韵時不能旁徵廣引，僅就數子之見聞定則定矣，使後世無吳才老輩作《韵補》以補《唐韵》之缺。陳季立、顧亭林就《韵補》而探討之以明古音，則《詩》其尚可讀乎？善乎，東吳徐子禮敘《韵補》之言曰：“音韵之正本，諸字之諧聲，有不可易者。”一言道盡，可謂鯨吞海水，盡露出珊瑚枝矣，惜世人盡以吳才老之説爲叶可怪也。河間苗仙路明經治《毛詩》，尤精於諧聲之學，嘗以齊、魯、韓三家證毛，而又以許汝長之聲讀參錯其間，可想見周人聲教之遺。陳與顧於韵學極有功，然皆不及才老韵學之精。細讀《韵補》五支一韵，如加，音居之切，而珈與茄凡從“加”聲者可知矣。歌，據《楚辭·遠遊》亦音居之切，而凡從奇偶之“奇”聲者可知矣。我，音魚羈切，《說文》：“我，從古垂聲，一曰古殺聲。”而凡從“我”聲者，古皆讀“義”可知也。牛，音魚其切，而從牧遞省聲之“枚、玫”可知也。能，從以聲，而罷從“能”聲可知也。禍、化、和三字俱音胡隈切，而冎從“冎”聲作别可知也。蛇，余支切；羅，陵之切；歌，既音居之切，而六豪後又列七歌有“佳”字，堅奚切，是明示厓與涯俱從支、齊部“圭”聲可知也。《書·秦誓》“斷斷猗”，《大學》引作“兮”，《伐檀》三章之“猗”字，漢《鴻都石經》作“兮”可證也。小徐《繫傳》委，從女，禾聲。《詩》萎與崔、嵬韵，《說文》：“私，禾也。北道名禾主人曰私主人。”《史記·敘傳》：“桓公之東，太史是庸。及周侵禾，王人是議。”禾與議韵，始知“委”字之諧聲，殆與河音魚依反，可三偶反也。陳與顧皆本吳才老《韵補》，而推闡加密。亭林與才老之書可謂服膺之至，其作《韵補正敘》，謂近日甚行方子謙之書，而不知其出於才老，可歎也！近來戚鶴泉著《漢學諧聲》，又成《詩經證讀》，不讓《毛詩古音考》及《詩本音》。錫山安古琴又有《韵徵》一書，全明古音視《詩本音》之轉音，尤覺直捷。明經採之而成此書，自丁卯至今，不知幾易稿而手書者屢矣。以視史雪汀之《風雅遺音》，有過之而無不及也。今敘而行之，亦業《毛詩》者之一快也。

時咸豐元年辛亥閏八月，壽陽祁寯藻敘。

自題畫像

二十二登科，抑何早也。六十二致仕，亦猶未老也。未老而病，病而休，休而恩禮不輟，人以爲晚節之保也。軍旅未息，民生日困，我心惄然，乃如擣也。在家在官，畏過慕善，多與寡取，硜硜之節何其小也。老而讀書，義理訓詁，楙楙慔慔，而廑以詩著，惜乎未聞道也。與後集刻本不同，此原稿也。

趙子昂《海賦》跋

此册曾入《石渠寶笈》，有兩朝"御覽之寶"題簽書名，亦西清鑒藏舊式。筆力圓勁，意趣灑然，自是松雪真蹟。賜本流傳，良可珍貴。以近刻仿宋本《文選》校之，脱數段，前後亦有舛錯，蓋由裁剪重裝，非元本也。"淮漢"作"淮海"，筆誤；騰、傾、廣、泝等字，與今本異。至"臣唐之世"，今本作"巨唐之代"。據李善注，當是"臣"字，"代"字亦恐唐時避諱所改。趙所見本，固不誤也。

咸豐五年十二月，祁寯藻觀并記。

陳文貞詩墨蹟書後

右澤州陳文貞公自書《賜宴瀛臺迎薰亭》、《賜西苑泛舟》詩二首，今載《午亭文編》十卷中，字句間有不同，自是刻本續有改定。惟《泛舟》詩句"晝鼓催行漏，斜暉度晚蟬"，此作"畫鼓"，較刻本義長，或林吉人編録時涉筆小誤耶？此卷題云："七月二十一日賜宴，是日泛舟。"以卷中《癸丑除夜》詩考之，當是康熙十二年作。按國史列傳，公以順治十五年進士、庶吉士，授秘書院檢討。康熙十一年，充日講起居注官。十二年，轉侍讀學士。十七年，以翰林院掌院學士入直南書房。此詩似在未直南齋之前。蓋賜宴瀛臺，講官侍班及與盛典，並賜泛舟游覽，恭紀一時恩眷所作，書贈同人者也。白蘭嵒禮部得之書肆，重裝，屬爲跋後，並系以詩。

咸豐六年五月，致仕大學士、壽陽後學祁寯藻謹跋。

青主先生《分注杜詩句》跋

《廣韵》凡五卷，青主先生分注杜詩句於韵之上下方。每卷皆有名印，并有傅眉印。别紙數條，亦有名印。《霜紅龕集·兩漢書人姓名韵序》云："編以

《洪武正韵》,名下略綴一半句,便參考。示眉抄之,眉曰是吾家讀書一法也。”此杜句分韵亦同此例,殆先生課孫蓮蘇輩偶爾摘録者,亦間有挍正音義處。如三鍾“烸”字注:“平定人謂被火烟槍者曰‘火中’,其‘烸’之同聲。”十六蒸“稱”字注:“杜詩《峽内多雲雨》一篇中有‘丹少冷舊秤’,‘秤’即‘稱’字。”二十三談“痰”字注:“《青箱雜記》:‘蜀有痰市,間日一集。’如痰瘧之發也。”五質“茟”字注:“《説文》:‘瓡,不作茟’也”。二十六緝“瓡”字注:“《漢武帝功臣侯表》有瓡讘侯杆者,師古曰:‘瓡’讀與狐同。’《地里志》:‘北海郡瓡。’師古曰:‘即執字。’《王子侯表》:‘瓡節侯。’師古曰:‘瓡即瓠字。’又音‘狐’,一字而三、四音矣。”二十七合“鞥”字注:“《吕氏春秋》有‘鞥’字,無音,恐即從‘韋’從‘革’少混。”云云,其餘尚有數條。至“茟”字,康熙間張氏士俊重刻宋本《廣韵》已改作“華”,與傅説合。《顧亭林先生年譜》:平定張石州穆編敘。“康熙六年六月,陳祺公重刻《廣韵》於淮上。”注:“王山史《山志》:李子德嘗得《廣韵》舊本,亭林言之陳祺公,託張力臣鋟本,與張氏士俊後來重刻本多不同。”潘次耕張本《序》云:“古本‘公’字下列人姓名多至千有餘言,近刻盡删去之。淮上所見乃内府刊本,已經删削者。”朱竹垞亦云:“明内府版多删節。”傅氏所據正是删本,故“茟”字未經改正。上聲第三卷目録上刻李因篤語,當是亭林淮上所刻。亭林游太原,與青主交,或即所贈,惜無敘次歲月可考耳。介休白蘭岩禮部得此本於吾鄉人,重裝見示。愚意:壽毛所抄之《漢書人姓名韵》不傳,若仿其例,分韵抄之,便成《杜詩摘句》一書,可存傅氏讀書之法,亦可見先輩隨手録記,悉有條理,後學所當則效。至手書細字斜行,多至數萬言,丹墨爛然,略無殘缺。希世之珍,蘭君其慎守之。

咸豐六年六月,壽陽後學祁寯藻謹跋於宣武城南之勤學齋。

《毛詩傳箋異義解》敘

《毛傳》於魯、齊、韓後出,而行之能久,以敘爲子夏所傳,其義長也。鄭始學三家後,惟宗毛。凡毛義隱略,則更表明,如有不同,即下己意,使可識别。申毛,非易毛也。孔氏作《正義》,若鄭志,若《駮五經異義》,若《箴膏肓》諸書咸萃焉。故閎博淵深,在義疏中爲最。惟毛、鄭互有異同,兩説竝陳,不知誰是,遂啓後人掊擊之論。因箋議傳,因傳攻敘,詁訓不明,古義寖失。甚矣,説詩之難也。余少治《毛詩》,擬取兩家之旨,别白而證通之,令漢儒師法,積久愈彰。仕宦卒卒,無須臾之暇。年來養痾京邸,思肄舊業,沈君愚亭適以所著

《傳箋異義解》就諗於余。君固,余視學江南時歲試高等生也,通籍後猶惓惓以治經爲急。讀其書有三善焉:毛公釋《詩》,自《爾雅詁訓》而外,多用雙聲取義,若"泮"爲"坡"、"苞"爲"木"、"懷"爲"和"之類也。或兼取同位相近之聲,如"顧"爲"每"、"龍"爲"和"、"遡"爲"鄉"、"綴"爲"表"、"達"爲"射"之類也。此潛研堂問答,引而申之,足以見古人詁訓之學通乎聲音,一善也。鄭箋多破字,如所云"伊"當作"緊","堂"當爲"棖"皆是。至謂"邪"讀如"徐","喜"讀爲"饎","式"讀曰"慝",非借其音,即借其義。如此類必一一疏剔,使人知鄭之假借,亦本於毛之諧聲,而不得以破字爲嫌,二善也。近儒説《詩》,如陳氏《毛詩稽古編》、段氏《詩經小學》及李氏《紬義》等書,皆意在力尊漢學,故多以《説文》爲左證。是解旅列衆説,無苟同,亦無苟異,總期不背於敍,可以與傳、箋相發明,三善也。魯叔陵云:"説經者,傳先師之言,非從己出。"如沈君其善於説經者,豈特《詩》云爾哉?余老矣,於學未有所進。憶在江南時與諸君子文字相觀摩,君與陳君小蓮通經冠其曹。今小蓮已下世,而君之書始出。余嘉其力之勤、業之盛,而毛、鄭古義之不終晦也,惜不與小蓮共正之。

咸豐六年冬至日,壽陽祁寯藻。

《國朝詩正雅集》序

詩至我朝爲最盛。前此操選者,或鳩數家,或繫分地,至沈文慤而始合百年之作,以統其會歸。其名《别裁》者,本謂取裁乎正,以别於不正也。孔子正《三百篇》而蔽以"無邪",詩教自以正爲則。夫詩莫大乎風,而形四方之風謂之雅説者,又謂陳一國之詩以風名,集天下之詩以雅名。今將述取裁必正之義,而薈萃百年風化之所扢揚。本風也而尊之爲雅,既稱雅矣而著之曰正。正雅云者,在古昔以顯四代之盛隆處,今兹亦以見一朝之陶淑也。咸豐六年,詩壇宿老陶鳧鄉、張詩舲兩先生欲昌《别裁》以後之詩,因江左詩人符南樵孝廉舊祖持心之訓,積蒐寄心之編,擴而廣之,約而精之。公爲鑒評,存乃貞愫,定名《國朝正雅》,仍與南樵商所可而綜其成。開雕半年,已得百卷,徵有後至,以廿卷爲補遺。由百二十年之凝董醞釀,發爲百二十卷之比興敷陳,上自王公,下及士女,郁然粲然,可謂極當世之大觀矣。書垂成,南樵屬余爲序,爰序數語於後。

咸豐七年季春之月,壽陽祁寯藻。

送雷訓導序并詩

黄州上游千二百里，當楚蜀之衝。大江之北有府曰宜昌，屏山枕灘，地勢險要。府西南四百七十里曰鶴峰州，山益深，地益僻，有良田、美池、桑竹之勝。其溪水會流，東入澧州境，或曰即古桃花源也。然而官斯土者率逡巡畏避不欲往，往則視若傳舍，或數月、或一二年輒求去，學官則或有數年不之任者矣，而黄岡雷君少泉適得斯缺。少泉，癸卯歲舉於鄉，於余仲兄爲同年會試，余季弟爲同考官，得其文力薦，以額溢弗售，深惜之。出守黄州，則命子世佶從之學。及去楚，而少泉遂歸里奉母。公車六上，又不遇。咸豐丙辰之歲留滯京師，與余晨夕相處逾年矣。念武漢黄郡數遭兵燹，創痍未復，恒忽忽不樂。咸豐七年三月部下選，聞前任有陳君者以薦舉至都，造訪歸，若有喜色。同舍問之曰："缺何如？"曰："簡。""禄足以養乎？"曰："不足。""然則何喜？"曰："吾喜其事簡，而得致力於學。養不足，而志可慰也。鶴峰，故容美土司地，國朝雍正十三年始置州，乾隆三十五年設學，置訓導一員，學額生員八，武生二。督學使者三歲一至，歲科並行，可謂簡矣。然聞其俗淳樸，鮮獄訟，易治。士與農爲伍，無挑達儇薄之習。且此數年來，粤賊擾兩楚，大郡邑多被陷，宜郡亦闌入焉，而斯州獨完。豈非以其地瘠民貧，利不近而害自遠耶？吾居黄岡之陽邏，率鄉勇，執弓矢槍炮御賊屢矣。門閭迫烽火，家室漂風雨，吾母且不得一日以安焉，養於何有。且所謂養者，養口腹乎？養志乎？去危而即安，親之志也。啜菽飲水以盡歡，亦親志之所安也。始吾不得耕且養，而今禄養矣。語曰'知足不辱'，又曰'知足者恒樂'。博士雖冷官，忝爲人師，與父言慈，與子言孝，與朋友言信，澤之以詩書，檢之以禮法，漸摩之以歲月，其足以益吾學而慰吾親之志者多矣，又敢曰不足乎？"同舍退而述其言於余，余曰善。毛義奉檄而喜，喜固不在檄也。雖然，吾竊喜君之知足，而世之不知足者，乃不以此爲喜，而或且以爲憾也。邑無小，得人者治；學無小，得師者興。吾聞鶴峰學官前後膺卓薦者不一人，其弟子亦多好學而尊師。近且起學院，辟講堂，執經問業，踵門而至者彬彬。如有君子行其以經義治事，爲兩齋式，而又以所志所學發爲文章，與諸生講明而切究之，它日歌《鹿鳴》，從先生之後，而來游於上國，雍容揚於著作之庭，其善更不知已。既爲之序，且賦詩以贈其行：

昔歲在壬子，君來顧吾廬。樞直事方殷，一歲三移居。其時寇北奔，自粤及楚吴。墋黷日萬變,羽檄飛江湖。君悲黄州守,知己忽云徂。投筆出國門,念我手足孤。再來我已老,卧病城南隅。執手各揮淚,往事難重臚。則聞高堂健,鄉樹森門閭。又見楚江清,墟里無萑苻。一第何足論,經師世所須。觀君精悍色,眉間黄氣敷。文章如波濤,一瀉千里趨。如木堅多節,華實交相扶。乃知其性情,中自有怛途。吾衰欲焚硯,力不能著書。况抱幽憂疾,久無酬唱徒。舊交忘形骸,佳句時招乎。忽誦留别詩,使我心踟躕。杯酒日以疏,歲月日以逾。雲龍會相從,金石終不渝。夷陵古名郡,五峰亦奥區。君歸奉安輿,流覽桃源圖。烽火不到處,山川清且腴。幸無惜尺素,爲寄雙鯉魚。

山谷書《雲亭宴集詩》跋

山谷詩内集云《次韵廖明略陪吴明府白雲亭宴集》,又有《次韵吴可權題餘干縣白雲亭詩》。任淵注:"白雲亭在饒州餘干縣。廖正,一字明略,安陸人,元祐中召試館職,東坡大奇之,俄除正字。紹聖初,貶信州玉山監税,有詩文號《白雲集》。"山谷此詩崇寧二年作,學士謂廖明略,令君謂吴明府,葉縣壺公二句,蓋亦分屬吴、廖也。大鴻臚王嘯山二兄發桂以山谷書《雲亭宴集詩》陜刻石本見示,因記其後。

咸豐七年歲次丁巳孟夏之月。

楊忠烈公遺翰跋後又二札稿

忠烈楊公自述移宫始末一疏後,即抗章去位。天啓二年,起禮科都給事中,薦進左副都御史。三年,疏劾魏忠賢二十四大罪,欲早朝面奏,值次日免朝,遂於會極門上之。忠賢乃得爲計,日謀殺公,既以廷推事矯旨削籍,再興汪文言獄,逮公遂置之死,時天啓五年七月也。遺墨三札,皆被逮時作。第一札似致王軒籙,第二札當即前所云崔公祖者,末一札諭二子後事,蓋絶筆也。此卷松筠庵心泉禪師所藏,吾家立叔太守持示,令人肅然起敬。公於患難中作書,心平氣定如無事時,益見生平學養堅粹,不第以磊落示奇也。

咸豐七年歲次丁巳六月,壽陽祁寯藻敬觀並識。

前二札稿不署名。前札似致崔公,二札復公書或即軒籙筆耶?

重刻《上蔡謝先生語録》跋

謝文肅公《語録》三卷。曾天隱、胡文定所録《朱子》,據括蒼吴任寫本、吴中刻本與文定家寫本參校删定者也。《欽定四庫全書》所載浙江採進本,坊間罕見傳刻,惟上蔡祠有重校本上中下三卷,後附以考證傳跋,京江張氏仕可序而刻之,蓋已非宋本之舊矣。潘木君中丞官河南時,以上蔡親炙程門,其學得《伊洛正傳語録》一書尤爲切近。我聖祖御纂《性理精義》與楊、尹諸儒並加褒顯,惟從祀之典闕焉未備,於是具疏上請於朝。蒙宣宗成皇帝諭禮臣之議,俾從祀文廟東廡。蓋所表章先儒,興起後學,爲人心風化計者至深遠也。顧其遺書刊本但藏鄉祠,印行蓋鮮,且歲久漫漶,字句譌脱,編次前後間有參差。中丞更欲爲精校重刻,以廣其傳。會量移湖南,值粤匪之警,守城籌饟,軍務倥偬,未遑它及。比年奉召還朝,始得於付梓,而先以祠本見示,屬爲之序。寯藻竊惟伊川程子嘗謂上蔡勤學,以“切問近思”許之。朱子與吕東萊先生寒泉精舍,録取周、程、張子之書,亦以《近思》名編。蓋以聖人之道,大而能博,懼夫初學者不知所入也,因擇其關於大體而切於日用者,使之求端用力,而不至誤於他歧。故四子爲六經之階梯,《近思録》即爲四子之階梯。上蔡之學與程、朱先後同揆,其《語録》又經紫陽删定,可與《近思録》互相發明。學者誠得此而研究之,去其矜心,以從事於聖門切近之訓,即行以驗知,由體以達用,處爲良士,出爲循吏,其在斯乎。然則中丞勤勤校刊之微意,與夫平昔師法之所在,亦可概見已。

咸豐七年孟夏之月,壽陽後學祁寯藻謹跋。

跋《倚雲左山房文集》總督林公《平西紀略》後

文之無裨實用者,雖引經説理,炳炳烺烺,弗貴也。韓文公從淮西軍,親見君相之謀謨,將帥之忠烈,受詔撰碑,記述嚴核,爲一代信史,使後之讀者曉然知淮蔡之所自平。文章之用,顧不偉歟!余同里英齋觀察夙耽文史,道光二十七年恭膺先帝簡命,分守滇西。值故太傅林文忠公有事西陲,櫜鞬從事,介馬所馳,瀾滄、怒江之險,運籌、折衝之烈,目覽躬歷,罔不周徧。蕆事爲記,詳贍有體。其餘登臨寄興之作,亦往往及之。蓋其陟歷幽遐,覽觀形勝,思艱圖易,較變通之道於將來,爲前之平滇者述,即爲後之治滇者法也。夫滇去京師萬里,邊徼荒遐,異類睢盱,不得所以控制讋服之道,其亂不止,雖甌脱跳梁,亦足增宵旰南顧之廑。不考矣夫前人之所以制服,與其集思廣益,知人善任,所由以得制服之道,則亦猶然瞽之無相,終倀倀其何之?太傅其得制服之道者歟!君之文其能傳太傅之用心,以教後人者歟!寯藻退老杜門,惟以圖籍永日，快睹斯集，憬然思太傅之功，又重英齋之文，有合乎韓子之爲之者，足爲後之治滇者用也。至其全集文詩，覈核古今，緣情紀事，大抵皆有裨實用，非託空言。黄、唐、熊諸君序之詳矣，故不復贅。

咸豐七年七月，壽陽愚弟寯藻拜跋。

《德壯果公年譜》序壯果公諱德楞泰，蒙古人。其孫松岑名花沙納，現官吏部尚書。

松岑冢宰編輯《壯果公年譜》既成，以刊本見示，俾爲之序。寯藻竊惟國家以武功靖天下，一時名將帥壯猶偉績，彪炳旂常鐘鼎間，後先相望。顧方略、列傳藏之史館，人間不恒覯。家乘、行狀、志銘掇拾刪削，去取不盡當，或年月、官位多舛誤，亦無以該舉其全。嘉慶中，那文毅爲其祖《阿文成公年譜》，迺始編載綸言章奏，年經月緯，勒成一書。聞其義例定於王蘭泉司寇，繁而不蕪，詳而有法，洵紀述之善者也。壯果公勳名與文成相埒，而冢宰是編亦即規模前例。比而論之，文成之譜詳於準部、回疆、緬甸、金川之役，兹譜則始於金川，繼及石峰堡、臺灣、廓爾喀、湖南、貴州、苗疆、川陝楚教匪、寧陝兵變諸大事，首尾完具，瞭若列眉。學士大夫即不能編紬蘭臺秘笈，得斯二譜而觀之，知人論世，其於史學裨益良多。且使後之爲將帥者，亦得知當日馳驅邊徼，衝冒鋒刃，戰功之多，恩眷之厚，皆由於忠勇清貞之識力。其聞風感奮、接踵而起者，皆將奉此編以爲法，豈特一家之紀載而已。寯藻曩者視學湘中，晤楊侯誠村，故嘗隸公麾下，談及川楚軍興，公與經略額公並稱名將，額公果於用法，公則切於救民。每戰勝歸營，或克復城堡，輒命委員清理難民，分别安置資贍，俾令得所。或對以是非急務，公正色曰："吾受命專征，將以出民水火，此事豈容須臾緩耶?"公既身膺顯爵，功在巖疆，而累葉貴盛，自世襲徹侯外，文通武達，代不乏人。今公孫冢宰學問、經濟望重公輔，其施益大而遠。漢史有言："有陰德者，必饗其樂，以及子孫。"豈不信哉！豈不信哉！寯藻與冢宰昆弟昔皆同官，又於公軼事略聞一二，用敢濡豪紀實，附名簡編，亦足見立功必本於立德，而仁人有後非偶然也。

咸豐七年歲在丁巳十二月，壽陽祁寯藻。

《雁門策馬圖》題記

天下九塞，句注其一，《爾雅》所謂雁門是也。兩岩峭拔，一綫盤旋，絶頂置關，屹爲巨鎮。乙卯歲，沈篠梅賢友出守雲中，移麾陝右半載，往來再過斯地,繪圖作記,以志壯游,復屬書都中,屬爲題首。

歲在戊午六月,壽陽祁寯藻并記。

《月齋文集》序

道光間有以文學名都下者,曰平定張石州先生。其爲人豪放明鋭,極深研幾。於經,通孔氏微言大義,精訓詁篆籀;於史,通天文、算術及地理之學。議論穿穴今昔,鎔冶四庫百氏,飆舉泉涌,座客率撟舌不得語。海内名儁咸想望風采,躡屣納刺、載酒問奇者幾無虚日。顧石州不自撓屈,有以所著書或詩、古文辭進慕,無問其人位望,有不可於意,即指疵纇,口齦齦辨,折角陷堅,不遺餘力,以是慕名而來者或稍稍引去。然其於學深博無涯岸,遇奇士,雖素出己下,輒折節推之。旌德吕文節侍郎嘗言:“爲文不經石州訶斥訂正,未可示人。”晉江陳頌南給事直聲震天下,獨俯首石州曰:“令斯人著獬豸冠,樹立過吾輩遠甚。”語云“不知其人,視其友”,石州之没,知與不知,皆爲嘆惜,豈無自而然哉!余於石州同鄉姻戚也,交最深,且忝一日之長,故知石州事最詳。石州少孤,依母黨莫寶齋先生,居即喜觀先儒學案諸書,言之甚悉。及長,程春海司農許其得漢學淵源。既而,司農見其所爲文,驚曰:“東京崔、蔡之匹也。”蓋其學不専主一家,而皆能得其精詣。涉歷世故,益講求經世之學,於兵制、農政、水利、海運、錢法尤所究心。然性剛負氣,鋒穎逼人。世方貴圓孰軟美,欲矯之以厲,俗或微諷之,不恤也。既以優行貢成均,待銓知縣。歲己亥,應順天鄉試,携瓶酒入監,搜者呵曰:“去酒!”石州輒飲盡,而揮棄其餘瀝。監者怒,命悉索之,破筆硯,毁衣被,無所得。石州捫腹曰:“是中便便經笥,若輩豈能搜耶?”監者益忿,乃摭筆囊中片紙,有字一行,譁曰:“此懷挾也。”送刑部讞,白其枉,然竟坐擯斥,不復得應試。於是僑居宣武城南,閉户著書,益肆力於古。阮文達公見其撰述,歎爲天下奇作。夫以石州之才,百未一試,用微眚斥,終身不振,年不及下壽,子又夭。其遇極古今之窮,誠可哀已!説者多以石州比柳子厚,其因擯斥而研精文學則同。然石州使氣忤時貴,乃君子之過,轉不獲如子厚之出守遠郡,得稍試於治民,其所遇不更酷哉!子厚身後得裴觀察爲營歸葬之資,文集則編於劉賓客,其得大著於世,則以昌黎韓子實表章之也。今石州之歸葬亦賴同人襄助,其遺稿則屬之何子貞太史及何願船比部。願船既撰石州墓志,復爲補輯《北魏延昌地形志》、《蒙古游牧記》二書成帙,又以子貞檢出之詩文雜稿屬其門人吴子蕭、子迪昆季裒輯繕寫。諸君子綴緝之勤,誠不減劉賓客之高義,其表章之力,抑豈出昌黎下哉!石州於余兼直諒多聞之益,其没也,余方奉使甘肅,不及見,心常歉然。以刊布遺書爲己任,而時勢艱難,友朋聚散,久之未就。今距石州之没已十閲寒暑,幸賴諸賢克篤風義,相與有成,而余亦遂得醵金付梓,以踐宿諾,謂非衰年之一快也歟。然迴憶與石州銜杯酒,論古今,析疑辨難,聲情如昨,又不覺淚潸然下也。《地形》、《游牧》二書,余既序之,其文詩集先刊就,復爲縷述其生平,以質世之知石州者。

咸豐八年歲在戊午八月,壽陽祁寯藻序。

題《家塾楷模》

吳來村先生性高尚,專心家學,識見過人,律自甚嚴,不以處境介意,嘗曰:"名教之中,自有樂地,取諸已無待於外也。"其子弟受教,先後成名,四方從游者亦皆爲有本之學,師法之善如此。今觀所著《小學要言》與《教子弟言》,語意簡明,雖集古人書,如自己出。初學獲此,學其書,因以參其義,古今法戒了然於心。而爲人之本,即在其中,謂非後生之大幸哉。

咸豐九年歲在己未孟陬月,壽陽祁寯藻題並書。

《蒙古游牧記》序

海内博學異才之士,嘗不乏矣。然其著述卓然不朽者,厥有二端:陳古義之書,則貴乎實事求是;論今事之書,則貴乎經世致用。二者不可得兼,而張子石州《蒙古游牧記》獨能兼之。始余校刊先大夫《藩部要略》,延石州復加校覈。石州因言:"自來郡國之志與編年紀事之體,相爲表裏。昔司馬子長作紀傳,而班孟堅創修地理志,補龍門之闕,而相得益彰。今《要略》,編年書也,穆請爲地志,以錯綜而發明之。"余極慫恿俾就其事,殺青未竟,而石州疾卒。以其稿屬何願船比部整理,願船爲補其未備,又十年始克成編。余詳爲披覽,究其終始,見其結構則詳而有體也,徵引則贍而不穢也,考訂則精而不浮、確而有據也。擬諸古人地志,當與酈亭之箋《水經》、贊皇之志郡縣並駕齊驅,樂史、祝穆以下無論已。雖然石州之成此編,豈第矜博奥、蒐隱僻,成輿地一家言哉?蓋嘗論之,蒙古輿地與中國邊塞相接,其部族强弱,關繫中國盛衰,非若海外荒遠之區,可以存而不論也。塞外漠南北之地,唐以前不入版圖,史弗能紀。至遼、金、元皆嘗郡縣其地,乃三史地志虚存其名,而山川形勢、都會阨塞,闕焉無考。是則欲知古事,不外斯編矣。如科爾沁、土默特之拱衛邊門,翁牛特、烏珠穆沁之密邇禁地,四子部落環繞雲中,鄂爾多斯奄有河套。至於喀爾喀、杜爾伯特、土爾扈特諸部,或跨大漠、杭海諸山,或據金山南北,或外接俄羅斯、哈薩克諸國,所居皆天下精兵處,與我西北科布多塔爾、巴哈臺諸鎮重兵相爲首尾。是皆講經制者,所當盡心也。承學之士得此書而研究之,其於中樞典屬之政務思過半矣。然則是書之成,讀史者得實事求是之資,臨政者收經世致用之益,豈非不朽之盛業哉! 因醵金付梓而序其綱要,以諗觀者。

咸豐九年夏四月,壽陽祁寯藻。

許仁山宫唐彭壽摹宋李公麟《五馬圖》跋

謹案高宗御題《李公麟畫馬詩》屢見於聖製詩二集、五集中,獨《五馬圖》兩邀題句,一則乾隆十八年,一則四十九年。初題長歌,歷敘四馬,名曰鳳頭驄、錦膊驄、好頭赤、四夜白。其後一馬失題識者,則疑爲曾紆跋中所云滿川花也。再題《五馬圖》,則在新疆久定、天馬雲集之後,故有萬人之行馬,高七尺有八寸。五馬之高不足稱于思棄來,敬注以進云:"哈薩克每歲驅馬至伊犁,以内地綢緞布易之,價廉而多得良馬。布魯特馬亦至葉爾羌、喀什噶爾、烏什等城交易,每三十匹抽税一匹。"又云:"愛烏罕在拔達山西,所進四馬曰超洱驄、曰徠遠騮、曰月蠕騋、曰淩崑白,均高逾七尺。"公麟所畫《元祐五馬圖》,高者不過五尺六寸,較愛烏罕四駿不可同年語矣。又五集中題公麟畫三馬,蘇軾贊詩,注云:"癸未歲愛烏罕貢四駿 ,命郎世寧爲之圖,形極相似。更命金廷標用郎之奇,肖李之韵,爲四駿寫生,並各有執靮人,即用回部衣飾,更爲萃美。"蓋龍眠山水、佛像、人物無不精絶,畫馬尤盡變態,其編入《石渠寶笈》者屢荷題詠,此《五馬圖》則更鑒賞之上品也。按蘇集有《戲書李伯時畫御馬好頭赤》詩,即五馬之一。當時所畫,或分又合,不止一本。又《次韵子由書李伯時所藏韓幹馬》詩,皆元祐初年官翰林學士時作,一時劉貢父、蘇子容、黄魯直、王仲至皆有次韵。坐觀諸詩所云,則伯時於所藏韓幹三馬外,别有摹本。今所傳東坡贊者,當即伯時所摹之三馬也。又《寶笈》三編有公麟臨韓幹《師子驄圖》,亦元祐五年作。是時群賢盈延,儒雅風流,傳爲盛事,聖制詩所云"元祐多正士",蓋謂此也。許仁山宫唐世長染翰餘閑,摹本見示,不謂駑朽獲覩駿材,回瞻玉堂,好在天上矣。

咸豐九年歲在己未仲秋三月，壽陽祁寯藻謹識。

《聖製戰圖補詠》序

宣宗成皇帝平定回疆，剿捡逆裔張格爾，紀功所作也。每圖上方聖製詩，乃己丑歲御筆補題《戰圖八》、《受俘凱宴圖》各一。張格爾者，逆回布拉呢敦之孫，薩木薩克之子。其先大小和卓木爲北部準噶爾所擄，乾隆間大兵克準部，定伊犂，釋歸故土，俾奉職貢。尋以衆叛，討之，布拉呢敦走死，其弟霍集占爲卡外諸部捡戮，獻其尸，回疆底平，設官統制，民商錯處，歲久無事。而内地奸回以張格爾爲和卓木後裔，藉名苛斂，潛相糾煽。參贊諸臣亦或狃於恬嬉，不能思患豫防，遂爲所乘，據我四城，戕我大吏。幸阿克蘇官軍扼渾河以拒之，不敢狡逞。於是命長齡爲揚威將軍，楊遇春、武隆阿、楊芳先後爲參贊大臣，整旅徂征，時丁亥歲二月也。廟算既定，師克以和，五戰而五捷，遂拔葉爾羌，下英吉沙爾，克喀什噶爾，收和闐近城。回莊聞風内向，簞壺塞路，咸慶更生。是年十二月，楊芳出卡窮追，遂獲張格爾於喀爾鐵蓋山。明年俘致闕下，恩倫大沛，封長齡爲威勇公，楊芳爲果勇侯，其餘將士遷擢錫賚有差。繪功臣像於紫光閣，告成太學，敕石記事。於是聖心穆然，儼若有思曰："惟天惟祖宗所以警朕躬、戒子孫者，庶幾在斯，敢弗祗承，以昭示來許。"爰命製圖，頒賜中外，藏之祕府，俾天下後世知創垂之艱難，撫馭之不易。大哉！聖人之情，懸象著明，兢兢業業，禹鼎湯銘，僉符同揆已。臣昔供職内廷，日瞻宸翰，回疆方略，始末悀知，每有撰擬，仰邀鑒定。斯圖刊成，臣適以省親回籍，特蒙恩賜，洵異數也。比年衰病閑居，發篋捧觀，感激零涕，重加裝整，屬江寧優貢端木埰恭書《聖製戰圖補詠序》，冠諸簡端，詩注録於圖左，命臣子世長、臣孫彭年永永寶之。

咸豐九年歲次己未冬至日，光禄大夫、太子太保、致仕大學士、前南書房翰林、臣祁寯藻拜手稽首恭跋。

觀靈石何氏藏十札記

山右靈石何氏所藏乾隆、嘉慶間惜抱軒札三、讓叟札一、穀人札二、時帆札一、船山札一、墨卿札一、鐵夫札一，靈石何氏家物。白蘭嵒侍卿得於書肆，重裝見示。吾鄉乾隆間老輩曹慕堂宗丞、何夢谿太史皆敬賢好古，所與游多一時名人。至今過松筠庵椒山先生故宅，見宗丞題壁，慨然想其風範，識何氏科名尤盛,五世綿延。此十札偶然流傳,亦足見當時朝野閑暇,四方無事,士大夫得以從容翰墨,其書固自不同也。

歲在庚申秋七月,壽陽祁寯藻觀并記。

《忠義堂帖》記

《忠義堂帖》,平定張石州穆手摹顔魯公書也,真蹟在道州何子貞紹基家。子貞曾摹勒上石,今任君槐庭復刻之壽陽家塾,筋骨風格奕奕如生。它日此帖當與道州帖并傳。或疑跋字不類翁書,不知蘇齋老筆亦有似此圓勁者,不得謂石州參用己意耳。

咸豐十有一年冬至日,祁寯藻記。

題《大觀帖》

以家藏北平翁氏校定宋拓《大觀帖》六卷右軍書對校,自《太常帖》第二行書皆佳,以下至《二謝帖》凡卅行,不差豪髮,惟此墨色略淡耳,信可寶也。

同治二年四月,祁寯藻題記,時年七十有一。

題《韭花帖》

曩見《石渠寶笈》右軍《快雪時晴帖》真蹟,又東坡《武昌西山詩》、米老《虹縣詩》并《天衣禪師碑》,皆確非雙鈎本。今復得見少師真蹟,自幸老眼有奇緣也。

甲子歲夏至日,七十二叟祁寯藻並記。

《松風閣詩録》序

詠莪先生生平好爲詩,嘗自訂其稿,起甲戌,至丁巳。其詩和平中正,專寫性情,不求工而自成家數。曩與先生同直樞廷,又同寓金鰲玉蝀橋西,退食之暇,時承教益。比寯因病致仕,移居城南,先生時復過從,仍以篇什相示。寯亦間有和作,得以挂名集中。今先生已作古人,追念疇昔,不勝感愴!適哲嗣芍亭通政編次戊午以後詩,將謀付梓,因以全集見示。寯讀至辛酉、壬戌歲諸作,見先生遭遇時艱,覽物興懷,每多感慨,而憂國憂民之心,雖在引疾賦閒時未嘗少置。寯嘗贈先生詩,有"論事不阿,存心獨厚"之語,蓋當其時,密勿共事,固確有所見,非徒託諸空言也。讀是集者,庶可考先生之用心焉。

同治三年十月，年侍生祁寯藻序。

《易象致用説》序

《易》爲卜筮之書，何以吉凶消長之理，進退存亡之道，無所求而弗得，無所處而弗當也？蓋《易》之象以卜筮而愈妙，故《易》之用以卜筮而愈周，吾人博學、審問、慎思、明辨、篤行皆卜筮也。卜筮者，神明此心之用而已，非小技末術之謂也。先儒論《孟子》七篇，無非用《易》，曰存心、曰養心，皆聖人洗心之説。至論仁義而推及禮智者，五性不外乎仁義，猶五行不外乎陰陽。天道、人道無二理也，而其要莫先於辨義利。喻於義，則自復而臨、而泰、而壯、而夬，即爲乾之純陽。此世運由衰而盛之象，即吾心由晦而明之象也。喻於利，則自姤而遯、而否、而觀、而剥，即爲坤之純陰。此世運由盛而衰之象，即吾心由明而晦之象也。先生於義利之微，辨之甚晰，故不以富貴利達動心。觀先生之善於退藏，知先生之精於用《易》矣。今讀《大象致用説》，於漢儒、宋儒無所偏附，而又參以近儒格言，以歸諸實用。將所謂格致誠正者在此，所謂修齊治平者亦在此矣，豈僅曰應事接物而已哉。

同治四年歲次乙丑夏五月，祁寯藻序。

隨　筆

余於咸豐四年致仕後，養痾讀書，嘗手校影宋岳本《詩》、《禮記》、武英殿新刊《春秋左傳讀本》，偶采舊説，記於簡端，大抵義取征實，不敢憑臆見空談。《毛詩》則兼采顧亭林《古音考》，及近人苗先路所箸《韵訂》。《左氏傳》乃道光初年奉命與程春海太史同纂輯者，兼采服、賈古義。當時俞理初孝廉力爲襄校，一年卒業。春海視學黔中，曾以殿版影岳本翻刻，以惠多士，較坊本近古。余家塾即以此本課子孫也。今再告退，而眩疾日甚，讀書不數葉輒眩發。學不進，而耄及之，過此以往，更不知當如何耳。

歲乙丑閏五月，勤學齋七十三叟隨筆。

重刻《先正讀書訣》序

兩漢以後，學無師承。其騖乎淹博者，既以聞見自矜，而流於泛濫駁雜之歸；其溺於徑約者，又謂不立文字可以識心見性，而陷諸曠蕩空虛之域。此《顔氏家訓》所以有不知無學之嘆也。海門王明府同年向刻《先正讀書訣》，濟南周書昌先生所輯也。惜傳之未久,遂致散佚。今其令嗣子梅勼資重付剞劂,函商於余。讀之如對明師,如逢益友,其諄諄訓誨之詳,可謂進苦口之藥石、鍼害身之膏肓矣。夫良醫救世,脈訣爲先。若立法用方,不過稽之典籍以擴其識,驗之閱歷以練其才。至於診脈之訣,則必審陰陽消息之機,辨五行生尅之理,而又參以虛實標本之錯綜變化,庶臨證卓然有定見,而不至爲群言所惑。今觀是編所載致知、力行諸法悉備,要皆古人之成方,非於博文約禮之外,别有所謂循循善誘之訣也。而其不言之奥,未發之隱,則在善讀書者專其力於聖賢之言,淬其志於身心之學,慎其志於國家成敗之數,考其實於古今治亂興衰之迹。如是而後本讀書之法,以求入德之方,則表裏、精粗同條共貫。他日正人心,端風化,胥於是乎在焉。若祕守此編而以爲弋取功名之具,則有負書昌嘉惠後學之苦心,而亦失海門公諸同好之雅意也。

同治四年七月,壽陽祁寯藻。

贈王應睢耀麟序行二

《漢書・藝文志》有堪輿、金匱之目,形法家亦載宫宅、地形二十卷。許慎曰:"堪,天道與地道。"班固曰:"形法者,大舉九州之執,以立城郭室舍。"形與氣相首尾,此精微之獨異也。《昔囊》、《赤雹》之經見於《文獻通考》,而郭璞《錦囊經》,蔡元定、吴澄各有删訂,與楊筠松《撼龍》、《疑龍》、《青囊》、《奥語》諸書,國朝《四庫全書》均採其説,以爲相地家理氣一派從此發源。雖司馬温公、吕才諸人不無辨論,而其術至今不廢。本之《晉書》羊祜、陶侃諸事,確有明徵。程子亦有五患不得不慎之説。蓋仁人孝子之用心不能自已,而形家推闡地道,原本天理,於福善禍淫、教孝教弟之義裨益非淺。此蔡西山《發徵論》所由作也。吾鄉應睢先生讀書樂善,隱於一廛,恬淡自得,獨精地學,洞見明形,執理氣之原,能闡發吉凶福禍之所以然。每當秋高木落,登山臨水,緩步游目,竟日忘倦,與孝廉張師肇先生同嗜此術。孝廉績學敦行,吾鄉之望也,獨喜與先生交歡,其學有原委,非尋常數術所及。嘉慶二十二年,寯藻兄弟爲先君子卜兆宅,請於師肇孝廉。孝廉推先生浼與俱來,周覽山川,口講指畫,既而曰:"是奚必遠求哉?村之北,君家先塋之南,其岡坦而脊,直而曲,静中求動,直中取曲,前案後屏,雨水會結,土潤且厚,終焉久吉。"先太夫人聞而謝曰:"夫子在時,嘗每樂斯邱。非先生之明且決,何以得此?"師肇孝廉亦以爲然,遂定卜今所謂葦上之原也。於是遠近相地者,識與不識皆樂得先生一言以爲信。蓋其性情和厚，識力超卓，學養所致，信非偶然。今年七十，所得益邃，沖融之氣，溢於眉宇。鄉人欲進一觴，而先生欿然弗居。寯藻忝豖眄睞，知先生之學必傳於後，爰書梗概，以志欽感。若夫德劭而行高，閭里皆知之，師肇孝廉能詳之，兹不具述焉。

《説文解字》識

自隸書以來，其能發揮六書之指，使百世而下猶可以識古人製作之意者，《説文》之功爲大矣。然許慎於李斯《倉頡篇》、揚雄《訓纂篇》諸書而外，又博采左氏、韓非、《淮南子》、董仲舒等數十家之説。故一書之中，有兩引而其文各異者，如“汜”下引《詩》“江有汜”，“洍”下引《詩》“江有洍”，“逑”下引《書》“旁逑孱功”，“孱”下引《書》“旁救孱功”是也。必謂《説文》所闕者古書所無，於是以“鎦”當“劉”，以“甹”當“由”，以“絻”當“免”。不知瀏之從水，劉聲；紬之從糸，由聲；勉之從力，免聲。云從某者，有其部也；某聲者，有其字也。特傳寫偶遺，遂致書闕有間耳，豈許氏之咎哉？後世注許書者，如徐鼎臣鉉之純，徐楚金鍇之博，無事强分軒輊。若趙氏宧光作《説文長箋》，將自古相傳之五經肆意刊改。甚至顧野王陳人也，而以爲晉之虎頭；陸龜蒙唐人也，而以爲宋之象山。此其誤不待辯而可知矣。要之讀許書者，部分之屬不可淆，字體之精不可易，音聲之原可以溯，訓詁之遺可以補。其或文奥言微，不盡可解，亦必明者之有所述，師者之有所授也。

觀朱子輯《近思録》記

朱子輯《近思録》，采取《濂溪明道》、《伊川横渠》諸書有關大體而切於日用者革爲十四卷，欲使學者求△用力，循序漸進，何以首卷載陰陽變化性命之説？吕東萊所謂自卑升高、自近及遠者，豈寒泉商搉具有微義歟？治經者有賣櫝還珠之蔽，記誦博識者有玩物喪志之譏，豈導學者以高遠歟？出處、進退、辭受之義列於齊家之後，治平之前，其意安在？治道有從本而言，亦有從事而言者，明道所論十事，其即從事而言歟？末卷統論聖賢氣象，所云荀况、揚雄何以見其才有長短，董仲舒何以度超諸子，王通何以較勝荀、揚，擇焉不精，語焉不詳。孰爲大醇，孰爲小疵？自漢以下，或具王佐之才，有儒者氣象，而於道未一盛，或得聖賢之意，而見道不甚分明。其人其學，可悉數歟？

“四子”爲六經階梯，《近思録》又爲“四子”階梯。朱子與門人講論多及此書,或解析文義,或闡發奥理,或辨别同異,散見於文集,或問《語類》諸書者可略舉與。我朝崇儒重道,敦尚實學。皇上御極之初,特命學臣以性理取士,復敕儒臣繕校《朱子全書》,進呈御覽。學者沐浴《近思》,教澤篤志,當何如講明而切究歟?

段芳山主政承實《詩鈔》小序

詩以道性情,意有所觸,言不能已,不必分時代、限體格也。若徒揣摹專家,循習聲調,以耳目之濡染,求古人之糟粕,雖山水方滋,而真意漓矣。芳山段君昔與共事樞垣,見其性情爽直,略無雕飾,時軍書旁午,未暇酬唱。頃余以老病退休,芳山乃出其近稿相示。大抵文生乎情,意餘於筆,不規規絺章繪句,而發言可詠,真氣内充。夫本性情發爲文章,由文章而見諸政事,其所得安可量哉!芳山屬爲弁言,因題數語歸之。

敏齋銘示世長

學以敏有獲,事以敏有功。需者事之下,敏者事之終。圖終必於始,積小以致崇。敏非躁非慢,制外養厥中。剛毅仁之基,口訥而心忡。氣質有偏勝,變化久乃融。願汝且佩弦,至道爲張弓。

《禊帖》源流

蘭亭繭紙,昭陵玉匣。發自温韜,傳於宋閣。見歐陽修《集古録》。唐代臨本,褚、歐並卓。歐更奪真,勒之禁石。宋慶曆中,爲李氏得。旋歸景文,宋景文公守定武得之。李學完之子。曰《定武帖》。薛家父師正子紹彭,凡再模刻。剜損古本,五字可識。紹彭古刻"湍流帶左右"五字,各剜一二筆爲識,世因號曰"五字損本"。以上見何子楚跋語。宣和御府,珍玩盡北。獨此石存,南渡復失。宗汝霖取石進高宗,後倉卒渡江,竟失之。見王明清《揮麈録》。自時厥後,朝野摹勒。理廟藏本,蓋百十七。《考盤餘事》載,此蓋松雪搨本《玉枕蘭亭》。别有流傳,《錦背玉軸》。出蘇耆家,是登善筆。神龍所刻,或其派别。見《書史》。《秋壑哀》輯,本則百衲。擇精取善,不拘一格。見黄溍《蘭亭》跋。《落水》之本,趙十三跋。至今寶惜,《定武真搨》。此本蝦殘,今藏英煦齋相國家。若論鼻祖,曰隋大業。復梁閶檻,厥光先發。後之考者,惜未過目。隋大業間石本,後有隋諸臣銜位。見周密《雲烟過眼録》。自宋迄明,人各著録。校其肥瘦,旁及紙墨。鳳凰翻身,蜩蟬脱殼。孰辨真贋?姑識其略。

偶閲陳文簡元龍《格致鏡》原字帖類，遂記之，未及參校他書，故挂漏滋多。自記。

《淳化大觀法帖》源流

南唐《昇元字帖》，近古閣皇之孫、《淳化》之祖。周密《雲烟過眼録》、楊慎《外集》。《閣帖》十卷，宋初御府。前賢墨蹟，摹自王著。乃棗木本，裂而不腐。銀錠瓖痕，隱然可覩。曹紹格《古要論》。紹興重刊，太學是樹。面目不殊，稍弱而嫵。曹士冕《法帖譜系》。長沙劉丞□□□《集古録》。潭慶曆間長沙曾希白校刻。《格古要論》。絳，潘師只到世稱名《對馬帖》，又購絳帖。《集古録》、《法帖譜系》。曰泉在泉州郡庠。曰汝。每卷後有汝州印。《格古要論》。更有新絳，頡頏《東庫》。《潘氏帖》石分爲二，其後絳州公庫得其一，補刻餘帖，名《東庫》本，以"日月光天德，山河壯帝居，太平何以報，願上東刻書"爲别。又有新絳本互同，字畫微局促。武岡不知刻於何時。資州，以新絳前十卷刻石。皆新絳取。以上蓋見《法帖譜系》。劉氏戲魚，刻臨江署。《戲魚堂帖》，元祐間劉次莊除去《淳化帖》篆題，增釋文，摹於臨江官署，亦名《臨江帖》。淳化翻刻中頗有骨格。波及利州，尚有前矩。利州本，慶元中泗州總領榷安節以《戲魚帖》互釋文，重刻於益昌官舍。黔江秦子明刻。烏鎮，湖州烏鎮張氏刻。并傳蓺圃。福清福清縣民家刻。澧陽，澧陽《武陵郡帖》，鼎齋板本。混於窳賈。以上蓋見《法帖譜系》。秘閣共騁，孰執其組。《元祐續帖》，乃淳化補。元祐《秘閣續帖》，指宋除《淳化帖》外續刻者。《格石要論》。太清之樓，實繼厥武。斯曰《大觀》，徽廟所譜。《太清樓帖》亦名《大觀帖》，與《淳化帖》小異，字行稍高。《法帖譜系》。淳熙續之，與元祐伍。《淳熙秘閣續帖》，孝宗時刻。《考盤餘事》。古者刻石，散而弗聚。自有彙刻，兩帖稱鉅。重翻疊搨，各張門户。孰若我朝，載篆石鼓。曰《三希堂》，網羅斯普。淳化名軒，勒石於廡。釐正部居，精釋訓詁。煌煌聖藻，風行率土。恭載高宗純皇帝《聖製文集》中。槖筆小臣，抱慚鼓努。兩拜賜帖，舊典敬敉。乾隆間重刻《淳化閣帖》，乃摹宋初賜畢士安搨本，精善絶倫，非南宋後諸刻比。臣寯藻於道光元年入直南齋前後，兩拜恩賜。一則内府未裝卷子，一則盤山静寄山莊裝璜陳設本，皆乾隆時所搨也。

題《蘭亭》刻本跋

《蘭亭序》刻於隋開皇間，真本在智永處，手摹上石，爲《禊帖》石刻之祖。唐貞觀間，因魏徵言真蹟在僧辨才處，遣蕭翼賺得，始命湯普徹、馮承素、諸葛貞、趙模各臨搨，以賜近臣。當時褚遂良、歐陽詢各有臨本，人並崇尚，然二人自出家法，不復拘拘點畫。後之所謂定本，歐臨是也；所謂唐絹本，褚臨是也。迥分二派，並行宇宙間。彼時歐石刻於禁中，靖康後竟失所在。今國學有《蘭亭》本，弘治間出於天師菴土中，石極遒秀，知爲唐模。姜堯章謂宣和殿上石鼓及《蘭亭敘》最稱難得，迨後輦石北徙，爲李學究所得。宋景文守定武，乃以帑金納石於庫。薩師正出牧，刊一别本，以應求者。此郡真贋已有二刻矣。其子紹彭，字道祖，又模之它石，剔换古刻，湍、流、帶、左、右五字爲識，大觀中詔向其子嗣昌取同入於燕，或即此也。今人止知復州本爲定武的派，不知有國學本，以見之者少也。其褚摹絹本，當時賡賜各郡學宫，如潁上石及長治縣石皆得之近年，俱學基也。墨蹟在世，絶不聞有歐書，而褚書有見者。

臨《蘭亭》跋

臨《蘭亭》者，必須依樣仍作二十八行，則形狀易似，黄山谷所以云“世人但學《蘭亭》面”也。歐、虞、褚皆帶自己本色，米南宫猶不失爲婢學夫人，趙松雪則並牽率夫人而爲婢矣。婢則婢耳，何必定學夫人哉。

《蘭亭》乃行書，又是草稿，如何可以蹟求？故欲以書成名者，必自漢隸始。

學《蘭亭》有三妙：文字俱佳，其妙一；字不甚多，亦不甚少，日書一過，未至於疲，其妙二；宜用退筆，其妙三。正恐書法不工耳。

欲學《蘭亭》，須俟楷書已有規模，先寫懷仁《聖教序》一二年，然後再臨《蘭亭》，則事半功倍，且無後人習氣。若能漢隸入手，加以《十七帖》草書，便可得其神理，不止買王得羊而已。

昔人云“詩有别才”，其言雖不可盡信，然天分高者畢竟易得。學書則不然，傳授不得，眼界不廣，終身塗抹，無益也。能作字矣，非二三十年中臨池苦功，亦不能成。學成矣，而無書卷助之，仍不免俗，故學書甚難。

一死生，齊彭殤，晉人莫不奉爲宗旨，而右軍獨以爲虚誕，以爲妄作。此其學識大過人處，宜其書法至今不朽。鍾、王以前無所謂楷，右軍本從漢隸得來，後人沿流忘原，但以楷法求之，所以每況愈下。

古之爲學，兒童之時教之數與方名。及就外傅，未有不學書者，但不似後人朝學執筆，暮已自誇其能。試觀漢隸諸碑，已非唐人所及，而無一署名者。乃至郭香察書，後人遂以郭香爲郭香察，可笑至此。

自古畫家多壽，以此事非沈靜不爲功。書家亦然，非全力赴之不可，似難於畫也。篆變而隸，隸變而楷，此如麻冕之純，其勢有所必至。至於行草，則觚不觚矣。然篆可存而不臨，隸必須知其範圍，草則以二王爲宗，行可以從心所欲。愛博而情不專,最無益而有損。

筆成冢,墨成池,不及羲之也。獻之筆禿千管,墨磨萬定,不及張芝。即李靖,皆爲草書言之。

學書須逐字學,逐字記,及至得意疾書,則有登岸舍筏、得魚忘筌之樂。苟爲不熟,無如不作。昔人有寄僧寺柿園,取其落葉書而後炊,如是三年,其字始成。

虞永興《廟堂碑》、褚河南《聖教序》,皆不易學。歐書以虞《恭公碑》爲第一,《化度寺》次之,《九成宮》、《皇甫府君碑》又次之。顔書以《東方朔贊》爲第一家,《廟碑》、《臧公神道》次之。曾見《麻姑仙壇記》,其字大於停雲館者數倍。

唐之楷書無一弗佳,蓋至此始,以楷爲重,如《磚塔銘》、王徵君《口授銘》、張少悌《陀羅尼咒》,皆妙絶千古。它如《法澄塔銘》、《王忠嗣碑》,皆在李北海雲麾之上,而斷殘之中,尤多佳品。

孫過庭《書譜》,爲草書正宗。世無二王,不應在弟子之列。智永《千文草》勝於楷,右軍家法以草爲重,即此可知矣。

自《淳化帖》秘閣續刻以後,楷書寥寥,行草則多多益善,可見楷書之難。草書既熟,但極力作楷,則行草自進。然最難得者書卷之氣,學問固不可少,人品殆有古焉。蘇、黄、米、蔡,本指蔡京,後人以君謨易之,文章詩舉,莫不皆然。

三餘讀書,妙在雨夜揮毫,落紙必取清明。"此地有崇山峻嶺,茂林修竹,又有清流激湍,暎帶左右",使人如身在其坐,不止作浴沂之想而已,此其所以爲《蘭亭》。

懷仁集《聖教序》跋

懷仁集《聖教序》,當弘文之景運,值右軍真跡麋萃,乃能輳合展縮,遂入神解,豈精英之氣不欲遷泯耶?真足模楷百代。觀者不知譯義,止見碑後有潤色字,遂謂一經懷仁手,再爲於薛,諸人潤色,不無失真,殊未然也。此未斷舊本是武關構皮紙,堅柔相得,虚和受墨,秦産也。簾紋如織,隃麋如桼,歲久入理,第多補字爲拈出,無改《蘭亭》訟端。余生平所見舊搨數十本,惟仲宗王孫先世所藏爲第一,曾爲一跋,已二十餘年矣,此本仿佛勝之。仲宗、伯宗皆精研博古,賞鑒斯精。

與程春海侍郎恩澤論承重孫婦服書甲午七月

或曰:“適孫承重,妻從夫服,固也。若姑在,仍從夫服,是姑婦同服也。抑不從耶,則經律俱無明文,柰何?”寯藻答曰:顧亭林炎武《日知録》引《儀禮·喪服》“宗子之母在,則不爲宗子之妻服”,云杜氏《通典》有“夫爲祖、曾祖、高祖、父母持重,妻從服議”一條,云孔瑚問虞喜曰:“假使玄孫爲後,玄孫之婦從服期,曾孫之婦尚存,纔緦麻。近輕遠重,情實有疑。”喜答曰:“有適子者無適孫。又若爲宗子母服,則不服宗子婦。”以此推之,若玄孫爲後,而其母尚存,玄孫之婦猶爲庶,不得傳重,傳重之服,理當在姑矣。宋庾蔚之《唐志》庾蔚之注《喪服要記》五卷。謂“舅殁則姑老”,是授祭事於子婦。至於祖服,自以姑爲適。又閻百詩若璩《潛邱劄記》云:“《禮》有之,有適子者無適孫。”則有適子婦者無適孫婦可知也。或曰:“婦人既嫁從夫,夫,天也。妻其敢貳於天乎?”余曰:夫服祖父母期,妻則大功。夫服本生父母期,妻亦大功。不從夫而服者多矣,奚有於是?又方望溪苞《儀禮析疑》云:“或問適孫婦服不見經,何也?文脱也。凡祭必夫婦親之,孫爲祖後,其婦從焉。適婦嫠不與於祭,準以有適子無適孫之義,則失之矣。或問夫承高、曾之重,則妻何服?凡祭必夫婦親之,父卒,爲祖、父後者斬,則妻從服如舅、姑可知也。高、曾視此矣,然則母在宜何服?原祖之情,不忍以孫之亡而遠其婦;緣婦之義,不敢以夫之亡而遠其祖,則服如舅、姑可也。然則婦、姑同服可乎?義之重均,則高、曾之服同齊衰三月。恩之輕均,則從祖父母、諸父、昆弟同小功,安在婦、姑不可以同服也?”據前二説,則祖服以姑爲適,婦、姑不嫌異服。據後一説,則孫爲祖後,其婦從服,婦、姑不嫌同服。謹案《皇朝通禮·斬衰三年》條内載云:“適孫承重爲祖父母,承重者之妻同。”又今律《妻爲夫族服圖》注云:“夫爲祖父母及高、曾祖父母承重者,並從夫服。”其不言姑在婦何服者,非禮律有遺也。適孫之服,以適子之存亡爲斷,則適孫婦之服,不以適婦之存亡爲斷矣。故曰承重,重在適子也。承重者之婦從夫服,重在適孫,仍重在適子也。且婦之不從夫服者,律皆有明文矣。獨“承重”一條曰從夫服,則適孫之婦服,不以適婦之存亡爲斷可知也。且使適子主喪而適婦殁,適孫之婦不能代其姑之服,則適孫主喪,而適婦顧能代其婦之服乎?故曰承重,重在適子也。以律準情,方氏之説較爲長矣。或曰:“今俗承重孫婦,姑在,爲祖服期 。若子之論,得毋駭俗乎?抑尚有變通之權乎?”曰:唐李涪有云:“喪服傳,婦爲舅、姑齊衰五升布,十一月而練,十三月而祥，十五月而禫。禫後門庭尚素，婦服青縑衣，以俟夫之終服。"此古人之權也。古者婦於舅、姑不從夫服，尚欲權而從重，今制妻從夫服，乃欲權而從輕乎？若不從夫服，則有顧、閻之説在。若從夫服，則方氏之説未可易也，權非所知也。寯藻既答或人之問，竊思經律深微，未敢輕議。前哲所論，各有異同。昏眘餘生，尚待就正。惟春海前輩博通今古，折衷而條示之。幸甚，幸甚。

春海復書附

承下問，承重孫婦，姑在當何服？經與律俱無明文。並引顧亭林、閻百詩、方望溪之説，判其同異，具見閣下讀書心細。古人所略者，澤何能知？姑即所見及者奉答。按承重孫婦服當從夫，並不計姑在與否也。《唐律》云："婦爲舅斬衰三年，其夫爲祖後，妻亦從服。婦爲姑齊衰三年，其夫爲祖後者，妻亦從服祖姑。"《政和禮》、《書儀》、《家禮》皆遵之。至明《會典》改婦服姑同於舅，今《通禮》遵之。是承重孫婦服當從夫，著於律已久，況承重者荷爵土之重，父殁固承，父未殁而廢疾亦承。其婦從夫，而服與姑同，亦何嫌哉？且姑自服其應服之服耳，婦自服其從夫之服耳，彼承重不嫌於父，豈同服遂嫌於姑哉？夫承重者承爵土之重，非無形之物也。周制，封建曰親親，曰尊尊，故承爵土者，雖諸父不敢先之。而其殁也，其父爲報，服斬衰三年，若施之後世則駭矣。今封建廢已久，惟世襲者尚可言宗法，言承重。若大夫士庶家一遇大故，其長子不幸死，輒引長孫加於諸父之上，曰吾行古禮。此宋以後，拘儒不達世變之所爲也。若唐以前，尚有解此者，故晉傳中庾純云："今五侯有爵土者，其所防與古無異。"重適之制，不得不同。至於大夫以下，既與古禮異矣。吉不統家，凶則統喪，考之情理，俱亦有違。然則律文何以著承重之服？蓋封建雖廢，承爵土者則代代有之，律文蓋爲承爵土者發也。然則士庶家何以行之？曰此由墨守《家禮》而致誤也。《家禮》非朱子所作，白田雜著辨之甚明。承重已失禮意，其婦之服，當在不議不論之例。除世襲言。若宛轉從俗，則《唐律》以下所著甚明，可覆按也。管蠡之見，輕議禮文，恐不足備方聞采擇。惶汗，惶汗。

三年之喪説

三年之喪，二十五月而畢，《公羊傳》、《荀子》、《小戴記》皆同。《孝經援神契》亦有五五之説，故漢人喪服之制，謂之五五。堂邑令費鳳碑曰："菲五五，縗杖其未除。"巴郡太守樊敏碑曰："遭離母憂，五五斷仁。"獨鄭康成據《間傳》"期而小祥，又期而大祥,中月而禫”之文,釋中月爲間一月,謂禫祭爲二十七月。王肅則據《檀弓》“祥而縞,是月禫徙月樂”之文,謂爲二十五月。宋武帝時,改晉所用王肅祥禫儀,依鄭玄二十七月而後除,遂爲定制。後儒雖兼取王説,而不敢力駁鄭注。顧氏炎武亦謂今人三年之喪,過於古人。蓋以親喪寧厚,雖日月之間,亦不可不慎也。然則未三年,二十五月。曷爲謂之三年?曰加隆焉爾也。焉使倍之?故再期也。此《荀子·禮論》、《小戴》問三年之説也。曰漸三年也,二十五月漸得三年之竟。此何休、《公羊》注。徐彦《公羊》疏。之説也。先王制禮,稱情而立文,弗可損益。三年之喪,所以爲至痛極也。孝子之心,終身焉爾已。不得已而爲之立中制節,賢者不得過,不肖者亦不得不及也。名爲三年,而實則二十五月。孝子之心,得毋傷其不及乎?且既以再期爲加隆矣,何不直斷以二年,而必迂迴委曲,隆其名而殺其實,何名實不相副乎?若云漸得三年之竟,即以三年當之,是幾幾乎?有幸其終喪之意,亦何解於朝祥莫歌者乎?謂之稱情,而情已抑矣;謂之立文,而文已飾矣;謂之弗可損益,而已損之又損矣。古之禮,猶今之律也。懸律以示民,而曰吾之律可以少損焉,其孰從之?制禮以齊民,而曰吾之禮可以少損焉,其孰安之?且使後世之律迂迴委曲,以就先王之禮,亦非先王之所以範後世也。夫期功緦麻,或一年,或九月、五月、三月,其年月之數未少損也。期之喪,十一月而練,十三月而祥,十五月而禫。《雜記》:“父在,爲母服。”其祥禫之月,亦未少損其期之服也,何三年之喪而獨損乎?若謂舉成數焉,則喪之斂也、葬也、虞也,皆有定時,何獨於服之重者而簡略若是?《喪服》四制曰:“三日不怠,三月不解,期悲哀,三年憂。”又曰:“三年而祥。”今之祥既不待三年,禫而樂可以無憂矣;則不待期,亦可以弗悲哀矣;不待三月亦可以解,不待三日亦可以怠矣,皆得謂之舉成數乎?夫萬物紛錯則懸諸天,衆言淆亂則折諸聖。《書》曰:“百姓如喪考妣三載。”又曰:“高宗諒陰,三年不言。”《論語》曰:“子生三年,然後免於父母之懷。夫三年之喪,天下之達喪也。”未聞二十五月也。《孟子》曰:“昔者孔子没,三年之外,門人治任將歸。”《公羊傳》亦云:“三年之内不圖婚。”言三年之内,則二年之外未除喪可知也;言三年之外,則三年之内未除喪可知也。且師之心喪,尚待三年之外,則親喪可知也。吾邑解孝廉崙曰:“竊疑二十五月,即春秋、戰國間短喪者之所爲,而以再期恩倍、祥禫參差之説,文飾其義。不敢顯違三年之名,而隱背其實,世儒沿習不察,遂爲定論。”《公羊》之學雖出子夏,至其玄孫壽乃録成書。經師遞相口授,每有附益。荀卿《性惡篇》與《孟子》異,其言不無小疵。

《禮記》多出漢儒之手，不盡可信。至何、徐注疏，去古益遠，即《公羊》之旨，亦未盡合。今不取《尚書》、《論語》、《孟子》之言爲斷，而但據《公羊》荀、戴諸儒之説，屈經以從傳，執後而例前，使千古仁人孝子之心，若戚戚有未安焉。而卒無以自解其疑，則以先儒論著，自漢以來墨守不易，雖疑焉而不敢輕議也。今三晉之俗，親喪，士大夫遵制，二十七月服闋，而民間持服，實以三十六月，謂之三周年。古風相沿，其來有自。禮失而求諸野，豈不信哉！此論創而篤，存之以訂予疑，且以質考禮之君子。道光十五年十月七日記。

亥有二首六身考

《左傳·襄公三十年》："史趙曰：亥有二首六身，下二如身，是其日數也。"杜注："亥字二畫在上，併三六爲身，如算之六。下亥上二畫，竪置身旁。"孔疏："二畫爲首，六畫爲身。下首之二畫並之，使如其身旁，則是生來日數也。因亥書似算位，故假之以爲言。其本作'亥'字，不爲此也。案《字書》，古之'亥'字，體殊不然。蓋春秋時'亥'字有二六之體，異於古制。其《説文》是小篆之書，又異於此。《説文》云：'[illegible]，荄也。十月微陽起接盛陰，從二。二，古文上字也。一人男、一人女也。从乚，象懷子咳咳之形也。"《春秋傳》曰："亥有二首六身。"[illegible]，古文亥。各本篆體僞繆，段氏依宋本舊本更正。亥爲豕，與豕同。

段氏玉裁《説文解字注》："孔氏《左傳正義》曰：'二畫爲首，六畫爲身。'按今篆法身祗有五畫，蓋周時首二畫，下作六畫，與今篆法不同。"阮氏元《積古齋鐘鼎彝器款識》：周器中"亥"字，楚良臣余義鐘作[illegible]，周公華鐘作[illegible]，周公望鐘作[illegible]，兹太子鼎作[illegible]，齊侯甗作[illegible]，皆與小篆相似。師旦鼎作[illegible]，仲稱父鼎作[illegible]，父已鬲鼎作[illegible]，曶鼎作[illegible]，乙亥鼎作[illegible]，宂彝作[illegible]，吳彝作[illegible]，卯敦作[illegible]，陳逆簠作[illegible]，皆古文也。

《垂棘編》洪洞范氏宏嗣輯明代三晉古文爲《晉國垂棘》二十卷，其孫鄗鼎又爲續編，兼采國朝古文。譚氏田明絳老問答："何言乎爲六身？筭法家如《太玄》、《洪範》，每以竪丨當五數，横一當一數。若[illegible]者，是五與一合爲六數之象，而亥下竪横之畫若[illegible]者，適有此三個六數之象，以爲六身。其下二如身之説，是則舉亥上之二横下，而竪之於左如[illegible]者，爲下二也。"又舉亥下三竪三横之六六六象作三行並列如[illegible]者，爲身也。言如身者，言下二之首，如乎六之身也。由是後左向右數之若[illegible]者，是謂二萬六千六百有六旬。與史趙之日數恰符。今本作"二萬二千六百有六旬"，阮氏《校勘記》云："淳熙本、明翻岳本足利本，'二千'作'六千'，與石經合。按《正義》本同。

惠氏棟《左氏補注》:“子惠子曰:史趙以亥字推算其年者,蓋以亥乃絳縣人之名,即《孟子》之亥唐。《韓非子》言晉平公於唐亥云云,或《孟子》傳寫倒其名氏也。”

江氏永《群經補義》云:“二首者,二萬也;六身者,六千也。下首之二畫,如其身之六,則又得二六。是爲六百六旬也。”

徵招角招解

孫奭《正義》曰:“徵以爲事,角以爲民,皆以招名之,亦舜作歌以康庶事,鼓琴歌《南風》以阜民財之意也。”案民事之説,自是角、徵確解。然上文言君臣相説,何不用宫、商,而專用角、徵?且先徵後角,於義何取?余讀《管子》始悔其説。《管子·幼官篇》云“春聽角聲,冬聽徵聲”,與《吕覽》春角、夏徵不同。《吕覽》乃秦令,《管子》則齊令也。景公作樂時,值冬盡春初,故先聽徵聲,後聽角聲,樂以時作,不必專取民事爲義。何以知之?以出舍於郊,始興發補不足,皆春所有事。而大戒於國,則當在春先,即《管子》所謂“戒審四時以別息”,與《月令》“季冬飭國典,論時令,待來歲之宜”同義。季冬預戒國人,孟春始發倉廪,故先奏徵而後奏角也。齊自敬仲來奔,始有招樂。自《管子》以五音配時,迄景及宣相沿具在。其詩辭則新作,故曰“爲我作君臣相説之樂”。其樂則太師舊譜,當時所習,故曰“蓋徵招、角招是也”。

五多五慢論

政有五多,亦有五慢。多則不一,慢則不敬。不一不敬,政是以病。何謂五多?曰:令多,官多,例多,事多,刑多。何謂五慢?曰:令多而官慢,官多而例慢,例多而事慢,事多而刑慢,刑多而民慢。勘驗弗實,供詳弗確,控而弗訊,訊而弗決。小訟察察,大訟忽忽。察察則爭,忽忽則憒。憒爭既成,大獄乃興。越訴誣告,姦民是乘。欲懲其姦,反抑其冤。有辜者縱,無辜者牽。喜怒汩其明,軒輊失其平。上媮下嬉,禁令不行。是謂刑多,刑多而民慢。公不敵私,主不敵客。疲於迎送,困於簡牘。殫力於無用,耗財於無益。苟或不然,非殆則辱。殆辱相傾,貪鄙乃生。取償於民,以饜厥營。循者奪其惠,廉者喪其清。獄訟顛倒,盜賊公行。官民竝困,奸胥乃羸。是謂事多,事多而刑慢。律外有例,例外有案。案日以繁,例日以亂。出入決於胥吏,是非求於斷爛。千條萬緒,雜以黠竄。明者亦昏,强者亦倦。昏倦之餘,期會迫之。詳審則違限,闊略則受欺。名守成法,而實轉移。是謂例多,例多而事慢。官以吏爲主,吏以官爲客。長以屬爲主,屬以長爲客。一事數官,一官數易。首尾糺互,交代參錯。其任弗久,其責弗專。前之所舉,後輒廢焉。昨之所革,今輒復焉。興利而利忽焉,除弊而弊滋焉。官爲例縛,例以官遷。赤緊之任,化爲冗員。是謂官多,官多而例慢。急其緩,緩其急。輕其重,重其輕。網密而法疏,朝令而夕更。弱者弗能守,强者弗及行。弗行弗守,喪其故有。相承以貌,相給以口。大則舞文,小則避咎。咎不可避,巧爲調劑。以骫法爲達權,以徇情爲救弊。上下齗齗,外和中戾。是謂令多,令多而官慢。夫令以任官,官以察例,例以比事,事以制刑,刑以齊民。五者,政之大經也。《書》曰:"臨下以簡。"《易》曰:"簡則易從。"多者,慢之所由生;簡者,敬之所由行。何謂敬?曰:主一爲敬。

邪教四害

一曰誣善。其教以飲酒茹葷爲大戒,鄉鄰慶弔,專席而坐,駭人耳目,舉動怪僻。彼將以爲佛家戒殺舍身宜如是耶?何以結黨營私、報仇逞忿、淫凶貪鄙之事無所不爲?其甚者,且戕官劫獄,荼毒無辜矣。而習其教者公然自命爲善人,豈不入其教者皆不善人耶?且其所爲果善耶,不善耶?愚民念此,可以瘵然返矣。故曰誣善之罪,人心之大害也。

二曰敗欲。其教不論男女,不避嫌疑,斂錢作會,夜聚明散,亦有鳴鐘鼓、誦經卷,終宵雜遝,恬不爲怪。鄉鄰詰問,輒託以謝土祭神諸事。其良民固已非笑之,遠避之矣。昏愚狡黠無賴之徒,則喜其便於己而得所求,靡然蟺附,以男傳女,以女傳男。族黨婚姻,滋蔓日衆,流汙於子孫,見棄於良善。一入其中,勢難自拔,所以甘心蒙辱而不悔也。其經卷、符咒,大抵荒誕悖謬,本不足以惑衆。其惑衆者,在彼不在此。此風俗之大害也。

三曰結黨。其教初起意在斂錢。斂錢必結黨,結黨必滋事,亂之所由生也。其斂錢也,以傳徒爲名。凡師所需,仰給於徒,每人入教,或施數千,或數百。每歲人各數千,或數百。十其徒,其利十倍;百其徒,其利百倍。徒愈多,利愈倍。如此則師富矣。徒各爲師,師各有徒,師徒遞傳,其利各倍。如此則師徒俱富矣。其實則斂錢也,其名則行善也。一人傳十,謂之十善;一人傳百,謂之百善。十百遞傳,其人日衆。如此則黨成矣。徒各有徒,師各有師,以百屬十,以十屬一,盈千累萬,各有所屬。而又私立簿記,注其名籍,僞設官號,統其散逸。或盤踞一邑,或蔓延他省,通有無,共緩急。奔走速於郵傳,消息捷於文報。一人有事則衆救之,一人恩讎則衆報之。民不敢首,吏不敢詰。其有嚴明州縣毅然訪緝,窮治未竟,而邪黨蠭起,戕官害民,措手不及。滑縣、趙城之變皆由於此,故曰亂之所由生也。夫良民窮而邪教富,良民弱而邪教强,國家之大患也。滑、趙地近畿輔,猶且不免,南北各省能保其必無乎?事已發而圖之則無及矣。其可及者又以事未發而不敢圖,或圖之未善而激生變,皆不可不熟計而預防之也。

四曰脅上。其黨既成,逆端已兆,慮人告發,或被訪聞,則必潛通書役,暗置耳目,或誘之入教,或啖以重利。凡官之一言一動,邪黨皆知,而邪黨陰謀,道路寒心,官猶不省,何也?書役蔽之也。夫貪官污吏之激變,固有之矣。若滑縣强克捷、趙城楊延亮,皆循吏也。循吏之約束書役也必嚴,而書役之怨之也必甚,甘心爲賊羽翼,而委其官於賊手。爲之官者,不亦難乎?且邪黨既成,良民畏禍,必不敢首,惟恃書役密白於官,猶可及時撲滅。今不以賊謀白官,而反以官情輸賊。變起則官民受害,事定而書役晏然,是使邪教敢於結黨而不畏官。官即敢於治邪教,而不敢不畏書役,何也?官之勢孤,而書役之勢衆也。此風不懲,必至州縣袒書役以害民,書役袒邪黨以脅官。上畏下肆,養癰貽患,變之生也,束手待斃而已。夫使俗吏釀之,而循吏殉之,釀之者或幸全其名,而殉之者卒無濟於事,爲善者能無懼乎?書役之爲奸藪也久矣,可不慮哉!

祭文、墓志、墓表、碑銘、碑記

祁室周孺人祭文代家愷軒鎬兄祭其元配孺人作

維年月日主祭、杖期生祁鎬率哀子熊昌、龍昌、降服子鳳昌、麟昌，謹以清酌庶饈之奠，致祭於元配周孺人之靈前曰：

嗚乎！家有冢婦，惟家之式。婦有四德，惟婦之職。上奉高堂，下撫嗣息。中饋劻勷，内助謹飭。壼範常昭，俶儀不忒。庶幾偕老，黽勉共力。一旦絃斷，遽歸靈域。悲來填胸，淚下霑臆。嘉耦云亡，能毋悽惻。嗚乎孺人，温恭成性。少習閨箴，長循姆命。婉娩鹿車，來歸余家。奉匜撰杖，裙布無華。重闈所喜，舅姑所嘉。先君綰綬，作宰山右。沁水之濱，奉檄而走。遣迎板輿，就養升斗。時惟孺人，隨侍大母。進退扶持，出入先後。燠寒痌瘝，如親身受。遠道馳駈，如在户牖。大母顧之，喜形於口。何幸吾家，得此賢婦。逮至先君，移篆臨汾。巖巖大邑，案牘紛紜。勤劬民事，自朝及曛。家政鉅細，塞耳不聞。時惟孺人，躬肩其任。仰體舅心，虔承姑訓。筐筥錡釜，祭祀必慎。酒漿榛栗，飲食必敬。豐不逾侈，儉無過靳。若網在綱，有條弗紊。先君先慈，秉性嚴持。偶有不悦，難於陳辭。孺人侍側，先意能窺。下氣柔聲，肅肅怡怡。舅曰俞哉，嘉汝孝思。姑曰俞哉，無我貽罹。昊天不弔，大母見背。先君毁瘠，心勞身碎。兩載之中，疊遭變態。時惟孺人，銜哀苫塊。竭力營喪，佐余不逮。無何先慈，又以疾廢。一卧累年，百藥罔對。孺人奉侍，無間晝晦。焚香告天，請以身代。其身可捐，其心孔堅。蒼蒼者天，姑竟不痊。躃踴號泣，幾死九泉。至今鄉里，猶稱其賢。先是孺人，艱於嗣緒。力請置妾，余固弗許。年未三十，奚用恒恒。孺人脱簪，潛覓侍女。請於舅姑，余不能拒。比房既立，跗萼雙舉。厥後孺人，亦育二嗣。終温且惠，天相其志。嫡庶雖分，恩勤無異。惟余有弟，孺人道之。惟弟有婦，孺人好之。惟弟有子，孺人抱之。仲弟之婦，未婚而孀。勵貞守志，節媲松篁。孺人曰嗟，女中之良。有弟弗嗣，何以爲兄。繼之以男，是爲鳳昌。更命麟昌，嗣於叔弟。謂我之子，即弟之子。娣姒和諧，手足一體。先君既終，庶母三人。孺人待之，若先君存。各嗣一子，俾爲之孫。相安以職，相合以恩。迄今感泣，每言欲吞。懿兹衆善，孺人畢具。養心惟寬，應物自裕。宜享遐齡，用慰歲暮。白首籌添，丹顔雲駐。倏忽乘真,花甲未度。如何冥冥,隕余賢助。余以薄宦,遠游浙西。一官匏繫,九載雞棲。方云暫别,詎謂永離。或者清俸,稍積餘貲。扁舟北指,舉室南移。糟糠甘苦,舉案眉齊。如何冥冥,此願莫追。豈無上藥,豈無良醫。豈無余弟,百計調維。膏肓易入,鵲跗難治。素琴掛壁,寶鏡掩帷。嗚乎孺人,棄余如遺。孺人既逝,未逾周歲。次婦病夭,相從遘厲。家運蹇乖,念之揮涕。惟婦與姑,徘徊幽塗。孺人有靈,可以不孤。兹當歸葬,窀穸潛敞。雲動僊輀,風旋靈仗。懸像空留,送形長往。余以職守,羈滯江干。長子長婦,從余於官。悲深奠醴,慟寄憑棺。爰命次子,潔羞奉盤。告哀内寢,移殯崇巒。嗚乎孺人,幽居永安。地長天久,新悲舊歡。松楸鬱鬱,日月漫漫。靈兮如在,灑淚驂鸞。尚饗。

處士雒子則墓表

雒氏,余故舅家也。余先曾祖娶於雒,與雒氏世爲昆弟,諗其家世頗詳。今表兄雒宬將爲其先人樹表於墓,屬余爲叙,余奚敢辭。公諱天烝,字子則,姓雒氏,世居壽陽縣北鄉之雒家店村。曾祖考璧,歲貢生;祖考本源,庠生;考陽楙,庠生。公生而誠慤,篤於孝友,性澹泊不慕榮利,以讀書力農自業,勤持家政,無鉅細皆得其宜。居鄉黨則恂恂然,怡怡然。親族鄰里有貧乏不能自存者,視其緩急給以升斗,不足輒罄其餘資以贍之,無吝色,亦無德色。所居濱河,村中之道路爲水石所衝刷,多傾圮。公以時脩治,窪者填之,缺者補之。以故車牛往來、裹糧輦炭於山谷間者,莫不樂其便而忘其艱也。公生平行事大抵類此。以乾隆五十五年十二月十四日卒,享年□十有□。配郭氏,合葬於東重嶺之新阡。公兄弟三人:兄天烋,弟天元。子三:長定、次寧、次宬,即今樹表於墓者也。女二。孫二:懷柔早卒,懷讓幼。余聞雒氏之先有善人者,手植松於方山之上下,三年而成林。迄今龍鱗偃蹇蟠屈,望之蔚然深秀者,蓋數十萬株,名勝甲於一邑。邑人以時賽會其間,稱道善人之德弗衰。夫《緜》、《田》以旌善也,《甘棠》以懷人也。《詩傳》所稱,古今同羡。雒氏,善人之裔也。善人必昌,余將有望已。

處士雒子伋墓表

公姓雒氏,諱天元,子伋,其字也。里居世系,詳子則公墓表,不贅載,載其行事。公之生也,性慈惠愷惻,雖終身布衣,每慨然以濟物爲念。見人之困苦無聊者，恤之若不及。少讀書，即明大義。稍長，持家政。以寒素之艱於進取而不能遽達也，去而學賈，交易於豐鎮之市，持籌不計錙銖，坦白明信，有古豪士風，市之人爭趨慕之。嘗獨行城濠間，聞小兒呱呱啼聲，循聲而察，則貧家所棄之幼女也。公惻然亟收養之，視若己女。既長，載歸至家，爲之擇佳婿，備禮以嫁。當是時，邑人識與不識，咸嘖嘖嘉歎以爲難，而公獨泊然若無此事者。嗟乎！今之市人大抵逐利以活妻子耳，居奇貨，擁重資，奔走阡陌之中。凡有利於己者，趨之若鶩，否則逡巡畏縮，避而疾走。安有哀矜惻怛，動色於道路間者哉！即或憐其弱息，憫其瀕死，取而置之奴僕婢妾之列，而若人終不得其所者，亦什之八九。士大夫家往往有此，況在市人，又何譏焉。昔王承福一圬者耳，昌黎稱之；宋清一藥師耳，子厚善之。非以其業若彼，其人若此哉？然則，公非獨賢於市人也。公卒於嘉慶八年九月十一日，享年□十有□。配趙氏，合葬於東重嶺。子一：寅。女一。余既爲子則公撰表於墓，而復聞公之行，歎公之德，不可以不紀。爰述大略如此，公生平行事亦可概見其一二云。

周年家祭文

維嘉慶二十有一年歲次丙子三月辛巳朔，越二十有五日乙巳時，届府君仙逝周年之辰，不孝男宬藻、寀藻、寯藻、宿藻，謹具清醴香楮之奠，銜哀泣血，致祭於靈几前曰：

嗚呼！樹欲靜而風不休，子欲養而親不留。自府君之見背，歲淹淹而一周。何日月之易邁，痛霜露於春秋。惟音容其漸遠，遂笑語之莫酬。呼昊天兮罔極，實兒命之不猶。撫今昔以追溯，涕泗横而交流。憶去春之二月，府君命駕以出遊。既登輿而回顧，謂家人其勿憂。謂吾眠食之尚健，謂吾精力之尚遒。謂道路之匪遠，謂尺素之易投。謂舊疴之既愈，謂藥物之不求。何睽違於匝月，遽一病而弗瘳。越關山而返旐，將有事乎松楸。惟陽和之阡隴，西隅斜跨乎崖溝。地僅餘夫二版，土何取夫一抔。識者僉謂其不可，乃改卜乎眠牛。緬葦灣之高阜，傍先人之墟邱。察山川之向背，辨體質之剛柔。庶相度其得地，非敢任遷徙以自由。迨孟夏之吉日，將啓土於平疇。告靈爽之默鑒，庶妥侑以庇庥。慟不孝之孽重，抱終天而誰尤。自遭罹此大故，心怳怳以悠悠。夜申旦而不寐，光炯炯於雙眸。冀瞻依於夢想，又恐神魂之不我收。愴百感之交集，時徬徨而無儔。幸慈母之體健，較曩歲而相侔。凡家政無鉅細,賴高堂之指籌。惟幼子與童孫,亦延師而咨諏。勤朝夕之誦讀,詎安逸之敢偷。憶嚴訓猶在耳,常惓惓於進修。守書香於後嗣,紹先世之箕裘。雖艱難與險阻,胡寧不努力以相勠。嗚呼!生不能盡歡於菽水,而徒傷歲序之沉浮。没不能躬親夫含斂,而徒奉祭祀之珍羞。長追悔其何極,撫膺哭而啾啾!聊陳詞於冥漠,靈之來兮庭幽。望遺容兮隕涕,增千悲兮萬愁。嗚呼哀哉!尚饗。

大京兆墨園閻公墓志銘代章桐門夫子作

墨園與余同牓成進士,由主政分秩儀曹,而余以中翰趨直樞禁,京華聚首最久,往來踪跡亦最熟。每謂墨園爲人,肫肫然,翯翯然,真有古君子之風。嗣余外任封圻,别數載。癸酉歲,余官冢宰來京師,墨園則以是年夏即世,余撫棺哭之慟。今其子庭桂、庭椿將營窀穸之事,請余一言以爲誌,余不獲辭。按狀:公姓閻氏,諱泰和,字魯瞻,號竹軒,墨園其别號也。先世自洪洞遷平遥之大閻村,代有隱德。曾祖諱四安,祖諱希柱,舉鄉飲耆賓;父諱正户,號樸齋,太學生,考授州同知,以公貴,俱贈通奉大夫。曾祖母張氏、祖母郝氏、母梁氏,俱贈太夫人。公少穎異解語,後"四子"諸書皆樸齋公口授。既就外傅,誦讀益勤,識者以大器目之。年十七補博士弟子員,乾隆庚辰領鄉薦,庚寅授河津教諭,壬辰成進士。歷任禮部精膳司主事、祠祭司員外、儀制司郎,中掌京畿、河南、浙江道御史、内閣侍讀學士、太常寺少卿、通政使副使、太僕寺卿、順天府府尹。以事左遷,復授通政副使,旋擢太僕寺卿。卒於官。爲御史時,奉命巡視北城,復巡東河、南河漕務。其巡南漕也,向例浙江尾幫渡江後,湖北幫銜尾而進。是年,湖北頭二漕船已有行抵儀徵者,公以江中風潮洶涌,飭令湖幫收入瓜口,以免疏虞,仍讓浙幫前行,奏蒙恩旨嘉獎。其巡北城也,首嚴匪徒之禁。復以婦女入廟行香,大爲風俗之弊,所屬城隍廟向有清明賽會之舉,即於冬間先期出示禁止。會有以財啖滿巡城之家人者,公傳訊,據實陳奏,滿巡城由是得罪。公每與同輩言及輒悔,謂初不料如此之嚴辦,其居心仁厚多類此。然清慎介直,秉性不移,臺諫中豈數數覯哉!嘉慶六年夏大雨,民間苦潦。公時爲大京兆,晝夜查勘,悉心籌畫,或給麵餅,或施銀米。是歲十二月,特派卿員督同地方官於盧溝橋、黄村、東壩、采育四處分設飯廠。公請即以原設粥廠爲大臣監放之所,仍籌寬敞適中之地,照數設立東壩一處。又養濟院、功德林留養貧民,向以清明爲止,公奏請展限一月,得旨允行,事載

《欽定辛酉工賑紀事》。夫救荒以發賑爲先，發賑以濟民爲急。天子軫念痌瘝不惜帑，期實惠逮下，而董是任者亦當殫心盡力，俾災黎咸得其所。此荒政所以聚萬民也。公仰體皇仁，俯督屬吏，遍查被災之區，視其緩急，給其資養，搜剔積弊，吏胥不敢爲奸。自夏徂冬，奔走無暇日，眉宇間常有憂色。當是時，畿輔輦轂之下，膏澤沾濡，輿情感戴，莫不歡呼鼓腹，若忘其爲歲祲者。嗚乎！可謂勤已。公天性篤摯。弟燮和，中武進士一甲第二人，由侍衛官至參府，一門榮顯。兄弟相友愛，終身無間。公自通籍迄致仕，忠懇之心上符簡在，故雖蹶而復起。及病請假，猶荷聖恩垂問慰諭再三。卒於嘉慶十八年六月十五日卯時，距生於乾隆四年五月初一日未時，享壽七十有五。元配許夫人，繼配李夫人先公卒，俱祔葬焉。子二：長庭桂，以蔭生分發江蘇通判；次庭椿，候選兵馬司吏目，俱李夫人出。公生平嘉言懿行載其家乘，余不具述，祇就其服官勤政之大者擇而敘之，系之以銘曰：

嶽嶽先德，公寔式之。綿綿後緒，公寔植之。惟公之忠，臺閣生風。惟公之仁，畿甸生春。其山嵯峨，其水揚波。磊砢英多，斯人不磨。

處士李翁暨配趙氏墓誌銘

壽陽于家莊李氏子，有克恭、克惠者，於嘉慶辛未秋，既合葬其父母於里之新阡。越四年，復謀鎸石以表墓，請文於余。余與李氏素不識，而余友周君爲李氏婚姻之戚，諗其家世甚悉，爲余言曰：處士姓李氏，諱□，配趙氏。子二：長克恭，次克惠。女一。孫三：榮華、榮富、榮貴，皆克恭出。處士生而樸誠，性澹泊，無所嗜好。家貧業農，自食其力。持身謹厚，與人交無疾言戾色，宗族鄉黨間稱孝友焉。享年□□有□，以乾隆□□年□月□日卒。其卒也有母在堂，年已□十餘矣，卧病不能起牀褥。趙氏朝夕侍側，奉湯藥，視寢膳，偶有燠寒苛癢，則抑搔之，扶持之，所以仰體者無不至。雖抱未亡之痛，而憂戚不敢形於色，恐傷姑意也。歷九載，罔有倦容。姑既即世，姑家之子弟臨於喪者咸歎息感泣，且謝氏曰："衰姑以羸老久疾，優游卒歲，克享大耋，非賢婦侍養之德不致此。"由是閭里老幼及親串往來者，識與不識，莫不嘖嘖稱羨，弗置於口。當處士未卒之先，長子克恭婦以疾亡。迨處士卒，次子克惠婦又相繼而没。數年間家運乖蹇，生計蕭索，幾不可支矣。氏上奉慈闈，下撫弱孫。時孫榮富生甫數月，零丁孤幼無所依，一切乳哺，惟氏是賴。其餘家事無大小，悉取決於氏。氏爲之摒擋支持，皆得宜。孑身獨立，艱難備嘗。至今嗣君與人言,每及此,未始不淚涔涔下也。然則氏之志堅,而其心亦苦已。厥後二子皆繼室,孫富亦漸成立。氏老矣,猶勤劬如平日。邑侯魏公聞之,旌其閭額曰“苦節可貞”。當是時,氏年七旬,親族謀所以壽氏者,乃相爲製錦稱祝,酌酒躋堂。邑之孝廉張君□□,手撰壽序,蓋榮之也。氏卒於嘉慶十五年十二月廿七日,享年七十有五。周君爲余述其梗概如此。嗚乎!若氏者其可傳也已。余既慕氏之貞苦自勵,而益歎處士刑于之化。德門積善之慶,其來有自,其澤無窮。故爲之志,且繫以銘。銘曰:

士有百行,惟家之政。婦有四德,惟家之則。曾酒食之是儀,而遂云盡婦職。萱草在庭,芝蘭其馨。仰之俯之,惟婦主之。非婦是主,惟夫子是輔。夫志未終,内助有人。吁嗟婦兮,保艾爾後兮。

黄師母祭文

維道光元年歲在辛巳六月己卯朔,越二十有四日壬寅,山右門下士劉、何、田、祁,謹以清酌庶羞之奠,致祭於誥封一品夫人黄師母邵夫人之靈曰:

嗚呼!婺宿沉輝,姥峰頹景。李隕丹山,蓮摧玉井。組帳宵移,紗帷夏冷。臺範徒存,慈顔不永。誼託門墻,同聲悲哽。猗與夫人,禮法名門。兑爲少女,家有嚴君。柔明秉教,温惠影身。規周矩值,玉瑩蘭芬。于歸迨吉,年未二旬。女儀穆穆,婦職循循。惟我夫子,所遭屯否。齠齔蚤孤,叠失怙恃。顛沛胡依,依於舅氏。一門三丁,惟兄及姊。兄既授室,姐復宜家。維時夫子,弱冠摛華。賃舂爰處,擇耦云嘉。夫人至止,同挽鹿車。舅姑未逮,每念斯嗟。敬承長姒,式禮攸加。中饋是主,内言無譁。夫子曠達,居貧非病。家徒壁立,門無童應。老屋三間,古桑四映。佳士雲來,高譚雨迸。得句飛觴,看書挑檠。夫人佐之,賓筵稱盛。禮洽酒肴,貲傾奩鏡。布衣摻作,如轤如盂。夫子績草,頻年遠遊。聽潮東浙,延月南樓。策馬燕市,揚帆石頭。艱難一第,棖觸三秋。金隨客盡,食不家謀。夫人任之,摒擋才優。易衣而質,織素而售。伯姐言歸,飲饌潔修。勤劬弗恤,澣濯無休。提携童稺,檢點巾鞲。俾我夫子,紓内顧憂。丙午之歲,于湖苦饑。人如鴻雁,粟是珠璣。夫人處之,藜藿自嘰。一炊欲斷,八口相依。猶復賙卹,飲食庶幾。破囷屢指,餘布仍機。樂兹衡宇,豈注牛衣。迨我夫子,釋褐登朝。聲蜚蕊牓,績效農曹。翩然解組,税駕江皋。鄭鄉望重,馬帳名高。十手蕭散,雙履遊遨。亦惟夫人,閫政是操。饔飧粗給,婚嫁無勞。上相薦賢,東山起卧。必有遭逢,豈終坎坷。清秩頻遷,嘉猷屢播。奎壁天高,文昌星大。喉舌是司,綸扉是佐。二十年來,榮齊八座。在昔夫子,典學晉陽。夫人莅止,畫軒蹌蹌。厥後乘超,高冑之△。夫人車來,鸞聲鏘鏘。既而内△,曰□於京。宦跡所至,中閨與并。晝薦鴻案,夜驚鷄鳴。如賓之敬,白首同盟。不忘井臼,詎戀簪纓。積勞成痗,慘澹經營。昨歲云暮,違和伊始。自冬徂夏,或作或止。夫子曰嗟,憊其甚矣。吾黨聞之,竊相私擬。神明不衰,饘粥足恃。天相吉人,勿藥有喜。豈謂仙蹤,遽遺舊滓。影散慈雲,聲銷逝水。樞直歸來,握手心摧。一朝永如,百事堪哀。徽音已矣,日月悠哉。嗚呼夫人,德全福厚。一品殊榮,七旬希壽。丹桂聯芳,華桐競秀。誥錫絲綸,恩頒文繡。茂祉駢臻,高閎罕覯。鳳舉鸞翔,云胡不傷。然而遭遇,度越尋常。帝降手勅,炳煥雲章。慰兹伉儷,勗以康彊。謂我夫子,股肱之良。方深倚任,勿過悽惶。夫人之靈,監亦有光。偉哉閨闥,無憾糟糠。某等地接樞榆,材慙杞梓。幸託龍門,側聞燕喜。或依廣厦,或拜堂阯。屢飫盤餐,頻煩刀匕。哲嗣偕遊,雁行序齒。鍾範親窺,陶儀共企。昨奉壽觴,今瞻祭簋。感極平生,悲深銘誄。貽德珩璜,流光圖史。芻奠同陳,蕪詞敬紀。彷佛靈旗,來歆筵几。嗚呼哀哉!尚饗。

皇清敕贈徵仕郎例贈奉直大夫國子監太學生祁府君墓表

君諱珩,字楚玉,姓祁氏。先世自高平孝義里遷居鳳臺嶺西里北尹寨村。曾祖諱萬忠,有子二人:長諱生喜,贈奉直大夫;次生健,奉直公,有子三人:長諱世德,贈徵仕郎;次世仁、世昌。徵仕公生一子,即君也。自曾祖以下,皆同居共財,人無閒言。君十歲而孤,祖母李太宜人在堂。母牛孺人每慟,君必婉勸,恐傷祖母心。時田宅蕪隘,食指浩繁,祖母憂之。母乃出簪珥質金、括家貲,付兩叔懋遷於楚。君亦稍長,能治家,勤稼穡,歲穫恒倍。以所居瀕河,苦泛溢,謀築新室而力不贍,乃種樹數百本,材具而室成,家用日裕。嘉慶二年,湖北教匪滋事,君念仲叔父遠賈不得歸,冒險阻往省,叔父喜曰:“汝來,吾妻子有託矣。”君乃奉叔母暨兩弟避賊於陝西之興安。明年,賊由鄖陽竄興郡,羽檄警急,道路梗塞。君復奉眷屬迂回取道南陽阨隘河洛之間,得間道乃歸。九年,澤郡旱,民饑。君焦憂,請於官,出資賑之。自冬十月朔始,大口日給米二合,小口一合。十年,又旱,接賑,懼米盡,乃給壯者錢,負米河南之清化鎮,增買收買,期於能繼。十一年春三月得雨,賑乃止。而是歲夏秋間又旱,君憂益劇。先是,君以從弟璋卒,感傷得肺脾疾。逾年,仲叔父又卒,哀甚,暴下。

又以賑事首尾三年,心力俱瘁,遂至不起。君至性純篤,重親致歡。祖母卒年九十有三,母卒年八十有五,以君孝養,皆躋上壽。事叔父如父,爲從弟擇師教之成立。司筦鑰數十年,無私財。嘗遇異人授以形家、醫家言,徵應如桴鼓,然不輕試。河東道某公聞其術,以禮爲羅,卒不能致。以子官,覃恩敕贈徵仕郎,例贈奉直大夫。卒年五十有四,時嘉慶十一年九月十九日也。配姚宜人,逮事重姑,孝聞於里。姑卒,哭之哀,遂患心痛,然勤劬不少衰,嘗曰:"吾不慣安坐,事不躬親,竟夕不寐。"卒於嘉慶十八年十一月二十日,享年六十有一。子一,爾誠,道光乙酉科舉人,今任内閣中書,分校國史,以例候選知州。女一,適庠生丁爾偉。孫二:履中,庠生;履亨。孫女一。初,君從祖無子,以君仲叔父世仁爲嗣,生子四:曰珍、曰璉、曰琇、曰璐。璉,繼君持家政,以候選布政司理問加級,請封祖父母、本生祖父母、父母各如例;琇,廩貢生,候選教諭;璐,庠生。君季叔父世昌生二子:曰琮,武生;曰璋,皆卒,無子。以同居故,備書之。爾誠爲予季弟同年又同姓,與予同官京師。其醫理得家訓獨精,嘗爲予太夫人診疾輒效,予甚感之。今以某年某月某日將合葬其考妣於某原,請文於予。既敘其狀,且系以銘曰:

惟祁得姓,肇自上古。黄羊受氏,爰食晉土。七邑既分,散處河汾。南北播遷,譜系莫聞。或隱或藝,或忠于仕。史册所載,約略可紀。其居晉者,平陽伊始。我遷壽水,實自槐里。近之高平,厥有令名。君家孝義,譜于鳳鳴。五世同居,和氣充閭。君握其樞,載安載舒。惟君有子,表君之行。它人譔銘,不如同姓。

皇清例贈徵仕郎祁府君妻張孺人墓誌銘

予既銘爾誠之考之德,俾表諸墓,爾誠復以其從祖母張孺人行狀請曰:惟孺人以高平望族適我從祖,生二子而從祖即世,孺人忍慟以教諸孤。數年,長子入泮,季子讀書,懋懋慔慔,湛深莫測。孺人喜曰:"勉哉,繼乃父之志!"無何,長子卒,無子,婦亦卒。孺人有姑在堂,忍慟不哭。姑哭,且勸勿哭,曰:"脩短數也,諺云:'是子不死,死則非子。'且季子長矣,無傷也。"姑歿七年而季子又卒,亦無子。孺人於是嗷然而哭,舉家皆哭,然不敢議立後,恐傷孺人心。嘉慶十八年,孺人年七十,家人稱觴。孺人愴然曰:"吾中年守節,老而喪子,何祝之有?村西山徑崎嶇,行者窘步。汝輩能治之,勝祝吾多矣。"家人唯唯,即日鳩工。叢者闢,岨者夷,從三百六十餘丈,衡一丈一二尺許。工訖,孺人乃喜。越四年,寢疾,爾誠朝夕侍,見孺人顧季子婦而戚,乃告諸叔父爲立後。爾誠率兩弟衣冠拜見,孺人曰:“吾有孫耶!”遂卒,年七十有四,時嘉慶二十二年九月二十八日也。孺人孝于姑,和于家,勤于婦職,而寡而獨,天耶?人耶?爾誠不知也。予聞之,曰:“嘻,可銘也已。”按狀:孺人之夫例贈徵仕郎,諱世昌,姓祁氏,鳳臺人也。長子曰琮,季子曰璋。後琮者曰爾儉,後璋者曰爾欽。以某年某月某日,合葬孺人于某原。銘曰:

山之徑兮嶔崎以艱,嗟母之心兮艱于山。山可治兮惟母之慈,母心之艱兮人孰知之?無子而有孫兮以慰母也,琢山石而爲銘兮庶以傳之久也。

清故處士止齋趙君墓碑并銘

趙生復正從余兄弟遊有年,好學能書,受業余兄之門,久而益恭。余視學江南,凡學事、印卷、編號、記册,襄理甚勤。余弟歿於王事,生亦陷賊中,由金陵、揚州輾轉脱歸,又甚危苦。今年聞余疾久,走京師相見甚慰。居逾月,語次若有所請,視其容甚戚。問之,曰:“父歿二十年矣,而墓碣未立。奔走四方,將有待也。今遭難幸不死,再見墳墓,得毋先靈且有待於後耶?”余聞其語甚悲,曰:“是不可無以文之。”按狀:生之父諱廷武,字止齋,家世寒素。年十三自里塾歸,見釜甑生塵,環堵蕭然,父母有憂色,跽而請曰:“兒年逾幼學,不能謀甘旨、解親憂,從事佔畢,將奚爲?”乃適朔平之威遠堡,懋遷有無,克贍其家,厥父母慶。顧性獨耿介,不妄取,常以知足能忍爲志,銘之坐右,以戒子孫。親族中有孤苦者,則隱爲周恤,弗使人知,每曰:“施人慎勿念,受施慎勿忘。崔子玉,其吾師乎。”道光十四年春,患瀉甚劇,語家人曰:“且毋恐,吾永别當在秋日耳。”是年七月初五日,無疾而逝,年七十有五,時立秋後三日。里之父老僉曰:“止齋有先覺也。”娶馬氏,早卒。繼娶聶氏,處家有禮。姑暮年喪明,舉動需人,惟聶是恃,鄉族稱之。道光八年四月二十五日卒,年五十有八,合葬於平舒蒲渠之西原。止齋與余家同里閈,歲時伏臘,時相過從。憶辛卯歲,余以省母假歸,登君之堂,銜杯話舊,令子侍左右,甚歡。後三年,余奉諱回籍,不數月君亦捐館舍,遂不復見,悲夫!余既悉君之家世,又嘉令子之從遊日久,患難與共也,乃爲之銘曰:

其父析薪,而子能負荷。履險而夷,不墜坎坷。斯善人之澤也,食報必果。

敕授文林郎山東沂州府蘭山縣知縣三伯父貫亭公墓表

惟我三伯父貫亭公卒於官,歸葬於陽和堰之祖塋。越二十年,從兄朝鷟等將立石表墓,屬寯藻爲文。寯藻爲兒時不獲見伯父聲音笑貌,至今以爲恨,然聞府君時時稱述行誼政績甚詳。伯父幼穎悟,從大父朝議公官鳳臺時甫六歲。讀書日積寸許,應聲成誦。文詩皆奇,警見者詫爲異才。年十七補邑庠生,益刻苦自勵。二十四歲舉於鄉,乾隆乙酉科也。大父顧而喜曰:"吾與汝叔父久研經史,不得一第,今乃在汝,吾兄弟之心慰矣。雖然,學無止境。始於身心,終於民物,儒者之業豈獨以科名重哉!"伯父唯唯,於是益究心經義、治事之學。紬官閣所藏諸經注疏、史鑑各書,一一講解,得其精要。時府君年十五,朝夕從事,亦多啓發。厥後成進士、入詞館,皆伯父教誨之力。從兄朝鸞,大伯父之子也。幼從伯父學,中庚子舉人。伯父嘗假館靜樂李氏,門人清葵與府君同年選拔,又嘗應永平太守弓泉岡先生之聘,訓其子佩紱,卒成進士。凡所講畫,成就實多,而伯父顧獨偃蹇,屢躓禮闈。辛丑大挑一等,揀發山東,自是始與府君遠别,依戀之情不克勝述。府君晚年,每與寯藻兄弟言及此,猶涔涔淚下也。伯父初知嘉祥縣事,勘水災,按户給賑,不假手吏胥,全活甚衆。七年調汶上。汶故多盜,下車糾察捕治,不畏豪猾,盜悉竄他邑。會汶人包五行劫鄰縣案發,文武官奉檄往捕弗獲。聞伯父至,即自就縛,曰:"不敢累吾父母也。"然竟以是案失察,墨吏議降調。至京與府君相見,怡然有賦歸來之志。會吏部以因公降調爲之請,得旨復原官,旋授博山縣令。博山事簡民淳,獄訟稀少,拊循七年,口碑載路。調蘭山,爲沂郡首邑,衝繁號難治,而伯父治之裕如。嘗謂爲政之要有三:首在得人心,其次莫如約束吏胥,捕治盜賊。前後官山東二十餘年,若金鄉、魚臺、嶧、蒲臺諸縣皆攝篆,無不本此三語爲治。以故,來則嗟暮,去則見思。生平耿介,不能俯仰隨人。終身一令,身後蕭然,眷屬幾不能歸,吁可悲已。寯藻猶憶伯父訃至京師日,府君方食,投筯吐飯,慟哭失聲,舉家惶遽。寯藻雖幼,亦號咷不已。彼時不知其悲,今思之益慟。伯父卒時,寯藻方十歲,今寯藻垂四十,而府君之墓木亦拱已,悲夫!謹以所聞於府君者,書之以告後人。伯父諱怒士,字忠一,號貫亭。生於乾隆七年八月二十三日亥時,卒於嘉慶七年十月十三日酉時,享年六十有一。伯母閻孺人,淑慎温恭,克勤克儉。生於乾隆八年十二月初十日子時,卒於嘉慶十四年九月二十一日午時,享年六十有七,祔葬焉。子三:長朝鶱,候選縣丞,娶張氏;次朝鵬,早亡;次朝鶩,太學生,娶樊氏。孫三:世修,增廣生;世侃,殤;世儒。曾孫二:受中、受和。

鄉飲耆賓王翁墓碑記

翁諱全亮，姓王氏，世居壽陽縣龍門河村。家貧業農，有厚德。六歲喪母，鞠於祖母。十四歲從父入都，習繪事。吾邑界畫之藝，望名都下佛寺、市廛，上自禁城三海御園之山，凡有工作采畫，皆用吾邑人，由來已久。翁既工藝，不屑錙銖計，坐是遂困。四十二歲父卒，困益甚，然性慷慨好施，濟人之急，孜孜不怠。謹厚之譽達於内府，大臣屢以官工委之。工精而不計資，負至鉅萬，翁怡然不介意。嘗爲某王營葬地，無糜費。王子感其誠，厚贈之，且酌酒謝，其見重如此。翁以病歸里，其子武科世其業。凡官私工作，輒積責夙逋漸償，家遂以裕，贍及親族。翁喜，病亦愈。會鄉飲，鄉人稱其厚德，舉耆賓焉。以嘉慶二十二年六月二十八日申時卒於家，距生於乾隆七年十一月十二日辰時，享壽七十有六。配某氏，以某年某月某日卒，享壽若干，合葬於某阡。子一，武科。孫三：長行恕；次行德，年十九卒；次行寬，幼殤。曾孫二，某某。曩余爲庶常時，請假將歸，乏資斧，又不樂干人，聞翁厚德，與先君子舊識，訪之不遇。詰朝，有扣門至者，乃翁也，握手謂余曰："知君出都不腆，白金五十，少資膏秣。"余方遜謝，而翁已挽之登車還寓，置酒相餞。余書生年少，寡交遊，殊不知市廛中有如此伉爽人也。會先君子自保定還里，乃償之。嗚乎！翁之居心行事，於此可見其概已。道光十四年，余以母憂家居。武科前數歲已歸，優游鄉井，村居相去僅三里，數往來譚述翁德。武科請爲文以表墓，余故不辭而爲記。

賜進士出身、誥授資政大夫、内閣學士兼禮部侍郎、南書房翰林祁寯藻頓首撰文。

皇清敕授文林郎嘉慶丁丑科進士分發河南即用知縣太原段君墓志銘

賜進士出身、内閣學士兼禮部侍郎、南書房翰林、壽陽祁寯藻撰文并書。

君諱程式，字體中，姓段氏。其先雲中人，明初遷居太原縣。祖諱崇倫，考諱禪，太學生、鄉飲介賓，以君貴，俱贈文林郎。妣張氏，封孺人，生一子，即君也。年十九，補邑庠生，乾隆癸卯科中式副榜。嘉慶庚申科中式舉人，丁丑科大挑一等，分發浙江，榜發中式，賜進士出身，以知縣用。改發河南，以母老乞養不仕，終於家。自幼讀書，能見其大。爲文根柢六經，不屑時墨，屢試屢躓，卒不變。贈公性嚴峻，終日肅然。君時以嬰兒語開色笑，侍疾，足不出户，外人罕見其面。丁父憂,哀毁甚,弔者曰:“太孺人在堂,乃少節焉。”釋褐,年踰六十矣。人亟勸之仕,君曰:“太孺人在堂,弗忍一日離也。”居鄉教授生徒,以實踐爲學,嘗曰:“學必躬行心得,否則雖博高官厚禄,徒自欺耳。”又曰:“文以闡道,必洞達人情世故,乃非空言。”遊其門者,大都敦篤自愛,不謁官長,不干外事,望而知爲段先生弟子也。教子孫必身爲率,誦讀偶暇,諄以治家處世爲訓。長幼循謹,各有成立。撫從弟嚴而能愛,急難如己事。族有兄弟訟者,邑宰屬之君,導以同宗之誼,訟者感泣,式好如初。嘗收租花塔村某家,某方負博責窘,謀鬻妻,君惻然,給錢米,全其夫婦。某感愧,遂戒博治生,家用小康。邑之文廟、文昌閣久弗脩,君會紳士捐資,身任其勞,數年而工竣。書院廢,出千金欲葺之,獨力弗果,恒以爲憾。君之樂善不倦,皆此類也。歲在龍蛇,賢人所嗟。養親未畢,遽覯目疾。以道光元年七月十九日卒於子舍,享年六十有五。配李孺人,端莊淑慎,持家勤儉,君卒事姑彌謹,代君終喪。道光十四年三月二十八日卒,享年七十有七。子三:邦翰,候選州同;麟趾,庠生;麟定,太學生。女二。孫九:蘭臺,庠生,琴臺,庠生,三臺,慎脩;肇脩,進脩,懿脩,前脩,德脩。孫女六。曾孫二:元煒、元焚。曾孫女四。李孺人卒之歲,十一月十一日壬申,與君合葬於�山祖塋之次。其孫蘭臺奉行狀請銘諸幽。銘曰:

謂君服官,君則老也;謂君養親,君則少也。君之心,且恨不見親之老也。身老而親壽,君之養親蓋有道也。曾子曰:“君子思其不可復者而先施焉。”君無媿斯言矣。予之養不逮親,能無愧於君乎?悲夫!

皇清誥封朝議大夫庠生獻柱李君暨配喬恭人墓表

曩寯初通籍,讀書庶常館,與定襄李子畬户部居相鄰,交相得也。子畬質直,勇於爲善,寯心重之,亟稱於同邑李舍人。舍人曰:“吾故與若同第,知若深。其嚴君獻柱先生隱君子也,蓋有義方之教焉。”道光十年,寯以省親歸,而子畬適丁父憂。明年,以事至壽陽,聞我太夫人病,迂道過問。今年,寯丁母憂奔歸,子畬則服闋,以母老請終養。寯益重之,且自愧恨。未幾,子畬丁母憂,既葬,走書屬寯爲文以表墓,曰:“碑謹具。”烏虖!寯聞於舍人者久已,其奚敢辭?先生諱猶龍,獻柱其字也。其先由馬邑遷居定襄之西河頭村,至先生十二世,世有隱德。曾祖海。祖彦俊,事繼母以孝聞。考天性,太學生,貤贈奉政大夫。先生爲人寬厚和平,犯而不校。讀書能見其大,以童試第一人入泮。文章風骨淹貫諸家,然不汲汲於名。中年慕嘉善袁氏立命之學,以養生植德爲本。凡先正格言,口不絶吟,手不絶書,得石天基《家寶集》,晝夜披覽。孳孳慕義如飢渴,老而彌篤。嘗著《家塾誨規》一卷,裒集前言往行,平正簡易。淮安汪文端公歎其有裨教學,序而刊之。道光十年十一月某日終於家,享年七十有七,以子官封朝議大夫。配喬恭人,同邑士族,勤明慈儉,睦族恤下,後先生四年,年八十一而終。道光十四年十一月十六日,合葬於村西大谷洞先塋。子三:長通經、次正經、次鎔經,即子畬也,嘉慶丁丑科進士、户部郎中。女三。孫錫祜、錫福,曾孫宜春。銘曰:

烏虖!先生樂道以全生,不忘生以徇名。幼而學如日出之光,老而學成如長日之加,益而不知其長。懋懋慔慔,抱其遺經而厥嗣以昌。非以其無近名耶?故能永其名。烏虖!先生。

曹公祭文

維道光十有五年歲在旃蒙協洽春正月辛酉朔,越日,誥授光禄大夫、太傅、武英殿大學士、歙縣曹公薨於位,春秋八十有一。其門人、前内閣學士祁寯藻丁憂去官,不獲奠送。謹具清酌,哭公于寢,祭以告情,文以敘哀。其辭曰:

天祚皇清,篤生上輔,時惟我公。韋平之族,賈辥之學,世胄儒宗。五十五年,以詞臣始,以勳臣終。二十二年,顟若畫一,相業惟崇。歷事三朝,少壯及老,翼翼沖沖。曾無纖豪、千慮之失,其心孔融。我皇御宇,首進樞密,正人是庸。十四年餘,政無大小,罔弗靖共。回疆之役,命將揚威,獲其渠兇。帝曰欽哉,惟卿運籌,與朕志同。策勳進律,位曰太傅,畫像紫宫。帝庸作贊,曰心腹臣,時乃之功。豈惟玉瀾,番番黄髮,有恪其容。錫以華羽,冠冕百僚,厥暈惟重。錫以紫韁,都人咸識,我公之驄。帝曰懋哉,夙夜匪解,予嘉乃衷。錫以肩輿,入朝勿趨,三命益恭。載錫公壽,公壽八豑,歲在焉逢。帝庸作詩,于楣于楹,爛兮雲龍。恩賚所及,施于孫子,匪惟厥躬。前後寵賚,絫牘莫紀,連棟莫充。壽之明年,公坐正寢,大星賈空。九重震悼,下詔褒惜,飾終典隆。車駕親臨,百司奔走,往來憧憧。帝曰賢良,其祠以祀,式乃群工。乃出内帑,治其廞具,以妥以豐。乃命議謚,撰德刻石,以表崇封。乃命厥嗣,俾卿于朝,纘乃考忠。維時孟陬,闐城溢郭,車騾馬溤。咸集公第,欽欽京京,悲來從中。國之柱石,士之山斗,民之雨風。云何不弔,喪我元老,使我心恫。惟公之德,克剛克柔，厥有繇鍾。公之先公，忠孝啓緒，位大司農。公之學問，根柢六經，積健爲雄。人華我實，斯曰淵博，如川之洪。公之獻替，世莫得聞，其誠上通。規周矩直，斯曰精醇，如金在鎔。惟公公正，人不可干，亦不可蒙。惟公慎勤，其心則栗，其行則銅。國有大議，衆方齗齗，公獨雍雍。及其既定，衆乃愉愉，公則忡忡。斯曰持重，其如有容，若鼎若鐘。公之得士，多廊廟器，琥璜璧琮。而公虚懷，取我碔砆，加以磨礱。初未一面，誠不自意，達公之聰。從公于廷，誨我食我，不鄙我侗。比歲傍偟，請假請養，有母尸饔。非公知我，孰濟我艱，而惠我窮。雞斯之奔，公來唁我，哀我懵懵。何以報公，願公眉壽，如柏如松。公之詩敘，承命祗惕，久而未供。公之徽言，有書在紳，有牘在筒。云何其速，風度邈然，隤我嶽崧。昭昭青史，在公無憾，小子曷從。揚揚丹旐，公歸不復，大江日東。知己之感，哭公以文，瞻望飛鴻。嗚呼哀哉！尚饗。

附：

道光十五年歲次乙未正月初三日，太傅、武英殿大學士、歙縣曹公薨於位，春秋八十有一。事聞，諭曰：大學士曹振鏞，學問淵博，獻替精醇，公正慎勤，老成持重。自其父曹文埴供職内廷，渥承皇祖高宗純皇帝知遇，擢至户部尚書。嗣曹振鏞仰荷皇祖特達之知，由翰林洊升詹事。皇考仁宗睿皇帝親政以來，洊加升擢，簡任綸扉。朕御極之初，特授軍機大臣。十四年餘，一德一心，深資啓沃，綵綸首掌，鉅細畢周，夙夜在公，始終如一，實朕股肱心膂之臣。服官五十餘年，歷事三朝，身躋崇要，從未稍蹈愆尤，動循矩法，克副襄贊。念其年躋八秩，特命肩輿入直，俾節勞勩。上年因微疾請假，派員存問，俾安心在京調養，優加慰勞。方冀速痊，照常入直，詎意數日之間，遽成長往，頓失腹心之臣，不覺聲淚俱下，悼惜難堪。着加恩入祀賢良祠，賞給陀羅經被，并手串、烟壺、煖手四件，派穆彰阿帶領侍衛十員，即日前往奠醊。朕於本月二十九日親臨賜奠，并賞給廣儲司庫銀二千兩，經理喪事。其任内一切處分悉予開復。應得卹典，該衙門察例具奏。伊子曹恩濙，着賞給四品卿，服闋後，遇有四品京堂缺出，着該部開列請補，用示朕軫懷耆舊，恩賚有加至意。賜謚文正。

袁處士墓碑記

處士諱廣碧，字晴霞，姓袁氏，壽陽縣北范村人也。曾祖某、祖某、父某、母某氏，代有隱德，家傳謹厚。爰生處士，孝友敦篤，中年遭憂，不遑儒業。治家以勤儉，居鄉以質直，克承前美，無間人言。夫其飭身脩潔，制事縝密，智有權衡,信爲輗軏,雖曰未學,慥慥乎有士君子之行焉。是以鄉鄙慕悦,比户矜式,片言足以解紛,一諾於焉取重。且慷慨好施,勇於爲善,祠宇橋路,有廢必舉。而敦睦宗族,尤急貧乏,惟日孳孳,若恐弗及。族人廣茂者,生計奇窘,棄家東游。處士慨然收其子女,躬自教養,力完婚嫁,俾奠厥居,謀其終始,既無吝色,亦無德容。嘗謂諸子曰:“吾量力濟人,非以市恩,亦爲汝曹留餘地爾。”其厚德不伐,類如是也。道光元年九月二十一日卒,享年六十有六。妻吳氏勤而能惠,克相厥家,卒於道光十五年五月初七日,享年八十,即於是年某月某日合葬於某原。子二,俊文、俊武。女一,適同邑閻某。孫一,興泰。曾孫一,茂寅。初,處士之葬也無銘。比合葬,興泰乃請於王君庭蘭銘之,又請余文以表墓。夫稱述先德,不忍湮没,孝子之志也。且興泰與余弟姻亞,其奚敢辭。爰據銘記其大略,俾樹石,以爲吾鄉慕義者勸焉。

陳公祭文

維道光十五年歲次旃蒙協洽八月丁巳朔,越十三日己巳,誥授光禄大夫、禮部左侍郎、新城夫子、外舅大人陳公考終于位,春秋六十有八。受業壻祁寯藻丁憂在籍,不獲奠送。謹具清酌哭公于寢,祭以告情,文以敘哀。其辭曰:

嗚呼!人間秋月,何處長圓;天上卿雲,幾時再爛。歎江都之不作,漢殿垂思;聞東里之云亡,青衿隕涕。矧乃奉爲模範,重以婚姻,誼屬通家,情猶半子。二十年京華侍坐,謦欬猶存;一千里尺素飛來,音容頓隔。何堪回首,能不摧心?惟公江右名門,潁川望族,二方承則,益振家聲,長孫讀書,能傳世業。席簪組如韋布,進素絲於朱藍,耻爲章句之儒,雅重人倫之鑒。時則桐城姚先生,文壇耆宿,魯國靈光。公以英年,遂承都授。扶風之得北海,吾道不孤;後山之事南豐,終身如一。遂乃淹通六籍,條貫百家,濃熏班馬之香,艷謝王楊之體。行文泉涌,動必逢其源;積善日長,不自知其益。蓋學焉而得其所近,器識先儲;故用之而可以有爲,經綸素裕。觀其摘髭科第,聯步詞垣,出秉文衡,入司典禮,心持清白,歷卅四年,手校丹黄,盈三萬軸。雖以霜臺偃蹇,玉署迴翔,未免退飛,幾同左宦,而靈鞠從容于東觀,士衡恬淡于清塗,本無意於呈身,惟自安其素志。及乎遭逢恩遇,不次遷除,朝廷識匡鼎爲儒,交友喜王陽在位。輶軒閩越,泮水春多,揖讓夔龍,容臺位峻,稽古之榮斯極,垂老之境彌甘。公獨灑然,行所無事。門生方從而問字,家人不知其拜官,豈非心與境忘,德隨年劭者乎?夫以公襟懷之坦蕩,氣度之雍容,非世味所能侵,亮神完之有恃。委蛇退食,觴詠怡情;款洽留賓,蹙融遣興。只此寸田尺宅,已足長生;況乎翠竹蒼松,彌堅晚節。是壽者相,不須乞薓术之靈;曰老而傳,豈遂嗟桑榆之暮?或謂馳驅鞅掌,校閲勤劬,以柳谷之光陰,值江鄉之卑濕。雖口講指畫,樂此不疲;而水宿星餐,嘻甚矣憊。此第慮其形之瘁,而未知其心之傷也。公有次孫,年逾弱冠,鄭小同惟知好學,李百藥偏染沈痾,桑果方榮,桐枝獨折。公雖達觀善遣,努力加餐,而悲從中來,思與日積。往往雙魚,遺我一硯。憐渠讀惡老之詩,已知興減;誦憶孫之作,更覺神悽。憂能傷人,其來漸矣。昨者簡書待命,湖上倭遲,騶從言旋,河間棖觸。遣長鬐而傳語,問愛女之歸期,屬以汾霍用兵,羽書載路,未遑脂牽,彌戀庭闈,謂夏清之暫疏,庶冬温其無闕。豈料霜催晚菊,風撼靈椿,鴻雁不來,佩環如告。北山雖陟,已無補于南陔;三載善懷,僅取償于一面。信人情之至慟,何天道之難論哉!方公之寢疾也,惟火沴金,先秋作瘧,始則趨公黽勉,繼乃請假優游。再疏抽簪,更拜如綸之德;三旬賜沐,仍期勿藥之占。九重之眷倚方殷,一老之憖遺莫慰。遂使耆英會上,獨欠温公;箕尾光中,忽增傅説。然而人生七十,自古爲稀;國史千秋,惟名不朽。龍蛇歲盡,禮堂之寫定必傳;庚子日斜,賈傅之文章終著。而且白頭鴻案,閫門有付託之人;丹穴鳳毛,帀樹具飛騰之氣。或牽絲而治邑,或判牘而分司,羔雁成群,圭璋並達。斯則善人有後,臧僖伯可謂能賢;君子曰終,顓孫氏庶幾無憾者也。寯藻以缾罌之淺學,忝侍韓門,與絲竹于後堂,頻褰馬帳。津梁在望,苦無山谷之才;經笥容窺,慙作博陵之壻。比歲板輿奉母,函丈從公,接紫陌于城南,移緑楊于巷北。精求藥餌,必荷分貽;細及米薪,亦勞代計。自驪歌之日遠,悵望庚郵;況雞斯而星奔,支離丙舍。鮮民之生已矣,知己之報茫然。既不若牀下子春,親瞻易簀;復不如門前徐孺,躬致生芻。徒令坡老新詩,塵生粉壁;放翁遺像,淚灑冰紈。竟立雪之無從,徒悲秋而何及!靈輀一去,愁心隨南浦之雲;華屋重過,慟哭向西州之路。嗚呼哀哉!尚饗。

皇清例贈文林郎附貢生右箴宋君墓誌銘

君諱從規,字右箴,平定州樂平鄉人。曾祖某、祖某、父某、母某氏。君性質英敏,讀書彊記,髫齔出語,往往驚其長老。年二十補庠生,學使曹地山先生目爲大器,益力學。爲文不趨時好,屢試弗售。先是,君叔父某由副榜中式京闈,君嘗慕之。已乃以例貢成均,慨然亦欲北遊,友天下士,觀光上國,而卒不果。其居家懋懋慔慔，服勞奉養，事罔弗治。自祖父母、父母，皆倚任如左右手。乾隆辛卯春遭祖喪，君父適奉祖命，之叔父山丹任所，含斂大事，君實任之。辛亥夏丁父憂，哀毁疾病中，盡禮無悔。事重闈彌謹，延名師教諸弟姪，恩義備至。君至是息意科舉，以山水爲樂，所與遊皆一時名人，詩囊酒榼，所至必具。獎勵寒素，傾貲無德色。姑姊妹及族戚貧乏者，力爲之濟，識與不識，婚喪有所求，必應之。君雖抱才，數奇不見用於世，然無遠近親疎咸慕其德，翕然稱之曰："孝友仁厚君子也。"享年不永，以乾隆五十九年三月初四日卒，年四十有二。配張孺人，淑慎温惠，克相厥家，卒於乾隆五十三年正月初九日，享年三十有八。繼室董孺人，逮事舅姑，孀居四十餘年，節孝並著。君無子，既卒，以弟某之子時雲爲嗣，年甫十三。董孺人教之成立，由增貢生遵例授雲南宜良縣知縣，署南安州知州兼攝廣通縣事，有政聲。女四人：長適李鈿，次適張廷森，次適張秉武，次適苗漢卿，皆張孺人生。孫一人：長庚。孫女五人，婚嫁皆士族。董孺人卒於道光十四年二月十五日，享年六十有□。子時雲方督運京銅，途次聞赴，以交代羈留，卒於漢陽。道光十六年三月己酉，其孫長庚奉董孺人柩合葬於某原之祖墓，禮也。君弟從賓以君潛德幽光，壙石闕焉，奉行狀請余爲銘。銘曰：

惟宋氏，世積德。豐而惠，儉而力。君篤生，志英特。學既茂，遇乃嗇。重親歡，心翼翼。門以内，和氣塞。長者車，門外式。化於鄉，施於國。用雖殊，道不忒。有淑配，佐閫閾。有哲嗣，爲民則。孫繼起，家必克。君之德，長無極。昭來許，此銘刻。

祭京尹田季高嵩年四兄文

嗚呼季高，而竟至於是耶！孝友如季高，篤信好學如季高，慎言行寡過如季高，養身謹疾、兢兢惕惕如季高，而竟至於是耶！季高年未五十，其登科服官僅十六年耳。中間疊遭親喪，伯仲叔兄與其叔父先後徂謝。强壯之年，哀感百集。兄弟五人，存者惟二。前年季高除親喪，隻身服官，不挈妻子，其弟雅鄰居里治家事。門以内叔母、嫠嫂、幼子、童孫、家人數十口，皆待給於季高，而門外之逋負且日積也。季高與雅鄰相依爲命，非雅鄰不足紓季高之内顧，然非季高則雅鄰何所賴以治其家事。季高之存亡，田氏之幸不幸也，何竟至於是耶！不第此也，吾晉士大夫仕於中外，其歷封疆而躋卿貳者，近惟高平祁竹軒、渾源栗樸園與季高數人而已。同郡若蔡畊石侍御及寯藻皆丁憂在籍,獨季高爲京兆尹,聲名日以振,褎然爲鄉人望。季高之存亡,吾鄉之幸不幸也,何竟至於是耶!不第此也,季高以翰林直南書房,天子知其誠實可大用,俾之分校春闈,典試粤東,得人稱盛。道光癸巳秋,廷試翰詹諸臣,親御丹豪,以田某試賦能見其大,特擢第一,召對獎勵,恩遇非常,季高遂以編修超遷侍講學士。不數月,授奉天府府丞兼學政。不二年,授順天府府尹。近來詞臣遷擢,未有若是之速者。且由文學歷政事,命下之日,朝士竦然以爲曠典。非夫特達之知,遭逢之盛,烏能若是乎?朝廷之望於季高者何如,而季高之感激圖報於朝廷者,方自今日始得所藉手也。嗚呼,何竟至於是耶!季高舊患氣弱,其服闋入都也,寯藻從直園諸友觴詠於近光樓上,看花對月,中夜不倦,喜其舊患之平也。比寯藻以憂去官,季高在東都,時時手札慰問,且惠所製筆二束。寯藻方患腕痛,僅兩報書。去年秋,聞季高内遷,慰甚,寓書雅鄉以達季高,不知見此書否。今年正月,平定張石州自都還,云季高致念甚切,不及作書。詢其舊患復作,竊憂之,然知季高之善攝也。會里人自盂來者,忽傳凶耗,決然不信。繼乃道路紛紛云,季高正月十四日夜一寐而逝。前夕猶秉燭治官事,與雅鄉談笑如常。其言鑿鑿,且疑且駭。昨得邑侯書云,見邸報有遺摺,京尹已簡放曾君矣。寯藻於是噭然而哭,失聲頓足曰:"吾季高竟至於是!竟至於是!"寯藻與季高同年入學食餼,同受知於當塗尚書黄先生,同以先生薦入直内廷。宦游蹤跡略同,性情好惡亦略同。所不及季高者,季高能以道力勝血氣,寯藻不能也。每憶季高規我,言言切至,而因循荏苒,不能勉副良友之望。已矣,更誰復規我乎!黄先生年近九十,神明不衰,而門下士竟至於是,誠不料《壹齋集》中有哭季高詩也。往嘗與季高約他日歸田,策蹇相訪,蓋吾兩人里居相去不百里,過從甚便。前言在耳,季高豈忘之耶?何恝然若是耶!季高若是,吾之進退,欲何爲耶!近年郭蘭石大理、鄂復亭副憲并季高,皆文章經濟,深結主知,而皆不永其年,豈命也耶?豈修身以俟不可知也耶?城南之别,僅二年餘耳。東都之手札,紙墨猶新,而石州之傳語,曾未踰月也,何竟至於是耶!季高以七品官,三年而歷九階,恭遇覃恩慶典,加級贈親,可謂孝矣。易簀之頃,有弟在側,含斂如禮,其子蔚稌奔扶櫬輿歸里。朝廷嗟惜,百寮悼歎,鄉鄰親族雪涕走弔,路人駭惋,至於泣下。且有賢弟,有令子,篤學勵行,必能振其家,竟其志。嗚呼季高,其可以無憾矣,可以無悲矣。吾悲季高而不能自解,又欲爲冥冥中之季高解,得非妄耶?韓子曰:"以妄塞悲。"不然,悲者無窮期,而人生之憾事,亦豈有極耶?嗚呼哀哉!尚饗。

維道光十有六年歲次丙申二月甲寅朔，越十二日乙丑，同郡愚弟制祁寯藻謹以清酌香楮之奠，致祭於皇清誥授資政大夫、順天府府尹田季高四兄大人之靈曰：嗚呼！［寬三尺三寸，長六尺，字一千四百。］

處士聶君墓表

君諱品直，字如矢，姓聶，世居壽陽縣北鄉之下州村。始祖思範、二世維賢、三世珪、四世志余、五世碧、六世伏安、七世傑、八世承禄、九世澤、十世騰霓、十一世體義、十二世養賢，養賢即君之高祖也。曾祖進堂、祖如榮、父開奇、母王氏。兄弟三人：兄品正、弟品忠。君幼習儒業，長而懋遷，躬歷艱苦，晚乃優游。生平取舍分明，慕善疾惡，其性情行事與其名稱。生於乾隆二年七月十五日，卒於嘉慶二十一年十二月二十九日，享壽八十。配袁氏，先君卒，享壽七十有五。子二：長丹書，鄉飲耆賓；次麟書，早卒，無後。孫二：長鳴梧，廪貢生，候選訓導；次鳴臯，從九品。曾孫四：元濬、元灝，鳴梧生；元淳、元濟，鳴臯生。自君考以上皆葬村西長畛，君葬於羊頭寨村北七星坪。鳴梧等奉其尊人之命，將立石表墓，請文於余。因叙其家世，且爲之銘。銘曰：

君無所善，以善爲喜。亦無所怒，以下善爲。怒滿堂憘，顔温而怡。一言不揆，變色而起。一事弗平，毅然必爭。人曰固哉斯人，吾曰直哉其人。其家循循，其子孫彬彬。作此銘文，以念先民。

姻再姪祁寯藻拜撰。

大清道光十七年歲次丁酉十月穀旦立。

郭倫墓表

嘗思潛德有必發之光，陰善無不彰之理。此古之君子所以修德必堅，爲善必力也。而吾鄉中有長厚居心、施與不倦、無愧乎古之君子者，懿哉其郭公乎！

公諱倫，幼而聰敏，長而英毅。其立身也，以孝悌爲先；其治家也，以勤儉爲本；其涉世處衆也，以誠信不欺、謙退無傲爲要。圖而更有行人之所不易行、能人之所不易能者，遇鄉鄰之貧乏則力爲賙之，睹親戚之困窮則厚以給之。沐其澤者罔不懷其恩，而好爲施者并不居其惠。況乎解推無既，非僅至於再而至於三；周恤靡窮，必欲振其艱而起其困。此公之盛德至善，而人咸樂以此頌公也。夫修德者必獲福，作善者必降祥。雖近及其身，遠及子孫，效或有遲速，而彼蒼之所爲報施者，要不爽也。矧公之懿德善行，若此其醇，而天眷有不篤乎？由是以思，知不獨祝噎祝哽，耆賓舉而榮一鄉；曰富曰壽，境遇亨而膺五福已也。即今孫輩之振振繩繩，孰非公之厚德有以致之，而彼蒼之所爲報施者尚未有艾也。則所謂潛德有必發之光，陰善無不彰之理，不益信哉！念公生於乾隆三十五年五月二十八日辰時，卒於道光十一年正月十三日亥時，享年六旬有二。娶祁氏，爲余族姊，貞淑賢明，後公卒，享年六十有九，生於乾隆三十六年二月二十日亥時，卒於道光十九年五月十九日酉時。公生一子，曰恒晉。女二：長適東郭義王門，次適古城村王門。噫！公歿已數年矣，公之子爲述其行誼於余，余因之以爲序。

賜進士出身、誥授光禄大夫、經筵講官、户部尚書、軍機大臣、南書房行走、教習庶吉士、加三級、姻愚弟祁寯藻頓首撰文。

李叟小傳

李文全，直隸人，幼從某官之黔中，遂家焉。性耿直不撓於物，恭敬不汩於俗。事主忠，待人厚。能書，粗解文義，知古今事。有遠志，視妻子泊如也。中年忽辭家去，家人弗知，久而音問俱寂。當事閻大京兆察其敬慎，不苟言笑，俾侍公子讀書，公子頗嚴憚之。又命侍童董成父事李，李亦視之猶子，撫誨備至。會京兆卒，家貧，從者星散，文全獨侍次公子間關奉柩歸平遥。公子以姻故依余家，文全寢食與俱。先大夫、太夫人察其忠，甚重之。既而，公子入都爲北城吏目，以事戍烏魯木齊，文全隨之。戍所艱苦萬狀，時回疆用兵，勸公子及時自效，毋耽異域之樂，數切諫忤意，遂遣之。比公子戍還，文全獨流滯軍中。後數年，乃附明駝以歸，而公子已貧病不支。文全事之益謹，絶口不言昔事，有問輒不答。先太夫人心益重之，俾司家務。甲午春，余奉先太夫人諱奔歸壽陽，時閻公子歿矣。文全事余如事公子，言動必規。服闋至都，旋典學江蘇，家事無大小惟文全是倚。余夫婦呼以老李而不名，蓋敬之也。董成者亦服事余家，薦之賀藴庚中丞。中丞撫黔，成念李舊恩，宛轉訪其家，則妻子女無恙，厚周之，并給其長子資斧，尋親於江陰。於是父子重見，時道光十九年己亥，距李辭家三十有六年。余曾勸李歸，李不肯。今年冬，余爲長兒娶婦禮成，謂李曰："事吾三世，忠敬弗衰，可以歸矣。"李涕泣應之曰："諾。"余亦灑淚送之，作《李叟傳》。論曰：叟今年七十有六，子二人：長中先，萬里尋親，篤孝人也；次中桂，去家七月而始生。方叟之決計遠游，豈意白首歸來，室家重聚哉！愛人之子適以自愛，殆天所以佑善人耶？苟非其人，孰爲聯合？若董氏子者亦是風焉。

道光二十一年十一月，壽陽祁寯藻記。此舊作補録。

附録《李叟小傳》後記

道光二十一年冬十二月，焯自都中乞節，往辭於焯師祁大司徒。師詢以何時當至都，焯對曰："焯去家五年矣，在都則思親不已。出都一日，輒念都中不置。惟冀海波不驚，當從容隨侍三載乃至都耳，否則當疾趨來都也。"師曰："爾所處位不與吾同，况家有老親，亦當量而爲之。"焯濾然涕臆以出都。二旬餘，見李叟父子於襄、鄧之間。焯昔歲隨師江南，悉李叟父子忠孝，敬愛之。於是沿漢，將踰沮澤，邀與同舟。舟中出吾師手製《李叟小傳》讀之，敬記於後曰：人生忠孝大節，惟行其是而已。李叟事閻京兆，京兆没時，平日受豢養、稱智能者皆散去，而叟事其孤，辛苦扶喪以歸。及吏目出塞時，僕從皆散而之他，惟叟矢心相從，跋涉數萬里外。至以戇直見逐，流離絶塞，僅而獲存，後隨飼橐駝者以歸。此忠而見棄，信而見疏，千古所痛也。而叟訪其主人，隨侍於貧病之中，恬然無怨心。嗚呼！食人之食，享人之利，視人之事，漠無所關心，稍不如所欲，怨苦形於言色，視勢衰事窮，早引身以去。彼相習爲固然，咸自翊其智而笑叟之愚。嗚呼！彼視叟爲何如人？叟亦將視彼爲何如人？李媪於叟之出，紡織縫紝，育其子以至成立，皆能自食其力。其長子年五十餘，奉其父歸黔，道途之間，左右就養，爲人淳厚亦如其父。嗟乎！叟父子自行其是而已。非吾師忠孝出於至誠，又焉能知李叟之爲人，而愛之重之，烝烝焉爲文以傳之？北望都門二十餘里，撫卷衍澴，涕泗横臆，猶放悲出都拜辭，侍坐聞訓言。

時也越歲正月，武陵胡焯敬記。

皇清誥授奉直大夫候選州同議敘知州銜誥封中憲大夫工部虞衡司郎中加二級附貢生侯君墓志銘

賜進士出身、誥受光禄大夫、户部尚書、軍機大臣、南書房行走、加三級、姻愚弟祁寯藻撰文。

余官翰林時，亦農水部修戚誼來謁，僦居密邇，時相過從，因知其封君立身行事爲最詳。庚子秋，封君歸道山，水部來乞銘，納諸壙，不敢辭。按狀：君姓侯氏，諱方濂，字步周，世居平陽。曾祖秉敬，孝聞閭里。祖明德，以書法名家，著《集鑒》一編，率皆修己立名大節，以君官貤贈奉直大夫。祖妣趙氏，貤贈太宜人。父鈺，國子監生，以君官誥贈奉直大夫，以水部官貤贈中憲大夫。妣許氏，以君官誥贈太宜人，以水部官貤贈太恭人。君幼而穎異，孝友性成。考嵐溪公一生積學，以未獲通籍爲憾。君仰承庭訓，力學不倦。弱冠補弟子員，鄉先生咸以遠到期之。嗣屢躓秋闈，家益落，慨然曰："馬文淵游牧西陲，數散千金之産，彼何人哉？奚以久操不律爲？"遂遊析木入蘆鹺，頻蹶頻起，艱苦備嘗。初，君之業禺筴也，食指日繁，奉考嵐溪公命，析祖遺田廬爲三。君以腴産歸兩弟，自取敝廬，聊存舊業。洎錙積少裕，君念裒多益寡之義，出資鉅萬爲置沃産，兩弟亦號素封。君居心坦白無城府，賦性儉樸無嗜好，每聞義舉，雖傾囊弗之惜。族姓、婣鄰待舉火者千餘家，他若立義學、恤嬰嫠、造橋梁、施棺木，種種善舉難更僕數。向使掇高科、登顯仕，其功業雖古名臣循吏莫之過，豈特一鄉善士已哉！君初援例爲州佐，旋以捐輸軍餉，欽加知州銜，饒有問世意，爲鹺務羈留而止。時水部甫授章句，君嘗督課畢，謂曰："科名仕宦我已無望，努力爲之，繼吾宿志。"後水部以供職應京兆試，雖屢薦未售，而文章德器超越時輩，將來大顯世業、爲君榮者詎可量耶？君生於乾隆三十年六月初五日，卒於道光二十年八月二十七日，年七十有六。生前誥封中憲大夫、工部郎中，加二級。元配程恭人，同邑程公法舜女，誥贈太恭人。繼配張恭人，天津國學生張公有義女，誥封太恭人。子一：庭樾，即水部張恭人出，國子監生甲午科挑取謄録，欽加四品銜工部虞衡司郎中。女六：二程恭人出，四張恭人出。孫五：長元爔、次元炘、次元煐、次元煦，俱業儒；次元熾，幼。孫女四。卜以道光壬寅年三月初五日，葬於洪洞縣城東南董堡村東門外之新阡。銘曰：

古直剛，方遺老云亡。天降祥，積善有餘，慶天道，從不爽毫芒。謹誌幽壙，以昭潛德於安藏。緬山高，懷水長，奕禩而下名猶香。

清故處士例贈修職郎定中祁君暨配盧孺人趙孺人墓碑并銘

昔昌黎韓公讀王績《醉鄉記》及阮籍、陶潛詩，以爲彼雖偃蹇不欲與世接，然猶未能平其心，或爲事物是非相感發，於是有託而逃焉者也。若乃身處鄉曲，非文非俗，既無所逃，亦無所託，直道而行，浩浩落落，斯貽所謂葛天、無懷之民與？惟我祁氏，世居壽陽之平舒村。族兄有書鍥工而隱於酒者曰廷宅，當其操刀運腕，精神所適，出自心畫，見之者不知其善醉也。及其醉也，揚善而嫉惡，排難而解紛，或喜而踊，或怒而瞋，或太息流涕而不能自申。聽其言者，相與斂容而敬之曰："是殆非酒人也，其有得於中、無飾於外者邪？"於是字之曰定中。定中者，出嗣子也。父曰□□，殁而無子。本生父曰□□，母馮氏，有子三人，廷實、廷安以嗣之。時年二十，耆筆墨，善飲，家貧不能讀書，乃學鎸字法，數年而藝精。事嗣母王氏，筆耕所獲，洗腆奉觴，愉愉如也。母卒，事庶母寧氏，敬養不懈。兩兄相繼即世，葬之以禮，撫兄子如子。有遺孤無順者，賴以成立。嘗適野，見雪窖中有棄女，收養。旬日，棄女者譟於門，笑而受之，繼復謝過求女，笑而歸之，今已育子女矣。里人感歎，或謔之曰："定中向時果非大醉也。"其它恤窮周急，不計施報，多類此。治家嚴肅，婦子毋嘻。娶盧氏，二年卒。繼娶趙氏，事姑相夫子，内修克備。子二人：元輔，廪貢生，候選訓導；元翼。孫七人：嘉澍、嘉穀、嘉彦、嘉勳、嘉彝、嘉賓、嘉端。孫女一人。定中與余家比鄰，先母在時，數日必過問起居。先母喜其爽直，有至性，視如諸子，每戒以少飲。先母卒，定中哭曰："姪老無所聞戒矣。"道光十五年，以病酒，飲食不進。余兄弟往候之，歎曰："吾生平未嘗學問，鄉族中賢者幸不遐棄，故令元輔從之學，冀有成立。今貧病如此，悲夫！元輔其改業乎？"對曰："勿慮，元輔必有以慰吾兄也。"是年閏六月二十六日卒。至道光二十七年正月二十日，趙孺人卒。卒之年皆五十有七，葬於村西南之青槐地。初，同里有劉子遇逵者亦耆酒，酒後容容，口無臧否。定中則剛腸俠氣，見諸詞色，人皆偁爲長者。余嘗爲二士詩以哀之，以爲民也有士行矣。元輔請曰："盍碣諸墓。"諾之，并系以銘曰：

是君之藏乎醉之鄉乎，是野處之秀而士之良乎。嗚呼！有子而竟其志，後其昌乎。

武烈解公墓表

蓋謂天地生人，將勤苦之。故人非勤苦，無以慰天地之心，而報生成之德。《西銘》云"困頓尤戚，玉人於成"也。古今豪俊，風雨雖急，不輟其音；霜雪雖零，不渝其色，有以也。能此□□吾尊表解公。公諱丕承，字武烈，先世自洪洞徙來，居於壽邑之西岢村。傳一十四世至公，生而穎悟，孝悌天成，貌魁梧，性如□□，出聲若洪鐘。自幼身列市廛，而心存卷軸。凡諸經史，過目輒成誦，樂與讀書人研究古今事迹，講明大義。少孤，重慈在堂，與兄文謨公俱能先意承志。公事兄如事父，應唯進退惟謹。祖母楊於嘉慶二年卒，越二年，文謨公歿，公俱盡哀盡禮。公素義重，故輕於□，家計頓乏。文謨公遺三子一女，公俱勉力婚嫁之如法，復遣次侄侖就外讀書。公一子，尚未成立。廿數年來，艱苦卓絶，丁時運之不齊，痛父兄之不永年，嘗日夜伏枕流涕。嘉慶十三年，侄侖入泮。又十二年，侖中道光辛巳科舉人。公平生重讀書，事雖稍洽□□然撰公勤苦，殆未酬萬一云。道光二年，任太孺人卒，公哀毁備至，喪葬一切，勿之有悔。公家教素嚴，子侄輩俱竦然，言事稍不□□，三四十者仍予掌責。然每進謁，時時爲開陳古義，訓之以綱常之不可倒置，警之以治家之宜勤儉，與古聖賢之安貧而樂道。□□族親友間排難解紛，直言仗義，人俱畏公之威，而服公之直，故没後人思慕之。綜公一生，言物行格，艱難百出，而志氣常昂然。□時事平夷，恒以勤苦之心持之，故得爲解宗完人云。晚年子峻成立，生孫一，名長澍，家計略紓，奉事充裕，遇國慶覃恩，膺八□□身，優游十數年。於道光二十一年十一月二十一日巳時卒，距生於乾隆三十四年二月二十九日戌時，享壽七十三歲。人以□□德之報云。德配曹孺人，先公卒，壽六十一歲。公三女：長適王，次適胡，又次適張。

賜進士出身、誥授光禄大夫、經筵講官、軍機大臣、户部尚書、南書房行走、教習庶吉士、愚表弟祁寯藻頓首拜撰文。

時大清龍飛道光二十七年歲次□□□□律仲南吕之月縠旦。

賜進士出身誥授光禄大夫大理寺卿前經筵講官工部尚書加三級潞河白公神道碑銘

夫軒訪明臺，而視侗以避占未相；湯升阿野，而仲罍以引過爲賢。陟不增榮者其德全，撓不加損者其道皭。國家斟元建輔，運鈞拱樞。火正雲師，嶽瀆下神祇之佐；文昌武帳，星辰環翊衛之靈。固已名式功宗，勛流大録，三登緝亮，八任調均矣。則有峻望南宫，挺生北陸，著崔暹爲清正，重顧雍以老成。涼蟾明月之詞，一分竟讖；海燕秋風之賦，五字同傷。隆平之曾集慨然，有道之蔡碑卓爾。公姓白氏，諱鎔，字小山。先世由洪洞遷順天通州，仕明爲襄城伯裨將。甲申之變，授命都城棋盤街。空棺碧葬，燕士風雄；遺胄肜書，尸臣澤厚。曾祖鳴起、祖文玢、父式敬、仲任世，有販賈不廢讀書，少游鄉，號善人，自鳴陰德，皆以公貴贈光禄大夫、工部尚書，妣氏贈一品夫人。公生抱殊禀，長播令聞，元獻冠神童之科，履道起選士之籍。己酉拔貢，中式舉人。辛亥取教習，時乾隆五十六年也。王伾多引，名士爭出其門；葉適見重，相公思招之座。公松盤方翠，柏格先蒼，不屈惟東海蕭生，自許是杜陵男子。懷刺之滅，行卷之辭，識者韙焉。中己未會試，選庶常散館，授編修，羽波侍游於曲水，鳳岡賡唱於《卷阿》。星對女媊，坐張蒼第七；雲横仙吹，歎李嶠無雙。以壬申大考二等，京察一等，升贊善，進中允，擢洗馬，視學安徽，尋轉侍讀。公隔爐承對,古鏡親攜,灊岳大神之庭,江表人倫之軾,金心在抱,玉骨無塵。表清陽徐孝子徐守仁,録桐城十三齡童子左鳴岐入泮,以其爲忠毅公裔也。辟靖節之遺孫,風生右族;詠壽昌之奉母,哀感旁人。在任三年,士大悦服。值丙子科鄉試録遺,公無噪吳,儇有懲楚,詛矢清獻之夜告,拒丕休之私書。時有史萬歲以大纛管軍,田千秋以小車握相,藏名夾袋,志取探囊,餌之以兩掖之援,挾之以雙旌之制。公禮辭春盎,義色秋嚴,謂寧可開罪於中堂,不敢失信於寒士。一言皎日,千里傳風,成廟在潛邸聞而善之。特達之知,實由於此。則是望之有德,朕幼渺而已知;子厚不容,公撩撥爲見咎也。道光初年,洊歷少詹、詹事、内閣學士、吏部、工部左右侍郎,督廣東、江蘇學政。風高鵬宇,八翼沖霄;水闊龍門,千尋表極。紅日照而易輝雲色,明月湧而盡掩星光。人第驚絳闕清都,三萬里扶摇何速;而不知鴻文亮節,二十年流市良多。由是治獄則斷《公羊》,理河則疏《禹貢》,建章則畫千門萬户,岣嶁則摹玉字銀編。彤節諸官,頻年暴露;黄車使者,諸道觀風。朝趙北而暮燕南,始吳頭而終楚尾。當是時也,德基執法,不設二門;希文審官,只勾一筆。遂有御刀周巧,餌笥樊工,使申豐一簞珠,饋叔向一篋錦,都督之宅三百萬,師憲之帖八百雙。公謂㲋𢊁而耗餐錢,何異食睢陽之肉;鮭觽而謀使橐,何異摸校尉之金。與其語鳥名花,慮贊皇之後嗣;孰若清風明月,信希逸之生平。白石粼粼,白水浩浩。事難於孟嘗之潔,義高於伯起之知。無地樓臺,有天閶闔。入奏得李卿名署,朕便不疑;遇事經韓相力爭,退而能卧。方持玉尺,遽領繡衣;纔入金門,又乘夏縵。朝廷使候官如白鷺,天下以封事爲神羊。及夫驄馬入臺,軺車歸邸,門開銅式,宫覲玉熙,天子前席以問蒼生,老臣攬鏡而添白髮。如建武之接新息,語十六見而未修;如方朔之值承明,奏三千牘而尚溢。主之聖也,公之忠也。差次授左都御史,升工部尚書。漢法三臺,大夫駮議;唐階獨座,常伯司平。旋署翰林院掌院學士,賜紫禁城騎馬,假冰條以老鳳之銜,照雪夜以飛龍之廄。便蕃寵錫,晝接恩多。詢崔浩以家常,歎蘇瓌之兒子。精器況德於古彦,副封賚績於秘書。堯韭舜葱,儉頒日饌;黄雲農穗,福自天題。上方指席以喻蔣伸,謂他日不須獨對;公亦執筆而思游肇,信此生自結孤誠。堂陛之遭,於斯爲盛。假使公德雖玉潔,智亦珠圓,懲階下之撞郎,笑樓中之鐵漢。則名題宗道,原知亮直之風;而帝愛師民,轉勗和平之字。聖人如柱,老氏同塵,古有行之,吾知免矣。而乃儀温謝笑,鋒利古尖,甘折純鈎,肯全瓦釜。每當特恩簡派,共事親賢特議不迴;單銜輒奏,將使五侯七貴斂手以避。臣宣趙戚梁勳,側目而逢老瑀。於臣非吉,於帝爲忠。楠以幹而見高,桂有性而愈辣。雖獨孤猶鑑,磨瑩之前事逾明;而歐陽此冠,描畫之後生已遍。癸巳以武闈被議,改補大理寺卿,然上之眷公猶昔也。耀卿既用,臨朝猶問。曲江宗孟雖親,熟視不如涑水。諒韓愈以無他之過,惜長孺爲太戇之材。公亦感奮蓬生,激昂柴立。鳳池不嫌於見奪,豸司猶執以持平。凡供職者七年,其後因奉召見,上以手招上塾跪者再。蕭嵩方老,朕未解於厭卿;魏收既還,人盡期其大用。强臺可上,舊座猶温,而公乃以戴日之誠,就引年之義。謂父母之方怒未喜,必無避撻之曾參;及日月之轉昃爲盈,原有辭隆之蔡澤。臣身易退,臣患難除。萬里勞筋,久倦馳驅之力;一腔熱血,催枯靖獻之心。吕誨叔藥石未忘,范蜀公巾袍竟老。己亥乞病,得旨俞允。於是大雲五色,下隱賢人;和氣一家,中娱老子。芳草閒門之色,菊花晚圃之香。公乃集家誡爲屏帷,列名箴於几硯。是彝是訓,有子有孫。指畫則河洛龜龍,盡有賜書天上;策勵則渥洼騄駬,皆非凡骨人間。侍饌朝衣,役如家僕;趨庭端笏,教若書生。松含子爲仁,不改禮容之肅;竹天親爲蔭,仍饒方節之嚴。梓仰樹而鶴鳴,桐著花而鳳小。心平金秤,躬作玉繩。算從前未了之恩,願培養盡成楨幹;笑此後易徂之晷,問古今誰免桑榆。紫府迓而稚圭還,蒼闔排而巫陽下。河山箕尾,神化丹青。以壬寅四月終於京師,春秋七十有四。公游心洙泗之林,涉足關閩之廡。夏璜繁弱,望爲三代之祥;玄圃瓊林,不受一塵之滓。其立學以敬爲主,而無鞶帨之文;其事君以誠爲宗,而絶梯韋之巧。以爲成務貴實,而不貴名;存神宜勞,而不宜逸。是以雲谷之記,奉若晨鐘;平原之書,重於寶鼎。當夫鳴珂下直,束帶端居,鶴溪良友之規,横渠古人之對。仲華家法,各能通藝十三;諸葛清風,并少栽桑八百。篤杜陵之弟妹,身教者從;願韓氏之子孫,言忠不諱。宜其荆花棠蕚,交讓成林;伯祖仲絓,登科織記。其盛過於萬石,此樂不易三公。蓋不能盡用其道者人也,而必能克昌其後者天也。公與修兩朝《實録》,充玉牒館副總裁,經筵直講講官,壬辰文武殿試讀卷官,丙戌、癸巳武會試總裁典,丁卯福建、壬辰順天鄉試之差。持衡故里,尤異數也。朱莖玄扈,書合雒之年華;蕩琫嬰瓌,奉平陽之壤奠。種玉被海,量珠積材,織文字以龍梭,朗節義之龜鑑。自其孝廉著籍,即抗柄臣;洎當侍從揚旍,曾攖節相。卒之干將以剛而見屈,芳蘭雖爇而仍馨。丹旭虞淵,實有斡旋之元氣;黄圖漢觀,必留建白之名言。可以爲今之正人矣,可以爲古之大臣矣。配劉氏,有賢行,誥封一品夫人,以嘉慶丙子殁於皖江使署。里標昭國,乳姑之純孝格天;紀奉女宗,訓子以義方迪後。神明是式,鬚眉所難。信後之文,法宜各傳。側室梁宜人、唐宜人。子七人:長詠卿,嘉慶癸酉拔貢,道光癸未考取教習,候選知縣,先公卒;次維清,由内閣供事議叙府經歷,捐升知縣,分發陜西,洊升興安府知府、陜安道;次譓清,嘉慶戊寅科舉人,道光己丑科進士,翰林院庶吉士,户部主事員外郎、郎中,廣東高州府知府;次讓卿,嘉慶己卯科舉人,道光壬午科進士,刑部主事,詹事府主簿,東河、南河同知,補浙江嘉興府乍防同知,候選道員;次汝衡,道光丁酉科副貢生,辛丑考取教習,由四川知縣升眉州、直隸州知州,以知府升用;次謙卿,州廩生;次誥卿,江蘇南匯縣丞。孫、曾三十餘人:長孫樸,壬子歲貢,考取教習;次桀,東河候選主簿;次桓,道光己酉科拔貢,咸豐辛亥科副貢,壬子科舉人,癸亥進士,棗强縣教諭;次楷,湖南候補布政司理問;次桐,州庠生;次枚,候選知縣;次楣,州庠生,餘皆業儒。曾孫敦官,州庠生,餘業儒。以道光二十五年十月吉日葬於大興縣東鄉之東壩。作《名臣言行録》,二百年藏天禄之廷;補《太傅功德碑》,十萬字照麒麟之塚。銘曰:

北恒玄岳,北斗紫宫。乾坱坤北,長河會通。我公誕靈,摩笄潞野。在唐廣平,在宋司馬。貴卿環折,拗相光爭。深言選德,壯對延英。惟帝曰咨,汝作司憲。總三院成,爲七卿建。惟帝曰咨,汝作司空。玄武主衛,營室主工。橋上鵑聞,石中燕舞。臣起校文,臣今校武。帝有恩言,汝廷尉平。鐵森霜柱,玉整星衡。鐘傳之銘,徐丞之序。七載當官,百廢具舉。帝有恩言,汝開府儀。汝前近朕,朕不汝疑。富弼重親,東之竟老。芹有思征,芝無采皓。蕭蕭縢室,鼎鼎桓楹。采繩富貴,嘉樹忠清。贔贔負文,石渠徵史。邦有典型,古之君子。公心是石,公名不磨。行人下馬,萬古巖阿。

賜進士出身、誥授光禄大夫、經筵日講、起居注官、體仁閣大學士、軍機大臣、受業祁寯藻頓首拜撰。

張石州墓碣

嗚呼石州,學博志大氣高,而昌谷不壽。孝於親,友於兄弟,而童烏不秀。著書滿家,發言驚坐,下士笑之,而鴻儒偉彦褰裳爭就。惜乎危言讜論,世莫能究也!壽陽祁爲題墓碣,以表於鄉,而傳於後。

時大清咸豐二年五月□月下穀也。

皇清例授文林郎襄陵縣訓導祁府君墓碑并銘

光禄大夫、太子太保、致仕大學士、從弟祁寯藻撰并書。

吾家從兄有嶔崎磊落不群之才曰朝驤,字步衢,歲貢生。九峰公諱文洋之孫,生員景伊公諱宗堯之子也。生而穎異,十歲能詩。景伊公得子晚,又貧病,無意督課之時攜以適野,稍習弋獵事。余兄弟從先母回里,讀書祁氏之老屋,與兄共閭而居。每見日夕背鳥槍,挾弓彈,拖雉兔、薪芻從翁還,家無擔石,而食有鮮味,翁亦樂之。嘗從兄陟村南高岡,俯視深澗,叢薄蒙茸浮動,鳴槍試之,則群鴿亂飛,伏狼驚竄。又指北樓絶高處雨溝,笑謂余曰:"是黄雀所家也。"彈入雀出,十發十中,觀者鼓掌稱快。顧不樂與衆馳逐,惟過我老屋聞誦讀書聲,則徘徊牖外不去,又數從仲兄問字。先母聞而歎曰:"此子非凡才也!"俾從吾師張先生學,由是所業日進。爲文敏捷,尤工詩賦,書真、草皆有法度。年十七補縣學附生,旋試高等,食廪餼。二十一丁父憂,哀毁骨立。母王氏、繼母王氏,俱先逝,不逮見,惟生母俞氏在堂。家計益艱,授徒養親,一介不苟,而周卹親族、急人之難如恐不及。嘉慶戊寅科舉於鄉,會試屢薦弗遇。道光十一年大挑二等,别余於翰林園廬,執手潸焉出涕。蓋念家貧母老,不忍遠游,生平豪氣於斯減矣。歸選授襄陵縣訓導,奉母之官。母牙齒剥落,朝夕侍食必擇軟美以進,肉菜偶有咀嚼不快狀,輒手接啾之,母爲解頤加飯。在官五年,訓諸生勤懇不倦,清操雅量,同寮敬悦。精醫理,喜嘗藥,體素豐壯,藥性温涼雜投悉能受。或戒之,捫腹笑曰:"此中空洞,何所不容?"嘗爲鄉人書屏障,案有九製地黄,信手撮食,不覺盡器。坐客色然而駭,意殊自得。其真率類如此,然亦卒以此致羸疾,久瀉氣虚。急解組奉母回籍,竟不起,享年五十有一,時道光二十年三月九日也。配姜氏,生子世恩,後六年亦卒。又七年,而俞太孺人八十有二,乃捐館舍。孫友麟,煢煢無依,三世喪葬,一身當之。余既悲兄之才足以自見,而未竟其用,孺慕未終,而天奪之年;又念友麟幼遭艱苦,讀書不廢,業從余都,乞文表墓,以慰乃祖之志也。兄又字及泉,學者稱之,罕究其義,乃爲之銘。銘曰:

昔從先君游於方山,余年未冠,兄亦少年。山顛有池,歲久已湮。先君識之,欲導其源。兄承指畫,一鍤及泉。先君字之,曰汝弗諼。譬有爲於掘井,佩孟氏之微言。泉無隱而不顯,學無鬱而不宣。嗚呼!余雖老病,敢不祗述先訓,以貽厥後賢。

皇清誥授中憲大夫晉封通奉大夫直隸分巡大順廣兵備河道加三級何君暨配誥封夫人劉夫人合葬墓誌銘

咸豐五年二月二十六日,直隸大順廣道何君卒於里第。其子福宇、福宸將於六月十三日奉柩與劉夫人合葬於兩渡鎮東南山錫封原先塋之次。前期以書來都,請余爲銘幽之文。余與君家兩世同年,君子又與余兄同年,交最久,知最深,其奚敢辭?按狀:君諱耿繩,字正甫。先世自河南遷居山西靈石縣,九傳至溥,以明經起家,修德行仁,克廣先業。生子世基,即君曾祖也。祖思鈞,翰林檢討,與修《四庫》,恩遇聞譽日盛,所與游多鴻儒偉彦,於是天下皆知雙溪何氏。父道生,與兄元烺同科進士,以高才碩學名重海内。由部曹出爲□□府知府,治績廉平。自曾祖以上兩世贈中儀大夫,祖、考皆以君貴晉贈通奉大夫,祖妣某氏、妣某氏皆贈夫人。君性凝重,不苟言笑,當官接物,謙慎和平,未嘗以厓岸自異,親師信友。嗜古文詩詞,善隸楷,多蓄彝鼎漢碑,考校精審。中式道光二年壬午恩科進士,與兄熙績亦同榜,克繼前美。宣廟御極之初,勤求吏治,進士引見多外用。君以二甲前列特授知縣,三年補陜西褒城縣,地居萬山中,爲入蜀孔道,供億煩奇。君輕徭役,革牲畜税,嚴懲蠹吏,案無留牘。躬履西鄉問民疾苦,捐粟賑饑,三月邑有清官之頌褒。俗重財輕生,君三鞫縊案,得圖詐據,不判則訟風頓息。漢濱多爭渠水案,君訪得舊碑《洩水章程》,勒石示之,衆咸悦服。又爲《勞農歌》,勸民積穀以備凶荒。六年冬調渭南縣,地大物博,豪族搆訟,動以賄求。君嚴却之,紳民以“明通公溥”四字顔諸縣堂,並叙所禁革陋規諸條以諷來者。會西域生擒張逆凱旋,兵差絡繹。向例差費民捐,官爲會計收發,君曰:“是徒滋吏胥侵擾耳。”使紳士董之,民大服。他邑果以此致訟,援渭南爲證,由是清操益聞,立登卓薦。時兄卒於直隸肅寧縣任,君乃迎母太夫人及邱嫂幼弱至渭南,仰事俯育,孝友篤至。兄子福咸後成進士,官翰林,君之訓也。是年冬丁母憂,哀毁骨立,回籍營葬終喪,補直隸定興縣。七省衝途,疲於供給,君大減差徭,假貲從事,由是負債益重。十三年調永年縣,勤聽斷,減科派,一如歷任。順天府尹吳公知其名,奏調大興縣。京縣疲難,倍於他邑,任事數載,治理裕如。近城太平倉有男子屍,指揮以撲跌報,君驗狀有異。刑部官面詰,爲陳情事,卒以推跌定案。未旬日,京營竟獲凶犯,人咸歎服。會境有蝗,君以官捕,緩不濟急,出示捐資買蝗,三日而蝗盡,不爲災。十六年升東路同知,防海轉餉鑄炮,修營房炮臺,經理逾歲,節費數千,民間安堵。以保薦升補大名府知府,捕捻匪,定聯莊法,大吏檄通省行之。嚴重童試,掄替爲之一清。二十六年調補保定府,雪祁州邢宋氏冤。宋夫邢蘭誤食毒死,家人皆謂宋謀,宋之兄不能辨。州吏藉索宋財不遂,唆衆供宋毒夫,且誣以妹與兄私。君悉心研鞫,毫無毒據,得州吏唆衆情,又密訪得蘭叔嬸謀産事,拘至,一訊吐實,蘭叔謀而嬸下毒,宋冤乃雪。當未得情時,同官期速結,大吏日促詳案,君不爲動。及事白,人罔不服。二十七年秋升補清河導督,海運集剥船,爲海風寒溼所襲,始得髎疾。制府以大名爲畿疆要隘,君任大名久,緝匪安良,素得民心,二十九年冬奏調大順廣道。是時粤賊奔懷慶,河朔震動,民多遷徙。君捐資練民勇,嚴守備,緝奸細,率屬安撫鎮静,四境肅然。嗣以髎疾增劇,精力漸瘁,咸豐三年告休回籍。君自失怙,依諸叔同居,上侍重闈,下誨猶子,周恤族姻,獎勵後進,至行敦篤,鄉國偁之。解組西歸,老屋傾圮,仍依汾陽親舊暫居。逾年,竟以衰疾不起,距生於乾隆五十一年十一月二十四日,享年七十。配劉夫人,洪洞名族,詩禮夙嫻。祖舅姑、舅姑恪修婦職,伯叔母、妯娌、娣妹間處以雍睦,家事咸理。生於乾隆五十年六月二十七日,卒於咸豐五年正月十七日,享年七十有一。君爲行略,備述嘉徽。逾月,而君亦捐館舍,悲夫！子二人:福宇,道光癸卯科舉人,候選知縣;福宸,國子監生,東河修補主簿。女三人。孫三人:厚詒、厚訓、厚詩。孫女一人。所著有《退學詩齋集》藏於家學,《治一得編》已刊行世。何君生長京師,嘉慶庚午歲回籍應試,余始識君於晉陽書院,與洪洞劉子敬、盂縣田季高、陽城張子實爲文字之交。時學使當塗黄勤敏公方以古學訓誘諸生,君文數被獎許。及余通籍,勤敏每有撰述,輒與君校勘,情誼日親。君出外任,亦嘗翰札往來,入都必枉過,從容詩酒,遂永朝夕。自軍興以來,數年弗見,而君已歸道山,余亦衰病日甚,追念平昔,能不慨然！既爲誌,并系以銘曰:

謂君高第,宜貢玉堂。一行作吏,或掩所長。及聞治行,聲偁洋洋。乃歎君學,匪獨文章。雙溪之水,其流孔長。蓬萊瀛洲,户庭相望。孰導厥源,孰濟之航。千秋銘德,祝此幽藏。

陳母聶太夫人墓志銘

咸豐五年秋八月,江西巡撫陳君啓邁之母聶太夫人以疾卒於湖南常德里第,春秋八十有二。明年夏,陳君具行狀並書問,遣人走京師,請於余曰:“啓邁不孝,獲戾於封畺,重丁大戚,留滯江國,不克身詣前。惟是窀穸之事,所以銘諸幽而示後嗣者,日月以冀,竊願有所託也。”余與陳君文字相知久矣,數聞太夫人慈孝苦節,今讀狀益信,於是諾而志之曰:惟武陵聶氏,玉峰先生之季女,同邑故拔貢生、贈資政大夫,諱丕禮,字二咸,陳公之配也。幼從兄誦《毛詩》、“四子”書,其母氏亦時以古淑媛爲訓。十歲外專習紡績,不求精刺綉。

嘉慶元年,年二十二歸贈公,逮事舅姑。會夫弟未娶早逝,贈公以辛酉歲選拔入都,家無次丁,婦兼子職。越二載,贈公以疾歸里。逾年,竟以咯血不起。未帀月,舅亦捐館舍。當是時,長子啓邁甫,次啓蘧已殤,次啓邁生未周晬,醫藥殯葬,百端交瘁,而養姑益謹,督子益嚴。扃户一鐙,夜以繼日,啓邁讀少懈,即予杖,泣責曰:"吾惟恃汝,汝弗勖,陳氏門祚微矣。"適大旱,祖遺湖田數十畝,租入僅僅完課,不得已割田以供菽水。由是歲有所割,田幾盡矣。自舅及贈公歿後十年,姑何太君喪明。太夫人出入扶持,慎侍眠食,十餘年如一日,姑忘其苦。啓邁自嘉慶十七年補縣學生員,至道光五年始得選拔。十四年甲午科,始舉於順天鄉試。二十一年辛丑科會試,始成進士,入詞館。此三十年中,或客授於外,或歸養,研田荒落,與弟邁力耕,所獲不足償債逋。而婚嫁並舉,塋宅再安,惟太夫人機杼劬勞,一身任之。啓邁既授編修職,旋典試廣東,未及假歸。己酉歲授廣西左江道,道出常郡,省侍起居,置酒會親族賓客,奉觴爲壽。時長孫序衡亦與選拔,於是太夫人乃喜動顏色。未幾,遷江西按察使,即遣迎安輿。途次聞再遷直隸布政使,遂就養北上,而孫衡於常州暴病卒。先是,冢婦羅氏生三孫而歿,庚子、癸卯數年間,銜、衢兩孫又歿。至是感傷尤切,兩目頓昏,幸抵官署醫治小愈。太夫人家居時,念族中三百餘户大半窮乏,及親友貧不能舉火者,量力佽助。丁未歲夏,堤決成菑,計合族丁口大小,分給錢穀有差。己酉歲水菑更甚,周恤視前倍之。迨就養直藩數載,寄遺姻族,每歲有加。乃置祭田三百餘畝,於宗祠建義倉,修義塾,增郡中書院諸生膏火,樂善之心老而彌篤。至癸丑之春,啓邁調任江南時,粵匪東下金陵,鎮江、揚州連陷,淮安道梗。太夫人乃挈眷屬還湖南,臨别握啓邁手,泣數行下,勉以勤力王事,勿以母老爲念。是歲,咸豐三年也。明年春,啓邁遷江西巡撫,賊已竄鄱湖,欲迎養不果。夏五月,賊由岳犯常郡,城陷。太夫人適鄉居,一日扶婢坐壟上,忽數賊持械至,厲聲索問巨紳家口,婢紿以鄉間婦女拾野菜者,賊乃去。太夫人年踰八秩,值此險難,雖素性鎮定,而神氣日憊。賊退,移居唐甥家。歲乙卯四月遘疾,自甥寓移入郡城。八月二十四日,壽終内寢。前於道光二十四年,武陵紳士呈請節孝,得旨旌表。叠遇覃恩,敕封太安人,誥封太夫人。子三人:長即啓邁,次啓邁,繼夫弟後。女一人,適唐儲瑄。孫男五人。邁三子皆卒。邁二子:序徵、序徽。曾孫一人:孝光,衡之孤也。陳君之巡撫任時,鄰警洊至,會與督師使臣意見不合,被劾罷職。已而,江西諸郡縣多被賊擾,聞赴後,又因公久羈,不獲以禮奔喪。至年月日,始克卜葬太夫人於某山之原。銘曰：

繄母之孝兮，威姑資其左右。繄母之慈兮，三世敓其顧復。寒獨甘此苦節兮，固不知劬躬以𦒱後。報之以龍光兮，錫以麋壽。壽兹貞石，俾多益而單厚。

皇清例授修職佐郎歲貢生候選訓導鄉飲大賓軍需議敘祁府君墓表

光禄大夫、太子太保、致仕大學士、族弟祁寯藻謹撰并書。

族兄雲衢先生既卒之三年，其子世伊以余少同學先兄最切，寓書京師，乞爲表墓之文，曷敢以老病辭。吾族祁氏居壽陽平舒村，户口蕃衍，漸分四支，兄之二世祖爲南支，十世祖諱應士者徙居上峪鎮。祖諱進寶，子二：長諱樹楕，次諱樹槐，字植三，貤贈修職佐郎，崇祀孝弟祠，兄之考也。植三公少乏生業，與兄遠出古北口外塔子溝。既以服賈起家，乃歸籍獨理家政，終身同爨，友愛無間。生子三：長朝麟，太學生；次朝驊，早卒；次諱朝駿，字逌聲，雲衢其號也。幼失怙恃，兄弟分居，孑然獨立。性剛直，不妄言妄動，鍵户讀書，善自修持。嘉慶丁卯歲與余同補縣學附生，余時十五，兄則已冠，學有根柢。年三十六食餼於庠，道光甲辰歲以明經貢成均，候選訓導，復以軍需議敘。邑之官師、士大夫欽其品學，舉鄉飲大賓。初，植三公臨終，諄諄誡子孫毋得舍業，誤於他歧。兄恪守遺訓，立節砥行，不隨流俗，急公仗義，無所鄙吝。咸豐三年，吾邑籌辦防堵，施米一百石、錢三十萬，以保鄉里，里人重之。嘗因吾族修譜，上峪一支世系，口詢手録，詳填無遺，其餘各支亦多所檢核。余昔在籍，採輯農言，每承啓發。曾著《糧價低昂論》，謂宜嚴禁大賈囤積，而後糧廣價平。其言甚確，已載入《農言》中。丙申歲，余服闋出山，與兄别，眷戀慰勉，情不自勝。至庚戌歲正月，余自蘭州使旋過壽陽，又與兄晤敘於南燕竹村外旅舍，自是遂不復相見，悲夫！兄卒於咸豐五年九月初十日，距生於乾隆四十七年十二月二十六日，享年七十有四。配石孺人，勤儉貞静，嫻習織事，中年目翳復明，生於乾隆四十六年十月十二日，卒於咸豐二年五月初七日，享年七十有二，合葬於先塋之次。子一：世伊，縣學生員，軍需議敘，讀書勵行，能繼厥業。孫開先、開第。曾孫錫晉。謹以余所知者表而銘之曰：

是爲吾兄雲衢先生之幽宅，既安既飭，以衍先澤，而啓後嗣，視此貞石。

處士潤章族兄墓碣銘

光禄大夫、太子太保、致仕大學士、族弟祁寯藻謹撰并書。

吾家祁氏，始祖河東公自洪洞遷壽陽縣，世居平舒村，葬村東南雁朋堎。七世族祖曰鐸、曰恭，葬大南圍，是爲西支分葬之始。至十六世孫諱玉琩，字潤章，乃奉其祖父之柩，葬村南河東坪。河東坪者，潤章所授之田也，凡五畝。力請於母，悉爲塋地，而潤章遂無恒産。性剛直，喜任俠，爲鄉里排難解紛不避艱險，面斥人過，人亦不怨，然遇儒生，必折節事之。伯兄衰老，請與同居，二十餘年事兄如父，又以其子分繼伯兄、叔兄之後。仲兄卒於懷仁，身爲啓櫬送歸，視兄子如子。生平大節無虧，不事曲謹。臨終，諄諄教子孫以謹厚和睦，且曰："乃翁豪氣，不願汝曹效之。"年六十有三，卒於道光二十四年三月二十五日。配李氏，咸豐六年二月二十五日卒，享年七十有五，合葬於祖塋之次，即所謂河東坪也。潤章祖諱自智，祖妣王氏，考諱治榮，妣趙氏。伯兄玉瑛，壽八十一乃卒。仲兄玉城、叔兄玉珽，潤章其季也。子令珠。孫友直、友醇、友賢。曾孫曰壽、曰康、曰讓、曰肅。友直好學工書，曾校録吾族氏譜，能守遺訓者也。比年從余於都，以新壙無碑記，是以敘而銘之曰：

繞牀呼盧，意氣自如。及乎老病，乃戒子孫，而焚樗蒲。被髮纓冠，衆人所難，毅然獨前，必濟厥事，而後即安。昔吾居鄉，吾弟偁兄，急難可憑。以今度之，弟能殉國，兄豈不能？惜乎斧柯不假，歿於田社，而識者亦寡。嗚呼，彼周孝侯何人也！

湯文端神道表

咸豐六年四月庚子，太子太保、前協辦大學士、吏部尚書致仕湯公敦甫先生薨於都城邸第，享年八十有五。上悼惜舊臣，遣官奠醊，賜祭葬，卹典如在位時，予謚文端，舉朝爲之聚哭。時乞休卧病，不能往弔，念生平敬事之老成，人無如先生者。其孤修以志墓之文請，何容辭？坐心神未充，草未就，先生喪已歸，刻期葬於璜琥山之原。明年，其孤孫復申前請，乞文其外碑，不敢再緩，亟序所知者表於神道焉。蕭山湯氏先由處州之青田遷居二十餘世，迨封光禄公元裕舉六子，先生居五，諱金釗，字敦甫，號平坡。三代以先生貴，封如其官。年十七，受督學朱文正公知爲諸生。再逾年，列優等食餼。乾隆甲寅，舉鄉試第一。嘉慶己未，成二甲二名進士，改庶吉士，授編修。洊升侍講、祭酒、詹事、内閣學士兼禮部侍郎銜，歷充國史館纂修、實録館提調、文穎館總纂。分校丙寅順天鄉試、湖南學政、丙子江南正考官，留督江蘇學政。直文淵閣，由日講、起居注官侍經筵，屢派教習庶吉士、國史館副總裁，攝翰林院掌院學士。四次入直上書房,至爲總師傅。嘉慶二十五年,仁宗睿皇帝升遐於熱河行宫時,先生由閣學擢禮部侍郎。宣宗御極,特下明詔,命湯速來熱河襄辦喪事,重儒臣也。是年,調吏部左侍郎,旋充辛巳江南正考官、壬午會試副總裁,調户部右侍郎。丁憂服闋,充丙戌會試副總裁,補户部左侍郎,擢左都御史,升禮部尚書,調吏部尚書。道光十一年,以皇長子疾,出上書房,降補兵部右侍郎。先帝深知其無過也,壬辰充江南鄉試正考官,癸巳充會試知貢舉,乙未充順天鄉試正考官,戊戌充覆試殿試朝考閲卷官。復歷左都御史、工部吏部户部三部尚書、協辦大學士,復調吏部尚書。十年之間奉命鞫直省要案,近使馬蘭峪、懷來縣、張家口,兩使山西、四川,並往湖北、安徽、福建、江淮、陝西,在陝暫署巡撫。又使本籍浙江,所至覈實無瞻狥,遠近允服。往過川塗利病,必以聞。丁酉京察,品學醇正,奉使公明,特加褒敘。聖駕詣陪都、謁山陵、禱祀名山,皆留京辦事,其見信任如此。道光二十一年,猝爲異己者所持。閏三月,奉上諭:"協辦大學士、吏部尚書湯金釗於該員呈請改派,將呈詞挖補發還,致令得以籍詞挾制,實屬錯謬,著降四級調用。欽此。"越年,補光禄寺卿,入謝陳衰老,乞罷,特予二品服,俾致仕。二十九年,恩加頭品。今上咸豐四年甲寅,順天府以重赴鹿鳴宴,請加太子太保銜,御書"慶衍恩榮"扁其邸。身事三朝,五十年如一日,至誠篤敬,感主者深。天下知與不知皆信其爲端人,先生所以致此者有以也夫。蓋先生之學問原於篤敬,先生之事君重在不欺。倉場盤查,先生入告宣廟曰:"臣本心所見與平日所言,不特欺上,先已自欺。與其欺心而抱咎,不如違衆而取尤。"駁查陋規,先生入告:"養廉出於上也,陋規出於民也。今因出於上者坐扣而取償於民,不特無以服民心,抑且非所以崇國體。"駁查漕務,先生公同具奏矣,專銜入告:"恭查康熙年間奉有永不加賦之明詔,是誠培養國脈,我大清億萬年無疆之至計;徒爲盛朝開加賦之端,臣竊爲聖主惜之。"督學江南,先生入告:"士子誤認五經、四子爲文章之書,幾忘其爲身心之學。將康熙年間真儒李容所撰《四書反身録》刊刻發給,裨知讀四書重在反身實踐。"讞獄陝西,被復糾令再審,先生臚列前情,分晰條縷,從容入告:"應否另行簡派大臣前來,覆訊之處,恭候欽定。"凡所爲正人心、培國脉、翼主德,皆可於因事具疏中想見其全神。至於參贊密勿,爲國擇賢,先生無一語,人無從知。已去位十五年,留心天下利弊,見朝廷立一法、施一令、舉措一二人,或欣然喜,或戚然憂,往往獨坐一室,浩然興歎。嘗謂人生於寅,宜早起,垂老勿衰。冬夜方長,不呼僮僕,危然獨對。道光二十六年,年七十六,手抄《論語》,接抄《中庸》、《大學》、《爾雅》、《禮記》、《毛詩》、《尚書》、《周易》各全部,選抄《左傳》,接抄《孝經》、《孟子》。咸豐元年二月,《孟子》抄畢,擬補抄全部《左傳》,疾作止。事無鉅細,有終始,無間斷,類如此。先生爲學,一宗經訓,以反身體認爲主,得力在姚江致良知之説,用周子主靜、程子主敬工夫,以盡所以致之之道。常苦憧擾往來,不能純一,故一生兢業。先生閑家以正,服御儉樸如諸生,遇子弟用稍靡、氣稍盈,必深抑之。子寬秋闈報罷,手書"修德養身,讀書練事"八字授之曰:"肯爲學,奚汲汲爲?"視人事如己事,偶被蒙,不追悔,宗族戚黨,用心尤摯。增置祭田、義田、培賢田、興賢田,輯家譜、創會館、修西江塘,捍三邑水患,皆實效也。八旬後,形愈斂,神愈充,目深入益炯炯,皮膚如枯松,猶爲人書擘窠大字。易簀之前四日,值先生妣夫人忌辰,時病瀕危,力疾肅衣冠,對主行禮。嘉慶十六年初,膺仁宗睿皇帝簡命,視學湖南,先生輸誠奏曰:"殫竭不欺之愚忱,勉效敬事於萬一。"兩語敷陳,如盟金石,屢躋而精誠不衰,垂老而神明益固。遺疏入告:"願皇上以慎德爲理財之源,以愛民爲敬天之實。"此即先生之所以正己而正君者與?噫,吾何言已!初直南齋,先生正直上書房,從居澄懷園,行己處人,深受至誨,尤戒以無妄語,去矜心。奉使湖南、江南,皆先生典學舊地,先承指示,謹循革弊掄才之成法。初爲侍郎,懼與衆迕,先生告以婉商誠至,必求共信而衷,於是服膺勿失,愧未能也。配來夫人,先卒。子二:寬,廕刑部郎,擢陜西鳳翔府知府,告養歸;修,己亥舉人,由内閣中書補御史,洊升通政司副使。孫四:學淳,官大理寺評事;學洽,候選訓導;學彭、學喬。曾孫二。手著《知寸心詩文存》六卷,自訂《年譜》。咸豐五年,長子寬先卒,先生傷之曰:"吾猶忍筆此乎?"越一載,先生棄養。不能盡書,書其大者。館後學表。

皇清敕授文林郎四川龍安府彰明縣知縣鄉飲大賓平定張先生墓志銘

致仕大學士、受業、壽陽祁寯藻謹撰。

平定爲三晉文獻名區,鴻儒碩學,後先相繼。嘉慶、道光年間,經師人師卒爲循吏者,則僉偁吾師張先生。先生諱觀藜,字芸閣,藜青其號也。考諱漢芳,乾隆壬申科進士,甘肅華亭縣知縣。妣汪孺人。華亭公生五子,先生最幼。生而純篤,五歲母患氣怯,聞風聲輒驚絶。先生運瓦石押簾角,以身倚扉,不令戰動。一日,忽語家人曰:"屋將圮,請移母它室。"弗聽,哭躍不已。

勉從之,席未安而墉果圮,適當卧所。七歲析産,潸然淚下曰:“吾不樂分居也。”入塾,弗與群兒嬉,夜讀母側,漏三下弗輟。十一學爲文,纚纚千言,若不可遏者。十六補州學生員。嘉慶六年,補廩膳生。時華亭公患癱疾,家計日窘。先生竭力奉親,敬事諸昆,百計艱難,一身任之。肄業晉陽書院,因客授於外,寯藻等得從先生學自是始也。十二年,丁卯科鄉試,中式舉人。九月,丁華亭公憂。丁丑科會試,大挑一等,例用知縣,以太孺人春秋高,改就教職。明年,署懷仁縣學事。道光元年,選垣曲縣學教諭。壬午科會試後,以母老病歸。十一月,丁太孺人憂。七年,選清源鄉學訓導。十五年,乙未科會試,中式進士,以知縣歸班候選,先生時年五十七矣。七月,仍之清源任。十九年,告歸。二十二年,署長治縣學事。二十三年,選四川彰明縣知縣。二十五年,告歸,遂不出。方先生之至蜀也,諸大憲知爲老宿,禮貌有加。履任舊案未結者幾二百卷,未帀月,埽數悉清。太白書院久廢,捐廉爲士子設膏火,月兩課之,手自評閲,兼爲講解。初應課,率長衫草屨,教以禮儀。數月,彬雅改觀。川有獷匪猖獗,諭各里遴練鄉勇,一方有賊,四方畢往救。盜乃斂迹,相戒不入境。吏役奉差出境,盜探知輒避去,他邑有詭稱彰差者亦卒無患。曾長壽者,彰之巨盜也,聚衆久横行,官兵不敢捕。乃密遣幹役,乘其無備驟禽之,迂道而歸。又於鄰縣獲盜十餘人,有渠魁挾術不畏刑鞫,到案,術遽敗,招備殺人絫絫,曾銃擊安縣令,幾殞命,併治之。某姓養媳王氏數年,其祖姑忽欲退婚,訊無大故,飭令當堂成禮。每治訟,反覆爲訟棍挑簾,得之牽入,重笞之,繫之獄。由是良善焚頂,奸邪膽落。鞫案必委曲勸諭,戒勿訟。初放告,呈詞率廿餘紙,比卸事,三兩紙而已。縣治面官山,屍柩縱衡,骸骨狼藉。詢知土俗痨疫死者弗葬,多棄之,亦有貧不能葬者。乃出示,令能葬者速瘞之,不能葬及姓氏無稽者,官爲市棺瘞之,凡百餘具,又於山上植松數千株以蔭之。北門外故近涪江,甲辰夏江漲,漂没數百家,急遣撈救,復捐廉爲葺屋舍,全活甚衆。嘗奉委審案龍安,道出豬背山,俯臨長江險絶,步行十餘里乃得度。案中有土通判者豫持數百金,冀買直,怒斥去,即拘諸在案者鞫之,兩日而白。還省,上憲驚喜曰:“噫,此行速了亦須兩月,今往反十餘日而遂白耶?”未幾,以病告,給假留省調養,旋趣之任。二十五年夏,復以老病告。上憲知先生卒不可留,且欲速歸,而接任者慮有虧空,遲疑不行。遣之曰:“張令,今之古人也。第速往,無它慮。”比交卸倉庫,額外悉有嬴餘。邑之士民及鄰邑民祖道者,絡繹百餘里,皆感歎。有泣者,先生亦爲之泣。然歸過昭化,河溢,從者以險告,先生曰:“惟宦海風波斯險耳,此何慮波之險,無害我心之夷也。”遂登舟,頃刻而濟。其爲學官也,教諸生以敦本勵行爲先。任清源前後逾十年,訓士嚴切,誡以毋得干預公事。素不守分者聞風斂戢,且感奮求上進,士風丕振。歷任督學使者,咸敬禮之。杜文正公嘗謂寯藻曰:“君師張先生貌肅而氣和。昔按試,數留場,終日相對,益欽師範之難得也。”寯藻年十三,先君子遠戍西陲,先母率子孫輩自京還壽陽,即延先生設帳於家。先母再拜而泣,請曰:“寒家不幸,遭罹患難。子孫幼弱,遂恐廢學,爲門祚羞。願先生視若子弟,嚴督之,祁氏之幸也。”自是朝夕受業,凡經義皆手録口授,辨析疑難,反復譬曉,必使領會而後已。尤以孝友忠恕爲讀書明理之大端,忘身徇欲爲學者之深耻。居壽陽五年,至寯藻鄉薦之歲,先生乃歸。寯藻兄弟侄輩幸忝科第,厠明經,在官在鄉,至老弗敢放佚者,皆先生諄諄訓誡之力也。先生又嘗館潞安參戎李君家二年,盂縣李君召笈家三年,介休羅君斐亭家一年,賓主相得,及門亦多成就。解組後,舉鄉飲大賓。巡撫吴公禮請爲晉陽書院長,勤於督課,嚴飭士習,時論翕然。甫二載,以疾歸。道光二十九年六月十一日,考終里第,享年七十有一。配任孺人,同郡舉人、貴州龍里縣知縣鴻吉先生女,善事舅姑,娣姒無間。有子一人:拱樞,道光庚子科優貢生,候選訓導,舉孝廉方正。績學敦行,克繼家風,乃於先生捐館後四年,憂勞抱病而殞。任孺人七旬喪子,幼孫亦殤,哀慟疾發,遂致不起,時咸豐五年七月十九日也。先生齠齒析居,安貧奉母,家事詰屈,人不堪憂,坦然處之,卒底於和。諸兄疾病斂葬,事必躬親。兄子三人皆早卒,爲之立嗣,重修西關祖塋。親族養於家,及待以舉火者若干人,歲時周濟,至老弗怠。鄉里建造善舉,往往獨力成之。明敏有識,慷慨任事,與人交,然諾必信,受施不忘。獨弗狎於弗順,少觸之,輒峻詞相責,雖親厚不少寬,卒皆誠服。晚年好菊,手植百餘本,坐對自怡,顧不嗜酒,獨嗜茶。家無酒器,而煮茗攤書,陶然若有餘情。嘗謂子弟曰:“吾自度於朱柏廬先生《格言》二則,庶幾無愧。”又嘗語及門曰:“吾人行止坐卧,何處非學,要在善用心耳。”蓋先生讀書致力,多在艱苦跋涉中,得之難,故守之固。家運蹇塞,丁男多故,禮堂寫定,孰爲傳人?悲夫!嗣孫瑋,將以咸豐六年十月初二日奉祖母柩,合葬於牌樓嶺新阡。以寯藻從學久,見知尤切,宜爲之銘。銘曰:

惟先生,昔授讀。居五載,一茅屋。參西横,猶秉燭。諸經義,手著録。誨不倦,温而肅。嗟小子,受知獨。總角侍,老病篤。歲屠維,寢門哭。今幾時,瞻宰木。高者陵,下者谷。銘幽藏,延似續。告後學,勉私淑。

清故處士祁府君墓碣并銘

族叔諱樹棃,行年三十一而歿。叔母閻氏,有子曰身正,時甫五歲,家貧,子母孤孀,艱苦萬狀。越十有一年,嘉慶庚申之歲,母病篤,呼身正諭之曰:“凡人不能守節者,貧所累也。吾家雖貧,嘗於汝父生前以堅守自誓。今得依墳墓,終天年,亦幸矣。汝其勉之,毋忘我之艱難。”語訖遂逝。身正涕泣受命,力耕讀書,克承慈訓。嗚呼,潛德幽光,遠而彌耀,其在斯乎!族姪朝驤欽其節,悲其志,爰爲記之。咸豐七年,其子將勒石於墓,屬族姪寯藻書之,并爲之銘曰:

夫不永年婦德貞,苦節自甘不求旌。有子及孫念所生,貧不廢學困乃亨,積善所餘視此銘。

皇清誥授奉直大夫知州銜直隸龍門縣知縣曹君墓誌銘

光禄大夫、太子太保、致仕大學士、姊婿、壽陽祁寯藻撰。

君諱汝愚,字柳谿,姓曹氏。明初,由淮陽遷居山西平定州。科名宦績,代有傳人。曾祖諱立禮,太學生,封文林郎;曾祖母氏趙,封孺人;祖諱思南,太學生;父諱蔭樹,字樾亭,候選州同,俱贈奉直大夫。祖母氏張、母氏楊、繼母氏朱,俱贈太宜人。君四歲喪母,賴祖母撫育,恩勤備至,繼母亦視逾己出。六歲,樾亭公教以字學、音韵。七歲至弱冠後,從師課讀,通解諸經及《史》、《漢》要義,爲文詩有法度。二十五歲入學。道光壬辰科舉於鄉,甲辰歲大挑二等,以教職用。明年,順天捐輸經費,保奏知縣,分發直隸,補新河縣,調龍門縣,歷署房山、平谷,兼理蔚州、懷來、赤城等州縣事。初委順天審案,府尹李公即以誠篤明敏許之。其調龍門也,以新河距籍五百里,内例迴避,而龍門在居庸關外,僻處山陬,地瘠民貧。大吏知君素守,君亦誓以貪酷爲戒,故涖任十年,政平訟簡,官民相習,儼若家人。以捐助軍餉,加知州銜。勘審萬全縣王國儀京控荒地案,十七年塵牘,一訊折服。開撿懷來縣客民全某被劫屍棺,爲白其冤。比歲軍興邊外,間有徵調鄰邑赤城,遂藉口糧草,聚衆滋事,龍之接壤諸村愚甿聞風聳動。會守道過境,相率擁輿乞恩,君謂衆曰:“吾縣徵收向遵舊例,合邑相安久矣,豈爾數村獨不知耶?”衆曰:“知之。然聞鄰邑所請,已蒙憲允矣。”君以人衆日暮,又無呈詞主名,倉卒捕之,則黠者跳遁,弱者罹法,非爲民父母,意且恐激變,因諭爲申請:“即有例外覈減,一縣共之,亦非爾輩所得專也。"衆唯唯散去。事定糧納後,詣省自陳。大吏咸謂曹令故長者,爲民受累,且久任,例得量移。而君遽以時疾卒於保陽旅舍,年五十有九,時則咸豐九年五月十七日也。君性孝友,篤於親故。每念母無疾暴卒,終身痛心,居憂毁瘠,常以禄養不逮爲憾。事叔父秀峰公如父,以己官貤贈焉。丙申歲州境薦饑,君爲刺史畫平糶策,身任勞怨。由是富紳力輸,穀價頓減。事竣議敘,君獨堅辭。蓋其志存濟物,在鄉在官,力周困乏,身家之計固不屑也。配董宜人,繼配陳宜人、劉宜人。子五:昌頤,貢生,董宜人出;經頤,從九品;松頤,直隸候補縣丞;吉頤、豐頤,俱太學生,劉宜人出。女二。孫光輔、光弼、光植。去年四月,昌頤卒。十二月二十七日,劉宜人終於官署,年五十有四。君雖達觀,亦神傷矣。君爲余妻從弟,少從任雲谿孝廉讀書外舅家塾。余每至州城,几硯相親,意甚得也。及君應試禮闈,作令畿輔,余時直内廷,或退食相過,或扈從途次,不數歲輒得晤談。甲寅之冬,余以衰病致仕,君自龍門過都,盤桓累日。自此郵筒往復,詩札投報,日月以繼。今春,君再來,語及公私近狀,不勝慨然,豈意别後手書遂成絶筆耶!頃,松頤奉《年譜》示余曰:"將以今年十月日安葬考妣於祖塋。銘幽之文,敢以爲請。"余既銘君先德,今老矣,又爲君銘,悲夫!銘曰:

重親致歡曹景完,漢有循吏名曰全,史雖不著績則傳。龍門之令居邊關,古之直也今之賢,十載不調亦不遷。民樂其私忘其官,催科撫字良獨難,豈弟君子民所安。以今方古其有焉,我作銘詞無愧顔,清白之後念厥先。

戒學禪師墓碣

歲在屠維協洽孟陬十有四日,慈仁寺戒學禪師圓寂。前五日,其友禝飢山人過之,見擁鑪著冠帔,若示疾狀。問曰:"法亦有去住耶?"曰:"無所住,何所去?"少頃,復自言曰:"吾本蠡縣張氏子。九歲出家河間之龍眼寺,法名覺蓮,受戒律於西山大雲居寺大乘和尚。徧參諸剎,自謁壽師,獲聞《楞嚴》要義,遂住此寺。又逾二紀,今年已七十矣。隤垣廢阯,日月以治,獨寺後毗盧閣久廢,年來築岡七丈,欲復舊觀。它日閣成,幸爲題之。"山人曰:"諾。"出語其弟子曰:"師殆將去矣。"山人與師遊三年,初陟北岡,坐石而談,折枯枝挂席以障日。明年,藏雲洞得月軒成。又明年,見山臺成。寺西隙地取土已及泉矣,謂山人曰:"更待明年,當了此願也。"師性高簡,不談時事,不事應接,專心内典。因戒生定,因定生慧,其學嶷然已有所得。西臺既成,又於東壁懸大鏡以納山影。山人題曰"遠山如畫,明鏡非臺",師曰:"善。"更爲説偈四句,意謂山人心在鏡外,仍未離山中也。寺以雙松得名,今三松雖非金元之舊,亦古木也,其柏槐皆數百年物。吳有詩翁者嘗一再圖之詩之,楚之蝯叟與山人數從而和之,張之壁間,輒爲人卷去,師亦不甚介意。示寂之日,趺坐更衣,至日方中,誦佛而逝。遺教不焚不塔,墓而不墳,即葬於北岡之下,蓋毗盧閣舊址也。嗣法弟子樂山乞銘諸石,以識其處。山人曰:"吾惡乎銘若師哉?無以,即以若師之偈銘之。"偈曰:

西邊東邊皆是山,真境幻境無兩般。兩般都由一心造,心在有山無山間。

咸豐九年八月十五日,壽陽䜌舠亭山人記并書。

雪厓先生墓表

雪厓劉君,吾鄉高尚士也,生平慕青主傅先生之爲人。其子嵩峙,亦慕壽毛也。今年閏春上弦之夕,嵩峙不遠千里,踵門來見。問其故,拜且泣曰:"先君子臨終命嵩峙曰:'吾素不喜諛墓文。吾歿,汝其毋以文誣我。若必欲文之,則有䜌舠叟在,惟叟知我。然老病且留滯京師,其文恐不得而致也'。"寯藻於是矍然謝曰:"嗟呼,予惡足知君哉!雖然,嘗以君之知傅先生者知之。"君昔與予論三晉人物,二百年來,當以傅先生爲第一流。故於傅之文,獲則梓之;傅之書,見則石之。君才高而學博,文詩、雜箸、書翰悉得傅法,篆刻餘技亦足以傳。家方山龍泉,青松白雲之間、巖壁之下,寸寸秋色,皆手痕也。其它石刻《尊頡》、《百泉》諸帖,凡傅書在晉者搜羅摹勒幾徧。既輯國初山右四家文《霜紅龕集》、《我詩集》,又撰《仙儒外紀》,以郭雨師爲青主。方外師友議之者曰:"曷爲崇仙抑儒?"答曰:"傅先生志在遺世,吾從其志而紀之。"平定張石州曰:"雪厓,傅氏之功臣也。"君少喜游覽,考究古迹,爲諸生試輒高等,顧不樂舉子業。學使見其《童子吟》一編,歎曰:"此人心世道之防。"勸以進取,卒不介意。嘗曰:"吾窮年潦倒,未始非厚幸也。"曾值歲饑,傾囷振施,聞者麕至,倉卒幾爲所窘,悉取衣物給之,衆始散去。鄉里怪笑,君亦不顧。又仿邠鄉爲壽藏,作《烘隱》詩以解嘲。襟懷曠達,亦公之佗之亞也。嵩峙既致遺命於予,以母老倚閭望切,告歸迫促。會有以傅書大字屏十軸見示者,其文高逸,集中未載,書亦絶倫,相視驚歎,爲留五日,摹畢乃去。信乎,篤好專精,能傳家業者也。君諱霦,别號龍泉山人,卒年六十有九,葬於壽陽縣閻家莊外之祖塋。考諱元一,乾隆科舉人,學者稱爲西坡先生。兄霱,嘉慶丙子科解元。一門箸述,鄉里重之。至其閫門懿訓,家世清芬,嵩峙所述及它銘、表載之詳矣。予中年歸里,贈君以詩,一見如舊相識。自是書簡往來,無由再面。及今老退又已六年,時事日艱,心緒隤廢,亦嘗於先塋側營生壙,擬它日君爲銘之。斯文竟不得而致矣,悲夫!

咸豐十年歲在上章涒灘七月既望,致仕大學士、同邑祁寯藻撰并書。

老趙神記

老趙神,禱子者祀之,疑即程嬰也。嬰存趙孤,其功獨鉅,宜享專祠,人遂沿存孤之事,以祈廣嗣。今神像氈笠、短衣,囊兒負肩,仍似倉皇避難狀。其囊兒,蓋即趙武也。以嬰爲趙氏老,故稱老趙。俗云昔有農人趙老,多子,歿而祀之。未知何本。

余昔里居,偶著此記,載《馬首農言》中。劉蘊六秀才韜見而韙之,遂勒石,以俟後之君子考定焉。

咸豐十有一年冬至後三日,祁寯藻并書。

皇清誥封通奉大夫右常寺少卿硯培楊公傳

予兄寀藻與封公長子沂孫爲道光癸卯同年生,其次子泗孫,子世長又出其門,兩家爲通家者蓋兩世。同治丙寅夏,泗孫泣狀封公言行,授予而乞爲之傳。予惟封公就養入都,予亦既得請告,居常以學問相鏃礪,習諗封公賢,重以泗孫之請,予其敢以不文辭?封公姓楊氏,諱希鈺,字硯培,號鳳麓,系出湖州葉氏。自夢得至於德賢,凡傳二十有三世,以育於青浦,楊氏從其姓。康熙初,遂徙江蘇之常熟,世爲常熟人。曾祖諱繼祖,國子監生,詔旌孝義,贈中議大夫。祖諱岱,布政使司理問銜,詔旌孝子,贈通奉大夫。父諱景仁,嘉慶戊午舉人,刑部員外郎,贈官如祖。封公少事父京師,性穎異,善書。十三歲爲父鈔書,其祖見而器之,賜以古硯,因以硯徧賜諸孫。及其祖没,其父遂以"詒硯"名齋,命封公兄弟皆以"硯"爲字,所以志也。既長,好讀書,工詩、古文詞。凡所閱歷,寫懷言志,率見於篇章。初,請業於嚴州宋玉泉、同邑龐鶴帆兩先生。及居甥館,從丁星階先生習三禮,學益進。顧十試秋闈不遇,乃絶意進取,材其子,以名於世。不數年掇巍科者鵲起隆隆,相繼服官中外,或屢掌文枋,或斬賊樹功,用光門閥,子姓競爽。天之報施善人,固不爽哉!泗孫語予云,自巨寇穴有江東,以迄庚申難作,旬日間陷名城大縣以百數,而常熟以設守有方略,最後陷。當是時,舉邑倉皇避寇竄山谷,封公澹定如平時,不忍去。比去,意泊如,僅攜祖硯一,北渡江。云平居事親孝,友於兄弟,家事細大,處之井井。天性極和易,與人語惟恐傷其意。故海内薦紳、大夫與才俊之士,一時嚮之者如環。昔林文忠巡撫江蘇,有事必訪,度有所陳説,未嘗慁以私語,所言皆一省利病、興除、安危之所繫,蓋其巋然爲吴中文獻者久已。其他賑饑、瘞胔、置義莊、設義塾,衆所夸義舉者,在封公視爲固然,不可選紀也。著有《銀藤花館吟草》及《族譜録》若干卷,皆已成編。以同治四年十一月初六日卒於京師,年七十有五。配丁夫人。子三:沂孫,道光癸卯舉人,候選道、安徽鳳陽府知府;泗孫,咸豐壬子一甲二名進士及第,太常寺少卿;汝孫,廩膳生,候選訓導,出後封公之弟希鈞。女一,適。丁孫十人,孫女三人。贊曰:

語曰不於其身於其子,予次封公行事,益信其説誠然。雖然,彼處士而没齒者比比矣,後之人寧必昌哉?昔周之初,王訪箕子,箕子陳天所以命禹者告王,其類九而卒之以福。福類至曰壽考、富、康寧,而其四曰攸好德,著受福之實云爾。封公食舊德以大其世,嘗佐考靜閑先生撰《籌濟編》仁天下。天下宗之,荒政具舉,多所活全,委祉於爾,後人宜矣。予故發箕子所陳好德,錫之福之,指以爲膺福如封公者,其殆庶幾焉。

進士出身、光禄大夫、太子太保、予告大學士、壽陽祁寯藻撰。

鄉飲介賓太學生馬君墓表

馬氏之良有隱君子者,隱於盂,居則愉愉,出則瞿瞿。年七十三,考終於閭。將終,召其三子捷、擇、振,謂之曰:"古之立名者,必有盛德大業以致不朽。無美而稱之,是誣也。人即自欺,能欺人乎?將以爲譽乎?抑以爲毁乎?吾死,墓毋碑。必欲碑,則書曰:'某人與某氏合葬之墓'足矣。毋文吾生平,幸未嘗損人利己,然無當人意處,不足文。文之,是竊古人之實德,而市今人之虚名也。孟子曰:'聲聞過情,君子耻之。'夫過情猶耻,況無實乎。爾曹識之。"捷等涕泣謹受命。墓之有碑久已。碑者,悲也,所以悲往事、示來者。秦漢基之,唐宋逮今,踵而靡之。今有鄉先生殁,而其子孫不能樹一石、刻一辭,斯曰不孝。捷等既受命,竊自思維碑則重違乃考之命,不則懼蹈於世之所謂不孝者。葬有日矣,於是奉遺訓與行狀,造余而請焉。余曰:嗟乎,達哉!先生其殆忘名者與?先生忘之,吾惡乎名之?無已名之,以其不自名者,斯可已。銘曰:

君諱昌先字德圃，昆弟惟七君次五，父教之方母也撫。明經孝廉家之光，君以國學賓於鄉，子三孫九曾孫慶。孺人萬劉君德偶，劬乃躬以肅乃後，夫惟不名名可久。

爲池蓮乞雨文

聞之濂溪宅畔，花迎君子之風；慧遠林中，詩結高人之社。彼亭亭淨植，翠蓋常擎；而瀰瀰清流，朱華始冒。今兹書院舊有蓮池，闢地不過三弓，築土原非五沃。梅風颺處，白蒻將抽；榴火明時，青錢未叠。少半篙之新水，難出汙泥；想一鑒之方塘，惟依蒲稗。命僕夫以荷鍤，向舊井以通泉。乃瀾汋無波，羌羸瓶而缺甃；淪漣莫誰，抵根水於坳堂。雖耿恭拜井，而泉已枯；佛圖咒鉢，而花弗現矣。道是蓮能解語，無語誰憐；亦知天愛養花，司花曷訴。斯符十日，池比貼金；霖紀三朝，葉應刺水。大則森森似竹，臨流可賦瀏其；細則密密如絲，倚檻可通毖彼。不用見六郎之貌，只期到處聞喧；那須嘗百子之房，但冀折時留蓋。依幕而香堪烹露，當風而淨可納涼。縱無玉井船高，聊解雙蕖之怨；倘有碧筒酒美，還成五字之詩。

《文心雕龍》摘句*

原道一

龍鳳藻繪,虎豹炳蔚。雲霞雕色,草木賁華。

林籟結響,調如竽瑟。泉石激韵,和若球鍠。

彌綸彝憲,發揮事業。雕琢情性,斧藻群言。

制《詩》緝《頌》。

徵聖二

銜華佩實。

簡言達旨,博文該情。明理立體,隱義藏用。

文成規矩,思合符契。精理爲文,秀氣成采。

宗經三

根柢槃深,枝葉峻茂。摛風裁興,據事制範。

辭約旨豐,事近喻遠。太山遍雨,河潤千里。

稟經制式,酌《雅》富言。勵德樹聲,楚艷漢侈。

餘味日新,訓深稽古。

正緯四

事豐奇偉,辭富膏腴。

經正緯奇,理隱文貴。

辨騷五

取鎔經意,自鑄偉辭。

氣往轢古,辭來切今。驚采絶艷,衣被詞人。

吟諷者銜其山川,童蒙者拾其香草。驚才風逸,壯志烟高。

金相玉質,艷溢錙毫。

明詩六

在心爲志,發言爲詩。舒文載實,理不空綺。

四始彪炳,六義環深。朝章國采,亦云周備。

造懷指事,不求纖密之巧。驅辭逐貌,唯取昭晰之能。

---

* 此摘句原稿之語句、篇章,均未按《文心雕龍》行文順序排列,本書不加調整。

嵇志清峻,阮旨遥深。詩雜仙心。

莊老告退,山水方滋。雅潤爲本,清麗居宗。

情必極貌以寫物,辭必窮力而追新。詩有恒裁,思無定位。

神理共契,政序相參。

樂府七

詩爲樂心,聲爲樂體。豈惟觀樂,於焉識禮。

詮賦八

鋪采摛文,體物寫志。體國經野,義尚光大。

鴻裁寰域,雅文樞轄。情以物興,物以情觀。

麗詞雅義,符采相勝。寫物圖貌,蔚似雕畫。

風歸麗則,辭翦荑稗。

頌贊九

三閭《橘頌》,情采芬芳。

敷寫似賦,敬慎如銘。

約舉以盡情,昭灼以送文。容體底頌,勛業垂讚。

祝盟十

修辭立誠,在於無媿。

感激以立誠,切至以敷辭。立誠在肅,修辭必甘。

季代彌飾,絢言朱藍。

銘箴十一

取事必覈以辨,摛文必簡而深。銘實器表,箴惟德軌。義典則弘,文約爲美。

誄碑十二

傳體而頌文,榮始而哀終。石墨鐫華,頹影豈忒。

哀弔十三

怪而不辭,仙而不哀。

《金鹿》幼子《澤蘭》,幼女,皆潘岳哀詞。體舊而趣新。

雜文十四

腴辭雲搆,夸麗風駭。覃思文閣,業深綜述。

含懿采之華,吐典言之裁。密而兼雅,整而微質。

體奥而文炳,情見而采蔚。辭高而理疏,意榮而文悴。

理新文敏,裁章置句。文小易周,思閑可贍。

義明而詞淨，事圓而音澤。學堅多飽。

諧讔十五

義欲婉而正，辭欲隱而顯。

史傳十六

聖文之羽翮，記籍之冠冕。左氏綴事，附經間出。

立義選言，依經樹則。吹霜煦露，寒暑筆端。

騰褒裁貶。

諸子十七

《七略》芬菲，九流鱗萃。

讕言兼采，瑣語必録。純粹者入矩，踳駁者出規。

理懿辭雅，事覈言練。《鶡冠》綿綿，《鬼谷》眇眇。

越世高談，自開户牖。

論説十八

《論語》以前，經無"論"字

彌綸群言，研精一理。心與理合，辭共心密。

詔策十九

其出如綍，不反若汗。筆吐星漢之華，聲存洊雷之威。

文有春露之滋，辭有秋霜之烈。輝音峻舉，鴻風遠蹈。

檄移二十

插羽以示迅，露板以宣衆。

封禪二十一

西鶼東鰈，南茅北黍。攀響前聲，勞深績寡。

樹骨訓典之區，選言宏富之路。

章表二十二

體贍律調，辭清志顯。風矩應明，骨采宜耀。

奏啓二十三

筆端振風，簡上凝霜。理有典刑，辭有風軌。

肅清風禁。

議對二十四

理不謬搖其枝，字不妄舒其藻。

舞筆弄文，空騁其華。辭裁以辨，事通而贍。

斷理必剛,摛辭無懦。治體高秉,雅譔遠播。

書記二十五

尺牘之偏才,心聲之獻酬。述理於心,著言於翰。

壥路淺言,有實無華。文藻條流,託在筆札。

神思二十六

形在江海之上,心存魏闕之下。

思接千載,視通萬里。

吐納珠玉,卷舒風雲。思理爲妙,神與物游。

陶鈞文思,疏瀹五藏,澡雪精神。

積學儲寶,酌理富才。尋聲律而定墨。

研閱窮照,馴致繹辭。窺意象而運斤。

或理在方寸,求之域表。秉心養術,無務苦慮。

或義在咫尺,思隔山河。含章司契,不必勞情。

相如含筆而腐毫,揚雄輟翰而驚夢。

張衡研《京》以十年,左思練《都》以一紀。

淮南崇朝而賦《騷》,枚皋應詔而成賦。子建援牘如口誦,仲宣舉筆似宿構。

駿發之士,敏在慮前。覃思之人,鑒在慮後。博見爲饋貧之糧。

拙辭或孕於巧義,庸事或萌於新意。

伊摯不能言鼎,輪扁不能語斤。物心貌求,心以理應。

刻鏤聲律,萌芽比興。

性體二十七

筆區雲譎,文苑波詭。熔式經誥,方軌儒門。

辭直義暢,切理厭心。博喻釀采。

高論宏裁,卓爍異采。吐納英華,莫非情性。

斲梓染絲,功在初化。器成采定,難可翻移。

文之司南。

風骨二十八

析辭必精,述情必顯。藻耀高翔,文筆鳴鳳。

孚甲新意,雕畫奇辭。風清骨峻,篇體光華。

才鋒峻立,符采克炳。

通變二十九

楚漢侈而艷，魏晉淺而綺，宋初訛而新。

青生於藍，絳生於蒨。練青濯絳，必歸藍蒨。

望今制奇，參古定法。

定勢三十

激水不漪，槁木無陰。

熔範所擬，各有司匠。

宫商朱紫，隨勢各配。文反正爲乏，辭反正爲奇。

情采三十一

水性虚而淪漪結，木體實而花萼振。

綜述性靈，敷寫器象。鏤心鳥跡之中，織辭魚網之上。

情者文之經，辭者理之緯。詩人什篇，爲情而造文；辭人賦頌，爲文而造情。

桃李不言而成蹊，有實存也；男子樹蘭而不芳，無其情也。

吴錦好渝，舜英徒艷。

鎔裁三十二

善删者字去而意留，善敷者辭殊而義顯。

昔謝艾、王濟，西河文士，張駿以爲艾繁而不可删，濟略而不可益。

聲律三十三

雙聲隔字而每舛，叠韵離句而必睽。文家之吃。

左礙而尋右，末滯而討前。屬筆易巧，綴文難精。

練才洞鑒，剖字鑽響。吹律胸臆，調鐘唇吻。

章句三十四

宅情曰章，位言曰句。因字而生句，積句而爲章，積章而成篇。

啓行之辭，逆萌中篇之意；絶筆之言，追媵元作"勝"前句之旨。

外文綺交，内義脈注。跗萼相銜，首尾一體。

"夫"、"惟"、"蓋"、"故"者，發端之首唱；"之"、"而"、"於"、"以"者，乃劄句之舊體；"乎"、"哉"、"矣"、"也"者，亦送末之常科。據事似閑，在用實切。理資配主，辭忌失朋。

麗辭三十五

麗句與深采並流，偶意共逸韵俱發。

言對爲易，事對爲難；反對爲優，正對爲劣。

若兩事相配，而優劣不均，是驥在左驂，駑爲右服也。

若夫事或孤立，莫與相偶，是夔之一足，趻踔而行也。

玉潤雙流，如彼珩珮。

比興三十六

詩人比興，觸物圓覽。物雖胡越，合則肝膽。

誇飾三十七

因誇以成狀，沿飾而得奇。後進之才，獎氣挾聲。

春藻不能程其艷，寒谷未足成其凋。談歡則字與笑並，論戚則聲共泣偕。

事類三十八

屬意立文，心與筆謀。才爲盟主，學爲輔佐。

狐腋非一皮能温，雞蹠必數千而飽。寸轄制輪，尺樞運關。

綜學在博，取事貴約。校練務精，捃理須覈。

或微言美事，置於閑散，是綴金翠於足脛，靚粉黛於胸臆也。

練字三十九

前漢小學，率多瑋字，非獨制異，乃共曉難。

自晉來用字，率從簡易。

今一字詭異，則群句震驚，三人弗識，則將成字妖矣。

《雅》以淵源詁訓，《頡》以苑囿奇文。《蒼頡》篇。

善爲文者，富於萬篇，貧於一字。一字非少，相避爲難也。

《尚書大傳》有"别風淮雨"，《帝王世紀》云"列風淫雨"。

聲畫昭精，墨采騰奮。

隱秀四十

秘響旁通，伏采潛發。藏穎詞間，露鋒文外。

烟靄天成，不勞於妝點；容華格定，無待於裁鎔。

深文隱蔚，餘味曲包。《隱秀》一篇僞撰。

指瑕四十一

懸領似如可辯，課文了不成義，斯實情訛之所變，文澆之致弊。

羿氏舛射，東野敗駕，雖有儁才，謬則多謝。

養氣四十二

曹公懼爲文之傷命，陸雲歎用思之困神。

秉牘以驅齡，灑翰以伐性。意得則舒懷以命筆，理伏則投筆以卷懷。逍遥以針勞,談笑以藥倦。弄閑於才鋒,賈餘於文勇。

附會四十三

整派者依源,理枝者循幹。詘寸以信尺,枉尺以直尋。

張湯擬奏而再却,虞松草表而屢譴,並事理之不明,而詞旨之失調也。及倪寬更草,鍾會易字,而漢武歎奇、晉景稱善者,乃理得而事明,心敏而辭當也。

若首唱榮華,而媵句憔悴,則遺勢鬱湮,餘風不暢。

總術四十四

今之常言,有文有筆,以爲無韵者筆也,有韵者文也。

調鐘未易,張琴實難。思無定契,理有恒存。

時序四十五

賈誼抑,而鄒、枚沉。靈均餘影,於是乎在。

微言精理,函滿玄席;澹思濃采,時灑文囿。

物色四十六

一葉且或迎意,蟲聲有足引心。寫氣圖貌,屬采附聲。

模山範水,字必魚貫。物有恒姿,思無定檢。

山沓水匝,樹雜雲合。目既往還,心亦吐納。春日遲遲,秋風颯颯。情往似贈,興來如答。

才略四十七

膏潤於筆,氣形於言。竭才鑽思,理贍辭堅。

知音四十八

操千曲而後曉聲,觀千劍而後識器。

俗監之迷者深廢淺售,此莊周所以笑《折楊》,宋玉所以傷《白雪》也。

程器四十九

君子藏器,待時而動。發揮事業,固宜蓄素以弸中,散采以彪外。

摛文必在緯軍國,負重必在任棟梁。

序志五十

夫文心者,言爲文之用心也。昔涓子《琴心》、王孫《巧心》,心哉美矣,故用之焉,豈取騶奭之群言雕龍也。

辭人愛奇,言貴浮詭。飾羽尚畫,文綉鞶帨。

擘肌分理,唯務折衷。文果載心,余心有寄。

劉勰,字彦和,梁天監中,兼東宫通事舍人,深被昭明太子愛接,撰《文心雕龍》五十篇，與慧震沙門於定林寺撰經證功畢，遂求出家，改名慧地。《南史》本傳。

戊午年二月偶閲，摘録共十紙。觀齋記。

北平黄叔琳注，河間紀昀評，盧坤刻於兩廣督署，與曉嵐先生、劉知幾子玄《史通》削繁同刊。

黄山谷謂文史必須讀《雕龍》、《史通》，信哉。

《文選》五言八言* 從戴鹿牀借鈔。

瑶光正神縣,曜靈運天機。江淹
靈山紀地德,列宿炳天文。
雲天亦遼亮,朝野多歡娱。
心契九秋幹,風動萬年枝。
雲日相輝映,文物共葳蕤。
陽春布德澤,太平多歡娱。
太微凝帝宇,靈景耀神州。江淹
朝霞開宿霧,秋日懸清光。
雲霞冠秋嶺,樹木發春華。
神仙排雲出,鸛鵠摩天遊。郭璞
洪川控河濟,高浪駕蓬萊。郭璞
日月垂光景,水木湛清華。
金潭恒澄澈,玉樹信葱青。
結游略年義,舒文廣國華。
儐從皆珠玳,清越奪琳珪。
玄天高北列,輕雲出東岑。
洪鈞陶萬物,廣厦構衆材。
高舉振六翮,顧步佇三芝。
披雲對清朗,含英揚光輝。
天高萬物肅,功立百行成。
氣與三山壯,心爲四海懸。
君子聳高駕,達人垂大觀。
修坂造雲日,春江壯風濤。
朝霞迎白日,繁星依青天。
豐條並春媚,翔鳥薄天飛。
清風激萬代,英名擅八區。
被褐懷珠玉,彈冠去埃塵。
逸驥騰夷路,潛魚躍清波。
高眄邈四海,竦踴企一方。
珍裘非一腋,寶劍值千金。
聊齋朝彦跡,可爲達士模。左思
要欲追奇趣,豈爲誇譽名。
勞謙得其柄,中和誠可經。
且從性所玩,何懼澤不周。
立德不在大,衛生自有經。
相與觀所尚,庶以善自名。
鎮俗在簡約,探道好淵玄。
清風肅已邁,高節卓不群。
事爲名教用,理以精神通。
朗鑒豈遠假,游情無近尋。
一悟得所遣,久要不可忘。
識密鑑亦洞,心靈體自輕。顔延之
至樂非有假,賞心不可忘。
近矚袪幽蘊,佇立吐高吟。
虚恬竊所好,綺麗不可忘。
飲德方覺飽,樂道以忘饑。
晤言用自寫,寡欲不欺勞。
理化各有準,人益猶可歡。
資神任獨往,養真尚無爲。
君子篤惠義,吉士懷真心。
量力守故轍,高步超常倫。
攝生貴處順,吐論知凝神。

---

* 以下摘録《文選》、《東坡集》、《中州集》、元遺山詩句,以及厲樊榭詩聯,本書未與原作一一核對。《文選》摘句有重復處,本書未加删除。

寡欲罕所闕，貴足不願賒。
深衷自此見，含情易爲盈。
俯仰終宇宙，懷抱觀古今。陶潛
滔蕩固大節，拙訥謝浮名。
與物齊終始，所講在玄虛。
惑祛吝亦泯，意愜理無違。
束髮懷耿介，彈冠去埃塵。
清辭灑蘭藻，高情屬天雲。顔延年
識微在金奏，道勝貴陸沉。顔延年
賦歌能絶妙，析理實敷陳。
柳惠善直道，周任有遺規。
辭義麗金雘，志尚好詩書。
崇情符遠跡，高步超常倫。
飲河期滿腹，廻淵可比心。
思乘扶摇翰，原保金石軀。
異代可同調，當世貴不羈。
安事澆醇樸，聊可瑩心神。
偃卧任縱誕，曠望極高深。
巖壑寓耳目，翰墨久謡吟。
實禀生民秀，可爲達士模。
寡欲罕所闕，樂飲不知疲。
氣與三山壯，賞逐四時移。
沉思鐘萬里，高談玩四時。
達人知止足，吉士懷貞心。
和顔既以暢，秀色若可餐。
税駕從所欲，游林難爲觀。
點翰咏新賞，覽物奏長謡。
寸心於此足，群英必來臻。
至哉操斤客，本是餐霞人。
執心守時信，推分得天和。
睇目有極覽，施翮起高翔。
崇情符遠跡，清歌製妙聲。
方學松柏隱，是謂仁智居。
松柏有本性，林園無俗情。
亟迴長者轍，遠念賢士風。
常聞詩人語，安知曠士懷。
理化各有凖，道積自成基。
時與賞心遇，聊取永日閑。
嘗慕先達概，頗廻故人車。
流目矚巖石，散髮歸海隅。
抗迹遺萬里，英名擅八區。
鉛刀貴一割，寶劍值千金。
聊恣山泉賞，惟使雲路通。
但期身意遂，而無車馬喧。
遨遊快心意，懷抱觀古今。
不同長卿慢，請付任公言。
忘懷寄匠郢，高步追許由。
觀書鄙章句，尋山洽隱淪。
晤對無厭歇，曠望極高深。
逶迤傍隈隩，周覽倦瀛壖。
探己謝丹黻，求賢詠白駒。
勉力在無逸，延首詠太康。
中散不偶世，孫登庶知人。
條繁林彌蔚，盃盡壺自傾。
四運紛可喜，百籟坐自吟。
開軒臨四野，越海陵三山。
閑居玩萬物，登高望九州。
彈箏奮逸響，解帶臨清風。
放神青雲外，廻瞰蒼江流。
暫遊越萬里，升高臨四關。
清談同日夕，并坐相招要。
波清源愈濬，心遠地自偏。

俯仰流英眄，拙訥謝浮名。
將遵甘陳迹，永懷求羊踪。
脱冠謝朝列，散髮歸海隅。
蕭散得遺慮，清曠招遠風。
容華曜朝日，清節貫秋霜。
馨香盈懷袖，逍遥綜琴書。
泛覽周王傳，終反班生廬。
密葉成翠幄，玄醴染朱顔。
游目四野外，濯足萬里流。
高蹈風塵外，折衝樽俎間。
練藥矚虚幌，翦棘開舊畦。
未厭青春好，各勉玄髮歡。
結言固終始，探道好淵玄。
被蒙風雲會，流觀山海圖。
託身文墨職，游思竹素園。
願言寄三鳥，奇齡邁五龍。
老聃伏柱史，梅生隱市門。
雲日相輝映，山澤紛紆餘。
皎潔如霜雪，虚寂在川岑。
風遲山尚響，日隱澗疑空。
逸翮凌北海，遺思結南津。
思慕延陵子，比足黔婁生。
傍巖樹枌梓，涉江採芙蓉。
青松蔭修嶺，緑篠媚清漣。
芳草亦未歇，好風與之俱。
窗中列遠岫，天際識歸舟。
黍稷委疇隴，松柏翳岡岑。
繁林收陽彩，高臺眺飛霞。
春光發隴首，秋榮冒水潯。
山岑高無極，月露皓已盈。
野曠沙岸淨，雪鬱石道深。
游鱗萃靈沼，鳴鶴聒空林。
輕霞冠秋日，清雲却炎暉。
洲島驟廻合，臺澗備層深。
秋泉鳴北澗，輕雲出東岑。
蘭池清夏氣，桐林帶晨霞。
朱霞入窗牖，白日麗江皋。
廣庭發暉素，高崖被華丹。
惠風蕩繁圃，朗月照閑房。
山雲備慶靄，石泉漱瓊瑶。
澄江淨如練，朗月耀其輝。
採菊東籬下，種葵北園中。
連嶂疊巘崿，百卉挺葳蕤。
緑蘩被廣濕，丹葩曜陽林。
促織鳴東壁，胡蝶飛南園。
羅帳延秋月，綉甍結飛霞。
采茨葺昔宇，築觀基曾巔。
輕葉隨風轉，高楊拂地垂。
上天垂光采，空水共澄鮮。
繁華依緑渚，浮陽映翠林。
日暮碧雲合，天高秋月明。
緑槐夾門植，紅藥當階翻。
游鱗萃靈沼，飛燕躍廣途。
青松挺秀萼，丹葩曜芳蕤。
桃李成蹊徑，黍稷盈原疇。
清風飄飛閣，白雲屯曾阿。
回渠繞曲陌，孤嶼媚中川。
微風吹閨闥，驚湍激巖阿。
傾雲結流藹，明月耀清輝。
繁林收陽彩，華館寄流波。
丹霞夾明月，緑水揚洪波。
屯雲蔽曾嶺，企石挹飛泉。

景氣多明遠，臺澗備曾深。
明月一何朗，好風與之俱。
薄帷鑑明月，修帳含秋陰。
峻嶒起青嶂，衍漾觀緑疇。
疏峰抗高館，平陸引長流。
林壑斂暝色，山水含清暉。
夕陰曖平陸，明月照高樓。
青松蔭修嶺，緑蘿結高林。
崇臺非一榦，大厦須異材。
菰蒲冒清淺，松柏翳岡岑。
芳樹垂緑葉，新蒲含紫茸。
繁華及春媚，和風與節俱。

杜門清三徑，巢林棲一枝。
陵陽挹丹溜，洪崖發清歌。
親交義不薄，君子福所綏。
舉日增永慕，寫心出中誠。
鎮俗在簡約，濟治由賢能。
懷抱既明曠，翰墨久謠吟。
識密鑑亦洞，意愜理無違。
逸翮凌北海，長嘯歸東山。
勇退不敢進，處有能存無。
福謙在純約，深道好淵玄。
儐從皆珠玳，逍遥綜琴書。
德輝灼邦懋，式瞻在國楨。

騰吹寒山，弭蓋秋坂。謝惠連
比物屬事，離辭連類。枚叔
流連酒德，嘯歌琴緒。王僧達
比響聯辭，波屬雲委。沈休文
精騖八極，心游萬仞。
謀言必賢，錯説申輔。王仲宣
超然遠覽，淵然深識。班叔皮
仰熙丹崖，俯澡緑水。盧子諒
采摭群言，以立傳訓。孔安國
玄歎穆遠，神和形檢。袁伯彦
在物斯厚，居身以約。任彦昇
樂天知命，澹然自逸。蔡中郎
新萍泛沚，華桐發岫。王元長
業行淳修，理懷淵遠。王簡栖
弼諧允正，徽猷宏遠。王仲寶
公瑾英達，朗心獨見。袁伯彦
絶唱高蹤，久無嗣響。沈休文
玉質幼彰，金聲夙振。

汲流舊巘，葺宇家林。顔延之
修詩賁道，稱圖照言。謝希逸
綢繆史館，容與經闈。謝希逸
馳神運思，晝詠宵興。孫興公
格高五岳，袤廣三墳。鮑明遠
陳風緝藻，臨象分微。謝希逸
怕乎無爲，憺乎自持。司馬長卿
凝思幽巖，朗詠長川。孫興公
纂戎洪緒，克構堂基。潘安仁
萬石周慎，安親保榮。嵇叔夜
發言可詠，下筆成篇。曹子建
玄關幽楗，感而遂通。王簡栖
長楊映沼，芳積樹籬。潘安仁
才氣高奇，綜覈精裁。王仲寶
容止閑暇，守植安停。賈長沙
陸子優游，新語以興。班孟堅
標能擅美，獨映當時。同上
忠節允著，清風載興。潘安仁

器量宏深,資度廣大。蔡中郎
抗心希古,任其所尚。嵇叔夜
應物有方,居難則易。陸士衡
溝池湘漢,堆阜衡霍。王簡栖
瓌艷奇偉,殫不可述。
居正體道,樂天知命。劉孝標
築室種樹,逍遥自得。潘安仁
永嘯長吟,頤性養壽。嵇叔夜
卿雲扶質,清風承景。陸子衡
澡身玄淵,宅心道秘。顔延年
追踪丈人,畜雞種黍。應瑒
皆返中和,以美風俗。
先民有作,貽我高矩。張茂先
導養神氣,宣和情志。同上
采薇山阿,散髮岩岫。嵇叔夜
氣高叔夜,嚴方仲舉。王僧達
麗草交植,殊品詭類。曹子建
昭章雲漢,暉麗日月。王元長
庭列瑶階,林挺瓊樹。謝惠連
流連酒德,嘯歌琴緒。王僧達
比物屬事,離辭連類。枚叔
左江右湖,其樂無有。枚叟
言炳丹青,道潤金璧。王元長
舊文新藝,罔不畢肄。潘安仁
克己復禮,以奉終始。班孟堅
依林構宇,傍巖拓架。任彦昇
游目典墳,縱心儒術。潘安仁
神交圯上,道契商洛。傅季友
風謡歌舞,各附其俗。
器範自然,標準無假。袁伯彦
幽谷無私,有至斯響。王簡栖

道識虚遠,表裏融通。任彦昇
潔身寡欲,和而不同。
探情以華,覩著知微。王仲宣
奮躍淵塗,跨騰風雲。潘安仁
玄關幽楗,感而遂通。王簡栖
多才豐藝,强記洽聞。潘安仁
高言妙句,音韵天成。沈休文
稟道毓德,講藝立言。顔延年
白露曖空,素月流天。謝希逸
方軌前秀,垂範後昆。沈休文
嘉彼釣叟,得魚忘筌。嵇叔夜
每憑山海,庶覿高深。盧子諒
至人攄思,制爲雅琴。嵇叔夜
婆娑翰林,容與墳丘。潘正叔
濯鱗清流,飛翼天衢。阮元瑜
樂分龍趙,詩析齊韓。任彦昇
春華載榮,布葉垂陰。嵇叔夜
比物荃蓀,連類龍鸞。顔延年
榮曜秋菊,華茂春松。曹子建
沈吟齊章,殷勤陳篇。謝希逸
頓足起舞,抗音高歌。潘安仁
視明聽聰,靡事不惟。王仲宣
義窮羲象,文蔽班揚。王僧達
殊形詭制,每各異觀。班孟堅
研精耽道,安有幽深。張茂先
吐葩颺榮,布葉垂陰。張平子
啓發篇章,校理秘文。班孟堅
節慕原長,名亞春陵。班孟堅
清辭麗曲,時發乎篇。沈休文
草隸兼善,尺牘必珍。潘安仁
丘園之秀,因時則揚。陸士衡

德務中庸，教敦不肅。蔡中郎
源泉灌注，陂池交屬。班孟堅
人識廉隅，家知禮義。陸佐公
業行淳脩，理懷淵遠。王簡栖
永嘯長吟，頤性養壽。嵇叔夜
直舉胸情，非傍詩史。沈休文
温恭爲基，孝友爲德。潘元茂
擢本千尋，垂蔭萬畝。左太冲
高以下基，洪由纖起。張茂先
德有潤身，禮不愆器。顔延年
左江右湖，其樂無有。枚叔
應變知微，探賾賞要。袁伯彦
推賢恭己，久而可敬。彭伯彦
邁心玄曠，矯志崇邈。陸士衡
懷文抱質，恬淡寡欲。魏文帝
嗟歎玄德，讜言宏説。班孟堅
噓吸百川，洗滌淮漢。木玄虚
章程明密，品式周備。顔延年
氣蘊風雲，身負日月。沈休文
從容顧盼，綽有餘裕。趙景真
雍容揄揚，著於後嗣。班孟堅
應物有方，居難則易。陸士衡
政以禮成，化行有謐。蔡中郎
瑰意琦行，超然獨處。宋玉
砥礪清節，耽學好古。陳孔璋
潛神默記，絙以年歲。班孟堅
畏榮好古，薄身厚志。顔延之
天才英偉，珪璋特秀。劉孝標
婆娑嘔吟，鼓掖而笑。王子淵
秀出高跱，著名海内。陳孔璋
絶唱高縱，久無嗣響。沈休文

目睇毫末，心筭無垠。潘安仁
巖峻崷崒，金石崢嶸。同上
女修織紝，男務耕耘。班孟堅
天才博贍，學綜該明。任彦昇
砥節礪行，直道正辭。蔡中郎
每憑山海，庶覿高深。盧子諒
禮樂是悦，詩書是敦。蔡中郎
寄言上德，託意玄珠。沈休文
聲與風翔，澤從雲游。
知能拯物，愚足全生。袁伯彦
幕天席地，縱意所如。劉伯倫
稟道毓德，講藝立言。顔延年
深圖遠慮，衆莫能窺。沈休文
兼覽傳記，留思文章。楊德祖
進德修業，輝光日新。張茂先
潛精典籍，立身揚名。應休璉
價越萬金，貴重都城。魏文帝
昭穆蕃昌，枝庶分流。潘安仁
功深砥礪，道邁舟航。任彦昇
體通性達，受之自然。楊德祖
邁德種恩，樹之風聲。吴季重
循性而動，各附所安。嵇叔夜
韵與道合，形器不存。袁伯彦
體通性達，受之自然。楊德祖
潛精墳籍，立身揚名。
邁德種恩，樹之風聲。吴季重
陳書綴卷，置酒絃琴。同
當世雋彦，德行修明。陳孔璋
矯翼厲翮，恣意所存。揚子雲
枕經藉書，紆體衡門。班孟堅
乘理照物，動必研幾。任彦昇

聽采風聲，仰德不暇。楊德祖　屈伸變化，惟道所存。陳孔璋
風標秀舉，清暉映世。沈休文　英才俊偉，天下知名。陳孔璋
君親自然，匪由名教。袁伯彦　安樂必誠，乃終利貞。嵇叔夜
言炳丹青，道潤金璧。王元長　才懷隨和，行若由夷。司馬子長
雝雉必懷，豚魚不爽。沈休文　鳴鶴交頸，睢鳩相和。張平子
託跡黄老，遺世却粒。陸士衡　仰慕嚴鄭，樂道閑居。嵇叔夜
明濟開豁，包含宏大。夏侯孝君　簡深廉潔，貞夷粹温。顔延年
組織仁義，琢磨道德。劉孝標　婆娑翰林，容與墳丘。潘正叔
當時嗟服，若有神道。任彦昇　勉志含宏，以隆德聲。張茂先
顧史宏式，陳詩展義。謝玄暉　游藝殫數，撫律窮機。謝希逸
豈曰模擬，實在雅性。袁伯彦　於焉逍遥，聊以娱情。張平子
研精覃思，博通經籍。孔安國　神清氣茂，允迪中和。任彦昇
福同古人，慶流來裔。鍾士季　居無塵雜，家有素書。任彦昇
淑質貞亮，英才卓躒。孔文舉　神足游息，靈心往還。王簡栖
臭味風雲，千載無爽。任彦昇　燮和台曜，五教克宣。同上
和理日濟，同乎大順。嵇叔夜　慎修所志，守爾天符。班孟堅
達人大觀，物無不可。賈長沙　仁者必勇，德亦有言。袁伯彦
忠果正直，志懷霜雪。孔文舉　瓌瑋博達，思周變通。夏侯孝若
雲潤星輝，風揚月至。王元長　晨煙暮靄，春煦秋陰。顔延年
任座抗行，史魚厲節。　景春佐酒，杜連理音。枚叔
縟旨星稠，繁文綺合。沈休文　翠觀岑青，雕閣霞連。張景陽
經師人表，允資望實。任彦昇　深謀遠慮，出自胸懷。
陽葉春青，陰條秋緑。張景陽　合昏暮卷，蓂莢晨生。陸佐公
幽堂晝密，明室夜朗。張景陽　朱櫻春熟，素柰夏成。左太沖
禀氣靈淵，受精皎月。張景陽　植根芳苑，擢秀清流。趙景真
緬屬賢英，傍思才淑。任彦昇　仰模淵旨，取則後昆。同前
光如散電，質如耀雪。張景陽　文若春華，思若湧泉。曹子建
玄暉峻朗，翠雲崇藹。陸士龍　瓊巘嶒峻，金岸崥崹。張景陽
仰挹玄流，俯宏時務。袁伯彦　左當風谷，右臨雲谿。張景陽
神情元定，處之彌泰。袁伯彦　逍遥暇豫，忽若忘歸。曹子建
讐校篆籀，篇章畢覿。　坐鎮雅俗，宏益已多。任彦昇

志陵九州,勢越四海。張景陽　價兼三鄉,貴重二都。同前
名節珠塗,雅致同趣。袁伯彦　祚靈集祉,慶靄迎祥。謝希逸
同形創聲,隨事造曲。成公子　聯跗齊穎,接萼連芳。謝希逸
立行可模,置言成範。沈休文　陳風緝藻,臨彖分微。謝希逸
形冠豪曹,名珍巨闕。張景陽　音朗號鐘,韵清繞梁。同前
希高慕古,長想遠思。成公子　發言抗論,窮理盡微。吴季重
咳唾爲恩,眄睞成飾。任彦昇　朒朓警闕,朏魄示沖。謝希逸
敬愛既同,情義兼到。袁伯彦　英華外發,清明内昭。沈休文
如彼隨和,發彩流潤。潘安仁　託好老莊,貴物賤身。嵇叔夜
閟水環階,開池引席。顔延年　縱棹隨風,弭楫乘波。張景陽
瓌意琦行,超然獨處。宋玉　耽虚好静,羨此永生。曹子建
練色娱目,流聲悦耳。枚叔　選義按部,考辭就班。陸士衡
川静波澄,龍翔雲起。王簡栖　桂深冬燠,松疏夏寒。同前
奢不可逾,儉不能侈。班孟堅　怕乎無爲,憺乎自持。司馬長卿
倚據崇巖,臨睨通壑。王簡棲　仰折神蘺,俯采朝蘭。張景陽
弭節安懷,妙思天造。陸士衡　進德修業,輝光日新。張茂先
奏議宜雅,書論宜理。魏文帝　沈濳既義,高明既經。謝希逸
辭賦清新,屬言玄遠。任彦昇　才氣高奇,綜覈精裁。王仲寶
資生仰化,于何不養。束廣微　聚精會神,相得益章。班叔皮
氣霽地表,雲斂天末。謝希逸　黍華陵巔,麥秀邱中。束廣微
秋菊春蘭,英華靡絶。劉孝標　杏花菖葉,畊穫不愆。王元長
義結君子,惠霑庶類。王仲寶　永瞻先覺,顧惟後昆。
逸翮獨翔,孤風絶侣。王僧達　忠節克明,茂績惟嘉。潘安仁
永言必孝,因心則友。王仲寶　施己惟約,于禮斯豐。陸士龍
植物斯高,動物斯大。束廣微　舉實爲春,摛藻爲秋。張景陽
聲溢金石,志華日月。顔延年　律異班賈,體變曹王。沈休文
動作有應,從容得度。王子淵　英華外發,清明内昭。沈休文
早勵良規,自求多福。邱希範　仰模淵旨,取則後昆。任彦昇
少而英明,長而宏潤。沈休文　散以禮樂,風以詩書。揚子雲
信必由中,貌無外悦。任彦昇　幾以成務,覺在民先。沈休文
光如散電,質如耀雪。張景陽　氣若浮雲,志若秋霜。傅武仲

肇自弱齡,孝友光備。任彦昇　既有令德,材技廣宣。曹子建

標牓風流,遠明管樂。袁伯彦　遒文麗藻,方駕曹王。劉孝標

《東坡集》摘句

不禱自安緣壽骨,深藏難没是詩名。

《和致仕張郎中春晝》

蝎殼卜居心自放,蠅頭寫字眼能明。

人競春蘭笑秋菊,天教明月伴長庚。

《送張軒民寺丞赴省試》

古意已將蘭緝佩,招詞閑詠桂生叢。

《戲贈賈將秀才》

立品須從初宦日,讀書還似在山時。

雕隼入雲睇所向,驊騮得路慎其平。

同不害正异不傷物,敬以持己謙以接人。

慎重安詳因事中理,坦平和暢與物皆春。

蘭陔敬奉延齡酒,蓉鏡新開及第花。

楊少爺鴻弼,號仲禾,行八。

介圭入覲膺殊眷,列綵承歡報早春。

《中州集》摘句河東人元好問裕之集。

舍風荇逐波紋展,着雨花連土氣香。宇文叔通虛中《郊居》。

避囂肯要鄰人卜,論友先尋上世書。前人《稽古軒》。

手版西山聊復爾,角巾東第定何時。吴彦高激,米芾壻。

四海蒼生謝安石,一言宣室賈長沙。前人。

吾廬想見扶疏樹,宦意渾如浩蕩鷗。蔡伯堅松年。

山陰未辨羲之集,沂上聊從點也歸。蔡正甫珪。

元亮結廬山挂眼,孔融好客酒盈尊。高子文士談。

奇貨可居天種玉,太年有象麥連雲。趙勉叔述《賦雪》。

一百五日寒食節,二十四番花信風。張元石公藥。

芭蕉葉斜卷舒雨,酴醾架小縱横春。前人。

春風無意管楊柳,晴日有心烘杏花。前人。

晚照入簾如有意,春風過水略無痕。邊德舉元鼎。

鴨江桃葉朝迎渡,屺嶺松花夜煮湯。王元老寂《送張仲謀使三韓》。

洛中獨樂有司馬,天下不名知曲江。前人《題少保張公曲阿别墅》。

愛買僻書人笑古,痛憎俗事自知清。劉致君仲尹。
靜中慣識形神影,妙處誰知色味香。劉無黨迎《梅》。
雲山真欲追聱叟,風腋何妨借玉川。前人。
楊柳杏花相對晚,石泉槐火一時新。前人《寒食》。
桑下久無三宿戀,室中今許一燈傳。前人《城南庵》。
小院日長清夢覺,空庭人靜緑陰圓。党世傑懷英。
兒孫滿眼田園樂,花木成陰歲月深。王子端庭筠。
玉署文章厭閑冷,綉衣風采試澄清。前人。
李白一杯人影月,鄭虔三絶畫詩書。趙周臣秉文,號閑閑,有《滏水集》三十卷、《資暇録》十五卷。
樹頭風寫無窮水,天末雲移不定山。前人《寄裕之》。
乍拆泥封糕酒熟,未聞火禁粥餳寒。前人《莫春》。
萬古河山雄朔部,四時風月入南樓。前人《代州》。
河分橋柱如瓜蔓,路入都門似犬牙。前人《盧溝》。下二句:“落日盧溝溝上柳,送人幾度出京華。”
幽陰不放終年樹,好味仍餘盡日茶。周德卿昂。
好景落誰詩句裏,蹇驢駝我畫圖閑。趙文孺渢。
苔連碧色龜趺古,松落輕花鶴夢香。楊之美雲翼,樂平人,謚文獻,與禮部閑閑公代掌文柄,時人號“楊趙”。子恕,字誠之,第進士。
胸中已有五千卷,徽外更聽三兩絃。李之純純甫。
追摹古人得高趣,别出新意成一家。蕭真卿貢《米元章大字卷》。
月過初三半梳玉,菊迎重九滿籬金。王大用良臣,潞人。
有時幽鳥話心事,無限秋蟲誇口才。王正之特起,崞縣人。
食禄已慚中隱吏,墾山聊作下農夫。趙宜之元,定襄人。
夢裏紙衾三丈日,話延雪屋一龕燈。前人《寄裕之》。
始露雄文陵楚些,又登長陌佩吴鈎。密國公璹,字子瑜,興陵之孫,越王之長子,宗室中第一流人也。所藏法書、名畫,幾與中秘等。自號樗軒老人,其詩號《如菴小稿》。
新詩淡似鵝黄酒,歸思濃如鴨緑江。前人。
錦囊玉軸三千幅,翠袖金釵十二行。前人《題晉卿王暉寶繪》。
風姿便認王摩詰,藴藉還疑李謫仙。前人。
歸去青山仁者樂,秘來丹訣老而傳。馮叔獻壁《贈醫》。致仕居崧山龍潭,“松醪門蘭”遂爲山中故事。

杯心蘸月松梢影，鼻觀通風柏子香。劉雲卿從益《次韻閑閑公夢歸》。
輞川畫隱王摩詰，錦里詩窮杜拾遺。前人。
妝鑾土壁紅千點，界畫銀沙緑一鈎。宋飛卿九嘉《題壽安烟霞亭》。
解起晴雲作霖雨，更邀明月貯清光。雷希顔淵《賦雲溪》。
圭璋自是清朝器，律吕偏諧治世音。前人。
塵坌恐驚黄鵠舉，烟波不負白鷗盟。前人《送致仕》。
文字喜逢修月手，津梁媿乏濟川材。前人《次裕之韵》。
收拾珠璣三萬斛，貯儲風月一千篇。李欽叔獻能《題詩囊》。太夫人素豪侈，小不如意，則有金魚墮地之，譴人視之，殆不堪其憂，而欽叔處之自若也。
不才被棄翻爲福，拙計無營卻似高。王仲澤渥。
杏花聯句香隨馬，野水添杯浪拍舟。前人。
秋暑困人仍御扇，晚風生竹卻添衣。前人。
翠勺銀罌沽酒市，暖風遲日賣花聲。毛牧達麾。
鷗飛翠竹白沙地，人宿黄魚紫蟹村。王子九元節。
許家二桂聯翩秀，孫氏三枝次第春。孫安常鎮，絳州人。兄弟同榜擢第，鄉人號“三桂孫氏”。
翻風鬥巧春頭勝，漉雪浮香臘尾盃。岳仁光行甫《立春日》。
午風襟袖知秋早，甲夜闌干得月多。劉少宣勳。
船行着色屏風裏，人在回文錦字中。前人。
百和香熏風過處，萬盤珠落雨來時。前人。
春回和氣一千里，雪與豐年十萬家。前人。
人天解種不秋草，欲界獨爲無色花。馬雲章天來，人謂之元章，介休人，畫入神品。賦《丹霞下寺竹》云。
青山已有十年舊，小雪又爲三日留。崔懷祖遵。
枕簟先秋失殘暑，湖山徹曉看新晴。田德秀紫芝。
千里吕安思叔夜，二年社燕伴秋鴻。王元卿萬鍾《寄裕之關中》。
天將借手開金匱，雲本無心到玉京。李子遷夷《贈國醫》。
官况薄於重榨酒，瓜期近似欲殘棋。晁公錫會《虞鄉縣齋》。
碧海半灣蝸角國，春風十里鴨頭波。魏元道道明《高麗館偏凉亭》。
霜圃擷蔬充早供，石泉煮茗薦餘甘。前人《佛嚴寺》。
苔封老檜龍鱗起，石礙流泉燕尾分。田彦實特秀。
竹陰疏處見潭影，人語定時聞鳥音。高特夫公振。

醲具未甘名長物，詩壇聊欲張吾軍。李仲通好復《與客飲》。
婦翁正得黄承彦，兒子當如孫仲謀。劉次霄昂《讀三國志》。
山入平簷供遠翠，水環釣石得深清。田永錫錫。
田園致憶遂初賦，冰雪莫吟行路難。張之純澄。
翠鈿舞風榆落莢，緑針浮水稻抽秧。趙光道晦。
千歲冰霜松骨瘦，九秋風露鶴聲圓。王敏夫，五臺人，《論詩》。
未饒徐淑早求舉，卻笑陸機遲得名。郝晉卿天挺，陵川人，《送門生赴省闈》。
非綿非絮寒無用，如雪如霜暖不消。邢仲祥安國《楊花》。
試從麟閣諸賢問，肯顧蘭臺小史無。耶律履道履，謚文獻，《史院感懷》。
俚諺難逢兩寒食，閏餘今值小重陽。孟友之宗獻《閏月九日》。
石鼎夜聯詩筆健，布囊春醉酒錢麄。李子遷《贈異人王南雲予可》句，王，吉州人。
幽花入室無多種，瘦竹關情只數竿。辛敬之願。
花低暖藥斜窺水，竹亞晴梢巧避山。前人。
籬根傍水魚知樂，屋角鄰花鳥自歸。前人。
山市日高人未集，柴門客至鳥先歸。姚仲純孝錫。
久擬芝蘭同臭味，莫疑魚鳥自高深。前人。
因記昔游驚迅晷，暫將離恨付清尊。前人。
文章變古名新體，孝弟傳家守舊規。林顯卿。
石瓮烟霞詩秀潤，駘祠風月酒淋浪。元德明，《舊游》詩。裕之之父。秀容人，居東山福田精舍，東岩其自號也。
路人也解賢疏傅，河内猶思借寇恂。前人《送張翼州致政還都》。

裕之《自題中州集後》

鄴下曹劉氣盡豪，江東諸謝韵尤高。若從華實評詩品，未便吳儂得錦袍。
陶謝風流到百家，半山老眼淨無花。北人不拾江西唾，未要曾郎借齒牙。
萬古騷人嘔肺肝，乾坤清氣得來難。詩家亦有長沙帖，莫作宣和閣本看。
文章得失寸心知，千古朱絃屬子期。愛殺溪南辛老子，相從何止十年遲。
平世何曾有稗官，亂來史筆亦摧殘。百年遺稿天留在，抱向空山掩淚看。

裕之避兵南渡，悼金源氏亡，誓不更仕。晚年以著作自任，曰："不可令一代之跡泯而不傳。"乃築亭於家，寒暑不出，有所聞見，隨以寸楮細字紀録之，名曰"野史"，不下百餘萬言。《中州集》其采詩一種也，凡十卷，共二百四十五人，每人敘列，以寓褒譏，史臣推爲一代宗工，真無忝矣。若卷首感顯章二作，卷尾附其父兄詩,尤見忠孝。至於俯仰感慨之意,讀其自題五絶句,可想見云。海虞毛晉識。

道光丙申二月,猶子世庾州試歸,買得《中州集》,乃汲古閣本。晴窗展誦,信手摘其律句,并録遺山自題、毛氏跋,偶爲鄉人書楹帖,輒有笑者云:"褐龂生又造出新聯矣。"淳甫自記。

元遺山詩句

老樹高留葉,寒藤細作花。
夢出紛華外,詩來寂寞邊。
山意出高寒,雲陰帶晚涼。
看宇見高秀,吐句淩清雄。
團茅遂幽屏,細柏含古春。
林影兼秋薄,雲陰帶晚涼。
千載陶元亮,平生馬少遊。
澄泉潔餘習,高樹表新齋。
清談見滋味,新詩互唱酬。
山意出高寒,雲林入清深。
開窗納山影,推枕得溪聲。
樹德蘭在畹,立節柏有心。
生平遠遊賦,千里故人書。
明月即佳客,開窗見西山。

厲樊榭詩聯

水減舊痕魚上後,霜傳新信雁來初。
官身已謝潘懷縣,真散應同陶隱居。
郡有顔公稱二始,溪經元子署三吾。
梅開香破缸面酒,日出暖射牀頭氈。
詩人來作長城宰,客子如停小謝齋。
撲絮乍逢燕市雪,摇風不見米家鐙。
水色曲如蘭上里,山光青似永和年。
千世榮堪黄口笑,背時詩待素心論。
營室差能學劉峻,養痾多爲擬王微。
題字尚留前輩在,聽泉今見解人稀。
本色住山深有味,清詩呈佛豈無緣。
鬱洲家似邴根矩,退谷銘如元次山。
空寮只許茶人住,一榻翻同竹祖眠。
誰其云者兩黄鵠,我欲遺之雙鯉魚。
冷淡交情宜歲晚,清嚴况味在晨興。
旅舍欲添雙鬢白,鄉書只説兩峰青。
醉依菊壋敧斜坐,静檢書籤次第排。
屋頭大葉自吟雨,衣上緑陰如染苔。
五柳先生雖寂寞,雙楠居士不塵埃。
情深濠濮常觀物,學邃河源更有孫。
葉森已識閑中味,凄緊初闚别後心。
煙外有山渾入夢,日中著句未曾書。
小海無人知夏統,草堂何地着盧鴻。
擷蔬風味追前輩,翦樹軒亭换舊牌。
地主能詩欣會宿,旅人貪話廢高眠。
將煖湖烟多晚碧,未花桃樹有春紅。
活東聚處芹爭長,謝豹啼時笋盡生。
煙中春月大可愛,窗外梅花如故人。

短布自遮周伯況,大船不識庾安西。
卧架少書思閲市,行滕無夢到乘車。
官璲賞茶民事簡,農家探繭物華妍。
山王不入林中詠,陶謝居然我輩人。
好事故人分茗供,高情太守借山看。
階荒只是蛙難禁,門静兼無雀可羅。
珠聯群從皆能詠,玉立諸郎盡解書。
鷗邊信誓明如日,菊候風流欠此杯。
鈎簾鶴柴涼移影,俯檻魚牀爭洗塵。
詩從青箬笠前得,秋在白荷花上來。
古屋氣暄閑園地潔,喬林閣迥疏影池横。
蘭發空林客來江館,烟中春月窗外梅花。

人静月復清,雲疏雨猶滴。
白社何年約,青蓑舊隱心。
水光知月出,花落見風行。
閑非行散得,樂豈注書妨。
閑思鐙初落,春懷酒正中。
城市看花入,溪山載筆俱。
古屋氣始暄,閑園地常潔。
氣新如有獲,興到亦無朋。
勤收駐顔藥,儉用賣文錢。
玉川雙破屋,東郭兩先生。
自攝安眠食,無求少送迎。
映窗憐曉色,注水養餘寒。
學圃容身隱,題名恐俗猜。
句無劉夜坐,興比薛春遊。
懷友無高翮,函書自遠程。
栽花無隙地,汲井有新泉。
霧窺山半面,水照鶴雙身。
花光淡欲無,松籟遞相應。
石帶殘雲潤,潭臨雜樹青。
魚聲不知處,荷氣偶然來。
預想他時話,須防此夕眠。
江落小孤秀,天寒大别青。
囊中名畫録,槎上老人星。
高林書閣迥,疏影墨池横。
都講堪重席,高材自短檠。
功逾文太守,頌遍魯諸生。
真成客不速,猶道醉無歸。
圖書初檢校,鄰曲共幽深。
雲木秀田舍,水風清客舟。
蘭發空林雨,客來江館秋。

樊榭詩工於琢句,宋元以下碎事新語時時附注,可廣見聞。觀齋記。

自撰對聯*

題聯

世德重魯禮訓,詒謀溯晉先賢。

注:爲太谷縣劉氏墓牌樓題。

立德立言,居之有敬;友直友諒,尊其所聞。

注:爲祁縣渠家大院石雕門題聯。

隨遇每生欣,朗日和風入懷抱;靜觀殊自得,崇蘭修竹有情文。

注:爲平定許長庚家門題聯。

懸瓮山高,碧玉一灣分晉水;剪桐遠澤,慈雲千古蔭唐封。

注:爲太原晉祠聖母殿前廊題聯。

文成規矩,思合符契;居無塵雜,家有素書。

注:爲太原晉祠文昌宮東廳題聯。

扁舟一繫海幢寺,遠客初嘗香積厨。

注:爲廣東海幢寺題聯。

猶存仙李蟠根處,如聽空山説法時。

神福名山無盡藏,華嚴妙論有傳人。

志在春秋,威震華夏;斯人在兹,光昭日月。

送老山中雙古刹,納凉松下十名泉。

注:以上四聯,均爲壽陽方山昭化寺題聯。

石參一欄月,波扶三尺天。

注:爲壽陽下州村洗心泉題聯。

鳳翥鸞翔,揮毫神助;龍盤虎踞,勝地鍾靈。

注:此爲木刻聯,藏於遼寧瀋陽故宫。

五六月間無暑氣,二三更裏有鐘聲。

注:題慈仁寺聯,與壽陽、榆次界茶亭聯同。

閑坐日長,幽栖地僻;近依松翠,遠借山青。

注:題縵㽘亭聯。

---

* 以下18條注語,係本書編者所加。

習勤朝運甓，省過夜焚香。

注：題壽陽方山李長者像前聯。

賁布想文翁，千載馨香留石名；鳴琴聞單父，萬家機杼答絃歌。

注：題壽陽藍公祠聯。

天下大文章源從孝友，古來名將相氣應星辰。

注：題壽陽文昌祠聯。

土爰稼穡，地出醴泉。

注：題土地神聯。

馬首肇遷，五百年前遺澤遠；龍章崇錫，廿三世後被恩長。

家學詩書綿教澤，廟堂禮樂蔚人文。

注：題壽陽平舒村家廟聯。

白鹿山高，六景詩傳仁者里；黄羊澤遠，千秋人識大夫祠。（内楹聯）

恩錫絲綸，慶綿福壽；家承堂構，世誦清風。（外楹聯）

子孫賢族將大，兄弟睦家之肥。（東廡聯）

恭敬撙節退讓，和親康樂安平。（西廡聯）

注：題壽陽平舒祁氏支祠楹聯。

動静胥歸於正，身心自養其和。

注：題先大夫楹聯。

簡盦大人大兄鑒正

言詞安定去雕鎸，經濟會通守紀律。

榕峰大兄大人鑒正

清風南國歌棠舍，歸政西河問篠驂。

竹朋三兄大人六十慶

書畫怡神多考壽，芝蘭啓秀滿階庭。

懷玉三兄屬

名畫書法環四壁，晚菘早韭各一時。

子錫世大兄

動作有應，從容得度；英氣外發，清明内昭。

孟瞻先生鑒正

閑對古經搜舊疏，細甄流水寫新詩。

馨泉世五兄正

時復長篇書小草，要將真色鬥生枝。

怡園姻世三兄雅正

盆梅香試春前萼，砌竹晴餘雪後枝。

漁舫一兄屬

藏異書貴得初本，收古畫須檢裂文。

贈閻夢岩農部聯

康成覃思研群籍，祭酒通經説六書。

與祁宿藻聯

勤求公事非多事，屏絶人情是近情。

贈同鄉解河源聯

機事不知漢陰老，逸書須問濟南生。

自書聯

冷淡交情宜歲晚，清巖況味在晨興。

葉崑臣名琛中丞世大兄

詔爵酬庸，風宣嶺海；教忠積慶，澤衍詩書。

陳子鶴三兄

珥筆凌雲，循陬愛日；焚香靜夜，運甓清晨。

孫駕航世兄（集句）

醴泉無源，芝草無根，人貴自立；流水不腐，户樞不蠹，民生在勤。

贈葉東卿語（韋賢封扶陽侯）

鄴侯藏書，潁州集古；扶陽家學，萬石門風。

贈陳勿齋聯語

上艾雲山供蠟履，西平筆札照經箱。

陳竹伯中丞

帝獎崇勛，家延餘慶；手調元氣，身作歲星。

鄧厚甫觀察

精蘊内含，符采外炳；和平致福，保障宣猷。

史才六兄正

快雪時晴，佳想安善；惠風和暢，遊目騁懷。

春衢學長兄正

得句會應緣竹鶴，著書不復窺園葵。

鎸山大人館丈正

閑依菊壿欹斜坐，靜檢書籤次第排。

常吉三兄先生正

室靜有蘭人得契，竹虛臨水坐娱情。

保甫一兄雅正

組織仁義，琢磨道德；啓發篇章，校理秘文。

耀生賢甥

居身不使白玉玷，絜志直與青雲齊。

聚星大兄屬

柿葉學書差足慰，芸香辟蠹會須求。

冠山六兄正

新汲泉誇茶味勝，舊題詩記蘚痕斑。

仲然三兄大人屬即正

觀古今文，詠懷咸暢；得山水樂，坐遊自清。

植山二兄正

明月松間，清泉石上；落花水面，好鳥枝頭。

首仁二兄請鑒

崇竹幽蘭，攬觀得趣；和風朗日，懷抱生春。

玉階大兄大人正

循吏總留經術氣，詩人宜住水雲鄉。

石臣二兄大人察書

經濟博通，言達於行；家庭和樂，質有其文。

衡齋賢宗鑒

即事無疑知理足，此心有德致功深。

省吾三兄察書

獨攀書室窺岩竇，宜與諸儒論石渠。

東漁世一兄正

圭璋特達，君子之德；雕蟲篆刻，壯夫不爲。

伯原一兄正

銘學東坡雪浪石，書臨北海雲麾碑。

小梅年兄屬

紅杏在林，幽鳥相逐；碧桃滿樹，清露未晞。

朵山給練九兄同年

讀君陳篇，惟孝友於兄弟；遵司馬訓，積陰德於子孫。

芸臺一兄大人雅正

亭臨流水地斯趣，室有幽蘭人亦清。

竹珊世三兄察書

在物斯厚，居身以約；發言可詠，下筆成篇。

芷衫五兄屬

小窗虛幌相嫵媚，名章俊語紛交衡。

似菴三兄屬

勵德樹聲，正末歸本；稟經制式，酌雅富言。

丙南六兄正

舊書細讀猶多味，佳客能來不費招。

静庵節相大兄大人鑒正

籌筆邊樓，河山氣肅；怡情老圃，裘帶風清。

子勵二兄先生雅屬

讀聖賢書盎於背，施於四體；行忠孝事本諸身，征諸庶民。

南濱六兄雅正

竹餘舊節當階碧，葵抱初心向日紅。

叔居世三兄正

讀破萬卷詩逾美，朝作千篇日未晡。

頌臣世四兄正

想有清詩傳素壁，自携修綆汲新泉。

苞仲世二兄正

清晝撿書，古香溢座；端居省道，衆論含虛。

香圃二兄先生正

學道愛人，整躬作範；化民成俗，造士爲先。

月槐大兄雅正

常將盈滿思欹器，自喜迂愚用直鈎。

丹書一兄正

愛身每感玉抵鵲，養氣要如刀解牛。

慧堂老賢至正

天宇自清，風湍亦静；威儀肅物，慈惠宣猷。

覲唐況大人清鑒

品節詳明,德性堅定;事理通達,心氣和平。

伯鈞七兄先生正

居則修身,曰誠與敬;出而應事,唯公乃明。

五言聯

靜雨覺涼夢,清風聞妙香。
無事此靜坐,有福方讀書。
倚石得奇想,看雲多遠懷。
波濤良史筆,諷興詩家流。
草堂小秀野,花市下斜街。
定而後能靜,言之必所行。
舊好何由晨,新詩日又多。

六言聯

恭敬撙節退讓,剛健篤實輝光。
虛其心實其腹,慎乃德敬乃儀。

七言聯

枕上溪山猶可見,箇中草木亦長閑。
小詩試擬孟東野,大草閑臨張伯英。
將暖湖烟多晚碧,未花桃樹有春紅。
古寺深藏松葉雲,洞門靜掩黎花月。
深院抄書桐葉雨,曲欄尋句藕花風。
故作明窗書小字,自携修綆汲新泉。
仁者澤流爲化雨,善人心自有長春。
養成筆力能扛鼎,準備花時要索詩。
窗下日長多得句,花前技蛘又成詩。
都邑正喧收杞梓,文章新構滿鵷鸞。
漫芳車馬臨茅屋,願遂兒童舞筱驂。
棗徑瓜畦經雨長,島煙湖霧看春生。
欲共幽人洗筆硯,别開新館集琳琅。
顧野王自是介士,張平子獨有深情。
詩句多傳知有暇,草書非學聊自娛。
月過初三半梳玉,菊迎重九滿籬金。
道德是樂乃無憂,廉耻自守則常足。
骨氣乃有老松格,神妙直到秋豪顛。
碧瀉觀池荷葉露,紅霏衣桁杏花風。
詩墨淋灕不負酒,江山雄麗洵宜人。
摹石魚臨黄子久,瞻瓶花解紫丁香。
藏書金薤呈鴻寶,賜墨隃麋發古香。
滿塢白雲耕不盡,一潭明月釣無痕。
摩霄黄鵠有奇翼,拔地蒼松多遠聲。
一雨快晴雲放樹,小軒明爽日篩簾。
春風頗似唐張旭,天氣和如魯展禽。
真澹宕如蘇玉局,最風流是白香山。
詩王本在陳芳國,群仙正草新宫銘。
深院塵稀書韵雅,明窗風靜墨花香。
養成心性方能靜,實用人才即至公。
語爲吉祥多厚福,心緣敬慎達康衢。
文章清逸世少比,金石刻畫臣能爲。
夜來火爐頻添炭,曉起牀欞已見冰。
蠟屐幽懷高下齒,斫輪真想古今書。

學能通達知真趣，心以和平得坦途。

探囊贈硯頗宜墨，坐石携泉旋煮茶。

時賞幽會得静氣，同觀流水悟文情。

芳草衙門無鳥跡，古槐深巷有蟬聲。

鷗覓翠竹白洪地，人宿黄菊紫荆村。

有涵養方成學問，無間斷便是工夫。

水能淡性真吾友，竹解虚心是我師。

能招過客使文字，却對真山看畫時。

氣誼久孚無過淡，文章入妙莫如真。

停琴語聽新巢燕，垂幔香留宿木蘭。

八言聯

家藏秘書，古香溢目；居達塵雜，嘉樹怡情。

文成規矩，思合符契；道匡雅俗，器重宗彝。

仰華思崇，臨川擬潔；玉水藏鑒，冰壺貯清。

陰陽協和，乃致瑞應；遐爾携負，咸歌德聲。

春意乃爲，詩人所覺；夜坐能使，晝理自深。

諷詠楚詩，精微沛易；雕鏤海籍，圖載山徑。

采樂調風，集禮宣度；研書賞理，敷文奏懷。

異人惠臨，長言不足；古懷大放，昔事可稽。

金石洞明，崇風載響；珪黻華潤，大雅符文。

剛柔攸得，功加於民；廉孝相承，世載其德。

含芳吐芬，雜花生樹；頤情養性，有酒盈樽。

沐之膏雨，暢之春風；被以青松，灑以素瀨。

地涉煙霞，古今在檜；情深山水，仁智能樂。

曲室清風，静坐得趣；虚亭流水，永日娱懷。

仁意春生，道心日麗；高情天逸，遠性霞騫。

十一言聯

理但能悦，諸心少得亦可喜；事苟有益，於世力行而不疑。

輓　聯

輓余農年伯大人

積善享遐齡，杖履優游資禄養；

教忠傳義訓，絲綸稠叠荷恩榮。

輓陳偉堂相國

帝鑒樸誠,想夢中風馬雲車,傳説神歸爲列宿;

天題耆壽,看庭下琪華玉樹,老萊孺慕許終身。

輓平定張芸閣師

德望重鄉閭,家稱孝弟,吏頌循良,接武有人傳世業;

淵源思教澤,昔甫童蒙,今成衰老,感恩何日輯遺書。

輓陳介祺祖母

恩榮曠代難逢,看賜額高懸,壽母耆臣延世澤;

孺慕終身罔極,想騎箕前導,人間天上答春暉。

輓張鏡湖振全,辛丑

晝省爲招魂,遺集空傳張水部;

玉堂曾獻賦,後身應是蔡中郎。

輓林少穆先生

帝鑒臣忠,歷艱危不敢憂身,一字定千秋史論;

公爲民望,想魂魄猶堪破賊,八閩繫四海謳思。

輓杜芝農相國

帝重師儒,憶十七年啓沃功深,恩禮特隆今古;

民懷父母,爲億萬姓憂勞力瘁,神明應戀東南。

輓王茂蔭[匾曰"聖朝遺直"]

諫草逾萬言,每談焚餘心事,光明照青史;

交情獲三益,最傷别後手書,感惻繫蒼生。

輓李棠階

帝知理學儒臣,一歲九遷,終有嘉謨酬盛德;

世仰清風亮節,大河喬嶽,常留浩氣在中州。

輓陳夫人

共艱苦廿七年,竭力事親能我助;

嬰疾病才十日,傷心教子更何時。

輓張曉瞻

遺澤滿滇池,萬里彩雲空悵望;

論文共芸館,卅年歸西痛凋疏。

觀齋印存

祁大夫後人

此先君子遺印也

思復齋

君子思其不可復者而先施之

大戴記曾子語

祁印寯藻

字叔穎號淳浦

祁寯藻印

字叔穎號淳甫

祁印寯藻

字叔穎號淳甫

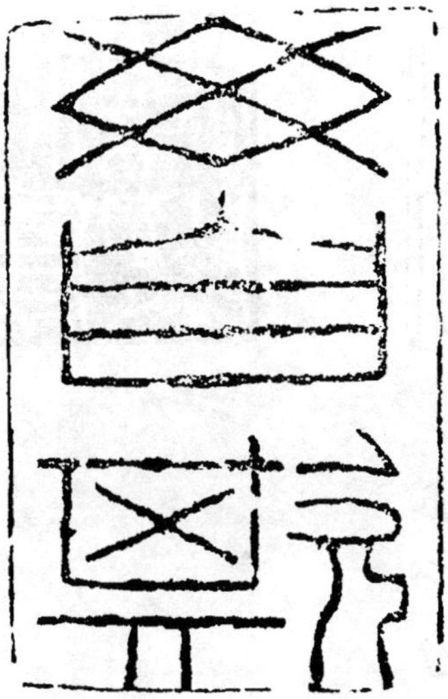

毋自欺

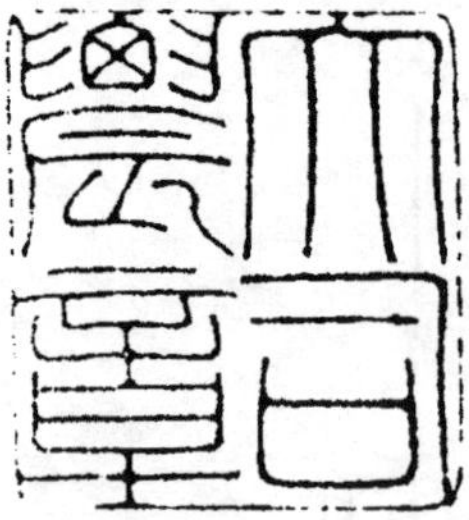

大司農章

祁寯藻印

上三方皆白壽山石極瑩潤

大司農印

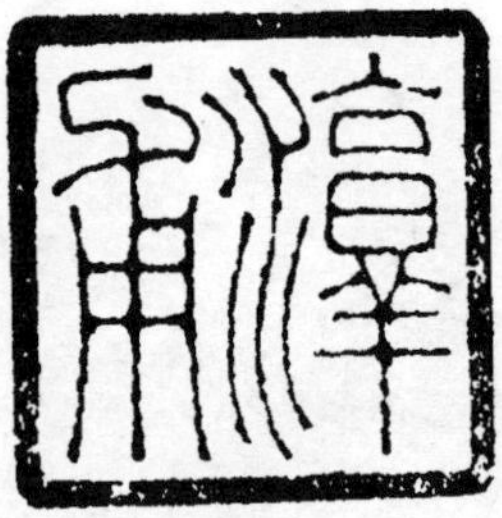

淳甫

黃左田師贈自蕪湖寄江陰學使試院

思復齋

余家樓院西齋
額道光乙未歲
書今存世信處

以上三方蘇州滄浪亭僧鐫凡二匣
皆牙章

淳父詞翰

藻寓

父淳

壽陽祁氏觀齋所藏

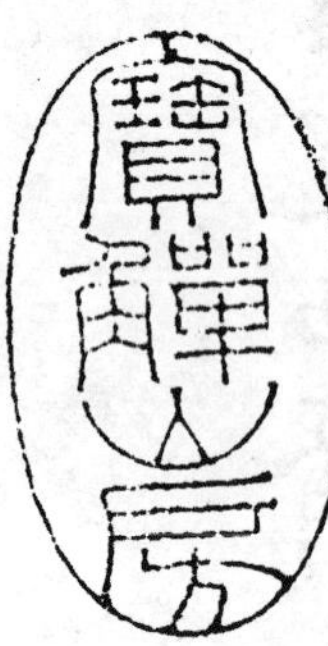

寶觶山房

寶觶山房

御賜古銅觶

江陰李顒釋篆文曰杜蕡為鐫山房小印

經筵講官

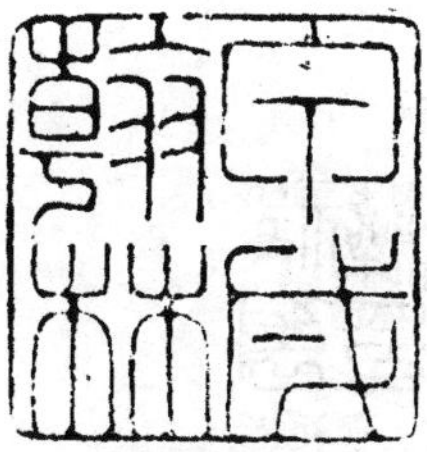

甲戌翰林

此印亦
左田師
寄贈

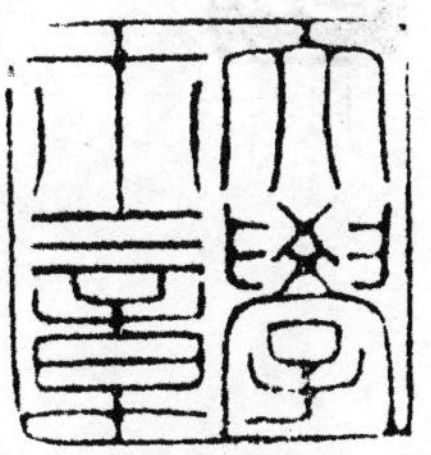

大學士章

又寄余左田井字硯
一方研匣鐫七言古詩
乃彭文勤贈左田師
者翰墨淵源可珍也

祁寯藻印

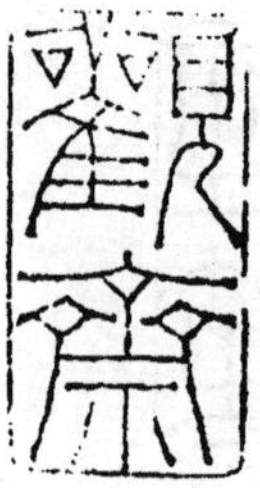
觀齋

春圃

觀齋

寯

藻

余得翁覃溪先生所藏宋搨大觀帖第六卷不足本皆蔡京書因以觀名齋以志珍重

寯

藻

春浦手稿

上三方皆新建余鐵香鐫
鐵香名鼎工詩善篆隸刻畫金石
豪俠好奇琴劍敖游与余同客
那文毅幕後流寓江漢間入武當山
煉丹所著風篁山館詩集數十卷惜未刻

賦詩申懷

寯藻

尺素書雙鯉魚上有加飡下相憶貧賤之交忘不得

上有加飡魚

祁寯藻印

下有長相意

叔穎一字淳父

雙魚

祁寯藻印

叔穎一字淳父

此三方与上非一手鐫 此渐手也

室壺

鸚哥嬌

祁印寯藻

觀齋翰墨

壽陽祁氏觀齋所貯

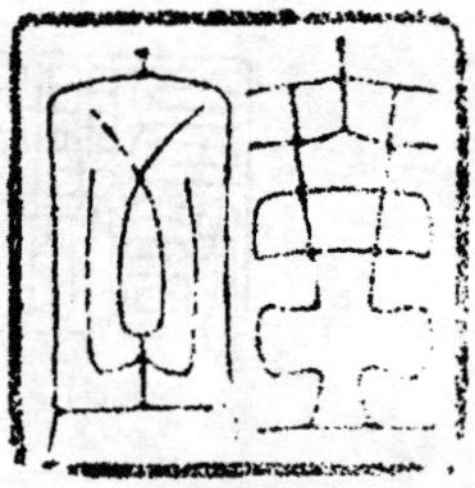

室壺

黃羊大夫之齋

勤學齋

祁大夫奚字黃羊見呂覽
苗先路王菉友諸君為字說
一卷余刻置祁縣祠中

咸豐四年
御賜以勤為本學古有獲額書二敬以名齋

卅三方得之廠肆 鐫題文彭款識適蒙

賜學古有獲額書存之為老退讀書之券

墨癡

學古有獲

嘯傲煙霞

鏝飢亭長

祁寯藻印

鏝飢亭長

甫淳

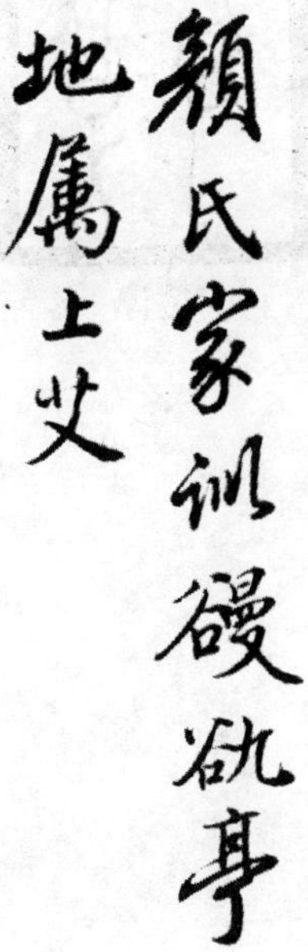

觀齋珍賞

祁寯藻印

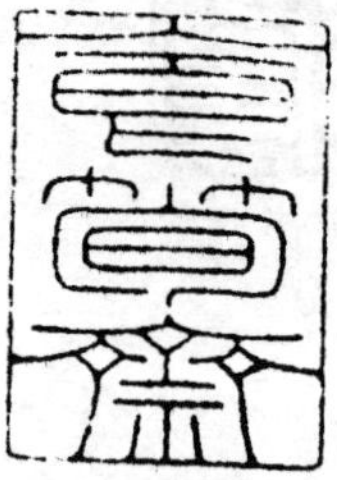

食筍齋

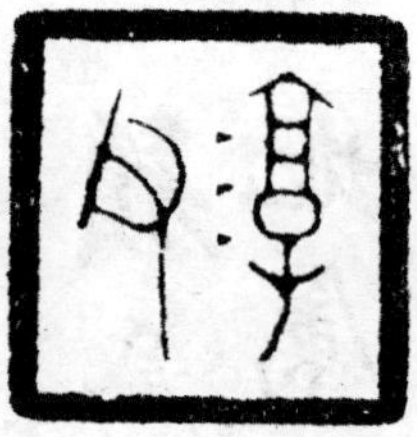

淳父

黄勤敏公澄懷直廬額也
公告歸余移居斯齋同直
田季高爲篆印並補額書

三方水晶印

祁寯藻印

淳甫

讀書樂

縵欥亭

尺華齋

余詩以縵欥亭名集

别有縵欥亭畫卷

道光年間蒙

賜端石大研盈尺因取蔡忠惠帖

意名齋以志榮幸

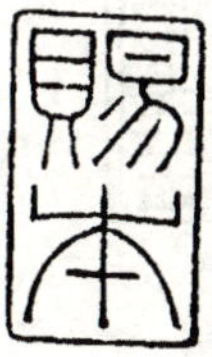
賜本

祁寯藻印

臣祁寯藻恭藏

淳父

壽陽祁氏藏書

祁五

思復齋

淳甫書翰

淳甫讀過

作字須敬

叔穎啓事

叔穎啟事

叔穎手稿

方山余家山也吳蓮洋句云巉巖高捧碧芙蓉取以名齋

寓藻

碧夫容齋

叔穎

雙鱼

思復齋

佳想齋

佳想齋

寓藻

寓藻

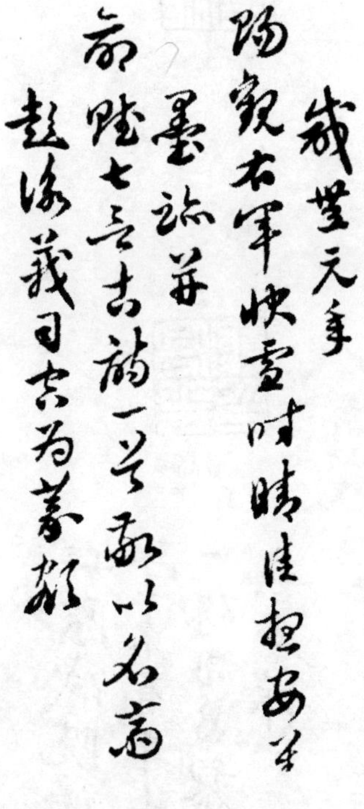

南齋翰林

饅飢亭長

高華館印

江陰試院後堂東有辛夷一株用昌黎詩意名館

御題梅花書屋

喜聞過齋

迪中吳楚署上

楚南江左學使所歷

宣宗賜仇英梅花書屋畫卷曾與同直許滇生乃普於食筍坐檻下用西洋鏡照看界畫書近一絲不差蓋十洲佳構也

印首應作御賜

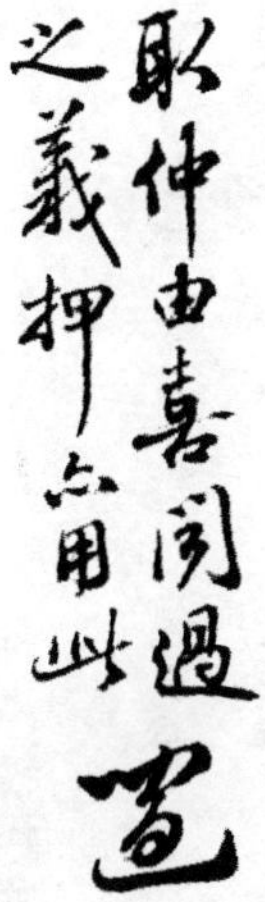

淳甫曾觀

偶然欲書

聞過

叔穎日事

寯

藻

淳甫審定

澂懷得直

翰林供奉

上有加滄鱼

臣祁寯藻

下有長相意

南齋供奉之印

祁雋藻印

穎叔

靜抒

碧夫容齋

心正則筆正

晚翠冬榮之室

高華館

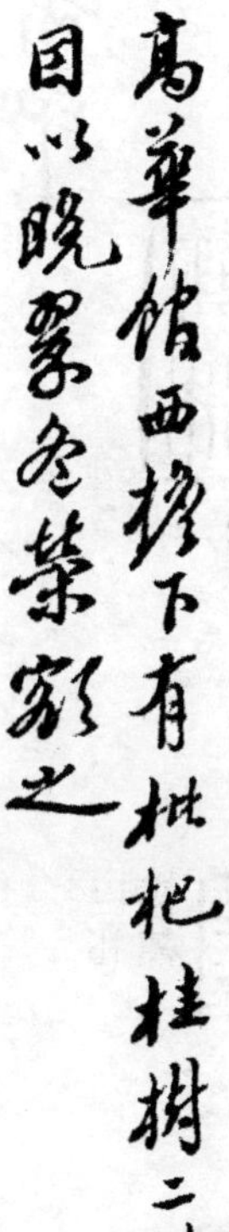

南書房供奉鐫印

臣祁寯藻

翰林供奉

臣祁寯藻

翰林供奉

臣

寯藻

臣祁寯藻

翰林供奉

臣

寯藻

叢書

臣自道光元年入直至咸豐四年已三十餘載矣

御賜

御賜以勤爲本

以勤爲本

御賜

御賜學古有獲

學古有獲

觀齋過眼

并州舊翰林

觀齋過眼

并州舊翰林

杜句

興来不暇懶

白香山句

并州舊翰林

上書房鐫印

藻窩

書謹

藻窩

書謹

道光二十九年

命為 上書房總師傅

息道人

息道人

觀齋

井眉觀叟

井眉觀叟

觀齋

吴

實甫

吴刻

祁寯藻印

丙辰　壬辰　庚辰　癸未

自咸豐六年丙辰歲六月後用實甫印章

息旨致仕有息心靜養之諭

息靜書屋

鷺巖

壽陽縣有鷺巖隋書

旃蒙單閼

旃蒙單閼

息靜

柔兆執徐

柔兆執徐

觀齋曾觀

觀齋曾觀

前四方皆平遙閻康生國祥鐫

乙卯丙辰二方厰友鶴吳

二十歲通籍三十八省親歸里四十陳情乞養六十二致仕

青宮太保致仕大學士

閒居以安性覃思以終業

冷壽陽民

息道人

春草廬

雲濤留影之室

觀齋

以上四方青田石皆趙雨香篆刻

大小三方白壽山石印皆濮森篆刻

寯祁
藻印

寯祁
藻印

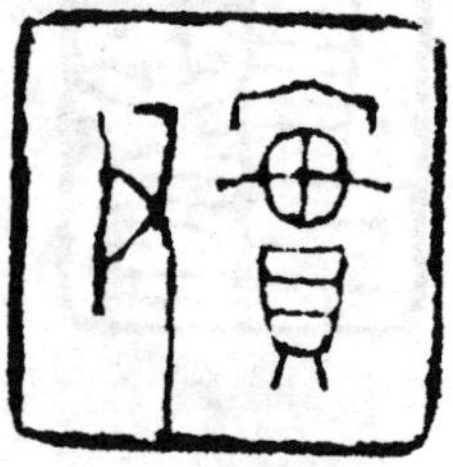

父實

甫實

逮下二大方皆王少鶴屬
趙君寶善篆刻，兩香行二

北平
趙鶴

春翁

叔

穎

藻寯

父實

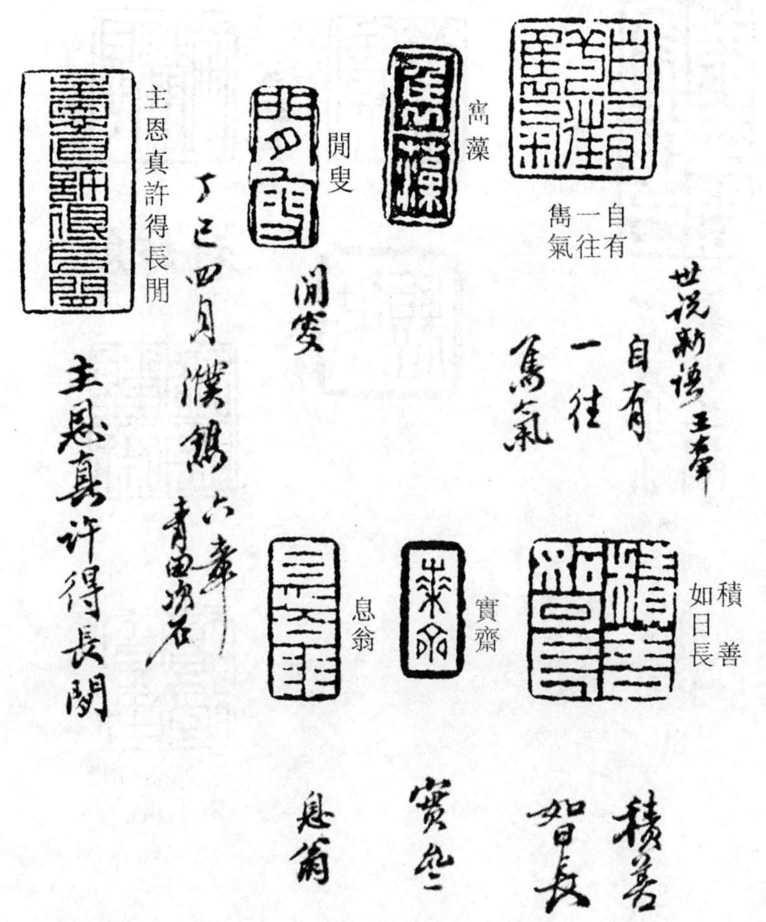

自有一往雋氣

寯藻

閒叟

主恩真許得長閒

積善如日長

實齋

息翁

家在方山
壽水之間

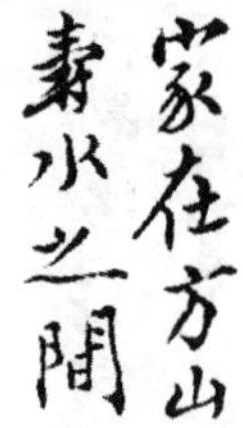

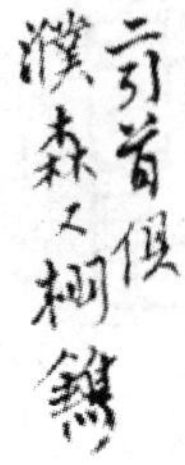

齋寶

軒靜息

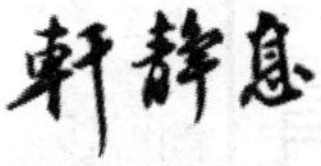

穎叔

觀齋
過眼

實甫
讀過

附 錄

晚清、民國名人論祁寯藻(摘句)

壽陽相國性如玉潔,心比春和,學博而不矜,才豐而不露,見人有善必稱道之。其休休有容之度,蓋有古大臣之風焉。

摘張維屏《松軒隨筆》

春圃先生大司農樞密閣下:六月初,白門定計和夷,急報到都下,獨閣下伏青蒲哭排其議,天下傳誦,偉矣!所知與有共榮已。

摘包世臣《齊民四術·致祁大臣書》

國朝經術昌明,掃虚浮而歸之實學,諸老先生發明詁訓,是正文字,實有因文見道之功。數十年來,此事衰息,獨吾師以經學受主知,倡後進,海内治經者,奉爲圭臬。乾嘉一脈,庶幾未墜。

摘俞樾《俞曲園書扎·上祁春圃相國》

本根之計,所患尤不在盗賊。吾師學究天人,藎念獨深,固知隱憂之倍切耳。

摘胡林翼《胡文忠公遺集·上祁春圃相國言鄂事》

壽陽相國祁文端公,孝友清德,天下稱之,道咸間朝野所視爲安危者也。海上事起,憂國心瘁,時多異詞,公以病乞休,身留京師,系天下望。

摘左宗棠《左文襄公全集·祁文端公詩集跋後》

山河壯三晉,萃漢儒名物、宋儒名理,而爲名臣,中外咸知,如聖諭所云,名世鄉邦并司馬;

冠冕尊四朝,統僑古遺愛、肹古遺直,而慭遺老,親賢不避,宜夫子之歎,遺徽家世繼黄羊。

摘王軒《顧齋遺集》輓春圃相國長聯

憂國來年鬢早霜,扶人勉拜乞詞章。夢魂仍伴紫薇省,杖履何心緑野堂。共祝温公無返洛,且看裴令再支唐。秋風即日罷蘇病,旦夕還宜理繡裳。蓬萊香案望如仙，陸九蒙知在少年。印解司農猶仰屋，身離樞府尚籌邊。誰決泱勝規諸葛，詎屑登樓擬仲宣。一裹葠苓公座待，江淮且報靖烽煙。

摘徐繼畬《松龕全集·詩集·寄呈壽陽相國二首》

盛世元音見午亭，太行佳氣鬱空青。試從北干尋支派，綿蔓盤迴第五陘。曲江風格倡三唐，少達多窮説已荒。相業詩名兩相稱，壽陽端合比歐陽。巨川濟了作虚舟，一品詩篇自校讐。何日高吟歸緑野，雜花疏樹繞䜎䜪。才盡江郎舌尚存，學吟敢望涉籬藩。詩僧若許騎驢過，尚欲推敲月下門。

摘徐繼畬《松龕全集·詩集·壽陽相國以《䜎䜪亭詩集》見寄詩以謝之》

先生詩筆錐畫沙，驅使屈宋欲作衙。用山谷句。草堂人日誦新什，滿枝未見開梅花。

摘翁心存《知止齋詩集·人日淳甫相國再疊沙字韻見示三疊前韻奉酬》

乍展新詩卷，如聆古艷歌。行間餘感慨，空外鬱嵯峨。

摘張穆《㐆齋詩集·題叔穎尚書近作》

騷壇列陣東西屯，誰執牛耳諸侯尊。并州平章筆毛健，一意門韻無朝昏。

摘張詩舲《怡園集·相國又貺和章再疊蘇韻爲報》

道光壬寅冬十月，淳甫前輩出所著《䜎䜪亭詞草》三卷見示，受而讀之。孝友篤於天親，憂樂關乎民物。凡懷一友，紀一事，寓一情，義必求其詳，言必根諸性，而又覃思研慮，崇實黜華。以少陵、昌黎、長吉厚其力，以太白肆其才，以初唐長慶暢其旨。沈鷙精快，悱惻纏綿，洵儒者之言，詩人之詩也。敬復數過，愛莫能名，因跋簡末，以識欽佩之私云。後學張芾。

摘張芾《題䜎䜪亭詞草跋》

䜎䜪亭叟彌餘民，一代文壇各樹勳。題向齋端顔訓詁，金源更溯小棲雲。

悵望千秋一係之，三良同郡復同時。到今梓桑搜遺墨，雙鶴山人存慕思。

摘張友桐《西徑草堂集·題祁春圃田季高張穆三賢書册（壽陽良相、秀水良吏、石艾良儒也）》

報國勤勞存政紀，憂時慘澹枉詩編。只今巾佩從瀟灑，許結觀齋翰墨緣。
家法傳經似兩京，根源孝友鑄詩成。滌除驕濫元音奏，掃蕩煙氛大月明。

摘何紹基《東洲草堂詩草·春浦相國前輩招飲觀齋出示詩集即題集後敬次賜題〈峨眉瓦屋詩草〉元韻》

續編諷咏如嘗蔗，雋味咀含勝品茶。乍覺杜顏真氣合，破墻題句出槎枒。

壽陽相國前輩枉和拙詩，暢示杜詩顔書合一之旨。雄筆摯論，不復攀和。適辱示閑中拈句一律，并惠讀《䙡䋣亭後集》，謹次韻奉答三首，請指正。乙未仲冬五日晚，何紹基呈草。

摘何紹基《東洲草堂詩草·次韻答祁壽陽相國三首》（此爲第三首）

文端秉忱清節，爲時名臣。道咸之間，海内多事，朝貴中尚文學、接士流者，惟文端爲碩果，時論尤歸之。於詩致力甚深，出入東坡、劍南，而歸宿於杜、韓。論古述今，每關掌故。罷政後所作，託意深婉，詩境益進。

摘徐世昌《晚晴簃詩匯·詩話》

謁壽陽相國，勗以多讀唐以前書。相國深於漢學，於宋儒之説亦能條貫靡道，不僅以詞章考訂見長也。

摘翁同龢《翁文恭公日記》

有清二百餘載，以高位主持詩教者，在康熙曰王文簡，在乾隆曰沈文慤，在道光、咸豐則祁文端、曾文正也。

摘陳衍《近代詩鈔敍》

祁文端爲道、咸間鉅公工詩者，素講樸學，故根底深厚，非徒事吟咏者所能驟及。

摘陳衍《石遺室詩話》

祁寯藻幼而岐嶷，性至孝，篤苦於學，研精經史，縱覽諸子百家，蔚爲一代儒宗，兼工書，筆意娟秀可愛。

與許乃普、陳孚恩、趙光爲四書家。

摘竇鎮輯《國朝書畫家全録》三卷

國初聖祖喜董書，一時文臣皆從之，其最著者爲查聲山、姜西溟。雍正、乾隆皆以顔字爲根底而趙、米間之，俗語所謂墨圓光方是也。然福澤氣息，無不雄厚。嘉慶一變而爲歐，則成親王始之。道光再變而爲柳，如祁壽陽，其稱首者也。

摘《清代史料筆記叢刊》歐陽兆熊、金安清《水窗春囈》

（祁寯藻）書法由小篆入真行，出入顔柳，參以山谷，深厚遒健，自成一格，爲大書深刻之絶詣，世爭寶重云。

摘常贊春編《山西獻徵·相國謚文端祁實甫先生事略》

壽陽書欲兼松雪之圓，誠懸之勁，山谷之韻。

摘馬宗霍《霎嶽樓筆談》

息翁當日起平舒，世代清門重讀書。偉烈豐功滿天下，相府惟留一草廬。

摘王成庵《了心亭紀念歌》

禀請祁文端公入祀鄉賢祠事蹟節略

清·秦東來

一、孝行克敦也。伏查文端公,幼承庭訓,學有本源。十二歲時,父韻士以户部郎中、寶泉局監督任内銅案被逮。公隨侍獄中讀書,多方慰藉,親賴以安。嗣蒙聖恩,派員覆勘。事得白,戍伊犁。公泣涕請隨,以年幼不果,侍母歸里。母劉氏,性最嚴,延師課讀,督責備至,偶一懈怠,輒加箠楚。而公奉命唯謹,未嘗稍失母歡。由翰林官至内閣學士,無異爲孺子。時道光庚寅、壬辰之間,屢請開缺養親。每蒙宣廟垂詢,寬以假期,重以温諭。公感激圖報,銜結終身。丁憂之日,哀毀骨立,喪葬盡禮,一邑以爲楷式。其孝行有如此者。

一、友愛克全也。伏查文端公,兄弟六人:長兄宬藻,與公異母。公盡愛盡敬,庭闈之間,委曲調護,人無閒言。次兄宣藻,姿性聰敏,父母鍾愛。十二歲殤,公爲之立後。三兄宷藻,以老名士困於場屋,公竭廉俸所入以致養。耆年登科,克遂初志,皆公力也。四兄富藻,幼殤。季弟宿藻,幼受公誨,長助公忠。咸豐三年,以江寧布政使守城,勞瘁歐血殞命,奉旨加等議卹。同治四年,兩江總督曾國藩奏請附祀江寧將軍祥厚專祠,以昭忠烈,特旨允之。公每言及,涕泗横流,屢致病劇。蓋忠藎之忱,亦手足之愛也。其友愛有如此者。

一、宗族能睦也。伏查文端公,系出晉國祁奚之後,元季由洪洞遷居壽陽縣平舒村,閲十六世至公。公承累世儒門之後,增修族譜,修葺合族家廟,復創建本支祠堂。祭祀之法,一遵朱子《家禮》。因推敬宗之意以收族,不獨兄弟讓産、子侄分潤也。凡族人數十家,歲終各有饋遺,率以爲常。其貧困尤甚及有志讀書者,尤格外加厚,其婚姻喪葬,皆爲體卹周至。公自奉甚儉,而清俸所得,半皆費於族人。其睦族有如此者。

一、閨閫能嚴也。伏查文端公,初娶曹氏,十年而卒,孝敬聞於里黨。繼娶陳氏,禮部侍郎陳用光之女,事姑勤肅,貴盛能忘。紡績縫紝,無異寒素。姑性極嚴,能得歡心,勞而不怨。道光壬辰、癸巳間,姑就養京寓,病幾殆,獨力侍奉飲食藥餌,晝夜檢視、衣不解帶者兩載。一門之内皆化其孝,無敢不遵家法者,此皆奉公儀刑也。其内行有如此者。

一、干謁能絶也。伏查文端公,歷官中外,矢清矢慎,酌水明心。視學湖南,裁革陋規,選拔寒畯。久直樞垣,以至爲相,嚴絶苞苴,此舉世所共信。家居之日,非公事未嘗一入公門。戒飭子弟,不容武斷鄉曲,人皆忘其爲巨室也。其峻潔有如此者。

一、禮讓能行也。伏查文端公,自幼讀以來,謙恭有禮,不敢以一語驕人。同居庠序、同登科第者,未嘗見其疾言遽色。人有不及,輒以情恕。非意相加,悉以理遣。晚年位愈高而心愈恭,省親旋里,奉諱居鄉,入縣城必下車步行,入里門亦然。其謙謹有如此者。

一、恬退自安也。伏查文端公,親在之日,始請歸省,繼請終養。自爲樞相,積勞成疾,籲請致仕。同治初元,奉詔再起,入直弘德殿三年,屢請致仕,蒙恩賞食全俸,具疏籲辭,素食弗安,亦榮利早淡矣。家中田取其薄,曰:"吾京宦,不暇及此也。"屋取其敝,曰:"吾幼時讀書於此,不忍去也。"以故,所居僅破屋一區,不暇修葺。乃於村北先塋之側,購隙地二畝餘,築土屋三間,繚以短垣,雜植花果蔬菜。因初次致仕,文宗有"息心静養"之諭,名之曰"息園",紀恩遇也。所謂"有官居鼎鼐,無地起樓臺"者,庶幾近之。其儉約有如此者。

一、任卹甚廣也。伏查文端公,於戚友之家,既周其困乏,又卹其後人。待以舉火者,常數十家。遇人有義舉,或捐俸畀之,或醵金助之,未嘗稍有吝色。凡屆禮闈,同邑孝廉應試者,皆代爲僦居,或留本寓同住,率以爲常。其寬大有如此者。

一、好善有誠也。伏查文端公,屢持文柄,取士務得真才。自爲樞相,具疏保薦賢才而不自居功,薦人而人不知,深得大臣之義。又以弭盜安民,必資循吏,疏請分别表彰録用。病亟時,猶有句云:"病久豈忘憂世念,夢中還有薦賢心。"蓋其好善之心,發於至誠者然也。生平遇人有一善,必誘掖獎勸之,惟恐掩其長。故後學聞風,莫不爭自奮勵。其好善有如此者。

一、學問不倦也。伏查文端公,於漢儒經學、宋儒理學講求甚備,諸家之書,莫不網羅貫串。漢儒中服膺許叔重《説文解字》,取其詳於訓詁,獨得古義。宋儒中服膺朱子《小學》,以及真西山《大學衍義》,取其切於身心,不爲空談。朱子《小學》、小徐本《説文繫傳》,均於江蘇學政任内挍正刊行。蓋公之學問不分漢宋之畛域,惟求義理之淵源。以故踐履篤實,經濟宏深,皆由講求有素也。其學問有如此者。

一、文章尤雅也。伏查文端公,久直内廷,讀書中祕,故凡所爲文,皆根(抵)[柢]深厚,有益於世道人心。韓昌黎所謂"因文見道",惟公無媿斯言。

所著書已刊行者《褸䟃亭詩集》三十二卷、後集十二卷;未刊者《褸䟃亭文集》若干卷、《勤學齋筆記》若干卷,皆可想見其出處大略,燕許手筆,允推斯人。其文章有如此者。

一、農事最重也。伏查文端公,著《馬首農言》十四篇。壽陽古馬首,春秋祁大夫七邑之一也。公於道光乙未讀禮家居,日與田夫野老游於隴畔,時時詢問,著爲此書。於種植之宜忌,鋤耨之勤惰,收穫之多寡,以及土俗民情,莫不詳載。以《詩》《書》艱難勤動之意,卑詞約旨隱其詞,於一邑之中實可遵行。其重農有如此者。

一、紡織競勸也。伏查文端公,於邑令之有遺愛者,往往樂爲闡揚。壽陽之民,舊時未諳紡織。自明嘉靖間知縣申傑始以紡織教民,民猶未盡遵行。萬歷間知縣藍尚質又教之,然後法制大備。咸豐丙辰公致仕在都,因得順治年間生員張所賦《教織記》,兼考邑乘所載,寓書同邑紳衿,捐資剙建藍公祠,作《藍公教織歌》。且推所自始,作《申公教織詩》,嵌於祠壁,藉申董勸。至今機杼之聲比户相聞,皆公之力策於後也。其勸織有如此者。

一、忠直共知也。伏查文端公,任樞相之日,忠言讜論,直陳無隱。公又慎密,不肯以一語洩於外,外人固不得而知也。但聞其居鄉勉人忠義,教士必以端方,取人務求廉潔。觀《褸䟃亭集》中自題《待漏圖》云:"盟心衹有廉泉飲,造膝元無諫草焚。時事艱危餘涕淚,簡編功過付傳聞。"公忠體國,自然流露。屬纊前數日,猶題一絶云:"天子臨軒選異材,八方平定物無灾。上元事業十年後,定有賢豪應候來。"公被召再出,及飾終之典,均有"忠清亮直"之褒,此可想公生平志節矣。其全德有如此者。

清史列傳卷四十六·大臣畫一傳檔後編二·祁寯藻

祁寯藻,山西壽陽人。嘉慶十九年進士,改翰林院庶吉士。二十年,丁父憂。二十四年,散館,授編修。道光元年,命在南書房行走。二年三月,充會試同考官。五月,充廣東鄉試正考官。三年五月,提督湖南學政。六年正月,召還京,命仍在南書房行走。七年,充文淵閣校理。八年正月,京察一等。二月,陞詹事府右春坊右中允。十月,遷翰林院侍講,旋充日講起居注官。九年,陞詹事府右春坊右庶子。

十年,疏請開缺,賞假三月,回籍省親。召見,垂詢寯藻母病狀,於三月假外加賞一月。假滿,母病未愈,復具呈由軍機大臣代奏展假。得旨,傳諭:"俟伊母病愈再行來京,不必限定假期。"十一年九月,銷假,命仍在南書房行走。十一月,補原官。十二年二月,遷翰林院侍講學士,復充日講起居注官。六月,署國子監祭酒。七月,因母病疏請開缺,得旨,賞假一月,召諭曰:"汝母痢疾,非不可瘳之症,年未七十,從此頤養,可躋上壽。汝年方壯,若即告歸,豈不可惜?朕已賞汝假期,必可醫治有效,毋須遽請終養。"十月,授通政使司副使。十三年二月,陞光禄寺卿。四月,擢内閣學士,兼禮部侍郎銜。十四年,丁母憂。十六年六月,服闋,先於五月授兵部右侍郎,命仍在南書房行走。九月,轉左侍郎,充武會試校射大臣。

時圓明園不戒於火,寯藻偕王大臣督率官員弁兵撲救出力,賞加三級。十七年正月,署户部左侍郎。八月,調户部右侍郎,兼管錢法堂事務。尋提督江蘇學政。十二月,轉左侍郎,兼管三庫事務。十九年九月,調吏部右侍郎,均留學政任。十月,偕署兩江總督陳鑾、署江蘇巡撫裕謙,疏請飭下儒臣敬謹推闡《聖諭廣訓》内"黜異端以崇正學"一條,撰擬有韻之文頒發各省。如所請行。十二月,御史杜彦士條陳海防各事宜,命偕侍郎黄爵滋會同閩浙總督鄧廷楨查辦,寯藻由江蘇赴閩,旋擢都察院左都御史。

二十年二月,陞兵部尚書。三月,奏閩省海防緊要,請令總督每歲暫住泉州督辦,南臺福廠戰船修造草率遲延,議令迅速修補。四月,奏查禁海口鴉片烟販,首在嚴辦漢奸,責成地方官兵盡力查拏,並嚴密巡防,永杜洋船竄至。控制海口,請易礮臺爲礮墩,並詳陳建立保護及安礮施放之法;又以漳州、泉州兩府屬行使洋錢,請令沿海地方官於商船進口時嚴查夾帶,其私鑄者治罪,並限一年赴官呈繳,官爲給價。又查奏晉江等縣械鬬情形,請嚴緝會首人犯,拆毁私設槍樓。並奏:"禁械鬬章程六條:一、選擇賢吏,力圖整頓;一、查拏兇犯,毋輕會營;一、遴選鄉族各長,以專責成;一、嚴拏鬬匪,以絶根株;一、收繳火器,以息兇燄;一、整飭倫紀,以崇教化。"均得旨允行。八月,還抵浙江,遵旨查奏臺州、温州各府屬栽種罌粟,業經疊次剷除,仍令各廳縣隨時履勘。臺州府知府潘觀藻疲懦無能,請勒令休致。特旨令革職。已革温州府知府劉煜試行票鹽不善,被議定罪,遣人赴京翻控。九月,遵旨訊明並無枉屈,奏請仍遣戍新疆。允之。先是,英吉利兵船由廣東犯福建各海口,經鄧廷楨奏報厦門攻擊英船,擒獲奸匪,並保奏出力員弁。至是,命偕黄爵滋仍回閩確查,並歷次官兵防堵接仗及英船停泊各情,均遵旨查實陳奏。十二月,回京,命仍在南書房行走。二十一年三月,充會試副考官。

閏三月,調户部尚書。九月,命在軍機大臣上行走。十一月,賜紫禁城騎馬。二十三年正月,充經筵講官。二月,命查户部銀庫所收豫工事例捐項,並捐輸經費確數。十月,命清查内務府現存金銀錁錢文,並另款封儲銀兩。十一月,管理户部三庫事務。二十六年四月,以失察户部司員得受陋規,下部議處。閏五月,長蘆鹽政士魁奏前任運司李百齡呈訴懸墊庫項,並歷任動墊情形,命偕尚書文慶前往查辦。尋奏李百齡接收前護運司陳鑑等交代,其徵存各項本由前任動墊,並據詳明前任鹽政普琳有案,惟卸事兩月始行禀詳,其本任帑課並非按款清完。普琳於交代懸款批令追補,並不奏參,均請下部嚴議。陳鑑於補欠加價輾轉挪撥,作爲各商無利運本,尤屬牽混取巧,應請褫職。其率准挪撥之前任鹽政德順,一併下部嚴議。歷任動墊之運司、鹽政,均查取職名,分别議處。其應報解課利等款,令新任鹽政趕緊催收,並清釐未完商欠。均如所請。八月,充順天鄉試正考官。

二十九年二月,充上書房總師傅。七月,命以户部尚書協辦大學士,管理户部三庫事務。十月,陜甘總督琦善奏丁憂已革岷州知州陳昌言禀訐前任陜甘總督布彦泰贓私各款,命前往甘肅會同琦善查辦。尋以陳昌言供無確據,奏請褫職嚴訊。三十年正月,奏陳昌言於清查案内虧短倉庫,經布彦泰參奏,捏詞誣訐。所告布彦泰巡邊案内吞銀十萬兩審係全誣,請將陳昌言遣戍新疆,充當苦差;布彦泰雖查無贓私重情,惟封疆大吏,關防不密,辦理清查,致多歧誤,并令屬員虚報到任,任聽家人售賣衣服,請下部嚴議;并將委辦清查草率之解任固原州知州徐采、鎮原縣知縣張琅、吐魯番同知托克清阿等下部議處。又以甘省清查案件,舛錯參差,未能畫一,請飭琦善澈底覆查。又查明撤任安定縣知縣胡薦夔稟訐道員楊能格沿途需索夫馬,收受陋規,係因楊能格查該員倉庫虧短捏詞妄訐,請褫職遣戍。均從之。二月,充實録館總裁。四月,稽察欽奉上諭事件處。六月,授體仁閣大學士。十月,充實録館監修總裁。十二月,充文淵閣領閣事。

咸豐元年正月,管理工部事務。三月,兼署管理户部事務。十二月,偕部臣疏請將長蘆、河東、兩廣、閩浙、四川鹽政仿照兩淮改票成案,各省挨次辦理,允之。二年二月,以捐輸原籍軍餉,下部優敍。自道光二十三年至是年四屆京察,均奉旨交部議敍;而自軍興以來,夙夜在公,殫心竭慮,尤爲上所倚重。三月,恭題宣宗成皇帝神主,賞太子太保銜。五月,奉諭:"祁寯藻現在園值班,嗣後如遇輪應赴庫日期,毋庸前往。"六月,六十生辰,賜"贊綸篤祜"匾額,並"福"字、"壽"字各一方,壽佛三尊,鑪瓶三事,嵌玉如意一柄,蟒袍一襲,蜜蠟朝珠一盤,文綺二十四端,大小荷包十二對,銅玉瓶陳設十件。七月,因前爲定郡王載銓題《息肩圖》,奪俸半年。

九月,命管理户部事務。三年二月,上臨雍,充進講官,遵保前鴻臚寺卿賈克慎等辦理團練。是月,因左都御史花沙納、御史王茂蔭先後條陳試行鈔法,左副都御史和淳、文瑞又請易銀鈔爲錢鈔,偕部臣遵議,請設立官錢總局,將寶泉、寶源二局每月鼓鑄卯錢全行運解,作爲票本,並由部庫應放款項内酌提現銀,藉資轉運,總計轆轤收發,以現銀一百萬兩、現錢一百萬串爲率,凡官俸兵餉及各衙門支用雜款,分成搭放。詔如所請。又以御史富興阿條陳指令京官捐輸,並裁減王公藍甲,偕部臣遵議,藍甲米石原以養贍王府包衣及分府宗室之用,驟議裁撤減成,未免有妨生計,應毋庸置議。允之。

先是,二月,粵匪竄撲江寧省城,寯藻之弟江寧布政使宿藻,以守城病歿。迨城陷後,其家人趙興、董位乘間出城,四月,到京,具陳城内文武各員殉難並現在賊匪情形,寯藻以聞。五月,以散館閱卷錯誤,奪俸一月。八月,以河南懷慶府解圍,賞加一級。十一月,偕部臣遵議巡防王大臣等奏請推廣加鑄當百至當五百、當千大錢,旋以行使不便,奏罷之。是月,恭題孝德顯皇后神主。十二月,以歷次捐輸軍餉,下部議敍。自道光十七年至是年,歷充拔貢會考閱卷大臣一次,覆試宗室舉人閱卷大臣四次,覆試順天舉人閱卷大臣二次,補行覆試順天等省舉人閱卷大臣五次,覆試新貢士閱卷大臣五次,殿試讀卷官一次,新貢士朝考閱卷大臣七次,庶吉士散館閱卷大臣四次,教習庶吉士三次,大考翰詹閱卷大臣二次,考試試差閱卷大臣二次,考試漢御史閱卷大臣三次。入直南書房,除出差回籍外,歲蒙頒賞"福"、"壽"字及珍玩文綺等件。四年六月,以積勞成疾,屢請假調理。八月,陳請開缺,奉硃批:"卿宣力有年,深資倚任。著不必開缺,仍在家安心調理,亦不必限定假期,總宜氣和心平,勿生忿懥,自可速痊。過數月後,再行酌量。"十一月,以病未就痊,復請開缺,諭曰:"祁寯藻三朝舊臣,在内廷行走有年,兼管部務,勤慎趨公,深資襄贊。兹據奏稱醫治數月,尚未痊愈,懇請開缺,情詞肫切。若不允所請,轉無以安其心。祁寯藻著以大學士致仕,俾得息心静養,以副朕優眷耆臣至意。"

五年,山東茌平馮官屯逆首李開芳全股蕩平,河北肅清。上念寯藻前在軍機處,懋著勞勩,下部議敍。六年,《宣宗成皇帝實録》《聖訓》告成,賜食全俸。十年七月,英人犯天津,上將狩木蘭,寯藻密疏切諫。九月,復疏言:"英人此次狂悖無禮已極,即令就撫,其需索無厭,動多牽掣,必不能日久相安;而天津海口偪近京師,非廣東省城、江蘇上海可比,豈堪數至驚擾,撓我事權?竊念天下形勢,以關中爲勝;自黄河南徙,則以燕、薊爲勝;今河流北歸故道,又以西北爲勝。雍州土厚水深,城池雄闊,且駐防人材輩出,官兵整練,與都城八旗不相上下。若因其地勢拓此宏規,外無海寇之虞,内有山河之固,此亦窮變通久一大機會也。"又言:"釐捐一事,窮民未免受累,南省尚有水路運載,北省則皆肩挑負販,備極困苦,所得甚少,所捐甚多。請將北省釐捐先爲停止。"報聞。

十一年八月,穆宗毅皇帝御極,諭曰:"予告大學士祁寯藻,忠清亮直,學問優長。著來京聽候簡用。"寯藻因疏言:"臣受三朝知遇之恩,至深且厚。值此時事艱危,稍有所見,何敢緘默不言?謹條列數事,敬爲皇上陳之:一、保護聖躬,以崇帝學也。伏維皇上纘承大統,兩宫皇太后朝夕保護,懿訓常親,不獨寒燠起居隨時調適,即心思耳目亦可默收養正之功。自古帝王之學,與儒生異,今日進講之方,亦與平時書房功課不同。蓋讀一句書,即有一句之用;講一件事,即得一事之宜。臣愚擬請侍讀儒臣除每日功課外,先擇取《五經》、《四子書》中有益聖心治道切要之語,講解數條,義取明簡,不可太繁。更取史籍所載古聖帝王往事明顯易解者,日進一二條,大致分仁、正、勤、儉四端,如禹泣罪、湯解網、文王掩骼等類,并令畫院按照故事作爲畫幅,復綴講説數語,於進講後,即請粘貼黼座宴息之所,以備隨時觀覽。心不厭則易入,力不勞則有功。此亦古人左圖右史之遺意也。至於天下輿圖,亦宜漸次口講指畫,明其山川道里、關隘夷險。然後恭舉列聖嚴恭寅畏之心,艱難創垂之意,明白陳説,積時既久,衆理貫通。所謂日就月將,學有緝熙於光明也。至左右近侍,尤宜擇老成謹慤之人,每日侍讀時,勿令攙雜言語;其有導引嬉戲、呈進玩好、滑稽佻巧便佞者,難逃兩宫皇太后洞鑒之中,自必力與屏斥,不少姑容。庶幾聖德益致純粹,而聖學日崇矣。一、綏輯民心,以清盜源也。粵匪跳梁,已逾十載,東南省分蹂躪殆徧。推原其故,雖由奸民犯法,亦由吏治廢弛,養癰貽患。州縣爲親民之官,誠能廉正勤明,則吏胥不敢欺謾,聽斷自無偏枉。官民相信,宵小潛踪,縱有竊發,隨起隨滅。即令辦理團練,必不致聚衆把持;辦理捐輸,亦不致抑勒生事。前者天津縣知縣謝子澄、六合縣知縣温紹原皆以民情愛戴,捍衛一方,生而立功,歿而優邺,其明徵也。今民生困憊極矣,其被賊擾害處所,業已被蠲貸之恩,即完善地方亦不勝徵調驛騷之苦,即如礦税一端,無業遊民,易聚難散,動輒釀成巨案。且所得無幾,所害實多,似宜停罷以弭後患。釐捐之設,雖爲軍餉起見,而窮民受累實深,其勢縱難悉罷,亦宜於通衢要口,酌量抽留,其餘僻地小商,似應概免擾累。此所謂捐小利而施大惠,山陬海澨,咸頌皇仁,自必愈形鼓舞。今之急務,惟在固結民心,而固結民心,必先體邺民隱。臣聞湖北巡撫胡林翼辦理清漕之法,於兵燹之後,催科不擾,而額徵易完,官民兩便,此當今輓救漕政之善法也。擬請江、浙諸省漸次廓清之後,即須仿照湖北辦法,一洗從前勒折浮收、包攬侵蝕等弊,庶東南民困日蘇,莠民不致藉口倡亂,而國家漕運之利亦可經久無弊矣。一、請重守令,以固民心也。民心之得失,視乎州縣之賢否;而州縣之賢否,惟知府知之最悉。知府州縣能使民心愛戴,而猶犯上作亂者,未之有也。各省督撫、司道大員,黜陟悉聽聖裁,優劣無難立判。至知府、州、縣職分較卑,若非大吏認真考察,吏治何由整飭?大抵循吏廉正自持,廉則不肯妄取,豈能應酬?正則不肯干求,豈能迎合?爲大吏者察其官聲,覈其詳案,知其才而舉之,舉數人而通省風氣爲之一變。否則民之所親,上司之所厭也,同官之所忌也。或以爲迂拘,或以爲才欠開展,含混註考,因而黜之,黜數人而通省風氣亦爲之一變。在知府尚不致輕易甄别,州縣則改佐貳、改教職,投閒置散,末由自見,誠可惜也!今欲重守令,必以民情愛戴爲憑。若聽斷不公,操守不潔,而欲沽名邀譽,勢必不能。以臣所知,乾隆年間山西知縣汪志伊、嘉慶年間四川知縣劉清,皆因廉明有聲,特邀聖製詩章以獎勵之,洊擢至總督、布政使。劉清更由布政使改官總兵,以其文武兼資,故不限一格也。道光年間,知府無論特簡、部選、外埾,均蒙召見,州縣亦每蒙召對。咸豐初年,州縣亦有豫備召見者。列聖相承,心法治法,即此一端,具有深意。蓋以親民之官,職分雖微,關繫綦重。偶蒙召對,於聽斷操守大端,加以策勵,即中人之材,亦知感懼祓濯,勉爲良吏。風聲所樹,各省大吏風氣亦爲之一變。所舉如此,所劾可知,吏治澄清,民心自然固結,盗賊自然潛消。且今日之守令,即可爲他日之督撫,未有始基不慎而能表率屬員者也。應請敕下各省督撫,隨時認真考察,大計舉劾,亦必陳明優劣實蹟,不得以空言註考,以符定制。軍興十載,捐例頻開,仕途流品較雜,雖其中可膺民社者甚多,而由科甲出身者轉形壅塞。部選之缺及外省請補人員,似宜量爲變通,不致互有滯礙。應請敕下部臣妥議章程,以昭公允。庶人材各效其長,而庸劣者亦不得濫竽貽誤,於吏治民心似有裨益也。

一、請詔開制科,以收人才,並請復各省駐防文舉人生員之例,以廣八旗登進之路也。軍務未息,南北各省停科太多,或數科併爲一科,或臨期又復停止。按科舉行者,惟順天、山西、陜甘等省,此中人材湮没不少,其安分積學之士無由上達,而性情不定,挾才欲試,又恐誤入歧途。外則海洋招致,内則盗賊擄脅,鋌而走險,甚可慮也。以臣愚見,擬請特開制科,仿照康熙、乾隆年間博學鴻詞之例,詔下中外大臣及有言責准奏事諸臣,各舉所知,而策以經世之學,進士舉貢生監皆得與選,其布衣中有品學素著、才識優長者,亦許覈實保薦。此亦古人茂才異等、直言極諫之遺意也。惟所保之人,必須真知灼見,臚陳所學實據,毋得含混冒濫,空言保薦。至京師八旗、各省駐防,如有研習經史、通達治體軍務者,並由都統、將軍、副都統等覈實保薦,統限一年内咨送到京,禮部彙齊造册具奏,恭請欽派大臣考取,候旨録用。其有道路阻滯,限期外始到京者,另作一次考試。臣惟時事艱危,非才不濟,而盤錯之會,尤人才奮興之時。即如湖南一省,兩廣總督勞崇光、兩江總督曾國藩、湖北巡撫胡林翼,皆由翰林洊擢封疆;現辦軍務地方大員,如左宗棠、劉長佑、彭玉麟、李續宜皆此數年間仰蒙先皇簡拔,内擢京卿,外擢巡撫;其死綏之臣,如江忠源、羅澤南、李續賓等,忠義衆著,聲名卓然。一省如此,他省可知。各省督撫果能認真延訪,循名責實,必有碩學奇才,爲國家宣力奏績者,文則整頓地方,武則振興軍務,搜羅愈廣,收效必多。士氣由此日興,賊勢由此日蹙。轉移之機,大有關繫。然非朝廷特開一科,旁求俊乂,亦不能四方輻輳,薈萃一時也。至各省士民中,如有武略過人,或團練著有功效者,并請由各督撫督率鎮將,留心訪察,拔入標營備用,其中果有才識卓犖、堪勝大任者,准令破格保奏。再各省駐防,向有考取文舉人、生員之例,至道光年間改爲繙譯。駐防八旗中通達漢文積學之士,無路上進,人才難得,誠爲可惜。即如瑞常、倭仁皆係駐防科甲,由翰林洊擢正卿,其餘京外各官,由駐防科甲出身者亦復不少。臣任江蘇學政時,考試駐防生童,文理優長者頗多。方今時事艱難,需才甚急,各省遺才尚須搜取,八旗舊例更宜疏通。臣愚擬於駐防繙譯科甲外,請復駐防考取文舉人、生員之例,與繙譯一體録用,以廣登進。從此八旗人才日衆,足備器使矣。

一、請速剿山東、河南賊匪,并嚴防山西、陝西要隘,以衛畿輔而肅餉道也。竊聞粵匪自竄擾江、浙以來,延蔓日衆,雖江南有曾國藩,江北有袁甲三,暨江蘇、安徽、浙江巡撫分扼要害,屢次克復郡縣,賊勢漸蹙,仍恐廓清尚須時日。至山東、河南兩省,比年捻匪、土匪勾結搶掠,出没無時,漸漸侵及河北地方。此實畿輔之大患,斷不可任其盤踞巢穴,恣肆横行也。聞僧格林沁、勝保各統大軍,屢有勝仗,擒剿計已不少。河南、山東巡撫,亦各督兵練剿辦。但恐此剿彼竄,兵去賊來,而防河要口,又恐兵力單薄,偶被逸賊搶渡,其勢更難撲滅。又聞聯捷等在大名一帶剿匪,此則直隸重地,尤當及早肅清也。至山西、陝西皆與河南接壤,雖有河山之險,而隘路處處可通,前此江南逋寇即由蒲州、平陽、潞安一帶竄入直境,幸而剿滅淨盡,然前車之鑒可爲寒心。且山、陝兩省尚屬完善之區,京餉及各路軍餉皆所取給,設有疏失,餉道阻隔,不堪設想。應請敕下統兵大臣及直隸總督,河南、山東巡撫合力會剿,勿令滋蔓。蓋必東、豫肅清而後畿輔安謐,山、陝無事而後餉道暢通。方今軍務莫急於此。臣聞副都御史張芾現在幫辦陝西團練,臣知其前任江西巡撫,守城已著成效,即徽州防堵亦無大失事,惟須專其責成,俾令獨當一面,必可有益。又聞前任雲貴總督吴振棫告病,現寓西安省城。該督曾任陝西、四川大員,熟悉地方情形,可否會同陝西巡撫辦理防堵。又有前任四川總督王慶雲曾任陝西、山西巡撫,現以告病寓汾州府;前任順天府府尹蔣琦齡曾任陝西首府,現以養親寓澤州府。二人於澤、潞、平定、遼州一帶地勢民情,亦必諳習。可否會同山西巡撫辦理防堵,伏候聖裁。至南省用兵日久,必須多方激勵以振軍心。臣思江蘇、安徽死事之臣,名望最著者,如江蘇巡撫吉爾杭阿、安徽巡撫江忠源、道銜六合縣知縣温紹原,或親督官兵攻城陣亡,或身經百戰守城盡節,或以小邑危城屢挫賊氛,明知無援,死守不去;又如提督張國樑,自廣西投誠以來,深明大義,衝鋒陷陣,屢建奇功,卒以力竭捐軀。此數臣者,可否特旨再加褒卹,遣官於殉難處所致祭,以作戰守將弁感奮之氣。其各省陣亡殉難,曾邀恩旨褒贈建祠者,並請敕令地方官致祭,此亦激勵軍心之一端也。一、敦崇節儉,以培元氣也。我朝休養生息二百餘年,列聖深仁厚澤,漸致豐亨豫大,至乾隆時爲極盛。嘉慶初年,川、楚教匪滋事,連歲用兵,耗帑七千餘萬兩,庫儲不敷,始開捐例,而水旱賑貸,河工經費,仍復日不暇給。宣宗成皇帝建極之初,御制《聲色貨利論》,所以涵養聖心、訓誡後嗣之意,至深且切。三十年中,減免貢獻,罷斥玩好無益之費,西苑三海、圓明園、三山工程,大半停止。又出内務府帑金數百萬兩,以實部庫。此誠古帝王克勤克儉之心法也。是以咸豐初年,先皇特諭館臣纂修實録,恭載"崇儉"一門,宣昭聖德,垂示天下,後世繼志述事,合揆同符。自軍興以來,各省餉需,約略所費萬萬有餘。其中實用實銷者固多,而虚糜者亦恐不少。比年京餉不敷,旗兵困苦,而都城内外風氣轉益奢靡,若非朝廷示以節儉,何以輓回積習?我皇上躬膺寶祚,時值艱難,罷貢却珍,已聞恩諭,仰見宸衷默契、尚儉黜奢之至意。竊念聖駕恭奉梓宫還宫,憂勤惕厲,日昃不遑,御園修葺,自必緩圖。即日後經營,亦殊匪易,且遊豫隨意,則啓宴安之漸;資膳多欲,則啓進奉之漸。杜漸防微,正在此日。擬請敕下工部、内務府,會同查勘園庭及三山坐落等處,繚以周垣,敬謹看守,切勿更議繕修。其香山健鋭等營操練處所,仍照舊章辦理,南苑歲修,亦請暫止。其餘一切修造,可停者即停,可緩者即緩。至各省織造、關差進奉之件,並請敕諭内務府大臣查覈需用緩急,量爲裁減,俾中外人心皆知深宫儉約,慎懷永圖。庶奢靡之風漸斂,帑餉不靡,而元氣日培日厚矣。總之致治之要,本諸聖心。《書》曰"非知之艱,行之惟艱",《詩》曰"靡不有初,鮮克有終"。方今治象清明,彰善癉惡,大小臣工孰敢不振刷精神,力圖報稱?第恐數年之後,奉行者視爲具文,漸就懈弛;而揣摩逢迎之習,緣隙而生,即言路亦恐因之而塞。竊見乾隆初年,直隸總督臣孫嘉淦有"三習一弊"之奏,其言剴切,深中事情,大致謂"目習於所見,耳習於所聞,心習於所安。以此三習卒歸一弊,其弊維何?遠君子而近小人而已"。疏入,上嘉納之,次第施行。

十一月,疏薦科爾沁親王僧格林沁忠勇樸直,終始如一,前兵部侍郎王茂蔭遇事敢言,不避權貴。報聞。十二月,命以大學士銜授禮部尚書。同治元年二月,到京。是月,皇上入學讀書,寯藻奉兩宫皇太后懿旨,偕大學士翁心存、尚書倭仁、編修李鴻藻在弘德殿授讀。寯藻自陳衰病,懇辭部務,上不許,令免其帶領引見,並免派一切差使。尋進呈摘録經史二帙,上嘉其條分縷晰,切要簡明,命陳弘德殿以資講肄。四月,以山西辦防需才,疏薦前大理寺少卿田雨公、太僕寺少卿徐繼畬、江蘇巡撫趙德轍、榆次縣知縣俞世銓、絳州直隸州知州李廷樟、奉天知縣張保衡六員。時刑部定擬已革兩江總督何桂清罪名,照臨陣先逃斬監候律,上從重擬爲立決。六月,寯藻請仍照本律定擬,上從之。七月,以北省軍務緊要,請欽派科爾沁親王僧格林沁節制山東、河南、山西、陝西四省,以一事權。是月,雲南學政張錫鑅奏請崇祀文宗顯皇帝於大饗殿,以合《孝經》明堂之義。寯藻偕王大臣等遵旨會議,以考之今制,稽之古禮,事多窒礙,未可依行,上韙之。九月,文宗顯皇帝奉安定陵禮成,賞加二級。

尋因病請開缺,得旨賞假三月。十一月,上讀《大學》,日講《帝鑑圖説》,寯藻具疏反復推闡"爲人君止於仁"一言,並進呈朱子《小學》、陳宏謀《大學衍義輯要》、杜詔《讀史要略》三書。疏云:"典學之要,誦讀爲先,而講解之功,更爲切實。蓋非誦讀不能習其文字,非講解不能通其義理也。《大學》一書,皇上業已讀畢,凡制治保邦之道,用人行政之原,胥於是乎在。要之爲人君之道,在止於仁一言而已。治國、平天下兩章,言仁者六,而終之以未有上好仁而下不好義。蓋仁者必以仁親爲寶,故能愛人、能惡人;不仁者則好人之所惡,惡人之所好矣。仁者必以貪戾爲戒,故忠信以得之;不仁者則驕泰以失之矣。仁者以義爲利,不以利爲利,故以財發身;不仁者則以身發財,菑害並至矣。千古治亂之機,判於義利,而義利之判,則由於上之好仁不好仁也。即如近日所講《帝鑑圖説》,下車泣罪、解網施恩、澤及枯骨等事,斯即帝王仁心所見端也。至若納諫求賢,尊儒遠佞,則仁親爲寶,能好能惡之説也。露臺罷工,裘馬卻獻,則以義爲利,不以利爲利之説也。臣愚竊謂《帝鑑圖説》講畢,即宜進講輿地之學。《大清會典》中有《皇輿全圖》、各省府、州、廳分圖,山川疆域形勢,開卷瞭然,篇幅簡明,易於指晝,並有禮制、武備、天文等圖,可資博考。又《耕織圖》則農桑之事、衣食之原,纖悉具陳。宋馬遠《豳風圖》,嘉慶年間取以聯句,内府畫本石刻俱在,可資檢閲。欽定《月令輯要》、《授時通考》二書,皆足與《耕織》《豳風》等圖互相發明。皇上讀書之暇,隨時講求。庶幾知稼穡之艱難,懔守成之不易也。"

又疏薦端木埰、鄭珍、莫友芝、閻汝弼、王軒、楊寶臣,經行修明,有體有用,寶臣兼通天算。疏云:"臣恭讀上諭:'現在中外臣工,薦舉賢才,尚不乏人。而山林隱逸以及末秩下僚,或以德行,或以政事,或以文學,各擅所長,湮没不彰,殊爲可惜! 允宜及時登庸,以副闢門籲俊之典。著京外三品以上各員,並直省學政,悉心訪察,臚舉所長,咨調來京,候旨考試,視其器識,破格録用,不得視爲具文。等因。欽此。'仰見皇上典學求賢、敷奏明試之至意。臣竊惟近來考試,詞章之學尚多,根柢之學甚少。士不通經,不足致用,而通經之學,義理與訓詁,不可偏重。漢儒許慎《說文解字》、鄭康成《詩禮箋注》,各有師承,羽翼經傳,厥功甚鉅。歷代名臣碩彦,由此其選。至宋周、程、張、朱數大儒,因注疏以闡明義理,學術人心,允足範圍後世。此《大學》正心誠意之功,必本於格物致知也。後學不察,往往以訓詁專屬漢、唐諸儒,以義理專屬宋儒,遂使聖門四科劃分界限。即如制藝,代聖賢立言,明季國初本多經意,而後來流弊漸就空疏,非立法之不善,乃學術之日歧也。方今聖學初基,屢奉諭旨釐正文體,整飭考試。臣愚竊謂經術之士,知之者希,亟應先爲表彰,俾士氣文風有所矜式,亦吏治儲材之亟務也。臣素知寒士中有器識、文藝者數人,雖不遽言德行,而由文學以達政事,各有所長,堪資器使。若知而不舉,不特貽蔽賢之譏,實重負朝廷咨訪之意。"復以久病請開缺,得旨,再賞假三月。二年十月,偕倭仁、李鴻藻疏云:"皇上沖齡御極,智慧漸開。當此釋服之初,吉禮舉行,聖心之敬肆於此分,風會之轉移即於此始,則玩好之漸可慮也,遊觀之漸可慮也,興作之漸可慮也。嗜好之端一開,不惟有以分誦讀之心,即海内之窺意旨者,且將從風而靡。安危治亂之機,其端甚微,而所關甚鉅,可無慎乎?方今軍務未平,生民塗炭,時艱蒿目,百孔千瘡,誠如聖諭'正君臣交儆之時,非上下恬熙之日也'。伏願皇上恪遵慈訓,時時以憂勤惕厲爲心,事事以逸樂便安爲戒。凡内廷服御一切用項,稍涉浮靡,概從裁減;雖向例所有,不妨量爲撙節。如是,則外物之紛華不接於耳目,詩書之啓迪益斂夫心思。將見聖學日新,聖德日固,而去奢崇儉之風,亦自不令而行矣。"上優詔褒答焉。

十一月,疏云:"臣聞國史館《循吏傳》,自嘉慶年間編輯後,久未續纂。近年封疆大吏以此奏請者,亦甚罕見。且自軍興以來,徵兵籌餉,幾視吏治爲緩圖,不知地方果得一賢有司,平日弭盗安良,化民成俗,實足以消患於未萌。其曲突徙薪之功,不在敵愾捐軀者下。現在城守陣亡各員,均蒙隨時賜卹,或奉特旨宣付史館,此等地方循吏功在無形,譽傳衆口,若不及時表彰,致令湮没,何以昭激勵而勸後來?應請旨飭各省大吏,加意訪查政績官聲、遺愛在民者奏明,並咨史館編入《循吏列傳》,以資觀感。臣更有請者,竊見各省州縣供軍需、辦團練,不得不藉資民力。其假公濟私、咈衆斂怨者無論已,即一二清潔自好者,亦不過黽勉辦公,先其所急,設卡抽釐,方慮聚衆滋事;團練築堡,又虞負固抗糧。救過方且不遑,於民生疾苦、地方利弊,勢更不暇兼顧。苟非至誠之心,兼濟變之才,安能用民財力而民不怨畔?故至今日而言循吏,操術爲至難,用心爲更苦也。其已故者,固應特予表揚,其現任者,尤宜急加褎勉,俾得殫竭心力,以衛民生。應請敕下中外大臣,保舉循吏,確覈品行,臚列事蹟,奏備簡用。其有伏處之士,潛修力行,堪膺循吏之選者,如確有見聞,亦准一體保奏,並以原任同知劉大紳、按察使李文耕、大順廣道劉煦,循聲卓著,請宣付史館,入《循吏傳》。直隸任丘縣知縣張光藻、獻縣知縣陳崇砥、知縣王蘭廣、山東知縣蔣慶第、山西徐溝縣知縣程豫、汾陽縣知縣吳輝祖,及江南優貢端木埰、山西舉人秦東來等,請送部引見。”均得旨允行。

三年七月,復以病請開缺,並退出内廷差使,命開禮部尚書缺,仍以大學士銜在弘德殿行走。十月,瀝陳病勢,請致仕停俸,諭曰:“大學士祁寯藻奏衰病日久,難以起假入直,籲懇致仕一摺,覽其所奏,情詞真切,若不允其所請,轉不足以示體卹。祁寯藻著准其開弘德殿差使,以大學士致仕,仍加恩支食全俸,以示篤念耆舊至意。”四年五月,以科爾沁親王僧格林沁剿捻戰歿於曹州,畿輔震驚,疏陳防剿之策,薦總兵余承恩及直隸州縣十員備委任。

五年,卒。遺疏入,諭曰:“予告大學士祁寯藻學粹品端,忠清亮直。由翰林入直南書房,洊擢正卿,贊畫樞務,簡任綸扉,總理部務,疊受先朝知遇之隆。克慎克勤,無忝厥職。咸豐四年間,以樞務積勞,因病開缺。朕御極之初,蒙兩宫皇太后簡用耆臣,重加倚畀,以大學士銜補授禮部尚書,令在弘德殿授讀,朝夕納誨,啓沃深資。旋復因病予告,在家食俸。老成碩望,中外皆知。方冀頤養安和,遐齡克享,遽聞溘逝,悼惜殊深!著賞給《陀羅經》被,派鍾郡王帶領侍衛十員,即日前往奠醊,加恩晉贈太保,照大學士例賜卹,入祀賢良祠。任内一切處分,悉予開復。應得卹典,該衙門察例具奏。靈柩回籍時,著沿途地方官妥爲照料。伊子翰林院編修祁世長,著俟服闋後以侍讀用。伊孫祁友慎,著賞給舉人,准其一體會試,以示朕篤念耆臣至意。”尋賜祭葬,予謚文端。

子世長,工部尚書。

《清史稿》卷三百八十五·列傳一百七十二·祁寯藻

祁寯藻,字春圃,山西壽陽人。父韻士,官户部郎中,以事繫獄,寯藻方幼,隨侍讀書不輟,賦《春草》詩以見志。

嘉慶十九年,成進士,選庶吉士,授編修。道光元年,直南書房。督湖南學政,累遷庶子。十年,以母病陳情歸養,宣宗不許,予假省親。逾年回京,補原官,遷侍講學士。尋復予假省母,不開缺。歷通政使司副使、光禄寺卿、内閣學士。母憂歸,十六年,將屆服闋,預授兵部侍郎,督江蘇學政。歷户部、吏部侍郎,留學政任,未滿。十九年,命偕侍郎黄爵滋視福建海防及禁烟事,連擢左都御史、兵部尚書。迭疏陳總督宜駐泉州治防務,改海口礮臺爲墩,查禁烟販,捕治漢奸,並禁漳、泉兩府行使夷錢,夾帶私鑄者治罪,嚴懲械鬬,並得旨允行。在閩半載,還經浙江,按台、温兩府私種罌粟,劾罷台州知府潘盛;又劾温州知府劉煜試行票鹽不善,被議,自呈枉屈,戍新疆。時鄧廷楨奏擊英吉利兵船於厦門走之,忌者謂其不實,命寯藻復往按,具陳戰勝狀。回京,仍直南書房。二十一年,調户部,命爲軍機大臣。

二十六年,偕尚書文慶按長蘆鹽運使陳鑑挪撥鹽課,彌補加價,褫其職,歷任鹽政運司議譴有差。二十九年,以户部尚書協辦大學士,命赴甘肅偕琦善按前任總督布彦泰清查舛誤、縱容家丁,下嚴議。回京,請便道省墓,途次聞宣宗崩,過里門不入。文宗即位,拜體仁閣大學士,仍管户部。寯藻自道光中論洋務與穆彰阿不合,至是文宗鋭意圖治,罷穆彰阿,寯藻遂領樞務,開言路,起用舊臣,寯藻實左右之。

咸豐元年,調管工部,兼管户部三庫事務。二年,復調户部。廣西匪日熾,出湖南,遂不可制,湖北、江南數省先後淪陷。軍興財匱,議者試行鈔法,又鑄當百、當五百大錢,皆行之未久而滋弊。尚書肅順同掌户部事,尚苛刻。又湘軍初起,肅順力言其可用,上嚮之,寯藻皆意與齟齬,屢稱病請罷,温詔慰留。四年冬,復堅以爲請,乃允致仕。十年,英法聯軍犯天津,車駕將幸熱河,寯藻密疏切諫。又言關中形勝可建都,釐捐病民,北省尤宜急停,並報聞。

十一年,穆宗即位,特詔起用。疏陳時政六事:曰保護聖躬,以崇帝學;曰綏輯民心,以清盜源;曰重守令,以固民心;曰開制科,以收人才;曰速剿山東、河南賊匪,嚴防山西、陝西要隘,以衛畿輔;曰敦崇節儉,以培元氣。言甚切摯,並被嘉納,次第施行。命以大學士銜授禮部尚書。

同治元年,穆宗入學,命直弘德殿,偕翁心存、倭仁、李鴻藻同授讀,摘録經史二帙進呈。上讀《大學》畢,寯藻具疏推陳"爲人君止於仁"之義,略曰:"《大學》一書,皇上已成誦,凡制治保邦之道,用人行政之源,胥在於是。爲人君之道,止於仁而已。治國平天下兩章,言仁者六,終之以未有上好仁而下不好義。蓋仁者必以仁親爲實,故能愛人,能惡人。不好仁,則好人之所惡,惡人之所好。仁者必以貪爲戒,故忠信以得之,不仁者則驕泰以失之矣。仁者以義爲利,不以利爲利,故以財發身;不仁者則以身發財,菑害並至矣。千古治亂之機,判於義利,而義利之判,則由於上之好仁不好仁也。如近日所講《帝鑑圖説》,下車泣罪、解網施恩、澤及枯骨等事,斯即帝王仁心所見端也。若納諫求賢,尊儒遠佞,則仁親爲實,能好能惡之説也。露臺罷工,裘馬卻獻,則以義爲利,不以利爲利之説也。《帝鑑圖説》講畢,請進講輿地,以《會典》諸圖簡明,易於指畫。又《耕織圖》及内府石刻宋馬遠《豳風圖》爲農桑衣食之原,皇上讀書之暇,隨時講求,庶知稼穡之艱難,懔守成之不易也。"

二年,上服除,寯藻偕倭仁、李鴻藻上疏曰:"皇上沖齡踐阼,智慧漸開。當此釋服之初,吉禮舉行,聖心之敬肆於此分,風會之轉移即於此始,則玩好之漸可慮也,游觀之漸可慮也,興作之漸可慮也。嗜好之端一開,不惟分誦讀之心,海内之窺意旨者,且將從風而靡。安危治亂之機,其端甚微,所關甚鉅,可無慎乎?方今軍務未平,生民塗炭,正君臣交儆之時,非上下恬熙之日。伏願皇上恪遵慈訓,時時以憂勤惕厲爲心,以逸樂便安爲戒。凡内廷服御一切用項,稍涉浮靡,概從裁減;向例所有,不妨量爲撙節。如是,則外務之紛華不接於耳目,詩書之啓迪益斂夫心思。聖學日新,聖德日固,而去奢崇儉之風,自不令而行矣。"疏上,優詔褒答焉。

寯藻提倡樸學,延納寒素,士林歸之。疏言"通經之學,義理與訓詁不可偏重。後學不察,以訓詁專屬漢儒,義理專屬宋儒,使畫分界限,學術日歧"。因舉素所知寒士端木埰、鄭珍、莫友芝、閻汝弼、王軒、楊寶臣,經明行修,堪資器使。又疏言:"軍興以來,不講吏治,請下中外大臣,保舉循吏及伏處潛修之士,以備任用。"自舉原任同知劉大紳、按察使李文耕、大順廣道劉煦,請宣付史館入《循吏傳》。又薦直隸知縣張光藻、陳崇砥、王蘭廣,山東知縣蔣慶第,山西知縣程豫、吳輝祖,及江南優貢端木埰、山西舉人秦東來。並嘉納允行。屢以病乞休,三年,詔許致仕,食全俸。五年,卒,晉贈太保,祀賢良祠,命鍾郡王奠醊,謚文端。擢其子編修世長以侍讀用。

世長,字子禾。咸豐十年進士。年十三,侍父江蘇學政任。幕客俞正燮、張穆、苗夔諸人,並樸學通儒,世長濡染有素,尤篤守宋儒義理之説。同治九年,服闋,補侍讀,累遷内閣學士。光緒初,連督安徽、順天、浙江學政,清勤愛士,一守寯藻舊規。歷禮部、吏部侍郎,擢左都御史。十年,命偕尚書延煦勘山東河工,疏言:"非疏海口不能洩盛漲。修防以民埝爲第一層屏障,守民埝即以守大堤。巡撫陳士杰築修民埝多在大堤既决之後,殊爲失計。請乘時興修。"從之。迭疏陳時務,多持正議。十六年,遷工部尚書,兼管順天府尹。兩典會試,皆得士。世長清操自勵,累世官卿貳,家如寒素,時以稱焉。十八年,卒,優詔賜卹,謚文恪。賜其孫師曾員外郎,子友蒙主事。

《山西通志》卷一百三十五·祁寯藻

祁寯藻,字叔穎,一字實甫。祖文汪,父韻士,並别有傳。寯藻幼穎異,過目成誦。父官户部,以銅案事牽連逮繫,隨侍獄中,益刻苦自勵。年十八,舉嘉慶庚午鄉試,甲戌成進士,選庶吉士,尋授編修。宣宗御極,命直南書房。壬午,分校會試,旋典廣東鄉試,皆稱得人。癸未,視學湖南,裁革新生紅卷陋規,奏復童生覆試黎明入場之例,以杜流弊。及科試,凡向例卷費、贄儀,裁除殆盡,湖人至今德之。丁酉,以户部侍郎視學江蘇,疊奉諭旨,嚴禁鴉片,撰新樂府三章,刊示各處。又重刊宋本《説文繫傳》並朱子《小學》。恭書《聖諭廣訓》及欽定"黜異端以崇正學"四言韻文,重修常州試院,文教一新。海防事起,以左都御史奉命偕侍郎黄爵滋巡視浙、閩,與吴文節公文鎔、鄧制軍廷(筠)[楨]籌備海防經費,及簡練水師將領各事宜。夷艘犯廈門,爲閩師擊退,時庚子四月也。未幾,而浙之定海告陷,使還至常州,復奉入閩之命,乃泛海親履廈門,周覽形勝,歸而備陳"夷情反覆,和議不可恃"狀。上是之,命入直軍機。時某相方貴幸用事,既力排林、鄧諸人去之,陰主款。及事棘,上每臨朝而歎。相退,方從容言:"某園花盛開,諸公盍過從觴咏爲歡?"寯藻衆詰之曰:"上焦勞若是,公爲大臣,豈遊讌時耶?"相默然,慚。聞者壯之。累遷户部尚書。己酉七月,授協辦大學士。時河東鹽務方改短商,而積弊愈甚。商既賠累如故,而富民更無安枕;官吏勒報,恣爲魚肉,因之破産無算。寯藻奉使讞獄甘肅,道經河東,廉知其弊,回京據實條奏。明年,遂有查辦之舉,改爲官運,由是三省商民得免其害。尋拜體仁閣大學士,仍管户部。咸豐間,海内軍興久,度支匱乏拮據,籌畫以給軍餉,不忍巧取累民,議論與言利之臣多不合,因而謗讟繁興。賴文宗素鑒其忠,保全始終。以病乞罷,詔慰留。再疏,得請以予告大學士致仕。穆宗即位,皇太后特旨起用,以大學士銜補授禮部尚書,在弘德殿授穆宗讀,每有講説,闓切悱惻,出於至誠。時方讀《大學》,具疏反復推明"爲君止仁"一語,進呈朱子《小學》及陳宏謀《大學衍義輯要》、杜詔《讀史要略》等書。又屢陳時務,保薦賢才,復疏陳弭盗安民必須循吏,請分别表彰、録用。病中得句云:"病久豈忘憂世念,夢中還有薦賢心。"其生平心事,於此概可見矣!同治五年卒,年七十四。贈太保,謚文端,入祀賢良祠。性篤孝,母劉,少時督讀甚嚴,稍拂意,輒予杖。既官學士,猶時受譴。每值母怒,長跪引咎，伺悦乃敢起身。歷四朝，由侍從直樞廷，受宣宗知最深。忠言讜論，類皆造膝敷陳，謹密不外洩，雖子弟無由聞知。廉俸所餘，輒以周戚族交遊。清風儉德，霍山以北言家範者，必首稱焉。所著有《䂬䚡亭詩集》、《馬首農言》、《勤學齋筆記》行於世。書法爲一時最，得者皆寶貴之。

子世長，今官工部尚書。

祁文端公神道碑銘并序

清·秦緗業

故大學士壽陽祁文端公之薨,爲同治五年秋九月。後二年夏四月,既歸葬公於某鄉某原,距今又數年矣,而神道之碑未立。公子世長以屬之無錫秦緗業。緗業束髮受書即聞公名,迨道光丙午副順天榜,幸出公門下。然先後僅一再見,侍公日淺,知公亦未深。八年冬,復來京師,世長以所爲墓志及公自訂年譜見示,趙編修曾向並語公逸事甚詳。曾向亦公丙午所取士,而尤習於公子者也。於是始知公歷事四朝,久參密勿,侃侃持正論,不少阿附取容,同列多忌之。若非天子察其忠誠,不爲所媒蘖而中傷者幾希矣。故公雖躋極品,被恩遇,意常邑邑若不釋然。卒以憂危成病,屢進屢退,以迄於終,弗獲大信其志。夫乃歎位高禄厚,庸俗之所誇耀者,固不足爲公道;即僅僅以文學政事相推者,亦未有以識公之心,而闚公之蘊也。惟公門生故吏滿天下,豈無蓄道德、能文章其人者?若緗業之無狀,行能淺薄,學識卑陋,方懼負公一日之知,又曷以銘公哉!且既有王通政拯表墓之文矣,毋乃重出何。既遜謝再三,而世長復述公不願得尊官貴人志墓之意,且言行事未備,體例各殊,敢涕泣以請,乃不克辭。又遲之三載,始爲之序而銘焉。非敢緩也,蓋其慎也。

公壽陽祁氏,諱寯藻,字叔穎,又字淳甫,以敬避御名,改字實甫,自號曰春圃,學者稱春圃先生。曾祖諱雲瑞,縣學生。祖諱文汪,長治縣教諭。父諱韻士,由中允改官至户部郎中。三代皆贈光禄大夫。母氏弓、氏劉,皆贈一品夫人。公父有丈夫子六,公次居五,劉太夫人出也。公幼而岐嶷,性至孝,年十二,父以事繫刑部獄,公隨侍讀書不少輟,並賦《春草》詩以見志。越歲,事白,遣戍伊犁。公請從行,不許,乃奉母返里,益篤苦於學。年十八,中嘉慶庚午舉人。先是,贈光禄公蒙恩賜環,即主講甘肅之蘭山書院。公往省父,因留侍焉。書院故多藏書,乃以其暇研精經史,縱覽諸子百家,公之殖學稽古,蔚爲一代儒宗,實基乎此。甲戌成進士,改翰林院庶吉士。旋丁父憂,服闋,散館,授編修。會仁宗皇帝崩,充實録館纂修官。道光元年,入直南書房,應制賦《太液(清)[春]泛》詩,宣宗賞焉。由是由翰林以至宰輔,未嘗一日離南齋也。壬午會試,充同考官,旋充廣東鄉試正考官。踰年,督學湖南。七年,升右中允。旋遷侍講,又遷右庶子。十年,以太夫人有疾,乞假省親,召對,詢病狀,且有"求忠於孝"之諭,人知上將大用公矣。假滿,陳請終養,不許,仍寬以假期,并賜以《御制詩初集》及《平定回疆戰圖》,蓋異數也。十一年秋,太夫人病良已,即奉旨入都,補原官。未幾,太夫人又病,公再乞養,蒙恩予假如前。太夫人聞之,伏枕流涕,戒公勿復言歸,病亦旋瘉。公則由庶子連擢侍講學士、通政使司副使、光禄寺卿、内閣學士兼禮部侍郎銜,一歲中凡四遷。十三年秋,太夫人歸,爲孫娶婦,疾復作。十四年春,遂終於家。公奔喪回壽陽,一慟幾絶。十六年,服闋,未補官,即擢兵部右侍郎,轉左侍郎。踰年,調户部右侍郎。同日奉命督學江蘇,轉左侍郎,又調吏部。未滿任,擢左都御史,例還京,途次命偕黄侍郎爵滋一再使福建,遂渡厦門籌海防。蓋黄公官鴻臚時,嘗疏請禁鴉片煙,西洋諸國多不便,思内犯,於是邊釁始起矣。在閩時擢兵部尚書,辛丑會試充副考官,旋調户部教習庶吉士。是年九月,命爲軍機大臣,賜紫禁城騎馬。丙午順天鄉試,充正考官。二十九年,充上書房總師傅,以户部尚書協辦大學士。是年冬,使甘肅鞫案。事竣,請假回籍省墓,行次介休,聞宣宗皇帝升遐,過家門不少留,即兼程北上,蓋哀痛迫切,不敢顧私義也。還朝,文宗登極,即授公爲體仁閣大學士,仍管户部,充實録館總裁官。維時上鋭意圖治,粤氛不靖,深以議撫爲非,罷大學士穆彰阿公,遂首樞務,日召見便殿,輒問公用人行政之道,公引經據史,動踰晷刻,同列多苦之,公猶講説不已,上亦未嘗倦聽焉。公嘗謂:"言路,國家之氣脉,氣脉通,無論强弱,可以爲國。"故咸豐初,起用人望,聽納直言,維公實左右之也。二年,慕陵奉安禮成,加公太子太保銜。自夷務平,天下狃於晏安,不復留意武備。道光末,賊突起廣西,蔓延東南各省,師老財匱,仰屋嗟歎。公弟宿藻,官江寧布政使,賊至,守城嘔血而殞,江寧省城遂陷,時三年二月也。公感憤時事,痛傷愛弟,舊病增劇,連章請告。四年冬,得致仕,仍留京師未歸。十年秋,海夷入寇,京師戒嚴,車駕幸灤陽,公兩上封事,均留中,欲趨詣行在,以病甚不果行,公子遂奉之歸里。今上即位,特旨起用,公自陳病狀,請緩行,并有陳時務一疏,幾五千言。始於勸聖學,終於崇節儉。其崇節儉一條,於土木游觀,尤三致意焉,識者服其先見。公猶在籍,即命以大學士銜爲禮部尚書。

同治元年春二月抵京,皇太后命與前大學士翁心存、尚書倭仁、編修李鴻藻,同直弘德殿,侍皇帝讀。公扶病侍直,進呈陳宏謀《大學衍義輯要》等書,並反復推闡"爲人君止於仁"之義,上輒動容稱善。越三年,卒以老病乞休,優詔慰留者再,公請不已,乃得予告。又踰年,薨於京師,年七十有四。嘗手定遺疏,諄諄以納諫親賢爲急務,言不及私。公病中有句云:“病久豈忘憂世念,夢中還有薦賢心。”可以見公惓惓君國之悃矣。事聞,上震悼,遣郡王奠醊,贈太保,謚文端,入祀賢良祠,給祭葬,令沿途地方官護喪以歸。於時天下莫不感動,謂皇帝之厚公獨至,不知微公之忠恪,素信於列聖,亦無以荷此恩禮也。

公少即澹榮利,耻奔競。初入翰林,年僅二十餘耳,乃官編修,十年始授坊局。宣宗召見,諭曰:“觀汝終始是正派人。”則知公固受特達,知不由大臣薦也。其在樞廷且數十年,亦深耻朋比唯諾之風。方道光辛丑、壬寅間,西夷梗化,海疆不靖,首輔穆公意不欲用兵,公數廷爭之,不從。後撫議成,夷人歸我侵地,穆且曰:“如祁某言,幾誤國家事。”及公相文宗,定郡王素結主知顧樞密事,雖諸王弗與聞也。定邸每向公探問,公輒對以少頃即有旨,定邸滋不悦。其時軍事方興,度支日絀,諸言利者爭以苟且之策進,公多密陳罷之。定邸主議鑄大錢,公謂無裨國用,徒擾閭閻,疏爭甚力,既不聽,則姑請罷當五百當千錢,而當十錢遂通行於天下,今已久廢不行,惟京師行之如故,然亦一錢止值制錢三耳。錢法於是大壞,人多追咎創議者,或且以爲自公發之,不知其人固嘗阻公抗疏力爭者也。定邸殁,鄭親王兄弟漸專恣,尤不便公所爲,未幾即有滿洲人吉年訐公一事。上震怒,立誅之。非聖主知公,禍且不測,而公旋以病請退,卒不能安於其位矣。公嘗謂爲政以得人爲先,尤殷殷於以人事君之道。其生平所識拔汲引者類多知名於世。直樞密時,於上前薦賢甚衆,人莫知之。同治初,又屢上疏論薦,尤重循良之吏。然公雖好弘奬,而不受私謁,有人饋遺者,必却之,寓居宣武城西偏,門前車馬闃如也。庚申告歸,故居不能容,至居山寺内。後召入都,寓中均飯脱粟。公自奉甚菲,而篤於故舊,每卹其後人,刻其遺書,如歙程侍郎《恩澤詩集》,及平定張穆、肅寧苗夔諸人著作,多公所助刊也。其先光禄公所輯《西域釋地》一卷、《西陲要略》四卷、《藩部要略》十八卷、《藩部世系表》四卷、《己庚編》四卷,亦次第刊行。公以文學受知先帝,故所爲詩古文詞,皆卓然成家。自漢儒宋儒各立門户,格不相入,公病之,嘗言通訓詁,明義理,二者不能偏廢。其視學吴中也,重雕朱子《小學》以訓士,又得景宋鈔本《説文繫傳》登諸版,於是小徐書始行於時。其自著則有《馬首農言》十四篇、《䜌䜌亭集》四十四卷,已授梓。其他著述尚夥,未録也。配曹夫人,繼配陳夫人,新城故侍郎用光女,公會試出陳公房,且從以受古文學者也。子世長,翰林院編修,公薨後,加恩以侍讀升補,今擢侍講學士,提督安徽學政。孫友慎,欽賜舉人。銘曰:

瞻彼馬首,邑斯族斯。惟晉大夫,越二千載。篤生偉人,相我國家。少遘家難,纍囚獄卒。伴公讀書,公學以成。乃掇巍科,入承明廬。天子知公,累操鑒衡。終枋機樞,晚爲帝師。昕啓夕沃,伊訓皋謨。信任竱矣,寵榮極矣。胡鬱勿舒,海波既揚。楚氛載熾,時際艱虞。東南驛騷,大農告空。籌策徒紆,桑孔競進。頭會箕斂,利析錙銖。公謂非體,剜肉補創。毋乃大患,疇主和戎。犬羊反覆,震驚乘輿。公見幾先,挽捄末由。流涕沾襦,正色立朝。屹然砥柱,始終不渝。婞直招忌,含沙射景。横肆詆誣,我皇明聖。夔魖罔象,其可稽誅。公心雖昭,公身曷安。退卧城隅,豈不戀主。臣實衰病,恩禮匪疏。大星忽隕,山頹木壞。四海欷歔,不朽備三。卓爾名臣,粹然名儒。佳城孔固,方山之麓。曹河之墟,勒銘表德。匪私於公,垂百禩模。

誥授光禄大夫予告大學士晉贈太保文端祁公墓表*

賜同進士出身、誥授光禄大夫、補四品京堂、前通政使司通政使、署都察院右副都御史、受業王拯頓首百拜謹撰

敕授文林郎、内閣中書、受業端木埰頓首百拜謹書

誥授中憲大夫、前直隸灤州知州、宗侄之鏁頓首百拜謹篆額

同治五年丙寅秋，九月十有二日，予告大學士、太子太保壽陽祁公薨於京師。遺疏上，惟請以親賢納諫爲急務。上△悼，賞給《陀羅經》被，欽派郡王奠醊，照大學士例賜卹，入祀賢良祠，晉贈太保，謚曰文端。諭賜祭葬，靈柩回籍時沿途地方官妥爲照料，典至厚也。公諱寯藻，字叔穎，一字淳甫，避今上御名更曰實甫，又字春圃。曾祖雲瑞，祖文汪，晉贈光禄大夫，△△封一品夫人。考諱韻士，官右中允，改官至户部郎中，累贈光禄大夫，妣封一品太夫人。公□孝稟於天性，幼而奇穎，年十二侍光禄公於刑部獄中，令賦《春草》詩，光禄公喜焉。越日得釋西戍，公欲從行不許，奉太夫人督教綦嚴。十五補學員，十八舉於鄉，爲嘉慶庚午科。時光禄公已戍還，主講甘肅蘭山書院。蘭山距壽陽△△餘里，公趨侍學，匹馬往還，△氣殊壯。兩年研究經史，博極羣書，學遂大成。甲戌成進士，改翰林院庶吉士，奉光禄公諱服闋，散館授職編修，充本衙門撰文、國史館協修、文淵閣校理、實録館纂修官。道光元年辛巳，直南書房，恭和御製《太液春泛》詩，宣廟賞焉，蓋公恩遇所由被也。同入直者爲歙程恩澤。公既承庭訓，殖學有基，方爲學員，即受知學使者當塗黄勤敏公。及供奉内廷，與程公俱從勤敏，後以閣學切△，故於師友淵源所自，尤不忘於二公。平定張穆嘗從公學，引爲諍友。後程、張殁，公皆刻其遺書，又重周其遺孤子女。壬午會試充同考官，旋充廣東鄉試正考官。明年，提督湖南學政，釐革弊規，振刷文術，選拔貢生，得人稱△△崇光、羅繞典其尤著也。△△仍直書房。戊子升詹事府右春坊右中允，於是官翰林者十年，直書房亦八年矣。旋轉翰林院侍講，右春坊右庶子。庚寅乞假歸省太夫人疾，期滿陳請終養，復蒙寬假。逾年，母疾△△奉養回京，遷翰林院侍講學士，署國子監祭酒。□年累遷通政使司副使、光禄寺卿、内閣學士兼禮部侍郎銜。太夫人又病劇，再請終

---

* 本文因原碑文漫漶不清，無法辨認，故字句有不妥之處。

養,蒙恩召對,以母年未高,偶疾當瘉,再給寬假。時方園蹕,竝諭毋庸赴園陳謝。歸述△訓,太夫人爲感涕,病遂起。蓋太夫人教素嚴,當時樞密近臣皆悉公孝,遽達△聽,老猶爲子世長輩頌述恩遇,輒潸然涕出也。太夫人居京久,復思歸,公又擬乞終養從行,太夫人△之曰:"汝一歲數遷,當靖爾職,思報涓埃。吾身已健,歸爲孫娶婦,行復來△△△。"甲午,太夫人卒於家,聞訃星奔,至老以爲終天之恨。先是,視學湘中,卑溼得頭眴疾,至是居艱,重以苫由△△得臂痛疾,久而乃瘥。服闋,未抵京,擢兵部右侍郎。明年轉左侍郎,旋調户部右侍郎,提督江蘇學政,轉左侍郎。初,西域用兵,公論事契上旨,及大功告成,以戰圖頒賜禁近侍從,公適里居,特旨一例頒賞,蓋宣廟之嚮公久矣。是時,海疆方有事,鴻臚寺卿黄公爵滋疏請重申煙禁,新□□嚴。公自江蘇學政任滿未還,即與黄公同再奉使福建查辦事件,擢都察院左都御史,還遷兵部尚書。明年辛丑調户部,九月命爲軍機大臣,於是海疆再出師矣。首樞爲前大學士穆彰阿,而潘文恭、王文恪兩公副之。公之參政事也,由文恪薦而故不知,文恪奉使塞河中矣,歸即不起。樞務方殷而國用繁,庫△蠹蝕,又復潰裂,諸言利者日興,公出入禁省,經度萬難。當兵食交絀,時議多危疑並作,責難者亦坌集。公退食獨居,往往流涕,顧嘗以謂爲國家者譬諸人身,公論者元氣也,不可以塞。故於臺諫有言責者,必導納之,以至畸人逸士,片言一得,有所干瀆,亦必敬受,擇可施行而造膝焉。海舶逼金陵,京師殊駭,公力持△鎮,謂人情方習承平,不當自擾,以惑大計,與當局或異議,則侃侃執爭,迥一變其平時謙遜退辟,士論益歸。上之所以倚公者亦益,至歲己酉,以户部尚書、協辦大學士,充上書房總師傅。海壖稍戢,一使天津,又使甘肅查辦事件,陛辭伏地,良久未起。時宣廟已違,豫諭曰往哉,今歲方暮還朝。及明春△△公使歸,文宗即位,首授公體仁閣大學士,長軍機大臣,仍△户部。咸豐初,政肅然清明,海内喁喁,以堯聖治,而粵匪亂△,督兵者數弗利,東南騰沸,大用日空,征兵籌餉,△懣煩鬱,又有倍於昔年海疆之事者。公感激黽勉,弗敢告勞。當軍書旁午,每朝趨直,寅入而戌歸,積數年而病已甚,宿疾又作,備極委頓,至不得已陳△再三,甫得致仕,時則咸豐四年冬十一月也。十年秋,車駕北巡,時公致仕雖已數年,而病且衰,杖欲起,公子世長乃奉歸,養痾方山。踰年,今上御極,特召來京簡用。同治初元,上方就學,奉皇太后懿旨,以禮部尚書仍大學士銜,弘德殿行走,朝夕侍從。兩年之間,數有論△,亦荷採納。衰疾更增,屢請致仕,猶蒙温諭,再三慰留。四年九月乃得予告,又踰年以疾薨。公風矩端凝，和而有介，立朝四十餘年，忠清亮直，寰海聞知。初以文學告主知，而中執樞衡，遭遇杌桯。平生恥於避事，三朝輔翼，遭際優隆，務引當道。尤以廉潔自持，△△人知，退休日，幾不足自存。《宣宗實録》告成，以嘗任監修總裁官，賞食全俸，□再辭謝。自以時多匱乏，素食弗可安也。謙德△而彌光，即薄△細，故亦慎之又慎。當事久而人不能干以私，然聞△若渴。既老復出，猶手自疏列晉中循異及端木埰、楊寶臣、莫友芝者數人以進，皆潛學士。當粵匪起，前大學士賽尚阿之出督師，公實以秀水令△忠烈公忠源屬之△△△△△楚軍，而楚軍乃起，忠烈拯非從於斯役，則亦不知忠烈之起於公也。孝友肫△於家庭，戚鄰一待以誠，故不因間言。母弟宿藻以江寧布政使，癸丑之亂，歐血死圍城中，庚申歲兄寀藻又以疾歿。時海氛復大肆，尤心傷之。性既適△，講學不以門户。湘中按試辰州，夢授書於濂溪，適沅陵令以元△△來與夢符△□其堂曰"夢濂"。江蘇重雕朱子《小學》善本。又因肅寧苗夔言，求得蘇人景宋抄本《説文繫傳》，刻於江陰，海内繇是知徐鍇書。自爲《馬首農言》十四篇，尤致詳於農晦耕作，爲居母憂時作，屬安邱王筠爲校正名物至數十條。筠謂是以《詩》《書》艱難勤動之意，卑詞約旨，△其詞於一邑之中。馬首者，壽陽古邑名也。公以累朝耆碩，德望殊重，文柄疊操，及掌樞直，△多故不能一日離。故於道光辛丑，一爲會試總裁，丙午主順天鄉試，嗣是僅一充庚戌殿試讀卷官，累爲朝考散館、大考翰詹考試差、覆試進士舉人、會考拔貢閱卷大臣。詞翰流傳，天下寶之。書從小篆入，而真行出顔柳，獨自成規格。古今體詩曰《䜉䜎亭前後集》，通四十四卷，行於世。他著述未及鋟也。配曹夫人，繼配陳夫人。子世長，翰林院編修，奉旨服闋後，以侍讀升補。孫友慎，欽賜舉人。公子世長以公將歸葬，馳△△林，且述公命，使爲墓道之文，維拯之歸，亦嘗承此言也，△△辭。銘曰：

祁古著姓，系出軒轅。伊耆衍派，陶唐祖焉。維初受邑，自晉大夫。黄羊之族，祁△△△。散處河汾，年三千餘。孔賓燉煌，忠愍無餘。代△南北，實遷晉都。壽陽聿來，△△△家。歷歲五百，昌於平△。版△西征，藩部成書。蓮池蘭山，佑啓賢謨。懿鑠我公，令德令儀。佩玉瓊鏘，△質芳△。鴻章既文，魁斗是麾。保衡一德，馮△△阿。顧△閲代，乃逢百罹。内△△△，羣倫風議。翿狂猾翿，䎃琰熊羆。竭智盡誠，涕△△△。靖共正直，遵道遵義。力小△辱，惟矢靡佗。△△崔嵬，敢釋勞疲。臣心匪石，帝德如天。乃卧城隅，歲時有存。烈風雷雨，△△△顛。憤起思從，曳策郊甸。△△清明，重光重輪。詔徵荒野，授几堂軒。山泉育德，庭△△晨。本植其端，若木銜薰。公顧

△如,謂時罕補。熟知其艱,而緝于暇。維公之存,國有喬木。頽山摧梁,四國伊△。沈沈壽水,隆隆徇艾。靈城鬱鍾,萬祺斯大。

大清同治七年,歲在戊辰十月吉日建。

誥授光禄大夫太子太保予告大學士贈太保謚文端顯考實甫府君墓志

高平宗侄之鏻篆蓋　同里姻愚姪閻汝弼填諱

府君姓祁氏,諱寯藻,字叔穎,號淳甫,避今上皇帝御名,改名實甫。大父光禄公生六子,府君次五,幼聰穎,性孝友,爲大父母所鍾愛。年十二,光禄公以户部郎中、前任寶泉局監督失察虧銅案被逮,府君侍奉獄中讀書。越歲事白,戍伊犁,府君請侍行,大父以年幼不許,遂侍大母歸里。艱難困苦中延師課讀,十五入邑庠,十六食廪餼,十八舉於鄉。大父先於嘉慶戊辰歲蒙恩釋還,時方應繹堂那公聘,主講蘭山書院,府君從。書院多藏善本書,侍奉之暇,研精經文,縱觀群書,學遂大成。癸酉,衛滑用兵,那公督師剿辦,欲辟府君參戎幕,以親老辭。明年甲戌,成進士,入詞館。又明季,丁大父憂。大母痛光禄公學問經濟未竟所施,乃甫得優遊晚歲,見子孫昌大門閭,遽爾殂謝,悲憤勞瘁,舊疾輒發。兄弱弟幼,營喪葬,侍母疾,一身任之。己卯,散館授編修。庚辰,仁宗皇帝升遐,充實録館纂修官。

宣宗御極之初,與歙程春海先生同被命入南齋,應制賦《太液春泛》詩,宣廟賞焉。自是,差竣、假滿、服闋,皆奉旨入直如初。戊子,升右中允,旋遷侍講、右庶子。庚寅,大母在籍患病,聞信即請開缺省視。蒙召對,詢病狀,於三月假外加賞一月,并有"求忠於孝"之諭。迨疾少愈,而假期已滿,遂具呈樞廷,代奏乞養,又蒙給假,不限日期。踰年,母病瘥,奉板輿入都,補右庶子,擢侍講學士、通政使司副使、光禄寺卿、内閣學士兼禮部侍郎銜。壬辰秋,大母病痢,乞假,未愈,又乞終養。宣宗召見,諭曰:"汝母痢疾,非不可瘳之症,年未七十,從此頤養,可躋上壽。汝年方壯,若即告歸,豈不可惜?朕已賞汝假期,必可醫治有效,毋須遽請終養。"銜恩歸述,母病有瘳。甲午,丁大母憂。服闋,未抵京,擢兵部右侍郎,未幾,轉左侍郎。踰年,調户部右侍郎,轉左侍郎,尋調吏部右侍郎,蓋宣廟之嚮用久矣!初,西域不靖,府君方直内廷,曹文正爲樞相,同直南齋,知先光禄公著《西域釋地》、《西陲要略》二書,每相咨訪,故廷寄於山川道里,動合機要,萬里之外不啻虜在目中。凱旋繪戰圖、御製詩注,皆府君敬謹繕擬。頒賞諸王大臣時,府君告養在籍,硃筆加賞,又賞《御製詩初集》,皆異數也。生平少持文柄,一爲會試同考官,一主廣東鄉試,一主順天鄉試，一主辛丑會試。兩爲督學使者，一湖南，一江蘇也。湖南則裁革陋規，振拔寒畯，故拔萃科得人稱盛。江蘇則遵旨恭書《聖諭廣訓》，並欽定"黜異端以崇正學"四言韵文，刊板頒發各學生童。又刊朱子《小學》、宋本《説文繫傳》，教人明義理，兼明訓詁也。未滿任，以吏部侍郎奉命偕少司寇黄公往閩浙鞫案，旋擢都察院左都御史、兵部尚書。途次，奉廷寄，再往福建渡厦門，查海口，海疆夷務自是始矣。時道光二十年，歲在庚子也。明年辛丑，調户部尚書，秋，入直樞密。於是△△△△將出師，樞務殷繁，軍書旁午。長白穆公彰阿爲首樞，潘文恭、王文恪副之。府君性謙和，與人以誠，而論事侃侃不少屈，時論歸之，聖眷彌倚重焉。丙午，使天津查鹽案。戊申，充上書房總師傅。己酉，以户部尚書協辦大學士。是年冬，使甘肅，會同總督琦善查控案。差旋，道出壽陽本籍，請假五日修墓，已蒙諭允，而歸途至介休，恭聞宣宗皇帝龍馭上賓，兼程赴都，不敢顧私義也。

文宗御極，命以體仁閣大學士領樞直，總度支，兼充實録館監修總裁官。時粤匪猖獗，屢易帥，功不成，師老饟絀，仰屋嗟歎。叔父幼章公又以江寧藩司守城，積勞病歿。公憤私憂，一時並集，嘗賦詩曰："盟心衹有廉泉飲，造膝元無諫草焚。時世艱危餘涕淚，簡編功過付傳聞。"蓋當時心力憔悴，與當時艱苦情形已可想見矣。甲寅，自夏徂冬，頭暈臂痛，益以頭創，病幾殆，連章請告，得致仕。時恭邸同直樞垣，來視疾，詢以國事，府君對曰："粤匪肆亂，得人則治，若夷務再有釁，王其留意，毋少忽。"彼時不孝方侍側，不覺憂之□而思之遠也。咸豐十年庚申秋，海夷犯順，震驚畿甸。乘輿幸灤陽，府君欲扶病詣行在，不孝恐□病不支，乃奉歸故里，而憂心如焚，不能自已，故兩有陳奏，均蒙采納。辛酉秋七月，文宗皇帝棄群臣，山中奉到遺詔，詣縣萬壽宫哭臨。踰月，遂奉旨起用，并有"忠清亮直"之褒，旋以大學士銜授禮部尚書。府君追念先皇帝知遇之隆，又念皇帝沖齡踐阼，思竭悃款，稍盡以人事君之誠。同治初元春二月，進京叩謁梓宫時，已奉慈安皇太后、慈禧皇太皇懿旨，命與前大學士翁公、尚書倭公、編修李公，同直弘德殿，侍皇帝讀。時人榮之，而府君惶恐堅辭，不獲，乃扶病侍直，知無不言，言無不盡。越三年，卒以老病乞退。優詔慰留者再，屢懇乃獲命。

越歲，丙寅秋九月十二日未時，卒於京寓，享年七十有四。卒之前八日，命不孝具筆墨，手書一絶曰："天子臨軒選異材，八方平定物無灾。上元事業十年後，定有賢豪應候來。"遂默不語，嗚呼痛哉！遺疏亦先期手定，諄諄以納諫親賢爲急務,至是上。上遣鍾郡王奠醊,賜《陀羅經》被,贈太保,謚文端,入祀賢良祠,賜祭葬,靈柩回籍時,並著沿途地方官妥爲照料。

府君再娶皆名門。曹夫人,平定曹壽階先生女;陳夫人,新城陳石士先生女,均先卒,△以同治戊辰歲四月十九日合葬東麻地祖塋之次。子世長,翰林院編修,候補侍讀。孫友慎,欽賜舉人。孫女二。嗚呼!我府君一生忠孝,懔懔不渝,清風亮節,天語褒獎。嘉言懿行,悉數之不能終也。惟追念致仕後,嘗訓不孝曰:"我少遭家難,晚逢國艱,既賴慈親督教,未墜家聲,又蒙聖主包容,恩禮終始,比類時流,是幸人也。他日志墓之文,汝無乞尊官貴人爲之,既多諛辭,且恐失實,吾不願也。汝雖不文,其爲我志之。"不孝謹誌弗諼,而但覺言之悲也。自今思之,愈足悲耳。謹和淚濡血而志之,不敢銘,亦哀不能銘也。

大清同治七年歲在戊辰夏四月勒石男世長泣書

附:皇清誥贈一品夫人顯妣曹夫人墓志

先妣姓曹氏。考諱玉樹,字壽階,乾隆庚子科進士,由部曹外授浙江衢州府知府,世居平定州城。母任恭人,生母楊孺人。年十九歸我府君,時府君以廪膳生肄業晉陽書院,鄉薦後侍先大父客授皋蘭,負笈從遊,屢年在外。先妣家居,事威姑,和娣姒,一門之内,雍雍如也。曹氏爲平定大族,科名累葉。時方隆盛,海内晏安。外王父出典劇郡,政成民和,晚歸里閭,優游歲月,稱素封焉。我祁氏由洪洞遷壽陽,累世耕讀。曾祖王父以泠官起家,大父繼起官翰林,未改寒素。自西戌後,家益落,大母曁世母、叔母,皆井臼親操。先妣雖非寒家女,而幼嫻閨訓,賦性敦厚,未嘗不與諸娣姒均勞苦也。相夫子和静有禮。事舅姑暇,退居燕室,見府君必起立,十年如一日,未敢少渝。舉案致敬,有德曜之風焉。嘉慶二十三年十一月初四日卒於家,生一子,殤。距生於乾隆五十六年十二月十九日,享年二十有八,權厝村北珠渡灣。同治五年九月十二日府君卒於京,明年,其孤世長扶柩歸里。又明年,葬於東麻地祖塋之次,并敬奉先妣曹夫人、陳夫人靈柩合葬焉。妣之碩德至行,不克盡知,謹就聞諸趨庭者,略記梗槩,以傳於後云。男世長謹撰并書。

大清同治七年歲次戊辰夏四月勒石。

附:皇清誥授光禄大夫經筵講官工部尚書兼管順天府府尹事務予謚文恪子禾太府君行述

先大父姓祁氏,諱世長,字子禾,號敏齋,山西壽陽人也。先世系出春秋祁大夫之裔。七邑既分,支派散徙,元季自洪洞徙壽陽。壽陽,古馬首祁氏七邑之一也。傳至十一世祖諱昌,明季諸生,爲吾族儒學之始。十四世祖諱文汪,優貢生,官長治縣教諭。妣氏王、氏賈。高祖諱韻士,拔貢生,乾隆戊戌進士,官編修,右中允改户部主事至郎中。妣氏弓、氏劉。二世皆以先曾大父貴贈光禄大夫,妣贈一品夫人。曾大父諱寯藻,嘉慶甲戌進士,官大學士,贈太保,賜謚文端,入祀賢良祠,誥授光禄大夫。妣氏曹,贈一品夫人;氏陳,封一品夫人。

先大父陳夫人所出也,道光五年乙酉生。先曾大父湖南學署,性聰悟,又沈潜好學,聽先曾大父講解故訓大義,輒能領會。十七年丁酉年十三,侍先曾大父江蘇學署,舟車南北,讀書不輟。署有書室,額曰"留春",先曾大父命紀以詩,有句云"春過復留春"。先曾大父喜之,謂有春氣。時黟縣俞理初孝廉正燮、肅寧苗先路明經夔、平定張石州大令穆、武陵胡光伯編修焯,皆在幕中,與先曾大父講學,日以考訂疏證爲事。先大父年未成童,亦追隨於耆儒碩彦間,緒論所承,心焉識之。石州先生贈詩有"垂老媿黄童"之句,所以獎許之者甚至。道光二十五年乙巳,宅先曾大母憂。咸豐元年辛亥,以廕考授員外郎,分户部陝西司行走。引見時特旨召見,垂詢家世,天顔甚霽。以任子而特蒙召對,異數也。先曾大父管理户部,回避,工部營繕司行走。是年,中式山西鄉試第十三名舉人。本房爲潞城知縣楊學海先生,從龍座主爲中允史穆堂先生澄、户部員外郎杜蘭溪先生學禮。九月,先府君生時,先曾大父方以大學士直樞密,而先大父治部事維謹。四年甲寅,先曾大父以疾在告,杜門養痾,不問家人生産,在官又清潔自好,家無餘貲,先大父實屏當之。粤匪披猖,師老饟絀,司農仰屋。先曾大父欲自捐廉俸以濟,諭先大父,遂悉取所餘以入公。三年癸丑,江寧不守,先文節公以積勞歐血殞。先曾大父公憤私戚,一時並集。先大父外應庶務,内承色笑,以釋先曾大父憂,一室之内愉愉如也。凡五上禮部,庚申始成進士。本房爲編修楊濱石生先泗孫,撥房爲編修楊禮南先生秉璋,座主爲相國周文勤公祖培、文恪公全慶、尚書朱畯堂先生墫、侍郎杜繼園先生翰,殿試二甲入翰林。是年八月,奉先曾大父旋里。同治元年壬戌,被詔再起,又奉入都,散館授職編修。二年癸亥三月,充功臣館纂修。十月,充實録館協修。三年甲子五月,充湖南副考官。正考官爲侍郎龐文恪公鍾璐,與先大父極諧際。得士曹應祥等六十六人,副榜九人。掌院倭仁文端公將與奏辦院事,力辭之。五年丙寅九月,先曾大父棄養,穆宗軫念耆臣,優畀飾終之典,特旨以侍讀候補。六年丁卯九月,扶柩歸葬。十二月,奉命會辦山西團練。於時捻匪渡河,人心震動。先大父慮土匪因之竊發,風雪戒嚴,馳驅省南北,與田敬堂大理雨公、趙静山中丞德轍,及大吏守令嚴定條約,分飭各路,部署周密,居民賴以安謐。八年乙巳四月,服闋入都。時先曾大父歿,歲三周矣,復歸致祭。會侍讀缺出,次及先大父,人或尼之。先大父曰:"缺可復得,老人周歲不可再也。"九年庚午二月,補侍讀兼本衙門撰文、教習庶吉士。十月,充日講起居注官。十年壬申二月,授詹事府右春坊右庶子。四月,轉左春坊左庶子。五月,補侍讀學士,拜視學安徽之命,下車即發題觀風,解到之卷,詳定甲乙,並檄下所屬,剴切曉諭,以除積習、敦寔行爲先。每試日,静坐堂皇,胥役等閉置他所,不少寬假。自朝至昃,不遑暇食。於文中運用所本,親加指詢,以杜懷挾勦襲之媒,以革代倩傳遞之弊。皖省素多樸學,自遭亂離,根柢之學稍遜於前。每諭諸生讀書,以《四書》、《五經》爲主,而以《史》、《鑑》、諸子百家佐之,與其務廣而荒,何如守約爲要。有能背誦《十三經》、默寫《五經》者,皆量爲獎勵之。會屆選拔之年,先大父曰:"拔萃之科,十二歲一舉行,必品學相稱,始副兹選,故所拔皆寒畯積學之士。"十三年五月甲戌,補内閣學士兼禮部侍郎銜。十二月,驚聞穆宗升遐,馳報到皖,伏地震痛,攀號無及。因念先朝之知遇,益感激涕零,亟思圖報。光緒二年丙子,代辦江南監臨。三年丁丑入都。十一月,署刑部左侍郎。時山右大祲,流離徧野,先大父集鄉人士鳩歛賑之,自舉千金爲倡。離學政任不一二年,即典衣假貸,未之有也。四年戊寅四月,署兵部侍郎。八月,署吏部右侍郎。十二月,復奉命視順天學。畿輔爲首善之區,士風敦樸,防弊校士,誨人不倦,一如在皖。五年己卯正月,補禮部左侍郎。四月,先府君以咳血歿,先大父方以積勞致腹疾幾殆,又聞先府君噩耗,乃引疾歸,既傷先府君之不永年,又傷母氏以痛,先府君故病且殆。不孝師曾年甫十歲,煢煢弱息,相依爲命。七月,伯姑又以痛弟相繼逝,一年之中兩遭骨肉之變,悲可知矣。六年庚辰三月,署兵部左侍郎。四月,補禮部右侍郎。九月,充武會試副考官,正考官爲侍郎邵公亨豫,又派閱考試漢謄録卷。十二月，調吏部右侍郎。八年壬午六月，管理户部三庫事務。八月，命督浙江學政。先大父以浙省人文淵藪，士不患無文，而患樸實不足，一以黜華崇實爲教，嘗入奏曰："必使庠序多出一文行交孚之士，朝廷乃多收一名實相副之人。"禁私謁，整場規，外極和藹，而内寓嚴整，士皆畏悦。先大父外王父侍郎陳石士先生，舊曾督學浙中，廉潔愛士，循循善誘。先大父亦然，人以爲有侍郎之遺風焉。試院西偏有定香亭，阮文達公所建也。前督學使者侍郎徐公樹銘重葺之，脩竹千竿，雜花生樹，試事稍暇，輒游覽觴咏，爲退思之地。九年癸未六月，轉吏部左侍郎。十年甲申三月，補都察院左都御史。奉旨著來京供職，時歲試甫周也。六月，抵京。八月，命偕尚書公延煦往山東查辦事件，覆奏平允，得旨依議。十月，充經筵講官。十一年乙酉十月，賜紫禁城騎馬。是月，充武鄉試正考官，副者爲侍郎孫公詒經。十二年丙戌二月，派留京辦事。三月，充會試副考官，同被命者爲尚書公錫珍、侍郎文恪公嵩申、孫公毓汶。得士宗室景厚等二人，劉培等三百一十六人。十五年己丑五月，請假回里治墓。挈不孝師曾於六月抵里，展拜松楸，彌深悽戀，以不得常依丙舍爲憾。師曾藉應秋試，榜發不售，先大父戒師曾曰："吾家科第太盛，汝年尚穉，宜養爲遠到才，不可速化，惟勉學植品，益自策勵耳。"十六年庚寅三月，派隨扈東陵。六月，先大母逝世。師曾婦唐、婦何，復相繼夭折，老懷悽惻，神志傷矣。十一月，補工部尚書，次日命兼管順天府府尹事務。是夏，永定河決，所屬之澇者縣十有九。前兼尹潘文勤公祖蔭舉賑，事未竟而卒。先大父踵期成憲，接辦冬撫，與京尹陳公彝和衷共濟，安輯流民。流民之待哺者，日輒數百人，鬨集於門，先大父反覆曉諭之，始各歡聲散去。於是士大夫倡捐於上，中外好義之士同力相恤，合境以安。順天猶古三輔也，繁劇號難治。先大父措置秩如，事無鉅細歸於理。先後任府尹者陳公彝、胡公聘之、孫公楫，協恭之誼皆篤。十八年壬辰三月，舉行耤田典禮，上親視耕，先大父以兼尹從。是月，復充會試副考官，同被命者爲尚書翁公同龢、内閣學士宗室公霍穆歡、李公端棻，得士宗室溥岳等三人，劉可毅等三百七十人。闈中劬於校閲，心力交瘁，病至是伏矣。先大父繼先曾大父後，以侍讀三遷至卿貳，感朝廷知遇之隆，夙夜匪懈，思竭誠以答主恩。今上御極，皇太后孜孜求治，召對時每諭以"時事艱難，宜陳讜論"。時使臣搆釁俄人逞其詐力，致貽宵旰焦勞。先大父於是有"要盟不可曲從，禦侮宜籌早策"之疏，又以"馭夷之策，須急脩武備，繼之以練兵、籌饟、用人三大端"之疏。煤鐵礦廠寖多，流弊滋甚，於是有"請飭停止,以養地利,清弊源”之疏。津通議開鐵路,同朝三十餘人聯銜具疏,力陳利病,乞罷其事,先大父亦與焉。其餘用人、理財及中外交涉之事,靡不言之無隱,每爲上所嘉納。先大父歷吏、禮、兵、刑、工五部,有應議事,無論駁、準或照例、改例,必熟籌利弊而後發。同堂議論有不合者,必商歸一,是不立異,亦不苟同也。每召對詢所奏,必剴切直陳。凡有關吏治、民生、國計、邊防者,恒挈其要領,記存於册,於政體、人才尤爲顧惜。一主鄉試,兩主會試,三爲督學使者,及殿廷考試,派閲卷、讀卷者,乙酉、丙戌、辛卯、壬辰舉人覆試,己丑、庚寅貢士覆試,己丑殿試,庚辰、丙戌、己丑、庚寅朝考,丁丑、丙戌、庚寅庶常散館,壬午、乙酉、戊子、己丑、辛卯考試試差,庚辰優貢朝考,考試漢御史,壬午考試孝廉方正,庚辰、戊子考試漢廕生,衡文稟清真雅正之旨,惡支離怪誕之言,有輒屏之。其餘若承修陵工,核覆朝審,鄉會試搜檢磨勘,驗看身官,驗放文武員弁,皆務秉公持平。精白一心,門無私謁,通籍垂四十年,未嘗以微瑕干吏議也。素有咯血疾,四月出闈後,勞頓觸發,變爲痰喘,夜不安枕;溼熱下注,骽腹浮腫,疊次請假調理。凡更數醫,而反覆不常,時輕時重。七月,遂疏請開缺,復蒙恩賞假兩月。時吾鄉方葺山右公所治澱園,舊名曰“雲山别墅”將落成。先大父扶病往視,西北有樓,猶强登之,坐視西山爽氣,心目豁然。歸即覺精神疲苶,所患又甚,常思睡。初六日早,徧集家人,不孝等扶掖端坐,猶諭以“存心行己,持家居官”之要,尤諄諄以“勿負國恩,勿墜家聲”爲誡,延至亥刻,竟棄不孝等而永逝矣。烏乎,痛哉!不知醫之罪萬死莫贖矣。遺摺入,上欷歔再三,優卹逾恒。越五日,禮臣以卹典上,諭賜祭葬,予謚文恪。九重曠典,備極哀榮。不孝等跪聆寵綍,匍匐靈右,泣血以告,而先大父感恩之語不可聞矣。

先大父孝友純篤,於先曾大父母家忌日,致敬盡哀,有終身之慕。與先大母自力以儉刻勵如寒素,食不四簋,半皆蔬食,一裘十餘年不易,嘗諭師曾曰:“菜根滋味,我儒素家風也。汝幼穉,毋驕姿怒詈,毋縱口腹欲,毋新裁羅綺服。”一以惜物力,一爲子孫輩惜福也。然祀享必豐潔,禮服必修整,承祭朝會,用昭肅穆,不可簡也。字不孝等以慈,而出入、定省,誨飭不貸。自居官以至待人應物,一以主敬存誠爲準則,無急言遽色,無欹坐急趨,當暑不袒裼,對家人若賓客。黎明即起,劬書治事,寒暑罔間。每入奏,動以丙夜,退而入署判牘,歸不言勞。乞假以後,有來問疾者,送必至門;戚友慶弔,雖公冗至繁,亦必躬至;與鄉黨、後進及門下士過從譚讌,竟日端坐,言議不衰,自持以道,即之藹然，蓋由莊敬日强，亦精力富厚之故也。三任學政，廉俸所入，悉周諸親族戚鄙，尤篤於師門故舊。在官嚴絶苞苴，有所(媿)[餽]，輒拒之。講學無漢宋門户之見，服膺於宋，而折衷於漢。雖公私叢集，未嘗一日廢書。早歲通籍後，撰擬奏進文字及四方乞請之作，雖有所存，散佚亦夥。尤精古今體詩，宗少陵、香山、東坡三家，藁盈篋，須次第梓行。每長致後，與鄉人爲銷寒之集，集必有作，人爭頌之。嘗訓不孝等曰："爲學之要，須通經義，參史學，尤貴敦品厲行，毋務浮詞而鮮實用。"有請業者，亦以此爲教。無崖岸城府，而介然之操終不易也。

先大父生於道光五年乙酉六月二十九日，卒於光緒十八年壬辰八月初六，享年六十有八。配先大母李夫人，封一品夫人，先二年卒。子三：長諱友慎，即先府君李夫人出，二品廕生，欽賜舉人、内閣中書，亦先卒；次友蒙、友鼎，皆側室張宜人出。女二，亦皆先卒。孫二：長師曾，一品廕生，特旨以員外郎即補；次師儉。曾孫一，彦孺。不孝師曾幼侍先大父側，日聞訓誡教勉之言，行年既長，學不加進，方冀期頤可卜，常叨庇蔭，遽意大故猝遭，瞬息棄養，終天之恨没齒難言矣。烏乎，痛哉！師曾釁鮤叢積，十歲喪父，不十餘年又遭先大母喪，既禫而先大父又不諱，天之降割，胡至此極邪？烏乎，痛哉！母氏苦節，叔弟悴弱，師曾亦少不更事，多滋辠戾，惟以不克上紹家聲爲思。兹者茹痛銜恤，行將奉匶歸葬，所願兄弟叔姪相規相勖，以勿貽先大父在天之恫。師曾苫出昏瞀，於先大父學行功業之本，不能窺測萬一，謹就聞之先大父與日記所系，及門人故吏之親承指畫者述存梗概，以誌哀思。伏維賢人君子矜其哀荒無文，俯賜閔察，錫之銘誄，以光泉壤，以備異日國史之采，且少贖不孝等萬死莫貸之釁，則世世子孫感且不朽。

不孝承重孫祁師曾泣血謹述。

賜進士及第翰林院編修國史館協修會典館圖上幫總纂本衙門撰文教習庶吉士受業馮煦頓首拜填諱。

國家清史編纂委員會·文獻叢刊

祁寯藻集

②

詩詞·校勘
批注及考證

清·祁寯藻著
祁寯藻集編委會編

國家古籍整理出版專項經費資助項目

三晉出版社

祁嶲藻集

（第二册）

主　　編：閻鳳梧　　蕭泰芳　　周山仁

副 主 編：郭華榮　　時　新　　劉長海

編　　輯：李榮輝　　郭熙禹　　王銀海

　　　　　傅惠成　　丁永清

《䃨⿰谷九亭集》清代咸豐六年刻本書影

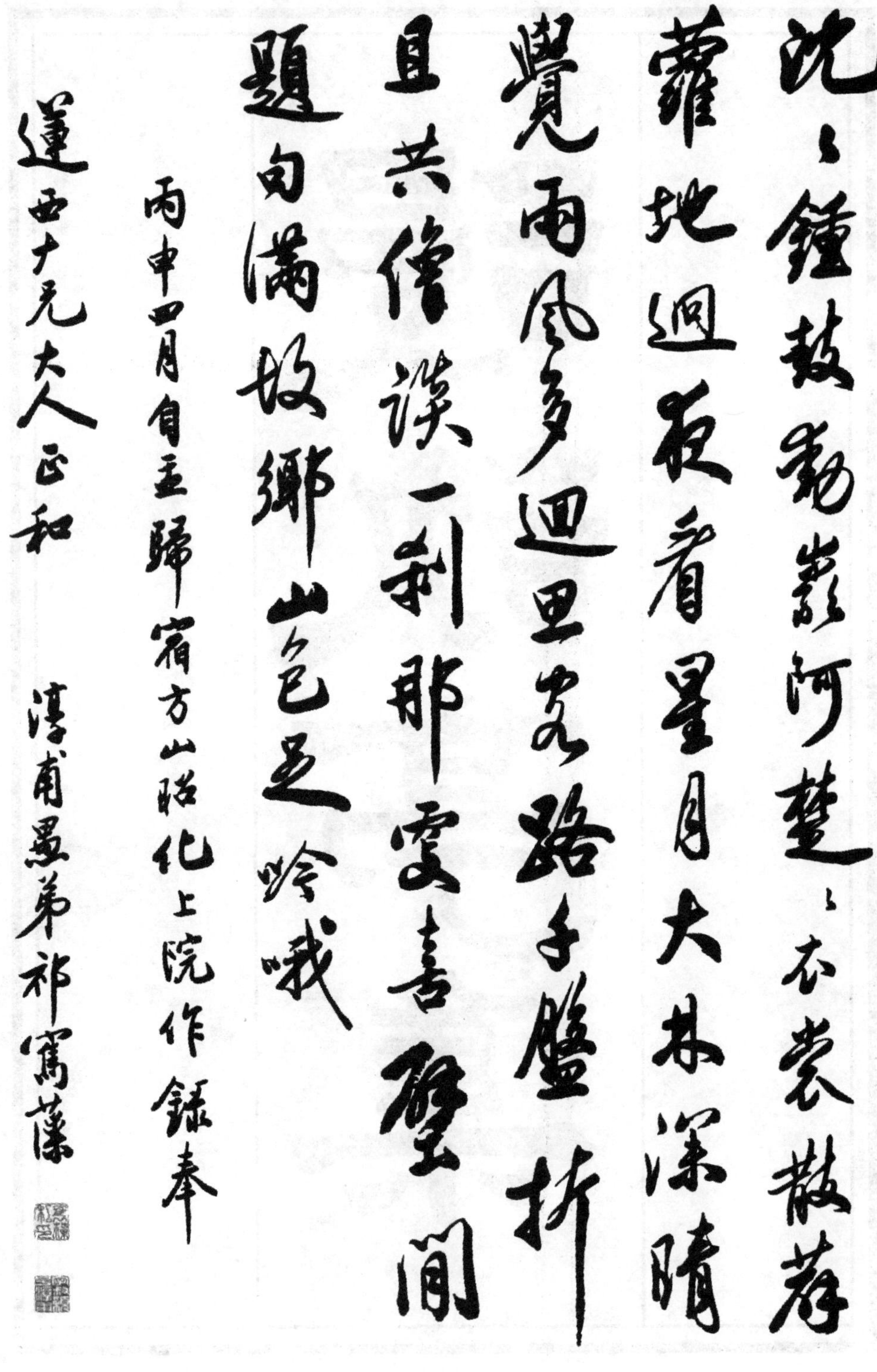
沉〻鐘鼓動巖阿楚〻衣裳散薜
蘿地迴夜看星月大林深晴
覺雨風多迴里雲路手攀折
且共僧談一剎那處舍壁間
題句滿故鄉山色足吟哦
丙申四月自五歸宿方山昭化上院作錄奉
蓮西大兄大人正和
淳甫愚弟祁寯藻

祁寯藻手書詩稿

前　言

《祁寯藻集》第二册收録詩詞、校勘、批注及考證共三大部分。其中詩詞又分如下幾部分:

一、自編《䜌䢼亭集》三十二卷,是祁寯藻致仕後養疴閑居時,尋檢存稿,略加編次,釐爲三十二卷,以時間先後排列。始於嘉慶十七年(1812年,祁氏二十歲),止於咸豐四年(1854年,祁氏六十二歲)致仕之前,集録古今體詩一千六百餘首,并以故里之古亭"䜌䢼亭"名之。卷端自叙曰:"詩之工拙不敢計,惟藉是稍答父師之訓,紀生平閲歷歲月而已。"此集於咸豐六年刊刻,咸豐七年又補刻重印。編輯時,我們將咸豐六年與咸豐七年刻本相較,發現咸豐六年刻本第十六卷中,録詩爲三十九首,而咸豐七年刻本爲四十四首,其它各卷均同。因此,我們選用了咸豐七年刻本爲底本。

二、咸豐八年刻本《䜌䢼亭後集》十二卷,集録古今體詩六百餘首,爲祁氏致仕後至咸豐七年所作,亦按時序編排。以咸豐八年刻本爲底本。

三、1976年臺北經聯出版事業公司據稿本影印明清未刊稿彙編初輯本《壽陽祁氏遺稿·䜌䢼亭後集》二十卷中的後八卷(咸豐八年至同治元年所作),集録古今體詩五百餘首。由於《䜌䢼亭後集》十二卷已用咸豐八年刻本爲底本,與咸豐八年刻本相較,稿本中前十二卷未收録祁氏咸豐七年所作詩,故只録稿本二十卷中之後八卷。

四、原刻本《䜌䢼亭後集》十二卷中未録的《述懷詩》三十六首和《壽陽祁氏遺稿·䜌䢼亭後集》稿本中祁氏已删詩《問鵲》、《答鵲》、《和三兄自警詩》等十一首,這次編輯時,均收録在册,以補刻本之不足。

此外,又有從上海圖書館抄録的《尺華齋試律存草》九十五首,從《平舒山莊六景詩》、《清詩紀事》以及收藏家手中抄録祁氏詩手稿共二十二首,從《試律大觀》、《試帖玉芙蓉集》中抄録《試帖》詩五首,從國家圖書館、上海圖書館所藏《䜌䢼亭詞稿》、《䜌䢼亭詩草》、臺北經聯出版事業公司出版《壽陽祁氏遺稿》中抄録詞共二十三首。這次編輯時,均補録在《䜌䢼亭後集》之後。

詩詞部分計集録古今體詩二千九百七十七首,詞二十三首。

校勘部分收録了祁寯藻《説文解字繫傳校勘記》上、中、下三卷。編輯時以道光十九年重刊影宋本爲底本，以《叢書集成初編》本爲參校本。在點校中，發現兩本文字有不同處，則擇善而從；文字僞誤者，則據今大小徐本《説文解字》予以訂正；其無所依據者，則保持原貌，俟後賢審正。此次我們未收録《説文解字繫傳》，只收録了祁寯藻的《説文解字繫傳校勘記》和祁寯藻《重刊影宋本〈説文繫傳〉叙》、李兆洛《跋》和承培元《〈説文解字繫傳校勘記〉後跋》。此書在清代晚期乃至民國，曾産生過較深的影響，新中國成立後亦多次重印，但從未點斷過。這次編輯時加以點斷，它將對研究古文字學的同志有所幫助。

批注及考證部分的《三國志・魏書》，是祁寯藻於咸豐三年六月，在明末毛氏汲古閣刻本上親筆抄録的乾隆欽定本《三國志》目録考證，有"癸丑夏六月藻鈔録"落款。但只抄録了《魏書》，未及《蜀書》、《吴書》。編輯《祁寯藻集》時，將此復抄後，編入此册。它雖系祁寯藻的抄録，但對研究《三國志》有一定參考價值。

《三姓山川》是記載以今黑龍江依蘭縣爲中心，方圓千里的地理山脈、河流形勢的。《富克錦輿地略》記述以今黑龍江富錦縣爲中心，東、西、西南、東北幾個方向的兵站、卡倫分部和古城耕地、界碑及其道里的情况。《琿春境内村屯里數》、《寧古塔村屯里數》一卷記述以今吉林琿春和黑龍江寧安縣爲中心數百里地區的村莊、户數、道里等情况，以及寧古塔與俄羅斯交界的"倭"、"那"、"瑪"、"拉"、"喀"、"亦"等字號界牌的坐落方向與地址。是研究清代輿地方面的珍貴資料。

《京口山考》、《京口水考》共六卷，記載今江蘇鎮江一帶的山水、寺廟、縣城、陵墓等地理位置，是研究鎮江一帶地理歷史的依據，爲祁寯藻於同治四年所録。時祁已七十三歲，由此可知祁寯藻老當益壯的學習精神。這部分録自《壽陽祁氏遺稿》。

編輯點校《祁寯藻集》第二册時，得到了國家圖書館、南京圖書館、陝西師範大學圖書館、山西省圖書館、山西大學圖書館的大力支持，給我們提供了極大的方便，在此表示誠摯謝意。

限於學識，編輯點校中難免有失當之處，特别是《説文解字繫傳校勘記》，爲第一次點校，缺乏參考資料，錯誤實難避免，敬祈專家學者批評指正。

凡　例

一、本書共分三册,是對祁嶲藻作品的首次全面整理。

二、原刻本、謄寫本中多用古體字、異體字、通假字、俗體字(含簡筆體),且在一篇之中時常混用古體與今體、正體與異體。由於該書均經祁嶲藻手訂,又由其子祁世長、侄孫祁友直、祁友麟校對,依據國家清史編委會《文獻整理工作通則》之規定,本書一般不作改動。個别生僻字改爲規範字,以不發生歧義與異音爲凖。作者手稿中雜用各體,本書多仍其舊;草、行體字,改爲規範字。筆畫稍異而結構相同、筆畫相同而結構不同之異體字,改爲規範字。

三、底本與手稿中殘缺及脱漏處以□表示,無法辨識處以△表示;錯字或有疑問者加圓括號,其後之正字加方括號;本書編者所加内容用圓括號括注。

四、底本中的避諱字,一律改爲規範字。

五、底本中原有夾注,字號縮小,字體相异。

六、長文適當分段,並加標點;詩用逗號、句號,詞按詞譜標點;詩題後之小字爲寫作時間、與詩題成爲一體者,句末不加句號;題中句中夾注爲一字、數字、或爲人名者,一般不加標點;引文不完整者、無底本可查對者,不加引號。

七、雜記中引文頻繁,且係隨手抄録,本書一般不作校勘。

八、本書第一、二册之校記置於當頁之末,用＊號表示。

九、本書第三册之檔案按具文時間先後順序編排;無具文時間者,按硃批時間編排,並以＊號注明;既無具文時間,亦無硃批時間者,以原檔號爲序,排在最後;奏片、清單等,雖無具文時間,但與主件密切相關者,排在主件之後。

十、檔案標題爲編者所加,奏議之文種於標題後注明,題本之文種則省略。每件檔案之時間,置於標題之下。

十一、奏議中所有具奏人祁嶲藻及其職銜均省略。題本中之職銜只標明祁嶲藻,其他聯銜具奏者均予删除。

十二、檔案中凡有皇帝批語者，均加"硃批"二字標明。批紅原在封面，現一律排在文件之後。

十三、墓誌、行狀題目上的大段職銜，一律删除。

十四、有關編輯未盡事宜，見本書《編輯説明》及各册之《前言》。

目　録

馒䜣亭集

䙳䜣亭後集

校 勘

批注及考證

詩詞

䙌䜣亭集序

憶幼時，從先大夫讀書，偶命賦《春草》詩，喜曰："此子性情尚厚，當可學詩。"十五歲，補縣學生員，以《待漏院》詩受知於學使新城陳先生，繼任者當塗黄先生觀風，歲科兩試，俱承獎勵，遂授以詩學。先生嘗曰："詩以言志，言爲心聲，若徒揣摩格律，彫琢詞藻，縱成結構，終乏性情。古人頌詩讀書，必先知人論世，蓋非學無以擴識，非識無以範才。至於窮通顯晦，境遇各殊，敦厚温柔，體要斯在，則視乎其人之自得耳。"寯藻謹識斯語。四十餘年，學不加進，時有吟詠，輒多棄置。比年養疴閒居，始尋檢存稿，略加編次。自嘉慶十七年至咸豐四年致仕以前，釐爲三十二卷。詩之工拙不敢計，惟藉是稍答父師之訓，紀生平閱歷歲月而已。至恭和宸章曾進奏御者，謹仿前輩存詩之例，别録成卷，不敢闌入私集。䙌䜣亭爲吾鄉古蹟，曩讀《顔氏家訓》，喜其奇字，擬補築亭於方山，爲退老讀書之地。荏苒至今，斯願未遂，取以名集，用志嚮往。

咸豐六年歲次丙辰孟春之月，壽陽祁寯藻自記於宣武城南之勤學齋。

䜱䬃亭集卷一

古今體詩五十七首嘉慶壬申至丁丑

九日蘭州城上望河樓登高

崑崙虛接大荒西，極目長空盡處低。飛鳥似從銀漢落，浮橋真與彩虹齊。涼天佳節酬尊酒，落日邊城靜鼓鼙。不用登臨更搔首，青雲已躡謝公梯。

孝女吟

日出扶桑東，照耀天西陬。西蜀有孝女，佘氏字西州。西州自有父，負罪爲楚囚。江漢不西歸，一去八九秋。西州年十一，思親涕泗流。上書走京國，關山阻以修。西州亦有祖，老病徒悲憂。傷哉無兄弟，又無姊妹儔。隻身數千里，相從舅氏劉。生死不反顧，蒼天呼悠悠。一解

問女何所訴，問女何所求。女言父被誣，顛末事有由。博徒者譚某，虎冠氣如牛。慷慨首發奸，豈知倒戈矛。母慟欲救父，入都鳴冤讎。歸途斃靈石，魂魄委荒溝。女時方周晬，耶孃面未謀。即今聞祖言，再拜哭啾啾。祖老誰爲養，母骨誰爲收。父身如可贖，九死亦瞑眸。二解

理官具狀聞，聖主憐咨諏。即日貸久戍，道路歎且謳。蜀人聞女還，奔走觀不休。西州今有父，父歸祖乃瘳。西州雖無母，母死志已酬。生男不必喜，生女不必愁。今日見緹縈，男子爲之羞。日月之所照，雨露無不周。誰云卑弱質，亦與和氣游。三解

平涼道中聞滑縣事癸酉九月二十四日

金湯萬里鞏河山，蓮教何人敢逞頑。豈有浮言能動衆，況逢聖主正思艱。時畿南旱災，蠲租發賑。孤城路隔風煙外，三郡師過枕席間。報道隴西精鋭至，將軍早晚下潼關。聞河南滑縣、浚縣、直隸東明、長垣、山東定陶、曹縣六邑，俱被騷動。那繹堂制軍自蘭州奉命總統軍務，馳赴滑城。

夜　行

班馬夜蕭蕭，邊城木葉凋。軍裝曾未識，鄉夢轉無憀。落月彈箏峽，清霜折柳

橋。書生氣飛動，投筆羡班超。

初成進士，忝與館選，紀恩述志二首

頻年負笈走風塵，隴外歸來及早春。兵氣已銷農事樂，去冬大軍克復滑縣，畿南肅清。文場初捷客懷新。慙無瀛海探珠手，恐有荆山抱璞人。自古通經期致用，敢將雕篆負儒珍。

瞻雲兩度覲天顔，殿試前十卷，例先引見。芸館叨陪玉筍班。經世文章初涉獵，紬書歲月正寬閒。簪花且博高堂笑，舞綵行看故里還。慙媿龍門牛馬走，一編可許繼名山。

樂泉詩用昌黎《山石》詩韵并序

泉在澄懷園，張文恪公所濬鑿也。嘉慶甲戌歲，余初入詞館，黄左田師招寓直廬，暇輒徘徊泉上，樂其幽邃，賦詩紀之。

跳珠咽草泉聲微，雨過石橋雛燕飛。前溪荷葉三兩點，戲蓮下有錦鱗肥。樂泉老人恣幽討，山徑偪仄人蹤稀。誅茅甃井水甘冽，棲遲不改衡門飢。繪事流傳競題詠，三天麗藻連金扉。老人一去數十載，名泉蕪没藏林霏。阿孫訪舊鐫短碣，三尺緑苔濃陰圍。洗硯忽驚月在手，煎茶不覺雲生衣。余性亦有泉石癖，攀躋奥曠如脱鞿。扇湖在澄懷園西千頃不足樂，獨樂此泉倦忘歸。

階前蜀葵爲風雨所折感作

秋葵號忠客，亭亭燦金粟。向日解傾心，成陰知衛足。戎葵亦類葵，託根産西蜀。五色多變態，千葉易繁縟。茆舍竹籬下，隨地不擇沃。自矜華藻盛，鬥艷背晴旭。一夜風雨狂，嫣紅卧苔緑。蓬麻强扶持，菅蒯甘踐辱。不待秋霜至，零落當炎溽。本無直節秉，終恐長鑱劚。仰視團圞葵，朱顔蔭芳躅。名實難假借，榮枯異妍俗。寄語蒔花人，栽培當誰屬。

與田季高嵩年晚登西岡眺湖山之勝

明霞照水水欲然，晴光倒射湖中天。斜風五兩吹淪漣，摇空白雨無定圓。醲酥膩滍紅羅緜，桃花疊浪空澄鮮。遥山一帶瘦且妍，勢疑渴鹿奔溪泉。雲衣低壓層峰巔，化爲萬丈長虹眠。樓臺出没樹杪懸，時有飛鳥銜林煙。興來躡屐西岡前，車聲小住游人旋。天光水影一碧連，四圍暮色來蒼然。銀蟾窺鏡簣娥娟,把酒欲酹玻璃田。時六月望日。天公妬我好事偏,濃雲潑墨雨脚穿。荷花作檝藕作船,恨不中流歌扣舷,碧簫擫月人如仙。

偕季高登湖中小嶼

結廬在湖西,面對湖東嶼。開門雨滿湖,波光蕩容與。杭葦舟難招,斷橋水易阻。瞥見戴笠人,垂竿立清漵。如問桃源津,可望不可處。余性頗健游,褰裳況有侶。細草撥蒙茸,仄徑驚鳥鼠。欹側數十步,攀險躁毋許。雲根卧淺涯,安排若柱礎。此時雨初晴,荷淨露華湑。蘋藻水俱活,薜蘿山欲語。蠟屐躡層巔,兩袂輕飆舉。登高一回首,雙扉隔煙渚。奇樹不知名,雜花無定所。槎牙衆柏森,摘葉香可煮。土鬆踏易潰,苔滑行將跙。凹凸爭險巇,突怒相岨峿。水靜游鱗躍,潑剌疑脱距。空翠落鏡中,倒影樓臺鉅。夕陽下山背,斜月出林篽。四圍暮色蒼,蟬聲亂無緒。撫景重徘徊,衣涼薄難禦。惜哉此境幽,荒穢無人去。昔據亭榭勝,今爲蛇虺沮。何當挾長鑱,終日劚藤梠。編籬補茅屋,即此容逭暑。

秋晚過滹沱河

策馬走滹沱,横橋水不波。山川并塞近,煙樹趙陵多。野店依沙草,遥村出笠蓑。蕪蔞亭畔路,麥飯幾經過。

書吴蓮洋徵君集後

先生餐霞客,逸志長隱淪。卜宅中條麓,買田鄭谷濱。玉溪及王官,千載遥相鄰。養真耽要妙,自許安期倫。仙心雜禪旨,下筆超凡塵。一朝鳳書降,推轂來蒲輪。英聲振赤縣,長揖謝華紳。淋漓揮寶箑,詎畏丞相瞋。翩然歸故山,猿鶴終難馴。足跡半天下,交游多名人。羼提漁洋别號老詩伯,相士九方歅。一見頓傾蓋,鍼芥如有因。始知龍門桐,終異爨下薪。飄飄謫仙人,白首甘食貧。草堂舊梅竹,摇落年年春。河聲與嶽色,徵君有"河聲嶽色"古銅印。終古留詩神。

平定山中早行

千疊萬重峰斷連,往來嵐氣相盤旋。濛濛溼霧壓平地,歷歷疏星垂曉天。泉響遠聞石澗𨫒,日光先上松林巔。蒼茫指點向前路,山鳥一聲啼碧煙。

采棉行

采棉復采棉,棉花滿秋田。噴香裹粉白且鮮,重如柳絮輕如煙。十十五五采棉女,褰裳來往花間語。一摘盈一筐,再摘盈一筥。盈筐盈筥摘未息,當窗機杼鳴促織。織成尺布不上身,且免米鹽乞旁人。可憐辛勤僵十指,半爲輸官半鬻市。市中車馬何踟躕,清酒絲繩提玉壺。貧家有女寒無襦,忍死不願雙明珠。

保陽旅館送家竹軒堉二兄奉使朔州

馬上相逢處,愁顔且暫歡。燕雲依日近,朔雁向秋寒。舊事關心切,他鄉會面難。此行過壽水,爲我報平安。

送張文山之大名

人生如萍水,合并能幾時。復爲千里别,送君當路歧。我來薊門北,匹馬秋風疲。解鞍動一顧,握手如舊知。裁君浣花紙,贈我瓊瑶詞。滿座鐙燭光,筆硯横離披。素心久共喻,歡會今方移。仲冬苦寒天,冰雪凝流澌。莽莽古黄河,去去將何之。飢驅在道路,窮愁但工詩。遥望黄金臺,騄駬聯鑣馳。雄飛會有分,丈夫能守雌。但去勿復道,努力慰所思。

金城四憶詩

望河樓

危樓峨峨壓金城,城下黄河如帶横。兩山夾水水倒立,蒼茫直走東南傾。不知人間風浪惡,落日憑欄望寥廓。二十四艘鐵鏁橋,西來天馬揚金鑣。

灌園督署後園名。

屋下流水屋上山,柳陰亭子疏籬環。園丁種蔬緑畦徑,雜花生樹鳴禽閒。曲折如入秦人洞,辛勤不藉漢陰甕。用力既少成功多,城外機輪能輓河。園倚北城,城外設水輪,輓河水灌溉,民田多受其利。

五泉山皋蘭城南三里許。

龍尾山高高插天,銀河倒落山之巔。噴珠漱玉滿林壑,萬家瑶草耕春煙地產煙草。嫖姚鞭石石髓裂,流水千年聲尚咽。相傳霍嫖姚擊匈奴至皋蘭山下,以鞭拄地而泉出。城南修禊人在無,袖中尚有飛泉圖。

蘭山書院

隴西自古多奇才,群山磊落川瀠迴。籌邊節度真愛士,賤子亦復擔簦來。當時龍門聲價重,九郡諸生習絃誦。繹堂制府振興書院,捐俸增給諸生膏火,遠郡畢至。東門祖帳一朝歸,至今模楷西河違。先君子主講蘭山兩年,别後諸生感教澤,製"西河模楷"額,懸於講堂。

和余鐵香鼎《夜坐》

明月在高樹,空庭生緑陰。幾人涼夜坐,不起故園心。看劍情猶壯,投膠契已深。論文一杯酒,珍重爲知音。

清遠軒曉起

涼棚捲夜雨,曉起如秋新。簾静鳥窺户,水清魚畏人。纖風動荷葉,一瀉明珠珍。倚樹聽餘滴,蕭蕭雲滿身。

《戰國策》書後三首

治國如治屋,取才如取木。舍短用其長,小善率收録。杞梓數尺朽,詎貽梁棟辱。戰國少全才,士風日以蹙。樗櫟雜瘿瘤,大厦危將覆。苟變能將兵,賢哉國之楨。奈何求賢主,二卵棄干城。

鄒忌攬明鏡,齊廷盈諫書。(王)〔玉〕斗踵門來,萬乘降階除。高談妾婦道,侈陳狗馬娱。乃能回顧盼,得毋近揶揄。一朝薦七士,髡也滑稽徒。柴胡與桔梗,所得何區區。泱泱東海邦,大風日蕭疏。上以利相求,下以名自居。鄒中有大儒,浩然獨嗟吁。寂寥千載後,惟見南陽廬。

蘇秦初説秦,慘澹書十陳。裘敝黄金盡,乃爲六國臣。珠玉錦繡中,揚揚車馬塵。張儀亦同學,舌在即懽欣。縱横鬥機變,翻覆徒糾紛。豈有鬼谷子,而與二生群。騷人懷故都,其志忠且勤。將從彭咸居,揮手謝靈氛。大義昭日月,青天抉浮雲。世無魯仲連,誰識(倉)〔滄〕海君。

讀《漢書》十八首

眑眑冥冥度曲遲,唐山格變大風詩。楚歌楚舞悲歡夜,正是房中織錦時。

茫茫大澤夜聞雞，兒女英雄意慘悽。若使三侯屬三户，彭城樂府出虞兮。
乳虎威名磔鼠才，鸋黄心事轉成灰。九章漢律分明在，幾見吞舟漏網來。
賀錢竟作聘錢歸，龍虎騰驤野雉飛。直到一呼皆左袒，吕公應悔相人非。
鬥雞走狗皆郎選，鹽鐵金錢事屢興。莫怪漢廷多酷吏，弘羊方作大農丞。
紫色蛙聲事事新，鰒魚風味劇酸辛。若拋威斗持鉛槧，亦是揚劉一輩人。
占驗紛紛屬子虚，翻將經術笑迂疏。京房枉學焦延壽，漢帝猶思董仲舒。
文侯坐上鼓琴人，身歷興亡百八春。世上小兒誇骨董，竇公不及少君神。
籀書未諷九千字，堯典空餘十萬言。不但鈔胥愁腕脱，千秋梨棗亦銜冤。
誰道沙羨音夷似郁夷，卻防虢于虬反國混緜虒。好將地理方言字，譜作雙聲疊韵詩。
唉秦容易説齊難，枉費書生口舌乾。莫恨淮陰欺長者，迺公早已溺儒冠。
奇計空勞李左車，搏牛餧虎語何殊。可憐刎頸交輕絶，畢竟成安是腐儒。
諸吕誰爲推轂人，一言胎禍到亡新。田生儻亦田横客，豈爲黄金苦費神。
諸吕之王萌於田生。
生蒙識拔死遭謾，應悔輕登拜將壇。國士王孫千古淚，報恩容易受知難。
不須白首歎爲郎，賓客何人憶鄭莊。刀筆公卿方得意，故應流涕到淮陽。
終是英雄見不同，不誅項伯斬丁公。舊恩漫説鴻門劍，誰使杯羹免若翁。
伊周事業夷齊節，大義危言各凛然。誰道將軍芒刺在，一時心悸兩延年。
大司農田延年定廢昌邑王議，侍御史嚴延年劾霍光擅廢立。
食肉無須食馬肝，讀書知味古來難。如何一曲驪駒奏，老卻東平博士官。

有　感

長安豪富慣驕人，日日高軒醉錦茵。豈謂鼠牙能速訟，也應象齒悔焚身。
陶朱愛子終亡楚，郭解全家竟徙秦。始信二疏非老誖，分將金帛與交親。

秋來二首

秋來容易歎蹉跎，銀漢無端也起波。自是寒砧催雨急，不關高樹受風多。
亡羊幸免歧途泣，射虎翻遭醉尉訶。且對青山消濁酒，休將龜策問如何。
漢廷詞賦有鄒枚，千里遨遊亦壯哉。蓮幕驚風花落去，柏梁失火燕飛來。
書生投筆終何濟，騷客悲秋只費才。聞道黄金求駿骨，驊騮何事獨徘徊。

十月二十一日出都,留别彭荷邨作邦段篪軒仲庚田季高嵩年

相逢纔幾日,相送又成别。人生聚散蹤,忽如鴻印雪。駕言辭京邑,初冬氣凜烈。良友三四人,念我行計决。餞我城南廬,肴蔬雜羅列。一舉勸十觴,但愧酒力劣。未飲心已醉,將離情更切。願保金石姿,無改歲寒節。感君故意長,豫計歸來轍。西去陟太行,雪滿車輪鐵。

野店偶憩

人家三五處,破屋補藜蒿。照水雞窺井,爭芻馬護槽。雪留雙屐淺,日擁半窗高。歲暮嗟行役,吾生何太勞。

策馬入太行山陘

丁年慕遠征,千里獨横行。適野心逾壯,看山氣不平。斷沙迷馬跡,枯木聚鴉聲。短劍知吾意,腰間時一鳴。

客秋過獲鹿見店壁題詩頗佳,今無存矣感作

恐是高陽舊酒徒,狂歌不肯泣窮途。重來野店尋題壁,何處闌門識棄繻。文字有靈青鏤管,姓名無分碧紗幮。塵封劍匣年年恨,令我徘徊心轉孤。

井陘河上懷古

傳聞背水戰,漢將氣飛騰。萬馬投鞭渡,孤城拔幟登。波清惟見石,溜急不成冰。太息王孫去,寒沙落日澄。

白石嶺

傑閣憑虚壓斷鼇,層峰疊嶂鏁周遭。老僧孤立寺前石,清磬一聲山日高。

望神山壽陽城北。

神山一何高,蒼松一何古。對面三十里,了了青可覩。雲煙互揖讓,岡巒爭拜舞。傳聞東海中,六鼇戴天柱。蓬萊金翠光,萬丈波吞吐。仙人袖其石,飛來戲兹土。墮地不可收,神工幻斤斧。雖非巨靈擘,儼作衆山主。名山如名將,特立誰敢侮。乃信淮陰侯,羞與噲等伍。

古槐歌爲南村周覲光維新秀才作

君家古槐何歲植,枝幹槎枒卧墻脊。墻低地狹樹當門,七分樹影三分宅。入門但見霜皮皴,支離偃蹇如高人。不肯折腰作嫵媚,柴桑松菊真吾鄰。世間全材似此少,二百年來風露飽。新陰著地成蒼苔,舊事關心問翠鳥。我來正及春雪晴,千樹萬樹銀花明。豈無園桃與巷柳,此樹婆娑偏有情。西枝倒立曲而直,疑向太華峰前識。華岳寺周槐。東枝危聳勢更奇,鯀山祠下曾見之。郭有道祠前漢槐。真花碎錦欻再覩,煙霞草樹重牽思。君家樹人如樹木,父兄勤業兒孫續。六十老人尚力耕,五歲童子能誦讀。槐兮槐兮時正長,九柯十匠知爾良。

春初獲鹿道上寄懷王明府

昔年王大令,邀我宴琴堂。一飯何論報,斯人不可忘。關山勞舊夢,風雨慣他鄉。辛苦栽花手,春來滿縣香。

定州道中

定州城北多風沙,浮空浩蕩天無涯。十里五里汗奔馬,三點兩點迷飛鴉。鴉飛尚有不到處,馬蹄行盡沙中路。瀰漫平地生雲煙,隱約遥天見草樹。天低地盡煙樹蒼,回顧塔影明斜陽。春風二月狂似虎,飛沙上城齊女墻。我本燕趙慷慨士,往來西北五千里。浮槎銀漢探支機,杖策金臺控騄駬。曲陽城高嵐翠開,盧奴沙水繞城回。短衣躍馬男兒事,且向中山射獵來。

城頭角

君不見漢家神馬金腰褭,躡電嘶風動塞草。一朝玉勒承主恩,從此龍沙辭遠道。幽燕老將氣縱橫,仗劍曾爲萬里征。不知邊馬離鄉苦,請聽城頭畫角聲。

䃼䡎亭集卷二

古今體詩五十九首丁丑至己卯

題《向陽茅屋圖》并序

向陽茅屋者,阿文勤公少時讀書處也,在楊坊塋側,乃文勤尊公藏書之所。繹堂先生慨念舊澤,繪圖徵詩,奉題六首。

流水赴巨海,行雲歸崇山。萬物各有託,人生重所先。峨峨高門第,結廬出塵寰。功多主恩厚,德遠家聲緜。當其未遇時,茅屋餘數椽。讀書歷昏曉,不知車馬喧。幽蘭在空谷,無人常自妍。紉香佩秋草,服之彌歲年。一朝被采擷,蒲輪來田間。感此坐歎息,臨風懷昔賢。

步出城東門,平原鬱蒼莽。豐碑表阡墓,斯人亦云往。道旁列環堵,衡宇幽且敞。借問創者誰,彷彿親履杖。春煖物先榮,地僻心自廣。門前有大樹,百年計培養。

蠹魚但食字,儒冠豈違時。萬金營田宅,不如借一瓻。買書貽子孫,展卷得良師。古人不可作,高懷今世希。

種秫五十畝,栽桑三百株。良苗被隴陌,清陰生庭除。興來扶杖行,把酒摘園蔬。夕陽下山麓,孤煙上村墟。還家卻自喜,滿屋皆圖書。

偪仄復偪仄,云是先人築。不惜築者苦,但願來者續。卜居先擇鄰,傳家豈擇屋。朱門與錦堂,託始惟一木。一木成大厦,餘風衍華族。

我公萬民望,身承五世澤。居廬念慈訓,繪圖思故宅。春郊多風雨,一夜庭草碧。此中如有人,當窗坐瑶席。回首見城市,勞勞何所役。我家舊田園,乃在壽水北。十年九荒蕪,何日披榛棘。

讀《貨殖傳》

大賈富一國,中賈富一鄉。小賈爭錐刀,亦能充蓋藏。哀哉司馬公,蠶室罹刑傷。家貧罪莫贖,著書悲激昂。猛虎卧摇尾,豎子扼其吭。不如著犢鼻,耕牧河山陽。蹲鴟辨地利,陶匏知器良。俯仰何所迫,全身慎自防。把卷三歎息,我心慨以慷。侏儒厭粱肉,夷齊乏糟糠。天道惡盈滿,貧富安有常。漢廷重心計,乃用桑弘羊。

擬儲光羲《田家雜興》四首

種苗南山麓,苗長山亦腴。力耕得餘暇,時復勤樵漁。歸途見落日,照耀槐與榆。興來邀鄰舍,酌酒相歡呼。今夕期盡醉,林外聞提壺。

門巷少轍迹,終日常閉關。白雲逐幽鳥,我心與之閒。兒童偶嬉笑,出入桑麻間。雨霽天氣清,蒼翠來遠山。山中有故人,欲往嗟路艱。石磴危且滑,扶筇勞躋攀。何當逢赤松,相與開笑顔。

富貴非可求,無事且行樂。平生幾兩屐,足不到城郭。黄雲被秋隴,豐年多所穫。盈倉有肥鼠,野田無飢雀。裘馬彼何人,風塵滿京洛。一朝意氣盡,草木同彫落。不見東陵侯,種瓜甘自薄。

桃源有居民,云是秦父老。漁舟偶然入,回首失故道。雲樹紛回環,山川互拱抱。浮家隱不孤,避世貧亦好。黄綺亦高士,商山采芝草。二者吾誰從,拂衣須及早。

種藤歌爲繹堂先生作

城南古藤我舊識,五百年來抱幽石。東風連日不出城,可惜落花紅一尺。昨宵涼雨驚窗紗,曉起滿院蟠龍蛇。髯髭鱗爪何紛挐,恐是西山神虬逞游戲,失勢一落誰能遮。或者四皓老不死,偶扶赤杖行到此。衣冠面目與世殊,支離偃蹇俱可喜。主人愛爾手自栽,長條宛轉來豐臺。豐臺芍藥大於碗,千枝萬枝雲錦堆。種花容易好,種藤須及早。松竹喜相依,風霜長自保。朱闌碧檻高青林,望爾豐茸成縟陰。莫將一例繁華眼,孤負千年種植心。

青槐吟社晚坐

宛宛朱藤倚緑槐,涼雲深護小窗開。花垣恰有玲瓏意,放過斜陽一道來。

擬《五雜組》

五雜組,縫裳線。往復還,營巢燕。不得已,秋風扇。

五雜組,織錦絲。往復還,回文詞。不得已,長别離。

五雜組,瀚海石。往復還,陽關役。不得已,雁懸帛。

五雜組,河中魚。往復還,陌上車。不得已,守田廬。

五雜組,侯門鯖。往復還,長安城。不得已,成虚名。

雜詠八首

空記琅嬛夢裏來,書生福命讓仙才。上清玉册三千卷,龍虎當門不敢開。

華闕朱堂耀紫宸，仙官羽仗簇飛輪。道逢一騎彈冠客，知是長楊諫獵人。
風流放誕亦超群，酒肆琴臺傍夕曛。到底名心消不盡，千金買得賦淩雲。
辟穀延年術未工，半生意氣誤雕弓。俠腸艷貌全無用，且著青裙拜木公。
不信神仙也愛名，漢宫秋露泣金莖。乘雲駕鹿來何事，勞爾中山衛叔卿。
眉娘底事畫眉青，南海明珠偶幻形。一尺生綃情萬縷，背人空繡法華經。
更無靈藥駐顔方，玉宇瓊樓亦渺茫。寄語黄姑莫灑淚，天邊何以慰參商。
簾卷天高海水秋，鹹風線雨不禁愁。早知雲錦天孫妒，悔向深閨拜女牛。

苦　旱

都城久不雨，炎天苦煩熱。火雲熺驕陽，氣挾焚柴烈。維時夏方仲，麥秀已黄折。農人汗禾土，望澤急如渴。西山來片雲，倏忽乾風掣。豐隆殷不聞，雷車走無轍。我皇躬禱祀，閟殿鐘懸徹。飛烏斂赤馭，潛蛟嬉幽穴。須臾勢傾盆，流膏潤原垤。仁恩及郊甸，歲美民心悦。側身望鄉廬，蕪穢耕久輟。遥遥千里外，旱潦不可説。爲客氣多阻，謀生計轉拙。草木異菀枯，溝水東西決。安得歸田園，荷鋤從飲啜。

題《安息齋圖》

虚堂静不喧，景氣罨將夕。涼雨漬庭陰，緑暗苔無迹。薙草補修竹，編籬隱峭石。山中薜蘿人，長年坐瑶席。放眼雲笈開，聒耳風瓢擲。撫此陶氏琴，笑彼阮公屐。得止一身安，忘機萬緣息。余情亦澹蕩，輪鞅厭游陟。寸田尺宅中，時時勤拂拭。常恐衣化緇，風塵浩無極。水静養潛鱗，林深棲倦翼。願讀金壺書，從君學守默。

生日感懷答余鐵香

丁丑歲六月，賤子客上都。行年二十五，及兹思懸弧。羈旅困于役，歲月如奔駒。常時忽不省，此日云何吁。强起著衣履，晨髮慵不梳。同舍有余生，招我具觴壺。一舉再三勸，苦謝酒味麤。欲飲且復休，當筵重躊躇。豈惜醉如泥，亦非厭呶呼。把酒前致辭，賤子明區區。憶昔少小日，生長當天衢。先子宦京國，居此城南隅。四歲初識字，開編得之無。六歲就家塾，漸知讀父書。十歲學作文，欲語羞囁嚅。滿窗筆硯列，墻壁遭鴉塗。阿姪稍已長，嬉戲兩相愉。十三能策騎，隨母歸鄉廬。先子戍邊塞，西去萬里餘。出山三十載，田園久荒蕪。舉室還入門，蓬蒿滿庭除。阿母呼兒前，爲兒裁布襦。爲兒延師席，爲兒課經畬。流離雖搆難，絃誦不可疏。十五忝青衿，十六叨廪儲。明年邊戍歸,骨肉重歡娱。十八厠鄉舉,策駿陵修途。十九游秦隴,壯懷思棄繻。黄河天上來,華岳爲之樞。山川盪胸目,俯仰盤以紆。兩載氣磅礴,辭賦慕相如。歸來試南宫,文采儕鳳梧。書名灑滄墨,與宴斟醍醐。芸館許翱翔,風雲方馳驅。豈料滄海波,靈椿遽摧枯。倉卒泣風木,頻年歷崎嶇。松楸事未了,藜藿奉亦虚。尚賴慈母健,衣線仍勤劬。所媿爲人子,不能慰倚閭。飢驅迫道路,有口四方餬。仰視林中鳥,嗷嗷哺衆雛。雛成各飛去,銜食報卒瘏。奈何寸草心,不及同巢烏。今爲涸轍鮒,昔爲縱壑魚。今昔互變易,年景何超踰。回思丱總角,突兀七尺軀。修名恐不立,顧影增歎歔。方今雲路闢,彈冠來于于。慙非和氏璧,敢濫齊國竽。濟時自有人,豪俊勝腐儒。行當謝征鞅,努力事耕鋤。新黍供夕饌,晚菘摘秋蔬。歡娱侍北堂,豐年無催租。從此酌酒醴,一飲三百觚。及時弗愛日,良辰忽已徂。余生聽我辭,呼僮徹槃杅。回手調素琴,音響一何徐。變作秋風曲,木葉零江湖。蕭條不忍聽,客心愁正孤。

觀明蒲城令忠烈朱公遺像公諱一統,號霞淑,平定州人,闖賊陷蒲城,抱印投井而死。

馬堅豬奴競揭竿,壞雲摧陣大星寒。死生何事論資格,城危日,或諷之去,公曰:"此事豈似吏部堂上論資格耶?"保障如公迫彈丸。千里書回雙鬢白,一泓水冷寸心丹。公在圍中,二親寄書諭之曰:"死爲上,去次之。"公得書曰:"兒知所從事矣。"連城多半降旗出,始見孤忠抗節難。

披圖再拜凛冰霜,風骨端凝百錬剛。勝國衣冠存士氣,當年姓氏媿天潢。鐵鐙已滅鯨鯢燄,青簡長爭日月光。豈獨感恩秦父老,萬家釃酒奠椒漿。

舍後丁香初開

三年不見此花開,每爲離愁減酒杯。深院無人春易盡,故園今日客歸來。枝横仄徑消殘雪,影動低墻鑠舊苔。最是如醒如醉態,一回相賞一徘徊。

村南晚眺

帶雨山光空潑翠,緣溪樹色晚浮煙。回頭不辨來時路,萬疊垂楊緑到天。

北寺題壁

孤寺鐘聲起暮煙,紅墻一道緑陰圓。舊游忽記題詩處,花落苔深又十年。

山村夜雨

山村寂歷夜深清,夢醒涼雲枕簟生。三百人家鐙火裏,一時齊聽灑窗聲。

種松歌

方山山人煙霞徒，手植飛節三千株。方山頂松，明雒官所植，今稱雒善人。天風落子滿巖谷，至今蒼翠成畫圖。霜皮黛色龍鍾老，世間未許探鱗爪。野火晴疑霹靂飛，空潭夜有蛟虯繞。自昔意氣矜華年，蠟屐徑造層峰巔。穿林越澗窮鳥道，蹻捷力爭猿猱先。是時六月新雨霽，石磴幽滑苔紋細。須臾巖腹嵌冰輪，波濤萬頃翻水銀。陰厓慄慄下無地，亂葉森森上有人。夢回仙徑無緣入，茯苓香涷靈脂泣。支離底事重相逢，三尺緑雲壓肩溼。松兮松兮非凡材，移根且向北原栽。世人棄爾如薪柴，淩霄枝幹須豐培，故山鸞鶴應歸來。

詠懷六首

太虛本無形，積氣成天地。不知天地外，何物聚此氣。風雷何所起，日星何所繫。山海劃中外，險夷孰位置。芸生居其間，靈蠢奚相異。化工運匠心，天下如大器。沿襲與變革，緊誰出神智。天道遠難測，渾蓋無二致。聖人存不論，莊列固多事。

登高望九州，蒼茫縱遠目。山川何奔放，一往不可束。泰嶽忽卑小，滄海渺如粟。羲和鞭白日，西入崦嵫谷。野馬躡飛景，神龍銜靈燭。浩蕩青冥開，雲霞燦繁縟。恍見洪濛初，鍊石勞補築。乾坤一蘧廬，胡爲自局促。龍伯釣巨鼇，投竿仰前躅。

我讀高士傳，抗懷希賢風。長揖謝組綬，脱屣羞王公。嬌如峭壁立，攀躋難追蹤。上積太古雪，凛冽無春冬。人生貴有用，顯晦奚必同。巢許滿四海，何地置夔龍。落落孤介衷，聊以砭愚蒙。東門歎黄犬，何如采紫茸。

仙翁種松柏，託根在高嶺。松柏未成陰，斯人逝已永。流光逐飄忽，抱志靡所騁。遥遥後代人，撫此蒼翠影。鶴鳴知夜深，露下惜衣冷。大木須早植，百年泛萍梗。世無綏山桃，空羡丹砂井。

南國有一士，終年衣薜蘿。形容苦憔悴，江潭行吟哦。云是楚王孫，長劍擁玉珂。幽蘭易消歇，餘芳空巖阿。黄金改顔色，衆女嫉秦娥。取琴爲我彈，洞庭秋始波。冰弦操激楚，宛轉哀音多。靈修不可見，歲暮當如何。

鳳鳥非凡鳥，舉世知其祥。羽儀曜丹穴，文采輝朝陽。嬌嬌百尺桐，矗矗千仞岡。棲身擇珍木，飲啄亦有常。人間偶一見，史册燦生光。奈何卿雲輩，飾詞工頌揚。楚人炫山雉，靈禽已高翔。坐使藩籬鷗，紛紛爭稻粱。

觀文信國公上包宏父劄子歌

西風撼撼撼窗紙，方寸突兀五嶽起。龍梭挂壁劍出匣，英采光芒難逼視。惟公忠肝抱鐵石，零牋斷札珍如綺。壯夫豈以雕蟲名，心正筆正無偏倚。是時宋祚日傾頹，萬馬投鞭渡江水。宰臣闢地起樓臺，天子當軒賜弓矢。紛紜爭議舉國狂，慷慨如公衆口毁。書成再拜上宏父，欲藉危言振綱紀。不然此身既不用，束書儘可歸鄉里。文山山水能娱人，何苦曉曉謀國是。吁嗟乎，四鎮之策棄如屣，白手用兵徒勞耳。江潮三日去不回，黄袍一綫孤舟艤。復仇難覓子房錐，報主惟剩睢陽齒。至今遺墨猶淋灕，百鍊剛豈化繞指。君不見指南録、燕獄紀，耿耿丹心照青史。猶嫌史筆未分明，如公豈願黄冠死。公傳中黄冠數語，殆出王績翁意，非公語也。

題沈石田、韓襄毅園林畫册

儒將風流在，官清俗事無。小園一二畝，垂柳兩三株。妙解觀魚樂，閒描戲鴨圖。平生氣飛動，餘夢落江湖。

初月隱高樹，虚窗留晚煙。秋風下紅葉，落我酒杯前。積水涼生地，行雲影在天。舉頭一相問，萬籟正蕭然。

百尺青槐聳，枝枝密影交。路從何處轉，門向此中敲。掃石身將隱，投壺技未抛。主人愛嘉樹，烏鵲亦爭巢。

家住藕絲鄉，花香雜水香。結茅臨淺渚，移柳過低墻。波動雲痕活，林深雨氣涼。賣魚羞入市，何用釣竿長。

秋夜酌客

燭摇清餤杯浮渌，花綻紅蕤月暈黄。卻喜素心人共集，一天風露咽寒螿。

夜深簾影捲秋波，話到鄉關感慨多。爛醉狂吟猶不足，相看無奈月斜何。

憶柳四首寄鐵香

走馬燕臺屬少年，黄金消盡冶游天。誰家樓閣春陰外，幾處簾櫳夕照邊。飛絮漫空花作雪，柔條綰地草如煙。永豐坊裏人安在，回首風流一惘然。

凝妝對影畫屏開，心緒成絲費翦裁。夢被流鶯纔唤起，愁隨羌笛又吹來。歌塵繞柱驚華髮，舞袖當筵惜酒杯。何處西南風最好，班騅應悔繫章臺。

王粲辭家賦遠遊，西風腸斷灞陵秋。滿林黄葉經霜落，撲地紅塵逐水流。疲馬躊躇斜渡口，暮雅零亂古城頭。不知萬縷千條思，能抵離人幾許愁。

將軍一去樹飄零，彈指韶華不暫停。遠浦斷橋南北路，寒煙衰草短長亭。征袍欲染羞無色,寶劍重逢信有靈。寄語江潭老司馬,爲誰惆悵昔年青。

黄寸園足民以《明湖圖》屬題,懸壁間帀月矣,客有晉卿欲奪海石之誚,題以解嘲

寸園公子清且介,一水不嫌十日畫。酒酣示我明湖圖,尺幅煙波浩無界。城頭鵲華高於螺,湖面漁篷小類芥。臨水樓閣互攢聚,因風蒲柳相摇拜。釣竿十丈何人垂,破網一堆隨處曬。初觀石徑通盤紆,細聽泉流動澎湃。濟南江南兩未見,讀山谷詩余增喟。惟有客心似頭垢,日擦千篦仍未快。扁舟何意落吾手,袖中東海收萬派。歸來壁上雲亂生,卻對牀頭壺正挂。曉起櫛髮坐移時,夜闌翦燭看忘憊。自憐愛畫勝愛客,不計負詩如負債。借壁不歸意豪奪,催租未到妨興敗。怱怱題句塞紙尾,賦性疏懶君休怪。

左田夫子壽詞四首

壽宇宏開祝華嵩,近光特拜主恩隆。螭坳地接三臺上,鳳綍春生四字中。御賜額曰"養福增壽"。宫錦乍傳蓮炬夜,禁城遥想玉珂風。容臺新曳尚書履,爭説朝廷識鄭崇。

淩雲兩賦獻丹梯,弱冠蜚聲荷品題。英譽早喧江上下,壯遊曾徧浙東西。藍袍拾得身將隱,絳帳歸來古與稽。一代清名動君相,碧山未合遂幽棲。公以朱文正公薦,召直南齋。

古桑一本屋三椽,畫境詩情憶舊緣。愛客常時懸短榻,籌生無計到寒氈。琴樽跌宕中年樂,井臼勤劬内閫賢。此日華堂開晝錦,齊眉真羨地行仙。

横汾三載侍文茵,薄宦依然杖履親。廣厦已收天下士,春風先拂座中人。且陪鸞鳳翱翔侶,共祝夔龍强健身。載酒還容問奇字,雲雷鍾鼎見精神。

《種香圖》爲張師肇先生錦標題

東軒先生如宛邱,讀書萬卷老未休。蒔花種樹當城陬,門巷清潔庭户幽。萲堂九十健且遒,撰杖無事扶靈鳩。飯餘强步衣常摳,諞瓜抓棗兒童抔。翛然一笑雙鬢彭,芝蘭芽茁桐枝抽。先生綵服名不求,卅載績學今方酬。春風策騎金臺遊,披圖樂事誇朋儔。我昔登堂奉金甌,慈儀拜祝柳與歐。年來薄宦辭田疇,白莚綠葵食難謀。吾鄉壽水何清瀏,枌榆日煖桑麻秋。先生歸矣我獨留,負米卻羨城東頭。

𩋾䟃亭集卷三

古今體詩五十五首庚辰、道光辛巳

春莫偕同年吴梅梁傑吴仲雲振棫遊城南諸蘭若，次仲雲韵

三月金臺花似海，偶因出郭惜芳時。到門已覺衣香透，入坐渾忘日影遲。泥爪欲尋前度約，塵心仍欠隔年詩。林端試聽提壺語，苦勸春深酒莫辭。

傾城車馬紛馳外，晌午鐘魚欲動時。寂寂柳陰垂地重，沈沈花事送春遲。偷閒也抵煎茶樂，時值春闈。好事還徵補褉詩。能就那園消夏否，煙波艇子辦奚辭。

去歲端陽偕黃在軒初民可菴足民昆季集陶然亭，在軒作《江亭歸思》小幅未了。今年午日重來，可菴補成持贈，題詩紀之

高亭夕照邊，一醉一陶然。渌酒仍佳節，青山似去年。忽驚江上夢，重補畫中緣。雁影吾真羡，雙飛入遠天。

感事

達人輕生業，志士重苦心。捉襟見兩肘，發篋猶孤吟。中庭植雞竿，麥甕漂秋霖。爨煙滅三日，僵卧雪在衾。柴桑乞食翁，寓言非中忱。折腰尚不屑，扣門乃肯尋。挽衣杜老樂，食粥顔公任。愷崇鬥豪富，珠玉災相侵。銅山速飢餓，牛衣且纓簪。物理互倚伏，人事徒升沈。幾見訶宅迦，鍊鐵爲黃金。

椿蔭軒消夏，分韵得"北"字

吟情與游情，隨境無定式。當其乘興來，汗漫不可極。山川盪襟袖，風雨灑牋墨。始知載酒樂，不畏催租逼。冷官例窮蹇，文章乃吾職。良友六七人，結廬城南北。問水時並櫂，看花每聯軾。吴君今詩豪，當暑會客食。酒酣舉觴政，請各抒胸臆。鬮題騁妍思，鏖句爭巧力。筆硯雜羅列，軒窗恣偃息。長安豪貴多，涼堂啓華閾。繁歌裂銀箏，芳宴膾金鯽。高才羞囁嚅，壯夫耻雕刻。君看鳳雝喈，豈若蛩啾唧。俯仰聊自笑，得失難豫識。一醉消永晝，頭上雲陰黑。

宣德銅盤歌并序

盤式方,周圍各三寸許,中款正書御製《錦堂春》詞云:"映日穠花旖旎,縈風細柳輕盈。游絲千尺重門静,金鴨午煙清。　戲蝶渾如有意,啼鶯還似多情。游人來往知多少,歌吹散春聲。"末識云:"宣德七年正月十五日"。按《皇明通紀》:"永樂十年元宵,聽臣民赴午門觀鼇山三日。自是歲,以爲常。上御午門示御製,使儒臣和。"觀詞末二語,知宣廟時仍沿舊例。銅盤不知何用,詞有"金鴨午煙"之句,意當時内府然鑪承香之具歟?同年吴仲雲出示索賦,因并記之。

鑄銅作盤如方池,四角旋折中央垂。工良質美出内府,錦堂一闋鐫春詞。詞尾九字具款識,云是宣德七年元夕之所遺。前朝佳節例不禁,鳳闕縱令臣民嬉。萬姓踏歌逐明月,九重負扆裁新詩。穠花細柳漾風日,雲章摹繪騰暄曦。當時此盤供御譙,應與金猊寶鴨左右相陳施。兩宫慈孝天下知,手執大圭朝四夷。垂裳十載萬幾理,小物且復勤文思。縹霞金彩仿倭漆,朱碗紅杯誇宋甆。彝鑪爇香製更古,鎔煉火色無纖疵。宫中豳圖揭殿壁,玩志往往銘盤匜。乃知斯物遭逢亦有時,不似嘉靖之玉印,但以醮章符籙祈神釐。戧金御斧流傳逮,熹廟代斲乃隳堂構基。我欲以銅爲古鑑,置之座右比器欹。不見湯盤孔鼎前代有述作,今無其器存其辭。

題仲雲所藏陸日爲暘《棧道圖》

天以山水作圖畫,赤縣一紙鋪塵界。蠶叢魚鳧闢奇格,鬼斧神工逞狡獪。畫工巧奪造物忌,縋鑿幽險驚脱械。褒斜鳥道矗千里,石棧梯天天亦隘。大江奔流去不還,古火燒痕今尚壞。裹氈行人小於螘,插崖亂木紛如蕫。捫參歷井仰長歎,狷叫鵑啼吁可誡。空堂暑雨鳴簷鈴,展卷秋毫認烽砦。近代丹青推陸癡,當時筆墨壓嚴怪。驢背詩人劍門客,年少遠遊氣豪邁。歸來意境頓超突,收取雲巒入謦欬。更從何處得此本,覓句呼朋同一快。雪峰舊圖搜宋譜,驟綱妙繪分唐派。坐中王褒亦蜀人,便思翦燭從君話。謂王蓮洲。

驟雨次陳小石蘭瑞韵

萬樹團雲成一碧,傾盆倒峽勢相并。也知急響無終日,且聽寒泉屋上鳴。

題黄樹齋爵滋《游廬五少圖》

匡廬瀑布天下妙,簾影鑪香夢難到。名山老願幾人酬,何況同遊盡年少。五君艾李余徐黄，黄君氣宇尤清陗。金臺握手出此圖，一紙煙雲想真貌。峰横嶺側畫不得，攝取山光入湖櫂。天低似礙屏風張，路絶如懸石梁倒。萬條雪練龍怒飛，一夜腥風虎驚嘯。遥知登高盪心目，尺吴寸楚歸覠眺。愛山我亦少年客，眉宇局促籠紗帽。雲中五老遠撫掌，白髪朱顔應大笑。連朝兩讀廬山謡，頃吴蘭雪舍人亦示余《遊廬山》詩。幸喜山靈暗相召。青鞵布韤儻可辦，他日從君陟仙嶠。

偕吴梅梁、王蘭卿、李葆初、吴仲雲泛舟二閘，用徐階詩"柳陰催繫纜"句，分韵得"陰"字

軟紅十丈天街深，客衣日日風埃侵。扁舟欻然落吾手，乘興似脱籠中禽。白浮山名幾疊山意遠，緑淨一片天光沉。仙侣開尊出野榼，老漁收網依叢林。窺欄鳧鴨足閒意，夾岸蘆葦生秋陰。路轉參差見帘市，石梁横鏁長河潯。飛濤銀箭落天上，勢疑瀑布懸危岑。傑閣登臨極清迥，鏡波蕩影空人心。江鄉風景我未識，把酒喜對杭州襟。漢津南望通析木，浮海直欲操牙琴。歸途紆徐戀汀渚，卧聽澎湃來帷衾。釣游卻憶兒童樂，廿載歲月奔駒駸。君如有意期後約，荻花楓葉重相尋。

同人泛舟賦詩，惟纜韵頗狹，雨中獨坐，拈此破寂

涇雲壓城西，潑墨林容暗。連朝暑漸深，一雨秋來暫。柱礎生飛瀑，檐溜響空甂。祇愁屋作舟，難買花盈擔。官閒劇愛客，飢渴思飲啖。佳帖輒共橅，舊書時對勘。人嗤漂麥迂，我媿吹竽濫。披箋誦君詩，坐想襟懷澹。琴箏互酬答，推敲猶再三。高吟良足樂，勝遊誠不憾。相從苦泥淖，欲覓青絲纜。

庚辰六月晦立秋，劉青園師陸招偕何玉民、田季高陪左田師納涼崇效寺，重展青松紅杏畫卷，次左田師韵

一官冷若楞伽僧，手板謁人病未能。焚柴天氣苦炎熱，深夜露坐清晨興。雨餘蛙蛤吠陂水，門外禾黍扶田塍。客來惎我過竹院，如脱火繖衣霜繒。問字幾人破岑寂，納涼半日除歊烝。祇愁酒律遭佛戒，枯腸芒角時騰陵。看花却憶去年事，空堂聽履聲登登。鼠姑萬朵香爛漫，文梓雙幹陰清澄。重尋古寺餞殘暑，低葵疏蓼秋花凝。惟有青松與紅杏，摩挲畫卷情難勝。倚樹老人撚鬚笑，龕中歲月傳千鐙。吾儕衣鉢今有託，藉湜幸免韓門憎。壯遊山水我更

羡，玉民將有木蘭之行。秀語寒餓人將懲。闍黎有意工閱客，展卷苦道題名曾。

送何玉民耿繩從左田師秋扈木蘭

蘭塞風高擁翠微，周陆遥指十三圍。羡君騎馬秋山路，紅葉叢中看雪飛。

拜賜天庖盡舉杯，重陽時節六龍回。青城風雨皇姑塔，便作行人戲馬臺。

草香泉冷漾澄虚，山色玲瓏畫不如。塞上歸來説風味，梨花春酒柳根魚。

聞道浮屠剩舊基，苔痕半截雨離披。獵場恐有鐫功字，好向荒城覓斷碑。

黄寸園寫贈《雙駿圖》

溼雲壓屋苔封徑，一雨三日愁坐聽。城南羸驂苦奔走，礙渦深没泥重脛。君應笑我出無車，尺幅驊騮寫相贈。知己豈因戀芻秣，雄心未肯隨鞍韆。年來客情殊倦遊，對此明窗動豪興。黄金臺高秋風起，珊鞭玉勒誇超乘。買骨能教聲價增，畫肉忍使皮毛勝。君看二馬孰最良，試籥浮雲資控磬。

七月五日約吴蘭雪丈、内兄陳伯芝、小石、畹香、書庭、敬夫、内姪福兹、稻孫集陶然亭

今年伏熱秋轉增，矮屋如甑身沸烝。偶因逃暑入深寺，酒腸約束遭枯僧。歸來窗底自斟酌，對影兀兀思良朋。城南亭子頗高敞，葦岸緑淨魚可罾。車如野航泛水過，客逐飛鳥穿林升。東鄉先生氣豪邁，太邱諸子神軒騰。舉杯一笑看落日，歷歷遠岫横欄憑。昨臨江亭寫江水，更乞妙句題牋繒。蘭丈昨爲余題《江亭圖》。秋風幾日促鄉思，有魚不歸慙季鷹。時伯芝將南歸。人生隨地足行樂，拄腹萬卷尤崚嶒。君看鄭公亦善飲，瓣香千載仍豆登。是日同人爲鄭康成作生日，亦置酒於此。箋詩誰謂不風雅，墨守何須分愛憎。隔籬呼客且相勸，陶然共醉吾差能。

得家書

拜别經三月，開緘抵萬金。遠勞慈母訓，歡聽故鄉音。迢遞田園夢，團欒兒女心。秋來問衣線，白髮可勝簪。

吾兄能養志，薄宦轉離家。媿我紬金匱，輸君侍絳紗。談經逢許慎，問字有侯芭。聞許蓮西來館。莫爲曇花惜，新蘭盼茁芽。三兄近失穉女。

弱弟吾尤戀，相違動隔年。持家還賴汝，力學要承先。莫忘詩筒寄，應期腹笥

便。數升虞廩米，秋穫亦歡然。

有妹言歸賦，相依慰老親。頻年多聚散，盡室剩清貧。截髮姑持節，擔書壻倚人。陽泉佳氣在，門户望重新。

有懷三首

祭酒通經士，無雙品譽馳。交深言必盡，才大遇偏遲。玉借磨礱貴，花經組織奇。萬言方倚馬，未肯傍階墀。許蓮西孝廉。

兩載離群久，襟期近若何。聞君談尚健，憶我夢偏多。負米貧非病，研經志未磨。門前老槐樹，秋影想婆娑。周覲光秀才。

燕臺留一載，風雨每連牀。歸路黄金盡，雄心寶劍長。養材備梁楝，報國恃文章。豈有驊騮質，鹽車阻太行。家步衢兄。

珠隱齋夜坐

城南小築俯青疇，恰喜移家得地幽。雨漲陂塘添蛤吠，夜涼庭院已螢流。出門但恐輪生角，脱帽時妨屋打頭。何幸六街揮汗地，北窗容我占先秋。

簡寸園

歲月真如赴壑蛇，秋風三載住京華。書殘蠹惜塵中字，窗破蜂貪几上花。過眼雲煙成汗漫，撐腸竹石轉槎枒。閒攜畫幛從君乞，美酒鄰翁近可賒。

寄答許蓮西長庚

千里吟箋手自披，披箋正是憶君時。曉來竹屋聲聲雪，撥盡寒灰爲讀詩。

題鄭雲麓同年開禧《荆庭聚慶圖》，用東坡《馬上寄子由》詩韵

荆花織門紅突兀，春來競向龍溪發。燕臺南望六千里，青山笑人何落寞。瓦屋三間風雨隔，輭塵竟日車輪没。朅來天寒翠袖薄，夢踏緑蘿菴下月。雁行憶爾兄弟樂，促膝如聞話酸惻。朱闌白石幾年别，池草園禽境超忽。客遊鴻爪感今昔，絃柱何勞歌錦瑟。請看一幅對牀人，不羡中朝台鼎職。

天寒歲莫，積雪在庭，寸園扣門過訪，圍鑪煮茗，出矮紙拉雜寫之，以當餞歲，即題卷尾六首

無端刺促走車塵，三度燕臺爛漫春。堪笑書齋無長物，憑君彩筆爲翻新。

新賜官錢出水衡,明年辛巳爲道光初元。捧來天上日華晴。書生福命元非薄,身歷三朝見泰平。我生之初,歲在癸丑。

年頭歲尾忽忽過,光景真如赴壑蛇。羡爾醉翁長不倒,朱顔傝㑩坐春花。

斷帖殘編未忍抛,冬鑪夏箑總堪嘲。柴荆竟日無人扣,不用驅雞上樹梢。

美酒餘杭誰兑得,橘香筍嫩佐嘉蔬。就中鄉味吾能説,文水蒲萄保德魚。

卻憶茆檐飯熟時,區區舂磨費支持。媿無陶侃留賓酒,聊當坡翁饋歲詩。

此卷仿壹齋師《武昌餞歲圖》,長丈餘,點染絶佳。後十年余以省親歸里,忽遽失之,可惜。自記。

除　夕

爆竹無聲門尚開,吟詩不覺歲華催。寂寥深巷青鐙下,猶有鄰人乞字來。

辛巳三月朔日蒙恩入直南書房恭紀

史館編摹職,仙班侍從行。仰窺堯舜典,已近日星光。特達恩尤重,深慙學未遑。祕書應許讀,染翰捧天章。

初入直廬呈程雲芬前輩恩澤

香案清班近紫宸,承恩授簡兩詞臣。同日奉命入直,恭和《太液春泛》詩,均蒙恩賚。賡歌幸際重華世,涵泳初游太液春。敢道文章能報國,竊思砥厲勉修身。澤州興縣風規在,桑梓還慙步後塵。君以吾鄉陳文貞、孫文定兩公相勗。

秋雨退直簡城南諸同年

秋霖警深夜,曉起涼滿衣。驅車犯泥塗,天光正熹微。鄰舍門未闢,市廛人尚稀。迢遥城南路,寒漲侵石磯。峨峨雙鳳闕,觚棱何崔巍。影纓列梐舍,羽衛集佽飛。繄余性樗散,薄宦遊京圻。無端鶴乘軒,頗媿鷗忘機。舊雨渺何許,日高猶掩扉。毋乃謝逋客,山靈聳嘲譏。

九日壹齋夫子招同張詩舲、劉青園、何玉民、田季高集十剎海賜第,觀吴文定寬足潘郊老"滿城風雨近重陽"句詩卷,次韵四首

滿城風雨近重陽,偏喜秋晴日照堂。地闢新居初拜賜,家封舊釀許同嘗。移來砌竹仍含翠,嬾到籬花未肯黄。一笑飣盤薦嘉果,芳名認得緑衣郎。

滿城風雨近重陽,憶昔分牋坐北堂。一幅名圖重展玩,十年宦味更親嘗。逢人漫説簪花艷,有手惟應擘蟹黄。何幸盛筵東閣預,年年此會伴諸郎。

滿城風雨近重陽,今歲輕寒未入堂。王脩己《九日》詩“寒氣初入堂”。射策從人錦標奪,題詩媿我棗餻嘗。雁邊天遠霜初白,江上秋深葉未黄。聞説高臺方戲馬,敦弓新試羽林郎。

滿城風雨近重陽,瀟灑居然緑野堂。“公退清閑如致仕,酒餘歡適似還鄉”,公聽事聯語也。公退放懷詩更好,秋來開口笑何嘗。出門便覺飛塵涴,歸路猶餘夕照黄。回首煙波十刹海,釣竿真欲借漁郎。

秋曉入直

紛紛涼月白如煙,喔喔雞號欲曙天。萬户瞢騰濃睡裏,有人羸馬過門前。

賜哈密瓜恭紀

嘉瓜種出伊吾廬,快馬明駝達帝都。敂關納贐七千里,計畝開田一萬區。土宜祇合天厨供,何幸分甘到侍從。沙磧涵濡大化深,雕盤拜舞恩暉重。小臣本自田間來,弱冠曾從隴上回。親向花門問果種,遥憑雉堞望龍堆。蘭州城上有籌邊樓。龍堆遠鎮邊疆地,軍衛屯田漢唐置。爭説名王下馬山,誰尋降將題碑字。一自先皇奏武功,萬年耕鑿安羌戎。西來戍卒瓜期代,東去河流瓜蔓通。行人安穩居人樂,引水分畦徧村落。俗厚應無納履嫌,種成亦有如墉穫。黄金碧玉好皮瓤,飽啖曾聞餅作囊。回民以餅裹瓜食之,謂之瓜囊。仙棗豈因方士進,野芹先願至尊嘗。尚方玉食羅千品,小物登筵知歲稔。絺巾削出鎮心涼,絲籠開來愁齒噤。人言五堡接瓜州,筐篚遥通西海頭。不用詞臣賦盧橘,空勞槎使致安榴。

冬夜月下三首

涼飆響庭樹,落葉空蒼苔。明月不可埽,清光排闥來。攬衣步階除,天高淨纖埃。鄰柝聲未已,良夜方悠哉。

良夜一何清,佳月一何明。初冬氣似秋,月亦如有情。悄然群動息,百慮爲之平。孤吟自酬答,坐見星斗横。

星横月已斜,出門將何之。羸馬不施韁,敝車仍搴帷。雞鳴度重闉,萬瓦寒琉璃。似聞抱關笑,僕僕君奚爲。

井西書屋消寒雅集，題赭鱸冰魚蠟梅畫卷

龍江赭鱸世罕有，不數細鱗與巨口。河魚之美惟石花，冰凍天寒聚而負。雙鮮載網來西東，一旦登筵列左右。壹齋老人退食閒，呼賓做節興非偶。風信從頭數廿四，盤餐到眼勝三九。明窗伸紙戲成圖，滿坐傳觀驚發笱。更喜黄梅門新妝，錯落横斜如貫柳。消寒故事例可創，點額效顰狀殊醜。底須鄉味誇魚菜，賴有吟情寄杯酒。圍鑪便許過殘冬，更約春深婪尾後。

題黄在軒水部雪後園林畫卷

蕭騷一夜響庭柯，曉起頻將凍筆呵。卻憶窑臺衝雪地，今年寒較去年多。
掃徑扶笻有底忙，聳肩拄頰看山光。似聞嚇嚇田公笑，隔歲先誇餅餌香。

消寒分詠得金橘

越橘黄金鑄，爭傳小木奴。輕勻如脱彈，朗潤擬垂珠。質可踰淮水，名曾重汴都。楚萍形莫混，巴荔貢還殊。裂葉霜千箇，摇枝露幾株。甘芬經夏熟，涼味入秋腴。摘許筠籠滿，盛應茗椀俱。餘酸傾冷齒，碎點剖圓膚。製頌宜南國，承恩出内厨。捧來宣口勑，懷作鎮心符。禪味評山谷，詩情寄聖俞。瓊漿欺蔗白，蜜液奪櫻朱。青李空看帖，寒梅並入圖。欲題三百顆，飽食洞庭湖。

詠時辰表

略仿璣衡製，能知刻漏差。居奇來古里，鬥巧屬豪家。夜夜月輪滿，朝朝斗柄斜。分陰真可惜，閒對八瓶花。

堂　花

我聞馬塍花，絶技橐駝續。力爭氣候先，意與造化屬。其法置坳堂，鑿坎窈而曲。矮紙糊作櫺，細竹編爲褥。移花坐其上，土潤儼暑溽。牛溲與馬勃，雜以香湯沃。三沐而三薰，有如覇才辱。綽約神仙姿，一旦就羈束。梅竹節頗堅，胡亦遭炎酷。爛漫雖自矜，精神固不足。乃知炫耳目，力盡生機促。羯鼓爭喧闐，鶴林鬥繁縟。世人尚奇巧，見罕愛彌篤。鋪裝到堂殿，翻厭畫工俗。那知優曇鉢，瞥眼等風燭。我願告司花，藝花如藝粟。非時毋助長，涵養泯奢欲。請試逡巡酒，何如中山醁。

題左田夫子《武昌餞歲圖》乾隆甲辰，金葉山鐸、戚象山子楧合作。

井西老人老詩伯，手把畫圖話疇昔。早歲爭傳江夏名，舊遊曾作郢中客。高樓大雪夜蒼茫，煖帶寒鈎送歲忙。婆娑醉影三人共，拉雜離懷一卷長。當時畫社誰爲友，葉山金象山戚好筆手。潑墨休誇江海圖，宋戚仲多作江海圖扇面。摇豪直奪藤溪叟。元金汝霖善畫，自號藤溪釣叟。滿堂煖熱鬥盤花，緑酒紅鐙笑語譁。但覺春風來似虎，那知殘歲去如蛇。矮紙須臾雙管落，枯腸芒角森然作。活禽生卉儘情描，夏箑冬罏隨意著。圖成坐客互揶揄，春磨凝資似此無。準擬還家誇骨董，頓教探篋得奇觚。自從嘯月南樓罷，江上風濤夢魂怕。重來桂樹發中秋，無復梅花餞除夜。公丁卯典試武昌。即今聽履上星辰，挨日摹雲藻繪新。不言温室依春樹，每坐寒窗憶故人。崢嶸歲月從頭數，四十年來閱寒暑。思鄉卻似望并州，作記還應補荆楚。萬間廣厦倚雲開，問字侯芭日日來。重陽舊句連番續，餽歲新詩次第裁。繄余十載從公熟，插架琳琅許披讀。又憑卷尾學塗雅，恍向簷頭聞爆竹。十刹海邊花作田，西涯橋上柳如煙。底須坡老思樊口，空寫煙江疊嶂篇。

䱷䴸亭集卷四

古今體詩六十八首壬午

大雪退直正月二十六日

春雪今年過一尺,春寒昨夜裂重裘。曉來仍戴三星入,公退聊爲半日休。每欲移巢憐乳燕,轉思泛水狎閒鷗。朱門畫戟都經過,懷剌生毛未忍投。

仲春感懷時侄兒殤。

玉璋錦褓費攜持,贏得空懷夢醒時。翻悔年來嘗百藥,雙鵶難護落巢兒。
敢云此恨偏敦我,拔劍猶能歌莫哀。獨有含飴難慰藉,板輿千里爲誰來。

春闈分校呈李芝齡少宗伯,次朱蘭坡前輩韵

蕊牓春官特地開,文章運會藉衡裁。況逢星日騰輝際,爭見魚龍跋浪來。大海求珠憑象罔,仙風引棹即蓬萊。門墻桃李應栽遍,猶自巡檐索落梅。
峨峨聲價仰龍門,冰鏡同懸氣象尊。列坐幸邀青眼顧,奇文許共素心論。花因織錦傳新樣,燕已移巢記舊痕。自是東風能鼓物,一時寒谷變春温。

春闈呈煦齋司農夫子

屈指蘭亭修禊年,科名恰在我生先。公以癸丑登第。一朝珥筆陪趨直,兩世論文幸有緣。嘉慶庚申,公主試順天鄉試,先君時與分校。青鏤花箋春染翰,黄封玉釀晝開筵。盟心何以酬知己,努力搜羅是薦賢。
大金吾典大司農,管領兵民職任崇。人説歐陽爲士望,帝知蘇頲有家風。文莊公五典春闈。馬蹄徧踏春郊碧,時扈蹕,奉欽命題乘驛而還。鳳尾親緘御押紅。十四年來衡鑒在,不須爨下怨焦桐。公自己巳科典試後,至是復膺是任。

再呈芝齡前輩

初聞上閣振鵷鸞,又喜煎茶試月團。報道滿城花似錦,天教桃李屬春官。先生晉秩容臺帀月即典春闈。
至公堂下老槐枝,秋雨黄花晝静時。一笑重來圓舊夢,錦囊應和去年詩。至公

堂古槐相傳有音聲之瑞，先生去年監臨秋試，與同事題詠有《鏁院聯吟集》。

覆檢落卷，悵然得句

空箱欲棄重低徊，束筍叢叢故紙堆。未免桐焦餘爨底，猶思錐穎出囊來。人如舊雨崇朝别，花待春風隔歲開。一綫釣竿滄海闊，不知何處覓珠回。

鈐榜日喜雨

鏁院三旬住，乾風竟日吹。群才今入彀，一雨竟知時。太史書先奏，君王夢久思。萬方殷望汝，灑潤要無私。

五月十二日奉命典試廣東，感恩恭紀

舊夢思還合浦珠，釣竿真許拂珊瑚。春闈有"滄海覓珠"之句。恩深衹愧文章報，年少翻驚際遇殊。何幸壯游窮嶺海，可能高詠繼韓蘇。天南正闢罋經室，時阮芸臺制軍方以經學訓勵多士。文教都由帝德敷。

良鄉塔

出都七十里，遥見良鄉塔。平岡互縈紆，飛檌鬱周帀。在昔歲乙丑，於此禮禪榻。攬衣躡雲表，勢欲排閶闔。初窺目眴轉，漸進足雜遝。石磴旋若螺，泥壁光於蠟。放悲見仙篆，手痕儼可搨。欻然攀絶頂，天風來蕭颯。精神四飛揚，元氣供吐納。俯瞰城郭小，但見廬舍合。老僧頗矯捷，步虚探簷鴿。我心爲之悸，呼之了不答。乃知定慧力，空境皆實踏。浮圖吾故人，一别簪難盍。舊游年十三，今來歲已卅。念兹日月邁，恍如波浪沓。何時謝征鞅，心偈參雲衲。

涿鹿行館爲程玉樵德潤同年作，時同奉使

恰值皇華使節催，更欣驛館得追陪。同年較我十年長，生日遲君七日來。玉樵今年四十初度。問字道逢門下士，論珠人羡越中才。初庚天氣炎歊甚，且脱征衫舉酒杯。

張桓侯古井

故里桃莊在，荒祠漢樹高。天心沈火井，王氣厄金刀。籌筆嗟無命，横矛志尚

豪。樓桑鄰咫尺，誰爲薦溪毛。

自新城抵白溝河

平明出新城，積雨猶未歇。肩輿曳塗中，人力不得竭。如墮兜羅緜，滑軟土無骨。艱哉扛輿夫，十步九常蹶。洋洋小青河，一水横短筏。引手招即至，勢不待牽捽。乘傳百無苦，豈念道有暍。輿夫前致辭，爲我言馬卒。往者使車來，導之行泥汩。陷而入於淖，官囊傾倉猝。舟子利其貲，狼狽爲狡滑。遂令河干地，清淺成蕩漶。我從輿夫言，野渡徑飛越。我僕隨馬行，馬腹幾爲没。渡河始相遇，淤濺及衣韈。卅里抵白溝，輿馬論賞罰。一笑姑置之，我心無𡰝尯。

河上小憩

來鹽去米白溝河，帆影都從屋後過。好似蕪蔞亭畔路，輕舟細雨渡滹沱。

趙北口

溼雲下遠樹，曉日明空潭。引水船通市，賣魚花插籃。我來過趙北，人説似江南。十二橋頭望，柔波貼蔚藍。

肩輿道覆，夷于右臂，作此自遣任邱縣。

輿夫本是鉏田夫，强使扛輿舍其鉏。棄長用短計已左，兼之道茀多泥塗。前肩欲進後肩掣，後者崛起前趑趄。兩轅雙杵日掀簸，危坐兀若枯僧枯。一朝步窘肩亦脱，夫仆輿覆誰爲扶。倉卒便令柳生肘，逍遥安得尻爲車。我謂輿夫爾何愚，不鉏爾田扛我輿。輿夫荅言爲役驅，新麥登場不及儲。官錢傭夫肥吏胥，枵腹乃使充公徒。我聞此言三歎吁，臂痛若失心轉紆。高牙大纛左右趨，當官豈念民艱劬。嗚呼，當官豈念民艱劬。

早發河間大霧

銀濤萬里壓城來，樹影黏天撥不開。走馬横過瀛海驛，分明蜃氣象樓臺。

生日次韵答玉樵

昔年行李困擔囊，奉使叨分藻鑑光。自媿通經虚壯歲，漫勞織錦報佳章。郵亭處處逢今雨，杯酒時時話故鄉。東道主人舊桑梓，一時言語妙君房。阜城令賈君循廉有聲。

新城令薛午橋愈炳阜城令賈淵善懋功皆吾鄉人也，乞其致書都下，以慰高堂之思

傳語平安慰倚閭，忽忽十日兩封書。阜城已過新城遠，漸覺鄉音入耳疏。

德州渡運河冒雨入行館

避潦尋村徑，蹊田傍岸隈。斷林飃影出，疏雨觽聲來。捍水長隄固，闤城列市開。挑鐙坐虛館，簷滴夜深催。

去恩縣十里許憩村樹下

荒郵幾見長官游，怪底驚尨吠不休。拍水群兒緣岸上，停機少婦出墻頭。沙田雨足農相慶，瓦寺鐘殘佛自愁。村多草屋，獨寺用瓦。欲向平原訪遺跡，斷林斜日畏淹留。

曉行田間聞禽言感作

割麥插禾，今年雨多，官道成河。行人踟躕不敢過，回馬踐我隴上禾。踐我隴上禾，食我場中麥。麥食令馬肥，新苗蹂躪將奚爲。年年耕田傍官道，割麥插禾不得飽，底用空言聞爾鳥。

旅館不寐懷程雲芬前輩

一榻棲如羚挂角，中宵警似鶴知更。此心已悟蜘蛛隱，多事誰教蠻觸爭。涼雨洗頭祛病退，新茶潤肺助神清。懸思聽鼓金門客，早著朝衣步玉京。

東阿道中

墟落遥隨流水灣，堆墻亂石自迴環。我行平野一千里，前路蒼茫應有山。
高樓突兀憶山莊，鐵限當門甓作墻。滿眼人家渾舊識，便如久客暫還鄉。村中碉樓頗似吾鄉。

余宿東阿之夕，夢與徐熙苒應童子試，視日已夕，余心頗迫，熙苒殊綽綽也。覺而用東坡《儋州夜夢》韵記之，即寄熙苒

五經紛綸我不如，徒手奚能借古書。風檐日短苦無餘，欲窮紙尾忘其初。徐

君在旁意坦舒,聳肩搦筆如游魚。覺來歎此夢有緣,毋乃造物警我偏。我今廢學垂十年,繭絲自吐身爲纏。强以文字衡群賢,請嘗試之乃瞿然,胡不歸去披陳編。

山　雨

山雨如避人,挾雲竄深谷。行人不自避,巧與雲相逐。山轉路欲窮,雲行勢已蹙。迸出白玉龍,噴灑珠千斛。青山笑行人,土偶遭新沐。須臾雨漸歇,山溜亂飛瀑。卻顧所來徑,夕陽在林麓。

自東阿舊縣行十餘里,近山人家林木明秀如畫

綠樹陰中夕照邊,背山面水起炊煙。便思往買三間屋,不用多營二頃田。

夜抵東平

銅城驛距東平州,計程百有二十里。東阿舊治居其間,我行到此日旰矣。山雨晦冥石磴滑,僕夫勸我不如已。我謂前言豈戲耳,畏難而退志先靡。司勛大夫亦健者,謂玉樵。決計同行投袂起。乃知誠心天所啓,故遣夕陽照流水。平原向人遠更闊,野老看客驚相喜。須臾莫色蒼然來,新月娟娟出雲底。繼之以燭燦如晝,沙草微茫淨可指。長河乘風夜喚渡,水天浩蕩空涯涘。遙看火炬明洲渚,漸聽人聲入城市。籃輿載我穩且駛,豈知泥深没屐齒。我馬既瘏我車殆,終夜不來良有以。平生兹游信奇絶,得毋遇險不知止。書之聊當鼓記里,吾姑徐徐焉用此。

謁滕文公祠

少年劍馬氣縱橫,折節儒冠豈慕名。仁政要爲王者法,遺風猶是聖人氓。若教國勢侔齊楚,未必天心屬呂嬴。今日君臣同廟祀,祠以然友、畢戰配食。滕陽檜柏接鄒城。

六月望日銅山行館對月

少年但知月色好,不道客愁不可埽。兩年對月隴山頭,盪胸一覽邊城秋。邇來薄宦將十載,橐筆朝朝宫漏待。瓊樓玉宇不勝寒,往往鄉心墮雲海。今夜銅山月滿輪,無心卻作江南人。江南青山隔千里,倒影飛落清樽裏。頓令溽

暑變新秋，但訝空庭如積水。海天遥指五羊城，快馬輕舠四十程。他時試院煎茶坐，可抵籃輿載月行。

曉　行

曉行出村市，流水鳴潺湲。日上未過樹，雲低猶戀山。瓜廬人睡足，石轍草生閒。一笑問津吏，客游何日還。

徐州渡黄河望城上黄樓，寄懷王子卿澤前輩

東坡先生岷江住，直送江流入海去。我今宦游逐黄河，十年三度揚帆過。崑崙幾曲落眼底，蜿蜒如龍走萬里。我從西北歷東南，已探其頷窮其尾。蘭山山下舟爲梁，潼關關外水如湯。及入東徐益汗漫，陣馬不能追風檣。試登堤堰俯城郭，乃知銀漢高紅墻。海門遥瞰在咫尺，尾閭一瀉歸蒼茫。回頭欲溯浮槎路，星宿參差不知處。天上何曾風浪生，人間賴有隄防固。當時河決澶淵秋，飛濤激箭來城陬。要使千家免沈竈，豈謀一醉營黄樓。樓上風流誰繼起，彭城老守詩才似。便向徐州入贛州，卻臨河水思江水。子卿先生守徐時有《黄樓》詩，和者甚夥。今移守贛州，亦入粤必經之道。

謁閔子墓蕭縣。

人倫有正變，孝思無殊致。毁親以成名，反失聖賢意。底豫固有由，頑嚚夫奚懟。虞書渾渾爾，不言井廩事。小弁及凱風，周道亦云墜。乘舟心更悲，佩玦躬甘棄。堪笑潁封人，感君惟一隧。寤生實姜出，城潁忍相寘。左氏且浮誇，稗官益贋僞。孝哉閔子騫，德行誠不愧。當時父母言，衆口無訾議。蘆衣事有無，或者傳聞異。世風日衰薄，箕帚生詬誶。毛裏自不屬，轉以疑賢智。墓田在鄉閭，配祀仍昆季。革蒙，閔子二弟名。家庭有真樂，至性誰其嗣。我來拜遺像，如睹誾誾侍。不忍説單寒，恐傷純孝志。

河之水一篇并引

宿州比歲不登，今歲濱河下地又遭浸溢，居民掘田築隄，畚鍤相望於道，過客感焉，故爲是詩也。時六月十八日。

河之水，何時復。侵我田，及我屋。我屋飄摇我不惜，獨惜有田不如石。去年築小隄，今年築大隄。但願隄似山，豈知田爲谿。河伯雨師相娱嬉，一笑萬頃

黄琉璃。可憐禾黍東西倒,盡向中流作荇藻。使君昨日乘舟來,猶説此間風景好。河干野老吞聲泣,早晚官租催已及。似聞驛使報安瀾,今歲江南大有年。

二蟲

青蠅以腐生,白鳥以溼化。微哉兹二蟲,感時及盛夏。鼓翅各擅能,卜晝繼以夜。晝如攫金走,夜若含沙射。薨飛已可憎,陰伺尤堪詫。二蟲性貪捷,厥勢亦相亞。彼此互倚伏,紛擾無休暇。我本山中人,清涼足茆舍。一枕過三伏,扇拂常不藉。出山今幾日,高明處臺榭。遂爲二蟲苦,以身試燔炙。拔劍驅未能,成雷勢方借。願乞金風力,一掃炎歊罷。復恐嚴霜早,零落到禾稼。畫屏亦偶誤,紗幬安用下。用《金樓子》齊桓公開紗幬以進蚊子事。二蟲爾何爲,寒暑有代謝。

過淮二首鳳陽縣。

長淮界南北,鐵鏁一橋開。飛騎踏波去,兩岸以鐵鏁横五十艘爲橋。好山迎客來。東坡句“過淮山漸好”。浮天挂帆席,對岸起樓臺。羨爾觀魚叟,濠梁信樂哉。

客館臨淮上,清波眼底流。虚窗納遠樹,高枕數行舟。鳥没斜陽外,漁歸野渡頭。晚涼堪濯足,瀟灑及新秋。時立秋前二日。

月夜淮上

夜涼枕簟滿長街,樹影遮門水浸階。西舫東船悄無語,一天明月照清淮。

鳳陽道中

竹椽茆舍漏痕深,飯甑生塵曲突黔。村女生來能赤脚,驛名底事唤紅心。市瓜解渴無佳味,選樹乘涼得蹔陰。偏是兒童工笑客,倒騎牛背下遥岑。

午憩道旁橡樹下

火輪周四極,卓午炎曦正。百里少嘉樹,萬畦爭仄徑。忽見老橡枝,葱鬱動遥興。未至心已涼,蹔憩色相慶。聊慰望者渴,一扇暍者病。白雲恰飛來,助我清陰更。霜皮大如象,圜蓋低覆乘。緬思同谷叟,歲晚飢寒併。居然拾其實,作歌誰忍聽。物生貴有需,好惡紛無定。請看道旁李,味苦食難竟。

寂　寥

駟馬前驅負弩行,漢家縣令重書生。寂寥銀漢乘槎客,來往誰人管候迎。楊誠齋句"候迎銀漢乘槎客"。

行館桂樹

昔唫招隱句,曾擬楚騷詞。小憩桃城館,親攀桂樹枝。無人簾捲處,過午雨來時。天竹何瀟灑,幽窗伴更宜。

雨　後

連朝酷熱苦相煎,白汗沾衣日午偏。暑雨送涼似秋雨,高田流水入低田。舟停渡口仍銜尾,雲鑠山腰未放巔。行路欲晴吾豈不,老農須此卜豐年。

山　行

望遠疑無路,到來別有天。好山多種竹,深樹亂鳴蟬。澗水東西屋,坡陀上下田。旋螺行不覺,已出翠微巔。

登高一俯覽,日影散平林。始悟山中徑,多穿樹底陰。人家無市氣,潭水得秋心。回首臨淮道,炎天不可禁。

入桐城界度嶺

朝行山之阿,盤旋千坡陀。自云已出山,不知山更多。山北路幽折,足繭肩相摩。山南豁開朗,萬點堆青螺。群山亦好勝,陵跨森包羅。緩步舍行輿,直上登嵯峨。是時日亭午,照耀澗與邁。山條擢翠巘,水葉搴素波。因巖草爲厂,倚竹雲成窠。忽聞泉石聲,乃是松風過。蕭然衣袂泠,靜若琴箏和。誰家好園亭,短墻圍修柯。參差見鱗瓦,高下帶女蘿。徑思敂柴扃,山深愁路訛。僮僕促我行,欲去仍婆娑。夕陽下平麓,殘沙明斷河。清景不可失,過眼如飛梭。冥想苦搜索,山靈當見訶。

答燕語并引

二十五日宿桐城,大雨達旦,山水漲發不能行,閉門高卧,見梁間雙燕,感而作此。

借君雕梁住,一年來一度。不惜銜泥勞,喜君無瞋怒。秋風已催客,衆雛猶待哺。常時簾櫳開,出入不相忤。今日出巢來,門掩空四顧。雙飛亦可憐,對語胡遭妬。燕燕爾勿驚,我請言其故。我亦如賓鴻,爪泥聊蹔駐。連朝苦霖雨,河深不可渡。悶來但酣睡,黑甜無晨莫。青苔行及榻,緑窗偶鑠霧。豈知差池羽,忽若羅網錮。細思我負爾,巢幕非爾誤。客行良獨難,觸處逢牴牾。開門送爾去,我亦向前路。

二十七日發桐城渡挂車河

駕言宿占亭,山雨連晨吼。行輿銜泥出,掉頭復卻走。我行四千里,十日雨八九。常時冒雨行,今胡爲雨守。大河横我前,急溜踵其後。一朝涷雨至,迷漫失渡口。舟楫勢不容,沙石力彌厚。傳聞此水性,一瀉不能久。今日雨稍歇,行縢亟抖擻。僮僕色驚怪,發言誰執咎。高卧吾亦願,王事敢重負。出門望四山,陰雲正紛糾。茫茫挂車河,不知能濟否。

此河名挂車,無車安用挂。但令筍輿過,僕馬敢云憊。未濟心茫然,合眼即澎湃。豈意七尺波,陡落一朝快。沙擁尚成隄,水銷已分派。粼粼見白石,人跡儼如畫。此時亦放晴,平灘日午曬。沙河弄清漪,山影倒而拜。天公意不惡,河伯氣亦懈。好風吹客衣,及時利行邁。

聞絡緯

轉轂繅絲響最清,北人聞此卻心驚。始知唧唧秋蟲語,不是江南絡緯聲。

潛山道中十首

山靈喜我馬蹄聲,一笑群仙抗手迎。卻被白雲横截住,惱人眉黛不分明。

路似魚腸轉益高,山如燕尾忽垂髾。平看對嶺青鬟底,下指横塘緑樹梢。

折取松枝壓滿肩,樵人未午已歸山。懸知細雨山坳路,中有涼棚三兩間。

萬緑平川眼底開,南山晴日北山雷。飛雲莫道無心出,一片隨人頭上來。

澗水喧豗勢不平,出山便解與山爭。林林掉臂穿雲去,讓爾中流自在行。

緑玉千竿插水湄,四圍種樹當藩籬。涼蟬吸慣梢頭露,不肯隨聲過别枝。

沙灘嚙水軟於肉,稻隴吐芒高過人。竹裏何曾見廬舍,忽然喧笑聽偏真。

雲壓城頭帶雨濃,蒼茫不辨最高峰。亦知横側看難盡,轉過沙灣恰又逢。

潴水南方勝北方,但逢隙地便開塘。山田犖确成何用,亂插青松當插秧。

青山缺處樹彌縫，水外人家緑幾重。白鳥一群棲不定，恰疑春雪下長松。

太湖城北大雨渡河

陰雲挾石飛，狂飆捲林折。噴出萬斛珠，團作一條雪。中流怒雷吼，平地驚濤裂。孤舟乘輕危，衆峰互明滅。神靈變幻意，蒼茫不可説。臨河雨驟來，收纜雨頓歇。

早發楓香驛

草際微明見露光，緣畦行過但聞香。曉風忽颭芙蓉水，紅白幾花開野塘。
跨水危橋一木撑，那堪竹轎載人行。明知已上難回步，卻到平途心轉驚。

去黄梅縣二十里小憩兩河口隄樹下

湛湛兩河水，上有雙楓樹。解鞍息緑陰，冉冉清風度。里中有横生，惠然肯來顧。呼童酌茗椀，爲我陳坐具。問答頗款洽，周旋少世故。遥指水外山，云是讀書處。愧我抗塵容，企望但生慕。繾綣感良覿，欲去仍緩步。記取霜葉紅，歸來當再遇。

䃶䂬亭集卷五

古今體詩六十九首壬午

望廬山

我出黄梅六十里，隔江已見江西山。人言此是廬山背，熨眼頓覺超塵寰。屏風幾疊照江水，夕陽萬皺明斕斑。不知香爐瀑布在何處，但見側峰横嶺高下雲迴環。雲中五老似回首，一一鬫露青髻鬟。有如蒲阪道中看太華，三峰飛影過潼關。黄河曲折走關下，亦如大江横鑠潯陽間。山川靈祕造物惜，每爲好事破其慳。我昔西游今南涉，勝境兩遇非偶然。書生行縢苦不辦，況騎驛馬囊官錢。游山如此亦大好，只惜過眼空雲煙。買田築室吾不願，但願歸途住此三日窮躋攀。

渡潯陽江

五嶽我甫游其一，四瀆我已涉其三。彭城渡河曾幾時，淮水鐘鼓聞諳諳。邇來山行又十日，屢乘竹筏過沙潭。坐看萬峰走波浪，蓄勢一瀉無停涵。不有長江鑠疊嶂，幾如奔馬難回驂。聞道潯陽有九派，北人到此心未諳。但喜天晴風力便，檣梢燕子聲呢喃。須臾忽失岸西塔，宛轉似避中流酣。匡廬作屏江作鏡，上下照耀天青藍。偶然雲陰落遠水，祇訝日影摇晴嵐。蒼茫不辨洲上樹，迆邐漸近沙頭龕。卻從下流溯而上，參差樓閣臨城南。片帆安穩神所勞，奇境紆折吾尤貪。此邦天險扼吴楚，鑠鑰未許輕窺探。江州司馬古循吏，淪落豈爲詩情耽。高亭斜日望寥廓，江水東下波如泔。

放蜻蛉

蜘蛛吐絲布四屋，蜻蛉忽送飛來肉。六足四翼非不多，誤墮網羅當奈何。與人無爭亦無患，我亟呼童解其絆。放爾蜻蛉磔爾蛛，罰亦重矣蛛何辜。世間快意多危途，調飴膠絲無處無。

經廬山下

人説看山閒，我謂看山忙。一峰到眼看不了，忽然萬峰雲錦張。前峰偶蹶後峰壓,勢與天地爭低昂。此真面目何處識,境過欲追愁輒忘。佛華山頭敏精舍,苦茗三椀搜枯腸。僧云瀑布勝簾水,種種奇觀非尋常。笑指門外最高頂,炎天六月秋風涼。我今僕馬汗流漿,山靈聳誚應避藏。安有清泉與碧巘,肯爲俗士回景光。石門斤竹句奇僻,古來山賊真詩狂。何由足躡謝公屐,看挂銀河三石梁。

東林寺

言尋虎谿水,一訪東林寺。門前幾株松,已有高人致。坐我三笑堂,虚窗落山翠。慧遠與陶陸,屏間圖繪具。似聞撫掌語,衣帶皆笑意。想見山中人,方外結同契。叔夜龍鳳姿,引領但遥企。堂後瞻遺像,彌勒龕同侍。蓮社十八賢,一一鬚眉備。石碣尚唐文,李北海碑,元時重刻。鐵釜猶宋字。宋政和十四年鑄。大可容一石,當時盛檀施。老僧今苦飢,種蓮幾無地。指説屋後泉,卓錫著靈異。遇旱水不涸,煎茶味堪試。吾云宜釀酒,飲事有成例。在昔清淨禪,獨許淵明醉。合掌白遠公,拈花若微示。一笑過前谿,虎嘯行將至。

阮芸臺先生有宋人《東林寺圖》。虎谿在寺外,今寺在虎谿外,非舊址矣。并記。

荆　花

十里紅荆夾道遮,紛紛照眼爛如霞。尋常亭館栽難得,開徧山椒不當花。

雨中發建昌縣

桐城再宿非阻雨,自是無船渡河水。建昌之水可行舟,衝雨而渡易易耳。若云遇雨遂不出,三日以往爲霖矣。深山陰晴難豫料,萬事倚伏有微理。渡江連日看匡廬,嵐影泉聲三百里。書生眼福能幾何,一雨折磨適相抵。建昌老令秦州士,落落鬚眉頗自喜。殷勤相送姑相留,我謝主人豈得已。

途次大雨

一片聲喧走澗谿,天垂雨脚四山齊。壞雲壓到村邊樹,似妬籃輿不肯低。
蹊田羡爾牧牛兒,戴竹披椶結伴歸。仰視青天如屋漏,吾行安得瓦爲衣。

七月四日灘溪紀事

淩晨犯雨行,午及灘溪口。灘溪一何深,亂石挾沙走。雨過新漲添,聲疾怒雷吼。我僕在前渡，我行尾其後。渡頭横野航，破篙竹半朽。借問操舟誰，皤然一老叟。平生負盛氣，遲疑復何有。一葦劣可載，同舟人凡九。余與玉樵及僕五、輿夫二，凡九人。意欲泝而上，水勢可横剖。豈知灘頭惡，放纜即失手。中流幾翻覆，一落千丈陡。篙師亟泅水，力薄豈能負。仰視岸上人，驚喊勢難取。稍近東岸樹，欲攀復掣肘。回波忽向西，木石遭擊掊。自分葬魚腹，瞥然見隄柳。衆手競牽挽，併力相結糾。登岸一回顧，白浪連山阜。問渡已五里，始悟漂泊久。古寺且偃息，衣裳半泥垢。覓路歸灘溪，纍如喪家狗。蔡君慷慨士，邀我意良厚。入室更相慰，呼兒羅漿酒。鄰里看客來，填門紛雜蹂。殷勤求筆札，投報媿瓊玖。夜闌就短榻，兀坐自搔首。玆游吁可怕，得生亦云偶。古來九折阪，馳驅爲官守。獨念倚閭望，何以慰慈母。世路多艱阻，賢達宜順受。性命輕波濤，冒險夫誰咎。挑鐙紀行役，蕭瑟風生牖。

灘溪留别蔡氏兩秀才叔維申、姪元選。

五里灘頭一葉身，天教不死豈無因。窮途相識真奇遇，他日重來有故人。黄髮垂髫爭看客，青鐙短榻足留賓。不辭書盡君家紙，記取樽前醉墨新。

東軒高安試院。

東軒長老今何在，剩有東軒待客開。廳下已無松二本，税餘安得酒千杯。文章豈礙微官謫，風雨難忘舊約催。城北城南一條水，當年親見卯君來。郡分南北二城，中隔一橋，即錦水也。

山　泉

濁河本藉細流成，不是崑崙便不清。石磴紅泉太多事，在山已有出山情。

采棉謡并序

七月八日道經新淦，大熱，田間水涸稻枯，獨棉有熟者。問之居人，云："不雨已三年矣。"是日宿金灘岸上，作此以哀淦民。

高田種棉，下土種稻。種棉令人煖，種稻令人飽。金灘岸上多水田，九畝種稻一畝棉。今年不雨又一月，機輪輓河河水竭。稻苗無穗半黄朽，賸有棉花白似雪。采棉作布不作衣，布能易米療人飢。但愁棉少布亦稀，家家絡緯啼空機。前年苦旱苗盡槁，去年青苗化爲草。早知種稻不逢年，決計有田惟種棉。老農見事例遲鈍，來歲旱潦誰能問。

宿峽江城宋氏祠堂

市暨惟通路一條,女墻高下束巖腰。城頭多被青山占,峽口初聞積水消。官長清閒伴琴鶴,居民生計雜漁樵。不嫌客舍如僧舍,鐘鼓聲沈夜寂寥。

峽江城南渡江山行

淩晨南出峽江門,兩岸青山一水分。正是沙平風軟候,鷗鵶無數棹歌聞。

山　中

人家遠近住山中,築室幽棲細路通。矮馬衹堪游果下,花豬多半似遼東。驛馬瘦小,豕多白者。亂松徑仄緉穿屐,碎石灘深不受篷。行過板橋三十里,僕夫流汗走呼風。

吉水懷楊文節誠齋先生

攜來一卷西歸集,行篋頻將好句搜。今日鳴珂過舊里,江山我亦願歸休。

一疏從容舉衆賢,兩封諫草欲回天。同鄉亦有平園叟,不薦詩人孟浩然。《西歸集》句:"碧琉璃上瓊花裏,獨載詩人孟浩然。"

廬　陵

文章自昔推歐九,風俗還當問孟嘉。能使飛蝗無入境,何愁白鹿不隨車。

欲從曾叟覓禾譜,且聽髯翁秧馬歌。農事今年愁小旱,桔槔挽水已無多。

填城溢郭百廛居,急就奇觚寫有餘。客裏所須無别物,止消冬酒與鮮魚。市上酒家以"鮮魚冬酒"書帘。

渡太和江

一夜西昌樹,北風摇客窗。曉寒生快閣,秋雨過澄江。穩挂布帆一,閒叉尺鯉雙。用蘇詩語。便思黄宙鋪,炊飯坐漁矼。

雨中至萬安縣,喜晤魏芸軒同年綑

出都已越六千里,相識曾無一二人。今日萬安亭館坐,同年三友笑言親。芸軒、玉樵皆同榜進士。不知江雨寒侵夜,衹覺秋堂煖似春。記取灘聲山色好,歸舟折贈嶺梅新。

阻雨贈芸軒

天公有意留人住，一雨居然阻行路。曉來獵獵板窗鳴，板窗鱗次横排，以直木銜之。不知是雨是風聲。主人魏侯吾同調，灑埽西廳容嘯傲。膏雨隨車亦偶然，狂言驚坐君應笑。十八灘頭半日閒，廳事扁額。客行明日又千山。千山萬水復何有，且盡君家一杯酒。

萬安渡江山行

秋江雨漲沙岸肥，惶恐灘頭過客稀。一船兩槳如鳧鷖，雪浪打空人溼衣。須臾收纜登石磯，青山插天天四圍。仰穿犖确行徑微，黄犢當道不可揮。絶巔似有雙朱扉，松陰落落煙霏霏。遠望則是近卻非，仙乎戲耳應吾譏。山中木客餐靈脂，矯捷豈受人世鞿。撫掌一笑逐鳥飛，江山如此胡不歸。

贛州呈王子卿前輩

贛山三百里，奔走赴虔州。碧瓦連雲動，清江抱郭流。此邦風物好，八景畫圖留。歸棹他時弭，乞君縑素秋。

曉發贛州十五里渡貢水

染藍無數贛江濱，水淺沙明著色新。江干多染藍人。畫槳輕摇元不惡，灘聲何苦惱行人。下流即十八灘。

水輪歌并序

余過南贛諸境，見農人以機輪輓章、貢二水灌田。輪徑圍大可數丈，每輻以竹筩斜綴其首，吸水上升，俯瀉木槽，分注田間，視龍骨車以人力輓水者，力逸而功倍矣。作歌紀之。

水車取水如桔槔，若魚去乙存頭尻。銜以木舌膚不撓，足蹈手輓生飛濤。漢陰丈人老且髦，抱甕所得真牛毛。豈知水輪技更高，激水自行非人操。若渾天蓋圜周遭，三十輻爲一轂牢。綴以竹筩盛以槽，仰挹俯注聲嘈嘈。海蟹如山擎巨螯，欻然噴沫遭煎熬。我昔見之金城濠，厥製視此差釐毫。蘭州城外以機輪輓黄河水灌田，尚不似此之便捷。井陘水磨鳴鼓鼙，灌田利不敵江皋。江水日夜流滔滔，隻輪飛作千畦膏。農夫酣睡舟子囂，水淺無力行舵篙。昨宵雨起蓱翳號，晚稻一熟鴻無嗷，江上機輪更不勞。

七月二十日度梅嶺

憶昔懸車西度隴，天寒木落山荒茸。十年清夢寄梅花，鸚鵡喚人雪毛氄。堨從嶺北走嶺南，親踏梅根訪梅種。梅家臺候老不死，骨作青山花作冢。嶺以梅鋗得名。九磴螺盤鬼斧開，萬峰虎踞神倉鞏。《南康記》：大庾嶺形似廩庾。行商負戴連尻脽，爭道攀緣接頂踵。炎洲氣候一嶺隔，鑠鑰咽喉百蠻重。挂角寺高雲易封，曲江功大人思奉。寺有張曲江祠。當年峻坂闢南荒，此日煙嵐爭北拱。題石惜無舊跡留，補梅喜見穹碑聳。嶺少古梅，今存者多乾隆時總督吉慶補栽，有碑刻寺壁。請看夾道三百株，瘦幹欹斜漸擁腫。僧云此山花特早，十月梢頭暗香湧。攜來嶺外萬户春，歸向尊前一枝捧。祇恐老梅厭送客，冰肌未許貂裘擁。蓮龕彌勒笑拈花，吾願不奢神其寵。

梅嶺謁張文獻公祠三首

感遇篇篇筆有神，文章風度冠諸臣。莫言金鑑千秋事，且與梅花作主人。

翠螺九磴插雲煙，手擘南荒一綫天。丞相祠堂今尚在，黃金不用鑄梅鋗。

畫像曾經吳道子，御題猶識宋淳熙。永豐市上流傳本，合爲先生勒此祠。

泊田子磯

纜身打水一條雪，旗脚摇船三尺風。坐看歸雲翻樹黑，猶餘斜日墮巖紅。

舟艤沙灘對石磯，金蛇出没掣雲飛。分明幾點江船火，散作一川星斗稀。

卧聞舟發

蘆被方酣睡，螺鳴攪夢回。窺窗殘夜月，撼枕急灘雷。水調鷗鴉發，山城鼓吹來。韶州今日到，津吏莫相催。

舟行書所見

亂插魚標竹作欄，無端激水忽成湍。老漁辨此非無意，要看輕舟過急灘。

南來行盡萬崎嶇，側視横看總不殊。豈意雙峰特奇絶，青螺佛髻對浮圖。

望韶石

雙闕岧嶢鎮南國，山川草木麗今兹。用方信儒《雙闕銘》語。韶州太守曾題石，蜀國先生爲賦詩。我亦乘舟窮奥域，天教撥霧出真姿。好風吹下簫韶奏，不用凄涼弔九疑。《郡國志》：韶石以舜登此奏韶樂得名。

韶州換船南下雜詠八首

繞城一水鏁千艘，樓閣連山十丈高。官吏不辭迎候苦，臨湘亭上看秋濤。湘江即曲江，上有臨湘亭。

韶船軒敞勝南雄，板闊桅高户牖通。江水漸深流漸駛，送人況有一帆風。

水程西去接昆明，憑仗舟人指點清。可惜青山無數好，雲煙過眼不知名。

蠻語朱離誰解得，漁歌欸乃我猶憐。順流不覺船行疾，卻羡人家上水船。

日行百里少人家，惟見江邊斥堠斜。何處青山猶放犢，滿林紅日欲歸鴉。

沙洲晚泊好攀登，山似濃雲水似冰。歸向舵樓眠不得，自開紗網翦秋鐙。

蜑子磯頭紫翠巖，石屏萬丈若神劖。舟人慣識風波性，桿索雷鳴正挂帆。

武溪淫毒惱人行，瀧吏詩歌不忍聽。聞説漢唐碑碣好，王禽隸古羽皇銘。

觀音崖英德縣。

石髓何年剩裂痕，巨靈高掌跡猶存。仰撑巖壁危將壓，下瞰江流急欲吞。萬竹縱横梯洞口，時方修葺洞口，竹架遠望如網。一船蕩漾鏁雲根。天南景物多奇駭，試問蓮臺不二門。

峽山飛來寺，用東坡詩韻

渡江陟群山，車懸馬亦束。過嶺駕輕舠，看山飽眼福。順流借風利，浩蕩檣帆簇。坐送一江水，截破兩崖緑。奇觀忽呈露，前境皆庸熟。古寺倚峽山，虛堂啓帶玉。堂石。僧如枯木定，坐有靈草蓄。寺僧施藥。我經匡廬背，路阻康王谷。豈知淙碧軒，雪瀑下巖屋。一洗人間塵，翫此霧中縠。飛來階可升，直上汗如浴。何年福地開，未厭凡蹤辱。峽神亦好事，殿宇遭鞭督。至今老榕根，拏石怒猶酷。古碣厄蛟龍，洪濤不可掬。寺無古碑，僧云明時蛟發，寺圮盡没於水。空聞水底犀，金鏁出魚腹。翠屏人面起，苔磴峰腰促。白足若猿猱，捷下車轉轂。阮俞動清吹，帝子遺芳躅。還坐直指堂，憑闌盪心目。汲泉煮香茗，説法甘於肉。林深虎跡馴，海近潮痕縮。僧臘無甲子，豈記亥身六。請看遊山句，寺有國朝諸賢留題詩刻二卷，其前代名作已入山志。別有傳鐙録。二禺風雨多，大石嚙吾足。解舟辭釣磯，峽口江摇燭。

贈曠元上人,次阮芸臺前輩韵

我行七千里,經此峽江曲。一葉真飛來,風馬無羈束。上人産南海,苦志嚼冰玉。來參達摩石,不出禺陽麓。洗耳聽淙碧,定心觀凝緑。行年七十餘,拄杖不用竹。歸猿古洞口,夜半昇初旭。山空本無猿,妙諦尋自足。大海生潮音,來疾去亦速。學道我未暇,師言信可復。曠師言山中無猿。

芸臺制府前輩修拓號舍新成,賦詩見示次韵

持節聲傳五嶺間,憐才心苦爲氈寒。試看廡下群英集,何止階前尺地寬。大海魚龍爭鼓舞,高秋風雨總平安。杜陵突兀猶虚願,廣厦如公手闢難。

次韵芸臺先生《甲子監臨浙闈》,和坡公《試院煎茶》作

曲江江頭夜漲生,南海海上秋潮鳴。我昨乘舟過清遠,一葉走峽鵝毛輕。禺陽老僧七十二,煮茗留賓無俗意。新柴活火隨手煎,飛瀑自汲山中泉。我時得隴更望蜀,欲乞龍團漱鳴玉。竭來試院腸苦飢,海水到吻攢雙眉。主人知我病坐渴,剖符調水肩相隨。把公此卷笑開口,想見西湖潑乳時。

九月十八日同年梁青厓中翰藹如馮默齋奉初陳華林鳳池兩明府招飲越秀山

嶺草蠻煙送客秋,銜杯同醉越山樓。鏡中咫尺能千里,海外傳聞更十洲。歷歷青林圍遠塔,蕭蕭黄浦識歸舟。與君開口成三笑,何日重來續此遊。

廣州火

炎方九月天藴隆,陽氣發洩無全功。邇來不雨且一月,火輪爍地煙飛空。羊城大賈厭歌舞,豈識流汗茅檐窮。鳳鐙龍燭照街巷,以火禳火何夢夢。炎官熱屬從祝融,下戲南海驅神驄。是時既望越三夕,雲垂水立號北風。有聲夜半起城闕,其氣上燭爲長虹。飛電一掣萬家赤,驚飆忽轉千街紅。水車噴激勢益烈,如灑片雪洪鑪中。大宅高臺盡焦土,珠簾繡幕隨飄蓬。貪夫持刃衛其貨,强者劫貨刃其躬。攢雜啾嘍衆渲沸,凡三晝夜光熊熊。我時扁舟辭南國,阻風海幢參琳宫。夜深對岸見餘火,飛焰照水流霞烘。閉窗兀坐自歎咤,天道倚伏誠張弓。此邦市舶萃海澳,自昔富商逾愷崇。連雲甲第十三族,日

以侈麗爭豪雄。那知懷寶適自賊,得非瞰室遭神恫。珊瑚寶玉安足惜,民命忍化爲沙蟲。造物於人何厚薄,盛衰盈昃常相攻。誰歟徙薪計不早,坐視焦爛呼蒼穹。我欲斲雕返太樸,淫巧毋使干天公。蘭熏膏煎豈人致,燬幕焚巢由内訌。當今聖皇躬節儉,異物罷斥蠻夷戎。四方水旱入黼座,一夫饑溺關宸衷。請即馳章告九闕,下令流水蘇疲癃。

阻風海幢寺

主人約我遊海幢,三日火作中心憷。辭之徑去登蘭艭,倉卒莫聽鐘魚摐。北風打頭奔怒瀧,柔纜如鐵聲淙淙。急維寺前鏁高樁,二客相送渡珠江。龍生元放、梁生逢泰自順德泛舟相送。褰裳小涉横石矼,入門古榕千翲橦。寺僧導我足音跫,沈沈佛殿高且龐。迴廊幽室盆蘭茳,有場有圃兼耕稯。厨煙日午聞雞尨,一飯坐我玻璃窗。手出妙繪牙籤摐,是唐貫休筆力扛。石龕老僧立崆峪,以食哺雀雀啄缸。旁有一童睇而睦,闖然石罅露肩腔。摩挲審視愁目眬,僧言劫火洪濤撞。此畫銷滅隨戈鏦,訶林存一葉氏雙。併此而四留吾邦,兹游使我心則降。不用牙纛驚愚惷,貴官見此言徒哤。孰辨真贋分黰駹,紅日漸西鼓砰鏠。心逐江水流淙淙,呼客登舟駕竹杠。對岸餘燒明秋釭,驚心側聽城樓梆。

花田羅氏山林

我昨繫舟過花田,對花終日心茫然。今過花田舟再繫,入門一笑風吹袂。秋風瑟瑟天氣清,千花萬花皆有情。羅家主人延我坐,昔不相問今相賀。乃知官事爲人羈,一朝擺脱鷗忘機。羅浮仙吏破幽夢,博羅令王濬菴是科分校得解首周燧。淩晨鼓棹來追送。更喜門生載酒來,横樓大船朱户開。停船欲醉一樽酒,翻恐醉後難分手。殷勤辭客謝主人,明年寄我梅花春。

立冬日熱甚九月二十五日

初冬天氣尚單衣,朱板船開白羽揮。甜睡卻愁蠅蚋鬧,飽餐翻厭蟹魚肥。思量京國霜初降,早晚寒鑪火共圍。自笑無心隨越鳥,燕雲時戀一枝歸。

雨中舟宿峽山寺下,晨謁曠公

山水亦何奇,奇觀乃在峽。一水劃地開,兩山逼天插。彎環三十里,勢若劍入匣。昨來乘秋漲,晴日風帆押。直陟北禺巔,腰脚頑不怯。舟人畏風雨,鳴鐃苦迫脅。歸舟及峽口,風雨儼相狎。破浪決獨往,尋山盟早歃。白雨不到地,横風溼衣帢。仰首衆峰低,黑雲天四壓。夜深抵寺門,石路滑且狹。巖花香閉窗,嶺樹響摇箑。淩晨謁吾師,迎笑何款洽。乃知峽山奇,領略真無乏。陰晴互變幻,神靈巧噴欱。我有兩篇詩,持贈三乘法。他日請相念,萬里寒江硤。

病　舌

舌者心之苗,我聞醫師云。百病根於心,視其舌色分。以彼坐華池,脣齒相愛恩。大則翻波瀾,小亦佐饔飧。胡爲一朝病,矯捩不可捫。嶺南毒炎瘴,刳木如炮燔。鬱鬱我之心,其氣爲上焚。對客忽謇吃,當筵重吐吞。僮僕念我苦,煮藥和且温。我謝不敢嘗,笑汝昧厥根。惟天南有箕,載戢日簸掀。徒然好飄風,噫氣驚川原。惟口實起羞,舌乃相與援。長者厲之階,巧者禍之源。鸜鴿翦而語,聰慧遭籠樊。木鐸以木爲,所以禁浮喧。豐干徒饒説,拈花要不煩。穿窬利用餂,堅白剌口論。張儀斗筲人,舌在即歡欣。請看猶龍老,獨以柔自存。我今何所擇,默默惟無言。

十月八日晨起始冷

披衣枕簟冷,窗板故遲開。水落沙爭出,風高雨驟來。湯餅朝試酒,茶竈夜留灰。庾嶺知相近,寒花動早梅。

度嶺見梅花十月十日

嶺上歸來剛十月,南枝破萼惜無多。滿山紅白春常在,如此孤寒可奈何。
越雪從來不到地,偶然飛影上槎枒。巡檐欲折還惆悵,恐是羅浮夢裏花。

南康舟中

過嶺纔三日,行縢已半年。艣聲寒雁急,灘影碧螺圓。澤國饒魚飯,山人熟蔗田。推篷見來路,松竹翠微邊。來時例由山驛。

泊舟小蓼灘十八日

撥開蒙密路歧斜,臨水荒邨見數家。山作屏風松作障,門前無限白茶花。
連日江風惱客行,灘邊亂石怒縱横。燒柴煮酒聊閒醉,卧聽鄰船試艣聲。

下灘歌

客行且莫愁，聽我下灘歌。灘水一何疾，灘石一何多。遠望不見水，但見石嵯峨。嵯峨三百里，自贛及萬安。浩浩章貢水，合流經其間。舟行亂石罅，十里磨九灘。大者十有八，險絶摧心肝。天柱石最奇，鼎立當激湍。羅門望拗門，白浪排銀山。蘆岡努機灘，其水如發機。銅盤千萬堆，森列儼旌旂。石上横破舟，木柹漂中流。昆侖鬥珠雨，武朔嬉魚猴。灘石名。下有大小蓼，上有大小湖。龍埂與梟頸，過者長欷歔。不獨惶恐灘，一葉隨浮沉。孤臣泣道路，烈士悲古今。其餘諸灘險，步步皆崎崟。數之不能終，言之愁客心。客心且莫愁，客行今及時。此灘冬夏間，漲涸行皆宜。水漲大石没，灘過舟不知。水涸石闖露，篙舵力易施。祇愁水平漫，暗石如伏黿。艱哉一綫路，盤曲何其危。舟子不敢過，低頭拜灘師。灘師向灘老，未老白鬚眉。請聽灘師言，灘行良獨難。上灘蝸緣壁，下灘箭離弦。操縱偶失幾，十碎無一完。客行及初冬，北風天正寒。但見灘頭石，崚嶒生波瀾。豈知旋渦處，下有劍戟攢。我欲竟此歌，此歌不可聽。裂地怒雷鳴，四坐歎且驚。不如飲郫醪，一醉身世輕。我歌勸客行，莫聽江灘聲。

清江舟中書事

漫恃輕齎去故鄉，萑苻蹤跡亦須防。白衣摇艣風波惡，紅袖浮家子女忙。卻恨同舟難共濟，空思約法有三章。奪金剽吏尋常事，誰向蘆中覓劍鋩。

兖州道中二首

水落田猶石，冰消路已泥。纔能辨牛馬，未暇問鋤犁。墟里人煙聚，官困米價低。復聞寛大詔，哀痛慰蒼黎。

春澤先冬雪，南薰變朔風。宣仁知政善，弭盗在年豐。自是民生苦，非關吏治窮。改弦無太急，繁響信難工。

䜤䡄亭集卷六

古今體詩五十一首癸未

癸未新正二日重華宫茶宴，退直恭紀二首

宫漏聲稀曉鑰開，龍章飛舞下雲來。茶宴聯句例於歲前南齋翰林繕稿進呈，至宴日復奉御製恭獻和章。臨軒已拜如天福，每歲嘉平朔日，重華宫御書"福"字，頒賜臣工。授簡還徵作賦才。貂珥兩行傳絡繹，霓裳一曲任徘徊。至尊含笑温綸出，珠玉揮豪莫漫催。憶昔城南尺五天，晴窗手寫柏梁篇。嘉慶己卯、庚辰兩年茶宴聯句稿本，臣黄鉞屬臣繕校。豈知座上金蓮炬，得傍宫中玉茗筵。珍甋捧歸慈母笑，新詩鈔出外廷傳。微臣際此尤榮幸，黄髮班行最少年。辛巳春蒙恩入直南齋，時年二十有九。

春雪早朝，和雲芬前輩

點綴朝衫響佩珂，回風拂曉舞婆娑。初驚萬樹摇銀海，已報三山獻玉禾。鵁鶄餘寒隨輦下，鵷鷺佳興入詩多。簪豪退直渾無事，且和陽春白雪歌。

初居澄懷園，次壹齋師韵三首

池冰未泮雪留痕，連日春寒各閉門。獨有先生開口笑，舊栽修竹徑猶存。
齊相何曾厭湫廬，鄴侯只喜得新書。爾來公退清閒甚，作字吟詩興未除。
近光樓畔月初圓，直舍還依尺五天。十載游蹤堪記取，荷花亭館柳橋邊。

賀雲芬新居

上清仙夢紫宫環，坐對花甎日影閒。槐巷街頭車並軌，米家園裏水同灣。卜鄰我欲誇元白，獻賦君方擬馬班。頃與君應制譔《元夕觀鐙賦》。更喜幽禽能解語，新居已近畫眉山。

雪中侍班歸，疊前韵答雲芬

螭頭龍尾路回環，影静千官出入閒。紫殿初開催玉漏，紅墻幾轉隔銀灣。退朝尚控游春騎，覓句先呼視草班。粉白花牋青鏤管，憑君倅色寫西山。

再疊前韵和雲芬

我室蕭然一堵環,君家花木繞庭閒。階前怪石棱棱立,屋後清流曲曲灣。近歲著書同癖左,時方奉命編輯《春秋左傳讀本》。雄心投筆尚懷班。長卿自有淩雲氣,不數淮南大小山。

雲芬索余奉使粤東詩草,三疊前韵答之

珊瑚樹大海波環,釣罷歸來意轉閒。眼底貞陽雙峽水,袖中黄木九秋灣。欲將汗漫遨遊句,寫贈承明侍從班。只媿杜陵詩筆健,一時傾倒劍門山。君前歲典試蜀中。

喜田季高來訪

春風三日狂似虎,春雪一園化爲土。夢回吹我屋角松,作弄寒聲滿庭户。今朝風息天更晴,初日當檐高丈五。睡足方因休沐閒,興來卻喜朋簪聚。清譚偶爾出餘技,腕下蛟虯走且舞。季高爲余篆刻小印。知君意致良不惡,與我交游一何古。酒酣送君騎馬去,疏柳清池照亭午。記取百花生日時,君但能來休問主。此正月下旬作也。未幾,季高入直南齋,以二月十五日居澄懷園,末句竟爲之兆。

壹齋師見和環字韵詩班作斑,復疊奉酬二首

几淨窗虚竹木環,安排筆硯劇清閒。暫移積水潭邊宅,小住丹棱泍下灣。春燕似迎曾宿客,緑苔猶記舊時斑。眼中二十年來事,願就先生聽説山。
圖書底用百城環,退食吟哦足破閒。檢點林巒添畫稿,句留魚鳥媚春灣。新茅更拓三間屋,老筆能生五色斑。正喜從游親杖履,漫勞歸思向湖山。

送程春海前輩視學黔中

君才玉佩更瓊琚,十載聲華滿石渠。墳典遠探周内史,文章高擬漢相如。錦城桃李新垂蔭,羅甸山川待著書。獨有同時香案吏,臨筵分手重躊躇。
都門祖道集群賢,悵望軺車路七千。人説文翁能化俗,我知武庫善籌邊。屏風詩句君恩舊,紗幔經箱母教先。天上彩雲看不遠,好將銀管寄花牋。

清明日壹齋師以張文敏公照雍正壬子怡園看花詩卷命題,即席奉和

食筍齋前花怒生,澄懷園裏過清明。一年杯酒醉今日,二月池臺春有情。

誰人走馬寄詩卷，此卷爲華亭張詩舲舍人家藏。矮紙斜行墨痕徧。頓令先生笑口開，卻思佳節前賢擅。壬子看花今幾時，韶光九十風煙馳。三篇珠玉尚書筆，九曲文星侍講詩。文敏與顧侍講成天酬答凡三篇，“九曲文星謝世塵”，乃侍講卷尾題句，時文敏已故，侍講懷舊，故有此語。怡園，宛平王相國熙别業也。當時壇坫尊前輩，張顧聲名滿禁内。而今蔓草没怡園，何論東坡與孟載。文敏詩云：“上言壬子六百年，吉祥寺花紅簌簌。下言壬子三百年，孟載西江曾有作。”詩香紙味逐春風，此卷宜歸几研中。請看啎堂數行跋，其年其姓將毋同。黄啎堂之雋跋，時年七十四，今年先生亦七十四。況是芳園好時節，石泉榆火都新潔。先生醉舞任婆娑，用香山七十四歲詩句。弟子從游更羅列。興來健筆敵韓潮，吟罷春林花亂飄。金谷詩篇懷往事，平泉草木説前朝。君家畫法宜垂久，風流直接百年後。莫誇張氏上河圖，且乞伯鸞寫生手。黄筌子居寀，字伯鸞。

題煦齋夫子《惜驄馬圖》

九門鐷鑰一夜開，金吾將軍騎馬來。馬前緹騎擁大戟，闐城溢郭歡如雷。明日都人爭動色，報道將軍已捡賊。將軍神勇人不知，但見騄耳隨風馳。風馳電埽無留盼，蹴踏紅塵來白澗。來時行殿午陰斜，卻到都門未晡飯。將軍報主不愛身，馬亦宛轉從將軍。草中狐兔復何有，天上騏驎自不群。當時畫圖橅駿骨，鐵踠花鬉氣鬱勃。即今玉勒擁沙隄，猶想連錢錦障泥。將軍功大心更厚，念舊惜勞及奔走。自是風塵物色難，定知詩句流傳久。我欲范銅寫此馬，置之黄金古臺下。驊騮騕褭世間多，不遇孫陽當奈何。癸酉秋林清之變，公以步軍統領隨扈白澗行宫，聞信即乘此馬馳歸京師，不三時行百四十里。

許滇生遺徽墨柹霜賦謝

燒松作墨來黟縣，搗柹成霜出豫州。點漆團酥皆絶品，良朋嘉貺媿難酬。好裁紅葉棱棱影，爲寫黄山寸寸秋。況有園林供畫本，憑君浣筆貌清遊。

春雨和滇生

春雲變幻走龍梭，春雨廉纖織水波。計日看花知有信，隨風入夜聽還多。趨朝不礙霑衣溼，退食相期墊角過。聞道青旗臨别館，東菑早晚起農歌。

食筍齋海棠盛開，次左田師韵

都下春寒花事遲，初開已落清明後。江南春煖風物妍，草長鶯飛時已久。一日看花千百回，煙霏雨溼雲霞開。卻笑川紅減顔色，折枝草草供瓶罍。爾來鄉夢苦未足，竹石槎枒尚撐腹。舊栽新種盡成叢，獨有海棠高過屋。師云此花乃朱文正公盆景，移植斯齋之西。二十年來幾度看，花時往往風沙間。每歲扈從多在二、三月間。今日主人對花飲，緑陰高護春風寒。金谷飛觴恣宴佚，錦雞綵鳳求能得。豈知冷眼看花人，悵觸墻東但遥憶。

三月二十九日恩賜軍機大臣、南書房翰林牡丹人各二枝恭紀

第一天香絳樹仙，捧來猶帶御鑪煙。芙蓉闕下承恩近，芍藥闌中鬥色妍。入夜定飛雙玉蝶，殿春應占百花牋。祇宜珍重丹毫寫，未許尋常綵筆傳。

題魏春松丈成憲《馬塍藝花圖》

焚罷南臺草，歸看北郭花。湖山閒作主，詩酒老爲家。文豹常思隱，神羊不受邪。祇愁寄園樹，藤蔓漸藏蛇。

題歙縣相國夫子《華洲餞别圖》

登瀛自媿識韓遲，趨步花甎日影移。一代楷模多士式，三朝勳業百僚師。從容退食陪清讌，悵觸披圖檢舊詩。十六年來江渚上，飛雲捲雨似當時。
清華水木傍湖東，迆邐橋亭祖道中。小泊頻年常作客，楊誠齋句"十年四泊百花洲"。離懷何地不從公。龍光寶鍔連星紫，犀角深杯得酒紅。明製有《百花洲圖》、犀角杯。今日萬間開廣厦，歡顔臚祝瓣香同。

聞滇生將種竹

丁卯君家集，橋南近卜居。只須攜蠟屐，未用命巾車。門障垂垂柳，池喧策策魚。會看北窗下，新筍出林於。

以嶺南花種歸植園畦

我從嶺南歸，日憶花田花。煙波七千里，夢落天之涯。園居地幽僻，頗似山人家。榆柳蔓藤蘿，杉楓拂桐芭。獨惜階下石，點綴無奇葩。奚奴劇好事，囊種來星槎。開緘手親植，一雨紛吐芽。草木狀各殊，見者驚且譁。橐駝馬腫背，齗齗爭齒牙。豈知東海棗，竟類青門瓜。珍重比遠客，護惜如嬌娃。時恐北土寒，灌溉勞疏爬。淮橘易爲枳，山梨仍變樝。蒲萄逐汗血，蒟醬來邛巴。雖

云登雕盤,鄉思紛難遮。物性固不移,對花三歎嗟。

五月二日奉命視學湖南,紀恩述懷,兼呈壹齋夫子

去年使南海,今年使南岳。重疊承主恩,弇陋媿臣學。恭聞聖人訓,照若雲漢倬。湘沅富文藻,騷雅競追琢。杞梓楩柟材,惟視匠所斲。臣愚年且少,何以酬拔擢。歸來謁高堂,喜覩慈顔渥。誨語更黽勉,離思轉緜邈。長沙卑溼地,澒洞連犖确。吾老厭跋涉,汝壯堪騰逴。再拜祝壽蘐,遥征賦芳葯。偕行四五人,論文資商搉。伯氏念于役,爲我整行幄。炎天五月中,火雲鬱斑駁。灑然風雨來,塵襟爲洗濯。嶽嶽當塗公,左田先生時以樞臣仍直南齋。斯道稱先覺。步趨久追隨,講畫勞頻數。勉以心秤平,激彼衆流濁。感玆意彌厚,但苦道斯卓。紉香在蘭芷,獻瑞期鸑鷟。回思禁苑鐘,遠隔江城角。浩蕩鯉魚風,寄書待秋朔。

早發涿鹿

初日射地流丹砂,車輪碾塵飛紅霞。禾麻葉稀坡隴遮,笠影出没如鷗鴉。老農力田亦何有,一畝新收麥三斗。天乾土燥把鋤犁,還插柳枝走龍谿。時正祈雨。道旁官柳無好枝,蟲食其葉人食皮。斧斤不足辦一炊,那有清陰爲客垂。去年犯雨客東去,今日客來汗如雨。書生何事走踆踆,眼底房山能笑人。

邯鄲盧生祠

秦築長城一萬里,讖言乃自盧生起。縱譚圖録延方士,戲弄祖龍如孺子。奈何姓名在人間,墮入老翁一枕裏。四十年來春夢長,那能辛苦炊黄粱。平原公子骨已朽,邯鄲少年復何有。神仙狡獪人不知,世人但笑盧生癡。我笑老翁癡更甚,幾時喚起遊仙枕。

磁　州

滏陽景物似江鄉,夾道垂楊影拂塘。翠蓋扶花荷葉大,緑鍼穿水稻苗長。新犁雨過牛腰健,曲岸風回鷺頂涼。笑我衣衫足塵土,便思一濯向滄浪。

淇　水

我來淇水上,白石自粼粼。惟見浣衣女,曾無垂釣人。泉留空澗雨,竹閟古園

春。欲櫂松舟去，行歌訪隱淪。

雨發汲縣

經旬辭京邑，日夕望膏澤。聞雷襄國城，順德府。聽雨朝歌驛。回思中山道，毒熱愁行役。飛沙爍千里，大河流一脈。野有半朽禾，户鮮新舂麥。長官數祈禱，明神亦厭射。即今作霖雨，農事猶可獲。夜來溜鳴簷，曉起涼生席。出門雲四垂，覷土澤下尺。衣裳豈不濡，泥淖非所惜。中州稱富庶，河北稍貧瘠。但祝天降康，庶幾民安宅。側身望太行，吾邦正炎赫。

渡黃河

滎澤荒陂近河渚，棗花野店多風雨。黑雲捲天雷殷空，銀灣瀉地龍窺户。望洋欲涉客心驚，破浪恐逢河伯怒。遥山爲我開霽色，斜日照人弄清煦。漲痕瀰瀰沙岸平，帆影獵獵風檣聚。須臾解纜如發機，宛轉乘流若翔羽。亦知神靈意不惡，卻念宣防事良苦。自從積石歷秦晉，賴有崇山爲夾輔。洪濤東注過孟津，平原直下臨齊魯。此邦首尾受衝突，每歲夏秋勞築堵。車牛輓盡千畝竹，金帛堆成一抔土。作歌瓠子念災黎，獻頌河清酬聖主。安得金堤鞏磐石，坐看沙田茂禾黍。吁嗟此願不易償，明德神功歎微禹。

曉發滎澤北

三日洗頭雨，幾人没髁泥。曉聞噪乾鵲，坐待見晴霓。土潤河流近，村深樹色齊。即看秋種下，煙霧出畊犁。

經棗林下

沙岡夾官道，上有棗樹林。雨餘氣蒸鬱，亂葉哀蟬吟。客行過其下，裂耳誰能禁。此木棘刺多，卑枝無好音。何不奮纖翼，託身嘉樹陰。吸露抱清響，螳螂休見侵。

新鄭縣城南渡河

盈盈一水橫，環繞宛陵城。雨過漲初落，舟來車並行。青煙煤市曉，赤日棗園晴。羨爾河干叟，塵勞愧遠征。

請雨辭并序

汝潁之間旱且久，農人乞雨，鳴鐃擊鼓，相聞於路，守土者憂之。予故爲《請雨辭》二篇，告民之哀焉。

皇天至仁兮，憫我民窮。滋我嘉穀兮，惟龍之功。旱既大甚兮，龍不我從。我欲呼天兮，天之門兮九重。逢龍之怒兮，龍謂我以不忠。坎其擊鼓兮，聲聞于空。我將何訴兮，哀我神龍。

皇天不雨兮，我民之尤。傷我嘉穀兮，亦龍之羞。旱既大甚兮，龍不我憂。我欲呼龍兮，龍之淵深以幽。攀龍之驂兮，龍告我以遠遊。坎其擊鼓兮，願龍之留。回我天眷兮，哀我民求。

小憩古城人家

驕陽麗亭午，疏林息遠籟。客行流汗逐，渴望時霖沛。停驂憩野廬，入室緩衣帶。仰看數椽朽，幸有四壁賴。竈堆隔宿薪，瓶插經年艾。墻角古盆盎，空腹彭亨大。柱頭泥金帖，歲久混埃壒。粉殘猶剩字，紙破尚餘繪。白間墨狼藉，兒童弄狡獪。牀低穿可坐，睡美夢亦泰。醒來步簷隅，嘉卉粉蔚薈。陰陰桂與橘，瀟灑出塵外。因思江漢近，漸喜花木藹。新麥聞已舂，美酒行堪兑。便欲問南烹，飽食銀絲膾。

確山縣西堂古柏歌，贈蔣琴史同年慶均

蔣侯庭前有古柏，突兀迥若孤生桐。其根峭直中梁柱，其末曲蟠爲虬龍。清陰磊落覆如蓋，不許枝葉交相蒙。仰看恰似葵向日，靜對未須松翻風。撩依花草自繁植，乃知獨立能包容。蔣侯靜者吾同志，置酒西堂消客思。别來爲憶筠菴游，坐久忽聞山雨至。主人爲我指嘉蔭，此木昔年曾有二。不知斤斧誰見摧，幸喜風霜獨無累。夭桃穠李時爭媚，恐爾孤高亦遭棄。且爲主人致鸞凰，會看令子如騏驥。琴史次子稚竹出見。

漢陽道中

江漢通南國，人聲雜楚歌。度山車轍没，爭道擔夫多。稻熟新芒出，塘深宿雨過。緜思河北旱，消息近如何。

將至武昌寄李篆卿同年浩

南來看盡漢陽山，客久方嗟行路艱。幸有朋簪慰風雨，媿無詞賦動江關。腰圍革帶頻移孔，手把金魚一破顔。黄鶴樓高横玉笛，知君悵望楚雲間。

望黄鶴樓寄呈壹齋夫子

黄鶴何年去，先生此舊遊。畫圖消壯歲，壹齋集有《武昌守歲圖》詩。江漢有扁舟。世仰夔龍健，材經杞梓收。公曾典試楚北。衹今庾樓月，長照禁園秋。

黄鶴樓和幕客作

我從漢口望江樓，眼底城頭兩超軼。登舟牽纜泝而上，轉盼又與樓相失。但怪黄鶴南北飛，那知畫鷁中流疾。有如快馬馳峻坂，縱轡一發防其逸。舟師捩舵艤江城，漁婦收䑳開水室。回望晴川對岸來，乃知漢水環山出。是時六月天雨晴，樓上遊人正闐溢。而我篼輿辭徑去，卻走官衙不遑佚。意欲攜尊向樓醉，翻愁酩酊遭時嫉。諸君衮衮讁仙才，客裏登臨看斜日。歸來唾手寫煙波，令我搔頭思盥櫛。主人宴客鳳皇山，餘事煩君鸚鵡筆。

江夏道中晚行

日脚崢嶸下，山容豁達開。亂田尋徑入，喬木送村來。雨助連陂水，泉疑轉壑雷。昨聞九江漲，汎濫及黄梅。

宿蒲圻縣港口萬年寺，次吴文恪公士玉韵二首，示袖山上人

山色向人靜，溪聲爭路喧。林穿斜日出，雨挾溼雲翻。欲證菩提果，還叨菜把恩。額書二百載，光采照空門。堂額"歇心處"三字，董香光書。

劫火燒難滅，禪鐘寂更喧。宰官身再現，宗伯字重翻。好事留題詠，相憐若愛恩。寺燬於火，何曙亭光晟縣令再任蒲圻，更拓修之。此心何處歇，無礙即真門。

巴陵道上

路入巴陵郡，平明四放船。水光凝遠樹，雨氣逼晴天。馬腹鞭無及，魚苗網可憐。村農猶指説，此是老夫田。雨潦，田多淤没。

入湖南界

文章艷説楚騷風，沅芷湘蘭入眼中。迎候那須勞長吏，聚觀且復鬧兒童。江湖滿地漁謳起，杭稻連雲鷺嶼通。何日漲消田舍復，岳陽樓上看年豐。

涉汨羅江

汨羅江水正愁人，日暮漁歌且問津。猶有荒涼茅屋在，幾家香草薦靈均。

镘䚯亭集卷七

古今體詩五十三首癸未、甲申

七月十六日自長沙啓行按試桂陽

連岡翠織成，熨眼亂縱横。卷入楚天碧，照來湘水清。山川隨客遠，風日换秋晴。記取潭州道，南遊第一程。

舟過耒陽有感

百里才難得，三年卧不妨。但能平雀鼠，未遽困鸞皇。水落滄江静，官閒白日長。卻悲浣花叟，飄泊客衡湘。

綴學慙無術，移風謬有權。亦知收藥籠，未免避瓜田。衆口金能鑠，吾心秤敢偏。短檠時自照，秋夢落寒氈。

慈輿就養來南，遣人往迎漢上喜賦

聞道安輿出太行，此心如雁轉衡陽。喜來不覺詩書卷，思極翻愁道路長。便遣平頭問消息，若爲繞膝説家鄉。嶺梅早晚新花發，擬取南枝上壽觴。

雨中馬射

幾日迎冬雨，新棉替袷衣。草開盤馬出，天遠塞鴻稀。鼓角催猶壯，旌旗溼更飛。路人欹笠看，笑指健兒歸。

十月九日衡陽試訖，與客補作重九醉後放歌

重陽無花誰爲歡，對花不飲空長歎。良辰雖過亦可補，花開無計留芳顔。安能眼昏腕脱校文字，令我坐客杯中乾。郴江江水渌如酒，一醉又看衡陽山。張侯遺我十盆菊，或黄或白花如槃。常時爛漫布庭砌，强使屈宋排衙官。惜哉此花何遲莫，插鬢已過茱萸天。有如高人偃蹇與時忤，幽芳獨媚不肯乞人憐。鑠闈一月厭朱墨，繭絲束縛僵蠶眠。連朝風雨郡齋冷，誰道落英不可餐。江南邱遲富文藻，郝隆腹笥尤便便。其餘諸子競豪爽，今我不樂庸非頑。菊花開時作重九，此事有例坡公傳。何況雙螯落吾手，主人爲客供芳筵。酒中

似見南山卧,醉倒那知東籬偏。猛憶前年宴京國,詩囊畫軸羅雲煙。井西老人顧而笑,手把黄花如少年。而今秋萝落湘水,思之不見紉佩蘭。衡山山高雁北去,便欲繫爾傳華箋。人生有酒及時須行樂,君不見明朝伐鼓長沙船。

十一月二十日長沙試訖,置酒得樹軒,分韵得"舍"字,即送郝夢山孝廉臺魁歸里

空林黄葉蕭蕭下,老屋青鐙照寒夜。十千沽酒且歡娱,一月論文蹔休暇。坐中佳士氣如虹,雄辨高談意傾瀉。人生聚散等浮雲,世路艱辛當餐蔗。郭生南去君西歸,時鵷階亦將還惠州。令我持杯誰慰藉。瀟湘洞庭多北風,安得布帆吹却卸。君耽奇服事遠遊,駿馬金臺幾騰跨。獻賦曾誇司馬才,沖霄誰識吴鈎價。竭從楚澤拾蘭茎,又向龍門問耕稼。失意頻遭燕雀嘲,得時會見鵾鵬化。可憐羅者望青冥,猶執桑弓思弋射。北雁南魚自往來,嶽雲湖雨經冬夏。長沙卑溼居大難,雲夢遨遊興初罷。廢井誰尋太傅祠,誅茆莫問騷人舍。悶來弔古心轉紆,醉後狂歌醒堪詑。歌成四坐酡朱顔,添酒回鐙月窺榭。勸君泥飲莫推辭,門外驪駒正催駕。

岳州述所見聞示諸生

憶昨過巴陵,六月天陰雨。肩輿覆稻田,衣裳污泥土。日暮不得息,遷延涉水滸。舟子向我笑,得魚長尺五。往時插秧地,今日施網罟。魚肥猶可賣,稻熟亦奚補。縣倉不收粟,多錢即善賈。去年鄰邑民,輸納鬨官府。多士亦囂然,投筆群相侮。我聞舟子言,歎息首重俯。朝廷念蒸黎,水旱聞疾苦。小者蠲租税,大者勞賑撫。常恐飢溺心,不能周比户。況今大臣法,愛民如召杜。忍使賦哀鴻,倉皇怨苛虎。我來宣仁風,意在安百堵。且欲勖青衿,絃誦追鄒魯。力薄懼不振,黽勉期共努。毋令楚騷歌,不及辟雍鼓。

風雨宿青岡驛再送夢山

北風遞冷入青岡,衣袂蕭蕭驛路長。一雨有情留客住,扁舟何事送人忙。且謀曲录連牀地,況得逍遥古木堂。今夜與君還共醉,卧聞征雁去湖湘。

脚馬歌效東坡《秧馬歌》體

巴陵風雨冬淒淒,路長徑滑如春泥。行人出没山高低,十步九蹶愁攀躋。我

有鐵齒一寸齊,草履踐之麻繩綈。以履爲馬齒爲蹄,穩如牛尾踏耙犁。肩扛背負手提攜,兩脚不韈色慘悽。今年水大田無畦,婦寒欲號兒飢啼。破窗冷突空罌瓶,側聞郵亭怒馬嘶。官家驅我爲犬雞,得錢一飽甘如餅。草泥没髁山徑蹊,呼爾脚馬東復西。我生與爾長挈提,錦韉玉勒腰金犀。鼻息呼吸干虹霓,前馬既蹶後馬擠。天路險絶不可梯,不如塗足爲窮黎。

十二月二十日岳州試院東堂,分韵得"岳"字

岳陽試院城南隅,基址湫溢如村學。講堂上下僅尋丈,場屋東西聊掎捔。人多屋少坐不足,散漫中唐及墻角。昨朝風雪愆試期,門外白袍立如鸖。可憐寒士衣見肘,進退無計蝸隨殼。雪消臘盡官事閒,觴客東堂互商搉。因看石壁舊碑題,轉羨泮宫森棟桷。時郡學新修。邦人重義輕錢刀,此地規模仍簡樸。南園使君教可思,平江老儒力何卓。爾來卅載振文壇,安得重新施匠斲。岳郡試院乾隆時創自平江吴氏,學使錢公灃爲文記其事。方今文教遠帡幪,片善寸長悉甄擢。會看韋布慕薦紳,大抵鉛槧爭懷握。萬間廣厦吾所願,放眼湖湘觀卓犖。便思袖裏納洞庭,定許杯中吸天岳。余既爲是詩,郡中紳士遂重拓。試院科試再至,爲文勒石,並題堂聯云"廣厦千萬間喜風雨庇兹寒士,重湖八百里願文章具此大觀"。

送客長沙城北,因遊鐵佛寺一笠亭,次秦小峴瀛先生舊題韵

閒訪陀羅古佛幢,笑看箬笠俯漁矼。一亭白處棲殘雪,萬竹青中走大江。鐵畫欲樵將斷塔,銅鉦初挂未開窗。朝來送客緣何事,慙媿疏鐘自在撞。

正月十八日長沙登舟阻風

楚南氣候不可説,春雨天寒夏乾熱。今年值閏春事遲,已聽殷雷奮山穴。常人少見固多怪,蜀日居然如粤雪。長沙卑溼吾不嫌,臘酒春鐙好時節。堂上老人笑口開,坐中佳士豪情埒。獨憐統羽舞帆檣,三日顛風響鈴鐵。今朝筳輿出城西,白浪堆山眼明滅。大官車騎紛若雲,送客郵亭去如瞥。解纜欲行且復休,出門即住非難别。江間風浪何時無,自笑儒生謀事拙。舟人勸我禱靈宫,洞庭宫在岸東。倉卒干求神豈悦。檢書燒燭坐掩篷,且聽湘波繞船齧。

舟中開印

龍節來南國,烏檣轉北風。三年香案吏,萬里洞庭宫。舟楫行堪濟,江湖鑒此

衷。沙邊春月白,心跡印相同。

送賴任之孝廉大授歸覲南海

去年雙雁早秋來,今日孤飛南海涯。青草扁舟吾落手,白雲春日爾關懷。江邊蘭茝香曾拾,袖底星辰氣不埋。任之善星象占候之術。此去若過清遠峽,舊題石壁爲重揩。

寄郭鵷階孝廉敍堂惠州次前韵

才送君歸又望來,長沙城外即天涯。荆花橘實偏多感,海雨湖風且放懷。別取苔碑新墨(榻)〔搨〕,埽除劍匣暗塵埋。別來詩句如相寄,冷眼猶能爲爾揩。

六弟書來問楚南近狀,以詩代簡答之

金臺駿馬長安路,鴻雁紛紛日來去。寒衾聽雨對眠時,烏帽淩風相送處。朅來悵望楚天長,卻羨燕山是故鄉。遠移珠樹來南國,欣捧萱華上北堂。北堂鶴髮容顏好,玉斝雕盤迎歲早。時因作字念官奴,偶值分甘思楚老。書來喜氣滿門楣,花發丁添慰母慈。穉子之無初解識,大兒竹馬已能騎。陸家兄弟東西屋,謝氏池塘草春緑。不嫌藩溷賦三都,還憶石門詩幾幅。聞君讀書秋樹根,差勝遨遊汾水曲。同舍茂先多異聞,張龍光秀才。吾家孔賓有高躅。及泉兄。問字那煩載酒行,唫詩便許挑鐙續。唫詩問字劇清閒,北寺南谿共往還。談笑氣吞雲夢澤,卧遊身落洞庭山。洞庭雲夢風濤汩,聽我從頭爲君述。六月乘軺犯暑來,初秋杖策穿城出。江流捲地怒雷奔,山勢攫人飛鳥疾。下馬朝過白虎陵,衝煙夜走黄茅驛。雲中望岳喜天晴,雪後登樓見湖溢。半年足迹幾千里,一枕心閒更何日。而今春雨逐春風,仍泛扁舟九澧中。奉母安仁初願遂,離家王粲遠遊同。江山文藻離騷國,濂水月巖真道德。抱璞荆山未易知,鑄銅金馬難爲式。湖上漁人香案仙,皇恩且許住三年。與君終踐連牀約,且助新詩十樣牋。

與冼竹朋苞劉醇夫子修談嶺南風物

五羊城郭萬花莊,雲母屏風牡蠣墻。海市人家巢翡翠,山村兒女醉檳榔。横樓鑾榼宵開宴,古寺訶林晝納涼。偏我勾留緣太淺,荔枝紅過未橙黄。

過洞庭西湖三首

自笑氀氀鶴,真成氾氾鳧。春深小瀼水,風急大溶湖。小瀼湖在沅江,大溶湖在安鄉。欹岸天無際,驚舟夜自呼。鴟夷何處逐,青草斷平蕪。

憶昨巴陵郡,高樓縱目中。兩山晴有雪,五渚靜無風。恍惚湘君遇,傳聞地道通。憑闌正清宴,閒御射蛟弓。

漁户萍居慣,洲田草宅多。茅蒲存有幾,稻蟹種如何。欲繪艱難狀,誰憐慷慨歌。側聞恩詔下,歡喜涕滂沱。安鄉水災特甚,恩詔蠲租。

澧州試院海棠花下歌,次東坡《定惠院》韵

蘭江春暖饒花木,香國紛紛憐爾獨。只宜鏁院伴清幽,肯逐穠妝鬥妍俗。手植何人護短垣,足音幾度跫深谷。往年星使衝寒來,雪壓枝梢風破屋。豈意看花鬧若雲,恰逢説士甘於肉。烏啼吏散公庭閒,門掩苔封生意足。乃知倚市無毛嬙,縱不遇人亦貞淑。我來青草棹扁舟,飲露餐英春滿腹。袖攜湘浦九畹蘭,眼飽君山萬竿竹。此花西府最繁昌,未與離騷分品目。詞人好事辨根蒂,徑欲移書檄巴蜀。坐中子雲花戚里,一夜鄉心逐飛鵠。諸君彩筆寫朝雲,更向眉山徵舊曲。百花生日醉休辭,鈴索聲聲風雨觸。

海棠次諸虎臣文炳韵

春陰院靜鏁花天,蓦眼垂絲喜欲顛。燒竹夜添深巷雨,煎茶香助隔墻煙。泥他蜀客千回看,蕭子山蜀人。消我黄州一醉緣。翻憶涔陽城郭外,萬株紅雪照山川。

盆　蕙

一花一幹得來難,幹密花多亦可觀。詞客惟知惜香草,賞心何處覓真蘭。小窗盡日春風煖,空谷無人夜雨寒。擬學靈均栽百畝,他時秋佩訪江干。

三月二十二日發武陵宿桃源

三日雨聲留客住,一朝晴色出城來。擔頭春筍黄牛角,篙眼新波緑蟶杯。一曲滄浪怨楚臣,萬株桃樹笑秦人。屈平醒眼陶公醉,任爾漁郎獨問津。

自桃源縣西南行三十里得秦人洞

晨策辭城闉，谿流翳叢薄。空濛霧雨深，隱約帆檣泊。側峰間横嶺，登降勢聯絡。編竹見人家，炊煙識墟落。岸樹堆緑蓑，巖花被朱襮。鳴鐃耳驟聆，問渡心遥度。崖開一水喧，日出群山躍。緬思桃源人，避世遠棲託。洞天空復存，津路杳如昨。下馬讀斷碑，攝衣步虛閣。曲磴仰攀躋，飛泉下磅礴。欻然天風來，萬竹響幽壑。筍高過栟櫚，葉密勝帷幕。我欲敂石扃，雙扉静無鑰。但見遇仙橋，難覓盤空索。瞿童已飛去，秦人安可作。塵心墮鄉縣，天籟出鸞鶴。蕭侯古仙吏，送我青山郭。攝縣令蕭君昇。清談啜苦茗，豪興理芒屩。方今泰平日，風氣歸渾噩。盱盱懷葛民，浩浩黄綺樂。攬轡謝使君，種花遲後約。

桃源道中

小插笆籬護稻秧，毯平鍼短不成行。高田瀑布低田雨，三月農閑四月忙。
竹板編墻一局棋，稻塍界水萬烏絲。兒童背網打魚去，驚起春江雙鷺鷥。
地僻山幽土俗淳，但完租税不辭貧。燒香酹酒木居士，課雨占星農丈人。
停驂小試午甌茶，齠髮來看夾道譁。野店逢人無市語，落英滿地即仙家。

雨後曉行

一雨春寒甚，連山曉氣清。澗流爭路出，崖樹凝雲行。草踏沙泥滑，繩牽竹轎輕。只疑鄉國近，走馬趙王城。

青山鋪

鳥道上春雲，群山勢糾紛。天開蠻世界，人祀漢將軍。馬底有伏波宫。荒谷田廬少，勞生婦子勤。所期窮巷士，二酉訪遺聞。

四月七日夜夢授書於濂溪，時道州別駕周君樂清攝沅陵令，適以像示，與夢所見符合。郡志載崇正書院祀周、程、朱、張南軒先賢，今之試院即書院故址，爰以“夢濂”名堂，且紀以詩

孟夏日庚子，校士宿辰陽。恍如夜鼓中，夢侍經帷旁。先生據几坐，小子傴僂行。仰瞻岸然貌，豐頤疏髯蒼。自云九十餘，齒髪何堅强。授我一卷書，副以相人方。語訖送公去，三馬驂翱翔。以上夢中所見。覺來告友朋，疑信心旁皇。

舂陵古衣冠，延頸空跂望。周侯判道州，攝事來沅疆。手軸示公像，儼與夢相當。再拜驚且喜，兹理安可詳。惟公實楚産，先覺承素王。大哉師道立，萬古輝秋陽。小子晉鄙人，奉使沿湖湘。德薄學不固，何以式膠庠。變化媿厲之，克用柔與剛。今人豈不古，習妄將爲常。念此教無術，日夕慙以惶。時恐鄙吝心，致使厖門墻。公德及天壤，尤戀桑梓鄉。神明相爾室，望道敢不蘉。在昔先民作，精思通微茫。區區抱寸誠，得毋小子狂。痻瘝用自儆，且以名吾堂。

辰陽試院示諸生

郡縣以水名，沅、瀘、辰、溆四縣，乾州廳附焉。地爲群山囿。我從武陵來，登陟六昏晝。天上望辰陽，山峻水益溜。里居雜蠻左，田隴彌巖竇。其風直而勁，其士樸而秀。沅溆何彬彬，華實日以茂。辰瀘文稍殺，乾則鄰於陋。民勞心思善，氣盛戒在鬥。似聞雀鼠爭，鞭朴煩令守。吾志在媿厲，省身先内疚。此郡工最良，榧柟助彫鏤。當其運斤時，巧欲奪天授。神秏竟何成，國奢當思救。美哉錦尚絅，辱矣璞求售。持此告吾徒，毋忘士德舊。

雨中講堂望南山

朝見南山雲，暮見南山雨。雨來山若吞，雲去山若吐。可憐青山色，顯晦難自主。崇朝雨萬物，功成名不取。辰陽乃山國，多石而少土。老農嶺上歎，欲假愚公斧。豈知膚寸雲，能潤萬礎柱。我今與山識，相喜兩無侮。高人雖偃蹇，意不厭官府。但惜手拄頤，未許屨出户。日長人語静，簷滴漸如縷。坐令青夫容，渺渺墮江浦。

寄答程雲芬學使前輩五首

三載同官比雁行，兩家卜宅共青楊。天教大筆開羅甸，我亦浮查泛水鄉。黔楚路通秦郡縣，西南夷識漢文章。獨慙翠被無奇服，不稱靈均草木香。

聞君阻雨鼎州城，客館青苔榻下生。定向仙源問漁父，還從小酉檢書名。酈元注水南條合，張載銘山蜀道平。畢究采風先我到，五溪煙景有誰爭。

屈宋遺風託楚詞，濂溪教澤至今思。參軍但解娵隅語，學士空傳峋嶁碑。才大文章妨軋茁，年豐市井尚刀錐。斲雕爲樸何容易，莫怪楊朱歎路歧。

七郡輶軒半載周，辰陽風氣逼荒陬。論文我已輸前輩，導水君還據上游。銅柱山高鑾鼓競，竹王廟古杜鵑愁。相思咫尺無由見，負爾蘭橈桂楫舟。

龍洞鼃磯閱歷親，木瓜金筑土風淳。先生講學如文黨，弟子通經似尹珍。聞道丹砂仙洞古，遥憐筆竹瘴雲新。烹魚煩碎君應笑，枉却雙雙遺錦鱗。

堂上讀書二首

鑠院沈沈靜官鼓，山光落檐日亭午。文書了却力猶努，隨意陳編手摹撫。平生笑人錐刺股，裘敝金空方閉户。請看今日東西廡，千人沈吟運斤斧。亦知勝之良不武，堂下斲輪心正苦。

孝先讀書門人誚，退之作文國子笑。人生好惡那可料，漢軍且詫淮陰少。焦頭上坐斗酒勞，徙薪者誰不獲報。嶧陽孤桐中琴操，中郎得之爨後竈。金徽玉軫我所好，虚聲肯使齊竽盜。

答周文泉别駕

逢君武溪水，時君攝沅陵令。贈我百篇詩。劇邑煩龐令，高文逼楚詞。承家心不忝，君以難蔭得官。讀史力無遺。判道州時補祀蔡、郭二殉難事，因讀唐、元史而得之。回首舂陵道，猶聞竹馬嬉。

辰陽五日書懷

新息曾通道，靈均舊有祠。千秋沅水咽，五日楚人思。綵縷青菰葉，蘭橈畫錦旗。漁家還泛泛，解唱涉江詞。

金匱紬書日，薰風賜葛天。御舟龍尾健，宫扇鳳翎圓。奉使懷佳節，論文愧昔賢。薛文清公、王文成公皆講學於此，文清有《辰陽端午》詩。好將荆楚記，寫入帝京篇。

船溪驛館北窗下嘉木蔚然

牆東冬青西梧桐，矯若角里揖黄公。枇杷若榴植當中，平頭矮脚如雙僮。更有紫荆木兩叢，老幹倚屋孫枝豐。有杖不扶甘直躬，此老倔强誰與同。深山古驛雲冥濛，北窗終日扇清風。過客高枕耳似聾，紅雪滿地林花空。時有乳燕銜殘紅，我來屬客開簾櫳。舉酒一醉琉璃鍾，嗟爾佳植時不逢。屈沱競渡船如龍，涉江欲采青夫容。時端陽後一日。

石門塘芷江縣。

石門塘口有人家，緑野平疇驛路斜。涼霧釀成深樹雨，好山皴出遠天霞。連村鼓吹迎新婦,近水樓臺簇晚花。誰道蠻鄉風景惡,擬圖團扇寄長沙。

嗟哉蘇生行,效昌黎體蘇文峻,桃源縣武生。

嗟哉蘇生,六世同居。自乃祖玥,作室厥初。載蕃載育,以昌後嗣。濟濟百餘,飲食合爨,人無私儲,祇父恭兄,婦順其夫。家有犬與馬,共豢而同芻,在帨不吠,在櫪不瘏。更有乳燕、哺烏、瑞笋、靈蒲,飛翔搶依,萃於庭除。嗟哉蘇生,善畏人譽,縣令聞之嗟且吁。上之大官,達於帝都,天子曰俞,錫以額書。嗟哉蘇生何所居,惟桃源之敝廬。桃源之民,祇父恭兄,婦順其夫。厥風斯古,而式化於蘇。至今歌舞之,同聲而欷歔。越道光四載,莫春之初,策我使車,爰式其閭。嗟哉蘇生,抱質如愚,獎之且懼,曰予言之誣。予言匪誣,稽之史策,九世十世,繄其人豈無,惟爾克繼厥業,以懷永圖。毋令爾祖,既勤樸斲,丹雘弗塗。昔秦人子壯分贅,商君毒荼爾家,遁於桃源,世修厥德,以艱以劬。彼誶誶箕帚而德色耰鋤,繄其人豈無。嗟哉蘇生,世世同居,予言匪誣。

沅州試院留別諸生

惟楚逼滇黔,沅爲西南户。扼要今置郡,籌邊昔開府。明萬曆間偏沅巡撫駐沅州,國朝康熙三年移節長沙。乾隆元年設沅州府,改沅州爲芷江縣,合黔陽、麻陽三縣隸府治。郵傳日往來,夷苗紛參伍。往者盤瓠種,奮臂運螳斧。時際唐虞盛,一勞干羽舞。邇來二十年,文德格椎魯。巖疆刁斗靜,泮水衣冠嫵。三邑實鼎峙,二廳如車輔。鳳凰、晃州二廳附試於沅。深山風俗淳,多農少商賈。書藏雖未富,士氣良不侮。惟晃乃新置,嘉慶二十年割芷江六里地,置晃州廳設學。邊隅爭籍土。向在黔省考試,居隸晃治者俱撥歸晃。四海盡庠序,斷斷何所苦。得毋菀枯集,猶賴長官撫。我來告多士,杞梓慎所樹。古之薦賢者,貧視其不取。況今大化洽,百室樂安堵。年豐禮讓興,地僻恩膏普。勖哉帶經鋤,南山降時雨。

竹朋以詩草見質賦答

一卷新詩當記程,某山某水説分明。直從珠海天邊路,唫到桃源洞口行。庾嶺寒花應入夢,楚江春樹也關情。他時載向篷窗去,莫笑歸裝似紙輕。

題劉醇夫《石寮詩草》

壯歲能爲客,文章見性情。萬言今倚馬,五字古長城。俠氣餘燕市,鄉心雜楚聲。秋風蒓菜美，把酒意先傾。

夏夜庭砌草深，聞蚯蚓吟聲清烈，偶檢《席上腐談》云“蚯蚓與螻蛄同穴，鳴者螻蛄，非蚯蚓也”，率筆記之

吕覽紀物候，蚓出螻則鳴。鳴者以息吹，出者以氣行。二蟲穴共處，同感而異情。世人信抱朴，無口能揚聲。遂謂蛙鼓鬧，不如蚓笛清。豈知槁壤底，守默原無爭。空庭暑夜靜，百蟲喧嚴更。紗幬白鳥聚，草砌流螢明。側耳不能辨，衆響紛雜呈。土狗叫腸斷，曲蟮得歌名。用諺語。感此坐歎息，知音良匪輕。

䙉䩚亭集卷八

古今體詩五十九首甲申、乙酉

沅州望雨

北陸昭昭日，南山殷殷雷。陰陽仍搏戰，川谷恐塵埃。思患天能補，平情物不災。似聞龍井溢，祈禱媿無才。

畜水愁山鑿，燒田利火畊。自安生計拙，多幸長官清。一雨群心待，層雲萬里生。端居渾不寐，數問夜陰晴。

蟋蟀吟

納涼坐深夜，蟋蟀鳴前除。其聲一何繁，得意無疾徐。坐中南海客，爲我徵蟲書。玆蟲性好勝，一鳴噤其餘。强者據而處，弱者不敢居。空山草露中，往往獨欷歔。豪貴黄金盆，搜采窮郊墟。忽聞貧家壁，孤響清以舒。不惜多錢選，用博華堂譽。一戰空群馬，再戰走駏驉。銅山爲爾徙，錦障爲爾儲。可憐長股民，爭鬥無時虚。雖蒙豢養恩，在野心躊躇。常時負盛氣，力盡悔計疏。語鳥翦其舌，山木全其樗。顧視墻角侶，歡樂復何如。

楚歌行

林鳩呼雨鵲噪晴，飛蠅晝集蝨宵征。鵷雛且遭野鴟嚇，蜣蛣翻笑寒蟬清。黄鍾輟懸瓦缶裂，老驥伏櫪駑駘鳴。慈母憐女愛及壻，小姑忌嫂憎其兄。季子敝裘貧婦耻，相如駟馬王孫榮。蕭艾塞途香草刈，嫫母入室西施行。古來千金市駿骨，或以二卵棄干城。荆山刖者亡姓名，抱璞自重時人輕。隨珠燕石各緹錦，真龍假鳳猶紛爭。高堂宴客醉美酒，聽我爲君歌楚聲。

曉發黔陽

霧重千林瘴，山深一雨秋。松棚嵌絶壁，石蔓翳飛流。村女銀珠髻，蠻童錦布兜。怪他閒看客，田水早盈溝。

靖州試院留别諸生

沅南三百里，山水窮楚境。十峒開蠻天，孤州綴邊景。田稀巖木繁，地僻官齋泠。下馬詢風俗,多士鮮游騁。歎息圖志無,灰燼何由整。州志以火燬無完本。徵文餘斷編,汲古失修綆。石經目未窺,汗簡心誰領。俗書尤紛紜,衣冠雜瘤瘿。豈無野處秀,未免鄉壁逞。古來西南夷,荒略遠方屏。漢郡牂牁分,唐縣雞翁省。宋詔改誠州,義取蠻猺靖。宋崇寧二年改誠州爲靖州。名賢屢謫居,程敦厚魏了翁後先併。讀書授生徒,講學羅俊穎。至今觀亭月,長照鶴山靜。宋高宗朝程子山以忤檜謫靖,講學於山麓,郡人田氏爲築觀亭於渠河東。理宗時謫魏文靖於靖,教授生徒,常以"鶴山書院"榜其門。遺澤在庠序,師資亦云幸。我皇文德敷,聲教被谿嶺。山苗鼓篋來,峒布敂闕請。會看貢成均,豈復區里井。師嚴道自尊,民安政無猛。董勸媿未能,作歌聊自警。

渠陽送竹朋、醇夫歸粵東

故國頻年夢,他鄉送客心。秋風一吹去,滄海萬重深。佩有靈均草,囊空陸賈金。自憐衡浦雁,無計逐南禽。

舊日浮槎路,孤帆出嶺雲。峽僧曾識我,瀧吏又逢君。紅樹秋江見,青鐙夜雨聞。蠻鄉樽酒地,離思各紛紛。

鶴山書院

書院稱四大,惟楚有其二。岳麓及石鼓,講學醇儒莅。其餘鼎峙三,名與潭湘次。城南妙高峰,張公盛講肄。道州元公里,濂溪今未墜。斯皆名勝區,英俊接冠屣。渠陽界夜郎,僻遠疏文事。鶴山舊講堂,濟濟生徒萃。緬思文靖公,直道甘棄置。絳帳開蠻天,負笈四方至。岧嶢侍郎山,以程子山得名。當門落空翠。秋江芙蓉老,冬嶺松杉穊。一破千古荒,重訂九經義。文靖著《九經義》百卷。當時澤畔吟,偶作觀亭記。邦人頌遺愛,程魏誰其嗣。兹功豈不偉,化俗良非易。絃歌聞武城,敢曰牛刀試。爾來青青衿,溪峒出幽邃。尚惜土音訛,更鮮佳書肆。子雲求方言,侯芭問奇字。勉旃慎勿嬉,前賢心所跂。

洪江放舟再送竹朋、醇夫

夜涼閉官閣,初日開林霏。風軟水無骨,草長山有衣。勞人且蹔息,游子行將歸。把酒問三老,得魚何處肥。

舟　中

麻陽艇子矮窗篷,八槳齊摇四面風。隱几看山閒著句,不知身在五溪中。

大西山辰谿。

聞道辰陽洞，緘藏柱下書。空勞八駿負，不見兩龍居。禹碣文同古，秦灰劫尚餘。何由開石室，蹤跡或樵漁。

仙人磯瀘谿。

枯槎嵌洞壁，叢木起樓臺。終古留雙鐀，無人爲一開。劍應飛羽渡，棋定爛柯來。欲假梯繩力，陰崖有怒雷。峭壁架木兩層，上置雙鐀。昔有人梯山取之，聞雷吼乃止。又洞壁中有舟、有佛、有劍，横木直欄，像如樓閣，皆非人力所到。

馬希範銅柱

石壁青天柱，銅花碧蘚斑。遠移交趾界，高壓武陵蠻。作鎮南人服，論功漢將艱。馬流今幾户，秋草滿荒山。

惠州歌送醇夫

君向惠州去，我爲惠州歌。惠州山水國，人物英且多。人物英且多，況有名賢過。白鶴峰前宅，一水東西波。投詩翟夫子，貰酒林行婆。逢竹便敲門，遇花即吟哦。至今筆墨在，大字看擘窠。邦人重其名，珍之如卞和。亮非古遺直，安令人咨嗟。劉生富文藻，至性靡偏頗。遠遊燕薊間，送我江之沱。兩年今告歸，贈子言如何。還誦坡公言，其言良孔嘉。上言德有鄰，下言思無邪。

詠懷古跡三首

萬古銘山第一碑，授書何事夢元夷。字青石赤曾誰見，苦費諸家注釋疑。禹碑。

八百平湖一釣洲，鴟夷曾此繫扁舟。姓名不許黄金鑄，底用磨崖紀勝遊。洞庭釣洲，范蠡石刻。

聞道重瞳葬九疑，銅碑石碣字多奇。精靈曾否山阿翫，終恐機雲笑左思。舜廟。

鳳　灘

伏波祠廟鳳灘頭，祠下灘聲三疊流。猶有誓蠻銅柱在，勒銘不是漢家侯。

茨　灘

茨灘灘水似游龍，一線銀濤萬弩衝。最是山僧閒看客，夕波紅處寺樓鐘。

閏秋十日抵永順試院

北征四日上灘舟,舊暑新涼逼閏秋。酉水自來人自去,亂峰殘照入溪州。
蠻荒從古屬羈縻,郡縣群蒙大化移。雍正七年土司獻土,乃置郡縣。買馬人家今蓋瓦,土司舊令居人只許買馬,不許蓋瓦。今弛其禁矣。百年生聚泰平時。
土風仍是葛天民,莫道文章未致身。永順、龍山桑植舉於鄉者甚鮮,保、靖以邊號間得中式。萬本試樵銅柱字,瓊琚玉佩彼何人。馬希範銅柱文李宏臯譔,尚有唐人規模。
玉屏山名,郡城南。山色壓檐低,石罅開田百級梯。盡日閒雲不成雨,秋堂人靜畫眉啼。山産畫眉。

試院西齋和虎臣韵

諸峰羅列儼排衙,小歇行縢便作家。夜對明河星絡角,朝看晴日樹槎枒。豐年有象蠻溪靜,深院無人雉堞斜。但得閒時來弄月,細傾峒酒吸流霞。峒酒出永順。

看山得句呈坐客

屋前見山高,屋後見山低。山高高插天,山低與簷齊。開簾納草樹,倚枕來灘谿。山靈如厭人,終日雲霧迷。豈知眉黛痕,欲避無由睽。碧紗隔煙語,窈窕宜深閨。誰云道路阻,我欲從攀躋。天風吹雨來,秋色不可梯。坐聞墻東隅,飛轡驊騮嘶。校場在試院東。又見兩廊廡,彩筆干虹霓。始悟身在官,不異山林棲。蠻荒亦可樂,賓從時相攜。毋令遠客心,搔髮思千篦。

景福泉方伯謙以祈雨李真人詩見寄賦答

周詩御田祖,吕覽紀時雩。豐年亦祈禱,微義通嗟吁。古者恤民事,百神罔不須。民欲神必從,祝史匪虛諛。土龍象厥形,天黿列爲圖。或云刑白鵝,亦復投虎顱。其術頗近誕,於理良不誣。當其心誠求,意在民困蘇。苟有利於民,不惜紛史巫。長沙卑溼地,厥土惟泥塗。比歲屢告豐,小旱時無虞。嶽嶽封疆臣,允懷民艱劬。爲壇日步禱,中心鬱以紆。俯聽輿人誦,仙李全真軀。是能致雲雨,輦之來城隅。晨祈暮沛澤,四野咸霑濡。民曰長官力,精神之所孚。長官謝未遑,曰惟神持扶。端居感夢寐,行路騰歡呼。史官職載筆,采風周邊區。日飽太倉粟,所媿求牧芻。開函誦君詩,持以詔生徒。迺知豈弟心,日與吾民俱。歲星在荆楚，南極拱斗樞。坐看秋大熟，秔稻連湘湖。

獨　坐

繞屋山如碧玉城，已涼天氣半陰晴。高檐疏雨過無影，斷嶺溼雲行有聲。地僻差欣官事減，日長轉覺客懷清。澧蘭沅芷都經徧，一笑湖南萬里情。

溪州銅柱歌

楚王銅柱瘴江邊，寶蓋蓮臺九百年。亂世文章到蠻洞，將軍勛業繼龍編。當時石郎下殿走，稱父稱兒事可醜。方州已割晉山河，列國猶存唐印綬。馬家父子擅豪雄，邊徼時論戰伐功。聞道夜郎稱大國，頓教槃瓠失餘風。靜邊刺史投戈涕，不畏天威畏王隸。海内空傳生鐵謠，蠻中但乞青銅誓。君王一笑許輸誠，鑄柱銘功洗甲兵。梁苑詞臣爭第頌，唐宫學士盡登瀛。抽豪誰是無雙士，紫袋金魚人姓李。韓碑柳雅古無論，玉佩瓊琚差可擬。上稱烈祖漢昭陵，鐵馬金人舊勒銘。下頌我王紹武穆，神機指畫如風霆。二千餘字書蒼勁，七十四人紀名姓。碑到蠻荒石洞開，凱旋笳鼓江流競。君王從此厭干戈，溪女苗童歌舞多。八柱沈香龍繞殿，一湖碧月鏡橫波。武安建國真草草，轉眼群駒爭棧皂。大彭豪霸五谿蠻，千口飄零南夏道。敵國樓船破浪來，鐵碑寂寞剩荒苔。橫磨萬劍猶無用，天策三軍安在哉。豪酋世綰溪州印，歷代羈縻惟靜鎮。擊鼓椎牛氣益驕，錦袍銀帶恩無吝。自從干羽兩階陳，獻土今爲郡縣民。衣服雲山都粲粲，膠庠俎豆亦莘莘。回看樹柱登壇地，萬疊梯田緑鱗次。牧兒敲火夜磨鐮，過客尋碑朝搨字。北人那識細腰宫，秋草斜陽酉水東。莫將一片韓陵石，錯認千秋馬援銅。石晋時黔南巡内、溪州刺史彭士愁引蔣錦州蠻寇辰、澧州，楚王馬希範命劉勍、廖匡齊帥衡山兵討之，士愁遣其子帥諸酋長納溪、錦、獎三州印請降。楚王徙溪州於便地，表士愁仍爲溪州刺史。自是群蠻服於楚。希範自謂伏波之後，以銅五千斤鑄柱，高丈二尺，入地六尺，銘誓狀於上，立溪州。

邊城秋雨驟寒，與客食豆腦，感而作詩豆腦，吾鄉味也。

古人重豆羹，後世傳菽乳。遺術始淮南，嘉名列食譜。百穀取其精，獨此利用腐。吾鄉製更奇，以酒爲之輔。酒烈和以飴，其味雜甘苦。滴酥濃不如，截玉碎可數。名與燕市同，京師豆腐腦製與此異。實則不相祖。楚塞秋風深，連日苦蠻雨。官酒豈能醉，客衣那堪補。咄嗟辦此味，滿坐相夸詡。一椀酡顔頰，兩椀煖肺腑。三椀喫不得，悵然念鄉土。往時榆關下，連村響社鼓。盤飧會比鄰，泥飲遭田父。七年馬頭月,夢落湘江浦。豈無莼豉味,奈此藜莧肚。縮額飽(梁)〔粱〕肉,抗顔稱官府。回思菜根畝,甘與衆草伍。饘粥有鼎銘,敢忘一命傴。

永順試院留别諸生

溪州古蠻荒,天險連巴蜀。灘聲二百里,山力不能束。我從辰水陽,來泝北河曲。晴天雷電走,陰峽星辰浴。豈不念險艱,願言省風俗。土薄稀膏腴,民勞澹耆欲。其士雖鮮文,樸誠意自足。荆山萬琅玕,愛此不雕玉。有時發光采,虹氣儼上燭。蠻煙雜瘴雨,皓質終不辱。往者荆榛叢,槃瓠遺種續。大彭蠶食之,長蛇肆其毒。茫茫千載中,版圖未收録。玉屏插天青,銅柱壓江緑。衣服限雲山,干戈困蠻觸。嗟哉此邦人,天高何處跼。皇朝大底定,遐邇仁風沃。朱垠仰南燿,黎峒咸内屬。遂令五谿地,撥雲見晴旭。百年郡縣開,萬古冠裳縟。宣風慰遠人,食德懷舊躅。中州清淑氣,磅礴因材篤。豫章久偃蹇,驊騮老局促。斯理恐未然,吾爲多士勖。

溪　州

人語朱離鳥語纖,民風錐魯士風恬。詩書未解巾箱授,魚稻難求市味兼。溪女生來能背籠,山丁行處亦腰鐮。細思敢説江灘惡,合浦明珠識吏廉。

舟下鳳灘

鳳灘灘水秋益壯,一灘一丈落天上。上猶牽輓下如墜,前船後船不相望。我昨七月泝流來,歸程豫計心惆悵。溪州苦雨動經旬,山徑陡滑穿幽曠。平明解纜辭銅柱,一葉飛流送千嶂。雷霆倏發蛟龍怒,滿坐無言色悽愴。艣聲水聲兩不聞,惟見簾窗挂銀浪。須臾已覺天地别,咫尺莫繪神靈狀。坐中吴楚黔蜀客,談笑波濤氣豪放。僉云平生未見此,嗟咤紛紛互推讓。余亦燕趙慷慨人,南遊到海乘秋漲。枯槎一繫西江樹,青草重斟洞庭釀。有志欲逐溟鵬摶,無才敢恨江魚葬。詩成仍寄伏波祠,布帆破冢知無恙。

清浪灘沅陵。

東西半載走蠻荒,刺眼群山擁劍鋩。經過溪州二百里,不妨談笑對清浪。

中秋月夜泊舟桃源江上得句,寄田季高

伏波祠北水平流,兩岸青山一棹收。勞我連朝風浪險,買魚沽酒作中秋。

香案仙人團扇裁,江山愛寫楚王臺。何如明月崖前月,萬里秋光落手來。季高曾以穿石山水屬在軒寫之團扇,明月崖即穿石上游。

獲嘉盧明府圻新建同山書院,以書相示寄答

中州清淑大河鄉,三載鳴琴治具張。撫字辛勤民保障,規模久遠吏循良。武城自昔聞絃誦,文黨他年有講堂。要識使君風化意,讀書原不重辭章。君曾修治城垣。

入寧鄉縣

溢郭闐城看使車,少年贏得路人譽。亦知白屋青鐙下,雪刺盈頭老著書。

常德懷古兼示諸生

軒轅鑄神鼎,世遠言多夸。假物寓治理,吾獨取子華。常德故鼎州地,子華子雖宋人僞託,其論黄帝鑄鼎一條,以爲古人寓言足正方士之謬,其餘各條亦有可觀,詳載《四庫全書總目》。采銅鼓神化,登山燭幽遐。如鼎養百物,中實陰陽和。群龍氣升降,帝鄉心所家。世人知識卑,攀頷徒歎嗟。至今弓裘在,範物無偏頗。服教畏其神,豈惟圖姦邪。斯言匪曲言,足證傳聞訛。鼎州以鼎名,取義實同科。緬惟古皇化,甄陶此其多。巨浸控洞庭,長江溯岷嶓。滇黔爲外户,荆襄承餘波。山川氣清淑,瑰産中州過。輶車歲再至,問俗以禮羅。美哉冠帶倫,翼翼而峨峨。四邑登俊穎,十室騰絃歌。比聞孝義風,閭里相觀摩。鄉有《孝義約》、《四禮約》,見郡志。斯乃大化敷,文德之所加。其俗亦云厚,吾望良孔奢。在鎔爲寶鑑,出匣爲太阿。首山有洪鑪,萬古歊雲霞。

今春澧陽試院牆東海棠一株盛開,予與幕客頗多酬唱。冬月重來,了無詩興。將行之夕,風寒作雪,撫時寫懷,仍用前韵,時甲申十一月十九日

回憶看花二月天,狂唫都爲海棠顛。布帆送盡蠻溪水,繭足歸來瘴嶺煙。自笑飛鴻無定跡,真如野馬與塵緣。寒窗坐聽風梢語,明日重湖雪滿川。

前詩既就,憶去年清明日壹齋師招同滇生、季高園廬海棠花下飲酒賦詩,伊可懷也,再疊前韵

如意門東尺五天,春風鈴索護花顛。宴餘每賜真珠酒,朝退頻移寶炬煙。青草扁舟成過客,緑雲高閣記前緣。南遊豈少蘭荃佩,未免歸心似百川。

十一月二十一日舟發澧陽,泛洞庭至岳陽,水程八日,得詩八首

九澧揚舲去,孤亭送客開。塔灣朝雪集,津市夜鐙來。塔灣、津市皆澧地名。美酒金黿换,澧産靈黿。平湖鐵笛催。便思淩澒洞,把釣范公臺。

客有琴書載,人疑水竹居。唐李群玉澧人,有水竹居。日高帆影亂,天遠柳條疏。笑語聞三老,肥鮮得尺魚。晨餐聊倚棹,煙火識村墟。

群川趨匯口,東下勢蒼茫。岸樹昏鴉滿,山樓畫角長。撥灰寒擁絮,跳白捕魚船名。夜鳴榔。輸爾漁家樂,煙波是故鄉。

雲夢連三楚,荆襄控上游。始知天地大,不盡古今愁。水落沙痕長,風斜帆力遒。夕陽無限意,斑竹滿汀洲。

木筏疑洲穩,風檣共鳥閒。日光穿凍霧,槎路逼銀灣。仰見穹廬蓋,真如巨海環。兩山浮一葉,浩蕩有無間。安鄉百二十里至明山,明山三十里至團山。

風雨君山夜,寒篷客未眠。團山東北行七十里見君山。水聲落天上,人語亂鐙前。誰遣蛟龍怒,吾思砥柱堅。不須搔首問,險阻飽經年。

水宿兼星飯,涔陽望岳陽。接天青草湖名。遠,送客白鷗忙。柳井寒仍沸,蛟宫夜有光。分明樓上笛,吹雨過帆檣。

聞道湖田熟,何愁輓粟難。豐年人四餔,高卧日三竿。憂樂心還繫,離騷詠未闌。遥思簪筆侣,披腹獻琅玕。

二十七日洞庭阻風,夜次何迪齋韵

遠遊蹤跡託迷陽,放櫂行歌意轉狂。自笑周南漢太史,人言汾曲晉公行。頻年舟楫重湖慣,一任風濤萬頃茫。賴有黄柑好春色,與君斟酌話宵長。

澧州試院留别諸生

讀書以明理,匪徒習其文。明理以致用,匪徒尊所聞。古人畊且養,一藝三載勤。豈不貴多識,愛博心轉紛。澧陽工誦讀,童子而能軍。開口若伏生,琅琅

見齒齯。伸紙試之書，淮別滋紛紜。羊質蒙虎皮，信美非其群。四十曰强仕，吾聞曲禮云。奈何總角丱，心爲名利熏。得毋父師教，治絲使之棼。安鄉有潘叟，讀邱索典墳。白首窮著書，子孫誦清芬。觀其手譔述，嘉言意孔殷。胡不近取法，舍田爲人芸。作詩告吾徒，庶幾鼓大昕。潘相號經峰，安鄉宿學，著書甚富。

乙酉元日次高晴舫孝廉渥韻

蹔作長沙客，遥辭白馬津。湖山助行色，風雨戀詩人。仙洞花成綺，芳原草似茵。莫嗟川路隔，猶是故鄉春。

壯歲耽奇服，頻年事遠遊。燕臺幾留滯，騷客慣離憂。顧我官如寄，逢君轄可投。枚生工七發，談笑使人瘳。

次韵邱梅臣鼎元《初春感懷》

悶來始覺酒腸寬，況有華鐙照夜殘。宦味蕭疏知我拙，詩情豪爽似君難。騷人自古憐香草，博士當年是冷官。十載春風曾共坐，未妨仍作布衣看。余與梅臣先後出申鏡汀先生門下。

初春雪夜聞雷簡方冉亭堃

昨過衡山郡，春雷臘已聞。客臘十七日立春，衡州大雷雨。如何卑溼地，又見雪花紛。冰雨文堪證，陰陽氣未分。仲舒知古事，答問意殷勤。冉亭爲予徵小正、春秋二條甚悉。

連日官齋冷，圍鑪坐撥灰。有人門外立，爲我雪中來。時將考試長沙。袨褐春難禦，鋤犁事已催。幾回看匕箸，不是怯鳴雷。

雙江堂上見南山寶慶試院。

萬卷叢中半日閒，戟門鼓吹晝常關。雙江堂上新晴色，畫出西南一角山。

寶慶試院示諸生

昭陵迪楚西，置郡始南宋。名因改元錫，地以潛藩重。郡爲宋理宗潛邸，即位改元寶慶，遂以名府。當時正學昌，諸儒德邁種。兹邦接舂陵，比户習絃誦。濂溪導其原，朱張後先從。流澤在庠序，遺言媲雅頌。郡志多載先儒碑記文字。允矣山川光，大哉斯文統。使車循南國，采風逮輿衆。僉謂杞梓材，賢書歲屢貢。陽春召我來，川原勞目送。濟濟諸生徒，翶翔若鸞鳳。觀書喜卓犖，馳筆閒謦控。惟名不虛立，吾志期實用。舍田而芸人，受服終爲訟。高才良足倚，賢者固屢空。陰陰召伯棠，毋令尋斧縱。郡城有召伯祠。

道州周元公裔孫博士承宗、貢生南誥、生員岐昌繩、武大文承業手録公遺書及《濂溪志》見示，敬題簡末

去年沅水逢周侯，示公遺像與夢侔。濂溪志久苦漫漶，眼澀手疲艱校讎。今年寓書黄學博，安福教諭名彝。許爲整次重參酌。黄君亦是道州民，搜輯網羅見必灼。公德在世化在鄉，詎藉私家攷著作。史官載筆職所宜，景仰先民心有恪。況復名區近桑梓，敢使遺編委風蘀。博士弟子公裔孫，峨峨翼翼來吾門。手抄書志出相示，首尾完備堪討論。月巖光霽在咫尺，展卷放悲須眉存。山川文物此邦萃，金石刻畫珍瑶琨。惟公道大炳宇宙，扶桑再見秋陽暾。至今微言式庠序，豈惟手澤貽後昆。瀟湘三載省風土，政拙才疏媿無補。立教方知師道難，純心始獲賢才輔。食公舊德讀公書，願與諸生紹鄒魯。

䜤䚋亭集卷九

古今體詩四十五首乙酉

四月八日舟過浯溪

浯溪主人王大令，手槐石刻曾相贈。前年試郴州時，祁陽令王遠山遺余浯溪石刻。兩載湘帆幾千里，至今始覽江山勝。層巒隋壁窺清漪，岸草汀花鬥明靚。山僧導我度香橋，一綫飛流下危磴。指云此水即浯溪，雙井三泉源可證。浯溪出縣南五里許三泉嶺雙井，北注湘。大唐碑碣森琳琅，漫叟遺居但鐘磬。遂披榛薜讀摩厓，文義慨慷字嚴正。兩京恢復日月新，小臣頌禱君王聖。元公顔公皆忠直，鉅筆鴻詞寓恭敬。後人論古取鑑戒，比儗片石懸秦鏡。黄庭堅山谷米芾元章潘大臨邠老楊萬里誠齋有憑弔，其餘作者矜題詠。下埋塵土上入雲，刻畫滿山無地剩。平生好古願初遂，旦夕流觀意難罄。㢈亭峿臺矗南北，倒影湘波天緑淨。巉巉數峰對㝈尊，想見酡顔助詩興。在昔三吾創美名，自矜獨有誰與競。柳州愚溪亦偶然，安石爭墩且姑聽。徑思薙草闢書堂，況有祁山我同姓。縣以祁山得名。

湘江有老漁一篇

魚鷹工捕魚，飽食仍求餘。漁者射其利，視若奇貨居。縱之入洲渚，日夕何紛拏。下窮百尺潭，上出唼菱蕖。驚鱗無處避，掉尾不敢徐。篙師坐鳴榔，稻飯香可茹。不用施釣餌，市錢常自儲。可憐群魚泣，流沫相吸噓。湘江有老漁，感歎淚漣如。開罾姑舍之，顧鷹而欷歔。吾日一放爾，爾食無多魚。强鷹怒而叫，弱者睆只且。明知主人意，久習難驟除。我來湘江上，談者聲軒渠。咸笑老翁迂，有如芧賦狙。意美爲物忌，胡弗反厥初。歸來閉窗户，使我心躊躇。老翁意良苦，所得不在漁。恩怨兩不知，敢論毁與譽。

耒陽舟中玩月

魚鱗擁出爛銀盤，天水空明眼界寬。千里帆檣來鏡下，一聲鼓吹滿江干。酒醒偶聽鄰舟語，衣薄渾忘夜露寒。爲問長檠珠翠底，夜深曾有幾人看。

楊谷醇兆熯周簹田鳴岐見和浯溪詩，疊韻奉答

山靈似助詩壇令，驅遣煙嵐供持贈。緑波如帶更多情，宛轉隨人探幽勝。湘

中山水天下奇,古黛磊落時妝靚。興公刻意賦天臺,康樂恣游吟石磴。乃知文字補化工,片語可作千秋證。請看浯溪百尺厓,萬本響搨如捶磬。雨淋日炙神力呵,鐵畫銀鉤筆鋒正。次山遺愛在斯人,況復魯公書之聖。觀者動思三日卧,豈惟百拜將誠敬。惜哉山僧不解事,苦勸遊人照石鏡。緊予訪古有奇僻,鑠院深嚴廢歌詠。玉琯竹枝舜廟荒,緑天蕉葉唐碑剩。豈不欲往時難留,有如思飲瓶先罄。捫蘿剔蘚真快事,放棹歸來江月淨。衆賓磨研爭疾書,咫尺煙雲動豪興。江山清空我輩閒,金石刻畫前賢競。越吟高唱老更遒,郢曲同工清可聽。相期投報出瓊瑶,那事鐫題紀名姓。

自衡陽至永興舟行述懷

湘北水漸平,衡陽山漸狹。扁舟落吾手,隨處游悰洽。沿波觽漫摇,逆浪篙爭插。萬事有難易,寸心無贏乏。我昨泛瀟湘,南風布帆押。路從石鼓轉,灘向郴江狎。一夜山雨來,旗脚回恰恰。舟人袖手坐,挂席看摇箑。青羅皺長帶,緑鏡湛孤匣。梯危林木奮,窺險峰巒怯。回憶前年秋,束馬淩岌嶪。左擔肩臂摩,累立尻脽壓。次且羊觸藩,騰擲猿挂峽。即今夢猶魘,欲説氣先呷。當時意態盛,豈爲威勢脅。事過乃知戒,要盟難久歃。君看九折阪,賢哲有殊業。守雌非所甘,好勝終遇劫。細思笑昨非,平心占先甲。中流自在行,進退從吾法。

緑天菴唐僧懷素肄書之所,在零陵縣東里許。

釵脚何如屋漏工,片言能使慧心通。顏平原與懷素語。平原愛士千秋少,長史齊名一代空。春雨自留蕉葉緑,秋霜不羡柿林紅。硯池筆冢成惆悵,祇有殘碑搨晚風。懷素姓錢氏,伯祖惠融禪師學歐陽詢,鄉中呼爲大錢師、小錢師,遇魯公書名益震。

放魚詩

桂陽山高官舍卑,潺湲流水環階墀。氿泉穴出勢偪仄,跳珠噴玉成方池。方池清淺不盈尺,蟠黿出没苗蝦隨。可憐此水非江湖,大魚安肯來居之。打門官吏亟饋食,汕汕罩罩紛離披。日以一尾投其中,忍饞不烹爲笑嬉。連朝晴日坐池上,斗覺萍荇摇淪漪。吹花唼葉貼空影,見人儵忽驚相疑。桂江北下郴江闊,嗟爾在此終胡爲。沮淤泥沙雜瓦礫,鼎俎暫免出無時。豫且結網羡已久,鄭僑雖智還遭欺。終當送爾入江去,萬里一縱揚鱗鬐。

郴陽試院雨後梳頭始見二毛感作時余年三十有三,道光五年五月九日。

不用愁吟賈浪仙,賈島詩:"剃髮鬢無雪,去年三十三。"樂天心事總陶然。香山集中多詠白髮。人言白髮無公道,我笑青山似少年。愛惜衹妨慈母見,辛勤翻得阿兄憐。那知射策儒生苦,雪鬢挑鐙老案前。

大　雨

赤日下平地,黑雲驅晚雷。氣吞檐瓦没,聲捲市樓來。信有蛟龍怒,能無暑雨哀。夜涼燒燭短,夢落洞庭隈。

郴州城北叉魚亭,昌黎詩所謂北湖者也。湖久以田廢,刺史曾君鈺將謀買田濬湖,復公之舊,作詩貽之

何人騎龍游帝鄉,日月照耀風雲翔。一朝披鱗落滄海,萬里嶺嶠南天長。豐陵紹統紫泥降,扁舟斗轉窺衡湘。陽山鳥道睋郴嶺,快如脱餌無旁皇。當時新命竢州下,北湖水木春波光。長船大炬列深夜,鱗介出没跳淋浪。唫詩徑投使君李,斫膾更約功曹張。州樓豁達宴賓主,衆管沸騰群奴蹌。世間萬物貴適用,魴鱮貫柳升明堂。鑾盤炙酒亦快事,虎來騣去徵何祥。高堂千載照流水,野稻萬稜浮新秧。但聞薪芻費館候,那復紙筆隨舟航。名州刺史信好古,意欲疏濬開方塘。重臨闌檻置尊酒,大書深刻公詩章。公詩慨慷有微意,登門濡沫誰能量。古之牧者去害馬,鮫鱷約束如驅羊。我昨放魚誠小惠,蹄涔一勺殊濠梁。黄河浪高蛟龍怒,詔書惻怛憂淮揚,安得金堤千里爲宣防。

義帝陵

居鄛一言三户起,新城一言重瞳死。可憐二老真英雄,提挈項劉如孺子。漢誠天授楚天亡,大義所存世莫當。不然縞素三軍衆,未必烏騅百戰强。楚人自古懷忠信,涕泣君臣同一燼。角黍蛟龍湘水深,荒陵風雨郴山峻。茆屋蕭槮石虎悲,攀登猶有牧羊兒。但聞東海田横島,不見江南義帝碑。

永州道中得蕭子山孝廉秀棠書,用香山《初到忠州寄萬州楊使君》韻答之子山,四川墊江人。

西水來自蜀,下會沅與偏。君今入蜀去,鼓棹峽中天。去時朗陵雪,常德。江樹

棲寒煙。到家及新歲,酒熟春鐙然。我行湘上路,玩此浯溪涓。烹魚得君書,談笑如同船。上言客無恙,下言楚多賢。髯翁信愛才,别後心猶憐。媿我省風土,舟車年復年。徒云拾香草,無力障百川。感君意氣重,一語千流連。早晚金臺下,看花春有緣。

衡州祈晴五月二十八日

楚南夏雨稀,望歲常憂旱。今年五月中,塘堰連山滿。扁舟下郴江,三日抵衡館。坐看檐挂瀑,卧聽階鳴繖。屋瓦漏且穿,墻棘頹更短。似聞繞郭田,湘流没町疃。陰繁水蟲滋,火伏驕陽嬾。鏁闈鬱深湛,韋帶曳疏散。生徒萬餘人,鵠立遭湔盥。方慮民怨咨,兼恐士煩懣。守令重祈禱,奔走勤圭瓚。天高能聽卑,誠至遂披款。或云老蛟怒,幽厓破石卵。往往挾雷霆,波濤走平坦。吾聞衡山神,正直無偏袒。祝融駕赤龍,捕捉懾群誕。即今劃陰霾,猶勝嗟旱暵。神功彌六合,收發時無緩。媿乏昌黎文,撥雲見晴煖。

喜晴六月一日

連日濃陰雨濯枝,青落及榻水盈墀。披衣覘見明星爛,爲賦桑田夙駕詩。是日試士以“星言夙駕”命題。

衡州試訖將爲南岳之遊,以詩約客

鏁闈聽鼓厭深沈,一笑開門愜素心。九面湘帆重往復,三年石鼓兩登臨。禹碑有字曾誰讀,酃酒如波聽客斟。好向祝融最高處,坐看海日盪胸襟。

楚南科試既竣,感恩述志五十韵

我生三十三,已竊十年禄。官職忝清華,文章媿時宿。校士隨春官,采風越南服。初吟庾嶺梅,繼訪楚江竹。竭來四五載,使命再三瀆。眷兹小草榮,獨荷陽春燠。時來物自喜,恩重心轉蹙。之官百不暇,勤勤問風俗。士何由而良,俗何由而樸。錮蔽何由袪,舊德何由復。何由攷文藝,何由理案牘。何以勵廉隅,知耻則不辱。何以剔蠹奸,寡欲則不黷。政何寬不弛,法何嚴不酷。何如耕者畊,除莠庇嘉穀。何如牧者牧,去害蕃生畜。師儒爲耳目,生徒爲心腹。心腹之所苦,耳目豈爲逐。視聽苟失道,心放不可束。胥吏如爪牙,僮僕如衣服。爪牙偶用之,宜令馴而伏。衣服常用之,毋令狎而熟。守官如守器,用志惟專篤。挈瓶雖小智,不爲彝鼎鬻。庖人治其庖,越俎何煩祝。代斲者傷手,染指者覆餗。朝廷建六卿,冢宰秉鈞軸。大小量厥才,釐然整以肅。上陵下必援,外侵中必促。所以區區心,返觀袛内矚。游刃非有餘,卧治非所欲。豈不念勞瘁,聊以當鞭督。人生志有用,窮達安可卜。驅馬歷九州,抱書坐鄉塾。兩端固殊途,利濟各有屬。我本繩樞士,夢不到華屋。君恩難幸邀,母教豈徒勖。念此感且懼,常恐心欲速。吾友古君子,朝夕賴忠告。析疑而辨難,直道無回曲。吾兄篤天性,愛我手與足。晨起每戴星,夜眠恒秉燭。居者侍庭闈,行者勞車軸。常恐我有失,見聞不忍獨。京華寄書來,念我如骨肉。鄉里寄書來,期我廣教育。開函多勸誡,欲答鮮休沐。悠悠湘水清,嶽嶽衡峰緑。高深在我心,進退俱吾福。三年今告歸,書此復邦族。

六月十九日舟過衡山,縣尹汪湘筠霽原招遊南岳,是夕宿上封寺,詰朝觀日出,遂登祝融峰而還,得詩十二首

七十二峰深,停橈試一尋。稻黄浮遠色,松翠落高陰。擁縣丹青障,沿村水石音。不辭揮汗走,上界足清心。

九郡論文罷,三年望岳行。登臨吾輩事,潭水主人情。竹馬能迎客,籃輿遂出城。谷神如有意,雲霧放天晴。

寺爲延釐建,官如招隱來。近山千户集,高殿五雲開。出縣城西三十里抵山麓,永壽司駐巡檢岳廟在焉。祝聖寺在岳廟左。柏葉香成市,每歲七月至十月,四方男女進香者甚衆,市多香户。蓮花石作臺。遥思巡狩日,藻火衆神陪。

仰睇峰巒湊,幽尋徑路紆。居高塵不讓,道大谷能虚。約略譚天柱,蒼茫問禹書。翻疑九千丈,未足盡包儲。

緑皺明斜照,紅嵌門衆芬。茆菴煙上出,石磴字中分。古屋龍蛇氣,空林虎豹群。疏鐘何處發,隱隱半天聞。

風吼驚穿峽,星茫似撒沙。碧螢吹影亂,朱鳥向人斜。下視江城黑,高然火樹華。聖鐙如許照,此會即無遮。

詄蕩天門闢,靈壇位上封。上封寺在祝融峰左古光天壇,其下五里爲南天門。夜涼人語健,山静足音跫。仙茗留晨汲,僧糧備宿舂。忽驚窗户白,寒玉帖東峰。

望日臺空闊,在上封東。登高見十洲。天開瑪瑙甕,舜置瑪瑙甕於衡山以盛甘露,見《拾遺記》。山著翠雲裘。紫蓋峰如畫,朱陵洞尚幽。人間苦炎熱,瀟灑此清秋。

帝坐通呼吸,群峰拱祝融。丹霞猶石室,鐵瓦自天風。祝融峰在上封寺西北里許七十

二峰最高處，有石室鐵瓦殿，石多題名。郡縣參差出，心胸浩蕩空。題名吾未暇，蘚壁看青紅。

玆山八百里，遠脈溯岷峨。五嶺聯緜接，三湘迆邐過。樹留虞廟古，花落洞庭多。聞説棲真侶，靈蹤滿澗阿。

憶昔華陰道，三峰擁客鞍。當時山岳色，衹作畫圖看。南國芙蓉艷，西風玉井寒。何勞問煨芋，領取是閒官。

擬築靈岩石，聊名沖退園。朱陵洞有沖退醉石。殘碑注峋嶁，廣樂證軒轅。復恐神仙術，難爲流俗言。此心似回雁，南北任飛騫。

淳化鐵柱歌，贈王雲樹楚堂

長沙城北貞觀塔，有宋鐵柱如佛幢。周圍尺七高丈四，重如百斛龍鼎扛。上鐫七百六十字，字字深刻陰文駹。誰歟鑄此判官李，書者董護藝寡雙。道崧李昇鐫經字，姓名歷歷無紛哤。紀年淳化改元始，庚寅歲符靈均降。從來金石未著録，摭拾香草遺蘭茳。廉察梁公偶得之，手榻萬本傳中邦。鐵花黯澹有剥蝕，銀鉤瘦硬疑錚摐。斷琴瘞土萬紋裂，古鼎躍水千濤淙。遂使聲光埒潭帖，朝搥暮杵同鐘撞。緊余載筆周楚甸，溪州銅柱曾維椿。其文鋪張侈而艷，書雖未稱氣則龐。歸來片紙壓船腹，酉水不敢奔怒瀧。今朝送客湘春門，稽首鐵佛花明釭。道旁浮圖偶登眺，見此驚喜愁目眬。滇南方伯信好古，良工妙搨能尋橦。坐見煙雲落魚網，鳳皇翻翼蟬窺窗。官齋案牘少清暇，空谷幾聽足音跫。賓鴻客燕笑相語，更尋岳麓涉重江。時雲樹遷任雲南，余亦早晚受代，約卸篆後同爲岳麓之游。

神木、鐵䥖二詠

神木神木堂西厢，槐身楮葉森抱藏，中有赤心迎朝陽。朱衣導從倐來去，云是韓公神所據。三年借爾蔭清風，下無蒼鼠上無蟲。

鐵䥖鐵䥖門兩腋，腹奄唇厚徑五尺，雨痕黰緑土花赤。伊誰鎔鑄誰轉移，云是韓公飲馬池。三年借爾鑑容止，此中止注湘江水。

韓女雙貞詩

韓貞女，夫婦不同生。姊妹甘同死，死節亦良難，何況白首孤貞完。孤貞亦良苦，何況雙雙垂繡户。繡户雙垂共一家，女貞樹老依荆花。堵氏子，李氏子，生不並蒂死連理。母有女，姑有婦，身雖未亡夫有偶。東鄰有節婦，爲夫事庭幃。西鄰有孝女，爲親理裳衣。東鄰西鄰節孝多，一時齊羡韓家娥。韓家雙娥無所羡，鏡破釵分心百鍊。上供甘旨下鍼線，六七十年如過電。鄉里感其貞，歌謳達簪纓。大官表其貞，扁牓輝門庭。輶軒使者慕其貞，采詩將爲彤管榮。高坊大表樹城郭，鼓鑄淳風化澆薄。君不見王孫婦，詔語哀矜動朝右。金枝玉葉冰雪姿，天上奇節人間稀，近閲邸抄，成郡王子載鍾病故，其妻關氏未經過門，情願守節，蒙特旨旌表。豈有寒閨雙璧影落湘江湄。

謁蔡忠烈公墓諱道憲，死張獻忠之難。

黄虎渡江飛食肉，黄鶴樓頭鬼夜哭。洞庭波起秋風號，鐵騎直踏湘江濤。可憐彈丸長沙子，撫軍鼠竄藩王徙。賊人但知蔡推官，士卒惟呼蔡司理。公真健者能爲民，登陴一射群狐奔。回頭霹靂失驚叫，白馬書生正年少。當時畫策守岳陽，輔車脣齒或不亡。面據重湖背岳嶺，上游氣足吞荆襄。城中尚有十萬户，幕下猛士多慨慷。首尾相援勢聯絡，何事區區扼羅塘。聚奎小兒駭且汗，先民詭敗尤堪歎。半夜天車落將星，一朝衣血蒙奇難。昭昭白日炳丹心，鬱鬱君門萬里深。天子猶爲下殿走，小臣何惜夜臺沈。豐碑百尺褒忠烈，五十六字天章揭。乾隆時御製詩褒嘉，勒石祠墓。屈賈祠邊墓草香，醴陵坡下松濤咽。張長李短何足數，南有長沙北寧武。君不見部下從容死九人，至今人比周將軍。

留别楚南諸生四首

軫車天遠戴星來，衡岳秋高逐雁回。正則遺風終古在，扶輿佳氣聖朝開。遨遊三載誠多幸，磨勵群英媿不才。滿眼湖山盡堪戀，就中難别士奇瑰。

從來嘉植出蓬蒿，敢道棬樞少俊髦。博物豈惟讀墳典，窮居安肯競錐刀。甘棠聽罷人無訟，白雪歌成曲自高。要使儒風歸簡樸，莫將雕刻答鈞陶。

幾經雪案更螢囊，辛苦誰能棄一長。營浦月巖真道德，蠻溪銅柱亦文章。但令舊井存修綆，會見滄瀛有巨航。鐘鼓靈臺聲教遠，試裁楚竹和歸昌。

俎豆莘莘屬禮羅，輶軒采采徧巖阿。亦知九畹滋蘭富，其奈空山抱璞多。磊落未銷長劍氣，激昂聊發短檠歌。相期努力崇明德，盛世權衡道不頗。

火把行

荒邨月黑無更鼓，睒睒繁星夜當午。十里郵亭老鋪司，短鐙明滅穿窗户。何處官人躍馬來，打門索炬怒如雷。紗籠蠟淚堆紅玉，瓦竈炊煙剩墨灰。山園種竹無多畝，晝縛宵然不離手。常時衹照羽書飛，此日都隨火城走。洞庭估客艤重湖，胠篋探囊旅夜孤。官騎驍騰有如此，爲回餘燄燭萑苻。

岳陽樓述懷

危闌百尺壓洪流，千里荆襄控上游。天爲湖山能擇地，人將憂樂付登樓。鯨鯢出没隨行舶，原隰蒼茫雜釣洲。灑滄沈菑吾輩事，九歌未暇畔牢愁。

臨湘雲溪驛路有書生徐世傑者投書行輿，以詩文相質，年二十許，殆磊落不羈士也，停輿見之，諭以道義而去

曉發雲溪驛，書生扣馬來。竟無荆璞恨，獨抱楚狂哀。陌路猶知己，文章亦雋才。三年拾香草，媿爾尚塵埃。

臘三日大雪，港口萬年菴歇心處次舊韵

豈有心能歇，都緣地不喧。往時山翠滴，歸路雪花翻。緩急關民事，辛劬念母恩。圍鑪聊一飯，光景似柴門。

漢上與三兄别

君來侍母楚江濱，我駕鋒車四出巡。試問倭遲周道客，何如鞠脠奉觴人。每書舉燭箴規切，相約銜杯宴樂頻。可惜對牀纔幾日，臨歧分手又霑巾。

江漢風高雁陣寒，晴川草樹接天寬。大隄爭唱襄陽樂，高卧誰論蜀道難。兄泝流上襄陽，取道樊城。歸去兒童添笑語，别來弟妹異悲懽。遥知相憶成惆悵，不獨吟詩感月團。

邯鄲客館憶六弟

十載枌榆隔，三冬驛路長。艱難憑弱弟，辛苦累高堂。節物經年變，風塵送客忙。挑鐙思見汝，無意夢黄粱。

宦味憐予拙，歸途念母慈。無方能縮地，所媿不知醫。雨雪春來少，江湖雁到遲。天涯共明月，弦望各相期。時六弟迎候於樊城，計上元可相見。

鏝𠃓亭集卷十

古今體詩四十九首丙戌

題壹齋師《餞書圖》

長鋏歸來尚有車，短鐙檠在即吾廬。不知疏傅黄金外，可載蘭臺幾卷書。

兩朝御賜重琅玕，萬本丹黄手校完。白髮幾人譚舊事，茂陵曾識寫書官。乾隆間公曾與四庫館繕書事。

全家此去付扁舟，寄語兒時舊釣游。不用綰春公舊居樓名。春早駐，湖山深處有書樓。

誰似夔龍彊健身，君恩未許戀鱸蒓。五車已逐鄉心發，惆悵門前問字人。公以乙酉冬上疏乞致仕，温語慰留，乃盡室先行，載書萬餘卷歸蕪湖。張詩舲舍人爲寫此圖。

次韵田季高編修《春闈分校》

西頭老屋漏痕深，猶憶煎茶夜月臨。試院會經堂階西第一房余壬午分校居之，癸未滇生、丙戌季高皆居此屋。遺響我知桐在爨，共棲人説鳳爲林。材非買菜何求益，櫝有還珠恐易沈。畢竟高歌能拔劍，堂前薛燭是同心。

送郝夢山臺魁下第之官太原

扁舟昔泛洞庭波，又向金臺載酒過。聚散鴻泥真莫定，功名雞肋欲如何。詞人舊住王官谷，盛世終開孝弟科。不爲將離重惆悵，知君壯志未消磨。君時選太原教諭。

道光丙戌春闈，廣東一百三歲老人陸雲從應會試，恩賜國子監司業銜，敬紀長歌，用誌盛事

不羨丹砂服餌之葛洪，不羨鼓琴導引之竇公，但羨先生不知老，婆娑百歲仍儒童。百歲始入泮。朝隨子衿樂泮水，暮逐賓鴻來萬里。路人驚説古神仙，春樹閒看艷桃李。忽聞鳳詔下雲端，御筆新除國子官。定許諸生親杖履，始知後輩屬鵷鸞。君家海上瞻南斗，廣州府三水縣人。城郭曾經五羊走。羅浮翠羽夢如雲，庾嶺寒梅花作酒。當年越國老臣佗，事漢逃秦閲歲多。南海遺民識鮑靚，瓊州使者遇雞窠。仙鄉異瑞尋常見，爭似恩榮逾餅宴。天上方開圖畫堂，癸未

冬,上命圖十五老臣像於萬壽山玉瀾堂,錫宴賦詩。粵中更續耆英傳。君不見楊巨源,行年七十還田園。當日人呼老司業,群公祖道陪高軒。若舉楊君較陸叟,先生仍是忘年友。

端午日佚齋師招同詩舲、季高小集園廬,次詩舲韵

芳筵開食筍,齋名。美釀泛蓮花。酒名蓮花白。令節客同醉,先生書滿家。吟成長命縷,席次讀師贈陸老人詩。坐盡午甌茶。風雅推張籍,投詩意孔嘉。

退直師生集,開軒花竹羅。閒鷗仍伴侶,羸馬幾經過。詩舲每出,常騎馬不假僕從。軟曳風前葛,圓窺雨後荷。筠筒能益智,二陸本才多。

屋後小圃既成,余意雜植花卉,園丁周翁欲種瓜蔬,力爭不得,卒從吾好,戲作此詩

北窗日長如小年,南池荷葉生田田。池上榆柳蔭小圃,佤邪一徑無陌阡。芒種甫過時雨足,土膏酥潤清風扇。亟呼老奴荷鉏鍤,分畦布壟隨方圓。賣花忽來紫竹篠,沽酒卻剩青銅錢。馬蘭箭高笑石竹,鹿葱葉大誇鳳仙。夏菊五色亦堪翫,花雖麤散光新鮮。楚南周翁老農圃,對花植杖心回旋。但見嘉瓜繞籬落,那聞九畹滋蘭荃。殷勤勸我不如已,面汗耳赤言語堅。主人與客皆目笑,置酒且復傳詩牋。歸來秉燭坐深夜,展卷偶得周官篇。九職園圃毓草木,注云果蓏無他詮。三農九穀此並重,自古粒食爲民天。詩人賦物例樸質,騷客摘艷空纏緜。自從淫麗變情性,乃厭布帛矜華鉛。潘令栽花亦何有,拔葵翻笑公儀偏。作詩謝翁志吾過,細思終是翁言然。

季高和小圃種花詩,疊韵戲答,並簡黃景完富民

禾登蔬熟云有年,園圃之利亞於田。古人治野起遂徑,百夫爲陌千夫阡。神農破荒耒耜作,遺言附託流風扇。口嘗手植到百草,規矩萬物心方圓。後來醫師辨性味,剖析紛紛如散錢。牛溲馬勃雜群藥,餐英餌實稱上仙。海棗春華事奇誕,肉芝甘橘顏華鮮。坐令嘉種混凡品,淳風一去無由旋。俗人蒔花等種菜,多買豈復論茅荃。老奴愚戇亦可取,其言誠鄙心則堅。我友田蘇笑我泥,證以芍藥毛詩牋。予前詩有"詩人賦物例樸質"句,故季高以《鄭風》芍藥相詰。漢陰丈人老抱甕,那解僮約文連篇。正襟危坐對襢裼,縱有高論誰與詮。我昔移花返南海,分塍播種清明天。蓬蒿一徑薙如草,柳絮三春飛似緜。宋玉誅茅更

卜宅,(楊)〔揚〕雄問字仍懷鉛。何用區區辨農圃,君言藥石鍼吾偏。更持吾詩質叔度,破除鄙吝心陶然。

謝季高惠宜興茶具

風露越窯質,月團天上輪。嘉名襲陳壽,近日茶器多仿陳曼生式製。雅製奪龔春。香入篆煙久,雨催詩味新。與君破孤悶,同是素心人。

大雨適讀東坡《岐亭》詩,即次其韵,簡季高、景完

午熱汗慵書,銅瓶餘墨汁。油雲起西北,已驗庭礎溼。倏忽土囊開,風勢收不得。深林鳴蜩靜,虚檐歸燕急。惟聞鄰園鶴,驚叫如鬭鷄。緑闇窗紗煙,紅欹荷蓋羃。横空萬蛟虯,欲掣嗟手赤。坐見頷下珠,飛擲一池白。驟涼襲衣袖,新沐加冠幘。游魚亦出淵,知免銜鉤泣。萬事難豫料,晴天走列缺。定應助詩懷,且喜驅熱客。衡宇相對閒,門無車馬集。

以團扇乞佚齋師書畫

裁就圓冰樣,聊煩斑竹枝。慙無祁岳筆,喜讀杜陵詩。驟雨簾紋重,斜陽樹影遲。願將珍護意,長借好風披。

次韵季高《午睡》

著衣常在早雅先,清夢仍餘爨後煙。誰道先生耽睡味,槐陰蕉葉總忘天。
舊傳琴曲向君求,君善雅琴。更借新詩伴午甌。一枕羲皇元自足,人閑何處築糟邱。

招季高、景完小飲,次景完韵

一别成三載,芳園憶舊經。君爲巢閣鳳,景完時以選拔應朝考。我似渡江萍。春初余自楚南還都。復此銜杯酒,相將倚檻櫺。緑楊人並宅,碧篠户連扃。蘭畹欣同臭,蔬槃媿賜腥。招涼符佩癸,迎暑斗移丁。時近小暑。珠柱翻新操,筠簾認故釘。蓮花爭酒白,蒲葉上衣青。驟雨催詩急,閒雲任意停。高歌魚出沼,屢舞燕窺廳。樹密都成幄,山低儘可屏。良蜩煙外咽,鳴鶴日邊聽。緩步循游屐,清譚付説鈴。祇疑賓作主,那解影隨形。菡萏波千頃,蒹葭水一汀。文江工染翰,何以答清泠。

靜坐假寐,意有所得呈季高

日長無眠能困人,欲眠膚汗霑衣巾。不如趺坐學禪定,銀海湛湛無纖塵。湘簾垂地緑窗靜,朱華冒水青蒲新。幽禽入夢破岑寂,小屋打頭容欠伸。有時秋蟲語鼻觀,如被宿酒回牙齗。固知琴趣不在指,七弦未動先凝神。俗人但解爛漫睡,高枕輒謂羲皇鄰。詎知牀脚鬥牛蟻,坐令眼界迷輿薪。僕病躁急多喜瞋,縱有妙藥愁沾唇。感君一言等七發,欲我忘病先忘身。邇來靜觀頗自得,始悟藏密能全真。君看羚羊挂一角,那似蠻觸爭眉顰。譽名胡爲致憔悴,堅白無事遭緇磷。作詩饒舌更堪笑,君心久已如方輪。

生日次韵戲答景完

湘簾竹簟卻炎曦,坐對清尊小暑時。園鶴上堂猶未退,林蟬遷葉已如馳。時逃客季高齋中。未妨留客投車轄,應笑無人雪藕絲。拄杖更期黄子壽,景完生日後余十八日。畫屏先報景文詩。

佚齋師以端溪紫石硯、湘竹雙節筆筒、嘉窑筆洗見示,用東坡《仇池石》詩韵賦呈

紫石誇鳳池,斑竹帶湘緑。嘉窑次永宣,泑色亦自足。伊誰截雲腴,琢此微凹腹。函以紫方館,上豐而下蹙。凝波窺老蟾,敲火謝童牧。祇應伴褏鍾,相交兩毋瀆。遥知竹深堂,留客弄寒玉。硯背鐫"竹深堂藏"四字。況有永陵甆,注水如石伏。垂露筆非秋,生花夢可卜。憶昔醮壇上,青詞互馳逐。即今食筍齋,三友揖潘谷。物理有聚散,達者何所欲。但欲歸去來,鑑湖乞一曲。豪端萬雲山,涼雨催詩速。

景完以圓錫茶壺貽唐季觀光斗,何菊垞繼曾以方壺易之,余又欲以他壺易方壺,季觀笑謂余僕固知此壺卒非吾有者,遂以畀余,仍用《仇池石》韵書團扇以報,非敢效晉卿之豪奪也

荆璞羨夜光,隨珠慕結緑。懷寶兩欣悦,在己恒不足。壺公祇一壺,大若鴟夷腹。但笑澁彭亨,那能爭刺蹙。問君安得此,貽自黄山牧。水部乃酒豪,長鯨吸川瀆。胡假盧仝盌,徑求虞叔玉。茗戰啓爭端,得失機遂伏。唐肆本無馬,壺子早已卜。不如脱其羈,任彼二馬逐。坐令連城璧,譚笑去函谷。先施豈

傷惠，後獲非逞欲。盈盈白團扇，報君致委曲。更請三石叟，翩然來不速。季觀案頭有石叟製銅筆筒、墨牀、香合三器絶精。

張文敏公《泛舟觀荷圖》爲詩舲舍人題

瀛洲墨妙歐虞擅，獨愛羲之親作傳。長史書名動主知，山陰筆陣開生面。龍跳虎卧見精神，海嶽香光漫比倫。丹筆已躋三獨坐，奎章還列五詞臣。乾隆聖製《懷舊》詩列文敏於五詞臣之中，詩曰："書有米之雄，而無米之略。復有董之整，而無董之弱。羲之後一人，舍照誰能若。"又詔許載入松江府《人物志》，國史俾爲立傳。當時壇坫推風雅，紅硯宣豪侍金馬。偶然題扇姓名傳，隨處流觴畫圖寫。此圖點染出南沙，一葉蓮舟四壁花。曾記賡歌陪太液，幾經流轉到天涯。鳳閣舍人香案吏，傳家工學銀鉤字。搜羅繭紙認雲煙，拂拭丹青出都肆。一朝趙璧返秦關，重見明珠合浦還。翠蓋尚留擎雨態，黄華仍有傲霜顔。披圖慨想風流甚，綵筆分題樹交蔭。百年池館付澄懷，一代聲華滿清禁。回首西園公讌時，飛豪拂素寫新詩。而今一片靈臺月，猶照朱華冒緑池。壬午春詩舲以公雍正壬子清明怡園看花詩卷見示。

胡彦伯杰以詩見質賦答後改名焯。

武陵胡子才清越，下筆仙源萬花發。北征一篇更不群，有如畫馬存其骨。憶昨作賦聲摩空，衆中知爾能追風。黄金遺卻亦偶爾，留取雄心致千里。同舍陳生磊落才，樂光。驊騮亦復滯燕臺。會看石鼓增光價，莫逐桃花歸去來。

答季高並呈彭荷郵舍人

鄉夢時愁客裏醒，舊交偏喜眼餘青。炎風朔雪都經過，野鶴閒雲到處停。賴有素心知款款，不須華鬢感星星。期君退直三商後，共我横琴一曲聽。

荷郵和詩有"我慹逸少誓親墓，人勸興公賦遂初"之句，次韻答之

尋詩有約負騎驢，予與季高早有還山之約。簪筆無才媿校書。鳳閣幾人同直内，雞窗今夜對談初。陳遵敢擬投賓轄，温嶠何曾絶母裾。猶有故園茅屋在，未須辛苦戀金魚。

秋感八首

輓粟東南力已殫，似聞米貴説長安。越人航海來原慣，漢使乘槎去不難。蜃市雲開朝見日，蛟宫風静夜回瀾。欲知堯舜疇咨意，飢溺何時一念寬。

一自洪湖石堰開，宣防轉漕重遲回。長河欲洩蛟龍怒，中澤先聞鴻雁哀。應念秋風歌瓠子，亟思淫潦止蘆灰。九州貢道分明在，今見雲帆海上來。

先皇神武拓西垂，駿馬明駝款塞馳。雪嶺久歸唐郡縣，花門都識漢威儀。屯田生計思充國，兆爨邊功問貳師。萬里崑岡多美玉，忍看野火燎原時。

勃律名王屬外藩，路從飛鳥度河源。受降城已鄰疏勒，納贐人曾越大宛。豈有紈牛思抵觸，定因鼷鼠强攀援。天弧止向天狼射，化盡沙蟲更不煩。

詔書寬大念民勞，廟算深沈運六韜。已慰士心如挾纊，更嚴軍令到秋毫。鳴弦隊裏壺漿樂，俘玉壇前劍佩高。汗馬酬恩今有地，漫披文錦醉蒲桃。

鯤身僻小界南閩，置郡開田大化新。黿鼉同居原善鬥，虎羆一過定知馴。蠻方控馭需長策，文德敷宣及遠人。二百年來游泳樂，未煩駭浪泣窮鱗。

神倉天府久贏餘，菲食卑宮用更舒。自是宰衡持國計，那勞家令議邊儲。詩人解上豐穰頌，太史徒編貨殖書。何日玉關笳鼓競，三軍解甲事耕鋤。

常怪騷人賦楚辭，登臨底事爲秋悲。官閒不覺年華駛，坐久頻看日影移。陽鳥銜寒猶結陣，皋禽警露已多時。輪囷剩有如壺腹，可許琅玕一醉披。

題蔣沛畬慶霖《聽松拜竹圖》

聽松如聽琴，拜竹如拜石。高懷兩忻悦，寓物不留迹。琴妙一何深，猶勞弦指音。石奇良足愛，而無沖虚心。韋郎墨妙蕭郎筆，能貌君心更超逸。定知有耳厭絲簧，未許低頭老蓬蓽。風標磊落骨嶙峋，撲盡人間萬斛塵。始信陶公得天籟，可憐米老作顛人。

次韵季高《秋日園居》

久晴收礎潤，漸冷怯窗開。布被緜初换，塼鑪火欲來。挑鐙書共檢，潑墨紙分裁。惟有東峰影，時時照酒杯。欒泉上有小峰，在君屋之東。

休沐日簡季高

朝朝待漏對銀釭，今日披衣日上窗。隔浦尚聞車轣轆，離宫遥憶佩琤瑽。我如賓爵深堂處，心逐征鴻遠塞降。一事笑君還自笑，直鈎閒坐釣魚矼。

八月二十日六弟奉慈輿旋里，用東坡《潁上初别子由》韵送之

閒居時慕潘，嘗羹每懷潁。爲博高堂歡，聊慰遲莫景。三載官湖湘，板輿閱炎

冷。歸侍承明廬,影對千官靜。賴子能娛親,天性和而警。絶裾鄙温嶠,捫蝨笑王猛。涼秋奉輕轞,行當旋里井。對牀無復眠,置酒還獨醒。明知歸來速,奈此道路永。征西車馬馳,遄行慎定省。

母老念兒女,兩地懸心胸。安得如明月,照此千里同。暫違與久别,相望關山重。扶牀兩嬌兒,候門忽成童。有姊嗟無家,病葉驚西風。還當安集之,無令哭途窮。歸途問阿妹,何時來從東。吾兄主門户,年來貧困攻。爲我致一言,努力守蒿蓬。相期愛永日,請看彩衣翁。

送陳蓮史繼昌修撰出守山東,次季高韵二首

共羡青雲早致身,玉堂揮翰七經春。廣陵金帶傳家物,文恭公初轉外爲揚州太守。沂國梅花屬此人。守拙不須名赫奕,交深方見骨嶙峋。相公忠孝遺規在,褒詠曾看御筆親。君以嘉慶庚辰科及第,御製詩有"大清百八載,景運兩三元。舊相留遺澤,新英進正論"之句。

爽塏爲鄰卜宅安,余居與君家賜第僅隔一巷。銜杯暇日共君歡。堂開緑野春常在,坐擁青氈夜自寒。一代文章華國易,寸心憂樂濟時難。蓬萊總是神仙地,未用回鳺惜冷官。

南苑從獵,與季高聯句五十韵,呈詩舲舍人

帷幄籌兵日,郊原肄武場。西山來爽氣,嵩年。南苑肅清霜。仙仗千官擁,寯藻下,各以二句遞聯。期門七萃行。稼收知野闊,騎遠見林長。望幸春蒐久,迎鑾海户忙。青旗曾布煖,玉宇此乘涼。文囿恢無禁,堯宮築匪康。九門開詄蕩,五海匯汪洋。辟惡獅仍猛,涵春柳不僵。艾蘭成桎梏,薙草出垣墻。往者仁虞院,徒爲馳騁狂。官衙森棨戟,禁旅衛貂璫。豈有芝爲圃,幾同豹作房。盤游前代侈,制度後人防。臺尚來鷹隼,河還號鳳凰。支流歸巨壑,疏濬肇先皇。入淀消潢潦,營田利稻粱。農功時有暇,武備誡毋忘。聖主親弧矢,高秋駕驌驦。三驅王制合,九伐陣圖詳。從騎皆兹白,關弓盡大黄。應弦殲狡兔,飛鏃仆驚麞。避繳蘆銜雁,投鞭石叱羊。欻聞虓虎逸,敢逞負嵎强。赫怒於斯震,棱威不可當。周陸多猛士,戢虣有神槍。並列豵豜獻,無煩檻阱張。子應探穴得,皮待倒戈裝。藪澤包涵徧,芻蕘出入常。始知於牣樂,不是作禽荒。解網恩原大,非熊夢亦祥。離宮才信宿,乙夜尚仿偟。閫外兵符發,關西羽檄鶩。雪初迎塞馬,星已射天狼。游豫無非事,勤勞總未遑。差同周石鼓,肯效

漢長楊。太史曾推籀,詞臣詎慕揚。來從香案側,陪侍屬車旁。列帳依行殿,分庖出上方。粉餈隨膳賜,鹿脯許鮮嘗。憶昔聯芹藻,於今共玉堂。論文雙管下,從獵兩驂襄。快睹梁鄒制,榮分校隊光。茁葭知德澤,甫草頌君王。徙陣臨宣曲,還衡指未央。金錢頒九府,玉粒溢千倉。輦路煙猶馥,山椒菊正芳。懽聲連近甸,佳節轉重陽。欲獻登高賦,慙非織錦章。衹應容闕下,投贈紫薇郎。末三句嵩年。

次韵詩舲《團河行帳夜話》三首

密柳成帷緑萬柯,板橋流水碧於莎。秋原到處堪圖畫,第一園林是鳳河。

薇省才名冠衆仙,銀豪催放萬花妍。草成腕脱渾閒事,猶自吟詩樺燭前。

分鮮奔走到輿臺,新釀茵陳小甕開。相約不勞頻折簡,林端但認酒旗來。行帳旗竿頗似酒帘。

次韵佚齋夫子《閒居》,用吴文定、文温州九日唱和詩韵四首

先生抗疏似歐陽,萬卷先歸六一堂。天上白雲留暫住,湖邊春水夢時嘗。韋賢老去終思漢,岐伯書成總問黄。藥裹不勞頻檢點,笑看萸佩進諸郎。

此心已類雁隨陽,寄迹聊同鶴上堂。籬菊幾人能滿插,海螯今日得閒嘗。秋來嶺雪驚頭白,想到河流潑眼黄。猶有東山雙屐齒,不須膂力鬥兒郎。

鏖吟曾記展重陽,退食仍依政事堂。佳節優游天付與,清談滋味我親嘗。經霜竹箭寒餘碧,向日葵心老更黄。莫歎登高腰脚劣,何如雨立殿前郎。

吴波亭子倚斜陽,他日歸來有草堂。先生詩尾鈐"吴波亭長"、"歸去來堂"二小印。陶令投簪腰肯折,杜陵扶杖酒還嘗。江頭尺鯉書傳素,時王子卿前輩歸老于湖。畫裏秋山葉認黄。獨有輪囷舊焦尾,頻年拂拭感中郎。

花門鐵盤歌,寄瀾止閣學容照軍中

鐵盤如月不滿規,金花黑漆光琉璃。團鋼百鍊柔且滑,製作純固奪犀皮。君言得之花門種,入宿禁衛恒攜持。長檠大燭照深夜,衝牙玉佩堆陸離。有時朝服坐攬鏡,但覺毛髮寒秋漪。邇來回紇擾邊塞,奉命躍馬思搴旗。手持此盤贈我别,意氣慷慨真相知。先皇闢地二萬里,陰山瀚海爲城池。汗血從容天仗立,氈裘怵惕中朝儀。當時此盤何所用,瑠琳璨列文錦披。蒲桃若榴薦嘉果,碧眼不敢窺丹墀。文思天子神武姿,當軒一笑龍顔怡。銅山錦市賜無

算,中有湛露金莖垂。百年恩威在肌骨,嗟爾小醜胡能爲。君家勳業天西陲,充國屯田人所思。回疆三世式歌舞,今見伯仲吹塤篪。君兄靜止侍衛同在軍營。側聞邊城屢奏捷,大軍未集聲先馳。此盤早晚置春酒,待君歸飲毋遲遲。驊騮道路正開闊,往取將相銘鐘彝。

䂬䜣亭集卷十一

古今體詩三十六首丙戌、丁亥

新樂府四章并序

爲田雲岩先生作也。先生歷官滇、豫，所至有循聲，既歸里，口不言官。余與令嗣季高編修同直園廬，得聞一二，喟然欽慕先生之性情治行不可使吾鄉人無所傳誦。爰仿香山《新樂府》，撰述四章，以爲先生壽。他日采風之使，庶有取焉。

滇南銅

滇南銅，萬里輸都中。江河浪高王事重，舟薄如葉急如風。昨聞大官檄，檄下來雲龍。州名。雲龍官銜冷如水，寮友駭歎我公喜。太行雲，渺何在，身隔綵雲心戲綵。若非簡書奉奔走，那得還鄉拜父母。父母喜我來，倚閭望塵埃。兄弟喜我來，入户洗尊罍。鄰里喜我來，寄書遠道招其兒。城中官吏喜我來，不願坐銜齋，但願投板歸銅片。銅片爾有靈，咫尺照見萬里形。君不見，滇水流，中有雙魚尺半脩。訟庭花落書聲起，别淚生滋爲遠游。

浪穹筍

浪穹筍，長如角。浪穹梨，白如玉。土人種，官人食。封其園，計其實。守以吏，虎傅翼。褐夫睆，鞭之匿。官爲主，民爲賊。朝傾筐，腕無力。莫壓擔，肩爲赤。奉上官，讌嘉客。娱兒女，飽臧獲。厨中爛，道旁擲。民曰嗟，心爲惻。我公來，弛其役。闢竹園，富果植。下無螽，上無墨。長者角，白者玉，官人護守土人食。至今梨筍産浪穹，不名浪穹名田公。

河陽婦

河陽婦，能矢節，生不同室死同穴。奈何杞柳視松柏，牽引狂夫强攀折。鳳爲使，鳩爲媒。錦爲帶，玉爲臺。族中老父真庸才，坐令橐弓盛服來。妾心古井水，妾身古井釵。釵折無復容，水清無復埃。妾朝炊，不滿鬴。妾夜織，不成縷。老父笑妾何自苦，不有使君誰作主。使君謂婦歸，誰謂爾無依。吾當爲爾出其貲,底用爾織與爾炊。河陽婦,吁堅貞。河陽宰,吁神明。河陽立祠爲民勸,彼何人斯花滿縣。

内黄河

内黄河,河水多,長船大檝如織梭。河干竄農不耕地,洩水膠舟射其利。岸高水淺行不得,足踏繩牽借爾力。得錢一飽何所爲,終日呼盧酣笑嬉。鼠竊蝗鬥無不有,怒拔白刃喜縱酒。使君捧檄不入衙,貌爲估客閒咨嗟。一朝姦宄就束縛,乃認沙頭坐語客。竇公來,河水開。此水名竇公河。田公來,河水回。河水回,使君去。至今隄柳綰春風,猶是遺民送君處。君不見使君捍水身爲郛,天南更有浪穹湖。

九月十六日偕季高晚登東峰,月出復躡西峰眺湖山之勝,深夜乃歸,得詩四首

小園山四圍,君居當其腹。開軒鏡清漪,傍舍蔭修竹。坐對屋東峰,螺髻儼新沐。出門一登眺,夕陽在林麓。照見西南隅,湖水秋更緑。西山豈不高,愛此一卷蹙。
東峰有老榆,高出園中樹。翠柏承其陰,相悦不相附。呼僮翦蒺藜,蒙茸稍得路。秋來藉草坐,時復攜茗具。青天何歷歷,銀漢不可渡。君看樹下泉,昔日雕闌護。
明月出東林,林深人不知。忽見西峰下,白地光琉璃。居高識易蔽,在遠明無遺。我欲手斧柯,斫彼翳目枝。復愁傷嘉木,清蔭失炎曦。歎息舍之去,散步循方池。
方池無半畝,何如前湖寬。登高望三山,清光千里寒。樓臺出遠樹,星斗生微瀾。依稀紫雲曲,天風聞佩環。歸來石橋畔,人影何閒閒。臯禽已警夜,零露中庭團。

十月二日還園居

累日城闉住,歸來徑欲荒。籬花還自艷,園柳爲誰黄。氣煖秋稀雨,天清夜有霜。寂寥翠袖薄,修竹倚鄰墻。

當塗夫子以大司農予告歸里,奉餞一百韵

海内文章伯,清時柱石臣。遭逢天獨厚,出處道爲鄰。世際唐虞盛,官儕稷契

倫。三朝存大老,百辟見高人。祖帳群公餞,驪歌一曲申。清風真灑落,別緒轉酸辛。夫子邦之彦,英華筆有神。艱難能獨立,偃蹇更誰因。寂寂椿蘐蔭,蕭蕭婉孌辰。鴒原漂蕩共,燕壘轉移頻。宅相邀終譽,家風克再振。五經爭羡慎,片玉已推詵。淹博黄江夏,紛綸井大春。才鋒鸚鵡健,文采鳳皇純。霧豹難深隱,雲鴻定遠遵。從來五花馬,必遇九方歅。星使搜羅及,龍門顧盼臻。諸生知郭泰,獨步許王筠。合浦珠方孕,豐城劍尚淪。浮名銷歲月,失意走風塵。屢獻淩雲賦,仍垂釣渚緡。庾樓吟月冷,嚴瀨畫山皴。石室書空寫,金臺席未珍。良工疑馬援,拙目笑崔駰。壯志經盤錯,狂歌雜慨呻。幾年儲杞梓,一旦得騏驎。射策諸儒避,呈材大匠掄。瀛洲還縹緲,郎署且逡巡。悵望堂開玉,低佪佩綰銀。君恩宣鳳綍,臣志戀鱸蒓。賓主東南美,先生道德淳。馬融開絳帳,匡鼎據文茵。問字齎油素,銜杯整葛巾。士希元禮御,盜畏彦方瞋。自顧甘肥遯,無心慕搢紳。半生殊顯晦,一笑任亨屯。浩蕩鳧鷗没,回翔燕雀馴。馮唐身已老,翁子分長貧。豈意風雲會,重瞻日月新。朝廷寶金鑑,巖穴逮蒲輪。夾袋名先噪,衡門迹詎堙。秋吟驚蟋蟀,香草出荆榛。藏器時終待,懷才志必伸。本無胸壘塊,衹有骨嶙峋。感激紆朱紱,齋莊對紫宸。恩深猶引疾,詔下已如綸。朵殿榮簪筆,文淵喜問津。頭銜移内相,手版謝同寅。華燭金蓮夜,香煙玉案晨。雲章時燦燦,天語每諄諄。奉使輶軒邁,觀風俎豆莘。蓬萊袖東海,江漢導西岷。一顧空群馬,多材起積薪。繁林皆楡植,幽澤盡蘭紉。獨有山樞感,偏霑化雨勻。園桃紅灼灼,玉水碧粼粼。在昔歌謡采,於今文質彬。自非勤狩獵,何以獲貆鶉。帝奬文翁治,人言董子醇。嘉謨常在匭,直節本惟箘。駿秩聯槐棘,龍光荷秩桭。司農今識鄭,賦禮舊推荀。震出承乾運,重華耀八垠。秩宗伯夷掌,古事仲舒詢。密勿參帷幄,春容節鼓錞。有言皆體要,無物不陶鈞。薦士三薰沐,回天一笑嚬。潔清盟夙夜,孤耿質明禋。自古彈冠慶,多爲資格循。惟公起白屋,不次歷層闉。絶少吹噓力,旁無繫援姻。伐毛遲健翮,點額鬱窮鱗。不有茅茹拔,終成草莽湮。禮隆緣國士,道大屬天民。每念躬耕樂,思完大璞真。盈虚瞻朒朓,貴賤等琳珉。易退非關病,成功豈爲身。引年歸計決,比歲上書陳。聖主憐疏廣,邦人借寇恂。幾番回鴈陣,餘景戀烏踆。草疏勞頻數,抽簪許十旬。暫容壺室隱,終乞鑑湖濱。蓬徑惟環堵,瓜廬剩一畛。林泉隨野屐,廩餼給天囷。老去腰難折,歸來齒尚齗。深恩由默契,厚福本安仁。賤子高山仰,微生大冶甄。師門厠張籍,父執拜蘇洵。記與群兒戲,居然上國賓。傳經承謦欬,説士費喉唇。陋質慙圭璧,華筵辱介僎。采來汾水蕢,移傍液池蘋。花影當甎裊,車聲過闕轔。常時談娓娓,終日侍誾誾。感遇詩難述,酬知志不泯。青山人自健,緑野夢還親。書畫船歸米,農桑事問豳。白眉爭數馬,黄髮任圖麟。南國生叢桂,千秋有大椿。靈光歸天地,吾道不緇磷。

石士夫子以何玉民耿繩寄詩見示,次韵奉寄四首

十七年來聚散頻,二千里外宦游身。憶從汾曲逢今雨,同向燕臺踏軟塵。載酒城南聯句夜,停車舍北看花春。而今凫舄飛何處,石棧天梯有部民。

聞道行春向武關,非緣酩酊不知還。千畦緑滿秧抽水,一徑紅深樹隱山。竹馬有聲民氣樂,蒲鞭無事訟庭閒。遥思官閣梅花發,幾許清吟繞坐間。

勞農一曲念窮鄉,苦爲茅檐計稻粱。詩到春陵能感衆,花如潘縣漫成行。共知考績因循吏,誰識傳家有義方。聞道褒斜諸父老,攀留真欲卧車旁。

漢江官柳繫人思,渭水輕塵又一時。君時以褒城調渭南。回憶釣鼇看海闊,莫因棲鳳怨枝卑。門墻此日容多士,保障如君實有爲。尺素慇懃憑驛使,作詩還望報微之。

冬至前一日扈駕宿南郊齋宫,恭紀二十韵

麗景迎長日,齋心對上穹。威儀天子備,禋祀聖人崇。羽仗層闉外,華鐙夾道中。六龍騰海碧,雙鳳翼雲紅。北闕晴曦耀,南郊瑞靄籠。冠裳隨肅穆,環佩侍玲瓏。仰睹圜壇近,旁臨帝座通。乾爲萬物始,震是長男宫。太史晨書物,靈臺夜候風。握符心已契,主器道還沖。萬里欃槍落,三時黍稷豐。思艱知稼穡,除暴詰兵戎。屢晝搴芟策,新論轉粟功。潮平樓見蜃,水涸澤歸鴻。厚貺資真宰,誠祈識聖衷。吹葭今夕驗,表雪四方同。制度茨階儉,賡歌藻翰雄。萬幾存敬畏,一念動昭融。春氣香煙透,神光寶鼎充。簪豪持獻壽,長此戴帡幪。

十二月十九日侍直作

鳳闕觚棱曉色開,日高風静挈壺催。璽書封罷千官退,是日宫中封寶。爆竹聲中萬乘來。每歲禁中十七日開爆竹,今改於是日。恩與絲綸金殿出,春隨笳鼓玉闕回。侍臣更有豐年祝,白雪賡歌仰聖裁。

黃在軒水部寫贈《丁亥歲朝圖》兼貽唐花二種賦謝

君家案頭多好花，紛紅駭緑香滿家。輞川涉筆動成趣，雪蕉共艷非時葩。亥市喧闐足生意，丁年爛漫爭春華。君貽我畫以花媵，想見綵筆蒸雲霞。迎春例放春前蕊，牡丹何事穠妍誇。將毋富貴置身早，時雖未至心已奢。馬塍老翁强解事，羯鼓欲奪天工撾。此花宜護錦屏障，紙窗竹屋胡爲耶。今年臘日煖無雪，嬌艷衹恐春寒加。看花飲酒讀君畫，醉吟肝肺生槎枒。

除夕憶滎陽蔡漸亭鴻升明府

去歲滎陽守歲時，河冰未泮阻歸期。倭遲將母行周道，慷慨逢君若舊知。片石共徵循吏傳，君贈余漢循吏聞(憙)〔喜〕令長韓仁碑搨。荒祠猶認假王碑。紀信祠在滎陽城。别來高義曾雲薄，不數彭衙杜老詩。

徐熙莽法績再以詩來約穀日游琉璃廠次答

博物空慙第七車，文章敢説草黃麻。羡君卜宅鄰書肆，笑我還轅向水涯。前約同游未果。雨後褰裳尋季主，客來問字識張華。不因詩句招邀去，孤負春盤旨且嘉。

再和熙莽

新詩儷白雪，曲高難屬和。春風忽吹來，一笑顔爲破。想君聳山肩，影入酒杯大。妻孥竊驚怪，君乃不顧唾。口吻方生花，不睡誰能那。子猷興雖盡，盛氣不可挫。便當從君游，敢學袁安卧。健筆媿投報，吾詩輭如稬。

直園即事八首，追次張文和公韵并序

翰林直園之以澂懷名也，自張文和公廷玉始。雍正三年，詔以藩邸之圓明園爲每歲春夏秋三時臨御聽政之所，更以園東戚畹舊園賜近臣九人居之，文和與焉。先是，公於康熙間侍從鑾輿，避暑上塞，曾蒙賜書"澂懷"二大字，至雍正五年遂以名園，詳見《澂懷園詩集》。昔日長廊曲檻，桂楫蘭橈，皆爲近時所無。老梅一株，當時已稱難得，今無復存矣。流連景物，追和曩篇，述先朝之德澤，泳盛世之恩波，而微臣遭際之隆，往哲風流之盛，其爲感慕何如也。道光七年歲在丁亥正月。

七年趨禁籞，載筆忝儒臣。雨露承恩早，余於道光元年三月蒙恩入直南齋，時年二十九歲。

園林卜宅新。三年正月初居園南，二月移居園東之雲塢。六年正月自湖南使旋，仍居園南。今年正月移居南池之北食筍齋，乃左田師舊居也。七年之中園居四徙。樓高常近日，近光樓在園西北隅。水煖已知春。何幸清華地，偏容澹蕩人。

聞説丹稜沜，分流碧玉溪。名園依水近，喬木拂雲低。草密曾迎輦，康熙時園爲索相别業，車駕嘗臨幸焉。今近光樓有"青翠霄漢"御書額。沙平舊築隄。謂桐城相公。四朝恩澤渥，常傍鳳城西。

風流推上相，池館占清灣。鳳藻開新牓，龍眠勝故山。賡歌雲縵縵，拜賜錦斑斑。時奉澂懷訓，無忘退食閒。

昔日神仙侣，終年棟宇望。高亭通曲徑，别館出長廊。芍藥春闌艷，芙蓉夏沼香。作圖誰繼美，八友許升堂。乾隆時蔡葛山相國諸公作《澂懷八友圖》，觴詠之盛，直接前賢。

水喜浮家便，山嫌入畫遥。朝嵐青擁髻，夕漲緑平橋。賓客閒攜屐，兒童學弄橈。不知衣袖底，誰惹御香飄。

瀟碧竿竿直，湖嵌面面空。桐涼猶洗雨，松老尚吟風。獨有仙梅緑，園舊有緑萼梅一株。曾隨苑杏紅。衆芳吾憶爾，疏影寂寥中。

選勝尋常有，殊榮自古無。百年魚在藻，此地鳳棲梧。獻納慙窺管，帡幪賴覆盂。更勞松棟上，風雨念區區。三年春，上命發内府金錢修葺侍臣園廬，洵殊恩也。

司農誠好古，披簡攷遺居。頃少司農湯敦甫先生以文和公詩集見示。頻語新巢燕，曾知大壑魚。官閒宜問字，公退許鈔書。時同居園者，敦甫先生、程松亭奉常德楷、田季高編修及余凡四人。始信春如海，恩波在玉除。

詩舲舍人於琉璃廠肆得金葉山鏻畫册索題，因寄佚齋夫子

葉山畫品如詩品，鳳閣詩名與畫俱。曾共涪翁評妙墨，佚齋壁上多金畫。又從燕市得遺珠。餞書人去知音少，翦燭題成識面無。正是江南春草緑，好緘新句寄于湖。

園西酒家

白板三間不插籬，悠揚竟日酒帘垂。門前古寺鐘魚静，屋後芳園水石奇。朝退欲回驄馬路，醉歸時見羽林兒。春風小甕新開否，擬解金龜換一巵。

敦甫先生以張文和公澄懷園諸詩屬季高爲書長卷，賦詩見示，次答二首

憶昔卷阿侍從初，鳳皇枝近五雲居。百年涵泳恩波久，兩字標題聖藻餘。書

本舊傳青鏁闥,謂《八友圖》。詩牋新照碧紗疏。不須更羡蘭橈樂,人境何曾有此廬。

竭來珥筆及春初,退食從公近卜居。觴詠每懷前輩盛,典型猶見老成餘。古藤繞屋陰還密,修竹當門翠自疏。況有清溪喬木句,風流直接萬花廬。文和有"萬花深處認吾廬"之句。

敦甫先生惠報佳章,再次奉謝

春官每憶校文初,壬午先生典試禮闈,忝與分校。南國重尋講學居。前年奉使楚南,蒙先生告以舊政。駑駕敢云追步後,燭光偏許借鄰餘。注書臣瓚名原重,問字侯芭願未疏。卻媿珠璣輝翰簡,更勞車轍過林廬。

初春園居苦風

積雪微茫想麥畦,狂飆催促出楊荑。小園衹覺寒暄驟,一日難教氣候齊。肺渴蹔消茶竈煖,頭風仍怯帽檐低。何時細雨輕塵浥,便踏春郊看輓犁。

爲唐補卿同年惇培書矮紙,即題其後

一紙因循動隔年,殘荷疏雨記秋天。官閒似我真成嬾,酒債如君未要捐。別後幾多文字飲,春來漸減唱酬篇。尋常食筍齋前燕,舊壘新巢已惘然。去年屢偕補卿飲左田師食筍齋。

䜌䡾亭集卷十二

古今體詩四十一首丁亥

澄懷園《食筍齋圖》黄寸園爲其弟小田作也，余既移居斯齋，而小田將省親南還，留圖誌别，題句奉餞以申離緒。道光七年正月十八日

食筍齋前竹千笴，食筍齋後花萬朵。西山窈窕窺墻右，衆木葱蘢翼門左。寸園續事能傳家，阿弟詩才更驚坐。四壁常時對屏障，六街何處揚塵堁。涼堂燠館幾銜盃，高浪長風送飛舸。謝朓新詩付碧山，杜陵老夢違青鏁。展君尺幅情爲紆，况我移居計已果。鴻爪憑將積雪留，燕泥忍使空梁墮。陽冰小篆模最工，季高爲模"食筍齋"三字以復舊額。輞水名圖乞亦可。厚報媿無韓幹馬，强辭聊學淳于輠。君看幀首舊款題，細字分明應屬我。款題爲五弟作，余與小田年相若，亦次五。

小田以和詩見示，感舊懷歸，情見乎辭，次韵再答且慰其離索之感。正月二十五日

華林萬騎鳴官笴，玉勒金鞍簇山朵。我如局促轅下駒，誰爲馳驅逐禽左。回思閶闔立長風，賴有丹青輝四坐。可憐顧盼生光榮，頓使鞭笞謝沙堁。人生宦遊送傳舍，譚笑風濤撼奔舸。五羖當年炊扊扅，曲陽何地留墀鏁。吾師富貴等浮雲，出本無心去尤果。緑野春風碧玉生，滄江暮雨青山墮。且看兒輩騁驊騮，已覺詩才繼坡可。感舊吾方惜畫圖，懷歸君欲脂車輠。徑須痛飲對濠梁，安見觀魚子非我。

吴蘭雪丈過訪園廬，折海棠兩枝而去

花時不飲孤金罍，欲飲還愁無客來。閉門覓句苦岑寂，滿眼紅霞開未開。門前敲竹雙輪駐，吴質閒來倚仙樹。袖出香鑪玉女詞，狂吟不管遭花妬。九疊屏風九曲山，君以廬山武夷紀遊詩見示。看花人海幾時還。兩枝換得詩千首，輸與先生破醉顔。

聞六弟約客來園看海棠喜賦

幽棲少經過，閉門謝人事。一自海棠紅，連日嘉客至。夜深燒燭照，晨起舉杯

醉。客喜來及時,花亦爲客媚。那知天公巧,一一先位置。懷瑾握夜光,有美豈終祕。紛綸錦繡段,金錯翦刀試。裁成爲人衣,幾見藏在笥。去歲花事稀,今春開特異。封姨亦解憐,不遣風捲地。英英海邦彥,塵堁厭都肆。聞花便搴裳,出城不用騎。昨見吾弟書,埽徑遥相遲。呼童安筆研,更復滌酒器。看花對舊雨,此意君須記。謂澧陽詠海棠事。

讀《劉晏傳》

弘羊以心計,析利及秋毫。民愁致旱熯,中外日驛騷。士安判度支,其要通糧艘。以書遺宰臣,元載。利病言滔滔。能知物貴賤,任使多時豪。二者實可法,緩急躬自操。胡椒坐貪黷,晏也按其曹。憐縉王縉而怏炎,楊炎。盛氣不肯韜。終來青蠅譖,亦由勢所遭。時衰利徒進,國奢民志慆。大道忽云没,濟時亦孔勞。君子取其長,所惡竭脂膏。劉才死可惜,桑罪烹毋逃。

南海子懷古竹枝詞四首

仁虞舊院近南郊,燕子飛來更築巢。二十四園花果樹,要令海户貢包茅。
新衙門接舊衙門,百萬貔貅屬内閽。汝輩爲之渾不問,更誰坐位斥朝恩。
雙雙古柳已重栽,螞蟻墳高浪費猜。惟有宫門鐵獅子,眼看延祐晾鷹來。
七十二橋流水多,紅墻萬丈架銀河。當時不讀河渠志,飛放泊前鬧鸛鵝。

《芸館讀書圖》并序

嘉慶戊寅之歲同居庶常館者,六安沈舜卿巍皆、貴筑張曉瞻日晸、桂林周藹餘貽徽、平度陳小瀛肇、涇陽徐熙莽法績、清苑王曉林植及余凡七人。其六人皆丁丑同年,余則甲戌庶常補散館者也。明年己卯,七人者皆以優等授職編修,且考列名次亦相聯屬,於是同館傳爲佳話,謂近科所罕見。自是聚散不常,宦跡亦異。余既承乏内廷,藹餘、小瀛先後轉侍御,舜卿服闋亦補侍御,曉林、熙莽連年憂居,困厄相似。頃乃次第來都,而藹餘又先以憂去官。今年曉瞻以京察例得外任。念曩者聚首之樂,誠不可忘,爰爲《芸館讀書圖》,屬同人賦詩紀事。竊思之七人者,東西南北,生不同居,幸際休明,盍簪詞館,情誼之厚,有如弟昆。即今相憶,已感離索,他日披圖,能不懷哉。道光七年歲在丁亥四月十五日記。

舜卿説經聲如鐘,藹餘作賦氣如虹。小瀛潛思不出户,片語偶發和而沖。曉林熙莽屋西東,良玉爲珏交相攻。就中曉瞻志更苦,長年短榻身如弓。嗟余兩度棲館中,舊巢未埽新泥重。七人懷抱一時合,那復賓主論秋鴻。明年謁帝蓬萊宫,海山鼓棹齊乘風。卻怪書名聯甲乙,亦如對宇交簾櫳。白雲無心點晴空,膚寸而合皆天工。四方上下會所適,巖岫一出奚必同。周陳繡衣沈馬驄,賤子亦竊虎皮蒙。徐王何事久顧頷,使我藴結心忡忡。邇來露冕屬張公,將以襦袴蘇疲癃。城南回首感離索,况此遠别何時逢。十年芸館窗鐙紅,舊游如夢難追蹤。試看尺幅煙雲色,中有先朝雨露濃。知君用意深無窮,記取鈔書細字功。人生到處留泥爪,不用低頭羨駏蛩。

曉還園居

林静月斜墮,巷深人悄然。六街初辨色,萬户未浮煙。山撲塵容浄,車調睡味圓。園花幾日别,作意向人妍。

顧杏樓水部元愷以新詩累牘見示賦答

官閒地僻鮮賓友,獨坐軒窗眄垂柳。忽枉新詩三十篇,開緘目眩驚瓊玖。虎頭癡絶真可憐,水部耽吟思不朽。斜行細字勢連綴,短句長歌意深厚。往歲蛟龍潰隄堰,萬家黿鼉産田畝。魚鱗雉堞落釜底,仰視銀河貫星斗。不知誰人畫三策,泥淈波揚竟何有。窮檐金粟出朝廷,巨壑隄防賴官守。邇來相顧但欷歔,應爲流離計長久。滄浪漁父非常人,忍對河魚汲美酒。試吟清江浦口詩,如繪鄭俠流民手。君才甚大足濟時,年少文章傳萬口。爲郎那用歎沈滯,作客何爲困奔走。嗟余澹蕩似同調,獨立蒼茫誰與偶。城南咫尺莽千里,舊雨蕭條太孤負。眼明今日見手札,心快真如洗頭垢。他時埽徑望君來,墻竹横斜緑可帚。

閏夏雨中獨坐書懷

一雨青苔榻下生,鈎簾閒坐聽荷聲。破甎溼盡鼃文出,漏屋痕多鳥篆行。尌老咨嗟應望歲,詔書寬大已休兵。不知沈玉搴茭地,雪浪如山勢肯平。

忻州趙母張節婦詩

養姑者誰趙氏婦,撫孤者誰趙氏母。誰道含飴更苦辛,老去能全趙氏後。人爲壽母祝眉壽,母謂九十如十九。少年已作未亡人,今日白頭還此身。身雖未亡心已死，彤管何心耀青史。但願子孫孝且慈，莫忘老婦養姑時。當時機杼聲中淚，只有鄰家嫠婦知。

敦甫先生以側柏葉爲飲，色香味三絶，紀之以詩

芳園古柏人不識，鐵幹霜皮葉交側。撿依灌木鬱蒼翠，獨倚清池照修直。園丁有時拾墜葉，瓦盆土銼燒煙黑。縱使桐焦動客聽，其如井渫無人食。先生讀書妙研理，爾雅靈樞洞胸臆。古來鬯臼取馨香，後世椒盤爭祓飾。試繙藥譜問和緩，辟惡蠲痾有神力。玉峰涌出泉溜甘，講席歸來日陰昃。龍團鬥茗亦尋常，香葉煎湯更奇特。忽疑明月動桂影，澹若春江變秋色。坐客躊躇不敢嘗，瓊漿石髓嗟難得。玉川好事辨芽蕾，快説清風生羽翼。豈知飲法通仙靈，不用茶經苦雕刻。三清茗盌憶宫筵，五字龍章騰寶墨。乾隆聖製《三清茶》詩，以松實、梅花、佛手爲三清。每歲重華宫茶宴聯句，近臣得拜茗盌之賜，至今沿爲故事。先生授書在東序，日誦清芬感先德。平生菜根飽至味，談笑藥籠收嘉植。定思巖谷有沈淪，肯使蘭荃委榛棘。

敦甫先生見和柏葉茶詩，即物抒懷，詞指淵遠，疊前韵奉答

相馬以輿馬可識，範以馳驅無傾側。度木以工木可斲，定以規矩無曲直。世人取舍一何隘，剔抉瑕疵剖白黑。那知凡物必有用，昌歜《日知録》從《玉篇》作歜。苦芰皆堪食。試看葉龍與楚鳳，徒以空名償私臆。千重緹錦寶片石，桂櫝蘭薰爲珠飾。志大偏矜賞識奇，才難遂倦搜羅力。誰抱黄精鑱柄長，仰瞻白日車輪昃。掩抑窮年羞自媒，遭逢無路傷孤特。公詩慷慨有深意，欲挽彫枯作春色。大宋細桷任所取，桔梗柴胡隨處得。不須荆棘更翦除，要使蓬麻共扶翼。騒人辛苦别蘭艾，清濁分明近苛刻。豈知明鏡納妍醜，自酌清泉試朱墨。斯言甚大足濟時，一物雖微見全德。乃知獨立能包容，澗木山苗盡培植。會看郊棷下鸞凰，爭倚雲霄託槐棘。

和季高《園居》

元白休將第宅誇，緑陰難得對窗紗。詩成往往分題壁，飯罷時時互品茶。蟋蟀堂前來舊雨，芙蓉國裏有鄰家。知君長夏清閒甚，擬抱枯桐問伯牙。季高善琴。

苦熱簡季高

青天赤日氣焚柴，車馬無聲靜六街。謝客杜門成小隱，學僧枯坐欲忘骸。曼膚多汗心常淨，病眼生花手不揩。聞道銀鈎新獲帖，煩君揮翰照幽齋。

生日季高饋炙鴨、桃實，叠前韵奉謝

舒鳧燔炙費薪柴，桃實何須羡鄭街。曼倩巧偷聞幻術，王喬飛度得仙骸。升蕖每憶闌前射，雪黍休教飯後揩。投我情殷慙馬齒，年來食筍已名齋。

苦熱三首六月二日至七日酷熱異常，近年所無。

赤日中天駐，纖雲萬里無。風林晨不動，露草夜難蘇。已見焦蓮芰，還愁損稻菰。龍湫能致雨，那用待時雩。

塞外屯兵久，關西驛使來。燭龍終古照，天馬幾時回。瀚海需膏雨，陰山蓄怒雷。炎氛當一洗，耕種定重開。

衣滸披仍溼，冠彈沐屢新。閉門高枕在，盈耳亂蟬頻。欲攲藏冰室，翻憐蔭樾人。浮瓜聊解渴，感媿想絺巾。

賀季高生子

堂前笑口雙開日，門左桑弧再設時。豈止分甘慰梨棗，果然築室得熊羆。君新移居。羨君置膝如文度，時雲岩先生就養京寓。令子傳家有衮師。恰喜清風來好雨，傾盆應爲洗佳兒。

六月九日雨後早起

連旬苦炎熱，既雨覺秋新。日出鳥喧樹，雲開山近人。潭龍眠已久，轍鮒望猶頻。更欲煩神力，滂沱逮下民。

次韵周竹溪舍人維新見贈

清詞麗句比池蓮，鳳沼歸來似散仙。早識周墀能説史，誰知蘇晉愛逃禪。山雲欲起風生樹，水檻初開雨滿天。陡覺吟懷秋颯颯，萬花聲裏唾珠圓。

次韵竹溪《直廬即事》

園林容易换新涼，舊雨重來覺歲長。回憶海棠三月暮，於今池藕萬花香。披襟得爽知晨氣,選樹乘陰避午光。更喜吟牋揮灑速,待君還醉碧筩芳。

送王漢廷郡丞丹楓還湖南

武陵老吏龔黄儔,一官閒冷心不尤。才高志大言語壯,霹靂所到蛟龍搜。空堂揮麈風雨快,短兵力不敵長矛。但聞回飆振林木,中有萬古江河流。感時拯物富經術,恢之足以彌九州。惜哉劍氣世罕識,識者但謂縱横流。衡湘諸侯頗折節,願君抵掌陳奇猷。何須石鼎鬥奇句,竦肩袖手驚侯劉。

七月四日喜晴

昨夜波濤撼牀几,屋小如舟不可檥。朝來補睡未移時,驚覺窗櫺紅滿紙。似聞萬木陰森中,已有涼蟬曳枝起。疏簾垂地對荷花,往往摇風落秋水。四壁雲煙題句多,眼中歲月如奔波。三春望雨夏苦旱,愁來筆硯空相磨。心奢力薄託吟諷,書生濟物能幾何。自從靈湫應祈禱,一日萬里流滂沱。宫中聖人調玉燭,暘雨總不違天和。勸君莫作秋霖歎,風捲雲收神所贊。不煩餘怒鬥蛟龍,早識殷憂動雲漢。

偕季高退直,寄懷佚齋夫子

如意門東車並軌,澂懷園北水同灣。年來梐枑都相識,人與鳧鷗共一閒。别浦花香連太液,當門嵐翠落西山。詩成卻憶于湖老,浩蕩扁舟遂不還。

初秋荷村舍人直退過訪,盤桓五日,次去年見贈韵,並呈季高

團團真似磨隨驢,冉冉還同蠹守書。四海交遊三子共,兩年情味九秋初。高談磊落風生腋,小别徘徊月照裾。忽憶故人汾水上,離懷何處寄雙魚。荷村、季高皆晋陽書院同硯友也。

再贈荷村

自公退食如休沐,與我忘形孰主賓。舊雨重來期五日,深杯相對恰三人。欣逢閏歲桐添葉,豫賞中秋桂滿輪。山色湖光宜繾綣,明朝分手隔風塵。

新秋雨中退直

夜雨鳴檐到曉頻,朝衣真是瀑垂紳。浦荷聲驟風成陣,官柳陰閒道少人。白

板橋南車有迹,碧紗窗北硯無塵。拈豪試述田家樂,早稻抽芒穀穗新。

高樹二首,寄佚齋夫子

高樹秋零葉,幽禽曉擇枝。不嫌清蔭少,應惜倦飛遲。露草寒蛩據,霜華老圃垂。江湖天浩蕩,鴻雁早知時。

毒熱思前日,涼秋換一朝。芰荷猶瑟瑟,蘆荻轉蕭蕭。葉淨塵難汙,花繁雪易飄。蓮船高玉井,悵望出雲霄。

送六弟歸里奉迎慈輿

去年與子別,八月蝴蝶飛。今年白露下,子又行將歸。去年板輿還,子也策征騑。關西方用兵,羽書馳王畿。間關戎馬際,往返常相依。今年關西平,子歸謁慈闈。慈闈昨寄書,念子爲我羈。告歸復遲發,及此秋卉腓。團團中天月,千里揚清暉。側身井陘道,山石何崔巍。豈不惜離别,倚閭望依稀。握手且惆悵,念子寒無衣。仰瞻鴻雁翔,行成不可揮。大小相和鳴,南北終無違。啁啁燕與雀,語不出屏幃。安知雲霄心,不畏雨雪霏。涼堂鐙燭爛,尊酒羅四圍。殷勤對牀語,佩之如弦韋。丈夫志遠大,兒女徒歔欷。子歸將母來,京國春芳菲。再拜壽吾母,何以報杼機。上言母安康,下言兒貌肥。

退朝喜遇熙莽

南州孺子渺難覲,城北徐公期不來。花落多時隔風雨,秋深無計共樽罍。退朝忽喜清暉接,握手相看笑口開。莫便匆匆策歸騎,涼堂修竹好徘徊。

石士外舅夫子過宿直園,貽鄉蔬二種云此建昌蕹、九江菘也。吾種之官舍後圃,風味殊絶,亟命厨人治之,約季高同飲賦詩八月九日

庭樹日落棲鴉昏,太乙仙人來扣門。入門不復聞寒暄,呼僮火速治盤飧。嘉蔬兩束葉幡幡,千里致種出家園。秋霜未下風露翻,先生采摘循籬藩。羸馬載之城南轅,念我輖飢腹屢捫。南方草木略可言,蕹也葉如落葵繁。曾聞阿瞞冶葛呑,先以此味解其煩。或云來自東夷垠,以罋盛之厥名存。菘也於蔬品最尊,花交葉蹋秋滿原。周生僞俗强攀援,蘭桂騰誚今蒙冤。江干野叟老瓦盆,乃以筍奴菌妾論。何況肉食乘高軒,但炙牛心胹熊蹯。生平不識雞與豚,安問沼沚羞蘋蘩。翰林主人詩書敦,藜莧自飽顔常温。謂此鄉味清而暾,

瓠葉亦可當炰燔。東鄰客至笑且喧,食指暗動疑嘗黿。村醪白墮蓮花痕,媿無旨酒醹芳樽。采薇歲莫勞征魂,菜把偏叨地主恩。世間百事秋雲屯,且復努力啟其根。

月　夜

天高氣霽見銀河,虛閣疏簾捲地波。萬里大風吹垢去,九霄明月入秋多。郊原雨足龍湫靜,宮闕雲開雁陣過。不用夜來砧杵急,玉關今已罷琱戈。

中秋偕季高約孫春甫蘭枝傅秋坪繩勛張詩舲祥河小集食筍齋

仙家八萬三千户,我輩東西南北人。招隱何須吟桂樹,舉杯且喜駐冰輪。看花夙約經秋晚,起草餘閒借酒親。難得清光今夕滿,碧天如水淨無塵。

詩舲和余薤菘之作,次答兼呈石士先生

君家細鱗魚,遺自松江翁。花時不我醉,孤負荷花筩。一年月色今宵美,對影銜杯樂難已。興公發語金石清,春甫。介子豪談四座傾。秋坪。先生袖出詩一束,似誚齋厨食無肉。人言南筍勝北菘,吾意但取飢腸充。況有階前盈尺地,戛玉篩金葉交翠。等閒莫謂庾郎貧,白酒黃虀氣味真。將詩徑報嬾眠叟,嬾眠巷,石士先生所居也。乞取霜天秋一畝。

中秋步月湖上懷六弟

波光樹影漸扶疏,散步山椒地有餘。高柳枯枝能漏月,亂荷深響自跳魚。市樓鐙火疑江上,徼署更籌入夜初。悵望榆關千里隔,馬頭明日近鄉閭。

䜱䚻亭集卷十三

古今體詩四十三首丁亥、戊子

吴侍御傑疏請唐陸宣公從祀文廟，得旨俞允，賦詩敬紀二首

帝德儒風重闡揚，已聞俎豆及劉念臺黄石齋。長公意在陳龜鑑，文黨名應繼講堂。不獨鄉賢增慨慕，宣公，嘉興人。定知國史有輝光。獨憐翰苑流傳注，斷簡何人爲弆藏。吾鄉張蓀圃先生佩芳著《翰苑集注》二十四卷行世。

縱觀唐室艱難會，太息宣公濟世才。若使門墻依闕里，真堪陶鑄望顔回。孤臣九死南賓地，定論千秋御史臺。媿我清湘曾奉使，投書空爲賈生哀。侍御時自四川學使還朝。

鵲銜燭

庭樹鵲，朝飢不得食，銜我窗頭燭。家僮驅鵲上樹木，遺燭墮地鳴相逐。鳴相逐，當奈何，倉箱已滿田無禾。況復天陰秋雨溼，兩翅欲飛何處集。鸜鵒爾能言，飽啄香稻粒。何不分餘糧，使我楂楂繞檐急。豪家蠟燭代薪燒，願銜枯枝换寸膏。

見山臺

一卷莫笑不崔嵬，信步登臨日幾回。試詠嵩巖大宋句，見山何必上高臺。宋元憲過紫嵩菴句。

季高以薤菘二菜詩見示次答

鄉味如鄉人，何斯能違斯。錦衣雖遠遊，義不忘冠師。海錯信云美，家庖非所治。乃知藜莧肚，不爲山川歧。嗟我與夫子，攜手同所之。同里復同官，出處一何奇。連年直園廬，風雨兩無遺。豈惟晨夕數，兼欲形影隨。有月不獨坐，有螯常並持。墻頭過濁醪，籬脚分霜葵。賓朋互酬酢，佩帶交委垂。僮僕亦嫻熟，往來傳新詩。塗墻更浣壁，所好終不移。即此抵還鄉，毋爲感鬢絲。

吾鄉雖山國，園蔬多且有。秋來煮菘芥，味不減菱藕。鐙火照檐隙，霜露淒隴首。灑然舊雨至，酬唱亦云偶。往者驢背約，君可我詎否。終當訪獵閭，歸與

田蘇友。天風吹浮雲,塵世開笑口。陶令樂秋秫,周生媿春韭。當思肉食鄙,敢使素心負。君看灌園翁,忘機任所受。石士先生。相期在永好,豈曰報瑶玖。

題嶺南殷耕野師尹詩集

儒雅風流殷仲文,新詩一卷寄南雲。此集郭宛皆孝廉寄示。力搜珠海蛟龍窟,氣壓金臺騄駬群。青簡悲涼工詠史,吳鈎談笑慕從軍。因君悵望羅浮月,萬里梅花入夢勤。

丁亥九月四日香山直廬

别館紆秋駕,村農見羽旄。由來勤肄武,不爲賦登高。香山設健鋭、火器二營,每駕幸閲兵於此。紅葉圍金埒,黄華簇錦袍。歡聲已雷動,誰識聖躬勞。

憶昔簪豪地,聯吟侍絳紗。當時香案侶,曾詠馬纓花。癸未三月扈從至此,壹齋師有句云"門前馬纓花,初到如我長",蓋憶舊也。此樹風霜久,看人歲月賒。園丁終勿翦,留待暮棲鴉。

香山紅葉得"山"字

仙嶠晴暉來北闕,離宫秋色滿西山。三年翠輦經臨處,萬樹清霜點綴間。雉扇雲移天仗近,龍橋水接御溝灣。分明石磴泉光瀉,隱約瓊樓藻繡環。槐柏陰中偏絢爛,薜苔雨後更斕斑。紅墻有路通河漢,青女何時染髻鬟。遥想彩虹排閣道,直從丹闕俯人寰。輭塵細草扶輿過,汗血桃花策騎還。初日不教蓮粉墜,落霞猶照鏡波殷。林巒入畫難侔色,草木知春爲駐顔。地迥衹疑蓬島隔,天高曾許桂枝攀。癸未重九日特賜近臣策馬登高。獨憐柿葉傭書手,作賦空叨侍從班。

九月七日侍班恭紀是日上御香山正直和平殿,勾到四川秋審案册,御殿勾到例東嚮坐。

左掖清霜降,寅階旭日賓。垂衣瞻舜治,解網識湯仁。憫彼巴渝俗,難回窳呰倫。豈無輕典貸,欲使衆情伸。沃土淫誰誨,良苗櫛更新。仰勞丹筆定,終望盩夫馴。諸葛名猶憚,文翁化自淳。哀矜心勿喜,豈弟吏宜循。賨旅元能武,巴歌豈好顰。但教歸約法,不必盡頑民。三宥恩施大,群生感被均。願將刑措意,儆諭徧峨岷。

香山歌

小園面西山，一日看幾回。秋風吹贏馬，送我山中來。青龍橋西林麓斷，稻田流水柴門開。玉泉萬壽爭入眼，裂帛昆明無點埃。輦道直如弦，車聲轉如雷。不知香山縹緲在何許，但見空中湧現金銀臺。傳聞乳峰石，狀與匡廬爐峰儕。此山得名或繇此，至今噓雲吐霧疑是鑪烟灰，神仙窟宅何崔嵬。前朝得之不敢享，金碧變幻成莓苔。香山寺遼中丞阿勒彌捨宅爲寺，即金章宗之會景樓也。金大定時賜名大永安寺，亦名甘露。六丁太乙妄祈禱，何況碧雲甘露遭彼貂璫霾。碧雲菴，明内監墓地。千年靈奧有開闢，聖祖肇基高宗恢。前有龍書四字照宇宙，康熙御書"普照乾坤"四大字。後有二十八景燦爛星辰排。乾隆聖製《香山二十八景》詩。君不見漢未央，唐九成，斯皆秦隋阿房仁壽之故址。我享其功彼竭財，金鋪瓊户用爲後人鑑，穹碑功德安在哉。我皇恭儉紹前軌，露臺不築仍土階。三年攬轡一遊豫，年豐物阜人無災。干戈既息河海晏，猶復登高望遠心徘徊。小臣載筆屬車後，獻賦媿乏班馬才。憶昔扈從初到此，衣香履迹尚書陪。謂左田尚書。丹青老去濠梁崔，縱有東絹一匹誰能裁。

香山直廬，戲呈季高

不須雲母隔屏風，板壁横嵌户正中。蝸角同廬原有界，蜂房並蒂本相通。垂簾但覺香留坐，排闥方知翠埽空。欲寫匡山真面目，窈如秋水翦雙瞳。

讀高詹事士奇《苑西集》

寒暑星終手自編，自戊午至己巳凡十二年，詩五百餘首，編爲十二卷。文章爾雅擅清妍。誰言才謝江郎錦，妙句多傳乞病年。

退食金鼇染翰新，百年誰識苑西鄰。錦題玉軸風流盡，何況江邨垂釣人。

江邨久直禁廷，凡歷代法書、名畫、彝鼎、祕玩，皆所饜聞而飫見，且精于鑑賞，一時士大夫家藏弆投贈卷軸充溢。今觀集中題詠，有王右丞《江干雪意圖》、柳誠懸書《度人經》墨蹟、張萱《漢宫乞巧圖》、關穜《秋山圖》、宋徽宗御書《艮嶽記》、陳所翁畫龍、李龍眠《赤壁圖》、《蓮社圖》、李唐《長夏山寺圖》、米襄陽書蜀素卷、郭熙《群峰積雪圖》、江貫道《長江圖》、黄大癡《疏林結冥圖》、倪雲林墨竹、趙仲穆《越山圖》、朱碧山《銀槎歌》、王叔明《夏山小隱圖》、《秋亭暮靄圖》、董文敏臨王晉卿《煙江疊嶂圖》，多名蹟可傳。《銷夏録》所未及載者，附記於此。

屋後小岡多酸棗樹，題曰酸棗臺

嬾從杜老覓榿栽，棗實纍纍點碧苔。安邑封侯徒有樹，庾園近市總非臺。曾聞斯物關豐歲，棗熟則歲豐，見《後山叢談》。敢道空場養廢材。材與不材姑勿計，秋風紅皺且銜杯。

九月十五日曉雪偕季高登西岡

先冬十日寒偏驟，閏歲今年氣暗催。今年閏五月。小雨似隨黄雀去，九月雨爲黄雀雨。飛花故逐遰鴻來。蕭疏著樹棲難定，歷亂黏衣拂不開。那惜一雙閒屐齒，與君登陟日千回。

西峰不辨翠崢嶸，隱約樓臺露幾楹。認作同雲痕太淺，點將秋水影逾明。麥畦滿地都含潤，桂魄連宵漸欲盈。冷眼年來稀見此，莫教玉戲放天晴。

季秋扈駕謁東陵侍班恭紀二首

行殿傳呼最上層，羽林扶輦出觚棱。寒空雪霽明千嶂，華表雲開見五陵。大野包羅天似蓋，長松排列路如繩。忝從豹尾旂車後，數典張寬媿未能。

仙人袛合侍金莖，神虎曾聞守玉京。月出峰巒晴有氣，天垂星斗夜無聲。時豐物阜修禋祀，濡露悽霜助聖情。不用鐃歌徵漢曲，漢樂府有《上陵曲》。史臣早已紀昇平。

初冬園廬早起

殘月四更吐，窗虚林影斜。鑪灰寒不火，蠟淚凍猶花。地僻辭塵鞅，心清失睡蛇。開門還小立，街鼓靜無譁。

次韵季高《初冬園居》

春早冬初三百天，小園真與我多緣。卻從雨雪馳驅後，更喜軒窗嘯傲偏。墻竹鳴風知夜冷，池冰鑄日得晴妍。爾來頗覺研經樂，香瓣還思祀服虔。

直廬白菊

夜來涼月白紛紛，曉起天寒雪釀雲。猶勝人間紅錦障，蠟薪燒罷又香薰。

晨興登西岡,書所見簡季高

同雲不成雪,日出光爛然。池冰共照耀,平林生寒煙。登高矚遠岫,樓觀何聯緜。下有萬人家,街衢亘陌阡。是時早朝散,車馬如流川。道逢採樵夫,欲避難回肩。曲盤悟筆陣,使我懷昔賢。歸來窗紙紅,地鑪茶已煎。拈毫記所見,投贈無佳篇。

黄華曲

山翁種菊滿籬落,秋色横斜隨處著。一朝捆載入豪家,紅玉青甆照深閣。細編蘆管作闌干,横鏁朱繩爲聯絡。裁枝剪葉較長短,妥帖位置無參錯。平頭奴子差相似,植立不敢側腰脚。商山那識漢官儀,緜蕝誤入身遭縛。可憐黄冠野服客,俯仰無計逃林壑。靈均歎息泉明耻,一笑付與橐駝郭。主人愛爾意不薄,雕籠更養西山鶴。

蔣礪堂相國以十歲童試卷簽裝册屬題

昔時白屋擅英聲,今日黄扉贊泰平。才似長源真宰相,年如穎士已諸生。蕭穎士十歲補太學生。宏辭一卷留程式,碧落三山記姓名。多少孤寒依廣厦,風檐回首氣崢嶸。

書篋緘藏歲月多,墨香泥印未消磨。已看彩筆傳諸子,猶憶青衿擢上科。斷紙零牋珍若此,竹頭木屑用如何。知公念舊無遺物,長短鐙檠莫漫歌。

題潘紱庭《琴趣》《梅花》二圖

抱刱此眠琴,高桐散緑陰。月來人不覺,露下夜還深。欲奏陽春曲,誰知流水心。和平與廉折,底用辨弦音。

崢嶸歲欲莫,歷落花方新。明月此間影,空山何處春。瘦於玄圃鶴,澹若藐姑神。祇有瑶林質,堪君與比倫。

次韵竹溪舍人歲尾見贈二首

夕陽深巷叩書幃,静室鑪煙繞座霏。小别忽看春帖换,新年又見雪花飛。絲綸退食稀清暇,珠玉揮毫出紫薇。底用華鐙照虚耗,雲牋滿壁夜生輝。

不爲春泥鮮出城,豈因聽鼓厭承明。每思舊雨連牀樂,尤喜新詩似水清。青眼高歌對吾子,紅塵飛轡看群英。但須努力銜杯酒,風月吟成一再賡。

戊子歲正月二十二日聞西師大捷,生捡逆酋張格爾,喜賦次吴梅梁給諫韵二首

鐵山萬丈雪峰巒,聞道捡渠及歲闌。上年除夕,我軍獲逆酋於卡外喀爾鐵蓋山。罪大豈容天網漏,恩深終負海波寬。回部之先大小和卓木爲準噶爾所執,幽縶累年。乾隆中平定準夷,釋歸故土。尋以衆叛,遂滅之。張格爾即布喇呢敦孽裔也。春隨露布風先到,星落欃槍夜不寒。兩載籌邊非得已,五烽日日望平安。

征衣莫歎雨濛濛,勝算全歸振旅中。徹兵以示無備,此逆酋所以就捡也。不用賈生誇餌致,已看吉甫奏膚公。花門無事惟驅犢,羽檄何煩更繫鴻。尚有瘡痍勞撫字,河西爭仰漢臣融。

以斑竹管貽季高,承惠新詩次和

扁舟兩日君山檥,雲水曾經洗眼來。懷古每餘篪竹恨,論書深媿扈班才。何期作傳誇毛穎,不惜裁箋費海苔。漫道此君無肉相,奇功或藉管城開。時回疆露布方至。

二月八日還園廬,次季高韵

暫息羸驂刺促勞,吟詩作字屬閒曹。客來衹訝雙扉静,坐處猶懸一榻高。砌雪乍融如過雨,湖波初漲可容刀。便須共蠟登山屐,飽看春雲變海濤。

季高復報佳章,再疊奉謝

鬥韵渾忘琢句勞,愛閒真合署吟曹。花經雨後移都活,竹到春深劚更高。摩詰工詩能入畫,僧虔鈍筆漫如刀。輸君投報多瓊玉,題品終慙啓事濤。

二月十三日蒙恩補授右中允恭紀

黼扆臨中座,絲綸下九天。地依香案近,恩許侍臣偏。優秩東寮重,清班内相聯。不才容上考,逾格竟三遷。頃以京察一等引見,越十日遂有是命。學忝諸儒後,榮叨壯歲前。紬書窺石室,載筆侍瓊筵。奉使槎隨月,還朝袖惹煙。鵷鸞欣得侣,牛馬媿承先。燕壘新泥補,龍門舊笈編。一官慙步武,兩世荷陶甄。先大夫以大考二等,由編修晋秩中允。鳳閣知文誥,烏臺緫憲權。頭銜同日拜,口勅一時宣。簪恰師生盍,裾看舅壻連。群誇冰玉品,獨喜瓣香傳。是日多鏡峰太夫子擢左副都御

史,陳石士外舅夫子擢内閣學士,同拜恩命。輦轂聞佳話,朝廷望進賢。方驚階級驟,敢負職司專。獻納名須稱,廉隅砥要堅。盟心期介石,循分守寒氈。母教勤毋懈,官箴慎罔愆。玉堂端範地,詹事署有端範堂。清切凜冰淵。

樂泉詩并序

乾隆己卯歲,張文恪公泰開直上書房,於園廬東得泉。愛其甘洌,甃以文石,屬倪敬堂先生承寬書"樂泉"二字於石。自號樂泉老人,繪圖賦詩,時皇子暨内廷諸公咸有題詠。己酉,其孫鳳枝擢守南籠入都,暇訪舊址,碑字剥落,重爲勒石,識其顛末。嘉慶甲戌,余始遊斯園,泉漸蕪没,僅餘涓滴。及道光癸未,儤直重來,泉化爲土,惟碑字可讀而已。戊子春二月,季高供奉募夫極力淘濬,深八九尺,甃石無恙。果有泉從西北石罅涌出,逾日而清澈一泓,其光可鑑,因翦除荆棘,環以新柳。數十年荒廢不治之區,頓復舊觀,信可樂也。爰賦詩紀事,且浼同直諸君子歌詠以落成焉。

樂泉老人讀書處,手闢名泉七十年。中間石碣字漫滅,阿孫念舊爲重鐫。南籠識語悉顛末,當時泉水猶依然。繄余初游剔苔蘚,甃石半没餘涓涓。因拈退之山石句,惜彼犖确非清漣。十年重到化爲土,跳珠漱玉誰人憐。東峰老榆似相識,曾見雕闌圍處圓。吾友田蘇古君子,摩挲短碣前賢企。能教甘醴出原泉,肯使清流混泥滓。雲根乍裂石髓迸,鹿盧初下銀瓶起。東鄰煎湯試古柏,西鄰食筍求新水。回思沈淪在荆棘,豈料綆汲登筵几。山桃破萼柳垂絲,正是清明淘井時。煩君書報于湖老,好寄新詩補舊碑。左田師曾濬此泉見水而止,猶未得其源也。

園花欲開時將扈從南苑,豫賞以詩

小院欒枝婀娜垂,看花須及未開時。歸來紅雪深三寸,莫怨東風爲汝吹。
幾日高樓見杏花,又看新柳拂窗紗。懸知羽獵旌旗外,紅到城南海户家。直園杏花特少,惟近光樓東一株。

莫春出游感懷

客從城中來,邀我遊裂帛。湖名。湖隄久未上,爲君著兩屐。遥山逼斜照,且復循阡陌。不知誰氏園,車馬無行迹。入門竹籬在,欹側數十尺。疊石鏡清漪,雜花媚幽僻。沿谿幾轉折,高樓出金碧。下有千垂楊,緑綫風中擲。春來老梅樹,包裹在葦席。呼僮拆視之,萬萼爭雪白。洞房何窈窕,深鏁無人闢。畫屏山水色,隱約見窗隙。階前垂釣處,短艇横幾隻。中流簫鼓競,此樂朝與夕。賓客誰最豪,明珠綴履舄。奉觴壽主人,相期保金石。歡讌曾幾日,遺之如草澤。當時意氣盛,萬金良不惜。所惜爽鳩樂,飄忽人事迫。浩歌復三歎,渺渺感今昔。不見香山老,作詩嗟廢宅。

出右安門小憩清泛園外酒家

紅板橋邊舊草堂,十年曾此醉千觴。芙蓉别後新開沼,楊柳春來已拂塘。感候忽驚禽語變,催人何事馬蹄忙。誰家池館閒無賴,花落苔深自夕陽。

春夜獨步

檢書不成寐,散步循前除。風力爲花輭,月光因竹疏。林開見宿鳥,波動知跳魚。萬慮此中淨,翛焉游太虚。

鏝觚亭集卷十四

古今體詩六十一首戊子

《萬柳堂祀鄭公生日圖》爲胡竹村農部培翬題

龍蛇夢中呼起起，天遣經神長不死。誰歟月日溯誕降，别傳分明補范史。靈均作騷述庚寅，榮緒陳經拜庚子。古人制禮重反本，直以精神契原始。農曹瓣香在司農，暇取陳編證覽揆。箋詩每繹申甫文，注禮更會桑蓬旨。謂公麟紱有明徵，宜潔溪毛修歲祀。萬柳堂開似禮堂，群賢北面覩筵几。秀眉明目儼上坐，一斛松醪薦秋水。公之高節貽三世，不但著書傳萬紙。胡君繪圖有深意，要使儒風振綱紀。不然絳帳盛絲竹，奚獨鄉閭尊鄭氏。緊余潢港望江海，書帶參差想階戺。卻慙未預戴憑席，儻許追隨孔融履。《太平廣記·康成别傳》生於順帝永建二年七月戊寅。按《順帝紀》，是年七月甲戌朔，則戊寅爲七月五日也。

初夏曉坐

買夏論園事事新，鈎簾埽石坐清晨。遊蜂抱蘂時穿户，啄木銜蟲不避人。緣砌竹萌纔解籜，點溪荷葉自跳鱗。關心更望西山雨，準辦林宗墊角巾。

送吴梅梁給諫同年觀察湖南

峨峨烏臺彦，麟鳳耀獬廌。直聲振海内，清名動天子。朝廷嘉乃績，畀以南國紀。命下賀得人，百僚咸慶喜。惟君念民莫，諮諏到弇鄙。十分未得一，何以報知己。請爲述洞庭，往蹟之所履。大哉荆州浸，吞納七百里。鼎澧各西跨，天岳實東峙。其中萬帆檣，出没風濤駛。顛沈已可慮，況乃藏姦宄。胠篋在深夜，巧於金攫市。漁舟何泛泛，結隊叢蘆檥。名爲拯覆溺，往往劫行李。呼吸生死間，譚笑忍坐視。不知鱄魚腹，沈冤誰爲起。連年濱湖地，漂蕩無定址。其害在垸田，當湖築洲沚。大者千百頃，小亦成疆理。秋來百川灌，遏而使之徙。郡縣受其衝，田廬爲傾圮。往者馬制府，察勘曾及此。厥田别官私，官存私則毁。奉行沿故事，申章煩御史。煌煌條教頒，令行禁且止。斯皆亡業民，聚族田於是。驅之將奚歸，縱焉伊胡底。除弊去其甚，思艱慎厥始。要期奠蒸黎，肯使擾耘耔。吾聞古循吏，貴目而賤耳。洞燭利害源，興廢以時揆。其要在力行,廉能任所使。訟平民乃安,年豐盜可弭。君學慕宣公,濟時式浮靡。露冕所到處,萬口流聲美。渺渺離騷國,衆芳艷秋水。采摘余懷袖,三歲香未已。願君勤愛惜,中有蘭與芷。

端陽前三日偕季高爲沙鑑塘應清楊琴僊通昶二生置酒

揚馬文章屈宋才,寫書同入漢蘭臺。時恭刊御製詩初集,延二生敬繕稿本。從今吐鳳淩雲氣,都向摹天繪日來。山館披衣朝雨落,水軒敲句夜鐙開。相看益智酬佳節,更取荷筒遞酒杯。

午日小飲呈季高

芙蓉池館雨餘天,朝退清閒似散仙。此樂與君三載共,每逢佳節一陶然。隔籬呼酒頻移席,畫壁吟詩不計篇。底用龍舟誇故事,鐃歌衹在五雲邊。月之十二日朝廷有受俘之慶。

喜黄小田儀部來都,並寄呈當塗夫子

聞道君來見恨遲,經年惆悵詠將離。便從子敬思題壁,還向羊曇問賭棋。君偕令甥唐振甫鑅來都應試。袖裏湖山看入畫,庭前梅竹想裁詩。碧筒滿酌休辭醉,池館芙蓉似舊時。

次韵佚齋師《南唐古梅》,用東坡《李公擇梅花》韵

黄昏庭鵲噪,月影暗香動。開緘得新詩,恍聽江城弄。虛堂忽無暑,冰簟寒欲涷。爲言平山梅,老厭廛市閧。欣然獨造訪,策杖屏騶從。相對兩癯仙,俯仰神爲縱。甘泉陳玉樹,吴都紀平仲。徒誇物産奇,兼及包匭貢。侈言每無驗,好古非所重。君看南唐植,至今翠羽哢。紅羅閉千春,艷曲無人諷。花開歲已暮,酒熟飲須痛。況逢太平日,羽檄罷秦雍。掣身鼎鼐旁,歸作江湖夢。戴雨拾金彈,耕煙課玉種。閒如林逋鶴,一放不可鞚。詩成獨自笑,清賞誰與共。嗟余抗紅塵,無緣騎白鳳。空吟庾嶺花,未叩羅浮洞。折枝儻相寄,想見春浮甕。

佚齋師年開八秩,次《移梅》韵寄祝二首

雙管圖成曲水園,一尊相對總陶然。洛中若續耆英會,海内應推鄭國年。耆英

會富鄭公七十九,年最高。鶵鳳清聲聞節足,古梅疏影想盤旋。祝公種樹都成抱,歲歲花開杖履邊。

竹尾梅梢認小園,椒園有梅邊竹裏臺。足音何處響跫然。王家棐几傳師法,謝氏青山讓少年。謂王子卿、謝駿生兩前輩。渺渺江楓千里遠,茫茫人海一舟旋。吳波亭上重回首,應笑紅塵壓帽邊。

題王子卿前輩澤《希右園圖》

客從于湖來,爲説湖上宅。袖中出秋水,一瀉三千尺。青山寫眉黛,遠岸橫如幘。偃蹇不入城,爲君照几席。疏林淡斜日,高下露屋脊。湖亭最瀟灑,寸寸闌干碧。兩翁佚齋師與子卿先生坐無語,翛焉筆初擲。不知身入畫,但見天水白。張公舊祠堂,落葉無行迹。豈謂柴桑里,復有歸來客。誅茅更闢徑,架竹重書額。興來賦小詩,酬唱永晨夕。憶昔虔州道,爲我貌行役。折花寄野館,緘句馳煙驛。壬午秋,余奉使嶺南,先生守贛州,爲寫《梅嶺探春圖》,復以郵筒寄詩於南昌道上。雪泥有聚散,裘葛凡六易。涪翁復高蹈,兩載湖山隔。因兹見手翰,細認樹與石。離懷不可寫,媿兹烏玉璧。先生與佚齋師各惠佳墨。

題高麓菴《三峰園圖》

輪囷古檜蟠虬蚓,偃蹇孤松覆欄楯。萬竿碧玉都可憐,吾獨羨兹三石筍。雲根寸寸秋色起,泉竇棱棱月痕引。若非蜀道失蹲象,定是黄山落飛隼。主人愛爾每下拜,顛米迂倪任嘲哂。三峰翦作四圖看,面面玲瓏步不窘。試登傑閣數池魚,直訝巉巖動窗扅。此石特立何所倚,向背由人奚必準。有如玉井古蓮花,肯學蛾眉鬥邢尹。皖江咫尺袖不去,讀畫知君意無盡。道逢奇章勿輕示,挽致或恐煩車紖。祇宜官閣對龍眠,一闋高山寄瑶軫。麓菴善琴工書,作牧於皖。

食筍齋十詠

竹徑齋南竹三叢,當塗夫子手植,遂以名。齋東南隅兩叢,西北墻下一叢,皆余所補也。春夏雨足,筍迸地而出,交柯亂葉款吾扉者,披翠而乃入焉。

南筍笑北竹,謂是黄琅玕。柯葉信不改,青翠終交攢。豈無時草木,愛此經歲寒。

老屋循竹而西,過墻而南,老屋三間,榆柳之下,園廬昔燬於火,獨此屋與近光樓巋然尚存。

老屋如老人,獨處甘樸素。何年蒼松桷,百蟲不敢蠹。相望西北樓,浮雲隱高樹。

借春陰館館當老屋之北,檐角海棠一株,高三四丈,花時與客飲酒賦詩其下,取放翁詩意名之。

欒枝雪飄蕩,丁香玉參差。海棠獨有情,年年招我詩。春陰儻可借,及此未開時。

東峰上有老榆,高出群木,下有樂泉,清泠如鏡,峰在齋東故名。

東峰雖不高,出門易登陟。泉光寫空翠,可以鑑胸臆。誰家不繫舟,逶迆此山側。峰下屋一區,程春海前輩顔曰"樂泉西舫"。

月湖門對南湖,水天一碧,園木蒙密,到此豁然開朗,顯處視月,吾於斯湖有取焉。

密林鏁頑雲,合沓不肯開。天風吹月出,落我南湖來。誰翦玲瓏玉,團團帖酒杯。

影荷橋石橋界南北兩湖之間,荷花開時,縈紅漾碧,如畫舫然。

遠望不見橋,但見花上下。蓮船横十丈,偶爾通車馬。若教解纜去,應無問津者。

見山臺橋東北水折處突起一小岡出館之背,頂若平臺,高與檐齊,登之可見西山。

西山擁高髻,向我墻頭壓。登臺忽闖露,林隙翠如插。乃知偃蹇士,可見不可狎。

藥坡岡自北而南,尾注於齋,奇石環之。高下雜植藥草桔梗數叢,挺秀可愛,花開如紫玉瓱,野鞠緣坡,入秋特盛。

桔梗比賢人,鞠華如隱士。託根幸同岑,相悦不相倚。秋風滿籬落,采摘殊未已。

雨香汫齋之後爲北湖,鏁以重岡,跨以横橋,林陰四帀,幽邃無盡。

萬緑下秋影,濕雲行有聲。不知山雨至,但覺衣涼生。晚來捲簾坐,斜日還復明。

洗硯池北湖之潃,藥坡之脚,爰有磐石,可濯可沿。

洗硯非爲硯,愛此磐石好。不用持釣竿,危坐被魚惱。吞墨自來去,水石終晧晧。

石士外舅夫子生日,用太沖《詠史》韵賦呈八首

太邱盛門第,積德由詩書。清風灑江右,層雲淩太虚。簪裾照四國,雍容麗且

都。至性式頑懦，廉隅絶苞苴。名齊穎川荀，節慕延陵吴。義田濟萬人，至今遺令圖。功成不望報，平生笑賈胡。大哉百世澤，用啓中田廬。

中田一何有，嘉樹蔭良苗。時雨潤其根，和風抽其條。二方既競美，慈明冠朋僚。夫子實邦彦，文章鳴聖朝。一乘御史驄，再珥侍臣貂。家聲亮云繼，多福躬自招。

仲舉未冠日，出語驚薛君。爲文有奇氣，志已無終軍。慨然企往哲，百家徒紛紛。威鳳羽五采，在雛已不群。衆鳥集灌木，桐竹莽難分。回翔慎所擇，養此垂天雲。

大雅久衰謝，斯文誰與居。落落惟子昂，高蹈淩天衢。獨回盧王轍，遠造班馬廬。伯牙操遞鍾，東郭濫寒竽。衆耳習嘈雜，元音溯權輿。想其殫思慮，一瞬周六虚。高情發天籟，縱筆任所如。俯仰自千古，曠焉立中區。

古人重師授，負笈越郡州。仲弓事季明，中慕匪外浮。所樂在道德，不易公與侯。一聞山木言，徑作鍾山遊。魯公導其塗，將以觀其由。姚公濬其源，遂以宏其流。

翰林近華蓋，地高名亦震。由來典籍府，宏達待畸人。埋輪豈不赫，奚煩賈董倫。一朝解繡衣，雅頌還敷陳。永荷朝廷知，拂拭出風塵。致成名山業，載筆酬鴻鈞。

中州圖書淵，河洛氣不薄。江南竹箭藪，英俊之所宅。春官萃群彦，太學慕李郭。誰與秉衡鑑，所向無空廓。頹風屏浮靡，真賞歸六籍。連年釣巨鼇，縱之遊大壑。濯鱗欣及時，濡沫憶平昔。感兹風雲力，終焉謝沮澤。

巍巍天禄閣，迴出天漢隅。校書三十年，寂若處士廬。道重物自輕，履步皆坦塗。高雲送飛鳥，涸池憐窮魚。媿非蘭蕙質，乃致藥籠儲。女蘿施松柏，情親更不疏。遂參博士席，得窺中郎書。人生感知己，安用歎菀枯。再拜祝眉壽，願公慶有餘。上佐天子聖，下爲多士模。

題喬鷺洲重禧《夢紅僊館詩集》

不用牢愁琢句工，累君南北是詩窮。金荃妙語流傳處，錦瑟華年感慨中。旅客自來憐社燕，天公何事怪秋蟲。會看詞賦淩雲氣，漢殿諸卿有薦雄。

題鷺洲《宜園讀書圖》四首

十丈紅塵壓鬢絲，黄金駿馬日交馳。片雲回首陔南館，衹有青鐙似舊時。

倦遊誰似長卿才，行見高車駟馬回。手寫瑶華十萬字，讀書終合住蘭臺。道光元年恭栞《養正書屋全集》，皆君一手寫校。

扇子湖邊舊酒樓，槐花庭院幾經秋。客心已逐鱸魚去，更奈牙籤餞鄴侯。時君仍寓壹齋舊宅。

風流公子黄辭玉，灑墨皴豪似老筌。舊雨不來雲易散，借君圖畫認江天。圖爲寸園公子所作，今寸園已侍養南歸矣。

園中近有馴鹿，或云來自諸王園邸者

深林有鹿肯來遊，得食孤鳴惜寡儔。易退卻如堂上鶴，相親聊比水中鷗。扶筇過客驚還避，騎竹群兒逐未休。何不徑歸梁苑去，堋雲深處正懸侯。

《太乙舟雅集圖》爲葉筠潭前輩紹本題，次朱茮堂京兆爲弼韵三首

西來竹馬瞻塵壒，北向雲山近卿靄。清風千里送還朝，紫陌三條語傾蓋。春明舊雨半華髮，留客重修真率會。雲車風馬仙之來，酒龍詩虎神哉沛。蓮船一葉衆星聚，歲在參井光尤大。知君此去必褰帷，道左諸生識郭太。君嘗主講平定嘉山書院。

憶昔榆關設帳日，問字車輪流水疾。獨於下邑屢留題，月驛山程隨馬膝。《白鶴山房集》有《壽陽驛懷韓文公》、《壽陽道中山行》諸詩。邇來霖雨徧蒼生，應念絃歌遺石室。聞君下車百廢舉，政平訟理聲洋溢。坐令山樞葛屨民，考鐘伐鼓娱琴瑟。豈知游刃乃恢恢，不礙論文抽乙乙。

君昔賦詩壬申秋，太乙舟畔鴻泥留。當時閉門誦七發，還以筆談敵面謀。北郭詩翁已寥落，南城亭館彌清幽。嘉慶壬申九月十九日，石士先生邀同人集太乙舟。君詩所云北郭詩翁，蓋法梧門前輩也。主人愛客轄可投，浮家宦海稱宦鷗。但使朱顔照春酒，不教蒼蘚迷前游。菊芳蘭秀忽滿眼，把卷卻憶横汾舟。

園居雨晴即事

竹粉蕭疏苔緑肥，檢書人静倚晴暉。忽驚林葉墮窗紙，信手欲拈蝴蝶飛。

剩雨棲林風有力，斷橋負水石無痕。籬邊筇竹無端響，著屐開門見鹿奔。

次韵温雲心孝廉啓封見贈二首

養親資薄宦，久旅當還鄉。寥落同岑契，迷漫衆草香。銜杯期共醉，揮扇欲分涼。不惜頻來往，相邀稻蟹黄。

青苔尋舊雨，錦瑟感華年。善舞誰知鶴，能鳴卻避蟬。高懷屬霄漢，餘事付神仙。勵志吾方媿，君詩似茂先。

得六弟書，喜賦四首

書來吾見弟，客久夢還家。爲説高堂健，如聞穉子譁。芹香添燕壘，玉潤競蘭芽。怪底紗窗下，青鐙夜夜花。琴南妹壻與二姪世庚俱入庠序。

一幅新詩寄，連珠字累千。登樓還望遠，磨盾欲籌邊。更喜桐圭詠，如披棣鄂篇。相期敦志節，先著祖生鞭。

春草懷予弟，蠻牋念老兄。莫嗟花樣變，終聽脊令鳴。碧桂群仙待，青衿弟子迎。會看寥鏡月，三影對杯傾。三兄九躓秋試而志不衰，今年科試聞列前茅，門人王生庭芷亦游泮水。

聞道征夫邇，東牀且暫安。燎鬚憐姊病，妝鏡爲甥完。野蓄須勤采，家困重急難。劬勞慈母意，如對女嬃歎。春府姊壻遠戍西陲，得旨放還，頃來書七月中可到壽陽。

常芸閣侍御恒昌惠陽城罐賦謝

飛而擇肉豈其倫，腰腹彭亨稱此身。陶穴遺風沿土鼓，山厨活火費松薪。侈言似誚卮無當，冷坐應憐釜有塵。自笑烝壺猶未熟，頓思鵝鴨會比鄰。

次韵佚齋師丁亥九日偕王子卿、邵蘭泉世滋兩先生泛歐湖登荆山二首

涪翁真是老詩豪，氣與秋崖一例高。螺磴欲穿幾兩屐，蜂窠猶認古來篙。溪邊選石閒調軫，林下分牋鬥詠餻。九月江南仍白袷，登臨那用畏風饕。

興來點筆出嵌巖，滿紙秋痕不可芟。回憶紅塵如夢墮，舊遊蒼蘚待詩劖。已因送酒開三徑，更遣行窩寄一帆。他日雪堂攜二客，未容林屋隔仙凡。

佚齋師舊居古桑書屋西鄰有井，因號井西。解組後，鄉人許小琴文深手搨井闌石刻"廉泉"二字，旁書寶祐年號，乃知爲宋井也

謝墩王認一何癡，地以人傳在井眉。試問廉泉鐫字日，可知佚老挂冠時。桑間三宿難忘爾，圯上重來偶見之。寄語鄰翁須護惜，石闌他日待題詩。

貞烈李孺人魏氏輓詞并序

孺人山東壽光人，吾師交城縣尹西園先生來田之女，前太平令、順天李石卿

炳彦之子翔墀之繼室也。生一子,舅殁,孺人從夫侍姑還都門。丁亥冬子殤,越日夫亦殁。孺人悉出匳具,爲夫治棺衾訖,遂自經,時年二十有八。此道光七年十一月九日事也。

婉婉魏氏女,翩翩李氏子。絲蘿一以締,矢志同生死。兒生未周晬,舅殁姑還里。豈不戀父母,姑老家無倚。閒關從藁砧,别淚滴清泚。父曰吾秩滿,北上當送爾。母曰女毋念,敬事夫子耳。蕭蕭北風疾,歲晏衆芳靡。一吹彫蘭芽,再吹隕連理。蘭摧心已枯,桐死長已矣。開我嫁時箱,檢我簪與珥。哀哀營櫝槥,勉勉奠筵几。上堂拜孀姑,有叔奉甘旨。朱絲斷纏緜,一絶不可起。寸心亦何憾,永念違怙恃。北海吾經師,平生感知己。昔爲受川令,惠我桑與梓。悠悠二十年,訟庭泠如水。膏腴不自潤,明慎乃遭毁。誰云報施舛,生女乃如此。鄰里共歔欷,薦紳爭歎美。僉言清白吏,家範世所企。行看丹詔錫,彤管垂信史。此節在天壤,凛凛樹人紀。作詩寄吾師,悲懷庶少弭。

春海前輩奉召還朝,仍居直園賦賀

江漢歸來氣倍豪,胸羅星斗口波濤。不求衡嶽鑪中芋,卻憶玄都觀裏桃。旅燕代飛秋幾度,寒雞同聽夜三號。籬花砌竹俱含笑,看取墻頭過濁醪。

八月十四夜偕春海昆明湖踏月次韵

曾隨查客尋牛斗,聞道支機出世間。江月載歸衡九面,天風吹到海三山。紅墻是處通銀漢,紫府何人敂玉鐶。應念高寒留不得,夜深分影照柴關。

春海將迎太夫人板輿來園,疊韵奉呈

琉璃窗户灑銀豪,湘竹簾櫳蹙緑濤。繞徑已謀揵六枳,奉觴還喜獻三桃。雨欹荷影池魚聚,風轉珂聲櫪馬號。便許幅巾堂下拜,更從公瑾醉醇醪。

春海以《山谷集》見示,再疊前韵

胎骨能追李杜豪,肯從蘇海乞餘濤。但論宗派開雙井,已是綏山得一桃。人説仲連如鷂子,我憐東野作蟲號。蝤蛑瑶柱都嘗徧,且酌清尊試茗醪。

喜晤俞陶泉太守德淵

苔岑舊雨跡斑斑,十七年來聚散間。猶憶論文共芸館,不堪回首向蘭山。先君主講蘭山書院,君時受業。芙蓉曲檻經秋冷,鷗鷺圓沙對客閒。欲翦雙箭留五馬,幾回離思滿江關。

吴門流化久滂沱,千里鳴絃禮讓多。治行已侔循吏傳,風謡先聽路人歌。别來南國棠成樹,聞道公庭雀可羅。終是勞心膺上考,劇才那用競催科。

屋後野菊盛開與春海小飲

散漫山椒石徑斜,風痕煙影亂窗紗。似憐蝴蝶依秋草,曾見芙蓉落晚霞。佳節催成連日雨,小園送盡一年花。隔籬呼酒從君醉,肯對霜螯手自叉。

十一月晦日春海祭酒以《雪後過金鼇玉蝀橋》詩索和,且約消寒雅集,是日大雪,欲往不果,次謝二首

忍凍誰披鶴氅圓,飛花先已集車氈。六街晃漾平如海,萬瓦觚棱直到天。玉蝀連雲江國夢,君初自楚南還。金魚换酒市樓煙。獨憐咫尺城西路,未許洪厓共拍肩。

歸去銀桮逐馬圓,留賓猶設廣文氈。卻慙埽徑殷勤意,偏負圍鑪煖熱天。投轄不須開後閣,灑袍且免趁朝煙。祭酒每朔詣廟,例不入直。聯唫石鼎君應笑,贏得侯生一聳肩。

次韵春海《雪中退直》

憶昔檥舟青草岸,褰衣涉雪泥至骭。白馬祠前一回首,玉龍歕飲銀山爛。三聲鐵笛裂清夢,聽鼓趨朝旦復旦。長沙送客曾幾日,鬢髮星星看已半。人生到處逐鴻爪,離合無端等冰泮。彩虹鏡下佩環入,花絮橋邊車騎散。獨開南閤召僚友,欲祭新詩以酒祼。聞君石鼓證奇字,轂轂冰斯能不鰕。更研畫理邁虔岳,楚水黔山疊几案。方今朝廷重儒術,不使賈生憂絳灌。兵銷河復官事簡,萬卷坐擁扶風幔。破臘天方雨珠玉,美年誰更占星漢。君才甚大足濟時,餘事放筆爲直幹。會須一麾彌九野,鞭策風雲謝羈絆。紛吾羸蹇適何所,僵卧煩君問炊爨。不辭白戰乏寸鐵,他日相從雪堂畔。

䜱䡾亭集卷十五

古今體詩四十七首己丑

馴鹿行

湖波抱山緑無縫,中有横岡如卧棟。不知何處馴鹿來,藉草銜花寢訛共。擇音似避車馬喧,食野每厭兒童閧。可憐孤鳴絶儔侶,此身義不辱翫弄。有時浮鼻過水涯,連舍群麚吷相從。豈因腫背怪槖駝,竟欲鳴柝驅威鳳。小園略比輞川柴,大隱不羨匡廬洞。年來海客方狎鷗,漸喜漢陰能抱甕。穿林走町任爾意,揮麈吾方事吟諷。憶昨霓旌下南苑,萬馬浮雲春一縱。歸來割鮮逮左右,拜舞銀盤識恩重。豈知騶虞意仁厚,壹發何期五豝中。君看此鹿何濯濯,來果誰驅去誰鞚。或云逸自梁王園,或云赦自官庖供。嗟予得失久相忘,蕉鹿無心還入夢。

題詩舲農部《使閩紀程詩草》二首

不羨仙槎載荔支,羨君椽筆發瑰奇。直從子美趨庭日,吟到安仁奉母時。尊甫延庚先生時由無爲州廣文薦舉入都,君使旋迎太夫人於杭州西湖,奉觴行樂,鄉里榮之。横嶺煙霞飛履舄,西泠山水照旌旗。懸知負弩經過處,畫壁籠紗有舊詩。

雲間日下兩娱親,簜節冰銜各門新。共道文章酬聖主,我知忠孝出詩人。戴憑席上譚經洽,同奉使者戴湘圃修撰。郭隗臺前相士真。解首郭生。他日一官成一集,江南獨步屬王筠。

初夏自城還園,滇生惠折枝芍藥賦謝

春明門外雨蕭蕭,如火如荼壓擔挑。千葉殷紅花富貴,一叢淡白玉逍遥。折來馬上香塵重,分到窗前彩筆嬌。昨夜顛風語檐鐵,不知離思爲誰消。

帽影鞭絲拂紫騮,小園西北是高樓。朝回足抵還鄉樂,花發渾忘下第愁。今年春闈吾兩家子弟皆報罷。婪尾春梧仍可醉,圍腰金帶不須求。喜君池館偏瀟灑,已有田田翠蓋浮。

題《温雲心詩草》

敦厚存風格,艱難有性情。青袍何日换,華髮此中生。排悶看山色,挑鐙坐雨

聲。莫教詩更好，坎壈是浮名。

韋杜城南路，芙蓉水北樓。論文一杯酒，彈指去年秋。廣厦今方闢，英詞會見收。看君有奇骨，誰爲致驊騮。

郴石硯歌并序

郴石向不製硯，硯自曾石友刺史鈺始。郴自國朝來無成進士者，進士自陳雲心起詩始。陳生之來都也，曾君遺余郴硯。余既賀兹石之遭，又歎陳生之遇合有時，爰作歌以報曾君，且示陳生。

郴之美者靈壽杖，百金未許求一竿。邇來郴筆亦銛利，誰歟割此青琅玕。曾侯治民等治石，砥礪所及皆可觀。五蓋之峰涌神瀵，下有大石何盤盤。林幽路迴人不到，歲久或爲蛟龍蟠。筕輿蠟屐偶一遇，試以斧鑿加雕剜。歸來再拜真吾友，方圭員璧森衣冠。夜深虹氣發光怪，飛度衡嶽千巑岏。湘中仙人正隱几，明月入袖光芒寒。夢回開緘得雙珏，江花邱錦紛闌干。文章有神交有道，此事奇絶驚騷壇。程春海學使夢造刺史室，室盡硯，遂懷一去，覺而寓書於刺史以爲笑。已而刺史果以雙硯餉，宛夢中所見也。春海爲詩紀事。謂侯能文善隸古，近復俎豆昌黎韓。北湖築祠薦蘋藻，報以蒼玉神所歡。郴之北湖，昌黎集所謂叉魚地也，久蕪。刺史濬而復之，爲祠以祀文公，而以張員外署、李使君伯康配焉。春海爲記，往余視學楚南，亦嘗以詩遺刺史述其事。陳生北來致侯語，云此不謝歙與端。遺我尺書兼尺璧，發匣欲試先三歎。世人緹錦寶燕石，荆璞見刖誰能完。能使郴石化爲硯，更使郴士化爲官。翻思陳生未第時，如石待琢埋巖巒。一朝成器伊誰力，百年遇合良獨難。君不見沈侯之琴堂上彈，四十餘户操幽蘭。沈秉仲道寬宰郿縣，取炎陵文梓爲琴，邑人化之，絃歌者四十餘户，亦見春海詩。又不見曾侯之硯安如磐，萬手濡染出波瀾。知侯用意殊翫物，肯以案牘歲月銷螺丸。

《笠澤叢書》題後

夙慕天隨子，曾編耒耜經。豈真甘笠澤，或亦比盾亭。阮籍非忘世，靈均本獨醒。筆牀容易辦，吾志在揚舲。

元李文仲《字鑑》題後

汗簡郭忠恕，説文徐楚金。書窺揚子瓿，字作吕家林。面目傳真鑑，膏肓得善鍼。可憐兔園册，什襲等璆琳。

晚　霽五月四日

嫩涼棲几簟,妍緑灑庭柯。夕照閒如此,平池漲幾多。石棱蝸怒出,簾隙鹿驚過。節物紛吾眼,因之夢薜蘿。

曉晴即事,呈滇生、籥亭兩同直五月九日

曉夢初回鵲噪林,披衣著屐且登臨。日光鑄雨黄金艷,雲氣吞山碧海深。隄柳馬嘶知輦過,浦荷魚戲任鈎沈。豐年景物多閒暇,況有岑苔愜素心。今日駕幸萬壽山,例不入直。

籥亭見貺佳章次答

高卧軒窗想太初,琴尊隨分樂何如。忘機竟欲儕鷗鳥,食字何妨學蠹魚。三石橋邊騎馬過,萬荷花裏對門居。壺中日月容吾隱,更擬從君乞著書。

紀遊詩和許恂甫孝廉乃釗,兼示六弟幼章

青龍橋西流水多,柳陰如水車輪過。不能迴車走城市,賦性寂寞可奈何。岑參兄弟興尤劇,邀客時時蠟雙屐。恂甫與余弟同遊。信步真成汗漫遊,無心遂得支機石。山樓水殿朱闌干,雨過湖風五月寒。不知玉帶橋邊月,可許攜琴坐一彈。沈沈雲霧春雷吼,咫尺雙龍卧銅鈕。未攀鐵索度天台,已掉漁舟回洞口。歸來三日馬頭塵,清景追摹了不真。借君詩句醒吾夢,終媿遊仙郭景純。

飼鵲行

東鄰有鵲棲庭梧,有翼不飛飢則呼。投以飯顆如哺雛,云昔墮地集於楛。豢之既久爲人娛,不能高舉天漢隅。亦不知世有飢驅,主人三歎客胡盧。一飽自足毋乃愚,此園夏居冬則徂。豈能與爾長相俱,銜枝作巢尾畢逋。稻粱之計宜早儲,霜雪至矣嗟何如。

食筍齋南竹三叢,左田師手植也。去年東一叢漸彫落,補之。今年六月復於牆東南隙地補兩叢焉,因紀以詩

幽齋長對碧玲瓏,闢徑難忘手植功。已喜清陰連舍北,更留隙地補墻東。今年雨足宜新筍,他日圖成寄退翁。料得于湖垂釣處,詩饞翻欲笑文同。

題《喬鷺洲詩稿》

秋水光中劍匣開，驪駒聲裏客愁催。詩兼燕趙悲歌氣，人有韓蘇磊落才。莫恨求珠憑象罔，曾聞買骨得龍媒。思量此事翻搔首，一擲陳琴碎若雷。

送黄小田儀部歸覲，即次其甥唐振甫韵

涪翁南去全家挈，飽噉黄山老松屑。剩有修篁守直廬，候蟲時鳥猶喧咽。公子華筵舊雨來，三年兩度看花别。憶昔海棠紅破蕾，即今蓮子房初結。流光與客互相送，咫尺雲煙隨變滅。邇來海内數耆舊，山甫故是王喉舌。蒼生霖雨願已慰，落手扁舟去如瞥。君歸且學老萊舞，養志翻笑安仁拙。况復龍章錫眉壽，文綺彫珍壓鞍埒。朝廷任子恩特殊，故使趨庭博歡悦。扶杖重遊泮水香，奉觴更酌廉泉潔。懸思明月照綺席，正是團圞好時節。春明門外騎馬客，垂柳如鞭那堪折。就中甥舅别更難，滿眼羈愁向誰説。我讀唐風瓊玉篇，悠悠汾水鄉心切。乃知人生有至樂，温嶠何爲致裾絶。

滇生惠家製豆漿，風味殊佳賦謝

輕如蓮粉重如酥，千里蒓羹滑未殊。菽乳不須求近市，玉漿何意出中厨。蕪蔞亭畔諸名將，飯顆山前一腐儒。兩事較量君聽取，吾方餉客問蒸壺。

顧篔洲《竹趣圖》

洞庭君山之篪竹，倒影能使湖水緑。武陵洞口更絶倫，筍比椶櫚不可劚。别來清夢何闌珊，手種小園三兩竿。墻垣偪仄樹蒙密，咫尺未許雲霄干。高人自與竹有素，千畝胸中飽風露。小築真成蒲石居，新吟定有琅玕句。白頭兄弟幾銜杯，寫影年年共老梅。何時夜雨連牀地，唤取東軒長老來。篔洲爲南雅先生之弟。

七月十七日感作

朝回兀坐寂寥時，客去重簾自在垂。亂葉疏蟬風不定，浮塵野馬日頻移。銀塘花落渾無主，碧海珠還未有期。誰釀瞢騰千日酒，醉人容易醒偏遲。時京兒殤，兒以丙戌歲十二月初五日生。

晚　晴

雨餘池館静,斜日在簾櫳。涼葉墮猶碧,秋花疏更紅。螘遷高處穴,蟬歇晚來風。洗盡箏琶耳,華鐘出禁宫。

獨　坐

獨坐忽沈吟,園扉窈以深。夕陽蟬世界,秋草蝶光陰。心折謝公屐,膝眠陶氏琴。無人知此意,把卷且孤斟。

送孟孜甫明經式猷歸里

廿年舊雨心交久,半載停雲話别遲。公瑾醇醪容我醉,匡衡妙語解人頤。緑槐庭院蟬吟處,紅藕池塘燕掠時。一樣歸心瞻馬首,羨君團月逐鞭絲。

題李星溪都督《洗硯圖》

曾挽銀河洗海氛,更臨曲水想鵝群。銘山刻石渾閒事,都付春波一片雲。
投筆當年爲請纓,笑談草檄氣縱横。豈知盈尺團團玉,中有風檣陣馬聲。

己丑歲八月十有九日聖駕東巡盛京,扈從恭紀

獻詩芸館昔叨榮,嘉慶戊寅秋,車駕再巡盛京,臣時以庶吉士恭進詩册。何幸親瞻鉅典成。載筆追陪三太史,鄂復亭少詹事、受次農侍讀、許滇生侍講,同以起居注官奉命扈從。屬車談笑兩書生。與滇生同直南書房。
丹陵地迥雲常護,玉宇秋高月倍明。東望鬱葱佳氣滿,媿無才力賦都京。

薊州道中曉行

銅斗聲中萬帳寒,滿天秋色上征鞍。驛鐙明滅隨山遠,沙月微茫似海寬。屈指幾時過沛里,舉頭仍喜近長安。東都父老應歌舞,十二年來望翠鑾。

渡灤河橋

燭龍夭矯破空行,碧水朱闌照眼明。飲澗雙虹晴有氣,銜枚萬馬夜無聲。衝開星斗銀河落,劃斷波濤輦路平。便欲浮槎探鴨緑,不煩鞭石駕滄瀛。

夷齊廟

行殿鄰祠宇,平原駐旆旌。舊傳孤竹國,今作萬松城。孤竹城上萬松環翠,望之如畫。海氣逼秋冷,山光助晚晴。采薇賦于役,還勵此心清。

出山海關

爲問長城幾許長,前朝曾此重邊防。兵屯滿地今墟落,禾黍連天古戰場。惟見淩河仍牧馬,不聞遼水更分疆。六龍按轡徑行處,卻望巖關是故鄉。

中前所城外行帳望海

莽莽平原接大東,海山秋色混茫中。碧天盡處疑無地,白浪飛來不爲風。遥指帆檣如立馬,迴看城郭是垂虹。出關一事真奇絶,卧見扶桑曉日紅。

行帳和滇生二首

眼前突兀浩無邊,平野瀰漫遠近連。初訝風檣來大海,漸看雲錦散遥天。四圍鐙火重城月,一片旌旗萬竈煙。共指斗車旋轉處,紫微高出衆星躔。

席裹氈包數駱駝,行縢家具兩如何。山逢好處移窗近,雨到喧時入枕多。泛宅便攜茶竈去,垂鞭疑傍酒帘過。礙眉妨帽從人笑,作字吾方詡擘窠。

策馬和滇生

路直林長水印沙,一條蹄道散成花。入群我欲儕鷗侶,出塞人呼作馬加。《漢書·西域傳》有馬加、牛加官名。咨度且須歌四牡,奔馳那敢忘前車。謂去年秋瀾覆車事。卻欣豹尾追隨共,得傍天閑五色霞。御馬有飛霞駿。

登醫巫閭山歌九言一章

昔年常讀周官爾雅文,曰醫巫閭擅東北之奇。及觀圖經志乘所臚列,玆山之美不止珣玗琪。粤若先皇臨幸戊寅歲,小臣芸館敬獻東巡詩。今皇紹統年豐而兵戢,允念遼瀋王業基於斯。上陵展慕道出山之麓,先期齋宿致禱於神祇。然後躬奉慈輿陟崇巘,辰出午旋樂不及於嬉。臣以扈從珥筆屬車後,況有二三同列相追隨。沙平路直夕陽散人影,碧苔黄葉遠與山參差。小橋幾轉短衣騎而過,大似山公傾倒習家池。須臾紅闌高下没馬足,舍馬而步前後連尻

(睢)〔雎〕。千疊萬皺一一逞幽詭,天巧所設翻似人工爲。何年老蚌剖胎出空洞,大珠小珠迸落聲淋漓。是曰聖水之盆極奇勝,放悲玉女洗頭來相窺。青松或偃或立出石罅,石爲松骨松乃爲石姿。更上一亭懸崖若戴笠,中有大海萬里天四垂。乃知曠觀亭名目力窮宇宙,芥子一粒足以納須彌。嵁巖怪石欲墜不得墜,上有太古履跡如纍棋。以掌代蹠側身俯而上,仰矚壁字鑱刻何其危。其右一徑轉而出山背,可以排雲闢而睹仙碑。予方悄然撫膺長太息,二僮已如猿猱不可追。回視來徑蜿蜒只一綫,紅墻界處始覺銀河卑。欻然長嘯徑欲叫虞舜,不知金泥玉檢何處遺。仙蹤隱蹟事遠末由證,獨惜藏書之室無人披。方今聖德邁古耻封禪,名山祀典風雨爲民司。故都父老日夜望東駕,延頸跂踵如聞嵩呼辭。吾儕躬逢鉅典侍遊幸,攀躋所到悉是君恩貽。笑彼史籀談遷之文字,摹繪漢之豐沛周豳岐。題名蘚壁怱怱吾未暇,記取歲月己丑重陽時。

老邊曉行

白板沿村屋,朱闌跨水橋。海雲晴帶雨,沙月夜連朝。古戍三關險,秋原萬馬驕。時平無戰伐,邊柳自蕭蕭。

滇生有馬逸於道,操轡者睡而未之覺也,醒乃得之戲和

臧穀亡羊未易禁,睡蛇鈎去又重尋。脱羈或爲求芻急,入埒終應戀主深。拂拭細看官字印,馳驅聊試宦遊心。嗟予得失相忘久,一笑從君塞上吟。

夕發上夾河度瑪爾敦嶺,夜抵夏原三首

曉發蓮花背,夕投樺木岑。一日兩程。煙嵐絢斜日,紅碧助秋陰。石亂馬蹄碎,山空人語深。不知幽絶處,何路可登臨。

明月自太古,碧山非人間。天風下秋影,動摇襟帶間。忽聞澗水落,知有虹橋彎。翻思昨夜雨,不似此聲閒。九月十四日夜過薩爾滸嶺,大雷電雨雹。

天高夜氣下,野燒無直煙。化作山半雲,流爲澗底泉。月華凝不動,海水空復連。但向此中去,疏林無盡邊。

永陵侍班恭紀

萬古葱蘢氣,如天覆九圍。山川長拱護,雲日共光輝。神樹秋逾茂,慈烏曉自

飛。聖情哀感切,霑灑侍臣衣。

九月二十六日蒙恩賜胙恭紀

几筵匏豕溯淳風,詔許儒生拜賜同。敢道文星聯將相,群霑湛露及椅桐。受釐漫用誇前席,作頌還應陋閟宫。退食從容迴眺處,鳳凰樓上日初紅。

姜女祠

姜女祠前秋草生,望夫石上淚縱横。亦知精衛難填海,誰遣蒙恬更築城。遺事至今傳莫定,靈風終古恨難平。依依最是關山月,猶作蛾眉送遠行。

盧龍道中曉行

獵獵霜風吹帽偏,疏林雪後轉清妍。溼煙帖地明於水,殘月黏天薄似緜。路遠漸能諳馬性,囊空翻喜得詩箋。朝來攬鏡真堪笑,何處重尋僕僕仙。

十月十八日夜發柳新莊大雪,已而月出,林巒如畫

幔城行漏夜深催,蠟炬凝煙凍不灰。撼枕山風初吼罷,鈎簾海水忽飛來。四圍花樹村墟合,一綫銀灣閣道開。共喜灑塵還兆瑞,泰平天子上陵回。

同雲輾破月輪明,彈指琉璃世界成。白浪排空山突兀,紅橋界水路縱横。風前亂舞摇銀海,林表微開轉翠旌。坐待燭龍銜曜出,不愁城郭曉寒生。

䜩䚀亭集卷十六

古今體詩四十四首庚寅

庚寅新正十有三日初移園居,簡滇生、籥亭

秋仲賦于役,冬初返予宅。雖與風塵辭,而苦湫隘迫。九衢車馬喧,竟日不煖席。人情重往來,公退須謁客。崢嶸歲華新,春氣噓紫陌。不知爲底忙,但見駒過隙。一夜東風緊,積雪連山白。出城向西笑,川原忽開闢。日莫款園扉,修竹依然碧。坐我窗前几,披我几上册。添我瓦鑪火,永我青鐙夕。舊雨兩三人,喜氣上眉額。巢鵲亦有情,唶唶繞屋脊。似憐曉山色,催我著履舄。翻思抗塵容,忽若脱籠翮。指樹訪前湖,折花出左掖。便當續舊遊,重埽莓苔迹。

月夜踏池冰歸食筍齋

夜深明月照積雪,雪覆冰池人不知。但見光明白地中,一條界破青琉璃。我欲穿橋向東折,愛此寒玉團團姿。人影履迹不到處,負冰惟有潛魚窺。歸來砌竹摇參差,繞壁呼鐙看舊詩。忽憶夕陽樓下句,狂歌醉墨使人悲。去年程春海和予詩有"踏冰重上夕陽樓"之句,今春海奉諱南歸幾一載矣。

和籥亭《春遊雜興》六首

春來惆悵是冰消,隔斷玻璃路一條。縱有石橋三兩折,緑波相望對門遥。

今年積雪未生塵,蘋藻依然沍澗濱。行過桃花孤嶼外,尋常衹是望洋人。

瓦鑪活火校書天,筆研安排共几筵。一笑登樓得清曠,西山了了落窗前。

東風料峭弄輕寒,花信多因閏歲寬。欲借春陰護三月,海棠留作夏初看。今年三月將有扈從之役。

竹翠侵階水繞門,幾家茅屋似山邨。隔籬但許頻呼酒,抱甕何煩别灌園。

塵世常逢笑口難,詩懷肯向素心闌。羡君下筆驅春色,無數銀花擁鳳鸞。

二月四日雪中張麓門舍人延闕招同年飲,即席次鄭雲麓開禧韻

銀杯逐馬到門前,雪影摇鐙照屋椽。不獨醇醪能醉客,相逢舊雨已忘年。清

談灑灑風生腋,歸路遲遲月上弦。便擬從容叩詩社,未妨疏嬾向花甎。

觀東坡《武昌西山》詩墨蹟,次韵紀之時恭校《石渠寶笈》書畫。

米顛醉墨如新醅,天上桂枝能手栽。茅屋秋風寫山谷,筆蹤瘦勁森寒梅。元章《桂枝》詩兩帖、山谷書杜陵《茅屋歌》墨蹟,皆《寶笈》所藏。西清書畫飽眼福,插架萬軸山崔嵬。坡公此書更超絶,世俗所見真輿臺。長劍玉佩正兼跛,古香溢紙無纖埃。岑跋感歎具顛末,詩尾岑象求跋。崚嶒五嶽胸中堆。後之作者樓與李,詎免贋鼎充雲罍。樓攻媿、李懷麓兩詩俱次蘇韵,李詩似贋書。當時金鑾對玉署,白頭憶舊西山隈。作歌遠繼猗玗子,徑欲鏟彼蒼厓苔。如何承旨鄧聖求老而悖,紹述之論從兹開。鄧李清臣比周黨禍起,朝野正氣遭殘摧。公詩豫防猳鶴怨,重以友誼敦陳雷。請看行間氣鬱勃,墨瀋猶挾松濤來。願公且勿弔屈賈,黄鶴鸚鵡同堪哀。

題張詩舲《西山紀遊》詩册

十年未踐煙蘿約,一笑看君策杖還。誰料玉堂相對直,髯翁詩已滿西山。

次韵詩舲《西山寺海棠》,憶吴蘭雪丈

看花君道山中樂,不肯紅塵插雙脚,坐聽松濤灑西崿。歸來笑我園海棠,花時蜂蝶春風香,衹恐山中無此忙。黔西詩客老相識,白首對花應我憶,記取墻頭好山色。蘭丈前年飲我花下,賦詩投贈。

和陶《移居》二首

自我宦京師,十年四徙宅。嘉慶己卯居鐵門,庚辰居珠巢街,皆在宣武城南。道光丙戌自湖南還,寓城内本司衚衕。今移居嬾眠衚衕,復出城南。凡四徙而爲庶常,時館居賓席不與焉。城南釣游地,樂此永朝夕。先君舊寓鐵門,余生長於是,年十三始歸里。無端適南國,舟車日以役。歸來入城居,避喧思煖席。於今更幾載,僕僕猶似昔。不如尋舊廬,無爲歎離析。

終朝望白雪,感彼周道詩。板輿旦夕來,何以懽樂之。比鄰有親舊,巷南即石士外舅宅。聊慰千里思。嘉蔬薦芳醑,言笑無已時。粲粲園中華,春暉照耀兹。含意若有待,東風不吾欺。

次和朱文正公《蘇嶺題壁》詩三首，爲王畹馨中丞紹蘭題《空山古寺殘詩感舊圖册》

一代文章伯，謀猷照汗青。鑄人金在冶，説士水懸瓴。職重周山甫，名高漢客星。今看題壁句，猶憶使車經。

蕭寺紗籠碧，遺文管鏤青。蘭亭藏古繭，竹瓦護高瓴。二老曾聽雨，諸生若散星。獨餘書帶草，辛苦爲箋經。文正詩一首題云《乾隆己亥典試過蘇嶺寺》，注："壁有竹君家兄庚寅過此一聯。"二首題云《庚子視學經過疊前韵》，注："將與家兄交代，予庚辰、甲申、己亥、庚子往來五經此矣。"三首題云《癸卯使旋三疊前韵》，注："先兄竹君庚子冬留聯真蹟也，見之黯然。"

感舊頭俱白，題詩眼尚青。精廬歸許鄭，南陔中丞退老所居。古器寶缾瓴。地剩槃陀石，人瞻戴斗星。風篁山寺路，披卷似曾經。朱竹君先生聯語云："雲石江將疑字渕，風篁嶺若誤髯蘇。"

敦甫先生與及門讌集花之寺龍樹院，用東坡《西湖》韵賦詩見示，次韵奉答

斜日滿簾絮飛雪，光風入坐春生頰。開緘示我兩篇詩，花氣酒香門清烈。頻年使節挾風霜，歸鞍猶戴星煌煌。尋幽忽造花之寺，觴詠能容點也狂。顧杏樓疊坡韵二十餘篇。瘞鶴山前風浪惡，誰就僧龕覓蔬藥。聞公月下放舟回，若較坡翁遊更樂。先生今春自閩使還過江，與鍾仰山侍郎月夜遊焦山賦詩紀事。歸來載酒有門生，老眼看花分外明。杜曲便思從履舄，蘭亭何必羡琴箏。

翁二銘宫允心存疊韵見和次答

海幢寺裏談粤雪，妙語真能解頤頰。曩余典試粤東，瀕行阻風海幢寺，與僧談南中氣候，僧云"自南漢雪後直到如今"，余歎其語妙。别來滚滚馬頭塵，翠羽梅花夢馨烈。君昔校士懷冰霜，海邦衿佩容煇煌。傳經爭受文翁業，拜石還追米老狂。君於粤東試院老榕根下掘得米元章詩石，乃蘇齋求而未獲者，因作《藥洲訪石圖》。吟詩作畫殊不惡，籠取藥洲洲上藥。歸來講席直三天，更有名泉供宴樂。君直廬在樂泉西，春海顔其齋曰"樂泉西舫"。蟹眼已過魚眼生，茶煙一縷横窗明。好攜天上小團月，來聽金沙沸玉箏。

題楊鑑泉登訓《抱經草堂圖》

憶昔弭棹九疑下，拄頰看山如看畫。君家子弟盡通經，列席鏗鏗共清話。五年始見草堂圖，中有元亭舊著書。宂尊略記漫郎宅，喬木猶存處士廬。高堂生後誰嶽嶽，楊氏能傳戴氏學。禮堂寫定更有人，口沫手胝爲商搉。平生不

知萬户侯,種竹幾竿橘幾頭。曲學尚笑公孫子,何況鴟夷老而鄙。聞君教士多禮儀,舉以治民無不宜。郡國正須漢循吏,朝廷早識楊生師。

題顧俠君先生嗣立《小秀野圖》,追次自題韵四首

茂京妙繪無由見,上吉遺圖有舊題。《秀野草堂圖》乃王麓臺臨董文敏盧鴻草堂舊本,此圖則康熙三十五年禹鴻臚之鼎所作。百四十年池館盡,落花如雪覆春泥。

分得崑山宅畔蕉,輭紅塵土此中消。竹垞集有《題副相徐公種蕉圖》詩,亦禹鴻臚筆。定知投轄留賓地,城鼓三嚴徹永宵。

古字應須問仲舒,酒龍詩虎劇狂疏。草堂終有歸來賦,敢戀清塵第七車。

小山窠石野王家,清露戎葵隱士花。留取水邨重寫本,魏坤水村第二圖《新城秀水》皆有題跋。一時佳句滿京華。圖首竹垞分書"小秀野",題詩者凡十九人。

薦士詩答徐廉峰編修寶善

君知亨甫詩,謂是八閩之張衡。閩士張際亮能詩,廉峰以書達之左田師。當塗尚書聞而歎,比之杜老逢左丞。惜不能於百寮上,誦其佳句俾之聲價增。致書門下士,太息如以手撫膺。首言蔡明經孝如朱壽昌,天壽其名嗇其生。浙士蔡壽昌二梅學博文贍,其尋父事類朱壽昌,年三十餘卒。張子今孟郊,窮以詩自鳴。當世豈無韓退之,力不足振,姑與之飲酒如澠。以上檃括當塗致許滇生侍講書中語。笑君不識公與卿,拂試騕褭加繁纓。胡琴搥碎亦何益,乃使江干野老悲此秋蟲聲。仙宫窅冥雲霞扃,欲往扣之雷砰訇。黄鵠掉頭矯翼不回顧,白鷗浩蕩誰能盟。把君詩卷心怦怦,葉龍楚鳳安所憑。君不見黔陽王宰亦奇士,衹今坎壈進退聽彼刀筆繩。黔陽令王香杜金策能詩,亦與廉峰相善。

玉峰《遂園耆年禊飲圖》爲徐廉峰題

徐君招我城南遊,飲我蒹葭水上之僧樓。袖出一匹好東絹,中有柳陰亭子桃花洲。云是君家遂園舊池館,禊事曾續蘭亭修。亭亭十二翁,壽逾彭籛儔。圖凡十二人:常熟錢陸燦、孫暘,崑山盛符升、徐學乾、徐秉義,長洲尤侗、何棅,太倉黄與堅,華亭王日藻、許纘曾,上海周金然,無錫秦松齡,通得年八百四十二歲。一僧似島可,詩與韓門酬。芋香道人宗渭亦入畫。不知禹老傳神在阿堵,但覺行止坐立一一精光浮。崑山尚書簪已投,諸公胡爲冠壓頭。江南三月半寒煖,春服稱體聊自由。湘雲老人齒最優,興酣落筆騰蛟虯。卷首"蘭亭續響"四字,後記皆錢湘雲陸燦筆,先生時年八十有三。一篇禊序具顛末,徵詩説禮何其周。惜哉當筵佳句未裒録,金閶副本誰人收。馳牋試

問于湖老,龍劍孰是真吴鈎。《壹齋集·遂圖修禊圖詩序》云:"時康熙三十三年甲戌三月三日,閲五月而司寇下世,宗渭始持圖乞請公補書詩焉。"今此圖有記無詩,廉峰言當時秦對巖先生家有副本,今歸蘇州某氏,或即壹齋所見歟。鴻臚妙筆今虎頭,雙雙豁余之病眸。頃顧杏樓水部以其高祖俠君先生《小秀野圖》屬題,亦鴻臚筆也。玉峰秀野影落酒杯底,陂塘五月涼如秋。青衫水部郎,錦思奪江邱。君筆更豪邁,宜架珊瑚揮琳璆。兩家繼美百年後,中朝文獻猶堪求。水亭鵝影竟已矣,使我掩卷感歎陳澤州。鴻臚嘗爲吾鄉陳文貞公寫《水亭翫鵝圖》時,莫能兩見張庚《畫徵録》。

送李康侯廷錫之官南安

庚寅夏閏月,李君將出守。謂予宜贈言,瀕行再三扣。君才能治劇,宰績傳衆口。下車吏不欺,坐照姦必糾。轉粟濟海艘,釃渠滋畎畝。以兹書上考,僉曰宜大受。膏腴衆所競,婞婗君獨醜。且理江漢檝,歸奏南陔酒。京華重晤言,德性益堅厚。即今典要郡,所學當不負。南安在天上,此語聞之久。其地界嶺粤,山澤納汙垢。其人多亡業,譚笑結死友。緩則蔓難圖,急則鋌而走。時議用重法,救弊亦云偶。此輩鬼蜮爲,或者飢寒誘。富人畏其脅,漸致逋逃藪。除惡固務盡,原情亦當剖。朝廷哀窮黎,意在别良莠。莠者殲厥魁,良者勉其後。此風有衰息,豈必多擊掊。下游江灘惡,剽掠亦時有。白衣摇櫓去,中夜知誰某。鳴榔捕魚者,意不在敝笱。應念行旅困,倉卒爲援手。聊書余見聞,置之君左右。利弊詎深悉,得一恐遺九。郡齋冷於水,山色滿窗牖。公暇親詩書,延訪及耆耇。君言副要腹,立志耻升斗。要爲漢循吏,推忠易俗狃。張急與烹鮮,斯理堪自取。雙旌迓安輿,南指武昌柳。一水接横浦,萬花開嶺首。君行正及時,持以獻眉壽。

《煙雨招吟圖》爲詩舲農部題,寄當塗夫子

十月燕臺雪飛絮,餞書昔憶餞公去。五月江南雨落梅,招吟今欲招公來。公去公來亦何意,閒雲作雨尋常事。九重一笑得新篇,今年閏夏,上以《喜雨》詩賜公,有"縈懷江上思儒雅,煙雨招吟逸興超"之句。鳳尾丹毫手緘寄。喧傳盛事滿京華,潑墨煙雲出米家。吴波亭上笑開口,指説葫蘆人載酒。用詩舲題句意。酒杯深處是君恩,畫扇題詩好並論。回首玉瀾圖像在,笠簷蓑袂認江邨。上有題公畫扇詩。

籥亭移居藤花老屋賦贈四首

蓮葉南頭舊對門,小橋流水自成邨。君舊居水南,余居水北。移家似被花先覺,故遣

妍紅照酒尊。

桐間柳下足盤桓，雨闌風窗得地寬。更與先生謀位置，紫藤花底起朱闌。

石壁留題墨搨無，手痕轉憶趙凡夫。趙謙士侍郎曾鐫石題名，嵌於雲塢之壁，又墨搨唐《蜀丞相諸葛武侯碑》作屏風，今石刻存而墨搨殘損矣。不須惆悵梅花落，池館誰摹八友圖。園有緑萼梅一株，見《張文和集》。

鳳皇巢在五雲西，孔雀樓高比翼齊。君新居與滇生近光樓相接。堪笑秋風來去燕，十年辛苦幾銜泥。君新舊兩宅皆余故居。

鞭吠犬詩

小園有吠犬，晝吠夜則眠。曾無禦寇勞，而有搏人權。其性惡襤褸，尤喜窘少年。行者畏其猛，次且不敢前。主人怒其横，召僕施以鞭。僕云犬無罪，吠影固所然。且恐挫辱之，後難爲用焉。僕誠爲主謀，毋乃溺於偏。吏不捕盜賊，而乃暴市廛。官不治豪猾，而乃淩愚顓。迎貓噬鸜鵒，羅雀養鷹鸇。安用爪牙爲，徒以斂怨愆。古來郅寧輩，每爲窮怒遷。酷者貪之媒，其流乃柔牽。吾願用吠犬，吠暴毋吠賢。不爲利所嗾，不爲威所跧。其犬足生氂，其人美且鬈。吾鞭不妄得，摇尾奚求憐。

題翁遂盦宫允《藥洲訪石圖》

蘇齋好古探嶺嶠，獨喜藥洲之九曜。八年手拓廿八紙，苔蘚不敢藏墨妙。猶惜米詩目未見，英光兩字收餘耀。翠榕根大抱石卧，下有驪珠沈海竅。邇來相望六十載，北翁已老南翁少。軺車小憩訪前躅，仙掌通靈疑暗召。嘉熙片碣已完璧，海嶽遺詩尤絶調。年深木石互胎骨，力盡斧斤開窅寮。口鉗手畫辨疑似，細讀沈思忽狂叫。海氣瑰奇夏雲起，乾文錯落星芒照。想當興酣落筆際，再拜呼兄顛可笑。留將年月補志乘，收入畫圖資詠嘯。王禽隸古羽皇字，異境往往闢幽陗。獨怪此石君家物，搜採不許旁人剽。若使蘇齋得見此，始願頓償夫豈料。玉堂珠殿事奢靡，柱礎鑪香付憑弔。蠻邦遺蹟那足數，賴有斯文重邊徼。看君用意在沈滯，肯使泥塗尾終掉。

遂盦跋云：羊城試院東偏有池一泓，南漢藥洲遺蹟也。池中有九曜石，其一在藩署，上刻“藥洲”二字，左行書米黻元章題*，不著年月。在學署者僅存其八，宋元人銘刻。池東一石最大，高可二丈許，上有掌迹長尺二寸，不知何時

---

* 米芾，初名黻。

僵卧水涯,老榕踞之,廣蔭數畝。舊傳石背有米詩,然榕根纏絡不可尋矣。蘇齋老人視學兹土,凡三任八年,搜剔石上題名,拓得二十八紙,都爲一卷,附《粵東金石略》後,辨論最精,獨以未見米詩爲憾,有句云"不知米老詩句刻何處,想在老榕巨根内",又云"未知老榕脚下字,後來誰則代我摹"。然《藥洲摹米石歌》則又謂"或云題名即詩處,或云斫竹親見之",蓋亦得之傳聞,未能測實也。余以道光乙酉冬來持使節,丙戌嘉平試惠循歸,軺塵甫息,乘池水方涸,爰疏淤剔石,凡蘇齋所品題者一一摹拓。惟仙掌石上陳九仙隸書一段,舊止拓得三行有奇,其兩半行尚爲榕根所揜,因竭力洗刷,始得全文。又思九仙題名有"摩挲蘚刻誦米南宫詩"之語,意米詩必在其旁,乃復東規數尺,鑿去榕根,石骨既呈,字跡可摸,濯而出之,則元章五絶全首在焉。其文云:"九口石第一行,碧海出蜃閣,青空第二行起夏雲。瑰奇冂怪第三行石,錯落動乾文第四行,米黻第五行,熙寧六年七月第六行",凡六行三十一字。蘇齋濬池時在乾隆丙戌,迄今甲子一周,上距米題詩時,蓋七百七十有五年矣。蘇齋爲余大父行,石殆與余家有緣也。又按米題"藥洲"二字,蘇齋誤連時仲公詡等名讀之,定爲元祐元年。近阮芸臺尚書新輯通志,力辨其誤,謂米熙寧八年以前在廣南,八年以後寓跡長沙江淮間,無復南來之理,然未見此刻,故亦不能定其爲何年。今此詩年月具在,足資互證,則知"藥洲"二字必同時所題,而蘇齋所訂《海岳年譜》,攷據尚未精碻矣。信乎,古刻之可寶也。道光丁亥中秋日。

附録

按石刻第一行"石"字下有八分"植"字,與詩無涉,翁跋語中亦未及。細觀詩内"怪"字上一字有"冂"痕迹,似"植"字。當時或因石質有損,别補一"植"字於題下耶?自記。

北湖蓮曲

北湖蓮,葉田田。南湖蓮,葉如錢。南湖花遲北湖早,北湖花落南湖好。美人不見西風秋,日莫珠簾紅倚樓。

連日彭荷村、周竹溪舍人傫直,園廬過訪,感舊述懷

二十年來舊雨稀,京華塵土滿緇衣。升沈不問君平卜,老大還知伯玉非。滚滚雲煙經眼過,茫茫耕稼與心違。感君公退頻相訪,閒看西山倦鳥飛。

題周芸皋前輩凱《槐廳問字圖》

周墀史學具三長,曾憶經帷共此堂。近侍猶傳韋相宅,及門最感鄭公鄉。桐

江鬱鬱留圖畫，槐日葱葱滿屋梁。欲過元亭重載酒，玉杯蕃露總淒涼。芸皋受業于同里董文恭公。

題潘芝軒夫子《枌社奎光詩卷》，即次元韵二首壬午新正四日，石琢堂先生招吴棣華、吴藹人從夫子宴於鶴壽山房作。

臘酒春盤樂異常，梅花開徧狀元鄉。吴中四狀元同在林下。隔年豫折吟詩柬，埽徑先安坐客牀。出處無心雲在岫，神仙隨分玉爲堂。是日雪。天教此會成真率，定有星辰動彩芒。

標題墨妙仰耆英，卷首三松先生題"枌社奎光"四字。團扇家家識姓名。金帶四開添故事，白華初奏屬先生。近年吴中朝士回籍侍養者，夫子倡之，藹人學士踵美焉。身閒更覺鄉閭樂，境過難忘聚散情。披卷知公定相憶，夢中猨鶴有將迎。

石士夫子所藏八賢賸墨卷題後

漁洋詩品東岱宗，海日初出扶桑紅。世間片紙皆紗籠，後生未許輕談龍。竹垞風骨靈巖松，奇秀天賦非人功。研經搏物帝所崇，如木有柢華實充。吾邦賢相合河公，吾祖從之游辟雍。高軒日過窮巷中，今觀手書欽餘風。想見析理心沖融，惜抱老人今南豐。論文直道羞雷同，山木居士道集躬。著書不肯爲彫蟲，二老鑄人如笵銅。獨待吾師撞其鍾，大叩小叩無不容。山舟落筆噎肥穠，淡若湖水涵孤峰。此書病腕時怱怱，老驥欲騁愁風鬉。小峴數語和而沖，言衷涉樂能兼通。好古疇若蘇齋翁，圖書彝鼎羅心胸。瓊筵杖履曾追蹤，嘉慶甲戌科覃溪先生重與瓊林宴。靈光隤矣今奚從。

侍班前夕齋宿史館

左闕倚岧嶢，嚴更鑠寂寥。宫雲晴帶雨，城欜夜連朝。秉燭横青簡，披衣仰碧霄。十年清夢在，回憶鳳棲條。

林少穆前輩屬題封公暘谷先生《飼鶴圖》

豈無香稻啄紅鸚，雞鶩紛紛但解爭。愛此羽毛偏潔白，向來進退揔分明。坡公老去誰知己，逋客當時早避名。遥想茶烟吟榻畔，雙扶笻仗侍先生。

朱弦三疊有遺音，宦迹年來伴一琴。能免嗷嗷鴻在澤，更思藹藹鳳爲林。鳴皋共羡蜚聲遠，警露誰知示誡深。此去携圖過江漢，白雲黄鶴幾沈吟。

題魏春松先生成憲《讀書人家》第三圖

一圖紀主知,嘉獎虛前席。再圖存宦蹟,抗論伏左掖。白髮青山老讀書,而今又見第三圖。圖成不是誇榮異,中有平生感恩淚。似聞先帝識揚雄,無復勳臣輕賈誼。邇來題詠徧西湖,萬卷丹黄留細字。門生子弟擁籃輿,聽話三朝眼見事。湖上人家住畫圖,梅山伴爾孤山孤。回思槐市讀書處,秋影天邊寄園樹。我昔題翁馬塍花,八年南望空歎嗟。問奇便欲負書去,認取疏籬老樹家。

䙴䜣亭集卷十七

古今體詩四十五首庚寅、辛卯

自題《䙴䜣亭圖》并序

《顔氏家訓·勉學篇》第八:"吾嘗從齊主幸并州,自井陘關入,上艾縣東數十里有獵閭邨,後百官受馬、糧在晉陽東百餘里亢仇城側,並不識二所本是何地。博求古今,皆未能曉,及檢《字林韵集》,乃知獵閭是舊䜲餘聚,亢仇舊是䙴䜣亭,悉屬上艾。時太原王劭欲撰《鄉邑記注》,因此二名,聞之大喜。"按今太原縣,故晉陽也,北齊移晉陽縣於汾水東。䙴䜣亭在晉陽東百餘里,當即今壽陽縣地。余嘗愛其奇字,取以自號,擬築亭以復古蹟。宦游十餘年,斯願未遂。芸皋前輩爲寫此圖,潤山繼之,遂成二妙。合裝長卷,并紀以詩。

誅茅何地起三椽,潑墨無心得兩箋。畫裏似聞人失笑,谿山如此不歸田。

西華南衡踏碧巉,醫巫閭頂倚松杉。袖中萬里青山色,卻向秋窗夢鷲巖。壽陽有鷲巖,見《隋書》。

卻略嶺高堪築樓,同過水小劣容舟。如何一片團團月,衹爲行人照馬頭。"馬頭惟有月團團",昌黎《次壽陽驛》句也。

擬乞閒身奉板輿,太行雲下有吾廬。問奇便學王君懋,盤肉都空且著書。

庚寅歲七月蒙恩予假回籍省親,慈心感慰,舊疴漸瘳,敬紀二首

每媿春華學未優,時官右庶子。不因蒓菜始思秋。陳情一表君恩重,具摺請假三月,蒙恩面諭,多給一月假期。違養三年子職羞。司馬尚存家四壁,士龍仍住屋東頭。回看滚滚黄塵裏,皂帽歸來得暫休。

宦轍年來徧兩京,去年隨扈盛京。登仙無意羨班生。相逢鄰里驚鬚髪,已被兒童問姓名。菡萏園中餘水檻,䙴䜣亭畔數山程。幾回欲賦池塘句,更擘蠻箋慰老兄。三兄詩有"小臣何幸得榮名"之句。

中秋對月

不見北樓月,經今十二年。停杯一相問,何似馬頭圓。

崇福寺塑像歌,用東坡《天柱寺維摩像》詩韵

憶昔作記陀羅尼,寺幢顛末曾言之。寺有唐石幢,鐫《陀羅尼經》,蓋中宗時所造。今觀兩

廡所塑作,天巧亦復非人爲。乃知象教力廣大,不僅毛角參兔龜。自從化人來西域,導源炎漢流陳(隨)〔隋〕。有唐畫手數道子,下筆萬變神不疲。楊家摶土技尤絶,維摩像唐楊惠之塑。如龍象中蹲老羆。後來劉鑾亦能事,燕寺遺蹟人皆知。金剛妙相歷千劫,本無所成於何虧。栴檀一片已灰盡,百草亂門吟詩髭。拈花古佛笑無語,笑我欲敂維摩師。

過故人周秀才維新里居

坎壈恒多壽,天胡靳此人。青山餘四壁,白髮有雙親。落日柴門静,荒煙墓草新。婆娑老槐樹,爲爾一傷神。

原憲貧非病,匡衡説解頤。别離勞夢想,生死盡交期。有子差能立,無田實可悲。楹書塵土滿,寂寞欲傳誰。

秋　雨

莽莽層陰合,檐聲徹曉灟。祇愁爛場圃,那敢怨泥塗。竟日瞢騰睡,閒門剥啄無。翻思苦旱日,一斛抵明珠。

秋穫八詠

古人重守望,井里居以群。豈惟虞寇攘,且復同辛勤。況當刈穫秋,我稼多如雲。出入必以時,擊櫐聲相聞。乃知農有畔,亦如政不紛。年豐禮讓足,政成民氣欣。道路無拾遺,奚用疆界分。看畔

山田衆若梯,水田浮若舟。谿徑不成路,砅揭行堪憂。徒行猶自可,何以輓車牛。場功既已築,餘力無少休。伐木架橋梁,剷土平阬溝。豈不念勤苦,有廢必舉修。何時待雨畢,及此先綢繆。除道

新鎌如新月,纖纖不盈掬。朝没黄雲間,夜歸挂我屋。當其未磨時,弃置在塵麗。兒童竊其柄,騎馬不用竹。豈知一片影,中有千萬斛。貴人腰黄金,何如此曲木。坐聞隴畔語,已有篝車祝。開鎌

胼胝豈不勞,負戴豈不苦。老農終歲力,一笑築場圃。旱潦幸已免,穗秸行堪數。復愁秋雨多,積壓成朽腐。富家場如砥,貧家無環堵。年年爲人芸,所得不滿釜。晚菘尚可種,乞此閒田土。上場

自聞布穀鳴,裒裒直到今。常恐歲不與,媿彼好鳥音。攝殳振四野,歸來日已沈。逢人互問訊,斗酒還相斟。但願釜無塵,慰此勞者心。東鄰響夜舂,西鄰

動寒砧。更聽絡緯語,鐙前催織紝。打穀

柴門雞犬喧,炊煙澹將夕。負擔何紛紛,居人候檐隙。今年秋大熟,一畝收兩石。笓篅堆已滿,更裹牀頭席。新穀糶不得,得價無千百。但令穀價賤,指囷非所惜。似聞太倉中,紅朽陳陳積。入倉

風雨既已時,螟螣不爲厲。秋日更暄(㬥)〔暴〕,何者非神惠。萬物重報本,豺獺亦有祭。連村社鼓鳴,早晚寒衣製。我有一斗酒,緘藏已三歲。願與父老飲,艱難話生計。上以答神明,下以完租税。謝賽

秋霜百草零,秋日一窗明。歲晏農務閒,琅琅起書聲。書聲出窗户,驚起鄰房生。我本田家子,抱經不求名。風塵二十年,歸來魂夢清。兒時舊同學,鬢髮何崢嶸。終當謝交遊,守此短鐙檠。課學

消寒詠雪四首

思　雪

柴扉送客後,紙閣上鐙初。雲薄不成凍,月寒如可鋤。漸聞春信及,翻訝故人疏。鬢髮偏無賴,年來轉笑予。

聽　雪

未下先愁墮,將飛又故紆。撲窗寒玉碎,灑竹夜鐙孤。衹許幽人覺,應難粉本摹。不知松翠底,曾警鶴眠無。

卧　雪

野岸已無路,冰山安有梯。豈惟甘冷澹,且免辱塗泥。天上孤星動,門前五馬嘶。未知東郭履,可似幼安藜。

煮　雪

冷極存真味,閒多得好懷。月團原似水,火候不關柴。豈待雲漿乞,何須玉盌揩。笑他文字飲,但挹酒如淮。

石背溝紀遊述志,呈家步衢兄朝驤

石背溝在村東偏,初遊目未涉其全。但喜梯田勢高下,向陽地可容三椽。再遊乃陟南岡巔,對面儼如圖畫懸。北厓未上意未足,帀一月凡三至焉。登高四顧山聯緜,村如方罫縈一川。兹溝距村不三里,相地卜築形所便。大河湯湯横其前,緣坡爲墻柳可編。魚池雖堙泉不涸,池上樹木皆百年。由東而北折復旋,如螺蚌殼斜且圓。此中窈窕更曠朗,築室遠望如神仙。室成雜植花

木妍,徑以碎石垣以甎。竹籬柴扉互隱見,幽澗小橋流涓涓。南岡松柏栽宜先,北厓作亭高如鬈。此皆瘠土力可買,一畝不費緡三千。人生行樂各有緣,何必金谷兼平泉。況此先人所遊釣,舊物不獨存青氈。杜陵同谷遭迍邅,黄精山雪愁寒天。草堂昔日避兵處,至今父老猶能傳。十一世祖緜香府君明末避亂居此。爾來三世守寸田,貧不一飽不忍捐。知君愛此有深意,意在世業餘粥饘。此田爲兄家舊園,今漸蕪廢。余方喜母舊痾痊,君亦早晚著祖鞭。結茅相約卜他日,耦耕有志如石堅。擬築石隱草堂以復舊址。

二月晦日大雪

枕上酒槽春雨聲,破窗獵獵東風鳴。不知門外寒幾許,但訝落月窺虚楹。春陰惱人若春夢,驅去復來時相縈。夢中不見北樓雪,彈指一十三清明。登樓四望銀山平,山氣助樓高崢嶸。樓下丁香特奇絶,萬花一夜垂珠纓。回頭笑問張公子,時張石洲過訪信宿*。春色豪端已如此。急呼美酒寫新詩,莫待花枝泫春水。

莫春雪中看花,口占六絶句

三月春深見杏花,膽瓶小插任横斜。東風翦雨都成雪,窗外輕寒透碧紗。
一樹丁香萬緑珠,欲開仍怯嫩寒扶。劇憐茅屋重扉裏,賞雨無人買玉壺。
深巷春聲聽賣花,天街騎馬帽檐斜。放翁舊是京華客,世味而今薄似紗。
芙蓉池上水跳珠,食笋齋前緑玉扶。記得去年花發處,春禽滿耳勸提壺。
登樓借看四鄰花,楊柳青青村外斜。流水幾灣蘆茁笱,溼煙一抹嶺横紗。村南有紗嶺。
東風吹雪碎如珠,著柳黏花借爾扶。遥憶村南辰洞裏,萬紅雕鏤出冰壺。文昌廟左有辰洞溝爲鄭氏花田,近年特盛。

夏忠臣關龍逢故里相傳在平定州關家峪,又名龍鳳溝。張石洲*云聞峪人於斷厓得元吕左丞思誠碑,載峪有關龍逢墓,歲久湮没。此碑不見拓本,州志亦未載,恐傳聞未碻,姑紀以詩

古無忠臣以諫死,死者自關龍逢始。此局一創四千載,抗節批鱗死未已。塗山鬼泣施女笑,卑宫瓦裂瑶臺峙。當時國危於累卵,左右偷諛憚啓齒。坐令

---

* 张石洲,本集及後集中又作“张石州”。

骨鯁付湯鑊，毋乃趙曹肆讒毀。趙梁、曹觸龍皆桀諛臣。皇穹不諒余忠誠，白日昭昭那可指。忍爲逋臣逐終古，誓以昌言報天子。其言若用身不死，夏臺南巢變兩弭。比干銅盤出古冢，萇弘碧血照青史。如何孤忠久湮没，龍鳳沿訛失名氏。欲尋斷碑補志乘，摹搨無緣得片紙。我欲揭表墓前道，大書忠臣之故里。煌煌諫語勒貞珉，鬱鬱佳城奉祠祀。庶幾神靈燭魑魅，不獨恭敬餘桑梓。作詩且復紀傳聞，五嶽嵯峨方寸起。

六月二日送客太安驛，因宿道觀，觀後古松十株緣厓高下，西望五峰、龍池諸勝，慨然欲往，以雨不果，留詩示張韓二道士

古觀危厓俯十松，支離羽化想真容。觀前有傅青主篆碑"雨師還陽先生還真之墟"十字。雨師者，明道士郭静中。今遺像在五峰山龍池，石刻多傅書。卻看鳥道盤西嶺，遥指龍池對五峰。金劍飛空丹竈在，銀鉤挂壁緑苔封。雨師底事工行雨，隔斷人間屐齒蹤。

禱雨六月二十七日

日躔鶉火月下弦，十日不雨心如煎。曉叩龍祠不遑眠，撞鐘戛磬人摩肩。神宫潭潭浮紫煙，槐花繡地黄金錢。村農那解求福田，旱熯自責不怨天。科頭跣足身曲卷，祝雖無詞心則虔。父老爲余述往年，越有小旱神必憐。今兹繹繹復緜緜，神之功半行將全。孟秋之際吉且蠲，彼報此祈義各專。豈無肥牲充賓筵，神所不嗜姑舍旃。每歲七月二日演劇於龍神祠以答神貺，兹則爲甘雨之祈，例禁屠沽，義各有專也。再拜父老言誠然，誠心可貫金石堅。白雲在天龍在淵，且請少駐羲和鞭。神之愛人有微權，不見去年淘水泉。久旱淘水泉則雨，去年試之輒驗。

喜雨二十八日

春雨東風夏則否，吾鄉農諺常在口。連朝獵獵西窗鳴，風妬殘雲挾而走。細思諺語理或然，河汾大川當縣右。地氣上騰風遏之，縱雨亦微時不久。山田久旱望孔亟，有如渴者驟得酒。沾脣濡吻雖不酣，救燥何遑論升斗。神龍潤物無遠近，有禱輒施恩已厚。昨日杲杲今濛濛，不惜珠璣灑塵垢。西山雨脚勢未了，玉女攐雲忽迴首。坐取天瓢酌銀漢，一飲一石任所受。溪毛采擷答神賜，余亦奉觴壽老母。乞漿得酒旨且有，明日日辰方在酉。高堂以望雨孔殷，數日不茹葷矣。

擬昌黎《答柳州食蝦蟆》詩，即次其韵

自我來揭陽，鱗介易文貌。南烹多莫識，未暇爾雅較。鬣冠與蠔房，皮肉互潰皰。章舉馬夾柱，韓句。眼脚混泥淖。幸蒙鱷魚憐，苦厭蝦蟆鬧。投詩元協律，欲變蠻荒教。孤身落腥穢，尚寐甘無覺。君今飽炎瘴，死灰何日爆。猶然口瀾翻，講學起庠校。愚溪未云辱，地靈爲人效。平生坐讒毁，齒豁骨肯橈。正宜蛤蜊啖，久謝嘉魚罩。皤腹爾何爲，蝕月曾不稍。坡陀偶一見，王母燕以樂。椒實毛珠璣，筍皮剥虎豹。一臠恣老饕，九折見忠孝。會當侑鼓吹，爛醉送歸櫂。

古城古錢歌爲馬景廬俊修作

馬君示我新莽錢，云近得之古城側。其文貨泉不滿寸，土花緑膩青銅蝕。村農犁田斷厓下，手發十甕不敢匿。長繩絡繹三百貫，兩牛挽運猶喘息。此錢昔日應圖讖，白水真人誰篆刻。天心未厭卯金刀，玉璽雖殘歸火德。大臣耻用王氏臘，小民思覩漢官職。爭將此錢弃泥土，忍死不辱嗟來食。即今得之亦何有，鑄爲農器適相直。鄉人惡其爲莽錢，多毁之。君不見古城南，古城北，没耳金鐘無人識。吾鄉諺語。劍如秋水鏡如月，居人掘土，並得古器鏡劍之類。賀魯城高雲亂織。城名賀魯，志云北魏後始有此名。余疑爲高齊賀六氏之傳訛，今城址猶存。又不見趙家簡子墓，古檜鬱鬱圍榛棘。城東有簡子墓，舊有祠，今廢，明碑猶存。至今墓瓦即硯材，一甓何論千赤仄。簡子墓瓦可爲硯。

國士橋歌

漆君頭，報爾讎。漆臣身，報吾君。世間怨毒那有此，臣身雖漆心不死。死智伯，生中行，君臣大義疑兩妨。昔衆人，今國士，士之感恩在知己。智果諫於前，郄疵諫於後，臣不能諫臣之咎。拔劍擊衣衣如泥，臣死不爲百里奚。橋上馬，走蹩躠。橋下水，聲嗚咽。五步之間有臣血，倒流不用汾河决。

詠缾花

真珠白作丁香婢，雞子黄如小水仙。野花有真珠白、雞子黄二種，風致明艷可愛。更著游龍紅一穗，泥人秋色紙窗前。

秋 花

衆花鬧熱君獨冷,人爲君憐君自幸。不能向人作嫵媚,强鬥時妝必遭屏。夭桃穠李春風時,黄金買盡先開枝。君獨何爲在空谷,白露團團已如玉。聞道鄰人來送花,對花不語心歎嗟。金堂玉砌知多少,付與東籬處士家。

中秋日拜别先大夫墓

不覩音容十七年,拜辭馬鬣涕潸然。亦知勇退爲長策,其奈飢驅更著鞭。母病乍瘳增喜懼,君恩粗報敢留連。回思去歲還家日,一夢瞢騰月又圓。

辛卯歲九月奉母來京銷假,蒙恩仍直南書房,恭紀四首

那期寸草更逢春,雨露都歸大造仁。因病得聞臣有母,受恩思報汝何人。版輿自幸慈躬健,藥裹猶煩聖念諄。聽到温綸再三錫,感深奚止涕霑巾。九月六日七日疊蒙恩詢臣母,諭以病痊後慎重服藥,並命臣母明年夏就養直園,體恤周至,感激難名。

出都猶憶雨滂沱,跋馬衝泥夜渡河。廿載浮名真畫餅,一官深悔久奔波。離腸繾綣交情重,驛路崎嶇客夢多。今日奉觴還詣闕,較量此樂竟如何。出都時僚友各饋上藥,是以慈體奏效甚速。

安仁已喜賦閒居,況許春暉近直廬。嘉樹成陰烏繞處,舊巢未埽燕歸初。重來天上陪簪筆,早向山中拜賜書。假中蒙恩賜御製詩初集並《平定回疆戰圖》。便拓軒窗迎竹笑,碧琉璃水萬芙蕖。

回思慈母舊痾痊,鶴算分明錫自天。一語恩深如再世,九旬假展頓經年。去年請假,恩諭云"汝母年未七十,此病易痊,從此康强可至八十九十",並於三月假外加賞一月。假滿復經曹太傅相國據情面奏,蒙諭俟伊母病痊再行來京,特恩展假,不限時日,尤夢想所不到也。綵衣帣鞠鄉人羡,白髮劬勞聖主憐。自是生逢仁壽宇,不材何以答陶甄。

䜭䜣亭集卷十八

古今體詩五十首壬辰、癸巳

初遷翰林學士，春海前輩賦詩相慰，次謝述懷

燕有移巢感，雲無出岫心。不嗟鬚鬢改，祇訝雪泥深。媿我霑微禄，看君費苦吟。終當狎海客，浩蕩共相尋。

古調移情久，新妝入世難。著書常獨坐，話舊忽狂歡。池水龍蛇動，壺天日月寬。南華休悔讀，貢禹且彈冠。

篛亭重直南齋，疊韵奉贈

特達由宸眷，端居見道心。宦情閒更遠，交誼淡彌深。舊壘銜泥補，新詩倚竹吟。翠柯應不改，瀟灑待披尋。

負米嗟無計，歸田信獨難。誰憐遊子意，偏得故人歡。鷗鷺煙波狎，驊騮道路寬。青袍君記取，終不誤儒冠。

新葺萬花深處吾廬與春海鄰

丁香七株花照天，交柯連理爭後先。中有海棠高過椽，紅羅四垂凝春煙。其三舊植一新遷，絳宫之姝來翩然。獨有文杏出屋巔，高花未肯求人憐。桑榆槐柳皆百年，雙柏雖穉根則堅。南堂風雨不可鍵，重茅蓋瓦檐溜穿。入門忽訝衡宇連，豈必外樸中無妍。鯫生居此如鷗眠，夢裏不知三移船。余前後三入直。但指橋柱淩波圓，翦除蒲葦栽芰蓮。鄰翁一笑裳乃褰，吾與子觀清泠淵。江鄉何日秧滿田，蕭艾鬱鬱愁蘭荃。鳴鳩語燕嬌且儇，詩成欲付冥鴻傳。

煦齋先生以白菊花畫幀屬題

李廣橋邊一水斜，陶潛徑在好移家。崢嶸歲月人長健，爛漫詩書氣更華。霜雪舊交惟鶴髪，風塵殘夢尚龍沙。雕闌錦幄曾看遍，海上歸來對畫叉。先生《卜魁集》中有《龍沙物産十六詠》。

紙窗翦翦影疏斜，不比城南好事家。小飲便過重九節，新妝難買一叢華。天教彩筆留明月，人指長隄是白沙。十載門墻容立雪，敢將詩力鬥尖叉。

感事二首

水國蘆灰滿,山田蕷飯空。是誰挑瓠繭,竟爾射桑弓。敕勒歌方罷,斑斕服不同。終當膏釜鑕,且復聚沙蟲。

聞説池塘路,官軍夜度迷。同仇甘裹革,遺恨失然犀。聚米山能畫,銜枚力要齊。毋令燎原火,漸及嶺東西。

春海《濬池》詩奥思險韵,不能學步,别作北陂一篇答其意

北陂窈而曲,環山以爲界。上有吟詩廊,詩中更有畫。觀魚憶同樂,君今感且喟。闕如蟾蝕魄,斷如龜坼卦。蕪穢塞已久,清流爲之隘。君曰濬其流,必先去其稗。刮目出層翳,盪胸失纖芥。以兹三日勞,振彼十年憊。多君用志猛,能令人意快。豈惟人意快,天公亦狡獪。頓令吹垢盡,鼓以大塊噫。墨雲忽飛來,雨勢助澎湃。曉起攬明鏡,鬚髮森可怪。得毋精氣動,龍蛇走謦欬。君詩若潮海,所伍乃與噲。稍稍涉其涯,澒洞連萬派。多才信卓犖,小試輒豪邁。君看黄叔度,清濁兩無介。更看阮嗣宗,臧否口不挂。吾詩亦饒舌,雪壁慎毋疥。

雜　興

老柏拏雲根卧石,枯藤委地蔓藏蛇。泥人偏是丁香好,占盡東風只此花。

山鬼何曾攀桂樹,女蘿故自倚松枝。一從茉莉來南國,九畹芬芳那得知。

春海饋石首魚

幾日城南市,初從海上來。堆槃疑切玉,失筯怕聞雷。瘦石猶存骨,垂楊已貫腮。細看鱗甲異,恐有化龍才。

自笑鴟夷腹,真成注酒罌。惟宜三白飯,那識五侯鯖。知我觀濠樂,煩君溉釜亰。春風已狼藉,可許憶蒓羹。

望雨四月二十七日

午日烈堪畏,晚風吹更狂。坐看池水減,心惜樹陰涼。涸鮒需升斗,哀鴻急稻粱。是誰爲秏斁,真欲問巫尩。

一念通宵旰,群神舉禱祠。龍眠應再起,牛喘已多時。欲乞欒巴酒,頻勞詹尹

黿。休歌小麥熟，南國有旌旗。

春海贈芍藥折枝

葩經舊族鄭名姝，誰道花王屬鼠姑。貴客爭憐木芍藥，詩人獨詠玉槃盂。避風錦幛慙無分，聽雨紗窗幸不孤。一笑知君善相謔，綦巾那肯羡如荼。

玉面貍俗名果子貍，春海分惠一臠兼貺佳章次謝

玉雪誰憐稺子膚，文章合稱美人褕。忍飢曼倩懷桃核，送老鴟夷付酒壺。殘尾敢教琴操變，枯腸終戀菜羹𪎭。茂先博物曾相識，記取書生敂壁呼。

祝蘅畦惠固始鵝，約春海、篛亭小飲

芍陂春色濃于酒，舒雁群遊狎可籠。豈不能鳴勞客俎，故將此味鬥鄉風。中馗菌子松膏膩，百果貍奴玉面豐。便許招邀作重五，詩成還謝祝雞翁。

送胡竹村培翬同年歸績谿

古人著書不得已，書成身廢良可歎。若使勳名照竹帛，何爲雕琢愁肺肝。君嘗爲余述師授，斯語聞之汪文端。因言年少治經義，獨於三禮心尤單。瓣香欲祝北海鄭，苦讀每笑南陽韓。中年通籍習吏事，回翔鳳閣遷農官。農官急務在心計，抉剔常恐遭欺謾。即不被議且歸去，小謫總荷君恩寬。秋風蒓鱸久相待，南國鳴雁何時安。還家一笑奉菽水，賴有文字娱酸寒。君看仕宦得意人，罷官忽若無餘歡。人生得失未可較，海鷗奚事儕鵷鸞。因君致聲問匡鼎，説詩之樂何般般。胡墨莊先生近著《毛詩後箋》，聞已寫定。

壬辰八月二十四日假滿入直，奉簡程松庭前輩、池篛亭一兄

乞養惟思奉母歡，敢云雙鬢已如潘。聽多秋雨心逾冷，典盡春衣屋漸寬。人事升沈紛莫定，主恩深重退猶難。不知石隱堂前樹，清蔭何時得飽看。頃以母病乞開缺侍養，聖恩未允，更賞假期一月。

四旬免聽漏鐘催，自分朝衫著一回。初十日萬壽聖節詣園行禮。雨露不遺閒草木，禽魚仍傍舊池臺。騕褭野馬穿窗過，漸漸賓鴻踏雪來。許滇生九月初出闈，翁邃盦、程春海冬閒次第差旋。且喜西鄰伴岑寂，相呼竹徑更銜杯。

遣興三首

曾對名花把酒尊,露翻雨打不堪論。院南海棠一株,龔季思前輩自後院移植者,今年憔悴特甚。榮枯萬事皆關命,敢忘辛勤手植恩。

古桑出屋葉毵毵,霜後青黄色倍酣。衹與幽人供洗眼,霜桑葉洗眼可愈風熱,余頻年用之極效。一生從不識春蠶。

一夜西風響敗荷,曉寒添得布衾多。世間愛惡真難料,紈扇甎鑪奈爾何。

題鄭藹人之彪《西窗話雨圖》後改名廷錦。

去年聽雨北樓下,把酒村農祝秋社。今年望雨西園中,書生憂國思年豐。邇來蹤跡頗自怪,進不求榮乃求退。城南閉户動經月,歸思無端羡蒓菜。幸有瀟瀟舊雨來,升堂使我慈顔開。但向尊中問緑蟻,不知榻下生青苔。看君作圖意相似,話舊不第寒暄耳。杜陵破屋有重茅,姜子連牀惟大被。解人更有默頭陀,儀墨農克中作圖並敘,筆墨閑雅。默頭陀,墨農别號也。一幅煙雲感慨多。張公兩劍終當合,莫作王郎斫地歌。

九日松庭前輩招同篙亭讌集樂泉西舫,遂登西岡步湖上,抵暮乃歸,意有所觸,得詩二首

食蟹非愛蟹,愛此濁酒醇。酒醇能解顔,蟹美多誤人。君看手中螯,此物何輪囷。外强而内腐,戈甲徒滿身。八跪卻横行,助以雙目瞋。蹈火不知懼,濡沫猶相親。若非薑桂辛,性寒愁損神。賢哉張季鷹,但思鱸與蒓。

登高不求高,信步陟岡阜。進既無所援,退亦有所守。西山晚更緑,影入湖上柳。樓臺望不極,隱約雜星斗。僕云躋層巔,可以吞八九。路危徑漸窄,獨立誰與偶。何如履平坦,相對開笑口。歸來問籬菊,此意然乎否。

爲歙縣相國夫子題《辛丑同年三老圖》

一老調玄功,温樹不言心。虚沖一老坐東閣,巋然魯殿靈光崇。德州相國。更有一老瘦如鶴,節鉞歸來詩酒樂。南城曾賓谷先生。三老嶽嶽真神仙,世人爭以圖畫傳。胡九思作圖。畫工畫神不畫貌,五十年前各年少。共登青雲作霖雨,未許黄髮親漁釣。憶昔先皇策士彤廷開,百七十人彈冠來。高文典册盡英俊,一時得兩宰相才。南州美彦亦大器,儒雅風流膺閫寄。沙隄明月浮清尊,茅屋舊

雨生苔痕。即今老作歲寒友,同話三朝雨露恩。請觀三老圖,更讀三老詩。香山洛社盛會不足數,金石各以千秋期。相公眉壽天所眷,開府文章世共羡。已看天上寫淩煙,更説吴中畫團扇。

閏秋偕滇生、篛亭邀松庭前輩小飲,疊前韵二首

重陽兩度有餘歡,高興狂吟續老潘。坐久不知香案冷,官閒方覺酒杯寬。論兵魏相今猶健,捍水王尊古亦難。各有平生飛動意,肯將華髮鏡中看。

高樓曾記使星催,手掣鯨魚碧海回。昔歲與松庭通政宴集近光樓,今自江西學使任滿還朝三年餘矣。更喜軺車迎露冕,滇生以上考行將外任。已聞諫鼓在銀臺。十年舊雨多離合,一夜西風任往來。誰道黄花開最晚,泥人秋色是深杯。

有以盆菊貽者戲題

籬菊不如山,盆菊不如籬。本性漸已失,況乃束縛之。翦葉芟其枝,勢不得參差。竟體箯鉤絡,俯仰皆人爲。大隱久不作,小隱仍遭羈。呼僮解其縛,酹以酒一卮。寒泉爲我灌,涼飆爲我吹。居然影横斜,照我讀書帷。夜深忽見夢,四老森鬚眉。云自商山來,手持千歲芝。黄冠者前導,素衣朱襮隨。心知漢羽翼,胡爲時世姿。子房實狡獪,此事今古疑。黄石尚不見,赤松安可期。乃知鴻冥冥,不爲弋者窺。感此坐歎息,媿彼歸來辭。

十二杯歌平定張去非先生四徵爲建德令,蓄酒杯十二皆精絶,自號十二杯主人。

年十有二月,日十有二時。百年三萬六千日,我今停杯一問之。李句。不知先生飲酒輒幾許,但見一十二杯光陸離。先生寶此有深意,意與天日無窮期。醉鄉廣大詄蕩蕩,日月爲車星爲旗。酒旗,星名。江水緑於酒,江帆風自吹。偶然宦游去,去飲習家池。彈琴高卧無一事,萬户吠犬足生氂。歸來白葛巾,坐對并州兒。興酣羅列恣傾倒,滿堂動色相嗟咨。杯空酒盡賓客散,井中車轄誰爲脂。公子華筵亦好客,愛惜舊物如舟彝。鬱林之石桃花米,清節豈復求人知。此口但可飲醇酎,此杯但可容糟醨。世間醉醒清濁紛紛那可較,詩成使我悲湘纍。

題鄭藹人所藏《奇畫小册》五首

纖畫四十八葉,葉葉形容曲肖。驟開色然動容,諦審驪然失笑。

賈肆賤同燕石,書齋珍若魯璠。吃吃揚雄奇字,詹詹宋玉小言。
點染黑黄蒼赤,包羅名物象數。會參兔角龜毛,打破木雕泥塑。
寫意不求理解,拈豪猶覺紙寬。安得滿刺加鏡,方寸作方丈觀。
錦灰堆無確證,博古牌亦滋疑。其言人人殊也,吾以不解解之。

十月六日補授通政使司副使,感恩恭紀

銀臺玉署各東西,一歲清班忝再躋。翰林院在長安門東,通政司在長安門西。今春二月蒙恩擢侍講學士,逾半載復遷今職。天下表章分日進,省中樓閣與雲齊。敢云出納爲喉舌,或許登聞備鼓鼙。登聞鼓知事掌之。政事文章皆報國,校書何異對青藜。恩綸朝下九重天,喜氣如雲滿客筵。長壽花開宫錦字,老萊衣惹御罏煙。是日臣母壽辰,先一日適蒙賜"福壽長春"、宫綢一端。捧觴頓覺衰親健,返哺偏蒙聖主憐。前年乞假省親,召對獎勵,有"求忠於孝"之諭。默念洪鈞陶鑄意,致身敢負白華篇。

屋有土炕,火則燥,不火則溼,毁之重勞,乃疊牀其上,戲爲高眠詩

牀上施牀古所誚,吾獨愛此成高眠。火燥土溼兩可避,布帳忽與承塵連。元龍百尺那敢擬,太邱一榻真長懸。盆花罏茗破閒寂,矮几短鐙生靜妍。朝回午睡林鳥妬,喚起一縷横窗煙。石衢車馬聲喧闐,來往箭疾無停弦。閉門欹枕書在手,七載夢斷春江船。客來笑我似乾鵲,巢木不畏高枝顛。何如枯藜坐穿膝,曲录數尺能安禪。

喜春海前輩枉過園廬

雙龍沈沈守金鑰,琅嬛仙子春綽約。似聞老鳳遷新巢,但惜紅墻耿碧落。昨朝走馬踏殘雪,來看君家木芍藥。盆梅紅白更可憐,三萬牙籤擁香萼。清才艷福難領略,因病得閒良不惡。君言西園劇清暇,散步不插塵中脚。東風一夕池冰薄,疏林細煙出簾幕。十年舊雨幾來去,瞥眼已過雕陵鵲。西鄰送酒不忍酌,東鄰送花笑而諾。看花飲酒待君樂,君詩快比熊蹯嚼。君近作《熊蹯》詩。

春雪退直

驅馬出城西,夜半雞聲荒。枯林僵不風,星月寒無芒。秉燭啓園扉,鄰車亦已將。沈沈左掖門,出入金與張。噓吸變寒煖,指顧回春陽。三日雨霧淞,云是豐年祥。今朝雪綏綏,琪樹連宫墻。至尊御春衣,東風不敢狂。貂裘竊自笑,

瑟縮趨明光。歸來各閉户,六花飛滿牀。誰歟問袁安,且復隨謝莊。

春海和《春雪退直》之作,感舊奉酬,兼寄當塗夫子

觀魚憶濠濮,昔者惠與莊。但坐不垂釣,瘦石穿爲牀。江國一回首,巋然餘靈光。高賢何愉愉,容我詩酒狂。十年手樹木,卑枝已過墻。老鳳在郊棷,天下知其祥。應笑兩黄鵠,志欲傾朝陽。層樓照積雪,粉本林巒張。酒酣詩更豪,虹氣騰干將。誰能避嘲讒,斂此肝膽芒。馳緘報退叟,聊慰三徑荒。

次韵呈春海

憶昔青天撥雲霧,張公兩劍同時鑄。道光初元與君同日被召入直。客燕飛飛睇朱户,十年三度名園住。食筍齋前手栽樹,竹林成徑今可步。西山一笑復回顧,眼底滔滔春水注。

再答春海

客塵滿目花生霧,羨君下筆如鐵鑄。追逐冰斯闢牖户,古意駸駸那肯住。珊瑚枝柯交碧樹,世人幾見淩波步。龍蛇在壁不敢顧,凍滴蟾蠩淚空注。

離離井邊樹二首

離離井邊樹,燦燦檐角花。春風日夜吹,紅緑何紛拏。託根幸得地,灌溉日以加。豈知四郊外,茫茫天雨沙。去年夏苦旱,池涸無鳴蛙。冬雪復幾何,曾不滋萌芽。深宫念災黎,失哺如飢鴉。陳陳太倉粟,輦運出京華。側聞古龍湫,噓吸通幽遐。陰厓起蟄雷,流光飛金蛇。焚輪戢其威,和氣銷群邪。旦夕澤下尺,歡聲走犁杷。吾儕媿一飽,力不及桑麻。尚談經世略,計拙心則奢。對花那得醉,顔汗赬如霞。

皇天仁萬物,暘雨各有時。春澤已無及,夏雨猶可爲。顛風妬頑雲,日夜無停吹。蓱翳不敢號,蓄怒東南馳。遂令海塘溢,慘澹天淋漓。五行互爲沴,其咎誰執之。吾欲召飛廉,回旆驅蛟螭。活此燕薊氓,走彼旱魃兒。人情亦易饜,斟酌斗與箕。南北無異地,力不難轉移。天門詄蕩蕩,應龍守其巇。浮雲蔽白日,飄忽不可知。誰能挹江河,一濯槁木枝。諒非涕滂沱,下土何由滋。

題徐廉峰《憶壺園圖》

壺公隱一壺,巢父巢一枝。蘭成小園苦相憶,君今談笑兩得之。前年贈我寄

巢詩,放曠直與洪厓期。今年示我壺園圖,渺然秋思生蒓鱸。一瓢到處足買酒,何獨戀此空搔首。波濤滿眼江吞天,仕宦真似中流船。黄塵滚滚白駒影,此中日月長如年。憶從壺室左田師齋額。問奇字,而今看畫長安肆。亦知神仙愛游戲,奚必長房能縮地。君看東海小方壺,袖裏攜歸香案吏。近爲春海署園居曰“方壺”。

題陳登之延恩別駕《罷讀圖》,即送之官江南

讀書不讀律,致君終無術。兒生帶經鉏,徒勞不如逸。此特憤詞耳,前賢有所嫉。君胡欲罷讀,得毋慕投筆。一第安足溷,世人重得失。外觀豈不耀,虎皮而羊質。古來豪傑士,奚必此途出。君才信卓犖,家學能纂述。胸羅星宿衆,腕走龍蛇疾。文章有奇氣,談笑劍鋒溢。東南衆諸侯,好士若膠漆。別駕雖冷官,民艱諒久悉。飛鴻滿中澤,弋者尚羅畢。催科與撫字,毁譽安敢必。縱乏灑澹力,抗論何所怵。通經貴致用,糟粕固當黜。斲輪在堂下,桓公且見詰。君真讀書種,俗吏羞與匹。圖畫惜舊雨,詩酒餞春日。太邱道誠廣,願君慎名實。前旌有五馬,後車有千帙。

䜭䜭亭集卷十九

古今體詩二十九首癸巳、甲午

四月六日喜雨

瞻雲未敢冀滂沱,鎮日如絲積漸多。潤葉雨原非破塊,清塵風不動纖蘿。精誠已奠圜壇璧,雩祭後三日得雨。浩蕩應流太液波。十萬蒼生齊鼓腹,一時回首望秋禾。時京城内外賑事將竣。

直園初夏雨後聞鶯,次春海韵

小雨换新晴,宫花出鳳笙。已能回曉夢,猶自帶春聲。睍睆誰人見,啁啾衆鳥鳴。果教摶黍得,斗酒不辭傾。

題厲冠卿同勳同年《七世讀書堂圖》

萬卷傳家此鑿楹,百年喬木畫圖成。山中�何瀟灑,世上蒲輪自送迎。高屐長車梁子弟,珥貂鳴玉漢公卿。豈知七葉門閭大,衹有青氈照短檠。
君才卓犖更紛綸,郎署文章邁等倫。中壘校讎多善本,小同寫定即傳人。堂留嘉樹成陰遠,郡有廉泉識吏循。不用苦搜樊榭句,要看珠海盡還淳。冠卿時出守廉州。

題吴仲畇振棫同年《花宜館輯詩圖》

左史才名冠里閭,西泠風雅溯權輿。翩翩誰似吴公子,歷歷能譚越絶書。詩卷五朝耆舊在,硯田三世典型餘。定知點筆桐陰下,門巷時停長者車。
要使輶軒備土風,非關華藻鬥雕蟲。孟堅家學承西漢,後鄭詩箋付小同。鼓鑄總歸歐冶術,精英不廢刮摩工。卻將繪日摹天手,一掣鯨魚碧海中。
黄塵烏帽幾人閒,大几明窗坐掩關。萬里歸來湖草緑,三春送盡鬢毛斑。馬卿遊倦偏多感,謝艾文繁不可删。解識秋蘭紉佩意,女嬃山鬼破愁顔。
城南韋杜數追尋,慷慨論文愜素心。五馬一麾才卓越,十年重見氣深沈。思歸我已如汾水,感舊君方憶越吟。莫便掉頭滄海去,松雲高處有薰琴。

次韵春海閣部答舍弟幼章《園居消夏》

夏彝商尊太古酒，奇字蟠胸隱科斗。三天日月一壺内，神仙起居辰及酉。邇來放直更無事，品評花石區妍醜。當門車轍草易滿，時有馴鹿闖其牖。臺笠者誰見者怪，君園居喜著草笠。唯我與君交最久。石渠夜迴雙然藜，玉井花開三見藕。與君出入内廷皆三度。説經鏗鏗楊子行，驅馬悠悠朱伯厚。平生未除是豪氣，富貴可致羞援手。夜光沈深月含魄，雲路遼闊箕張口。忘機豈但鷗可狎，入畫不覺龍爲友。方將篆刻付童子，況肯低顔作老婦。如君圭璋乃特達，詎獨文章堪不朽。貢禹彈冠我所媿，庶幾進退無敢苟。頻年將母拜君羹，屢奉輕軒過宫柳。高花大葉雨來時，布韈青鞵公退後。君詩往往逞雄怪，談笑能令籍湜走。其言甚大意尤密，雲龍上下求吾偶。上云主恩逮禄養，下爲同僚勖職守。淋漓飛動雜感慨，華髮相看幾搔首。嗟予有弟困塵鞅，衆人爭涉卬則否。若非滄海納涓流，敢望黄鍾應瓦瓿。

季高編修重居直園近光樓，同人置酒相慶

好花如月不肯圓，圓時惆悵誰爲憐。中秋秋色亦可惜，花開無計留芳妍。紅霞貼地青翠天，上有縹緲之飛仙。市樓鐙火照不到，驪龍吐珠應未眠。譙鼓紞紞動清酌，花光水氣明空廓。浮萍聚散一彈指，歎息十年無此樂。癸未春，予與春海、滇生、季高皆居是園，比來蹤跡離合無定，至今年而復聚。西園飛蓋不可期，《詒晋齋集》有《近光樓》詩並書樓額。翰林主人來何時。煦齋相國《近光樓記》，嘉慶甲子歲作，今扁刻猶存。惟有朱華與明鏡，照人鬢鬢涼參差。年豐雨足真可喜，樓頭幾見平橋水。不惜去年無此花，但願明年花似此。

觀厲宗伯宗萬《競渡圖》即事述懷，因題其後

榑桑日出天下曉，萬頃一碧滄溟小。九龍飛舞出瑶池，五色離披逐仙鳥。陽開陰合爭後先，獨有黄龍更夭矯。騰拏宛宛從東來，銜尾群龍不敢掉。憶昔澄虚水閣涼，仙蓂一葉開端陽。至尊親御芙蓉榭，侍從齊排鵷鷺行。須臾彩鳳傳丹字，豈止驪珠三十四。雲霞駘盪曳波濤，絃管鷗鵝破空翠。羽扇香羅拜賜回，鈞天廣樂夢中催。詰朝獨鼓湘江檝，同伴爭誇碧玉杯。癸未五月朔日，上御澄虚榭，賜近臣觀龍舟競渡，寯藻與焉。次日遂拜視學湖南之命，午日賜酒傳杯，未獲躬逢其盛。聖人作事無過舉，上奉慈歡下胞與。禾黍惟思協雨暘，歲時何必沿荆楚。楚些

三年厭使軒,歸來道路喜傳言。已見錦標辭鳳液,更聞絳樹出梨園。白頭宫保香案吏,左田尚書。能説三朝泰平事。赫赫穿池教戰功,明明御馬焚裘意。當日如山衆畫工,郎世寧唐岱爭貌玉花驄。不許金明繪池水,但令殿壁圖豳風。此圖御出詞臣手,點染新蒲兼細柳。江山人物清且妍,想見饕軒豹尾後。此圖江鄉風景,蓋乾隆年間南巡扈從時所獻。御園福海午節競渡故事,道光初年舉行,旋即停止。吾皇儉德繼先皇,嘉頌無煩第馬揚。南海鯨鯢埽三窟,頃年湖南廣東猺匪、臺灣夷匪次第盪平。東吴粳稻集千航。

送六弟侍慈輿歸里

年來心似倦飛翰,投樹飢烏力已殫。親老爲誰仍跋涉,家貧惟汝共艱難。白雲繞舍看無盡,秋雨連牀聽漸寒。堂上頻頻會姻戚,頓令離緒雜悲歡。

《世德清芬硯圖》爲吴梅梁傑京兆同年題

君昔示我關雪圖,云是先人宦游之所在。鏡湖歸來有片石,墨瀋淋漓發光彩。留詒到君已三世,篋衍珍藏三十載。玉堂翰札諫垣草,巴蜀江山楚蘭茝。文章政事並落手,往往揮豪動寮寀。漢廷京兆需長才,君相疇咨久相待。君攜此硯馳而至,霖雨隨車走江海。維時畿輔正苦旱,陳粟一斛珠百琲。玄雲油然起膚寸,豐歲良田功已倍。公退從容治案牘,坐對涵星夜及亥。不知螺丸費幾許,但見閭閻流惠愷。咋君謁事蓬萊宫,顧我園廬喜爽塏。袖出硯圖銘細字,清白家風能不改。雁門舊政碑在口,吾鄉尚頌神明宰。君才卓犖繩祖武,顧盼聲華重鼎鼐。政平訟理嘯歌作,點筆秋花紅破蕾。留兹璧友事砥厲,媿無俊句供搜采。會須來訪鬱林石,更看拜舞萊衣綵。

送田季高學士視學瀋陽

玉堂學士乘使軒,鳳閣侍郎贈以言。春海前輩賦詩贈行。其言甚大有本源,如黄河水來崑崙。我欲和之舌且捫,姑以目見爲君論。三陵岹嶢俯乾坤,東望日出扶桑暾。雄關枕海海欲吞,惟醫巫閭鎮其垠。松山杏山山有墩,是古戰場雲雷屯。以錦州爲遼瀋門,疊道之險淖且瀡。馬不得渡鳥則騫,柳條爲邊孰折樊。平林蓊鬱疑挂猿,大小淩河牧馬蕃。爛若雲錦秋空翻,曩者洪承疇祖大綬兵自燔。四十萬騎無一存,遂開明堂休軍軘。二百年來文教敦,王侯將相之子孫。熊羆貔虎皆鳳鵷,六龍所至春陽温。筵几酌匏衢置罇,侍臣載車隨橐鞬。曾入宣室觀賑膰,厥初生民溯姜嫄。福禄來下鳧鷖亹,羲軒沕穆虞夏渾。士樸而秀民則惇,君以文章承帝恩。不惟其文道益尊,頃大考翰詹,君以第一人超遷學士。帝曰多士惟汝掄,落其實庇其本根。如攻堅木弃液樠,如植嘉卉滋蘭蓀。監以止水燭以燉,毋令忞忞而㫘㫘。君拜稽首辭掖垣,西其家室東其轅。蕭然行李無繫援,知君政簡心不煩。君家二方季與元,與予同里爲弟昆。憶昔夜敂黐閭村,短鐙出籬驚雞豚。悲喜聚散勞心魂,十年蹤跡相追奔。送君此去如鵬鯤,雲垂海立方騰掀。鋒車四出連脽臀,孰窺豳館登周原。君獨持節依天閽,東方之美多瑶琨。三椏五葉何幡幡,豐貂老蚌文雉鶡。惟君所取材實繁,君乃不媿庭縣貆。天禄之閣雙龍蹲,中有玉版金泥痕。東丹曾未窺其藩,君得縱觀無朝昏。坐中賓客朱輪轓,門下驊騮白腹騵。得人報國如負暄,此志耿耿不可諼。作詩唱酬比篪壎,君詩更憶芙蓉園。

題史荔園中丞譜《春郊問雨圖》

泰岱崇朝雨,秦川萬頃田。不關祈禱力,自有轉移權。問俗艱難際,勞心撫字先。喜聞漢都護,羽檄罷籌邊。

宛宛横槎渡,疏疏翠麓亭。出遊無騎從,得句半郊坰。渭北餘春樹,黔西望歲星。遥憐荷蓑叟,攀送爲驂停。

癸巳十一月二十七日雪

今年秋大稔,畿輔冬未雪。麥價既復高,百物苦燥烈。側聞齊豫間,盈尺没車轍。吾鄉太行陘,莽莽寒雲結。疆吏數馳報,皇情彌軫切。獨慮輦轂下,陽氣過發泄。靈宫一再禱,精誠已上徹。玉龍不敢睡,銜珠走如掣。曉來重陰合,風色助凛冽。須臾宫樹明,觚棱出凹凸。朝回九衢寬,車馬互明滅。是日日在癸,恰值小寒節。豈惟田公笑,想見宸志悦。丹毫灑積素,萬花鬥飛屑。飄飄謝莊衣,霑溼不忍挈。是物關民命,可以消菑孽。比年南國潦,正賦或有缺。似聞海塘潰,復恐滇池裂。皇穹至仁厚,遐邇何區别。愆陽與伏陰,斯理難剖决。在天無雨粟,在地無金穴。國用固有常,秏斁力易竭。仰惟宵旰勞,所媿廪禄竊。城南尺五近,西山晚明潔。蕭騷紙窗底,把酒心内熱。但願屢豐年,占蓍不用揲。

程春霆山水歌,即寄晉陽劉蔚文天繡

往年曾讀君家祭酒書,春海前輩。謂君六法宗三王。江南山水畫不足,更歷燕薊登太行。身所未到筆已到,真氣外溢鋒中藏。手寫白紈扇,團團明月光。佐以雙小印,古秀奪漢章。子時閒居編六枳,几硯得此如琳琅。相思三載苦未識,京國重來看秋色。芙蓉園裏藤花屋,一丈橫煙捲不得。於春海直廬見君山水橫幅。消寒共醉城南雪,江水江花照瑶席。鐵官風味冷於鐵,君時以解官鐵自晋來京。喚作畫師真可惜。太原有劉子,愛畫入骨髓。今年寄我米家紙,君亦誇其蘆鴈美。因君致聲慰所思,更須轡取一匹好東絹,請君放筆爲寫甕山玉水唐侯祠。

題春霆印譜

上窺籀史下凡將,古趣精心腕力强。寶晉珍題留米敾,行唐小字認陳蕎。不論銅玉甆兼妙,更羡詩書畫擅長。怪底奇芬出懷袖,知君篋有透雲香。

題沈聽篁編修《臺花吟圖》

舊游汗漫拔鯨牙,唾手詩成在碧紗。爛醉錦堂千日酒,笑看銀燭四時花。雪蕉艷入維摩筆,蒟醬香隨博望槎。閩島至今無戰伐,火茶銷盡出雲霞。

今日燕九日一篇

今日燕九日,車過西郊門。大隄士女何頒斌,衣服照耀雲山新。僉曰白雲觀,是日群仙臻,中有真人邱長春。凝心冀一遇,授我要妙可長存。何方道士衣結鶉,問之不語亦不瞋。瞑坐如地菌,觀者施錢緡。或攫其篚障以身,乃知仙家亦厭貧。金丹有幾許,乞與凡人吞。繡衣使者持斧巡,是攘攘者皆閒民。力欲驅之歸樸淳,道旁野叟歎且顰。憶昔旱潦歲,春郊静無人。飢來驅之去,飄風卷浮雲。但願年年歲歲作燕九,西郊門外流水如車輪。

九月八日訪吴六丈彦明於寨北,翼日登雙鳳山,留贈宣智和上

夕宿赤厓澗,西張寨舊名赤厓澗、卧虎寨,見寨北村香山寺成化年石幢。北眺雙鳳峰。雙鳳何年來,棲此萬古松。吴丈古君子,邀我登虬龍。是日日重九,青天開芙蓉。驅車響犖确,散步披蒙茸。燕麥黄不收,高低喧秋蛬。遂謁龍母祠,虚堂雲氣濃。神井深莫測,靈潭無春冬。年豐時雨足,神力彌從容。坐視賽會集,社鼓忙村農。岑樓架石厂,開窗盪心胸。全邑忽在目,四山爲城墉。芹泉向東注,壽水流西衝。廣牧城在縣北漢廣牧縣。與賀魯,城在縣西三十里,相傳趙簡子所築,亦名胡蘆

城。廢址銷煙峰。峨峨晉州寨，金興定四年以壽陽西張寨置晉州，後爲蒙古所毁，今寨尚存。虎踞留遺蹤。摹讀至正碑，有元修已重。寺古不知創建年月，有元順帝至正年碑載至元年間重修。片石覩手澤，淚墮心惺忪。追尋蠟屐迹，幽徑蒼苔封。嘉慶十六年重修，寺碑先君譔文，曾與吴丈遊此，已二十四年矣。下視五龍洞，側足不敢從。仰攀松林出，山背風濤舂。遥指靈嵩寺，石刻如窠蜂。山後村名陽摩寺，摩厓古刻甚多。余辛卯年回里，曾屬李君其芳(榻)〔搨〕得唐刻數紙，有古《靈嵩寺功德堂記》，書法似褚《聖教序》。惜哉日已西，寒雁催霜鍾。山僧乞筆札，心力余方慵。結茆會有期，留語青藤筇。

謁漢邳侯廟并序

平定州河砥鎮東里許有明靈王廟，建自明嘉靖中，祀漢邳彤。按《范史·邳彤傳》，字偉君，信都人。初爲王莽和成卒正，世祖徇河北，降以爲太守。王郎兵起，唯和成、信都堅守不下。世祖自薊還失軍，議者多言可因信都兵自送西還長安。彤曰："明公奮二郡之兵，揚響應之威，釋此而歸，豈徒空失河北，必更驚動三輔。"世祖善其言，即日拜彤爲後大將軍，和成太守如故。自此常從戰攻，封武義侯，建武元年更封靈壽侯，注：在今恒州靈壽縣西北。明靈王之封不知始自何代。舊碑作邳仝，誤。土人呼爲邳彰廟，"彰"蓋"彤"字傳寫之訛。《後漢·郡國志》：鉅鹿，故大鹿，有大陸澤。《東觀漢記》：王莽分鉅鹿爲和成郡。靈壽與上艾俱屬常山國，侯初爲和成太守，終封於靈壽，平生戰功多在鉅鹿、常山之間。今平定即漢上艾地，故禋祀弗替。道光十四年九月記。

紫色奪金刀，赤符起白水。羊頭與羊胃，四海怨更始。王郎卜者耳，假號望風靡。滹沱冰驟合，天意可知矣。奈何欲西歸，坐令成功毁。誰歟畫此策，毋乃鯫生是。侯時守和成，其勢如瘫齒。堅壁挫賊鋒，抗論排群詭。唾手邯鄲拔，傳檄定遠邇。一言足興邦，褒贊著青史。帝固赤心推，侯實曲突徙。若論雲臺功，耿賈尚非比。當時戰守地，河北望鞭箠。鉅鹿常山間，精靈往來此。上艾有遺廟，千載崇報祀。冕旒照旌旆，山河壯壁壘。攀雲橋上字，斜日重徙倚。

讀趙漢章先生宗文《蒔竹編》湖南綏寧縣古名蒔竹。

吾鄉乾隆時，學校盛英哲。秦尚志祁與趙宗文魏，象中。當時稱四傑。秦君領鄉薦，丁酉解元，與先君同榜。窮老鮮施設。著書多散亡，存者蟲鼠齧。魏以明經終，冷官勵冰雪。魏以歲貢秉鐸。先子宦京國，卅載甘守拙。詞垣與郎署，所遇輒杌隉。幸遺手澤在，每讀心内熱。先生名孝廉，治行盈宦轍。楚南歷繁劇，苗疆正驕桀。方其下車始,利弊心已決。彈琴且讀書,疑獄不待折。嶽嶽趙公祠,至今蘋藻潔。曩余使湘沅,稔知遺愛切。此編曾手讀,經畫周瑣屑。先養而後教,農蠶及緐蕝。若入循吏傳,當置文翁列。嗣君五雲承家學,遺事爲我説。歎息老成謝,俯仰增儀結。更聞訓俗編,民隱皆洞徹。全豹儻許窺,搦管待鈔掇。

山店鴿

山店鴿,爾何不向朱户棲,黄口未退思孤飛。長繩繫爾足,故巢何時歸。渴不能飲亦不飢,側翅自啄尾,顧盼臨窗扉。解縛縱爾尋常事,瞋喜難明主人意。

憩永興寺寄懷海禪師并序

禪師臨濟宗派,俗姓裴,平定人。舊居壽陽界牌西永興寺,中年受戒律於京師法源寺。歸而築室,種樹於大樂山下,重修大樂寺。足不履城市,偶爲近村療病出。有識之者,今年八十有二,身益健,道益高。永興寺僧悟環,乃其法孫也。

懸車過峻阪,磴道入迢遥。樹碧遲霜信,厓赪上鐵苗。泉聲秋更急,風力晚逾驕。悵望幽棲叟,欣逢谷口樵。

宿張氏陽泉山莊寄石洲

人事無端有愛憎,金鍼花様總難憑。亦知縮額因昌歜,何至揮絃即廣陵。象罔求珠真易易,蒙莊説劍轉兢兢。卧雲亭畔秋風起,悵觸離懷到季鷹。

晉 祠

懸甕山前碧玉水,其源側涌成兩潭。祠北泉曰善利,南曰難老。左潭渟泓若古鏡,右則鏜鎝笙鍾酣。鑿石爲孔孔凡十,七分北注三分南。南北灌溉三十里,並驅入汾如兩驂。餘力猶能動舂磨,清景不第輝林嵐。唐渠漢瀆利可溯,瑶也胡爲恣其貪。欲以狂瀾毁保障,三版未浸頭已函。乃知利害惟所用,識機不關張孟談。祠前古柏舊有二,片石手勒霜紅龕。惜哉里人翦其一,得不念彼甘棠甘。傅青主題曰"晋源之柏第一章",相傳周柏也。嗟予廿歲兩過此,倚樹聽泉心所耽。惟有善利與難老,照人須鬢真可慙。嘉慶十八年冬曾遊此,晤介菴禪師。貞觀之碑龍鳳姿,後代石刻如僵蠶。邇來二朱可共語,隸事明簡資旁參。朱竹垞《游晋祠記》、朱文正公《重修唐叔虞祠碑記》。摩抄未了墨痕半，繫戀曾無桑宿三。坡公焦山句好借，爲我佳處留茅菴。

清源東湖

東湖浩淼城東隅，城十里湖五里餘。東南北望澮容與，以城爲隄高不孤。其利蒲葦蓮藕魚，煮鹽者瀕湖西居。人情愛憎固自殊，吾兼取彼王與儲。邑人王象極有《清湖十景》詩，序云："風月無私，閑我即爲私我；湖山誰主，遊人便是主人。"知縣儲方慶有《東湖記》云："湖居邑東偏，計城市廣狹*，湖有其二焉。父老言縣故無湖，湖所占者悉平壤。曩者白石水漲，悉歸城東，外障以垣墻，而内益以泉水，故成湖。"王曰此湖信可娱，琴書一船酒一壺。醉吟不管朝及晡，釣竿往往明月俱。儲則謂湖實膏腴，以山水故成此洿。城垣外齧泉内嘘，意欲填之爲平塗。俾民有田且有廬，我來臨眺心躊躇。登城東指灌稼渠，水有所洩峰不枯。或因儲言乃決疏，王固達矣儲豈迂。西山窈窕窺闉闍，翠鬟濕鏡慵不梳。安得飛閣陵空虚，坐我海嶽之畫圖。作詩徑欲袖此湖，清景一失難追逋。

---

* 《東湖記》此句首有一"計"字，據補。

䜉䫴亭集卷二十

古今體詩五十一首甲午、乙未

書太原段帖後,即寄劉雪巖霈

霜龕曾獲手編詩,昔於晋陽書肆得《霜紅龕集》手技本。今見銀鈎歎色絲。段帖四卷太原段綷刻石,皆傅青主書。介子久除豪士氣,安民猶識黨人碑。高風嶽色河聲在,餘事雕蟲篆刻爲。異代子雲亦知己,殷勤油素更搜奇。雪巖博學多藝,酷嗜傅書,片紙必壽諸石。

趙烈女辭

烈女趙二姑,家於榆次之雙村,墓於王胡。一解

强暴者誰,閻思虎。烈女年十三,欲死冤未愬。愬於父母鳴於官,請急捕虎。二解

官曰女毋多言,女奚冤。縱虎弗治,女聲吞。三解

愬於御史臺,臺咨大吏。大吏曰女毋多言,女奚冤。縱虎弗治,縱官弗問,女呼天。四解

昔不死,冤未愬。冤再愬,逢彼怒。女有一寸鐵,剖喉代女言,剖腹代女明其苦,炎天六月尸不腐。五解

官吏恟於堂,士民讙於鄉。行人歎憤,自晉千里達都京。六解

給諫梁公中靖夕削草,朝拜疏,請逮虎。下之部,刑未施,虎已俯。官實爲之,縱虎弗治,女死有冤奚所愬。七解

煌煌丹詔,旌爾烈女,譴彼官吏,磔虎於市。八解

趙烈女,徐蔡氏,浙江案亦道光年間特旨平反者。世間奇冤那有此。九解

若非照以日月,激以雷電,覆盆之下何由見。守土者可以鑑,吁嗟梁公真給諫。十解

太安驛韓文公詩亭,用東坡《苦寒》詩韵

邊城得寒名,始自長慶年。韓公題句後,春去何時還。園花與巷柳,羞澀難爲顔。山骨故自冷,稱此冰雪篇。我行半楚粤,苦與毒熱緣。洞庭一見雪,忽如逢舊歡。脱身緇塵中,歸來卧青氈。每思經行地,昔人導我前。叉魚過湘浦,

軀黳窮海壖。大賢無不可,破荒開南天。尚説蘄竹涼,不爲荔枝鮮。狺狺成德軍,虎牙守銅鐶。一言如挾纊,譚笑行復旋。昌黎《次壽陽驛》詩云:"風光欲動别長安,及到邊城特地寒。不見園花兼巷柳,馬頭惟有月團團。"蓋使王庭湊時作也。

哭姊夫平遥閻春府庭椿

京國重相見,浮生已倦遊。豈知女嬃恨,不及大刀頭。二姊侍養太夫人疾,比還里,姊夫已逝。逾數月,又遭太夫人憂。痛我思萱草,何人助麥舟。未看婚嫁畢,且免室家憂。邱嫂憐誰倚,春府孀嫂無子,依吾姊居。孤甥學未優。田無秉耒處,書有鑿楹不。姊孝天應鑑,心强命不猶。欲言還慰藉,忍淚問松楸。時尚未葬。

示三姪世齡

脱手文章見性情,夜長好伴短鐙檠。中年憂患思兄切,後進蒼茫望汝成。才大須除名士氣,家貧賴有讀書聲。春暉報答非容易,豈爲區區一第榮。

十二月二日雪

癡雲緜緜裹白日,忍凍不放玻璃溢。東風一翦破虚空,無數春花點疏密。初憐著地吹復散,漸覺黏衣拂更疾。方員圭璧總無意,潔白分明敢自失。亦知造物喜雕鏤,故遣微陽動鍾律。今年雨足秋大有,頗怪冬暄寒不慄。老農那解問牛喘,憂喜若與三公一。憶昔大雪過牛目,劭公僵卧何由出。果然騰踊到廛市,豈暇咿唔映書帙。紙窗青鐙有客來,坐久更聞聲瑟瑟。盈尺袤丈不須論,且學尖叉鬥吟筆。

樹　稼

木乃少陽精,雪以純陰化。雨則爲木冰,雪則爲樹稼。霏空已竟日,餘力還入夜。不聞風獵窗,轉若月窺榭。陰陽巧醖釀,扶疏出穲稏。定知滕六意,欲使老農詫。旉榮徧枯朽,嘘潤及衰謝。飛燕體驟肥,嫫母顔頓姹。同氣生鄂柎,交柯得婣婭。夕秀若自矜,朝暉幸許借。乾坤入莽蕩,墟里忽閒暇。野曠疑更深,山明望無罅。斫煙斤斧愁,啅凍鳥雀駡。曉寒犯屐齒,徑滑門腰胯。茅龍衣盡換,松虯鱗欲卸。瀌瀌雖未消,綏綏漸已下。煮茗悔無計,攀枝惜復罷。歸來歌飯甕,便思手犁杷。朝衣久脱莊,詩思忽在灞。且任田公笑,無爲達官怕。

歲莫與三兄、六弟述懷,用東坡《寄子由》詩韵三首

痿人常夢起,手足聊自佐。寠兒常夢富,昔昔得奇貨。我本耕田夫,識字窮措大。一官二十年,奔走思高卧。苦逐豹尾車,濫厠貂蟬座。蕩蕩天市垣,如螘獨旋磨。親老不知歸,往事難悔過。欲説復吞聲,惟有壎篪和。

昔歲省親歸,陳情良未遲。昨歲送親歸,車輪猶可追。燕趙千里近,不隔天海涯。誰令博升斗,荏苒逾歲時。親顔日羸老,吾家安用肥。菽水有餘歡,别離無窮悲。君恩重可戀,或許再三辭。徒抱寸草心,莫答春暉衰。

種松日以長,修榦蟠虬蛇。松子落成林,新陰行復遮。歲月去飄忽,來者當如何。風塵滿天地,山居静無譁。可憐書生耳,久厭官鼓撾。青雲豈有梯,捷徑多傾斜。學道苦不早,撫時悲蹉跎。且爲勞者思,少壯言徒誇。

送六弟之館洪洞四首

骨肉悲重聚,風塵悔久淹。在家還作客,陟屺更誰瞻。養志吾何有,飢驅汝復兼。寒鐙挑夜雨,此意媿蘇髯。

姑射神仙宅,王官吏隱居。蓮花好城郭,槐樹舊村墟。吾家明初自洪洞大槐樹遷壽陽。憂患能傷性,清閒且讀書。向來離别意,只爲望門閭。

道力終能鑄,雄心未肯灰。漫追勾漏令,須惜洛陽才。鹿洞遺規在,侯芭問字來。五經元有笥,明鏡本無臺。弟方留心《道藏》。

春去真堪恨,春來衹自憐。相看花萼影,無復綵衣鮮。境爲豬肝累,書憑雁足傳。安知千里月,不似故鄉圓。時家及泉兄爲襄陵訓導,相距不百里。

聞牛鏡唐同年鑑遷順天府尹

平生頗笑淩雲賦,日莫徒成梁甫吟。長策要思民保障,大才難得器深沈。趙張前後爲京兆,元白當初共翰林。鏡唐與梅梁同年,皆以陳臬内遷斯職。不獨彈冠相慰藉,青山還有濟時心。

書院一首示六弟

書院創自唐開元,麗正集賢皆禁垣。其後南北有四大,與學校並生徒繁。主其教者必耆宿,天下乃知師儒尊。高楣大榜照城郭,賜書猶有龍鳳痕。鹿洞之規若可復,得士豈以文章論。搢紳道行利禄重,郵傳日見書幣奔。餐錢饟

粟飽遊客,精舍蒿萊無守閽。士氣斷斷師道廢,乃以標榜爲市恩。方今聖人奏雲門,四海俎豆何温温。西方諸侯尤重士,欲令唐魏風再敦。河汾教澤代雖遠,薛夫子書猶有存。平陽大邑材之藪,其華則茂實則蕃。且往從之毋多言,導河一爲尋其源。

春後水仙花

青甆文石水生苔,待得開時卻不開。應解騷人怨摇落,珊珊仙佩故遲來。

趙承旨《十八應真畫卷》爲新城涂小山桂生題

一貝葉中大千界,長眉無語意微會。杖藜者誰故饒舌,有似白鹿問布佾。海水幾時偷入鉢,彈指一瀉發光怪。若使天龍並無角,赤手緣何控其背。老衲點頭見已慣,少年故自喜狡獪。豈知大慧不用呪,獨立拈花静生態。偶然騎虎出送客,三笑竟破虎溪戒。翻身幻作師子吼,得毋忘身未忘愛。揮麈卓錫尚有情,唯有無情無罣礙。嗟君何處得此本,骨相棱棱出筆外。卷尾模糊認小印,非松雪齋誰能畫。細看猶存畫馬法,轉折迴旋入衣帶。貫休手蹟予所見,一在嶺南一大内。彼以蒼古此圓勁,腕底已無南羽輩。荒村古寺得斷紙,邇來又見宣和派。余近於村北唐崇福寺得宋宣和時車輅院待詔劉右宗畫《十八尊者卷》,古紙斷裂而神氣尚完。急出與君互參校,晴窗拂拭生虚籟。知君袖有寫經筆,小字泥金儻許匄。君以手書《無量壽佛尊經》册見示。

聞雁二月二十二日

不謂春來早,其如客去何。離心汾上遠,孤響月中多。草草惟粱稻,紛紛有網羅。那堪愁坐聽,搔鬢隔星河。

燕將巢

燕將巢銜泥,飛飛求其曹。巢成哺子子亦長,飛飛銜泥又來往。或宿茅檐低,或傍彫梁棲。人間風雨不可齊,巢成巢毁心不異,同乳同飛莫相棄。

春分前一日雪憶六弟

連日東風氣暗回,春寒偏向客心催。十年京國塵猶在,二月山城雁始來。庭院無人空瑟瑟,鬢毛何事亦皚皚。應憐王粲登樓意,揮霍紛紜不肯開。

清明日埽墓，松下煎新泉憶六弟

夜雪朝晴正莫春，棉衣浹背已津津。池傾玉液渾無計，綆汲山泉忽有人。便許銅缾分一勺，聊披隴草坐重茵。緣坡瓦礫堆爲竈，鋪地松釵拾作薪。石髓雲漿非易得，龍團鳳餅未須珍。冷煙遂破清明禁，玄酒猶思太古醇。鏡裏霜飛青鬢改，花邊淚灑白楊新。雁行西去誰傳信，羽檄南來欲動塵。已是郇瑕謀去絳，更堪張禄遠遊秦。何時共坐清陰下，煮茗風濤説苦辛。

三月二十八日雨

連年春雨來，每在穀雨後。其日率丙丁，火乃水之婦。其時值土王，蓄積氣已久。去年丙戌日雨，今年丁亥日雨，皆在穀雨後土王用事之時。閒居觀造化，斯理信非偶。清晨登北原，隨意問田叟。叟言不讀書，亦不識休咎。穀雨耩山坡，農諺常在口。年年此時雨，新緑記高柳。布穀勸我耕，提壺勸我酒。不知天公意，果否憐老醜。但覺暘雨順，量力得所受。占驗且不暇，祈禱復何有。達哉田叟言，吾固媿爾厚。霍岳方洗兵，滌蕩及林藪。願從把犁鉏，努力事隴畝。

四月朔日雨後村北觀音堂尋兩度題壁處皆無存矣，復題絶句

三度題詩三十年，紅墻依舊緑陰圓。留將花落苔深句，記取東風穀雨天。舊題有"舊游忽記題詩處，花落苔深又十年"之句。

聞　雷

出地聲何晚，南山望已頻。雨來方灑道，風過欲回輪。蠡螘驚先竄，龍蛇氣未伸。書生徒倚柱，不敢問經綸。

山邨夜柝

山邨幽僻如太古，夜静不聞紞紞鼓。白頭父老話耕農，三世何曾識官府。邇來狐兔竄汾霍，霍南百里人蕭索。疆帥屯兵待窮寇，縣符急下催鳴柝。承平日久無兵事，戕官劫囚等兒戲。此輩跳梁何足患，坐令唐風日顣頞。山田四月方播植，日莫歸來不得息。邑侯豈不念爾力，莽莽南山有盜賊。風中柝聲繁且哀，刁斗落耳紛疑猜。何時賣劍買黃犢，吠犬生氂門夜開。

瓶　花

花到全開信可憐,不須零落已悽然。紅肥緑瘦誰爲主,雨打風飄敢問天。幸有銀瓶新汲水,豈無瑶草未耕田。思量華髮成惆悵,一度登茵又隔年。

夢中得句醒而足成之

晨窗鳥語疑山近,午枕茶鳴作雨來。寂寂柴門無剥啄,日長誰引夢痕開。

詠何首烏

昔我居淀園,不喜蔓生花。謂其工夤緣,屈曲如虯蛇。秋雨壞籬落,春風亂槎枒。依人致高危,失勢委泥沙。揭來卧田舍,褊心時自撾。勁草實難得,何必求疵瑕。宛宛交柯藤,抽根如赬霞。云是何首烏,能令髮不華。服者爲地仙,餘力祛風邪。惜哉枝榦弱,欹倒花闌斜。呼僮縛枯葦,引之過檐牙。盛固非爾能,飄零吾所嗟。當爲濟時藥,勿媿蓬生麻。歐陽文忠《送襄陵令李君》詩云:"緑髮襄陵新長官,面顔雖老渥如丹。"自注:"君服何首烏,鬚髮皆黑,顔如少時。"

病　腕

因病得閒兩月餘,日長唯有夢蘧蘧。尚思力挽强弓射,且免人求細字書。坡老眼花猶自可,世南臂病欲何如。不須搤掔談時事,早久山田已廢鋤。

讀《本草》

炎農嘗百草,黄岐肇靈素。爰有本草名,功在起沈痼。品分上中下,以應周天數。桐雷見而知,扁華遵厥路。華陽著别録,頗糾吴普李當之誤。唐宋官撰述,蜀本足參互。卓哉陳陳藏器《本草拾遺》與唐,唐慎微《證類本草》即《政和本草》也。兩朝實獨步。元素珍珠囊,金張元素著。祕旨燦然布。東垣及丹溪,元李杲號東垣,著《用藥法象》。朱震亨世稱丹溪先生,著《本草衍義補遺》。源流共沿泝。東壁著綱目,明李時珍號東壁。意獨紫陽慕。醫師書未亡,實有神靈護。自從周官後,不受秦火妒。古人重多識,名物資訓故。奈何以醫戲,服食死不悟。憑軾觀壁上,百草鬥如霧。

書趙飴山《談龍録》後

一讀南華悔已遲,十年東閣可容窺。雲龍甘作低頭拜,只有韓公薦士詩。

禱雨二首乙未歲五月二十二日

紛紛雨淚灑龍湫,天意蒼茫不可求。東海尚知憐孝婦,西河那忍失賢侯。趙城令楊公延亮,循吏也。三月四日賊起,全家被害。山多珠玉焚將盡,趙城在霍山南。路有桁楊哭未休。滿目炎燀轉蕭索,密雲南望使人愁。

山國恒飢謹蓋藏,邇來醫得眼前瘡。壬辰饑,邑人蓋藏殆盡,不堪薦臻。更無秦伯能輸粟,聞陜西亦久旱。唯有周官與救荒。市賈坐聞連日踊,秋成翻幸閏年長。今年閏六月。寸苗未死心猶活,敢託靈氛叫九閽。

苦旱四首

不敢夢霖雨,舉頭惟望雲。蟄龍抱珠睡,塵海赤如焚。川涸豈無井,苗枯還自耘。老農知餓死,祈禱且紛紛。

投筆出門去,歸來空歎嗟。隴松日以槁,何惜檻前花。乾麥化爲土,溼雲流作霞。還求種植法,此願恐終奢。

黯黯雲雷勢,明明水墨痕。疾風銷白雨,斜日送黄昏。屋瓦飛空碎,盆魚吸易渾。無心更灑埽,愁坐石牀温。

捲地東風急,沈沈夜氣回。直吹海水立,不放嶺雲開。萬馬奔騰過,疏星點綴來。但令天下雨,荒徑任蒿萊。

山　苗

澗松鬱鬱羨山苗,地勢由來匪一朝。雨露深恩誰料得,失時更讓野花驕。

夏至前夕雨五月二十六日

穀雨兩番雨,雨輒不過寸。黽勉事犁耬,狂飆幾顛頓。即今日長至,麥槁苗亦困。茫茫應上公,呼禱厭久慁。豈無濟物責,畏炎行復遯。大哉乾坤力,雷風戰震巽。喧豗忽無聲,陰雲壓塵坌。灑然涼入夜,雨勢一何遜。譬彼暍將死,驟飲懼其噴。徐徐沁心脾,沈沈蘇煩悶。曉來笠屐出,平綠原野嫩。欒欄亦有態,粉溼紅半褪。稍思近筆研,漸欲忘背艮。時方病臂。皇天至仁愛,農事敢遲鈍。黍地尚可耕,米價不須論。似聞居奇賈,紅朽積新恨。

夏至日仍雨

人意亦何極,天工良獨難。六旬憂旱暵,一雨變秋寒。豫想牛耕滑,翻思鵲噪乾。誰令免溝壑，霑灑望方壇。

移山花植小圃

草堂何處覓栽，浪説平泉錦繡堆。不是山中一夜雨，野花零亂爲誰開。

捥弱經時不作書，呼僮信步出村廬。可憐長爪渾無用，日莫空山自荷鋤。

書昌黎《蘄竹簟》詩後

腰腹隤然談笑雄，傳神竹簟一篇中。如何乞食歌姬者，紗帽籠頭誤畫工。樊注引沈存中《筆談》云："世畫韓退之小面而美髯，著紗帽，此乃江南韓熙載爾。熙載謚文靖，江南人，謂之韓文公，因此遂誤以爲退之。退之肥而少髯。"此詩有"腰腹空大，慢膚多汗"之語。

擬《兩頭纖纖詩》

兩頭纖纖梳上髮，半白半黑弦後月。腷腷膊膊城頭柝，磊磊落落道旁碣。

兩頭纖纖機中絲，半白半黑枰上棋。腷腷膊膊炊扊扅，磊磊落落新相知。

海鳥二首

海鳥止何許，乃在魯東門。疾風羽毛鎩，中道難飛鶱。不知魯君臣，左右誰爲言。居然鍾鼓享，祝史一何繁。在野易爲感，居高易爲恩。豈不飢與渴，念此如籠樊。終焉返寥廓，媿彼情義敦。

海鳥巢何許，乃在三神山。朝隨鸞鳳鶵，莫逐鷗鷺閒。一朝捨之去，羽翼無由攀。誰云兩黄鵠，銜書落人間。人間風塵多，念爾何時還。願達區區誠，爾守一何慳。豈不念友朋，感惻難爲顔。

擬《剥啄行》

剥剥啄啄，門啓復闢。歷歷珞珞，客去復還。客還謂我，子胡爲慳。子不能默，亦不能言。既不能隱，又不能干。猶且黽勉，以取顯官。升斗之禄，親不爲歡。朝稱莫貸，心敝力單。如繭自縛，致此大艱。嗷嗷百口，孰饔孰飧。孰持汝危，而扶汝顛。匪曰友朋，子胡能然。子不知變，乃峻其閑。乃堙其流，乃塞其源。深扃固鍵，若畏而跧。竄于書叢，爲蟫所憐。子乃幽憂，搤擥以歎。孔棘且殆，曾不少悛。木以直伐，舌以柔存。匪屈胡申，匪毁胡完。子之涉世，已四十年。力不自潤，而思濟川。將爲名乎，名乃身患。失今弗悔，老將至焉。我再拜客,有莘其顔。既懵厥初,敢弗省愆。脱扃拔鍵,與客周旋。

雨窗獨坐憶徐熙菴法績

筠簾生晝寒,積雨遞秋氣。衣繇脱更著,鑪火親有味。深山六月初,氣候難髣髴。瞢騰京國夢,塵土飽腸胃。朝看死灰然,莫見冰山沸。咄嗟變炎涼,人事吁可畏。寥寥素心人,霜鬢卧清渭。弃置勿復道,紈扇不必貴。時熙菴以太常少卿引疾歸涇陽。

自 戒

予性喜鈔掇,筆札不去手。朝得莫旋失,少好長更醜。以此日矻矻,所積不償負。又復嗜俗書,衫袖遭墨垢。揮戈已怯虞,抱脚乃依柳。人事重問答,尺素抵瓊玖。殷浩慙空函,獻之恨題後。低昂几案間,終日如杵臼。往年目眵昏,坐是恒自咎。譬如病酒人,病已輒思酒。初霑唇及喉,漸倒升與斗。不知何所爲,苦樂互纏糾。爾來又病腕,兀若柳生肘。袖手擁書坐,諷誦但在口。疇昔點勘處,頷之且以首。因思人一身,官骸各職守。職守或偏廢,此心亦何有。量力任以事,遇物節所受。常使整以暇,毋令蹶而走。材力誠可惜,培養敢不厚。外彊中必乾,居簡德可久。當知三折肱,良醫所以壽。

䃵䡞亭集卷二十一

古今體詩四十首乙未

古　意

灼灼木槿華,顔色如處女。朝榮夕已瘁,不如麻與苧。麻苧無顔色,采緝入機杼。忍飢爲衣屨,不如蓺禾黍。禾黍望時雨,十年九傷暑。安得辟穀方,服之自輕舉。交藤能辟穀,根老實可煮。結根三百年,誰能坐待汝。

雨久望晴,同三兄作

憶昨待雨空堂黑,與君挑鐙愁如織。風林灑然疑有聲,危坐相看動顔色。潛身出户試霑溼,如盗驪珠先屏息。果然驚起老龍睡,收斂雲鱗變頃刻。世間恩澤不可倖,倉卒已被神靈識。思窮望絶乃一遇,萬事那復關人力。旱久欲雨雨欲晴,奢心翻覺天工嗇。皇天晴雨無盡時,注目寥空送飛翼。

薄　莫

薄莫上平皋,閒看刈麥勞。鐘鳴孤寺静,日落衆山高。農事一何急,吾生隨所遭。昔年種松處,來坐聽風濤。

得徐七熙䔥書

故人京國來,相遇壽水陽。問君病何如,云已歸故鄉。側身望西秦,涇渭何蒼茫。欲寄一紙書,鴻雁不得將。而我復抱痾,臂痛寒且僵。憶君但有詩,忽夢君在傍。覺來遣長鬚,附以書數行。道我心飢渴,念君體羸尪。迢迢雙鯉魚,報我瓊瑶章。上言病無恙,妻子甘糟糠。下言因病久,得悟養生方。贈我五千言,老氏誡剛强。念我性褊急,顧慮多彷徨。鍼砭到肌骨,汗出頭如漿。非君金石交,何以知我詳。雲龍逐東野,斯語安敢當。新懦悼前猛,勇退辭高翔。君誠兼有之,守道身益康。顧我幽憂疾,灑落生清涼。終當謝天伐,嗒然師庚桑。

晚　菊

百花零亂送秋光,冷淡惟餘老圃香。自是君身多傲骨,不關時節有清霜。

聞楊時齋制軍、楊誠村軍門先後以病去官感作

巴蜀多名將,開平百戰親。膽能破回鶻,名獨動麒麟。鼙鼓聲猶壯,旌旗望若神。歸雲信瀟灑,大樹日輪囷。

絶塞論功日,封侯相早成。軍中聞小范,隴右得長城。金帶圍腰重,雕弓側翅驚。誰憐病騏驥,伏櫪尚縱横。

題香山《新樂府》二首

隋柳空攀折,驪宫罷埽除。如何杜陵叟,腸斷白麻書。

鼉黽鳴無謂,鸞凰静不喧。惟餘秦吉了,辛苦爾能言。

書《香山詩集》後,感帥中丞事

中丞名承瀛,字仙舟,湖北黄梅人。道光初年撫浙,去官時以鹽筴所餘存藩庫。後任取充公用,始形奏牘。乃知公之清,畏人知也。

冷吟閒醉憶杭州,誰識清風宦蹟留。一樣私錢付官庫,白香山後帥仙舟。居易自中書舍人爲杭州刺史,及罷,俸鈔多留官庫。繼守者公用不足,則假而復填。如是五十餘年,及黄巢至郡,文籍焚燒,其俸遂止。見《唐語林》。

六弟歸有日矣,渴望述懷

歸期早已報平安,悵望羸驂滯歲寒。應爲故人牽輓住,許蓮西司鐸霍州。況逢衰姊别離難。二姊時歸平遥。異書買得金隨盡,佳句吟成筆未乾。辛苦賊中來不易,幾回驚淚夢闌干。

阿兄百事總支離,唯有耽書癖未移。破我幽憂非假藥,益人神智豈真癡。芸田歲晚勤何補,避債臺高悔已遲。莫訝歸裝如紙薄,安排三篋是家貲。弟先以書三篋寄家。

再題《香山集》

直使元劉心暗媿,豈惟牛李黨都忘。欲知此老非真醉,試讀禽蟲十二章。

題六弟《玉峰吟草》

百首玉峰集,一年空谷吟。文章出憂患,離别付登臨。漸覺豪情退,仍期道力深。歸來且相慰,把卷對横參。

《夢遊方山》詩，先君戍伊犁時作也。偶從族姪元輔案頭見手草一紙，追念潸然，因鐫石嵌之山寺，敬次一篇，以誌永感

三年一夢區脱間，愁心千疊祁連山。碎葉城東即歸路，眼中蒼翠何時還。華巖長者騎虎笑，玉女鬩露雙雲鬟。卻尋少年蠟屐跡，嵌空苔蘚青斑斑。春風一吹無遠近，馬首萬里隨刀環。芒鞵笻杖信非夢，幽賞披豁天難慳。憶昔劍咡侍登陟，童心快若開籠鷴。夜深踏月萬松上，人影出没銀河灣。三十年來憂感集，腰脚久遜當時頑。不知神瀵疏鑿處，落葉荒榛誰與刪。山巔舊有池，周可數百步。先君自戍還，率子弟往遊，歎其蕪没。從兄朝驤一掘得泉，先君喜字之曰"及泉"。龍鱗半老但欲卧，猨臂未折猶能彎。猛虎掉頭鼃曳尾，山鬼一嘯銷陰姦。詩中詠邊大綬、傅青主事。詩成絶域手自寫，弔古覽破羈愁顔。買山左券付片紙，鶴夢髣髴留仙寰。墓田丙舍宰木拱，人事變幻浮雲閒。劉生妙手李生筆，此詩劉君霦手摹並跋，李君其芳鐫石。摹鐫使我涕淚潺。班超投筆老尚悔，裴岑遺碣今誰扳。填胸舊事觸悲慨，西望雪嶺横陽關。

追次先君自號訪山詩三首

著書萬里遣窮愁，宦海風波老未休。知有山靈暗相召，歸心不負大刀頭。先著有《西陲總統事略》十二卷，又《要略》四卷、《西域釋地》一卷。

靈均行處畔牢愁，涪老歸來號四休。别有傷心羈客淚，思鄉不爲橘千頭。

賸有青山不解愁，朝嵐暮靄幾時休。當時扶杖經行地，幼子童孫且白頭。嘉慶己巳歲夏，先君遊方山，寯藻與姪世弇隨侍，年皆未冠，彈指二十六年矣。

輓故東閣大學士文清公諱松筠，字湘浦，蒙古人。

自古誰無死，如公實可思。三朝存骨鯁，四海念瘡痍。汲黯生原戇，廉頗老不衰。便宜充國疏，大事吕端知。執法文毋害，臨機雋不疑。乾隆間公在西陲斷事有類雋者。能容如夏屋，可愛即冬曦。志在群生宥，人稱衆母慈。忠清先帝鑑，公任兩江總督時，曾奉御批有"忠清正直，當代名臣"之語。恩禮我皇私。每欲躬艱鉅，何論數偶奇。迂疏由遠慮，激切出危詞。前席頻虚處，東山再起時。隱憂紆耿耿，醇化望熙熙。才大難爲用，名高敢自欺。孟嘗三兔窟，晏子一狐皮。相業張安世，邊功李貳師。賈生言抱火，謝傅賭圍棋。斟酌將奚取，包容詎兩持。素心無喜愠，黄口且瑕疵。獨有蒼蒼者，能知皦皦爲。股肱皋贊拜，體貌漢威儀。以髀疾不任拜跪，特予致仕。進退俱關國，安危更繫誰。畢公方尹夏，傅説竟騎箕。

牢落平生感，蒼茫兩世悲。流離遷客去，顧盼令公垂。萬里關生入，三江節内移。幕依嚴僕射，樓傍庾元規。先君戍伊犁，公待以賓師之禮，奏請恩旨放還，復佐兩江幕府。往日高軒過，春風小巷吹。任郎空葛帔，韋母尚紗帷。絶域羝群乳，殘年鶴鬢絲。窮通忘勢分，生死盡交期。辛卯歲寯藻省親回籍，適星軺過壽陽，迂道垂問老母，談及先君事，欷歔淚下。大樹風飄急，台星雨隕隨。今年托、曹兩相國先後薨逝。易名懸竹帛，流涕滿羌夷。走卒知司馬，朝廷卧老羆。百齡猶苦短，一旦忽如遺。拂拭延陵劍，低徊峴首碑。公歸今不復，吾道欲何之。

漁洋《題昌黎詩後》云"惜哉韓公不及此，但取將相酬恩讎"，予謂此特爲劉師命發耳，先以馬援軒輊稱之，末乃寓以諷勸，亦龍門傳游俠之意也

劉生趺宕非常儔，韓公贈之良有由。欲迴野馬入羈靮，令取將相酬恩讎。以德報怨老氏語，洙泗定論垂千秋。自從周衰大俠出，睚眦一飯無時休。文淵尚且論軒輊，師命豈免誇遨游。公以讒謗竄南海，同官不怨柳與劉。淮西大筆亦直道，豈爲毛羽生瘡疣。推公此心爲將相，芥蒂一埽空九州。才高志大語倔强，諷勸中有詩人憂。羼提居士老詩伯，此論未公吾不侔。胡家癸籤更瑣屑，蚍蜉撼樹群兒羞。胡震亨《唐音癸籤》摘公此詩及"達夫季子多黄金，少陵歸山買薄田"數句以爲口實，且云"詩亦要占地步"，其論甚淺。城南一篇示符子，高譚公相輕鉏耰。論者以是爲公病，公病豈藉庸醫瘳。涪翁手書有深意，彼哉入室操戈矛。山谷嘗書符讀書《城南》詩並跋後。

再題韓公詩碑，呈鍾元甫汪杰**邑侯**《唐語林》、《邵氏聞見録》以《壽陽驛》詩"園花巷柳"、《鎮州初歸》詩"楊柳桃李"爲公寄意二姝而作，臆説荒唐，不可不辨。頃與元甫談及，所見適合，屬爲長句紀之。

馬頭團月及春半，花柳邊城冷未斷。常山歸來春已深，小桃著花柳條亂。詩人感物賦于役，柳往雪來同此歎。不知語林何所據，牽引二姝供一粲。宋碑完好今尚存，宋元祐癸酉，孟天常刻韓詩二石，今尚在書院驛館中，當即漁陽所見者。唐跋傳聞毋乃讕。《聞見録》所載壽陽發地得二詩石，有唐跋云云，士人從無傳説，可決其誣。韓公自是磊落人，文字不受紅裙絆。香山小詩目方笑，東野驚才走且汗。即有箏琶侍休沐，豈聞鼙鼓生悽惋。朝廷大體待籌策，方鎮群情正驕悍。公去屹如山岳重，公歸再覩日月旦。嘲桃謔柳歌不類，蟋蟀嘉禾義堪翫。當時副使亦有人，旅館題成應共看。此詩題吴郎中詩後。公使鎮州，吴丹以駕部郎中副行，今平定老君洞厓石有"韓愈吴丹過此"六字題名。惜哉駕部詩已佚，賴有侍郎句可案。我侯好古事探討，暇日城東集童冠。文黨石室隤復新,昌黎木主朽重焕。邑侯重修受川書院,復祀昌黎先生於講堂。知公精靈留山阿,爲我窮鄉施礪鍛。寒林斜日幾登眺,古驛停車見詞翰。蟲吟啾唧空自訴,贋説荒唐誰爲竄。我侯詩品能淹貫,特爲韓碑發璀璨。更礱片石索我詩,添寫山亭秋一段。

雪夜讀《艷雪堂集》、《松溪遺稿》感作并序

《艷雪堂集》,陽城張雋三晋著。雋三弃一衿遠游,足迹幾徧天下,以布衣老。詩筆豪横,陵轢一時,詠史、樂府尤工。其弟子同邑李松溪毅亦奇士也。余戊寅秋與松溪識於京師,後聞其南游訪延荔浦君壽,遂卒於浙江長興縣齋,年僅三十許。延亦陽城詩人,兩集皆延序而刊者。

魯連細黠田巴老,黄鷂蒼鷹總不凡。豈謂詩人例窮蹇,或疑造化忌彫劖。文昌樂府工何益,長吉奚囊恨莫緘。莽莽太行山雪裏,招魂誰與問彭咸。

檢書有感

雪窗鳥雀寒不喧,插架異書隨手翻。縹綾小篆見鈐印,藏弆不知更幾番。標題郡望留姓氏,款識歷歷皆清門。當其寶惜手自校,豈料蠹穿朱墨痕。板新紙古精神存,就中數册瓊瑶琨。印文七字抵痛哭,賣此書以不孝論。杜家清俸盡在此,欲以危言盟子孫。翩然乃落平陽市,便上汾船走千里。摩挲不忍更簽題,楚弓楚得何足喜。古來平水置書局,元太宗時立經籍所於平陽,設官董之。祕笈時時出舊族。鹺商散後田廬荒,何論鄴侯三萬軸。

次和三兄《夜坐有感》,同六弟作

我年四十三,已殊少壯時。危坐力難久,高譚神易疲。近因右掔病,運筆無由馳。廢學如寒竽,何以和塤篪。阿兄年曰艾,擘經吐宏詞。阿弟齒逾壯,如弓方滿持。宦游各有感,人事紛澆漓。不如守一廬,彫鎸爲小詩。空山多幽人,慰我渴與飢。拂衣謝塵鞅,皓首同襟期。

冬曉食杏酪、稬餻,次三兄韵

食酪令人肥,如乳不容剖。食餻令人柔,如餳難著手。杏甜稬更黏,輭美非諍友。試以醇醪比,取醉不在酒。釋氏供醍醐,籩人薦餈糗。得一亦足豪,此味能兼否。吾生慣藜莧,捫腹一何有。食字不得飽,蠹簡空自守。嘗膽縱未能,稍稍思苦口。飣盤那得此,縮額慙且咎。坡公歌真一,古味勝牢九。東坡詩:"豈

惟牢九薦古味，要使真一流天漿。”杜老託長鑱，黃精可以壽。

題劉澄齋先生錫五詩集三首介休人，與先君丁酉拔貢同年。

轗軻文章老更奇，少年骨氣相公知。官翰林時，有文章鉅公答拜稍倨，上書規切。先君提調史館，舉以自代。總裁阿文成公問曰：“此非上書某公者邪，骨氣如此，可勝提調任矣。”此事先君嘗稱述之。傷心倦鳥孤雲句，猶似長安贈別時。集中留別先君詩云：“落葉長安秋漸深，離亭尊酒帶愁斟。飛飛倦鳥思鄉樹，冉冉孤雲返故岑。往事巾氈勞遠夢，他年車笠見交心。也知離別尋常事，一唱驪歌淚不禁。”蓋未第時作也。

汾水歸來又幾年，雪泥鴻爪轉悽然。蘭叢先君齋額。心事雞窗語，感舊惟思奚午賢。太原頤真道院假寓，感懷同硯諸君詩有“賀益風流奚午賢”之句。

患難交情饋槖饘，汾陽舊雨有諸賢。春明門外天涯草，淚灑濛池第一篇。先君西成著《濛池行稿》二卷，卷首留別閻墨園、曹定軒、郭可之、劉澄齋諸君子，皆汾陽郡人也。

客至君勿厭一篇

客至君勿厭，聽我爲客陳。自君歸田廬，客亦何負君。君欲問耕稼，農諺述苦辛。君欲知貴賤，近市亦可詢。君欲弄筆札，造請踵及門。村紙雖不佳，山墨雖不珍。助君之揮灑，可以怡心神。聞君遊京國，四座羅朋賓。清譚殊未已，往往夜達晨。今夕斯何夕，客至愁且顰。問君愁且顰，君亦豈有因。低頭不敢對，欲對還逡巡。凡子之所詰，異乎吾所云。商賈非我事，貴賤何必分。大賈以心計，小賈算錢緡。當其抵掌談，錙銖而齗齗。豈知白屋下，糠覈衣懸鶉。吾非厭此客，吾言皆客瞋。農事吾所欣，真言出天民。尚惜此客少，不能來如雲。札筆吾所親，自娛非娛人。五乖與五合，斯理難具論。買菜但求益，嗟賞徒紛紜。所厭不在客，厭此鑿天真。書賈與市賈，名異實則均。以此三事較，願與農爲鄰。士農雖異業，所業樸且淳。吾性誠愛客，愛客能論文。南村有劉子，霦。好古篤且勤。聞之不可見，悵望冬復春。北村解孝廉，崙。讀書釜生塵。人皆笑迂僻，其言多不群。吾聞三益友，友直諒多聞。非此則爲損，何以輔我仁。謝客吾豈敢，慎交古所敦。持此答客難，庶幾爲解紛。

食豆渣戲作

磨豆作腐存其渣，色如輕塵栖雪沙。吹漚噓沫幾滲漉，殘膏賸汁銷精華。貧家啖糠不啖此，謂此只可肥豚豭。那知風味亦差别，棄取豈必分菅麻。長安富兒厭粱肉，萬錢一箸當筵嗟。翻思縮額到昌歜，徑欲誇口食蝦蟆。賭奇爭異無不至,性之所癖能嗜痂。若以此物鬥百草,咄嗟可助梧盤奢。世間至味那有定,乃不敵彼壺與瓜。斷葱煎油滑且膩,牛飼不聞聲觸牙。庾郎三九任客笑,蕪蔞豆粥非此耶。秖愁闌豬餓欲死,朝暮怒爾狙公家。

贈劉雪巖霈

雪巖先生予同里,古貌高情玉川子。兩載不識竊自媿,每聞人笑心獨喜。先生鸞鶴有遐想,衿帶裹身聊復爾。文場弄筆偶游戲,光怪已動輶軒史。拂衣大笑歸五峰,山名。高枕清流日漱齒。霜紅龕人古黄綺,二百年來誰繼起。山靈木客罷悲嘯,鳥迹龍文落縑紙。先生追慕若飢渴,收拾斷爛出塵滓。朱絲細鉤神復完,墨玉深鑿魂不死。坐令門庭塞無路,秋色寸寸滴窗几。君酷嗜傅青主書,片紙必壽諸石。朔風吹雪衣裳裂,妻孥愁歎高歌裏。往年旱饑穀騰踊,欲以升斗活桑梓。傾囷不足急稱貸,衆口迂怪嘲不止。近聞生壙有銘刻,豈謂後世無知己。先生抱才縱不仕,品量亦公之佗青主别號。比。劉伶傅奕同一醉,青山白雲長若此。去年手跋方山詩,亦曰人生如夢耳。先君《夢遊方山》詩刻,君爲跋尾。先生於道乃真覺,豈獨愛山入骨髓。青山偃蹇如高人,常時不肯近城市。昨以髯蘇句持贈,意在追逐忘庸鄙。傾集蘇詩"古器縱横猶識鼎,青山偃蹇如高人"二語,書聯贈之。南村相望山尺咫,青鞵(步)〔布〕韤從此始。杜句。作詩誰爲致雙鯉,琢玉坊邊人姓李。李君復其芳與雪巖善,凡傅書多李手刻。

惜良馬行并序

此馬爲伊犁參贊大臣静止二兄容安所贈,余嘗乘以隨扈。道光十年秋乞假西歸,十月馬死,瘞於村北岡下,僕夫灑淚,余亦悽然。會參贊以邊事獲譴入都,驛館相見,語及馬,猶撫髀太息曰此真大宛種也。

夕陽眺平岡,躊躇不能去。葦田之東官道西,此是昔年瘞馬處。躍馬二十年,何獨此馬憐。此馬馴健非凡馬,玉頂銀蹄汗流赭。借問殷勤贈者誰,伊犁參贊將軍者。道光七年春,正月回疆平。獻俘北闕下,天子臨軒楹。是時五月火雲赫,鯨鯢一戮雨洗兵。明年萬馬來西域,骨格一一銅爲式。將軍贈我扈東巡,貢餘一匹千金直。騎出朝陽門,東越山海關。醫無閭秋峻阪下,薩爾滸嶺名夜飛雹閒。此馬真堪託生死,騰驤沛艾三千里。霜林朝日沙道長,無人不羨臣馬良。歸來芻豆不得飽,西入太行卧秋草。春蓐夏厊失調宜,不死鹽車死伏皂。自從失此馬,令我蹉跎氣益下。將軍亦數奇,射虎時遭醉尉罵。將軍愛馬能與人,我愛馬不如將軍。此馬若爲將軍死,未必沙場不策勳。紛紛駑駘死亦何足惜,此馬惜未盡其力。盡其力,棄其身,生馬亦與死馬均。世無田子方,誰知老馬多苦辛。老馬雖老智不竭,毋令跧蹄弭耳死墮荒山窟,縱有黄金難買骨。

答六弟和前二詩意

吾贈劉生詩,將爲俗人醫。忽然惜良馬,蓋惜知者寡。相人相馬可並觀,以馬較人人更難。陳悲伯樂世亦有,平原信陵今在否。能以朽骨换真才,古來唯見黄金臺。黄金臺,自隗始,樂毅辭燕豈得已。功成謗書乃盈篋,不如老向空山死。我馬不死亦蹉跎,劉生劉生奈爾何。世間抑塞磊落之才何其多,焉用王郎拔劍斫地歌。

望雪有感

閉門幽憂百不知,惟望雨雪輒有詩。詩成自慰復自歎,歎此恩澤天無私。年來旱潦南國甚,江湖卻羡幽并兒。幽并健兒好身手,不把鋤犁市廛走。大囷高廪屯若山,下户何從糴升斗。今年斗米錢一千,年雖不豐仍中年。中年米價已如此,此事騰踊那關天。天之於物何厚薄,東風釀雪爲春麥。紅朽不能救餓死,安用臘前見三白。國家常平有良法,法敝乃爲大賈劫。從此旱潦更難問,使天雨粟天亦乏。誰采我詩上大官,我詩不是賀雪篇。

炕爆詩并序

三九寒宵,一炕跧伏,忽聞大聲發於竈隅,噴火迸煙,怒如爆竹。余乃撩衣下視,炕已龜坼矣。明日呼工泥之,工曰此炕爆也,乃突塵積滛湮,鬱氣不宣洩所致。詩以紀異。“炕”字自宋人已入詩,蓋借用《詩·瓠葉》傳“炕火曰炙”之義。《魏書·陳奇傳》、《隋書》張文詡語、《舊唐書·高麗傳》皆作“坑”,《日知録》及《韓門綴學》詳言之。

北炕與南牀,地氣不可較。穿土以行火,中空若方窖。石炭熾其下,煙突屹高罩。席煐坐屢遷,緜温寐無覺。讀書勸深夜,門外風吼豹。蟲聲何處來,細脆觸鞾靿。初如茶鼎沸,又似燈穗爆。欠伸正疑怪,噴礴忽掀趠。傾維地折軸,裂石機發礮。風眩眼花亂,聶聚耳雷鬧。拂衣愁化灰,撲面恐生皰。踉蹌呼僮僕,錯愕動容貌。蟄豈驚龍蛇,占欲擲杯珓。隆冬火休囚,愆陽氣暗膠。蓄憤固已久,突發安肯稍。今年秋霖多,凍壁陷於淖。幸免沈竈憂,不計徙薪效。區區補救晚,盜去乃置校。因悟萬物理,外潰中必拗。疏通決壅滯,可以爲民教。

疊韵和六弟《水仙花》

花開莫嫌遲,試與去年較。去年養此花,屋冷如雪窖。選石細細安,翦紙深深罩。春窗玉女睡,千喚不一覺。蘭箭未化蝶,筍皮但留豹。塵生洛妃步,錦惜玉環鞠。直至上元夕,深巷聞竹爆。一花始催放,困舞難騰趠。寒飆姤山卉,萬弩下石磝。素梅冬無艷,紅杏春不鬧。枯枝時萌牙,病蘂半皴皰。何緣冰雪中,現出姑射貌。玲瓏茁花甆,瀲灩傾玉珓。瑶簪拈易墮,錫管吹難膠。凝睇猶珊珊,鼰香已稍稍。仙骨冷於水,夢不染泥淖。天然謝家女,顰豈西施效。茶經助幽賞,花史待讎校。攬鬢卻羞插,觸手那忍拗。援琴寫此曲,欲奉成連教。

感　事

一飯千金亦足豪,當年意氣比投膠。田文老去誰焚券,任昉生前未絶交。把劍欲懸何處樹,牽蘿能補幾重茅。鄰家舉火煩相待,敢爲狐裘作解嘲。

哀二士并序

同里劉子遇逵族兄定中廷宅皆隱於酒,民而士行者也。年未六十,相繼殂謝,詩以哀之。

劉子以酒死,吾家定中今復然。二子皆嗜酒,乃能以酒全其天。劉子被酒但有笑,定中酒酣怒且叫。酒能令人喜,亦能令人怒,二子都不解其故。酒態雖不同,都無芥蔕於胸中。劉子能書且喜畫,其畫自愛惜,獨爲北寺醉僧留其跡。定中工雕鐫,青山大石往往生光妍。去年劉子死,寺僧從此不醉矣。今年喪定中,吾書誰與施磨礱。嗚呼二子乃民耳,民也可以進於士。士之鄙者媿此民,作詩豈惟哀酒人。

冬晚行白家山莊

夕陽下林麓,枯木斷河梁。清淺不可越,驅車獨傍徨。敲冰輾積雪,沙石聲微茫。明月從東來,與我遥相望。荒村暮煙合,宿烏棲寒光。一水幾紆折,龍門村名歸路長。

紀事

胡翁何許人,寄食河間陂。鄰村有巨猾,牛氏擁高貲。一朝盃酒間,談笑生險巇。猾也揮利刃,翁無寸鐵持。空堂走風雨,霹靂聲交馳。出入刀光中,猾力不可支。橫刀出門去,更招諸健兒。翼日決一戰,衆皆爲翁危。翁顧笑謂衆,吾聊與若嬉。翩然造其門,猾乃盛威儀。拔刀啗翁肉,翁以口接之。肉盡刀不出,力竭難轉移。噴刀十步外,猾黨方潛窺。劍戟倏雨集,翁已升屋楣。懺恍失所在,猾也驚且噫。再拜謝翁教,請翁爲兒師。兩載兒藝成,翁請從此辭。兒復不自量,欲效逢蒙爲。倉卒爲翁困,幾死於路歧。翁也何許人,里居人不知。精精與空空,此術何其奇。或言事滇藩,吴三桂。滇敗爲逃厮。或云地行仙,又疑老狐貍。至今獻縣人,傳聞多異辭。豪富惡少年,睚眦無已時。何當逢此翁,一爲巨猾規。此乾隆年間獻縣事,頃有道及者,作詩紀之。

䜌𣍐亭集卷二十二

古今體詩四十八首丙申、丁酉

元日里居述懷

拜祠謁墓各怱怱，里巷新年有古風。元旦祭家祠畢，合族長幼序拜，然後設茶果於廡下，唯老者得與於燕，不拘輩行也。里多族葬，墓田去村遠者不過數里，祭祠畢即謁墓。茗盌消寒酬父老，綵衣賀歲走兒童。蕭疏爆竹春生夜，撩亂飛花雪點空。等是長安愁米貴，何如只在此山中。

二月九日雨

東風解凍土膏滋，正是扶犂種麥時。農諺：春分耩麥。萬事不如春雨足，豐年惟有老農知。驟聞隔巷人聲喜，準擬明朝米價衰。收取樓頭好山色，晚來閒品玉壺詩。

題唐崇福寺陀羅尼幢

片石千秋有至公，大唐年號屬神功。褚虞筆法金輪字，不識人間薛嗣通。平舒村北崇福寺有唐神功元年石幢，高丈餘，八角三層。上層蓮華頂已圮，中層鐫經文，周圍鐫十六大字曰"上爲皇帝陛下敬造佛頂尊勝陀羅尼幢"。其時武后臨朝，所云"上"者，蓋謂中宗，且神功年號猶系大唐，不書周號，當日人心可知已。

東軒詩爲張鶴巖先生作

東軒先生居城東，行年七十顏猶童。人境車馬不到處，閉門終日吟春風。講學授徒樂忘倦，指畫所及皆發蒙。四十年來壽川士，以東軒爲師儒宗。支分派衍潤百里，其源則一流則洪。先生明經不欲仕，一第偶爾榮章逢。春官歸來更瀟灑，高想直軼冥冥鴻。山國氣寒春事慵，萬花獨爲先生容。軒前嘉木手所植，梨桃杏柳松梧桐。橘柚桂竹皆南産，水鄉乃有荷芙蓉。盆羅池列溢闌檻，其餘名卉紛成叢。先生樹人已百穫，草木亦且歸陶鎔。得非寸田生意足，和氣所感無不通。繄余弱冠屢摳謁，論交安敢方膺融。日長人靜鈴索語，危坐若鈞温而恭。豈惟清譚見滋味，直使矜躁平心胸。先生餘藝亦濟物，堪輿金匱俱研窮。城南王丈有同志，登覽不藉青藤筇。曩爲我家卜阡隴，至今松翠長鬱葱。宦游歲月入霜鬢,顧盼卻媿方青瞳。蘇家東軒在何許,一籠載取愁髯翁。豈如先生面城坐,杖屨不出花香中。黄塵滚滚駒忽忽,開軒一笑看雲龍。韓子猶知慕盤谷,倪生何日歸耕農。

四月六日歸自盂縣,迂道遊方山

羊腸歷盡怯摧輪,松徑紆迴頓出塵。猛虎尚聞馴長者,怪禽那用避遊人。斜陽萬皺明如畫,古寺重過跡已陳。三十年來磐石上,清潭依舊鬢毛新。嘉慶己巳侍先君來游時年十七。

沈沈鐘鼓動巖阿,楚楚衣裳散薜蘿。地迥夜看星月大,林深晴覺雨風多。迴思客路千盤折,且共僧談一刹那。更喜壁間題句滿,故鄉山色足吟哦。張東軒錦標、李鶴樵仙蟠、逯德星映堂、從兄及泉朝驤,皆有題詠。"今年山是故鄉看',鶴樵句也。

方山十詠

兩　寺

碧螺闢右户,下寺名昭化寺。蒼龍枕左股。昭化上院即上寺也。兩寺鬱相望,不知孰賓主。日夕嵐氣合,松濤雜風雨。

長者洞唐開元時,李長者通玄於此山著《華巖經論》。論成化去,土人擇地於大山之陰,累石爲墳。詳見雲居散人《馬支纂録》。今墳址,詢之山僧,不可得,云此洞昔乃累石,乾隆六十年始甎甃象塔形,疑即長者墓也。然《纂録》云"山陰",此洞在山陽,俟再考。

石塔不可見,於何見舍利。去住常然耳,長者語。即此華巖義。沈沈長者洞,中有唐文字。宣定和上云:"相傳洞中有丹書細字,疑長者著論所遺。"

天池山頂玉皇閣西。

長松萬龍虬,飲此一潭緑。憶我初來此,引手得寒玉。觀河面生皺,況乃塵容俗。

雲　洞

天池池下巖,雲洞能作雨。我來三日住,觸石思一覩。想見空濛中,玉女倚窗户。

靈松岩昭化上院之西。

側立靈松岩,下有金剛泉。松以石爲土,泉以松爲天。飛入明月中,人間無此圓。

白龍池

白龍眠何許，乃在靈岩西。云是古神湫，亭額没草泥。池旁斷額有“化龍天池”四字。石闌寸寸碧，秋色不可梯。

黑龍池

東峰兩潭水，松影太古黑。斜日忽闖漏，斑駁見顔色。只疑張伯英，遺此漢時墨。

青龍池

山北青龍池，路險不可窺。時聞采樵人，獨上偶見之。盛夏凝若冰，冬雪無輕澌。

赤龍、黄龍二池

赤龍常若渴，暴雨不得盈。黄龍含土精，流潤無停聲。地勢使之然，何論濁與清。

靈跡碑

唐天祐四年碑《神福山寺靈跡記》，王居仁撰，王崇裕書。宋崇寧元年碑，比邱宗勝立，上方有長者像。

唐石麄若絹，宋石滑如鏡。皆述長者跡，一一標靈應。天覺彼何人，佞佛實自佞。宋張商英有《長者龕記》。

由昭化上院登最高頂玉皇閣

高閣登臨亦壯哉，萬松陰合一潭開。始知天下寬平處，都自人間絶險來。迴指仇猶出城郭，俯聞神蝠吸風雷。昔人於方山得斷碑，乃知“神福”舊名“神蝠”，蓋取山形名之，見先君詩集。他時樵牧應傳説，親見群仙對舉杯。

昭化上院藏經閣觀李長者《華巖經論》及水陸畫軸

逝多古蘭若，《馬支纂録》長者事跡云“神福山逝多蘭若”，今方山是也。遺跡唐開元。其山方若盂,分脈清涼山。東西兩翼峙,中有神龍蟠。長者唐皇支,妙相菩薩鬘。一朝跨虎至,神龍獻其泉。天女爲供養,一龕棲五年。華嚴卅九品,論成蟬蜕仙。至今流水聲,如寫天龍禪。峨峨藏經閣,插架珠林編。藏經閣明萬歷中僧明讓所建,其全經乃請於南京禮部印發者,今存者四鐀,鐀各三十六函。長者所著《華嚴經論》一百二十卷,合序目共三十五册尚完。山僧不識字,顛倒隨風煙。撥塵試搜檢,幸喜經論完。支那手撰述,梵夾猶新鮮。法象有護持,讓師亦云賢。傳聞此山寺,畫像雄且妍。墻角發兩笥,大軸森如椽。天人神鬼趣,變相雜悲歡。尻脽擁山嶽,頭鬣排魚黿。仰瞻滿月容,低眉惟無言。誰歟擅妙繪,金陵唐如天。吳畫世罕覯,筆法依稀傳。此山歷顯晦,而今尤彫殘。隤垣敗瓦中,鐘鼓聲不圓。青松與白石,羞澀難爲顔。嗟余涉塵網,窮幽偶躋攀。豈無三宿戀,記剏聊成篇。

山底逢要處士錫元

要家兄弟讀書處,空山石榻生青苔。下山相逢似相識,煎茶爲我書堂開。感新話舊索筆札,問我出山何時回。君今未老我强仕,結茆更約重歸來。余十七歲初遊方山,時處士兄弟讀書山中,因與相識。通籍回里,又一往還,及今凡三見焉。山底,處士所居村名也。

蔣丹林前輩祥墀《童子釣遊圖》

五湖煙景有誰爭,杜牧之句。四海門閭無此榮。收得夔龍强健在,白頭閒詠答昇平。

今人豈止古人同,直恐疏楊羡若翁。莫惜世無工畫者,世間此樂畫難工。

荆扉水落馴鷗鷺,桐樹枝高引鳳皇。要識先生釣遊意,年豐人樂抵還鄉。先生自題云:"秖恐馮夷頻肆虐,幾多鷗鷺占荆扉。"蓋念鄉國頻年水患也。

潘芝軒相國夫子《花瑞圖》

姚黄魏紫門千萬,金帶獨屬韓忠獻。七百年來無此花,此花若以人爲(劵)〔券〕。金閶王氏三花紅,主人寫圖歸我公。公復謙讓意有屬,奇瑞願與鄉人同。沂國梅花古亦有,惟公篤孝世無偶。朱草華平孕毓難,芝蘭玉樹栽培厚。此花之開遲十年,植根已在十年前。和氣所鍾久乃見,不與凡卉爭春妍。方今玉燭調風雨,天下豐年瑞可覩。知公袖有嘉禾圖,不獨黄華淡秋圃。

徐熙菴自涇陽寄示《九日登高》詩,次韵卻寄

三年何事戀家山,應笑塵衣殷復殷。豹隱有文終自惜,鳥飛未倦已知還。枚

生七發相如病,陶侃分陰弘景閒。斟酌前賢期努力,不須惆悵馬蹄孱。

金臺西望邈河山,朝退花甎日影殷。芳訊忽聞雙鯉到,好風遥送片雲還。舊交漸遠添新句,鄉夢何因得再閒。余比年家居,去秋遣一介謁君,歸得手書。多媿目眵兼腕弱,比君詩骨定誰孱。

題羅蘇溪繞典《使蜀草》,即送其之平陽郡守任

題橋椽筆氣如虹,一卷新詩四國風。絶似羼提老居士,皇華程裏説蠶叢。

股肱大郡正需才,聯騎群仙出上台。張芙雲集馨、諶葆初厚光與蘇溪,以詞臣次第出爲晋守,皆特簡也。竹馬兒童笑相識,使君親見益州來。

温潞園廬未盡蕪,林宗塾角有遺模。贈行更舉黄羊例,舉善何妨及解狐。

十二月十三日大雪盈尺,翼日程春海少司農恩澤招吴荷屋榮光徐星伯松兩前輩、徐廉峰寶善編修,同集吴鴻生葆晋舍人城南高齋,以"林表明霽色"分韵賦詩見示,因成轉韵長句報之

舍人官閣疑山林,司農招我曾登臨。疏簾落日見城郭,地高天遠生秋心。燕臺尺雪頻年少,羽氅齊飛破寒曉。九市喧傳古仙過,一杯凝望浮雲表。可憐倖揣久不成,詩來使我雙眼明。高歌密詠歎且喜,尺幅中有豐年聲。年豐氣和消百沴,坐看西山放新霽。聖敬格天豈偶然,諸公憂國誠先計。春來莽莽同雲色,似滿畿南接關北。露章馳賀在頃刻,吟望鄉關更遥憶。

二十二日春海少司農招同吴荷屋、潘芸閣錫恩兩前輩、徐廉峰編修,集顯處視月齋拜坡公像補作生日,并觀荷屋先生所藏宋槧施、顧合注蘇詩本及《風篁圖》,以"一曲鶴南飛"分韵得"鶴"字

紫裘腰笛橫江閣,畫障滿堂舞松鶴。人生安得如公壽,千載精神緬猶昨。高冠笠屐儘瀟灑,遺像何必褒與鄂。蘇齋老去壇坫冷,三十年來無此樂。司農好古復好客,暇日爲公一舉爵。中秋重九那有定,此例已自髯翁作。觲韝鞠臛奉謦欬,銀篆香螺裊簾幕。是時峥嶸歲將莫,積雪在地簷冰落。公詩光芒照古簡,瞥眼開匣得干鏌。施顧合箋世已稀,況出宋槧非贋託。中丞何處得此本,賓主傳觀喜且愕。憶從祕殿見杜集,嘉祐所栞亦相若。大小毛公舊藏弆,宋嘉祐間姑蘇郡守王祺栞《工部集》,明崇禎己卯毛扆鈔補有跋,亦汲古閣藏本也,曾於懋勤殿見之。題識此詳彼則略。人間天上各有緣,眼福合并誰料度。蘇齋老人真好事,卷

卷銀鉤字鵜躍。鉅公名士爭綴筆，矮紙斜行無地著。摩挲未了讀壁畫，二老風篁坐談謔。浮名似笑後生癡，狂態卻對前賢怍。中丞司農得詩髓，江左潘徐氣磅礴。酒酣耳熱誦坡句，追逐松喬鄙衛霍。緊余廢學如寒竽，拄杖三年戀幽壑。不敢望公揮翰手，和陶有志公應諾。施、顧注蘇本，晴川毛子晉家舊藏，展轉歸大興。翁覃谿先生橅坡公數像於卷端，賦詩題識幾於無卷無之。今藏荷屋中丞處，重裝副葉，釐爲四槓。乾隆、嘉慶、道光三朝名流筆蹟闐溢，不特宋槧足珍，即此零珠碎玉，亦希世之寶也。

丁酉初春重居食筍齋，次瀹齋韵

小園何寂寂，春氣漸騰騰。埽地初安竈，登樓又踏冰。"踏冰重上夕陽樓"，春海和予《園居》舊句。山癯君莫厭，筍債我猶勝。舊雨兼今雨，軒窗好共憑。時澄懷園同直者徐惺菴士芬、杜芝農受田、賈筠堂楨、吴崧甫鍾駿，頃翁邃盦心存復來，并瀹齋與予凡七人，十餘年無此盛聚。

荷屋前輩《清遠峽寺舊遊圖》

憶共山僧語夜闌，玉環金鐷事迷漫。卅年宦跡雙蓬鬢，萬里鄉心一釣竿。坡老北來聊泛宅，"清遠聊爲泛宅行"，坡公寄耘老句。稚川南去爲求丹。晴谿翠實經行熟，輸與先生説到難。

浮槎曾檥二禺臺，九月山桃花亂開。清夢似潮仍過峽，碧瀾留句已生苔。蒼茫尺幅當窗見，瀟灑扁舟落手來。大雪燕臺宵宴罷，一時迴首嶺頭梅。君兩遊皆以歲莫，余壬午奉使粵東，往來兩登峽寺。

次韵瀹齋《新春園寓書懷》六首

地界銀灣左，園居閬苑東。水如折衣帶，山是曲屏風。鳳閣棲仙侣，龍章仰太空。至今青翠氣，長在五雲中。近光樓恭懸康熙御筆"青翠霄漢"額書。

丹雘新居焕，藤蘿舊徑迷。園廬去年重修。十年魚在藻，四度燕銜泥。余自辛巳入直，除奉使回籍，中間居是園者，已逾十稔。去夏服闋入都，蓋四拜恩命矣。老竹仍當砌，春花故點畦。門前蓮葉水，原不限東西。

典型瞻老輩，時吴縣潘公、長白穆公爲上書房總師傅，穆公又與蒲城王公同直南書房，皆樞相。談笑接醇儒。惺菴學士、邃盦大理、芝農洗馬、筠堂侍講、崧甫修撰皆直上書房，瀹齋閣學與余直南書房。苹野堪求友，匏星尚繫吾。澄懷遺卷在，盛會近年無。《澄懷八友圖》乾隆間蔡葛山相國所繪也，皇子諸傅各有題詠，石本流傳，頃於崧甫處見之。亦欲陪高詠，蓬心媿久蕪。

憶昔從黄石，仙癯骨相清。秋花寒不落，春水緑方生。屋有歸航號，齋仍食筍名。黄左田先生居直圜三十年,丙戌歲致仕歸里,顔其屋曰"人海歸航",今"食筍齋"仍先生舊額也。向來聞鶴歎,進退總分明。先生常喜誦東坡《鶴歎》詩"難進易退我不如"之句。

柳筆天垂眷,吴鈎氣上騰。花驂傳駿骨,梵呪屬神僧。君屢奉敕書馬贊《心經》。墨妙摹碑古,予近拓壽陽魏、齊、唐碑數種,以君雅好金石悉貽之。衣香賜硯曾。去年君奉敕臨《柳誠懸大達師碑》,特賜松雪齋硯。莫論才卓犖,刻畫亦臣能。

高樓對月華,圓到侍臣家。苑樹春偏早,街鐙夜不譁。詩歌紛白雪,官職近黄麻。唐制翰林掌黄麻。一笑酬佳節,豐年酒易賒。

御書《印心石屋圖》爲陶雲汀澍制府前輩題

歲旃蒙冬季月望,陶公述職來南疆。天子前席公臚旁,眷深禮重恩沛滂。凡思對命靡弗詳,仰窺羲畫堯文章。是時錫福開春陽,天下皆知文字祥。帝曰楚材汝實良,賜汝額書汝其饗。公拜稽首色悚惶,臣里居直江之吭。惟資有石如印方,濤撞沙噴其質剛。在水不濡亦不僵,取以印心心斯臧。臣自筮仕辭湖湘,方寸所懷老敢忘。惟臣之寶非白珩,願以此石升明堂。臣聞邃古有聖皇,煉五色石補穹蒼。星精下燭天南荒,衡岳所結由混芒。奎壁幸許分餘光,帝曰俞哉汝言昌。予嘉汝績爲汝彰,四字墨寶垂琳琅。豈惟乃心迪吉康,咨汝啓沃贊贊襄。公拜且舞出九閶,百寮聳觀如堵墻。都城十日聞天香,人間不敢私弆藏。摩厓萬本雲錦張,公之恭敬在梓桑。捧還父老相扶將,感抃決若驚鳧翔。但言玉軸金題裝,我皇治理登虞唐。萬幾日昃猶不遑,手詔細札多十行。大書惟用賜壽觴,匪公其孰膺此慶。近者陳氏之義莊,陳芝楣中丞入覲,亦蒙御書"義莊"二字賜之。先後拜寵何輝煌。鴻藻豈獨榮其鄉,直恐岣嶁無光芒。舍人作記聲鏗鏘,宜與畫本傳縹緗。公繪圖徵詩以榮君賜,吴舍人清皋爲記其事。侍臣珥筆斗戴匡,賦詩紀盛職所當。歲星在吴歲大穰,公其運甓春陰長。

林少穆前輩則徐以蘇撫述職來都,旋拜湖督之命,賦詩奉餞

東南節鉞天下雄,其要三吴與兩楚。吴爲閩越之咽喉,楚則蜀豫之門户。民殷政繁責任重,選置疆帥勞聖主。安危所繫在得人,經緯全才賴兼舉。月在孟陬歲彊圉,公述職來自南土。西山大雪放新霽,天子臨軒公拜舞。前席咨諏越旬日,謀猷密勿人莫覩。帝曰嘉哉惟汝績,予聞吴民歌召杜。惟楚之民亦望汝,汝其爲予作霖雨。洞庭南北厥壤大,比年小醜煩用武。北臨江漢要隄防,南界苗猺須鎮撫。年豐訟簡水菑澹,然後吾民得安堵。公拜稽首傴僂

俯,臣聞牧民如哺乳。黔赤則子吏則母,吏或不良民乃窳。其始巫鬼牽習俗,甚者當車恃螳斧。時和必先去害馬,政猛務在除苛虎。臣愚不敏請從事,願奉德恩勉揚詡。維時三載帝考績,丹綸捧出日亭午。百寮額手九市抃,已見卿雲爛江滸。侍臣相顧更私喜,摛藻曾陪東壁府。公望屬公今果然,不獨彈冠及貢禹。西園舊雨得重聚,皎皎明月盈三五。醇醪一斗爲公醉,醉後狂言毋乃魯。朝廷恩重報稱難,力薄才疏媿無補。作詩願公德施普,他日勛名照鼎輔。

次答瀹齋《敲冰戲作》

春水緑於酒,春雲薄似冰。酒新醒復醉,冰嫩解還凝。君已移家慣,吾猶種樹能。來詩以橐駝爲戲。園丁暗相笑,豪興有誰曾。

寶賢堂龜硯歌爲張石洲瀛暹作

龜書世莫識,龜卜廢已久。惜哉有墨不得食,曳尾甘向泥塗走。元精萬古淪石髓,兆坼依然見奇偶。强作硯田已失職,況令龍尾嘲牛後。翩翩晉王孫,一見勝瓊玖。置之寶賢之高堂,禹篆孔銘相左右。玉魚不死繭紙出,三百年來誰與守。世間俗書逞姿媚,黍簡駸駸變蝌蚪。蛇蚓得意兔夜哭,靈蠵義不汙其垢。張君嗜古飽奇字,箸書不復憂覆瓿。下揖冰斯上軒頡,感激石鼓悲峋嶁。元夫闖然乃入户,衆目驚怪笑且醜。臨池濡墨獨狂喜,至寶肯落豫且手。君看長安諸少年,黃金爲印龜爲鈕。纍纍若若真可憐,富貴浮雲一何有。豈無石卿侯,豈無文字友。玉堂新樣豈不佳,月露風雲忍相負。讀君詩,飲君酒,送君還鄉歲在酉。酒酣鑽龜爲君卜,龜言抱璞終當剖。嗚虖抱璞終當剖,君不見鳳皇麒麟在郊藪。

卓海帆前輩屬題《華嶽雲開立馬看圖》

展君看嶽圖,立馬如遠眺。讀君登嶽詩,絶頂身乃到。壯遊挾奇氣,寫以閑神貌。阮公芸臺先生亦有言,遊山須年少。想當攀躋初,目已無險奥。而君慎舉趾,進乃防其躁。君《丁卯登嶽》有"舉趾輒虞錯,躁進防失脚"之句。此豈少年語,老境恐難造。圖成廿載後,用意婉而妙。攬轡若有思,置身不欲陗。軺車再經過,雲開見晴曜。仙人撫掌喜,玉女低頭笑。用君《甲午望華》詩意。衡才與讞獄,兩事可並較。亦如遊山人,心領有真要。我昔西度隴,過眼失雲嶠。夢中青蓮華,至今頭屢掉。重遊定何日,腰脚尚騰趠。因君問奇句,搔首慙謝脁。

海帆先生《荷舟聽雨圖》道光乙未,上試卿貳詩題"芰荷聲裏孤舟雨",蓋張文潛憶金陵句也。是科先生典試江南,因取此意爲圖,以紀恩遇。

手把芙蓉汗漫遊,天風吹雨灑清秋。詩王已屬陳芳國,星使真乘太乙舟。仙掌西擎雲滿袖,大江東去月當樓。"江面山樓月照時",是科江南試題。定知露冷蓮房夜,綵筆無人歎白頭。

貌取江鄉入畫圖,御屏詩句紀恩殊。帝知巴蜀多文雅,人比煙波一釣徒。舊雨莓苔如有約,同舟鷗鷺不嫌孤。先生近權兵部,幸得同事。樂泉西畔吟詩舫,準備先生倒玉壺。

吴荷屋前輩《龍塘阡圖》

君昨遺我吾學編,云是居廬攷禮手所箋。斟今酌古有典則,至性中發非外緣。禮堂寫定人共傳,披圖又見龍塘阡。不知白雲山高幾千尺,但見青林翠壁中有一派清泠淵。魚腸細路裊其顛,驪珠抱月深而圓。流光下照及丙舍,至今慈烏繞樹馴鹿當階眠。白雲出山今幾年,夢中綵衣如雲鮮。此圖用意亦良苦,使我側身西望涕淚漣。我家雙鳳之麓有墓田,青松舊植碑新鐫。馳驅鞅掌此身敢自惜,來諗同荷君恩偏。予庚寅秋乞假歸省,即先生作圖之歲。城南尺五花連天,一雨三日催離筵。八閩父老望已久,五嶺山川來眼前。時君再任閩南。不須臨别重惆悵,君不見龍塘雲起灑潤彌垓埏。

《篝鐙課讀圖》爲費畊亭太守庚吉**題**

一編機杼想辛勤,古木柴門夜雨聞。寥落難逢工畫者,欷歔能感故將軍。王蘇生世綬作圖,那文毅公題首。於今五馬迎紗幔,猶憶孤鐙照練裙。使我低徊看不得,太行莽莽有寒雲。

䜌䜂亭集卷二十三

古今體詩四十四首丁酉

丁酉八月二日蒙恩調補户部右侍郎,奉命督學江蘇,恭紀二首

西樞覩政佐群賢,民部分司許暫權。時以兵部左侍郎兼署户左。方學三農辨菽麥,敢期九府問金泉。户右兼管錢法堂事。量移衹覺恩施重,循省當思職任專。獨媿書生心計拙,區區憂國願豐年。

從來江左盛衣冠,專教虞廷務在寬。季札流風嫻禮讓,希文遺澤振孤寒。若論學校漸摩意,須作春秋責備觀。三復綸言期砥厲,衡文差易取才難。

八月二十二日涿州喜三兄至,即次壁間陸立夫編修韵,並寄六弟

燕南何幸賦移華,一笑同登八月槎。小别判年心久繫,相逢歧路里無差。塵容困頓憐爲客,絮語平安似抵家。話到山田轉惆悵,不堪秋穫問鎌杈。吾鄉頻歲不登,關北尤甚。

小山叢桂正秋華,招隱皤然逐客槎。兄未了秋試,即僦裝北上。塗抹時妝元不慣,鑑衡老眼未曾差。春申浦上應題句,杜曲城南卻憶家。寄語杏園消息近,明年珠樹茁三杈。六弟以會試留都。

河間懷古簡苗仙路明經* 學植後改名夔。

河間文獻漢廷光,一代名儒萃此鄉。彤管詁詩毛博士,玉梧明道董賢良。於今里舍饒絃誦,自昔河流接混茫。聞説遺甎收隸古,幕中先喜得賁皇。仙路,肅寧人。嘗得河間獻王君子館甎拓本,流傳一時,題詠甚多。

行次禹城孟氏莊

午憩村柳下,飲水如飲醅。空場噪鳥雀,禾黍不成堆。借問穫幾何,父老歎且唉。炎伏四十日,火雲燒飛埃。秋雨已過時,苗枯難再培。有如病暍人,病起神先摧。似聞京師熟,米價連年隤。恨不畊王畿,鼓腹歡如雷。使者從北來,

---

* 苗仙路,本集及後集中又作"苗先路"。

中道心徘徊。眼見河瀛南,田野惟蒿萊。十室八九罄,流離及翁孩。濟南連泰岱,蝗食無留荄。使車尚未至,耳聞已可哀。皇天無厚薄,流行代有災。長官憫疾苦,租賦肯汝催。此邦雖小旱,幸免空缾罍。努力耩秋麥,明年餅餌來。

齊河道中望岱嶽古祝阿地。

東北西南際,浮青縱目勞。山從祝阿近,路出禹城高。保魯今爲郡,環齊昔有牢。何時淩絶頂,海日豁雲濤。

山　行

漸覺峰巒合,初疑徑路偏。雷鳴車入谷,雲起石連天。孤寺收群峭,秋林散衆妍。金牀兼玉几,相對轉茫然。

括地三千里,摩空五十盤。神仙猶漢史,樹木亦秦官。觸石當爲雨,封泥那用乾。天門何蕩蕩,大海信漫漫。

謁岱廟二十韵

海表封疆大,天齊秩祀崇。岱爲五嶽首,震是長男宫。帝配靈威仰,神兼應上公。登封昭盛典,柴望荷元功。巨郡連沂濟,靈祠軼華嵩。冕旒儀赫奕,殿陛制穹窿。列聖龍章錫,明禋肸蠁通。温涼圭璧異,大圭上方温,下方涼,乾隆間頒藏嶽廟。青緑鼎彝同。漢柏經圖繪,乾隆御筆《漢柏圖》勒石。唐槐尚鬱葱。遥思秦篆古,衹見宋碑豐。大中祥符、宣和兩碑。蕩蕩天門上,岹岹雲路中。霞堆疑燦爛,日觀想溟濛。跡阻郵程迫,心憂穡事空。一官虚借箸,九叩展微衷。兹土秋仍旱,惟神念亦恫。由來雨天下,豈不憫齊東。趯趯餘螟螣,嗷嗷有雁鴻。咨詢切宵旰,盪滌宥顓蒙。土壤滋培厚,倉箱指顧充。駿奔昭對越,丹臒荅帡幪。悵望吴門練,馳驅漢使驄。萬峰回首處,雲氣夕逢逢。

飛蝗歎

蝗來天爲黑,蝗去地爲赤。泰安南北何蕭條,蝗去蝗來如海潮。五月食苗心,六月食苗葉。苗根苗節翦如鬣,僵立野田風獵獵。空場滌滌眠耕牛,過客謬云農事收。可憐秋麥種未已,九月翻犁見蝗子。蝗兮蝗兮,爾勿得意矜翅股,泰山豈不如田祖。一鄉不雨雨天下,神意冥冥識者寡。鳳皇在邑虎渡河,方今那復憂政苛。但願冬雪及春種，明年飛蝗化爲鳳。

羊流店晋羊叔子故里有羊公祠，俗訛爲楊柳店。

楊柳店頭風日秋，夕陽山色滿層樓。一般峴首登臨意，誰信羊流似馬流。

新泰縣堂東周槐歌，留贈邑令張泳叔涵

平生所見周槐二，其一乃在華嶽祠。昨謁岱廟見漢柏，紀年未及秦松時。眼中突兀復見此，平陽古縣堂東垂。張侯好古吾鄉里，此天假緣非人爲。輪囷磊砢根節怪，碧葉疏散無醜枝。細觀恐是扶桑石，石在岱廟。神物變幻成離奇。魯宣八年始城此，樹木與城同時遺。徂來新甫備楹桷，斷度竟不逢奚斯。倭也得國以齊賂，築城毋乃心自疑。當時鄭蘭已遭刈，此樹乃有神護持。至元之朝再枯菀，元至元時縣省入萊蕪，槐即枯。後復爲縣，槐乃再榮。婆娑直與琴堂宜。堂西一株亦夭矯，卧龍放悲鱗之而。卧龍槐在堂西，與此對茂，亦古物也。吾聞衆木槐最壽，樹之朝位昭威儀。看君訟庭閒且冷，它日定繫甘棠思。

蒙陰公氏館留題

花木秀而潔，中庭迥以空。家仍魯公族，公氏系出魯昭公，子公衍公爲之後，據《公氏族譜敘》云。地即古東蒙。舊德存先乘，行人識里風。未能忘一飯，駒影且忽忽。

公氏館中見海帆前輩題句和寄

仙槎君舊泛，嘉慶間君曾巡視東漕。岱嶽我初經。雨逼重陽日，天催兩客星。每吟留壁句，相憶看山亭。知否袁江上，扁舟可暫停。君奉命視學浙江，與余同日出都，驛程先後相望。

九月五日過蘭山縣，世父貫亭公舊治也感作

棠舍攀餘蔭，桐鄉感再過。掾丞寮友盡，衣繖去思多。世父官蘭山，緝盜清訟，卒於任，民爲衣繖頌德。度嶺聞晨檏，行田見晚禾。勸農兼弭盜，誰嗣海沂歌。

沙溝紀言

蘭山縣南沙溝柳，行人繫馬逢野叟。初説今年穡事有，次説飛蝗不爲咎。問蝗胡以不爲咎，縣尹趙侯民父母。趙尹雲鵬，聞喜人。趙侯涖此兩年久，令曰飛蝗

有即掊。力能掊者勸以酒,力不能掊官爲取。賣蝗買米得升斗,悉出官錢非税畝,蝗貴米賤夫豈偶。鄰邑豈無尹某某,不如我尹廉且厚。沂有匪曰掖刀手,自尹之來翦其莠,雖不能盡去八九。訟庭無塵淨如帚,何以祝尹願尹壽。吾與爾尹爲鄉友,喜爾説尹常在口。輶軒采風吾職守,載筆紀言歲在酉。

過東海孝婦祠墓感于公事郯城南五里許。

太息于公去,誰明孝婦冤。萬家已枯旱,三載乃平反。擇吏文毋害,驅菑治有原。始知五行傳,不是腐儒言。孫淵如先生《東海孝婦墓碑記》云:"《洪範·五行傳》曰,刑罰妄加,群陰不附,則陽氣勝,故其罰常陽。"京房《易傳》曰:"厥德不用之謂荒。荒,旱也。其旱陰雲不雨,變而赤。"孟康謂"欲得賢者而不用,是爲殺"。孝婦亦爲不信于公,應經典也。

傾蓋亭

荒城雲鳥送行驂,驛路尋碑問古郯。傾蓋亭邊秋色遠,夕陽紅處是江南。紅花埠距郯城南六十里,過此即江南境。

渡黄河清江浦。

北來車馬苦蹉跎,一笑乘風渡大河。近海勢猶千曲直,浮槎人已五經過。皋蘭、潼關、孟津、氾水、徐州凡五渡河。長茭美玉功無已,轉粟飛芻事正多。迴首漸看鄉國遠,江淮浩蕩更如何。

露筋祠高郵州南三十五里。

水平風輭繫扁舟,孤寺疏林瑟瑟秋。三十六湖樓上望,白蓮開盡使人愁。道光癸巳,李榕園觀察彦章建三十六湖樓,雲汀制軍書額。

江蘋誰薦女郎祠,"江淮君子水,山木女郎祠",陳曼生聯。轉漕年年賴護持。聞道秋風歸棹晚,壁間惆悵禱冰詩。雲汀先生巡漕詩也。

茱萸灣登寺塔

萸灣弭棹恰秋晴,塔頂初攀放眼明。一綫界天瓜步水,萬山銜日石頭城。南朝王氣餘金粉,北客鄉心逐旆旌。罨畫窗虚容久坐,數竿瀟碧欲題名。

渡江九月十六日

瓜洲望京口,一水劃空冥。解纜月猶白,過江山更青。人煙知北固,泉味得中泠。不是愁風利,征帆不肯停。

郭璞墓

浮玉山前石,千秋屬景純。至今過墓地,猶憶賦江人。注雅難諧俗,遊仙遂得真。書堂餘梓里,磵草若爲春。聞喜縣有郭璞書堂。

臯橋晚眺憶六弟

臯橋北望鬱森沈,細雨維舟步碧潯。秔稻連天秋爛漫,江湖滿地客登臨。孤帆遠影頻回首,一畝清泉敢易心。惠泉在邇。聞説官齋如水冷,蠻牋遲爾對牀吟。自此折而西北七十里,即抵江陰。

初抵江陰使署,以詩代簡,寄六弟都中

江陰雖小邑,官舍深且寬。前堂後有樓,嘉木森交攢。堂東館衆賓,修竹中檀欒。堂西羅群書,筆研犓可安。小園更迆西,池荷猶未殘。登樓見城堞,君山如髻盤。山以春申君得名,在江陰城北。南北有亭榭,東西多竹闌。榭倚岸之隈,亭峙水之湍。横橋跨池面,屈曲虯螭蟠。橘柚松柏桐,榆柳雜桂蘭。高下疏密間,跬步各異觀。有詩嵌壁石,鴻詞出鵷鸞。風流典型在,拂拭生遐歎。壁鐫前學使詩賦,凡二十石。緊予辭京國,坐眺江上巒。居然小澄懷,澄懷園,内廷翰林退直所居。兼得朋簪歡。阿兄腰脚健,趙子復正顔方丹。家山落窗几,恍著方山冠。初冬雨新晴,地静天不寒。文書事差簡,可以弄柔翰。尺素報予弟,烹魚爲加餐。

得大姪世彝寄詩,慨然次答

兩載鄉園形影隨,每思灑淚送行時。如予遊宦難醫拙,使汝艱辛不療飢。稚子何時生羽翼,蘭孫尚幼。冷官誰與相毛皮。可能一棹來相就,江舍雖寒免别離。

漢河間獻王君子館甎歌爲苗仙路作

祠太一,禮五畤,朝策賢良莫方士。漢家離宫土朱紫,繚以周墻四百里。獻雅樂,求善書,石室金鐀無其儲。被服造次必於儒,客館乃有二十餘。《三輔黄圖》云:"獻王置客館二十餘區,以待學士。"亦載《西京雜記》。豈惟秦灰出墜簡,毛董並是河間

産。董生對策天下稱,朝廷獨相公孫弘。可憐絲竹與金石,壞壁空聞素王宅。淮南雷伍梁鄒枚,楚筵醴酒尋常開。當時諸王亦風雅,尺椽寸甓無存者。葉公好龍豈真龍,黄金買馬非良馬。完完君子甎,兩字三千年。苗君嗜古精誠專,得之梓里手蠟氈。山東諸儒坐相對,置身已在元光前。岐陽鼓,鴻都市,搨盡人間千萬紙。銅雀香姜可碎矣,南遊更訪吳君子。孔子篆吳季札碑在江陰,乃唐時摹刻。

劉子敬師陸記云:《宋史·太宗紀》載,雍熙三年十二月契丹敗劉廷讓軍於君子館。金《地理志》亦云河間有君子館,顧祖禹《方輿紀要》謂在府西北三十里。觀宋初紀戰之文,則地名之久著,可知爲古昔相沿矣。甎文隸書"君子"二字,其一面作兩重斜方孔如雷文者,二方孔内各有乳,今所見漢甎往往如是。附記

君山梅花書院壁鐫東坡笠屐小像松雪筆也,題二絶句

聞道先生歸海外,顧塘橋畔借居閒。傾囊買宅仍無地,笠屐應須住此山。坡公歸止於毗陵顧塘橋孫氏之館,陽羡焚券之後不復買宅,竟終於借居。費衮《梁谿漫志》、方岳《深雪偶談》俱載此事。

東園偶送門冬飲,北客難消陽羨茶。誰料山阿千載後,萬株梅樹屬君家。梅花書院尸祝蘇學使銓。

存雪亭次駱使君韵亭下梅六株,姚秋農先生補題"存雪"。

誅茅闢徑露苔斑,坐對湖嵌一解顔。山雪欲來連日冷,官梅曾見幾人閒。踏泥鴻爪飛無定,繞郭江潮去復還。二百年來題句在,誰將畫本付荆關。明萬歷間駱學使駸曾字沆瀣,留題并前後和詩石刻皆嵌池南亭壁。江陰使署故巡撫行衙,萬歷四十二年學使山陰王以寧始駐此,駱其次任也。

冬至日西園水榭消寒初集分韵得"不"字

南國冬深氣蒸鬱,小園地僻波迴屈。牽船忽如春水坐,水榭舊牓曰"不繫舟"。卷幔不畏寒飆拂。瓦鑪煨紅酒易沸,石徑迸緑筍堪掘。舊雨今雨生煐熱,一笑居然謝簪紱。是日日長驚再中,翻怪炎景來何欻。看書讀畫共盤薄,眼花落几背遭熨。東吳粳稻今年熟,萬艘雲集山崛坳。催科不拙心轉勞,牙纛塞江正坌坲。我輩優游亦奚補,官閒幸免身匆匆。一日之蜡未爲狂,三載窺園何必不。詩成奔走到童稺,敦、長兩兒初學詩。客裏登臨見雲物。河間苗先路學植、仁和蔡繡菴麟書、新城陳伯禧熙、平定許蓮西長庚、吾邑趙心園復正、家兄漁莊同集水榭。前亭已報花蓓蕾,後約更待冰澤泼。

題張亨甫際亮《松寥山人詩集》

黃石橋邊奉素書，黃左田師將告歸，乃知亨甫詩，寓書京師，惜未能如韋左丞之與少陵也。徐陵坐上見珊瑚。曾於徐廉峰太史處讀亨甫詩。十年每恨相知晚，一棹誰憐作客孤。亨甫頃過江陰，留詩集於李申耆先生，惜未見之。冠蓋參差滿京國，文章潦倒付江湖。詠懷往往商聲發，莫把疏狂例酒徒。

亨甫《婁光堂稿》有緝捕盜賊事宜十條，蓋爲建寧、延平、汀洲、邵武四郡議也。嚴治差役兵丁窩盜、除險阻巢穴二條尤扼要，餘亦多可採用。附記

題楊子堅鑄《生公石上論詩圖》子堅，丹徒人，有《自春堂集》十二卷。

老作諸侯客，詩名四十年。仙心託黃鶴，時論比青蓮。片石今誰語，扁舟集早傳。海鷗還浩蕩，相對轉茫然。

《唐安定梁君墓誌銘》道光十二年三月壽陽牧者掘土得之，邑侯鍾元甫汪杰録其文寄示，詞雅體潔。其地名有飴露鄉段亭邨，山名有巨山，皆可補正邑乘。賦此報之，且索拓本

元默執徐月在辰，片石獲自牧羊子。乃唐梁君之墓銘，太和七年殯於此。輔國之孫季淮子，年十有一惠而美。能諷孔文顔氏字，育而不苗童烏似。段亭邨西巨山南，飴露之鄉近壽水。厥名曰春字亦春，春華未㔻霜雪委。乘羊戲馬人不見，謝玉瓊珠誰所誄。撰書名氏未著。劉生好古獻我侯，劉雪巖霖邑諸生留意金石。侯以尺書遺千里。金鐘既得地靈發，壽諺云："古城南，古城北，没耳金鐘露半壁。"去年侯於縣治前竟得之，乃金大定鐘也。天池復濬人文起。方山頂天池將湮，侯濬治之，刻石紀事。陽摩山銘大曆二年丁未《陽摩山功德銘》文。靈嵩記，寶應元載《古靈嵩寺新造功德堂記》。大樂元和六年辛卯《大樂山重修古楞伽寺碑記》。神福天祐四年丁卯《神福山寺靈跡記》。碑並峙。是皆唐筆久湮鬱，我創得之鍥工李。其芳善鐫字，與雪巖同好。與我村北陀羅幢，余家平舒村北崇福寺有唐神功元年經幢。手每摩挲心獨喜。邑乘闕略遺金石，六十年來待編紀。《壽陽縣志》乾隆三十四年知縣仁和龔導江重修。我侯通博百事理，意在搜抉證前史。宦游悵望碧夫容，兀坐一齋如夢耳。比年得吾邑碑搨，所至别懸一室，額曰"碧夫容齋"，取吴蓮洋《方山》詩"巉巖高捧碧夫容"句意，以寄鄉思。不惜氈蠟遠相投，江上春來有雙鯉。

附録《唐故安定梁君墓誌銘并序》

皇太和七年冬十月十四日，安定梁君卒於晉陽縣望幸里，春秋享秩一十有一。其年

十一月甲寅，遷窆於壽陽縣飴露鄉段亭村莊之西，巨山之南。君名春，字春，唐河東節度散將驃騎大將軍試殿中監輔國之孫，皇河東裨將儒林郎試宋州宋城縣尉季淮之子，實謂并汾之標，英雄之葉。訓誨弘誘，小學大成，至於《孝經》、《論語》，通卷背文；顏氏字類之書，問之便寫。幼而桐明，珠瑩庭曜。豈期歡與代而相違，悲隨齡而忽迫，豈平分之失序，感霜露之不時。桂葉桐花，方春便落。慈尊聖善，寸割中腸。姑叔諸親，咸哀妙幼。遇歲宜非便，未就大塋。卑而難留，禮期踰日。協從斯地，窆殯兹墳。恐年移代改，過隙難分，埽是人非，孰明遼鶴。故鐫樂石，銘表將來。記之下泉，用憑千古。其詞曰：

幼而能惠　聰明天假　總角乘羊　成童戲馬
諷念孔文　人推清雅　謝玉瓊珠　瘞兹墳下

苗先路讀段氏《説文解字注》心部悳字下，知徐楚金《繫傳》姑蘇黃氏、顧氏各有影鈔北宋足本，假觀之，願形諸詠嘆，可謂勤已，次答以誌同好

汶長説六書，古文賴裒輯。亭林纂五書，音學允能執。俗儒鄉壁造，汗簡吞聲泣。古音與今韵，錯牾難收拾。休文變古音，得一遺其十。平水變唐韵，部分不可葺。審音以定韵，顧氏豈勦襲。君守小徐傳，上追復下揖。抗聲段金壇王高郵問，如雷啓冬蟄。善本吾亦慕，升階必由級。會當求雙璧，幸勿嗟孤立。

附先路作

生平私淑心，亭林多纂輯。韵學接孔周，洪洞李子德語也。亭林得《唐韵》舊本於雁門關，淮安張力臣校寫，潁川陳上季刻之，序引李處士謂亭林韵學直接周孔。一語亮能執。世無揚子雲，鬼笑倉頡泣。天未喪斯文，汶長漢許君曾爲汶令，本書水部汶有二：一井陘，一沛郡，不知何屬也。秦灰拾。南唐徐楚金，繫傳成四十。汪刻落葉多，破碎不完葺。每部少字、每字少説解者不計其數，段茂堂謂姑蘇顧氏、黃氏有影鈔北宋足本。影宋聞顧黃，藏之等什襲。何當一借未，萬拜與千揖。補天同媧皇，動地笑驚蟄。九泉誰修文，此舉登幾級。神爽秋毫巔，主賓閬風立。

暨陽院長李申耆先生爲余寓書顧千里之孫瑞清假得影宋鈔本，校汪、馬兩本字數增多，且有汪、馬本通部俱脱，而顧本全者。又訪得汪氏士鐘所藏宋刻本三十二卷至四十卷，校鈔本大略相符，知顧氏本實爲影宋足本也。余既得是書，即於江陰書院開彫，道光十九年歲次己亥九月栞成。附記於此。

消寒二集分詠列岫亭釣磯

南亭面方池，不見窗中岫。頗疑景峰額，名與實不副。列岫亭，康熙乙酉學使韓城張景峰廷樞書額，蓋因御書之賜，與亭景適合故名。披圖證邑乘，位置求其舊。乃知城北山，隱于水榭後。據《江陰志》，列岫亭與存雪亭南北相對，中無水榭。自乾隆中李鶴峰因培作水榭，而

列岫之名徒存矣。誰人築水榭,意在鏡清溜。得水而失山,回顧勞肩脰。遂令存雪亭,獨擅一峰秀。兩亭昔對峙,天水與山就。其間妙空曠,不在多結構。吾欲移此舟,水榭曰不繫舟。縱與波左右。放出青一角,偃如月初彀。天風吹雪來,棱棱想高瘦。作詩付壁石,贅言毋乃瘤。

翠屏渺難覿,緑鏡行自照。斜籬擁危磯,清淺可垂釣。我來秋冬交,枯荷雜叢藋。水深無一尺,魚勞尾不掉。連日江風大,寒潮漱石竅。溶溶池萍破,軋軋水車叫。雪意化爲雨,草痕不待燒。池北亭榭靜,老梅忽含笑。魚樂吾未知,一竿且坐嘯。君看淮陰士,託彼水中漂。

江陰歲莫奉懷當塗黄左田夫子,并述比年同人聚散之感寄呈

憶讀餞書圖,久與夫子别。五載一相見,飄若春風雪。夕謁晨載塗,悵望心如結。至今江上月,七十五圓缺。辛卯秋九月,余起假還京,時吾師以祝嘏將歸,幸得一謁,迨今又六年餘矣。但照南飛鶴,不照北征轍。乘槎昨奉使,小邑且停節。眼中青山來,一水故縈折。尺素託雙鯉,感念心内熱。上言起居康,下言詹思切。邇來同門友,人事不可説。堂堂田京兆,家無四壁列。子弟紛飢驅,衣寒手足裂。河東與雁門,古誼猶提挈。河東郭韵泉、雁平章荆颿兩觀察,與季高同出夫子門下。曩者侍函丈,賤子名濫竊。每與田生語,酬知意激烈。誰使汾沮洳,拔濯出高潔。淒涼鄉社祭,晋陽書院諸生以季高訓士有方,請從祀三立閣。宋寞朋簪絶。彭生亦老退,作邦於去年請假歸平陽。葛生甘守拙。天柱爲雲南太守,以憂去官。劉師陸爲廣東令。賈克慎視學黔中,受代未還朝。渺天末,落落晨星揭。賤子獨何幸,師門近根闑。同硯得許子,長庚自平定來訪。聊慰形影孑。大江日東去,回首山屼嵲。挂帆亦易耳,欲往風先掣。乃知宦游跡,若奔騎遭紲。椒園冬日煐,梅花絢如纈。年豐詩力健,老懷足怡悦。郵筒許寄和,鑽仰才敢竭。

消寒三集分詠西園花木得蠟梅限"分"字

小園風雨連朝曛,江上客心愁如雲。南窗蠟梅久爛漫,凍條碎蒻黄紛紛。雪亭幾株仍待雪,冷眼未破中酒醺。檀心磬口獨輕捷,鬥巧欲奪東風勳。豈知先開更早謝,紅羅縞袂非其群。官舍如山幽鳥欣,低頭誦書百不聞。今朝晴日透窗紙,疏影迸裂春冰紋。沈吟暗惜手拗取,膽瓶爲爾收餘芬。夜深褐衣忽見夢,貌癯意靜詞殷勤。自言來自真蠟國,九英族派流江濆。羅浮僊人本同姓,顔色頳頳支條分。一從蘇黄命名字,得與蘭桂齊芳薰。蠟梅因東坡、山谷得名,本名黄梅,非梅種也。聞君芟薙及榛莽,枯池瘦石呈垔埌。冬心未忍老宋寞,春

氣或助詩氤氳。抽豪再拜謝不文,君家譜系古所云。菁茅橘柚且包貢,何況鼎實香有蕡。墻東高花爛如焚,時山茶盛開。海紅燭雨天爲昕。崢嶸驛使送殘臘,令我鄉思馳橫汾。

和許蓮西《詠竹》

聞君談瀑裏,修竹間桃花。瀑裏,平定村名,有流水花竹之勝。鄉國渺難見,客懷愁更賒。疏籬寒雨重,曲徑翠煙斜。何意澄江上,銜盃對泠衙。

消寒四集分詠得桃符限"入"字

雙龍銜燭崑山立,竹爆驚雷動春蟄。乾清宫每歲封寶後,工部内府進鐙竿,二盤龍楠木柱高與宫檐齊,上銜五色八角圓鐙,樹於東西墀中。又封寶日,宫中駕幸之所,以爆竹前導。千門萬户换桃符,粉絹椒屏墨華溼。宫中門聯例用白絹錦闌墨書,輝暎朱門,色益鮮潔,聯語翰林撰寫。又臘日,内廷翰林題椒屏進上,謂之椒屏歲祝,皆桃符遺製也。雲牖連緜五色闌,星階燦爛三台級。宫中玉篆封朱泥,封寶前一日例進門聯。天下金倉溢紅粒。年年春帖進詞臣,翠管銀罌拜恩及。立春日,南齋翰林進春帖子詞三章,五言一首,七言二首,用硬黄矮紙小摺細書,拜筆墨牋紙之賜。大字銜從鳳口來,御筆"福"字賜近臣,舊例也。道光初年加賜"壽"字。新詩袖得龍涎入。翰林故事滿西清,查客流光付行笈。邇來寒雨放朝晴,坐見長江環小邑。春鐙上市影翻新,臘鼓催年聲轉急。潑翠千家門巷開,飛紅萬紙兒童拾。朱扉白屋共韶華,一笑豐穰占雪汁。聯句猶疑茗宴回,新正二日,重華宫茶宴聯句。分題莫負朋簪集。敢從坡老有歸心,東坡句"退歸擬學舊桃符"。却媿歐公獻嘉什。

臘尾小園獨步

今朝晴日滿園林,曲檻疏籬散步尋。楊柳條邊識新水,枇杷葉底語寒禽。江城雪少春先得,蘚壁詩多歲漸深。獨有亭梅開最晚,客懷爲爾幾沈吟。

䜋䜌亭集卷二十四

古今體詩五十四首戊戌

黄可菴足民自蕪湖寫寄《戊戌歲朝圖》,題二絶句

存雪亭邊梅正開,椒園喜報尺書回。一條江水青山色,都被春風吹送來。

磵水松風靜坐聞,家山了了眼中分。回頭六十年來事,仍似無心出岫雲。先君於乾隆戊戌通籍。

消寒第九集存雪亭雨中看梅花,同蓮西、家三兄作

亭梅知我欲東之,時將按試蘇郡。玉蝶飛飛故繞枝。小雨著花還惜别,西園留客且移時。夢痕覺似聞雷蟄,寒意消如退局棋。二月八日九九畢,十一日驚蟄。一事負他鈴鐵語,畫闌猶未看辛夷。

舟　行

青暘鎮南白蕩圩,天水空曠連菰蒲。北風五兩解送客,挂帆袖手一事無。忽聞煙外漁艇呼,使鷹捕魚如使奴。得魚不食爲人飽,曷不遠去淩江湖。鷗邊海客向吾笑,釣竿可得紅珊瑚。

讀元遺山詩

吾道申韓已足羞,衣冠況復語俳優。拄天大手回元氣,卻取朱絃屬柳州。

白頭賸有南冠録,青簡孤懸野史亭。破硯秃豪忙底事,中州留得氣英靈。

雪香亭畔柳啼鶯,汴水東流繞舊京。玉軸龍文親眼見,故應愁殺庾蘭成。《雪香亭雜詠》注:"亭在故汴宫仁安殿西"。

冠山飛入湧雲樓,更憶陽泉道院幽。不是詩人感喬木,霜林誰識故鄉秋。《陽泉樓雲道院》及《鄉郡雜詩》,皆爲平定作也。遺山自注:"余家自五代以後自汝州遷平定,宋末又自平定遷於忻,故文字中以平定爲鄉郡。"

松江試院校射

序賓校射敢辭勞,鏁院深沈士不囂。春晝特長禽語樂,夕陰將散鼓聲高。論文自媿穿蹲甲,化俗還期解佩刀。忽見數竿墻外碧,欲拈筠箭試吟豪。

幕客和校射之作，疊韻答謝

兼旬久未息筋勞，得句驚人喜欲囂。落筆龍蛇詩草疾，當筵風雨燭花高。錦城舊識參天柏，雲間試院古柏，同人賦詩多引杜老句。崑水新來切玉刀。慙媿諸公頻拂拭，幾回斂手避銛豪。

再疊前韻答蓮西

南遊伴我使車勞，深鏁春風似避囂。滚滚江潮吴地盡，悠悠汾水晉祠高。少年詩句頻搜篋，它日絃謌試割刀。君以廣文膺卓薦當爲縣令。更望諸生文戰捷，余弟宿藻、兒子世齡皆從君學。博君一笑且揮豪。

示諸生三疊前韻

沃土先須辨逸勞，淳風要在去華囂。雲龍上下原相逐，竹箭東南本自高。敢使宫墻穿雀鼠，諭士以訟不可長爲第一義。要令弟子佩觿刀。文章記取淵源在，鼈擲鯨呿未是豪。

四疊前韻奉懷當塗夫子，兼答邵篠舲和章

七載師門引領勞，從遊何日得囂囂。因君話到園林樂，使我身依杖履高。負笈衹愁難越境，溯江誰謂不容刀。研田有井聊相汲，讀畫題詩亦足豪。師以畫卷命題，并寄井字硯，皆篠舲將來。

松江鐵仙太守文康餉惠泉水一罌，篠舲出雀舌茶試之，色香味三絶

煩君摘取小團月，助我煎嘗第二泉。大守偏能符調水，詞人不借酒爲船。一甌睡足輸坡老，兩腋風生傲玉川。恰好清明連夜雨，桂堂西角起新煙。

雲間試院古柏，和三兄韻

二陸吴中俊，吾尤惜士龍。但聞崑産玉，不見鶴來松。此木材堪用，如人秀獨鍾。帛鬉真絶倒，爲爾寫形容。

古柏次蔡紱齋韻

鸞鶴何年致，風雷一夕期。不隨堂桂盡，敢恨澗松遲。句共爭春發，材因得地

奇。九峰幽絶處,可許歲寒知。

次和苗先路

獨研倉籀欲通靈,洨長偁文本五經。古瓦不隨秋草没,寒鐙長伴夜窗醒。曾逢絳叟年疑亥,君昨歲自三晋學幕還都。更喜黄門老復丁。近有弄璋之兆,故戲及之。客裏浮查一回首,史臣爭指釣臺星。黄樹齋、徐廉峰諸先生皆君知交。

聞六弟宿藻成進士入詞館,誌喜述懷四首

感極無端涕淚流,寒門何幸沐恩稠。一經學業淵源在,兩世科名甲子周。先大夫乾隆戊戌翰林,距今適六十年。華鄂人方羡常棣,皮毛誰得稱驊騮。文章砥厲非容易,莫作蓬瀛汗漫遊。

憶昔輪臺遠戍時,門閭事事總堪悲。楹書散漫從兒讀,衣綫辛勤賴母慈。先君于役西陲時,六弟年甫五齡。垂老尚嗟予季弱,報恩已恨我生遲。寯藻甲戌通籍,逾年即丁先君憂。豈知蘂榜泥金字,更照松岡一丈碑。先太夫人見背,今已五年矣。

直園曾迓板輿來,綵扇香囊拜賜回。壬辰、癸巳之間,慈輿就養於直園。若使春暉長此駐,定應笑口幾番開。思量往事真如夢,消受浮名媿不才。敢向崔盧較門第,似聞廣受懼多財。

同舟喜氣儼登仙,江上雙魚次第傳。小阮不須歸蠟屐,是科兄子世齡薦而未售,暫留京寓。老兄頻爲寄蠻箋。東西廨舍應相憶,弟欲請假南來。長短鐙檠只自憐。迴首玉堂清切地,廿年書味在寒氊。

題李雙圃前輩象鵾《漁樵散人圖》

遠道思蒓菜,寒罏笑芋頭。非關游宦嬾,直取性情幽。危坐宜松石,清言共茗甌。看它橋下水,湍激爲誰流。

星沙曾奉使,珂里記經行。秋葉楚山碧,春帆湘水清。鷗邊天浩蕩,柳外路分明。便欲從君問,滄浪許濯纓。

五月二十六日雨後,約苗先路學植蔡紱菴麟書吴景韓大忠胡光伯焯陳伯禧熙許蓮西長庚張石洲瀛暹趙心園復正偕表兄弓晴霞佩綺家兄漁莊登城北君山,時蓮西將旋里,即以誌别

暨陽城北大江環,雨後登臨解客顔。萬古雲霄一公子,季札碑在江陰。十年吴楚兩君山。山以春申君得名,與洞庭同,皆余使查所歷。飛鴻踏雪元無定,塞馬嘶風且欲

還。極目片帆天際遠,莫雲西望是鄉關。

寄園雨坐呈蓮西

去年江月隨君來,君以十月望抵江陰。片帆初卸梅花開。今年江雨送君去,蓮花紅到憑闌處。春申城北君山高,海門落日回江濤。鏁闈點勘動數月,振袂忽與群仙翱。東飛伯勞西飛燕,坐席未煖思鄉縣。愴懷爲憶太行雲,君歸將治松楸之事。揮手已失吳門練。人生聚散如摶沙,舊雨乃在江之涯。石洲自都初來。聞鶯湖上依依柳,晋陽書院東海子。黄金臺下騎馬走。三十年來春夢醒,别酒幾倒雙玉瓶。君才無雙通五經,模範已逮衿青青。豈惟鶴書有徵召,會當著作承明庭。看花它日長安陌,我亦浮查南北客。筍齋花徑埽重來,更話江亭翦鐙夕。

初秋將試金陵,自江陰城南登舟,呈三兄并同幕諸君子

行過九里十三灣,又入青林翠篠間。暑雨乍收黄歇浦,秋雲遥接白門山。殘荷早桂知迎送,五月望,園荷盛開,今將啓行,嘉蔭樓桂花適放。客燕賓鴻數往還。蓮西西旋,石洲南來,小泉、小璘、綫菴、雪篁甍歸,次第俱還,六弟亦有請假南遊之意。欲補寄園新畫本,篷窗風景勝柴關。頃作《寄園消夏圖》。

次和石洲,兼述舊懷三首

遠遊何幸得同聲,放棹中流自在行。陶令之官心已素,阮公不醉眼常青。海邊鷗鷺能馴客,林外蜩螗任沸羹。且擬從君文字飲,六朝山色一杯傾。
鈎輈格磔漫求聲,九達偏爲跲踔行。知白若能常守黑,出藍何慮不成青。負鹽老驥悲登阪,食椹飛鴞悔作羹。休道虚舟還有觸,試看欹器幾曾傾。
萬户絃歌起正聲,當時吾道已南行。衣冠詎必三年褚,衿佩原非一日青。野鹿登皮思漢幣,江梅入鼎望吳羹。何由憑藉南風力,海市全消蜃氣傾。

戲和石洲《觀結罾作》

結網横流落日初,欲遮江渚作溝渠。回頭笑謝任公子,臣請三言海大魚。

再疊前韵,答三兄寄六弟書

一紙家書爲寄聲,使查今作秣陵行。江從瓜步東流大,山到龍蟠北向青。落日離懷隨雁陣,秋風客味付蒓羹。卻思聽雨寒鐙夜,瓦缶邨醪細細傾。

丹陽阻風夜泊,讀黄仲則《兩當軒詩集》

年少能爲萬里行,詩名難敵是狂名。眼中北海孔文舉,朱笥河先生。身後山陽范巨卿。君殁於河東,洪稚存先生自關中歸送其喪。黄鶴青蓮應共語,秦筝燕筑爲誰鳴。無端檥棹顛風岸,使我挑鐙夢不成。丹徒楊子堅泛舟來送此集。

曉發辛豐仍疊前韵

風水聲兼鼓角聲,卧聞三老放船行。繩牽人語中流亂,窗漏天光一綫青。埽地焚香回客夢,買魚沽酒待晨羹。京江秋色空濛裏,已覺群山北顧傾。

雨泊鎮江西門外,石洲與家兄酬唱竟夜,情詞拳然次和

客思秋兼雨,詩成夜覺春。塞鴻來有信,頃石洲得家書。窗燭語相親。感子嚶鳴意,慙予鞅掌身。無爲黄鵠舉,且伴白鷗馴。

新樂府三章有序

爲雅片煙作也。雅片本名阿片,又名阿芙蓉。康熙二十四年開禁,南洋始充藥材流入中國。其後吸食漸衆,毒癮溺人。嘉慶十五年奉旨嚴禁,嗣後屢議科條,加重懲警,而習染弗悛,以其癮發,能致人死故也。道光十八年,鴻臚寺卿黄君爵滋以文銀出洋日多,弊由私販日夥,疏請自今犯者宜論死,以塞漏卮。特詔盛京、吉林、黑龍江將軍、直省督撫,各抒所見議奏。於是中外聞風振勵洗刷,有司剴切宣諭,並刊布治癮諸方,以拯積溺。寯藻忝奉輶軒之使,士習民風與有責焉。爰製新樂府三章,以當勸戒,俾多士循省,且爲民誦之,庶知朝廷好生之德洽於民心,兹用不犯於有司云爾。

雅片煙,來自西南洋外之估船。我朝柔遠弛洋禁,欲化毛羽爲織紝。大黄茶葉洋所無,洋人得之銷毒鴆。大哉聖德中外無不該,彼洋乃以鴆爲媒。不知何物阿芙蓉,闌入包匭充藥材。蜃樓雲煙從此起,世上紛紛雅片鬼。雅片鬼,爾何愚,爾之金盡骨髓枯,旁人笑駡爾歡娱。豈不聞黑鬼白鬼販煙亞細亞,彼國食者殺無赦。如今朝廷議以重典待爾儕,許爾湔腸滌胃痛自悔,爾不自悔誰爲哀。一章

雅片煙,流入中土自南及北如狂瀾。先皇有詔嚴禁此,爲其傷生廢事耳。傷生廢事犯者法當徙,特未殺人罪至死。大哉國法輕重有權衡,爾輩乃以死爲生。豈惟將身作藥脯,坐使黄金化爲土。初聞番錢滿載來,估船近則以土代

其錢。土日多,錢日少,蟹艇朝朝出海島。豈不知黄金白金國之寶,民命繫此爲壽夭,擲之大洋真草草。如今朝廷豈樂以重典待爾曹,願爾拔疸剔蠧善自保,爾不自保將焉逃。二章

雅片煙,黄鴻臚疏天下傳。我皇惻然爲民計,詔下封疆大臣各具議。大哉天地好生德,辟以止辟誠救弊。立法由近以及遠,行法後賤而先貴。懲一警百許自新,酒誥意在醒迷民。民風要視士習變,臣愚竊考洪範傳。洪範次九乃以六極終,雅片一物備其凶。豈特惡疾致短折,日貧日弱憂何窮。氓之蚩蚩自罹咎,士也褎然四民首。豈不聞深宫宵衣與旰食,蠲租卻貢紓民力。又不見市上金價高如山,民間米鹽事事艱。毒藥得解尚可活,黄金入海何時還。如今朝廷日以化民成俗望我士,我士勖哉,其以忘生徇欲爲深耻,五福繩繩其來躩。三章

京口泝江七里至便民港

銀山望金山,雙闕作江關。舟似老魚上,雲疑飛鳥還。看人帆力飽,忘我艣聲艱。句曲迎西笑,行行七里灣。

自龍潭登陸西行五十里至朝陽門

便民港至龍安鎮,水驛山郵特地開。六十年前遺老在,當時親見翠華來。便民港乾隆四十五年始開,今山麓猶稱御道。

望明孝陵

鍾山王氣昔龍蟠,陵衛葱葱尚守官。日莫浮雲天際遠,滿城秋色似長安。

金陵試院樓上

東南城角漏遥天,每倚樓窗思渺然。夕照外餘孤壒影,晨炊中有六朝煙。龍蟠虎踞皆陳迹,鼇擲鯨呿屬少年。一笑出門欲東去,栖霞秋色滿江船。

海寧朱貞孝女《頻伽禮佛圖》

朱貞女,夫亡未昏志必死。志必死,矢靡它,女死其如老母何。朱孝女,母在不敢從夫死。從夫死,良非難,以孝全貞心益堅。禮有常,亦有變。禮有經,亦有權。經權常變所不到,世間乃見大貞孝。貞孝之至通於天,世不能名名

以禪。冬青無樹亦無佛,唯有靈臺一寸心,照見萬古不死之寒月。

題周竹溪郡丞維新小照

食筍齋前竹,三竿兩竿君眼熟。曩君直内閣,每至園必枉過談竟日。小倉山下竹,千竿萬竿我初目。君與沈雲巢太守招遊隨園。黄金臺高塵土紅,金陵諸山翠埽空。與君十年各南北,掀髯一笑尊酒同。人生聚散那可料,栖霞放船仍共櫂。江南竹箭多於蘆,秋風吹我入畫圖。長身玉立閒且都,手持三尺青珊瑚。平心觀物有深意,海户沙民望君至。時君奉檄勘海州沙田。記取風梢煙篠間,江灣是我題詩地。

玉釵樂府四章有序

貞母,武進人,雲南武定州知州楊奞女,同邑生員湯荀業妻,浙江樂清等處副將世襲雲騎尉貽汾之母也。荀業父大奎以進士官福建連江縣知縣,移知鳳山,挈荀業渡海之任。乾隆丙午冬,臺灣賊林爽文作亂,荀業以徇父死難。於是貽汾襲祖廕爲儒將,貞母之教也。貞母工琴善詩,遭家難,悉取詩稿焚之。其後因所戴玉釵中斷,偶拈二絶句。貽汾乃潛録之,繪圖徵詩海内。士大夫欽仰悲歎,形諸歌詠已盈數帙。余按試金陵,貽汾託所善江防司馬周君維新以畫卷求題,因摘貞母詩句爲樂府四章,以爲士林勸。貞母詩并記於左,詩云:"美便無瑕斷即休,曉匳宵枕夢悠悠。於今别有思親淚,記與釵時新上頭。""鏡非臺已悟空門,贈嫁釵簪半不存。三十九年千萬路,鬢絲絲斷玉還温。"

美無瑕,玉釵宜歸忠孝家。父兮死忠子死孝,玉釵獨向寒閨照。釵雖斷,家再完,上有萲草下桂蘭。

思親淚,衹有玉釵知此意。海枯石爛命如何,猶記上頭雙翠蛾。釵雖斷,光不没,中有昆明萬里月。

鏡非臺,何況纖纖白玉釵。玉釵未斷鏡先破,曉籢無復吟聲和。詩雖焚,釵尚存,畫斷荻枝付子孫。

鬢絲絲,至今人誦斷釵詩。斷釵有詩復有畫,斷琴無弦猶自挂。篋中釵,壁上琴,難寫湯家貞母心。

善化唐鏡海方伯前輩鑑有孝女曰惠觀,刲臂療母疾,竟以身代,方伯哀之,爲銘詞徵詩,感成二絶句

墨不能濃淚萬行,兩篇銘誄斷人腸。不須懊恨天難問,刲臂焚香願已償。

梅華夢裏雪紛紛，孝女初殁，母夢梅花一樹盡落。埋玉山前有凍雲。感(到)〔動〕瓊州老太史，白頭爲寫女罣文。張嶰山前輩岳崧爲撰墓銘并書。

如皋舟中次答石洲

發陽南下水如扃，《左傳》哀公十二年："公會衛侯、宋皇瑗于鄖。"杜注："鄖，發揚也。廣陵海陵縣東南有發繇亭。"今皋北四十五里力乏橋即其地，見《如皋縣志》。岸樹汀茭入蚌舲。近海漸知秋雨冷，遥山還隔大江青。鹽艖事急憐場竈，雀鼠聲喧惱驛亭。自媿采風無寸補，閒評茶味試銅瓶。近海水鹹，居民蓄雨水飲之。

過胡安定故里疊前韵

安定祠堂秋草扃，行人指點漫揚舲。殿前論樂衣仍白，齋下傳經簡尚青。作賦欲觀於廓海，過橋難覓發繇亭。不知玉井珠池畔，誰擷谿毛薦一瓶。

通州試院送三兄歸里

澤國氣候煐，草木冬猶榮。吾兄將北歸，吾弟初南征。六弟自京師來，旦夕可相見。淮海一相聚，離緒忽以并。昨秋出都門，邂逅涿郡城。念我遠來飲，不暇歌鹿鳴。江南九州郡，聽雨連窗楹。金沙得弟書，喜弟登蓬瀛。兩世一甲子，叨幸心暗驚。君恩逮寒門，安敢論重輕。區區寸草心，何以報所生。譬彼膏雨流，隨器注缾罌。雨大缾罌小，得不虞滿盈。兄曰尚慎旃，吾志在歸畊。有弟留伴汝，汝其勤王程。官齋寂以清，汗簡羅楝甍。弟但誦且思，豈惟益聰明。家事勿復顧，吾老氣漸平。周旋親族間，或不愆於行。念汝性迂拙，惵惵何所營。薄宦三十年，債臺高崢嶸。鄉人幸諒汝，望汝保令名。吾歸爲汝謝，幸毋辱鄉評。湘水與江水，發源同一清。往歲視學湖南，裁革陋規。汝時念魚鮓，吾豈忘菜羹。汝年雖未衰，鬚髮白數莖。汝勞吾所念，亦如汝念兄。再拜謝吾兄，爲兄洗酒觥。兄歸慎起居，南望心勿縈。閉户訓子姪，努力守短檠。使槎歸有時，相見期都京。艱難媿兄弟，飄忽歲月更。江頭雙鯉魚，尺書能送迎。朔風動征雁，歲莫難爲情。

送趙生復正西歸

弱冠頻年賦遠游，性情能不汩時流。持身比玉防微玷，守口如瓶足寡尤。曾向寒窗窮蠹簡，早從名帖得銀鈎。慙余宦跡無南北，使汝浮沈逐海鷗。

脊令原在慟何如，趙生以兄喪歸里。歸計紆回迫歲除。韓子意猶憐柏馬，馮生歌豈爲車魚。須知憂患能傷性，縱有艱難莫廢書。努力韶華方鼎鼎，山田大好帶經鉏。

淮安試院寄三兄

定有鄰人喜客歸，吴中風景話依依。弟兄蹔似河淮匯，南北偏爲燕雁飛。閒覺家山貧亦好，老知游宦願多違。不如課子寒鐙下，門掩書聲雪透幃。六姪世敦隨侍歸里。

䜺䚲亭集卷二十五

古今體詩四十七首戊戌、己亥

十一月二十九日舟泊金山，遂登絶頂，同人分詠得"静"字

片帆獵獵劃風影，瓜步飛來只俄頃。塔鈴碎語似留客，向夕驚濤怒猶騁。樓觀耽耽鍾鼓喧，東望卻羡焦山静。山僧導我玉帶樓，煎茶爲試中泠井。因觀玉版歎劫火，帶玉版二十枚，火燬其四。乾隆間詔補之，鐫聖製詩於舊玉版上，以紫檀匣藏之。想見箭鋒落機警。十圍腰腹容何物，四大禪牀孰坐領。一從圖畫入天題，萬古雲霄拓詩境。《石渠寶笈》有崔子忠《金山留帶圖》，御筆摹刻於石，并鐫詩上方。憶昔翠華南駐此，龍艫鳳舸旌旗整。從臣詞翰盡鄒枚，帷幄謀謨皆魏邴。年豐民樂事多暇，漕順官清政無猛。遂開宛委出祕笈，金山文宗閣恭藏欽定《四庫全書》，與揚州之文匯、杭州之文瀾，是爲江浙三閣。要使淵源得修綆。東南群儒走闐溢，山脚書船達楚郢。静瀾堂高宫樹古，静瀾堂，金山行宫聽政殿額。至今父老猶望幸。琅嬛雙龍守門闕，鑠鑰沈沈誰所秉。亦思解帶住僧寮，曉角催人江路永。

次日放舟焦山，步過丹徒横牐，換小舟行

解纜謝浮玉，焦山青岌嶪。沿山轉東南，過焦江漸狹。西風頂莫潮，水涸丹徒牐。漕艘塞其吭，若太阿入匣。官吏走流汗，推挽力已乏。東下孟河口，百里如出峽。同人鼓舟走，談笑陽侯狎。而余獨邅迴，乃用間道法。平生飽江湖，見小敵若怯。江南水平遠，衣帶連苕霅。坐我明鏡中，泛泛同鳧鴨。回思楚粤行，蹈險勢如劫。斂軍就新懦，要盟悔前歃。羡彼江干叟，終年把鉏鍤。

小　舟

白板小窗扉，驚沙坐自飛。船名小沙飛。樹隨漁艇聚，山避漕船歸。江路何悠緬，星槎孰是非。便思尋范蠡，湖上弄斜暉。

當塗夫子九十壽辰，寄詩奉祝四首

于湖秋色日清新，晝錦堂開拜紫綸。藥籠詩郵三錫命，青山塵海一歸人。公自丙戌告歸，迨今十三年，兩拜蔆苓之賜，又荷賜詩，每陳謝，輒蒙温旨手答。世傳坡谷神仙侣，天

許夔龍彊健身。聞説梅花來驛使，隔年先報小園春。

橘不爲洲秫不田，憂時心事轉殷然。流民已活江南北，寒士都歸厦萬千。晏子裘存鄰里煐，疏家金盡子孫賢。未知洛下耆英會，可有香山樂府篇。以千金助賑，捐宅爲義塾，捐穀置義倉，皆公歸里事。有詔褒敘。

一德幾康帝載賡，豈惟稽古重桓榮。道光癸未，詔繪十五老臣像於萬壽山玉瀾堂，公以軍機大臣與焉。御題云："豈獨文章禁省冠，一德密勿惟幾康。"滄江青瑣歸來夢，麟閣雲臺舊日名。觀我真成壽者相，賦詩猶似少年行。無心看取階前竹，兩地高齋共此清。公在官在里，皆以"食筍"名齋。

錫福端由養福來，兩朝宸翰照金罍。公七十賜額曰"養福增壽"，八十賜額曰"引年頤志"，聯曰"玉瀾圖繪承恩近，綠野襟期養福長"。吳中簪紱華筵集，天下文章慶牓開。黄鶴南飛公壽考，大江東去我沿洄。百齡盛會從今數，時倚弧星望斗魁。

《雪夜綳兒》、《霜帷課讀》二圖，朱蘭坡侍讀前輩琦爲其兩太夫人作也。侍讀初生，父病惡兒啼，母每夜襁抱鄰族嫠母所。三月而孤，稍長出嗣，嗣母汪未婚守節，課讀勤劬，卒以成名。侍讀以上書房傅請養歸，遂不出，今主講蘇州紫陽書院

兒啼喤喤耶在牀，展轉不寐心暗傷。兒啼呱呱母在塗，鄰巷一條鐙影孤。明朝耶醒問兒睡，母言此兒解耶意。蓬頭來往風雪淒，從此耶眠兒不啼。鄰家有母嫠且老，夜夜抱兒啼到曉。至今古木號寒鴉，猶似當時寄巢鳥。白頭襁褓念恩勤，世上誰知緜定温。寒冰過後難重覆，猛虎前頭不忍聞。

兒讀父書問阿母，父兮讀書母見否。母聞兒語心骨悲，兒父已殁母始歸。兒如寄生竹，母爲女貞木。竹生自孤木自貞，兒但讀書名自成。書聲鐙影霜林下，落葉紛紛碎檐瓦。此時鄰兒正酣夢，母淚暗溼機絲凍。一朝綽楔照綵衣，兒名已成母在幃。舍南舍北指嘉樹，云是朱家讀書處。世間冰蘖何處無，我亦傷心讀此圖。朔風捲地參横屋，萬里闔門夜課書。先君于役西陲，寯藻方十三歲，先母課讀，冬夜視參星西没爲度。

石洲答送盆梅次和

驛使誰爲寄，天涯且自春。不嫌官閣冷，聊與客懷親。籬角和煙補，墻腰帶月循。知君吟思渴，瓶盎亦精神。君近止酒。

立春日紫薇庭小集分韵得"書"字，呈張石洲并幕中諸君子

江國多風雨，官齋似隱居。尋山幾兩屐，餞歲一牀書。屋有東西陸，朋來大小

徐。苗先路精《説文》聲讀之學。愛閒惟點勘，驚俗得迂疏。古訓鏖匡鼎，新知闢仲舒。好冠吳季札，奇服楚三閭。吳景韓、李戟門、胡光伯、張希袁，皆楚材也。心畫才兼擅，陳伯禧工書。胸羅氣有餘。侯誰稱孝友，與我共菑畬。浩蕩江淮合，崢嶸日月徂。周南且留滯，稷下正紛拏。小閣張鐙後，枯腸得酒初。寄梅仍悵望，説劍或軒渠。客意春先覺，詩懷醉更攄。年來歡會處，幾見月盈虛。

己亥正月三日大雪登樓曉望，同石洲、六弟作

春雨如夢斷復續，檐聲驚曉碎寒玉。披衣直上西北樓，滉瀁江天入遐矚。君山渺渺墮何處，縞帶一彎女墻束。忽然回風出孤寺，坐送危闌壓山足。眼前明滅已萬變，人世何爲苦局促。回頭卻憐亭沼靜，埽徑轉惜莓苔緑。縈林絡石各有態，撲帽黏衣那忍觸。江南氣煖冬不冰，六花一飛天雨粟。去年州郡數馳報，豫説豐穰驗謡俗。方春盈尺事罕覯，生麥殺蝗理焉屬。五十年中無此寒，吠犬何須怪巴蜀。新年三日官舍靜，唯有清尊照銀燭。糧艘如山浦雲凍，飛輓得毋病皸瘃。雪泥鴻爪無定躅，忽憶尺五城南曲。燕臺舊雨更何人，林表浮嵐醉初旭。丙申之冬，程春海少農招客集吳紅生寓齋賞雪，以“林表明霽色”分韻。余屬程春霆作《城南雪集圖》，諸君録詩其上，余爲五轉韵長句附後。今復展卷，而春海、廉峰已成古人矣。

春雪詞四首

三日江城雪，春愁滿酒杯。北風送征雁，那更入樓來。

君山看不厭，破曉幾憑闌。似聽林烏語，江南無此寒。

飢禽啄殘粒，一飽易爲恩。衹有袁安卧，無人爲敂門。

隴麥初青候，河冰再凍時。梅花元自冷，不敢怨春遲。

京口開壩，觀漕船渡江，簡陳芝楣中丞二月二日

飛輓年來事事艱，每勞使節駐江關。每歲冬封壩挑河，春開壩放船，皆中丞親莅其事。眼看粳稻雲帆路，化作金銀飯顆山。金、銀二山名。海上浮槎何浩渺，燕南沃壤總寬閒。誰歟畫取敖倉策，鄭白成規問馬班。

壹齋師寄圖三卷命題

問道圖公年八十八，目昏猶爲鄉塾師，誨人不倦，戲作是圖。

古之卿大夫，致仕爲塾師。達尊爵齒德，三者實兼資。興賢簡不帥，風化之所

基。王道觀於鄉,衆學乃不歧。《儀禮·鄉飲酒禮》鄭注:"古者年七十而致仕,老於鄉里,大夫名曰父師,士名曰少師,而教學焉。"又見《王制》、《學記》注。大人濟萬物,進退皆有爲。後賢亦勇退,退則無所施。番番黄髮老,徒領宫觀祠。書院差近古,又以利禄縻。黄金禮游士,蒲輪延國耆。前席未暇煖,後者徹臯比。坐見書幣奔,化爲田舍貲。絳帳紛雲煙,恍忽不可窺。敻敻執經徒,倀倀何所之。中夜求諸幽,孰爲豁其知。先生但静坐,炳燭光如曦。羔鴈不敢瀆,天下欽風儀。懸車十餘年,閭里無群嬉。納之左右塾,導以九達逵。口講復指畫,猶云目力疲。百年且就見,神明安有衰。側聞軒轅氏,不遺空同咨。大道非察察,金鑑乃在兹。

我與我周旋圖公彙生平小像,自十七至八十四歲,共九像合摹一卷。

把卷垂竿自在身,求詩問法總天真。觀河面皺須臾事,數盡恒沙幾輩人。公有《觀河圖》,乃十七歲、七十歲兩像合軸。

曾荷天題在御屏,靈光落落駐丹青。江湖賸有嚴陵老,知是雲臺第幾星。卷中有玉瀾堂錫宴老臣畫像。

九老圖成似解嘲,無端黄髮笑垂髫。昇平橋畔誰相識,衹有仙人王子喬。謂子卿先生昇平橋,公所居也。

早悟禪牀四大空,聊將蹤跡託飛鴻。不須團扇家家畫,萬樹梅花一放翁。

書餞圖公詩序云:"道光乙酉冬將乞休,先期載書南歸,作《餞書圖》。丙申之夏兩目忽盲,束書不觀者累月,因作《書餞圖》。昔者我爲主書爲客,今者書爲主我爲客矣,諺所謂'瞎説'耳,然亦諷夫有書不讀及不瞎而不讀書者。"

非人磨墨墨磨人,坡老此言誰與倫。達人妙喻無不可,曰我餞書書餞我。憶昔我公餞書歸,歸心早逐車塵飛。賤子作文侍公燕,謂公直以書自餞。公之出處書與俱,何爲主客分區區。世人讀書讀以目,公獨胸有光明燭。年來存神要默識,偶以此圖爲游戲。日昨遺我尺素書,上有驪珠四百字。元精炯炯貫當中,揮毫落紙猶如風。乃知返觀有微意,意在炳燭發群矇。我公今年年九十,龍章鳳藻恩波及。長恩長恩亦有榮,書神名長恩,畫作神像冠佩持爵狀。瓊裾玉佩來相迎。金鑑千秋作眉壽,牙籤萬軸還眼明。願公惜取餘書力,但寫青山好顔色。山中松煙劇易得,不信世有磨人墨。

上巳後一日徐州城外校射二首

鏁闥深沈不見春,春風吹送馬蹄塵。擊球賸有場千步,學劍空聞敵萬人。城郭桃花隨駿足,郊原麥氣壓龍鱗。華林況值暄妍日,但覺旌旗熨眼新。

猛士詩人安在哉,斬蛇戲馬總堪哀。一從劉項悲歌後,併入韓蘇感慨來。天外皋禽何灑落,原頭野雉莫疑猜。江山文藻評量徧,始信徐方出異才。

海州五首,送張石洲入都

明月出東海,庭樹翳其光。仰觀天宇高,衆星何煇煌。歲星與熒惑,各據太微旁。填獨近月東,睒睒如相望。嗟爾土之精,幾年周天行。似畏望舒貫,翼之升角亢。明月豈不低,衆星豈不昂。三五會有時,盈闕亦其常。不聞雞三號,誰與照屋梁。

朐山不入城,日日來堂上。雲氣吞吐之,昏旦千萬狀。山色難自主,顯晦何所向。海雨洗不青,草木絶依傍。偶被黄泥彈,錦繡汙屏障。芙蓉仙人去,桃花不敢放。雲臺向西笑,笑爾塵容抗。誰令近城市,吾欲鏟疊嶂。不如藐姑射,冰雪出高亮。

大海日東下,鴻波何時旋。坐令雲臺山,移置當平田。山中有神鳥,毛羽五色鮮。世人不能識,名之曰鳳焉。魯門鍾鼓多,爰居避不前。嶧山無竹實,孤桐私自憐。翩兮鶱寥廓,下視鵬垂天。一飽豈所求,和鳴良獨難。焦尾亦不惜,所惜無成連。

枯桑一何知,天風日夜吼。遊子一何悲,遠道難爲久。憂來不可説,南箕避北斗。贈我錦繡段,報之乏瓊玖。緬懷孔北海,昔日盛賓友。鸚鵡非不言,鶚薦意獨厚。美服衆所指,盈廷誰執咎。君看黄叔度,千頃無不有。嗣宗亦真狂,臧否不挂口。

吴濞煮東海,斥鹵爲膏脂。利窮法數變,何論官與私。爾來淮南北,梟弱商亦疲。大儒奮金椎,長揖取高貲。習俗能染人,墨翟悲素絲。燕趙慷慨士,交遊多新知。落落戴安道,王門不可羈。鹽車在太行,黄金紛四馳。君行慎風塵,毋使衣化緇。

江陰送吴景韓大忠還靖州

胡生北去子南還,光伯昨自海州入都。伏雨闌風遠道艱。江海不堪頻送别,舟車何處得長閒。春申賓客空珠履,季子碑銘有蘚斑。留取西園圖畫在,分明城角是君山。

衣服雲山照眼明,蘭橈曾泛五溪行。邊隅自昔多才俊,上選誰能及老成。君與梁秋潭、蔣南喬皆靖人，同科拔萃中年差長。一尺短檠消壯歲，四方高髻擁浮名。看君讀易蕭疏甚，使我論文氣亦平。

稺子欣然几席親，西堂鐙火兩經春。橘洲敢自謀生計，芝室惟求近善人。瑟僩何時能了了，琴書此别更諄諄。亦知清濁滄浪水，未免謳思逐楚蘋。兒子世長從君讀書。

大江千里思悠哉，拔劍吾方歌莫哀。秋早已聞叢桂發，月明還有夜珠來。鯉魚尺素宜加飭，駿馬黄金尚築臺。歸去若逢騷客問，爲言杞梓正需才。

題陳芝楣鑾中丞《个中真意圖》并序

嘉慶乙亥、丙子間，芝楣佐張文敏節相百齡幕，居署西偏池上百八十竿精舍，嘗作小篆牓於亭曰"个中樂"。道光己亥仲秋，權兩江督篆復居此亭。錫山顧竹碕蕙舊同幕也，爲作此圖。

憶昔識君食筍齋，畫圖雅集陪尊罍。《壹齋雅集圖》余兩人寫像其中。君時下榻故相邸，文敏京第。暇日往往城南來。二十年來阻遊宦，兩載江淮五相見。人生聚散那可料，一紙篷窗悟真幻。昨讀斯圖於丹陽舟中。東南節制天下雄，相公愛士明且融。韓碑大筆宜晉國，豈特温石從烏公。當時題襟五十輩，坐上名流傾海内。西池竹徑爲君開，曰君它日當吾代。幕僚惟林少穆前輩與君，文敏許以封疆之才。草堂蕪没庭梧彫，平泉花木誰見招。惟有數竿碧於水，秋色寸寸横溪橋。去年窗月留人住，照見闌干題字處。戊戌嘉平君《重宿金陵節院》句云："紙窗一片月，相照徹清宵。"今年新筍秋更妍，紙窗月亦隨人圓。防河講武利鹽漕，龍節周巡靡不到。風篁雨籜孰主賓，清夢時時逐吟嘯。个中甘苦人不知，圖成付與虎頭癡。竹碕竹碕識此竹，老圃曾伴黄花菊。菊谿，文敏别號。歲寒心事今誰屬。君有小印曰"歲寒心事久彌堅"。丹山鸞鳳如雲來，願君惜此琅玕玉。

題唐鏡海方伯《五源學舍圖》并序

廣西富川十三源，皆猺人耕作之地，近日尚衣冠，重禮義，以民籍入庠序者有之。惟宋塘、三輋、龍窩、平市、倒水五源，未改故習。道光壬辰，楚猺滋事，方伯時奉檄守富川，爲創立義學，置師教讀，其俗丕變。

南荒槃瓠種，山居今曰猺。獉狉俗不改，族類雜土苗。我朝文德敷，設學及邊遼。惟猺亦嚮化，譬彼食葚鴞。帝曰作新民，一字華衮邀。雍正十年改苗童爲新童，苗卷爲新卷。今苗猺應試，均遵此例。頓令椎髻徒，衿佩出蕤條。粤西古山國，邊甿習輕趫。土學與苗學，以漸化其囂。康熙、雍正間，土司各屬立學。嘉慶初，西隆州等處及桂林府之龍勝廳、柳州府之羅城、懷遠各縣，均增置苗額。富川十三源，耕作兼漁樵。五源地更僻，往來稀軒軺。使君握兵符，守禦逮蠻獠。諭以團練方，義勇屹不摇。教以禮讓節，抃舞馴不驕。授以聖人書，置師作之標。使君騎馬來，兒童歌且謡。歌謡皆書聲，麕至不待招。父老扶杖來，空山聞鈞韶。不知是何官，但見冠纓影。長跪問使君，楚粤何烽熛。得毋連永間，有吏誅徵徭。以彼蠻觸爭，使我絃誦調。田疇而衣冠，心臧而土饒。至今茇舍樹，青翠不肯彫。緊余曩使楚，遠陟山乘橋。出入諸峒寨，問俗知淳澆。山猺力窮弱，平地多客僑。吞剥及巾帶，坐見田廬銷。韙哉錢公議，教養期久要。湖南平地猺皆招户客民冒之，南園學使曾奏准嚴禁。余按試桂陽，黜平地而取山猺，蓋此意也。披君學舍圖，旬宣心孔昭。軍書旁午中，此事何寥寥。白狼槃木歌，徒爲後代嘲。安得漢文翁，用視民不恌。

秋夜暫晴

翦燭出明月，始知今夜晴。雨窗一片影，江縣萬家清。刈稻愁將晚，裝緜惜未成。似聞淮海路，梟雁宿高城。今秋高堰湖水盛漲，開壩宣洩，下游被淹。

鏡海前輩《岱麓耕雲圖》

望雲岱麓連衡麓，天與雙峰左右環。一自巖鐙照松柏，肥泉終傍孝堂山。《方輿紀要》："肥河在肥城縣東十里，源出孝堂山。"

膚寸溶溶滿太虚，人間祇道雨隨車。不知丙舍空山裏，幾載倪生手荷鉏。

石田茅屋想歸耕，瀰水吴江感宦情。料有鄰翁扶杖説，十年前聽讀書聲。

句窳亭邊羡鳳飛，《東觀記》：漢章帝元年，鳳集肥城縣句窳亭。鷲巖迴首隔柴扉。北原只在雲深處，聞道新松已合圍。余服闋出山三年餘矣。

題畫爲孔一峰同年作

十日五日一水石，王宰幾曾遭促迫。雁聲飛入筆端秋，特爲先生破空碧。先生結廬白雲間，負米行吟日未夕。湖光山色滿衣袖，蓬島應無此仙宅。此圖珍惜出山前，青鬢早結歸來緣。不知胸中三萬頃，何地可著紅塵鞭。當時同榜人有幾，把卷從頭數甲子。釣竿詩卷有家風，觸我鄉心四千里。䙆𧚔亭子三重茅，碧夫容與寒天高。卻因一幅吴淞水，悵望并州快翦刀。

青浦縣城北謁孔宅敬紀

浩淼三江浦，蒼茫一畝宫。地當吴會左，澤衍魯邦東。先聖存遺蹟，初基溯寓公。《孔宅志》:孔子二十二代孫潛,字景徵,先居梁國爲漢太子少傅,避地會稽,遂爲郡人。至三十四代正爲蘇州長史,值隋末亂離,奉先聖衣冠寶玉,葬於大盈浦上,立家廟以祀,子孫家焉。避秦非效鮒,噫漢孰知鴻。卜築延康末,遷流大業終。衣冠遂宰木,俎豆尚家風。莽莽悲陵谷,蕭蕭想鬱葱。似聞環佩出,宋淳熙間,慧日院僧疏廟陾渠得寶玉六事:三璧、二環、一簪,藏縣庠,或云瘞於墓側。安仰棟梁崇。山澤涵藏久,唐虞際會隆。六飛春駐蹕,三泖士呼嵩。麟紱傳書素,龍章捧日紅。康熙四十四年三月巡幸江浙,途經青浦,貢監生員孫鋐等籲請御書區云"聖蹟遺徽",聯云"澤衍魯邦四海人均化育,裔分吴會千秋世永蒸嘗"。雍正十二年詔立五代王祠,乾隆十一年禮部題准奉祀生,四十四年巡撫楊魁疏奏估修,五十二年知縣孫鳳鳴重修,嘉慶五年署縣事盧焌請帑重修,道光三年援案官爲修理。綀光騰馬鬣,雲氣接龜蒙。入室絲兼竹,升階冠與童。像猶吴道子,儀豈叔孫通。竹箭人材美,林葩樂府工。言游文學粹,季札篆碑豐。闕里瞻斯在,南行轍詎窮。精靈留舜禹,廟貌儼眉瞳。一席神栖煖,千秋禮器充。輶軒誠有幸,坊表媿無功。仰睇規模壯,深維教澤洪。丹題雲漢表,碧蘚露霜中。賢宰來鄹邑,諸生識孔融。時青浦攝令孔一峰昭顯曲阜聖裔。鳳林重翽翽,鼉鼓已逢逢。繼美新堂構,留良屬冶弓。喜傾程子蓋,愁鑄澡王銅。張壁光難蝕,虞戈字待礱。況參邦彦議,定亟庶民攻。奉祀生孔廣心及華亭、婁縣、奉賢、南匯、青浦諸生楊秉杷等疊請修葺,已捐廉爲倡,並檄郡縣速議矣。盛世覃敷教,群公正協衷。循墻勉傴僂,冀達四門聰。

聞道四首

聞道舟師出,軍威震粤洋。檄書問蘭頓,嘆咭唎國都。闕市納當郎。當郎港脚貨船遵諭具結,求入口市易。漢使龍爲節,夷情虎作倀。火攻非得已,要示法三章。

除惡風先樹,浮言雪易消。但令原燎盡,不限海帆遥。異物誠非寶,中邦利及饒。百年寬大政,何以答天朝。

物極知當返,民窮望孔懷。本非求蒟醬,何至弃珠厓。定議先親貴,狂瀾必決排。終資乾斷力,萬里豁陰霾。

閩粤通南極,燕齊接海東。越裳安測聖,銅柱久銘功。客逐支機石,心懸舶趠風。籌邊有終始,不敢望歸鴻。林公時以欽差大臣調授兩廣總督。

䜌䜣亭集卷二十六

古今體詩六十六首庚子

元日簡陳登之延恩

最難元日逢晴日,大好今年勝去年。臘雪有花民氣樂,冷衙如水長官賢。已看種竹嬉雛鳳,君新抱孫。何用淩風羡紙鳶。一笑青旂艷城郭,早梅香裏課春田。時攝江陰令。

立　春

毗陵驛致屠蘇酒,陽羡甆盛爛漫梅。莫笑兒童作吴語,江城三見土牛來。

題蕪湖邵未齋先生廷任《蚓唱餘音集》,次佚齋師韵

無雙江夏屬黄童,受學誰知有瀖翁。老憶書聲樓翠裏,俯翠樓,佚齋師幼從先生課誦地。重披詩卷釣竿中。古桐挂壁餘音在,新繭挑鐙細字工。頃從君孫小璘處見遺札六種,《道德》、《孝經》小楷尤精絶。何幸題名容牘尾,瓣香心事兩家同。

春初偕黄樹齋侍郎爵滋奉使閩浙,留題江陰西園二首

江城官鼓静,獻歲且銜杯。竹爆春聲裏,梅花驛使來。越吟招遠客,吴邑惜多才。吴趨行屬城咸有士,吴邑最爲多。豈意輶軒史,新恩忝柏臺。正月二日奉使,越五日復拜左都御史之命。

司寇風裁峻,文章動主知。匡廬曾識面,山谷況能詩。曾爲樹齋題《游廬圖》。持節春先發,同舟晚更移。侍郎歲前出都,余俟於毗陵江上。西園有嘉樹,留取歲寒枝。

太　湖

寶帶橋西望太湖,檣梢綂羽尚棲烏。扁舟不逐鴟夷去,未必黄金入畫圖。

雨中過九里洲望梅花

元章妙墨留題在,梅隱中書蘭雪自號。願竟虚。何意布帆煙雨裏,萬花開處我來初。曾於吴蘭雪丈坐上見王冕《九里洲梅花圖》。

釣臺謁嚴先生祠

嚴州嚴瀨屬先生，誰向春陵憶漢京。釣渚臺前仍有地，客星天上本無名。孤懷尚不同良黨，王良、周黨。遠見何曾爲歙彭。來歙、岑彭。笑我披裘祠下過，一竿可許倚灘聲。

自桐溪至大洋

小洋纔過大洋來，西崦人家點翠苔。凹凸雪峰銜日出，參差粉壁界煙開。繩牽短艇風鳶上，路轉危灘磨蟻回。記取嫩晴天色好，渌波如鏡照春醅。

蘭　谿

縠水來何駛，蘭谿故作灣。山開斜日駐，村遠大江閒。垂釣吾將隱，浮槎客未還。遥思北征雁，已度廣陵關。余於學政任内奉使閩南，眷屬自江陰還京。

水碓歌

一輪横嵌漁灘中，九碓坎坎高下舂。居民纍石助灘勢，激水使輪如使風。嚴州溯衢州，灘路三百里。人道山田瘠，不知山田美。山田種稻兼麥菽，民勞心善寡馳逐。卻將全力事畊稼，一歲居然有三熟。山有木，水有竹，擣竹爲紙，伐木爲舟更爲屋。頭春輸官次糶錢，人力既盡天亦憐。一生飽喫山田米，坐看杭州上水船。

山　行

浮槎日日問煙蘿，又縛篷輿走澗阿。麥隴碧於春水活，菜花黄比夕陽多。眼前山勢迎人出，夢裏灘聲撼枕過。客意漸新天漸遠，卻從閩嶠憶江沱。

入閩四首，次雷省之比部以諴《僊霞嶺》韵

七閩天下險，萬壑鬱縱横。不意周南滯，翻爲嶺表行。客星銀漢聚，仙嶂赤霞明。洗耳池亭坐，江灘無此聲。

建溪雷自吼，閩嶠蟄仍蟠。古樹矜鱗甲，奇禽惜羽翰。入雲人影細，過雨日光寒。亦欲題厓竹，曾無彩筆干。

度嶺疑無地，群峰莽刺天。迴瞻關北寺，横鑠越中煙。鑿壁餘斤斧，分疆限水

泉。故知犬牙錯,表裏義森然。

市屋穿幽出,溪橋架險通。誰令山澤國,乃雜漢夷風。蜃氣樓臺見,漁人網罟空。春疇方有事,悵望使君驄。

次韵樹齋《夏夜步月越王山麓》

江路微茫見遠郊,山城睥睨俯危巢。萬家得月樓臺出,一徑連雲草木包。坐客胡牀聊與共,參軍蠻語漸能教。何人爲寫仙屏句,記取森森碧玉梢。

送胡恕堂興仁觀察蜀中

西水注辰谿,湘江勢直達。險絶造平坦,浩浩千里闊。憶我別銅柱,一十六裘葛。君爲秦中吏,治行有本末。聯翩擢郡守,一麾出甌越。顧視舊同學,珠玉仍被褐。前年過暨陽,足音履我闥。豈料建谿舟,峻瀨從君剌。春寒訖盛暑,晨曦逮燭跋。每於案牘暇,抗論中情豁。君今荷帝簡,露冕移牂牁。惟蜀稱富庶,澆俗待旋斡。側聞馬峨邊,翦薙有餘枿。海夷利用驅,山夷利用遏。雷頻天失威,火烈民猶活。朝廷寬猛意,張弛在省括。南雲望北斗,群山翠如潑。吾行且淹留,甘棠媿所茇。

題常南陔大淳《采蘭書屋圖》

湘水自來碧,建溪如此清。知君空谷意,不改遠遊情。一室與之化,孤芳羞爲名。光風彌海嶠,衆草亦萼榮。

宦績常河内,詩懷東廣微。聲施如夏雨,報答有春暉。紉佩伊誰贈,援琴且自揮。即看階下竹,雙玉已成圍。南陔觀察庭前近有慈竹之瑞。

荔　支

北客淹留動十旬,炎方節物幾番新。如何海上離離實,亦作人間滚滚塵。江緑藍紅今罷貢,道光初年敕罷荔支歲貢。玉槃絲籠若爲珍。閒看閩譜還惆悵,飽噉誰人妙寫真。曩在京師孟蟾齋中見東坡畫荔支長幀,古絹深紅,生氣遠出,今不知歸何氏矣。

題鄧嶰筠制軍《海山眺月圖》

晚晴潮退静織蘿,秋色空明上翠螺。蜃市煙消三島出,羊城夜迥衆仙過。舉杯對影天如鏡,投筆籌邊海不波。遥想黄灣回櫂處,人間指説九霄多。己亥中秋,公約少穆制軍、滋圃軍門登沙角礮臺望樓繪圖題詩。

銅鼓歌爲嶰筠前輩作

銅鼓有聲無文字,石鼓有字乃無聲。文淵孔明蹤跡所不到,駱越胡爲託其名。乃知金石非人不足壽,景鍾部鼎亦如瓦釜空雷鳴。岐陽獵碣義不辱泥垢,置之太學比岣嶁。若使氈包席裹遺自宇文周,臼科之材韓蘇二公見且羞,何爲作歌感歎不自休。長樂中丞梁茝林撫軍。得此兩銅鼓,其一乃贈南陽之制府。楊舲桂管東道回,旌旗組練滄溟開。三嚴未終百粵震,銀簪跳舞讙如雷。詩人猛士雜龍虎,手撾口沫辨論何雄哉。君不見漢新息,矍鑠猶傳銅馬式。鐃歌鼓吹正需才,天下誰知鄧公癖。

題《三百三十有三士亭圖》

開徑知三益,爲山想一卷。我來尋石友,仍值補松年。歲月雲煙過,風流書畫傳。延平劍終合,肯逐鬱林船。

康熙甲申,沈心齋先生涵視學閩中,於其署作亭,植松竹梅,顔曰"友清軒"。乾隆庚子,朱竹君先生筠復搆補松精舍,多士人致一石,鐫名其上,顔曰"三百三十有三士亭",并爲之記。山左有門,别爲蕉林,徑通東北隅,搆亭曰"不炎之亭",名其林曰"葉林"。嘉慶丙子,汪雨園先生潤之屬太倉王子若茂才應綬作圖存署中,道光初年失去。庚子,徐松龕觀察繼畬偶得之,歸於吴崧甫學使鍾駿。暑熱假觀,題句并記其顛末如此。

福州督署觀右旋白螺歌

百川東注天左旋,地軸入海樞在天。靈螺抱珠獨右轉,乃與七曜精光聯。在昔乾隆歲丁未,王師偶指閩海堧。天風送潮百靈竢,馮蠵擊鼓龍趨淵。帝謂爾衆涉大川,錫爾白螺神所虔。斯螺獻自藏班禪,得月之精乃水母,陽侯當之走且顛。維時閫臣恩望專,九拜而出登樓船。鯤身鹿耳坐超越,談笑不待黿鼉鞭。功成惚怳若有恃,佛力亦藉天威宣。海邦從此得寶鎮,不惟其物惟其賢。大哉皇心契真宰,盧牟六合歸陶甄。天西兩藏萬藩部,奔走梵唄銷戈鋋。此中功德以神教,精誠所至非言詮。去年中山有册使,槎路來往如登仙。何況雞籠近咫尺,商艘漁艇紛洄沿,爾螺有靈不可鞬。海旁蜃氣莽成市,安得一埽空雲煙。

題寄陳登之郡丞《瑞麥圖》

江南財賦藪,四郡稱上腴。天庾四百萬,大半來東吴。田户既有額,漕丁亦有需。南兑而北收,輓運途何紆。終年期限迫,官民交相痡。牙粭生其間,蠹蝨與之俱。大户且趑趄,小户安敢逋。每於冬春交,星火馳牒符。官囊苦羞澀,搜括及袴襦。飢飽各欲死,侏儒笑腐儒。墟里尚人煙,空場聞鳥烏。豈無惻怛心,力不及耰鉏。江陰雖下邑,漕賦十萬餘。使君清風來,民懷乃愉愉。一年獄訟稀,兩年盜賊無。催科敢曰拙,撫字心則劬。以兹坐重困,所守終弗渝。衆人歎其才,我獨賢其迂。昨秋使槎還,君意若有敷。不謂夏甸民,夏甸,村名。乃有漁陽謳。油油雙歧秀,胡爲産此區。東南重粳稻,嗟爾生亦孤。薺麥豈不有,媿無琴德乎。斯言婉以舒,畫手亦善摹。嘉瑞不妄出,蒸黎未可愚。煦嫗覆育際,若有元氣輸。猛虎避鳳皇,老蚌還明珠。事奇古所創,理實今不誣。憶與君同舟,忘機如鷗鳧。秋霖共奔禱,但願菑沴除。觀潮偶一笑,餘事惟嗟吁。側聞鄭白策,近在燕薊都。富民要得人,救弊須良圖。精華出地力,南北固不殊。康年帝所貽,巨浸民其蘇。悠悠海嶠客,耿耿思江湖。滔滔何所紀,鬱鬱能久居。因君問新漕,今歲當何如。

題寄登之《講蓺圖》

英英忠義邦,濟濟萃群彦。江山發文藻,師友資講貫。官清案牘簡,歲美魚米賤。星槎駐三載,嵐翠擁一縣。蕭疏兩校師,錯落數丞掾。陳侯來何莫,謳歌藹芳甸。歸然李先生,申耆先生兆洛。南國靈光殿。大匠執鑪冶,衆寶入鎔鍊。俞君舊所欽,理初先生(志)〔正〕燮。博物今罕見。顧我走千里,披豁申繾綣。近乃識毛君,生甫嶽生。美髯言論善。褰裳涉其涯,澒洞目已眩。陳侯敬愛客,公暇數文讌。顧侍萱翔雲。劉箴山銘。有同志,士氣洽然變。石室屬高朕,經帷侍胡瑗。風徑修竹閒,水窗晚花絢。諸生從之遊,一一皆雋選。或擬子雲賦,或精康成算。或匡鼎説詩,或楚金繫傳。深湛運微思,卓犖得大觀。采風吾職守,有士志必薦。惜哉中道違,我馬逝如箭。大江東入海,習坎必以洊。彼斷港絶潢,難與航汗漫。三吴實多才,一邑且兼擅。願侯導其源,示之以畔岸。大則潤萬物,細流足溉灌。諸賢推助之,厥功斆學半。文章在砥厲,夫豈惟辨難。蓺也道斯存,敢作畫圖翫。

六月望夜越山眺月

山雲怒挾海水來,萬里東注不可迴。冰輪悄然破空走,月氣所到天爲開。眼前變滅何慌恍,魚鱗細蹙鮫絲網。驪龍吐珠收不得,蜿蜒紛挐復騰上。斯時暝煙散城郭,野色濛濛一片白。對山鐙火更分明,銀漢紅墻無處隔。客心如月先得秋,夢影飛落天南陬。天狼弧矢射未休,人間浪説仙查浮。停杯拔劍向誰舞,南望海門見五虎。歸來敢惜露霑衣,鈂鈂城頭已三鼓。

越王山麓晚眺圖并序

山在福州城北,相傳爲越王無諸舊都,一名屏山,樓冠其巔,城帶其腹,貢院居其趾。道光二十年,予與樹齋少司寇奉使駐此,自春徂暑,每陟山椒,城郭如畫。南望九仙、烏石,近在几席。群峰環翠,江海匯流,實據一郡之勝。因屬羅六湖比部天池作圖,以志蹤跡,并系以詩。

三山縹緲城之坳,獨有越王山更高。長風送客六千里,使我衣袖生海濤。荔子紅邊見落日,稻花黄處知平皋。每依南斗望北斗,極目遠空秋雁勞。

題吴孝子燮堂先生遺照崧甫侍講尊人。

山木亦有依,流水亦有歸。如何寸草心,不及三春暉。粲粲者門子,循陔戀庭闈。永念慈烏恩,不爲威鳳飛。飄風何發發,吹我斑斕衣。白雲宿我櫚,巖石當我畿。豈無幽澗泉,祥琴不能揮。峨峨閶闔門,銀榜排崔巍。中有萬卷廬,翠柏皆十圍。邦人感且羨,鄰母猶歎欷。至性不可名,孰云空相非。世無東廣微,此意知者希。

後入閩四首疊前韻使旋至江南常州,奉命仍回福建查辦事件。

北嚮復南征,徘徊雁陣横。澄江還汎汎,遠道重行行。星火郵書急,旌旗海嶼明。炎方苦雷電,天意欲收聲。

海上神仙宅,誰教蜃市蟠。倚天賴長劍,論事惜柔翰。萬里嬴糧盡,三軍裹甲寒。翱翔有深慮,肯遂寘河干。

貪狡情何極,堯仁覆以天。蛟門靜枹鼓,鷺島駭風煙。莽莽沙爲壘,明明貨是泉。長城何處在,消息轉茫然。

寬猛時相濟,蠻夷道自通。由來譚戚將,必有藺廉風。勝算終能定,邊儲且未空。無令鱗介族，睥睨漢廷驄。

福州城南觀鑄礮歌，簡吴甄甫中丞

銅礮製自佛郎機，嘆咭唎礮乃過之。厥初荷蘭一屬國，獨以利器雄島夷。澳門市舶二百載，自彼闌入奸僞滋。腥煙毒土噫何物，毋乃劫火煎膏脂。億萬黄金擲虚牝，我民其瘵兵則羸。皇仁好生嚴禁律，閉關固守夫奚疑。彼昏不悔且思逞，焚輪怒挾鴻波馳。舟山定海既淪鷺門厦門駭，然後具狀鳴其私。惟皇洞燭若觀火，馭外之道先羈縻。重申巽命戒疆帥，除戎器以防海陲。閩南諸侯有遠慮，思患不敢徒委蛇。范金鑄礮三十二，延津劍氣歸鑪錘。我昨渡海閲軍壘，沙墩石壁如布棋。長鯨鼓浪雷電鬥，銜尾再遁摧鱗鬐。桓桓觀察興泉永道劉君燿椿。識此意，有備無患職所司。乃知甬東揖盗入，此錯一鑄誰能追。近聞龍節適東粤，龜山番舶仍游移。夷船尚在定海城南龜山一帶停泊。罷兵通市已有日，問君鑄此將何爲。嗚呼，問君鑄此將何爲。

考亭朱子祠敬紀

聖學尚多識，吾道一以貫。義理出訓詁，兩合無分判。獲麟微言絶，逐鹿群書散。狂瀾厄暴秦，餘燼掇炎漢。師承各有自，墨守不敢畔。江都得其醇，裒然西京冠。儒術盛東都，許鄭具大觀。危行見黨錮，峻節凛厓岸。題橋與投閣，對之滋慙汗。清談始東晉，莊老恣誕謾。一變入雕刻，再衰成塗墁。隤波起昌黎，唐哉日復旦。其言大非夸，本末有枝榦。譬彼鄭侯律，義簡緒不亂。落落三章法，何事紛例案。宋承五代弊，綱紀久糜爛。自非警聾瞶，無由發嚴憚。南渡益淪替，國步瀕危難。大道在天壤，夫子責奚逭。仰溯濂洛源，近侍延平幔。六經翳復明，群言淆則斷。詞繁未敢殺，理融猶待鍛。所冀古訓式，必戒文囿竄。百家競騰躍，豁然謝羈絆。淵源漢諸儒，如冰得日泮。乃知極研説，不在侈詞翰。滄洲古精舍，建谿流奂奂。樂道忘時窮，著書甘歲晏。高堅孔之卓，鑽仰回也歎。循循事博約，了了致怡涣。夫子爲其難，後學失之嗲。至今讀遺書，厥功斆學半。再拜展儀象，周行接里閈。緬思游夏徒，終媿一詞贊。

四度仙霞嶺，次壁間龐雪厓先生韵

大海抱七郡，吐納東南天。一嶺界閩越，澹若齊州煙。萬夫走流汗，終日趾壓巔。豈知絶島外,倏忽飆輪旋。蛟門舟已沈,蕩析及屋椽。螋蛇東來游,窟此龍宫偏。拔劍不敢斬,投餌仍潛淵。登高望遠海,直拍洪厓肩。客行亦何爲,往復經歲年。回首鷺嶼門,戰鼓聞咽咽。一旅尚足恃,萬黿乃不前。吾欲鏟疊嶂,移置舟山便。山靈似竦誚,外固中必堅。備患在得人,王道蕩且平。側聞貔虎士,不戰歸畊田。功成謝主將,誰勒銘山篇。

附録雪厓作

拔地突兀起,直上摩青天。莫莫蒸氣出,映日流蒼煙。相傳宋史浩,開徑達層巔。三百六十級,蛇蹤紆迴旋。絶頂有神宇,翠拱亞朱椽。山僧亦有趣,結亭殿東偏。竹竿密作林,流水審爲淵。行人登頓疲,來此一息肩。遭燬甲丙歲,重搆申酉年。形勝良有餘,八閩此其咽。一夫當關立,萬夫焉敢前。當時李總制,進取何輕便。逆天理必亡,地利無全堅。我來泰平後,道路清且平。果實綴野樹,秔稻被山田。逍遥聊寓目,即事紀斯篇。

戊寅秋日行次仙霞嶺作,任邱龐塏雪厓氏書。

釣臺放魚

輕颸細雨送歸船,買得瀧頭縮項鯿。腮暴已遭霜柳貫,眼枯猶望夜珠懸。寄書道遠曾相憶,結網人多只自憐。付與嚴陵臺下水,泳游常傍直鈎邊。

吴康甫廷康以陳石士外舅夫子遺像并所著《范文正公祠記》及《詩札石刻彙册》寄示,感其高誼,使槎過杭,題而歸之

京華别公顔,髣髴前日事。山中拜公像,云自湖上寄。殷勤翫詩翰,已有歎老意。余時抱幽憂,南望日以跂。百年竟安仰,一紙若先示。甲午余居憂在籍,先生自浙寄石刻小像并《悉老》詩三章。惟公秉懿美,根心發乃粹。德優動宸鑑,學醇洽士議。昭昭范公祠,韙哉宗伯記。豈惟釐祀典,直使振邦治。經術之所施,故與俗學異。康甫磊落人,感舊有餘思。摹鐫及手札,古道信不墜。孤山鶴飛還,石梁自空翠。仙心藴儒理,瀟灑皆實地。讀公誡子書,藹然前賢侍。温恭守在昔,忠恕行可致。禮堂有傳人,寫定待編次。永念平生知,重以婚姻誼。艱危賴提命,和平出誠至。盈盈桃李門,廣厦昔所庇。作詩感陳迹,憂樂孰同志。

北固山懷古

大江滔滔日東注,碧玉雙峰鏁煙霧。天寒風急不可越,旗脚參差見瓜步。京

峴猶餘龍虎氣,海門直接狼山戍。誰云天塹限南北,自是浮雲變朝莫。阿瞞萬舳化爲灰,王濬樓船豈飛渡。紅袍玉帶彼何人,一戰倉皇扼歸路。自從湖上走蹇驢,遂使銅駝卧霜露。長城自壞夫誰撼,謀國何堪一再誤。當時忠憤滿朝野,眼見烽塵斷江樹。子玉不死季良在,天意蒼茫眷西顧。荆門司馬古豪士,看雨憑闌邀客住。畫中山色憶東甌,杯底濤聲吞北固。狂飆三日苦未息,海國妖氛正纏互。會看長劍戮鯨鯢,儻許扁舟狎鷗鷺。

至日京口守風

江城畫角曉寒催,海日陰晴氣不開。北固若能知客意,東風應爲送潮來。一陽轉律春猶待,萬里浮槎夢已迴。遥憶紫宸朝散後,佩聲隱隱走車雷。

得舍弟京寓書

鄉國渺無極,北風天正寒。檣烏棲不定,塞雁渡應難。久客惟加飯,歸程尚據鞍。何時石樓下,閒對月團團。

江上阻風,因述使槎往還蹤跡得詩二十二首,呈樹齋侍郎、省之、六湖兩比部

在昔嘉禾嶼,今爲一大都。鷺門天設險,龍節帝分符。野老焚香拜,官軍負弩驅。共傳星使至,感歎且歡呼。再使閩南,渡海至厦門。

潯尾海北汛。天開鏡,高崎海南汛。浪拍山。如何夷險異,只在往來間。絶島烽煙急,長城石壁環。玄虚曾賦海,愁夢落渝關。己丑秋登澄海樓觀海。

屏障南溟外,臺澎實要津。浪高雙鹿耳,天遠七鯤身。欲制蛟龍怒,先期雀鼠馴。寄書問徐福,或恐海揚塵。

落日萬安橋,秋風捲急潮。鴻都留大筆,魚袋溯前朝。蔡端明《萬安渡記》,其曾孫賜緋魚袋桓立石。蘋藻猶思薦,黿鼉不敢驕。洛陽今紙貴,題柱媿乘軺。

漢俗夷風雜,民窮逐物遷。金捐蘭頓土,銅鑄越南錢。焦石山田瘠,丹霞屋瓦鮮。尚聞飽薯蕷,辛苦説豐年。

攘攘實堪憎,蚩蚩亦可矜。錐刀人盡取,蠻觸力難勝。擇吏文毋害,除貪法必懲。陽城甘下考,青簡照朱繩。

第一閩南縣,銅山接瀨谿。人家荔枝譜,村落稻花畦。多士嫻臺笠,重城静鼓鼙。祇疑江國近,走馬秣陵西。

南臺與海通,戰艦列艨艟。利在魚鹽外,師過枕席中。龍歸仍化劍,鷁退不關風。何日標銅柱,吾思矍鑠翁。

盪槳洪橋去,林巒取次探。高梯落青果,小市聚朱柑。雨息冬猶煖,灘平夢亦酣。參軍殊解事,蠻語漸能諳。

黯澹灘頭客,虔州復楚州。屢穿魚腹出,還作劍潭游。叱馭吾何避,浮槎事未休。壯年悔彫刻,班筆早宜投。

疊翠排窗見,雙溪抱郭流。彩虹明夕照,高館倚清秋。水鳥人情熟,盆蘭客夢幽。結廬容小住,吾道在滄洲。

西陽仙佛窟,杖錫出荆榛。種竹皆成徑,傳鐙已有人。重來僧話舊,遠寄字題新。回首雲山隔,青蒼萬古春。

江上望江郎,他鄉思故鄉。緑蘿仙子鏡,黄竹女兒箱。夢與灘聲遠,愁隨驛路長。無諸何太苦,莽莽破南荒。

九里梅花路,春來正及花。推窗得粉本,轉棹見人家。招手峰巒過,迴頭蓑笠斜。不須吹玉笛,芳草即天涯。

戰士還鄉後,黄金鑄像初。但聞湖上去,不見甬東居。越女花猶艷,吴門練已虚。惟餘怒潮在,終古恨靈胥。

舊雨惜蹉跎,新知更若何。風流江左盛,名士濟南多。抗志思鞭石,論兵欲枕戈。壯懷日蕭颯,安得挽天河。

玉帶水連天,平江泛畫船。路分吴越國,橋記宋元年。短燭孤篷雨,枯桑萬户縣。故人還念爾,漂泊轉悽然。

南國集群彦,文翁有講堂。碑餘吴季子,殿尚魯靈光。賃廡人誰識,誅茅徑就荒。扁舟載書去,陸賈本無裝。

下邑羈豪士,玄方亦異才。一門羔雁盛,百里繭絲哀。危論難諧俗,流民欲繪災。不知汲長孺,持節爲誰來。

籌國勞心計,東南實漏卮。催科能不拙,飛輓若爲遲。楮幣言徒鬨,雲帆路漸歧。何由致紅朽,次第問瘡痍。

仙吏勤留客,顛風故送寒。維舟曾幾日,畫水得奇觀。王宰真能事,京江獨倚闌。短歌還拔劍,青眼爲君看。龔木民郡丞屬高密王君功後爲作《北顧覽勝圖》。

孔賓欲歸去,黄石豈求名。偶爾星槎聚,頻爲海嶠行。三山寒崔崒,二客氣崢嶸。不用工詩句,相看白髮生。

渡　河

維舟七日滯江臯,一葦橫過迴不勞。北嚮天邊有鴻雁,南歸海外尚波濤。星飛衹訝軍書急,風捲初聞淩汛高。落木平沙迴首處,始知銀漢隔塵囂。

郯城道中大雪,疊《至日京口守風》韵

馬蹄飛舞玉塵催,曉色寒芒覻眼開。冰自大河填海去,雪從東岱塞天來。一官雲鳥憑誰問,萬里風花送客迴。試向齊郊訪農諺,已聞臘鼓動春雷。

䙴䚹亭集卷二十七

古今體詩五十三首辛丑至甲辰

辛丑九月奉命入直軍機處,紀恩述志

海國再出師,島夷仍搆患。羽書日旁午,命將清瀛寰。臣以司農卿,忝陪樞密班。驟兼繁要職,適值時事艱。拜恩辭不獲,感悚心難安。去年使閩越,默察邊釁端。不惟塞漏卮,要在懲貪官。煙土流毒久,濫觴由海闗。蠹吏飽其私,窳賈緣爲姦。鯨鱷横睥睨,談笑生波瀾。朝議計久遠,約法三章頒。令必先貴近,意在蘇恫瘝。夷情亦悔懼,王道兼猛寬。審幾賴明決,出險毋盤桓。誰貽宵旰憂,屢致勞師干。書生抱蠡測,時論如決湍。仰資乾斷力,庶以止流丸。襄贊正需才,賦詩慙伐檀。

孚井詩并序

徐惺菴少司空士芬直園屋後有井曰"孚",因製竹筩爲恒升車,仿區田之法,試之有驗。季秋賓酒邀同孫符卿學士瑞珍 杜芝農少司農受田 賈筠堂少司空楨 張篠浦庶子芾 何根雲贊善桂清觀刈稻,賦詩紀事。

歲攝提格月爲壯,司空約客開南堂。池荷岸柳映疏翠,入坐忽聞秔稻香。栢酒未行且散步,籬花含雨明斜陽。屋東有井吾舊居,甃石不改流則長。攀榦下視引修竹,狀若桔槔能低昂。游魚銜鈎虹飲澗,激水過顙盈其吭。碧瀾寸寸瀉寒玉,一綫曲折穿重墻。可憐門右數弓地,昔爲瓦礫今分秧。世間何物可弃置,人力既盡天必償。試看纍纍飽穎栗,居然活活資瀦防。周官稻人稼下地,澤草所生其種芒。淶易之間穀五種,土宜豈必惟荆揚。畿輔水利有成法,先疇世服思賢王。怡賢親王。玉泉彌望在咫尺,萬頃一色秋雲黃。東南轉漕事孔亟,江海風濤安有常。郊原沃衍似豐鎬,滮流北去空湯湯。老農輟畊隴上歎,旱潦兩困誰爲禳。司空憂國計久遠,讜論造膝人未詳。偶因退食試餘技,坐見嘉蔬紛滿場。區田那事陳根拔,抱甕久已機心忘。回思寒泉翳深樹,茅經拚覆鼃跳梁。一從汲引脱泥滓,流甘灑潤占豐穰。酒酣卻憶十年事,舊巢未埽仍回鶬。銀瓶在眉綆在手,搜粟無計充神倉。石闌髣髴見題字,顧名攷義心慙惶。歲辛卯,奉慈輿來都,筮得井之上爻,已而蒙恩重直南齋,並詔許就養園廬,爰名此井

曰“孚”，以紀榮遇。惟公有孚井勿幕，作歌吾欲歸畊桑。

《農政全書·水利篇》有龍尾車、玉衡車、恒升車三器，道光八年潯陽羅石帆仲玉補注，刻於皋蘭。附記

達齋尚書以帖菊花册屬題

滿堂秋色不可畫，妙手攝入空明界。非真非幻出天工，何事春風弄狡獪。金臺十丈塵土紅，悠然坐我東籬東。延年駐景有仙骨，得氣不與群芳同。畫屏窈窕闌干曲，扇影團團帖寒玉。傲霜本性謝鉛華，修月前身認金粟。蕭疏幾幅帶煙霞，布葉安枝整復斜。留與韓公馨晚節，卻教陶令憶山家。

題王翰城繼賢《蘆雁圖》

衡嶽望不極，瀟湘秋水多。感君離别意，憶我宦游過。是處鷗堪狎，何時海不波。五谿一回首，浩蕩隔漁歌。

題潘芝軒夫子《仙瀛雅集圖》，次蘇齋韵

玉堂仙侣瀛洲圖，二十三人風骨殊。青雲舊雨一回首，妙繪重爲西園摹。憶昔臨軒歲癸丑，儲英慎選清班俱。公時年少冠群雅，豈以前後論王盧。圖成廿載望逾重，清景電掣如追逋。蘭陔歸去更瀟灑，勝會或儕石與吴。琢堂、藹人兩前輩。神仙忠孝有真境，科名官職徒虚車。當時同館共筆研，三朝兩見沙隄除。煦齋先生官至協揆。惟公耆宿秉鈞軸，舉世風度瞻瑶琚。依然朝退坐松石，想見三篋胸中書。五十年前典型在，開卷溯我生之初。春官弟子髪半白，公獨浩氣澄太湖。後庚先甲赤奮若，又見雛鳳棲高梧。寯藻生於乾隆癸丑，嘉慶甲戌廷試，公爲讀卷官。道光辛丑忝佐禮闈，公子星齋以是科館選。兩世文緣信非偶，結交砥行心冰壺。公頃爲書聯語云：“砥行碧山石，結交青松枝”。更聞金帶兆圖畫，吴趨花瑞天下無。西涯故事不足羡，爲公題句思歐蘇。

翰城出牧山右以畫障留别，題句送之

松能堅人心，竹能厲人節。蘭不因人芳，梅不因人熱。王生爲我寫數紙，其意懃懃可知矣。謂我迂疏涉世深，得毋俛仰隨時靡。金臺落日春風多，姚黄魏紫紛綺羅。不能著色作嫵媚，如此孤植可奈何。王生來自離騷國，香草樛枝夢猶憶。塞上風沙逐馬蹄，宦游蹤跡無南北。我昨題君蘆雁圖，離心浩蕩滿江湖。留將雪壁霜豪在，肝肺槎枒未肯枯。

紀 夢

緊余違怙恃,茫茫涉宦海。遠者三十年,近亦將十載。曰艾服官政,鬖髮忽已改。滄溟穴蛟蜃,玉帛走矛錞。萬端憂憤積,力薄氣益倍。中夜視星斗,傍偟若有待。胡爲頻入夢,顧影衣著采。笑語雜涕泗,澒洞不可匯。國威尚未復,臣辱奚逃罪。將毋忝所生,履險且及殆。白雲翳松楸,茅屋渺何在。海波儻許填,銜石終不悔。

陳淮生内兄蘭第《金門宦隱圖》

吾廬宜住嬾眠巷,太乙真乘不繫舟。"吾廬宜住嬾眠巷,遠客常攜載酒甒",石士外舅夫子太乙舟楹帖也。曾共山翁醉籬菊,即今宦海數沙鷗。榻因好客仍時下,雲本無心爲我留。君初官農曹,以余迴避比部。試問囊琴孰延企,北窗可許坐清秋。

感 事

鷺門山作指揮臺,又見甌江畫本開。儒將風流空自負,海邦烽火總堪哀。據鞍健飯身將隱,抗疏論功志未灰。跋浪鯨魚誰手掣,夢中或有濟川才。

次和同直何根雲《夏日遣懷》,即簡張篠浦

銀灣當左界,君居舊額"銀漢左界",程春海前輩篆書。仙館闢深幽。花樹因人靜,軒窗得水秋。詩成心獨往,朝退客仍留。何意塵囂外,相望郭李舟。

鶴汀司空出示朝鮮《申緯詩翰》一册,筆墨嫻雅,稱覃溪先生爲翁文達,蓋彼國私謚耳。題二截句歸之司空名賽尚阿,曾出使朝鮮。

蘇齋私謚議偏公,傳播鷄林賈舶東。詩派定誰論主客,瓣香聞已配坡翁。
權家遺集手曾披,追述檀君事特奇。高麗《權秀才集》載檀君開國與堯同時。何似申公稱世隱,一門三絶畫書詩。

附紫霞詩并記語

橅古應難神似矣,端於筆未到時求。論詩化後空無訣,覓劍從來陋鍥舟。小藝一門關性命,此中世隱當林邱。終同過眼煙雲滅,重幣何人遞篋收。

人有賣董華亭書畫合璧帖者,余爲臨書,兒子命準、命衍摹畫而還其原本,仍題一詩。紫霞申緯。

癸卯歲七月既望移居雙橋精舍，杜芝農同年過訪賦詩見贈，次答二首

燕壘經重睇，雞窗得蹔栖。但求林麓近，不礙屋檐低。歲晚觀收穫，圖成待品題。空慙少陵句，歸院柳邊迷。

河流方浩浩，星使尚栖栖。仰屋才無補，吟詩氣轉低。寺鍾秋易警，橋柱老難題。衹恐支離叟，雲深笑客迷。今年春自澄懷園移居孔修侍郎別業，頃復移此。君詩有"詩爲憶松題"之句，蓋謂余新作《憶松圖》，以寄鄉思也。

次韵贈王菉友孝廉筠四首

何緣博采得通人，坎壈名場自在身。漢學希微尋草莽，奎文錯落識星辰。長安客久仍彈鋏，後進才多等積薪。十載相知吾恨晚，片雲敢擬逐龍鱗。

尾焦根爛力能禁，古調難逢爨後琴。伯玉行年臻化境，子雲異代有知心。中懷耿耿元精貫，共語醰醰道味深。猶爲憂時見顔色，蘭陵感慨賦蠶箴。

孰是聞知孰見知，小徐而後歎中衰。聖朝稽古功誠鉅，學士甄微志不疲。窮老箸書關世運，行藏隨分付時宜。一官洨長千秋在，龜卜何煩問偶奇。

析疑爲我證群書，咀嚼菁華弃土苴。夢覺雲雷動科斗，笑看楊柳貫魴魚。君頃與何子貞爲余撰《祁大夫字黄羊説》，又與張石洲釋《虢季子白盤銘》見示。通經合稱無雙品，載筆空慙第七車。但許從君問奇字，雄文奚必慕相如。

菉友爲安邱巨族，選鄉寧令，精通六書，箸有《説文解字釋例》二十卷、《説文句讀》三十卷，與肅寧苗氏夔同以研究許書見偁。苗專心聲韵，菉友博大精深，辭尚體要。余藏段氏手校《集韵》副本，曾爲校勘，多所糾正。《馬首農言》余里居時所輯，亦爲辨證數十條。癸卯歲八月十日淳甫記。

題芝軒夫子《蘭陔潔養圖》

夫子萬民望，躬承累世德。文章與經濟，悉自性情得。此圖有真樂，奉養居里閾。蘭馨循陔南，萱草念堂北。湖嵌瀟碧間，松柳蒼翠色。擁坐顔渥丹，侍立頭尚黑。孫枝拂桐芭，森然鳳聯翼。維時歲彊梧，朝野正豐殖。宮中奏雲門，四海安畊織。司農政閒暇，退而修子職。百寮歎且羡，賦詩美紽緎。喜氣動吴會，髫髪爭欲識。孝哉無閒言，懇款出胸臆。人生重大節，致身必竭力。不能已於親，而況施於國。賤子忝負墻，趨步時自飭。請歸復陳情，再三荷恩敕。終媿歈雅笙，不遑蓺黍稷。寯藻於道光庚寅秋請假歸省，逾年侍母來都，壬辰秋請歸養，復蒙特旨賞假。比年侍樞垣，晨夕陪儤直。河海事方殷，蒼黎待休息。度支乏心

計，石畫亦孔亟。仰窺篤棐忱，内充匪外飾。惟忠本純孝，密勿資輔翊。白華兼朱萼，當時所手植。即今蔚成林，粲粲蔭槐棘。緬懷古大臣，出處天下式。披圖壽星見，斟化望南極。

禁中楓樹

東堂堂後丹楓樹，三見清霜送素秋。温室不言長耿耿，寒花相對故悠悠。登高久負重陽節，歸沐頻叨五日休。頃奉旨五日入直，五日留署。忽憶吴江舊詩句，斷林斜日在扁舟。

題卓海帆前輩《壬戌翰林同年行樂卷子》六首

曾記書名在御屏，翰林摛藻近天庭。畫圖傳與人間看，華蓋前頭十五星。圖凡十五人。

霜臺作記數交游，芝齡總憲。宗伯題詩憶唱酬。季思宗伯。五老翩翩返初服，退旃、鼎甫、芷鄰、棣華、蘭友五先生。三山歷歷峙瀛洲。

碧落青雲幸有緣，懷新感舊惜華年。延津寶應師門在，回首風儀各惘然。鏡汀先生余鄉試座師，詠齋先生庶常師也。

氣吞雲夢一髯翁，晝戟清尊笑語同。運甓陶公雲汀先生今往矣，風濤莽莽大江東。

惟公弱冠掇巍科，手秉鈞衡髮未皤。不獨文章煇館閣，江聲月色壯岷峨。

昔聞立馬嶽雲開，又見荷舟聽雨來。公嘗以二圖屬題。試取三圖證懷抱，丹青可許狀靈臺。

題毗陵吕氏所藏古甎文字拓本，並簡苗先路堯仙編修佺孫從其尊人官浙東時，搜羅所得凡四冊。

河間苗君夔老嗜古，獨寶獻王君子甎。曩歲南游索題句，歎其寅身元光前。申耆老人李先生兆洛。顧而笑，比之廉墓甎孰先。廉頗墓甎申耆先生官壽州時所得。苗君失色恨未見，倚坐傲睨頳兩顴。是時毗陵雪三尺，舉酒屬客江連天。高樓夜深棲鳥動，似有炬火明沙壖。豈知此册發光怪，四明適有歸來船。心疑夢想忽到眼，雙橋古寺秋鐙妍。京華塵土留不得，門外驪駒催著鞭。古甎文字二百五，拂几一過如雲煙。阮跋劉記具梗概，其餘作者窮彫鐫。儀徵創論有至理，吴荷屋詞婉約包慎伯則堅。玫古不妨互同異，搜奇想見精誠專。海波不揚郡齋静,運甓有暇趨庭賢。以金石壽求自壽,李丈斯語無間然。宣南客館感蕭索,苗君鍵户今三年。手把一編訂籀篆,漢甎唐瓦私自憐。君如有意與之角,開緘發篋尚慎旃,毋令流汗走且顛。

聞三兄鄉試中式,感喜交集,賦寄四首九月十一日

潦倒六旬叟,名場十八科。差爲長袖舞,甘作短檠歌。牢落同儕少,飛騰後輩多。紛紛來好語,驚喜涕滂沱。兄自嘉慶甲子北闈秋試,迄今癸卯科四十年矣。

千里團團月,開緘有所思。遥知聞捷日,正是憶親時。諼草看何在,荆花發故遲。殷勤報兩弟,霜鬢各相期。

爛漫陪華宴,婆娑揖衆仙。青袍仍作客,絳縣或疑年。大吏虚前席,同宗待後賢。高平宗姪之鏁同榜。含飴應更慰,庭竹碧雙鮮。八月八日兄得次孫。

篋有焚餘草,琴仍爨後桐。已堪娱歲晚,不敢恨途窮。老燕營新壘,寒花戀故叢。何時對牀雨,懷抱得相同。

歌莫哀一章贈田雅鄰頌年五弟

歲昭陽單閼,冬十月爲陽。天寒木葉脱,田君來自鄉。八年始一面,悲喜熱中腸。經旬復告别,毋乃太怱忙。對酒不能飲,聽我歌慨慷。憶與君季舅,弱冠同里庠。季公年差長,視余猶雁行。峨峨當塗師,相士無留良。目爲晉垂棘,聲價一日揚。聯翩擢科第,先後升玉堂。南齋清切地,簪筆雙翱翔。緬思鄉先輩,陳澤州文貞公廷敬。孫興縣文定公嘉淦。屹相望。遭逢亦何幸,接踵仍褰裳。季公性清介,不與時低昂。揮豪冠詞垣,特達誠圭璋。三遷京兆尹,前績踰趙張。胡爲身化蝶,一夢追蒙莊。維時余憂居,傳語疑未詳。駕言適仇猶,峻阪紆以長。慟哭車輪摧,歸卧十日僵。念君篤孝弟,黽勉力不遑。嗷嗷四十口,逋負逼痛創。孰爲問家室,孰爲營殯喪。孰爲焚券質,孰爲指囷倉。南飛有鴐鵝,從之以鶩鶬。孤鴻鳴何哀,羽翼不得將。抱硯走千里,葛帔衝雪霜。永懷杕杜篇,睘睘行獨傷。京華感聚散,鬢髪各已蒼。宿我城南屋,步我園西廊。録我案頭詩,緘以古錦囊。云是吾師集,中有懷友章。一讀再三歎,溼衣淚滂滂。勤敏公《壹齋集》有《哭京兆》詩六首并序。問君歸何急,君言適大梁。側聞河再決,搴茭事宣防。青氈雖冷官,畚臿庶可襄。田蘇有舊游,西河知子方。况值魏文侯,憑式名久彰。梁心芳中丞京兆同年亟稱君孝友,又留京兆子蔚稌讀書署中。君歸必有遇,此志行見償。嗟余涉宦海,四顧天茫茫。豈不遇順風,刳木非巨航。往

者策蹇約，久要安敢忘。二十年前與京兆有騎驢歸田之約。常恐松柏心，或負梓與桑。別離不足惜，惜此鐙燭光。爲君歌莫哀，一醉絫十觴。

秋晚同人集雙橋精舍，徐惺菴賦詩見貺，次韵補和冬至後一日

連山走波濤，樓閣隱蒼翠。西出暢春園，奔放有餘地。萬畦劃寒影，孤寺結幽契。快如鳥脱籠，淡若食忘味。人心各有託，山色了不異。訪客偶過此，喜其遠塵翳。遂借禪榻栖，更邀仙侶憩。誰謂吾廬静，溪橋夜深沸。明月光直入，户闥不能閟。遥指西崦間，桃源隔人世。負鹽時一出，軒冕勢難致。仰攀煙蹤絶，默坐霞想恣。相傳西山深處有小桃源，時有負鹽人出，藍布裹頭。嘉慶十九年煦齋先生官步軍統領，曾令番子蹤跡之，卒無徑得入。澄懷舊雨來，絫紙新詩寄。風林已埽葉，凍雀猶喧砌。它時看積雪，魯酒仍可醉。

追題陳雪香夫子《贄書圖》，爲子鶴副憲孚恩作

憶公持使節，賤子年未冠。稍知誦五經，未敢望游泮。登堂瞻眉宇，列坐就儿案。文場甫涉獵，投卷日未旰。蛟螭雜螻蚓，出語多汗漫。公獨首頷之，髣髴見微粲。招覆移置前，詩句叨奬贊。殷勤詢家世，慰勉數嗟歎。嘉慶丁卯科試，寯藻入學第五名，賦待漏院詩蒙師奬勵。維時汾水漲，城市走流汗。公與諸生約，條教不敢玩。至今手箸書，諷讀萬口徧。高門忝知遇，大匠施厲鍛。師資出一家，重以嘉姻眷。迴思太乙舟，侍坐每及晏。文字信有緣，瓣香奉羔鴈。甲戌會試出石士夫子門下，遂訂婚姻。流光歲月邁，哲嗣聲名擅。移華照雲路，綵服承家燕。去年子鶴迎太夫人京寓奉養。門生拜軒輿，退食檢書卷。此圖有微意，士以禮相見。執經與執雉，其義本一貫。豈獨懷耿介，庶幾謝鄙嗲。古之宏濟才，大抵守書傳。始基苟不慎，若農失其畔。師門恩誼厚，學道媿墻面。忽忽四十載，壯心銷仕宦。寄園公所寄，流風在江甸。江陰學使署西，寄園師所名也。曾尋杖履迹，仍喜詩詞燦。翠石紀前躅，青箱啓後彦。作詩志景行，俛仰增感羡。

錢心壺前輩儀吉屬張詩舲爲其尊甫雲巖先生作《補石亭圖》寄題雲巖先生名福胙，號訒堂，乾隆庚戌編修，官至翰林侍讀學士。嘉慶己未典學閩中，《補石亭記》蓋補朱笥河先生亭石也。

沈松心齋先生。朱補竹君先生。已多年，更喜雲巖接笥仙。笥仙，朱石名；雲巖，錢石名。九曜仍留顛米字，一峰肯逐鬱林船。從容作記懷前躅，棖觸成圖屬後賢。應與崑崙王宰蹟，人間雙本各流傳。

嘉慶丙子歲,汪雨園先生屬太倉王茂才應綬寫《三百三十有三士亭圖》,藏閩學使署中,道光初年失去。歲庚子,徐松龕觀察得之福州市上,復歸吴崧甫學使。余時奉使閩中,三憩斯亭,流連題句,并爲記其顛末。此圖亦庚子歲作,與王畫歸璧同時。心壺前輩遠寄屬題,兩圖竝得寓目。附名其後,亦翰墨奇緣也。并記。

題鶴汀司空《洗甲圖》

昨君示我圖,謂我識君意。披圖欲點筆,累月不敢試。懸之素壁間,感歎縈夢寐。頻年海氛惡,甌越厭兵事。砰訇雷電鬥,飆忽鯨鯢肆。長江不能限,蜃市何所暨。君以樞密臣,持節膺閫寄。列營析木津,遥扼斗牛次。渤海振軍聲,明堂協公議。維時徵調急,塞馬騰萬騎。朔方健兒來,東都勁旅至。君乃精所選,使之如指臂。程李有兼長,廉藺無交避。投醪匪市惠,桀石豈爲戲。庶幾甘苦共,不慮倉皇棄。古之大將才,思患常有備。歸來裘帶整,閒閱圖書祕。禁園肅周衛,凛若軍中治。即此示禮信,非徒嫺擊刺。朝廷嘉乃績,冠綏錫孔翠。百寮動顔色,君則感且媿。此圖何爲作,危坐有深思。挽弓當挽强,射鳥必射鷙。終當洗甲兵,壯士毋棄寘。堂堂七尺軀,落落四方志。艱難出亮節,盤錯别利器。緊余辱知交,相勖在道義。麟閣與雲臺,功成名自致。丹青信不渝,斯言他日記。

郝夢山同年移居雙橋敝廬喜作

稻隴蒲灣信步游,夕陽山色赴谿流。卻看蟹火知歸路,深柳橋邊别有秋。

舊雨重來對莫雲,鄉心日日滿横汾。縱談三十年前事,老衲無言總不聞。

中秋雙橋對月四首

積雨蕭疏斷,層陰豁達開。夜深山影出,風定水光來。老圃驚黄蝶,閒庭見緑苔。遥知滄海上,蜃市静樓臺。

斯地鄰空谷,幽蘭誰爲芳。瓦盆高出箭,紗幔細留香。倚檻看無寐,披襟喜未涼。便思就籬菊,乘興作重陽。

徐步出門去,稻田流水中。物情憐歲晚,人語識年豐。芰舍淹留熟,蓑衣坐卧同。老農意良厚,對影惜杯空。

我有歲寒友,十年相見稀。宦游同作客,談笑總忘機。此夕停琴望,何時帶月歸。柴門虚不掩,烏鵲自南飛。時夢山以事入城。

送程玉樵同年德潤出都，即題其《浮槎圖》後

浮槎有客同奉使，綄羽南飛七千里。越王臺上俯秋潮，黄浦樓船落眼底。當時意氣各慷慨，我年甫壯君强仕。文章聲價滿京國，詩句流傳動江(氾)〔汜〕。五羊城南艤歸櫂，龍燭銜華照蜃市。鬱攸譆出馮蠵怒，客夢離奇雜悲喜。三十年來幾聚散，宦情鄉思紛難紀。聚如梁燕動經年，散作沙鷗狎流水。隴雲關月渺何在，一笑翩然對窗几。來時柳絮撲行旌，看盡菊花吟未已。深巷沈沈宵燭闌，舊交落落晨星峙。攜肴把琖趁閒暇，送客留賓無彼此。酒酣拔劍爲君歌，歌聲似逐離愁起。武功太白天遠近，劍閣蠶叢更西指。巴江三峽連荆門，楚竹萬竿接桑梓。知君遠道念春暉，歸計何曾戀妻子。方今河海漸無事，蕩蕩夷庚任所止。卜居不煩詹尹龜，相憶或寄琴高鯉。眼中之人紛老矣，布韈青鞵從此始。儻令碧海掣鯨魚，更上金臺跨騄駬。

玉樵今年夏初自蘭州來都，下榻敝廬。其二子廷杓、廷棨應秋試訖，將之官蜀中，玉樵則翛然有高尚之志矣。回憶壬午同使粤東衡文校士，忽忽二十餘年。今玉樵得遂初服，而余仍涉宦海，歸期渺然，感舊述懷，以志别緒。時甲辰歲冬十月望日也。并記。

端友少司農以所藏成哲親王手書詩扇見贈，賦謝二首，即次詒晉齋韵

潦盡寒潭白，林疏遠岫青。人如將去燕，案有未乾螢。每辱煙霞句，兼忘主客形。何緣揮六角，更許乞黄庭。

發篋驚光彩，行吟繞岸汀。分明纖月落，悵望片雲停。秋意託豪素，淡交逢眼青。不須寒谷變，披拂久心銘。

十一月四日自園還城，呈同舍諸君子二首

雙橋小住又經年，野色谿聲似有緣。新塔已成僧去後，舊巢未埽燕歸先。往來月露光陰急，出入風塵境地偏。猶喜故人能念我，青鐙相對話依然。夢山先一日還城。

斜街老屋孰爲鄰，井冽泉甘意倍親。東海到今誇戚里，城居下斜街四眼井，舊題曰“戚里東海”。西山隨我入城闉。退朝且喜寒窗共，送客無端别緒新。玉樵將出都。惜取圍鑪好時節，天涯還待欲歸人。六弟粤西使旋當在月杪。

静濤少宰以奉使朝鮮詩記見示，題贈二首

特簡官寮貴，向例散秩大臣正使、副都統副使，此次正使，特簡侍郎。維藩禮數崇。東邦重

文物,少宰擅儒風。蹟溯檀君舊,囊看陸賈空。朝鮮餽五千金,却之,請益堅。歸奏聞,存禮部,還其使臣。雞林珍片紙,何止碧紗籠。

海上三春月,天邊兩使星。用集中句。都將離别意,付與短長亭。去日鴨波緑,歸來榆葉青。箕子教民樹榆食葉,見朝鮮差備官李藕船尚迪詩注。皇華誰繼詠,一卷抵圖經。頊松岑少司空充册使,二月中啓節。

游龍杖歌,次韵呈湯敦甫先生先生自序云:"游龍,蓼也。霜降後擇其老者製爲杖,質堅而輕,甚適於用。"惜世無知之者,歌以紀之。

憶昔從公直園廬,澄懷暇日山水娱。石橋雲塢宅數區,嘉樹灌叢花紛敷。芙蕖冒池朝霞朱,老魚跳波驚野鳧。隰有游龍不計株,拚依橋松與扶蘇。公時招客值茶餘,色香味與龍團殊。四坐把琖心躊躇,徵經攷録辨鄂跗。得毋靈草仙人鋤,公指庭柏清陰扶。其葉可飲腸不枯,先生園居嘗以側柏葉爲茶,作詩同直酬和成帙。宂尊亦足慰猗玗。取材奚必同一塗,爾時游龍奮髯鬚。似惜直節淪荒蕪,夢中九老降太虛。自言千歲見子都,神清體健工步趨。公拜迎送及階除,九老謂公何太劬。鏗然揖别覺而吁,三年解組百事無。園鶴易退豈不如,平生習苦甘蓼荼。此杖况與青藜俱,然以照書萬卷鋪。握手舊識呼友于,昔也若遺今則儲。偶出城南亦所須,公笑謂杖能從吾,吾爲若歌壽以圖。

茶陵陳岱雲編修源兖以其配《易安人墓志銘》屬題,爲紀其事

昔年曾讀唐家孝女銘,刲臂愈母疾,化作梅花神亭亭。詳見鏡海太常孝女銘誄。太常有女能死母,於今又見太史婦。太史婦,易安人。相夫子,隕厥身。焚香籲天天馨聞,但願臂枯代夫病,不願人間歎奇行。人間天上兩不知,何爲神傷作誄詞。或曰荀奉倩,潘安仁,擬之太史殊不倫,太史胸臆吾能云。臣死忠,子死孝,情之所極靡不到。古來且有生死交,程嬰杵臼左伯桃。糟糠之義亦如此,行美動神傳女史。衡湘山水清且奇,吾昔采風繫所思。今於唐家女,陳氏婦,兩韙之。

蓼山將還絳州,詩以送之

先朝制舉幾人存,君尚栖栖滯國門。乾隆、嘉慶間召試舉人,今惟濱州予告侍郎石樵杜公與君二人而已。滿腹紛綸元自負,素心寥落與誰論。客來偶顧虹橋影,春去仍留燕壘痕。不用問年疑絳老,青氈好待課兒孫。

爲澎湖蔡香祖進士廷蘭題《滄溟出險圖》

蔡侯磊落人,談笑狎海水。生長臺澎間,往來平如砥。偶遭颶母妒,爲施陽侯技。經旬犯重險,逾歲濱十死。問君何所届,云古越裳氏。君於丙申歲十月自厦門歸澎湖,遭風漂至越南,由陸路歸。聖朝書同文,南交慕冠履。往時唐船至,越南以中國人爲唐人,船爲唐船。殊少衿帶士。未暇受銅槃,客船初至,以銅槃爲禮。急命載輞子。即肩輿。通言傳語人。共咋舌,驚定還屈指。居民聞客來,擁觀溢廟市。幫長聞客來,閩粤人流寓各設幫長。引歸話鄉里。省堂省城大吏。聞客來,遣吏迎倒屣。殷勤致米錢,款洽具筆紙。乾坤一腐儒,出入魚腹裏。有母隔重洋,慟哭門閭倚。上書報國王,乞早返桑梓。不願駕飛鵠,不願跨赤鯉。但使北陸遵,差勝南風俟。鬼門雖云阻,生還庶可企。感激動大寮,奔走勞胥史。王曰士純孝,趣爲治行李。官帖一朝下,客病霍然起。灑淚辭異域,天涯有知己。峨峨富春城,王都民所止。城頭列亭障,城下艨艟艤。觀其所施設,武備未爲弛。是日歲除夕,桃符换紅紫。孤鐙涕雨零,爆竹聲滿耳。蕭條萬里路,關隘南北峙。經過伏波祠,銅柱屹未圮。馬流今幾户,春草生薏苡。二女徵側、徵貳彼何人,江邊亦廟祀。黎氏故宫在,東京風物美。豈無勾漏海,丹砂不可恃。蠻觸習鬥爭,蟲沙餘壁壘。置郡與分封,古今非一軌。諒山山名界華戎,石洞探奇詭。不敢望家山,關門幸伊邇。回思鷺島外,風趁一帆駛。鄉樹雲可辨,離筵酒初釃。豈知破冢出,歸客自交趾。邅迴涉兩粤,忽如磨旋蟻。登堂再拜母,不忍説悲喜。遠游恐未真,夢境參差似。曩余未見君,已誦行程紀。君有《海南雜著》三卷。閩海正揚波,星槎適奉使。艱危士之節,忠信神所祉。春明展良覿,藹然接窗几。爲我寫素扇,環瀛測疆理。以叠摺扇爲測海表。平生憂患心,畫手不能擬。方今雲路闢,金臺騁騄駬。君才信有濟,願與究終始。香祖爲余弟幼章甲辰分校所得士。

䜌䜋亭集卷二十八

古今體詩八十三首乙巳、丙午

春　燕

春燕莫相猜，飛飛卻又回。故巢猶自在，今雨爲誰來。花憶經年别，風驚昨夜催。銜泥須遠去，紫陌有塵埃。

荒　園

行過紅橋東復東，荒園古木夕陽中。不知第宅誰爲主，想見笙歌樂未終。一水環山餘稻隴，萬金輦石委松風。樓居祇有仙人好，未敢淹留桂樹叢。

題但雲湖同年明倫《雪舟籌海圖》

海上焚輪任往還，長江猶幸扼重關。如何秔稻雲帆路，便作金銀鼓吹山。天險未聞諸將守，輿圖空説大瀛環。繞朝贈策分明在，莫謂無人見一斑。
兵家主客勢難同，水陸從來異守攻。魑魅亦曾懾雷電，貔貅翻欲避沙蟲。若遭譚戚人思奮，安見孫盧技不窮。共道君才堪辦賊，繡衣威望在河東。謂曩歲趙城事。

梁茝林前輩章鉅所藏曹秋厓岳吴文中彬姜綺季廷幹諸老畫書小册精妙可翫，公子敬叔孝廉恭辰屬題

倪黄妙品今難得，細字蠅頭亦擅能。付與退菴老居士，較量手眼對青鐙。
歷下闈中題未了，傳觀又復到燕臺。秋厓畫作於燕臺邸舍。幽窗偶展塵心盡，況有西山莫雨來。

送許蓮西長庚之官河南，即次前歲見贈韵

緜蔓清流出澗谿，一枝新許鳳鸞栖。行縢瀟灑官仍冷，詩筆縱横氣肯低。此去苔岑應共憶，重來橋柱尚留題。片雲舒卷渾閒事，松菊分明徑不迷。

再送蓮西

鱣堂歸養奉晨饈，薦剡何心繫去留。早歲高文傾上艾，他時異政見中牟。經

傳夙擅無雙譽,治行終期第一流。同學少年今白首,贈言從古重交游。

六月九日雨中還雙橋二首

連朝城郭雨濛濛,一笑西山翠埽空。門外稻田三百頃,鷺鷥閒立晚煙中。
記取新涼入伏天,今年何幸又豐年。澄懷舊雨多清暇,相約柴門聽暮蟬。

直廬槐樹

如意門東夾道槐,沈沈山影點深苔。白頭内翰簪豪地,親見園丁手植來。南書房舊直廬在禁園東如意門外,乾隆年間翰林入直之所。嘉慶初復於勤政殿東垣賜屋三楹,地逾清切,而舊直廬亦不廢。道光初年每奉命校勘書畫,輒留連累日,迄今退直餘暇亦時憩此,有宫監守之。

喜晴六月二十一日

三日濯枝雨,曉來新放晴。水雲低遠樹,山翠近重城。孰協爲霖夢,吾殷望歲情。稻花紛滿眼,朝退即柴荆。

苦雨七月朔夜

伏雨闌風攪不休,谿橋無地納奔流。豫愁積潦占三白,九宫:三白落地,農諺主潦。便恐淫霖送一秋。官路馬嘶泥滑滑,僧寮蟲語夜悠悠。思量何事挑鐙盡,坐聽鷄人報曉籌。

聽秋軒晚坐二首

古柏亭亭引夕涼,幽蘭落落抱孤芳。秋花底事工盤結,才出籬梢又過墻。
園鶴褵褷久不鳴,林蟬得意變新聲。邇來又共秋蟲語,那怪吟詩白髮生。

讀唐四家詩

王孟詩名孰最優,可憐凝碧管絃秋。左司自有神仙氣,未便蘇州例柳州。
退之山石句嶙峋,杜老秋風筆有神。萬古江河流不盡,鯨魚手掣更何人。

雨中曉出

四野穹廬蓋,雙橋轍迹稀。祇愁泥没髁,安得瓦爲衣。稻隴連谿澗,柴門失釣磯。水天空闊處,晨色轉熹微。

退直爲積水所阻,假寓鶴汀司農園齋

積潦横前路,回車款近扉。不因公退晚,且喜客來稀。寂寞元相憶,差池且代飛。時鶴汀與余五日入直,五日留署。梁間雙燕子,似識主人歸。

落落陳蕃榻,蕭蕭仲蔚居。久諳花下徑,新讀案頭書。仰屋情同切,營巢計獨疏。君來應撫掌,看竹問何如。

立秋前一日還城,留贈鶴汀

城南湫隘總欣然,桑下淹留亦有緣。葛幔仍懸虚白室,紗衣恰稱蔚藍天。内廷故事:六月服黄葛紗,七月換藍紗。柳將秋色隨人去,山放晴容待客還。十沐五休君記否,光陰真箇似梭穿。

螢　火

丹鳥名徒竊,青燐聚若狂。如何生腐草,衹是解宵行。風雨秋多晦,簾櫳坐正涼。微明難自照,還欲傍書囊。

秋晴七月十三日

不爲愁霖雨,何緣重晚晴。踐苔知水落,倚樹覺雲行。秔稻香初發,蜩螗氣漸平。吾廬高枕在,應許見秋成。

鋤經草堂歌三章并序

鋤經草堂者,我三兄漁莊先生讀書處也。兄少羸弱,先大夫、太夫人不忍督責之,而兄爲學益力,研求經訓,發爲文詩,不苟趨時尚,堂曰“鋤經”,蓋紀實也。歲在乙巳五月七日丁卯,爲我兄六十周甲之辰。先是禮闈報罷,弟姪輩請留過夏,稱觴爲樂。兄以授學緜山,不欲曠業,又厭都城人事紛擾,於是買車而旋。瀕行爲詩二章,示别兩弟,有“六十年來客,猶吟下第詩”之句。蓋自嘉慶甲子鄉試以來,困頓名場,幾四十年。迨道光癸卯之歲,始舉於鄉,次年計偕入都,又以宿藻入闈,分校迴避,至是科乃應會試也。寯藻少兄七歲,宿藻少十五歲,先後忝甲科入詞館,而兄獨屢試屢躓。一第之艱,若陟峻阪,十上九息,顧氣不少挫,老而益壯,耳目聰明,齒髮步履如中年人。一男兩孫,大者教以讀書,小者分甘剖果,以娱目前。一室之中,舉案齊眉有伯鸞德曜之風,而無居廡賃舂之苦。以視世之役役名利,進無所止,而退無所歸者,其得失相較,何如也。方今壽寓宏開，覃恩渥被，寯藻將請以所得階級封典貤於我兄，以慰生平窮經之志，以彰朝廷錫類之榮，而宿藻適蒙特簡，出守黃州。國恩家慶，駢集一時，此豈非人生難得之遭哉！《詩》曰"常棣之華，鄂不韡韡"，又曰"秩秩斯干，幽幽南山"，古來兄弟和樂式好，形爲歌詠，即其山川、宫室、樹木亦有餘情焉。兄其可以開草堂，燕親戚賓客，飲酒一笑爲樂矣。寯藻奉職京國，馳心里閭，爰爲《鋤經草堂之歌》三章，用紂詩人頌禱之義，俾宿藻書之。其詞曰：

朝鋤經兮，壽水之湄。莫鋤經兮，乃綿山之陲。夫豈不憚勞兮，樂此不疲。清流環吾廬兮，洞渦會之。綿之上有田兮，道阻且歧。孰趣事而罔穫兮，孰坐而治薺。麥之秀兮，蘭之猗猗，君胡爲兮倭遲。

朝鋤經兮，日出之光。莫鋤經兮，秉燭而夜行。夫豈不知老將至兮，樂且不遑。風雨瀟瀟其如晦兮，星月爛而生明。晝何苦短兮，夜何其長。苟不改乎此度兮，何用不臧，君胡爲兮旁皇。

曰經而可鋤兮，何種苗而得莠。曰經而不可鋤兮，何朝墢而夕耨。服田力穡而不逢年兮，夫豈藨蔉之咎。使兒生帶經以終老兮，亦何傷乎素守。矧賢書之晚達兮，綸綍輝其組綬。先疇綿綿兮，恐不終畝。兄耕於前兮，弟鋤於後。草堂之婉孌兮，嘉木紛糾。可以説經兮，可以會友。隔千里而致辭兮，曰君子之眉壽。君胡爲不醉兮，酌以大斗。

七月十六日六弟宿藻奉旨擢守黃州，感恩述志，即以贈别二首

玉署回翔歲七周，臨軒特被主恩優。翰林例由京察外遷道府，去年特旨召對，先後簡用知府者，鄧爾恒、惲光宸、劉源濬、徐之銘、胡正仁，並宿藻凡六人，蓋異數也。文章經濟誰兼擅，撫字催科要並籌。此去聲名徵素守，古來形勝數黃州。朝廷破格求才意，清夜焚香未易酬。

承歡無復侍庭帷，每遇遷除益感思。有弟正强而仕日，阿兄將老未衰時。一麾作郡難爲别，幾載聯牀更賦詩。送子清風滿江漢，勖哉治行在初基。

中秋日退直還城

晝刻傳呼散直回，月湖南畔有輕雷。今年秋熱渾如夏，荷葉殘時花又開。

蕎麥作花穀穗黃，村農閑坐話時光。馬頭一樣團團月，令我低頭憶故鄉。

四眼井東有染人居之，門前隙地數畝，萬緑平鋪，鮮妍如畫，曉過得句

蔚藍天色映平沙，滴翠山光帶曉霞。行過酒帘東畔路，緑波春水有人家。

秋分後一日聞蟬

震雷已收聲,嗟汝不知止。秋風滿天地,孤樹欲何倚。豈不感時節,喑啞素所耻。老鶴警宵露,鷄鳴晦不已。亦欲效區區,懷抱誰爲理。

六弟行有日矣,吾鄉諸君子移尊觀齋,拳拳相餞,即席賦謝二首,并屬吾弟和之

惜别芳尊展舊歡,忘形莫作主賓看。鄉音爛漫家山近,宦意蕭疏歲月寬。已覺深堂聞蟋蟀,不知上閣侣鵷鸞。黄州太守如相憶,赤壁新詩好寄觀。

秋來笑口若爲開,河海安恬歲事諧。四坐歌聲出金石,一時離緒滿朋儕。登高況近茱萸節,送遠能無常棣懷。記取對牀風雨處,雪堂應合借蘇齋。

驟　涼

窗紗昨夜北風涼,盆菊初移欲綻黄。公退閉門無客到,買魚沽酒即重陽。

古玉佩、竹筆格皆先君子所遺也,感賦二首

古玉蟠龍佩,摩挱手澤遺。遥思垂帶日,甫及弄璋時。縝密盟心久,清芬比德宜。不才仍碌碌,恐負白圭詩。

筆格長盈尺,温如玉色殷。桃花深刻字,竹淚黯藏斑。曾佐修青史,還隨訪故山。書齋親付與,直節媿蒼顔。

九月朔日送六弟出都,兼示五姪世信

丈夫離别不揮淚,握手今朝獨黯然。杜老何由轉華髮,坡公亦復惜流年。書生憂國慙余拙,長吏親民賴汝賢。弦望安知非日月,一回相見一回圓。少陵句"汝伯何由髮轉漆",東坡句"不悲去國悲流年"。

蕭　齋

蕭齋風雨過重陽,獨抱秋心向夕涼。明月不知弦上下,青山疑與屋低昂。詩無雜感僧同定,夢有餘閒夜漸長。欲問農家真樂處,麥苗出隴稻登場。

何雨人大司馬名其園齋曰"寄舫",屬爲書額,並題二截句

陸居非屋水非船,宦味鄉心各渺然。一笑此身何所寄,栖霞山色大江邊。

公退清閒足散懷，看花况有好朋儕。雙橋寺畔聽秋客，要醉先生畫舫齋。

題《金焦二山圖》

金山山外寺，焦山寺外山。山外寺何麗，寺外山何閒。金焦兩山景孰勝，千古詩品坡翁定。長髯玉帶仙人流，山僧何爲苦攀留。炬火夜飛鬼神怪，明日輕帆向東挂。東山何有有修竹，竹裏嵐光看不足。兩三僧豈解留人，便欲抽簪卧深緑。有田不歸志未堅，無田亦退真決然。至今讀詩識翁意，幽賞乃在徽外弦。瘞鶴銘，古鼎篆，神物何曾分晦顯。君不見樓臺照海蜃市來，蜂窠萬石成篙眼，茅菴佳處誰爲留苔蘚。

十月十日陳夫人以疾卒於京寓，將以十一月望移柩長椿寺，感懷追悼得詩八首

嗽逆頻年已不支，尚云不藥得中醫。糟糠久歷神先瘁，鍼石紛投悔亦遲。小愈病加何太劇，大還丹熟竟無期。傷心執手躊躇夜，即是生離死别時。前夕余自園歸視，丑刻赴園，比散直還城，而夫人已於卯刻逝矣。

露電流光廿七年，回頭事事總堪憐。嫁衣典盡書仍買，官鼓聽多夜不眠。載石浮槎思遠道，牽蘿補屋倚寒天。伯鸞廡下能偕老，十萬營齋亦惘然。

城南湫隘枳籬荒，衰病扶持慰北堂。三載不聞衣解帶，六親相見涕霑裳。閒居未遂安仁願，感物偏同騎省傷。白首望雲惟有夢，夜臺翻得拜姑嫜。今年夏秋間，慈親頻夜見夢，曾與夫人言之，欷歔泣下，豈知乃先兆耶。

太邱家學女儀端，荆布相從耐歲寒。老去論心惟子共，愁來得句與誰看。伯宗内誡言猶在，冀缺歸耕意已闌。懷舊更增知己感，西州門外涕汍瀾。外舅石士宗伯爲余會試房師。

骨肉中年隱慟餘，邇來懷抱幾曾舒。眼枯未盡思親淚，腸斷空留寄妹書。閒倚鏡匳頻悵望，悶將棊局蹔消除。樂安姨女伶俜甚，衣綫辛勤爲早儲。乙未秋宗伯病甚，夫人自壽陽疾驅入都，一見握手而逝，蓋夫人爲宗伯最愛女也。去年宗伯夫人及夫人同母妹先後即世，妹遺一女，夫人爲撫養，極憐愛之。

青鐙强半課兒時，每望成名惜别離。忍使煢煢負衰絰，真教軋軋斷機絲。百方莫挽歸何決，萬喚無言慟自知。胡不少留三日耳，手裁錦褓付孫枝。夫人歿後二日孫女生，名之曰思飴，襁褓諸物皆夫人病前手製。

病臂支離似偃松，經旬在假涉初冬。自憐月闕過三五，敢謂天高達九重。内廷諸臣期喪，例蒙賞假十四日。朝士紛紛來慰藉，家書懇懇念衰慵。不須錦瑟華年恨，

猶有哀詞説女宗。何子貞輓聯云:"孝於姑,敬其夫,危疴聞自艱勤積;宗伯女,司農婦,至行能令貴盛忘",張石州亦有"戚黨同聲倆孝婦,中閨感涕失良朋"之句。
拂簟垂簾何處尋,庭柯賸有對栖禽。倉黄送子千行淚,清白知余一片心。帷燭乍移人悄悄,鑪香猶炷夜沈沈。霜鐘只隔街西寺,撥盡寒灰是苦吟。

芝軒夫子以《新春瓶菊》詩屬和次韵

籬落風回徑雪殘,膽瓶移插不知寒。花能獻歲迎春帖,立春日樞臣暨南齋翰林例進春帖子詞。酒亦延齡佐夕餐。晚節孤芳天護惜,新詩一出世傳看。柴桑秋色何須羡,温樹前頭有露盤。

正月四日自雙橋移居冰嶠與鶴汀鄰

自我别直園,三歲三移居。潭潭淀東宅,人少屋則餘。信美非所據,西去託僧廬。僧廬意頻愜,山水清且虚。灑然如舊雨,晨夕欣相於。去年秋潦盛,谿漲盈門閭。徘徊中道阻,欲濟仍回車。同寮許借榻,笑我姑徐徐。君性慕幽僻,胡不歸耕鋤。混迹朝野中,得免辱沮洳。屋南有數椽,可願卜鄰與。再拜良友言,呼僮先埽除。經營季冬月,奠居及春初。肩我盆中花,挈我案頭書。嚶鳴出幽谷,心迹兩不疏。小人樂近市,君子意何如。但媿雙橋僧,款門致谿魚。

上元前夕過長椿寺有感

明月不可掇,端憂已十旬。更無魂入夢,秖覺老傷神。爛漫街鐙上,蕭騷鏡雪新。驅車出西郭,不是爲尋春。

以董香光書《金剛經塔》搨本施長椿寺,爲三明長老説法

繩牀經卷亦無庸,秖合雲堂老衲供。差似香山游别社,不關松雪禮中峰。細書欲結莊嚴塔,清夢偏回斷續鐘。更擬相從文字外,儻容一指證天龍。

次韵題松岑少司農國子監敬思堂補植丁香花圖二首

儒雅風流三百年,愛才心事後人憐。鐫題尚記栽花處,培植真如樹木然。槐舍乍移經夜雨,藤陰交覆帶春煙。尋常池館垂垂發,一傍龍門謝縶騫。
回首春風坐七年,圜橋魚藻亦相憐。先生一笑花如此,勝事千秋地使然。石

鼓奇文證楊柳,蘭亭陳迹續雲煙。新詩已貴鷄林紙,底用安榴更問騫。君去年從朝鮮使還。

國學東廂舊有丁香一株,明嘉靖二十一年司成龍石許公賦詩寄興,張水南、王前峰諸公和韵鐫石,傳爲掌故。國朝康熙五十七年司業昆明謝公補栽數本,與司成花西坡、李南屏登宣之諸公並賦古詩,以繼前修。道光二十二年松岑司成復補植紫白二株,賦詩追和前韵,並屬翁玉泉孝濬圖以紀之。許公初植,歲在壬寅四月,相距三百年,歲月適符,亦奇緣也。并記。

丙午二月十五日長兒奉其母陳夫人柩歸窆,詩以示之

緊汝生長沙,歲在乙酉夏。余方科試旋,官齋有餘暇。侍汝祖母膳,清風來暑夜。呱呱聞兒啼,慈顔喜且訝。因名汝以地,望汝如禾稼。名曰世長,紀地也;字曰子禾,取禾易長畝之義。汝兄弟凡四,其三華早謝。佺、京、燾三兒。惟汝獨嶷然,汝母聊慰藉。抱持不離懷,嬉戲不出舍。稍長就傅讀,如駒常受靶。二十一年來,曾未違膝下。奈何竟舍汝,一旦怛然化。孫雛不及見,姨女不待嫁。使汝靡所依,令我淚如瀉。一棺寄蕭寺,歲月倏過蜡。今將卜首邱,里社近桑柘。汝奉靈輀行,戴星方夙駕。吾豈不念汝,窀穸事無假。大孝在守身,毁瘠禮之亞。永念鞠育恩,跬步毋陵跨。吾衰汝亦念,送汝及庭榭。歸期愼勿淹,千里春風迓。

得長兒獲鹿書

念汝初離别,銜憂賦邁征。春暉憶慈母,遠道賴諸兄。閻甥與四姪同行。拉雜家人語,艱難地主情。寄書聊一慰,默坐數歸程。

佳日

佳日日重三,春光取次探。祇愁風似虎,誰道月宜蠶。宿麥將抽穎,流膏待作甘。青旗楊柳色,早晚映征驂。時有扈從易州及南苑之行。

盆中碧桃初開

本是唐花種,經年發故枝。橐駞非爾力,姑射有仙姿。温室春生早,幽窗日上遲。先開易揺落,應悔太逢時。

滿樹風偏疾,回舟路轉迷。莫嫌盆盎小,猶幸屋檐低。海上誰曾種,人間自有蹊。三千年結實,物理本難齊。

秋灛道中

寸寸碧瀾色,斜陽千萬堆。房山真面目,豁達向人開。已驗陳根拔,何時好雨來。車輪似流水,隱隱動春雷。

三月十八日感懷頃得家書,亡室於是日安厝。

宋寞春將晚,清明幾日過。花憐經歲别,山憶故鄉多。黯黯分鸞鏡,明明對鳳河。平生意飛動,將老轉婆娑。

紀　夢

殘夜屋梁月,照人顔色寒。未曾解離别,何暇述悲歡。形影疑相弔,衣裳念我單。亦知同夢幻,其奈獨醒難。

鶴歎紅橋東畔有鬻鶴者,頻日不售,用東坡詩韵紀之。

西山白雲不可呼,翩然乃落紅橋隅。世無逋仙孰知余,乘軒來往胡爲乎。雙雙鎩翮幸不孤,不敢愛名敢愛軀。外若不足中有餘,不舞不鳴誰爲娱。觀者倦矣鬻者須,千金買骨今有無。鳳皇于飛群鳥趨,嗟爾進退當何如。

新葺屋西舫齋

輦路彎環似水流,西山擁髻出墻頭。移將馬厩三弓地,换得漁家一葉舟。種竹栽花商位置,吟詩寫字許句留。眼中突兀何曾見,已有回翔燕雀游。

聞長兒將旋都四月三日

蹔别成遥憶,將歸卻黯然。門閭吾獨倚,衣線爾誰憐。夜雨辭鄉樹,春雲隔墓田。夢中機杼淚,還落短鐙前。

夏初祝蘅畦大宗伯七十生日,同年既以聯句爲壽,復成二律

六典春官地位清,夔龍强健世昇平。至尊含笑諮年歲,高第登科記姓名。與宴已分金筯賜,趨朝還聽玉珂鳴。壽星合向天邊見,焕爛奎章照眼明。御賜額書曰“資敬延祺”。

敬典宣勤賴贊襄,世人但見説詩匡。近聞五老新圖出,城南諸公爲五老之會。誰識

千秋寶鑑光。笑我同年年最少，羨公生日日偏長。便將七十從頭數，黄閣方開歲舉觴。

自題《憶松圖》常州吴俊寫照。

不到方山又十年，碧夫容外翠連天。茅菴爲我留佳處，祇在東峰夕照邊。
猶記山僧送客時，洞雲飛雨下龍池。白頭定有歸來日，更補蒼苔壁上詩。

古琴歎

冉冉兮孤桐，乃在高山之陽，流水之陰，製爲七絃之素琴。軫以文玉徽以金，其聲清激愁人心。一彈絃一折，再彈絃再絶。不恨知音難，但恨長離别。江流湛湛兮山蒼蒼，蛟龍窟穴兮虎豹藏。林木櫛立兮半死半生，羈禽離獸兮躑躅而哀鳴。君胡爲兮獨處，古無人蹤兮余將誰語。錦囊兮塵土，淚斑斑兮如雨。使枯桐不絃而成聲兮，海水可填兮天可補。

客　來

小院栽花不見花，客來惆悵碧窗紗。人間富貴花如海，往看姚家與魏家。

感河南、直隸二案，時久不雨四月十九日

新鄉民，愚可憐，納糧爭價毆及官。阜平民，窮可惜，供炭責逋斃於役。銀價日昂錢日賤，以錢準銀民不便。民不便，可奈何。官不便，求益苛。江南漕政弊已極，其勢駸駸逮河北。錢糧猶以公濟私，官炭胡爲民給之。炭價不足炭爇死，何況納糧死徵比。新鄉官，爾毋謂民頑，他邑催科已早完。阜平官，爾亦思民苦，獸炭之威猛於虎。卜式憤言亦可取，烹弘羊，天乃雨。

四月二十三日喜雨

冬雪春膏土未滋，顛風仍挾夏雲馳。龍潭應禱纔逾日，上親禱黑龍潭。鳩語催耕尚及時。呼吸真能通帝座，暑寒得不念民咨。司農無計籌盈絀，惟祝年豐答聖慈。

退　直

退直蕭然一室清，攤書仍是老諸生。飢蜂掠紙悠揚去，乳鴿窺簾自在行。塵

外客來傾白墮，趙伯厚、張石州過宿園齋。山中人爲致黃精。榆次胡晋三孟康書來，示讀近作兼寄藥物。卻慙吟興隨時減，賀雨連朝句未成。

次韻答張石州穆，初名瀛暹。見贈

不作淩雲賦，偏聞下里歌。故交真落落，高論尚峨峨。老覺鄉心重，詩憐壯歲多。莫辭今夕醉，離索意云何。

都下人家盆植枇杷有結實者，鶴舫相國分致一枚，因憶江陰使署後堂西窗下一株高出檐際，曾以“晚翠”名齋，至今額書猶懸吾廬也，感而賦之

南國生嘉樹，清陰得小齋。曾看花冒雪，不道橘踰淮。晚翠今猶憶，孤芳孰與偕。瓦盆許分致，珍重核先懷。

秔稻來江國一首

秔稻來江國，滄溟達漢津。中邦需正賦，上策屬何人。金幣鮫宮溢，樓臺蜃市新。曾聞太倉粟，紅朽積陳陳。

雨中退直述懷

兩年居雙橋，彌勒龕同寄。戀其山水佳，且喜塵囂避。南望稻千畦，西來滿蒼翠。祇苦迫塗淖，雨後行不易。昨秋谿漲盛，朝退阻歸騎。鬱鬱難久居，需泥乃自致。高蹈既未能，置身宜擇地。移居近淩室，夏日無炎熾。門前白石路，蕩蕩任所暨。車馬聲雖喧，幸免坑谷墜。夜來雨如箭，了不驚夢寐。回思黿鼉國，夷險道斯異。乃知天下事，無患必有備。

球　球

球球崑岡玉，它山石可攻。尋常持抵鵲，一旦氣如虹。感遇成荆璞，忘機得楚弓。廉隅元自具，翻惜未磨礱。

喜大姪世弅至都，即送還上黨

十載一相見，蕭然鬢鬢蒼。冷官疑作客，遠道抵還鄉。歲月駒過隙，兒童雁逐行。別離無暇說，悲喜各霑裳。時姪爲長子縣訓導，請假回里省親，迂道來都。憶丙申一别，

不見十年矣。

問訊平安社，田園幸未蕪。衰親應念汝，穉子可思吾。蘭孫今年十五歲。宦久身將老，朝回跡轉孤。何時相伴住，更寫聽松圖。

䜺䡾亭集卷二十九

古今體詩六十八首丙午至己酉

雨中早起

昔愁苔及榻,今幸瓦爲衣。破睡猶聞雨,招涼故啓扉。樹分鄰影密,車過市聲稀。側想雙橋路,谿流没釣磯。

種　竹閏五月十二日

移花劚土幾番忙,窗北仍憐徑就荒。竹醉日難逢夏閏,琴眠陰欲借秋涼。疏風勝入篔簹谷,密雨休侵薜荔墻。便與新居添故事,年年食筍似江鄉。

題《馮孝女墓銘》監利王伯心撰,番禺陳官蘭書,孝女展雲編修譽驥之姊。

焚香封臂豈求名,孝不能旌孝更誠。莫道曇華惟一見,慈雲長住五羊城。
彤史它年表女儀,鏤冰刻玉有餘悲。金陵片石瓊州筆,一樣流傳絶妙辭。唐氏孝女墓在金陵,張澥山前輩爲書志銘。

王蓬心《浯溪讀碑圖》追次夢樓韵二首,爲許滇生尚書題

鄭虔三絶總堪憐,能使江山落眼前。披卷盡如親歷處,曩歲奉使湘中,有游浯溪詩。勒碑猶憶中興年。書齋舊雨持相示,畫舫清風信有緣。記否西園論翰墨,於今霜鬢對雲煙。
風流太守重交游,千里題詩感素秋。蓬心寫寄夢樓題句。自是宦情同漫叟,不關家學羡營邱。筆端亦有金剛杵,坐上應無寒具油。便擬與君成小隱,此中衹合侣羊求。

老　將

老死承平世,身經百戰場。麒麟圖具在,薏苡謗何常。病馬思羈靮,飢鴻託稻粱。男兒信慷慨,亦復可憐傷。

讀《詒晉齋詩集》

選理精研練,詩裁出性情。骨存杜陵老,神奪玉谿生。爲善能行樂,遺編豈近

名。三長誰品次，吾欲質諸城。劉文清公嘗自謂有三長：詩爲上，題跋次之，書又次之。成哲親王詩爲書掩，故世人知之者稀也。

七月望夕還園居

幽居隔市闤，偶出不知還。水住橋邊月，雲移畫裏山。秋陰横碧嶂，暝色上銀灣。歸路荷鐙外，園扉静未關。

丙午主試順天秋闈用聚奎堂王袁白先生圖詩韵，呈孔修大司馬、元修少宰

過眼雲煙歲月深，春闈秋賦許重臨。辛丑春闈典試迄今六載矣。曾陪上閣鵷鸞侶，又接西園翰墨林。子建未須辭潤飾，君平何必問升沈。天題仰矚奎垣近，堅白相期勵寸心。是科首題"不曰堅乎"四句。

孔修、元修見貺和章，次韵奉答

一行雁字覺秋深，詩題《一行斜字早鴻來》。屈指重陽節又臨。抱璞漫云能識玉，種花敢道已成林。同岑臭味神先契，滿坐吟哦氣轉沈。三十年前泥爪在，風檐應許證初心。

寄海門郡丞周竹谿七兄維新

栖霞山影秋横江，短篷鐙火風摇窗。手披畫卷銜酒缸，題句尚記維舟椿。八載一别心旌撞，樓臺蜃氣銷戈鏦。海門地迴波濤淙，漁丁沙户無吠尨。士習俎豆民耕穖，頌聲萬口盈吴艭。尺素報君江鯉雙，祝君壽考顔豐厖。他日報政來南邦，園扉更喜足音跫。竹谿今年政七十，同人寄詩爲壽。

劉文清公書頭陀寺碑文題後

司議工書世罕傳，頭陀碑法久茫然。米家枕祕無人覺，卻恐飛騰讓後賢。孫退谷《庚子銷夏記》："歐陽玄云，近代米元章書矯亢跌宕，世咸稱其自創一法，不知其全學柬之頭陀寺碑耳。元章祕而不言，以陸書少傳於世也。文清此卷駸駸乎度越驊騮矣。"

休論野鶩與家雞，肥瘦紛紛誤品題。池水墨痕都不著，故應傾倒庾征西。

金陵何大司馬太夫人五世同堂，親見七代，壽届九十，新正吉日蒙恩賜御書扁額，錫賚優加，賦詩奉賀二首

慈雲高護侍臣廬，拜舞龍章出玉除。春雪六花天下瑞，仙蓂五葉禁中舒。上

方絡繹頒文綺，前席頻番問起居。四十年來徵盛事，恩榮直邁宋尚書。五代同堂，特蒙恩旨，自嘉慶十四年京兆宋公後，於今再見。

九旬壽母七旬兒，一品萊衣爛漫披。仙樂共聆朝退後，春暉偏愛日長時。同廷感慶恩膏及，温旨喧傳道路知。更喜泥金書濇墨，雲仍繞膝祝期頤。

教忠篤慶詩并序

道光二十有七年正月，兵部尚書何公之母既以年躋九旬，蒙恩賜壽。於是上命樞臣傳諭中外文武大臣有老親年届八十以上者，悉列以聞。時則協辦大學士吏部尚書陳公母壽九十，都統禄公、浙江巡撫梁公母壽均八十以上，咸拜恩賜。惟我同年工部尚書濱州杜公躬侍庭訓，道秉義方，尊公光禄大夫石樵先生以侍郎致仕，今年八十有四，兩朝耆舊，三世清華，特荷褒嘉，式於有位。美哉！雖古所稱香山洛社諸賢遜斯榮遇，豈特魯侯燕喜詩人善頌而已。寯藻年家末學，幸與稱觴，不揣固陋，譔詩一篇，敬繹御書“教忠篤慶”之旨，用述養福致壽之徵，以引以翼，有繇來也。其詩曰：

蕩蕩壽寓，穰穰福祉。五韙告備，百昌咸理。惟聖母壽，壽我天子。惟天子壽，爰及卿士。皤皤黄髮，欣欣壽母。德施既普，錫類孔厚。爰咨司空，服官祗敬。父教之忠，帝篤其慶。其教惟何，明道正誼。東序授書，正卿贊治。克承厥家，不解於位。其教惟何，貽厥孫謀。蜚聲騰實，競爽交修。何以篤之，俾壽而康。中春初吉，載錫之光。何以篤之，俾熾而昌。元日令辰，載弄之璋。福以壽增，壽以福致。積爲家慶，蔚爲世瑞。煌煌御書，光逮臣閭。良玉文綺，温如爛如。光禄拜前，尚書拜後。宫庶太史，扶掖左右。三世一堂，輝映組綬。闐城溢郭，道路歡譁。僉曰盛哉，忠孝之家。天子曰俞，求忠於孝。臣拜稽首，臣父之教。臣父戴恩，率子暨孫。祝天子壽，祝聖母壽。億萬萬春，壽筵肆設。同廷抃舞，銘鍾勒鼎。徵今稽古，清風作誦，以儷吉甫。

題汪艮山侍讀振基《執硯圖》

君昔持衡莅三晉，氣淩恒霍風裁峻。揮翰群迎玉署仙，歸鞍早策金臺駿。豈知遺澤在高門，祖硯曾傳范伯孫。汾水澄泥都不弃，崑山片玉本來温。自從綵服還鄉里，一滴蟾蜍照潁水。白華朱萼壽觴前，寶炬雕盤清夢裏。劇憐青鐵付張華，博物空陪第七車。磨人歲月無裨補，爭似經帷侍絳紗。

爲董醖卿農部醇題《篝鐙課讀圖》

農曹邦之彦，七載忝同志。去年使津門，鹽筴藉啓議。丙午歲六月，余與孔修尚書奉使天津,君以司員同往。今春又繼往,倉儲正多事。漕缺待海販,秔稻雲帆至。簿書迫草創,經畫歸簡易。頃從靜濤少農赴津籌辦采買商米事。瀕行手一册,屬我爲題記。闔門想鐙火,慈訓述光懿。煌煌門與閭,上有天題字。軋軋機與杼,中有阿母淚。短檠聚秋影,高樹散涼吹。如聞金石聲,淵淵出空翠。豈知下帷人,窺園並無地。桐柏千里流,甘棠萬家庇。君居邵伯湖上。邵南偶隱居,謝公乃循吏。賢良策已效,劬勞念所致。憶當旌表初,幸備輶軒使。戊戌歲太宜人旌表節孝,余時視學江南。來往淮揚間,采風久延跂。此圖今在眼,展仰識微意。苦節報春暉,名儒期上治。君歸自渤海,吾欲問龔遂。

觀明沈文端鯉手書册,感歎題後

耄毛無忘抑戒篇,訓言猶識馬文淵。賍泉貝錦工何益,十事焚香已告天。
朝議紛紛漸不支,家書懇懇有深思。角巾東路尋常事,難得精誠動主知。

送星泉將軍之官福州

自從西旅事戎旃,身作長城志益堅。投筆早聞班定遠,據鞍今見馬文淵。大江比歲仍防險,滄海無波要得賢。君由兩江總督入覲,再出爲將軍。垂老勳名照南國,聖恩未許即林泉。
詩書易象有家傳,尊公泰菴先生箸述甚富。夷險生平總豁然。豈獨巖關能禁虣,定知武庫善籌邊。七閩坐鎮先聲在,萬里行看使節旋。早晚龍光三晉接,不須尊酒悵離筵。

寄　舫并序

此余爲何雨人題園居齋額也。雨人南歸,此齋遂爲吾鄉京宦别墅,仍書舊額并系以詩。

畫舫齋前任醉哦,園林風雨喜重過。塵心未用思鄉縣,已覺雲山北向多。

冬　蠅

窗間十月蠅,擾擾尚飛騰。未忍頻揮麈,非關可語冰。飣盤吾自媿,擇肉爾猶能。時節鄰霜雪,韓公那用憎。

聞喀什噶爾、英吉沙爾二城解圍喜賦

疏勒城頭月,依然照漢營。幕開烏鳥樂,塵靜鼓鼙清。撫馭紆長策,艱難罷遠征。安西問都護,早晚及春畊。

道光二十七年七月二十二日,邊城回匪滋事,命參贊大臣奕山統兵,自伊犁越冰嶺往援。九月二十八日、十月一日,英吉沙爾、喀什噶爾先後解圍,賊首竄出卡外。詔書寬大,不令窮追。是役也,户部撥帑金幾三百萬,定西將軍布彦泰未出關而事定。道光六年,逆酋張格爾俶擾四城,揚威將軍討平之。十年小蠢旋定,及今凡三有事矣。并記

長兒母服初除,作詩示之丁未歲十二月三十日

除服逢除歲,門庭似覺春。愁看霜鬢改,忍著綵衣新。返哺恩常念,傳經意獨親。及時須努力,家訓要書紳。

戊申歲正月二日,上以元日晴明豐年兆象嘉奬耆臣,錫予優渥,洵曠典也恭紀

天顔有喜拜恩多,元日朝回想玉珂。盛世君臣齊壽考,豐年雨雪總調和。叨陪樞禁論思職,許聽康衢擊壤歌。卅載簪豪無寸補,卻慙頭白對鑾坡。賜大學士潘世恩太傅紫繮,時年八十,賜大學士寶興太保、尚書保昌、阿勒清阿、李振祜、左都御史成剛太子太保,均年七十以上。

送閻甥國輝歸省正月十三日

吾姊行年正六十,吾甥歸省及初春。雖貧自有家庭樂,漸老難忘骨肉親。緘字分明如對語,寄衣長短欲量身。鐙前若問京華事,但道輕霜點鬢新。

實甫少司空招飲觀《豐稔圖》并序

屋五楹,南北窗,以西二楹爲圖,薄板上下各五層。上接承塵,畫以雲氣,下安地平,雜寫村落、屋宇、人物、稻田。每層相距一二尺,或三四尺,前後高下準以綫法。最後西墻懸畫一大幅,山水平遠,樓閣參差,帖水小舟,横空雅陣,咫尺中有數十里之勢。不用洋鏡攝取幻影,自然深遠,洵奇觀也。製者大興姜學詩,題曰"豐稔圖"。

春江緑漲波連天,中有短篷雙畫船。縈紅漾碧清且漣,遥山倒影樓臺懸。寒鴉幾點明夕煙,飲犢兒童横背眠。攲岸偶有漁竿牽,穲稏萬頃開平田。溝塍刻鏤秧鍼穿,茅舍枳籬谿路灣。男畊婦織咸怡然,酒人團坐村柳邊。似聞懽笑聲喧闐,今年米賤不論錢。短衣躍馬何翩翩,控轡欲馳神則閒。將毋招客

導以先,水光雲氣相盤旋。日脚四射天爲圜,目不能極情屢遷。祇恐畫筆無由傳,壺公一壺瀛海寬。徑欲跳入窺其全,主人謂客且莫喧。方今佳節鄰上元,邊庭無事銷戈鋋。冬雪既渥春鐙妍,觴詠樂不煩管絃。吾輩置身圖畫間,得魚不知仍忘筌。世間何處求神仙,豈必更羡桃花源。桃花一實三千年,年豐人壽如彭籛。請爲主人醉此筵,報章卻媿瓊瑶篇。

練余心齋蓋取蔡中郎《琴歌》"練余心兮德愔愔"句意,曾屬田季高書額,頃於故紙堆中檢得,二十餘年筆墨如新,題付長兒藏之

澄懷舊雨想苔岑,一紙留題託素琴。付與兒曹須護惜,卅年如見故人心。

三月二日喜雨二首

寒煖總無定,清明上巳天。向來望春雨,難得似今年。紅溼看花隖,青勻想麥田。東風還有意,吹送直沽船。海運漕米一百十餘萬石已由吴淞出口,至崇明十滧,候過二月八日風信,放洋北上,計日可達天津。

春雨已終日,春雷應一鳴。恩威時並濟,寒燠氣俱平。更覺園扉静,遥知輦路清。時將隨扈謁陵。滇池煩洗甲,萬里各陰晴。雲南永昌漢回搆衅,林少穆制軍赴大理督辦。

題李季雲侍御恩慶《平谷山莊圖》

坐擁雲山亦快哉,移家何必起樓臺。他時誰續盤陰志,記取龍眠招隱來。

鄉心飛度碧嶙峋,萬壑松濤洗客塵。著我馤䬻亭子裏,相看都是畫中人。

題張石州《煙雨歸耕圖》

我昔耕田古馬首,農書一編常在手。即今委身錢穀中,司農媿不如老農。鬢鬢蕭蕭已如此,讀書事業可知矣。何怪思歸張季鷹,鄉心不待秋風起。君家緜蔓水,我家馤䬻亭。溪聲與山影,百里如户庭。荷鉏者誰似相識,胡爲箸書苦心力。一笑真成笠屐圖,片雲已逐雙飛翼。冀缺歸耕孰饁田,梁鴻賃廡轉悽然。余與石州皆有騎省之悼。何時共策烏犍去,老向桑麻社酒前。

鶴舫相國以寯藻曩歲省親歸里續請展假手書相示,感賦二首

一紙陳衷曲,回思十九年。别離因念母,呼籲竟通天。盛世包容大,春暉覆照偏。手書荷存録,感舊獨潸然。

自分龢田隱,無緣洛涘居。賜書邀特筆,寯藻請假在籍,恩賜御製文初集並平定回疆戰圖故事。賜書由樞臣列名進上,兩次均蒙硃筆添注臣名頒賞,洵異數也。叩闕奉安輿。再造君恩重,中年宦意疏。即今霜鬢改,染翰欲何如。

唐(榻)〔搨〕張長史書《郎官壁記序》題後

劍氣縱横未易馴,每於顛草見精神。細看運捥藏鋒意,豈似濡頭爛醉人。古紙餘妍香入室,靈巖祕賞靜無塵。臨摹合付銀鈎筆,千載猶存判牘新。伯高以草書得名,獨《郎官記》乃真書。世鮮搨本,介春協揆所得王夢樓跋云是靈巖畢氏舊藏,斷爲唐搨,不知即鴻堂所刻王敬美家本否。

題張文敏臨顔書《論坐位》、《祭姪文》二帖

天瓶大筆冠時英,心畫從來見性情。太學一碑留典則,平原兩帖更縱横。若教寶笈編摹入,定付貞珉搨本行。珍重玉虹題字在,南張北孔合齊名。

題錢直卿師璟《誦芬圖》

江左推家學,名門孰比倫。采風久延跂,遺像見精神。恍與清芬接,何緣講畫親。禮堂經史在,寫定有傳人。直卿嘗譔《嘉定錢氏藝文志略》。

黄椝卿少司馬琮歸養滇南,寄懷二首

萬里榮歸日,雙親老健時。口銜温旨出,心逐彩雲馳。盛事堪圖畫,群寮動歎咨。遥知春酒熟,萊舞看兒嬉。

憶我還鄉里,經年轉國門。陳情容再瀆,就養荷殊恩。老羡天倫樂,交期古誼敦。鼎鐘兼菽水,獨許慰晨昏。

己酉新春澄懷同直枉過寄舫,戴鹿牀侍郎熙寫竹留贈,題二絶句

雲山别墅三椽屋,坐對森森碧玉篸。傳語鄉人勤護惜,居然竹箭比東南。

剡谿乘興能摹寫,芒角槎枒生面開。從此吾廬雪色壁,紗籠還有好詩來。

《葉亭圖》爲葉棣如閣學覲儀題

自我來園居,前後將二紀。衡宇六七區,牀竈隨所徙。有如春社燕,相識皆舊壘。池南余再居,徑窄橋欲圮。橋西賸破屋,廢爲馬厩矣。君初來卜宅,仙李適鄰比。鐵梅侍郎。相顧度地勢,灑然心獨喜。扇湖千頃煙,瀉入銀灣水。小阜

雖不高,西山躍而起。君曰宜築亭,亭成客戾止。鄰翁舉杯賀,謂與柯亭似。勝境今特創,嘉名昔所企。余時辭園廬,雙橋隔淀市。退直輒過訪,楹句曾留此。"拓將屋後三弓地,放出湖西一角山",前年題句也。錢唐兩仙客,圖記各擅美。戴鹿牀畫,沈朗亭記。沖澹忘俗緣,奥曠抉精理。澄懷多舊雨,盛會繼前軌。賤子幸追陪,室遠心則邇。緬思八友圖,風徽存杖履。乾隆丙子歲,漳浦蔡文恭公以少司寇乞養將歸,縺懷石交,圖其同直七人,合爲《澄懷八友圖》。八友者,介休梁少詹事錫璵、錢塘周學士玉章、會稽周學士長發、武進程少司馬景伊、安州陳副都御史悳華、無錫張編修泰開、長白少司馬觀保。徽州汪文端公作記,武進劉文定公又仿少陵體作歌。越九年甲申,圖中人惟無錫張公仍内直,其七人或遷或歸。至是陸續入直又得七人,則星齋陳公、海住金公、文園李公、抱經盧公、金圃謝公、敬堂倪公、曉園汪公也。古藤華尚垂,新翠竹堪倚。年豐官事簡,海隅若鏡砥。茲亭信可樂,觴詠從此始。

題何子貞編修紹基"延年益壽"瓦當文,用蘇齋韵

我藏蘇齋大觀本,細字攷覈標分篆。自云得之壬寅歲,晉觀作堂手題扁。持示東洲老居士,如懷珠玉待精選。居士一笑出此册,物必有偶互流轉。此亦蘇齋壬寅物,報君雅意媿不腆。後先珍弆若有緣,五十之年皆大衍。瓦文四字何吉羊,宜爲高堂祝福戩。賦詩更爲居士壽,金石刻畫追墳典。故訓頻將奥義搜,豪情不用腴辭翦。鯫生才薄思苦澀,臂痛廢書猶勞勉。蹉跎敢和石鼓歌,放悲如親漢宫宴。碑板何如古甎瓦,阮公好古言誠善。儀徵相國嘗云好舊碑板,不如弄古甎瓦。蘇齋二寶試衡較,我當避舍甘懷卷。

題元修少農《郵行詩草》

兩卷珠璣二百篇,都將豪興付征鞭。直從趙北燕南地,吟到吴頭楚尾天。煙樹影餘梁苑古,金隄功溯漢臣賢。諏咨別有關心處,可似詞曹奉使年。

徐方南下接姑蘇,六代江山擁畫圖。水落蛟龍初徙宅,秋來鴻雁尚銜蘆。高歌不覺風生腋,歸思渾忘雪載塗。曾到退之詩句裏,舊游清景許追摹。

伏日退直述懷二首

溽暑絪緼氣上升,先秋三日轉炎蒸。無情祗覺林蟬鬧,不寐時聞櫪馬騰。南國横流安有極,北窗危坐欲何憑。明知寒燠非人力,膚汗侵衣尚語冰。

聞道鯨鯢靜海壖,那堪鴻雁散江天。露臺自惜中人産,雨粟誰分大造權。比歲瘡痍猶未復,一時撫字正須賢。區區仰屋曾何補,不獨流亡媿俸錢。

七月四日蒙恩以户部尚書協辦大學士恭紀

樞垣密勿近丹墀,九載承恩已不貲。分職金倉慙會計,仰瞻雲日懔疇咨。才疏每慮愆尤蹈,守拙常懷盛滿持。宵旰殷憂時正切,平章何以備參知。

吴姓舫少宗伯鍾駿屬題《游雁蕩圖》,適再奉命視學浙江,即以贈行

我昔流觀雁蕩圖,瀑布之奇天下妙。及聞思補老人語,芝軒夫子嘗言此山瀑布得金鼓聲,勢更盤紆。乃歎畫工筆未到。仙山隱見若有緣,後境豈必前蹤導。亦如楩枏與蘭茝,搜采既盡光始耀。靈巖龍洞世罕窺,似與天臺爭冥奥。沈公遊後徑漸闢,近者朱文定公。李芝齡尚書。詩特陗。先生説山如説士,相賞在心不以貌。篔輿肩頳屐齒折,輒於佳處領其要。歸來寫圖爲題句,清夢五年頭屢掉。桃李門高今復開,珊瑚樹大昔曾釣。豈惟多士久延跂,定有山靈暗相召。今劉阮笑古劉阮,前輩風流資嘯傲。阮芸臺、劉金門兩先生曾同游天臺,刻石賦詩。看君更賦第二圖,收攬奇觀淩海嶠。

題張石州《小栖雲亭圖》

荐雷書屋十柏堂,昔程侍郎爲君篆。栖雲院古亭名新,縹緲家山何處扁。谿聲山影落窗枕,勝地從來待人選。舊宅猶存三徑荒,遠游且逐孤蓬轉。歌成金石獨慷慨,坐擁圖書極精腆。昌平山水天下奇,䨓橋數畝何平衍。爰卜佳兆老復丁,天之所篤俾爾戩。輞水爭誇别業圖,草堂不用春衣典。嘯臺遺址似陽泉,鄉夢如雲不可翦。嗟余與君共州里,遊宦歸心都未免。䅟欱亭接滹滹水,結伴登臨尚堪勉。胡爲栖栖感羈旅,白首箸書不遑宴。君看妙畫徑飛去,前畫已失,此第二圖也。造物相憐意殊善。杜陵歸老桑麻田,它日詩書應漫卷。石州所居陽泉山莊,園林池館據吾州一邑之勝,元遺山詩"陽泉舊院"即此地也。

題家靜齋學博三兄鎮《飼鶴圖》

析津奉使記前年,客館相逢喜欲顛。小别時煩雙赤鯉,冷官猶擁一青氈。詩書世守研經訓,風雨人思對榻眠。看取畫圖行樂處,知君氣已養胎仙。

䥫䤵亭集卷三十

古今體詩六十三首己酉

十月二日奉命使蜀敬紀

奉使初冬已戒寒,客星遥向益州看。卻瞻馬首鄉關近,驛程適過壽陽,擬差旋請假埽墓。漫説蠶叢蜀道難。樞省正歌雲縵縵,驛亭重對月團團。頻年農政慙無補,得效馳驅敢自安。

留示六弟

帀月遷除兩拜官,七月擢廣東都轉,九月遷臬司。瞻天計日近長安。老思兄弟團圞樂,恩重君親報答難。雁陣回旋如有意,鴻飛蹤跡本無端。弟於十一月計可來都,而予適出使道經鄉縣,恰得與三兄晤聚。莫因聚散增惆悵,努力雲霄路正寬。

良鄉行館

小雪過三日,皇華第一程。同人占野獲,鍾石帆、董醞卿兩農部、馮曉滄比部同行。大有喜秋成。中禁銜恩出,西山導客行。太行雲滿眼,已有故鄉情。

定興河上懷古

朝發涿鹿城,莫息督亢水。川原曠遐矚,林木連雲起。有懷擊筑人,慷慨悲燕市。劫秦雖不成,荆軻亦壯士。至今易水上,寒風射眸子。古人重義氣,成敗非所擬。高歌動白虹,祖龍魄已死。矯矯駕部公,楊椒山先生。祠墓在墟里。當其劾權奸,豈不識利否。延年一按劍,漢廷肅綱紀。奚用死灰然,始信冰山圮。忠俠道攸殊,趨義惟一軌。古人不可作,臨流淚爲泚。

涉唐水過定州宿新樂縣

兩水瀠洄合,唐水與滱水合流。嘉山潑眼明。樓鄰西樂里,漢中山孝王爲其母作樓閣故名。地近曲陽城。驛路浮沙遠,雲陰釀雪輕。春風亭畔柳,元侍郎蘇天爵亭在伏城驛南蘇村。好與約歸程。

定州行館見程春海侍郎前輩楹句云“編枳籬環紅躑躅,團蕉屋倚碧琅玕”,蓋中年書也感作

澄懷花竹有前緣,退直歸來兩散仙。猶記奉觴行樂地,好雲圍坐日如年。侍郎曾贈余聯云“竹笑蘭言慈母堂前愛日永,鶯遷燕賀高賢坐上好雲多”,蓋彼時兩家太夫人皆就養園廬也。

儒雅風流筆陣雄,後生誰敢薄雕蟲。禮堂幸有傳人在,寫定終歸鄭小同。公子卒,遺一孫進官,今年十歲,頗聰穎。

遺編每讀感心知,多半元和贈答詩。余與石州、子貞諸君裒集侍郎遺稿刊行。今日中山山下客,爲誰惆悵立移時。

伏城驛

誕降神靈地,流傳事有無。天將開混沌,道必洩苞符。佳氣鍾恒嶽,祥雲接慶都。似聞龍馬出,明月擁河圖。蒙古語正月十六日謂之龍馬出世,書傳不載,重譯得之,亦奇聞也。賽鶴汀司農説。

入　山

不謂滹沱水,西流送客回。雲山千萬疊,心目一時開。夢境明明是,鄉音漸漸來。翻疑釣游處,豈有簡書催。

曉發獲鹿過井陘宿胡桃園

斜月在天霜氣濃,土門壁立無煙烽。輿人指點尚能説,抱犢海螺青數峰。

七里瀧舟如紙鳶,一人一綫隨風牽。筻輿載我井陘口,夢裏分明上瀨船。入山始用繂行。

小釜飼雞雞亂啼,大釜飲馬群馬嘶。物情貴賤那可料,黄金掖垣鐵制笄。金多陶樂,民人范磚以築垣;鐵鮮猶巍,帝后製笄以飾首。見《酉陽雜俎》。

嵁巖石炭走騾綱,不斷鈴聲替戾岡。黄土摶人沙作器,欲從遺竈問媧皇。

清流瀰瀰激沙壖,水磨人家傍麥田。緜水自來人自去,客心何苦更纏緜。

龍窩寺底老龍眠,龍洞幽深别有天。但願興雲作霖雨,莫教餘怒決平川。

入平定界

傳聞星使有煇光,父老欷歔候路旁。共道板輿曾奉母,於今旌節又還鄉。停車暫憩重關月,攬鏡空慚兩鬢霜。爲報殷勤相愛意,石田茅屋未全荒。

石門口

樓閣倚山顛,登臨一豁然。高齊碑可讀,僞武字空鐫。石筍忽孤立,厓松多倒懸。靈風如戒客,雪意逼寒天。

宿平定西關

下馬入門鐙火親,旅人即次如歸人。連山占象得婚媾,永夕留歡兼主賓。感君翦蔬載尊酒,念我攬轡馳風塵。秦關蜀棧未云遠,請看天涯猶比鄰。

壽陽郭外與三兄別

懸車出石艾,晨光猶熹微。行行壽水陽,暝色棲林霏。邑侯喜我來,城郭羅旌旗。鄉人喜我來,奔走如脱鞿。下車拜阿兄,未暇整行衣。兄曰吾見汝,但恨目力希。攬袂一握手,有淚不忍揮。念此五年别,蒼茫千里違。相看各衰老,安問瘠與肥。童穉汝未識,漸能勝帶圍。今夕復何夕,鐙燭何光輝。舉觴胡不醉,念汝今暫歸。嚴寒遠行役,隴阪高崔巍。驪駒已在門,不遑叩荆扉。吾欲送汝去,力不能奮飛。再拜謝阿兄,欲别重依依。王事亦有程,行當旋京畿。松楸許展謁,君恩或庶幾。所悲衣錦榮,養不逮庭闈。尚願對牀語,爲兄大耋祈。努力愛景光,春草還芳菲。

祁大夫祠敬謁感賦祁縣書院。

惟祁古著姓,系出軒轅紀。陶唐祖伊耆,派衍有由始。自晉大夫後,世以祁爲氏。七邑既瓜分,三家遂鼎峙。吾宗雖散處,支别有條理。高隱與忠烈,燦然存信史。自晉孔賓訖明忠愍公,代有名人。南北郡望殊,多自河汾徙。兹縣以氏名,聞風尚興起。馨香食舊德,百世修典祀。崇祠啓講堂,輪奂一何美。地與宫墻鄰,絃誦切仰止。比年授生徒,仲氏實居此。三兄主講昭餘書院數年,今夏以目疾辭。僉曰黄羊裔,允宜式多士。緊余家馬首,采邑今墟里。邇來輯字説,古訓究原委。祁大夫字黄羊,見《吕覽》。近年余輯諸家字説,栞藏祠中。周官重六書,名字相表裏。時儒或目笑,大夫應色喜。舉善有家風,諏咨媿奉使。入門拜遺像,乘驛緬前軌。當時請老歸,憂國心未已。進既無所援,退更安所倚。千載精神存,放悲接筵几。先民信可作,敬哉桑與梓。

望緜山

從來謀國總忘家，羈靮何功忍自誇。深谷已甘儕雀鼠，宫門誰爲賦龍蛇。黄金鑄像終無益，白水盟心更可嗟。緜上祠堂今在否，斷林寒日有歸鴉。

郭有道阡

弋羅何處視焦明，縹緲仙舟自在行。叔度不妨傾後輩，中郎翻覺媿先生。荒原古木圍祠宇，落日寒山擁縣城。千古公佗似同調，題碑豈爲博書名。傅青主補書蔡碑。

冷泉關靈石。

平明出山郭，犖确傍河濆。行見管涔水，言尋冠爵津。《水經注》一作"寇爵"，即雀鼠谷。冷泉無覓處，破寺偶逢人。回首繁華地，風光迥出塵。

兩渡鎮晤何刺史榮經

渡口望横汾，虹橋跨水分。客心如倚棹，樵路已侵雲。往者雙谿老，今之萬石君。餘風見淳樸，相送媿殷勤。

韓侯嶺謁淮陰祠墓

不能辟穀學神仙，更肯希蹤魯仲連。國士尚聞酬智伯，主恩終勝置緜田。解衣推食誠無恨，鳥盡弓藏亦可憐。今日王孫祠下過，一抔猶對漢山川。

望霍山

經旬厭登陟，山國何緜邈。奇觀忽闖露，東南見太岳。雲煙莽蒼中，去天不盈握。大山宫小山，斯論千古確。回思太行陘，氣象莫與角。何況衆培塿，渺焉詎可學。五嶽視三公，作鎮仰高卓。有如端嚴士，正笏侍帷幄。聲色屹不動，至寶已在璞。温公與潞公，吾鄉稱先覺。秉氣得雄厚，謀國必誠慤。乃知包容力，萬物歸彫琢。西征想太華，仙掌雲中擢。便思把芙蓉，行將問鸑鷟。

自霍州山行抵趙城

水急煙横斷，山高日上遲。鄉關暗超越，客路覺孤危。往歲萑苻警，連城羽檄馳。時平想忠節，指點故侯祠。趙城之變，邑侯楊菊泉延亮死之，今建專祠奉祀。

洪　洞

楊侯吾故國，馬首昔東遷。一去大槐樹，經今五百年。余家明洪武初自洪洞大槐樹遷壽陽。蒼茫問家室，感慨付雲煙。惟見雙渠水，清流抱郭田。澗水出岳陽，南入汾水。

玉峰書院寄懷六弟

玉峰恰對講堂開，曾爲諸生問字來。坐席未安鄰警至，登陴不待縣符催。乙未歲弟幼章主講洪洞，適值趙城之變。賊來攻城，守禦部置縣令俞君悉委之弟，擊散賊衆，城得保全。絃歌久已銷鋒鏑，保障今方捍患災。黄州、武昌兩郡連年辦災。莽莽炎荒多盗賊，朝廷還擢正需才。

平陽郡城喜逢周竹谿維新太守歸里

江海十年别，相逢一解顔。吾方叱馭去，君已倦飛還。輿頌傳南國，移文笑北山。城頭藐姑射，或許共躋攀。

汾上聞雁二首

客行日以遠，歲莫不知歸。征雁鳴何急，將南更北飛。
關隴渺無極，役車殊未休。悠悠汾水去，不肯向東流。

陽城李松溪毅《國士橋》詩“豈有英雄輕去就，可憐恩怨太分明”二語翻案生新，於當日情事似有未盡，作此解之，松溪名句固不可没也

孟談亦是知幾士，智果還爲盡族行。沈竈産蛙原太逼，漆頭爲器更無情。不聞杵臼甘先死，猶有青荓耻獨生。莫作尋常恩怨看，當年心事本分明。

侯馬驛館晤絳州段怡園仲庚，改名炳圻。

羡君瀟灑得天真，仕宦歸來迥出塵。同學少年惟我少，而今已是白頭人。
聞鶯湖上柳條秋，宣武城南踏月游。今夕相看鐙燭下，舉觴重話杜陵愁。
仙碑碧落渺煙雲，絳守園居亦妙文。説與君家雙驥子，好從柯古證新聞。
老來拈筆轉新奇，脱手連篇絶妙詞。從此緑楊城郭裏，家家爭唱段黄鸝。君近戲爲《黄鸝》詩百二十首。

寄懷裴鋏軒驄太守，即贈其弟驊

三眷家聲遠，離居歲月長。彩雲今出守，鋏軒今官雲南楚雄太守，其子虹玉丙午副榜。緑野昔登堂。陰德門將大，遺書學必昌。老成吾及見，感舊獨蒼茫。尊人與先大夫同官農部，至相善。

聞喜、安邑途次再晤郝夢山臺魁，聞其有子而慧，喜賦貽之

相逢先問衮師驕，話别方憇鬢雪飄。老去明珠真愛惜，年來舊雨轉蕭條。詩人合住王官谷，過客仍題國士橋。細酌流霞重翦燭，猶疑清夢隔雲霄。

小憩猗氏道旁古寺遇陳孝廉鴻林，邑之郭村人，己亥舉人，設館寺中。寺在村西北里許。

下馬得書聲，虚窗曉日明。悠悠逢逆旅，款款見鄉情。山色中條近，村煙四望平。煎茶問風俗，喜説長官清。猗氏令傅淩煙猷著曾任神池，晋之廉吏也。

渡黄河十一月七日

曉發風陵渡，横舟鼓角催。大河千里曲，高掌五雲開。日擁秦關出，冰浮塞雪來。故鄉迴首處，客路信悠哉。

宿岳寺萬壽閣望華山，夜發渡敷水，曉憩蓮花寺抵華州

渡河西去風煙掣，斜日三峰出高潔。寺樓氣與山相埒，引手蓮華翠可擷。清夢未了鳴檐鋏，秉炬出門水流咽。曉來左顧忽驚絶，太華雲連少華雪。寒林織煙亂行列，山椒屋脊遠明滅。道旁石筍如斷碣，老樹似字能波折。古刹經火泥壁裂，舊題記與老衲别。三十九年飛電瞥，嘉慶辛未、癸酉秋冬間曾兩過此。僧言對山有龍泉，天池上與銀河連。鳥道横絶峨眉顛，欲往從之心茫然。

赤水鎮

平原鬱鬱有人家，野店蕭蕭駐客車。新米上街喧凍雀，舊詩題壁剩塗鴉。雲開已覺藍田近，樹斷遥看渭水斜。便借畫圖銷旅思，秦中風景似京華。

新　豐

從來野語笑齊東，漢史傳聞事竟同。一自風雲過故沛，頓教鷄犬識新豐。杯

羹家事艱危後,緜蕝朝儀草創中。可是錦衣歸太急,沐猴千古恨重瞳。

灰堆相傳始皇焚書處

硎谷知何處,硎谷,阬儒處。灰堆尚有灰。六經終不滅,一炬竟先災。慘澹陰符出,蒼茫赤帝來。至今原上草,秋燒滿荒臺。

周道昔云墜,群言多異同。不經秦火劫,誰識漢儒功。口授篇章外,心傳訓詁中。嶧碑焚已久,刻畫信徒工。

豳　館

豳館經行處,風詩想像間。巘原真入畫,桑棗自成灣。陶穴民風古,張弓士氣嫻。時州牧校武試。停車看積雪,曉日滿空山。

邠州西二十里登大石佛閣

策杖循危磴,摩厓讀舊碑。化人遺寶相,邠國近邊陲。欲鑿南山石,仍鐫七月詩。酌匏何處薦,佩玉想威儀。

夕次長武

邊城傳說漢陰盤,地迥天高朔氣寒。落日鶉觚原上望,浮雲東下是長安。地極高,四望不見山。

涇城三章

涇城之西,惟古回中。曰西王母,瑶池之宫。宫於山顛,梁於水滸。我行悠悠,將適何所。

涇城之西,山徑孔延。似有人居,不見炊煙。有車有駝,自西徂東。我行悠悠,將適空同。

高原際天,四不見山。涇城之西,乃降於川。川原紛糾,陟彼隴首。我行悠悠,歲聿云周。

轎窗玻璃曉寒嘘結,戲以指畫蘭一叢,連日變態生新,畫筆不能到也,爲冰蘭詩以紀之

幽芳在空谷,無人甘自屏。何來風塵中,見此冰雪影。氈帷一片煙,嘘結曉光

靜。彈指偶一試，花葉儼修整。詰朝忽驚詫，舊態生新靚。綽約窈窕間，離合神光併。天巧非人爲，畫工殊不省。自憐託質微，素心抱耿耿。得侍君子輿，拂拭已云幸。但恐朝陽晞，不畏繁霜冷。何繇紉作佩，聞香與之永。

過彈箏峽西去瓦亭驛二十里，在固原州東。

寺樓層疊路迴環，一綫奔流四面山。日暮郵亭何處宿，斷雲殘雪過蕭關。石壁刻"蕭關鑠鑰"四字。

十一月十八日曉發瓦亭渡六盤山

荒亭風急夢難成，破曉衝寒跋馬行。雪後山如少年老，天邊月是故鄉明。低徊往事頻看鏡，慷慨當時欲請纓。嘉慶癸酉，那文毅自蘭州督兵過此，余從先君子客公幕同行。今日白頭重過此，僧寮已改況題名。僧號大澈。

會寧晤吴復齋大令性成，改名信臣。

度隴日登降，爰涉祖厲水。冰雪走玉龍，蜿蜒五十里。兩山屹對立，土石雜赤紫。其水不可飲，斥鹵間泥滓。匡深井難鑿，泉苦味差似。居民以窖蓄，惟雨雪是恃。力不辦一窖，其家必流徙。會州固山國，民勞乃至此。君如吴隱之，到官旬日耳。一畝亦分明，其它可知矣。時俗薄廉吏，但謂清在己。不知益何事，相與趣貪鄙。隴西古名郡，吏治今稍靡。斷斷清濁間，紛擾殊未已。清且畏人知，濁流衆所耻。請看漢守令，必自興廉始。

得六弟書

近有關中使，遥傳漢上書。開緘聊見汝，遠道轉愁予。京洛塵猶在，弟於月之八日自鄭州發書。鄉園夢久疏。五年艱一面，相望各躊躇。

聞説桀瓠種，跳梁楚粤交。書云湖南新寧縣匪徒十月十二日據城戕官。燎原須早撲，伏莽恐旁鈔。比歲鴻飛野，何時鳳在郊。終當謀保障，毋但責包茅。

惆　悵

盡篋緘藏歲月深，故香殘色總沈沈。裁縫已是當年事，檢點難爲此日心。無復短鐙思遠道，更堪邊月送寒碪。幾回欲著還惆悵，不待霑裳已不禁。

王公橋安定縣地，乾隆間蘭州太守王廷瓚修，故名，今久廢矣。道光二十一年，縣令史翊别修土道，至今便之。晴嵐山在其西，陡曲險與六盤山同。山神祠鐘款"青龍尾山官道"。

天外青龍掉尾來，地中車馬出奔雷。百年鞭石幾時斷，萬里梯山今更開。行道居然歌兑矣，苦寒得不念艱哉。玆遊差幸無風雪，且對晴嵐一舉杯。

晴嵐山寄懷伊犁薩湘林將軍

不賦西征四十年，絡盤貐道説茫然。鷄鳴下見煙中屋，龜坼平鋪雪後田。持節敢云同汲黯，乘槎何處覓張騫。詩成欲託冥鴻去，碎葉城高直到天。君題六盤山有"十年六度六盤山"之句。

小憩巉口堡安定縣西四十里。

山如階級路如弓，行盡坡陀迆邐中。遥見村居知水近，偶詢麥價覺年豐。群鷄上屋人看客，午日當窗雪照空。巉口農家最淳樸，讀書應有好兒童。

䙴䫉亭集卷三十一

古今體詩四十四首己酉、庚戌

十一月二十八日抵皋蘭行館，奉簡馮曉滄比部、董醞卿、鍾石帆兩農部

隴雲萬疊隔春明，坐對寒鐙話客程。河自蘭山下蒲阪，雪從玉井接金城。鄉心未免唐風戀，驛使猶傳蜀道行。奉旨使蜀，面諭改赴甘肅省城。它日東歸尋舊迹，看君佳句各編成。

質莊親王集諸家聯景山水兩卷，爲李季雲觀察恩慶題

國朝盛文藻，列聖實天授。銀潢近奎壁，光燿彌宇宙。仰惟純廟中，文思咨教胄。東序羅圖書，三天蔚耆舊。惟王秉異姿，學業日以懋。造次必儒者，春容盡撞扣。餘力游藝事，揮翰揚綺繡。六法更深造，氣奪山水秀。是時朝野間，輦轂才輻輳。東平爲善樂，河間聚書富。縹緲米家山，聯緜入懷袖。精心萃衆腕，創格得奇構。云是明賢製，巧絶誰與鬥。王曰姑試之，凝思向清晝。浮嵐皴一角，遠意含萬皺。上元鐙火競，虚室鑪煙逗。回看坐上客，玉堂正對雷。傳觀遞嗟歎，點染爭往復。十手儼一筆，六轡工馳驟。人生如飛鴻，泥爪難尋究。自從三老歸，悵望月幾彀。峥嵘歲事改，跌宕賓筵又。此時寫懷抱，況復感物候。蹊徑遂各闢，藩籬不復囿。飛騰風生腋，變化雲出岫。乃知雙劍合，不必一冶就。怪君何處得，使我無心覯。得毋念羈旅，短檠伴寒漏。石渠昔拜賜，筆法初窺竇。曩歲南齋校勘書畫，曾蒙賜王畫山水一横幅，爲德文莊公作。眼明復見此，連珠燦列宿。未甘老顛下，似出大癡右。岧岑泯同異，蘭亭孰肥瘦。近得數卷詩，鏗鏘協金奏。想見申白公，曳裾侍清酎。去年從廠肆購得王與師友唱和詩賦數卷，殆同時流傳也。當時慨聚散，繾綣情何厚。即今幾流轉，我輩重邂逅。君家三萬軸，一一芸香透。此畫尤愛惜，密字互緘覆。崎嶇隴阪間，懷璧將奚售。側聞葉氏卷，粉本千金購。曾入詒晉齋，銀鈎輒題後。所好儻真龍，鴻寶宜並壽。

第一卷，乾隆辛卯冬，質莊親王因見《明賢十人聯景米山圖》，振之劉原起、道樗陳祼、君度張宏通、侯涓融、文甫、朱士瑛、袁孔彰、盛茂王峻俱爲君平屬作，紀年己巳。閱二十六年，續作者爲邱嶽，又五峰隱人盛年。以黄大癡法仿其製爲長卷，一角俟深於

畫者續之，以集煙雲之勝。幀端有壬辰上元皇六子自識。續作者毗陵錢司寇維城其弟季木維喬張國學玉川洽方供奉琮婁水王中翰宸華亭董上舍椿富陽董侍讀誥濟南朱明府文震婁水毛中翰上炱凡九人。仁和李侍讀寶幢汪度題曰"無聲聯唱"，蓋用兩山居士毛氏論畫語。朱明府題簽，歙溪汪持齋廷璵跋，押縫皇六子名印。

第二卷亦李侍讀題曰"異苔同岑"，朱明府題簽，作者毛上炱方琮朱文震王宸董椿董誥凡六人。末段乃皇六子作，並八分跋。時癸巳閏三月上澣，錢司寇伯仲、張國學已歸里矣。前卷十人，此卷七人，位置與前卷稍别。畫尾印曰"御賜題畫"，句云"學餘游藝亦工夫"。前卷皆從大癡落脈，此卷各家逐段參變。王自製二紙，亦作兩種筆意。

《明賢畫卷》今藏漢陽葉氏東卿志詵家，或即王託興之本，有成哲親王跋，季雲曾見之，云張君度卷屢見别本，餘各家亦少名貴氣，疑非真蹟。並記。

道光二十九年十一月，余奉使蘭州，時甘涼道李季雲兼權按察使，共事帀月，偶談及都門所藏書畫，答云行篋只兩卷耳，因出示並屬敘顛末。余既爲題詩第二卷，復綴數行於第一卷尾，亦李君互録跋文，俟後人攷索之意也。又記。

遊制府後園，遂登城北望河樓，感舊述懷

臘日無風天氣暄，主人留我游灌園。甘肅督署後園名。入門一曲開東軒，迴廊夾道交籬藩。木葉既落枝柯繁，避人鳥雀爭騰騫。小亭低檻手可援，連岡起伏如驚蚖。老圃界畫泉潺湲，倚闌聊息腰脚煩。回眺似有雙朱轓，乘之可陟城北垣。拂雲樓即望河樓前楹。高雲亂翻，黄河直接崑崙源。冰橋踐雪車馬喧，以二十四船爲橋，冬則徑行冰上，謂之冰橋。下有千丈波濤掀。西來天馬通大宛，隴樹東指咸陽原。主人危坐客有言，此邦鎖鑰天西門。葱嶺兩道兵四屯，萬里一綫達帝閽。控馭中外節鉞尊，野番回鶻氈裘温。飢鷹側目豺虎蹲，邊將日醉蒲桃罇。守非其人寇即婚，漢唐得失不敢論。羈縻之義古所敦，翦其支蔓固本根。南望龍尾山名，即皋蘭西支。乾隆間阿文成公破撒拉爾逆回於此。餘烟墩，文成祠廟巋然存，天陰似聞鐵騎奔。憶昔作客來西垠，開元相國仍有孫。文成之孫文毅嘉慶十六年官陝甘總督，十八年去任。爲我掃徑加盤飧，此園樸素真山村。兩載日涉窮晨昏，碑字鈎勒手留痕。文毅家藏米老、懷素墨蹟，鈎勒上石，余曾與其事。池水自清河水渾，往事欲説聲先吞。年少氣猛過孟賁，豈料齒豁頭髮髡。人事變化鵬與鯤，舊游重歷皆君恩。論交四海如弟昆，吾舌豈爲主人捫。歸來涷月側金盆，他日更約看朝暾。

憶昔行

憶昔少年年十九,從先君子客隴首。春官試罷秋稼刈,壯志不屑田園守。維時疆帥雅愛士,一見輒許信非偶。高門公子有家法,抑志虛懷敬賓友。讀書每聞風雨集,拔劍或作蛟龍吼。五泉修禊補圖畫,九日登臨縱詩酒。青鐙兩載共論心,絳帳一朝驀揮手。回思馳馬六盤道,峻阪直下千丈陡。高情且擢玉井蓮,離緒不牽灞橋柳。是時衛滑方用兵,投筆徑思衣短後。令公勳勞在彝鼎,賤子文章亦組綬。四十年來人事異,白雲變幻如蒼狗。而我垂老更西邁,知己未酬恐終負。比年莽莽海氛惡,蜃市雲煙逼刁斗。大河長隄屢衝決,南國哀鴻數奔走。司農仰屋日嗟歎,金粟兩生術何有。太倉秔稻轉溟渤,内府泉刀出隴畝。輸將幸藉士氣奮,流離忍見民生掊。彌縫委曲國體大,盤錯艱危主恩厚。登高望遠尚飛動,力薄才疏奈衰朽。金城形勢控西陲,天下精兵此淵藪。軍儲每歲三百萬,要令邊塞實糧糗。自從文毅罷節制,豈乏武臣任桓赳。蕭規終必賴曹隨,召父後難爲杜母。護羌校尉去不還,充國屯田今在否。皋蘭祀漢冠軍侯霍去病、營平侯趙充國、護羌校尉鄧訓,曰三將軍。朝廷宵旰正疇咨,將相權衡屬耆耇。古來萬里倚長城,皋蘭,秦時臨洮北境也。長城起自縣西,沿河而東,接連靖遠縣界。在皋蘭境者,計二百餘里。大抵先聲奪群醜。年豐民樂吏治肅,何用倭遲歌四牡。歸去田園儻未蕪,白頭甘作支離叟。

行館曉坐

落枕寒聲想佩環,五泉泉水繞城灣。曉來何事鈎簾坐,貪看東南一角山。皋蘭山在城南五里,有五泉:曰甘露、曰掬月、曰摩子、曰蒙、曰惠,又有瀑布東西岩。

河　橋

萬里崑崙水,西來此一橋。造舟仍古制,題柱尚前朝。枕席師能過,羌戎氣不驕。憑闌正清晏,猶憶霍嫖姚。城西北鎮遠門外浮橋,明洪武初以巨舟二十四維之鐵柱。河凍則拆,冰泮復建。趙充國圖上方略,治橋道以制西域,從枕席上過師,則橋之由來遠矣。載《皋蘭縣志》。

北嶺千重雪,長河一夜冰。彩虹藏不見,銀漢聚而升。凍豈滹沱合,寒應積石凝。蟄雷何處伏,吾意轉兢兢。

鄉　思

鄉思春前發,年華客裏驚。橋冰連遠塞,嶺雪逼高城。晴雜風煙色,寒稀鳥雀聲。遥憐衡浦雁,寂寞尚南征。時六弟之官粤東。

古漁同年明誼以所藏董香光書王介甫《金陵懷古》詞卷屬題

嘗怪孟東野,低頭得退之。誰云半山筆,不及大江詞。烏巷斜陽地,鴻堂夜雨時。精靈雙劍合,孰敢辨雄雌。

蘭山書院

邊疆用武地,實賴文治撫。頖宫禮樂宗,書院爲之輔。城東宅爽塏,五社生徒聚。人材蔚風雲,師教嚴鐘鼓。胡銑,錢唐人。盛元珍,常熟人。及牛運震,滋陽人。孫,景烈,武功人。楷模在堂廡。厥後吴先生,鎮,松厓,臨洮人。多士亦鼓舞。至今餘課業,《蘭山課業》,松厓先生編集,又有《松厓詩集》。想見用心苦。憶從先君子,講學涖兹土。維時文毅公,禮賢躬握吐。公曰吾得師,如工示規矩。士曰師之教,如木就斤斧。文藝乃餘力,菑畬惟訓詁。經義與治事,二者實兼取。賤子厠其間,趨庭傴僂俯。時時奉講席,漸漸涉書圃。遂紬石室藏,且侍藜杖拄。短鐙每近案,長日不闚户。兩載獲三益,芝蘭幸與伍。俞君德淵,陶泉,官至兩淮都轉。邦之彦,結交深肺腑。終爲濟時才,遺愛滿江滸。馬君疏,由庶吉士改官知縣。亦騰上,時論歸尺五。出爲神明宰,有子今接武。落落諸同學,文行悉可數。爲儒各著書,作吏傳治譜。嗟余好奇服,垂老媿簪組。崎嶇適隴阪,邂逅見環堵。廣文吾故人,隆德訓導楊君元勳。但訝衣冠古。不知額書上,姓名存某甫。"西河楷模"額書,諸生爲先君立。浩浩大河水,中流有砥柱。可憐潢與潢,涓滴竟奚補。幅巾重登堂,歲月如發弩。青雲看後塵,白首思舊雨。作詩遺同舍,所望紹鄒魯。

瀕行得京寓書十二月十八日

郵程閱五九,判牘費兼旬。餞歲仍爲客,歸期正及春。二十三日立春。不嫌驪唱促,且喜雁書頻。遥憶屠蘇酒,尊前望遠人。

二十一日拜摺啓行回京復命恭紀

初回隴外使車塵,已是朝班待漏人。萬里往來三益友,曉滄、醞卿、石帆。一年迎送兩新春。銷磨歲月慙高位,控馭邊陲望重臣。歸去農書猶及進,御園柳色正青匀。

次答曉滄、醖卿、石帆《六盤山》,和張詩舲中丞詩二首

莽莽隴山出,涓涓涇水流。行人方繭足,積雪更攢眸。高逐雲邊雁,潛窺壑底虬。青絲馳峻阪,曾憶少年不。

登臨得佳句,來往屬名流。每倚高僧壁,頻回倦客眸。清譚聊捉麈,險語忽驚虬。爲問淮陰嶺,題詩似此不。

有　感

郭解交游到鉅公,漢廷循吏憶文翁。杯觴談笑何多暇,撫字催科已兩窮。坐使空倉肥雀鼠,眼看高閣鬥雞蟲。金城自古安危繫,莫道邊陲歲屢豐。

金縣安定道中

簿書了卻此身閒,誰謂馳驅行路艱。積雪漫空車道嶺,飛流送客馬銜山。馬銜山亦作"馬寒山",在金縣南。歲華不覺天邊度,是日立春。春色先從隴外還。茆店幾家聞爆竹,黿觚餳酒正開顔。

車道嶺安定縣西。

盤空萬疊走蜿蜒,縹緲繩輿往復旋。仰視浮雲入飛鳥,下臨絶壁起炊煙。山田一飽猶難得,厓樹孤生亦可憐。雪窖居民吾媿汝,且斟苦茗抵甘泉。

安定城館喜遇馬南園山長疏

君已抽簪二十年,那堪重話卅年前。金城舊雨今無幾,絳帳高風老更傳。作吏誰知山澤樂,還家且喜子孫賢。别來爲憶相逢處,春在邊城夕照邊。

破　梳

鬢髮年來半雪霜,蕭疏惟爾共行藏。挑鐙每助吟詩興,攬鏡還憐作客忙。一自折釵沈古井,便如團扇棄空箱。多情衹有香山老,黯澹緋衫未忍忘。

再過王公橋疊前韵

聞説秋霖挾浪來,兩厓合沓走風雷。龍蛇起陸誠難料,豺虎當關定莫開。東道藩籬猶藉此,北山斤斧亦何哉。祠旁野叟曾相識,新雪烹茶已滿杯。

出夏家寨口小憩鷄嘴人家會寧縣地。

谷暗衣裳冷,厓開耳目新。遠疑山讓地,晴覺日憐人。野堠聞官過,村氓看客親。天涯有時節,白屋氣先春。

隴上寄六弟粵東

昨遇慶原老太守,爲言吾弟手書楹。勤求公事非多事,屏卻私情是近情。月前六盤山遇慶陽太守步香南際桐述弟聯語。斯語堪爲同志勸,幾人能得此心平。更須斟酌公私際,莫使鳴蛙兩部爭。

會寧山中

一條雪練掣寒光,兩壁丹砂削劍鋩。直恐土囊霾白日,翻疑銀漢溢紅墻。喧呼但訝人聲急,側立還愁馬足僵。猶有茅茨時隱見,欲尋樵路轉微茫。

自静寧州東行九十里至隆德縣城

隴干城東路,寒林翳村堡。春風幾日吹,枝榦已自好。兩厓夾人立,巨石向我倒。隴水繞其足,如帶細縈抱。山開川路平,沙淨日光晧。楊柳生遠烟,冰雪點晴昊。憶昨所經過,童山乏寸草。水泉味苦澀,日日唇吻燥。何期得清曠,爲我滌煩惱。況逢佳主人,驛館先灑埽。雙牛駕碌碡,農事亦何早。此水入秦州,同谷憐杜老。茅茨千載後,遺蹟足搜討。遠游易悲慨,放懷慰枯槁。層陰暮又合,明日絡盤道。

除夕宿瓦亭驛

六十年中經歷事,四千里外宦游人。重來隴阪歲云莫,默數嚴更夜嚮晨。東望瑶池寒有雪,西瞻玉塞静無塵。客懷底用增惆悵,已覺椒盤氣象新。

瓦亭驛館述懷,呈曉滄、醞卿、石帆三司長

今夕定何夕,鐙火爛如晝。客從隴外歸,息此路旁堠。同行三四人,萬里倏往復。雨雪導我先,楊柳送我後。山僧亦有情,筆札得邂逅。乾坤何浩蕩,歲月暗奔驟。壯年侍板輿,嚴冬發楚岫。大河渺難涉,層冰横急溜。徘徊滎澤縣,歲莫無親舊。蔡侯意有餘,實酒羅籩豆。使我顔色歡,逆旅奉慈壽。乙酉冬湖南

學政差旋，滎澤守歲。爲客令人老，追思時内疚。瓦亭一小驛，風俗見節候。居然冠蓋集，且喜朋簪湊。論詩共翦燭，問夜如待漏。諸君濟時才，吾衰幸及覯。鄰鷄非惡聲，櫪馬已嘶厩。永懷明發篇，兀坐夢難就。

瓦亭東二十里過彈箏峽固原州地。

隴山高不奇，奇觀乃在峽。山與水爭地，天宇爲之狹。水與人爭道，清激不可狎。一條冰雪光，太阿忽穿匣。中有玉龍吟，萬古聲歕歙。上有縹緲樓，闌楯淩空插。想見飛仙侶，玉柱鏗銀甲。斑駁厓壁字，紅緑嵌岌嶪。沈侯句絶妙，似得謫仙法。是日正元日，幽徑行旅乏。停輿恣攀躋，蘚磴衣共扱。寒流觸危石，衆響猶喤呷。祇恐伏秋漲，山力不能夾。蕭關古天險，鎖鑰孰敢劫。豺虎化鸞凰，時平游興洽。羽人如野禽，見客氣爲脅。孤松獨有態，翠偃風摇箑。蕭條雪欲來，馬頭雲亂壓。吾意轉遲回，非爲度隴怯。彈箏峽唐德宗時官軍守此，渾瑊亦據守此口。見明趙時春譔《平涼府志》。

至和丙申閏月晦日《彈箏峽》詩，沈唐公述："泉聲與巖緑，清咽瀉餘悲。水到不流日，絃應是絶時。調長終古在，人聽至今疑。莫恃潺湲險，胡爲自覆師。"馬用賢子擒劉洵孚伯、彭再嵩宗旦。此詩刻南厓西峽口壁上。并記。

正月三日曉行微雨

春來剛十日，好雨恰依時。似雪不成絮，如烟仍散絲。塵消衣暗著，土潤草先知。漸喜秦川近，風光上柳枝。

回中山謁西王母祠涇州城西二里。

秋風黄竹總堪哀，誰見瑶池彩鳳來。宴飲不聞王在鎬，鐃歌空憶上之回。只今雲氣收殘雨，終古河流挾怒雷。涇水西來，汭水南會於山下，其流回曲。白鹿已歸天馬得，神仙儻許屬雄才。相傳周穆、漢武會王母於瑶池，即此地。詳《涇州志》所載《陶穀祠記》。

涇東原上大雪正月四日

高原四無山，敻望不可極。官道直東西，農田亘南北。寥寥數村舍，慘澹寒林色。竟日百里間，雪霰無休息。野曠絶鳥聲，道長限馬力。客行畏遲莫，非爲簡書逼。京國書不來，我心日以惻。仰觀天四垂，陰雲正如墨。

夜宿長武縣西廳，留贈張梅生正脩大令

萬里客歸初遇雪，平原風靜且停車。經過隴阪崎嶇路，看到瑶池爛漫花。古

轍紛紛尋馬跡,寒林簇簇見人家。山城最是豐年樂,吠犬生氂夜不譁。

曉發長武

官鼓紞如鐙燭輝,遲明爲客開郊扉。雪消野塊亂鴉點,厓斷垝垣驚雉飛。豳土晚寒民事亟,涇原春曉行人稀。坡陀幾折向前路,林表一痕明翠微。

哀流民

連年荆楚災,流民去復來。江漢城高蛟龍怒,瀟湘澤遠鴻雁哀。聞説内帑三十萬,皇恩特沛由宸斷。可憐三户蓋藏盡,升斗未及先流散。蜀山嶔崟隴水咽,骨肉羈孤生死半。邠郊石佛寺,老衲向我言。近者九江民,劫奪僧寺錢。使爾飢軀且爲盜,爾罪可誅我心悼。司農八載亦數奇,水旱兵戎靡不到。今將去隴東適秦,眼中又復哀流民。民爲馬,官爲牧,不求芻秣反擇肉。比年崆峒小麥熟,郡縣無端糴倉穀。穀價生息,甘肅州縣虧空積弊,已具疏議禁矣。

牽夫謡

朝牽西,夕牽東。西登隴阪雪峨峨,東涉涇汭冰沖沖。東來西去無朝夕,我生胡爲傍官驛。官家牽夫用壯丁,老弱婦女猶可耕。自從西陲罷征戰,邊城玉貴倉穀賤。公事日少私事多,踵決肩摩走郵傳。側聞官吏相疑猜,東南又見使車來。牽夫雖苦願迎送,萬一飛蝗化爲鳳。

贈涇陽徐董園正誼,故太常少卿熙菴先生之子。

京國論心感舊遊,空餘翰札對牢愁。飛騰後輩看涇水,清峻家風得李舟。天外蓮花知久待,去冬相候於華寺,今再晤於醴泉。山中桂樹可長留。會看騏驥材方騁,卻媿馳驅老未休。

咸陽原上

高冢連天野燒空,當年鬱鬱復葱葱。如何萬古精靈氣,衹在寒鴉夕照中。

灞橋感懷楊峕峰中丞名颺。

楊公去後亭猶在,灞上行人感慨過。莫怪文沙成貝錦,古來離恨此橋多。橋在長安城西二十里。

陌上東風楊柳斜，可能作絮只飛花。請看河畔栽桑地，機杼長安十萬家。橋工堅固，費十餘萬金，餘貲並成滻橋。河畔植桑彌望，選城固機匠教織，郡人至今猶偁述之。

華清池

滔天禍水出龍漦，流恨煎愁到此池。烽火幾朝經劫後，温泉何日是寒時。鸚哥莫問開元事，牛女空吟七夕詩。惟有驪宫千歲柏，森森猶似拂旌旗。

觀驪山石刻

星辰湯上箴銘在，大筆燕公託諷深。猶有金源兩片石，能將綺思寫愁心。唐張説《温泉箴》，金僕散汝弼《風流子》詞，金移刺霖七絶。

正月十三日大風渡黄河

客豈不欲行，奈此風浪惡。大河横我前，狂飆裂虚閣。晨起雲亂飛，亭午日光薄。鑪灰死不然，魯酒孰與酌。主人色躊躇，客意轉蕭索。揮手決獨往，長揖出山郭。東風逆浪來，沸湯如鼓橐。一葉委中流，黄沙天四幕。人聲與艣聲，併力互前卻。雖云方舟鶩，衹恐布帆弱。稍近北岸山，繫纜得垠堮。回瞻浮槎路，雲漢莽寥廓。誰爲東道主，吾欲神靈託。送者自厓返，沈沈閉關鑰。檣烏獨有情，飛鳴繞林壑。

元夕雨北相驛屬安邑縣。

秦嶺猶栖雪，長河已泮冰。春隨一夜雨，寒入上元鐙。旅館愁應減，豐年夢可憑。曉看村樹外，新緑起煙塍。

夏縣寄懷毛冠三應觀

南國老儒吏，十年歸故山。君博通經史，著有《經圖彙考》、《律吕正音》諸書。余視學江左，君爲婁縣令。史家今涑水，經術古河間。尚有孫傳硯，應無客敂關。何由問花竹，把卷對開顔。

皋陶廟洪洞縣南十里。

社祭仍千古，民懷尚萬家。空庭懾魑魅，老柏鬱龍蛇。但覺心寬栗，何嫌面削瓜。蠻夷兼寇賊，天使贊重華。

䜌䡬亭集卷三十二

古今體詩四十三首道光庚戌、咸豐辛亥至甲寅

和三兄《閒齋》詩四首

閒翁真是素心人，獨坐閒齋得句新。惟有白頭老兄弟，退朝相對即閒民。

同甲誰爲丙午人，《聞見録》：文潞公爲同甲，會皆丙午人。春來但覺歲華新。捫胸尚有雄豪在，莫道先生是散民。

席間子弟兩三人，問字攤書發興新。應笑當官忙底事，十年負版媿司民。

還鄉偶似錦衣人，故里雲山入夢新。何日扶藜攜社酒，耦耕長作葛天民。

三兄賀得孫次和

三索三男得，先庚卜後庚。兄於今年春得第三孫，名曰庚吉。此孫伏日生，因名福初，適協庚庚相續之義。年來家慶積，老去宦心平。桑果須勤植，荆花好並榮。抱孫同一笑，慰我弟兄情。

新城陳子鶴大司寇蒙恩歸養，屬書堂額，即題奉餞十二韵

一代絲綸手，中朝磊落人。君恩兼母壽，孝子即良臣。司寇嘗蒙賜"清正良臣"額書。拜舞承温旨，褒榮軼等倫。夔龍覘契合，烏鳥許情陳。陰德門方大，儒風席自珍。南陔娱歲月，北極動星辰。惜别周廬影，難分繞膝身。樓臺何地起，甘旨此堂親。曉露森庭竹，秋江味野蒓。晨昏皆帝賜，菽水亦皇仁。卻顧彭宣老，多慙公瑾醇。賦詩同燕賀，紗幔祝長春。尊公雪香先生，寯藻入學師也。

夢中得句，醒足成之呈三兄

天寬地窄小茅廬，長夏槐陰好讀書。寄語閒齋應一笑，打頭恰是欠伸餘。

中秋前三日還園居

落日隔西崦，餘光明遠埃。蕎花高笠過，荷葉小車來。淀市秋仍熱，園扉晚尚開。紛紛蘿薜月，人影共徘徊。

三兄將歸里，留詩爲别，次和二首

驪駒將北發，鴻雁欲南回。六弟初擢湖南布政使，仍辦理廣東軍務。何日成三老，還鄉共一杯。但教松菊在，莫歎雪霜摧。秋色瞻衡宇，聊吟歸去來。

萬里金城路，團團月幾回。驛亭容駐馬，山館記銜杯。去冬奉使蘭州，往來經過吾邑，與兄相見。作客心猶壯，論詩氣不摧。兄於四月來都，至九月得詩七十餘首。閒齋留一榻，它日喜重來。

再和三兄六月四日見贈之作

吾兄來京國，閱日十旬五。但遂孔懷樂，不憚遠行苦。初來淀園居，尚厭蛙兩部。杖藜偶入城，復喜朋簪聚。虚室延晨曦，涼棚捲夜雨。笑余數往還，衣服半塵土。閉目日危坐，似欲忘聽覩。袖出一編詩，杜韓爭步武。上言崇令德，昔賢可比數。下言勤職守，仰答明聖主。憶與吾弟别，再聽山城鼓。過門不暇入，力爲王事努。永念朝廷恩，榮及伯仲甫。無爲衰朽念，期作中流柱。願兄老益壯，媿我施未溥。歸思及重九，秋陽變春煦。相期保晚節，黄華馨老圃。

賜觀晉臣王羲之《快雪時晴帖》墨蹟敬題

天門鳳闕雲霞爛，塵世何繇覩神翰。傳聞二十八驪珠，寶笈收藏此爲冠。三希精鑑屢標題，萬本臨橅發璀璨。每從氈蠟見精神，何況瓊瑶親几案。雲端林表動佳想，繭紙晴窗雪花粲。銀鉤鐵畫數行字，風骨端莊趣怡涣。仰瞻天藻麗奎壁，浩若滄溟納江漢。雲林兩幀更傳神，撫景拈吟寫清宴。唐宗好古力搜求，衹爲書家留傳讚。豈知淵衷周品物，游藝原非事珍玩。我皇握符契先揆，萬卷圖書一誠貫。幾餘考鏡到石渠，簡册紬尋出東觀。山陰妙墨即蘭亭，詔許傳觀共驚歎。心正筆正真諦存，肥瘦何須苦分判。溯源王氏逮顔柳，一脈相承静可按。意窺祕府蘇米蹟，宋蘇軾《武昌西山》詩、米黻《天衣禪師碑》墨蹟皆行書。逸氣縱横恣汗漫。細參此帖獨圓勁，鍾張未遠存質榦。中秋伯遠亦希珍，晉代風流思運腕。三希堂以此帖及王獻之《中秋帖》、王珣《伯遠帖》得名。世間雞鶩徒紛紜，天上星雲自糺縵。小臣眼福一何幸，聖學心傳末由贊。雨暘應律休徵符，干羽舞階文德焕。萬方安善慰宸懷，珥筆攄誠答宵旰。

謹案：《石渠寶笈》首載此帖，素牋本，行書二十四字，後有“山陰張侯”四字,又“君倩”二字,幅前有“廷”字印。明吴廷餘清齋。元趙孟頫、劉賡、護都沓兒均奉敕跋,明王穉登跋,明汪道會、文震亨、吴廷均有跋。册首高宗御筆“神乎技矣”四字。又以裝册,副紙瑩潔,仿雲林畫二幅,題詩於册首。册凡十四幅,古錦護帙,素綾裹幅,上有董邦達水墨山水,册末幅張若靄畫梅石。册中題詩數千百言,詠雪喜晴。每歲拈吟寄興,多書諸册,並附臣工諸跋。

此帖自金元已入御府,王穉登跋。朱太傅所藏二王真蹟,共十四卷。惟右軍《快雪》、大令《送梨》二帖,乃是手墨,餘皆雙鉤廓填耳。咸豐元年七月二十四日,賜南書房翰林同觀墨蹟,並命臣寯藻賦七言古詩一篇,曷勝榮幸之至。謹記。

題松雪十札墨搨

石家梅竹妙如何,也抵山陰道士鵝。碧盞香環都愛惜,多情真是趙鷗波。
君家落水有蘭亭,筆法精神得暮齡。恨不相從飛棹去,嚴灘爲乞水仙靈。

由昆明湖泛舟過金鼇玉蝀橋,召對鑑遠堂,退直恭紀

藕香榭外水天秋,仙侶從容許泛舟。是日樞廷同直麟梅谷尚書魁、邵又村侍郎燦、穆清軒光禄蔭。金勒不須煩控騎,銀河元自傍牽牛。煙波浩渺嵐光接,樓閣參差樹色浮。召對歸來移畫舫,忘機真欲逐沙鷗。

仲秋送三兄歸里二首

春來秋去只尋常,一笑真成社燕忙。兄近得句云:“作客無心隨社燕,還家似欲問耕牛。”危坐吟詩忘作客,對牀聽雨即還鄉。亦知兄弟難爲别,差幸田園未就荒。樓北祠堂新灑埽,晴窗冬日好焚香。吾家支祠今年落成。
楚粤烽煙苦未銷,此身何計伴漁樵。十年京國成衰鬢,八月江城有怒潮。問夜坐看星睒睒,驚寒心逐鴈迢迢。黄華老圃如相憶,更約重來慰寂寥。

香山直廬次彭詠莪蘊章少司空韵

秋林絢爛嶺雲開,曾見三班九老來。乾隆三十六年賜三班九老宴遊香山,蓋以文職、武職、致仕老臣各九人爲三班。君曾祖尚書公時以兵部侍郎致仕,爲九老之一。香案詞臣感先澤,樞垣履跡接中臺。欣陪儤直簪豪侶,每羡登高作賦才。卅載書齋慙後輩,白頭吟望重低徊。

謹案:乾隆辛卯恭逢皇太后八旬萬壽,賜三班九老宴遊香山。畫院艾啓蒙

繪圖。文職九老:顯親王衍璜、恒親王崇志、大學士劉統勳、協辦大學士官保、吏部尚書託庸、户部尚書素爾訥、刑部尚書楊廷璋、刑部侍郎吴紹詩、工部侍郎三和。武職九老:都統四格、曹瑞、散秩大臣國多歡、散秩大臣銜甘都、副都統伊崧、阿薩哈岱、李生輝、富僧、阿色瑞察。致仕九老:刑部尚書銜錢陳群、内大臣福禄、禮部尚書陳悳華、兵部侍郎彭啓豐、禮部侍郎銜鄒一桂、副都御史吕熾、内閣學士陸宗楷、詹事陳浩、國子監司業銜王世芳。

詠莪先生宿靜默寺見贈,次韵奉答

玉蝀橋西雙板扉,移家恰喜雪霏微。芳鄰到處追隨共,頃移寓御河橋西,與君比鄰。舊雨年來唱和稀。杜老每懷軍國計,陶公閒看岫雲飛。敂門忽得新詩句,把卷渾忘退食歸。

附録元作

古寺幽深靜掩扉,撲窗風力夜來微。藥鑪酒盞居相伴,竹徑苔門客到稀。曉霧霑衣鐙火暗,寒雲披絮雪花飛。金鼇退食芳鄰卜,計日移家便似歸。

十月十九日恩賜貂冠恭紀

一朵紅雲出紫微,彈冠恩許近光暉。戴山敢效靈鼇抃,捧日先瞻彩鳳飛。前一日太和殿頒恩詔。煖帶鑪煙籠御案,晴分砌雪點朝衣。冬日例服緣貂朝衣。天顔咫尺心彌懔,下拜還思辨等威。

得六弟金陵書,感寄二首癸丑正月

恩重慙君父,時危念弟兄。大江何浩渺,劇盜且縱横。汝在書猶達,吾衰命亦輕。挑鐙翫手札,便恐畢平生。

少日同憂患,中年各奮飛。遭逢殊不料,時事乃多違。報國心仍壯,思親淚暗揮。何由見顔色,夢寐或相依。

哭六弟幼章三首咸豐三年正月三十日,弟以金陵守城歐血殞命,二月初十日省城遂陷。

昨作兩篇詩,揮淚寄吾弟。賊氛蔽大江,不知何路遞。連日見軍報,旁皇無所底。初云汝登陴,歐血已病瘠。繼云病不支,銜恨隕官邸。余時直樞垣,疏下不能啓。欲讀恐失聲,欲哭懼非禮。慘愴合寮寀,憫惜動宸陛。手詔鑑丹忱,硃批督臣摺尾。温語慰同體。恩重命轉輕,志苦甘如薺。九頓出丹墀,感深惟雪涕。

金陵石頭城,城大守匪易。吾弟氣素豪,艱險曾不避。武昌捍水菑,勞心爲撫字。賑事竣,超遷廣東運使,旋擢臬司。粵東辦劇賊,更拜長纓賜。以清遠、英德剿賊淨盡,中丞葉公保奏,恩賞花翎。屏藩莅江左,安集先河次。自湖南調任江藩欽使,協揆杜公奏派南河辦賑,事竣還任,而省城已戒嚴矣。履任未煖席,楚氛已荐至。巖巖制府公,抵掌運才智。提兵扼九江,庫藏悉羅致。神礮五百餘,盡數充武備。上海購礮六百尊,僅以四十留備守城。京帑六十萬,併取毋遺置。部議三十萬給軍,三十萬守城,督帥悉檄取之。遺之以危城,置之於死地。弟曰謹受命,空拳奮攘臂。爰集諸紳民,慷慨陳大義。首嚴遷徙禁,先以眷屬示。捐貲峙糗糧,練勇除戎器。甘苦與衆共,賞罰無偏恣。帀月規模成,力竭神已顇。中丞尚虛懷,制軍出省,中丞奉命莅此。將軍實同志。將軍名祥厚,副都統名霍隆武。金陵城陷,力戰死之。長城信足倚,黽勉望疆帥。

疆帥軍上游,初議豈不壯。舳艫亘千里,江皖賴保障。前茅甫遇賊,一戰總戎喪。翩然乃退飛,踉蹌棄兵仗。匿迹歸白門,譁聲撼青嶂。僉曰帥餌賊,吾民復奚望。城中十萬户,湍決各奔放。大府方閉閣,猜嫌仍未忘。中丞又徑去,力挽不回顧。哀哉一腔血,噴灑何所向。將軍率同寮,抗疏陳其狀。誓與城存亡,天容亦悽愴。赫然責失律,申命易大將。忠魂竟不待,骸骨委幽曠。追思僨事繇,後懦而前亢。若使謀乃進,據險審所當。縱退時猶紆,援軍勢可仰。時向軍門自湖北統兵追賊已及九江。巖城民氣固,内外力足抗。弟借帑各關,儲糧練勇,布置周密,民不驚徙。若前軍徐退小孤、東西梁山重險不徹,則向軍援至,勝負未可量也。此錯竟誰鑄,此災實無妄。鯨鯢遂窟穴,熢火助波浪。全家更何有,定付江魚葬。夢中吾弟在,告别色惆悵。痛哭向南天,何時見滌盪。

再哭六弟是年六月,上以臣弟宿藻殁於王事,特旨加恩,照藩司軍營病故例加等賜卹。部議加贈右都御史,子三品廕生,世佶以知州注册。

平生耽詩句,憂樂常在口。自從軍興來,諷詠亦云偶。又聞吾弟喪,如失左右手。仲春一擲筆,今已六月後。填膺萬斛淚,心血不忍歐。今日斯何日,悲感到親友。九重恩詔下,軫念嬰城守。宿也殁王事,臣力竭已久。楚粵有微勞,卹典特從厚。部臣議加贈,豸服褒居首。延賞及厥嗣,亦得綰印綬。大哉生成德,名立死不朽。微軀感同氣,温綸奉左右。伏地涕雨零,殊施恐虛負。臣弟幸有子,今尚在田畝。去冬世佶以考廕來京,試畢歸里。全家飼豺虎,一簣存培塿。奴僕偶生還,羸病委奔走。似聞骸骨收,荒榛瘞沙阜。男兒馬革裹,志不死户牖。死者長已矣,生者餘衰醜。晨晨千官裏,已作獨行叟。天高江海闊,銜慟酹杯酒。詩成手自焚,魂兮歸來否。

流　螢

窗北疏簾竹亂垂,流螢終夜傍階墀。漫云腐草無知識,風雨蕭蕭總不移。

自題《待漏圖》

傫直樞垣十二載,徵兵籌餉日紛紛。盟心衹有廉泉飲,造膝元無諫草焚。時事艱危餘涕淚,簡編功過付傳聞。夢回漏箭聲聲急,似聽江邊斷鴈群。

送族孫履檥還里

送汝還鄉里,初寒十月天。遥將兩行淚,寄與老兄前。陳力吾衰矣,思親獨黯然。旌旗滿南國,何日埽烽煙。

題《棣懷圖》

沈侯惜我顔憔悴,貌作豐頤方下人。空有寒花仍對影,豈知夜雨獨傷神。桑間十畝歸無計,天外三山夢不真。留與子孫好藏弆,一回展卷一酸辛。

癸丑除夕再題《待漏圖》

一著貂裘四十年,而今鬢髮兩蕭然。迴思走筆風檐下,余十五歲以《待漏院》詩受知於學使陳雪香先生。可似摳衣玉漏前。老去短檠空對影,古來高閣自淩煙。干戈未息心猶壯,敢問桑麻杜曲田。

題詠莪少司馬癸丑歲詩稿三首

獻納論思有性情,體裁風雅氣和平。皋夔自是賡颺侶,誰識卿雲向日誠。
歲莫懷人亦有由,感時歎逝那能休。若非杜老吟同谷,定是張公詠四愁。
雀鼠谷鄰汾水陰,闔閭城接大江深。天涯一種思鄉夢,南北相望共此心。

御賜"學古有獲"、"以勤爲本"額書,感恩恭紀

咸豐四年春,孟陬癸亥日。帝謂王大臣,其衹領御筆。彩箋燦五色,寶墨光如漆。四字寓訓誡,義取經史質。拜賜十三人,諸王及樞密。微臣荷殊榮,感悚難具述。學古乃有獲,傅巖思良弼。政以勤爲本,亦如學時術。兩幀邀天題,

捧觀神采溢。樗庸忝禁近,疊躋清要秩。南齋染柔翰,三天窺祕帙。何期一腐儒,垂老侍温室。島夷患未除,憤激何時畢。粤寇復跳梁,南北數奔軼。仰貽宵旰憂,每恨師失律。比年司度支,軍饟何從出。豈無飢溺懷,民困末由恤。屢欲自劾去,時危忍求逸。所思惟致身,所職在造膝。包容主恩厚,幸免即罷黜。迂愚久無補,千慮未得一。汲古乏修綆,循名媿責實。恐負平生學,守道有差失。惟此運甓志,書楹時自怵。"習勤朝運甓,省過夜焚香",臣居室自書楹聯。天語誨諄諄,驪珠照蓬蓽。餘生勉策勵,庶以保終吉。

送三姪世齡歸里

患難難爲别,重來未可知。關山新戰後,風雪早春時。送汝頻揮淚,還家且寄詩。吾衰休更念,萬國正瘡痍。

寄輓祝蘅畦宗伯同年

同譜君知我,論交卌載中。解頤匡鼎説,排難魯連風。清白傳諸子,光黄老此翁。何由重把晤,揮涕望長空。

憶奉衰親日,艱難仗友生。豈惟貧病恤,直取肺肝傾。老去恒憂國,書來尚議兵。不才媿無補,何以慰交情。

三月三日見屋後桃花感作

屋後桃花紅半妝,三株連理一株傷。低枝偃蹇將垂地,細蘂離披尚覆墻。不道園林春去速,可堪風雨夜來狂。回思爛漫繽紛處,欲問仙津路渺茫。

詠莪少司馬以近作見示賦答

吟興今年勝去年,春來退食已成編。都將憂國深沈思,付與長言詠歎篇。漫叟襟懷多寄託,香山樂府總流傳。感君得句頻投贈,白首相期志益堅。

先大夫忌日感述三月二十五日

自吾父見背,今已四十年。兒年六十二,廿載違墓田。感戀朝廷恩,時事值迍邅。綸扉預機務,農部籌貨泉。粤賊日猖獗,三載兵戈連。楚吴逮皖豫,擾及吾鄉關。復越上黨脊,直犯析木躔。藩王秉天弧,萬馬馳風煙。大帥執金鼓,禁旅何闐闐。遂驅狐兔輩,南竄至河間。阜城一小邑,如魚待釜煎。而彼鬼蜮徒,渡河欻來援。連陷山東邑,其勢更蔓延。官軍豈不衆,分之則力單。幸已扼其吭,且聚而殲旃。皇仁拯民命,發帑萬億千。正供苦不足,獎勵及輸捐。數聞哀痛詔,感奮涕泗漣。計臣媿無術,搜羅力已殫。籌饟則病民,饟缺兵散漫。外閫仰内儲,盈廷責當官。當官屢上疏,披瀝呈肺肝。明知無兩全,得不救目前。勞怨不遑恤,憂憤相糾纏。人窮則返本,疾痛則呼天。哀哀吾父母,生兒欲象賢。貽之以清白,試之以險艱。有弟已盡瘁,以身捍民患。白門歐血地,流涕盈市闤。魂魄猶殺賊,骸骨何時還。兄老多疾病,百憂無一歡。每恐忝所生,常思保歲寒。生離且死别,焉用身獨完。丈夫老益壯,豈爲兒女牽。生逢堯舜主,誓欲格苗頑。今日是何日,淚下紛汍瀾。不歎歲月逾,但恨才力孱。陳力不知止,濟時良獨難。乃知古人心,史乘難具傳。覼縷寫衷曲,窗外春風顛。

再題《憶松圖》

聞道家園手植松,舊游履跡碧苔封。支離不改風霜勁,長養都憑雨露濃。老去鳳鸞仍作伴,春歸桃李若爲容。偓佺相遇應惆悵,曾歷蓬山一萬重。

禝劬亭後集序

二十二通籍，何早也。六十二致仕，猶未老也。未老而病，病而休，休而恩禮數及，人以爲晚節之保也。軍旅未息，民生未裕，我心惄焉，乃如擣也。老病讀書，懋懋慔慔，而僅以詩消磨歲月，惜乎未聞道也。

咸豐七年歲在丁巳重九日，禝劬亭叟祁寯藻自題。

𦴢䜣亭後集卷一

古今體詩五十三首咸豐甲寅、乙卯

甲寅仲冬蒙恩以大學士致仕，恭紀四首

宵旰殷憂未偃兵，虞廷咨儆望平成。那堪遲莫供多病，重荷優容許再生。自夏徂秋，因病蒙恩展假三次。八月二十九日疏請開缺，復蒙手詔慰諭，俾令安心調理，至是又及三月矣。陳力亦知羞隕越，感恩惟有涕縱横。温綸捧出天顔霽，頓覺陽回草木萌。十一月二十五日再疏瀝陳，得邀恩旨。

大軍南北陣雲屯，奏捷何時荅至尊。萬姓輸將惟恐後，九州寇盗尚狂奔。樓船已出潯陽岸，鐵鏁應沈白下門。天末孤臣有歸骨，一家生死總銜恩。金陵指日克復，臣弟宿藻骸骨即可歸里。

連年師老饟空糜，中外芻糧問度支。楮幣紛紜窮屢變，泉刀錯雜僞逾滋。論功欲倚將軍樹，決勝曾消别墅棋。獨媿計臣心力竭，焚香清夜已多時。

久依雲日近光華，每拜天章寵錫加。老學尚思勤有獲，今年正月，賜臣"學古有獲""以勤爲本"額書二幅。長閒敢道退無家。蘇軾《望湖樓》詩五首，上嘗再書賜臣。蕭疏秋氣催蒲柳，次第春聲送鼓笳。聖主得賢還獻頌，欣聞綸閣正宣麻。

彭詠莪司空賦詩見贈，次謝二首

直廬近接喜頻年，起草晴窗共硯田。論事不阿言必盡，存心獨厚古之賢。鳴珂尚憶虹橋月，揮翰仍分鶴鼎烟。領取瓊瑶珍重意，報君惟有説山篇。

但媿懸車未及年，况逢多難忍歸田。消磨歲月終無益，際會風雲自有賢。千里長江看洗甲，一時高閣想淩烟。何期欒褁繩牀畔，頻辱陽春白雪篇。

和詠莪司空中秋見懷舊作

對月尚懷人，詩成慰采薪。感君言外意，憐我病餘身。衆口紛難理，孤衷獨抱真。試看盈闕處，弦望本依旬。

嘉平既望移居城南舊廬

病骨支離久未痊，得休終荷聖恩偏。退之謄有城南屋，甫也何求杜曲田。青

鑠萝中驚晚歲，金戈銷後願豐年。槐街地僻經過少，仍向蓬廬拜賜牋。十七日，蒙恩賜“福”“壽”字各一方。

寄輓田雅鄰頌年

今年臘尾煖，餞歲方祀竈。忽得故鄉書，中懷慘以悼。田蘇兩昆季，交游有同好。何期二十載，相繼聞赴告。憶昔京兆喪，歸里吾往弔。慟哭松風回，摧輪阻危嶠。阿弟知我悲，伻來復慰勞。吾亦佩君德，孝友躬履蹈。在原能急難，處困志彌劭。餬口迫饑驅，齊家守嚴教。子弟皆恂恂，連年入庠校。廣文官獨冷，提挈千里造。君時任永濟校官。每於手札中，念君精力秏。素志迄未伸，君歸一何暴。頓使卧病叟，驚起衣顛倒。京兆不可作，移華萎孤照。君家伯仲間，吾淚靡不到。人世定何如，韓公悲難料。吾衰亦如此，敢信能及耄。善人必有後，陰德饗其報。斯理儻可憑，光遠終有耀。鬱鬱我之心，摇摇若風纛。作詩寄仇猶，山雪望中縞。

蒲圻六品軍功賀上舍霽若雲甫吏部壽慈從弟也，募勇殺賊立功，甲寅八月爲崇陽守城，力戰陣亡。冬杪雲甫始得家書，哭之以詩，情詞哀摯，感歎和之

歲莫讀君憶弟詩，長歌當哭一何悲。毁家殺賊年方少，越境嬰城力不支。遠道音書愁斷絶，故園骨肉感流離。孔懷各有傷心賦，白下招魂定幾時。謂去年予弟金陵守城事。

題《九九消寒圖》“亭前垂柳珍重待春風”九字，乃道光初年御製也。懋勤殿雙鈎成幅，題曰“管城春滿”。翰林諸臣按日填廓細注陰晴風雪，皆以空白成字，工緻絶倫。每歲相沿，遂爲故事。

不須梅蕚鬥芳妍，柳色分明在眼前。九字天題留故事，一時風景樂新年。管城花發濃如錦，香案詩成艷若仙。今日白頭吟望處，春光羞上彩豪顛。

元旦恭進賀摺

昔忝鵷鷺列，今爲鷗鷺儕。拜章虚賀歲，扶病强寛懷。鐙影落茅屋，山呼想玉階。何時鉦鼓罷，露布埽烟霾。

歲朝述懷

宦海茫茫老此生，病餘轉覺一身輕。回頭四十年來萝，唤醒天街爆竹聲。

游龍杖

手持三尺游龍杖，貽自蕭山相國家。蘢古嘉名徵爾雅，澄懷舊詠播京華。道光年間，湯敦甫先生直澄懷園，以水葒花根爲杖，名曰"游龍"，一時題詠甚多。問年祇合鄉居老，余今年六十有三。扶病惟愁藥力賒。變化無心學桃竹，何須紫玉問三巴。新得桃竹杖。

正月二日宫中祀神，蒙恩賞餻一盤恭紀

賜胙深宫獻歲春，親藩外服逮樞臣。衰慵屢沐神餻渥，去年孟冬朔日已蒙賜餻。拜舞如霑御醴醇。典比重華聯句重，重華宫茶宴聯句，向例於正月二日舉行。恩緣宣室受釐新。桑榆自分難酬答，願祝綏豐錫庶民。

早　起

早起非關夢不成，披衣靜坐覺心清。看營巢鵲忙何事，聽語林烏樂有聲。鑪火未殘終夜煖，盆花猶戀一冬晴。祈辛明日逢人日，遥想青旂出禁城。

新正十日微雪

郊祈廟享駕初回，雪意霏微氣暗催。自是聖誠能感格，故教春澤爲滋培。淩晨喜見同雲合，嚮午欣逢舊雨來。許滇生過訪。更盼飛霙普霑足，和風先滌凍塗開。

憶昔十首

憶昔年十三，患難侍先考。圜扉向陽地，新緑見春草。即景命賦詩，詩成獻懷抱。親顔似少釋，小子庶有造。悠悠五十年，總角奕衰老。高位速官謗，憂心急如擣。干戈苦未休，精力暗枯槁。莽莽太行雲，墓田何日埽。

西垂戍三載，歸路何漫漫。北堂理機杼，雪夜衣裳單。父師有嚴訓，母教何忍寬。密密手中線，拮据力已殫。兒名幸早立，失怙增悲酸。板輿勉就養，官貴門閭寒。封鮓言在耳，一飯思艱難。傷心魚菽祭，不得勸加餐。

弱冠忝通籍，出入承明廬。南齋清切地，許讀中祕書。維時道光元，百度貞厥初。仰窺堯舜典，俯誦禹皋謨。回疆重戡定，紫閣標畫圖。小臣職載筆，朝野多歡娱。一奉嶺南使，觀海知委輸。再持楚南節，浩氣淩江湖。

江湖浩無邊，大海望不極。黄河萬里來，一瀉入胸臆。少年陟秦隴，壯歲馳南北。身依日月光，衣染雲霞色。縹緲仙之人，上清何官職。文昌戴斗匡，翰林

華蓋逼。焦明偶回鶵,養此垂天翼。碧梧信可栖,竹實非求食。

游子日以長,慈母日以衰。豈無四方志,戀此烏鳥私。上書乞歸省,朝請夕即馳。道光庚寅秋,乞假省親。母曰兒勿念,吾力尚可支。京國路匪遥,禄養亦所資。逾年再告歸,俯伏陳丹墀。帝謂汝母健,壽可致期頤。汝年正及壯,廢棄非所宜。壬辰秋,陳請歸養,温諭未允。感涕起沈疴,勿藥由鴻慈。一歲再三遷,俾慰將母思。求忠必於孝,聖情見乎辭。永念君親恩,顧慙蒲柳姿。春暉慟已矣,報答終何時。

省親昔歸里,兒戲娱舞綵。讀禮兩還鄉,風木不相待。除此數年餘,吾生浮宦海。曩歲再出山,恐有摧輪悔。輶軒歷江左,閩越更一載。文章與政事,報國將安在。惟此葵藿心,傾陽終不改。願爲堯階蓂,曷敢望元愷。

鯨魚貪巨餌,鼓鬣鴻波驚。釁始飲食訟,致煩王師征。使臣還自閩,朝議紛崢嶸。農部初量移,繼復濫樞廷。寅恭期共濟,心競非力争。弭患而貽患,何以折姦萌。國帑二千萬,倉卒填滄溟。恨無倚天劍,斬此跋浪鯨。

島夷暫羈縻,河伯且爲虐。豫州及徐方,頻歲成巨壑。居民數流離,工賑時並作。大海卮已漏,涓流勢將涸。庫金九百萬,又復飽鼠雀。此事駭創見,誰能問筦鑰。計臣獨躊躇,深宫自儉約。踴躍爭輸將,田野轉蕭索。

先皇躬弗豫,太歲在己酉。召對御寢殿,圓明園奉三無私殿西曰慎德堂。樞臣侍左右。仰睎神堯容,憂勤倦則否。是時臣奉使,乘傳指隴首。悚惕不忍出,叩辭伏地久。帝曰汝往哉,雪往來及柳。豈意鼎湖雲,蒼蒼隔星斗。卅載知遇拂,慟哭竟虚負。尃陳思造郄,迂直每失口。大哉天地德,包容無不有。恭聞憑几命,勳華親授受。奉三無私訓,承先以啓後。生逢聖明世,才疏勉自守。抱兹區區誠,直欲忘衰朽。

聖人膺大寶,履信濟時艱。萬國仰垂裳,感泣恩詔頒。臣昔侍東序,道光二十九年春,奉命充上書房總師傅。三天陪清班。使旋復前命,流涕瞻天顔。温恭淵默中,氣已振懦頑。退迺叩筵几,龍髯高莫攀。銜恩且趨直,焉能戀鄉關。蘭州差竣,請假五日,過籍省墓,已蒙恩允。塗次聞國哀,遂不果歸。粤寇忽跳梁,竄奔五載間。師老饋饟罄,無術蘇恫瘝。駑馬服重駕,崎嶇陟崇山。病廢亦何恨,所恨才力孱。何繇致天驥,一爲清塵寰。

佛堂正月十四日作

佛堂園東偏,三佛同一龕。豈惟肅瞻禮,皇恩之所覃。前年臣六十,拜賜榮朝篸。御書錫福壽,珍綺盈筐函。遂出三寶相,金身光内含。聖慈何深厚,期臣爲彭耼。臣愚一腐儒,内典殊未諳。爰虚所居室,灑埽奉瞿曇。顔曰三菩提,藉以朝夕參。狂寇久竄擾,王師猶未戡。御園罷游幸,此堂亦荒庵。扃鐍兩載餘,兹乃移城南。老病卧冬春,筋力百不堪。豈無三乘車,駑駕難復驂。巍巍壽皇殿,天容臨蔚藍。今日斯何日,焚香悲且慙。惟見青螺髻,西山明遠嵐。

題張雪鴻敔畫二首

心愛雪鴻畫,手無買畫錢。松竹不肯爲我蔭,芙蓉不肯爲我妍。惟有梅花梢頭四黄雀,翩然落我檐瓦前。開門卷簾送畫去,鴻爪雪泥定何處。

朝送雪鴻畫,莫復迎畫歸。但令怡我神,何惜典我衣。老病朝衣今罷著,讀畫吟詩亦不惡。昔年黄夫子,左田師,晚號退叟。近日孫尚書。符卿司農。壁間兩見南泉筆,對此評量如不如。張季鷹,秋風起,尚書已老吾衰矣。退翁畢竟神仙流,不見金陵烽火接揚州。

喜聞官軍克復上海

逋寇頻年窟穴存,海旁蜃氣雜朝昏。忽逢元日消群慝,如埽浮雲見曉暾。助順何須借回紇,乘機已報奪崑崙。更期努力清江甸,九闕方懸不次恩。正月朔日,克復上海縣城,戮逆首劉麗川,餘黨殲擒殆盡。上元前一日,江蘇撫臣吉爾杭阿報到。

幽蘭二首

空山四無人,知有幽蘭花。花開不可見,香氣清且嘉。飛流下危磴,時有横風遮。香久亦不聞,山深愁路賒。衆草何青青,吐艷明朝霞。如何咫尺間,渺若天一涯。援琴坐白石,日莫三歎嗟。

亭亭復亭亭,孤芳空自馨。美人偶一顧,移植來中庭。中庭花木繁,紅紫羅錦屏。一莖止一花,何以奉尹邢。亦思九畹滋,力薄身伶俜。雲窗霧閣中,疏弦何泠泠。不歎知音希,希聲難爲聽。

見　蜂

始春氣已煖,敝裘换蒙茸。今日驚蟄節,正月十八日。開簾見蜜蜂。初聞疑耳鳴,又如夢餘鐘。盆花坐横几,漸有來往蹤。須臾塞滿屋,鼓翅紛追從。此花乃熯花,催促無好容。況已開帀月,香味過殘冬。但媿不堪採,勞爾蜂力慵。

不如且歸去,俟彼桃李穠。

正月十九日率姪子輩入塾讀書,示之以詩

少壯而好學,如日出之光。年老而好學,如秉燭夜行。學乃知不足,不學猶面墻。試問學何事,讀書須自彊。孝弟仁之本,忠恕道之常。須臾弗可離,造次不敢忘。聖賢以身教,闡發爲文章。斯理千古同,坦蕩由康莊。君子素其位,所戒罔念狂。行險者僥幸,往往潰厥坊。富貴天所命,求之未必償。何如求在己,守約無奢望。緊余入世早,艱難躬備嘗。高官與厚禄,自顧時悚惶。幸因老病休,差免賢路妨。惟此勤學心,楙楙仍不遑。豈不歎逝水,豈不憂夕陽。憂歎亦何益,衰病且兩傷。學乃扶衰藥,書乃御病方。衰病尚賴此,何況膂力剛。今日燕九日,車馬填城鄉。或云訪仙觀,或云踏春陽。而我與汝輩,讀書聲琅琅。如聞孔壁聲,絲竹容升堂。此即素位行,不與時低昂。緬懷前哲訓,撫時恒旁皇。秉燭苦夜短,積善方日長。

春夜聞雁

春難成夢酒難醺,病久神衰夜起勤。書卷每從鐙下讀,雁聲偏向月中聞。分明對影仍相伴,斷續孤飛似失群。二十年前舊詩句,不堪回首思紛紛。乙未春里居有《聞雁》詩,時六弟就館洪洞,適遇鄰警。

喜聞官軍攻克連鎮,生擒逆首林鳳詳

畢竟藩王識地形,長圍築就奮雷霆。漫云狡兔營三窟,賊由静海獨流鎮竄阜城,又竄連鎮一年餘矣。終見天狼墮一星。保障此心應共白,簡編他日爲誰青。便從河北移江左,振旅功成贊帝廷。參贊大臣科爾沁、郡王僧格林沁於正月十九日奏捷,即日移師高唐。

得陸小雅同年以烜書,以詩代簡奉謝此詩率筆通韵,多未惬意。以故人交情深至,不忍删去。

客從薊門來,遺我書一函。云是大鴻臚,尺素手自緘。崢嶸歲將莫,卧病城西南。開緘讀君書,再拜感且慙。上言時事急,念我樞部兼。勞怨雖不辭,心力固已殫。幸蒙聖明鑒,獲免譴責嚴。俾令養衰疾,遂許抽朝簪。從此不材木,雨露恩長霑。下言賃廡居,近市亦何嫌。春明宜且住,不必思深潛。此言實知予,廢疾勞鍼砭。逆賊未盡殄,憤恨心常銜。力不能埽除,忍遽栖幽巖。憶

昔同科侶,十存無二三。賤子年最少,霜雪盈鬢髯。君以箸作才,農曹久滯淹。直道抒閎議,唯諾非所甘。朝廷擢諫臣,風骨標巉巉。外遷衆所羡,惟君心獨恬。卿班遂洊陟,時望推公廉。進既無援繫,退亦奚顧瞻。蓮池爽塏地,講席迎車幨。官退道益尊,經訓資窮探。人生貴有用,晏佚情詎耽。桑梓雖未歸,門下羅楩柟。近聞養氣功,淡食屏酸鹹。潄逆日以減,粹然神内含。嗟予病未能,塵網如膠黏。無才補衮職,無術拯窮閻。永念君親恩,報答無豪纖。與君别一載,久不親麈談。鄙吝恐日生,静觀時自參。何期奉翰札,如對史與監。平生直諒友,離索何以堪。連鎮捷書來,逋寇悉擒殲。高唐如破竹,官軍當即戡。海邦翦芽蘖,大憝行就芟。吴楚道路通,南北銷鋒銛。皇仁被萬物,膏澤蘇黎黔。年豐政不苛,民氣胥和諴。餘生仰化日,負曝依茅檐。講堂君暫居,竹徑吾舊諳。嘉慶甲戌歲,先君主講蓮池書院。何時再論文,尊酒從君拈。

讀 畫

有客示我畫,北苑與河陽。河陽秋山貌行旅,北苑溪山到北堂。更有輞川風景美,長卷臨橅趙千里。詩中有畫畫中詩,如聽吟聲繞窗几。細看古絹折裂紋,董畫差似亦非真。頗嫌郭趙特妍媚,粉本雖舊摹則新。憶直西清校圖畫,僧繇放悲存唐派。宋畫曾披馬遠李伯時劉,松年。想像曹衣並吴帶。白髮蕭條香案仙,而今讀畫落人間。雲臺煙閣皆春夢,何況雲煙過眼前。

鵲 巢

中庭東南隅,門左有嘉樹。雙鵲來營巢,銜枝無朝暮。豈無舊巢在,苦被群烏妒。鬥力既不勝,同流亦所惡。逝將避汝去,去去復回顧。遷喬不在遠,相望數十步。徘徊如有情,選擇亦有故。君家地幽僻,門少車馬駐。列炬夜不驚,彈丸晨不怖。樹頭多好枝,清蔭行堪護。何處無風雨,且願依君住。爾鵲何辛勤,綢繆向誰訴。梁柱覓新棲,金鍼感舊句。慙媿老浮家,鄉關渺歸路。幼時賦《鵲巢》詩云:"自有金鍼作梁柱,不愁陰雨不愁風。"曾蒙先君獎勵。

《香山詩集》題後

再讀香山集,回頭二十年。道光十五年里居,曾讀斯集。於今真致仕,在昔暫歸田。不是當閒境,誰能别樂天。置身牛李外,琴鶴獨脩然。

微雨遣懷正月二十七日

茶竈屋北角,竹籬緣西廊。階東立板壁,屋南卧花墻。花墻三尺餘,矮樹翳叢篁。板壁不及檐,聊以界前堂。前堂面三楹,左右聯耳房。南軒正相對,小窗如野航。中有一病翁,出入人扶將。時聞讀書聲,病久聲不揚。延客偶軸簾,客去茶餘香。春花漸吐萼,微雨滋群芳。豈惟應發生,亦可蘇羸尫。側聞官軍東,早晚收高唐。乾坤何浩蕩,即此抵還鄉。

文德承伯仁《萬壑松風圖》

五峰妙筆敵王蒙,萬壑松濤湧半空。鱗甲動摇能作雨,笙鐘鏜鞳不闗風。扶筇似我尋幽徑,看奕何時伴老翁。静對忽疑昭化院,雲深只在此山中。畫境絶類吾鄉方山。

徐俟齋枋山水二幀

珊瑚鉤在人難得,藜藿槃空且聽之。潑墨生綃大痴筆,無端傾倒爲醫師。贈吴中名醫張默全并序。

上沙一室隔塵寰,獨倚喬林面遠山。門外何人屏騶從,過橋空聽水潺潺。湯文正公撫吴時,兩屏騶從來訪,不得一面。

相　伴

自從賃得城南宅,每歲花如對客開。一自退歸林下住,今年春爲主人來。山桃破曉添新蕾,砌竹禁寒賸舊栽。不是春花憐病叟,可能相伴日徘徊。

夜聽質卿讀唐詩

不能飲酒不能歌,夜坐挑鐙奈老何。讀盡唐詩三百首,大都哀怨變風多。

去冬以朝馬贈杜繼園少司空翰,今春復以行帳假之,慨然述懷二首

不分曉漏與嚴更,趨直衰年代步行。曾傍禁垣陪玉勒,每從春苑扈霓旌。據鞍可遂平生志,鬻駱能忘舊日情。好去莫須頻顧戀,相門忠孝有家聲。

行帳相依三十年,薊門直到柳條邊。看他補綴揞持處,歷盡風霜雨雪天。投贈媿無新錦段,卷舒仍是舊青氈。君家武庫何須此,應惜香鑪一縷烟。南齋隨扈旗鐙,向以香鑪爲識。

山桃初開,贈比鄰曹右之孝廉祺袁孝之棨曾監之憲曾昆季

君家桃紅我家白,春色分明界兩宅。紅如灼灼少年人,白似蕭蕭衰病客。三

冬無雪春多風,鬢雪成堆不肯融。從君乞取生花筆,借與斜陽一段紅。

紀夢二首

瑶池開瓊筵,玉女調鳳管。雲霞爲衣裳,不寒亦不煖。旁有東方生,云是歲星精。徘徊不敢著,著亦不能名。

上清森祕笈,鐍置九層臺。欲乞黄金鑰,雙龍未許開。再拜達誠思,仙官捧書至。跪讀口如箝,人間無此字。

二月十日夜雨

入春再雨不成寸,雨力每爲顛風困。今朝雲密風漸衰,向夕霏微如散絲。夜深不眠傍檐立,飄灑已覺衣袖溼。須臾檐滴鏗有聲,夢摇鐙影虚窗明。斂容孤坐萬籟寂,深巷擊檏聞四更。詰朝雨息雲猶凟,覘土淺深聊鏟試。雖然不及二寸餘,點點無風潛入地。生意緜緜中若存,匹如病久徐飲醇。霑脣濡口且消渴,破塊濯枝徒損神。

𦤎䜴亭後集卷二

古今體詩五十四首乙卯

聞沈舜卿侍御巍皆主講晉陽書院,奉寄二首

遠客初聞筆研安,春風坐處講堂寬。侍御歸六安十餘年不出,頃與弟峨皆避難適晉,就其季弟巢生官舍,遂應講席之聘。豈知故里新山長,曾是先朝舊諫官。金石文章餘感慨,關河道路備艱難。説經竟遂撞鐘願,已覺階前士氣歡。"舜卿説經聲如鐘",余題《芸館讀書圖》舊句也。

鴻雁無心爲稻粱,干戈未息暫他鄉。定因汾水思淮水,且向元方問季方。芸館舊遊惟病叟,龍門高望有靈光。不知白髮金臺客,何日從君更舉觴。

《貞松慈竹圖》爲王子懷侍郎茂蔭題并序

子懷奉其大母方太夫人《節孝録》并圖屬題,圖爲錢唐戴侍郎熙所作。吾鄉張石州穆曾賦詩紀事,未及書而卒。越數歲,其嗣子孝瞻發篋得之,持還懷翁,不勝喜慰,因爲記其顛末。咸豐五年四月。

侍郎忠直秉天性,與我同官夙所敬。嘉謨讜論日敷陳,退食蕭然塵滿甑。軍興五載籌饟艱,君以一心百慮併。蒼松翠竹堅多節,中有所得非外競。讀君手録展君畫,乃知陰德有餘慶。重闈慈訓出貞孝,百尺孫枝聳清勁。良由根本久盤鬱,不共群芳鬥妍靚。此圖傳自大戴筆,義取筠心作詮證。張仲亦稱孝友士,惜哉賦詩題未竟。緘藏幾載復歸璧,光采重新如發鏡。得毋神靈爲呵護,豈獨流傳付歌詠。嗟余弱質等蒲柳,瞻仰高風迫衰病。願君葆此歲寒姿,如竹之苞如松盛。

黄小松題畫竹乾隆癸丑清和月,錢唐劉溶寫竹,黄易録東坡《次子由緑筠堂》詩於濟寧。《秋影行齋》蓋閻墨園先生巡漕時作也。

劉侯寫竹兼寫影,黄君題字斜而整。不知坡老緑筠堂,可似濟州官舍静。巡漕使者衣繡衣,江河無事案牘稀。賓朋列坐足行樂,書畫滿船仍載歸。我生昭陽赤奮若,老病餘年見此作。海内空傳金石文,尊前莫問蓬萊閣。秋影一

盦天尚寒,春風幾日客憑闌。留將潦倒蕭疏筆,伴我南窗三兩竿。

園丁折花送城中感作

小園半載勞經營,仲夏卜居冬還城。來時繁英已辭樹,去日落葉寒蟲鳴。無端一别費三載,孤負園花春似海。過客空將冷眼看,破門賸有長鬚在。今年花較去年多,似引青袍送玉珂。劇憐病叟支離甚,其奈芳林爛漫何。寒食清明才幾日,惱人風雨真難必。小窗晴日忽眼明,蜂蝶追飛繞檐疾。獨有荆花紅壓枝,不勝拗折已成絲。江南春色傷心處,又是鶯飛草長時。

送三兄歸里兄今年政七十。

人生難得古稀年,視聽雖衰志力堅。銘帶尚思恭則壽,鋤經還喜老而傳。春風遠道來相問,他日連牀定有緣。此别不須頻悵望,君恩今已許歸田。

和三兄《留别》二首,兼示六姪世敦

同懷餘二老,聚首且三旬。似有還鄉日,仍爲送别人。我慚衰且病,君説貴能貧。清白家風在,蕭然對角巾。

烱烱槐窗月,分明對影三。老懷傾酒後,哀思落江南。每念鶺鴒慟,方知藜藿甘。且將連夜語,歸與阿戎談。

業師平定張先生諱觀藜,字芸閣。**止一子拱極,優貢生,孝友讀書,能傳家學。前年賊擾平陽,晉東告警,奉母避難,憂瘁而卒,無子,伊可傷也。感念師門,詩以吊之**

經師難遇況人師,感舊徒存梁木悲。曾見文翁能化俗,師曾爲四川彰明縣令。何期伯道竟無兒。諼堂空植忘憂草,荆樹還摧連理枝。壽夭窮通更休問,從今便欲廢蓍龜。

晉東羽檄日紛馳,生死相依念母慈。清白傳家元自足,倉黄避難欲何之。遺書莫問康成宅,宿草誰刊有道碑。白髮門生餘涕淚,搔頭吟望苦低垂。

寄輓任雲溪孝廉楧雨

我年十五初入泮,君年差長甫弱冠。我方從師芸閣夫子。游晉陽,君與吾師同里閈。與我同遊復同處,以兄事君交非漫。君家績學本庭訓,經濟文章一以貫。

五經紛綸得祕傳，群書卓犖歸柔翰。看君壯志淩九霄，宜與諸儒侍東觀。五十年來老箸書，一第蹉跎鬢髮換。湛思奧句文品峻，彝鼎自古非俗玩。若令庸聽驚妙響，何至枯桐付焦爨。嗟余登科辱高位，媿乏嘉謀備襄贊。而今衰病抱幽憂，舊雨凋零獨悲惋。聞君龍蛇夢先兆，頗訝鯉魚書久斷。練帬葛帔彼何人，落月屋梁同一歎。孝標辯命有危論，未見西華已扼腕。因君揮涕望師門，書帶離披泠帷幔。謂環五明經。

禽言二章

布穀布穀，朝不得食，莫不得宿。朝朝莫莫催春耕，耕者願雨刈願晴。今年晴雨不可知，朝呼莫喚徒爾爲。春風多，春雨少，也知守拙不如巧，年年催耕令人老。

提壺提壺，朝醉一壺，夕醒百觚。一壺之價值千金，百觚不如一壺斟。斟多酌少亦何有，酒不醉人人醉酒。一簞醪，一河水，投醪水中水亦美，金罍玉斗焉用彼。

題吾宗季聞之鍱畫梅扇頭

鐵幹抱寒骨，無心偶作花。作花已多事，況肯媚朝霞。春深苦乾熱，冰雪忽槎牙。非關揮扇力，爲爾獨咨嗟。

王少鶴錫振《海王村館詩稿》題後

仲宣霸岸篇，正長朔風句。蕭蕭邊馬心，歷歷荒城戍。古來從軍詩，大抵由感遇。時危念鄉井，客久惜親故。君以悲秋士，平生困行路。嬋媛女嬃磋，惻愴灘江渡。藤峽方用兵，樞垣佐宣募。將軍何數奇，師律乃多誤。韓雍王守仁不可作，桂嶺軍虛駐。豈無繞朝策，空有執鞭慕。大樹日飄零，煙烽莽迴互。痛哭陳陶澤，傷心杜陵賦。歸來脱征衣，緇塵未化素。中禁馳羽檄，外府急泉布。徒手無斧柯，警心有霜露。坎壈纏牢愁，艱難述初度。蕭條舊雨來，散漫蒼苔步。聊爲文字飲，豈暇蟲魚注。眼中吾老矣，高歌迫遲暮。君詩根至性，特立絶依附。以兹深湛思，堪勝盤錯務。莫戀越中吟，終回薊北顧。

聞大軍攻克馮官屯，生擒逆首李開芳，河北肅清，感喜交集，紀事述懷

前年中州賊，乃自臨淮來。黄河竟飛越，商邱門大開。汴梁扼其衝，折而奔

覃懷。借問追者誰，白馬金鞴靫。克齋都統勝保。桓桓老將軍，一戰凶鋒摧。將軍托明阿。都護正年少，勇氣猶未隤。維時懷城中，守令皆俊才。懷慶府余炳燾、河内縣裘寶鏞。外鋭内復堅，賊情懼且猜。巖巖沁水軍，壁上觀徘徊。遥指晉山河，驅彼狼與豺。飢鷹飽更颺，我軍乃銜枚。横穿汾潞出，突向邢洺回。勁旅委風鶴，連城遂烟霾。竟窺析木津，欲問黄金臺。皇心獨運籌，命將興雲雷。意在聚而殲，毋使流爲災。静海逮交河，獨流鎮屬静海，連鎮屬交河。再竄如死灰。三竄及高唐，馮官屯近高唐。卒擒厥渠魁。藩王有節制，甘苦士卒偕。黽池終奮翼，懋賞誰與儕。科爾沁郡王以前後功晉爵親王。回思臨清城，南寇踵禍胎。急風埽飛撵，都護亦壯哉。先是援賊自徐州渡河，連陷山東州縣，直踞臨清。克齋都統以單師破之，追至黄河，殲戮殆盡，恩旨獎賚。聖明鑒功罪，天道栽者培。江漢波湯湯，濟川資巨材。疇能奠南紀，我姑酌金罍。軍興已五載，糗糧化枯骸。仰惟宵旰憂，念此鴻鴈哀。排雲叫九閶，豁達青冥開。天弧正南指，風雨平三階。

河北肅清，臣以前直軍機蒙恩並予優敘恭紀

軍興五載聖心勞，河北初聞免驛騷。恩禮優隆勵臣節，詔書寬大惜民膏。獨慙衰病餘生在，猶許榮施一例叨。九拜焚香惟涕淚，側身南望正滔滔。

張海門編修金鏞**以王文恪公臨《禊帖》卷見示，感歎紀之**

秦中溯相業，二王爲舉首。蒲城繼韓城，紫閣映先後。文端似沂國，遭逢信非偶。正色立樞廷，晚節彌堅守。文恪登政府，回疆初獲醜。勳名亦爛然，鄉望傳耆耉。文端以書名，剛健出渾厚。文恪嘗稱之，謂以心應手。而公自爲書，乃獨闢户牖。瘦硬力通神，亦非慕歐柳。有如君子交，心折非貌取。直道期共濟，婞婞復何有。今觀所臨摹，八法思授受。意在鈎畫外，落筆不敢苟。更讀太史文，感喟到師友。史傳不能載，孤憤盈萬口。直哉史魚節，純臣心可剖。海門記公遺事書於卷後。後學仰前哲，嘉謀告元后。夾袋人豈知，焚香盟已久。及公遺表上，天語示左右。始知退藏密，不爲名譽誘。文節已嬰難，吴甄甫先生。餘生剩病叟。知己恨未酬，國恩竟虚負。念茲手蹟在，使我腸迴九。河嶽終有靈，文章且不朽。

喜雨四月二十一日

驟雨洗斜日，孤光淨纖塵。照我庭前槐，金翠何鮮新。軸簾納涼影，鳥語聲相親。檐雀紛出入,銜蟲不避人。物性各有適,病軀亦精神。側聞大高殿,躬禱將及晨。一念動冥漠,雲雷暗經綸。豈惟澤畿輔,蕩滌周八垠。翛然北窗下,已與羲皇鄰。

鶴汀光禄錫齡饋枇杷子賦謝

嘉果方臨帖,筠籃忽到門。來疑從海舶,夢已落江村。秔稻雲帆遠,旌旗水國昏。不知申浦宅,晚翠幾株存。時海運漕艘已達天津,"晚翠齋"余前在江陰使院題額也。

午日早起書懷

近得閒中味,端居若有思。水花看自坼,香篆坐頻移。病較春來減,涼乘日上遲。流光一檢點,四十二年詩。頃檢詩草,自壬申至甲寅歲都爲一集。

詠莪司空以《松風閣詩》近刻見示賦答

北窗危坐吟松風,晚涼拔我炎熚中。長吟未已三歎息,猛虎自飽哀飢鴻。崑岡玉碎鳳皇泣,誰家嫠婦飛秋蓬。知公籌筆關軍戎,退食倚燭心忡忡。虞廷賡歌亦咨儆,詩以言志非徒工。卷中每及衰病叟,憂患相知意彌厚。昨聞河北已肅清,江漢風煙重回首。何當一雨洗甲兵,更復催詩開笑口。

春草吟并序

感舊作也。嘉慶乙丑之歲,余年十三,侍先君子讀書比部之北所,偶命賦《春草》詩,慈顔有懌。越月,前事得白,遂蒙寬政。迄今追憶,感慨繫之矣。因以"春草"名廬,并記以詩。

春草復春草,感時亦自好。春來春去五十年,昨日少年今已老。長安久居大不易,富貴何須置身早。春風吹愁亂如雲,白髮苦吟何日了。夢裏無端誦舊詩,詩中猶有淚痕垂。明知不是江郎錦,拉雜摧燒亦可悲。

附録舊作

春草生何地,託根古墻隅。感時亦自青,焉敢怨凋枯。皇天仁萬物,日月照不殊。百穀方播種,念此寸莖孤。

送沙鑑塘縣令之官廣東并序

桑植沙君翊清,初名文清,余視學湖南選拔士也。戊子科順天舉人,選郴州學正。兹以長沙守城軍功,議敘知縣,選江西長寧縣引見,特調廣東廣寧縣,航海之官,賦詩送之。

衡湘昔奉使,杞梓羅衆賢。拔萃士惟百,於今三十年。先後擢科第,中外聲名聯。惟楚誠多才,濟時心益堅。沙侯五溪秀,一第何回邅。冷官且論文,雄筆能籌邊。比年粤西賊,江漢滋蔓延。長沙屹居中,凶氛莽四躔。自非群策力,何繇獨保全。君以守城功,銅章已就銓。聖恩特簡調,俾宰南海壖。海邦方用兵,撫字賴賢員。梅嶺道已阻,端谿不可沿。羽書附賈舶,鯨鱷蟠深淵。毛義檄徒喜,王陽車徑旋。而君決獨往,柔道非所牽。迢迢五羊城,海與瀧瀆連。破浪乘長風,直可達南天。壯哉丈夫志,盤錯信不愆。憶昔貢成均,園榻爲君懸。楊生通昶,字雅林。共消夏,雨檻吟池蓮。遂瞻天漢章,恭寫白雲篇。青冥屢蹭蹬,慷慨從戎旃。黔西果勇侯,禮致開賓筵。每談古將略,謂異迂儒孱。飆輪軼虎門,一戰摧其先。君時佐帥幕,籌策其有焉。侯以老病去,歸路裳同褰。力辭陸賈金,甘守廣文氈。松陽有講席,郴嶺無硯田。豈知釣鼇客,偶逐飛舄仙。嶺南節制尊,號令猶肅然。綏江雖小邑,芻牧職所專。孰云荀令鳳,不及楊公鱣。舊雨渺天末,京華依斗躔。送君難爲别,老淚隨風煙。回思離騷國,藹藹蘭與荃。桂林勞辛皆中丞、胡恕堂方伯。望豫章,陳竹伯中丞。接壤猶比肩。諸君皆時傑,桑梓今喧傳。行矣樹嘉績,萬里銷戈鋋。

夏至雨後二首

融風火之始,氣若焚柴烈。葦棚徑欲拔,槐枝横遭折。迅雷挾驟雨,千里驅炎熱。晞髮坐前楹,心目忽澂澈。晨禽鼓溼翅,翩飛力猶劣。兒童弄水泡,背笠騎竹節。雨霽風亦微,物情各怡悦。歸耕病未能,且用慰衰拙。

瓦盆蓄纖鱗,水荇飄細蕤。駃雨一夜來,影溢盆之眉。翠蓋鋪連錢,黄華如立錐。嗟爾蘋藻質,欣欣亦自私。朝拔挺孤秀,夕謝莖倒垂。屈申若遞代,榮瘁能知時。籬花豈不艷,引蔓乘高危。雖資澍雨力,亦復愁風吹。

朱澤民德潤《淵明故實圖》爲孔修尚書題

睢陽山水儕王叔明黄,子久。書與松雪相頡頏。我昨初見歎神妙,厓深樹古谿橋長。題曰至正甲辰作,人書俱老風骨蒼。余所藏澤民山水,蓋晚年筆。此圖更摹龍眠筆,人物瀟灑真柴桑。細看跋尾紀年月,想見運腕尤精强。梅鼎跋云癸未春仲,則此圖乃五十以前作。標題故實綴細字,字字鶵躍鋒中藏。若非小印認朱氏,幾以真本爲子昂。畦徑雖同意趣别,詎假古目矜縹緗。先生閉門三十載,一官歸老蓴鱸鄉。肯向鷗波丐餘潤,只宜菊徑存孤芳。當時江州兩刺史,王宏、檀道濟。先後倒屣來相望。我醉欲眠君且去,酒錢不問他人償。高風千載接几席,妙墨雙絶珍琳瑯。花甎侍史惜手澤,陸紹跋。銅鼎仙人誇眼光。雲東逸史、懶仙兩跋。君從何處得此本,古紙深透芝泥香。借觀三日互參校,久卧頓起蘇羸尫。但聞颯颯北窗下,雨餘檐滴風生涼。

《金山唱和詩》卷題後河間苗先路夔、平定張石州瀛暹後改名穆、武陵胡光伯焯、溆浦李戟門宗棨、乾州張希園家寶、余與幼章六弟,凡七人,今存者苗君及余兩人而已。

自從江上使槎還,夢裏分明錦翠斑。衰病不堪回首望,煙波愁絶是金山。
卷中主客幾人存,猶記高歌對酒尊。何處青山聞夜雨,雁聲驚斷陣雲屯。

和三兄《寄懷》,即送五姪世佶還里

壯年曾許賦都京,奉使嘗爲萬里行。豈謂迂疏迫衰病,敢云進退本分明。老來兄弟難爲别,後起兒孫望有成。傳語阿咸將我意,好憑詩酒送餘生。

和三兄《村居夏日即事》

久旱如焚一雨秋,城居湫隘里居幽。無爭那用看棋局,不餌何須理釣鉤。耳目屏除惟取靜,詩書吟咏便銷愁。干戈滿眼身衰疾,難得人生到白頭。

寄大姪世弇晉陽,和三兄韵

六十功名一敝裘,讀書而外更何求。卻憐客授仍無地,猶爲兒牽作遠遊。對影應知明月共,還家偶似片雲留。殘年叔姪偏多感,回首青鐙老屋秋。

天臺藤杖歌三兄以六弟舊寄藤杖分貽一枝,感歎成篇。

天臺藤杖四尺長,吾弟昔得之武昌。靈根萬年出華頂,《天臺山志》:萬年藤出華頂,可爲杖。雙莖遠寄來漁莊。漁莊老人閉目坐,得此健步遊於鄉。朅來千里走京國,憐我久病須扶將。貽以赤玉堅多節,呼爲直兄名適當。《清異録》:廬山比丘海光名竹杖曰"直兄"。嗚呼吾弟在何方,金陵烽火連維揚,幾年斷我鴻鴈行。魂兮歸來渺無路,安得擲杖爲橋梁。婆娑兩翁傷塊獨,手把靈藤抵筭卜。細看杖頭刻鏤文，白鹿煙雲接神蝠。杖刻鹿蝠狀。吾鄉有白鹿山、方山，古名神蝠。李明柏碩那可見，見朱竹垞《萬年藤杖歌》。拄頰仙山想飛瀑。

驟雨五月二十八日

天低雲四垂，屋淺坐頻移。密洗階除淨，高翻燕雀危。明知不終日，且幸得閒時。久病諳晴雨，新涼較可支。

生日感懷二首六月四日

往者懸弧日，常依待漏天。在家仍早起，多病遂經年。歲月崢嶸裏，雲山縹緲邊。向來論老壯，曾羡馬文淵。

不意艱難際，聊爲澹蕩人。病憐交舊盡，閒覺簡編親。老僕移花熟，新詩削草頻。豈無鄉國在，側望轉霑巾。

牽牛花

宛宛牽牛花，花開及夏末。朝榮午先瘁，似畏日光奪。昔余直園廬，籬蔓礙眉額。拈毫曉多暇，亂翠眼如潑。自從治軍書，漏箭催燭跋。不見此花開，一十三裘葛。老病卧城隅，荒徑重披豁。呼僮豫灌溉，繞砌紛芽枿。連朝秋色來，生氣不可遏。自非嬾眠客，孰與慰飢渴。鈴口若相笑，交情何契闊。舊雨滿青苔，無人爲采掇。

大姪寄詩述近狀，愴然次答二首

前年辛苦賊中歸，屯留訓導選升黄州縣丞，因病還里，甫出城，賊已竄至縣境。骨肉凋傷故舊稀。姪長女極聰慧，及笄而夭。千里遠來因我病，去冬來京省視。一官罷後更誰依。憂時共翦中宵燭，告別難謀卒歲衣。不用雍門琴再撫，孟嘗流涕早增欷。

病葉空看萬木春，相期歲晚保精神。無方求藥能醫老，有子傳家不患貧。江漢未銷兵甲氣，薜蘿應惜宦游身。楚弓塞馬經多少，得失從來各有因。

蔣霞舫給事達以其尊人念亭先生蜀闈遺翰並姚石甫所記事蹟見示，感歎奉題姚石甫瑩《康輶行草》載嘉慶年間西藏糧務、知縣蔣公諱作梅冤獄事甚詳。

今我忽不樂，展書忘夕飧。一册數千字，中有忠烈魂。蔣侯存手澤，慘澹青藍痕。蜀闈昔分校，文章勤討論。家藏五十載，斷紙珍瑶琨。給諫示我讀，流涕聲復吞。更觀姚君記，老淚不可捫。上言前藏事，奇冤陷覆盆。中言制府公，飛章叫帝閽。但蒙日月照，骸骨終銜恩。下言遺愛民，纍石高崑崙。蕃漢爭廟祀，歲時肅駿奔。此事萬口傳，公道昭乾坤。姚君擩大筆，信有神明存。神明無不在，遺翰粹且温。早邀朱衣鑒，豈識獄吏尊。雪山萬里白，金沙流不渾。君今抱沈慟，世已高其門。讀書念先訓，守道貽後昆。諒哉夏侯言，陰德及子孫。

月下聞笛

萬里長風宿雨收，碧空如水夜如秋。無端又灑天涯淚，不是傷心爲白頭。
蕭條久戍太行兵，聞道年來有踐更。愁殺江城樓上客，梅花三落總無情。

孔繡山舍人憲彝署所居曰“韓齋”，索書昌黎文詩，因爲書《平淮西碑》文《秋懷》詩以應之

中翰聲名久，文章軼等儕。研經傳孔宅，學道守韓齋。北海尊常滿，西山雨正佳。鳳池揮草暇，時復寫秋懷。

閒　庭

閒庭暑氣清，曉雨放新晴。窗竹抽添節，盆花落有聲。老懷宜獨步，秋意入三庚。始信幽居好，因之悟養生。

舜卿侍御自晉陽書院寄詩相問，次韵奉答二首

書到憐君歸思切，詩成觸我客懷多。據鞍顧盼非無意，攬鏡躊躇奈老何。
三世芝蘭同臭味，令弟質齋壬午會試，忝與房薦，出宰長子，舍姪世弇適爲校官，今姪孫友觀又侍講席。一編金石足平生。君博考金石，於王氏《萃編》外得千二百種。入晉半載，又得五十餘種，箸《續金石編》。著書爲報潛郎老，老去猶堪秉燭行。

次韵再寄舜卿

縹緲家山壽水陽，夢中雲隔路羊腸。不知燕趙離懷遠，可抵江淮別恨長。對酒似聞彈劍鋏，登仙猶記詠霓裳。分明一樣并州月，孰是他鄉是故鄉。

生壙詩答三兄

邠卿老著書，曾自爲壽藏。圖畫古賢人，賓主儼相向。如何憂患餘，名心仍

未忘。纔從複壁出,又墮有生障。嗟余獨何人,久已齊得喪。年來衰病侵,骨肉暗悽愴。交舊半爲鬼,烽烟莽飄蕩。孰爲馬革裹,孰付江魚葬。餘生叨國恩,始願不敢望。倦鳥孤雲外,青天倚疊嶂。纍纍復何爲,令我心惆悵。老兄遺尺書,其言悲且壯。吾願與爾鄰,生死兩依傍。穴處亦相近,歸來幸無恙。生當醉其中,杯酒傾家釀。歿則卧其下,對牀抵酬唱。趙叟未爲愚,阮公毋乃放。且作松風吟,遐心寄幽曠。

栽花二首

劚土編籬爲底忙,栽花也爲惜年光。花開付與鄰人看,紅白幾枝高出墻。

日及花兼月月紅,看從初夏到秋風。思量舊句還堪笑,開落都忘一念中。余爲翰林日,試差應制賦"落花水面皆文章"詩,有"淺深心不競,開落意都忘"之句,錢金粟前輩頗賞之。

立秋日晚坐

風雨夜來急,先秋氣已涼。遠禽赴瞑色,孤樹得斜陽。卻病閒方覺,披書老易忘。階螢還自照,似爲惜流光。

詠陳蕃懸榻事

名高性峻少通方,賓客何由接末光。千古清風惟一榻,樂安懸後又南昌。仲舉懸榻事兩載《後漢書》,一爲周璆,一則徐穉,蓋蕃先爲樂安太守,後爲豫章太守也。見陳蕃、徐穉二傳。

弄　孫

弱孫四男女,竟日笑喧譁。仰案問書字,孫男彭年。扶牀拾荳花。大孫女思飴、二孫女增年。新雛知就乳,三孫女端年。小語學呼耶。聊用慰遲莫,春暉滿一家。

䜌𩚰亭後集卷三

古今體詩六十九首乙卯

秋感八首，用杜陵《秋興》韵

白髮并州舊翰林，城南槐巷卧幽森。報恩自恨無長策，垂老空思惜寸陰。一卷消磨秋夜夢，百年寥落歲寒心。似聞鐃鼓軍中樂，仍雜江天月下碪。
大火西流北斗斜，苦催霜鬢送年華。摶風敢望垂天翼，破浪曾浮貫月槎。江海壯遊餘畫壁，關山清淚落邊笳。自傷遲莫看書眼，猶對蕭疏繞徑花。
卿雲糾縵託餘暉，敢道樞星近紫微。鴛鴦早陪仙杖列，倦禽猶戀上林飛。軍書絡繹何時定，農政紛紜與願違。羸病此身難自理，尚思天下國家肥。
對局曾看謝墅棋，爛柯歸去亦堪悲。如何草長鶯飛處，即是風聲鶴唳時。海上樓船頻報捷，江東羽檄且交馳。白門丹旐歸何日，手把茱萸不忍思。
潯陽九派漢陽山，翻覆鯨呿鼃擲間。虚見顧榮摇羽扇，久聞王濬下江關。詩書望重曾謀帥，宵旰憂深未解顔。果使黽池能奮翼，雲臺耿賈即同班。
聞道蘭陽岸北頭，金隄又復決初秋。居民屢讀盤庚誥，樂府空歌瓠子愁。千里驚濤哀澤雁，九河故道問沙鷗。禦災捍患資籌策，更向徐州望豫州。
朝廷鐘鼎已銘功，軍令分明激厲中。應念糗糧出膏血，要看雕鶚趁霜風。芙蓉天外空山碧，楓葉江邊夕照紅。投筆書生年正少，不知矍鑠是何翁。
玉泉西望水迆迆，清濁難淆千頃陂。斷雁秋來仍作字，孤桐老去本無枝。堂開緑野休相羡，榻下青苔坐不移。獨有蟲吟解酬答，短鐙愁照筆花垂。

和漁莊兄，贈郭蓮峰明經巍

童時追步泮宫間，五十年來鬢早斑。堪羡萊衣娱老境，未妨綺里戀深山。傳經令子賢能繼，墊角高風世莫攀。何日登堂重話舊，黄粱應笑客癡頑。

寄懷家逌聲三兄朝駿次前韵

少小肩隨伯仲間，鴈行鴻爪迹斑斑。采芹歲月思游泮，畫餅功名悔出山。緑野何心謀卜築，丹梯或許共躋攀。他時更約林宗語，老學還期爲訂頑。丁卯歲同入縣學,今存者蓮峰及余兄弟三人而已。

和三兄寄姪世齡

青氈坐久不知寒,能守家風是冷官。可惜一灣文谷水,未容重奉北堂槃。門墻藹藹傳都講,華鄂蕭蕭念急難。看取衰翁歸不得,名心宦味也應闌。

送贊臣姪還里

負笈頻年事遠遊,槐花門巷又經秋。微名累汝青氈冷,老别禁予雪鬢愁。有弟不須歌杕杜,生兒仍望致驊騮。卻思紙閣蘆簾下,歲晚誰爲葛屨謀。

宰木成陰待勒碑,抽豪爲寫我心悲。伯倫酒德已爭頌,有道銘文無媿辭。近爲定中兄撰墓碑文。千里鴻飛歸夢促,一官鷄肋報恩遲。小山且莫吟招隱,月滿天高有桂枝。

曉　霧

積雨愁難解,秋陰曉更濃。遠將迷五里,高欲蔽千峰。散漫澤中鴈,蒼茫江上烽。幾回揩病目,不爲看花慵。

七月望夜對月憶園居

不見銀河案户斜,不聞玉笛起鄰家。夜涼人静月如洗,簾卷天高雲未遮。舊宅蓬蒿香滿徑,前湖鐙燭燦成花。此時側想園西路,灑埽重新市語譁。

十六夜月

非闕亦非盈,今宵氣更清。鵲巢風暗度,蛛網露微明。静得懷冰意,謝賦:"周除冰静。"涼兼擣練聲。倚闌仍不寐,珍重爲秋晴。

擬《齷齪》詩用韓韵

齷齪悲秋士,所悲在薄寒。西風滿天地,不聞征戍歎。半菽慘不飽,壁上忍坐觀。哀哉江漢民,翻覆隨波瀾。嗷鴻將安集,雅琴誰爲彈。但有退舍勞,無復挾纊懽。大河復東決,舊道淤且乾。金隄駐使車,羽檄如奔湍。流離南北間,易啓姦宄端。焉得百龔黄,布列郡縣官。豺狼塞城邑,飢鳳辭琅玕。感彼舂陵行,知音良獨難。

詠古

吾慕李將軍,年少偁善射。猨臂縛鵰手,虎氣神變化。談笑刁斗間,部曲獨閑暇。何無封侯相,竟以對簿罷。吾觀馮公孫,名與賈君亞。黽池能奮翼,大樹恒退舍。被羽必先登,擁兵意轉下。是皆漢名將,前後足方駕。廣也名尤著,其材更騰跨。儻非殺降羌,醉尉笑而赦。不必惜數奇,萬户何足詫。馮賈若矜功,豈曰無嫌罅。亦恐雲臺上,畫圖息聲價。

散步得句寄三兄

散步南軒下,苔痕著屐深。晚花明老眼,涼雨警秋心。忽憶柴桑里,時讀陶詩。如聞蟋蟀吟。故鄉元自在,濁酒共誰斟。

陽城縣《龍泉禪院記》拓本題後,寄吾宗季聞刺史

龍泉院碑建自周,世宗顯德三年。陽城故屬今澤州。懃公導源法乳衆,徐綸前,守澤州司法參軍撰記。王獻可,鄉貢進士,後序并書。兩記書亦遒。當時慶陵初嗣祚,詔毁梵刹驅僧流。是院偶存緣幸會,至今碑搨如新修。吾宗季子遺張仲,此本季聞之鏃贈張石州者。月齋石州齋額。逝矣經五秋。披册感懷匪片石,念兹時事傷朋儔。側聞濩澤已安戢,官軍罷遣民勞休。作詩徑報海陽牧,季聞頃牧灤州。故山氈蠟仍堪求。

三兄寄答《藤杖歌》,次韻報之

心爲身之君,百體惟心使。如琴和七絃,其妙不在指。深山窮谷中,跫然心獨喜。所喜非足音,亦如客歸里。君方厭耳目,返聽而收視。策杖鄉國間,不隱亦不仕。尚篤手足愛,恐其無所倚。危行昨豈非,獨往今豈是。爲問兩藤杖,胡與兩翁比。鹿鳴呼其群,鴈行視其齒。君以心爲杖,秉燭行未已。我以杖爲心,邱隅庶可止。聯跗本同根,豈能久居此。誰謂我無家,長鋏歸來矣。

弇姪寄詩述懷,次答二首,兼示蘭孫

蕭瑟悲時事,蒼茫念後生。傳家一經在,樹木十年成。甑墮誰能顧,囊空寇不驚。所期風雪裏,金石出歌聲。

如我豈非達,衹今惟一身。但憂老廢學,敢賀貴能貧。願子加餐飯,知時有屈伸。吾家千里足,或許籥清塵。

聞　雷

今秋氣候煗,九月猶雷聲。清霜已屆節,草木淒以榮。籬角晚豆花,紫白高數莖。盆菊正及時,燦燦舒繁英。寒蟬久不嘶,蟋蟀偶一鳴。颸颸何處起,日暮層陰生。方春雉震雊,出地奮乃驚。未發機先覺,將收氣未平。斯理堪互證,有孚惟心亨。在天爲鼓鉦,在人爲律令。折衝以拒難,京房《易傳》:"雷,天摅難折衝之臣也。"象協王師征。吴楚氛尚惡,封豕連長鯨。願憑一震威,蕩滌還春耕。

爲翁二銘太宰題贈公潛虚先生《石室傳經圖》

與君昔同直,每懷將母思。側聞機杼訓,更溯趨庭時。余以讀禮歸,别君逾再期。及出使江左,君已直廬辭。轀輿侍家園,陳情慰含飴。遺我尺素書,感歎同襟期。輏車涖朐陽,采風職所司。文翁講學處,石室留堂基。贈公嘉慶初年任海州學正。青青衿佩徒,經訓勤敷菑。二許喬林、桂林兄弟皆從受業。尤卓犖,研精吐鴻詞。祭酒固無雙,侍中乃經師。至今書帶草,餘芳被不其。海邦古遺愛,振撫周惸嫠。大儒佐賢牧,時唐陶山先生仲冕爲刺史。吏胥無敢欺。劬躬幾寒暑,萬户飽以嬉。民不苦負戴,河渠已久治。士不嗟跋涉,試院實創兹。以上贈公政蹟詳載《海州名宦祠記》。後學景前哲,摳謁桐鄉祠。但恨我生晚,無繇陪履綦。披圖瞻遺像,石榻如布棋。紛綸錦繡谷,中有蘭與芝。百城坐自擁,一卷誰手持。維時冢宰公,方詠循陔詩。即今長百寮,論道日孜孜。家聲世濟美,文武才兼資。令嗣詹事同書襄辦揚州軍務,主政同龢、同爵分職兵刑兩部。陰德及子孫,有穀視所詒。回憶澄懷友,奇文欣析疑。戴憑許厠席,匡鼎能解頤。歲月去飄忽,風塵衣化緇。城南卧經年,廢學老自嗤。江海尚波濤,南國多旌旗。講堂渺何在,鬱洲雲樹滋。君學本經術,前席方疇咨。濟時念手澤,無爲感鬢絲。

頒朔日敬紀

服政虚過四十春,承恩幸作退休身。日官敬授遵時憲,水部榮分逮小臣。予世長備員工部,例領時憲書。老去怕看兼病久,朝來閒坐覺寒新。恰逢吉月陽回早,應聽江城凱奏頻。

周竹溪七兄年臻八秩，以《述聞彙鈔》四卷寄示，即題其後且以爲壽

竹翁遺我書，云是手所編。首述趨庭訓，旁徵古儒先。其學惟主敬，澹泊無外緣。讀詩悟瑟僩，戒飲思賓筵。勤連陶侃甓，慎選劉寵錢。平心觀物理，不爲名譽牽。説史有三長，腹笥何便便。上下數千載，節義昭凛然。翁言箸書意，意不在雕鐫。謂予交最久，素心宜共宣。蕭蕭舊雨稀，落落晨星懸。回思鳳池上，仙侶辭彭籛。彭荷村。淀園杯酒後，不見京兆田。田季高。誰云兩黄鵠，接翼淩江天。道光戊戌歲，余視學江左，君爲江防同知，奉檄勘田海州，屢接晤言。征鴻逐倦鳥，汾水撫逝川。己酉冬奉使甘肅時，君已告歸平陽，途次往還再見。離懷展良覿，陳迹存曩篇。故鄉兵燹餘，留此姑射仙。冰雪出古貌，松柏非時妍。而我汩風塵，衰病日糾纏。鯨鯢恨未戮，犬馬力已孱。永念幬載恩，時復肝腸煎。披函觸感媿，握管心回旋。翁誠述所聞，家學繼談遷。微言寓治道，不徒老而傳。謳思滿江國，循績周海壖。此鑑足千秋，心力窮益堅。賦詩抵稱觴，祝翁媲鄉賢。潞國固多壽，絳叟休疑年。

十月六日雨

雷已收聲霜已降，初冬又見雨霏微。應難破塊成泥淖，便欲漫天作雪飛。静不生塵香篆裊，寒偏催客火鑪圍。思親亦有還鄉夢，是日先太夫人生辰。滿眼雲山未易歸。

雨舲中丞崇恩寄監臨闈中諸詩，即次《中秋感懷》韻答之

槐陰夾門鳥語譁，睡起忽覺晨扉撾。客遺尺素自東郡，紫雲照眼飛筆花。上言掄材值秋賦，驛路蟬聲迎使車。仙官合居詩王國，閫帥誰識談兵家。中言烏斯昔持節，渺若雲漢天無涯。歸來邊月墮清夢，晝戟蕭蕭聞馬檛。下言連年苦徵調，歡聲一旦鳴鼓笳。蕩滌陰霾出皓魄，翦除榛莽攀天葩。鏁院沈深夜光静，岑樓豁達秋氣加。感時不覺到茅屋，得句豈知籠碧紗。風雨中宵若有思，河流一決誰能遮。六郡曹、兖、東昌、濟南、泰安、武定六府四十餘州縣俱被河患。遺黎尚漂梗，萬家沈竈惟産蛙。月色愁心互飛越，登高極目山川遐。兩篇譴謰手自寫，想見肝肺森槎牙。燕臺病叟卧經歲，才力已竭心猶奢。自從仲秋得

筆札，使我帀月思紛拏。寒竽已澀學久廢，懶散亦如官退衙。側聞時論溯禹績，九河故道淪風沙。長茭美玉力難繼，瓠子不塞言徒誇。安得兵銷民氣復，江湖舟楫通鹽茶。瀾安漕順宵旰慰，廣厦大庇無歎嗟。因君寄詩媿瓊報，海上明月流餘霞。

朔　風

太行極天雪，吾鄉得雪二三尺餘。萬里朔風來。歲晏起邊思，蕭條亦壯哉。寒吹河水立，山東水菑，發帑賑恤。疾埽陣雲開。盧州、德安屢有捷報。中夜不成寐，如聞鴻雁哀。

葱冬草，今之金銀藤也。竹，冬生草也。天寒風厲，木葉盡脱，籬梢窗隙賴此點綴，檢書偶觸，詩以記之

嚴寒氣閉塞，衆卉日以槁。庭槐賸乾葉，疾風過如埽。短籬枯蔓纏，翦棄任欹倒。不謂荒翳中，留此葱冬草。南窗數叢竹，冬生亦自好。病叟坐擁鑪，讀書嬾搜討。偶繹洨長説，一字已足寶。惟忍乃有濟，生機常在抱。雖云草木微，秉性關大造。城東有喬松，蒼翠不知老。城西有古柏，鸞鳳森羽葆。得天固獨厚，栽培亦有道。宋寞城南隅，幽棲隔蓬島。回看桃李華，春風豈不早。方慙陶令菊，敢覓安期棗。

《顧祠聽雨圖》爲王子梅鴻題并序

亭林先生康熙初年曾寓京師慈仁寺。道光二十三年何子貞編修紹基勼資建祠於寺西偏，次年落成，同人致祭，自是歲以爲常。張石州穆重輯年譜，刊行於世。

名冠儒林傳，書尊學海堂。儀徵阮文達公在史館日，創纂《儒林傳》，首載亭林。總制兩粤，刊《國朝諸儒經解》於學海堂，亦以顧書爲首。大賢關世運，餘事付文章。兩馬游應倦，雙松徑未荒。至今過古寺，如謁鄭公鄉。

往者城南會，群儒步後塵。聞風神契久，聽雨客來頻。每讀編年録，遥思墊角巾。雲臺留故事，侍坐有傳人。亭林因朱子曾寄禄華州雲臺觀，倡建祠堂。先生歿，遂奉以陪享。今顧祠附石州主，亦此意也。

冬至日與喬硯鄰守典趙心園復正甥張奉世孝瞻族姪孫質卿友直及兒子世長觀齋雅集，以九日温一經爲消寒之飲，紀之以詩

今年冬不寒，硯滴尚未凍。連日朔風厲，林鳥晴猶哢。幽棲鮮車轍，客至無

迎送。晝短喜夜長,讀書破餘夢。況有二三子,時共柔翰弄。梅圖初點蕚,菊醴新開甕。消寒例可創,吾意託吟諷。尋温繹古義,"温故而知新",注讀若"尋温"之温。服虔云:"尋之言重也,温也,寒歇也。"微陽協律中。温經似温酒,心醉腹不空。九日温一經,積少以成衆。爲善日加益,良玉出磨礱。江湖方有事,烽燧雜烟霧。吾儕坐擁爐,插架書連棟。故紙守殘蠹,新枝慙老鳳。即此惜分陰,差勝杯酒閧。

偶於世長案頭見余館課舊作小楷一卷題後

翰林元是神仙侶,碧落三山記姓名。長日如年無箇事,卻將閒詠答昇平。

羽書金鼓喧馳後,藥裹繩牀老病餘。食盡人間無用字,可憐辛苦作蟫魚。

《嫛碪課誦圖》爲王定甫錫振農部題

海王村館從軍句,龍壁山房述舊文。萬里風煙鄉樹外,斷碪孤雁不堪聞。

鄰里猶傳賈侍中,六經讀了尚兒童。嬋媛太息還宜笑,看到然鬢煮粥翁。

讀《尚書》

尚書終二誓,不爲魯與秦。軍律首無譁,氣鋭心則馴。戎器無不善,鍛礪皆精純。逋逃及寇攘,常刑令必申。然非糧芻足,指臂奚從身。古之善將者,甘苦與士均。使功且使過,謀帥惟得人。三帥既喪師,殽塞無隻輪。諞言實誤國,豈若黄髮詢。有容德乃大,賢哉一介臣。榮懷與杌隉,利害關斯民。所以兩篇書,垂戒言諄諄。聖人有微義,後世宜書紳。

葉雲素先生《種藥圖》遺照爲潤臣舍人名澧題,即寄呈東卿世丈、崑臣節相二首

摳衣昔謁南園宅,煮茗新嘗子午泉。公居虎坊橋,竹垞集所謂南園者也。宅有子午泉。藥籠再傳收小草,寯甲戌會試座主寶獻山先生出公門下。茅茹初拔溯丁年。公與先大夫乾隆丁酉選拔同年。一家陰德關培植,三世清芬許接聯。曾是涪翁門下客,彩豪親見出黄筌。黄在軒水部補作此圖。

蘭臺載筆侔官禮,公直軍機嘗總纂《會典》前後二十年,成書千一百卷,遠出《唐六典》、歷朝《會要》之上。竹館藏書付子孫。平安館收藏書籍金石甚富。周漢古泉經博攷,炎農本草更重論。公子東卿丈博學好古,嘗編校《古泉彙攷》一書,又撰《月令物候》及《神農本草經贊》。酬庸

蒲壁門閭大,養志梅羹鼎鼐尊。公孫崑臣節相前以海疆功晉男爵,東翁就養粵東節署。總爲靈光流澤遠,駢柯叢玉蔚同根。谺林館集得孫詩有"駢柯玉叢"之句。

《三世授經圖》爲孔秀珊舍人憲彝題

紗幔傳經六十年,一堂三世澤長延。褒城舊學家聲在,文舉高名母教先。燕喜門庭多壽考,春暉圖畫擬神仙。知君壁有金絲奏,不羨人間百兩篇。

雲山别墅吾鄉京官淀園公退之所,金陵尚書何恪慎公舊居也,余嘗爲書"寄舫"題詩於後。乙卯之秋,公子青耜農部兆瀛重過感懷,題詩見贈,次答四首

猶記柴扉傍液池,退朝觴詠集於斯。十年畫舫留題處,一榻僧寮對影時。時余寓雙橋寺。傳舍不知誰是客,角巾無意再尋詩。請看車轍門前路,苔鮮斑斑在井眉。

棲霞江上放船回,舊雨花間埽徑來。北向雲山心共寄,四圍金帶手先栽。牡丹、芍藥皆尚書手植。披襟每倚藤蘿月,起草仍留蠟炬灰。付與空堂吟蟋蟀,便教鄉夢到臺駘。

壺中日月洞中天,紫府官曹許接聯。爽塏已辭齊相宅,尚書再來京師,特蒙賜第。衰庸休問絳人年。故園一别難回首,何日三軍得晏眠。各有蕭條羈客感,白門煙樹總悽然。

久聞何遜工詩律,曾共山翁把酒尊。寶劍未逢吴季子,叢臺空憶趙王孫。連珠古錦紗籠句,破壁寒鐙屋漏痕。獨媿桑榆羸病叟,閒居猶荷九重恩。

歲　莫

宣南老屋歸來後,一十三回月上弦。夢裏不知身是客,閒中翻得日如年。舊存衫袖餘詩本,新賣園廬致酒錢。歲莫懷人轉蕭瑟,江雲關雪兩茫然。

夜雪誌喜

孤坐知夜長,鐙花照無睡。青熒紙窗外,瑟瑟聞埽地。起問忽驚笑,雪已三寸漬。捲窗月宛在,周除淨且膩。對霤若倒垂,密不辨鱗次。寒林出枝柯,獨立亦自媚。鵲巢挂其上,風靜危不墜。回看鑪火暗,細撥牕微熾。胸中如有詩,沈吟了無字。移鐙就短几,筆硯恰安置。瓦缾餘宿酒,冷吸未能醉。

烏烏聲漸喧，詩成不盡意。翻惜披衣遲，清景難追記。

不　寐

紙窗不肯白，櫜聲如此長。披帷鐙已灺，觸壁手先僵。昔昔愁多夢，寥寥歎未央。家人暗相怪，老病若爲忙。

讀竹垞題畫詩寄懷錢唐戴鹿牀侍郎二首

湖塘花鴨任參差，不著紅衣作釣師。誰料風流百年後，姓名早被竹翁知。竹垞詩用戴嵩、徐熙故事，與君姓名恰合。

一别雙橋久未還，萬松深處有柴關。君嘗爲余作《雙橋精舍》《憶松》兩圖。孔賓歸去如相憶，更寫天涯數點山。

讀《毛詩》

四座且莫喧，聽我土風操。唐魏十九篇，遺風自唐堯。姚姒所舊都，俗儉民不恌。葛屨傷褊急，蟋蟀思憂勞。自從吴季子，聞樂歡且褒。中間數千年，磊落多英豪。地以邊塞重，兵氣苦未銷。我朝中外一，安堵無驛騷。代朔在户庭，何況近沃饒。前年狐兔竄，偶見貔虎驕。猶堪藝黍稷，幸未摧椒聊。軍儲雖云迫，室家免漂摇。蒼茫江漢間，滲淡嶺海交。人烟斷城市，鋒鏑餘逋逃。彼汾一腐儒，憂病心鬱陶。讀詩念鄉國，伐檀媿朋僚。誰謂我無家，十畝忍逍遥。勸君一杯酒，君醉我且謡。無爲歌采苓，群賢方盈朝。無爲歌碩鼠，即此是樂郊。

鹿　尾

數典每餘崔劼恨，魏崔劼以鹿尾不見書籍爲恨，見《酉陽雜俎》。分甘曾入楚材詩。耶律楚材詩："鹿尾分甘賜上方"。卻從甌舫青鐙下，回憶官羊法酒時。朱竹垞有《鹿尾》詩。

三兄寄示與劉雪巖霈秦紫瀛東來閻夢巖汝弼倡和詩，次贈夢巖韻奉答四首，兼呈三君子

老鳳棲何處，年來埽舊巢。室家徒壁立，書籍尚氈包。去年臘月自城内移居城南。坐有閒禽集，門無過客敲。開緘得佳句，千里慰神交。

珠雙仍出蚌，鳩七尚爲巢。此老如彭澤，淵明有《命子》詩。生兒定薛包。頻年瘴

玉弄,他日鈞針敲。賀客休相避,兄詩自注云:"七旬生子,避人僻賀。"觥籌且錯交。羨君文字飲,憶我隱居巢。無肉從王劭,能書得衛包。連篇頻唱和,一字互推敲。除卻羊求侶,元卿孰與交。

紫氣凝函谷,紫瀛。雙巖出燕巢。雪巖、夢巖。地偏心共遠,詩好義兼包。龍劍終當合,霜鐘且自敲。春風如有約,埽徑待蘭交。明春公車北上。

前詩意有未盡,再次二首

極目江楓岸,驚心越鳥巢。空聞馬革裹,不見虎皮包。師老難供億,民窮忍扑敲。何時征戍罷,平秩及南交。

黃流奔竹箭,黔首失橧巢。久已田廬没,何由草木包。地鑪添絮擁,窗雪任風敲。衰病多慙恨,回腸日幾交。

眉石老姪寄我《六無》詩,賦此解嘲

眉叟遺我六無詩,愁比馮驩仍倍之。無車徒步尚可出,無米何以爲晨炊。無裘猶有緼袍在,無廬風雨良可悲。悲莫悲兮病無藥,但得良友如良醫。如何交絶並無朋,朝暮出入形影隨。惟有吟詩自酬答,詩成獨立聊示兒。更緘尺幅寄千里,阿叔雖病神不癡。平生口不問生計,垂老無家歸無期。江湖浪高鴻雁斷,慘澹南國多旌旗。雪窗鐙火照殘臘,往往掩卷如有思。眉叟今年六十五,吾夢與子爲兒嬉。鄰雞驚起見手札,問叟鬱鬱將何爲。有詩送老老不衰,有子誦詩心亦怡。六無毋乃自嘲怪,報以二有當解頤。人事有無那可料,浮雲白日相奔馳。且留青氈裹書帙,往就山館拈吟髭,明春吾姪將就館上黨。得詩還寄髯翁知。

吳仲昀中丞同年寄示《花宜館詩稿》奉題

一官來往黔蜀滇,七年得詩三百篇。丙午至壬子歲作。秦關回抱已通晉,君時移節陕右。越鳥倦飛猶戀燕。天寒道遠得詩卷,細字斜行品題徧。縱橫老筆出波濤,盤錯深心入研練。天涯明月西溪花,萬里宦游何處家。摩挲玉硯蟾蜍淚,悄悵銀河牛斗槎。當時邊徼猶無事,楚粤軍書已紛至。春明再别無好懷,華髮相看各顑頷。邇來詩興何闌珊,三載眠琴不忍彈。得毋心比杜陵苦,有病呻吟良獨難。用來書意。感君遠寄一囊藥,尺素殷勤記前約。同年衰老得相憐,滿目瘡痍向誰託。古驛荒涼逼歲除,集中有《除夕宿壽陽驛》詩。客懷鄉夢轉愁余。雪窗賴有寒鐙伴，吴札詩歌陸賈書。頃得陸小雅同年保陽書并寄長句。

十二月十八日恩賜御書“福”“壽”二方恭紀

龍牋雙捧自天來，拜賜年年媿不材。御筆書春先十日，二十八日立春。卿雲扶影下三臺。退歸已似桃符換，灑埽仍教竹徑開。卻顧衰羸恩未稱，願將福壽普埏垓。

題何子貞紹基《游峨眉瓦屋》詩，即次其題仲昀詩韵奉寄二首

身是峨眉瓦屋仙，仙心早結未游前。那知搔首驚人句，得自褰衣去郡年。石室講堂餘舊政，儒林循吏待誰編。無端又作咸陽客，玉井蓮華信有緣。

新詩傳誦滿都京，披卷終宵夢不成。初訝登臨太憭慄，細看進退本分明。巖書未許樵蹤祕，石髓應知仙骨清。翠埽寒堆親眼見，兹游真合冠平生。“瓦屋寒堆春後雪，峨眉翠埽雨餘天”，東坡句。

僕人李元，錢唐戴侍郎舊綱紀也，服役八年，勤謹不懈。比年閒居無事，念其舊勞，薦往浙江學使幕下。低徊感戀，不忍辭去，作詩示之，并寄侍郎

駱馬悲鳴紫陌塵，樂天爲爾亦酸辛。西湖湖上騎牛客，猶是春明舊主人。

鄉人送酒

燕臺殘臘對孤檠，涂水新篘致一罌。縱比秔香差味薄，猶欣黍地有人耕。雲中雪菌盤先飣，河曲冰鮮釜共烹。欲請比鄰互斟酌，竈觚團坐話深更。祀竈前一日。

疊《送酒》韵，答海州喬研鄰和詩意

江船夜泊照長檠，曾汲中泠水兩罌。一自浮雲能蔽日，便教戰士不歸耕。石頭虎踞頻聞捷，釜底魚游且待烹。終是鬱洲堪避地，戍樓今已罷嚴更。

研鄰心園饋歲，再疊前韵謝之

凍蘂齊開四照檠，醇醪直溢五升罌。春來此夕拚同醉，老去何人問耦耕。縹杏香清宜北酪，花豬味釅抵南烹。看君各門詩牋富，令我渾忘歲籥更。

除夕三疊前韻

此身已負讀書檠，此腹真成注酒罌。詩草多年無可祭，硯田晚歲那堪耕。衰顏暫共唐花發，病味偏宜苦茗烹。客裏不須頻問夜，天寒有鶴早知更。

䜱䜣亭後集卷四

古今體詩五十九首丙辰

元日示世長

去年元日晴,今年元日雪。自我居城南,再過立春節。朝廷憫衰病,恩禮及朽拙。宮胙已疊頒,前年十月假中、去年正月、二月、十月,均蒙賞餻。故事:宮中祭祀,大臣等賜食肉於坤寧宮。其請假致仕諸臣賞餻,乃特恩也。宸翰更雙揭。兩蒙御筆"福""壽"之賜。退休無寸補,感媿心内熱。汝以任子恩,亦厠水部列。春闈仍計偕,郎禄早忝竊。浮榮不可希,學業不可輟。讀書在明理,非徒資口説。文章關性情,致用乃爲切。況今時事艱,寇賊尚未滅。汝壯其勉旃,吾老力已竭。杜陵示宗武,柏酒歎飄瞥。極目大江東,浩歌猶激烈。

自題致仕六十二歲小像

十洲三島記前身,老去仍游浩蕩春。惜取吟詩閒歲月,觀翁已是再來人。

人日穀日大雪,用昌黎《辛卯年雪》詩韵

庭柯僵無風,烏鵲夜不歸。遲明出門看,沈陰天四圍。平地已一尺,九衢雲亂飛。維時孟春初,花絮迎青旂。闤闠門綵勝,襏襫沾農衣。或云日丙丁,火乃水之妃。陰陽亦有戰,其勢如發機。或云蔡州捷,此兆豈其非。高殿方升薌,初九日,上詣大高殿拈香。皇心敕時幾。應念麥畦寒,養兹春氣微。

春初蔣霞舫府丞達龍翰臣學士啓瑞錢萍矼大理寶青王少鶴農部錫振雪中過訪,盤桓竟日,用少陵《人日》兩篇韵奉謝

春檠初薦日,春雪再飛時。共作他鄉會,無嫌退食遲。忘形隨主客,醉語雜歡悲。衰鬢煩相就,羞看翦綵絲。

攜酒恰於花市近,題詩聊作草堂看。"草堂小秀野,花市下斜街",何子貞爲余書楹句也。新春冉冉雁將至,舊雨蕭蕭天尚寒。戰鼓似聞江上捷,儒冠還喜坐中彈。不辭最後屠蘇飲,塵世相逢笑口難。

彭詠莪協揆以《紀恩》詩見示,次韻奉賀二首

漢殿通經井大春,金甌協卜豈無因。定知帷幄論思久,更羡風雲際會新。師弟同朝三獨坐,公與葉崑臣相國乙未同年,俱出孔修相國門下,同日拜命。拜颺浹日兩恩綸。宣麻後,即奉經筵講官之命。似聞黄閣宣麻處,已有彈冠相慶人。

簪豪香案幾經春,出入聯鑣亦夙因。一卧城南霜鬢短,回看天上日華新。詩成珠玉分堂帖,頃承分惠春帖絹箋。雪壓蓬茅憶釣綸。極目江湖心萬里,同舟還望濟川人。

曩讀昌黎《壽陽驛》《鎮州將歸》二詩,疑《唐語林》《邵氏聞見録》之説不足據,作詩正之。兹得盧刻箋注本引明蔣處士之翹説先獲我心,更成一律

荒傖已誤子方祠,田"子方",誤作"蚟蚄"。野説還誣杜拾遺。可笑蚍蜉空撼樹,何曾楊柳解箋詩。韓碑謗議今安在,唐石傳聞孰見之。賴有蔣生堪共語,求羊異代得心知。縣志載州牧陶易和韓詩云:"馳驅王事敢懷安,措大惟知半臂寒。笑煞語林工附會,春風擺亂絮成團。"又志於金君詩後按語亦以説部家言不可爲典要。

霞舫以近作見示,即用其和翰臣舊韵二首答之,並簡翰臣、萍矼、少鶴三君子

大雪春窗話翦鐙,年來此會幾人曾。天邊旅雁仍排陣,冰下寒魚未挂罾。深巷重過迷舊轍,遥山一帶見高棱。草堂應記題詩處,鄰舍花開即馬塍。

檐角朝晴日影篩,小山朗朗透書帷。雲開已有龍銜燭,風定先聞鵲噪枝。夢覺春回如啓蟄,病隨寒減不關醫。知君埽徑延三益,載酒還容借一鴟。

春寒

春寒如老人,日出慵不起。南窗照亭午,凛冽猶未已。元日至穀日,積雪聳階戺。無心得小山,高與竹籬峙。狂飆忽亂吹,檐瓦露齒齒。堂花色慘澹,與舊不相似。爾本馬塍種,争妍早入市。何如二三月,灼灼伴桃李。連日天放晴,烏鵲聲驟喜。春氣已發生,煖回寒自止。亦如秋晚熱,履霜漸及趾。春寒不必愁,秋熱不足恃。即此例老境,老境可知矣。

藍公教織歌

冷壽陽,春晚無花秋早霜。山農卒歲苦寒逼,但知力畊不知織。自從藍公宰

吾縣,男製紡車女紡線。大布著身衣裝棉,春風一吹三百年。藍公下車初,念民勞且愚。魏風曰縫裳,唐風曰曳婁。蠶桑雖不事,木棉亦所須。摻摻彼女手,胡爲不織與。民曰無織具,公爲置工作。臧祚切。民曰無織師,公爲置女傅。置傅數百家,置工數十處。十日一張機,五日一匹布。以棉作布布易棉,工精布細勞以錢。貧家棉少錢不足,官囷更指麥與粟。藍公來自膚施,明之季萬歷時,秦中鉅族擁高貲。棉萬斤,布萬匹,金多不知幾千鎰。前車載滿後車溢,毁家爲民謀家室。一年織事成,兩年獄訟清。三年機杼不空鳴,篝鐙萬户聞書聲。廉叔度,來何暮,昔民無襦今五絝。朱仲卿,葬桐鄉,子孫不如民奉嘗。前人遺愛後人表,藍公去後知者少。若非吾鄉張君手自記,一紙收藏始順治。我公苦心何所寄,邑乘寥寥數行字。馬首老農老更慵,作歌猶能歌我公。公傳宜補循吏中,公祠宜傍泮水宫。大書深刻碑穹隆,要使城鄉市鎮九十有二所,人人歌舞公之功。君不見,韓公亭,月團團,岦説邊城特地寒。藍公衣被在四境,行人莫愁壽陽冷。

附《教織記》

藍公諱尚質,陝西膚施縣人。由選貢,萬歷十九年知壽陽縣事。公本膚施望族。甫涖任,睹壽邑地土磽薄,人民貧困,冬無棉衣,夏無布葛。憐此邑不諳紡織也,乃出私財數十餘萬,廣募陝西四方習於耕織之男婦數百户。每村設立一家,給以廪餼。公之親戚住村者,男以官稱之,婦以官眷稱之,男童則延師訓讀,女童亦有婢女侍候。鄉鄰偶有爭論者,每爲勸諭,息事和解,不費民間絲毫之力。公之親眷俱待以官衙之盛設,公之衙署乃與民間勤儉之户相同。公克己恕人,感化親朋,助公施教。公之在任也,男教鄉民造作紡織之器,女教鄉民之婦紡織。公之親眷皆令以花换布,邑人謂棉爲花。每布一斤换花二斤。五日一布,賞錢二百。欲紡織而貧困不能得花者,公另賙之。不三年,翕然皆紡織之户矣。士庶人等感公之德,獄訟一空,治行爲當時之最,至今民賴其利。家有杼機而不知公之遺教也,蓋公德澤及於人者甚深且遠,固不以世數計矣。邑人素不知外出貿易,公教以肇牽服賈。至今雁南生理,公實始之。思公之德,不但宜立祠堂,歲時致祭,即合邑人家均宜設主供奉,以報遺愛也。順治六年正月初十日,生員張所賦謹記。

上元日口號絶句四首

昨日春風埽雪堆,春花吹向夢中開。無端跳出青甆枕,又入槐安國裏來。所居多古槐。

豈貪花市住斜街,豈愛書巢闢小齋。書卷紛綸看不了,花枝撩亂惱人懷。

郊扉寂寂抵山村，鄉國迢迢付酒尊。聞道旗亭鐃鼓吹，解歌元夕奪崑崙。

七九人逢七九時，一年添得一年詩。若將九九論年歲，老去吟詩也未遲。

磐石三章，爲汪嘯龕給(練)〔諫〕元方題照

盤盤之石，上有修柯。春旉其華，秋葉婆娑。其節孔多，其實孔嘉。豈無灌木，念兹匪它。

盤盤之石，嘉樹扶疏。其下維何，有圖有書。孰讀其書，孰息其廬。豈無良朋，慨獨在余。

東有喬松，西有古柏。其室伊邇，眷兹嘉客。匪德曷鄰，匪道曷宅。靄靄停雲，在彼磐石。

嘲落齒

吾髮初白時，時自閩海回。髮白齒亦摇，壯齒且漸摧。下齗雖無恙，其上餘六枚。户牖聊復遮，墻壁左右隤。左壁殊可笑，剥落垂半坯。初覺勢齟齬，久乃忘頰腮。輔車既已盡，嗟爾奚爲哉。硬肉與大餅，衆口聲鳴雷。爾獨何所依，寒虀咀寸荄。終食不得飽，旁觀歎且咍。欲藉衆齒力，爾無剛決才。黄髮有兒齒，爾背徒成駘。齒亡舌尚存，爾豈能嬰孩。惟有案上書，佐以甕頭醅。朝讀數百字，夕酌三兩杯。齳然送白髮，與爾歸去來。

長椿寺閒步二首

藤不藏蛇槐舞蛟，金英尚記坼霜苞。自從九日登臨後，門掩春寒始再敲。竹垞有《重九後一日雨中集長椿寺》詩。

夏蟲似可語寒冰，故散天花到雪塍。如月長老以非時瓜菜見餉。偶向水齋參塔影，不知過了上元鐙。明萬歷中，因水齋禪師建寺，有滲金多寶佛塔，高一丈五尺。

庭樹鵲巢將成，詩以祝之

朝睡誰唤起，屋山鵲楂楂。披衣眄庭柯，新巢營舊槎。銜枝遞來往，側翅淩風斜。衰翁顧而喜，喜爾有室家。家人前致詞，爲翁祝且誇。願翁舊疴痊，麋壽年有加。還爲翁兒祝，瓊林旉春葩。南陔盈尺地，玉立蘭生芽。阿翁目笑之，吾笑汝知邪。翁亦有所願，願天無風沙。願地有麥禾，願人無病瘥。更願盜賊滅，江湖出犁杷。乾鵲似解事，飛噪來檐牙。知翁若有祝，祝比豚蹄奢。

堂花二首

萬歲桃根海上蟠,賺他曼倩忍飢看。開花結實尋常事,偏是仙家若許難。
恐是衰顏得酒丹,蹔教秀句出清寒。春風可便能長駐,擬下重簾作畫看。

陸小雅同年臘尾寄贈長句,今春復示詩稿,即用其《逆旅述懷》詩韵奉謝二首

客懷愁對月團團,忽枉詩筒迫歲闌。舊雨賸君知己少,歸雲憐我濟時難。事如斷繭終遭縛,心已殘灰未肯寒。白髮江南餘陸愷,折梅辛苦寄長安。
五載徵兵更練團,軍儲悉索已將闌。主恩深重慙無補,時事艱危退亦難。冰鑑幸邀秋月朗,雪窗如話夜鐙寒。少陵詩史真堪惜,猶爲蒼生策治安。

寄懷新城陳子鶴孚恩司寇時以太夫人喪在籍。

尋陽陶桓公,都督歷八州。當其未遇時,清風侍帷幬。雙髲出酒肴,慷慨嘉賓留。終來兩仙客,化鶴淩滄洲。廬陵歐陽公,母教亦有由。曾聞畫荻訓,文與韓陸侔。陰德高門閭,治獄無冤囚。至今瀧岡表,讀者涕泗流。新城大司寇,當代陳太邱。緬惟鄉先哲,高步追驊騮。兩朝直樞密,前席資運籌。抗疏請歸養,北堂馨膳羞。前年粵西賊,侵掠彭蠡舟。遂竄豫章郡,烽火及城樓。君時奉母居,仰念宵旰憂。出與中丞議,繕治無弗周。狙擊狐兔輩,快如鷹脱韝。一鼓褫其魄,再鼓梟其酋。三捷氣益壯,群凶悉虔劉。郡城門四開,軍威速置郵。中丞上其績,天子嘉乃猷。翩然角巾歸,循陔色怡柔。歐母七十二,封贈尚未優。陶母就養時,江夏仍郡侯。君榮極禄養,中歲簪已抽。母壽躋大耋,家園娱宴游。昨者赴書至,自云恩未酬。寇賊況未滅,賻賵奚所求。君誠識大體,子職固已修。終當爲國用,兵戈猶未休。嗟予老且病,媿憤思愆尤。永負君親恩,僵卧城南陬。徒懷死喪威,弟骨何時收。妖氛纏江湖,焉敢望田疇。師門一回首,紗幔驚松楸。生芻不得束,何以申牢愁。當時同直侣,凋謝今寡儔。存者天一涯,霜雪欺白頭。君年且未老,朝廷待咨諏。運甓集金石,歲月方悠悠。寄詩爲君慰,懷哉陶與歐。

鐵　鑪

官齋地鑪多用銅,用鐵者惟農商工。五金之品有上下,銅似士行居其中。自從粵寇擾吴楚,銅船東來江路阻。襄陽改道紆且艱,陸運費十不償五。滇礦

衰薄出已稀，出亦無錢給礦户。是時銀貴加鑄錢，以錢代銀如流泉。京帑月需五十萬，錢稍不繼衆騰怨。内府銅器盡頒發，王公官民各呈獻。一斤以上令必輸，銅店不懸高鼻壺。從此官齋坐客處，不用銅鑪用鐵鑪。鐵質堅凝價復綫，太行山陘産鐵綫。朝廷更置鐵錢局，百鑪鼓鑄資民便。近聞鐵價亦漸高，輓運既多開採勞。農家犁鉏苦不足，何日買犢賣劍刀。此鑪止宜作錢冶，厥品不在三金下。煎茶煮藥胡爲者，吾將舍爾用陶瓦。

題王定甫《龍壁山房詩稿》二首

文章出入杜韓間，壯歲憂時未解顔。孤憤一篇詩史在，北征終合勝南山。
仙人縹緲好樓居，君園直居拱辰樓。拄頰看山且讀書。不用詩成愁獨立，退朝尊酒即鄉閭。朱伯韓、蔣申甫、霞舫、龍翰臣，皆君鄉人也。

蔣申甫京兆琦淳見和雪集詩並示演耕之作，次韵奉答二首，兼簡霞舫府丞

舊夢巴山夜雨鐙，鹽官佳句紀游曾。於今鳳翽方巢閣，猶念魚勞未脱罾。風轉青旂花簇簇，雪銷千畝玉棱棱。春來已有豐年象，新柳含稊麥吐塍。
衰病經年伴藥篩，枕書寂寂下重帷。詩筒忽枉雲中簡，客徑猶縈雪後枝。判牘人方推大筆，折肱我已媿良醫。江湖共盼紅旗捷，埽盡煙塵卷畫鴟。

消寒九集喜吾鄉孝廉任挹春熙弼白夢蓮長庚王新甫煥公車來都，即席奉贈，仍疊前韵二首

回首風檐倚短鐙，少年塗抹記吾曾。昔如過雁留泥爪，今似寒魚謝釣罾。鄉夢衹憑松入畫，客衣初脱雪生棱。何期共醉南窗下，早韭春盤翦凍塍。
燕巢蛛網暗塵篩，灑埽新開董子帷。小住槐街春滿坐，斜穿竹徑翠交枝。消寒更喜群英集，卻病無煩七發醫。堪笑鑪頭煨芋叟，十年已誤讀蹲鴟。

春日坐睡

春雪半消南墻陰，春雲摇蕩愁人心。春風翦雲不成雨，春雨穿風如亂鍼。一日陰晴再三變，一身冷煗誰爲斟。倚窗坐睡送斜日，門外春泥深復深。

花朝雨雪

似雪非雪窗竹聲，似雨非雨衣棱生。拈花仙子破空笑，擲米作珠何太輕。栖

煙早鴉睡不起,策策空庭聞曳履。開門借問此何時,百花生日春深矣。春深春淺總無聊,回首江南花亂飄。雨絲雪片紛如織,楊柳愁心千萬條。

送張甥孝瞻出都甥出嗣石州先生。

吾甥來京師,自冬迄春仲。壯年困奔走,尚不廢吟諷。吾病已逾歲,江氛時入夢。況此三年間,骨肉有餘慟。二姊、六弟先後即世。汝母聞亦衰,甑石愁屢空。汝又爲飢驅,往來徒倥偬。即爲餬口計,汎愛誰及衆。賢宗念親舊,斧文大令。篤駕許隨鞚。汝父書在篋,豈逐流俗鬨。流俗嗜好多,不止瞑酒甕。喜汝知立志,如玉就磨礱。瀕行以詩別,東風已解凍。吾詩汝莫忘,千里含淚送。

張詩舲侍郎手書《雪浪石》詩《正定大銅佛歌》見贈,即次坡公韵奉和

雪浪輦自曲陽屯,恒嶽北拱銅佛尊。成德義武古軍壘,風沙往往迷朝昏。去年官軍定河北,宿麥雲連千里村。輶軒使者雪載塗,筆陣橫埽燕趙門。松醪一醉看飛雨,水墨融入詩畫魂。更因佛像悟錢法,成毁孰是慈悲根。詩中用周顯德毁像鑄錢事。銷鋒鑄鐻豈有意,古事如夢今無痕。片石亦具龍象力,兩篇奇句堪並論。宣南病叟感舊雨,春花卧窗魚上盆。巨然坡老坐相對,項貽畫一幀,臨巨然筆。鄰徑還聞松菊存。陶鳧薌前輩亦時有唱和。

詩舲復貺和章再答

走馬昔過細柳屯,回瞻太華三峰尊。贈行詩册照懷袖,六載不受風埃昏。君歸再出我僵卧,城柝漸遠西郊村。那知詩翁憐病叟,花朝雨雪頻扣門。江湖浪高篙滿眼,雁陣南北勞征魂。往歲東游共橐筆,觀海欲探扶桑根。金仙玉女工閲客,春影對搔霜鬢痕。來詩有"玉女秋邊亦霜鬢,金仙衣上無塵痕"之句。維摩示疾亦偶爾,蓴鱸鄉思奚比論。暫將好詩答休沐,惜無舊雨傾瓶盆。清明食笋有故事,怡園翰墨今猶存。道光癸未清明日,君以家藏文敏公《怡園看花詩卷》請食筍齋題句,同人俱有和作。

詩舲三和蘇韵見示,次《雪浪盆銘》韵奉謝

君於文敏爲從孫,玉虹奇氣淩川原。動摇五嶽波瀾翻,筆墨中有元精存。黄鍾大吕撞瓦盆,松苓乃纏蒲柳根。强摹石畫哦七言,古惟坡老今伯元。近來阮

氏石畫,蓋仿雪浪遺意也。

奉和詠我樞相《春雪初晴玉泉山》見懷

曾記山椒紅葉秋,聯吟駢騎奉宸游。林巒入畫春仍駐,珠玉揮豪興未收。講幄晴餘香案靜,詩筒遠寄草堂幽。卻從塵海瞻天上,桃李門高接十洲。

再次《春寒述懷》二首

詩來晴色徹林霏,烏鵲聲閒得所依。君相憂勤天可補,未煩金木驗穰饑。
文書堆案苦相仍,想見憂時擁鼻行。浩浩黄流何日復,睢陽從古是巖城。時穎、亳捻匪擾及歸德。

瓶　花

今歲春寒特地加,連朝晴日上檐牙。吹噓可借東風力,二月清明已見花。
未妨宿麥出陵陂,認取山桃點故枝。惆悵花朝三日雪,膽瓶爲爾注多時。

爲孫駕航梓題馮文介梅花畫扇,即次自題韵

冰雪爲心鐵作枝,孤標元不惜春遲。澄懷舊夢堪追記,晚節清名已早知。花落江城聞玉笛,風飄大樹起靈祠。山陰題扇尤難得,披拂餘芬好護持。文介諱培元,官湖北學政徇難。

附文介作

東風吹煖到南枝,殘臘初回日漸遲。晚節自能留歲暮,清名久已畏人知。崦西山遠花成海,湖上春寒鶴守祠。茗椀鑪香新位置,手拗苔萼插軍持。

屋角桃花盛開,得二絶句

小桃何事獨先開,殘雪栖枝夢尚猜。偏是奔蜂得消息,輭紅塵外破空來。
看花須及未全開,倚樹沈吟卻自猜。昨夜春風翦楊柳,不知捲地爲誰來。

烏啼詞

陌上青驄花滿隄,垂楊何處一枝棲。好風偏是西南緊,不怪林烏夜夜啼。

奉和陶梟香少宗伯前輩《即事》二首

世推雅頌揄揚手,天與夔龍彊健身。八秩趨朝仍策騎,六官分職獨司春。名

高洛下耆英會,畫入吳中團扇人。笑我幽栖似僧舍,長椿吟望又慈仁。

老松閱世歲寒禁,閒看桃花自作林。未便五湖謀一舸,且將百甓惜分陰。瀛洲草憶青袍色,幽澗泉聞緑綺音。欲向華陽問丹訣,媿無瓊玖報南金。

春莫慈仁寺觀古松佛像歌

方春萬花洗眼新,吾獨泊兮其無鄰。街西古刹鐘鼓静,舊夢一覺緇衣塵。經年卧病不出門,小屋打頭書等身。清明上巳爛漫過,老松孤鶴閒看人。跫然足音落空谷,支離乃與霜鬢親。豈無梨桃百餘樹,逢時鬥艷難比倫。翠濤不飛紅雪凍,風日亦解憐晚春。鏡臺坐觀大自在,寶冠緑帔天容真。傳聞窰變現空相,羲畫贊詠千載珍。窰變觀世音像,乾隆御題。華嚴勝境入圖畫,雷雨滿堂驚鬼神。閻陽布衣一彈指,甲子再周如轉輪。《勝果妙音圖》縱横數丈,乾隆甲子歲四月八日傅雯奉敕指畫。佛即是松松即佛,花雨散漫龍鱗皴。亦知天女本無著,孰令墜溷還登茵。請看毗盧最高閣,化作隤阜埋荆榛。老僧面壁二十載,平地欲起山嶙峋。戒師於廢閣舊址壘土爲山,種松成徑。倚松拈花若微會,法有生滅時屈伸。西峰遠色下城郭,門外流水車轔轔。

立夏後一日長椿寺牡丹初開,漫題二首

香車寶馬鬥如風,占斷天街十里紅。獨向空王禮優鉢,闃無人處兩三叢。

縱無風雨曉猶寒,尚有蘆棚護曲闌。培植一年開十日,人間富貴作花看。

平定董生勤方其父客游卒於廣西之宣化縣,兵氛遠阻,隻身往尋,歎其孝行篤至,贈之以詩

上艾諸生董念于,尋親不憚歷艱劬。直從牂牁水三折,行到崑崙天一隅。崑崙關在宣化縣東北百餘里。莽莽兵戈送君去,栖栖旅櫬有神扶。古人可作今無媿,朱壽昌兼何海虞。念于熟精朱子小學,故用二事例之。

送吾鄉孝廉鈕松齋增垚白漢西長庚趙錫三承恩王仲文煥還壽陽

右目昏昏左耳聾,燕臺留滯一衰翁。年拋種竹栽花外,心付歸雲夕照中。莫道文章難遇合,似聞兵氣漸消融。何堪送别春明路,鄉思迢遥逐遰鴻。

送三姪世齡還文水學舍

阿兄莫怪久盲聾,阿弟居然一病翁。望汝健爲松柏後,生兒超出渥洼中。寄

書我更慙王昶,魏王昶《誡子弟書》,蓋效馬文淵作。薦士時方慕孔融。何事年年暫相見,來如春燕去秋鴻。

潤臣示觀吴蓮洋墨迹,爲書卷後翁覃溪先生跋:"乾隆壬寅夏,得蓮洋此蹟。其秋,屬安邑宋芝山爲圖,予並臨此段於其後"云云。此卷宋圖、翁臨皆不存,惟卷首翁書"河聲嶽色"四字耳。

曾誦蓮洋詩,未見蓮洋書。蓮洋澹蕩人,栖隱中條墟。羼提老居士,偶以詩相於。低頭拜東野,且謂吾弗如。當其被徵聘,早厭承明廬。題扇謝鉅公,狂態故自疏。即今覩遺墨,想見胸中儲。儒生譚神仙,何礙董仲舒。杜老惜房相,交道不改初。尚愛右丞句,感慨爲欷歔。養拙信可樂,膏薰非所居。棱棱藐姑射,冰雪淩太虚。以上檃括書中意。君家富藏弆,插架萬軸餘。云此蘇齋物,攜酒來示余。河聲嶽色中,神采留佩琚。不知芝山圖,翦割付誰與。含豪溯彼美,邈然懷鄉閭。

䅎䜴亭後集卷五

古今體詩五十首丙辰

《滹東九老圖》爲沈舜卿侍御題，並寄令弟質齋大令、春湖太守

憶昔讀書芸館中，七人凋落餘兩翁。君年最長我差少，少者今已成龍鍾。而君早退老益壯，七十過五顔猶童。同乳有弟亦同志，質齋。解韁幾載相追從。胡爲挈家又遠適，太行跋涉關山重。季子官閣冷如水，春湖。先生杖履來春風。荆樹作花秋更濃，傍人但羡連枝紅。豈知漂泊干戈際，展轉流離見兄弟。故國天寒歸雁遲，長淮日落浮雲蔽。當時畫圖傳九老，麈句飛觴共懷抱。熊一本介臣。楊宜之葆卿。徐啓山晉希。許前軫琴舫。半知交，書來使我心傾倒。沘水無情送客流，灊郎真欲問灊邱。卻憐退叟春明夢，難並髯翁笠屐游。蒼松一片照顔色，金石千秋想胸臆。過眼煙雲自古今，對牀風雨無南北。拔劍何人歌莫哀，王曉林中丞跋尾，亦感歎芸館舊事。孔賓今亦歸去來。摩空賸有淩雲筆，起草猶存御史臺。君家省郎能繼美，就養宣南予所跂。況有臞樵精畫理，明沈遇世擅寫照。朅來置我巖壑間，更擬寫君團扇裏。畫院沈鳳墀振麟，頃爲予寫《寒夜讀書》小照。

久旱晚坐，汲水灑地，慨然有會

顛風妬雲雷，銜雨不得墜。陰晴寒熱間，眼見麥秋至。衰劣但閒卧，江湖正多事。尚幸年屢豐，流離活秉穗。今夏氣候殊，肺渴心病悸。園丁知我病，汲水晚灑地。可憐雙木罌，綆短汲不易。籬花蹔含笑，盆魚且噓吹。沾溉能幾何，量力隨所致。安得銀河傾，盡洗焚輪熾。浯溪一漫郎，惻怛示官吏。陽城考下下，勞心爲撫字。雖乏千里潤，涸鮒已被賜。濟物無厚薄，感彼抱甕志。

喜雨四月二十七日

乾風早晚懔如秋，坐歎行吟不自由。長日難教書引睡，枯腸那得酒銷愁。忽聞急溜鳴檐瓦，陡覺空堂檥岸舟。病臂掀簾輕欲旋，去聲。墨雲北望是龍湫。

顔魯公與郭僕射《論坐位書》搨本題後

長安舊本已非真，元氣淋灕尚入神。未必黄金賢瓦注，坡翁原是曉書人。此書長安安師文初刻。

蘭亭筆妙世間存，三稿《祭侄》《告伯》，皆乾元元年；《論坐書》，廣德二年作也。居然屋漏痕。自古書家出忠孝，尋常乖合不須論。

黄岡雷少泉孝廉春沼以《吴制軍、金太守徇節紀事》詩見示，感和二首制軍諱文鎔，字甄甫，謚文節；太守諱雲門，號菊仙，安徽人。

吴公督兩楚，當賊再擾後。移節自滇池，直指漢南柳。維時武昌城，還定猶未久。慘澹蘄黄間，已爲狐兔藪。衆論頗猶豫，勢且委而走。公獨按劍叱，決計謂可守。密與南軍約，曾滌笙侍郎督水陸軍自湖南來。謀定毋敢苟。豈知小人腹，猜度成掣掊。以戰爲公責，以守爲公咎。死志公早決，義不忍污垢。慨然誓師出，兵力未云厚。堵城初遇賊，前軍幾獲醜。舟師距上游，觀望乃虛負。坐令長城壞，大星賈如斗。貽誤者何人，中丞吁禍首。向使從公計，和衷無掣肘。北軍扼賊吭，南軍併力取。何至城再陷，玉石紛踐蹂。方公騎箕尾，讒舌仍張口。皇天鑒孤忠，彼譖今何有。平生知交寡，公爲予畏友。予弟出公門，幸不辱所受。郢中有哀歌，感涕到衰朽。側身望大江，蕭颯風生牖。

金侯楚循吏，素能治繁劇。崇陽古沙羨，亂後逋賦迫。漢東隨爲大，民困亦未釋。憲府聞其名，廉惠盟夙昔。每於艱危地，量移藉碩畫。侯亦勇任事，奔馳不煖席。予弟守武昌，一見心則懌。歎息寄予書，云是楚之璧。禦災庇嘉穀，小用殊可惜。前年來京師，詢以制賊策。首在斷火藥，嚴偵奸宄迹。其言實扼要，已足褫賊魄。哀哉志未伸，終於二千石。一門徇忠烈，千載名烜赫。匿孤有程嬰，陰德遺清白。古甃翳寒泉，疾風摧勁翮。羊質而虎皮，碌碌何足責。

朱伯韓琦觀察以《來鶴山房詩鈔》見示，即和其《論詩絶句》五首

一自唐音别盛衰，苦將格律較高卑。請看聖代鐃歌曲，遠軼周京大武詩。

頗怪微之識珷玞，連城論價孰精麤。詩家亦有千秋鑑，史筆分明若合符。

樂府篇篇歐肺肝，白詩誰道不如韓。亦知大户嫌甜酒，縮頞菖葅可是難。

猛士詩人感所遭，苦心不爲寫牢騷。一編讀盡重開看，眼澀鐙殘未覺勞。

詠古論詩氣暗投，鯨呿鼇擲力能收。高名誰合黄金鑄，嶺嶠還期第一流。

午日假寐

三年求艾願徒虚，午日剛銷一睡餘。堪笑老來無箇事，夢中曾否見金書。元遺山《紀夢》句意。

觀象戲

枯棋三百圍當中，象戲卅二利用攻。十則圍之法近古，即墨不下非技窮。偏師直入行詭道，韓拔趙幟如追風。古惟車馬後且礮，以火易石更殘暴。人發殺機天地愁，不知此祕誰爲盗。可憐天塹分江河，兵卒一去無迴戈。將軍嬰城左右走，礮兮車馬當奈何。

送陳勿齋表弟士枚還平定時令子藎章已成進士，觀政兵部。

捧日堂前燕，與君始相見。當時兩兒郎，衣著慈母線。平灘王氏吾兩家母黨也，舊有"捧日堂"額書。東華門外塵，爲君洗車輪。君看長安花，酌我洞庭春。丙戌春，君通籍與余同寓，余時湖南學使任滿初還。憐君飽憂患，我亦傷薄宦。同抱寸草心，每憶總角丱。青雲各致身，天涯猶比鄰。少壯曾幾時，時事日以新。蕭蕭燕臺客，鬚髮無可白。非君有驥子，何以復來宅。今日澗底松，昔日桃李容。兩世與君處，不知孰賓主。君老我亦休，當從禽向游。誰能戎馬際，更爲孺子牛。孺子今已長，雙竹並堪杖。竹生雖不齊，直節無高低。兒子世長以廕爲郎，今年春試不第。爲郎亦自好，高位速人老。老馬悲峻阪，筋力暗枯槁。君醉我且歌，我歌離思多。平灘灘上柳，攀折今如何。

盆　魚

盆魚影空緑，倏忽恣泳游。荇藻縈拂之，左右得所求。涼棚翳亭午，舒卷風生秋。雖殊池沼樂，且遠網罟憂。稺子强解事，敲鍼作釣鉤。引之階石間，濡沫誰見收。嗟彼微弱質，託身清淺流。蒼蠅不敢集，烏鳶睨且休。一朝失所恃，餌致難自由。世豈無江湖，安知坳堂舟。

哀歌五章并序

軍興以來，死綏之臣屢矣。尤可哀者，安危所繫，匪躬之故，其人其事，慘入心骨。老病呻吟，輒難自已，短音促節，亦不知是歌是哭也。

都統烏公諱烏蘭泰，謚壯武。

軍律嚴明謀且勇，火器營中名獨聳，都護一去誰接踵。桂林城高弧矢張，坐開北户奔天狼。

湖廣總督吴公諱文鎔，謚文節。

黄鶴樓頭雲亂飛，督師一出不復歸，鸜鵒能言無是非。騎箕上天不回首，不知誰策青羸走。公徇節後，猶有以乘羸不知所往誣奏者。幸聖明洞鑒孤忠，讒者卒以罪死。

提督塔公諱塔奇布，謚忠武。

岳鄂千里纏妖氛，南北一埽如秋蚊，賊膽已落飛將軍。誰其云者以悸死，來歙岑彭毋乃是，哀哉王孫竟已矣。

安徽巡撫贈總督江公諱忠源，謚忠烈。布政使銜寧紹台道贈巡撫羅公諱澤南，謚忠節。

書生健者楚兩忠，後有羅公前江公。江公死守羅死戰，衡岳精靈出百鍊。皇天何爲喪斯人，慟哭江楓思不見。

江蘇巡撫贈總督吉公諱吉爾杭阿，謚勇烈。

連年窮寇據三窟，獨畏江南兩節鉞，中丞胡爲中道蹶。廉頗老矣望後來，向軍門。眼中之人無此才，大江東去何時回。

擬《公無渡河》有所哀也。

勸君莫渡洞庭湖，洞庭南去非故都。軍無粟，馬無芻，君欲持此安歸乎。

題羅田陳九香瑞琳《食古研齋詩集》

香山心遠師彭澤，坡老才高慕樂天。底用論詩苦軒輊，緣情體物是真詮。小窗長日來人少，古研餘香得句多。偶見一斑想全豹，老來詩律更如何。

夏至後喜雨

今年夏雨稀，涼熱氣難準。分寸都可喜，飛章報京尹。北風灑然來，秋意入闌楯。蕭蕭碧琅玕,洗眼覓新筍。

任抱春進士熙弼籤掣廣東知縣,親老告近,暫還壽陽,賦詩贈行,即簡閻夢巖户部汝弼並同里諸君子

吾鄉第進士,國朝十五人。屈指百年間,風氣日以新。重華尃文德,禮羅群才臻。六載三奏捷,疊雙名益振。今科君與夢巖同榜。君更裒然首,文章傳薦紳。禮闈分校十八房,首卷謂之房首。李程導先路,任昉步後塵。吾邑會試,房首李奕蘭舍人後,於今再見。遂令驛亭月,獨照五百春。太安驛。自明迄今,始開科第。古來幹濟才,經術根天倫。捧檄豈不喜,遠道難爲親。合浦有明珠,爾庭有懸鶉。名成幸得告,感激朝廷仁。九衢多緇塵,五峰嵐翠皴。出城向西笑,涼雨隨車輪。農部亦同里,四坐羅衆賓。酒酣各有贈,贈言請具陳。燕薊及雍豫,皆與吾邦鄰。送君且暫歸,禄養宜及辰。無令强仕年,徒懷席上珍。江海兵未洗,徵調彌八垠。誰歟活凋瘵,所賴吏拊循。涸鮒升斗足,救火毋抱薪。縣令尚可爲,呼吸能通神。河流潤九里,獨善止一身。願君奉安輿,觀彼隴雉馴。上以報君親,下以惠吾民。

澤州陳文貞公手書《賜宴瀛臺迎薰亭》《西苑泛舟》詩卷,爲白蘭巖禮部恩佑題

南齋翰林鄉先生,國初首數陳文貞。百年繼起曰文定,興縣孫公。綸閣勳業雙崢嶸。青雲驥尾慙後輩,同里同官並直内。田君竟以京兆終,季高於道光三年入直南齋。賤子回翔亦老退。瀛臺高宴銀河流,仙侣坐飛太乙舟。天上五絃鳳皇至,人間一葉梧桐秋。我生之初歲癸丑,披卷甲子今三周。公詩作於康熙癸丑年七月。蓬萊文章燕許筆,燦爛中天照雲日。干羽(蕭)〔簫〕韶自一時,唐風千載有餘思。白頭空仰河汾學,澤州學術師法河津,見《午亭文編》林吉人序。大雅誰賡江漢詩。

偶有所會,得二絶句

汲水童兒鬧不知,低頭弄筆寫新詩。忽然人散小窗雨,黄雀踏翻桃竹枝。
緑槐夕照擁如山,宋宋寥寥日閉關。多事責駒解爭鬥,又添春夢在人間。

蘭巖禮部得尹文端、莊滋圃、袁簡齋諸公畫像題記並附慶蕉園、王夢樓、孫淵如、張船山、查丙唐諸像詩跋合册，屬爲題句

丙辰歲六月

文端昔與簡齋别，歲在乾隆乙酉秋。其冬莊公亦内召，賦詩作記懷舊游。隨園寫照入明月，千里清光三影收。維時江表正無事，鑾輅南巡典舉四。行幄長開慈壽筵，宸章數錫封疆吏。朝野歡娱萬事閒，卿雲縵縵錦斑斑。各有清才出幕府，遂教文藻艷江山。相公前後來持節，隱吏疏狂能卧雪。四十年間唱和多，驪駒門外意如何。平原繡像歸他日，公子華筵感再過。銀鈎題罷鏗金石，博望槎隨牛斗客。三世師生香火緣，一門主客雲煙迹。即今篋衍遞收藏，猶覺風流照几席。不羡黄金鑄釣徒，不悲梁月落江湖。獨憶吴門全盛日，曳裾終日會文儒。

生日示家人

行年六十四，日計乃六三。若併以閏計，六五數實覃。《詩》："實覃實訏。"毛傳：覃，長也。少小歷憂患，壯歲陪朝簪。始由文學臣，繼遂政事參。渥荷兩朝恩，衮職悚且慙。艱難事方殷，才力詎所堪。前年抱憂疾，展轉蒙宥函。匪惟免罪戾，更令弛負擔。大哉天地德，小草生機含。收帆宦海中，息影都城南。峨峨五雲闕，廣厦森楩枏。仰瞻心徘徊，駑病難施驂。蒼茫江海國，逋寇猶未戡。近聞戰壘移，虎穴何時探。肝腸向來熱，寢食能得甘。此日亦可惜，老懷誰與談。家人惜我老，肴果紛盈籃。豈不博一醉，顧兹鬢髮鬖。兄弟半死生，世味已飽諳。鬱鬱北岡松，歸心渺雲嵐。遥思擊壤歌，其樂勝彭聃。四野眠耕牛，萬家起桑蠶。下無狼驅羊，上無鸇搏鷂。我生儻見此，優游良足耽。桑蓬志有在，詩以告諸男。

少泉孝廉以余生日賦詩相貺，疊前韵奉謝

自余抱幽憂，長夏已過三。念此閒歲月，朝恩所曲覃。年未及懸車，例不得抽簪。竟許以病休，養痾謝常參。昨爲生日詩，俛仰竊自慙。君乃以詩貺，賁飾非所堪。上言生成德，萬物歸包函。戴山有靈鼇，蝨力詎克擔。中言軍饟急，仰屋思深含。箕斗能幾何，挹北而簸南。飛濤走狂鯨，顛風折巨枏。江湖事翻覆，羽檄無停驂。拔劍且復休，餘孽誰爲戡。下言支離叟，經

籍資討探。瓠落雖無容,荼苦亦自甘。唧唧秋蟲吟,寥寥雞窗談。不著謝公屐,不乘陶令籃。只宜槐陰下,麈尾揮鬖鬖。君詩意良厚,君意我獨諳。比年楚氛惡,避地無深嵐。衆人登春臺,泊兮將問眮。君看伏櫪驥,終勝歐絲蠶。焦明鴹寥廓,笑彼籬下鵪。人生不得志,詩句亦所眈。會當埽千軍,天下儞奇男。

長夏檢書二首

日長何事不能閒,又向西堂筆硯安。老眼看書看不了,欲存書目當書看。

問君書籍幾多儲,半自藏書半寄書。師友不存吾老矣,看書心事欲何如。陳石士夫子、張石州兩家書,多寄存予宅。

草 蟲

草蟲緣短籬,札札若有訴。微軀感候出,鼓翼送晨暮。長股任追逐,野禽飛不顧。誤落童兒手,纖絲忽遭錮。主人偶見憐,解縛以籠護。又慮籠逼仄,縱吸籬梢露。從此得所止,感激無恐怖。作意鳴向人,報恩惜無路。回看同縶侶,已爲乳雞哺。哀怨結中腸,懷新敢忘故。

石士外舅夫子韜光步竹遺照,兒子世長藏之數年矣。淮生太守内兄自澤州寄書都下,欲重摹本付長兒,而以此圖藏於家。感歎不已,題詩三章還之

昔者太乙舟,初聆伯牙琴。希聲按古節,微契含沖襟。云曾師成連,獨得山水心。公從桐城姚先生爲古文學。山水娛清暉,輶軒宜武林。濟濟桃李門,鏘鏘鸞鳳吟。高文照四海,勝賞餘登臨。不材辱拂拭,仰託龍門岑。操縵四十年,枯桐負知音。古寺想懸(搨)〔榻〕,青苔雨沈沈。豈無絃柱在,發篋情難任。

篋中何所有,韜光千萬竹。秋風吹碧雲,足音散空谷。五君同懷客,程梓庭制府、富海帆中丞、吴退詹、徐廉峰兩主試。斜日倚喬木。棋聲泉石間,幽磴出茅屋。先生神更遠,笑語近可掬。此樂僧豈知,知者𧈢寓目。公記中語。偶感桃源記,已悟桑下宿。鳴皋竟先舉,歸鴻各遵陸。猶聞石室書,藏此雲林麓。徘徊展遺像,惻愴雙玉軸。

遺像何溫溫,題詩聲暗吞。借問卷中詩,題者今誰存。不知雲煙過,但覺日

月奔。松柏有歲寒,女蘿復奚論。離離書帶草,昔生通德門。潦倒霜籬菊,曾共山翁尊。陰德高門閭,清風長子孫。至今讀遺書,能令薄夫敦。我欲寫此圖,瓣香貽後昆。安得江州月,分照柴桑村。用淵明《孟府君傳》意。

伏夜大雨六月十五日

日在庚子金已伏,夜聞屋檐挂飛瀑。夢回忽疑屋是船,十九年外金山麓。顛風駭浪人間事,賸有圖畫詩一幅。戊戌歲守風金山,有與六弟幕客唱和詩一卷,補圖於後。老農但知飽新穀,吾亦愛吾窗下竹。

讀少泉《游子吟》《生日感懷》二詩,歌以和之

詩以道性情,長短高下無定聲。東野一聲腸一絶,杜老聲聲訴離别。飄風驟雨不終朝,江漢日夜流滔滔。當其下筆不能止,急節繁絃繞十指。忽然斂手如裂帛,江上峰青江月白。讀君游子吟,激楚傷人心。機絲衣綫纏緜續,變作黄鵠南飛曲。黄鶴樓高鸚鵡愁,梅花玉笛三弄秋。爲君置美酒,蘐草能忘憂。不見古來陶士行,廬陵歐,截髢畫荻恩終酬。男兒桑蓬志有在,故國烽火今未休。酒酣拔劍爲君起,青眼高歌吾老矣,看取驊騮致千里。

伏日雨中置酒觀齋,袁𢡟之和予去年《山桃》詩見贈次答

黑雲翻墨珠跳白,短艇摇秋醉泛宅。酒杯深處即江鄉,坐上明明吴楚客。君才破浪乘長風,鶚薦人間有孔融。張公龍劍終當合,莫歎青袍塵土紅。

更夫歎答少泉

客心如老人,夏夜亦苦長。檐滴如漏刻,寥寥殊未央。況復聞欜聲,聲聲入中腸。孤坐本無睡,不待攬衣裳。借問此何時,階螢正亂翔。更夫前致詞,問客來何方。江漢風濤多,得毋懷故鄉。往歲夜方中,朝車亦已將。常恐更柝遲,數問心傍偟。主人今病休,我柝猶宵行。時於風雨中,問我鐙燭光。老年固善覺,客鬢且未蒼。厭厭非夜飲,胡不偃在牀。雞鳴晦不已,君子守其常。聞聲一起舞,四顧天蒼茫。感君明發篇,衰朽慙報章。

有感一首示世長,並寄里居諸姪

濟人之急如追奔,扶人之困如壅根。昔者吾友清白門,再世幾無以自存。

區區小惠何足論,尚呼將伯相愛恩。吾顔且汗腹屢捫,平生志不在飽温。卌載拙宦荒田屯,力不足贍弟與昆。猶思灑潤周鄉村,兄衰弟病神志昏。終年不得共酒尊,生子但恐爲犬豚。力行忠恕古所敦,夫豈老誖忘子孫。

戴鹿牀侍郎以詩畫見寄賦謝

緑槐高如山,積雨生庭蕪。日長誰共語,卷簾看畫圖。畫中乃有詩,未讀先歎吁。猶記雙橋柳,柳外西山孤。西山連太行,鄉樹雲盤紆。我欲攀虬龍,道遠不可徂。不意襟袖底,嵐光溢西湖。湖邊破茅屋,中有煙波徒。碧落三神山,姓名今在無。昔時投壺侣,飛電回清矑。天風一吹散,人事多歧途。扁舟篙滿眼,南望心踟躕。願爲山亭鶴,矯翼淩仙都。

鹿翁自杭州寄余溪山尺幅并和前寄二小詩,有"捲後重開生百感"之句。數千里外拳拳如是,令人遠想慨然。憶前同直澄懷園廬,退食縱談古今,時復投壺爲樂。迄今思之,情境又别。此卷合前所得《雙橋》《憶松》兩圖,遂成三絶,䅎飲亭祕寶也。裝成附詩卷後,并寄鹿翁。咸豐六年六月記。

長椿寺觀明劉太后畫像,詩以紀之并序

漁洋《居易録》云:"長椿寺見明李太后像及田妃寫真。"《日下舊聞考》云:"一爲九蓮菩薩李太后,一爲莊烈母劉太后,無田妃像。"今寺藏畫像止一軸,諦審題字,尚可辨識。上方金書"宏慈極聖智上菩薩"八字,下注"崇禎庚辰年恭繪"七字,確是孝純劉太后,非九蓮像。時帆先生《存素堂文集》有《重裝慈壽寺明孝定李太后像記》,或漁洋當日所見即此像,後移於慈壽寺歟?今長椿寺有乾隆間戴奉常璐手書唐東江、蔣心畬並其尊人匏齋諸先生詩一幅,皆指此像爲李太后。或彼時尚存二軸,而詩中何以不及孝純一語?曾賓谷先生詩注以爲誤也。

昔聞金塔樓,尊奉九蓮像。漁洋曾見之,雙軸光燗朗。燕舟留客話,其時像猶兩。蓮臺錦袈裟,宋寘塵蛛網。厥後戴奉常,録詩及唐蔣。像已失其一,仙李空瞻仰。皆云慈聖容,作詩感疇曩。紛吾攷舊聞,疑信時惝恍。今觀莊嚴相,毗盧儼相仿。佛號并紀年,金書尚題榜。思陵幼失恃,追溯心悵惘。宛轉求畫工,指示煩母黨。六宫紛雨泣,專殿崇肸蠁。從此真容出,亦資佛力廣。緬思作繪年,時事益紛攘。遺像下神霄,悽顔動天仗。孝定有前徽,冥漠合並享。不知慈壽寺,後來孰移往。詩龕重瀆治,記載應不爽。

此寺屬卯金,呵護有龍象。近時曾南城,題句發遐想。想見皇覺初,栖霞餘梵響。

次和楊慶伯太守《壽陽道中作》,即寄蜀中

宦海風帆且復收,鄉關未暇問山郵。卻看叱馭經行處,如送横汾自在流。持節幾年過故里,己酉、庚戌年間,奉使蘭州,道經敝邑。爲農何日服先疇。知君得句邊城月,曾爲韓亭片石留。

再次慶伯《過龍窩寺》

昔過井陘道,祇爲簡書稽。龍洞破空出,兩崖如削齊。時平忘地險,鄉近覺雲低。回首謝橋柱,高車待客題。余舊有《龍窩寺題壁》句,慶伯詩中及之。

七夕立秋二首

人間風浪爲誰生,淚灑成河雨倒傾。欲託浮槎問歸路,秋來轉恨不分明。

楓葉江頭人未回,桑乾河上雁聲哀。秋風一夜催砧杵,可有閒情乞巧來。

三十年前與春海同直澄懷園,七夕詠牽牛花,戲爲小詞"春海有輸與郎詩,世上曾無織女花"之句,一時傳誦,偶憶及得一絶句

銀漢迢迢左界斜,紅墻猶記碧籠紗。人間亦有支機石,天上應開織女花。

䙨䜭亭後集卷六

古今體詩四十四首丙辰

食鄉米有感

南方食稻北食穀,舂穀作米炊易熟。色黄味甘得土氣,粱曰薌萁勝麥菽。
嗟予本自田間來,四十餘年竊官禄。而今任子尚爲郎,歲秏太倉六十斛。
鄉人念我歸無計,更寄新米供糜粥。自從南北軍饟煩,幸賴屢豐天降福。
盤飧粒粒盡膏血,肉食何爲色頻蹙。連年吴越海艘至,秔稻雲帆出魚腹。
比聞江氛雜旱熯,插秧已晚過中伏。風波寇盗且勿論,收穫今年未敢卜。
畿南近亦患淫潦,桑乾再決河未復。南方種稻稻苗稀,北方種穀時苦饑。
北方仰食南方稻,長久之計須及早。老夫輟箸心茫然,但願食穀終殘年。

秋 夜

秋夜涼宜睡,秋蝱鬧漸稀。如何懸一榻,衹自掩重扉。坐覺蟲吟砌,行憐露溼衣。短鐙閒有味,吾欲託餘煇。

眉石大姪得孫,即和其《長夏寄懷》二首,并以志喜

老病身閒久謝醫,年來何慮亦何思。牽蘿漫補三重屋,覆瓿空餘數卷詩。
天外青山雲隱見,鏡中白髮月盈虧。故園荒徑如重埽,藜杖相將對拄頤。
抽簪我尚滯京華,汝亦擔書到處家。燕向春風尋舊壘,人如老樹著新花。
蘭階又報生孫竹,鳳餅應添賀客茶。坐看發鳩好山色,嘉名肇錫定無差。吾姪主講長子書院,適合"爲官長子孫"之語。

八月朔夜偷兒負緜衣一囊去,口占解嘲答少泉

裝緜天氣候蟲催,應爲秋風一夜來。差勝無衣搜蓋篋,賺他梁上客空回。

《白香山像》爲葉潤臣侍讀題

樂府篇篇筆有神,醉吟瀟灑亦天真。緋衫黯澹猶堪著,誰識青山獨往人。

此余故友余鐵香摹南薰殿本也。鐵香名鼎,一名澤,字伯溉,新建人,流寓武漢間。才器高奇,博涉書藝、金石、刻畫,靡不研究。尤工詩,著有《風篁山館詩稿》。潤臣云,曾於友人坐上見其遺集刊本,題曰《歸樸集》。并記。

八月十六望夜慈仁寺松下步月,夜深乃歸

三五月未盈,二八月未闕。西風埽浮雲,涼雨亦已歇。出門何所之,信步田壟越。禾稼初登場,晚蔬待霜掘。褰裳訪古寺,研鄰、載之、觀之、質卿、長兒同遊。顧祠且瞻謁。是時月未上,禪鐙出叢樾。老衲倚虯龍,風濤靜不發。陰森太古色,秋氣浸毛髮。須臾殿東隅,銀蟾吐林窟。樛枝忽穿漏,皓采猶鬱勃。斜攀石闌紆,暗踐煙葉滑。豈知重門外,清景獨超忽。天高海水凝,星斗光盡没。只疑九霄多,人間無此月。僧言見月華,毫光悟寶筏。又云閉目坐,心鏡了不竭。笑余涉塵網,眼界終恍惚。仰觀山河影,媿此老松骨。清談味苦茗,摹讀謝殘碣。歸來衣露生,城鼓已三伐。

題《澄懷園十友圖》并序

此圖道光二十三年濱州杜文正公屬江陰吴君儁所作也。澄懷園在禁園東如意門外,雍正三年賜内廷翰林居之。桐城張文和公以康熙間賜書"澂懷"二字名園。園廬凡十餘區,皆環水南嚮。百餘年間屢經修葺改移,獨近光樓巋然尚存。中央一區,老屋三間,具翬飛狀,蓋亦舊址。十友者,文正公道光癸未進士與平湖徐惺莽士芬嘉慶己卯進士、黄縣賈筠堂楨道光丙戌進士、吴縣吴崧甫鍾駿、蕭山朱桐軒鳳標俱壬辰進士、武進丁誦蓀嘉葆戊戌進士,同直上書房;錢塘戴鹿牀熙壬辰進士、涇縣張篠浦芾、昆明何根雲桂清俱乙未進士及寯藻嘉慶甲戌進士,同直南書房。其步石而前者崧甫也;近光樓下倚石垂釣者篠浦也;旁坐石牀者根雲也;隔荷橋倚樹立者筠堂也;離立者誦蓀也;對面持卷雅步,若笑而迎者文正公也;前軒羅書册,坐而撫郄者寯藻也;對坐展卷者惺莽也;重岡逶迤,涼翠淪漪,小艇載書,縱篙所之,二客翛然若語若思,右則桐軒,左則鹿牀也。圖長一丈,高尺餘,樓館、花木、水石諸勝,略具大概,蓋仿澄懷八友而作。《八友圖》石刻搨本,昔曾見之。又按漢陽葉雲素先生《峪林館詩集》附記,乾隆丙子歲,漳浦蔡文恭公以少司寇乞養將歸,圖其同直七人:介休梁少詹事錫璵、錢塘周學士玉章、會稽周學士長發、武進程少司馬景伊、安州陳副都御史悳華、無錫張編修泰開、長白少司馬觀保,爲《澄懷八友圖》。徽州汪文端公作記,武進劉文定公仿少陵體作歌。越九年甲申,圖中

人惟無錫張公仍内直,其七人或遷或歸。至是陸續入直,又得七人,則星齋陳公、海住金公、文園李公、抱經盧公、金圃謝公、敬堂倪公、曉園汪公也。據記,則澄懷八友似有後圖,未之見也。圖成於癸卯之秋,時寯藻兼直樞廷,移居雙橋僧寺,同直諸公時復過從,曾和文正詩有"空慙少陵句,歸院柳邊迷"之句,蓋憶澄懷舊居也。當時同人官職未及敘記。今筠堂已躋端揆,桐軒掌司農,根雲開府浙江,篠浦中丞再起督軍皖南,鹿牀以少司馬告歸,而惺莽、崧甫兩侍郎,誦蓀庶子俱歸道山。壬子歲,文正公以勘辦山東、江南賑務,終於旅次。功在天壤,名在國史,至今望之,已如古大臣矣。而寯藻亦以老病,蒙恩致仕。追念十餘年前,名園勝侶繪圖之樂,恍如夢境。披卷棖觸,能不慨然。昔武進劉公以漳浦作圖,繾懷石交,推一膜之,愛以聯之,是道德文章所維繫而不可已。今文正公作斯圖,以紀一時盛會,而寯藻以同年同直,亦遂獲附驥尾,以傳於後。且樂觀我公椿庭期頤壽考之慶,公子昆弟接武濟美,文章勳業正未有艾。則攬斯圖也,見性情之真,增氣誼之重,豈第步趨前輩風流,爲翰林主人添一故事已哉。寯藻既爲敘其顛末,復長歌以詠歎之,質之繼園樞密少司空、雲巢少宗伯,以爲有所感焉可也,以爲有所忻慕焉亦可也。咸豐六年歲次丙辰中秋日,致仕大學士壽陽祁寯藻記。

玉堂金殿蓬萊仙,端揆今居百寮先。坐論餘暇來三天,靜觀獨契圖書淵。武英殿大學士賈公。司農亦掌九府權,海漕既集思豐年。安得耕鑿銷戈鋋,從容鵷步花八甎。户部尚書朱公。越中開府南齋賢,高才碩畫心力專。保障且及鄰境邊,浙江巡撫何公。皖南使者名並傳。昔撫豫章城守堅,公望定卜恩再遷。前江西巡撫、今督辦皖南軍務張公。煙波釣徒書畫船,孤山野鶴飛翩翩。豈知舊巢阿閣巔,前兵部侍郎戴公。手汲修綆心寒泉。學能經世書待編,故侍郎、順天學政徐公講求西北水利,余曾爲《孚井》詩紀其事。六書理董群經研。仙骨信有靈山緣,故侍郎、浙江學政吴公有《游雁蕩圖》。乘槎一去竟不旋。黔西一客尤堪憐,故庶子、貴州學政丁公。偉哉師道尊講筵。録圖授學帝所虔,功成名立終乾乾。餘事活民萬億千,我公雖歸家慶延。靈椿春秋逾彭籛,玉樹競茂芝蘭駢。披圖光霽清且妍,池館仿佛開碧鮮。嘗爲文正書"碧鮮館"額。衆賓笑語衣袂聯,妙繪直追百年前。太師文正公。公子訪舊城南偏,袖出一丈橫波煙。䥶釚亭叟老病孱,洗眼諦觀不能眠。江湖浩渺心旌懸,小園雨迹青苔穿。東陽詩客曾隨肩,畫外題字猶拳拳。沈朗亭侍郎爲題卷首,朗翁亦兩書房舊雨也。吴生寫照秋月圓,對影鬢髮驚蕭然,作歌慙附八友篇。寯藻。

五臺徐松龕繼畬七兄寄詩見懷，次和二首

使星歸蜀又三霜，鄉國頻番得報章。上黨已辭昭義節，橫汾今闢讀書堂。君自四川主考去官歸里，適粵寇北竄潞澤，奉命襄辦本省防勦軍務，事竣主講平遥書院。遥憐代馬常思趙，獨媿韓碑欲補唐。余近年曾爲聞喜裴晉公祠書《平淮西碑》，其裔孫驊已刻石矣。衰病酬恩更何日，感君詩句卻霑裳。

清涼佛界玉堂仙，誤落風塵三十年。鑿空箸書瀛海外，君撫閩時曾箸《瀛環志略》一書。投閒招隱麓臺邊。平陶謂戾山，一名麓臺山。邦人築室尊文黨，弟子擔簦慕范宣。平、介間聞君設帳，負書麕至。邑人更爲庀材築室，請移家就館。安得江湖銷劍戟，更看烽火化耕煙。

再次松龕《設帳閒吟》，學放翁體二首

秋蟲苦訴定奚爲，有病呻吟亦可嗤。同谷歌成少陵淚，散關夢斷放翁詩。故園黄菊心空繫，破榻青苔迹未移。等是罷官閒有味，誰令留滯獨遲遲。荅來詩意。

老懷感事尚殷然，君寄《感事》詩五首。欲爲江防策萬全。民力輸將誰肯後，天心仁愛本無偏。指麾數見軍增竈，保障還思吏飲泉。回首浮槎歸路在，仙霞送我擬登仙。道光庚子歲奉使閩南，與君共事半載。

松翁寄示哭亡弟幼章詩，感慟不已，次和二首

揮劍翻招跋浪鯨，士衡撫掌誤論兵。況霑忌刻心先瘁，縱竭心思議不行。轉戰尚堪資外援，退飛何自毀連營。當時投幘空銜恨，眼見長城是壞城。此詩皆述亡弟手札情事。

嶺外初聞擊海鯨，歸來吴楚又征兵。廣東勦辦英德賊訖，再遷江藩。哀鳴正念飛鴻集，欽使杜公奏辦淮、徐賑務。乖氣偏逢猛虎行。用退之詩意。堪慟頻年多患難，最憐獨力苦經營。金陵守禦周密，竭盡心力，徒以督帥軍退險徹，致令銜恨而殁。江楓爲寄招魂句，血淚空傾白下城。

獵閭村舍爲田載之孝廉㙛書，即題其後二首

獮餘聚即獵閭村，顔訓分明奇字存。好向仇猶尋古蹟，堂堂京兆有諸孫。同里同官感舊游，君家學舍小如舟。京兆有"獵餘村民"小印，又自題書齋曰"如舟舍"。

禝飢亭叟歸來日，重訪山村一段秋。

楊烈女辭并序

户部郎中涉縣楊君三珠之女字武陟吴世貞，將娶而婿歿，自經以徇。艮峰侍郎倭仁哀其志，爲之傳，中州士大夫復爲徵詩以傳之。

朱絃託素琴，不鼓自有音。琴亡絃亦絶，乃見烈女心。一解
烈女年十九，母喪依大母。毛詩女訓誡，諷誦常在口。二解
父爲農部郎，増居鳴珂鄉。車輪將及門，輪摧車乃傷。三解
未嫁義從父，女心獨自苦。納采即問名，女身已有主。四解
初聞涕漂湲，繼且强笑言。手中冰蠶絲，蠶死絲則堅。五解
絲堅冰更潔，甘爲枯桐折。雲車夢見之，鄰里紛傳説。六解
奇節豈爲名，名者感其誠。誓不負所天，義不忝所生。七解
烈烈楊氏女，可以振風紀。誰爲烈女傳，三天老學士。八解

秋　日

秋日氣清嘉，閒庭鳥不譁。飯餘聊散步，睡起且澆花。採菊時難得，銜杯酒易賒。似聞故人至，千里即鄰家。聞陳勿齋移家來都，到時當及重九也。

重陽日段芳山承實吴筠軒兆麟郭玉麓祥瑞夏芝岑獻雲賀雲甫壽慈攜酒邀集南鄰袁夷之宅並餽盆菊，和淵明《九日》詩二首奉謝

幽栖鮮人事，舊好懷平生。徒吟閒居詩，媿此嘉節名。夕陰風林動，晨霽天宇明。五君金閨彦，簪筆蜚英聲。公退何委蛇，顧念遲莫齡。攜尊就我醉，不惜升斗傾。餉以延年菊，粲粲盆中榮。袁生亦佳士，賓主含餘情。良覿展襟抱，幸聞秋稼成。淵明有《九月西田穫稻》詩。

昔親芝蘭室，得從金石交。蒲柳摇晚秋，獨先松柏凋。天空木葉下，山近霜氣高。回首阿閣巔，鳳皇翔九霄。豈不戀德輝，道夐思孔勞。采采菊盈把，離離桐半焦。願賡停雲曲，曲終慙和陶。何由報瓊玖，悵望惜崇朝。

次韵爲羅田陳九香瑞琳題所藏東坡《紫雲硯歌》硯五寸，刻云"紫雲端"，宋元豐六年十月十一日東坡刊於承天寺中。"爾本無名，托乎雲水。雲盡水窮，唯一堅粹。夫嘗遇之，顧鑒之外。"

我有三石友，亦云端溪製。惜哉歲月老研磨，媿無文翰飛省寺。每吟坡翁

龍尾歌,不見鳳味手題字。字外出力硯不知,妙弃荃蹄理無二。先生食古寶寸田,朝耕莫種胡爲然。苦箋蟲鰕不得飽,賸有佳句今流傳。黄金買馬非真馬,舉世爭偁鄴宫瓦。歙端亦有新舊坑,譜録紛紛識者寡。雪堂人影淪江湖,承天夜色人間無。獨留紫雲伴竹柏,應與古鑑憐羈孤。東坡過古黄州,獲一鑑,有鑑銘。當時菜圃秋一片,妙墨只容北海見。數畝官田瓦礫荒,十年衰鬢鄉閭羡。豈知遷客箸書歲,遺愛到今思吏治。此硯曾題東檻詩,傳家或自岐亭致。西山梅花落香影,南海荔支點紅翠。美髯詩畫曾有緣,曾見東坡《武昌西山》詩、荔支畫墨蹟。過眼雲煙那能計。高齋方池四十春,摩挲手拓銘題新。珠璣累牘發光怪,長歌自敘尤有神,君不見斜川有集遺子孫。令嗣凝甫舍人昌綸,詩學能得家傳。

捕蝗行

咸豐天下多豐年,官軍衛民民衛田。軍帑雖絀糧可濟,海漕且來吴越船。自從飛蝗入畿輔,米價一石錢七千。百廛緩急走鈔紙,九府輕重流貨泉。宫中聖人心惻然,尚方減膳樂徹懸。詔下捕蝗吏擇賢,吏賢歲稔民歡懌。虎去鳳來聞自昔,今年十月見三白,冬雪殺蟲定宜麥。時憲書:今年十月三白落地,諺云主雨雪。

獨　酌

破籬一二丈,漏屋三四間。野菊數十盆,吐華幽且嫺。良朋偶載酒,我醉君且還。興來輒得句,隨意增復删。連宵月彩清,霜氣銜遠山。借問此何時,江湖事方艱。南風遞好語,似欲銷群姦。感兹坐歎息,獨酌聊解顔。

空谷六章,章八句讀《邶·谷風》篇,擬其章句,以五言衍之。

空谷多悲風,秋夜多陰雨。結髮事君子,黽勉無喜怒。女蘿施松柏,託根幸同體。願爲女蘿生,不願松柏死。一章

道遠行故遲,貌衰心亦違。誰謂生相憐,出門即郊畿。良蜩不知雪,蓼蟲不食薺。我行將安歸,無父母兄弟。二章

河之水湯湯,中有洲與沚。欲渡無舟梁,褰裳不我以。石水泥八斗,三星照敝笱。清濁未分明,它人議其後。三章

釜鬵亦有溉,尊罍亦有舟。得毋酒食儀,不足充宴游。微軀託菅蒯,負薪何

所求。鉛刀割機絲,一絶焉能救。四章

膏沐誰爲容,何敢論恩讎。良玉自有價,雜佩已見售。縑素有新故,雲雨有翻覆。君看焦仲妻,至死無怨毒。五章

簞食感翳桑,狐裘忘嚴冬。世情固有然,達者安其窮。願君求琴材,慎勿伐條肄。願君作室家,無但事塗墍。六章

次韵陶鳧薌前輩和張詩舲少宰二首

東籬風味老能諳,上壽曾聞飲菊潭。埽徑花開來舍北,登高賦就憶江南。宦情已似秋雲澹,吟興猶乘彩筆酣。誰共清尊互酬唱,桑枝麥秀問張堪。時詩舲管理京兆尹事。

蓬島瀛洲路舊諳,只今秋月印方潭。風標獨冠容臺上,時論同歸杜曲南。翰林前輩濱州石樵先生外公齒最尊。且盼銷兵笳鼓竸,先占迎歲雪花酣。却慙碎錦才都竭,健步從游已不堪。

萬道人壽祺爲顧亭林先生寫《秋江别思》小幅并自記卷尾有程氏瑶田兩跋,張石州重摹,其嗣孝瞻持贈姪孫友直,展卷慨然,因爲題後

非僧非俗亦非儒,與物無求與世疏。名字浮沈再轉注,乾坤浩蕩一蘧廬。亭林又名圭年,自云再轉注而得此名。道人自發秋江思,讓叟還留晚歲書。獨惜重摹無手跋,陽泉回望重踟躇。

聞五姪世佶北上感作

燕臺一别又經年,霜信重來月上弦。乾鵲但知迎客噪,秋花何事向人妍。蒼茫家室身如寄,患難文章手自編。時爲季弟行略初成。遲汝南窗同看畫,江天極目尚氛煙。

送族孫友直歸里次前韵

堪喜吾家正少年,嘉名不媿直如弦。學詩已近唐人律,作字能分柳筆妍。中尉家風存舊譜,《祁氏世譜續輯》出友直手。小坡吟草得新編。爲余寫定詩草。還鄉且奉冬芹祭,近因祖母喪回籍。更望春歸及禁煙。

冬初菊花始開，與雷少泉、閻夢巖、喬研鄰、袁勇之、田載之、趙心園諸君作展重九之飲，時姪世佶、姪孫有穀初來京，友直將歸，並示世長

今年節候晚逾嘉，籬菊遲開艷倍加。秋盡難逢入液雨，立冬後十日爲入液，至小雪爲出液，得雨爲之液雨。病餘偏惜過時花。蕭疏客思惟宜酒，爛漫鄉音似到家。好借新詩添故事，觀齋留作畫圖誇。季聞宗姪爲寫籬菊小幅。

陳勿齋表弟生日，以畏風不果往，戲爲小詩祝之

躋堂酌酒會嘉賓，十月爲陽歲丙辰。共道先生壽者相，不知昔日宰官身。伯鸞更對齊眉案，仲舉無嫌下榻塵。說與元方須洗斝，他時還約醉比鄰。

展重九詩和者九人，疊韵答之

吾廬雖敝衆賓嘉，團坐能令酒量加。得句相呼惟舊雨，伴人最久是秋花。吴頭楚尾江邊思，少泉、研鄰、勇之，皆久客都門。白鹿青松夢裏家。夢巖、心園，皆同里。更約銷寒頻做節，酡顔付與少年誇。

勿齋以和章至次答

招隱歸來媿孔賓，黄花秋圃惜良辰。宦遊海内家何在，留滯周南老此身。一笑相看雙鬢雪，三年不踏九衢塵。喜君懸榻能延客，猶似東華舊卜鄰。

讀《漢書》三首

漢武求神仙，亦欲長不死。歸來望思臺，乃在泉鳩里。蓬萊渺何處，歲歲歌瓠子。樂極哀情多，秋風白雲起。

鼂錯號智囊，東市禍已伏。延年號屠伯，道路皆側目。父知家必危，母知子必戮。歎憤歸里閭，不能念骨肉。賢哉雋京兆，用法嚴不酷。虚心多平反，亦由母教督。堂上加餐飯，堂下無傷足。爲善貽令名，千秋仰芳躅。

達人能知幾，交道貴由禮。楚元敬三友，華燕日以啓。穆生不嗜飲，坐上必設醴。嗣王意少怠，謝病去朱邸。豈不念前德，詩人重豈弟。誰謂匏葉苦，褰裳庶往濟。雅春楚市間，鴻飛獨迢遞。

米貴二首

長安米貴欲量沙，蝻子初生麥吐芽。秦粟未聞通雍絳，蜀船空議漕褒斜。東

坡句:"猶有張湯欲漕斜。"難求卻病三年艾,且喜占豐六出花。十一月四日得雪。畢竟津門連海國,裹糧誰泛斗牛查。今年江浙旱荒,明歲海漕難繼,北方亦有蝗災。聞時議轉秦蜀之粟,恐水道不便,惟招海船運米,閩、粵設局,天津收買,其議較長。

木蘭北望十三圍,千里山川塞草肥。沃壤舊僑元郡縣,周陆終是漢封畿。上林田土耕牛入,文囿芻蕘獵馬歸。他日渠成思鄭國,迂疏此議未全非。余初任農部,有畫此策者,格於例,不敢議。

冬夜早起

雖無殘月挂疏櫺,猶有寒鐙倚短屏。攲枕探書衣觸壁,撥灰温酒藥傾瓶。左臂痛,服藥酒。柳生左肘元非病,槐夢南柯早已醒。聊借小詩消永夜,不關平旦誦黄庭。

次韵答少泉

風葉鳴窗雀啅櫺,漸看曉色上書屏。虚名枕底一炊黍,别緒沙頭雙玉瓶。佶姪初歸里。老去鄉心空有夢,詩來倦眼洗還醒。羡君速藻紛摛錦,簪筆宜升著作庭。

次韵勿齋《自遣》二首

酒後高談猶似昔,詩成老筆欲回春。知君樂道神明足,與我忘形笑語親。雲路驊騮仍接武,霜天鴻雁正來賓。何期人海蒼茫裏,收取雙帆自在身。來詩有"静坐不知冬日短,重來仍是故人親"之句。

梁生賃廡何須隱,陸子移家總似浮。十載歸田閒亦好,一經教子願先酬。却憐富貴如春夢,難得交親到白頭。近日江氛差不惡,舉杯相對且銷愁。

寄三兄兼憶四妹

老來兄妹剩三人,併計年華百九春。兄今年七十一,弟六十四,妹六十。憂患餘生多壽考,别離晚歲各清貧。長江風浪驚心久,故國雲山入夢頻。分米析薪慙薄少,雙魚緘寄卻需巾。

送五姪世佶歸里十月二十六日

江城尚格鬥,羽檄飛燕臺。素衣風塵中,爲我數往來。我病經三秋,卧榻生青苔。慟念汝父喪,魂夢有餘哀。汝又遭母憂,睘睘誰與儕。嗟我同懷親,比年已半摧。仲兄踰七十,耳目神先隤。有妹亦老病,還家能幾回。明月千里隔,流光奔輪催。仰視鴻雁行,鎩羽各徘徊。汝來復告歸,念我不得偕。側聞石頭城,逆賊紛内猜。狼貙自搏噬,假手殲厥魁。天心厭禍亂,慘澹氛煙開。會看雪夜捷,一埽沙蟲災。汝往奉靈輀,吾弟有歸骸。我亦憂患餘,生還思蒿萊。鬱鬱北岡松,昆弟昔手栽。骨肉尚有人,不歸胡爲哉。破屋三重茅,雲山千萬堆。送汝苦寒行,老淚傾凍醅。

恭和御製《皇考宣宗成皇帝聖訓實録》告成,御保和殿行禮,恭紀元韵

虞廷稽古仰堯天,聖揆同符善述先。典重郊壇誠默契,書藏殿扆慶長緜。鈞韶雅樂迎初旭,寶鑑瑶函奉萬年。竊媿蓬廬承授簡,感恩同拜德音宣。

致仕大學士前監修總裁官臣祁寯藻

道光元年三月臣寯藻入直南書房,二十一年充軍機大臣,道光三十年充實録館總裁,旋充監修總裁,四年十一月致仕。以前恭和聖製、御製詩,謹録存稾,别爲一帙,不敢闌入詩集。兹以衰朽閒居,承恩授簡,視昔侍從賡颺,尤爲異數。謹録稿冠於後集七卷之前,以紀歲月,且志榮幸云。臣寯藻恭紀。

𣰌䜪亭後集卷七

古今體詩六十四首丙辰

丙辰歲十一月朔日實録館書告成，上以臣寯藻曾充監修總裁官賞食全俸，感恩恭紀

虞書首堯典，文思肇史例。周書陳大訓，燦然載世系。我朝治邁古，七葉啓先帝。龍潛戡大難，遺詔示郊禘。垂拱三十年，功德與天際。道光紀元初，小臣拜恩逮。簪筆侍南齋，早覩日星麗。維時回疆平，受俘稽典制。樞垣預機務，實始辛丑歲。島夷方搆患，宵旰精誠厲。十年一奉使，攀髯空隕涕。恭逢皇建極，祕館司書契。實録以年編，聖訓以類繫。大體秉宸鑒，分纂資衆製。疏庸忝領職，時恐滋咎戾。離局况已久，微勞豈足計。何意衰朽質，乃蒙推食惠。頻年軍饟急，兼慮海漕滯。哀鴻滿中澤，安暇問租税。朝廷詔禄典，素餐亦難繼。平生媿俸錢，送老甘粗糲。報恩竟何日，感激念時勢。聖人寶金鑑，臣朔乏獻替。且從康衢叟，鼓腹游盛世。願聞銷甲兵，更祝免菑沴。

冬夜同舍聯句，和韵答之

石鼎聯吟夜，松陵疊句時。昔賢曾創格，今雨共論詩。妙領蘭言契，閒邀竹逕披。留賓常下榻，相士不闚皮。學趁三餘暇，才推一字師。自慙窺管豹，聊備借書鴟。接席頻揮麈，投壺間品棋。豪情長劍拔，密詠短檠移。各奏鏗鏘節，群矜顧盼姿。簾虚能駐月，硯煖未凝澌。郢曲紓高唱，少泉。江都苦下帷。硯鄰。心懸鴻雁遰，手待斧柯持。同舍鄉音聚，分曹宦迹隨。夢巖、心圃及兒子世長。清談空乞墅，張甥孝救。衰鬢久成絲。易醉燕臺酒，難醒楚客醨。餘氛煩盪滌，流俗感淳漓。簪幸良朋盍，花憐老圃遲。静中知病減，閒處得神怡。槐巷回幽夢，梅圖發故枝。銷寒期雪集，更約鬥新奇。

爲吾宗立叔太守書"繫舟"額題後

作郡真如不繫舟，十年江海舊遨游。歸來静坐篷窗下，且學陶公録竹頭。

十一月初八日張氏妹攜七歲姪女招姑來都，蓋石州先生遺腹女也。其生母亦亡，吾妹撫之如己女，聰慧綽有父風，感歎成詩

已深杜老鍾離感，又爲西華葛帔憐。石州無子，妹以次子孝瞻嗣之。今日一星餘曙後，當時四傑在盧前。遺書待卒中郎業，擇壻誰知後圃賢。用裴寬事。手札幾行偏觸目，相看不覺更潸然。適發篋，見石翁手札一紙。

内弟曹柳溪汝愚以余致仕賦詩見懷次答

衰病回思少壯年，每過謝墅共華筵。敏扉久切西州感，製錦今看大邑賢。十載清風餘滿袖，歷任平谷、龍門諸邑。一行旅雁尚隨肩。堯臣内弟，八年在署。安心是藥慙恩重，更乞丹方喜欲仙。君精醫理，每來都爲余診脈酌方。

柳溪題余詩集，次韻二首

篆刻雕蟲苦未安，空談不稱棗梨刊。病餘且免遺書失，老去方知下筆難。蠟屐平生纔幾著，雪泥陳迹又重看。知君官閣清如水，付與籠頭試月團。來詩有"幸我官閒窮目易"之句。

厝火時方策治安，導河績未奏隨刊。文章小技雕鐫易，憂患餘生報答難。把卷不須奇字問，題詩聊作故鄉看。用來詩意。思量此事曾何補，贏得挑鐙鬢雪團。

望雪十一月二十二日

今年秋有蜚，渴望三冬雪。月朔偶霑灑，兼旬冰未結。及兹日南至，轉慮陽氣泄。昨宵風驀發，窗紙鳴欲裂。檐頭大星垂，芒動眼明滅。曉起雲物變，晴色爭凜冽。蕭條孤雁來，千里寒聲咽。似聞太行陘，已有飛花掣。高殿鄉始升，時於大高殿祈雪。南郊仗初列。二十四日冬至前一日，駕宿南郊齋宫。定憑埽盪力，轉此嚴凝節。何須塞土囊，會見堆瓊屑。陳根看盡拔，螟螣無遺孽。猶幸春事遲，敢歎生計拙。

《朱履》詩，沈舜卿先生爲其弟春湖觀察作也。先生兄弟相約年七十乃著朱履，今春湖果以七十致仕，喜而賦詩寄示，次韻二首賀之

一編聊記宦游曾，春翁有七十自序，時哲嗣爲太谷縣令。三老風流遠近稱。膝下飛

𩾃方接武，作朋真合頌岡陵。舜翁、質翁，今年均七十有五。
笑我鄉心追葛屨，羨君壽骨貫犀顱。雲巾方舄知相稱，更寫坡翁笠屐圖。

《臺海運糧圖》爲曹嵐樵給事宗瀚**題，用石士夫子韵**給事大父芝田由吴淞運糧百七十艘，浮海達泉州。乾隆戊申自記，給事補圖。

海疆自古論戰守，鏁鑰咽喉在江口。雲帆秔稻東吴來，轉海饟軍事亦久。我朝封域跨海涯，有元運道何足誇。請看聚米臺澎島，中有浮天牛斗槎。鯤身鹿耳盡編户，萬里螺舟平賊處。閩浙督署藏右旋白螺，乾隆中頒賜臺灣軍帥渡海者。豈知飛輓成戰功，留取畫圖入詩句。我昔使閩窮巉巖，鷺嶼軍中枚夜銜。歸來歲籌太倉粟，海艘渴望津門帆。仙山清夢落箏筑，指點神雅送樵牧。慶原太守吴郡丞，策勳老荷昇平福。文孫感舊記題楹，繡服難忘捧硯情。便擬從君歌擊壤，白頭江海見銷兵。

沈雲巢廉察和舜翁詩有"三人二百二十歲"之句，舜翁以令姊今年八十又得句云"兄弟四人三百年"，妙語皆天成也，再和一首

四照移華共綺筵，家風還溯四朝前。便思杖履從君後，卻媿懸車未及年。

宗姪立叔之鏐**爲余寫《竹窗初雪圖》，題云："長安米似珠，一雪關生計。林下寄閒吟，未肯忘斯世。"題後和之**

一雪何足圖，萬事宜早計。誰謂竹窗外，盡屬人間世。

冬至日觀齋同人小集，題《竹窗初雪圖》用裴逹詩"太史方簪筆，高臺紀彩雲"，分韵得"太"字

冬日常苦短，老去亦無奈。紙窗一寸雪，留作消寒會。會中十二人，磊落形骸外。促坐忘主賓，隨意著冠帶。吾宗新去郡，立叔前任武定太守。爲我尺幅繪。竹籬茅舍間，已覺出塵壒。林穿劣可坐，酒薄近堪兑。寒鑪繼鐙燭，鄉味雜南膾。不有詩遣懷，誰與暢天籟。自從軍事興，絫歲何戈祋。楚氛今尚惡，郢笛悲無賴。少泉頃有《寒夜感懷》諸作。鬱州海上客，歸路隔豐沛。研鄰。閉門孰高卧，江閣動旌旝。雩之。唐風感蟋蟀，猶勝歌曹鄶。衰年驚物候，急箭下湍瀨。群賢發高詠，諸子得沾匄。詩成筆未涷，春氣有餘藹。羨爾畫中人,團瓢雪深蓋。聊爲歲莫吟,好樂無已太。

十二月六日實録館頒給監修官錢百貫,感恩恭紀

恩加三館滿洲、蒙古、漢文。慶彈冠,稠疊榮施媿未安。病鶴已曾叨厚俸,駑駘那復稱雕鞍。監修總裁例有鞍馬之賜。鐵錢餞歲新緡鈔,銀管題名舊史官。敢問二疏金盡否,且斟春酒薦辛盤。

次韵答勿齋三首

鄉閭蹔别湧雲樓,一笑燕臺九日秋。君來都,恰值重九。野馬勒回塵外迹,籬花銷盡客中愁。年光大似離弦箭,仕宦真如泛海舟。四十年來十萬里,比君腰脚更應休。來詩有"八年四萬五千里"之句,計余奉使隨扈并少時度隴之行,不翅十餘萬里矣。

亦知過眼等雲煙,搔首何煩更問天。况有游山雙不借,未妨舉酒一陶然。故園松竹應無恙,破屋藤蘿尚可牽。已聽南風傳好語,且看臘雪兆豐年。

煮茗頻將好句搜,讀書笑我雪盈頭。淺嘗糟粕終何益,多病蕿苓始漸收。敢冀行年臻化境,卻妨文字誤時流。不求甚解吾衰矣,聊與先生一醉謀。

緜山茶歌贈李君復其芳兼呈坐客

綿山茶,清且美,李翁餉我走千里,云近得之朱處士。德秀,介休明經。介子推,呼不起,緜田火後炊無煙,一寸苦心燒不死。坐客滿堂倒瓶罍,主人棖觸不能烹。似聞雀鼠谷前水,猶作龍蛇悲嘆聲。

何通甫農部兆瀛《供菊圖》

露布頻聞驛騎騰,頃聞武漢、江浦,均有捷報。小窗殘菊倚青鐙。年來老眼麻茶甚,除卻看花百不能。

臘日晴窗憶雪天,客來鑪篆有餘煙。回頭别墅栽花地,一幅秋光又十年。君近有《雲山别墅》詩。

寒夜不寐

落月挂高樹,顛風摇破籬。爭栖烏接翅,嬾吠犬生氂。歲晚更籌急,宵深燭跋遲。開門還獨立,呵凍强裁詩。

少泉惠六安雨前茶,以緜山茶報之

齊安老居士,贈我六安茶。碧葉未過雨,寒泉初汲華。澹如人對菊,清比句

籠紗。報以縣田種,鄉風敢並誇。

聞官軍克復武昌,感喜交集,簡雷少泉

楚氛漸欲及襄荆,五載長江未罷兵。氣轉一陽冬至節,天教三定武昌城。武昌省會自壬子歲至今三陷三復,此次中丞胡公林翼於十一月二十六日克復,二十九日捷書到京時,冬至後六日也。尚聞漢郡蟲沙集,未斷黄州鼓角聲。早晚樓船向東下,客心如雁計歸程。

神鶖行事見《夷堅志》。

君不見宋紹興時,淮北地,秋稼如雲蝗驟至。水濱有鳥名曰鶖,脛長嘴利千萬翅。啄蝗不食吐復啄,秋風一吹歲大熟。朝廷詔策神鶖勳,封曰護國大將軍。嗚呼,將軍軍過蟲沙埽,何况十萬貔貅疾於鳥。

慈仁寺戒學長老餉粥

幽居近蘭若,容易致蕪蔞。汲取寒泉井,分從香積厨。平生耽脱粟,一笑伴蒸壺。試問蟾知客,何如爲甚酥。

寄迹桑三宿,浮名黍一炊。齒牙今已脱,糟粕更何爲。故著花成雨,應憐肉作糜。瓦盆喧凍雀,得飽敢忘飢。

六姪世敦來都,用東坡《冬至日贈姪安節》韵作詩三首示之

節序不饒人,今日是何日。親朋滿南軒,舉酒談促厀。酒酣雜感慨,豈爲吾衰疾。江海尚格鬥,紛紛事不一。憂患見骨肉,詩書在墻壁。念昔馬文淵,垂老誡子姪。畫虎恨不成,聞者心悲栗。汝孫已弄瓦,汝田半成石。往時徵逐輩,情好漸已畢。誰於塵甑中,爲汝致涓滴。

人情老多憂,游子宜愛日。憐汝兩幼弟,且足娱繞厀。汝父七十餘,汝母亦夙疾。汝子俱及冠,事養賴汝一。讀書吾家業,不學如面壁。老大幾人成,餬口念諸姪。汝來吾更悲,遠道苦寒栗。吾老賸此屋,所媿糜禄石。近蒙賞俸,藉抵官房租價。汝姑又吾倚,百願無一畢。安得盈尺雪,分作窮檐滴。

汝生吾宦後,未見艱苦日。吾兄體素羸,愛汝恒置厀。一第白鬢髮,又嬰耳目疾。平生畊硯田,十樹不獲一。辛苦爲作室,倏忽餘四壁。他人實迋汝,吾豈不念姪。兄妹賸三人,零落如霜栗。汝叔惟吾存,人生豈金石。兄老

弟亦衰，婚嫁未易畢。來者猶可追，吾淚爲誰滴。

武昌、漢陽兩城同日克復，詩以紀事十二月三日

昨聞收武昌，今聞收漢陽。捷書連日至，悲喜難自量。回思僨事時，賊勢何猖狂。將兵在得人，旋轉如風檣。前年南軍下，儒帥來湖湘。曾公。左右惟賢才，文武資劻勷。塔公、羅公，皆曾公所識拔。一舉定武漢，再舉安蘄黄。揚帆越潯口，直欲趨建康。守土彼何人，乃致餘燄張。平生負韜略，聞賊先倉皇。坐看鼠變虎，縱令狼驅羊。哀哉江漢民，三度罹禍殃。睒睒兩大星，相繼霣厥芒。塔公憤卒，羅公陣亡。中丞出巴陵，巡撫胡公。節帥移荊襄。總督官公。分軍扼南北，翦翼搘其吭。軍中孰健者，楚材實最良。楊總兵載福、李觀察續賓、王總兵國才。一日克兩城，陽氣回冬藏。當其經營始，兵力猶未遑。及乎謀定戰，快若決潰創。擒賊必擒王，挽弓必挽强。二三英儁出，勢已摧欃槍。乃知壁上觀，何如錐處囊。前車數可鑒，思患宜豫防。願聞鐃吹聲，日與江水長。

消寒二集詠古銅斝二首得"滿"字此道光初年賜器也。斝柢亞文中有古篆，武進李君頫釋其文曰杜簣撰《寶斝山房記》。

晴嵐古翠新雨澣，雲雷繞腹横不斷。千秋杜舉傳姓名，籀法金工細留款。茗宴捧歸香案重，梅圖寫入南枝煖。酌酒留賓容幾升，古來攲器何曾滿。澄懷暇日憶休澣，好古同心筮金斷。前有斌良笠畊太常留心金石，始識爲古飲器。後李頫，字慰望，申耆先生之子。眼饞心醉手撫款。昔聽鐘聲問憂樂，今從瓶凍識寒煖。惜哉未入揅經室，搨本流傳題字滿。阮文達公有《積古齋鐘鼎款識》。

題雷少泉孝廉文詩舊稾

詩句縱横見性情，文章樸茂有公評。風塵一載金臺客，欬唾千篇玉笛聲。滿眼蒼茫思故國，寸心寥落感平生。低頭東野吾方媿，敢效韓公賦短檠。

冬舂吟

萬物靜中息，不眠夜多聞。闃然牛蟻鬥，牀脚聲何殷。初訝耳鳴聚秋蟲，繼如以錞節鼓鼖。雷雖未發雉已雊，地氣暗動陽上熏。聞自西北來，聲遠無涯垠。忽然入枕枕有竅，雨點亂落檐滴棼。老人起坐修崑崙，以手捫耳齒叩齗。始知冬舂米聲急，歲序已逼人事勤。爾來市價日翔貴，萬錢不復論

石斤。天寒日短夜碓苦,面目梨涷手足皸。布被深擁亦何幸,臂痛安敢惜勞筋。傳聞兵家云,善聽者不紛。弓聽能知百里外,甕聽不畏地火焚。嗟余有兩耳,但聽舂米不濟軍。呻吟未了鴉誰噪,雨雪更望天同雲。

戲答勿齋《風夜不寐》

得君不寐詩,令我感風夜。挑鐙一再吟,不覺笑且訝。新居有瓦屋,固已勝茅舍。狐裘尚未敝,紙窗幸無罅。緣何牀遽穿,轉側不容胯。有酒便可煮,有肉亦可炙。何獨乏鑪火,赤脚暗騰跨。噤如蟬抱葉,竦若鷹栖架。知君用志苦,食蓼甘如蔗。得毋諷世俗,煎熏困蘭麝。城西有病翁,欲歸手犁杷。卧聞風撼牖,呻吟每自詫。君能數往來,吾榻久已下。

恭聞三壇祈雪敬紀

神祇太歲三大祀,位與先農尊爲壇。農壇歲舉耕耤禮,雨雪祈報兹維虔。南郊祈穀典並重,四時玉燭占豐年。常雩請雨或未足,深宮默禱精誠鐫。不敢遂舉大雩祭,高元寶殿升薌先。粤惟三壇帝左右,如公孤位槐棘聯。堂陛森嚴等而上,瀆則不敬越則專。三壇既告方澤祀,然後哀籲呼蒼天。大哉乾元統萬物,日星河嶽神功宣。歲有陽陰聖心省,調和水旱德罔愆。我皇御宇萬靈竢,屢豐猶不忘振䘏。今年閔雨歲小歉,螟螣蟊賊相因緣。三冬望雪如望雨,生麥殺蟲天必憐。南至已過小寒届,同雲數爲風力牽。月惟辛丑日丁酉,十二月十有四日。崇壇肅祀神來翩。側聞江漢頻奏捷,願沛大澤如流川。坐看三輔朔南暨,萬里盈尺瓊瑶田。爭挽鉏犁洗兵甲,司農不復憂貨泉。衰朽豚蹄有奢祝,雪窗欲誦卿雲篇。

喜聞黄州克復,即賀雷少泉十二月十一日

江漢重城一日收,前軍又報下黄州。楚材杞梓歸開府,武昌、黄州兩郡皆中丞胡公南岸一軍克復,李觀察、楊總戎功最。鄂渚旌旗據上游。雪夜擒渠城四闢,樓船破虜水東流。李以陸軍攻入郡城,楊以水師截斷賊路。分明結伴還鄉路,吟望無煩杜老愁。少泉家黄岡之陽邏鎮。

觀齋歌

宋搨摹勒淳化軒,軒以帖名溯其元。成邸有齋曰詒晉,至今陸帖傳宗藩。避暑山莊舊藏本,南齋拜賜珍璵璠。乾隆間重刻《淳化閣帖》,置淳化軒,寯藻曾蒙賜本,

上鈐"避暑山莊御寶",蓋熱河行宫陳設也。湘林手樵士衡筆,寄我鐫石江陰園。陸平原《平復帖》真蹟成邸賜本,薩湘林都統曾自盛京摹寄江南,因爲上石,留置學使西園。覃谿老人信好古,大觀殘本題萬言。二十七帖一千字,册首題云:"《大觀帖》第六卷,榷場殘本。凡十一葉九百七十三字,除題目年月,九十三行。北平翁方綱鑒藏。"字字龍虎神騰掀。山陰筆札具于是,晉觀作堂成例援。覃谿名其堂曰"晉觀",作歌紀之。嗟余何幸獲此本,甲子一周如逢原。道光壬寅歲得此本,適與翁題年歲相同。臨川李氏寶全帙,見此四坐驚且喧。春湖先生家藏《大觀》舊搨全本,較此遠遜。草書怱怱苦未暇,軍書旁午趨樞垣。時海疆夷務方殷。緘藏篋笥十餘載,退食偶展芸窗暄。遂以觀齋自題署,如壁上觀旌旗翻。心摹手追都不到,雲煙過眼經幾番。名雖襲翁實自媿,但愛野鶩窺籠樊。槐街老屋卧三載,閉門聲不聞輪轅。猶有墨客闖其牖,一榻未許懸陳蕃。開緘細字珠錯落,怪翁何事不憚煩。初觀色動疑嘗黿,熟視知味真熊蹯。人間氈蠟輿臺耳,棗梨銀鋌空銜冤。平生驕筆好馳騁,臂痛無力勝櫜韃。自從石渠見快雪,右軍《快雪時晴》墨蹟,咸豐初元曾蒙賜觀,并命賦詩。俗書一埽枝葉繁。抱殘守缺厪有此,摩挱晉觶思周甗。衹愁眼花墮雲霧,神骨不辨驪騮騵。觀空觀色總如是,真相何者爲泥洹。翁今仙去我衰病,池水餘墨流潺湲。小齋那須鐵門限,詩成目送飛鴻騫。

老屋詩十章

古馬首邑,平舒之郵。中有環堵,老屋斯存。惟兹老屋,蓬户蓽門。垂二百年,貽厥子孫。

惟我祁氏,中尉之裔。肇遷自楊,洪洞,古楊侯國。于壽之汭。北鄉有廬,支分派繫。爰逮我躬,十有六世。

惟我始祖,力田于鄉。十世而後,乃登于庠。于庠于國,令聞令望。家風儉素,曰篤不忘。

惟我高祖,務兹稼穡。匪績弗衣,匪蓺弗食。瞻彼岑樓,南北翼翼。獨守敝廬,運甓是力。

惟兹老屋,翳彼樓陰。三楹勉築,匪丈匪尋。東西偪仄,步武弗任。歷年滋久,風雨漸侵。

我祖我父,困于薄宦。載塗載塈,守弗敢慢。及我老病,歲不遑晏。堂構岌岌,弗肯是患。

惟兹老屋,後有隙地。母氏遺命,載謀移寘。兄老弟喪,我生如寄。即今弗圖,前基斯棄。

何以圖之,曰毋改作。前基勿毀,後趾有託。罅漏匪昔,榱桷如昨。徹彼兩廂,西楹稍廓。

南樓之下,亦可結茅。三間十步,可囷可庖。客思故鄉,燕睇舊巢。曰苟完矣,聊以解嘲。

我生之初,斯屋已老。我生之後,勞人草草。豈無爽塏,它人是保。告爾子孫,永念祖考。

贈閻夢巖户部汝弼二十韵

廣厦構衆材,通經乃致用。義理與訓詁,二者實兼重。吾鄉風俗淳,耕稼勤諷誦。經師遞授受,學不泥漢宋。爾來綴學士,購書資博綜。金石探古文,菑畲得嘉種。先生更傑出,儒冠聳衡縫。頻年就敝廬,講畫及群從。家兄延君訓課姪孫輩。頤解答客難,蒙求發童惷。插架阮氏書,阮文達彙刊《國朝諸家經解》千四百卷,君皆研究。劉覽朝夕供。直與古人稽,不爲疑義訟。偶出詩緒餘,近箸《毛詩緒餘》十卷。已該風雅頌。名物雜羅列,一一疏其壅。傳箋有異同,衆説苦雰雺。沿波必討原,江河别沱灉。雺、灉二字用《廣韵》。我如食字蠹,尚秏芸香俸。周南老留滯,廢學心滋恐。鄭鄉舊接鄰,戴席今猶共。君今年通籍,仍寓宣南敝廬。司徒掌邦教,六典群義統。豈惟科第擢,會見風雲縱。

我烏曲

我烏亦自啼,啼時方夜半。爾烏亦自啼,啼時夜嚮旦。爾夜何短我何長,爾烏謂我烏啼忙。夜長夜短奈何許,我夢自醒烏自語。

曹柳谿内弟寄詩賀食俸次謝

補過頻年凛退思,衰庸自歎力難支。何期坐飽芸香俸,更許來歌鳳翽詩。帝典初成衢叟舞,天恩已被路人知。瓊瑶投贈傳新句,家食雖占媿朵頤。

柳谿分俸見貽,再次謝之

遠道雙魚每見思,答書右臂尚堪支。漉巾陶令分佳釀,餽歲坡翁續舊詩。案牘漸稀年已近,時届封印。瓶花欲凍客先知。太倉雀鼠成虚秏,説與君聽一解頤。

寒夜早起懷陶鳧香前輩，仍疊前韵二首

虚明夜景我頻諳，水浸空庭月印潭。破夢不煩雞噣旦，衝寒時有鵲飛南。似聞市價臨年踊，漸覺更籌送臘酣。卻向停雲思舊雨，閑居運甓定能堪。先生時請病假。

臣心如水帝心諳，一片冰壺徹鏡潭。宣室召方虚席左，老人星已朗弧南。趨風待漏情尤切，卧雪扃門睡甚酣。早晚玉珂吟款段，摘鞍應比少游堪。

勤學齋消寒三集題黄勤敏公詩卷，即呈張詩舲少宰勤敏師題張詩舲家藏文敏《怡園看花詩卷》《澄懷園海棠花下歌》兩詩，皆道光癸未作也。

怡園看花後，九十一清明。壹齋題句後，歲又三紀更。當時手植花，已有感舊情。《海棠歌》有"一再移根廿年久"之句。天風吹客聚幾日，東閣南齋皆後生。時詩舲以中書舍人直樞垣，余與田季高直南齋，并有和作。後生彈指今白首，一幅珠璣落吾手。紅絲玉版字淋漓，猶記詩成開笑口。大江東去青山孤，竹裏梅邊臺在否。師家園臺名。驢背葫蘆載酒人，招吟望斷于湖柳。詩舲曾爲《烟雨招吟圖》，并屬余題句寄蕪湖。中山佛閣雪浪盆，素壁新詩重細論。壁間詩舲二詩，懸勤敏詩幅之次。韓門舊雨惟張籍，三十年前共酒尊。

歲莫望雪十二月二十四日

自從破臘到如今，三九晴明一日陰。枯坐不須花解語，頃有送唐花者。殘年惟有雪關心。錫粲送竈非求媚，黍酒思鄉且伴吟。遥憶團團馬頭月，芹泉鞭影過寒林。夢巖、心園諸君，歲尾可抵家。

詩舲少宰和題黄勤敏師詩卷，次韵奉答詩舲自注先文敏公書《怡園看花詩卷序》云："宋熙寧壬子清明東坡先生《看花吉祥寺》，三百一年爲明洪武壬子，楊孟載有《清明日詩貽後之君子》。雍正十年壬子清明又三百一年，好事者王生藻集諸名士於故相王文靖公怡園賦詩。"今相國詩云："怡園看花後，九十一清明。壹齋題句後，歲又三紀更。"則又增一段佳話矣。

看花兩壬子，自宋迄有明。蘇楊遞題句，光景如傳更。怡園詩似吉祥寺，六百餘年花有情。豈知高會再周甲，名園花木歸先生。君今宣南所居，亦名怡園。先生平生詩萬首，碧海鯨魚一掣手。食筍齋前落筆時，驚人句出群箝口。

當時同筵賸三叟,滇生司空暨余兩人。君詩益壯卬則否。即今都下數耆舊,杜陵古柏石樵太傅。陶潛柳。凫香少宗伯。莫笑年華傕(粈)〔粈〕盆,脣堂壺室好同論。勤敏題此卷有"棖觸同宗同歲人,我亦今年七十四"之句,蓋脣堂題時與師年正同,今君年亦逾七十矣。請君更寫怡園卷,添箇梅花餞歲尊。

對花思雪

一叢深色中人賦,饋歲筵中任爾開。爛漫春光已如許,雪花何處得飛來。

王少鶴得舊搨《寶賢堂帖》王大令書殘本屬題

晉藩石搨舊堪珍,氈蠟於今漸失真。十二葉從何處得,背裝紙墨尚精神。龜硯分明墨瀋留,余曾見寶賢堂龜硯於張石州案頭。標題休認太清樓。晴窗細檢蘇齋本,燕瘦環肥孰最優。世間贋搨多以《寶賢》充《大觀》,以覃溪舊搨較之,殊易辨耳。

除夕詠懷,簡少泉孝廉、研鄰舍人

自我宣南居,已過三除夕。桃符雖退歸,此日亦可惜。滿坐鐙燭光,杯行手不釋。但覺歲崢嶸,不知孰主客。二客前致詞,辭家來射策。春秋鴻雁遭,感此泥爪迹。尚憐支離叟,鬢髮無可白。飲我月團茶,少泉惠嘉茗。使我風生腋。餉我馬塍花,研鄰贈唐花。照我雙頰赤。新詩互酬答,壯氣紓鬱積。我老亦客耳,如奔駒過隙。再拜斟屠蘇,爲客歌金石。楚氛蕩滌盡,雲夢涵春澤。行慰倚閭望,冷官且煖席。少泉。鳳池亦清班,郎曹接履舄。斑斕游子衣,照耀海山碧。研鄰。一歌銷客愁,再歌客心懌。酒酣歌正長,醉舞豚蹄隻。願祝兵甲休,願見雪盈尺。詩窮不須祭,如願當有獲。歌成客大笑,竹爆春聲擲。

二十年前喬見齋同年爲予檢稷山蠢子數有"急流勇退"之語,除夜鐙下偶憶錢若水事,拈筆解嘲

不是急流勇退,偶因老病休官。縱使鑪灰畫盡,神仙做得還難。
神仙心無富貴,富貴貌似神仙。多事希夷老子,相人猶落言詮。

䃤𥕏亭後集卷八

古今體詩五十七首丁巳

少泉和《除夕》詩成,漏三下,勉爲報章,已隔歲矣

我詩聊餞歲,君詩乃永夕。更漏亦有情,都爲詩人惜。客思藉排遣,老懷亦可釋。同居逆旅中,百年皆過客。問客何所爲,奔輪任鞭策。豈知赴壑蛇,飛行不留迹。今年歲在巳。人皆謂守黑,孰能知其白。紛紛千羊皮,誇彼一狐腋。鳥倦翼先垂,魚勞尾更赤。但令璞在抱,不慮薪徒積。今夕一何長,浩歌繞檐隙。多才信足倚,那復論斗石。側聞寬大詔,重疊沛恩澤。年前三壇祈雪,復有旨清刑展賑。又報楚師下,乘勝如卷席。吾儕幸無事,醉舞倒巾舄。擁鑪榾柮紅,埽徑琅玕碧。人情重聚散,春氣易歡懌。何況兩龍劍,遭逢詎終隻。志與寸陰競,義不爲枉尺。君詩咳唾成,於我心實獲。炳燭且相從,殘年敢虛擲。

元日簡勿齋

一千里外平安社,里居社名。六十五年淡蕩人。因病得閒三餞歲,在家如客兩逢春。今年立春較遲。寒鐙相對詩爲伴,舊雨頻來酒漸親。獨我與君無箇事,門前流水似車輪。

書巢再疊前韻,答少泉并簡研鄰

靖節好讀書,素心共晨夕。士行勤運甓,每爲分陰惜。吾生涉世早,憂患老未釋。即今病廢學,對書如對客。譬彼伏櫪鳴,顧盼不堪策。又似僵蠹魚,食字空餘迹。南軒數弓地,窗紙虛生白。更闢西南户,屈曲開右腋。竹影倚寒翠,梅圖點新赤。居然號書巢,媿無萬卷積。古人論爲學,如日窺牖隙。或顯處視月,南北互衡石。南人之學如牖中窺日,北人之學如顯處視月,一精微,一廣大也。其實止一理,萬派歸巨澤。誰劃漢宋疆,苦奪談經席。君方運郢斤,時復吟莊舄。請看黄叔度,萬頃凝澄碧。宅心既醇粹,吐辭亦輯懌。老我秉燭行,形影恒畏隻 。明知學愈愚,得寸而遺尺。居鄰有二仲,舊聞啓新獲。

但愁江錦盡,不羡班筆擲。

新正四日早起微雪,三疊前韵

薄莫寒漸增,層陰曖將夕。連宵風亦倦,欲雪天猶惜。夢回鑪火存,坐久硯冰釋。開門忽驚喜,如逢久别客。舞空訝綏綏,埽徑聞策策。林烏噤無聲,瓦雀飛有迹。須臾黠窗明,散漫鋪地白。危飄破籬角,暗集古墻腋。冬山慘如睡,荒野涷已赤。似聞遺蝻種,或慮愆陽積。壇殿數祈禱,精誠靡閒隙。展賑傾神倉,清刑達肺石。協風引和氣,釀此春前澤。南郊方夙駕,宣室尚前席。花生侍臣衣,雲擁公孫舄。草芽萌舊青,荑柳染新碧。豈惟土脈滋,定識天顔懌。閒鷗亦得侣,病鶴不愁隻。飛牋告滕六,更乞澤下尺。閏歲春尚遲,先難後當獲。且吟催雪詩,餘事拚棄擲。

勿齋和余元日贈詩有“大几明窗無短晷,鑿山泛海有閒人”之句,再次奉答

豈不懷歸仍作客,偶然得句尚驚人。故交落落新年雪,長日遲遲閏歲春。卻病始知方藥貴,忘機聊與簡編親。細思往事皆糟粕,還欲從君問斵輪。

答少泉和《唐花》

前日看花因憶雪,六花何事故遲開。春風只解催紅紫,可許漫天作絮來。
天公豈爲天葩惜,涷日凝雲不放開。獨有盆花偏得意,年年爲惹早蜂來。

李文正《慈恩寺》詩、文衡山《西涯圖》合卷,爲葉潤臣閣讀題并序

《西涯圖》,文衡山爲長沙李文正作也。文正致仕後,於正德九年與文宗嚴太僕、喬白喦禮部昆弟爲慈恩之游,賦詩四章,感舊紀事,屬太僕姪衡山寫圖。大小凡二圖成,而文正已捐館。此其小幅也,與文正詩卷連裝,喬跋詳記顛末,時白喦已爲大司馬矣。後有康熙年間,仁和湯西涯右曾跋并次韵詩。咸豐六年八月,潤臣侍讀持以示余。余復從侍讀假觀詩龕居士《存素堂文集》,記文正居阯、别業、祠墓甚詳。其《西涯考》多采取湯跋、又跋,蔣湘帆影摹西涯《詩帖》及西涯跋詩,并云於蘇齋覩石田《移竹圖》,又得文待詔《西涯圖》摹本,蓋即從此圖臨摹者。十二月,侍讀復以蘇齋屬石門方蘭士薰之友陳默齋所摹西涯《别業圖》并朱野雲鶴年補摹成齋《竹舫圖》陳璚,字玉汝,長洲人,官南京都御史,西涯門人。合卷見示。翁詩有“豈執衡山卷似無”之句,蓋

亦未見文蹟也。侍讀獲此二妙,可謂翰墨奇緣矣。

慈恩寺接西涯西,西涯門外沙築隄。停雲一片照積水,至今煙樹猶淒迷。懷麓老人老安歸,案無魚菜田無畦。惟有門生數來就,尋秋時復尊酒攜。酒酣得句晚鐘外,層樓秋色不可梯。瑶琴三弄意未足,曲終一奏神尤悽。豈惟釣游感今昔,亦因時事傷羈栖。南山猛虎誰敢射,湘江鷓鴣空自啼。當時賦詩寓鶴歎,更藉妙繪留鴻泥。圖成人去客悲慨,潭柳不聞班馬嘶。孫叔衣冠子孫落,晏嬰市宅塵土低。衹餘卷尾數行跋,珍若截肪十襲緹。文章領袖擅前代,楊李大名先後齊。即論篇翰見風操,湖州畫待坡公題。後來西涯尚傾慕,詩筆雙絶超凡蹊。鳳閣家藏有夙好,袖出萬頃青玻瓈。方朱兩本並落手,墨緣直欲誇覃溪。對山偃蹇茶陵病,史論自公堪互稽。我從詩龕證詩境,豁如銀海遭金鎞。石田移竹雖未見,拙老油素無煩賫。蔣湘帆衡以油紙影摹文正詩。崢嶸鄉思忽滿眼,白喦遺墨曾攀躋。喬莊簡宇吾鄉先輩,今平定、盂、壽、樂平山中多白喦題字。

蘇齋摹西涯《別業》成齋《竹舫》兩圖合卷,用蘇齋韵再題二首

偶因移竹寫新圖,石田有西涯《移竹圖》。便認西涯作五湖。壇坫風流人去後,墓祠華表鶴歸無。翁詩注適與梧門蕙麓記西涯墓作補碑圖。登門自昔推仙李,尚友伊誰繼寶蘇。一笑停雲真本在,故吾可許證今吾。

半舫齋前送客歸,沈石田吴匏菴酬唱後來稀。即看對坐吟瀟碧,真欲攜壺上翠微。畫妙通神宜合傳,墨緣過眼總忘機。聞君海子橋頭醉,指點平泉孰是非。潤臣與同人近爲積水潭之游。

勿齋題余詩集,長言詠嘆,情見乎辭,次韵志感

人生行止孰輓推,霜雪變盡滄浪髭。嗟我何爲以詩老,君老爲詩乃更奇。憶昔埋頭伏里塾,君固荼苦吾豈飴。四十年中宦味薄,有如不飲司尊彝。看君爲郎至開府,案牘鉅細無或遺。八年身行五萬里,白頭吟望仍低垂。君豈欲以詩鳴者,而我讀書空下帷。蠹魚老死不自飽,妄意天下由己飢。少年負劍走隴右,登高望遠論邊陲。是時衛滑方有事,投筆欲請長纓羈。翰林官職雅頌亞,豪氣乃化爲委蛇。天門無階海無涯,敢以窺測憑管蠡。漢殿雍容厠班馬,虞廷拜舞陪皋夔。南車偶指越裳氏,東道更訪高句驪。歸來歲月幾蓂莢,夢覺花木皆瑶琪。故山松楸再揮淚,石田茅屋餘荒基。

蒙茸但擁一狐腋，談笑那卻千熊羆。海客槎回入牛斗，十年南國多旌旗。師老饟糜逋寇在，時窮法變群情疑。雀鼠自肥貔虎卧，計臣無計徒攢眉。亦知艱難忍穈錯，欲以廉耻存綱維。驚鴻銜矰没何處，病馬伏櫪將安之。平生憂樂寄文字，晚歲聚散增懷思。兩翁無聊且相對，一字有幸真吾師。小詩君應笑洛社，大雅吾欲賡淮夷。江漢雷霆召伯績，明堂玉檢韓公碑。秋蟲細語何足聽，鐃歌自有春風吹。

立春日感懷

冬雪迎年少，春盤會客遲。遥思拾紫節，已及上鐙時。吾鄉正月十日謂之拾紫節，演劇張鐙，較元夕特盛。竹葉聊供醉，榆錢不療飢。白頭羞綵勝，吟望只低垂。

消寒六集分詠，得春游一首

三年獨卧青槐巷，數里稀過白紙坊。惟有街西兩蘭若，偶因飯後一相羊。月圓漸喜元宵近，春晚纔知閏歲長。藤杖不須矜爾力，看吾腰脚鬥兒郎。

十春詞

春　盤

茗盌香鑪度歲寒，世人猶認作仙官。豈知白髮鄉祠裏，已許先嘗棗栗盤。吾鄉元日謁家祠畢，設春盤於東序，惟齒尊者入坐，不論輩行也。

春　酒

西山影接太行青，别酒曾傾雙玉瓶。一樣屠蘇三處醉，不知何處醉難醒。三兄在里，大姪在長子，三姪在文水。

春　勝

羞將雪鬢鬥朱顔，留取花枝付翠鬟。爲報春閨雙燕子，今年戰士錦衣還。

春　帖

退歸已似舊桃符，朵殿椒屏記得無。七十六言三十册，媿無諷諭繼歐蘇。南齋翰林歲進春帖子詞，五言截句一首，七言截句二首，用黄表朱裏小册，陳懋勤殿案上。憶自道光初元入直，前後三十餘年矣。椒屏亦春帖類，蓋嘉慶年間故事也。

春　衣

休論年瘦與冬肥，觴詠聊從點也歸。卻笑秋風吹去後，春來翻得換新衣。戲指去年八月事。

春　牛

宿麥青青春麥柔，嫩寒消盡出犁溝。年來辛苦隨鞭策，渤海於今不帶牛。

春　鳩

曾是金眸玉爪材，因時變化果誰催。世間巧拙元難定，且向春林喚雨來。

春　蠶

幸藉條桑得免飢，三眠三起敢違時。將身作繭尋常事，到死仍餘未盡絲。

春　雁

遠游也似客初歸，羨爾隨陽得所依。偏是秋風汾水上，年年空憶雁南飛。

春　游

四十年中十萬里，滇黔蜀道未經過。爾來別有心游法，奈此歸雲倦鳥何。

雪夜早起正月十四日

老人學晏起，起已先林鳥。今夕若有思，堅卧不得曉。夢回更檏急，坐覺窗户皎。春雪雖稍遲，微陽續冬杪。譬如病求藥，治本察其標。精液幸未枯，蔆苓力堪矯。或云不宜麥，蟲孽難盡勦。用《廣韵》。試看土脈發，終勝原火燎。爾來苦錢賤，市賈日紛擾。何時洗甲兵，所冀占旟旐。閉門高枕在，久已睡眠少。惟此耕稼志，時復憂悄悄。家人笑秉燭，無事自纏繞。我詩汝豈知，欲寄張京兆。

梟薌少宗伯見和歲莫之作，再疊前韵報之

辛祈典禮舊曾諳，雪積林巒月映潭。今年次辛祈穀，上元日入齋。遥想千官迎道左，即看萬騎出郊南。閒因病後詩逾健，老覺春來睡不酣。先生時有期服。白

髮禮臣應悵望,駿奔執事尚能堪。

緑綺離絃我昔諳,十年孤影對寒潭。馬嘶尚戀關山北,燕壘空餘海淀南。獨羡松筠淩雪茂,不隨桃李借春酣。張蒼自是圖書史,百歲仍爲漢相堪。

孔敘仲憲彝舍人《致經堂圖》

君爲致經堂,更以韓名齋。韓公尊孔氏,非經訓必排。其言有本原,如河濟江淮。漢儒匯厥流,宋儒循其涯。上下數千年,劍氣不可埋。藏之古壁中,當與金石諧。登堂見禮器,得神遺形骸。大哉聖人門,以韓爲梯階。君欲致古訓,煖姝非其儕。還當坐小齋,顯處視月佳。群言衷諸聖,不使大義乖。雅言求諸經,詩書執禮皆。

《韓齋雅集圖》爲孔敘仲題戴侍郎作。

戴畫吾有三,山水多平遠。西山《雙橋精舍圖》,淀園作。與西湖,去年自錢唐寄小幅。兩地情繾綣。獨有憶松圖,爲吾鄉方山作。雄秀爭絶巘。此圖酷相肖,陡筆無一偃。自題云"密林陡嶂"。自云師造化,意匠闢關揵。韓齋文字飲,望雪迫冬晚。蒼翠忽飛來,寒林出高蹇。即此抵寫真,忘形到嵇阮。竹亭疑聽雨,誤筆乃更婉。敘仲即以此爲《雅集圖》,姚伯昂前輩誤題爲"聽雨"。雅集創新例,奇緣增藝苑。九年三上元,題句何宛宛。頗怪畫通神,若與時推挽。足音在空谷,幽芳託蘭畹。亦何必見戴,乘興聊往返。戴鹿牀以上元日生,畫作於己酉上元,葉潤臣題於甲寅上元,今年上元余適題句。

上元後二日南軒見蝶移於北堂盆花上,經夕不見

病叟知春晚,微蟲得氣先。黏窗疑墜葉,著袖似浮煙。雪積前軒冷,花餘小室妍。漸含飛動意,聊試轉移權。入夢元同幻,依人亦可憐。重簾留不得,恐是太常仙。太常寺仙蝶,時來往人家。

消寒七集題《憶松圖》二首

五十年來影答形,眼中山色夢中青。萬松圍住三間屋,可是䅟䆆第二亭。那文毅曾爲余書"䅟䆆第二亭"額。

鹿牀居士謫仙才,借我離愁付酒杯。十載孤山鶴飛去,孔賓何事不歸來。錢唐戴侍郎道光二十七年爲余作《憶松圖》,今侍郎高隱已及十年,而余仍以老病留滯都門,展卷慨然。

柳谿寄《元旦》詩，次韵卻寄

新年好句屬閒官，春入山城氣尚寒。悃愊無華知政簡，催科不擾得才難。飛箋宛接仙人舄，論事猶披壯士肝。十載幽蘭在空谷，雅琴定遇賞音彈。

夜夢得句，醒足成之

東風解凍魚吹渌，南畝耕烟麥吐青。正是春游行樂處，半窗斜月夢偏醒。

詩舲《慈仁寺雙松圖》頃爲偷兒卷去，以詩見示，次韵戲答

雲自無心月自閒，畫禪詩境偶相關。明知鱗甲能通變，故遣飛騰爲破慳。繭紙豈隨蕭翼去，滄洲仍送虎頭還。巧偷未必能豪奪，更補松寮雪後山。

戒師欲於寺後起七丈土岡，復毗盧閣舊阯，借詩舲韵頌之

老僧不放景光閒，種樹移花晝掩關。猶爲登臨歎塵劫，徑思披豁露天慳。願深那計年遲莫，居近何辭日往還。會待眼中來突兀，隔城招手得西山。

梟薌前輩示近作賦答

今日風日晴，火鑪尚餘寒。午窗坐假寐，閉眼觀鼻端。臂痛幾廢書，醫云風在肝。春氣狎孱軀，攝生良獨難。忽枉珠玉句，美哉直而寬。學養見情性，感慨餘悲歡。四朝數耆舊，先生今年八十六歲。九列儕鵷鸞。偶然得瀞沐，帀月調眠餐。參語思賢閫，道沖能達觀。近已拈老筆，研池生微瀾。灑灑二百字，清芬披幽蘭。病起口占五首。酬酢到後學，和編修張肖眉洵詩。深思託柔翰。中有驚人語，懇懇追杜韓。賤子少廿歲，寒竽澀將乾。三疊尖叉韵，氣衰力已殫。載聆陽春曲，援琴不敢彈。報以下里歌，歌鄙心則酸。吴楚尚干戈，老成國之磐。年豐兵氣銷，賢才惟任官。宵旰方殷憂，偃卧焉得安。每恨蒲柳姿，幸望喬松蟠。詩成臂欲折，想見顔渥丹。

先太夫人忌日感述寄三兄正月二十五日

陳情志未遂，貽此終身憂。升斗亦何裨，不得親彌留。每念此日苦，胡爲事遠游。憶昔聞喪初，居此城南陬。縗絰不及待，星奔如逸囚。弔者及門

返,鄰人擁墻頭。送我銜恤去,倏忽二紀周。昔爲强壯子,今爲衰病叟。向時登堂客,大半歸首邱。有妹過六十,平定張氏妹今年六十一。兄年八九秋。兄今年七十二。六十吾又五,已與先子侔。兄算亦過母,先大夫享年六十五,太夫人享年七十一。貞疾天所優。骨肉餘三人,逝者骸未收。六弟柩尚厝金陵城中。前年兄蹔來,臨别淚並流。吾妹去年至,謂兄疾似瘳。千里馬頭月,聚影良難謀。太行雲萬重,鬱鬱隔松楸。吾豈無家歸,江漢兵未休。餘生幸不死,願睹方叔猷。今日吾家祠,知兄陳膳羞。扶杖尚能拜,子孫衣共摳。吾亦著冠帶,堂北洗酒甌。吾妹記侍疾,欲言聲哽喉。使我肝腸裂,雪涕煎雙眸。小孫侍翁食,怪翁顔色揫。翁言問爾父,或當悉其由。人生百年中,事遠情亦悠。惟此劬勞恩,萬端無一酬。作詩報吾兄,同氣古所求。

竹軒族兄身正寄哭六弟詩,感慟答之

詩不能傳畫未工,江天極目但青楓。余有哭幼章弟詩四篇,并寫《江天極目圖》。欲知歐血臣心苦,盡在金陵一疏中。

江漢東流去不回,招魂何日得歸來。聞君灑盡寒窗淚,應爲吾家惜此才。

消寒八集呈夢巖先生,并簡心園亮功世講

莫道山川遠間之,太行衹在白雲陲。定知枌社鳴珂處,正及椒盤進酒時。小别送君千里月,兼旬欠我兩年詩。雪泥蹤迹鄉關夢,卻望飛鴻有所思。

正月晦日有感季弟諱日。

城南卧病將三歲,江上愁心已四年。歲歲春消殘雪裏,年年淚落早花前。花飛尚有成陰日,雪盡還逢作雨天。天若無情人不老,何爲此日獨潸然。

次韵顔夏庭培瑚侍御見贈二首

蒲柳衰姿媿豫章,幸依葵藿向朝陽。龍光每捧雲牋燦,鶴俸空霑玉粒香。尚念哀鳴飛野澤,那堪羸病服驂襄。十年仰屋曾何補,對影君看鏡裏霜。

腹笥便便羨郝隆,搜才早已徧岐豐。峨冠合稱昌言職,陋巷猶存樂道風。金馬論思應未厭,花驄行步不求工。詠歌難遣閒愁去,聞説寒郊有轉蓬。“愁去詠歌頻魯公”,《送耿湋拾遺》聯句。

詠折枝瓶花二月三日

如煙如夢隔窗紗,裊裊亭亭雙角丫。道是無根偏有恨,生來只作膽瓶花。

小孫女端兒是日以痘殤。

説 夢

少時嘗夢至一處,朱門楹桷如禁署。二青衣導入重門,寶殿當中夾桂柾。
東階下有修人卧,頂南踵北數百步。不知何時已入夢,兩睫塵封鐵生鏽。
旁蹲大鳥頭入雲,仰睎殿脊見其嗉。鳥忽低頭示余意,勿驚鼾睡觸彼怒。
余雖不言意暗解,急趨上殿不回顧。空中高現諸法相,群怪奔走非繪塑。
余時脈定百念息,更無罣礙無恐怖。遂開北闥得深院,草長蔽徑曲闌護。
西廊少年擁郄坐,玻瓈隔窗鎖煙霧。清矑不轉語微會,本無所著於何住。
旁舍三楹書負棟,脈望守之不敢蠹。手疲目勌讀未了,簉東門闢見歸路。
回頭一笑緋衫郎,相送拍肩宛夙晤。期我五五更來游,口前截斷若有悟。
從此一夢二十年,閉眼不覺神已赴。修人大鳥都不見,惟有書室靜如故。
即今老矣猶讀書,舊夢無痕渺難遇。觀齋應作如是觀,夢中説夢無字句。
世人亦説夢爲妄,乃以妄念爲夢誤。若知夢從何處來,便知夢從何處去。

此五十年前舊夢也。每年必夢數次,皆從東角門書室出入,不經中殿,而西廊少年熟視,迄無一語。至廿五歲後,不復作此夢矣。咸豐七年二月三日觀翁記,時年六十有五。

《金樓子聚書篇》題後

龍文玉軸八萬卷,豪奪巧偷四十年。不識隋家經籍志,劫灰曾否得遺編。

高誼篇酬陳勿齋表弟

千金投贈古所重,於解組後尤爲難。何況清風三十載,毁家早已輸之官。君雖罷官子通籍,孰得孰失可以觀。世人筲兒不自量,尺蠖之伸由屈蟠。太邱積德已絫世,子舍中茁芝與蘭。六旬就養羡偕老,健步時復思據鞍。嗟余長君僅一歲,眼花臂痛精力殘。紙閣蘆簾久宋寞,江雲海月空悲酸。蔭及任子老且病,卧糜廩禄心何安。而君乃復念樗朽,一紙豁達傾肺肝。將謂交游親故少,更憐骨肉形影單。饋余薪米貲,并賻恤季弟。伯夷之粟延陵劍,古來高誼雲霄干。開緘再拜謝不敏,受施豈敢忘素餐。方今錢賤米翔貴,欲推所惠周飢寒。近有大員捐米平糶之議,又五城捐粥代賑,即以此款應之。餘力猶堪辦鮭菜,君來不愁杯酒乾。近聞楚軍已東下,白門日望歸旐丹。麥舟倉卒幸得濟,魂魄離散終當完。感君此舉邁流俗,使我揮淚增慨歎。世間雲雨手翻覆,援琴欲向何人彈。老懷枯澀乏瓊報,春色那肯來豪端。

答顔侍御詩誤題月日,書此解嘲

絳叟空疑亥,桃源不記春。君看玉階上,蓂葉幾番新。李益《問路侍御六月大小》詩云:"故人爲柱史,爲我數階蓂。"

題《黄河圖》

黄河落天上,天漢本澄清。一出崑崙後,人間風浪生。誰能問清濁,曲直自分明。

宗滌甫給事稷辰將之東河工次,賦詩贈行,即題其詩集後

越峴山人今給諫,居鄰舊雨往來慣。左臺鶚薦屬老成,東國河流待安晏。今年春遲似惜别,楊柳初黄花未綻。多病朝車已久懸,一尊祖道無由辦。客秋示我詩盈篋,經史紛綸互貫串。每思點筆輒自媿,寸莛撞鐘毋乃慢。君文壁壘出韓門,詩亦從衡得梯棧。早從騷客拾香草,晚抱牙琴想幽澗。力追險絶歸平正,枝葉浮華悉鉏鏟。立言尚耻躬不逮,兀坐空齋見真幻。《躬耻齋詩草》前後見示二十五集。果然聲價重臺閣,不獨星雲歌糾縵。爾來彖疏論時事,隱與朝廷共憂患。江湖未斬跋浪鯨,中澤忍聽哀鳴雁。一言豈弟荷知遇,百爾靖共紓顧盼。方將讓功不避過,豈以迂闊防嘲訕。綸言誥誡彌感奮,豸服巡行敢欺謾。河間侍郎金隄使,李夢韶河帥。直道相知定無間。久悲氾濫民爲魚,縱有犁鉏泥没骭。宣防自古賴籌策,精力於今困游宦。此行莫云驄馬瘦,忘機奚問冥鴻篡。似聞河南麥已種,卻望淮北甲猶擐。君無遽懷鑑湖曲,我尚未歸石艾棧。會看天弧埽欃槍,重築漕渠翦葭薍。東去人迎白鷺車,南歸酒有嘉魚汕。乘風破浪老益壯,紫誥黄麻舊兼綰。獨憐過門少車轍,猶自呼僮樹籬栅。所晏切。詩成儻許附驥尾,它日不羞鵬笑鷃。

《釣磯立談》題後

書止一卷,作者自偁曰"叟",不署姓名。《十國春秋》《南唐》諸書,皆以爲史虚白撰,其言江南興廢事甚備。虚白字畏名,臨終謂其子以元宗賜酒爲殉。鮑氏廷博據自序"使小子温成誦"一語,疑爲虚白仲子之筆。然"山東隱君子"一條末,但云"不仕",未及臨終遺命,則似非其子追記也。

不願留名向釣臺,割江一賦總堪哀。便教醉死廬峰下,猶戀南朝酒一杯。

春分前一日雪二月二十四日

陽氣滌凍塗,絪緼已三日。如何春及半,猶見花六出。天公潤萬物,風雲爲輔弼。能司雨雪權,豈無轉移術。雲師從風伯,奔走不遑逸。霢霂雜雰雰,神功未易詰。老農負耒歎,望澤敢求溢。亦知飢渴久,生死難自必。及兹事春耕,黄犢猶可叱。但祝東風來,吹面不寒栗。雨雪皆土膏,何者非恩恤。青青隴上麥,鬱鬱行復茁。春雲滿西山,花柳如絲密。

孫駕航閣讀見示《蠟梅》長歌,賦答二首

江城三度臘嘉平,笑倚黄梅眼獨明。誰向西堂尋舊句,每因南雁寄離情。曩在江陰使院,有《蠟梅》詩。高門錦幄圍鑪看,鄭邸一株,高出檐角。冬覆以屋,鑪火烘之,其花特盛。小巷柴扉策杖行。下斜街居鄰花市。兩事蹉跎一春夢,蜜蜂無計醉先生。羡君彩筆發仙姿,能寫蘇黄絶妙辭。紫陌已開驄馬路,碧梧仍借鳳皇枝。君時記名御史。巴江幾處曾題柱,前年典試四川。謝墅頻年尚奕棋。聞重庭符卿尚書頤養安善。桃李門前春似海,白頭親見種花時。

《太常仙蝶圖》爲駕航題

仙蹤夢境兩無猜,鳳閣留傳粉本開。一笑相看似相識,雪天曾到竹窗來。今年上元後見蝶,與此圖宛肖。

孫萊山編修毓汶見和《蠟梅》詩,次韵奉酬,並簡駕航令姪

如意門東春水平,看花時節已清明。夕陽無限煙波思,舊雨難忘尊酒情。昔年與尊甫同年尚書澄懷園同直,今並歸林下已三年矣。閒裏觀書慵點勘,病餘作字誤真行。玉谿錦句煩投贈,君頗喜義山詩。應笑年來太瘦生。

蒼茫巖壑轉春姿,磊落胸襟吐麗詞。金石千聲還並奏,栘華四照本連枝。君昆弟並一甲高第。驚人自有淩雲筆,顧我真如退局棋。聞道玉堂方給札,近詔詞臣三十人分寫《文選》,君與其事。願書金鑑答清時。

䙤𦦙亭後集卷九

古今體詩四十九首丁巳

竹闌

南軒北窗下,有竹數十竿。芳椒間丁香,竹外地稍寬。稺槐墻西隅,逼仄礙檐端。乳犬銜墜籜,奔逐如沸湍。箭倒筍復折,勢不得上攢。可惜森爽姿,蕉萃叢半殘。病翁顧而歎,孤立良獨難。課僮翦枯木,密插横爲闌。移槐井之眉,得所斯兩安。汲水聊灌溉,春雨久已乾。灑然微風來,動摇青琅玕。亦知翠袖薄,茅屋幸尚完。青青陵陂麥,犁鉏力已殫。念爾免蹂踐,循闌行且看。修柯信不改,相與期歲寒。

痘詩付彭孫丁巳二月二十五日

北宋前無治痘方,字書孳乳亦未詳。董君汲斑疹論已佚,周密趙賓暘數語其濫觴。斑犀玳瑁髣髴似,陳家小兒黯花面妝。元明以後診法備,仁端録始徐仲光。明徐謙。探索群書著理辨,專門繼者祁門汪。機,明人,著《痘症理辨》。大抵胎元主一説,歲氣之論創於黄。元御,國朝人。以上見《四庫全書總目》醫家類,陳黯詩載《文苑英華》。或云武谿蠻流毒,薏苡傅會殊渺茫。李時珍説。或云染自遼入汴,時醫口傳難校量。人情耆欲如沸湯,以酒爲漿妄爲常。即謂先天氣所禀,何至近代疾始彰。若使歲氣由温疫,何以一發不再創。疹雖似痘痘非疹,以今攷古數典忘。竊疑古者重改火,鑽木以時傳燧皇。施諸飲食逮乳哺,襁褓或免痟與瘍。木火究殊石火烈,縱有疾病差易防。清明日賜百官火,古風沿襲終李唐。宋初此舉尚不廢,石泉槐火存斷章。自從石火取攜便,木乃休囚火遁藏。星吞電吸灼肺腑,冬慾夏伏乖陰陽。遂令二豎巧乘隙,出入鼻息潛膏肓。虚實攻補議蠭起,百草亂鬥誰敢嘗。金童玉女環守牀,求醫不得祈神禳。時俗小兒出痘,必祀痘神。豈知中醫常不藥,和緩孰是古之良。仰瞻金鑑補造化,種痘有術同蒔秧。欽定《醫宗金鑑》有種痘一門。庶幾十全百不失,物無夭札天降康。昔我孩提今老蒼,抱孫就塾若有望。先時培植病未遑,猶幸醫藥慎所當。俸錢獨媿民流亡,保赤無力心暗傷。期爾黄犢頭角强，它日爲翁勝服箱，作詩念哉孫彭郎。

送雷少泉訓導之官鶴峰

昔歲在壬子，君來顧吾廬。樞直事方殷，一歲三移居。其時寇北奔，自粤及楚吴。慘黷日萬變，羽檄飛江湖。君悲黄州守，知己忽云徂。投筆出國門，念我手足孤。再來我已老，卧病城南隅。執手各揮淚，往事難重臚。側聞高堂健，鄉樹森門閭。又報楚氛淨，墟里無萑苻。一第何足論，經師世所須。觀君精悍色，眉間黄氣敷。文章如波濤，一瀉千里趨。如木堅多節，華實交相扶。乃知真性情，中自有坦途。吾衰欲焚硯，力不能箸書。徒抱幽憂疾，久無酬唱徒。舊交忘形骸，佳句時招呼。忽誦留别詩，使我心踟躕。杯酒日以疏，歲月日以逾。雲龍會相從，金石終不渝。夷陵古名郡，五峰亦奥區。君歸奉安輿，流覽桃源圖。鶴峰，或云即古桃花源。烽火不到處，山川清且腴。幸無惜尺素，爲寄雙鯉魚。

借戒公竹院過夏，詩以訊之

寺前老松能漏月，寺後叢竹更藏煙。東頭一屋人不到，可許來參玉版禪。

清明日看桃花，次少泉和世長韵

晴川赤壁埽烽煙，旅思愁懷一豁然。壯志何曾銷劍氣，冷官况有看花緣。酒從萱草堂前醉，人比桃源洞里仙。笑我衣塵猶未浣，雙松春盡坐枯禪。

詩舲少宰以《説文統系圖》《雪浪石圖》見貽，皆嘉定程穉蘅祖慶摹本也，走筆謝之

怡園示我兩幅圖，無礙居士手所摹。説文宗許逮後儒，雪浪銘出眉山蘇。懸之坐右拜且趨，石不能言笑我迂。迂哉乃有僾欨子，退筆塗抹老未已。空谷跫然心獨喜，聞道怡園花開矣，作詩賀翁謝居士。

次韵宗滌甫《顧祠修禊》

逃名誰識圭年老，别思秋江餘畫稿。弔鶴空歸曲沃園，浮家莫問崇明島。當時兩馬載書卷，周覽中區恣搜討。都門古寺偶停驂，歷下東湖旋就道。至今遺蹟人尚思，對客炊羹事堪攷。以上見張石州所輯顧譜。離披書帶想階戺，鬱勃虯

枝動鱗爪。先生精靈何所寄，落葉荒榛不可埽。糟粕空將齍簡求，弋羅仰視鴻飛藐。繡衣使者老給事，騎馬避人焚諫草。猶登禮堂肅瞻謁，共薦溪毛勤采芼。《集韵》三十二晧收“芼”字。觴詠恍依蘭上里，雲山直接花蒲保。崑山里居。群賢蓮社答形影，是日陶凫鄉前輩在坐。滿坐龍門歎淑皓。春遊城郭天氣新，歸路林花詩句好。猛思江海多旌旗，不覺風塵雜襟抱。郡國誰尋利病書，功名且試河山表。白頭吟望獨低垂，無復飛騰馳翰藻。

春晚黎城王英齋發越平定陳勿齋士枚潞城郭雲亭驥遠小飲春草廬得句

停雲不隔太行西，潞酒盈壺勸客提。驀向尊前聞布穀，深山細雨正扶犁。

三月二十五日感作寄三兄

六五衰翁淚暗垂，今年今日更堪悲。即看峻阪奔輪際，香山句：“我今六十五，走若下阪輪。”已過高堂易簀時。多病弟兄仍健在，故鄉耆老尚存誰。平生憂樂無窮事，説與兒曹恐未知。

四月三日慈仁寺同人補禊，和少泉《感懷》韵，并簡研鄰光署

花片成茵絮作氈，燕臺留滯又經年。恰逢首夏清和候，遥見西峰紫翠巔。閏歲春遲宜補禊，歸裝詩重已盈編。紅塵影外桃源路，到處山川總豁然。

餉鮓何煩問老漁，編籬盡許賦閒居。一官且遂娱親志，二酉應探濟世書。定有虹霓騰劍氣，未容苜蓿戀槃蔬。鄰房笑説新篘熟，法酒還堪餞客車。次日研鄰招飲，聞良醖署有明時舊釀具。

占雨四月六日丁亥

丙丁占穀雨，里諺記田公。吾鄉農占，穀雨後常以丙丁日雨。機已一爻動，氣猶三月中。十一日始立夏。舞號情更迫，杯珓術難工。竟日竹闌外，東南盼好風。

夜雨連朝喜作四月八日

昨移盆花遮破籬，瓦缾往來井之眉。明知春雨望已絶，綆汲聊復蘇渴飢。顛風午息莫雲合，睡起忽聞檐溜垂。開門燕雀競相賀，覘土已逾三寸滋。不知隴麥抽幾許，窗竹一笑横新枝。西街寺粥苦難繼，東市米價應少衰。龍星體

見萬靈竢,和氣醖釀銷群菑。病翁胸中如有詩,所樂何事慙其私。且參玉版散花雨,結緣欲倣無言師。釋家以四月八日爲結緣日。

月夜早起

薄被催人起,疏鐘送曉來。風林元自定,月闥了無猜。孤坐萬緣息,靜觀群動該。明朝有嘉客,花徑埽重開。

四月十九日長椿寺看花遂齋月公南堂,次滌甫給事韵同游者王嘯山鴻臚發桂、龔養和舍人自閎、叔雨觀察自閎昆弟。

鄰舍蜜蜂醉已久,書巢老蠹空自守。看花難得素心人,坐客都無寒具手。是日同觀朱澤民山水長卷。街西古寺晨粥散,門外殘紅輭塵厚。花天無風良獨難,玉版同參信非偶。爾來蓮社寬酒律,每誚飣槃止三九。水齋至今奉師戒,蔬筍留賓忘組綬。或摩黔崖證禹碑,或舉晉觶思周卣。天葩古艷出金石,似笑風人燎且懰。都城黃紫鬥姚魏,足繭肩頳壓擔走。兩叢高倚祇樹園,廿載寒泉一瓦瓿。求詩問法了無礙,即色觀空任所取。試看鐵釜生青蓮,散作醍醐千萬口。寺方散粥。棠枝並照羡柎鄂,蘭臭同心感寮友。媿我桃花飽餐飯,勞君綵筆貽佩玖。松下高風五月秋,褰裳更步蒼髯後。去秋君有《慈仁寺松間曉步》詩。

紅巖碑歌爲王嘯山發桂作嘯山典試黔中,得摩崖拓本。劉寬夫坦題,呂堯仙佺孫重摹縮本並記。

紅巖插天黔西陬,上有萬古不死之赤虬。拏雲掣電鱗角出,化爲雨粟神鬼愁。方圭員璧羅尊卣,金繩鐵鏁珊瑚鉤。或云誓苗碑,遺自蜀武侯。漢隸俗書那髣髴,二篆史籀俱非儔。或云殷宗伐鬼方,鑿山勒石銘厥幽。傅巖一夢且圖象,三年偉績豈無文字留。後人好古喜觀怪,鐘鼎款識窮彫鎪。何況爻頌燦然簡册具,震用來享聲靈遒。叱馭使者片紙收,藜火一照回雙眸。毗陵中丞手摹本,疑是湯孫有綴旒。細觀刻畫體尚質,祖辛父癸差相侔。千搜萬索忽在眼,韓公浪自悲猨猱。岣嶁碑,郯陽鼓,石不能言器則古。羅施鬼國今編户,神物晚出斯爲伍。我詩姑質王劉呂,才薄敢望博士愈。

附録呂記

右碑文在安順府永寧州五十里之紅巖山磨崖。文字奇古,三十餘字。碑高丈餘，寬廣倍之。歲久剥落，筆畫猶可辨識，俗傳爲諸葛碑，則以其地有諸葛營也無論。武侯軍此，史册無徵，即考之漢隸，文殊不類。或有釋爲殷高宗伐鬼方紀功之刻者，細繹釋文，亦多穿鑿附會，似難徵信。然其結體古茂，字畫渾勁，與鐘鼎古篆相類，直足上儕禹碑，其爲三代之物無疑也。購搨甚難，非疊架重木，集數十人之力，不能得一紙。爰依其丈尺，以十之二縮臨此本，以便觀覽。咸豐壬子，長夏陽湖吕佺孫識。

黄寸園足民端陽景物小幀，嘉慶庚辰歲作也，重裝題句

殘絹尚新裝，故交安可忘。白頭一彈指，三十七端陽。

夢中詩

片石足抵雙南金，南金不如志士心。志士之心何所見，石泐金寒心不變。刻石作肺，鏤金作肝。無血則枯，無心則頑。嗚呼，鳥蟲紛紛不可讀，寥寥此心誰爲傳。

丁巳之歲端午次夕，夢人以古器來，若尊缶之屬，文字從衡離合不可識。欲紀以詩，得二句遽寤，急尋殘夢，竟續成篇。并記。

次韵寄郝夢山臺魁同年絳州

壽眉仙骨想神全，蘭芷盈階竹數椽。萬卷尚聞君坐擁，九衢空笑我車懸。淀園小聚猶如昨，絳叟重逢不記年。前使隴時往來驛館，再與君見。看取鳳毛雙濟美，禮堂真合老而傳。君七十又得一子。

罌粟花歎

如何美人花，化作芙蓉土。誤入藥籠中，此身難自主。瘴海飛火輪，天魔散花雨。著人心骨醉，養此百年蠱。自從蜃市開，捆載利姦賈。呼龍種瑶草，勢欲劫鳩扈。直愁地力盡，九穀爲之腐。嗟爾米萬囊，結實比黍稌。飢餓不能救，轉自灼肺腑。得毋妖艷姿，甘受群鬼侮。白骨銜沈冤，黄金買歌舞。嘘吸兵燹餘，不懼神靈怒。氛煙出口鼻，淡巴菰、鼻烟、雅片，皆自洋來。嗜欲迭攻取。人事各有漸，孰與司防杜。此花亦何辜，衆草羞爲伍。吾將訴炎農，竟欲删藥譜。非種悉鋤去，無令媢田祖。九州大瀛海，日月照臨普。豈爲一物慈，忍彼衆生苦。夏雨既云足，扶疏繞庭户。歎息復何爲，所思老農圃。

詠我相國示讀松風閣近作有題余所贈《華岳圖》詩，次韵奉答

我本晉鄙人，結廬近漕邱。老病滯京國，家山虚卧遊。夢中青蓮華，遠接天西陬。卌載兩經過，惜未攀巖嶠。古翠落襟袖，一紙空復收。每望太行雲，遥指仙掌秋。公今作霖雨，傅巖應旁求。此圖合持贈，我亭已休休。聚米畫山谷，静對資冥搜。中條太華間，元氣爲詩留。坐聞松風聲，心有江海憂。曾雲已盪胸，公詩有"岱宗曾登眺"之句。玉井方洗頭。尚憐失群雁，汾水心悠悠。

爲王嘯山補書"槐圓别墅"舊額并題

緑陰圓處得三槐，嘉客時時共酒杯。知有音聲暗相報，十年曾聽讀書來。

長夏即事

凉棚初起晝沈沈，小拓紗窗納緑陰。投餌陳魚元不計，解懸縱雀亦無心。閒談杯酒鄉音熟，時舒、敦兩姪，友直、友麟兩姪孫，俱在京寓。老覺雲山畫理深。自有空庭容廣步，未妨疏懶是清吟。

嘯山以《紅巖碑》縮本見贈，次滌甫韵賦謝

禹績仍留未鑿山，商書不紀勒銘還。至今篆刻疑三古，如見聲靈震百蠻。拓本流傳鐘鼎外，浮槎載取斗牛間。即看文德敷荒徼，銅鼓銀簪盡款關。

少泉以余酬和諸詩裝册，臯薌前輩見而題之，次韵奉謝二首

倦鳥歸林任所之，詩篇付與酒杯持。江城玉笛催人别，又是桃源放棹時。

敢道雲龍上下之，鉅鐘容我寸筵持。等閒卻被柴桑笑，不見西廬唱和詩。比年與臯翁時有酬唱。

歸安姚正甫承輿《爾雅通解》稿本書後

邵晉涵二雲。郝懿行蘭臯。前驅迴絶塵，後來追步亦艱辛。豈知爾雅蟲魚注，即是當時磊落人。文字遠徵三古訓，淵源旁涉九流津。紛吾豹鼠終難辯，誤讀空餘老病身。

黄小松易《嵩洛訪碑廿四圖》爲李竹朋佐賢題，并簡何子貞紹基

黄侯嵩洛游，訪碑自開元。杖策汜水東，山勢横蜿蜿。遂攲崇高門，取徑由轘

轅。少林倚少室,面壁初無言。石闕何岧嶤,篆刻遺荒原。森森漢時柏,劫火不敢燔。尚疑啓母石,祕簡緘璵璠。嶽祠鎮中央,衆峰四屏藩。石淙下無地,上接天池源。黄蓋間積翠,壒幢連頂蹯。玉笙出緱嶺,鸞鳳鳴且騫。盧君舊草堂,武子虚谷新山軒。千載有同調,幽澗琴潺湲。石交榻頻下,勝彼稱與蕃。洛陽名蹟多,白馬雄祇園。龍門香山間,樂天昔攀援。北邙望太行,丹翠秋陽暄。歸途及冬朔,去時籬菊繁。氈蠟留手痕,一洗沈埋冤。蓬萊老仙吏,畫鹿雙輪轓。岱圖世並傳,墨采騰龍鵷。竹朋得其龍,觀齋闖其樊。謰謱爲題句,幸止廿四番。向禽儻作繪,五岳詞更煩。自嘲復自解,坐客且莫喧。詩境倡先聲,每圖覃谿先生皆有題記。諸老和篪壎。近者何太史,健筆埽詞垣。況從泰華還,飛屐天風掀。峨眉瓦屋吟,口海波瀾翻。周旋壇坫側,其敢屬櫜鞬。操觚且急就,聊以志弗諼。卧游吾老矣,蝯叟真如蝯。子貞晚號。

節録《廿四畫記》

開元寺鄭州城西。等慈寺汜水東關二里許。轘轅關,一名崿嶺口,在少室北,登嵩境始於此。少林寺少室五乳峰下。少室石闕邢家鋪西荒原。嵩陽書院太室南麓門外,有漢柏二株。開母石闕崇福宫東數十步,闕北啓母石高三丈,廣如之,疑星隕也。中嶽廟嵩山黄蓋峰之陽,廟前太室神道雙闕。石淙城西四十里平洛澗,於此間想見盧鴻草堂之勝。會善寺積翠峰下,門前銀杏、翠柏甚古。嵩嶽寺嵩陽觀右。緱山緱氏山,在偃師城南,一峰隆然,嵩少諸峰三面環列,誠仙境也。武后昇仙太子碑題目一行,碑陰上半皆薛稷書。小石山房偃師武虚谷得晉征東將軍劉韜碣,因搆小石山房。平等寺寺址在義井鋪北洛陽界荒原。白馬寺洛陽,寺有方壒。大覺寺東魏大覺寺碑韓毅書,武虚谷得於洛陽城東四眼井,僅存篆額。龍門山洛陽城東三十里。老君洞龍門南。伊闕洞壁刻經,明人鑿"伊闕"二大字壓其上。奉先寺老君洞北。香山伊水之東,自龍門舟渡,沿山而登,寺有白樂天栗主。邙山嵩洛歸途過此,及巔見黄河如帶,南瞻嵩嶽,北眺太行,輿人指宋八陵隱隱可見。太行秋色渡河至孟縣,出城東返,無日不見太行山色,秋樹丹黄真畫境也。晉碑晉太康十年太公吕望表,盧無忌文。嘉慶元年九月,自開封至嵩洛。十月,經懷慶、衛輝東還。往返四十日,得碑四百餘種。遊屐所經,成此廿四圖,以志快幸。錢唐黄易。

孔敘仲舍人見示錢唐戴侍郎山水小册,即題其後

侍郎自是山水人,偶以冠帶纏其身。一朝點筆破空去,如鶴出樊魚脱綸。西湖眉黛爲君嫵,借我湖光洗塵土。招隱曾憐祁孔賓,去年寄我溪山尺幅。掉頭還憶孔巢父。眼明再見湖上山,臯窕沖融相對閒。就中兩紙更奇絶,陗壁寒林照積雪。江南江北總愁人,十年重惜燕臺别。誰道先生歸去來,烟雲往往落天涯。歲莫懷人一尊酒,留將雅集續韓齋。《韓齋雅集圖》即戴畫也。

孔恭愨公蘭竹遺墨公諱毓沂，今畫軸藏敘仲舍人家，即公五世孫也。

游藝尚傳蘭竹石，多能奚止畫書詩。遥知禮樂編成後，正及南山獻壽時。作畫時康熙五十三年，聖壽六旬之次年也，公年五十有八。

夏至日答梟翁前輩

一年今日最長日，閏歲時光憐老佚。晨起風雷捲地過，午陰槐竹圍窗密。鄰叟園蔬對酒傾，詩來又聽打門聲。玉溪好句誰人解，卧病空堂雨未成。

附梟翁詩

卧病空堂雨未成，晚暄催取葛衣更。加餐恰得園蔬力，我似王瓜五月生。

閏午日書懷

重五四逢閏，百年强半過。壯心隨病減，老境入詩多。亦有家山夢，其如江海波。蒲觴還勸客，莫惜醉顏酡。

海　鳥

海鳥曰爰居，遠巢西海西。如何九萬里，翩然魯郊栖。將毋風爲菑，中道胡不迷。古者雉獒貢，思患防端倪。異哉臧孫智，曾不故府稽。一朝鐘鼓饗，漸及幣與圭。初筵尚震駭，久乃甘如餅。樓臺蜃市旁，出入(千)〔干〕虹霓。海鳥非一族，同居情則暌。箕斗天漢高，烏鵲橋梁低。織錦能幾何，報章終日徯。天風吹海水，青冥安可梯。午日今再中，爲語桃都雞。

三兄寄示詩文，題後奉答

老子今猶興不淺，家書往往寄詩文。殘年哀樂憑消遣，萬事升沈屏見聞。别夢易醒燕市酒，歸心難逐太行雲。何時海内干戈戢，十畝兄耕待弟耘。

慈仁寺柏槐皆數百年物也，元時雙松今已補植，獨此蔚然尚存。閏夏雨後與客納涼其下，歸而賦詩以張之

慈仁古松不可見，雙龍變化今成三。尚餘鱗甲入圖畫，僧繇妙筆傳精藍。張詩舲有《雙松圖》。其旁柏槐須更古，蒼髯老友彭與聃。游人題詠顧弗及，時有野鶴相對談。直幹豈肯作蟠屈，清陰亦復能包含。念兹嘉樹欲延譽，才薄固知起

不堪。今日涼堂雨送客,萬緑一洗神姿酣。柏兮槐兮四君子,衣冠甚偉鬢眉毵。回看三松少氣色,黄綺山立蕭曹慙。苦心堅節閲世久,時乎未遇沈淪甘。西山偃蹇城之南,欲往從之車脱驂。松壇竹院忽有得,坐卧其下吾非貪。似聞空谷足音喜,佳處早已留茅菴。頃借竹院過夏。

閏五日張石卿亮基**招同嚴仙舫**正基**鄭小山**敦謹**宗滌甫**稷辰**王英齋**發越**集長椿寺,清齋苦茗,作永日談,次滌甫韵,并呈諸君子**

幽栖近僧寺,老病得休宴。重五四逢閏,餘年任天遣。敢希真率會,幸免儔侶厭。彭城方蒿目,濟時心未倦。石卿以目疾在假。楚材國之楨,松桂蒼且蒨。仙舫通政、小山太常。越吟獨清烈,泠然御風善。滌甫近作《浩然爲御圖》。蔬茗展嘉節,儉歲無侈願。我士懷瞿瞿,日月逾急箭。將從潞子歸,采蘗分野饌。英齋時亦致仕。時艱米價踊,地僻林花絢。黍苗且待膏,樾暍誰爲扇。江海洗兵甲,一雨崇朝徧。感奮及衰朽,轉移在時彦。無肉未必瘦,有酒不遑嚥。君看九衢塵,車馬日馳輾。門前有翳桑,回顧足悲戀。

微雨晚步閏五月十九日

揮汗送長晝,灑空來片雲。夕陽明處見,深樹靜中聞。幕燕欺風力,盆魚惜水紋。微涼宜病叟,强步敢辭勤。

夜雨達旦疊前韵

莽莽飛檐瀑,沈沈潤礎雲。氣蒸三伏始,是日入伏。聲徹九霄聞。白髮憐新沐,青苔踐舊紋。閒居免炎赫,誰識聖心勤。

題滌甫給事《浩然爲御圖》

畸人乘真以氣行,雲車往來白玉京。洪厓浮邱衛叔卿,其道窈冥遺世情。列莊二子猶近名,御風之説泠然清。欲往從之愁尹生,越有宿儒德充盈。養氣無暴老而嬰,浩然獨與道義并。曾夢群仙抗手迎,曰吾有願無它營。吾師子輿心久傾,作圖是用堅吾盟。世人不知疑且驚,姬將告汝以至誠。語非其人喪厥貞,禝釳亭叟短鐙檠。學道無成守硜硜,河上老公氣亦平。驄馬雖瘦轡則輕,顔闔東野技孰贏。劇旁劇驂皆夷庚,懷哉且毋歸志萌。

閏夏雨後長洲相國見訪，適避暑慈仁雙松之下，未獲晤談，詩以謝之

沈沈伏雨長青苔，深巷無人遠市埃。松下偶尋雙鶴去，門前偏引八騶來。傳家珠玉容先覩，頃以先澤詩翰示觀，屬爲題記。埽徑蓬茅惜未開。日暮蒼茫成獨立，西山目送片雲回。

題符南樵孝廉葆森《半畝園訂詩圖》時選刻《國朝正雅集》百卷。

別裁雅集溯權輿，高蹈文章盛國初。百二十年壇坫在，風流直接沈尚書。
小己何如大雅材，論詩自古有衡裁。一言會得無邪旨，曾是鈎章棘句來。
筆海詞林萃萬端，搜羅差易取材難。亦知巖壑奇無盡，留作他時粉本看。
入畫名園得舊基，清尊短榻款賓時。翩翩誰似佳公子，半畝能容萬卷詩。樸山侍郎崇實所居曰"半畝園"。

次韵少泉謝瓜

古刹雙松逭暑宜，君方揮翰坐經帷。黼瓜偶佐槃冰薦，飛藻先教筆露垂。客館光陰催節物，家園采摘及秋期。燕臺我亦同匏繫，多媿瓊琚報好詩。

《李仙窺壺圖》爲仁圃戲題

壺中日月閑復長，何爲跳出壺之外。又從壺外窺壺中，紅日照空一世界。吾欲借君鐵拄杖，并此虛空亦打碎。君言此中可著酒，醉鄉廣大人間隘，不如閉眼塞其兑。

閏五月二十八日王子梅鴻招集顧祠，何子貞爲亭林先生閏生日詩，次韵奉答

君歸自東不遑憩，與客同修顧祠祭。再來市月逢閏餘，松下奉觴儼坐侍。笑君拄杖來謁師，急求扃鑰已後期。先生生日亦可閏，他日當以詩傳之。朝有饗燕家有集，古者上壽無專日。何況事師更無方，請君不必稽舊帙。

奉輓陶鳧薌樑少宗伯前輩

憶昔登科初，後公惟六載。弱冠甫過二，公年長及倍。習儀瀛洲亭，始識公風

采。聞公少擅名,文壇樹矛錞。早入王錢室,覃思得模楷。詩如連城璧,詞亦珠百琲。晚成敢笑援,一舉乃知隗。祕館方紬書,官軍正授鎧。忠義及輿臺,聲名動朝宰。嘉慶癸酉年事。五馬一麾出,浮沈涉宦海。回風偶退鶂,直節遂冠獬。終爲國屏藩,入作帝元愷。任官兼考禮,公望屬鼎鼐。憂時惄如擣,善行敦不怠。去冬抱微疴,歲杪組甎解。豈謂不憖遺,百年竟難待。朝廷軫耆宿,褒榮式寮寀。翁固矍鑠哉,文學實嘉乃。當公大耋年,賤子病且殆。繩牀藥裹閒,垂問勞每每。語以健步法,神完氣不餒。七發嗟未喻,三折但餘悔。比年誦公詩,老筆花生彩。觴詠寓哀樂,歲月送瀟灑。昨復示新句,一紙斜行矮。空堂雨未成,卧病興難罷。曲高識者希,勉和媿凡猥。長椿再相見,扶杖手承頦。疏弦頓絶響,芳塵倏遺躧。亦知躡箕尾,逝將覽溟澥。空谷無足音,誰與佩蘭茝。公誠神仙流,此度卒不改。至今香山社,問年尚疑亥。宋寥城南宅,近市乏爽塏。柴桑有令子,松菊徑猶在。老成日凋謝,感舊足悲駭。忘年交有幾,晨星何磊磊。揮淚望大江,東去不可匯。

《春明六客圖》爲王子梅鴻題,即送其還濟南

六客中有三韓士,李尚迪藕船。海内天涯共知己。阮公題後圖畫傳,即是雲林六君子。酒酣拔劍歌莫哀,舊雨春明今又來。不知八友松陰下,東絹他年誰爲裁。子梅招集顧祠,主客八人,孔、王即六客中人也。

䙞䜣亭後集卷十

古今體詩五十一首丁巳

詩舲既爲柏槐作圖賦詩，又與子貞疊和拙作，張之寺壁，次韻申謝

毗盧殿東法華筆，龍樹示相菩提三。其一破壁已飛去，妙餘雙幢青出藍。山人吟罷蝯叟嘯，世間孰識猶龍聃。詩舲《贈子貞》有"猶龍之筆詩中聃"句。尚憐䙞䜣有古癖，不鄙老生爲常談。鉅鐘竟許寸筳扣，天葩競吐奇芬含。古松得名五百載，柏槐並列知未堪。譬彼鼎鐘晚出土，一經拂拭青翠酣。閬陽布衣亦時傑，彈指花雨飛毿毿。寺中有傅雯《勝果妙音圖》巨軸，乾隆間作。若以畫品論前輩，曹衣吴帶庸多慚。遭逢先後何足異，慎勿翦伐甘棠甘。古偁竹箭饒東南，楚材至今勝舟驂。兩翁染翰具深思，投報非必瓊瑶貪。吾詩饒舌翁更笑，塗抹已遍蕉葉菴。

生日立叔

文犀美角出暹羅，刻畫尊罍比象犧。萬里山川邊塞隔，百花洲渚暮雲多。明人犀角杯多刻百花洲景物。通靈可許分餘照，辟暑猶能減舊疴。便擬從君無事飲，衰羸不稱醉顏酡。

耳聾詩戲投勿齋

耳聾君勿憂，吾有一言奉。心爲百體君，君静臣則動。静者常泰然，動則多憂恐。心聰不在耳，先覺斯大勇。古者黈纊塞，臨旒仰端拱。雷霆静不聞，淵默匪驚寵。返聽聽無聲，聲息乃在踵。世人耳爲目，煩聒日悾憁。聞根深未斷，萬籟襲其空。江湖事方急，風浪兼天湧。耳聞心更熱，淚迸目爲腫。一聾滅百憂，天意憐憊㾦。君云老無事，課孫書坐擁。并此靳弗予，何以鏟愁種。半聾昔爲聹，雙聾今乃聳。逢人祇欲笑，反復語多重。吾聞治聾方，如治水決壅。鼠膏或未驗，社酒必宜捧。爲君洗杯勺，不必求藥籠。甘作家翁癡，撥棄人事冗。但須防額癢，三耳令人悚。諺語殊可味，陰陽避懵懂。吾言亦戲耳，聊助君一唪。

王笑山鴻臚《岳陽晚眺圖》張詩舲作。

岳陽昔三登,歲在癸甲乙。又嘗涉重湖,水程七八日。劈箭走風浪,入險還復出。維時道光初,歲稔民安謐。更爲擴講堂,彬彬萃文質。登臨忽有會,憂樂難豫必。卅載一回首,澒洞不可詰。巴陵兵燹後,城郭少完室。兹樓竟無恙,百廢猶存一。星使南海還,艱危諒深悉。紆途得峻賞,奇句壓行帙。嚴冬寒漲縮,白日光四溢。莽莽荆襄道,風煙暗鬬馹。君言郡樓記,猶是天瓶筆。少宰有家風,圖成題字密。舊游感履舄,清暉照蓬蓽。君山天外青,渺渺湘靈瑟。

詩舲爲笑山作《棣鄂迎軺圖》,題二絶句

家園本自近長安,萬里重過聚首難。已喜對牀尋舊約,人間猶作客星看。
高樹重門氣象新,棣華四照藹如春。畫圖合借添豪筆,曾是還鄉衣錦人。詩舲使閩詩有"還鄉擕節近人希"句。

暑夜苦熱六月十一日

夜久欹無寐,起看星斗垂。留風窗不下,送月坐頻移。烏鵲無聲後,蟁蝱得意時。物情各有適,秋至獨先悲。

望　雨六月十四日

一雨三日晴亦好,一晴十日氣尤燥。伏日過半秋漸來,禾黍將成不自保。傳聞蝗飛西北去,不知蝨蝨落何處。錢價日賤米價高,農夫血汗心煎熬。都城内外又施粥,歲費太倉一萬斛,安得傾盆天雨粟。

宋拓蜀石經殘本歌首行題"《春秋經傳集解》襄二第十五",次行題"杜氏盡十五年"。

有客示我蜀石經,春秋斷簡左氏傳。其字萬有二千餘,宋紙柔韌敵唐絹。東宫書府印宛然,熨眼已驚烏玉片。細看鉤畫具歐法,貞觀遺風猶未變。鴻都三體賸殘隸,開成勒石名久擅。蜀刻經注獨兼存,彫版並出較精善。惜哉蠶叢兵燹餘,石室摧隤梵宫絢。流傳至今二三策,往往咨嗟動邦彦。趙谷林所得《毛詩》殘本,厲樊榭、全謝山諸人皆有題跋。錢竹汀曾見《左傳》殘字,歎爲衰年樂事。近時陳頌南慶鏞亦得《周禮考工記》公羊殘本,見楊湘筠寶臣跋記。此本得之式古堂,或是晁《石經考異》洪《容齋隨

箑》昔所見。楊君作記歎希有，好古諸公劉覽徧。漢唐源流多著録，巴蜀文雅鮮論譔。張德釗、紹文楊鈞孫逢吉、朋吉周德貞盡能事，僕射研經亦妙選。毋昭裔。離披氈蠟尚神采，卓犖山川有書卷。峨眉缺月秋埽空，三峽餘波淨如練。書家競誇元和脚，世人但學蘭亭面。抽豪欲補金石編，歐趙前頭敢輕衒。

喜雨爲少泉生日置酒

駃雨剛過夏甲子，先秋三日送涼來。雷因鬱結聲斯奮，風不飄摇氣已回。古寺尋僧頻著屐，虚堂留客且銜杯。荷花生日君應記，一笑還將好句催。

答少泉疊前韵

雨如江海捷書至，風送軒窗佳客來。疏爽恰宜新沐後，歡娱已抵故鄉回。看花遠致碧筒酒，辟暑深斟犀角杯。黄鶴南飛歌一曲，驪駒不用更相催。

雨後牽牛花

過雨新涼曉色幽，葦籬斜裊出墻頭。生花老眼忽驚絶，潑翠屏風一丈秋。是日立秋。

盆　魚

盆魚一二寸，蓄自孟夏初。汲水置蘋藻，往來二十餘。及今賸三尾，悠然還自如。雖得游泳趣，未免形影疏。井水無二味，瓦盆同一居。如何生死際，不得相呴噓。自憐纖微質，未足充羹菹。江湖久絶望，焉敢怨沮洳。猶幸烈日威，久不到庭除。葦棚覆其上，清風來徐徐。主人固衰病，秋至體漸舒。即作濠梁觀，安知子非魚。

山陰祁氏止祥先生豸佳手書詩卷爲家叔和太守題卷首逸峰閣印末云：題於眠雲草亭。

好手唐祁岳，高名晉孔賓。豈知書入妙，不但畫通神。同氣存忠節，止祥爲忠敏之弟。餘風託隱淪。一時雙卷軸，藏弆並家珍。叔和頃以先生墨蹟長軸見詒。

歐陽文忠公生日，白蘭嵒、王少鶴招集慈仁寺拜公滁州遺像，分韵賦詩得“心”字六月二十一日

歐公治滁日，已有終老心。琅邪豐山間，兩亭資醉吟。名翁實中年，乘興時登

臨。峨峨清流闢，暉鳳昔就擒。四海無干戈，百年涵煦深。公來城郭喜，公去悲山禽。邦人奉遺像，寶之如璆琳。題贊並前哲，李端叔、晁悦之。陳迹猶追尋。惟公文章宗，直道每見侵。當時懷嵩樓，對客情難任。嗟爾菱谿石，幽谷埋崎崟。豈謂千載後，天章發幽沈。像首有乾隆壬申御筆題詩，今藏林穎叔樞部家。遭遇亦有待，感歎成古今。今日公生日，晴雲開遠岑。主人舊同直，良朋欣盍簪。奉觴古蘭若，再拜心共欽。仰敏金石文，俛慙翰墨林。掀髯冀一笑，豁達披胸襟。酒罷有餘思，散步蒼松陰。崢嶸日銜山，瀟灑風入琴。琅然醉翁操，徽外聞遺音。

天台靈鳩杖

刻畫遜天成，靈鳩乃得名。力能扶老拙，心已悟均平。野寺隨身伴，仙山抗手迎。秋來好風日，便欲出重城。

歐公生日，滁甫分得"蕢"字，復成此詩呈同人

詩爲心之聲，即一言一話。當其欲發時，不發心不快。不知中朝官，胡以詩爲戒。將毋虞廢事，多言或多敗。且恐陷不恭，或激而爲隘。是誠皆有之，然固無足怪。請看六一翁，正直心匪懈。文章滿天下，萬頃浩澎湃。昌黎導其源，眉山衍其派。即以三公論，立朝何耿介。廢事不必詩，不詩事亦壞。今我同懷友，敬爲歐公拜。賦詩雖分韵，無此疆爾界。聊爲文字飲，縱談及書畫。不猶賢乎已，徒令歲月邁。干戈莽未休，民力甚矣憊。千古浣花叟，詩酒寓感喟。以此酌吾曹，吾其舉杜蕢。余藏古銅觶，文曰"杜蕢"。

曉　涼

曉涼惜枕簟，殘睡轉沈酣。嬾趣閒方得，秋心老獨諳。林蟬風翼靜，籬豆露花含。紈扇休予棄，餘炎恐未堪。

曉訪戒公山茨

迤邐尋幽去，熹微破曉行。談經僧久熟，避客暑先清。野馬飛難到，池鵝睨不驚。槿花風外妥，松翠雨餘明。蒼莽思何極，優游送此生。祇應阿練若，題字付柴荆。《楞嚴經》："真阿練若"，梵語寂静處也，亦作"阿蘭若"。

得舜卿先生書，以其弟質齋喪來告，寄詩奉慰，兼致令弟春湖

客從并州來，袖出尺素書。開緘見手字，離思忽以紓。披讀未及半，慘然增欷

歔。君有同乳弟,解組十載餘。清風在晉楚,民曰父母且。涖官凡四邑,事不假吏胥。青衿服其教,萬井安耕鋤。庭無雀鼠聲,稂莠已翦除。不爲赫赫名,去乃思厥初。紞紞城頭鼓,送者舟與車。僉曰賢哉侯,侯去民何如。侯曰予有兄,風雨時念予。滍之水悠悠,老將從之居。豈謂老且病,戎馬生郊墟。閒關三千里,避地辭鄉閭。褰裳就季子,涉彼汾沮洳。流離有骨肉,遑問田園蕪。去年遺我書,急難思鄂柎。示我朱履篇,意度何其舒。煙氛暗瀟霍,劫掠無時虛。六國既重陷,三老復一徂。達者雖云達,所親焉得疏。況爲異鄉客,堪此形影孤。書來語更慟,生死同一塗。掩書不能讀,淚下霑我裾。白門未歸骨,有弟今則無。兄衰久卧病,杖履不得俱。太行雲在眼,渺若天一隅。吾亦老留滯,知否得歸與。人生如逆旅,蹔聚聊可娱。飄飄風塵際,何地爲吾廬。君固文章伯,門下羅生徒。季子亦矍鑠,子孫美且都。念與君昆弟,結交久不渝。相期比金石,各保歲寒軀。更願加飧食,報君雙鯉魚。誰能烹此魚,佐以酒一壺。一酌醉潛郎,再酌醉老湖。

東　鄰

東鄰兩佳人,窈窕隔煙霧。莫道不相知,相知已遲暮。手把芙蓉花,身是菩提樹。天風吹秋月,流影照何處。一從洛水妃,初試淩波步。一追碧雞神,又向點蒼去。千里雖不遠,銀漢誰能渡。萬里遠如天,彩雲在指顧。人心無遠近,世事有新故。寄語西鄰子,何爲泣歧路。

彭孫入塾七月三日

彭孫今七歲,諷字二千餘。今春將入塾,以痘姑徐徐。痘後百餘日,日日嬉庭除。問以舊識字,八九乃忘諸。人情老多慈,況吾嬾且疏。未能即瞋喝,聽之當何如。少小戒習慣,歲月如奔車。禮云就外傅,所以閑厥初。伏暑氣漸平,秋涼生衣裾。連朝快雨過,槐翠覆吾廬。藹藹昔賢裔,學識承權輿。延師端木子疇明經。惠然不遐棄,慰我几席虛。人師實難得,經訓惟菑畬。應對進退間,弟子職所居。玉不可不琢,苗不可不鋤。古來聰明士,患在不讀書。墨子喻染絲,韓公歎龍猪。告爾小子彭,始基其念予。

少泉學博行有日矣,和留贈韵送之

舉頭十七月輪盈,拂檻槐花已再榮。東道久慚供菜把,南歸遥羡致蓴羹。綵衣後閣新開燕,虹氣深山早識荆。準備他時重下榻,與君犀角醉千觥。

七夕晴

江海尚風波,人間秋雨多。别離不灑淚,無恨是銀河。

慈仁後山紅槿盛開

木槿花繁竹作闌,紅珊瑚間碧琅玕。毗盧山脚平臺頂,七月新涼見牡丹。

送宗滌甫出都之東河,并餞張石卿亮基奉使雲南

新秋頻送客,杯酒觸離情。落日長河去,層雲萬里生。艱危心慘澹,老病歲崢嶸。應念街西寺,扶藜晚獨行。

次韵答勿齋《感秋》

老年得閏心忘老,秋雨生涼病減秋。細葛輕緜都有適,碧天銀漢本無愁。雲煙埽盡山林出,車馬馳過歲月流。兩事校量君聽取,不須感歎雪盈頭。

詠莪相國以其曾大父芝庭尚書詩翰長卷屬題

緬昔乾隆初,文思帝神聖。四表仰光被,百寮熙庶政。明良皋賡颺,聲律夔歌詠。維時歲丁丑,令節始春孟。南巡奉慈娱,吴越重申命。侍從悉枚馬,謀謨僉魏邴。鑾軒衢壤嬉,藻采江山靚。公以金閨彦,歸養有餘慶。南陔愛日循,北固瞻雲迎。天顔紆一笑,萬象煙波淨。揮弦景風長,授簡丹霄敻。柹麗從薊野,欸乃到吴榜。地接海門潮,天旋斗車柄。豹尾鏘共陪,龍章燦交映。奏御百餘篇,細書寓恭敬。百年存風格,清腴勝瘦硬。當時趙北宴,聯句觀鐙檠。蔣溥汪由敦秦蕙田劉綸外,二錢維城、汝誠英爽競。長白兩儒臣,介福、夢麟。簪豪興飛泳。公時若隨扈,亦必載名姓。即今展遺翰,出處得明証。恩榮邁同直,感激根至性。固知眷禮殊,合與沈德潛錢陳群併。樞相公曾孫,家學秉先正。念兹三世澤,寶若千秋鏡。琳琅披長卷,彖月讀未竟。遐稽帝堯典,時切疇咨儆。近誦卷阿詩,尚貽聞望令。清芬誦端揆,末學景前行。願覩干羽舞,載賡卿雲盛。

尚書諱啓豐,雍正五年以修撰入直南書房。此卷乾隆二十二年聖駕再巡江浙,公恭和諸詩,自啓蹕至回蹕渡江,多至百八十九首。恭檢高宗聖製詩二

集，趙北口行宫同扈蹕儒臣聯句中未載公名。蓋公於二十年以内廷侍郎請養回籍，意當時迎鑾江上、隨駕浙西、蹕路往還，先後奉敕賡和所作，至送駕渡江，更未隨從，故駐蹕天寧寺以後，無恭和作也。詠莪相國得尚書手翰於京師舊家，裝卷屬題并記。咸豐七年七月。

治竹徑用少陵《課伐木》韵

閒居不能閒，昔昔夢爲僕。不敢問田園，時欲走巖谷。街西古招堤，清蔭多喬木。僻在城南隅，儼若西山麓。竹院特幽邃，逃暑意已足。老僧工位置，疏爽利遠燭。因念吾弊廬，亦有數叢竹。柯葉雖不茂，差勝食無肉。鄰寺施盂粥，婦孺雜號哭。而我日三飯，息偃得茅屋。涼風白露下，老病謝炎毒。人生戒偷惰，那敢厭鄙俗。枯幹籤窠綴，瘦筍羝藩觸。荒穢久弗治，生意何由蓄。翦惡去其甚，植善哀其獨。尚貽方外笑，不免僮隸促。秋深花市静，霜圃餘晚菊。埽徑即陶然，不須計斗斛。

秋後槿花

紅晚趁斜日，翠深藏古春。不愁不爛漫，爛漫卻愁人。

種麥歌

春麥瘦，秋麥肥。麥肥令人飽，麥瘦令人飢。秋麥種早收亦早，根深穗多堅且好。春麥畝三斗，秋麥一石餘。今年麥價貴得錢，免賣黄犢車馬首。老農老無用，請問秋麥何時種。白露早，寒露遲，秋分耩麥正當時。薊北農諺。人間旱潦不可測，得時之麥非爾力。

送贊臣姪元輔還壽陽，兼憶三兄

送汝還鄉去，寥天數雁群。團團馬頭月，莽莽海東雲。贊臣初自瀋陽歸。兩載重爲别，三秋半已分。遥知對牀地，風雨不堪聞。

剥棗行

屋東纍纍棗成實，槐竹交陰静斜日。忽聞攪林風雨聲，飛彈灑空檐瓦鳴。兒童仰面雜喧笑，升木者誰頭不掉。已拗弱枝任淩亂，再擲長竿探危陗。紛紛爭拾半拋棄，盈掬未已餘滿地。牽衣挽鬢索翁嘗，似有懷橘殷勤意。可憐一樹秋垂紅,搽依當我中庭中。柯葉不能蔭街市,縱饒嘉實難爲功。道旁有李行人食,陌上有桑寒女織。況今米貴民苦飢,此味獨甘轉悽惻。鄉園千户霜林新,牙齒黄落歸無因。呼兒傾筐莫盡取,高風媿爾西家鄰。

孫駕航《虹橋舊游圖》

揚子橋南路,江灣跨彩虹。瓜洲兩岸樹,花港一帆風。遠道洪都客,新詞白石翁。十年泥爪在,惆悵北歸鴻。

往者鍾中翰,雄心軼萬夫。破圍狂盗走,遺恨援軍孤。鍾小亭舍人淮曾破賊於此。夜月偏無賴,春城且未蕪。似聞好消息,秔稻足江湖。

秋分前三日雷

層陰起西北,霹靂走晴空。雨氣塵煙外,人聲鴉鵲中。餘炎收畏日,急響挾飄風。不藉神威力,誰知造化工。秋霖宜宿麥,老客羡歸鴻。失筯休驚歎,寒郊多轉蓬。

僧寮假寐

睡鉤脱則思,思蒂斷則睡。夢中曾得句,不知云何意。若云睡非思,詩來何所自。若云思非睡,詩去向何地。至人本無夢,睡蛇孰鉤致。菩提亦無樹,花蒂于何寄。無鉤安用脱,無蒂奚必墜。無睡亦無醒,無思乃無事。我來雙松下,意中有文字。偶坐古槐根,嗒然復假寐。寐時不自知,寤後任所至。忘卻夢中詩,即夢都不記。

自題《䙌䚟亭集》

規橅壹齋集,髣髴鮚埼亭。奇字得家訓,故鄉存地形。詩名卑不稱,宦味老曾經。慙愧香山社,閒吟任醉醒。

飯餘弄孫二首

飯餘强步二三里,日日巡檐數十回。欹倒疏籬自秋色,牽牛開了豆花開。

稺孫畫紙蚓蛇出,秋夕呼鐙梨棗來。才誦周南及麟趾,已披爾雅問初哉。

自題《長夏勘書圖》張詩舲少宰畫。

懸車歲三度,今歲逢閏夏。日長睡易足,病減藥初謝。苦吟愁肝腎,强步惜腰胯。惟有讀書樂,雖老不能罷。念自筮仕初,及兹得長假。辛勤四十年,有書數十架。賜本二千卷,琳琅寶無價。其餘出清俸,所幸鮮婚嫁。輶軒勤搜采,一鴟偶鈔借。投贈半師友,緘寄多姻婭。連屋萬卷餘,充塞彌隙罅。紛吾涉世塗,峻阪策駑駕。馳驅方有事,點勘苦無暇。如禾滿囷廩,身未親畊稼。又如四鍭鈞,曾弗一矢射。即今田已蕪,始擬手犁杷。巾幨角亦挫,何由正弓弝。流光不相待,送老安所藉。城南暑雨霽,清風埽熇炙。呼兒檢囊帙,攤曬溢庭榭。舊交思更切,新知見乃乍。晤對感今古,高歌雜悲咤。竟忘日如歲,秝欲燭繼夜。兼旬不出門,良友時招迓。詩翁澹蕩人,落筆雲煙瀉。圖成目笑余,花樹即僧舍。回瞻天禄閣,孰與雅頌亞。幸餘炳燭光,且喜冠簪卸。天上森寶書,青冥早縱靶。何必百兩篇,人間問張霸。濟時良獨難,食古恐未化。讀書求甚解,或爲達者訝。君看陶靖節,忘言對桑柘。味存糟粕外,有酒尚可貰。不如且吟詩,桐葉秋已下。

書樓篇并序

平舒村東北有樓焉,石趾塼垣,矗立三層,上啓天窗,下通地道,高可十丈許,明末所築。族兄令儀世居之,嘉慶年間始歸吾家。時先君子自江左客授還里,兄弟姪輩侍坐樓下,因命各言所志。寯藻逡巡起,指樓對曰:“願它日爲吾祁氏書樓。”先君子笑而頷之。今老矣,留滯都門,賸有書萬餘卷,力不能載歸,書樓之志荒矣。作《書樓篇》,以告來者。

吾爲勘書圖,圖成若有思。藏書豈無樓,恐負昔言志。兹樓五十載,舊基幸未墜。吾弟實守之,一官已盡瘁。手札勵有存,書籍散無次。吾書雖未亡,樓在遠莫致。太行路艱哉,氈席何容易。況今軍書急,盜賊氛尚熾。誰忍去京國,掉頭入山避。讀書不濟用,貪多轉爲累。聚散理之常,逆旅本如寄。今人務虚名,先正求實事。此樓即有書,鐍閉亦如棄。吾欲載書歸,匪曰自珍祕。窮鄉鮮善本,後學無由肄。下以遺家塾,上以儲國器。所志儻不虚,留作書樓記。

詩舲饋深州桃賦謝

舊醅已致娥江酒,王子懷頊爲轉致佳釀。新實還分陸澤桃。荒徑餘三宜取醉,仙山得一未稱豪。傾筐投我瓊瑶重,折簡知君筆硯勞。前承招飲慈仁寺,爲作《長夏勘書圖》。飽啖卻應愁肺弱,中秋珍惜到登高。

中秋前三日偕陳子鶴尚書過長椿寺,重與内兄淮生太守話别兼約姜君學詩寫真

秋槐壓屋密如緘,瘦竹横窗疏不芟。盆水新添魚驟上,籬花晚謝鳥爭銜。涼天古寺招佳月,别酒餘痕惜故衫。更喜城南姜處士,拈豪置我在山巖。

胡小蘧家玉太史爲其大母孝烈事狀繪圖屬題

長江湛湛楓樹林,雙流繞屋清且深。伊人靜好調素琴,病鶴三歎離鸞吟。冰絃一裂霜滿碪,雄劍頓起雌劍沈。庭樹慘澹天宇陰,孤月墮水驚栖禽。人不及知神所臨,一息中有千古心。高坊大表桑梓欽,門閭濟濟羅冠簪。豫章之材久乃任,醴泉有源江有潯。作圖感舊德愔愔,尚聞激湍流哀音。旌旗滿眼烽烟侵,歸哉游子懷故岑,何以贈之清白箴。

秋曉睡起自嘲

秋衣初换稱新縣,卧榻重支惜舊氈。蠶事三眠三起已,雞聲一噴一醒然。經旬藥酒知將熟,向曉鐙花故作妍。猶爲攤書商位置,牽蘿補屋送殘年。長兒、直、麟兩姪孫檢書訖,因令補葺屋東書舍。

藏雲洞看西山,用前韵贈戒公

一片飛雲洞口閒,青螺佛髻擁禪關。梯空但覺神情豁,眺遠何愁眼力慳。澗草經秋花不落,階松未老鶴先還。百年高閣分明在,芥子須彌總是山。起毗盧山先築此洞,曾滌生昔讀書寺中,書"藏雲洞"額,遂以名之。

孔敘仲惠畫蘭四幀,賦謝即次集中自題韵

韓齋碧紗分餘煙,飄然置我巖石邊。我方援琴和幽操,貿貿雪霜日以年。一畦薺麥種無力,九畹芳馨焉可得。對嶽樓高塵滿城,只有庭楸似相識。近屬吾宗叔和寫韓廬小幀,取《庭楸》詩意。

姜白石《湖上書事》詩題後

石骨琴心松鶴姿,空山幽怨少人知。不吟破鏡天邊句,誰解盧仝月蝕詩。

題吴蓮芬文錫觀察《棧雲圖》,即送其歸揚州蓮芬,文節之弟。

平生未陟蠶叢道,蹔借煙雲當卧游。叱馭功名九折阪,浣花詩思五經秋。螺

黿又惜春明别,君以《半螺黿》詩見示。雁陣空餘故國愁。感舊因君重惆悵,滔滔江漢有歸舟。

段芳山遺盆菊賦謝九月朔日

一卧城南秋,三見重陽花。槐街雖與花市近,短墻横隔成天涯。神仙起居吾詩友,公退看花亦云偶。卻憐塵世少閒人,送與衰翁開笑口。去年攜酒擔花來,今年花來先舉杯。應爲空堂苦覓句,和陶餘興煩相催。君不見光林古寺塔,花外風鈴語酬答。年年修禊到登高,日日繁英照尊榼。菊花最晚開最難,開時但作錦屏看。知君移贈有深意,惜我籬根數尺地。脱巾解帶任横斜,門外督郵久不至。

䙝䪥亭後集卷十一

古今體詩四十五首丁巳

何子貞藏晉唐古墨四種，次韵題後右軍《黄庭經》肥本、《禊叙》國學初搨本、大令《洛神十三行》唐槭本、魯公小字《麻姑壇記》元石搨本，子貞曾攜此册於峨眉山巔呵凍題詩。

老眼重觀化度字，頃見叔和所藏舊搨《化度寺碑》。又見驪龍遺珠四。晉唐書從篆隸來，支派雖殊猶適嗣。東洲居士得筆法，瘦不彫枯肥不腻。將由獵碣扣鍾鼎，肯逐俗書逞姿媚。深秋初日槐影疏，門巷蕭蕭停客車。手出此册誦題句，峨眉涷雲來襲余。余幼奇服老嗜古，殘墨摩挲幾風雨。余藏宋搨《大觀貼》殘本。便思坐卧三日夜，領取篆煙横碧縷。

和陶結廬、秋菊二首

九日當采菊，漸聞花市喧。秋色天外來，落我城西偏。高閣冠長松，夕陽銜遠山。藜杖送我出，林鴉隨我還。借問此何時，籬花澹無言。

靈均悲懔秋，胡爲餐落英。明知一飽難，聊以申余情。濁醪雖在眼，獨醒不能傾。君看烏鳥樂，林閒相和鳴。安得素心人，促郄談平生。

《練川名人畫像册》爲嘉定程稺蘅祖慶題

程君好古工臨摹，昨者示余説文圖。祭酒而後論統系，漢末逮元得八儒。千載衣冠一堂聚，欲問奇字執尊壺。練川江左古名邑，鄉先生有遺像集。兩編追摹自宋始，近代名流吾猶及。惟君桑梓必敬恭，曾慕會稽先賢風。徵文堪爲志乘補，畫像不必滄浪同。程君信是邦之彦，好古豈以書畫見。作吏應傳石室圖，承恩待召南薰殿。

酬陳勿齋時勿齋孫病初愈。

疾至乃求醫，已違養生戒。醫言人人殊，事後論成敗。當其抵掌談，耆若并蒴快。以方試厥疾，種種生窒礙。寬則滋萑苻，猛則縱蜂蠆。軍以卿子僨，法以商君壞。千金坐垂堂,危哉甚矣僨。君以誠求心,發爲保赤愛。獨得三折肱,力斥二豎退。入險斯能出,慎餘乃寡悔。吁嗟天下事,何者敢隤廢。易占震蘇蘇,書取思昧昧。君詩抵箴砭,意在警聾瞶。鍡鑸有病叟,三復爲感喟。

夏芝岑獻雲和去年九日詩二首,次答兼酬段芳山

書巢老蠹魚,食字過一生。殘編不濟用,空竊脈望名。槐街卧三年,風雨忘晦明。誰謂吾廬幽,時聞花市聲。野菊雖不多,一束能延齡。魯酒味雖薄,解憂還自傾。猶有素心人,褰裳過南榮。閒居費日月,感此聚散情。但媿秋蟲吟,促織終何成。

去年重九日,攜尊來舊交。今年霜已降,木葉遲未彫。君從直園回,氣與三山高。清詩出懷袖,峻想淩層霄。尚念支離叟,一慰延跂勞。我如經冬菊,荒徑顏色焦。豫章固多材,大器歸埏陶。高岡鳳爲林,鳴集匪一朝。段芳山、曾笙巢,皆君同鄉同直。

端木子疇明經埰和《盆菊》舊作,次韻奉酬

今年秋麥稀,望雨勞農情。如何盆中菊,粲粲羅繁英。遠芳辭山椒,徑竹交斜橫。自非灌溉力,枝葉奚由榮。清霜被隴草,小軒朝日明。未能免采摘,黽勉依缾罌。五斗一束帶,已爲塵網縈。歸來東籬下,居然謝冠纓。亦知嘉苗秀,勝彼野卉生。雨雪不可知,天寒思黃精。釀酒且斟酌,幸玆泉水清。

落葉四首次韻酬芳山,并簡芝岑

風雨重陽已過時,今年寒較去年遲。霜華籬下猶堪采,玉笛樓頭久已吹。黃落山川秋莫矣,青熒鐙火夜何其。借用居之切。老來情味甘蕭瑟,却被庭梧一葉知。

夕陽澹沱月昏黃,三徑雖存半就荒。未免飄零悲大樹,敢因留滯惜它鄉。花飛一片春還減,松覆千尋夏亦涼。萬事菀枯隨分足,塼鑪紈扇可相妨。

曾著荷衣度歲寒,每搔霜鬢念艱難。楓林荻岸蕭蕭下,海雨江雲莽莽寬。直恐飛鳶臨水墜,翻愁凍蝶向花攢。城南更有秋懷客,悽絶空階碎玉珊。用昌黎詩意。

望秋蒲柳感先彫,蟋蟀聲中歲月銷。榮木有情懷靖節,散花無語對參寥。晨窗校字紛難埽,夜酒添薪煖共燒。尚有嚶鳴爲求友,時從幽谷和遷喬。

《劍門秋色圖》爲孫駕航題程稱蘅畫。

袖中萬里青山色,南北東西許問津。獨媿騎驢劍門客,此身未合是詩人。

蜀道青天幾許長，近來佳句數漁洋。蒼茫亦有千秋思，但聽鈴聲替戾岡。漁洋有《顧生棧道圖歌》。

客星回照紫微垣，一綫蠶叢雙鳳軒。不道練川奇麗筆，又將秋色點荒園。程君近爲余作《息園秋色圖》。

宋王伯厚先生生日七月二十九日葉潤臣繪像設祀，延客徵詩，敬題卷末

稱觴補祝亭林老，拜像同瞻六一翁。閏五月謁顧祠，六月拜歐陽公滁州遺像。高會賦詩選佳日，逸民開卷想遺風。詞林筆海流傳後，古誼忠肝感慨中。欲問義熙前甲子，讀書求解亦陶公。

四明山海鬱精靈，汲古千秋有典型。書庫仍存月湖閣，范氏天一閣在月湖西。禮堂直逮鮚埼亭。泉源子午流宗派，賓主東南聚德星。老我餘光慙炳燭，可容困學乞囊螢。

《息園秋色圖》自題大興姜興之學詩寫真，嘉定程稱蘅祖慶補景。

息叟讀書老未息，寄園蹔寄强名園。茅屋竹籬自秋色，松菊坐對俱忘言。故山猿鶴望久矣，江上愁心千萬里。何時倦鳥送歸雲，著我饅飢亭子裏。

《瓢城餞别圖》盛子履爲鹽城令孔俊卿先生作也，哲嗣敘仲屬題

陽城未習催科政，文黨曾爲子弟師。欲識使君三載澤，請看祖道一編詩。篠驂歌舞來時路，芟舍攀援去後思。今日鹽亭亭下柳，依依猶似拂旌旗。

愛才誰繼古人風，廉吏猶全老病聾。豈有南陽偁召父，翻令東海去于公。家傳清白經先授，名重丹青畫亦工。不見藍侯曾教織，百年祠樹鬱葱葱。敝邑織事自明末藍侯教之，至今民享其利，建祠報功。余既爲詩以紀其事，復作圖以傳之。

孔母孫太安人《寒宵稱藥圖》爲敘仲舍人題

粲粲門子，婉婉令妻。從仕于滄，念母靡依。一解

母曰往哉，汝游不遠。姑曰往哉，吾尚健飯。二解

飯以和身，藥以導和。豈無娣婦，念兹匪它。三解

丸丸者藥，一丸千金。輕重在手，甘苦在心。四解

再拜祝藥，代婦登堂。宜身詣前，迺不遑將。五解

湯湯河水，中有雙鯉。烹魚得書，有珠纍纍。六解

姑曰賢哉，賢哉予婦。借使勿藥，豈不爾負。七解

誰謂苦口,其甘如飴。誰謂寸草,春暉在兹。八解
我有肴酒,不必在官。爾無魚鮓,不用封還。九解
嘗藥之心,乳姑之孝。饘鬻有銘,孔氏之教。十解

萬道人贈亭林《秋江别思圖》藏潤臣家,卷末有石州詩注云"子貞手摹,寘之顧祠"。今摹本展轉流傳吾鄉矣,題句記之

昔爲逃名再轉注,今看遺畫幾流傳。石翁仙去蝯翁老,酹酒荒祠一惘然。

葉潤臣、孔敍仲招同張詩舲、何通甫、孫芝房、家叔和慈仁寺餞秋雅集,繪圖賦詩,分韵得"好"字

松寮往來熟,屐齒痕不埽。西風送落葉,黄蝶辭蔓草。緊我同懷客,惜此秋意老。零霜感時節,酌酒寫襟抱。舊題猶在壁,新句已脱稾。林穎叔是集未到,詩已先成。怡園筆尤健,老樹花偏好。群賢各奏能,顧我思枯槁。筇枝尚可倚,石磴期同造。遠峰入窗隙,斜日出鳥道。鳳閣兩詞人,幽蹤事探討。不嫌客歸遲,但喜公退早。五嶽有散仙,東去蓬萊島。何時重把臂,一坐爲傾倒。子貞時還山東。

爲潘木君鐸題《洞庭歸帆圖》,用陳子鶴題王嘯山《岳陽晚眺圖》韵

長沙一城扼衡陽,單車慰彼都人望。軍如挾纊氣百倍,天狼奔墜弧矢光。當時同舟孰共濟,群論共推彭城張。功成名立身病退,嶽雲飛送南歸檣。洞庭樓高川路永,滿目煙氛迷故鄉。青草扁舟一落手,三年客夢千回腸。至今燕臺且流滯,北雁未忍思南翔。南海使者亦登眺,畫圖自閒軍書忙。豫章尚書爲題句,直從岳鄂論荆襄。君與尚書各捍患,江湖接壤天蒼茫。樓船那許久藏壑,錐穎旋見重出囊。披卷沈吟感舊事,湘波澒洞連吴閶。

十月二日雪,簡子疇、研鄰

去年竹窗寫初雪,冬盡望雲思空結。有如舊雨灑然來,杯酒未銜已成别。今年冬朔天始寒,落葉滿階霜風乾。曉起同雲忽四塞,枯林花片紛交攢。天公亦憐久别客,爲我小窗助虚白。吟詩作畫且莫論,準擬明年飽新麥。

初冬夜起

心静能諳夜氣清,眼花恰稱短鐙檠。雞三號罷鄰鐘歇,又聽林鳥第一聲。

詩舲少宰以文敏公折臂詩册屬題,追次文敏韵書後文敏扈從木蘭行營,墮馬傷臂,詔蒙古醫以冰羊奇術愈之,張南華鵬翀賦詩爲賀。公答詩云:"安于有狂疾,幾死縲絏中。屨校不懲前,據鞍還自雄。天公殘其形,欲俾牖下終。何曾参香至,已早占沛豐。我馬出天閑,昂藏八尺龍。萬里走沙漠,一朝蹶蟻封。身輕若飄瓦,墮地憶初降。從今右臂廢,可偶支離翁。皇情鬱以軫,馳遣國能工。琢冰復刲羊,奇術難理通。初如落湯蟹,繼若啓蟄蟲。骨碎徐徐完,筋攣旋旋融。月餘可畫諾,百日竟彎弓。乃知聖人心,能補天所窮。當君問疾時,余始可以風。笑指半截碑,謂得無似儂。掀髯拂繭紙,疾走霜豪鋒。四律翻水成,宛宛曳長虹。我身化已及,我心不能童。時夜免爲雞,號寒底學蛩。豈有溝中斷,能和爨下桐。述事當酬答,君其恕罷癃。"《奉酬宫詹學士南華散人》。

司寇擅書名,籍甚乾隆中。天章數褒重,米董兼其雄。一字亦收録,恩眷周始終。供奉帖落諸書,詔悉裒集裝册藏弆。此書紀感遇,折臂殊新豐。病餘偶拈筆,蟠屈猶如龍。南華老學士,貽詩手緘封。善謔且善禱,技癢心未降。一揮二百字,公誠矍鑠翁。詞以病而健,書以病而工。險絶歸平正,亦與醫理通。當其縱轡初,目已無聾蟲。及乎袒臂割,談笑神融融。塞翁本無馬,楚人安有弓。乃知其天全,顛躓不能窮。況蒙造化力,日烜散以風。居然還舊觀,此筆不負儂。我生慕公書,外拓中藏鋒。邇來得手蹟,文敏書唐宋人詩烏絲闌册。往者窺玉虹。少宰寶遺翰,題識存黄童。詩册後有黄易跋。後輩孰比肩,低頭駈與蛩。臂痛想虞戈,尾焦憐蔡桐。便恐冰羊術,無蹊蘇老癃。

段春湖學士晴川**得舊搨《醴泉銘》屬題**

金塗小印見西清,文毅家藏本亦精。宋搨《醴泉銘》曾於懋勤殿及那文毅家見之。宋搨於今非易得,唐碑自昔每翻行。石經殘洗神猶在,書藉臨摹趣轉生。春湖夙精歐法。燕市從來多善馬,要憑一顧起聲名。

舊搨《淳化閣帖》大令書殘本爲春湖題

五十二行十七葉,印痕銀鋌故依然。世人競購千金帖,碎玉零珠忍弃捐。
王家棐几真傳在,肥瘦紛紛辨眼難。尚有淩波仙子步,莫將河朔少年看。

沈似竹舍人士能**見示乃祖小如先生**長春**《章武拚溺圖》,慨然爲題長句**

我觀拚溺圖,帀月心茫然。欷歔不能爲題句,東洲居士詩在前。三年卧病百事廢,但憂水旱思豐年。憶昔歲辛酉,余家宣武城南偏。先子爲郎隸農部,滇司職守籌振綱。夏秋一雨四十日,青苔及榻街行船。余時總角未歷事,但聞鄰巷婦子號顛連。豈知畿輔遠近數百里,河海並溢愁連天。東陽沈侯章武宰,惠政流傳六十載。手提萬衆出魚腹,力挽狂瀾氣百倍。不知痛定思痛更如何,鄭俠遺圖至今在。又不知當時股肱數郡中,幾人得似龔勃海。勃海治盜古所聞,今則治盜兼治軍。君不見前年逸寇窺津門,倉卒不得謝使君,諱子澄,爲天津令,守城破賊陣亡,贈布政使,建祠。潢池直恐連海氛。朝廷重守令,畀以司牧職。能禦大災捍大患,鑄金當爲天下式。沈侯之圖吾欲摹,謝侯之功絶代無。安得英姿颯爽丹青筆,更寫津門破賊圖。

王文成公撫綏思田《緊急用人疏》殘稿,餘姚翁氏所藏也。蕙舫水部學涵示觀,敬題簡末

龍場召還日,盜賊已蠭起。功名終藤峽,實自南贛始。思田既底定,公殆將病矣。觀其手擘畫,縝密尚如此。土夷凋弊餘,墟落滿荆杞。將爲置官長,復恐擾田里。殘稿六百字,字字入肌髓。公能恤民生,民亦爲公死。卒用蘇受兵,思恩、田州土酋盧蘇、王受。破彼八寨壘。察公制勝由,首在整軍紀。徵調戒騷屑,知人善任使。且能詗賊情,搗虚輒披靡。指麾叛藩縛,軍止三旬耳。其他嘯聚衆,摧拉不淹晷。原燎初易撲,糗糧久難峙。粤寇雖一隅,弗戢何所底。乃知兵貴速,後患已先弭。郤縠誠帥才,聞言心尚企。公學能濟時,袛完良知理。如何操戈徒,齗齗殊未已。此疏爲薦賢,豈弟古君子。即以書翰論,紫陽庶可擬。流傳三百載,敬哉桑與梓。時危見真儒,道在同一揆。延望九華雲,悵然懷彼美。

題吴秋伊印譜

陽明山人印,石菴曾得之,思田疏尾紀以詩。潛邱居士印,石州亦寶之,爲仿遺像祝以辭。近代名儒留篆刻,摩挲尚增簡編色。吴生好古更摹古,纍纍漢印存諸譜。寬夫題後名益傳,以鐵裹門門限穿。片石忽落息翁手,豈謂枯蟫食字久。君不見淩煙作畫曹將軍,亦貌尋常行路人。

朔風驟寒,約叔和、季聞小飲觀齋,流覽卷軸,遣懷二首十月十一日

吾宗得二難,衰病有餘歡。佳釀不孤酌,異書常並看。圍鑪一家煖,蒙袂四郊

寒。時五城施粥。初雪聞宜麥，愁懷且暫寬。

第一峯更帖，今歸篋衍收。叔和近得宋搨《化度寺碑》。古情同繾綣，閒日爲淹留。卻憶霜龕老，遥憐汾水秋。月齋亦流寓，鄉夢託潛邱。是日，觀傅青主墨蹟并張石州摹閻潛邱像卷。

三石友齋感舊詩三首并序

齋有名硯三，皆端産也。一曰“乘槎”，道光壬午歲賜，内池外室嵌玉，悉刻作槎形；一曰“尺華”，己丑歲賜，取蔡忠惠《大硯盈尺帖》意名之；一曰“左田”，則當塗黄先生退老家園，戊戌歲寄贈江陰使院者也。君恩師授，慎守弗諼，既以名齋，復系以詩。

端溪氣與雲濤接，化作仙船蓮一葉。紫檀文玉巧裝成，清淺銀灣不可涉。支機一片落人間，南海乘槎往復還。曾寫豳風無逸句，幾陪金馬玉堂班。老去慵書餘病臂，蟾蜍淚滴螺丸膩。摩挲不忍置空箱，上有先朝御賞字。硯背鐫“道光御賞”四字。

大硯盈尺齋中華，天門鳳闕流餘霞。懋勤祕殿蒼龍壁，豹尾嘗從第一車。東巡之歲月徂暑，帝曰汝書其賜汝。重緹寶勝香山圖，古罍珍同杜蕢舉。皆賜品。春帖雲箋歲歲裁，白頭秃筆已成堆。錦袍翠墨痕猶溼，慙媿銘山賦海才。醫無閭山澄海樓，曾奉命題字，書聯句勒石。

井田一畝質最良，左角有井坳而方。漆蓋鐫題述顛末，商彭錢贈吾師黄。彭文勤公舊藏。師字左田遂名硯，再傳及余有深眷。云是三朝侍從臣，後先簪筆明光殿。園井自清城井甘，井眉卜築今已三。澄懷園直廬、内城東華門、外城下斜街，所居皆有井。寸田尺宅吾衰矣，黄石素書誰與參。

冬夜月下

天高雲淨月輪斜，更柝沈沈夜不譁。倦鳥栖寒疑賸葉，疏籬界影誤垂花。鄉心已爲看書減，睡味還期得酒加。何事蒼茫成獨立，明朝似有客還家。

《池南八景》程穉蘅澄懷園紀游作也，感舊題句

三十年來徑未荒，芙蓉沼外有垂楊。銜泥燕子巢都徧，最憶池南舊草堂。

十月十七日送四妹還平定憶三兄

風雪去年吾見妹，妹衰兄病兩相憐。豈知今日重爲别，不待他時始憶前。八

口但愁生計拙,一官深望後人賢。甥孝瞻,頃就小吏於京畿。更期老健成三笑,莫爲臨歧各惘然。

信姪來都感懷二首

汝壯逢多難,親喪已再終。一官恩罔極,姪以恩恤得官。五載痛何窮。失侶天邊雁,招魂江上楓。歸來當有日,壟樹漸葱葱。

兄妹老難聚,干戈紛不休。餘生多感慨,得句半離憂。書未亡三篋,先人手澤并家存書卷,今俱攜來。家徒剩一裘。汝曹知我意,何事久淹留。

慈仁老僧招看西山積雪,汲新泉煎茶十月二十六日

雪後風夜寒,曉起天宇淨。松下童子來,敂門若有請。言師遠眺望,積雪與山競。收入玻璃窗,眉間白豪迸。豈不自怡悦,獨祕非佛性。枯筇已久待,凍鳥紛交迎。一笑眼驟明,未語神先夐。圍鑪瀹苦茗,松竹亦相慶。新泉倒玉峰,萬象入圓鏡。初來午日熯,欲去夕風勁。清景偶得之,已過不可更。世有工畫者,媿余乏高詠。

東坡畫竹

坡翁老筆清且雄,飛過葛陂能化龍。新叢細葉更奇絶,疏瘦中有煙雨蹤。細觀五璽霞采絢,曾入石渠荷宸眷。賜本流傳故舊家,賡歌想到重華宴。眉山畫待湖州題,千古風流今尚羡。幀端有文衡山題詩。茅屋不足容修柯,竹兮竹兮奈爾何。莫怪清饞被翁笑,貴人身閒金復多。

䂬䫴亭後集卷十二

古今體詩三十九首丁巳

申公教織詩并序

劉雪崖霦以《靈壽縣志》載明壽陽令申公教織事在藍公前，寓書見示。適劉黼廷翼之攝靈壽令，寄志來都，與雪崖書同日到。嗟異感慕，因爲長句寄雪崖，并致吾邑同人。詩雖質直，事則足傳。若更爲刻石，嵌之藍公祠壁，亦表章循績之盛舉也。咸豐七年十月。

藍公教織今有祠，申公教織人未知。吾邦志乘偶從略，靈壽邑志乃載之。雪翁好學今王劭，網羅放失勤諏咨。謂我手書已勒石，如公潛德庸可遺。申前藍後六十載，召父杜母名並垂。門懸織具授以法，藍政成矣申始基。世間萬事有顯晦，不朽之業仍待時。劉侯適爲靈壽令，以清獻志贈所思。寒天短晷讀未竟，尺素千里來何奇。因憶去年見張記，李叟其芳得自鄉人詒。張氏子孫信慎守，呵護亦有神靈司。陸志若非互採討，壽水何以揚清漪。馨香俎豆報前烈，椎輪大輅思先資。我昨作歌欲補志，今因覩志補以詩。他年片石可共語，有道碑銘無媿辭。

陸清獻公隴其**《靈壽縣志》附録**

申傑，字邁萬，由例貢授輝縣丞，遷知壽陽縣。晉人不諳紡織，傑涖任作紡織具，懸之縣門，且遣人授以法，而董其功。自是壽陽民，遂能自爲衣。又察土宜，導山泉爲渠，溉田數千畝。邑人懷之，立祠渠側，從祀名宦。按《壽陽志》載，申公爲北直平山縣人，由舉人嘉靖十四年知壽陽縣，與《靈壽志》小異。

梨園古錢咸豐六年正月，予村西北梨園地，任姓掘土，得北宋錢八千餘，覆以瓦。崇寧重寶尤多，製造亦精，佶姪攜數十枚來。

繁盛千秋想汴梁，遺錢輕重費評量。朝廷已鑄崇寧寶，道路猶供花石綱。古瓦塵封丹篆合，瘦金書帶緑苔香。邊城兵燹曾經過，留與人間壓錦囊。

子鶴尚書餉蒸鴨饅頭賦謝時君初移居城南門樓胡同。

移家恰與吾廬近，老得芳鄰興不孤。鄉味煩君餉籠餅，客筵笑我問蒸壺。懶眠巷裏新菘圃，恩養堂前舊筍厨。復此清尊共斟酌，題杯茗宴正相須。

疊前韵酬子鶴，并呈令兄服籽觀察晉恩約小飲

别離患難老昆弟，對牀重話忘羈孤。感新念舊眠不得，滴盡寒宵銅漏壺。西鄰病叟亦倒屣，更得好句籠紗厨。魯酒雖薄比匏葉，我友能來卬則須。

打粥婦貧民領粥，俗謂之"打粥"。有少婦懷垂死兒打粥者，聞而悲之，故爲此詩也。

長椿寺前打粥婦，兒生六月孃十九。官家施粥但計口，有口不論年長幼。兒食孃乳孃食粥，一日兩盂免枵腹。朝風餐，夕露宿，兒在雙，兒亡獨，兒病斷乳娘淚續。兒且勿死，爲孃今日趁一粥，掩懷拭淚不敢哭。

仲冬七日孚吉齋消寒初集，以冬至日見雲送迎，來歲大美，分韵得"日"字是日同賦詩者：金陵端木子疇埰、海州喬硯鄰守典、吾鄉閻夢巖汝弼、趙心園復正，甥閻國輝、張孝瞻、五姪世佶、兒子世長、姪孫友直、友麟。

亥眠寅則興，短日抵長日。閏餘歲更長，誰謂奔輪疾。倦鳥不忘飛，勞人不知佚。時艱已無補，猶自檢書帙。今年雪再見，雖寒氣不栗。天公憐窮蹇，裋褐不掩厀。而我閒擁鑪，偃仰在斗室。鄰鐘每入耳，棖觸若有失。朝來望雲物，微陽驗管律。似聞南風競，捷書馳傳馹。吾儕且相慰，念此歲功畢。天涯共尊酒，促坐意轉密。江國思鴻雁，山堂吟蟋蟀。感物眷彌重，詩成各有述。獨媿井眉叟，寒泉不復溢。綆短歲云暮，何由筮孚吉。逢逢太行雲，歸夢渺難必。一和陽春篇，白頭羞彩筆。子疇、硯鄰、夢巖詩先成。

消寒二集題《䅎欿亭圖》，分韵得"學"字十一月十六日

山川無定名，名必從其朔。非惟志地輿，亦可資問學。䅎欿以谷名，如山曰礅礐。祭酒說未收，二吕義則確。晉吕忱《字林》、吕静《韵集》。顔介能博求，舊聞證先覺。當時好古士，王君殊卓犖。聞之已驚喜，儼獲玉雙珏。謂是晉之乘，垂棘寶在璞。惜哉鄉邑記，斷簡久摧剥。若非黄門訓，誰與共商搉。上艾多古錢，奇秀供采擢。獵閭既有屬，孟邑田京兆號獵閭邨民。兹亭名更卓。荒城餘馬首，陗

壁綴蝸殼。古來戰爭地,徵調苦煩數。想見遯世徒,結茅卧林幄。寂寥千載後,壽水清可濯。龍洞雲萬重,鹿嶠翠雙角。余嘗躡幽險,厓字出斑駁。尚思蒐方言,鉛槧每懷握。自聞此亭名,遐想寄幽邈。畫卷爲爾披,詩筆爲爾捉。不知巖下松,何日化宲桷。即今尚留滯,臂枯眼昏濁。嬾就子雲問,羞對輪扁斲。烽烟幾時息,雨雪何由渥。猶有歲寒友,銜栢敘懇愨。一亭亦虚名,無名斯爲樸。但向此中老,何必圖五嶽。

小寒前一日大雪,聞瓜洲克復,疊前韵志喜十一月二十日

江氛暗南北,五載埽未淨。梯衝久不舞,糗糧時復請。瓜步倚京口,勢與白門競。三窟深竄伏,一水肆奔迸。邇來貔虎氣,漸格豚魚性。霜鷹睇轉疾,風鷁退還迎。果然摧枯朽,不復阻幽敻。乃知師律貞,必協豐年慶。蒼穹符聖誠,前數日奉旨祈雪。瓊島出冰鏡。會見月三捷,南風鐃鼓勁。宣陽群沴銷,送喜萬方更。雪窗頻做節,瀟灑付觴詠。

硯鄰招集長椿寺,是日大雪不果往賦謝十一月二十日

積雪凝寒近歲無,水齋清景畫難摹。敲門豫折吟詩柬,埽徑還攜載酒觚。病鶴氋氃猶欲舞,枯藤偃蹇不禁扶。羡君坐有生花筆,拄頰看山興不孤。

喜胡恕堂方伯興仁自粤西來都,因懷勞辛皆中丞崇光

閩海昔重遇,周爰賦載馳。宦游多聚散,時事況艱危。樂較中年减,官因内召移。時奉命留京候簡。眉間黄色在,栢酒且論詩。項示《北上吟草》。

宋玉思香草,張衡望桂林。離筵湘水闊,歸路棧雲深。君以催餉,由楚取道蜀中。顧我成衰疾,因君託遠音。何時銅柱地,跕跕起南禽。辛皆督辦粤西軍務,已數歲矣。

喜聞官軍克復鎮江郡城,紀事述懷

昨聞瓜洲復,子月日己丑。鎮城旋告捷,同日克京口。十一月十二日。五載狐兔窟,一埽竟何有。當賊猖獗初,奔逐如猘狗。及其糧援絶,鋌險不及走。擣穴今何迅,負嵎昔何久。乃知師在和,得儁信非偶。南北兩大軍,勢若左右手。欽差大臣和公、德公。水師當其中,逍遥孰執咎。大帥前曾奏劾水師。桓桓張軍門,國樑,粤西軍營投誠自効,屢立戰功。獨秀出稂莠。功多心轉下,謀勇忍含垢。每回相如車,得侍公瑾酒。制府何公能識幾,拊循意孔厚。一言被挾纊,百計峙糧糗。

軍令頓改觀,國恩敢虚受。一鼓下兩邑,句容、溧水。再鼓獲其醜。陣斬洪秀全之姪、僞安王洪仁發。遂拔潤州城,鏟彼逋逃藪。維時江北軍,並舉折枯朽。連檣走率然,擊尾齊應首。浮玉明炬火,寒潮動星斗。長江古天塹,主客異攻守。轉環在得人,亦由善激誘。朝廷嘉乃績,懋賞勵厥後。金陵勢雖孤,江浦賊未取。金陵對岸尚有逋寇。當思蠭蠆毒,勿爲蒲騷狃。師出必以律,十勝懼一負。惟此垂成功,氣已吞八九。上游扼溢城,全力制鍾阜。春風鐃吹來,緑滿江上柳。行當洗甲兵,吾其老隴畝。

尹文端公與袁簡齋先生《游攝山圖》唱和詩卷

四十賢人題句在,百年詩畫想風流。乾嘉遺墨都難得,何况追隨杖屨游。前卷圖作於乾隆二十三年戊寅之歲,簡齋元唱七律四首,文端再和,共題詞二十一人,標首者一人;後卷題詞十九人,跋者一人。

朝野歡娱官事簡,栖霞山色大江流。豈知鳳去臺空後,猶倚軒窗得卧游。

消寒三集咏樹稼,以諺語"霧凇重霧凇,窮漢置飯甕"分韵得"霧"字

地氣發曰霚,今"霧"字,籀文作"雺"。天氣下曰霿。霚乃氣之蒙,《洪範》"蒙",古文作"雺"。霿則霚之凍。雅訓今沿僞,許説堪折衷。樹稼名後出,亦或稱霧凇。諺語猶近古,疊韵義堪諷。滭沷與溧冽,詩人此例衆。蘇曾工體物,萬象入吟弄。豈宜學蝨魚,書叢老徒鬨。寒骨乏秀語,奇字徒鑿空。無怪詠絮人,捧腹笑且痛。燕臺玉盈尺,西山出銀甕。定知陳根拔,遺蝗化爲鳳。天公運巧思,三日費彫礱。瑶林散花雨,一破幽人夢。坐客徵機祥,疑義且先貢。卻思舊題句,侔揣言未中。二十年前里居,曾賦《樹稼》詩。清景不可失,急觴莫停送。似聞松下鶴,招我躡雲洞。

子鶴、恕堂前後移居城西,喜得芳鄰,走筆奉簡

河上老人去已久,碧雞使者書未回。塔院松寮兩寂寞,孤游誰與傾尊罍。自滌甫、石卿出都,兩寺之游漸減。寒林連日出霧凇,跨馬人來騎白鳳。已聞雪夜奏三捷,更喜居鄰得二仲。西鄰瓊樹花連枝,服耔伯兄亦留京度歲。東鄰茶竈爲我移。閒官漫叟且相伴,準備今年餞歲詩。

夕風朝晴用東坡《攓雲篇》韵答子疇

夕風朝日晴,御園啓夙駕。是日,聖駕自園還宫。一條玉塵中,萬馬衝寒過。山屏

積素開,輦路餘花下。虹橋鵷鷺行,冠佩參差亞。仰瞻天顔喜,春郊念耕稼。微軀病三載,駑鈍廢腰胯。漸於農事親,里諺習田舍。願從擊壤叟,歌舞康衢化。酒貴猶可賒,尊空安足怕。

得趣十一月晦日

撥火寒生煖,挑鐙夜嚮晨。悶將詩共語,衰與藥相親。薄酒常延客,奇書每問人。紙窗得佳趣,破臘已如春 。

歲莫以《䜻䜣亭詩後集》寄三兄感作

兄弟老多病,田園早已蕪。自慙生計拙,敢道世情孤。晏子裘空敝,疏家金在無。惟餘詩數卷,遠寄伴屠蘇。

消寒四集分韵臘鼓得"令"字臘酒得"時"字

寒郫腰鼓春前盛,破臘不愁北風勁。往日鼓聲催不起,今年轉覺喧闐更。玉田千頃花萬樹,黄髮垂髫走相慶。古原春草此中生,麥隴桑枝一色映。昨聞江上馳捷書,傳説城中布恩令。千門萬户(春)[舂]聲來,往助前驅笳鼓競。

我有斗酒不敢私,願與嘉客斟酌之。天寒日落擁鑪坐,門外不聞車馬馳。南鴻北雁飛參差,泥雪一任東風吹。雙雙玉瓶爲誰倒,歲暮各有鄉關思。少泉南去,子疇北來,同邑傅蓮峰大令亦至自秦中,而信姪、輝甥又將西歸。勸君莫辭迂辛酒,勸君莫祭瘦島詩。白頭把筆還能醉,紫陌看花況及時。

臘八日長椿寺如月長老餉粥

鄰寺冬深静不喧,寒林入畫雪連番。詩王聲振陳芳國,寺藏國朝諸老詩幅。佛相歡生孤獨園。時方施粥,日給二三千人。中澤嗷鴻漸安集,小窗凍雀亦騰鶱。隔年豫約看花侣,可許攜尊過别軒。東階牡丹,二十年舊本也。今春花時,始一賞之。

劉韞齋少司空崐奉使興京,恭修陵工,賦送二首

傳聞使節出皇州,遠陟周原紀勝游。珠阜萬年雲北向,璇源一派水西流。國工考職兼泉布,仙侣乘槎傍斗牛。同奉使者,少宗伯宗室玉公。臘雪載塗民氣樂,渝關春色擁鳴騶。計出山海關,適届立春。

簪豪曾憶獻豳詩,豹尾餘塵歲月馳。道光己丑歲,以内廷講官扈駕東謁三陵。天上白榆

仍露葉,人間蒼柏已霜皮。南齋扈從舊同直今在朝者,惟大司空許公。捷書正及春回候,歸路當逢飲至時。土壁糠鐙親眼見,九重前席待諏咨。

送傅蓮峰大令乾元還秦中十二月十日

莫嫌征鞅走緇塵,且著朝衣謁紫宸。一笑重看燕市雪,幾年小别灞橋春。庚戌歲正月,余自蘭州使旋,見君於長安客館。當筵杯酒談天壯,君熟精天文學。入境兒童識吏循。誰道還鄉如過客,宦游成衆已三人。王麟圃刺史、任杷春明府,皆吾鄉人,同官秦中。

臘日出游

老人自笑還自憎,不寐乃與雞俱興。天寒日午積雪凝,出門但訪鄰寺僧。危檐古木纏枯藤,北岡欲陟愁崚嶒。南榮暴背煖若蒸,閉目靜觀神内澂。僧言春臺漸可登,衆人熙熙情不勝。由此一念百感乘,徑辭龍樹尋馬塍。花扉未敂中已譍,雲屏霧閣深幾層。不知糜粥誰斧冰,香國春氣先上騰。群仙步虚若有憑,綽約顧我顔驕矜。雙松孤鶴自得朋,斜日遠山高出棱。歸來竹窗摇短鐙,瓦瓶一醉吾猶能。

曹柳溪寄示近作,即和其《答友人》詩四首

太息江湖守土官,下車無暇問飢寒。陽城敢道催科拙,尹鐸方知保障難。出岫雲閒似彭澤,舉頭日近即長安。長安驛、長安嶺,皆龍門縣地。十年宦味嘗應熟,籬下霜英且細餐。

聞道邊甿歲有秋,勞農趣事敢遲留。飛鳧早識王喬舄,帶劍今歸渤海牛。柏葉酒清供客醉,木棉衣冷寄鄉愁。春陵心事香山筆,豈爲登臨紀勝游。

藥裹詩囊送暮年,讀書空負腹便便。眼看雪隴占豐兆,心盼江城奏凱旋。松寺留題書漸滿,藜牀經歲坐能穿。史雲那有魚生釜,卻累時時致酒錢。來詩有“司厨不費買魚錢”之句。

臘鼓迎年吏散衙,山城鐙火列如麻。笛中折柳曾吟雪,陌上扶犁待種花。榆塞闗河春過雁,槐街門巷暮棲鴉。尺書便抵還鄉樂,兩地屠蘇似一家。

龍門五月朔雪,次柳谿韵

從來南北異時節,朔漠夏寒粤冬熱。天山楊柳青可憐,羌笛聲中自生滅。君居邊城官獨冷,春氣不能回栗冽。得毋天公與君戲,五月冰花一夜結。今年

旱蝗及畿輔,南飛卻避北風裂。況逢閏夏時正長,生殖猶堪計纖屑。雲興雨沛官事閒,出郭但聞田水咽。秋霜未降禾已登,更喜陳根見冬雪。

祀竈詞

餳酒不掩槃,芻豆不盈袂。再拜竈陘前,黽勉爲餞歲。餳以代黄羊,酒以當五齊。櫪馬未及飽,雲軿已騰逝。問神將何之,放鬣謁上帝。上帝司民命,監觀孰敢蔽。民間疾苦多,惟神已熟計。豈以朝夕媚,或爲致援繫。古人重干請,時俗感私惠。人人思降祥,神力亦不逮。貧家無奢願,且幸免菑沴。敢向奥隅間,覼縷陳瑣細。盆瓶器之賤,甕爨食之糲。爲問陰子方,何如老婦祭。

立春日感懷

新醪不肯换衰顔,隱几蕭條鬢雪斑。梅嶺花開無信到,羊城仙去幾時還。漢家銅柱勳名在,海國珠厓道路艱。猶望江干楊柳色,春風先度秣陵關。

消寒六集題王麓臺擬黄大癡畫,即用其自題韵余藏麓臺擬宋元八家畫:一荆關、二董巨、三米元章、四趙松雪、五吴仲圭、六王叔明、七黄大癡、八倪雲林,每幅各有題句。

大癡非癡翁,亦非老畫師。袖中富春山,人間時見之。麓臺得其神,神與形兼資。偶橅淺絳法,萬象皆華滋。我曾見翁杖,七尺高過眉。流傳到壹齋,宗派無兩歧。黄左田師畫得大癡法,嘗得《藤杖銘》云:"杖七尺,子久植五百年,歸左田。"何由扶赤藤,一往尋山茨。未解黄石書,且參摩詰詩。

次韵子鶴夜坐見懷,并簡服籽

覓句連牀好細論,夜寒應少客敲門。獨吟猶勝西鄰叟,寂寞盆花對酒尊。

歲莫舊交數饋鹿尾,分遺恕堂,斐然有作,次韵酬之

春帖迎門神,冬餳送竈鬼。積雪消螟螣,伏雷制蟲虺。鹿鳴宴嘉賓,所貴尤在尾。獸人歲給鮮,頒賜出宸扆。歲除,大臣例賜麅鹿。氋氃久病鶴,厚俸養庸菲。每歌庭貆詩,素食慙篤棐。掖垣舊同寮,饋歲致珍瑋。各推芉野惠,風誼亦何偉。北味殊南烹,土銼燒溼葦。分餉與君共,懸匏笑吾豈。緬懷沅澧間,蘭芷擢芳卉。春水今方生,魚蝦密如蟣。君詩有深感,所思豈不韙。崔劼老廢學,

數典已忘幾。事見《酉陽雜俎》。雜俎雖一嘗，但媿成章斐。

董孝子行勤方，字念于，平定州廩生。

嗟哉董孝子，萬里奔父喪，出入盜賊裏。一解

孝子家何所，晉東古上艾，門前緜蔓水。父喪在何許，粵西昆侖關，宣化縣。其地近交趾。二解

孝子聞父喪，傳言不得詳。匍匐走都京，都京無親友。踸告陳先生，董生受業於勿齋先生。致書禝飤叟。叟曰子有母，父喪子必奔，母命亦必受。孝子銜涕歸，歸奉母命來，路人爲之哀。三解

是時粵西賊，再竄陷楚北。道路澀如棘，孝子涕垂頤。父喪不得歸，子生亦奚爲。父喪歸不得，子甘死盜賊。四解

叟曰子勿悲，吾有二三友，遠官粵西陲。勞辛皆中丞、胡恕堂方伯。粵有蔣大夫，近官于京師，霞舫府丞。其人皆可依。宛轉尺素書，爲子謀先資。又有粵西吏，子可結伴去。道路即有警，紆回庶往濟。五解

孝子銜涕行，匍匐出都門，南望江漢城。朝視烽火光，夜聞甲馬聲。徘徊南陽道，西上沿襄荆。荆門達桂林，不知幾千里。跋涉忘所經，但見草木長，又見草木零。六解

萬物有菀枯，孝子無窮途。廉(範)〔范〕不覆船，王陽不回車。官聞孝子來，遣騎致所須。邦人見孝子，奔走爲致書。邂逅語交衢，似與孝子識。驚問乃鄉閭，平定某，流寓桂林。竟知父殯所，一一陳厥初。七解

桂林指南郡，風塵隔湞洞。蕭條千里間，人少豺虎衆。孝子銜涕奔，擲身蠻荒界，投足鬼伯門。不悟父喪久，放鬣聞父存。天涯一小縣，連年苦征戰。逆旅斷羈魂，薄棺寄僧院。何人爲收骨，何日營祖奠。不意南飛鳶，化作北歸雁。八解

邕管路悠悠，桂管居上游。誰謂湘灕水，不能送客舟。朝辭洞庭下，莫聞鄂城收。歸途武昌、漢陽克復。誰謂黄鶴去，不度武昌樓。武昌接中州，朝莫行不休。朝朝復莫莫，西入太行路。太行白雲飛，靈旐從之歸。九解

孝子今有父，盜賊爲之避，鬼神爲之輔。孝子今見母，母病不自悲，但悲兒辛苦。念兒别幾時，去年楊柳青，今年蒲葉滋。咸豐六年春自里啓行，七年夏五月歸。看兒衣上線，去時淚斑斑，歸來雨如汗。十解

走謁陳先生，先生曰勤方，子實不負名。復見禝飤叟，叟曰董念于，孝哉今罕

有。吾聞黄孝子,向堅,吴中孝廉。兩親陷雲南,徒步尋歸,有紀程畫册。滇池奉親歸,圖畫有山水。又聞王孝子,原,文安民,尋父於輝縣奉歸。温陵李贄爲傳,太原傅山書。太原公之佗,書傳播厥美。遺風二百年,寥寥復見此。生還猶足慰,死别更悽惻。生死同此心,艱難報罔極。十一解

叟爲孝子詩,敬告桑與梓,且以詒所知。干戈尚未戢,男兒當有爲。求忠必於孝,庶幾其念兹。十二解

古薦士篇

南陽翟道淵,湯。篤行古遺直。群寇不敢犯,威利不能逼。庾公亮臨江州,束帶降車軾。枯朽方自陳,恭敬見顔色。翟謂庾曰:"使君直敬其枯木朽株耳。"零霜有勁草,疾風無弱翼。使君能薦士,朝廷嘉其德。豈惟嘉其德,將以爲民則。博士雖冷官,下邑足矜式。卧龍即不起,鼠輩消反側。迂疏世所笑,知者深歎息。百世聞餘風,激揚欽遠識。近者湖北巡撫胡公薦興國州處士萬斛泉,與此事相類。

丁巳歲除自題《䟢𫗿亭後集》

平生學道未聞道,晚歲身閒安敢閒。惟有呻吟餘病後,更無裨補在人間。奔輪但覺光陰疾,厝火能忘世事艱。一卧三年詩數卷,且排後集擬香山。

謹按:《䟢𫗿亭集》自嘉慶十七年至咸豐四年致仕以前詩,凡千六百六十餘首,編爲三十二卷。後集則皆致仕後所作,隨時分卷付梓者也。

男世長、姪孫友直、友麟謹校并記。

䜬䜬亭後集卷十三

古今體詩五十三首* 戊午

戊午歲朝敬題御筆《驄馬圖》道光丁未歲,上在書房畫上方節録杜甫《驄馬行》"夙昔傳聞思一見"四句。咸豐甲寅歲閏七月,勒石分賜近臣。

萬古空群尺幅摹,草堂佳句入金鋪。風雲昔仰龍潛邸,翰墨今看駿應圖。畫尾鈐"翰墨"二字小璽。已報江城馳露布,曾陪天仗舞交衢。欣逢吉日賡周雅,獻歲詩成慶合符。

讀司馬遷《報任安書》題後

英雄成敗事堪悲,公論千秋史筆垂。却怪當時奉觴者,反顔都恨李騫期。

問慈仁花信二首

今年春爲客先來,人日風光已暗催。爲問拈花老摩詰,嫩黄綬帶幾時開。黄綬帶花開最早,即連翹也。

山茨亦自譜群芳,頃借鈔寺中花目。次第吟詩有底忙。堪笑管城無肉相,不能辛苦事花王。

和陶《止酒》一首并引

余性不能飲,極樂不過三爵。比年臂痛,以醫言酒能宣滯導和,每食始具桮勺。頃復齒痛,乃有戒心。陶詩云:"徒知止不樂,未信止利己。始覺止爲善,今朝真止矣。"依韵和之。

達人能養生,所樂在知止。知止亦何樂,不在詩酒裏。詩以慰幽獨,淡交比君子。酒以送衰老,却病亦可喜。嗟余嬰末疾,左支幸復起。清吟引蹇步,濁醪參妙理。豈知習慣久,徇物必傷己。酒德已如斯,詩味可知矣。涓涓儻弗塞,流蕩無涯涘。大禹惜寸陰,好惡炳千祀。

---

* 十三卷以後,原稿古今體詩後無"××首"字樣。爲統一體例,此數字爲編者所加。

宋拓《化度寺舍利塔銘》殘本爲家叔和之鏐題

邕師塔銘廿七葉,五百餘字留殘帖。東昌鄧氏騫之。流轉到南海,吴氏荷屋。長白相公煦齋先生。偶緘篋。蘇齋題後將四紀,又落吾家草堂裏。泉硯草堂,叔和所居。宋翻宋拓亦可珍,楚弓楚得聊復爾。南山至寶破壁飛,燕環不敢論瘦肥。數十縑得三斷石,范家書樓空載歸。《金石萃編》引范諤跋作范雍,退谷《消夏録》作王雍,翁覃溪以爲誤也。翁題但据宋本校,謂墨池堂無此妙。會稽重刻神逼真,盧趙品題猶未肖。東洲居士何子貞。眼福多,自言唐本親摩挱。不肯低頭拜棐几,却從歐法思虞戈。草堂藏弆此爲冠,儕輩傳聞走流汗。叔和初得此帖並松雪、黄庭墨蹟,攜以示余,越日張詩舲、何子貞走訪廠肆,已瞠乎後矣。松雪黄庭難並摹,緑天苦筍何由換。太谷温琴舫忠善以懷素苦筍真蹟換觀,摹而歸之。獨憐衰病不出門,攜過觀齋互討論。春衣典盡册首小印:叔和典衣所得書畫。春花發,且把殘編對酒尊。

翁覃溪先生題識附録

化度寺碑真本久亡,今所見翻本訛舛極矣。蓋自宋時已有翻本。趙希鵠《洞天清録》云"會稽高續古家有重刻化度寺碑,咄咄逼真",殆即此本是邪?昔元盧疎齋、趙松雪所鑒題之本,亦實宋翻宋拓。至明吴門章仲玉墨池堂所翻本中,有形神肖合處,直欲勝之,而不免有訛舛耳。盧、趙所題本却無訛舛,而有清雋之氣,然視真本則乏渾朴之神矣。此本不能如盧、趙題本之清雋,而形神之肖處,工力亦微亞墨池,而獨得其渾朴之神。乍看竟疑奪真,豈唯高出墨池本,正恐疎齋、松雪諸賢所賞本爲之避席。愚援据《洞天清録》以會稽本目之,不欲冒偁真本。乃得此帖,真品神光迴出,俾考是碑原委者,不敢遽以《郁氏書畫記》著録之聲價掩出此本上耳。嘉慶乙亥冬十月望八十三叟方綱。

潘紱庭曾綬《獨立圖》

蒼茫豈爲覓詩來,閭里方資保障哉。未敢將身置巖壑,更從何地起樓臺。孔懷各抱憂時志,公論交推濟美才。一别三年重握手,霜華隱隱鬢邊催。

春來數夢予弟幼章,昨夜復夢,得句云"春江水煖鴈來初",意者金陵骸骨北歸有兆耶,愴然續之正月二十四日

春江水煖鴈來初,淚灑東風五載餘。夢裏不知琴擲地,空中猶有帛傳書。杜陵望遠愁無賴,温序思歸恨未除。眼見兵銷身老病,生還誰與共樵漁。

二月二日雪

豈是寒消九九天，正月二十七日九九畢。春風有意作花妍。郊扉遠處應幽絶，林岫朝來便皓然。病久嬾扶藤杖出，詩清聊試竹鑪煎。餈餻又拜深宫賜，是日蒙恩賜餻。欲挽耕犁向麥田。

眉石大姪寄題《䙴勼後集》小像，次答述懷二首

與我周旋但有詩，詩中多半故鄉思。鬢鬚白盡顔顑頷，可似圍鑪話别時。與吾侄别三年餘矣。

傳神寫不到悲歡，心事仍從字句看。江海風濤尚如此，舊巢且借一枝安。"他鄉當作家鄉住，骨肉安居有六人"，眉石《除夕感懷》句也，時仍主講長子書院。

彭孫初學對句，詩以示之

北樓樓下寄閒身，一别山窗廿四春。回憶課兒如昨日，而今又作課孫人。乙未歲里居，課子姪於思復齋。

癸亥日雨，詰朝雨止

小桃幾日紅破蕾，西崦已無餘雪在。老農覘土心茫然，陌上扶犁久相待。春風已過春陰多，一雨恰逢日癸亥。昨日雨，今日晴，天公於人真有情。君不聞田家古諺語，春旱還愁甲子雨。諺云："春雨甲子，赤地千里。"

桃華吟

灼灼桃之華，垂垂屋西隅。兩株高過墻，深院無人居。微雨飄疏檽，飛塵灑前除。春來人不知，但見群蠭徂。豈無好顔色，弃置誰爲娱。今日風日美，信步周吾廬。紅白爭入眼，乍見心躊躇。念子翠袖薄，翳彼庭草蕪。銅瓶汲新水，將以明區區。折枝不盈握，酌酒不滿觚。相與慰宋寥，無嗟形影孤。

春日見家人曝衣，感舊二絶句陳夫人卒於乙巳歲。

空緘薑篋十三春，春日春花恨轉新。爛漫孫雛渾不解，牽衣還問著衣人。

少年耻作牛衣泣，晚歲兼忘駱馬情。不忍便拈書籍賣，且憑换酒了餘生。

再詠曝衣示長兒

朝衣罷著幾經年，紫鳳天吴任倒顛。不用呼兒更料理，吾家舊物止青氈。

愁 心

萬點愁心花亂飄，春風捲地海生潮。江南草長鷽飛久，嶺外雲深雁去遥。猶有笙歌催落日，可憐鐙火送清宵。年來壘塊消磨盡，不用將詩借酒澆。

奉和長洲相國仲春枉過城南草堂見贈之作

無邊春色滿皇州，一片飛花動客愁。正是風煙馳海徼，猶勞冠蓋過城陬。纏緜更寫新詩贈，感慨難忘舊日遊。彈指經年重把握，却瞻貌瘦識心憂。

感 事

環瀛何處覓蓬萊，慘澹雲煙蜃市開。徐福豈因求藥去，爰居曾是避風來。越裳白雉終歸國，燕塞黄金舊築臺。聚米山川有籌策，濟時應仗出群材。

過鐵門舊居感作

宣南有舊宅，先子宦居久。言念我生初，乾隆歲癸丑。字之曰鐵生，慈意亦孔厚。豈謂六十餘，居然成病叟。堂構弗克肯，忝附牛馬走。少小辭京國，流離混隴畝。此宅屬它人，姚先喬則後。展轉三易主，今爲寧氏有。秋農尚書夫子暨吾鄉濬泉侍御先後卜居，今則理堂觀察居之。憶余通籍初，板輿奉衰母。卜宅復于斯，舊居當其右。姚公數枉過，時復飲以酒。謂余憂患餘，析薪尚能負。十年重結鄰，此緣信非偶。坐我讀書堂，指點舊栽柳。公歸幾何時，弟子且白首。眼見四朝事，感歎傷老醜。當時竹馬侶，十已喪八九。槐街卧三載，足不出户牖。偶爲東郭行，經過北巷口。門閭近咫尺，徘徊未許扣。歸來若有失，埽徑忘其帚。烏鵲戀舊巢，歲歲補枯朽。梁燕睇故壘，不忍汙塵垢。萬物各有依，一廛重所受。嗟余老浮家，螽簡空自守。太行雲樹深，鄉思日紛糾。猶望鐵門限，側聽蒲牢吼。近年履迹不踰街西兩寺。

題潘紱庭曾綬詩草

一卷緘投手自披，槐窗曉坐緑陰移。直從文獻孤桐句，卷中多雜詩。看到香山賀雨詩。多病已教吟興減，得閒翻悔讀書遲。舊游履迹成蒼蘚，賴有新篇慰所思。

“銀灣西舫”余辛亥歲西安門外玉蝀橋西寓齋額也，偶檢得，再題絶句

三間茅屋送朝晡，何處扁舟覓五湖。古寺雙松來往熟，故人已喚作緇徒。

附舊作

退食金鼇日已晡，小窗兀坐憶江湖。濯龍門外車如水，却羡煙波一釣徒。

擬漢鐃歌《戰城南》

戰城南，出城東，海壖怪鳥飛刺空。爲我謂海鳥，擇肉而食食已飽。飽猶不足，爭奪相殺禍機伏。主人雖慈，以鳥畜之。爾有觜與爪，我豈無弋畢。潞之水，曲復直。天馬徠，塞東北。大麥已黄馬可食，願爲忠臣誓破賊。思子良臣，良臣誠可思。臧孫之知，海鳥知之。海鳥群飛，吾將焉歸。

高寄泉繼珩得古銅小印，文曰"莊光私印"，摹册屬題

纍纍早薄漢公卿，落落何妨變姓名。後漢嚴光一名遵，光武即位乃變名姓。史家亦有避"莊"作"嚴"之説。猶悔羊裘來物色，却留彫篆付儒生。

釣渚鴻飛印碧莎，桐江帆影幾經過。題詩應被先生笑，買菜文章世益多。

讀王松坪省山《菜根軒詩》遺稿，愴然題句

蟋蟀堂深日月慆，憂勤心事土風操。香山樂府遺山筆，鑄出并州快翦刀。

一杯何日共重論，淚灑青衫舊酒痕。寄語閻鷺湖上柳，當時攀折幾人存。周竹溪、郝夢山、張鏡川晉陽書院舊雨，今存者數人而已。

齋厨篇

齋厨三日食無肉，黏壁蒼蠅上樹木。羊肉一腔酒兩壺，群犬跳舞爭窺厨。家人謂犬馴可狎，投骨試之觀勇怯。豈知搏噬逞狂吠，無復摇尾乞憐態。餌致甚易麾則難，回顧更有蠅登盤。恩重法輕難爲主，一鞭霹靂破庭柱。嗟吾豈樂妄著鞭，禁虣不能爲汝憐。烹羊沽酒亦多事，淨埽軒窗爛漫睡。狺狺營營兩無猜，不愁驅去還復來。

長椿禪室假寐六月四日

逃暑偶眠金塔閣，黄花翠竹朝鮮金秋史書額。悟禪心。一酣倒枕日過午，萬緑堆窗雨漸深。人海風濤塵滚滚，法堂鐘鼓晝沈沈。瓦鑪已報煎茶熟，且共僧談坐夕陰。

胡恕堂興仁《聽禪圖》毗陵吴儁寫。

三生誰證去來今，妙悟非從迹象尋。偶爾拈花一彈指，天風已静海潮音。君時奉命馳驛赴浙，會辦軍務。

江左吴生妙寫真，爲余點筆出風塵。雙松影外斜陽路，應念扶藜獨往人。

奉題金陵何恪慎公《祝萱圖》遺照

龍光燕喜荷恩褒，故著萊衣替錦袍。在昔加餐供一笑，衹今愉色想三毫。給扶眷倚先朝重，道光、咸豐之間，樞臣特許給扶者吴縣相國潘公暨公，皆曠典也。賜額門閭粲葉高。同直幾人餘白首，登堂曾許醉醇醪。

王英齋發越《西山招鶴圖》

上黨天下脊，蜿蜒趨幽燕。西山擁都門，青與鄉樹連。君歸自滇海，孤鶴辭籠樊。萬里一回顧，豺狼正當關。峨峨黄金臺，駿馬馳風煙。乘軒久無意，游戲來翩然。來如清漳水，水流心自閒。去如虒亭雲，雲栖何處山。寄我招鶴圖，白鬢仍朱顔。揮麈坐松石，邈若遺塵寰。春明老留滯，一卧逾三年。仰媿茅山君，俯亦慙逋仙。雜懸乘海風，倏忽紛往還。願爲雙白鶴，相從寥廓間。

沈小梅太守壽嵩自西安寄示尊公藹園年丈巡梅索笑遺照屬題

我有梅花書屋石田筆，對之可以銷永日。春雨花開九里洲，刺船曾作江上游。卧病餘生老無用，槐街未了春明夢。江海風濤事不同，浮雲日月空相送。長安太守寄我梅笑圖，云是菱湖歸老之所摹。圖成仙去花如故，古香不見留題句。猶將遺稿贈所思，細字緘封有餘慕。《古香樓遺稿》，年丈兄弟詩集同名。謂我於通議，已爲抍溺詩。去年題《章武抍溺圖》。津門皖水並遺愛，老梅華鄂原同枝。當年渤海無盗賊，淮泗於今兵未息。側想褰衣去郡時，江城花樹煙如織。君不見鮑參軍，中庭偏爲梅咨嗟，念其露中作實霜中花。孫枝勃發已百尺，畫梁古屋蟠龍蛇。馤飢叟題詩爲報長安守，亦有方山手植松，呼童欲步梅翁後。

常熟胡芑香駿聲寄《耐寒圖》屬題。二十年前余視學吴中，芑香曾爲作《寄園銷夏》長卷，並自寫照。展卷對看，慨然得句

西園雅集曾銷夏，南國詩人却耐寒。九里梅花今結屋，一樓山色昔憑闌。已

聞點筆成金粟，猶自籠頭試月團。戴笠扶藜吾老矣，頃江陰吴冠英爲寫戴笠小照。因君離思滿江干。

勤孃子牽牛花俗名。

勤孃子，花開曉露中，翠斂朝陽裏。美人夜醉芙蓉烟，日午緑陰琴尚眠。可憐紅墻隔深院，織女牽牛不相見。雲鬟玉簪嬌晚香，磬口金鈴羞早妝。不如籬下蟲唧唧，猶作秋聲驚夜織。鄰翁嬾眠好讀書，朝朝嗅花弄盆魚，何不買牛歸負鉏。

擬《江南可採蓮》

江南可採蓮，蓮花紅可憐。蓮葉何田田，使爾群魚戲其間。魚戲蓮葉東，東日出雲蓮花紅。魚戲蓮葉西，西風落日蓮花低。魚戲蓮葉南，南國美人來趁趄，蓮花雖落蓮子含。魚戲蓮葉北，北方佳人悄獨立，蓮子落盡採不得。

惠邸屬題《受印圖》，謹和元韵

彤廷奉命弼仔肩，位重親藩帝任賢。功大不矜心轉小，謀深能濟勇兼全。已聞畿甸胥安堵，更仰聲威洽溥天。衰朽憶曾陪盛典，恩光今見畫圖傳。

有所思

日莫老槐鴉噪枝，高花過墻低壓籬。碧牽牛蔓出螢火，紅木槿梢生網絲。天河無情望不極，秋氣未至心先悲。空吟樂府横吹曲，故國關山有所思。

石士外舅夫子遺像敬題，付世長藏之

師門初受知，其歲在甲戌。嘉慶十九年，公分校禮闈。重之以婚姻，情誼日以密。艱難賴提命，黽勉作家室。中間數聚散，時時奉手筆。當公典學年，道光癸巳、甲午間，公校士浙中。賤子讀禮日。甲午春，寯藻以憂回籍。寫真遠緘寄，石畫神采溢。曾以石刻像寄示。不謂甫逾年，還京遽抱疾。内舍趣歸省，握手一慟畢。及門竟安仰，每念心鬱窒。使槎過武林，吴侯感舊述。并出公遺像，文詩徵散逸。庚子歲使還過浙，吴康甫以此軸見贈。歸來示内舍，淚下如綆繘。歲月去飄忽，中道喪群匹。陳夫人己卯歲來歸，卒於乙巳歲十月。人事日變遷，進退難自必。即今老卧病，酬知百無一。渺渺太乙舟，末由侍書帙。回思公病革，外孫才過膝。如何慈母線，久不見縫紩。徒瞻光霽容,使我增慘慄。公壽及古希,我年已望七。舊居何時還,老學誰與質。書此告兒孫,慎旃守勿失。

爲彭孫戲書花葉

閒書花葉記花名,碧碧朱朱亦有情。解事兒童向翁語,不宜猛雨只宜晴。

寄和郝夢山二兄《移居》詩,并寄周竹溪七兄七月三日

舊游如蒼蘚,到處皆陳迹。新交如秋草,幾日留芳澤。汾絳兩耆宿,君與竹溪皆五十年來舊好也。巖松挺風格。醉人惟醇酒,曬腹餘書策。君猶耕硯田,樹人歲有獲。主講河東書院。雙竹堪作杖,兩郎皆聰穎能讀書。一廛免爲客。近卜居絳城西南隅。書來不歎老,百年等行役。春風詠童冠,前年七十,書院諸生奉觴上壽。何羨求與赤。廣文官雖冷,晉祠水可惜。水中長生蘋,别後青幾尺。二十年前訪君太原游晉祠。君歸復何有,賃廡仍暫借。《廣韵》二十二昔亦收"借"字。娱情山水間,不受人促迫。陶令居南村,非爲卜其宅。固知仁里美,亦如交友擇。擇友不在多,得一已勝百。擇居不在廣,兩樓書可積。憶共郵亭語,謂蘭州使旋時。笑我不煖席。即今老病休,殘鐙守蠹册。舊居何日還,頃取陶詩意作《還舊居圖》。荒徑何時闢。欲從二老游,歸雲山影隔。茅茨眼中在,人事日逼窄。初夏寄我書,開緘近七夕。所喜香山翁,未斷詩酒癖。千里一明月,舉杯且共適。

盆　冰

凌人鑿冰無痕迹,巧奪玲瓏太湖石。木盆淺窄不能容,横看成嶺側作峰。朝朝莫莫看不已,看化汙泥半盆水。炎天烈日爭倚冰,翻笑人間裤襶子。

葉落吟

葉落無好花,齒落無好顔。一葉雖落萬葉在,一齒雖落衆齒完。如何一葉復一齒,飄飄摇摇落未已。昨日密陰今日疏,今年豐頰明年癯。涼風蕭蕭吹雨急,流光黯黯乘病入。使汝顔色摧,使汝心志隤。花落不上枝,人老無少時。當時花葉相媚好,豈知唇齒不自保。對花飲酒已可憐,一醉但足銷殘年。夕英朝露餐不得,且漱白石彈流泉。

和陶《還舊居》詩,自題寫照

舊居亦何常,委心任所歸。來者不必戀,往者不必悲。息偃今豈是,馳驅昔豈

非。山中破茅屋,久别忽如遺。解組三四年,淹留欲何依。新交半零落,人事難豫推。兒孫喜我健,藜杖憐我衰。不歸歸便得,田鋤終可揮。

題《還舊居圖》江陰吴冠英儁寫真。

我欲還舊居,無居何處還。吴子顧而笑,置我圖畫間。云昔柴桑翁,心與雲鳥閒。賦詩歸去來,豈必爲田園。君以老病休,出山四十年。茅屋尚可補,松徑應未殘。有子讀父書,有孫候柴關。一力已自給,何用車斑斑。干戈莽未息,蒼茫時事艱。藜杖青箬笠,欲往心盤桓。彭澤有故事,高風渺難攀。感子意良厚,媿我腰脚孱。便向此中去,夕陽猶在山。

秋夜步月七月十一日

片月出高樹,落我窗北隅。流光尚徘徊,秋影相扶疎。徐徐度墻壁,皎皎盈階除。天高露氣下,微凉生衣裾。始悟苔徑滑,昨夜檐雨麤。欲眠復啓扉,翛然覩太虚。河漢東南流,清淺不可踰。不知查上客,泛泛將焉如。

讀《王右丞集》和前作

畫師詞客即高人,寶藏衣珠却自珍。留取輞川空色相,秋槐葉落爲誰春。

附前作

輞川集注推松谷,祕閣收藏此足珍。開卷無心成一笑,丙辰三歷上元春。仁和趙松谷殿成注《右丞集》,自題云:"乾隆元年歲在丙辰正月望日,余得此本。"恰值咸豐丙辰歲上元日。

和王定甫錫振《過食筍齋感懷贈孫琴西侍講衣言出守皖江》之作,即送琴西二首

蓬壺樓閣集群仙,中有幽齋得地偏。種竹不知誰是主,披圖如見我猶憐。食筍齋,吾師黄勤敏公直廬也。公請老後,余繼居之。公子小田儀部遂以齋圖贈别,并師書額裝卷,同直多有題詠。一麾此去餘長嘯,四壁留題待補懸。琴西有《食筍齋記》,曾屬余補書舊額懸之。門外雙輪還躑躅,西山拄頰對蒼然。定甫樞垣退直居月湖樓上,與琴西時有唱酬。

老病難追黄石仙,停雲遥隔屋西偏。山樓水檻一回首,"蓮葉東南臨水檻,柳條西北看山樓",余園居舊句也。疏竹幽花皆可憐。賴有故人巢未埽,每因佳客榻常懸。請看畫裏青苔迹,不待臨歧已惘然。

附定甫作

黄山老子已飛仙,獨樂園栖杜曲偏。長嘯仰天君又去,幽篁出地客誰憐。秋風屐迹蒼苔滿,夜月詩情碧落懸。退食從今歸掩卧,孤雲落日想茫然。

題董醞卿觀察醇《甘棠小志》

芨舍棠陰去後思,廣陵古埭溯遺基。謝公自繫蒼生望,不是虚談坐賭棋。輶車南北考方輿,君著有《隨軺載筆》七種,并轉漕江程各筆記,《户部海運後案》亦成於君手。此志則前年歸里後所著也。三載窺園又著書。爲問玉杯蕃露外,一官一集復誰如。

籬豆曲

簇簇籬豆花,花開復結實。其實何纍纍,采摘向朝日。堂上白頭翁,籬下好顔色。今日釜中煎,前日手中植。

張詩舲少宰補寫《慈仁雙松》并《柏槐圖》,又爲偷兒卷去。用前韵解嘲,兼答王定甫和作

張伯懷璧昔僅一,曼倩得桃今乃三。世間巧偷那有此,呵壁吾欲嗔伽藍。空王自來遺象教,紫氣亦復隨老聃。區區幻影不肯住,得毋羞與俗士談。戒師此身等槁木,拈花尚有微笑含。西堂敷坐忽三歎,佛不能救人豈堪。今年病暑游興減,松徑偶聽風濤酣。驪龍領珠又飛去,孤鶴不舞空毿毿。吾欲馳牋告張老,手痕數乞先懷慙。又笑偷兒不解事,渴飲未必知苦甘。秋雨送涼城西南,禪扉寂寂無停驂。競趨廠肆鬥書畫,顧厨不禁英物貪。豈知枯僧自懷寶,古木兩廊雲半菴。

子貞詩幅亦被竊去,再答定甫,並呈詩舲寄子貞

猿翁之詩詩翁畫,得一亦足况再三。兩翁愛惜手懸壁,古木亦爲發青藍。猶龍健筆互傾倒,我如關尹驚逢聃。四坐聳觀不暇醉,麈毛擲落仍揮談。遂令真氣動户牖,怪禽闖入幽花含。慢藏之誨佛不解,强以扃鑰非所堪。猿翁掉臂去不顧,游蹤汗漫山水酣。聞子貞自山東游浙江。壁詩挾畫逐翁去,使我仰空搔鬢毿。壑舟力能負而走,清晝攫金奚必慙。龍壁山人色惆悵,坐觀無補情豈甘。怡園祇隔城市南,公退儘可驅羸驂。亦知神妙難再得,所恃鮑叔忘其貪。

法華一笑爲彈指,何不移置槁木菴。戒師所居東堂也。

蔓草歎

三株花樹春始栽,下有蔓草留冬荄。春雨勾萌夏繼長,怒生滿地塵土埋。高籬出墻氣疏達,短籬鬱鬱紛成堆。葱冬不肯妄攀附,其餘瑣細淪蒼苔。惟有牽牛强有力,左縈右拂工自媒。花樹低頭一援手,丁香束縛鸞枝摧。馬纓先枯後重茂,護惜幸免遭擠排。可憐汎愛無厚薄,滋蔓已成難翦裁。若使力耕弗知耨,嘉種亦復同草萊。病翁見事苦不早,手無斧柯奚爲哉。蟲吟鳥哢各驚怪,今之所廢昔所培。秋風幾日生庭槐,籬豆欹倒花尚開。隔籬似聞蔣生笑,荒徑何曾妨客來。

《淮壖小記》題辭淮安山陽范以煦咏春著録,凡四十卷。

范君録我淮壖記,網羅散軼言必詳。欲爲志乘補殘缺,更發潛德流芬芳。十年心力稿數易,憂患中不忘梓桑。荒村複壁短檠暗,風饕雪虐冬夜長。一朝書成紙爲貴,魯侯通甫歎賞傳帝鄉。嗟我餘生守蠹簡,見此細字生眼光。山川人物難悉數,披覽賑記增感傷。阮定甫明經《嘉慶戊己大獄記》詳載李公勘賑事。孤忠冤獄天降鑒,雲車風馬神回翔。昔爲諸生聞此事,萬口傳誦雲漢章。仁宗聖制《憫忠》詩。欲書全詩補載記,更爲後世存紀綱。書生著書期有濟,餘事且足雄文場。近者董君有撰述,亦云小志思甘棠。甘泉董醞卿觀察近著《甘棠小志》。江淮舊游隔秋水,笙磬雅奏同鏗鏘。

䙴𦈢亭後集卷十四

古今體詩五十首戊午

七月十九日王定甫招同王子懷、孫琴西、段春湖、林穎叔慈仁寺餞暑小集，述懷呈諸君子

禪扉久未敂，積雨迷野塗。褰裳得儔侶，秋氣已不孤。況敦詩書好，吟覽相爲娛。閒庭生夕陰，破壁換舊圖。嘉會良獨難，念兹人事殊。高館初謝病，子懷。巖疆正馳驅。琴西。同寮感今昔，春湖、穎叔、定甫。顧我情不渝。人生聚散迹，浮雲天漢隅。偶與風雨會，灑然清九衢。鴻雁紛南征，霜露凄以濡。蕭條江海上，歲晚多菰鱸。

新樂府四章并序

爲金陵端木子疇埰明經節母倪太孺人作也。子疇九齡失怙，賴母教成立。曩遭兵警，奉母居鄉。自金陵陷後，避地嘉興，還寓蘇郡。前年復至京師，僦居侍養，更繹慈訓，繪圖四幀，各紀以詩，緣情所發，其言藹然。余因效香山體，就子疇詩意推闡之，一曰寒閨月，二曰高堂歡，三曰京國遊，四曰楓江思，總題曰新樂府，以俟采風者有所攷焉。咸豐八年七月寯藻記。

寒閨月

寒閨月，月色清且嘉。照我檐下梅，天寒能作花。新花老榦相掩映，歲莫不改冰霜性。當窗軋軋機杼鳴，鄰家夜夜聞書聲。書聲一何急，機聲一何悲。不悲夜無鐙火晨無炊，但悲父書不能讀，鑿楹之書將遺誰。人言嚴母出孝子，移孝作忠母教始。孝子奉母適南北，流離患難常在側。篋中離騷卷中詩，字字深湛念手澤。讀君詩，見君心，故國蕭條鴻雁音。且斟萱草堂前酒，爲和梅花月下吟。

高堂歡

高堂歡，歡在承志不在顔。憶昔海氛逼鍾阜，崎嶇避地村舍間。兒跪啓阿母，

兒有急難友。謂兒負米乏升斗,州郡薦辟古亦有。胡爲困蒿藜,不謀一枝栖。一枝栖,固自好。鳥能擇木,木豈能擇鳥,鵷雛自飢鴟自飽。貧女不受雙明珠,志士不食鄰家棗。兒能拔劍戮鯨鯢,吾爲汝歡何慘悽。青雲自有路,捷徑不可梯,雷池之鲊何如茅容雞。

京國遊

京國遊,上堂拜母語不休。兒淚垂垂母心惻,轉悲爲喜整顔色。煌煌帝王都,觀光固所須,吾有一言其念諸。不願高坊大榜爲吾旌門閭,亦不願汝往曳王門裾,翻手作雲覆手雨。素衣變化爲塵土,刻鵠不成況畫虎。但令直如絲,勿使曲如鉤。男兒不出門,出門慎交遊。行成名立吾何求,不見古來截髮畫荻陶與歐。

楓江思

楓江思,在蘇臺。昔辭家,今再來。爲問吴市鶴,故壟彔彔安在哉。鶴言向前路,路有久病嫗,或能識其處。故老凋零鄰舍空,惟有寒鴉集枯樹。母有心,兒知之。孝所感,神資之。輕軒來輿臺,隨兒扶掖母涕洟。高者山,下者谷。四十年,車轉轂。江城烽火野鬼哭,古墓犁田松柏禿。何況楓江數弓地,落葉荒榛埋破屋。側聞石頭城,早晚江水清。樓船下南海,鐵騎移北營。蘇臺流寓燕臺客,便向金陵尋故宅。錦標歸去過金閶,重薦江蘋埽苔石。

讀韋詩

吾愛左司詩,高名際唐盛。早歲出豪俠,中年入吟詠。蕩空春雲閒,浮遠秋水淨。時時念民物,往往見情性。應同淵明節,豈效長卿病。九旬疑化仙,五字殆作聖。寥寥千載後,開卷猶起敬。自非素心人,誰與共涵泳。

荒園七月二十五日

馬厩南頭有短垣,偶因送客得荒園。園丁導我撥蒙密,日暮惟聞鴉雀喧。晉東百里禢欿亭,我欲歸去雲冥冥。不如移向此中住,日看西山天外青。

王子懷侍郎饋酒,走筆答謝

我雖不善飲,近亦領其趣。連年養痾城南廬,衹有藥鑪伴飲具。君饋我酒年復年，今年酒多君更閒。君時謝病閒居。兩甖那復論斗石，巨緪壓肩肩爲赤。側聞析津道路開，此酒亦隨米船來。米船來，麴生至，犀首能飲况無事。可憐鯫生量窄不足容一鴟，酩酊何以報所知。不必期中秋，不必待重九。涼天佳月菊花時，君但能來我有酒。

七月二十六日吾鄉張豫菴雨田怡山觀鈞兩吏部、白蘭嵒恩佑禮部、張漢槎方泳工部、李東樵守愚户部招集慈仁寺西堂，賦詩申謝

太行雲萬重，秋色不可埽。鄉心逐汾水，西去何浩浩。餘生乃如寄，三見霜林老。今年秋尚煗，蘭若花木好。諸君吾邦彦，暇日事幽討。知我松徑熟，於兹暢懷抱。攜樽過山茨，開徑藉芳草。午風衣袂清，泠然釋煩燥。因念桑與梓，不知歲旱潦。輸將事雖殷，閭里幸相保。側身望南天，蜃氣纏海島。近聞析木津，雲帆達粳稻。銷兵會有日，長慮須及早。蟋蟀鳴空堂，鴻雁思遠道。天涯有比鄰，得酒且傾倒。

叔和取文壽承《登毗盧閣》詩意爲余作《靜者室圖》，次文韵答之，即書圖後

靜者心何寄，坐聽松濤喧。偶得此初地，聊爲吾息園。琴中澗泉落，平臺下汲井注池曰"琴泉"。鳥外山雲翻。北岡看西山，題曰"藏雲"。便約孔賓去，禪鐙尋道原。吴僧道原著《傳鐙録》。

底　事

豈無翠袖倚寒天，猶有黄姑聘後錢。不解賣珠緣底事，夜鐙空照碧紗煙。

病　樹

庭前有病樹，枝葉日顛頓。移植二十年，無復舊青翠。逢春□著花，朝開莫已墜。自傷微弱質，敢怨風雨至。主人恩尚重，廣厦幸得庇。豈無桃與李，歎惜不我棄。黂麻能績裳，敝帚能埽地。瓬大瓶甖小，適用無非器。高槐陰未疏，籬豆花自媚。魯酒味雖薄，送老猶可醉。

八月二日約王子懷、蔣霞舫、林穎叔、王定甫集慈仁寺爲孫琴西餞行，仍疊前韵和琴西，即寄其弟蕖田侍讀鏘鳴

高齋種竹人去後，池上釣竿餘兩三。猶有詩篇照縑素，水光一碧天蔚藍。髲

欨病叟乏仙骨,敢望徐甲隨師聃。翰林主人今有客,感舊不厭杯酒談。爲題畫卷三歎息,君近爲余題《食筍齋圖》,即黄勤敏直廬也。豪氣外斂神内含。憶昔詩人賦山杻,程春海前輩所賦杻今無存矣。婆娑離思何以堪。坐石未移故巢埽,春陰蹔借餘花酣。即今拄杖落幽谷,草樹蒙密毛羽毵。燕臺車馬衆所競,淮陽股肱君莫慙。秋風亦憐蒓菜美,兵氣不改滁水甘。槐街之西花市南,五馬爲我姑停驂。相知已晚别更遽,世緣未盡塵心貪。因君却寄頴濱語,蕖田自粤西學使還温州,奉命督辦團練數年矣。他日來訪雙松菴。

附録琴西詩

行人不行日飲酒,慈仁高會今也三。相公四年避朝論,走馬挾客參伽藍。平生交游愛支許,況復斂退師莊聃。冠纓角逐萬人海,豈知六客同玄談。驕陽毒暑久不去,寺門古木秋能含。雲霄風雨各有會,明堂大厦真誰堪。高齋食筍傍榆柳,對面不語蜩螗酣。却喜佛地風蕭爽,坐聽細籟松鬖毵。禓欨畫圖識公意,會稽印綬令人慙。公猶晉祠念田稻,我豈湖渚忘霜柑。温州甘子有名。北維恒嶽灤霍南,他日相憶同雙驂。相公壁詩作行草,神物不畏偷兒貪。我亦效公留爪跡,時拂塵土開雲菴。

爲何願船主事秋濤覓館,簡陳子鶴尚書

老學何人爲析疑,素心寥落少新知。低頭東野吾方媿,爲詠韓公薦士詩。

約勿齋中秋翫月

一年明月中秋好,六十餘翁去日多。能就雙松松下醉,比君獨酌定如何。

裴晉公祠補書韓碑歌

上章閹茂孟陬月,使節初歸自皋蘭。道出聞喜指裴柏,村名。謁晉公祠偕從官。是日雨霽風日靜,升階叩拜瞻圭瓛。神觀邁爽與史合,想見風烈欽朝端。淮蔡之役公獨任,君相一德爲其難。中官統監悉奏罷,然後號令由將壇。愬也擒渠厥功最,比之酇侯視彭韓。發蹤指示伊誰力,帷幄決勝心早殫。萬口一談不可破,爪牙其奈狼貙貆。韓公文章太史筆,唐宗漢祖當並觀。其論至公道不屈,礱沙大石何能刊。玉谿生詩世傳誦,段學士碑終摧殘。公之裔孫跽而請,請補舊碑祠乃完。曰余鄉士屬後進,此事固是神所歡。遷延辭讓汗泚出,同行敦勸言交攢。明年其裔走京國,四石購得搜巑岏。石高一丈字三寸,欲乞墨本當書丹。維時龍飛初紀元,宵旰兢業戒勿盤。粤西兵饟事方亟,樞

省豈暇親文翰。冬夜退直坐小閣,筆硯未融鐙燭闌。轉思此碑氣雄偉,書之亦堪警素餐。横汾前歲歷兵燹,匠石散後誰彫剜。眼中突兀見此本,使我顔赤心爲酸。我昔馳驅今老病,五載不復身據鞍。畿輔蕩滌江路闢。朝廷尚念民力癉。安得天弧埽餘燄,便清瀛海回狂瀾。太學告功典謨在,白頭彩筆無由干。道光初年平定回疆,告功太學,碑文寯藻曾奉敕書於武成殿壁。淮西小醜等牙孽,南陽大文如鳳鸞。炳焉乃與雅頌亞,至今讀者增慨歎。我書深媿不自度,勒之祠壁尤未安。石鼓那藉俗書逞,午橋豈作淩烟看。要令後世識公意,淮蔡既定無饑寒。

道光三十年正月十七日,自蘭州使還,過聞喜縣,迂道裴柏村,偕户部員外郎鍾秀、主事董醇、刑部主事馮杖謁裴晉公祠。明年公裔孫驊自曲沃來都,請書昌黎《平淮西碑》,勒石祠中。咸豐元年十月書成,六年上石。此墨本四軸,即存裴氏家。八年八月記。

中秋後二日秋分望夜偕閻夢巖及甥孝瞻、子世長、姪孫友直慈仁寺北岡望月還,坐東堂小酌,以"此夜一輪滿"分韵得"夜"字

與僧期中秋,爲我修月榭。初絶斧斤音,再經陰雨夜。前約竟虚負,微吟興復罷。今夕月仍圓,佳節猶許借。撥雲開青天,闢徑得精舍。北岡一登眺,萬象入嗟咤。連峰疊蒼翠,殘照亘未下。冰輪忽飛出,流光儼相迓。紛紛松竹間,人影互淩跨。仰瞻北斗杓,下有寒芒射。夜深炯不滅,高處見乃乍。森然毛髮動,寡識固多訝。褰衣辭木杪,移榻就籬隙。一壺焉足醉,老景去如瀉。出門路空廓,舍車試腰胯。同行行且止,歸意轉閒暇。緬思江村客,倚仗感凋謝。幸免轉蓬勞,何心問畊稼。用杜詩意。

觀月齋摹潛邱先生像卷,愴然題後

潛邱自是漢經神,猶有月齋步後塵。當日譜成閻譜,石州所編。仍畫像,亦思寫定得傳人。一龕酹酒名何用,石州木主附祀顧亭林先生祠。三篋遺書世尚珍。頃與何子貞太史、何願船比部、吴子迪孝廉校刊《月齋集》。其《北魏延昌地形志》《蒙古游牧記》二書,願船補輯已成,次第付梓。看到屋梁銜落月,手題依舊淚痕新。

太原閻百詩徵君像,江陰吴冠英偶摹,張石州題贊,蓋自喻也。道州何太史紹基涇縣吕侍郎賢基,謚文節武陵胡侍讀焯河間邊觀察浴禮各有題詠,今歸吾族孫子貞履坦家,質卿友直攜至京寓。何太史見之,又屬其門人朱鑑成賦詩,顧

祠同集諸公俱署觀款。適冠英復來都，因倩重摹，并命兒子世長録前後諸題記，别裝成卷，其元本仍還子貞藏之。咸豐八年八月息翁記。

孫琴西《盤谷草堂詩集》題辭四首

感事篇篇筆有神，詠懷獨見性情真。漁洋亦學遺山體，衹爲論詩到古人。詠懷古詩人十六篇，意取法戒，不專論詩。

經學紛綸海國傳，曾爲琉球官學教習。翰林名更重三天。前垂天貺、中天景運、後天不老，圓明園上書房乾隆御書扁額謂之"三天"。洛陽紙貴尋常事，不藉雞林賈客船。

股肱大郡正需才，天遣文章落上臺。滿目瘡痍塞淮浦，漢廷長吏爲誰來。

詩史淵源出少陵，才兼俊逸氣飛騰。誦君佳句相知晚，慙媿當年韋左丞。

題孔六經之憲庚明經《河嶽遨游圖》繡山舍人之弟。

壯游曾記少年時，驛路重過鬢髮衰。余弱冠有秦隴之游，逮奉使金城，已四十年矣。君去定攜謝公句，我行空負退之詩。河聲嶽色都迎客，漢闕唐宫待訪碑。千里鄉心一片月，馬頭寒影逐鞭絲。

孔經之《韓齋聽雨圖》

聯句昔曾到韓孟，高齋兄弟又連牀。羸驂未用歌無奈，請聽商飆埽戰場。用韓孟詩意。

聽雨離懷如步月，不關萬影與千聲。逍遥堂後中宵話，可抵承天寺裏行。

八月二十八日漁洋生日，孔繡山中翰、林穎叔工部招同孫琴西太守、何通甫侍御、馮魯川志沂刑部、王定甫户部集慈仁寺，分韵得"之"字，效論詩體五首

羼提居士妙論詩，五字偏遺杜拾遺。漁洋《古詩選》五言，不收杜樂府諸作。敢道連城人共識，眼光獨不到微之。

精華自有後人知，辛苦談龍似好奇。一代鄭箋終寫定，《惠氏精華録訓纂》。風流儒雅兩兼之。

高閣登臨剩舊基，雙松曾見作歌時。通靈妙畫都飛去，愁殺江東顧愷之。

閩本流傳遺墨在，《精華録》初本，候官林吉人寫刻。嶽樓棖觸故鄉思。繡山著《對嶽樓詩集》。後賢莫逐刀圭誤，我欲停杯一問之。

晚秋已及鞠華期，蘋藻年年薦顧祠。一瓣香中心共祝，不須拄杖覓花之。寺在

南西門外，今慈仁平臺亦有“竹所花之”額，胡扶山書也。

送甥奉世還保陽

昨夜中庭雁有聲，起看星斗漸斜横。秋懷已分將詩遣，老淚無端爲汝傾。游子衣裳慈母線，重陽風雨故園情。楹書幸免亡三篋，莫悔飢驅棄短檠。《𠂇齋集》頃已刊成，《北魏延昌地形志》《蒙古游牧記》二書亦將付梓，此皆同人表章之力，後嗣所當慎守也。

秋夜聞鐘

秋夜初長睡已慵，披衣翦燭坐從容。西風慣入衰翁耳，又送毗盧閣下鐘。

慈仁老僧於後岡上置鐘，佛家所謂幽明鐘也。有秦僧發願，晝夜撞之。余居去寺里餘，向不聞，今乃爲風送到，亦早起之一快。戊午歲九月七日寅刻息翁并記。

九日慈仁寺登高冒寒而歸，王嘯山鴻臚招同梁海樓瀚錢萍矼寶青兩宗丞小集長椿寺，述懷奉簡

今日重九日，登高何處高。自非北岡顛，何以舒鬱陶。禪房曉初闢，已聞松風號。落葉翳荒徑，寒色生敝袍。不敢久淹留，且復求我曹。斜街幾人家，衡宇遠市囂。鴻臚閒愛客，塔院招游敖。新舊兩宗丞，澹泊同所遭。我亦不暇嬾，攜酒持霜螯。是日秋榜出，九衢車馬豪。豈知白屋下，閉門栖蓬蒿。況此給孤園，久施力已勞。鄰巷共守助，夜檬須冬膏。時方續籌冬夜巡更之需。銜杯心踟躕，醉不爲醇醪。深思無近遠，感兹日月慆。歸來短鐙檠，鬢髮吟蕭騷。

感秋二首

滿城風雨後，蕭瑟變深秋。籬豆經霜裂，盆魚得日浮。物情閒可念，詩境老多愁。又報江氛惡，煙波斷客舟。江淮屢聞警報。

大樹日飄零，商飆且暫停。離心隨斷雁，病目送殘星。衣冷不爲薄，夜長元自醒。鐙花偏有意，簇簇向誰青。

雨九月十三日卯刻

疏柝送殘更，挑鐙聞雨聲。欲教灑花徑，先爲撤霜棚。前日見霜，以席棚護之。九日菊新采，重棉衣漸成。明當策杖出，麥隴看深耕。

寄三兄

河淮江海事方艱,留滯周南力已孱。敢道餘生猶戀闕,不知何日得還山。鋤經堂在詩堪續,戴笠圖成老共閒。頃爲戴笠小照,寓還鄉意。欲寄寒衣聞更瘦,幾回拂拭淚痕潸。

族孫友直爲乃祖乞文銘墓,即送其還里勒石

麟兮戾止汝言歸,仁圃初來。燕鴈秋來似代飛。此去離懷繞花市,初還喜氣滿荆扉。吾家舊譜須勤輯,宰木新阡已合圍。祇恐山雲笑衰朽,文章久與世相違。

秋　色

秋色不在花,秋花不在多。野菊三五叢,澹如人婆娑。持以遺所知,舉觴顔爲酡。霜風滿籬落,歲晏當如何。

聞姪孫友觀鄉試中式副榜,詩以勖之,并寄大姪

寒家科第漸蕭疎,差喜蘭孫託副車。勸士初逢恩詔下,晉省以屢次捐輸軍需,蒙恩加鄉試定額五名,自今年戊午科始。明經且繼老成餘。吾家老輩貢成均者恩歲拔優外,獨無副榜。乃翁困頓終酬願,他日賢能待獻書。有志竟成年正少,吾衰望汝起門閭。

練余心齋曉坐

晨起焚香坐小齋,葱葱日影下庭槐。古甎賸墨香猶溼,東晉咸和四年甎硯。矮几疎花晴亦佳。過眼雲煙空悵望,寄家書籍且安排。時以家刻諸書并寫真一卷寄家。殘年蠟屐能須幾,除却看山不上街。

慈仁寺三銅佛象歌,用前《柏槐》韵一魏太和八年四月八日樂安公主造,一隋開皇十二年四月八日王興造,一唐開元十年八月十五日于文成造,凡三象,高僅五寸許,坐圍鐫字。

君不見毗盧閣下古銅佛,跏趺袒臂蓮臺三。魏及隋唐各鐫歲月日,流傳朱氏建旂歸精藍。自從六代劃南北,儒林一變爲莊聃。金人教興俗再變,妙悟直欲超清談。太和都洛號元魏,初政已有華風含。樂安公主獨事佛,象服被體非所堪。開皇開元皆鼎盛,戡亂無復戰鬥酣。寰海鏡清兵器斂,開皇十五年收天

下兵器。御棲雲護花萼毿。當時氓蚩亦懺悔，衢叟似解懷湯慙。吾聞佛以象教度諸苦，津梁雖疲心則甘。昆侖之西南海南，焚輪飛越無停驂。安得化身萬千億，盪滌鴆毒驅鷹貪。何爲低眉不語閱人世，終古愁坐枯藤庵。

風

誰決土囊開，焚輪走怒雷。直將吹垢去，不爲送寒來。大塊機難測，終朝勢欲隤。吾廬甘獨破，倚杖且優哉。

夢中得好山二句，挑鐙續之

是晝疑非夢，無心得遠游。好山多借水，佳日最宜秋。人事紛如織，吾生老自浮。何須隨海客，浩蕩狎群鷗。

九月二十三日大風漸息，夜眠安穩，偶然得句，亦靜者機也。起坐拈筆，萬籟寂然，時卯初一刻。息翁記。

李荔農《風雪夜歸圖》時君自揚郡避亂，卜居海州。壬辰歲舊圖已失，此第二圖也。射陵萬嵐寫，其子汝鈞屬題。

歲云暮矣風雪飛，茅屋短籬鐙火微。板橋一徑人迹稀，驢背詩人方夜歸。歸聞書聲出林霏，雲臺凍雲猶著衣。不知故園何日違，但覺歲月如發機。憶昔課兒冬掩扉，兒今宦游孫侍闈。老梅鬱鬱花菲菲，翁胡不樂還歎欷。蕪城慘澹人民非，鶴歸誰識丁令威。江干已没垂釣磯，何況書畫雲煙揮。萬子寫真其庶幾，據鞍矍鑠長而頎。緘題遠寄來京畿，令我病目愁且晞。維揚烽火連淮淝，雪浪横絶江之碕。鬱洲避地且蹔依，石室他日留風徽。手鑱黄精歌采薇，安能局束爲人鞿。我家荒園草木腓，太行極天冰崔巍。曰歸不歸山靈譏，感君此意知者希，世人作畫論瘦肥。

《夜鐙圖》卞光和中丞士雲未第時作也，洪桐生梧貴仲符徵吴穀人錫麒諸老輩皆有題詠，歲久霉爛。其子頌臣比部寶第重裝見示，即依桐生先生韵題之

我初識公時，談讌神不疲。得聞機杼訓，幼學勤孜孜。昔歲癸酉冬，衛滑方用師。我歸自隴右，高堂垂鬢絲。公時居江國，粲粲陔蘭姿。十年短鐙檠，研練都京詞。英聲播臺館，勛績揚羽旗。將母志斯慰，周道歌載馳。回思烏栖林，

未占鴻漸逵。劍氣已先識,諸老貽以詩。禮堂有傳人,畫卷今留遺。蕪城兵燹後,展轉隨旅羈。拂拭發新采,流觀餘舊知。屋梁曉月落,坐榻秋苔滋。緬懷忠貞緒,忠貞死蘇峻之亂,揚州卞氏其後也。近歎禮法儀。流光媿炳燭,壯心銷酒卮。匡鼎不復來,誰爲解我頤。

浩劫比年漢陽、武昌三陷三復,揚州亦然。

浩劫天難問,揚州似鄂州。大江東去疾,明月古來愁。建節唐儒將,胡撫軍林翼。登壇漢徹侯。張軍門國樑。安危誠有數,亦復賴人謀。

賦得"菊垂今秋花"得"今"字此二首效試帖體示世長。

自別家園菊,栖遲直到今。野花垂客鬢,鄉夢入秋心。露葉團團玉,霜枝翦翦金。依崖香氣散,點袂酒痕深。舊雨來曾幾,涼天感不禁。低頭慙彩筆,抱膝憶瑶琴。荒徑歸猶識,新詩老自吟。茱萸還共把,惆悵爲登臨。

賦得"石戴古車轍"得"征"字

家室蒼茫裏,秋風客北征。驅車尋古轍,杖策數歸程。澗石穿流渡,山田戴土耕。懸厓人縹緲,劃地路縱横。烽火秦關遠,雲煙漢畤平。舉頭惟鳥道,傾蓋得松聲。亦有摧輪感,猶能叱馭行。羌邨茅屋在,日脚見崢嶸。

秋日偕陳子鶴、潘星齋紱庭昆弟集豫章别墅,次星齋韵

佳日宜良覿,游懷似茂林。論文重與共,感舊一何深。樹有交柯影,雲無出岫心。西山簾卷處,更約步松陰。

瓦　罏

昊天寺西水一甖,普洱海南茶半團。攜向毗盧北岡頂,欲試瓦罏霜葉乾。撞鐘侍者甎回手,拭釜吹火看沸瀾。午甌一潑香自足,餘水聲激松風湍。擲米作珠便可飽,世間萬錢供一餐。燒茶煮飯吾與汝,門外翳桑天正寒。

冬　朔

送老惟書几,禁寒有布簾。飢蜂晴抱菊,怖鴿夕投檐。坐久罏香盡,宵深燭淚添。餘生感恩澤,餻字句重拈。是日蒙恩賜餻。

對菊醉歌

問菊爲誰開,九日已過霜風催。菊言山椒不得住,誤入花市遭塵埃。猶幸見君子,爲我晨夕傾缾罍。南軒三楹，有書幾堆。修竹當窗，舊雨不來。花前酒，容易醉。老年眼，難得睡。黄華兮黄華，霜風吹汝向何處，我醉欲眠君莫去。

初冬早起

裘敝重紉足禦寒,菊開不落耐頻看。短長莫問冬之夜,眠起惟求老者安。多病藥方時細檢,故交書籍得新刊。時方校刊《鼎齋遺書》。朝來又訪雙松去,拄頰西山獨倚闌。

䜣䜣亭後集卷十五

古今體詩四十九首戊午

《武夷九曲圖》歌爲彭詠莪相國作此圖公門下士袁崇作，絹本長丈六尺，帀月始就。

平生足迹十萬里，每遇佳勝窮躋攀。就中閩游更奇絶，海嶠一年重往還。尚憐崇谿山，清景交臂失。空吟洞天詩，莫乞輞川筆。老來卧病不出城，見山已覺雙眼明。何期南窗下，翻作北苑行。一曲桃源舟一葉，再曲屏風雲錦疊。三曲始見玉女峰，石磴瀉泉風吟松。四曲五曲忽疏朗，龍劍飛落蓮華掌。試劍石、仙掌峰。六曲空翠來，七曲幔亭開。鸞車鶴氅下寥廓，林杪踴出金銀臺。千巖萬壑看不足，纔過清溪八九曲。一聲鐵笛破秋夢，滿幅煙嵐點春緑。袁虎詩家流，畫筆亦兼顧虎頭。洞庭仙人袖此卷，題句示我當卧游。二十年來感今昔，浮槎同作三山客。羽檄紛馳星渚橋，旌旗明滅仙霞驛。武夷君，在何處，可許扁舟從此去。回頭却望太行陘，團月亭邊即歸路。

再題《還舊居圖》二首

形影已孑然，傳神乃有二。其一却寄家，聊慰老兄意。三兄今年七十三，不見三年矣。其一留伴我，且爲後人示。歸即與汝歸，不歸從棄寘。

古來功名人，亦知勇退好。廣厦須異材，出山乃小草。悵然歸去來，沈吟爲誰老。終媿避俗翁，況云能達道。

嘲菊菊有名"舊朝衣"者。

豪家花作錦屏圍，誤入東籬計已非。紫鳳天吴半顛倒，傲霜猶著舊朝衣。

石隱草堂憶舊，示從孫友麟及泉兄之孫。

草堂何地著三椽，剩有陽坡數畝田。三十年來舊題句，荒池古木總茫然。偶於故紙堆中得《石背溝》一律，蓋亦辛卯歲里居作，集中未載，附録於後。

石背溝在邨東北，有田十餘畝，陽坡氣煖，池樹猶存，從兄及泉家舊園也。

秋日偕漁莊、及泉兩兄游眺，欣然有誅茅之志，詩以記之。

少時曾有珠灣約，余嘗擬以珠渡灣爲別業。此日同爲石背游。數畝敞廬隨分足，百年喬木至今留。養魚塘在山花冷，射鴈人歸磵草秋。一笑與君商位置，築亭老去便休休。頃聞麟孫云池樹俱不存矣。

蕭尺木《離騷圖歌》雲從，蕪湖人，前明副榜，號無悶道人，晚號鍾山老人。

鍾山老人非畫師，其畫品亦追北宋。世傳鏤板離騷圖，墨本已入石渠貢。天問以下圖未具，詔敕儒臣補其空。更有長卷四丈餘，天題珍賞充雲棟。謂能以神運古法，二王翬、原祁惲壽平黄鼎堪伯仲。《離騷圖》乾隆三十八年收入《石渠寶笈》，有御題詩。其山水長卷則曹文敏家藏，呈進者見《壹齋畫友録》。惜哉人間難再覯，梅築荒涼剩殘夢。太白樓高山四壁，摧隤又苦江氛鬨。此圖舊刻世亦稀，劍佩雲冠想飛鞚。葉家善本藏絳紗，端木亦傳楚詞家。此圖葉潤臣藏，端木子疇借觀。子疇世爲楚詞之學。醉吟不用一瓻借，兀坐似聞三閭嗟。徵形爍理動心魄，六十四番奇而葩。尚惜遠游五稿闕，黄筌香草天一涯。騷人哀怨出忠厚，風雅變體殊淫奢。蕭侯絶筆悲正則，投書憑弔同長沙。安得更鑄神禹鼎，奔走魑魅驅龍蛇。

説詩示世長

少小喜爲詩，初誦十九首。趨庭賦春草，亦云性情厚。選理苦未熟，汎濫任所取。自聞壹齋訓，幸免俗見狃。全豹非一斑，洪鐘詎小扣。倀倀不得門，何由窺户牖。壹齋師云："讀古人詩，必讀全集，乃得門徑。選本撏撦，不知作者性情所在，何由觀感興起耶。"顧惟才力薄，敢冀言不朽。弱冠習杜韓，驚眩汗流走。苦拈山石句，那有掣鯨手。白傅亦心折，樂府時在口。未解謫仙語，終爲墮塵垢。詩到蘇黄盡，山谷豈坡偶。滄海歎横流，遺山亦諍友。中州清淑氣，後學沾丐久。唐宋道雖殊，淵源視所受。領會風人旨，博觀而約守。豈慕漢魏前，遂薄元明後。國朝群彦出，涵蓋無不有。新城秀水外，風雅盛耆耇。中間體一變，頗怪簡齋叟。名教有樂地，潰決夫誰咎。吾師善説詩，每不妄可否。要在屏浮誕，必先去稂莠。吾衰學不進，舊作詩覆瓿。惟念獻詩義，《國語》：公卿大夫、列士獻詩。緣情不敢苟。邇來肄小雅，時復酌醇酒。欲從柴桑翁，守道事隴畝。艱難感時事，劬勞念父母。所媿失之愚，聊爲小子誘。三復駉馬篇，一言慎無負。

趙岵存觀察畇**寄示先集，即次集中《册使琉球》詩韵二首奉寄**《石柏山房詩集》八卷，介山先生箸也。

來享曾歌小大球，乘槎許傍白螺舟。曩使閩中見督署所藏右旋白螺，又奉命至厦門訪察夷務。遥思捧册臨三島，却羡題詩徧十洲。日射南宫瞻寶翰，中山王肅客於南宫歷朝賜額在焉。山開東苑紀仙游。王苑在崎山上。即今露冕承先澤，又見金隄捍海州。岵存重築潮隄捍海，勒石紀事。

文章交誼信前緣，宦味鄉心憶别筵。得奉安輿行萬里，曾隨使節出三天。江淮洗甲知何日，海嶠傳書動隔年。君正馳驅余老病，白頭吟望獨茫然。

潘星齋以屠琴塢倬山水屬題

西江老守工山水，佳處明明似太原。乘興偶摹煙客筆，收藏三世鳳池園。銀鈎題句痕猶溼，石銚煎茶坐不喧。頃以《石銚》《竹罏》二圖見贈。自笑衰慵無箇事，爲君終日倚南軒。

宋搨蜀石經《周禮考工記》《春秋公羊傳》殘本，爲青陽吴子迪式訓孝廉題

《考工記》起玉人至匠人止，凡二十二葉，二百六十四行，經一千九百二十九字，注四千六百四十八字。《公羊傳》起桓公六年至十五年止，凡十九葉，一百八十三行，末三行殘缺，傳一千五百三十二字，殘缺五字；注三千五百七十三字，殘缺五字。

蜀刻左氏傳，殘本出書肆。去歲爲題詩，更讀楊君記。湘筠農部跋記云："近時陳頌南得《考工記》《公羊》殘本。"考工與公羊，未見心焉企。孝廉信好古，慰我久夢寐。使我雙眼明，兩册手出示。披尋到册尾，侍御有題識。兩册皆有頌南跋。乃知陳氏藏，流傳幸未墜。細書爲校勘，諸本考同異。能補王《金石萃編》阮《十三經校勘記》遺，葑哉君昆季。君與兄子肅同校此本。五代干戈中，孟蜀乃閏位。獨繼雍石刻，經注燦然備。考工出孫書，蜀祕書郎孫朋吉書，亦作朋古。厚重屏姿媚。公羊宋初補，筆法稍輕利。今觀皇祐本，未遽益郡次。嘉祐已難得，得此尤匪易。豈惟標古目，藉可訂經義。近聞汴學石，搨作丁家秘。山陽丁儉卿得嘉祐、汴學二體石經七百七十九紙，作記寄示，爲題卷首。無緣獲縱觀，數字且題寄。老病百事嬾，還坐讀書累。惟君知我癖，帀歲案頭置。每誦楚叟詩，何子貞詩多道蜀中事。石室緬遺治。古刻日以減，氈蠟況深粹。安得起放翁，重問打碑字。陸務觀《石室》詩云"到屋打碑聲"，石刻鋪敘益郡石經下引之。

金塗塔墨三首

乾隆壬子浴佛日，巴慰祖子安、黄淶依宣、胡唐壽客、朱文翰見庵集黄鉞左君紫陽山館，觀錢忠懿王金塗塔搨本，因縮摹四角之一同造墨。

王孫已轉莊嚴劫，乃祖猶將鐵券遺。鳥喙錦衣應暗笑，良金那不鑄鴟夷。吴越國王錢宏俶敬造八萬四千寶塔，乙卯歲記。竹垞誤以忠懿爲武肅，蓋未見塔及搨本耳。

爲問陳徐誰好古,曾將此塔换蘭亭。乾隆間陳廣寧以《定武蘭亭帖》易徐竹溪所得塔贈朱文正,後進入内府。陳廣寧與徐山人華聯句詩載《金石契》。化身仍作青螺髻,我欲煩君寫石經。潘紱庭贈此墨,適案頭有蜀石經搨本。

金石搜羅巴子安,壹齋曾爲制銅槃。黄勤敏云曾爲巴子安仿造比干銅槃。梅谿一笏如相較,錢梅谿泳亦有金塗塔墨。孰是當年李與潘。李廷珪、潘谷。

勞辛皆中丞崇光屬書"愚齋",題句寄之

十年籌筆嶺雲西,萬事艱危一念齊。誰道愚公愚可及,浯溪元不似愚溪。

王子懷侍郎茂蔭請病移居城東道觀奉簡

廉直謨猷重帝廷,沈潛學識本窮經。朝參謝後恩猶戀,諫草焚餘色不形。比德圭璋元自潔,憂時編簡爲誰青。同寮已是同衰疾,更望銀灣隔曙星。

王定甫與子懷先生近有唱和,次韻述懷

奇繪吾方讀楚騷,寒鐙風影撲窗高。頃見蕭尺木《離騷圖》。忽聞瓊玖傳新什,却顧龍鍾對俊髦。書到眼花常誤勘,詩如頭垢欲頻搔。韓公薦士心仍壯,莫便青氈擁敝袍。"欲將薦達盡英髦",定甫句也。

明中山王畫像葉潤臣家藏。

南薰圖畫想遺風,大度英姿孰與同。口不言功曹武惠,謀能決勝漢文終。蕭條祠墓餘江上,颯爽旌旗在眼中。何日瞻園重灑埽,招魂酹酒向青楓。金陵藩署瞻園爲王故邸,聞畫象與此小異。

《養梧園授經圖》閻省軒先生朝邑人,子敬銘,乙巳進士、户部主事;敬輿,癸卯舉人;孫迺喆庭兟,戊午舉人,今年十六歲。

臨晉有老儒,家業起巴蜀。雖擁卓鄭貲,雅慕文翁俗。鬱攸出火井,太乙下天禄。人事亦何常,達者固自足。歸來園徑荒,據梧且諷讀。近耕蓮勺東,鹵田土爲屋。柴桑偶移居,鄰里往來熟。子孫耕且養,經訓躬勤督。務本思艱難,依仁視菽粟。楹聯集句:"使有菽粟如水火,先知稼穡之艱難"。更誦坡公詩,欲追陶令躅。勸農意良苦,永言自求福。取東坡和陶《勸農》詩"聽我苦言,其福永久"之意,名其堂曰"福永"。厥子農部郎,播穫詒有穀。同官始相識,鞠鞠而粥粥。芸館論文字,粉署諸案

牘。乃知學有原,含章抱其樸。此圖昔未見,數字爲標目。今觀授經容,益歎家政肅。伯仲挺修幹,弱孫弄雙玉。笑指最幼兒,名已賢書録。乃翁顔渥丹,和氣薰草木。此福詎有涯,多財或招辱。因悟天下事,得失互倚伏。路君家多書,插架千萬軸。與翁有同志,其言信可復。此圖路閏生前輩爲序并詩。嗟余老廢學,餘光託炳燭。千里爲題句,停雲藹遐矚。何繇鄭公鄉,書帶親芬馥。

蕭尺木山水葉潤臣閣讀家藏紙本長二丈餘,卷尾自題云:"畫山既無盡,畫水流何之。胡爲一片紙,睠然千里思。落筆貴超想,天懷相與期。人生矚意處,金石永不移。刻志效前烈,大癡虎頭癡。"又跋云:"暇日得紙一幅,而牽連爲卷,因思黄一峰學顧愷之,遂爲千古兩癡。至其筆墨變幻,真有雲蒸霞蔚之氣,爲不可及。仿而圖之,摹擬雖良,匠心苦矣。丁未秋日鍾山老人蕭雲從識。"

前身郭忠恕,晚歲慕李唐。太白樓高意未盡,放筆乃與江天長。自從天府收真迹,人間無地著水石。怪君此卷何淋漓,一紙秋光二十尺。昨讀離騷圖,爲徵畫友録。蕭侯遺墨恨未見,老眼數揩看不足。又聞吾宗太守精鑒藏,藏之泉硯之草堂。叔和亦藏蕭畫。神物變化有時合,吾欲坐觀雙龍翔。黄一峰,顧愷之,古人孰似今人癡。朱繇亦仿吴道子,天壤王郎竟奚似。世傳蕭畫枯澀不甚皴染者,王宏作也。《畫友録》云。

叔和出示尺木老人山水長卷,古厚蒼潤,真氣沛然,似較潤臣家藏差勝,更爲長歌書卷尾,質叔和并簡潤臣

吾觀壹齋畫録論蕭畫,石渠所藏曾荷天章褒。二百年來有定品,珍若采石畫壁圖離騷。頗疑世間贋本筆枯澀,拙目不識王子高。宏。又惜藍瑛張庚品騭殊未當,相馬無乃求皮毛。葉家長卷初入眼,已覺長江千里驅波濤。鍾老題跋亦可喜,欲於二癡之後稱三豪。我獨何爲思鬱陶,拔劍更望雙龍翺。吾家孔賓招我入山去,坐見千巖萬壑中有一葉飛輕舠。層層懸厓巔,置屋何其牢。不知嵇琴阮嘯在何處,但聞清泉白石高下松風號。城南破茅屋,荒徑堆蓬蒿。扶杖偶陟毗盧閣,西山寒翠來平皋。自從見此卷,閉户三日如遁逃。老僧怪我久不出,灑埽北臺心孔勞。我欲看山約二客,攜此兩畫傾濁醪。蕭侯蕭侯仙去不可作,試問孰得綏山桃。

夢　鶴

空山無四鄰,遠想出風塵。不舞非關病,能飛却戀人。支公閒對語,坡老歎傷神。萬里天寥廓,白鷗何處馴。

哀温公紹原字北屏,福建人,六合縣知縣,六載守城,以擊賊功洊遷至道。咸豐八年九月十八日揚郡賊回竄,擁衆攻城。公固守帀月,卒以無援城陷,力戰死之,全家盡節。恩旨悼惜,追贈布政使,勑令於六合縣城建祠致祀。時同徇難者總兵羅玉彬、知縣李守誠也。

軍興閲八載,守土多忠良。粤西惟桂林,及長沙豫章。是皆大都會,重臣扼封疆。覃懷保河内,亦賴守令强。津門有謝侯,身殞功則彰。六合古堂邑,江北稱巨防。揚皖半淪没,公以孤城當。六載數百戰,翦翼扼其吭。劇賊望風遁,爪牙空復張。桓桓水陸軍,與公爲頡頏。功多賞斯懋,名重俗所妨。北軍再失律,鸛鵝不成行。渡江恃一旅,南北馳風檣。張軍門國樑渡江連克揚州、儀徵,以溧水陷復南下,時北軍退至邵伯鎮。公時當賊衝,賊已數被創。聚彼蠭蠆毒,集我羸與尪。豈無援軍在,河上徒翱翔。但有骸骨析,安敢問糗糧。奮臂呼蒼天,誓與城存亡。哀哉温六合,竟作張睢陽。張公古之傑,治軍素有方。睢陽據險要,江淮資保障。朝廷知其忠,群帥憚其剛。南八真男兒,斷指復奚望。賀蘭彼何人,千載爲憤傷。

黄愛盧樂之詩草題詞五首

家在羅浮最上層,仙心壽骨對崚嶒。老梅合是高人伴,却寫新詩换稺藤。
北游一卷更清奇,客夢扁舟有所思。我亦浮槎向江海,南行曾入退之詩。
朔雪金臺偶著身,素衣那復染緇塵。當時斗酒篇中客,瀟灑如公有幾人。
宦味詩情澹蕩中,大癡家法本天工。定知題句流傳處,團扇於今畫放翁。
詩到諸郎亦俊才,文章聲望出蓬萊。便思歸向河汾老,不獨兒童竹馬來。

冬至前一日雪

望澤情方亟,知時氣暗催。寥寥更五點,瑟瑟雪初來。埽地聞聲喜,推窗見影猜。似能銜月住,不肯舞風回。少睡煩鐙火,多愁負酒杯。明朝扶杖出,隴麥看深培。

雪後與客訪戒公

老僧欲起毗盧閣,先築西臺爲看山。一雪恰迎長日至,雙松曾見幾人閒。明窗小几宜高矚,曲磴危闌好並攀。豫説來年餅餌熟,煎茶相對且開顔。

喜董醖卿醇大尹至京

舊政傳畿輔，新猷繼趙張。共稱漢京兆，今屬董賢良。感激承天眷，艱難念海防。停雲正延跂，瑞雪已飄揚。農務先籌急，豐年庶事康。開顏有野老，不爲醉壺觴。

冬至慈仁寺西臺雪眺，與王嘯山鴻臚、王篠沄正誼閻丹初敬銘夢巖三農部觀丙申歲《城南雪集圖》，即用卷中"林表明霽色"分韵賦詩得"色"字

寥天不可極，遠山不可識。天光與山影，不能勝雪力。墮入銀海中，結成水晶域。龍公初試手，變化更莫測。一宵出霧凇，萬象入彫刻。老僧瘦鶴立，導客先奮翼。自非淩高曠，何由盪胸臆。層臺軒户開，破曉納寒色。日烘雲尚凍，竹亞松自直。崢嶸歲將莫，蕭索民事亟。默念洗甲兵，必先去螟螣。明年米價減，海漕望南國。忽誦祖生詩，展卷動追憶。城南五君詠，泥爪只賸墨。時平官復閒，委蛇任退食。余亦同調人，衰病轉孤特。猶喜舊雨來，不愁短晷逼。令節醉尚能，佳句老難得。倚杖送客歸，花樹紛如織。

是夕復與子疇、夢巖、心園及世長、友麟爲消寒之飲，仍以五字分韵，其一人則轉韵長句也。并記。

金陵林烈婦辭二首孺童之琨妻、廩生張鑄女，避難流寓都門，夫亡徇節。

山上何曾復有山，天邊破鏡泣刀環。南來已是銜蘆鴈，送盡霜風竟不還。
生死流離未定居，孤星曙後欲何如。江楓無限傷心事，都付嬋媛一紙書。

題戊戌歲憶松小照

神蝠巖際松，千株萬株青芙蓉。陀羅幢畔松，孤立已失雙虬龍。北原之松翠如織，四十年前手所植。邇來鬱鬱復葱葱，病鶴歸來定相識。此圖作自江陰園，再出山後思還山。夢中風濤撼不覺，坐令明鏡凋朱顏。我今憶松尚枯坐，老淚凝脂何處墮。故山霜雪春風來，白石清泉能待我。

竹朋得彭文勤公《消寒詩畫》合卷，皆乾隆、嘉慶間諸老得意作也，矮紙古香，深可寶重。余既摹副本，并綴三絶句於後，以志欽企

曾受彭鏗舊研田，欲尋黄石已飛仙。白頭剩有春明客，略記城南幼學年。左田

研文勤贈壹齋,再傳及余。此卷成時,余甫十歲。

當時臘酒對春盤,染翰聯吟興未闌。老輩風流今眼見,已過五十六消寒。一編三絶畫書詩,小景尤工是大癡。試把晚菘園並看,十年前憶出山時。余藏壹齋師癸酉歲早梅晚菘小幅,此則十年前初被薦入直懋勤殿時作也。

内府綿紙本,高五寸五分,長三丈八尺,董文恭題"消寒積玉"四字。書舊詩者,彭文勤、劉文清、朱文正,又戴文端書丁亥消寒江右諸老輩和文勤詩並文端和作,趙謙士秉沖書其先人詩,黄勤敏師舊作并和文勤《冬庖八詠》,李雲松堯棟、蔡生甫之定、陳雪香師、周石芳系英、陳伯恭崇本、余秋室集、錢裴山楷、陳荔峰嵩慶、曹山甫德華、法梧門法式善、周載軒厚轅諸先生和詩并舊作。畫者惲廷棖梅花、勤敏師唐花四種。又消寒七事,張船山問陶松竹,秋室日長添線,裴山雪景,馬秋岳履泰雪意并跋附一絶句。文勤復間録小詩於諸作前後。時嘉慶歲在壬戌、癸亥之間,老輩風流勝事,令人遠想慨然。今藏山左李竹朋太守家。并記。

消寒七詠,追次彭文勤韻

纔換筠簾便隔塵,紙窗竹屋驟生新。曾依廬帳包容久,暫省門闌啓閉頻。衣桁並垂長竟地,畫屏偶卷静無人。青氈莫認吾家物,階下苔痕迹已陳。氈簾

分無廣厦萬千間,破屋重茅未忍删。埽雪爲迎三徑客,當風聊借一夫關。松陰嘯罷朝移榻,鐵限書成夜叩鐶。衹恐春寒開不得,誤他梁燕故巢還。風門

塼作横牀土作鑪,禦冬不用稻稭鋪。席能久煖容穿坐,鼾定奇温任睡呼。曲突要妨薪厝火,空庭應念鳥窺厨。山中似有人高卧,冷竈無煙雪片麤。熱炕

擁鑪呵凍思初凝,一片雲腴氣上蒸。敢向石田求活水,却疑花雨散寒塍。磨人歲月才先盡,煖老文章病未能。安得温泉回大地,暗嘘山骨透千層。煖硯

頤養何須問大烹,居然擎出露盤盛。酒殽勸客心猶熱,風雪當筵氣不爭。曾作梅羹陪鼎實,莫爲瓦缶誤雷聲。彭亨一任軒轅笑,折脚仍堪替藥鐺。火鍋

天工何事巧栽培,幻作人間雲錦堆。未必火攻非下策,須知花落是先開。豪家自醉金絲障,寒女終羞玉鏡臺。畢竟倚門無刺繡,咨嗟吾欲問庭梅。花窖

冰嬉天氣沍寒餘,正是銀灣問渡初。人在鈞牀魚在渚,水非游艇陸非車。回看馬逸追難及,岸上多作射場。遠指鷗行迴自如。直到春來聲膈膞,褰裳欲涉且徐徐。冰牀

仇十洲《梅花書屋圖》

仙筆淩滄洲,世傳多贋製。如摹韓幹馬,骨爲肉所翳。此卷獨妍雅,清氣落空

際。山翠學水流，散爲澗泉細。樓閣翼其上，飄若舟不繫。疏林雪萬點，青松擁高髻。簾櫳静有影，闌干出衣袂。不知寒色來，但覺暗香遞。憶昔拜賜初，道光初年南齋賜本。澄懷退食憩。得窺石渠珍，一掃園花麗。平生山水緣，眼飽心默計。富春梅花洲，髣髴有真契。歸來墮塵網，老病郊扉閉。突兀見此屋，崢嶸逼晚歲。西鄰花市開，南國烽煙蔽。坐中吴粤客，子疇、少鶴。鄉思暗迢遰。爲我醉且謡，勿復嗟留滯。消寒媿載酒，夢巖、心園連日置酒。粉本重點綴。吴冠英爲摹消寒舊畫。即此暢遠懷，西山正明霽。

蕭寺獨步，霞舫見尋并和雪後作次答

空谷足音殊可喜，與君拄杖且看山。歸來薄飲不成醉，老去浮生何處閒。花市尚餘詩贈答，雪臺應少客躋攀。求羊媿附同心侣，三徑蓬蒿蹔解顔。

臘日定甫過訪留飲，觀仇十洲《梅花書屋卷》，疊晛和章，次答申謝

曾憶西園初拜賜，新晴影入鏡中山。許滇翁曾以顯微鏡測此卷，界畫極精。高樓緑萼春仍在，澄懷園舊有緑萼梅一株，見張文和詩集。舊雨青苔日正閒。爛漫江洲空有夢，岧嶤雪徑可容攀。非因詩思花爭發，臘酒能酡病後顔。

戲詠開門七事并引

俗以柴米油鹽醤醋茶爲開門七事，年來錢賤物貴，亦近市者所宜知也。若齷齪問生計，則吾豈暇。

用爲爨下焦，棄即溝中斷。大雪閉門卧，空山斧柯爛。願從鶴鹿游，不願充獸炭。柴

萬口仰太倉，力甽能幾許。自非天雨粟，珠玉不可煮。鴻雁何嗷嗷，壯哉彼雀鼠。米

膏以明自煎，煎成不自潤。朱門蠟淚堆，短檠霜雪鬢。膩也將汙人，懷才固難進。油

煮海苦無術，不如池與井。作羹不能和，淡食味彌永。空思千里蓴，負此庭雪冷。鹽

古者養尊老，執饋以明禮。後人重品味，甘之勝酒醴。覆瓿有箸書，可能易斗米。醤

梅杏不解渴，麴米分餘酲。此味宜酸寒，乃得酷吏名。試問崔宏度，何如

魯諸生。醋

誰謂彼荼苦，古今實異用。可憐草木滋，能令荒服重。枯腸搜文字，吾欲補橘頌。茶

徐梅橋宗伯同年澤醇輓詞

四紀同科久，庚午鄉試同年。頻年舊雨稀。朝驂時枉過，談麈或交揮。聞道慙無及，論文願更違。東來瞻紫氣，浩蕩竟西歸。君熟精内典，由盛京差旋，以微疾遂逝，特旨褒恤。

與勿翁訪戒老

三叟居然二百歲，戒老六十九，勿翁六十五，余六十六。相逢一笑豈非緣。回頭慙媿六君子，寂寞空堂不記年。松、柏、槐也。

蔣文恪《梅竹雙清圖》晴、雨、風、月、雪、霜各爲二景，凡十二葉，《石渠寶笈》所收，道光初年賜品也。消寒分詠得“晴”字。

重華昔與宴，帝歌臣載賡。蓂階茁雙葉，茗盌薁三清。每歲正月二日重華宫茶宴和詩，賜三清茗盌并書畫文玩。三清，松、梅、佛手也。恩頒石渠珍，香案分光榮。捧歸陳北堂，慈顔歡感并。此册曾呈先太夫人珍藏。曰汝其慎守，匪惟藝事精。梅竹比名節，暘雨資生成。風月陶其情，霜雪勵其貞。右相有家法，丹青詒後生。“右相丹青有後生”，乾隆御題文恪花卉句，蓋謂得南沙筆法也。兩朝七寶璽，古紙香色瑩。篋衍三十年，超忽歲月更。老卧城南陬，江海未罷兵。側思作繪初，黼黻昭昇平。消寒一茅屋，讀書短鐙檠。花市得早梅，窗竹交縱横。桑榆景雖莫，葵藿心久傾。高殿方升薌，春氣噓勾萌。披圖且洗爵，快雪時更晴。

星齋侍郎寫梅題句見贈，又以張茶農深舊作《梅花詩夢》小幀屬題

“殘月照積雪，一白梅花谿。谿上孤鶴立，花外青山低。”星齋夢中句也。

昨君贈我春一枝，孤坐對花吟君詩。江鄉老夢入詩境，又見雪亭殘月影。江陰使院存雪亭有老梅六株。槐根仙筆思老茶，茶農昔隱於都市，以“槐根小築”額其廬。仙邪夢邪天之涯。伴我消寒過五九，不須辛苦寫唐花。

畏　寒

臘盡窗無雪，春回硯有冰。歲華自駘盪，天意尚嚴凝。凍雀朝喧樹，潛魚夜挂

罯。南榮倚冬日，暴背轉兢兢。

歲莫感懷示世長

滿目干戈送歲華，報恩無計老天涯。一身閱歷三朝事，萬卷撑持八口家。君實懷兄衰更切，康成戒子意猶賒。蹉跎敢與前賢較，抱甕荒園日已斜。

除歲同舍祭詩，以“數篇今見古人詩”分韻得“見”字

詩窮不必工，日月費研鍊。歲窮不必守，古今任輪轉。島詩以膽勇，韓公獨驚羡。豈無雲龍志，懷寶羞自衒。坐令精神敝，空勞酒脯奠。至今歲云除，聞風起狂狷。效顰貌徒醜，僭祀神豈眷。不如棄敝帚，相與奉前彥。吾廬卑且陋，尚擁書萬卷。遺像儼陳列，瞻拜如覿面。自淵明而下，李、杜、王、孟、韋、柳、歐陽、蘇、陸凡十像。此日足可惜，流光劇飛箭。瓣香各有祝，春氣生顧眄。緬思諸作者，風格遞相擅。沿波源可討，論世心乃見。古來輶軒史，采及里巷諺。惟得性情正，能盡風雅變。獻詩職久廢，隤風日以煽。膠庠俎豆衰，韋布文章賤。熙朝重士節，一藝必登薦。比年投筆人，往往經百戰。尚聞禱祀求，肯使鼓舞倦。我有餞歲酒，願與嘉賓燕。卒祭還賦詩，圍鑪滌凍硯。

佛頂佛像陳永定元年王成造，叔和贈。

徑寸豪光萬劫塵，六朝王氣日沈淪。捨身同泰身難贖，眼見莊嚴又捨身。

除日壽叔和，即乞作《祭詩圖》

除日恰逢生日，新年大勝舊年。醉向唐花坐上，春來臘鼓門前。
君以祭詩日生，我詩爲進一觥。欲借坡仙畫筆，爲傳島佛詩情。

𣱑觚亭後集卷十六

古今體詩六十九首己未

十二月十九日沈朗亭少司農兆霖招同南齋諸翰林許仁山彭壽郭筠軒嵩燾楊濱石泗孫潘伯寅祖蔭并李竹朋太守佐賢慈仁寺西臺雅集，朗亭詩先成，勉作報章，已隔歲矣

司農顧我城南隅，與客同展消寒圖。竹朋頃得彭文勤《消寒詩畫》合卷。杯酒留連不能去，西臺後約先招呼。翩然乃放潞河棹，歸來折簡如追逋。是日大寒過二日，登高眺遠同雲鋪。疎林殘雪帶城堞，小几明窗安地鑪。主賓翰墨氣飛越，而我拄杖兼人扶。汀州老守最後至，探袖忽得驪龍珠。合坐聳觀各驚歎，想見朝野時歡娛。五君高詠已陳迹，余以丙申歲《城南雪集圖》卷屬朗亭題。何況遠溯彭劉朱。消寒卷首文勤、文清、文正三公題詠外，一時老輩名作如林。司農慕古心更紆，覽揆今日思髯蘇。是日坡公生日，拜笠屐像。共爇瓣香奉笠屐，恍登傑閣瞻毗盧。一醉僵卧逼除歲，詩來斗覺明雙矑。知公憂時念氛沴，媿我久病成凋枯。報章已落春帖後，退食更望褰裳俱。古松老槐似招客，且看萬株紅珊瑚。今春花時，擬爲後會。

元日答勿齋

長安詩人例吉語，況值元日爭賀春。君獨胡爲閉門坐，力搜奇句驚鬼神。時事艱危一身老，室家蒼茫百感新。耳雷髮雪不須惜，眼見四朝年七旬。

次韵朗亭《題見山樓》

軍儲籌筆久心勞，一笑西臺顧視高。生日題詩懷玉局，退朝聯騎出金鼇。寒林山色低窺鏡，古殿松聲暗湧濤。屢枉新篇向空谷，陽春欲和媿抽毫。

人日寄三兄

人日遮陰晴，一身寒煖并。焬花甆盎活，凍竹紙窗鳴。遲暮看山眼，低佪望歲情。鴈行元自北，春草故園生。

穀日雪

穀日逢祈穀，經冬始涉春。齋心猶望雪，潤物更宜人。遺孽潛能化，陳根拔漸

新。即瞻鸞輅出，花樹藹重闉。初十日上辛祈穀，先一日，聖駕詣壇行禮。

王定甫以人日集孔繡山韓齋，贈朝鮮使臣李藕船尚迪詩見示，次答并簡繡山

三韓詩客倒壺觴，十度征驂閱暑涼。聞藕船年近六旬，其官知中樞府事，善飲能詩，奉貢來都已十次矣。遺俗尚聞榆食葉，箕子教民樹榆食葉，見藕船詩自注。遠來頻見鴈隨陽。詩成珠玉工投贈，夢隔雲霞想佩裳。曾見朝鮮申紫霞緯詩册。北海坐中還念我，槐街竹屋幾經霜。

附定甫詩

己未人日韓齋雅集，洌水李藕船自誦其句，意頗俶儻。用足成律，即席贈之，並呈同會及主人。

上日精廬例舉觴，海濱詩客句蒼涼。大開酒户迎秋氣，高擁書城送夕陽。西邸風流自樽俎，東洲人物獨冠裳。青春握手勞相訊，且莫騷吟惜鬢霜。

藕船贈作二首亦應附後，余與藕船未接晤，其詩由定甫轉致。

感春十一首，用昌黎《秋懷》詩意

寒林一夜舞春風，顔色朝來便不同。得酒何爲浪懽喜，花開曾見去年紅。
幽蘭凋悴敢求榮，墻下青青草亂生。但使逢時能得所，不妨松柏擁虚名。
出門驅馬復踟躕，坐擁百城心轉孤。犀首廉頗能飲啖，可憐有事不如無。
湫水寒蛟未敢詈，眼前幸不見盤蠅。卷書兀兀終朝坐，坐看微陽解薄冰。
汲古曾無修綆持，缾居猶在井之眉。空悲虚警知何益，老累浮名悔已遲。
坐盡斜暉月吐窗，不眠終夜剔寒缸。塵埃馳騁渾如夢，撼枕風濤走大江。
琴已無弦況有聲，船雖繫纜未歸耕。寒雞缺月仍相伴，便許丹鉛送此生。
破屋殘鐙坐讀詩，垂頭童子睡移時。墻根落葉深三寸，卷盡狂飈知不知。
星撒寒沙月實團，青冥飛轍總能安。補天尚有支機石，槎客歸來歲已闌。
强懷弱念老俱消，語穽心兵静不摇。春日漸長眠更穩，莫令鐘鼓警寒宵。
盆菊經冬雪掩扉，花雖猶是色香非。飢蜂凍蝶曾依汝，縱遇春風不肯飛。

消寒七集夢巖爲客置酒并饋春盤賦謝

祭詩日後轉無詩，賀歲紛紛車馬馳。應笑閉門閒覓句，春頭臘尾竟何爲。
七九河開尚未開，里諺。吾鄉氣候似燕臺。畏寒況值天將雪，慚媿西鄰致酒材。

擬古用《邶·柏舟》詩意。

有酒不能醉,有舟不能游。一日亦足樂,乃懷百年憂。寶鏡能辨形,人心不可辨。山高石自轉,牀平席自卷。憂端從中來,春風不可翦。澣衣衣更新,新衣非故人。烏兔東西飛,我心非車輪。

袁舅之棨曾挈家南歸,次留别韵二首送之正月十四日

駿馬因人識,高松得地培。空群須自致,美蔭亦兼該。不遇艱難會,焉知磊落才。滄溟浩無極,跛浪爲誰開。

送别老多感,長安居大難。江湖歸夢切,風雪早春寒。寶劍澄潭合,飛雲畫棟看。報章媿衰朽,無力據征鞍。

送曹氏姨女從袁甥壻棨曾歸南昌

汝之外王父,即吾之外舅。石士先生。汝母與汝姨,親愛實同母。汝幼失怙恃,養於吾家久。汝姨最憐汝,慟妹常在口。云何喪汝姨,陳夫人卒於道光乙巳歲。使吾老喪偶。使汝失所依,吾又迫官守。一家誰伴汝,吾妾與兒婦。其年皆穉弱,日視汝左右。外家爲擇壻,粲粲名族後。揮淚送汝往,戒辭汝敬受。勤儉家之基,順德慎無咎。當知荆布賢,豈待資徒厚。念吾惟一男,無女慰衰朽。汝姨又舍汝,汝親復何有。汝舅比部郎,一麾綰郡綬。豈料汝命蹇,舅歿積逋負。汝往還復來,銜哀擁蓬首。壻才尚可倚,連年困文藪。況聞鄉國亂,殺掠到雞狗。汝已無家歸,吾復成病叟。比年城南廬,飢渴共升斗。南昌既解圍,九江賊亦走。蕭條道路開,征雁遵先後。將從夫子歸,爲汝具别酒。吾淚不忍滴,汝心難自剖。幼女抱在旁,笑語索盤韭。長途汝未經,異鄉孰援手。黽勉返里閭,艱難事井臼。安知冀缺耕,無人顧隴畝。吾衰日以甚,再面知果否。行矣思令名,天涯在户牖。

燕九日詞

西便門外仙觀裏,白雲觀。馬如游龍車如水。皆言此日道侶臻,中有仙人名長春。千搜萬索不得見,日莫歸來塵撲面。昔我自園還城居,游人塞路如貫魚。白雲已送鸞鶴駕,明月尚留鐙火夜。仙曹一别經幾時,夢覺尚記游仙詞。有酒不能醉千日,有書不能窮萬帙。壺中日月閒復閒,我仍屈曲人世間,曷不隨

汝巢神山。

戒學長老歸寂，感成二首正月十四日

戒老苦持戒，談經諸義該。萬緣空世事，一念見如來。身住衆香國，心超明鏡臺。毗盧想高閣，彈指起蒿萊。

老僧化新塔，破壁餘舊題。自昔每多感，吾今何更悽。松門寒屢叩，石磴曉同梯。寂寞花空發，春深獨杖藜。

二十二日端木子疇明經招同閻夢巖、趙心園及世長、友麟長椿寺南堂雅集，分韵得"八"字

晴曦滌凍塗，春氣日坱圠。步出槐巷門，言尋水齋刹。游集忘主賓，談詠費筆札。念余老病嬾，久已懸車舝。拄杖兩蘭若，柴扉偶敲戛。雙松鶴又去，感兹毛羽鎩。塔院近且幽，寒林鳥語嘎。墻雪栖餘潤，徑苔踐舊滑。深堂列尊簋，虛席擁箕撮。醇交心久醉，良覿目先刮。午鐘知晝長，晨粥歎羹頡。此寺施粥已兩載矣。睠思蒙袂徒，連歲困茅秸。何由氛祲消，庶免姦宄猾。餘生但感媿，歲月苦侵軋。壯志雲霄迥，彙征茅茹拔。泰運有環轉，斯理默可察。陽和時雨至，枯枿盡萌茁。山阿勿淹留，驥足必振刷。會見干羽舞，盈庭升二八。是歲特開恩科。

松間獨步有感

支離偃蹇已堪哀，誰遣寒飆起蟄雷。只恐鳳鸞栖不定，更禁烏鵲語相猜。山茨竟日無人掃，花徑何時爲客開。記得年年三五夜，石闌對影共銜杯。

題李杜合像

前有昌黎後玉谿，後生焉敢再標題。蚍蜉撼樹君休笑，却怪蒼蠅惑曙雞。

小　几

小几紙窗前，依余過五年。低堪容㲉坐，困即置書眠。藤杖孤難倚，藜牀久易穿。扶持多賴汝，老病忍相捐。

正月晦感作六弟諱日

誰云月霸死，三日乃哉生。誰云荊樹華，一枯難再榮。大江自東流，鴻雁自北

飛。如何江上魂，年年招不歸。自鎮江、瓜洲克復後，金陵指顧可收。去年江北又復失事，南軍爲所牽掣，驟難掃穴，吾弟骸骨歸期又遠矣。

二月朔蒙恩賜饈恭紀

又拜神饈賜，銀盤出紫宸。深宫三錫福，每歲正月、二月、十月均蒙賜糕。老圃五逢春。敢問和羹事，徒慚鼓腹人。年來太倉粟，轉海劇艱辛。

恭邸示題拙集，長句次韵奉謝

西山高擁青一隅，萬木繞屋潭潭居。忽驚妙繪照蝸壁，更枉新句投驪珠。鯫生學詩今老病，蟄蟲蹔得春氣蘇。閉門却埽餘敝帚，輪輮强飾徒虚車。書成祇堪醬瓿覆，小技那足供軒渠。憶昔叨榮侍從末，簪豪久忝朝斑趨。文思仰窺堯舜典，賡歌遠溯皋禹謨。豈意詞臣預機務，屢乘軺傳周名區。時艱任重才力絀，感媿耿耿憂難攄。聖恩拔擢及樗朽，軍書日夜飛江湖。猶幸追隨免隕越，樞省日對承明廬。朵殿香煙依御鑪，委蛇退食陪堂厨。雪泥聚散鴻爪在，松柏自茂蒲柳疎。餘生擊壤皆帝力，讀書送老無他娱。西園念舊心踟躕，歲時存問勞騎奴。五年再見一回首，梧鳳應訝松鶴癯。朝廷錫賚仍下逮，卧糜廪禄成衰軀。高歌乃辱白雪奏，素志敢使丹青渝。願聞兵銷歲大熟，野處不嫌觴詠孤。夫惟大雅卓爾有譔述，三雍禮樂今豈無。

《朗潤園圖》爲恭邸題四首

芳園接禁林，佳景萃清森。地出塵寰迥，天垂雨露深。龍章懸寶額，魚藻寫沖襟。作繪兼題記，恩光總照臨。

樂道欽彝訓，研經慕宿儒。朗如金作鑑，潤比水懷珠。峻賞延松嶺，澄心對月湖。春輝瞻仰切，咫尺即蓬壺。

徑竹摇風影，池荷織雨紋。棣華紅倚日，桐葉碧連雲。天上恩波渥，河間學業勤。小山扶輦處，錦樹簇奇芬。

講幄容趨直，樞垣忝共陪。豈無稽古志，曾乏濟時才。小巷高軒過，新詩短紙裁。白頭看彩筆，吟望媿鄒枚。

得三兄書云去冬寄和《寒衣》詩竟未到也，作此報之

一别三年瞥眼過，每憑尺素慰蹉跎。杜陵消息心何有，殷羨浮沈事幾多。曾

把新詩託鴻雁,却令離夢繞關河。寄書不達君休恨,應念他鄉未止戈。

達摩面壁玉像乾隆辛亥,御題有“一葦西還自了了,那期五祖法傳紛”之句。道光丙申經火不壞,鏽金宛然。寯藻時直南齋,遂蒙恩賜。

嵩嶽雲留壁,于闐玉出河。金身空色相,火劫詎消磨。一葦慈航在,中原法脈多。天題珍珙璧,了了見青螺。

上巳後二日同人招游慈仁寺,和星齋侍郎作同游者潘星齋、劉韞齋、楊詒堂、畢東河侍郎、錢萍矼宗丞、何白英觀察、賀雲甫、顔夏庭侍御、盧午峰户部。王少鶴以樞直未與斯集。

西郊偶出見風帘,便覺輕塵兩袖添。是日送客廣安門外。攜酒群賢追禊事,散花妙境入香嚴。春來興爲尋僧減,老去心如對奕潛。鐵限當門題句在,退豪破篦已成尖。

附星齋作

春游連日訪青帘,古刹尋芳興倍添。雙樹因緣龍變化,萬花供養佛莊嚴。煙雲妙染推張璪,詩舲總憲曾畫雙松留寺中。杖履重來憶道潛。時戒公示寂,師爲製塔銘。一任軟紅塵十丈,詩心已到翠微尖。閣上可望西山。

西堂三月八日

今年詩興漸闌珊,灑埽西堂汔可安。連屋古香書五架,閉門危坐日三竿。東風不管花飄蕩,南浦方愁路渺漫。袁蓴之携家將抵南昌。聞道龍湫能致雨,會分餘滴墨池乾。

三月十日與王子懷、孟星槎、李竹朋、何白英、吴冠英、家立叔慈仁寺小集,蔣霞舫以病未至,投詩坐客,即席次韵奉酬

著書君笑長卿渴,招客吾思匡鼎來。忽枉新篇爭入眼,更呼濁酒爲添杯。看花莫惜三春過,埽徑還聞二仲陪。頃聞令弟自粤西來。病退便須謀後約,南堂早晚藥欄開。

漁洋先生《載書圖》爲潤臣題

池北尚傳書庫記,日邊曾説帶經堂。五車捆載歸何處,高柳重城自夕陽。“帶經堂”,文簡賜額也。竹垞撰《池北書庫記》。

鴻臚妙筆點煙霏,能送先生戴笠歸。《戴笠圖》亦鴻盧筆。爲問雙松松上鶴,書攤履迹幾時稀。相傳同時諸公候先生者率不相值,惟於慈仁寺書攤相訪則見之。翁覃谿詩自注云。

幾經篋衍出蘇齋,宋芝山購得贈覃谿。先後標題尚可排。定有長恩暗呵護,故知劍氣不沈埋。

濟南名士于湖老,官職文章略不殊。載酒城西留故事,百年重寫餞書圖。道光初年黄勤敏請老將歸,曾作《餞書圖》,一時題詠甚多。

崧林館壹齋兩先生合像小册題後黄勤敏師題葉給諫雲素先生《采藥圖》遺像,有“漢上題襟兩少年,形神曾倩郭生傳”之句,自注“乾隆甲辰予游漢陽,曾與君倩郭説巖合寫小像”,即謂此也。此册藏潤臣家三世,迨今七十五年矣。無題識,兩先生並坐,右持眼鏡,左執卷,神氣高邁,令人遠想慨然。《壹齋集》甲辰歲有《贈寫真郭漁山》詩云“相逢清漢滄江灣,貌我左田蕉林間”,意即説巖其人歟?因次壹齋贈郭生韵,題而記之。咸豐歲在己未三月。

兩少年如江上山,凝神對影高且閒。雙瞳秋水明螺鬟,一卷横坐開笑顏。得句題襟酒痕殷,青袍如草不可删。仙槎同上銀河灣,偶遺桃花在人間。人間猶作少年覵,但訝意度何雅嫻。豈知松柏龍鱗斑,白頭弟子悲江關。故山猨鶴騰誚訕,此身已成木石頑,安得霞佩從公還。

爲葉潤臣觀察題《橋西老屋圖》,即以志别

老屋書多難載去,雙槐陰合與誰分。不須惆悵橋西路,天末西湖有白雲。潤臣乞外,蓋爲養親計也。

微雨遣悶

點滴不成雨,飄摇初灑塵。已聞香滿院,何必潤霑身。雲氣噓三日,風聲攪一春。終知甘井竭,且作灌園人。

王子懷侍郎《松菊小像》張詩舲少宰補圖。

眉間遠色在天涯,襟上新痕託酒懷。叢菊經秋知晚節,雙松垂老得同儕。焚餘諫草心猶壯,題到詩翁興轉佳。倚石沈吟爲何事,故園蓬徑隔江淮。

以近年詩草寄江陰季仙九先生芝昌樞廷舊同直、總督閩浙，以病歸，僑寓虞山。

碧落三山一夢中，老來蹤迹感飛鴻。聊將幾卷䚢䚢集，寄與江南綺里翁。季有"綺里仙翁"小印。

三兄命幼子綬兒來京讀書，感喜却寄三月十七日

前年張氏甥，隨吾妹歸里。今年曹氏甥，從其壻南徙。舊姻似有託，老念殊未已。兹來匪它人，吾兄子猶子。兄年七十四，兒甫八齡耳。胡爲令遠出，攜持將誰恃。長跪讀兄書，兄言吾衰矣。耳目喪聰明，柰此兩齠齒。小者初離乳，病妾爲料理。此兒宜就傅，但知戲村鄙。生平爲人芸，我田不遑耔。既往悔可追，方來慎厥始。予弟亦病叟，較予尚足倚。況聞課彭孫，足不及城市。經師且易求，礱石在所砥。願爲室中蘭，免作道旁李。豈不憐穉弱，豈不感毛裏。吾有七尺男，兩孫足任使。以此累予弟，得毋悲且喜。問兒汝來時，父母一何似。答云涕淚送，爲兒整衣履。此語不忍聞，此心孰諒只。吾耳尚能聽，吾目尚能視。吾書尚可讀，吾志尚未靡。飽我盤中飧，煖我牀頭被。朝聞竹馬鬧，暮聽書聲起。蒼茫問家室，似欲忘遠邇。江海風浪闊，吾邦幸安枚。諸父兄弟間，千里同杖几。且復加愛護，漸令就儀軌。兒幼吾輩老，懷哉桑與梓。忍淚報吾兄，兄其勉甘旨。

立夏後一夕聞雷四月五日

今年建巳月，閔雨聖心勤。龍體明明見，雷鳴隱隱聞。會當蘇屈蟄，直擬埽兵氛。余亦攜鋤出，西郊望密雲。

潤臣觀察行有日矣，端木子疇以同人飲餞聯句見示，附詩卷末，即贈潤臣

聞君有遠行，行行向何處。東風吹扁舟，夢繞湖上樹。燕市酒雖薄，離筵得好句。橋西老槐屋，豈不戀親故。衡嶽白雲飛，海壖足鷗鷺。意不爲鱸菜，露冕更奚慕。江漢風滔滔，鄉關渺歸路。人生憂患餘，且復隨所遇。僕病百未能，觀潮記前度。舊雨日零落，空谷時枉步。春明餞春客，深思託豪素。相期金石交，焉敢惜遲暮。

題陳凝甫舍人昌綸《量齋詩鈔》

城南病叟已支離，把卷沈吟若有思。曾識紫雲坡老硯，又看紅藥謝家詩。江鄉道路縈歸夢，京國交游感舊知。使我午窗眠不得，灑然如聽雨來時。時久不雨。

戲爲數詩示幼姪綬兒鄉塾小兒開筆描紅，率用"一去二三里，沿村四五家，平臺六七座，八九十枝花"廿字，蓋即《内則》教之數遺意。

一水二三曲，扁舟四五人。桃花六七里，八九十家春。
一畝二畝園，三間四間屋。五六七株樹，八九十竿竹。
一年二年種樹，三年四年息陰。五六七年結實，八九十年成林。

四月十五日雨

布穀催耕燕睇巢，密雲不遠在西郊。一春夢裏聞飄瓦，終日風前看捲茅。小雨似憐多病叟，夜窗如話舊時交。蒼茫神意應難測，抱甕區區未敢抛。

息園三首并序

甲寅之歲，以久病再疏開缺，蒙恩致仕，有息心静養之諭，因名所居曰"息園"，而自號曰"息翁"。按：《説文》"息"從心、自，自者鼻也。心氣從鼻出，引伸爲休息，又爲生息。息之時義大矣哉。比年養痾閒居，今春始闢門外隙地，爲朝夕散步之所。汲井抱甕，差愈於息偃在牀耳。若云君子自彊，則吾豈敢。歲在己未咸豐九年二月也。

息園本非園，聊以息吾心。老病忝國恩，入山何必深。馬厩一隅地，隤垣翳荒森。五載足不到，風埃況相侵。今春過西鄰，披榛偶一尋。不謂瓦礫中，棗榆忽成林。古苔已無路，舊井猶有禽。抱甕彼何人，悵然思漢陰。
短垣補東北，小園當其西。垣外井可汲，井旁自成蹊。既不礙往來，亦不阻挈提。人已各有適，林鳥得所栖。衡從一二畝，茅屋初覆泥。種樹即作花，引水還分畦。偶陟酸棗臺，始知鄰園低。齊物吾何心，物理元自齊。其南即國初宛平王相國熙舊園，今歸姜氏矣。
干戈莽未息，朝野憂軍儲。吾生獨何爲，偃仰城南廬。精力日枯槁，親知半凋疏。尚賴素心侶，論文能起予。古之善射者，善息其所餘。挽强臂已折，不息將何如。老物天所憐,餘生容讀書。但願時雨足,帶經長荷鋤。

詠我相國春日枉過敝齋,頃復手書詩扇見遺,次謝二首五月三日

閒居漫五年,又過艷陽天。每枉沙隄騎,時披野徑煙。憂時情更切,得句世爭傳。回憶金鼇路,同舟望若仙。

海漕千艘至,天心一雨償。尚思洗兵甲,未暇羨柴桑。僧已成新塔,今春慈仁老衲化去,松下之游亦減矣。醫難檢舊方。仁風日披拂,餘景且相羊。

重五日

他鄉重五日,把酒一衰翁。家室蒼茫裏,乾坤浩蕩中。愛閒仍愛客,愁雨復愁風。慙媿園花發,今年爲我紅。

松延三姪自文水寄世長四截句,次答其意寄之

留滯周南歲月推,舊巢空借上林枝。雲山滿眼家何在,莫訝衰翁歸計遲。

枉直何須辨尺尋,門前車轍草痕深。斲輪自有風斤手,老蠹穿書苦用心。

春草汝猶懷季弟,寒衣吾更念衰兄。却從後起思先進,三世青氈共此情。

對牀一笑夜連朝,宦味鄉愁得酒消。應憶天涯老癡叔,竹窗舊雨日寥寥。大姪再補屯留司訓,赴省過署小聚數日。

獨山莫子偲孝廉友芝,**定甫農部禮闈所薦士也,著有《郘亭詩鈔》,定甫以淵樸許之。頃持詩來見,并以同里鄭子尹**珍**《説文逸字記》見示,可謂黔中二俊矣。題句贈之,兼寄子尹**

杜韓詩法及黄陳,宗派無煩别問津。豈爲推敲吟詠苦,直將陶鑄性情真。傳經自昔從文黨,尚友於今得尹珍。子尹經學曾受知程春海學使,余昔寄學使詩有"先生講學如文黨,弟子通經似尹珍"句,不謂三十年來此言竟驗,亦奇緣也。爲問不狼山下水,一亭千古屬何人。君移家遵義,與子尹卜鄰。

夢題碧夫容齋二解五月十二日早起記之。

秋日采夫容,明霞落天半。未必好容顏,便得長相見。

夫容秋江上,落霞明天邊。何必長相見,始有好容顏。

東家棗

東家棗,何纂纂。西家棗,斧斤斷。東家棗完西家殘,西家婦去不復還。不復還,向何處,以爾車來束薪去。可憐安邑老秃鶖,未死猶思植千樹。

五月望夜聽雨不寐述懷

霖雨已無夢,蘊隆吁可哀。東風吹海水,一夜送秋來。高想月盈魄,遠疑山殷雷。前日雷風相薄。誰能更堅卧,不遣北窗開。

雨　後

扶藜戴笠草堂前,覘土疏渠菜圃邊。涼霧著衣看不見,野花投種去如捐。新晴更覺身無事,小倦纔知夜未眠。茅屋漏痕休補葺,甘霖難得是今年。

惜雨和徐訒庵孝廉韋佩

老農計常拙,憂近不及遠。一雨替井汲,袖手坐渠堰。麥枯禾可插,忍飢待一飯。溽暑土膏潤,秋成有餘綣。敢云雨愆期,及此猶未晚。

寄輓長沙陳堯農工部本欽二十韻咸豐二年,粤寇圍長沙,君時主講城南書院,以守城功特加四品卿銜。

羽檄飛南極,長沙屹巨防。十年粤氛惡,一代楚材良。往歲聞邊警,連城化戰場。磨牙踰桂嶺,掉尾溢湖湘。號令中丞擅,諏咨衆力襄。運籌知地勢,垂帶繫民望。倉卒親枹鼓,艱難峙糗糧。陣排樓雉出,旗捲幕烏翔。逋寇空延喘,前驅易扼吭。如何退風鷁,不見墮天狼。長沙賊遁,遂竄岳州。鬱結憂時事,從容謝薦章。冰銜餘感激,劍氣且收藏。君以樞垣傑,親承荻訓方。老成資擘畫,後輩接騰驤。顧念神交切,頻煩手札將。總由深遠慮,豈爲别離傷。憶共槐街住,惟存菊徑荒。遥情紛慘澹,獨立轉蒼茫。舊夢離騷國,餘風麗澤堂。道光初年,城南書院新修,御賜額書曰"麗澤風長"。那堪一掬淚,衰病數霑裳。溆浦韓硯仙、孝廉啓澐主講辰陽書院,亦以去年捐館,皆余所拔士也。

飼　蟻

庭中有老槐,階下多蟻穴。雨餘戴土出,寸壤起封垤。初出爭後先,漸進作行列。回旋散漫中,勇氣暗團結。欻然戰場開,勝負兩未決。赴死竟如歸,不敢易其節。南柯久無夢,坐觀意慘切。握粟思解紛,毅然若弗屑。固知賁駒儔,不爲遺羶悦。枵腹張空拳,亦恐致摧折。中原有驅除,正供且或缺。空山虎衛人,四郊鼠泣血。安得天雨粟,士飽馬騰齧。螻蟻蟲之微,貔貅士之傑。投醪衆可飲,因糧賊可滅。淹留如賈胡,乃怨饋餉絶。

䨻䬃亭後集卷十七

古今體詩七十三首己未

送楊濱石編修泗孫典試閩中，次詠莪相國韵

憶從春申浦，奉使閩中去。一歲再往還，了識浮槎路。文星躔南斗，炎嶺轉秋暮。獨慙俗士駕，兩接仙舟渡。庚子歲使閩，途次與星使往來相遇。維時海防急，鷺嶼塞氛霧。崢嶸日月邁，蕭條鬢髮素。朝廷廣登進，恩榜展秋賦。君侍承明廬，論思有撰著。名邦待衡鑑，古賢導趨步。必求通經士，肯使儒術誤。錦鄉泛歸棹，歐劍得新鑄。遥想壽觴舉，江雲迴北顧。北固山又名北顧。還見綺里翁，三山話昔遇。君差旋擬便道省覲，時季仙九自閩督告歸，僑居虞山已數年矣，與尊甫研培先生時有觴詠。

讀元遺山題田侯《燕子圖》詩得二絶句田琢字器之。

鴈足懸書已浪傳，更憑雙燕繫詩箋。蠟丸柔脆紅絲細，可耐秋風度十年。

田侯畫本絶淒涼，付與悲歌老漫郎。王謝從來無定主，莫教誤認舊時堂。遺山句云："梁家王謝堂前慣，暗認曹劉可是難。"

梳　髮

髮亂重梳易，身衰再壯難。春風妒殘雪，吹落不成團。尚蓄三年艾，空求九轉丹。蕭蕭無可白，休向鏡中看。

小　圃

小圃無多景，聊爲散飯行。心憐雙柏穉，眼借一花明。野菜頻移種，山禽各喚名。不緣新雨足，誰重晚來晴。

鄰園老樹二首，贈常熟翁邃盦相國咸豐九年五月二十二日，相國以久病疏請開缺，恩旨允之。

鄰園老樹翠煙橫，矗立高岡近鳳城。但見枝柯四時貫，豈知雨露百年成。經冬秀色堅多節，入夏濃陰鬱更清。曾記樂泉泉上坐，池南橋北對柴荆。

婆娑分影到鄰家，駛雨新晴日未斜。香葉苦心應愛惜，碧梧翠竹已交加。幽栖或引西山鶴，晚節還憐老圃花。欲把濁醪呼共醉，隔籬惆悵即天涯。

閒意

閒意向何處，空庭積雨餘。草侵門外轍，風展案頭書。浩蕩一鷗鳥，蕭條雙鯉魚。呼僮有底事，晚食待園蔬。

讀《本草》有感

海外煙雲草木滋，中原從此竭膏脂。五行沴氣真難料，萬古神農竟不知。換骨有方須大藥，折肱無計問良醫。靈氛試向瓊茅索，莫謂蒼蒼或可欺。

題謝蔚青質卿刺史詩草，即送還秦中

昔聞謝茂秦，被褐老風塵。何似宣城筆，雲山著手新。緣情删綺靡，傾液出深醇。詩法淵源在，傳經況有人。

草長鷽飛地，江南感舊游。入秦詩更好，爲客古多愁。宦味知深歷，民勞願小休。白頭吟望處，華嶽倚高秋。

一紙壺歌

一紙壺，銅爲骨，錫爲膚。下豐上斂高其趺，量物能受中以虚。良工創此能煮水，百沸止須火一紙。抱薪握炭鬧不已，咄嗟已見提壺起。提壺起，爲君歌，君渴甚矣奈君何。一紙所費能有幾，一壺所值千金多。千金多，一紙重，感君虚中爲君用。不然金壺緘口塞其中，水火欲濟難爲功，不用還與廢紙同。

題《息園圖》，即贈寫真吴冠英儁

故園何事不歸兮，留與丹青費品題。三著幼輿巖石裏，年來吴君爲余三寫照矣。豈知足未出城西。

亦知種樹不如花，花到開時日又斜。閒向園丁問鄰樹，百年池館屬誰家。

馬纓花

去年馬纓花，移植日顑頷。灌溉未云已，秋風忽以至。今年馬纓花，爛漫光照地。敢云灌溉力，時雨百物遂。雨來花不知，雨過花更媚。但願一尊酒，年年爲汝醉。

今日篇

今日何日開北堂,衣服粲粲晨燭光,兒女大小紛成行。大者鞠䏿手舉觴,小者但索瓜果嘗。門巷似有車馬將,乃翁忽若驚鳧翔,徑攜藜杖逃禪房。禪房深深花木香,午睡晚食心坐忘。童稚覓翁謂翁藏,翁歸來兮客且去,惟見斜日栖屋梁。

"蓮葉東南臨水檻,柳條西北看山樓",余昔爲朱桐軒司農鳳標近光樓下題句也。頃潘伯寅學士祖蔭居此,屬爲補書,慨然得四絶句

水檻山樓詩一聯,十年深護碧紗煙。舊巢未埽燕飛去,不待重題已惘然。時余初自直園移居雙橋。

仙人真箇好樓居,重拓軒窗索舊書。蓮葉柳條應笑我,白頭彩筆欲何如。

書到無人愛處難,幾曾换骨得金丹。海王邨裏流傳筆,幸被人將贋鼎看。前題久已忘之,不知何時爲人傳刻也。

樓上光陰如轉輪,"樓上光陰如傳郵",詒晉題句。澄懷畫本幾番新。題詩未用添惆悵,舊雨今來尚有人。桐軒去位,邃菴頃亦病退。澄懷舊友在直者,黄縣相公一人耳。

琴思并引

溽暑不堪,暈眩時作,觀書吟詩寫字,殆將癈矣。癈則何以遣日,何以送老,作《琴思》一章。

我思代書以琴兮,觀以目不如觀以心。我思代詩以琴兮,吟以口不如吟以心。我思代字以琴兮,寫以手不如寫以心。琴之德兮愔愔,琴之聲兮湛湛,琴中之歲月兮無古無今。我心憚暑兮,我病不斟。我其閉目緘口而捝手兮,忽不知其爲昭氏之琴,陶氏之琴。

龍樹院留題七月二日

西樓但見西山好,誰道東樓見北山。北山爲市塵所隔,非快雨新晴不能見也。伏雨困人晴日少,一游償我五年閒。畫中詩句蒹葭在,夢裏漁舟笭箵還。笭箵,漁具。《廣韵》四十一迥、十五青,皆有笭字,無箵字。《集韵》箵,又先青切。鮑顧風流今往矣,覺生、南雅兩先生。高齋留客且開顔。

得大姪詩，却寄并懷三兄

殘年家室付蒼茫，骨肉凋疏歲月長。千里相思吾最甚，三人各瘦汝差强。來書云三叔衰甚。吾叔姪三人年歲相上下，見此不覺氣餒。已憐宦味輸雞肋，姪再選屯留司訓。更奈離愁迫鴈行。多病近來吟力退，開緘拈筆却霑裳。

銀　灣

銀灣一片白滂沱，横絶中天接海波。猶喜斗杓森在望，只愁槎路梗難過。星垂分野何容掩，月傍雲霄本自多。洗盡甲兵須爾力，人間無限淚成河。

紀事七月十七日

書忽下，涕滂沱，共道湯仁及網羅。雨露霆，元莫測，再生惟有聖恩多。

詠階上牽牛花

庭柱蔓牽牛，闌干寸寸秋。翦除誠可惜，繫援本無求。多病新交寡，疏陰小院幽。扶藜頻曉起，爲爾輒勾留。

徐松龕七兄寄示近詩，意有感觸，題四絶句

詩襍仙心筆有神，都從騷雅見天真。"太白詩如仙，工部詩如神"，卷中句也。論詩難得遺山老，不作蘇黄以後人。

開寶元音有典型，中州浩氣鬱精靈。寒山千古傷心碧，誰識詩人野史亭。汪使君本直補建野史亭在忻州韓嚴村，元遺山故里也。

閒吟有味是無官，回首人間行路難。《擬行路難》八章，仿鮑明遠體。尚有鵝毛作茵褥，李朋南贈君鵝毛茵。不須瘦骨怯春寒。

啗糠馱炭劇堪憐，勤儉鄉風自昔傳。《啗糠詞》《馱炭道》樂府二篇。但願黍苗成樂土，莫教辛苦作花田。聞近來罌粟之種頗妨農田。

松龕寄《題禝釟亭集》四首，次韵奉謝

明月團團古驛亭，眼中山色夢中青。回頭五十年來事，猶記單車出井陘。

山樞風俗溯陶唐，好樂深思未敢荒。祇合空堂吟蟋蟀，却慙鳴鳳在朝陽。

緑槐吟舍小如舟，肝腎彫鎸若自讎。謬被時人標品目，鲒埼亭後有禝釟。《鲒埼

亭集》,國朝全祖望謝山撰。

經術文章世業存,海邦久已重屏藩。達夫老去詩尤健,坐對幽花獨掩門。君有“六十學詩”小印,又用杜陵《人日酬高蜀州見寄》韵,有“盎植幽花獨掩門”之句。

附松龕作

盛世元音見午亭,太行佳氣鬱空青。試從北幹尋支派,綿蔓盤迴第五陘。公家壽陽,距井陘不遠。

曲江風格倡三唐,少達多窮説已荒。相業詩名兩相稱,壽陽端合比歐陽。

巨川濟了作虚舟,借用香山句。一品詩篇自校讎。何日高吟歸緑野,雜花疎樹繞徦朹。

才盡江郎舌尚存,學吟敢望涉籬藩。詩僧若許騎驢過,尚欲推敲月下門。

恭邸《竹深荷淨圖》

朗潤園中足花竹,流水幾灣山幾曲。霞光翠影雨新霽,一榻雲根點苔緑。此時坐石如檥舟,襟袖間有陂塘秋。門前車馬塵不起,架上芸香溢窗几。豈緣氣爽對遥山,自是心清參妙理。池荷繞屋花連階,秋燕曾巢食筍齋。欲借新圖尋舊躅,却因樂道憶澄懷。樂道,堂名;澄懷,園名。

小園秋晚

紅皺黄團秋不枯,紫瓜風味敵蒸壺。筠籃未忍再三摘,留作涼蟬瘦蜨圖。茄子一名崑崙紫瓜,用竹垞詞意。

蕎麥花開胡蜨飛,莜,《毛詩明辨録》以爲蕎麥,胡氏後箋駁之。豆花垂莢蜜蜂稀。小園一夜西風裏,知爾飄零何處歸。

碧芙蓉齋偶題

歸夢如雲壓枕濃,青天忽見碧芙蓉。誰云矮屋才容膝,中有方山十萬松。

自嘲二首

留滯周南太史公,著書猶欲見東封。可憐畫裏徦朹老,衹想茅齋手植松。孫綽遂初築室畎川,齋前一松楚楚可憐,見《世説新語》。

息翁何事以翁名,出入鏗然策杖行。張許翁彭應暗笑,樂天猶有白鬚兄。詩舲長余八歲,滇生長六歲,邃盦長二歲,詠莪長一歲,皆内廷舊侣也。今年邃盦以末疾請退,三公皆康彊在朝。

許仁山彭壽少詹事摹李伯時《五馬圖》此卷載《石渠寶笈續編》，仁山從懋勤殿摹出，并録黄魯直、曾公卷兩跋。

龍眠畫龍非畫馬，意匠經營識者寡。家藏韓幹圖十八，李臨韓《師子驄圖》，自識云："楊直講家藏幹馬樣十八匹，先子於皇佑閒得之鄉人馬忠肅亮家。"三馬時時手摹寫。見蘇、黄諸家詩。此圖五馬精權奇，太僕所司軼坰野。奚人執靮屹山立，正似牽來赤墀下。款識未完神采足，點睛欲飛誰許假。用韓之法出韓上，天厩萬匹臣師也。元祐諸賢想餘風，彈冠攬轡朝紫宫。當時汗血亦遠致，左騏驥院良材充。飛鴻冥冥鵝寥(廊)〔廓〕，高舉不受軒冕縛。用山谷跋意。偶然應圖得神駿，似欲肖象麒麟閣。自從山莊隱棐几，嬾向皮骨求形似。豈因一指遂逃禪，伯時聞僧語，遂專心佛相，不復畫馬。將謂九方鮮知己。南齋翰林蓬萊仙，寶笈晴窗冬日閒。眼明心細筆一埽，頓令天馬徠人間。帝歌照耀已千古，書畫三絶同流傳。此圖乾隆年間兩經御題，黄、曾二跋詩中并及之。驪珠大小首尾貫，一家翰墨師龍眠。尊翁滇生先生題首，仁山識後。城南茅屋秋風天，白頭彩筆心茫然。但看龍驥驤雲路，老鳳還巢阿閣巔。

跋語

余嘗評伯時人物似南朝諸謝中有邊幅者，然朝中士大夫多歎息伯時久當在臺閣，僅爲喜畫所累。余告之曰："伯時丘壑中人，暫熱之聲名，儻來之軒冕，此公殊不汲汲也。"此馬駔駿，頗似吾友張文潛筆力，瞿曇所謂識鞭影者也。黄魯直書。

余元祐庚午歲以方聞科應詔來京師，見魯直九丈於酺池寺，魯直方爲張仲謨箋題李伯時畫《天馬圖》。魯直謂余曰："異哉！伯時貌天厩滿川花，放筆而馬殂矣。"蓋神駿精魄皆爲伯時筆端取之而去，寔此古今異事，當作數語記之。後十四年，當崇寧癸未，余以黨人貶零陵，魯直亦除籍，徙宜州，過余瀟湘江上，因與徐靖國、朱彦明道伯時畫殺滿川花事云："此公卷所親見。"余曰九丈當踐前言記之，魯直笑云："只少此一件，罪過。"後二年，魯直死貶所。又廿七年，余將漕二浙，當紹興辛亥至嘉禾，與梁仲謨、吴德素、張元覽汎舟訪劉延仲於真如寺。延仲遽出是圖，開卷錯愕，宛然疇昔，拊事念往，逾四十年，憂患餘生，巋然獨在，彷徨弔影，殆若異身也。因詳叙本末，不特使來者知伯時一段異事，亦魯直遺意。且以玉軸遺延仲，俾重加裝飾云。空青曾紆公卷書。

仁山後記

李伯時《五馬圖》卷，舊爲柯丹邱、宋牧仲所藏，續入《石渠寶笈》上等。純廟於卷首作長歌紀之,每段皆有御題,並謂末一馬獨逸其名。豈即曾紆所稱“滿川花”耶?疑坊賈割取後款,另作僞本,以炫觀者,遂併公麟姓名亦截去耳。大内書畫往往移貫懋勤殿,預備呈覽,是卷適在其中。咸豐丁巳十一月廿九日隨駕自圓明園還宫,侍直有暇,輒就殿右明窗下展卷仿爲之。五日而畢,並録黄、曾二跋於後。是歲除夕,臣許彭壽敬記。

中秋前夕慈仁寺看月兼憶戒公

拄杖出巷門,不知竟何之。東南市塵中,日夕車馬馳。重城直北望,雲路高以危。不如西寺幽,雨後山益奇。明月何處無,獨與閒人宜。同游者徐訒庵、閻夢巖、杜誦清及世長、友直、友麟。深林聚秋影,短鐙摇疎籬。登高吾未能,懷舊若有思。去年北岡巔,星斗芒四垂。森然動寒魄,仰首不敢窺。明鏡亦非臺,那復論盈虧。把酒且相勸,流光忽如斯。歸來月送客,野徑行遲遲。豈不願永夜,衣露凉已滋。

中秋息園月下醉歌贈客

年年有中秋,處處有明月。何獨於今年,留連意未歇。長空淨纖雲,星漢光欲没。秋從古寺來,興爲小園發。舉杯一相問,神采四飛越。造物無盡藏,暫得皆可悦。君看層雲生,倏忽風雨掣。青冥何依倚,駐此冰輪轍。一年月幾圓,一圓行復缺。一年人幾醉,一醉百愁絶。所以曠達士,隨遇作佳節。中秋無定時,明月何分别。四坐聽我歌,我歌亦饒舌。

有許送盆荷不至者戲之

食筍齋頭四面花,紅墻一隔即天涯。瓦盆剩有碧筩酒,醉倒不知何處家。
藕絲世界斜陽外,流水扁舟曾扣門。今日白頭茅屋底,可容彩筆寫江村。

舊搨《魯公麻姑仙壇記》小字本爲白蘭嵒題

曾見仙壇大小字,東洲小字本尤佳。鋒神轉似新鐫石,圓勁真同古折釵。松畹家藏堪伯仲,霜龕楷法得梯階。故應傾倒觀齋叟,長日頻將病目揩。

道州何子貞家嘗刻《麻姑仙壇》大字本,又藏小字本,極佳。前年攜至觀齋,細玩三日,歎爲平生罕覯。頃蘭嵒樞直出示此本,蓋吾鄉張氏松畹聖詔家藏霜紅龕舊物也。流傳有緒,當與何氏本竝置之。

子鶴尚書奉使天津,枉過話别索詩,即以爲贈

謝公祠樹記青葱,别墅曾過倚晚風。今日同鄉三使節,當時共醉一衰翁。去年豫章别墅從貴鄉諸君子雅集,今黄莘農河督、萬藕舲學使與君先後奉使出都矣。漢津槎路分明在,杭稻雲帆指顧中。君於道光二十七年奉命督收天津海漕,春往夏還。此次漕艘一歲再至,秋冬驗收事更繁劇。正是重陽好天氣,黄華香裏策青驄。

八月晦日初游增壽寺二首

曉闢園扉路屈環,攜筇信步敂禪關。入門已覺雙槐古,敷坐偏宜半榻閒。妙繪離奇空色相,寺藏傅雯指畫三十六相,與慈仁寺《勝果妙音圖》皆閭陽鉅製也。秋花磊落好容顔。海棠别院應堪醉,準擬春來數往還。

雙槐似較三松老,指畫雄妍亦略同。古刹不分鄰遠近,疎鐘衹隔巷西東。城頭山色浮空翠,門外車塵踏輭紅。欲訪韓陵無片石,留題已落語言中。寺無碑記。

重陽前五日游天寧寺北魏光林古寺,隋曰宏業,至明始改今名。

朝出西郭門,北望浮圖峙。官道避喧闐,禪關尋邐迆。老僧將入城,門外車已俟。人事各有適,登高且徙倚。秋雲生微陰,著我山色裏。俯循得花圃,疏曠滌塵滓。園丁三五人,抱甕殊未已。爲言秋雨稀,蓺菊乏生理。城中賞花人,日午多未起。吾輩獨優游,無酒亦可喜。偕訒庵率子姪兒童輩破曉而來,寺無一客。岧嶢閞皇塔,攀躡渺階戺。風鈴墜未盡,檐牙剩殘齒。塔前接引佛,垂堂勢欲圮。空聞替戾岡,莫悟澄公旨。幽意忽不愜,杜句。出門見漂紙。寺前多造紙者。紙貴難作賦,花貴易入市。倚杖歸去來,車馬自流水。

造榜日感舊九月八日

浩浩神仙劫,明明文字緣。桂林香自在,菊圃老堪憐。欲作登高賦,難忘薦士篇。故園金粟影,題壁已多年。余十八歲肄業晋陽書院,住金粟園。林樸園明府芬爲余候榜題壁一律,有"期許斯人題姓字,徘佪如我盼科名"之句。樸園,天津孝廉,晋之儒吏也。

九日寄懷三兄

頹齡潦倒酒杯中,漸覺年來百慮空。猶有菊籬須晚雨,已將茅屋付秋風。老看童稺家何在,綬兒來京讀書已半載矣。愁説江淮路未通。金陵未復,皖北軍事方殷。手

把茱萸誰共插，霜天羨爾北歸鴻。時族弟廷式將歸。

九日王定甫招同王子懷、楊湘筠寶臣、孔繡山、玉雙憲懿、林穎叔、莫子偲慈仁寺雅集，即簡定甫

重陽無雨菊無花，有酒相招有客嘉。荒徑那嫌秋寂寞，舊題猶在字欹斜。蜀山石闕思炎漢，是日觀繡山所藏漢循吏王稚子石闕拓本。禹蹟江聲問白沙。子偲謂黔之紅厓石刻，疑即《禹貢》導黑水故蹟，以《漢志》滇池黑水祠爲證。定甫云向聞張南山亦有此論。臨眺自來多古意，醉鄉何處是天涯。

潘星齋侍郎《退直侍書圖》文恭師於道光三十年六月予告就養京邸，年逾八秩矣。

授詩樂事續陔笙，嘉慶甲戌歲，師以尚書歸養。緑野春暉重晚晴。萬卷圖書詒遠大，一家翰墨答承平。舊編金鑑心箴在，新帖銀鈎手寫成。棐几昔曾窺筆法，欲從題壁乞真評。

題李伯時《孝經圖》并書石刻

空相何如實境摹，萬緣埽盡見真儒。山莊義訓家風在，此是驪龍頷下珠。

世傳龍眠晚年游心禪悦，豈知觀象垂訓，通於神明邪？曾見香光手書《孝經》，筆法由顔追鍾，亦由胸中先具此一段意境耳。江陰陳君寄舫式金以所藏勒石流傳，是真能得山莊圖外之意者。頃因吳君冠英得見此本，題後記之。咸豐九年九月九日。

定甫、繡山、玉雙、子偲諸君子見和《九日》詩，疊韵爲謝

霜鬢無心對晚花，故山歸去媿祁嘉。客憐茅屋三重破，吾愛槐街一徑斜。節候推移看過雁，交游聚散等(搏)〔摶〕沙。頻開笑口緣何事，袖得新篇喜可涯。

余既爲戒學禪師墓銘，復得絶句

記得雲山舊衲衣，前身豈是老禪師。更無玉帶堪留贈，衹有毗盧閣下碑。東坡《金山留帶》詩，王注《冷齋夜話》云："先生悟其前生爲戒禪師，常衣衲衣。"

龍門令曹柳谿内弟汝愚哀辭二首

百尺孤桐樹，空餘焦尾聲。家鄰緜蔓水，吏隱女祁城。化迹疑飛舄，遺書想鑿

楹。一彈弦一絶,悽惻竟平生。

寥落西州感,蒼茫秋氣悲。見君惟有夢,投我更無詩。王渙歸喪日,陽城下考時。爲銘翻自媿,衰病拙文辭。其子松頤乞爲墓銘。

聞　鳩

秋深不雨聽鳩呼,禾已登場麥種無。記得緑楊城郭外,春耕催罷又提壺。

古意二首

梧桐自孤生,鳳鳥翔何處。但見蚌珠還,不見海鷗去。

采葵莫傷根,傷根葵不肥。摘瓜莫抱蔓,抱蔓將何歸。古詩:“采葵莫傷根,傷根葵不生。”杜詩:“刈葵莫放手,放手傷葵根。”

秋晚簡陳勿齋

與君結伴住長安,秋色雖深氣未寒。垂老幸餘同輩在,被人都作寓公看。罇仍有酒差堪醉,琴已無弦久不彈。莫道家山千里隔,舉頭還共月團團。

草堂詩畫昨夜爲人卷去,解嘲二首九月二十二日

雙松壁上雲飛去,慈仁寺壁詩畫,年來已三失矣。石隱堂前月落時。世上巧偷那有此,可憐三絶畫書詩。

覆瓿文章值幾何,可能將去换群鵝。梁間燕子應三歎,舊物青氊已不多。

詩舲和題《怡園看花》詩并石銚竹罏圖,今日園丁於東小市物色得之,戲記以詩

一篇好句抵看花,兩幅新圖待品茶。未免被他梁燕笑,破巢只合住君家。

秋　色

秋色不可極,秋林如此妍。春妍在花秋在葉,秋葉更比花可憐。凉風蕭蕭日吹汝,恐汝顔色難自主。忽然散作琅玕聲,夢裏紛紛夜窗雨。明知一歲一枯榮,敢道秋霜無世情。籬邊還有未開菊,東郭先生酒應熟。以米一石乞子懷鄉人爲造白酒。子懷時居城東道觀。

淮生八兄自澤州寄和前秋贈别詩,次答其意

秋夢如雲不可緘,三年離緒未全芟。送君作郡思前事,笑我投詩換舊銜。來詩有"空餘黄閣舊頭銜"之句。老境明明船下瀨,悲歌往往淚盈衫。卜鄰但遂城南約,更敢從容説鶊巖。壽陽有鶊巖。

夢田季高二首

碧落三神山,上有香鑪煙。玉堂對霤處,當時皆少年。同寮奉使出,一老車初懸。道光初年,左田師歸蕪湖,程春海、許滇生視學黔楚,南齋同直惟余兩人。回疆方用兵,大將臨窮邊。五戰四城復,露布朝夕連。黄屋心獨憂,股肱力亦宣。終奏戡定功,萬里銷戈鋋。微臣日載筆,管窺難具傳。至今武成殿,雲章照星躔。平定回疆告成太學碑文,寯藻奉敕書,懸武成殿壁上。殿在紫光閣後。京兆不可作,落葉霜滿天。癸巳歲大考,君以《落葉賦》特邀御賞取第一。往事已如夢,不待招魂篇。

四海盡兄弟,惟君情獨親。少小共庠序,忝充覲國賓。西清既聯步,東園接芳鄰。形骸兩相忘,懽娛雜悲辛。落落詩酒中,性情得其真。江海風浪闊,人事日日新。君今來何處,太行車摧輪。尚憐病駑駘,老卧燕臺塵。九衢冠蓋多,葛帔無故人。平生耿介志,終不悲賤貧。但道别後思,萬端非一身。夜闌起秉燭,老淚霑衣巾。

紀文達公硯歌端石鳳咮文,長五寸許,寬三寸。背銘云:"色自駁襍,質原温粹。古有罷明,不以貌貴。嘉慶壬戌二月朔日曉嵐銘,時年七十有九。"

包孝肅,非不剛,何如韓范富歐陽。劉石庵先生硯銘。文清作銘文達笑,古有罷明不以貌。二公愛硯同一心,石交直爲坐右箴。我朝四庫書,文達識其略,先子從公挍兩閣。乾隆壬子歲,先大夫隨宗伯紀公覆挍文淵、文源兩閣書。此硯摩抄手應著,河間博士謁吾門。謂此老輩精神存,用以爲贄師道尊。道光丙午科獻縣教諭趙君東暄以此硯爲贄。我敢爲師請爲友,鳳咮在前牛馬走。

趙雨香司馬寶善爲鐫小印,再疊《九日》詩韵謝之,即以贈行

老來那復筆生花,私印纍纍得拜嘉。押尾驟驚鸞鳳躍,揮豪翻笑蚓蛇斜。定知衣褐能完璧,暫借囊錐爲畫沙。勒石銘山君有意,吾方彫篆送生涯。

莫子偲於展重陽日獨游慈仁寺，和余《九日》詩六章，回環疊韵，情見乎辭，三疊前韵奉答

幾疊詩牋費浣花，酒杯潦倒興猶嘉。《北史》謂容止蘊藉者爲潦倒。獨尋野寺重陽後，遥見秋山一道斜。泥雪何因逐鴻雁，君詩有謝池春草之思，僕有衰兄在里，亦三年未見也。霜風應爲埽蟲沙。却憐衰鬢吟叢菊，悵望昆明曲水涯。

十月二日潘木君鐸王嘯山發桂梁海樓瀚何白英國琛劉韞齋崐王定甫拯小飲觀齋，即席賦呈，四疊前韵

盆菊迎冬始作花，山肴供客未能嘉。從容杯勺交情熟，脱略衣冠坐次斜。威鳳偶然下郊棷，是日嘯山、海樓、韞齋、定甫俱自朝回。閒鷗元自傍溪沙。木君、白英時并閒居。卜鄰咫尺城灣路，不在南涯即北涯。

客散後獨看壁畫，五疊前韵

莫歎頭風眼復花，老成猶幸及乾嘉。秋聲暗送飆輪急，夜色頻移斗柄斜。對酒欲歌烏繞樹，停琴無語鴈横沙。青山只在愁眉外，杜句"故國愁眉外"。一墮煙江未有涯。

爲鮑華潭編修源深書食筍齋楹聯，因足成之

北窗聽雨添新竹，西舫煎茶就樂泉。曾住涪翁圖畫裏，回頭三十又三年。道光丁亥歲，余初居食筍齋，黄小田以舊圖爲贈。

石隱草堂菊數十盆，高下羅列，亦有致也，六疊前韵

移得豐臺老圃花，禪扉野色亦清嘉。街西廟市及天寧、長椿兩寺所致。朝風午日寒兼煖，小几明窗整復斜。便解杖頭呼美酒，渾忘門外走驚沙。長安米貴羞看汝，聞道雲帆轉海涯。上海漕船漸抵天津矣。

十月九日故人張石州生日也，與王子懷祀於顧祠，歸飲小齋，七疊前韵

雨後重尋九日花，拾遺況得伴王嘉。酒從東郭攜來便，山到西臺盡處斜。歎息故交存俎豆，摩挲陳簡出麻沙。與子懷互校《毛詩》鄭箋疑字。蒼松偃蹇工看客，應

笑吾生也有涯。

再贈子懷

去年致黃精,今年餉白酒。一食生毛羽,杜句:"三春溼黃精,一食生毛羽。"再飲滌塵垢。天寒木葉下,晚菊自重九。借問城東翁,淹留爲誰久。

吾　廬

吾廬雖小獨高潔，看盡鄰家十畝園。野服蒼髯古黃綺，闖然過我東南垣。姜家園多古柏。菊花滿地霜滿天，晴日透窗明且暄。禦冬得此老亦足，人境勞勞車馬喧。

草堂初冬用杜陵《西閣曝日》詩韵

幽洞藏飛雲,坐失毗盧閣。馬厩數弓地,芟薙出叢薄。閉目萬緣盡,居然阿練若。秋風幸未破,冬日猶可託。豈不憂暵乾,曝背利腰脚。近翫籬下花,遠招松際鶴。拄杖將曷從,往者不可作。慘澹冰雪天,擁罏話如昨。謂戒禪師。歲晚思舊游,閒居慣離索。且回江海心,一榻寄衰弱。

養　閒

冬日不知短,養閒惟小園。寥寥南窗下,但聞鳥雀喧。鳥聲一何樂,日氣一何暄。隨意展書册,勬則循籬樊。懷人偶得句,興來已忘言。人不必見戴,詩不必寄元。

姜春帆同年士冠將移居南園,喜得芳鄰,賦詩奉簡

城西白石翁,招隱呼孔賓。同年五十載,灌園今得鄰。自媿蒲柳姿,卧病逾五春。翁固矍鑠哉,解組猶濟人。君精醫理。近聞葺斯園,灑埽日以新。古柏助蒼翠,屋烏聲亦馴。鄰叟大歡喜,歲晚情益親。拄杖不用車,況遠街市塵。舊雨幾人在,落落星嚮晨。願叩靈蘭祕,起我龍鍾身。隔籬互取醉,盎然太古醇。京華各留滯,時事多艱辛。知翁有同好,不厭來往頻。

歲晏行用杜韵

歲云暮矣多北風,紙窗鐙火青熒中。蕭騷落葉天欲雪,起視殘月斜如弓。自

從秋旱麥未種,冬春糶盡傷春農。津門海艘犯寒至,歲漕豫籌軍饟空。蝮蛇在南豺虎北,飢鷹掠野驚飛鴻。朝廷久憫戰士苦,綸綍歷歷書功庸。輟畊但憂人佩犢,鑄幣安得山化銅。衰翁日飽太倉粟,故山滿眼塵土蒙。滄江青鎖夢寐在,憔悴羈旅甘所終。

䝼䜣亭後集卷十八

古今體詩五十一首己未

何子貞太史題宋拓《論坐帖》長句,次韵和之,并簡張詩舲司空

杜詩顔書非變法,譬之畫馬與畫鷹。風蹄霜翮氣盤鬱,健筆獨得誰師承。神明於法變則化,豈執一家爲準繩。詩書悉從至性出,能令百世聞風興。草堂自有連城璧,繭紙空賺枯寺僧。若無心得但形似,縱使具體非兼能。熟精文選寶棐几,有唐諸賢多足稱。風雅道衰鬥綺靡,金石力薄工楮繒。乃知絶詣由自致,螢弧豈必從人登。自從秦篆變漢隸,六書遺意猶可徵。渡江乃重衣帶帖,漸以姿媚銷觚棱。山陰堂奥有修竹,碑榜寥寥安所憑。韓公尚欲考石鼓,魯國詎肯隨曹滕。君謂顔書異王派,斯言甚大心不矜。源流細尋出二篆,筌蹄妙棄高千層。世人但知較雞鶩,夫孰能辨淄與澠。詩中兼及坡、谷書法。大書細字各有體,力出筆外神内凝。三稿字字挾悲憤,驚蛇赴壑猶纏藤。平生悔抱元和脚,餘照莫窺千福鐙。論坐一篇衆爭習,翻拓堆案來相仍。僉云蘭亭此後勁,君獨雄辨光四騰。北碑南帖派久别,肇經創論得未曾。見阮文達《北碑南帖論》及《坐位帖跋》。賴君發揮義更暢,拳拳奉持常在膺。力追險絶得平正,猿叟所歷皆崚嶒。偶爲居士一説法,此帖香南居士所藏。長歌醉墨傳友朋。我病呻吟讀詩史,如鑽故紙寒窗蠅。却因顔法悟杜律,藩籬墨守徒兢兢。君詩如書浩氣貫,挽强一發千鈞勝。猶爲憂時見顔色,北風搔髮松鬅鬙。老舲得詩更澆酒,天寒欲雪瓶已冰。昨詩舲招飲慈仁寺,與子貞論書及此。

附子貞作

顔公變法出新意,細筋入骨如秋鷹。東坡眼覷書勢破,魯國法匪山陰承。後人迷誤囿所見,傴迫附會從鈎繩。公乎有靈應大笑,南北殊派本代興。長史已傳十二意,漏痕釵脚聞素僧。典型雖云有前矩,浩氣獨出無同能。安師文家坐位稿,奇特首遇東坡稱。當時所見乃墨迹,先豐牒紙厚勝繒。後來安氏始入石,髯也定許聞登登。手搨數本書大進,清容是語宜有徵。妙哉肖神不肖貌,特標韵勝裹鋒棱。自出新意處不少,東坡自評。又從顔法謝依憑。忠義同符貫日月,楮豪爭長空薛滕。一可畏敬一可愛,或起頑懦或平矜。大節不奪乃不俗,涪叟語透千百層。顔蘇書意正如此,源同流異何淄澠。涪叟能言亦能踐,一

生困踣心堅凝。筆端縱逐雪堂厚,亦伸勁鐵蟠枯藤。自米趙來何瑣瑣,苦從棐几求傳鐙。千年此道遂晦昧,萬手成法相因仍。試看蘭亭兩派後,坐位覆刻方紛騰。得千錢本便可習,求一筆是夫誰曾。香南居士詩字格,於眉陽叟最服膺。因於顔行極戀嫪,想見胸次常崚嶒。我書汎濫不媁壹,居士許爲同志朋。近者涼風到亭院,特與破硯驅蚊蠅。獲窺珍祕怕臨仿,每一展觀生戰兢。顧念時艱盤錯甚,誰其健者擔荷勝。日染麝煤疲點默,年來鬢髮漸鬅鬙。學書不成真細事,感懷身世如春冰。

閒中拈句,適得子貞謝人送酒詩,即呈一笑

風塵少處便爲家,槐葉堆門竹徑斜。偶趁明窗看細字,頻添新水養殘花。愛閒尚有詩黏壁,消渴曾無雪煮茶。欲向猨翁求劍法,枯腸得酒已槎枒。"飛到江南雙巨甕,猨翁茗芋入新年",子貞句也。

子貞和詩四用"槎枒"字,抽思不窮,再疊二首報之

閒雲送客似還家,北嚮分明雁影斜。君自歷下還都,令弟子愚已移新居。門外人方車載酒,夢中我亦筆生花。頃贈佳筆。十年破壁留題字,曾爲敝廬篆楹聯。一紙新詩勝飲茶。劍閣浯溪豪氣在,從來姿媚笑槎枒。

高才大户兩詩家,往往聯吟到月斜。君與詩舲時有觴詠。虛室儘容無事客,寒窗猶剩未開花。雲山潑眼天將雪,文字搜腸酒抵茶。便折松枝問猿鶴,可能埽壁補槎枒。慈仁寺壁詩畫已再爲人卷去矣。

附子貞和作

故鄉南望尚無家,塵海還容破帽斜。濼社春添榆柳蔭,明湖秋老荻蘆花。吾廬乍到餘餐菊,子愚弟甫移新居。古寺清游費煮茶。兩載消磨文字債,肝腸非復舊槎枒。

相公輦下託浮家,世事如雲任整斜。剩有虛懷延白屋,何曾晚節負黃花。秋心暫寄茅柴酒,冬味全歸雪水茶。指日飛霙滿畿甸,西山掩盡樹槎枒。來詩望雪。

井西喬木是公家,美蔭街連上下斜。書律晚嫌新柳脚,論書篇有"平生悔抱元和脚"之句。詩懷寒對古梅花。續編諷詠如嘗蔗,雋旨咀含勝品茶。乍覺杜顔來捥底,破墻題句滿槎枒。

諫草堂詩

世傳平原三手稿,今見容城兩疏草。一諫開馬市,一劾嚴嵩。寒天小巷松筠庵,二十年來徑重埽。明楊忠愍公祠在宣武門外渣子橋,蓋即公故宅也。守僧導我謁公祠,祠後南堂乃新造。沈沈雪壁嵌墨玉,鐫刻精工位置好。憶昔衡湘奉使還,軺車春過

定興道。邑侯爲我指殘石，墻脚井闌字顛倒。商量築亭爲移置，喬木荒祠共相保。此稿聞藏公裔家，欲見無緣心竊禱。心泉自是好古僧，賴有張生助探討。心泉法名明基，道光丁未歲得疏稿於公裔。承澤細字塗乙，鈎刻頗難，有嘉興布衣張辛者力任其事，逾年而工竣。故宅重開諫草堂，穹碑不負石庵老。庵有劉文清公書碑。道州太史手作傳，片石足資後人考。子貞爲張受之傳敍鐫石，始末甚詳。我初爲卿貳駕部，歲祀曾來拜棼橑。向例兵部春秋致祭。彼時此稿未勒石，後向月齋觀墨寶。張石州曾以稿本示觀。乃知呵護有神力，精氣所結無壽夭。受之鐫字，甫就而卒。吾鄉先輩題壁處，椒山先生故宅，曹慕堂宗丞所題。古桑童童儼羽葆。後生瞻仰歲云莫，心力摧隤筆枯槁。東洲昨題坐位帖，投我長歌如贈縞。何以報之諫草篇，敢謂瓊瑶藉采繅。楊公書亦顔公亞，風骨棱棱氣浩浩。僧云此稿漸零落，收拾縹緗宜及早。即此初拓已可貴，石本流傳勝梨棗。安得吴生寫公像，冠英時寓庵中。附詩疏尾待品藻。乾坤浩蕩一草亭，載酒猶能散懷抱。不須健步移遠梅，雪後繁花點晴昊。

何白英觀察國琛屢貺和章，八疊前韵報之

一賦閒居抵種花，養親心事帝心嘉。茫茫宦海舟初泊，藹藹春暉日未斜。鄉國鱸肥思載酒，長安米貴欲量沙。懷人且看池邊樹，寒盡陽回似有涯。

挑鐙十一月初九夜大風作。

鐙影戰不定，移挑仍畏風。閉門簾撲地，欹枕瓦飛空。誰遣焚輪怒，吾哀裋褐窮。百年雙鬢雪，可得免飄蓬。

讀少陵《不歸》詩，慟懷六弟，遂和其韵

金陵事翻覆，何日拔孤城。汝骨幸猶在，吾心那得平。愁邊寒雁落，夢裏夕烽明。只恐燕臺老，相望送此生。

冬日午睡

遲眠早起午還睡，長短居然晝夜平。惟有凍蠅麾不去，紙窗憑仗一冬晴。

買　琴

客居大不易，百物坐騰踴。典衣换一琴，得毋失輕重。老病厭翰墨，時艱積憂恐。焦桐吾所好，敝裘安足擁。家人憐我迂，聽言汝應聳。吾祖寶琴劍，手澤

後人捧。吾少猶及見，挂壁神爲竦。遺音幸未墜，舊夢天風湧。先大父歸自成均，得一琴一劍。劍藏世父福亭公家，琴則族姪培元能傳其法，嘗爲余作《洞庭秋思》，有危峰轉石、一落千丈之勢。往與田季高池籥亭輩，文章備供奉。從容黴軫間，一官容散冗。中年哀樂多，人事日倥偬。此意久寥落，疇能理而董。近者汀州守，李竹朋善琴。急流退亦勇。觸我山海思，牢愁破萬種。此琴百年物，康熙三十七年八月造。解阜想垂拱。回瞻太行雲，松柏鬱先壟。餘生藉消遣，靜坐滌煩壅。因思書畫痴，珍弆勝圭珙。楚弓互得失，何物足矜寵。達者忘其機，至人息以踵。解識弦外音，風幡空自動。

附《含熙琴銘》

衆人熙熙，如登春臺。我獨泊兮，嬰兒未孩*。孰爲槁木，孰爲死灰。揮之不去，招之不來。空山無人，水流花開。明月入户，無心可猜。庶幾似之，奚以名哉。

即事遣懷

地煖花藏窖，天寒樹著衣。以草裹樹。物情各有託，吾力亦何微。江海風濤壯，郊原雨雪稀。老農誰似汝，一飽閉荆扉。

謝子鶴饋酒，四疊前韻

醇醪已許醉君家，又送槐街小徑斜。鄰叟正誇雙巨甕，子貞謝人送酒詩有"飛到江南雙巨甕，猿翁茗艼入新年"之句。吾廬猶剩數叢花。借籌江海能生粟，君初還自津門，聞海漕已收十萬餘石。覓句谿山但品茶。用東坡《和錢安道寄惠建茶》詩意。難得消寒有佳客，敢將枯筆鬥槎枒。頃約張詩舲、何子貞與潘陳兩家昆弟集松筠庵，時子貞、季玉皆甫來都也。

再疊《九日》韻，贈陳服籽觀察晉恩

兩年謝墅艷荆花，翦燭聯吟亦孔嘉。遥望雲帆來渤海，舊聞露冕歷褒斜。對牀自有書連屋，退食還看筆畫沙。老我閒居偏獨酌，馬頭明月即天涯。

月下獨步

青天萬里無片雲，涼月滿地白紛紛，人聲柝聲兩不聞。惟有夫巢老烏鵲，飢鳴繞樹求其群。

---

* 祁寯藻在此二句旁有注云："(泊)怕，舊本從忄；(嬰)孆，從孑。"

子貞因觀周芝臺協揆所藏宋拓閣帖，復次韵於王顏書派，大暢厥辭，自謂唐突山陰，實則真知魯國者也。不能再和，聊獻小詩，以博一笑

石鼓歌成衆論排，俗書焉敢望梯階。太清殘本吾滋媿，欲换觀齋作魯齋。頃乞書"觀齋"額，蓋因得宋拓《大觀》殘本而名也。

讀杜詩

兒童怪翁讀詩聲，如泣如訴胡不平。翁言讀詩如讀史，能令人悲令人喜。喜時較少悲時多，少壯幾時奈老何。手把一編浣花集，窗外颼颼朔風急。二十年前斫地歌，而今剩得青衫溼。爾曹讀詩日正長，前有漢魏後有唐。韓碑柳雅足千古，且勿呻吟學老杜。

張南山維屏《藝談録》題後

堪笑乾坤一腐儒，不騎朝馬不江湖。尋常風月無奇思，也入南山摘句圖。南山，番禺老詩人也，與余素不識。程春海嘗爲言之，摘句云："萬里大風吹垢去，九霄明月入秋多。"

戲贈草堂前三穉柏

新竹蕭疏已不多，階前穉柏更婆娑。似聞檟木三年大，黛色霜皮奈爾何。

崇效寺寫花詩卷爲駕航侍御題

西來閣下丁香老，曾見王朱詩句好。不有蘇齋題數行，前賢遺蹟誰能道。當日從游凡八人，賦詩爭欲留殘春。至今詩卷落何處，片石能駐花精神。蓮華博士來何暮，憶舊還成好詩句。手植海棠紅兩株，要與丁香同愛護。看花又得孫侍御，爲結詩緣寫花趣。青松紅杏圖並傳，二百年來添掌故。折枝贈客花有情，蝴蝶追飛曾入城。因君却憶春陰館，一段生綃畫不成。三十年前蘭雪先生飲余澄懷直廬，有"臨行折贈最繁枝，蝴蝶追飛入城去"之句。

陳服籽子鶴昆弟招同張詩舲、何子貞、王嘯山、梁海樓諸君子集豫章别墅，即席述懷十一月二十一日

君家聽雨聯吟地，吾輩消寒把酒時。喬木於今成别墅，名賢隨處有鄉祠。别墅在謝文節公祠側。曾陪太乙舟中客，猶記滕王閣下詩。鐙燭滿筵拚盡醉，白頭難

得舊相知。

和子貞《西谿圖》詩爲詩舲題“西谿”，天瓶居士舊莊在焉。

三年存雪亭邊影，飛落澄江千萬頃。扁舟一繫野梅莊，九里洲花春雨香。庚子歲自江陰奉使浙閩。至今富春江上樹，殘月隨人夢飛度。老猨開口吐天葩，酒酣招我西谿花。西谿居士雲間屋，舊畫新題幾回讀。秋風蒓鱸香滿船，玉笛一聲吹上天。風塵莽莽人間世，浮雲無根花有蒂。燕臺雪花見恨晚，城南咫尺天涯遠。猿鶴一笑償舊諾，酒杯只宜此中著。忽然長嘯伸臂指，奇句縱横滿都市。可憐同住銀灣橋，花街日莫風蕭蕭。千枝萬枝何處雪，亂撲紙窗生煖熱。借園子貞題吾廬曰“借園”。也有梅花圖，曾賜仇十洲《梅花書屋圖》。惆悵今吾非故吾。勸君擲筆但飲酒，一年幾日開笑口。君不見舊游到處成蒼落，西谿老花年年開。頃過我飲酒作書，抵莫乃去。

子鶴示和子貞謝酒之作，次答并簡子貞

雙甕緘封一笑開，開時舊雨忽飛來。眼空祕閣千金帖，心醉西谿萬樹梅。子貞近題閣帖并《西谿圖》。仲舉猶能懸榻待，孔賓敢戀故山回。與君坐聽猨翁嘯，老却登高作賦才。

沈雲巢同年兆澐寄示《重游泮水》詩二章，時初由晉臬遷浙藩，次韵并賀

一賦黄華筆有神，三秋晚節勝三春。君詩有“佳識黄華香耐久”之句。當官不改青衿素，愛士無遺白屋貧。東魯詩存芹藻化，西河感到篠驂人。笙簧迭奏今伊始，可許同年望後塵。計庚午重宴鹿鳴之歲，距今僅十年耳。

恒霍雲高仰嶽神，樞榆地瘠轉陽春。民歌召伯長留蔭，德比韓宣敢賀貧。游詠尚思童冠日，屏藩今屬老成人。迎年恰釀屠蘇酒，好待軺車爲洗塵。

讀　書

讀書不求解，偶解亦非要。高談出榛蕪，微義墮奥窔。空抱詠懷詩，不聞蘇門嘯。君看沈醉人，醉語先自笑。

冬至前二日早起見雪得二絶句

平明策杖眺層陰，已有寒鴉集滿林。雲不亂飛風不動，一時和氣見天心。

龍公試手惱人看,灑地飛空不作團。但使門前深一尺,未妨高卧任袁安。

潘季玉曾瑋《横塘泛月圖》

萬頃烟波一葦輕,回頭月是故鄉明。鯨呿鼇擲都經過,看取中流自在行。

瓊樓玉宇本高寒,水調歌成客倚欄。笑我廿年尋舊夢,馬頭空有月團團。昌黎《題壽陽驛》詩意。

再題季玉《秋宵話别圖》

家山縹緲在愁眉,别後翻如未别時。江上何人夜吹笛,孤帆落日有新詞。君著有《玉洤詩》。

六載銷磨衣上塵,春明舊夢畫圖新。對牀翦燭還同看,惆悵茱萸插鬢人。星齋、紱庭兩兄先來都。

題吴子重偶《春水歸帆圖》,仍疊子貞己酉歲韵

吴君招我諫草堂,初識東洲手題(篆)〔篆〕。又從塵海得緑天,要與蕉庵補楣匾。古趣香留畫舫齋,清談妙入佛場選。是日爲心泉方丈作書,并觀所藏書畫。東洲山人偕客至,子貞與李竹朋後至。入坐但見飛觴轉。眼中忽來江上帆,贈别長言意何腆。蓉城久旅念顑頷,申浦離心逐游衍。石洲詩中及余視學江南并使閩中事。當時瓦壽軒中句,曾共石翁祝履戩。曾用此韵和子貞《延年益壽瓦》詩。我老仍歌雨雪霏,己酉冬奉使蘭州。君歸剩有春衣典。十年聚散只如夢,萬事紛紜不可翦。亦知生面筆難開,君數爲余寫真。差幸壓頭冠已免。猿吟鶴唳自酬答,醉倒不須相勸勉。江心炬火照千里,何處篷窗睡安宴。燕臺小住客休去,吴市舊交誰最善。詩成還憶耐寒翁,萬樹梅花一簾卷。昨爲胡芑香題《耐寒圖》寄吴中。

子貞和諫草堂詩,疊韵奉酬

打門日日飛詩稿,得意疾書不暇草。峨眉瓦屋玉井蓮,萬里曾看筆横掃。君有《游峨眉瓦屋》《由蜀入秦》諸詩。乾坤清氣良難得,亦賴精研獨深造。惜哉經緯世罕識,識者但誇詩句好。邇來乘興窮海岱,猶説山猨思棧道。宦情鄉夢兩茫然,往往悲歌百壺倒。自從軍興饋饟亟,戰壘連天雜團保。輸將奔走群力奮,宵旰憂勤一心禱。故國敢論松徑荒,歸舟忍向蒓羹討。書生才力苦無補,我病久衰君亦老。椒山故宅樹猶在,亭林新祠碑可考。兩封諫疏壽片石,雙馬載書存一橑。前賢遺跡有餘慕,晚節流光期共寶。布衣鐵筆神所佑,受之。月齋

木主天不夭。石洲。何況忠義昭日星,必有精靈擁麾葆。瞢騰塵海一庵靜,凜冽朔風百物槁。安得鬱攸避滕六,赤虯化作玉龍縞。坐看和氣吹葭灰,默識馨香達圭繅。時大高殿祈雪。謫仙仙才釣鼇客,拂衣歸來氣深浩。平生交游嗟澌盡,晚歲唱酬恨不早。南望空懷九畹蘭,東還且食安期棗。君明年仍還歷下。猶憐破壁灑新墨,欲和長歌慙速藻。借園寒趣君不厭,小景點綴閒襟抱。但求題句莫驚人,搔首無煩問蒼昊。

附子貞和諫草堂詩

軍興十年竭芻稿,萬落千村長荒草。惟有忠臣孝子心,照耀人天光不埽。城西古寺亭林祠,重光單閼我新造。十七年來祀事肅,群藉敬恭申宴好。壽陽相國人倫宗,謂此振興關聖道。春秋主灌每夙臨,天下學人盡傾倒。榨子橋邊喬木拱,椒山故廬天護保。改作招提奠神像,但有虔祀無賽禱。松筠庵字知誰題,可惜胡劉未詳討。碑爲雲坡尚書撰文,石庵相國書。壽陽罷政已七載,日下典型成國老。濟時群彥廣延問,古賢遺跡勤蒐攷。驅車忽憩古桑下,古桑傳爲椒山先生手植。喜見南堂新楝橑。摩挲石版重驚歎,疏稿遂爲千歲寶。張生固是芝鶴流,附此垂名不爲夭。小子裴徊楊顧祠,皆與飾荒翦蓬葆。計從入蜀烽烟生,未免憂時鬢髮槁。頻年游迹浪江海,多媿賢侯紛紵縞。先生撝獎尤過情,頑璞何堪藉文繅。屢陪高宴出激昂,氣與前賢通渾浩。農曹鬱攸有天警,太息燎原撲不早。時事無由淨荆棘,小言何暇謀梨棗。諫草堂前有叢竹,白月照之成荇藻。主人送客一客留,同參畫禪證詩抱。客散後與先生茶話於冠英畫室。願韜月色化雲陰,快覩祥霙沛蒼昊。

飲酒莫吟詩三章

老來飲酒莫吟詩,詩成那有睡眠時,更漏盡矣雞號遲。不如飲酒能送老,無冬無夏無昏曉,夢中寬大人間小。
愁來飲酒莫吟詩,詩成無復解顏時,鴻雁飛矣戎馬馳。不如飲酒能遣愁,無晝無夜無春秋,壺中快樂人間憂。
客來飲酒莫吟詩,詩成又是別離時,歲云莫矣何所之。不如飲酒能留客,且永今朝永今夕,故鄉可比他鄉適。

驪珠曲贈王定甫,即題《龍壁山房詩稿》後

客從金閶來,顧我城西隅。袖中明月輝,知有驪龍珠。驪龍睡碧海,抱珠誰人采。自非漢皋仙,按劍或相待。聞道蓬萊宮,珊網珠簾櫳。殿前奏銀管,門外

嘶青驄。青驄繫影千垂楊，群鵶驚散列炬光。龍門梧桐高百尺，一鳴忽來孤鳳皇。鳳皇鳴，鳴不已，梧桐只在朝陽裏。驄馬雖瘦行步工，驪龍抱珠可以起。定甫時以户曹記名御史。

草堂睡起似有雪意十二月十一日

草堂即漁舟，篷窗横岸頭。仰卧不見地，但見江水拍天流。天水空一色，蕭條不可極。層陰千里來，中有歸飛翼。歸飛向何處，水國足鷗鷺。我欲乘風從之歸，坐釣寒江看雪飛。

恭詠御賜《平定回疆圖》二首

憶昔宣廟初建阼，萬方坦蕩遵道路。天山南北二萬里，六十餘年罷征戍。回疆戡定威德在，吏不苛察民安作。地大物博無不有，外攘紛紜内純固。猰㺄遺種竄荒草，竟爾跳梁挾狐兔。負罪難容仁網恢，綏邊終藉王師怒。五戰五捷四城克，雪嶺春風馳露布。天狼一墮天門開，收斂雷霆出韶濩。爾公爾侯諸將士，酬庸錫賚恩無數。至今紫光像贊外，戰圖亦有風雲護。十全大功天所付，千載一時難再遇。虞階干羽紹堯勳，江漢濯征安足慕。

憶昔南齋筆初橐，宫中聖人運方略。帷幄謀謨有魏邴，指麾行陣多褒鄂。回疆再定不踰歲，埽穴擒渠風卷籜。當日春殿聞傳呼，紫霄親見欃槍落。須臾萬里捷書至，宣示千官帝歌作。臣向校書臣瓚注，授簡悚惶才力薄。仰窺黄屋宵旰憂，側聽玉闕鐃鼓樂。功成繪事非鋪張，安不忘危思負託。此圖頒賜多貴近，天上雙龍守扃鑰。小臣里居澤下逮，至今感涕夢驚愕。鼎湖雲去天寥廓，糾縵光華緬如昨。退筆空書淮蔡碑，白頭回望麒麟閣。

御賜《平定回疆圖》跋

右圖十幅，道光八年歲在戊子，宣宗成皇帝平定回疆，馘擒逆裔張格爾紀功所作也。每圖上方聖製詩，乃己丑歲御筆補題。戰圖八，受俘、凱宴圖各一。張格爾者，逆回布拉呢敦之孫，薩木薩克之子。其先大小和卓木爲北部準噶爾所擄，乾隆間大兵克準部，定伊犁，釋歸故土，俾奉職貢，尋以衆叛，討之。布拉呢敦走死，其弟霍集占爲卡外諸部擒戮獻其尸，回疆底平，設官統制，民商錯處，歲久無事。而内地奸回以張格爾爲和卓木後裔，藉名苛斂，潛相糾煽。參贊諸臣亦或狃於恬嬉，不能思患豫防，遂爲所乘，據我四城，戕我大吏。幸阿克蘇官軍扼渾河以拒之，不敢狡逞。於是命長齡爲揚威將軍，楊遇春、武隆阿、楊芳先後爲參贊大臣，整旅徂征，時丁亥歲二月也。廟算既定，師克以和，五戰而五捷，遂拔葉爾羌，下英吉沙爾，克喀什噶爾，收和闐近城。回莊聞風内向，簞壺塞路，咸慶更生。是年十二月，楊芳出卡窮追，遂獲張格爾於喀爾鐵蓋山，明年俘致闕下。恩綸大沛，封長齡爲威勇公，楊芳爲果勇侯，其餘將士遷擢錫賚有差，繪功臣像於紫光閣，告成太學，勒石紀事。於是聖心穆然，儼若有思，曰："惟天惟祖宗所以警朕躬、戒子孫者，庶幾在斯，敢弗祗承，以昭示來許。"爰命製圖，頒賜中外，藏之祕府，俾天下後世知創垂之艱難，撫馭之不易。大哉！聖人之情，懸象著明，兢兢業業，禹鼎湯銘，合符同揆已。臣昔供職内廷，日瞻宸翰，回疆方略，始末粗知。每奉敕有所撰擬，仰邀鑒定。斯圖刊成，臣適以省親回籍，特蒙恩賜，洵異數也。比年衰病閒居，發篋捧觀，感激涕零。重加裝整，屬江寧優貢生端木埰恭書《聖製戰圖補詠序》，冠諸簡端，詩注録於圖左，命臣子世長、臣孫彭年，永永寶之。咸豐九年歲次己未冬至日，光禄大夫、太子太保、致仕大學士、前南書房翰林、軍機大臣臣祁寯藻拜手稽首恭跋。

誦太白《在水軍宴贈幕府諸侍御》詩有感和之

北海有巨魚，化爲鵬負天。天風吹之下，鷗鷺同一川。本無軒冕心，浩蕩任所遷。大盜忽移國，長安愁日邊。欲往箭滿眼，夢墮香罏烟。時危異人出，幕府紛求賢。方其擁篲迎，霜臺奉旌旃。揮金獨不顧，舞劍蛟夾船。捐軀誓滅賊，氣淩蓬島仙。已褫老濞魄，復覩中興年。我讀水宴詩，淚落如湧泉。蹈海羞帝秦，匕首思開燕。高名衆所嫉，織此貝錦篇。世無郭汾陽，好爵誰忍捐。何時蜀道平，梯棧天鈎連。

鄰猫來歌

鄰猫來，毛如猬，骨如柴，面目慘沮神氣摧，碩鼠碩鼠鬧若雷。我几無肉缶無粟，篋中剩有書數堆，夜夜爲汝雙眸開。鄰猫來，胡爲哉，時不遇兮猫爲鼠，法不行兮鼠變虎。爾鼠雖强我猫弱，一怒猶能禦彼侮。淮陰乞食出胯下，得志羞與噲等伍。毛遂囊錐手按劍，因人碌碌奚足數。古來抑塞磊落之奇材，一旦遭逢知報主。君不見段家鄰猫來捕鼠，蔣侯作詩用心苦。䙌䛌翁，睡當午。詩入眼，笑捧肚。我有一言爲君語，自秋及冬天不雨。我田幸匪石，春來猶思藝稷黍。猫乎猫乎汝其努力食田鼠，慎勿噬我䫋頏能言之鸚鵡。

訒庵饋水仙花且餉以長歌，次韵謝之

我家花市西頭多好花，年年臘日招我姚魏家。人間富貴三薰而三沐，何如淩波仙子珊珊來水涯。徐生少年青雲客，下榻爲我留京華。荒園半畝但有柏與竹,垂老種此所望毋乃奢。朝吟莫醉待汝到百尺,東方之日亦應終古無西斜。回頭見花忽一笑,瓦盆已茁銀蒜芽。雖無青絲步障紅錦幔,閒情一賦白(壁)〔璧〕無微瑕。朔風吹雪欲下不得下,空谷歲晚心匪遐。只愁老筆不花何以報,枯腸得酒無復詩槎枒。

以東坡《歸去來辭集字》詩題淵明像

賦詩飲酒皆餘事,曾見桃花洞口開。漁父不知何處去,東坡豈是後身來。百篇和盡猶嫌少,一醉醒時轉自猜。爲問先生緣底樂,閒中有味是無才。

思雪假寐嘉平望日

早起焚香若有思,雪花點點欲催詩。火輪飛出同雲散,又是南窗夢覺時。

三壇祈雪辭并引

惟九年秋八月不雨,至於冬十有二月,上以農田待澤孔殷,宵旰焦思,爰諏於二十有一日丙辰虔舉三壇祈雪之典,命恭親王等詣天神壇、地祇壇、太歲壇肅將祀事。是日,上躬詣大高殿時應宫擄誠叩禱,復命惠親王等分詣宣仁廟、凝和廟、昭顯廟拈香。臣寯藻退老閒居,恭讀諭旨,感激悚惕,謹擬《祈雪辭》三章。誠知鄙陋不足備樂府采擇,庶幾竊坿於衢叟擊壤之義云爾。其辭曰:

嗚呼,上天不雨兮自秋徂冬,秋種弗及兮冬澤曷窮。其雪其雪兮忽爲飄風,我欲攀雲兮風不我從。嗚呼,風伯兮匪不仁,嘘我枯朽兮澤我陽春。我將曷告兮告我天神。

嗚呼,上天不雨兮歲不我與,冬日云莫兮春事曷補。其雪其雪兮雲爲風阻,我欲訴風兮鬱攸且怒。嗚呼,雨師兮匪不慈,反風滅火兮澤及我私。我將曷叩兮叩我地祇。

嗚呼,上天不雨兮役車未休,歲事弗康兮豈惟民憂。刑曷以清兮粟曷以周,近日奉旨清理庶獄,發粟五城粥廠,加賑窮民。我欲呼天兮恐作神羞。嗚呼,神祇兮匪不惠,享于克誠兮除我菑沴。我將曷哀兮哀我太歲。

歲莫贈心泉,并簡冠英

不到松筠二十年,今年玉版許參禪。偶過勝地成三笑,難得清談接兩賢。山寺能消食筍債,春游或結看花緣。心泉西山所居曰消債寺,花木幽秀。飛鴻指爪多陳迹,記取城南欲雪天。

食筍不食筍齋歌,即送子貞還歷下子貞爲書齋額。

昔我澄懷園,借居食筍齋。黃石仙人已歸去,門前竹徑成蒼苔。舊竹筍老不忍食,新竹筍瘦食不得。可憐空有高齋名,蝨簡餘債愁平生。老來偃仰破茅屋,眼飽幾竿食無肉。東洲猨叟來坐嘯,醉墨滿墻灑新緑。食筍不食筍,問爾餲飢翁。鄰園寒趣尚可惜,何必胸填千畝家有千户封。飲君酒,送君去。明湖濼社春筍生,歲晚扁舟向何處。

豐臺送晚菊六束,分貽子晴、詡庵,詩以言志

臘雪不到地,看花使人愁。豐臺藝花翁,荷擔將焉求。翁言無所求,念此數叢菊。雖乏好顔色,幸不辱熏沐。豈無非時花,粲爛雲錦張。天工出人爲,羞上君子堂。蕭蕭傲霜枝,持以奉君子。知君重憔悴,憔悴誰爲理。翁意一何厚,相知良獨難。媿爾晚節香,落英不忍餐。猶有素心人,舉觴同歲寒。

盼雪十二月二十六日

臘盡春將轉,風微雪欲成。居然鋪地白,忽爾放天晴。斜日澹無色,暮鴉寒有聲。今宵休秉燭,坐待紙窗明。

次韵詡庵《喜雪》二十八日

望雲連日幾晴陰,曉見飛花雪點林。壇殿馨香天降鑒,岱宗感應聖傳心。三壇既祀,復頒藏香泰山致禱。嘉慶年間禱雨泰山,聖製《岱宗感應記》。迎春麥隴膏頻沃,獻歲椒盤酒已斟。小几明窗來好句,便思松徑共招尋。

歲杪題蔣霞舫詩稿後

老境又除歲,冷吟今幾年。交游投贈句,撿點再三編。比歲相知贈詩積三四册。日短將閒補,詩多因病傳。還憑一鴟酒,相約醉春天。

歲除前夕觀齋置酒,與子晴、詡庵、硯鄰、夢巖、心園諸君子祭詩餞歲,示子世長、姪孫友直、友麟

坡公生日後,島佛祭詩先。四舉消寒酒,三吟望雪篇。留賓小除夕,餞歲大寒

天。是日節屆大寒。老至思勤學，臨風媿昔賢。壁懸前賢像，仍去年故事。

除日叔和生日，宫燭一雙爲壽，媵以二小詩，聊當酒一壺也

去年贈我祭詩圖，今歲將詩抵酒壺。送去一鴟君莫笑，來春相就醉屠蘇。

一雙宫燭翦盤花，來自姚黄魏紫家。顧我衰顔知不稱，畫屏合照玉鴉叉。

子懷侍郎昨惠珍羞，頃復過訪草堂，留飲贈句

送老一茅屋，爲君三徑開。天寒歲云暮，舊雨幾人來。雪意蒼茫問，春光荏苒催。盤飧媿疏薄，衰鬢且銜杯。

竹浪軒圖

妙手鴻臚爲寫真，江郎畫筆亦殊倫。黄山山麓軒亭在，看竹還思問主人。禹慎齋之鼎寫照，其題句云"黄山山麓有江君"，又云"主人彩筆自風流，更倩人傳瀟灑傑"，似布景即出江君手，非禹筆也。江君不知其名，蓋徽州人。

峰泖圖

九峰三泖我思存，曾放扁舟把酒尊。爭向畫禪乞餘瀋，風流誰似石田孫。沈子居士充寫。子居乃石田之孫，王石谷所師資者。

吾家季聞除日攜書畫過我同觀，偶記二絶句於後。又黄癭瓢香、李右璜景琮寫生合册，高西園鳳翰、釋豸虚明中山水各一册，皆有别趣，石庵書蘇詩亦真蹟也。并記。

九九消寒圖并引

此道光初年懋勤殿奉勑雙鉤本也，題曰"管城春滿"。南齋翰林按日填廓，一畫之間細注陰晴風雪，皆以空白成文，工緻絶倫。每歲相沿，遂爲故事。自甲寅冬至後，寯藻以老病致仕，五閱冬春，追憶手摹，用紀感遇。江陰吴子更爲縮臨此本，冠於《消寒》卷首。雖衰朽之姿，望秋先悴，而向陽之草，得春尚榮。從此九九題詩，年年點筆，長在和風煖日中矣。咸豐九年歲次己未穀日雪後謹記。

不須梅蕚鬥芳妍，柳色分明在眼前。九字天題留故事，一時風景樂新年。管城花發濃如錦，香案詩成艷若仙。今日白頭吟望處，春光羞上彩豪顛。

䜱䜴亭後集卷十九

古今體詩六十四首庚申

除夕翁邃盦相國見和《鄰園老樹二首》,并示《微雪和東坡韵》一篇,元日次謝述懷

禁城東出隄擁沙,近市有宅鄰官衙。自從養疴謝朝政,老圃無地吟黄花。雰雰雨雪夢未了,憂國久已忘其家。公宅在城南横街,以職事繁重,賃屋城中獨居已數載矣。槐街病叟更憔悴,五載卧聽城頭鴉。朔風吹雪欺鬢髮,不肯散作瓊林葩。公詩示我祭詩日,快若頭垢遭梳爬。清虚堂中一翹首,寒味已領鬅蘇茶。仍依老樹誦新句,却幸閉門無客撾。密雲在郊鴻在澤,歲莫對酒三歎嗟。報章犄成斗移柄,城東爆竹催曉霞。

附翁作

月離于畢風揚沙,役車其休吏放衙。已經三壇薦瑄璧,未覩六出霏瑶花。屯膏久廑九重慮,待澤奚止千萬家。連朝同雲作意釀,先噤凍雀喧飢鴉。宵來屋角定風響,曉看林表明天葩。龍公試手尚艱澀,有類郭索沙中爬。瓦溝半甕鸜啄粒,石鼎初瀹龍團茶。不知庭院積幾許,但覺街鼓微停撾。似聞郊圻猶旱暵,那免皇舞仍吁嗟。浮嵐斂空山又睡,杲杲寒日升朝霞。

新年口號

閏月逢春月,新年勝舊年。春應爲花駐,月亦向人圓。老得詩中味,閒消物外緣。但求天雨粟,無事且陶然。

邃盦相國疊《微雪》韵見酬,并惠福橘,再和申謝

賀春車馬風走沙,僵卧不知官散衙。連篇珠玉落懷袖,使我枯筆重生花。蕭騷白髮兩病叟,浩蕩塵海同浮家。剩有寒窗伴書蠹,更無列炬驚林鴉。楚山猨公長嘯去,狂詞震耳猶滂葩。法華山人笑拈指,技癢時時煩一爬。去冬與詩舲、子貞兩君數有唱和。新年閒趣那易得,霜橘沁脾勝雪茶。郢曲彌高和益寡,況我鼓

衰難再撾。圍棋終望謝安石,佩玖欲歌留子嗟。且看瑶階列瓊樹,爲公洗琖斟流霞。

附翁疊韵

雪鴻陳迹風平沙,常參朝衙復晚衙。三年牙籌領計簿,五夜椽燭燒高花。爾來一病卧半載,如游天上初還家。頭風椝珊學舞鶴,手棘瑟縮書塗鴉。和章忽枉報瓊玖,風格高壓瑶林葩。朔風欺鬢句奇崛,險韵筆力工搜爬。玉堂對直如夢寐,真味記啜頭綱茶。槐街地僻車馬少,侲童隊喧儺鼓撾。公心後樂肯獨樂,能不撫序興微嗟。詩成傳送回玉琯,春韶喜氣開雲霞。

人日之夜夢抱琴坐空山磐石上,得操四句,未了而覺風水泠泠聲猶在耳也,秉燭記之

山得雲而影,松不風而聲。飛泉去杳然,月亦隨之行。

贈水仙花

碎石匀圓襯淺沙,疏疏矮葉出高花。玉盤金琖神仙格,誤落人間富貴家。

代水仙花答

細筆如錐也畫沙,深閨對鏡只簪花。自慙冷艷非春色,不見姚家與魏家。

題遂盦相國《藥洲訪石》第二圖戴鹿牀侍郎作。三疊《微雪和東坡韵》

千年詩石淪海沙,精曜上燭星使衙。一朝驪龍出鱗爪,噴躍珠氣飛劍花。滿船書畫落仙掌,金石箸録成一家。蘇齋句:"不知老榕脚下字,後來誰則代我摹。"至今支機亘銀漢,槎客尚識靈橋鴉。此石公與夫人指麾得之。扶輿清氣有鬱積,老榕豈必無新葩。阮公揅經公訪石,瑰奇錯落歸搜爬。曩歲初題藥洲卷,庚寅歲題前圖。樂泉閒試柏葉茶。一從焚輪鬥雷電,羊城仙去鑾鼓撾。米顛袖藏縱無恙,坡老萍挂能勿嗟。每依北斗望南斗,碧海蜃閣多烟霞。

附翁再疊韵

先生詩筆錐畫沙,驅使屈宋欲作衙。用山谷詩句。草堂人日誦新句,滿枝未見開梅花。鐫鑱造化斡元氣,春信先到詩翁家。軒軒清迴閬苑鶴,皎皎騰翥榑桑鴉。楚山猨公稱勍敵,斂手退舍驚奇葩。法華山人蚤聞道,背癢時遣麻姑爬。汗流籍湜各走避,旗槍且鬥盧仝

茶。追奔三周華不注,登高憑軾鼓尚撾。更傳吉語到賭墅,笑折屐齒兒童嗟。宵來扶杖祝參昴,淨埽寥廓明江霞。

寶坻李樸園年丈光庭八十七歲得子,詩舲尚書以賀詩見示,次韻一笑,並呈樸翁

麟兒德報不須嗤,小説虞初今始知。世傳《麟兒報》小説爲老年得子佳話。請看一時真率會,更添九秩弄璋詩。蘭芽疊茁徵佳夢,桂樹重攀得好枝。樸翁已於乙卯歲重宴鹿鳴。只許仙人老張果,頡頏紫氣對銜卮。

何白英國琛示和沙字韻詩,元夕閒居,四疊奉酬

師勞饟絀籌量沙,仰屋同坐農官衙。噫余老病子歸養,無心又對長安花。昨歲送子初出守,門閭倚望難移家。豈無鶚薦鶴聲聞,返哺不及巢林鴉。春風一吹膏露渥,諼草垂蔭蘭吐葩。爾來循陔補笙奏,紛綸詩義歸疏爬。回頭海潮隔鄉國,時議尚急鹽漕茶。游子衣塵慈母線,清夢未斷鼙鼓撾。近市卜鄰且相慰,無田負米奚用嗟。君不見鐙火滿城月三五,壽觴中有天臺霞。

寄酬朝鮮李藕船尚迪

東國名流申紫霞,論詩一卷海天涯。若非收入藕船館,安得載來星使槎。西笑懷人傳好句,五年卧病滯京華。夢觀恰破觀齋夢,對鏡銜杯細品茶。

藕船,朝鮮詩人也,自號海鄰居士,所居曰藕船溪館。今附貢使寄來申紫霞緯《論詩絶句》一卷,李石老廷柱《夢觀詩稿》三卷,自箸《西笑編》一卷,中有問訊老夫之作,又寄苔箋、日本銅鏡、漆盌、山茶數事。余與藕船素未謀面,去年奉使來都,王少鶴户部以其詩《文恩誦堂集》并唱酬句見示,偶和一律。藕船見之,遂有知己之感,託少鶴致詩爲别,并以尊翁稷《天籟詩稿》四卷見貽。頃復遠道拳拳,介韓齋孔君將意,賦此寄答,韓齋當爲達之也。庚申歲上元後三日記。

附藕船作《平淮西碑》刻於聞喜縣裴晉公祠,非昌黎廟也,藕船誤記。

西笑槐街問起居,歲寒鬒髮更何如。韓碑留刻昌黎廟,宋字翻雕洨長書。春間承賜手書韓文公廟《平淮西碑》拓本及校刊影宋抄本《説文繫傳》。憑弔林邱人去後,閒酬酒户客來初。王君少鶴見迪"酒户書城"之句,足成一律,公次其韵贈之,自注有推許申紫霞侍郎"世隱林邱"一聯之語,而侍郎已游道山矣。䙝飢副墨如分得,强似平生讀五車。

次和邃盦相國《謝詩舲尚書餽粉餈》,用東坡《贈段屯田》韻

每覯坡谷詩,次韻幾及半。源流出國風,一唱再三歎。高誼互投報,深情謝嘲翫。以彼萬斛泉,珠璣觸地散。豈如招舟子,褰裳必待伴。苹蒿鹿呼群,風雨雞鳴旦。乃知同聲應,前賢有成案。才大心轉虛,絲棼治不亂。聆君白雪歌,晞髮已五盥。《微雪》韵已五疊矣。焦明鶵寥廓,駑駕一何緩。復誦饋歲篇,坡谷兩融貫。品茶習苦硬,題餻就甘慣。想見老舲笑,添酒費鑪炭。槐街有嘉客,坐我春陰館。開緘遞傳觀,斗室風驟煖。白頭媿彩筆,更望三英粲。是日林穎叔、何白英、王少鶴在坐,約共攀和。

附翁作

涉春日方三,新歲月已半。團欒符吉語,節序動咨歎。衰齡耆飲食,餔啜聊自翫。炊糜任浮沈,抄飯感聚散。樗材天所棄,藥裹近相伴。鐃鼓喧比鄰,爆竹聲達旦。尚書餽粉餈,璀璨堆几案。春磨真味出,圓轉春鐙亂。馨香鼻先通,摶挖手屢盥。老饕食指動,咀嚼不容緩。沸湯雪浪翻,盛盌珠光貫。果餡别酸鹹,酒杯欺淺慣。滑甘便牛呞,和煦減獸炭。養疴乏安巢,高誼等適館。茵陳土膏融,幡勝協風煖。明日正辛祈,庶望飽白粲。

次和定甫長至日招集松筠庵見贈之作

梅花偏向鬢毛催,又見春從玉琯回。招客且傾愁外酒,尋僧休問劫餘灰。遺書諫草空亭在,落日寒天舊雨來。紫陌青驄想鞭策,不須搖蕩歎庭梅。

林穎叔侍御壽圖示和東坡《清虛堂》韵詩,五疊奉酬

七峰樓下湖隄沙,車馬散直如放衙。水部詩人有仙骨,簪豪起草仍看花。龍壁山人亦同調,王定甫。投詩每及衰翁家。爾來繡衣聳獬豸,已見臺樹翔烏鴉。樞密文章入諫牘,秋實迥不同春葩。固知蒿目意深切,必於痛癢施抉爬。燕臺萬里隔閩海,武夷九曲思山茶。宦情鄉味兩超越,醉倒不聞街鼓撾。朝廷方重何休學,詔下都人爭歎嗟。光澤何願船比部秋濤,君鄉人也,以進書得旨嘉獎,入直懋勤殿。彈冠相慶爲君賀,令我老夢馳仙霞。憶奉使閩中,忽忽二十年矣。

白蘭嵒侍御示觀祝枝山草書,即用卷中《梅花歌》韵題之

枝山老筆淩風霜,孤秀不肯隨群芳。偶然槎枒吐肝肺,劍鋒四溢秋水芒。冷香透骨冰膚裂,一丈橫煙萬堆雪。細看不是濡墨書,斜影分明紙窗月。歌聲

泠泠散仙韵，腕力森森挾風信。想當脱帽狂呼時，亂插繁花坐搔鬢。去年醉君春酒缸，今年開卷仍飛觴。乃知世有陳芳國，天女亦解參詩王。洗硯池頭墨未冷，九里洲邊夢初醒。曾見王元章《九里洲梅花圖》，舟過桐廬，益歎其妙。借君詩卷補畫圖，消却春寒在俄頃。

題段春湖所藏宋搨《醴泉銘》殘字後

退谷老人論碑帖，唐碑流傳少宋搨。曾得善本醴泉銘，校量點畫憑氈蠟。禊帖紛紛説肥瘦，重瘦輕肥亦未合。率更瘦勁人所知，此獨豐腴氣周帀。祕殿金塗印最精，繹堂墨彩神不雜。曾見懋勤殿及那文毅家兩宋搨皆肥本也。君從何處得殘字，飛電過雲任開闔。松坪鑑别自有真，春湖亦是有心人。驪珠既得餘可棄，豈知暗投情轉親。此殘本一百三十九字，乃張松坪比部所得宋本中以紙墨差池剔出者。諦觀宫字帶隸法，疑是孫家皮閣珍。見《庚子銷夏記》。世間愛憎固難料，完缺聚散皆有神。息園病叟三歎息，眼花著鏡手頻拭。陶公尚憐竹木材，焦桐或待中郎識。太清殘本吾寶之，蘇齋且笑觀齋癡。不知張公壁上兩龍劍，誰得其雄誰得雌。

春草廬有感正月晦日

春風不肯停，春草可憐生。野火前身劫，飄蓬故土情。只愁寒未了，翻惜翠難成。夢裏池塘在，年年覓句行。六弟歸骨未知何日。

燕窩贈鶴汀

颶風吹落海揚波，破屋銜泥剩幾多。猶有燕巢歸未得，藥罏付與病維摩。

二月二日偶書所見

無緣看雪只看梅，蹔訪松寮却又回。零落盆花已如許，一蜂何事逐人來。

拍手兒童笑語喧，荒祠火樹照籬藩。不知閏歲春遲早，爭説今宵是上元。土地廟今夕火戲，往年所無。

邃盦先生將移新居，以書來示，六疊前韵奉賀

斗室日煖無風沙，凍蜂忽來喧午衙。似憐盆梅落未盡，春氣已透花朝花。吾睡正濃尺書至，書云拙叟將移家。破壁翻笑般薑鼠，好枝欲借藏柳鵶。書生家具書幾束，藥洲片石詩吐葩。尚煩旬日手檢點，未免塵土遭鉤爬。來書云："老

鼠般生薑，須將破書數斗運出，恐尚有半月不得暇耳。”舊居那曾厭近市，新竈但可供燒茶。新居爲養疴息静之所，其舊宅仍在横街也。況聞怡園在咫尺，得句定許鄰扉撾。與詩舲尚書同巷。老松孤鶴久寂寞，楚猨一去心更嗟。安得萬花深處兩筇杖，雨後同看西山霞。

借園次潘星齋題韵

舊雨知寒趣，新詩到小園。不嫌茅屋破，聊避市聲喧。門巷自羅雀，湖山曾放猨。頃讀尊兄功甫先生《放猨集》，有“鳳池門巷堪羅雀”之句。即今對牀處，花樹尚春温。時令弟紱庭、季玉皆在京寓。

煖室牡丹再開

夢斷青絲障，寒消古錦囊。已拚成野叟，那解事花王。晚酒爭殘色，春衣惜故香。似聞松徑外，孤鶴守琴牀。

題小浮山人焚後詩稿并引

潘功甫曾沂中翰，吾師相國文恭公長子，中歲高隱不出，毁其少作詩文，惟存《放猨》《桐江》《江山風月》三集。蓋脱屣華門，游心方外，翩翩一世佳公子也。

王謝庭前一玉樹，蓬壺海外九層臺。才高只合歸仙佛，仙佛才從何處來。

爲問一首

爲問夜秉燭，何如老據鞍。未能親耒耜，不敢廢衣冠。運甓習勤易，焚香省過難。南鄰有嘉樹，借與草堂看。

潘季玉、王定甫論近代詞人首數周穉圭前輩之琦，賦此質兩君，并寄張海門金鏞侍講、顧子山文彬觀察

鐵板無須唱大江，玉泉笛譜已無雙。金梁夢月人何在，誰是當年周草窗。
近來張顧擅詞場，金粉江山衣錦鄉。能寫劍鋩羅帶恨，也應青眼屬王郎。

《絶妙好詞》題後弁陽老人周密輯，宛平查爲仁、錢唐厲鶚同箋。

從來錦瑟解人難，愁殺彌天釋道安。白髮青衫無限淚，等閒休與少年看。

二月七日借園對雪，簡吴子重儁

今年初著笠，戴雪眺鄰園。天遠房櫳静，人稀鳥雀喧。催花寒尚勒，試土潤將

翻。獨立憐清景,含豪誰與言。

雪中以車迎子重來草堂與子疇共酌,抵暮始歸,子重擬爲作《雪笠圖》留此一段清景也

兩年不見壓檐雪,如與故人經久别。天風有意吹停雲,來不須臾去飄瞥。今日不知何處風,吹汝來我庭户中。關山悠遠江海闊,得毋矰繳驚飛鴻。珊珊環佩空中步,歷亂愁心向誰訴。三秋凝望過春初,敢道相逢已遲暮。草堂近接蕉葉庵,飛絮亦解迎羸驂。申浦藻人白門客,西山影裏思江南。江南江北花開早,早晚烽烟天一埽。已聞淮蔡捷書來,更説薊門春事好。平生能著幾兩屐,破笠壓頭頭雪白。爲君擁帚更憑闌,笑倒竹枝倩扶掖。酒酣忽見君山梅,存雪亭邊花亂開。江陰君山有梅花書院,壁鐫東坡笠屐小像。試院西園看梅處曰存雪亭。延陵贈縞如相憶,借取坡翁笠屐來。

鵲　巢

主人知爾作巢難,今日巢成當喜歡。更喜高槐能得地,一枝分與數家看。

春雪連日和何白英韵

鄉心不用賦登樓,面郭閒居已再秋。今日看君花繞膝,何遜詩:"落花紛入膝"。春風笑我雪盈頭。閉門恐有袁生卧,卜宅還憐晏子裘。聞常熟相國新覓數椽,爲養疴息静之所。聞道筠庵堪著客,君方約集松筠庵。杖藜便許出城不。

二月八日得何根雲制軍桂清書,以詩代簡申懷

今日天雨雪,飄風亦已休。春花飛舞來,豁我衰病眸。蕭騷晚窗静,竹樹凄以幽。忽得尺素書,云克九洑洲。終夕不能寐,披衣數更籌。此洲扼浦口,鎖鑰當咽喉。五載爲賊陷,窟穴深難搜。桓桓張軍門,百戰能運謀。大帥亦和衷,俾克宣乃猷。南北踞地險,戈船截中流。從此賊援斷,孤城圍石頭。勢當聚而殲,一鼓獲其酋。制府我同志,知我抱幽憂。掀髯得一笑,來書中語。餘生復何求。近聞鳳陽拔,軍氣騰貔貅。比年事翻覆,一旦決創疣。轉環誠在人,制勝蓋有由。楚軍亦東下,水陸旌旆悠。潛山太湖間,伏莽路阻修。定應懲往轍,深入謀必周。江淮一埽蕩,腹疾庶有瘳。嗟予滯京國,悵望天南陬。仰慙鴻雁行,弟骨猶未收。賴於埽蕩力,私願終可酬。願奏方召績,卷阿復來游。

上慰宵旰思，下及朋簪儔。爲公洗壽爵，吾亦歸鉏耰。

紙　鳶

紙鳶何事解飛騰，憑仗春風非爾能。好向雲天空處放，莫令高樹挂長繩。

轆　轤

轆轤挽水苦無多，甕漏瓶空可奈何。井底鳴蛙日跳擲，涓涓不信有江河。

食筍齋黄勤敏師直廬也，余曾居之，郭筠軒嵩燾屬補額書，即題其後

黄石已仙去，高齋空翠横。階前幾叢竹，應合付先生。江海有餘思，林園無限情。故巢痕未埽，它日憶題名。

春日愴懷葉潤臣名澧觀察以養親出就外任，卒於杭州。

滿眼離鄉去國情，城西老屋送君行。花開花落年年事，不見詞人葉道卿。葉清臣詞："不知來歲牡丹時，再相逢何處。"

喜雪答蔣霞舫

春來真見散花天，坐翫行吟喜欲顛。不用參苓扶老疾，但須珠玉獲新篇。梅圖點筆消寒盡，麥隴翻犁啓蟄先。手把酒巵心悵望，知君憂國爲豐年。

花朝前夜又雪，詰朝雪甚，簡白英

布被堆寒夢不成，近牀賴有短鐙檠。似聞林際栖烏語，却是門前埽雪聲。擊柝人稀深巷静，披衣坐久小窗明。買春一醉償茅屋，病退還能策杖行。昨承招集松筠庵歸來，寒疾已霍然矣。

得眉石大姪詩，疊前韵寄答

老懷客夢兩茫茫，冬夜何如夏日長。陶令已知飛鳥倦，杜陵空説挽弓强。拚教酒債消餘歲，吾姪今年政七十。免負鹽車上太行。五載敝裘還愛惜，詩來使我更霑裳。來詩云："鄭重賜裘今尚在，耐寒還是舊衣裳。"蓋謂甲寅歲京寓病中相别時也。

次和大姪《元日書懷》，即寄三兄

二百十三歲，三人孰較强。三兄今年七十五，余六十八，姪七十。汝猶一官縶，我已萬緣

忘。病似今年減,春因閏月長。餘生還自笑,秉燭爲誰忙。

乳餅寄三兄,兼述感懷

乳餅來關塞,年年賜尚方。那知天上月,還照鬢邊霜。遠道隨駝足,歸心託雁行。故人猶念我,珍重爲分嘗。察哈爾都統慶石樵頻年寄贈。

遣興酬霞舫

亥眠寅起惜時光,往往挑鐙移近牀。頌酒便如扶老藥,傭書那得餽貧糧。連朝卧雪門常閉,閏歲尋春日漸長。説與鄰翁同一笑,閒中猶爲和詩忙。

雪後南坡獨眺二首

春陰遮日雪消遲,閒聽檐聲滴樹枝。屐齒一條痕漸没,始知倚杖立多時。

仰視穹廬四面圓,天心一線貫中邊。碧翁覆庇真公道,戴笠人人摠不偏。

賀雲䴉侍御壽慈見和松筠庵詩,疊韵報之

讀書衰嬾悔無成,墻角真同已棄檠。多謝瓊瑶報佳句,始知蟋蟀是秋聲。舊題壁處心難歇,蒲圻港口寺額書"歇心處",董香光筆也。君曾和余題句,兵燹後聞已燬矣。老遇花時眼尚明。聞道西山晴雪好,不妨驄馬且行行。

謝邃盦相國惠諫果,即酬移居之作

諫果來南國,分貽及草堂。幽人勞采摘,好句耐思量。春到雪窗静,夢回川路長。感君珍重意,領略媿蘇黄。

蘇辛詞題後

愈我頭風不假醫,高吟坡老稼軒詞。誰能更執紅牙板,斷送愁春病酒時。

題萬藕舲青藜少宰《海門觀潮圖》張詩舲尚書畫。

浙江之潮天下無,地接廣陵吞越吴。宋吴琚觀潮詞:"此景天下應無。"誰將八月枚乘筆,寫入乘風破浪圖。錢塘門外見澎湃,海門更在錢塘外。龕赭兩山淪巨壑,黄灣逼近尖山界。尖山嵯峨插青蒼,屹若一夫雄關當。天吴髣髴就約束,纖藶不動雲錦長。欻然倒流逞游戲,蛟蜃怒挾風霆至。不藉此山爲操縱,幾疑

有海無天地。於越使者潯陽客，客夢鄉心感今昔。鐵弩空傳鑄箭威，鹽田賸有熬波迹。登高遠望江上烽，連歲饋饟愁司農。能移斥鹵佐糧糗，不獨桑梓銷戈鋒。督浙學時以禮去官，特旨留辦鹽務，籌濟鄰省軍餉。歸來袖中有滄海，石谷蛟門筆痕在。詩舲仿王石谷《蛟門曉發》爲作長卷。南斗元通析木津，文星又屬天官宰。君時視學畿輔，初自津門試還。昨聞載石轉仙槎，今見摛豪賦木華。飛鵠連雲來粳稻，奔鯨避日化蟲沙。白頭悵望蓬萊島，山海流觀殊草草。看君指畫出風塵，想見澄清在懷抱。

感　事

聞道官軍克鳳陽，又聞烽火及河防。洪流北徙功無已，劇盗東奔勢轉狂。猶望黽池重奮翼，可憐淮水並褰裳。雁飛不到君休恨，羽檄紛紛驛路長。二月一日清江浦失守，河帥漕督退保淮城，驛路改由海州入東境矣。

酬白英《病鶴篇》

一篇鶴歎幾欷歔，讀罷重看意有餘。大雪豈知春事晚，新詩疑對客談初。愁腸鬱結難消酒，老眼瞢騰欲廢書。鴻雁自來鷗自去，人生蹤迹定何如。

子晴謝黨參潞酒，賦此奉酬

上黨山參得氣和，釀成紅酒醉顔酡。遠將藥籠緘題寄，回憶兵烽蹂躪過。小草只慚鄉味薄，春暉應傍壽觴多。蘭陔笙奏君能補，他日流傳樂府歌。

謝子貞寄筆

歷下羊豪名未傳，猨翁持贈獨拳然。管裁細竹中藏節，鋒斂纖鍼外裹縣。大用不爲人愛惜，小詩偏任我彫鎸。别來把筆遥相憶，應費先生買酒錢。

晚晴三月二日

黯黯春寒誰釀成，最無憑凖是陰晴。南窗竹影忽飛入，一角斜陽紅有情。
碧闌干外春草生，老雪墻邊見竹萌。食筍人今不食筍，看君頭角日崢嶸。

閏三月二日約李竹朋、吴冠英、何白英、蔣霞舫慈仁寺小集，放歌酬白英，兼呈坐客

帀月不賦詩，兼旬不出游。雙松古刹萬花國，賴此可以消煩憂。况值閏春月，

復有良朋儔。空谷足音跫然亦可喜,不知輭紅塵土何處酣高樓。雷風前夜苦相薄,閉門翻覺情懷惡。君詩豈爲看花愁,萬疊鄉心鬱磅礴。枚乘觀濤筆初落,頃以題萬藕舲少宰《海門觀潮圖》詩見示。鐵馬金戈夢中作。忽如飄風驟雨過終朝,人事變遷難豫度。二月二十七日皖南逸賊突陷杭州,三月三日大軍克之。君不見,吴道子,妙畫通神隱都市。又不見,蔣高士,滿徑蓬蒿病新起。釣鼇之客謫仙人,拂衣亦歸東海濱。人生聚散一何有,尚有豪情慰衰朽。誦君詩,勸君酒,羨君高堂笑開口。芝蘭已見生階庭,麟鳳行看在郊藪。手攀慈仁松,忽憶增壽槐。敝廬之東增壽寺槐樹上烏巢三十餘,亦奇觀也。烏巢滿樹花壓屋,門前車馬去不回。君如有意雨後肯過訪,但指槐街小巷迤邐西南來。

閏春夜雨

穀雨不成雨,風雷翻鬥争。留春如有意,入夜轉無聲。江上愁心遠,花邊老眼明。會當出西郭,晚種看新耕。

劉生行并引

嵩峙字岳秀,吾邑雪厓先生子,不遠千里來京師,乞爲銘墓之文,意亦勤已,因更致書何子貞太史。子貞亦心知雪厓者,當爲文共傳之也。

雪翁一生慕青主,有子亦如傅壽毛。霜龕秋色入石骨,五峰氣與方山高。劉生兩世摹刻傅書甚多。朅來爲我走千里,手奉遺書出故紙。雪翁舊交我尚在,銘墓之文豈容已。邠卿壽臧曾有詩,老淚更爲一揮之。中郎亦知媿有道,或於碑文無媿辭。海内畸人楚猿叟,心知雪翁語在口。爲君再致勤懇意,文字奇緣定非偶。公佗大書飛虯龍,談笑置君懷袖中,君來若有精誠通。兵部主政齊君藏傅書大字屏風十幅,君爲留三日,摹而歸之。青山白石久相待,歸聽萬壑吟松風。

錢犀盦太史桂森所藏舊拓《禊帖》題後

乾隆五十一年蘇泉居士吴紹澯跋,斷爲北宋時拓本。嘉慶十九年翁覃谿先生跋云:"《禊帖》宋時翻本極多,不能因紙墨之舊,謏爲湯普徹也;不能因松雪之失考,誣爲退筆書也。所謂王曉本者,今石已泐,此其稍舊者耳。"吴荷屋前輩跋,亦以爲宋初畫士王曉所橅定武本,不得指此本剥蝕處爲退筆之證。愚謂宋以前雖無退筆之論,然智永爲逸少七代孫,當時退筆成冢,安知山陰家法必無此種耶。頃見蔣霞舫所得舊本,并以此詩質之。

萬本臨摹辨眼紛,紙香猶惜舊羅紋。世間凡骨論肥瘦,苦覓金丹欲問君。蘇泉諍友得蘇齋,荷老留題致復佳。退筆何人鐵門限,似應家法未全乖。

文信國公琴詩拓本“松風一榻雨瀟瀟,萬里封疆不寂寥。獨坐瑶琴遺世慮,君恩猶恐壯懷消。”時景炎元年蒙恩遣問召入,夜宿青原寺,感懷之作譜入琴中,識之文山。

萬古靈胥恨未沈,天風海水有遺音。史家誤入黄冠語,豈識平生鐵石心。

案:宋益王昰即位於福州,改元景炎。此詩蓋公自蘇州歸闕時作也。翁覃谿題云:“嗚呼此琴逢此年,福安五月初改元。月之下旬初至福,此題蓋在未至前。”“所以不書月,指捥皆淚血。併不忍言行在所,撫絃欲動肝腸裂。”又云:“宰相狀元書種在,後賢幸勿瓣香消。”余前有詩謂:“史傳黄冠數語,乃王績翁飾詞,決非公意也。”吴冠英以拓本屬題,并記於後。

初葺園南老屋,感歎有作,簡王茂蔭**陳**士枚**兩兄**

去年闢小園,得趣亦復佳。土屋僅容膝,冬煖宜病骸。惟當炎夏日,鬱氣如焚柴。蹔就檐下坐,攜杖行徘徊。今年春夏交,筋力日益隤。家人憐我病,恐爲毒熱摧。南鄰有老屋,草樹緣墻隈。三椽幸許借,瓦礫紛成堆。甃壞啓甕牖,鋤徑留苔階。階前青扶疏,放出桑棗槐。颯然北窗下,已有清風來。清風吹我襟,煩溽爲之開。撫我案上琴,其聲清以哀。江海兵氣纏,萬姓罹沈災。慘澹金粉窟,走彼狼與豺。枯桐尾已焦,何由聆鳳喈。東郭有一士,道侶甘與偕。市南有一翁,屋破移近街。斯皆鴻冥冥,不與時俗諧。而我獨何爲,荒圃治蒿萊。得毋有所思,所思安在哉。遠慙王子懷,近媿陳勿齋。

洗硯石盆

古墻陰下老石盆,狀如柱礎蓮華根。掘土得之卧且蹲,面目樸拙精神存。注以井水淆不渾,觀齋居士手則捫。爲我筆硯留餘痕,知白守黑且勿論。大雨三日溜穿門,憂來使我驚心魂,一醉借君爲窊尊。

即事感懷五月二十六日

井眉缾綆曉聲催,辟日移陰就緑槐。閒看游魚浮水出,忽如畫鷁截江來。老無兄弟身猶寄,時聞兄喪。憂在朝廷力已隤。極目長空送征雁,陣雲莽莽幾時開。近日河南、山東、陜西、直隸辦理團練。

孫松坪修撰以尊公少沂先生照屬題

一片無心出岫雲,化爲霖雨洗塵氛。先生自作蘇門嘯,鸞鳳人間已共聞。

倪雲林《溪山仙館圖》自題云:"辛亥二月二十九日,留華亭南里潘君以仁宅。因懷去年此日與心遠同在餘不溪開玄仙館,乃作詩曰:蕭蕭風竹和幽吟,二月江郁春雨深。東主山中此時節,隔溪桃李盡陰陰。"瓚又題云"雲林主寫《溪山仙館圖》"*。此幀爲孫少沂式善游秦中所得,題付令嗣松坪脩撰如僅,咸豐十年七月見示,因和韵題之。

倪迂妙筆世難得,松磵曾看寶笈收。雲林《幽磵寒松圖》載《石渠寶笈三編》。今日白頭江上客,九峰三泖記前游。

牆東七月十八日

墻東移植蘋婆果,蕉萃一年三著花。莫恨花多難結實,黃臺抱蔓已無瓜。

示覺庵道人七月二十二日

道人治藥學辟穀,煮豆蒸麻曬都熟。一食能療七月飢,救荒辟難無不宜。道人用心亦良苦,問爾活人能幾許。方山松子無人收,何不相從入山去。

余自甲寅歲十一月因病致仕,留滯都門,忽忽六閱寒暑。日月云邁,情與事遷。今年兒子世長改官庶常,例得請假回籍省墓。此心惘惘,與之俱西矣。息翁記于宣武城南下斜街四眼井寓齋。

---

* 祁寯藻在此句之上眉批"雲林主,墨跡'主'下無'人'字"。

䙰䜴亭後集卷二十

古今體詩五十五首庚申、辛酉

感事十首

揮涕驅車出國門，仰瞻北斗叫天閽。艱危自恨無籌策，衰疾何緣得報恩。羽獵漢廷修故事，麻鞵杜老敢同論。周南留滯餘生在，眼見烽煙四野昏。

江海風濤送暮年，太行只在白雲邊。鯨鯢未滅心難死，犬馬無依老可憐。四壁寒蟲啼夜月，滿城畫角鎖秋煙。吾裾欲向何門曳，拔劍褎褭不敢前。

左右杓衡翼帝車，王良策馬滿郊墟。明明共捧憂時詔，耿耿難忘諫獵書。不信銀河激風浪，翻教溟海化鯤魚。六龍已御仍回顧，雷鼓砰訇震太虛。

豈無藩部作長城，亦有名王擁斾旌。表海但令銅柱立，衝風何畏火輪行。三年嘗膽同甘苦，一旦開門任送迎。莫怪撼山太容易，古來功敗是垂成。

裨海居然共一家，容臺張宴禮優加。雜懸鼓翼娛鍾鼓，魑魅逢人狎爪牙。萬國銀坑潮捲地，三山珠樹火飛花。回鶻尚有鵷鸞侶，日暮鳴騶自散衙。

蜃市樓臺徧大千，呼龍種草鳥耘田。要將禹甸中邦賦，化作齊州九點煙。鐵券儻能消反側，金丹應不誤神仙。蒼蒼正色分明在，呵壁何心更問天。

孔賓人世本難諧，乘驛家聲老更乖。敢冀春秋寬責備，直拚生死付沈埋。干戈塞眼迷鄉樹，風雨驚心望泰階。十載晉公祠下過，勒碑猶欲補平淮。

兩耳昏昏金鼓鳴，摇摇心久似懸旌。誰教倉卒辭都邑，可是優游遺世情。辟穀子房嗟已晚，填波精衛恨難平。它時玉敦珠槃列，猶幸曾無柱史名。

禁城鏁鑰報平安，聞道都人望翠鑾。八駿自巡周甸服，三章重覩漢衣冠。蒼茫帝眷紆西顧，絡繹軍儲轉上闌。帶礪山河共休戚，酬恩何以濟艱難。

香草王孫哀怨中，招魂不辨桂蘭叢。病因減睡翻多夢，詩到難言可易工。一戰何人破銅馬，五噫無地著梁鴻。將軍大樹飄零未，試聽松濤萬壑風。

中山旅店題壁

去國還鄉客，休官老病身。天涯共明月，回首一霑巾。

息廬東坡白鶴峰新居成。淵明《時運》詩云:"斯晨斯夕,言息其盧。"息翁同其風而慕之。

息園半畝拋何處,老病歸來卧息廬。欲向寒山尋舊徑,萬松殘雪夕陽餘。

北坪望方山

春風何時來,野叟閒如雲。安得從之游,渺與鸞鶴群。本自山中出,仍向山中去。悵望松風樓,只在雲深處。

崇福寺贈行滋禪宗

滋老吾同族,安禪守故鄉。經幢留古刹,梵宇想初唐。半壁詩仍在,《觀塑像歌》。孤松徑未荒。去來一彈指,何事問行藏。

庚申歲冬至日自題《寒趣》小卷,次舊韵

雪後林巒故作妍,春風何日到亭前。短鐙長夜惟孤坐,去國還鄉第一年。玉沼劫灰迷歲月,金莖寶露泣神仙。上都熱河在承德府二上都。楊柳依然緑,吟望猶搔白髪顛。

息廬簡端木子疇

天道健以行,君子彊不息。人生百年中,隨時各努力。古人惜分陰,運甓有深識。中原正多事,烽火暗南北。胡爲卧一廬,歲莫心悽惻。老病百無用,頻年謝官職。慘澹艱危中,憂憤填胸臆。進則乏籌策,退亦慙禄食。區區犬馬私,安忍終默默。聖恩免譴責,感涕何所極。息心雖有地,俛仰成逼仄。今日斯何日,舉觴若有憶。大雪滿四山,留此夕陽色。荒邨遠城市,幸不辱盜賊。獨念羈旅士,旌旗渺南國。何時道路開,率土安耕織。棄置勿復道,一醉已難得。君看天際雲,歸飛有羽翼。

雪夜贈客

歲晏多離懷,時危鮮樂境。賴有素心人,慰此遲暮景。臘前見三白,農事亦云幸。行酒藏一斗,行酒,薄酒也,見《九章算術》。味薄趣則永。朋簪盍南北,子疇、珠汀。姻黨接鄉井。吉軒、閬甥。巾餘墊角風,國蕚。杖有然藜影。藴六。子弟雜羅列,參

差坐不整。酬酢礙肩肘,顧盼勞脰頸。不嫌樓檐低,且喜窗户靜。綏綏雪又下,翳翳燭將秉。凍雀驚剥啄,枯魚笑骨鯁。時有饋冰魚者。回思解組初,六載駒隙騁。不意華表鶴,重過羊腸嶺。舊游感陣迹,新儒悼前猛。敢求醫老方,徒羡汲古綆。諸君濟時彦,論文亦彪炳。金臺方築燕,白雪難和郢。却念鑿楹書,遺編孰循省。陽回大地春,老卧荒山冷。圍罏勉再醉,投報慙禿穎。

玻璃瓶歎

玻璃乳瓶堅且厚,長頸大腹宜貯酒。呼僮爲我灌濯之,琤然忽若春冰剖。天寒湯熱兩相激,吾豈不知嗟已後。挈瓶之智弗假人,代大匠斲必傷手。公孫胡爲惜美錦,亞父無端碎玉斗。用非其才悔何及,有才不用誰執咎。不如成毁兩置之,安用黄鍾較瓦缶。

老人行酬竹軒兄身正 兼寄解河源孝廉崙

吾家有賢兄,終歲讀且畊。垂老得相聚,贈我老人行。兄年八十弟七十,論詩猶不忘結習。饅飫一編何足論,信口瀾翻手掇拾。前月迎我到城邑,寒天又向邨舍集。深山大雪賓客稀,對酒高歌雜悲泣。憶昔少年時,兄弟共論詩。鋤經草堂賸遺墨,石溝喬木餘廢池。三兄今年捐館,及泉兄墓木已拱矣。同學舊游亦零落,黄葉委地從風吹。謂張君升秀。寥寥窮巷中,話舊惟兩翁。我歸自京國,世事飄忽如轉蓬。鹿車散人車尚在,有子依然能負戴。功名富貴一炊黍,抱甕何如學種菜。兄歌我更悲,我悲兄且歌。兩翁悲歌當奈何,坐中解老顔已酡。西岢解君年七十餘,亦舊雨也。

古銅觶歌答子曘

古杜作土賁作臾,周雅魯論可竝參。自土沮漆有荷蕢。同聲假借即屠蒯,訓詁則一無二三。今觀觶柢亞文腹,篆勢離合如斷蠶。李生家學本申老,辯證頗有經義函。曩歲拜賜初未識,但訝古翠凝青藍。自得釋詞更珍重,如周鼎置焦山庵。我寶惟人不惟器,器以人重斯非貪。況蒙恩眷俾世守,患難奉持心所甘。荒村板屋風雪大,黍酒聊供嘉客談。端木一篇何卓犖,令我感激悲且慙。風雅正變體該括,傷今思古憂如惔。古者執藝必以諫,燕樂亦不流湛酣。後人不解制器意,賴有達者精討探。我心鬱鬱子先獲,衰朽固知起不堪。周行示我敢再拜,金罍姑酌歌周南。

附子疇詩

息廬座上古銅觶,款識乃是屠蒯遺。璆然玉音協管律,璘瑞翠彩光陸離。座客傳觀不敢褻,古氣肅穆臨須麋。三代法物見者尠,停栢敬問安得兹。我師愾息述所自,語未脱口先嘘噫。道光初年四海謐,南齋奉筆承皇慈。尚方珍玩荷頒賜,歸來更博慈顔怡。申江李生識古篆,樵搨考證無然疑。爲想歷階酌清酒,蒯與調曠偕飲斯。賢侯動色自知過,畢獻揚觶傳禮儀。先王教澤入人久,君能納諫臣能規。萬歲千秋鑒此觶,豈有壞爛生創夷。於戲世事曷可測,幾年變態愁不支。側聞清籞被野燹,寶器淪入滄海涯。游光野仲滿城闕,方相鬱壘懵安之。珍藏億萬逐猋散,弓玉盗竊歸何時。銅仙攜盤愴漢月,神物有識當悲嘻。此觶流傳有天幸,千年復返梁山垂。安得六丁雷電下砰擊,盡收神物歸天墀,有如此觶復返梁山垂。

立春前一日用東坡《除夜》韵贈子疇

與君初出都,皓月及秋半。忽忽歲云暮,又爲流光歎。郊扉懷舊雨,寒趣共欣玩。珍惜到詩畫,已知有聚散。豈料石隱堂,褰衣肯相伴。坐送蛇赴壑,卧待雞啣旦。茅容能奉親,梁鴻得舉案。君家涉天末,比歲再經亂。南北負板輿,久不遑櫛盥。客行日以遠,歸計日以緩。猶聞金石聲,琅琅出講貫。童蒙拾香草,忠懇發頑懦。荒邨冰雪多,寒罏擁石炭。白駒縶空谷,緇衣媿適館。春從上都來,江國氣先煖。斮此賦登樓,無爲感王粲。

耳鳴二首

耳鳴一何似,有似鐘鼓鳴。鐘鼓自外來,我心爲之清。鐘鼓自内出,我心胡爲驚。驚則萬緣擾,清則百慮平。乃知牛螘鬥,亦如蠻觸爭。解識動中静,天籟元無聲。

陰德如耳鳴,己知人莫知。耳鳴難爲聽,陰德難爲施。丙吉保漢孫,程嬰全趙兒。獨行冥冥中,所歷何艱危。耳鳴病在己,病久神漸疲。陰德功在人,功大心益悲。

除日任槐庭慶三送唐花

寒邨老雪膠檐牙,今日放晴春滿家。任君念我老且病,雙盆遠致非時花。牡丹五頭大如盌,柔枝嫩葉低交加。早梅顔色亦艷冶,似厭素臉矜紅霞。此花都城例饋歲,鋪堂排几詩酒譁。三間茅屋無著處,闖然入户胡爲邪。兩花不語若含笑,笑爾但知烹雪茶。

辛酉歲元日感述

珥筆四十載,抽簪六七年。還鄉真老矣,望闕轉茫然。時駕駐熱河行宫。恩荷三朝重,春歸五日先。何時罷征戰,都下夷務和議甫定,江浙等省兵事未已。卧穩白雲邊。

新年六日憶慈仁寺戒公

前年今日訪山茨,正是維摩示疾時。踏破蒼苔無覓處,空餘松院舊題詩。"嗔余踏破蒼苔色",僧寶磨題祁宗祥壁句,見東坡集。磨公本名清戒,俗謂之戒和尚。昨日陰寒今雨霾,非花非霧滿庭階。素衣猶帶風塵色,何處城頭山氣佳。

春夜夢與樞廷同直議事天臺,不知議何事,但見朱書中有"嘉言讜論"等字。諸公既去,余獨步至玉霄洞宫,恍然如舊游也

海山好宫闕,官府亦神仙。但記玉霄洞,不知兜率天。月闌行曲曲,風袂舉翩翩。欲問人間事,蒼茫九點煙。

佩刀道光末年鶴汀樞密天津防海,以鍊鋼鑄雙刀,一自佩,一贈余。

一劍猶難倚,雙龍竟許分。當時手持贈,空憶故將軍。笳鼓横邊月,旌旗落陣雲。老農今買犢,衰涕雪紛紛。

觀春漲正月十三日

天公知我將入山,先遣春雪爲山泉。寺松西北落何處,箭流東下奔兩川。大小東河。横過村閣出橋洞,蓄勢一瀉無迴旋。我急走觀不暇杖,登高俯聽驚鳴弦。岸柳未荑影已緑,夕陽一片鋪平田。山澤冱寒冰雪積,東風不解驚蟄前。北坪老翁顧我歎,久不見此三十年。南北地氣真莫測,山水亦如時事遷。不知此後更幾載,車轍深没容行船。我謝翁言太遠慮,晴煖且荷天公憐。閏年已過春事亟,叱犢負犁無留連。我亦早晚入山去,倚松下看清泠淵。

有勸余勿游方山者,笑而答之

病叟還鄉不爲家,爲窮幽壑送年華。盎書可讀仍餘酒,藜杖能扶況有車。曾

憶舊游圖笠屐，肯教殘夢負煙霞。先著《濛池行稿》有《夢游方山》詩，今已刻石寺壁。外人道及翻相笑，幾見仙源引釣槎。

方山人還，問訊喜作

聽松樓小見松難，眼界無如下寺寬。聞道西堂宜過夏，時當春雪尚餘寒。老僧有約神先往，舊夢能償病亦安。二十五年題壁處，便容身到畫中看。

正月二十七日長兒入都，詩以示之

昨出都門黃葉飛，今朝送汝柳依依。舊巢燕子應相識，日日銜泥待主歸。
槐陰深處讀書堂，萬卷牙籤老未忘。好借僧寮爲守護，莫教塵土蝕餘香。

人　參

自從地寶獻遼東，上黨青椏拜下風。傫直亦曾叨歲賜，養親兼可禦冬窮。南齋例賜四兩，軍機倍之。余官翰林時，藉此以供甘旨。病求大藥翻難得，方出庸醫苦未工。況我寒酸老多嚏，不妨貽笑巽泉翁。汪巽泉尚書云："平生不知參味，嘗與敬公勘視陵地憊甚，敬公出贈一莖，到口輒嚏山坡草叢，徧覓不得，相視共發一笑。"

平　臺

老見書樓下，平臺一再重。襟懷何曠朗，登降亦從容。遠勢林巒接，奇觀雪月逢。春來閒拄頰，日對碧芙蓉。"巉巖高捧碧芙蓉"，吴天章詠方山句。

明人《鍾馗出獵圖》

指麾鷹犬出林嵐，怒馬橫鞭鼓吹酣。山鬼自來工睇笑，不煩捷徑走終南。

雁朋堰丙舍老杏一株，花時正當埽墓，裴裒其下，不忍去也，題曰"春雨草堂"，系以小詩

墓田丙舍草初榮，南雁來時春水生。記得杏花紅溼處，年年細雨過清明。

老塋補植松樹

宰木多年不可尋，舊栽松子已成林。於今衰朽知無用，敢有參天拔地心。

清明日埽墓歸,志感二首

宦游五十年,身行十萬里。白頭今歸來,年已七十矣。遲遲去京國,西望久延跂。豈不念墳墓,隱憂殊未已。涼飆卷塞月,孤雲欲何倚。慟哭蒼松根,瞻依靡所止。終天永銜恤,同氣萎連理。論詩一尊酒,云胡不我俟。"何日一尊相對,論詩消我餘閒",三兄題寓後集句也。今墓已宿草矣。今日北原上,草色亂春水。拄杖獨往還,惟見烏銜紙。

坡公適嶺海,尚有一子由。我雖老還鄉,睘睘誰與儔。江氛暗南北,十載兵未休。登高望寥廓,巨浸連天浮。白門蔓草中,骸骨何時收。翦紙爲招魂,悲風起松楸。仰視北徂雁,銜蘆來瓜洲。夢中有傳書,但云道阻修。生不居華屋,殁當歸山邱。六弟尚未歸骨。

感　舊

草莽孤臣何處家,春明一别即天涯。似聞紫塞傳丹詔,想見青旂轉翠華。陵樹遠連雲氣合,闕門回指柳條斜。虞階自有薰風奏,海客空浮貫月槎。恭聞車駕於二月十三日啓蹕回京,三月二日謁東陵禮成,仍旋熱河避暑山莊。

北寨地近松阡,擬結廬以守墓,先植果樹,并記以詩

鬱鬱葱葱近北原,四圍山色繞隤垣。結茅種樹吾將老,那更辛勤學灌園。

藝花容易種松難,病叟居然一例看。結實成陰它日事,且將詩句慰酸寒。

珠渡灣

珠渡灣北谿流長,夾谿楊柳煙青蒼。灣頭纍纍兩舊塚,使我淚落心暗傷。先室曹、陳兩夫人俱厝於此。衰衰未已風飛揚,吹我草笠飄我裳。不敢久留緣回岡,側足欲下人扶將。七十老翁一拄杖,自笑不如山坡羊。

聞雷望雨穀雨前二日

東風三日小蟲飛,人説今年豆甲稀。黑婆蟲食豆苗,亦蚜蚄之類,東風不雨則生,得西北風雨乃解。西北浮雲如有意,好將雷雨送春歸。

讀少陵收京諸詩書後

萬方送喜達雲霄,獨坐江郵日寂寥。老淚天涯一霑灑,叨逢終是聖明朝。

種　花

種花乘細雨,培土近低墻。病叟身多暇,空山日正長。囊盛憐道遠,草宅戒田荒。回憶城南屋,編籬爲底忙。

再種花

昨日種花祠南,今日種花村北。眼看果樹成行,手把犁鋤無力。
昨日廉纖細雨,今日駘盪新晴。衣上煙嵐翠色,夢中江海濤聲。

仁圃從孫宅牡丹一叢,高五六尺餘,每歲作花特盛,端木子疇名其館曰"天香",余爲書額,且攜酒賦詩以賀之

地冷花開晚,樓高日上遲。那知衰白叟,還賦牡丹詩。埽徑延嘉客,子疇去秋假館於此。登堂獻壽卮。仁圃重闈年近八十,體極康彊。豪端春色在,留取最繁枝。
桃杏山村路,連番花事新。又攜婺尾酒,同作餞春人。小巷書聲靜,閒階草色勻。詩成更題壁,來往莫辭頻。

北寺新泉試茗,示善全闍黎

杖藜偶過此,洗眼得清泠。有水供蓮鉢,村井多涸。無人起草亭。地卑泉脈活,春盡柳條青。便許煎茶坐,閒繙貝葉經。

夢爲棋詩未了而醒,竟不能續一語也四月二十日申刻

畫地爲局,摶泥爲子。名之曰棋,爭心乃起。神仙何心,亦復爲此。孰勝孰負,相持不已。旁有樵夫,投斧而視。爾局未終,吾柯爛矣。

寄新建袁氏甥女

送汝三年江渚秋,藁砧不見大刀頭。一星曙後孤鐙淚,何處人間有麥舟。其壻卒於杭州舟次,僅遺一女,扶柩而歸。

入山五首

馬首故山國,村舍山四周。更欲入何山,入山將焉求。我亦無所求,亦不爲遠游。槐街花市間,故宅風煙愁。我歸本無家,歸亦如傳郵。辭禄仍内慙,況爲

田舍謀。八口栖荒村,孤笻隨所投。山中兮歸來,松下聊淹留。

方山在何許,東北天一隅。登高望燕薊,嵐氣連上都。天門詄蕩蕩,白雲不可呼。何年老蝙蝠,山舊名神蝠,以形得名,今作神福,蓋福、蝠古通用字。化作雙芙蕖。夢中似再來,山鳥驚鬢鬚。回頭一彈指,金碧淩空虛。時昭化院重修。天池有顯晦,巖松有榮枯。寥寥華嚴論,誰敂長者廬。

傳聞方山松,植自雒善人。明萬曆間邑人雒官所植。神靈假一夢,泉石含餘芬。至今三百年,龍氣嘘爲雲。化身萬千億,野火不敢焚。我從玉霄來,長揖雲中君。揮手一長嘯,天花雨紛紛。道逢兩白鶴,招我與之群。何必華表語,留與人間聞。

人間苦偪仄,達者求神仙。但聞金銀臺,不見蓬萊山。安期久亡去,徐福何時還。一朝爲藥誤,金丹生劫煙。鴻波沸九州,大塊陰火然。嘉種變毒卉,何處容桑田。紛吾欲安適,四顧心鬱盤。且從麋鹿游,滄海難爲觀。

炎飆捲海潮,東下吞江淮。江淮不能容,氾濫黄河隈。表裏山河間,亦走狼與豺。前車有覆轍,孰是當關才。此山通仇猶,北陟曼殊臺。長城擁恒岳,萬古雲崔嵬。人生如過客,故山何必懷。爲問爛柯人,樵歌誰爲哀。

息園存稿

古今體詩四十五首辛酉

五月十五日早發村舍，四十里抵方山昭化寺

山靈招我行，夜雨放朝晴。老借藍輿穩，閒憑竹杖輕。野田含潤澤，嵐翠出分明。一笑松岩近，幽禽已久迎。

碧山吟

去年五月居郊園，今年五月栖碧山。秋風吹雲一千里，塞雁一去何時還。郊園舊宅它人住，剩有宅南舊花樹。桑棗成陰藥滿闌，敂扉誰識西郊路。西郊西去使人愁，昆明湖水拍天流。萬古劫灰燒不盡，三山何處望瀛洲。

風豬肉感作豬食松子，以松柴熏而風之，味香且不膩，察哈爾貢品也。余致仕後，石樵都統慶昀仍歲遺弗輟。

松豬珍味記堂餐，驛使還勞饋歲寒。何意邊庭老都護，分貽仍作近臣看。

記　夢

朝報久疎闊，故交書亦稀。胡爲頻入夢，豈是不懷歸。江海鯨鯢穴，關山鴻雁飛。薜蘿紛滿眼，含睇獨霑衣。

靈松岩下夕坐

故鄉山色爲吾青，一片閒雲此暫停。入定已如僧面壁，出游應見虎馱經。便思北嶺飛藤杖，可許西坪結草亭。擬築矱瓻亭於上下兩寺之間。幽澗松泉終夜響，抱琴曾向夢中聽。去年人日夢抱琴坐空山盤石上，得操四句，宛然松岩月夜景也。

蔄蔄叢中非花非葉似木耳者可食，野叟摘送一斗，口占謝之

蔄蔄花開葉綴條，野香零亂付山樵。爲憐采摘殷勤意，一斗何妨也折腰。

山居即事四首

山居便擬送隤齡,彌勒同龕日掩扃。且替孤僧焚艾納,養疴宜誦藥王經。借居藥師龕旁。

筆硯安排心已清,小窗展卷眼逾明。耳根煩惱從今洗,都作松風澗水聲。

山深人靜日如年,早睡初興午又眠。猶恐讀書求甚解,小詩不用費彫鐫。

耳枕空方似卧琴,緜緜睡味此中尋。祇愁再墮青磁竅,孤負黃粱熟後心。

衍修長老送酒范村寺僧,善醫。

打門送酒何處來,南村寺僧知我哉。蘭亭飛去缸面在,醉倒山陰老辨才。

我能隨汝巢神山,亦解逃禪祇樹園。蓮社龕中容一醉,不須辛苦覓桃源。

落　日

落日倚松泉,空山自管絃。遥憐謝太傅,哀樂是中年。

坐石看松歌

三寶塔西華蓋松,支離狀若虯髯翁。松左兩石如虎卧,虎背凹處容我坐。我坐看松虎不知,髯翁在旁却知之。知而不言心暗笑,笑我歸來老非少。須髮蕭疏面皺紋,何不去向天池照。雲洞高高不可攀,天池更在雲洞巔。欲往從之風颯然,虎且嘯矣吾其還。

感舊用放翁首句,即依其韵

常憶初年十七時,松間杖屨尚從師。嘉慶己巳歲,余初游方山。而今七十交游盡,獨立空山訪斷碑。明萬歷間雒善人官栽松碑記,頃問其裔孫倫朝得貲等尚知之,然不能舉其詞矣。

不寐五月二十五日

無端見西北,星氣亘長天。側射斗匡下,横衝銀漢邊。山空泉咽石,月落烏驚弦。不寐欲誰語,龕燈獨炯然。

東山耕者獲野鷄來饋感作

野人送菜吾方媿,又見山農抱雉來。嗟爾入林仍不密,海鷗浩蕩有誰猜。

以家藏御賜銅鼎留方山長者龕,俾寺僧守之,并紀以詩

舊藏恩父鼎,鼎下款云:"恩父佳製,寶鼎珍用。"老荷聖恩覃。咸豐二年,上賜臣壽。合住華嚴界,來依長者龕。焚香伴銅虎,留帶配銀枏。古銅虎并明萬歷時朱参政思明所留奇枏銀花帶,皆龕中物。它日阿蘭若,傳爲故事談。

山中送客子疇先生、竹軒老兄同子姪輩來山,經宿乃歸,六月一日。

還家仍是客,送客却還家。細雨山中路,輕塵澗外沙。筠籃收杏子,篛笠拾松花。歸與兒童戲,歡呼問阿耶。

夜雨連朝

霎霎復紛紛,檐聲斷續聞。心懸一夜雨,夢繞四山雲。風静松濤息,鐘鳴人語勤。家僮報泉溢,走看澗流分。

神僧《法秀傳》載唐明皇事書後

一聲玉尺八,鼙鼓動天地。不知磨滅王,已在迴向寺。

生日題《憶松圖》

老去回頭事事非,入山真與世相違。半生題作木居士,一笑竟如丁令威。布韈青鞵從此始,孤雲倦鳥送吾歸。眼前突兀兩蘭若,松下吟成誰敂扉。比年生日多在長椿、雙松兩寺,城南故舊每有唱酬。

題王石谷寫叔明《秋山飛瀑》

老住華嚴洞,松泉竟日閒。借君秋一角,飛雨滿空山。方山松泉幽深,特少飛瀑耳。

蜜蠭窠

誰從雙鳳寺,摘取兩蠭窠。顆顆珠爲網,稜稜月有波。拚飛驚乃去,辛苦究如何。殘蠟無須惜,年來老淚多。

山居曉月六月十五望,十六大暑。

三五月當頭,松聲滿寺樓。仙山無甲子,大暑即中秋。

食榆次瓜

説劍走壯士，用《荆軻傳》。灌園輸官家。上合、中合、下合三村出瓜，例充貢品。早知黄臺蔓，不及青門瓜。

山厨有饋熊掌者感作

胹蹯莫救庖丁死，取掌甘捐義士生。付與山厨下藜藿，主人惶恐不能烹。

《華嚴經論》題後

色聲不是佛，文字亦非禪。論釋大方廣，神超漸頓圓。楹聯新補缺，長者龕聯云："猶存仙李蟠根處，如聽空山説法時"。敘目昔窺全。《經論合編》一百二十卷，并《敘目》共二十五册，余昔曾爲整次，今《敘目》一册不存矣。古鼎知余意，長留無盡烟。以家藏銅鼎留龕中。

自　嘲

醉後不談世事，夢中也脱朝簪。一飲一啄病鶴，三眠三起僵蠶。

示六姪世敦

吾姪喜爲詩，脱手輒累紙。詩雖不必工，其言多近理。亦復見性情，滌瑕存其美。鋤經有遺編，經訓乃根柢。每懷對牀時，雞鳴晦不已。汝念乃考訓，慎毋昧厥始。敦厚詩之教，顧名義在是。試讀三百篇，正變具微旨。古人惜分陰，游蕩衆所鄙。翫時而愒日，何以飭倫紀。汝今且學詩，質樸勝浮靡。上以奉慈親，下以訓諸子。貧也夫何病，濫矣斯可耻。哦詩日静坐，静中得所止。汝年正及强，吾衰已久矣。書此作家誡，文淵曷敢擬。

東坪口曉望三首七月二十四日

衣上輕霑曉露痕，松梢下指遠山村。籃輿却轉東風嶺，過嶺即近神坪。細雨隨人到寺門。

孤山在方山西南，相傳下有丹砂洞。别出見神山，在縣西北，《爾雅》"獨者蜀"，此山似之。童子河流灣復灣。一片溟濛煙雨裏，西南深處是柴關。

玉宇高臨衆壑低，天池只在翠微西。餘生到此殊多幸，何必青雲老更梯。此游惟山巔玉皇閣、天池未到，然二十年前光景猶在心目也。

方山好五首

方山好養疴,氣候最清和。地僻塵氛少,巖深藥物多。身心甘宋寞,歲月任蹉跎。會得幽栖意,蒼松不改柯。
方山好納涼,松翠鬱蒼蒼。未雨雲先潤,無風草亦香。人間正炎熱,世外有羲皇。莫便悲秋氣,衰顔慣雪霜。
方山好聽松,聲滿小樓中。鑿翠開窗户,飛濤挾雨風。遠疑城屹屹,高並石葱葱。舊夢成遥憶,才知畫未工。
方山好步游,岩壑足冥搜。倚石看雲出,尋泉聽澗流。意行無遠近,目涉即淹留。況借篴輿力,登臨得自由。
方山好坐觀,高院倚層巒。泉向空中落,松疑畫裏看。(撵)〔攓〕雲時啓户,邀月偶憑闌。爲問壺頭路,何人老據鞍。

八月六日自方山還息園

纍月山中住,還家得小園。青葱入畦徑,爽朗出窗軒。西北峰巒集,東南草木蕃。平臺一登眺,夕照滿隤垣。

小園霜後書所見

小園石榴花,去時花似錦。歸來秋葉黄,有酒不能飲。南墻四小松,北牖雙竹叢。風霜了不知,醉我明月中。

大姪卜宅村西,冷官歸來,斯有望已,詩以速之

蘭山舊宅傍村西,宅爲吾三世父蘭山公舊居。白鹿嵐光夕照低。有菊且容三徑醉,無田聊借一枝棲。衰年叔姪終相守,老圃鉏犁欲共擕。小園西南與此宅相望。盼汝歸來須及早,風煙南望使人迷。時河南方有兵事。

姪孫友觀鄉試中式,志喜寄大姪,并勖觀孫

緜緜世澤繼芬芳,冉冉隤齡近夕陽。報捷正逢花滿徑,是日重九。感深翻覺淚霑裳。艱危時勢須人濟,策勵精神要自彊。兩地登高身共健,歸來老圃有餘香。

老屋東北角小閣題曰"晚翠"

虚閣跨檐角,遠山張畫屏。悠然見蒼翠,何必出門庭。人外夕陽好,夢中塵海

經。從今閒便上，栢酒莫教停。

訊　菊

白衣送酒已經霜，宋寞東籬怕舉觴。不解謫仙何所苦，爲花惜此兩重陽。"菊花何太苦，遭此兩重陽"，太白《九月十日即事》詩也。

耳　聾

阿翁真箇似癡聾，竟欲呼兒問朔風。牀脚惟聞鬥牛蝗，籬根何暇責雞蟲。臨衰鼙鼓催人急，晉省正辦防堵。多病文章笑我窮。但願書聲常在耳，三間土屋一冬烘。

卯孫每夜伴其幼叔綬兒讀書，喜而勉之

家有讀書聲，翛然夜氣清。老夫百事懶，惟此最關情。善問如攻木，遺編念鑿楹。三冬時可惜，莫負短鐙檠。

述懷詩四十七首并序*

道光二十一年，寯藻量移户部，入直軍機，適值夷務方殷，數年始就撫議。咸豐元年廣西教匪俶擾，命將徂征，徵兵調餉，於今五載。每念宵旰焦勞，才疏任重，末由贊畫萬一，憂懼媿憤，遂成痼疾。仰蒙恩施逾格，俾令致仕養痾，而寸忱耿耿，日夕難安，呻吟之餘，口占數絶句。《書生》以下六首，追述夷務；《粤寇》以下三十首，皆今日之軍務也，統題曰《述懷詩》。事惟紀實，不敢彫琢曼辭，聊以述衰病餘生，區區感激之懷云爾。

書生六首

書生報國只文章，豈意叨陪政事堂。十四年來無寸補，艱難險阻已深嘗。

樞垣傫直理軍書，猶及揚威命將初。閩越夷情曾眼見，苦排衆議欲何如。

毒煙一炬法三章，辣手雄心勢莫當。那料甬東先揖盜，焚輪從此海波揚。

總戎一旅鎮南瀛，觀察知幾折逆萌。畢竟孤忠邀帝鑒，海疆功罪本分明。達洪阿、姚瑩以臺灣夷務逮問，立荷恩施。

難填虛牝是黄金，力挽聵風廟略深。共仰虞階干羽化，誰知當日誓師心。

盈廷大計主和戎，宵旰殷憂允執中。祕館千秋方略在，批章如見聖人衷。實録館奉旨恭輯《夷務始末》一書，具載當時臣工奏議，聖人不得已之苦衷，昭然若揭。

粤寇三十首

粤寇連年恨未平，失機最是永安城。可憐四鎮同時盡，那有功名問向卿。杜詩《惜别行》，送向卿之上都。

桂林北竄勢難收，便向全州入道州。烽火長沙連鄂渚，大軍猶駐岳陽樓。

授鉞專征律有常，官逃兵潰竟如狂。聖人誥誡分明在，親見名刀出尚方。

孤軍遠引卓刀泉，已報江城火燭天。不道鯨魚能手掣，坐看黄鶴化秋煙。

洞庭鏁鑰失咽喉，猶冀蘄黄扼下游。才若士衡空撫掌，一宵千里下扁舟。

九江直下小孤山，密旨諄諄爲守關。豈料皖城先不守，大官車馬走班班。

粤楚登陴力可支，棄城不守欲何爲。誰歟畫此無聊策，當道空聞卧老羆。

---

* 述懷詩36首及另11首詩，共47首，原稿載《勤學齋存草》即《䜣䚫亭後集》稿本第三卷首及其它卷中，祁寯藻在《勤學齋存草》前批有“内有應删詩、《述懷詩》諸絶句，以直敘時事，未合詩人含蓄淑旨，未入後集，然亦不可遂廢也。世長志之。”因此，以上詩未録入咸豐七年刊印的《䜣䚫亭後集》中。這次編輯時附録在《䜣䚫亭後集》之後，以補原刊本之不足。

皖城已破向金陵,近守梁山恨未能。十萬雄師徒口説,鈐轅深閉轉無憑。
節帥先逃已失機,中丞繼去更何依。孤忠留取彈章在,自有千秋定是非。
一腔熱血灑危城,早與全家誓死生。報答君親長已矣,可堪手札慰衰兄。
青天白日照丹忱,恩卹優加荷德音。泉下孤臣有骸骨,更應血淚滿衣襟。
大軍南北夾江馳,詔旨嚴催責失期。事後平心議江皖,守兵單弱援兵遲。
虎踞龍蟠氣尚存,將軍都護兩忠魂。登陴婦孺皆能戰,不負天家訓練恩。
北固城傾江水愁,瓜洲烽火入揚州。眼看兩郡成焦土,大帥旌麾擁上游。
蜃市樓臺壓壞雲,蟲沙猿鶴莽難分。傷心父老談前劫,十二年來不忍聞。謂夷船前逼金陵刦和事。
三窟深藏技有餘,三軍鼎峙轉趑趄。長江自古稱天險,卻被顛風縱巨魚。
七省干戈苦未銷,羽書馳驟且逍遥。庫儲已竭三千萬,奏凱何時答旰宵。
夜半風雷若有神,大梁一戰走黄巾。覃懷守令尤難得,力捍孤城近十旬。
尚有威名賊膽驚,單師直欲援危城。淮陰年少君休詫,壁上環觀屬老成。
楚幕煙沈烏夜啼,天狼已指太行西。誰開一面恢恢網,坐聽鄰封動鼓鼙。
嫁禍明知伏禍胎,元戎且報捷書來。終朝鞶帶爭誇耀,如此功名亦可哀。
蒲坂平陽一炬焦,眼看流血滿中條。追軍賴有新都獲,匹馬先登國士橋。
潞澤諸軍未合圍,草間孤兔竄如飛。洺關誰是當關者,又縱妖氛逼近畿。
深州東下接滄州,近海烽煙久未休。不是津門賢令尹,郡城保障與誰謀。天津令謝子澄。
將略深沈貴出奇,擁兵持重欲何爲。行師自古和能克,廉藺於今卻是誰。
禁旅貔貅三萬餘,已令釜底困游魚。楚氛甚惡休相待,日盼河間奏捷書。
楚南國士本無雙,不死西江死皖江。失此長城堪痛哭,湘帆回首氣難降。
滇黔老帥守江陵,力捍危城尚可憑。決計前驅拚一燼,孤忠唯有聖人矜。
慘澹江烽埽不開,誰提一旅奮雲雷。詩書那用空言託,卻縠當年亦帥才。
埽除河北靖畿疆,大樹聲名衆所望。南國旌旗紛滿眼,天弧更爲射天狼。

葉潤臣名澧孔繡山憲彝招集同人慈仁寺展禊集《蘭亭敘》字二首

暫集古蘭若,同游方外天。清和當永日,寄託感流年。山曲亭相引,林陰坐每遷。春風猶未老,領取一欣然。
諸賢修盛會,峻品仰亭林。静室蘭同契,虛懷竹自陰。流觀如有遇,取次亦時臨。因悟日知録,斯人無古今。

人匏齋諸先生詩一幅皆指此像爲李太后，或彼時尚二軸，而詩中何以俱未之及，曾賓谷先生詩注以爲誤也

昔聞金塔樓，尊奉九蓮像。漁洋曾見之，雙軸光燗朗。燕舟留客話，其時像猶兩。蓮臺錦袈裟，寂寞塵蛛網。厥後戴奉常，録詩及唐蔣。像已失其一，仙李空瞻仰。皆云慈聖容，作歌感疇曩。紛吾攷舊聞，疑信時惝怳。今觀莊嚴相，毗盧儼相仿。佛號並紀年，金書尚題榜。思陵幼失恃，追溯心悵惘。宛轉求畫工，指示煩母黨。六宫紛雨泣，專殿崇肸蠁。從此真容出，亦資佛力廣。緬思作繪年，時事益紛攘。遺像下神霄，悽顔動天仗。孝定有前徽，冥漠合並享。不知慈壽寺，後來孰移往。詩龕重潢治，記載應不爽。此寺屬卯金，呵護有龍象。近時曾南城，題句發遐想。想見皇覺初，栖霞餘梵響。

自嘲頭創

肝家風病久難攻，炎上居然致内訌。厝火積薪殊不料，焦頭爛額本無功。養癰試問誰貽患，求艾何如早發蒙。差幸天君仍未擾，靜觀時唤主人翁。

詠文潞公官絹收鐵錢事潞公知永興軍，起居舍人毋湜上言，陝西鐵錢不便於民，乞一切廢之。朝廷雖不從，其鄉人多知之，争以鐵錢買物，賣者不肯受，長安民多閉肆。公召絲絹行人出縑帛數百匹，使賣之，曰納其直者盡以鐵錢，勿以銅錢也。於是衆曉，知鐵錢不廢，市肆復安。

毋湜何人議鐵錢，長安市上擾如煙。若非鎮靜官收直，幾致喧騰賈亂廛。胥動浮言由寡識，不驚流俗爲行權。同心惟有東坡老，馳禁杭鐙任自然。

閒　中

白髮蒼顔六十三，閒中況味得初諳。病來解組人翻羨，年到懸車我尚慙。弱足者居差自幸，壯心不已豈非貪。香山詩卷重披讀，可許雲皋寄一龕。

夢　覺

烏啼鵲噪睡朦朧，夢覺軒窗日已紅。堪笑名心猶未盡，卻從朱邸試雕弓。

何青耜兆瀛**以香山生日**正月二十日**詩見示和之**蔣刑部超伯爲香山作生日，同人賦詩。

吾衰頗似香山老，樂天以目眩、足疾致仕。歸計難逢洛水春。欲把心情校多少，居然六十二三人。香山《感春》詩:"心情多少在,六十二三人。"

問　鵲

問爾營巢鵲,巢成卻爲誰。藏身留密蔭,何不遠銜枝。

鵲　答

亦欲遠銜枝,羣烏近樹窺。巢成須慎守,或免再三移。

和三兄《自警》詩

吾家數十載,最喜弟兄和。回憶艱難際,都由閱歷過。藏身先以恕,應物貴無苛。自警交相警,聊爲式好歌。

讀香山句有感,續成一律

消磨歲月成高位,比類時流是幸人。在昔樂天能獨往,於今藏拙屬吾身。抽簪敢忘艱難會,聞磬還思節義臣。《禮》鄭注:"磬以立辨,辨謂分明於節義。"但願休兵仍健飯,歸歟扶杖作閒民。

詩補遺二十二首*

小五臺精舍夜坐,次田季高嵩年韵

冷雨疎香地自偏,雲峰縹緲落窗前。湖山影裏城如水,槐柳陰中路似煙。一院鐘聲聞上界,半簾月色倚涼天。與君更約消殘暑,井冽茶清試手煎。

村寺題壁

柳堤深處覺秋晴,踏葉聲隨落葉聲。立盡西風誰作伴,野人問訊不知名。

唐刹經幢

蘭若傳唐代,危簷列石幢。尼經文未泐,佛力鼎疑扛。年號留沖主,人心繫舊邦。神功猶紀大唐,不冠周號,可見當時人心。感懷興廢蹟,徒見古松雙。

紗嶺屏橫

嶺勢成山字,橫斜黛色鋪。暖煙披絮帽,晴翠落紗幮。路轉雙灣水,天開九疊圖。南屏脩竹好,佳唱憶髯蘇。

葦汀雨過

一雨便驚秋,涼生古渡頭。圓沙環曲岸,密樹起層樓。縠影韡紋漾,嵐光墨點浮。蒹葭人跡少,閒聽烏鈎輈。

鳳嶂連雲

壁立層霄峻,雝喈憶鳳岡。嶺雲穿洞出,龍氣抱山藏。日煖松枝秀,風和藥草香。靈巖東望處,神蝠共青蒼。東與方山對峙。

鹿峰挹爽

蕭颯陂塘上,琤琮聽湧泉。一名湧泉山。林深時放鶴,山冷不聞蟬。笛倚輕寒月,

---

* 原《䜴䶮亭集》、《䜴䶮亭後集》未録。今從《平舒山莊六景詩》、《清詩紀事》以及收藏家中集録詩22首,補入《䜴䶮亭後集》之後。

人歸薄絮天。蒼苔與白石,爲訪鹿皮仙。

龍門煙樹

葱鬱氣佳哉,天然勝景來。水迎三面合,峰鑠一門開。碧靄含朝旭,春陰動早雷。登龍知不遠,鯉化有奇才。

題《梅花圖》

梅花風格自精神,雪後林巒故作春。空谷足音殊可喜,含豪落筆寫前人。

海鄰書屋詩

龍鍾七十二年人,回首登科似隔晨。親見唐虞三代盛,老逢甲子上元春。講筵媿乏研經學,朝典恩寬乞病身。比類香山吾更幸,椒槃先薦歲華新。

頃得松龕七兄先生手書,知應召來京有日矣,喜成二律,録呈教正乙丑歲重九日

尺書千里寄同岑,聞道朋來幸盍簪。表裏山河鄉國夢,吾晉團練事,宜君總其成。艱難時事老臣心。御屏諫牘名猶記,宣室疇咨望更深。正是上陵秋駕日,感恩還欲涕霑襟。

舊交落落數晨星,出岫閒雲且復停。媿我懸車今已再,共君翦燭昔曾經。京寓比鄰,海疆共事,回首宛然。諸生久被河汾澤,累年主講平遥書院,士風大振。過客新題野史亭。忻州元遺山先生祠,賴君贊成之。知有嘉謀將入告,未容回戀草堂靈。

讀《卜魁詩集》並賦,敬題二律

去國七千里,行吟二百篇。先生真玉局,有子似斜川。骨肉君恩重,冰霜道力堅。兹遊信奇絶,或恐是詩緣。

大筆都京合,窮荒志乘開。流離仍故土,公先世居混同江東北弗阿辣地。研練出新裁。萬紙雞林去,三年鳳詔來。要知忠愛意,不獨著書才。

自題《長春寺賞花圖》

香山洛社跡已陳,後來此舉多效顰。七人小集亦偶爾,念兹舊好逢餘春。曹公許公年最長,蒼松瘦鶴齊精神。曹、許二公皆八十。曾公長眉氣沈厚,龔公頎然

和而恂。兩潘昆弟鬚漸白,年雖未耆情則親。星齋、戩廷昆弟,亦將六十。列坐以齒略形跡,或默或語皆天真。嗟予久衰尚能醉,未醉先已忘主賓。是日穀雨後二日,萬花照眼光鮮新。老人看花花亦怪,紅雨亂落風揚塵。豈知風花更爛熳,霑衣吹面香滿身。千秋萬歲奉嘉節,此寺真合名長春。康衢擊壤原吾事,金鑑陳堂自有人。

感舊一篇示世長

公退如致仕,寺齋深閉門。長兒來省吾,與之閒討論。上言時事艱,力學酬國恩。下言生計拙,勉以咬菜根。兒言母祭日,歸當治魚飧。茫然使我悲,悲我老且昏。昔歲在乙巳,月亥日上旬。汝母舍汝去,今已十九春。汝甫逾弱冠,吾則霜鬢新。維時直樞密,綺園逢慶辰。不敢以私請,前夕還城闉。雞鳴別汝母,執手淚滿巾。汝母不能語,色悲目猶瞵。孰知彈指間,再見渺無因。歸聞汝號咷,衰絰已在身。一慟臥半月,病中吟且呻。強起復視事,義不顧所親。家事遂付汝,吾心日酸辛。歸葬復還都,念汝無弟昆。汝母舉五男,睘睘惟汝存。一第不及見,夢中聲暗吞。汝母逝三日,吾初見女孫。女孫長及笄,弟妹知凊溫。吾豈不自慰,但覺日月奔。前年患難際,流離返山邨。即今再出山,舊巢仍有痕。近復脫罣礙,一飽腹自捫。一眠輒竟夜,始悟道力尊。吾室惟法喜,東坡句。吾詩笑莊盆。胡爲若有感,求舊古所敦。

癸亥歲十月九日,息翁書於西華門外靜默齋。

元日述懷贈吾妹

甲子重過歲又遷,身雖老病意欣然。不知絳叟辭城役,晚景優游更幾年。
少小家庭遭播遷,即今衰夢尚悽然。白頭兄妹談前事,初別京華是此年。

嘉慶乙丑歲,先君奉戍伊犁,先母挈兒孫輩自京歸里,今存者惟吾與四妹兩人耳。老得重聚,感慰交并。同治四年歲次乙丑元日述懷贈吾妹,并示長兒、彭孫,時姪孫友謙亦在京寓也。勤學齋老人手稿,時年七十有三。

題王金策《芙蓉樓踏雪圖》道光沅州學使祁寯藻。

水檻花軒繕釣舟,龍標山色滿城頭。一從送客平明去,萬里長江日夜流。懷古且看王宰畫,登高空費仲宣愁。腰間記取金魚帶,曾醉天津舊酒樓。

户銀灣月渡窗

高閣晴霞外，金栢送畫艭。客心迴晚照，詩思滿秋江。白界濤頭練，紅移岸口幢。餘波纏綺散，遠寺忽鐘撞。仙佩軒軒舉，離懷歷歷降。雲光浮雁字，水調寄漁矼。着色山開磴，敲吟月上窗。夜來拈朝筆，花歌夢雙雙。

春海仁兄以和章見示，疊前韵奉報，即請削政侍弟寯藻拜草。

萬卷方期與古游，喜君同氣許相求。閒從籀史尋科斗，先生精六書。擬問毛公注鵲鳩。寯方欲從事毛、鄭之學。榆柳春陰三徙宅，園廬寯凡三徙。江湖歸夢兩登樓。與君奉使先後登岳陽樓。不須苦憶蒓鱸味，池水分明石可投。

登樓曉望二首録呈三兄大人槩正，弟祁寯藻未定草。

寒日初昇萬竈烟，高樓獨倚思茫然。關西征戰何時息，滿眼旌旗過受川。
曾聽鐃歌奏凱還，雪中楊柳不禁攀。書生投筆知無用，坐看南樓一角山。

試帖詩五首*

風雨玉燭

帝德符天德，心和召歲和。風雨調有象，玉燭照無頗。度式圭璋重，光爭日月多。揚仁披瑞莢，沛澤潤嘉禾。寶自豐年告，華同復旦歌。三階平可驗，四氣妙相摩。虹彩凝屏扆，龍銜曜馺娑。時雍昭聖治，箕畢頌卷阿。

枉矢哨壺

燕飲陳壺矢，歌詩請卒投。旨嘉賓禮洽，枉哨主辭修。利豈分尋尺，虛原類豆區。直弦應可弛，攲器欲相侔。挾柘初離席，催銅已報籌。晉齊言太侈，魯薛令兼優。不假椄皮射，還看舉爵浮。儀容誰稱此，緩帶與輕裘。

千里書回碧樹秋

不覺書回遠，依然慰別愁。情方千里達，樹又一番秋。雁足齎應早，龍鱗瘦不稠。計程頻屈指，問信竟從頭。錦織詩成未，紅題葉落浮。平安今報鯉，晴雨舊占鳩。驛路庚郵遞，瑶緘子細收。萬金如可抵，旅館莫勾留。

萬片野花流水香

泉本甘如醴，環流潄碧芳。況逢花帀路，更覺水涵香。片片浮桃浪，彎彎護柳塘。叢低鋪麗景，徑曲漾晴光。細纈苔錢密，濃拖荇帶長。淺深心不競，開落意全忘。淨緑携菱鏡，飛紅趁羽觴。近依宫樹望，熟稻祝豐穰。

山果落秋紅

紅斷山城路，累累果綻霜。葉飛飄艶影，風緊落秋香。遠樹殘星墜，低枝碎錦颺。爭添霞際色，不逐雨中黄。火實疑拋彈，胭脂欲染妝。樵歸三徑晚，雀噪一林忙。色映楓江冷，叢迷菊澗芳。斜陽深淺處，採摘已盈筐。

---

* 試帖詩5首，摘自《試帖玉芙蓉集》、《試帖大觀》。

尺華齋試律存草九十五首

余從先君子讀書蘭陽二年,月得試律約十首。改館應課時,月得詩十餘首。手寫成帙及零片甚多,不自愛惜,輒復散佚。此世長搜書篋所得,僅一卷,其中有館課已刻者。姑存之,以貽家塾。甲寅夏日淳甫記。

賦得萬寶成得"秋"字五言八韵

綏萬豐年屢,時當大有秋。作甘符地寶,成實賴天庥。疊穎珠苞熟,輔菉玉粒稠。十千應耦計,三百合囷求。價抵藍田種,名同穀璧收。露禾滋北里,金粟擢西疇。襏襫人無逸,倉箱數預籌。坤珍歸帝闥,餘論採莊周。

賦得四月秀葽得"葽"字五言八韵

小正詳幽秀,豳詩獨紀葽。純陽隨月候,多識驗風謡。細綴離離穎,低連翼翼苗。堅同王萯實,柔勝女桑條。半夏生猶晚,先秋氣已驍。味宜炎作苦,形是草惟夭。稻隴秧纔插,筠籃菜共挑。御園新雨後,輦道緑迢遥。

賦得日高花影重得"重"字五言八韵

鎮日晴窗坐,看花意未慵。小闌圍曲曲,高影落重重。竹外三竿度,苔邊一徑封。密穿金瑣碎,低壓玉瓏鬆。蜂蝶紅成陣,池臺緑有蹤。午風摇欲亂,春水照逾濃。永晝移清漏,餘陰送下舂。八甎翔步處,黄繖舞槐龍。

賦得矮紙斜行閒作草得"閒"字五言八韵

瀟灑耽章草,斜行意態嫺。偶然書數紙,聊爾破餘閒　。尺幅縱横處,分陰荏苒間。眼花渾不礙,手札徑須還。蛇綰憐時樣,鵝嬌博笑顔。檻雲濃帶墨,庭樹静如山。衮衮看人慣,怱怱得暇艱。何當安筆硯,詩句爲頻删。

賦得鳥窺新捲簾得"窺"字五言八韵

簾捲無人覺,林深有鳥窺。春風相識處,暮雨欲來時。繞坐餘香散,當窗對語遲。那愁金彈擲,故逐玉鈎移。碧訝波紋淺,青憐草色滋。畫鷹呼不避,梁燕睇仍疑。曲徑雙柑酒,閒亭一局棋。何如阿閣鳳,刷羽傍罘罳。

賦得茶宴得“茶”字五言八韵

獻歲賡天藻,芳筵瀹貢茶。蓂階舒二葉,茗宴啓重華。玉盌寒擎雪,雕槃艷吐葩。月團天上鏡,春樹雨前芽。鳳紙香同襲,貂裘煖更加。恩隨珠露降,美並蔗漿誇。幸沐涵濡化,榮分侍從家。三清曾拜賜,染翰荷褒嘉。

賦得坡煖冬生筍得“冬”字五言八韵

臘日今年煖,平坡竹翠濃。怒生看稚筍,陽氣轉嚴冬。破凍苞微坼,穿林土尚封。牛羊疑見角,泥雪暗尋蹤。老緑扶修幹,芸黄出細茸。密應隨茘挺,寒不借梅衝。得火唐花早,含春岸柳重。何如龍籜解,直節本天鍾。

賦得冰嬉得“冰”字五言八韵

教戰非嬉武,因時欲試冰。鏡光三海炫,雪意一宵蒸。鵝鸛行初整,魚龍影共澂。猿肩爭角觝,駿足謝鈎膺。履薄平如砥,凌虚直似繩。沍寒威益厲,趫捷力堪乘。挾纊春恩被,迎鑾曉日升。天山今奏凱,不待六師興。

賦得早朝玉勒千門雪得“朝”字五言八韵

玉勒銜寒雪,金鐘集早朝。門開龍尾靜,人擁馬蹄驕。珂欲因風想,鞭疑拂絮飄。直從鳷鵲觀,横過鳳皇橋。瓊樹花千疊,銀杯路一條。白連冰沼近,紅送火城遥。仰視天臨鏡,渾如月傍霄。雲章應誌喜,簪筆賀豐饒。

賦得但見新筍齊屋山得“齊”字五言八韵

不知春已去,但見竹成蹊。高筍如山擁,新梢與屋齊。森森青可束,裊裊緑堪批。始訝牛羊没,旋疑棟宇低。礙眉抽細箭,引手異柔荑。密壓魚鱗動,斜垂鳳尾栖。瓦松排左右,檐柳拂東西。欲問持竿客,柴扉對剡溪。

賦得三清茶得“三”字五言八韵

茗宴重華啓,賡歌帝澤涵。花甎陰惜寸,茶餅味分三。松實香同煮,梅英馥共含。嘉筵還飣果,珍品並傳柑。質美交宜淡,心清飲不貪。一甌隨意足,七椀任人酣。炊玉新名錫,銜珠好句探。詩成恩寵渥,春盎鳳城南。

賦得洋表得"洋"字五言八韵

誰製知時表,精工出遠洋。象天旋左右,測景辨陰陽。紐直心無倚,輪圓面有光。銅渾盤磨疾,金鑰引繩長。似玉環同佩,爲魚袋並藏。地中圭可擬,馬上漏堪方。欲指鍼南北,先分道赤黄。璿璣臨海宇,日贊效臯襄。

賦得弱冠弄柔翰得"柔"字五言八韵

三賦才華擅,東京著作儔。問年思弱冠,詠史慕前修。染翰心先壯,揮毫手亦柔。終童繻可棄,定遠筆空投。覆醬從人笑,雕蟲早自羞。名喧江左日,紙貴洛陽秋。頭角群相羨,心胸老更遒。建安風骨在,氣已奪曹劉。

賦得得火銅瓶如過雨得"瓶"字五言八韵

茶餅開新絹,銅花拭小瓶。雨聲吹乍過,火候驗初經。煎水輕堪試,鳴笙細可聽。點看跳碎白,色欲奪純青。隔坐灰曾撥,當檐溜未停。井眉朝罷汲,魚眼夜常醒。滌硯知冰結,圍鑪任户扃。何如香滿袖,玉茗賜彤廷。

賦得冰痕生硯水得"冰"字五言八韵

不覺寒來驟,閒看硯沼澄。灑窗聞夜雪,注水有輕冰。玉匣開重襲,銅瓶透一層。濡豪煙欲破,潑墨紙生棱。鸜鵒窺猶活,蟾蜍滴漸凝。瀋餘煩火炙,凹處想雲蒸。鬥茗光分盌,銜花影上鐙。吟肩誰聳立,呵凍興堪乘。

賦得詩成得繡袍得"袍"字五言八韵

孰號詩無敵,千金視此袍。文章能得雋,錦繡在揮毫。紫鳳當筵燦,雕龍運筆豪。彈丸看手脱,機組想心操。自是珠探易,何須汁染勞。奪袠名早重,練賦價能高。贈我同金錯,投人比木桃。何如賡茗宴,嘉賚近臣叨。

賦得豹隱霧得"文"字五言八韵

隱隱南山豹,含章志不群。試看藏在霧,早已蔚其文。谷暗嵐光溼,毛深草色薰。一斑窺髣髴,四塞鬱氤氲。掉尾求難獲,留皮願孔殷。騰蛇羞伴侶,射虎誤傳聞。麟鳳思郊藪,蛟龍得雨雲。終當袪褎飾,香案侍仁君。

賦得深屋喜鑪温得"深"字五言八韵

竹屋饒佳趣,嚴寒喜不侵。香煙攜欲滿,鑪火夜來深。繞坐茶煎鼎,開窗雪綴林。重簾風細細,一綫日沈沈。榾柮紅堪惜,屠蘇煖試斟。衹疑花發早,忽訝凍消今。春向閒中覺,時從撥處尋。幸依温室樹,噓植仰薰琴。

賦得水仙得"仙"字五言八韵

誰擬淩波質,花中獨號仙。叢生常近水,冷艷恰如煙。玉蒜簾紋重,銀臺鏡彩妍。玲瓏嵌石小,綽約翦冰圓。謝女尋幽夢,唐宫列綺筵。山從姑射認,賦爲洛神傳。茶鼎聯詩地,梅窗對雪天。涪翁佳句在,好寫畫屏前。

賦得林表明霽色得"南"字五言八韵

雪後林容豁,雲端日色含。山明知積素,天霽見浮嵐。樹已花飛滿,竿纔影上三。冰壺淩曉澈,玉蘂待春酣。粉本涵虚白,煙梢襯蔚藍。松濤寒共聽,蕉葉畫同參。陰嶺當城出,晴窗著句堪。瀛洲邀御賞,佳景鳳池南。

賦得望雲思雪意得"雲"字五言八韵

澹墨濃煙裏,林巒望不分。曉光疑積雪,寒意認同雲。漸覺浮嵐羃,遥思擘絮紛。横窗梅欲萼,照水鏡生紋。凍雀淩風早,嬌雅占日曛。玉樓增料峭,銀海散氛氲。人語圍鑪慣,詩情對酒欣。陽春誰儷曲,紀瑞仰丹文。

賦得寒魚依密藻得"魚"字五言八韵

游鱗寒欲蟄,密影聚清渠。偶見依于藻,方知樂在魚。菱絲牽處動,玉尺掉來徐。瀲灩吹花緩,喁喁鼓沫舒。人疑叉雪待,時憶負冰初。貼水遮文石,銜鈎出素書。沙禽晴自照,岸草緑難梳。太液春先到,煙波任所如。

賦得暖帶入春風得"春"字五言八韵

紅燭盤花處,蘭宫守歲人。酒添今夜暖,風遞隔年春。雪意寒初轉,冰痕薄未匀。景纔量綵綫,光欲汜青蘋。暗度簾鈎穩,輕移鼎篆頻。吹噓梅萼早,漏洩柳條新。温室芬芳襲,茅檐笑語真。陽和調玉琯,鳳詔藹絲綸。

賦得江上詩情爲晚霞得"江"字五言八韵

高閣晴霞外,金杯送畫艭。客心迴晚照,詩思滿秋江。白界濤頭練,紅移岸口幢。餘波纔綺散,遠寺忽鐘撞。仙佩軒軒舉,離懷歷歷降。雲痕隨鴈字,水調寄漁矼。著色山開磴,敲吟月上窗。夜來拈彩筆,花影夢雙雙。

賦得魚戲新荷動得"荷"字五言八韵

群魚欣在藻,蕩漾動新荷。潑潑方衝浪,田田始貼波。乍看形隱現,旋覩影婆娑。吹沫爭游戲,依蒲避網羅。珠跳疑露綴,葉響意風過。浴鷺移拳疾,驚鴛屢舞傞。低纔翻翠蓋,密許織銀梭。九夏生機暢,芳池逸趣多。

賦得微吟詩引步得"吟"字五言八韵

平生幾兩屐,强半爲行吟。擁鼻思方動,搘笻興不禁。八叉才絡繹,三昧意深沈。訪菊頻過徑,哦松慣倚林。去來無滯迹,長短有遺音。得句占從口,謀篇匠在心。非文同歎賞,作賦異登臨。抱膝胡爲者,新詩白傅尋。

賦得借書於手得"書"字五言八韵

建安推鉅手,速藻壓楨璩。捫腹能成槀,澆胸偶借書。珠光藜杖吐,花彩錦毫舒。斷簡憑刊謬,高文欲課虚。一瓻沽酒後,七步獻詩初。臂指供驅策,山淵助獵漁。棄觚才易盡,焚硯技難如。不入陳思室,誰知萬卷儲。

賦得游魚銜鈎得"文"字五言八韵

平原工體物,作賦誦清芬。魚貫形成字,鈎深象著文。游鱗潛密藻,銜尾躍圓紋。乙乙銀絲掣,纖纖玉玦分。重淵窺活潑,尺素吐殷勤。理向聽琴悟,人因結網欣。雕龍才並艷,祭獺志何紛。更喜聯翩勢,英辭屬峻雲。

賦得出水芙蓉得"蓉"字五言八韵

謝家誇寶樹,得句亦芙蓉。秀出花千品,香搴水一重。涉江紅灼灼,窺鏡碧溶溶。艷質烘初日,靈根削遠峰。淤泥心不染,雕繪眼徒濃。舊夢餘芳草,新吟託紫茸。南亭銷夏氣,北渚葺秋容。斤竹高風在,何人木屐從。

賦得金人示戒得“言”字五言八韵

家語垂明訓,金人戒慎言。警心期有中,銘背示無諼。肖像惟師古,修辭恐失煩。出虞躬不逮,逝凜舌誰捫。戎好應常謹,摩兜敢妄論。白圭箴共切,攲器守同尊。入廟儀型在,觀圖豫教存。三緘休盡泥,聖贊理探原。

賦得桐生茂豫得“桐”字五言八韵

首夏群生遂,孳蕃淑氣通。天時呈茂豫,地脈鼓沖融。綺陌勾萌達,芳郊緑縟同。幾番滋好雨,是處颺和風。平隴芃芃麥,高岡菶菶桐。蘭池香汎碧,藥砌錦翻紅。長養真機足,謳吟樂府工。發揚瞻帝德,品彙荷帡幪。

賦得嚴陵釣臺得“臺”字五言八韵

翻悔羊裘著,空教漁父猜。當時栖隱處,豈爲釣名來。石氣千峰雨,灘聲萬壑雷。龍飛符白水,鷗夢落蒼苔。客已占星應,書休買菜催。論功羞大樹,泛宅託仙梅。故態狂應慣,高風老不迴。中興多將相,辛苦畫雲臺。

賦得伏波銅柱得“銅”字五言八韵

萬里炎荒界,千年保障功。天留南極柱,山徙漢家銅。遠峙仙盤外,高撑瘴海中。土花秋雨緑,霞彩夕陽紅。影落飛鳶疾,心爭鑄馬雄。金鉦蠻女樂,火樹粤王宫。聚米山河在,登壇險隘空。祇今銘六字,矍鑠想餘風。

賦得韓昌黎《佛骨表》得“韓”字五言八韵

象教傳身現,龍樓聳衆觀。小臣多鯁骨,危論出儒冠。縱使專車載,空餘寶珞殘。捫心同傅奕,饒舌任豐干。頑鱷驅猶易,羚羊碎不難。一封留諫草,八代挽狂瀾。此戒原持孔,吾徒幸識韓。君王千萬壽,仍欲覓金丹。

賦得聚米爲山得“山”字五言八韵

萬馬臨天水,功收擘畫間。群雄蛙聚井,大地米成山。囊括東西隴,泥封百二關。峰巒歸指掌,糠粃失孱顔。借箸籌能運,抄雲路可攀。須彌憑芥納,薏苡誤珠還。烽火敖倉遠,君臣麥飯艱。惟餘銅柱在,高峙武陵蠻。

賦得相如題橋得"橋"字五言八韵

一代凌雲筆,千秋送客橋。雄心題石柱,盛氣壓江潮。影逐龍蛇動,才爭駟馬驕。琴尊揮手謝,書劍付肩挑。漢殿高文重,梁園舊夢銷。壯遊行負弩,歸路忽飛軺。事業王孫酒,功名季子貂。墨痕餘瀋濕,拂拭已干霄。

賦得謝安賭墅得"棋"字五言八韵

浩浩淮肥水,茫茫百萬師。强鄰方捲甲,太傅尚圍棋。別墅心猶戀,東山夢未移。旁觀評勝負,此局繫安危。花影簾垂處,風聲鶴唳時。旌旗揮上將,壁壘付群兒。事類宣城賭,人存召棣思。長安原似弈,籌策仗戎帷。

賦得碧碧黃黃麥際天* 得"秋"字五言八韵

臨水花光活,黏天麥氣浮。嫩黃兼老碧,深夏似初秋。萬頃匀無際,雙岐秀已抽。浪痕添岸潤,雲影借風柔。稻隴秧還插,梅林雨漸收。翠圍芳草路,紅界夕陽樓。著色宜新絹,占豐得瑞麰。策驄周覽處,膏澤徧良疇。

賦得孔明廟前有老柏得"材"字五言八韵

溜雨經霜質,疑傳蜀相栽。丹青仍古廟,樹木亦奇材。閟殿籠香葉,空堂覆緑苔。昔年龍卧處,今日鳳栖來。氣接樓桑蔭,燒餘火井灰。荒涼祠宇剩,蟠屈陣圖開。籌國勞神筆,成梁惜漢臺。草廬回首地,猿鳥尚徘徊。

桃花源** 得"仙"字五言八韵

曲曲青谿路,漁歌去杳然。萬花迎客棹,一葉破春煙。樹密香成國,波平緑到天。人家依峽裏,雞犬出雲巔。月爲秦樓駐,山因甪里傳。落英消野釀,流水認歸船。此境誰工畫,重游或少緣。折腰何太苦,應羡武陵仙。

賦得木蘭從軍得"蘭"字五言八韵

平時當户織,只作女郎看。一紙喧軍帖,千金市駿鞍。纖腰惟插箭,淺鬢恰勝冠。山色凝脂艷,河聲斷杼寒。去時征鼓競,歸路戰袍寬。衣錦還鄉樂,簪花

---

* 此題上眉批有"九卿考試差題"六字。

** 此題缺"賦得"二字。

拜爵難。紅妝驚伴侶,白髮話團圞。底事深閨裏,回文泣若蘭。

賦得荷葉遮門水浸階得"遮"字五言八韵

苕溪溪水上,築室傍荷花。階下三篙浸,門前萬葉遮。疏欄纔露鴨,細草漸喧蛙。粉墜紅鋪地,窗開緑上紗。打扉驚驟雨,泛宅借浮楂。涼影扶漁榭,秋痕落漲沙。香中多徑路,深處幾人家。佳境宸章繪,清芬驗物華。

賦得栽花準擬爲詩客得"花"字五言八韵

有客饒詩興,春來句吐葩。擬拚千日醉,吟徧一園花。舊種風翻蘂,新栽雨茁芽。繞籬皆錦繡,落筆即雲霞。樹接蘭成宅,溪鄰杜老家。飛英時拂袖,埽徑每停車。金谷從人羡,河陽只自誇。薰香依禁籞,天藻捧光華。

賦得畦蔬繞茅屋得"蔬"字五言八韵

小住芳園裏,畦分爲課蔬。誅茅依故宅,繞屋引新渠。隴密青無隙,階深緑不除。一條花徑暗,四面紙窗虚。未礙秋風捲,曾經夏雨鋤。蘿痕添補綴,樹影借扶疏。買菜書何益,編籬地有餘。短衣長鑱客,應憶草堂居。

賦得宋子京修《唐書》得"修"字五言八韵

三百年來事,何人鉅筆修。新唐評月旦,小宋擅風流。吏隱偕琴鶴,書藏費棟牛。垂簾朝聽鼓,翦燭夜登樓。銀管功曹進,牙籤侍女收。高文推一代,寶鑒足千秋。治蹟徵仙李,才名敵老歐。更誇詞句艷,紅杏憶枝頭。

賦得林紅半被暮雲燒得"燒"字五言八韵

萬林紅不斷,暮色遠蕭蕭。落日光猶射,蒸雲勢欲燒。低烘黄葉渡,半捲赤城標。翠豈經霜染,脂疑著雨嬌。舊痕迷野火,餘影逐山樵。花憶潭千尺,煙衝路一條。晚霞魚尾淺,秋樹馬蹄遥。放眼高樓上,憑誰畫幓描。

賦得二八升得"升"字五言八韵

景運中天啓,英賢二八徵。勳華千載盛,元愷一時升。共贊明良治,群推伯仲稱。數原符岳牧,德合佐林烝。布化垓埏徧,論才達適增。嘉猷臣黼黻,高胄帝雲仍。敷奏重瞳舉,賡颺百揆承。彤庭方籲俊,三五慶咸登。

賦得詩筒得"筒"字五言八韵

元白誇仙吏,風流贈答同。勞形餘案牘,好句報郵筒。折異荷莖細,裁須竹箭空。錦囊吟太苦,漁具製徒工。擘紙心緘素,鈐泥尾押紅。遥傳憑款段,遞唱借玲瓏。驛路孤山外,交情一卷中。更宜蕉葉護,劄酒付奚童。

賦得雞聲茅店月得"聲"字五言八韵

鈴鐸動晨征,郵亭送客行。故鄉明月色,野店亂雞聲。耿耿秋將曙,膠膠夜轉清。寒光侵古道,遠響接荒城。風雨經年别,關山幾日程。三號聞竹樹,一枕憶柴荆。快馬鞭先著,空囊劍尚鳴。曉來霜滿地,人跡已縱横。

賦得辟寒香得"寒"字五言八韵

述異標珍品,奇芬號辟寒。梅圖消九九,香國種丹丹。著袖疑薰麝,圍爐笑爇檀。靈犀持共照,温樹倚同看。雪意重簾却,烟痕萬杵殘。夜深移鴨鼎,坐久换貂冠。漢室椒風暖,唐宫桂月團。何如金殿上,雲氣捧雕盤。

賦得一日之冬得"冬"字五言八韵

養氣惟宜夜,餘閒即是冬。三時憑遞續,一日得從容。長短痕添線,高低影記舂。月斜移曉漏,霜冷逼宵鐘。織素工堪趁,研朱點未慵。小年真草草,平旦莫憧憧。尺宅涵常静,分陰慎必恭。西山箴可味,瞬息戒朋從。

賦得一樹梅花一放翁得"花"字五言八韵

安得身千億,閒看樹樹花。幾生修可到,萬點望無涯。香國都成陣,恒河欲化沙。拈來忘我相,折處記誰家。邀月三人對,尋山一徑斜。天寒疑鶴守,雪滿認鴻拏。驛使春堪寄,羅浮夢亦奢。便教團扇畫,分影徧輕紗。

賦得其臭如蘭得"言"字五言八韵

比德徵蘭臭,論心解不煩。祇宜騷客佩,如與善人言。衆草羞爲伍,孤芳静莫喧。披風香入室,紉露秀當軒。共畹經培植,同岑絶繫援。薰蕕知味異,枝葉笑詞繁。詎比蹊成李,仍思背樹萱。横琴歌一曲,空谷響潺湲。

賦得冷布得“窗”字五言八韵

爽氣來疏布,欄前暑意降。三椽開竹屋,一幅冷蕉窗。蛛網何曾織,蜂窠未許撞。糊檽遮棐几,透隙露銀釭。色襯鮫綃疊,痕梢燕翦雙。帳紗横綽約,簾蒜誤琤瑽。浣豈資薪火,鋪疑擣練江。雪羅同鄭重,被服笑涼厐。

賦得夏雨雨人得“人”字五言八韵

繡野分秧日,茅檐望澤人。早知風有信,定卜雨依旬。土脈含膏久,山容滴翠新。一時生衆緑,幾度裛輕塵。濕助槐陰午,涼添麥潤晨。乍忘揮汗苦,還勝決渠匀。月令機無爽,星言駕必親。祈甘廑聖念,龍見肅明禋。

賦得律中中吕得“時”字五言八韵

吕義通於助,宣陽首夏宜。上生音自協,中氣律先知。龠計三分益,篇裁六寸奇。紀名參伯仲,測候析毫釐。建巳星精應,乘乾火德施。九千鐘起處,十二管終時。理待州鳩闡,聲隨谷鳳吹。薰琴調玉燭,長養樂雍熙。

賦得麥隴朝雊得“朝”字五言八韵

幾處聞翬雊,迎秋麥氣饒。高低雲滿隴,寒暖雨連朝。翠引圓吭竦,黄翻綷羽翹。曉烟千畝潤,清磬一聲遥。葱翳新媒試,桑陰稺子招。音從登木棄,勢比咴塲驕。破霧秧初插,攜筐菜共挑。輞川圖畫展,茂對念嘉苗。

賦得民生在勤得“勤”字五言八韵

念切芸生衆,箴言溯楚君。養民惟子惠,趨事在辛勤。襏襫時難緩,胼胝志早殷。一犁驅緑壤,萬笠聚黄雲。暖陌晨筐出,寒閨夜杼聞。農桑勞董勸,井竈動歡欣。景許茅檐繪,人思篳路勳。知依廑黼座,解阜奏時薰。

賦得大法小廉得“廉”字五言八韵

秉禮堪肥國,官箴大小嚴。九能胥勑法,六計總興廉。位屬鵷班領,情同鶴俸霑。槐廳晨曳履,棠舍晝垂簾。介石懷常凛,清泉飲不嫌。霜威三尺肅,冰影一條纖。績待終年考,書應浹日瞻。亮功熙帝載,調鼎重梅鹽。

賦得龍見而雩得"雩"字五言八韵

蒼龍初夏正,祀典舉常雩。昴見占星協,桐生望澤濡。舞號文並釋,風浴義還殊。幣奠南郊幄,蹕臨北極樞。精芒騰象緯,盛樂奏師巫。彩暎鱗原燦,膏流雉隴腴。祈豐徵月令,測景合天符。鳳扆誠求切,甘霖應候敷。

賦得野含時雨潤得"時"字五言八韵

幾度甘霖渥,含膏繡野滋。黃催梅子雨,紅過杏花時。雉隴雲翻浪,鱗原水滿陂。嫩寒衣料峭,新緑屐參差。破霧犁痕活,掀風笠影攲。陰晴挑菜路,早晚插秧期。綺陌塵都淨,煙嵐沐更奇。露生涵帝澤,潤物總無私。

賦得繼長增高得"增"字五言八韵

恢台方應律,嘉卉趁炎蒸。長養時宜繼,崇高勢待增。麥收看露積,桐茂驗雲興。澤渥禾生尺,材培木中繩。新陰扶鳳幹,弱穎擢鱗塍。植性蓬麻辨,成章斧藻憑。瓊林珍百穫,玉粒慶三登。泰宇群生鬯,無疆頌日升。

賦得麥隴霑逾翠得"霑"字五言八韵

翠麥鋪芳甸,先秋象早占。濕雲連隴漾,肥雨昨宵霑。唾碧苗猶嫩,抽青穗已尖。波紋春水剩,縠影曉風添。雉覆雙歧疊,鱗排一色纖。緑堪盈手掬,黃欲待腰鐮。蠶月陰晴半,梅天冷暖兼。撫時欣育物,虞句好重拈。

賦得蓱號起雨得"興"字五言八韵

蓱翳神司契,騷經語足徵。風號天籟起,雨沛土膏興。呵電千虹掣,鞭雷萬鼓應。雲鱗隨翕吸,石燕助飛騰。積潤林嵐沐,先機柱礎蒸。懽聲酬衆望,大德答師稱。氣驗山川協,年占黍稌登。齋宫應誌喜,靈澍徧郊塍。

賦得圖匱於豐得"潘"字五言八韵

化洽群生裕,年豐衆志寬。垂裳猶念匱,擊壤已騰懽。玉食供千畝,珠炊計一簞。末因祈歲載,琴爲阜財彈。豈有鴻飛澤,頻勞鳫紀官。倉箱謀蓄聚,稼穡切艱難。魯室妨懸罄,周田戒逸盤。永圖懷帝德,精賦漫推潘。

賦得誠存爲物祈得"誠"字五言八韵

潤物休徵應,祈年茂典成。甘霖民望切,嘉栗聖心誠。北極龍躔見,東厢鳳蓋迎。紺筵斟桂醴,瑶席薦蘭羹。抱蜀精禋展,旋宫盛樂鳴。上辛儀並重,剛卯候初更。歲爲三農祝,心存六事貞。致齋昭奏格,漫詡曲江賡。

賦得幾日秧田緑似鍼得"鍼"字五言八韵

分畦纔幾日,漠漠水田深。緑野平如繡,新秧茁似鍼。浮烟鋪鏡面,脱穎出波心。馬腹低難没,魚苗碎可尋。麥天晨自潤,梅雨午多陰。織柳疑垂綫,穿花欲上簪。剡齊猶帶翠,芒老漸抽金。預識豐年樂,時薰協舜琴。

賦得酒帘風影落春流得"帘"字五言八韵

野店臨溪岸,春風到市檐。吹將流水影,摇入酒家帘。狎獵蒲帆似,參差荇帶兼。一竿晴處挂,三尺雨餘添。醉墨題仍濕,游絲落更黏。紅迷桃葉檝,白認杏花簾。燕翦輕相掠,魚鈎誤欲拈。旗亭誰坐賞,披拂動吟籤。

賦得民協于中得"民"字五言八韵

弼教期于治,咸中受厥民。平章徵道泰,和協驗時淳。定命威儀節,防情典禮循。重光天正午,四表物同春。杓斗群瞻極,罇尊共飲醇。呼嵩殊漢禪,宅洛邁周巡。不倚衷先降,無偏道自遵。垂裳欽允執,黎獻荷陶鈞。

賦得繞郭煙嵐新雨後得"新"字五言八韵

鏡水稽山裹,人傳吏隱真。樓臺煙雨後,城郭畫圖新。滴翠嵐光合,拖藍水態匀。柳橋横雁齒,稻稜疊龍鱗。淺黛重垣繚,斜陽萬瓦皴。醉迎浮白客,忙到踏青人。鐙火千家夕,鶯花十里春。皇州饒麗景,琢句陋唐臣。

賦得池南柳色半青青得"南"字五言八韵

幾日龍池柳,柔條色半涵。春生流水外,緑到畫橋南。拂草迷遥浦,縈烟襯遠嵐。塵憐朝雨浥,影助夕陽酣。舞鏡摇空碧,窺波認蔚藍。風光花廿四,天氣日重三。淺黛妝初肖,濃青染未堪。禁林鶯語早,應許醉雙柑。

賦得疏泉石罅得清甘得“甘”字五言八韵

石罅琤琮響,泉聲約略諳。不因疏濬得,誰向本源探。清帶雲根潤,肥滋土脈甘。安排施綆繘,醖釀出烟嵐。樵磴飛流界,禪池卓錫參。名應分氿濫,酌豈混廉貪。玉髓通巖竇,溪毛入市籃。何如千尺雪,浩蕩聖恩涵。

賦得煮葵燒筍餉春耕得“春”字五言八韵

西崦真堪樂,東菑正及春。筍葵充野餉,臺笠慰耕人。刈露根猶脆,穿泥籜半皴。煮分秧隴水,燒趁燎田薪。佐飯偕丹蓼,開籃想緑筠。犁鉏終歲苦,泉火一時新。午榼先謀婦,宵鐙更約鄰。紺轅勞帝力,旰食念斯民。

賦得山深四月始聞鶯得“深”字五言八韵

記得龍池畔,流鶯囀禁林。山居偏寂寂,春色自深深。坐柳金衣冷,啼花玉管沈。紅樓人已睡,緑野酒初斟。晚飯催搏黍,新秧盼插鍼。始知矼俗耳,不用逐時禽。天意憐幽谷,風光助好音。莫教蛙蟈鬧,繞屋正陰森。

賦得東風已緑瀛洲草得“風”字五言八韵

瀛洲芳草緑,不覺又東風。暖已回天上,春先到禁中。凍痕消冉冉,花信報匆匆。點綴龍池滿,吹嘘鳳沼融。鋪茵斜一道,翦綵鬥千叢。踏遍今年碧,燒餘舊日紅。蓬萊仙境界,雨露帝帲幪。翠色新承輦,微和仰化工。

賦得三月三日天氣新得“三”字五言八韵

上巳逢佳節,芳新氣候含。韶光春百五,麗景月初三。遠黛浮濃翠,晴天映蔚藍。青旂楊柳艷,紅雨杏花酣。曲水飛霞琖,華林試錦驂。枌榆連戊社,臺笠聚丁男。踏草今年屐,聽鶯舊日柑。蓬池修禊地,人影畫橋南。

賦得河近畫樓明得“樓”字五言八韵

畫角聲聲寂,銀河耿耿流。天光明似鏡,水影近當樓。虹彩雙橋落,金波萬瓦浮。星辰臨静夜,宫闕動高秋。卷幔雲陰淨,開窗雨氣收。紅墻圍檻外,朱戟照城頭。複道連鳷鵲,仙槎接斗牛。昭回應在望,聯步玉繩遊。

賦得楊柳樓臺得“臺”字五言八韵

誰家楊柳岸,深處起樓臺。綰地青千縷,黏天緑一堆。長亭隨馬繫,飛絮撲窗開。綺陌春風早,珠簾暮雨來。欄邊鸚鵡喚,葉底剪刀裁。艷門窺墻杏,陰連夾道槐。池塘涵倒影,林館淨纖埃。景入司空品,詩情廿四催。

賦得洗心藏密得“心”字五言八韵

易占蓍卦德,宥密此單心。洗垢情同水,藏身式似金。天機流浩浩,理境息深深。澡浴予懷凜,精神爾室臨。冰壺涵玉潔,鏡海測珠沉。露浥中宵月,山虛太古琴。盤盂銘共勒,扃鑰秘難尋。啓沃資觀象,垂裳仰聖箴。

賦得龍躍天衢得“龍”字五言八韵

表牘徵文舉,天衢躍九重。奇才欣薦鶚,壯志比騰龍。鼓鬣秋江水,張鱗曲澗松。風雲通變化,雷雨助遭逢。勢接三霄峻,程開四達衝。草廬寧久卧,劍浦失前蹤。徙海鵬偕奮,登門鯉共從。蜚英當聖世,膏澤慰春農。

賦得班定遠投筆得“封”字五言八韵

萬里平生志,誰追定遠蹤。壯懷投筆陣,低首笑書傭。五嶽光摇動,千軍勢折衝。棄觚寧足惜,焚硯許相從。瀚海朝傳檄,陽關夜息烽。欲窮槎漢路,不受管城封。事業馳荒服,文章屬大宗。蘭臺青史在,班令摘香濃。

賦得麥氣迎秋得“秋”字五言八韵

萬畝黄雲滿,郊原四月秋。梅炎當夏薦,麥氣向晨浮。不藉金行實,偏宜土脈柔。雲痕隨隴捲,浪影逐畦流。疊穗低藏雉,餘糧飽噎鳩。香風聞餅餌,樂歲祝車篝。北里雙歧秀,西成一例收。祈年嘉種降,率育頌來牟。

賦得忽見陌頭楊柳色得“樓”字五言八韵

柳色楊花裏,紅塵紫陌頭。不經攀折苦,誰解别離愁。草暗長亭路,煙横極浦舟。昔年曾繫馬,今日獨登樓。驀地絲絛綰,漫天絮影浮。樹猶如此老,春已不堪留。冷眼窺應乍,纖腰舞未休。凝粧人忽見,腸斷覓封侯。

賦得春陰又過海棠時得"陰"字五言八韵

不知春事晚,閒立海棠陰。花信連番過,風光次第侵。迷離纔瞥眼,爛漫又驚心。一寸紅情惜,三分緑意沉。落英猶著屐,餘影尚勝簪。畫閣人初靜,湘簾晝漸深。渾忘前度夢,未了昔年吟。彈指闌干外,徘徊直到今。

賦得雨香雲淡覺微和得"香"字五言八韵

天氣融和候,憑欄覺晝長。淡雲蒸礎潤,微雨撲林香。細濕衣紋皺,輕拖鑒影方。地宜臨水靜,人爲養花忙。夢境隨朝暮,春陰乍暖涼。扇回風力緩,踏遍草痕芳。畫棟珠簾外,蘭亭竹徑旁。幾番工領略,觴詠樂韶光。

賦得韓蘄王西湖騎驢得"湖"字五言八韵

天使英雄老,歸來住鑒湖。蹇驢從爾去,功狗免人誣。未了千軍志,空餘百戰軀。據鞍猶顧盼,伏櫪敢馳驅。鐵券悲安在,金牌歎莫須。江山今日夢,父老昔年呼。末路誰知驥,孤懷欲狎鳧。中原回首處,萬騎走平蕪。

賦得秋色老梧桐得"秋"字五言八韵

梧桐高百尺,寒色上江樓。樹爲經霜老,人知落葉秋。低迷篁萬个,遠映橘千頭。玉井驚宵夢,琴川起暮愁。疏枝黄欲墜,古幹翠仍留。日影空山冷,風聲別館幽。剪圭尋舊戲,棲鳳憶前遊。莫便成焦尾,年年爨下投。

賦得今年臘日凍全消得"今"字五言八韵

記得敲冰日,年年結凍深。岸容常待臘,春意忽回今。向暖銅瓶覺,消寒粉蕚尋。千層融澤腹,一片漾壺心。已礙狐聽渡,空勞雀啅林。歲華添綵線,農事盼秧針。天惜圍爐坐,人忘炙硯吟。東風先爾解,早晚快披襟。

賦得聖言似水火得"言"字五言八韵

水火詳疇範,詩書載聖言。直將區蓋教,微抉坎離源。有本符泉湧,惟明象日暄。鑄人胥在冶,觀海共遊門。瓶守三緘慎,薪傳一字尊。懸河空好辯,炙輠不須論。橐籥天機運,吁謨古訓存。熙朝綸綍焕,揚子漫辭煩。

賦得山水納袍得“袍”字五言八韵

製賦誇江令,青宫賜錦袍。模山雲縷密,織水浪花高。黛影眉顰削,湘紋手幾繅。雙環納翠巘,一幅翦秋濤。照日屏開笏,臨池鏡射條。烟綃驚綺散,霧縠倩風遭。舊夢曾彈汁,新情欲染毫。彤廷資作繪,華衮荷榮褒。

賦得日彩麗金貂得“貂”字五言八韵

金陛威儀肅,趨蹌集早朝。三台迎彩日,七葉麗華貂。暖入螭頭映,光分雉尾飄。長鬈拖組綬,豐珥飾瓊瑶。魚袋聯青瑣,蟬枝聳翠翹。晷移磚影細,風送佩聲遥。橐筆依温樹,彈冠捧絳霄。恩暉瞻就近,豐采重班僚。

賦得磻溪垂釣得“垂”字五言八韵

渭水青旂獵,磻溪白髮垂。烟波來大老,漁釣作王師。暫試經綸手,寧忘利濟思。玉璜文燦爛,箬笠影參差。一卷陰符秘,千秋火德基。人方依草澤,夢已卜龍彪。* 魚躍機先動,鷹揚績未遲。洋洋東海表,猶憶擲竿時。

賦得龍鱗成字得“圖”字五言八韵

一畫開天地,文章上古殊。日華曾作字,龍象亦成符。吸水看鱗次,嘘雲訝墨濡。之而形宛轉,指爪勢盤紆。逆處鯨紋細,批來鳥跡粗。珠應探頷得,筆許點睛無。鳳律諧中運,麟經啓後儒。問奇誰好事,摹繪伏羲圖。

賦得魚苗初上小如鍼得“苗”字五言八韵

陂塘新雨後,嫩緑種魚苗。鬥草纖痕漾,懸鍼碎影飄。叢叢抽翠鬛,點點逐紅橋。刺水萍絲破,穿花荇帶摇。釣鈎渾莫辨,磁石訝難招。戲躍隨風翦,停窺隔霧綃。夕陽鷗背近,春色鴨頭饒。尺素如堪贈,聊當錦字挑。

賦得山明望松雪得“明”字五言八韵

一望空庭雪,開軒快放晴。山容皴欲出,松影淨逾明。白壓疏烟重,青迷遠黛

---

* 此句中“龍彪”,似應爲“龍池”。詩以“垂”字爲韵,“池”與“垂”均爲上平聲支韵;“彪”爲下平聲尤韵。“龍池”指朝廷,與上句“草澤”相對。前文《賦得山深四月始聞鶯》中有“記得龍池畔,流鶯囀禁林”;《賦得東風已緑瀛洲草》中有“點綴龍池滿,吹嘘鳳沼融”。

輕。龍鱗排蜿蜒,鴻爪印縱横。銀海千層眩,瓊田萬疊平。林巒朝靄護,城郭暮寒生。路記樵蹤入,天教粉本呈。遥知凝望處,竹屋助吟情。

詞補遺二十三首*

沁園春·詠七夕秋花

何苦秋花，駭緑紛紅，年年亂開。爲芳名獨秀，名真畫餅；清香爭艷，香易成灰。並蒂駢枝，工愁解笑，處處招他蜂蜨猜。知無那，是春陰過了，冷雨飛來。　無心最是莓苔。任屐點縱横往復迴。况忘憂蠲慮，都成往事；當歸遠志，説是傷懷。水蓼憐風，戎葵妬日，多半劉郎去後栽。休回首，看燕飛如客，蟁聚成雷。

猶記當時，暖日晴雲，東風又催。有丁香連理，真珠結佩；女蘿同蔓，碧玉横釵。燕燕鶯鶯，朝朝暮暮，説與簾挑一笑開。而今日，剩潘郎白髮，陸績空懷。　思量京國重來。便芳草如褸誰爲裁。歎春陰莽莽，緑章難書；秋霖瑟瑟，紅葉無媒。淚迸銀灣，愁牽蛛網，天上支機安在哉。沈吟處，在芙蓉池沼，楊柳樓臺。

檄狼詞用前調

宛宛弧星，不射天狼，將安射哉。彼南箕翕舌，譚公作刺；蝦蟆蝕月，盧子興哀。夥突群嗥，跋胡疐尾，傍若無人當道豺。神靈意，豈迎猫迎虎，縱爾爲災。　閉門兀坐疑猜。忽九老彎弧入夢來。道蝗飛出境，誰曾捕逐；渡河猛虎，孰爲安排。害馬難除，祥麟不至，此事天公費主裁。君休怨，看斬蛟周處，何似淦臺。

《星經》：弧矢九星在狼東南，帶注矢以向狼。

鳳凰臺上憶吹簫·聽季高琴

幾疊春山，一重秋水，畫簾若有人吟。比似閒愁太淺，幽夢還深。眠向緑陰庭院，金井畔、桐葉沈沈。定誰憶，爨烟冷斷，焦尾枯心。　泠泠七條寒玉，有離鴻别雁，暮杵宵碪。更司馬，工愁善病，眉黛侵尋。《鳳求凰》琹曲，季高最擅。譜入玉堂天上，是威鳳、不是哀禽。碧紗雨，紅蕉又展墻陰。

---

* 下列詞23首，摘自北京圖書館藏祁寯藻《䙤䬻亭詞草》2首，南京圖書館藏祁寯藻《䙤䬻亭詞草》18首，臺灣經聯出版事業公司出版的《壽陽祁氏遺稿》中3首。

滿江紅·雨中退直簡季高

萬樹雲濃，朝退也、馬嘶金埒。正湖上、跳珠墜粉，雨絲斜纈。宛宛彩虹穿碧月，盈盈翠蓋團紅雪。笑沙邊、鷗鷺爲誰來，雙雙列。　風浪靜，羽毛潔。來如夢，去如瞥。怕藕花柔脆，冷烟棲折。飛向水田容小住，別來海客愁孤絶。看三山、鴛瓦緑楊梢，金銀闕。

念奴嬌·水葓花

花南一片，碧闌干、寸寸翦成秋色。冷雨疎烟無着處，瘦影悄窺簾幕。妝罷低頭，舞餘垂手，有甚閒愁憶。籬根夢斷，夜來蟲語如織。　忽記水國人稀，蓮房粉墜，是去年今日。去年春海奉使粤東，滇生未入直，季高在籍，同直惟篛庭與余兩人，余又乞假月餘。樓上玉簫吹月滿，華髮參差暗惜。穗穗牽衣，叢叢礙路，怊悵紅墻隔。鱸魚正美，釣竿無數抛擲。

風入松·峨眉小松

峨眉石髮瘦於絲，有古雪寒漪。幾時飛入坡仙句，硯屏上、曾寫幽姿。澗草何知鬱鬱，山苗錯認離離。　玉缸便是小峨眉，也有緑苔滋。纖纖過了初三月，秋窗影、邛杖來時。猶恨家山縹緲，黛痕雙鑠參差。東坡題歐陽《硯屏》詩云："獨畫峨眉山西雪嶺上，萬歲不長之孤松。"即謂此也。

念奴嬌·哈密瓜

畫圖指點，問瓜州、西出陽關幾步。漢使槎回携不盡，一騎紅塵飛度。冷削絺巾，甜消玉茗，總是金莖露。秋期過了，雪山多少征戍。　憶否壠上青驄，客星匏繫，兩載臯蘭住。飽啖荔支三百顆，便認嶺南鄉樹。何況多情，韋囊回女善舞者號韋囊。長袖，羌笛教鸜鵒。沙梨並翦，鎮心愁説遲暮。

念奴嬌·七夕詠屋上牽牛花

花身小謫，一星星、貯得幾多秋雨。茅屋年來吹破了，底事牽蘿重補。翠滴檐牙，涼栖瓦背，似賺蛛絲吐。空堂人靜，夜深河漢當户。　便是烏鵲多情，飛飛且止，已隔銀灣路。天上愁根無地種，付與空梁燕土。河鼓催開，匏瓜繫住，獨處仍無侶。甚時移近，緑窗鐙外機杼。

木蘭花慢·葫蘆

細腰容幾許,能貯酒、更裝書。問縮地長房,此中日月,抵得年無。平生瓠犀難見,倚秋風掩口笑如如。似笑張家肥白,鄭家偏又清癯。用張蒼、鄭綠慶二事。　是誰彫刻雪肌膚,天巧費工夫。記硯匣花新,酒杯字古,宮製尤殊。曾見内府葫蘆硯匣、酒杯,花葉繽紛,上有御題詩句,天工人巧,宛如刻畫,乾隆時所謂葫蘆器者是也。歎人世才多少,只一聲長柄了東吳。莫論千金得失,文章依樣描摹。

湘月·題李石梧太史《梧笙聯吟圖》

隋烟一角,似家山縹紗,緑蛾吟皺。紙閣蘆簾喜片月,圓到天邊襟袖。玉故參差,珠偏宛轉,總爲離情逗。鐙花敲處,錯拈南國紅豆。　翻笑淡墨催成,忽忽底事,把春衣償酒。戲問郵程那粉壁,曾有輕紗籠否?銀浦流雲,星槎織錦,輸與機絲手。鳳巢新定,石蘭桐葉如繡。

喜遷鶯·題吴梅梁京兆《鶯花春國小遊仙圖》

邱遲心錦,悵十載宦遊,鶯花閒甚。東舾牽船,西窗翦燭,猶記昔年豪飲。人言畫眉京兆,舊是文翁高朕。爲誰瘦,爲三冬雨雪,萬家囷廩。　攲枕聽爆竹,聲滿鳳城,小怯東風噤。一笑春槃,鑪温茶熟,人事幾回評品。猛思斷鴻江國,香稻何時豐稔。且相約,約君歌載驟,吾歌來諗。

沁園春·春宵微雨,曉起砌苔妍潤如新喜作

點點斑斑,砌角墻腰,東風又吹。記蛙衣淺脱,水腥猶帶;螘城低護,泉潤先知。緑髩秋深,蒼顔雪老,暗憶王孫去不歸。經年夢,只夜來酥雨,搵醒愁眉。　芳塵屐齒依稀,問紅葉、翻階更幾時。便堆如品字,難消石骨;刻成花樣,肯汙燕支。陋室痕多,雕闌意盡,枉被人呼作拗兒。用《清異録》王彦章事。相憐處,待織詞魚網,細寫烏絲。

賀新郎·題顧杏樓水部《小小秀野草堂圖》

三雅堂前酒。碧粼粼、金閶流水,玉河垂柳。兩地巢痕秋一色,晚翠斜陽巷口。算只有、畫圖依舊。玉檢瑶函都過眼,莽天涯、獨立詩千首。誰繼響,百年後。　青衫水部才名永,認鴻泥、城南尺五,一廛重受。往日朱門車馬

地,花落苔錢如繡。渾不記、姓名誰某。證取前身金粟影,小蓬萊、又落山人手。謫仙語,同不朽。南雅先生爲水部作記,書詞雙絶,當與朱竹垞《秀野堂記》并傳也。

俠君先生曾建晚翠閣眺西山,林吉人嘗爲書齋額曰"宣南一廛"。自記。南雅先生小印文:"謫居猶得近蓬萊"。

減字木蘭花·歲暮述懷

春來何處。歲尾年頭遮不住。天若無情。爲底癡雲不肯晴。 金杯玉琖。斟酌春愁深共淺。多事花枝。不照紅顔照鬢絲。

梅圖五九。四十五天如電走。一筆全勾。明日春交六九頭。 虧他春早。不是閏年年過了。昨夜團圞。月也分明似上元。

玲瓏小架。買得奇書休用借。阿弟多才。不負平陽市上來。 挑鐙細讀。雪裏打門聲剥啄。只道催租。却是鄰人來借書。

典衣無賴。春雪難消愁裏債。債比春長。不用將愁與較量。 愁如可避。避債臺邊應有地。無奈春何。只有春愁比債多。

蝶戀花·春愁

堆着春愁無處賣。付與東風,亂翦愁絲碎。愁醉翻多難理會。不如牢鎖雙眉黛。 眉鎖春山愁更大。那陣風兒,吹送春山外。偏是迴風刀翦快。將愁闌入羅衣帶。

壓盡愁痕金綫巧。有箇愁人,更比儂愁早。海水天風音信渺。雙魚縱有人難到。 昨夜鐙花春暗報。盼得歸來,又怕愁纏繞。春夢如雲愁不了。緑窗且把蛾眉掃。

滿庭芳·和東坡歸去來韵

歸去來兮,登高西望,故國山色嵯峨。碧芙蓉外,天遠暮雲多。江上旌旗滿眼,問何日、鼓吹鐃歌。閒中夢,飛書草檄,顣頞倚鑾坡。 云何。三十載,蓬壺日月,脱手拋梭。且休論茫茫,宦海風波。請看山中對弈,曾爛了、幾個樵柯。君知否,黄金寫像,千古一烟蓑。

望海潮·爲董大京兆題《海防圖》

津門東望,潮頭千疊,茫茫一綫橫沙。稊米太倉,山河大地,銀灣穩渡仙槎。時海漕方至。京國雪飛花。更好風送雨,吹徧天涯。鳳闕春城,一時歡動萬人家。

丁沽戰士無譁。正驚雷啓蟄,風雪交加。鹽海枕戈,冰天挾纊,年來勞苦堪嗟。楊柳戍旗斜。聽凱歌再奏,搥鼓鳴笳。借問春風,霍將軍早晚歸耶。

南歌子即南柯子·題《借園寒趣圖》

老屋人雖老,斜街日未斜。借園能有幾多花。好是花開時節、酒能賒。
春雪隨征鴈,春林待晚鴉。客愁遮莫繞天涯。不見王家池館、屬姜家。

校 勘

重刊影宋本《說文繫傳》敘

賜進士出身、資政大夫、户部左侍郎 、南書房翰林、提督江蘇全省學政、壽陽祁寯藻譔。

六書之教，當槪自倉頡，至《周禮》而始著。學者以文字、聲音求訓詁，以訓詁通義理，未有不由此者也。周之時，文化聿昭，彬彬鬱鬱，開治平者數十世。遭秦滅學，六書大指得不盡泯，賴許君叔重網羅綜理成《説文解字》，垂於後世。徐鼎臣、楚金兄弟校訂表彰，爲許功臣，而小徐之《繫傳》校大徐發明尤多。我國家昌明儒術，同文之盛，遠邁前代，士子知從聲音、文字、訓詁以講求義理，《説文》之書，幾于家置一編，然多大徐本也。小徐《繫傳》唯歙汪氏刻有大字本，石門馬氏刻有袖珍本，譌脱錯亂，厥失維均，閲者苦之。寯藻讀段君懋堂《説文注》，知吳中顧千里、黄蕘圃兩家藏有舊鈔本，讎校精詳，久懸胸臆。河間苗仙簏夔，篤志許學，研究《繫傳》，亦傾慕此本。歲丁酉，寯藻奉命視學江蘇，約仙簏同行，初以老憚遠涉，既念顧、黄本或可因是得見，欣然命駕。九月抵署，謁暨陽院長李申耆先生，首訪是書。先生于顧，舊同學也，即寓書其孫瑞清假之，取以校汪、馬之本。則正文、注文，顧本往往字數增多，而《木部》、《心部》竟增多篆文數十，且有《錖部》。汪、馬本脱去部首字《㓁》、《黹》、《月》、《㱃》、《次》、《旡》、《嵬》、《象》等部。汪、馬本通部俱脱而顧本全者，先生又爲訪求汪氏士鍾所藏宋刻本，汪氏僅賫示弟四函三十二卷至四十卷，餘云無有。以宋刻本校鈔本，大略相符，知顧氏本實爲影宋足本。寯藻既欣得此書，欲公同好，間與芝楣陳撫軍言及，撫軍慨任剞劂之費，即請申耆先生董紀其事，依寫開雕。至《繫傳》原闕二十五卷，顧氏鈔本係據大徐本補入，寯藻復請先生蒐採《韵會》等書所引《繫傳》輯補，編附以存崖略。先生又命弟子江陰承培元、夏灝、吳江吳汝庚作校勘記。苗君獲見顧本，益加訂證，遂以心得别成一編付梓。其小徐《篆韵譜》，寯藻復從沈蓮叔都轉訪録，附刊書後，于楚金一家之言庶云備矣。雖然，此書在宋時據尤延之、李仁父、王伯厚諸家紀載，已多殘闕，元、明兩代竟未刊行，兹僅據顧氏影鈔本，而汪氏宋刻本又未獲睹其全，恐遺漏舛錯仍所不免。尚冀海内好古之士就此本詳加考訂，匡其不逮，俾後之學者于小徐書得見真面目,無毫髮遺憾。用以研究六書,由訓詁以通義理之原,而光昭聖治,是則撫軍傳刻之意,而亦寯藻之所昕夕跂望也夫!

道光十有九年太歲在己亥九月敘于江陰使署。

《説文解字繫傳校勘記》卷上

按：此爲楚金未脱稿之書，後人鈔寫致多譌文錯簡，又經次立依鉉本增删，頗失其舊。今宋槧全本已不可得，汪氏、馬氏所刊俱非足本，且多改易，兹悉依顧氏影鈔本付梓，而校勘其譌錯以附書後。至書中多用俗體省畫之字，相沿已久，未易悉正，閱者當自辨之。

《繫傳》一

按：此書通名《繫傳》，而中分《通釋》、《部敘》等八篇，則總標當作"《説文解字繫傳》卷第一"，此當云"《通釋》一"。次立校刊皆已譌易，特辨正以例各卷。又按：鍇云"部數、字數皆仍舊題"，今分兩卷十四部，兩卷數也，而文二百七十四，非兩卷數矣。今宜於奇卷統計兩卷之部文、重文數，而删偶卷之部文、重文數，改題部文都數，合上卷庶復鍇舊。

一　"太極"，鉉作"太始"。按：同一許書而鉉、鍇各異，蓋許書至南唐時譌誤已甚，鉉、鍇各以意改，故是非互見。兹不及悉詳其同異，取鉉義之長於鍇者，則曰"當依鉉作某"，取其説可兩存者，則曰"鉉作某"。下放此。　"親上"下當有"也"字，此足冠首義也。下更當有"許慎自敘云'分别部居，不相襍厠'"十三字，以發明"凡一皆從一"之義也。此鈔寫譌脱。以下言"譌脱"者放此。

弌　"專一"之"一"，皆當作"壹"。

元　按鍇説，"兀"下舊有"聲"字，有之是也。古音"元"、"兀"相爲平入，鉉、鍇皆不達音韻之學，凡"某聲"、"讀若某"、"古文以爲某字"，率多更易，今就其可正者皆正之。

○　以下同部字連綴書之異部者，○别之。〔點校者按："○别之"者，蓋以原書豎行連排，爲眉目清楚而然。今改作横行，且以每一字頭獨立爲單元，則不必復以"○别之"矣。〕

丄　"長上也"，"上"，當作"久"。　"彡者，乖異者"，當作"有"。　闕文擬補"略如"二字。　"一鄙"，按《周禮》，當作"一閭"。

"任器",汪本作"禮器",是。

"之號"下鉉有"也"字。按:許書"某也","也"字鉉備而鍇略,兹不具録,唯取淆二義爲一義者正之。

"其下",當作"其左右"。

"祈永貞","祈",《周禮》作"求",此疑鈔寫之誤。按:古今經傳文多不同,以説經家各有師承也,兹準以今定本。其爲古今異文者,則曰"今某書作某",其疑涉鈔寫誤者,則曰"某書作某"。

"羊聲"下鉉有"一云善"三字。"故有"以下詞意不憭,今正之。當作"故羊言爲善,善者吉祥也。禎則正告貞兆而已,未若祥之詳盡也"。按:此葢竄易之譌,鉉本"一云善"即采鍇説爲之。鍇説之不憭,或删改之也。鍇之書先鉉而成,後鉉而出,鉉以鍇書爲藍本,多采其説以羼入許書。次立校刊鍇書,復依鉉本增改,故有意義複沓及詞語迷繆者,今就可正者正之。以下言"轉轉竄易之譌者"放此。

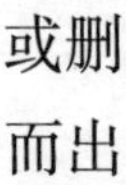"佳",當作"休"。"《西都》",當作"《西京》"。

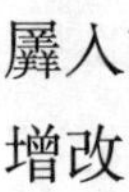"受天之祺"。按:《信南山篇》"祺"作"祜",《行葦篇》"壽考維祺"。《周頌》"維周之禎","禎",古本作"祺"。此葢肊記之譌也。《言部》"誾"引《論語》,《𦘔部》"㒤"引《左傳》,其繆尤甚,非古今書傳之有異也。以下言"肊記之譌"者放此。

"是則安之",當作"禔則安也"。

"申聲",鉉無"聲"字,用鍇説删之也。按:以下凡有不當言"聲"及當言"亦聲"者,鍇皆有辨,鉉即用以增删許書。次立依鉉改鍇,遂删鍇説。今不能悉正,舉此爲例。

"伊鄰反"三字衍。重文例無切音,此誤增也。

今《書》作"柴"。

"袝祖也","袝"下當有"袉"字。

"逋萌反",衍。

"祠不用","祠",今《禮》作"祀"。"及皮","及",〔當〕作"更"。

"讀若舂麥爲毳之櫜","毳",鉉作"櫜",段氏玉裁改"毳"、"櫜"皆作"桒",本《廣雅》"桒"訓"舂也"。按:許書無"桒"字,攴《支部》"𣀔"訓"小舂",鍇云"去麥皮",疑"毳"本作"𣀔"也。又,《麥部》"𪌉"訓"礦麥",一曰"擣"。又,《臼部》"臿"訓"舂去麥皮"。"𪌉"、"臿"與"櫜"古皆雙聲字,許書"讀若"多用

同母相龤,則"⿰麥差"、"臿"皆可通也。蓋"讀若"無即用本字者,二徐皆不知聲,率多改易,今辨出之。下放此。

"以斤",當作"似今"。

"鍇曰","曰"字衍。　"顛老反",衍。

注中"禙"字四見,皆當作"糈"。　"不中",《史記》作"不審"。

今《左》作"脤"。

注引《周禮》,今見《禮記·王制篇》,蓋周制可通稱《周禮》也。

"既禡既禂",《詩》作"既伯既禱"。鉉本爲許所引《詩》。按:《毛傳》以"伯"爲祭馬祖,"禱"爲禱獲,與《周禮》"禂馬"注合。此之變說,書傳無徵,疑鍇本引"既伯既禱"以證"禂"即"伯"之義,鉉附會改易入許書,并妄撰重文"騆"字,則此亦轉轉竄易之譌也,當更正。

汪本作""。

《韻會》引作"强鬼也",與《禮記注》合。此云"道上祭",與顏師古《急就篇注》合。按:當兼存,或鈔寫遺脱耳。

"亦癘神","亦",當作"乃"。"靈",《左》作"明";"安有癘也",作"其何厲之有"。

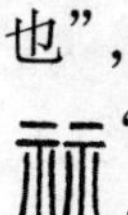"士分民之祘,均分以祘之也"。按:《本典解》云"均分以利之,則民安利",當即"祘"之譌。則當作"均分以祘之,言分民之祘也"。此疑倒易而"言"譌"士"也。

鉉入新附,注"親廟也",一本云"古文獮也",即用鍇説所改。

鉉無此篆,義與《言部》"詛"同,而此爲古。

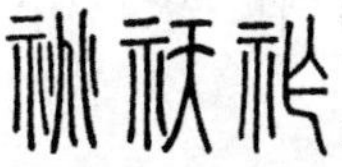三篆,鉉新附字。按:鉉書用切音,鍇用反音,此三篆用切音,鉉本也。且都數云六十五,較鉉增其二,則"禰"、"禮"或爲許舊,而此三篆不入計,後人所增也。以下用切音者放此。

"節減",汪作"歲減"。　"止其中","止",當作"立"。《玉藻》云"立於其中"是也。　"當開","當"疑"常"之譌。

"作始生子",汪依鉉删"作"字,非。"作"猶"乍"也。

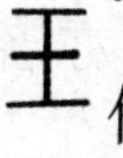"潔",鉉作"絜"。　"象三",當作"三象"。　"不可割",當作"不爲害"。

"玉琠見","見",汪作"是",非。

"潤澤",《西山經》作"濁澤"。　"灼以爐炭","灼",《淮南子》作"炊"。

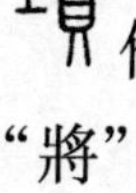"上公用駹","駹",今《攷工記》作"龍";"伯用埒","埒"作"將"。

"光壁",汪作"光璧",辨見本部"玭"下。

"冠",鉉作"弁",鍇蓋避李昪諱而改。"旋",當作"琁"。闕文當補"瓊"字。

"寶",今本《穆天子傳》作"琂","鎾"作"鑑","枚"作"枝","琜"作"瑕"。

"音鳩",注本上"鳩"作"求",下"鳩"作"爲"。

闕文,汪補"上珠中以"四字,非是。按《禮注》,當作"故作牙形於其中,以前後衝之"。

"亡彼玲瓏","玲",《太元經》作"珍"。

"稱奉介圭"。按:《書》曰"大保承介圭",又曰"賓稱奉圭",此蓋兩涉而譌。

"抒取","取"字衍。

"臣鍇曰"下有脱字,當作"'冃'、'目'同紐,故'冒'亦音'墨'"。

"瑱者","者",當依鉉作"也"。

"謂之卷","之"字衍。

"天子以玉",按《毛詩傳》,當作"天子以珧,諸侯以璆"。亦見下"珧"篆注,此有譌脱。

"杜子春"(按)當作"鄭元"。

"行行",鉉作"往往"。"瓊冠","冠",當作"弁",辨見"璿"篆下。

今《書》作"藻"。"瓜菜",疑當作"水菜"。《泮宫》詩箋:"藻,水菜。"

"璢具",《漢書》作"櫑具"。

今《詩》作"瑟"。

"相帶瑩帶",汪删此四字,非。

按《韻會》,"里聲"下當有"臣鍇曰:物之脉理惟玉最密,故從玉"。

今《詩》作"鶬"。

今《左傳》及《周書·謚法解》俱作"丁"。

"菶菶",今《詩》作"唪唪"。

按:《子虛賦》曰"瑊玏元厲,碝石碔砆",鍇蓋檃栝言之。"瑊玪"、"玏墊","碔砆"、"武夫",古今字。《上林》、《子虛》二賦,古合今分。

今《詩》作"琇"。

"玉言"二字衍。

"《虞書》",當作"《夏書》"。"楊州",今《書》作"揚州"。

“林麓”,《文選》作“林木”。

“玓瓅江濵”,《文選》作“的皪江靡”。

“玭珠之有聲”,當依汪本作“玭珠,珠之有聲者”。

“珧珌”,《毛傳》同,《正義》作“琦珌”。

“瀼”,當作“液”。　“則官璣鏡”句有譌脱。按:《孝經·援神契》曰:“則珠母見。珠母,璣鏡也。”　“大珠而玭”,“而”,當作“如”,“玭”同“玭”。

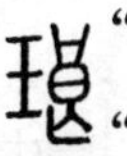“火齊瑎”,“瑎”,《本艸》作“寶”;《韻會》引作“瑞”,非。

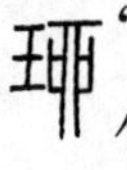“有光壁珊也”。鍇以“光壁”爲句。段從鉉,“壁”作“璧”,以“璧珊也”爲句,謂即《漢書·西域傳》“璧流離也”,其說較長。

“從玉行”下脱“聲”字。　“爲寶”上當有“其”字。　“歲”字衍。

“行李”上當有“辭”字。　“持琠玉而多士”,今本作“馳珏玉之多士”。

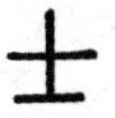“終於十”下鉉有“從一,從十”四字。

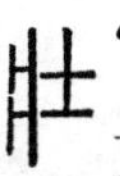“《説文》則無別義”,當作“《説文》無‘爿’字,當云‘牀省聲’”。傳寫脱誤。

“壿舞”,當作“士舞”,見陸德明《毛詩音義》。

“於中”,汪無“(於)〔扵〕”字。

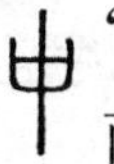“自上而丅”第二句當作“自丅而上”。

《繫傳》二

按注,篆當作“䓝”。《亯部》:“䈞,厚也。”汪本依鉉改“䓝”,非是。

“多煙”,汪譌“受煙”。

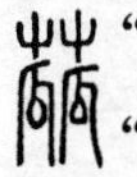“無殼曰蓏”,檢《禮注》,皆作“無核”,無云“無殼”者。按:“蓏”、“羸”同音,“羸”無衣,“蓏”無殼,義最合。疑是《東山》詩箋,而今軼矣。

“淩清”,《白虎通》作“清涼”。

“禾粟下揚生莠”,“莠”,《韻會》引作“草”。按:“揚生草”猶“麲生草”也。禾粟頭垂而莠則頭昂,故《詩》稱爲“驕驕”、“桀桀”。鍇以“下揚”連讀,其説近迂。

今《吕覽》作“芹”。

“薔虞也”，“虞”下疑脱“蓼”字。按：《爾雅》與許異説，鍇當有辨，此無辨，葢今本脱誤也，“薔”篆注可證。

“蕺山”，相傳爲越王采蕺處，王羲之雖至會稽，未聞有采蕺事，疑有誤。

今《周禮》作“芹”。

今《詩》作“焉得諼草”。

“薇蕪”，疑當作“蘪蕪”。“司馬卬”，“卬”，《左傳》作“卯”；“山芎藭”作“山鞠窮”。

“方莖”上當更有“澤蘭”二字。“常人”，當作“人常”。

“澤芳”，汪作“澤芬”。

“藦”，當作“蘪”。

“藦”，當作“蘪”。“薰草華朝，朝生華也”句有譌脱。按：《博物志》“君子國多薰華之草”，又云“薰華朝生夕死”。

“從水”，“水”上脱“艸”字。

汪依鉉作“𦽈”，稭聲。此從“楬”，與《玉篇》同。《離騷》、《文選》作“揭”。

“累”，汪作“纍”。

“宿者”二字衍。

“堇”，鉉作“藿”，段用《廣雅》改“堇”。

按：《瘍醫》注有“埶”無“蓺”，“埶”爲合藥瓦器，非毒草，鍇説屬肊記之譌。

“茆”，當作“茀”。

“紫草”，《爾雅》作“茈草”；“一名茣”作“一名茈茣”。“其紫”，“其”，當作“在”。“箣”，當作“箭”，今本作“笥中布”。

“佳”，疑當作“之”。

“苓”，當作“蘦”。“苓”爲卷耳，“蘦”爲大苦，本部注可證。

“菩陽”、“菩山”，“菩”，今皆作“萯”。

“幹”，汪作“蕻”。

“劦”，當作“荔”。

“董”，鉉作“黄”。《爾雅》云“職黄除”。

“蒻席”，《書》作“篾席”，王肅注“纖，蒻苹席也”，今僞《孔傳》以底席爲“蒻苹”。

“周禮”，“禮”字衍。“茮茵”，《王會解》作“桴苡”。按：陸氏《爾雅音義》引《韓詩》不以“茮苡”爲木，言木者，乃《逸周書》及《山海經》也，陶隱居始誤爲《韓詩》，鍇蓋沿其譌耳。“但言李”，“李”上脱“實如”二字。“亦似李”，“亦”字衍。

“藋”與“荻蘮”同，又見“蒹”注。

“兔瓜”，《爾雅》作“莬瓜”。

“蕚即”以下有譌舛，疑當作“蕚音近芒。灌，叢生也。蕚叢生於澤，故亦名灌渝。疑‘蕚’即澤蔿也”。按：“灌渝”疑“澤渝”之譌。段氏疑《爾雅》“其萌蘿”及“蘥笋”之異讀，非是。

按：此篆鍇本次“茀”、“莆”之閒，此乃後人依鉉增入，故音尚仍鉉舊。次立以“茀”、“莆”閒者爲重出，非是。鍇説當移置於後。

今《左》作“蒯”。

“葉”，《本艸》作“苗”。

“爲繩”上脱“皮可”二字。

“蘺”，當作“蘺”。

“衣書”，汪作“書衣”。“所”，汪作“府”。

“羸”，當作“嬴”，汪作“裸”，俗字。

今《詩》作“茨”。

鉉作“䒑”。“釬毛”，今《儀禮》作“锎毼”。

“與鹿豆”，當作“麃鹿字”。按：“鹿，藿也”，當是“麃也”之譌。

今《詩》作“鷊”。

“決光”，《爾雅》作“英茪”。“決光明”，“光”字衍。“則決明”，“則”，當作“即”。“又名”下當有“與”字。

“以”，汪作“似”，非是。

“藿”，當作“萑”。

“瀆”，當作“濱”。

“藿”，當作“萑”。“雔”，汪作“雕”，與《爾雅》合，此作“雔”，與《毛詩傳》合。又“茭”下三見。

“薛莎青薠”，今見《子虛賦》，《上林賦》作“蔣苧青薠”。

“茗者”，汪作“芀者”。

“常用此爲桃帚”，當作“當用此及桃爲帚”。

“蒿葉屬”，“葉”字衍。“生千歲，三百莖”，劉向《五行志》云“百年，一本生百莖”。

“治薔”，鉉作“治墻”。按：疑即墻衣薜荔之屬，《周禮》所稱“牡鞠”是也。自《爾雅》郭注誤爲“秋華”，遂致紛糾。許書分列甚明。

“虋”，《爾雅》作“蘴”。《爾雅注》“滿冬”，當是“穲冬”之譌。

今《詩》作“蝨”。

“萎餘”，《詩傳》、《爾雅》俱作“接余”。

“杭”，當作“杬”，今《爾雅·釋木》亦誤作“杭”。“即”，當作“則”。按：《爾雅》郭注之誤，顏師古《急就篇注》已詳辨之。“誤書從艸”，“艸”，當作“木”，葢《爾雅》本或作“芫”也。

“雕胡之飯”，《文選》作“安胡”。

“浮留”，《文選》作“扶留”。

“朩”，鉉作“茦”，高郵王氏念孫曰“當作芣”。

“省”字衍。今《詩》作“舜”。

“其實”二字衍。

“裹如裘”，與《爾雅音義》同。鉉作“裹如表”，汪作“煮如表”，皆誤。

今《周禮》作“箈”。

“艸也”，當依鉉作“艸芽也”。

“蕚茮”，《詩》作“鄂不”。

“跙”，《文選》作“沮”。

“華黃”，鉉作“黃華”。

今《詩》作“爾”。

“植艸”，《周禮》作“植物”。

按《字書》，“笋”、“萑”音義相同，“笋”、“蕍”音同義異。鏏謂《字書》以“蕍”當“笋”，非是。

“枯莖”，汪作“枯根”。

“紹緒”，《類篇》同；汪作“經緒”，《爾雅注》同。

“《詩注》‘土一撥’”，疑當作“《國語》‘耕一墢’”。“茖曰”，“曰”，當作“之”。

“蘛茂”，《史記》作“鬯茂”。

今《詩》作“滌滌”。

“蔽”，《周禮》作“敝”。“轉”，當作“幬”。

“茬平”，今作“茌平”。

“草如雲”，當作“雲如草”。

“艸覆”，當依鉉作“艸色”。

“一曰草淹地也”，此轉轉竄易之譌，《韻會》引許書無此語。

“木但”下有譌舛，當作“木但枝榦勁，其葉落，與草零無異”。

“積之低”，“低”，疑當作“多”。

《詩》作“縈”。

“雲夢”，《職方氏》作“雲瞢”。　“孟諸”，汪作“孟豬”，《職方氏》作“望諸”。　“奚養”，《職方氏》作“貕養”；“昭余祁”作“昭餘祁”。

“從艸、甾”，“甾”，當作“巛田”二字。鍇云舊解誤，則此當爲鍇所改。　“亦無”，當作“并加”。按：“甾缶”與“甾畚”本異文，鍇説似混。

“耕名”，鉉作“耕多艸”。

今《書》作“漸”。

“麗於土”，《易》作“麗乎土”。鉉作“蘼於地”，非。

“蓆”，當作“席”。

“班固《西都》”，當作“張衡《西京》”。　“荆”，《文選》作“棘”。

“辛”，當作“宷”，“宷”，亯也。

“專”下脱“聲”字。

“則以物附墨筆中，以物亞開之”，當作“則以物附木中，亞開之以墨筆”。

“是”下脱“聲”字。

“屈”，當作“屜”，《尸部》“屟”注云“履中替”。

“荷蕢”，鉉作“荷臾”。

“爲也”，當依鉉作“也象”。

“剉”，今《詩》作“摧”。

“折”，段云當作“析”。　“長安”，《文選注》作“渭城”。

“桂蘇荏”，當作“桂荏蘇”。

“鎬侯”下當有“莎”字。

“《爾雅注》‘雖類’”，當作“《爾雅》‘即雖也’”。按：《爾雅》無“萑”字，《釋言》曰“茨，雖也”，“茨，薊也”。

“菩蕭”，疑即“梧楸”。

此篆爲鍇原次。

此注與上“𦬔”篆注同,疑爲鉉本誤衍字,而後人依鉉增鍇者。

“殖”,《莊子》作“植”。　按:都數下次立補六字,有“(蘱)〔蘱〕蘱”,當作“菽菽”,仍切音也,“蘱”則反音也,蓋“菽”即“菿”譌文。“草大”之訓亦當在“菿”篆之下,故《韓詩》“菿彼甫田”,義與“倬”相同也。

文四百四十 實數三十九,加重出“苗”字,故云四十。　鉉本“蒜”下“芥”上有“左文五十三,重二,大篆從茻”十一字。

“披”,鉉作“拔去”二字。

今《詩》作“以薅荼蓼”。

《繫傳》三

“小,始見也”。“小”,當依《韻會》作“丨”。

“拂爲”,當作“拂象”。

“悠悠”,當作“猶猶”。

“分散也”下當依《韻會》補“故從八”三字。

按:《説文》無“佾”字,《肉部》“肖”,《十部》“肸”,皆振動宣布意,與舞列之“佾”無涉。《楚(詞)〔辭〕》稱“二八侍御”,《樂書》言“元鶴二八”,皆言舞者也。《左傳》“萬者二人”,“人”亦當爲“八”之譌。則“仌”即舞佾之“佾”。八佾,八人爲列,凡八列,故云平分也。《集韻》引漢碑“佾”作“佾”,即“仌”之增加字。段氏用鍇説信爲“兆”字,未確。

“爾”,當作“尒”。

“其下八八”,當作“其下八分之也”。　“此中畫曲也”五字當在“乎”下。

注末當補“臣鍇曰:此中畫曲也”八字。

“言從”上宜有“當”字。

“睪聲”,當作“亦聲”。《幸部》:“睪,目視也。”目視所以分别物也。

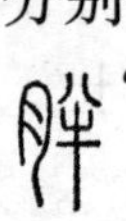“廣肉”,疑當作“廣也”。

“特,牛也”,鉉作“朴特,牛父也”。按:鉉本“特”、“牝”連

文,故鉉增“父”字,以與畜母爲對。“朴”字義不可通。按《初學記》引《説文》,“特牛”下有“犦牛”,“犦”葢“犦”之譌,舊許書“特”下當有“犦”篆。“犦”與“特”互相轉訓,鉉以其閒“特”、“牝”,欲移置而失補,後人依鉉删鍇,未加“特”注,并誤删“牝”字耳。

“犢體長”,“犢”字衍。按《爾雅》,“體長牬”與“其子犢”分條。

許書重文無音,此有音,而并不與“牭”同,疑“犙”本訓二歲牛,與“犙”從參同例。自鉉本誤以“二歲牛”入“𤘺”下,以“犙”爲“牭”重文,後人依鉉改鍇,遂移許書“體長”爲鍇説,又妄增“犢”字。幸其音尚存,可藉見許書之舊。

“犍”,當作“劇”。

“牻椋”,今《左》作“尨涼”。

今《周禮》作“犥”。

“從牛”下當依《韻會》補“冂冂”二字。

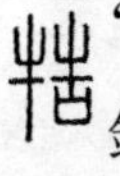“淫”下汪本依《書》補“舍”字,鉉無“淫舍”字。

“冬省聲”,“聲”字衍。

“莖”,當依《初學記》引作“坙”。《書傳》通作“犓”。

今《易》作“服”。古“服”、“犕”通用。

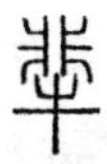“讀若匪”,當作“讀若《周禮》匪頒”。按:人曰耦耕,牛曰兩壁耕,古分耕法也。“犎”音宜同“分”,此改易之譌。

“很”,當作“復”,俗作“退”。

按:宋有華牼,無司馬牼。華牼不傳其字,孔子弟子司馬牛名耕,豈本或作“牼”與?

當依《韻會》補“臣鍇曰:祭天地宗廟之牛,卜得吉曰牲,色純曰犧,體完曰牷”。

“吼也”,當作“口也,孔也”。按許書,“一曰”無與正義複者,“吼”、“呼”同義,不當爲“吼”一也;若訓“吼”,則當與聲息字相次,不當首列,其非“吼”二也。《史記·貨殖傳》“馬蹏躈千”,顔注“躈,口也”。“躈”即“噭”之譌。《唐·崔光遠傳》“得馬二千噭”,即用《史記》字,正作“噭”,是當爲“口也”。又徐廣《貨殖傳》注:“躈馬八髎。八髎,尻骨也;尻,竅孔也。故又云‘孔也’。”

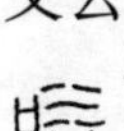“曰嗌”,今《爾雅注》亦作“齸”。

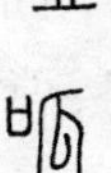“從口”上鉉本有“小兒嗁聲”四字。

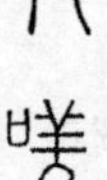“泣下”,鉉無“下”字,“唶”篆注同。

今《詩》作"嶷"。

"東夷",當作"東齊",見《方言》。 "犬夷呬矣",今《詩》作"混夷駾矣",段氏有辨。

"悟",當作"啎"。"啎,屰也。""悟"訓覺義,無取。 "願言則嚏",古本作"疐",《毛傳》"劫也",鄭讀嚏咳之"嚏",許與鄭同。

"東方朔口唫噤",當作"揚雄曰'噤唫'",見《解嘲篇》。

"嘑",當作"評"。《言部》:"評,召也。"

"無是",《文選》作"亡是"。

今《詩》作"泄"。

"咠咠",今《巷伯》三章作"緝緝幡幡",四章同。段氏有辨。

"菶菶",今《詩》作"唪唪",已見《玉部》"玤"下。

"即嗂",《爾雅注》"嗂"作"繇"。

"戌聲","聲"字衍。 "臣鍇曰"下當補"戌,悉也"三字,鉉羼入許書。

"以佐",當作"於左"。 "面命",當作"手攜";"口誨",當作"面命"。

"鼙",當作"鼛",見《鼓部》。

《書》作"疇"。按:《白部》"𠷎"下引《書》"𠷎咨",而無鍇說。疑"𠷎"本爲"賈用不售"之"售",隸變"𠷎"從隹,因失古義。《玉篇》有"售"無"𠷎"。賣物出手或即"𠷎"之本訓,後人附會訓"誰",因移《白部》鍇說于此耳。

"飲",當依鉉作"飯"。

"牾",當作"啎"。

"《周書》",當作"《商書》",誤與《辵部》"[illegible]"下同。

文生事,范書《郭泰傳》不載,見《魏志·衛臻傳》,裴注"衛文生"作"圈文生"。

"《上林賦》",當作"《凡將篇》"。

"噧言",疑即"讆言"。

"㕚猶國",今《吕覽》"㕚"作"仇"。

"多之","之",當作"也"。

"唯予音之",《篇》、《韻》俱作"予維音之",今《詩》無"之"字。

"唸吚",今《詩》作"殿屎"。

"咤咤",今《易》作"啞啞"。

"渴",鉉作"潚",段云當作"潚音"。 "《上林賦》",今見《子虛》。

"或吪",今《詩》"吪"作"訛"。

"從也",當作"銜也"。鉉作"嗛"。"嗛"、"銜"古通用。

兩"又"字俱衍文。

"《子虛》",當作"《上林》"。"啾寥",《文選》作"寂漻"。

"使之",當作"之使"。

"或云從犬","犬",當作"犮",《太玄經》有"吠"字。

"咆哮",《詩》作"炰烋"。

今《左》作"噑"。

"唬聲",當作"虎聲"。鉉作"嗁聲",非是。 "一曰虎聲",鉉所增也,此轉轉竄易之譌。

"九州"上當補"兗"。

"許慎"上當有"(甲)〔甲〕"字。"(甲)〔甲〕",或以爲"車"之省。

鉉作"夶",通部同。

"《史記》曰'欒布使趣湯'",當作"《史記·欒布傳》曰'方提趣湯'"。此肊記之譌。

"趨",當作"趍"。

"𠂤",當作"自",隸作"阜"。"𠂤"同"堆"。

"行"下鉉有"皃"字。

鉉作"𧺆",非是。

"省"字衍。

"威儀",按《詩》,當作"德音",或作"左右"。

"赽赽",鉉不複"赽"字。按:"赽"爲差池之意,人相疑,則等類差池而散也。

"久",《篇》、《韻》皆作"夂"。"夂"同"掫","從後至也"。

"趙趨",鉉作"趍趙"。

"從走"上鉉有"走也"二字,《玉篇》"卒起走也"。

"趦",當作"赼","趄"篆注同。《易》作"次且"。

"行速趁趁",鉉作"行棘趁也",非是。

今《詩》作"蹐"。

"地",鉉作"池"。

"音聲"下汪依鉉增"讀若匍"三字。

鉉作"𨒫",改注"㡿省聲",非是。按:"㡿"之隸書爲"厈","㡿"、"厈"一字也。篆之"厈"乃"厂",籀文"岸"從其聲。

今《左》作"輴轢"。

今《周禮》作"蹕"。　闕文當補"制"字。

文八十五自此部以下,次立所補字多不注明。今按:"趄"篆爲鉉補字,非鍇本所有,次立所增也,當補"臣次立曰"。今文八十四,補遺"趄"一字,共八十五。

"下也",鉉作"下基也"。

"必堂其角",按《周禮》,當作"維角堂之"。

"躇也",當作"峙躕也"。

"搶也",當作"槍也"。《木部》:"槍,歫也。"

"疾",鉉本無,疑衍。

"止爲行",上當有"反"字。

"爲",鉉作"象"。

今《左》作"芟","蘊"作"薀"。

"能",當〔作〕"匕匕"二字。

"職",鉉作"識"。

《繫傳》四

"以止",汪作"以正",非是。

"視行",鉉作"延行"。

"使盈其遺",《左》作"以盈其貫"。

"烟",《史記》作"熛"。

"迹道",當作"这遣"。

"以事",今《易》作"已事"。

"直也",汪作"值也"。

"罤即",當作"遝卒"。

"止土",當作"𨑒土"。

"祖甲",當作"祖伊"。

今《春秋傳》俱作“返”。

“亦選”上當有“巽”字。

“又曰逮”，汪作“迨”，非。

“黎省聲”，“省”字衍。

“以往遴”，當依《易》作“以往吝”。

“鷙”，當作“䳍”，汪作“驚”，非。

“（佻）〔恌〕”，《詩》作“挑”。

“一曰迭”，“迭”，鉉作“达”，是。

“旁求孱功”，今《書》作“方鳩僝功”。“君子好逑”，當作“公侯好仇”。

“《周書》”，當作“《商書》”。

“繳繞”，當作“徼繞”。

“制也”上當有“相”字。

“此越”之“越”，當作“逑”。“文今播”，當作“今文作”。

“《春秋》‘違違其日高’”。按：《哀時命》曰“處違違而日遠”。

“备”，當作“夊田”二字。“闕原”，“原”字衍。“故即”，“故”字衍。“曰邍”下當有“字”字。“夊，止也”，“止”當爲“上”。按：“夊”，從後及之也。

“所行道”下當有“也”字。“此道”以下十字，當在“䢜”下。

“首寸”下當有“臣鍇曰：此‘道’字當作今‘導’字之意”。

“於心曰德”，“德”，當作“悳”。

“今之移路”，“移”，當作“迆”。“巫馬期”，疑“澮臺滅明”之譌。“欲爲容車之徑以窺三川”。按：《秦策》作“車通三川”，《史記》作“吾欲容車通三川”。“徑大時”，“時”，當作“可”。

“尾則”，“尾”字衍。

“其徐”，今《詩》作“其邪”。“忍聞”，“聞”，當作“閒”。

“竢也”，“竢”，當作“竢”。

“自”，當作“自”。

“張延”，今本作“張䢊”。

“丿音怡”，“丿”當爲“𠂆”，“怡”蓋“曳”之平也。汪作“一音怡”，非。

“門閭”，《文選》作“街衢”。

“迹”，汪作“踐”，鉉作“迹”。按：當作“踐迹”。

"儀衛"下當有"曰"字。

"七聲",鉉無"聲"字。段云:"'七'字當作'已'。""匕"音"化"。

"晳齻",今《左》作"晳幘"。

"齗",當依《韻譜》作"齗"。

"子齹",今《左》作"子齹"。按《韻會》,"齹"爲"齹"之重文。

"齯齒",今《詩》作"兒齒",《爾雅》作"齯齒"。

《爾雅》作"齥",避唐諱改也。

"齸食",《爾雅注》作"齝食"。

"《爾雅注》謂'齸'爲'齝',未詳。"按:《口部》"噂,噍皃"。"《爾雅注》",疑當作"《字書》"。

"踵",當作"歱"。

"踦輪",《穀梁》作"倚輪",《公羊》"踦閭"字如此。

"蹩蹩",今《詩》作"將將"。

"若予",汪依《書》作"告予",鉉無"告"字。"躋",今《書》作"隮"。

"豢",當作"拳"。

"局",《文選》作"扃","蹋"作"蹈","威"作"咸"。

"踸",《莊子》作"踦"。"重",當作"皃"。

"躞蹀",俗作"躞蹀"。

"衛也",當作"踶也"。

"孤",今《吕覽》作"狐","遇"作"過"。

"跱",當作"峙"。今《詩》作"踟躕"。

"趿",鉉作"趿"。

"趿謂之擷",按《爾雅》,當作"扱衽曰襭"。

"載躓",今《詩》作"載疐"。

"述",當作"遂"。"超",《漢書》作"騁"。"此行",當作"又行"。

"輕足",錢鈔本作一"蹔"字。

鉉無此篆。

"邁越",汪作"過越"。

鉉作"蹋",困聲。

"躧履",《文選》作"蹝履"。"跕躧履",《史記》作"跕屣",

無“履”字。 按:“躧”爲無跟履,鍇説未詳何據。

“蹎跋也”,《韻會》引作“蹎行皃”。

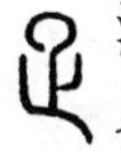注有譌舛,今正之。當作“足也,上象腓腸,下從止。古文以爲《詩·大雅》字,亦以爲‘足’字,《弟子職》曰‘問疋何止’。或曰‘胥’字。一曰‘疏’字,記也”。按:此言古文通借,一音一義,分辨甚明。自後人改易倒置,義遂難憭。“或曰‘胥’字”,《漢書·五行志》“謅而足”,《列子》“以晝足夜”,《管子》“苗足”,本《論語》、《漢書》之“足恭”,《左傳》“言以足志,文以足言”,古音皆同“胥”,而字皆譌。“足”,其義爲相也,輔也,成也,皆是借“疋”爲“胥”之證。鍇未及釋,知其沿誤已久。

“特達”,當作“疏達”。上“疏通”引《經解》,“疏達”引《月令》,器疏以達也。

“品山”,鉉無“山”字。

“七孔”,鉉無此二字。按:《史記索隱》云六孔,《廣雅》云八孔,《禮圖》云九孔,《風俗通》云十孔,皆與此異,唯《周禮》鄭司農注、蔡邕《月令章句》、《漢書》小顔注俱云七孔。

“和同”上脱“與”字。

《繫傳》五

“叫然”,當作“誳然”,今《公羊》作“噭然”。 “謼”,今《周禮》作“嘑”。

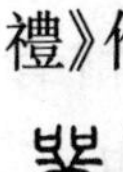“喧”,當作“唤”,《玉篇》可證。“喧”(厂)〔乃〕“吅”之俗字。

“謂若犬以口取食也”八字當在“舓”篆“臣鍇曰”下。按:“舚”爲流歠,非若犬也,以舌取乃若犬耳,鍇葢釋“舌取”也。

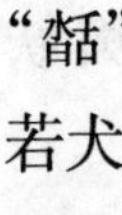“餁”,鉉作“能”。 “荏也”,《傳》曰:“‘任’、‘荏’、‘(任)〔餁〕’疑皆當作‘稔’。”“稔”,熟也,義同“餁”。《左傳》曰“昆吾稔”,言稔惡也。

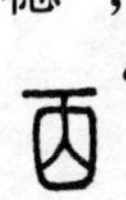“西談”,《文選》作“甜談”。

“從囟”,“囟”,當作“仌”。 “中囟”之“囟”當作“西”。

“《論語》”,當作“《禮記》”。 “㕯”,今文作“呐”。

“簿”,當作“薄”。

“曲兵將鉤之”，見《韓詩外傳》，是崔杼語。又“直兵推之，曲刃鉤之”，見《晏子春秋》，方是嬰語。“吳鉤”上當有“又”字，此別爲一説。

“秦葯”，《本草》作“芄”，今俗作“芃”。

“從手”，“手”，當作“又”。“一丈”，按《漢志》，當作“十丈”。

“響布也”，當依《文選注》引作“肸，蠁布也”。“響”，《文選》皆作“蠁”。“《吳都》”，當作“《上林》”。

“省多”，鉉删“多”字，非是。

“鑾”，《文選》作“鸞”。

“背文”，《大司樂》注作“倍文”。

“謜謜”，今《孟子》作“源源”。“謜謜，愿也”，當作“謜猶愿也”。

“若先”，當作“是先”。

“儼儼”，《保氏》注作“暨暨”。

“冉有”，《論語》作“閔子”，此肊記之譌，非古今文有異。

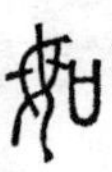鉉作“”。

“咎繇”，今《書》作“皋陶”。“《大禹》、《皋陶》皆汎謨也”，當作“《大禹》、《皋陶謨》皆汎謀也”。

“諮”，今《詩》作“咨”。

“親察”，鉉作“親詧”。

今《詩》作“忱”。

今《書》作“憸”。

“《詩》曰古訓”，“曰”，當作“有”，毛公有《詁訓傳》也。或謂“詁訓”即“古訓是式”之“古訓”，段云“是《抑》詩‘告之話言’也”。“話”古本作“詁”，此有脱文耳。

“實賢士”，《爾雅注》無“實”字，“士”作“才”。

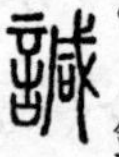“丕諴”，今《書》作“丕能諴”，鉉作“不能諴”。

下云“從言、冈”，“冈”下當有“聲”字，此鍇辨有聲之非也。

“憘”，當依鉉作“喜”。

“務諧詥與妖冶”，《文選》作“或奔放以諧合，務嘈囋與妖冶”，鍇葢躩栝舉之。

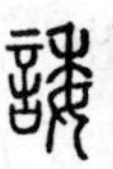“從史”，按《漢書》，當作“御史”。

“敬戒”,《禮記》作“警戒”。

“誐以謐我”,今《詩》作“假以溢我”,《左傳》引作“何以恤我”。“謐”,鉉作“謚”。

“在后之詷”,今《書》作“在後之侗”。按陸氏《音義》,馬融作“詷”,則此用馬説也。鉉“后”上誤衍“夏”字。“諏”,當依鉉作“譀”,與《論語》“侗而不愿”同義。

今《書》作“播”。

“召許”,當作“召評”。

今《詩》作“謍”。

“諎,大聲”,鉉無“諎”字。“諎,大姉”,今《史記》“諎”作“嚄”,與鍇見作“唶”本又異。

“諼兮”下當有“諼,忘也”三字,此證異義也。

“無詒”上當有“《說文》”二字。

“儗”,當作“癡”,“儗,僭也。”

“幻”上當有“爲”字。

“誃予之足”,《論語》作“啓予足”。或云,“啓”古作“哆”,“哆”,開也。按:當以“啓”爲是。“誃塘”兩見。按:《陸雲集》已譌舛非舊,段引改“塘”爲“堂”,未詳何據。《劉詩》今本作“移塘”。“甫絶”,當作“雨絶”。

“絲形”,“形”字衍。

“手反”,當作“反手”。

“挂也”上當有“猶”字。

“誒然”下當有“也”字。誒者,然也;然,癠也。“《傳》言”,當作“《傳》曰”。“惡矣”,“矣”,當作“也”。

“气息聲”,疑當作“聲過人”。

“讁詍也”,“也”字衍。

今《詩》作“泄已”,見《口部》“呭”下。

“語相反譔也”,當作“語相及譔諸也”。葢“譔”者行相及也,會意。

“多從”,“從”字衍。

“騃”,《韻會》引作“駭”。

“哀求”,當作“推求”。

今《楚辭》作“嚅唲”。

今《書傳》通作“挑”。

今《書》作“忌”。

“孝”,《詩》作“虓”。

“又妄”,“又”,當作“人”。

“書”,當作“言”。

“潰散”,《爾雅注》作“潰敗”。

“有譈其聲”。按:《雲漢篇》曰“有嘒其星”,《斯干篇》曰“噦噦其冥”,此疑爲兩涉之譌。

“疾也”,當依鉉作“疾言也”。

今《左》作“叫”。 “其訆”,當作“自訆”。

今《詩》作“訛”,鍇云作“吪”,假借字。今“訛”乃“譌”俗字。

“謾書”,當作“謾言”。 “詆諆”兩見《漢書》,皆作“詆娸”。

“猶惡”上當有“誣”字。

“狐讘”,“狐”,《漢·諸侯表》作“瓡”。按:當作“㚔”,辨見《㚔部》。

汪依鉉作“䛐”,非是。

今《國語》作“訊”。

鉉作“謣”,非。按:《亡部》“望,望出亡者還也”,故“責謣”從其義。 “《張耳傳》”,當作“《陳餘傳》”。 “固望耳”,當作“亦望張耳”。

“詷候”,當作“伺候”。

“荷”,當依鉉作“苛”。 “一曰訶”下當補“臣鍇曰:苛,細也,謂細詰問之”,今誤入“誰”篆下。

“《過秦》”下脱“論”字。 “苛細”以下八字當在“詆”篆下。

“怨言”,當作“怨尤”。

今《論語》作“誄”。

“皿聲”,“聲”,鉉作“闕”。按:戴侗《六書故》云,唐本《説文》有“謚”無“諡”,“謚”即行之迹也。後人用吕忱《字林》補“諡”,而改“謚”注爲“笑皃”,段本删“諡”從戴。

“其詬”,今《左》“詬”作“詢”。

“颯𧾷習伋讋”,《文選》作“㒤讋㹀㺒”。

“丘”,鉉作“求”。

文二百四十八“八”,汪作

“六”,鉉作“五”。按:作“六”者,“𤸰”、“詔”二字不入計;作“五”者,“𤸰”、“詔”、“謚”三字不入計也。“𤸰”、“詔”,鉉所補,非鍇本所有。則此當有“次立曰:今文二百四十六,補遺‘𤸰’、‘詔’二字,共二百四十八”。

重三十一實核三十二,鉉補“迓”字未入計也。當補“次立曰:今重三十一,補遺‘迓’一字,共重三十二”。

“言也”,當依鉉作“吉也”;“義與”,當作“與義”。

“怨讟”,《左傳》作“謗讟”,又“怨讟動於民”,此兩涉之譌。

“樂有韽聲”,按《典同》,當作“曰微聲韽”。

“曲盡”下汪本有“爲”字。“所終”,當作“一終”。

“《春秋》”下當有“傳”字。

“非干”、“於干”兩“干”字皆當作“辛”。

“巨業”,今《詩》作“虡業”。

“瀆也”上當有“煩”字。

按:《左傳》“皁臣輿,輿臣隸,隸臣僚,僚臣僕,僕臣臺”,鍇引舛而説從之,此肊記之譌,非古今文之異。　“十等”上當有“二”字。

“馬也”上當有“圉”字。

“隅爲”上當有“陬”字,見《山部》“𡵂”篆注。

“一從”,“一”字衍。

鉉作“𢍏”,甶聲,非是。　“騏驎”,當作“騏畀”。“畀”,古文“弁”字。“騏畀”,即《鳲鳩篇》“其弁伊騏”也。“騏”與“綦”古通用,《説文》“綦”作“綥”。“畀”蓋“綼”之省文,後人不達,改“畀”爲“驎”,鉉本并改作“麒麟”,其繆更甚矣。

“嶽”,今《書》作“岳”。

“〔從〕収,冃”下當有“聲”字,鍇説可證。此轉轉竄易之譌。

“恭慤”,“慤”,今《左傳》作“恪”。

“驚”,當作“驇”。“驇,馬重皃”,馬重則難行也。觀鍇説,其譌已久。

“《春秋左傳》”,當作“《夏書·胤征》曰‘其或不恭,邦有常刑’;《左傳》曰‘命不恭,有常刑’”。此兩涉之譌。

《繫傳》六

“爲晝”，“晝”，當作“早”。“爲寅”者，猶今以分夜爲寅夜也。“徒歟”，《孟子》作“徒也”。

鉉作“䢉”。

“之炊爨”，當作“炊爲爨”。“臼”，當作“𦥑”，鉉作“𦥔”。

“更之”，當作“更也”。“古文革”，“革”，當作“[illegible]”。

“去皮毛”，鉉作“去毛皮”。“染而瑩之曰革”，“染而瑩之革”五字涉上注而衍。

“麗軒”，《漢志》作“驪軒”。

“絡也”上當有“鞥猶”二字。

“爲甲”二字衍。按《攷工記》，“爲甲”屬函人。

“故從”，鉉無“故”字。

“㲉”，汪譌“慤”。“履㲉”猶“履椌”。“强”字衍。

“革生”，當作“生革”。

“亦曰蹋鞠”，“蹋”，當爲“蹵”。

“陶井”，當爲“淘井”。

“琫”，今《左》作“鞛”。

“以韋”，“韋”，當作“革”。此用李巡注。

“製”，當作“制”。

按：常熟錢氏影宋鈔本“鞼”爲正，“韄”爲重文，疑鍇本如是，顧本或依鉉改也。

“絲”，疑當作“係”。

“夾膝頭”，按《梁史》，“頭”上當有“前金龍”三字，鍇葢引證“龍頭”也。

“回靶平行睨”，《文選》作“回靶平行邪睨”。注、六臣本無“邪”字。

“有靳”，《左》無“有”字。

鉉作“[illegible]”。

“色”，當作“包”。

“輨内環靼”，“輨”，《玉篇》作“鞱”；“靼”，鉉作“鞁”，是，汪作“軸”，非。

“終”，當作“絡”。

《釋名》作"靷"，故鍇辨之。"從以"，當作"所以"。

"韄者"，當作"韄也"。

"般者"，"者"，當作"猶"。

鉉作"（鬴）〔鬴〕"，非。

"從父，金聲"，當作"從金，父聲"。

"其口"，當作"余口"。又，隱十一年《傳》曰"而使餬其口於四方"。此兩涉之譌。

"鼎實"下當有"《詩》曰"二字。"惟葦"，今《詩》作"維筍"。

"臣鍇"以下七字當在"鬻"篆下。

"糲聲"下當補"臣鍇曰：糜即鬻也"七字。

"省或"，當作"或省"。

"熙也"二字衍。"釋其"，當作"澤而"。

"爲炒"上當有"或"字。

"渫"，當作"煠"。

"吹釜溢"，"吹"，當作"炊"，言炊釜火盛騰溢也。鍇説從"吹"，沿譌已久。"釜溢"，鉉改"聲沸"，非是。

"以予爪爲物爪"，當作"以手爪爲物抓"。

"爪，母猴象也"五字當作"從爪"二字，下有王育説，此不當相複，後人所改也。"爲母"，"爲"，當作"象"。

"象母猴相對"，"母猴"，當作"爪不"，"爪不相對"，是勳作也。此形意相成之字。"爲"篆上從爪，下象母猴，則"爪"非母猴明矣。

"從手丮"，當作"從丮手"。

"讀若載"，當作"一曰載"。《廣雅·釋詁》："飢，詞也。"錢氏大昕曰："飢當爲覟"。古"載"、"覟"葢通用。

"儌谻受屈"，今見《子虛賦》。"儌"，當作"徼"；"谻"，俗作"㔯"；"屈"，《文選》作"詘"。"儌要"下有脱文，當作"徼，要也；谻，疲極而受屈也"。

"兩(土)〔士〕"，當作"兩手"，方與"丮"注合。

"臣鍇"以下十字，當移置"鬨"篆"鬥鬨"下。

"劇"，當作"據"。"弋之"，"之"，當作"也"。

"彌慢"，當作"彌漫"。

"讀若繽"，"繽"，鉉作"賓"。

"不動"上當有"後二指"三字。

已見《口部》。按:《說文》重出字,多以此部重文爲彼部正篆者,蓋重文爲古通用,而其字自有正義,故兩存之。此"右"即當爲"又"重文,後人誤增反切音耳。若以爲相助意,則當與"𠬢"、"取"相次。

"所又",當作"叉取"。

此注亦轉轉竄易之譌,今正之:"燮,和也。從又、言,炎聲。讀若溼。臣鍇曰:又,手也,任力也。雍雍喈喈,心和形於言也。相聶反。"而以"燮"別爲一篆,"燮,籀文燮,從羊。臣鍇曰:羊,入也。音飪。"鍇舊本當如是。

"引而"上當有"手"字。

鉉作"叜"。

"叉取",疑當作"巩最",鉉宋本作"叉早"。按:《文選·西京賦》"摣狒猬",薛注"摣謂戟撮之。戟,攕也"。"攕撮",《說文》當爲"巩最"。鉉本"早"即"最"之譌也。《釋名》云"摣,叉也,五指俱往叉取也",亦當是"丮最"之譌。蓋"叉"爲"手指相錯",與"叡"義不合。

"㕞馬",《文選》作"刷馬"。

"反手",當作"右手"。

今《詩》作"挑"。

"回流",《列子》作"圜流"。

"於尊"下當有"前"字。

按篆形當入《皮部》,從皮、二。而入《又部》,義不可得矣。

疑當作"段",譚長:"或以'段'爲'叚',以'叚'爲'段'也。"《殳部》"段"下疑脱譚長說之重文。蓋叚從皮,從二,二者,柔皮之數也,則與椎物義合。"段"從殳,殳猶(持)〔持〕也,從𠂇,左手承之也,或持或承,則與叚借義合。

"布指知尺,舒肱知尋",按《大戴記》,當作"布指知寸,布手知尺,舒肱知尋",此有脱誤。

鉉作"聿"。

鉉作"畫"。

"後從",鉉作"從後"。

今《詩》作"迨"。

"臤"字當依鉉作"賢"字。"纏堅也","堅"字衍。

"堅立",當依鉉作"豎立"。

“力爭”上當有“而”字。

鉉宋本作“(□)〔□〕”。

“殳音殊”,“殳”,當作“几”。

“以杸”,《玉篇》引作“從杸”。

“厶”,當作“叀”。

“又”字衍。

今《左》作“奪之杖以敲之”。

“毛堅”,鉉作“毛豎”。

“改音”下當有“已”字。

鉉無此二篆。

“短羽”下當有“者”字,“名舒”上當有“鶩”字。

“守寺也”,當作“寺司也”,見《廣韻》。

“不集”,汪譌“不售”。

“《子虛》”當作“《上林》”。“尃”,《文選》作“布”。

“從皮”,當作“竹皮”。

“䵒”,《字書》無此字。《列子》書有“奸䵒”,“䵒”疑“䵒”之譌。

當作“□”,從皮省也。各本皆譌,隸書當作“䙞”。　“注云,攻皮之工”,當作“‘攻皮之工’注云”。　“鞄䙞”,今《攷工記注》作“鞄甍”。

“從舣,從衣”四字,後人依鉉增,故與鍇説乖戾,此轉轉竄易之譌。

“育聲”,“聲”字或依鉉增。“一曰相臣”,“臣”當作“也”。按:《詩》云“天命不徹”、“徹申伯土田”、“徹田爲糧”,猶云“天命不相,相申伯土田”。“相田爲糧”,鉉無此四字。　“育亦烘”,“烘”,當爲“聲”,葢轉轉竄易之譌。

“弗敃”,《書》作“不昏”。

“爲”,鉉作“象”。

“孜孜無怠”,今《書》無此語,見《史記·周本紀》,爲《泰誓篇》文,“孜孜”作“孳孳”。

“支有爲”,當作“叓有爲”。

“絲”,當作“粉”。

“止”,汪作“正”。

今《書》作“奪”。

“訢行”,鉉作“誰何”,非是。按:此當爲“誠信”二字泐文,葢經傳"敦信"、"敦厚"，借"敦"爲"惇"之義也。若作"誰何"，即爲怒詆意，不必以"一曰"别之。又按：許書"一曰"俱當在某聲下，葢餘義、旁通義也，此次於前，乃後人所移易。

"陣"，當作"敶"。

"重葉"上當有"木"字。

"刖劓斀"，今《書》作"劓刵椓"。

"《周書》以爲'討'"，段氏云，《周書》無"討"字，《虞書》，"天討有罪"，"周"當作"虞"。按："討"當爲"譸"之譌。《無逸》"譸張"，疑古本作"𢿢張"，同聲相借也。"𢿢"，今《詩》作"魗"，《釋文》云："本亦作𢿢"。

"讀若㠯"，"㠯"，鉉作"已"。

鉉無此篆。又見《土部》"壞"重文。

"古言"上當有"[illegible]"字。

"齎以卜"，"齎"下當有"贄"字。

"[illegible]"，當作"丱卜"二字。

"先人"，"當作"聖人"。

《繫傳》七

"支，止也"，當作"支，小動也"，見《類篇》。

"穴中"，當依鉉作"穴上"。"營求得之"，"營"，當作"夐"，鍇説可證宋鉉本不誤。

鉉作"囘"。

"讀若告之謂調"，"謂調"，疑當作"則頑"，"頑"、"瞏"同聲也。鉉無此六字。"瞏轉"，《文選》作"眴轉"。

"目䀹"，今作"目睫"。

"清盧"，《文選》作"清矑"。

"從宀"，"從"字衍。"矏矏"，《招魂》作"遺視矏些"。"眼瞼單瞼"，鉉新附云"目上下瞼也"，俗以單瞼爲美。

"游眅"，今《左傳》作"游眅"。

闕文鉉作"耄"。

"莽黨",當作"矘莽",見《楚辭·遠游》。

"若白"上脱"讀"字。

"眺彼",當依《詩》作"泌彼"。

"惟眉",今《書》作"惟冒"。

《文選》作"瞭",李注引《説文》亦作"瞭"。疑此篆本作"(𥌉)〔𥍉〕",條聲。段謂"條"有"滌"音,"脩"無"滌"音,是也。

今《詩》作"頻",與"矉"通。

段云當作"𥃳",从古、目,从先聲也。按:古有睦渾之戎,《左傳》作"陸","睦"之譌;《公羊》作"賁","𥃳"之譌也。

"目睛",當作"目眚"。

"臣"下脱"鍇"字。

"熟視",《韻會》引作"急視",鉉作"疾視",此葢涉上而譌。

"嬿",今本省"女"作"燕"。

"而眝"下當有"眙"字。"眝",今本作"竚",亦作"佇"。

"之也","之"字衍。

今《文選》作"篾"。

"謂眡","眡",鉉作"眄"。

"目光聲","聲",當作"衺"。

"目失",當作"目不正"。

"從正",鉉無"從"字。

"朝錯眢或",今《史記》作"鼂錯熒惑"。

"叉聲","聲"字衍。"叉音"下當有"蚤,瞅俗作"四字。

"謂眄"下鉉有"曰"字。

"盻渭"。按:此殿名未聞,疑是"枍詣殿"之"枍",或作"盻"耳。

重九"睆"爲鉉補字,非鍇所有,當補"次立曰:今重八,補遺'睆'字,共重九"。

"古文以爲醜","醜",鉉作"醜"字。按:此當是"𠳋"篆下錯簡,辨見《皕部》"奭"下。

"厂聲"二字衍,鍇説可證。

"有獸載敽"。按:《山海經》云"鳳皇鸞鳥皆戴敽"。

"聲然",當作"聲也"。

"宀宀",鉉毛本作"宀宀",此云"宀宀",疑"内"當作"内"。

今《書》作"疇"。《口部》"𠷎"下鍇説當移於此。

鉉作"𢗃"。

"相章也",《韻會》作"貫章也"。

"《史篇》名醜",當作"《史篇》以爲醜字"。按:"奭"與"㚔"形相似,《皕部》"㚔"下云"古文以爲醜字",今誤入皕下,此云《史篇》,許兩存之者,未易定其是非也。全書多有此例。

"白厭之也",當作"習而厭之也"。

"'夏翟'注"下當有"翟,雉也"三字。

"𠂇"即"失"之篆體,羽初生如翦之齊,故曰"羽生翦而去之",故曰"失羽"。或作"矢",段從之。

"《爾雅》"下當有"注"字。

"翁臺",《釋草》"芺薊"注作"蓊臺"。

"《西都》",當作"《兩都》",句見《白雉》詩。

"史"字誤,晉船人事見《韓詩外傳》及《説苑》。

"仟"下鉉有"聲"字。

"有翬",《詩》作"如翬"。

"布翅"下當有"翱"字。

"羽𦑟"上鉉有"以"字。

"張衡《西京》",當作"揚雄《甘泉》"。按:《西京賦》衹有"翳雲芝",《甘泉賦》曰"乘輿乃登夫鳳皇兮,而翳華芝"。

"翩翩者隹",今《詩》"隹"作"鵻"。

"楚烏",《韻會》同,鉉本"烏"作"鳥"。 "一名卑,一名譽居",當依鉉作"一名鸒,一名卑居",方與《爾雅》合。 "匹卑烏",《爾雅注》作"鵯烏"。

"爲鸐",當作"鵂鸐"。

"周鸞",段云"周"上脱"嶲"字,淺人誤删也。許讀《爾雅》與郭璞異,與孫炎及舍人同。

"雌",當依鉉作"雄",《小弁》詩可證。

"夏雇趣民蠶麥"。按:"雇"注引"桑雇氏趣民養蠶,老雇氏趣民收麥",與今本《獨斷》合,此有脱文也。 "《爾雅》:'雇竊'","雇"上脱"夏"字。 "鶨累",當作"黐黑",見"黐"篆注。 "疑之","之"字衍。

"匪鷻匪鳶",今《詩》作"匪鶉匪鳶"。

"歺",鉉作"瘖"。按:此注爲竄改之誤,"從隹,歺省聲。或從人,人亦聲",當作"從隹,從瘀省,從人,或曰人亦聲"。"從瘀省"者,雁飛迅疾,《月令》謂“征鳥厲疾”是也。“或曰人亦聲”者,許以其聲非近,不敢遽從,故以“或曰”疑之。鍇説主意不主聲,與許正同。後人知“人聲”之非是,改“疾”爲“瘠”,以取其聲,不知省聲必兼意,“瘠”、“雁”兩不相涉也。鍇舊本當不誤,次立以鉉改鍇,遂存“⿰歹厂”爲非“⿰歹脊”非“⿰歹矢”字耳。

“今俗猶呼爲鷂”,當作“今俗皆呼爲鷂鷹”。汪改“鷂”爲“鷂”,與俗呼不合。

“《爾雅》即”,“即”,當作“注”。

“牟毋”,鉉作“牟母”,非。《爾雅》李巡注“毋音無”,可證。

“繒”,當作“矰”。

“鵂頭”,“頭”字衍。　“頭有”上當有“兔”字。　“角毛”下當有“脚”字。　“食雉”,“雉”,當作“鷄”。

“蒦善”,“蒦”鉉引作“雀”。

“留也”上脱“舊”字。

“而𣥂”,“而”,當作“從”。

今《尚書》或作“篾”,又異於作“蔑”矣。

今《詩》作“達”。

“洮聲”,“聲”字衍。

“白羝”,《爾雅注》作“白羒”。

“牡”,當依《爾雅》作“牝”。

“牡”,當作“牝”,《爾雅》亦譌,説經家皆有辨。

“羊羖”,當作“羖羊”。“羊形”,當作“羊刑”。

“割黍”,鉉作“割桼”。

“善同”下鉉有“意”字。

“從羊”,鉉宋本作“牧羊”。

“屋在初”,鉉無此三字,疑衍。

“穬彼淮夷之穬”,兩“穬”字疑當作“獷”,今《詩》作“憬”。

“兩”,當依鉉作“雨”。

“孔子曰”,“曰”,當作“欲”。

“東都廣莫之野”,當作“西南都廣之野”。

“萬數”上鉉有“以”字。

“驐”,鉉作“敦”。“執之也”三字未詳。按:《嘉魚篇》毛傳“鵻,壹宿之鳥也。壹意於所宿之木,故其字從隹、一。‘準’從其聲,亦爲一定之法也"。鍇或本此爲説而誤脱耳。

"鴇鴠",《坊記》引作"盍旦"。

"尾長,喙短赤",當作"長尾,觜脚赤"。 "干鵲",今本作"乾鵲"。

"甚",今《詩》作"黮"。

"涸",《爾雅注》作"婟"。

"鋪豉",當依《爾雅》作"鋪枝",錢鈔本作"鋪鼓"。

"五尺",當依《爾雅》作"三尺"。

"留離",今《詩》作"流離"。

鉉作"䧼䧼"。

"《爾雅》"下當有"注"字。

"虎綺蟲衣",邵二雲、郝蘭皋《爾雅義疏》引此俱云未詳。按:疑是"好剞蘆衣"四字之譌,當在"一名剖葦"下,鍇葢小變郭注字耳。

"後趾",《爾雅注》作"後指"。

"在梁",今《詩》有"涇沙渚潨亹"而無"梁"字,不知何字之譌。

"虎文",當作"豹文",見郭璞説。"鴇",亦名"獨豹"也。

"鵁鶄鷗鴱",《文選》作"鵁鶄鷗䳄","䳄",李善引《山海經》郭注音"欽",古今異本,未知孰是。

"似鳧",當作"似鶩",見《史記·司馬相如傳》注。《廣韻》"吳人呼水鷄爲鶇渠","鶇渠"即"鷛渠"也。

今《左》作"鷁"。 "上身九頭"。按:"鶂"無此説,疑當在"鶬"篆注下,鍇引郭璞《江賦》云"奇鶬九頭",此葢錯簡。

《爾雅》"鴘"下脱"鵁"字。

"即鸕鶿"。按:《上林賦》以"鸕鷀鵁鸕"並舉,當非一物,此疑有譌脱。

"鷻鳶",今《詩》作"鶉鳶"。

"專畐柔",《爾雅》作"鷒鶝鶔"。

"鷐",今《詩》作"晨"。

"運日",汪作"運目",非是,見《廣雅》。又《淮南書》作"暉日"。

"今",當作"此"。

"班固《西都》",當作"張衡《西京》"。

"蔓",《爾雅》作"鸚"。

文百十六“騋”篆次立所補,故音同鉉本。　又“鷞”篆“鳥”在左,鉉在右。“鷉”“鷗”“鴅”“鴻”四篆“鳥”在右,鉉在左。“鸗”篆“鳥”在下,鉉在右。

“巢”,當作“萃”,見《抱朴子》。

《繫傳》八

“推弃”,當作“推糞”,汪作“糞”。

“棄除”,當作“糞除”。　“此佀米,糞除”,當作“此佀米非米者,糞除之”。　“兩手”下當有“也”字。　“音辨”,當作“與音辨字異”。

“小也象”三字衍,葢涉下“幺”篆而誤。

“一言”,當作“一手”,釋“從爪”也。

“從幺省”下當有“從中”二字。　“中亦聲”,當作“日從古文叀省”。按:此猶“革”從古文“革”省也,段作“田象謹形”,未確。

“叀馬”,當作“叀牛”。“桊,牛鼻環也”,見《木部》。“叀”猶“桊”也。　“此與”上當有“冂”字。

“緅,紅也”,《攷工記注》云:“緅,爵頭色。”此疑誤。　“古文也”三字衍。

“予聲”,“聲”字衍。

“冂坰”下汪有“也”字。　“竝生”上當有“奸宄”二字。

鉉作“乙”,“乙聲”作“從己”。

“叡叔,深堅意”,鉉無“叡”字。按:當作“𣦼也,濬堅意也”,葢叔之而見爲濬堅也。　“堅實”,鉉作“堅寶”。

“夭婚”,今《左》作“夭昏”。

“勛乃殂”,鉉本同。今《書》作“放勳乃殂落”,汪依《書》補,非是。

“賓於主位”,當作“故於賓位”。

今《書》作“斁”。

今《左》作“骿”。

“《莊子》曰‘庖丁’”,當作“賈誼曰‘屠牛坦’”。《養生主篇》無“髖髀”字。

今《禮記》作“胔”。

"茂骩"，今《楚辭》作"茷骩"，《文選》作"芟骩"。

今《詩》作"會"。　"可掠髮"，當作"所以括髮"。

"盧省"，當作"盧聲"。

"胚，胚也"，當作"肧，㚰也"。　"以爲肧肧即如㚰"，當作"以爲肧即如㚰"。

"肓之下"，"下"，當作"上"。

"膀爲胃紀也，心爲支體心"，當作"腸爲胃紀也，心爲支體主"，見《御覽》引。今《白虎通》曰"腸爲心肺主，心爲支體主"，與此異。

"輪淬"，《文選》作"輪焠"。

"骼"，汪脱此字。按：見《儀禮》。

"於腋下也"，當作"胠，旁開也"，見《釋文》。鍇葢引以證異義。

"前臑骨"，《史記》作"前足臑骨"。

"朏"，當作"䏙"，見《囟部》。

"掘"，按《史記注》，當作"堀"。　"廣一里"，當作"廣二里"。　"在堆"，當作"在脽"。

"其行是"，"是"，汪誤作"脯之"，《史》無此二字。

"九解"，當作"九曜"。又按：《文子》作"三百六十日"，"三百六十節"作"三百六十六"者，《淮南書》也。

今《詩》作"襢"。

"臠臠"，今《詩》作"欒欒"。

"從臞者"，當作"臞從羸者"。

"瘡"，鉉作"創"。"創"、"瘡"古今字。　"痒頑"，疑當作"頑痒"。

"三戌"説見《風俗通》，汪本作"三戊"，非是。

"曰膢"，鉉作"曰離膢"。"離膢"，當即《漢志》"貙劉"。

"衍左"上當有"隓"字，下當有"反"字。　"隋"字上脱"改隨爲"三字。

"犯肉胜臊之也"。按：《國語》作"偃之肉腥臊，將焉用之"；《史記》作"犯肉胜臊"，無"之也"字。

"中膘"，《詩傳》作"髃"，《釋文》云"或作'膘'"。

今《詩》作"膋"。

"其肉胥胥解也"，按《釋名》，當作"其骨肉解，胥胥然也"。

"膴膴"，錢鈔本作"揬揬"，與鍇説合。顧本或依鉉本及汪本改也。　“腒鱐”，今《周禮》作“腒鱐”。　“乾宜”，當作“乾直”。

“猪白”，汪作“猪肉”。按賈勰書，當作“猪肉白”。

“讀若選”，“選”，汪作“還”，鉉作“遜”。按：“䐶”，或作“䐹”，疑當作“讀若僎”。

“飦胜而苴熟”，今作“飯腥而苴孰”。

“膮醢”，見《内則》，或以“醢”爲衍文。

“食膎”，“膎”，《世説》作“鮭”。

今《易》作“胏”。

鉉作“[illegible]”。

“閒也”，當作“未嘗”。

鉉作“[illegible]”。　“從㓞、各”，當作“從刀、挌”。“挌”見《丰部》。此或依鉉改注而未改篆之譌。

“鋸”，當依鉉作“銛”。　“據”，當作“按”。

“《周禮》”，當作“《周易》”。“大圭”，當作“琰圭”。按：大圭抒上，琰圭剡上也。

“刌茅”，疑當作“刌肺”。

“翦刀劑也”，當作“劑，翦齊也”，見《爾雅》。

“《禮》布”，“布”當依《韻會》作“有”，見《左傳》“藻率”服注。

“掊把”，當作“掊杷”，見《手部》“掊”注。

“錐刀也”，當作“錐刀劃也”，鉉作“錐刀曰劃”。

今《書》作“勦”。

“刖劓”，當作“刖鼻”，鉉作“刑鼻”。

文六十四“剔”爲鉉補字，非鍇所有，當例補次立説。

重七當作“重十”。

鉉作“[illegible]”，按鍇説當作“[illegible]”。

“册叉”，鉉作“耝叉”，段氏定爲“卌叉”。“卌”，四十并也。《字統》云：“插糞杷叉，杷之多爪者也。”

“萌”，今《周禮》作“甿”。古書“萌”、“氓”通用。

“揮”，鉉作“揮”。

“卷也”，按：《釋畜注》“角三匝也”。

“角觬”下鉉本有“曲”字。“觬氏”，《漢志》作“觬是”。

今《易》作“掣”。　“一角”，“一”疑“二”之譌。

“以直之也”。按：當作“注：直獸也”。《太元經》云“角解豸終”，范注“解豸，直獸也”。

"觵",今《詩》作"觥"。

"讀若",鉉無此二字。"觲觲",今《詩》作"騂騂"。按:"騂"、"觲"同字,不當云讀若。《釋文》云:"'騂',《説文》作'弲'。"陸見當是舊本。鉉改"觲"而删"讀若",此後人依鉉改鍇而未去"讀若"耳。

"《詩》曰",當作"《周禮》曰"。"楅衡"下當有"《詩》曰'夏而楅衡'"六字。許每有兩引而後人誤删者。

"出胡休多國",《御覽》引作"出胡尸國,一曰休尸國",此當脱誤。

"觜觿",以"觿"爲"蠵",與《漢書·杜篤傳》同。

"昜聲",鉉作"煬省聲"。蓋觴者,戒其煬於酒也。

"《論語》",當作"《韓詩》"。

"二斗",當作"三斗"。按:《瓬人》云"豆實三而成觳",注云"三斗"。

"角𧥄"下當有"聲"字。

文三十九"觷"爲鉉補字,非鍇所有,當補次立説。

《繫傳》九

當依鉉作"箭"。"矢也",《藝文類聚》引作"矢竹也"。

"揚州",當作"荆州"。"簬楛",今《書》作"簵楛",《木部》引"楛"作"枯"。

"篬葅",今《周禮》作"箈菹"。"旦筍",疑當作"冬筍"。

"折",當作"析"。《方言》:"析竹謂之篻。"

"卜籀",今作"卜繇"。

"榜,笞掠也",當作"榜,署門户之扁也"。此釋"關西謂榜篇"之義,"篇"即"扁"也。引"笞掠",非其義。

"按"上脱"臣鍇"二字。"匾"。按:《嚴助傳》作"中"字。

"竹片",汪作"竹芽"。按:《王莽傳》注"筳,竹挺也"。則"片"、"芽"皆爲衍文。

"墻以居",當作"曰墻居",見《方言》。

"一丈"上鉉有"筵"字。按:《攷工記》云"度九尺之筵","一丈"疑當作"九尺"。

"窶藪",《漢書》作"窶數"。

"楚王",按《韓詩》,當作"齊使",《説苑》作"魏文侯"。
"鵠",《説苑》同,《韓詩》作"鴻"。
"攫竹籠而潰出也",當作"攫筥而出。筥,竹籠也"。按:今《韓詩》作"玃笞","攫筥"之譌也;《説苑》作"空籠",鍇用以注"筥"也,後人未詳而誤删耳。

"或"下當依鉉補"曰"字。

鍇説有譌舛,當作"一曰叢者,叢束茅纂,若今俗祭神爲之"。鍇意葢謂"纂"、"籫"通文,故合引《史記》"緜蕞"注、《国语》"茅蕝"注,以釋"籫"爲"叢"之義。按:"籫"之爲"叢",猶"纂"之爲"攢"也。"攢",聚也,故《急就篇》顔注、《方言》郭注,皆以"籫"爲箸筩聚者之竹器也。疑"一曰叢"爲"一曰聚"之譌。

此篆當删。

鉉無此篆。按:鉉本改"篧"爲"籗",後人又將"籗"增入鍇本,故重文總數鉉、鍇皆作十五也,如鍇本有"籗"篆,則當云十六矣。

"讀若箇","箇",當作"个"。"个"字見《禮經》。許無"个"篆而存之於注,全書多有此例。或云當作"固",非是。

"可以",當作"所以"。

"遮閒",當作"遮闌"。

"飲",當作"飤",俗作"飼"。《韻會》作"飯",未是。

"飲",當作"飤"。

"朱儒",今作"侏儒"。"籚"〔當〕作"盧"。

"聆聆"二字見《淮南子》,此當作"霝霝"。

"籣矢",今《史》作"韊矢"。

"竹也",當依鉉作"笞也"。

"成帝",當作"元帝"。

"籥",當作"龠"。"大者謂之笙,其中謂之籟",《爾雅》作"大籥謂之産,其中謂之仲"。此疑誤。

"箎",當作"篪"。"出地散",按《後漢書·陳寵傳》注,當作"地以爲正"四字。

"玉琯以玉",當作"以玉爲琯"。"古椀反"三字衍。

"《笛賦》",當作"《長笛賦》"。"近代長笛","長",《文選》作"雙"。

"以竹曲五弦之樂也"，當作"筑曲侣箏，五弦之樂也"，見《文選·吳都賦》李注引《説文》。今本"筑"下脱"曲"字。"筑"、"曲"古疊呼，見《淮南·泰族訓》高注。

"鞭王"，當作"鞭上"。

"博蒲"，當作"摴蒲"。

"烏胄"，當作"烏曹"，見《廣韻》。 "心箸"，當作"六箸"。

"自篽"，疑即《國語》"舟虞"。《左傳》作"舟鮫"，"鮫"葢"魰"之譌也，"舟"篆與"自"相近。"《漢書注》"，疑當作"《古今注》"。

"不可"，當作"亦無"。

文百四十五"笑"爲鉉補字，非鍇所有，當例補次立説。

"其下也"，當作"下基也"。

"古文"下當有"箕"字。"臣鍇曰"下當有"丌"字。

"兀也"二字衍。

"東序"，當作"西序"。

按鍇説，當作"[illegible]"。"由聲"，當作"𣶒省聲"。"𣶒"，輔益也，"𣶒與"，亦益也，故從𣶒省聲。此或依鉉改之誤。

"毘音"下當有"選"字。

"敢執壤奠尚書"，"尚書"，當作"奠，進也"。 "奠，置定也"，"定"字衍。此鍇分引證"進"與"置"之義，後人誤改也。

"手左"，"左"字疑衍，段改"左手"。

"《楚辭》"，當作"張衡"。"抨巫咸以占夢兮"，見《思元賦》。

按鍇説，當作"曆"。注中"麻"字皆當作"厤"，"厤"，治也。"治"與"調"義相近，若"麻"字，無從得"調"義也。後人依鉉譌本改，幸鍇説可證。

"從甘、甘"，當作"從甘、匹"。

"沓縣"，《漢志》作"沓氏縣"。

"從乃，鹵省聲"，鉉作'從乃省，鹵聲"。"籀文'卤'不省"，依全書例，"卤"當别篆，注以"籀文不省"四字。 "隨從也"，鉉作"卤從也"。

鍇疑此亦古"乃"字，段引《爾雅》"迺，乃也"，明是二字。

鉉作"[illegible]"。

"躓"，當作"窒"。

"辭者"，"者"，當作"也"。"丁亥"，今《召誥》作"丁巳"。

按：此篆非鍇所有，後人依鉉增入也。鍇説即取鉉説爲之，而稍易數字，音仍鉉音，改“切”爲“反”，當删之。

“滑旨”，當作“滑甘”。

今《周禮》作“鼜”。“旦五通爲發明”，按《周禮注》，當作“旦明五通爲發呴”。

汪刻通部作“鬻”，段從之。然鉉、鍇宋本皆作“𩩲”，汪刻疑誤。“春分”，汪作“春秋”，非是。“鼛”，《周禮》作“皋”。

“不勝”，《詩》作“弗勝”。

注中次立説有脱字。“不之正”，不足正也，“賁”亦從卉聲。

今《詩》作“淵”。

今《詩》作“鏜”。

“鏗鏘鼚鼛”，《史記》作“鏗鎗鏜鼛”，《漢書》、《文選》作“鏗鏘闛軩”。

從“缶”不得聲，疑當作“鼛”，從去聲。錢鈔“缶”作“云”，疑“去”涉文。

“振旅，旅樂也”，鉉作“振旅，樂也”。“大捷獻豈”，按《周禮》，當作“大獻奏豈”。

“一豆酒當一升酒”，當作“一豆酒當爲一斗酒”。

鉉作“8”。

鉉有切音，此無反音，鍇葢以“梪”爲“豆”重文。

“裪”，當作“匋”，鉉作“陶”。

“金屬”，當作“鍑屬”，見“鍪”篆下。

“讀若《春秋傳》曰‘虍有餘’”，鉉無此九字。按：當作“盱有餘”，見昭三十一年《公羊傳》。“盱”古音讀與“呼”同，見《烏部》注。段氏疑爲“賈余餘勇”之譌，未確。

“酇縣”，鉉作“鄌縣”，非是。按：《邑部》“鄌”下云“今酇縣”，許説與《漢志》同，應劭音“酇”爲“嵯”，是也。鉉删《邑部》“今酇縣”三字，又改此“酇”爲“鄌”，非許意矣。

“哮虖”，當作“嗥罅”。

“簨虡”，今《攷工記》作“筍虡”。“注：虎豹淺毛”。按：《攷工記》無“注”，“注”當作“按”，“淺毛”當依《爾雅》作“虦猫”。

“鐘鐻”，見《始皇本紀》，《過秦論》作“銷鋒鑄鐻”。《本紀》所言“虡也”，《論》所言“鉅之借字，兵器也”，鍇牽合，非是。此肊記之譌。

今《爾雅》作“虪”。“昔省聲”，或云當作“冥省聲”。“《爾雅音》”，“爾”，當作“廣”。　“音爲酣”下當補“《爾雅注》云‘漢宣帝時，南郡獲白虎，獻其皮骨爪牙’”十九字，見“虪”篆下。

“漢宣”至“爪牙”十四字，“[虎包]”注錯簡。　“毛深”下當有“者”字。

“飲”，鉉作“飯”，疑當作“飤”。　“同形”，鉉作“同意”。

“〔從〕皿，成”下脱“聲”字。

《漢書》無“盨”字，鍇説有譌舛，今正之。當作“臣鍇按：顔師古《漢書》‘寠數’注謂，以盆盛物戴於頭者，如今賣白團餅人所用盨，狀如盤，即‘寠數’也”。

此篆疑鍇本原闕，故次立用鉉補。

“作之”，鉉作“爲之”。

“回至”，《文選》作“回志”。

“《禮記》”，當作“《周禮》”。

與艸部“菹”下重文二篆相似，彼從皿，此從血。

“掌祈”下脱“珥祈”二字。　或爲“幾”，“幾”，今本作“機”。“自中”下脱“中”字。“夾室”上脱“門”字。

“同卹”，今《左》作“同恤”。

鉉作“（[illegible]）〔[illegible]〕”。

《繫傳》十

“點柱之柱”，“柱”當作“注”。

“鐙”，今《爾雅》及注皆作“登”。

“柱止”，當作“注止”。

“丹子”，當作“丹干”。楊倞讀“干”爲“矸”。

“敗”，今《書》作“塗”。

“盟誓”，《文選》作“明誓”。

“礜象”上脱“●”字。　“登天”，“天”，今《淮南子》作“元雲”。

“瑩省”，“瑩”，當作“營”，“滎池”合“經營”意。“省”下當有“聲”字。　“炏”，當作“㷋”。

“《易》曰”，當作“《易説》曰”。

"堅調"，當作"豎謂"。 "豆皀"下當補"音若逼"三字。

"即湌"，鉉作"即食"，疑當作"卪食"，會意字。鍇時已誤。

"食既"，今《論語》作"食氣"。

"攸服"，按《周禮注》、《江漢》詩箋，疑當作"倏暘"。鍇云"服事"，義未明。

"鬰林"，當作"鬱林"。此以今釋古也。

"一米"，段云當作"亼米"。"食，食也"，當作"會，合也"。汪作"會食"，亦誤。 "下食字音飯"，當作"下皀字音逼"。

今《詩》作"餴"，又見"饎"篆下。

"臣鍇曰"三字當作"臣次立按：《心部》'恁'，鍇曰"九字，此脱誤也。下引鉉本、引《切韻》，均非鍇説。按：許書多有重文字别見他部者，重文爲古通，别部爲正義，不得疑其重出。

當作"[illegible]"，昜聲。《釋名》："餳，洋也。"疊韻爲訓。

"麥曰餅"，當作"麥曰麪"。

"餱粻"，今《書》作"糗糧"。

當依鉉作"[illegible]"，從匝，今《周禮》作"[illegible]"。

"饌堂"，當作"饌食堂"。今《元后傳》作"篹食堂"。

"食麥"下汪誤衍"飯"字。

"之餱"，今《詩》作"飫宜"，"餱"作"饇"。

"饒飽也"，鉉無"饒"字。

"喙"，今《爾雅》作"餘"。

"《春秋傳》'是謂饕飻'"，鉉作"《春秋傳》曰'謂之饕飻'"。"飻"，今《左》作"餮"。

今《論語》作"餒"。

"芻之餗之"，今《詩》作"摧之秣之"。

"日月所會謂之𣊝"，《左傳》作"日月之會是謂辰"。

"倉黄"，按鍇説，當作"蒼黄"。

"狀省"，當作"爿省"，見"墻"、"牂"等注。

"陳鄭"，當作"齊鄭"，見隱六。

"純用玉"，"用"字衍。

"盆缶"，今《史記》作"盆瓴"。

"葭莩"，鉉作"筩莩"。

"包省聲"下當依鉉補"古者昆吾初作匋。《史篇》讀與缶同"。 "《後漢書》:'南山有光武舊陶'。"按:杜陵南山有孝武故陶,見《漢紀·獻帝紀》,不見范書。

"剖背",當作"剖母背"。

"括",當作"桰",兩見。 "夷牟",《山海經》郭注引《世本》作"牟夷",《荀子》作"浮游"。 "矢人謂枉矢、絜矢、利矢","矢人謂",當作"司弓矢有"。"絜",《周禮》作"挈","利"作"殺"。

"熊豕虎",按《周禮》,"豕"字衍。"《司裘》'諸侯則共熊侯、豹侯'",注"《故書》'豹'爲'虎'"。許葢同《故書》也。 "侯九十弓","侯"下當有"道"字。"弓二寸"下當有"以爲侯中"四字。 "鵠以皮"上當有"崇廣丈八尺"五字。"毋或若"下今《周禮》有"女"字,"詒爾"作"詒女"。

"諸侯族乃",當作"詞疾潡爲"四字,《類聚篇》可證。

"天子",當作"天下"。

"蒙澤縣北",當作"蒙縣西北"。

"此皆《爾雅》之言"。按:今《爾雅》"郊外謂之牧,牧外謂之野",較多五字。 "又引"以下見《載師》注。 "國地",《周禮》作"國宅"。"自此"以下未詳,鍇說所據恐亦誤朊。

"臣鍇曰:從此","從"上當有"今"字。按:此當在"坰"篆下。

今《易》作"確"。 "簡故",當作"騫皃"。

"重城也。𩫏,城外亭",當作"回,重城也;亭,城内外亭"。

"絶高爲京丘",按《爾雅》,當作"絶高爲之京,非人爲之邱"。

"就高",按鍇說,當作"尤高"。 "尤異於凡也"五字,疑鉉用鍇說增,則此亦轉轉竄易之譌。

鉉部次《㫗》在《畗》前。

"厚下易",當作"《禮記》曰"。 "君子"上當有"《易》曰"二字。

"吁",今《詩》作"訏"。

"倉黄",當作"蒼黄",已見《倉部》。

"周韋"二字衍。

"夌澁",按鍇說,"澁"當作"蹬",此或依鉉本改。 "秋",當作"秩"。按:是引《漢書》誤衍字,當删。

"一來二縫",當作"一來三縫",見《韻會》及《御覽》所引。"三縫”者，“來”篆之形也。“來”篆下象根葉，上從三人，人在矢象鏑，在麥象芒穎，故云“三縫”。三縫較兩歧加盛，故稱“瑞麥”。《思文》疏“一麥二夆”，字之譌也。或改“一束二縫”，或改“二麥一夆”，均非確論。“貽我來麰”，今《詩》作“詒我來牟”。

“《詩》曰‘不粸不來’”，疑當作“《詩》曰‘伾伾粸粸’，《爾雅》‘不粸不來’”。“伾伾粸粸”，即“吉日儦儦俟俟”也，《爾雅》“粸”亦作“俟”。本屬兩引，後人誤刪合之。鍇見本已譌，其誤難盡更正。

“麷蕡”下脱“白黑”二字。“煮麥”，《周禮注》作“煮穜麥”。

“曰麷”，今《周禮注》“麷”作“逢”。

“麴”，當作“籟”，“麮”篆注同。

“夌徲故也”，《李斯傳》無此語，未詳。

“惪憂心也”，當作“憂憂”，今作“優優”。

段云，小徐注作“夋”，今此及汪本皆作“夊”，疑唯《廣韻》作“夋”耳。

“詩曰‘竷竷舞我’”，疑當作“一曰《詩曰》‘竷竷鼓我’”。按：《士部》“墫”引“墫墫舞我”，則此不當重言“舞”也。今《詩》“坎坎”爲鼓聲，古爲“竷”，義亦同，故許加一曰別之，爲異於“繇也”、“舞也”之義。後人不辨，刪“一曰”而改“鼓”爲“舞”耳。

“金叜”，《漢志》作“金鋑”，今《書》或譌爲“叜鋑”。

“夂其手足”四字涉下而衍。

“止手”上當有“(已)〔巳〕”字。

“即魖”，鉉作“神魖”。“張衡《西京》”，當作“揚雄《甘泉》”。

“舜”，今作“舜”。

今《爾雅·釋言》作“皇華也”。

鉉作“[illegible]”。

“屬也”上當有“注”字。

“臂決”，當作“臂衣”。“決”以拘弦，“韝”以韜臂，非一物也。

“韜攘衣厮徒之服”，“韜”字衍；“攘”，今本作“禳”；“徒”，今本作“役”。

(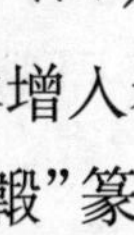)〔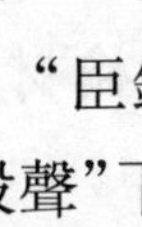〕此篆疑非鍇本所有，乃後人依鉉誤本增入者。“臣鍇”以下七字當移置“韍”篆“段聲”下。

“臣鉉”以下十字，次立所增，汪改“鉉”爲“鍇”，繆甚。

“革中辨”，段云當作“辨中絶”。

“夅服伏也”，汪作“乀服乀也”。

“初本貫末勁也”，當作“視本末均勁也”。

“《周禮》謂磔爲䚕辜”七字當在“磔”篆下，葢釋“磔”之爲“辜”也。

“臣鍇曰”下當補“《周禮》謂磔爲䚕辜”七字。　“四門”，《月令》作“九門”。

“軍法曰桀”，《韻會》引作“軍法入桀曰乘”。

《繫傳》十一

“輭”，當作“梗”，見《司馬相如傳》顔注。

“《上林》”，當作“《子虛》”。

“畀”，當作“畁”，兩見。按：“畀”從田聲，不得作苦礦反。《廣韻·梗韻》“畀”亦“畁”之譌也。

“菌桂”，當作“箘桂”。《蜀都賦》注：“箘桂，其圓如竹。”

“冬取柞楢之火”，“冬”，《論語》馬注、《司爟》大鄭注引《鄹子》俱作“秋”，此疑誤。

“或曰”下當依《爾雅注》補“柳當爲柳柜柳”六字。

“母杶”，當作“毋枇”，見揚雄《蜀都賦》。　“棆材”，《周禮》作“掄擇也”，鍇説未詳所據。

“左思《吳都》”，當作“張衡《南都》”。　“楈（枒）〔椰〕栟閭”，《文選》作“楈枒栟櫚”。

“實者”，當作“大者”。《匡俗正謬》云：“古謂大木爲章。”　“變章言橦”。按：《漢書》顔注作“木鐘”。

“音與杲同”，“杲”，當作“皋”。《書傳》：“‘挈皋’，或作‘桔槔’。”

“楸，別名槲”，今本《爾雅注》作“‘槲’，‘楸’別名”，非是。

“椴縣”，前後《漢志》皆作“毋椴縣”。　“音與拙同”，當作“義與棁同”，見《唐韻》。　“木名也”，當作“梁上楹也”。

“《爾雅》”下脱“大而皵曰”四字。

“斮”，《左傳》作“伐”。

“子以杏”，“子”今本作“葉”。“宮園”，〔當〕作“官園”。

"椴"，《爾雅》作"黏"。 "又耐埤"，今《爾雅注》脱此三字。"埤"，下濕也，"耐埤"，故埋之不腐。鉉補字，非鍇本所有，鍇説葢次立改鉉説爲之。

"孟猷"，當作"孟莊"。

"山中木"，《爾雅》作"小木"。

"賦杼"，今本"杼"作"芧"。

"居于深山拾橡栗"，《莊子》作"先生居山林，食芧栗"。

"槖山多構木，不言杼"。按：《中山經》："槖山多樽木、構木。""樽"即"杼"也，"構"當作"構"，此譌"構"，葢是傳寫之譌。

按鍇説，"吉聲"下當依鉉補"一曰直木"。

"《詩》曰'榛楛濟濟'"六字當在"榛字也"下。鉉作"《書》曰'竹箭如楷'"，段氏已詳辨之。按此鍇説及引《詩》，則鍇本當無"榛"字，今有"榛"，次立依鉉補也。"楷"字，葢鉉、鍇異説，《詩》當是鍇所引，誤羼入許書耳。

今《詩》作"檖"。 "赤羅"，與《秦風》毛傳合，《爾雅》作"檖羅"，當有脱文。

"伏几"，鉉作"床几"，非是。"膺"，疑當作"隱"去聲。

"《周禮》"，當作"《尚書》"。

"實小味酢"，今《爾雅》作"樹小實酢"。

"削構櫹槮之可傷"。按：《九辨》作"萷櫹槮之可哀兮"，"構"當誤衍。

"偃"，或作"堰"，見《方言》。

"金州"，《本艸》作"邵陵"。

"大夫欒"，《周禮·冢人》疏云"大夫樹以藥艸"，段云"藥艸"葢"欒"之誤。按：《山海經·大荒南》"雲雨之山有木名欒，黄木，赤枝，青葉，群帝焉取藥"，郭璞注云"欒樹花葉皆爲神藥"，則"藥艸"即"欒"也。 "欄，木蘭"，按《攷工記注》，"欄"即"楝"，鍇説未詳所據。

"山中"，《爾雅》作"今關西有"四字。

"藋聲"下鉉有"一曰反常"四字。

"枸杞檵"，今《爾雅》作"杞枸檵"。

"栫葉"，《文選》作"梛葉"。

"實曰梂"，《爾雅》作"其實梂"。

"木白枌"，"木"，當作"楡"。

"謂樹以","謂"下當有"社"字。

"常從",當作"常樅",《説苑》作"摐",或云即"商容"也。

"𩰪",今《雜記》作"暢"。

段依《韻會》改"𣐋"。按:"梔"、"栀",古今字。

"從甘",當作"甘聲",此轉轉竄易之譌。

"蘨",今《書》作"繇"。　"榣木",《國語》或作"拱木"。"顓頊",按《大荒西經》,當作"祝融"。

"智伯",按《列女傳》,則當作"趙氏"。

"無皮殼","無",當作"有"。按:《艸部》"蓏"注引鄭曰"無殼曰'蓏','蓏'猶'蠃'也",此云"有皮殼","果"猶"裹"也。

"挺叉",汪本作"梃杈",非。

"闕",汪作"聲",非是。　今《書》作"刊"。

鉉作"㯻"。

"棖長行㚖竹爲枼",當作"長木、長竹,㚖之爲枼"。此鈔寫之誤。

自"桃之枖枖"至"勞言"二十三字衍。"棘心所以枖枖","所以"二字亦衍。按:鍇本引《凱風》詩,鉉改《桃夭》詩"桃之枖枖"四字,後人依鉉增也,以下則涉下鍇説而譌耳。　"愷",今《詩》作"凱"。

"木也",當依鉉作"木頂也"。　"㮇",今《書》作"蘖"。

"一枝",當作"一枚",見《竹部》"箇"下。

"疑沮事"上當有"欙"字。《文酌解》曰"聚疑沮事","聚",古本當作"欙"。

"枵,虚也",鉉上增"元"字,非是。　"危九度"。按:《後漢·郡國志》注"自女八度至危十六度爲元枵之次"。　"曰枵故","曰"、"故"二字衍。

按《韻會》,"樛"爲"朻"之重文,今鍇、鉉本皆分爲二,不知誤始何時。

"隱",當作"檃",兩見。　"矯揉",當作"之器",見《荀子注》。

"隋",當依鉉作"陊"。

"樹皮",《爾雅》作"樹枝"。

"輅枯",今《書》作"簬楛"。

"柝亦",當作"析木"。

"日晡,則反景上照於桑榆閒"。按:《天官書》無此語,惟有"望雲氣云平望在桑榆上"。此當屬肊記之譌。

鉉作“𡍬”,非是。

“轙義”,疑當作“轙音”,“轙”字見《淮南·説山訓》。

“杜業”,《後漢書》作“杜鄴”。

當作“樘”,党聲,“邪柱”意亦取“党”也。鍇謂“樘之言党”,本當不誤,此或依鉉改。　“党杈牙”,今《文選》作“牚杈枒”。

今《禮記》作“節”。

“青皛”,《吕覽》作“青畾”,《上林賦》注作“青鳥”。　“宅櫨”,疑即郭璞《上林賦》注“槖櫨”。

“重橑”,今《史記》作“重欒”。

“傳曰”下當依鉉補“刻”。“确”下當有“也”字。

“齊”下鉉有“魯”字。　“桓宫之椽”,“桓”,《左》作“大下桓宫”。“鄭廟”,亦當作“大宫”。“廬門”,《左傳》作“盧門”。

“檐”下鉉有“聯”字。

“樀也”,鉉作“户樀也”。按:當作“檐也”,鍇説可證。　“樀,朝門”,鉉無此三字,邵二雲《爾雅義疏》引“朝”作“廟”。

“椌”,今《爾雅》作“突”。

“栭閒子”,“子”,汪譌作“木”。

“鏝”,鉉作“槾”。　“杇人”,今《左》作“圬人”。

“施其兩旁”,“施”,疑當作“弛”。　“梱屨”,今《孟子》作“捆屨”。

“檂”,段云當作“攘”。

“脱限”,《韻會》同。汪作“脱根”,非是。

“椅”,今《詩》作“掎”。

“瓛則馬口”,“瓛”,當作“钀”,亦見《玉部》“瓛”下。

“木爲”上當有“以”字。

“對舉”義見《手部》“扛”,鍇意謂“杠”猶“扛”也。

“冥山”,《廣博物志》作“宜山”。

今《論語》作“匵”。

“節作”,“節”字衍。

“崔嵬”,《九章》作“陸離”。

“意作”,當作“除舺”。

“輂”,《孟子》孫注及《六韜》皆作“轝”。

"《周禮》"下當有"注"字。"輂加",當作"輜輂",見《鄉師》注。

今《論語》作"耰"。

"種椴",鉉作"穜樓"。

"杚之爲槩,杚其器名"。按:"槩",器名,"杚",平物之稱。當作"杚之以槩,槩其器名"。

"楔齒",見《喪大記》。按:"柶"亦挹飲食器也,鍇説未盡。

鉉作"匧"。

"節畫","節",當作"飾"。"櫑尊",今《史記》作"罍尊"。

"回缶","缶"字衍。

"隋者",當作"橢者"。

"讀若柅"、"柅姤",《釋文》引作"昵"。

"庶幾乎,顔子改過爲善,不俟終日改也",當作"返者也,故君子見幾而作,不俟終日也"。鍇蓋借"幾"説"機",鈔寫者涉下而誤。

"持繒","持",承也,受也,故鍇以爲"軸"。段欲改"繒"爲"會",非是。"繒"者,織成之帛也,"持",受帛也。

"讀若檍"。"檍",鉉作"指撝"二字。"從手作","作"字衍。

"俗讀",當作"俗語"。注作"俗謂",亦誤。

"齊侯",當作"吳子"。"門臺",《左傳》作"樓臺"。

"天下足以水",當作"不足以盛水"。"巾槶",今俗作"巾幗"。

"樘",此字可證上篆不從堂。

"檈",鉉作"環"。

"其前","其"字衍。"釋名","名"字衍。"古文式","式"當作"弌"。

"積竹木","木",當作"杖"。

"藂即音巑",當作"訓叢則音巑"。

"操弓不反檄",見《孔子家語》。

"《尚書》'有隱栝之也'",當作"《尚書大傳》'隱栝之旁多曲木'"。"隱栝之側多曲木",當作"示之隱栝"四字。按:今《尚書大傳》、《荀子》俱作"檃",不作"隱"。

"作簙箸","作",當爲"飾"。"四基","四",當作"曰"。"以六箸","以",當作"投"。"箭長八寸",當作"箭長八尺,基長八寸"。

"帆上木",當依《廣韻》作"帆未張"。

"添竈木也"，當作"栝，竈㮇也"。《廣韻》曰："㮇，火杖也。"

"樂，木工用柷，聲音爲亨"。按：此及《韻會》、鉉本不同，而皆有誤，疑當作"樂，木空以止聲音爲節"。"空"即"椌"也。"止"者，鼓柷之器。見《爾雅》。

"束交"，鉉作"束文"。　"輈上木"，"木"，當依《韻會》作"束"。

"連榀"，《文選》"連"作"聯"。

"炙棝"。按：《史記》作"炙轂"。"過"，裴注劉向《别録》"過"作"輠"。"輠"、"棝"古今字。

"踏摘"，錢鈔作"蹋蹢"。　"人輂之以行"。按：《周禮注》"輂，駕馬；輦，人輓"。鍇以"輂"爲"人輂"，疑誤。

"嬌也"，《韻會》作"趫也"。按："也"字衍，當以"嬌嬌"連文。

"石渡水"，按《詩傳》，當作"石絶水"。　"入水"，當作"絶水"。"驪"，《文選》作"螭"。　"屋梁也"，按《釋名》，當作"彊梁也"。

"木囚"，按鍇説，當作"木缶"。"囚"，鉉所改也，不可從。葢許若以"校"爲拘囚器，則當與"桎"、"梏"相次，此與"楫"、"欙"爲次，則當以鍇説爲是。

"稻屋"下當有"亦"字。　今《左》作"巢"。

"削柹"，"柹"，《後漢書》作"哺"，注云："'哺'當爲'柿'。"

"諑之"，今《左》正作"椓之"。

"木此字"，"木"，當作"本"。

"餘櫱"，"餘"，當作"甹"，見《马部》。今《書》作"由蘖"。

"榻折之殺也"，當作"柆猶拉折也"。　"魯公"，當作"齊侯"。

"柆而殺之"，"柆"，當作"拉"，見《史記》，《公羊傳》作"搚"。

"斫也"，當依鉉作"衺斫也"。　"山木"，鉉無"木"字，此葢"不"之譌衍字。　"《公羊傳》"，當作"《國語》"，《公羊》無所引語也。

"寫脱兩字"，"兩"，當作"蘖"，《國語》云"山不槎蘖"。

"槅柮"，今《左》作"檮杌"。

"騏"，《禮》作"麒"。

"薦榦"，今《左》作"藉榦"。

"楄也，枼薄也"，錢鈔作"編也，葉薄也"。按鍇説，錢本爲是，此或依鉉改也。　"楄者"，亦宜作"編者"。

"積火"，《玉篇》作"積木"。
"祠"，今《周禮》作"祀"。

"有盛爲械"。按：《車攻》詩釋文云"無所盛曰械"，與此異。

"椑",段云當作"柙",兩見。

鉉《木部》無此篆,葢鉉入《門部》,鍇入《木部》也。今鍇《門部》有"閑"者,猶毛扆於鉉本《木部》末增之也。 "猶闌也"下當依《韻會》補"以木距門也,會意"七字。

"軒檽",《韻會》作"軒窗"。"以檻"上當有"又檻"二字。

"楬桀",《韻會》兩引,一作"楬櫫也",一作"杙也,櫫也"。按:當以"揭櫫"爲是,見《周禮·職金》鄭注。

當作"梟"。鉉本云"從鳥頭在木上",故作"梟"。此云"從鳥在木上",與張參《五經文字》合,則當作"梟"也。至梟首字,自當作"県"耳。

"説諸棗而連屬云樸枹",今《爾雅》中閒"櫬"、"梧"二字。

文四百二十三鉉作四百二十一。按:此較鉉本多一"閑"篆,少"檍"、"樻"、"槫"、"柅"四篆。"檍"即"橿"譌文,"樻"字無攷,"槫"與"桴"爲古今字。段移"樗"篆重文"樓"入"槫"下,未是。《小雅》"薪"是。"樓薪",正與《豳風》"薪樗"合,不必因"樗"、"樓"不同聲而疑之也。"柅"已見"尿"重文,鍇無之,是也。鍇少於鉉三文,都數當減於鉉,而反增之者,計者之譌也。今實核爲四百十九字。又按:"槲"篆爲鉉補字,非鍇所有,而"榛"、"櫨"、"椋"、"榛"、"棁"五篆作切音,皆次立所補也,當依例補次立説。其有仍鉉音而作"反"者,如"榶"、"栭"、"樛"、"椅"、"楝"、"桊"、"榆"、"櫐"、"櫥"、"朴"、"檼"、"梠"、"槏"、"椴"、"案"、"榼"、"棓"、"桶"、"柎"、"枹"、"朾"諸篆,亦疑是次立補。

"動也"下鉉有"從木。官溥説"五字。

"緐無",今《書》作"蕃廡"。

"棽纚",《文選》作"棽麗"。

《繫傳》十二

"丨,艸木","木",當作"本"。

"暘谷",當依鉉作"湯谷",《楚辭》、《淮南子》、《山海經》皆作"湯谷"。 "榑木桑木",當作"榑桑叒木"。 "婀娜",《爾雅注》作"阿那"。

"從木，叒聲"，當依鉉作"從叒、木"。

"孔曰"，當作"《禮》曰"。

鉉無此篆。

"四帀"，當作"自帀"。　"如山如陵"，《左傳》作"兆如山陵"。

"放聲"，"聲"字衍。按：此篆已見《放部》，當是鉉入《放部》，鍇入《出部》，後人互增，遂成轉轉之譌。

"買聲"，"聲"字衍。

"劓䵝困於赤芾"，"劓"，當依鉉作"槷"，"困於赤芾"四字衍。按：此乃後人襲陸氏《釋文》之誤而改也。《釋文》云："'鼿'，《説文》作'劓'。""鼿"乃"劓"之譌，謂五爻"劓刖"也，後人不察，誤以"槷䵝"當之，遂妄增"困於赤芾"四字。參鍇説，固明指上爻也，今《易》作"鼿卼"。

文五 "糶"篆次立增，當例補次立説。

"糸聲"，"聲"字衍。　"朩，韋繩也"，當作"索，草繩也"。

"孛如"，今《論語》作"勃如"。

"而從一橫，止之皃"，鉉無"從"、"貌"二字。　"蔽朩，小皃"。按：此鍇誤以"朩"爲"蔽芾"字，不可從。"蔽芾"之"芾"，疑即"朩"字。

"音爲降"，"降"，疑當作"隆"。

"豨字讀若綏"，鉉無"豨字"二字，《韻會》引作"豕字讀若豨"。按：當作"讀若豨"三字，與《豕部》注正合。"綏"字後人依鉉所改。

"穗上貫"，"貫"，疑當作"乑"。汪依鉉作"從坙，穗上貫一"，非是。　"上葉坙也，一枝也"，"上"，疑當作"丂"，"枝"，疑當作"地"。

"夵夵"，汪本分四字。　"夵雪"，汪作"出入"。

"棠棣"，當作"常棣"。

"曄曄"，今《漢志》從"火"旁"曅"。

"禾即止"，"禾"，汪作"支"。

"木名。闕"，鉉無"闕"字。

"按書細綴也"五字未詳，疑當作"故爲同紐也"。

"巢宿異禽"，當作"翡翠列巢以重行，窠宿異禽"，《蜀都賦》語。

注云"從寸"，篆當作"[illegible]"。

"以桼物"，當作"以桼桼物"。

"骨灰","骨"字衍。

"荷纏束薪",今《鴻烈》作"儋纏采薪"。

"俟使","俟",當作"諸侯"二字。

"有底曰囊,無底曰櫜",《一切經音義》引《蒼頡篇》同此,《國策注》、《詩釋文》俱作"無底曰囊,有底曰櫜"。　"大櫜",《公羊》作"巨囊",《史記》作"櫜"。

"言用","用",當作"月"。

"啚聲","聲",當作"啚"。"魯公",當作"宋公"。　"一人",當作"一史"。

"市",疑當作"𦍌"。按:《玉篇》此字入《櫜部》,從櫜省,疑此誤入《口部》。

"園樹果菜也"五字疑衍。"亦樹以果菜也",當作"亦所以牧獸也"。按:《周禮·囿人》言獸禁不言蔬果。

"荆阮",汪作"荆晥",非是。

"化者",當作"囮者"。

"行人",當作"掌客"。　"三鼎"上當有"《儀禮》云"三字,《周禮》無是文也。

"猋",《爾雅》作"贆"。

按:此篆當與"賴"連屬,辨見下"賴"篆。

"卉若",當作"賁若"。

"獻納總稱尊嚴"下當有"也"字,鉉無此六字。　"游貢",《周禮》作"斿貢"。

"進見也","也",當作"以"。

"歸賮",今《孟子》作"餽贐"。

"《春秋傳》"下當有"注"字,見昭公元年"歸取酬幣"注。

"厚貸焉",當作"以家量貸"四字。

"縣官無錢,從人貣馬"。按:此是檃栝《平準書》語,但《史記》作"貸",前、後《漢書》或作"貣"。

"齊與晉賊此久矣,寡君無適與也"。按:"賊此",當依今《左》作"欲此";"適與",當作"適賊"。"賊"與"爲"同義也。以"欲此"爲"賊此",似與《傳》義不合。

"江湖閒謂小兒"六字當删。按:《高帝紀》注云"無利入於家也";或曰"江淮閒謂小兒多詐狡獪爲亡賴"。本屬二義,錯牽合,非是,葢肊記之譌。　"上同"二字疊見《邑部》"扈"、《曰部》"沓"、《丮部》"𡠦"下,皆謂重文也。"賴",疑爲"賸"之重文,如"癘"、"瘌"爲古通文可證。鉉不從鍇，分而二之，後人又依鉉改鍇，而失其舊次，致此"上同"二字義無可尋。今按："贎"注當作"贏也"，"賴"注當作"或從剌聲"，移而連屬之，方如鍇本之舊。

"會意"下當依《韻會》補"一曰受貸不償也"七字。鉉羼入許書。

"齊矦"二字衍。　"器貳"，今《左傳》"貳"作"二"。

"貝當復取"上《韻會》有"謂"字。　鉉無"一曰最"三字。"最者，出也"。按："最"無"出"義，"最者"二字當移置"獨出也"下，下當更有"取也"二字。蓋上以"出放"釋"敖"，下以"最"釋"復取"也。

"所聲"，"聲"，鉉作"闕"。按鍇説，疑從所，會意。

"憚爲子費"，《韓詩外傳》作"不爲公費乎"。

"殺二世"，"殺"，當作"教"。"之政"，"政"，當作"術"。

"貝聲"，"聲"字衍。　"壟"，《孟子》作"龍"。　"網"，《孟子》作"罔"。

"之分"，"分"字衍。

"賃貝"，當作"任貝"。

"戴質"，《韻會》作"載質"。

"之人"，當作"于人"。

"不中"，今《史記》作"不審"。

"築曰城"，當作"都曰城"。

"張華《博物志》"。按：今本無所引，語見《後漢書·東夷傳》，辰韓之言也。

"上大夫受"下脱"縣，下大夫受"五字。　"監其郡縣"，"郡"字衍。

"周禮制"，"禮"字疑衍。汪依鉉删"制"存"禮"，非是。

"四里也"，鉉作"聚也"。

"國甸"下當有"外地"二字。按：《周禮注》"二百里内曰甸，三百里内曰鄁"。　"鄁地"，今《載師》作"稍地"。

"音抵"，當作"音衹"。

"周王徙國"，汪依鉉作"周大王國"，非是。按：周自公劉徙邠。

"美陽"，按《詩箋》、《漢志》，俱云在"栒邑"。

"美陽亭即豳也"，按《漢書》，豳亭在漆縣，此云"美陽"，疑誤。

段云，"岐"、"豳"二篆疑許書本入《山部》，後人因"郊""岐"、"邠""豳"通用，移合於此，説良是。

"北郁郅縣"，當作"北地又有郁郅縣"，葢引以博異文也。

"有甘亭"，《韻會》引無此三字。　"户聲"下《韻會》引有"一曰止也"四字。　"披也"，當作"被也"。　按：《通志》云"夏爲'扈'，秦改爲'鄠'"。則"扈"當"鄠"之古文，鉉書分爲二，而鍇則合，故"上同"字與《日部》"昚"、《虱部》"䖝"同。後人依鉉改鍇，遂成轉轉之譌耳。

鉉作"𡵂"，依注當作"𡸕"，皆非是。按：當作"岵"，從山，户聲也。傳寫沿譌，遂失其舊。鍇語不可從。

"鄠鄉盩庢縣"，鉉作"鄠盩庢鄉"。段云，古鄠縣、盩庢縣皆有郝鄉也，鉉本爲是。

"酆邑臺也"，當作"有靈臺也"。

今《詩》作"洽"。

"高陵"下當有"鄉亭"二字，見《篇》、《韻》。

"谷口也"，當依鉉作"谷口鄉"。

"庾"，段云當作"渡"。

"官陌"，汪作"宮陌"。

"名鄠"下當有"中"字。

"西南"，"西"字衍。　"即西鄆"，"即"，當作"則"。

"臣鍇"以下十四字當在"邵"篆下，見僖二十四年"召穆公"注。

今《書》作"黎"。

"召聲"下當補"臣鍇按：杜預曰：'扶風雍縣東南有邵亭。'"

"晉邑食也"，鉉無"食"字。按："食"，當作"聚"。《漢志》："沛國有郠聚。"

"邢侯"，當作"雍子"。

"聞喜縣"，"縣"，《廣韻》作"鄉"。

"聞喜邑"，"邑"，鉉作"聚"。

"河東聞喜鄉"上錢鈔有"仲郖"二字。按：當作"承郖陳留襄邑城"，見《後漢志》。此或爲轉轉竄易之譌。

"九月"上當補"或言河東汾陰有葵邱，非也。經書夏會"十五字。　"不盟"，當作"不及盟"，見《春秋正義》。

"文王子"，鉉作"武王子"，非是。《左傳》："郇，文之昭也。"

"清河俞人"，當作"封爲俞侯"。

《漢志》作"鄡"。

“鄚人”，今《史》或譌“鄭人”。

“汪茫”，《國語》作“汪芒”。“二丈”。按：《博物志》從范甯作“五丈四尺”，杜預作“三丈”，此引《博物志》云“二丈”，胒記之譌也。

“邵陵”，《漢志》作“召陵”。

“淯陽”，《漢志》作“育陽”。

“棗陽”，《漢志》作“棘陽”。

“《别栩陽亭賦》”，《漢志》無“亭”字，此與庾信《哀江南賦》合。

“襄陽縣”，按《漢志》，“邔”屬南郡；又《後漢書·宗室傳》注“邔，故城在今襄州”。鉉本作“南陽縣”，“陽”，當作“郡”。

“存鄢”，汪作“郁鄢”，“郁”蓋“郁”之譌。

“城名”，鉉作“地名”。

“郴水之側”。按：《漢志》云耒水所出，不云有郴水。

“耜陽”、“耜水”，《漢志》皆作“耒”。

“沛國縣”，鉉作“沛郡”，汪本作“沛國郡”。

“今鄼縣”，按《漢志》顔注，“‘鄼’，本作‘鄌’，應劭音‘嵯’”，是也。鉉删此三字，非是。

“南部城”，“南”字衍。

“陳郡”，當作“東郡”。“鄭史”，“鄭”字衍。“晉伐阿鄄”。按：《趙世家》云“伐齊於鄄”，“阿”字疑“齊”字之譌。

“邛地”，當作“邛城”。《外戚侯表》作“邛成”，正屬濟陰。

“風姓”，杜預作“妘姓”。

“郐城”，段云當作“郐戎”，即“徐戎”也。

“城西”，“城”字衍。

“郕叔處”，“處”，杜注作“武”。“剛縣”，當作“剛父縣”。“郕亭”，當作“有郕鄉”三字。

“高平縣”，當作“方與縣”。“他放此”三字當删，宜依《韻會》補“婦人謂夫曰郎”，則猶“良人”也。

引杜説有譌舛，今正之。當作“在廣陵吳自邗江穿溝，東北通射陽湖，西北至末口入淮，今謂之韓江口”。

“安平”，汪作“萊安”，非是。

“鄫，姬姓”，“姬”，當作“姒”。“或寫作姒”，“姒”，當作“姬”。“鄫行”，疑當作“繒治”。

"講兵"，當作"構兵"。 按：《六韜》亦不言"郣氏"，疑有誤。

"郣地"，鉉作"郣海"，即用鍇説所增，非是。

"東海褰冥"，按杜注，"譚"在"濟南"，此云"東海"，葢誤以"郯"爲"譚"也。"褰冥"疑"襄賁"之譌，亦與"譚"無涉。此注當作"臣鍇按：杜預曰'在濟南平陵縣西南，子爵，魯莊十年滅，今假借譚字'"。

"伐截"，《左傳》作"戴"，《公羊》、《穀梁》作"載"。

汪本篆次及反音誤與"鄿"互易。

鉉無此篆。

文一百八十二 按：本部"鄹"篆作切音，次立所補，當例補次立説。又"𨞚"、"郷"、"邯"、"鄧"、"郢"五篆，音皆同鉉，而易"切"爲"反"，亦疑次立所補。"扈"篆無音，當是"鄠"重文。則文數當作"一百八十一"，重文當作"七"。

《繫傳》十三

"從囗、一"下鉉有"象形"二字。

"閔覆"，《毛詩傳》作"覆愍"。

"之聲"下"日之"二字衍。

"甲，古文甲字"，鉉無此五字。《戈部》"戎"注同。按："甲"，疑當作"十"，古鼎彝銘"甲"皆作"十"，省文也。大篆"早"、"戎"當作"𣅀"、"𢦦"，故隸沿其形。若本從"甲"，則"甲"爲篆文，非古文也。又見《甲部》重文。

"讀若忻"，"忻"，當作"希"，此古讀也。見《禮記釋文》。

"讀若希"，"希"，當作"忻"，此鍇説今音也。

"光武帝"，當作"元帝"。

"《易》"下汪有"曰"字。

"讀若勖"，"勖"，當作"好"，見《詩經釋文》。"旭"、"好"同母相龤也。

"臸聲"，"聲"字衍。

"日出"，當作"日㬥"。"《虞書》曰'至于暘谷'"，鉉無"至于"字。按：當作"《商書》曰'日暘'"，鍇説可證。 "日暴之也"，當作“日乾物也”。

“日暫見爲暘”，當作“目暫見爲暘”，見《目部》。

“色晏温”，“色”字衍；“晏温”，同《漢志》，《史記》作“曣嗢”。

“暫見”，鉉無此二字。

“日轉”，當作“日輪”。

“草木蕖”，“蕖”，當作“華”。

“勞”，《左傳》作“勤”。

“次歷”，當作“歷次”。

“一曰民聲”，後人依《五經文字》增入，鍇説可證。

“日旦”，當作“日且”，與《茻部》“莫”注義同。　“䜌中”，當作“鸞中”，見《漢志》。

“㬢䨼”，汪作“愛逮”。

“陰而風也”，當作“天陰沈也”，見《御覽》引《説文》。“《爾雅注》‘暗曀之謂’”，當作“《爾雅》曰‘陰而風爲曀’”。鍇引此見《爾雅》，與許異説也。鉉用《爾雅》改許書，遂改此爲不憭語。此轉轉竄易之譌。

“皆從皀”下汪本有“音香”二字。

“鼏役”，“鼏”，今《左》省作“鄉”。

“閑”，當作“閒”。

“猗嗟揚兮，美目昌兮”，“揚”、“昌”字宜對易。　“當言”，宜作“美言”。

“美光”，鉉作“光美”。

“昄訓大”、“作昄亦假借”，二“昄”字當作“版”，鍇葢誤圮《詩》作“版章”也。

“衆微杪”，“衆”字衍。　“衆口皃。讀若唫唫”，當作“衆明皃。讀若口唫之唫”。以上從《玉篇》正。

“助蛹”，“助”，當作“即”。“蠶口”，“口”，當作“衣”。

“孔琳”下當有“之”字。

“色介反”三字當在“麗聲”下。“所智反”三字衍。

今《易》作“熯”。

“同説”，鉉作“同意”。

“暱燕”，今《左》“暱”作“昵”。

各本同，按《開成石經》，當作“㬵”，埶聲。此與《巾部》“𢃍”、《女部》“㜸”、《金部》“鏊”、《車部》“輊”篆皆誤從執，當悉正之。“鏊”、

“輩”二篆鉉不誤。

“比聲”,“聲”字衍。

“闕且”二字,段云“籀文”二字之譌。鉉無“且從三日在㫃中”七字,依鍇説删也。“李陽冰云‘從三日’”,“三”,疑當作“二”。

“㫃相出入也”,“㫃”,當作“從入”二字。“屬㫃旌旗”,“㫃”,當作“於”。“兩斿”,當作“兩耑”。

“上同一”,“一”字衍。

“五斿”,按《攷工記》,當作“六斿”。“率都”,今《周禮》作“師都”,“師”蓋“帥”之譌。“伐星五”,當作“伐星六”。

“《周書》”,當作“《周禮》”。

“游車”,《周禮》作“斿車”。“故曰王斿旌至㫃軫”,當作“故曰注旌斿至於軫”。

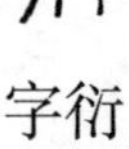“畫鳥”,“畫”字衍,《韻會》引無“畫”字。“錯革鳥隼”,“隼”字衍。“則州里之官平約信也”,當作“州里縣鄙鄉遂之官互約言之”。

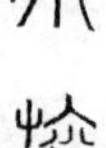“旂上”,當作“斿上”。

“導車”,《周禮》作“道車”。“所以”,“以”字衍。闕文當補“允而”二字,見《御覽》。

“《詩》曰”上當有“一曰旌旗”四字。按:許書凡一音一義,一義一證,無不條分明晰。如此條引《左》以證“機發石”,其師賈待中説也,見《左傳疏》,故首列之。次引《詩》以證“旌旗”,雖異於《毛詩》之作“會”,或是《三家詩》説如是。後人陵亂其文,多致義不可曉。

“旃表”,當作“章表”,見《爾雅》。“帛練爲旃”,“旃”,當作“斿”。

“旟,揺也”,當作“旟猶飄揺也”。

“汓,古文泅”。按:《水部》“泅”爲“汓”或體。

“節象”,“象”字疑衍。

文二十四實核二十三,“族”字次立補,當例補次立説。

“從日、六”下“冂聲”二字衍。“月數”,鉉無“數”字。“臣鍇曰”下當依《韻會》補“冂覆日夜也”五字。

“從冥”上鉉有“冥也”二字,“黽聲”下有“讀若黽蛙之黽”。

今《書》作“哉生魄”。

“此古審字”,“此”,疑當作“從”。

“行太遲”,當作“行太疾”,“[seal]”下“太疾”當作“太遲”, 見《漢書·五行志》。蓋“朓”猶“佻達”,“肭”猶“恧縮”也。

當作“[seal]”,從肉,乃得聲,今隸書不誤。 “縮肭”,《漢志》作“仄慝”。 “太疾”,當作“太遲”。

“有蔚”,當作“猶蔚”。

“從囧,月聲”,當作“從月,囧聲”。

“司命”,“命”字衍。 “啑血珠盤”,“啑”,鉉作“歃”,“珠”作“朱”。 “以立牛殺其耳也”,鉉作“以立牛耳”四字。按:當作“以莅殺牛盛其耳也”。 “襄公《傳》”。按:所引參用僖公二十八年《傳》語。 “立於槃”,“立”,當作“盛”。

“亦省”下鉉有“聲”字。

“轉臥”上疑當有“夗”字。

“若貪”,當作“若厲”,段氏玉裁、王氏念孫皆有辨。 “事夕而計過”。按:當作“士夕而習服,夜而計過”。

“又夏謂”,按《爾雅》,“夏”當作“周”。

“錁乎”,《史》作“夥頤”,“默默”作“沈沈”。

“尚聲”,“聲”字衍。

“讀若冠穿”,“冠”字衍。篆文或借“[seal]”爲“穿”字,“[seal]”即“[seal]”之或體,知古讀若“穿”也。鉉改“穿”爲“冠”,後人又依鉉增此耳。

“貝聲”,“聲”字衍。

“未發”下鉉有“圅然。象形”四字。

“甹枿”,今《書》作“由蘗”。 “止之言也”,當作“生之意也”。

“照也”,當作“然盛也”。

按:注“從木、马”,則篆當作“[seal]”。而各本相沿作“[seal]”,寒山趙氏本遂改“從木、㔾”。

“臣鍇”以下十四字當移置“㯻”篆“續也”下。

“木形”,“形”字衍。

“朿聲”,“聲”字衍。

“竝棗”,當作“竝朿”。

“簡也,葉在枝也”,當作“簡之薄若葉也”。

“室但穿明”,“室”,汪作“窗”。

“讀若俞”。按:徐廣《萬石君傳》注用許説,則其“音住”亦當是《説文》舊讀,鉉、鍇不知古音,或改“住”爲“俞”耳。 “一曰紐也”。

按:《萬石君傳》蘇林注引賈逵《周官說》曰“牏行清也”。許此注何以不用師說,疑“紐”即“行清”之譌。鉉本作“一曰若紐”,則取其聲。“褏”上當有“中”字。　“短版而”,“而”,當作“閒”。

“以鼎爲貞”,段云,“貞”當作“貝”。《石鼓》“員”則作“鼏”、“鼽”也。

“大圜”,“圜”字衍。

鉉次“亯”下。

鉉次“𥝌”上。

鍇引《思玄賦》非連文。

“種稑”,今《詩》作“重稑”。

“弟婦”,今《爾雅》作“娣婦”。

“讀若靡”,“靡”,當作“糜芑”之“糜”。

“天降嘉穀”,《詩》作“誕降嘉種”。　“赤黑”,“赤”字衍。“禾即”下脱“嘉穀”二字。　“穪麥”上當有“稻粢”二字。

“南海之秏”,“秏”,今《吕覽》作“秬”。

“稗鄉”,當依鉉作“稗縣”,見《漢志》。

“故相倚則移也”,當作“臣鍇曰:禾茂則相倚移也”。

“禾穎”,今《詩》作“禾役”,又見“䅵”篆下。

“爪聲”,“聲”字衍。

鉉本“采”、“蓫”分列,以“穗”爲“采”重文,以“蓫”爲“䅵”重文。“䅵”注云“禾采之美也”,蓋用《毛傳》增許書,此與《韻會》合。

“穖,莖也”。按:《吕覽》高注云“穖,禾穗果蠃也”,此疑誤。

“嘉穀”,今《詩》作“嘉種”。

“古文齊聲”,當作“上文齎異”。

今《詩》作“積”,又見“秩”篆注。　“之禾也”下當補“今人言稻穧是也”。

“臣鍇曰”以下十字,“穧”下錯簡,當删。

“於齊”下當有“者”字。

“果聲”下鉉有“一曰無皮穀”。　“今人言稞會,聲若裹”。按:當作“今人言無皮穀曰稞,聲若裹”。蓋鉉采“無皮穀”羼入許書,故此作不憭語。　“苦儈反”,“儈”,汪作“檜”,蓋涉下“稩”音而譌也,當作“户寡反”,鉉“胡瓦切”。

“不潰”，鉉作“不漬”。按：《篇》、《韻》皆作“潰”。

“讀若裹”，鉉無此三字，此疑涉上“稞”注而誤。檢《玉篇》有“公卧切”，沿誤已久。

“圜粒而薄糕”，今《吕覽》作“稟圜而薄糠”，“糠”蓋“稵”之譌。

“〔從〕米，庚聲，”汪本作“康聲”。

“去稾葉”，汪作“禾華蒂”，非是。

今《左》作“朴”。

“窺覘稍葉”，今《文選》作“闚閅藹葉”。

“惡之日”，“日”，當作“久”。

“什一而稅”，“稅”，《公羊》作“藉”。　所引《孟子》係傳寫之譌，當依今《孟子》正之。

“即竹若也”，當作“猶竹箬也”。

“律數十二”下當更有“十二”二字。　“爲重”，今《淮南子》作“爲量”。按：自“秋分”以下本《淮南·天文訓》而小異。《淮南子》云“秋分蔈定，蔈定而禾熟。律之數十二，故十二蔈而當一粟，十二粟而當一寸”；又曰“其以爲量，十二粟而當一分，十二分而當一銖”。

“布之”上段云當有“禾四十秉爲稯。一曰”八字，否則與下“秭云五稯”不可通。

“億數”，當作“數億”，見《豐年》詩傳，鉉不誤。　二萬四千斤核以五稯，當得四萬八千斤，此疑誤。

“《周書》”，鉉作“《周禮》”。

“二百四十斤爲秉”，“斤”，當作“斗”。按：《論語》馬注及《聘禮》皆以“秉”爲百六十斗，《周禮注》總言一車“秉”有五籔之數，故云“二百四十斗”。許不當有此繆誤，疑後人所增。　“四秉爲筥，十筥爲稯，十稯曰秅，四百秉謂之秅”。按：此“秉”爲禾束之名，與百六十斗之“秉”異。故《周禮注》云：“米禾之‘秉’、‘筥’，字同數異也。”此牽合言之，亦疑非許書之舊矣。

“爲粟二十斤”、“爲粟十六斤大半升”，“斤”、“升”皆當作“斗”，鉉宋本不誤。　“其量”，“量”，當作“重”。

今《書》作“期”。　鍇説譌脱，今依《韻會》正之。當作“臣鍇曰：復其時謂一周時也。《左傳》‘叔孫旦而立，期焉’，杜預曰‘從旦至旦曰期’”，本當作此“稘”字，今假“期”爲之也。

“兼持”上鉉有“并也。從又持秝”六字，疑采鍇説所增。

“結添反”當在注末。　“又曰”二字疑衍。

“秝黍”，當作“秫黍”。

“不黎”,當依《左》作“不暱”。　“當言續”,當作“當言讀若”四字,據此知引《左》當作“暱”,此亦轉轉竄易之譌也。

“黍,黏也”,當作“黍,黏物也”。

鉉無此篆。　“從黍”上當依《玉篇》補“黏也”。　“出之”,當作“出脂”。

“聲之遠聞”下當有“者也”二字。

“夏糕”,今《文選》作“夏穧”。

“曰榖”上按《算術》當有“爲米九斗”四字。　“大半升”,當作“大半斗”。

“舂爲粟”,“粟”,當作“米”。　“粱,粟也”,“粟”上當有“好”字。

“牙米也”,按鍇説,許書當作“麥,糱也”,鉉改“牙米”,即用鍇説爲之,此轉轉之譌。葢粟可“牙”,而米不能“牙”也。

“猶散也”,當作“猶釋也”。　“整也”下當有“釋,散也”三字。

“《爾雅》”下當有“注”字。　“胜”,今本作“腥”。　“米胜定不變也”,當作“米性之不變者也”。

“潰米”,疑當作“漬米”。　“鲞泠”,今前、後《漢志》皆作“蘢泠”。　“浸也”,汪作“漫也”,與“潰”義合。此云“浸”,則“潰”當爲“漬”。

“曰俗”以下舛誤,當作“臣鍇曰:今俗作‘麴’字也”。

“臼聲”,當作“臼亦聲”。

“粗之”,當作“之粗”。

“來氣”,今《左》“氣”作“餼”。

“饋食”,當作“羞籩”。　“米粉也”。按:《周禮注》粉,豆屑也”,不云“米粉”,此誤叱也。

鉉别爲一篆,注“粉也”,不作“粉”之重文,《篇》、《韻》亦皆分。

“糳蔡叔”,今《左》作“蔡蔡叔”。

文三十五“糟”“糒”“粹”三篆次立補,當例補次立説。“糉”篆音同鉉,而“切”作“反”。

“八斗”,按《算術》,當作“九斗”。“榖”即“粺”也。　“榖,糙米。臣鍇曰”,當作“臣鍇曰:糲,糙米”。

“九斗”,按《算術》,當作“八斗”。“丵省聲”,當作“𢾰省聲”,鉉作“丵聲”。　“糲米從榖”,當作“糳字從糳”。　“𢾰音仕朔反”,當作“𢾰,蒲速反”。

“《易·繫》”下脱“辭”字。

“剡”,當作“斷”。

“干聲”,“聲”字衍。

“爪聲”,當作“爪亦聲”。

“謂抗臼中”,“抗”,當作“抒”。

“舂”,當作“臼”,見“臼”篆注。

“麻之剝”,“剝”,當作“皮”。　“則莖經手,故一求也”,當作“則莖離皮,故曰朩也”。

“麻子也”,“子”字衍,鉉本無。　“從朩”下當補“台聲。臣鍇曰”五字。　“枲麻”上“臣鍇曰”三字當删。　“有子若”,當作“無子者”。按:“苴”爲母麻,“枲”爲牡麻,則“枲”不當有子,而《艸部》“葩”注曰“枲實”,則“枲”亦爲“麻”之通稱。

“葩”,當作“葩”,兩見。　“猶言派”上當有“𣏟”字。

今《詩》作“褧”。

“象麻之分散也”,當作“以支治𣏟,分散之也”。

“葩”,〔當〕作“葩”。　“交覆”,汪作“兩厦”。　“治麻”,當作“治𣏟也”三字。

“檾屬。一曰麻索”,當作“麻一絜也”四字,見《廣韻》。

“臣鍇曰”以下有譌舛,今正之。當作“麻縷之生者爲纑,纑則已練治者也”。

《繫傳》十四

“出其山蔥戎菽”,見《管子》。　“山蔥”,亦作“冬蔥”,《穀梁傳》無“山蔥”字。

“且”,當作“彑”。　“下象”上當有“朩”字。

“黄畺(彙)〔彙〕”,汪本作“粟黄畺”,非是。《異物志》云:“南人擣畺(𧴪)〔彙〕爲韰。”

“不以爲義”,“以”字衍。

“山韭也”。按:《爾雅》“藿,山韭”,許書《艸部》“藿”不言“山韭”,則《爾雅》古本當作“韱,山韭”。

“《詩傳》曰”下當有“瓜紹也”三字。

“瓜也”,當作“瓠瓣”,見《毛詩傳》。

“瓠，匏也”，鉉無“瓠”字。“《楚辭》曰”，當作“賈誼曰”，見《弔屈原文》。

“從㶣，瓠省聲”，當作“從瓠省，㶣聲”。

“豭省聲”。按：省聲字必兼意，此無意可通，疑古“家”篆本作“㝔”，從宀，從彔。“彔”，古“克”字，象刻木形。彔、宀者，能勝任此居也，故《易》曰“克家”。後人傳寫譌“彔”作“豕”，求意不得，遂以爲“豭省聲”耳。“巳前”、“巳後”二“巳”皆當作“目”。“隩”當作“奧”。“宦”，《爾雅》作“窔”。“開户”上當有“亦”字。

“從宀，𢍜聲”，按鍇說，當作“從𡧍、収”。“人所居，故從宀”，當作“人所尊，故從収”，則此字當入《𡧍部》矣。鉉不從而改入《宀部》。舊本當鍇、鉉不同，後人依鉉移置，則亦轉轉竄易之譌也。

“班固《西都》”當作“揚雄《甘泉》”。“柍宸”，《文選》“宸”作“振”。“宸，高下之中事也”，當作“柍，中央；宸，屋梠也”。見《西京賦》注。

“豐其屋”，鉉本“豐”作“豊”，非是。

“弦寥窲”，今《文選》“弦”作“㴌”。

“㝩㝗”，當依《文選》作“槺梁”。“㝗，屋虛大”，“㝗”，當作“棣”。“㝗與梁”，當作“㝩與棣”。

“聊㝗”，今《文選》作“莽㝗”。“字”，當作“是”。

“有詩”，疑當作“有恃”。

“《孝經》”，當作“《禮記》”。“在牀下也”，當作“安牀衽也”。

“止也”，段云當作“正也”。“止如此”，當作“正如此”，段説爲是。

“以爲寬字”，“寬”，當作“髡”。按：《周禮·掌戮》“髡者使守積”，司農注“‘髡’，當作‘完’”。《漢書·刑法志》正作“完”。又見《惠帝紀》、《後漢書·明帝紀》、《禮記·王制》。《釋文》亦曰：“‘髡’，本或作‘完’。”葢“完”與“髡”同爲輕刑，故字相通用，“髡”者鬄其髮，“完”則去其冠飾而不虧其體，所謂“下刑墨幪”是也。以“完”爲“寬”，經傳無徵。

“内貫”，當作“内實”。

今《書》作“寶”。

“室中無人也”五字不憭，當作“臣鍇按：《莊子》曰‘㝑然喪其天下’”。按：“㝑”，今本作“窅”，《釋文》引郭注云“武駢切”。則古本正作“㝑”也，義與“不省人”正合。豈次立校刊時有所諱而删改歟？全書此類甚多。

"《周書》",當作"《周禮》"。"宫中之宂人食也",鉉無"人"字。按:《稾人職》云"共外内朝宂食者之食",則"宫中"二字疑爲"外内朝"之譌。

"爲而不宰",按《老子》,當作"爲而不恃,長而不宰"。

"事也"下"從寸"二字衍。"謂之刑法以守之","謂",疑當作"爲",今《莊子》無此語。

"《書》曰'藥不瞑眩'",鉉本"書"上有"周"字,"藥"上有"若"字,非是。按:此所引當即《孟子》趙注所稱《書》逸篇也。《周禮·醫師》注引"藥"上無"若"字,與此正同,否則《説命》不可云《周書》。

"和無寡"上脱"均無貧"三字。

"煢煢在(实)〔宊〕",今《詩》作"嬛嬛在疚"。

"皃",當作"也"。

"竄三苗之竄",二"竄"字皆當作"竄"。"臣鍇"以下十字當删。

"有項宕鄉",按《漢志》,當作"項有宕鄉"。"故宕",當作"放宕"。

"木聲",鉉無"聲"字,下有"讀若送"三字。

"人言其",當作"《左傳》言"。"㝵",今《左》作"塾"。

"許公爲反祏主",當作"使祝史徙主祏"。

文七十二實核七十一。"寫"、"宵"、"宿"、"㝲"四篆次立補,當例補次立説。"寏"音同鉉,而"切"作"反"。

"元高",今《吕覽》作"高元"。

"䠶肉",鉉作"䠶骨"。"羸息",按《史記》,當作"蕃息"。

今《詩》作"復"。"巖築下",當作"巖下築"。

鉉以"竈"爲"竈"重文,《韻會》以"竈"爲"竈"或體。按:《韻會》,鍇舊本也,後人依鉉改鍇,故"則到"尚仍鉉舊音,而易"切"作"反"。鍇音子奥反,尚存"竈"下,今正之。"竈,炊竈也,從穴、鼀。鼀,黽也,象竈之形。臣鍇曰:穿地爲竈也。子奥反。'竈',或省作",方如鍇舊。

"空也",鉉作"甑空也"。按:鉉"甑"字即采鍇説所增,非是。《攷工記注》以鐘隧爲"窒",《淮南子》以面曆爲"窒",不專屬"甑"也。

"臣鍇曰"下當補"《楚辭》曰'圭璋襍於甑窒',注"十字,此删易之譌也。

"竈突"，鉉本"突"作"突"。"求省"下鉉無"聲"字。 "讀若"以下九字鉉無。

今《詩》亦作"罄"。

"穴皃"，鉉作"空皃"。

"巢宿"，當作"窠宿"。

"墮窳"，當作"惰窳"，見《爾雅·釋詁》注。

"小坎"，《易釋文》引作"更有坎"。按：與鍇説合。

此二篆疑鉉分鍇合，轉轉竄易而譌。今依《韻會》正之："窌，地藏也，從穴，卯聲。臣鍇按：《周禮》曰'囷、窌、倉、城'，作此字，披教反"；"窖，或從告作。臣鍇曰：今俗從此字。"

"臣鍇"以下十八字當在"窋"篆下。

"會意也"下當補"《魯靈光殿賦》曰'緑房紫的，窋咤垂珠'是也"。《文選》李注正引《説文》"窋"解。

"匪突也"，鉉無此三字。按："匪"，當作"曲"，見《漢書·霍光傳》，謂竈突也。

"旋室㛹娟以杳窱"。按：《靈光殿賦》曰："旋室㛹娟以窈窕，洞房叫窱而幽邃。"此當引下句，鍇誤肊也。

"《左傳》"以下舛誤，當作"《左傳注》：'長夜謂之穸，言穴中厚暗如長夜也'。"

"窬穴"之"窬"，今《方書》作"俞"。

"從𤕫"，當作"從宀、𤕫"。 "咢"，今《周禮》作"噩"。"觭"，當作"思"。"觭"，大卜三夢之一，非六夢也。 "嗜性"，當作"嗜欲"。 "亦嘗"，"嘗"字衍。"於貪惏"上當有"習"字，"於貪惏"下當補"者，其夢想亦多蔽"七字。

"從㝱"上鉉有"卧也"二字。

"寐覺而省信"，"省"，鉉作"有"，段改"省信"爲"有言"。按：當作"寐而省覺言"，方與《周禮》"寤㝱"注合。

"猒"，當作"厭"。 "厭也"，當作"魘也"。 "《山海經》有"下當有"魚"字或"鳥"字。按："英鞮山陵羊澤冉遺，魚食之不眯；翼望山有鵸鵌，鳥食之不厭。"

"寐中"，當作"㝱中"。 "寱語"下錢鈔有"作囈"二字。

"從㝱"上鉉有"一曰河内相評也"。

"痾也"，鉉作"倚也"，是。 "痾者病气"，"痾"，當作"倚"，"气"字衍。

"矢聲"，"聲"字衍。

"臣鍇曰：病來急，故從矢。矢，急疾也"，當移入"疾"篆下。

此與小篆無異，段云當作"廿"，見"童"下、"竊"下。

"瘣木"，今《詩》作"壞木"。

"瘨眩"，《文選》作"顛眴"。"瘨，倒也"，當作"瘨，顛倒也"。

"酸痟"，當作"頭瘍"，方與《周禮注》合。鉉不誤。

"頭瘡也"，"頭"字衍。"頭瘡而"，"頭而"二字衍，淺人所增。

"爲廝"，當作"爲嘶"。

"《淮南子》"，當作"《文子》"。"有貴"，當作"何貴"。

"又泉水之滷水癭"。按：《博物志》云"踐土之鹵者瘇"，"瘇"與"癭"異病，不得牽引。陸羽云"飲山泉激湍者，令人項病"，或此之譌歟？

"《字書》"下當補"或作頙"三字，說見《頁部》"頙"下。

"腸痛"，鉉作"腹痛"。

"小腹病也"。按："疝"、"疛"注疑互易。"疝"當云"小腸痛"，今俗語猶然；"疛"當云"腹痛"。"疝"、"疛"聲近義通，皆腹中絞結也。"肘"，疑當作"紂"。"讀若紂"，鉉無此三字。按："紂"，當作"懤"。《小弁》詩釋文"'如懤'，《韓詩》作'如疛'"，許故爲此聲也。

"厥聲"，當作"屰欠"二字。"有二十"，當作"十有二"。"其一"，當作"其二"。"瘚"，今《韓詩》作"蹶"。

"發痵"，今《文選》"痵"作"悸"。

"田蚡"，當作"竇嬰"。

"痤疽"，今《管子》作"痤雎"，"疽"、"雎"古通用。"磏"，今《管子》作"礦"，非是。"無赦亦瘡也"，當作"痤疽，惡瘡也"，此鈔寫之譌。

"賒貰生舉錢"，當作"舉貸生子錢"。

"痿蹷"，《吕覽》作"佁蹷"，枚乘《七發》作"蹷痿"。

"死者"上當有"殊"字。

今《詩》作"瘇"。

"癉人"，今《詩》作"憚人"。下"民卒癉"，正作此字。

"朱"下當有"聲"字。

"苟"，當作"枸"。

今《詩》作"嘽"。

"持傷"，鉉作"將傷"。段云，"將"，"捋"之誤。按："持"，相持也，"持傷"，猶鬭傷。段未是，徐説亦非。凡許書"一曰"，均異於前義。

"嗃嗃"，今《詩》作"熇熇"，"救𤻲"作"救藥"。按：《爾雅》"謔謔"、"熇熇"同稱。"樂飢"，鄭作"𤻲飢"。此引《詩》當是古本。

"藥毒痛瘌"，鉉作"藥毒曰毒瘌"。按：當作"藥毒痛曰瘌"。"日中"，疑當作"粵中"。"瘌"與"癩"同也。

文一百二"癬"、"疥"二篆次立補，當例補次立説。"痡"、"瘽"、"瘵"、"瘕"、"瘛"五篆音同鉉，而"切"作"反"。

今《書》作"咤"。

"莫保反"。按：當作"莫公反"，《見部》"覓"注可證。鍇不知聲，故歧。"苺"、"蒙"爲二，而云"苺"音已失，不知"苺"、"蒙"固同母相龤也。

"化同"，當作"仕同"。

"堊塗"，按徐説，"塗"，當作"斿"。"纊紞"，鉉作"紞纊"。

"衣冕"，當作"爲冕"。

"目聲"，鉉無"聲"字。"貪冒若"，"若"，當作"者"。

"闕"，此後人依鉉改也。按：《韻會》引作"從冂,從从"，引鍇曰"从,二入也"。此本爲网再之"网"，經傳皆作"兩"，鍇原本當如此。

"廿十"，"十"字衍。"㒳"，當作"從网,网"三字。

"畋"，今《易》作"佃"。

"天子出"，當作"《天官書》"。"网也"，當作"畢也"，見《史記》。"爲网"，當作"九斿"，見《東京賦》。

今《詩》作"罙"。

"貞"，當作"𣪠"。

"捕魚"下脱"竹网"二字。

"罩网"，"网"，當作"注"。

"《爾雅》"以下多譌。按：當作"《爾雅》'嫠婦之笱謂之罶'，注'《毛詩傳》曰：曲梁也，謂以薄爲魚笱'"。

"講罿罶"，當作"講罛罿"。"講"，鉉作"溝"，非是；"罿"，今

《國語》作“罶”。

今《爾雅》作“槮”。按:《爾雅》古本作“糝”,李巡注“以米投水中養魚”。《釋文》音桑感切,不當爲“罧”意。“罧”與“潛”、“涔”爲正借字也,則引《爾雅》當作“槮謂之罧”。

《爾雅》“鳥”下脫“罟”字。

“捕魚”,當作“捕鳥”,鉉不誤。“謂兩轅”,“謂”,當作“有”。

“雉罹于罿”,今《詩》“罹”作“離”,“罿”作“罦”。

“羈絡頭者也”,當作“絡馬頭者也”。

“如此”,當作“從此”。

“覂駕之軼”,今《文選》“覂”作“泛”,“軼”作“佚”。

“笮邀”上脫“實也,考事襾”五字,鉉本不闕。

篆當作“[illegible]”,“執聲”,當作“埶聲”,辨見《日部》“暬”下。

“濡有衣帤”,今《易》“濡”作“繻”,“帤”作“袽”。“如帤”,《黄庭經》作“帤如”。

“幘也”,鉉無此二字。按:當作“嫧也”。《急就篇》顔注:“幘,所以整嫧髮也。”《女部》:“嫧,齊也。”《後漢書·輿服志》作“賾也”,《釋名》作“蹟也”,皆屬“嫧”字之譌。“故加幘,以布包之也”,當作“始服幘,然尚無巾也”。

“使之無遷”,當作“使無遷也”。

“脅巾”,鉉作“脅衣”。“椒榝之榝”,鉉作“末殺之殺”。

今《左》作“藍”。

今《周禮》作“幂”。

“所以障”,當作“自障蔽”。“因作此”,“因”字衍。

汪本曰“‘幕’下有‘按《爾雅》’三字”,鉉有“覆食案,亦曰幕”六字,《韻會》兼存之,皆誤也。按:“莫聲”下當有“臣鍇按:《爾雅》‘幕,暮也’,又‘覆食案,亦曰幕’”十五字。“覆食案”之説葢謂“幕”、“幂”通借也,此轉轉竄易之譌。

“正耑”,當作“正褍”。《衣部》:“褍,衣正幅也。”

“占聲”下脫“臣鍇曰”三字。

“戎車待遊車之⿱前巾”,“⿱前巾”,今《國語》作“裂”,古《國語》當作“⿱制巾”。按:許書“⿱前巾”篆即“⿱制巾”篆之譌也,“⿰帤刂”字見《魏都賦》而“⿱前巾”無所見。“幡幟”之訓亦非古義,葢“[illegible]”、“[illegible]”篆文形似之誤也。鍇所見未誤,鉉所見誤本,遂改其注。鍇次當在“幏”下,鉉改次“帙”下,後人依鉉改鍇,更多陵躐,其迹顯然可證。

今用鍇説，可以復許書之舊："㡜，裂餘也。從巾，㓞聲。臣鍇按：《國語》曰：'戎車待游車之㡜。'力制反。"移次"幓"下，則得矣。"裂餘也"，見韋昭注引《説文》。

"幟"，當作"識"。　"《春秋傳》曰"上當有"臣鍇曰"三字。今《左》作"徽"。

"幟"，當作"識"。

"刜"，當作"柫"，《篇》、《韻》皆作"拂"。　"拂之"，當作"拂戾之"。按："𢂊"，疑即"獻鳥者佛其首"之"佛"。《禮記》鄭注云"爲小竹籠以冒之"，王注謂"拂戾其首"，鄭注當是"爲巾以籠冒"之譌。"巾"形近"小"，"以"形近"竹"也。蓋竹籠可籠鳥全身，不能但冒其首，且既有籠，何必更云"拂戾"。則此"𢂊"當如今之鷹瞀，然衛、包改古經字，多用注字相代，此亦其一也。

"杙也"，疑當作"飾也"。

"皆起"，當作"皆圮"。

"黑"，當作"墨"。

"㕞即飾也"，當作"拭㕞清也"。"㕞"，今《爾雅》作"刷"。

"㕞即飾也"，當作'婦人之幃"。　"又帶也"，當作"又綏也"。

"殷王"，當作"夏王"。　"或曰少康一號杜康也"，當作"此之少康則爲杜康也"。

"六經"，當作"十二經"。"疏"，當作"注"。

"籍"，當作"藉"。

"賁"下當有"聲"字。

段云當作"[illegible]"。"𡟰"，古婚字，見《女部》。從"𡟰"，乃得"奴昆反"之音。若從"夒"，則當作"乃高反"。　"杙故"，當作"拭也"。

"臬帬"，當依鉉作"南郡"。

"幓縣"上當有"臣鍇曰"三字。

"犬辟"，當作"然辟"，"犬"蓋"然"之渻文也。今《周禮》作"然複"。

文六十四 實核六十二。"㡘"、"帔"二篆次立補，當例補次立説。

"臣鍇"以下廿五字當移入"韍"篆下。　今《詩》作"芾"，《易》作"紱"。

"從犮"下當補"臣鍇曰：以韋爲之也，《詩》曰'三百赤市'，《易》曰'朱市方來'，多用此字也。今"廿六字。

"司農曰：'裳纁色'"六字，汪本無，疑後人所增。　"韎𩐋"，俗作“靺鞨”。

“襄色”，“色”，鉉作“邑”，非。是當用鍇説所改。

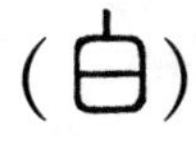“皆入之”三字當移置“二陰數”下，鉉本、汪本俱無此三字。

“頗”，當作“潔”。

今《詩》作“翯”，《孟子》引作“鶴”。

“行積水之皚皚”，“水”，當作“冰”；“皚”，今《文選》作“磑”。

“丵省”下“象剌文也”四字衍，鉉用鍇説所增。

“兩已”，或云當作“兩弓”。

“會辭”，今《爾雅》作“會稡”。

“粉米也”，鉉本無此三字，非是。

《説文解字繫傳校勘記》卷中

《繫傳》十五

"使者",當作"使役者"。

"二聲","聲"字衍。

"企踵",《山海經》作"跂踵"。

"士聲",當作"士亦聲"。

"戴",今《詩》作"載"。

"大帶"下鉉有"佩"字,當補。"從巾"上《韻會》有"故"字。

"陳伉",今《論語》作"陳亢"。按:陳亢字子禽,與《爾雅》"亢,鳥嚨"義合。如鍇所云,則禽爲高舉之意。

"鍇曰"下當有"㐂"字。

"猶疾也",當作"疾速也"。今《史記》作"徇"。

闕文當作"奇侅脈經也"五字。"侅",今《史記》作"咳",或作"胲"。

今《論語》作"彬"。

"伾伾俟俟",疑即"吉日儦儦俟俟",《文選·西京賦》注引《韓詩》作"駓駓騃騃"。"竚俟"上當有"今借爲"三字。

今《詩》作"恫"。

"病",當作"疾"。"無僤",今《攷工記》作"無彈"。

"《論語》",當作"《禮記》"。

今《詩》作"奄"。

"竹慮反",當作"直略反"。

"明輔",當作"朋輔"。"倗宗",今《漢書》作"傰宗"。

"偏方熾",今《詩》作"煽方處",鉉作"豔妻偏方處"。

今《禮記》作"幾"。

"儋是何","是"字衍。

“注云”下當補“古‘位’、‘立’同字”五字,見《小宗伯》注。

“道賓也”,當作“道賓者也”。

“千歲”,《列仙傳》作“二三百歲”。

“㒤”,汪作“慴”。

“伭然”,今《吳語》作“戚然”。

“最”,當作“冣”,“冣,聚也。”

“俌佐”,當作“輔佐”。

“孔子”以下引《尸子》多譌脱,當作“孔子志意不立,子路侍;儀服不修,公西華侍;禮不習,子貢侍;辭不辨,宰我侍;亾忽古今,顔淵侍;節小物,冉伯牛侍”是也。

“曰”上當有“臣鍇”二字,汪不闕。

闕文汪作“任俠”二字。

“自甹”,鍇葢以“甹”爲“聘”。

“何也”,鉉作“儃何也”,或云是“儃回”之誤。

“人相”,當作“人自”。

“此即”,當作“此則”。

“老子”以下有譌脱,當作“《老子》曰‘有什佰人之器而不用’”。什伯器謂車轝甲兵之屬。

今《尚書》作“格”。

“㑴尋”之“㑴”,《史記》作“浸”,或作“寖”。

“見也”,鉉作“(賣)〔賣〕也”。“(賣)〔賣〕”,各本譌作“賣”。按:此“見”字亦“(賣)〔賣〕”之泐文也。鍇云:“貨買”亦“貨(賣)〔賣〕”之誤,鍇葢以“(儥)〔儥〕”、“(賣)〔賣〕”爲同意通用字。又按:《周禮》“徵(儥)〔儥〕”注“買也”,“(賣)〔賣〕慝”注“賣也”,“賣”亦“(儥)〔儥〕”之譌。“(買)〔買〕”又“(賣)〔賣〕”之泐文也。

“郊有”,當作“市有”。

“威儀之形”四字當在“臣鍇曰:度,法度”下。 “布指”,“指”,當作“手”。 “作聖之基也”,汪作“聖人之靈也”。

“右”,當作“左”。“《列子》云‘俏成俏敗’”,“俏”即“肖”也。

“聞見”,鉉作“閒見”。《爾雅》:“閒,俔也。”

“又俳優者”四字是鍇説“倡意”,當在“寬裕也”下。

“三百”,當作“三十”。

今《吕覽》作“膢”。

注末脱音，當補“似虚反”。

“大夫”，當作“士”，見《玉藻》。　按：《周禮注》無“蘧廬”字。《莊子·天運篇》有“仁義，先王之蘧廬也”，注“猶傳舍也”。疑“《周禮》”爲“莊周”之譌，則“道路有”當作“仁義爲”。

“門侍人”，陽湖莊氏述祖謂“門持人”之譌。

“中佃”，今《左》作“衷甸”。

今《詩》作“佌”。

“小兒”，段云當作“大兒”。“一食”，今作“壺飧”。鈕氏非石云，由“壺”誤“壹”，復譌“一”；“食”，“飡”泐文；今“飧”，“飡”之譌也。

今《詩》作“恌”。

“左僻”，今《詩》作“左辟”。　“又曰”，當作“《禮》曰”。“僻避拜”，當即《曲禮》“客還辟”，“辟”，拜也。

“覆”，鉉作“務”，段云當作“佝，瞀也”。

“倡樂”，當作“倡和”。

“傷”，當作“傷”，鍇説可證。　“易字”，當作“易視”。

“面從”，“從”疑“訟”之譌。

“偷”，鉉作“愉”。

“尼”，當作“尣”，鉉作“尪”。

“各聲”，“聲”字衍。

闕文當補“許注作《詩》，非”。

今《詩》作“噂”。　“與尊”，當作“與噂”。

“似而”上汪有“謂”字。

“臣鍇曰”三字當在“弓葢”上。

今《禮》作“棘”。

“帀”，汲古鉉本作“市”。

文二百四十五“件”，鉉補字，非鍇所有。“佗”、“儹”、“傾”、“仰”、“借”、“偄”、“倍”、“僞”八篆作切音，皆次立補，當例補次立説。又，“仕”、“佼”、“偕”、“僚”、“俟”、“佶”、“侔”、“侊”、“佸”、“傆”、“僭”，音仍鉉，而“切”作“反”。

“用比”，“比”，疑當作“之”。

“一曰十”，按鍇説，“十”下當有“家”字。

今《詩》作“跂”。

“相著”,汪依鉉作“相匕著”。

“有所及”,鉉本“及”上有“庶”字,按鍇説當補。　今《詩》作“仰”。

“爲真”上脱“匕目”二字。

文九“頃”、“卓”二篆次立補,當例補次立説。

“從持二”下《韻會》引有“于”字。

“衃”,今《書》作“血”。

“北方”下鉉有“州”字。

“丘南”下汪有“故”字。

“《地理》”下當有“志”字。

今《書》作“暨”。

“則從士”,“士”當作“土”。

“徵於微”,汪依鉉作“徵行於微”,非是。　“士有九徵”以下舛誤,按《列禦寇篇》,當作“君子九徵,至則不肖人得矣”。“徵”,猶效驗也。

“爪以求物”,當作“所以求物”。

音作“切”,次立補,當例補次立説。葢鍇説本鉉所引也。

“謂小兒嬾飻”,“飻”,鉉作“嚳”。按:《玉篇》作“楚人謂小嬾曰嚳”,則“兒”字爲衍文,證以鍇説,此當同《玉篇》。

繫傳十六

“象覆”,汪作“象下”。按:“象下”乃“下象”之譌。

“天子”下當補“以”字。　“上卿”,鉉作“上鄉”,當作“上卿衣”。説者以“鄉”爲是。按:“衮”爲升龍、降龍衣之總名,如鉉説則專指升龍矣。許意當兼言之,故上云“天子以享先王”,指升龍也,“天子”下今脱“以”字;下云“上卿衣”,指降龍也,“上卿”下今脱“衣”字耳。

“后妃服”,“服”上當有“六”字。　“縐絺冬則衣”云云,鍇葢從俗本也,見孔疏。定本作“縐絺,絺之蹙蹙者。展衣,夏則裏衣縐絺”。　“《禮》誤”,當作“誤《禮》”。鄭説以“展”爲誤,“襢”爲是。

今《周禮》作"揄"。　"褕,青狄畫摇狄",當作"褕,狄青畫摇者"。　"闕狄亦","亦",當作"赤"。

"古者衣裘,故以毛爲表"九字,鉉用鍇説增許書,此又用鉉增鍇也,宜删。

今《左》作"篳路藍縷"。

"《禮》倫緝字爲此"。按:此説疑鍇以"褄"、"緁"爲通文也,所引當即《儀禮·喪服》。"《傳》斬緝齊不緝",謂"緝"當爲"緁","緝"其假借字也。唯"緁"而成之,則曰"褄",似有虚實之分。"倫緝字","字"亦未詳所出,姑闕疑焉。

"臣鍇"以下十字當移置"襽"篆下。

今《左傳》作"藺"。

今《九歌》作"褋"。

"裯袛",鉉作"袛裯",與"袛"注合。

"裹",鉉作"褱",二見。

"裹",當作"褎",鉉作"袖"。《韻會》有"在袖曰裹,在手曰握"二語,當是鍇説"臧"之義,宜取補。"臧"即"藏"。

"俠",疑當作"挾",段云當作"夾"。

"又,襜褕謂帷襜,以蔽前後也"十一字有譌脱。按:"襜褕"爲直裾單衣,見班書《雋不疑傳》,其爲帷者則曰"襜絡",見范書《劉盆子傳》,不當牽合。鍇以"又"字别之,當即引"直裾單衣"之説以爲旁通耳。

"衸補衻裙"説,與《廣韻》(曰)〔同〕。《玉篇》"裓衻褧衸也",與《廣雅》"衩衸袥裓衻也"合,似當從《玉篇》。

今《論語》作"拕"。

"衣袍",當作"衣褒"。

"褱衣",當作"(裦)〔褎〕衣"。

《爾雅·釋訓》"儚儚、洄洄,惽也",《音義》"'洄',本作'煴'",而無"睓睓"字,豈《爾雅》之佚文耶?抑叔重誤以《潛夫論》"佪佪潰潰"爲《爾雅》耶?鍇引非是。

今《詩》作"提"。

今《詩》作"穠"。

"《左傳》及"三字衍。

"移袂",《周禮·司服》注"移"作"侈"。　按:桓十五年"公會宋公、衛侯、陳侯於袲",許言"齊侯”，疑誤肊。

“褺江”，今《漢志》譌作“墊江”。

今《詩》作“裼”。

“賜單衣袷”，當作“繡袷衣襦”。

今《詩》作“紲”。

“有孚”，今《晉》爻辭作“罔孚”。

“謙德”之“謙”當作“益”。

“裙褶”，當作“裳褶”。

“帛臭”，當作“臭袑”，見《黄庭經》。

“《爾雅》”下當有“注”字。

“《爾雅》”下當有“注”字。

“持”，當作“掎”。

“頭褔”，“頭”，疑當作“領”，見“褸”下。

“鄧析教鄭人訟，十襦火，獄卒題”，按《吕覽·離謂篇》，當作“鄧析約與民之有獄者，大獄一衣，小獄襦卒”十七字。“卒”，今本作“袴”。

“褮之”，當依《詩》作“縈之”。

“袾”，今《詩》作“姝”。

“袢紲”，《詩傳》作“袢延”。

今《漢志》誤作“褭”。

文一百二十六“褢”作切音，次立補，當例補次立説。“襋”、“裿”、“褢”、“褭”、“袚”五篆音仍鉉，而“切”作“反”。

重十實核十一。

“聲。一曰”三字衍。

“此與裘意同”五字衍。

文二“蘮”篆次立補，當例補次立説。

“後高”，當作“修毫”。《爾雅》：“犛，修毫，長毛也。”

今《書》作“毨”。

“翰林皆”三字當作“翰音”二字。“翰，毛之長”，“翰音，聲之長也”，故當作“翰”。淺人以爲羽族，當從羽，故删“翰”，而改“音”爲“皆”。

《孔傳》今無可考，“毨少”之説，意殊乖繆，疑次立所改。當作“鄭康成云：‘毨，理也。毛至秋皆盛而整理，故可選。’”慎與康成義亦通也。

“如毧”，當依今《詩》作“如璊”。

鉉作“踞”，非，與《足部》複。

“一本從居”四字次立補。

“不以”，當作“不我”，二見。

篆當作“□”。注譌舛難讀,當作“柔皮也。從尸、又。尸、又,從皮省也。或云從叉”。按:“皮”亦從“尸”取義,“從皮省”,是“柔之也”。“皮”篆注云:“從又,爲省聲。”按:篆文“□”無“□”,疑是“從尸、從口省”之譌。籀文作“□”,是全口,小篆省從コ也。此與“韋”從口同意。正此篆因補正“皮”篆之譌。

“犀利”,今本或作“犀利”。

文二十三“屖”、“扉”二篆音仍鉉,而“切”作“反”。

“所以指尺”,當作“所以指斥”。　“《家語》”當作“《大戴記》”,辨已詳《又部》“度”下。“布指”,當作“布手”。

“楛砮矢貫之”,當作“楛矢貫之石砮”。

“書在後時將”,當作“尾在後將盡”。　“或從”,當作“或以”。

“履”,鉉作“屐也”。

“方長”,疑當作“方丈”,見《史記·貨殖傳》。

“子紅反”,鉉音也,鍇當作“古拜反”,同《爾雅》。後人不知聲而改也。

“船師”,段云“師”當作“也”。　“舫人”。按:《月令》“漁師”鄭注云:“今《月令》‘漁師’作‘榜人’。”葢“榜”或又作“舫”也。

“《禮》”,《逸禮》也,今又見《大雅》傳。　“《爾雅》”上當有“斻”字。

注引《山海經》有譌誤。按:《西山經》“中曲山櫰木,食之多儿”,郭注引《尸子》“木食之人,多爲仁”爲證,謂“儿”即“仁”也。鍇意亦當取此以證“儿”爲“仁人”耳。“儿”,今《山海經》作“力”。鍇見本猶不誤也。今補正鍇説曰:“櫰木,食之多儿,‘儿’即‘仁’也。”

“厷在”,當作“厷然在”。“厷然”猶“突然”。

“朁朁”,當作“兓兓”。

文二“兓”篆音仍鉉,而“切”作“反”。

“(採)〔采〕”,鉉本作“禾”。　“稼”,當作“穗”。

鮑昭《瓜步山揭文》今本“覼”作“矖”。

“弗離”,《爾雅》“弗”作“茀”。

今《公羊》作“闚”。

“淨”,當作“靜”。　“稍暗”,當作“稍暗暗”。

“勞”,當作“勤”,疊韵爲訓也。

文四十五“覞”作切音,次立補,當例補次立説。"覤"、"覔"二篆音仍鉉,而"切"作"反"。

今《孟子》作"覸"。

"雨也周普",當作"雨周普也"。

今《老子》作"响"。

"《西都》",當作"《東都》"。

"盡歇"二字衍。按:鉉無"讀若"句,不知聲而删也。"臭"讀"休"之去聲,與"歇"同母。

按:《玉篇》"笑不壞顔"有"二"字,一作"吹",一作"弞",皆誤也。"笑不壞顔",笑有節也,當從"欠"從"卪",會意,篆當作"弞"。

今《孟子》作"蹙"。

"歋揄",今《晉陽秋》作"揶揄"。

今《詩》作"其嘯也歌"。

"悲歎",當作"詠歎"。

"醮",今《史記》作"嚼"。

"昆干",鉉作"昆于"。按:《通雅》謂即許訓"壺爲昆吾圜器"之"昆吾",則當作"昆于";或云即俗云"顢頇",則當作"昆干"。

今《左》作"畝如忘","而"、"如"古通用。

"欿侘傺",今《九辨》作"然欿傺"。《文選》"欿"作"坎"。

"相析"以下誤,當作"相柳之所歍即爲源澤",見《大荒北經》。

"且唾"下鉉有"聲"字。

"瘕",今《爾雅》作"(廢)〔癈〕"。

"臣鍇"以下十三字當在"欲"篆"短脰"下。

今《詩》作"遹"。

文六十五"款"作切音,次立補,當例補次立説。"歔"、"歃"、"欸"、"歟"、"欲"、"歎"六篆音仍鉉,而"切"作"反"。

重四當作"重五"。

作切音,次立補。"文二"下當例補次立説。

"次,欲皿者",《韻會》引作"次,欲也,欲皿爲盜"。

"涼薄"之訓,《爾雅》所無,見《小爾雅》。

《繫傳》十七

今《史記》作"䯧"。

"頰後也",汪無"後"字。

"頭頵",鍇作"頭頵頵"。

"顛皃",汪依鍇作"顛顛皃"。按鍇説,當作"黄皃"。

"又口幺反"四字,次立用鍇本增。

"塊大",當作"塊然"。

"睢睽",今本作"睽睢"。

鍇無此篆。"鬢",或作"鬌",非是。

"顡",鍇作"顪"。

"前面",鍇作"面前"。

"蘇猶規",當作"蘇蘇猶嫢嫢"。

"以害",當作"獸食"。　"謹也",當作"善也",見《覽冥訓》。

"省聲","聲"字衍。　"楊雄曰'人面頫'"三字義不可曉,按全書例,博采通人者皆説字形,非説字義也。疑當作"揚雄説'人免曰俛'",移置"俛"篆下,與《艸部》"芎"、"蓫"同例。

注當作:"揚雄説:'人免曰俛。'臣鍇曰:俗'頫'字作'俯',從人府聲。"

"誤作從蓁",當作"蓁誤作頸"。此指上"頸首"謂當作"蓁首"也。按:許引《詩》謂"蓁首"即"頸"之義,非謂《詩》"頸首"當作"蓁首"也,則許書本當作"蓁首",今誤作"頸",故鍇辨之。

"顧脰少髮也"五字複許書而害義,當作"'顧'與'髗'同也"。按《考工記注》:"《故書》'髗'或作'牼'。司農云:'經'讀爲'髗'。"頭無髮之"髗",義與許合,鍇蓋用此説耳。

()〔〕汪依鍇改"顧",注仍作"困聲"。

當作"𩑶",《一切經音義》兩引《説文》"頍"字。疑此篆本從"又"聲,義與"頒"同,因涉下"㒷"篆而或改從"(尢)〔九〕",故《㣺部》"頒"篆下闕鍇説,以此部無"頍"字而删之耳。

"不正",按鍇説,"正"當作"定"。

“鬱勃”，今《文選》作“勃鬱”。“冤亂”下當有“也”字。

“於面”下當有“也”字。

“殟，屈頭死之”，“殟”，當作“殙”。按：古字“殙”、“殟”通借，爲猝死之稱。“殙”與“頣”同義，“頣”從頁，故爲“屈頭死之”也。段氏“殟”下引元應書增注作“暴無知”，由不知元應書乃借“殙”爲“殟”耳。其實許書“殙”、“殟”自分兩義也。

“頭也”上當有“䫏”字，鉉作“醜也”。“佐䫏”，今《文選》作“佐欺”，注：“欺猥，大首也。”“頎”，當依《文選》作“欥”。

“戚”，今《書》作“慼”。

文九十三“顝”，鉉補字，非鍇所有。“顛”篆作切音，次立補，當例補次立説。“顥”、“顡”、“顋”、“頚”、“頷”、“顋”、“顗”、“顂”、“顣”、“頭”，音仍鉉，而“切”作“反”。

“實禽獸也”，按《越語》，“實”，當作“猶”。

“焦聲”，鉉無“聲”字。

“從廾”上脱“從須”二字。

“頟”，當作“頟頟”。

“瑑”，鉉作“琢”。

“馘”，今《論語》作“郁”。

“孔子”下當有“曰”字。

“斐也”，今《易》作“蔚也”。

“髩”下當有“聲”字，鉉下有“讀若宀”三字。

“讀若江南謂酢母爲䰉”。按：當作“江南謂母爲嬭”，見《廣雅》。此葢改易之譌。

“紞”，今《詩》作“髧”。

鉉篆作“([illegible])〔[illegible]〕”。

“髮”，當作“髲”。“不屑髢也”，今《詩》“髢”作“髢”。

“公出”，當作“莊公”。“吕氏”，當作“已氏”。

“潔”，當作“絜”，“絜”猶“束”也。

“髮”，鉉作“鬢”。

“小兒”，汪依鉉作“小人”，非。

“髻”，鉉作“結”。上“髲”、“髯”、“鬢”、“髼”諸篆，注俱同。“結”、“髻”古今字。

文三十八“鬈”、“鬊”、“髻”、“髲”四篆音仍鉉，而“切”作“反”。

“故厂之從一口”，“厂之”、“一”三字衍。按：上言“象人”，“𠂆”即“人”也，説見“巵”下。

“一專言也”四字疑衍。按：上言“𠂆”象人，則“一”已在“𠂆”内矣，且“專言”意亦晦。

“移”，鉉作“侈”。

“巵蓋”，“巵”，鉉作“卮”。按鍇説，則上“巵裹”亦當作“卮裹”。“𠨍”，皮巵篋也，其字省“巵”之中畫，則“厂”即“裹”、“蓋”象也。各本因形近而譌。

文十三“弜”篆音仍鉉，而“切”作“反”。

今《論語》作“勃”，又見《（木）〔朩〕部》“孛”下。

今《文選》作“㿉”。

“反覆卩之”，當作“反覆卩其事”。

“反覆節其事也”六字當在“卯”篆下。

“口以理之”上疑當有“聽訟者卩以制之”七字。

“治”，當作“法”，鍇説可證，《書音義》亦作“法”。

鉉作“手行也”，無“裹也”及“裹”字，《韻會》亦無。

“手掬米”，“掬”，當作“勹”。

今《釋詁》文作“鳩”。

“𣪊”下當有“聲”字。　“祭祀”，鉉作“民祭祝”三字，“民”葢“尸”之譌。

文十六實核十五。“（勾）〔匀〕”、“匔”二篆作切音，次立補，當例補次立説。“匐”篆音仍鉉，而“切”作“反”。

按鍇説，注首當有“任也”二字。　“左數”下當有“次丑”二字。

“之神”上當有“鬼”字。

“捎夔魖而抶獝狂”，語見《甘泉賦》。此當作“殘夔魖與网像”。

“之物若黿及蝎”，當作“之蟲若䖍虮蛷”。

“古文”二字衍。

此篆衍。按：此注明云“豕首”，不云“鬼首”，則誤衍可知，當移注入“彖”篆下。

“從支”下當有“聲”字。

“吳人鬼”，“吳”，今《淮南書》作“荆”，《列子》作“楚”。

“不儺”，當依今《詩》作“不那”。

文十七“魋”，鉉補字，非鍇所有，次立補，當例補次立説。“魂”篆音仍鉉，而“切”作“反”。

“面”，當作“由”。

鉉本“虎省”下有“鬼頭而虎爪，可畏也”，當是采鍇説增入許書，故此反闕。今當取八字補“會意”上。

“自營”，今《五蠹篇》作“自環”。

亦見《羊部》。

“鬼”下當有“聲”字。

《繫傳》十八

引《博物志》譌脱，當作“山石者，金之根，流精生水，水生木，木含火”。

“所以巡狩至”，當作“所至以巡狩”。　“确”，今本作“捔”。“時巡守”，今《書》無“守”字，疑衍。

“東山”，當作“東方”。

“擣”字衍。

“東海”上當有“在”字。

“吳楚”，《玉篇》作“吳越”。“防風氏”下當有“汪芒氏之君”五字，鉉取增入許書。

“山短”，“短”，疑當作“鋭”。

“嵎鐵”，《土部》引作“堣夷”，古今文《尚書》之異也。　“崵谷”，今《書》作“暘谷”。　“漢高祖所隱亦曰崵山”九字當作“此即夷齊所隱首陽山”。按：遼西有孤竹城，故《史記正義》引《説文》“首陽山在遼西也”。漢高所隱，《史》、《漢》皆作“碭”，“碭”爲文石山，以出文石而名，無作“崵”者。此爲淺人所改，不足據。

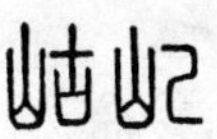“岵有草木，屺無草木”，與《爾雅》、《釋名》同。《毛傳》作“無草木岵，有草木屺”。許引《詩》用毛氏，而此特異。

“石戴土”，與《毛傳》合。《爾雅》曰：“土戴石岨。”

“崒峗”，此連文，猶崔嵬也。“峗”，鉉作“危”，則以“危”屬下句。

“隓者”，“隓”，當作“隋”。今之“橢”字，圜而長之稱，鉉作

"隓"。"隓者",與《毛傳》合。

各本作"嵒",篆體小異。

"皃"上當有"山"字。

"阬儒處",或作"硎谷",或作"阬谷",皆"陘"之同聲借字也。

"腹",當作"腰"。

"魏郡"以下譌脱,當作"魏有一孤山,名宣務,又名虛無。及讀碑,云山有巏嵍,王喬所僊,知俗音之譌也"。

"讀若隅","隅",當作"陬"。"陬"、"嵒"爲雙聲,"隅"則聲相遠也。鉉無此三字。

按:"隓"爲"墒"之重文,則此宜爲"隓"重文。鍇合而鉉分,如"采"、"穟"之例。次立依鉉分之,故次非鉉次而音仍鉉音,但易"切"爲"反"耳。

鍇擬補未補字,見《疑義篇》。大徐采以增許書,次立又依鉉增鍇,故音仍鉉音也。

文五十三"峯",鉉補字,非鍇所有,次立補,當例補次立説。"㝱"篆音仍鉉,而"切"作"反"。

"兩崖",今本"崖"作"厓"。

二篆疑亦同《艸部》"葝"、"菽"之譌。鍇本祇有"巃",次立依鉉增"嵸"也。

"有廊字","有"下當有"广"字。

"四面",當作"其圜"。

"殷庠周序",與《漢書》同,《孟子》、《史記》皆作"殷序周庠"。

"周廡屋",鉉無"廡"字。"《春秋左傳》曰'君之廡下'",《左》無此語,當作"《漢書·竇嬰傳》曰'金陳廡下'"。

"黄"下當有"聲"字。

"屏蔽"。按:《貴直論》作"犀蔽屏櫓"。

"一畝半"。按:在邑曰廛,在野曰廬,廬二畝半,"廛"當相同,此"一"字疑"二"之譌。鍇説"一畝半,半里也",亦當作"二畝半,太半里也"。　"半分",當作"分之"。

"屋牝瓦下","下",疑當作"也"。　"户關反",當作"胡涓反",鍇從"閔"省音,鉉從"環"音,彼此各異,次立不知而改耳。全書此類甚多,不能殫述。

"俠",今《吳語》作"夾"。"㢋我牽曳之",當作"㢋謂横曳之"。韋昭注:"㢋,旁擊也。"

《漢書·地理志》作"秺"。

"邵",今《詩》作"召"。

“屋庳”，疑當作“屋卑”。

“婁聲”下鉉有“一曰穜也”。按：“穜也”當作“（穜）〔種〕具”。“廔”與“樓”通。

“依庢”，“庢”字疑衍。按：“庢”，《篇》、《韻》七賜切，當與“庛”同，即今“比廁”字。

“大裘”，“大”字衍。　“先輅在左塾之前之類”，當作“設黼扆綴衣是也”。

文四十九“庤”作切音，次立補，當例補次立說。“庠”篆音仍鉉，而“切”作“反”。

“仄出”上當補“穴出”二字，下當補“也”字。

“磨之砥”，當作“砥磨之”。

“蠆聲”，鉉作“蠆省聲”。按：“蠆”，本作“萬”，疑此篆本作“厲”，故無“省”字。鉉改篆而增“省”，此又依鉉改耳。

“監諸”，今《説山訓》“監”作“礛”。　“切”，當作“攻”。

今《孝經》“安措”字正作“措”。

“從之省聲”，鉉無“聲”字。按：此疑本作“從（中）〔屮〕聲”，或依鉉改而未删“聲”字。　“滑從此”，意不可曉，“叏滑”之“叏”不從此，恐是淺人增竄。

“此厞”上當有“作”字。

“厞側”，今《楚辭》作“陫側”。　“厞用席”。按：《有司徹》曰“設右几厞用席”，“厞”屬上句，今鍇讀乃下屬，當是上有脱文耳。

“厂上”下鉉有“一曰屋梠，秦謂之桷，齊謂之产”。按：“桷”當作“楣”。

文二十七“厥”作切音，次立補，當例補次立説。

“朴”，各本作“樸”，非。金有磺猶木有皮。

“《上林》”當作“《子虛》”。

“赤色”二字疑衍。　“痤疽之磏石”，“疽”，今作“雎”；“磏”，今譌“磺”。

按鍇書，“碬”、“碫”當有二篆，鉉誤合爲一，後人遂依鉉改鍇。“碬”，石赤色，鍇引《海賦》釋之；“碫”，字子石，鍇指《左傳》文之誤。今注中從叚、從段字，尚是劃然，而“赤色”并入“磏“篆，《海賦》并入“碫”注。宜分之，以存其舊：“碫，礪石也。從石，段聲。《春秋傳》鄭公孫碫，字子石。臣鍇曰：今《春秋左傳》書‘公〔孫〕碫’作‘公孫段’，誤也。徒亂反”；“碬，文石也。從石，叚聲。臣鍇按：木華《海賦》云：‘碬石詭光’，是石之赤色者。痕加反。”

按:今《文選》作"瑕石詭暉"。

今《左》作"隕",《公羊》作"實"。

"《上林》",當作"《子虛》"。

"堅者",疑當作"堅也"。

篆當作"磿",辨見下"磿"篆。"厤聲",當作"可聲"。　"《吳都》",當作"《上林》"。　"玉石",今本作"水石"。

"《尚書傳》'礹碞,不齊也'",當作"《尚書疏》'碞,參差不齊也'"。

"礲",段云當作"䃺","䃺,碎(之)也"。

"殸聲",鉉無"聲"字。

"《周禮》曰","曰"字衍。

"木磑",今本作"水碓"。

"又,磻冢,山名",當作"又,磻溪,地名"。"嶓冢"從山不從石。

今《文選》作"緑苔鬖髿乎研上"。

按:上"砢"譌"磨",次立不察,又補"砢"於末。今此篆當作:"磿,石聲也。從石,厤聲。郎擊切。"**文四十九**"礲"作切音,次立補,當例補次立説。

"獮彌,爾聲",當作"經傳作'彌'"。

"惡",當作"蛋"。　"蝮屬"上當有"注"字。

"從㫃"下當更有一"㫃"字。

"毛之",疑當作"下乑"。

"以豕爲彘"下沿譌已久,阮相國元云:"當作'以豕爲豕,以彖爲彖'。何以明之?爲'啄'、'琢'從'豕','(蠡)〔蠡〕'從'彖',皆取其聲,以是明之。"

鍇引"貔子",廣異聞也。《左傳》先穀字彘子,當作此"穀"字。

按鍇説,"豯豯"當作"奚奚"。

"一發",今《詩》"一"作"壹"。

今《詩》作"肩"。

按《爾雅》,"豬也"上當有"豶"字。

"生敖",今《左》作"生澆"。

"逸也",當作"豕屬也",見《六書故》。"逸"字當在下《周書》上,今見《周祝解》。　"爪",或作"蚤"。

“希聲”下鉉有“古有封豨修蛇之害”八字。按：此當是鍇引《淮南子》説，鉉采羼入許書者。

“之薦”二字當是後人增入。按：“薦”、“豦”爲雙聲，“䔿”、“豦”爲疊韻，可兩讀。

“毛堅”，汪依鉉作“毛豎”。按：從“辛”之義，許云“金剛味辛則毛堅”是也。言“豎”則又堅剛强立之意，義可兩通。

“《爾雅》作‘㣇’，注‘㣇’”，當作“《爾雅》‘㣇’作‘㣇’，注‘㣇’，　今《爾雅》譌作‘肄’”。

闕文鉉作“南”。

“籀”，當作“篆”。鉉説次立所補，“臣鉉等曰”，當作“臣次立按：徐鉉曰”。

“豕也”，阮云當作“豕走挩也”。按：“走挩”則有縱弛遠離之意，故“(蠡)〔蠡〕”、“(喙)〔喙〕”、“(橡)〔橡〕”、“(褖)〔褖〕”字從之。“(褖)〔褖〕衣”之“(褖)〔褖〕”，古音同“稅”，亦當從此，今誤讀通貫切。

汪本以此爲“彖”古文。按：《篇》、《韻》皆無此字，汪或是舊本，而此或後人增竄。

鉉篆譌作“㣇”。　“豕走也”，阮云當作“豕也”。　“豕聲”，“聲”當依鉉作“省”。

文五“互”、“㣇”二篆音仍鉉，而“切”作“反”。

“綴”，當作“緩”。按：“豸”之言遲也。

今本《山海經》作“窫窳”，《淮南子》作“猰貐”。

“白骹能嗜”。按：今《爾雅注》“骹”譌“駮”，“嗜”作“舐”。

今《論語》作“貉”。

按《爾雅注》，“大者”下當有“曰貉豻”三字。

今《詩》作“岸”。

“貉子”，“貉”今《爾雅》作“貆”。

《繫傳》十九

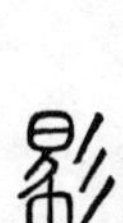此篆與上篆無異，疑上篆當作“㬎”。按：《石鼓》字亦無此體，疑即上文誤複字，且書中“騆”、“騂”皆有籀文，而體不同，疑皆有誤。

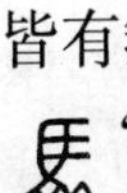“紘”，鉉作“弦”。

"騑",鉉作"駣",與《周禮》前鄭合,當以鉉爲是。

段云當作"騳"。"毛尾",段云當作"髦尾"。

"蒼黑",《爾雅》作"蒼白"。

"馬陰黑喙",鉉作"馬陰白雜毛黑"。按:《爾雅》曰"陰白雜色(㗐)〔駰〕",郭注云"淺黑"。則《爾雅》蓋譌"黑"爲"白"。許書當作"陰黑雜毛",此"喙"字是"雜毛"二字之譌。

"騜",今《詩》作"皇"。

"黄馬白毛"。按:《爾雅》、《毛詩》皆作"黄白雜毛"。

"四鐵",今《詩》"四"作"駟"。

"馰顙",當依《易》作"的顙","的顙"之馬名"馰"也。

"《易》曰"上當有"臣鍇按"三字。

今前、後《漢志》皆作"冀縣"。　伯樂在秦穆公之時,而王良在趙鞅時,迥非一人,鍇説不可據。

《皇華》二章"我馬維駒",《音義》云"亦作'驕'"。

"赤",鉉作"尺",古通用。"《詩》曰'騋牝驪牡'",當作"《詩》曰'騋牝三千';《爾雅》曰'騋牝驪牡'"。此兩引經也,全書多此例,今皆爲後人删改。按:"驪牡"之"牡"亦當爲"牝",《釋文》可證,近儒辨之甚詳。

"名曰䮍","䮍"字衍。"文王",按《周書》,當作"成王",此後人因下獻紂事而誤改。"䮍馬","䮍",今《左傳》作"文"。"棄黄"、"吉黄",皆當作"鷄斯"。按:《海内北經》"犬戎國有文馬,名吉量",郭注云"亦作吉良"。引《周書》作"吉黄",成王時犬戎所獻。又引《六韜》作"鷄斯",與《淮南子·道應訓》説西伯事合。若《海外西經》"(曰)〔白〕民國之棄黄",與《淮南子·覽冥訓》所稱"飛黄伏皁"爲一物,而與"文馬"則二也,鍇説不免牽(袝)〔附〕。

"臣鍇"以下七字當移入"騯"篆下。按:此"四牡駫駫"當作"駫駫牧馬",段氏據《駉》詩毛傳及《釋文》辨之甚詳。

鍇説錯入"駫"篆下也,下當補"臣鍇曰:今《詩》作'彭'"七字,蓋謂《北山》及《蒸民》詩也。段云:"當是'駟介旁旁','駟介'譌'四牡'耳。"

"軶中"上當有"馬在"二字,鉉本、汪本皆同。

段據《集韻》、《類篇》改作"驈",未確。按:此脱引《詩》"四牡驈驈"耳。"驈驈",疑即"蹻蹻"。

"小山騴","騴",當依《爾雅》作"岌"。

"仌,皮冰反,又房忠反",當作"仌,波棱反,皮冰反"。"房忠"之音,後人誤讀爲"酆"姓聲而改也,不可從。

"五帝驟","驟",今本作"趨"。疑此所引當在"騖"篆下,原文"三王馳"下尚有"五霸騖也"。

"昆",今《詩》作"混"。

"熱",鉉作"縶",誤。段改"墊",義新而未確。疑當作"騺"。腹病而重則遲頓,故《莊子·秋水篇》崔注亦云"頓遲"。　"騫損",當作"馬損"。　"虧",《詩》作"崩",或當時有所諱而改歟?

"重難"下汪有"行"字。

許引《易》是檃栝語,故鍇云"驙"爲"邅"。

篆當作"",從執聲,辨見《日部》"暬"下。

"馬尾"上鉉有"系"字。

"執韁前",今《左傳》作"執縶馬前"。

"牡",戴侗云,唐本《說文》作"奘",正與《爾雅》"奘,駔也"合。此下鍇說模糊,疑正引《爾雅》文。"臣鍇曰"下當作"《爾雅》曰'奘,駔也'"。又《後漢書·郭太傳》注引《說文》"駔,會也"。豈鍇書本有"一曰駔會"四字而譌歟?

"騰犗馬也","騰",當作"未"。按:《月令》曰"騰駒"、"騰馬",皆指未騬者言。《周禮》曰"攻特騰特",亦一聲之轉也。

"在駉"之"駉",《詩》作"坰"。

"驎",鉉作"鱗",非。"驎",馬毛魚鱗文者。"一曰"以下即說《駉》詩之"驒"也。

"驒騱馬","馬"字衍。

文一百十五"驫"、"驧"二篆作切音,次立補,當例補次立說。"騔"、"駭"、"駭"、"駪"四篆音仍鉉,而"切"作"反"。

二篆音仍鉉,而"切"作"反"。

"相似",《韻會》引作"相比"。

"牡",汪依鉉作"牝",非是。

按:《爾雅》"其迹(速速)〔速速〕",即《辵部》"迹"之籀文,曹憲《廣雅音》可證。相沿誤讀"蔌",遂譌"速"爲"速"。此篆亦當作"",從速聲,資昔反。後人誤讀《爾雅》者改之也。

按《爾雅》,"牡"當作"牝"。

按《爾雅》,“大麇”當作“大麢”,二見。

按《爾雅》,“牝”當作“牡”。

按《爾雅》,“大鹿”當作“大麃”。

“麛麌”,“麌”,當作“麇”。

“《山海經》作‘臧而大’”下當有“尾”字。

文二十六“麌”作切音,次立補,當例補次立説。

“吾聲”下鉉有“讀若寫”三字。

文四“㲋”篆音仍鉉,而“切”作“反”。

鍇説有脱誤,當作“兔在冂下,屈折不得伸也”。鉉采以增許書,此故闕。

“疾也”,按《爾雅》郭注,“娩”即“鱹”,從“需”之字皆有舒緩意,不當云“疾”。則此字當與“㚔”爲對文,“㚔”爲易生,“娩”爲難生,疑許書本作“一曰:娩,需也,”抄寫脱誤耳。“疾也”之訓蓋涉下“𪊨”注而譌。

“踬,足趾高”,《韻會》引作“踬,足趾也”,而以“高”屬下句,皆誤。當作“縣踬,足趾高也”。

“《論語》”,當作“《禮記》”。

“猲獢”,今《詩》作“歇驕”。“謂之猲”下當補“獢”字。

“美也”,當作“美辭”。

“鼠”,當作“聲”。

“不正”,鉉作“不止”。

“新亭”,按《漢志》,當作“新野”。

“讀若”下當有“愬”字。

“如人心”,與《公羊》何注合。或作“知”,非是。

“舌聲”,“聲”字衍。

“恨賊”,疑當作“很賊”。《小爾雅》:“猜,很也。”作“恨”則當分兩義。“恨”下疑有“也”字。

“眩眩”,《後漢書》作“眩眃”。

“過弗取也”,《玉篇》云“犬過”,《廣韻》作“拂取”,皆誤。疑當作“犬過拂戾也”五字。“過”,甚也。

“開”,按《廣韻》,疑當作“怒”。鉉無此字。

“走犬皃”,各本同誤,疑當作“走剌犮皃”四字,故下申明其義。

“北嚻山出《山海經》”,當作“《山海經》‘北嚻山出獨狢獸,犬首而馬尾”。脱簡在“㲉”篆注。

“獮，少也，取禽獸少也”，鍇葢以“獮”、“尟”同音爲訓，非古義。按：當作“獮，殺也，所以順秋氣也”。

“畋獵也”，“畋”，當作“校”。《韻會》作“效”，非是。

“犬田”，按《爾雅》，當作“火田”，許下引“明夷”正合火義。

“狾犬”，今《左傳》作“瘈狗”。

“咳”，當作“吅”，或“欬”之譌。“咳，小兒笑皃”，非義。

“見《爾雅》”上當有“臣鍇曰”三字，鉉誤入許書，後人又依鉉删鍇。

“攫持”上當有“注”字。

“可止之言”，“言”，當作“辭”，見《左傳》“猶三望”注。“辭”下當補“也，似也，若也”五字。 “今作猶”，當作“亦作猷”，下當補“謀也”二字。俱見《韻會》。

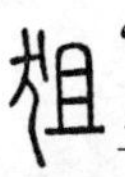“狙犬也”，“也”字衍。按：《莊子》“狙公”，“狙”即《説文》《人部》“伹”之譌字。古人用“狙”，皆作狡獪意，無作愚鈍意者，此易辨也。向秀、司馬彪附會其説，繆種流傳，不可更正。

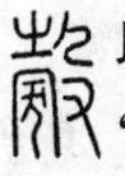此字《上林》、《南都》二賦譌作“縠”，《爾雅》譌作“豦”。《文選》李注與此合，而字皆爲“縠”。《爾雅》：“豦，迅頭。”“豦”，“縠”之譌，“縠”又“㲉”之譌也。郭注正與許説同，而“食彌猴”之“食”又譌作“似”，上既云“如犬”，不得更言“似猴”也。邵氏、郝氏《爾雅正義》未解“豦”爲“㲉”之譌，轉執“豦”爲“封豕”之説，致相抵牾。考陸氏《音義》“豦”作“據”音，其沿譌已久。 “或曰㲉似牂羊”，“牂”，當作“梟”。按：《文選·上林賦》“射游梟”，李善引高誘《淮南子注》云“梟，陽山精也，似㲉玃類”，今本譌爲“遽類”二字。

“出蜀”下十一字爲“獨”篆下脱簡，而鉉誤采入許書者也，《北山經》可證。葢“北嚻山”非“蜀山”也。

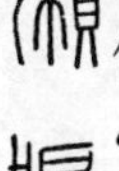“頗”上鉉本有“白”字，“後廣”作“廣後”。

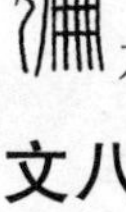“棄之”，“之”字衍。

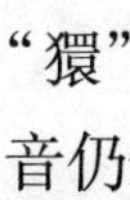按《廣韵》，“小”，當作“水”。鉉作“如小狗”，誤。

“嫩”，當作“媆”。今《博物志》本不載，見《格物總論》（中）。

文八十三“猗”、“猥”、“獳”、“狧”、“獧”、“犮”、“獠”、“狻”、“玃”九篆音仍鉉，而“切”作“反”。

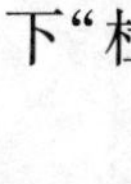“司空也”，“司”同“伺”。按《玉篇》，“空”，當作“察”。

“復説獄司空”。按：此當與“畀”篆下“杜林以爲騏㚅字”同例，當作“某

復説獄司空字”。“獄司空”,葢漢縣道主獄官;復,人名,今脱其姓。葢以“獄”爲“司徒”、“司馬”之“司”字也。唐司馬承禎《書中嶽體元先生碣》有“獄馬”字。

“言聲”,鉉無“聲”字。

“《爾雅》”上當有“鼠婦”二字。

“鍇説改‘豹’爲‘鼩’”,次立所竄,當删。

“如犬”,按《玉篇》,當作“如鼠而大”。　“齧竹”下當有“根”字。

“注云”上當有“鼨鼠”二字。

“藏物也”,當作“藏食者”。

“袋”,當作“衺”。

“獲”,《文選》作“擭”。

“臣鍇曰”下當有“堅中”二字。

注首脱“上諱。臣鍇按”五字。

今《詩》作“燬”。

此爲“焜”之重文。“火也。從火”,當作“或從毁”(二)〔三〕字。“毁聲”上當有“臣鍇曰”三字。

辨見總數下。

“炊其焌”,“炊”,鉉作“龡”,是。今《周禮》作“龡”。“焌”下當有“契”字。“焌火在前”,按《周禮注》,當作“焌者用苣”,“苣”即“炬”。

已見《艸部》。按:此當作“爇”,《漢·五行志》省作“爇”。

“蓺聲”,《艸部》有“藝”無“蓺”,鉉云“當〔從火〕,從艸,(埶)〔熱省〕聲”。

“火光”,《類篇》作“火不光”。按《盤庚》“拙謀”,“拙”猶“屈”也,當以“火不光”爲是。

“火氣”下鉉有“上行”二字。

“《詩》曰”上當有“臣鍇按”三字。《楚茨》“熯”爲“戁”之借字,鍇引以博異文,許則無引借義也。

“不熮”,今《吕覽》作“不烈”。

“雁音鴈”,當作“㶕,俗作㷳”。

“《東京》”,當作“《西京》”。“煜”,今本作“儵”。

“熛”。按:《疒部》無“熛”字,鉉作“摽”,亦未是,疑當作“猋”。班固《答賓戲》“猋飛”注:“‘猋’通‘熛’。”

“天天”。按:《詩》“憂心如惔”,《音義》引作“如天”,則“天天”

當作"如天"。

"息"字下當有"亦曰滅火"四字,鉉采羼入許書。

今《詩》作"浮"。

鍇已辨明,鉉本無。

此或因鍇説而誤增也,當删。

今《遂人》注作"楅"。　鉉本下有籀文"[illegible]"篆。

"尉繒",鉉作"尉申繒"。

"龜熏不兆",今《左傳》無"不兆"二字,此葢涉上而譌。

"炙",當作"灸","灸"與"灼"轉注。

"治",或作"冶"。

"火燭",按《小雅》毛傳,當作"大燭"。

《文選》作"淬"。

《周禮》作"揉"。　"揉木"下脱"也"字。

"輮",當作"煣",《周禮》作"揉"。　"不熑",《周禮》作"不廉"。

"農晨"二字鉉作"䢅"。　"囟臼"之"臼"當作"晨"。

"烟煴",今《易》作"絪緼"。

段云當作"[illegible]",從皀聲。《日部》"皀"讀若"窈",與"勺"龤。鍇説疑淺人所改。"皀音粒",當作"皀音窈"。"馰顙"之"馰"皆當作"旳",辨見《日部》。

"《春秋傳》曰'𤏸燿天地'",當作"《春秋傳》曰'天策𤏸𤏸',《國語》曰'𤏸燿天地'"。葢兩引也,爲後人所删,與"騋"注同。《國語》曰"淳燿敦大,天明地德",許葢隱栝之。

今《書》作"灼"。

"火門",按《蜀都賦》注引,當作"火爓"。

"見也",《廣韻》作"光也"。　"日聲","聲"字衍。　"借爲桂",疑有脱文。按:《集韻》引桂貞避秦改姓"昋",其子孫改姓"炅"、"炔",音皆同"桂",説與《廣韻》略同,而指爲後漢人炅横事,然"炔欽"已見班書《儒林·周堪傳》,當以秦爲是。

今《左》作"幬"。

脱重文"烜"于後,宜移正。

當移"爟"後。　"臣鍇",當作"臣次立",以此知次立説羼誤鍇説不少也。

文一百十二實核一百十三,"煅"

不入計也。“煉”、“熑”、“焆”音仍鉉,而“切”作“反”。

重十五實核十四,益“燬”篆乃十五。

“侵也”,鉉作“侵火也”。“椹”,當作“葚”。

“于俎”,“于”,當作“尸”。

“舛聲”,“聲”字衍。　“霜露”,《校正博物志》本作“螢略”。“又有吒”,當作“甚有細吒”。

今《尚書》作“盧”,《左傳》作“玈”。

“濁黑”,汪作“濁黷”。

“黳黑”,“黑”字衍。　按:部末“黚”篆疑即“黔”之重文,古經傳皆通用。鉉本分而次立依之,故音仍作“切”。

“滓”,汪作“澤”。

鍇説有脱,當引《楚辭》“時曖曖其黨莽”。“黨”,今作“曭”。

今《易》作“瀆”。

“黳姍一色”,鉉宋本“一色”作“下哂”,毛本作“下色”。按:鍇當作“下色”,無“黳姍”二字。“下色”猶言惡色。鉉本當作“黳姍小弢皃”,此改易增竄之譌。

今《詩》作“緎”。　“羔羊之”,當作“素絲五”。

注與“黔”下鍇説同,當是“黔”重文。　“緅黚”,當作“緅紺”。

文三十七“黗”、“點”、“黬”三篆音仍铉,而“切”作“反”。

“莘莘”,今《诗》作“駪駪”。“征夫”下当有“之”字。　“古文伷”,疑当作“古文以为囟字”。“囟”見《人部》,即《詩》“仳仳有屋”之“仳”。本從“囟聲”,與“莘”爲疊韻,葢古讀也。辭賦家或以“燊燊”爲小皃,“燊”或即“燊”之譌。　“一曰嶷,一曰役”,疑二者聲兼形也。“嶷嶷嶽嶽”,“嶷”亦爲“業”,“業”或“燊”之譌。“役”疑即“粱”,“粱”即“禾役穟穟”之“役”。“粱”與“燊”或通借也。

“《東京》文”,段云“文”疑“賦”,或《東京賦》“燔炙”本作此字。

今《詩》作“燔”。

今《詩》作“楨”。

注舛誤,當作“或從水。一曰:泧,棠梨之汁”。

“灩從此”上當有“臣鍇曰”三字。

《繫傳》二十

“俠”，當作“挾”。“俠”、“挾”蓋古通借字。

“黽繹”，當作“黿蒙”。

“泧泧”，《水部》引作“濊濊”，今《詩》作“濊濊”。

“戴戴”，當依《詩》作“秩秩”，此證聲非證字也。鍇“今《詩》借‘秩’”四字淺人所增，當删。　“海外東”，“東”，當作“南”。　“又曰民”三字，當作“又大荒南有戴民國”八字。

“奢査”，疑當作“奢大”。毛傳，《長發》“桓”訓“大”，即此借字。

“齇”，段云當作“齟”，即“齳”俗字。

文十八“鬿”篆音仍鉉，而“切”作“反”。

“懷”，當作“褱”。

“慶奊”，今《左》作“慶鄭”。蓋以傾衺名以繩直字。按鍇説，亦是有義，豈古本本作“奊”歟?

“姓也，亦郡也。吳”六字當删。或以此爲諂事吳越者所增。

鉉無此篆，蓋以此即《日部》“昃”也，今《易》作“昃”。

“幸而不死，猶可悦”，當作“幸而不亡，猶可説也”，見昭十八年。又昭三年：“叔向曰：‘幸而得死。’”鍇蓋誤肊。

“倶從夭”三字，鉉采鍇説增許書者，當删。　“故走從夭、奔”，當作“故走、奔倶從夭”。

“尳尳”，鉉宋本作“尳尳”。

“勺聲”下當補“臣鍇曰：牛行足外出曰尥也”，見《集韻》。此説鉉取羼入許書，故此反闕。

“不得泄凶也”五字，鉉采鍇説羼入者，鍇説見“壹”下，此當删。

此錯簡，當删。

按：《五經文字》曰“《説文》從大，從干”。此鍇説已從羊，知沿譌已久。“一曰大聲也”五字，當移置“皆從㚔”下。　“一曰讀若瓠”，“一曰”二字衍。　按：此一義一音也。《漢志》“河東郡狐讘縣”，《集韻》作“瓠讘”，《史》、《漢·侯表》作“瓡讘”。“狐”、“瓠”、“瓡”，蓋皆“㚔”之譌。“讘”爲多言，“㚔”爲大聲，義相近也，而音讀如“瓠”。

後人不知“㚔”可讀“瓠”，加從“瓜聲”，故又轉譌爲“瓠”、“狐”耳，許故特别言之“一曰大聲也”。“讀若瓠”下“一曰俗語以盜不止爲㚔，讀若籋”，亦一義一音也。左氏宣公十六年《傳》云“國無幸民”，諺云“民之多幸”，二“幸”字皆“㚔”字之譌。上言“晉盜逃秦”，此云“無㚔民”，猶言“無盜民”。杜氏無注，若以爲“𡘋免之民”，其說迂而與上句不洽，况下“諺云”與許俗語正合。今因下“不𡘋”字而譌兩“㚔”皆爲“𡘋”耳。左氏好用古文，此其顯證。

“揜”，當作“𢧵”。

“會意”下當有“又圉邊陲也，又圉人養馬者”十一字。鉉采羼入許書，故此反闕。

“論訊鞫報”，當作“訊詾論報”。　“𠬝音展，服也”。按：當作“𠬝音服，治也”。音“展”者作“㞋”，與此異。

“當”，鉉作“富”，非是。按：《艸部》“蔕，瓜當也”，則凡花實之“蔕”皆可云“當”，故鍇以“當韡韡”爲“重而垂”。段爲鉉曲說“富”字，不免附會。

“從夲”下闕文當補“從暴省”三字。鉉用“㬥”注作“從日、出、夲，𠬞之”。按：“㬥”乃𠬞米出就日，此“𠬞”何物邪，非是。

“氣皋”，按《日部》“暤”注，疑當作“氣皋皋也”。“《禮記》”，鉉作“禮祝”，非是。此引《禮運》文也。“《禮記》曰皋”下當接“《周禮》曰：‘詔來鼓皋舞。’臣鍇曰：‘皋’猶‘暤’也，《(詔告)〔召誥〕》曰：‘皋(登)〔登〕謌曰奏。’故‘皋’、‘奏’皆從‘夲’。家豪反”。此兩引書也，鉉誤，而此或依改耳。

“分施，散也”，當作“八分，散也”。

“伯羿”下“古文”二字衍。　“背”，當作“乖”，見《臣部》。

“大白澤也”，“澤”字疑涉下而衍，當删。然鍇見已然，沿譌久矣。

“虙羲”，今《易》作“庖羲”。　“《詩》曰”，當作“《詩說》曰”。

“大夫”，當依鉉作“丈夫”。

“立自竦”，當作“竦自立”。

“立竫”，疑當作“竫立”。

闕文當補“虎”。

今《左》作“須”。

“偓”，疑當作“倨”。　“已事”，今本作“已於事”。

“籒文‘髟’字”，此鉉正鍇之誤也 鍇本無此四字。蓋鍇不解

“𥿋”之異“𥿋”,故云“音祿”。後人依鉉增此,則不可通矣。 “音伏”二字衍,葢鍇所注誤羼入者。 “录音祿”,當改。“录”與刻本“录录”之字異。按:全書“𥿋”篆唯此不誤,葢上從“互”首,下從“𥿋”篆之半也。《鬼部》“彔”重文作“𥿋”,乃或依鉉改耳。

“立爲”,當作“竲爲”。

文十九“竢”篆音仍鉉,而“切”作“反”。

“肎”,當作“㒼”。“字同”下當有“意”字。

“容”,汪作“睿”。按:“容”、“睿”皆通。今《洪範》:“思曰睿。”“睿”與“容”同。伏生《尚書》作“思心曰容”,見《漢書》。

“音聲”,“聲”字衍。

“《爾雅》曰”,“曰”字衍。

亦見《豈部》。 “康也”,鉉作“樂也”。 “愷樂”,今《詩》作“豈樂”。

“我念爾祖”,當作“念茲在茲”。

“臣鍇曰”下當補“又悦也”三字,見《玉篇》。

今《易》作“亢”。

“和”,當作“恭”。

亦見《口部》“哲”重文。

“小悰”,《文選》作“少悰”。

“養志”,《莊子》作“養知”。

“沾懘”,今《禮記》作“怗懘”。

“問”,當作“肎”,見《十月》詩疏。 引《左》有闕文,“不憖”下當補“遺一老”三字。

“武帝”,當作“成帝”。

“飾”,當作“飭”。

“爰”字衍。

“爲摯”下當補“從鹿省”三字。

今《詩》作“咺”。

“今文”,“文”字衍。

“其心寒泉”,“其”,當作“秉”;“泉”,當作“淵”。此避唐諱而改。

“天命匪忱”,今《蕩》詩曰“其命匪諶”。許葢隱栝舉之。

“思也”,鉉作“凡思也”,與《方言》合。

“能不我”,《邶風》作“不我能”。 “與‘起’同”,當作“‘起’與‘興’義同”。按:《毛傳》“慉,興也”,見《釋文》宋本,今譌“與”。

“十萬曰意”,今作“億”。

今《左傳》作“聳”,《漢志》作“慫”。

“今《爾雅》作‘憮’”,當作“《爾雅》曰‘憮,撫也’”。

“悲”,當作“裒”。

今《詩》作“妯”。

段云當作“怏”,見《四月》詩疏。《字林》作“愧”,此或依《字林》改也。按:“忕”,疑是“愧”重文,此脱重文耳。

“憂也”,鉉依《爾雅》作“憂無告也”。

“朝”,今《詩》作“調”。

亦見《食部》“飪”下重文。

“驕怚”,“驕”字衍;“怚”,《文選》作“嫭”,今譌“姐”。

“忘也”,按《廣雅》及《集韻》,當作“悘也”。 “不悆”,今《書》作“不豫”。

“以相陵懱”,今《書》無此語。“《商書》”,當作“《逸書》”。

“示民不愉”,“示”,當作“則”,《周禮》文。又《詩》“視民不恌”,《傳》“恌,愉也”,或引此。

《左傳》僖十一年作“受玉惰”。

今《孟子》作“恝”。

“言恢恢”,當作“言詼詼”。

“愢愢”,《文選》作“猥猥”。

今《左》作“翫”。

按《蜀志》,“誠非”下當有“及”字。

“黎,遲也”,“黎”,當作“遻”,見《辵部》。

今《詩》作“邁”。

“鍇説”,鉉本引作“李陽冰説”。

闕文汪作“(釹)〔釵〕”。

“從心”上當依毛傳補“傷也”二字,鉉作“憯也”。 “旦”下闕,當補“聲”字。

“殷殷”,當作“慇慇”,《桑柔篇》正作“慇”字。“本作”,“本”字當删。

“簡存”,“存”,或作“在”。按:《爾雅》“存存、萌萌,在也”,《玉

篇》云"或作'蔥蔥'"，即"簡"之譌，則以"存"詁"簡"亦通。

"不動"，《玉篇》作"心動"。

"悠悠乎"，今《左》作"悠乎"。

"頁聲"，"聲"字衍。"惪心"上當有"臣鍇曰"三字，鉉本可證。"臣鍇曰：一本愁憂字"，"臣鍇曰"三字當删；"一本愁憂字"，當作"此愁惪字"。"與憂别"三字當移置"憂從此"上。

"一曰難"，"難"，當作"驚"，見《考工記・矢人》注。

"怵怵惕惕"，《文選》作"惕惕怵怵"。

"來就惎惎"，疑即《秦誓》"未就予忌"之譌。

"泣涕㦁如"，今《易》作"泣血漣如"。

文二百六十實核二百六十四。"志"篆鍇擬補字，鉉采入許書，次立又依鉉補鍇，故音仍鉉音。"(㥏)〔惂〕"、"憧"二篆作切音，次立補，當例補次立説。"快"、"悥"、"愜"、"忒"、"惑"、"德"、悲、"惄"八篆音仍鉉，而"切"作"反"。

重二十一當作"二十二"。

"糸聲"，"聲"字衍。

《繫傳》二十一

"海内西北"，"内"，當作"之"。

"墊"，當作"褺"，見《衣部》。"童聲"下當補"臣鍇按：《漢書》'廣漢郡梓潼縣五婦山，馳水所出，南入涪江'，應劭曰'潼水所出，南入褺江'。'馳'與'潼'名異實同"。汪本誤以"涷"篆注入"潼"下。

"墊"，當作"褺"，今《漢書》亦誤。

"過郡九，行七千"，今《漢志》"九"譌"七"，"七"譌"二"。"徐州"，《初學記》作"徐陵"。"青水、汶水"，按《水經注》，當作"青衣水、沬水"。

"會溪縣"，當作"丹陽郡黝縣"。按：鍇所引"漸江也"，當在"漸"下。今《漢志》亦作"浙江"，"浙"亦"漸"之譌。許書"漸"、"浙"劃然爲二，後人以二水合流，遂統名錢唐爲浙江，不復知有漸江，即鍇説可見矣。此下當云“臣鍇按:《漢書》‘會稽郡吳縣’注:‘南江在南,東入海,揚州川’”,而移此入“漸”篆下,則得之矣。

段用吕忱説改篆作“[illegible]”,𢦏聲。“𢦏”、“𣎵”蓋形似之譌。今《漢志》作“瀸”。“𢦏”、“哉”古今字也。

“涪”,《漢志》作“符”,二見。

鍇説誤引“泚水”,今更正。當作“灊水,出宕渠符特山,西南入江”。“灊”,今《漢志》作“潛”,蓋“灊”之譌,本注可證。

“縣東”下當有“山”字。

“《史記》”下當有“注”字,見《西南夷傳》注引范書。

“澠”,《漢志》作“繩”。

“江水出荆州”,按《水經注》,“江”字衍,“州”,當作“山”。

“與清洛水合”有譌脱,按《初學記》,當作“合流三百里,清濁不相襍,又東合漆沮水,至潼津入河”。

“柏”,當依《漢書》作“氐”。《水經注》引作“貁”,非。

“狄道縣”下當有“南”字。

“洛”,《初學記》作“漆沮”二字。《上林賦》作“潦”。

“杜陵”,按《漢志》,“陵”當作“陽”。“一曰入洛”,按《水經注》,此指涇東漆沮水也,非此杜陽之“漆”,不應横梗於此,當移置“一曰漆城池”下,以存别説。“一曰漆城池”,鉉無此五字。按:“漆城池”即《水經》云“一名漆渠”也,此正指杜陽之“漆”。“漆沮既從”,當作“自土沮漆”。

“左馮翊”,當作“北地”。按《漢志》,北地歸德,爲洛所出,馮翊褱德,爲洛入渭處,甚明。鍇蓋未之審耳。“上雒冢領山”,乃《職方》“豫州川雒水”,與“洛”劃然爲二,徐堅既誤於前,鍇復誤襲於後。

按《漢志》,盧氏縣右有育水,不言“出”,“出”見南陽“酈”下。

按:《淮南子》云“出猛山”,《博物志》云“出燕泉山”。汝水出盧氏,《水經》已辨之,鍇謂誤,蓋未審耳。

今《漢書》、《禹貢》俱作“漯”。

今《漢志》作“包”。“東北沛入泗”,“東北”下當有“至”字,“沛”,當作“沛”。《漢志》亦譌。

“菏澤水”,“澤”字衍。按《漢志》,“菏水”在山陽郡湖陵南,“菏澤”在濟陰郡定陶,劃然爲二。許衍“澤”字,鍇遂牽合,非是。“達於菏”,今《禹貢》作“達於河”。

“泗出”二字誤,當删。按《漢志》,“泗”出魯國卞縣,非出乘氏。　“乘氏縣”下當補“泗水”二字。

“頓丘,衛南繁也”,當作“在頓丘縣南,今名繁汙,衛地也”。

“水出泰山,蓋臨樂山”。按:許書與《水經》合,與《漢志》異。《漢志》泰山郡“蓋”下云:“臨樂子山,洙水所出,西北至蓋入(勉)〔池〕水。”“臨樂子山”,謂勃海郡臨樂縣子山也,其入“池”,在“蓋”耳。鍇改《漢志》以就許書,未是。“臣鍇按:《漢書》”,當改“《漢書》”爲“《水經》”。“西北入泗”,改“西南至下入泗”方合。

“水出”下當補“琅邪東莞,南入泗”七字。

鍇引《漢書》“沂出泰山蓋縣”。按:言“沂出泰山蓋縣”者,《周禮》鄭注、《水經注》也,《漢志》不言出蓋縣,當删“沂出”二字,“蓋縣”下補“沂水”二字。

“石膏山”,鉉作“高山”,非是。　“鉅定”,《水經》作“巨淀”。

“厲嫣”,據《漢志》,當作“廣爲”。

“東海”,據《漢志》,當作“北海”。　“北海郡”下當補“桑瀆縣”三字。

《漢志》作“維”。　“徐州”,《漢志》作“青州”,皆誤,當作“兖州”。《職方》鄭注改“維”爲“雍”,許不改也。

“東北入濰”,“濰”,今《漢志》譌“淮”。

“曲城”,《漢志》作“曲成”。

“濰”,《漢志》作“維”。

“滹”,鉉作“呼”。

“馮水”,按下“滮”篆注,當作“滮水”。

《漢志》譌“諸”。　“一曰”,鉉作“《爾雅》曰”。　“入濁”,當作“入渦”,《漢志》亦譌。

“井陵”,鉉作“井陘”,《漢志》亦作“井陘”,而鍇以爲誤。疑鍇説當作“‘井陘’,或作‘井陵’,誤也”。

“漆涑”,按《漢志》,濡水至范陽入涞,“漆涑”蓋“涞”之譌。

“河西段”,改“河東彘”三字,以“霍山”在“彘”也。　“絳縣”下當有“南”字。

“大要谷”,“要”,《漢志》作“黽”。“要”,古作“㬮”,故與“黽”混。

“内黄”下當依《水經》補“入黄”二字,《漢志》亦闕。

“東垣”,按《漢志》,當作“垣東”。　“南至武德”上(按)當有“東”字。

當作"㕣",鉉説可證。《口部》無"沿"篆也。

"荆州浸"。按:《職方》"荆州浸穎、湛,豫州浸波、溠",而此云"荆州"者,鄭注云"穎當在豫,溠當在荆"。許與鄭同也,故"湛"注云"豫州浸"。　"修涂",今《左》作"除道"。　"厥縣西有溠水","溠",《釋例》作"漈","漈"即"溠"也。　"至隨入腹",當作"至隨縣入鄖"。

"盧聚山","山",按《水經》當作"南出"二字。

"水出",當作"水在"。按:"灌"出金蘭,今《漢志》譌"灌"作"淮",《水經》可證。　"決水亦出此縣"。按:《漢志》不言"決出雩婁",疑誤。

"臣鍇曰"以下宜删,當移"浙"下。鍇説補此,辨已見"浙"下。

"西流湘","湘"上脱"注"字。　"西北"上脱"汨"字。

《漢志》作"秦"。　"入匯",按《水經》,"溱"合"洭",不合"匯","匯"當作"洭",《漢志》亦誤。

"南平",《水經》作"盧聚"。

"鬱林",《漢志》無"林"字,當作"鬱水"。按:"鬱",水名,非地名。

"東南入江"。按:《水經》"南"作"北"。

"西北入湘",鉉無"北"字。

"在桂陽湞陽縣界",當作"見'桂陽湞陽縣'注"。

"東入穎","東",當作"南"。按:此注與上"潩"篆同,《漢志》、《水經》俱有"潩"無"瀷",戴侗謂"瀷"即"潩"重文。疑許本合,而後人分之也。

"入汝",鉉作"入穎",非是。

"父城",鉉作"城父",非是。

"舞陽"、"中陽"兩"陽"字,當依《漢志》作"陰"。

"潛流三千里","千",《初學記》作"十"。　"與汝水合"下當補"又東過廬江安豐縣與決水合"十二字。　"壽春縣東"下當補"與穎水合,又"五字,皆見《初學記》。

"郾",當依《水經》作"鄾",此顔注之譌也。

《集韻》、《類篇》皆云《説文》作"[illegible]"。

《漢志》、《水經》皆作"細",葢"[illegible]"、"細"皆從囟聲字。

"在汝南","在",當作"逕"。

"乾山",《漢志》作"陽乾山"。　"豫州",《周禮》作"荆州",此云"豫",與鄭注合。

《漢志》作"有"。　"城陽",當作"陽城"。

"汝南灈强縣界",當作"見'汝南灈彊縣'注"。

引《漢志》"東入淮",當作"東至向入淮"。"淮",今《漢志》譌"海"。

"博安",《漢志》作"博鄉"。　"波北入氐"四字,段云,依《水經》當作"過芍陂北入泚"六字。

《漢志》作"卞",見"河南滎陽"下。　"至濛爲灉","濛",當依鉉作"蒙","蒙",梁國縣也。"灉",按《漢志》當作"獲",鉉作"雝",亦誤。

"渙渙"。按:陸氏《釋文》引《說文》"渙"作"汎",則此當是後人所改。

"濮水"二字衍。

"臣按",當作"臣鍇按"。

"湖陲",當作"湖陸","湖陸"即"湖陵"。

"立僖公"下當補"而城魯"三字。　"奔齊,自鹿門"下當補"鹿門,南城東門"。　"爭門則淨門,皆北門也",當作"爭門有淨池,北門也"。

"浚靡"二,《漢書》俱作"俊靡"。　"南東",鉉作"東南"。

"增地鏤方"下當補"二"字。

"水出",鉉作"水起"。　"鴈門葰人",按《漢志》,"葰人"屬"太原郡"。　"戍夫山",《山海經注》作"武夫山"。

"北地",當作"代郡",與"滱"注同誤。

"東水也",鉉作"東北水"。

"北沙",酈道元《水經注》引作"之西",非是。

"西河郡"下當補"之西"二字。

"過水中",按《爾雅》,當作"過水出"。　"過水洵",當作"過爲洵"。

"印澤",鉉作"邛澤"。按:當作"印澤",舊《山海經》作"昂澤"。

《集韻》引"從水"上有"出上黨"三字。

鉉作"洇",因聲,音"於真切"。

"東會",今本《家訓》作"東指"。

"一曰《詩》",當依鉉作"《詩》曰"。　"沱云沱湖,在江邊",當作"汜云決,復入爲汜"。此鈔寫之譌。《詩》亦作"汜"。

"溟海",《莊子》作"南溟"。

鉉無此篆。按:從夅、從夆之字,古劃然二音。鉉本"洚"下有户工、下江二切,於古無此通音。此"洚"字疑是許書之舊,或以爲即"洚"之譌,非是。

"一曰洚下","洚",當作"降",鍇説可證。鉉改"一曰下也"。

"漫天皃",鉉作"漫漫,大皃"。

"其流",當作"北流"。

"風雨湝湝"。按:《鄭風》曰"風雨凄凄,鷄鳴喈喈",此疑兩涉之誤。或"凄"古作"湝",相叶。

"泫,湝流水",鉉作"湝流也",段云當作"潛流"。

今《詩》作"滮"。

"施罟濊濊",今《詩》作"施罛濊濊"。段云,此篆後人增,當即部末"濊"字。

"沄而"上《文選》有"泫"字。

"洪水浩浩",今《書》文不相屬,當是檃栝語。

"上林"下當補"苑"字。

"小波",當作"古文"。

"滭沸濫泉",今《詩》作"觱沸檻泉"。

"水礙也","也",鉉作"衺"。

闕文鉉作"直"字。

《漢書》作"潔"。

"止",今《詩》作"沚"。

闕文汪作"徒",仍鉉音。

"亦決也"上當有"臣鍇曰"三字。

"若其沴作","其",當作"六"。

"水門也","也",《玉篇》作"名"。　"爲湄"下當補"邱"字。

"者也",鉉作"中也"。

"皃",鉉作"色"。

"少聲","聲"字衍。

"尐,子結切"上當補"臣鍇曰"三字。

"崖",鉉作"厓","涘"、"汻"、"氿"、"漘"四篆注同。　"敦彼",《詩》作"鋪敦"。　"水崖濆潤",當作"水涯墳起"。

引《周書》爲今文《太誓》,見《思文》詩疏。

今《詩》作"滸"。

"水醮曰氿"，"氿"，《爾雅》作"厬"；《爾雅》"仄出泉曰氿"，許作"厬"。二字互易。　"盡處"上當補"水"字。

"檻泉也"，"檻"當作"濫"，見"濫"篆注。"也"，段云當作"皃"。

"復入"下鉉有"水"字。

"一湖"上《初學記》有"笠澤"二字。

"赤"二見，鉉作"尺"。"赤"、"尺"漢通用，"溝"注同。　"盡力于"，"于"，今《論語》作"乎"。

"杲聲"，鉉作"桀省聲"。

"行聲"，當作"行亦聲"。

"一曰潤"下鉉有"水"字。"洛"，按《漢志》，當作"雒"。

"崖"，鉉作"厓"。　"其外曰限"，"限"，當作"鞫"，《公劉》詩箋及鍇引《詩》可證。　"漁者"以下十七字譌舛，當作"'漁者不爭限'，注：'限，曲深處。厓謂岸也，內水曲處也'"。

"讀若學"，"學"，疑當作"嚳"。

"鷬字"二字，當作"'鷬'即'難'字，今《詩》作'暵'"八字。

"《漢書》浸水"下當有"見"字。

"灘"，鉉作"攤"，當作"雝"。

"及其"下鉉有"門首"二字。

"㴑向也"，疑當作"㴑洄者"。

"汎也"，鉉本、《玉篇》、《韻會》皆作"泥也"。

"讀若"，鉉無"若"字。

"泱鬱"，今作"勃鬱"。

"雲雨"，《初學記》引作"雨雲"，下"湋"注同。

"淒淒"，今《詩》作"萋萋"。

疑當作"瀑"，暴聲。

"澍生"上《文選注》引有"所以"二字。　"澍生"，段云當作"樹生"。

"雨清"，當作"水清"。

"霤"，錢鈔作"雷"。

"臣鍇曰"下當補"《漢書》上谷郡有涿鹿縣，涿郡有涿縣，此云上谷涿縣，傳寫之誤也"廿五字，其脫文尚在"(肊)〔昿〕"下。

"有涿鹿縣"四字衍。

“湪沛”，段云，疑“𤃩滞”之譌，今佚“滞”篆。按：“湪沛”，當作“湆湪”。《埤蒼》：“滞𤃩，漉也。”“𤃩”乃“湪”之增文，“滞”乃“湆”之省文也。

“微省聲”，按鍇説，當作“散聲”。此或依鉉改也。

“滴水”，鉉作“滈水”。

今《詩》作“優”。

“岑聲”下鉉有“一曰”二字。

“雨雪瀌瀌”，《韻會》引作“瀌瀌，雨雪皃”。

“中絶小水”，《篇》、《韻》引作“大水中絶，小水出也”。“淋淋”，今《文選》作“泠泠”。

“泜伏”，今《左傳》作“坻伏”。

鉉本下有重文“[illegible]”篆，汪依鉉增入，此及錢鈔俱無。

“有湫”上鉉有“一曰”二字。“湫泉”，《漢志》作“湫淵”，蓋避唐諱而改。

“水吏”，錢氏大昕曰，“吏”當作“文”，見《廣韻》。或云“𩰬”泐文。“𩰬”，今“駛”字。

“夾河”上當補“而”字。“河渚又一濼”，當作“河中渚上又有一濼”。

“滜其深矣”，疑當作“有漼者淵”。《新臺》“有漼”，今作“洒”，《韓詩》作“漼”。

“減濊”，鉉無此二字，段依“泧”篆注改“濊泧”。此蓋因鍇説而譌。

“心如”，《史記》作“腸如”。

“滰淅”，今《孟子》作“接淅”。

鉉本下有重文“淥”篆。

“勦”，《刀部》引作“剿”。

“津”，當依鉉作“盡”。

“滷埽”，當依鉉作“灑埽”。

《篇》、《韻》皆作“瀱”，篡聲。

“灌髮”，鉉作“濯髮”。

按《尚書釋文》，當作“（頮）〔湏〕”。

“於井”，《玉篇》引無此二字。

“入我”，《左》作“伐我”。

闕文汪作“滯”。

“隴”，疑當作“瀧”。

"杂聲"下當補"臣鍇曰:《説文》無'杂'字。裴光遠云:'從木,木者,所以染桅茜之屬也;從九,九者,染之數也。未知其審"卅〔七〕字,見鉉本。按"渠"字注例,"杂"即爲"朹","朹",古"簋"字,見《竹部》。

闕文汪作"矦"。

"者泣",鉉作"曰泣"。

"泣也",當依《篇》、《韻》作"目汁也",方與"洟"注合。《易·萃》爻辭鄭注:"自目曰涕,自鼻曰洟。"

"如此"上當有"字"字。

"東出塞",今《漢志》作"東入塞外"。

"轂",《韻會》引作"穀"。《晉書音義》曰:"水運穀也。" "一曰人所棄及船也",各本同。按:疑是"一曰車曰轉,船曰漕也"之譌,見《史記·平準書》注。

"饗",鉉作"鄉"。

"百刻",《韻會》引作"百節"。

"壯士",或作"牡士",非是。

"苹,水艸也","苹"下當依鉉補"也"字。

"《尚書》曰","曰",當作"序"。

文四百六十七"洝"、"洽"、"湯"三篆作切音,次立補,當例補次立説。"滙"、"潧"、"淩"、"瀤"、"湣"、"涅"、"滲"、"澮"、"澤"、"派"、"潯"、"浞"、"潤"、"洎"、"槃"、"涸"、"湑"、"淋"、"渫"、"泰"廿篆音仍鉉,而"切"作"反"。

"頻蹙",當作"顰蹙"。

《繫傳》二十二

"赤",鉉作"尺",二見。古"赤"、"尺"通用。

"從田、巜"下當有"臣鍇曰"三字。 "甽之川也",當作"田之川也"。

"儈",當作"澮",言讀與《水部》"澮"同也。

今《易》作"荒"。

"順流",《文選》作"混流"。

"四方"上《韻會》有"字邑","城池"作"成池"。　"陘",當作"隍",見《自部》"隍"注。

"子路",《論語》作"子貢"。此許氏之誤,而鍇不察者。汪改"子貢",與鍇説不合。

"川三成川也",當作"同出而三分成川也"。

"江之羕矣",《韓詩》如此,《毛詩》"羕"作"永"。

"蜀稗縣",鉉本無"蜀"字。按:"稗縣"屬琅邪,《漢志》作"椑"。蜀爲郫縣,與"辰"音不同。

"覛魯縣","覛",今《文選》作"視"。

"山瀆",當作"山隫",《爾雅》作"䟫"。

"㕡㕡",《高唐賦》注引作"千千"。

"從𠔌"下當有"谷"字。　"地坑","地",《韻會》引作"谷"。"(容)〔容〕",今《書》作"濬"。

今《詩》作"凌"。

"即凋","即",當作"則",今《論語》作"彫"。

"滭冹",今《詩》作"觱發"。

段作"𠧪",削聲,從《大東》詩疏、《文選·高唐賦》、《嘯賦》注改也。"瀨",《篇》、《韻》無此字。《巾部》"㡋"譌"㡋",《夊部》"㳙"譌"瀨",何"削"之易譌也?

此篆與《無極山碑》合,鉉作"𩂣"。

"靁雨",《韻會》引無此二字。　"《易·繫》"下脱"辭"字。

"雨也",《韻會》引無此二字。　"有霣",今《易》作"有隕"。

"聲也","也"字衍。

"震電",《韻會》引作"雷電"。　"颯雪吸呷",按《吴都賦》,當作"靸雪驚捷"。"人衆聲",當作"走疾皃"。又"儸譶㹸猣"則爲"人衆皃"。

"稷霄",鉉作"稷雪"。　"雨雪襍下","雨",《爾雅注》作"冰"。

"雨零",《廣韻》引作"雨霝",二見。《東山》詩作"零"。

"餘雨",《篇》、《韻》、《御覽》引作"徐雨"。

"潤之",當作"益之"。

"小兩",當作"久雨"。　"霂雨",見《月令》"季春淫雨"注,鄭曰"今《月令》曰衆雨"。"衆"蓋"霂"之譌。"淫雨"則不當爲"小雨"。

"已上",鉉作"已往"。

"方語"上當有"北"字,見《集韻》。

"霑也",鉉作"濡也"。

"及霤",今《左傳》作"及溜"。

"屋也"上當補"尸"字。

"昧",《爾雅》作"晦"。

"風雨土也",按《詩傳》及鍇説,"風"字當衍。

"墊陒",今《左傳》作"墊隘"。

"夏祭"下疑當有"用盛"二字。

"以皇舞","以",當作"教"。 "象羽舞","象",《周禮注》作"蒙"。

"而聲",段云:"'聲'字衍。'而',難辭。會意也。" "事之下","下",《左》作"賊"。

文四十六"霖"、"霽"二篆音仍鉉,而"切"作"反"。

"云聲","聲"字衍。

"惰省"下當有"聲"字。

"鰖",當作"隓"。

"讀若而","而"疑"肉"之譌,上云"而聲",下不得更云"讀若而"。《廣韻》、《五經文字》俱有"人六切"音。

"鮎鰨",《史記》作"鱸鰨",《文選》作"魼鰨"。 "去魚",音與鉉同。按:當作"託合反",《文選》音"(搨)〔榻〕"可證。此後人誤依鉉改也。

"注鮅鱒",當作"'鮅鱒'注"。

"鯍也",當作"鮪也",見《吳都賦》"筌鮰鰽"李注。 "《周禮》謂之鮰"。按:《周禮》無"鮰"字。《漢書·司馬相如傳》"鮰鰽漸離"注"周洛曰'鮪',蜀曰'鮰鰽'",當即此八字之譌脱。

"叔鮪",《爾雅》作"鮛鮪",又見"鮥"注。

按:當作"[篆]"。 "系聲",當作"[篆]省聲"。蓋魚之細而長者。《離騷經》曰"鮌婞直",正合"[篆]省"義。"[篆]",今作"弦",故"鮌"亦或作"鮌"。從"系",蓋隸之譌也。

按:此篆當爲"鱓"重文。《後漢書·楊震傳》、《荀子》、《韓非子》"鱓"皆作"鱣"。"鱣"即"鱓"之脱文也,以其魚而蛇形,故從魚、虫二母。今"鱓"注已爲後人改易,而此篆亦失其次,當正之。

"目赤魚",當作"魚之美者"四字,見《呂覽》。

"一曰鯉",鉉作"一名鯉"。

"鰬也",鉉作"魚名"。

"鰋鰷",今《文選》作"鰋鮋"。

"頭大"上當補"厚而"二字,見陸璣《詩疏》。

"鱏魚",今或作"淫魚"、"游魚"、"潛魚"。

"刺魚也",汪本作"鯻也"。按:《集韻》有"鯻"字,音"郎達切",未知"鯢"即"鯻"否?

"鮀也",當作"鮎也",見《詩傳》。

"鮎也",當作"吹沙也"。鉉本"鮀"次"鮎"上,即鉉所改,移此爲原次。葢"吹沙"譌"鮎"已久,故鍇説已然。"吹沙"小魚與下"魦,出樂浪"大魚異。

注陵躐,今正之。當作"魚也。從魚,單聲。一曰皮可以爲鼓"。"鱓",即今黄鱔也,此爲正義。"一曰"下言古與"鼉"通用也。《大戴記·夏小正》、《史記·太史公自序》、《李斯傳》、《吕覽·古樂篇》可證。此下當補重文"鱓"字。

"潘國",按《漢志》,樂浪郡無潘國,葢謂樂浪爲古番國也。汪本作"番"。"鯜"、"魵"、"鰅"、"魦"、"鱳"篆注皆同。

"九江",鉉作"江東",非是。"一曰溥浮",鉉無此四字。按:"溥浮"亦作"鱄鮬",《本艸》曰"江豚别名"。

"眇小",當作"尟少"。

"捕取",鉉作"捕收"。

"讀若《書》'白不黑'",鉉無此六字。段引《太玄經》"白不黑,不相親也",以爲《逸書》之證。按:"白不黑",疑"才生霸"之譌,即今《書》"哉生魄"也。故《集韻》"鮊"亦音"步化切"。葢上云"白聲",下不當更言"讀若白"。

"褚彦回食而不賣者",當作"王莽食而不睡者",見《漢書·莽傳》。褚淵事未詳,《韻會》亦引莽事。

今《左》作"鯨"。

"《周禮》"上段云有"讀若"二字。"膏鱢",當作"膏臊"。"臊",犬膏也,許不當有異説。

"鮪魚",段云當作"鮨魚"。

"魵也"。按:"魵"亦名"鰕",而"鰕"不止"魵"名也,當作"鰕,魚也,一曰魵也"。

"當互",《爾雅》作"當魱"。"似鯿"下脱"而"字。

"魚骨耑脃",鉉無"魚"字。疑當作"魚也,一曰骨耑脃",故鍇曰"小魚"。《篇》、《韻》皆曰"魚名"。

"撥撥",《詩》作"發發"。《釋文》引《韓詩》作"鱍",疑此篆爲"鱍"之譌。《篇》、《韻》無此字。

"鯕魚"上當有"𩵹"字。

"不變鱻",鉉作"不變魚"。

文一百四"鮈"、"魶"二篆作切音,次立補,當例補次立説。"魼"、"鯇"、"鱹"三篆音仍鉉,而"切"作"反"。

"闕"字鉉本無。

"飛,象形",疑當作"𠀆象肉飛形"。

"霝,古文靈字",按:"霝"見《雨部》,不必引古,鉉無此五字。

段依《九經字樣》改作"(龕)〔龕〕",今聲。

按許説,篆當作"兆","非"爲俗篆,當更正。

依俗義,"相違"上疑有"不"字。

"牢也",《韻會》引作"陛牢謂之獄"五字。

"無飞",當作"無兆"。

《繫傳》二十三

"其名",鉉作"其鳴"。

"帝少昊"上當補"氏"字。

已見《口部》,此爲正次,《口部》後人增也。

按:不注。此"象形"上亦當有"屮"字。

"有夏氏",今《書》無"氏"字。

"之聲",鉉作"從之",在"從至"下。

文六"臻"篆音仍鉉,而"切"作"反"。

"象形"上疑當有"從乙"二字。部承"乙"來,"⺄"即"乙"字也。

"四公子",當作"四公",四人皆僧也。"𠤏闖",《篇海》引作"蜀闖"。

"囟"當作"㐅"。"大抵東方食鹽,廗㔾方食鹽鹵",按《貨殖傳》,當作"人民山東食海鹽,山㔾食鹽鹵"。"《春秋左傳》",當作"《春秋經》",見昭元年。

“鹹也”,當作“鹹𪉟也”,鍇説可證。“𠧪省”下脱“聲”字。“沛人言若虘”,當作“讀若沛鄭縣”,辨見《虍部》“虘”、《邑部》“鄌”下。

“夙沙”,鉉作“宿沙”。“煮海”下《廣韻》有“爲”字。

按:此篆當入《鹵部》,後人或依鉉移置也,故音仍鉉舊。《玉篇》亦入《鹵部》。《廣韻》“水和鹽也”,疑是許説。

文三“鹼”作切音,次立補,當例補次立説。

“非聲”下當依《韻會》補“一曰以木曰扉,以葦曰扇”十字。説與《月令》“乃修闔扇”注合。《爾雅》曰:“闔謂之扉也。”“入於扉中”,當作“抽椼擊扉”。

“聿聲”,“聲”字衍。

“叫帝閽使”,《文選》作“吾令帝閽”。“而望予”下當補“此天門也”四字。

“廟門”,《木部》“槒”下作“朝門”。鍇云“朝門之檐也”,此當相合。爲“廟”爲“朝”,未知孰是。

“門也”,當作“閭也”,見《左傳》、《爾雅音義》。

“城内”,《詩疏》引作“城曲”。“門外壅”,疑當作“城門擁”。

“厥省聲”,鉉作“欮聲”。

“旋”,《左》作“還”。

《虞書》作“闢”,唯《費誓》、《書·序》作“𨳡”。

“而與”,“而”字衍。

鉉有重文“閛”字。

“閡門而與之言”,當作“閡而以夫人言”。此涉“闔”注而譌。

《爾雅》云“所止扉謂之閎”,“閎”葢“閣”之譌。“弋”,《爾雅》作“杙”。

“絃”,段云當作“總”。

“門嚮”,按《爾雅》,當作“門鄉”。《釋宫》“兩階閒謂之鄉”,注“人君南鄉”。

此篆鍇入《木部》,已見前。此後人依鉉增也。

“聲也”,鉉作“登也”。依鉉説,“登”爲是。

“哮”,《詩》作“虓”。

“槖”,當作“囊”。

文五十七“闉”作切音,次立補,當例補次立説。“閈”、“閬”、“闡”、“闔”、“閿”五篆音仍鉉,而“切”作“反”。

重六實核五字。

“主聽也”,“也”,當作“者”。

“秦公子耴”,段云,秦無“耴”,當作“鄭公孫耴”。“耴”,《左》作“輒”。　“晉景公”,當作“晉成公”。

“炯省聲”,“炯”,鉉作“烓”。“耿光説”,鉉作“杜林説”。“經侹”,“經”,疑當作“勁”。

“未止”,當作“懭慌”。

“太子痤”,當作“合左師”。

“生聾也”,鉉無“生”字。按:《晉語》“聾聵不可使聽”,注“生而聾曰聵”;元應書引《國語》賈注“生聾曰聵”,則此當不誤。鉉蓋因與“聳”複而删之也。又按:《方言》“陳楚江淮閒生而聾曰聳,荆揚閒及山東西雙聾者謂之聳”,“聳”篆注或本兼存,今有脱文耳。

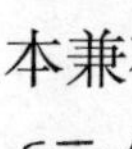鉉無此篆。

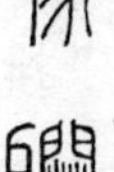“之外”下當有“郊”字。　“盟”當作“明”。　“言缺聵也”,當作“聵之言缺也”。

四篆汪闕,錢鈔本亦無,顧鈔本疑是後人所增,姑存之。蓋四篆并非次立所補也。

文三十三“聑”、“聅”二篆音仍鉉,而“切”作“反”。

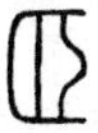“頷也”,當依鉉作“顄也”。

今《詩》作“摻”。

“捎長”,疑當作“削長”。

“繑”,疑當作“矯”。　“升堂”,《韻會》引無此二字。

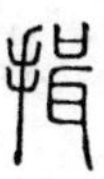“讓”,當作“攘”。

今《詩》作“褰”。

“桒聲”,“聲”字衍。

當作“𢪔,從古文二手也”,古鼎銘皆如此,《汗簡》引亦同。

“七日”,《大傳》作“一暮”,《韓詩》作“七日”,或作“三日”。

“搯,捾也”,鉉無“搯”字。“師乃搯”,見《大傳》,爲《大誓》文。

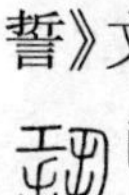已見《丮部》,爲“巩”重文。

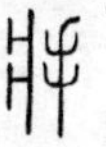“爿聲”下當補“臣鍇曰:當云‘牀省聲’”。

“驒驒”,疑即《詩》“嘽嘽”。

“拏”、“挐”古爲一字,此篆乃鉉所增,非鍇所有,故音仍鉉音,而改“切”爲“反”耳。辨見下“挐”篆。

"一曰劣也"，鉉無此四字，疑當作"讀若劣"。

"刺内"，"内"，鉉作"肉"，非是。

"苟措諸地可矣"，《易》作"苟錯諸地而可矣"。

"一曰從手，貫也"，鉉無此六字。按："從手"二字疑衍，"貫"者，比次有倫理也。

"《史》"下脱"記"字。　"其民"，《史記》作"百姓"。

"引取"，當作"引聚"，見《玉篇》。《詩音義》作"取土"，當合爲"埾"，"埾"亦"聚"也。　今《詩》作"裒"。

"敢不承受君之明德"，《説命》無此語，當作"臣不命其承疇，敢不祇若王之休命"。

"攤"，《廣韻》、《韻會》引皆作"推"。

"一曰掇也"，鉉無此四字。"(二)〔一〕曰循"，"循"，當作"揗"。　"五時"，當作"四時"。

"簡"，鉉作"柬"。

今《詩》作"梴"。

"一曰𥨍也"，鉉無此四字。"𥨍"，疑當作"瀚"。蓋"揃"或與"湔"同意。《急就篇》以"沐浴"、"揃搣"同稱。"揃搣"，祓除也。"揃搣"，《左傳》作"剪滅"，非此義，鍇説非。

"批也"，當作"𢪍也"，方與"𢪍"注"一曰"意合，蓋拊摩之意。

鉉作"抽"，籒省聲。

"帶"下脱"聲"字。　"之蝃"，鉉作"在東"。

鉉無此篆。按：鉉本"捪"次"撫"下，"𢻆"爲"撫"重文，此篆即"𢻆"之譌字。蓋移易次敍或誤連重文也，當删。

"高下"，鉉無"下"字。　"耑聲"下當補"臣鍇曰：此字與耑聲不相近，如'喘'、'遄'之類，(宜)〔皆〕當從瑞省"，見鉉本。説雖未是，而宜還其舊。

今《左》作"貫"。

"痕痒"，"痕"，當作"痏"。

"鑰"，當作"闟"，鉉作"門"。

"擽爭"，鉉無"爭"字。　"挑天"，今《周禮》作"佻天"。

"謂手"下當補"有所"二字。

"盡執抲獻"，鉉無"獻"字，疑《逸書》。段云"即'盡執拘'，《酒誥》文"，未確。

"蹔也"，段改"斬取也"，以《禮器》鄭注"摲猶芟也"。

“擸”，鉉作“拉”。

今《詩》作“遒”。

“抎者七札”，今《愛士篇》作“中之者已六札”。

“痶聲”，鉉作“㾱省聲”。

“牛”上當補“其”字。按《易》，“掣”字或作“觢”，鍇此説未知何據。

今《詩》作“柴”。

“動搈”，今《淮南書》作“動溶”。

“掔掔”，當依《詩》作“几几”。“几”、“掔”同母齤也。“信即”，“即”，當作“則”。“掔”，今《史》或譌“擥”。

《玉篇》作“擧，舉也”，段依改。“舉”下鍇有“一曰輿”，鉉删之，葢因此作“擧”而删也。

今《易》作“拯”。“壯吉”下當補“一曰出溺曰抍”六字，見《文選·七啓》及《頭陀寺碑》注引。

“書而揭之”。按：《職金》曰“楬而璽之”，《泉府》曰“楬而書之”，皆作“楬”，鍇説疑誤。

“取其”，“其”，當作“爲”。

段云當作“[illegible]”，耎聲。

“一曰搤也”，鉉無此四字。

“葵也”，戴侗云，唐本作“度”。《詩》“天子葵之”，借“葵”爲“揆”也。

“担苑臂”，“担”，今《文選》作“揸”；“苑”，當作“范”。

鉉作“[illegible]”。

“拔取也”下鉉有“南楚語”三字。　今《離騷》作“搴”字。

“突音脱”，當作“宊音涹”，此鈔寫之譌。

“推也”，《玉篇》、《韻會》俱作“摧也”。　“煩挼”，《詩箋》作“煩撋”。《音義》云：“煩撋猶挼莏也。”

“别也”，當作“㕞也”，《文選·洞簫賦》注引作“飾也”，“飾”、“㕞”義同。　“繫也”，當作“擊也”。

“一曰踦”，鉉無此三字。

“伎”，鉉作“忮”。按：疑當作“抵”。

“研也”，“研”，當作“䃺”。

鉉無此篆。

今《左》作“批”。

“今此”二字當作“當作此”三字。　“皆作”上當有“今”字。

“韋緍”,當作“韋韜”。鉉作“韜也”,蓋以韋韜物亦曰“搯”也。“今射搯”,當作“今時指搯”。

“圜也”,《韻會》引作“以手圜之也”。

“二指”,按《漢志》注,當作“三指”。“以量”,當作“量多少”。

“擾也”,與上“撓”注“一曰捄”義合。《韻會》作“捊”,疑誤。

“以手及口各舉衣衿之一角也”。按:此説似以“拮”爲“擷”,不合《詩》意,疑是“手病口病,故能免乎大鳥之難”之譌,見《詩傳》。

今《詩》作“溉”。

“水沮”,《篇》、《韻》作“水具”。段云,“沮”即今“渣”字。

“益”,當作“稷”。

“不敬”上鉉有“罰”字。

今《書》亦作“撻”。

“彈”,弦作“撣”,非。

“予有捲勇”,鉉無“予”字。按:《齊語》曰:“於子之鄉有拳勇股肱之力”,則“予”當爲“子”,且脱“之鄉”二字。

鉉作“摰”。

“以戈”,《左》作“以扑”。

“一曰摘也”,鉉無此四字。按:“摘”,疑當作“擿”,“擿,搔也。”

“舍瑟”,錢鈔“瑟”作“琴”。

“讀若告。言不正曰抌”,“抌”,疑當作“誕”。“耽”、“(妧)〔妉〕”從冘,與“誕”同母,故“抌”《唐韻》亦音“默”。

今《國語》作“穑”,《周禮》作“籍”。

“畫也”,戴侗云,唐本作“縣也”。

“把”,段云當作“杷”。

“一曰誣也”,鉉無此四字,下當更有“一曰牽引也”五字。按:上有“挈”篆,鉉所增也,鉉以“牽引”人“挈”下,後人依鉉改鍇,故此本“挈”下有“一曰已也”,義不可解。當删“挈”存“挐”,以復其舊。

“共同”,鉉無“共”字。

“扞掫”,襄廿五年《傳》作“干掫”。

“而游”,當作“而踞”。

“齊人”,今《左》作“齊侯”。

“從手、口，口亦聲”，鉉無“口亦”二字。

“衆意皃”，鉉無“皃”字。“求也”，疑當作“索也”。

“一曰輿也”，鉉無此四字。

“投地也”，按《左傳釋文》，當作“曰掖也”。

文二百六十六“摯”作切音，次立補，當例補次立説。“揖”、“捦”、“拏”、“拓”、“攢”、“摺”、“揹”、“揄”、“拚”、“撥”、“扨”、“攣”、“擠”、“撽”、“捭”、“捽”十六篆音仍鉉，而“切”作“反”。

《繫傳》二十四

“王育説”三字鉉在“象形”下。

“因生以爲姓”，鉉無此五字，而“生亦聲”下有“《春秋傳》曰‘天子因生以賜姓’”。“典氏”上脱“少”字。“大霓”，當作“大電”。“貫月”，當作“貫月”。

“爲姓”，鉉作“爲氏”。

今《書》作“好”。

“或曰讀若近”，鉉無此五字。

“嫋婦”上脱“于”字。

鉉篆作“[illegible]”。“從女甦聲”。按：鍇本既誤，而鉉亦誤，蓋《説文》無“甦”字也。此字宜入《生部》，從生，娩聲。不知何人移置，沿謬與《宀部》“奥”字同。

“娊也”上當有“嫛”字。

“象乳”下鉉有“子也”二字。

“奎威有媪闌縣”，鉉無此六字。“闌”，《漢志》作“圜”。

“夫之女弟”，鉉無“夫之”二字。段氏移此於“娣”篆下，曰“娣，同夫之女弟也”，以合《爾雅》郭注，而以鍇“妹”下引《女誡》爲非。然“女誡”有，然則漢人固有此稱，許氏或沿俗稱耳，不必盡與《爾雅》同也。

“兄之女”，當作“兄弟之女”。段依《爾雅》改“女子謂兄弟之子”。

“女妭”，今《文選》作“女魃”。此引與《廣韻》合。

“故爲上公妻”。按：《天官書》“太白，大臣也，號上公”，甘氏

《星經》亦當以"妻曰女媊"爲句。鍇以"上公妻"連讀,未詳何據。

"所生",當作"而生"。

"娥皇"下鉉有"字"字。

"台侯",鉉作"台國"。

鉉作"從"。

"女號",《篇》、《韻》作"女字"。

"會意"上當補"故從女"三字。

"冉弱",《文選》作"纖弱"。

按鍇本,篆當作"婧",故云"隋省聲"。鉉改"嫷",删"省"字,而云作"婧"非,此篆或依鉉改而注未改也。

"曰秦",當作"蘇秦曰"。

"蜀郡布名",疑當作"南方箭布名絟"。按:蜀郡布名"緍",聲不合。此見《漢書·江都王傳》"荃葛"注,謂"南方箭布,皆謂荃也"。

"或曰不謹也",鉉無此五字。

今《詩》作"孌"。

鉉毛本無此篆,嫌與下複也,不知許書自有此例。

"太子痤",按《左傳》,當作"公子佐",此許肊記之譌。

"弱聲",鉉無"聲"字。

"鋭",鉉作"兑"。

"罵",鉉作"嬰",按《廣韻》、《韻會》,當作"嫈"。

"嬛嬛在疚",《周頌》如此,《左傳》作"煢煢余在疚"。　"嬛材"。按:今《南都賦》作"儇才齊敏"。

"閑體","閑"當作"閒",凡三見。宋人多"閑"、"閒"不分也。《神女賦》注引《説文》:"姽,靖好皃。"

"姽也",鉉作"妮也",段云當作"婐妮"。按:鉉本次"妮"上,故段從"妮",此次"姽"下,疑當本如此,不與鉉同也。　"一曰果敢也",鉉無此五字。　"二女婐","婐",今《孟子》作"果"。

"女婧",當作"妾婧",《列女傳》云"管仲妾"。

"好女也",鉉無"女"字。

"面醜",段用《爾雅》"靦,姡也"訓,改"醜"爲"靦"。

"細要",鉉無"要"字。按:《方言》:"嫢、笙、揫、摻,細也。秦晉閒凡細有容謂之嫢。"則"要"字當作“而有容”三字。

“不谿”，鉉毛本作“不德”，非是。

“鄭有公子嬰”。按：子罕名喜，疑或本作“嬰”。

“不孎”，鉉無“不”字。段云，當作“讀若人不孫爲倨”。同母相䶮也。

“故從”下當有“女”字。“《左傳》曰‘如其言此’”，當作“注曰‘如，從此適彼也’”。

“莊皃”，鉉作“莊敬皃”。

段云當作“𡤝”，執聲。“《周書》，”當作“《商書》”。“不嫢”，今《書》作“不摯”。“讀若執同”，“執”，鉉作“摯”，段云當作“𢾊”。“雉（嫢）〔嫢〕”，“嫢”，今《書》作“贄”。

“伏意”，《集韻》作“服意”。

“晏省聲”三字鉉作“日”。“以晏父母”，今《詩》無此語。段云，疑即《葛覃》詩末句古本。

“保嫜”，漢律作“保辜”。

“一曰小妻也”，鉉無此五字。

“鈞”，疑當作“均”。“讀若旬”，疑當作“讀若《周禮》公旬”。

“姕姕”，疑即《詩》“傲傲”，段以爲“傞傞”。

“跂行”，當作“蚑行”。

“頸飾也”。按：《文選》陸機《赴洛》詩注引《說文》曰“繞也”，當是許舊本。“其連”，當作“連貝”。

“冎聲”，鉉作“叡省聲”。

“援助”，當作“引助”。鉉采羼入許書，故此誤也。

“讀若胞”，鉉無此三字。“梅目”，鉉無此二字。按：《玉藻》“視容瞿瞿梅梅”，注“不審視也，梅猶昧，故字從冒”。段云“梅當作怒，或作眏侮”，未確，葢不必與“妬媢”同說也。

注謁舛，當作“巧笑也。從女，芺聲。一曰女子好皃。讀若詩曰‘桃之枖枖’”。“桃夭”作“枖”，已見《木部》。鍇說“少而速壯”，即借“枖”說“媄”，可以知“女好”之非“女笑”矣。

“仁聲”，鉉作“信省”。

“相妨”下當有“害”字。

“趙孟媮甚矣”。按：襄卅一年《傳》“穆叔曰：‘吾語諸趙孟之偷也，而又甚焉’”，作“偷”。唯卅年

《傳》"其庸可婾乎",作此"婾"字。

"一曰見親",鉉無此四字。按此說,爲"嬖幸"字。

"碩大且嬒",《御覽》引《韓詩》正作此字,鍇說未是。

"娃宫,深意也",當作"館娃,深藏意也"。

"不媚"下疑當有"也"字。"無姿製也",當作"不自制也"。

"婕婕",疑當爲"娟娟","娟"、"婕",合聲也。

"恣也"二字衍文,鉉無此二字。

"如雉姿也",鉉作"姿雉,姿也"。段云當作"恣也",謂"姿雉"即"恣睢"也。

鉉作"[illegible]"。

"深"疑"探"之譌,如"撢"之可爲"撢"也。

"譚",鉉作"潭"。

"臥食",鉉作"臥也",段云當作"饕也",見《臥部》。

"一曰:婁務,愚也","婁務",當作"務婁","愚"字衍,鉉本無。"毋一作"三字衍。"皆無也","皆"字衍。"務婁愚,故從女",當作"故從女,務婁猶嗀瞀,愚也"。

鉉無此篆。

鉉作"[illegible]",夾聲,當從鉉。

"少而死者",當作"傷死者"。"嬈擾,撓人",當作"煩嬈,(祟)〔祟〕人",見高注。

"一曰女臭也",鉉無此五字。按:"臭",疑當作"醜"。《黑部》"黴"注云:"黴姍,下色。""下色"即"醜"意也。"姍"爲"女醜",故"姍笑"亦爲"醜詆"。"姍翼僊也",疑當作"衣僊姍也",見《上林賦》。

鉉作"[illegible]"。

"古帝妃",鉉無此三字。

"煩役",鉉作"煩擾"。

"《詩》曰'蔚兮嬒兮'",當作"讀若《詩》曰'薈兮蔚兮'"。《艸部》"薈"下已見。

今《論語》作"濫"。

"齊人",當作"齊民",此避唐諱改也。

"污見",鉉無"見"字。

"女出病也",疑當作"女之病也"。又按:疑是"女言黠也"之譌,見《方言》。

文二百五十八"五"當作"三"。"娶"作切音,次立補,當例補次立說。"姽"、"媧"、"嬿"、"姶"、"媘"、"媟"、"娋"、"嫚"、"婜"、"妏"十篆音仍鉉,而"切"作"反"。

"奸之者"下疑有脱文,用《禮記音義》説,擬補"一以禁之也"五字。

"罵淫"上鉉有"世"字。

"衆氓",鉉本作"衆萌"。 "象形",鉉無"形"字。

鉉作"乂"。

"撟",當作"矯"。

"抴也,明也",疑當作"側抴也"。

"著形",當作"著物形"。段改"者形"。

"反厂,音曳","反"字衍。

"名山",鉉作"山名",非是。"之堆",鉉無"堆"字,非是。"氏隤",今《漢書》、《文選》俱作"坻隤"。

"木末",當依鉉作"木本"。"而大於末",鉉無"而"字,段云當作"下本大於末"。

"本也",鉉無此二字。

"觸也",《玉篇》云"手拔物也"。

"家本無注"四字鉉作闕。

"擊也"二字,後人依鉉引《切韻》增,當删。 "當言始"上當補"或云擊也"四字。

當作"尗"。 "𠇯,古文甲字",鉉無此五字。"𠇯",當作"(巾)〔个〕",辨見《日部》"早"下。

"軌聲",鉉無"聲"字,段云當作"榦省"。 "赤",鉉作"尺",古通用。

"棘",段云當作"孑"。

"戥氏國","戥",今作"㦸";"氏",當作"民"。

今《書》作"戡"。 "堪,殺也"。按:《釋詁》云:"堪,勝也。"又云"戡、殺,克也。"錯當從"克"訓。"堪",當作"戡"。

"鄫子"下當補"'刈'非聲,當云'炑省聲',見'炑'注"。

"戩商",《詩》作"翦商"。作"戩"與《傳》意不合,疑是"俾爾戩穀"之譌。

"田器。古文"下當有"以爲銛字"四字,故《廣韻》亦訓"㦰"爲"鋭"。《金部》云"銛,臿屬",或云當作"古田器",與《由部》"疀"注同。

鉉本"闕"下有"從戈,從音"四字,而無"職從此"以下十四字。

按:《虞氏易》"合簪"作"合戠",又《尚書》"赤埴"作"赤戠",則此字有數聲。

"賊也",按鍇說,當作"殘也"。 "戔戔,巧言"下當補"也"字。按:今《秦誓》作"截截,善諞言",《公羊傳》引作"諓諓,善竫言",賈逵注:"諓諓,巧言也。"則此"戔戔"爲引《書》,而"巧言"爲注。

文二十六"𢦏"篆音仍鉉,而"切"作"反。

"右把白旄",鉉作"右秉白髦"。 "音劌"下當補"非斧戉字,今誤借也"八字。

"我,頃頓也",按鍇說,"頓"字疑衍。《人部》"我,頃也",正與此合。

惠氏棟云,今《墨子》無此字。 "今屬"上當補"臣鍇按"三字,鉉誤入許書。

"讀若窶",鉉作"讀若捕鳥罬"。

"弜樂",按鍇說,則此本當作"弘樂弜"。葢鉉所正,後人既依鉉改鍇,下注遂不可解。 "黄帝",當作"太帝",注謂"伏羲也",《漢書》作"黄帝"。 "黄帝悲","黄"字衍。

鉉作"㮚"。

"止也,一曰亾也",當作"止亾也"三字,鍇說可證。

"通於无者","无",鉉宋本作"元"。按鍇說,宜從"元"。 "虛無,道也",鉉無此四字。 "王育",當作"王述",鍇說可證。宋刻《易釋文》亦作"王述","育"葢鉉所正。"王育"有《史篇注》。 "无謂萬物之始","无謂",當作"元爲"。 "象帝之先","象",當作"爲"。 "通於无",當作"通於元"。

"俠藏",疑當作"挾藏",段云當作"夾"。 "猶立也",疑當作"猶待也"。

"神皋隩區",《文選》作"奧區神皋"。

"羊騶箠"下疑當有"鋻"字,葢讀"匿"如"鋻"也,見《金部》。

"側逃",《玉篇》作"側𠥢"。 "丙聲"。按:鉉曰"丙非聲,當從丙,會意",而鍇無說。疑鍇篆本作"𠥮",内聲。

"八牒",鉉作"八揲"。段云:"揲,閱持也,猶更迭以人兩臂度之也。"

今《齊語》作"翳"。

"作器"上當依鉉補"以"字。

"械藏",鉉無"械"字。

"盝",鉉作"淥"。

"甌甂",鉉無"甂"字。

《玉篇》作"匛",而以"柩"爲或體。

文十九"匱"篆音仍鉉,而"切"作"反"。

鉉下有重文"乚"。

按:鉉本、汪本俱作"䦛"。影鈔作此,則從匚不從凵矣,疑誤。

"斛謂之鏟","斛"當依《爾雅》作"斛"。按:許書《斗部》所引與此同,鍇説葢謂"斛"、"斛"異文也。

"盛種",鉉作"盛糧"。

"竹器",鉉作"竹筥"。

"甀",鉉作"罋"。

"抋破之抋",鉉作"抵破之抵",當作"放乎此之放",見《考工記注》。前鄭讀"甫始之甫",許當同後鄭。"抋"、"(瓬)〔抵〕"二字,字書無考。 "摶,團也"。按:鄭注云"摶之言拍也",字當爲"摶",《釋文》引"李音團",未是。 "瓬也"今《周禮》譌文如此,當依此作"瓬"。

"一曰穿也",當作"一曰甑一穿也"。《釋名·釋山》曰:"甗,甑也,甑一孔者甗。"按:甑七穿,甗爲無底甑,故云一穿也。

"千瓵",今《貨殖傳》作"千合",注:"或作'台',當作'瓵'。"

"翁",鉉作"洪"。

"而卑"下鉉有"用食"二字。

"瓴甋",鉉作"瓴甓",非是。

"玄碝"。按:《北山經·京山》、《中山經·華陽山》皆作"玄礵"。舊本或作"碝也",唯《西山經·錢來山》"洗石"郭注有"可以碝體"。《江賦》"奔溜之所碝錯",義亦與此合。

"蹈瓦甄也","甄",鉉作"聲"。段云,當作"蹈瓦聲甄甄也"。

"治橐輪","輪",鉉作"榦",段以《廣韻》訓"排囊柄"改"治橐榦"。

"敗瓦",鉉無"瓦"字。按:《玉篇》"瓪,牝瓦也"。

文二十五"甑"、"甈"、"甀"三篆音仍鉉,而"切"作"反"。

"甚質",今《周禮》作"椹質"。

"干矦",《周禮》作"豻矦"。

"綵纏飾",當作"絲纏束"。

"右執",當作"左執"。

"弛强",當作"弛弜"。

"(上)〔丨〕聲",鉉無"聲"字。

“人有”，當作“有人”。

“弩待䠶”，當作“張弩所以待䠶”。　“而爲亂”以下至“不一也”爲“𢏚”注錯簡，當移置“𢏚”下。

“夫𢏚”，“夫”字衍，鉉本無。“𢏚”今作“羿”。

“打丸”，鉉作“持丸”。按：《汗簡》有“𢎗”字，爲“彈”古文，云出《説文》，疑即功甫用鉉説所造字也，《集韻》從之，《韻會》則引《集韻》不云《説文》。段改“㢸”作“𢎗”，未是。

今《論語》作“羿”。　“善䠶”下當補“臣鍇按：堯時有𢏚，以善䠶彈日；夏時有𢏚，恃䠶而爲亂”。又《山海經》曰“非仁𢏚不能上”，則與篡夏之𢏚别。蓋“𢏚”爲主䠶之官，居此官者不一也。

文二十七“發”、“彏”二篆作切音，次立補，當例補次立説。

“闕”，鉉無此字。

“臣鍇曰丙”四字衍。

“重也”，當作“戾也”，見《方言》及《淮南子注》。“戾”者，弥急亙之也。

“盭，引戾之也”，鉉無此五字。

“繫也”，段云當作“縣也”，“系”與“縣”爲轉注。“繫，惡絮也”，非此義。

“從子”下當補“系”字。

“從隨”，鉉作“隨從”。

二十五卷此卷舊缺，用鉉校定本補。

“荋省”。按：當作“芇聲”。《𦫳部》“芇”讀若宀，鍇云“繭從此”，可證。

“生絲”下《韻會》有“繒”字。

“綀”，段云當作“湅”。

“織也”，《御覽》引作“織從絲也”。蓋從爲經，衡爲緯也。

《韻會》引有“一曰畫也”四字，當補入“貴聲”下。

“絲别”，《詩正義》引作“别絲”。

“𤘽”，當作“𤖼”，見《角部》。

"内聲"下《韻會》引有"一曰入也"。

"網絲",段云當作"紡絲"。

《韻會》引有"或作'㡭',反'𢇇'爲'㡭'",應是"繼"字重文,則"繼"篆當作"𢇍",從糸、𢇇,會意。葢鍇分鉉并,段氏從《韻會》補正。

按注當作"䋑",《玉篇》作"絮",則當從"邵"作"䋑"。

"絲勞",《玉篇》作"絲縈"。

今《書》作"貌"。

"參縒"下當依《韻會》補"絲亂皃"三字,見《四支》"差"注。

"冤",當依《玉篇》作"冤","冤,煩曲也。"

今《墨子》作"緘"。

"絿絲",段疑"絿絲"之譌。按:"絿"不誤。"絿,急也",引伸爲極盡之義。

"讀若捷",宋刊"捷"作"㨗",非是。

"白鮮色","色",王氏念孫《廣雅疏證》引作"巵",説本《衆經音義》引《纂文》"白鮮支,絹也,一名縞",段從之。按:"巵"即《木部》"(桅)〔梔〕"字,所以染黄絹,如麥稍,色當在黄白之間。而此"縳"字即《周禮》"展衣"之"展",與"縞"皆爲白色。何以兼"巵"爲言?姑存疑可也。

"鮮色",段改"鮮巵"。按:當作"白鮮支"。

"擻",疑當作"緻"。《莊子》"肯綮"爲筋肉密緻處,此引伸也。"攴聲",當作"啓省聲"。

"白文",《韻會》引作"帛文"。今《詩》作"萋"。

"惡也","也"字衍。"絹"當作"䌟"。

"縉緣",《禮經》無"縉"字。段云,《玉藻》"錦緣",疑古爲"縉緣"。按:"縉"有"箭"音,疑是《儀禮·喪服》"繱緣"之古文,故許不入"繱"注。

"揚赤色","揚"當作"陽"。《詩》曰"我朱孔陽",此意也。

此鉉本也。按鍇《巛部》"𢀖"注,篆當作"䌯",𢀖聲。

鉉補十九文之一。

"繒色",宋刊作"紺色",是。"深繒",疑當作"深紺"。"讀若桌","桌",疑當作"㓷",故或用爲纏縺意。

"讀若讒","讒",疑當作"才",故可借爲始初意。

"剡聲",當作"葪省聲"。"如綱",當作"如葪",今《詩》作

"菼","菼"、"[艹剡]"古今字。此引《詩》釋"從[艹剡]省"之義。"[艹剡]",一名"騅",皆蒼白色名。

"艾艸",宋刊本作"戾艸",此或依《韻會》改也。按:"戾",當作"莀",見《艸部》,注云"可以染留黄"。

"素衣",《詩》作"絲衣"。

"白鮮衣皃"四字涉上而誤,當作"衣采色鮮也",見《玉篇》。"謂衣采色鮮也"六字當删。

"繻有衣",證以"絮"篆注,當作"需有衣絮"。此後人誤以今《易》改也。"讀若"無正字,或云"讀若"二字衍。按:許説非《易》義,《卜氏易》"繻"或爲"襦",許用《孟〔氏〕易》也。

"麗聲"下《韻會》引有"謂以緇帛韜髮"六字。按:此當是鍇説,故鉉本無之,當依補。

"冠卷"下《玉篇》有"維"字。"冠卷"即《玉藻》"縞冠玄武"之"武"也。"紘"屬於"武",所以"維冠"。

"冕冠"下當補"縣"字。《國語》韋注:"紞,所以縣瑱當耳者。""今俗别作髡"。按:"髡"爲"髻"之異體,與"紞"無涉,鉉説非是。

"系冠纓",當作"冠纓(糸)〔系〕"。蓋維者爲"纓",垂者爲"緌"也。

"冕纓",《文選》注作"冠纓"。段云:"冕用紘,冠用纓。"

"綬紫青也","也",當作"色"。

"青絲"上《文選注》引有"糾"字。

"系綬","系",按《篇》、《韻》當作"絲"。

"緩也",《玉篇》作"綬也"。

此篆宋刊本次"繬"、"緊"之間,不知何以移置於此。

"扁緒",段云當作"偏諸",引《賈誼傳》注爲證。

"或讀若維","維",段疑"絓"之譌。

"維紘繩也",《棫樸》詩疏作"網紘也"。

"绛綫","绛"字衍。此或因《詩》"朱綅"而補也。

此篆不詳其義,段用《篇》、《韻》"堅"訓,補"衣堅也"三字。"絬衣",今《論語》作"褻裘"。古今異説,不知出自誰氏,今不可考矣。

"赤黑",當依《周禮·巾車》注作"青黑"。

"之游"下段補"所屬"二字。《巾車》注"正幅爲縿",則"縿"、"游"非一物也。

"扁緒",説見前"縏"篆。

"繟繩"，"繟"，段作"單"，依《御覽》所引《通俗文》"合繩曰糾，單展曰紉"之説。

"朱縈"，宋刊本作"未縈"。毛初刻作"朱"，蓋誤以"綪"、"絳"爲同義也。"未"義爲是。

"𢍏"，《韻會》作"卷"。

"每聲"，段云"聲"字衍。

"蠻夷卒有頯"，當作"蠻夷卒有罪頯之"。此引漢令，當與"殊"注同也。

"矤"，疑當作"朕"。

"系也"，按《左傳》服注"犬韁曰紲"，則當作"犬系也"。

"從系"上當補"繫矰矢以隿射"六字，見《文選·文賦》注。

"釣魚繁"，"繁"，錢鈔作"系"。

"絮一笘也"，段改"笘"爲"箈"，謂"箈，潎絮簀，造紙之器"。按：當作"絮，笘也。笘，所以寫書器，竹爲之。紙則以絮爲之，故曰絮笘"。

"需有衣絮"，今《易》"需"作"繻"，"絮"作"袽"。

"繫䋻"，疑當作"縴䋻"。《廣韻·先、齊韻》"縴"、"䋻"兩見，皆曰"惡絮"。或以許書無"縴"而改也。"䋻"注同。

"績所"下《廣韻》有"未"字。

"細也"，"也"，當作"者"。

"蹴"，當作"蹙"，見《偕老》詩箋。

"龘者爲紵"，按《周禮·典枲》注，當作"白而細疏者爲紵"。此蓋後人誤以"疏"爲"粗"而删易也。

"從宁"，"從"字衍。

"十五升布也"，當作"十五升布抽其半者"，見《典枲》注，與《雜記》、《儀禮》皆同，此有脱文也。

"從糸省"，當作"從思省"。

"緰貲"，《急就篇》作"緰[illegible]"。

"服衣"上當有"喪"字。

"喪首戴也"，疑當作"喪服首戴者"。

"履也"上當有"麻"字，見《方言》。"阡陌之陌"，當作"仟佰之佰"。

"繆也"上當有"綢"字。

"亂系"，疑"亂索"之譌。

"經也"，當作"絞也"，與"絞"轉注。

"車中把"，"把"，《篇》、《韻》俱作"靶"。

"互聲",《韻會》引作"從互,象形"四字。

鉉補十九文之一。

"素屬",疑當作"索屬",字亦作"繂"。"繂","索"之大者。《采菽》詩傳:"綍,繂也。"篇首"□"字無考,"素屬"亦疑"索屬"之譌。

"從系",疑"以絲"之譌。

"或行"下《爾雅音義》引有"或飛"二字。

"可食"上疑有"膽"字。

"側行",按《考工記注》,當作"卻行"。

"虒以注鳴",按:《考工記注》以爲"精列屬",與許異說。　"虒蜥",今《詩》作"虒蜴"。

"以注鳴者",按《考工記注》,當作"以胷鳴者"。

"蜀都布名",此與《女部》"嫼"篆注同,疑亦當同"荎"音。

"穀葉",按《爾雅》,當作"穀心"。

段云當作"蟘",貣聲。"貣,從人求物也。"　今《詩》作"螣"。

《爾雅音義》引有"讀若笥"三字,當補"𢦏聲"下。

"葵",當依《爾雅音義》引作"桑"。　今《詩》作"蠋"。

"從虫、目,益聲,𠃌,象形",段改"從虫、罒,象形,益聲。"　今《月令》作"螢"。

"復蜪",《爾雅》作"蝮蜪"。

"丁",《爾雅》作"朾"。

鉉以此爲重出字,非也。按:許書"蛾"與"蠪"、"螘"相次,則"蛾"爲"蟻"甚明。古書以"蛾"爲"蟻"見《禮記》、《史記》諸書。陸氏《爾雅音義》"螘"字下亦引《說文》"蟻羅也"。則知郭異許說,而初非《爾雅》以"蛾羅"爲"蠶蛾"也。"我"與"義"古雙聲通用,故《尚書》"義民"爲"俄民"。

"蚚父",《爾雅音義》引作"斫父",葢以釋郭注"有斧"之義。盧氏刻改"蚚父",義未是。

"蟜蟥"。按:《考工記注》"翼鳴發,皇屬",其字同聲異形。

"强芈",《爾雅》作"强蛘",《音義》云"《說文》本作'羊'",則此疑後人所改。葢郭謂"建平人呼蛘子,音同楚芈姓",則其正音當爲"羊"明矣。

"墨",《爾雅》作"蠌"。

宋刊本此篆在"(螽)〔蠡〕"下"强"上,不知何以移置於此。

"天社",《廣韻》作"天柱"。

《詩》作"蜾"，《爾雅》作"果"。"螟蠕"，《詩》、《爾雅》俱作"螟蛉"。

俗作"蟊"。按："盤蝥"，《本艸》作"斑猫"，不作"蟊"。蓋"蝥"有二音，"盤蝥"爲正，"食根蟲"爲借，亦非重出，鉉説非是。

"鼠婦"，《爾雅》作"鼠負"。

"蛜"，當作"蚒"，《詩》作"伊"。

"從虫"上當補"揚雄説'春黍也'"六字，見《螽斯》詩《音義》。

"蟲也"，按《方言》，當作"螽也"。此亦蝗屬，即今俗語"蚱蜢"之"蚱"。

"螇鹿"，"鹿"，《爾雅》作"螰"。

"蚒蚑"，《方言》作"蛥蚑"。

"蚒蚑"下當有"也"字，謂"蛃"即"蚒蚑"也。按："蛃"，當即《爾雅》之"蝒"，所謂"馬蜩"也。上文"蝒"疑即此重文，或後人誤分而失其次。

"蠛"，當作"蔑"，猶言細也。

"商何"，"商"，《爾雅》作"(螪)〔螪〕"，《音義》引《字林》作"螪"。

"行也"下《文選·琴賦》引有"凡生之類，行皆曰蚑"八字。

"螽醜螸"，《爾雅》作"螽醜奮，蠭醜螸"，《音義》"'蠭'，施本作'螽'"，與此合。

《爾雅》作"扇"。

"稅省"，疑當作"捝省"。"捝，解捝也"，兼形聲。

"搔蛘"，段云當作"騷蛘"。"蛘"擾人，故云"騷"。

"人食食"三字，(按)當作"飤飤"二字。

"龍之屬也"，《韻會》引作"龍屬，無角曰蛟"。"率魚"下《韻會》有"而"字。

"有角"，《韻會》引作"無角"，《甘泉賦》注亦作"無角"。

"能興風雨"，當作"能興雲致雨"，見《甘泉賦》注。

"雉入海化爲蜃"，《韻會》引作"大蛤雉入海所化"。按："海"，當依《夏小正》作"淮"，《月令》"大水"，鄭亦曰"淮也"。

"千歲化爲盒"，按《爾雅釋文》，當作"盒厲千歲雀所化"。又云《爾雅釋文》作"海盒二子"。如陸氏所引，則三者方備。

"陛"，《爾雅》作"(蠬)〔蜌〕"。

"蝸蠃也"，《韻會》引無"蝸"字。

“蜎也”,《韻會》引作“井中蟲也”。按:當作“蜎蜎,井中蟲也”。此有脱文耳。

“以脰鳴”,《考工記注》:“脰鳴,鼃黽屬。”“蜩鼃”蓋鼃黽屬也。

“胃鳴”。按:《考工記釋文》“胷鳴”,賈、馬作“胃鳴”,賈云“靈蠵也”。許用賈説,從其師學。

“螹離”,“螹”,《漢書·司馬相如傳》作“漸”。

“短狐”,“狐”,諸經史注或作“弧”或作“狐”,無定字。以名射工名水弩言之,當以“弧”爲正。

“蚼犬”,《山海經》作“蜪犬”,郭注云“或作‘蚼’”。

“蛩蛩巨虚”,《爾雅》作“邛邛岠虚”。

“似蟲”,當作“似虫”。

今《詩》作“蝃”。

“任絲也”,毛本作“吐絲蟲”。按:當作“任絲蟲”,言此蟲以絲爲事也。

“叉,古爪字”四字當删。許書“爪,丮也”,自爲部,“叉”爲手足甲,入《又部》,截然二字。

“齧人”,當作“齧牛”,《史記》曰“搏牛之䖟”。

按《豕部》注,則此篆當作“𧕺”,彖聲。

《周書》蓋《大誥》文,許檃栝其辭也。今作“蠢”。

“艸根”,按《爾雅》,當作“苗根”。“象其形”,《韻會》引作“𠂹,象形”。

“負蠜”,按《爾雅注》,當作“負盤”。又按:《春秋》有“蜚”,劉歆《五行志》以爲“負蠜”。然一“蠹”字,可爲“臭蟲”名,亦可爲“負蠜”名,不得謂“臭蟲”即“負蠜”也。段云當作“臭蟲也,一曰負蠜也”,則兼存二説,亦通。

“臬桀”,當作“臬磔”,見《封禪書》注。“物之用也”上段云當有“蠱”字。

“朔風”,宋刊本譌作“翔風”,《文選·風賦》注引作“風聲”,疑當作“朔,風聲也”。

“讀若㓹”,“㓹”,當作“烈”。

“天子巨鼊”四字,按《漢書·食貨志》,當作“天子元龜岠鼊”六字。蓋所謂長尺二寸者,從背兩邊甲緣相岠度之也。

“凡黽之屬皆從黽”七字,當移置“與它頭同”下。“臣鉉等曰”下當有“臼”字。

“蝦蟇也”,“也”,《韻會》引作“屬”,見佳韻。

“䵶鼅”,今《詩》作“戚施”。

"長大"。按:《御覽》引作"長丈所","所"猶"許"也。《魚部》"鱓"下有"皮可爲鼓"四字,此當兼存于"從黽"上。

"鼅鼄"下當補"鼄(字),一名鼅鼄,一名鼄蝥也"。

"揚雄"下當依宋刊本補"説"字。

"篆文",當作"古文"。

段氏此篆後補重文"丱"。《五經文字》云:"'丱',《説文》以爲古'卵'字也。"

《繫傳》二十六

"上下一心",鉉無"一"字。

"古文回",當作"回,古文回"。"宣字從"下脱"此"字。

"最",段改"冣",非是。"最","撮"之省文也。"埀及字也","字",當作"之"。

"地之下","下",《韻會》引作"上"。

"兼垓",當作"兼晐","晐"、"垓"疊韻爲訓也。"天子居九垓之田",《鄭語》曰"王者居九畡之田",《楚語》曰"天子之田九畡"。此引疑肊記之譌。

"四方上下可居者",《韻會》引作"四方土可居也",《文選·西都賦》注引作"四方之土可定居者也",依《文選注》爲是。"四墺",今《尚書》作"四隩"。

今《書》作"嵎"。"暘谷",鉉作"陽谷",《山部》"崵"注引《書》作"崵谷"。"立春之","之",當依鉉作"日"。

"奮於商郊",《泰誓》文無"奮"字。

"平聲",當作"平亦聲"。

"勻聲",當作"勻亦聲"。

"剛土"上《韻會》引有"黑"字。

今《周禮》作"騂"。"觲省聲",按《疑義》鍇説,當作"騂省聲",此或依鉉改也。

"摩土",鉉作"壓土"。説不同,次亦異。

"讀若速","速",鉉作"逐"。

"坴梁地",鉉無"地"字。"史

奉",當作"《史記》"。　"伐南越"三字衍。　"奎梁",《史》作"陸梁",注:"嶺南人多處山陸,性强梁也。"

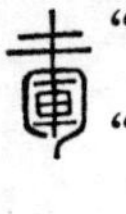"土也",當作"土凷也"。古"凷"、"𡎸"或通用。　"大𡎸里",《漢書·王子矦表》注作"士軍里"。

"野人枕之",當作"涓人疇枕王"。

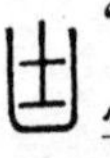"凵屈"二字當作"凵土爲凷"四字。鉉譌更甚。

"稻田畦也",《韻會》引作"稻中畦埒也"。按:當作"稻田中畦埒也"。

"一曰臿土",《廣韻》作"一臿土"。　"載坺",今《詩》作"載旆"。　"今《詩》作'伐'字"。按:今《詩》"武王載旆",《荀子》及王伯厚《詩考》引《韓詩外傳》,"旆"俱作"發"。"發"猶起也,"坺"爲發土,故相通借。"旆"爲毛傳之異説,不聞有作"伐"者,此有脱文也。當作"今《詩》作'旆'字,《周禮》作'伐'字"。蓋"坺"即俗之"垡"字,《周禮》"一耦之伐","伐"爲發土即"坺"字也。

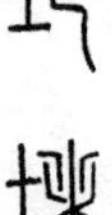今《詩》作"仡"。

"一版五赤","赤"同"尺"。按:《毛詩傳》以一丈爲版,與古《周禮》、古《春秋》説同。《韓詩》以八尺爲版,與《戴禮》、何休《公羊注》説同。鄭《詩箋》以六尺爲版。説各不同,而鍇云"五尺",未知何據。

"撩以周垣",今《文選》作"繚以周墻"。

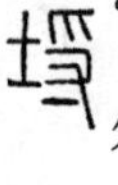"馬埒"上當有"金"字。　"於外",當作"編錢"。

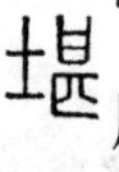"地突",疑當作"地宊","宊"厚,故能載物。　"地穴出也",當作"地窋也"。"窋",滾穴也。

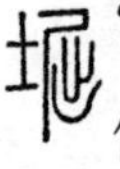"突",疑當作"宊"。穿地爲穴,使宊也。　"屈聲",鉉作"屈省聲"。按:部末有"堀"篆,當與此相合。"堀"當爲正篆,"堀"當爲堀之或體,鍇本舊當如是,後人或依鉉本離之也,故"屈聲"尚仍其舊。考《韻會》已分引,知沿譌已久。　"《詩傳》"當作"《詩箋》"。　"蜉蝣之堀地(德)〔使〕開閲之也",當作"蜉蝣初生掘地,解閲而出也"。

"臺",當作"京"。

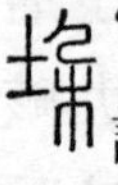"堂塾也",按《爾雅》"門側之堂謂之塾",則"堂"上當有"門"字。　"堂前兩階耑",當作"正室兩門旁"。

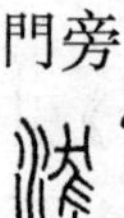"從土,瀧聲",當作"從土、水,尨聲"。此篆以《土部》爲正,宜删《水部》之複。

鉉本作"𡐝"。

“白善土”,“善”,疑當作“色”。

“瓴適”,《瓦部》“甓”下作“瓴甋”。 “不燒”二字當依《韻會》引作“未燒瓴也”。

“棄”字衍,蓋是複出“坴”之譌文耳。

“棄”,當作“(叀)〔叀〕”。

“此與坐同意”,鉉無此五字。

“從土”下當補“土”字。 “所止”下鉉有“此與畱同意”五字。

“著也”,《韻會》引作“著止也”。

“次坒”,鉉作“次比”。 “貞子”,當作“聲子”。“聲子”,褚師比也,北宫貞子名喜,此蓋肊記之譌。 “鄰比,若今人言毗田也”,義不可曉,疑當作“今人言比鄰,田舍相比次也”。

“灰丸”,鉉無“丸”字。

“撲”,當作“模”。

此篆已見部首,爲今城郭之“郭”,此又爲“墉”,疑是“𩫖”渺文。

“小渚”,按《爾雅》,當作“小沚”。

“水乾”,《篇》、《韻》皆作“土乾”。

“地也”上《集韻》有“茨”字。

“一曰”,鉉無此二字。

“山川”下鉉有“也”字。“培(𣪊)〔敦〕”,今《左》作“陪敦”。

“屏淨”,“淨”疑“埩”之譌。

“地垠”下《文選·七發》注引有“堮”字。

“《周禮》”下當有“疏”字。

“恃也”,《廣韻》作“恃土地也”。

“畾聲”,當作“靁省聲”,《説文》無“畾”字。

今《書》作“陻”。 “《書》曰”上當有“商”字,以《洪範》爲《商書》,見《卣部》“𡠜”下。

“不通”,當作“不平”。

“䮚”,今《詩》作“副”。

“涉氛霧兮如壂”。《九歎》“涉”作“愈”,“兮”作“其”。

“澤㵫”,“澤”,當作“滓”。

“天陰塵”,當作“風雨塵”,與《雨部》“霾”同義。 今《詩》作“曀”。

“再成”,《爾雅》作“一成”,《水經注》引許慎、吕忱同,則此當作

“一成”也。《僞書傳》則作“再成”，後人或依改耳。

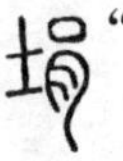“讀若复”，鉉無此三字。

“不下土”，“不”，疑當作“才”。“堋淫”，今《書》作“朋淫”。

“四時”，鉉作“四畤”，段改“四畔”，“畤”爲是。“畤”，基止也，“四畤”猶云四止。

“墓也”，當作“墓地”。

“治穀田”，當作“治穀地”，築場在圃不在田也。“拜請靈場”，今作“拜起靈壇”，見《與岑文瑜書》(中)。

“雙桂”，《周禮注》作“雙植”。“雙瓛”，疑當作“雙钀”，見《玉部》“瓛”注。

“兔走歸堀”，“堀”，今《文子》作“窟”。“闕”字衍。按:此篆當移置“堀”前，删此注，而移“堀”注入此篆下，改“堀”注爲“或省作”三字，方如許書之舊。

文一百三十二鉉一百三十一，實核符鉉數。“堂”、“坦”、“垑”三篆音仍鉉，而“切”作“反”。

重二十五實核二十七。

“土之高也”，《韻會》引作“土高皃”。

段改“𡏳”，云見“難”篆重文旁。

“郤也”，當作“郤地也”。“申屠嘉”下當補“傳黿錯”三字。“㙷”，今《史記》作“堧”。

“三歲”，《爾雅》、《毛詩傳》、馬融《易注》同，而《坊記》注、虞翻《易注》皆作“二歲”，《易音義》引《説文》亦作“二歲”，此疑後人依《爾雅》改也。

“殘”下《韻會》引有“薉”字。“薦瘥”，今《詩》作“薦瘥”。“没也”，當作“病也”。

“包省聲”，當作“從勹”。

“逮近”，鉉作“遠近”，非是。

鉉作“畍”。

“《西都》”，當作“《吴都》”。

“黄帝時祭”，“祭”，《韻會》引作“築”。

“饎”，《詩》作“喜”。

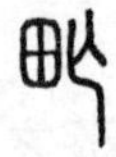今《詩》作“泯”。

“猶土也”下當補“此與坐同意”五字。鉉采入“垩”下。

“畜養”，當作“畜積”。

“地處”，當依鉉作“處也”。

"不生",當作"才生"。從昜聲之字無"不生"意。《月令》"仲冬曰暢月",亦充滿意,非"不生"之謂。

"闕",鉉無此字。

"禦",鉉作"圉",古通用。

"人功",當作"民功",鍇避唐諱改也。下"法施于民"同。

"或曰非力,刀也",鉉無此六字,疑"劼"或作"劼"。"讀若覃",鉉無此三字。按:"覃",當作"犨"。

"强也",鉉作"勥也"。按:當作"彊力也","彊力"猶勉力也。

"邦家",今《書》作"國家"。

"强也",段改"勥也",非是。"勉",自彊也;"彊"者,已不可,而人迫之使爲也,非一義。

"戮力一心",見《國語》,《左傳》作"戮力同心"。

"讀若演",鉉無此三字,此同母鰼也。

"劇",段云當作"勮"。

"尤劇",鉉作"尤極",段改"尤勮"。"雋",《左》作"儁"。

"增加",段改"譄加","譄"猶誣也,與上"語"字合。

"或曰目力去",鉉作"目力止去"。按:"止"當作"敓"。《荀子·修身篇》楊注:"劫,敓去也。""臣鍇"上當依《韻會》補"從力、去"三字。

"從人、力,食聲"。疑當作"從力,飤聲"。

"惟號之山,其風若劦",《玉篇》引同。按:《北山經》"錞于母逢之山北,望鷄號之山,其風如飈"。"惟"葢"鷄"之譌,"劦"作"飈",則後人所增入。

"同心"下當依鉉補"之"字。

"謀勰乃行"。按:當作"謀協以故兆詢"。

"衆之同和",當作"衆同之和"。

《繫傳》二十七

"沃聲",鉉作"渫省聲"。

"銅屬",《漢書》應劭注同。《史記》徐廣注"連鉛未錬者",與此異説。

“讀若訓”，“訓”，鉉作“熏”。

“鐘下兩角其閒謂之銑”，按《攷工記注》，當作“鐘口兩角謂之銑”，“其閒”二字衍。　“金者銑”，當作“金銑者”。

“剛也”，按鍇説，當作“剛刃也”。

“領録”，疑當作“省録”。

“冶金”，《韻會》引作“治金”。

“晏子曰”，當作“《韓詩外傳》曰”，辨見《句部》“鉤”下。

“筴魚之筴”，疑當作“業漁之業”。鉉本“筴”作“莢”，段改“夾”，皆未是。

“朴”，鉉作“樸”。按：“朴，木皮也”；“樸，木素也。”一謂外裹，一謂内質，義異而實同。

“擿”，鉉作“掊”。　“之侈同”三字鉉作“哆兮”二字。

“鐘”，當作“鍾”。“鈃”，酒器也，或作“經”。

“一曰鑑諸也”，“鑑”下脱“方”字。　“鑒諸，鏡也，一曰石也”，當作“方諸，鏡也，一曰大蛤也”。按：《周禮·司烜氏》注曰“鏡屬”，《淮南子》高注云“大蛤也”，無言“石”者。至許書《厂部》“厱諸”，亦作“礛諸”，其石可以治玉，可爲弩鏃，與此無涉。

“直上”上當有“而”字。“燠”，疑當作“煗”。

“釜”下當有“屬”字，見《鬲部》“鬴”注。

“都鎬”，當作“都鄗”。此説或以“鎬”爲“鄗”也。

“讀若奧”，鉉無此三字。按：“奧”，疑當作“燠”，同母相龤也。

“二升”，按《史記注》，當作“一斗”。

“《禮》謂之鼏”，攷《儀禮》“設扃鼏”注：“今文‘扃’爲‘鉉’。”段云，“扃”古作“⿵門鼎”，與“鼏”字異，此當作“⿵門鼎”，各本作“鼏”，誤也。按：許書“鼏”“⿵門鼎”無兩篆，《鼎部》“鼏”葢即“⿵門鼎”之譌。《儀禮》“扃鼏”，古當作“⿵門鼎冪”。“冪”以覆物，鼎葢即覆鼎物，不必别有“鼏”字。自譌“冪”爲“鼏”，後人以二字無别，遂以同聲之“扃”改“鼏”字。即《攷工記》之“大扃”、“小扃”，古亦作“⿵門鼎”，許引可證。段氏書《鼎部》有“鼏”、“鼏”二篆，恐與許意不合。

“器也”，疑當作“洒器也”，故“讀若銑”。“銑”猶“洒”也，謂以水滌器，使瑩然也。

“一曰鐫”下當補“臣鍇按：《公羊傳》曰‘聑而鑯其版’”十二

字。今《公羊》“鐵”作“鋟”,《音義》云“本亦作‘鐵’”。今錯出下“鈃”篆注,當移正。

“瓦桓謂之鐙”,今《爾雅》“桓”作“豆”,“鐙”作“登”。“臣鍇以此”四字當作“臣鍇以爲此即”六字。

“稜器”,當作“鋑器”。

“犬牙”下當補“相鎔”二字。

“綦鍼”,《管子》房注、《玉篇》皆作“長鍼”。“綦履”,當作“履綦”。按:“綦”繫於“履”,即《周禮》所謂“絇”也。如鍇説,則爲“繶”矣。“繶”者,底牙相接之緣,亦不專言底也。鍇説未詳何據。若以爲綴底鍼,則亦“長鍼”也。

“掞”,鉉作“棪”。

“毁行”,鉉作“跛行”。

“一曰貨也”,鉉無此四字。

“省聲”下鉉有“讀若同”三字。

“立薅所用”,《廣韻》引作“立薅斫”。

“《爾雅》曰‘鑊也’”,當作“《詩傳》曰‘穫也’”。按:《爾雅》云“挃挃,穫也”,“挃”與“銍”稍異,當引《臣工》詩傳。

“從剡”下當補“厂”字。

“所以泥”,“泥”,當作“涂”。

“之重”下當依《韻會》補“十黍爲絫,十絫爲銖”八字,去八字則“十分黍”不可通矣。許意蓋以“一絫”爲“一分”也。

“十銖”,當依《書音義》引作“十一銖”。“五分”下當補“銖”字。“二十兩爲”下當補“三”字。按:康成以六兩太半兩爲鋝,則二十兩乃三鋝也。

“《虞書》”,當作“《周書》”。

“六銖也”。按:《儒行》鄭注作“八兩”;《淮南·詮言訓》注作“六兩曰錙,倍錙曰錘”;《風俗通》曰“銖六則錘,二錘則錙”。皆與此異。唯《淮南·説山訓》注“六銖曰錙,八銖曰錘”,當是許君舊注。

“司馬”上按《周禮》當補“公”字,“公司馬”謂伍長也。

“鈴釘”,鉉作“令丁”。

“從金,正聲”,當移置“上下通”之下。

“大鐘”上當有“似”字。《周禮注》:“鎛似鐘而大。”“二金”,當作“二全”,言兩堵爲全,一肆也。

"物穜成"下段補"故謂之鐘"四字。

今《詩》作"喤"。

"大鑿平木者"。按:《文選·長笛賦》注引作"大鑿中木也","中"讀去聲。葢"鑿"非平木之器,當依改。

"䡴",今《左》譌作"鏨",失字義矣。

"劔鐔鼻也",當作"注:'劍珥也'",見《音義》。

"大戟",鉉無此二字,誤删也。

"嵇康"上當補"顔延年詠"四字。

今《書》作"鋭"。

"沃",今《詩》作"鋈"。

"《公羊》"以下八字,"鐵"篆注脱簡也,此當作"《莊子》曰'有緩而釬',注'急也'"。

"樘",當作"橖"。

"椉斫",《尹翁歸傳》引作"斫椉"。

"鑣"上當有四字"每鑣二鑾"也。　"和則敬"上當補"聲"字。

今《詩》作"噦",與鉉見作"鉞"本又異。

今《詩》作"鍚"。　"鍛鍚文鏡"。按:《淮南子·本經訓》作"鍛鍚文鏡",一本作"鍛鍚文鐃",高注譌舛,義不可曉。豈鍇見本"鍚"又作"錫"歟?

當依鉉作"鎜",䢵聲。

"大鎖",按《詩正義》引當作"大環"。

今《左傳》作"愾",後人所改也。《傳》意謂諸侯當王所怒而與之戰耳。段疑《左傳》本作"愾",未是。

"鋪首",《文選·舞賦》注引作"抪首"。

"扠取",鉉作"叉取"。按:疑當作"掠取"。

鉉本引鍇曰:"《説文》無'劉'字,偏旁有之。此字又史傳所不見,疑此即'劉'字也,从金,从丣,从刀。刀字屈曲,傳寫誤作'田'尔。"按:此增改《疑義》説也,段改篆作"鐂"以合鍇説。

"楊可方爲告鍸",按《史記》,當作"張湯出告緡令"。今《史記》作"緡"。

"銚圜",鉉作"吡圜"。

文一百九十七補"鏃",已見次立注。又"鏐"、"鑷"、"鎌"、"鎦"、"錘"、"鐏"、"鏃"七篆音仍鉉,而"切"作"反"。

"此即'與'同",按《袪妄》,當作"此與'予'同意"。

“髹”，今《周禮》作“漆”。

今《書》作“憑”。

“仲尼凥”下當依鉉補“凥謂”二字。今書傳皆借“居”爲之。

鉉無此篆。

“斫木斧”，鉉無“斧”字。“象木”下當依《韻會》補“厂象斧”三字。

“爿聲”，鍇當曰“牀省聲”。

“錠”，《爾雅》作“定”。

《玉篇》作“劖”。

“劑也”，鉉作“劑斷也”。

“所所”，今《詩》作“許許”。

按《叀部》重文，此當作“𠊱”，未審孰是。　“詔詔猗”，今《書》作“斷斷兮”。

“醆”，鉉作“琖”。　“冂象形叩”四字當作“冃，象形”三字，鍇說可證。

“求”，當作“桼”，今作“漆”。

“斠量之”，“之”，當作“也”。

“杅”，當作“抒”。

“白水”下當補“以”字。

“量物”，鉉無“物”字。按：當作“量旁”。

“杅”，當作“（杅）〔抒〕”。

“從斗，厞聲”。按：許書無“厞”字，段以《漢書》“（斛）〔斛〕”作“〔厞〕”，改“（庣）〔厞〕”爲“庣”，云是“窕”之古文，未詳何據。疑當作“從斗、厂，兆聲”。“厂”象山旁，此爲量旁也。　“注‘耳也’”，按《漢志》注，鄭氏云“庣，過也”，小顔曰“庣，不滿之處”，無言“耳”者。而鍇引《㮚氏》“耳”證之“量耳”左升右合龠，鍇說疑誤。　“斛謂之𣘉”，今《爾雅》“斛”作“斢”。

“十龠”當作“十合”。《漢志》云：“合龠爲合，十合爲升。”

“《史記》”，當作“《國語》”。

“曲輈”，《左傳》定九年疏引作“曲旃”。　“直輈”，當作“直轅”。

“車後”下當補“曰輜”二字，見《文選·廣絶交論》注引。“庫車”，疑當作“屏車”，“屏車”猶帷車也。葢“輜”、“輧”皆名“衣車”。

“輜車也”下《韻會》引有“重曰輜，輕曰輧”六字。按：《釋名》

曰"有邸曰輜,無邸曰軿",即輕重之分也。

"鑾",今《詩》作"鸞"。

"兵車",《後漢書·光武紀》注引作"樓車"。"淮南王造輣車",當作"衡山王使客陳喜造輣車"。

"兵高車如巢",《左傳正義》、《音義》引皆同,惠氏棟曰:"當作'兵車高如巢'。"今《左傳》作"巢"。

"車和輯也"。按:殷敬順《列子注》引作"車輿也"。

"立當前軓",戴氏震曰:"此即上公之立當車軹也。"或以爲"立當前疾者",非是。"疾"本作"侯"。

"曲銅",《文選·西京賦》李注引作"曲鉤"。今《詩》作"較"。

"車横"下鉉有"軨"字。"車軨輿",當作"車輿軨"。

"夏軕",今《周禮》作"夏篆"。"俗作軔","軔",當作"輴",説《禮》家皆以喪車爲"輴"。

"車籍交錯",《文選·七發》注引作"車籍交革"。按:當作"車革交錯"。蓋"轖"之言結也,"革"所結以固車也。

"昏",當作"婚",見《女部》。

"持輪也","也",當作"者"。

"車脱輹",今《易·小畜》作"輿説輻",《大畜》作"輿説輹"。

"車輞",當作"車罔"。《攷工記注》:"牙,世或謂之罔。"鉉作"車軔",非是。"罔(本)〔木〕",本當作"罔也"。

今《攷工記》作"眼"。

"長轂"下鉉有"之"字。

"車輪",按《攷工記》,當作"車轂"。

"象害"上當補"○"字。

"車轒",《韻會》引無"轒"字,與鍇説合。蓋"轒"爲"纂",與"暈"異義,當是後人增竄。

今《論語》作"軏"。

"曲也",鉉作"曲者"。"其下兩軥","其下"二字衍。

"人頰車也"四字當删。按:鉉本無,所引《左傳》八字,以"人頰車也"列從車之上,蓋鉉所改也。不知"輔"是車上之器,《詩》所稱"無棄爾輔"是也。"頰車"當作"酺"字,自在《面部》,或借"輔"爲之,非"輔"專訓"頰車"也。《左傳》之諺,上句以器言,下句以身體言,亦不必皆指人體。則“人頰車也”四字,乃後人依鉉增耳。

“車橑也”下當補“其數三十”四字。“蓋車”二字當作“蓋弓之數”四字。鍇蓋上説“輻”,下説“蓋弓”也。

“從衙省”,“衙”,鉉作“衍”。

“四千人”,按《周禮》,當作“萬二千五百人”。《衆經音義》指爲吕忱之誤,疑此或依《字林》改也。“軍兵車”,當作“車兵車”。

“反宇轙轙”。按:何晏賦作“反宇轙以高驤”,張衡《西京賦》曰“飛檐轙轙”。此蓋肊記之譌。

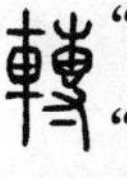“還也”,鉉作“運也”。按:此“還也”不誤。“專聲”下當補“一曰車運轂也”,則從車義見,與《水部》“漕”注亦合。

“古車徹”下當有“不”字,鍇謂古無“轍”字也。

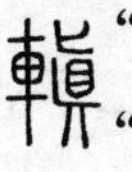“鉉”,鉉作“釗”。《集韻》作“鉉”爲是。

當依鉉作“輊”,埶聲。“抵也”,疑是“低也”之譌。

“礙車也”,“也”,當作“者”。

“舟輿”,《周禮》作“舟車”。“者也”,“也”字衍。

“付者”,鉉作“付也”。“胥”,鉉作“茸”。

“若推輪乎”,當作“若椎輪然”。

“臣鍇”以下二十字當移置“輐”篆下。

“駕馬也”,“也”,當作“者”。

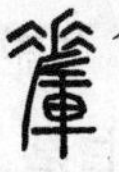今《左傳》作“差”。

“扶”下當補“扶”字。

“車裂”下當有“也”字。

《繫傳》二十八

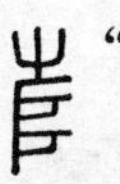“櫱”,當作“槷”,鉉作“臬”。

“宀在屋下也”,當作“宀,屋也,自在屋下也”。

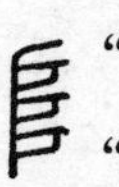“無石也”,“也”,當依鉉作“者”。

“坡者”,《爾雅》、《詩傳》皆作“陂者”。

"高也",按鍇説,當作"京也"。

"豐墻"下當有"陗"字,今作"峭"。

"夾"下當有"聲"字。

"鼓也",疑當作"鼓陒也",見《危部》。

"陁岑",今《文選》譌作"弛岑"。

"阢",《書》作"杌"。

"閬也"上當有"阬"字,鍇説可證。

"以防水",鉉無此三字。 "讀若洞","洞",鉉作"瀆",非是。"洞"、"隫"以同母相轉也。

"附婁",今《左》作"部婁",又異於鍇所見本。

"水曲隩",《文選·西都賦》注引無"隩"字。

"虢國"上鉉有"古"字。

"陭氏",今《後漢志》作"猗氏"。

"五阮",今《漢志》作"五原"。 鉉無"讀若昆"三字。

今《左》作"鄎"。

"如渚者"下鉉有"陼"字。

"壁際孔",《文選》沈約《月》詩注引無"孔"字。

"一曰"以下七字鉉本無。

段云當作"師",而聲。

"《尚書》曰'若納諸隍'",當作"《東京賦》曰'若己納之於隍'"。

"揚雄《羽獵》",當作"司馬相如《上林》"。"泰山",當作"江河"。此肊記之譌。

已見《宀部》,爲"寏"或體,此正義也。

"水自",當作"小自"。"戔",小意也。

"闕",鉉無此字。

今《詩》作"隘"。

"累坂",當作"絫坺",鉉不誤。

"絫,十黍"上當有"一曰"二字。

"辨",或作"辧",非是。古"辨"即"辧"。《周禮》"辨民器",〔注〕"辨猶具也"。鍇以爲"分别也",失之。

"陰陽"上當補"㐅"字。

"從入、八",按鍇説,"入"當作"人",意謂變陽爲陰也。

“微陰”上當補“乚”字。

“從九”上鉉有“馗，高也”三字。

“狐貍貛貉”，今《爾雅》作“貍狐猯貈”。

“走獸”，按《白虎通》，當作“鳥獸”。

“山神，獸也”，當作“山神，獸形也”。　“屮聲”，鉉無“聲”字。

“魑魅离魅”，今《左》作“螭魅罔兩”。

鉉本、汪本、錢鈔本皆作“[illegible]”，此疑誤。　“從臼。讀若費。一曰閮閮”，鉉無此九字。　“梟羊”，鉉作“梟陽”。　《爾雅》作“狒狒”。

“守備也”，“也”，鉉作“者”。

“位東方”，鉉無“位”字。　“《大一經》曰”，鉉無“大”、“經”二字，非是。　“頭玄”，鉉本作“頭宜”。按：當作“頭空”，“空”猶腔也。　“甲爲人頭”，“爲”，當作“象”。

段氏書改上“甲”爲“甲”、此“甲”爲“甲”，非是。按：此“甲”當作“个”，凡古彝器款識皆如此，故許君謂“始一見十”，義甚明也。淺人以其與成數“十”字相混，增益爲“甲”。鉉本改“始於一，見於十”爲“始於十，見於千”，其說遂不可通矣。“戎”、“早”二篆皆從古文“个”，故皆有“(巾)〔个〕”古文“甲”字之說，尤顯證也。　“始一”，當作“始於一”。　“歲成”，鉉無“歲”字。

“治也”，疑當作“治不治也”，古人有此語而後人删之。

“位南方也”，“也”字衍。

“壯成”，鉉無此二字。　“成之也”，“之也”二字衍。　“方剛之謂”，當作“任勇非剛之謂”。　“大成於丁”，《漢志》“成”作“盛”。

“亦相任也”，當作“亦相拘絞也”。　“五象也”，《韻會》引作“土象也”。

“詘之形”，鉉無“之”字。按：當作“詘曲形”。

“己己”，當依《詩》作“几几”。

注中引《博物志》、《山海經》當互易。

“帚聲”，“聲”，鉉作“闕”。

“蹙自”，鉉作“蹙鼻”。按：“自”即“鼻”也。

“從受、辛”下當補“受辛”二字。

“辭訟也”，鉉無“辭”字，段云“訟”當作“說”。　“猶理辜”上當補“辛”字。

“承辛壬以子生之，敘也”，“辛”，鉉作“亥”。段云，《坤》

上六爻辰在亥，故引“龍戰”。然以鍇説參之，則作“辛”爲是。

“故可爲度”，“爲”，當作“揆”。

“人以爲偁”，“入”，當作“人”，鍇説可證。

“從子、几”，段云，“几”當作“乃聲”，古音讀“乃”如“仍”也。

鉉本引鍇曰：“《説文》無‘免’字，疑此字從‘𩨨’省，以‘免身’之義通用爲解。‘免’之‘免’、‘晚’、‘冕’之類皆當從‘娩’省。”按：此乃鉉用《疑義》篇説增改爲之，如“𩨨”字鍇作“㝃”，不作“𩨨”也。又按：《説文》無“免”字，《兔部》有“䨲”字，經傳不見而義訓爲“疾”，疑即“免”字也。《孫子》云“後如脱兔，敵不及距”，“免”之義也。今許書之音當與“娩”篆互易，“娩”可作“䨲”，則音當爲“弗孺反”，訓疾速走脱，則音當爲“符萬反”。古文省繁，凡從“䨲”者，皆作“免”。後人不知“從䨲省”之義，因以末筆有無定其聲義，其實許書“䨲”即今“免”也。

“㝵也”，鉉無此二字。

今《左》作“瞉”。

“一曰輸也。輸，尚小也”，當作“一曰輸孺也。輸孺，㓝劣也”。按：《方言》“儒、輸，愚也。”《荀子》曰“偷儒憚事”，與上“瞉瞀”或作“溝猶”或作“怐愗”，同爲一聲之轉。

按：此篆已見《人部》，爲“保”篆重文，此不當更爲“孟”之重文。攷古鼎銘，“孟”作“𡥈”，是“孟”或從古文“保”也，此蓋脱“皿”耳。

“放也”，鉉作“效也”。此“放”蓋同“倣”。

按：此篆當作“𠤕”，從子、止，矤聲。鍇説“𠤎，反比之也”，當作“𠤎，變化不定也”。鉉本引鍇説羼入“𠤕，古文矢字”五字，則知《匕部》“𠤕”篆及注，皆後人依鉉所改。蓋《匕部》“𠤕”篆本當作“𠤕”，從匕，矢聲耳。後人因“𠤕”篆而誤增“𠤎”，遂義無可尋。鉉以“𠤕”爲古“矢”字，於書無徵，不免肊説。正“疑”篆因補正“矤”篆之譌。

鉉作“𦣻”，從日，則與重文相合。

“讀若薿”，鉉本作“讀若薿薿”。

“‘𠫓’，即《易》‘突’字也”，鉉移此六字入“㐬”篆注。

“白虎通”，當作“疏通知遠”四字。

“人陽氣上鋭而出”，當作“人陽氣鋭而上出”。“閡於穴”，“穴”，當作“宀”。

“明者”，疑當作“明箸”。

“意㠯”，即“薏苡”，段改“己意”，非是，《類聚》可證。“㠯

(九)〔尤〕用之也”,當作“目猶用也”。

“仵”,當作“午”。

今《楚(詞)〔辭〕·九章》作“遻逢也”。《長笛賦》“觉距劫遻”,亦訓“逆”。

“六三陰成”下當補“或從王事”四字。

今《周禮》作“畽”,《詩》作“田”。《鄭箋》云:“‘田’,當作‘畽’。”　“《周禮》”以下十一字鉉本無。

“爲臾”下當有“曳”字方與篆注合。

“醑,甘美也”。按:“䣾”者,漉酒也,字或作“醨”,《玉篇》所謂“下酒也”。四字疑有誤。

“酤我”下當補“則買也”三字。

“行酒也”,疑當作“滓酒也”。《周禮注》云“泛齊,滓泛泛然”,則是未去滓之酒,詞賦家所謂“浮蟻酒”也。如鍇説,“行酒”上當有“一曰”二字。

鉉宋本無此篆,毛刻補入篇末。

“甛,長味也”,鉉宋本作“酒味苦也”,乃誤以“酓”注入“醰”下。此與《文選·洞簫賦》注引《字林》合,吕忱蓋用許説也。

“冠娶禮,祭也”。按:《禮注》“酌而無酬酢曰‘醮’”,皆不言“祭”,疑“祭”爲誤衍字。或當作“冠娶禮也,一曰祭也”。漢有醮祀之典,或體從示,是其義也。

“可以醻醋”,今《易》作“可與酬酢”,《釋文》引《京房易》“酢”作“醋”。

今《史記》作“嚼”。

“私宴”,段改“宴私”,用《楚茨》詩也。

“無以進醵”,當作“無以祭祀,進醵飲食”。

“天下”,當作“賜民”。

“來燕醺醺”,今《詩》作“來止熏熏”。

“治病工也。殹,惡恣也。醫之性然,得酒而使,從酉”,鉉本“恣”作“姿”。按:《殳部》“殹,擊中聲”,不云“惡姿”,疑有譌脱。當作“治病工也。從殹,殹,擊中聲,醫之治病如擊中然;醫藥之性得酒爲使,從酉。王育説。一曰殹從瘱省,瘱,病聲,酒所以治病”云云,其義方暢。

“讀若离”,“离”,鉉作“離”。

“歆之”,《韻會》引作“歙之”,與《周禮·甸師》注合。

“爿聲”下當補“臣鍇曰:牀省聲”。

“犧尊”,《周禮》作“獻尊”。

“人字曲之”,“曲之”二字衍。 “隔一位”三字當删。 “單六中闕”四字當删。鍇葢誤以“六旬”爲單數也。

鉉作“”。 “與豕同意”,鉉無“意”字。 “亥生子”,鉉作“亥而生子”。 “二二”,當作“十二”。

《説文解字繫傳校勘記》卷下

《繫傳》二十九

此當作“《通釋》二十九”,而汪本於總標改題“敘目上”,於三十卷題“敘目下”。蓋三十卷鍇書原闕,次立依鉉割此十四篇以下充補。當仍合之二十九卷,而闕三十卷,以復鍇舊。

一葉八行“飭僞”,當作“飾僞”。**又九行**“蒼頡”,當作“倉頡”,下同。**二葉**四注**行**“言以結繩”,“以”字衍。**又**“狼迹迒”,按《爾雅》,“狼”,當作“兔”。**又八行**“謂之字”下當依《左傳》宣十五年疏補“文者物象之本”六字。**三葉十二行**“或同”,鉉無此二字。**四葉三行**“律瀌異令”,鉉作“律令異瀌”。**五葉**六注**行**“殳書伯氏之職,而古既記笏”,當作“殳者伯氏之職,古者文既記笏”。**又**八注**行**“杜操”,《晉書》作“杜度”。**又**十注**行**“《繫傳》‘槀’字,並作‘藁’”,當作“‘繫’,傅札本造作‘槀’”。汪本移置七字於注末,非是。“傅札本”猶云“副本”。**又十一行**“九千”下鉉有“字”字。**又十二行**“吏”,《江式傳》作“史”。**六葉三行**“杜業”,《漢書》作“杜鄴”。**七葉十行**“張倉”,《漢書》作“張蒼”。**又十三行**“遠沫”,鉉本作“遠流”。**八葉三行**“竟逐”,鉉本作“競逐”。“經誼”,當作“經誼”。**又五行**“蟲”,當作“虫”。**又九行**“所集”,當作“所習”。**又十行**“未常”,鉉本作“未嘗”。“因曰”,鉉作“因號”。**十五葉十三行**“克”、“彔”,書中“录”前“克”後。**又十四行**《朩部》下失編《𣏟部》。

《繫傳》三十

此卷當合上卷,辨見前。

一葉四行“後敘”,鉉本無“後”字。**又六行**“千三萬”,“千”,當作“十”。**又**二注**行**“《水部》、《水部》”,當作“《水部》、《林部》”。**二葉**三注**行**“臣鍇曰:永”下脱“元”字。**又**七注**行**“胤侯”,當作“胤吕侯”。**又八行**“太岳岳”,衍一“岳”字。“陵縣”上脱“召”字。**又九行**“切印”,鉉作“竊印”。**又十三行**“召陵萬歲里”以下當提行别書。**三葉十一行**“不空”,或作“不妄”。**四葉三行**“蚰虫”,當作“蚰蟲”。**又五行**“今《説文》作十三萬”七字當爲小字旁注,上當補“臣次立按”四字。

《繫傳》三十一當作“《部敘》上”。

按:此卷及下卷譌舛特甚,有倒次,有脱部,有攙越。疑此《部敘》兩篇本非楚金所爲,乃次立等傅會《繫傳》之名而增竄。不知楚金命名之意在倏繫通言,不必妄擬聖人《序卦》也,故其説多支離。然相承已久,姑用趙氏宧光本删正附録,俾學者不致淆惑。至《卧》、《身》、《㐆》、《衣》四部,書中列“重”後“衺”前,此列“尾”下“履”上,爲唐本舊次,或楚金本然,而次立依鉉移置也。又《面》、《丏》、《首》、《県》四部,書中不誤,而《部敘》脱《丏部》,倒置《首》、《県》,今正之。又《㝵》、《畐》、《亯》、《糸》,書中與鉉倒易,而《部敘》則同鉉,葢屬鈔寫之譌。葉口“《部敘》一”,當作“《部敘》三十三”。

《一》,天地之始也,一氣之化也。天先成而地後定。天者,上也,故次之以《丄》。在上者莫若天,垂三光以示人,故次之以《示》。川者,三光也,故次之以《三》。通三才而後爲王,故次之以《王》。玉者,君子所比德也,天地之精也,王者所服用也,故次之以《(玉)〔王〕》。玉雙爲玨,故次之以《玨》。玉者,山澤之精,山澤以出气,故次之以《气》。气象陶烝,人事以成,故次之以《士》。士,事也,不可不一,故次之以《丨》。丨,一也,自丨而起者中,故次之以《屮》。中,艸之初也,故次之以《艸》。艸之深爲蓐,故次之以《蓐》。蓐之廣博爲茻,故次之以《茻》。三者皆中之屬也。丨初分爲小,故次之以《小》。小之分,八實分之,故次之以《八》。采,分之明也,故次之以《釆》。分者,半也,故次之以《半》。牲之大而可分者莫若牛,故次之以《牛》。犛,牛之屬也,故次之以《犛》。牛勞則仰而告人,故次之以《告》。告必以口,故次之以《口》。口開爲凵,故次之以《凵》。開口而言必喧,故次之以《吅》。喧,哭聲也,故次之以《哭》。凡民有喪,匍匐救之,故次之以《走》。走必止,故次之以《止》。止必剌撥,故次之以《癶》。剌撥而節以安步,故次之以《步》。步止於此,故次之以《此》。止乎此者居正也,故次之以《正》。居正則是,故次之以《是》。是而有行必慎,故次之以《辵》。辵,行且止也,慎則安,故次之以《彳》。彳,小安步也,安而引長之,故次之以《廴》。引而有儀可觀,故次之以《㢟》。延而後爲行,故次之以《行》。窮下者必反上,齒承止,故次之以《齒》。牙亦齒屬,故次之以《牙》。足亦承止也,故次之以《足》。古文疋爲足,故次之以《疋》。疋亦疏也,疏通者必品之,故次之以《品》。品,三竅也,故次之以《龠》。龠,編竹似册,故次之以《册》。册書之言衆,故次之以《㗊》。言窮必卷舌,故次之以《舌》。舌干口,故次之以《干》。干口則谷生,故次之以《𧮫》。谷口上齶理也,口語有餘聲,故次之以《只》。只,止而餘聲也,止則訥,故次之以《㕯》。止而訥者,言之句也,故次之以《句》。句又相糾也,故次之以《丩》。句相傳爲古,故次之以《古》。古,十口所傳也,故次之以《十》,次之以《卅》。卅,十之積也。傳而積久者言也,故次之以《言》。二言必競,故次之以《誩》。聲成文曰音,故次之以《音》。多言慎愆,故次之以《䇂》。辛,愆也,艸之嶽丵猥出似辛,故次之以《丵》。丵必猥叢,故次之以《菐》。叢之衆猥必有收,故次之以《𠬞》。或拱之,或攀之,故次之以《𠬜》。拱攀相共,故次之以《共》。共合異謀,故次之以《異》。矯異爲同,衆共力也,故次之以《舁》,次之以《臼》。臼者,敬敕持之也,昧旦丕顯,故次之以《晨》。晨而炊,故次之以《爨》。爨,革故而取新,故次之以《革》。爨必以鬲,故次之以《鬲》,次之以《䰜》。䰜,以鬲和飪也,和飪以爪,故次之以《爪》。爪所以撠持,故次之以《丮》。丮而不已必鬥,故次之以《鬥》。能解爭者以手,故次之以《又》。又必有左,故次之以《𠂇》。左右有史,故次之以《史》。史,手持中也,手持者不一,故次之以《支》,次之以《𦘒》。𦘒持巾,支持竹,竹可爲筆,故次之以《聿》。聿,筆也,筆以規畫,故次之以《畫》。畫界相及,故次之以《隶》。隶,及也,規畫所及以爲堅久也,故次之以《臤》。臤,堅也,堅以事君曰臣,故次之以《臣》。臣必有所執,故次之以《殳》。殳以示殺,故次之以《殺》。殺從殳,殳從几,王者三驅示殺,託於驅禽,故次之以《几》。几,鳥也,驅有法度,故次之以《寸》。寸,法度也,皮革之飾以示法度,故次之以《皮》。柔皮曰㼱,故次之以《㼱》。所以治皮者攴,故次之以《攴》。攴作教刑,故次之以《教》。卜筮,神以教民也,故次之以《卜》。卜而从,乃可用,故次之以《用》。用相交,故次之以《爻》,次之以《㸚》。爻,交也,㸚,爻之積也,物交則不明,不明不可以使人,故次之以《旻》。旻,舉目使人也,故次之以《目》。目左右察,故次之以《䀠》。目之飾以眉,故次之以《眉》。所以蔽眉目者盾,故次之以《盾》。盾亦通蔽眉、目、鼻,故次之以《自》。自,鼻也,白亦自也,故次之以《白》,次之以《鼻》。百出於白也,二百爲皕,故次之以《皕》。鳥之習飛以气,鼻,气所由出也,故次之以《習》。習而翫之,鳥之所以飛也,習飛以羽,故次之以《羽》。羽短者隹,故次之以《隹》。隹喜自奮,故次之以《奞》。有角而奮者雈,故次之以《萑》。雈有毛角,故次之以《𦫳》。𦫳角,乖戾也,目戾爲苜,故次之以《苜》。角戾者羊,故次之以《羊》。羊之臭羴,故次之以《羴》。鳥有角鷹,能攫羊,故次之以《瞿》。瞿,鷹隼之視也。鳥雙爲雔,故次之以《雔》。鳥群爲雥,故次之以《雥》,次之以《鳥》。烏,鳥之屬,故次之以《烏》。烏、鳥言雜,人將棄之,故次之以《𠦒》。𠦒,所以棄也,除不材然後積材,故次之以《冓》。冓者始事也,事始於小,故次之以《幺》。幺亦微也,故次之以《𢆶》。𢆶,小也,小謹爲叀,故次之以《叀》。謹則深遠,故次之以《玄》。深遠之意可以相推予,故次之以《予》。予而奪之,故次之以《放》。放者,落也,故次之以《𠬪》。落必殘,故次之以《𣦼》。(死)〔𣦼〕而歺,故次之以《歺》。歺者死也,故次之以《死》。死則肉銷,故次之以《冎》。冎而後見骨,故次之以《骨》。骨,肉之覈也,故次之以《肉》。束肉者筋,故次之以《筋》。筋,肉㦸也,割㦸以刀,故次之以《刀》。刀有刃,故次之以《刃》。運刃以巧,㓞,巧也,故次之以《㓞》。㓞,以刀斷草,故次之以《丯》。丯,草之散亂也,散亂者耒除之,故次之以《耒》。耒,曲木也,角,曲骨也,故次之以《角》。骨堅者角,艸堅者竹,故次之以《竹》。竹以爲箕,故次之以《箕》。箕以盛物,丌以薦物，故次之以《丌》。有基成於佐助，故次之以《左》。得左然後有爲，故次之以《工》。欲知其工，必展視之，故次之以《㠭》。㠭，展也，展視不可誣，故次之以《巫》。巫，虛無也，虛無，道也，守道以一，故次之以《甘》。甘，口含一也，含道以爲言，故次之以《曰》。其言也訒，故次之以《乃》。乃，言之難也，難言則聲曲，故次之以《丂》。丂，曲也，曲必舒，故次之以《可》。可必有所稽，故次之以《兮》。兮，稽也，稽遲而放聲必大，故次之以《号》。号而後舒其气，故次之以《亏》。气平而言則旨遠，故次之以《旨》。旨，甘也，得甘必喜，故次之以《喜》。飾喜以樂，故次之以《壴》。壴，樂也，和樂以鼓，故次之以《鼓》。擊鼓以奏豈樂，故次之以《豈》。豈旋飲至以豆，故次之以《豆》。豆行豊，故次之以《豊》。豊尚豐，故次之以《豐》。器尚陶匏，故次之以《䖒》。䖒，陶器，必文以飾，故次之以《虍》。虍，虎文也，故次之以《虎》。虎怒爲虤，故次以《虤》。虎以飾彝器，故次之以《皿》。皿稟於凵，故次之以《凵》。凵，去也，故次之以《去》。去，相違也，相違而爭必傷，傷則血出，故次之以《血》。血流而注，故次之以《丶》。血注色丹，故次之以《丹》。丹黯而青，故次之以《青》。丹青之不可移也若井，故次之以《(井)〔井〕》。井以供烹飪，故次之以《皀》。皀，粒也，粒以爲鬯，故次之以《鬯》。粒以爲食，故次之以《食》。食合衆，故次之以《亼》。亼，合會也，故次之以《會》。會蹡者倉，故次之以《倉》。倉主入，故次之以《入》。出倉入缶，故次之以《缶》。矢亦主入，故次之以《矢》。矢及高，故次之以《高》。高遠者坰，故次之以《冂》。坰在郭外，故次之以《𩫏》。郭外高邱曰京，故次之以《京》。王者京師受天下享獻，故次之以《亯》。所享者滿而厚，故次之以《畗》，次之以《㫗》。厚者斂而取之，故次之以《㐭》。㐭而愛之，故次之以《嗇》。嗇愛其來，故次之以《來》。來，麥也，故次之以《麥》。周受天瑞麥若行來也，故次之以《夊》。夊，行遲也，夊而相背爲舛，故次之以《舛》。艸之蔓延相舛者䑞，故次之以《䑞》。舛背者違也，故次之以《韋》。韋，違也，制韋有次弟，故次之以《弟》。弟自後至，故次之以《夂》。夂在後也，有所致必久，故次之以《久》。久違者磔之，故次之以《桀》。桀，磔也，桀於木，故次之以《木》。木生於東，故次之以《東》。林，木之盛也，故次之以《林》。林生材，故次之以《才》。才，小木也，木大者有若木，故次之以《叒》。若木亦有初生之時，故次之以《之》。反之爲帀，故次之以《帀》。帀而復出，故次之以《出》。出則𣎵然而生氣盛,故次之以《𣎵》,次之以《生》。生氣見於葉,故次之以《乇》。葉生而𠂹,故次之以《𠂹》。𠌶亦𠂹者,故次之以《𠌶》,次之以《華》。華重則木頭曲,故次之以《禾》。曲而稽留,故次之以《稽》。木之多曲者鳥所依,故次之以《巢》。鳥巢必茂林,桼林最茂,故次之以《桼》。林茂可束爲薪,故次之以《束》,次之以《㯻》。槖亦圍束之也,故次之以《囗》。圍而數之,故次之以《員》。數之繁者貝,故次之以《貝》。邑之名亦繁數也,故次之以《邑》。兩邑相對,故次之以《𨛜》。物之無兩者日,故次之以《日》。日盛於旦,故次之以《旦》。旦而光盛,故次之以《倝》。倝光盛而流散,故次之以《㫃》。光散盡則冥,故次之以《冥》。冥往則旦來,故次之以《晶》。晶退而月繼之,故次之以《月》。日月有食之,故次之以《有》。食無損於明,故次之以《朙》,次之以《囧》。囧亦明也,明而夕,故次之以《夕》。重夕爲多,故次之以《多》。日月往來,始終通貫,故次之以《毌》。貫以函物,相積而𢎘𢎘然,故次之以《𢎘》。𢎘必連累,故次之以《𣐺》。東之結爲卤,故次之以《卤》。卤實上齊,故次之以《齊》。木齊而其刺均也,故次之以《朿》。均而判之爲片,故次之以《片》。析薪以灼,故次之以《鼎》。鼎,器之銘刻也,故次之以《克》。克,刻也,刻而录录然,故次之以《彔》。录录而茂者禾也,故次之以《禾》。禾之生必匀,故次之以《秝》,秝,等匀也。禾屬之黏者黍,故次之以《黍》。黍稷馨香,故次之以《香》。穀之精爲米,故次之以《米》。米而舂之,故次以《毇》。毇以臼,故次之以《臼》。臼,陷地,地陷則凶,故次之以《凶》。凶,惡地也,地惡不理以埶麻,故次之以《朩》。朩,剥林也,故次之以《𣏟》。未治爲林,已治爲麻,故次之以《麻》。尗,麻屬也,故次之以《尗》。禾、黍、麻、尗之屬,實在其耑,故次之以《耑》。耑之盛者韭,故次之以《韭》。盛而蔓者瓜,故次之以《瓜》,瓠,匏瓜也,故次之以《瓠》。瓠施於宇,故次之以《宀》。宀,深屋也,故次之以《宮》。宮,律吕之中也,故次之以《呂》。古者陶居而穴處,蕢桴而土鼓,故次之以《穴》。居深而寢安必㝱,故次之以《㝱》。寢而安必有所倚,故次之以《疒》,或倚之而或覆之,故次之以《冖》。重覆之,故次之以《𠔿》。冃所以冒首,故次之以《冃》。冃者兼冒也,故次之以《㒳》。兩目相積者网,故次之以《网》。网以覆物,故次之以《襾》。所以覆者巾,故次之以《巾》。市似巾,故次之以《市》。市以帛,故次之以《帛》。帛色白,故次之以《白》。白帛易敝,故次之以《㡀》。㡀而黹之,故次之以《黹》。

《繫傳》三十二當作"《部叙》下"。

天成地平,人生其間,故《人》以象其形。人有變化,故次之以《𠤎》。匕相比敘,故次之以《匕》。比而相從,故次之以《从》,次之以《比》。反道而比必相背,故次之以《北》。北,背也,背而求衆,故次之以《㐺》。㐺,衆也,衆依於邱,故次之以《丘》。邱,土之厚也,故次之以《壬》。壬者,厚也,故次之以《重》。裘,衣之重也,故次之以《裘》。童子不衣裘,故次之以《老》。老則毛髮先變,故次之以《毛》,次之以《毳》。尸者,毛所傅也,故次之以《尸》。尸者,身也,身爲度,故次之以《尺》。尾在尸後,故次之以《尾》。寢不尸,故次之以《卧》。卧以安身,故次之以《身》。反身必有依,故次之以《㐆》。衣者,身所依,故次之以《衣》。衣所以明禮,故次之以《履》。履,禮也,履以載人象舟,故次之以《舟》。大夫方舟,故次之以《方》。方亦仁術也,故次之以《儿》。仁人所以長人,故次之以《兄》。簪,人之上飾也,故次之以《兂》。簪所以爲容,故次之以《皃》。蔽皃爲兜,故次之以《𠈌》。擁蔽者在前,故次之以《先》。先者勞,故次之以《秃》。秃見於皃,故次之以《見》。覞,竝見也,故次之以《覞》。見而欲之,故次之以《欠》。渴所欲者歙,故次之以《㱃》。歙而次,故次之以《次》。歙食急則氣逆,故次之以《旡》。气逆而頽其首,故次之以《頁》。百亦首也,故次之以《𦣻》。首有面,故次之以《面》。面有攡蔽,故次之以《丏》。面蔽必見其首,故次之以《首》。不順者梟其首,故次之以《県》。首面有須,故次之以《須》。須爲面飾,故次之以《彡》。彡,飾也,羽旄,文飾也,故次之以《彣》,次之以《文》。文飾髟髟然,故次之以《髟》。備飾者后,故次之以《后》。后出令於内,臣司政於外,故次之以《司》。臣節其政,卮節其酒,故次之以《卮》,次之以《卩》。印以節制,故次之以《印》。人之節制在容色,故次之以《色》。正色以制事,故次之以《卯》。卯以立法,故次之以《辟》。法所以包并萬事,故次之以《勹》,次之以《包》。包并萬事必敬,故次之以《茍》。茍,敬也,敬以事鬼神,故次之以《鬼》。鬼狀仿佛而私,故次之以《甶》,次之以《厶》。仿佛者,景嵬然,故次之以《嵬》。嵬然而高者山,故次之以《山》,次之以《屾》。山屵然而高,故次之以《屵》。屵,山岸也,山岸可依居,故次之以《广》,次之以《厂》。旁巖而居,其地反仄,故次之以《丸》。反仄者危,故次之以《危》。形之危者石,故次之以《石》。石堅耐久,故次之以《長》。長而動摇者勿,故次之以《勿》。勿,旗也,旗動冄弱,故次之以《冄》。冄冄者人之鬢,故次之以《而》。而,鬢也,畧之多而鬣者豕,故次之以《豕》。㣇,豕屬也,故次之以《㣇》。豕之屬鼻卷,故次之以《彑》。豕牲爲豚,故次之以《豚》。獸之長脊者豸,故次之以《豸》。豸,强獸也,兕亦强,故次之以《𤉡》。兕,野獸也,蜥易生於野,故次之以《易》。法蜥易以爲書則有象,故次之以《象》。象者大獸,馬亦大獸,故次之以《馬》。獸之神者廌,故次之以《廌》。鹿旅行群食,義獸也,故次之以《鹿》。鹿群行爲麤,故次之以《麤》。獸善走者㲋,故次之以《㲋》。兔,㲋屬也,故次之以《兔》。獸之似兔者萈,故次之以《萈》。萈善走,犬亦善走,故次之以《犬》。犬好爭,故次之以《㹜》。犬以捕獸,獸穴居者鼠,故次之以《鼠》。獸之强者能,能,熊之屬也,熊亦穴居,故次之以《能》,次之以《熊》。熊,陽物也,熊熊然火炎盛也,故次之以《火》,故次之以《炎》。炎煙所箸者黑,故次之以《黑》。通煙而黑者囪,故次之以《囪》。火盛焱生而熱,故次之以《焱》,次之以《炙》,次之以《赤》。赤者,火光大也,故次之以《大》。大,人形也,故次之以《亦》。亦,人掖也,掖蛘首側,故次之以《夨》。夨者,夭矯也,故次之以《夭》。夭相交,故次之以《交》。脛劣而交,故次之以《尣》。尣者轉側不定,壺,轉側器也,故次之以《壺》。壺之中壹鬱,故次之以《壹》。壹以防盗,故次之以《㚔》。盗多譶張,故次之以《奢》。奢必亢,故次之以《亢》。亢而上進,故次之以《夲》。(本)〔夲〕,進也,進而不已必放,故次之以《夰》。放傲者自大,故次之以《亣》。大人爲丈夫,故次之以《夫》。三十而立爲丈夫,故次之以《立》。雙立爲並,故次之以《竝》。並者,會也,頭蓋之會爲囟,故次之以《囟》。囟,气所通也,故次之以《思》。思通於心,故次之以《心》。心生疑,故次之以《惢》。天象心爲大火,火,水妃也,故次之以《水》,次之以《沝》。水深則不得濟而頻,故次之以《瀕》。水始於微,故次之以《𡿨》。積甽爲澮,積澮爲川,故次之以《巜》,次之以《川》。水源出於山爲泉,故次之以《泉》,次之以《灥》。長流爲永,故次之以《永》。衺流爲𠂢,故次之以《𠂢》。水注谷,故次之以《谷》。山谷冰壯,故次之以《仌》。冰之烝液爲雨,故次之以《雨》。雨自雲下,故次之以《雲》。雲烝雨降而魚生,次之以《魚》,次之以《𩺰》。魚、燕同尾,故次之以《燕》。喜嗜燕者龍，故次之以《龍》。龍能飛，故次之以《飛》，次之以《非》。非，飛象也，疾飛爲卂，故次之以《卂》。飛卂者莫若鳦，故次之以《乙》。飛而去則不復，故次之以《不》。去必有所至，故次之以《至》。至而棲，故次之以《西》。西方所食者鹵，故次之以《鹵》。鹵所以爲鹽，故次之以《鹽》。鹽，户食者也，故次之以《户》。二户爲門，故次之以《門》。耳，納聽之門也，故次之以《耳》。𦣝，耳之輔也，故次之以《𦣝》。𦣝指相應，故次之以《手》。手臂連於𠦬，故次之以《𠦬》。𠦬在人之後，女，隨人後者也，故次之以《女》。女以一自守，故次之以《毋》。男女皆民也，故次之以《民》。民閒則自放，故次之以《丿》。夭夭然自融曳，故次之以《厂》。厂而右曳，故次之以《乀》。土之附山摇曳而欲陊落者氏，故次之以《氏》。陊必有所止，故次之以《氐》。氐者，抵也，戈戟所以抵禦，故次之以《戈》。戉，戈類也，故次之以《戉》。戉主斷，主斷在我，故次之以《我》。主斷而鋒芒生，故次之以《亅》。鋒芒必斂，琴以禁之，故次之以《琴》。琴，制心於隱，故次之以《乚》。隱者亡名，故次之以《亡》。亡必有所褱挾，故次之以《匸》。褱挾者器也，器有所受，故次之以《匚》。方所以爲曲器，故次之以《曲》。曲器爲甾，故次之以《甾》。甾，瓦器也，故次之以《瓦》。瓦之穹隆似弓，故次之以《弓》，次之以《弜》。弓系弦而彊，故次之以《弦》，次之以《系》。所以系者糸也，故次之以《糸》。二糸爲絲，絲色素，故次之以《素》，次之以《絲》。絲可爲網，故次之以《率》。率然者，常山之蛇，虫屬也，故次之以《虫》。虫，䖵蟲之一，故次之以《䖵》，次之以《蟲》。風動蟲生，故次之以《風》。它之旁轉若回風，故次之以《它》。龜以它爲雄，故次之以《龜》。黽，廣腰似龜，故次之以《黽》。蟲以卵化，故次之以《卵》。卵孚化，地之性也，地數二，故次之以《二》，次之以《土》。土積而高，故次之以《垚》。土性黏，故次之以《堇》。垚，高土，堇，卑土也，高卑雜可以居人養人，故次之以《里》，次之以《田》。田相比，故次之以《畕》。土色黄，故次之以《黄》。力田者男也，故次之以《男》，次之以《力》。力尚協，故次之以《劦》。金生於土，力而取之，故次之以《金》。金從衡量，故次之以《幵》。幵，上平也，平者不失於圭勺，故次之以《勺》。几亦平，故次之以《几》。且者，几也，故次之以《且》。几成於斤，故次之以《斤》。斤與斗皆權量也，故次之以《斗》。矛亦斤屬，故次之以《矛》。矛，車所建也，故次之以《車》。車有所陟，故次之以《𠂤》，次之以《阜》。兩阜中爲道，故次之以《𨺅》。

阜,象土,故次之以《厽》。層象積之,自三而四,故次之以《四》。宁,四圍也,故次之以《宁》。宁而連叕之,故次之以《叕》。連叕者相亞也,故次之以《亞》。亞,交午也,故次之以《五》,以《六》,以《七》,至於《九》。九,曲屈也,獸迹屈曲象之,故次之以《禸》。内,獸迹也,故次之以《嘼》。嘼亦有甲,故次之以《甲》。自甲次《乙》,次《丙》,次《丁》,次《戊》,至於《己》。己,藏詘蛇之象,故次之以《巴》。有所藏者實也,故次之以《庚》。自庚次《辛》,兩辛爲《辡》。自辛次《壬》,以至於《癸》。十二辰以配日,故次之以《子》。子象𠙹未分,故次之以《了》。子道尚謹,故次之以《孨》。不謹者逆子也,故次之以《𠫓》。子次而《丑》,而《寅》、《卯》、《辰》、《巳》、《午》、《未》、《申》、《酉》。酉,酒也,酒掌於大酋,故次之以《酋》。物酋急則將滅,故次之以《戌》。滅而根荄復生,故終次《亥》。終則有始也。

《繫傳》三十三當作"《通論》上"。

按:此《通論》三篇,文本連屬,無庸别出大篆以閒阻其文義。况别出之篆多有不應其次者,宜與《類聚篇》同例,將篆文提標篇首,以下皆連綴書之。而於"故於文一大爲天,土迤爲地","天"、"地"等字用小篆書於行中,不必跨行作大字,方與體例合。

一葉首行"叚",當作"鰕"。**二行**"累",當作"彖"。**十行**"故省之也","之",當作"乏"。**二葉二行**"故文",當作"故於文"。**三行**"率姓",當作"率性"。**廿四行**"物富",當作"物畜"。**末行**"誥四方","誥"當作"詰"。**三葉九行**"深屋"下脱"也"字。**十六行**"衆方",當作"衆才"。**廿一行**"日之狀","日",當作"月"。**廿二行**"《書》曰",當作"《詩》曰"。**四葉七行**"君子有比",當作"君子比之"。**十行**"古人",當作"在人"。**十一行**"尸屋也","屋",當作"屋"。**廿二行**"水柔而晦",當作"木柔也"。**五葉十五行**"而術",當作"曰術"。**十七行**"處之","之",當作"無"。**廿七行**"方面",當作"方名"。**六葉二行**"行也,懷之曰行","行也"、"曰行"四字衍。**六行**"行彳也",當作"彳亍,行也”。**七行**“物之性性”,當作“物交之”。**九行**“真親”,“親”,當作“歡”。**廿七行**“有爲則無好”,當作“無爲則無好”。**七葉十行**“謂之旨”,“旨”,當作“音”。“故以一”,當作“故一以”。

《繫傳》三十四當作“《通論》中”。

一葉二行“一之任也,土者二之干”,當作“一之偶也,地之數也,土者地之干”。**三行**“一偶爲土”,當作“丨貫二爲土”。**五行**“可斷斷者”,兩“斷”字當作“鍛”。**七行**“爲溝溝成”四字,當作“爲聚聚”三字。**八行**“精爲水”三字,當作“奎爲溝,溝爲水”六字。**十六行**“根荄遠”,當作“根荄攢聚”。**廿二行**“故曰性”下當有“性”字。**二葉二行**“叢林”,按《淮南子》,當作“邱阜”。“聽明而折”,當作“聰明而夭”。**六行**“我不知天之”,當作“王如弗敢及天”。**十五行**“使至”,當作“使不至”。**十六行**“寤寐”下當有“以”字。**廿二行**“情,青聲”,當作“青,情聲”。“精成青”,“青”,當作“情”。**三葉一行**“王臣”,當作“主臣”。**四行**“蒙然”下當有“被”字。**五行**“足行”,當作“足形”。**八行**“有麤”下當有“人”字。“其別”,當作“其麤”。**九行**“在下”下當有“不”字。**四葉十行**“續莫”上當有“似”字。**廿二行**“通言婦”,“婦”,當作“成”。**廿四行**“故曰”,當作“故謂”。**五葉五行**“嬰,賏聲”,當作“賏,嬰聲”。**十七行**“貴於庶也”下當補“故於文商女爲嫡。商者諟也,諟者啇諦也”十六字。“至於”,當作“出於”。**十九行**“周以宗强”,當作“周宗以强”。**六葉二行**“省之者”上當有“從老省”三字。

“則變白”,“白”字衍。**三行**“髮盛”,當作“髮黑”。**八行**“其道”,當作“其事”。**十一行**“於鼻”,當作“於有鼻”,《孟子》作“有庳”。**十二行**“帝朱”,當作“丹朱”。**廿六行**“戌然”,當作“戚然”。**末行**“心之至”,“至”,疑當作“主”。**七**

葉十一行“人力閑矣”，當作“人身閒矣”。**十二行**“手勸”，當作“力勸”。“和沈”，“沈”，疑當作“熟”。**十三行**“骨節入耳”，疑當作“𣪘有八采”。**十四行**“不及節民”，當作“不能理民”。**十五行**“操櫜粈而九雜”，當作“操虆垂以奠”。**十八行**“罞者”，疑當作“麋鹿”。**二十行**“支泒”，當作“沾澤”。**八葉一行**“知無不爲曰忠”下當補“故於文中心爲忠”七字。**十二行**“以德政仁行施”，當作“以德行仁政”。**十六行**“以斷”，當作“用斷”。**廿三行**“自然而”下當補“歌”字。**九葉三行**“而沃”，當作“沃而”。**十四行**“相諍”，當作“相劑”。

《繫傳》三十五當作“《通論》下”。

一葉四行“一一人”，當作“二人”。**七行**“豈箸”，當作“豈者”。**十四行**“擊鼓”，當作“鼓歌”。**十八行**“之句”，當作“倨句”。**二葉六行**“乎此”，當作“樂此”。**十四行**“蛶蝤”二見，“蝤”，當作“蝣”。“解閎”，當作“解開”。**十五行**“《詩》曰”，當作“《詩序》曰”。**二十行**“配之”，當作“託之”。**三葉廿二行**“曰炁”、“擁炁”，“炁”，疑皆當作“旡”。**廿四行**“故從炁”，當作“故從旡、心。”“炁加夊”下當補“作愛從”三字。**四葉九行**“惡”，《左傳》作“忌”。**十六行**“幾何歲”，今《國語》無“歲”字，此與《玉部》“珩”注同。**五葉三行**“不能”，當作“而易”。**四行**“去犾”，“犾”字衍。**八行**“共恭”，“恭”字衍。**二十行**“自申束也”下當補“古文”二字。**六葉廿五行**“於文”下當補“𤔔辛爲辭”四字。**七葉八行**“知之”，當作“知者”。“合於”，“於”字衍。**九行**“必成於文”，當作“必成文章”。**十五行**“應知難詰”，當作“應詰難揭”。“事曰論”下當補“於文言侖爲”五字。“倫也”上當補“侖”字。**廿三行**“今文”下當補“憂從”二字。**廿四行**“政憂”下當補“憂”字。“優優”，當作“憂憂”。**廿六行**“夊夊者，足有物曳之行遲”，當作“夊者，足曳物行遲也”。**八葉**“慣也，閼者”，當作“閼也，閼於”。**九行**“從𩟊者𩟊”，當作“作𩟊𩟊者”。**廿五行**“諔也”，當作“鋭也”。**九葉十行**“《語》曰”上當有“論”字。

《繫傳》三十六當作“《袪妄篇》”。

按：此篇專矯李陽冰之説，而不免過於深文。如：陽冰以“叀爲墨斗”、“赤爲上小”、“午從半竹”，説近穿鑿，辨之是也。若謂“矢引爲弜”，“三丩爲州”，亦是聲義相兼耳，而楚金指爲用反切法成文，在六書之外，抑亦過矣。至“龍從反半弱”之説，陽冰自有意義，楚金乃云：“反弱則不弱，何得夭矯？”是幾忘“夭矯”即“不弱”之意。論古者平心參之。

一葉六行“有可以”，“可”，當作“所”。**九行**“庖犧”，“犧”字衍。**二葉十一行**“籀文從手”。按：《艸部》籀文作“[illegible]”，篆文從手。“籀”，當作“篆”。**十七行**“樂竹管以和衆聲”。按：《龠部》注“竹管”下有“三孔”二字。**廿五行**“自臼”。按：《臼部》“[illegible]”篆注云“象自臼之形”，而此鍇説謂許不言象形，則後人用李説改也。**三葉十行**“墨之形”上當有“盛”字。**廿七行**“但見於器”，“但”，當作“一”。**四葉七行**“取詞之初所之”。按：《矢部》“[illegible]”篆注云“取詞之所之如矢”。疑後人所改。**廿四行**“乃如”，“如”，當作“知”。**廿五行**“穬，粟實也”，按《米部》注，鍇無“粟”字，鉉無“穬”字，依此當并存。**五葉六行**“見尊”，“見”，當作“且”。**七行**“遇弓”，當作“持弓”。**九行**“蚩省聲形”，“形”字衍。按：《衣部》“[illegible]”篆注作“叀省聲”，鍇云“叀音專”，而此又云“蚩音丑善反”，何不相符也？疑《衣部》或依鉉改。**十五行**“氣語”，當作“氣䛩”。**十六行**“昨從人”，當作“非從人”。**十七行**“[illegible]”，當作“[illegible]”。此許書字也，標題大篆當如此，書作“[illegible]”，誤也。“[illegible]”，當作“[illegible]”，陽冰上從開口，下與“[illegible]”篆同。**十八行**“象”，當作“篆”。**廿一行**“[illegible]，當作[illegible]”，當改“[illegible]，當作[illegible]”。**廿三行**“合分”，按《[illegible]部》注，無“分”字。**廿六

行“自自堆𠂤”，當作“𠂤𠂤𠂤堆阜”。 “倒亾”下疑當有“聲”字。**六葉十五行**“背，違也。從飛，下兩翅”。按：《非部》注無“背字”兩字。**十八行**“從乚”下當補“乚”字。**廿一行**“玄牽省，系系相牽”，當作“從牽玄系省，系而相牽”。**廿三行**“葢同”下當有“縴”字。**七葉九行**“有質”，當作“有實”。**十五行**“所㠯”，當作“㠯所”。 “‘與’、‘予’皆同”下當有“意”字。《勹部》“与”篆注譌作“此即‘與’同”。**二十行**“篆形”，當作“象形”。**廿五行**“食象”下當補“象”字。 標題大篆當作“[illegible]”，作“[illegible]”，陽冰體。**八葉一行**“得兆正横”，當作“兆得大横”。**十七行**“侅侅”。按：《亥部》注作“咳咳”。**廿四行**“六旬矣”，“矣”，當作“也”。 “《書》‘亥’字‘𠀅’如此”，當作“《書》‘亥’字作‘𠀅’”。**廿六行**“隔位六矣”，“隔位”二字衍，“六”下當補“十”字。**九葉七行**“大焉”上當有“莫”字。

《繫傳》三十七當作“《類聚篇》”。

二葉廿一行“漢《洪範》”，“漢”字疑衍。**三葉廿四行**“謂也”，當作“詞之”。**七葉四行**“取𠀅”下當補“一”字。

《繫傳》三十八當作“《錯綜篇》”。

四葉三行“著之”，當作“著於”。**五葉**二、三**行**注有譌脱，當作“市，從冂，從㇆，從㞢省。㇆，古及字；冂，其中分界也”。

《繫傳》三十九當作“《疑義篇》”。

一葉二行“實象”,疑當作“比附”。**八行**“人言必”,“必”,當作“爲”。**末行**“是也”二字當在前行末“省者”之上。**七行**“埲注䨻”。按:《土部》“埲”篆注作“從䨻省”,蓋後人所改。**十二行**“崔字”,當作“㠑字”。**十三行**“即缶”,當作“即𠚕缶”。按:此擬補七字,鉉采志崔羼入許書,次立又依鉉補此本。

《繫傳》四十當作“《系述篇》”。

跋

道光丁酉之歲，淳父先生祁公奉命視學江蘇，其駐節在江陰縣，而兆洛適爲其邑書院主講，以同館，故得奉謁先生。先生見，即問小徐《説文繫傳》行世者何本？別有佳本否？兆洛對以此時通行者惟歙汪氏啟淑本，訛漏不足馮，現在蘇州汪氏有宋槧不全本，顧氏有影宋鈔足本，皆佳。先生立命往借之，至即訇工梓之，命兆洛爲之校理，閱一年刻成。兆洛按二徐之於《説文》，功力竝深，才亦相隸。宋人所以重《繫傳》者，徒以《繫傳》所付《通論》諸篇，原本《説文》旁推交通致爲妍美。而《通釋》視大徐雖時出新意，而不及大徐之淳確。又其引書似都不檢本文，略以意屬，亦不若大徐之通敏。惟兄弟祖述鄦氏，重規疊榘，毋敢逾越，實足發明叔重遺業，訂正其所不及，故學者推崇之不能偏廢也。讀書之道，莫先識字，居今日而欲求三代之遺舍，鄦氏奚所適從哉？學者不知師古，向壁虚造，"焉"、"鳥"莫辯，惟稍窺鄦氏書，庶幾足以救之。昔朱竹君先生督學安徽，病士子字跡乖戾，翻刻毛氏汲古閣本大徐《説文解字》，以示之準。今先生拳拳《繫傳》，亦此意夫！又先生時時稱《朱子小學》，欲求善本刊之，分賜多士，使爲法守。是皆爲學之本，致治所先，誠當務之急也。故識其概，以諗來者。李兆洛識。

汪氏字閬原，候補道。顧氏字澗蘋，諸生，以故，其孫瑞清能世其業。汪本，人誇爲北宋本，甚精雅可善，而按《通論》卷中眘字缺筆，則亦是南宋本耳。今刻款式依以爲式，無者則以宋鈔本足之。閬原所藏，舊見澗蘋所借，尚有《通釋》數卷，今止借得《部敍》、《通論》等共六卷，復往借，則堅歫不肯出矣。寫楷字者蘇州蔣芝生；篆文，則江陰承培元、吳江吳汝庚；校之者，則河間苗夔、江陰承培元、夏灝、吳江吳汝庚也。李兆洛附識。

《説文解字繫傳校勘記》後跋

文字之義以訓詁而明,訓詁之學以形聲而定,自有書契以來,未有離形聲而得訓詁者也。許氏《説文》,形聲之書也,而訓詁備焉。于一字定一義,水之原、木之本也。而引證經傳,博采通人,如水出一原,而四瀆百川溝渠く巜厤析焉;如木生一本,而側萠旁櫱直榦樛枝畢逵焉。如"某,某也","從某某聲",此正義也;"一曰某","或曰某",則引申旁通也;"古文以爲爲某字","某説以爲某字","某書以爲某字",則聲義通借也。許書解字通例如此,後人或妄爲移易。爲許氏之學者,亦由形聲而得訓詁,由訓詁以證經義,濬原通流,循本究末,於古今疑義可以派别條分矣。乃自唐宋以降,學許書者紛紛以形聲相聚訟。唐李陽冰、宋戴侗、郭忠恕、明趙宧光,皆是。如"一在木上爲末,一在木下爲本,指事也"。而戴侗云:"木上爲末,木下爲本,會意。""己中一爲巴",而陽冰云"不從己,從巳"。其實指事、會意非有異義。"己"象屈曲,亦具蛇形,不必信此疑彼也。學者可以類推。不啻濬其原而反壅之,循其本而故歧之。甚且疑許氏之學無與于經義,而傭耳僦目,是流而非原,信末而疑本。于是,非之者妄加穿鑿,疑之者縱尋斧斤,許氏之書日益喪其真,即形聲之學日益昧,無怪訓詁乖戾,經義割裂矣。許書之存于今者,唐以前無完本,僅椒見於經史百家疏注音義之中。唐以後所傳唯二徐本。楚金多仍舊書,其失也不免承譌蹈譌。鼎臣多所正是,其失也在雜采陽冰、楚金之説羼亂許書。然則,非楚金無以正鼎臣之失,非唐人疏注所引無以正楚金之失也。無如楚金之書以艸稿傳,校栞者未能詳覈,譌踳參錯,展卷皆是。且習於鼎臣,意主先入,轉取鼎臣以增删楚金,而許書剥鍥殆盡矣。湻甫先生鑒其失之日甚也,于視學吴中之日,求楚金書舊本,得影宋鈔于蘇州顧氏,栞而行之。復爲《校勘記》三卷,正其譌踳參錯,俾學者下糾鼎臣之紕繆,上泝許君之真原。且即其《通釋》所引經史百家,以通貫訓詁文字圭槷,不于是在哉!培元得與校讎,仰承泝原求本之恉,按:是書貴其能通辨經字,故《記》中于説經處校勘尤詳。其他所引子、史、文集、説部諸書,鍇每恃肊記,多有與原書違背及書名參錯者,今《記》中皆條辨之。其爲古今異文者,則曰"今某書作某";其一事見兩書而所引參錯者,則兩援以證之;其爲檃栝經傳語者，則正其字而置其文；其不箸書名者，則正其字而以見某書證之；其爲許所引書而鍇已辨明者，則不復述；其有疑義不可通者，姑存之以俟續考。《記》中不能詳載全句，唯摘取譌誤處數字，證以當作某某，於文義或不免割裂，而專以簡明爲主。 書中遺脱甚多，又古人複字多加注識于首字之下，石鼓文可證。是書複字多闕，葢由鈔寫者遺所注識耳，《記》中言某下當補某某者皆是。其鈔寫陵亂者，則云某某當移置某某下，或云當在某下。唐人疏注及《玉篇》等字書所引《説文》，多異鉉、鍇本，且有所引字不見鉉、鍇本者，《記》中不能備載，取其義勝者存録數條，凡言某書引作某者皆是。 許書每篇字次各以類從，而鉉、鍇編次多有不同，有爲鉉、鍇之舊異者，有爲後人鈔寫陵亂者，段氏書已詳辨之。或有爲段所未及者，《記》中略存一二，以備參考。附書簡末，以志欣喬。道光己亥季冬，承培元謹識。

批注及考證

欽定本《三國志》目録考證

武帝操,臣照按史家之例,帝曰本紀,臣曰列傳,始自馬遷,述於班固。《晉書》則以十六國爲載紀,歷代未之有改也。惟《三國志》既無本紀之稱,並無列傳之目,不别異吴、蜀以他稱,統名之曰《三國志》,然則陳壽之意亦可見矣。紫陽於南宋其遇比於蜀漢,故諄諄以正統與蜀,作詩曰:“晉史自帝魏,後賢蓋更張。”然豈真揶揄陳壽哉。今考證,悉遵壽原書例,不書紀傳等字。

管寧附胡昭、王烈、張臶、焦先。臣浩按,《管寧傳》似應先王烈,次張臶,次胡昭。至焦先,乃裴松之注中之人,非本傳正文也,不應附見。龐淯附母娥親,臣浩按本傳作母娥,無“親”字,其或以注所引《列女傳》作“娥親”而後人加之耶?抑本名“娥親”而傳偶脱之耶?

裴潛附子秀。臣龍官按,裴潛之子秀,其事實詳於裴注,於潛本傳無所考,不應附見,宜衍。

癸丑夏六月藻鈔録。

《魏書》一欽定本作《魏志》一

武帝紀第一

乾隆四年校刊本作武帝操

太祖武皇帝,沛國譙人也。姓曹,諱操,字孟德。

《一統志》:譙縣故城,今潁州府亳州治。

頓丘令……

頓丘,在今直隸大名府清豐縣西南二十五里。

遷爲濟南相……

漢濟南國,治在今山東濟南府歷城縣東七十五里。《後漢郡國志》屬十城:東平陵、著、於陵、臺、菅、土鼓、梁鄒、鄒平、東朝陽、歷城。

徵還爲東郡太守……

漢東郡太守直隸大名府開州南。

是時紹屯河内,邈、岱、瑁遣屯酸棗,術屯南陽,伷屯潁川,馥在鄴。

《一統志》:河内,今河南懷慶府武陟縣。酸棗,今衛輝府延津縣。南陽,今南陽府南陽縣。潁川,今開封府禹州。鄴,今彰德府臨漳縣。

遂引兵西,將據成皋。……到滎陽、汴水。

《一統志》:成皋,今河南開封府汜水縣。

滎陽,今滎澤縣。

使渤海引河内之衆臨孟津。……軍丹、析。

孟津,在今河南懷慶府孟縣南十八里。

丹水,在今南陽府淅州縣。析,在今南陽府内鄉縣。

還到龍亢……至銍、建平。

《一統志》:今安徽鳳陽府懷遠縣。銍在宿州,建平在河南歸德府永城縣。

略魏郡東郡。……治東武陽……太祖軍頓丘。

《一統志》:東郡,治濮陽。濮陽,今直隸大名府開州。

東武陽,今山東曹州府朝城縣。頓丘,今直隸大名府清豐縣。

又擊匈奴於夫羅於内黄。

内黄,今河南彰德府内黄縣。

殺任城相鄭遂,轉入東平。

任城,今山東濟寧州。東平,今東平州。

迎太祖領兖州牧,遂進兵擊黄巾於壽張東。

兖州,治廩邱,領泰山、濟北、任城、高平、濟陰、東平等六郡國。

壽張屬東平,在今東平州。

追黄巾至濟北乞降。

濟北,在山東濟南府長青縣。

瓚使劉備屯高唐,單經屯平原,陶謙屯發干,以逼袁紹。

高唐,在今濟南府禹城縣。平原,在今濟南府平原縣。發干,今山東東昌府堂邑縣。

四年春,軍鄄城。荆州牧劉表斷術糧道,術引軍入陳留,屯封丘。

鄄城,今山東曹州府濮州。陳留,今河南開封府陳留縣。封丘,今封丘縣。

術走襄邑,追到太壽,決渠灌城,走寧陵,又追之,走九江。夏,太祖還軍定陶。

襄邑,今河南歸德府睢縣西一里。寧陵,今歸德府寧陵縣南。九江,今安徽鳳陽府定遠縣西北。定陶今曹州府定陶縣。

取泰山、華、費。

泰山,今山東泰安府泰安縣東北。華,今山東沂州府費縣東北六十里。費,在今費縣西北二十里。

遂略地至東海,還過郯。

郯,今山東沂州郯城縣西南三十里。

遂攻拔襄賁。

襄賁,今山東沂州府蘭山縣西南一百二十里。

程昱保鄄城,范、東阿二縣固守……西屯濮陽。……不能據東平,斷亢父、泰山之路。

范,今山東曹州府范縣東南二十里。

東阿,今山東兖州府陽穀縣東北五十里。

濮陽,今直隸大名府開州南。

東平,今太安府東平州東二十里。

亢父,今山東洛寧州南五十里。

秋九月,太祖還鄄城,布到乘氏……東屯山陽。

乘氏,今山東曹州府鉅野縣西南。

山陽,今山東曹州府濟寧州金鄉縣西北四十里。

布復從東緡與陳宫將萬餘人來戰。

東緡,今山東濟寧州東北金鄉縣東北二十里。

使其弟超將家屬保雍丘。

雍丘,今河南開封府杞縣治。

遂東略陳地。

陳,今河南陳州府淮寧縣治。

太祖軍臨武平。

武平,今湖南桂陽州□□治。

遷鎮東將軍。

東,漢屬豫州陳國。

奉别屯梁。

梁,今河南省歸德府商邱縣治。

董昭等勸太祖都許。

許,今河南許州東北。

張濟自關中走南陽。

南陽,今河南南陽府南陽縣。

二年春正月,公到宛。

宛,今南陽縣治。

公乃引兵還舞陰。

舞陰,今河南南陽府泌陽縣西北六十里。

繡奔穰。

穰,今河南南陽鄧州東南。

南陽章陵諸縣復叛爲繡……還屯葉。

章陵,今湖北襄陽府東陽縣。葉今葉縣南三十里。

表將鄧濟據湖陽。

湖陽,今南陽府唐縣南八十里。

到安衆。

安衆,今河南安陽府鎮平縣東南。

屠彭城。

彭城,今江蘇徐州府銅山縣治。

分琅邪、東海、北海爲城陽、利城、昌慮郡。

東漢徐州琅邪國,今青州府諸城縣東一百五十里。東海,今沂州府郯城西南三十里。北海今青州府壽光縣東南三十一里。城陽,今山東沂州府莒州治。利城今山東沂州府蘭山縣東百里。昌,今青州府諸城縣東南。慮,今沂州府沂水縣西南。胡三省注:"西漢王國,光武省併入琅邪、利城,昌、慮二縣皆屬東海。此蓋因諸屯帥所居而分爲郡也。"昌邑,今山東濟寧州金鄉縣西北四十里。胡三省注:《郡國志》:河内野王縣有射犬聚。唐懷州河内縣有漢射犬故城。按,野王,今河南懷慶府河内縣治。唐懷州河内縣,即今河内縣治。

公進軍黎陽。……破齊北海東安。

黎陽,今衛輝府濬縣東北。東安,今山東沂州府沂水縣南三十里。杜佑曰:"鄭州中牟縣北十二里有中牟,是爲官渡城,袁、曹相持之處。"按,唐中牟屬鄭州,今屬開封府。

攻東郡太守劉延於白馬。

白馬,故城在今河南衛輝府滑縣東二十里。

杜預曰:"陳留酸棗縣有延津。"按,漢晉酸棗即今衛輝延津縣。

紹進保陽武。

陽武,故城在今懷慶縣陽武縣東南。

却十五日爲汝破紹。

胡三省注:"却,後也。晉人帖中多用'少却'字,其意猶云少退也。"

烏巢,屯軍無嚴備。

胡三省注:"據《水經》,烏巢澤在陳留酸棗縣東南。"

七年春正月,公軍譙。

譙,今潁州府亳州。

遂至浚儀。

浚儀,今河南開封府祥符縣西北。胡三省注:"睢水於此縣首受。"

治睢陽渠。

莨蕩渠水東過睢陽縣,故謂之睢陽渠。

譚自號車騎將軍,屯黎陽。

黎陽,今河南衛輝濬縣。

夏四月,進軍鄴。

鄴,今彰德府臨漳縣。

公征劉表,軍西平。

西平,今河南汝寧府西平縣四十五里。

乃釋平原還鄴。東平吕曠、吕翔叛尚,屯陽平。

平原,今山東濟南府平原縣。

東平,今山東泰安府東平縣東二十里。

濟河,遏淇水,入白溝。

胡三省注:"表尚在鄴,操將攻之,故通糧道。《班志》曰:'淇水,至黎陽入黄河,曹操於水口下大枋木以成堰,遏淇水東入白溝。《水經注》:淇水,東過内黄縣南爲白溝。《水經》:洹水,出上黨□氏縣,東過隆慮縣北,又東北出山逕鄴縣南。"

武安長尹楷,屯毛城。

武安,今彰德府武安縣。毛城,《一統志》云在武安縣。《西府志》:毛城即毛嶺,在涉縣西四十五里。

尚將沮鵠守邯鄲。

邯鄲,今直隸廣平府邯鄲縣西南。

易陽令韓範、涉長梁岐舉縣降……

易陽,今廣平府永年縣。涉,今章德府涉縣。

尚果循西山來,臨滏水爲營。

《郡國志》:鄴有滏水。左思《魏都賦》曰:"北臨漳滏,冬夏異沼。"注云:"鄴北有滏水,滏水熱,故名滏口。"胡三省注:"陳壽《魏武紀》作祁山,《袁紹傳》作濫口,范史《袁紹傳》作藍口。"賢注:"相州安陽界有藍槎山與鄴相近,蓋藍山之口。"按,唐相州安陽今彰府安陽縣治。

浚儀治……

浚儀,今河南開封府祥符縣西北。胡三省注:"睢水於此縣首受。"

譚畧取甘陵、安平、渤海、河間……尚奔故安……走保南皮。

甘陵,今山東東昌府清平縣南。渤海,今直隸天津府南皮縣東北八里。河間,今河間府獻縣治。安平,今深州安平縣。故安,今直隸易州東南。南皮,今天津府南皮縣東北。

三郡烏丸攻鮮于輔於獷平。

胡三省《通鑒注》:"三郡烏丸:遼西蹋頓、遼東蘇僕延、右北平烏延也。

按,漢遼東今奉天府遼陽州北。遼西,今永平府寧縣東。右北平,今直隸遵化府豐潤縣東。獷平,今直隸順天府密雲縣東北。

執上黨太守,舉兵守壺關口。

西漢上黨郡治長子,後漢末上黨郡治壺關。今潞安府長治縣壺關口,在郡東南十六里,壺口山下,山以相錯,地形如壺。

上洛都尉王琰捕斬之……至淳于。

上洛,今陝西商州治。胡三省注:"嶢關在縣西北,故置都尉。"

淳于,今山東青州府安邱縣東北。

是歲,立故琅邪王容子熙爲琅邪王。齊、北海、阜陵、下邳、常山、甘陵、濟陰、平原八國皆除。胡三省云:"立熙,以其弟稱操忠誠;除八國,漸以弱宗室也。"

鑿渠自滹沱入泒水。

《一統志》:滹沱河,舊自保定府東獲鹿縣流經安平縣南,又東經深州北,又東北 經饒陽縣入河間府獻縣界。《後漢書》:更始二年,光武自饒陽南出滹沱河。注:滹沱河舊在饒陽南,曹操因饒陽故瀆,決令北注新溝水,所以今在饒陽縣北。按,饒陽,今直隸深州饒陽縣。泉州渠,今在直隸順天府寶坻縣東南。《一統志》云:一名新河。《水經注》:泉州渠口故瀆,上承滹沱於泉州縣,故以泉州爲名。北逕泉州縣東,又北逕邕奴縣東,西去逕邕縣故地一百二十里,其下歷水澤一百八十里入鮑邱河,謂之泉州口。《魏志》曰:太祖以蹋頓擾邊,將征之,從溝口鑿渠以通河海者也,今無水。按:寶坻縣,即漢泉州、邕縣故址。

其子琮代屯襄陽……劉備屯樊。九月,公到新野,備走夏口……公進東江陵。

襄陽,今湖北襄陽府襄陽縣治。江陵,今湖北荆州府江陵縣治。樊,城襄陽東北,臨漢水。新野,今河南南陽府新野縣。胡三省注:"應劭曰:沔水自江夏别至南郡華容爲夏水,過江夏郡而入於江。蓋指夏水入江之地,爲夏口。庾仲雍曰:夏口,一曰沔口,或曰魯口。《水經注》:沔水南至江夏沙羨縣北奔入於江。然則夏口以夏水得名,沔水以沔水得名,魯口以魯水得名,實一處也。其地在江北,自孫權置夏口督屯江南,今鄂州治是也。故何尚之云:夏口在荆州之中,正對沔口。賢注亦謂:夏口戍在今鄂州,於是相承以鄂州爲夏口,而江北之夏口晦矣。按,鄂州今湖北武昌江夏縣。夏口,今漢陽府夏口。

孫權爲備攻合肥……至巴丘……公至赤壁……引軍從華容道……

合肥,今安徽廬州府合肥縣治。胡三省注:巴丘,今巴陵,在今湖南岳州府巴陵縣。胡三省注:赤壁,在嘉魚縣。今湖北武昌府嘉魚縣治。華容,胡注:今石首。即湖北荆州石首縣治。

自渦入淮出肥水……長吏用芍陂屯田。

渦水,在安徽鳳陽府懷遠縣北一里,自潁州府蒙城縣流又東入淮,謂之渦口。肥水,在鳳臺縣東北至廬州府合肥界西北流,入至肥口北入淮。芍陂,在安徽鳳陽府壽州南。

太原商曜等以大陵叛。

大陵,今山西太原府文水縣東北三十五里。

張魯據漢中。

漢中,今陝西漢中府南鄭縣東二里。

李堪。

"堪"當作"堪"。

超等屯潼關。

胡三省注:潼關,在弘農華陰縣。《水經注》:河在關山南,流潼激關山,因謂之潼關。晉所謂桃林之塞,秦所謂華陽是也。今陝西潼關。

夜渡浦阪津。

浦阪津,在山西蒲州府永濟縣西,一名蒲津關,一名臨晉關,一名河關。宋大中祥符四年,改蒲津關爲大慶關。蒲津渡在蒲津關下。

楊秋奔安定。

漢安定,郡名,今甘肅平涼府,在今鎮原縣。

馬超餘衆梁興等屯藍田。

藍田,今陝西西安府藍田縣西三十里。

割河内之蕩陰、朝歌、林慮,東郡之衛國、頓丘、東武陽、發干,鉅鹿之廮陶、曲周、南和,廣平之任城,趙之襄國、邯鄲、易陽……進軍濡須口。

蕩陰,今彰德府湯陰縣。朝歌,今衛輝府淇縣。林慮,今彰德府林縣。衛國,今山東曹州府觀城縣。頓丘,今直隸大名府清豐縣東。武陽,今山東曹州府朝城縣。發干,今東昌府堂邑縣。廮陶,今直隸趙州寧晉縣。曲周,今廣平府曲州縣。南和,今順德府南和縣。任城,今山東濟寧州。襄國,今直隸順德府邢臺縣。邯鄲,今直隸廣平府邯鄲縣。易陽,今廣平府永年縣。濡須口,在安徽廬江府巢縣南。

馬超在漢陽。

漢陽,今甘肅鞏昌府伏羌縣治。

南安趙衢……超奔漢中,韓遂徙金城……淵與諸將攻興國。

南安,今甘肅鞏昌府隴西縣。漢中,今陝西漢中南郡縣。金城,今甘肅蘭州府。興國城,在今甘肅秦州秦安縣東北。

聚衆枹罕。

枹罕,今甘肅蘭州府河州治。

公至孟津。

孟津,在今河南懷慶府孟縣南十八里。其河南府之孟津縣,則秦、漢名平陰,魏改爲河陰,至金始改爲孟津云。

省雲中、定襄、五原、朔方郡……合以爲新興郡。

《後漢書·郡國志》:雲中十一城,五原十城,定襄五城,朔方六城,多在塞外。新興,治今山西忻州。

公西征張魯,至陳倉,將自武都入氐……至河池。

陳倉,今陝西鳳翔府寶鷄縣東南。武都,今甘肅階州城縣西八十里。河池,今甘肅秦州徽縣西十五里。

秋七月,公至陽平。

胡三省注:"胡佑曰:陽平關,在漢中襃城縣西北。"

魯潰奔巴中。

胡注:"巴中爲陝西興元,在今漢中府治。"

復漢寧郡爲漢中。

《後漢書·郡國志》:漢中郡,九城,治南鄭縣,餘爲成固、西城、襃中、沔陽、安陽、錫、上庸、房陵。按,安陽,今陝西漢中府城固縣東。西城,今興安府安康縣西北。上庸,今湖北鄖陽府竹山縣東。錫,在今陝西興安府白河縣。

二十二年春正月,王軍居巢。

居巢,今安徽廬江府巢縣。

劉備遣張飛、馬超、吳蘭等屯下辯。

下辯,今甘肅階州成縣。

王自長安出斜谷。

胡三省注:"斜谷道險,操恐爲備所邀截,先以軍遮要害之處,乃進臨漢中。或曰:遮要,地名。"

仁解圍,王軍摩坡。

胡三省注:"據《水經》,摩陂在潁川、郟縣,縱廣可十五里。郟縣,今河南汝州郟縣治。"

《魏志》卷一考證

太祖武皇帝。

臣清植按,此書於曹操始稱太祖,及漢帝遷許,以操爲大將軍,則改稱公,蓋天子三公稱公也。既進爵爲王,則改稱王。即曹丕,未篡之先亦稱王而已,明其爲漢王公也。爲漢王公而卒乃帝,其爲篡也章矣。陳壽仕晉,而晉繼魏,故微其辭以寓其旨。若孫權,則雖篡後猶權之耳。惟先主始終皆稱先主無易辭,以此知陳壽意中隱以正統予蜀,如綱目之指。隋王通:"使陳壽不美於春秋,遷、固之罪。"言其體雖襲史漢之舊而書法容有合於《春秋》也。

字孟德,相國參之後。

注:太祖一名吉利。《太平御覽》太祖上有"曹瞞傳曰"四字。臣龍官按裴注:所引皆有書名,此爲脱落無疑。

封費亭侯。注:騰父節字之諱。臣明楷按,宦官有曹節,曹騰之父亦名節,名同耳。

莫能審其生出本末。

注:嵩,夏侯氏之子。前學士臣何焯曰:夏侯惇之子楙尚清河公主,淵子衡亦娶曹氏,則謂嵩夏侯氏子者,敵國傳聞,蓋不足信。

其在君乎。

注:抄集諸家兵法,名曰接要。臣明楷按,"接"似應作"節"或以祖名節而諱之歟。

拜騎都尉,討潁川賊。遷爲濟南相。

臣清植按,《魏武故事》所載十二月己亥令操先在洛南,後徵爲都尉。此拜騎都尉,乃在濟南相之先,似當以操自叙爲正。

長吏多阿附貴戚,贓汙狼籍,於是奏免其八。《太平御覽》下有九字。

河内太守王匡。

注:班親屬不勝憤怒,與太祖並勢,共殺匡。臣清植按,後文所列諸人屯兵處獨缺王匡,鮑、信二名位微,又其《傳》曰"協規太祖",其統屬於操無疑,匡所以闕如,必是見并於操如謝承之説。

布到乘氏,爲其縣人李進所破。

宋本作“季進”。

太祖軍臨武平。

《太平御覽》無“平”字。

汝南、潁川黄巾何儀、劉辟、黄邵、何曼等,各數萬,初應袁術,又附孫堅。二月,太祖進軍討破之,斬辟、邵等。

臣龍官按,建安五年,汝南降賊劉辟等叛應紹,則此時未得斬也。又于禁傳亦云斬辟、邵等疑有誤,何焯校本衍“辟”字,良是。

公將引還,繡兵來,公軍不得進。

《太平御覽》來下有“追”字。

固使楊故長薛洪、河内太守繆尚留守。繆,《文選》作椮。

遣劉岱、王忠擊之,不克。

注:令俳取冢間髑髏繫著忠馬鞍。元修本無“著”字。

爲子整與譚結婚。

注:未必便以此時成禮。臣清植按,明年九月明記:“女還而後進兵,則其成禮。”於其時必矣。操譚安得與論禮哉。

東平吕曠、吕翔叛袁。

紹傳俱作“翔”,監本誤作“詳”。今改正。

尚懼故豫州刺史陰夔及陳琳乞降。

“尚懼”下當有“遣”字。夏六月,以公爲丞相。注:璆字孟平。《後漢書》作“孟”。《玉和洽傳》中注又作“孟本”。

冬作銅爵臺。

注:以及子植兄弟。何焯曰:《文類》作“子桓”,“植”字乃“桓”字傳寫之誤。對臣下不以稱子之字爲嫌,觀《陳思王傳》注中,諸令屢稱子建,則此爲子桓決也。

馬超遂與韓遂、楊秋、李堪、成宜等叛。

〔李堪〕監本作“李瞞”,後云斬成宜、李堪等。又馬超、張魯傳皆作“堪”,則“李瞞”誤也。今改正。

九月,進軍渡渭。

注:可起沙爲城,以水灌之,可一夜而成。“可一夜而成”五字,《太平御覽》作“頃臾水堅如鐵石,攻不達曙,百堵皆立,雖金湯之固,未能過也”二十四

字。

策命公爲魏公。

何焯曰：魏公之命，及還禪授之際，但録册書而不著，其僞讓承祚之微詞，所以殊於他史也。

對揚我高祖之休命。

注：於是中軍師王凌謝亭侯荀攸。何焯曰："王"字衍，"凌謝"當爲"陵樹"。《荀攸本傳》：冀州平，太祖表封爲陵樹亭侯也。

但更事多耳。

注：使行太常事大司農安陽侯王邑。"安陽"下疑脱"亭"字。

兄弟皆伏法。

注：完及宗族死者數百人。何焯曰："完"字衍，完死在十四年。

二十一年春二月，公還鄴。

注：此爲敬恭不終實也。《文類》作"終不實也"。

漢太醫令吉本。

《後漢書》作吉平。

必與潁川典農中郎將嚴匡討斬之。

注：或曰必欲投禕。"或曰"諸本誤作"王曰"。以上下文考之，當是兩説，傳疑作"或曰"爲是。

執南陽太守，劫略民吏，保宛。

宋本"民吏"作"吏民"。

仁屠宛，斬音。

注：音於是執太守東里褒。《通鑒》作東里衮。

二月丁卯葬高陵。

注：是以袁紹、崔豹之徒。臣良裘按，"豹"當作"鈞"，《宋書·禮志》可據，鈞與袁紹起兵山東。見《後漢書·崔駰傳》。

《魏書》二欽定本作《魏志》二

文帝紀第二

欽定本作文帝丕

饒安縣言白雉見。

饒安,今直隸天津南皮縣東南八十里。

是月馮翔山賊鄭甘、王照率衆降。

馮翔,今陝西西安府高陵縣東南。

酒泉黄華、張掖張進等……金城太守……

酒泉,今甘肅肅州。張掖,今甘肅甘州府張掖縣治。金城,今甘肅蘭州皋蘭縣西北。

八月,石邑縣言鳳凰集。冬十一月癸卯。

石邑,今直隸正定府獲鹿縣東南。“十一月”應作“十月”。

赤烏銜書,漢祖未兆……

宋本作“赤鳥”。

日代赤眉者……

宋本無“眉”字。

乃今效見……

大欽定作“文”。

非人力所能建也……

“建”應作“逮”。

王子搜樂丹穴之潛處,被重不出……

“重”當作“董”。

奉今月戊戌……

“戊”當作“壬”。

乃爲壇於繁陽。庚午,王升壇即阼。

胡三省注:“時南巡至潁川潁陰縣,築壇於曲蠡之繁陽亭。《述征記》曰:其地在許南七十里。東有臺,高七丈,方五十步。南有壇,高二丈,方三十步。即受終之壇也。是年以繁陰爲繁昌縣。按,《一統志》:繁昌,故城在今許州臨潁縣西北。繁昌臺,□臨潁縣東南二十里。

以河内之山陽邑萬户。

山陽,今河南懷慶府修武縣西北三十五里。

尚書廬毓議祀厲殊事。

宋本作“厲殃”。

辛未校獵於滎陽。

滎陽,今河南開封府滎澤縣。

幸壽春揚州界……遂至廣陵。

壽春,今安徽鳳陽府壽州。廣陵,今江蘇揚州府江都縣東北。

三月行幸召陵。

召陵,今河南許州郾城縣東三十五里。

利城郡兵蔡方等以郡反。

利城,今山東沂州府蘭山縣東一百里。

立皇子鑒爲東武陽王。

東武陽今山東曹州朝城縣。

《魏志》卷二考證

文帝丕,生於譙。

注:建安十五年,爲司徒趙温所辟。臣浩按,《後漢書·獻帝紀》及“温本傳”俱作“十三年”。

庚午遂南征。

注:豳王不争、周道用興。監本作“幽王”。臣良裘按,豳王謂太王也,作“幽王”非。《文類》、宋本俱作豳。今改正。

居漢陽郡。

注:吾前遣使宣國威靈。宋本作日前遣使。

冬十月癸卯。

諸本作十一月癸卯。臣龍官按,後云黄初元年十一月癸酉,一月中有癸卯不得又有癸酉耳。注中明云十月乙卯,又云今月己未,又云今十月斗之建,則癸卯乃十月朔也。作十一月誤。

饗兹萬國,以肅承天命。

注:周武未戰而赤烏銜書。宋本作“赤烏”。

又注:《春秋玉版讖》曰:代赤眉者魏公子。宋本無“眉”字。

又注:日載東、絶火光,不横一、聖聰明。《宋書》“絶”作“紀”。臣清植按,火光者炎也,炎漢之運至是而終。《宋書》“絶”作“紀”非是。不横一者,丕也。故下文云:魏王姓諱見於圖讖也。

又注:其爲主反爲輔,《宋書》“反”作“及”。臣清植按,主反爲輔者,言漢反臣於魏也,作“及”非是。

又注:明神器之存,已非人力所能逮也。監本誤“逮”作“建”,今改正。

又注:周之伐殷以恭也。恭疑作暴也。

又注:刼遷省御,太僕宫廟。臣良裘按,“太僕”二字於義無處,其或“火撲”二字之譌與。

又注:今月十七日宜成,可受禪命。臣明楷按,三少帝高貴鄉公注自敍始生禎祥曰:“乙未直成,予生。”又曰:“厥日直成。應嘉名也。”《漢書·王莽傳》:以戊辰直定即真天子位。師古云:以建除之次,其日當定。“直成”之義,大抵如是,作“宜成”是誤。

又注:王之搜樂丹穴之潛處,被薰而不出。臣龍官按,諸本俱作“被重”,非。據《莊子·讓王篇》改正。又注:奉今月戊戌璽書。臣明楷按,十月中無戊戌。前云壬戌册詔,疑“戊戌”乃“壬戌”之譌。

咨可謂命世之大聖,億載之師表者也。《文類》咨作兹。

春三月,加遼東太守公孫恭爲車騎將軍。臣浩按,前已有春正月,此處“春”字宜衍。

懷廬宅。注:尚書盧毓議祀厲殊事云。臣明楷按,“祀厲”宋本作“厲殃”。何焯曰:“殊”字是“殃”字之誤。作“祀厲殃事”於本文義較順。

皆以終制從事。注:恩過慕唐。《藝文》作思慕過唐。

又注:歎自僵斃,本集作欲自僵斃。又注:感惟南風。《文類》作感恨南風。

又注:求光幽昧,宋本作末光幽昧。又注:正行定紀。《文類》作五行定紀。

又注:黄初叔祜。臣浩按,“叔祜”似當作“俶祜”。俶,始也;祜,福也。言黄初受禪,始受福也。

又注:追顧景而憐形。宋本“追”作“迫”。

號曰皇覽。注:集諸儒於肅城門内。《太平御覽》作“肅成門内”。

才藝兼該。注:以時之多故,每征余常從。《太平御覽》作:以時之多難,故每征伐,余乘馬常從。

又注:鑲楯爲蔽木户。《太平御覽》作"兩鑲爲閅木户"。

《魏書》三欽定本作《魏志》三

明帝紀第三

欽定本作明帝叡

吴將諸葛瑾、張霸等寇襄陽……征東大將曹休又破其别將於尋陽。

襄陽,今湖北襄陽府襄陽縣治。尋陽,今湖北黄州府黄梅縣北。

西平麴英反,殺臨羌令、西都長。

西平、西都,皆在今甘肅西寧府。臨羌,今西寧府西寧縣西。

二年春正月,宣王攻破新城。

新城,今湖北鄖陽府房縣。《一統志》云:魏文帝合房陵、上庸、西城,立以爲新城郡,以孟達爲太守,治房陵,今房縣治。

分新城之上庸、武靈、巫縣爲上庸郡,錫縣爲錫郡……天水、南安、安定三郡。

上庸,今湖北鄖陽府竹山縣東南。巫,今四川夔州府巫山縣東。何焯曰:武靈,應作武陵。按,武陵,漢屬漢中郡,晉屬上庸郡,在今湖北鄖陽府竹溪縣東。錫,在今陝西興安府白水縣。天水,今甘肅鞏昌府通渭縣西南。安定,今甘肅涇州鎮原縣南五十里。南安,杜佑曰:今隴西郡隴西縣。按,唐隴西縣,今甘肅鞏昌府隴西縣東北。

右將軍張郃擊亮於街亭。

《一統志》:街亭,在漢中府城固縣西十五里。《寰宇記》:南鄭縣有街亭,即蜀馬騣與張郃戰處。

吴將陸議戰於石亭。

"陸議",《通鑒》作"陸遜"。石亭,胡三省注:當在舒州懷寧、桐城二縣之間。按,懷寧,今安徽安慶府潛山縣。桐城,今桐城縣。

諸葛亮圍陳倉。

陳倉,今陝西鳳翔府寶鷄縣東。

以土瓦填塹。

〔瓦〕,《通鑒》作"丸"。

青龍見郟之摩坡井中。

郟,今河南南陽府汝州。

過句注也。此詔書到,軌已進軍,屯陰館……戰於樓煩。

胡三省注:漢靈帝末,羌胡大擾雲中、定襄、五原、朔方、上郡,並流徙分散。建安二十年,集塞下荒地置新興郡,自陘嶺以北並棄之,以句注爲界。陰館,今山西代州西北四十里。樓煩,今山西代州崞縣東北。

是月,諸葛亮出斜谷。

斜谷,《一統志》:在陝西鳳翔府郿縣西南。《縣志》:斜谷在縣西南三十里,入谷口二百二十里抵鳳縣界,出連雲棧復百五十里出谷抵褒城縣,長四百七十里。

孫權入居巢湖口。向合肥新城。

巢湖,《一統志》:在安徽廬江府合肥縣東南六十里,廬江縣北七十里,舒城縣東北一百三十里,巢縣西十里,週迴四百餘里。新城,在合肥縣西北二百里,三國時魏滿寵所築。

隕石於壽光縣。

壽光,今山東青州府壽光縣東。

過九龍前。

《通鑒》作"九龍殿前"。

山茌縣言黄龍見。

山茌,今山東濟南府長青縣東北四十里。

丁未,分魏興之魏陽。

魏興,今陝西興安府安康縣西北。

欲襲遼東。

遼東,今奉天府遼陽州北。

丁巳,分襄陽臨沮、宜城、旍陽、邔音其己反四縣。

臨沮、宜城,皆在今襄陽府。宜城縣即在宜城東北。旍陽,今河南南陽府新野縣南。邔,故城亦在宜城縣。

分沛國蕭、相、竹邑、符離、蘄、銍、龍亢、山桑、洨、虹十縣爲汝陰郡。宋縣、陳郡苦縣皆屬譙郡,以沛、杼秋、公丘、彭城豐國、廣戚,並五縣爲沛王國。……省漁陽郡之狐奴縣……

《後漢書·郡國志》:沛國,二十一城。無山桑與虹。山桑,在今安徽潁州府蒙城縣。虹,今泗州五河縣。相、竹邑、符離、蘄、銍,皆在今安徽鳳陽府宿州。龍亢,在懷遠縣。洨,在靈壁縣。宋,今潁州府太和縣北七十里。陳,今河南陳州府。苦,今歸德府鹿邑縣東。公丘,今山東兗州府滕縣西南十四里。彭城,今江蘇徐州府銅山縣治。廣戚,今徐州府沛縣東。豐國,即今豐縣。狐奴,今直隸順天府順義縣東北三十里。

《魏志》卷三考證

明帝叡詔驃騎將軍司馬宣王討之。

注:保官空虛,初無資任。何焯曰:《魏志》:凡鎮守部曲將及外州長吏,並納質。仕有家口應從坐者,收資保官,此"資"當作質。又注:時桓、尚皆卒。諸本皆作"桓、尚皆卒"。臣龍光按,上云與桓階、夏侯尚親善,則作"階、尚"爲是。

分新城之上庸、武靈、巫縣爲上庸郡。

何焯曰:"靈"當作"陵"。又按,宋刻一本無"巫"字。

曹真遣將軍費曜等拒之。

注:以土瓦填塹欲直攀城。"土瓦",宋本、《通鑑》俱作"土丸"。

申明著於令。

監本"令"誤作"今",今改正。

帝優容之。

注:過九龍殿前。各本無"殿"字。據《通鑑》增。又注:使博士馬均作司南車。杜夔傳注:"馬均"作"馬鈞"。此"均"字疑誤。"司南車"監本誤作"司馬軍",今改正。

而郡國蔽獄一歲之中尚過數百。

"蔽",宋本作"斃"。

春正月壬辰,山茌縣言黄龍見。

《太平御覽》作"太山茌縣"。

屬義陽郡。

注:九龍承露盤。何焯曰:何平叔《景福殿賦》云:"建淩雲之層盤,浚虞淵之靈沼,清露瀼瀼,淥水浩浩。"以此書參證,則魏人又自作承露仙人掌也。李善注:淩雲盤名,蓋魏有淩雲臺,又有淩雲盤。

詔太尉司馬宣王帥衆討遼東。

注:隕缺不預,則手足相代。臣良裘按,《晉書·何曾傳》作"則才足相

代”。以上句文義諧之,似當作“才”。

復置安樂縣。

“置”,監本訛作“致”,今改正。

《魏書》四欽定本作《魏志》四

三少帝紀第四

租中民夷十萬……

租,《襄陽記》曰:租,讀如租税之租。租中在上黄界,去襄陽一百五十里。

追至三州口,大殺獲。

三州口,胡注謂荆、豫、揚三州之口。魏荆州之地,東至江夏;豫州之地,南至弋陽;揚州之地,西至六安。三州口當在其間。又按,《王昶傳》:昶督荆、豫諸軍事,自宛徙屯新野,習水軍於三州,蓋地名曰水口。

立昌黎縣以居之。

《李氏地理五種》:晉平州昌黎縣地,今闕,當在盛京。

分河東之汾北十縣爲平陽郡。

《後漢書·郡國志》:河東郡二十城。分汾北十縣,疑爲:楊縣,故城在今平陽府洪洞東南十五里;平陽侯國,在今臨汾縣西南;皮氏,今河津縣西二里;永安,今霍州趙城地;襄陽,今襄陵縣東南十五里;北屈,今吉州東北六十里;蒲子,在今隰州東北。餘二縣,前漢河東郡有狐讘縣,後漢省,故郡不載,《寰宇志》曹魏初别置狐讘縣,《一統志》云屬平陽郡,在今永和縣;其一則疑絳邑,故城在今曲沃西南,距汾較近。其他十一縣分絳州、解州、蒲州府地,均在汾南。

二月,置南郡之夷陵縣,以居降附。

夷陵,今湖北宜昌府東湖縣東。

以征南將軍王昶爲征南大將軍。

王昶,字文舒。

是歲,諸葛恪帥軍更於隄左右結山挾而築兩城。

胡三省注:今栅江口有兩口:濡須山在和州界,謂之東關;七寶山在無爲軍界,謂之西關。兩山對峙,中爲石梁,鑿石通水。

給事鎮東諸葛誕。

諸葛誕,字公休。

封郯縣高貴鄉公。

郯縣,今山東沂州府郯城縣西南三十里。

假大將軍司馬景王……

《水經注》:潁水,過汝陽縣北,又東南過南頓縣,㶏水注之,又南逕博陽故城東,城在南頓縣四十四里。漢宣帝封丙吉爲侯國,王莽更名樂嘉。按,博陽,在今河南陳州府商水縣東北四十里。安風,今安徽潁州霍邱縣西南一百三十里。

二年春二月,青龍見温州井中。

温州,今河南懷慶府温縣。

《魏志》卷四考證

齊王芳六月辛丑,退。己酉,以征東大將軍王凌爲車騎將軍。

"己酉"監本作"己卯"。臣龍官按,本月有辛丑,不得有己卯。據《王凌傳》,芍陂之戰,凌率諸軍爭塘,力戰連日,賊退,即封南鄉侯,遷車騎將軍,其非他月可知。是以從作"己酉"本。

秋七月,詔祀故大司馬曹真、曹休。

"真",監本誤作"直",今改正。

詔祀故尚書令荀攸於太祖廟庭。

注:先鍾繇而後荀攸。《文類》作"先鍾華"。華蓋詔歆也。

冬十二月,散騎常侍諫議大夫孔晏乂奏曰。

臣浩按,孔乂,字元儁,見後《倉慈傳》注中。下文晏乂咸因闕以進規諫,詔何晏及乂也,此"晏"字疑衍。

荆州刺史王基、新城太守陳泰攻吴,破之。

臣明楷按,陳泰正始中爲并州刺史,嘉平初代郭淮爲雍州刺史,未嘗典新城,何有與王基同破吴之事?或作州泰,《鄧艾傳》中州泰注云:宣王擢爲新城太守,是其人與?

不利而還。

注:是歲,雍州刺史陳泰求勅并州,并力討恪。臣浩按,東軍之敗與并州無涉,注中所引明是二事。宋本作"并力討胡",則"恪"字爲"胡"之訛也。

遣芳歸藩於齊,以避皇位。

注:廷尉定陵侯臣繁、大鴻臚臣芝、大司農臣詳、少府臣褎。何焯曰:"繁"當作"毓",鍾毓也,本傳可考。"褎"當作"袤",鄭袤也,是爲少府。

高貴鄉公髦。乙丑,鎮東將軍毌丘儉、揚州刺史文欽反。戊戌,大將軍司馬景王征之。癸未,車騎將軍郭淮薨。

何焯曰:按,乙丑、癸未之中,不应有戊戌,當是“戊辰”之訛。

辛未,以長水校尉鄧艾行安西將軍,與征西將軍陳泰並力拒姜維。戊辰,復遣太尉司馬孚爲後繼。

何焯曰:戊辰不應在辛未後,殆傳録者倒其文耳。

乙巳,沛王林薨。

注:後相殆滅。《太平御覽》“殆”作“殄”。又注:舊章不愆。各本作“不行”。臣良裘按,此蓋本“不愆不忘,率由旧章”之意。作“不行”於文義未順。何焯校本亦曰“行”,疑作“愆”。今改正。

名曰連山,似山出内氣,連大地也。

《太平御覽》作“似山出内雲氣”。

至於折中裁之聖思。

《太平御覽》“折中”上有“文質”二字。

高貴鄉公卒,年二十。

注:文王弟屯騎校尉伷入,遇帝於東止車門。“弟”監本訛作“第”,今改正。

散騎常侍王業。

注:《國語》曰:業,武陵人。何焯曰:《國語》當作《世語》。

(陳留王奂)凖之義類,則宴覿之族也。

何焯曰:《禮·文王世子》篇曰:與公族燕,則公與父兄齒。又曰:公族朝於内朝。東面北上,臣有貴者,以此所謂燕覿之族。按此,則“宴”當作“燕”,後世“宴”“燕”字通用故耳。

癸丑,特赦。益州士民復除租賦之半。五年乙卯,以征西將軍鄧艾爲太尉,鎮西將軍鍾會爲司徒。

各本俱詳以五年爲紀元之五年。臣明楷按,景元四年十一月,巴蜀平。十二月,加鄧艾、鍾會等爵,並非隔年之事。蓋此復除租賦之半,五年即爲文帝黄初二年。注中令天下聽内徙,復五年之意。

咸熙元年春正月壬戌,檻車徵鄧艾。

監本作“壬辰”。臣龍官按,前乙卯、甲子中間,不應有壬辰,作“壬戌”爲是,今據何焯校本改正。

(陳留王恭)已南面宰輔統政。

元本作“宰輔統政”,《太平御覽》文類同。

《魏書》五欽定本作《魏志》五

后妃傳第五

《魏志》卷五考證

武宣卞皇后父遠曰敬侯,祖母周封陽都君及恭侯夫人。

臣明楷按,上文云追謚太后祖父廣曰"開陽恭侯",下云及恭侯夫人。恭侯夫人,即后祖母也。然則祖母周"祖"字衍文。

文昭甄皇后生明帝及東鄉公主。

注:紹妻及后共坐室堂上。宋本"室"作"皇"。

悳鎮軍大將軍……:元本作"悳領鎮軍大將軍,襲公主爵"。注:悳,鎮軍大將軍。

《魏書》六欽定本作《魏志》六

董二袁劉傳第六

董卓，字仲穎，隴西臨洮人也。

臨洮，今甘肅鞏昌府岷州治。

遷廣武令……

廣武，今山西代州西。

於望垣硤北……

望垣，今甘肅秦州西北。

屯住扶風……

扶風，今陝西西安興平府興平縣東南十里。

劫帝走小平津，卓遂將其衆迎帝於北芒，還宫……

杜佑曰：鞏縣西北有小平縣，又北有津。北芒山，在洛陽縣東北，接孟津、偃師、鞏三縣界。

嘗遣軍到陽城。

陽城，在河南登封縣東南。

遣泰山兵屯河陽津……卓遣疑兵，若將於平陰渡者……

河陽，今河南懷慶府孟縣西三十里。平陰，今河南河南府孟津縣東。

嘗至郿塢……

郿，在今陝西鳳翔府郿縣東北。

蔡邕以言事見徙……

欽定本作"以言事見徙"。《魏志》卷六考證云：各本俱誤作。兹據《後漢書》改正。

中郎將牛輔典兵，別屯陜……

陜，今河南陜州。

肅敗走弘農，布誅肅……

弘農，今河南陜州靈寶縣南。

騰引兵至長平觀。

《後漢書》注云：前書音義。長平，坂名也，在池陽南，有長平觀，至長安城五十里。按,漢池陽,今西安府涇陽縣。

又攻槐里……

槐里,今陝西西安府興平府東南。

汜妻懼傕與汜婢妾而奪己愛……

《魏志》卷六考證云:袁宏《漢紀》"婢妾"下多"私"字。

傕復移乘輿幸北塢。

北塢,胡注云:據傕、汜和,然後帝出長安宣平門,則此塢宜在城中。

傕屯黄白城……

《後漢書》云:傕復欲徙帝於池陽黄白城。按,傕封池陽,則黄白城在涇陽縣。

我有吕布之功……

考證云:《册府》"我有"下多"討"字。

至新豐、霸陵間……

新豐,今陝西西安臨潼縣東北。壩陵,今咸寧縣東。

奉及將軍……

《一統志》:曹水,在靈寶縣東,一名好陽澗,源出峴頭山。《水經注》:曹水出南山,北逕曹陽亭。晉《地道記》:亭在弘農縣東十三里。其水西北流入於河。

貴人從,至大陽……

大陽,今山西平陸縣東南十五里。

皆辭拜讓瑞……

瑞,字君榮。考證云:《後漢書》作"字君榮"。"有師猶有傾覆,况今無師",考證云:《後漢書》作舊故〔有〕河師,猶時有傾覆。

出箕關,下軹道……

箕關,在懷慶府濟源縣西、王屋山南,一名濝關。軹關,在濟源縣西北十五里,當軹道之險,因曰軹關。郭緣生《述征記》:太行八陘,第一曰軹關陘。見《一統志》。

爲穰人所殺……

穰,今河南南陽府鄧州東南。

袁紹,字本初,汝南汝陽人。

汝陽,今河南陳州府商水縣西北。

京子湯,太尉……

考證云:京子湯,監本誤作“陽”,今據《漢書》改正。

乃拜紹勃海太守……

《漢書郡國志》:勃海郡八城,治南皮。今天津府南皮縣東北。

後馥軍安平……

安平,今直隸深州安平縣。

會卓西入關,紹還軍延津……

《續漢志》:酸棗縣北有延津。按,酸棗,今衛輝府延津縣。又《一統志》:衛輝府新鄉縣東南有延津關。

遣子齎冀州印綬於黎陽與紹。

《後漢書·郡國志》:冀州刺史部,郡國九,縣邑、侯國百。九郡國:魏郡、鉅鹿、常山、中山、安平、河澗、清河、趙國、勃海。

將作大匠吳脩齎詔書喻紹……

考證云:《後漢書》作“吴循”。

合戰於界橋南二十里。

《一統志》:界橋,在廣平府威縣北。《後漢書·獻帝紀》:初平三年,袁紹及公孫瓚戰於界橋。

引軍南到薄落津……

薄落津,在趙州晉寧縣東南。

送到斥丘乃還……乃引軍入朝歌……

斥丘,今廣平府成安縣東南。朝歌,今河南衛輝府淇縣。《續漢書》:朝歌有鹿場山。

欲令太祖徙天子……都甄城……

甄城,今濮州。

擊破瓚於易京……

易京,在保定府雄縣西北。

出長子譚爲青州……

《後漢書·郡國志》:青州刺史部,郡國六,縣六十五。濟南、平原、樂安、北海、東萊、齊國。

又以中子熙爲幽州……

《後漢書·郡國志》:幽州,郡國十一,縣邑、侯國九十。并州,郡〔國〕九,縣邑、侯國九十八。

樊就威柄……肆行酷烈……

考證云:監本"樊就"誤"樊蹴","酷烈"誤"酷裂",今俱照陳琳本集改正。

卑侮王宫,敗法亂紀……

考證云:臣浩按,卑侮"王宫",《後漢書》作"王僚",此"宫"字或"官"〔字〕之訛。

紹進軍黎陽……

黎陽,今河南衛輝府濬縣東北。白馬,今滑縣東二十里。時建安五年二月,即《魏書》中斬顔良時間。

太祖還官渡……

官渡,在開封府中牟縣東北。《北征記》:中牟臺,下臨汴水,是爲官渡。袁紹、曹操壘尚存。

説曰"旝,發石也"……

考證云:《太平御覽》"説曰"作"説文曰"。

瓊宿烏巢……

烏巢,在衛輝府延津縣東南。

紹軍大潰……

建安五年十月,即《魏書》中大敗袁紹時間。

追至鄴……拔陰安……軍至西平……譚敗奔平原。

鄴,魏郡,治今彰德府臨漳縣。陰安,今直隸大名府清豐縣。西平,今河南汝寧府西平縣西四十五里。平原,今山東濟南府平原縣。考證云:"雖亡之日、猶存之年也。"監本誤作"猶存之願也",今改正。"周武",《後漢書》作"周公"。

太祖進軍,將攻鄴,到洹水……

《一統志》:洹水自山西潞安府長子縣流入,經林縣東北,又流經安陽縣北,又東流經内黄縣西北入衛河。

去鄴十七里,臨滏水……

滏水,在臨漳縣西四十五里,自直隸磁州流入,至縣西入漳。

尚還走濫口……

濫口,據《後漢書》注,今安陽縣地。中山,今直隸定州。

罵文曰:"奴今日真死矣。"

考證云:此"文"疑爲"之"字之訛。

譚略取甘陵、安平、勃海、河間……尚走故安……並南皮……舉兵守壺關口……上洛都尉捕斬之。

甘陵，今山東清平縣。勃海，今天津南皮縣。河間，今河間府獻縣。安平，今深州安平縣。故安，今易州。南皮，今南皮縣東北。《水經注》：清州，過南皮縣西。壺關口，在長治縣。上洛，今商州。

席，熙曰：頭顱。

考證云：《後漢書》"熙曰"作"康曰"。

出奔南陽……

南陽郡，三十七城，户五十二萬八千五百五十一，口二百四十三萬九千六百一十八。

引軍入陳留……術退保陰陵。

陳留，今河南開封府陳留縣。《郡國志》：揚州六郡：九江、丹陽、廬江、會稽、吴郡、豫章。九江，治陰陵，今安徽鳳陽府定遠縣西北六十五里。

以張勲、橋蕤等爲大將軍。

考證云：監本作"大將軍"。《吕布傳》云："遣大將勳"，"軍"字衍文，今改正。"備軍中千餘人"，《通鑒》作"備軍中十餘人"。

陳蘭於灊山……

灊山，今安慶府潛山縣。

劉表，字景千，山陽高平人也。

高平，今山東濟寧州金鄉縣西北四十里。

表亦合兵，軍襄陽。袁術屯魯陽……單馬入宜城，而延中廬……

襄陽，今襄陽縣。魯陽，今河南汝州魯山縣治。宜城，今襄陽府宜城縣。中廬，今襄陽府南漳縣。

張濟引兵入荆州界，攻穰城……長沙太守張羡叛表。先作零陵、桂陽長……

穰，今鄧州東南。長沙，今湖南長沙府長沙縣。《郡國志》：長沙郡十三城。零陵，今湖南，後漢郡國，零陵郡十三城。桂陽，廣西桂林府全州西南七十八里。

乃出長子琦爲江夏太守……備直奔夏口……

江夏，今湖北黄州府黄岡縣西北，太守治西陵郡，領十四城。夏口，今漢陽府夏口。

《魏書》七欽定本作《魏志》七

呂布、張邈、臧洪傳第七

欽定本作呂布、張邈、陳登、臧洪、陳容

呂布,字奉先,五原郡九原人也。

《歷代地理志·韻編今釋》:九原,今吴喇忒北。《一統志》云:後漢末,九原縣屬新興郡。新興,今忻州。又云:漢九原縣爲五原郡,治在今大同縣西北黄河外,後漢僑置縣於此。謂今州治,則布忻州人也。然《一統志》忻州人物又不列布。觀本傳司徒王允"以布州里壯健",則子師太原祁人,布忻州〔人〕無疑也。

據濮陽。郡縣皆應,唯鄄城、東阿、范爲太祖守。布東屯山陽……擊破布於鉅野……留超將家屬屯雍邱。

濮陽,今直隸大名府開州南。鄄城,今山東曹州府濮州。東阿,今山東兖州府陽谷縣東北五十里。范,今山東曹州府范縣東南二十里。山陽,今山東濟寧州金鄉縣西北四十里。鉅野,今曹州府鉅野縣南。雍邱,今河南開封府杞縣治。

備東擊術,布襲取下邳,備還歸布。

《一統志》:下邳,故城在邳州東,邳州屬江蘇徐州府。漢五年,封韓信爲楚王,都下邳。應劭曰:邳在薛,其後徙此,故曰下邳。建安初先主爲徐州牧,屯下邳口,布襲取之。

布於沛西南一里安屯……

胡三省《通鑑》注:沛國,治相縣。而沛自爲縣,屬沛國。時人謂沛縣爲小沛。《一統志》:沛縣,故城在沛縣東。沛縣今屬徐州府。秦置沛縣,漢以屬沛郡,亦謂之小沛。後漢興平元年,陶謙表先主爲豫州刺史,屯小沛。

布與其麾下登白門樓。

宋武《北征紀》:下邳城有三重大城,三門,周四里,呂布所守也。魏武擒布於白門。白門,大城之門,酈〔道〕元《水經注》曰:南門,謂之白門,魏武擒陳宫於此。

臧洪,字子源,廣陵射陽人也……洪,即丘長。

射陽,今江蘇淮安府山陽縣東南。即丘,今山東沂州府蘭山縣東南五十里。

紹歎其能,徙爲東郡太守,治東武陽。

東武陽,今山東曹州府朝城縣。

《魏志》卷七考證

(吕布)以驍武給并州刺史。丁原爲騎都尉,屯河内,以布爲主簿。何焯曰:"爲騎都尉"上當更有一"原"字。

(張邈)勳大破敗。注:造策者非布先唱也。"造策"元本作"告策"。

又注"霸畏布引還抄暴"。何焯曰:疑作"畏布抄暴",衍"引還"二字。

布遣人求救於術,術自將千餘騎出戰敗走。臣明楷按,此二句應作"布遣人求救於術,自將千餘騎出戰"。下"術"字疑衍。

然后葬之。注:鎧甲鬬具皆精練齊整。監本"鬬"誤作"闕",今改正。

(臧洪)洪在州二年,群盗奔走,紹嘆其能。《後漢書》作"紹憚其能"。

不蒙虧除。注:"紹與故虎牙將軍劉勳。"監本訛作"劉動",今改正。

《魏書》八欽定本作《魏志》八

二翁孫陶四張傳第八

公孫瓚,字伯珪,遼西令支人也。

令支,今直隸永平府遷安縣西。考證云:"故太守器之,以女妻焉。"何焯曰:據《後漢書》注所引,《魏志》作"侯太守",蓋系太守以侯氏者,所以别下劉太守也。宋本亦作"侯"。"日南瘴氣",監本誤作"鄣氣",今改正。

遷爲涿令……

涿,今順天府涿州。

術遣孫堅屯陽城拒卓,紹使周昂奪其處……進軍界橋……遂出軍丘盤河。

考證云:"周昂",《後漢書》作"周昕"。"欲以結援",宋本作"欲以自結援"。陽城,今河南登封縣東南三十五里。界橋,在廣平府威縣北。磐河,《後漢書》注即爾相九河,鉤磐之河也。其枯河在滄州樂陵縣東南。樂陵,今武定府樂陵縣。

紹軍廣川……與範俱還薊。虞爲瓚所敗,出奔居庸。

廣川,今直隸冀州棗强縣東三十里。薊,今大興縣。居庸,今宣化府延慶州東。

……賈人樂何當等三人。

考證云:北宋本"三人"上多一"謂"字。

與瓚所置漁陽太守鄒丹戰於潞北……乃走還易京固守。

潞,今直隸通州東八里。易京,在今保定府雄縣。

遂躍馬控弦,處我疆土。

考證云:"控弦"一作"横弦","疆土"一作"疆上"。

紹候者得之,使陳琳更其書曰"蓋聞在昔衰周之世……"

考證云:何焯曰"更其書者,所以譎瓚,在昔衰周"等二十四字,《後漢書》即作"瓚與續書發端者近之",非琳所更也。

陶謙,字恭祖,丹陽人……除盧令……

丹陽,今安徽太平府當涂縣東十五里。盧,今山東濟南府長清縣西三里。考證云:《太平御覽》作"固疆之乃舞,舞又不轉"(指《魏書》中"固强之,及舞又不轉”句)。

下邳闕宣自稱天子……至彭城大戰……謙退守郯。

下邳,今邳州。彭城,今徐州府銅山縣。郯,今浙江紹興府嵊縣西南。

張楊,字稚叔,雲中人也……

雲中,今歸化城土默特西黄河東岸。

袁紹至河内,楊與紹合,紹使將麴義追擊於鄴南,破之……楊還野王。

河内,今懷慶府武陟縣。鄴,今臨漳縣。黎陽,今濬縣。考證云:“執陽至黎陽”,北宋本作“輿陽”。野王,今河南懷慶府河内縣。《郡國志》:野王縣有射犬聚。

公孫度,字升濟,本遼東襄平人也。

襄平,今奉天府遼陽州北七十里。遼東,郡治公孫氏所都。《一統志》:玄菟,漢武初以沃沮城爲玄菟郡,後爲夷貊所侵,徙郡句驪西北。後漢公孫度時皆治高句驪縣,其故城在今興京城北。

十二年,太祖征三郡烏丸,屠柳城。

柳城,今直隸永平府統。

魏略曰:……

考證云:“魏略”,北宋本作“魏書”。

淵遂發兵逆於遼隧,與儉等戰……玄菟悉平。

《通鑒》注:遼隧縣兩漢屬遼東郡,《晉志》無其地,蓋在遼水東岸。《水經注》,玄菟郡高句驪縣有遼山,小遼水所出西南,至遼隧縣入於大遼水。

合策明之計……行成册府……魯山。

考證云:“策明”疑應作“策名”。考證云:“行成册府”作“成行”。魯山,在奉天府遼陽州西南十五里。

傳淵首洛陽、遼東、帶方……

《通鑒》注:帶方縣,屬樂浪郡,公孫氏分立郡。

張燕,常山真定人也。博陵張牛角亦起衆……俱攻癭陶。

真定,今直隸正定府正定縣。博陵,在保定府蠡縣南。癭陶,後漢鉅定郡,治今直隸趙州寧晉縣。欽定本“燕薨,子方嗣”下有“方薨,子融嗣”五字。

祖厲長劉寯。

祖厲,今甘肅蘭州府靖遠縣西南一百三十里。

張魯,字公淇,沛國豐人也。

豐,今江蘇徐州府豐縣治。

《魏略》曰:黄初中,增圛爵邑,在禮請中。

考證云:"在禮請中",監本作"在禮爲中";毛本作"在禮謂中"。臣明楷按,《蜀志·劉封傳》注:"詔轉儀拜樓船將軍,在禮請中。"請猶朝奉、朝請之"請"。毛本、監本均失之,今改正。

《魏書》九欽定本作《魏志》九

諸支侯曹傳第九

欽定本作夏侯惇、韓浩、史渙、夏侯淵、曹仁弟純、曹洪、曹休(子肇)、曹真(子爽、義、牙)、何晏、鄧颺、丁謐、畢軌、李勝、桓範、夏侯尚(子玄)

夏侯惇,字元穰,沛國譙人……别屯白馬……留惇守濮陽……太祖家在鄄城。

譙,今安徽潁州府亳州。白馬,今河南衛輝府滑縣。濮陽,今開州。甄城,今濮州。

復領陳留、濟陰太守……留居巢。

陳留,今陳留縣。濟陰,故城在山東曹州府曹縣。《後漢郡國志》:陳留郡十七城,濟陰郡十一城。居巢,今安徽巢縣。

太祖軍擊破吕布軍於摩陂……督諸軍還壽春……

考證云:臣明楷按,布已死於建安三年,此"吕布"二字疑爲"關羽"之誤,然各本皆同。摩陂,今汝南府郏縣地。壽春,今壽州。召陵,今許州郾城東三十五里。

清河公主與楙不睦……

考證云:"公主"宋本作"令主"。

昌狶反,遣於禁擊之……狶詣禁降。

建安三年,操破吕布,昌狶降。五年,袁、曹相拒於官渡,昌狶叛。

又督朱靈平隃糜……與太祖會安定……超餘黨梁興於鄠……馬超圍凉州刺史韋康於冀……從陳倉狹道入……韓遂在顯親……追至略陽城……淵至,圍枹罕……張郃等平河關,渡河入小湟中……還擊武都、氐、羌、下辯……

隃糜,今鳳翔府汧陽縣。安定,今甘肅平涼伏鎮原縣。鄠,今鄠縣。冀,今甘肅鞏昌府伏羌縣。考證云:何焯曰:西縣屬漢陽。"西",古作"卤",此"卤"字與《楊甫傳》皆訛爲"卤西縣",在今漢中府沔縣西。陳倉,今寶鷄縣。顯親,今甘肅秦州秦安縣。略陽,今秦州。《水經注》:瓦亭水,南逕隴西成紀縣,東歷長離川,謂之長離水。烷,當羌居之。枹罕,今甘肅蘭州府河州。河關,亦在河州。胡三省曰:湟水,源出西海鹽池之西北,東至金城允吾縣入河。夾湟兩岸之地，通謂之湟中。又有湟中城在西平、張掖之間，小月氏之地也。武都、下辯，均在今甘肅階州成縣。

至南陽相、散騎常侍。

考證云：何焯曰“陽”當作“羊”。

還與大軍合彭城……後攻費、華、即墨、開陽……拜廣陽太守……仁別攻句陽……劉備徇㶏彊諸縣。

彭城，今江蘇徐州府銅山縣。費，今山東沂州費縣西北二十里。華，今費縣東北二十里。即墨，今山東萊州府平度州東南。開陽，今山東沂州蘭山縣北十五里。漢廣陽郡屬幽州，在今順天府大興縣西南。時袁紹未破，亦未侵之郡。句陽，今山東曹州府菏澤縣北三十五里。㶏彊縣，在今許州臨潁縣東。

從圍壺關，留屯江陵……

壺關，在今長治縣。江陵，今荆州府江陵縣。

屯樊、鎮荆州。侯音以宛叛……

樊城，在襄陽東北。宛，今南陽府宛縣。

又詔仁移屯臨潁……復督諸軍據烏江，還屯合肥。督虎豹騎從圍南皮。太祖起義兵討董卓，至滎陽。

臨潁，今河南許州臨潁縣西北十五里。烏江，今安徽和州東北。合肥，今合肥縣。南皮，今天津府南皮縣。滎陽，今河南滎澤縣。

得廬江上甲二千人，東到丹陽……與太祖會龍亢……先據東平、范……布於濮陽……遂據東阿，轉擊濟陰、山陽……

廬江，今安徽廬江縣西一百二十里。丹陽，今安徽太平府當塗縣東五十里。龍亢，今鳳陽府懷遠縣。東平，今山東泰安府東平州東二十里。范，今曹州府范縣東南二十里。濮陽，今開州。東阿，今山東兖州府陽谷縣東北五十里。濟陰，今曹州府定陶縣。山陽，今濟寧州金鄉縣。

渡江至吴……屯下辯……孫權遣將屯歷陽。

吴，今江蘇蘇州府吴縣治。下辯，今甘肅階州成縣。歷陽，今安徽和州治。

吕範等於洞浦破之。吴將審悳屯皖。遣司馬宣王從漢水下，休督諸軍向尋陽。

據胡三省注，洞浦在歷陽江邊。皖，今安慶府潛山縣治。胡三省云：魏揚州止得漢之幾江、廬江二郡地，而江津要塞之地多爲吴所據。又注“夾石”，云時吴王在皖江遣陸遜等與休戰於夾石，則其地當在舒州懷寧、桐城二縣之間。

按,懷寧,今潛山縣;桐城,今桐城縣。考證云:何焯曰:當作"休督諸軍",宣王與休並爲上將,分道而進。宣王方從西道,當吴上游,則東軍之西尋陽者不得而兼督也。

討靈丘賊,拔之。張進等反於酒泉。

靈丘,今大同府靈丘縣東。酒泉,今甘肅肅州治。

諸軍或從斜谷道、或從武威入。

胡三省云:武威,恐當作武都,否則建威也。武威,今凉州府武威縣治。建威,今階州東南。

辨等列、順長少也。

考證云:北宋本"長少"作"少長"。

從駱谷入。

駱谷,胡三省云在漢中成固縣東北,北達扶風郿縣。

"今興平路勢至陰",《通鑒》作"今興埶至險"。興埶,在今洋縣。

臣受命之時也。

考證云:"受"疑當作"授"。

以官易婦……

考證云:臣浩按,《通志略》作"以官易婦",爲是臧艾以父妾與颺,故爲此語也。又"丁謐,字彦靖",《太平御覽》"靖"作"静"。

臺中有三狗,二狗崖柴不可當,一狗憑默作疽囊。

又云,何焯曰:"崖柴",《藝文》作"啀柴"。《紫玉篇》:啀,狗欲嚙也。作"啀"。則偏旁無"口"字者,或古人假借通用。"默",《太平御覽》作"點"。

而入白勝堂有四窻八達……

考證云:臣龍官按,"堂有四窻八達"未必能得罪。或"堂"字爲"黨"字之誤。諸葛誕注云:以元疇四人爲四聰,誕備八人爲八達,是其證也。"窻"與"聰"古字通用。

又其母在内。

考證云:北宋本作"又以其母在内"。

勿使過一二之覺。

考證云:何焯曰"覺"疑作"較"。

衛將軍司馬……

考證云:何焯曰:以三少帝記證之文王,時爲安東將軍,非衛將軍也。

年限在後，日限在前。

考證云：《太平御覽》“日限在前”上多“某守雖後”四字。

不申經竟以及難。

考證云：臣明楷按，《高貴鄉公雜注》云：王沈、王業馳告文王，尚書王經以正直不出，因沈、業中意。則此“竟”字當作“意”字。

《魏書》十欽定作《魏志》十

荀彧荀攸賈詡傳第十

荀彧,字文若,潁川潁陰人也……除亢父令……

潁陰,今河南許州治。亢父,今山東濟寧州南五十里。

二年夏,太祖軍乘氏……唯鄄城、范、衛可全……

乘氏,今山東曹州府鉅野縣西南。衛,今山東曹州府觀城縣西。

太祖議奉迎都許……高祖東伐……

考證云:臣清植按,奉還之後,用董昭勸乃都許耳,其初未有都許之議也,事見武紀甚明。此"都許"二字,乃史家隨筆之誤。又何焯曰:《太平御覽》"高祖東伐"上有"晉文納周襄王而諸侯願從"十一字。

進彧爲漢侍中,守尚書令。著布單衣,疏巾履坐。

考證云:臣清植按,史於彧官獨書漢,蓋原其本心,非魏純臣,與攸、詡异。考證云:北宋本作"疏布履"。

懿性真實,文敏篤誠……

考證云:臣明楷按,"愍訓傷",此系孔融讚仲將之言,於義無取,疑是"慜"字,"慜"即"敏",又與"愍"通,輾轉而訛也。

六年,太祖就穀東平。

東平,今山東泰安府東平州北二十里。考證云:臣龍官按,閎,荀彧弟四兄諶之子也,其從孫似不应與彧子惲同名,疑有誤。

以彰殊勳,密以諮彧。

考證云:"密以諮彧",北宋本作"密以詔諮彧"。

太祖軍至濡須,彧疾留壽春,以憂薨,時年五十。

考證云:臣清植按,史家此言所以原彧本志也。先臣光地曰:朱子以陳群爲賊佐命,詞嚴而義正。荀攸、賈詡自應入此例,彧之侍中原是漢官,未嘗仕操。操建國稱魏,則彧死而後爲之,其阻董昭以致殺身一節,亦自可取,彧之罪當從末減。

遷任城相,不行。

任城,今山東濟寧州治。

袁據四州之地，帶甲十萬……

考證云："袁氏據四州之地，帶甲十萬"，毛本作"百萬"，何焯校本作"十萬"。

賈詡，字文和，武威姑臧人也……謂詡有良、平之奇。

姑臧，今甘隸凉州府武威縣治。考證云："良、平之奇"，《太平御覽》作"良、平之計"。

若舊江楚之饒。

欽定本"若乘舊楚之饒"。

文帝即位，以詡爲太尉……

考證云：文帝德詡之對太祖，故即位首登上司。"德"，監本作"得"。

評曰：荀彧……横流已極……

考證云：世之論者，此處疑有書名或前人姓氏名，今脱落。又"横流已極"監本作"横流已及"，今改正。

《魏書》十一欽定本作《魏志》十一

袁張涼國田王邴管傳第十一

袁渙,字曜卿,陳郡扶樂人也。吕布擊術於阜陵。

扶樂,今河南陳州府太康縣北三十五里。阜陵,今安徽滁州全椒縣東南。

張範,字公儀,河内修武人也。

修武,今河南衛輝府獲嘉縣治。

涼茂,字伯方,山陽昌邑人也。

昌邑,今山東濟寧州金鄉縣東北四十里。

國淵,字子尼,樂安蓋人也。

《郡國志》:兖州泰山郡有蓋縣,今山東沂州府沂水縣西北八十里。此云樂安,未詳。

田疇,字子泰,右北平無終人也。

無終,今順天府薊州治。

王脩,字叔治,北海營陵人也……守高密令。

青州北海國,今山東青州府壽光縣東南三十一里。營陵,今山東青州府昌樂縣南五十里。高密,今山東萊州府高密縣西南。

時膠東多賊寇……袁紹又辟脩除即墨令……劉詢起兵漯陰……東萊太守管統雖在海表……譚更以統爲樂安太守。太祖遂引軍攻譚於南皮。

膠東,今山東萊州府平度州。即墨,今山東萊州府平度州東南。漯陰,今山東濟南府臨邑縣西十里。東萊,今山東登州蓬萊縣治。樂安,今山東青州府博興縣北。南皮,今天津南皮縣。

邴原,字根矩,北海朱虚人也。

朱虚,今山東青州府臨朐縣東六十里。

皆不因其性氣。

"不"字疑爲"各"字。

時鉅鹿張琦遷居任縣。

鉅鹿,今直隸順德府平鄉縣治。任,今順德府任縣東南。

自陜居大陽。

大陽，今平陸縣。

《魏志》卷十一考證

袁涣，字曜卿。

何焯曰："涣"當作"焕"，今太康縣猶有魏袁焕碑。臣浩按，《蜀志·許靖傳》亦作"焕"。

外温柔而内能斷。

注：遣使行學還，召用之。監本脱"還"字，今添。

魏國初建，爲郎中令，行御史大夫事。監本脱"爲"字，今添。

凉茂，少好學，論議常據經典。

"常據"，北宋本作"多據"。

田疇，好讀書，善擊劍。

宋本無"善"字。

虞乃備禮，請與相見。

宋本無"相"字。

又即授將軍印，因安輯所統疇，皆拒不留。

毛本作"皆拒不當"。元本作"皆拒不受"。

又命田預喻指。

"預"，宋本作"豫"。

邑五百户。

注：蕩析離居，靡所依懷。"蕩析"，監本誤作"傷析"，今改正。

司隸校尉鍾繇亦以爲可聽。

注：至於田疇，方斯近矣。北宋本作"方斯遠矣"。

（王脩）賊入孫氏，吏不能執。《太平御覽》作"吏不能得"。

百姓稱之。

注：《魏略》曰：脩爲司金中郎將。《太平御覽》作"河北始開冶，以脩爲司金中郎將"，多"河北"下六字。

世稱其知人。

注：讀《詩》至"哀哀父母，生我勞悴"。北宋本"讀《詩》"上多一"每"字。

又注：郭憲，字幼簡，西平人，爲其郡右姓。北宋本無"其"字。

又注：而田樂陽逵等就斬約頭。北宋本作"達"。

(邴原)原從行,卒。注:當以書相分。臣明楷按,“分”字於文義晦,《册府》作“介”,蓋謂孫菘以兗豫士多相識,欲以書爲介紹而先容。下之文“非若交游之待分而成也”,亦當作“介”,其誤同。

又注:某今孤負恩施。監本脱“今”字,今添。

又注:舉之若是,則殺之非也。監本脱“則”字。臣浩按,此二語與下句“若殺之是,則舉之非也”。爲對舉之文,今照别本添。

又注:原嘗行而得遺錢,拾以繫樹枝。監本作“捨以繫樹枝”。别本作“拾”,於義較長,今改正。

河南尹扶風龐迪。

何焯校本作“龐廸”。

(管寧)王烈者,字彦方。何焯曰:本爲“彦考”,《後漢書》注可據,北宋本亦作“考”。

皆受而藏諸。既已西渡,盡封還之。

宋本無“既”字。

而失考父兹添之義。

“兹”當作“滋”。

宜蒙征命,以勵風俗。

注:昭宿德耆艾,遺逸山林,世所高尚,誠宜嘉異。宋本無“世所高尚”四字。

至熹平二年,公車特征,會卒,年八十九。

北宋本作“嘉平二年”。

動見模楷焉。

注:遭冬雪大至,先袒卧不移,人以爲死,就視知生。宋本作“就視如故”,今改正。

又注:先等作圜舍,形如蝸牛蔽,故謂之蝸牛廬。宋本作“形如蝸牛廬”,無“蔽”字及“故謂之蝸牛”五字。

《魏書》十二欽定本作《魏志》十二

崔毛餘何邢鮑司馬傳第十二

欽定本作崔琰、孔融、許攸、婁圭、毛玠、徐奕、何夔、邢顒、鮑勛、司馬芝

崔琰,字季珪,清河東武城人也。玄與門人到不其山避難。

東武城,今山東臨清州武城縣西十里。《一統志》:不其山,在山東萊州府即墨縣東南二十里。李朏《三齋記》曰:鄭康成嘗教授此山,山下生草大如薤葉,長尺餘,堅韌异常,土人名曰康成書帶草。山下舊有鄭康成祠,明正德七年知縣改建鄭公書院,今廢。

以裹幘籠,行都道中。

"行部道中"欽定本作"行都"。考證云:宋本無"持其寵"三字,毛本"都"作"部"。

郡人甄子然。

考證云:宋本作"鄭子然"。

太祖外雖寬容,而内不能平。

考證云:宋本"寬容"下有"之"字。

毛玠,字孝先,陳留平邱人也。遂往魯陽。

平邱,今直隸大名府長垣縣西南五十里。魯陽今河南汝州魯山縣。

徐奕,字季才,東莞人也。

東莞,今山東沂州府沂水縣治。

何夔,字叔龍,陳郡陽夏人也。

陽夏,今河南陳州府太康縣治。

和帝佳之,歷位司隸校尉……

考證云:"和帝佳之",一本作"和帝偉之"。

出爲城父令。遷長廣太守。

城父,今安徽潁州府亳州東南七十九里。長廣,今山東登州府萊陽縣東。

牟平賊從錢……東牟人王營……

牟平,今登州府福山縣東南十五里。東牟,今登州府文登縣西北。

拜樂安太守。

樂安，今山東青州府博興縣西北。

邢顒，字子昂，河間鄚人也。除廣宗長……除行唐令。

鄚，今直隸河間府任丘縣北三十五里。廣宗，今直隸廣平府威縣東二十里。行唐，今正定府行唐縣北。

鮑勛，字叔業，泰山平陽人也。

泰山，今山東泰安府泰安縣東北。

司馬芝，字子華，河内温人也。

温，今河南懷慶府温縣西南三十里。

今條同等爲兵……

考證云："條"北宋本作"調"。

會内官……

考證云：何焯校本作"曹内官"。

《魏書》十三欽定本作《魏志》十三

鍾繇華歆王朗傳第十三

欽定本作鍾繇、子毓、華歆、王朗、子肅

鍾繇,字元常,潁川長社人。

長社,今河南許州長葛縣西。

除尚書郎、陵陽令……。

陵陽,今陝西西安府咸陽縣東四十里。

華歆,字子魚,平原高唐人。

高唐,今山東濟南府禹城縣南四十里。

王朗,字景興,東海郡人也。除菑丘長。

東海,今山東沂州府郯城縣西南三十里。菑丘,今安徽鳳陽府宿州東北六十里。

以昱爲廣陵太守,朗會稽太守。

會稽,今浙江紹興府會稽縣治。

朗自曲阿輾轉江海……

曲阿,今江蘇鎮江府丹陽縣治。

《魏志》卷十三考證

鍾繇,潁川長社人也。

注:諸君終身何所任邪? 監本作"何所任也"。此係鍾皓曉喻掾屬之詞,似反詰語氣,作"邪"字爲是。今改正。

又注:國武子好昭人過,以爲怨本,今豈其時! "昭",《世語》作"招",音翹。

又率諸將討破。

注:至,乃使邑遠詣闕庭,隳忝使命。監本"闕庭"作"關庭"。此指王邑佩印綬經河北詣許自歸而言,作"關庭"誤,今改正。

詔謂太祖欲復肉刑,此誠聖王之法。

"太祖",北宋本作"大理"。

夫五刑之屬,著在科律,科律自有減死一等之法。

宋本無下"科律"二字。

謚曰成侯。注:猶于、張之在漢也。“猶”,監本作“由”。“猶”“由”古字通用,今從宋本作“猶”。

明帝欲西征,毓上疏曰……

《太平御覽》作“欲親西征”。臣浩按,毓疏皆係止帝親征之辭。疑監本脱落“親”字。

且盛暑行師,詩人所重,實非至尊動軔之時也。

“動軔”,《太平御覽》作“順動”。

以氈爲殿備設魚龍蔓延。

“蔓”當作“曼”。

正始中,爲散騎侍郎。

臣明楷按,上云毓年十四爲散騎侍郎。太和中已遷黄門侍郎,安得此時又爲散騎?《胡昭傳》云:散騎常侍荀顗,鍾毓侍郎,其常侍之誤與。

後以失爽意,徙侍中,出爲魏郡太守。

何焯曰:“徙”當作“從”,時侍中在常侍上,不應忤爽而反得美遷,當是解其近職,出之外郡耳。不書毓爲侍中於前,此史省文。

及士爲侯,其妻不復配嫁。

《太平御覽》作“不復改嫁”。

華歆改爲司徒。

注:奉皇帝璽綬,以成受命之禮。“璽綬”,北宋本作“璽紱”。

(王朗),王朗字景興,東海郡人也。

北宋本作“東海郯人”,《通志》略同。

進封樂平鄉侯。

注:釀酎必貫三時而後成。各本皆作酧。臣明楷按,“酎”音“宙”,《説文》曰三重醇酒也。《西京雜記》:漢制,嘗以正月作酒,八月乃熟,名曰酎。所謂必貫三時而後成也。

可使稱皇,以配其謚。明帝不從,使稱帝。

監本作“明帝不從,使稱皇”。臣龍官按,文義當作“使稱帝”。蓋王肅之意,正欲其稱皇,而明帝不從之也。

亦歷注經傳,頗傳於世。注:唯洪與馮翊、嚴苞、交通材學最高。洪歷守三縣令。嚴苞、交通,《太平御覽》作“嚴苞、文通材學最高”,下多“故衆爲之語曰:州中曄曄賈叔業,辨論洶洶嚴文通”二十字。

又注:王宿聞其儒者,常虚心從學。監本“常”誤作“當”。今改正。

《魏書》十四欽定本作《魏志》十四

程郭董劉蔣劉傳第十四

程昱,字仲德,東郡東阿人。

東阿,今山東兗州府陽谷縣東北五十里。

以昱守壽張令。使昱與荀彧守鄄城。

壽張,今山東泰安府東平州東南。甄城,今山東曹州府濮州。

昱乃歸,過范。

范,今山東曹州府范縣東南二十里。

昱至東阿。

胡三省曰:《水經注》:河水過東阿縣北,河水於范縣東北流。

昱又遣別騎絶倉亭津。

《述征記》曰:倉亭津,在范縣界,去東阿六十里。

太祖與吕布戰於濮陽。

濮陽,今直隸大名府開縣。

郭嘉,字奉孝,潁川陽翟人。

陽翟,今河南開封府禹州治。

董昭,字公仁,濟陰定陶人也。舉孝廉,除癭陶長、柏人令。使紹領鉅鹿。

定陶,今山東曹州府定陶縣西北四里。癭陶,今直隸趙州寧晉縣西南二十九里。柏人,今直隸順德府唐山縣西。鉅鹿,今趙州寧晉縣西南二十九里。

楊奉近在梁耳……

梁,今河南歸德府商丘縣南。

與韓暹等到定陵鈔暴。

定陵,今河南南陽府舞陽縣北七十五里。

劉曄,字子揚,淮南成德人。

成德,今安徽鳳陽府壽州東南。

蔣濟,字子通,楚國平阿人。

平阿,今安徽鳳陽府懷遠縣西南六十里。

雩婁,遣主部迎喜……

雩婁,《通鑒》作雩婁,今河南光州商城縣東北。主部,欽定本作“主簿”。

黄初三年,與大司馬曹仁征吳,濟别襲羡溪。仁欲攻濡須洲中……

杜佑曰:羡溪,在濡須東三十里。濡須,在今安徽廬江府巢縣南。

車駕幸廣陵……

胡三省注:廣陵,故城謂云廣城,今其處不可考。

還到精湖,水稍盡……

精湖,在山陽,今淮安府山陽縣。

民不具瞻,臣恐……

“臣恐”,欽定作“誠恐”。

劉放,字子棄,涿郡人。時漁陽王松據其土……

涿,今直隸順天府涿州治。漁陽,今直隸順天府密雲縣西南三十里。

松舉雍奴、泉州、安次以附之。

雍奴,今順天府武清縣東八里。泉州,今武清縣東南四十里。安次,今順天府東安縣東北四十里。

《魏志》卷十四考證

(程昱)太祖乃止。注:據千里之齊,擁百萬之衆。北宋本作“據千里之地”。

孫權新在位,未爲海内所憚。《太平御覽》作“孫權新立”。

年四十餘甓。注:今之存者不能十分之一。北宋本作“二”。

(郭嘉)果爲許貢客所殺。注:此存亡之機不可失也。北宋本作“不可不測”。

又注:又本傳稱自嘉料孫策輕佻。“自”,宋本作“臣”。

(董昭)昭欲謁漢獻帝,至河内爲張楊所留。臣龍官按,此時不應稱“獻”,宜爲“見”字之訛。

(劉曄)因難求臣,必難信也。“必”北本作“心”。

(蔣濟)太祖聞之,指前令與左將軍于禁、沛相封仁等曰……各本作“指有令”。臣明楷按,此蓋太祖謂蔣濟等謀叛之事,而信前令之不虚,作“前令”是。

弊攰之民。“攰”,毛本作“劫”。臣明楷按,劫音貴,力乏也。攰音溪,險也,似應作劫。《顔氏書證篇》曰:劫,即皷倦之皷,或者攰其皷之訛與。

(劉放)資樂陽亭侯。注:天下騷動。監本誤“要動”,毛本誤“搔動”。今改正。

《魏書》十五欽定本作《魏志》十五

劉司馬梁張温賈傳第十五

欽定本作劉馥、司馬朗、梁習、張既、温恢、賈逵(子充)、李孚、楊沛

劉馥,字元穎,沛國相人也。

相,今安徽鳳陽府宿州西南。欽定本作"辟爲司馬掾"。

七門、吳塘諸穎,以溉稻田。

七門,《一統志》云:七門堰在舒城縣西南七門山下,三堰之源出焉。三堰者,一名烏羊堰,在縣南十五里;一名千功堰,在縣南二十里;一名澶櫝堰,在縣南二十五里。與七門堰共溉田二萬餘頃。俱漢羹頡侯所築,後漢末劉馥經理之,爲灌溉之利。

又修廣戾陵渠大堨。

《一統志》:車箱渠注云:在宛平縣西北。《水經注》:高梁水,首受溼水於戾陵堰,水北有梁山,山有燕刺王旦之陵,故以戾陵名堰。水自堰枝分,東逕梁山南,又東北逕劉靖碑北,其詞曰"魏使持節"。

復爲堂陽長。

堂陽,今直隸冀州新河縣西。

遷元城令。

元城,今大名府之城縣東。

梁習,字子虞,陳郡柘人也。

柘,今河南歸德府柘城縣。

張既,字德容,馮翊高陵人也。

高陵,今西安府高陵縣西南一里。

温恢,字曼基,太原祁人也。

祁,今祁縣。

賈逵,字梁道,河東襄陵人也。守絳邑長。逵過皮氏……

襄陵,今平陽府襄陵縣東南。絳邑,今曲沃縣西南。皮氏,今河津縣西二里。

以逵爲豫州刺史。

胡三省曰：豫州統潁川、汝陰、汝南、梁國、沛郡、譙郡、魯陽、弋陽、安豐等郡。《晉地理志》：魏武分沛郡立譙郡，分汝南立汝陰郡，合陳郡於梁國。沈約志曰：弋陽，本屬汝南，魏文帝分立郡，又分廬江爲安豐郡。

從西陽直向東關……

胡三省曰：東關即濡須口，亦謂之栅江口，有東西關。東關之南岸吴築城，西關之北岸魏置栅，後諸葛恪於東關作大堤，以遏巢湖，謂之東興隄，即其地也。

《魏志》卷十五考證

（劉馥）後孫策所置廬江太守李述……

"述"，《吴志》作"術"。

興治芍陂及茹陂。

"茹陂"，《太平御覽》作"茄陂"。

故夫學者雖有其名而無其人。

"人"，《册府》作"實"。

又修廣戾渠陵。

何焯曰：《水經注》作"戾陵堨車箱渠"。據此當作"戾陵渠"爲是，考元康中所立碑具詳。

（司馬朗）雖在軍旅，常麤衣惡食。

監本脱"旅"字。照毛本添"麤"。《太平御覽》作"惡"。

爲世好士。

注：洛字君初。子鄴，字子晉，驃騎將軍，封東平陵公，並見《百官名志》。北宋本作"子鄴，字仲子"，多"仲"字，并見《百官名》，無"志"字。

（梁習）張雄跋扈。

何焯校本作"雄張"。《倉慈傳》大姓"雄張"。

（張既）語在《夏侯元傳》。

注：何材如是而位至二千石乎？《尋翫文義》："至"當作"止"。

（賈逵）國家征伐，亦由淮、沔。

《太平御覽》作"淮、沛"。

充，咸熙中爲中護軍。

注：孚本姓馮，復改爲李。北宋本作"後改爲李"。

《魏書》十六欽定本作《魏志》十六

任蘇杜鄭倉傳第十六

欽定本作任峻、蘇則、杜畿、鄭渾、倉慈

任峻,字伯達,河南中牟人也。

中牟,今中牟縣東六里。

峻爲典農中郎將……

考證云:中郎將下,《太平御覽》引此有"募百姓屯田於許下,得谷百萬斛,郡國列置田官"十九字。

蘇則,字文師,扶風武功人也。

武功,今陝西乾州武功縣西南。

石崇妻,紹之兄女也。

考證云:"兄女",宋本作"女兄"。

杜畿,字伯侯,京兆杜陵人也。

杜陵,在陝西西安府咸寧縣東南。

固等使兵數千人絶陜津……

胡三省云:《水經注》:河水東過陜縣北,河北對茅城,謂之茅津,亦謂之陜津。《一統志》:茅城在平陸縣西南二里。《縣志》:今縣西南有岩城,昔名十二連城,延七里南臨大河,蓋即古茅城。

遂詭道從郖津渡。注:"昨日功曹,今爲郡將也。"

《一統志》:柏底渡在芮城縣東南四十里,有鎮有堡,又名郖津渡。土人又呼王村曲裹渡,通河南靈寶縣。

會白騎攻東垣,高幹入濩澤……

胡三省曰:垣縣屬河東郡,"東"字衍。《續漢志》垣縣注云:山在東,狀如垣。蓋此時已有東垣之名。按,垣縣,今垣曲縣西。濩澤,今陵川縣。

赴張辟拒守……

《通鑒》云:赴堅壁而守之。

費與兼官無覺……

考證云:"覺",宋本作"異"。

閱七聖而課試之……

欽定本作"闢七聖"。考證云:"閱"七聖,監本誤作"闢",今照《册府》改正。

荀俁出爲東郡太守,二人皆恕之同班友善。

考證云:三人皆恕之同班友善。監本誤作"二人",今改正。又"頗好言事",宋本無"言"字。

康既無才敏……

考證云:宋本作"康既才敏",無"無"字。

乃從南陽步詣該問疑難諸要……。

考證云:《後漢書》注作:"乃從南陽步涉詣許從該問"。

弟寬,字務叔。

考證云:"弟寬",監定本作"子寬"。臣龍官按,恕字務伯,理字務仲,寬字務叔,皆兄弟也。韓愈《杜中散墓志》亦云:畿季子寬,可知"子"字爲"弟"字之誤。今改正。

又注:預從兄斌。宋本作"武"。

鄭渾,字文公,河南開封人也。

開封,今河南開封府祥符縣南五十里。

後又與王允謀共誅卓……

考證云:與王允謀共誅卓。《後漢書》作"與何顒、荀攸共謀誅卓"。

脅將夏陽長、邵陵令并其吏民入磑山……

考證云:何焯曰:渾爲司隸部左馮翊,夏陽乃屬城,若邵陵則屬汝南郡,爲豫州刺史部内,與左馮翊無涉。此因前有渾爲邵陵令之文而誤耳。其地當去夏陽不遠,或郃陽之誤耶。

倉慈,字孝仁,淮南人也。

淮南,今安徽鳳陽府壽州治。

慈躬往省閱,料簡輕重……

考證云:"料簡",《太平御覽》作"斟酌"。

魏郡太守陳國吴瓘。

考證云:"吴瓘",《太平御覽》作"吴璀"。

令蓄猪狗,賣以買牛。

考證云:"令畜猪狗,賣以買牛",《太平御覽》作"令畜猪,貴時,賣以買牛"。

暫出到武安毛城中。

考證云:"武安",《太平御覽》作"安邑"。

經論治體,蓋有可觀焉。

考證云:論,宋本作"綸"。臣照按,"經綸"本《易·屯·象傳》,古本《易》有作"經論"字者,"綸"亦可作"論"。

《魏書》十七欽定本作《魏志》十七

張樂于張徐傳第十七

欽定本作張遼、樂進、于禁、張郃、徐晃

張遼,字文遠,雁門馬邑人也。與夏侯淵圍昌豨於東海。

馬邑,今朔平府朔州治。東海,今山東沂州府郯城縣西南三十里。

使遼與樂進拔陰安。復遣遼屯長社。

陰安,今直隸大名府清豐縣北二十里。長社,今河南許州長葛縣西。

陳蘭、梅城以氐、六縣叛。

氐、六,《通鑑》作"灊、六"。胡三省曰:灊、六二縣皆屬廬江郡。灊,章懷太子曰今壽州霍山縣。按,唐霍山縣即今安徽六安州霍山縣治。《一統志》:霍山,在霍山縣西北五里,又名天柱山。《爾雅》:霍山爲南岳。注:即天柱山,灊水所出也。《明一統志》:高七千七百三十丈。

徙屯居巢。遼與太祖會摩陂。還屯陳郡。遼還屯雍丘。與曹休至海陵。遼病篤,遂薨於江都。

居巢,今安徽廬江府巢縣。摩陂,在河南汝州郟縣。陳,今河南陳州府淮寧縣治。雍丘,今河南開封府杞縣治。海陵,漢屬揚州,后漢省,今江蘇揚州府泰州治。江都,今江蘇揚州府江都縣西南四十六里。

樂進,字文謙,陽平衛國人也。

衛國,今山東曹州府觀城縣西。

又討劉備臨沮長杜普、旌陽長梁大。

臨沮,今湖北荆門州當陽縣西北。旌陽,今湖北荆州府枝江縣北。

于禁,字文則,泰山鉅平人也。

鉅平,今山東泰安府泰安縣東南。

張郃,字雋乂,河間鄚人也。

鄚,今直隸河間府任丘縣北三十五里。

徐晃,字公明,河東楊人也。

楊,今平陽府洪洞縣東南十五里。

《魏志》卷十七考證

(張遼)遼督張郃、朱蓋等討蘭。“朱”,宋本作“牛”。

拜征東將軍。注:是以魏武“推選方員”。《太平御覽》作“雜選武力”。

(樂進)遣進李典擊之。宋本“遣進”下多“與”字。

(于禁)以荀林父、孟明視故事。注:“區區小國,猶尚若斯”。宋本作“尚猶若斯”。

(徐晃)至後將軍,封高唐亭侯。臣明楷按,注引《魏書》云:“文帝即位,封靈鄃侯。”又云:“於是更封高唐侯。”“亭”字疑衍。

《魏書》十八欽定本作《魏志》十八

二李臧文吕許典二龐閻傳第十八

李典,字曼成,山陽鉅野人也。太祖遣乾還乘氏。

鉅野,今山東曹州府鉅野縣南。乘氏,今鉅野縣西南。

李通,字文達,江夏平春人也……起兵於朗陵。

平春,今河南汝寧府信陽州西北。朗陵,今河南汝寧府確山縣西南三十五里。

臧霸,字宣高,泰山華人也。

華,今山東沂州府費縣東北六十里。

沛國公武周爲下邳令。

考證云:臣良裘按,《李質傳》注引虞預《晉書》曰:"武周字伯南,沛國竹邑人。"此"公"字疑衍。

大軍先及,水遂長,賊船稍進。

考證云:《太平御覽》"先及"作"先反","稍進"作"稍近"。

文聘,字仲業,南陽宛人也……乃以聘爲江夏太守。

宛,今河南南陽府南陽縣治。江夏,今湖北黄州府黄岡縣西北。

孫權以五萬衆自圍聘於石陽。

胡三省曰:祝穆曰:魏初定荆州,屯沔陽爲重鎮。晉立沔陽縣,江夏郡移至上昶理焉。今臨幛山在漢陽軍西六十里,晉沔陽縣治也,意石陽即此地。《一統志》云:按《漢陽志》,東漢名沌陽縣,后廢,入沙羨。晉初名石陽,太康中改爲曲陽,宋則名曲陵,至齊仍改名沌陽。《晉書·地理志》及《文獻通考》皆無沌陽名,此故城自系齊時所建,而宋志以沌陽爲江左立,《元和志》以爲晉於臨嶂山下置沌陽縣始存之,以備考。又,石陽城在黄陂縣西。孫權黄武五年征江夏,以五萬衆圍文聘於石陽,不克而還,即此。

吴虔,字子恪,任城人也。祥脱衣,將剖冰求之,有少堅冰解。

任城。今山東濟寧州治。考證云:宋本"有少"下多"頃"字。

許褚,字仲康,譙 國譙人也。

譙,今安徽潁州府亳州。

褚右手并泝船，僅乃得渡。

考證云："泝"，《太平御覽》作"棹"。

典韋，陳留己吾人也……徐出，取車上刀戟，步去。

己吾，今河南歸德府寧陵縣西南。考證云：〔徐出〕，《太平御覽》作"步去"。

龐悳，字令明，南安狟道人也。

狟道，今甘肅鞏昌府隴西縣西。

部曲將董超等欲降……

考證云："部曲將董超等欲降"，"董超"《太平御覽》作"統超等"。

龐淯，字子異，酒泉表氏人也。

表氏，今甘肅肅州高臺縣西。

福禄長尹嘉解印綬縱娥。

禄福，今甘肅肅州治。

閻温，字伯儉，天水西城人也。

西城，今陜西漢中府沔縣西。

息又啓云：衡愔之弟，來爲虎牙。

考證云：臣浩按，上云衡弟爲京兆虎牙都尉。此云左愔之弟，誤。當作唐衡之弟或衡愔之弟。

乃以其家粟金數斛……

考證云："乃以其家粟金數斛，募衆得千余人。""其家"，監本作"昂家"，今改正。

乃攘臂結袵獨追之……

考證云："乃攘臂結袵獨追之"，《太平御覽》作"獨持楯追之"。

《魏書》十九欽定本作《魏志》十九

任城陳蕭王傳第十九

欽定本作任城威王彰、陳思王植、蕭懷王熊

《魏志》卷十九考證

（任城威王彰）率師而行，唯利所在。《太平御覽》作“率師專行”。

（陳思王植）而植寵日衰。注：恐吾適出，便復私出，故攝將行。不可恒使吾爾誰爲心腹也！“爾”，《册府》作“以”。臣清植按，此文甚拗，玩其大意，蓋謂恐吾它出時，諸侯中便復有私出，如子建開司馬門之爲者，故欲管攝而盡將之。以行既有所不可，而留之則又不可信。類如此，故曰：“恒使吾以誰爲心腹？”作“以”字於義較順。

内不自安。注：其人自若而居海上。宋本作“自苦”。

昊命罔極，性命不圖。“性命”，《文選》作“生命”。

優詔答勉之。注：自念有過，宜當謝帝。“宜”監本作“直”，今改正。

又注：何必同衾幬，然後展殷勤。《文選》此下多“憂思成疾疢，無乃兒女仁”二句。

退念古者授爵禄者。“授”，《文選》作“受”。

必以殺身靖亂，以功報主也。監本“靖”誤作“靜”，今改正。

欲得長纓纓其王，羈致北闕。《文選》作“長纓占其王”。

熒燭末光，增輝日月。《文選》作“螢燭”。臣照按，“螢”古字作“熒”，熒小火也，以蟲尾有光，故名。後世乃易火從蟲。

偃武行文之美。“行文”《册府》作“修文”。

賜須臾之問，使臣得一散所懷。《册府》作“賜須臾之間”。

時年四十一。注：危若巢幕。“若”，監本訛作“共”，今改正。

《魏書》二十欽定本作《魏志》二十

武文世王公傳第二十

欽定本作豐愍王昂、相殤王鑠、鄧哀王沖、彭城王據、燕王宇、沛穆王林、中山恭王兗、濟陽懷王玹、陳留恭王峻、范陽閔王矩、趙王幹，臨邑殤公子上、楚王彪、剛殤公子勤，穀城殤公子乘、眉戴公子整、靈殤公子京、楚安公均、廣宗殤公子棘、東平靈王徽、樂陵王茂、贊哀王協、北海悼王蕤、東武陽懷王鑒、東海定王霖、元城哀王禮、邯鄲懷王邕、清河悼王貢、廣平哀王儼

《魏志》卷二十考證

（鄧哀王沖）智意所及。“意”元本作“慧”。

時孫權曾致巨象，太祖欲知其斤重，訪之群下，咸莫能出其理。冲曰：置象大船之中，而刻其水痕所至。

何焯曰：按，孫策以建安五年死時，孫權初統事。至建安十五年，權遣步隲爲交州刺史，士燮率兄弟奉承節度，此后或能致巨象。而舒倉已於建安十三年前死矣，知此事之妄飾也。置船刻水，疑算數中本有此法。

（彭城王據）削縣二千户。注：列書載璽書曰……。“列書”疑作“魏書”。

（中山恭王兗）兗獨譚思經典。“譚”疑當作“覃”。

（楚王彪）元年，爲有司所奏。“元年”上疑脱“青龍”二字。

增邑，并前二千五百户。注：“同聲無異嚮”，“嚮”毛本作“響”。

（東平靈王徽）奉叔父朗陵哀侯王後。“王”一本作“玉”。

爲法之弊，一至於此乎！注：蠶食九國。“蠶食”元本作“蔫食”。

又注：“而乃師譚申、商。”“譚”，《文選》作“謨”。

又注：“踵亡國之法，而徼倖無疆之期。”“亡”，監本誤“王”，今改正。

《魏書》二十一欽定本作《魏志》二十一

王衛二劉傅傳第二十一

欽定本作王粲、稽康、吴質、傅嘏、徐幹、路粹、桓威、陳琳、丁儀、衛覬、阮瑀、丁廙、滿勗、王象、應瑒、楊修、劉廙、劉楨、荀緯、劉邵、卓誕、邯鄲溥、應璩、繆襲、夏侯忠、慜欽、阮籍、仲長統、孫該、蘇林、杜摯

王粲,字仲宣,山陽高平人也。

高平,今山東兖州府鄒縣西南。

鍾繇、王朗等雖各爲魏卿相。

考證云:"各",宋本作"名"。

與北海徐幹……廣陵陳琳……東平劉楨……。

北海,今山東青州府壽光縣東南三十一里。廣陵,今江蘇揚州府江都縣東北。陳留,今河南開封府陳留縣。汝南,今河南汝寧府汝陽縣東南六十里。東平,今山東泰安府東平州西北十五里。

其所與太子書,記喉轉意……諸如此輩……

考證云:"記"下疑有脱文。考證云:"輩",宋本作"章"。

取稽字之上山以爲姓……

考證云:元本作"加山以爲姓",多"加"字。

其後大將軍西征,太子南在孟津小城。

考證云:"大將軍","將"字疑衍。

我年八十,不能老爲君溺攢也。

考證云:"攢"字,宋本作"禶"。

衛覬,字伯儒,河東安邑人也。

安邑,今解州夏縣北。

劉廙,字恭嗣,南陽安衆人也。

安衆,今河南南陽府鎮平縣東南。

屈而從人,於治雖失計……

考證云:"屈"而從人,監本訛作"闕",今改正。

受詔集五經羣書,以類相從,作《皇覽》。

考證云：臣明楷按，《楊修傳》注引《魏略》云：王象領秘書監，受詔撰《皇覽》，數歲而成。又《文帝紀》云：使諸儒撰集經傳，隨類相從，凡千餘篇，號曰《皇覽》。則劉邵、王象俱在撰集之列，非專出一手也。

著昌言，詞佳可觀省。

考證云："佳"元本作"皆"。

杜氏結字甚安，而書體微瘦。

考證云：杜氏結字甚安……"結"本或作"殺"誤。

魏朝自微而顯者，不聞胡康；疑是孟康。

考證云：何焯曰：孟康部後外屬，始仕見輕，晚爲良二千石。又冀部安平人，當時自有胡康也。

傅嘏，字蘭石，北地泥陽人。

泥陽，今甘肅慶陽府寧州東南。

未有六卿之舉……

考證云：監本誤"六鄉"，今改正。

任薄伐則德行未爲叙。

又何焯曰："薄伐"疑作"簿閥"，謂官簿閥閱也。

天下四方會。

考證云："天下四方會"，《太平御覽》無"方"字。

次尹劉靜……。

又臣浩按，劉靖者劉馥之子也，曾爲河南尹，《傳》稱其爲政初雖如碎密，終于百姓便之，有馥遺風。此"靜"當爲"靖"字之誤。

《魏書》二十二欽定本作《魏志》二十二

桓二陳徐衛盧傳第二十二

欽定本作桓階、陳群子泰、陳矯、徐宣、衛臻

桓階,字伯緒,長沙臨湘人也。

臨湘,今湖南長沙府長沙縣治。

陳群,字長文,潁州許昌人也。

許昌,今河南許州東北。

麴城雖固……

麴城,在甘肅岷州東南一百里。

出自牛頭山,與泰相對。

胡三省曰:牛頭山,蓋在洮水之南,以形名山。魏收《地形志》:後魏真君四年置,仇池郡治階陵縣,縣有牛頭山。《五代志》:牛頭山,在成州上禄縣界。按,魏階陵縣在今甘肅階州成縣西北。五代上禄即魏階陵。

夏侯霸欲三道向祁山。

祁山,在甘肅鞏昌府西和縣西北。

數萬人至枹罕,越狄道……秦軍上邽。

枹罕,今甘肅蘭州府河州治。狄道,今狄道州西南。故關,在狄道州北三十里,相近有大平原,上有平地百頃,可屯軍。上邽,今甘肅秦州西南。

遂進軍度高城嶺。

高城嶺,在甘肅蘭州府渭源縣西。

陳矯,字季弼,廣陵東陽人也。

東陽,闕。當在江蘇境。

復爲魏,轉西曹屬。

欽定本作"復爲魏郡,轉西曹"。考證云:毛本無"轉"字,宋本無"郡"字。

徐宣,字寶堅,廣陵海西人也。

海西,今江蘇海州南一百二十里。

衛臻,字公振,陳留襄邑人也。

襄邑,今河南歸德府睢州西一里。

盧毓,字子家,涿郡涿人也。

涿,今直隸順天府涿州治。

數日未與夫相見。

考證云:《太平御覽》作“皆未與夫相見”。

在職三年,多所駁争。

考證云:《太平御覽》作“多所駮易”。

名如畫地作餅……

考證云:《太平御覽》作“有名如畫地作餅”,多“有”字。

清出有文思。

欽定本作“清飭有文思”。考證云:毛本作“清出有文思”。

《魏書》二十三欽定本作《魏志》二十三

和常楊杜趙裴傳第二十三

欽定本作和洽、常林、楊俊、杜襲、趙儼、裴潛子秀

和洽,字陽士,汝南西平人也。

西平,今河南汝寧府西平縣西四十五里。

常林,字柏槐,河内温人也。

温,今河南懷慶府温縣西南三十里。

楊俊,字季才,河内獲嘉人也。

獲嘉,今河南衛輝府新鄉縣西南十二里。

杜襲,字子緒,潁川定陵人也。

定陵,今河南南陽府舞陽縣北十五里。

趙儼,字伯然,潁川陽翟人也。

陽翟,今河南開封府禹州治。

以儼爲朗陵長。

朗陵,今河南汝寧府確山縣西南三十五里。《後漢郡國志》:陽安道亭屬豫州汝南郡,其故城在今確山縣東北。

樂進屯陽翟,張遼屯長社……以儼領章陵太守。

潁陰,今河南許州。長社,今許州長葛縣西。章陵,今湖北襄陽府景陽縣界。

如有緩急之戮……

"急",欽定本作"救",《通鑒》亦作"救"。

裴潛,字文行,河東聞喜人也。

聞喜,故城在今聞喜縣西南。

《魏志》卷二十三考證

(和洽)洽獨以冀州土平兵疆。

毛本"兵疆"作"民疆"。

必有讒慝間其中者。

毛本無“必”字。

太祖定荆州。

“定”,監定本訛作“奪”,今改正。

天下大器,在位與人,不可以一節儉也。

《册府》作“不可以一節論也”。

所謂“悦武無震”,古人之誡也。“悦武”,《册府》作“玩武”。臣照按,《國語》云:“武不可覿,文不可匿,覿武無震,匿文不祥。”此必引此語,自當作“覿”,“悦”、“玩”二字俱非。

明帝時爲尚書。

注:召李叔才鄉閭之間。

“叔”,宋本作“淑”。

又注,莫不賴劭顧歎之榮。毛本作“顧採”。

又注:劭宗人許栩,沉没榮利,致位司徒。何焯曰:按《後漢書》言劭從祖敬。敬子訓,訓子相,並爲三公。相以能諂事宦官,故自致臺司封侯,數遣請劭。劭惡其薄行,終不候之。“栩”疑“相”之誤也。靈帝初,爲三公者亦有許栩,史不詳其何所人。建寧元年,由大鴻臚爲司空,二年免。時許訓爲司徒。四年,訓免,橋玄代之。是年,栩代玄爲司徒。名輩在子將之前。蓋《先賢傳》失之也。

(常林)時弟静紹封。注:未是夫窮理盡性,陶治變化之實論也。“是”,《册府》作“臻”。

又注:於敍人才不能寬。《太平御覽》作“至於叙人才不能寬大”。

(杜襲)强識博聞。元本强上有“粲”字。

嘗獨見,至於夜半。元本“嘗”上多一“襲”字。

時將軍許攸擁部曲,不附太祖。此非南陽許攸也。《太平御覽》作“許遊”。

增邑三百户。

毛本無“户”字。

(趙儼)太祖遣將軍劉柱將二千人,當須到乃發遣。“二千人”下《通鑑》多有“往”字。

如有緩救之戮,余爲諸軍當之。

“諸軍”,《通鑑》作“諸君”。

便作地道,箭飛書與仁。

“箭”字上《太平御覽》多“射”字。

(裴潛)謚曰貞侯。注:潛爲人材博,有雅要容。“要”字疑衍。

《魏書》二十四欽定本作《魏志》二十四

韓崔高孫王傳第二十四

欽定本作韓暨、崔林、高柔、孫禮、王觀

韓暨,字公至,南陽堵陽人也。

堵陽,今河南裕州東六里。

崔林,字德儒,清河東武城人也。

東武城,今山東臨清州武城縣西十里。

召除鄔長。

鄔,屬太原郡,故城在今介休縣東北二十里。

高柔,字文惠,陳留圉人也。

圉,今河南開封府杞縣南五十里。

王觀,字偉臺,東郡廪丘人也。

廪丘,今山東曹州府范縣東南七十里。

《魏志》卷二十四考證

(韓暨)在職七年。

《太平御覽》作"一年"。

(崔林)寇竊寖息。

注:安定太守孟達。臣浩按,此與蜀降人爲新城太守者同名姓。

牧守州郡所在而治。

"州郡",監本訛作"州部",今改正。

子述嗣。

注:隨與其事。監本訛作"共事"。今改正。

(高柔)舉吏民姦罪以萬數,柔皆請懲虚實。

宋本作"舉吏姦罪",無"民"字。

乞罷作者,使得就農。

"乞",監本訛作"訖",今改正。

常出錢與同營士焦子文,求不得。

《太平御覽》作“久求不得”,多“久”字。

(孔禮)明帝方修宫室,而節氣不和。

“宫室”,《太平御覽》作“臺省”。

禮固争,罷役。

《太平御覽》作“禮固争,因罷役”。

《魏書》二十五欽定本作《魏志》二十五

辛毗、楊阜、高堂隆傳第二十五

欽定本作辛毗、楊阜、高堂隆、棧潛

辛毗，字佐治，潁川陽翟人也。

陽翟，今河南開封府禹州。

楊阜，字義山，天水冀人也。

冀，今甘肅鞏昌府伏羌縣。

拜安定長史。

安定，今甘肅平凉府鎮原縣。

阜外兄姜敘屯歷城。

胡三省曰：《水經注》：歷城在西縣，去仇池一百二十里，後改爲建安城。杜佑曰：在今同谷郡西七里，去仇池九十里。宋白曰：晉置仇池郡於歷城，今爲成州。按，唐成州，同谷郡治。同谷縣故城即在今甘肅階州成縣治。

與敘起兵於鹵城。

鹵城，胡注云：當在西縣、冀縣之間。何焯曰：西縣屬漢陽。西，古作卤，此"鹵"字與《夏侯淵傳》皆訛爲"鹵"。

轉武都太守……

武都，今甘肅階州成縣西八十里。

高堂隆，字升平，泰山平陽人。

《一統志》：平陽故城在今山東泰安府新泰縣西北。春秋宣八年城平陽。《左傳》：哀公二十七年，越子使后庸來聘，盟於平陽。《漢書·灌嬰傳》：嬰自下邳擊破楚騎。平陽，漢置東平陽縣。應劭曰：河東有平陽，故此加"東"，後漢省。

天府掌九伐……

欽定本作"九賦"。

《魏志》卷二十五考證

(辛毗)帝乃止。

注：習氏又從而載之。“習氏”監本訛作“習文”，今改正。

（楊阜）叙母慨然，敕從阜計。

北宋本作“敕叙從阜”。

阜常見明帝著裙、被縹綾半褎袖。

何焯曰：“裙”上宋本有“繡”字。臣照按，“褎”即古袖字，“褎”應作“柔”。

十萬之軍東西奔赴。

“奔赴”，監本訛作“奔走”。今改正。

（高堂隆）好説秦漢之奢靡，以盪聖心。

“盪”，毛本作“蕩”。

（陛下宜）增崇人道，以答天意。

監本“意”上多“之”字，照毛本衍。

而崇飾居室。

北宋本作“宫室”。

使雅頌之聲盈於六合，緝熙之化混於後嗣。

“混”，《册府》作“流”。

今若有人來告權、備並修德政。

臣龍官按，景初中，先主劉備已薨，隆疏不應又稱權、備，當爲“禪”字之訛。

《周禮》天府掌九賦之則，以給九式之用。

臣明楷按，《周禮》太府掌九貢、九賦、九功之貳，以受其貨賄之入，則九賦太府職也。此之天府疑誤九賦。監本訛作“九伐”，今改正。

不夷於隸。

此句疑有誤。或“下夷”訛“不夷”也。

宣帝承以 士郎。

“士郎”，宋本作“十郎”。

《魏書》二十六欽定本作《魏志》二十六

滿田牽郭傳第二十六
欽定本作滿寵、牽招、郭淮

滿寵，字伯寧，山陽昌邑人也。
昌邑，今山東濟寧州金鄉縣西北四十里。
田豫，字國讓，漁陽雍奴人也。
雍奴，今直隸順天府武清縣東八里。
牽招，字子經，安平觀津人也。
觀津，今直隸冀州武邑縣東南。
郭淮，字伯濟，太原陽曲人也。
陽曲，今陽曲縣東北。

《魏志》卷二十六考證

（滿寵）賊必來燒軍，宜爲其備。
"燒軍"，《太平御覽》作"燒營"。
乃潛遣步騎六千，伏肥城隱處以待之。
"肥城"，《通鑒》作"肥水"。
遣長史督二軍。
宋本作"遣長吏督三軍"。
（田豫）鮮卑數十部，比能、弥加、素利。
《太平御覽》"素利"下有"等"字。
東隨無岸，當赴成山。
《通鑒》"東隨"作"東道"。
郭淮，太原陽曲人也。
注：父緼，雁門太守。北宋本"緼"作"蘊"。
既陣，備疑不渡。
《太平御覽》作"不敢渡"。
蜀兵大至，淮逆擊之。
《太平御覽》作"逆擊走之"。

《魏書》二十七欽定本作《魏志》二十七

徐胡二王傳第二十七
欽定本作徐邈、胡質(子威)、王昶、王基

徐邈,字景山,燕國薊人也。
薊,今直隸順天府薊州。
胡質,字文德,楚國壽春人也。
壽春,今安徽鳳陽府壽州。
王昶,字文舒,太原晉陽人也。
晉陽,故城即今太原治。
王基,字伯輿,東萊曲城人也。
曲城,今山東萊州府掖縣東北六十里。

《魏志》卷二十七考證

(徐邈)西域流通,荒戎入貢。
"流通",《太平御覽》作"通流"。
皆服職前朝,歷事四世。
"職",宋本作"質"。
(王昶)又著兵書十餘篇,言奇正之用。
注:若循環之無窮。"窮",毛本作"端"。
其有所是非,則託古人以見其意。
"有所",監本作"所有",今改正。
不願兒子慕之。
注:於夫鄙懷。宋本作"於鄙夫懷"。
願兒子遵之。
注:夙智早成。宋本作"夙知性成。"
又注:比居者擅耕蝦地。監本脱"者"字,今添。
今屯苑去襄陽三百餘里。
"苑"疑作"宛"。

(王基)吴嘗大發衆集建業,揚聲欲入攻揚州。"攻",《通鑒》作"寇"。

雖有智者,不能善後矣。

《太平御覽》作"善其後矣",多"其"字。

今與賊家對敵。

《太平御覽》作"今與賊交利對敵"。

文王勅軍吏:"入鎮南部界,一不得有所遣。"

"遣"宋本作"譴"。

後由等竟不降。

注:皆山險狹。《册府》:"皆山路險狹。"

又注:兵行數百里而值淋雨。宋本"淋"作"霖"。

《魏書》二十八欽定本作《魏志》二十八

王毌丘諸葛鄧鍾傳第二十八

欽定本作王淩、令狐愚、毌丘儉、諸葛誕、唐咨、鄧艾、州泰、鍾會、王弼

王淩,字彦雲,太原祁人也。

祁,今祁縣。

宣王將中軍乘水道討淩。

考證云:何焯曰:此中軍猶言禁軍,不及徵調外軍,故以中軍進也。

問卿,令狐及乎?

考證云:問卿,令狐及乎?臣明楷按,"及"字不可解疑,爲"反"字之誤。蓋孟爲令狐愚與王淩通謀之事,單固知情也。

毌丘儉,字仲恭,河東聞喜人也。

聞喜,故城在今聞喜西南。

領太守毌丘興到官。

考證云:領太守毌丘興到官。"領",元本作"頃"。

欽中子淑小名……

"小名",欽定本作"小字"。

君侯何苦若不可復忍數日中也。

考證云:君侯何苦若不可復忍數日中也。《册府》作"何苦"無下"若"字。

大將軍昭伯與太傅伯俱受顧命。

考證云:臣浩按,昭伯,曹爽字。太傅伯,"伯"字疑衍,或爲"昔"字之訛。

俱舉分分中國。

考證云:"分分"原本作"瓜分"。

屈頫

考證云:"屈頫",宋本作"屈順"。

注:司馬師滔天作逆,廢害二主。

考證云:何焯曰:此表後人僞作,高貴鄉公之弑昭事也,何得預言二主乎?

諸葛誕,字公休,琅玡陽都人也。

陽都,今山東沂州府沂水縣南。

以玄、疇四人爲四聰，誕、備八人爲八達。

考證云：《通鑒》"玄、疇"作"玄等"，"誕、備"作"誕等"。

誕再在楊州，有威名。

欽定本作"再在"。考證云：毛本作"在任"。

流血盈野。

欽定本作"流血盈塹"。考證云：毛本作"野"。

唐咨，本利城人。

利城，今山東沂州府蘭山縣東一百里。

夫建業者異矣。

考證云："異矣"，《通鑒》作"異道"。

喪王基之功。

"喪"，《通鑒》作"賞"。下同。

鄧艾，字士載，義陽棘陽人也。

棘陽，今河南南陽府新野縣東北。

十二分休，常有四萬人，且田且守。

欽定本作"四千"，考證云"四千"。監本訛作"四萬"。臣龍官按，淮北二萬，淮南三萬，共五萬人。以十二分休計之，止應四千有奇，不得云四萬也。今改正。今按十二分休，似十分五萬人常有二分休者。五萬人，十分之二爲一萬。五萬中減一萬則常有四萬人，且田且守，監本不誤。

又"淮上"。《晉書·食貨志》作"淮北"。

又"事皆施行"。《太平御覽》作"皆如艾計"，下有"遂北臨淮水，自鍾離西南横石以西盡沘水沘脂旁切四百餘里。五里置一營，營六十人，且田且守。兼修廣淮揚、百尺兩渠，上引河流，下引淮穎大理諸陂，於穎南穎北，穿渠三百餘里，溉田二萬頃。淮南、淮北皆相連接，自壽春到京師，農官兵田，鷄犬之聲，阡陌相屬"。凡九十七字，下接"每東南有事"云云。

阻兵仗勢，足以建命……

考證云："建"，疑作"違"命。

輙移屯附亭。

考證云："附亭"，元本作"陽亭"。

吾以陸軍。

考證云："陸軍"，疑作"陸運"。

出劍閣西百里。

考證云:“出劍閣西百里”,《太平御覽》作“出劍閣四百里”。

忠纂出將斬之。

考證云:宋本無“出”字。北宋本“出”作“等”。

並作舟船豫順流之事。

考證云:“豫”下元本多“備”字。

瓘聞之,不候駕而謝。

考證云:“候駕”,宋本作“俟駕”。

而子孫爲民隸。

考證云:“民”,北宋本作“萌”。

宣王爲泰會,使尚書鍾繇調泰。

考證云:臣浩按,鍾繇已卒於太和四年,疑調泰者當是鍾毓。又按,何焯曰,檢《毓傳》,正元中乃爲尚書,齊王初方爲黄門侍郎,《世語》當是稱其後來所歷之職。若泰典郡時毓已先跻八座,恐不得以屈滯調。《世語》所記,疑其不實。

松思竭不能改,心存之。

考證云:“心存之”,元本作“心苦之”。

中書令劉放。

欽定本作“劉放”。考證云“劉放”。監本訛作“劉表”,今改正。

西奉辭銜命攝統戎重。

考證云:“戎重”,《文選》作“戎車”。

蜀相牡見禽於秦。

考證云:“牡”,《文選》作“莊”。

以次棓殺坑中。

考證云:《通鑒》作“内坑中”,多“内”字。

當何所能一辨邪。

考證云:《通鑒》作“何憂其不能辨耶”。

《魏書》二十九欽定本作《魏志》二十九

方伎傳第二十九

欽定本作華佗吳普樊阿、杜夔、朱建平、周宣、管輅

華佗,字元化,沛國譙人也。

譙,今安徽潁州府亳州。

時人以爲年且百歲而貌有壯容。

考證云:《册府》"以爲"下有"仙"字。

昨使醫曹吏劉租。

考證云:"劉租"北宋本作"劉祖"。

佗恃能厭食事猶不上道。

考證云:"食"字疑衍。

行妖隱以惑民。

"妖隱",欽定本作"妖慝"。考證云:毛本作"隱"。

吾本師姓韓字世雄。

考證云:"字世雄",《後漢書》注中作"字稚"。

欲其食少而胬行也。

"胬行",《後漢書》作"怒行"。

杜夔,字公良,河南人也。

河南,今河南河南府洛陽西北九里。

夔善鐘律,聰思過人。

考證云:"聰思",《册府》作"〔聰〕慧"。

無名之璞乎。

考證云:"無名之樸",宋本作"璞"。臣照按,"無名之樸"本《老子》,宋作"璞"非。

朱建平,沛國人也。

沛國,治相,在今安徽鳳陽府宿州西南。

周宣,字孔和,樂安人也。

樂安,今山東濟南府新城縣東十二里。

管輅,字公明,平原人也。

平原,今山東濟南府平原縣南二十里。

便開淵布筆……

考證云:"開淵",《册府》作"開胸",元本作"開紙"。

互共攻劫……

考證云:"攻劫",《册府》作"攻詰"。

兄弟三人,皆得躄疾。當有利其數升米者。

考證云:"皆得躄疾",《太平御覽》此下〔有〕"不知何故"四字。又"數升",《太平御覽》作"數斗"。

嘗不推機……

欽定本作"推机"。

直宋無忌之妖將其入竈也。

考證云:何焯曰:《急就篇》注,古有仙人宋無忌。此云妖未詳。宋無忌,見《封禪書》索隱引《白澤圖》云"火之精曰宋無忌"。蓋其人火仙也。以入竈,故指爲火之妖。

君備州里達人……

考證云:"君備",元本作"君侯"。

華而不實,未敢之信。

欽定本作"未之敢信"。

翅翼舒張,此燕卵也。舉坐驚喜。

考證云:"翅翼舒張",《太平御覽》作"分翅舒張。"

又,"舉座驚喜",《太平御覽》作"驚嘆"。

知人……

"知人",欽定本作"諸人"。考證云:監本誤作"知人",今改正。

居在斥丘。

欽定本作"斥丘"。

殆非小心翼翼多福之仁。

考證云:"仁",《太平御覽》作"人"。

君可畏也。死以付天,不以付君。

考證云:《太平御覽》作"君可畏人也,命以付天"。

輅於此爲論八卦之道及爻象之精。

欽定本無下"八卦"二字。考證云:監本爲"論八卦"下又重"八卦"二字衍文,今去。

《魏書》三十欽定本作《魏志》三十

烏丸、鮮卑、東夷傳第三十

欽定本作烏丸、鮮卑、東夷夫餘挹婁,高句麗濊,東沃沮馬韓

擅漢南之地……。

考證云:臣浩按,"漢南"疑當作"漠南",蓋就彼言之漠以南也。下"由是邊陲差安,漢南少事"誤同。

悉禿頭以爲輕便。

考證云:"禿"一本作"髡"。何焯曰:按,《説文》"鬊"字注云:大人曰髡,小人曰鬊。

又"妻後母執嫂","執"《後漢書》作"報",下同。又,"俗識鳥獸孕乳,時以四節",《後漢書》作"以别四節"多"别"字。又,"織縷氈毼"。"氈毼"《後漢書》作"氀毲",無"縷"字。又"烏丸大人郝且等"。據北宋本、《後漢書》〔且〕俱作"旦"。又,"欽志賁"。《後漢書》"欽"作"歆"。

紹矯制賜蹋頓、難峭王……

考證云:臣龍官按,據上文則"難"下當有"樓"字;據注則"難"字當衍。

後樓班大,峭王率其部衆……

考證云:元本作"後難樓及峭王率其部衆"。

後袁尚敗奔蹋頓,憑其勢,復圖冀州。

又"憑其勢,復圖冀州,"元本作"借兵欲復圖冀州"。

太祖登望虜陳,柳軍未進。

考證云:"柳"疑作"抑"。

東接遼水,西當西城。

考證云:元本"西城"作"西域"。

又"常以季春大會,作樂水上"。

《後漢書》作"以季春月會於饒樂水上"。注,水在今營州北。

又,"由自與烏丸相接","由"字疑衍。

又"質宫"元本作"質館"。

嘉平六年……

考證云：臣明楷按，“嘉平”疑當作“熹平”，此叙靈帝時事。嘉平乃本書齊王芳年號也。

又，乃按“引烏侯秦水”。

“烏侯”《後漢書》作“烏柔”。

又，“聞汗人善捕魚”，《後漢書》作“倭人下有倭人國”。

王疑爲天子也……

考證云：“天子”，《太平御覽》作“天生”。

又，“施掩水”，《後漢書》作“施淲水”。

“姜女”，欽定本作“美女”。

朝鮮侯淮僭號稱王。

考證云：“淮”，《後漢書》作“準”。

不請匄。

考證云：“請”，疑當作“諳”。

臣濆活國。

考證云：“濆活”，宋本作“濆沽”。

支侵國。

考證云：宋本“支”作“友”。又臣良裘按，“馬韓有莫盧國”疑有一重出或有訛字。

辰鑡因將户來來出詣含資縣。

考證云：“辰鑡因將户來來出詣含資縣”。“辰鑡”“辰”字，“來出”“來”，疑皆衍。

立大本。

“大本”，欽定本作“大木”。

弁辰亦十二國。

考證云：此“弁辰”疑作“弁韓”，下别有“弁辰”。

《魏略》曰《西戎傳》曰。

考證云：上“曰”字衍。

轉西與中道合龜兹，爲西道。

“西道”，欽定本作“新道”。考證云：毛本作“西道”。

又“絶精國”。

欽定本作“精絶國”。考證云：毛本作“絶精國”。

又,“髮青如青絲,乳青毛,蚙赤如銅”。《世説》注作“髮如青絲爪如銅”。

又“復立者其人也”。

《世説》注:“復立”作“復豆”。

又“漢越王”。

“王”字,各本俱誤作“正”,今從宋本作“王”。

又“烏戈一名排持”,北宋本作“排特”。

度代布,温色布。

“度代”,欽定本作“度伐”。“温色”,欽定本作“温宿”。考證云:毛本作“度代布,温色布”。

三姓山川

窩肯河即倭和江，在三姓城東，河水由東南老嶺山北發源，曲繞至城東北窩肯哈達西山根入松花江匯流。自河源至河口，計程三百二十里，自河口西南至姓城三里。

窩肯哈達山，在三姓東北，松花江南岸，窩肯河東岸，約高八十餘丈。其山迤南十三里，相接山脉不斷，約高五六十丈，東西闊六七里不等，來脉修與迤東北朱爾山相連，自窩肯哈達山根至城五里。

馬鞍山在城東南，窩肯河北岸，約高四十餘丈，南北向長周圍各五里，其來脉相接窩肯哈達山，東南至土龍山一百二十里。自馬鞍山根起西北至城十八里。

朱爾山，在窩肯哈達山迤東，約高三百餘丈，周闊十五里餘，其東北相接巴彦哈達等山脉毗連。自朱爾山而西至三姓十里。

巴彦哈達山，在城東北，松花江南岸，約高五十餘丈，周圍十二里，山脉與朱爾山相連。自山根東北至巴彦，通靖邊後路防營炮臺五里。自巴彦哈達而西南至三姓二十五里。

阿吉瑪瑪山，在三姓東北，松花江南岸，約高十餘丈，南北長三十餘里，東西闊十餘里，由阿吉瑪瑪山根，而西南至三姓卅八里。

大瓦丹山，在三姓東北，約高十餘丈，迤西南相接舒勒河山，約高十餘丈，東南相連大礶子山，約高三十餘丈，東西南北長卅餘里，各横七八里不等。自大瓦丹山根，而西南至三姓七十里。

山音窩坑即山音倭和山，在三姓東北瓦丹迤東，山約高廿餘丈，東與達勒罔穆舒圖城子等處山脉相連，各約高廿餘丈，東西長廿餘里，南北寬十餘里。自山音倭和山，而西南至三姓一百廿里。

發勒圖山，在三姓東北，山脉東接達佈庫，山約高十餘丈，東西長廿餘里，南北寬十餘里，北距松花江十二里，自發勒圖山，而西南至三姓一百卅里。

敖奇大山，在三姓東北，松花江南岸，達佈庫迤東，山約高六百餘丈，東南相連草帽頂子，山約高五百餘丈，迤東與富克錦界。

音達穆河發源小黑山，七星礶子等山連脉。自山根東北至音達穆河口廿里。自敖奇，而西南至三姓一百四十五里。

老鵶窩山，在三姓東蘇木河北岸，山約高卅餘丈，與大礟子等山脉連廿里。自老鵶窩，而西南至三姓一百十里。

蘇木河，在三姓東南窩肯河迤北，水從姓錦接界。音達木河口迤西南草帽頂子山發源起，而西與順老鵶窩南山根曲流二百廿里，入窩肯河合流。自河源北至音達木河口六十里，而西南至三姓二百五十里。

土龍山，在三姓東南蘇木河南岸，山約高十餘丈，周圍十里。自土龍山根，而西北至城一百卅八里。

巴胡力河，在城東南，蘇木河迤南，水由姓錦接界七星礟子等山發源起，向西北曲流二百餘里，入窩肯河合流。自巴胡力河口，而西北至三姓一百五十里。

樺皮溝山，在三姓東南，山約高一百餘丈，迤東接分水嶺，南接太平溝，山約高九十餘丈。迤西有土頂子山，東與錦界七星礟子山脉絡繹相連不斷。自樺皮溝，而西北至三姓二百八十餘里。

七胡力河，在巴胡力河東南十里許，係由樺皮溝東南山發源起，曲流二百餘里，入窩肯河合流。自七胡力河口，而西北至三姓一百六十里。

阿爾佈善山，在三姓東南，窩肯河北，山約高一百餘丈，東接望背礟子，山約高一百餘丈。自河爾佈善山，而西北至三姓三百卅餘里。

瓦金别拉河，在三姓東南，窩肯河右岸，水從榆椿樓山發源起，向南曲流九十餘里，入窩肯河合流。自瓦金别拉河口，而西北至三姓四百餘里。

榆椿樓山，在三姓東瓦金别拉河，迤東廿里，山約高八十餘丈，東至石頭銷廿里，東至窩肯河源七十里。自榆椿長樓山根，而西直至三姓四百卅里。

四個頂子山，在三姓東南，山約高廿餘丈，周闊十餘里，而西北至三姓六十里。

楊武吉山，在三姓之南，約高十餘丈，周闊九里許。而北至三姓十八里。

長嶺土山，在三姓東南，約高五十餘丈，西南東北長十餘里。東南西北闊四五里許，自長嶺山根，而西北至三姓八十三里。

伯勒河，在三姓南胡爾哈河東岸，水從廟爾河發源起，斜向西北曲流一百里，入胡爾哈河匯流。自伯勒河口，而西北至三姓二十四里。

草帽頂山，在三姓東南，黑背迤東，約高十餘丈，闊十餘里，東南與老嶺接連，自草帽頂，而西北至三姓一百九十九里。

大頂山，在三姓之南，約高一百餘丈，闊二十餘里，南與廟爾嶺山來脉相連，自大頂山，而北至三姓一百十里。

樺皮川，在三姓之南，山約高九十餘丈，西馬與鍋葵山脉相連，連接哈達嶺，約高一百餘丈，而西北至三姓二百八十里。

哈達河，在三姓之南，水自哈達嶺發起，斜向東南流卅餘里，入穆楞河即莫力河合流。自河南口而北至三姓三百二十五里。

穆楞河即莫力河，在三姓東南，水由塔屬山内而來，向東北流入烏蘇里江合流，自穆楞河即莫力河口，而西北至三姓六百九十二里。

峰密山，在三姓東南，穆楞河南岸，與塔城接界，山約高二百餘丈。自峰密山，而西北至三姓六百廿里，南至塔城，道里若干，係是隔屬不能確知，合並敘明。

蜚底河，在三姓東南，水由老嶺山發源，向東南流一百餘里，入穆楞河即莫力河合流。自蜚底河源，而西北至三姓五百二十里。

老嶺，在三姓東南，約高一百餘丈，西南與哈達嶺相連，東與阿爾哈山連脉，東西綿亘一千四百餘里，山根北靠窩肯河左岸，西與草帽頂山脉絡繹相連。自老嶺，而西北至三姓五百卅里。

奶子山，在三姓東南，北距老嶺六十餘里，約高九十餘丈，而西北至三姓五百八十里。

烏斯渾河，在三姓之南，水從迤東南塔姓接界之樺皮川發源起，曲流四百餘里，入胡爾哈河即牡丹江合流。自烏斯渾河口，而北至三姓一百六十里。

羓羊磖子，在三姓之南，北距烏斯渾河五十里，山約高五十餘丈，闊八十餘里。自羓羊磖子北山根，而北至三姓二百十里。

胡什哈達山，在三姓之南，北距羓羊磖子二十七里，山約高六十餘丈，闊九十餘里，西靠胡爾哈河即牡丹江東岸。自胡什哈達山根，而北至三姓二百卅七里。

鍋葵山即鳩梅芬山，在三姓之南，與塔姓接界之三道河對岸，山約高九十餘丈，闊廿餘里，東與樺皮川相連。自鍋葵山，而西至胡爾哈河東岸五里許，北至三姓三百七十里。

胡爾哈河即牡丹江，在三姓城西，水從城南塔界而東流入姓境，順大小迎門石城墻、磖子等山根下，曲繞羓羊磖子山西，順流至拉哈阜等山，靠山根流入城西北，入松花江匯流。自胡爾哈河口斜向東南至三姓城二里。

拉哈阜山，在三姓西南，近靠胡爾哈河即牡丹江西岸，山約高八九丈不等，南北長約計廿餘里。自山脚下而東北至三姓十八里，西南至西芬溝九十八里，皆是山遍幽徑。自拉爾阜山，迤西南接郭佈奇希山並五常堡東山，與哈達脉連。自拉哈阜西北至三姓十八里。

郭佈奇希河，在三姓之西，水由郭佈希奇山發源起，斜向東北曲流六十餘里入松花江匯流。自郭佈奇希河口東至三姓五十二里。

郭佈奇希山，在三姓西，胡爾哈河迤西松花江南岸，山約高七十餘丈。其山脉從西南，占哈達爾來，東至哈拉阜而西接永起等山相連。自山北至江岸廿餘里，而東至三姓七十七里。

永起山，在三姓西，山高約七八十餘丈，松花江南岸，山從西南哈達來脉，西接羅拉密等山。自山脚而西至江岸十餘里，而東北至三姓一百里。

小羅拉密山，在三姓西，約高四百餘丈，迤西八里許至大羅拉密山，約高五百餘丈，其山脉從西南占哈達而來北至松花江廿餘里。自大羅拉密山，而東北至三姓一百十六里。

花公集山，在三姓西南，約高二百餘丈，山從占哈達來脉，而北至松花江岸十餘里。自山脚，而東北至三姓一百廿五里。

楚山，在三姓之西，松花江南岸，山高約五十餘丈，内有大泡約十餘里，南北約闊二里餘，北至江岸十里，東至三姓城一百四十六里。

德木利山，在三姓西南，約高三百餘丈，山從占哈達來脉，北至松花江廿餘里。自山脚，而東北至三姓一百五十六里。

爾吉利山，在三姓西南，約高三百餘丈，由占哈達來脉，北至松花江三十餘里，而東北至三姓一百六十三里。

横頭泡，在三姓之西，松花江南岸，泡水周圍環繞七餘里，水深二餘丈，西至彈弓泡六餘里，水深二餘丈，周圍環繞七里餘，西至匍匐泡五里，周圍環繞四里餘，臓躿泡周圍環繞七里餘，此四泡曾係四聚之水，北入松花江合流。自臓躿泡，而東至三姓二百八十里。

方正泡，俗呼鰟歡泡，在三姓西南瑪延河東岸，丹陽山北，周圍環曲八里餘，北至松花江岸十餘里。自方正泡，而東北至三姓二百餘里。

丹陽山，在三姓西南瑪延河東岸，山約計三十餘丈，係是土山，周闊三里餘，北至松花江三十餘里，而東北至三姓二百廿餘里。

瑪延河，在三姓之西，河東地屬三姓管界，河西地屬阿勒楚喀管界，河水自阿姓寧五常堡西城接界之占哈達山嶺内發源，斜向東北曲流四百餘里，入松花江匯流。自瑪延河口，而東北距三姓二百二十餘里。而西至阿勒楚喀，約三百四五十里，至五常堡、寧古塔道里若干。係是隔屬，不得確知，理合登明。

黃泥河，在三姓西南，瑪延河東岸，河水自占哈達山内發源，斜向西北曲流二百餘里，入瑪延河合流。自黃泥河口北至松花江三四十里，東北至三姓二百二十餘里。

占哈達山，三姓西南胡爾哈河迤西瑪延河源，山高約七百餘丈。其山脉南從塔界老嶺山而來，東北至三姓三百餘里，西南至阿勒楚喀、五常堡、寧古塔道里各若干，係是隔屬，不得確知，理合登明。

西芬溝，在三姓西南，胡爾哈河西岸，溝從西南占哈達山脉而來。自西芬溝口，而東北至三姓七十六里。

五道河，在三姓西南，水自西南占哈達山内窩棘發源起，向東南曲流三百餘里，入胡爾哈河。自五道河口，而東北至三姓一百三十六里。

五個咀子山，在三姓西南，胡爾哈河西岸，山約高至二百餘丈，斜長約廿餘里，西南與塔界老嶺大山脉連。自五個咀子山北根，而東北至三姓一百五十里。

城墻礶子山，在三姓西南，胡爾哈河西岸，礶高約計二百餘丈，南北長十餘里。自城墻礶子，而北至三姓一百六十里。

四道河，在三姓西南，城墻礶子迤南，水由西南塔界老嶺等山發源，斜向東北曲流八十餘里，入胡爾哈河匯流。自四道河口，而東北至三姓一百六十八里。

望背礶子山，在三姓西南，近靠胡爾哈河西岸，四道河西南，礶高約計三百餘丈，東北至三姓二百八十里。

小迎門石，在三姓西南，近靠胡爾哈河西岸，約高二百餘丈，西北至三姓二百五十三里。

大迎門石，在三姓西南，靠胡爾哈河西岸，約高二百餘丈，而東北至三姓二百四十八里，山脉與西南塔界老嶺等山相連。自大迎門石山根下起，而西北至三姓二百七十三里。

三道河，在三姓西南，胡爾哈河西岸，河南塔管界，河北姓屬管界，水由塔界老嶺發源，斜向東北環曲流四百餘里，入胡爾哈河合流。自三道河口，而東北至三姓三百餘里，由河口而南至塔城，道里若干，係是隔界，不得確知，理應登明。

呑昂阿河，即湯王河，在三姓城東北一百三十里許，松花江北岸。左岸屬黑龍江省管界，右岸屬三姓管界。水從西北黑龍江界大青山發源，而向東南流入松花江匯流東去。

古木納城，在湯王河右岸，距河口卅餘里，西南距城一百廿里，北距江省里數若干，確難度數，合併聲明。

半拉窩吉山，在湯王河右岸，山約高一百餘丈，北與江省接界之大青山連脉，東距古木納城十五里，西南距三姓一百三十五里。

舒勒河，在城東北，自西塊石山發源，向東南曲流九十餘里，入松花江合流。自河口，而西南至三姓六十里。

巴蘭河口東，在城東北松花江右岸，與窩肯哈達對岸，水從江省大青山發源，順察胡蘭山東，向東南環繞烟筒山，曲流順紅石礭子山脚下，流向東南，環曲流入松花江左岸匯流。自河口，而西南至三姓城十二里。

紅石礭子山，在城西北巴蘭河西岸，山約高一百餘丈，東北與四塊石山脉相連。自山根迤南，距城三十里。

烟筒山，在紅石礭子山北巴蘭河之中，形如烟筒，約高十餘丈，周圍二里許。自山根，而東南至三姓五十里。

察胡蘭山，在烟筒山迤北巴蘭河西，約高一百餘丈，北接江省大青山，山脉相連。自山根，而西南至三姓七十里。

荒臺山，在妙嘎山站西，松花江北岸，約高十餘丈，南北斜長廿餘里。自山東南脚，順松花江西岸東去至城五里。

小咕嘟山，俗呼小古洞山，在城西北，山約高三百餘丈，向東南至三姓七十里。

大咕嘟山，俗呼大古洞山，山脉與小咕嘟山、察胡蘭、横虎頭山等山相連，約高三百餘丈，南至松花江岸三十餘里。自山根，而東南至三姓九十餘里。

小咕嘟河，在城西北松花江北岸，河水由小咕嘟山發源，向東南曲流二百餘里，入松花江匯流。自河口，而東至三姓三十二里。

大咕嘟河，在城西北，河水由大咕嘟山發源起，向東南曲流二百餘里，入松花江合流。自河口，而東至三姓五十里。

二荒頂子，俗呼横虎頭山，在城屬鄂勒國穆索站西北，約山高二百餘丈，山脉與江省接界大青山脉連。自山南脚至鄂勒國穆索站四十里，至松花江岸五十里，向東南至三姓一百卅里。

鳳凰礭子，在城屬鄂勒國穆索站西北横虎頭山迤西，約山高五百餘丈，北接大青山，西接鏵子山脉，絡繹相連。自山南脚至松花〔江〕岸五十里，東南至三姓一百五十餘里。

西伯河,在鄂勒國穆索站西南,水自北與江省接界鳳凰礶子山後發源起,由山迤西繞向東南曲流三百餘里,入松花江北岸合流,自河口迤東至鄂勒國穆索站二十里,而東北至三姓八十余里。

祥順山,在鄂勒國穆索站迤西,約山高五十餘丈,北與鳳凰礶子等山脉毗連。自山脚東至鄂勒國穆索站四十五里,西至崇古爾庫站街基四十里,南至松花江岸十六里,東北至三姓一百餘里。

烏那渾河,在鄂勒國穆索站西十里許,河水自江省管界三星礶子發源起,由東南流二百餘里,入松花江合流。自河口,而東至三姓約二百里許。

妖精泡,在三姓西南鄂勒國穆索站之西,水入烏那渾河匯流,東北至鄂勒國穆索站卅五里,向南至松花江北岸五里許,東北至三姓九十五里。

鏵子山,在崇古爾庫站西北,與江省分界之區,約山高五百餘丈,西與鳳凰礶子蒙古嚕等山脉絡繹相連。自山脚至崇古爾庫站卅八里許,南至松花江岸五十里,東南至三姓一百九十里。

薩林河,在崇古爾庫站迤西,水從江省管界老嶺發源,斜向東南曲流二百餘里,入松花江合流。自河口東至崇古爾庫站二十里許,西至富拉琿站四十里許,東至三姓一百七十里。

濃濃河,在富拉琿站迤西,水由江省屬大青山發源,向東南曲流二百餘里,入松花江合流。自河口東至富拉琿站卅里,西南至佛斯亨站四十里,東至三姓一百五十餘里。

蒙古嚕山,在佛斯亨站西北,與江省分界之區,約山高一百餘丈。自山脚東南至佛斯亨站二十五里,至卜雅密河口十二里,東至三姓三百餘里。

卜雅密河,在佛斯亨站迤西,河西爲江省呼蘭管界,東屬三姓管界,水由西北呼蘭界起,向東南曲流入松花江。自河口迤東至佛斯亨站二十里,東北至三姓三百里,西南至賓州廳一百六十里,西北至巴彥蘇一百二十里,至呼蘭二百八十里,西北至黑龍江省一千六百里。

富克錦輿地略

富克錦起順江南岸，西南至富替新赫哲兵住址六里，由彼向西南五里，有古蹟土城一座，至喀爾庫瑪赫哲兵住址一百二十里。

喀爾庫瑪屯起，向西南三十里，路北靠江岸，有古蹟土城一座，由彼至瓦里霍吞五十里，赫哲兵住址。

瓦里霍吞起，迤南靠江，山上有古蹟土圍一座，前至四十里蘇蘇屯地方，赫哲兵住址。

蘇蘇屯至音達木七十里，設卡倫一，迤南至音達木河止，爲姓錦接界處。

由富克錦城，向東北順江南岸起二里，嘎爾當赫哲兵住址，嘎爾當至霍吞吉林五里，均赫哲兵住址。

霍吞吉林起，至圖斯科一百二十里，有古蹟土城一座，圖斯科起至呢爾博五里，下至拉哈蘇蘇三十里，設黑河卡倫一，以上三屯，赫哲兵住。

拉哈蘇蘇起，下至奇奇喀十里，至莫力洪庫十二里，均赫兵住。

莫力洪庫起，下至街津一百里，赫哲兵住。

街津起，至科木六里，下至德勒奇九里，下至額圖三十里，至阿瑪勒洪二十里，均靠山，赫哲兵住。

阿瑪勒洪起，至奇訥林三十里，下至富唐吉六十里，至邑勒街庫六十里，均靠山，赫哲住。

邑勒街庫起，至濃江一百二十里，下至科勒木洪庫六十里，下至通江六十里，靠山，赫哲兵住。通江立界牌，下至俄伯力止。

界牌處起，向西南至撓力卡倫四百里，由彼南至呢噶卡倫南莫力河口四百里，由呢噶卡倫南莫力河口山路，向西北回至富克錦城六百里。

以上富替指新屯起，迤西三里，挖立界堆起，北靠小河，向西有間隙荒地，長二三十里不等，寬三四里，約可開隨缺官地四千（晌）〔垧〕，向南皆山川林木。蘇蘇屯迤五里許，赫哲原種熟地，再向西蒙古力迤東，亦赫哲等種熟地五里外，各挖立界堆，沿江一帶向南三四里内，除溝窪漂溏徒坡外，約可開隨缺官地三千五六萬（晌）〔垧〕，向南則窪陷漂甸。

琿春境内村屯里數

一由城東門外附近,四間房屯,至城五里,再東駱駝河屯,至城十里,至四間房屯五里。再東八大屯,至城十三里,至駱駝河屯三里。再東黑丈屯,至城十八里,至八丈屯五里。由駱駝河屯起,再東樺樹屯,至城十三里,至駱駝河屯三里,再東牌樓屯,至城十八里,至樺樹屯五里。再東東佈江屯,至城二十里,至牌樓屯二里。由牌樓屯起,再東哈達瑪屯,至城二十五里,至牌樓屯七里。再迄東頭道溝屯,至城三十里,至哈達瑪屯五里。由哈達瑪屯起,再東荒溝屯,至城三十里,至哈達瑪屯五里。再東南沙金溝屯,至城三十五里,至荒溝屯五里。再東乾溝屯,至城四十里,至沙金溝屯五里。再東二道溝屯,至城四十五里,至沙金溝屯五里。再東老龍口,至城五十五里,至二道溝屯十里。再東三道溝屯,至城七十里,至老龍口十五里。再東瓦崗塞屯,至城八十里,至三道溝屯十里。再東柳樹河屯,至城九十里,至瓦崗塞屯十里。再東蘆葫畢拉至城九十五里,至柳樹河屯五里。再東塔子溝至城一百一十里,至蘆葫畢拉屯十五里。再東四道溝至城一百一十五里,至塔子溝五里。再東西北溝至城一百二十五里,至四道溝十里。再東五道溝至城一百五十里,至西北溝二十五里。再東鬧枝溝,至城一百六十里,至五道溝十里。再東梨樹溝,至城一百七十里,至鬧枝溝十里。再東六道溝,至城一百八十里,至梨樹溝十里。再東黑瞎背,至城一百八十五里,至六道溝五里。再東土門子,至城一百九十里,至黑瞎背五里。再東臺馬溝,至城一百九十五里,至土門子五里。再東灣溝,至城二百里,至臺馬溝五里。由灣溝再東至柱字界牌處,約計六十里。由灣溝口至琿春河源處,約百里,由分水嶺至海參威約計二百四十五里許。

又由東門外起,五家屯,至城五里。再東馬圈屯,至城八里,至五家屯三里。再東博河屯,至城十三里,至馬圈屯五里。再東楊木林屯,至城十八里,至博河屯五里。再東泡子沿,至城二十二里,至楊木林屯四里。再東紅溪河屯,至城三十里,至泡子沿屯八里。再由五家屯起,東南小城子屯,至城十里,至五家屯五里。再東南依蘭哈達屯,至城十五里,至小城子屯五里。再由馬圈子屯起,東南東阿拉屯,至城十八里,至馬圈屯十里。再東南灣溝屯,至城三十里,至東阿拉屯十二里。

一由城南門外起,迤南張富屯,至城四里。再南南阿里屯,至城十里,至張富屯六里。再南二道河邊卡,至城二十里,至南阿拉屯十里。再南長嶺山,至城三十里,至二道河邊卡十里。再南横道河俄卡,至城四十五里,至長嶺山五里。再南珠倫河,至城五十里,至俄卡十里。再南罕奇海沿,至城九十里,至珠倫河,至城三十五里。再由珠倫起,東南岩杵河海沿,至城一百二十里,至珠倫河六十五里。又由南門起,圖老屯至城五里。再西南外郎屯,至城八里,至圖老屯三里。再西南雅老屯,至城十二里,至外郎屯四里。再西南汗道河屯,至城十五里,至雅老屯三里。再西南火龍溝,至城二十里,至汗道河屯五里。再西南西南威屯,至城三十里,至火龍溝屯十里。再由汗道河屯起,南向南山屯,至城二十五里,至汗道河屯十里;大杜川至城五十里,至南山屯二十五里;黑頂子至城八十里,至大杜川三十里;沙草峰至城一百二十里,至黑頂子四十里;圖門江口至城一百八十里,至沙草峰六十里。

一由城西門起,二道營屯,至城三里。再西三家屯,至城五里,至二道營屯二里。再西三家屯,至城八里,至東三家屯三里。再西下窪屯,至城十三里,至西三家屯五里。再西東崗屯,至城十八里,至下窪屯五里。再西沙沱屯,至城二十五里,至東崗屯七里。再西南西威屯,至城三十里,至沙沱屯五里。再西南暉春河口至城四十里,至西威屯十里。再由東崗屯起西去高力城屯,至城二十五里,至東崗屯五里。再西圖門江邊渡口處,至城二十八里,至高力城屯三里。再北由二道營屯起,西北二道溝屯,至城十二里,至二道營屯九里。再北至英安河屯,至城十八里,至二道溝屯六里。再由二道溝屯起,西北水灣鎮,至城三十里,至二道溝屯十八里。再西北盤嶺,至城四十里,至水灣鎮十里。再西北密占站,至城六十里,至盤嶺二十里。再北涼水泉子,至城九十里,至密占站三十里。再由涼水泉子北向木克德和站,至城一百二十里,至涼水泉子三十里。再北和尚窩棚,至城一百五十里,至木克德和站三十里。再北大次子站,至城一百七十五里。再北哈順站,至城二百一十里,至大次子站三十五里。再北至寧古塔界,五臺站距城二百六十里,至哈順站五十里。再北爲寧古塔界,至塔城二百七十里。再由涼水泉子起,向西空洞山,至城一百零五里,至涼水泉子十五里。再西嘎雅河,至城一百五十里,至空洞山四十五里。再西衣蘭溝,至城一百八十里,至嘎雅溝三十里。再西葦子溝,至城一百九十五里,至衣蘭溝十五里。再西烟集崗右路營盤處,至城二百四十里,至葦子溝四十五里,由左路營盤起,南向和龍峪八十里。再由營盤起,西北向官道口,至城二百九十里,至營盤處五十里。再北老頭溝,至城三百里,至官道口十里。再西北土門子,至城三百五十里,至老頭溝五十里。再西北廟兒溝,至城三百七十里,至土門子二十里。再西北磙牛磖子,至城三百九十里,至廟兒溝二十里。再西北糧米臺,至城四百一十里,至磙牛磖子二十里。再西北碱廠溝,至城四百三十里,至糧米臺二十里。再西北哈爾巴嶺,至城五百里,至糧米臺七十里,由哈爾巴嶺至敦化縣屬,黄駝腰子地方六十里許,由黄駝腰子西北去敦化縣三十餘里。再由黄駝腰子起,正北向去鄂木和索羅地方九十里許。

《寧古塔村屯里數》一卷

寧古塔由東門距城五里,花蓮溝屯。此屯迤東靠牡丹江,共二十户,過江仍係花蓮溝屯地名,東西二十餘里共四十四户,北靠山。迤南東西小河子,由此屯迤東五里卡倫屯,共十七户,北靠山。屯南小河子,由此山迤北十五里許家大屯,共三十户,東靠山。迤北東西小河子,由此至東二十里均係青山窩棘,並無村屯。

寧古塔由西門距城五里,大青石橋。由此西十里依蘭崗屯,共四十户,屯南牡丹江。又由此屯至西十五里,大牡丹屯,共六十三户,屯南牡丹江。又由此屯之西南十五里,七間房屯,共六十二户,西靠山,迤東牡丹江。又由大牡丹屯迤西十里至藍旗溝屯,共二十四户,北靠山洞,南小河子。又由此屯至西二十里爬犁旬子屯,共九户,屯東小河子。由此屯至西十三里木旗溝屯,共七户,北靠山,屯南小河子。由此屯至西十二里沙蘭站,站南沙蘭河,站北靠山,共八十二户。此站之北五里閻家屯,共十三户,屯南小河子。此屯迤西五里和尚屯,共二十一户,東靠山屯,西小河子。又由沙蘭站至南二十五里,蓮花泡屯,共二十一户。東靠蓮花泡迤東七里發虎屯,共十五户,屯南牡丹江。又由蓮花泡至西十里朱家屯,共四十二户。屯南牡丹江至西十里德林石甸子,共三户,外卡倫官房一所,北靠山。卡倫官房迤南海眼。又至西二十五里,必爾罕站,共三十七户,北靠山。站南必爾罕河至西四十里都林河,西至額穆赫索羅吉林界。

寧古塔城南牡丹江,江南張家屯,共二十户,北靠牡丹江。由此屯至東南十里,塔克通尼屯,共三十三户,東西靠山、南北塔克通尼河,由此二十里俱係塔克通尼地名。又由張家屯迤南五里小索霍氣屯,共十七户,西靠索爾霍綽河。由此屯迤南五里黄旗屯,共三十户,西靠索爾霍綽河,東南影壁山。由此迤西南五里輪溝子屯,共三十二户。東靠索爾霍綽河。由此迤東南五里八家子屯,共十三户,西靠索爾霍綽河,東靠山。由此屯迤東南五里馬家屯,共二十户,南靠山,北靠小河子。此屯由西南十五里三家子屯,共四十五户,西靠索爾霍綽河,東靠山。此屯由南五里大索霍氣屯,共三十户,西靠索爾霍綽河。由東五里羅成溝屯,共二十五户,屯南小河子,北靠山。由索霍氣迤南五里孤家子屯，共二十户，西靠索爾霍綽河，東靠山。此屯迤西五里卧龍屯，共四十五户，東西小河子。迤西五里香磨，南北俱山，東西小河子。由此迤西十里石頭坑子屯，共三十二户，東西山，南北小河子。迤南十五里新官地屯，共六十户，北靠山。此屯迤東南十五里盧家屯，共三十七户，南北靠山，西靠卧龍河。迤南十里卧龍河屯，共三十户，南北小河，東靠馬鞍山。由此迤東十里腰嶺子屯，共二十户，東西俱靠山，南北小河子。由此迤南二十里，均係青山窩棘，並無村屯。

寧古塔城北相距五里覺羅窪子屯，共三十户，東靠牡丹江。由此迤西北五里下赊哩屯，共二十户。迤北五里三間房屯，共三十户。迤西七里上赊哩屯，共二十六户，西靠山。迤北五里雙橋子屯，共二十四户，北靠山。屯南東西溝子迤西五里腰龍屯，共二十三户，南北靠山。東西溝子迤北五里薩克薩豁羅屯，共二十二户，南北靠山。東西溝子迤北十里德家屯，共十三户，東西靠山。南北溝子迤北十里江頭南溝屯，共三十七户，東西靠山。南北溝子迤東十五里薩爾虎屯，共三十户，東西靠山。迤北十里啦咕屯，共三十三户，南靠海蘭河，北靠山。迤西十里江頭屯，共三十五户，南靠海蘭河。迤北五里白廟子屯，共四十户。迤西北五里丁家屯，共十户，西靠小河子。迤北十里閻家屯，共二十一户，西靠小河子。由此迤北二十里，均係青山窩棘，並無村屯。

寧古塔東南十里山音必爾罕屯，共二十七户，南山音必爾罕河，北靠山，西靠牡丹江。由此二十里至東缸尾窑溝屯，共四十户，南北俱靠山，東西山音必爾罕河。迤東二十里，俱係青山窩棘，並無村屯。

寧古塔城西南三十里小牡丹屯，共五十户，北靠牡丹江。此屯迤西南五里高力房屯，共五户，東靠山。由此迤南五里都木河屯，共三十户，西靠牡丹江。由此迤西南二十里下馬蓮河屯，共二十六户，屯南馬爾瑚哩河，河南平頂山。此屯迤西五里中馬蓮河屯，共四十户。迤北十五里牛廠屯，共三十六户，北靠牡丹江。迤西十里上官地屯，共三十户，北靠牡丹江。迤南十里東京城屯，共一百五十一户。迤西八里阿堡屯，共四十户，西靠牡丹江。由東京城迤南十五里大荒地屯，共三十八户。由此迤西南十里三家子屯，共二十户。迤東南上馬蓮河屯，共三十户，東靠瑪爾瑚哩河，西靠山。迤東五里觀古屯，共二十户，西靠瑪爾瑚哩河，東靠山。迤南二十里金坑屯，共二十五户，東西山，南北瑪爾瑚哩河。迤東五里瑪爾瑚哩站，共五户。由此六十里至老松站，由此八十里至薩奇庫站，七十里至瑚珠嶺站，由此四十里至嘎哈哩河，迤東琿春界。

寧古塔東北距城二十里興厄哩温車恨屯，共二十二户，東靠山，西靠牡丹江。由此至西北五里熬頭屯，共三十户，西北靠山，東靠牡丹江。又由興厄哩温車恨屯東至五里胡什哈屯，共二十户，南靠山，東西胡什哈河。迤東十里樓房屯，共十三户，北靠山，東胡什哈河。迤北十里三家子屯，共三户，西靠馬鞍山，北靠團山。迤東五里小團山子屯，共十户，西靠山，東靠小河子。迤北五里大團山子屯，共十五户，屯南北小河子。迤北十里乜河屯，共一百五十户，北靠牡丹江。迤東五里，現有靖邊四營，南北小河子，東靠山。乜河迤北朱家屯，共四十户。迤西北舊卡倫屯，共八十户，西靠卡倫山，南靠海蘭河。朱家屯迤東五里禮富頭屯，共十三户，南靠牡丹江。迤東五里蓮花泡屯，共十二户，西靠蓮花泡。由此迤東五里孤家子屯，共十户，南靠牡丹江。迤東五里鐵嶺河屯，共十七户，東西靠山，迤北牡丹江。由此迤北十里新卡倫屯，共十户，南靠牡丹江。迤東十里樺樹林子屯，共二十户，南北靠山。迤西牡丹江至北十五里長蛇礶子屯，共十五户，東靠山，西靠牡丹江。迤北十里夫他蜜屯，共十六户，東靠牡丹江，西靠山。迤北二十里頭道河子屯，共十户，東靠山，西靠牡丹江。迤北十里頭站，六十里二站，又六十里三站，又六十里四站，迤北三里阿木蘭河三姓界。

寧古塔城西北距城二十里額傳屯，共二十户，北靠山，屯南小河子。迤南十里麥子溝屯，共七户，東西山，南北溝子。迤西十里鴨路溝屯，共二十户，北靠山，山前小河子。至西十五里海蘭屯，共十五户，屯東小河子。由此屯至西十里熬頭屯，共十户，南至山，屯北東西小河子。此屯至西二十里九道梁子屯，共十三户，迤北靠山，屯南東西小河子。由此屯至北二十里楊木林子屯，共十五户，東靠山。由此屯迤東八里舊街城，共四十五户，南靠山，北靠海蘭河。迤東龍頭山。又由楊木林子屯迤西十里哈達灣屯，共十户，北靠海蘭河。此屯迤南十里十道梁子屯，共十六户，北靠山，迤南小河子。由此至西北十里萬丈溝屯，共十五户。至西十五里拉哈蜜屯，共九户，北靠山。由此迤東二十里雙石礶子屯，共七户，南北俱靠山。由此屯迤西二十里許，均係青山窩棘，並無村屯。

寧古塔在省東相距八百里，在地輿全圖東北隅，京師距塔三千一百餘里。

寧古塔南北六百餘里，東西九百餘里。

寧古塔南至嘎哈里河爲界，由此至琿春三百餘里，北至阿木蘭河爲界，由此至三姓三百餘里，西至都林河爲界，距城三百一十餘里。由此至吉林四百九十餘里,東至松河岔爲界,一千一百餘里。由此至紅土埃二百餘里俄界,西南至麅子溝爲界,距城二百餘里。由此至敦化縣一百四十餘里,西北海蘭河爲界,距城二百餘里。由此至賓州廳一百餘里,東南至分(汾)〔分〕水嶺爲界,距城五百餘里。由此至海參崴五百餘里俄界,東北至河圖河爲界,距城七百餘里。由此至烏蘇里河一百餘里,三姓界。

一、"倭"字石界牌一座,設立瑚佈圖河口地方,向東西設立。向東俄界,刻注俄字。"倭"字牌向西屬中國,刻注漢字"倭"字。牌在塔城東南,距城六百里有奇,南至三岔口十二里,至分水嶺地方"怕"字牌二百八十里有奇。迤南歸琿春管界,迤東俄界,迤西塔城屬界,北至"那"字牌六十三里有奇。

一、"那"字石界牌一座,設立橫山會處地方,向東西設立。向東俄界,刻注俄字。"那"字牌向西屬中國,刻注漢字"那"字。牌在塔城正東,距城五百八十里有奇,北至"瑪"字牌八十六里有奇。

一、"瑪"字石界牌一座,設立大樹崗地方,向東西設立。向東俄界,刻注俄字。"瑪"字牌向西屬中國,刻注漢字"瑪"字。牌在塔城東,距城六百二十里有奇,北至"拉"字牌一百五十七里有奇。

一、"拉"字石界牌一座,設立達巴庫湖西小漫崗地方,向東西設立。向東俄界,刻注俄字。"拉"字牌向西屬中國,刻注漢字"拉"字。牌在塔城東北,距城六百三十里有奇,北至"喀"字牌三十六里有奇。

一、"喀"字石界牌一座,設立白凌河地方,向東西設立。向東俄界,刻注俄字。"喀"字牌向西屬中國,刻注漢字"喀"字。牌在塔城東北,距城六百七十七里有奇,東北至"亦"字牌二百二十里有奇。

一、"亦"字石界牌一座,設立松阿察地方,向南北設立。向南俄界,刻注俄字。"亦"字牌向北屬中國,刻注漢字"亦"字。牌在塔城東北,距城一千一百里有奇,自松阿察迤北與俄國分界之界牌,由姓城所屬設立之處。

京口山水考甲子歲録

《京口山考》卷一

丹徒　山

北固山城北一里，臨長江，其勢險固，又名北顧山，又名土山，後梁武帝改名北固山。

甘露嶺一名龍埂，在山東。

走馬澗在山西，三國時，吴孫權與蜀劉玄德走馬之處，應或在建安二十年乙未左右年間。

石　壁在山後。

石　帆在山後，即石壁間，别出一峰便是。

觀音洞在石壁下，内有明龐時雍書“雲房風窟”四字。

行　宫國朝康熙乾隆中，車駕南巡，屢幸此山，山上因有行宫。

詩　碑高宗御制，又有御書聯篇。

甘露寺在山上，唐寶曆中李德裕建。長廊中吴琚書“天下第一江山”六字，又米萬鍾書“宏開鷲嶺”四字。

很　石寺有石如羊故名，相傳云：諸葛孔明坐其上，與孫仲謀論曹公也。

鐵　鑊寺有大鐵鑊二，按銘，梁武帝時所鑄。

師子一一曰狻猊，陸探微畫。南朝宋陸探微吴人，常在明帝左右，畫有六法，有“包前孕後，古今獨立”之稱。

菩薩二張僧繇畫。

雷音堂即禪堂，米芾書額。

北　軒杜牧、周繇俱有詩。

東　軒周繇有詩。

西　軒

清暉樓

雨華樓

凝虚樓

木末樓一名石帆,明季建。

藏經閣明萬曆初建。

畫材閣明陳繼儒書額,取米芾"南山可作畫材"語。

凌雲亭崇禎中建。

鐵　塔李德裕建。□□七年正月十五子時倒去三層,第一層失去,不知主何事。

李衛公祠在寺中,國朝乾隆中重建三賢祠,增入蘇公軾、米公芾。

舍利石函處李衛公重葬在鐵塔下。

法序塔在寺東,即梁道人法序舍利塔。

廣照禪師塔在走馬澗上。

接引大佛殿在山下,明天啓中釋真嶽建。

北固山房在山中峰,内有元武殿。

笠　庵在山東麓。

大士庵在山下,其右有大悲庵,今爲劉猛將軍廟。

生生庵在山後,明崇禎中太守程珣建。

北固樓一作北顧樓,在山上,晋蔡謨建,又名爲北固亭。

臨江亭在山絶頂,後即其址爲多景樓。

多景樓即臨江亭故址。

海嶽庵在山南麓,宋米芾以硯山與蘇仲恭家易宅後重建,萬曆中邑令趙昌期重修。

　　寶晋齋趙昌期修庵時所建,在庵内。

　　净名齋在庵内,亦趙昌期修庵時建。

　　寶晋遺踪國朝康熙中賜額。

　　寶晋書院乾隆癸未,邑令貴中孚改建。

　　蘇米像在庵壁間,有蘇、米二公石刻小像。

　　硯山圖並銘,勒石在庵内。

　　洞天一品石舊在寶晋齋,今亡。

府　治在北固山上。

　　衛公堂在府治内堂,後又增染香亭。

　　連滄觀本名望海樓。

　　得江樓洪造有記。

　　寶墨亭蘇舜欽、蘇頌俱有詩。

虚　臺明萬曆中，知府吴搗謙於治後，附城築垣，又建此臺。

丹陽宫即府治，南唐讓皇徙居之處。

蕭思話墓在山下，甘露寺側，思話子最孝，事佛，爲父起四寺。南岡下曰禪岡寺，曲阿舊鄉曰禪鄉寺，京口墓亭曰禪亭寺，所封武陽縣曰禪武寺。

柳永墓在山下，永死，旅殯潤州僧寺。王和甫爲守時，求其後不得，乃爲出錢葬之。

北固兵場上元初，劉展作亂，江淮都統李峘屯兵京口，闢北固爲兵場，插木以塞江口，故兵場始於唐。

北固寨副總兵官洪日昇統福兵三千，立木寨駐北固山，故寨始於明。

鎮海軍營在山下，順治十二年海警，以都統石廷柱爲鎮海大將軍，帥八旗官兵，駐防京口，康熙間以和碩額駙石華爲大將。

八旗教場在山下，即明教場址。

炮　臺在山下，道光二十四年建，後英夷犯京口事平，自東馬頭至此俱設炮。

金　山在城西七里大江中，昔名浮玉，因裴頭陀江際獲金因名。又名氐父山。因符堅獲氐賊置此山下。又名伏牛山，或曰妙高峰、金鰲峰，皆山名。

日照巖在山東北。

朝陽洞在巖下，一名觀音洞。

頭陀巖在山西北。

裴公洞在巖下，以唐裴頭陀得名。

妙空巖在朝陽洞右，工部侍郎周艸撰《妙空巖記》，李時勉書。

金玉巖即山東一帶石壁，初日照耀，爛若金碧，故名。

龍　洞在山東北。

飛雲洞在山北。

金鰲嶺在山北七峰閣下。

門限石在山正南，水底通南岸。

郭璞墓山前有二島，左曰鶻山，舊傳有棲鶻。右曰雲根島，皆特起不附山。雲根島，一名三島。又名石簰，俗曰郭璞墓。大水不能没。

龍　門一名龍渦，在石簰前，其下爲中泠泉。

行　宫康熙甲子，聖祖南巡山中因建，先後駐蹕者六。乾隆至甲辰，高宗亦六次臨幸。

詩　文皆御制也，又有御書聯匾。

金山寺舊名澤心，在城西南。宋祥符改曰龍游寺，後改爲神霄玉清萬壽宫。南渡後仍爲寺而厄於火。後僧藴衷重修，明萬曆賜藏經，敕諭稱龍游禪寺，康熙賜額“江天寺”。

蘇東坡玉帶東坡赴杭過潤，謁佛印，以玉帶留鎮山門。佛印取納屬相報寺，有留帶圖。

東坡佛印像蘇子由贊。

東坡佛印手簡淳熙戊戌，釋藴良刻石。

妙高臺在山絶頂，宋元祐間釋了元建。有石刻王安國“妙高臺”三字。

楞伽臺旁有楞伽室，宋僧寶印建，蘇東坡嘗寫《楞嚴經》於此，故名。

玉鑒堂取蘇儀甫詩云“僧依玉鑒光中住”句，因以爲名。

浮金堂

至游堂元祐中，僧寶覺建。

水陸堂做水陸大會處，内有碑記。

化城閣

雄跨閣凡至寺中者，皆由此閣。

奎文閣宋郡守方滋刻孝宗詩於閣下，因名。

萬壽閣元至大中，僧應深建。

江天閣在山高顛，舊名靈觀閣，明嘉靖中郡守勝謚易今名。

留玉閣明萬曆中，僧超塵重築妙高臺得東坡佛印銅象，因建閣奉之。

七峰閣在金鰲嶺。

大藏閣一名蓮華閣，在多寶塔前，明萬曆中建，貯敕賜藏經。

兹雲閣舊名德雲閣，在妙高臺右。

文宗閣乾隆年間奉敕建，以貯繕本《四庫全書》。

浮翠樓在楞伽臺右。

操江樓在玉帶橋左。

印月樓在大藏閣右。

浴日樓在大藏閣右。

得月樓在妙空巖。

海嶽樓

信　庵宋理宗御書二字賜趙葵，建庵揭之。

吞海亭取毛吞巨海之意，登望尤勝，每北使來聘例延至此亭，烹茶爭勝於焦山吸江亭。

烟雨奇觀亭宋僧藴衷建。

枕流亭

留雲亭明景泰間建，尚書喬宇易名馭風。

迴　廊明楊文驄於金山築城，以資守御，遂去廊爲城，康熙間復去城爲廊。

雙　塔一名慈壽塔，宋曾子宣丞相，用西府俸所建，以薦其先者，政和中寺爲神霄宫，道士去塔上相輪而屋之，後復爲塔，今廢。

多寶塔在妙空巖側，萬曆間僧至性建。

下元水府廟在山麓。

韓蘄王廟在水府廟左，今爲三忠祠，並祀魏忠壯公勝、文信公天祥。

焦　山在城東九里大江中，與金山對峙，本名譙山，昔焦先隱居於此，因名。亦稱雙峰，以山有東西二峰也，又名浮玉。

別　峰東西兩峰間，別出一峰，故名。

焦仙嶺在山巔。

海雲巖一名師子巖，在山南。

觀音巖一名觀音崖，東山西。

善財石在巖下。

棧道巖山西麓，達觀音崖之路。

羅漢巖在山西，宋理宗書"羅漢巖"三字刻巖上，又有趙溍題名處。

瘞鶴巖刻《瘞鶴銘》處，在羅漢右。

雷震巖巖上石墜於江，名雷轟石，一名霹靂石。

浮玉巖在瘞鶴巖南。

心經石在山西側，吴琚書"心經"其上，石裂，僧明湛移其半於松寒閣中，僅存二十字，其餘仍在江中石上。

角觝石在山北水際，二石對立，形似角觝故名。

門限石在山南江底，通南岸石公山。

印　石在焦公洞下，風濤激盪有聲，一名音石。

石　屏與浮玉巖對，有吴傅明書"石屏"二字，下有醉石。

焦公洞一名三詔洞，在山西南，内有焦公像。

石　室晋傅先生隱處，在瘞鶴巖下，有户有庭有案，中窈而深，可通巖腹。

松寥山在山東北，與夷山對峙江中，若雙闕然。

青玉隖在山東北隅。

碧桃灣在山西北隅。

行　宫在山上。

御書匾聖祖並有御製詩，又有高宗御製詩文，御製"瘞鶴銘"及聯匾，均在行宫内。

焦公祠在佛殿右，康熙中賜匾曰"山高水長"，舊名明應公廟。

焦山寺舊名普濟禪院，國朝賜額"定慧寺"。

海雲堂舊名枯木堂。

古　鼎一圜腹三足，腹有銘，在海雲堂内。

瘞鶴銘刻崖石上，未知何年，雷震石裂，淪没於江，後有陳公募工挽出建亭回復焉，亭名曰瘞鶴銘亭。鶴銘相傳爲晋王右軍書，宋黄睿《東觀餘論》云陶隱居書，良是。

大悲亭即善財亭。

吸江亭

佳處亭在觀音崖，取東坡"爲我佳處留茅庵"句，故名。後王秉鑑改建仰止軒，祀楊忠愍公。

壯觀亭明天順間郡守姚堂建。

不波亭即寺門，有明胡纘宗書"海不揚波"四字。

問渡亭

四面佛亭

寶蓮閣宋釋了元建。

烟雲閣明郭第建。

藏經閣内貯明所賜藏經。

觀音閣

松寥閣舊名松寥山房。

文殊閣

石壁庵内有宋寶祐甲寅張即之書《金剛般若波羅密經》，康熙間重摩勒石，邑人笪重光跋尾。

海雲庵

寶墨亭在庵内。

水陸閣明僧圓瑾募繪水陸變相一百五十二幅，及華嚴五十三參像，建閣奉之。

自然庵明宏治間移建於山下，本在山上。

觀瀾閣道光二十七年邑人趙衷建。

香林庵

祖覺庵

水晶庵

忠節祠内祀宋揚州都統制徐芳及夫人。

玉峰庵

友竹庵

海山庵

朝陽庵今爲碧山别墅。

海若庵舊爲海神廟。

海西庵

仰止軒在海西庵内，祀楊忠愍公繼盛，内藏忠愍公墨蹟。

别峰庵舊名别山庵。

雲聲庵

徐　陵京口先爲徐陵，吴號曰京城。

郡　城即吴京城故基，周十三里，因山爲壘。

子　城吴大帝所築，周迴六百三十步，内外固以磚，號曰鐵甕城，今無。

東西夾城唐時所築，今無。

羅　城乾符中周寶所築，周迴二十六里，今無。

日精山在府治東府學内。

府　學

日　觀在山上，宋嘉寶間，郡守趙善湘建。

光風霽月亭舊在黄鶴山，周濂溪先生祠，明郡守張巖重建於此。

陳修撰宋慶元中，教授陳德一建於學之西序，内有石刻，修撰手書"建炎初第三諫草"。

月華山在府治西。

萬歲嶺在山下。

萬歲樓在山上，晋王恭爲刺史改創西南樓，名曰萬歲樓，俗傳此樓飛向江外，以鐵鎖繫之方已。一名月睹。

芙蓉樓在山上，與萬歲樓對，王恭改創西北樓，名芙蓉樓，一名千秋樓。

譙　樓在山東隅府治前子城上，宋端平丙申郡守吴淵建。

江　樓在山絶頂。

荆王廟在府治後圃，案廟今在治東，蓋明時移建。

荆王墓在山下府治東，潤州漢初爲荆國，故荆王劉、賈所都之地，今郡城中賈墓尚存。

城隍忠佑廟在山南。

壽邱山在府治南。

丹徒宫宋武帝微時宅，又《入蜀記》：壽邱者，宋高祖宅，有故井存焉。

附京口里在縣西，宋武帝東遷移居於此，今無。其名亦無。武帝居址，疑即在壽邱山。

普照寺在山上，宋高祖故宅，至陳立寺，名慈和，宋號延慶，後更名普照，今廢。

縣　學

饅頭山在府治西南城隅，山周迴弍里餘。

鄒鑒宅在山南，宅五十餘畝。

積弩堂在山西。宋武帝之破盧循也，軍中多萬鈞神弩，所至莫不摧陷，後因建堂。

戴公園在山下，相傳戴仲若別業。

羅漢寺在山上，今廢。

風漪軒在寺内，今廢。

乾元萬壽宫在山西，道士余□誠建，宫内舊有玉冠、慶人經、石板、古籥，趙孟頫書神牌七十六位。

鎮海營在山下，鎮海八旗官兵，順治十二年屯北固山下，十六年復設重鎮，移駐於此。

城守營教場在山南。

紫金山在府治西南。

駱駝嶺在山東。

錢家山在紫金山南。

楊一清宅在山下，《明史》一清請骸骨歸，敕諭給夫廩如制。帝南征，幸其第兩晝夜，賦詩賡和，從容諷止，帝不爲江浙行。

待隱園在宅南，亦楊一清別業。

楊文襄公祠

靳貴宅

達家山在府治東。

烏風嶺在山南。

京峴山在城東五里，秦始皇因其地有天子氣，使人鑿京峴南坑敗其勢，故名。乾隆南巡經此山，有御製詩。

秦始皇馳道始皇三十六年，東游至金陵，斷山疏淮，由江東丹徒往會稽。

丹徒故城今其地名丹徒鎮。

石頭五城唐韓滉築石頭五城，自京口至玉山修塢壁，起建業抵京峴，樓雉相望。

宋蘇紳墓在山西北，紳字儀甫，泉州晋江人，進士及第，舉賢良方正，後入翰林爲學士。

宋忠簡公墓在山東北，宗澤字汝霖，婺州義烏人，登進士第，後爲學士，卒謚忠簡。

附陳夫人墓陳夫人忠簡公妻，與忠簡公合葬於京峴山之東北。

雲臺寺在花山灣，與忠簡公墓近，即公之功德院也。宋紹興間岳忠武王建，後岳珂重修。

白石峴去城九里，又曰石峴，東連馬蹄山。案白石峴今無，其地疑即京峴山。

花　山一名東山，在城東三里。

花山寺在山下。

李衛公園在山下。

沈王二公祠在山西,嘉靖三十五年,倭賊至金山,殺鎮江千户沈宗、王世良於江中。

候　山在城東三十五里。

雩　山在城東三十五里。

練壁里一作諫壁,一作諫壁,一作澗壁,一作練辟聚。宋趙皇后以産武帝,殂於丹徒宫舍,葬於此里,宋初追崇號陵曰興寧。

漢吴王濞墓

宋興寧陵見練壁里下注。

唐詩人許渾墓渾字用晦,丹陽人,登進士,後爲監察御史,歷虞部員外郎,睦、郢二州刺史。

流水院内有唐時所鑄鐘。

炮　臺在山下。

大瀆山在城東三十里。

晉謝元宅在山北。

小瀆山在大瀆山。

苦竹里在山東。

吴魯肅墓王伯陽家在京口東,有冢,傳曰魯肅墓。後其妻卒,乃平其墳以葬,忽一日伯陽見一人乘輿,從者數十,怒謳伯陽曰:"我魯子敬也,冢在此二百餘年矣,君何敢輒相毁壞?"因目左右與之毒手,從者遂牽伯陽下以刀環築之數百而去,登時即死。良久乃蘇,見環築處皆疽爛,遂卒。

華　山在城東六十二里。

神女冢宋時,南徐一士子從華山往丹陽,見客舍有女子,心怡之,後因之而死,葬時,柩過女門,女出,棺忽開,女遂入棺,乃合葬,呼曰神女冢。

龍頭山在城東南半里。

鼎石山在城東南三里,山有塔。明季由壽邱山遷此。

武烈帝廟在山西。

都天廟在山下。

程孝子碑名元德,丹陽人。道光間隨父行至河口,父失足墮水,孝子赴救俱死。後一日抱父屍出,見者咸泣,邑令王臺表以石曰"程孝子救父投水處"。

報恩寺舊名善禧寺,隋開皇間建。

上方寺在山西。

碑　記寺内有吏部郎中談自省碑記。

《京口山考》卷二

丹徒　山

釜鼎山在城東南四里。

大覺寺在山西，相傳宋建炎兵亂，劉光世聚骼瘞此，因建爲寺。

三烈墓在山下，三烈係烈婦趙氏、謝氏、烈女龔巧。趙氏余有德妻，因無賴子入犯自刎。謝氏龔行妻，龔行女名巧，因行爲貪官逼死，因均投河死。

華蓋山在城東南六里。

李從謙墓在山南，從謙南唐元宗第九子，歷封鄂國公、宜春王、進吉王，及貶制度降鄂國公。

焦石山在城東南九里。

萊　山在城東南十里。

趙弼經墓在山下，弼經，字公正。明朝人，甲申聞變餓七日不死，赴學自經死。

白兔山在城東南十五里，《一統志》謂刁約葬此山，有白兔出，因名。

刁約墓在山下，約字景純，在宋時登進士，爲集賢校理，管當三館秘閣。

唐　山在白兔山側。

唐山莊相傳刁約所居，在山下。

秀　山在縣東南二十五里。

娘子山在城東南二十五里。

馬蹟山在城東南三十五里，山上有石馬迹，因名。道書所謂四十九福地也。

紫府觀在山麓，舊名福業觀，唐天祐中建。宋治平中賜今額。乾隆間南巡時有御製紫府觀詩，並有碑。

林希墓在山下，希字子中，福州人，宋時登進士，歷遷禮部、吏部尚書，翰林學士、同知樞密院，卒贈資政殿學士，謚文節。

蘇庠墓在山下金橋村。庠字養直，丹陽人，不出仕，自號後湖居士。

丫髻山在城東南三十五里。

冷之曦墓在山下，之曦字子晉，性穎能讀書，後棄書習射。明時爲參戎，後死於難。

冷士嵋墓在山下，士嵋字乂湄。明鼎革時年未冠，棄諸生遁居江上，年逾八十乃卒。

嘉　山與馬蹟山、丫髻山近。

黄鶴山在城南三里，本名黄鵠山。宋高祖，丹徒人，少時游此山，常有黄鶴飛舞，因名。又名戴公山，又名鴻鶴山。

鶴林寺舊名竹林寺,又名竹林精舍,又名古竹院。晉時建寺,有夾山丈室。

杜鵑花種本天臺,開時有花神來。殷七七字文祥,周寶識之。重陽日,寶欲看此花,七七乃前二日往寺中,夜見女子來,俄不見,花遂大開。

古　松寺前有古松十三株,樵人將折爲薪。楊文襄一清捐金贖之,並作《十三松記》。

西　園在山西,放鶴門相結,韓蘄王花園。

飛蓋堂在園内。

傳觴亭在園内。

覆雲臺在園内。

留仙洞在園内。

鴻鶴山莊相傳楊文襄一清别墅,在山下。

米公祠在鶴林寺左,有明米萬鐘書碑。

周濂溪祠在鶴林寺西,濂溪少失父,奉母依舅氏鄭龍圖居潤,母卒,遂葬焉,後人即其地建祠,以祀濂溪。

石蓮池在祠内。

光霽亭在祠内。

尹和靖祠在濂溪祠側,和靖世爲洛人。今丹徒有專祠,並祀鄉賢祠。

陸秀夫祠在鶴林寺側,乾隆間自金山移建。秀夫字君實,楚州鹽城人,生三歲其父徙家鎮江,秀夫後封忠烈公。

張玉書祠在鶴林寺側,乾隆中賜額曰"風度端凝"。玉書字素石,順治進士,官至文華殿大學士,卒贈太子太保,謚文貞。

閻氏墓在山下,閻氏係宋米芾父左武衛將軍光輔之母。

天鄉寺在鶴林寺西,唐大德雲禪師所居。

勝果寺在鶴林門外,宋乾道中建。高宗成肅皇后謝氏之功德寺,后父冀王墓在焉。

七佛畫像宋高宗所賜。

流憩亭

磨笄山在黄鶴山東。

夾　山在城南六里。

夾山亭唐時始有。

竹林寺在山下,明崇禎中,僧林皐至夾山搆草廬,獨居二年,始創寺,名竹林。康熙南巡御書寺額並有御製詩賦,勒石寺中。

祖　堂在寺内。

鉗鍾室在寺内。

卧佛樓在寺内。

一佛居在寺内。

獸窟山在城南七里，一名招隱山，即隱士戴禺所居也。又梁昭明太子曾游此山讀書。乾隆間南巡有御製詩。

招隱寺在山上，戴仲若舍宅。爲寺與鶴林古竹院相望。有梁蕭綸書《招隱寺刹下銘》。

讀書臺梁昭明太子讀書處。

增華閣梁昭明太子嘗選於其中。

萬松關宋李迪構。

虎跑泉亭

鹿跑泉亭

玉蘂亭亭有玉蘂樹，因名亭。

招隱洞在山上，一名師子窟，本與招隱寺相屬，寺今移建，遂分爲二。

黄伯思墓在山下，伯思字長睿，邵武人。宋時登進士高等，河南府户曹參軍擢秘書郎。

豐有章孚墓在山下，有孚字寶臣，爲虞部員外郎。有章登進士爲駕部員外郎，兄弟也。丹徒人。

羅璧墓在山下，璧字仲玉，鎮江人。元時爲明威將軍，陞都水監。

迴龍山在城南七里。

八公洞在山北。

平等寺在洞内。

翠淙庵在洞内。

深雲庵在洞内。

大林庵在洞内。

紫竹庵在洞内。

半壑庵在洞内。

化城庵在洞内。

潮音庵在洞内。

遠塵庵在洞内。

漢隱庵在洞内。

绿蓋樓在庵内。

白龍山在獸窟迴龍兩山之間。

白龍洞在山半，相傳明萬曆間，僧奇然得龍骨數石於洞中，因名洞。前一石屏狀若蓮萼，故又名蓮花洞。

菊花山在城南三里，今其上建觀音庵，亦名觀音山。

鳳皇山在城南五里。

俞德鄰墓在山下，德鄰字宗大，號大迂山人，永嘉人，徙居京口，登進士。宋亡不仕遁迹以終。

俞庸墓在山東北一里，係俞德鄰之子，爲吏部主事。

福田山在城南五里。

洪　山在城南六里。

四望山在城南十里，俗名四面山。

高桂墓在山下，桂字德芳，登進士，官至樞密使，與陸秀夫同死於厓山。

靈　山在城南四十里。

阿育王山在縣南六十里。

峴　山一名小九華山，在城西南五里。

地藏寺在山麓，明萬曆間建。

峴山閣在寺内。

觀音閣在寺内。

冬青閣在寺内。

水明樓在寺内。

萬竹堂在寺内。

翠微精舍在寺内。

楊一清墓在山下，夫人段氏、胡氏祔。一清其先雲南人，父喪葬丹徒，遂家焉。登進士，官至大學士，贈太保，謚文襄。

檀　山在峴山北。

檀道濟廟在山北麓，道濟高平金鄉人，世居京口。

蘇舜欽墓在山下之石門村。舜欽，宋時爲湖州長史。

鄧潤甫墓在山下之下鼻塘。潤甫字温伯，建昌人。登進士、拜尚書左丞，卒贈開府儀同三司，謚安惠。

周孚墓在山下。孚天資穎悟，七歲通《春秋左傳》，登進士，爲真州教授，有《蠹齋集》三十卷。

黄　山在城西南五里。

吳季子别廟在山下。

高安寺在山下。元至元中薛里吉思建。

陳汝奭墓在山下之義里鄉。子知，建康軍龍輔，祔。汝奭字公武，宋時登進士，官至知海州，卒贈大中大夫。

繆大亨墓在山下經家灣。大亨，定遠人。明時爲同僉書行樞密院事，總制揚州、鎮江。

馬鞍山在城西南十五里。

王漢之墓在山下。漢之字彦昭，衢州常山人，家居京口。宋時登進士，官至廷康殿學士，卒年七十。

王渙之墓在山下，渙之字彦舟，未冠擢上第，後官至寶文閣學士，卒年四十五，係王漢之之弟。

長　山在城西南二十五里，山周四十餘里。

分龍岡在山下。

龍王廟在山下，宋元豐六年賜廟額曰"靈淵"，宣和中封"惠澤侯"，紹興癸酉加"靈應昭濟公。"

米芾墓在山下，芾在宋時官至禮部員外郎。

葛源墓在山下，源字宗聖，官至度支郎。

葛良嗣墓在山下。良嗣字興祖，官至主簿，係葛源之子。

曾布墓在山下，地名相公灣。布字子宣，南豐人。年十三而孤，學於兄鞏，同登第，官至右僕射，卒謚文肅。

靳貴墓在山下。貴字充道，明時鄉試第一，會試第二，廷試第三及第，授編修，官至太子太保、武英殿大學士，謚文僖。

桃花山與長山近，或曰即長山别支。

流　山與長山近，或曰即長山别支。

鷄籠山與長山近，或曰即長山别支。

漲　山與長山近，或曰即長山别支。

雙珠山與長山近，或曰即長山别支。

東庫山與長山近，或曰即長山别支。

西庫山與長山近，或曰即長山别支。

塔　山在長山南。

仙人山在城西南四十里。

伏牛山在城西南四十里。

獨　山在城西南五十里。

横　山在城西南五十里。

張頡墓在山下，頡字仲舉，其先金陵人。徙鼎州桃源，復徙荆南。宋時登進士，官至户部侍郎。

白石山在城西南五十里。

青　山在城西南五十里。

曲陽山在城西南六十里。

曲陽泉在山中，昔有人得神書百七十卷於水上。

蒜　山在城西五里，一名算山，因周瑜、武侯議拒曹操謀算於此。俗以山與金山相望，易名銀山。別指山下一石磧爲蒜山，殆誤。

京畿岭在山下。

蒜山亭在山上，一名二翁亭，浮玉僧所建。

好汉亭在山下，明嘉靖中，士兵死倭难处。

褒忠庙在山上，宋魏胜爲都統遇金人之難，贈保寧軍節度使，謚忠壯。於鎮江府江口立廟，號褒忠。

雲山寺在山上，元時薛吉里思建。

聚明寺在山上，亦元時薛吉里思建。

清寧道院在山半，舊名西來庵，明天啓中建。

玉皇殿在山前，舊名拱真庵，明時改建易名。

三元宫在山前玉皇殿旁。

關帝廟在山前玉皇殿旁。

大王廟在山前玉皇殿旁。

紫陽洞在山前玉皇殿旁。

宋都巡檢營在山下，宋時始有。

水軍營在山東，宋祥符六年置。

孫楚別墅在山下第一村，《晋書》石苞都督揚州，楚参其軍事。

王介墓在山東，介字中甫。宋時官至秘閣校理。

玉　山在蒜山前，臨江聳立。

龍王廟在山上。

超岸寺在山下，舊爲玉山寺。

避風館崇禎中，興化李長科建避風館於寺地，募造救生船十，以拯溺者。或又云即在寺中。

正平山在蒜山東。

平等寺在山上。

潮音洞在山下。

陽彭山在城西一里。

東嶽別廟在山上，宋時建，元時工部尚書辛仲實重修。

招慶報慈寺在山麓，五代吴義順建，宋易名普慈寺。

登雲寺在山西，登雲門外，宋祥符末建。

麗春臺在山後，明時仕宦餞客之所。

師子山在城西二里。

寶蓋山在城西二里。

小華山在城西十五里。

白鶴觀在山下。

五州山在城西二十五里,山生蘭惠及茶,有蘇軾書"卧看滄工,夕聽流泉"八字。

老人峰在山巔。

天鵝洞在山巔。

木棋墩在山巔。

因勝寺在山下,晋時建,國朝乾隆間賜額"凈因寺"。

翠巖室在寺旁,宋有翠巖禪師居此,因名。

梁武帝輦道相傳武帝曾至此山,遺迹猶存。

陳升之墓在山下,升之字旸叔,建州建陽人。登進士,後封秀國公,卒贈太保、中書令,謚成肅,宋朝人。

蘇舜元墓在山下,元字才翁,蘇舜欽之兄,官至轉運使。

蘇頌墓在山北阜,頌字子容,登進士,官至太子太保,卒贈司空。

王存墓在山西仙風里,存字正仲,潤州丹陽人。宋時登進士,官至左丞,卒贈光禄大夫。

蔣猷墓在山西阜,猷字仲遠,金壇人。宋時登進士,官至兵部尚書。

彭公山與五州山近。

香　山在城西四十里,山出白石,可爲坊表欄檻。

鐵爐山在城西四十里。

翟思墓在山下,思在宋時爲秘書監。

曹王山在城西五十里,相傳曹武惠曾駐兵於此。

高驪山在城西五十里,昔高驪國女來此,東海神乘船致酒聘之,女不肯從,海神撥船覆酒流入曲阿湖,一名句驪山。

仙人洞在山下,洞内有石案石枰。

大繡毬山與高驪山近,或曰即高驪山别支。

小繡毬山與高驪山近,或曰即高驪山别支。

覆船山在城西五十里,一名覆舟山,又名匴船山,山出黑石,用以取火。

閬風亭在山内。

酒甖山《嘉定志》云:亦名覆船山,然梁武帝輿駕東行,記曰:"自覆船山、酒甖山,南次高驪山。"則爲二山無疑。

諭　山在城西六十里,道家所謂三十八福地也。《嘉定志》作崙山。

莫　山與論山近。

石公山在城北九里，山形如象，一名象山。

普賢洞在山中。

峨眉洞在山中。

韓公墩在山上，相傳韓蘄王屯兵處。

石隱庵在山下，面江，舊名普賢寺。

防江軍營開禧二年冬，楚州申敵犯清河，宜備江面，閣门陳焕；因守臣侍制宇文紹節，募能水一千六百人充水軍，於山東教場訓練。

威輔堂守臣史彌堅創。

送江亭在山上，宋乾道中，郡守陳天麟建。

下鼻岡在城北四十里，有小岡高五丈許，有人鼻形，着岡西頭，有口在上，而□在下，方圓數尺，狀如焦土。古老相傳山名下鼻，今鼻無，口大。

汝　山在城東北九里。

萬壽寺在山下，宋趙安撫故宅，大德六年改創。

陸秀夫宅在山下，秀夫在宋時封忠烈公。

陳豫墓在山下，豫字子由，宋時官至知濟州。

劉逵墓在山下，逵字公路，隨州隨縣人，登進士，官至中書侍郎，卒贈光禄大夫。

俞康直墓在山下，康直字之彦，官至郎中。

魏勝墓在山下漩水灣，勝在宋時官至節度使，卒謚忠壯。

大　山在城東北四十里。

道士山在城東北五十五里。

圌　山在城東北六十里，山有塔，案圌宜讀作垂，乃土俗或讀爲除，或讀爲徐殆誤。

箭　洞在山内。

東霞寺在山下，唐寶曆間建。

圌山關

圌山寨在山下，宋伯成傳所置。

圌山營雍正間置。

唐侃墓在山下，侃字廷直，丹徒人。明時舉於鄉，官至刑部郎中。

五峰山與圌山接。

虎　洞在山内。

紹隆寺在山内，康熙中賜名靈覺寺。

《京口山考》卷三

丹陽 山

丹楊山以邑界楊柳生丹爲名，故今字從木爲稱。

北 岡在縣西北練湖上，一曰曲阿，本曲阿縣雲陽地，屬朱方南徐之境，按今夾岡河道是。

觀音山一名惠山，在縣東北一里，漕渠東岸。

廣福院在山上，舊日觀音院內有陳堯佐書"玉乳泉"三字。

銅 鐘唐楊行密將安仁義鑄，宋嘉定中郡守趙善湘易去。

一碧萬頃亭元至元中創，吴潜書篇。

縣 城在山南，城周三里。

縣 學在縣治東。

三賢堂在學之西廡，三賢係蘇丞相頌、陳修撰東、蘇學士庠。

劉繇城在縣西南二百四十步，漢末繇爲揚州刺史，是時已爲袁術所據，故繇來建城，號令江南衆數萬人，後繇奔豫章。

經 山在縣東北三十里，内有"佛殿記"、"都穆游名山記"。漢時金牛出山之東馳至曲阿，鄉人栅斷其道，名其地爲栅口，後名爲經山。

崇教寺即經山院，唐時所建。

雨華臺舊嘗有僧講經於此，天花散落，因以名臺。

金牛洞其洞皆石壁，巖險奇怪，洞口小，入則甚大，中分三路，漸入漸深，一路直入東南，一路斜穿東向，一路側上山頂。

石 座在洞内，瑩潔宛如棋局。

齊宣帝休安陵在縣北二十八里，高帝父，追尊爲宣皇帝。

景帝道生永安陵在縣東北二十六里，明帝父，追尊爲景皇帝。

高帝道成泰安陵在縣東北三十一里。

武帝賾景安陵在縣東三十二里。

明帝鸞興安陵在縣東北二十四里。

唐扶陽王桓彦範墓在經山上德鄉，範字士則，丹陽人，以門蔭調右翊衛，中宗以爲侍中，封樵郡公、扶陽郡王。睿宗謚忠烈。

宋江淮都發運使邵飾墓在山下彭泉村，飾字去華，丹陽人，以進士充三司鹽鐵官，除江淮都大發運使。

龍圖閣直學士邵必墓在山下尚德鄉耿岡，必字不疑，以進士知諫院，權三司使，加龍圖閣直學士，知成都，卒於道。

通判邵約史墓在山下尚德鄉耿岡，史字公言，以恩補將作監主簿、太常寺奉禮郎，通判秀州卒。

樞密邵亢墓在山下尚德鄉耿岡，亢字興宗，知開封府，拜樞密副使，薨謚安簡。

安撫邵彪墓在山下尚德鄉瓜渚村，彪字希文，以進士辟江淮招討使，知泰州，移楚州，兼營內安撫卒。

直秘閣知盱眙軍俞長吉墓在山下。長吉丹徒人，隆興初除直秘閣，知盱眙軍卒。

贈秘閣修撰陳東墓在山下尚德鄉桐村，東字少陽，丹陽人，以貢入太學，欽宗時伏闕上書，高宗時亦屢上書，後加秘閣修撰。

保信軍節度使解元墓在壽安鄉下邳。元字善長，保安軍德清砦人，授保信軍節度使，卒贈檢校少保。

李家山在經山東五里。

王揚英墓在山下。揚英字昭祖，丹陽人，以進士爲太常博士，上《中興拾箴》，遷著作郎兼吏部郎，加直秘閣，知眉州，後爲成都轉運判官。

沈　山在經山東七里。

廣孝寺即沈山院，一名處士庵。

沈彬墓在山下。彬洪州高安人，隱雲陽山，後致仕，俄求歸。策杖郊原，植一樹，語其子曰："當藏骨於此。"及卒，伐樹掘地得一石椁，遂舉棺就之。

九靈山在縣東北三十里。

桃花澗在山下。

翟汝文墓汝文字公巽，丹陽人，登進士第，參知政事，秦檜劾罷。

鷄龍山在縣東北三十五里。

鍊銅山在縣東北三十五里。

隨駕山在縣東北三十五里。

彭　山在縣東北三十五里。

水漸山在縣東北三十五里。

黄連山在縣東北三十五里。

繡毬山在縣東北三十八里。

陳　山在縣東北四十里。

武　山在縣東北四十里。

管　山在縣東北四十里。

周　山在縣東北四十里。

鳳　山在縣東北四十里。

眠　山在縣東北四十里。

寶塔山在縣東北四十里。

許　山在縣東北四十五里。

倪　山在縣東北四十五里。

卯　山在縣東北四十五里。

金鷄山在縣東北四十五里。

勝金山在縣東北四十五里。

白雲山在縣東北五十里。

固　山在縣東北五十五里。

黄泥山在縣東北五十五里。

爛石山在縣東北五十五里。

白鶴山在縣西十里。

三仙廟在山下。

孫鍾墓墓在山下,井在廟中。鍾家貧,事母孝,種瓜,設一井,取井水以灌瓜,因名井爲灌瓜井,瓜熟時有三人乞瓜,鍾設瓜及飯。三人臨去曰:"蒙君厚惠,示子葬地,使連世封侯、數世天子。"出門化白鶴而去,鍾後生堅,堅生權,權生亮,亮生休。

金壇　山

茅　山在縣西六十五里,本句曲山,古名罔山,周名其原澤爲句曲之穴,秦名句曲之壇山。本茅君居,因以爲名。

靈　府

洞　室

七　塗

九　源

洞　天又云洞天三十六所,句曲爲第八。

五　穴南二,東、西、北各一。

地　肺按《山志》,其地水至即浮,故比之於肺。福地七十有二地,肺其第一也。

大茅山元帝命東海神埋大銅鼎於山頂,秦始皇埋白璧一雙於山北,王莽遣使獻銅鐘五口,黄金百鎰。

衆真巖

霧豹巖

侯仙巖侯仙姑絶穀壽逾百歲，常棲息於此。

華蓋巖

柏枝壟

華陽南洞

茅　洞

黑虎洞

黄龍洞

玉柱洞

蓬壺洞

天窗洞

飇輪峰昔東海青童，乘獨飇飛輪車來此。

疊玉峰

抱朴峰《山志》，葛洪煉丹處。

葛洪井

五雲峰

道祖峰

天　池

饋飲泉

靈　泉俗呼小龍池。

玉蝶泉二口貯泉，至冬一冰一温，又名陰陽井。

喜客泉客至泉即湧躍。

撫掌泉聞鼓掌聲泉涌如沸。

九曲澗

菖蒲潭一名石墨池，相傳費長房於此滌硯。

楚王澗相傳楚威王曾憩於此。

龍尾山在山東。

吴　山在山南。

竹　山在山南。

仙韭山在山西。

鱉足山在山西。

大小靈山在山西。

海江山在山東南。

慶雲洞在海江山下。

碧玉巖同上。

捫霞磴同上。

良常山在山北,與中茅近。

華陽北洞

秦望山在良常山北,與中茅近。

方隅山在良常東南,與中茅近。

方源洞

燕口洞

洗心池

三公山在方隅山燕口洞南,與中茅近。

雷平山與中茅近。

陶隱君墓

雷平池

銜珠山

丁　山

虎爪山

積金山與中茅近,在大茅間。

華陽西洞在積金山東。

金菌山同上。

鶴臺洞在積金山後。

桐華源在澗上。

霞架海在澗上。

羅姑洞在澗西。

高居洞在澗西。

丁公山在積金山西,相傳丁令威仙舉其上。

華姥山在丁公山南。

聖祐觀元延祐中建,明萬曆中易名九霄宮。

崇壽觀晉真人任敦成道之故宅，本名崇元館，唐改曰崇元觀，宋賜名崇壽觀。

唐石燈

元陽觀

華陽觀

元符萬寧宫宋高宗書額。

崇禧萬壽宫

寶珠林宋理宗書額。

華陽宫

中茅山司命君埋玉門丹砂六千斤於此，山左右泉流下皆小赤色，飲之延年，左真人乞得十二斤，以合九華丹。

華陽東洞

水龍洞

白雲峰

基盤石在峰上。

雲根石在峰下。

拱辰峪在峰下。

黑虎峪在峰下。

宜春澗在峰下。

百尺泉在峰下。

玉砂泉在峰下。

鹿跑泉在峰下。

德祐觀

昇元觀

白雲崇福觀

清真觀

下泊觀

小茅山漢光武遣使賚金五十斤，獻三茅君，今山頂有埋金處，上有聚石山，西北屬句容縣。

小青龍洞

桃花崦

長隱岡一名伏龍岡。

皇甫峪西有雲堆山。

楂子谷

柳谷汧

雷轟池

朱砂泉

白李谿

仁祐觀

藏真觀

乾元觀宋祥符中建,有九層壇,朱觀妙築。

鬱岡山一名大横山,在小茅東北。

　　姜巴路在鬱岡山下。

　　柏松岡在鬱岡山北。

　　古越翳王冢在鬱岡山東。

　　青　山同上。

　　麻姑山在鬱岡山西。

獨公山在小茅北。

小竹山在小茅東。

　　華陽館在大茅山内積金山,陶宏景常棲息於此。

　　三層樓在大茅山内積金山東,陶宏景所築。

　　顧著作山房在天茅山内菖蒲澤。顧况,蘇州人,以校書郎遷著作郎,求歸結屋於此,自號華陽隱居。

　　秦係山房在大茅山内菖蒲澤。係字公緒,會稽人,山房内大松百餘章,係在其下,穴石爲硯。

　　玉晨觀在大茅山内雷平山,即許長史宅,有丹井、左紐檜。許穆爲護軍長史,入華陽洞得道。

茅君碑孫文韜書,或雲張繹正書。

貞白先生陶宏景碑蕭綸文分書。

上清真人許長史舊館壇碑有陶宏景文並書,有碑陰。

長沙館碑華陽隱居撰書。

華陽隱居墓碑梁昭明太子撰書。

陶先生朱陽館碑梁元帝撰書。

唐太平觀主王遠知碑徐隸書。

崇元觀碑唐孫處元撰,楊幽經書。

宗正觀聖祖院碑唐徐挺古書。
唐三洞景昭法師韋公碑陸長源撰，竇衆書。
元靖先生李君碑顏真卿書。
唐國師昇真先生法主真人立觀碑江氏撰。
唐體元先生潘尊師碑陳子昂撰。
唐紫陽先生碑李白撰。
崇元聖祖院碑賈餗撰。
道門威儀元博大師貞素先生王君碑保大壬子徐鉉撰並篆額，徐鍇書。
上清紫陽觀碑徐鉉撰，楊元鼎書，並篆額。
上清大洞國師乾元觀妙先生幽光顯揚碑陳輔撰，蔡仍書。
華陽先生碑王柱篆額。
崇禧觀碑張商英撰，王古書，王鞏篆額。
元符觀碑鮑慎辭撰。
華陽道院碑元明善撰，趙孟頫書。
崇壽觀碑虞集撰並書丹題額。
積金山庵碑陳沂撰，李鱗書。
重修玉晨觀碑顧璘撰，王逢元書。
曲林館銘華陰隱居書。
唐少室仙伯王君碑銘李渤撰，王博文子冕重書。
桐柏真人茅山華陽觀王先生碑銘于敬之撰，王元宗書。
上清真人許長史丹井銘徐鉉撰並書。
洞泉銘玉虛子撰，劉大彬篆書。
福鄉井銘同上。
宏道壇銘同上。
下泊宫記盧士元書。
華陽洞主王軌先生記王宗書。
貞白先生碑陰記司馬子微述並書。
靈寶院記王棲霞撰，吕子元書。
五雲觀記晏殊撰，胡恢書。
凝神庵記李處全書。
白雲崇福觀記戴溪撰，黄中書，曾暎篆題。

洞陽館記張湜撰並書，丁宗魏篆額。

崇禧萬壽宫記王去疾撰，趙孟頫書並篆題。

玉晨觀記金鑰撰。

大茅峰聖佑觀記楊一清撰，張紳書。

積金峰玉皇閣記喬宇撰，李鳞書。

玉晨觀洞宫記陳沂撰書。

顧炎武金石文字記顔真卿書。

上元真人司命茅君九錫文孫文韜書有碑陰。

方　山在縣西南四十五里。

方臺洞在山下，有兩口見於山外，與善陽洞通。

青龍洞在西南六七里，有人見大蛇在洞中，因名。

宋徽猷閣侍制曾統墓在山下。統，曾肇子，徽閣侍制，知婺州卒，葬於方山之原。

宋吏部尚書曾�墓在山下。晙，曾統孫，吏部尚書，嘉定中卒。

宗正丞蘇嘉墓在山西上元鄉。嘉，蘇頌子，字景謨，爲宗正丞。

中書侍郎張慤墓在山西上元鄉。慤字誠伯，河間樂壽人，登進士第，爲户部尚書，除同知樞密院事，官至中書侍郎，謚忠穆。

大理卿吴交加墓在山西上元鄉。交加字亨會，丹徒人，登進士第，除刑部郎官，遷大理卿。

直寶文閣張縝墓在山下。縝字彦智，丹徒人，入仕知揚州，後爲直寶文閣，知建康府。

漫塘先生劉宰墓在山下沙墅。宰字平國，金壇人，舉進士第入仕，有官聲，後謚曰文清。

工部尚書王遂墓在山西上元鄉。遂字去非，一字穎叔，金壇人，登進士，官工部尚書，謚正肅。

顧龍山在縣南五里，俗呼土山。

瞰思湖

瞰平湖

龍蕩

芙蓉界居民傍山栽種，暑風至，則荷香偕茗，非凡境。

大聖塔

龍山書院宋淳熙間立。

修真觀在山上，順治中知縣趙介建。

縣　城在山北。

縣　學在縣治東。紹熙重建，縣學碑，葉適撰，劉宰書。明倫堂額"晦庵"，朱子書。

三賢祠在學内。係張章簡公綱、劉文清公宰、王正肅公遂。今增入虞公謙，王公樵，于公孔兼，于公仕廉，又爲七賢祠。

七君子祠在學内。係鄧藩錫、徐有聲、王明汲、馮厚敦、王明灝、王榮圖、王汝紹，皆明末遇害而死。

武功臺在縣治西，唐縣令姚合築。

北　亭在縣治北，臨河，宋淳熙中縣令孫子秀立，郡守王野書區。

唐經略使戴叔倫墓在文明門外。叔倫字幼公，金壇人，撫州刺史封譙縣，後爲經略使。

明大理寺卿虞謙墓在丹陽門外一里。謙字伯益，邑人，以明經貢太學，官至大理寺卿。

都御史王樵墓在山南青岡墩。樵字明逸，登進士，歷官刑部侍郎，都察院右都御史，卒贈太子太保，謚恭簡。

布政司參政王肯堂墓在九瞿寺後。肯堂字宇泰，王樵子，登進士，官檢討，遷南膳部郎，出爲布政司參政。

光禄寺卿孔兼墓在山下。孔兼字元時，登進士，官禮部儀制司郎中，卒贈光禄寺卿。

户部侍郎于仕廉墓在城北龍橋。仕廉字元貞，登進士，官至户部侍郎。

宋王遂宅在唐安門内。

大涪山在縣南五十里長蕩湖中，屹然孤秀，望之若浮，故名。

石　堂在山下。内有虎迹，水涸即見。

普門寺在山内。唐元和中僧鐵牛建。

《京口山考》卷四

溧陽山

平陵山在縣西三十五里。有子胥祠存。晉時，李閎圍韓晃於此山，斬之。山高四十丈。

平陵城在縣西三十五里，平陵山下，周二里，高一丈，城有四門，門外有壕闊六七尺，本固城，後名爲平陵城。

射鴨堂在城内，元和初縣尉孟郊建。

小山池亭在平陵城小山側，去縣西北三十里。

附古固城在今縣西一百三十里，高淳縣境，城廣二千七百五十步。

楚平王祠在古固城。

燕　山在縣南八里，形如飛燕，故名。

縣　城在山北五里餘。

縣　學在縣治東南。

漢校宫碑

太白酒樓李白與張旭宴游處。

趙葵宅在縣治南。葵字南仲，授光禄大夫、右丞相兼樞密使、加少師、武安軍節度使，進封冀國公，卒贈太傅，謚忠靖。

三忠堂趙範、趙葵、趙淮。

晚香堂

趙淮宅在縣治北，趙葵從子。

金淵亭在州治後，臨谿。

報恩寺在縣東門外，梁天監中建。宋宣和中爲神霄宫，後改爲寺，李綱書額。

廣教寺在縣東門外，唐長慶元年，金吾衛長史倪筠捨宅建。

廣法寺在縣西門外，唐名零陵寺，楊吴號資福院，後改。

澄觀井有石井欄並石盆。

錫華山在縣南四十五里，峰崖秀出，流泉縈繞。

石屋山在縣南五十里。

鑄劍坑在山西，昔吴王使歐冶子鑄劍於此。

銀方山在縣南五十里。

　　吳丞相萬彧墓在山下，彧爲右丞相，後被譴憂死。

青　山在縣南六十里。

　　雲岫庵在青山上，幽闃絶塵。

城子山在縣南十里。

丁家山在縣南十里。

辰　山在縣南十里。

金鷄山在縣南十里。

庭子山在縣南十里。

甑幹山在縣南十里。

篤　山在縣南十里。

神　山在縣南二十里。

泉　山在縣南二十里。

嵊　山在縣南二十五里。

高要山在縣南二十五里。

金　山在縣南五十里。

羊　山在縣南五十里。

曇　山在縣南五十里。

氳里山在縣南五十里。

鎖　山在縣南五十里。

田爪山在縣南五十里。

懸鼓山在縣南五十里。

松　山在縣南六十里。

天井山在縣南六十里。

寨　山在縣南六十里。

塆　山在縣南七十里。

屏風山在縣東南十里。

　　看經院一名屏風寺，在山下，南唐昇元年建。

雲泉山在縣東南三十五里，山上有泉，嘗出雲氣，故名。一名下山。

　　雲泉寺在山側，唐名雲泉院，宋改爲净土院，後改爲寺。

鐵　山在縣東南五十里，溧陽有鐵即此。

銅官山在縣東南六十里，溧陽産銅即此，舊因産銅設官，故名。

三鶴山在縣東南六十里,昔有潘氏兄弟三人,於此山求化道成,化爲三白鶴,故名。

金牛嶺在山南。

新婦山在縣東南五十里。

侯堂山在縣東南六十五里。

陽　山在縣東南六十五里。

圖　山在縣東南六十五里。

横　山在縣東南六十五里。

結都山在縣東南六十五里。

桂林山在縣西南三十里。

磐　石在山下,有大磐石二,一曰"太古元貞",一曰"留雲"。

盤白山在縣西南四十里,一名高邃山,因盤白真人事,故名。

太虛觀碑在山下,載李真人事。李真人,名盤人,避魏武之役,隱居高邃峰之西,鬢髮皤然,號爲盤白真人。

高邃洞在山内。

泰虛觀在山内,晋盤白真人得道之地。梁簡文帝詔以真人宅作觀,賜額"招仙"。宋大中祥符初改曰"泰虛"。

九　井在觀内,盤白真人藏丹處。

銅　鐘在觀内,唐大曆六年鑄。

三王山在縣西南五十里。楚威王與眉間尺並一客同葬一山即此。按眉間尺,名赤鼻,楚人,干將子,其説甚誕,山名更屬附會。

伍牙山在縣西南六十里,子胥伐楚還吴經此山,故名。按伍牙,伍員之訛。一名護牙山,按護亦伍字轉音之訛。

伍相國祠在山下。

鐵冶山一名鐵峴山,在縣西南七十里,山内嘗出鐵,又云前代鑄錢處。

朝　山在縣西南三十里。

吕長山在縣西南三十里。

石門山在縣西南三十里。

茅尖山在縣西南三十里。

鳳　山在縣西南三十里。

高貴山在縣西南四十里。

龍潭山在縣西南四十里。

板　山在縣西南四十里。

石　山在縣西南四十里。

從　山在縣西南四十里。

子　山在縣西南四十里。

義城山在縣西南四十里。

荆　山在縣西南四十里。

塔　山在縣西南五十里。

虎　山在縣西南五十里。

仙　山在縣西南五十里。

富　山在縣西南五十里。

梅　山在縣西南五十里。

獨　山在縣西南六十里。

茭　山在縣西六里。

龍　潭在山上。

石　壁在山東,臨谿,勢如削成。

巖　山在縣西十里。

大石山在縣西十四里。

龍　洞在山内,又山頂有怪石刻"龍洞"二字。

龍　池

漢陶謙墓在山前陶岕,謙字恭祖,丹陽人,爲徐州牧,後封溧陽侯,死時年六十三。

九龍山在縣西三十里。

新婦嶺在山前。

王母岕在山後。

黄　山在縣西四十里。

黄山觀在山下。西晋時有黄鶴仙人得道於此山。唐天寶中建。

安　山在縣西四十里。

明諸生謝球墓順治二年,大兵下江南,球毀家募兵,兵敗被執,不屈死,後葬於安山下。

方　山在縣西八十里。

白石峰在山内。

象鼻峰在山内。

白石洞在山内。

青龍洞在山内.

石馬澗在山内。

桃花岕在山内。

方山寺在山下，明崇禎初建。

華　亭董文敏題曰“小普陀寺”。

芝　山在縣西八十一里，嘗產芝草，因名。

梅仙洞相傳梅福隱於此，内有觀音石，狀奇異。

靈寶觀梅福學仙之所。

李子洞嘗有沸泉出。

燕　洞產石如燕，因名。

仙人洞内有石棋枰。

天井洞石竅通天如井，因名。

黄龍洞有乳水下滴。

冠　山在縣西五里。

秀　山在縣西五里。

姥　山在縣西十里。

投龍山在縣西十里。

魚父山在縣西十里。

烏　山在縣西二十里。

小石山在縣西二十里。

鳳凰山在縣西三十里。

蜒蚰山在縣西三十里。

蜈蚣山在縣西三十里。

谷　山在縣西三十里。

前　山在縣西三十里。

王佐山在縣西三十里。

金魚山在縣西三十里。

張家山在縣西四十里。

子母山在縣西四十里。

浪罟山在縣西五十里。

白茅山在縣西七十里。

曹姥山一名曹山，在縣西北八十里，瀨水出焉。

花　山在縣西北四十里。

翼　山在縣西北七十里。

鹿步山在縣西北八十里。

分界山在縣西北八十里，山西爲溧水界。

玉華山在縣北六十里。

石　洞在山東，洞極幽邃。

青龍山在縣北八十里。

青龍洞在山半。

李邈墓在山南。邈字彦思，清江人。遇金人之害，高宗贈招化軍節度使，謚忠壯。

瓦屋山在縣北八十里。

丫髻山在縣北八十里，按《句容志》作帢幘山，此山蓋界於二邑之間。

獨秀山在縣北三十五里。

東安山在縣北四十五里。

黄金山在縣北七十里。

黄烏山在縣北七十里。

函　山在縣東北二十五里，洮湖之上，昔有函姥得道於此。

優雲岕在山巔。

巡司栅宋時設。

史侯祠在山西，封靈濟公，又曰靈濟公神道祠。内有晋永和、唐貞觀二碑。

海嶽堂在祠内，朱子書額，堂後有侯墓。

馬從謙墓在山西南。從謙字益之，溧陽人，進士授工部主事，轉禮部主事，擢光禄寺少卿。

雷公山在縣東北三十七里，昔有雷公鑄劍於此，因名。

法興寺在山下，唐爲法常寺，後改曰法興。

石　洞在寺内，洞可丈許，清泉不竭。

大翁山在縣東北四十餘里，洮湖之上。

小翁山同上。

張汶山在縣東北三十五里。

落霞山在縣東北四十里。

小　山在縣東北六十里。

《京口水考》卷一

丹徒　水

大　江在縣西北，自江寧府句容縣界流入，與揚州府江都縣分界，又東逕丹陽入常州界，亦名京江，又名丹徒江，又名揚子江。

京　口在潤州城東北，甘露寺側。按京口本謂城前浦口，後因以爲鎮江之統名。

京口渡今名甘露港渡。

西　津一名西津渡，在城西七里。按《嘉定志》以爲即蒜山渡、金陵渡。

蒜山津一名蒜山渡，在蒜山下。

金陵渡見上。

高資東西渡在縣西四十里。

石公渡在定波門外，石公山下。

沙窑渡在大港鎮西。

韓橋渡在丹徒鄉。

揚子津與西津南北相對。

三江口在圌山下。

炭　渚在城西五十里，有炭渚驛。

東　浦亦謂之潤浦，在縣東二里，北流入江。隋置潤州，取此浦爲名。

西　浦亦云碩口。

北固浦在北固山下。

下鼻浦在城西十里，東有憩賓亭。

樂亭浦在下鼻浦西七里。

洪信浦在樂亭浦西。

徒兒浦在縣東二十里，昔諸屠兒居此小浦，故名。又秦始皇將徒人過此，因名。

茅　浦

申　浦《嘉定志》：申浦在江陰界，以春申所封之地得名。

徐　浦即徐陵。

夾　灘

新　洲在京口西大江中。

中　洲當即新洲左近洲也。又曰潤州、長命洲。

胡豆洲《鎮江志》未詳所在。

貴　洲在樂亭浦北，又曰嘉子洲西一里得貴洲。

嘉子洲見上。

譚家洲在北固山下，海鮮河外。

珠金沙

鸕鷀堰

毗陵故城縣北二百步，有故城，本毗陵郡治也。

漢揚州刺史劉繇墓在城北。

明史記言墓在城東濱江。記言字司直，丹徒人，萬曆壬子舉於鄉，知長沙縣，擢陝州知州，後爲賊射死，贈光禄寺少卿。

國朝都司羅明昇墓在談家洲。順治間海盗犯鎮江，明昇守談家洲被害，後諸生葬之。

需　亭在府治西九里，江津之上，後陳天麟重建。

浮玉亭在需亭北。

高資港在城西四十里左右，有炭渚、黄泥、樂亭，甫馬、步橋、水豐橋諸港。乾隆南巡經此，因有御製詩。

高資營

戰船廠在港口京口，戰船爲防海而設，通計船三百隻，舊有船政通判，今歸常鎮道修造建廠。

七里港在城西七里近北，有錢家、費家、下鼻、斷妖、洪信諸港。

京口港在城西北。

程公下壩在港口。

丹徒港在城東南。

黄水磓在港口，宋紹熙間郡守陳居仁建。

澗壁港在澗壁，一名鐵錨港。

草　牐在港口。

孩溪港在城東苦竹里。

渡泥港

洩　港

安　港一名大港，在城東。

韓橋港在城東六十里。

韓　橋相傳韓蕲王屯兵處。

山北港在圌山之北。

郭家港

徐府港

中新港

烟墩港

朱秀港

太平港

劉仙港

莫家港

便民港一名新開河，乾隆間巡撫吳壇奏開，以避黄天蕩之險。高宗南巡經此，賜名“便民港”。

河神廟

甘露港在北固山西，左右有外閘、内閘、栳栳閘、甘露壩。

金線港

鱓魚港

新　港

包　港在焦圖之中。

丁卯港在城南三里，通漕河。

丁卯埭相傳晋元帝子裒鎮廣陵，運糧出京口爲水涸，請立埭，以丁卯日成，故名。

丁卯橋在港口。

許渾宅

石淙精舍明楊文襄一清别墅。

大　瀆在城東。

班　瀆在新洲西南。

漕　河自常州府武進縣流逕丹陽縣南，又西北逕縣西，又北踰大江入揚州府界。

夾岡河道在丹徒界，曰小夾岡。在丹陽界，曰大夾岡。

京口閘俗名大閘，在城西北，距江一里，又云沿渠而閘者五：首曰京口閘，次曰腰閘，又其次曰下、中、上閘。

老人閘一名南閘，在虎踞門外。

新　閘在南水關外，舊爲滅渡橋。

横　閘在丹徒鎮。

越河閘在越河鎮。

通阜橋在金銀門口，舊爲板橋，明萬曆間易以石。

關門橋在通阜橋南。

泰運橋在虎踞門口，舊名虎踞橋，明知府張純易以木，春運時撤去，民大不便。後知府蘇兆民仍易以石。

便益橋在南水關外。

永寧橋俗名灣子橋，在丹徒鎮，跨漕河。

新豐橋在新豐鎮，跨漕河。

京口驛舊在京口閘，萬曆間知府鍾庚陽改建城西河口社稷壇左。

風神廟乾隆間賜"翊靈佑順"額，在京口驛。

江神廟在漕河，近江。

郭任廟在京口驛右，後增入唐侃，名郭、唐二公祠。任丹徒人，爲侍郎，後盡忠死，謚曰清毅；侃丹徒人，爲刑部郎中。

羅公廟在老人閘口，祀都司羅明昇。

海會寺在丹徒鎮，宋建炎中建，明景泰間重修。

會音寺在丹徒鎮，臨漕河。

舊　河在城西，歲久湮廢，又重置。

新　河在城西。

小　閘在河上。

利涉橋一名浮橋，在河口。

紅　橋在江口，新河出江處。

海涵河在北固山西北。

柳青橋在河上。

海鮮河在甘露寺西，宋紹興中鎮江大旱，移陳居仁爲守。因餞治古海鮮界港，爲石磋蓄洩，以時通濟漕運。

歸水澳在中閘東南徐地，高漕渠貫城中爲西津，昔之爲渠，謀者慮斗門水走，下則爲歸水、積〔水〕二澳以輔渠，歸水在北，積水在東。

宋轉般倉在澳西南。

積水澳見上歸水澳注。

護倉濠在宋轉般倉後。

腰　牐在京口牐東南。

上　牐在故程公橋北。

中　牐在故大軍倉後。

下　牐在程公下壩東。

減水牐在下牐西，上有石橋柱刻“咸淳六年，歲在庚午七月二十六日，長沙趙漕立”。

程公橋在上牐南。

鎮西橋俗名拖板橋，在京口驛後，臨濠。

三義河在城西小門外，西由鎮西橋入漕河，北通甘露港。

伊婁河唐潤州刺史齊澣，以潤州北界隔江爲限，每船繞瓜江迂迴二十里，船易損，因於京口埭下，直截渡江二十里，開河二十五里。

伊婁埭亦齊澣所立。

古　河春秋吴越王時所開，自瓜州口至潤州口。

關　河自北水關達南水關，穿城計千二百丈。順治間因海警閉兩水關。河淤後重疏濬。

烏盆澳在城東北之間，亦關河之支。

千秋橋在府治西，跨河，晋刺史王恭建。

緑水橋在千秋橋西，俗名高橋。

太平橋在緑水橋西，夏太史沅與丹徒鎮周氏爲表戚，周無子，乞太史子爲嗣，太史曰：宅後臨城河，有小木橋，常溺人，君建一石橋，即以子爲君嗣，周建橋抱子去，名太平，因名。

嘉定橋在千秋橋南，俗名禁方橋，又曰利民橋。

烏盆澳橋在嘉定橋東，今城隍廟大門外照壁下。

范公橋一名清風橋，在嘉定橋南，宋范仲淹建，又名范橋。

通濟橋在南水門上，今爲南水關。

林仁肇宅在范公橋東，仁肇南唐温陵人。

藏春塢宋刁約所居，本林仁肇宅，今半爲前軍寨。

逸老堂刁約於塢西臨流爲屋，曰“逸老堂”，今半爲前軍寨。

萬松岡塢西有山阜，刁約植松，曰萬松岡，今半爲前軍寨。

蘇頌宅亦林仁肇故宅。

陳升之宅在范公橋南，陳公治第極宏壯。宅成已疾惟登之而已。今爲後軍寨並酒海酒庫。

秀公亭在宅内。

西　樓在宅内。

米芾宅在千秋橋西，後爲巡道署。

脩閒堂在宅後。

瀁月亭在宅後。

佳肇亭在宅後。

月　臺在宅東。

西　山在宅西。

丹陽館在千秋橋西，宋紹興中建。

脩閒堂在館北，後改爲秦潭驛。

皇華亭在館南，守臣張子顔建。

喜雨樓在千秋橋南，宋嘉定中郡守史彌堅建，一名第一樓，規模宏壯，占一郡之勝。

勾吳亭在府治西，一作向吳亭，後更號通吳驛。

青苔寺在緑水橋南。

惠安寺在青苔寺西。

文簡公祠在寺内，文簡公係故相向敏中也。

龍目湖在城東京峴山下，梁武帝望京峴山盤紆似龍，掘其右爲龍目二湖。

新豐湖在新豐鎮，晋内史張闓立，一作新豐塘。

芙蓉湖即射貴湖也，又名上湖。

杜野湖在縣東南十五里。

寺　湖在縣南十八里。

鄭　湖在縣東南三十八里。

緑水潭一名秦潭，秦始皇所築。宋紹興中改爲放生池。

秋月潭在北固山下，宋史彌堅因山址坡澤爲潭，以藏防江軍船崖石間，有舊刻"秋月潭"三字。

馬　潭在縣南五十五里。

護軍潭在丁角鎮。

夢　溪近烏盆澳，其水流入關河。

夢溪園在溪上，宋沈括宅。

馬林溪在城南三十五里，一名馬陵溪，晋陳敏爲札，令弟諧遏馬林溪，以溉雲陽，亦謂之諫塘。

神　溪在城西南曲陽山下。

蜃　溪一名辰溪，自丹徒經延陵入金壇界，按蜃溪疑即神溪。

神　亭在溪上。

鳳凰池在北固山下，一日鳳皇池。

白蓮池在城南古竹院中。

金牛池在城南五里，近八公洞。

龍　池在嘉山上。

薛家池在城南。

荷香池在城南。

蓮　陂在城西八里。

萬束陂在丹徒鎮，陂宜稻，頃收萬束，因名。

下鼻塘在城西四里，明知縣龍時雍濬深丈餘，給穀增堤，植柳千株，可備旱潦，民便之。

官　塘在城南八里。

慶封井在城南一里，其水逆流，又名逆流泉。

寄奴井在城內壽邱山下，壽邱者，宋高祖宅，故井尚存。

燒丹井在焦山，相傳焦公故迹，明方豪易名東泠泉，後淪於江。

煉丹井在馬迹山，相傳葛洪煉丹處。

大　井在開元寺中。

千尺井在五州山翠巖室前，一名龍湫。

鰻　井在北固山下。

龍　井在長山龍王廟，又金山西麓有龍井。

中泠泉在金山下，昔人取泉，用油紙覆瓶長竿深探至井底，别用一竹竿撞破油紙，使水入瓶滿，然後引出，寺僧指水陸堂下井水非也。

天津泉在甘露寺西南，明太祖幸寺時，見山下汲水，題句云："甘露生泉天降津"，既而僧善觀見很石邊有異，掘之得泉，因取其語以名。

虎跑泉在招隱寺東南，舊在寺內，唐學士蔣防有碑記。

鹿跑泉去虎跑泉二十餘丈，有石刻蔣防泉銘。

珍珠泉在招隱寺北，宋李迪搆及泉亭於上。蘇軾詩："泉底珍珠濺客忙"。

金沙泉在八公洞左。

獸窟泉在招隱洞。

夾源泉在夾山。

林公泉在夾山，明崇禎時林皋鑿石得泉，可引至爨下，太守程珣題曰"林公泉"。

雙樹泉在夾山，其樹並生連膚扭中，有凹隙如盌，積水寸許，取之不竭，能愈目疾，泉爲釋函尋出。

卓錫泉在五州山因勝寺。

夕聽泉在五州山，取蘇東坡"夕聽流水"語，以名。

翟公泉在長山上，其泉與練湖通。

紫金泉在城中紫金山下。

古泮泉在舊府學西，宋元祐間郡守林希鑿井後石刻"泮泉"二字。明邑令龐時雍重立石，曰"古泮泉"。

《京口水考》卷二

丹陽　水

練　湖一名曲阿後湖，在縣北百二十步，周迴四十里。

上　湖練湖分上下，高於下湖，曰上湖。

東西斗門唐韋捐置。

順瀆斗門同上。

横霸石䃮唐時所置，宋熙寧中重修。

涇州石䃮同上。

令公函舊置，宋淳熙中重修。

戴家函同上。

伍伯婆函同上。

張　函同上。

堯　函同上。

下　湖高於運河。

南北斗門唐韋捐置。

姚婆石䃮唐時所置，宋熙寧中重修。

胡頭函舊置，宋淳熙中重修。

洪家函同上。

新　函同上。

蔡陂函同上。

觀松函同上。

龍城後函同上。

南石函同上。

秋　函同上。

道人墩在湖中，康熙四十七年築。

湖心亭在道人墩上。

永泰寺在湖上，有練湖亭。

梁武帝宅基在湖上塘頭村，帝嘗幸舊宅，井上棃棗，少時所植尚存。

晉劉惔宅在湖上，惔字真長，沛國相人，與母任氏居京口，累遷丹陽尹。

唐權德輿宅在湖上，德輿字載之，禮部尚書，同平章事、東都留守，卒贈右僕射，謚曰文。

許渾宅在湖上，《丁卯集》有詩。

宋王存宅在湖上，存有宅，在郡城登雲門内，見此蓋其舊居也。

王揚英宅在湖上，揚英成都轉運判官，罷歸葺湖濱之居，牓曰“練水草堂”，逍遥其間。

漕　河自常州奔牛十八里至縣東之吕城鎮，五十里經縣城，又北流二十五里，入丹徒界，又四十五里達大江。

新開運河明嘉靖間，縣令李學道鑿演武場，達内城。

西　壕經南門合簡瀆出東門橋，復入運河。

雲陽橋在縣東，宋劉宰裕建，俗名賢橋。

尹公橋在東門外跨漕渠，明萬曆中知縣尹良任建。

黄泥壩在縣北二十里，舊有石牐，知府吴撝謙造，道光九年移建張官渡。

雲陽驛在縣東，明萬曆中知縣周應鰲移於西門外。

使　館在縣東五里面漕渠，紹興丁卯令蘇忠規建。

普寧寺在縣南，前有橋跨市河，名市前橋。晉王珣捨宅爲之，本名顯陽橋，宋祥符中賜今額。

唐張祐宅在雲陽橋河岸，有井處，祐字承吉，清河人，愛丹陽曲阿地築室卜隱，性嗜水石，不富田産。

宋洪擬宅在縣南城外河岸。擬字成季，一字逸叟，丹陽人，登進士甲科，爲禮部尚書，遷吏部。

宋洪興祖宅亦在縣南城外河岸，興祖字慶善，登上舍弟，爲駕部郎官，係洪擬之姪。

洪家橋在洪宅外。

陳少陽祠在縣北城外河岸。

宏偃墓在縣北十八里，地名石羊子，有牧童見雉入土穴中，告其主人，夏里正即穿其穴，乃一大冢，碑字顯然。

吕　城在縣東五十里，吕蒙所築，今爲吕城鎮。

吕城閘元祐四年，知潤州林希復吕城堰，置上下閘，以時啓閉。

吕城夾岡二斗門紹興七年，兩浙轉運使向子湮置。

吕城石磓同上。

(秦)〔泰〕定橋(秦)〔泰〕定間重修，吕城橋易名。

孱陵侯廟在吕城鎮，即吴將吕蒙祠。

葛仙祠在吕城鎮下。

宋竇從周墓在吕城東南，從周字文卿，丹陽人。

九曲河在縣東北，漕渠分流七十里入江。

珥　瀆在縣南七里流入金壇縣，俗呼七里河，瀆口有七里橋，後易名麥舟橋。

珥　村在縣南四十里，有珥陵橋、黄堰橋，相距十里。

横塘堰又珥村堰，並在珥瀆河，相距十八里。

宋湯東野宅在珥村，東野字德廣，丹陽人。

簡　瀆在縣南五里，俗云晋諶母元君擲簡於此，唐置簡州以此瀆得名，南通延陵，一名香草河。

草　堰在瀆上。

麥埤堰在瀆上。

仙臺觀在瀆上，舊謂之黄堂道院，是爲晋諶母飛昇之地。

晋延陵廢縣在縣南三十五里，今爲延陵鎮。

季子廟在延陵鎮，一名嘉賢廟。

十字碑上寫“嗚呼，有吴延陵君子之墓”十字。

吴高陵亭侯韋昭墓在延陵縣西南，去縣七里，昭字宏嗣。

晋執事左中郎將守太中大夫包君墓在延陵北一里，有碣。

散騎常侍贈太尉周府君墓在延陵西北六里，有碣。

昌國寺在延陵鎮，唐大中初建，寺有銅鐘，上鑄開元年號。

雲陽東西城在延陵鎮西三十五里，與句容分界之處，東西城相去七里，並在瀆南，即吴楚之境也。

破岡瀆在縣西南，半入句容界。

長岡埭在瀆上，雲陽七埭之一也。

附雲陽九里埭《嘉定志》未詳所在，鮑照有詩。

丁義瀆在縣南三十里，通白鶴谿。

唐皇甫冉曾宅在瀆口，冉字茂政，與弟曾皆善詩。天寶中踵登進士，累遷右補闕。曾字孝常，監察御史。

皇甫橋即宅地。

直　瀆在縣東五十里，孫皓所開。

庱亭埭在瀆口，本蘇峻將管，商攻略晋陵，郗道徽以此地東據要路，北當武進，故遣督護李閎築壘據之，今置埭。

白鶴谿在縣東南三十五里，一名荆谿，出於縣之石荆城，徑金壇縣北入毗陵界。

荆　城相傳漢荆王賈所築。

順佑王廟即荆王廟，在荆城内。

丁　橋在谿上，或云以令威得名。

梁寶寺在丁橋西，梁大同間建。

太霄觀在丁橋，亦大同間建，本名靈應。宋治平中改今額。

明荆偉墓在谿上，偉字元升，邑人，以鄉貢對策高等授埜江縣令，獻賊陷城，不屈死。

荆本澈墓在谿上，澈字濂之，邑人。崇禎進士，以職方郎監下江軍，乙酉孤軍退浙東，總兵黄斌卿襲之，遂被害。兄本源二子沐、潹，皆死之。

吴陵港在縣西十五里。

吴高陵在港側，《三國志》孫堅傳注，《吴録》曰："尊堅廟曰始祖，墓曰高陵。"

東城港在縣東北二十五里。

中邱埭在港側，埭西有齊梁二代陵口。

梁文帝建陵在中邱埭西，有碑。

蕭塘港在縣東二十五里。

梁武帝修陵在港北皇基寺前。

梁相國安豐侯縣侯蔡大寶墓在修陵北，至今曰"蔡墓岡"。

皇基寺梁刺史王僧辯建，唐改名皇業寺，宋名戒珠寺。

蕭　港在縣東二十七里，南至嘉山，北通大江。

梁簡帝莊陵在港口，陵前有麒麟碑。

左墓港在縣南四十五里，以近左恢墓得名。

吕瀆港在縣東南五十四里。

馬嘶港在縣東北六十里。

浦里塘在縣南五里。吴永安三年，都尉嚴密建丹陽湖田，作浦里塘。

越　塘在縣南四十里石城鄉。

晉司徒蔡謨墓在石城鄉，謨字道明，陳留考城人，領司徒爲揚州刺史，卒謚文穆。

萬頃洋在縣西南四十五里。

清水潭在縣南斜橋。

金鶯池在縣治南，夏竦初爲丹陽邑令，侍母坐見黄鸝舞没於地，發之得金鶯二，母瘞之曰"天賜竦願從明中來"。因築亭於其上，曰"金鶯"，尋登制科。後至者發地求鶯不可得，遂爲池。

蓮　池在雲陽驛中。

延陵沸井季子廟舊有涌井二，後井北忽聞金石聲，即掘深三尺，得沸泉，其東忽有聲錚錚，又掘泉，沸涌若浪。《至順志》云："騰涌驚沸，二清二濁，齊沸之聲，晝夜不絶，因有沸井四。"

玉乳泉在觀音山。張又新《煎茶記》：揚子江南零水第一，無錫惠山寺石水第二，蘇州虎邱寺石水第三，丹陽玉乳泉第四，揚州大明寺水第五，吴松江水第六，淮水最下爲第七。

白鶴泉出繡球山，東行二十里入九曲河。

玉龍泉在陳山。

金壇 水

漕　渠金壇以古荆溪爲運道，宋劉宰建議開堰以通運河，自城北逾荆溪至丹陽界，徑珥瀆入丹陽運河，以達京口，其下流穿城沿南壩入白龍蕩。

行香橋在北水關内跨河。宋淳熙中甃以石，改名惠政。端平中劉宰重修，又名端平，俗呼新橋。

安定橋在南水關内跨河。宋端平中重建，改名清和，俗呼大橋。

鍾秀橋在縣北三里，漕河東岸，俗呼鍾橋，河水由此分流，經横壩入錢資蕩。

濯纓橋在縣北八里漕河西岸，舊名三里岸橋。明永樂間改今名。河水由此分流入大谿。

南　壩在南水關外，太虚觀前，元至元十三年立。

唐戴叔倫宅在南壩之東，邑志太虚觀即公宅基。

思　湖在縣南六里，東北受荆谿水，西南流十二里入大谿，一名曰白龍蕩。

白龍廟在湖南，湖與長蕩湖相連，其先有白龍化於此地，旁有龍祠，祈禱有應。廟前有明秀亭，米有仁題牓。

高　湖在縣西北十里，周百餘頃，北受玉中瀆水，南流十二里入大谿。

長塘湖在縣南三十里，周迴一百二十里，與溧陽、宜興分界。一名長蕩湖，又名洮湖，即五湖之一。

湖口城宋泰始二年，庾業至長塘湖，即與義興太守劉延熙於湖口夹岸築城，以爲保護。

荆　谿一名荆城港，在縣北十八里，谿闊四十步，其上源在縣東北丹陽縣界内，古右荆城前，自谿口入珥瀆達丹陽漕河。

官坊埭在縣西四里，齊梁之代，埭北下塘村有周、鄭、劉、師等四姓，並有官同居村坊，於時共置埭，因以爲名。

師墓橋在下塘村之東，下塘村有周鄭劉師四姓，橋以近師姓墓得名。今邑志改作思墓，謂地近左思墓，誤也。

漢左恢墓在縣北十八里，恢字伯響，曲阿人，累拜尚書左丞，京師稱其清高，後遷會稽太守。

漢左忠墓在縣北十八里，忠字思和，凡爲七邑，所至有異政。

吴左思墓在縣北十八里，思字公行，材量雄偉，孝行純篤，累遷會稽、餘杭、長沙三郡守。

大　谿在縣西十二里，邑志即今青菩河。

東墟大橋在縣西二十里大谿上。

徐羨之墓在縣西南二十里，羡之東海郯人。宋時爲司空録尚書。

張綱墓在東墟，綱字彦正，丹陽人。宋時爲吏部尚書，參知政事。卒謚文定，任應辰論駁之，孫金再請，特賜“章簡”。又曰金壇人。

直　谿在縣西三十五里，俗名直里河，上承茅山丁角諸流入漕河。

唐王谿在縣西南四十里，側有唐王村故名。

薛步新河牐明隆慶間建。

三漢河牐明隆慶間建，亦在薛步。

薛步橋宋建，康通判張宗必重甃以石。

下程橋在薛步、句容交界處。

張綱宅在谿上希墟村，有喜歸亭。

錢資蕩在白龍蕩東，西南經方洛港，入長塘湖。

廢金山府金壇本漢曲阿縣延陵之鄉，隋開皇十五年別置金山府，《鎮江志》："縣故城周七里步。"

湯鵬舉墓在蕩東北小墟村，鵬舉字致遠，金壇人，登進士，知樞密院事，卒年七十有八，謚敏肅。

湯鵬舉宅在縣東小墟村，宋時與張綱並列執政，邑人呼張爲西府，湯爲東府云。

天荒蕩在縣西三十里，建昌圩中。

莊　城在蕩東北。

唐儲光羲宅在縣西北四十里，莊城西村。又莊城東村，有光羲墓。

鮑　蕩在縣西三十五里，直谿西南。

滕湘蕩在縣西四十里，介紫陽、西陽二渠之間。

北渚蕩在縣北五里，受漕河之流，東入錢資蕩。

柘　蕩在北渚蕩北。

燕子港在縣東四十里，通長塘湖。

大雲橋在港側彭期渡，天曆中尹輔建，宜興、溧陽皆取道於此，行者便之。

下湯港在縣東三十里，通長塘湖。

温瀆港在縣東二十里，通長塘湖。

方洛港在縣南二十五里，錢資蕩水入湖之口。

新河港在縣南三十里。

大浦港在縣南三十五里湖谿村。

紙錢標橋邑志相傳：東壩未立時，兹地爲瀨陽，舟行至此，標紙錢以祀神，故名。

古涑瀆在縣南二十里，陳亢字退叔，居邑南，地多阻澤，古涑瀆久淤，壅水爲灾，率衆築堤十許里，以便行者。

甓橋徑瀆在縣西十三里，晋宋舊有此瀆，隋大業初，有縣令達奚明者修之，於瀆南造橋以甓，因名。

南洲瀆在縣南七里，瀆口有南洲村，因名。

北洲瀆在縣北五里，瀆口有北洲村，因名。

高湖下口瀆在縣北八里。

十字河在縣西，通大谿，濱河，有時千村。

袁宏墓在縣西十里，宏在晋時爲吏部、東陽太守，墓前有廟。

袁興祖墓在縣西十三里，興祖字道生，梁時爲中書舍人、給事中、王國侍郎。

蔭風河在洮湖北，明萬曆中知縣李宏綱鑿。

吳　塘在縣東二十五里，塘周回四十里，梁吳游所造。

潘闡之墓在縣東二十五里，闡之字文昌，廣識多能。梁時爲琅玡、巴陵二郡太守。

上　塘在縣東十六里。

謝篤墓在縣東十六里，篤爲常山太守。

下　塘在縣北七里。

周衹墓在縣北七里，衹爲國子博士。宋武帝遣劉敬宣伐蜀，衹以書諫不聽，後梁無功而還。

姚辟墓在縣東下塘村，辟字子張，金壇人。早從歐陽修學，後登進士，屯田員外郎，應天府教授，秩滿通判通州，卒葬此。

姚長官墓在縣東下塘村，長官出仕有賢聲，係姚辟之族姪。

單　塘在縣東北二十八里。

謝　塘在縣北二十五里，梁天監九年，彭城令謝法崇造。

南謝塘並有北謝塘，均在縣東南三十里，梁參軍謝德威造，隋廢，唐謝元起重修。今境内無此二塘，或疑南謝塘即思湖，北謝塘即高湖。

莞　塘在縣東南三十里，梁大同五年，南臺侍御史謝賀之壅水爲塘，種莞其中，因名。

堯　塘在縣東南二十五里。

晝錦橋在堯塘村，宋知樞密湯鵬舉爲浙漕日，邑人建是橋以榮之。

强　塘在縣西四十里，游仙鄉。

譚知柔墓在强塘，知柔字勝仲，金壇人。宋時登進士，後爲秘書少監，卒葬於此，平生喜爲詩，有《華湯居士集》。

白水塘在縣西五十里，上元鄉茅山、方山之間。

漫　塘在縣西，近大谿，劉宰領嶽祠歸，幅巾短褐，種柳植蓮於雲茅西偏之塘，名塘曰漫，自號漫塘病叟。

蓮　陂在縣西八里，陂多生蓮，因名。

放生池在縣南二里，按今宏化門外二里，有魚池，即其地。

溧陽　水

溧　水一名瀨水，在縣南六里，水有二，其一發源曹山，一則高淳胥谿之水，源出蕪湖東，流過鄧步入溧陽界，與曹山之水合。《范睢傳》作陵水，又曰即栗水。

投金瀨即溧水也。昔子胥奔吴至溧陽，適有女子繫錦於水上，子胥乞其一餐，女子與之食，已而曰："掩子壺漿勿令露。"女子自投瀨，後子胥投金水上。

舊縣城唐時所造，唐亡，則此城爲溧陽治。

中江橋一名中橋，宋元祐三年建。

貞義女廟在瀨渚，舊在縣西黄山，明知縣符觀改建並移，又建南北兩橋，又名雙橋。

北湖亭在舊縣城外。

唐興寺在舊縣城側，宋改名勝因寺。

李白孟郊祠在寺内。

薔薇亭在寺内，有孟東野詩刻石亭上。

謝公滄在縣北城下，相傳爲謝朓洗硯池。

謝婆滄在縣南城下，即謝朓故宅。

古縣滄在縣南十五里，晋永世縣故址。

永世城晋時所建，周三百步，遺址高一二尺，俗稱古縣。

葛涪滄在縣西十五里，與新昌滄接，周四十五里。

瀨陽滄一名瀨溪，在縣西北四十里。

謝達滄一名前馬蕩，在縣西北四十里。

沙漲滄在縣北十里。

合剌普華墓在沙漲村，合剌普華歷官商山鐵冶都提舉、都轉運鹽使，後遇賊而死，贈户部尚書，謚忠愍。

下　湖在縣南十里，流入白雲涇。

朱　湖在縣東南八里。

具　區在湖旁。

洮　滆在湖旁。

朱　滙在湖旁。

丹　瀷在湖旁。

千里湖在縣東南十五里。

黄山湖在縣西南三十七里黄山下，周十五里。

三塔湖在縣西南七十里，周四十里，一名梁城湖。

三塔寺在湖上。

寒光亭 在寺内，俯瞰梁湖。

昇平湖在縣西南七十里，首受東壩之水，南通梅、社二渚。

戴步港在縣東南五里,溧陽運道,自縣南門外水次登倉,東五里至戴步港,又東五里出渡濟橋入荆谿界,折而西北逕丹陽。

韓城港在縣西南六十五里,高淳胥谿之水東流十里過鄧步入溧陽界;又東北十里至韓城港。

横邐瀆在縣東七里,南接白雲逕,北通洮湖。

右　瀆在縣北二十三里,與瀨谿通。

逕　瀆在縣北四十五里入洮湖。

百丈瀆在縣南三里,一名百步溝,源出燕山,東流入白雲谿,舊有壩三十四,儲水以灌高田,歲久淤塞,明知縣楊榮濬。餘八百丈,中存九壩,民賴其利。

黄墟蕩在縣南十里,周五里,東北入白雲谿。

繅車逕連黄墟蕩。

白雲谿一名白雲逕,在縣東南十里,東入荆谿。

高友谿在縣南二十里。

谷　谿在縣南二十里。

舉善谿在縣南三十里。

藍　谿在縣西南六十里。

金陵谿在縣南六十里。

香苗塘在縣西南六里。

米　塘在縣西南二十里。

丁家塘在縣西南六十里。

五　堰按楊吴築五堰,地屬溧水,嘉靖築下堰,地屬高淳,然其地爲東南水利之大源,而梁陳以前固溧陽屬也。五堰者:銀林堰長二十里;分水堰長十五里;若李堰長八里;何家堰長九里;余家堰長十里。

國家清史編纂委員會·文獻叢刊

祁寯藻集

3

奏議·題本

清·祁寯藻著

祁寯藻集編委會
中國第一歷史檔案館 合編

國家古籍整理出版專項經費資助項目

三晉出版社

祁寯藻集

（第三册）

主　　編：吕小鮮

副 主 編：宋小明　　劉長海　　尹淑梅

編　　輯：潘俊英　　童永紀　　張　蕾

羅小平　　劉　諾　　傅惠成

倪曉一　　張昊洋

祁寯藻　科试情形

奏

奏

江苏学政臣祁寯藻跪

奏为恭报科考苏州府太仓州松江府三属情形

仰祈

圣鉴事窃臣今年考过徐州府海州岁科两试并科

考淮安府常州府江宁府及录科录遗情形

业经先后具

祁寯藻手迹

三屬所有臣科考二府一州情形理合附片陳

伏祈

皇上聖鑒。再臣經過蘇松一帶地方，入冬以來天氣晴暢，晚稻均已收獲，其被雨浸損之處，業經地方官勸諭，現在撫恤辦理，中平民情安帖。合併陳明。謹

奏

道光十九年十二月十九日奉

硃批：知道了。欽此。

十二月二十八日

祁寯藻手迹

前 言

《祁寯藻集》第三册收録奏議和題本。這兩部分是中國第一歷史檔案館應《祁寯藻集》編委會之邀請,共同進行整理的。

《奏議》所收録的檔案史料,起於道光三年十一月二十五日,迄於同治四年五月初二日,共二百七十四件。主要選自中國第一歷史檔案館藏"軍機處録副"、"宫中硃批"等卷宗,另有部分選自中國第一歷史檔案館編《鴉片戰爭檔案史料》、《清政府鎮壓太平天國檔案史料》,還有部分是從《皇朝經世文編續編》和《壽陽祁氏遺稿》中抄録的。内容翔實豐富,比較全面地反映了祁寯藻在不同時期的活動。整理編輯出版祁寯藻的奏摺,對於研究清朝中後期的政治、經濟、文化史,同時也爲深入研究祁寯藻,提供了寶貴的原始檔案資料,具有重要的參考價值。

題本是清代中央地方高級官員向皇帝報告政務的文書,其中中央各部於題本上列銜的官員通常人數很多,且多由管理部務的大學士領銜或爲主要責任者。本書選録題本的標準,即是或由祁寯藻領銜、或以祁寯藻爲主要責任者的題本。簡單地説,是正文最前面由祁寯藻具銜的題本。

本册共輯録自咸豐元年四月十四日至咸豐四年十一月十六日期間的祁寯藻題本三百二十件,全部選自中國第一歷史檔案館藏内閣全宗内題本類的户科題本項。這些題本都是祁寯藻以大學士管理户部事務時期主持起草的,内容大都是關於地丁漕糧、鹽茶銅綢、蠲免賑濟、軍事開支、倉儲庫儲、兵丁紅白事件、養廉賞恤、文武鄉試經費、官員參處開復、關税廠課等項事務,既可以了解當時中央地方的財政狀況,也比較具體地反映了祁寯藻的財政思想,爲研究太平天國起義前期清政府財政的一般狀況,也爲深入研究祁寯藻,提供了寶貴的原始史料。

另外,在本册選材期間,作爲清史工程史料整理項目的户科題本整理工作正在進行,對於本册的選材工作多少産生了一些影響。

由於檔案資料數量較多,限於學識,出現遺漏與錯誤在所難免,敬請專家學者批評指正。

在此,謹向中國第一歷史檔案館計算機網絡中心的蘇文英女士表示深深的感謝,向所有關心、支持、參與本書編輯工作的人員表示衷心的、誠摯的謝意。

凡 例

一、本書共分三册,是對祁寯藻作品的首次全面整理。

二、原刻本、謄寫本中多用古體字、異體字、通假字、俗體字(含簡筆體),且在一篇之中時常混用古體與今體、正體與異體。由於該書均經祁寯藻手訂,又由其子祁世長、侄孫祁友直、祁友麟校對,依據國家清史編委會《文獻整理工作通則》之規定,本書一般不作改動。個别生僻字改爲規範字,以不發生歧義與異音爲準。作者手稿中雜用各體,本書多仍其舊;草、行體字,改爲規範字。筆畫稍異而結構相同、筆畫相同而結構不同之異體字,改爲規範字。

三、底本與手稿中殘缺及脱漏處以□表示,無法辨識處以△表示;錯字或有疑問者加圓括號,其後之正字加方括號;本書編者所加内容用圓括號括注。

四、底本中的避諱字,一律改爲規範字。

五、底本中原有夾注,字號縮小,字體相异。

六、長文適當分段,並加標點;詩用逗號、句號,詞按詞譜標點;詩題後之小字爲寫作時間、與詩題成爲一體者,句末不加句號;題中句中夾注爲一字、數字、或爲人名者,一般不加標點;引文不完整者、無底本可查對者,不加引號。

七、雜記中引文頻繁,且係隨手抄録,本書一般不作校勘。

八、本書第一、二册之校記置於當頁之末,用*號表示。

九、本書第三册之檔案按具文時間先後順序編排;無具文時間者,按硃批時間編排,並以*號注明;既無具文時間,亦無硃批時間者,以原檔號爲序,排在最後;奏片、清單等,雖無具文時間,但與主件密切相關者,排在主件之後。

十、檔案標題爲編者所加,奏議之文種於標題後注明,題本之文種則省略。每件檔案之時間,置於標題之下。

十一、奏議中所有具奏人祁寯藻及其職銜均省略。題本中之職銜只標明祁寯藻,其他聯銜具奏者均予删除。

十二、檔案中凡有皇帝批語者，均加“硃批”二字標明。批紅原在封面，現一律排在文件之後。

十三、墓誌、行狀題目上的大段職銜，一律删除。

十四、有關編輯未盡事宜，見本書《編輯説明》及各册之《前言》。

目 録

奏 議

題　本

奏議

爲報明桂陽等州府考試情形事奏摺

道光三年十一月二十五日

湖南學政臣祁寯藻跪奏,爲恭陳考試情形仰祈聖鑒事。

竊臣荷蒙皇上天恩,簡任湖南學政。到任後,恭摺具謝,並將前往桂陽州一帶考試奏報在案。臣於七月十六日自長沙省城啓程赴桂陽州,試竣接考郴州、衡州府、長沙府,現在考過府、州共四屬。長沙、衡州二府素爲文風最盛之區,文體雅馴,兼有書卷。惟長沙府屬之茶陵州、攸縣,衡州府屬之酃縣稍次,而詞氣順暢,理法亦合。郴州屬文風以州學及桂陽縣爲優,桂陽州屬文風以州學及臨武縣爲優。其餘山僻縣邑,生童間有詩律未嫻、字體稍拙者。核其文藝,尚不蕪雜。其武生童,弓馬技藝亦尚合式。

臣竊思,文風之轉移由於士習,士習之振興視乎勸懲。臣履任之初,撰列勸戒規條,嚴切曉諭,通飭各教官,勤加督課,認真舉報優劣,按試時預飭提調官,嚴密訪察槍冒頂替各弊端。點名時,查對册注年貌,稍有不符,即行究詰。封門出題以後,嚴防泄漏,親身逐號稽查,其有出號越坐者,戳印犯規,以示懲儆。至童生覆試,尤關緊要。臣於每場案發後,立即查取該童府縣試卷,核對文理筆迹,以防槍替等弊。考試衡州府屬,查出衡山縣取進文童周景明,縣試原卷與正場筆迹不符。即將該童發交提調官嚴究,訊明實係縣試文稿完竣,因病托同考童生葉拊偉代繕,尚無别項情弊,業經照例扣除。考試長沙府屬,查出攸縣童生王典,府縣試卷與正場筆迹不符。隨據提調官、教官及該童之認保派保廪生等面禀,訪聞有槍倩情弊,當即將該童發交提調官嚴審,照例辦理。至於文武生員曾經被控有案者,臣逐一查明,於考試點名時當堂訓飭。其優行素著者,面加獎勵。

惟生員中寒士居多,其文生每出外省遠館,武生間以貿易營生,歲試届期,往往欠考,以致除名。臣於按試各屬之先,行文飭催,現在考過四屬文武生員,已補考者共七百一十四人。其未經補考者,仍隨時催補,以符定例。臣於十一月二十三日考畢長沙府屬,即啓程前赴岳州府考試,封印後回省。開春即接考澧州、常德府各屬。

臣惟有恪遵訓示,有關於文風士習者,隨時隨事悉心稽核,不敢稍忽。

所有臣考過二府二州情形,理合恭摺具奏。

再,臣經過地方,晚稻收成豐稔,糧價中平,民情安樂,合併陳明,伏乞皇上聖鑒。謹奏。

道光三年十二月二十六日奉硃批:知道了。欽此。

爲報明接考辰州等處情形事奏摺

道光四年九月初七日

湖南學政臣祁寯藻跪奏,爲歲考已周並接試苗疆三府一州四廳科考情形,仰祈聖鑒事。

竊臣上年考過長沙府、衡州府、岳州府、郴州、桂陽州五屬,本年正月出省考過常德府、澧州二屬,俱經恭摺奏報在案。臣於常德試院拜摺後,即日啓行。四月初一日開考辰州府并乾州廳;五月初十日開考沅州府并鳳凰、晃州二廳;六月二十日開考靖州;閏七月初十日開考永順府并永綏廳。共八屬,皆系苗疆地方,定例歲科兩試并行。每值考時,文武生童聚集一月有餘,人衆時久,易滋弊端。彈壓稽察,均關緊要。臣先期飭提調官嚴密查訪,并出示曉諭生童安静守法,面諭廩生互相糾察。臣於點名時按名核對年貌,封門後終日在堂往來巡視,不敢假手吏役。考試辰州府,場内查獲溆浦縣文童舒函之攙越坐號,嚴先淳對之,適彼此代倩。又訪聞沅陵縣取進文童李際春,曾受刑杖,取進武童曾廣造,頂名過場,當即將該童扣除,并將濫保之廩生張高飛、孔繼鏞斥革審辦。考試沅州府,場内查獲晃州廳文童楊金相與黔陽縣文童劉步任换卷。考試永順府點名時,查獲永順縣文童潘尚玉、龍山縣文童荆正桂頂名應試,場内查獲龍山縣文童張尚旋與莊世恭换卷,俱即發交提調官嚴審,分别懲辦。

至各屬文風,則辰州府之沅陵、溆浦二縣,沅州府之黔陽縣,靖州之會同縣較優。其餘邊疆僻邑,間於詩律字體未盡講習,臣諄切面諭,并摘取五經、詩題,辦[辨]正通俗文字,刊示諸生,令其按日課習,由學呈送批閲。近來,苗童文理漸多通曉,應試人數有多至百餘人者。其武生童弓馬技勇,亦尚合式。

臣竊見,湖南童試,臨場之弊多頂名,場内之弊多换卷。稽察頂名之弊,惟恃廩生認識;稽察换卷之弊,惟憑卷面浮簽。蓋臨場以人爲憑,而場内以卷爲憑也。

臣查各學中,年老患病之廪生,所保人數往往獨多。詢察其故,皆由不肖童生利其老病易於蒙混,紛紛投保。不但臨場燈下認識不清,且恐弊端發覺,該廪生轉藉老病疏忽爲辭,卸其知情濫保之罪。臣按試時面加察核,遇有此節庸濫廪生,即諭令退保,以防流弊。至卷面浮簽,定例交卷始許揭去,原爲點名查號而設,向來簽内但書姓名不注年貌,是以换卷之弊最難查核。臣飭提調官,於童生卷面浮簽填明的實年貌,場中親身挨號核對,年貌不符,即行訊究,以杜槍倩等弊。至文武生員恃衿滋事者,臣到任以來斥革三十六名,注劣二十八名。其有因錙銖小利,骨肉構訟,最爲風俗之弊,臣隨時擬革嚴懲,以儆頽風。其優生等當堂奬勵,諭以讀書立品,化導鄉人。該生等尚知領受。

總之,弊端除則真才出,士習淳則弊端除。臣惟有恪遵訓諭,實力整飭,不敢稍有懈忽,以冀仰答高厚生成于萬一。

所有臣歲考已周接試科考情形,理合繕摺恭陳,伏乞皇上聖鑒。

再,臣現在回省辦理報部册卷事竣,擬于十月初旬按試常德、岳、澧各屬,合并聲明。謹奏。

道光四年十月十九日奉硃批:知道了。欽此。

爲奉到欽賜《春秋左傳讀本》一部謝恩事奏摺

道光四年九月初七日

湖南學政臣祁寯藻跪奏,爲恭謝天恩事。

臣自永順府試竣回省,奉到恩賜欽定《春秋左傳讀本》一部。臣當即恭設香案,望闕叩頭祗領。欽惟我皇上典學緝熙,基功宥密。經筵闡論,九重探出治之原;璧紹圜觀,四海仰敷文之教。爰以萬幾餘暇,瀏覽左氏遺書,其正義惟比事屬辭,而坊本多離文析句,欲有裨于誦讀,須傳注之分明。特命廷臣重加纂輯,義歸簡質,音泯異同,仰荷御裁,定爲讀本。兹值刊梨甫就,乃蒙秘籍榮頒。臣學類蟲雕,智同蠡測。備官禁掖,愧昔人雲鳥之知;奉職湘南,慚左史典墳之讀。惟有循名責實,撫鄉校而自勵廉隅;采幹搜巖,取楚材以上酬教育。

所有微臣感激策勵下忱,理合繕摺恭謝天恩,伏乞皇上聖鑒。謹奏。

道光四年十月十九日奉硃批:知道了。欽此。

爲報明考試情形事片

道光四年九月初七日

再,臣舉行科試,正届考取選拔生員之期。欽奉諭旨:務求經明行修,堪備國家任使者,以充是選。又奉旨飭禁卷册考費及一切陋規。仰見我皇上慎簡真才,體恤寒士,聖慮周詳,實深欽感。

臣仰遵訓示,每值考試前期,恭宣諭旨,諄切曉示,諸生頗知砥礪自愛。其招摇撞騙之徒,提調官隨時嚴密訪察。臣聞生員應試選拔,向來陋習,每多代倩。此次考試,編列坐號,廪生、增生與附生東西分場。其廪生中之屢考前列者,令其隔號分坐。臣終日親身稽察,號多人少,一目了然,代倩傳遞,無隙可乘。且合歲科兩試并考,試經十日,前後十餘場,擇其文優品端者,方與是遴,不敢輕聽教官之言,致滋流弊。至卷册考費久干例禁,臣面諭諸生,令其自備試卷,嚴禁學童、門斗及臣衙門堂役、家人藉端需索。臣復時加訪察。現在辰州府、沅州府、永順府、靖州各學,業經照例考取。

所有臣遵旨辦理緣由,理合附摺恭陳,伏乞皇上聖鑒。謹奏。

道光四年十月十九日奉硃批:知道了。欽此。

爲請定童生覆試條例事奏摺

道光四年九月初七日

湖南學政臣祁寯藻跪奏,爲請定童生覆試條例,以重試典而杜弊端,仰祈聖鑒事。

竊查,童生取進,定例覆試。學臣當堂面加察核,文理筆迹,稍與正場不符,即行扣除究治。蓋因正場應試人數衆多,越號换卷,其弊易知,比坐接談,其弊難察。必須覆試認真,然后餘弊盡剔。臣到任後,聞湖南童生覆試向多遲延,有至午後始入場者。詢察其故,由于陋習相沿,童生取進後,飲宴親友,多不赴學。及至覆試之日,該學教官再三催促,始行齊集,以致入場稽遲。臣當即出示嚴切曉諭。覆試前期，懸牌飭催，至遲不得過辰刻。現在歲試一周，該童生等尚知遵循。

惟查《學政全書》内，童生覆試點名時刻例無明文，是以童生藉詞延緩，視爲無妨。該教官又以該童不肯赴學，無憑飭催爲辭，彼此因循推諉，殊屬不成事體。且入場既遲，交卷必晚，黄夜滋弊，稽察難周。覆試次日，又復接考正場。五鼓即須點名，二更尚未交卷，勢必草率塞責，催促完場。若非明定條規，將來恐有流弊。

臣竊思，童生覆試，自應仿照正場五鼓點名、申刻净場之例，酌定黎明點名，申刻净場，不准給燭。每於放榜取進後，提調官拆對彌封，該學教官傳知廪生，即刻帶領所保之童，赴學親填三代、年貌、籍貫，廪生畫押，該教官具册先期申送學臣衙門查核。點名時有逾期不到者，即行扣除示儆。如此則覆試之例嚴，而正場餘弊亦除矣。

至覆試卷費，久干例禁，臣已出示曉諭各童，令其自備試卷，并嚴飭各學書役門斗，及臣衙門書役、家人等，毋得藉端需索。臣復於接見生童時，面加訪察，不敢稍有懈忽。

所有臣請定童生覆試條例之處，是否有當，伏乞皇上聖鑒訓示。謹奏。

道光四年十月十九日奉硃批：禮部議奏。欽此。

爲報明常德等府州考試情形事奏摺

道光五年二月十八日

湖南學政臣祁寯藻跪奏，爲恭陳考試情形，仰祈聖鑒事。

竊臣歲試已周，并科試辰州府、沅州府、永順府、靖州四屬，業經恭摺具奏。臣於去年十月十一日自長沙啓行赴常德、澧、岳一帶科試，十月十五日開考常德府，十一月初五日開考澧州，十二月初一日開考岳州府，封印後回省。今年正月十九日開考長沙府，一切關防約束俱照歲考，嚴切曉諭，慎密稽查，不敢稍懈。考試常德府屬點名時，查獲武陵縣童生胡德伊一名，年貌不符；考試澧州屬點名時，查發澧州童生石天裕、田禹錫、嚴有慈三名，語音年貌不符；俱發交提調官，照例究辦。又於覆試時，查出澧州童生楊承基一名，州考試卷文理與正場不符；考試長沙府屬覆試時，查出益陽縣童生曹鯤一名，文理與正場不符。當俱飭提調官嚴究訊明，係正場抄録舊文，業經照例扣除示懲。餘各安静守法。其招摇撞騙之徒，臣隨時飭地方官嚴密訪拿。又於接見生員時，面加訓誡，俾令互相訪察，示以勸懲。

至於文風，長沙稱盛，常德、澧、岳三屬文字書卷俱有可觀。臣每於考畢即至書院，諄諭肄業生童，告以立志、敦品、進學、擇善之要。其有干預詞訟、荒廢學業者，除分别斥革注劣外，諭令諸生援以爲戒。該生童等尚知奮勵。

至各屬選拔生員，臣謹循例隨棚録取。惟有慎密關防，平心鑒别，不敢稍存怠忽。現在長沙科試已畢，臣即於二月二十日啓行，按試寶慶、永州、桂陽、郴州、衡州五屬，約六月下旬科試可竣。

再，臣去歲經過常德府、澧州、岳州府，地濱大湖，冬間晴雨得宜，今春長沙雨澤霑足，糧價中平，民情安樂，合併陳明。

所有臣考過三府一州情形，謹繕摺恭陳，伏乞皇上聖鑒。謹奏。

道光五年三月十四日奉硃批：知道了。欽此。

爲查明訐訟之弊嚴訊究辦事片

道光十八年二月十二日 *

再。臣於上年八月出都時，仰蒙訓示，以江蘇士習每有包漕訐訟之弊，諭令隨事認真整頓，毋稍姑息。仰見聖心諄切厲提撕〔原文如此——編者注〕，無微不至。臣到任後，檢查歷任舊案，其干預漕務、衿滋事者〔原文如此——編者注〕，誠不能免。當即出示通行嚴切曉諭，并飭各州、縣及各學官隨時稽察具報。迄今三月有餘，迭據詳禀，文武生員已有九案，内有昭文縣文生馮金誥等一案，即系干預漕務，俱經臣批飭，分别斥革，嚴訊究辦在案。

臣查江蘇士習之弊，大抵文生中有才無行者，喜逞刀筆，武生又不時習騎射，每多浮游。兼以漕務牽涉，動輒告訐，因利興訟，相習成風。其案情重者，地方官詳禀學臣，可以隨事斥革懲辦。其餘詞訟情節較輕，不致斥革者，或以控出有因，呈悔結案，或以日久拖延，照例銷案，均不逐案詳報，轉使多事之徒無所忌憚，出入公門，視爲常事。州、縣且畏其把持，教官更不敢過問，學臣無由而知，懲誡皆不能及。此近日士習浮囂所由來也。

竊思學臣三年，歲科兩試，文、武諸生，均可接見。朝廷設官之意，原使其歲時周巡，耳提面命，俾多士咸知勸戒，畏罪悔過，潛消訟端。較之地方官因案懲警，其轉移化導之機，尤爲捷速。但非確知其何案挺訟，何案被控及現在何衙門審訊情由，徒以空言訓誡，浮薄之徒，仍復視爲具文，無所懲警。

臣現已行查各府、州、縣，除業經斥革各案外，其緣事諸生新案若干件，前任學政批發舊案未結者若干件，并各衙門控案未經詳報學臣者若干件，俱令造具清册，詳注案由，於臣按試各屬之先申送備查。如此，則案無大小，事無新舊，并屢次滋事之生，臣得按册周知。臨試既可面加懲誡，試後亦可隨時嚴查，重則斥革，輕則注劣戒飭。庶浮囂之習，漸知警畏收斂，不至日甚一日，重負我皇上教育、裁成之至意也。

向來學臣歲試，因各屬冬日辦漕事繁，均係二月出棚。臣循照舊章，現定於二月初十日，自江陰啓行，赴昆山試院，歲試蘇州府、太倉州二屬，以次遞考松江、常州、鎮江各府。所有一切關防、約束、校閱事宜，惟有凛遵訓諭，時加慎密，力剔弊端。

除俟試竣各屬循例具摺外，謹將查辦生員詞訟章程，附片奏聞，伏祈聖鑒。

再，江蘇上年秋成豐稔。臣駐扎江陰縣，冬間得雨十二次。十二月三十日又復雨雪飄灑，四野均霑。入春天氣，晴空多風。近來糧價平減，詢係十餘年所未有，民情極爲歡洽。合併陳明。謹奏。

道光十八年二月十二日奉硃批：覽奏均悉。欽此。

爲胞弟改爲翰林院庶吉士謝恩事奏摺

道光十八年五月十七日

江蘇學政臣祁寯藻跪奏，爲恭謝天恩事。

竊臣於閏四月十三日，考試鎮江府屬完竣。接到家信，知臣胞弟宿藻會試中式，當經恭摺叩謝天恩。兹於五月十五日考試常州府屬完竣，復接家信，知臣弟宿藻仰蒙恩旨，改爲翰林院庶吉士。當即恭設香案，望闕叩頭祗謝。

伏念臣樞榆下士，蓬蓽寒門，猥以譾材，備膺清秩。既卿班之洊佐，復使節之榮持。竽濫恒慚，敢冀諧聲於篪奏；春香久被，何期并照乎棣華。臣弟績學未優，顯名逾分。彤廷射策，曾無蠡測之才；玉署羅英，兼及樗庸之質。惟大德之栽培孔厚，而微臣之遭遇尤榮。恩逮一家，感深兩世。忝清華於父子兄弟，叨幸何深；仰教育於天地君師，捐糜難報。惟有廉隅共礪，夙夜交修，時相勖以慎勤，庶稍酬夫高厚。先器識而後文藝，敢負朝廷取士之心；端學校以儲人才，益凛太史采風之職。

所有微臣感激榮幸下忱，謹繕摺叩謝天恩。伏乞皇上聖鑒。謹奏。

道光十八年六月十四日奉硃批：知道了。欽此。

爲報明常州府考試情形事奏摺

道光十八年五月十七日

江蘇學政臣祁寯藻跪奏，爲恭陳考試常州府屬情形，仰祈聖鑒事。

竊臣自二月出棚，考過蘇州府、太倉州、松江府、鎮江府四屬，業經恭摺奏[報]在案。臣於鎮江試竣，即回江陰，於閏四月十八日接考常州府屬。江陰係臣駐扎衙門，吏役人等多係該縣民人，一切内外關防較他屬尤宜嚴密。臣於先期札飭提調官常州府知府毓衡，并署江陰縣知縣陳延恩，會同營員密查，凡寺觀歇店舟次，毋令容匿外郡招摇匪徒。并查試院西偏，有二侯祠與場屋毗連，恐滋弊端。飭令封鎖，不許閑人出入。復多派員役，於試院周圍晝夜巡查，務令内外嚴肅。至稽查考試各弊，仍飭教官責成廩保。臣復面給廩保每人告示一紙，剴切曉諭，并點名添鐙牌，依次入場，均照各棚辦理。該生童等聞臣在鎮江考試，搜獲生員楊進夾帶，斥革嚴辦，此次入場，頗知警戒。點名查號，年貌均屬相符，場規尚知恪守。惟考試官學，查有陽湖縣童生蔡敏忠卷内夾單，另寫詩句，自述家世；又考試正場，宜興縣童生楊儆卷内拉雜書寫，并及鄙俚詞曲。似此浮薄，若不嚴懲，於士風大有關係。當即發交提調官訊究懲辦，并將該童試卷，傳其父師閲看，俾令互相警戒。又，荆溪縣童生卷中，查有六卷兼作宜興縣題，雙行夾寫，亦屬違式取巧。除照例不録外，仍出示嚴禁，以肅功令。

臣惟常州文風素盛，經學詩賦均有根柢。惟近來士習多尚文詞，不及從前質實。武試人數不多，氣習亦不免浮競。是以臣於考試文生正場及武生内場日，將有案各生提堂嚴加訓戒，不敢稍示寬縱。獎賞時再三諭以崇實去僞，又將臣所出題目“忿思難見，得思義”二句，爲之反復剖析，該生童等尚知領受。

臣聞宜興、荆溪習俗，凡民人久未考試入學者，謂之無籍，又謂之荒，其久未考試而子孫應試者，即謂之開籍。不肖生童往往藉詞阻考，希圖索詐，相沿成風，最爲陋習。臣以宜、荆二縣有此名目，恐别府、縣亦或不免。現已通飭嚴禁。

臣於五月十五日常郡試竣，循例駐署清釐册卷案，俟七月中旬再行出棚考試揚州府各屬。所有臣按考常州府屬情形，理合恭摺奏聞。

再，臣經過蘇、松、鎮、常各府，今春夏之交，雨水略多，麥收不甚豐稔。詢之諸生，約計五、六分不等。現在稻秧業已插齊，糧價仍舊平減，民情歡洽。合併陳明。謹奏。

道光十八年六月十四日奉硃批：知道了。欽此。

爲報明徐州海州科考情形事奏摺

道光十九年四月二十七日

江蘇學政臣祁寯藻跪奏，爲歲考已周，接行徐州府、海州科考，恭陳情形，仰祈聖鑒事。

竊臣于上年考過蘇州、松江、鎮江、常州、江寧、揚州、淮安、太倉州、通州、海門廳各屬，業經隨時奏報在案。兹臣于今年正月二十八日自江陰出棚，至四月二十六日考畢徐州府、海州，此二屬定例俱係歲科并考。徐州北臨黄河，與山東、河南、安徽交界，所屬八州、縣考試人數衆多，需日亦久。海州東北濱海，與山東交界，所屬二縣均爲江南北境，距省最遠，文風稍次，向來每有槍替等弊。臣先期飭提調官徐州府知府周燾、海州知州王用賓嚴密訪拿。到棚日期，仍面諭廩生，各給告示一紙，令其遍諭所保童生，互相稽察。又于點名時，令本童自報廩保，以審其音。場中查號，逐卷核對浮票，年貌稍有不符，立即提堂訊究，并越號犯規及卷内夾寫干求字句者，均經隨時懲戒。徐州科考，據提調官密禀，訪獲豐縣童生陳四海有頂名情弊。臣當即將濫保之廪生許蘊粹斥革，發交該提調嚴訊究辦。海州人數較少，場務均尚安静。至各屬武風，江北差勝。童生中能開十二力弓者，尚不乏人，馬步刀石，亦均合式。臣按試一周，歷查舊案，槍冒頂替等弊，除徐、海兩屬外，其餘犯者尚少。蓋文風素盛，槍替未易獲售，入學較難，生童等亦自相訪察，較之臣任湖南學政時，童試風氣迴别。至于生員詞訟案件,江以南各屬多涉漕務,蘇、松較甚。臣去年歲考時,錢漕呈詞,蘇州、太倉二屬,共收二十二件,松江一屬,亦有十件,俱交提調官查辦。其案情重者,均經革究。江北詞訟以徐州府、通州爲甚,揚、淮、海次之。現經按察使裕謙嚴拿訟棍,臣復親歷密訪,其關涉學校者,立即革懲究辦。

臣自到任迄今,據各屬詳稟並訪聞及考試時因案斥革文武生員七十二名,注劣者十九名。斥革之案,均飭地方官訊究。其劣生飭各學時加約束,并扣除鄉試示懲。至各屬舉報優行生員,其中取列一、二等者頗多,核其文行,尚無冒濫。

竊思學臣按行通省,見聞親切,固以勸懲爲要,尤必以教戒爲先。勸懲行于已然,教戒則施于未然,師儒之官所以輔有司之不及也。臣每于接見諸生時,或取其講書某章,或舉臣所出題目,爲之隨文析義,視其習俗,加以提撕。如思不出位,則諭以公事不可干預;敏事慎言,則諭以學課不可曠,刀筆不可爲;喻義喻利,不争不黨,則諭以聚衆鬧漕、挾嫌唆訟之風不可不戒。觸類引申,反復譬示,該生等尚知領受。蓋就其平日所誦習,則講解易入,證以衆人之好惡,則勸懲易行。

臣惟有恪遵訓諭,隨事整飭,期于士習漸有轉移,斷不敢以具文塞責,稍存懈忽。

所有臣歲考已周,接行科考及通省大概情形,理合繕摺恭陳,伏祈皇上聖鑒。

再,按試徐州途次,二月初八、初九、初十連日得雨,四月初四日抵海州,兩旬以來,霖雨迭沛,極爲優渥。惟聞低窪田畝,間有積水之處。現在麥收將届,天已暢晴,糧價中平,民情安樂。合併陳明。謹奏。

道光十九年五月十七日奉硃批:知道了。欽此。

爲陳明考試情形事片

道光十九年五月十七日＊

再,恭奉恩旨,今年預行正科,業經通飭各府、州,欽遵辦理。并附片具奏。

臣于海州拜摺後，即日啓程赴淮安科考，以次接考常州、江寧并録遺事宜。約計七月下旬，可以一律試竣。其未及科考之蘇州、松江、鎮江、揚州、太倉、通州四府二州并海門廳，均應以歲作科。臣以行知各屬，循例造册，起送入闈。理合附片陳明。謹奏。

道光十九年五月十七日奉硃批：覽。欽此。

爲循例查明江蘇華亭等縣學禁絶吸食鴉片事片

道光十九年八月十六日 *

再，臣於六月十二日准署督臣陳鑾咨到部議禁鴉片烟條例，當即通行各屬，并將條例刊刷，通飭各學，令其摘例中緊要各條，遍爲曉示。臣思各學文、武生員人數無多，教官例有月課，時常與諸生接見，聆音察貌，無不周知，較之地方官見聞尤爲切近。現飭各學於每月課卷呈報時，即注明此課某，各生察看有無吸烟情事，數月之間合學可以周遍。其告假患病未經面課者，同學諸生皆可訪察，亦難掩飾。總之教官有課士之責，即可以課爲查。既警曠廢，又免紛擾。惟在實力奉行，不可意存回護。自上年奉旨以來，據各屬詳禀，武生華亭縣楊鈞、金壇縣莊朝鼎、江都縣程鵬、興化縣朱殿魁，業經斥革，交地方官照例懲辦。此後續有詳報，必當有犯即懲，務令學校净除惡習，以端士行。倘該教官等因循諱飾，臣一有訪聞，即當嚴行參辦。

所有臣奉到條例遵辦章程，理合附片恭陳，伏祈訓示。謹奏。

道光十九年八月十六日奉硃批：斷不可虚應故事，必當實力行之。欽此。

爲請定各省貢監游幕起文録科等條文事奏摺

道光十九年十月十四日

江蘇學政臣祁寯藻跪奏，爲各省貢監游幕隨任起文録科例無明文，請旨敕部議定限制，以防弊混而肅考政，仰祈聖鑒事。

竊查各省鄉試貢監，俱由學臣録科并録遺才，取具本籍地方官文結申送，此定例也。其游幕隨任不及回籍起文者，由幕所、任所起文送考，此國子監科舉事例也。江蘇省歷科辦理,均照此例。惟送考之文,向無限制。本年己亥科貢監由幕所、任所起文者,共一百三十餘名。其正途貢監,僅二十餘名。惟俊秀一項最多,且有由教職、佐貳等官申送者,并有屬官代本官具文申送者。臨考前一二日始行投文,時日迫促,文册參差,臣竊以爲太濫。然例無專條,相沿已久,除將屬官代送及年貌不符者扣除外,其餘不能不一律收考。隨即行查江寧布政司,覆查例案。據稱:江省歷科如此辦理,查無定例,亦未奉有明文。臣思生員應試,均有學册可憑。貢監録科,惟以地方官文結爲據。正途貢監,人數較少,尚易稽查。俊秀貢監,人數衆多,易滋冒混,其有無違礙等弊,全憑本籍稽查,始得確實。定例責成地方官出結起文,具有深意。至游幕隨任起文送考之處,查國子監通行科舉事例載,俊秀貢監,游幕在外,取各督撫、學政及順天、奉天府尹、府丞文結投考。京外官子孫、胞兄弟、胞侄隨任讀書,取本官印文。京官用堂印,外官用地方正印、官印送考。等語。并查科場條例所載,均係專指順天鄉試而言,至各省録科、録遺,例無專條,勢難限制。臣恐相沿日久,弊竇叢生。隨任者但系族屬,不論親疏;游幕者但有照單,不問籍貫。本籍之文日少,咨送之文日多。其間借照頂名、借文冒考,種種匿飾違礙情弊,地方官無由稽查。即送考教官,亦只憑印文備具册卷。學臣收考時,應否准駁,無憑核辦。且游幕之弊,更甚於隨任。江蘇之游幕,更多於他省。若不明定條例,示以限制,非所以防弊混、肅考政也。

相應請旨敕下禮部核議,各省録科、録遺貢監,游幕、隨任在外省、路遠不及回籍起文者,應否准照順天事例,其正途、俊秀如何分别之處,酌定條例,并定投文限期,以憑稽核。其在本省游幕、隨任者,非外省路遠不及回籍者可比,似應仍由本籍起具文結,以符定例。至屬官代本官親友起文送考,尤非核實之道,應請不准,以杜冒濫。如此明定限制,通行各省欽遵辦理,庶弊端可清,而考試益昭慎重矣。

臣愚昧之見,是否有當,伏祈皇上聖鑒訓示。謹奏。

道光十九年十一月初七日奉硃批:禮部議奏。欽此。

爲奏明江蘇揚州府學生吸食鴉片情形事片

道光十九年十一月初七日*

再,臣前奉到部議禁鴉片烟條例,當將遵辦章程並查出吸烟各生革辦等情,於八月内附片具奏,恭奉硃批:斷不可虛應故事,必當實力行之。欽此。

跪讀之下,感悚難名。臣自嚴定月課稽察章程以後,八、九兩月内,迭據揚州府學詳武生孫永林,婁縣學詳文生葉潤,丹徒縣學詳武生王攀桂,各生查有吸烟情事,均即斥革,交地方官嚴訊,按照新例辦理。臣復慮該教官中有迂拘不諳例意,或藉此事致滋擾累,復通飭各屬恪遵例載,只許地方官弁訪拿。其生員吸烟者,該教官一有見聞,即密移地方官,一面詳臣批革飭辦,無須教官親往會拿,以杜流弊。其府學各生距郡較遠者,仍遵定例令縣學互相稽查,不得彼此推諉。臣惟有嚴飭密訪,實力奉行,必期滌除惡習,以端士品,斷不敢虛應故事,重負我皇上教戒成全之至意。謹附片恭陳,伏祈聖鑒。

再,本科各屬中式諸生,現赴臣衙門填寫親供。臣詢其秋收,據云九月内陰雨兼旬,低田晚稻間有淹浸生芽之處,江以南各郡情形大概相同。自九月下旬天氣晴爽,農人趕緊收獲,地方官現在分别查勘。臣現於十月十二日科考蘇州府、太倉州二屬,接考松江府屬,約十一月内可以竣事,合併陳明。謹奏。

道光十九年十一月初七日奉硃批:知道了。欽此。

爲報明蘇州太倉松江考試情形事奏摺

道光十九年十一月二十八日

江蘇學政臣祁寯藻跪奏,爲恭陳科考蘇州府、太倉州、松江府三屬情形,仰祈聖鑒事。

竊臣今年考過徐州府、海州歲科兩試,並科考淮安府、常州府、江寧府及録科録遺情形,業經先後具奏在案。臣於十月十一日自江陰啓行,赴昆山縣試院科考蘇州府、太倉州二屬。十一月初四日考畢,即赴松江府接行科考,現於二十四日考畢。此三屬素爲文風最盛之區,文體雅馴,兼有書卷,經解、詩賦亦俱詳贍有法。太倉州屬之嘉定縣,經學尤有根柢。至童生考試稽查一切章程,俱照歲考辦理。仍飭提調官隨時嚴密訪查,尚無槍冒招摇等弊。

惟松江府考試,有南匯縣童生傅春融,於點名接卷後,由東棚逾越木欄,欲往西棚。當經查獲,交提調官松江府知府豫益訊究懲辦。又,臣查閱號舍,於案脚磚土下起出夾帶四包,均係油紙包捆,有霉爛痕迹。臣以試院重地,向常封鎖,何由預先埋藏夾帶?恐有串通作弊之人。當交提調官提訊平日看守人役周光文等,嚴切根究。據供:前因試院坍塌,動工修理,出入人多,不知何人乘間埋藏,彼時實未留心。臣復飭該提調再三嚴究,據詳:委無串通情弊。除將看守人役枷責外,并通飭各屬,嗣後修理號舍時,該提調官派員嚴密查察,倘有此等情弊,立即拿獲重懲,務期杜絶弊竇,以端士習。至通省生員月課,現在嚴定章程,自鄉試後,各學呈解試卷,經臣覆閱發還者,現有三十一學,其違禁吸食鴉片烟及游蕩滋事之生,均經臣隨時核察,分別斥革注劣,交地方官嚴查究辦。

臣於松江試畢,即回江陰辦理報部册卷事件。來年開印後,再行接試揚州、鎮江、通州三屬。

所有臣科考二府一州情形,理合繕摺恭陳,伏祈皇上聖鑒。

再,臣經過蘇、松一帶地方,入冬以來,天氣暢晴,晚稻均已收獲,其秋間被雨浸損之處,業經地方官勘辦。現在糧價中平,民情安樂。合併陳明。謹奏。

道光十九年十二月十九日奉硃批:知道了。欽此。

爲補授都察院左都御史謝恩事奏摺

道光二十年正月二十日

新授都察院左都御史臣祁寯藻跪奏,爲恭謝天恩事。

臣接撫臣裕謙咨文,准吏部咨,道光十九年十二月二十六日内閣奉上諭:都察院左都御史著祁寯藻補授。欽此。

臣當即恭設香案,望闕叩頭祗謝。竊臣一介庸愚,久蒙教育,陪班聯於卿貳,忝衡校於輶軒。勵學甄才,方愧觀摩乏術;農曹銓部,乃邀階級頻遷。受恩則層累有加,考績爲纖毫無補。每虞隕越,彌切戰兢。兹復仰荷綸言,俾司憲度。瞻天拜命,踏地銘心。伏念西臺爲執法之官,左史總納言之職。惟大利弊,必關系國計民生;有嘉謀猷,或庶幾盡忠補過。臣識非諳練,學愧疏通。讀書未得其精,問俗但聞其略。揆才不稱,逾分難安。惟有清白盟衷,靖共勵節。馳驅展力,倍凜皇華諏善之思;敷奏殫誠,冀酬帝典命官之意。所有微臣感激下忱,理合繕摺恭謝天恩,伏祈皇上聖鑒。謹奏。

道光二十年二月初九日奉硃批:汝已遷大司馬矣。欽此。

爲奏明公差交卸起程事奏摺

道光二十年正月二十日

臣祁寯藻跪奏,爲遵旨出差,交卸起程事。

臣正月初二日接准軍機大臣密寄,道光十九年十二月二十二日奉上諭:本日已降旨派祁寯藻、黄爵滋馳驛前往福建查辦事件矣,祁寯藻著俟黄爵滋行抵江蘇,即會同迅速前往。所有查辦事宜摺件,已交黄爵滋帶去。將此諭令知之。欽此。遵旨寄信前來。又同日内閣奉上諭:著派祁寯藻、黄爵滋馳驛前往福建,會同閩浙總督鄧廷楨查辦事件。所有隨帶司員一并馳驛,隆文著無庸前往。欽此。臣聞命之下,謹將學政任内公事趕緊清厘,并封印後各學呈到課卷,均爲批發完竣。約計驛站程途,臣黄爵滋正月中旬可抵江蘇境内,新任學臣到任尚需時日。臣自應先行交卸,以便起程。所有江蘇學政關防一顆,謹委員于正月二十日賫送江蘇巡撫臣裕謙暫爲署理。臣即于是日自江陰駐扎衙門啓行赴常州一帶,俟臣黄爵滋日内渡江南來,即行會同迅速前往。

所有臣遵旨出差交卸起程緣由,理合繕摺恭陳,伏祈皇上聖鑒。謹奏。

道光二十年二月初九日奉硃批:知道了。欽此。

爲遵旨查辦閩省英船寄泊售烟並訊明水師獲盗事奏摺

道光二十年二月初一日

臣祁寯藻、臣黄爵滋、臣鄧廷楨跪奏,爲會同查辦閩省事件大概情形,并訊明哨船獲盗,弁兵受傷確情,恭摺具奏,仰祈聖鑒事。

道光十九年十二月二十二日奉旨:著派祁寯藻、黄爵滋馳驛前往福建,會同閩浙總督鄧廷楨查辦事件。所有隨帶司員,著一併馳驛等因。欽此。臣黄爵滋跪聆聖訓後,率同司員刑部主事雷以諴、羅天池,於十二月二十八日由京起程,本年正月二十二日行抵江蘇無錫縣,與臣祁寯藻會齊前進,於二月十八日馳抵福建省城。臣鄧廷楨先於十四日到任視事,當即將御史杜彦士原奏四件、片奏一件公同閲看。

如所奏夷船往來寄泊，銷售鴉片一款，關係最重，自非杜絶來源，無以肅清流弊。臣鄧廷楨先與撫臣吴文鎔嚴定章程，咨會水師提督，并札委興泉永道劉耀椿、汀漳龍道李昭美分投督辦。臣祁寯藻、臣黄爵滋復會同飭司詳悉籌議，并將該御史原奏所指奸民勾通、弁兵包庇各情節，及販運銷售地面，逐一嚴密確查，以憑徹究在案。其戰船敝壞一款，核與堵御夷船相與表里，稍有弊竇，貽誤匪輕，當經密飭藩臬兩司嚴查。現在四廠戰船堪用者若干隻，敝壞者若干隻，何員承修草率，何船應修不修，應拆造不拆造，及驗收之武弁如何需索陋規，逐一確查，以憑懲辦。

又所奏金門鎮總兵竇振彪、汀州府同知齊承厚、海澄縣知縣石彦恬吸食鴉片一款。臣等一面密調來省，一面派委干員搜查各該員衙署，有無烟膏、烟具，解省審辦。又所奏前署泉州府知府沈汝瀚因索規不遂，始行查拿烟犯一款。現經調取案卷，查拿書差及案犯施姓家屬來省，以便嚴究。又所奏同安縣蠢役王、高、劉、陳等被控舞弊一款，亦即委員拿解究辦。其餘所奏漳、泉二府械斗盜案及行使夷錢各款，有應調卷查核者，有應勒拿嚴辦者，有應嚴議飭禁者，均已次第飭行。惟犯證卷宗多在漳、泉，提解有需時日，一俟查核到日，即行逐款究辦。

又原奏内稱：上年十月初五日，水師提督在東澱塔仔脚等處查知盜船四隻，内有賊匪數百人，督兵往拿。該匪等率黨拒捕，毆斃兵丁一名，受傷甚衆，該提督亦被毆傷。直至格斗多時，營兵環集，始拿獲盜船一隻，賊匪數十名，其餘三船均已逃逸等語。臣等查此案，業經前兼署督臣吴文鎔提省審辦，其盜匪人數多寡及盜船之有無逃逸，提督之是否受傷，自應就近提集現犯確究，方昭核實。當即督員提犯嚴鞫。據首盜楊春即林杭供，上年九月間，與伊戚林東商允下海行劫，置有鈎艚船一隻，携載槍礮火藥。是月二十八及十月初二等日，伊與林東分邀得黄協等六十人入伙，並擄得吴得等五人在船服役，共計六十五人，先後上船，船旁隨帶白底小船一隻，預備汲取淡水使用。初五日早駛至東碇塔仔脚洋面，遇見鈎艚商船一隻，旁系脚船一隻。伊等與林東等搶過商船，將事主關禁艙底，伙盜黄協等在本船接贜。伊等見商船寬大，起意占據，即將槍礮火藥搬過商船。維時有弁兵哨船四隻趕至，開礮攻擊，將鈎艚船打沉，伊等在商船用磁器擲打，並開礮將弁兵打傷，伊等三十七人當被拿獲，林東等十三人並不知姓名十一人落水身死。惟林琴等四人駕坐白底小船逃逸,此外並無伙盜船隻脱逃之事,彼時亦未見提督坐船,無從將提督打傷等供。復提伙盜黄協等隔别嚴審,僉供無異,質之事主蕭粗等,供俱相符。是首伙盜犯實止六十五人,當時拿獲三十七犯,被打溺斃二十四犯,在逃四犯,提督並未受傷,似屬可信。

又查原驗案卷,計銃斃兵丁陳達元一名,受傷武弁許奕盛一員,受傷兵丁莊再興等十三名,核與原奏所稱,毆斃兵丁一名,受傷甚衆之處,尚屬符合。惟在逃盜船實止一隻,逃盜亦止四名,與原奏稍有參差。此案盜犯應由該督撫照例奏明辦理,並勒緝逸盜林琴等務獲究辦。

所有臣等查辦大概情形,並訊明水師獲盜緣由,理合恭摺具奏,伏乞皇上聖鑒,訓示遵行。

再,臣鄧廷楨現委延建邵道徐繼畬、署福州府知府胡興仁、福寧府知府史致蕃,會同司員等襄理各件,合併聲明。謹奏。

道光二十年三月十九日奉上諭:另有旨。欽此。

爲議令閩浙總督暫駐泉州數月督辦海防事奏摺

道光二十年三月初一日

臣祁寯藻、臣黄爵滋、臣鄧廷楨跪奏,爲閩省海防緊要,議令總督每歲暫駐泉州督辦,以資整頓而收實效,恭摺奏聞,仰祈聖鑒事。

竊臣等查閲御史杜彦士原奏内稱:夷船停泊多在漳、泉海口,漳、泉離省,或五六百里,或八九百里,較之廣東澳門密邇省城,該省督撫得以常川察看者,情形迥别,呼應較難。近來夷船所以停泊毫無顧忌者,實由海口離省太遠,地方官一味掩飾,該督撫受其欺蒙,苟且偷安,畏首畏尾,已爲夷人所看破,故至於此。今欲斷絶鴉片,查辦夷船,必須實心任事大員到處彈壓,方足以窮弊竇而振聲威。查通省政務,有總督在省綜理一切,巡撫事務較簡,可否飭下該撫,暫行駐扎泉州。漳、泉接壤,聲勢相通,各處海口情形,該撫得以時常察看。舉凡驅逐夷船,巡防海口,查拿鴉片,嚴緝漢奸,惟該撫實力實心,相機辦理,地方文武各員,不敢苟且因循,蒙混諱飾,仍蹈從前故習。俟夷船驅逐净盡,沿海一帶諸弊肅清,該撫即可仍回省署,以重職守等語。臣鄧廷楨前准軍機大臣字寄,恭奉上諭:杜彦士奏,請將福建巡撫暫行駐扎泉州,以資彈壓，并著該督察看情形，是否可行？抑或即以該督暫行移駐之處，據實具奏等因。欽此。仰見聖慮周詳，於海疆控制機宜，指示切要，臣等曷勝欽服。

伏查[閩]省海口現在情形，漳、泉一帶，實爲夷船出没之區。據近年各屬稟報，有在五虎門、烏嘴尾、塔仔脚等處外洋游弋者，有在大墜、梅林、深滬、衙口、獺窟、布袋澳各洋面停泊者，自一二隻至七八隻不等，雖經隨時驅逐，而倏去倏來，毫無顧忌。上年十月及本年二月，大墜、梅林洋面，迭有開礮拒斃兵丁之案。其通夷及販烟奸民，除漳州府拿獲盧同得等一案，此外甚屬寥寥。臣等訪察其故，實因督撫均駐省垣，計距漳、泉幾及千里，文移往返，動輒經旬。聲息既遥，奉行遂懈，水師弁兵之怯懦，地方營縣之因循，或知而不報，或報而失實，彌縫規避，徇庇玩延，其弊悉由於此。今欲内外兼治，水陸交嚴，自非大吏親臨，認真督辦，難收實效。該御史所奏巡撫暫駐泉州，系爲督辦得力起見。

惟查巡撫爲通省錢糧刑名總匯，平時各屬命盜各案死罪以上人犯，均須解院審勘，且春有秋讞，夏有奏銷，政務較繁，勢難兼顧。臣等公同酌議，總督有邊防之責，泉州爲扼要之區，現今嚴辦烟販，攻剿夷船，自應總督前往督辦。但常川移駐，則親標四營官兵必須帶往，即略爲變通，亦應將中軍移駐，該營官兵九百餘名，衙署兵房，均須建造，經費較繁，事多窒礙。似應仿照兩江總督前往清江浦之例，請令閩浙總督每歲親赴泉州，暫駐數月，不必拘定何時。如議辦夷船，查拿各處漢奸，或須設法密擒，或須調兵示武，一切就近督辦。地方文武各員，可期振刷精神，衆志共奮，不敢仍前推諉延玩。其漢奸夷匪聞風悚動，皆知法在必行，斷難售其鬼蜮。而械盗賊各案，亦可以隨地隨時嚴飭迅辦，似於海防地方均有裨益。如夷船果能絶迹，漢奸盡行剪除，該督再行察看情形，是否毋庸在彼督辦，奏明請旨。至日行文案，可照巡閲公出之例，委藩司代拆代行，緊要事件，仍包封申送行次核辦。其隨帶之人，除家丁數名外，酌帶書吏數名，足供繕寫。泉郡有考棚一所，除學政按臨外，可以通融駐扎，毋庸另置行署。至行次火食，員役薪水，悉由總督自給，亦毋庸府縣過問。遇有恭請王命案件，應由巡撫主政者，仍在省城辦理。如海口獲有通夷漢奸，罪應斬梟恭請王命者，即由總督在泉就近請令正法，俾附近奸匪共見共聞，亦足示儆。此係閩省現在最要關鍵，臣等謹先會議，如蒙俞允，臣鄧廷楨於會同查辦事件完竣後，即可前往督辦，以仰副聖主整飭海防除惡務盡之至意。

所有臣等會議總督暫駐泉州緣由，理合恭摺具奏，伏乞皇上聖鑒，訓示遵行。謹奏。

道光二十年三月十九日奉硃批:另有旨。欽此。

爲查明閩省烟販情形及現辦水陸巡防事奏摺

道光二十年三月二十七日

臣祁寯藻、臣黄爵滋、臣鄧廷楨跪奏,爲確查閩省海口烟販情形,首在嚴辦漢奸,並現在籌辦水陸巡防事宜,恭摺奏聞,仰祈聖鑒事。

竊臣等查閲御史杜彦士原奏内稱:鴉片之流毒,最甚廣東,而次莫如福建。夷船停泊在廣東則藉口通商,在福建則無辭可解。況廣東夷船所販賣者,尚有鐘表呢羽等件,鴉片系其夾帶之貨。福建夷船所携帶者,并無他貨,只帶鴉片一物,其情更爲可惡。今當廣東查辦吃緊之日,若福建沿海地方,不能協力同心,一體辦理,致夷船得任意寄泊,是爲淵驅魚,爲叢驅雀。凡廣東所不容者,將轉趨于福建,福建之夷船日多,則鴉片仍不能斷絶,紋銀仍不能不出洋。且由福建而上,如浙江、江南、山東、天津各處海口,皆夷船可到之處,防備尤恐其不周。而臣更不能無慮者,漳、泉沿海奸民,平日勾通夷船者,今多在船同事,習其教法,依其裝飾。彼蓋以爲在商船則官得以稽查,在夷船則官不便嚴究,奸商與夷人合伙,更復何所顧忌。伏祈飭下該省督撫提鎮,一面查拿各海口奸民從重懲辦,一面向夷船嚴加盤詰,奸民逃匿船上者,交出治罪,所載鴉片烟土,准其自首呈繳,即日開船出洋。并令該夷出具甘結,嗣後不敢偷越閩省海口,倘有携帶禁物,違例復來者,貨盡入官,人即正法。其沿海地方,應如何添設弁兵,嚴密巡防之處,妥議章程,認真辦理,總期夷船不得闌入,漢奸無從勾串。等語。

臣等伏思,察弊貴審其原,防奸當扼其要。查閩省各屬具報夾板夷船在閩洋游弋飄泊者,自嘉慶十九年爲始,其初每年或僅止一、二次,或數次,或全年竟無夷船游弋者。迨近年以來,或十數次,或二、三十次,以及數十次不等。其游弋寄泊地方,始則南澳、銅山、厦門、臺灣等處洋面,繼則閩安、海壇、福寧、烽火等處洋面,今則多在銅山營轄之布袋澳、懸鐘,及金門營轄之梅林、深滬、衙口、大墜、圍頭等處洋面,均經各該營舟師隨時禀報驅逐,而該夷船此逐彼竄,去而復來,總不離梅林等處。夷船所以飄泊無忌者,蓋由沿海奸民,其初係自用小船徑赴澳門夷船，販買烟土轉運。隔省作奸，事本周折，且常有匪徒，在洋伺劫，更屬利害相牵，故尚不致十分充斥。迨後泉郡奸民，串同詔安奸民，勾結夾船夷船，專載烟土，直入閩洋。奸民以夷船爲狡窟，無盜賊搶劫之虞，夷船以奸民爲地主，有水米接濟之利，于是夷船日多，烟販愈熾。自道光十二年後，通夷奸販，拿獲懲辦者，僅止王略、施猴等數案。水師員弁，不能實力巡緝，又且爲之包庇，如該御史所指收受夷船陋規，包送鴉片，現經正法之把總林和國，是其明證。其實林和國之銀，非得之於夷船，乃得之於漢奸也。【硃批：極是，知之匪艱，必得不除不已。】漢奸一日不除，則夷船一日不絶，是嚴辦漢奸，實爲此時第一要着。

臣等查海口各處地面，除該御史所指衙口施姓，深滬陳姓、陳埭丁姓外，如晋江縣之東轞、獅頭、西岑、西邊、溪邊、水頭、連埭、岑兜、永凝、高厝等鄉，惠安縣之獺窟、埕邊、下轞、蕓頭、白絳等鄉，均屬大姓，多以通夷販烟爲生業。其奸首之最著者，除該御史所指逸犯施叔寶、施金外，臣鄧廷楨昨自漳、泉一帶來省留心訪聞，人數甚多。【硃批：有誤國家，貽患後任，歷來大小文武，深堪憤恨也。】到省後與撫臣吴文鎔，互相密證，或舊案逸犯，或現今訪拿，多係晋江、惠安所屬。施姓則衙口之施猫墻、施小番、施民、施□、施潜、施樹猴、施赤、施喜、施貴、施肯、施交、施蟯，盧塘之施炮、施猫，五官柄之施尋、施宰，沙岡之施述良。陳姓則深滬之陳希、陳光營、陳小什、陳有意、陳妹。丁姓則陳埭之丁珠、丁和。此外則東轞之吴媽、吴秋香、吴柏、吴栽題、吴猫柏、吴宜、吴號，王烏猪，獅頭之蔡爲、蔡華，西邊之林水、林梨春、林福來、林投，水頭之王鹽、王酒豆、王炒來，蓮埭之林干，永凝之高虎豹、高和、陳信女、董熕，高厝之高領興、高打九、高渥、高回、高篾，沙堤之龔駕、龔兩、龔什、龔燒，青陽市之莊馬元、莊烈，蚶江之紀營，王投、王跳、王焙，新店之李麻春，埕邊之駱胎、駱雷，下洋之駱來者、駱對、駱和司、駱皮，白絳之郭賽等。又，南安縣監生黄砌、黄爲美、武生黄大謨、差役黄敏、黄睹等。又，詔安縣沈田老、沈文雅、文生沈律、監生沈待生、武生陳六秀等。或坐莊銷售，或販洋包運，現飭一體設法嚴拿，期于必獲。即可從此根究水師員弁，如何收受陋規，如何代爲交易，徹底懲辦。

漳州詔安向有緑頭尖船赴粤買貨，夾帶烟土，徑由大海揚帆，轉運沿海各省售賣。其在本處内港陸路販運者，則由廣東饒平縣之柘林、黄岡，及澄海縣之汕頭。此三處均係詔安接壤，爲水陸碼頭，即鴉片囤聚之所。詔安奸民，輾轉運販，透入省城。惟龍溪之石碼并海澄城鄉各處，因離厦門較近，而與詔安較遠,其烟土多係買自厦門,不在詔邑。泉州晋、惠二縣,本有商漁船只,在沿海各省貿易,多係挂驗出口後,自向夷船販買,揚帆徑去。其由本處入口運送各處銷售者,如該御史所指,或由惠安、洛陽、陳三壩、晋江、河市等處,送至仙游地面發賣;或由南安、埔頭、小羅溪等處,送至永春、尤溪交界地面,再由大船載至延、建地方銷賣。建溪船户,多係南安人,搬運既便,興販尤多,係屬實在情形。且查上游各府,如浦城之楓嶺營,福鼎之分水關,壽寧之西溪、南洋、托溪、楊梅衕等處,直通浙江崇安之分水、岑陽兩關。光澤之杉關,長汀之古城隘、王祝嶺、觀音嶺、鷄籠隘、大乾隘,寧化之上寨等處,直通江西,爲烟販往來必由之路。水陸營弁,多由本地兵丁撥補,囤户販徒與之熟悉,非親即友,平時徇情庇護,得利分肥,種種弊端,皆由於此。加以地方書差勾結,關津丁役串通,以伙黨營私之人,爲發奸擿伏之舉,無怪奸民有所恃而不恐,【硃批:可恨之至。】查拿破案者,百無一二。應由督撫提鎮會同察看,查明千總把總外委各弁,有在本地當差者,量爲調撥,仍隨時嚴密察訪,並嚴飭各屬州縣,查有營弁差役勾通情弊,立即禀究,無許徇隱。其關津丁役人等,係福州將軍專管,應由該將軍嚴密稽查,認真究辦。仍由臬司定案時,查明案犯經過地方,關津有無賄縱,切實根究,以清弊源。

其該御史所稱沿海一帶地方,應如何添設弁兵之處,臣等查海防專汛,責在陸路,固應添撥弁兵以重巡防。其洋面機宜,責在水師,尤應添派兵船,以資剿捕。現據陸路提督臣余步雲咨稱:海口緊要各處,業經撥派弁兵,分駐添防,查造花名清册,轉送道府察辦。如有怠惰偷安,及徇私故縱等弊,該文武委員,據實揭報。該管將備,每按十日前赴各該汛,稽查一次,如有弊端,立將該汛弁兵,拿送道、府,從嚴究辦。該提督仍隨時明查密訪,倘該營工司,知情徇隱,一并參處治罪。又據署水師提督臣程恩高咨,請添派兵船,分作二幫,一由金門鎮總兵管帶,在北洋崇武、獺窟、大墜一帶,梭巡堵御。一由該署提督管帶,在南洋梅林、衙口、深滬等處攔截,往來巡探,或分或合,隨時相機辦理。所議尚屬周妥。

至夷船本不應來閩,與粤省例得通商者,情形正自不同。若如該御史所稱:責令呈繳烟土,出具甘結,便是許其停泊。即令該夷船遵諭繳土具結,豈能聽其載貨,違例來閩。至向夷船盤詰奸民,令其交出治罪。奸民既習其教法,依其裝飾,逃匿夷船,其姓名又何不可假捏。無論不能指名盤詰,即使訪察明確,夷船賴其接濟,豈肯容易交出。且轉使夷匪借口遷延,是欲驅之而反招之也。【硃批:是。】爲今之計,惟有一見夷船竄至,水師各兵船,則奮力攻擊,陸路弁兵,則嚴謹把守口岸,禁絶奸民出海踪迹,水陸交嚴,堅持不懈。【硃批:果敢。正辦!】臣鄧廷楨現經會同撫臣吴文鎔,分别移咨各提鎮,并飭該委辦各道、府,一經得信,即董率舟師環擊。如其逼近岸邊,督令礮臺協力夾攻,不許再以驅逐爲辭,空言延宕。

總之,夷船由漢奸勾引而來,夷船逸而漢奸未必甘心,漢奸除則夷船自應絶望,治人必先治己,内密然後外嚴。此臣等再四籌度,於查辦夷船吃緊之時,思一永杜夷船來閩之策,必以嚴辦漢奸爲首務也。

除該御史所指各案,飭查未齊,容俟另行具奏外,所有臣等確查情形,及現在籌辦事宜,謹繕摺先行具奏,伏仁皇上聖鑒,訓示遵行。並閩省海口圖一幅,恭呈御覽。謹奏。

硃批:另有旨。

爲在閩洋設礮墩控制英船及奸民烟船事片

道光二十年三月二十七日

再,控制海口之法,最重礮臺。現在閩海洋面,夷船時來游弋,奸民販烟之艇,出入無時,議者謂宜添建礮臺,增兵防守,誠爲要務。

臣鄧廷楨自粤來閩,經過海口,見舊設礮臺,大者不過周圍十餘丈,安礮不過四位、六位,重不過千斤。夫以海面之汪洋,而臨之以彈丸黑子,即建至數十座,恐亦不足以資震懾而備環攻。且閩洋無内港可守,礮臺必須建于海邊,海灘沙性浮松,礮臺根脚不固,難以經久,置之堅實之地,則去海較遠,礮火之力更不能及。是添建礮臺,徒糜工費,無濟實用。臣等籌議變通之法,莫如易礮臺爲礮墩。其法用麻布袋每個長四五尺,徑尺餘者,實以沙土,層層堆積,高低自五層以至十餘層,厚薄自兩層以至三四層,長短自十餘丈以至百餘丈,相地勢之遠近廣狹,斟酌爲之。沙墩之外,用舊小漁船側竪,船底向海,船艙向内,緊貼沙袋,牢固拴縛,以爲沙囊保護,礮位安于墩内,礮口出于船外,其兩船夾縫處所,即是天然礮洞,我兵在内瞄准施放,可以克敵,而全身藏于墩内,敵人礮子不能致傷。又船底久在海中,泥苔漬滑,彈小則擦過,惟礮彈大者可打通。而沙性最柔,非如磚石可以摧裂,彈子打穿船底,遇沙即止,不能穿過，極爲穩固。且礮墩設于灘上，可遠可近，可高可低，沙土取之海灘，以兵五百名，肩沙囊五百，頃刻可成；堆成之後，以五人管一礮，兵五百名，可管礮百門，即抽出守墩瞭望一二百名，亦可放礮數十門，何處冲要，即移置何處，亦易爲力。所需購者止布袋、漁船，籌款亦大可節省。現已由臣鄧廷楨函致陸路提督臣余步雲，趕緊如法辦理，以期防守得力。

再，臣鄧廷楨前奏明在粤購得夷礮十四門，由海道運赴閩省，現已運到厦門，飭交興泉永道存貯備用，理合附片奏聞，伏乞聖鑒。謹奏。

爲陳明閩省戰船修造草率並遲延積壓各情事奏摺

道光二十年三月二十七日

臣祁寯藻、臣黄爵滋、臣鄧廷楨跪奏，爲查驗閩省戰舡修造草率，及遲延積壓各情形，據實參奏，并籌議趕緊修造，以濟實用而重海防，仰祈聖鑒事。

竊照御史杜彦士奏稱：沿海水師設立戰舡，原爲巡哨洋面、捍御海疆之用。閩省戰舡大小二百六十六隻，近來水師營務廢弛，雖設戰舡，視爲無用，風乾日炙，敝壞居多，或柁折桅傾，或篷解纜斷，間有稍加修理者，不過涂飾顏色，以彩畫爲工，其實皆損壞堪虞，難供駕駛。推原其故，蓋由戰舡例歸文員修理，工竣之日，即由武弁接收。近來武弁索取陋規，有加無已，文員所領修費，不足以供其需索，一切舡工，不得不草率了事。又或該文員憚于賠累，往往當前後交代之際互相推諉，時日稽遲。即如興泉永道，修舡是其專責，竟有離任數年而戰船尚未修竣者。閩省如此，他省恐不免亦蹈此弊。應飭下閩省該管文武各員，破除積習，及早認真修理，文員不得互相推諉，武弁不得多索陋規。總期舡工一律修造完固，足資應用，並通飭沿海各省督撫將軍提鎮等，嚴行稽查，加意整頓，務須修理結實，毋任鹵莽從事。並請嚴諭各水師勤加演習，將戰舡隨時駕操，技藝日就嫻熟，於防御海疆之道不無裨益。等語。

臣等查閲閩省向設戰舡二百六十六隻，嗣經先後裁汰二十四隻，應存二百四十二隻。内最大者二十隻，編列集成字號，其餘中號、小號舡二百二十二隻，編列靖字等號，分歸福、泉、漳、臺四廠辦理。各項舡隻，每三年小修一次，又三年大修一次，又三年察看情形，分别大小修理拆造。嗣因福、泉、漳三廠歷年多有積壓，奏准自道光二年爲始，按月修舡一隻，遇閏多修一隻。其集成字號大舡,以一隻抵修兩隻。至遭風擊碎補造之舡,即著落奉到行知之員造補,不在額修之内,歷經遵辦在案。

臣等伏思沿海戰舡,巡洋緝匪,關系極重。各該廠遇有修造,届期自應認真督辦,不得草率從事。當即就近馳赴南臺地方,將福廠現在承修各舡逐一查看,内有届應小修之成字四號大舡一隻,勘得大桅朽裂,旁加幫木,圍以鐵箍數十道,即經行查藩司,據詳該營隊目林得存曾經稟明該營移道查覆。據廠員周善感覆稱,本係獨木大桅,因匠役等多去標皮,加幫硬木鐵箍,以期穩固,該營隨派外委洪加爵領駕回營等語。查該舡係於道光十六年拆造,甫經三年,不應如此破壞。且既稱加箍幫木,何得謂之穩固?其爲從前修造草率,毫無疑義。查係已故鹽法道王耀辰督修,自應著落該家屬賠補。其承修草率之委員及濫行收領之營員,應請旨交部查取職名議處。

又據署藩司常恒昌詳稱,據提標右營及艋舺營稟,有泉廠萬字一號、臺廠濟字十五號舡二隻,舡身水底杠具俱已損壞,核與成字四號大舡情形略同。臣鄧廷楨現經委員查勘,倘係草率,另行參究。其該御史所稱興泉永道離任數年尚未修竣一節,查係已故之前署道黄綏誥應修之固字二號、六號、海字三號同安梭舡,共計三隻。此外尚有前署汀漳龍道富信任内未修大小舡五隻,盛安未修大小舡四隻,均經迭次查催各該故員家屬來閩補造在案。

臣等以閩省修造戰舡向有積壓情形,誠恐遲延未修者不止此數。覆查司造清册,除在營駕駛者一百十八隻,駕廠領價興修未竣者三十八隻,届期俟修尚未領價興工者四十一隻外,其遭風擊碎未經造補者,除甫經具報之南字八號、濟字十六號、萬字四號三隻尚非遲延,其餘自道光六年起積壓至今,竟有三十隻之多。有院司應行駁查,營縣延不申覆者,有情節無關緊要院司輒行駁查者,有院司本無駁查而任意延擱者,實屬不成事體!應請旨交部查取職名,分别議處。惟查此項舡隻積壓已歷多年,遲延更非一任,應由臣鄧廷楨會同撫臣吴文鎔逐案查明,係何員任内之事,分晰核辦。並嚴查各廠承修領收文武各員,有無推諉需索,並各衙門書吏有無蒙混捺擱情弊,一併徹底究辦。

現當洋務喫緊之時,水師需舡孔亟,必應趕緊修造,以濟要需。所有富信、盛安等積壓大小舡九隻,業經奏准由閩墊修,續經籌款,奏請交部核議,一俟奉到部覆,即行趕辦。其遭風擊碎舡三十三隻,内有原駁情節無關緊要,及本無駁查可以先行奏請補造者,共十三隻,飭司移道趕緊辦理,不得借口賠累稍事遷延,致滋貽誤。其餘駁查未復及駕廠俟修各舡,一併分别嚴催趕辦,倘復任意遲延,即行指名參處。至水師配兵巡洋而外,在汛各舡例應隨時操練。應請飭下水師提鎮嚴加整頓,督令將弁按期操演,並更番燂洗,毋令停泊海堧,日炙風乾,易滋朽壞,以仰副我皇上慎重海防之至意。

所有臣等查議緣由,理合恭摺具奏,伏乞皇上聖鑒,訓示遵行。謹奏。

道光二十年四月十五日奉硃批:另有旨。欽此。

爲查辦漢奸船隻章程事片

道光二十年三月二十七日

再,查漢奸船隻不外商、漁兩項,而清厘稽察最爲難周。緣閩商載貨出洋,不但盛京、天津、上海、寧波等處准其前往,即夷埠如毗甸、實力、暹羅諸國,亦無例禁,其船均由沿海地方官給照出口。奸徒往往以載貨爲名,駛出外洋,向夷船購買烟土,分往北洋售賣。其回至福建者,則又滿載而歸。州、縣給照之多者,每年可七八十船,但憑一紙呈請,即行用印發給,一經出口,則縱其所如。給照之官勢不能隨船稽察,又無行家保結可以責成,此清釐商船之難也。

閩人耕三漁七,采捕乃生計所關,不能禁其出海。該船之自出資本,夾帶些微烟土者,其弊尚小,惟大伙奸民重資購買,雇令出海接運,該船户即偶而被獲,在亡命之徒了不爲異,而財主安居村鎮,無損絲毫,肆行如故,此則弊之大者。此等漁船雖有朝出暮歸之令,而風潮順逆頗可借詞,且汊港支河一葦可達,偷越既易,奸宄遂多,此清釐漁船之難也。

今於至難清釐之中,求稍有把握之法。商船則責成廳、州、縣,於給照之後、開行之前,親詣該船,按照所開出海舵水人數、年貌查點,一一相符,方准出口。出口之後,如有買烟及爲盗等事,經官拿獲,查對船名人數不符,除按照所犯治罪外,仍即將船貨全行入官。如查係該廳、州、縣未經親自點驗,即行參處。漁船則責成該管地方指定埠頭,編立字號,責成澳甲按日稽查。如有累日不歸或停泊到埠者,即行報官,將該船拆毁示懲。

至商、漁各船出海,一經駛近夷船,即係買土奸民,毫無疑義。應責成水師官兵並力圍拿,如能人船並獲,即將烟土解官燒毁,其船隻、衣物、銀錢全行賞給。如業已駛泊岸邊,所載烟土必須捆載分携,應責成水陸文武偵踪速捕,不得縱漏。

至於漢奸巢穴，現訪得數十鄉社，皆踪迹顯著，確有主名，應責成陸路文武盡力查拿，或以智擒，或以力取。有拒捕者，准其開放槍礮，格殺勿論。庶奸民畏法改圖，而夷船漸可絶迹。

爲審擬金門鎮總兵竇振彪等吸食鴉片一案事奏摺

道光二十年四月初六日

臣祁寯藻、臣黄爵滋、臣鄧廷楨跪奏，爲審明文武員弁及兵丁吸食鴉片並總兵失察弁兵吸烟各情，分别定擬，恭摺具奏，仰祈聖鑒事。

竊照御史杜彦士奏參金門鎮總兵竇振彪、汀州同知齊承厚、海澄縣知縣石彦恬吸食鴉片等情一摺，奉旨交臣等查辦。臣等以職官吸食鴉片，罪名綦重，恐該員等一聞信息，必致巧爲彌縫，希圖脱卸，當由臣鄧廷楨假以面詢公事爲由，先行札調該員等即日束裝來省，一面密委道府，於該員等起身後親赴各該衙門搜查烟具等物，並訪查該總兵署内弁兵何人吸食，一併具報去後。旋據竇振彪、齊承厚、石彦恬先後來省，並據興泉永道劉耀椿將呈繳烟具之金門鎮巡捕官、把總張進發，並在署當差之兵丁王得意、盧得彩、許幗華、許逢得一併解案，隨督率司員、道、府等按照原奏各款，逐加研訊。

如所奏總兵竇振彪自早年吸食鴉片，迄今二十餘載，得癮過深，精神不振，以致家丁、員弁相率效尤，署中大小人等無不吸食，無怪包庇夷船販烟之案出自水師一款。

據竇振彪呈遞親供，自道光十一年抵任，十二年冬間臺灣匪徒張丙滋事，奉文帶兵渡臺剿辦，晝夜督捕。十三年五月内事蕆，又因夷船游弋，駕帶舟師出洋防逐。且年近七旬，倘有吸食鴉片情事，何能終年長在大洋風濤之中捕緝洋盜，驅逐夷船？計在十三年五月内渡之後，迭獲洋盜三百餘名，燒毁盗船百有餘隻，並獲通夷奸民一百餘名，搜獲洋銀三千餘元，俱經解縣稟咨在案，此即實無烟癮之明驗。至署中人等有無吸烟，緣常川在洋，訪察難周，實不知情。等語。

復提把總張進發及兵丁王得意等隔别嚴究。張進發係於道光十三年二月間在臺灣患有嘔吐病症，因向不識姓名貨攤上買得烟槍烟膏吸食醫治。嗣回至金門，每逢病發，仍向不知姓名人買吸烟膏。本年正月間，復向山後亭鄉陳老買得烟膏吸食數次。兵丁王得意、盧得彩係於道光十二、三年換班渡臺，向不識姓名人買得烟槍等物，并各向林澧、石觀武等購買烟膏吸食。迨回金門，先後向不知姓之阿鴨及白第三買吸烟膏，不記次數。又兵丁許幗華、許逢得均於十六、七年各向許蒜等買得烟具烟膏吸食。上年四月及六月間，各因例禁嚴緊，戒止不食。本年三月興泉永道劉耀椿奉委訪查至彼，張進發、王得意等聞知畏懼，各將烟具等物自行據實呈繳解案，審悉前情。查驗許幗華、許逢得二犯所繳烟槍具已乾燥，並無新用痕迹，烟斗亦破碎不完，其爲早經戒絶，似無疑義。

惟查該犯等均係該鎮衙門弁兵，如果該總兵自不吸食，何以不嚴行查禁止，且恐跟隨家丁等尚有吸烟情事，當向研詰。據張進發等堅供，上年夏間竇總兵屢次出示，嚴禁弁兵吸烟，伊等因病發未能戒止，俱係在家潛自吸食，並不敢將烟具携入署中。且竇總兵如果吸烟，伊等業經自罹重罪，豈肯代爲隱瞞。至跟隨竇總兵家丁，只有韓阿雀一人素不吸烟。等供。

臣等連日熬驗，留心察看，該總兵神色如常，腰膂勁直，每至亥子之交，與之談論海洋事宜猶能縷細敷陳，娓娓不倦，是所供並無吸烟，尚屬可信。

至該御史所指包庇一節，查有把總林和國得受奸民林牙美贓銀包送烟土等情，經前督臣桂良審將林和國問擬絞决，並因該總兵失察，業經奏請嚴議在案。

又所奏汀州同知齊承厚本性奢華，素食鴉片，尤喜唱昆曲，署内笙簫弦管無不齊備，所用孌童，每日教以昆曲，公事全置不問一款，訊據齊承厚親供：道光十七年六月因患腹痛，在昔存今故之内閣侍讀祝春熙家，借用烟膏烟槍吸食數次，後將烟槍等持回，遇病發時偶爾吸食，並未成癮。及十年春間自將烟具銷毁，絶口不食。至署中所用人役俱係三、五十歲粗笨之人，實無年少優伶，亦無音樂器具。等語。

誠恐一面之詞，遽難憑信，復經傳到跟隨該員年久之家丁黄元嚴加究詰，據供：伊主從前吸烟，早經戒止，現在實未復吸，亦未見有孌童習唱昆曲之事。并據邵武府知府申裕禀稱，親赴該同知署内搜查，實無烟具及笙管等物，開具署内家人年歲册報，與該員所供相符。復經咨行撫臣吴文鎔查復，該員任内公事現在尚無貽誤。

又所奏海澄縣知縣石彦恬吸食鴉片，性情怠惰，官聲平常。前在署仙游縣任内考試武童，不能早起，任童生環集喧嚷，直至未申時候始出看射，不多時復入吸烟，不得已點燈後方始完場一款，訊據石彦恬親供：道光十七年在長泰縣任内感受山嵐瘴氣，久治不效。是年六月卸事調署仙游，途間感熱，復患痢疾，誤信醫言，即用已故家丁姜三鴉片烟袋吸烟止痢，未幾病痊，即戒止不復吸食。至十八年正月復試武童弓刀石，時已天晚，尚剩有十餘名，係點燈考畢。傳據該縣兵房書吏林京，並送考之廪生鄭進升僉稱，該縣考試武童技勇係午刻出堂，點燈考畢。彼時童生有抱怨本官不能早起，以致天晚未能考竣之語，其實並未見有吸烟情事。復提該二員連日熬驗，並無烟癮舉發情狀，其爲先食後戒，亦屬可信。

以上三款，臣等逐一熬驗，並委員密查及傳提家丁兵吏人等，三面質對，與所供情節均屬符合，應即擬結。

查例載：職官買食鴉片烟在一年六個月内者，從重發往新疆地方充當苦差；又各省駐防緑營兵丁買食鴉片烟在一年六個月内者，發近邊充軍；又吸食鴉片烟人犯雖經改悔戒絶，但存有烟灰未經毁弃者，杖一百；又聞拿投首者於本罪上減一等科斷；又現任官員曾經吸食者，勒令休致。各等語。

此案把總張進發身爲武弁，輒敢買食鴉片烟，現當例禁綦嚴仍復吸食如故，按例罪應擬遣。惟一經委員訪查，即將烟具據實自行呈繳，係屬聞拿投首，例應減一等科斷。張進發應革去把總，於職官買食鴉片烟發遣新疆例上減一等，擬杖一百、徒三年。係現任武弁、請旨從重發往軍臺效力贖罪，以示懲儆。

兵丁王得意、盧得彩各自買烟吸食，例應發近邊充軍，惟一聞訪查，各據實自行呈繳烟具，亦應照聞拿投首例，減一等科斷。王得意、盧得彩均革去名糧，于兵丁買食鴉片烟近邊充軍例上減一等，擬杖一百、徒三年。王得意定地充徒，到配折責安置，盧得彩據供親老丁單，是否屬實，咨行該撫飭屬查明，照例辦理。

兵丁許幗華、許逢得前曾吸烟，業已戒止，例得免罪，惟不將烟具銷毁，應比照存有烟灰例杖一百。現經據實自行呈繳，應照聞拿投首例減一等，擬杖九十。許幗華折責發落，許逢得年逾七十，照律收贖，與許幗華均行革伍。

汀州同知齊承厚，訊無使用孌童習唱昆曲情事，惟曾經吸食鴉片，不能爲民表率，難更司查辦之職，應照曾經吸食例勒令休致。海澄縣知縣石彦恬，吸烟已戒，例應勒令休致。惟前在仙游縣任内，於考試大典點燈閲看刀石，實屬有乖定制,應照違制律擬杖一百,請旨即行革職。

金門鎮總兵竇振彪訊無吸食鴉片情事,惟於弁兵張進發、王得意等吸食鴉片漫無覺察,咎實難辭,應請旨交部議處。

販賣鴉片烟膏、烟具之陳老、林澧、石觀武、阿鴨、白第三、許蒜等,仍應飭屬嚴拿務獲究辦,呈繳烟具案結銷毁。餘屬無干,概行省釋。

所有臣等查明審訊定擬緣由,理合恭摺具奏,伏乞皇上聖鑒,訓示遵行。謹奏。

道光二十年四月二十四日奉硃批:刑部議奏。欽此。

爲黄爵滋與陳偕燦舊識查辦官員吸食鴉片一案請迴避事片

道光二十年四月二十四日

再,臣等於四月初四日承准軍機大臣字寄,三月十六日奉上諭:有人奏,福建署淡水同知龍大惇爲人庸劣,專信差役。署惠安縣知縣陳偕燦吸食鴉片,信任門丁。已參羅溪縣縣丞許兆榕信聽胥役,藉端詐索。並縷陳各該處差役衙蠹姓名及種[種]不法劣迹。如果實有其事,是否官吏交通舞弊,作奸犯科,吏治廢弛不堪之至,亟應嚴加整頓,以挽澆風。祁寯藻、黄爵滋經朕特派查辦事件,鄧廷楨甫經到任,俱無所用其迴護,著按照摺内所指各款逐一查訪明確,按律懲辦,毋得遷就消弭。原摺、片三件,均著抄給閲看,將此各諭令知之。欽此。遵旨寄信前來。等因。查淡水廳係臺灣所屬,遠隔重洋,遵即著專員前往查拿犯證,調取卷宗,並密查各款劣迹,俟其回至内地悉心會審。其惠安縣及羅溪縣丞兩案,就近可以先行查辦。惟署惠安縣知縣陳偕燦係臣黄爵滋同縣同城居住,且係同考入學,雖秉公查訊,不敢推諉,但究係熟識之人,未便會同審辦。合併聲明,伏乞聖鑒。謹奏。

道光二十年四月二十四日奉硃批:另有旨。欽此。

爲陳明密查浙江種植罌粟情形事奏摺

道光二十年五月十三日

臣祁寯藻、臣黄爵滋跪奏,爲遵旨密查浙省事件,先將訪聞情形奏祈聖鑒事。

竊臣等於四月初八日承准軍機大臣字寄三月二十日欽奉上諭一道，謹即公閲封固，俟閩省查辦事竣，即行欽遵辦理。惟查罌粟一項，係屬冬月布種，春二月之間開花結實，若俟臣等事竣前往，恐時日過久，勢難查勘。當即密諭現委會審案件之署福州府知府胡興仁，密遣誠實親丁二人，假以事由，於四月初十日前赴浙江温、臺一帶偏辟處所，先行逐一訪查，現尚未據回禀。臣等與督臣鄧廷楨商辦查禁鴉片事宜，因福建福寧府毗連浙江温州，遂談及臺、温兩府屬向有栽種罌粟、煎熬烟土等弊。據云三月間據臺州府知府先後禀報，臨海縣花橋地方及天臺縣潘岙莊，均因查勘罌粟，迭有拒捕之案，現在查拿究辦。等語。是該處栽種罌粟未能净盡，確有案據。現值胡興仁升任四川成綿龍茂道，於四月二十七日卸署福州府事，應赴新任由浙行走。臣等復密札該道，令其改裝易服，親往温、臺兩府地方，其前遣親丁預訪情形早晚想已周遍，仍令該道逐細確勘，並該處如何拒捕緣由，及臺州府知府潘觀藻是否吸食鴉片，一併密訪詳復。臣等俟臺灣提案到日，趕緊會同辦竣，即可馳赴浙江。謹先將訪聞大概情形繕摺具奏，伏乞皇上聖鑒。

再臣等於四月二十六日接准軍機大臣字寄四月初八日上諭一道，謹俟到浙一併欽遵查辦。謹奏。

道光二十年六月初三日奉硃批：務得實情，勿受欺蔽。欽此。

爲英船侵入厦門港業已被擊颺去事片

道光二十年六月十八日

臣祁寯藻、臣黄爵滋跪奏。

此案經臣等會同查辦，訊有端倪。正在定讞間，督臣鄧廷楨因聞本月初四日厦門港有夷船駛入之信，即於十一日啓行前赴泉州查辦，當經奏報在案。旋據興泉永道劉耀椿禀報：該夷船已於初五日被擊颺去，昨於十七日撫臣吴文鎔接到督臣抵泉後來信，據稱夷船業經遠遁，厦門一帶民情安堵，其如何攻擊情形，俟查勘確實，即行具奏。等因。

所有臣等欽奉諭旨續交晋江、永春、惠安各案，現在會同委提人證卷宗陸續解到，與撫臣吴文鎔先行逐案嚴訊究辦。理合附片陳明。謹奏。

硃批:另有旨。

爲籌議海防大局情形事奏摺

道光二十年七月初二日

臣祁寯藻、臣黄爵滋、臣鄧廷楨、臣吴文鎔跪奏,爲籌議海防大局情形,恭摺奏祈聖鑒事。

竊維英夷僻處遠洋,蒙我朝覆載之恩,百餘年來通市粤海。中國不惜大黄、茶葉、絲斤生養該夷,而該夷乃以鴉片膏土毒害中國,傷生耗財,至此已極。我皇上好生爲懷,中外一體,特命大臣會同疆臣檄諭禁止,嚴法以救民命,寬政以及遠人。該夷苟有人心,當何如感激愧悔,報答天朝,乃猶抗不具遵,且敢向廣東之九龍山、虎門尋釁,是以遵旨封港,斷其貿易。該逆夷仍與漢奸相爲勾引,恃其船多礮猛,乘風出没,前此在閩、在粤滋擾,已露端倪。此次突赴浙洋,攻陷定海,是其狡焉思逞,不問可知。現在浙洋共泊夷船三十餘隻,聞粤洋亦尚有八九隻,兼之近日海上傳聞該夷勒令所轄夷埠代備兵船,意圖大舉。語雖無據,而犬羊之性,稍勝則驕,亦未可盡指爲恫喝之詞,置之不論不議之列。

以刻下情形而論,定海亟須攻剿,而南北各省沿海防御之策,宜通籌熟計,俾無貽患。查各省水師戰船均爲捕盜緝奸而設,其最大之船面寬僅二丈餘,安礮不過十門。夷船大者載礮竟有數十門之多,彼此相較,我船用之於緝捕則有餘,用之於攻夷則不足,此實在情形也。沿海要口甚多,語守固以礮臺爲要,而近口洋面,有礮力不能及之處,必用大船大礮相機轟擊、扼其中流,然後礮臺得力。語戰則全資船礮,濟以兵勇,尤須聲勢壯威,衆寡相敵,始出萬全。即令定海可以設計克復,然以小船擊大船,難保不無傷損,究非長策。且夷逆奸詭貪狠,欺弱畏强,是其本性,若不到處被創,豈肯曳尾遠逃? 此造船鑄礮二者費帑需時,計似迂緩,實海防長久最要之策也。

臣等現就廣東、福建、浙江三省計之,亟須添造大船六十隻,每船可載大小礮位三四十門。其礮位只廣東尚屬敷用,閩、浙除現存外,應添鑄大礮八千斤至四千斤者,約須二百門分配應用。至江蘇、山東、直隸、奉天各省,應添船礮之處,亦應一律籌議。船質既大,桅舵尤爲難購,每船約須費五萬兩方能工堅料固，斷不容稍爲刻減，以致有名無實。其礮大小牽算，每門約須銀三、四、五百兩不等。通計船礮工費，約須銀數百萬兩。臣等亦熟知國家經費有常，豈敢輕言添置。惟當此逆夷猖獗之際，思衛民彌息之方，詎可苟且補直，致他日轉增糜費？且以逆夷每年售賣鴉片，所取中國之財不下數千萬兩，今若用以籌辦戰備，所費不敵十分之一。彼則内耗外侵，此則上損下益，權衡輕重，利害昭然。可否仰懇皇上天恩，敕下廷臣集議籌款施行。

抑臣等猶有請者，各省水師人材甚難，非專門之技不足以收功，非破格之施不足以勵衆。向例總兵由副將保舉堪勝者，迭經奉旨簡用，其參游都守等官，例有豫保而無特保。嗣後如有實在熟習洋面情形勇敢有爲者，可否一律專摺具保堪勝，並於摺内注明該員出力實迹，以備查核。又，臣鄧廷楨、臣吴文鎔現在召募水勇，泉、漳一帶緝拿烟匪頗有小效，兹擬加募多名用資防御。閩省同安、馬巷等處，其人習水好斗，與其散而爲盗，何如聚而爲兵？且此輩跅弛之才，馭之得宜，即可儲水師人材之用。閩省如此，他省是否相同，應請敕下沿海各該督撫酌量辦理，亦儲材備用之一端也。

臣等目擊情形，同深憤激，不揣冒昧，謹合詞恭摺具奏，伏乞皇上聖鑒訓示。謹奏。

硃批：即有旨。

爲遵查臺温兩府栽種鴉片等情事奏摺

道光二十年八月十八日

臣祁寯藻、臣黄爵滋跪奏，爲查明臺、温兩府栽種罌粟情形，並臺州府知府被參款迹，據實具奏，仰祈聖鑒事。

道光二十年四月初八日承准軍機大臣字寄，三月二十日奉上諭：據御史沈鵬奏，浙江臺、温府屬偏僻之地栽種罌粟、熬煎烟土，並臺州府知府潘觀藻吸食鴉片，任聽栽種等語。各省私種罌粟花、煎熬鴉片，屢經降旨嚴禁，而積習未能盡除，總由地方官視爲具文，不肯實力查拿，並胥役等得受陋規，視同利藪所故。至知府爲一郡表率，如果吸食鴉片，尤屬有玷官方。著祁寯藻、黄爵滋於查辦福建事竣後，順道浙江，於臺、温府屬偏僻處所嚴密飭查，如有栽種、煎熬諸弊，即著據實嚴參懲辦。其潘觀藻是否吸食，或沿途訪察，或密調來省,務得確情,據實具奏。將此諭令知之。欽此。遵旨寄信前來。臣等當將密行委訪緣由,於五月十三日先行恭摺具奏。奉硃批:務得實情,勿受欺蔽。欽此。

臣等由福建起程,沿途細加訪察,於抵浙後,復查閱該省奏定查禁罌粟章程。該撫曾經派員親往各屬督辦,其是否鏟除净盡,自應確查核辦。即臺州府潘觀藻是否吸食鴉片,該管司道有考核之責,豈竟毫無見聞,當經咨行護撫臣宋其沅,密飭該司等破除情面,切實申覆去後。

兹據按察使司兼署布政使司周開麒詳稱:臺州府屬本有奸民私種罌粟情弊,温州與臺州連界,亦間有延及之區。前因臺州府潘觀藻暨署天臺縣高振宛,查拿朱泳丁等栽種罌粟拒捕傷差一案,犯無一獲,詳經前撫奏參摘去頂戴,勒限兩個月嚴緝。現據緝獲楊士覆等十二名,尚有朱泳丁等二十四名未據報獲。又,寧海縣查出栽種人犯四名,僅獲陳一辭一名,尚有妙阿狗等三名未獲,查辦不力,亦經前撫將該署縣史復善暨該府潘觀藻奏請議處在案。此外核計臺州府屬報獲三十二起,人犯三十九名,内臨海縣拿獲僧净標等十二名,黄巖縣拿獲陳奇相等十一名,太平縣拿獲林成棟等六名,天臺縣拿獲陳希信等二名,仙居縣拿獲潘直宰等八名。又,臨海縣未獲栽種拒捕人犯李檜興等四名,黄巖縣未獲栽種人犯戴俊景等二名,仙居縣未獲栽種人犯陳錫少等二名,温州府屬報獲六起人犯十名,内玉環所拿獲陳必發等五名,永嘉縣拿獲金阿高等三名,樂清縣拿獲僧明方等二名。惟所轄之楊公岙、高庾翾、霧北閣地方,訪有栽種之處,業經鏟除。其地户姓名、人數暨曾否拿獲移查未覆,是以尚未詳參。該二府屬均無書役得受陋規之案,相應造具清册申送等情。查該司册開,臺、温各屬查拿罌粟起數,並前撫歷次參辦各案,自係實在情形。惟就臣等沿途訪聞,並據委員胡興仁密禀,臺屬栽種地方,以臨海、黄巖、天臺爲最,太平、寧海、仙居次之,自道光初年起,幾於無處不有。臺民以所獲之利數倍稼穡,以子榨油,以葉肥田,以花包割漿煎賣,名曰臺漿。從前地方官因臺民抗糧者多,種罌粟者完糧較易,遂不之禁。嗣奉旨嚴禁,迭次鏟除,並拿辦數十起,現在枝葉雖無所存,而根株尚未盡絶。温屬除瑞安、泰順二縣向來栽種尚少,並該司册開樂清縣之楊公岙、高庾翾、霧北閣等處核與臣等所訪相符外。臣等復訪得玉環廳之臺山、田岙,永嘉縣之廊下、花坦、岩頭、嶺頭、枏枏溪,樂清縣之芙蓉、暘谷,平陽縣之南港、赤溪、金鄉各等處,向有奸民栽種熬烟售賣。近聞莖苗雖已鏟芟,而根蘖亦未悉拔。至于栽種煎販人犯,除該司册開外,復訪得臺州府屬臨海縣張明保、羅大潮,仙居縣李慶、趙光美,黄巖縣朱老二,均係積慣烟販,未經破案。

伏查私種之弊一日不除,則煎熬之源一日不絶,臺、温偏僻處所,雖據各屬及委員稟報均已鏟除,而根蘖間有留存,即萌芽易致滋蔓。且犯多未獲,更難保其不復私栽。應請旨敕下浙江巡撫,嚴飭各該廳、縣,隨時周履,認真查勘。有復行栽種處所,一面盡數拔除,一面嚴拿究辦。仍令該管官道府遵照奏定章程,親往覆勘,查有栽種煎熬等弊,即行揭參,並嚴禁營弁、胥役得受陋規,以清包庇,若瞻徇不報,一併嚴行緝處。

至臺州府潘觀藻是否吸食鴉片一節,查本年四月間,前撫臣烏爾恭額飭查所屬官員有無吸食鴉片,各府知府由巡道確查結報,即經前任寧紹臺道李紹昉,查明潘觀藻並無吸食鴉片,出具願甘同罰印結。現據署藩司周開麒詳覆,亦經訪查無異,核與臣等沿途察訪,均屬相符。其查辦罌粟,迭有報案足據,亦無任聽栽種重情。惟於天臺縣民人朱泳丁栽種罌粟,聚衆拒捕重案犯無一獲,已屬疲懦無能。迨奏奉諭旨摘去頂戴,勒限兩個月嚴緝,現經逾限,僅獲楊士覆等十二名,尚有朱泳丁等二十四名未獲。此外,栽種罌粟拒捕傷差之臨海縣民李檜興等及各案逸犯,亦未悉獲,實屬始終因循不知振作。現當查辦喫緊之際,豈容再任遷延,以致養癰貽患。應請旨將臺州府知府潘觀藻勒令休致,以爲表率無能者戒。其摘頂勒緝之署天臺縣知縣高振宛並各府、廳、縣查辦不力各員,應令該撫查明,分别嚴行參處。各案逸犯朱泳丁等,及楊公岙等處地户、姓名、人數,並臣等訪出之張明保各犯,暨各廳、縣向來栽種鏟除未盡地面,均應嚴行查勘,勒緝務獲究辦。

所有臣等查辦緣由,理合據實恭摺具奏,伏乞皇上聖鑒。謹奏。

道光二十年八月二十九日奉硃批:另有旨。欽此。

爲查辦提督陳階平告病情形事奏摺

道光二十年九月初六日

臣祁寯藻、臣黄爵滋跪奏,爲遵旨赴閩查辦事件,先將臣等聞見情形,據實奏聞,仰祈聖鑒事。

竊臣等於八月二十六日由浙江省城拜摺後起程,九月初二日行至常州府舟次,承准軍機大臣字寄,八月二十四日欽奉上諭一道,當即恭閲,仍行封固,迅速回船南下。臣等前在閩省查辦事件,因海疆情形最爲緊要,隨時訪察,水師提臣亦時有書信通聞。

兹查水師提督陳階平告病一節,臣等彼時確有聞見。緣陳階平於三月二十三日行抵福州,曾到臣等行館相見。據稱伊係陸路出身,蒙恩簡調劇任,閩洋情形尤爲吃重,素未諳習,且年逾七十,誠恐精力難勝。等語。嗣於五月初間,聞其在圍頭洋面一帶追探夷船,夜遇風暴,船身顛簸,跌傷左腿。六月初七日,臣等接到該提督來信,内稱醫治月餘未效,動輒需人扶掖,若不静心調理,慮成癱疾。水師任重,萬一貽誤,有負聖明委任,抱疚益深。而甫經調任,又不敢遽自乞請。並將致督臣鄧廷楨請爲代奏開缺,回籍調理,信稿抄寄臣等閲看。維時督臣正擬前赴泉州,適有厦門夷船滋事,該提督由深滬陸路折回。七月十二日,臣等由閩啓行,復接該提督來信,據稱腿疾日增,督臣已代爲陳請。臣等抵浙後,於八月二十二日復接該提督來信,據稱前此開缺之請,渥荷聖恩,賞假調理,現當防夷緊要,何敢自便。且體氣素壯,所患亦漸平復,惟膝筋拘攣,行走不甚便利,謹專摺謝恩銷假等語。此該提督始而告病,繼而銷假之原委也。臣等在閩時,聞該提督跌傷左腿,係因洋面素未慣習,不耐風濤,一時暈船所致。督臣鄧廷楨、撫臣吴文鎔曾勸其從容調理。嗣因督臣親赴泉州,目睹情形,爲之入奏。臣等彼時於衆見共聞之中加以訪察,似無隱情。至是否别有齟齬之處,臣等到彼再行詳細詢訪。

其厦門一役情形,臣等在閩時,於六月十二日接到該提督來信,據稱伊於初七日午刻抵厦,將初五日攻擊夷船情形查訪確實。並抄録署厦防同知蔡覲龍、護參將陳勝元、閩海關委員興貴、署同安縣知縣胡國榮等聯銜原禀,及受傷弁兵十四名,傷斃兵丁九名,開具名摺,寄臣等閲看,核與督臣鄧廷楨所奏大略相同。惟民婦陳黄傷斃一節,係據興泉永道劉耀椿事後查出,該同知等原禀内並未提及。此該提督於厦門一役,函稱查訪確實之情形也。

除俟臣等馳抵厦門時遵旨分别詳細查訊外,謹先將前在閩省聞見情形,據實覆奏,並提臣陳階平前後寄臣等信函四封,摺抄三件,一併封送軍機處備查。伏乞皇上聖鑒。謹奏。

硃批:知道了。

爲遵旨查明厦門官兵反擊英船情形事奏摺

道光二十年十月十四日

臣祁寯藻、臣黄爵滋跪奏,爲遵旨查明,據實覆奏,仰祈聖鑒事。

竊臣等於九月初二日常州途次,承准軍機大臣字寄,八月二十四日奉上諭:前據鄧廷楨奏,厦門攻擊夷船,護參將陳勝元刺中白夷身死,鳥槍擊中夷人二名落海,其餘中傷夷人甚多。當即明降諭旨,將陳勝元以都司盡先升用,賞戴花翎。其在事出力之蔡觀龍,顧教忠、胡國榮、金光耀、陳光福、林建猷、魯思仁、何有時、興貴等,俱分别施恩矣。著祁寯藻、黄爵滋於浙江審案完竣之後,馳赴厦門,密傳該處鄉民及未與是役之微員兵丁等,詢以六月初間,夷船駛至厦門,彼時情形若何,究係孰先開礮,如何接仗,該夷傷亡若干,我兵有無傷損,其船隻何時駛去? 分起傳訊,毋令串通。並密傳提督陳階平,諭以現奉密旨,傳詢該提督厦門一役情形,虚實若何。該提督本係局外,不妨據實一一縷陳,毋稍瞞隱干咎。並詢以始而告病,繼而銷假,此中有無隱情或别有齟齬之處,均著詳細登答。將來覆奏時,我等自得之采訪,斷不致將汝牽涉。該大臣等照此辦理,似可盡得實情,據實入奏。其在厦門接仗之弁兵等概毋庸查問,以防欺飾而昭核實。將此諭令知之。欽此。

臣等遵即折回,迅速前進,並將聞見情形於九月初六日先行具摺奏聞。奉硃批:知道了。欽此。臣等於十月初八日馳抵厦門,當即親赴海口接仗地方遍行察勘,密傳該處鄉民張忠、郭耀、林江、王吴時、洪使忠、李然、莊九、黄海瑞、李範芬、黄才、許蘇、陳義、莊妙、應貫等十四名,督同隨帶司員,分起隔别訊問。據供本年六月初四日午後,有三桅夷船一隻,旁係杉板小船,由青嶼口門駛入港内,至大礮臺對面之嶼仔尾停泊。初五日巳時,那杉板夷船駛到岸邊,夷人説要上岸,那時文武官員説,提督道臺均不在衙門,不敢作主。夷人説不叫上岸,就要打仗的話,亂駡起來。官兵向他攔阻不聽,武官們先放一箭,射死夷人一名,又用長矛刺死上岸夷人一名,兵丁施放鳥槍。那三桅夷船即開大礮打來,打死兵丁九名並民婦陳黄氏一口,民房被礮子穿破者約有一二十間,礮臺亦有損裂。官兵亦即開礮打去,夷人有被打傷跌入艙内的,也有落海死的,看不清楚,不知多少人數。是日打仗約有三個時辰,夷船始駛出口外去了。等語。

臣等隨於該處派護弁兵,内摘傳未與是役之世職守備曾侍堯,額外外委蘇陽珍、陳威揚,效用林石泉、王樹勛、潘建中、王萬年,兵丁馬揚求、吴占生、洪勝芳、張捷生、馬定國、周連華等,分别訊問彼時接仗情形,究係孰先開礮。據供官兵實因攔阻夷人上岸不聽,陳光福始用箭射死夷人一名,我兵開放排槍,陳勝元又用長矛刺死上岸夷人一名,夷船隨即開礮,彼此轟擊。復訊以該夷傷亡若干,我兵有無傷損,夷船何時駛去。據供除鳥槍擊中夷人二名落海外,其餘礮擊夷人,或跌倒艙内,或落海身死,不知確數。我兵實係傷斃九名,受傷十四名,並傷斃民婦一口,此外並無傷損。夷船自巳時至未時始行退出口外,旋即駛去。核與鄉民等所供吻合。復傳訊該處地保陳復源、吕宗、白教等,並據捐資防堵招募義勇之鄉紳候選員外郎加道銜林國華、中書科中書吴延材、舉人吕世宜、監生林書等來見,面詢彼時情形,逐層細訪,僉稱無異。

臣等復遵旨密傳水師提督陳階平,將厦門一役情形虚實,令其據實縷陳。據該提督親供,六月初間厦門接仗情形,頗爲詳悉,核與鄉民弁兵人等供詞均屬相符。其告病銷假一節,據稱實因失跌傷腿,日久未愈,時因督師在洋,咨請總督代奏,仍力疾照常辦公。繼蒙天恩賞假調理,不敢以犬馬微患上廑聖慮,是以即請銷假,實無隱情,亦别無齟齬之處。現在步履如常,跪起尚未能靈便等語。臣等再三開導,恐其或有未盡,該提督始終一詞,似無疑義。謹將該提督親供一紙,並呈出七月接仗後收到夷書一件,一併恭呈御覽。

所有臣等遵旨查明情形,理合據實覆奏,伏乞皇上聖鑒。

再,臣等查辦事竣,當即率同司員刑部主事雷以諴、羅天池回京復命,合併陳明。謹奏。

硃批:另有旨。

附件一:福建水師提督陳階平親供

道光二十年十月十四日

具親供:

福建水師提督陳階平,本年十月初八日蒙大人諭,以現奉密旨傳詢該提督:厦門一役情形虚實若何,該提督本係局外,不妨據實一一縷陳,毋稍瞞隱干咎。欽此。

遵查階平渥荷聖恩,簡放福建水師提督,於本年四月初六日任事。因海洋防夷緊要，隨於十二日統帥出洋，周歷防堵，追逐夷船數次，並未接仗。嗣因五月初七日遭風，跌傷左腿，就洋醫治，月餘未效。誠恐貽誤公務，正在咨請總督代奏開缺之際，六月初五日午刻據本標護中軍參將陳勝元，專差把總鄭起良來洋口稟，初四日巳刻，有英夷兵船一隻駛至厦門，據稱欲見提督求和等情。當令該把總星夜馳回，嚴諭護中軍陳勝元，會同地方妥爲防守，静候提督巡道回厦商辦。一面約同興泉永道先後馳回，至初七日抵厦，該夷船先經在事文武擊退。階平詳加察訪，風鶴情形，頗駭物聽。先自初四日巳刻，夷船一隻駛至嶼仔尾港面寄碇，經廳營差役到船查詢，至次日辰刻，夷船起碇，换挂紅旗，扯篷駛至南太武港面，復又向礮臺而來。杉板一隻，載有番鬼三四十人，直撲礮臺，文武員弁均在沙灘迎拒。有白鬼口操官音，必要上岸，向阻不聽，轉肆謾駡，並云你們這班東西，若不投降，立刻要你狗命。當有署中營守備陳光福氣憤不過，用箭將其射倒，仍不退去，我兵因即開放排槍。陳勝元見又有夷杉板一隻前來接應，用長矛刺倒一人，兩杉板轉棹，夷船開礮，傷斃我兵二名。其時兵民叢聚沙灘，登時潰亂。陳勝元情急，拔刀呼喝，聲稱提督公出，我既護理中軍，即係主將，爾等今日有一人動足，我即殺一人，即或將來謂我誤殺，亦情願抵償。於是衆兵悚懼，齊上礮臺出力。該夷開礮，絡繹打折礮臺東角，擊斃兵丁七名，血肉狼藉，尸身不全。陳勝元血濺遍體，性命亦在呼吸之間，手自裝礮，督兵連環轟打。新藥猛利，該夷船受傷不輕，方始開竄。查點兵丁，共傷斃九名，受傷十四名。據廳縣查驗，傷斃民婦一人。其兩杉板回駛之際，意欲焚我戰船，經該船官兵拒退，搶獲夷燈一具，打馬油一桶，麻繩一袋，越日撈獲夷尸一具，此六月初五日厦門打仗實在情形也。

階平回厦，將在事兵丁分别獎拔懲治。查看沙灘一帶，並無障蔽。函商總督，囊沙築墩，調集陸路官兵協同防守。七月廿五、六日，階平親率士卒彈壓夷船。該夷先在港外礮傷游擊，闖入内港開礮，賴有沙墩捍禦，我兵鎮定持守，奮力轟擊。第兵法以紀律爲先，厦門兵丁，前此六月間見敵自亂，平日未曉紀律可知。階平受恩深重，惟有激發天良，認真訓練。刻下夷情雖屬恭順，防守仍宜嚴固。

再，蒙大人詢以始而告病，繼而銷假，此中有無隱情，或别有齟齬之處等因。伏念階平仰沐豢養深恩，雖捐糜頂踵，不足酬報萬一，實因失跌傷腿，日久未愈，提督事繁責重，不敢因循戀棧，時因督師在洋，以是咨請總督代奏。其時總督亦曾慰留，經階平一再咨請，始行附奏。嗣值英夷來闖厦門，階平所患祇係腿傷，别無疾苦，軍務旁午，不敢自耽安逸，請告後仍力疾馳驅，照常辦公。繼蒙天恩賞假調理。階平傷漸平復，惟膝筋拘攣，行走不甚便利，不敢以犬馬微患上廑聖慮，以是即請銷假，實無隱情，亦别無齟齬之處，不敢隱瞞，自干咎戾。階平現在步履如常，跪起尚未能靈便。

至七月廿五、六等日夷船闖港，開礮傷官，廿九日開行後，在外洋交漁船帶呈廈防同知送到夷書一件，當即咨送總督，以事後礙難核辦寄回，復經函交護理總督查收。八月十九日欽奉上諭：或該夷人呈遞説帖，並無桀驁情形，即派員接收，將原遞之件由驛馳奏等因。欽此。該夷人所遞之書，雖在未奉諭旨之前，但既曾接收，不敢瞞隱，謹將抄存一紙附呈。

所具親供是實。

硃批：覽。

附件二：懿律致陳階平咨文

道光二十年十月十四日

大英國公使大臣水師統帥懿律爲咨會事。

本統帥現已遞進本國宰相照會公文，因欲聽候朝廷如何批復，是以不願相攻。玆時貴提督如不先行攻擊，又不命人攙擾驚動定海民人，則本統帥亦不想攻擊。礮臺城邑乃定海屬地之内，如遇綫人窺探，當必依照相戰之例辦行，相應咨會貴提督查照。

右咨福建水師提督軍門陳　一千八百四十年七月二十九日即道光二十年七月初一日。

爲報明查勘廈門海口情形事片

道光二十年十月十四日

再，臣等查勘廈門海口，東南一帶青嶼、浯嶼、大擔、小擔各口以外，均係外洋。口内迤北，自安海汛、水操臺、頭巾礁至大礮臺，均係逼近廈門内港，其南岸嶼仔尾與大礮臺斜對，最爲扼要。中間迤西，有鼓浪嶼横踞港中，與礮臺、嶼仔尾有犄角之勢。礮臺之西即係十三路頭，商賈輻輳之地，民居市廛，直達港面。是厦門防禦以青嶼、大擔各口爲外洋，安海汛至大礮臺爲内港，一過礮臺即無險可守。此兩次接仗，官兵並力堵截夷船，不使其冲過礮臺之實在情形也。

現在水師提督陳階平、興泉永道劉耀椿，於沿海港面層層防守，尚屬周密。欽遵諭旨，該夷船隻經過停泊外洋，斷不敢先開槍礮。其内港布置，亦不敢稍行松懈。蓋厦門爲全閩之咽喉，泉、漳之保障，形勢尤關緊要。自七月後，夷船並未駛入口内，民情安堵，堪以仰慰聖廑。

所有臣等查勘情形，理合附片陳明。謹奏。

道光二十年十一月初三日奉硃批：覽。欽此。

爲報明訪查厦門反擊英船情形奏摺

道光二十年十一月初四日

臣祁寯藻、臣黄爵滋跪奏，爲遵旨據實覆奏，仰祈聖鑒事。

竊臣等於十月初八日抵厦門，查明六月間攻擊夷船等情，於十四日恭摺奏聞在案。兹於十一月初一日行抵建陽縣之油源塘，承准軍機大臣字寄，十月十七日奉上諭：前曾降旨著祁寯藻等於浙江審案完竣後馳赴厦門，密查本年六月間攻擊夷船情形，據實具奏。本日又據鄧廷楨等將七月間攻擊番舶、擒獲黑夷漢奸之出力員弁奏請鼓勵。該尚書等此時已行抵厦門，著將此案攻擊情形並此次所保各員弁是否核實，一併訪查明確，據實覆奏。原摺著抄給閱看，將此諭令知之。欽此。

查此案攻擊情形並在事出力員弁，臣等彼時在閩，確有聞見。此次奉命來厦，以夷務重關聖念，於歷次辦理各情節，業經一併留心訪察，核與在省時聞見相符，因未奉飭查，是以前摺内未敢附奏。兹查該前督臣鄧廷楨、撫臣吴文鎔所奏攻擊番舶、生擒黑夷，並在洋拿獲購土漢奸一摺，係屬彙案具奏。其攻擊番舶一案，係興泉永道劉耀椿，因金門、銅山交界一帶爲泉州洋面來路，於本年三月間密飭厦防同知顧教忠，雇募水勇三百八十餘名，並雇備大小商漁船十一隻，委令水師提標、左營守備楊靖江帶領，放至金門銅山洋面上下梭巡。四月二十一日卯時，在宫仔前穿山洋面見有大夾板船一隻在彼寄碇，知係販烟夷船，督飭水勇各船，併力驅逐，夷船開礮打來，我衆奮勇，一齊抛擲火罐,開槍還擊。維時夷船已被攏逼,不及復行開礮,惟亂擲鐵彈抵拒,水勇頭目陳育手執藤牌,首先躍過夷船,隨有二十餘人蜂擁而上,占其後梢。夷人執鏢亂刺,我衆開槍並用彼鏢回擲夷人,先後傷斃十一人,水勇亦傷斃八名。時值南風驟起,夷人砍斷船纜逃駛,水勇亦即跳入海中鳧水回船。計奪獲夷船銅礮一門,礮蓋一個,並於我船上拾得大小鐵彈四十五個,海面鈎得夷帽一頂,鐵鏢四枝,此楊靖江等攻擊番船之實在情形也。

其拿獲黑夷一案,緣四月二十日虎嶼洋面有夷船一隻游弋,並有夷人數名駕坐杉板船一隻,直駛内港。維時署銅山營參將陳顯生管帶兵船在彼巡緝,見該夷似欲上岸,督令各船弁兵施放槍礮,迎前轟擊,將杉板船擊沉,忽有黑夷二人鳧水逃近岸邊,被外委郭德長帶兵拿獲。其虎嶼游弋夷船,該署參將追至外洋遠竄,隨將黑夷二人解省,此楊顯生等擒獲黑夷之實在情形也。至署福州協都司周光碧,係浙江衢州鎮守備,經前督臣鄧廷楨調至閩省,派往泉州海口一帶查拿烟販漢奸。其帶領水勇,偵獲通夷匪船一隻,人犯十一名,烟土二千餘兩,查係四月二十六日夜間在圍頭洋面之案。

以上各情節,臣等夏間在閩省時,除據各員弁稟報外,並於因公接見官弁時,隨時詢問,俱無異詞。其獲解銅礮、礮蓋、礮子、鐵鏢、夷帽等件,並拿獲之黑夷爽果、暗麻納二名,均經送到臣等行館公同驗看。兹復於赴厦時沿途察訪,並查知顧教忠、俞益二員捐資雇募水勇名數,均屬衆見共聞,確有可據。

該督撫所保各員弁,核閲原奏,與臣等訪查相符,尚無不實,理合繕摺,遵旨據實覆奏,伏祈皇上聖鑒。

再,臣等業經到厦訪查明確,自可無庸再行前往,謹於浦城縣拜摺後,率同司員由浙北上回京復命,合併聲明。謹奏。

道光二十年十一月十八日奉硃批:知道了。欽此。

爲查明厦門兵勇反擊英船情形事片

道光二十年十一月初四日

再,厦門七月内防堵夷船一案,係在臣等前次起程之後,此次來厦,亦經向該處鄉民弁兵及紳士人等一併查問。詢悉夷船係於七月二十四日晚間來至青嶼外洋,當經提臣陳偕平、興泉永道劉耀椿督率文武員弁暨各紳士等,連夜分布兵勇，各處防守。二十五日辰刻，三桅、兩桅夷船各一隻駛入青嶼口内，向水操臺開礮，直冲内港。經游擊任經猷、都司張然等，帶駕兵船十餘隻，開礮堵擊。安海汛守備魯恩仁連開二礮，打中夷船火藥處所，烟焰突起。岸上山頂民人望見，一齊鼓掌稱快。署中軍參將孫雲鴻等亦開礮擊碎杉板船一隻，該夷始行退泊青嶼門内。二十六日巳刻，夷船復駛向水摻臺開礮，直打到大礮臺。副將雲海、葉長春等，在礮臺向東南施放銅礮，連中夷船，將其帆索燒毁。鼓浪嶼官兵亦開礮轟擊，夷船不能冲過，旋即撥轉退去，仍泊口内。二十七日巳刻，夷船復放杉板三隻，追一商船，勢甚危迫。經同安縣胡國榮並鄉紳陳榮試、陳榮植等，飭令水勇駕劃龍船，盡力追逐，開礮擊中夷人五名，倒跌船上。南岸嶼仔尾官兵亦開礮夾擊，該夷船隨逸至青嶼停泊。計三日内，兵丁傷斃六名，游擊任經猷因奮力堵擊，被礮殞命，居民均無傷損。該夷除被劃龍船礮中五名外，其餘被擊落海者，查無確數。迨二十九日晚間，夷船始揚帆而去，其夷書一件，係於去後交漁船帶呈等情。核與該提督巡道向臣等面述情形，大略相同。查厦門兩次被夷船滋擾，其六月内驟經接仗，民情不無驚惶。至七月内沙墩礮位布置已具，夷船雖連駛入内港，而人心恃有准備，均備鎮静。

知關聖廑，所有臣等一併查悉緣由，理合附片陳明。謹奏。

爲陳明途中聞見定海失陷後情形事奏摺

道光二十年十一月十八日

臣祁寯藻、臣黄爵滋跪奏，爲瀝陳途中聞見情形，恭摺具奏，仰祈聖鑒事。

臣等竊惟夷目義律恃其船礮，擾我海疆，以浙江定海無備，乘虛而入。嗣復一面滋擾厦門，一面赴津呈訴。我皇上開誠布公，中外一體，特命大臣赴粤查辦。該夷苟有人心，自必輸誠感悔，敬俟恩施。惟聞夷匪自據定海以來，修挖城河，起築礮臺，繕治碼頭，開設鋪店，似爲久假之計。頃又置僞知縣，於城鄉各處遍貼告示，責令居民迎接夷官，兵丁充當工役，並僞設營汛等官，與僞縣聽受詞訟等情。是其公然據爲己有，並無退去之意，端倪顯露。且據定海被難紳士金士奎等公呈，該夷殺掠奸淫，我民呼號痛苦，情狀凶慘，閲之令人流涕。其所稱撤退兵船赴粤之説，自十月十九日以後，其船忽去忽來，總無確數,定海城南黿山、道頭一帶,夷船仍舊羅列。

現在廣東查辦尚無端緒,聞鎮海居民因軍營外省客兵全行撤退,本省各兵亦有裁撤,水勇、鄉勇均各遣散,商、漁船隻亦開港放行,大爲驚恐。公具知單,於十月二十三日鳴鑼聚集千餘人,赴欽差大臣伊里布行寓,具呈懇求仍留鎮海。又請提督祝廷彪等仍駐招寶山等處,以資保護。其定海居民,自夷人張貼告示之後,各處村岙男婦紛紛逃避,内渡至寧波者,現已數逾萬人。是該夷一面吁求欽差出示曉諭,禁止我民不敢擒拿夷衆,借以自安,一面擅自出示,騷擾欺凌,使我民進退無路,流離失所。外而夷情如彼,内而民心若此,臣等道路傳聞,疑信未定。及至浙江省城,密詢撫臣劉韵珂及司、道、府、縣等,衆口一詞,情形昭著。現在琦善想已行抵廣東,體察夷情,揆幾度理,自能籌畫周密,仰慰聖廑。如果該夷懷德感恩,謹遵約束,從此退還定海,通商禁烟,相安無事,海疆控馭自有常經。萬一夷匪辜負天恩,乞請無厭,挾船礮以自恣,據城邑而不歸,國體攸關,諸夷屬目,該署督臣琦善豈能聽其取求,不加裁抑。是則通商之議未定,負隅之勢益張,浙江乃閩、粵之腹心,與江蘇爲唇齒,而鎮海尤全浙之咽喉。定海夷船一日不去,則民心一日不安,此時機宜,尤關緊要。相應請旨飭諭欽差大臣伊里布,深思遠計,現在鎮海民心如何鎮定?定海難民如何安集?酌留之兵設有緩急,是否足資防堵?將來如須攻取定海,是否仍應再行檄調?該大臣膺此重寄,自應通盤籌度,謀出萬全,斷勿僅憑夷人赴粤之言,信其必退,定海稍疏警備。更請敕下浙江巡撫暨廣東、福建、江蘇各督撫,於海口要隘照舊嚴密設防,加倍慎重。其山東、直隸、奉天沿海地方,雖北風司令,夷船不能遽至,相地度勢,亦應先事預防,何處應增修礮臺,移駐兵丁,何處可築沙墩土壘,增置礮位,及此無事之時,妥爲布置,不但戢奸夷窺伺之心,亦可壯兵民奮勇之氣,即使備而不用,終勝於用而無備也。

該夷所恃者,惟在船礮,既不與外洋接仗,其船無所施技,海口有禦礮之具,其礮亦不能横行。查厦門沙墩,該夷礮子陷入不過二尺,聞乍浦土墩亦然。約計夷礮可及十里之力,陷入沙土僅深尺許,礮火雖烈,亦非不可堵禦之物。該夷貪利畏害,狡詐性成,如果處處有備,時時堤防,在彼失其所恃,則盛氣日頹,急其所求,則奢心漸斂。然後專意通商,就我禁約,因其感畏,撫而馭之,如此則恩威並濟,後患永除矣。

臣等途次既有聞見,區區私忱不勝過慮,謹附摺瀝陳,並抄録定海紳士等呈詞一件,鎮海紳民等呈詞二件,知單一件,夷人告示一件,一併恭呈御覽,伏乞皇上聖鑒。謹奏。

硃批:所奏甚是。另有旨。

附件一:定海被難紳士等公呈

道光二十年十一月十八日

定海被難候選教諭金士奎同生監等公遞詞呈。

爲流毒愈甚,懇切聲明事。

竊英夷盤據定城,當其初至,亦思要結民心,故雖擄掠,無非牛馬猪羊,尚未肆其毒性。後見民心不附,漸次猖狂,結隊成群,或數十人,或百餘人,各鄉各岙無不遍歷。遇有衣服銀物牲口食物,恣意搶奪;稍或抵拒,即用槍打劍擊。如東鄉之甬東莊,西鄉之鹽倉莊,北鄉之小河莊,近城一帶,遭毒尤甚。或因傷殞命,或受傷沉重,痛苦顛連,不堪枚舉。邇日來毒心更熾,愈搶愈遠。如馬岙、小沙、大沙、舵岙、大展、北蟬各鄉,皆離城五六十里,並有峻嶺阻隔,逆夷亦復接踵而至。又懸海之大榭、穿鼻、烈港等處,均遭其害。然猶陽奉天朝,陰行劫掠。不料數日前,逆夷突傳一字,限百姓十日内完糧納稅,如有不遵,即行編號剪辮,改换物色。可憐定邑百姓一聞此信,慟哭震天。概欲挈家避難,不特扶携不易,而重洋莫越,盤費維艱,且逆船不時在洋游弋,一遇女眷,必被劫去。數十萬生靈,如坐針氈,延頸待斃。

士奎等聞此情形,不勝悲憤。伏思我國家深仁厚澤,遍及窮黎。定邑之民雖處遐陬僻壤,而士食舊德,農服先疇,漸被涵濡,淪肌浹髓。自遭逆夷之難,切齒痛恨,思食其肉。務求大憲垂慈,仰體皇上一夫不獲之衷,百里寄命之重,分調燮之餘恩,揮貔貅之勁旅,迅賜拯救,以解倒懸。百姓雖愚,當無不感激仁慈,奮身應命。犁鋤棍棒,皆可爲兵;婦女兒童,咸知殺賊。逆夷雖勇,内外夾攻,將一鼓而盡殲矣。

爲此懇切聲明,公叩大人核奪施行,士奎等不勝心焚待命之至,頂德上禀。

硃批:逆夷所爲,實堪發指。

附件二:鎮海耆民等公呈

道光二十年十一月十八日

耆老吴南樞等呈。

爲夷船日加,官兵日少,夷情叵測,借何防禦事。

竊英夷船二十七隻於六月初陷定,易如反掌。幸蒙調集各路官兵防守嚴密,鎮海幸保無虞。無如夷情詭詐,一面遞書求和,反將定屬之岑港、沈家門等處,占踞民房,搶奪奸淫,不可言狀。其投書言開放夷船前往廣東,而夷船日逐加增至四十五隻之多,近聞又添夷船七隻。其所謂開放者駛至近洋游弋,而探聽者飾詞蒙混。至奉撤回本省官兵至三千七百餘名,是官兵日見稀少,借何防禦。且八月十五日欽奉諭旨:各守要隘,認真防範,以守禦爲重,勿以攻擊爲先。其應布置嚴密之處,仍不可松懈。欽此。等因。

伏思鎮邑爲全浙之咽喉,而招寶山尤爲要害,是以前次祝提憲加以重兵駐扎山上。詎夷匪乘坐三板船,由後山登岸,幸外委孫世楷攔阻下船。今祝提憲移駐東岳宫,葛總鎮復居税關,設夷船乘我無備,如大船直冲關内,三板竟登後山,是夷匪得據上游,而槍礮上下夾攻,城中數十萬生靈均爲齏粉矣。且會盟之事自古皆爲設備。其在春秋,如魯定公會齊侯於夾谷,孔子相請,具左右司馬以從,萊人以兵劫魯侯,孔子以公退曰士兵之。夫齊魯爲甥舅之邦,尚且背信劫盟,而况英夷之挾詐乎?又唐史德宗三年,渾瑊與土番盟於平涼。平西王李晟,戒以盟所爲備不可不嚴。張延賞以晟不欲盟好之成,彼此相疑,盟何由成?德宗召瑹,以推信待之,弗爲猜疑,遂不設備,而土番劫盟,渾瑊幾爲土番所得。自古爲然,况欽奉天語煌煌,安得不備。

身等均係國家二百年教養之民,列祖列宗深仁厚澤,一旦如定海之淪於夷虜,近在接壤,能不爲之忿阨乎?惟有伏求大人俯鑒。前者所集之兵均爲守備,非如福建壽春之兵調作戰用,再賜將已撤之兵速即追回。並咨請祝提憲仍駐招寶山上,重兵彈壓。葛總鎮復歸沿江汛,招寶山、東岳宫,嚴爲防守。國家幸甚,黎庶幸甚。上呈。

硃批:覽。

附件三:鎮海士民等公呈

道光二十年十一月十八日

十月二十三日士民朱爲藩等呈。

爲公懇留兵籌備,以保生聚事。

竊思聖天子治益求治,安益求安,兵可百年不用,不可一日不備,未有賊兵臨境,而可視爲安枕者也。前者夷船二十七隻輕據定海,鎮海居民紛紛逃竄,城幾一空。是時鎮地無兵,一無所恃故也。幸賴烏撫憲星夜馳至,調集重兵,設法嚴守,民心始安,仍歸故土,今已滿城生聚矣。奈夷人狡詭,懈我軍心,空以求和相誘,全無去志,縱有數船起碇,僅在外洋游弋。旋因定港探報,粉飾太平,遂稱夷船開去,此皆誤國誤民,深可痛恨。且夷船既稱赴粤,如何更加船隻,前無往粤之書,止據定海一處,今有求和之語,反占城外各山。似此情形,諒大憲之所深鑒,毋庸贅述。但揆今事理,既不可以擅興兵,又不可輒罷兵。屬在桑梓,有不得不爲切近之虞者,自不得不竭盡愚衷,以備採擇。

查鎮海爲浙東門户,欲守寧郡,先保鎮海。鎮海安則寧郡自安,浙東亦無不安矣。且鎮海爲天險之處,守之極易。在外則有蛟門,其次則有游山,又有虎蹲山,重重設險,控禦江流。最緊要者,招寶、金鷄二山,巉岩對峙,相去不及百丈,江狹流急,進出不能自由。設在二山之旁多裝礮位,賊船斷難脱逃,但恐守之者之不盡心耳。

兹知星使欲住郡城,以去鎮海,此固大君子坐不垂堂之意。藩等自處險地,豈敢攀留。但守御之法,究宜籌備。前者祝提憲守招寶山,葛鎮臺坐沿江汛,以及各處員弁分守要害,夷船不敢闖入。乃兵已撤回,悉如夷書,各撤一半之語,是星使不失信於夷人,夷人偏失信於星使。現在分駐要隘之官員皆撤移入城,賊兵臨境,視若太平,當民不解帶之時,盡欲安枕,殊失星使訓諭之至意,民心大爲惶駭。

今當節使未去,爲急公請設法防禦堵絶江口,追還已撤之兵,籌備停當,然後往來郡縣,不失調度,小可以保寧郡,即大可以保浙東,上體聖意,下保民心,憲心安,民心始安矣。爲此公懇。

硃批:覽。

附件四：鎮邑衆紳耆告居民知單

道光二十年十一月十八日

謹告本城内外居民知之。六月初間，夷船二十七隻攻犯定海，官兵失守，易於反掌。張總鎮受傷身故，姚縣尊、全典史不屈殉難。定海城内外，遭逆殘害占踞，搶奪奸淫，不可言狀。近又將定轄之岑港並沈家門占踞。夷情奸詐，反肆禀報謊言，開放船隻前往廣東，一面添入四十五隻之多。本營探聽失實，渾禀夷船已開多隻，欽差伊大人將各路官兵撤回一半，提憲祝大人向駐招寶山，今搬至東岳宫，且聞有搬入城内之説。歷奉諭旨，各隘守防仍須嚴密。目下夷船較六月間加添十餘隻，現在定城後河修城，築砌碼頭，招集妻小，久踞情形顯著。因思定、鎮相離一潮，而招寶山尤爲全浙咽喉之地，險要異常。前經逆夷三板由後山登岸，當即攔逐。設或再乘不備直冲内港，一面竟登招寶山，該夷得踞上游，轟放槍礮，鎮海城内即如齏粉，斯時傷慘，已無極矣。爲此特白：凡我居民，定於二十三日辰、巳二刻，老幼男女齊集總待寺前，均各執香跪求欽差伊大人，當爲國家深計，夷情莫測，緊備無患。咨請提憲祝大人仍上招寶山駐扎，派令兵弁朝夕瞭望，並飭定海總鎮葛仍居東岳廟嚴加防守，並求飭追撤回官兵同爲守御，以保數十萬生靈。特此告知。

硃批：覽。

附件五：英軍在定海所布僞示

道光二十年十一月十八日

定海縣正堂嘉音諭示城莊及各岙内保長、廟老暨合莊居民人等知悉。

照得現奉本總兵官憲札飭令，欲彈壓滋亂而護良民者，是以派撥將士巡行莊岙，事所必常，該縣即應先將兵弁過鄉或居岙間之時，民人當必如何行爲情節逐細示明等因。奉此。正堂即將爾長老各民等應當如何行事情節開列於左，明白曉示：

一、每遇將士進岙，責成該保長老民等出外迎接。倘須挑夫，即擔行李過至鄰鄉或爲近地駐扎者，有事必雇工人，皆責該保長人等代雇民人，行作各工。

一、每次各人挑物三里，准俾辦工五十制錢。雇作工一日者，准給謝工一百五十錢。

一、凡兵弁住時，該保長必須在各鄉外開設墟市，日日賣物。該管將士官必當派妥下員在場保護，致令接濟各人得受公道價錢。

一、凡有鄉民人等，受兵冤屈者，即可由該鄉里保長等伸訴。

一、凡保長人等，或自有冤訴，或爲他人申情，當呈稟較近營汛管官。倘有不蒙伸冤，即准前赴城中本縣衙門，定必保護秉公妥辦。

一、鄉内如有細作、探子，而該保長等不能即將此等匪類解送鄰駐英國官憲，即當照藏匿倡亂者嚴行治罪。

一、凡將士近至鄉里遇有兵民離屋逃去，該人之房終不顧料。但人安居房屋照常務事，必得恒受全保。

一、鄉里保長、居民等，似經向來恭迎天朝官弁，即應仍舊恭迎優待大英官弁軍士，且如遇鄉里擾亂，該保長等是問。

以上八條，分明諭示合忞民等知悉。爾各安分務業，必所秉公保護，但有膽敢攪擾，毒打攔截，定將嚴行彈壓。禍福各可自取，慎之毋違。特示。

硃批：可惡之至。

爲遵旨查明閩省洋面英船停泊情形事奏摺

道光二十年十一月十八日

臣祁寯藻、臣黄爵滋跪奏，爲遵旨將臣等在閩省查明洋面夷船停泊情形，據實具奏，仰祈聖鑒事。

竊臣等於十一月初一日在福建之建陽縣接奉廷寄，遵即將前抵厦門時業經訪查明確各案，於初四日由浦城縣恭摺奏聞在案。兹於十四日浙江富陽縣舟次，復承准軍機大臣字寄，十一月初三日奉上諭：祁寯藻等奏遵查厦門接仗情形一摺。此案既據該尚書等密傳該處鄉民，及未與是役之弁兵、捐資招募之紳士，分别詢問，並據水師提督陳階平呈遞親供，均相符合，著毋庸議。其另片奏厦門防守情形，覽奏已悉。惟本日據吴文鎔奏報護督日期摺内，有閩洋夷船尚未全行南駛之語，該尚書等尚有續查事件，計此時接奉諭旨，當已折回閩省，該處洋面，現在有無夷船停泊，自必確有見聞。著查明據實具奏，將此諭令知之。欽此。

臣等查閩省洋面，近年以來，夷船游弋停泊，沿海奸民勾通接濟，販賣烟土，利之所在，日引日多，漳、泉兩郡洋面處處有之，而泉州之大墜山一帶尤爲夷船往來最熟之地。蓋大墜有泉可以取水，附近各鄉烟販尤多。歷經督撫嚴飭查拿，而夷匪、漢奸視爲利藪，營汛差役倚爲奇貨，是以禁令雖嚴，總未絶迹。臣等十月十四日自厦門還泉州，面詢署知府沈汝瀚。據稱，十月初間大墜洋面陸續有夷船寄泊，前後共九隻，此去彼來，踪跡靡定，至十三日剩有五隻。十五日，臣等過惠安縣，詢據署知縣雷侖稟稱，現剩三隻，旋聞駛去。此泉州洋面夷船停泊之實情也。至臣等遵查厦門接仗情形，摺内附片陳明，自七月後，夷船並未駛入口内，係專就厦門内港接仗而言。其厦洋口外夷船是否再來，臣等查閲海口時曾面詢興泉永道劉耀椿及副將靈海等。據稱，十月初四日大擔口外望見有夷船二隻經過停泊。彼時正查點礮臺兵丁，密爲設備，因其並未駛入口内，謹遵諭旨未經開礮，至次日該船駛去等語。此厦門口外夷船停泊之實情也。

伏思閩省奸民勾夷販烟，久成錮習，經該督撫專委道員並水陸提鎮合力督辦。臣等於三月内，復會同總督奏明嚴辦漢奸，並籌巡防事宜，奉旨遵行。維時文武員弁振刷精神，認真辦理，數月之間，頗有起色，楊靖江之偵緝烟船，周光碧之迭次拿獲大伙烟販，其明效也。自厦門滋擾之後，提督巡道折回防守，不能專力泉州要隘，而夷船更挾礮船爲羽翼，漢奸又恃夷船爲淵藪。近又明知我兵不先開礮，任意游弋，地方營汛徘徊觀望，急則恐滋事端，緩則仍蹈前轍。此現在洋面夷船停泊甫斂復肆之實情也。以上各情節，臣等在閩時確有見聞，核之該護督臣吴文鎔摺内，閩洋夷船尚未全行南駛之語，係屬實在情形。

謹遵旨據實恭摺具奏，伏乞皇上聖鑒。臣等於石門縣拜摺後，即由江蘇北上，合併聲明。謹奏。

硃批：另有旨。

爲甘肅清查案件舛錯請由總督督同藩司覆查事奏摺

道光二十九年十二月二十一日

臣祁寯藻、臣琦善跪奏，爲查明甘肅省清查案件舛錯參差，未能畫一，請由督臣督同新任藩司徹底覆查，另行覈議，以昭慎重，仰祈聖鑒事。

竊查甘肅爲邊疆重地，兵餉倉穀爲數甚鉅，各屬收支款目煩多，上年欽奉諭旨清查，自應將各廳、州、縣開除款項，立定准駁章程，一律辦理。兹經臣等查出蘭州、平凉兩府册報，即有款目不符之處，業於前摺附片陳明在案。此外各府、州、縣，連日督同司員等檢閱册籍，復查出甘州府張掖縣及皋蘭縣修理墊修工程等款，俱係案准在先，批駁在後，以有一事兩歧，如平凉知縣楊景彬、靳宣任内同一修理公館，一則歸入攤銷，一則列作實虧。又如平羅縣修理書院，則照准攤銷，靈州及鹽茶廳書院膏火，則删駁不准。即如已革岷州知州陳昌言，其清查原奏單開係屬實虧銀七千九百餘兩，該革員已於清查未經奏報以前解交司庫，又有一千八百餘兩應由後任張聰梓名下完交，單内均未分晰剔除開報。安定縣知縣胡薦夔，清查原奏單開係實虧銀一百四十餘兩，賠補銀四千一百餘兩，現經查明，此外尚虧短糧五千五百餘石，銀五百餘兩，單内漏未列入。該前督臣布彦泰續參胡薦夔片内即有“册造舛錯”等語。是甘肅此次清查，辦理章程舛錯參差，未能畫一，以致被參人員紛紛藉口之實在情形也。

臣等迭次詰訊局員並細加訪察，實因奉到清查定限以後，前藩司張祥河甫經承辦，旋即升任，署藩司春熙自二月至四月，正當各屬册籍駁查之際，未及詳議。迨前藩司温予巽閏四月到任，期限已迫，其精力又未能周密。前督臣布彦泰迭次嚴催，各州、縣奉駁另造之册尚多未到，該司恐誤定限，僅就原册酌擬准駁，呈送前督閲定，趕緊具奏，以致因公動用之款列入實虧，出借籽種、口糧等項，實欠在民，未能追繳者，又復列入實貯。其他此併彼准、此准彼駁之案，不一而足。此又該省辦理清查遲延於前，草率於後之實在情形也。

臣等伏思，甘肅清查款内，生息、攤銷兩款最易牽混。攤銷一項，前後各任輾轉套搭，而各廳、州、縣自行生息一項，更爲他省所無，尤屬紛紜轇轕。現查局中底册，准駁既屬兩歧，實貯、實虧又復混淆，則前督臣布彦泰所奏清單條款，亦難據爲定議。現經原議王大臣會同户部指駁多款，臣等復查出各案舛錯參差情形，若非另立限期，徹底覆查，不足以清積弊而昭平允。臣等再三商酌，惟有請旨將甘肅清查各案，自奉到部文之日，再予限八個月，由臣琦善督飭新任藩司，揀派妥員，逐款清釐，庶款目不致混淆而虧賠亦歸覈實。琦善於到任後已札行各屬，令將倉庫實在情形詳細稟報，倘查有侵蝕等弊，即行嚴參。其從前舛錯參差各件，概行更正，以歸畫一。如有應行酌量變通之處，一併覈擬,隨時奏明,請旨遵辦。

臣等爲清查覈實起見,是否有當,伏乞皇上聖鑒訓示。謹奏。

硃批:另有旨。

爲遵旨審明陳昌言稟訐前任陝甘總督一案分别定擬事奏摺

道光二十九年十二月二十一日

臣祁寯藻、臣琦善跪奏,爲遵旨查辦事件,審明分别定擬具奏,仰祈聖鑒事。

竊臣等奉命審辦前任陝甘總督布彦泰奏丁憂知州虧短倉庫,勒限追繳,稟訐挾制一案,於十二月初五日奏明辦理情形,將審無確據之前任岷州知州陳昌言請旨革訊,並附片請將清查局員、固原州知州徐采,鎮原縣知縣張琅,吐魯番同知托克清阿一併解任究辦在案。臣等查閲該革員陳昌言原稟,前任陝甘總督布彦泰贜私重款及牽涉婦女出入院署,局員、幕友營私玩法各情,其控屬有因者,固宜逐層研詰,徹底根究。即供無確據者,亦必提同在事人員,調齊兩司文卷,詳細研究,務得確情,以期兩造均無枉縱。連日督同司員户部員外郎鍾秀,主事董醇,刑部候補主事馮栻,署按察使、甘凉道李恩慶,一面將調到各案卷逐細檢查,一面提集人證詳加訊問。謹將審出各款虚實情節逐一開列於後。

一、原稟内稱:布彦泰奏請巡閲,帶兵不滿一千,將十萬兩有用之財,鯨吞肥己。等情。

查布彦泰於道光二十六年奏請巡邊,在於司庫新疆備用款内借動銀十萬兩,收入番案經費款内,備辦巡閲邊卡及貴德番務兩案。實共提用銀七萬五千餘兩,業經造報,提請核銷。其餘銀二萬四千餘兩,據署藩司覆稱,現存司庫,並未提用。訊據陳昌言供稱:先時奉委湟中,曾聞請餉十萬兩之多,是以疑其鯨吞肥己。今經查明,始知原請十萬兩並未全行提動,所帶兵數無從確指,情甘認誣。

一、原稟内稱,布彦泰將黑錯寺軍需剩銀一萬二千兩,分給隨營委員三人。等情。

查黑錯寺剿辦番匪,係達洪阿帶兵,並非布彦泰親往。當時動用銀兩款目轇轕，尚未奏銷。是用銀尚無確數，何從核計除剩銀兩。詢查在事文武委員，共有九人。當令陳昌言將單開姓名，指出何人分用，該革員茫然不能供指。是原禀剩銀一萬二千兩分給委員三人之語，亦屬無據。

一、原禀内稱，近年番匪擾害，搶劫甘涼營馬七千餘匹，殺傷官兵無數，不敢入奏。巴燕戎格回番械斗，殺傷千餘人，委員查明，置之不議。達洪阿、莊優元不忍坐視，相繼告病。等情。

臣等查，布彦泰任内番匪滋擾，並無殺傷官兵之案。其搶奪營馬各案，統計一千七百餘匹，業經隨時奏明。至巴燕戎格回番械斗，互有殺傷，經前西寧府知府莊優元禀請調兵剿辦，前督臣布彦泰以蠻觸相争，不肯勞師糜餉，飭令委員曉諭番回，出具息争甘結完案。查閱莊優元告病原禀，係因腿疾禀請開缺，批飭蘭州府查驗屬實。青海大臣達洪阿係因病奏請開缺，均未牽涉番回事件。

一、原禀内稱，督署幕友朱一帆劣迹多端，及藩署幕友孫企青清查受賄，並令丁寶田棄妻另娶。等情。

訊據朱一帆即朱垣供稱，升任楊藩司任内，曾因批駮司詳措詞失當，欲遞回籍。後經服禮寢息，嗣經屢换總督，均未出幕。曾向各處推薦幕友，辦理陳昌言記過一案，指爲有意傾軋，實屬措詞荒謬，情甘認罪。

又據孫企青即孫繼烈供稱，辦理清查，准駮兩歧，改换名目，實係任意軒輊，並無各該員請托及余奎串通賄囑情事。

又丁寶田即丁德培供稱，幼曾隨任湖北，聘定黄姓之女，嗣因游幕來甘，復聘孫企青之女爲妻。孫氏故後，仍將黄氏迎娶，並非孫企青囑令棄妻。

至原禀"甘肅有天皆是黑，制軍無事不由朱"歌謡，及謂孫企青有季氏富於周公之説，經臣等詢訪，並無是語。即嚴訊陳昌言，亦不能指出實情。

一、原禀内稱，張琅以布彦泰之妾爲妾，又令隨同龔、劉兩姓婦女常到院署。等情。

前經臣等訊據張琅供稱，本年價買龔姓使女魏氏爲妾，買後始知曾在院署爲婢屬實，並未再入院署走動。

又據孫龔氏之子、候補未入流龔世鉞供稱，道光十年，布彦泰前赴青海大臣任所，行抵皋蘭知縣，其妻患病，留府調治。維時伊父龔均正任皋蘭知縣，布彦泰諄托照料，伊母孫氏常往看視。伊父故後，流寓甘省。迨布彦泰升任總督，其妻念舊，時常佽恤。伊母亦曾於布彦泰巡邊時，入院署向其妻告幫。

其妻故後，並未再往。等因。

兹復傳到劉房氏之夫、定邊縣知縣劉湛。訊據供稱，伊妻房氏幼曾隨任，流寓福建省城，與前任總督林則徐住宅比鄰，眷屬來往。迨林則徐查辦西寧番務時，其妻留居省館，伊妻房氏前往看視，適值布彦泰之妻往拜，邀同到署一次。其時劉湛赴任隴西，嗣聞前事，即以不應率進上憲衙門向斥，後來並未再往。

一、原禀内稱，布彦泰遇有升調缺出，只要黄金四百、白金二千，余奎、布克慎乃招財童子，一説即成。等情。

訊據布克慎供稱，前於剿辦黑錯寺番案，以出力保奏，奉部推升督標左營參將。二十七年，奏補甘肅永固協副將。所有官員升調，不但文官與布克慎無涉，即武職亦俱由總督主裁。陳昌言並不識面，其因何憑空誣陷，求令切實指出。

嚴詰陳昌言，先據供稱，係胡薦夔、張聰梓向其告述。乃傳到胡薦夔、張聰梓等與該革員當面質訊，僉稱，並不知道，亦未説過。再向該革員訊詰，始據供稱，實因見布克慎數年之間，由游擊驟升中協，自係布總督任用之人。又見余奎以皋蘭縣長隨出入院署，曾代銷售燕窩、蟒袍，廣有財産，必係向院署説事過錢，遂以二人爲布彦泰招財童子。至黄金四百、白銀二千，原係隨口編造。甘肅地瘠民貧，州縣無不賠累，安有如許金銀賄買苦缺。現經訊明，布克慎並無賄通情事。

又原禀所稱余奎置買房屋三十萬兩，並令胞弟余維藩報捐知縣一節，訊據余奎供稱，本身未當長隨以前，即名余維藩，並未捐過官職。只有同高祖弟余士燮，寄籍大興，報捐知縣，曾經幫過銀一千兩。現蒙調查家産，實止一萬餘金，並無三十萬之多。曾代布總督買過燕窩八匣、蟒袍十件及包辦酒席。常進院署屬實，至所控辦理清查升調各案，通行賄賂，實無其事。余奎係一官號家人，安能與總督説合銀兩。祇求詳情，轉詰陳昌言，亦復不能供指。

一、原禀内稱：道府以上節壽送禮每次五六百兩，循化同知吴龍光每遇節壽送元寶銀三百兩。布彦泰令余奎由光泰永號匯到京中數十萬兩。等情。

訊據吴龍光供稱：去歲在鞏昌府任内，於六月初間，托陳昌言轉交伊省書帶去元寶銀三百零九兩，囑交省寓胞姪等三人，爲在省需次日用之費。伊省書劉姓交胞姪等收訖，有賬可查，從無致送節壽之事。並據陳昌言供稱：六月初間在鞏昌府時，適差省書劉鑒堂進省，時吴龍光托其順便寄省元寶銀三百兩,記係五月初間,又聞吴龍光有要緊用項之言,遂疑向布總督致送節禮,現經查出吴龍光日用賬簿,實係六月初間寄省中公館家用之項,自係實情。其餘道府果否致送,並無確據。調查光泰永號賬簿,細加查閱,並無布彦泰匯銀寄京之事。

又原禀梁巡捕提升縣丞,借銀三千兩一節,訊據陳昌言供稱:巡捕梁恩綬升任濟木薩縣丞,曾言道途遼遠,非三四千金不能動身,只好求布總督幫助。後來見伊起身,心疑必係布總督借給銀兩。現在梁恩綬已故,實在别無證見。當傳到同時在院署充當巡捕之候補府經歷李光興,供稱:前巡捕梁恩綬未升縣丞以前,曾與同事,臨行借銀一層,並未聽見。

一、原禀内稱:在任八年,不善夤緣巴結,曾送院司道府節壽門包公幫等項用過銀一萬三千餘兩,又省書包案用過銀九千八百餘兩,均有印簿可查。等情。

臣等查閲該革員原禀,既稱不善夤緣,又稱送過院司道府節壽銀兩,實屬自相矛盾。既據原禀内稱均有印簿可查,自應到案即行呈出,乃連日迭經嚴詰,勒令繳出,據供:委係因恐藩司不辦,意在揑情聳聽,其實並無印簿。如果院司道府實在收過節壽陋規,查時必不挑斥。況致送陋規,與受均干法紀,豈有豫立印簿,自取敗露之理。現在身犯重罪,皆因清查不公,有激而成,若實有收受陋規情事,正當舉出泄憤,何肯代爲掩飾。

至省書名目,即係坐省家人,因伊承辦提省犯人口糧、差役盤費,故謂之包案。其實在省買辦物件,照料公館,皆其經管。具禀時意圖表白因公賠累,是以一併牽説,並非伊等有盤踞勒索情事,亦未立有印簿。

飭傳陳昌言省書三人,劉鑒堂即劉照藜,係文生員,業已潛逃。提到師福麟、郭升二名,供認充當省書屬實。師福麟供認係捐納縣丞,計共賺銀七兩,郭升亦供認賺銀十多兩。呈出零星賬單,核與陳昌言所供相符。

一、原禀内稱:前署岷州知州托克清阿接審李世華等一案,串通劣幕朱一帆,將伊記大過兩次,扣廉俸銀二百一十兩。等情。

查據署藩司覆稱:記過章程,始自乾隆五十五年,每過計扣廉俸銀三十兩,匯歸臯蘭縣冬間開廠施粥應用。陳昌言先後五案,共記大過七次,計應扣銀二百一十兩,並將該革員記過各案開單詳覆前來。

臣等查,甘肅記過章程既經歷有年所,所扣銀兩亦與計過次數相符,惟有過罰銀,究非正辦。現已由臣琦善飭司停止,如有過失,照例咨參。調查李隨花等共毆李三成原案,訊與李世華等無涉,經該革員陳昌言將托克清阿誤禁李世華等情由禀出,朱一帆代府擬稿,内稱該革員係屬有意傾軋,是以該革員心懷不甘。兹據供稱:甘肅實有記過舊章,任内實係記過七次,並非托克清阿播弄所致。

一、原禀内稱:托克清阿、徐采、張琅規避苦缺,盤踞省垣,派入清查局内,均係虚報到任。等情。

提到該局員解任固原州知州徐采、鎮原縣知縣張琅、吐魯番同知托克清阿,僉供:委因派辦番務報銷,清查局務,勢難歇手,奉諭先行具報到任,並非規避營謀。訊據布彦泰供稱,該員等平時當差勤勉,接連辦理軍需報銷,清查各局事務,更易既屬乏人,事件又難停手,是以令其先報到任。均係因公差委,並非各該員無故逗留,亦無營求規避情事。至托克清阿調安化,據稱未奉覆准,即升今職。安化本未到任,無所用其虚報。

詰以清查册籍舛錯參差一節,據托克清阿供稱:本年正月初派清查,甫經開局,張藩司旋即升任。春署藩司於二月初到任,自二月至四月,册多駁更未定。閏四月温藩司到任,諭令趕緊辦理。旋以限期緊迫,先就到局之册斷定准駁,提造清册,送督署核看後,於六月底發下全册,逐股簽注。自七月初一日起,諭令於三日内覆算繕呈。因爲期過迫,僅能督同核算,未及細對原底,實難辭咎。至開局以來,均係藩司與幕友孫企青酌定,再送臬司道府及職等標畫。孫企青如何改易名目,實不知情,亦無圖利舞弊情事。質之徐采,張琅,供俱相同。

一、原禀内稱:托克清阿前署岷州,虧銀四千四百兩、錢八百串,尚未全交;徐采前署中衛、張掖兩縣,虧缺萬餘兩,清查未列參案。等情。

查據署藩司稱:岷州清查册内,並無托克清阿虧銀四千餘兩、錢八百串之數,其短交庫項及删作實虧銀共二千五十餘兩,已入清查造報。臣等檢閲清查奏報原案,查覈數目相符。

至徐采中衛縣任内查有册造因公虧糧一千二百餘石,歸入攤銷生息彌補。此外别無虧缺。查據署藩司覆申,中衛、張掖兩縣該員實無虧銀萬餘兩情事。

又原禀内稱:甘肅虧空,每州每縣或十萬八萬、或三萬五萬不等。查據署藩司覆稱,甘肅地瘠民貧,州、縣入不敷出,虧挪在所不免。然如陳昌言所禀,每州每縣虧空或十萬八萬、三萬五萬不等,合計通省七十二廳、州、縣,勢須虧累在四、五百萬以上，實無如此之多。

又原稟所稱已徵未報每州每縣皆在一萬八千兩以上，通省已徵未報七八十萬兩。道府盤查，州縣虛出印結。等情。查據署藩司覆稱：通省新舊民欠錢糧共止四十九萬餘兩，其已徵未報之數，焉得轉較民欠尤多。道府身膺監司方面，何肯明知虧短，但令虛出印結？是否陳昌言另有確據，應由陳昌言指實報查。

臣等查，通省新舊民欠錢糧共止四十九萬餘兩，若如該革員所稟，已徵未報有七八十萬兩之多，是必各廳、州、縣將此四十九萬餘兩全行徵齊，猶須預徵二三十萬兩方符此數。該管各上司不應如此聾聵，即百姓又焉能竟無告發。

至道府盤查州縣，查出印結及換詳立案各情，質之陳昌言，並無實據可指。其所稱清查不公一節，實有准駁兩歧，未能允協之處，現經查出，於另摺內逐細聲明，奏請覆覈。

至所稱甘肅虧空，寧夏、甘、涼府屬最多。臣等查閱清查原案單開，如蘭州府屬之皋蘭、金縣、河州，寧夏府屬之寧夏、平羅、靈州、中衛，甘州府屬之張掖，涼州府屬之鎮番、永昌等各州、縣，均有虧短，業經奏明有案，應請統歸覆查案內一併覈辦。

一、原稟內稱：該革員于岷州任內並無虧短，各屬道府立案，通省皆未删除，獨將岷州倉庫無虧任意挑斥。等情。

臣等查，清查案內，道府立案生息攤銷諸款，各屬有准有駁，並非通省皆未删除。至該革員原查實虧銀七千九百餘兩內，除解過銀四百餘兩及現經署藩司查明後任張聰梓應交銀一千八百餘兩外，其餘虧短銀兩，檢閱清查原報底册，或以鋪墊執事木器、食物請抵，或以生息不敷銀兩虛抵，或自認變産完交，並非實銀在庫。該革員率稱本無虧短，實屬有意含混。

以上各條內，惟婦女入署、幕友盤踞、清查不公、官員虛報到任、管號家人代賣物件各款，訊屬有因，其餘贜私重情，或稱懷疑妄控，或稱風聞不實，均屬查無確據。臣等以該革員既敢臚列重款，訐告大員，自必確有實據，何以一經提訊，於重大各情即甘俯首認誣，恐布彥泰及官幕人等實有贜私重情，該革員旋起旋滅，更難保無賄和等弊。乃隔别研詰，不特布彥泰暨在案人證堅稱並無其事，即該革員亦稱：委因丁憂離任，適值清查，起意將鋪墊木器、食物等件抵作實銀。若能准抵，衹實虧銀一千七百餘兩。後來清查局中將列抵各款删去,不准抵作實銀,致虧短銀五千八百餘兩。復經布彦泰飭令删除修理款内銀兩,不准攤銷,以致共虧銀七千九百餘兩,列入清查參案。心疑局員串通院司各幕有意刁難,又恐布彦泰身爲總督,爲何任聽官幕舞弊,心懷憤恨,遂將平日懷疑及風聞無據之言,一並列款,具訐投遞,冀得嚴參泄憤。今經嚴詰,已蒙將事屬有因各條審實,其餘本係一時糊涂,冒昧砌稟,並無賄和情事。再三研詰,矢口不移,案無遁飾,應即擬結。

查律載,誣告人死罪未決者,杖一百、流三千里,加徒役三年。又例載,屬員已知上司題參,摭砌款迹、捏詞誣揭者,一事審虚,即行反坐,於誣告加等例上再加一等治罪。又例載,幕賓、長隨盤踞衙門者,幕賓照書役年滿不退例,杖一百,長隨枷號一個月,杖一百,各遞回原籍,分别發落。又律載,許嫁女已報婚書,若再許他人,已成婚者杖八十。男家悔而另聘者,罪亦如之。各等語。

此案已革候選知府、前任甘肅岷州知州陳昌言,於清查案内虧短倉庫銀糧,經前督臣布彦泰列入參案,輒敢牽砌多款,捏詞誣訐,冀圖一併嚴參泄憤,居心實屬險詐。查閱原稟各款,應以所告布彦泰巡邊案内侵吞銀十萬兩爲最重。如果屬實,布彦泰罪應論死。今審係虚誣,自應依律反坐。陳昌言除控屬有因各款及贜無確數、無憑坐誣,或例應坐誣、罪止流徒不議外,合依誣告人死罪未決,杖一百、流三千里,加徒役三年律,杖一百,流三千里,加徒役三年。係屬員誣揭上司,照例應再加一等,請旨從重發往新疆充當苦差。該革員尚有應繳銀兩,應即著落家屬,嚴行追繳。

已革候選縣丞、藩司幕友孫企青即孫繼烈,久居藩幕,雖訊無串通賄囑各情,惟於清查案内任意准駮,改换名目,已革從九品職銜。督署幕友朱一帆即朱垣,屢經易任、未出督幕,雖訊無别項劣迹,惟曾向各處推薦幕友,又屢擬文批措詞失當。余奎即余維藩先充長隨,業已辭退,輒借包辦酒席,出入衙署,並代售衣物,雖訊無勾通行賄等弊,均屬不安本分。遍查律例,並無幕賓、長隨有犯前項各情作何治罪專條,自應即照盤踞衙門各本例問擬。孫企青即孫繼烈、朱一帆即朱垣、余奎即余維藩,均合依幕賓、長隨盤踞衙門,幕賓照書役年滿不退例,杖一百,長隨枷號一個月、杖一百,各遞回原籍例,孫企青、朱一帆均遞回浙江山陰縣原籍,杖一百,折責發落,余奎遞回安徽涇縣原籍,枷號一個月,滿日杖一百,折責發落。已革八品頂戴、藩署幕友丁寶田即丁德培,先曾聘妻黄氏,復娶孫企青之女孫氏爲妻,雖孫氏故後仍將黄氏迎娶,究屬悔婚另娶。丁寶田即丁德培應照男家悔婚另娶者杖八十律，杖八十，業已革去頂戴，應免發落。未便任其逗留甘省，應飭令即行回籍。

省書師福麟、郭升於該革員飭令在省專辦提省人犯口糧等件，輒侵漁銀十餘兩及七兩不等。查省書名目，即駐省長隨，遇有提省案件，人犯口糧、差役盤費俱由彼處墊付，本屬相沿惡習。師福麟係捐納縣丞，在逃之劉鑒堂即劉照藜係文生員，乃甘爲下賤，實屬不知自愛。除在逃之劉鑒堂即文生員劉藜業經咨明禮部及陜甘學政斥革，仍飭緝獲另結外，師福麟應咨明吏部革職，與郭升均酌照不應重律杖八十，折責發落。所賺銀兩爲數無多，已據陳昌言供請免追，應免追繳。至省書一項，無裨公務，徒滋侵漁，已由臣琦善查明斥禁。

前督臣門丁陳敬托余奎售賣衣物，雖係奉有主命，亦有未合，應照不應輕律笞四十，折責發落。

前任陜甘總督布彦泰，雖查無贓私重情，惟封疆大員，於關防衙署任聽婦女往來，清查事案辦理致多歧誤，以及辦公需人，主令屬員虚報到任，零星衣物，輒聽家人輾轉售賣，種種粗率，致招物議，應請旨交部嚴加議處。應即回京聽候部議。

原任布政使温予巽，責有專司，乃於清查要務任聽幕友率意准駁，致多舛錯。本干嚴議，業已病故，應毋庸議。

解任固原州知州徐采，前署張掖、中衛，查無虧短銀糧，鎮原縣知縣張琅，訊無卑污迎合各情。吐魯番同知托克清阿，前署岷州任虧短銀二千五十餘兩，查已完繳二千兩，於陳昌言記過案内並未撥弄舞弊。各該員委辦清查亦均未與余奎、孫企青勾通受賄。徐采於題補兩當縣、張琅於題補鎮原縣、托克清阿於題補環縣，均因督臣委辦奏銷及清查事務，飭令先報到任，與夤緣規避者不同。惟既經留省承辦清查事務，並不認真查覈，輒因限期緊迫，隨同司幕草率了事，實屬咎無可辭。徐采、張琅、托克清阿應請一併交部議處。

該省清查舛錯參差之處，臣等已於另摺奏請復查。

其升任布政使張祥河、前署任布政使春熙，雖任事未久，未便置之不議，應與隨同畫稿並非專辦之司、道、府、縣各員一併由部查取職名，分别議處。

調任陜西定邊縣知縣劉湛於其妻房氏在林宅公館與布彦泰之妻會遇，諭令入署一次，該員適在隴西任所，並不知情，應請免議。

永固協副將布克慎並無關通賄合，署凉州府事、循化同知吴龍光並未致送節壽，應與訊無不合之張聰梓、李光興、龔世鉞等均無庸議。

捐輸知縣余士燮，訊係余奎即余維藩同高祖弟是應屬實，應咨明余士燮寄籍順天府，查明照例辦理。

調到文卷分别發還，全案供招咨送刑部備核。臣祁寯藻於拜摺後，率同隨帶司員起程回京覆命。

所有會同審明定擬緣由，理合恭摺具奏請旨。

道光三十年正月初三日奉御批："另有旨。留夾片一件。欽此。"

爲請假歸省事片

道光三十年正月初三日 *

再，臣祁寯藻籍隸山西壽陽縣，距驛路僅十餘里。臣自服闋入都供職，迄今已十四年，先塋久疏拜掃。兹幸自甘肅差旋，道出里門。仰懇天恩賞假五日，回籍省墓，以展私忱，感激鴻慈，實無涯涘。不揣冒昧，附片陳明，伏乞恩鑒。謹奏。

道光三十年正月初三日奉御批："依議。欽此。"

爲甘肅安定知縣稟訐蘭州道各款審係子虚分别定擬事片

道光三十年正月初三日 *

再，前督臣布彦泰附片奏稱，委盤鞏、秦、階屬倉庫蘭州道楊能格，稟揭安定縣倉庫虧短與册造數目不符，旋據該縣胡薦夔以該道沿途需索，送銀未收，以致被參撤任等情，請旨一併派員訊辦一案。臣等查，蘭州道楊能格會同藩司等原詳内稱，胡薦夔虧短銀糧，除歸入前任完交及列入清查參案外，復查出該縣虧銀五百餘兩、糧五千五百餘石，將該員詳請撤任參辦。復查安定縣胡薦夔原稟，其所稱沿途需索及送銀二百兩未收，業經布彦泰附片奏明。此外尚有牽控該道奉委盤查，並未親歷其地，及秦州致送銀一千二百兩、階州致送銀一千一百兩、鞏昌府屬致送銀一千兩，並制辦壽屏壽幛，每屬派銀五兩，有鞏昌府首縣信函可憑。等語。

臣詳閱案情，該縣致送銀兩，該道並未收受，所稱秦州、階州等處致送銀兩，應令指出確據，以憑嚴究。乃胡薦夔堅稱並無實據。勒令交出鞏昌府首縣隴西縣信函，查閱信内衹有備用夫馬等件，並無攤派規費及制辦屏幛等情。

臣等復加究詰，據供：委因倉庫虧短，册造不符，經該道查出，欲行參辦。又聞家人錢升稟稱，該道路過通安驛公館，未經掃除，冒雨前進，夫馬亦未動用，恐係有意需索規費，遂令家人潘榮許銀二百兩，托該道門丁張順婉轉求情。張順不敢代回，知該道必行揭參，一時情急，恐致監追，心疑秦、階等屬未必無虧，何以未聞參揭，自係致送較厚，已經收受，遂以該道勒索等情具稟。差信業已呈出，此外並無攤派銀兩信函。所有倉庫虧短，情願依限賠交。等語。

飭傳蘭州道楊能格，取據親供，並提到安定縣家人潘榮、錢升，及該道門丁張順，供俱相符。調到秦州知州董平章、階州知州葛以簡稱訊，該道委係親身盤查，並無致送規費情事。復傳到隴西縣知縣黄世安，據供，該道奉委盤查，照例應給民夫，是以先期傳信，此外並無攤派銀兩信函。核與各供無異，應即擬結。

查律載，官吏人等非因事而受財坐贜致罪，各主者通算減半科罪，罪止杖一百、徒三年。又律載，誣告人徒罪，加所誣罪三等。又例載，屬員已知上司揭參，摭砌款迹、捏詞誣揭者革職，一事審虚，即行反坐，於誣告加等例上，再加一等治罪。又例載，有事以財行求得枉法者，計所與財坐贜論，二百兩減半科罪，杖六十、徒一年。又例載，以財行求有首從者，爲從無禄人聽減二等。各等語。

此案撤任安定縣知縣胡薦夔，於蘭州道楊能格奉委盤查該縣倉庫，核與所報不符，會同藩臬兩司將該員稟請撤任參辦，輒以該道沿途需索夫馬、收受規費等情捏詞妄訐，冀圖挾制，實屬刁詐。查閱各款，應以所告楊能格收受規費銀兩爲重，如果屬實，楊能格應照坐贜致罪，減半科罪，五百兩以上罪止杖一百、徒三年律，杖一百，徒三年。今審係全誣，自應依律加等問擬。撤任安定縣知縣胡薦夔除以財行求，計贜二百兩減半科罪，杖六十、徒一年及例應反坐各輕罪不議外，應請旨即行革職，照誣告人徒罪加所誣罪三等律，於杖一百、徒三年罪上加三等，擬杖一百，流三千里。係屬員誣揭上司，照例應再加一等，請旨從重發往新疆效力贖罪。該員尚有應繳銀兩，應即著落家屬追繳。

該員家人潘榮，聽從伊主向蘭州道家人張順婉轉求情，並有致送銀二百兩之語，即屬爲從。潘榮應照有事以財行求得枉法者，所與財坐贓論，計贓二百兩減半科罪，係爲從無禄人，照例聽減二等，於杖六十、徒一年罪上減二等，擬杖九十，折責發落。係口許虚贓，例不議追。

蘭州道楊能格訊無收受規費及濫索夫馬情事，委係親身前往盤查，亦未收受壽屏、壽幛等件，其於安定縣倉庫虧短據實揭參，並無不合，應毋庸議。

秦州知州董平章、階州知州葛以簡，訊無致送規費情事，隴西縣知縣黄世安，訊無攤派銀兩情事，其致寄差信亦係照奉委盤查准其動用民夫之例辦理，應與訊無不合之張順、錢升亦均毋庸議。

供招咨送刑部備核。所有會審定擬緣由，理合附片具奏請旨。

道光三十年正月初三日奉御批："欽此。"

爲補授大學士謝恩事奏摺

道光三十年六月初四日

臣祁寯藻跪奏，爲恭謝天恩，仰祈聖鑒事。

本月初三日内閣奉上諭：祁寯藻著補授大學士。欽此。竊臣猥以凡庸，濫叨榮遇，荷蒙宣宗成皇帝覆載深仁，超擢不次，備員禁近，洊領農卿。復邀特達之恩，忝與參知之列。蟻忱未效，蝨負時虞，念民生國計之維艱，愧救弊補偏之無術。追懷恩寵，莫報涓埃。乃荷皇上愈格優容，垂慈眷顧，益增感激，倍切兢惶。兹承錫命之頒，更晋平章之秩。撫衷自問，方陪黄閣以增慚；懋簡遽膺，益捧丹綸而滋惕。臣惟有勤求政事，勉勵廉隅。寸草向榮，長沐盛朝之雨露；素餐自懔，冀酬大造之生成。

所有微臣感激悚懼下忱，謹繕摺叩謝天恩，伏乞皇上聖鑒。謹奏。

爲遵旨將記名尚未傳補之滿漢章京帶領引見事奏摺

道光三十年十一月十四日

臣祁寯藻、臣賽尚阿、臣何汝霖、臣季芝昌跪奏，爲遵旨帶領引見事。

本月初十日内閣奉上諭：所有各衙門前經記名，尚未傳補之滿、漢軍機章京,著帶領引見。欽此。臣等當即咨行各衙門,將前經考取記名以滿、漢軍機章京補用之中書、主事、筆帖式共十五員,開具出身履歷,由臣等按照名次前後,開列清單進呈。並繕寫緑頭牌,於本日帶領引見。伏候欽定訓示。謹奏。

爲工部筆帖式色普哲訥等請俟差竣假滿補行引見事片

道光三十年十一月十四日

再,查前經記名以滿、漢軍機章京補用各員内,工部筆帖式色普哲訥一員,准工部咨稱:該員現有慕陵住班差使;又准刑部咨稱:候補主事李汝楫一員,現在告假出京,均不克引見。應俟各該員差竣及假滿回京時,補行帶領。合併陳明。謹奏。

爲解任副都統德順案内牽涉前任副都統雙德飭令回奏事奏摺

道光三十年十一月二十九日

大學士、軍機大臣臣祁寯藻等謹奏,爲解任副都統德順案内牽涉前任副都統雙德,請旨飭令明白回奏事。

據都察院奏送密雲駐防已革馬甲魁山京控一案,經刑部以協領海玉等供詞閃爍,奏請革職,並將副都統德順解任。奏奉諭旨:著派軍機大臣會同刑部嚴行審訊。欽此。欽遵在案。兹訊據德順供稱:修理營房等處,均係前任副都統雙德任内之事。並據海玉供稱:道光二十七年間,前任副都統雙德任内報修營房六處,估銀二千九百七十五兩。派管庫協領蘇克都亨與伊等承修。伊在直隸藩庫如數領銀,因有急需挪用銀六百兩,向雙德捏稱購料使用,餘銀二千三百七十五兩,交蘇克都亨收庫等語。據蘇克都亨供稱:海玉從藩庫領回銀兩只交伊二千三百七十五兩,海玉留下銀六百兩,向説給户部書吏使費,伊曾向雙德回明等語。

臣等以蘇克都亨與海玉供詞均稱曾向雙德回明,雙德何以並不查明虚實究辦,遽令短數驗收存庫,其短交之銀,當日究係如何向該都統回明,該都統因何並不查辦之處,相應請旨飭令察哈爾都統雙德,據實明白回奏,毋稍含混,以憑訊辦。

除一面向德順、海玉等嚴究確情外,謹恭摺具奏請旨。

爲請旨飭拿副都統德順貪贓案内索取部費户書王潤祥事奏摺

道光三十年十二月初八日

大學士、軍機大臣臣祁寯藻等謹奏,爲審訊解任密雲副都統德順案内,究出户部書吏向領銀官弁索取部費,現犯在逃,請旨飭拿訊辦事。

據都察院奏送密雲駐防已革馬甲魁山京控一案,經臣等訊明,已革協領海玉挪用工程銀六百兩,與蘇克都亨均向雙德回明,或稱部費,或稱購料,奏明請旨,令雙德明白回奏。玆據雙德覆奏,海玉用過銀六百兩,曾向禀明,係屬部費。臣等復督飭章京司員審訊,據已革協領海玉供稱:道光二十七年間,前任副都統據修營房六處,估銀二千九百七十五兩,派伊前往直隸藩庫領銀承修。伊托在京城東草廠二條胡同居住之素識、户部福建司經承王雨田辦理,許給銀六百兩。等語。核與已革協領蘇克都亨供詞相同。

查此案前經刑部審訊,以蘇克都亨既有部費之説,即片行户部,調取核覆密雲報修原稿,係經承王潤祥承辦。復片行户部,飭傳王潤祥到案,以備查訊。旋據户部覆稱,王潤祥係已滿書吏,業已出署,當即密飭坊役查拿。復據禀報,據該吏家屬回稱,王潤祥於今年九月間出京,並搜出對聯一副,上有雨田二字,是海玉所供之王雨田即係王潤祥無疑。該書吏膽敢向領銀官弁索取部費六百兩之多,實屬大干法紀,亟應嚴切根究。除一面移會該城御史轉飭司坊嚴密查拿外,相應請旨飭下步軍統領、順天府、五城一體嚴拿務獲,送部究辦。

再據海玉供稱:部費銀兩,係同密雲領催來喜送至王雨田家,當面交給,俱係來喜經手。又據供稱:德順到任,以工程不符,欲行參辦。雙德之子監生忠泰曾往密雲告知海玉,伊父雙德情願賠出銀六百兩,交與蘇克都亨收庫。各等供。虛實均應徹底根究。

應請旨將密雲領催來喜及雙德之子監生忠泰交該管旗營一併解送到部

歸案審訊，謹合詞恭摺具奏請旨。

爲山東因灾請將徵收錢糧一律豁免事奏摺

咸豐元年四月十四日

大學士兼署管理户部事務臣祁寯藻等謹奏，爲山東省道光三十年錢糧，因灾緩至該年麥後、秋後啓徵者，除已完銀兩查明報撥外，其餘未完銀兩，應遵前奉恩旨一律豁免。據咨改奏，仰祈聖鑒事。

咸豐元年三月二十五日，據署山東巡撫劉源灝咨稱，據署布政使福濟呈稱，准户部咨，本部具奏遵旨蠲免積欠，請推廣定例以普皇仁一摺，並奏請豁免積欠之旗租、地租、竈課附片，均於二月初三日具奏。奉旨：依議。欽此。相應抄録原奏附片，飛咨山東巡撫刊刻謄黄，遍貼曉諭。等因。奉此。當經欽遵移行一體遵辦。並全行刊刻謄黄，通頒曉諭。各在案。

兹據臨清州禀稱，竊奉行准部咨，以本年正月欽奉恩旨，普免積欠一案，現經户部覈議具奏，截至道光二十九年爲止，概予豁免。其三十年錢糧，查明熟田、緩徵，分别應徵、應豁，令即遵照辦理等因。遵查道光三十年灾緩錢糧一項，有因麥灾緩徵，當年秋後啓徵者；有因秋灾緩至次年秋後啓徵者。現在雖有已啓徵、未啓徵之分，而奏銷案内凡有緩徵，均應提出，另扣年限。今部文内開，三十年錢糧，如有因灾緩徵者，查明一律豁免。如係熟田未完，仍應照舊徵收。卑州上年二麥被旱、被風，緩至當年秋後啓徵。錢糧現在尚有未完之項，是否因業已啓徵即與民欠無異，不在應豁之列。抑或有因灾報明有案，並非熟田仍應一律請豁。事關曠典，一徵一豁出入匪細，卑職未敢擅便，理合禀請批示祗遵。等情到司。

據此，本署司覆查户部原奏内稱：所有道光三十年因灾請緩、應行帶徵錢糧，即與道光三十年以前未完各項確切查明，一併列入單内奏請豁免等語，並無分别已、未啓徵字樣。是道光三十年錢糧，因灾緩至咸豐元年啓徵之項，固應遵照乾隆六十年諭旨，列入請豁。即該年麥後、秋後業已啓徵銀兩，細繹文義，既已因灾請緩奏報有案，雖經啓徵，究與熟田未完有間，均應一體題豁，以普恩施。

經東省歷辦蠲免成案，節年各案緩徵及未完積欠，或有已經啓徵年分，復因偏灾遞緩，衹應將被灾村莊核計銀數，聲明案由，列於緩徵項下。其餘未完，仍作實在民欠開列，並不聲敘帶徵字樣。至未經啓徵年分，統作緩徵造報，遵照在案。以此推之，則已經啓徵之未完銀兩，似又與熟田未完錢糧無異。所有道光三十年錢糧，因灾緩至該年麥後、秋後，業已啓徵現尚未完銀兩，是否以請緩在前，即應一律請豁，或因已經啓徵，即應與熟田未完銀兩，仍作民欠徵收，衹將緩至咸豐元年啓徵之項，查明奏豁。普蠲曠典，辦理不厭詳慎。相應詳請咨部示覆飭遵。等情。據此擬合咨呈，謹請查照迅賜示覆飭遵。等語。

臣等伏查，本年元旦恭奉恩綸，將各省道光三十年以前民欠錢糧全行豁免。當經臣部恭查乾隆二十七年暨六十年歷奉高宗純皇帝聖諭，聲明除道光三十年熟田未完錢糧，尚未截數奏銷，不得謂之積欠，應照定例辦理外，所有道光三十年因灾請緩應行帶徵錢糧，即與道光三十年以前，未完各項確切查明，一併列入單内，奏請豁免。仍嚴禁吏胥延擱、需索諸弊。等因。於二月初三日具奏，奉旨：依議。欽此。欽遵。飛咨各該督撫遵行在案。

兹據該署撫以所屬臨清州稟稱，道光三十年灾緩錢糧一項，有因麥灾緩至當年秋後啓徵者；有因秋灾緩至次年秋後啓徵者。現在雖有已、未啓徵之分，而奏銷案内，凡有緩徵，均應提出另扣年限。卑州上年二麥被旱、被風，緩至當年秋後啓徵，錢糧現在尚有未完之項。是否因業已啓徵，即與民欠無異，不在應豁之列。抑或以因灾報明有案，並非熟田，仍應一律請豁。並據該藩司查明，東省歷辦蠲免節年各案，緩徵及未完積欠，或有已經啓徵年分，復因偏灾遞緩，衹應將被灾村莊核計銀數聲明案由，列於緩徵項下。其餘未完，仍作實在民欠開列，並不聲敘帶徵字樣。至未經啓徵年分，統做緩徵造報，遵照在案。所有道光三十年錢糧，因灾緩至該年麥後、秋後啓徵。現尚未完銀兩，是否以請緩在前，即應一律請豁。或因已經啓徵即與熟田未完銀兩，仍作民欠徵收，衹將緩至咸豐元年啓徵之項，查明奏豁，咨部覈覆飭遵。等語。

臣等伏查，臣部原奏道光三十年因灾請緩應行帶徵錢糧，即與道光三十年以前未完各項確切查明，一併列入單内奏請豁免，係欽遵乾隆六十年上諭：前經降旨將各省節年民欠普行豁免，兹據湖北省奏，到乾隆五十九年，江陵等八州、縣因灾蠲免錢糧，係六十年啓徵之項，未敢列入等語，所奏殊未喻朕意。今已將節年民欠全行豁免，豈有上年因灾蠲緩之項，轉令向隅之理。並著該督撫查明，一律題豁。等因。欽此。是因灾緩徵錢糧，凡屬奏報有案，均爲灾歉無疑。雖有已、未啓徵之分,業經請緩在前,自應分别予豁。即謂該省歷辦蠲免、緩徵、積欠成案,或有已經啓徵年分,復因偏灾遞緩,衹將被灾村莊列於緩徵項下,其餘未完仍作實欠在民開列,並不聲叙帶徵字樣。至未經啓徵年分統作緩徵造報,此係指尋常灾緩之年而言,並非恭遇普蠲曠典。今我皇上建元首祚,大沛洪恩,臣等仰體聖慈,何敢以數千百萬之豁免,復又計及錙銖。所有山東省道光三十年錢糧,因灾緩至該年麥後、秋後啓徵者,除已完銀兩,應令調取紅簿,串根查明確數,據實造報外,其餘未完銀兩,擬請一律豁免,以廣皇仁。並令各直省督撫、將軍、府尹等,查明各該省,如有道光三十年錢糧,因灾緩至該年麥後、秋後啓徵者,分别已完、未完確數,即行照此辦理,以歸畫一。

惟查東省上年灾緩錢糧,既於麥後、秋後啓徵,則應徵之項,自必於本年未奉恩旨以前悉數徵齊。即偶有一、二未完,亦不過窮檐小户,爲數無多。乃該臨清州並不將已徵若干、未完若干據實詳報,而徒以應豁、不豁爲請,難保不以遷延時日爲影射挪移之計。應令該撫轉飭該藩司,確加訪察,詳細聲明。

再查各省奉旨豁免,現如盛京、黑龍江、陝西、浙江等省均已奏到。山東省近在京南,至今尚未開列清單,奏請豁免。相應請旨敕下該撫陳慶偕督飭藩司迅即確查節年民欠,詳晰奏陳,毋任輾轉耽延,致滋弊竇。

謹將據咨改奏緣由,恭摺具奏。是否有當,伏乞皇上聖鑒訓示遵行。謹奏請旨。

爲請豁免直隸民欠銀米事奏摺

咸豐元年四月十七日

大學士兼署管理户部事務臣祁寯藻等謹奏,爲遵旨查核具奏事。

内閣抄出,直隸總督訥爾經額奏,查明直隸省民欠銀米各數,開單具奏一摺。咸豐元年四月初二日奉硃批:户部察覈具奏。單併發。又於清單内奉朱批:覽。欽此。欽遵。於本月初五日抄出到部,隨准直隸總督將應豁銀米草束細數清册咨送前來。

據該督原奏内稱,准部咨,本年正月初一日欽奉上諭:朕寅承丕緒,撫馭萬方,敬念列聖御極之初,蠲免積逋。當兹建元肇始之時,所有各省積年民欠正耗錢糧及因災緩、帶徵銀穀等項,著各該督撫等將道光三十年以前實欠在民者,詳細查明開單,奏候降旨,全行豁免。等因。欽此。遵即飭司敬謹謄黄,飛頒各屬,在於城鄉村鎮遍行曉諭,並由司將應豁各項詳細出示,一面飭令查照指蠲定例,以已入奏銷之數爲准,確查實在民欠,並三十年因災緩帶徵,務將徵存之數悉行剔除,開單詳報覈奏去後。

兹據藩司陳啓邁詳稱,查直隸所屬一百四十四州、縣、廳内,涿州等五十州、縣、廳,道光三十年以前並無民欠,三十年亦無因災緩帶徵之項。其餘通州等九十四州、縣、廳,道光三十年以前並三十年,因災帶徵民欠地丁正耗以及各項銀數,現據分晰開報,與存司各項册檔,覈對勾稽。内報出徵存之款,應另行詳奏,勒限提追。其節年民欠存留地糧一項,查州、縣徵收糧銀,先盡起運解司,次及留支俸工等銀,且有因災緩帶徵,照例在於司庫借領之款,歷届均奉恩旨准豁,此次自應照辦。計道光三十年以前,實在民欠起存地丁、正耗及緩徵、帶徵、補徵、攤徵、出借折色並學租等銀共一百三十萬三千四百三十六兩一錢七厘三毫;屯糧、屯耗及出借常平、社義各倉並學田等項米、穀、糧、豆一十二萬七千七百九十九石七斗一升八合四勺八抄一撮,草九百四十七束七分四厘。分晰核明確數,開單請奏。等情。

臣逐加覆覈,年分款目,均屬相符。除飭司移行各道、府、廳、州,調齊紅簿,就近再行查對,俟查造細數款册,照例詳題外,謹繕簡明清單,敬呈御覽,伏候恩施。並先造具清册,咨送户部查覈。其雜税等項,三十年以前均無民欠,合併陳明。等語。

臣等伏查,先由内閣抄出,咸豐元年正月初一日奉上諭:朕寅承丕緒,撫馭萬方,敬念列聖御極之初,蠲免積逋,覃敷闓澤。俾人安樂利,户免追呼,共享升平之福。誠以民爲邦本,厚民生正所以培元氣也。當兹建元肇始之時,宜行體元長人之政。自道光十五年、二十五年,兩次欽奉皇考宣宗成皇帝恩旨,以二十年以前,各省民欠錢糧盡予豁免。後自二十一年迄今,又届十稔,民間續有積欠,允宜大沛恩綸,期與薄海群黎,同躋仁壽。所有各省節年民欠正耗錢糧及因災緩徵、帶徵銀穀,並借給籽種、口糧、牛具及漕項、蘆課、學租、雜税等項,即著各該督撫、將軍、府尹等,將道光三十年以前實在民欠者,詳細查明,按照該省所屬之某州、某縣銀谷若干,速行開單具奏。候朕以次降旨,全行豁免。並著先將此旨刊刻謄黄,遍行曉諭,務使城市、鄉村,遐陬僻壤,咸喻朝廷德意,毋使官吏胥役等延擱侵漁,致滋弊竇。庶吾民休養生息,慶洽綏豐,用示朕元春布德,以仰副皇考三十年子惠元元,申錫無疆至意。該部即遵諭行。欽此。

又於咸豐元年正月十二日奉上諭:給事中袁甲三奏,豁免民欠請嚴除積弊一摺。據稱歷届豁免積欠成案,各省因駁飭行,查有遲至數年而不結者。良由本無限期,以致輾轉耽延,官吏營私,弊端叢出。若不預爲制防,是竟以加惠之政,遂若輩谿壑之私,尚復成何事體。此次豁免積欠,值清查初蕆,民欠款目,皆已剔清,外司内部,已知確數,勢固較然難欺,即近年奏銷在清查以後者,亦不難將徵册串根覈其實欠數目。著各直省督撫等,於奉到豁免諭旨後,限三個月即行詳悉開單具奏,户部亦即趕緊查明覆奏。其銀穀款數稍有未符者,部議時一面覈准,一面將不符之處,行令咨部更正,毋任書吏藉詞駁換,致有需索。等因。欽此。

又,臣部酌議蠲免積欠請推廣定例摺内聲請,將道光三十年因災緩帶徵銀糧等項,即與民欠未完各項,一併列入單内,奏請豁免。於咸豐元年二月初三日奉旨:依議。欽此。

又於咸豐元年二月初八日奉上諭:傅繩勛奏,遵查豁免積欠,請旨遵辦一摺。向來查辦豁免積欠,降旨指蠲自某年至某年者,總以奏銷截數爲准。若未入奏銷,不得統作積欠蠲免。歷經該部纂入則例,一律遵行。本年元旦,經朕降旨飭令各該省,將道光三十年以前實欠在民者,詳查具奏,候朕以次施恩。各該省遵旨查辦,自應仍照舊章,凡實欠應蠲,總以欠數已入奏銷爲准。其道光三十年正賦,此時尚未奏銷,不得謂之積欠。著再通諭各直省督撫等,遵照從前成案並現在户部議行各事宜,明晰曉諭,分别辦理,毋致小民誤會觀望,致礙新賦,庶應蠲者,實惠均霑;應徵者,輸將無誤。官吏人等,自不致有影射蒙混等弊。等因。欽此。均經臣部行文遵照。各在案。

今據直隸總督訥爾經額,將直隸省道光三十年以前並三十年,因災緩帶徵民欠地丁、正耗及補徵、攤徵、出借折色、學租等項銀米,查明具奏前來。臣等查清單内僅載簡明數目。檢查册造道光二十一年起至二十九年止,民欠未完並三十年因災緩帶徵、起運地糧、正耗銀一百十五萬五千七百八十九兩零;又補徵糧銀二百四十八兩零;又召買無人先行升科緩徵銀一百一兩零;又屯糧米穀糧豆三萬三千一百八十二石零;草九百四十七束零;屯耗米穀糧豆六百三十一石零;出借穀四千七百二十六石零;出借折色銀四千八百九十九兩零;又學田租銀一百六十二兩零;租穀三十二石零;又常平倉出借未完穀三萬五千四百九十五石零;又社倉出借穀一百六十石;義倉穀五萬三千五百七十石零。

以上各項銀糧,均與歷次准免款項相符,應請旨准其豁免。其應豁細數内,除先行升科緩徵糧銀,同學田租銀穀石及社倉出借穀石,臣部覈與各該年奏銷册造未完銀穀數目符合。至民欠未完並因災緩帶徵銀糧,三十年自應尚有續完,總當以是年奏銷截數爲准。惟該年奏銷清册,現尚未據該督造報,臣部無憑覈對。應請敕下直隸總督,即將直隸省道光三十年地糧等項奏銷,遵照例限造册送部,以便稽考。如有徵存之款,亦即勒限提追。

再,册造存留正銀十三萬九千三十二兩零,原册係與起運銀兩籠統列入豁免。臣等查則例内載,州、縣實徵銀兩,應支官俸、役食、驛站等項,准各州、縣自行留支,餘存銀兩解交藩庫。等語。是存留一項,原係該州、縣於徵完銀内,先盡留支之款,不應尚有未完。兹該督奏稱,州、縣徵收糧銀先盡起運解司,次及留支俸工,與定例不符。

又,攤徵土方銀三千二百二兩零,並未分晰報部。臣部均未便遽議豁免。溯查道光十五年豁免案内,經部議駁後,曾由直隸總督復行奏懇,仍予豁免。道光二十五年豁免案内,臣部援案議請,均經奉旨允准。所有此次直隸册造存留地糧銀十三萬九千三十三兩零,攤徵土方銀三千二百二兩零,可否准其一體豁免之處,出自皇上天恩。如蒙俞允,臣部行文直隸總督,彙同准豁各款,一律刊刻謄黄,遍行曉諭,務使實惠均霑,毋任吏胥滋弊。並令該督於三十年奏銷册内分晰聲造,仍專案造册題報。其攤徵土方銀兩係於何年何案在於何款内借給之處,亦飭一併聲明,以憑查覈。至雜税等項銀兩,據稱並無未完之項,應毋庸議。

所有臣等覈議緣由,理合恭摺具奏。伏乞皇上聖鑒訓示遵行。謹奏請旨。

爲抖晾實録玉牒事片

咸豐元年四月十九日*

謹查,嘉慶二十年二月内奉旨:乾清宫尊藏實録、玉牒,著間歲抖晾一次。每次著軍機大臣奏派滿、漢文職大臣各二員,於四月内,率同批本處各員暨乾清宫總管首領太監等,敬謹抖晾。即自今歲爲始。欽此。

道光二十九年以前,迭經奏請派員敬謹抖晾。本年又屆應行抖晾年分,臣等謹將滿、漢文職大臣,除現有差使各員,無庸開列外,分繕名單進呈,恭請簡派滿洲大臣、漢大臣各二員,並將上屆派出各員,繕單恭呈御覽。

所有抖晾日期,由該員等選擇,先期知照敬事房批本處、内務府,照例豫備,屆期敬謹遵辦。謹奏。

咸豐元年四月十九日,奉硃筆圈出:聯順、托倫布、王廣蔭、杜翻。欽此。

爲請蠲免平泉等州縣民欠錢糧事奏摺

咸豐元年四月二十五日

大學士兼署管理户部事務臣祁寯藻等謹奏,爲遵旨察覈具奏事。

内閣抄出,熱河都統惟勤奏,查明平泉、豐寧二州、縣實在民欠地糧、旗租銀數,開單具奏一摺。咸豐元年四月初八日奉硃批:户部察覈具奏,單併發。又於清單内奉硃批:覽。欽此。欽遵。於四月十二日抄出到部。隨准該都統將應豁銀數細册,咨送前來。

據原奏内稱,准部咨,本年正月初一日内閣奉上諭:朕寅承丕緒,撫馭萬方,敬念列聖御極之初,蠲免積逋,覃敷闓澤。俾人安樂利,户免追呼,共享生平之福。誠以民爲邦本,厚民生正所以培元氣也。當兹建元肇始之時,宜行體元長人之政。自道光十五年、二十五年,兩次欽奉皇考宣宗成皇帝恩旨,以二十年以前,各省民欠錢糧,盡予豁免。自二十一年迄今,又屆十稔,民間續有積欠。允宜大沛恩綸,期與薄海群黎同躋仁壽。所有各省節年民欠正耗錢糧及因災緩徵、帶徵銀穀,並借給籽種、口糧、牛具及漕項、蘆課、學租、雜税等項,即著各該督撫、將軍、府尹等,將道光三十年以前實在民欠者,詳細查明,按照該省所屬之某州、某縣銀穀若干,速行開單具奏。候朕以次降旨,全行豁免。並著先將此旨刊刻謄黄,遍行曉諭。務使城市、鄉村,遐陬僻壤,咸喻朝廷德意,毋使官吏、胥役等延擱侵漁,致滋弊竇。庶吾民休養生息,慶洽綏豐,用示朕元春布德,以仰副皇考三十年子惠元元,申錫無疆至意。該部即遵諭行。欽此。

復於本月十二日奉上諭:給事中袁甲三奏,豁免民欠,請嚴除積弊一摺。

據稱歷届豁免積欠成案，各省因駁飭行，查有遲至數年而不結者，良由本無限期，以至輾轉耽延，官吏營私，弊端叢出。若不預爲制防，是竟以加惠之政，遂若輩谿壑之私，尚復成何事體。此次豁免積欠，值清查初蒇，民欠款目皆已剔清。外司内部，已知確數，勢固較然難欺。即近年奏銷在清查以後者，亦不難將徵册串根，覈其實欠數目。著各直省督撫、將軍、府尹，於奉到豁免諭旨後，限三個月即行詳悉開單具奏。户部亦即趕緊查明覆奏其銀穀款數，稍有未符者，部議時一面覈准，一面將不符之處，行令咨部更正。毋任書吏藉詞駁换，致有需索。等因。欽此。

又准户部具奏，道光三十年因灾請緩應行帶徵錢糧，查明豁免。並奏請蠲免積欠旗租一摺。於二月初三日奉旨：依意。欽此。

又於二月初八日奉上諭：傅繩勛奏，遵查豁免積欠，請旨遵辦一摺。向來查辦豁免積欠，降旨指蠲自某年至某年者，總以奏銷截數爲准，若未入奏銷，不得統作積欠蠲免。歷經該部纂入則例，一律遵行。本年元旦，經朕降旨，飭令各該省，將道光三十年以前實欠在民者，詳查具奏，候朕以次施恩。各該省遵旨查辦，自應仍照舊章，凡實欠應蠲，總以欠數已入奏銷爲准。其道光三十年正賦，此時尚未奏銷，不得謂之積欠。著再通諭各直省督撫、將軍、府尹等，遵照從前成案，並現在户部議行各事宜，明晰曉諭，分别辦理，毋致小民誤會觀望，致礙新賦。庶應蠲者，實惠均霑；應徵者，輸將無誤。官吏人等，自不致有影射蒙混等弊。等因。欽此。均經奴才札飭熱河道，轉飭所屬一體遵照辦理去後。

兹據熱河道定保詳據承德府知府炳綱詳稱，已將頒發謄黄遍貼城鄉，曉諭其灤平、建昌、朝陽、赤峰等四縣，先後查覆，並無民欠等項銀兩。

據平泉州知州達裕詳稱，遵查地糧奏銷案内，有道光二十九年民欠未完地糧、正銀六百四十五兩一錢二分三厘，耗銀六十四兩五錢一分二厘内，除奏銷後續行徵完正銀六十五兩一錢二分四厘，耗銀六兩五錢一分二厘，實在民欠未完正銀五百七十九兩九錢九分九厘，耗銀五十八兩。

又據署豐寧縣知縣方壽昌詳稱，地糧奏銷案内，有道光二十九年民欠未完地糧正銀一千八百七十二兩一錢三分三厘九毫七絲五忽一微五纖，耗銀一百八十七兩二錢一分三厘三毫九絲七忽五微一纖内，除奏銷後續行徵完地糧正銀四百一十三兩一錢七分七厘一毫四絲二忽，耗銀四十一兩三錢一分七厘七毫一絲四忽二微，實在民欠未完正銀一千四百五十八兩九錢五分六厘八毫三絲三忽一微五纖,耗銀一百四十五兩八錢九分五厘六毫八絲三忽三微一纖。又,道光二十九年民欠未完另案項下,租銀一百九十五兩四錢二分四厘四毫。

並據該州、縣聲明,道光二十八年以前,並無民欠未完,亦無因災緩徵銀、穀並借給籽種、口糧、牛具等項,先後造册結報前來。

當經委員確查,一面吊查紅簿串根覈對,與該州、縣册造民欠銀數相符,由該府取具切實印結,送道覈轉加結請奏。等情。奴才覆查平泉州、豐寧縣各造報,道光二十九年民欠未完地糧、正耗,暨另案租銀,既據該管道府查明,委係實欠在民,自應據實具奏。等語。

臣等伏查,先由内閣抄出,咸豐元年正月初一日奉上諭:朕寅承丕緒,撫馭萬方,敬念列聖御極之初,蠲免積逋。當兹建元肇始之時,所有各直省節年民欠正耗錢糧及因災緩、帶徵銀穀等項,著各該督撫等,將道光三十年以前實在民欠者,詳細查明開單,奏候降旨,全行豁免。等因。欽此。

又,給事中袁甲三奏豁免民欠,請嚴除積弊;並臣部酌議請豁道光三十年因災緩、帶徵錢糧及積欠旗租等項;又江蘇巡撫傅繩勛奏豁免積欠扣蠲截數,仍以已入奏銷之數爲准,等因各一摺,均經臣部恭録欽奉諭旨,行文各直省督撫、都統等,遵照在案。

今據熱河都統奏稱,灤平等四縣,並無民欠各項銀兩。平泉、豐寧二州、縣,道光二十九年奏銷案内,有未完地糧正銀及另案項下旗租銀兩,委係實欠在民,造具册結送部。等語。

臣等查,清單内僅載簡明數目,檢查册造道光二十九年奏銷案内,平泉州民欠未完地糧正銀六百四十五兩一錢零,耗銀六十四兩五錢零内,除奏銷後續完正銀六十五兩一錢零,耗銀六兩五錢零,實在民欠未完正銀五百七十九兩九錢零,耗銀五十八兩。豐寧縣未完地糧正銀一千八百七十二兩一錢零,耗銀一百八十七兩二錢零内,除奏銷後續完正銀四百十三兩一錢零,耗銀四十一兩三錢零,實在民欠未完正銀一千四百五十八兩九錢零,耗銀一百四十五兩八錢零。覈與該年奏銷册内未完數目及歷次准免銀款相符,應請旨准其豁免。

至另案項下,豐寧縣未完租銀一百九十五兩四錢零。查與該年旗租奏銷册造未完銀數,並臣部歷届奏請蠲免積欠旗租之案,均屬相符。亦應准其豁免。恭候命下,行文熱河督統刊刻謄黄,遍行曉諭,務使實惠均霑,毋任吏胥滋弊。至奏稱,奏銷後續完正耗銀兩,應令該都統造入三十年奏銷册内新收項下,送部查覈,仍將豁免銀數專案題銷。

再。灤平等四縣,據稱並無民欠未完各項銀兩,應毋庸議。

所有臣等覈議緣由,理合恭摺具奏,伏乞皇上聖鑒。謹奏請旨。

爲吉林因灾歉收請豁免銀穀事奏摺

咸豐元年四月二十五日

大學士兼署管理户部事務臣祁寯藻等謹奏,爲遵旨議奏事。

内閣抄出,吉林將軍固慶等奏,查明所屬三姓地方,道光二十六年被灾,接濟旗丁、壯丁等口糧未還穀石,並道光三十年因歉收緩徵銀穀,開單具奏一摺。咸豐元年四月十一日奉硃批:户部察覈具奏,單併發。欽此。又,清單内同日奉硃批:覽。欽此。欽遵。於四月十四日抄出到部。

據原奏内稱,本年正月十五日,接准户部咨開,咸豐元年正月初一日内閣奉上諭:朕寅承丕緒,撫馭萬方,敬念列聖御極之初,蠲免積逋,覃敷闓澤,俾人安樂利,户免追呼,共享升平之福。誠以民爲邦本,厚民生正所以培元氣也。當兹建元肇始之時,宜行體元長人之政。自道光十五年、二十五年,兩次欽奉皇考宣宗成皇帝恩旨,將道光二十年以前,各省民欠錢糧,盡予豁免。後自二十一年迄今,又届十稔,民間續有積欠,允宜大沛恩綸,期與薄海群黎,同躋仁壽。所有各省節年民欠正耗錢糧及因灾緩徵、帶徵銀穀,並借給籽種、口糧、牛具及漕項、蘆課、學租、雜税等項,即著各該督撫、將軍、府尹等,將道光三十年以前,實欠在民者,詳細查明,按照該省所屬之某州、某縣銀穀若干,速行開單具奏,候朕以次降旨,全行豁免。並著先將此旨,刊刻謄黄,遍行曉諭,務使城市、鄉村,遐陬僻壤,咸喻朝廷德意。毋使官吏、胥役等延擱侵漁,致滋弊竇。庶吾民休養生息,慶洽綏豐,用示朕元春布德,以仰副皇考三十年子惠元元,申錫無疆至意。該部即遵諭行。欽此。

奴才等跪讀之下,仰見我皇上施惠群黎,有加無已之至意。當即欽遵諭旨,刊刻謄黄,遍行張貼曉諭。並飛行咨札所屬各處,一體查報去後。

兹據各處查明,旗丁、民户道光三十年以前,並無拖欠正耗錢糧及緩徵、帶徵銀穀等項。惟三姓地方,查有道光二十六年因被水灾,奏准接濟官莊壯丁及八旗兵丁等口糧、穀内,尚欠未完穀一千六百七十三石九斗。又,道光三十年因歉收,奏准自咸豐元年起,分限二年帶徵八旗兵丁應繳義倉穀七百二十石,官莊壯丁應繳公倉穀四千五百石,民户應納地丁米折銀六十九兩二錢六分二厘五毫。奴才等伏查,三姓地方因灾接濟口糧,緩徵、帶徵銀穀覈與恩旨豁免之條相符,敬繕清單具奏。等語。

臣等伏查,本年元旦恭奉恩綸,蠲免各直省節年民欠。當經臣部恭查,乾隆二十七年,高宗純皇帝蠲免節年民欠聖諭及例載指蠲年分,聲請除道光三十年熟田未完錢糧,尚未截數奏銷,不得謂之積欠,應照定例辦理外,其道光三十年因灾請緩應行帶徵錢糧,即與三十年以前未完各項確切查明,一併列入單内,奏請豁免等因,詳晰具奏。奉旨:依議。欽此。欽遵。飛咨各該省遵照在案。

嗣據江蘇巡撫以遵查豁免積欠,奏請訓示。奉上諭:傅繩勛奏,遵查豁免積欠,請旨遵辦一摺。向來查辦豁免積欠,降旨自某年至某年者,總以奏銷截數爲准。若未入奏銷,不得統作積欠蠲免。歷經該部纂入則例,一律遵行。本年元旦,經朕降旨,飭令各該省將道光三十年以前實欠在民者,詳查具奏,候朕以次施恩。各該省遵旨查辦,自應仍照舊章。凡實欠應蠲,總以欠數已入奏銷爲准。其道光三十年正賦,此時尚未奏銷,不得謂之積欠。著再通諭各直省督撫、將軍、府尹等,遵照從前成案,並現在户部議行各事宜,明晰曉諭,分别辦理,毋致小民誤會觀望,致礙新賦。庶應蠲者,實惠均霑;應徵者,輸將無誤。官吏人等,自不致有影射朦混等弊。將此通諭知之。等因。欽此。欽遵。飛咨各該省遵照辦理,亦在案。

兹據吉林將軍固慶等奏,各處旗丁、民户,道光三十年以前,並無拖欠正耗錢糧及緩徵、帶徵銀穀等項。惟三姓地方,查有道光二十六年因被水灾,奏准接濟官莊壯丁及八旗兵丁等口糧,未完穀石,並道光三十,因歉收奏准自咸豐元年起,分限帶徵八旗兵丁、官莊壯丁應交公、義二倉額穀及民户應納地丁米折銀兩,開單請豁。

臣等查清單内開,旗丁、壯丁等未完道光二十六年因灾接濟口糧穀一千六百七十三石九斗,覈與奏明賞借原案及未完數目相符。又,道光三十年八旗兵丁應交義倉穀七百二十石,官莊壯丁應交公倉穀四千五百石,民户應納地丁米折銀六十九兩二錢六分二厘五毫。查係上年十月,前任將軍倭什訥等奏明,因收成歉薄,請自咸豐元年起,分限二年帶徵之款,覈與請緩原數亦屬符合。

以上通共未完應交穀六千八百九十三石九斗，未完應納銀六十九兩二錢六分二厘五毫。均係因災接濟緩徵，並非三十年未入奏銷者可比。自應仰遵諭旨，概予蠲免，以廣皇仁。並請旨飭下該將軍等，迅即刊刻謄黄，遍行曉諭，務令旗丁、民户咸喻朝廷德意，毋任胥吏弊混侵漁。並即加具切結，分晰造册，送部稽覈，俾免影射而昭實惠。

所有臣等遵旨覈議原由，理合繕摺具奏。伏乞皇上聖鑒。謹奏請旨。

爲浙江民欠錢糧請豁免事奏摺

咸豐元年五月初三日

大學士兼署管理户部事務臣祁寯藻等謹奏，爲查明浙江應豁民欠錢糧，請旨豁免，仰祈聖鑒事。

咸豐元年三月初五日，由内閣抄出，護理浙江巡撫、布政使汪本銓爲遵旨查明浙省節年民欠銀米各數，開列清單具奏，並另行咨送豁免清單到部。

據原奏内稱，竊臣於正月十七日，接准部咨，咸豐元年正月初一日内閣奉上諭：朕寅承丕緒，撫馭萬方，敬念列聖御極之初，蠲免積逋，覃敷闓澤，俾人安樂利，户免追呼，共享升平之福。誠以民爲邦本，厚民生正所以培元氣也。當兹建元肇始之時，宜行體元長人之政。自道光十五年、二十五年，兩次欽奉皇考宣宗成皇帝恩旨，將二十年以前，各省民欠錢糧盡予豁免。後自二十一年迄今，又届十稔，民間續有積欠，允宜大沛恩綸，期與薄海群黎，同躋仁壽。所有各省節年民欠正耗錢糧及因災緩徵、帶徵銀穀，並借給籽種、口糧、牛具及漕項、蘆課、學租、雜税等項，即著各該督撫、將軍、府尹等，將道光三十年以前，實欠在民者，詳細查明，按照該省所屬之某州、某縣銀穀若干，速行開單具奏，候朕以次降旨，全行豁免。並著先將此旨，刊刻謄黄，遍行曉諭，務使城市、鄉村，遐陬僻壤，咸喻朝廷德意，毋使官吏、胥役等延擱侵漁，致滋弊竇。庶吾民休養生息，慶洽綏豐，用示朕元春布德，以仰副皇考三十年子惠元元，申錫無疆至意。該部即遵諭行。欽此。

臣遵即恭録，飭行藩司、糧道，敬謹刊刻謄黄，先行頒發各屬，遍行曉諭，宣布皇仁。一面飭令該司、道將節年民欠實數迅速確查詳報。兹據查明，道光二十一年至二十九年，通省各州、縣實在民欠數目，分晰年款，詳請具奏前來。

臣查道光二十一年至二十八年，各屬未完正雜錢糧，前於清查案内，均已確切查明，分别徵存、民欠、墊解實數造册咨部，有案可稽。其二十九年錢糧，亦有奏銷册報可據。除徵存挪缺之款，照案勒追籌補，應行剔除，並奏銷後，續行完解各款，按數查扣外，實未完民欠及因灾緩徵遞緩地丁屯折耗餉等銀二百三十三萬七千八兩八分四厘二毫七絲九忽；未完民欠屯餉正耗銀五萬二千八百五十六兩八分四毫；未完民欠河工、公租、學租及借領存留籽糧、白洋河道工程並季牙雜税等銀十一萬一千一百七十二兩九錢四分九厘一毫七絲六忽；未完民欠牧租錢一萬二千八百七十九千三百四十四文；未完民欠南米二十九萬四千九百六十五石二升七合三勺；未完民欠軍孤、吹手、祭祀、囚糧等米六百七十石三合八勺；未完民欠漕項正耗銀七十二萬三千二百十六兩三厘八絲；未完民欠漕、白等米一百六萬九千二百十三石九斗八升二勺。又清查册報二十一年至二十八年，墊解民欠地漕、租税等銀十三萬三百十三兩三錢一分三厘六毫七絲六忽；漕米一萬九千一百三十一石五斗九升四合六勺；南米二十一萬六千三百十六石八斗七升九合九勺三抄；租穀一萬二千二百一石一斗四升三合四勺。由該司、道覈明，均係現在實欠在民之數。

伏查浙省爲財賦之區，額徵甚鉅。從前地方完善，民欠無多，嘉慶二十二年及道光十年以前，兩次豁免，均止數十萬兩。至道光二十年以前，查豁積欠，即有一百六十餘萬兩。然其時民力未疲，輸將踴躍，尚多年清年款之處。迨二十一年夷務紛擾，元氣大傷，雖修養有年，而凋敝情形，至今未復。且近年紋銀日貴，非倍價不能清完。加以灾歉頻仍，無年不緩，至舊賦愈積而愈多，新賦亦愈徵而愈絀。至二十九年，水灾特重，浙西各屬全緩縣分居多。上年初限帶徵，又以連灾展緩。統計欠數倍形積重，幸蒙聖主殊恩浩蕩，蠲免積逋。臣不敢不將民隱據實上陳，使蔀屋茅檐，共霑闓澤。至前項未完各款，有無續徵未解及徵完歸墊，現仍飭司分委干員，會同各該管知府，調集徵簿，嚴密稽查，覈實辦理。斷不敢稍任侵混。

再查定例，地方積欠錢糧，恭遇恩旨指蠲自某年至某年者，其指蠲截數，仍以已入奏銷之數爲准。若未入奏銷者，不得統作積欠蠲免。等語。所有三十年分，應完漕糧，迫届兑開，應完南米未逾徵限，業於另摺奏明，照常徵收運解外，其三十年分地、漕、正、雜錢糧，均係未入奏銷之款，應否照例毋庸查豁之處,恭候命下。臣另行分晰曉諭,欽遵辦理。

惟二十九年漕項銀兩,雖未歷過奏銷,但地、漕向係一條編徵,既將地丁請蠲,未便獨徵漕項。且現在已届奏銷截數之時,是以並行查辦。臣謹會同閩浙總督臣裕泰、漕運總督臣楊殿邦合詞恭摺具奏,並繕清單,敬呈御覽。伏乞皇上聖鑒訓示遵行。其各款細數,另行分年分縣逐一開明,咨報軍機處、户部,以備稽覈。

至白洋河道一款,原係借動工程平餘,現既奉豁無徵,應請作正開銷。又浙江省並無蘆課,三十年以前,亦無民欠牛具。又各縣應徵水師鹽課,未完民欠歷辦豁免案内,均係專案辦理。臣現在督飭運司,查開確數,容俟彙同江安各州、縣民欠鹽課及各場竈欠,一併查明另行具奏。等因。於咸豐元年三月初二日奉硃批:已有旨。欽此欽遵。到部。

臣等伏查,本年元旦恭奉恩綸,普蠲各直省積年民欠,當經臣部恭録諭旨,飛咨各該省遵照在案。又正月十二日奉上諭:給事中袁甲三片奏,豁免之後,宜禁止官民錮習等語。據稱,歷届豁免積欠成案,各省因駮飭行查,有遲至數年而不結者,良由本無期限,以致輾轉耽延,官吏營私弊端叢出,若不預爲制防,是竟以嘉惠之政,遂若輩谿壑之私,尚復成何事體。此次豁免積欠,值清查初蕆,民欠款目皆已剔清,外司内部已知確數,勢固較然難欺。即近年奏銷在清查以後者,亦不難將徵册串根,覈對實欠數目。著各直省督撫、將軍、府尹,於奉到豁免諭旨後,限三個月即行詳細開單具奏,户部亦趕緊查明覆奏,其銀、穀、款數,稍有未符者,部議時,一面覈准,一面將不符之處,行令咨部更正,毋任吏胥藉詞駮换,致有需索。等因。欽此。

又,二月初八日奉上諭:傅繩勳奏,遵查豁免積欠,請旨遵辦一摺。向來查辦豁免積欠,降旨自某年至某年者,總以奏銷截數爲准。若未入奏銷,不得統作積欠蠲免,歷經該部纂入則例,一律遵行。本年元旦,經朕降旨飭令各該省將道光三十年以前,實欠在民者,詳悉具奏,候朕以次施恩,各該省遵旨查辦,自應仍照舊章,凡實欠應蠲,總以欠數已入奏銷爲准。其道光三十年正賦,此時尚未奏銷,不得謂之積欠。著再通諭各直省督撫、將軍、府尹等,遵照從前成案,並現在户部議行各事宜,明晰曉諭,分别辦理,毋致小民誤會觀望,致礙新賦。庶應蠲者,實惠均霑;應徵者,輸將無誤。官吏人等,自不至有影射蒙混等弊。將此通諭知之。等因。欽此。欽遵。均經臣部飛咨各該省遵照。亦在案。

兹據該護撫奏稱，道光二十一年至二十八年，各屬未完正雜錢糧，前於清查案内，均已確切查明。分别徵存、民欠、墊解實數造册咨部，有案可稽。其二十九年錢糧，亦有奏銷册報可據。除徵存、挪缺之款，照案勒追籌補，應行剔除，並奏銷後續行完解各款按數查扣外，實未完民欠及因災緩徵遞緩地丁、屯折、耗餉等銀二百三十三萬七千八兩零；屯餉正耗銀五萬二千八百五十六兩零；河工、公租、學租及借領存留籽糧、白洋河道工程並季牙雜税等銀十一萬一千一百七十二兩零；牧租錢一萬二千八百七十九千零；南米二十九萬四千九百六十五石零；軍孤、吹手、祭祀、囚糧等米六百七十石零；漕項正耗銀七十二萬三千二百十六兩零；漕白等米一百六萬九千二百十三石零。又清查册報，二十一年至二十八年墊解、民欠地漕、租税等銀十三萬三百十三兩零；漕米一萬九千一百三十一石零；南米二十一萬六千三百十六石零；租穀一萬二千二百一石零。由該司、道覈明，均係實欠在民之數，概請豁免。等語。除清查案内各員挪缺、徵存之款，前經該升撫吴文鎔咨送追賠細册，並籌議條款，已於上月初四日經臣等議覆，奏奉俞允，飭令遵照在案。今請豁免未完民欠各項，臣等就現報清單，按照前送自道光二十一年起至二十八年止，清查四柱册及二十九年錢糧奏銷册，逐款覈對，除數目符合各項，准其豁免外，其覈與册案多少不符與無册可稽各項，現與符合之款一併另繕清單，恭呈御覽，應即欽遵諭旨，概予豁免，以廣皇仁。總計共應豁民欠銀三百三十五萬四千五百六十六兩四錢三分六毫一絲一忽；錢一萬二千八百七十九千三百四十四文；米一百六十萬二百九十七石四斗八升五合八勺三抄；穀一萬二千二百一石一斗四升三合四勺。

應令該撫，即行刊刻謄黄，遍行曉諭，仍將某廳、州、縣、衛、某某村莊應豁細數，分别核明，附入謄黄之末，俾小民共見共知，以期實惠均霑，毋任吏胥舞弊。並一面將現查地丁、屯餉、正耗等項及米、穀不符之數，按照單開各州、縣、衛逐一更正。並將漕項銀兩，分年、分款、分縣及清查案後續徵完解若干，以及因何與題銷各案數目多寡不符，並未造各册，迅即分别據實造報，以憑覈銷。至所稱二十九年漕項銀兩，雖未歷過奏銷，但地、漕係一條編徵，既將地丁請蠲，未便獨徵漕項，且現在已屆奏銷截數，是以併行查辦之處，臣部覈與前據江蘇巡撫傅繩勛奏奉上諭，道光二十九年漕項，准其援照嘉慶二十三年成案，一併查明請豁諭旨相符，應准其豁免。至該年漕白等款銀米已徵若干，應令該撫依限題報查核。又所稱，白洋河道一款，原係借動工程平餘，現奉豁無徵,請作正開銷,與各縣應徵水師鹽課未完民欠,請俟彙同江安各州縣民欠各場竈課,一併查明,另行具奏,均應如所請辦理。

惟三十年應完各項,據稱除漕糧、南米仍照常徵收運解外,其地、漕、正、雜錢糧均未經造入奏銷之款。應否照例毋庸查豁一節,自應遵奉諭旨,查照從前成案,毋庸查豁。仍令該撫,將奏銷後續行完解各款並前項未完,查明有無續徵未解及徵完歸墊,趕緊報部查核。

再,臣部於本年二月初三日具奏,蠲免積欠請推廣定例一摺,聲明除道光三十年熟田未完錢糧,尚未截數奏銷,不得謂之積欠,應照定例辦理外。所有道光三十年因災請緩,應行帶徵錢糧,即與道光二十九年以前未完各項,確切查明,一併列入單内,奏請豁免。等因。奉旨:依議。欽此。欽遵。飛咨各該省遵照在案。

兹查浙省道光三十年因災緩帶錢糧,雖已將災歉情形奏報,惟此次請豁單内,並未開列,應俟續奏到日,再行覈辦。

所有查明浙省應豁民欠,請旨豁免緣由,理合繕摺具奏。伏乞皇上訓示遵行。謹奏請旨。

浙江道光二十一年至二十九年應豁民欠銀糧數目清單

謹將浙江省道光二十一年至二十九年,應豁民欠分別款項,繕具清單,恭呈御覽。

一、單册符合各款。

二十一年至二十七年,未完地丁正耗共銀九十二萬五千一百六十兩一分二厘八毫七絲四忽。

二十八年,未完地丁正耗銀二十四萬二千七百八十三兩六分三厘六毫四絲二忽。

二十九年,未完地丁正耗銀八十九萬七千九百四十兩二錢一分一厘一毫八絲三忽。

二十一年至二十九年,未完屯餉正耗銀三萬七千九百六十九兩七錢七分八厘。

二十一年至二十九年,未完學租、牙鈔等銀二萬三千四百六十二兩一錢七分一厘。

二十一年,未完餉餘解費銀二十七兩三錢三分三厘。

二十一、二等年,未完白洋河道工程攤徵銀一百二十五兩九錢九分七厘三毫二絲。

二十二年至二十八年,未完沙地公租銀四千六十四兩四錢三分一厘。

二十九年,未完因灾緩、帶屯餉正耗銀七千九百九十一兩三錢三分六厘。

二十一年至二十七年,未完墊解地丁正耗銀一十二萬七千四百九十六兩六錢二分七絲六忽。

二十一年至二十七年,未完墊解鈔税學租等項銀二千八百一十六兩六錢九分三厘六毫。

二十九年,未完牧租錢一百千一十二文。

二十一年至二十九年,未完南米九萬六千三十七石八斗六升四合一勺。

二十一年至二十八年,未完墊解南米二十一萬六千三百一十六石八斗七升九合九勺三抄。

二十一年至二十八年,未完漕白正耗米五十五萬六千四百二十七石九斗五升三合七勺。

二十一年至二十七年,未完墊兑漕米一萬九千一百三十一石五斗九升四合六勺。

二十九年,未完因灾緩帶南米二千三百七石二斗七升三勺。

二十一年至二十八年,未完墊解租穀一萬二千二百一石一斗四升三合四勺。

以上共銀二百二十六萬九千八百三十七兩六錢四分七厘六毫九絲五忽;錢一百千一十二文;米八十九萬二百二十一石五斗六升二合六勺三抄;穀一萬二千二百一石一斗四升三合四勺。

一、單少册多各款。

二十八、九等年,孝豐、鄞縣、奉化、余姚、上虞、寧海、天臺、金華、東陽、義烏、武義、浦江、西安、龍游、江山、常山、開化、淳安、壽昌、桐廬、泰順、慶元、縉雲、青田等二十四縣,未完地丁正耗銀二十三萬一千二百四兩四分五厘六毫八絲。

二十六、八、九等年,嘉湖衛未完屯餉正銀二千七百三十八兩三錢六分。

二十一、三、六、八、九等年，嘉、湖、臺州、杭、嚴、温州等衛，未完屯耗銀一千六百一十八兩二錢七分九厘。

二十一、三、四、五、六、七、八等年，海寧、富陽、桐鄉、寧海、遂安、平湖、常山、天臺、長興、永嘉、麗水、余杭、臨安、于潛、余姚、義烏、縉雲、青田、雲和、宣平等二十州、縣，未完餉餘解費銀二千二百一十五兩二錢五分四厘四毫。

二十四、五、六、七、八等年，烏程、德清、歸安、長興等四縣，未完河工銀二千九百五十一兩二錢一分九厘。

二十三、八、九等年，仁和、嘉興、石門、錢塘、秀水、平湖等六縣，未完學租、牙鈔等銀一千五十四兩九錢六分九厘三毫二絲。

二十九年，仁和、錢塘、海寧、嘉興、秀水、嘉善、海鹽、石門、桐鄉、歸安、烏程、長興、德清、武康、安吉、山陰、會稽、蕭山、建德、淳安、桐廬等二十一州縣，未完因災緩帶地丁耗羨銀二萬五千四百五十兩四錢九分二厘。

二十九年，嘉湖衛未完因災緩帶屯餉耗銀一百八十五兩三錢二厘。

二十七、九等年，蕭山縣未完牧租錢一萬五百二十七千二百二十文。

二十二、三、四、五、六、七、八、九等年，秀水、嘉善、歸安、烏程、嘉興、海鹽、桐鄉、德清、金華、平湖、石門、東陽、山陰、諸暨、蘭谿、江山等十六縣，未完南米六萬四千八百一十四石五斗六升八勺。

二十九年，海寧、嘉興、平湖、桐鄉、慈谿、山陰、會稽、蕭山、武義、桐廬等十州縣，未完因災緩、帶南米三萬三千三百一十八石四斗六升七合七勺。

以上共銀二十六萬七千四百一十七兩九錢二分一厘四毫；錢一萬五百二十七千二百二十文；米九萬八千一百三十三石二升八合五勺。

一、單多册少各款。

二十八年，錢塘、象山二縣，未完地丁正耗銀三千三百八十九兩九分一厘五毫。

二十一、六、八等年，嘉湖衛並湖州、嚴州二所，未完屯餉正耗銀二千三百兩七錢七分八厘四毫。

二十三年，平湖縣未完牙税銀一百二兩四錢。

二十九年，錢塘縣未完牧租錢三百三千九百三十文。

二十三、四、五、六、九等年，烏程、嘉興、秀水、海鹽、桐鄉、石門、平陽、太順等八縣，未完南米一萬四千二百六十三石四斗二升四勺。

二十九年，仁和、錢塘、余杭、秀水、嘉善、海鹽、石門、歸安、烏程、長興、德清、武康、安吉等十三縣，未完因灾緩、帶南米三萬五千二百三十九石五斗九升五合五勺。

以上共銀五千七百九十二兩二錢六分九厘九毫；錢三百三千九百三十文；米四萬九千五百三石一升五合九勺。

一、有單無册各款。

二十九年，未完漕項正耗銀三十五萬八百五十五兩九錢一分八厘。

二十一、三、六、八等年，嘉湖、温州二衛，未完屯餉正耗銀二千四百五兩八錢三分四厘。

二十六年，湖州、嚴州二所，未完屯耗銀五十二兩二錢四分七厘。

二十八年，湯溪縣未完餉餘解費銀八十二兩一錢七分七厘。

二十四、六等年，東陽縣未完驛站、籽粒等款銀二千四百三十九兩八錢四分三厘五毫三絲六忽。

二十九年，蕭山縣未完沙地公租銀四千七百四十一兩二錢九分三厘。

二十九年，仁和、錢塘、海寧、嘉興、秀水、嘉善、海鹽、石門、桐鄉、歸安、烏程、長興、德清、武康、安吉、山陰、會稽、蕭山、建德、淳安、桐廬等二十一州縣，未完因灾借領、存留驛站雜款正耗銀七萬二千二百三十兩六錢二分五厘。

二十九年，嘉湖衛未完因灾緩徵屯餉正耗銀九百八十九兩二錢九分。

二十九年，仁和、錢塘、海寧、富陽、余杭、臨安、新城、于潛、昌化、嘉興、秀水、嘉善、海鹽、平湖、石門、桐鄉、歸安、烏程、長興、德清、武康、安吉、孝豐、慈谿、山陰、會稽、蕭山、余姚、蘭谿、東陽、湯溪、龍游、建德、淳安、壽昌、桐廬等三十六州縣，未完因灾緩帶餉餘銀五千一百五十五兩一錢五分二厘。

二十九年，會稽縣未完牧租錢一百九千五百七十二文。

二十八年，海寧、富陽、嘉興、秀水、嘉善、海鹽、平湖、石門、桐鄉、烏程、歸安、德清、鄞縣、浦江等十四州縣，未完南米四萬八千九百八十三石八斗四升八合五勺。

二十九年，未完漕白正耗米五十一萬二千七百八十六石二升六合五勺。

二十九年，仁和、錢塘、嘉興、山陰、會稽等五縣，未完因灾緩帶軍孤、吹手、祭祀、囚糧等米六百七十石三合八勺。

以上共銀四十三萬八千九百五十二兩三錢七分九厘五毫三絲六忽；錢一百九千五百七十二文；米五十六萬二千四百三十九石八斗七升八合八勺。

一、籠統造報、無從分晰之款。

二十六、八等年，東陽、上虞二縣，未完餉餘解費銀一百五十六兩一錢二分七厘。

一、覈與題案不符之款。

二十一年至二十八年，未完漕項正耗銀三十七萬二千三百六十兩八分五厘八絲。

二十一、二、五、六、八等年，蕭山縣未完牧租錢一千八百三十八千六百一十文。

以上統共民欠未完各年地漕屯餉、正耗並學租、牙鈔、餉餘解費、白洋河道工程攤徵及河工、沙地公租等款銀三百三十五萬四千五百六十六兩四錢三分六毫一絲一忽。內二十八年，地丁正耗銀兩以散合總計多銀五十兩，牧租錢一萬二千八百七十九千三百四十四文。漕、南並軍孤、吹手、祭祀、囚糧等米一百六十萬二百九十七石四斗八升五合八勺三抄，租穀一萬二千二百一石一斗四升三合四勺。

爲貴州桐梓縣被水成災請將緩徵銀米豁免事奏摺

咸豐元年五月二十日

大學士兼署管理户部事務臣祁寯藻等謹奏，爲遵旨察覈具奏事。

內閣抄出，貴州巡撫喬用遷奏，查明黔省並無積欠錢糧，惟有桐梓縣被水成災，緩徵、帶徵銀米應行豁免一摺。咸豐元年四月二十五日奉硃批：户部察覈具奏，欽此。欽遵。於四月二十八日抄出到部。

據原奏內稱，接准户部咨，咸豐元年正月初一日奉上諭：朕寅承丕緒，撫馭萬方，敬念列聖御極之初，蠲免積逋，覃敷闓澤，俾人安樂利，户免追呼，共享升平之福。誠以民爲邦本，厚民生正所以培元氣也。當兹建元肇始之時，宜行體元長人之政。自道光十五年、二十五年，兩次欽奉皇考宣宗成皇帝恩旨，將二十年以前各省民欠錢糧，盡予豁免。後自二十一年迄今，又届十稔，民間續有積欠，允宜大沛恩綸，期與薄海群黎，同躋仁壽。所有各省，節年民欠正耗錢糧及因灾緩徵、帶徵銀穀並借給籽種、口糧、牛具及漕項、蘆課、學租、雜税等項，即著各該督撫、將軍、府尹等，將道光三十年以前實欠在民者，詳細查明，按照該省所屬之某州、某縣銀穀若干，速行開單具奏，候朕以次降旨,全行豁免。並著先將此旨刊刻謄黄,遍行曉諭,務使城市、鄉村,遐陬僻壤,咸喻朝廷德意,毋使官吏、胥役等延擱侵漁,致滋弊竇。庶吾民休養生息,慶洽綏豐。用示朕元春布德,以仰副皇考三十年子惠元元,申錫無疆至意。該部即遵諭行。欽此。

臣遵即恭刊謄黄,遍行曉諭。一面督率司、道詳查。黔省額徵地丁等銀,各屬依限徵解。道光三十年以前,應徵正耗錢糧,俱係年清年款,並無節年民欠,毋庸查辦。惟帶徵項下,查有道光二十九年五月内,桐梓縣被水成災六分,除照例蠲免一分銀米外,其餘應完九分地丁銀二百五十九兩零,耗羨銀三十八兩零,改徵米七十六石零,曾經奏准,緩至明年秋收後,分作兩年帶徵,以紓民力。道光三十年分,應帶一半地丁銀一百二十九兩零,耗羨銀一十九兩零,改徵米三十八石零。均經帶徵全完,已歸入上忙,奏咨在案。米石另行造册報銷,尚有未完一半地丁銀一百二十九兩零,耗羨銀一十九兩零,改徵米三十八石零。係道光二十九年緩徵之項,應遵旨豁免。等語。

臣等伏查,本年元旦,恭奉恩綸,蠲免各直省節年民欠,當經臣部恭查乾隆二十七年高宗純皇帝蠲免節年民欠聖諭及例載指蠲年分,聲請除道光三十年熟田未完錢糧,尚未截數奏銷,不得謂之積欠,應照定例辦理外,其道光三十年因災請緩、應行帶徵錢糧,即與三十年以前未完各項,確切查明,一併列入單内,奏請豁免。等因。詳晰具奏。奉旨:依議。欽此。欽遵。飛咨各該省遵照在案。

兹據貴州巡撫喬用遷奏稱,黔省各屬,道光三十年以前,應徵正耗錢糧俱係年清年款,並無節年民欠,毋庸查辦。惟有道光二十九年五月内,桐梓縣被水成災,照例蠲免一分銀米外,其餘應完九分地丁銀二百五十九兩零,耗羨銀三十八兩零,改徵米七十六石零,奏准緩至三十年秋收後,分作兩年帶徵。道光三十年分,應帶徵一半地丁、耗羨及改徵米石,均經帶徵全完,尚有未完一半地丁銀一百二十九兩零,耗羨銀一十九兩零,改徵米三十八石零。應遵旨豁免。等語。臣等查道光二十九年五月間,桐梓縣被水成災前,據該撫奏明,本年各户應完錢糧、秋米,緩至三十年秋收後,分作兩年帶徵,以紓民力。嗣據該撫奏報道光三十年上忙錢糧完解數目案内,桐梓縣帶徵一半地丁銀一百二十九兩零,耗羨銀一十九兩零,完解司庫在案。至已完帶徵米三十八石零,應俟該撫册報到日,再行查覈。尚有未完一半地丁銀一百二十九兩零,耗羨銀一十九兩零,改徵米三十八石零,均係因災緩徵,自應仰遵諭旨,概予蠲免,以廣皇仁。並請旨飭下貴州巡撫,刊刻謄黄,即行曉諭,務令各民户咸喻朝廷德意,毋任胥吏弊混侵漁,以昭實惠。

所有臣等遵旨覈議緣由,理合恭摺具奏,伏乞皇上聖鑒。謹奏請旨。

爲請飭催直隸永平府各屬積欠生息銀兩事奏摺

咸豐元年五月二十四日

大學士兼署管理户部事務臣祁寯藻等謹奏,爲遵旨妥議具奏事。

内閣抄出山海關監督春保奏,永平府屬應交差費生息,仍復延宕,請旨敕部覈議一摺。奉硃批:操防庫項均屬緊要,應如何酌定章程,毋任延宕之處,著户部妥議具奏,欽此。欽遵。於咸豐元年五月初三日抄出到部。

據原奏内稱:准任滿監督文發移交,代徵三十八日正項盈餘銀一萬一千七百三十兩三錢二分三厘。並移明此項代徵款内,有永平府各州縣節年積欠鹽、當商生息,共銀一萬一千五百九十三兩九錢三分五厘,均於代徵款内墊解墊放。現在實交代徵銀一百三十六兩三錢八分八厘等因。奴才溯查此項生息,自道光十六年秋季起至咸豐元年春季止,共積欠生息銀一萬一千五百九十三兩九錢三分五厘。於道光二十七年,經前任監督宗室存誠,以積欠爲數過多,奏明請旨飭催,經户部議覆,令該監督妥爲辦理,毋得於兵丁差操稍有貽誤,並咨行直隸總督札行長蘆鹽政嚴檄追解,復行知山海關副都統,一體督催。詎該府縣承催罔解,仍復延宕。前欠既不清交,續欠又遞增無已,相率因循,遂成鉅款。且代徵額款有數,而生息續欠無休,年復一年,不知何所底止。況兵丁差操,事關綦重,不敢稍有稽延。倘此後府縣仍不解交,應於何項籌墊。等語。

臣等伏查,先於道光九年二月奉上諭:存華奏請借項生息,以資辦公一摺。山海關八旗額設駐防官兵,向有官項二千四百餘兩,爲兵丁出差等項支借之用。兹據該副都統奏,近年解送人犯一切差使較前日增。前次借給修理官房銀兩,除將所支錢糧扣還,各款所剩無多。該兵丁等每遇派差,殊形掣肘,懇請借項生息,以資辦公。著照所請,准其於山海關監督徵收税課盈餘項下,借給銀二萬兩。就近飭交永平府知府發商,按月一分生息,每年所得息銀二千四百兩,以一千二百兩歸還原借税課盈餘項下之款,其餘一千二百兩,並遇閏加增銀二百兩,即作爲山海關八旗兵丁出差盤費,該班兵丁冬月爐火,以及操演獎賞,並各處公所歲修等項之用。年終按款造册報部覈銷。餘著照所議辦理,該部知道。欽此。嗣據前任監督存誠,以前項生息,自道光十六年秋季起至二十七年春季止,共拖欠銀七千六百餘兩,請飭催解。經臣部議令直隸總督、長蘆鹽政,嚴飭各該地方官迅即如數補交還款。嗣後務飭各州縣照數交納,毋得仍前延宕等因,於道光二十七年六月二十九日具奏,奉旨:依議。欽此。欽遵。行文遵辦。歷據該處將支解息銀,按年報銷歸補。各在案。

今據新任監督春保奏稱:自道光十六年秋季至咸豐元年春季,共積欠息銀一萬一千五百餘兩。各府、縣承催罔解,年復一年,續欠遞增。且代徵額款有數,倘此後府縣仍不解交,應於何項籌墊。等語。臣等查此項生息,原本係發交永平府七州、縣鹽、當各商承領生息。其中即有參商監追,何致各州、縣均有拖欠。且前次奏催之後,既不按款清交,復又遞年增欠,總由該地方官催提不力,以致拖欠息銀,積至一萬一千餘兩之多。若不及早嚴催,何所底止。相應請旨敕下直隸總督、長蘆鹽政,嚴飭各該地方官,將歷年欠解息銀,迅即如數補解。並由山海關副都統一體督催,按季解交,以昭覈實。倘仍前延宕,即行據實參辦。至此後應交息銀,應如何嚴定限期,不致再增積欠,並每年應交息銀,偶遇解到稍遲,如何籌墊之處,並令該督會同該鹽政及山海關監督,分別酌定章程,奏明辦理。庶考核嚴而供解可期無誤,於庫項、操防兩有裨益。

所有臣等覈議緣由,謹繕摺具奏,伏乞皇上聖鑒。謹奏請旨。

爲查議多派稷米給興平倉緣由事奏摺

咸豐元年五月二十八日*

大學士兼署管理户部事務臣祁寯藻等謹奏,爲遵旨查議具奏,仰祈聖鑒事。

咸豐元年五月二十二日奉上諭:慶祺、朱嶟奏,現盤之倉稷米派多,據實檢舉,並請飭部札放一摺,著户部查議具奏。所有請將興平倉監督交部議處,並慶祺自請察議之處,俟户部具奏時再降諭旨。欽此。欽遵。於二十三日抄出到部。

據該倉場侍郎原奏内稱:查興平倉四月份開放鑲黄旗大檔甲米,因該倉粳米不敷開放,咨部移交挨次接盤之南新倉開放。除將四月份應放稷米全行放竣外,尚有餘剩稷米五千三百五十餘石。户部於五月内,未經札放,致令此倉未能盤竣。片文行知臣衙門,謂興平倉於四月份開放甲米時,約計粳稷均有不敷,何以放完後,又有餘剩稷米五千餘石,應即自行奏明辦理。查此項稷米,並非四月放完後復行派收,實因先期覈計成數之時,粳、稷配搭開單存記,厥後該倉札放春季俸米,粳米一項,開放較多,至北倉稷米到通時,於三月十二、二十四等日仍照原單坐派,未曾計及放過俸米一層,以致稷米轉多。而該倉監督三月底呈報應放廒名,未將米數分晰清楚,覈實報部,彼時臣朱嶟在津驗收海運白糧,未經回署。臣慶祺未能查出,實爲疏漏,應請旨將興平倉監督、國子監助教肇桂、户部堂主事瑞安交部議處,臣慶祺交部察議。所有各倉開放米石,向由户部札倉開放,相應請旨,飭下户部,仍於六月份將興平倉餘剩之米札放完竣,以便騰清廒座,收受新糧。等語。

臣等伏查,京城内外各倉以放代盤案内奏明,先將現放之倉支放净盡,由倉場覈實具奏。其未經盤放與盤放未竣之倉,不得派收咸豐元年到通新糧,庶新陳不致相混,出入兩無妨礙。並經聲明,開放先後扔按向來倉口次序,挨次遞推。等因。於道光三十年五月十五日奏奉諭旨:依議。欽此。欽遵。咨行遵照辦理在案。

今興平倉四月内開放甲米内,粳稷二色按照舊存數目核計,均有不敷,即經移交挨次之南新倉接放,其五月季應放鑲白旗甲米,亦即遵照奏案,札行現盤之南新倉開放。嗣據倉場咨報,興平倉尚有餘剩稷米,經臣部查明,此項北倉截卸稷米,運通倉場,業經多派收存,行令自行奏明辦理。

兹據奏稱,實因先期覈計成數之時,粳稷配搭,開單存記,厥後春俸應放粳米較多,至北倉稷米到通,未曾計及放過春俸一層,仍照原單派收稷米,以致稷米轉多。等因。並稱,該倉餘剩之米,請飭臣部於六月季札放完竣。臣等查六月季,鑲紅旗大檔甲米,應札現盤之南新倉開放。南新倉係由興平倉挨次輪推,所有興平現存之稷米五千三百餘石,應即行令鑲紅旗,按數支領,其不敷之數,再由南新倉接放,庶興平廒座得以及早騰清,以便收受新糧。一經放竣,仍由倉場覈實奏報。

至所稱請將興平倉監督。國子監助教肇桂、户部堂主事瑞安交部議處,臣慶祺交部察議之處,業經該倉場侍郎聲明誤將稷米多派興平倉緣由,自行據實檢舉。合併陳明,恭候欽定。所有臣等遵旨查議緣由,是否有當?伏乞皇上聖鑒訓示，謹奏。

硃批：慶祺、肇桂、瑞安均著交吏部分別議處。餘依議。

爲奉天府民欠錢糧請予豁免事奏摺

咸豐元年五月二十八日

大學士兼署管理户部事務臣祁寯藻等謹奏，爲遵旨議奏事。

内閣抄出，兼管奉天府府尹恒毓、府尹文俊等查明所屬各廳、州、縣道光三十年以前，正耗民欠並兵丁、站丁借支未還口糧各款，開單具奏一摺，咸豐元年四月二十二日奉硃批：户部察覈具奏。單併發。欽此。同日清單内奉硃批：覽。欽此。欽遵。於二十五日抄出到部。

據原奏内稱，竊照奴才等於咸豐元年正月十三日准户部行知，正月初一日奉上諭：朕寅承丕緒，撫馭萬方，敬念列聖御極之初，蠲免積逋，覃敷闓澤，俾人安樂利，户免追呼，共享升平之福。誠以民爲邦本，厚民生正所以培元氣也。當兹建元肇始之時，宜行體元長人之政。自道光十五年、二十五年，兩次欽奉皇考宣宗成皇帝恩旨，將道光二十年以前各省民欠錢糧，盡予豁免。後自二十一年迄今，又届十稔，民間續有積欠，允宜大沛恩綸，期與薄海群黎，同躋仁壽。所有各省節年民欠正耗錢糧及因災緩徵、帶徵銀穀，並借給籽種、口糧、牛具及漕項、蘆課、學租、雜税等項，即著各該督撫、將軍、府尹等，將道光三十年以前實欠在民者，詳細查明，按照該省所屬之某州、某縣銀穀若干，速行開單具奏，候朕以次降旨，全行豁免。並著先將此旨刊刻謄黄，遍行曉諭，務使城市、鄉村，遐陬僻壤，咸喻朝廷德意，毋使官吏、胥役等延擱侵漁，致滋弊竇。庶吾民休養生息，慶洽綏豐，用示朕元春布德，以仰副皇考三十年子惠元元，申錫無疆至意。該部即遵諭行。欽此。奴才等遵即敬謹刊刻謄黄，通行各屬，於城、鄉、村、鎮遍爲張貼宣示，務使家喻户曉，毋任吏胥侵漁，以期仰副皇上闓澤覃敷，普惠元元之至意。

查道光三十年分錢糧尚未奏銷，照例毋庸查辦。應以道光二十一年起截至三十年奏銷止，按照底册，詳細稽查。現經查明，奉天所屬各廳、州、縣節年正耗民欠，因災緩徵、帶徵並兵丁、站丁借支未還口糧各款實欠在民地丁銀二千二百九十三兩三錢六厘五毫，耗羨銀二百二十九兩三錢二分九厘九毫，地米三千二百四十石九斗六升五合二勺四抄六撮三圭,餘地租銀二萬五千三百兩四錢九分六厘八毫,新增餘地租銀一百六兩九錢六分二厘,耗羨銀三十二兩八錢四分五厘,學田租銀七十兩,退地豆四千八十七石二斗三升五合八勺,銀折米一千五百八十一石八斗四升七合九勺一抄,耗羨銀折米一百五十八石一斗八升四合七勺九抄,未還米價銀三千三百一十七兩三錢,兵丁、站丁未還口糧米九千九百一十六石七斗五升。敬繕清單,恭呈御覽。等語。

臣等伏查,本年元旦,欽奉恩綸,蠲免各直省節年民欠,當經臣部恭查,乾隆二十七年高宗純皇帝蠲免節年民欠聖諭及例載指蠲年分,聲請除道光三十年熟田未完錢糧,尚未截數奏銷,不得謂之積欠,應照定例辦理外,其道光三十年以前未完各項,確切查明,一併列入單内,奏請豁免。等因。詳晰具奏。奉旨:依議。欽此。欽遵。飛咨各該省遵照在案。

嗣據江蘇巡撫以遵查豁免積欠,奏請訓示,奉上諭:傅繩勛奏,遵查豁免積欠,請旨遵辦一摺。向來查辦豁免積欠,降旨自某年至某年者,總以奏銷截數爲准。若未入奏銷,不得統作積欠蠲免。歷經該部纂入則例,一律遵行。本年元旦,經朕降旨,飭令各該省,將道光三十年以前,實欠在民者,詳查具奏,候朕以次施恩。各該省遵旨查辦,自應仍照舊章,凡實欠應蠲,總以欠數已入奏銷爲准。其道光三十年正賦,此時尚未奏銷,不得謂之積欠。著再通諭各直省督撫、將軍、府尹等,遵照從前成案並現在户部議行各事宜,明晰曉諭,分别辦理,毋致小民誤會觀望,致礙新賦。庶應蠲者,實惠均霑;應徵者,輸將無誤。官吏人等,自不至有影射朦混等弊。將此通諭知之。等因。欽此。欽遵。飛咨各該省遵照辦理。亦在案。

兹據兼管奉天府府尹恒毓、府尹文俊等奏,查明奉天所屬各廳、州、縣自道光二十一年起截至三十年奏銷止,節年正耗民欠,因災緩徵、帶徵並兵丁、站丁借支未還口糧各款,開單請豁。臣等查,清單内開遼陽州等九廳、州、縣共欠銀三萬一千三百五十兩零,米一萬四千八百九十七石零,豆四千八十七石零,覈與歷次奏銷册報緩徵及借支款目相符。其所開未完銀米各數,詳對上届奏銷原册,間有短少。自係奏銷後,續有徵收,覈實開報,致與原册參差,並非以少報多,亦無三十年未入奏銷之款,應請概予蠲免。並請飭下該府尹等,迅即刊刻謄黄,遍行曉諭,毋任胥吏弊混侵漁,以廣皇仁,而昭實惠。

所有臣等覈議緣由,理合恭摺具奏,伏乞皇上聖鑒。謹奏請旨。

爲記名以軍機章京補用之李汝楫補行引見事奏摺

咸豐元年五月二十八日

臣祁寯藻、何汝霖、舒興阿、彭藴章、穆蔭跪奏,爲遵旨補行帶領引見事。

道光三十年十一月初十日内閣奉上諭:所有各衙門前經記名、尚未傳補之滿漢軍機章京,著帶領引見。欽此。臣等於十一月十四日將前經考取,記名以滿漢軍機章京補用之中書、主事、筆帖式等帶領引見,並將刑部候補主事李汝楫一員,因告假回籍未克引見,聲明在案。今據刑部咨稱,該員現已銷假到部。臣等謹開寫名單進呈,並繕寫緑頭牌,於本日補行帶領引見,伏候欽定。謹奏。

爲南昌知府鄧仁堃等勸捐辦賑請給獎敘事片

再,據該署撫附片奏稱:江西省道光二十八年南昌等縣被水較重,應需賑濟等銀爲數甚鉅,先於司庫籌給,勸捐歸補,奏明責成南昌府知府鄧仁堃總理其事。嗣經捐收官紳商民共銀十五萬七千五百餘兩。前撫臣費開綬以該府督同印委各員設局經理,勸導有方,復籌議撫賑章程,會商妥辦,並分赴灾區稽查户口,覈實撫恤,無濫無遺。該府先於四川富順縣因剿辦馬雷等廳夷匪出力,奉旨賞戴藍翎。今督辦灾賑,總理勸捐,始終勤奮,又自捐銀五千兩,懇恩賞换花翎。並請將委員試用縣丞馬修良等,分别遇有縣丞、未入流缺出,不論班次儘先補用,並給予六品職銜,以示獎勸。續據該府勸捐銀六萬二千餘兩,除在京及外省官捐不計外,先後勸捐共計歸補庫銀二十一萬九千餘兩。兹准部議,將該府等均照海疆捐輸章程,各予加級。

臣伏思查灾辦賑,固屬地方官分内之事,即該府詳稱,亦不敢仰邀議叙。惟念江西濱江近湖,屢遭水患,户鮮殷富,捐項較難。該府實心任事,勸導有方,使紳富商民急公樂輸,得以集事。並籌議章程,覈實賑撫,俾無濫遺。又首先倡捐重資,是以各紳富觀感奮興,輸將恐後,捐銀二十餘萬兩之多,實非尋常勞績可比。其試用縣丞馬修良等隨同勸捐辦賑,以佐貳微員,自備資斧,奔走終年,亦係尤爲出力之員。可否如前所請,將南昌府知府鄧仁堃賞换花翎,試用縣丞馬修良、試用未入流王堃,遇有縣丞、未入流缺出,不論班次儘先補用,新建縣吴城鎮主簿姚鑲賞給六品職銜,俾昭激勸之處,出自逾格鴻施。等語。

臣等查捐輸章程,向無捐戴花翎條款,其有捐項最多之員,援案奏明,均係蒙恩特賞。溯查道光二十八年臣部議覆江蘇六次捐米案内,廣西潯州府知府顧元凱,捐銀一萬一百一十兩,奏請花翎,欽奉諭旨允准在案。今該撫以知府鄧仁堃督辦灾賑、總理勸捐始終勤奮,又自捐銀五千兩,懇恩賞换花翎。等因。查該員報捐銀數較之顧元凱成案尚屬短絀,惟以本有藍翎請换花翎,與徑行奏請花翎者有别。且其勞績特著,亦與尋常報捐者不同。所有該撫請將南昌府知府鄧仁堃賞换花翎之處,恭候欽定。至委員馬修良等本未捐輸銀兩,均以隨同辦賑、勸捐出力請獎。前經吏部照例分别議予加級,兹復據該撫吁詞懇請,仰求逾格鴻施,係爲鼓勵勞績起見。惟查臣部捐例,並無勸捐委員作何獎叙明文,亦無成案可以比照,可否准其所請,將試用縣丞馬修良,試用未入流王堃,遇有縣丞、未入流缺出,不論班次儘先補用,新建縣吴城鎮主簿姚鑲給予六品職銜,抑或仍照吏部前議,均予加一級之處,伏乞皇上聖裁。

謹附片覆奏請旨。

硃批:鄧仁堃著賞换花翎,馬修良、王堃、姚鑲均著照所擬行,毋庸加級。

爲南昌府經歷吴朗等勸捐辦賑請獎事片

再,據該撫附片奏稱:江西省此項捐輸賑濟經費,因係連年被水之後,户鮮殷富,頗費周章。賴有局員首事多方勸諭,鼓舞輸將,得以歸補庫項至二十餘萬兩之多。洵屬辦公奮勉,著有微勞。所有南昌府經歷吴朗、試用縣丞潘啓元,自備資斧,隨同勸捐辦賑,奔走經年。潘啓元復又經理捐輸文案,盡心勾稽,悉臻妥善。試用縣丞趙樸庭,在南昌、新建等縣實力勸捐,共收捐錢五萬餘千串。捐局首事、國子監學正方本第、候選教諭李方儀、廣東候補直隸州州判葉春舒、遇缺即選訓導吴斌、廪生錢榮均各分投勸導,不辭勞瘁。可否仰祈天恩,俯准將南昌府經歷吴朗,以應升之缺升用;試用縣丞潘啓元,俟補缺後以應升之缺升用;試用縣丞趙樸庭,遇有縣丞缺出儘先補用;國子監學正方本第、廣東候補直隸州州判葉春舒、候選教諭李方儀,遇缺即選訓導吴斌、廪生錢榮均請交部從優議叙,俾示鼓勵,而昭激勸之處,出自逾格鴻慈。等因。咸豐元年八月二十三日奉硃批:户部議覆時聲明請旨。欽此。欽遵到部。

臣等查各省捐輸奏請議叙,臣部係按照捐輸條款及銀數多寡分别准駁。至緣勞績請奬之員,或奉特旨允准,或由吏部核議,臣部並無一定例案。覆查道光二十八年江西省捐賑案内,該撫以委員馬修良等隨同勸捐辦賑出力,請將試用縣丞馬修良、試用未入流王堃,遇有縣丞、未入流缺出,不論班次儘先補用。新建縣吴城鎮主簿姚鑲,給予六品職銜。經臣部覆覈具奏,於咸豐元年五月二十八日奉硃批:馬修良、王堃、姚鑲均著照所擬行。欽此。欽遵在案。

今該撫以南昌府經歷吴朗等隨同勸捐辦賑,均屬著有微勞,請分别給予奬勵。臣等查與該省上次捐賑案内,勸捐委員請叙成案相符,既據該撫將該員等出力情形切實聲叙,仰懇逾格鴻慈,自係爲鼓勵勞績起見。惟查臣部捐例,並無勸捐委員作何議叙明文,查據吏部覆稱,應聽自行覈辦。可否准其所請,將南昌府經歷吴朗,以應升之缺升用,試用縣丞潘啓元,俟補缺後以應升之缺升用,試用縣丞趙樸庭,遇有縣丞缺出,儘先補用,國子監學正方本第、廣東候補直隸州州判葉春舒、候選教諭李方儀、遇缺即選訓導吴斌、廪生錢榮均交部從優議叙之處,謹遵旨聲明,恭候欽定。

仍俟命下,臣部咨行吏部查覈辦理。爲此附片覆奏請旨。

硃批:著照所請行。

爲迅撥銀兩解赴湖北以濟要需事奏摺

咸豐元年六月十六日

大學士兼署管理户部事務臣祁寯藻等謹奏,爲遵旨迅撥銀兩,解赴湖北,以濟要需,恭摺奏祈聖鑒事。

咸豐元年六月十一日内閣奉上諭:程矞采、龔裕奏請酌撥銀兩一摺,著户部迅即籌撥銀十五萬兩,解赴湖北,以濟要需。欽此。欽遵。抄出到部。

查原奏内稱:楚北藩庫近年蠲免頻仍,所納不敷所出。兼之匣費一項,兩淮節年共欠解銀一百四萬二千餘兩,連年展緩,迄未徵解。即未經奏展之己酉綱銀二萬二千九百餘兩、庚戌綱銀五萬七千餘兩,疊經催提,未經解到。一切支應各款，均係設法墊支。現在廣西寇氛未靖，先後奉調安徽等省官兵，俱由湖北行走。又，欽差大臣、大學士賽尚阿等馳往廣西，隨帶營兵並將備等官，亦由河南入楚。又奉調湖北提標等營官兵，前赴粵西會剿，應領行裝、配帶槍礮等項，以及沿途應付，在在需項供支。藩庫存款無幾，無可通融。設奉續調官兵，及本省或有要需，一時無項可動，必須預爲籌備，以免臨時周章。請於鄰省酌撥銀十五萬兩，迅速解楚，以濟要需。等語。

臣等伏查，湖北省節年被水，蠲緩頻仍，兼之兩淮積欠該省匣費銀兩，爲數甚鉅，延未解交，以致收不敷支。現在辦理兵差，過境一切應付，及奉調該省官兵應領行裝等項，需用浩繁，藩庫存款無多，不敷支用，查係實在情形。臣等公同商酌，擬撥江海關徵存夷税銀十萬兩、江西捐監銀二萬七千兩、河南捐監銀一萬三千兩、山東捐監銀一萬兩，以上共擬撥銀一十五萬兩。恭候命下，臣部飛咨各該省迅即按數委員解赴湖北，以應急需。並令湖北巡撫撙節支用，毋得絲毫浮冒。事竣覈實報銷，如有餘剩，報部酌撥。

至兩淮每年應解湖北鹽規匣費銀兩，原係供支該省武職養廉，並文職公費等款之用，前因兩淮遞年拖欠，致該省無項可支，均在於耗羨款内借墊。今據奏稱，自嘉慶十五年庚午綱起至道光二十九年己酉綱止，兩淮運庫共欠解銀一百四萬二千餘兩，因分年帶徵，復連年展緩，迄未徵解。即未經奏展之己酉綱銀二萬二千九百餘兩、庚戌綱銀五萬餘兩，叠經催提，亦未解到。等語。

臣等伏查，上年二月内，湖北省因耗羨不敷，請撥鄰省銀兩供支一摺，經臣部議請將兩淮欠解湖北匣費，道光十年以前已經定限者，務令趕緊按限提解。未經定限者，一俟鹽引暢銷，速即啓徵。其道光十年以後欠解匣費，催令迅速按綱補解。奏明行令遵照，並屢次咨催。各在案。

嗣經兩淮奏定新章，分別展緩，而應解之項仍未解交，以致楚省藩庫倍形支絀。當此需用孔亟之際，未便再任宕延。相應請旨飭下兩江總督，嚴飭運司，先將己酉、庚戌兩綱，按照兩淮道光三十年奏定新章，應解該省匣費銀數，趕緊提解，以資接濟。並將節年未解匣費銀兩，速爲設法，分别籌解，以清積欠，而重國帑。

所有臣等遵旨迅籌撥解湖北銀兩緣由，理合恭摺具奏，伏乞皇上聖鑒。謹奏請旨。

爲浙江因灾緩帶民欠錢糧請豁免事奏摺

咸豐元年六月十六日

大學士兼署管理户部事務臣祁寯藻等謹奏,爲遵旨議奏,仰祈聖鑒事。

咸豐元年五月初一日,據浙江巡撫常大淳,爲查豁道光三十年緩、帶徵銀米各數,繕具清單,並酌覈辦理一摺。奉硃批:户部察覈具奏。單併發。欽此。欽遵。於初四日由内閣抄出到部。

據原奏内稱,竊浙省前於本年正月十七日接准部咨,咸豐元年正月初一日内閣奉上諭:各省積年民欠正耗錢糧及因灾緩徵、帶徵銀穀,並借給籽種、口糧、牛具及漕項、蘆課、學租、雜税等項即著各該督撫、將軍、府尹等,將道光三十年以前實欠在民者,詳細查明,按照該省所屬之某州、某縣銀數若干,速行開單具奏。候朕以次降旨,全行豁免。等因。欽此。

當經前護撫臣汪本銓恭録諭旨,轉行司、道,敬謹刊刻謄黄,頒發各屬,遍行曉諭。一面將道光二十一年至二十九年民欠錢糧,就清查册報及歷過奏銷,查明未完各數,繕具清單,恭請恩施豁免。並聲明道光三十年民欠錢糧,尚未歷過奏銷,應否照例毋庸查豁之處,恭候命下,另行欽遵辦理。嗣於二月十五日接准部咨,以道光三十年熟田未完錢糧,尚未截數奏銷,不得謂之積欠,應照定例辦理。

所有道光三十年因灾請緩、應行帶徵錢糧,即與道光二十九年以前未完各項,確切查明,一併奏請豁免。等因。奏奉諭旨:依議。欽此。咨行到臣,遵復飭知各司、道,轉行欽遵查辦。並刊刻謄黄,頒發灾歉各州、縣,遍行曉諭。俾小民共識例文,胥吏不敢隱混,以杜弊竇。

兹據藩司汪本銓、糧道胡元博,將道光三十年各屬灾歉案内册報緩、帶各數,查明開具清摺,並酌覈辦理情形,詳請具奏前來。

臣查上年浙省地方,迭遭大水,杭州等十府所屬,多被灾歉。應徵銀米,業已奏蒙恩旨,分别蠲、緩在案。兹據各屬灾歉案内,册報緩、帶各數,逐一稽覈計被灾、被歉者共五十一州、縣、衛、所,除被灾蠲免錢糧不計外,實計緩、帶民欠地丁正耗銀五十五萬五千八十三兩八錢九分四厘,屯餉正耗銀二千八百十二兩七錢四分三厘,學租、河工、餉餘並因灾借領、存留驛站、雜款等銀二萬一千六百五十五兩三錢四分五厘,牧租錢六千四百二十五千五百六十五文,南米六萬三千八百五十二石二斗五升四合八勺，囚糧、祭祀等米三百七十五石八斗六升二合九勺，緩、帶漕白、漕截各款正耗銀十九萬三千二百八十六兩二錢八分四厘，内有二十九年被灾提緩月糧米折正耗銀三百八十七兩八分二厘，又提緩本色月糧米折正耗銀四百九十二兩四錢七分三厘，又緩、帶漕糧改漕行月食等本色米二十四萬六千六百四十三石一斗一升六合七勺。

惟各屬錢糧内，有未被灾歉以前，先據花户完納在官者，當時並未分晰蠲緩灾歉案内，本係概請流抵。但思被歉緩、帶銀米届限本屬應徵，與被灾之已奉蠲免者不同。此次欽奉恩旨查豁緩徵，原指實欠在民者而言。但查上年被灾成熟並緩之山陰、會稽、蕭山三縣，其灾前完存錢糧，業已提解司庫銀一萬四千五百六兩二錢二分四厘，其中有已完緩徵之銀，即不應列在民欠之内。

臣與司、道悉心酌覈，此項徵存銀款，自應分别查辦。如查係蠲户完存，其當年本無應徵糧賦，應准作抵次年應納之銀。如係緩户投納，是該户本有應完錢糧，即當爲緩、帶已完之款，一併列入奏銷撥用。此外如查有灾前徵存緩銀尚未批解者，亦即一律嚴提等語。

臣等伏查，浙省應豁民欠，曾據該護撫汪本銓，將道光二十一年至二十九年實欠在民各項，開單具奏，概請豁免。經臣部照單覈覆，奉旨准豁行令欽遵在案。其三十年因灾請緩、應行緩帶錢糧，前經臣部議奏，擬令各該督撫等，確切查明，一併奏請豁免。等因。奉旨：依議。欽此。亦經行知遵照在案。

兹據浙撫常大淳奏稱，上年該省地方迭遭大水，杭州等十府所屬多被灾歉，應徵銀米業已奏奉恩旨，分别蠲緩。現就緩、帶各數逐一稽覈，計被灾、被歉者，共五十一州、縣、衛、所，除被灾蠲免錢糧不計外，實計緩、帶民欠地丁、屯餉正耗及學租、餉餘並因灾借領、存留驛站、雜款等銀五十七萬九千五百五十一兩九錢七分二厘。又緩、帶漕白、漕截各款正耗共銀十九萬三千二百八十六兩二錢八分四厘，内有二十九年被灾提緩月糧米折正耗銀三百八十七兩八分二厘。又提緩月糧米折正耗銀四百九十二兩四錢七分三厘。又緩、帶漕糧改漕行月食等本色米二十四萬六千六百四十三石一斗一升六合七勺。又緩、帶南囚、祭祀等米六萬四千二百二十八石一斗一升七合七勺。又緩帶牧租錢六千四百二十五千五百六十五文。查單開銀錢米各數，尚未據該撫造册題銷，無憑覈對。其所稱五十一州、縣、衛、所，覈與上年奏報灾歉情形案内，原奏清單開列仁和等四十八州、縣，又杭嚴、臺州二衛均屬符合。惟嚴州一所，前次單内未經列入，其緩、帶漕白等項銀米，亦無該所名目。此次單内因何添入，應令查明聲覆。至所稱前項銀米内，有二十九年被灾提緩月糧米折正耗共銀三百八十七兩八分二厘。查二十一年起至二十九年止，漕白等款正耗銀兩，前據該撫一併奏請豁免在案，何以此次仍有二十九年提緩之款，且何以謂之提緩，應令明晰報部，以憑覈結。又此次奏豁單内，祇有於潛、昌化二縣二十九年提緩月糧米折正耗，共銀十兩四錢八厘，何以與總數内聲叙該年提緩月糧米折正耗銀三百八十七兩八分二厘之數不符。應令一併分晰查明聲覆，以憑覈辦。

以上共計民欠緩、帶銀七十七萬二千八百三十八兩二錢五分六厘，米三十一萬八百七十一石二斗三升四合四勺，牧租錢六千四百二十五千五百六十五文。自應欽遵諭旨，概予豁免，以廣皇仁。

惟現據稱，各屬錢糧内，有未被灾歉以前，先據花户完納在官者，當時並未分晰蠲緩，應請分别查辦。如係蠲户完存，其當年本無應徵糧賦，准其作抵次年應納之銀。如係緩户投納，是該户本有應完錢糧，即當爲緩、帶已完之款，一併列入奏銷撥用。等語。

臣等查，浙省辦理灾歉成案，如未經奉旨蠲緩以前，凡有完納在官者，概准其流抵次年新賦。今請將應蠲者，照案流抵。而應緩者，已於灾前完交，不得謂之民欠，應當爲緩、帶已完之款。惟既爲已完之款，即不在豁免之列，其豁免案内，自應照數開除。應令該撫，將應豁緩、帶銀、錢、米各數，確切查明。内灾前已經完納者，共有若干，概行除去。實計共應豁民欠緩帶銀、錢、米各若干，列入謄黄，遍行曉諭，務期實惠及民，毋任吏胥舞弊。

至山陰、會稽、蕭山三縣灾前完交銀一萬四千五百餘兩，據稱現已提解司庫，應即造入奏銷，報部撥用。仍查明被灾各屬，如有灾前完交緩銀，尚未批解者，亦應一律詳查嚴提，以重庫項。

再查定例，地方被灾，該督撫先將情形奏報，次將被灾分數按照區圖村莊詳查題報，並趕緊造册報銷。今浙省三十年灾歉情形，已據奏報，其分數及題銷各册，亦應趕緊查造送部。仍將應蠲、應緩與蠲户、應抵緩户已完各若干，一一於題銷册内分别注明，以憑查覈。

所有遵旨察覈具奏緣由，理合繕摺覆奏，伏乞皇上訓示遵行。謹奏請旨。

浙江道光三十年新舊地漕等項銀米已未完各數清單

謹將浙江省道光三十年分下忙新舊地漕、屯餉正耗及南糧等項銀米已、未完各數，開列清單，恭呈御覽。

計開：

新賦項下：

道光三十年分額徵解司起運地丁、存留驛站等款銀二百四十一萬三千九百九十七兩零。內除定海廳減徵一成地丁等銀一千一百三十三兩零，又除富陽、於潛、昌化、淳安、桐廬、分水等六縣上年被水沙淤石積不能墾復田地免徵銀二千一百六十三兩零。實應徵銀二百四十一萬七百兩零。除上忙應完一半外，計下忙應完銀一百二十萬五千三百五十兩零。內已完銀二十四萬六百七兩零，未完銀九十六萬四千七百四十二兩零。又，上忙原報已完銀三十七萬三千八百七十兩零，未完銀八十三萬一千四百八十兩零。內已完銀二十一兩零，未完銀八十三萬一千四百五十八兩零。統計上、下兩忙共已完銀六十一萬四千四百九十九兩零，未完銀一百七十九萬六千二百兩零。

道光三十年分額徵屯餉起存銀一萬七千八百六十六兩零。除上忙應完一半外，計下忙應完銀八千九百三十三兩零。內已完銀一千七百二十四兩零，未完銀七千二百九兩零。又，上忙原報已完銀一千二十五兩零，未完銀七千九百七兩零。已完銀無項，未完銀七千九百七兩零。統計上、下兩忙共已完銀二千七百四十九兩零，未完銀一萬五千一百一十六兩零。

舊賦項下：

道光二十一至二十九等年地丁，三十年上忙原報未完，加下忙届限應徵，共銀四百八萬三千三百一十九兩零。內已完銀五千六百兩零，未完銀四百七萬七千七百一十九兩零。

道光二十一至二十九等年屯餉，三十年上忙原報未完銀四萬一千一百五十七兩零。內已完銀無項，未完銀四萬一千一百五十七兩零。

耗羨新賦項下：

道光三十年分額徵地丁等款耗羨銀一十三萬二千五百九兩零。內除定海廳減徵一成銀九十兩零。又除富陽、於潛、昌化、淳安、桐廬、分水等六縣免徵銀一百一十六兩零外，實應徵銀一十三萬二千三百二兩零。除上忙應完一半外，計下忙應完銀六萬六千一百五十一兩零。内已完銀二萬二千三百五兩零，未完銀四萬三千八百四十五兩零。又，額徵河工、鹽課等款耗羨銀二千一百七十六兩零。内除定海廳減徵一成銀一十一兩零，實應徵銀二千一百六十四兩零。内已完銀無項，未完銀兩千一百六十四兩零。又，上忙原報已完地丁等款耗羨銀七千五百七十八兩零，未完銀五萬八千五百七十二兩零。統計上、下兩忙共已完銀二萬九千八百八十三兩零，未完銀一十萬四千五百八十二兩零。

道光三十年分額徵屯餉等款耗羨銀一千三百三十一兩零。除上忙應完一半外，計下忙應完銀六百六十五兩零。内已完銀二十一兩，未完銀六百四十四兩零。又，上忙原報未完屯餉等款耗羨銀五百六十四兩零，未據完報。

耗羨舊賦項下：

道光二十一、二十二、二十三、二十四、二十五、二十六、二十七、二十八、二十九等年，熟田并緩、帶地丁耗羨，三十年上忙原報未完，加下忙届限應徵，共銀二十四萬一千四百二十兩零。内已完銀一百八十六兩零，未完銀二十四萬一千二百三十四兩零。

道光二十一至二十九等年屯耗，三十年上忙原報未完，加下忙届限應徵，共銀三千六百二十二兩零，未據完報。

漕白項下：

道光三十年分額徵漕白各款正項銀七十三萬六千二百七十九兩零。内已完銀六萬三千六百三十兩零，未完銀六十七萬二千六百四十九兩零。

道光二十一、二十二、二十三、二十四、二十五、二十六、二十七、二十八、二十九等年，未完漕白并緩徵銀一百五十九萬二千八百二十五兩零。内已完銀一萬五千二百九十八兩零，未完銀一百五十七萬七千五百二十六兩零。

漕耗項下：

道光三十年分額徵漕白各款耗羨銀二萬九千六百一十六兩零。内已完銀三千七十七兩零，未完銀二萬六千五百三十九兩零。

道光二十一、二十二、二十三、二十四、二十五、二十六、二十七、二十八、二十九等年，未完漕白并緩徵耗羨銀六萬九千七百九十六兩零。内已完銀七千二百二十二兩零，未完銀六萬二千五百七十三兩零。

南糧項下：

道光三十年，上忙原報未完二十一年分米五千四百九十八石零，未據完報。又,上忙原報未完二十二年分米三萬一千四百八十三石零。内已完米一千一十七石零,未完米三萬四百六十六石零。又,上忙原報未完二十三年分米二萬四千四百九十四石零,未據完報。又,上忙原報未完二十四年分米三萬三千四百二十五石零,未據完報。又,上忙原報未完二十五年分米五萬四百四十九石零。内已完米二千一百六石零,未完米四萬八千三百四十二石零。又,上忙原報未完二十六年分米五萬二千四百三十石零。内已完米一千一百八十九石零,未完米五萬一千二百四十一石零。又,上忙原報未完二十七年分米五萬六千二百一十二石零,未據完報。又,上忙原報未完二十八年分米七萬五千五百三十七石零。内已完米三石零,未完米七萬五千五百三十三石零。又,上忙原報未完二十九年分米四萬二千二百五十三石零。内已完米九千八百八十六石零,未完米三萬二千三百六十六石零。

硃批:覽。

爲因灾缺銷鹽引請將江西鹽道議處事奏摺

咸豐元年六月十六日

大學士兼署管理户部事務臣祁寯藻等謹奏,爲遵旨議奏事。

據兩江總督陸建瀛覆奏,查明道光二十八年淮鹽行銷引目,實係因灾缺銷,請免議處一摺,咸豐元年四月二十九日奉硃批:該部議奏。欽此。欽遵。於五月初三日由内閣抄出到部。

據原奏内稱,竊照道光二十八年江西一省,及江南省之上元等三十五州、縣,均因水灾銷鹽缺額。經臣奏請將鹽道、州、縣寬免議處。欽奉硃批:户部議奏。欽此。嗣准部覆,令各按被灾輕重並缺銷若干,據實確查覆奏。等因。即經行司確查去後。兹據兩淮鹽運使劉良駒詳稱:遵即分别移詢江西、江寧、安徽各藩司查覆,道光二十八年江西一省及江南省上元等三十五州、縣,内有被水成灾者,有毗連灾處、勘未成灾者,居民四出謀食,以致絀銷。至道光二十八年銷數,湖北、湖南二省,額共應銷淮南綱鹽七十七萬九千九百二十六引,已銷鹽七十四萬一千五百九十五引内,湖南係照額全銷,湖北省缺銷鹽三萬八千三百三十一引。江西省額銷淮南綱鹽二十七萬七千二百九十九引,已銷鹽十三萬二千三百五十四引,缺銷鹽十四萬四千九百四十五引。江南省安慶等府、州、縣，額共應銷淮南綱食鹽三十三萬八千二百八十五引，已銷鹽十二萬一千三百一引，缺銷鹽二十一萬六千九百八十四引。又，江南鳳陽等府、州、縣，額共應銷淮北綱食引鹽二十九萬六千九百八十二引，内除鳳陽等府屬四十州、縣，額共應銷鹽二十一萬五千三百六十二引，改行票鹽按額溢銷應免考覈外，其餘各州、縣，共應銷鹽八萬一千六百二十引，已銷鹽四萬九千八百四十引，缺銷鹽三萬一千七百八十引。分案造册詳送前來。

臣查兩淮綱食各岸，道光二十八年分，江西一省及江南省上元等三十五州、縣，額銷均有短缺。委係缺銷有因，懇將江西鹽道及江南上元等州、縣，免其開揭議處。其湖北、湖南、江南未經被水各州、縣應議之，經接督銷鹽道、州、縣職揭咨部議處。除册揭咨部外，理合恭摺具奏。等語。

臣等伏查，淮鹽行銷引目，例應計數考覈，按年題報。其缺銷自一分至三分者，分别停升降俸；越四分以上者，降調；七分以上者，革職。歷經臣部會同吏部議處在案。道光三十年六月兩江督臣陸建瀛片奏，江西及江南省之上元等三十五州、縣，道光二十八年應銷額引，因灾絀銷。援引道光十一年前督臣陶澍奏准免議成案，懇請寬免考覈。經臣部以該督所引十一年免議成案，係奉特旨允行，未便援案。議准仍令該督各按被灾輕重，並缺銷若干，據實確查覆奏，到日候旨遵行。

兹據該督奏，據兩淮鹽運使劉良駒詳稱：移詢江西、江寧、安徽各藩司，查覆道光二十八年江西一省及江南省上元等三十五州、縣内，有被水成灾者，有毗連灾處、勘未成灾者，居民四出謀食，以致絀銷。並據册稱，江西省額銷淮南綱鹽二十七萬七千二百九十九引，已銷鹽十三萬二千三百五十四引，缺銷鹽十四萬四千九百四十五引。江南省安慶等府、州、縣，額共應銷淮南綱食鹽三十三萬八千二百八十五引内，上元等三十五州、縣，共缺銷鹽二十一萬六千九百八十四引，實共銷鹽十二萬一千三百一引。委係缺銷有因，懇將江西鹽道、上元等各州、縣免其開揭議處。其湖北、湖南、江南未經被水各州、縣，應議之，督銷鹽道、州、縣具職揭咨部議處。等語。並分案造册，咨送前來。

臣等復查，淮引缺銷處分，向係題報開參。至缺銷有因，奏請寬免考覈，必應候旨遵行。所以恪守定例，嚴儆墮銷，隱防引懸課絀之漸。現據該督轉飭運司，確切查明江西省及江南省上元等三十五州、縣，道光二十八年被水情形暨缺銷數目，分造細册，奏請寬免考覈。查與所引道光十一年前督臣陶澍奏准免議成案，情事相同。可否恩予寬免之處，恭候命下，行文該督，遵照辦理。其另咨送到湖北、湖南、江南未經被水之應議鹽道州縣職揭,容臣部會同吏部,按照册開缺銷分數,分别奏請議處。

理合將臣等覈議緣由,恭摺具奏,伏乞皇上聖鑒。謹奏。

爲覈察直隸民欠旗租請分别豁免事奏摺

咸豐元年六月十六日

大學士兼署管理户部事務臣祁寯藻等謹奏,爲遵旨察覈具奏事。

内閣抄出直隸總督訥爾經額奏,查明直隸省道光三十年以前民欠旗租,並三十年因災緩、帶徵暨補徵銀穀各數,開單覆奏一摺,咸豐元年五月十八日奉硃批:户部察覈具奏,單併發。欽此。欽遵。於本月二十日抄出到部,並據直隸總督將應豁銀穀細數清册咨送前來。

據該督原奏内稱:本年二月初九日奉上諭:訥爾經額奏豁免積欠旗租,請旨遵辦一摺。各直省民欠錢糧,前經降旨將道光三十年以前已入奏銷者,全行豁免。此項佃種旗地之民,近隸畿疆,同深望澤,允宜共沛恩施。所有直隸各州、縣道光三十年以前,實欠在民各項旗租,並各案補徵銀兩,著加恩一體豁免。該督即刊刻謄黄,徧行曉諭,毋任吏胥舞弊,務使實惠均霑,用副朕布闓推恩至意。該部知道。欽此。遵即行司刊刻謄黄,分頒各屬,在於城鄉市鎮徧行張貼,並令趕緊查明實在民欠確數,開單詳報覆奏去後。

兹據藩司陳啓邁詳稱:伏查直隸經徵旗租共八十八廳州、縣内,除保定等三十五廳州、縣,道光三十年以前並無民欠,三十年亦無因災緩、帶徵之項。其餘通州等五十三州、縣,道光三十年以前並三十年因災緩、帶徵民欠旗租正耗,以及各案補徵銀穀等項數目,現據分晰開報,與存司各項册檔覈對勾稽,内報出徵存之款,應另行詳奏,勒限提追外,計民欠及緩、帶徵存退另案莊頭屯莊三次、四次、奴典公産等八項旗租,共銀三十四萬九千四百五十三兩二錢五分八厘。又,存莊租耗,並易州、淶水二州、縣,蠲正不蠲耗,緩徵無正耗銀,並各案補徵租銀以及玉田縣補徵無正耗銀,共五萬一千九百十六兩三錢三分八厘。以上統共銀四十萬一千三百六十九兩五錢九分六厘。又,屯莊科租穀七百九十九石四斗一升二合一勺五抄,分晰覈明確數,開單請奏等情。

臣覆覈無異,除飭司移行各道府廳州調齊紅簿,再行詳加覈對。如查有不符之款,歸於報銷案内覈實更正,造具細數款册,照例具題外,謹繕清單,敬呈御覽,仍造具清册咨送户部查覈。至各案補徵銀兩,已奉部覆,尚未奏銷之項,應請俟三十年奏銷後,由司專案造册詳辦。等語。

臣等伏查,先由内閣抄出咸豐元年二月初九日奉上諭:訥爾經額奏豁免積欠旗租,請旨遵辦一摺。各直省民欠錢糧前經降旨,將道光三十年以前已入奏銷者,全行豁免。此項佃種旗地之民,近隸畿疆,同深望澤,允宜共沛恩施。所有直隸各州、縣道光三十年以前,實欠在民各項旗租,並各案補徵争銀兩,著加恩一體豁免。該督即刊刻謄黄,遍行曉諭,毋任吏胥舞弊,務使實惠均霑,用副朕布闓推恩至意。該部知道。欽此。又於咸豐元年正月十二日奉上諭:給事中袁甲三奏,豁免民欠,請嚴除積弊一摺。據稱:歷届豁免積欠成案,各省因駁飭行查,有遲至數年而不結者,良由本無限期,以致輾轉耽延,官吏營私弊端叢出,若不預爲制防,是竟以加惠之政,遂若輩谿壑之私,尚復成何事體。此次豁免積欠,值清查初蒇民欠款目皆已剔清,外司内部已知確數,勢固較然難欺,即近年奏銷,在清查以後者,亦不難將徵册審根,覈其實欠數目。著各直省督撫等,於奉到豁免諭旨後,限三個月即行詳悉開單具奏。户部亦即趕緊查明覆奏,其銀穀款數,稍有未符者,部議時一面覈准,一面將不符之處行令咨部更正。毋任書吏藉詞駁换,致有需索。等因。欽此。

又臣部酌議蠲免積欠,請推廣定例摺内,聲請將道光三十年因災緩、帶徵銀糧等項,即與民欠未完各項一併列入單内奏請豁免。於咸豐元年二月初三日奉旨:依議。欽此。又於咸豐元年二月初八日奉上諭:傅繩勛奏,遵查豁免積欠,請旨遵辦一摺。向來查辦豁免積欠,降旨指蠲自某年至某年者,總以奏銷截數爲准。若未入奏銷,不得統作積欠蠲免。歷經該部纂入則例,一律遵行。本年元旦經朕降旨,飭令各該省將道光三十年以前,實欠在民者,詳查具奏,候朕以次施恩。各該省遵旨查辦,自應仍照舊章。凡實欠應蠲,總以欠數已入奏銷爲准。其道光三十年正賦,此時尚未奏銷,不得謂之積欠。著再通諭各直省督撫等,遵照從前成案,並現在户部議行各事宜,明晰曉諭,分别辦理。毋致小民誤會觀望,致礙新賦。庶應蠲者,實惠均霑;應徵者,輸將無誤。官吏人等自不至有影射朦混等弊。等因。欽此。均經臣部行文遵照。各在案。

今據直隸總督訥爾經額將直隸省道光三十年以前,並三十年因災緩、帶徵民欠旗租,暨補徵銀穀各數,查明覆奏前來。臣等查清單内僅載簡明數目,檢查册造通州等五十三州、縣,道光二十一年起至二十九年止,並三十年因災緩、帶徵民欠存退等八項旗租正銀三十四萬九千四百五十三兩二錢五分八厘。内應解内務府、圓明園、户部等衙門租銀三千八百八十七兩六錢八分八厘,留充滄州駐防兵餉銀三百七十四兩九錢七分。應解司庫租銀三十四萬五千一百九十兩六錢。以上三項共銀三十四萬九千四百五十三兩二錢五分八厘。又,存莊租耗銀五千九百四十六兩一分三厘。又,易州、淶水二州、縣蠲正不蠲耗、緩徵無正耗銀三兩六錢九厘。又,各案補徵租銀四萬四千七百四十八兩三錢二分二厘。又,玉田縣補徵無正耗銀一千二百一十八兩三錢九分四厘。以上統共銀四十萬一千三百六十九兩五錢九分六厘。又,道光二十一年起至二十九年止,屯莊租穀七百九十九石四斗一升二合一勺五抄。臣等查此項銀穀,均與歷次准免款項相符,應請旨准其豁免。其應豁細數内,除屯莊租穀,臣部覈與各該年奏銷册造未完數目符合。至民欠未完並因災緩、帶徵租耗等銀,三十年自應尚有續完,總當以是年奏銷截數爲准。惟該年奏銷清册現尚未據該督造報,臣部無憑覈對,應請敕下直隸總督,即將直隸省道光三十年旗租等項奏銷,遵照例限造册送部,以便稽考。如查有不符,臣部行令該督咨部更正。至徵存之款,亦即勒限提追、委解部庫,並令將前項豁免銀穀迅即造册題銷。其各案補徵銀兩内,有已奉部覆尚未奏銷,請俟三十年奏銷後,由專案造册詳辦之處,應俟該督册報到日,再行酌覈辦理。

所有臣等覈議緣由,理合恭摺具奏,伏乞皇上訓示遵行。謹奏請旨。

爲寬免察議謝恩事奏摺

咸豐元年六月二十日

臣祁寯藻、臣何汝霖、臣舒興阿、臣彭藴章、臣穆蔭跪奏,爲恭謝天恩事。

本月十九日,徐廣縉等奏摺封函内奉有硃簽,臣等未經看出,奏請交部察議。奉硃諭:祁寯藻等均著傳旨申飭,加恩俱免其察議。欽此。伏念臣等看摺時未能詳細檢點,本有應得之愆,乃蒙皇上逾格施恩,僅予申飭,寬免察議,悚惶感激,莫可名言。此後惟有益矢小心,倍加詳慎,以期無負高厚鴻慈於萬一。

所有臣等感悚微忱,謹繕摺叩謝天恩,伏乞皇上聖鑒。謹奏。

爲查覈福建民欠錢糧請豁免事奏摺

咸豐元年六月二十四日

大學士兼署管理户部事務臣祁寯藻等謹奏,爲遵旨察覈具奏事。

内閣抄出,前任閩浙總督裕泰等奏,查明閩省内地各屬節年民欠未完正耗錢糧、雜税各款數目,開單請豁一摺。咸豐元年五月二十三日奉硃批:户部察覈具奏。單併發。欽此。又於清單内,同日奉硃批:覽。欽此。欽遵。於五月二十七日抄出到部。

據該督等原奏清單内稱,竊臣等接准部咨,咸豐元年正月初一日欽奉上諭:朕寅承丕緒,撫馭萬方。當兹建元肇始之時,宜行體元長人之政。自道光十五年、二十五年兩次欽奉皇考宣宗成皇帝恩旨,以二十年以前各省民欠錢糧,盡予豁免。後自二十一年迄今,又届十稔,民間續有積欠,允宜大沛恩綸,期與溥海群黎,同躋仁壽。所有各省節年民欠正耗錢糧及因災緩徵、帶徵銀穀,並借給籽種、口糧、牛具及漕項、蘆課、學租、雜税等項,即著各該督撫、將軍、府尹等,將道光三十年以前實欠在民者,詳細查明,按照該省所屬之某州、某縣銀穀若干,速行開單具奏,候朕以次降旨,全行豁免。等因。欽此。遵即敬刊謄黄,飛行頒發各屬,宣示皇仁。一面檄行藩司,將各屬民欠確數,速即詳晰查覆去後。兹據布政使慶端會同督糧道尚阿本檢齊册案,徹底查明,開單具奏前來。

查閩省道光二十九年以前,並無借給籽種、口糧、牛具及漕項、蘆課,所有學租銀兩,按年奏銷,業已册報全完,俱毋庸辦理外。計内地各屬自道光二十一年起至二十九年止,共民欠地丁銀一百三十九萬三千八百六十九兩零,耗羨銀二十九萬九千六百五兩零,當税銀五萬二千六百七兩零,牙帖、雜税並厦門地租銀二萬八千六百六十六兩零,鐵爐課銀二百三十五兩零,入官租税銀五千二十兩零。龍溪、南靖二縣,未完攤徵堤費銀二萬一千二十二兩零。又,道光二十一年起至二十八年止,藉田租穀八百三石零。又,嘉慶十六年起至道光二十九年止,古田、永福、邵武、連城、福安、龍巖等六州、縣,未完寺租穀七萬三千二百五十八石五斗零。内古田縣道光二十五年起至二十八年止,永福縣道光二十三年起至二十八年止,邵武縣道光十年起至二十八年止,福安縣道光十九年起至二十八年止。連城縣道光二十八年分應造銷册未據造報，容俟嚴催造送到日，覈明已徵及實欠確數，另行按年造册，報部覈辦。

再，奉豁各年民欠數内，如奉旨以後，文到以前，已據各糧户輸納在官者，照例作爲次年正賦。其有未奉恩旨以前，徵存屬庫未經解司者，按數提解報撥。現在所開民欠之外，各屬或有因民欠難徵，解給期迫，借款墊應俟徵追民欠歸補之項。今民欠奉豁，不克再向糧户催追，應著落原墊之員賠補。

又地丁項下，各屬尚有未解存留扣缺各款，並耗羨項下尚有未解扣缺養廉銀兩，前於嘉慶二十四年間辦理豁免案内，彙同丁耗請豁，經部議駁，不准豁免，續經歸於經徵各員名下勻賠。嗣道光十五年及二十五年兩次豁免案内，均經照辦各在案。此次自應循照辦理。至臺灣府屬應徵人丁、餉税、耗羡、糖租、余耗、當税、余租、官莊、叛産等款。因臺地遠隔重洋，自道光十六年起，應辦奏銷，尚未題報定案，未完民欠各數無憑開報，應俟造報奏銷後，查明民欠實數，另行專案覈辦。等語。

臣等伏查，先由内閣抄出，咸豐元年正月初一日欽奉上諭：朕寅承丕緒，撫馭萬方，敬念列聖御極之初，蠲免積逋，當兹建元肇始之時，所有各直省節年民欠正耗錢糧及因灾緩、帶徵銀穀等項。著該督撫等，將道光三十年以前實欠在民者，詳細查明開單，奏候降旨，全行豁免。等因。欽此。

又，給事中袁甲三奏，豁免民欠，請嚴除積弊。並臣等酌議，請豁道光三十年因灾緩、帶徵錢糧。又，江蘇巡撫傅繩勛奏，豁免積欠指蠲截數，仍以已入奏銷之數爲准。等因，各一摺。均經臣部恭録欽奉諭旨，行文該督撫遵照各在案。

今據閩浙總督等奏稱，閩省内地各屬，自道光二十一年起至二十九年止，民欠地丁銀一百三十九萬三千八百六十九兩零，耗羨銀二十九萬九千六百五兩零，當税銀五萬二千六百七兩零，牙帖、雜税並厦門地租銀二萬八千六百六十六兩零，鐵爐課銀二百三十五兩零，入官租税銀五千二十兩零。龍溪、南靖二縣未完攤徵堤費銀二萬一千二十二兩零。又，道光二十一年起至二十八年止，藉田租穀八百三石零。嘉慶十六年起至道光二十九年止，古田、永福、邵武、連城、福安、龍巖等六州、縣，未完寺租穀七萬三千二百五十八石五斗零。内古田縣道光二十五年起至二十八年止，永福縣道光二十三年起至二十八年止，邵武縣道光十年起至二十八年止，福安縣道光十九年起至二十八年止。連城縣道光二十八年分，應造銷册，未據造報，容俟嚴催造送到日，覈明已徵及實欠確數,另行按年造册報部覈辦。等語。

除豁免册造聲稱,内除耗羡多報多結銀一千三百二十六兩五錢零,歸於道光三十年公費彙奏册内造報。應俟該年公費册報到日,再行查覈外,其節年民欠未完地丁、耗羡、當雜各款,臣部覈與道光十九年考成奏銷各册數目均屬相符。又,藉田租穀一項,上届豁免案内,均奉特旨加恩豁免。又,攤徵還款之項,臣部未便遂議豁免。溯查道光二十五年豁免案内,經部議駁,後曾由閩浙總督復行奏懇,仍予豁免,此次均應一律照辦。所有該督等奏報内地各府、州,屬民欠未完地丁、耗羡、當税、牙税、爐課、租税、堤費等項共銀一百八十萬一千二十七兩二錢零,藉田租穀八百三石零。應請旨,一體豁免,以廣皇仁。恭候命下,臣部行文該督等刊刻謄黄,遍行曉諭,務使實惠及民,毋任吏胥滋弊。並將奉旨以後,文到以前,已徵在官者,准其作爲次年正賦。其有未奉恩旨以前,徵存屬庫未解之款,迅即如數提解,一併歸於題報案内,聲明造報,以憑稽覈。

至寺田租穀一項,查古田、永福、邵武、福安、連城等縣報銷册籍,未據開造,此時實欠確數無從覈計。且前項寺穀係屬官田,與民人自置地畝不同,歷據該督援案請免,均經臣部議駁,應仍令該督等轉飭如數徵完,並將各該縣歷年應造報銷册籍,亦即查明,趕緊開造,毋任遺漏。

又奏稱,現在所開民欠之外,各屬或有因民欠難徵,借款墊應,俟徵追歸補。今民欠奉豁,不克再向糧户催追。並各屬未解存留扣缺各款,請著落原墊經徵各員名下賠補之處。臣等查,墊完民欠銀兩,前經臣部於道光十年、二十年豁免案内,行令嗣後嚴飭各屬,實力催徵全完,不得再有挪墊、流抵名目。奉旨:依議。欽此。欽遵。行文在案。今該督等仍以各屬墊款因民欠奉豁,不克再向糧户催追,並未完存留各款,請著落原墊經徵各員名下陪補,不但與前次奏案不符,且與臣部辦理清查案内奏定新章,禁止墊欠名目,亦未遵行,應令該督,嗣後將此項名目永遠禁止,並將各員賠補之項,依限著追,勿使虚懸。

其臺灣府屬應徵人丁、餉税錢糧等項奏册,自道光十六年以後,節經臣部奏咨行催,該省延未造報,當兹奏辦豁免之時,尚不認真辦理,仍以遠隔重洋爲詞,冀圖延宕。即使重洋風信靡常,何以此外文報往來並無梗塞,總緣該省遇事遷延,染爲積習。若不亟加整頓,不獨臣部節催,徒繁案牘,且新舊錢糧套搭不清,日久易滋弊混。相應請旨飭下該督撫,轉飭該管司、道,將臺灣道光十六年以後未造奏銷各册,飭屬一併題報,並將延玩各員參辦,以挽頽風。

至臺灣三十年奏銷截數以前民欠實數,務即確覈奏報請豁,庶海澨群黎咸霑聖澤,而臺灣糧賦,胥昭覈實矣。

所有臣等察覈議覆緣由,理合恭摺具奏,伏乞皇上聖鑒訓示遵行。謹奏請旨。

爲察覈長蘆積欠及緩徵帶徵竈課銀兩請豁免事奏摺

咸豐元年六月二十四日

大學士兼署管理户部事務臣祁寯藻等謹奏,爲遵旨察覈具奏事。

咸豐元年五月初五日,長蘆鹽政崇綸奏,道光三十年以前積欠並三十年因灾緩徵、帶徵竈課聲請豁免一摺,奉硃批:户部察覈具奏,單併發。欽此。欽遵。於初八日由内閣抄出到部。

據原奏内稱:咸豐元年二月初八日准户部咨行,本年元旦奉上諭:各省節年民欠正耗錢糧及因灾緩徵、帶徵銀穀,借給籽種、口糧,牛具、蘆課、學租、雜税等項,即著各該督撫、將軍、府尹等將道光三十年以前實欠在民者,詳晰查明。按照該省所屬之某州、某縣民欠若干,速行開單具奏,候朕施恩,以次降旨,全行豁免。並著先將此旨刊刻謄黄,徧行曉諭。務使城市鄉村,遐陬僻壤,咸喻朝廷德意。毋使胥役等延擱侵漁,致滋弊竇。該部即遵諭行。欽此。

伏查道光三十年熟田未完錢糧,尚未截數奏銷,不得謂之積欠,應照定例辦理。所有道光三十年因灾緩徵、帶徵錢糧,雖屬未經奏銷,究係查明請緩有案,即與道光三十年以前未完各項一併確切查明,奏請豁免。其道光三十年以前竈課,實欠在竈者,應與地丁錢糧一律辦理。奏奉諭旨:依議。欽此。欽遵。抄摺行令查辦。等因。奴才跪讀聖諭,仰見我皇上仁恩普被,闓澤覃敷,率土臣民同深感戴。當即刊刻謄黄,飭發經徵竈課各州、縣、場,遍貼曉諭。一面飛飭該州、縣、場,將實欠在竈,並因灾緩徵、帶徵課銀,確切查明,造册出結,呈送覈辦去後。

兹據長蘆鹽運司楊霈詳稱:據滄州、静海、青縣、南皮、鹽山、慶雲、天津、寶坻等八州、縣,並豐財、蘆臺、嚴鎮等三場查明,道光三十年以前積欠,及道光三十年因灾緩徵、帶徵竈課,共銀一萬三千三百九兩八錢一分四厘。均係實欠在竈,並無捏報情弊,造具册結,由天津分司道運司加結轉請會奏前來。奴才覆覈無異。謹繕具各州、縣、場未完銀數清單,會同直隸總督臣訥爾經額合詞恭摺具奏。等語。嗣於五月二十五日,據該鹽政將册結呈送到部。

臣等伏查,本年元旦欽奉恩綸,普免各直省節年民欠錢糧。當經臣部恭查乾隆二十七年暨六十年,高宗純皇帝豁免節年民欠聖諭及例載指蠲年分,聲請除道光三十年熟田未完錢糧,尚未截數奏銷,不得謂之積欠,應照定例辦理外,其道光三十年因灾緩徵、帶徵錢糧,即與三十年以前未完各項,確切查明奏請豁免。並將道光三十年以前各省竈課積欠,及三十年因灾緩徵竈課實欠在竈者,與地丁錢糧一律辦理。等因。奏蒙俞允,遵行在案。

兹據長蘆鹽政崇綸奏稱:滄州、静海、青縣、南皮、鹽山、慶雲、天津、寶坻等八州、縣,並豐財、蘆臺、嚴鎮等三場,查明道光三十年以前積欠,及道光三十年因灾緩徵、帶徵竈課,共銀一萬三千三百九兩八錢一分四厘,均係實欠在竈,並無捏報情弊。等語。臣等督飭司員,將原奏清單及續送各州、縣、場未完銀數清册,檢查道光三十年以前竈課奏銷細册,逐一勾稽,計道光二十一年起至二十九年止,滄州、静海等八州、縣及豐財、蘆臺等三場竈課積欠銀一萬一千五百十一兩二錢一分六厘,三十年秋禾被水緩徵、帶徵竈課銀一千七百九十八兩五錢九分八厘,總共未完銀一萬三千三百九兩八錢一分四厘,覈與該鹽政奏報銀數相符。且既據查明,均係實欠在竈,自應仰遵諭旨,准予一律豁免。並請敕下該鹽政,迅即刊刻謄黄,並將各該州、縣、場豁免銀數年份另刊清單,黏於謄黄之尾,遍貼曉諭,毋任吏胥弊混侵漁,以昭覈實。

所有臣等遵議緣由,理合繕摺具奏,伏乞皇上聖鑒。謹奏。

爲請緩議徵催錢糧各官處分事奏摺

咸豐元年七月初一日 *

大學士兼署管理户部事務臣祁寯藻等謹奏,爲民欠錢糧恭遇覃恩豁免,所有題參前項錢糧處分,應請一律緩議,恭摺奏明,請旨遵行事。

竊查,各省民欠錢糧,業經邀恩寬免,所有徵催前項錢糧各官處分,例應寬免查銷。惟查向來恭奉恩旨,令各該省將實欠在民銀穀若干開單具奏,候旨豁免,如適值該督撫等將經徵、催徵前項未完錢糧應議職名,題參到部,其時,雖經接奉豁免民欠恩旨,尚在未經查明銀穀實數開單奏請豁免以前,是以臣部會同吏部,仍將各該員照例議處,節經辦理在案。本年正月初一日欽奉恩旨,豁免道光三十年以前民欠錢糧。前據福建巡撫題報,該省道光二十九年地丁案内,督徵、經徵、接徵各員未完銀兩,開揭送部。經臣部查明,此項錢糧已奉豁免。此時雖未據福建巡撫將實數奏報到部,而民欠業已豁免。各員處分,辦理似有區别。經吏部查,該員等若照承催、督催錢糧,欽奉恩旨豁免之例,如民欠業已豁免,則該員等已無承督之責,其處分均應查銷。惟現在尚未據該撫將該省民欠實數奏報到部,其經徵、督徵各員處分可否暫緩覈議,俟該撫奏報到日,再行分别辦理,抑或仍即將該員等照例革職。等因。於咸豐元年三月十八日具奏,欽奉硃批:俟該撫奏到時,再行覈議。欽此。欽遵。咨行該省,遵照辦理。亦在案。

臣等查臣部現在辦理豁免民欠事宜,所有各該省未經查明民欠銀穀實數,奏請豁免者尚多。其道光三十年以前未完錢糧應議職名,據各該省陸續開揭,送部覈議。是否先行覈議題覆,抑或即照福建前案,俟該督撫等查明民欠實數奏報到時,再行覈議,以昭畫一之處,恭候欽定。如蒙恩准,照福建前案,俟奏報到時,再行覈議,此後如有似此之案,續行開揭送部,即請一律辦理。

是否有當,臣等未敢擅便,伏乞皇上聖鑒,訓示遵行。謹奏請旨。

硃批:著照前案,仍俟奏報到時,再行覈議。

爲南河官紳捐輸河工經費請奬事奏摺

咸豐元年七月初一日

大學士兼署管理户部事務臣祁寯藻等謹奏,爲遵旨議奏事。

内閣抄出兩江總督陸建瀛等奏,南河官紳捐輸河工經費,分别奬叙一摺,道光三十年十二月十六日奉硃批:户部議奏,單併發。欽此。欽遵。抄出到部。並據該督補咨前來。

查原奏内稱:南河籌辦王營減壩等工,奏請暫開捐輸。經户部議覆准照順天捐輸新定章程辦理在案。兹據捐生龍普照等捐銀六十二萬四千三百餘兩,部監照費銀五百四十七兩零,造册請奬。伏查捐生踴躍輸將,應即覈實請獎,合無仰懇皇上逾格恩施,用昭激勸。至捐生應得官職,悉按順天捐輸新定章程及豫工二卯現行常例條款覈擬。等語。

查南河,前因籌辦王營減壩等工,奏請暫開捐輸事例,經臣部議令按照順天捐輸新定章程辦理,其捐輸銀兩分别動借歸款在案。兹據該督奏稱:捐生龍普照等一千五百七十一員名,共報捐銀六十二萬四千三百九十四兩,部監照費銀五百四十七兩零。又補咨何鼎勛一員銀一千八百六十兩。造具履歷清册,請照順天捐輸新定章程及豫工二卯現行常例,分别獎叙。等因。

臣部查南河捐輸各官紳,據該督等册報,共一千五百七十二員名内,除照現行常例捐職銀數請獎職銜,吴燦等一千一百二十三名毋庸查覈,由臣部移咨吏部,按照册開給發執照外,其應行查覈各官生共四百四十九員,臣部當將册開各員,行查吏、禮、兵等部並内務府去後。今於咸豐元年六月二十四等日陸續查覆。臣等謹按清單、清册,逐員、逐層細加查覈,與捐例内銀數相符者龍普照等三百二十員,繕具清單。仰懇天恩,俯准給予獎叙,以示鼓勵。如蒙俞允,由臣部移咨吏、兵二部給發執照,如單册内轉相傳寫或有參差,另行咨查,隨時更正。此外,尚有捐資短少之汪鶴齡等二十六員;姓名、籍貫不符之吴昆田等十一員;未經聲明捐職貢監著役年月之吴澧等七十二員;捐封不符之譚祖同等二員;捐例不符之王宗鏊等二員;捐復原官之孫郅等三員;增附生捐教之張雲棟等九員。一併繕具清單。

應請敕下該督等遵照單開指駁各款,分别奏咨辦理。至捐輸正項銀六十二萬六千二百五十四兩,部監照費銀五百四十七兩零,仍由臣部覈明,咨行該督等分别解部歸款。

謹將臣等遵旨覈議緣由,理合繕具清單,恭摺具奏,伏乞皇上聖鑒。謹奏。

硃批:劉元鳳、王如蘭均賞戴藍翎,李勝,張希憲均准其捐復原銜,餘依議。

爲審明牛呼魯氏被火燒死一案大概情形事奏摺

咸豐元年七月初六日

大學士、軍機大臣臣祁寯藻等謹奏,爲會審案内訊明大概情形,仍候要證提到再行質訊,恭摺具奏事。

據步軍統領衙門咨送,牛呼魯氏被火燒傷身死一案,前經刑部奏請行文廣西巡撫,飭提要證李幅歸案審訊。嗣經臣等督飭章京、司員訊出,富爾松阿有妻另聘,並起出所寫字據,將富爾松阿奏奉諭旨革職審訊在案。連日提集全案人證,逐加嚴鞫,究出富爾松阿欲娶趙王氏之女爲妻,先與趙王氏於正月間通姦,嗣後遇便續姦等情。查與牛呼魯氏被燒情形,究無干涉。至富爾松阿寫給趙王氏字據一節,據富爾松阿供稱,實係趙王氏不肯將伊女給人爲妾,並知牛呼魯氏多病,將來如或身故,恐另娶旗人爲繼妻,向伊索寫字據,伊急圖成就,當即寫給。等語。詰以伊妻如何被燒身死,堅供實無蓄意謀害情事。質之趙王氏等,供無異詞。連日飭提薩凌德及雇工白氏並其女白妞兒、尹二等,逐加嚴訊,均堅供牛呼魯氏委係自行烤火燒傷身死,並無別故。反覆究詰,各供矢口不移。惟巴圖隆阿總以李幅聽聞尹二買炭燒死伊女之言,執爲證據。是此案非李幅提到,無從訊問。應俟廣西巡撫解到李幅時,再行提集案證,質明辦理。

所有臣等連日審訊大概情形,謹先行恭摺具奏。伏乞皇上聖鑒。謹奏。

爲請欽派官員監收盛京官莊穀石事奏摺

咸豐元年七月十一日

大學士兼署管理户部事務臣祁寯藻等謹奏,爲請旨事。

查盛京户部所屬官莊徵收穀石,康熙五十九年奉旨:嗣後每年所報穀石,派在京各部院堂官一員,會同盛京户部監收。欽此。臣部歷年遵照,將在京部院滿、漢堂官銜名,開列具奏請旨,欽派一員前往會同盛京户部監收。歷經奉旨派盛京將軍會同盛京五部侍郎一員監收在案。

惟查道光十二年奉上諭:奉天官莊穀石,著派朱士彦、常文前往監收。其盛京清寧宫、大清門應修工程,著即派朱士彦、常文敬謹勘估。欽此。道光十六年奉旨:派盛京將軍奕經,會同盛京户部侍郎德興監收。嗣因將軍奕經補授吏部尚書,侍郎德興調補泰寧鎮總兵,經臣部具奏,奉旨改派裕誠會同盛京户部侍郎德春監收。道光十七年奉旨:派署盛京將軍奕顥,會同盛京禮部侍郎薩迎阿監收。嗣因署理將軍尚書奕顥交卸回京。經臣部具奏,奉旨改派盛京兵部侍郎文蔚仍會同薩迎阿監收。道光二十三年奉旨:派盛京將軍禧恩,會同盛京刑部侍郎賡福監收。嗣因侍郎賡福調補禮部右侍郎,經臣部具奏,奉旨派盛京將軍禧恩會同盛京户部侍郎明訓監收。

道光二十九年奉旨:派盛京將軍奕興,會同盛京刑部侍郎毓書監收。嗣因侍郎毓書補授熱河都統,旋調烏魯木齊都統,經臣部具奏,奉硃筆圈出:盛京兵部侍郎恒毓。欽此。道光三十年奉硃批:著派奕興會同培成監收。欽此。各在案。

今咸豐元年時届秋收,所有監收奉天官莊穀石,應行奏請簡派。除出差有事之員不行開列外,謹將各部院咨送滿、漢堂官銜名,開列清單,恭呈御覽,伏候欽定。爲此謹奏請旨。

硃批:著派奕興會同恒毓監收。

爲遵旨議覆直隸司庫截留解部旗租銀兩歸還墊款事奏摺

咸豐元年七月十九日

大學士兼署管理户部事務臣祁寯藻等謹奏,爲遵旨議奏事。

内閣抄出,直隸總督訥爾經額奏民欠旗租蒙恩豁免,歷年長解銀兩無可徵還,擬請分别套解截存以清款目一摺,咸豐元年六月二十七日奉硃批:户部議奏。欽此。欽遵。於本月二十八日抄出到部。

據該督原奏内稱,竊照直隸應解旗地租銀,前於乾隆四十四年正月内,欽奉諭旨分賞八旗兵丁。奉部議覆,自乾隆四十四年爲始,各州、縣徵完解司奏銷後,於十月内委員解部。次年造報奏銷,將上年徵存租銀,儘解部庫在案。道光三年,直隸全境災歉,蠲緩較多,祇徵完銀一十七萬餘兩,不敷賞用,將所收道光四年新租預解部庫銀二十四萬兩。此外,徵不足數,均皆新舊套搭,遞年長解。截至道光二十七年奏銷止,共長解銀四十五萬八千三百六十兩七錢八分七厘。道光二十八年清查倉庫錢糧,請在於提解清查銀内,撥抵歸款。部覆以前項旗租,係年底恩賞要需,若全數歸還墊款,賞項不敷。議令於節年民欠並緩帶徵、補徵銀内,俟徵起歸還墊款銀三十餘萬兩。其不敷銀十五萬餘兩,在於每年應解部庫旗租銀五十萬兩内,劃歸長解銀一萬兩,仍解部庫銀四十九萬兩。等因。遵照部議,於二十九年造報奏銷後,將二十九年新租套搭二十八年存庫旗租，共解部銀四十九萬兩。是年奏銷案内，實造報徵完銀四十五萬六千八百二十一兩一分四厘，覈計又長解銀三萬三千二百七十八兩九錢八分六厘。至道光三十年辦理二十九年奏銷造報，徵完銀四十二萬三千七十八兩三錢二分三厘内。兩次委解部庫銀三十九萬六千兩，計扣歸節年長解銀二萬七千七十八兩三錢二分三厘，統計道光三年起至二十九年止，實共長解銀四十六萬四千四百六十一兩四錢五分五毫。應俟節年民欠並緩徵等項，徵起撥還。

惟道光二十一年至二十九年，民欠緩帶徵、補徵租銀，業經欽遵恩旨，開單奏請豁免。其三十年徵起銀兩，已於造報二十九年奏銷後，套搭解部。現計咸豐元年冬間，應解道光三十年奏銷旗租，前已套搭長解，無閑款可以借撥。旗租關恩賞要需，又未便以歷年長解之數，全抵本年應解之租。是應解道光三十年旗租，仍不能不預提本年新租，套搭解部。

查近年旗租，除内務府編放莊頭，領用存退地三千七百餘頃，應除租銀三萬餘兩外，額徵租銀尚不足五十萬兩。仍遵照原奉部覆，每年解銀四十九萬兩。按現額全行徵足，業已不敷。未奉恩豁以前，歲有帶徵，藉資挹注。今則舊欠全免。原議歸墊之三十餘萬兩，一無所出，僅有新賦可以套搭抵解，而未届奏銷之新賦，徵完有需時日，斷難全額預解辦理，實屬掣肘。

伏思部庫、司庫同爲國帑，旗租係部庫要需，不敢以司庫長解在先，全行劃抵。而司庫籌解爲難，亦不得不臚陳實在情形，以期兩無貽誤。竊計此項租銀，部中實在需用每年約計不過四十萬兩。應請嗣後徵收旗租，新舊套搭，每年解銀四十萬兩，以供賞需。其有徵存餘銀，即截留司庫，歸還節年長解。俟長解銀兩全數歸完，再按舊章，於次年造報上年奏銷後，照實在徵存銀兩，儘數解部。等語。

臣等伏查，直隸省經徵旗地租銀，前於乾隆四十四年欽奉諭旨，將地租解交部庫，以爲分賞八旗兵丁之用，歷久遵行在案。嗣於道光二十八年直隸省辦理清查，奏請將是年解部租銀，歸還司庫歷年長解銀四十五萬八千餘兩。經臣部議覆，因該省奏銷尚有民欠、緩帶徵、補徵等項銀三十萬餘兩，應令照數徵收，歸還司庫墊款。其不敷銀十五萬餘兩，即於額解部庫銀五十萬兩内，每年劃歸長解銀一萬兩，仍令解銀四十九萬兩，以備賞需。於道光二十九年七月初十日具奏。奉旨:依議。欽此。行文遵照亦在案。

今據該督奏稱:旗租徵不足數，均皆新舊套搭，遞年長解。自道光三年起至二十九年止,實共長解部庫銀四十六萬四千四百六十一兩四錢五分五毫。應遵照部覆,俟節年民欠、緩帶徵、補徵等項,徵起撥還。惟民欠、緩帶徵、補徵租銀,業經奏請豁免,其三十年徵起銀兩,已於造報二十九年奏銷後,套搭解部。至三十年應解旗租,不能不預提本年新賦套搭解部。竊計此項租銀,部中實在需用每年約計不過四十萬兩。應請嗣後徵收旗租,新舊套搭,每年解銀四十萬兩,以供賞需。其有徵存餘銀,即截留司庫,歸還節年長解。俟長解銀兩全數歸完,再按舊章照實在徵存銀兩儘數解部。等語。

臣等查,該省長解旗租銀兩,原藉徵完民欠等項歸補。今民欠業已豁免,無可歸還藩庫墊款,請將解部餘銀截留還款之處,自係實在情形。惟旗租爲每歲恩賞要需,必當籌備寬餘,方免臨時支絀。擬請自咸豐元年爲始,將該省應解部庫租銀,除前後撥給内務府編放莊缺,並預備分府地畝開除租銀外,應令該督轉飭該藩司,每年實解部庫銀四十二萬兩,以備賞需。其徵存餘銀,即截留司庫,陸續歸還節年長解銀四十六萬四千四百六十一兩零之數,俟長解銀兩歸完,仍按照舊章,每年儘數解部,以符原額。並請敕下直隸總督,嚴飭各屬,嗣後將每年應解旗租銀兩,務需實力催徵,不得以截留爲外解之款,冀可日久宕延。如查有捏完作欠等項情弊,即將各該州、縣據實嚴參。庶應歸藩庫墊款,不至虚懸,而應解部庫租銀可期足額矣。

所有臣等覈議緣由,理合恭摺具奏。伏乞皇上聖鑒訓示遵行。謹奏請旨。

硃批:依議。著該督嚴飭各屬,實力徵收,毋得疲玩。如有藉辭延宕之處,爾部將該督一併附參。

爲議覆華亭縣令常恩等虧缺銀米一案分别定擬事奏摺

咸豐元年七月十九日

大學士兼署管理户部事務臣祁寯藻等謹奏,爲遵旨議奏事。

内閣抄出,兩江總督陸建瀛等奏,訊明參革知縣虧缺地漕銀米,實係因公挪移,分别定擬,著追豁免一摺,咸豐元年五月初九日奉硃批:該部議奏。欽此。

據原奏内稱:前署華亭縣知縣常恩、前署青浦縣知縣朱瀚交代案内各有虧缺銀米，經前督臣璧昌會同撫臣李星沅彙摺奏參，奉旨：這所參交代虧短銀米之江蘇前署華亭縣事、丹徒縣丁憂知縣常恩、前署青浦縣事、靖江縣知縣朱瀚，著一併革職拿問，交該督等提同經手丁胥人等，徹底嚴訊，按律定擬具奏。該員等寓所資財及該旗籍家産，一併查封備抵。餘著照所擬辦理。欽此。即經恭録咨行，將該員等原籍旗籍寓所資財查封備抵，並提經手丁胥人等到省，嚴訊是侵是挪，定擬詳辦。嗣據該府將寓所查封緣由開摺具詳。旋准户部咨會，准鑲紅旗漢軍都統衙門查明，該革員常恩旗籍並無住宅，亦無産業，無從查封。等因。並准浙江撫臣飭據仁和縣查明，該參員朱瀚於道光二十一年挈眷赴蘇，原籍原無親屬，加結咨覆。嗣因朱瀚病故，又經轉行遵照分别確查審擬去後。旋據蘇州府知府王夢齡、署松江府知府鐘殿選審明定擬，由藩臬兩司覆覈無異，詳請具奏前來。臣等覆加確覈，緣前署華亭縣參革知縣常恩，由常熟縣知縣調署華亭縣知縣，於道光二十三年閏七月二十三日到任，適值道光二十四年秋潮盛漲，冲坍海塘，趕緊修築，並因保派兵役巡防浦江及買换霉變冬漕，虧折存倉米石。又因銀價日昂，徵錢易銀報解，賠貼甚鉅，以致先後。挪動庫項銀一萬七千五百八十八兩零，米四百六十五石零。所虧銀米，除抄出寓所衣物估值銀八兩零，又未絶當票加找銀一十兩零，照數抵除外，實計短缺銀一萬七千五百六十九兩零，米四百六十五石零。其已故前署青浦縣參革知縣朱瀚，由靖江縣調署青浦縣，於道光二十三年八月初五日到任，是年冬漕有數鄉米質潮嫩，收廒以後，又值陰雨霉變，減價易銀另買米七千餘石，交幫領運，致多折耗。又奉拿章練塘地方巨盜顧雙喜等，派丁緝拿，一切犒賞不能詳請開銷，暫挪庫項。又花户完納錢糧以錢折算，每兩賠錢一百數十至二百文不等。又搭蓋更棚、派役巡夜油燭等項，均係動墊給發，除陸續賠補銀一千餘兩外，計虧短銀一萬九千二百九十六兩零。又存倉霉變未交南米六百九十餘石。所虧銀米，除將寓所衣物估值，又未絶當票加找共銀十一兩零抵除外，尚短銀一萬九千二百八十五兩零，米六百九十三石零。該參員等所虧銀米，訊據漕書錢慎安、葉長青等堅供，實係因公挪移，並非侵吞入己，寓所資財業已查封備抵，此處並無隱寄。覆詰不移，案無遁飾。

查例載：挪移庫銀一萬兩以上至二萬兩者，發近邊充軍。等語。此案已革署華亭縣知縣常恩、已革署青浦縣知縣朱瀚，因公挪移庫項數至鉅萬，至今無完，自應照例治罪。均合依挪移庫銀一萬兩以上至二萬兩者發近邊充軍例，擬發近邊充軍。不行禀阻之華亭縣漕書錢慎安、青浦縣漕書葉長青，應照不應重律杖八十。朱瀚被參後病故，應毋庸議。常恩同漕書錢慎安、葉長青均事犯在道光三十年正月二十六日恩詔以前，覈其情罪，不在不准援免之例，應請援免。所有常恩未完銀米本應照例追完，惟恭逢恩詔條款内開：一各旗籍内務府及五旗包衣人等，凡侵貪挪移，一切賠罰應追銀兩實係本人家產盡絶者，查明准予豁免。等因。今常恩省寓衣物既已查抄變抵，原旗又准咨覆並無家產，與准豁之條相符，應請照數豁免。其朱瀚虧缺銀米仍應照數嚴追。因該員已故，寓所衣物業經查抄變抵，原籍又無家產，實係赤貧，請俟伊子、候選知縣朱應杓補官日，坐扣廉俸完繳。等語。

户部查，前署華亭縣參革知縣常恩虧挪倉庫銀米，除查抄寓所衣物估值並未絶當票找價作抵外，實計虧缺銀一萬七千五百六十九兩零，米四百六十五石零。又已故前署青浦縣參革知縣朱瀚虧挪倉庫銀米除查抄寓所衣物估值並未絶當票找價作抵外，尚短銀一萬九千二百八十五兩零，米六百九十三石零。現據該督撫訊明，係屬因公挪移，並查明該革員等均無家產，實係赤貧，請將常恩虧缺銀米准予豁免。其故員朱瀚虧缺銀米，請俟伊子、候選知縣朱應杓補官日，坐扣廉俸完繳。

臣等伏查上年議准豁免章程内開，凡侵貪挪移應追款項，查明本人並無家產，結報屬實，及查抄家產監追無完者，准予豁免。今常恩虧缺銀米，既據該督撫聲明省寓已經查抄變抵，並經臣部行查鑲紅旗漢軍都統結報，該革員京旗並無家產，雖與准豁之例相符，惟該革員尚未回旗，所有歷過江蘇任所有無財產隱寄，並現在有無子孫出仕，未據結報，未便遽行擬豁，應令該督撫逐細確查，取具印加切結，再行覈辦。其朱瀚虧缺銀米，請俟伊子、候選知縣朱應杓補官日，坐扣廉俸之處，擬如所請查辦，並查取該故員原籍及歷過任所，有無財產隱寄印加各結，報部查覈。至所稱已革署華亭縣知縣常恩、已革署青浦縣知縣朱瀚，因公挪移庫項數至鉅萬無完，應照例治罪，均合依挪移庫銀一萬兩以上至二萬兩者發近邊充軍例，擬發近邊充軍。不行稟阻之華亭縣漕書錢慎安、青浦縣漕書葉長青，應照不應重律杖八十。朱瀚業已病故，應毋庸議。常恩同漕書錢慎安、葉長青均事犯在道光三十年正月二十六日恩詔以前，應請援免。

刑部查，已革華亭縣知縣常恩事犯在道光三十年正月二十六日恩詔以前，係因公挪移庫項銀一萬兩以上擬軍，情節較重，應不准其援免。惟係官犯，仍恭候欽定。漕書錢慎安、葉長青因不行稟阻擬杖，事犯亦在恩詔以前，應准援免。

所有臣等會議緣由，理合恭摺具奏。伏乞命下，臣部即行文該督撫，遵照辦理。

再，此摺係户部主稿，合併陳明。謹奏。

硃批：常恩等均准其援免。餘依議。

爲南河西堤工用銀兩請於年終造報事奏摺

咸豐元年七月二十三日

大學士管理工部事務臣祁寯藻等謹奏，爲南河工用銀兩，請旨飭入年終比較，以節帑項事。

咸豐元年七月初一日内閣抄出，兩江總督陸建瀛等奏，驗收江、揚兩廳估築西堤工程一摺，咸豐元年六月二十七日奉上諭：陸建瀛、楊以增奏驗收西堤工程一摺，此項工程前經奏明攤捐歸款，著免其造册報銷。該部知道。等因。欽此。

臣部查，此項工程，業奉諭旨免其報銷，應即行文該督遵照辦理。惟伏查，兩河工程除些小之工，無關緊要，聽民自行辦理，或賠修之員並未動用帑項，均毋用報銷外，其餘即攤徵歸款，均一體報部，以便查核。今該督借款墊用二十三萬餘兩之多，與民捐、民辦者有間，與著賠修理者亦不同。況江、揚兩廳西堤，例有歲修。此次既未造報，以後臣部更無憑查核。且道光二十九年欽奉上諭：南河工用銀兩，倘數逾三百萬兩以外，無論分毫，概行議駁。等因。

今該督既請免其報銷，勢必不入年終比較。是另案之外，復立專案，且恐嗣後援以爲例，紛紛效尤，其糜費更無底止。相應請旨飭下兩江總督、江南河道總督，將前項工程用過銀兩，仍照例造册送部，統歸於年終比較。三百萬兩之内開除，毋得於另案工程之外，復立專案名目，以符定制，而昭撙節。抑或仍遵前奉諭旨，免其造報之處，恭候欽定。

臣等爲慎重帑項起見，是否有當，謹恭摺具奏，伏候皇上訓示遵行。爲此謹奏請旨。

爲察覈兩浙竈欠銀兩數目請予豁免事奏摺

咸豐元年七月二十七日

大學士兼署管理户部事務臣祁寯藻等謹奏,爲遵旨察覈具奏事。

咸豐元年六月十八日浙江巡撫常大淳奏,查明兩浙各場及各廳、州、縣未完竈欠銀兩,開單請豁一摺,奉硃批:户部察覈具奏。單併發。欽此。又,清單内同日奉硃批:覽。欽此。欽遵。於二十日由内閣抄出到部。

據原奏内稱,竊浙省前於本年正月十七日接准部咨,咸豐元年正月初一日内閣奉上諭:各省節年民欠正耗錢糧及因灾緩徵、帶徵銀穀,並借給籽種、口糧、牛具及漕項、蘆課、學租、雜税等項,即著各該督撫、將軍、府尹等,將道光三十年以前實欠在民者,詳細查明,按照該省所屬之某州、某縣銀穀若干,速行開單具奏,候朕以次降旨,全行豁免。等因。欽此。又於二月十五日准户部咨:本部具奏,遵旨豁免積欠,請推廣定例,以普皇仁一摺,並奏請蠲免積欠之旗租、地租、竈課附片,均於二月初三具奏,奉旨:依議。欽此。抄録原奏、附片移會。等因。查抄奏内開,道光三十年熟田未完錢糧,尚未截數奏銷,不得謂之積欠,應照定例辦理。所有道光三十年因灾請緩,應行帶徵錢糧,即與道光三十年以前未完各項,確切查明,一併列入單内,奏請豁免。又,道光三十年以前旗租、地租、竈課等項,實欠在佃、在竈者,詳細查明確數,與積欠地丁銀兩一律辦理,覈實開單具奏,候旨蠲免。等因。均經飭知各司道轉行欽遵查辦。一面刊刻謄黄,頒發各廳、州、縣、場,遍行曉諭。並經前護撫臣汪本銓暨臣,先後查明浙省各州、縣、衛道光二十一年起至二十九年民欠地漕銀米,及三十年因灾緩、帶銀米各數,分别奏請恩施豁免。聲明各州、縣未完民欠水鄉鹽課,容督飭運司查明確數,彙同江南各州、縣民欠鹽課及各場竈欠,另行具奏在案。

兹據署運司慶廉查得,浙江、江南兩省各廳、州、縣、場,積欠各年鹽課錢糧,本年正月間造報節年奏銷案内。自道光二十一年起至二十八年止,未完水鄉竈課、正課、滴珠銀二十八萬七千八百七十一兩一錢一分七厘。又,道光二十九年分初參,奏銷册報未完水鄉竈課、包課、正課、滴珠銀九萬四千五百七十九兩五錢四分五厘。又,道光三十年分因灾請緩水鄉竈課、正課、滴珠銀九千七百十七兩九錢六分五厘。共未完水鄉竈課、正課、滴珠銀三十九萬二千一百六十八兩一錢二分七厘。内除江浙各廳、州、縣清查案内,查明道光二十八年以前各年徵存動缺水鄉正課、滴珠銀八萬三千五百二十一兩七錢六分,並各縣、場於奏後續完各年水鄉竈課、正課、滴珠銀一萬九千二百三十四兩六錢五厘。均按數查扣外,現尚未完各年竈欠,因災緩徵、帶徵水鄉竈課、包課、正課、滴珠銀二十八萬九千四百一十二兩二錢六分二厘,加隨正未完車脚銀二千五兩八錢二分八厘,統共未完水鄉竈課、正課、滴珠、車脚銀二十九萬一千四百一十八兩九分。調案確加查覈,委係現在各竈實欠,並無虚捏。等情。開單詳請具奏前來。

臣復覈無異,除飭司分别委員並檄飭各該管知府分别嚴密確查,如有徵存未解課銀,即行掃數提解司庫,勿任稍有侵隱。一面即飭各州、縣、場造具實在民欠細數册結,由該管知府分司覈明,送司彙造總册,另行詳請咨部外,謹會同江蘇撫臣楊文定,合詞恭摺具奏,並繕具清單,恭呈御覽,伏乞皇上聖鑒。

再,各州、縣、場各款細數,現在另開清摺咨送軍機處、户部,以備稽覈。等語。

臣等伏查,本年元旦欽奉恩綸,普免各直省節年民欠錢糧。當經臣部恭查乾隆二十七年暨六十年,高宗純皇帝蠲免節年民欠聖諭,及例載指豁年分,聲請除道光三十年熟田未完錢糧,尚未截數奏銷,不得謂之積欠,應照定例辦理外,其道光三十年因災緩徵、帶徵錢糧,即與三十年以前未完各項確切查明,奏請豁免。並將道光三十年以前各省竈課實欠在竈者,與地丁錢糧一律辦理。等因。奏蒙俞允遵行在案。

兹據浙江巡撫常大淳,會同江蘇巡撫楊文定奏稱:據署運司慶廉查得,浙江、江南兩省各廳、州、縣、場,自道光二十一年起至二十八年止,未完水鄉竈課、正課、滴珠銀二十八萬七千八百一十七兩一錢一分七厘。又,道光二十九年分初參,奏銷册報未完水鄉竈課、包課、滴珠銀九萬四千五百七十九兩五錢四分五厘。又,道光三十年分因災請緩水鄉竈課、正課、滴珠銀九千七百十七兩九錢六分五厘。共未完銀三十九萬二千一百六十八兩一錢二分七厘。内除江浙各廳、州、縣清查案内,查明道光二十八年以前各年徵存動缺水鄉正課、滴珠銀八萬三千五百二十一兩七錢六分,並各縣、場於奏報續完各年水鄉竈課、正課、滴珠銀一萬九千二百三十四兩六錢五厘,均按數查扣外,現尚未完各年竈欠,因災緩徵、帶徵水鄉竈課、包課、正課、滴珠銀二十八萬九千四百一十二兩二錢六分二厘,加隨正未完車脚銀二千伍兩八錢二分八厘,統共未完水鄉竈課、正課、滴珠、車脚銀二十九萬一千四百一十八兩九分。委係現在各竈實欠,並無虚捏。等情。詳經該撫覆覈無異,並據聲明,飭查如有徵存未解課銀,即行掃數提解司庫,勿任稍有侵隱。等語。

臣等覆查,原奏清單及另文咨送清摺開列各數以散合總,實共未完水鄉竈課、正課、滴珠、車脚銀二十九萬一千四百一十八兩九分。覈與該撫等奏報銀數相符,且既據查明實欠在竈,並無虚捏,自應仰遵諭旨,准予一律豁免,以廣皇仁。仍令該撫飭屬確查,如有徵存未解銀兩,即飭掃數提解報撥,勿任侵隱。並請敕下該撫等,迅即刊刻謄黄,即將各該州、縣、場豁免銀數、年分,另刊清單粘於謄黄之尾,遍貼曉諭。毋任吏胥弊混,以昭覈實。

惟檢查道光二十一年起至二十八年止,節年奏銷積欠册籍及道光二十九年初參奏銷清册,逐一勾稽,比較現請豁免細數,間有參差。應俟彙造總册到部,再行察覈。至原奏稱:各廳、州、縣清查案内,徵存動缺銀八萬三千五百二十一兩七錢六分。又,各縣、場續完銀一萬九千二百三十四兩六錢五厘。按數查扣。等語。應令查明某年、某款竈課,某州、縣、場徵存動缺,以及某年續完某課銀兩若干,並如何按數查扣之處,一併詳查據實登覆,以憑覈辦。

所有臣等遵議緣由,理合繕摺具奏,伏乞皇上聖鑒。謹奏請旨。

爲派員承辦慕陵隧道工程事奏摺

咸豐元年七月二十八日

大學士管理工部事務臣祁寯藻等謹奏,爲遵查成案,奏聞請旨事。

咸豐元年七月二十日内閣抄出,奉上諭:永康等奏,慕陵隧道等工,請分别承辦一摺。明年三月初二日,皇考宣宗成皇帝梓宫,永遠奉安慕陵,所有應辦隧道、支搭候時蘆殿及内外平臺戧橋等項工程,著交工部查照成案,屆期敬謹辦理。其應搭棚座,即著永康等督率易州工部司員承辦。欽此。欽遵。抄出到部。

臣等遵即督飭司員詳加檢查。内除支搭候時蘆殿及平臺戧橋等工,向由臣部辦理,自應遵旨屆期敬謹備辦。至開砌隧道工程,溯查道光元年仁宗睿皇帝梓宫永遠奉安,係由昌陵工程處辦理。至道光七年、十五年孝穆成皇后、孝慎成皇后梓宫兩次奉安，均由萬年吉地工程處辦理。惟道光二十年孝全成皇后梓宫永遠奉安，欽奉上諭：鴻臚寺卿齡鑒，前曾派充龍泉峪萬年吉地工程監督，此次應辦隧道等工，著即派齡鑒前往辦理。欽此。欽遵。各在案。

是開砌隧道工程，臣部向未承辦。此次宣宗成皇帝梓宫永遠奉安，所有開砌隧道工程，可否援照成案，交慕陵工程處敬謹辦理，抑或照道光二十年成案，欽派大員承辦之處，恭候欽定。至龍山石、自來石及安奉册寶石几等項，應請一併交承辦之員查照成式敬謹備辦，以昭慎重。

伏候命下，臣部移咨欽天監，於奉安兩月以前選擇吉期，遵照辦理。爲此謹奏請旨。

爲崇文門正監督惠豐一年任期已滿請旨更换事奏摺

咸豐元年八月初一日

大學士兼署管理户部事務臣祁寯藻等謹奏，爲請旨事。

咸豐元年七年十八日，准崇文門正監督惠豐咨報：於道光三十年八月初三日接任徵收商税起，照例扣至咸豐元年八月初二日，一任期滿，預爲報明。等因前來。

臣等查得，崇文門税差期滿，向由臣部將各衙門保送人員並八旗内務府俸深人員職名開列具題，恭候欽點更替。近年俱專摺奏明請旨，均蒙特簡大員管理在案。今崇文門正監督惠豐自道光三十年八月初三日管理起，扣至本年八月初二日一年期滿，例應更替，理合專摺具奏，請旨簡放，並將上三届崇文門正監督各員繕寫名單，恭呈御覽。伏候命下，行令到任管事，仍俟一年期滿，預報臣部，奏請更换。

爲此謹奏請旨。

爲山東民欠錢糧請予豁免事奏摺

咸豐元年八月初九日

大學士兼署管理户部事務臣祁寯藻等謹奏，爲遵旨議奏事。

山東巡撫陳慶偕奏,查明東省道光二十九年以前節年民欠及三十年灾緩銀穀確數,開單請豁一摺,咸豐元年六月二十九日奉硃批:户部察覈具奏。單片并發。欽此。欽遵。於七月初四日由内閣抄出到部。

據原奏内稱,竊臣接准部咨,咸豐元年正月初一日奉上諭:朕寅承丕緒,撫馭萬方,敬念列聖御極之初,蠲免積逋,覃敷闓澤,俾人安樂利,户免追呼,共享升平之福。誠以民爲邦本,厚民生正所以培元氣也。當兹建元肇始之時,宜行體元長人之政。自道光十五年、二十五年,兩次欽奉皇考宣宗成皇帝恩旨,將道光二十年以前各省民欠錢糧,盡予豁免。後自二十一年迄今,又届十稔,民間續有積欠,允宜大沛恩綸,期與薄海群黎,同躋仁壽。所有各省積年民欠正耗錢糧及因灾緩徵、帶徵銀穀並借給籽種、口糧、牛具及漕項、蘆課、學租、雜税等項,即著各該督撫、將軍、府尹等,將道光三十年以前實欠在民者,詳晰查明,按照該省所屬之某州、某縣銀穀若干,速行開單具奏,候朕以次降旨,全行豁免。並著先將此旨刊刻謄黄,遍行曉諭,務使城市、鄉村,遐陬僻壤,咸喻朝廷德意,毋使官吏、胥役等延擱侵漁,致滋弊竇,庶吾民休養生息,慶洽綏豐,用示朕元春布德,以仰副皇考三十年子惠元元,申錫無疆至意。該部即遵諭行。欽此。當經欽遵,行司敬謹刊刻謄黄,遍行宣示。

又准户部行知:道光三十年錢糧奏銷尚未截數,與乾隆二十七年豁免二十六年以前民欠,其二十六年正賦不在蠲免之案相符。奏請將三十年熟田未完錢糧,仍照定例辦理外,其因灾請緩、應行帶徵錢糧,即與三十年以前未完各項,確切查明,一併列入單内奏請豁免。等因。奉旨:依議。欽此。復經恭録,通行曉諭在案。

伏查東省額賦,歲徵銀三百九十餘萬兩,遞年民欠及水旱偏灾展緩正賦,爲數較鉅。自道光二十一年起至三十年止,歷年既久,其中難保無官虧隱入民欠情弊。雖二十七年以前,業經清查造報有案,而清查以後,如有續完銀兩,仍應一併確查。

臣督同藩司劉源灝,嚴飭各該管道、府、州,調集各屬徵册、流串、解支檔案,按年、按款徹底鉤稽,並遴委妥員分赴確查。因完欠糾紛,一時猝難得其實數。並因道光三十年灾緩錢糧有緩至該年麥後、秋後起徵者,其未完銀兩應否一律請豁,抑與熟田未完,仍作民欠催徵,東省無案可循。經該藩司於前署巡撫任内咨部請示,故各屬應豁之數未能遽定。嗣經户部議奏,奉旨:著一併加恩豁免。等因。欽此。當經通飭遵照辦理。

兹據該藩司劉源灝彙覈各屬歷年完欠確切案據，統計各州、縣實在民欠地丁正耗共銀四十二萬三千四百五十四兩九錢二分二厘。緩徵民欠地丁正耗漕項各銀二百五十七萬六千八百六十八兩一錢六分三厘。各衛及並衛歷年民欠地丁正耗共銀一千四百九十三兩五錢六分三厘。緩徵民欠地丁正耗共銀五萬七千七百四十八兩一錢四分一厘。各州縣歷年民欠學租耗銀三十五兩四錢三厘。通共銀三百五萬九千六百兩一錢九分二厘，緩徵出借常社倉穀八千五百九十五石五斗。分晰造册，詳請具奏。並聲明查出各屬已徵未解銀兩，有入於交代，以存司領款作抵，未請撥正及交代尚未穀算清楚者，現在分别飭查提解，另案造報等情。除將細册咨送户部外，理合恭摺具奏，並繕具各州、縣、衛簡明清單，敬呈御覽。

再。歷辦蠲免，均准入豁之折色、脚價、舉人車價、花紅、公宴、攤徵堤工、堰工及漕糧、河銀、民佃、鹽課等款，容俟另案分晰請豁。等語。

臣等伏查，本年元旦，恭奉恩綸，豁免道光三十年以前各省民欠錢糧。當經臣部恭查乾隆二十七年暨六十年，歷奉高宗純皇帝聖諭，聲明除道光三十年熟田未完錢糧尚未截數奏銷，不得謂之積欠，應照定例辦理外，所有道光三十年，因灾緩徵、應行帶徵錢糧，即與道光三十年以前未完各項，一併奏請豁免。等因。於二月初三日具奏，奉旨：依議。欽此。欽遵。飛咨各該督撫遵照辦理。

嗣據署山東巡撫劉源灝以道光三十年錢糧因灾緩至該年麥後、秋後，業已啓徵，現尚未完銀兩，應否一律請豁，或與熟田未完銀兩，仍作民欠徵收，咨部覈覆。復經臣部援照乾隆六十年上諭，據咨改奏，奉旨：著一併加恩豁免。等因。欽此。遵即飛咨山東巡撫，並各直省將軍、督撫、府尹，一體遵照在案。

兹據山東巡撫陳慶偕奏稱，該藩司劉源灝彙覈各屬歷年完欠確切案據，統計各州、縣實在民欠地丁正耗共銀四十二萬三千四百五十四兩零，緩徵民欠地丁正耗漕項各銀二百五十七萬六千八百六十八兩零，各衛及並衛歷年民欠地丁正耗共銀一千四百九十二兩零，緩徵民欠地丁正耗共銀五萬七千七百四十八兩零，各州、縣歷年民欠學租耗銀三十五兩零。通共銀三百五萬九千六百兩一錢九分二厘，緩徵出借常社倉穀八千五百九十五石五斗。分晰造册，詳請具奏。除將細册咨送户部外，繕具各州、縣、衛簡明清單，敬呈御覽。等語。

臣等督飭司員，按照清單内開各州、縣、衛，自道光二十一年至二十九年民欠緩徵及三十年灾緩銀穀等項,通盤覈算,以散合總數目相符。復將二十九年各州、縣、衛奏銷册報細數,逐一詳查。共未完銀五百十五萬六千四百兩零。按現奏單開請豁銀三百五萬九千六百兩零。較奏銷册報未完之數計少銀二百九萬六千八百兩零。是否奏銷後續有徵收,抑另有劃入清查追賠之款,統俟造送細册到日,再行查覈。

惟現據請豁之數少於未完之數,並非以少報多。應將三十年以前,民欠緩徵及三十年灾緩共銀三百五萬九千六百兩一錢九分九厘,並緩徵出借之常社倉穀八千五百九十五石五斗,一體豁免。恭候命下,行令該撫刊刻謄黄,遍行曉諭,以廣皇仁,而昭覈實。

再據該撫聲稱,各屬已徵未解銀兩,有入於交代以存司領款作抵,未請撥正及交代,尚未覈算清楚者,現在分别飭查提解,另案造報一節,應令該撫速飭提解完報,聽候部撥,毋任久延,至滋懸宕。

至如折色脚價、舉人車價、花紅、公宴、攤徵堤工、堰工及漕糧、河銀、民佃、鹽課等款,據稱歷辦蠲免,均准入豁,應令迅即查明,分晰奏報,以憑覈辦。

所有臣等覈議緣由,理合恭摺覆奏,伏乞皇上聖鑒。謹奏。

爲廣西民欠錢糧請予豁免事奏摺

咸豐元年八月初九日

大學士兼署管理户部事務臣祁寯藻等謹奏,爲遵旨查覈具奏事。

内閣抄出,兩廣總督徐廣縉等奏,查明廣西省節年未完民欠正耗錢糧數目一摺。咸豐元年七月初三日奉硃批:户部察覈具奏。單二件併發。欽此。欽遵。於七月初六日抄出到部。

據原奏内稱,接准部咨,正月初一日欽奉上諭:朕寅承丕緒,撫馭萬方,敬念列聖御極之初,蠲免積逋,覃敷闓澤,俾人安樂利,户免追呼,共享升平之福。誠以民爲邦本,厚民生正所以培元氣也。當兹建元肇始之時,宜行體元長人之政。自道光十五年、二十五年,兩次欽奉皇考宣宗成皇帝恩旨,將道光二十年以前各省民欠錢糧,盡予豁免。後自二十一年迄今,又届十稔,民間續有積欠,允宜大沛恩綸,期與薄海群黎,同躋仁壽。所有各省積年民欠正耗錢糧,及因灾緩徵、帶徵銀穀,並借給籽種、口糧、牛具及漕項、蘆課、學租、雜税等項,即著各該督撫、將軍、府尹等,將道光三十年以前實欠在民者,詳晰查明,按照該省所屬之某州、某縣銀穀若干,速行開單具奏,候朕以次降旨,全行豁免。並著先將此旨刊刻謄黄,遍行曉諭,務使城市、鄉村,遐陬僻壤,咸喻朝廷德意,毋使官吏、胥役等延擱侵漁,致滋弊竇。庶吾民休養生息,慶洽綏豐,用示朕元春布德,以仰副皇考三十年子惠元元,申錫無疆至意。該部即遵諭行。欽此。

嗣於三月初四日,奉准户部咨開,奏奉上諭:道光三十年正賦,此時尚未奏銷,不得謂之積欠。著再通諭遵照從前成案,並現在户部議行各事宜,明晰曉諭,分别辦理,毋致小民誤會觀望,致礙新賦。等因。欽此。

臣等當查,粤西二十九年以前,並無災緩、帶徵及借給耔種、口糧、牛具,亦無漕項、蘆課名目。至學田租穀,歷係年清年款。雜税一項,均係商民現銀完納。各州縣徵存未解,仍應催提解司,毋庸請免。

溯查道光二十年以前民欠錢糧,已於道光二十五年欽奉恩旨蠲免。其自二十一年至二十七年止,民欠丁折錢糧,亦於清查案内催提報解完全。惟道光二十八、九兩年,民欠地丁耗羡米折並改徵折色米折等款,除奏銷後續報徵完外,尚有桂林府屬之臨桂、靈川、全州,平樂府屬之平樂、富川、昭平,梧州府屬之藤縣,潯州府屬之桂平、貴縣,南寧府屬之横州,柳州府屬之雒容,思恩府屬之武緣、賓州,興隆土司,定羅土司,下旺土司,那馬土司,古零土司,安定土司,共漢土州、縣、司十九處,未完民欠地丁、耗羡、米折及改徵折色米折共銀二萬八千八百五十六兩七錢九分一厘。除咨部查覈外,謹合詞恭摺具奏。等語。

臣等伏查,道光二十五年欽奉恩旨,普免各省民欠錢糧。經前任兩廣總督耆英等,將廣西省道光二十年以前積欠錢糧奏奉諭旨,全行豁免。嗣於道光二十九年清查案内,據前任廣西巡撫鄭祖琛奏稱,廣西各屬,道光二十一年起至二十七年止,未完地丁、耗羡、米折銀兩俱已全完等因,各在案。本年元旦欽奉恩旨,普免民欠錢糧。經臣部恭録,行文各該省遵照辦理。

兹據兩廣總督徐廣縉等奏稱,粤西省二十九年以前,並無災緩、帶徵及借給耔種、口糧、牛具,亦無漕項、蘆課名目。至學田租谷,歷係年清年款,並無積欠,均毋庸置議。道光二十一年起至二十七年止,未完正耗米折銀兩,於清查案内全完。道光二十八、九兩年,尚有桂林等七府屬臨桂等十九漢土州、縣、司,未完民欠地丁、耗羡、米折共銀二萬八千八百五十六兩七錢九分一厘。

臣等按照該省督撫等單開數目覈對,該省本年春撥册報未完地丁、米折銀二萬四千六百三十四兩九錢二分,並外加耗羨銀二千一百二十五兩二錢六分五厘之數,計多出銀二千零九十六兩六錢六厘。應令該督撫等趕緊確切查明覆奏,報部覈辦。

所有該省道光二十八、九兩年民欠錢糧銀二萬六千七百六十兩一錢八分五厘,應請旨先行豁免。仍令該督撫等於文到之日,迅速查明民欠細數,於謄黄後各按里户開列,遍行曉諭,力杜官役影射侵漁,務使小民均霑實惠,以仰副我皇上建元錫福,闓澤覃敷之至意。恭候命下,臣部行知該省,遵照辦理。並令該撫將此案於欽奉恩旨以後,部文未到以前,遠近各屬已徵起解在途及已徵未報各款,按照徵册串根,確實查明報部。並遵照定例,按户付給免單,取具里長甘結,分晰造具清册,一併送部題銷,以廣皇仁,而昭覈實。

至道光二十九年清查案内奏報,道光二十七年以前,未解雜税墊完。道光二十一年起至二十七年止,民欠錢糧銀六萬六千四百一十一兩,前經臣部駁令現任之員催徵報解。因查前次該省册開各數,在每州、縣亦不過應徵數百金及一、二千上下,爲數無多,是以統限一年徵完。迄今已届一年之限,豈得絲毫未徵。何以此次具奏,並未將已徵若干之處,分晰聲明。應令該撫嚴飭查明,已徵若干,造册報部,毋令徵收各員,侵吞肥己。

又,雜税一項,臣部案内,尚有道光二十八、九兩年未完銀五萬二千八百四十五兩四錢九分三厘五毫。此項銀兩,既據該撫聲稱,係屬商民現銀交納,並非民欠,不難按年完解司庫清款,何以遲至數年之久,尚係徵存未解,且爲數如此之多,顯有侵挪情弊。應令該撫即行據實查明,一併覆奏辦理,毋稍瞻徇。

所有臣等遵旨查覈具奏緣由,理合恭摺具奏,伏乞皇上聖鑒。謹奏,請旨。

廣西道光二十八、九兩年未完民欠錢糧銀兩散數清單

謹將粤西省道光二十八、九兩年漢土各州、縣、司未完民欠錢糧繕具散數清單恭呈御覽。計開:

道光二十八年分。

桂林府屬臨桂縣未完民欠銀二千五百一兩五分二厘。全州未完民欠銀二千五百九十七兩六錢二分六厘。平樂府屬平樂縣未完民欠銀一千三百一十七兩六錢九分。富川縣未完民欠銀一千四百三十四兩二錢五分四厘。昭平縣未完民欠銀四百二十九兩九錢五分九厘。潯州府屬貴縣未完民欠銀一千三百七十六兩三錢一分一厘。柳州府屬雒容縣未完民欠銀二百五十一兩三錢三分六厘。思恩府屬賓州未完民欠銀一千五十九兩四錢四分八厘。興隆土司未完民欠銀五十七兩三錢六分六厘。定羅土司未完民欠銀八十八兩七錢一分六厘。那馬土司未完民欠銀二百五十八兩六錢四分九厘。

以上共未完民欠銀一萬一千三百七十二兩四錢七厘。

道光二十九年分。

桂林府屬臨桂縣未完民欠銀六千八十兩。靈川縣未完民欠銀一千二百八十六兩五錢六分八厘。全州未完民欠銀四千七百二兩六錢六分一厘。平樂府屬富川縣未完民欠銀三百一十兩五錢。昭平縣未完民欠銀一千九十四兩八錢五分一厘。梧州府屬藤縣未完民欠銀一百五十六兩五錢九分八厘。潯州府屬桂平縣未完民欠銀四兩六錢一分五厘。南寧府屬横州未完民欠銀一千九百六十五兩一錢九分二厘。思恩府屬武緣縣未完民欠銀九百二十五兩七錢三分。定羅土司未完民欠銀二百三十四兩八錢五分九厘。下旺土司未完民欠銀四十九兩三錢三分三厘。那馬土司未完民欠銀五百三十一兩六分一厘。古零土司未完民欠銀八十九兩二錢二分。安定土司未完民欠銀五十三兩一錢九分六厘。

以上共未完民欠銀一萬七千四百八十四兩三錢八分四厘。

統共漢土州、縣、司十九屬,共未完道光二十八、九兩年民欠銀二萬八千八百五十六兩七錢九分一厘。

硃批:覽。

爲閩鹽官領運本銀錢統交販户承領辦運事奏摺

咸豐元年八月十三日

大學士兼署管理户部事務臣祁寯藻等謹奏,爲請旨飭查事。

咸豐元年七月初五日前任閩浙總督裕泰奏,將閩鹺東路官領運本銀錢統交販户承領辦運附片一件。奉硃批:知道了。欽此。欽遵。於初八日由内閣抄出到部。

據附片内稱,查接管卷内道光三十年八月二十一日,據福建鹽法道戴嘉穀詳稱:竊查東、西兩路官運幫額,地本隔遠,而東路一幫行銷七縣之鹽,幫地又極遼闊。該委員承辦西路各幫,已屬額重事繁,兼辦東路,實虞不及。正在設法籌辦間,適有侯官縣販户葉肇均情願領資認辦。當經移准官運總局司道飭據各委員查明,該販户熟諳鹽務,堪以接辦。並據各總商具結互保,請將官領運本銀四萬兩,同官運期内盈餘錢一百三十一千一百七十二文,統交該販户承領辦運。以詳奉批准之日起,俟試辦三年後,將原領運本分作八年,匀數繳還。其應完課雜帑息,仍自三十年四月初一日起,歸該販户按數完納。等情。當經前督臣如詳批准在案。臣查官運幫額,既有販户葉肇均情願領資認辦,而該委員等又因幫地隔遠,不克兼顧,自可准其辦運,藉免貽誤。等語。

臣等伏查,閩鹺東西兩路,倒退篷額。先經前督臣劉韵珂奏明,勸捐運本,分别委員官運。原因商困難支,藉資補救。並據聲明,鹽歸官辦,則責成較專,稽查較易,糜費既可裁節,弊竇亦得漸除。是以臣部覆奏准行在案。迄今甫届兩年,輒以東路幫地遼闊,委員不能兼顧,請將官領運本銀四萬兩,同官運期内盈餘錢一百三十一千餘文,統交販户葉肇均承領辦運。查東、西兩路幫額,自應委員分路承辦。各歸各幫,何須西路委員,兼辦東路,致有不能兼顧之虞,遽爾諉卸。至運鹽販户,大率自出己資,乃以殷户捐輸作爲販户運本。揆之事理,亦未允協。且據奏稱:俟試辦三年後,將原領運本,分作八年匀數繳還。無論曠日持久,事涉遷延,設使此三年中,該販户辦理不善,倒罷逃亡,則四萬餘兩之帑銀又將作何著落。種種情形,原奏均未計及。應請敕下新任督臣季芝昌,詳晰查明,一面熟籌妥辦,一面據實登覆。

再查,該省勸捐運本,自道光二十九年五月初三日設局開捐起,至三十年三月初八日止,據前督臣劉韵珂於上年十月片奏,統共報捐銀五十萬餘兩,已兑收銀三十七萬四千一百餘兩,餘銀十二萬餘兩尚未解繳。一俟收齊,將捐生姓名、捐銀數目造册,奏請奬敘。其官運動用捐項,由鹽道覈明,倒懸篷額,領銀多寡,由藩庫給發,應用隨時報查。等因。

查自去年停捐之後,迄今已逾一年之久,所有捐輸銀兩,因何尚未報解清完,其捐生姓名亦未據造册請奬,尤非鼓勵急公之道。業經臣部於本年三月專案咨催,現在仍未據分晰奏覆,應並令該督迅即查明前項未解捐銀,是否悉數解清，並各捐生銀數，據實遵照章程，開單具奏，以昭激勸。並將官運動用捐項某幫、某員各領過銀若干，現在實存若干，詳晰造册奏報，以肅運務而重帑項。

所有臣等查覈緣由，理合繕摺具奏，是否有當，伏乞皇上聖鑒。謹奏。

爲整飭閩鹺妥議補救章程事片

再，閩省商疲引滯已非一日，若不於此時窮其致敝之原，急圖挽救，即令今日議裁，明日議緩，終致帑項漸歸無著，而補苴之術，亦有時而窮。

臣等伏思，鹽爲日用所必需，乃食鹽之人日多，而銷鹽之數日少，若非舍官食私，則民有淡食之虞矣。故官引之滯銷，由於私鹽之充斥，而私鹽之充斥，由於緝拿之不力。然私鹽之易於充斥者，以私販無文武之陋規，而官商有上下之需索：私鹽無費，則價賤而易銷；官鹽有費，則價貴而多滯。往年銀價平減，各商尚能供給。今日銀價昂貴，官吏仍欲取盈。商累課懸，實由於此。故浮費不減，則成本愈重。成本愈重，則銷路愈滯。銷路愈滯，則引課愈絀。必然之勢也。

溯查雲南鹽務，自嘉慶年間，課歸井竈之後，年年溢銷，至今已四十餘年之久。道光年間，淮北鹽務引滯課懸，自改行票鹽以後，變滯爲暢，迄今已十有餘年。除年清年款之外，又以溢銷銀兩，津貼淮南引課，歲至六十七萬餘兩之多，成效具在，歷歷可徵。皆因不用專商，官吏無緣需索，則浮費不禁而自除，而官引遂有暢而無滯。淮南於去年亦仿照淮北行票成案辦理。

據稱爲今日計，欲暢銷必先敵私，欲敵私必先減價，欲減價必先輕本，欲輕本必先大裁浮費，攤減科則。自去年四月改定新章以後，迄今甫及一年，綜計所獲銷數，除己酉綱正、雜各課，掃數全完，共銀二百五十餘萬兩。較之向年之止完一百八十餘萬兩，已多完銀七十餘萬兩。又，部提銀一百二十萬兩，撥廣西軍餉三十五萬兩，而官商完交舊欠，尚在此外。當兹度支支絀之時，得此額外增加之款，所濟不爲多，可見國家大計，果能慎慮而從，熟慮而從，自有可通、可久之策。

該督撫於緝私減費之緊要關鍵，此次所奏，並未議及。徒以銀價日貴，爲乞恩減課之請。獨不思兩湖、兩江及雲南各省，銀價同此昂貴，又何以一律暢銷,久行者有效,暫行者亦有效乎?惟念因地制宜,各省情形不同。臣等職領度支,祇能兼權盈絀,該督等目睹利弊,實可見諸施行。相應請旨敕下該省新任督撫,悉心講求,通盤籌劃,本至當不易之則。酌變通盡利之方,尤當不避嫌怨,開誠布公,嚴諭該鹽道及地方文武員弁,共矢潔清,認真經理。俟將如何整飭更新之處,妥議章程,具奏到日,恭候命下,臣部再行覈議。

臣等爲補救闆鹺起見,是否有當,伏乞皇上訓示遵行。謹附片具奏。

爲在部庫領過盤費官員可否免其措繳事片

咸豐元年八月十四日

再,現據翰林院、吏科等衙門咨文内稱:翰林院編修劉崐欽點廣西正考官,吏科給事中汪元方欽點廣西副考官,於六月二十日行抵河南信陽州,遵旨馳驛回京。往返五十餘日,所有前在户部各領盤費銀二百兩,應否措繳,咨部查覈示覆。等語。

臣等伏查,例載每科鄉試正、副主考出京時,户部先給銀二百兩,知會各督撫,於應給路費銀内,照數扣存報撥,歷次照例辦理在案。惟本年廣西鄉試展期,正考官劉崐、副考官汪元方係奉特旨,不論行抵何處,即行馳驛。回京之員,所有前在部庫領過盤費共銀四百兩,例無令其措繳明文,可否免其措繳之處,理合奏請欽定。

臣等未敢擅便,爲此附片謹奏請旨。

硃批:著免其措繳。

爲山西民欠錢糧請予豁免事奏摺

咸豐元年八月二十九日

大學士兼署管理户部事務臣祁寯藻等謹奏,爲遵旨議奏事。

據山西巡撫兆那蘇圖查明山西省道光三十年以前民欠及緩徵、帶徵銀糧數目,開單奏請豁免一摺,咸豐元年七月二十日奉硃批:户部察議具奏。單二件併發。欽此。欽遵。由内閣抄出到部。

原奏稱,准户部咨,咸豐元年正月初一日欽奉上諭:朕寅承丕緒,撫馭萬方,敬念列聖御極之初,蠲免積逋,覃敷闓澤,俾人安樂利,户免追呼,共享升平之福。誠以民爲邦本,厚民生正所以培元氣也。當兹建元肇始之時,宜行體元長人之政。自道光十五年、二十五年,兩次欽奉皇考宣宗成皇帝恩旨,將二十年以前各省民欠錢糧,盡予豁免。後自二十一年迄今,又届十稔,民間續有積欠,允宜大沛恩綸,期與薄海群黎,同躋仁壽。所有各省積年民欠正耗錢糧及因灾緩徵、帶徵銀穀並借給籽種、口糧、牛具及漕項、蘆課、學租、雜税等項,即著各該督撫、將軍、府尹等,將道光三十年以前實欠在民者,詳細查明,按照該省所屬之某州、某縣銀穀若干,速行開單具奏,候朕以次降旨,全行豁免,並著先將此旨刊刻謄黄,遍行曉諭,務使城市、鄉村,遐陬僻壤,咸喻朝廷德意,毋使官吏、胥役等延擱侵漁,致滋弊竇,庶吾民休養生息,慶洽綏豐,用示朕元春布德,以仰副皇考三十年子惠元元,申錫無疆之至意。欽此。

又正月十二日,欽奉上諭:著各直省督撫、將軍、府尹,於奉到豁免諭旨後,限三個月即行詳晰開單具奏,户部亦即趕緊查明覆奏,其銀穀款數稍有未符者,部議時一面覈准,一面將不符之處,行令咨部更正,毋任書吏藉詞駮换,致有需索。至謄黄告示,該地方官務須遍貼城鄉,並將里户豁免實數清單,另刊粘於謄黄之尾,使窮鄉僻壤,無不周知。等因。欽此。臣遵即行司,敬謹刊刻謄黄,頒發各府、廳、州、縣,遍貼宣示。並令查明通省節年民欠銀兩等項,覈實辦理。

兹據署布政使孫毓溎詳稱,晋省並無漕項、蘆課。所有道光二十九年以前學租、雜税,各屬均無民欠,亦無借給籽種、牛具。民欠之項,惟查有太原等廳、州、縣民欠道光二十九年以前正耗,並三十年因灾緩徵等銀二萬三千六百五十二兩零。又,豐鎮同知册報,民欠承安等牧地折色正耗銀五千四百六兩零。寧遠通判册報,民欠莊親王等廠地正耗並三旗地租銀八千九百八十九兩零。朔平府同知册報,察哈爾並莊頭共未完地租米折銀二千三百六十兩零。歸化城同知册報,民欠大青山後廠地租銀一萬三百七十七兩零。又,大青山後空閑廠地租銀九百九十五兩零。又,土默特地租銀二千三百八十三兩零。又,清水河通判册報,民欠土默特地租銀四百三十兩零。和林格爾通判册報,民欠土默特地租銀五百四十九兩零。托克托城通判册報,民欠土默特地租銀八百七十八兩零。薩拉齊通判册報,民欠廠地租銀七千八百七十七兩零。統共道光二十九年以前,民欠銀六萬三千九百三兩零。

又查,有太原等廳、州、縣民欠道光二十九年以前本色米,並三十年因災帶、緩徵米七萬九千五百一十一石零,豆九千六百九十一石零,穀二千八百五十七石零,汰兵米二百六十三石零,莜、蕎、麥穇四百六十二石零。又,興縣等廳、州、縣民借未還常平等倉並社倉穀石二萬三千六百五十五石零。又,翼城等縣民借未還義倉穀六百二十四石零。統共道光二十九年以前民欠糧一十一萬七千六十六石零。

以上銀糧,均係由司造報之項,逐加確覈嚴查,委係實欠在民,並無官虧吏蝕,以完作欠情弊,合無仰懇天恩,照數豁免,等語。

查山西一省,歲徵地丁、正雜共銀三百四十餘萬兩,徵糧十三萬餘石。該省向來奏銷俱係年清年款,間有蒂欠,大率因災展緩,爲數無多。此次恭逢皇上御極敷恩,普免各直省逋賦。據該撫查明,晋省並無漕項、蘆課,所有學租、雜税及出借籽種、牛具亦無民欠之項。惟闔省各廳、州、縣民欠道光二十九年以前正耗並三十年因災緩徵共二萬三千六百五十二兩,欠糧共一十一萬七千六十六石。又,口外之豐鎮同知、朔平府同知、歸化城同知及寧遠通判、清水河通判、和林格爾通判、托克托城通判、薩拉齊通判等八屬,道光二十九年以前,民欠廠地、旗地各租共銀三萬九千四百七十兩零。以上銀糧,據該撫奏稱,由司造報。或徵未足數,或出借未還,或帶徵、緩徵。該撫確覈嚴查,委係實欠在民,並無官虧吏蝕,以完作欠情弊。

臣等調取該撫歷年奏銷舊册,逐一校對款目數目,大致相符,自應謹遵前奉恩旨,准其一律豁免。恭候命下,臣部即知照該撫,將豁免實數刊刻謄黄,通頒各屬,遍行曉諭,並令按户付給免單,俾得實惠及民,仰副聖主加惠元元之至意。

惟清單内開,口外歸化城所屬,自嘉慶二十三年至道光十年,尚有民欠地租共銀七百八十一兩零。臣等查,此款前於道光二十八年清查案内,曾經該撫開單補請豁免,臣部因其與例不符,奏駁在案。今該撫復將前項列入,未便議准,應令該撫仍照清查原案辦理。

其餘銀糧款數稍有未符者,謹遵本年正月十二日諭旨,一面覈准,一面將不符之處咨行該撫,查明更正,報部覈辦。

所有臣等察議緣由,恭摺具奏,伏乞皇上聖鑒。謹奏。

爲山東省清查案内追賠款項事奏摺

咸豐元年閏八月初八日*

大學士兼署管理户部事務臣祁寯藻等謹奏,爲遵旨議奏事。

山東巡撫陳慶偕奏參清查案内誤接交代之現在東省及續經離東各員應追賠款先請議處一摺。咸豐元年七月十二日奉硃批:該部議奏,單併發。欽此。欽遵。於十六日由内閣抄出到部。

據原奏内稱:東省清查案内原定章程,現任各州、縣如有誤接前任濫抵及接收前任虧累各款,照本員因公自行挪虧追交之限,酌展一半。其降留、革留等項處分,均照挪虧章程覈議前,將通案應追前項賠款查明事故,離東及服官外省各員造册咨部勒追,經户部據咨改奏,將應行照章議處之前任濟寧州知州、現任福建臺灣道徐宗幹等一百七員繕具清單,奏請議處。奉旨:依議。並於清單内奉硃批:銀數較少者,免其先行議處。欽此。咨行到東,並飭將現在山東實任候補人員一併造報。等因。當經行司查取職名詳參去後。

兹據藩司劉源灝查明,續經離東七員共應追銀一萬四千六百五十六兩二錢七分九厘,在東五十四員共應追銀二十八萬六百六十一兩五分六厘。除飭司並分咨離東各員旗籍,按照章程勒限嚴追,逾限不完,即行從重參辦,並將先經病故十員扣除外,謹將應參之現任濟陽縣知縣楊汝綬等五十一員繕具清單,恭呈御覽。應請敕部分别議處,以示懲儆。此内有先因挪虧,經部議處,應否免其再議,並應追銀兩銀數較少應否免議各員,均於單内分晰聲明,聽候部議。等語。

臣等伏查,道光三十年六月山東巡撫陳慶偕查出清查案内誤接交代虧累銀兩,除在東各員及故員家屬在東者,由東著追外,所有事故離東並服官外省,本人已故,應在家屬名下著追者,計一百三十三員,共賠款銀十五萬七千四十八兩零,造具員名銀數清册咨報到部。經臣部按册開單,據咨改奏,請將此案各員查照清查章程,分别銀數,先行議處。惟此内兼有挪虧之員,業已先予處分,毋庸再議。並將應追銀數僅止數兩、數十兩各員,另於清單内聲明,奉硃批:銀數較少者,免其先行議處。欽此。當即行文該撫遵照,並飭將在東實任候補人員趕緊造册送部。等因在案。

兹據該撫奏稱:查明在東應追各員内,有續經離東七員,共應追銀一萬四千六百五十六兩零,在東五十四員,共應追銀二十八萬六百六十一兩零,除飭司並分咨離東各員旗籍,按照章程勒限嚴追,並將先經病故十員扣除外,謹將應參之現任濟陽縣知縣楊汝綬等五十一員繕具清單,恭呈御覽。此内有先因挪虧,經部議處,應否免其再議,並應追銀數較少,應否免議各員,仍於單内分晰聲明聽候部議。等語。嗣於八月初一日咨送應追員名銀數清册到部,並聲明此案清查原報共銀四十六萬七千一百九十五兩零,有經覆覈增删,以及另案奏結專參覈追之款,實共應追銀四十四萬二千五十兩零,咨請更正。臣等督飭司員檢查各案,覈對相符,應另行文咨覆。復查該撫奏參現在東省及續經離東之五十一員内,除先因挪虧業經議處之濟陽縣知縣楊汝綬等三十三員,並前次離東人員内,已請議處之前任汶上縣知縣顧光照一員,增入賠款,仍如原參,數在三千兩以上毋庸再議。又不及百兩之現任濟寧州知州葉圭書等七員,暨爲父代賠之候補鹽大使殷敏一員,應免議處外,謹將本案應議之現任濟南府知府李天錫等九員,繕具清單,恭呈御覽。仍候命下,移咨吏部,分别議處。

所有應追銀款在東各員,行令該撫自接奉部文之日起,依限催追。離東各員,行令原旗籍任所,以接到東省咨追之日起,按限勒追完繳報撥,一面咨復東省作正開銷。至銀數不及百兩各員,應即追完清款,毋庸立限。如各員内兼有挪虧、流攤兩項者,應照現定清查章程,俟挪虧追完後,即行接追此案賠款,再接追流攤銀兩。倘逾限不完或完不足數,立即照章懲辦,以儆玩延而昭覈實。理合將臣等議覆緣由恭摺具奏,伏乞皇上聖鑒。謹奏。

爲察覈福建民欠鹽課請予豁免事奏摺

咸豐元年閏八月初八日

大學士兼署管理户部事務臣祁寯藻等謹奏,爲遵旨察核具奏事。

咸豐元年八月初一日調任陜甘總督、閩浙總督裕泰奏,閩省鹽課項下節年民欠埏折並隨徵普育及販引價銀,查明確數開單請豁一摺,奉硃批:户部察覈具奏,單併發。欽此。又清單内同日奉硃批:覽。欽此。欽遵。八月初三日由内閣抄出到部。

據原奏内稱:竊臣接准部咨,咸豐元年正月初一日欽奉上諭:朕寅承丕緒，撫馭萬方，敬念列聖御極之初，豁免積逋，覃敷闓澤，俾人安樂利，户免追呼，共享升平之福。誠以民爲邦本，厚民生正所以培元氣也。當兹建元肇始之時，宜行體元長人之政。自道光十五年、二十五年兩次欽奉皇考宣宗成皇帝恩旨，將二十年以前各省民欠錢糧，盡予豁免。後自二十一年迄今，又届十稔，民間續有積欠，允宜大沛恩綸，期與薄海群黎，同躋仁壽。所有各省節年民欠正耗錢糧及因灾緩徵、帶徵銀穀，並借籽種、口糧、牛具及漕項、蘆課、學租、雜税等項，即著各該督撫、將軍、府尹等，將道光三十年以前實欠在民者，詳細查明，按照該省所屬之某州、某縣銀穀若干，速行開單具奏，候朕以次降旨，全行豁免，並著先將此旨刊刻謄黄，遍行曉諭，務使城市、鄉村，遐陬僻壤，咸喻朝廷德意。毋使官吏胥役等延擱侵漁，致滋弊竇。庶吾民休養生息，慶洽綏豐，用示朕元春布德，以仰副皇考三十年子惠元元，申錫無疆至意。該部即遵諭行。欽此。欽遵。轉行到閩。仰見我皇上闓澤覃敷，濃膏特沛，九垓樂業，薄海騰歡。臣跪讀後，即會同前任福建撫臣徐繼畬遵奉諭旨，敬謹謄黄宣示，並頒發各府、州、縣一體欽遵，遍行曉諭。兹查閩省瀕海産鹽之區，年額應輸鹽課、埕折二款，與地丁一體徵收，由各縣場批解鹽法道庫，歸於正課奏銷。間有民欠未完，即於奏銷册内據實開列造報。又，普育一款係隨同埕折正項徵輸，撥充本省普濟、養育兩堂經費，與地丁之耗羨相似。又，興化府屬之莆田縣年額應徵贌引價一款，原係附海竈户應辦鹽斤交商支配，嗣因辦納鹽斤不前，折價交商，聽商自行買鹽配運。雍正元年裁商停引，此項贌引銀兩亦即豁除。至雍正五年，復據莆田場附海各竈户具呈，仍行照納贌引價銀，由蒲田縣徵解道庫，歸入長價項下，遞年彙同雜項造册奏銷，係屬鹽務之雜款錢糧。道光十五年、二十五年兩次欽奉恩旨，普免積年民欠，均經各前督撫將道光二十年以前各縣場民竈積欠埕課鹽折，並隨徵普育及贌引價各銀兩，奏蒙聖恩全行豁免。此次奉恩詔，豁免積逋，自應一體查辦。飭據鹽法道戴嘉穀按年、按款詳細確查，計自道光二十一年起至二十九年止，實在民竈積欠未完埕課鹽折銀五萬七千二百八十兩五錢一分八厘九毫，又隨徵普育銀七百二十六兩七錢四分九厘二毫，又，贌引價銀四千八百三十四兩七分一厘，造具細册，詳請奏豁。臣仍當嚴飭該管道府徹底詳查，如在奉旨以後，文到以前，已據各花户輸納在官者，即查明已輸銀數，照例留抵次年正額。其未奉恩旨以前，徵存屬庫未經解道之項，仍按數提解報撥，以杜胥役侵欺之弊。並將各縣場，民竈積欠數目，分别年款縣場另行造册咨送户部查覈。等語。

臣等伏查，本年元旦欽奉恩綸，普免各直省節年民欠錢糧，當經臣部恭查乾隆二十七年暨六十年，高宗純皇帝蠲免節年民欠聖諭及例載指蠲年分，聲請除道光三十年熟田未完錢糧，尚未截數奏銷，不得謂之積欠，應照定例辦理外，其道光三十年因災緩徵、帶徵錢糧，即與三十年以前未完各項，確切查明，奏請豁免，並將道光三十年以前各項竈課積欠，及三十年因災緩徵竈課實欠在竈者，與地丁錢糧一律辦理。等因。奏蒙俞允，遵行在案。兹據調任陜甘總督、閩浙總督裕泰奏稱，飭據鹽法道戴嘉穀，查明閩省各路自道光二十一年起至二十九年止，實在民竈積欠未完埕課鹽折銀五萬七千二百八十兩五錢一分八厘九毫，又隨徵普育銀七百二十六兩七錢四分九厘二毫，又賍引價銀四千八百三十四兩七分一厘，造册詳請奏豁。等語。

臣等復查原奏清單及造送細册，逐款勾稽總共未完埕課鹽折、普育、賍引等銀六萬二千八百四十一兩三錢三分九厘一毫，覈與該督奏報銀數相符，且係遵照道光十五年、二十五年兩次恩旨豁免成案辦理，自應准其一律豁免，以廣皇仁。仍令該督飭屬確查，如有奉旨以後，文到以前，已輸在官者，照例留抵次年正額。其未奉恩旨以前，徵存未解銀兩，即飭按數提解報撥，勿任侵隱。並請敕下該督，迅即刊刻謄黄，即將各該縣場豁免銀數、年分，另刊清單粘於謄黄之尾，遍貼曉諭。毋任吏胥弊混，以昭覈實。

所有臣等遵議緣由，理合繕摺具奏，伏乞皇上聖鑒。謹奏請旨。

爲湖南民欠租課請予豁免事奏摺

咸豐元年閏八月二十四日

大學士兼署管理户部事務臣祁寯藻等謹奏，爲遵旨議奏事。

内閣抄出，湖南巡撫駱秉章奏，各州、縣、衛未完道光三十年以前地丁、蘆課、正耗、錢糧以及租課、籽種等項銀兩，奏請豁免一摺。咸豐元年八月十三日奉硃批：户部察覈具奏。單併發。欽此。欽遵。抄出到部。

據原奏内稱，道光二十一年起至三十年止，各屬節年民欠及被水緩徵案内，巴陵縣道光二十八、九兩年，未完正耗錢糧銀一萬五千二百三十四兩七錢零。又，湘陰、益陽、巴陵、臨湘、華容、岳州、武陵、桃源、龍陽、沅江、澧州、安鄉等十二州、縣、衛未完正耗錢糧銀二十九萬二千四百九十三兩零。又，巴陵、臨湘、華容三縣未完蘆課正耗銀九千九百一十一兩零。又,沅江縣未完田租銀八百一十七兩零。又,安鄉縣未完學租銀四十九兩一錢零。又,巴陵縣未完各年積欠租課銀七千五百四十一兩零。又,湘陰、益陽、華容、武陵、龍陽、沅江、澧州、安鄉八州、縣未完借給貧農籽種、口糧銀六萬五千六百二十一兩零。確加查察,委係實欠在民,並無以完捏欠。奏請一併豁免,以紓民力。等語。

臣等伏查,咸豐元年正月初一日,欽奉恩旨,普免各省道光三十年以前民欠錢糧,令各督撫查明實欠在民者,詳細具奏。等因。經臣部行文各該督撫欽遵查辦在案。兹據湖南巡撫駱秉章查明湖南省道光三十年以前民欠正耗銀兩,開單奏請豁免。

臣部查,湖南巴陵縣,未完道光二十八、二十九兩年地丁、正耗銀一萬五千二百三十四兩七錢四分。又,湘陰等州、縣、衛,未完道光二十一年起至道光三十年止,被水緩徵地丁、蘆課正耗等銀三十萬二千四百四兩八錢二分四厘。又,道光二十一年起至道光二十九年止,民借籽種、麥種未完銀五萬四千八百四十六兩八錢二厘。又,安鄉縣,被水緩徵學租銀四十九兩一錢四分四厘。既據聲稱,委係實欠在民,並無以完捏欠。

臣部按照該撫清單與奏銷各册案,悉心覈對,數目俱屬相符,並與准豁成案亦屬符合,相應請旨,一體照數豁免,以廣皇仁,恭候命下。臣部行文該督撫,即行謄黄曉諭,照例逐款刊刻免單,按户付給,務使小民均霑實惠,以副皇上加惠黎元之至意。

其巴陵縣附勝、清發二洲,自道光二年起至三十年止,未完租課銀五千六百五十一兩四錢四厘六毫。並沙影洲,自道光十一年起至三十年止,未完租課銀一千八百八十九兩六錢四分。查此二款未完租課,向無專案報部,無憑查覈。且所欠銀兩,内有道光二十年以前及十年以前應徵之項。以上兩届請豁案内,均未奏報,殊屬牽混。臣部未便准豁,應令該督撫轉飭照數催徵還款。

至湘陰等州、縣,道光三十年民借籽種、麥種銀一萬七百七十四兩四錢三分二厘,查此款銀兩原係春借秋還,自應於三十年秋後徵收。嗣於上年十月内,該省奏報復被水灾,將各屬正耗錢糧,分别展緩。惟該年借給籽種銀兩,並未分晰聲明,某屬灾重應緩,某屬灾輕應徵。其届限已未徵完數目,亦未據咨報到部,臣部無憑懸定。應令該撫詳細查明,其未報緩徵、已經徵還者,速即題解造報。如已報緩徵實欠在民者,即行確切詳查,再行奏明辦理,以昭覈實。

又,沅江縣道光二十三、二十五、二十六、二十七等年,未完緩徵田租銀八百一十七兩三錢二分六厘,係於何案册内造報之處,未據聲叙。並令該督撫飭即查明,奏報覈辦。

所有臣等覈議緣由,理合恭摺具奏,伏乞皇上聖鑒訓示遵行。謹奏請旨。

爲請豁免湖南民欠未完借修河堤銀兩事奏摺

咸豐元年閏八月二十四日

大學士兼署管理户部事務臣祁寯藻等謹奏,爲遵旨議奏事。

内閣抄出湖南巡撫駱秉章奏,武陵等縣節年民欠未完借修堤工銀兩,懇准豁免一摺。咸豐元年八月二十七日奉硃批:户部察覈具奏。單併發。欽此。欽遵。抄出到部。

據原奏内稱,武陵、龍陽、沅江、華容、益陽五縣,道光十一、十四、十九等年被水案内,先後奏借修築堤垸工本銀一十二萬三千九百九十一兩二錢零。除已完銀一萬六千四百一十九兩五錢零外,尚未完銀一十萬七千五百七十一兩七錢零。前於道光二十五年具題請豁,接准部覆,行令分限八年在於該業户名下,攤徵還款等因。又,武陵、龍陽、沅江、華容、湘陰、安鄉七縣,道光二十八年、二十九兩年被水案内,先後奏借修築堤垸工本銀八萬四千五百九十八兩一錢零,除已繳還銀四百七十八兩八錢零,實未完銀八萬四千一百一十九兩二錢零。已於原奏内聲明,俟舊借修費徵完後,再行起限徵還歸款。

以上武陵等七縣,民欠未完借修堤費共銀一十九萬一千六百九十兩零。確查實因地方頻遭灾歉,民力困苦。原借各業民多有業售户易,並逃故亡絶,委屬難以徵完。援照湖北省准豁成案,一體豁免,以紓民力。等語。

臣等恭查,咸豐元年正月初一日欽奉上諭:所有各省節年民欠正耗錢糧及因灾緩徵銀穀,並借給籽種、口糧等項,著各督撫詳細查明,開單具奏,候朕降旨,全行豁免。等因。欽此。經臣部飛咨各該督撫,欽遵辦理在案。兹據湖南巡撫駱秉章查明,武陵等七縣,民欠未完借修堤費共銀一十九萬一千六百九十兩零。援照湖北省上届准豁成案,奏請一體豁免。

臣等伏查,上屆辦理豁免道光二十年以前民欠案内,湖北各屬道光十一年以前借修堤費銀兩,經臣部查明,俱係已滿徵限未完之項,於道光二十八年奏奉恩旨,准予豁免。其道光十二年以後未完借修堤費銀兩,查係未滿徵限,俱應在於業民名下徵還。附片奏明,行令按限徵解。等因在案。

今湖南武陵等縣,民欠未完借修堤費銀兩,既據該撫援照湖北省准豁成案請豁。臣部自應比照湖北省成案辦理,以昭畫一。所有單開武陵等五縣,道光十一、十四、十九等年借修堤費未完銀一十萬七千五百七十一兩七錢零,原借俱在道光二十年以前,查係已滿徵限未完之項。臣等覈與湖北省上屆准豁成案相符,相應請旨准予豁免,以廣皇仁。恭候命下,臣部行文該督撫即行刊刻謄黄,遍行曉諭,務使小民均霑實惠,以仰副皇上惠愛黎元之至意。

其武陵等七縣道光二十八、二十九兩年,未完借修堤工銀八萬四千一百一十九兩二錢零,查係俱未屆應徵原限,若概予豁免,實與湖北省上屆奏明成案不符,未便准豁。相應請旨飭下湖廣總督、湖南巡撫,飭令各屬在於原借各業民名下,按限徵還,務令認真督催,年清年款,按年將屆限已未完數目,造册送部,以憑稽覈。

再查,上屆奏報原案武陵等五縣,未完道光十一、十四、十九等年借修堤工銀一十萬九千三百三十九兩零。此次奏報該五縣未完道光十一、十四、十九等年借修堤工銀一十萬七千五百七十一兩七錢零,覈計應有續完銀一千七百六十七兩三錢零。並未據聲明收入何項册内造報。應令該督撫速即查明,報部覈辦。

所有臣等核議緣由,理合恭摺具奏,是否有當,伏乞皇上聖鑒訓示遵行。謹奏請旨。

爲江西民欠錢糧請予豁免事奏摺

咸豐元年閏八月二十四日

大學士兼署管理户部事務臣祁寯藻等謹奏,爲遵旨議奏事。

内閣抄出,江西巡撫陸應穀奏,查明節年民欠及因灾緩徵、帶徵銀米等項數目,開列清單一摺。咸豐元年八月二十日奉硃批:户部察覈具奏。單併發。欽此。欽遵。於八月二十三日抄出到部。嗣於八月二十九日,據該撫造册咨送前來。

查原奏内稱，本年正月初一日，欽奉上諭：朕寅承丕緒，撫馭萬方，敬念列聖御極之初，蠲免積逋，覃敷闓澤，俾人安樂利，户免追呼，共享升平之福。誠以民爲邦本，厚民生正所以培元氣也。當兹建元肇始之時，宜行體元長人之政。自道光十五年、二十五年，兩次欽奉皇考宣宗成皇帝恩旨，將二十年以前各省民欠錢糧盡予豁免，後自二十一年迄今，又届十稔，民間續有積欠，允宜大沛恩綸，期與薄海群黎，同躋仁壽。所有各省節年民欠正耗錢糧，因灾緩徵、帶徵銀穀，並借給籽種、口糧、牛具及漕項、蘆課、學租、雜税等項，即著各該督撫、將軍、府尹等，將道光三十年以前實在民欠者，詳細查明，按照該省所屬之某州、某縣銀穀若干，速行開單具奏，候朕以次降旨，全行豁免，並著先將此旨刊刻謄黄，遍行曉諭，務使城市、鄉村，遐陬僻壤，咸喻朝廷德意，毋使官吏、胥役等延擱侵漁，致滋弊竇。庶吾民休養生息，慶洽綏豐，用示朕元春布德，以仰副皇考三十年子惠元元，申錫無疆至意。該部即遵諭行。欽此。

又准部咨，欽奉上諭：給事中袁甲三奏，豁免積欠，請嚴除積弊一摺。著各督撫、將軍、府尹，於奉到豁免諭旨後，限三個月即行詳細開單具奏，户部亦即趕緊查明覆奏，其銀穀款數稍有未符者，部議時一面覈准，一面將不符之處，行令咨部更正，毋任書吏藉詞駁换，致有需索。等因。欽此。

又准部咨，欽奉上諭：傅繩勛奏，遵查豁免民欠，請旨遵辦一摺。向來查辦豁免積欠，降旨指蠲自某年至某年者，總以奏銷截數爲准，若未入奏銷，不得統作積欠蠲免，歷經該部纂入則例，一律遵行。本年元旦，經朕降旨，飭令各該省，將道光三十年以前實欠在民者，詳查具奏，候朕以次施恩。各該省遵旨查辦，自應仍照舊章，凡實欠應蠲，總以欠數已入奏銷爲准。其道光三十年正賦，此時尚未奏銷，不得謂之積欠，著再通諭各直省督撫、將軍、府尹等，遵照從前成案並現在户部議行各事宜，明晰曉諭，分别辦理。毋致小民誤會觀望，致礙新賦。庶應蠲者，實惠均霑；應徵者，輸將無誤。官吏人等，自不致有影射蒙混等弊。至傅繩勛奏稱，江蘇道光二十九年漕項，雖未歷過奏銷，但地丁、漕項向係一條編徵，難以劃分。著准其援照嘉慶二十三年成案，一併查明，請旨豁免。各督撫等，各就該省應豁民欠數目，詳細鈎稽，覈實查辦，使布德行惠之典，比户周知，用副朕意。將此通諭知之。欽此。均經前署撫臣暨臣督同敬謹謄黄，先後委員馳發各府、廳、州、縣，欽遵宣示。一面督飭確查，並經前署撫臣陸元烺，將欽遵辦理情形，覆奏在案。

茲據藩司陸元烺、督糧道楊培、委員候補道蔣啓敭會詳，按照歷年奏銷及道光三十年下忙册報未完數目，責成該管府州，分年、分款層層考覈，悉心綜理，由該司道等詳細確查，具詳請奏前來。

臣覆加查覈，計自道光二十一年起至二十九年止，實在熟田民欠及道光三十年以前，因灾緩徵、帶徵地丁、屯糧丁耗羨、折色物料、地丁脚耗、租税、蘆課、折色籽種、口糧、隨漕屯糧、兵折正耗、牛牙、當税、鐵税、借修圩堤等款共銀一百五十三萬六千八百四兩零，緩徵正耗漕米三十九萬一千九百七十四石零，贈耗等銀二萬五千三百二十四兩零，入官田租及因灾借給本色籽種共穀八萬八千八百七十七石零。均係實欠在民，並無絲毫隱混。除趕造應豁免各款册結咨部外。謹會同恭摺具奏，並繕清單，敬呈御覽，恭候恩旨遵行。

再查，清查案内，各屬墊完民欠銀兩，業於上年查明確數，造册咨部。旋經前署撫臣陸元烺奏准，分年徵補在案。茲奉皇恩，豁免節年民欠，不能再徵於民，自應另籌彌補之法。現飭司督飭局員，調齊徵簿交册，覆加鈎稽，所有前墊民欠各款内，有無續徵未解及徵完歸墊銀兩，應即分别剔除。並查明清查後，各屬有無續墊之款，再行覈實辦理。等語。

臣等伏查，本年元旦，恭奉恩綸，豁免道光三十年以前各省民欠錢糧，當即飛咨江西巡撫，一體遵照辦理。並節次欽奉諭旨，暨臣部議行各事宜，飛咨該省遵照，亦在案。

茲據江西巡撫陸應穀奏稱，據藩司陸元烺彙覈各屬歷年未完數目，計自道光二十一年起至二十九年止，實在熟田民欠及道光三十年因灾緩徵、帶徵地丁、屯糧丁耗羨、折色物料、地丁脚耗、租税、蘆課、折色籽種、口糧、隨漕屯糧、兵折正耗、牛牙、當税、鐵税、借修圩堤贈耗等款銀一百五十六萬二千一百二十九兩零，緩徵正耗、漕米三十九萬一千九百七十四石零，入官田租及因灾借給本色籽種穀八萬八千八百七十七石零。均係實欠在民。等語。

臣等督飭司員，按照單開各款，覈對各年奏銷及道光三十年下忙册造，查係實在民欠緩徵地丁、正雜並漕項等款共銀一百三十七萬三千三百五十兩六錢七分七厘，民欠緩徵正、副漕米三十五萬五千八百二十三石九斗七升四合一勺，應請旨先行豁免。恭候命下，行令該撫刊刻謄黄，遍行曉諭，以廣皇仁，而昭覈實。所有漕項銀米數内不符之處，仍令查明，咨部更正。

其餘應行飭查各款或案册造報未全，或款項率有含混。覈計共銀一十八萬八千七百七十八兩九錢六分九厘，漕米三萬六千一百五十石三斗一升九合二勺,穀八萬八千八百七十七石八斗二升九合七勺。謹與應豁各款,分别繕具清單,恭呈御覽。應令該撫趕緊查明,分晰造册。覆奏到日,再行請豁。

再查,此次豁免册内造報,已徵完地丁等款銀四十四萬四千六百四十六兩一錢八分九厘,除已解到司庫銀二萬一千二百六十九兩七錢六分一厘,其餘銀四十二萬三千三百七十六兩四錢二分八厘。據稱,是否實存在庫,有無挪墊歷年民欠,容俟覈辦等語。

查此項銀兩,既據各州縣造報已完,即應嚴飭解交藩庫,何得聽其徵存不解,致啓挪新掩舊之弊。且官墊民欠名目,歷經臣部駁斥,豈竟置若罔聞。應令該撫迅飭各州、縣,將已徵未解各款,掃數解司報撥,毋任再有挪缺。又,已徵完借給籽種穀一千四百八十二石六斗七升四合,内除造入三十年常平奏銷册内穀八百二十一石五合,其餘穀六百六十一石六斗六升九合,應令造入咸豐元年常平奏銷册内報覈。已徵收正、副漕米一千一百四十石一斗二升八合,亦應令造入漕項奏銷册内報覈。又,雜税一項豁免與下忙册造入撥銀八千三十四兩一錢五分七厘,覈與奏銷册内報撥銀九千七十一兩九錢五分,計少造入撥銀一千三十七兩七錢九分三厘,其因何少造之處,應令一併詳查聲覆。

至原奏内稱,清查案内墊完民欠銀兩,業於上年查明確數,造册咨部,奏准分年徵補。兹奉皇恩,豁免節年民欠,不能再徵於民,自應另籌彌補。現仍飭司覆加鉤稽,所有前墊民欠各款,内有無續徵未解及徵完歸墊,並清查後有無續墊之款,再行覈實辦理。等語。

查,此項墊解民欠銀八十七萬四千五百三十一兩零,係道光二十九年清查案内,查出各屬違例挪墊立應追補之款,與歷届豁免案内墊解民欠銀兩,民欠豁免之後,始議彌補者不同。前據該撫奏請,分作八年徵補,每年提解銀一十萬九千三百一十六兩零,奏報聽候撥用。當經臣部覈議,擬令自本案奏定之日起,一面飭屬徵解,仍一面責令分賠。其每年提解銀數及分年彌補限期,即照該撫所奏辦理。於上年十二月内奏准在案,該撫理應恪遵嚴辦,按限催提。即謂節年民欠已奉豁免,不能再徵於民。該省接到豁免部文,當在本年正月間,何以迄今八月有餘,並未籌補分毫,尚以另籌彌補藉詞延宕。應請敕下江西巡撫,將前項墊解民欠銀兩,嚴飭各州、縣即行彌補,解司報部撥用,並遵照奏准章程趕緊奏報,以重帑項。

所有臣等覈議緣由,理合恭摺具奏,伏乞皇上聖鑒。謹奏請旨。

江西各屬因災民欠緩帶徵地丁等款銀米穀石清單

謹將江西省各屬，自道光二十一年起至二十九年止，熟田節年民欠並三十年以前因災緩徵、帶徵地丁等款銀、米穀石按照單開，逐款查覈分別應准、應查，繕具清單，恭呈御覽。

計開：

民欠地丁、屯糧丁正耗並落地税、入官田租共銀一百六萬九百一十七兩二錢七分四厘。內除前任崇仁縣參革知縣沈棠完繳二十五年虧短地丁銀一千九百九兩三錢二分五厘，應行剔出歸於後款行查外，實在民欠地丁等項共銀一百五萬九千七兩九錢四分九厘。查覈相符。

民欠地丁脚耗銀五萬二千八兩二錢六分四厘。查覈相符。

民欠折色物料銀一十四萬七千九百九十三兩二錢八分七厘。查覈相符。

民欠牛牙當税共銀五千一百五十四兩一錢六分三厘。查覈相符。

民欠田地、官山、湖租等款共銀二千七百二兩一錢六分八厘。查覈相符。

民欠贈耗等銀一萬八千四百二十八兩四錢八分五厘。查覈相符。

民欠隨漕銀二萬九千四百七十八兩六錢五分四厘。查覈相符。

民欠屯糧銀二萬六千九百三十八兩八錢八分三厘。查覈相符。

民欠隨屯耗羡銀五千六百五十二兩六錢一分九厘。查覈相符。

民欠兵折銀一萬八千二十四兩三分二厘。查覈相符。

民欠兵耗銀一千八百八兩二錢二分六厘。查覈相符。

民欠節省米價銀一千四百六十四兩四錢四分四厘。查覈相符。

民欠二十九年緩徵贈耗等銀四千六百八十九兩五錢三厘。查與二十九年漕項奏銷册造之數不符，應令查明咨部更正。

民欠緩徵正、副漕米二十七萬八千六百八十石九斗一升四合一勺。查覈相符。

民欠二十九年緩徵正、副漕米七萬七千一百四十三石六升。查與二十九年漕項奏銷册造之數不符，應令查明，咨部更正。

以上各款實在民欠未完共銀一百三十七萬三千三百五十兩六錢七分七厘，米三十五萬五千八百二十三石九斗七升四合一勺。應請先行豁免。

民欠地丁項下。前任崇仁縣參革知縣沈棠完繳二十五年虧短地丁銀一千九百九兩三錢二分五厘。據册稱,仍補入民欠。查此款銀兩,即係該員完繳虧短之項,自應剔除。何以補入民欠數内,應令查明聲復。

民欠蘆課正耗銀三萬一千二百二兩一錢八分九厘。未據題報齊全,無憑查覈。

民欠濠租銀七百六十九兩八錢二分二厘。未據咨報齊全,無憑查覈。

民欠地租銀一千一百一十四兩五錢七分四厘。係何項地租,原册内並未聲明,無從查覈。

民欠鐵税銀八千一百一十五兩六錢六分。未據咨報齊全,無憑查覈。

民欠借修圩堤銀一十一萬二千二百六十三兩六錢五分一厘。未據專案奏報,無憑查覈。

民欠借給籽種折色銀三萬六百一十九兩九分三厘。未據咨報有案,無憑查覈。

民欠救生田租銀五百七十七兩六錢九分七厘。未據咨報有案,無憑查覈。

民欠三十年緩徵贈耗等銀二千二百六兩九錢五分八厘。查三十年漕項奏銷尚未到部,無憑覈對。

民欠三十年緩徵正副漕米三萬六千一百五十石三斗一升九合二勺。查三十年漕項奏銷,尚未到部,無憑覈對。

民欠借給籽種穀八萬八千一十五石四斗一升四合八勺。未據咨報齊全,無憑覈對。

佃欠入官田畝租穀八百六十二石四斗一升四合九勺。係歸入何案,報銷原册内並未聲明,無從查覈。

以上各款共銀一十八萬八千七百七十八兩九錢六分九厘,米三萬六千一百五十石三斗一升九合二勺,穀八萬八千八百七十七石八斗二升九合七勺。

應令該撫查明覆奏,再請豁免。

爲會議奪佃增租例禁各條事奏摺

咸豐元年閏八月二十四日

大學士、軍機大臣兼署管理户部事務臣祁寯藻等謹奏,爲遵旨會議具奏事。

咸豐元年五月二十四日奉上諭:直隸總督、順天府會奏奪佃增租例禁各條一摺。著軍機大臣會同户部、内務府,詳查妥議具奏。欽此。欽遵。於二十六日由内閣抄出。

據原奏内稱:道光二十八年,内務府奏請編放莊頭一百七十五名,迭經咨行臣等分飭各州、縣,將地畝租項指交新莊頭承領當差。嗣因另議增租,臣等以例案兩歧咨請部示。經户部與内務府再三咨商,迄無定議。以致莊頭佃户互相觀望,其地畝未能一律交清。上年十二月,内務府以按畝折徵需銀一錢八九分之數,奏准咨行。而户部辦理窒礙,奏請統歸内務府徑行,臣等飭屬妥爲經理。本年四月,内務府又奏請將前項未交地畝,勒限清交,並請將租項不敷交差之地,退令莊頭自種。而户部亦以新舊控案,彙交臣等自行妥辦。此兩年以來,辦理此案之大略也。

臣等查,民人佃種旗地,不許莊頭奪佃增租,定例頒行久已家喻户曉。如欲遵内務府奏案,必須令佃户另議增租,否則斷令退地,實於定例有違。欲遵定例,則與奏案窒礙。臣等遇州、縣請示,亦不知何説之,從於公事,諸多棘手。謹援成案請旨,申明奪佃增租例禁,以安農業而厚民生。等語。

臣等伏查,該總督、府尹會奏摺内,分列六條。而其大致,總以不准奪佃增租爲此案之要領。溯查奪佃增租之禁,停於乾隆四十六年。嗣後十餘年間,豪右侵吞,村農失業,貧民無地可耕,游手好閑,多致流而爲匪。復經户部奏准,改歸舊例,永遠遵行。自是以來,凡覈斷旗民交涉侵占霸欠之案,悉本此例爲憑。此次新編莊地之後,佃户莊頭紛紛互控,每案數户至二、三十户之多。覈其所徵租數,較舊納官租,實有多至數倍者。户部因係内務府奏定之案,未便遽以定例相繩,而又不敢違例定斷。隨即往返咨商,欲期地租、差項兩得其平。而内務府以差項必須此數,並非增租,並此項地畝不得同民租一律辦理等詞咨覆,因此例案兩歧,無從措手。是以本年三月,户部有統歸内務府徑交直隸總督、順天府妥爲經理之奏。此户部礙難辦理,必須亟爲分别之情形也。至内務府編放此項地畝,原以莊頭遞年革退懸缺過多,交差支絀,因援案具奏。動用存退項下地四千七百餘頃,約徵銀四萬餘兩。按畝攤計,每畝應徵銀一錢有餘。原係約計之數,迨後僅編地三千七百餘頃,止能徵銀三萬餘兩,不得不以每畝一錢八、九分定額,以期勉符奏案,且使莊頭得養身家。其租數本多者,現已指交清楚。而租數本少者,莊頭於交差之外,無可霑潤。

每致不願承領佃户，因官租之數完納已久，亦延不對交。訟案叠興，愈多觀望。既未便减少交項，又無從添給差地。而官徵之數，本不能如莊頭所收之數，若非按畝加徵，斷難足額。是以本年四月，内務府有責成地方官勒限清交，及退佃自種之奏也。惟是户部所司者，控案但能據例以定讞，而莊頭交差之數，本非素知。内務府所轄者，莊頭但能定額以取盈，而控案莫結之由，本所不計。是以堅持定例，則地租無可增，勢必改减差項；遷就奏案，則差項不容减，勢必勒增地租。迨至地租既不能增，差項又不容减，無怪互訐紛争，而控案終不得結。此直隸總督、順天府所以又有無所適從之奏也。

臣等各就現在情形，詳加酌覈。竊以爲地租關畿輔之民生，差項係内廷之供應，二者並重，無可畸輕。謹於萬難畫一之中，爲委曲求全之計，務使事堪經久，法必持平。則該督等所奏各條，自可不煩言而解。

伏查存退地畝交官租額，每畝自三、四分至二、三錢不等。其中有漢軍恩賞地畝及報墾荒地、租額本輕者；有革退莊園頭地、照原租定議者；有並無原租可查，照例按坐落州、縣鄰地議租者；有鹵磽砂瘠，另勘議租，與會典所載，内務府會計司地畝磽瘠則减之條相合者。或重或輕，各視地之肥磽以爲多寡，則此項一錢以下之地，自難酌量加租。内務府於道光二十八年奏請編放莊頭一百七十五名，占用退存地三千七百餘頃。該莊頭等自二十九年領地收租交差爲始，現在交納錢糧之莊頭六、七十名。其餘有收租十數頃，有收租三、五頃，有因租未議定而莊頭、佃户互相争執，延不對交，以致租項不敷交差。自應請旨飭下直隸總督、順天府府尹，迅飭各屬將新編莊頭所領三千七百餘頃之地，一律詳查坐落州、縣及舊係某莊頭退交之地，每畝原租並現徵官租實數，一併分晰開造，無任以多報少。一面咨報户部，一面報明内務府。俟該州、縣查明，册報到日，其該新莊頭業已分領一錢以上之地畝者，租項永遠照數徵收，與舊莊頭交納錢糧數目相等，以歸畫一，庶可免日後莊佃抗租之弊。其一錢以下之地，業已報明户部者，亦即令新莊頭照現徵租數收取，内務府計畝收取，以備内廷之用。新舊佃户，具毋得藉詞妄希輕减。其尚未議租數報明户部者，現已令該督、府尹飭屬一律詳查退交原租並現徵租數。應飭覈實定議，不得擅行輕减，亦不得任意取盈，迅即造報，以便莊頭照議收租交差。其佃户自二十九年抗欠租項不交者，應檄飭各該地方官，查明如何抗欠，分别辦理。嗣後遇有莊頭誤差被革，遵照内務府奏定章程，退交地方官，令該州、縣按革退莊頭原租徵收，待内務府派員牌取，以昭覈實，而重差項。如仍有佃户抗欠，莊頭勒增,以及書吏勾串等弊,或控告到部,或被内務府查出,一經審實,即照定例分别治罪。似此酌中定議,畿輔之民生得安耕鑿,内廷之供應仍可從容。而前此舊編莊頭亦免例外多攤之累,庶以仰副聖上節用愛人之至意。

至該督等原奏莊頭案件仍歸户部辦理一條,彼時原因租無定議,例案兩歧,是以未能懸斷。今既議令詳查妥辦,則將來控案到部,不難查對原租,據例斷結,原可毋庸地方官勘地議租。又奏請由户部、内務府會算錢糧一條,户部每年租册,均係按户造報,並未逐畝分開。此次編放莊缺,有於一户百畝之中動用數十畝者,有租未議定而地已動用者,勢難臆斷。而内務府莊頭交差項,歷年係按照大、宛兩縣呈報市價折徵,實屬無從會算。又奏徵解租項請循舊例一條,内務府原奏,本指將來莊頭被革恐歸入官租,致差項無著而言。今既議令以租抵差,則莊頭即有革退,其租數仍屬照常,與存退交官無異,不過另款徵解。又無須别造奏銷册籍,况三旗銀兩莊頭處本有牌取成案,各州、縣奉行已久,但使官無需索,租無加增,自不妨仿照辦理。又奏指對地畝請俟秋成一條,此時已届秋成,俟該地方官查明册報,即可對地交租。此條應毋庸議。

所有臣等詳查妥議緣由,理合遵旨會同具奏。是否有當,伏乞皇上訓示遵行。

再,户部左侍郎臣王慶雲係兼署順天府府尹,此摺未經列銜,合併陳明。謹奏請旨。

爲河南驛站積欠較多請飭分别追補完解事奏摺

咸豐元年九月初三日

大學士兼署管理户部事務臣祁寯藻等謹奏,爲河南省驛站項下積欠較多,請旨飭令分别追補完解事。

伏查河南通省額徵驛站銀兩,向與地丁一體編徵,歸各州、縣留支。此項迭經裁減,近年奏銷約止用銀十七八萬兩。其餘已裁不准復支者,曰:裁扣;因小建及曠缺日期扣支者,曰:建曠。均應由州、縣解交臬司,移解藩庫報撥。惟裁扣向隨地丁奏銷分晰造報,按年開參,故積欠尚少。建曠係留支項下坐扣,年終截數解司完欠,並無考成,故積欠最多。道光二十八年間,據前任河南巡撫鄂順安册報,道光二十年以前裁扣一款,除虧缺入參外,積欠二萬餘兩,已隨地丁豁免。其嘉慶二十年至道光二十年建曠一款,共欠三十一萬八千餘兩,奏請分十二年攤補。經臣部以攤補限期太寬,駮令與道光二十一年以後欠款一并勒限追完,報撥奏覆。行文以後,迄今又已三年,屢經專案咨催,並於每季撥册到部後,彙同各項登記銀兩隨案行催,計自道光二十八年秋撥至咸豐元年秋撥止,續收道光二十年以前建曠銀二萬六千餘兩,尚欠二十九萬二千餘兩。又續收二十一年至二十九年驛站裁餘銀一十八萬四千餘兩,尚欠四十萬三千餘兩。裁扣、建曠兩款,均在其内。綜而計之,近年者,完解尚多;遠年者,完解甚少。蓋年分既遠,民欠照章應豁,官欠漸成無著。該管上司催追不力,欠數遂愈積愈多。此時即勒令掃數解清,恐未必刻期完報,而例應入撥之款,度支所繫,不容久懸,亟須分别籌議,俾歸有著。

臣等竊思,豫省現辦清查,係截至道光二十七年爲止,驛站項下另有駮删馬價一款,積欠六萬餘兩,已入清查追補。該省清查,起限現已兩年,勒追攤補各款尚能按限報完。所有道光二十七年以前驛站建曠一款,與馬價事同一律,擬即請旨飭令河南巡撫督同藩臬兩司,即照清查章程,趕緊查明某州、某縣某員任内欠解細數。有著者,照舊勒追;無著者,另籌攤補。仍將追補分繳限期,及延欠處分從嚴酌定。趕於兩月内具奏,俟奏到日,臣部再行覈覆。至道光二十八、二十九兩年欠款,本在清查以後,三十年驛站奏銷現尚未據兵部題結知照到部。欠解之數,當亦不少。年分既近,自當盡數催追,應令該撫將此三年欠款,嚴切督催,盡本年十二月内全數解司,趕入明年春撥案内專册報部候撥。如再延欠,即將欠解州、縣指名參處。其二十一年至二十九年驛站裁扣一款,如有實在民欠,向與地丁一體豁免。該省豁免民欠,屢經咨催,尚未奏到。此款應豁若干,仍令於奏豁案内分晰聲明,以憑覈辦。

再查嘉慶二十年至道光二十五年,應解裁扣、建曠兩款,前經該撫造册送部。二十六年以後,未據册報。具近年撥册,道光二十一年以後續完之數,衹統稱驛站裁餘,並未分别裁扣、建曠,應令該撫將二十一年至三十年裁扣、建曠完欠細數,補行造册送部備查。嗣後裁扣之款,固應與地丁一律催徵,建曠之款,亦令各州、縣每届年終截數,迅即解司入撥,毋得久存屬庫,致啓虧挪。如上年建曠,次年春季尚未解齊,應由兩司嚴緊勒提,稍有延欠,即予參追,總期年清年款,以重庫項,而裕度支。

除將各年積欠驛站銀數,另繕清單恭呈御覽外,理合恭摺具奏,伏乞皇上聖鑒訓示,謹奏。

爲查催河南省應入撥册各項銀兩事片

再,臣部自道光四年以後,節年登記河南省應入撥册各項銀兩,前於道光二十三、二十五、二十六等年,彙同各省登記之款,節次奏催。而近年撥册仍未全數造報。二十六年以後,又續有登記之款。現查至本年秋撥止,除驛站一項欠數最多,臣部現奏擬令分别追解外,尚有三十八款,共銀十一萬五千七百餘兩,至今並未入撥。又有登記銀數較多,入撥銀數較少者,計十二款,共少報銀五千一百餘兩。皆係臣部屢次查催,該省未經咨復入撥之件理合附片奏聞。即由臣部分晰開單,行令該撫嚴飭藩司,全數造入明年春撥,毋得再有遺漏遲延。

所有臣等查催入撥銀款緣由,謹奏。

河南驛站嘉慶二十年至道光二十九年歷年積欠銀數清單

河南省驛站項下,各年積欠截至咸豐元年秋撥止,未完銀數清單。計開:

嘉慶二十年,未完驛站建曠銀四千一百八十七兩一錢六分九厘。

嘉慶二十一年,未完驛站建曠銀一萬二千五百六兩九錢四分四厘。

嘉慶二十二年,未完驛站建曠銀一萬二千三百二十六兩六錢。

嘉慶二十三年,未完驛站建曠銀一萬二千九百二十五兩四錢四分。

嘉慶二十四年,未完驛站建曠銀一萬一千五百八十兩三錢六分七厘。

嘉慶二十五年,未完驛站建曠銀一萬八兩七錢三分九厘。

道光元年,未完驛站建曠銀八千三百八十四兩九錢一分六厘。

道光二年,未完驛站建曠銀九千八百七十八兩九分五厘。

道光八年,未完驛站建曠銀五千五十五兩二錢六厘。

道光九年,未完驛站建曠銀三千二百九十九兩六錢七分一厘。

道光十年,未完驛站建曠銀八千九百七十八兩八錢一分。

道光十一年,未完驛站建曠銀五千四百三十八兩一錢六厘。

道光十二年,未完驛站建曠銀一萬二千八百五十七兩三錢八分六厘。

道光十三年,未完驛站建曠銀一萬七千二百八十一兩二錢八分五厘。

道光十四年,未完驛站建曠銀二萬一百九十五兩一錢一分五厘。

道光十五年,未完驛站建曠銀一萬八千五百十四兩七錢三分三厘。

道光十六年,未完驛站建曠銀二萬三千三兩二錢五厘。

道光十七年,未完驛站建曠銀二萬一千十三兩五錢六分。

道光十八年,未完驛站建曠銀二萬四千四百七十三兩二分六厘。

道光十九年,未完驛站建曠銀二萬四千五百十三兩六錢七分八厘。

道光二十年,未完驛站建曠銀二萬五千八百五十五兩九錢五分五厘。

共銀二十九萬二千二百七十八兩六厘。

道光二十一年,未完驛站裁扣、建曠銀三萬六千一十八兩八錢五分七厘。

道光二十二年,未完驛站裁扣、建曠銀三萬六千九百二十七兩一錢四分二厘。

道光二十三年,未完驛站裁扣、建曠銀三萬五千四百三十五兩三錢八分七厘。

道光二十四年,未完驛站裁扣、建曠銀四萬八百四十五兩五錢六分。

道光二十五年,未完驛站裁扣、建曠銀五萬六百六十六兩八分八厘。

道光二十六年,未完驛站裁扣、建曠銀四萬二千六百三兩二錢三分六厘。

道光二十七年,未完驛站裁扣、建曠銀五萬四千二百七十四兩三錢一分五厘。

道光二十八年,未完驛站裁扣、建曠銀四萬六千四百十五兩九錢四分五厘。

道光二十九年,未完驛站裁扣、建曠銀六萬六百五十六兩二錢九分四厘。

共銀四十萬三千八百四十二兩八錢二分一厘。

爲審明牛呼魯氏被火燒死將革職職官分別擬處事奏摺

咸豐元年九月十一日

大學士、軍機大臣臣祁寯藻等謹奏,爲會同審明牛呼魯氏被火燒傷身死,將案内已革職官等分別定擬請旨事。

據步軍統領衙門咨送牛呼魯氏被火燒傷身死一案。前經刑部訊明,牛呼魯氏實係自行烤火被燒身死，究出尸翁、正紅旗漢軍副都統薩凌德央求免報尸夫鑾儀衛治儀正富爾松阿有妻另聘等情。先後奏奉諭旨，將薩凌德解任，並欽派祁寯藻、穆蔭會同審訊。將富爾松阿革審。因尸父、頭等侍衛巴圖隆阿堅稱，薩凌德雇工尹二曾有買炭燒死伊女之言，向伊家人李幅告述，李幅隨伊子往廣西軍營等語。臣等奏奉諭旨，飭提李幅來京歸案質訊，將薩凌德交旗看管，聽候傳質。

玆於閏八月十二日，據廣西巡撫將李幅解送到部，當即監提尹二，片傳巴圖隆阿質對。據李幅、尹二堅供，彼此均不認識，其買炭燒死一節，尹二并未向李幅説過。惟巴圖隆阿仍執一面之詞，堅不輸服。臣等奏請將該員解任審訊，始據供稱：因痛女情切，心疑身死不明，隨口供指，并無實據，現在無可置辯。

臣等復詳加研鞫，緣富爾松阿聘娶巴圖隆阿之女牛呼魯氏爲妻，平日和睦，牛呼魯氏素患目疾，去年十二月間，富爾松阿與趙王氏次女趙氏路遇，起意欲娶爲妾。因知法華寺僧人通法曾與趙王氏通姦，犯案後，仍常往續姦。遂與通法同到趙王氏家一次。本年正月間，富爾松阿知趙王氏之夫趙鴻元跟官出外，獨自到趙王氏家，乘間與其調戲成姦，旋將欲娶伊女之言向趙王氏商説，並央允通法爲媒。趙王氏不願將女給人作妾，又恐富爾松阿妻族不依，先向辭覆。富爾松阿急圖成就，情願娶趙氏過門稱正。並向巴圖隆阿説明，巴圖隆阿應允。富爾松阿隨寫立入門稱正，若前妻去世，准其歸入册檔字據，付給趙王氏收執，於二月二十二日放定。薩凌德查知，亦未禁止。三月初八日，薩凌德等外出，牛呼魯氏因天氣尚冷，令雇工白氏在炕爐生火，白氏旋往别房做活。午後牛呼魯氏側坐炕沿烤火，白氏之女妞兒在旁玩要，向説小心，不要燒著衣服，被牛呼魯氏斥駡走出。薩凌德次女旋由房外經過，聞有烟火氣味，並聽得牛呼魯氏哼噯之聲，走進屋内，見其右邊衣服燒著，當即喊嚷。薩凌德三女與白氏先後趕進，取水澆潑，將燒剩衣服剥下。牛呼魯氏已被燒傷右頷頦、右肩甲、右膪脉、右手心、右肋、右腋肢、右腿、右膝等處。薩凌德等回家，與巴圖隆阿送信。巴圖隆阿令街鄰明氏，並其妻帶同子媳及僕婦花妞兒兩次看視，牛呼魯氏祇説被火燒傷，並無别語。詎牛呼魯氏傷重，於初九日下午午時殞命。初十日薩凌德以報官相驗，恐礙顔面，向巴圖隆阿磕頭，央求免報，巴圖隆阿不允。報經刑部當月司員眼同尸親，驗明尸身實係被火燒傷身死。巴圖隆阿當場具結，由步軍統領衙門咨送到部。復派員前往查勘情形，訊無別故。巴圖隆阿總以薩凌德先向央求免報刑部，飭傳尹二，又係王二頂名到案，因此懷疑，堅不輸服。並傳聞尹二有買炭燒死伊女之言，心疑李幅與尹二認識，必知底細。經臣等奏傳李幅到案，會同審悉前情。反覆究詰，牛呼魯氏自行燒傷身死，實無疑義。案經訊明，應即擬結。

查例載，職官姦軍民妻者，革職，杖一百的决；姦婦枷號一個月，杖一百。又律載，有妻更娶者，杖九十，後娶之妻離異。又例載，僧道姦有夫之婦者，照律加二等，仍於本寺觀門首枷號二個月。又律載，和姦有夫者，杖九十。各等語。

此案已革鑾儀衛治儀正富爾松阿，因伊妻染患目疾，圖娶趙氏爲妻，寫給字據，業經放定。有妻更娶，律應離異。其與趙氏之母趙王氏通姦，應以凡論。該革員行止卑鄙，若僅照有妻更娶及職官犯姦例擬杖，不足示懲。應於職官姦軍民妻杖一百罪上酌加一等，擬杖六十，徒一年。係職官，請旨從重發往軍臺效力贖罪。通法與趙王氏通姦，係僧人姦有夫之婦，亦應按律問擬。通法應勒令還俗，除嫁娶違律，媒人知情擬杖輕罪不議外，合依僧人姦有夫之婦照例加二等，於杖九十律上加二等，擬杖六十，徒一年，仍從重於本寺門首枷號三個月。滿日札交順天府定地充徒，到配折責拘役。趙王氏與通法及富爾松阿通姦，合依姦婦枷號一個月，杖一百例，枷號一個月，杖一百。係犯姦之婦，杖决枷贖。尹二畏罪避匿，王二頂名到案，均屬不合，各照不應重律，杖八十，折責發落。趙氏照律離異，牛呼魯氏尸棺飭埋，無干省釋。解任副都統薩凌德於伊子有妻另聘，並令王二頂名到案等情，漫無覺察。復於伊媳燒斃後，向尸親央求免報，致啓訟端。應請旨交部議處。解任頭等侍衛巴圖隆阿，因王二頂尹二之名到案，輒以傳聞無據之詞，疑係尹二向李幅告述，捏詞供指，又在景運門外，向臣祁寯藻面訴冤抑。雖由痛女情切，懷疑所致，究屬不合。應請一併交部議處，飭令回任聽候部議。

所有臣等會同訊明定擬緣由，理合恭摺具奏請旨。

爲報明會議新疆兵屯章程事奏摺

咸豐元年九月十九日

軍機大臣、大學士兼署管理户部事務臣祁寯藻等謹奏，爲遵旨會議具奏事。

咸豐元年閏八月初四日，伊犁將軍奕山等奏，會議前任御史張廷瑞奏新疆兵餉酌量變通一摺。奉硃批：軍機大臣會同户部，妥議具奏，欽此。

據原奏内稱：准軍機大臣字寄，道光三十年二月二十七日奉上諭：御史張廷瑞奏，新疆兵餉請酌量變通一摺。新疆底定，幾及百年，歲調兵餉百餘萬。該御史所奏屯田宜行，開墾宜廣，杜奸民之影射，改換防之兵丁，於國計民生大有關係。著該將軍等，將所陳四條通盤籌畫，酌量變通，會同妥議具奏。欽此。當將該御史原摺彼此閲看，往返札商，於現在口外情形，有窒礙必不能行者，敬爲我皇上陳之。

查原奏宜行屯田一條。謹查伊犁鎮標，額設緑營兵丁三千名。内撥屯田兵二千九十名，城守營兵二百名，其餘分派看守城門、倉庫、堆撥、馬廠並各項差使。存營操防者已屬無多，實難再撥墾種。烏魯木齊提鎮兩標，額設兵一萬一千六百餘名，分布十八營，自三百名至八九百名不等。除屯田兵三千一百一十名，南北换防兵一千七百餘名。口外汛地遼闊，差務紛繁，各路卡倫、軍臺、軍塘、馬廠以及各府、州、縣城門堆撥，在在需兵，實在存營操防者無幾，不能再分屯田。吐魯番額設緑營防兵三百名，除差操外，難以再撥耕種。葉爾羌額設换防緑營兵二千五百名，卡外距外夷不遠，操防最關緊要。英吉沙爾額設緑營防兵一千名，所屬五處卡倫外布魯特部落極多。喀什噶爾額設緑營换防兵三千五百名，地處極邊，屢次賊匪滋事，皆由該處竄入，操防尤爲吃緊，未便撥兵墾種，致守衛過單，恐有疏虞。喀喇沙爾、庫車、和闐每處换防兵三百名，兵數本少，不能開屯。阿克蘇、烏什各設换防兵一千餘名，除分守城汛、臺卡、倉庫外，操演之兵有限，亦難再撥種地。

再查，烏什從前原設换防屯兵，因多不諳耕作，賠累異常。經前任伊犁將軍布彦泰奏請裁屯改汛，地給回子承種，奉旨允准在案。喀喇沙爾兵屯，經前任辦事大臣聯順因兵丁不習屯種，奏請裁撤，招民承種，亦蒙允准在案。吐魯番前有七屯，經前任都統廉敬奏請，改屯撤兵，另招户民承種。烏魯木齊等處屯兵節經裁減，其地招户另種，此皆兵丁不便屯田之明證也。更有陳者，兵丁屯田習武，斷難兼擅其長。邊徼重鎮，密邇外夷，勤操尚恐不成勁旅，何敢以有用之兵置無用之地。當日大兵剿滅准夷，伊犁、烏魯木齊一帶，無處招民開田，無地採買糧食，是以移眷兵以實城郭，設屯田以代運糧，嗣後回疆平定，群回降附，並非無人之區，所以無須開設兵屯。且回疆各城外之地，皆回衆承種,難以改兵。兵回雜處,必生釁端。越此之外,道路寫遠,一旦有事,徵調不及或當耕耘成熟之時,盡弃弗顧,則糧與籽種皆爲烏有。撥兵屯田之議,不獨有礙操防,於邊疆重地大有關係,不敢不懇切縷陳之也。

又,所奏開墾宜廣一條。新疆一帶重岩叠嶂,戈壁碱灘,居其大半。又因雨澤稀少,全賴冬雪融化之山水以及泉水開渠導流,方能滋種。或因地高水低,或因并無泉源,拋荒者多。所有地土肥沃水草茂盛之地,又皆圈爲馬廠。

查伊犁自乾隆二十五年至道光二十五年,除賞給回子地一塊,計户不計畝外,陸續開成旗民、回子田地並緑營兵丁屯田,共七十六萬三千二百餘畝,每歲收糧十七萬餘石,支放滿營官兵口糧及養贍八旗鰥寡孤獨,餘皆存倉。收銀一萬一千八百餘兩,留抵餉銀以及各項公費之用。烏魯木齊自乾隆二十七年至道光二十五年前後,共開地一百五十二萬七千餘畝,共徵糧十六萬餘石,銀一萬一千餘兩。除給兵遣牛馬器具籽種口糧喂養外,所收之糧皆存倉,以備支放各處兵糈之用。所徵銀兩,亦就近歸於各處支用。南路各城回子所墾納糧之地,爲數已多,近年陸續新開各地,又有八十餘萬畝,均經奏明,或納糧、或折交銀錢抵作經費在案。此外均經查明,再無可墾地畝。惟有通飭各屬,盡心查訪,或山陬僻壤、人迹罕到之區,有水可用,即速籌辦,斷不畏難苟安,以期草萊日辟,歲賦日增。

至原奏宜杜奸民影射一條。查伊犁、烏魯木齊一帶,開辟之初,遷徙甘、凉等處農民撥地承種,官爲定額,每户給地三十畝。本係按畝升科,又係以水計地,如覈計某渠之水能墾地若干,即按畝安户若干。儻有一户私墾,即須多占别户之水,彼此涓滴不能相讓,必致立時紛争。非如内地之有官河、港汊、私塘、私井各自引灌者可比,是尚不致有影射多種情弊。且歷年挨查,各村渠凡畸零散段、田頭地尾水可分溉者,皆於節次續開地畝時覈計,水利有餘,即行添户開種,按畝升科,實無餘地可以影射。

現通飭各屬,復行嚴查。據各詳稱:實在並無種多報少之弊,結報前來。此後惟有嚴飭認真查察,儻有所種之地浮於交糧之數,立即予以懲辦,如别經發覺,定將失察地方官參處。

再,原奏宜變通换防一條。查伊犁、烏魯木齊、巴里坤等處,居民約有三項,一爲貿易商民,運販買賣不願當兵;一爲耕種户民,俱有家室田廬,不肯遷徙;一爲無業流民,游手好閑,不耐操作,往來靡定,亦不願挑兵。至回疆各城商民皆係單身,全無家屬,往來貿易,去留無常。且多柔懦,不願入伍。再即隻身游民，到處流蕩，懶惰習與性成，不但不能習勞，且動輒逃避。道光十二年，巴爾楚克荒地開墾，所招皆係隻身無業流民，屢招屢逃，迄無成效。嗣經廢員淡春臺等捐招眷民一百餘户，送往該處領地墾種六年之久，始行辦成。二十五年，阿克蘇查出閑荒之地，因此等流民行止無定，撥給地畝恐蹈巴爾楚克故轍。不得已，仍給回子耕種，前後皆奏明有案。此等流民，遷就招充，回疆重地，城外即係回莊，無賴之徒，不但不諳操防，且恐其倚仗兵勢，欺壓回子，難保不激生事變。種種流弊，實難枚舉。此歷屆回疆各城并伊犁等處游民不能挑兵入伍一明證也。

奴才等身受厚恩，畀以邊疆重任，每思所以節帑衛邊，妥善經久之計，曷敢因循塞責，有誤邊防通盤熟籌。往復商論，該御史所奏四條，惟廣行開墾一條，可以設法辦理。奸民藉地影射一條，亦嚴飭地方官隨時訪查。其廣開屯田、變通换防二條，實於邊地回情多有窒礙，應毋庸議。等語。

臣等伏查新疆南北兩路，自入版圖將及百年，每歲官兵俸餉等項，需用銀一百餘萬兩，歷由内地撥解，實因該處地方遼闊，生齒未繁。防卡備邊，在在均關緊要。是以底定之初，高宗純皇帝不惜帑金，分遣重臣，統兵鎮守，俾萬里窮荒，共登衽席。維時，度支充裕，物力豐饒，雖供億浩繁而庫有餘羨。現值經費支絀之時，該處一切兵馬供應，鹽糧支銷，屢次開墾所收銀糧，稍資接濟外，統計一歲所需，其取辦於内地者，仍復不少。該前任御史張廷瑞，爲節省經久起見，所奏行屯田、廣開墾、杜影射、改换防四條，意在變通舊制，寓兵於農。覈官田以定賦額，募土著而罷客兵，所議誠不爲無據。

惟是國家政體，酌古仍宜准今，興利必先去害。況口外情形，尤非親歷其地者，不能周知利弊，動合機宜。與其毫無把握，漫事更張，誠未若循照舊章，而加以整飭之爲愈也。

臣等就該將軍等議覆各條，詳加酌覈，再四籌商。如屯田宜行一條，據稱伊犁、烏魯木齊兩處，除原設有屯田兵五千二百名外，餘皆防守城汛供應差使，實在存營者無幾。其餘各城，非兵額無多，未便派撥，即地居邊要，恐有疏虞。從前烏什、喀喇沙爾等處，原設屯兵不諳耕作，叠經奏請，裁屯招户，奉旨允准。是兵丁不便屯田之明證。兼以務農講武，勢難并舉，兵回雜處，慮有釁端。且道路寫遠，則徵調不便，倉猝有事，則籽糧盡失。似此種種窒礙，萬難舉行。既據該將軍等剴切陳明，應如其所奏，所有該御史原議撥兵屯田之處，應無庸議。惟查各城額設兵丁，自數百名至萬餘名不等，原因邊徼重地，用以備緩急而壯聲威。

今既不分派耕種,自當專事操防。應令該將軍、都統、大臣等認真訓練,飭勵戎行,務令技藝夙嫻,藉資捍衛,庶於國家厚費養兵之計,方爲無負。

又,開墾宜廣一條。據稱新疆一帶,重岩叠嶂,戈壁碱灘,居其大半。又因雨澤稀少,全賴導引山泉方能滋種。自乾隆二十五年至今,統計各處舊開、續開地三百餘萬畝,或納糧,或折交銀錢,抵作經費,此外再無可墾地畝。等語。

查新疆開墾田地,自乾隆、嘉慶年間,歷經辦理,著有成效。道光二十一年以後,復經前任將軍布彦泰並欽派大臣全慶、林則徐等,陸續墾成地一百四十萬畝,均已招户承種,立限升科。是昔之閑荒地畝,今已變爲膏腴;昔之無業游民,今則各安耕鑿。草萊既辟,歲賦自增。經前次查辦之後,其爲大段荒田盡成熟地,已可概見。惟該處地方寬廣,仍恐訪查尚有未周,如或山陬僻壤人迹罕到之區,遇有土肥泉甘可資樹藝,該將軍等仍應隨時查察,設法辦理,總期野無曠土,歲有贏糧,實於國課民生兩有裨益。

又,嚴杜影射一條。據稱開辟之初,農民撥地,官爲定額,以水計地,按畝升科。有一户私墾,即須占别户之水,彼此涓滴不能相讓,凡田頭地尾,皆於節次續開地畝時,覈計水利有餘,添户開種,實無餘地可以影射。等語。查口外一帶,雨澤本稀,回疆尤甚。每值冬雪初融,開渠導流,藉資引灌。近年開墾以來,凡土地肥沃、水泉暢達之區,均經該將軍、大臣等計户授田,按畝定賦。此外,如有私開地畝,必致附近各户因水紛争。其所稱通飭嚴查,並無種多報少之處,尚屬可信。第立法必期盡善,而防弊尤恐難周。該處土田日辟,户口即因之而增。其間良莠不齊,難保無此等奸民,希圖一時之利,私行墾種,隱匿丁糧。應令該將軍等督飭各屬,認真稽查,遇有地數浮於租數,一經發覺,立予嚴懲。庶奸弊可期永杜,而正供亦以無虧。

又,變通换防一條。據稱,回疆各城商民,皆係單身,去留無常,柔懦不願入伍。再即隻身游民,到處流蕩,不能習勞,動輒逃避,遷就招充無賴之徒,不但不諳操防,且恐倚仗兵勢欺壓回子,流弊實難枚舉。等語。

查回疆各城换防兵丁,向由陝、甘兩省及烏魯木齊等處派往,分别三年、五年輪班更替。每歲約需沿途鹽菜銀一萬三千餘兩。當時原因群回初附,地近外夷,彈壓撫綏,實關緊要。是以抽撥内地弁兵,分番往戍,用以控制邊境,鎮撫夷回。立法之初,具有深意。迄今數十年來,甘、凉一帶居民出口謀食者,雖屬不乏,而未聞携有家室,流寓回疆。是土著之民,既無從招覓,即换防之制,難輕議變更。惟查該御史原奏内稱:風聞此等兵丁,大半倩人代替,老弱充數,游手好閒,是否果有前項弊端,未據該將軍等切實聲覆。應請旨飭下陜甘總督、烏魯木齊都統,凡遇挑派此項防兵,必須年力强壯,弓馬熟嫻。如查有冒名代充,立即予以懲辦。如此,則營制以肅而换防之舉亦不至有名無實矣。

以上各條,臣等公同參酌。窒礙者,無取更張;推行者,務求盡利。總期養一兵,即得一兵之用,餉雖多而不爲虚糜。墾一畝,即收一畝之租,地既廣而自饒儲蓄。至於行之既久,户民殷盛,倉庫充贏,將兵食兩端,皆無待協濟於内地。是在該將軍等之實力實心、勤加整頓,俾新疆二萬餘里之地盡爲財賦之鄉,庶足以仰副聖主務農振武,儲用籌邊之至意。

所有遵旨會議緣由,是否有當,伏乞皇上訓示遵行。

再,此摺係户部主稿,合併聲明。謹奏。

爲續撥南河豐北漫口工需銀兩事奏摺

咸豐元年九月二十三日

大學士兼署管理户部事務臣祁寯藻等謹奏,爲遵旨速議具奏事。

軍機處交出,兩江總督陸建瀛等奏,豐北漫口工需緊迫,請照前奏銀數撥解,俾得趕辦一摺。咸豐元年九月十九日奉硃批:户部妥速議奏。欽此。

據原奏内稱,豐北工需,内撥歲料銀一百二十萬兩,係常年歲修例款。先墊大工,仍須如數劃還。其應賠四成銀兩,向係工完後覈明,照例銷六賠四。但工程緊迫,此項衹能著追彌補,不能應用。准借藩關各庫銀兩,歲料款内即有六十餘萬兩,再挪亦屬無幾。至議請捐工捐料及官出印票,又均准部駁,僅奉撥銀一百四十萬兩,及兩淮庚戌綱外支銀三十萬兩,較之原請四百五十萬兩,所短甚鉅。仍請照前奏所請銀數,將未撥之銀迅籌撥解,俾得趕辦,於冬杪春初,尅期合龍,以安民生而重漕運。等語。

臣部查,豐北漫口,前據該督等奏請撥銀四百五十萬兩。臣等因工程緊要,擬將已撥予購來年歲料之一百二十萬兩,准其先行墊用。又,南河自請借動淮關銀十萬兩外,再撥一百七十萬兩,共成三百萬兩,其餘一百五十萬兩,照歷届銷六賠四舊章,令向應賠各員勒追湊用。原以動工至合龍,至速亦須二三月,並非責令賠繳于旦夕之間。

兹復據該督等所奏，則將歲料一款剔除另算，又以賠項不能應用，遂謂臣部所撥止一百四十萬兩，較原請之數所短甚鉅。臣等思，該督等既稱工需緊迫，自不得不如數撥給，以濟要需。兹擬再撥給原撥解部之山西地丁銀五十萬兩；再撥甘肅軍需餘存銀五十萬兩。惟甘肅距江南較遠，請飭陝西巡撫，不拘正雜項下，先行籌款解工，由甘撥還歸款。計前後共撥銀四百萬兩，其尚有應撥五十萬兩，臣部查，該督等原奏請將年内捐工捐料者，給與議叙。又請行使官印錢票，以資周轉。惟現在籌餉事例已開，奏准將各省捐輸停止，其在河工急公報效者，自應歸入新章，以昭覈實。至外省官行錢票，以之抵納地丁、關税，流弊滋多，臣部是以未便准行。現在公同商酌，莫若就該督等所請，量爲變通，請按照軍需獎賞功牌式樣，會同内務府發給銀票，合銀五十萬兩，有情願捐料捐工者，覈實給與，許其持票向部照新例報捐。即將票載銀數作爲收捐實數，以歸簡易。如此則於該督等所請四百五十萬兩之數不短分毫，而捐工捐料者，亦足以資鼓勵。至該督等，或因撥款遲速，錢價低昂，欲行票以期利便，原可聽其自行辦理。惟應用官印與否，務須體察情形，行之無弊，亦不得抵解地丁、關税，致與部款有妨。仍令外支外收，不得過部撥四百五十萬兩之數。再者，此次工需數百萬，原非費用於旬日之間，其歲料墊用大工銀兩，臣部自應續撥，該督等亦當於應賠各員，勒限嚴追，迅速報部，俾賠款完一分，則續撥少一分。若奏撥則立呼立應，而追賠則延宕無期。該督等均係國家宣力大員，諒不至將中外視爲隔膜。至前奏所請，於歲額三百萬内分年扣補，應如何覈實彌補，不致徒托空談，亦應詳議咨覆，其所奏大工，請免扣平。應如所請，其餘歲搶各工，仍不得援以爲例。如蒙俞允，臣部即飛咨山西、陜甘各督撫，迅速撥解，毋庸扣平。並將應發銀票，酌量整散數目，務期利用。至先後奉撥省分，臣等督飭司員扣算奉文起解日期，一有遲延，即行飛催，俾撥款早得到工，以免遲誤。

惟是此次工程既萬分緊要，款項復萬分拮据。相應請旨敕下該督等，選擇工員破除情面，不得再任顢頇債累各員經手工料，以致浮冒草率，粉飾目前，耗國家難得之財，而更貽地方將來之患。如有前項情弊，臣等職司稽覈，即當據實嚴參。

所有臣等遵旨妥速議奏緣由，理合恭摺具奏，伏乞皇上聖鑒。謹奏請旨。

爲請飭催江南造報例應報撥登記銀兩事奏摺

咸豐元年九月二十七日

大學士兼署管理户部事務臣祁寯藻等謹奏,爲江南省例應入撥各款,延不造報,亟應分别予限清釐,請旨嚴飭遵辦,以裕經費事。

竊臣部向立登記章程,於各省咨文有應行入撥款項,由各該司隨稿呈堂登記,以憑酌撥,而防遺漏。前於道光二十三年,臣部因登記各直省應行入撥各款,延不造報,奏奉諭旨:"國家經費有常,各督撫具有天良。值此帑藏未裕之時,何得因循玩泄,置若罔聞。著按照該部單開各款,迅即查明,趕緊造報,聽候撥用。斷不准視爲部臣稟催具文,仍前怠玩。儻經此次飭催之後,承辦各員並不實力徵解,即著嚴行參處。等因。欽此。"臣部復於二十五並二十六年,先後奏明請旨,予限催提。各在案。

自奏催後,臣部隨時按册考覈。惟江南省江寧、蘇州、安徽各藩司,延未造報之款較多。當經檢派司員調齊檔案,詳細勾稽。查得各該藩司未報各款,自道光三年起截至本年八月止,共有一千五十九款,共銀九百二十六萬一千一百四十五兩零,制錢十七串六百零。查案内各款,均係徵存司、道、州、縣各庫,暨各項報銷餘剩,並一切覈減還借扣繳之項。臣部原據咨報確數,逐案登記,何以耽擱多年,延未造報。現在不特款目愈多,易滋轇轕,抑且懸宕日久,難免侵挪。臣等公同酌擬,除交代一項有無重複,應俟逐款查明剔釐清楚,專案登覆到日,再行分别辦理外,其餘各款,多係實存在庫,原非懸款無著。

惟查道光二十六年奏催案内,係統各予限一年,令其掃數清釐,乃登答之案,甚屬寥寥,未必不因款數過多,限期太迫所致。查登記始於道光三年,事隔多年,官非一任,予限不寬,恐難清理。請自道光三年起截至二十三年奏催以前止,所有登記各款予限三年,令其按款查清,盡數造報。其二十三年奏催以後,截至二十七年十二月底止登記各款,請予限一年。令其按款查清,盡數造報。至二十八、二十九、三十年,截至咸豐元年八月止,年分甚近,易於查辦,請予限半年。令其將扣存在司者,立即造報。現存屬庫者,趕緊提司,均於文到日起限,並先行報部備查。現當庫款支絀,每遇要需,部中籌款時形拮据。況又籌辦軍需、河工、賑濟同時并舉,在在需用孔殷。

臣部爲錢糧總彙,籌計催提尤爲專責,無如該省將歷届奏咨行催之案,視爲故常,任催罔應,相應奏明,請旨飭下該督撫,嚴飭各屬迅將臣部登記各款查明,認真清釐,按限造報,候部撥用。經此次奏催後,如再届限不能按款盡數造報,即令該督撫將承辦各員據實參奏,以儆玩延。至交代項下,有無重複,亦著詳細查明報部覈辦。並令嗣後各該省,務將登答各册按季造報備查,庶銀款得歸實用,而撥項不致虛懸矣。謹將江南省應行報撥銀錢款數,繕具清單,恭呈御覽。伏候命下,臣部照單分款,行文該省欽遵辦理。

所有臣等查辦登記江南省未經入撥銀錢各款緣由,恭摺具奏,伏乞皇上訓示。謹奏請旨。

江寧蘇州安徽各藩庫造報例應報撥登記各款銀兩清單

謹將江南省例應報撥登記各款謹繕清單,恭呈御覽。

計開:

江寧藩司造報各款:

歷年地丁奏銷已完項下六十九款,計銀三百八十九萬一千九百四十四兩六錢五分三厘五毫。

歷年蘆課奏銷已完項下十八款,計銀四十一萬七千三百七十八兩五錢九分一厘。

各標營兵馬奏銷扣存建曠項下三十五款,計銀一十九萬五千七百九十八兩六錢七分七厘二毫。

歷年驛站報銷餘剩項下二十五款,計銀三十八萬四十六兩四錢八厘。

各員節省養廉項下十八款,計銀一萬八千八百一兩五錢四厘六毫。

各營扣存朋扣項下二十款,計銀四萬四千四百三十七兩六錢九分。

各員完繳罰俸項下四十六款,計銀四萬八千八百四十九兩四分三厘八毫,制錢十七串二百五十五文。

各員完繳分賠代賠各款項下三十五款,計銀八萬六百六十二兩三錢八分四厘八毫五絲。

各員攤賠項下三款,計銀三百五兩七錢八分七厘。

扣還路費項下四款,計銀二千六百兩。

扣存司庫項下三款,計銀一萬八千七百六十三兩八錢一分。

緞紗工料餘存項下三款,計銀五萬八千三百十一兩七分九厘。

扣還借支修房銀兩項下十八款,計銀二十三萬四千三百六十兩七錢五分。

船工平餘項下四款,計銀二百九兩八錢一分四厘。

騾馬税銀項下四款,計銀二十一兩五錢七分。

抄産變價項下三十一款,計銀一萬八百七兩三錢五分八厘。

囚糧餘存項下五款,計銀二百六十二兩一錢四分四厘。

各項盈餘項下二十八款,計銀十五萬二千七百六十五兩七錢七分一厘。

雜款項下五款,計銀十萬三千三百八十二兩八錢四分二厘三毫五絲六忽。

各州、縣交代項下一百八十三款,計銀三十四萬四千三百二十兩五錢四分三厘三毫。

以上共五百五十七款,共銀六百萬四千三十兩四錢二分一厘零,制錢十七串二百五十五文。

蘇州藩司造報各款:

歷年地丁奏銷已完項下二十二款,計銀五萬五千四百六十二兩二錢六厘。

蘆課奏銷已完項下一款,計銀二千二百六十九兩八錢七分九厘。

各標營兵馬奏銷扣存建曠項下四十九款,計銀十四萬九千六百二十九兩二錢二分四厘五毫。

歷年驛站餘存項下十一款,計銀十三萬七千四十一兩四分。

各標營節省養廉等款項下八款,計銀六千九百四兩六錢一分七厘。

標營扣存朋扣項下二十九款,計銀一萬六千四十六兩一錢二分九厘。

司庫出借收歸項下十四款,計銀六十九萬二千三十三兩七錢五分三厘。

各官完繳俸廉項下七款,計銀三百九十一兩五錢三分一厘,制錢三百七十文。

各官完繳分賠代賠項下四款,計銀一千五百七十八兩二錢二分九厘五毫九絲六忽。

歷年災賑餘剩項下四款,計銀一千九百六十六兩八錢八分一厘。

扣還借支俸餉項下九款,計銀一萬四千二十九兩六錢一分三厘。

扣還借支俸餉項下九款,計銀一萬四千二十九兩六錢一分三厘。

會試盤纏等款餘剩項下十五款,計銀九萬三千六百六十五兩八錢三分三厘。

抄産變價項下八款,計銀三萬四百九十一兩九錢六分九厘。

報買接漲灘地價銀項下五款,計銀五千五百五十九兩九錢二分七厘。

糶變米價盈餘項下二款,計銀一千六百十三兩二錢七分一厘。

雜款項下五款,計銀四千七百四十八兩七錢四分六厘。

各州、縣交代項下五十七款,計銀六十五萬八百十四兩六錢二厘六毫。

以上共二百五十款,共銀一百八十六萬四千二百四十七兩四錢五分一厘零,制錢三百七十文。

安徽藩司造報各款:

歷年地丁奏銷已完項下四款,計銀三十二萬五十二兩五錢八分六厘。

歷年蘆課奏銷已完項下四款,計銀一萬七百三十二兩五錢三分八厘。

歷年雜税已完項下七款,計銀十萬三千一百七十九兩二錢四分。

撫標兵馬奏銷扣存建曠項下十五款,計銀五萬三千二百九兩四錢九分三厘。

南屯奏銷項下二款,計銀六萬二千一百六十二兩四錢五分。

各官完繳俸廉等款項下三十三款,計銀七萬三千四百二兩六分四厘九毫一絲八忽六微。

存儲藩庫盈餘項下五款,計銀三十一萬二千五百四十六兩八錢五分八厘。

歷年賞恤餘剩項下二款,計銀一千七百七十三兩九錢六分六厘。

文闈報銷餘剩項下二款,計銀三百十七兩一錢五分五厘。

歷年完解降罰項下四款,計銀七千一百七十八兩二錢七分八厘。

歷年變價等款項下三十三款,計銀二萬二千九百十一兩一錢四分五厘。

雜款項下三款,計銀六百八十一兩六錢九分五厘五絲。

各州、縣交代項下一百三十八款,計銀四十二萬四千七百二十兩六錢四分一厘三毫一絲。

以上共二百五十二款,共銀一百三十九萬二千八百六十八兩一錢一分二毫零。

以上統共江寧、蘇州、安徽三藩司造報登記未入撥各款,共一千五十九款,計銀九百二十六萬一千一百四十五兩九錢八分二厘零,制錢十七串六百二十五文。

爲請飭廣西巡撫查明每月軍需若干是否按照則例辦理事片

咸豐元年十月初六日

再,軍務未蔵,首重轉餉。廣西軍興以來,業經臣部將軍需則例頒發在案。現時陸續撥解,共計六百二十餘萬兩。在該撫總理糧臺,自必督率糧臺各員覈實支用。惟每月需用銀若干,臣部無從覈計,相應請旨飭下廣西巡撫,查明現在調集各路兵丁壯勇數目並正雜各款費用,每月何項約用銀若干,每月約共用銀若干,是否按照則例辦理,據實具奏,並咨報臣部查覈。理合附片陳明。謹奏。

奉硃批:依議。

爲兩粵商民出資助餉請准破格奬勵事奏摺

咸豐元年十月初六日

大學士兼署管理户部事務臣祁寯藻等謹奏,爲粤省軍需孔亟,請准該省商民出資助餉,由該督撫等奏請加恩,恭摺奏祈聖鑒事。

竊照咸豐元年閏八月二十七日奉上諭:前經降旨准撥廣東關税銀兩,並户部籌撥廣東各款,著徐廣縉、葉名琛按照所撥銀數星速解赴廣西軍營,以濟要需。此外正雜各款並閑款内有可以通融協濟之項,著該督撫悉心籌畫,寬爲儲備。並著傳諭曾維,於關税應解項内無論何款酌量豫備,一面奏明,一面知照賽尚阿,如有急需,即行飛咨調撥。欽此。

兹於九月二十九日據該督等奏明臣部前撥各款内,除地丁銀兩係實存在庫,堪以動撥。其餘捐輸清查關税約徵等款,有盡收盡用並非常留在庫者,有陸續追繳歸還原款者,有尚未據報徵齊者,因請將封儲急需監餉扣平等項先行委解,仍將冬季關税湊足,以符成數。並聲明東省與西省毗連地方幾二千里,各匪時虞竄越,防勦正當喫緊之際,本省軍餉待支孔亟。等因。

臣等伏查,兩省軍餉均關緊要,該督等所奏自係實在情形。竊維我國家深仁厚澤,二百餘年,浹髓淪肌,無遠弗届,凡在食毛踐土之民,睹此小醜跳梁,勞師糜餉,莫不志切同仇,共深義憤,願糜頂踵,以期一鼓蕩平。溯查道光二十年以來,辦理夷務,粵東商民多有捐資助餉之舉,固由該省殷富,易於急公,實其好義之忱,不容自已。兹當粵西軍務方殷,而東西兩省均須籌備,該商民等情殷桑梓,其願出資助餉者,諒不乏人。

臣等公同酌擬,除該兩省土著紳商士庶有捐銀捐米接濟團練者,應如何奬勵,仍照臣部前奏,由欽差大臣及該督撫等酌量辦理外,其有深明大義、國爾忘家,出資助餉自數萬兩至數十萬兩者,非尋常急公可比。覈其銀數較多,並無獎賞條例,合無仰懇天恩,准由該督撫等專摺奏請,破格加恩,以昭激勸。該省督臣徐廣縉、撫臣葉名琛素能同心協力,覈實辦公,撫馭粵東以來,官民聯爲一體。當此軍需孔亟之時,自不憚剴切詳明,妥爲曉諭。恭候命下,由臣部咨行該督撫等,悉心商酌,妥協辦理,仍飭嚴防所屬,毋得稍有抑勒,致滋弊端。此外各省如有情願出資助餉自數萬兩至數十萬兩者,並聽其便,由各該省督撫仿照辦理。

臣等爲軍需緊要起見,是否有當,伏乞皇上聖鑒訓示。謹奏。

爲考取記名漢軍機章京官員十五名帶領引見事奏摺

咸豐元年十月初八日

臣祁寯藻、臣何汝霖、臣彭藴章、臣穆蔭跪奏。

查上次記名應用漢軍機章京將次用竣,前經臣等奏請考試,兹照例於内閣六部各衙門咨取。據各衙門咨送到中書、郎中、主事共五十六員,臣等傳到彌封考試,公同閲選,共取十五員,按照名次前後,開列清單進呈。并繕寫緑頭牌,於本日帶領引見,恭候記名。俟有缺出,挨次補用。謹奏。

爲協辦大學士杜受田等在京所捐賑銀請在山東藩庫抵撥事奏摺

咸豐元年十月十四日

大學士兼署管理户部事務臣祁寯藻等謹奏,爲捐銀備賑,據呈奏聞,仰祈聖鑒事。

咸豐元年十月初九日,協辦大學士杜受田等,遣家人杜升赴臣部呈稱:本籍山東兗州、濟寧各屬被水甚重,家主等念切桑梓,謹集庫平紋銀一萬二千兩,以備賑需,均不敢仰邀議叙。惟道遠難以賫運,乞户部照收存庫,遇便搭解山東備用。等語。

臣等伏查,本年因江蘇豐北廳屬黄流漫溢,直趨山東,以致兗州、濟寧各屬被水成災。仰荷皇仁,撥給山東藩庫正項銀十萬兩,設局撫恤。該省紳民同深感戴。今據協辦大學士杜受田等十八員,共集庫平紋銀一萬二千兩,呈請在部交收,搭解備用,並聲明均不敢仰邀議叙。

臣等復思,該員等情殷桑梓,念切𧮫鐘,法周官相賙相恤之文,首克籌捐鶴糈,體聖主己溺己饑之意,先期安集鴻嗷,洵屬急公好義之忱,堪爲富户殷商之勸,應即奏明請旨遵行。恭候命下,臣部一面札庫收存,一面咨行山東巡撫,即於藩庫内指款撥抵,以省搭解。

所有該協辦大學士杜受田等職名銀數,另繕清單恭呈御覽。

再,臣部尚書孫瑞珍係捐銀助賑之員,例不列銜,合併聲明。謹奏請旨。

爲傳旨申飭擬寫錯誤謝恩事奏摺

咸豐元年十一月二十一日

臣祁寯藻、何汝霖、彭藴章、穆蔭跪奏,爲恭謝天恩事。

本月二十日,臣等擬寫已故都統巴清德恤典諭旨一道,奉硃筆:巴清德去年才放都統,何得寫錯。祁寯藻等均著傳旨申飭,穆蔭尤屬疏忽。欽此。臣等跪讀之下,實切悚惶。伏查巴清德於上年簡放都統,臣等擬寫錯誤,均屬踈忽。奴才穆蔭未能詳細檢查,尤屬踈忽。乃蒙皇上逾格恩施,不加懲處,僅予申飭,感愧私衷,莫可言狀。此後惟有益矢小心,倍加謹慎,以冀無負高厚鴻慈於萬一。

所有臣等感悚下忱,謹繕摺叩謝天恩,伏乞皇上聖鑒。謹奏。

爲請飭催廣東藩道各庫借墊銀兩事奏摺

咸豐元年十一月二十六日

大學士兼署管理户部事務臣祁寯藻等謹奏,爲查明廣東省藩道各庫借墊銀兩,並雜款攤捐等項逾限未完未補,以及歷年行查未覆未報各案,分別開單具奏,請旨嚴催,以裕經費而清積案事。

竊查司道各庫,借墊與應收一切雜項攤捐銀兩,皆關庫帑,全在經管之員實力督催,庶舊欠得以全完,而新虧不致踵至。若積欠日久,恐開侵挪虧空等弊,所關匪細。

今查廣東省藩道各庫歷年借墊一項,截至咸豐元年六月止,逾限未還銀四十六萬五千餘兩。藩庫應收田房税羡各款,截至咸豐元年秋季册報止,仍有未完銀一百四十六萬二千餘兩。又,攤捐連州軍需等款逾限尚未攤完銀二十六萬四千餘兩。均經臣部於道光十六,二十二、二十九等年,分案奏催並按季叠次咨催在案。迄今統計各項,仍有逾限未完銀二百一十九萬二千餘兩。如果經管之員平日認真查辦,按限完繳,何致拖欠累累,積至二百餘萬兩之多,延至二十餘年之久。恐官吏等不無從中侵蝕,巧爲彌縫,若再不嚴飭清釐,將來勢必積重難返,辦理益費周章,殊於經費大有關繫。相應請旨飭下兩廣總督、廣東巡撫,督飭藩司將前項逾限未完各款,迅即勒限催追,務令趕緊掃數清完,報部撥用。仍查明因何延宕多年,是否實係商民積欠,抑係官吏侵挪,均須徹底詳查,據實奏辦。至歷任藩司以下督徵不力、經徵遲誤各職名,亦逐案查清,分别在任久暫,從嚴參劾,並妥造完欠款數細册,應議職名清册,分送吏、户二部查覈。自此次奏催後,各宜振刷精神,按限徵解,毋得仍舊因循姑息,將經管庫項漠不關心,一任吏民之營私玩法,致干重咎。

再查,部中行查外省應覆應報之件,例有定限。自當隨時查覆,以憑覈辦。乃江蘇等省,於奉部駁查應覆之件,竟積有五十九案之多。粤省應報之案亦有未報者三十二件之多。經部遞年奏咨頻催,各該省均置若罔聞。種種玩延,成何事體? 應令各該督撫嚴飭藩司,遵照定限迅速造報登覆,以清陳牘。亦應一併請旨飭下該督撫,一面查催,一面將現在應如何清釐之處,覈實覆奏,以期款歸有著,案無久懸。

所有臣等查明藩道各庫借墊之款逾限未還,並雜款攤捐等項逾限未完未補銀兩,以及歷年行查未覆未報各案,理合分别繕具清單,恭呈御覽,伏乞皇上聖鑒訓示遵行。謹奏請旨。

廣東藩道各庫借墊應收未還未完未補未報銀兩各案清單

謹將廣東省藩道各庫借墊逾限未還,及潘庫應收雜款並攤捐等項,逾限未完未補銀兩,以及歷年行查未覆未報各案,繕具清單恭呈御覽。

計開：

廣東省藩道各庫借墊項下：

一、籌備滇省土練經費，發商生息案内，道光二年借支銀十萬兩。現計逾限未完銀四萬一千一百一十一兩一錢一分二厘。屢催未據完繳。

一、支給廣州駐防漢軍添設無米養育兵餉案内，道光十五年起至咸豐元年止，借墊銀十萬六千六百四十五兩四錢四分。現計逾限未還銀二萬一千九百六十兩一厘。屢催未據完繳。

一、洋商借捐新疆軍需案内，道光六年借支銀六十萬兩。現計逾限未還銀十三萬八千一百九十八兩九錢六分三厘。屢催未據完繳。

一、調劑駐防養育旗丁、發商生息案内，道光九年借支銀八萬兩。現計逾限未還銀二萬七百五十兩。屢催未據完繳。

一、籌議快船經費、發商生息案内，道光七年借支銀十萬兩。現計逾限未還銀八萬二千七百兩。屢催未據完繳。

一、籌議津貼修製軍裝等項不敷例價，發商生息案内，道光九年借支銀四萬兩。現計逾限未還銀三萬四千八百三十三兩三錢三分三厘。屢催未據完繳。

一、文職各官修理衙署案内，歷年借支銀六千八百三十五兩五錢三分九厘。現計逾限未還銀二千四百二十五兩七錢三厘。屢催未據完繳。

一、籌議防黎經費，發商生息案内，道光十五年借支銀二萬四千兩。現計逾限未還銀二千兩。屢催未據完繳。

一、支給道光二十六年武職養廉案内，道光二十七年借支銀五萬六千兩，應於各屬欠解田房税羡内催提歸款。屢催未據催提還款。

一、南海等縣道光十四年被水冲決圍基，借領買秧資本案内，除豁免外，尚未還銀二千九百七十六兩五錢九厘。據稱已完徵存縣庫，屢催未據完繳。

一、南海等縣道光十三年被水冲決圍基，借領修費案内，借支銀七萬七千一百八十四兩八錢八分三厘。現計逾限未還銀一萬二百三十七兩五錢九分六厘。屢催未據完繳。

一、南海等縣道光十四年被水冲決圍基，借領修費案内，借支銀四萬七千一百三十兩。現計逾限未還銀三萬三千六百三兩六錢九分八厘。屢催未據完繳。

一、南海等縣道光十五年修築烏茶、布榕塞、石角等圍，借領修費案内，借支銀五萬二千二百兩。現計逾限未還銀六千兩。屢催未據完繳。

一、海陽縣道光二十三年被水修堤案内,在藩庫籌備堤岸項内借支銀二萬二百七十七兩九錢八厘六毫。現計逾限未完銀一萬二千四百三十二兩七錢二分四厘二毫零。屢次嚴催未據完繳,亦未欽遵道光二十三年諭旨,著落該縣經徵之員,照數賠解。

以上十四款,共計未完銀四十六萬五千二百二十九兩零。

廣東省本年秋撥册報未完雜款項下:

一、田房税羨項下,道光二十九、三十兩年,共未完銀二十三萬一千三百一十八兩零。

一、落地税盈餘項下,道光二十九、三十兩年,共未完銀三萬六百三十六兩零。

一、零星盈餘項下,道光二十九、三十兩年,共未完銀三千四百六十六兩零。

一、米耗項下,道光二十八、九、三十等年,共未完銀一萬五千七百二十七兩零。

一、米耗糶價盈餘項下,道光二十八、九、三十等年,共未完銀一十萬三千二百兩零。

一、科場經費項下,道光二十九、三十兩年,共未完銀三千五十四兩六錢零。

一、通省充公項下,自道光七年起至三十年止,共未完銀三萬四千三百六十一兩零。

一、奏留充公項下,自道光十年起至三十年止,共未完銀一萬七千三百七十六兩零。

一、粵秀書院經費項下,道光二十九、三十等年,共未完銀一千七百五十七兩零。

一、群房地租項下,自道光十五年起至咸豐元年止,共未完銀六千四百八十六兩二錢二分一厘。内除應歸指抵攤廉捐補銀一千八百五十三兩七錢五分二厘八毫,尚實未完銀四千六百三十二兩零。

一、提撥關鹽盈餘項下,自道光六年起至咸豐元年止,共未完銀四十八萬六千八百五十四兩零。

一、賞借帑本應行報撥息銀,自道光六年起至三十年止,共未完入撥銀五十二萬九千七百八十九兩零。

以上十二款,共未完銀一百四十六萬二千一百七十一兩零。

攤廉歸補項下:

一、廣東連州勦捕瑶匪軍需案内,應攤捐歸補銀五十二萬二千八百二十七兩四錢一分一厘。除已捐補,尚未完銀十三萬六千二百三兩八錢二厘。久已逾限,屢催未據捐補完款。

一、廣東省墊辦英夷軍需善後,及防夷捕費等項,指抵應解未完各款銀兩案内,應攤捐歸補銀三十二萬一千五百一兩二錢二分。計未完道光二十八年三月起至咸豐二年二月底止,應捐二、三、四、五四限銀一十二萬八千六百兩。迄今未據捐完歸補。

以上二款,共未完銀二十六萬四千八百三兩零。統共未完銀二百一十九萬二千二百三兩零。

歷年奏咨行查未覆各案:

一件,廣東鶴山縣武生麥義尚争控毓秀莊地畝入官召佃案内,駮令增租一案,於道光十二年六月内,行文廣東巡撫遵照,現在尚未登覆。

一件,兩廣總督題,邱、龍二姓互争丈溢田畝,仍令由官召佃,照例升科,并歷年拖欠官租勒限嚴追一案,於道光十五年四月内,行文該省遵照,現在尚未登覆。

一件,廣東巡撫咨道光十年分徵收落地税羨短收銀兩案内,前署潮州府事告病廣防同知顧遠承應賠銀兩,於道光十五年四月内,行文江蘇巡撫遵照,現在尚未登覆。

一件,廣東巡撫奏請變糶積存歷年旗營截存曠米一案,於道光十六年正月内,行令該撫速飭變糶完竣,造具細册報部覈銷,並將價銀入季報撥在案。現在未據造報。

一件,江蘇巡撫咨估變查抄參員齊瀾入官田畝、莊房,行令查照原契估變一案,於道光十五年十二月内,行文該巡撫遵照,現在尚未登覆。

一件,廣東巡撫咨各年未完田房落地等項銀兩登覆案内,應提應解各項銀兩,於道光十七年十二月,行文該撫遵照,並飭取完解遲延及督催不力各職名,送部覈議在案。現在尚未登覆開送。

一件,廣東巡撫咨陽春縣商民劉裕堂加餉接承清湖嶺等處煤山,所加餉銀行令查明補徵,另取登覆遲延職名送部覈議,於道光十八年閏四月内,行文該撫轉飭遵照在案。現在未據登覆開送。

二件,工部咨覆廣東省道光十八、十九兩年分營中公費二案,行令閩浙總督將前借撥補封口群子工料銀五十一兩四錢五分七厘,迅即查明完結。於道光二十年七月、二十一年五月行文遵照,現在尚未登覆。

一件,河南巡撫咨估變參革廣東英德縣病故知縣吴台原籍家産,前經本部行文河南巡撫再行據實增估一案,於道光二十一年閏三月行文。現在未據登覆。

一件,兩廣總督咨合浦縣續墾餘荒田畝完繳租錢仍令追完一案,於道光二十二年四月内,行文廣東巡撫,查取登覆遲延職名送部覈議。現在尚未登覆。

一件,廣東巡撫咨請免各年地丁登覆遲延職名仍令開送一案,於道光二十二年十月内,行文該撫遵照前咨迅即查取送部覈議。現在尚未開送。

一件,廣東巡撫咨十七年文職支過養廉案内,查明解餉各員,另有差委。所有原支養廉轉飭追繳一案,於道光二十二年十二月内,行文該撫飭取造報舛錯職名送部覈議。現在未據登覆開送。

一件,兩廣總督咨嘉慶二十四年至道光十一年,截存裁汰兵米遲延職名仍令開送一案,於道光二十三年八月内,行文兩廣總督。現在尚未登覆。

一件,兩廣總督咨道光十三年賞兵紅白事件案内,遲延職名仍令開送一案,於道光二十三年八月,行文兩廣總督。現在尚未登覆開送。

一件,工部咨估變全興洋貨店地基什物銀兩一案,於道光二十四年十一月内,行文兩廣總督。現在尚未登覆。

一件,廣東巡撫咨廣東省道光二十四年分地丁奏銷案内,巡撫經督徵米石叙參册造遺漏未完分數,行令查報並查取册造遺漏及率覆各職名一案,於道光二十六年六月内,行文廣東巡撫。現在尚未登覆。

一件,廣東巡撫咨廣東省估變參員崔曾泰等寓所衣物等項,駁令增估一案,於道光二十七年五月内,行文廣東巡撫。現在尚未登覆。

一件,廣東巡撫咨廣東參員吴台虧短倉庫銀兩案内,行催河南原籍增估房産,並勒限退繳虧短銀兩一案,於道光二十七年七月内行文河南巡撫。現在尚未登復。

一件,廣東巡撫咨廣東參員高炳文虧短庫項案内,行催四川原籍增估田産,並飭追虧短銀兩一案,於道光二十七年七月内,行文四川總督。現在尚未登覆。

一件,廣東巡撫咨廣東參員黄榜虧短倉庫銀兩案内,行催四川原籍勒追完報一案,於道光二十七年七月内,行文四川總督。現在尚未登覆。

一件,廣東巡撫咨廣東參員陳恩普虧短倉庫銀米案内,行催浙江、江西原籍、祖籍,查明有無家屬財産,分别著追結報一案,於道光二十七年七月内,行文浙江、江西各巡撫。現在尚未登覆。

一件,廣東巡撫咨廣東參員章芳俊虧短倉庫銀兩案内,行催直隸、順天、浙江寄籍、原籍、祖籍,著追完報一案,於道光二十七年七月内,行文直隸總督、浙江巡撫、順天府府尹。現在尚未登覆。

一件,廣東巡撫咨廣東省道光二十九年秋季分,收支田房落地税羡銀兩案内,未經銷結銀兩,行令登覆一案,於道光二十七年十二月内,行文廣東巡撫。現在尚未完結登覆。

一件,廣東巡撫咨廣東省攤捐連州軍需遲延請免職名案内,行令將捐足未歸原款銀兩歸款,專咨報部,並仍取遲延職名一案,於道光二十七年十二月内,行文兩廣總督、廣東巡撫。現在尚未登覆。

一件,工部咨廣東省道光十一年米耗盈餘收支銀兩報銷案内,仍令查報一案,於道光二十八年三月,行文廣東巡撫遵照。現在未據登覆。

一件,廣東巡撫咨廣東饒平縣買補道光十二年平糶倉穀案内,行令飭催長樂縣趕緊買穀還倉,並查取買補遲延各職名送議一案,於道光二十八年四月行文。現在未據買補造報,亦未開列職名送部。

一件,廣東巡撫咨廣東增城縣買補道光二十年平糶倉穀案内,行令查取買補遲延各職名送議一案,於道光二十八年四月行文。現在未據開送。

一件,廣東巡撫咨請邀免廣東省道光二十二年地丁奏銷,奉行查取造册舛錯職名,駁令仍行查取一案,於道光二十八年十一月行文。現在尚未開送。

一件,工部咨廣東新寧縣煤商陳汝梅病故,注銷商名案内,行令追餉一案,於道光二十八年十二月,行文廣東巡撫遵照。現在尚未完報。

二件,廣東巡撫咨登覆廣東省嘉慶二十一及道光五、六等年,奏留充公銀兩各案内,行令查報並查取登覆經收租銀遲延名職各二案,於道光二十八年四月、十月行文。現在未據登覆開送。

一件,工部咨廣東省道光十二年米耗盈餘收支銀兩報銷案内,行令查報各項一案,於道光二十九年二月内,行文廣東巡撫遵照。現在未據登覆。

一件,工部咨廣東省道光十三年米耗盈餘收支銀兩報銷案内,行令查報各項一案,於道光二十九年三月内,行文廣東巡撫遵照。現在未據登覆。

一件,兩廣總督咨廣東省道光二十年虎門停止秋操案内,支過奬賞等項銀兩行令造報一案,於道光二十九年三月内,行文該督遵照。現在未據登覆造報。

一件,禮部咨廣東省道光十六年地丁登覆案内,行令查報各項並行取造册舛錯職名一案,於道光二十九年閏四月内,行文廣東巡撫遵照。現在未據登覆開送。

一件,工部咨廣東省道光十四年米耗盈餘收支銀兩報銷案内,行令查報各項一案,於道光二十九年閏四月内,行文廣東巡撫遵照。現在未據登覆。

三件,工部及兩廣總督咨廣東省道光二十三、二十四、二十五等年,支銷營中公費銀兩報銷各案内,駁令删減造報三案,於道光二十九年五、六、十二等月,行文該督遵照。現在未據登覆造報。

一件,兵部咨廣東省道光十七年地丁登覆案内,行令查報各項一案,於道光二十九年七月内,行文廣東巡撫遵照。現在未據登覆。

一件,兵部咨廣東省道光十四年地丁登覆案内,行令查報各項一案,於道光二十九年七月内,行文廣東巡撫遵照。現在未據登覆。

一件,廣東巡撫咨估變裁撤廣東永寧通判衙署案内,駁令確估地基據實造報一案,於道光二十九年七月内,行文該撫遵照。現在未據登覆造報。

道光三十年續次行查未覆各案:

三件,工部及兩廣總督咨廣東省道光二十六、七、八等年,支銷營中公費銀兩報銷各案,駁令删減三案,於道光三十年三、五、七等月,行文該督遵照。現在未據登覆造報。

四件,工部咨廣東省道光十五、六、七、八年等年,米耗盈餘收支存剩報銷案内,行令查報各項四案,於道光三十年二、三、十等月,行文廣東巡撫遵照。現在未據登覆。

一件,廣東巡撫咨廣東新寧縣佃户餘創緒等,請豁雙洲、沙欄二處屯坦,行令確查撥抵一案,於道光三十年六月内,行文該撫遵照。現在未據登覆。

一件,兵部咨廣東省道光十五年地丁登覆案内,行令查報各款並查取應議職名一案,於道光三十年六月内,行文廣東巡撫遵照。現在未據登覆開送。

二件,廣東巡撫咨廣東省道光二十七、八等年,題銷臺兵口糧登覆案内,濫支防臺兵丁口糧,及未扣建曠銀兩,駁令删減追賠二案,於道光三十年八月内,行文該撫遵照。現在未據登覆。

一件,廣東巡撫咨請免買補常平倉穀遲延職名案内,飭令將各項未補穀石,查明報部一案,於道光三十年九月内,行文該撫遵照。現在未據登覆。

一件,廣東巡撫題廣東省道光二十年分囚犯口糧案内,支過米石數目不符,行令查覆一案,於道光三十年十一月内,行文該撫遵照。現在未據登覆。

一件,廣東巡撫題廣東省道光二十九年分支銷臺兵口糧案内,支過委員暨各臺兵丁口糧銀兩,行令飭查另造妥册送部覈銷一案,於道光三十年十二月内,行文該撫遵照。現在未據造報登覆。

一件,廣東巡撫咨變糶道光二十三年藉穀價銀案内,行令開送造報遲延職名一案,於道光三十年十一月内,行文該撫遵照。現在未據開送。

一件,廣東巡撫咨廣東瓊山縣變糶霉穀,追賠價銀查豁案内,行令將統案已未完銀兩,查明造報一案,於道光三十年十二月内,行文該撫遵照。現在未據登覆造報。

以上共五十九案,節經行催,未據造報登覆。

廣東省應報未報各案:

一件,廣東省徵收田房税羡銀兩,道光二十三年以後未據造報。

一件,廣東省徵收落地税羡銀兩,道光十九年以後未據造報。

一件,廣東省支銷出洋捕盗弁兵口糧,道光二十五年以後未據造報。

一件,廣東省賞兵紅白事件銀兩,道光十七年以後未據造報。

一件,廣東省支銷會試水手銀兩,自乙未科以後未據造報。

一件,廣東省徵收零星盈餘銀兩,道光二十一年以後未據造報。

一件,廣東省支給囚犯口糧銀兩,道光二十三年以後未據造報。

一件,廣東省徵收曠軍羡餘銀兩,道光二十年以後未據造報。

一件,廣東省承追各案已未完銀兩,道光十七年以後未據造報。

一件,廣東省司庫實存閑雜各款銀兩,道光十九年以後未據造報。

一件,廣東省徵收一六耗米變價盈餘銀兩,道光二十一年以後未據造報。

一件,廣東省買補減則屯田米石,道光二十三年以後未據造報。

一件,廣東省紳士捐輸捕費息銀,道光十一年以後未據造報。

一件,廣東省徵收歸公溢租銀兩,道光十三年以後未據造報。

一件,廣東省買補平糶穀石,道光十一年以後未據造報。

一件,廣東省買補惠州軍需穀石,久經動款,未據造報。

一件,廣東省徵收税科火耗銀兩,道光二十四年以後未據造報。

一件,廣東省徵收通省充公銀兩,道光九年以後未據造報。

一件,廣東省徵收奏留充公銀兩,道光十三年以後未據造報。

一件,廣東省應變入撥裁兵米價銀兩,道光十七年以後未據造報。

一件,廣東省南海、番禺二縣,應變裁汰軍標米石入撥銀兩,道光四年以後未據造報。

一件,廣東省四會縣徵收六箔草塘租銀,道光二十三年以後未據造報。

一件,廣東省各埠商輸繳帑本息銀,道光十七年以後未據造報。

一件,廣東省文職公捐銀兩,道光二十六年以後未據造報。

一件,廣東省抽裁兵丁截存米石,變價入撥、添撥天津經費銀兩,道光二十二年以後總未造報。

一件,廣東省社倉穀石無虧,道光二十六年以後未據造報。

一件,廣東省前山等營收支生息銀兩,道光二十三年以後未據造報。

一件,廣東省溢額孤貧口糧銀兩,道光十七年以後未據造報。

一件,廣東巡撫衙門收支群房地租銀兩,道光十四年以後未據造報。

一件,廣東省借給各兵穀價銀兩,道光二十一年以後未據造報。

一件,廣東省駐省差兵支過口糧銀兩,道光二十四年以後未據造報。

一件,廣東省徵收隆深二澳田園租穀,道光二十九年以後未據造報。

以上未報共三十二件,屢經飭催,未據造報。

爲查明廣西民欠銀米請旨豁免事奏摺

咸豐元年十一月二十六日

大學士兼署管理户部事務臣祁寯藻等謹奏,爲遵旨察覈具奏事。

内閣抄出,廣西巡撫鄒鳴鶴奏,查明廣西省道光三十年分民欠丁折正耗米谷數目,開單具奏一摺。咸豐元年十月二十七日奉硃批:户部察覈具奏。單併發。欽此。欽遵。於十一月初一日抄出到部。

查原奏内稱,於咸豐元年八月初五日欽奉上諭:鄒鳴鶴奏,遵查廣西省道光三十年實欠在民錢糧,懇請豁免。等語。廣西省被賊擾累,節經降旨加恩,期與吾民休息,何忍更事追呼。所有道光三十年民欠地丁錢糧,著該撫查明確數,開單具奏,准其豁免。其前請緩徵案内,聲明照常徵收之三十年應徵本折米石、官穀,並著查明,如有輸將拮据之處,據實具奏,准其一體豁免,以紓民力。該撫即刊刻謄黄,先行曉諭,俾邊圉窮黎,預知朝廷德意,用慰朕懷。該部知道。欽此。

臣當經恭録行司,敬謹刊刻謄黄,頒發各屬,遍貼曉諭。並即轉飭各府、州,查明所屬道光三十年分實欠在民錢糧銀米、穀石,造具細數清册,送司覈辦去後。

兹署藩司吴鼎昌詳據桂林等府、州屬,將各漢、土州、縣、司,道光三十年分實欠在民地丁、米折、耗羨、部飯存留,以及田例、柴馬、兵糧改徵官租米穀等項,共銀一十八萬八千九百四十三兩八錢伍分二厘,又兵糧米一萬四千五百一十石五斗一升七合九勺九抄,又改徵穀一萬三千六百七十六石八斗五升六合二勺,又官租穀一千三百九十三石二斗四升,一併造册申繳。臣覆覈無異,謹會同兩廣總督臣徐廣縉恭摺具奏。等語。

臣等查,本年七月内,據廣西巡撫鄒鳴鶴奏報,此次欽奉恩旨,豁免民欠錢糧,照例將道光二十九年以前積欠錢糧查明確數請豁。道光三十年地丁等項尚未歷過奏銷,不得謂之積欠,仍應照例徵輸。惟粤西各屬,迭被賊匪滋擾,懇請將民欠錢糧一體豁免。應徵米穀,儻有民力實在拮据,再請一併豁免。如蒙俞允,飭司查明民欠銀兩,開單具奏。等因。奉旨准行在案。

今該撫奏稱,廣西省道光三十年分民欠地丁等項銀一十八萬八千九百四十三兩八錢五分二厘;兵糧米一萬四千五百一十石五斗一升七合九勺九抄;改徵穀一萬三千六百七十六石八斗五升六合二勺;官租穀一千三百九十三石二斗四升。等語。臣等查,前項銀兩及米穀各款既係實欠在民,自應遵奉諭旨,概予豁免,以仰副皇上軫念邊陲,恩施優渥之至意。該撫即刊刻謄黄,遍行曉諭,務令實惠及民,毋令吏胥稍有侵冒滋弊。惟照原奏清單、清册詳細查覈,該撫僅將臨桂等八十九州、縣、司該年未完民欠銀米、穀石各數目開報,未將已完之數開列。查本年四月該省奏稱:道光三十年分未完民欠銀三十萬五千四百六十兩零。今據稱民欠地丁銀僅止十八萬八千九百餘兩,自係有續完之項,何以並不詳晰聲明,報部撥用。相應請旨飭下該撫,即將該省本年四月具奏以後所有續完之項,迅速開造清册,報部撥用。以重帑項,而杜侵吞。至米穀已徵若干,亦應一體造册報部,以備查覈。

所有臣等遵旨察覈具奏緣由，理合恭摺具奏，是否有當，伏乞皇上聖鑒訓示遵行。謹奏請旨。

爲查明兩淮各場未完竈欠銀兩請旨豁免事奏摺

咸豐元年十二月初四日

大學士兼署管理户部事務臣祁寯藻等謹奏，爲遵旨覈議具奏事。

咸豐元年十一月十九日兩江總督、管理鹽政陸建瀛，查明兩淮各場未完竈欠銀兩，奏請豁免一摺。奉硃批：户部覈議具奏。單併發。欽此。欽遵。於二十三日由内閣抄出到部。

據原奏内稱，竊臣接准户部咨，咸豐元年正月初一日奉上諭：自道光十五年、二十五年兩次欽奉皇考宣宗成皇帝恩旨，將二十年以前各省民欠錢糧盡予豁免，後自二十一年迄今，又届十稔，民間續有積欠，允宜大沛恩綸，期與薄海群黎，同躋仁壽。所有各省節年民欠正耗錢糧，及因災緩徵、帶徵銀穀，並借給籽種、口糧、牛具及漕項、蘆課、學租、雜税等項，即著各該督撫、將軍、府尹等，將道光三十年以前實欠在民者，詳細查明，按照該省所屬之某州、某縣銀穀若干，開單具奏，候朕以次降旨，全行豁免。並著先將此旨刊刻謄黄，遍行曉諭，務使城市、鄉村，遐陬僻壤，咸喻朝廷德意，毋使官吏胥役等延擱侵漁，致滋弊竇。等因。欽此。嗣奉部奏准道光三十年一款，尚未歷過奏銷，不在應豁之列，仍令徵解造報。復奉上諭：向來查辦豁免積欠，降旨蠲免自某年至某年者，總以奏銷截數爲准，若未入奏銷，不得統作積欠蠲免。歷經該部纂入則例，一律遵行。本年元旦經朕降旨，飭令各該省將道光三十年以前實欠在民者，詳查具奏，候朕以次施恩。各該省遵旨查辦，自應仍照舊章。凡實欠應蠲，總以欠數已入奏銷爲准。其道光三十年正賦，此時尚未奏銷，不得謂之積欠，著再通諭各直省督撫、將軍、府尹等，遵照從前成案，并現在户部議行各事宜，明晰曉諭，分别辦理。等因。欽此。均經欽遵。先後恭録恩旨，敬謹謄黄，遍貼各場、鄉鎮。一面飭行運司，查明各場節年因災緩徵，應行豁免積欠各確數去後。

兹據鹽運使劉良駒詳，兩淮鹽場竈課，例係壓年徵收。上届奏豁至道光二十年，壓徵十九年止。今此次應蠲道光二十一年，壓徵二十年起，至二十九年,壓徵二十八年止,節年積欠正耗。委員分赴各場,會同該場大使,按照印簿逐一詳細查明,具詳請奏前來。臣覆加確覈,除通州分司所屬之石港、吕四、餘東、角斜四場並無未完道光二十九年、壓徵二十八年以前竈欠外。查册開通屬之豐利場及泰屬之梁垛、丁溪、伍祐、新興等場,徵收各竈溢完道光二十六、七、八年折價、耗羨等銀四百十五兩四錢七分二厘,係在奉旨以後,截至奉文日止,實欠在竈之銀,應請照例剔除,流抵咸豐元年壓徵道光三十年分新賦錢糧。所有通、泰、海三分司所屬各場,自道光二十一年壓徵二十年起,至道光二十九年壓徵二十八年止,因災緩徵折價共實欠在竈銀四十二萬四千五百九十七兩五錢四厘,隨徵耗羨銀三萬七千四百八十三兩五錢九分五厘。均係因災緩徵實欠在竈之款,應行遵旨奏懇恩施,除分繕清單,恭呈御覽,並查造細數清册咨部備查外,謹會同江蘇巡撫臣楊文定合詞恭摺具奏。等語。

臣等伏查,本年元旦欽奉恩綸,普免各直省節年民欠錢糧,當經臣部恭查乾隆二十七年暨六十年,高宗純皇帝蠲免節年民欠聖諭,及例載指蠲年分,聲請除道光三十年熟田未完錢糧,尚未截數奏銷,不得謂之積欠,應照定例辦理外,其道光三十年因災緩徵、帶徵錢糧。即與三十年以前各省竈課實欠在竈者,與地丁錢糧一律辦理。等因。奏蒙俞允,遵行在案。

兹據兩江總督陸建瀛奏稱,通、泰、海三分司所屬自道光二十一年壓徵二十年起,至二十九年壓徵二十八年止,因災緩徵折價共實欠在竈銀四十二萬四千五百九十七兩五錢四厘,又隨徵耗羨銀三萬七千四百八十三兩五錢九分五厘,均係因災緩徵實欠在竈之款,奏懇恩施。等語。

臣等督飭司員,將原奏清單未完銀數,及另文咨送清册,以散合總,逐一勾稽。共未完折價銀四十二萬四千五百九十七兩五錢四厘,隨徵耗羨銀三萬七千四百八十三兩五錢九分五厘,覈與該督等奏報銀數相符。既據查明均係因災緩徵實欠在竈之款,自應仰遵諭旨,准予一律豁免,以廣皇仁。仍令該督飭屬確查,如有徵存未解銀兩,即飭掃數提解報撥,勿任侵隱。並請敕下該督等,迅即刊刻謄黄,務將各該場豁免銀數、年分另刊清單,粘於謄黄之尾,遍貼曉諭。毋任吏胥弊混,以昭覈實。

再據原奏内稱:通屬之豐利場及泰屬之梁垛、丁溪、伍祐、新興等場徵收各竈溢完道光二十六、七、八等年折價耗羨,共銀四百八十五兩四錢七分二厘,請流抵咸豐元年壓徵道光三十年分新賦一節,查臣部例載,恭遇蠲免錢糧,其奉旨以後,文到以前,已輸在官者,准流抵次年正賦。該督等所請係屬照例辦理,應准流抵。

所有臣等遵議緣由,理合繕摺具奏,伏乞皇上聖鑒。謹奏。

爲查明湖北各州縣衛民欠正雜等項錢糧請予豁免事奏摺

咸豐元年十二月初四日

大學士兼署管理户部事務臣祁寯藻等謹奏,爲遵旨議奏事。

内閣抄出,湖廣總督程矞采、湖北巡撫龔裕,會同查明湖北各州、縣、衛,道光三十年以前民欠正雜錢糧銀米穀石數目,分晰開單,奏請豁免一摺。咸豐元年十月十五日奉硃批:户部察覈具奏。單三件併發。欽此。欽遵。於十月十九日抄出到部。

據原奏内稱,准部咨,咸豐元年正月初一日欽奉諭旨:普免道光三十年以前民欠錢糧。又准户部具奏,道光三十年熟田錢糧,應照定例辦理,所有因灾請緩,應行帶徵錢糧,一併奏請豁免。等因。當經恭録謄黄,遍行曉諭,隨經督飭藩司梁星源、糧道董宗遠,移行該管道、府,調齊册案,督同委員,將各屬道光三十年以前民欠銀兩、米穀,逐細清厘。並經咨部奏明,道光三十年帶徵錢糧及借給籽種,一體查辦在案。

兹據藩司會同糧道具詳,覈計各屬道光三十年以前實在民欠、軍欠,因灾緩徵、帶徵及漬淹挖壓,緩徵民屯正耗錢糧,並借給籽種及蘆課、學租、官租、堤河工費等項,共銀三百九十九萬五百五十三兩九錢二分四厘;穀五萬九千六百六十四石一斗七升三合一勺。又,隨漕驢脚、南折、軍三安家、正耗、閑丁幫津加徵造費等款銀三十二萬二千一百一十一兩六錢三分六厘七毫;南漕正耗米七十三萬四千八百八十八石六斗八合二勺;南漕水脚銀一十萬二百二十五兩三錢五分二厘。理合繕具清單,恭呈御覽。俟欽奉恩旨豁免,即再刊刻謄黄,並將豁免各數,遍行曉諭。按户付給免單,俾軍民共昭信守。等因。並造具細册,送部前來。

臣等恭查,咸豐元年正月初一日欽奉恩旨:所有各省節年民欠正耗錢糧,及因灾緩徵、帶徵銀穀,並借給籽種、口糧、牛具及漕項、蘆課、學租、雜税等項,即著各該督撫、將軍、府尹等,將道光三十年以前實欠在民者,詳細查明,速行開單具奏,候朕以次降旨,全行豁免。等因。欽此。經臣部飛咨通行遵照。又經臣部具奏，道光三十年熟田錢糧，應照定例辦理。所有因灾請緩及帶徵錢糧，准其一併奏請豁免。等因。亦經通行遵照各在案。

今據湖廣總督程矞采等，查明湖北各州、縣、衛道光三十年以前民欠各項銀米、穀石，分晰開單具奏，並造册送部。據册開各州、縣、衛民欠、軍欠，道光二十一年起至道光三十年止，因灾帶徵、漬淹挖壓，緩徵地丁起運、屯餉、存留、驛站、驢脚、南折、蘆課、正耗及學租，共銀三百六十二萬九千七百七十五兩七錢九厘；南糧正耗米三十五萬七千二百一十石三斗七升五合三勺。臣部按册逐一覈對，俱與奏報原案銀數相符，應請照數准其豁免。又各州、縣、衛道光二十一年起至道光二十九年止，賞給貧民、貧軍耔種穀折銀一萬六千三百七十六兩二錢五厘，耔種穀五萬九十石六斗六勺，亦與此次欽奉恩旨准豁款目相符，應請一併准其豁免。其道光三十年借出耔種、穀折銀九千八百八十四兩七錢四分，耔種穀四千七百一十八石四斗四升五合一勺，查本年四月内，據該撫將道光三十年借給耔種銀穀，應否豁免咨部。經臣部查明，三十年春借耔種，因是年被水受旱，分别緩徵。議令據實查明，應於該年秋後已經徵完者，速即提解造報。如係因灾實欠在民者，覈明確數停徵，造入豁免項下查辦。奏准行令遵照在案。

今據查明，三十年借給耔種穀折銀九千八百八十四兩七錢四分；耔種穀四千七百一十八石四斗四升五合一勺。實係民欠未完，亦應照案准豁。至各屬節年未完湖糧、洲課、溢額、地丁等銀一萬五千四百一十八兩六錢一分六厘；黄梅、東湖二縣抄獲入官田畝，未完租穀一千七百八十五石三斗二升五合四勺；又，囚田、義田佃欠穀三千六十九石二合，上届豁免案内俱無此等名目，礙難准豁。又，各屬節年未完借修堤費銀三十九萬五千四百七十四兩五錢五分八厘，臣部按册查覈，已滿正限銀二十五萬七千五百一十九兩六錢八分七厘，係屬因灾欠完之項，應請照案准予豁免。其未滿正限銀一十三萬七千九百五十四兩八錢七分一厘，查與上届准豁成案不符，應令按限徵還歸款。又，漕項各款民欠、軍欠、軍三安家、正耗、閑丁幫津及加徵造費等款銀二十四萬五千七百三十五兩七錢三分二厘七毫，臣部查漕項各款民欠、軍欠、軍三安家、正耗、閑丁幫津等款銀兩，歷届均准照數豁免。所有此次册開道光二十一年起至二十九年止，漕項各款民欠、軍欠、軍三安家、正耗、閑丁幫津等款銀二十二萬二千四百一十兩零，覈與二十九年漕項隨奏及灾緩册造，按款逐一覈對銀數，均屬相符，應請准其照數豁免。至請豁三十年灾緩各款銀二萬四百六十九兩零，檢查該年漕項奏銷及災緩清册，均未題報到部，無憑查覈。該督撫奏報緩徵錢糧摺内，亦無緩徵數目，應按照奏案，照現在請豁銀數，先行豁免外，其某縣應緩徵銀若干兩，應令迅即按款查明，造册送部，以憑查覈。至未完軍欠加徵造費銀二千八百五十五兩零，據稱係蘄州、黄州二衛大造船隻，隨同幫津銀兩，按屯徵解，給丁湊造。節因屯坐災緩，均經奏明，彙同幫津銀兩，籌款借給。上届豁免案内，准部議覆，並非民賦，未便請豁。惟係叠被水災，隨同展緩，災欠在軍，是以一體開列。等語。

臣等查，該省前奏報幫津銀兩，因災展緩，請借款支給，係屬運費，並非造費。且造費一項，該省每大造一船，在於資役生息款内動給銀一千兩。前因該省幫津緩徵，在於資役生息款内借給各丁運費。經臣部以該省倘届造船本款不敷，又將作何辦理，行令嗣後趕緊催徵在案。今前項加徵造費銀兩，既非民賦正供，且覈與前次奏報款目不符，未便准其豁免。應令該省趕緊按限如數催徵完報，勿任延欠。並令嗣後應給運費、造費等款銀兩，即在本款項下動支。不得再行借動别款銀兩，以杜牽混而重庫藏。又，漕糧正耗米三十七萬七千六百七十八石二斗三升二合九勺，按册照道光二十一年起至二十九年止，漕糧正耗共米三十五萬三千七百五十石零，覈與二十九年漕項隨奏及災緩册報漕糧正米覈算，均屬相符。至加一耗米，查照上届請豁名目亦屬符合，應請准其照數豁免。至三十年災緩正耗米二萬三千九百二十八石零，檢查該年奏銷及災緩清册，均未題報到部，臣部無憑查覈。其奏報被災情形，摺内亦無緩徵數目，應按照奏案，照現在請豁數目，先行豁免外，其某縣應緩徵正耗米若干石，應令查明造册，送部以憑查覈。又，漕南米石隨徵水脚銀一十萬二百二十五兩三錢五分二厘，覈與上届豁免成案相符，應請照數豁免。仍令該督撫轉飭分晰查明各州、縣應緩徵細數，造册送部覈結。

以上所有議准豁免各款銀米穀石，恭候命下，臣部行文該督撫，即行刊刻謄黄，通示曉諭。按户付給免單，務期小民均霑實惠。俾城市鄉村，咸喻德意，以副我皇上建元錫福，惠澤覃敷之至意。其准豁各款未經奉文以前，或有急公已完，及徵存屬庫未解之項，立即嚴提報撥。並令該督撫嚴行確查，儻有以完捏欠及既免重徵，掩飾彌縫等事，據實查參究辦，以杜弊混，而廣皇仁。

謹將臣等覈議緣由，恭摺具奏，伏乞皇上聖鑒訓示遵行。謹奏請旨。

爲議覆兩廣總督徐廣縉請停止捐輸另捐接濟團練事奏摺

咸豐元年十二月初六日*

大學士兼署管理户部事務臣祁寯藻等謹奏,爲遵旨速議具奏事。

咸豐元年十一月二十八日兩廣督臣徐廣縉、廣東撫臣葉名琛等奏,停止捐輸,另捐接濟團練,懇恩量予推廣,俾應要需並歸補各項經費一摺。奉硃批:户部速議具奏。欽此。於十一月二十九日由内閣抄出到部。

據原奏稱:臣等接准户部咨,咸豐元年九月十一日具奏,請開籌餉事例,並停止捐輸一摺内開:此次事例,係在部庫交銀,自應將捐輸一律停止,除廣東、廣西兩省土著、紳商、士庶,捐銀、捐米,接濟團練,應如何奬勵之處,由欽差大臣及該省督撫等酌量辦理外,所有廣東、廣西、湖南等省現辦捐輸,均於接到部文之日,即行停止。等因。當經轉行總局司道,欽遵出示,並查明第三次捐生姓名、銀兩截數,另行奏報在案。

臣等伏查,粤東上年初次奏開捐輸,原爲修建虎門、廣海各城寨,添設礮臺,置造拖風船隻,以及歷届剿匪防夷墊支各項經費之用。嗣因通籌廣東、廣西兩省軍需,復請援照道光二十八年順天捐輸章程辦理。是以粤省疊次奏請捐輸,皆因城寨等工,並各項經費無從設措,不能不藉衆力,以爲綏靖民生之計。且思外省多一籌措之款,部庫即少一撥解之繁。兹捐輸奉文停止,計自上年十二月初二日收捐起至本年十月初五日截數止,三次奏報共收銀四十一萬餘兩,除前經具奏置造拖風船五十號,並添置礮械共支過銀八萬餘兩外,餘俱撥歸廣東防剿經費支用,以致原議修建虎門等處城寨一切工程,並歷届墊辦剿匪防夷各款,均尚無著。且查廣東自上年七月軍興以來,截至本年九月止,支發經費約計已在一百四十餘萬兩。如上年兩次奏請動用酌留海關尾數並暫撥關税,以及捐輸案内,綜計不過八十餘萬兩。除支造拖風船支銷外,廣東軍需實支動七十餘萬兩,其餘不敷一半,均由各道、府、州、縣,將應解之款隨時墊用。其各屬墊用之項,有將各税動支者,亦有將徵收錢糧墊應者。現届上忙,各屬紛紛請領報解,又不能不酌量籌款給還,以免日久虧累。現在高州匪徒何名科一股,均已悉數殲除。羅定之凌十八一股亦勢窮力竭,可期迅就蕩平。然搜捕餘匪以及善後事宜,在在均需支用。况廣西軍務未竣,交界地方節節須防,則團練壯勇,慎固藩籬,尤不容稍涉鬆懈。捐輸既經停止,藩庫固已無款可籌,且廣西軍需較之廣東尤爲浩繁,冬季海關約徵税銀,已先豫撥廣西軍餉,即使續有徵收,並俟藩庫無論正、雜各款,徵存約有成數,亦不得不留爲儲備廣西之用。似此支絀情形,則廣東目前軍需毫無所出,一切固待籌支。即原議城寨工程各項,亦須通籌歸著。

臣等再四籌商,惟有遵奉部咨,另籌開捐接濟團練,以資經費。但部議祇准土著紳商、士庶報捐,誠恐限於地方,爲數無多。況附近各省紳商士民,現在廣東間有報效者,似亦未便阻其急公向上之忱。合無吁懇天恩俯准,將粤省接濟團練量予推廣,如有附近各省紳商士民情殷接濟者,亦准其一律報捐。所有獎叙事宜,應請援照道光二十四年暨二十七年,粤省奏請捐鑄礮造船並捐辦抬槍鉛子各成案辦理,其選補班次自應歸入現開籌餉事例一律照辦。至於封典職銜等項,歷届捐置礮械成案均係准照請獎。並據各紳士面禀:粤省士庶報捐此兩項者較多,若將此兩項剔除,不令報捐,爲數寥寥,仍恐無濟於用。此次籌捐接濟團練,擬請援照廣東歷届成案,封典職銜,一體准其報捐。俟捐有成數,陸續開列捐生姓名請獎,不惟廣東目前防剿與善後團練諸務,可以從容措置,即原議修建虎門廣海城寨礮臺工程,以及墊支防剿各項經費,亦可徐圖歸補,毋須另行籌措。總俟軍務工程以及歸補各款約可敷用,再由臣等查看情形,奏明停止。等語。

臣等伏查,去年秋冬間,廣西土匪滋事,臣部以軍需緊要奏請暫開籌餉事例,嗣因廣東同時防堵,該督臣徐廣縉等援照順天成案,請准本省士民捐助軍需,奉旨交臣部議奏。臣等以事關急需,當經議准由廣東暫開捐輸,以備廣西剿捕經費,並請將臣部前議籌餉事例暫緩舉行,以期該省報捐之踴躍。乃自去年十二月起至本年十月,該督三次奏報所收捐輸銀兩,共止四十一萬兩零。查其册籍,大率每名捐銀數十兩或百餘兩者居多,尚不敷廣東防堵之用。而廣西軍營紛紛請帑,自本年正月至今陸續撥解通計已八百餘萬金。臣等以粤省捐輸有名無實,而部庫支絀愈形,南河工賑並舉,不得已於本年九月十一日,仍請暫開籌餉事例,並於摺内聲明,兩粤土著士民捐銀捐米接濟團練者,由欽差大臣及該督撫酌量辦理。復於十月初六日臣部具奏,粤省及各省士民,有深明大義捐資助餉,其銀在數萬至數十萬者,准該督撫專摺保奏,破格施恩。奉旨允准在案。誠以該省多殷實之家,素稱急公好義,故請特立一格,以昭殊賞,並非准其開捐,致與京中現開捐例同時並舉,事涉兩歧。今該督等以土著接濟團練爲數無多,請量予推廣,如附近各省情殷接濟者,亦准其一律報捐,所有獎叙事宜,照從前粤省鑄礮造船等成案,凡選補班次歸入現開籌餉事例一律照辦,並稱封典職銜一體准其報捐。各等語。

臣等查籌餉事例,原爲軍需而設,接濟團練係與軍需爲一事,尚可歸併選補,無庸另分班次。至封典職銜,乃現行常例事宜。近年部庫度支賴以補苴,猶恐不足。若併此而移之外省,一旦京餉不敷,臣部從何設措?况向來各省軍務祇有開例籌餉,從無兼收常例之事,該督所請未便率議准行。又原奏稱:該省捐輸,不惟廣東目前防堵與善後團練諸務,可以從容措置,即原議修建虎門、廣海城寨礮臺工程,以及墊支各項經費,亦可徐圖歸補。等語。該督此舉直似專爲廣東而設,並未計及廣西軍需。臣等再三商酌,擬請此次廣東開捐所收銀兩,必令盡數解赴廣西,以充軍餉,由西省造册報銷。將來請獎之時,臣部即按其所解銀數與所請官階覈對,如果相符,方准給予議叙。仍示以限制。惟附近廣東之江西、福建、湖南三省士民准在廣東報捐,其餘統歸臣部辦理。如此量爲區别,庶免顧彼遺此之患。

所有臣等速議緣由,恭摺具奏,伏乞聖鑒訓示。謹奏。

硃批:依議。現今粤西待餉孔亟,徐廣縉統轄兩省,責無旁貸。著傳諭該督,現定附近三省在彼報捐,務期有裨實用。京餉尤爲緊要,該督等不可復事瀆請也。

爲請擇大員先於一省改行票鹽事奏摺

咸豐元年十二月初六日

大學士兼署管理户部事務臣祁寯藻等謹奏,爲酌改鹽務章程,以冀裕課便民,仰祈聖鑒事。

伏查國家歲入之數,地丁、關税而外,惟鹽課爲大宗。蓋鹽爲人生日用所必需,而所費無多。故歲有豐歉,容有缺糧之時,而人無貧富,總無乏鹽之日。人人不能不食,又爲人人力所能食,故銷路寬而輸課易也。産鹽之地,各省不同,雲南、四川産於井,河東産於池,其濱海省分如兩淮、兩浙、長蘆、山東、閩粤等處則産於海。所産之鹽,皆待煎曬而成,其附近居民之以煎曬爲業者,曰:竈户。朝廷設官以掌之,招商以運之,積斤成引,按引抽課。各省一引之數自二百四十斤至五六百斤不等,按收正雜各課,自一兩數錢至二三兩亦各不同,此大較也。顧納課之多寡,以銷鹽之多寡爲憑,銷鹽之多寡,以食鹽户口之多寡爲斷。自國家定課以後至於今,生齒之繁,户口之增,豈啻倍蓰,乃食鹽之人日見其增,銷鹽之路日見其廣,而行鹽之引地反多滯而少暢,以致正雜之課額亦有絀而無盈。

若是者何哉?一由私鹽之充斥也,一由浮費之增加也。自設立長商以來,各省官紳士庶皆視鹽務爲利藪,或藉口辦公,巧爲侵蝕;或受人請托,曲爲通融。他若陋規、黑費之類,不可枚舉,且課項則有時展緩,而陋規則無處減輕。此浮費所以日增也。浮費增則成本重,成本重則鹽價昂,鹽價昂則銷路滯,銷路滯則課額虧。而無課之私鹽,乃得充斥於其際。質既潔净,價復輕微,由是百姓樂於食私,而奸民遂樂於販私,竈户遂樂於售私。於此,而欲禁賤價之私鹽,行貴價之官鹽,雖刑驅勢迫,有所不能。此鹽之所以日滯,商之所以日疲,而課之所以日短也。

爲今之計,欲增課必先暢銷,欲暢銷必先敵私,欲敵私必先減費,而欲減費敵私,以暢銷而增課,則莫若使各省改長商而行票鹽。夫票鹽之所以愈於長商者,何也?長商受官管束,官吏因之侵漁,長商無可如何,故有費而鹽日滯;票商隨時認領,官吏即欲需索,票商立許告發,故無費而鹽易銷。則減費即所以裕課,其利一。長商有費則鹽價日貴,貴則不能敵私,而銷路日壅;票商無費則鹽價日賤,賤則可以勝私,而銷路日寬。則敵私即所以裕課,其利二。長商積疲已久,每致先鹽後課,而課易拖延;票商挾本而來,故皆先課後鹽,而課無短絀,則免欠課之積弊,其利三。長商按綱領運,必挾貲鉅萬,而後可以承充;票商量力納課,即爲數無多,而亦准其販運,則廣民間之生計,其利四。長商則恃係官鹽,迫人以不敢不食,故鹽多攙和;票商則各自銷售,恐人之或有不食,故鹽皆潔白,則便各省之民食,其利五。長商價重,則人願食私而梟徒因之以多;票商價輕,則人願食官,而私販因之以戢,則化天下之莠民,其利六。總此六利,而又得人以經理之,當今生財之大道,計無逾於此者。溯查嘉慶六年,滇省鹽課改歸井竈,至今年年溢銷。道光十二年,淮北鹽務前經兩江總督陶澍奏改票鹽,除年清年款之外,每年協貼淮南鹽課銀六十七萬兩,溢銷之數,幾至加倍不止。道光三十年,兩江督臣陸建瀛因漢岸火災之後,引滯商疲,將淮南鹽務盡行改票,彼時中飽之人藉詞摇惑。仰賴我皇上宸謨獨斷,試行之後,裁汰浮費百四五十萬,票販踴躍争先。乙酉一綱上課至五百餘萬兩。去歲部庫支絀,賴以接濟。是改票之上裕國課,下便民食,其效已歷歷可徵。

臣等思各省鹽務,除淮鹽改票滇課歸井之外,惟山東引票兼行,尚能年清年款,而亦總無溢銷。其餘長蘆、河東、兩廣、閩浙、四川各鹽務,無不商疲引滯,苦累日形。今兩淮、雲南既辦有成效,則各省亦可依照成案,量加變通。雖因地制宜,情形各省不同,而銷鹽之地,食鹽之人,初無稍異。惟變法伊始,總以裁費爲要圖。恐向日漁利之人,無利可獲,必致藉詞阻止,摇撼百端,設各該省大吏,於鹽務情形未能深悉,恐以浮詞之眩惑,轉致良法之中撓,不無可惜。皇上聖明洞照,票鹽之利已在宸鑒之中。惟各省改定章程,勢難同時遍及,必須挨次辦理,方爲施之有序。合無仰懇天恩,特簡居心公正、通曉鹽務之大員,先擇一省,前往酌量情形,仿照兩淮改票成案,妥爲籌辦,辦定一省,再及其餘。如此行之以漸,持之以久,以減費爲先務,以緝私爲永圖,不過數年,各省盡行改票,銷路既廣,交課愈多,既化私而爲官,既有暢而無滯,課額之增,將有加倍於今日者,所謂便民裕課,其利誠不可勝言也。

臣等愚昧之見,是否有當,伏乞皇上聖鑒。謹奏。

爲議覆安徽被灾各州縣請分別蠲緩漕糧事奏摺

咸豐元年十二月十二日

大學士兼署管理户部事務臣祁寯藻等謹奏,爲遵旨察覈具奏,仰祈聖鑒事。

内閣抄出,安徽巡撫蔣文慶奏,查明被水受旱成灾及勘不成灾各州、縣,請分別蠲緩漕糧一摺。於咸豐元年十一月初一日奉硃批:户部察覈具奏,單併發。欽此。欽遵。於十一月初三日抄出到部。

據原奏内稱:查本年安慶等府、州屬,自夏徂秋,雨水過多。加以江淮水漲,以至低田被淹。各屬高阜田畝,又因雨澤愆期,間受旱傷。一面飭司委員往勘。現據各員勘覆齊全,於請緩地丁等款之外,聲明鳳陽、宿州、靈璧、五河四州、縣,被水成灾五六分,及勘不成灾不等内,除鳳陽縣向無編徵漕糧,其餘宿州等三州、縣,應徵漕糧請照例分別蠲緩。又,懷寧、桐城、潛山、宿松、望江、貴池、青陽、銅陵、東流、當塗、蕪湖、繁昌、無爲、合肥、舒城、廬江、巢縣、壽州、懷遠、定遠、鳳臺、阜陽、潁上、霍邱、泗州,并舊虹、盱眙、天長、和州、含山、建平等州、縣,被水受旱勘不成灾,内和州、含山二州、縣,向無編徵漕糧。又,貴池、青陽、東流三縣,本年應徵漕糧,均遵例照額徵收。又,宿松縣被水兼旱情形次重稍重各保,應徵漕糧徵七緩三。又,霍邱縣被水較輕各保,漕糧米石照常徵收外,其勘不成灾之懷寧等州、縣並宿松、霍邱二縣被水較重各集、保,及通境勘不成灾之無爲州,均係積歉之區,收成歉薄,力難完漕。内懷寧、桐城、潛山、望江、當塗、蕪湖、繁昌、舒城、巢縣、壽州、阜陽、潁上、盱眙、天長、建平等十五州、縣,勘不成灾保内有收高田剔出徵收,其餘被水受旱田地,概請緩徵。臣即經督司移行該管道府州、縣,親加確勘。兹據先後稟覆,親往覈實覆勘,由藩司糧道會覈彙開清摺呈送前來。

臣伏查宿州等三州、縣,實係成灾五六分,及勘不成灾,並無捏飾。請將應徵本年漕糧,照例分别蠲緩。其勘不成灾之貴池、青陽、東流三縣,照額徵兑。又懷寧等十五州、縣,勘不成灾保内有收高田剔熟徵收。宿松縣被水兼旱情形次重稍重各保,應徵漕糧徵七緩三。又,霍邱縣被水較輕,各保漕糧照常徵收。其餘被水受旱田地,均係積歉之區,體察民情實形拮據,合無仰懇皇上天恩,俯准展緩,俾抒民困。等語。

臣等伏查,有漕省分,各屬漕糧如遇水旱灾傷,其成灾五分以上者,按成灾分數,照例分别蠲緩。至五分以下勘不成灾,將被水受旱之區,勘明請緩。仍剔徵熟田,其成熟村莊均照額徵收。歷經遵例辦理在案。

兹據安徽巡撫奏稱:該省鳳陽、宿州、靈璧、五河四州、縣,被水成灾。内除鳳陽縣向無編徵漕糧,其餘宿州、靈璧、五河三州、縣,實係成灾五、六分,及勘不成灾。請將應徵本年漕糧,分别蠲緩。臣等覈與例符,應准其照例分别蠲緩。其勘不成灾之懷寧等三十州、縣,内除和州、含山二州、縣,向無編徵糟米。又,貴池、青陽、東流三縣,本年漕糧照額徵收。又,懷寧、桐城、潛山、望江、當塗、蕪湖、繁昌、舒城、巢縣、壽州、阜陽、潁上、盱眙、天長、建平等十五州、縣,勘不成灾保内有收高田剔熟徵收。又,宿松縣被水兼旱情形次重稍重各保,應徵漕糧徵七緩三。又,霍邱縣被水較輕各保,漕糧照常徵收,其餘被水受旱田地,概請緩徵。等因。

臣等查,該省勘不成灾各州、縣,既據奏稱覈實覆勘,所請照額徵兑,並剔熟徵收,及徵七緩三各州、縣各保,均應如所奏,分别辦理。其餘被水受旱田地,既稱體察民情實形拮據,所請展緩之處,應准其照例展緩,以抒民困。惟天庾正供不容短絀,現在倉存米石未能充裕,全賴新漕源源接濟,以供支放。

應令該撫於照額徵兑並剔熟徵收，及徵七緩三各州、縣各保，督飭所屬實力催收，毋任惰徵屬員藉詞牽混。其應緩田地一俟届限開徵，務令一律催完，毋再延欠。至應蠲應緩漕糧，並令刊刻謄黄，遍行曉諭，務使實惠及民，毋任吏胥舞弊，以仰副皇上軫恤民情至意。

所有臣等議覆安徽省分别蠲緩漕糧緣由，理合恭摺具奏，伏乞皇上聖鑒訓示遵行。謹奏。

爲全慶請於王公大員俸餉内搭放緞疋應毋庸議事奏摺

咸豐元年十二月二十日*

户部等衙門大學士兼署管理户部事務臣祁寯藻等謹奏，爲遵旨會同覈議具奏事。

内閣抄出刑部左侍郎全慶奏請將庫存緞疋於王公大員俸銀内按成搭放一摺。咸豐元年十月二十三日奉上諭：著户部會同管理三庫大臣、内務府大臣覈議具奏。等因。欽此。欽遵。抄出到部。

據原奏内稱：奴才奉命盤查六庫，見庫内緞疋堆積過多，詢係歷年餘存，日久恐易霉變。若發外間變價，既非政體，具恐窒礙難行，不若酌量變通，爲搭放俸銀之用。擬請自在京王公暨滿、漢文職一、二品、武職一品俸銀，將庫存緞疋抵銀二、三成搭放。惟綢緞不無等差，且現已間有霉變，似應按照例價，酌量減估，臨時鬮發，以昭公允。至外庫所存，向有按年出殘舊章，可否一併查明備抵之處，請敕下三庫大臣，會同户部、内務府詳議具奏。等語。

臣等伏查，古來禄秩皆綿絹與銀穀兼支。今該侍郎請以緞疋搭放俸銀，於撙節國用之中，寓愛惜物力之意，未始非權宜之一策。即王公大臣配領綢緞，亦均荷朝廷衣被之恩，原無窒礙難行之處。惟户部檢查俸册，王公暨滿、漢文職一、二品，武職一品，每季約支俸銀九萬八千餘兩，即抵放二、三成，一年不過省銀四、五萬兩，其中尚有降罰扣抵等項，實支之數多寡不齊，豐約亦異。

伏思國家制禄，自有常經。既未能大益度支，自未便遽籌通變。所有該侍郎所請，以緞疋抵放俸銀之處，應請毋庸遽議。至所稱庫存既多，恐易霉變，及外庫向有出殘舊章，係爲愛惜物力起見。臣等查，户部緞疋庫所存物料,各項多寡不齊,誠恐陳陳相因,積久致有霉變。應由臣等督飭司員,向後派辦物料,必覈實所存多寡,凡可以停減抵放者,即不得照常派辦,以杜虚糜。至出殘舊章,自道光元年查辦後迄今已逾三十年,亦應飭令司員按款確查,由臣等奏明辦理。

臣等查,内務府緞庫所存緞綢,向例分派三處織造織辦,皆係預備内庭主位宫分表裏並上服活計,及各處領項,僅敷一年所用。至由内交出並派織緞綢,向係預備頒賞各國之需,現因年班蒙古王公、台吉、喇嘛及各國使臣未經進貢,是以均無賞項,以致庫内積有餘存。將來賞需款項甚繁,似亦難以抵放俸銀,該侍郎所請,亦毋庸置議。

所有臣等遵旨會議緣由,理合恭摺具奏,是否有當,伏乞皇上訓示遵行。

再,此摺係户部主稿,合併聲明,謹奏。

硃批:既有窒礙,著毋庸議。

爲恭值慕陵奉安大禮加級謝恩事奏摺

咸豐二年三月初三日

臣祁寯藻、彭藴章、穆蔭跪奏,爲恭謝天恩事。

本月初二日奉上諭:禮、工二部承辦喪儀之堂司各官,著各賞加二級,隨從行禮及隨扈御營之大小官員均各賞加一級。欽此。

竊臣等備員樞直,報稱毫無,夙夜捫心,方深愧悚。恭值慕陵奉安大禮,特命隨入陵門,得陪瞻叩,銜哀襄事,隕越滋虞,乃渥荷恩綸,同蒙甄叙。臣祁寯藻、臣彭藴章職任庀材,重叨渥眷;臣穆蔭忝隨扈從,共荷恩光。仰邀丹綍之頒,彌切素餐之懼,臣等惟有勉矢靖共,各勤職守。涓埃未效,倍深循省於再三,葵藿同傾,冀答殊施於萬一。

所有臣等感激下忱,謹合詞繕摺,叩謝天恩,伏祈皇上聖鑒。謹奏。

爲遵旨議奏直隸藩庫清釐庫項借墊銀兩事奏摺

咸豐二年三月初三日

大學士兼署管理户部事務臣祁寯藻等謹奏,爲遵旨議奏事。

内閣抄出直隸總督訥爾經額奏清釐司庫雜款完竣,查明借墊銀兩,分别開除撥放咨追著賠,以清墊款一摺。咸豐二年正月初九日奉硃批:户部議奏,欽此。欽遵。於本月十二日抄出到部。

據原奏内稱:竊照道光三十年十一月二十七日接准部咨,十一月初九日欽奉上諭:户部奏請飭各省查明藩庫濫支等項,分别賠補一摺。各省籌用銀兩,均由藩庫支發,自應按款覈實,不得任意濫行支借。著各省督撫,嚴飭現任藩司,查明各前任濫支濫借等項,據實查明,分别責令經手之藩司等,按款追賠。等因。欽此。當即行司遵辦。

旋據藩司陳啓邁詳明,遴委熟悉度支之員,調齊册檔,將道光十一年清查詳奏以後,歷任藩司因地糧不敷,籌支借款墊發各營兵餉及陵工員役俸餉米折等項,共銀一百六十四萬九百八十六兩五錢八分五厘。查明具詳奏准部覆,就款開除聲明。此外應存雜款,仍趕緊確查,如有不應支借,並支借無從歸款者,分别應奏、應咨、應賠、應補,另行覈辦在案。

兹據藩司陳啓邁詳稱:督同委員將司庫報部雜款徹底清釐。自前署司花杰,道光十一年四月初一日交代報部之日起,至道光三十年年底止,歷任藩司共借墊銀六十二萬五千七十五兩一錢二分二厘,既已撥放還款銀一十三萬六千八百二十七兩七分五厘,實計未歸銀四十八萬八千二百四十八兩四分七厘。内各屬借支緩徵俸工工料,現已豁缺。應撥補還款銀一萬八千八百一十五兩七錢三分五厘。又,借存外省並由原借之各員名下咨提還款銀二萬三千四百二十四兩五錢七分六厘。又,軍需案内,奏明通省攤廉並歷年刊頒則例書價等款,應由各屬捐解歸還銀二十一萬五千九百九十一兩七錢一分七厘。又,例准借支應按季扣還銀三萬三千五百九十一兩二錢三分七厘。又,各屬承領生息成本並墊借租價等項,應由商人繳還並民欠徵起還款銀一十萬六千二百五十五兩二錢。又,因本款不敷借項墊發,均係例准支銷並非濫借,應就款開除銀六萬七千九百三兩二錢四分七厘。又,各員借支俸工工料,參追豁免應開除銀四千七百九兩八錢九分三厘。又,各屬出借折色口糧,攤徵土方,現在民欠已奉豁免應開除銀七千一十五兩九錢七分五厘。又,追存外省報撥應開除銀六百六兩二錢五分。又,正支誤作借支,應作正開銷銀四千二百五十兩四錢六厘。以上各款均應分别開除撥放,及咨提清款。尚有墊支例不准銷銀五千六百八十三兩八錢一分一厘,均屬無款可歸,自應欽遵諭旨,著落濫借之前任藩司顔伯燾等,按數追賠歸款。此次清釐庫項,條分縷晰,劃撥清楚。歷年借墊銀數,悉與報部款册相符。查明歷任藩司應賠銀數,開單詳請具奏前來。臣親赴藩司調取册籍,按數盤查,覈對支收,並實存款目,具屬相符。除造册咨部外,並繕具著賠錢數員名清單,恭摺具奏前來。

臣等伏查,前於咸豐元年七月十九日議覆,直隸總督奏請,自道光十一年清厘司庫以後,至三十年年底止,借墊未歸地糧項下,應請就款開除銀一百六十四萬九百八十六兩五錢八分五厘。經臣部覈對,册案相符銀一百六十二萬五千六百八十六兩五錢八分五厘,准其援案就款開除。其前任藩司温予巽任内借動入官地價等銀一萬五千三百兩,同應存雜款銀兩飭查,如有支借無從歸款者,分别應奏應咨應賠應補,行令據實報部覈辦。奏奉諭旨,行文直隸總督遵照在案。

今據該督奏稱:自道光十一年四月初一日起,至三十年年底止,歷任藩司雜款項下,共借墊銀六十二萬五千七十五兩一錢二分二厘。内已撥放還款銀十三萬六千八百二十七兩七分五厘,實計未歸銀四十八萬八千二百四十八兩四分七厘,分别開除撥放,咨追著賠。業經清釐縷晰,劃撥清楚,並親赴藩司調取册籍,按款盤查,覈對支收,並實存款目,具屬相符。等語。臣等查,前項借墊司庫雜款銀六十二萬五千七十五兩一錢二分二厘,覈與道光三十年分借墊彙咨案内數目相符。其已撥放還款銀一十三萬六千八百二十七兩七分五厘,係放還何款,並造入何季撥册,均未聲叙。應令按款查明,造入各該季撥册新收項下報部查覈。又,實在借墊未歸銀四十八萬八千二百四十八兩四分七厘,内各屬借支緩徵俸工工料,現已豁缺。應撥補還款銀一萬八千八百一十五兩七錢三分五厘。又,借存外省,並由原借之員名下咨提還款銀二萬三千四百二十四兩五錢七分六厘。又,軍需案内奏明通省攤廉,並歷年刊頒則例書價等款,應由各屬捐解歸還銀二十一萬五千九百九十一兩七錢一分七厘。又,例准借支應按季扣還銀三萬三千五百九十一兩二錢三分七厘。又,各屬承領生息成本,並墊借租價等項應由商人繳還,並民欠徵起還款銀一十萬六千二百五十五兩二錢。查前項各款銀兩,既據該督分别撥補提還攤解,按季扣還及應由商人繳還,並民欠徵起還款,均應如所奏辦理,仍令該督逐款分晰覈實辦理,以期有著,仍隨時專案報部查覈。又,因本款不敷借項墊發,例准支銷,應就款開除銀六萬七千九百三兩二錢四分七厘。同各屬出借折色口糧、攤徵土方,現在民欠已奉豁免應開除銀七千一十五兩九錢七分五厘。及正支誤作借支,應作正開銷銀四千二百五十兩四錢六厘,並追存外省報撥應開除銀六百六兩二錢五分。據册稱:已入山東、甘肅二省各季撥册銀四百二兩二錢二分二厘。臣部覈與道光三十年借墊彙咨並豁免各原案,以及各季撥册新收銀數,均屬相符。應准其就款開除。又,各員借支俸工工料,參追豁免應開除銀四千七百九兩八錢九分三厘。據册内聲稱,現經彙案請豁,俟准豁到日,就款開除,應令該督俟奉准豁免到日,再行歸入借墊彙咨案内開除。其追存外省報撥項下,已升浙江衢州鎮游擊章壽恩,未完在直借支俸銀二百兩。據册稱,已由浙江在該員應得世俸内坐扣清楚。又,直隸督標右營游擊,未完借廉修署銀三百兩,内已追存四川藩庫銀四兩二分八厘。查前項扣存銀兩,檢查該二省並無報部案據。臣部無從覈覆,應令該督查明報部,再行覈辦。

至墊支例不准銷銀五千六百八十三兩八錢一分一厘,據稱,均屬無款可歸。請著落濫借之前任藩司顔伯燾等,按數追賠之處,應如該督所奏,請旨敕下直隸總督,迅即分咨各該員原籍督撫,在於前任藩司顔伯燾、光聰諧、陸費瑔、郭熊飛、温予巽等並家屬名下照數著追歸款,專案報部,毋任遲延。再該省藩庫銀兩,自此次截清後,如遇勢不得已,必須借款動用,即遵照臣部奏准成案,隨時先行報部立案,儻再不隨時報部,徑行動用,即由臣部奏參,責令擅動之藩司照數獨賠,以昭覈實,而重帑項。

所有臣等遵旨覈議緣由,是否有當,理合恭摺具奏,伏乞皇上聖鑒訓示遵行。謹奏請旨。

爲左右翼監督一年任滿請旨更换事奏摺

咸豐二年三月初九日

大學士兼署户部事務臣祁寯藻等謹奏,爲請旨事。

咸豐二年二月十三等日,准左翼監督特登額、右翼監督全慶,各將差滿日期照例預報。等因前來。

臣等查得,左右兩翼税差期滿,例由臣部將各衙門保送人員並八旗及内務府俸深人員職名,開列具題,恭候欽點更替。近年俱專摺奏明請旨,均蒙特簡大員管理在案。

今左翼監督特登額,於咸豐元年四月十三日起,連閏扣至二年三月十二日止。前任右翼監督舒興阿於咸豐元年四月十三日管理起,連閏扣至十月二十一日卸任止。現任監督全慶,於十月二十二日到任,接前任計算,扣至二年三月十二日止,均係一年任滿,例應更替。理合專摺具奏,請旨簡放,並將上三屆左右兩翼監督各員繕寫名單,恭呈御覽。伏俟命下,臣部照例行文左右兩翼,仍俟一年差滿,預期報部,奏請更換。

爲此謹奏請旨。

附件:上三届左右兩翼監督職名清單

謹將上三届簡放左右兩翼監督職名開列,恭呈御覽。

道光二十九年:

左翼監督宗室恩華,管理一年。

右翼監督瑞常,管理一年。

道光三十年:

左翼監督僧格林沁,管理一年。

右翼監督福濟,三十年四月十三日管理起,至七月二十六日止。

右翼監督阿靈阿,三十年七月二十七日接任起,至咸豐元年四月十二日止。

咸豐元年:

左翼監督特登額,管理一年。

左翼監督舒興阿,咸豐元年四月十三日管理起,至十月二十一日卸任止。

右翼監督全慶,咸豐元年十月二十二日接任起,至二年三月十二日止。

爲遵旨會審要犯洪大全擬凌遲處死事奏摺

咸豐二年四月二十六日

臣祁寯藻等謹奏,爲會同審明從逆要犯,按律定擬具奏事。

據欽差大臣賽尚阿奏,拿獲逆犯洪大全派員解京一摺。於咸豐二年四月十五日將該犯押解到部,經刑部於十七日具奏。奉旨:據刑部奏,廣西軍營生擒逆首洪大全一犯,現在經賽尚阿派員押解到部,著軍機大臣會同刑部嚴審定擬具奏。欽此。臣等遴派章京司員，嚴行審訊，覆將該犯提至當堂親加訊究。該犯供認從逆據城、抗殺官兵等情屬實。

臣等復會同研鞫，緣洪大全籍隸廣東南海縣，自幼跟隨胞叔洪雲秀，在湖南衡陽縣讀書應試，並未入學。旋披薙爲僧，閱看兵書，潛蓄異志。咸豐元年二月間，洪大全前往廣東一帶地方閒蕩，與洪秀全伙黨胡以晃會遇。胡以晃引至賊營，與洪秀全見面，彼此投契，結拜弟兄。維時洪秀全伙黨有馮雲山、韋正即韋昌輝、蕭朝貴、楊秀清、石達開、秦日綱、賴漢英、曾四、朱錫琨、曾玉秀、羅大綱即羅亞旺並胡以晃等，藉天地會名目，裹脅賊匪，到處搶掠財物，屢與官兵打仗，俱係洪大全主謀。洪大全又自領賊匪，與官兵打仗三次。洪秀全僭稱爲僞太平王，封洪大全爲僞天德王，馮雲山等俱受僞封。閏八月初一日，逆伙韋正等攻破永安州城，與官兵抗拒，後因四路接濟不通，官兵圍攻甚急，起意竄逃。本年二月十六日，燒毀民房，乘便冲出。韋正等擁護洪秀全帶賊匪五千餘人，與洪大全一併逃竄。十八日，走至鬱業山地方，被官兵追擊，經盡先守備全玉貴將洪大全拿獲，解至軍營訊供。該大臣奏奉諭旨，派員押解來京，交臣等會同嚴審，據供前情不諱，應即擬結。查律載：謀反大逆不分首從，凌遲處死。等語。此案洪大全投入洪秀全賊營，代爲主謀，抗拒官兵，攻破永安州城，覆受僞封，實屬罪大惡極。該犯於途中寫具表文，語多支離謬妄，明知自罹重罪，希圖暫稽顯戮。既據供認從逆主謀重情屬實，自應請旨，即行正法，以彰國憲而快人心。洪大全合依謀反大逆不分首從，凌遲處死律，凌遲處死，梟首示衆。該犯親屬，據供止有胞叔洪雲秀在衡陽縣居住，應令湖廣總督、湖南巡撫，一體嚴緝，務獲究辦。

除將洪大全所具表文及供出逆匪、會匪名單一併繕録恭呈御覽外，所有臣等會同嚴審定擬緣由，理合恭摺具奏請旨。

附件一：洪大全上咸豐帝表文

逆犯洪大全呈遞表文

罪臣洪大全跪奏，爲陳情破賊事。

聖主陛下：罪臣生在嶺南，長在湖南。自九歲温習經史，日誦萬言。至十二歲已學成文武才具，始應童試，滿擬指顧鳴珂，内爲國家陳治安之策，外爲邊疆展御侮之能。誰料命途多蹇，不爲試官所容。自是之後，無歲不考，輒無名。俗人以爲耻,致臣隕命者數矣。伏聞聖主龍興,每縣增置生員,臣以爲必預恩澤,奈復不爲車順軌所取。臣慚憤,入寺爲僧。長老待臣甚薄,臣不能堪。已而,賊首太平王遣使以黄金三百兩聘臣爲軍師。臣以爲會匪必無能爲,天命未改,國法猶生。因此往李星源營中效用,意圖滅賊以立功名。奈李星源辱駡不肯收用,臣往山中自縊。遇賊將胡以晃,見而解脱,引臣見太平王,賊深奇臣才,號臣爲賽諸葛,封天德王。臣實不敢當。奈賊勢方張,不容不受,感其恩遇,爲之盡力,屢敗官兵。及賊據永安州,多行無禮,臣常以疏諫之曰:弟觀兄所爲,大類秦政、屈丐。秦政自謂功德高三皇五帝,而兄鄙羲農而非堯、舜。秦政以十月爲歲首,而兄滅閏月。秦政殺降王,而兄殺降兵。秦政掘孔墓,而兄鞭撻遺像。秦政燒書,而兄以經史置污穢中。屈丐蒸土爲城,而兄築重城以自固。屈丐號其城門曰招魏、朝宋、服涼、平朔,而兄欲吞九州萬國。觀兄所爲,狂悖之至也。賊由是不悦。賊僭號改元,不許群下薙發,多殺無辜,僞立三十六宫。臣又諫之曰:昔袁術在淮南,董昌在浙西,皆連城數十,妄自尊大,不旋踵而亡。今兄據手掌之地,崇虚名而受實禍,非良策也。昔李文成蓄發,旋就滅亡。兄宜戒之。兄又高拱深宫,多掠子女以自娱,委事於庸兒,肆行凶虐,以刀鋸鼎鑊威左右,罪甚於高洋、閬、獻,事將如何?賊大怒,因此疏臣。有説臣者曰:昏主之下,難以久居,不賞之功,奸邪側目。今軍師威名日著,不如潛兵入宫,殺太平王而代之,不然,後將噬臍。臣嘆曰:我昔爲試官所不容,屢瀕於死。覆受李星源之辱,解帶自縊。幸遇太平王脱貧賤而致富貴,言聽計從。夫人深親信我,我圖之不祥,彼縱負我,我實不忍負彼,賊多殺降兵,妄稱天父天兄,以愚衆人。獨臣以爲不可,斥之曰:禍莫大於殺已降,白起、項羽、李廣可鑒也。兄不能以才武制群下,而專用妖言,張角、孫恩、吕用之、徐鴻儒何足法哉。開辟以來,未足以妖術成功者,宜急改之。賊滋不悦。俄而楊秀清説太平王曰:君自謂謙恭下士,寬仁得衆,人樂爲之死,孰與賽諸葛?臨危制變,算無遺策,孰與賽諸葛?博覽古今,洞悉時務,又孰與賽諸葛?太平王曰:皆不如也。蕭朝貴曰:既知不如,何不早圖之,不然必爲後患。太平王曰:我方倚之以平蕩中原,今大功未就,而先戮智計之士,恐失群下之望。遂不許。已而密謂臣曰:弟有兵書,何故不肯授我?臣對曰:弟有此書,能利人亦能害人,故不敢妄以相授耳。太平王曰:弟每戰輒身先士卒,一旦殞命,誰可以代弟者?臣曰:觀諸將剛而自務,酷而無謀,皆不足以代弟之任也。太平王曰:既如此,我當學弟之兵書,與弟同享富貴,不然將斬弟。

臣曰:兄如用我,當爲兄畫策。如不用我,我必不能見笑於孫臏、李靖也。生殺惟命,兵書不可得也。至十二月二十六日,賽中堂進圍永安州,臣又獻奇計,賊不能用。臣憤曰:鼠子不足與謀,我死無日矣。遂私自夜遁,欲往峨嵋山修行,爲賊追兵所獲,鎖入空室,嚴兵防護,臣屢次求死,皆不許。楊秀清曰:不如殺之,以警諸將。太平王曰:昔齊殺斛律光而國亡,梁殺劉鄩而國亡,唐殺林仁肇而國亡,今戰争方始,要可先戮良將乎? 爰暨今年,賊勢日蹙,臣終不爲之設一謀。但曰,有爾天父、天兄在,我安用哉? 賊忌臣益深,而終不肯殺臣者,欲得臣兵書故也。

至二十六日,賊挈家眷夜走昭平,將臣手用大鎖縛住,更用大鏈鎖臣頸,防衛周密,被臣略施小計,暗遁深谷,賊四面追尋,皆不見。大驚曰:彼殆投官軍去矣,將若何? 已而太平王聞臣走,將監押官盡斬之,傳令有能獲臣者,即封爲天德王。臣隱在谷中,備聞其語。賊徒既不見臣,震怒喪魄,以故官兵追及,賊不能御。是日蓋二月十八日正午時也。賊自造反數年,未有此敗。臣自谷中出降官軍,官軍數苦臣,争欲殺臣。獨全玉貴以爲不可,生縛臣以獻諸將軍。臣乃說諸將軍曰:賊携妻孥同走,各顧其家,更兼連日饑疲,心(忙)[慌]足腫。今復遭此敗,賊徒喪膽,莫有斗志,此天亡之時,不可失也。且賊首盡聚於此,若官兵乘勝急追,彼智不及謀,勇不及怒,一鼓可盡殲也。今若緩之,彼得簡兵成備,以御官軍,則難制矣。而諸將軍以臣新降,不知心腹,遂按兵不動,失此機會,六州鐵不能鑄此錯矣。臣竊笑諸將之無能也。至次日辰時交戰,賊出兵才千餘人,而官兵十倍,前鋒稍却,大衆悉潰。臣又謂諸將軍曰:賊雖小勝,然數日饑勞,必不能窮追。況我兵甚衆,若能與之力戰,可以反敗爲勝。况據此險山,兩面合擊,今若遁逃,路狹人多,自相踐踏,必大挫蔑,此自弱也。諸將又不能從,争先逃命,踹死無數,臣亦幾被踹死者數矣,賴全玉貴、張金燦竭力扶臣,幸保殘生。

至十九日引見賽中堂,中堂以禮相待,臣爲寫書,離間賊黨,奈無送書之人,將箭射去。二十日,賽中堂復以禮送臣進京,臣視死如歸,並無懼怯。奈兩手頭頸,皆被鎖傷,兩足腹背,皆被踹傷,晝夜動楚。所以不即自裁者,蓋欲上爲國家平淫虐之賊,下爲生民解倒懸之苦,兼欲報數月鎖縛之大仇也。臣在賊中,立功不少,出戰未嘗敗北,賊不能賞,反忌臣才,臣深恨之。儻生不能翦此賊,死當爲厲鬼以滅賊也。

臣觀會匪盈天下,而湖南、福建、兩越尤多,若不早除,必將蜂起。臣本欲言天下大計，奈恐觸衆官之怒。昔宗澤上表數十，皆爲黄潛善所匿。脱脱擊破張士誠，哈麻反以敗聞。況臣疏遠，兼負重罪，縱有奇謀良策，安能上達聖聰耶？人之將死，願竭愚忠。天下之所以未安者，文官貪酷而無能，武官庸懦而怯死耳。陛下欲保民，而官府淫刑以逞。陛下欲求才，而官府疾才如仇。大河以北，臣不能知，大江以南，臣略知之矣。以故賊得因以爲資，摇動南服。賊之初起，本無他長，因疾試官之不公，縣令之貪暴，遂構逆謀。臣竊觀賊中文學之士，其才皆過於翰林進士，而曾不得一名，是以甘心爲賊所用也。賊兵不過萬人，餘黨皆分據遠方，未能猝聚。而官兵以數省之兵討之，三年不能克，諸將之無能，亦可知矣。臣在烏都統營中二日，細察士卒，亦多精鋭，所以不能制賊者，將不得其人也。賊以區區之衆，當天下萬之一，鏖戰三年，殺傷無數，非賊之强，賊之人材過於官軍也。然賊之所恃者惟臣，臣既歸降，賊亦無能爲矣。臣在賊中，秘謀頗多，賊按臣舊法，猶可以延數月之命。今爲目下平賊之計，敕試官不得賣秀才、舉人，豪右不得欺凌貧民。下赦書於南國，使會匪悉焚其妖書，各安生業，一無所問，翦其羽翼，使賊無以爲資，令賊首自相捕斬者，即除其罪，此一策也。令諸將簡精兵爲前列，優以重賞，約日齊奮，有進無退，勝則疾追，此一策也。分守險要，制其入湖南、廣東之路，巡邏必嚴，探候必謹，使賊不能越險而過，糧盡援絶，勢將自潰，此一策也。

行此三策，而賊猶不能撲滅，則非臣親行不可，願陛下緩臣旦夕之誅，臣請以尺組係太平王之頸，致之闕下，報臣前日之仇，萬死無恨。若必戮臣以快賊心，臣亦願面見聖容，陳國家大計，用兵秘謀，使臣流名於後世，菹醢之戮，其甘如飴矣。願陛下如殿試之制，面試臣才，看臣籌略何如。陛下倘能用臣計，屠此小醜，如反掌耳。賊聞臣來，必不敢以鋒刃相拒，就其逆命設奇破之容易矣。賽中堂虚懷引士，臣在賊中亦知其忠良，今又蒙其禮款，遣參將蘇斌領兵二十名護送，晝夜監守，頗能用心。又臣多上書於聯芳、丁守存，亦蒙優禮相待，此皆國之忠臣。伏惟陛下詳察。臣不勝惶恐待罪之至，謹拜表以聞。兹因手慟，書法不佳，在信陽州力疾手書，監表瞻望，不知所云。

咸豐二年三月二十四日辰時謹寫。身抱重病，不曾起稿，死罪。

附件二：洪大全供太平軍首領名單

洪大全供出盗營逆匪名單：

洪秀全:年四十二歲,身高,面赤微麻,黄鬚。廣東花縣人。自封僞太平王。

楊秀清:年三十五歲,面麻有鬚,洪秀全妹夫。封僞東王。

蕭朝貴:年三十歲,面白無鬚,廣西貴新縣人,洪秀全妹夫。封僞西王。

馮雲山:年三十二歲,面白微鬚,廣東花縣人。封僞南王。

韋正即韋昌輝:年二十五歲,身高,面黑微鬚,廣西平南縣人。封僞北王。

秦日綱:年三十七歲,面白微鬚,廣東花縣人。封僞丞相左翼公。

石達開:年三十九歲,面黑微鬚,廣東增城縣人。封僞丞相右翼王。

胡以晃:年三十餘歲,身高,面白微鬚,廣西象州人。封僞侍衛將軍。

羅大綱即羅亞旺:年四十歲,面黄有鬚,湖南永州府人。封僞前部副先鋒。

朱錫琨:年三十二歲,面黑有鬚,係朱錫英之弟,廣東花縣人。封僞監軍。

賴漢英:年三十七歲,面麻微鬚,洪秀全妻舅。封爲侍衛將軍。

賴漢光:年三十四歲,面麻微鬚,廣東花縣人。洪秀全妻舅。

曾玉秀:年三十餘歲,身高,面黑微鬚,廣西鬱林州人。封爲前部正先鋒。

曾四:年三十餘歲,面麻微鬚,廣西鬱林州人。封僞將軍。

譚天順:年三十五歲,面黄有鬚,廣東博白縣人。

邱福恩:年三十二歲,面白微鬚,廣西鬱林州人。

附件三:洪大全供湖南廣東會衆首領名單

洪大全供出湖南廣東會匪名單:

李泉:年三十八歲,面白有麻無鬚,湖南長沙縣人。湖南會匪。

李丹:年四十歲,面白無鬚,湖南衡州府人,在廣東韶州府碗山居住。湖南會匪。

竇璧春:廣東人:年四十餘歲,住狗頭山。廣東會匪。

朱九濤:廣東人:年四十餘歲,住狗頭山。廣東會匪。

林十八:廣東人,年三十餘歲,住狗頭山。廣東會匪。

朱錫英:年四十二歲,面黑有麻有鬚,廣西會匪。

邱含章:年三十八歲,面黄微鬚,廣西鬱林州人。廣西會匪。

爲遵議琦善請調察哈爾馬匹事奏摺

咸豐三年正月初四日

臣祁寯藻等跪奏,爲遵旨速議具奏事。

内閣抄出,琦善奏請議調馬匹一片。咸豐二年十二月三十日奉硃批:軍機大臣會同兵部速議具奏。欽此。欽遵。抄出到部。

查原奏内稱:據防堵局司道詳稱,豫省額馬無多,現在大兵雲集,需用較繁,詳請奏調一萬匹,以資應付等情。查前經臣琦善以吉林、黑龍江馬隊官兵需成較多,附片奏請飭部籌議,應行聽候諭旨。此外請調馬匹,必須先籌喂養,現在未據議及,是以即經批飭再議。惟豫省額設馬本無多,值兹軍興之際,實屬不敷供支,可否仰懇聖恩,俯念軍務緊要,飭部覈議,在於察哈爾營馬内酌量調撥前來。等語。

臣等查前經琦善奏調撥官兵馬匹,經臣部奏請調直隸省騎操馬二千二百匹,山東、山西省各調騎操馬一千一百匹,共馬四千四百匹,解赴河南,備吉林、黑龍江官兵乘騎,並請於蒙古捐輸分交商都、太僕寺牧放馬七千一百六十二匹内撥出四千四百匹,解交直隸、山東、山西三省,以歸原額,並會同户部議奏,仰蒙允准,由臣部行文直隸總督、山東、山西各巡撫、察哈爾都統遵照在案。查察哈爾商都、太僕寺兩處舊有馬六千九百五十二匹,新歸商都、太僕寺兩處牧青馬三千九百六十八匹,此二項馬匹向係留備圍差之用,現值軍務需用,自應略爲變通,請於此二項馬内挑調四千四百匹,再於蒙古捐輸馬内挑出一千二百匹,連前共湊一萬匹之數,可敷應用。查自張家口外前赴河南,可由山西取道前往。如蒙俞允,請旨飭下察哈爾都統遵即挑選膘壯之馬五千六百匹,取道山西,揀派通識漢語妥實大員管解,迅赴河南,以資應付。其沿途應付,即由臣部知會户部查例辦理,並知照察哈爾都統,將解送馬數起程日期暨欽差大臣琦善收到各處馬匹數目,均各造報臣部查覈。俟凱撤後均歸原處牧放,仍造報臣部查覈,餘均應如該大臣所奏辦理。

所有臣等遵旨會議緣由,理合恭摺具奏,伏祈皇上聖鑒。謹奏。

咸豐三年正月初四日奉旨:依議。欽此。

爲請派御史王茂蔭會同户部籌劃鈔法事奏摺

咸豐三年正月十九日

大學士管理户部事務臣祁寯藻等謹奏,爲擬請試行鈔法,並請旨派條陳行鈔之御史,會同臣部籌劃辦理,恭摺具奏,仰祈聖鑒事。

竊查理財之道,固貴因勢而利導,尤應與時爲變通。現在軍務未竣,需用孔亟。疊經臣等悉心籌劃,凡屬有利而無弊,或弊輕而利重者,靡不公同酌覈,奏請奉行。前據御史王茂蔭、江蘇巡撫楊文定、福建巡撫王懿德、左都御史花沙納及檢討沈大謨各有行鈔之奏,均經臣部先後覆議,並請敕下江蘇巡撫楊文定、福建巡撫王懿德,即就各該省情形,通盤籌劃,先議試行。各在案。

兹復據御史王茂蔭奏稱,該御史自咸豐元年十月,曾上鈔法十條。近來言鈔者多,而於推行收發之間,立法亦多未盡。請敕臣部仍將前奏再行詳議。等因。又稱,鈔法非爲無弊,但此法不取於民,亦不强於民,猶弊之較輕者。等語。

臣等伏查,行鈔一事,誠如該御史所稱,不能盡屬無弊,但求去其弊之太甚,得其利之大端。然後可酌議施行,以資補救。惟事屬創始,並無成例可循。須於鈔法素深講求熟悉情形者,總司其事,加以群策群力,辦理方能有濟。

該御史前奏行鈔十條,臣等覆加酌覈,似於行鈔之法曾經深究,得其要領。該御史本係臣部司員出身,於理財之道向所熟悉,相應請旨,派令陝西道監察御史王茂蔭會同臣部辦理鈔法,以期互相考訂,詳籌妥辦,庶幾試行有效,可濟時艱。

臣等爲籌劃經費起見,理合恭摺具奏,伏乞皇上聖鑒訓示遵行。謹奏請旨。

爲軍機章京丁守存奉旨回籍辦團請以吴兆麟署缺行走事片

咸豐三年二月十一日*

查軍機章京、户部員外郎丁守存現在奉旨暫行回籍,辦理團練,所遺章京一缺,應請以額外行走名次在前之内閣中書吴兆麟署缺行走,並請添傳記名之工部候補主事李德莪在額外行走。謹奏。

咸豐三年二月十一日奉旨:知道了。欽此。

爲請派大理寺卿恒春會同户部籌劃錢法事奏摺

咸豐三年二月二十三日

大學士管理户部事務臣祁寯藻等謹奏,爲籌劃錢法以濟度支,並請旨派條陳錢法之大理寺卿會同臣部斟酌辦理,恭摺封奏,仰祈聖鑒事。

竊查理財之道,固貴審時而度勢,尤應酌古以准今。今日公私通行之幣,惟銀與錢。銀不能官造,故銀價貴賤之權,操之自下。錢本由官鑄,則錢法流通之權猶可操之自上。然非多鑄錢無以補銀之不足,非廣籌銅斤亦無以供多鑄而收利權。

先據御史蔡紹洛有改鑄大錢,嚴禁銅器之奏。臣部正在覈辦間,兹覆據大理寺卿恒春奏稱,自古本不用銀,漢、唐、宋之世,司農度支出納,皆以緡錢爲算。銀錢並用,始自近代。天下銀少而銅多,若就錢法籌之,有應改小以節銅者,有應加大以利用者,有應塞其匱乏之源者。等語。奉硃批:户部議奏。欽此。

臣等查覈,原奏臚列三條,一係改錢制;一係鑄大錢;一係禁銅器。現當寬籌經費銀錢並重之時,自應斟酌時宜,變通辦理。該大理寺卿所奏,似於錢法素深講求,且曾任寶源局監督,一切情形向所熟悉。擬請旨派令大理寺卿恒春會同臣部,於應議原奏三條面加考訂熟商妥辦,庶幾酌贏劑虚,行之有效,藉錢之有餘,補銀之不足,於經費不無裨益。

臣等爲籌劃錢法起見,是否有當,伏乞皇上訓示遵行。謹奏請旨。

爲繕寫舊檔請給承辦官員分别議叙事奏摺

咸豐三年三月初八日

臣祁寯藻等跪奏,爲循例奏聞事。

竊照軍機處歷年所奉清字諭旨、寄信、明發、議覆及内外臣工摺奏等件册檔繁多,前經臣等查照奏定章程,奏明繕寫一份,並將從前節年舊檔一份,一併修整。臣等遵照歷届辦理之例,傳集譯漢官等繕寫,揀派軍機章京二員總司校勘。計自道光二十八年春季起,至咸豐二年冬季止,並將積年舊檔一律補綴整齊。

查上届辦理漢檔告竣,奏蒙恩旨,賞給議叙。此次繕寫五年清檔,復將積年各舊檔修補完善。所有承辦之譯漢官及供事等,可否照歷次告竣之例,一體賞給議叙之處,出自天恩。如蒙俞允,臣等將應行議叙人員,分别等第,咨部遵照辦理外,仍於該員内擇其熟諳者,留於本處接手抄録。伏乞皇上聖鑒。謹奏。

爲請援例奬叙繕修軍機處清字檔册官吏事片

咸豐三年三月初八日*

再查,上届道光二十八年奏辦軍機清字檔案,所有臣等揀派滿洲章京、内閣中書清盛,兵部筆帖式海慶二員,總司校閲。書成時奉旨:内閣中書清盛,著作爲候補侍讀,遇有侍讀缺出,即行奏補。兵部筆帖式海慶,著作爲候補主事,遇有本部主事缺出,無論題選咨留,即行奏補。其尤爲出力之供事,從九品周新年、未入流周京,均著歸雙、單月,不入班次,遇缺前先行即選,以示鼓勵,該部知道。欽此。

咸豐二年,辦理軍機漢字檔案,所有臣等揀派漢章京、工部候補主事胡嘉楷,刑部候補主事胡家玉,總司校閲。書成時奉旨:此次軍機處繕修漢字檔册,總司校對之工部候補主事胡嘉楷,著俟服闋後,遇有本部主事缺出,無論題選咨留,盡先補用。刑部候補主事胡家玉,著遇有本部主事缺出,無論題選咨留,盡先補用。其尤爲出力之承辦供事,雙月即選從九品康森齡、顧瑩,雙月兩缺選用,從九品杜承恕、黄嵩年,均著交部,以從九品不論雙單月,遇缺前先選,以示鼓勵。欽此。

此次辦理清字檔案,臣等遵照歷届辦理之例,揀派滿軍機章京、兵部主事海慶,内閣候補中書文吉總司校對,尚屬詳慎。該員等係應升員外郎,應補實缺中書人員,平日行走,亦俱奮勉。應請援照成案,量予鼓勵。合無仰懇天恩,准令海慶作爲候補員外郎,遇有本部員外郎缺出,無論題選咨留,即行奏補;文吉遇有滿、漢本堂實缺中書缺出,不計旗分,即行奏補,無庸另給議叙。

至派出承值之供事,檢查收發差使較繁,且因辦理軍務正值喫緊之時,該供事等,均係自備資斧在館當差,始終勤奮,惟銓選無期。臣等擬照上年辦理漢檔成案,擇其尤爲出力者,據實保奏。合無仰懇天恩俯准,將供事雙月即選未入流吴孝鈺、雙月三缺選用從九品趙允祜、雙月二缺選用未入流巢曰焕、雙月三缺選用從九品董緒昌,均以不論雙單月,遇缺前先選,以示鼓勵。

謹附片請旨,伏乞聖鑒。謹奏。

爲曹毓瑛丁憂所遺軍機章京一缺請以林壽圖充補事片

咸豐三年三月初九日

查軍機章京、兵部候補主事曹毓瑛現在丁憂,所遺章京一缺,應請以署缺行走之工部候補主事林壽圖充補。其所署之缺,應請以記名之户部候補主事程祖誥接署行走。謹奏。

咸豐二年三月初九日奉旨:知道了。欽此。

爲奏覆遵查四品以下官員捐輸銀數並請酌加獎勵事奏摺

咸豐三年三月十四日

大學士管理户部事務臣祁寯藻等謹奏,爲遵旨覆奏事。

咸豐三年三月十一日内閣奉上諭:惠親王等會同户部奏,大臣、官員等續捐軍餉,開單呈覽一摺。所捐銀兩,著即賞收。所有三品以上現任、曾任各大員,均著交軍機處存記,統俟軍務告竣,開單請旨。其四品以下各員及原任大員之子,著户部查明官職並現交銀數具奏,候朕施恩。等因。欽此。欽遵。抄出到部。除此次捐備軍餉之三品以上現任、曾任各大員,均由軍機處存記外。其四品以下各員及原任大員之子,臣等現經查明,前長蘆鹽政現任内務府郎中崇綸,先曾捐銀二萬兩,蒙恩賞戴花翎,今又報捐銀二萬兩。前協辦大學士禧恩之子二等侍衛輔國將軍榮壽、頭等侍衛恒壽、二等侍衛輔國將軍徵壽、三等侍衛興壽等四員,共報捐銀一萬兩。前協辦大學士陳官俊之子翰林院編修陳介祺,先曾捐銀一千五百兩,蒙恩給予從優議叙,經吏部議以加四級紀録五次,今又報捐銀四萬兩,内已交庫銀一萬兩。前南河河道總督麟慶之子翰林院侍講崇實,先曾捐銀五千兩,蒙恩賞戴花翎,今又報捐銀一萬二千兩。前閩浙總督鍾祥之子、内務府候補主事德振,先曾捐銀四千兩,蒙恩賞戴藍翎,今又報捐銀一萬兩,前長蘆鹽政鍾靈之子、丁憂翰林院編修宜振,先曾捐銀五千兩,蒙恩賞戴藍翎,今又報捐銀一萬兩。

所有臣等遵旨查明此次捐備軍餉之四品以下各員,及原任大員之子官職銀數緣由,理合繕摺奏聞,伏乞皇上聖鑒。

再,查歷届捐輸成案,均係覈其官階銀數,指項報捐。是雖名爲捐輸,實與大捐無異,而大捐事例,由俊秀捐足郎中,僅需銀八千六百餘兩,捐足道員,亦不過需銀一萬四千餘兩。所以一人捐至數萬者,甚屬寥寥。上年臣部於各省奏報捐輸案内,屢經奏明有獨力捐至鉅萬及數萬兩以上者,准各該督撫專摺奏明,破格施恩,並於會議籌餉准捐花翎條内聲明。當兹軍需孔亟,果能踴躍輸將,雖非效力行間,即與用命疆場無異,均荷允准在案。

此次捐備軍餉各員爲數較多,應如何酌加獎勵之處,出自皇上特恩,臣等未敢擅便。謹奏請旨。

爲奏報惠親王等續捐軍餉數目事片

再,本月十一日,據惠親王門上長史佛倫呈報,該王續捐現銀三千兩,並據聲稱,將應領親王俸銀全數捐輸,俟軍務完竣,再行遵領。等因。又恭親王奕訢續報捐輸銀一萬兩,肅親王華豐報捐銀五千兩,貝勒奕譞繼續報捐輸銀五千兩,吏部尚書柏葰續捐銀八千兩,庫倫辦事大臣、宗室訥勒亨額捐銀一千兩,順天府府尹宗元醇捐銀一千兩。又,四品以下業以交庫之光禄寺少卿錫霖捐銀一千兩,乾清門二等侍衛藴秀捐銀一千兩,其餘四品以下報捐尚未交庫人員,應俟交庫後,再行彙奏。

理合附片陳明。謹奏請旨。

爲妥議盛京將軍奕興奏内河船隻請在鐵嶺以北運行事奏摺

咸豐三年三月二十九日

大學士管理户部事務臣祁寯藻等謹奏,爲遵旨妥速議奏事。

據盛京將軍、宗室奕興等奏,内河船隻請在鐵嶺以北行駛,藉利商運附片一件。咸豐三年三月二十一日奉硃批:户部妥速議奏。欽此。欽遵。於二十四日由内閣抄出到部。

據該將軍片奏内稱,查奉天省幅員遼闊,生齒日繁。本處民食,向賴西北邊外各處産糧之區,車載販運接濟。惟陸路地多窪下,必待冬寒路凍之時,方能轉運。一届春融冰化,車不能行,即有餘糧,亦難轉運。奴才等留心體訪,北邊以外,如昌圖廳等處糧石,較之省城價值平減。至吉林雙城堡屯田地方,糧價更平。奴才等現在疊奉諭旨,飭令採買米石,衹緣奉省内地積粟無多。北邊以外,雖有餘糧,然當春、夏、秋三時,車輛實難載運,必須量爲調劑,即可以有餘補不足。

奴才等檢查陳案,吉林長春廳,於嘉慶年間,曾有會同昌圖廳懇請開運船隻之案。當因盛京省城内界,禁止河運,未經准行。嗣於道光二十三年,經前任將軍禧恩奏奉部議,盛京渾河以南,准其行駛小船載運糧石、貨物,隨時納課徵税。近年以來,商民頗稱利益。惟原議行船界限,近省以渾河渡口爲限,再西則以巨流河渡口爲限,不准越界北駛。兹經詳細體察,訪諸輿論,若能將内河小船行駛於鐵嶺以北可以通運地方,則邊外糧石可省車輛轉運之勞,並於四時皆可得轉輸之利。一經變通辦理,不惟本處民食有益,如試行一、二年後,果於商民利便,自必源源而來,即可收買轉運京倉,再當隨時奏明酌辦。如蒙俞允,准令内河小船於鐵嶺以北可通河運地方,一體行駛,奴才等即趕緊委員查明,定立界限。一面出示曉諭,以期商民踴躍,及早販運,而資採辦。仍查照前奏章程,責成地方各官,查明票照,納課徵税,劃一辦理。其鳳凰城、岫巖等處與朝鮮搭界,並邊外産木山場,所有水路船隻可通之處,均請仍舊查禁,不准越界偷運,以杜流弊。等語。

臣等伏查,盛京省城内界,向例禁止河運,防範綦嚴。道光二十三年十一月,據前任將軍、宗室禧恩等請將奉天漁船,在内河載運糧貨,藉以通商便民。等因。經臣部覈覆議准在案。兹復據將軍宗室奕興等片奏,内稱:現在疊奉諭旨,飭令採買米石。奉省内地積粟無多,若能將内河小船於鐵嶺以北可通河運地方一體行駛,則邊外糧石自必源源而來,不惟本處民食有益,兼可收買轉運京倉。等語。

臣等伏思,從前定議行船界址,近省則以渾河渡口爲斷,再西則以巨流河渡口爲斷,原不得越界北駛。惟現當籌備京倉之時,自應准其權宜酌辦。第所稱試行一、二年後,收買運京之處,臣等公同商酌,該省如果辦理有效,不必俟一、二年之後,再行運京,擬即令其趕緊設法籌辦米石,及早試運,接濟京倉,方爲有備無患之道。相應請旨飭下該將軍、府尹,查照臣部本年正月奏案,無論何項雜糧,不計石數多寡,酌量採買。覈計每石市價若干,每色可以採買若干,分别運津,運通脚價若干,即行妥議章程,奏明辦理。

仍令該將軍等嚴定行船界限,並責成旗民地方官,查明船隻票照,隨時納課、徵税,以符原議。至岫巖、鳳凰城接壤高麗,斷不准存留船隻,亦不准越赴邊外採木山場等處,庶足以重邊禁而杜弊端。

謹將臣等遵旨妥速議奏緣由,恭摺具奏。是否有當,伏乞皇上聖鑒。謹奏請旨。

爲陳明江寧被陷後各官員相繼殉難及江寧股衆情形事奏摺

咸豐三年四月初四日

臣祁寯藻跪奏,爲訪聞江南省城殉難文武各員,並現在賊匪情形,恭摺奏聞事。

竊臣於本月初二日退直後,有自江南省城回京家丁趙興、董位二名,係於二月二十三日夜,乘間出城,來京稟訴。據稟,省城被賊陷後,内城將軍、副都統,外城總督、提督、道府、知縣先後殉難情節,並詢知現在賊匪情形,分别開單呈覽,伏祈皇上聖鑒,謹奏。

附件一:江南省城殉難文武各員清單

謹將訪聞江南省城殉難文武各員,開單呈覽:

將軍祥厚,於外城陷後,力守内城,督率旗營官兵,奮勇殺賊數千人。二月十一日，在内城小門騎馬督戰，手刃數賊，被賊斫折馬足倒地，身受數十傷，被害甚烈，全家盡節。

副都統霍隆武，十一日與將軍同在小門騎馬督戰，手刃二賊，被鈎落馬，身受數傷遇害。

總督陸建瀛，初十日城破，在外城儀鳳門内小營地方遇賊被害。

提督福珠洪阿，在外城南門城上，帶領蘇松兵三百名及山東新到兵三百名，殺賊四五百人，力竭陣亡。

鹽法道、署布政使涂文鈞，城破，賊入署搶庫，與眷屬均被害。

糧道陳克讓，懷印遇賊被害，眷屬亦被害。

江寧府知府魏亨逵，初十日外城破，自縊。

上元縣知縣劉同纓，初十日賊入儀鳳門，該員猶在南城守御。十一日賊擁至縣署，該員公服坐大堂駡賊，賊因知縣係好官，不敢戕害，該員奮起奪賊刀，自刎。

江寧縣知縣張行澍，初十日外城破，自縊。

附件二：訪聞江寧股衆情形單

謹將訪聞賊匪情形，開單呈覽：

逆首洪秀全及楊秀清等，多戴戲班銅骰方帽，蟒袍繫帶，穿鞋。賊次頭目戴紅風帽，緣寬金邊；其次緣邊稍窄，以風帽金邊寬窄爲記。小頭目黄綢裹頭，後垂兩股長三、四尺；其次黄綢裹頭，後不垂，衣前後綴黄綢，書聽使、礮手、刀排手、左衛、右衛等字樣。

新擄難民給紅布或花布裹頭，後不垂，衣前後給黄布二塊。前面以太平前後左右軍爲别，後面聖兵二字，皆印刷字樣，每人各給小木牌書姓名，無牌者即殺。每與官軍打仗，先驅所擄難民爲前隊，令其大聲吶喊，以誘官兵開放槍礮，我軍擊殺紅巾賊多係此類。俟官兵槍礮力弱，賊之後隊乃冲出，或被我兵擊敗奔逃，其落後者大半係所擄難民，或被剿或逃散多非真賊。舊賊多廣西、廣東人，長髮如辮，不過數千人。其後附之賊，湖南人最多，髮長尺餘。其次湖北人，髮長四五寸。餘新附之賊，江西、安徽、江南人，髮僅一二寸，與所擄難民髮長差等。附賊者多係無業窮民、監犯、竊盜、乞丐等類，賊入城後，隨同搶掠，皆换新衣，其被擄難民衣多襤褸，即有家業人亦改换舊衣，土人每以此分别是賊非賊。然賊情詭詐,此中亦難免假冒,不可不防。賊匪中廣東、廣西人十分不過二三,湖南人十有五六,湖北人十有二三,新擄兩江人附賊者尚少,多乘間逃亡,賊亦不能禁止。

賊船備打仗者插黄旗,頭目船紅旗,婦女船黑旗,其餘輜重、銀米各船旗色不一,多在上關、下關一帶聚集,空糧船、接運小銅船,煤船、鹽船多被擄掠。新擄難民未見賊大頭目,每二十五人有一小賊目看守,多兩湖口音。賊禁食旱烟、水烟、潮烟,有吸鴉片烟者立殺。

賊目有欲由常州、蘇杭至福建,繞回江西之説。現在盤踞總督衙門,驅難民爲運瓦石,欲造房屋。

賊首楊秀清,於二月十九日由儀鳳門外夾河水路往擾鎮江,二十一、二日在儀徵縣打仗,洪秀全在城内未出。

賊最畏忌向榮,以其接仗多次,遇賊不亂。賊衆每拒官軍,總誘我先開槍礮,我兵能立定脚步,俟槍礮能及再發,必可破賊制勝。

爲部撥日絀請飭各省設法籌解銀兩不准截留改撥事奏摺

咸豐三年四月十二日

大學士管理户部事務臣祁寯藻等謹奏,爲部撥支絀日甚,各省奉撥銀兩,亟應請旨諭令設法籌解,不准截留改撥,謹密陳情形,仰祈聖鑒事。

竊查臣部歲出撥款,以冬撥兵餉爲大宗,河餉次之,銅本鉛本又次之。而冬撥案内,又以協甘兵餉爲最巨,歷經臣部於各省地丁、鹽課、關税等項内指款酌撥,並非例外多出之項。各該省自應如數委解,方爲正辦。乃因辦理防剿,動以臣部指撥要需,非請改撥,即請截留,不惟被兵省分他顧未遑,即設防省分亦藉端推諉,如河南、江西、浙江、安徽、江蘇等省紛紛奏請,近更有山東請將部撥各餉改留停解,並上忙錢糧全數留用之奏,豈該督撫等不知籌款維艱耶!

查現在各省防剿兼施,供應繁費,在封疆大吏諒無不辦理竭蹷,要在各就地方情形,實力籌畫,設法變通,或於留之待用之款先爲墊解,或於未完未解之款認真催提,或於當雜各商量爲挪借,加息歸還,或於殷富官紳廣爲勸捐,破格請奬,推之鹽關税課,亦應因時制宜,變通盡利。至臣部前會奏推廣恩綸,申勸捐輸,酌加中額、學額一條,已奉諭旨俞允,飭令各省謄黄刊布。該項督撫等果能妥速籌辦,不難目前收效。總之,部庫各款,皆出自外省。值此軍需浩繁之際,部臣籌之於内,疆臣籌之於外,但其緩急有濟,無不可暫爲權宜。即如京城暫收鋪租,試行官票,及開設官銀錢號、開採銀礦、收買銅器、加鑄大錢等項,無非極力變通之方。各省督撫大吏世受國恩,身膺簡畀疆寄重任,一省(才)[財]賦出納,視其轉移。若奉撥不解,又復毫無籌畫,僅改撥他省爲詞,亦不計及他省之盈絀,似此輾轉推諉,必致貽誤。臣部職司度支,兼權通計,焦灼萬分,惟有請旨申諭各直省督撫,於臣部指撥銀兩,務須設法籌解,以濟要需。在各省衆擎易舉,而臣部亦藉資周轉,如再率請截留改撥,致誤大局,臣部亦不能不照例參奏。

所有部撥支絀及各省留改各情形,理合密封陳奏,伏乞皇上聖鑒。謹奏。

咸豐三年四月十三日奉硃批:朕看各該督撫一籌莫展,動請部撥,有平日漫不經心者,有避嫌避怨不肯爲者,亦有限於定例、格於處分不敢爲者。前二款惟在各省大吏激發天良,惟末一條則在權宜辦理,不可拘執。現當緊急之時,朕必貸其處分,寛其定例,求事之有實濟也。欽此。

爲查覈湖南長沙等州縣蠲免緩徵漕糧等項事奏摺

咸豐三年四月十八日

大學士管理户部事務臣祁寯藻等謹奏,爲遵旨速議具奏,仰祈聖鑒事。

内閣抄出,署湖南巡撫、布政使潘鐸奏,查明湖南被賊竄擾各州、縣額徵漕糧、漕項,分别辦理一摺,咸豐三年四月十五日奉硃批:户部速議具奏。欽此。欽遵。抄出到部。

據原奏内稱:湖南地方,上年被賊竄擾,有漕各州、縣額漕礙難徵收。並因運道未靖,業經前巡撫臣張亮基奏,奉上諭:著停運一年,其已徵漕糧,暫存各州、縣倉,歸於下年帶解。仍著將被賊州、縣應行蠲緩錢漕之處,確切查明,奏請施恩。欽此。欽遵。

臣復督同司、道等,遵查湖南額徵漕糧、漕項。上年因粤匪竄擾,以致有漕州、縣地方,閭閻駭散,花户逃亡,顛連困苦,實難言狀。應即查辦蠲緩,以紓民困。惟其中有實被賊蹂躪各村莊糧户逃亡者,即按户蠲免。輕者量予緩徵。如未被擾村莊糧户力能完納,應聽照常徵完。至賊踪未及之處,亦應招集流亡,復歸舊業,各自輸將。除岳州衛屯坐被賊各地方,未完咸豐元、二兩年軍三安家等項銀兩,彙入蠲緩地丁錢糧案内,另行覈辦,湖北荆州正、荆州左、荆州右等衛,應徵錢糧,由北省另行分别覈辦外,所有湖南被賊地方民欠未完咸豐元、二兩年漕糧、漕項,合無仰懇皇上天恩,將有漕之長沙、善化、寧鄉、益陽、湘陰、醴陵、攸縣、茶陵、安仁、巴陵、臨湘等十一州、縣被賊竄擾各村莊,未完咸豐元、二兩年漕糧米石,並南折、驢脚、隨淺、閑丁津貼等款正耗銀兩及被賊無漕之道州、嘉禾、郴州、江華、桂陽、永明、永興等七州、縣,未完咸豐二年淺船正耗、閑丁等款銀兩,分别被擾各村莊輕重,照例蠲緩,以紓民力。其有賊未經過滋擾各村莊糧户,力能輸納,及此外未被賊有漕各州、縣,未完咸豐元、二兩年漕糧、漕項,仍飭照常徵收,不得牽混,率請蠲緩。等語。

臣等伏查,湖南、湖北二省,本年應運漕糧,前奉諭旨:停運一年,其已徵漕糧,暫存各州、縣倉,歸於下年帶解。等因。欽此。業經臣部行知,欽遵在案。

今據該署撫奏稱,湖南省應徵咸豐元、二兩年漕糧、漕項,將有漕長沙等十一州、縣,被賊滋擾各村莊,未完咸豐元、二兩年漕糧米石,並南折等款正耗銀兩,及被賊無漕之道州等七州、縣,未完咸豐二年淺船正耗、閑丁等款銀兩,分别被擾輕重,照例蠲緩。其有賊未經過滋擾各村莊,糧户力能輸納,及此外未被賊有漕各州、縣,未完咸豐元、二年漕糧漕項,仍飭照常徵收,不得牽混蠲緩。等語。

臣等查,該署撫所奏,均係實在情形。應如所奏,懇請皇上天恩,將湖南省有漕之長沙、善化、寧鄉、益陽、湘陰、醴陵、攸縣、茶陵、安仁、巴陵、臨湘等十一州、縣被賊竄擾各村莊,未完咸豐元、二兩年漕糧米石,並南折、驢脚、隨淺、閑丁津貼等款正耗銀兩,及被賊無漕之道州、嘉禾、郴州、江華、桂陽、永明、永興等七州、縣,未完咸豐二年淺船正耗、閑丁等款銀兩,分别被擾各村莊輕重,照例蠲緩,以紓民力。其賊未滋擾村莊,及未被賊擾有漕各州、縣未完漕糧、漕項,應令該署撫即飭趕緊招集民人復業,勒限徵收。其何時起徵之處,一併報部查覈。

所有臣等遵旨速議緣由,理合恭摺具奏,伏乞皇上聖鑒。謹奏。

爲變通新疆兵制以節浮費事奏摺

咸豐三年四月十九日

大學士管理户部事務臣祁寯藻等謹奏，爲變通新疆兵制以收實效而節浮費事。

伏查咸豐元年十二月，臣部先後具奏，請將駐防馬匹酌量裁減，並緑營兵額改復舊制各摺，均經仰蒙俞允，通諭各省查辦。原以損益因時，勢難一例。與其馬多缺額，兵有空糧，徒耗度支，無裨營伍，不若量爲通變，以爲經久之方。

查各省兵餉，以甘肅爲多；甘肅兵餉，又以新疆爲尤鉅。計南北兩路駐兵四萬餘名，歲需經費一百四、五十萬兩。其换防官兵俸賞、行裝、鹽糧、駝價取給於内地者，亦復不貲。自乾隆年間戡定以來，垂及百年。竭朝廷之物力以給西陲，爲數實逾萬萬。彼時在廷大臣，亦有以將來難繼爲言者。高宗純皇帝因邊圉甫闢，帑藏充盈，未即允其所請。嘉慶十八年復奉仁宗睿皇帝密諭，令前任將軍松筠，通盤籌劃，以期節省。嗣雖續有變置，而興利較詳，裁費仍略。沿至今日，情形愈不相同。自道光二十七、八年以後，各省協撥甘餉，幾無一處不逾例限。而甘省剋期支發，輾轉借墊，勢將無可再籌。即如本年協撥及豫撥之餉内，有山東、安徽、江蘇等省地丁銀兩，現經各該撫奏請改撥者九十餘萬兩。如果防兵實不可緩，新疆經費竟無可省之法，臣等亦何敢冒昧瀆陳。乃稽之成案，採之輿論，有萬不能不亟議變通者。謹舉數端，臚陳聖鑒。

查新疆駐兵，自乾隆二十五年以後，始設緑營。二十九年以後，始設滿洲等營。彼時叛酋初殄，密邇外夷，不能不設重兵以爲控制。今則涵濡德澤，邊境乂安，夷裔、回民，各安耕牧，其可以變通者一。

新疆未入版圖，先經准部之摧殘，繼困回酋之蹂躪。六師所過，民慶更生。故以厚餉給重兵，實於籌邊禦侮之中，隱寓酌盈劑虚之意。今則伊犁、烏魯木齊等處耕屯相望，闤闠如雲。就其本地之所出，亦幾足以自贍。其不妨變通者二。

回城底定之初，其先未有官兵久駐，舍内地抽撥之法，別無可以派往者。今則北路駐防久居邊域，人情地勢夙所深知，較之三年一更、五年一换，其得力不啻霄壤。此宜於變通者三。

新疆兵額北路多而南路少。當時南路换防之兵，不過四千。内地抽撥，無虞短絀。今則陸續添設一萬二千餘名，取之陜、甘者，數幾及萬。每届班滿之期，派出者久已登程，撤回者未能歸伍。是口外留萬餘閒駐之兵，内地有二萬虚懸之額。此必應變通者四。

甘肅緑營兵額，統計六萬八千有奇，實爲天下之冠。當時裁腹地之額，設此重兵，原以專備關外。今則西寧一帶，番患頻仍，較之回城，遠近倍蓰，而防河之兵不及三千，征調出境者又以逾萬。現在，陜甘總督已有暫停防兵之議，可見本省空虚，不敷調遣。此急待變通者五。

從前選派出關，均係拔尤簡鋭，馬騰士飽，踴躍從戎。今則積習相沿，多係以老弱游惰混厠其間。一到防所，肆意滋擾，以之虐回衆則有餘，以之壯邊防實不足。不特空糜無益之餉，而且隱伏不測之憂。此尤宜變通者六。

凡此情形，即令國家當繁富之時，亦宜與時變通，亟籌更改，况值軍興數載，議款維艱，若再稍事因循，此後愈難爲繼。咸豐元年，御史張廷瑞曾有停止防兵，改挑土著之奏。經伊犁將軍奕山等議駁，但言土著之不可挑兵，而不及换防之必籌善策。臣等悉心商酌，防兵之費，不費於防所，而費於沿途；防兵之疲，不疲於無能，而疲於不久。然則取之内地，誠不如調之近城。换以三年，誠不若定以五載。擬令自本年爲始，凡有陜、甘兩省調往口外换防官兵，概行停止。其喀什噶爾、英吉沙爾、葉爾羌、和闐、烏什、阿克蘇、庫車、喀喇沙爾八城應設防兵，即由伊犁、烏魯木齊緑營内如數酌撥。如緑營兵額不敷抽换，准其於滿洲等營官兵内，通融調撥。一律定爲五年更换。似此一轉移間，既可節省經費數十萬兩，而於邊防亦多裨益。應請飭下陜甘總督、伊犁將軍、參贊大臣、烏魯木齊都統、葉爾羌參贊大臣，通盤籌畫。如臣等所議實屬可行，即將更定章程，妥速奏明辦理，不得憚於更張，輒稱窒礙難行，一奏塞責。

再，伊犁額魯特營下五旗，有土爾扈特甲兵五百七十一名，每名每月食銀五錢，係乾隆三十七年及六十年先後增設之額。今此項人等滋生日繁，散處伊犁之精河、喀喇沙爾之著勒圖斯、庫爾喀喇烏蘇之濟爾哈朗、塔爾巴哈臺之和博克薩里等處，若援照成案，挑補换防，則防兵一名之費，可贍三人。較之伊犁、烏魯木齊滿洲、緑營官兵，更爲節省。且土爾扈特習尚强健，素爲回衆所畏服，於邊防尤爲得力。惟逐水草而居，以打牲爲業，必令安心游牧，方免遷地弗良。是在該將軍、參贊等體察情形，相度地勢，妥爲安插，於緑營等官兵參酌互用。於節省經費之中，仍寓相爲維制之義，似臻盡善。

謹將酌籌新疆歲需經費條款，另片具奏。

臣等爲節餉籌邊起見,是否有當,伏乞皇上訓示遵行。謹奏。

爲庶吉士散館試卷用典錯誤未經看出自請議處事奏摺

咸豐三年四月二十一日*

臣祁寯藻等跪奏,爲請旨議處事。

竊臣等奉派閱看庶吉士散館試卷,内孫楫一卷用典錯誤,未經看出,欽奉硃筆批示,不勝悚惶,除將原擬一等第十名孫楫遵旨改爲二等第三十八名外,應請旨將臣祁寯藻、臣文慶、臣花沙納、臣王慶雲、臣許乃普交部議處。謹奏。

咸豐三年四月二十一日奉硃批:祁寯藻等均著交部察議具奏。欽此。

爲張金鑑告假所遺額外章京一缺請以段承實充補事片

咸豐三年四月二十二日*

查軍機章京額外行走之禮部候補主事張金鑑,據禮部知照,該員告假出京,措備資斧,所遺額外章京,應請將此次記名名次在前之内閣中書段承實,傳令在額外行走。謹奏。

咸豐三年四月二十二日奉旨:知道了。欽此。

爲請飭内務府籌給軍機處辦公飯銀事奏摺

咸豐三年四月二十八日

臣祁寯藻、臣麟魁、臣邵燦、臣彭蘊章、臣穆蔭跪奏,爲據實奏聞,仰祈聖鑒事。

查軍機處應領各項銀兩,原爲滿漢章京及供事蘇拉人等飯食辦公之用,向由内務府、户部分别支領,歷經辦理在案。現准内務府咨稱,每年葠斤變價銀兩,向例賞給軍機處銀四千五百兩,由廣儲司銀庫先行墊發,俟變價銀兩解到,陸續歸款。現在銀庫存銀無多,不敷墊發,於三月三十日具奏,請將葠賞銀兩暫停發放。等因。奉旨:依議。欽此。抄録知照前來。

竊查軍興三載,費用浩繁,臣等皆目擊情形,豈不知籌款維艱?惟此項銀兩係滿漢章京及供事蘇拉厨役人等飯食並茶、燭、煤炭、辦公等項之用,現當辦理軍務之時,該章京等終日在直,一切用項較繁,即供事等抄寫摺件,亦較前多至數倍。查軍機處自正月至五月應領之項,向由户部先行支借銀一千兩,並内務府葠賞一款,借資度用。現在户部因庫款短絀,僅付銀五百兩,若將葠賞一概停止,該章京及供事、蘇拉等一切用項無可設措,實於辦公有礙。臣等再四籌商,惟有將必不可緩之項復加酌減,合無仰懇天恩,飭令内務府於軍機處應領銀四千五百兩内,先行籌給一半銀二千二百五十兩,以濟急需。俟葠斤變價有款,再行按照原數支領,並將此次支項扣還,庶庫款得以稍紓,而辦公亦不致竭蹶。

是否有當,伏乞皇上聖鑒訓示。謹奏。

爲代辦巡撫倪良耀率行咨提晉省銀兩請旨嚴議事奏摺

咸豐三年四月二十九日

大學士管理户部事務臣祁寯藻等謹奏,爲特參代辦撫臣率行咨提别省銀兩,恭摺奏聞,請旨交議事。

竊據山西巡撫哈芬奏稱:接准代辦江蘇巡撫布政使倪良耀來咨,現在欽差大臣向榮統帶大兵雲集,需餉甚夥,無款可動,咨請無論正雜款項,動撥銀數十萬兩,飛解江蘇。等因。查協解各省餉銀,歷係奉部指撥,方行起解。今江蘇省既以軍餉緊急,若拘泥往例,聽候部咨,誠恐貽誤要需,應即在於咸豐三年地丁項下,照數動解銀十萬兩。等語。

臣部查各省協解餉銀,向係由部酌量指撥,各該省遵照部撥款數,於文到日即行起解,歷經辦理在案。查代辦江蘇巡撫布政使倪良耀,既以軍餉緊要,自應在本省正雜各款各項内移緩就急,通融動解。即使必須他省協撥,亦當一面奏聞,一面報部,方爲正辦。乃既不奏撥,又不報部,率行咨提他省正雜各款銀數十萬兩,實爲從來所未有,更恐所提銀兩不止山西一省。相應據實奏參,請旨將代辦江蘇巡撫布政使倪良耀交部嚴加議處,又令將所提餉銀是否僅止山西一省,即行專案聲覆,以憑查覈。

所有代辦撫臣率行咨提别省銀兩緣由,理合恭摺參奏,伏乞皇上聖鑒。謹奏。

爲酌撥向榮軍營餉銀據咨改奏事片

咸豐三年四月二十九日

再,臣部接據欽差大臣向榮咨稱,前准部咨,續撥江蘇海運節省銀内指撥大營銀五十萬兩,當咨蘇撫飭解。旋據蘇藩司倪良耀先後委解到銀二十萬兩,並據該司詳稱,海運節省銀六十萬兩,應由蘇糧道庫解司一款,因道庫支絀,移解無多,又照案催徵民欠及於民欠漕尾案内徵解各款。刻下居民遷避,無從催徵,奉撥前項均非司庫現存銀兩,本司凑足二十萬之數,業已庫無存銀,大營兵餉應請改撥濟用。又另詳奉部咨撥蘇藩庫收存提督福珠隆阿捐銀二千兩,查此項或動用無存,或未交蘇庫。各等情。是該藩司凑解銀二十萬兩外,尚有未解銀三十萬二千兩,應請查覈改撥。等語。飛咨到部。

臣等查現在軍務緊急,各省撥解餉銀不容稍有遲誤。前撥江蘇海運節省銀兩一時既未能徵齊,擬請先行改撥銀二十萬兩擬撥。山西巡撫奏報,現解江西糧臺餉銀十萬兩,再於江南各省應解部庫未報起程之淮安關供漕銀内撥銀六萬兩,浙江扣存减平銀六千兩,北新關税抵解貴州銀一萬六千兩,北新關約徵税銀一萬八千兩,以上共撥銀二十萬兩,應令各該巡撫、監督等於文到日,迅速委員解赴欽差大臣向榮糧臺交納。其餘銀十萬二千兩,仍令兩江總督、江蘇巡撫轉飭藩司,將海運節省一款,加緊嚴提,委員起解,毋許再有遲誤。至前項海運節省銀兩,除動支起解各款外,下餘銀兩一俟催解齊全,即行另款封存,報部候撥。

所有臣等酌撥軍需據咨改奏緣由,理合附片陳明。謹奏。

爲呈朝考名次事奏摺

咸豐三年四月三十日

臣祁寯藻等跪奏。

蒙發下朝考試卷二百二十一本,臣等公同詳閲,分别等第、名次,擬一等三十四名,二等六十七名,三等一百十四名,四等六名。謹於卷面粘簽恭呈御覽,伏候欽定。俟發下後,再行拆閲彌封,繕寫名單進呈。謹奏。

爲呈送復試等第名次事奏摺

臣祁寯藻等跪奏。

蒙發下覆試卷一百二十三本。臣等公同詳閲,分别等第、名次。擬一等二十名、二等三十五名、三等六十六名、四等二名。謹於卷面粘簽,恭呈御覽,伏候欽定。俟發下後再行拆閲彌封,另繕名單進呈。謹奏。

爲訪查剥船米石霉變無確據請派大臣查驗事奏摺

咸豐三年五月初二日

大學士管理户部事務臣祁寯藻等謹奏,爲訪查剥船米石霉變並無確據,請旨派員前往查驗,恭摺奏祈聖鑒事。

竊據驗米大臣、臣部尚書孫瑞珍咨稱:前因通壩驗收起剥海運米石内,穆季長等剥船查有攙和霉變情弊,經駐通倉場將該剥船户等奏交刑部,並將奏案備文,移知前來。查原奏内稱:係該剥船户代役等中途舞弊,以至米石攙雜霉變,與天津原送米樣不符。等語。當即密派隨帶司員振麟、王友端,由津至通,詳細訪查。旋於四月二十三日回津,面稟一切情形。復派司員成琦、何國琛,仍按所稟各情,再行確切查明奏復。并諭令司員於赴通查訪後,即行赴部面稟,臣等酌覈。等語。

臣等當將驗米大臣孫瑞珍咨文公同閲看,復據司員成琦、何國琛稟稱:到通面詢坐糧廳毓鐘,送辦船户穆季長等九船米石攙雜霉變情形。據坐糧廳稱:初驗米時,但見氣頭過厚,疑有弊端。内有一船攙和麥皮,其餘各船,未能指出舞弊確據。當將氣頭米呈驗倉場侍郎。旋即飭令具詳覈辦,詳文内並無霉變字樣。倉場侍郎徑行奏交刑部。等語。並據司員稟稱:驗米大臣孫瑞珍,先於四月十九日,密派隨帶司員振麟、王友端,由津至通,暗中訪查。回津復稱:所送九船米石,並無霉變確情。倉場侍郎於廳員驗氣頭米後,[未]經親手復驗,即行具奏。現在該九船,停泊壩樓内,有二船各封五艙,一船僅封二艙,其餘各船均未封釘。該司員等親身上船,包帶米様呈驗,與天津原送米様均屬相符。是以復派司員成琦、何國琛再到通州,面詢該廳,並將米様親賫到部。

臣等查,本[屆]河運梗阻,專恃海運接濟倉儲,如剥船果敢舞弊致使好米霉變,自應嚴行懲辦。如無舞弊確情,該廳即當迅速起卸,何以一見艙面氣頭輒疑有弊。該侍郎何以不親詣各船覆勘,遂行奏辦。現據該司員等查禀,該九船停泊壩樓,均未起卸,誠恐封釘日久,各船板薄釘稀,致令蒸潮,未霉變者亦終霉變,殊非慎重倉糧之道。

除將米様咨送刑部覈辦外,應請欽派大臣親往,秉公查驗,是否攙雜霉變,覈實辦理。毋得假手通壩員役,致滋弊混。查驗有無霉變之後,即行飭令該廳,將九船米石起卸。知照刑部,秉公覈結。

再,此案經臣部尚書孫瑞珍派員暗查,臣等據咨奏請查辦,均應迴避,以免藉口。臣等爲慎重海運漕糧起見,是否有當,謹恭摺奏明請旨。

咸豐三年五月初二日奉硃批:著派翁心存、花沙納即日親往查驗,據實覆奏。欽此。

爲請飭將本届漕糧經運各倉不必寄囤太平倉事奏摺

咸豐三年五月二十一日

大學士管理户部事務臣祁寯藻等謹奏,爲倉場奏請漕糧寄囤太平倉,請旨飭令覈實辦理,以節糜費而速運務,恭摺奏祈聖鑒事。

咸豐三年五月十二日奉上諭:朱嶟奏轉運漕糧,預籌寄囤,以速運務一摺。現當驗收海運漕糧喫緊之際,設遇大雨時行,道遠難於轉運。自應預籌寄囤,以期迅速起卸。著准其援照成案,暫行寄囤太平倉三十萬石。俟通壩掃數完竣,再行分投起運。如果天晴路乾,仍飭該監督等督令趕運,毋稍遲延。欽此。欽遵。抄出到部。

查原奏内稱:大通橋進運各倉米石,例應每日三萬石,俾口袋得以迅速回空,以供通壩驗卸。兹值驗收海運漕糧喫緊之際,自應預籌寄囤,以期口袋回空迅速,不誤起卸。擬請援照歷届辦理成案,將京遠各倉米石,暫行寄囤太平倉三十萬石。俟通壩掃數完竣,再行分投起運進倉,以符原派之數。如果天晴路乾,仍飭該監督等,督令車户趁時趕運。等語。

臣等查,漕糧寄囤太平倉,雖屬未雨綢繆之計,惟太平倉坐落朝陽門外,與城外之萬安、裕豐、儲濟,相距不過數武,與城内之禄米、南新、舊太、海運、北新、富新、興平等倉,相距亦只數里,即本裕、豐益稍遠,一日之内盡可運到。毋論晴日舒長,即陰雲不雨之日,亦應按例每日轉運三萬石赴倉,以期及早蕆事。至口袋,每年制備一十八萬條,即全漕抵通足敷起卸。本年海運米數不過常年之半,何慮周轉不克迅速。該侍郎奏請寄囤太平倉三十萬石,俟通壩掃數完竣,再行分投起運進倉,何以不將派倉漕糧徑運各倉,輒定成數三十萬石,截爲兩次起卸,未免欲速反遲。檢查咸豐元年奏請寄囤太平倉三十萬石,次年坐糧廳造報通濟庫奏銷,籠統開除囤費銀四千餘兩,並無細數可查。該處經紀吏役人等,難保不恃有奏案,不必寄囤,而亦寄囤不及三十萬石,而亦援案開銷,執定天晴路乾,再行轉運,必須秋末冬初,方能報竣,輾轉捱延,百弊叢生。應請旨飭下倉場侍郎,轉飭坐糧廳,齊備口袋車輛,務須照例每日三萬石,節節起運,趕赴各倉造册,逐日登記。設或遇有下雨日期,不得已暫寄太平倉,亦須造册,注明:某日因雨寄米若干袋。住雨後,即行趕運各倉,不必久囤,以致耽延。俟運竣後,將册送部查覈,不得延至下年奏銷,籠統造報囤費。如查有藉端浮冒,臣等據實參奏,著落經手人員如數追賠。

值此經費支絀,不得不覈實辦理,以節糜費而重倉儲。是否有當,伏乞皇上訓示遵行。謹奏。

爲變通京通各倉倉儲米石事奏摺

咸豐三年五月二十三日

大學士管理户部事務臣祁寯藻等謹奏,爲奏聞事。

竊惟京通各倉收儲漕白糧米,以備官兵俸餉、王公暨三品以上大員春、秋兩季俸米,係在通州中、西兩倉支領。查王公暨三品以上大員,本年春季俸銀,均已捐備軍需。秋季俸銀亦多指捐報效。惟禄米所入,仰蒙體恤,仍令照舊關支。兹海運白糧將次全數抵通,臣等公同商酌,擬請將中、西二倉應放秋季俸米，先於六月給領，俾通倉白糧江米不致陳陳相因，而臣工亦藉資接濟。如蒙皇上天恩允准，其西、中兩倉倉存，除放俸米之外，尚有盈餘，並請旨飭下倉場侍郎，妥速運進内倉，另廒收存，俾倉糧歸總，得以就近關支。明年開放俸米，仍令該二倉監督，帶領人役進倉經理，以專責成。一俟河運如常，再行改歸舊制。至四品以下官員俸米，八旗兵丁甲米，係在城外四倉、城内七倉關支。向來甲米輪放章程，每月三旗，在於城内七倉分派二旗，城外四倉分派一旗。常年南糧抵通不下三百餘萬石。歷係按京通十七倉覈計放數，均匀派收，以備輪放。

本年豫東及海運漕糧，不過常年之半，而城内倉廒較城外高爽，巡查亦較城外嚴密。除清河、安河之本裕、豐益，宜按應放之數派收外，現在抵通海運米石，應盡城内七倉收儲，以昭慎重。應請旨一併飭下倉場侍郎，轉飭坐糧廳，將抵通起運之米，毋庸寄囤太平倉，全數運入城内七倉收受。其口袋車輛，原已照全漕豫備，諒無不敷應用。至六、七月應放甲米，先將城外四倉已經收受新舊粳、稷、粟三色米石，盡數支放，以便騰空候收明年新漕。惟將應派城外四倉之米，改運城内各倉，總歸城内監督經理，亦恐防範未易周到。應分覈某倉派收若干石運寄城内，某倉空廒收存將來札放俸甲等米，仍照舊章輪札，即令城外各倉監督，帶領該倉花户人役經理，以均勞逸而示公允。其一切應辦事宜，並令倉場迅速妥議，先行報部，俾免牽混之虞。

臣等爲慎重倉儲起見，是否有當，謹恭摺封奏，伏乞皇上訓示遵行。謹奏請旨。

爲借庫銀轉運漕糧請勒限經手人員繳還事奏摺

咸豐三年六月初一日

大學士管理户部事務臣祁寯藻等謹奏，爲奏借庫銀轉運截卸北倉漕糧，例外浮銷，請旨飭查經手人員繳還，以重庫款而示限制，恭摺奏祈聖鑒事。

查南糧截卸北倉，次年春融轉運到通，乾隆、嘉慶年間辦有成案，節經纂入則例及漕運全書遵辦。查乾隆二十五年之例，旗丁每船出價銀六兩，交地方官會同坐糧廳雇募撥船。其沿河地方文武官弁俱有稽查、催押之責，應令督率兵役挨遞管押，不得復行需索飯食。每米百石，旗丁出米一石，以五斗給經紀等作爲飯食,以五斗幫貼經紀一切轉運夫役、雜費之用。乾隆四十五年,改令將所出米一石,照依時價,折銀赴通交納。所有經紀應用之費,即於通濟庫輕賫項下墊發,將下年解通銀兩歸款。嘉慶十四年奏定,每百石給撥船雇價、飯米折色銀七兩九分零,給經紀名下每百石津貼銀二兩五錢。是船户雇價,除飯米折色之外,别無津貼銀兩,其津貼經紀二兩五錢之外,别無飯米折銀也。本年倉場准坐糧廳奏,借長蘆運庫銀辦運北倉漕糧一摺内稱,向例每百石應得撥價及飯米折色等項七兩零,又給津貼經紀銀二兩五錢,是倉場各員亦知有定例當遵也。

臣部查,所奏與例載數目相符。惟稱所需銀兩請在長蘆運庫借銀五萬兩,復咨請長蘆運庫續撥銀一萬兩,共六萬兩。等語。因按每百石所需撥價、飯米折色并津貼經紀等項,共銀九兩五錢五分五厘,合本年截卸北倉據報三十七萬餘石覈算,只需銀三萬六千兩,何得多借二萬四千兩。當咨倉場,不准浮借冒銷,致干參辦。

續據長蘆鹽政咨稱,坐糧廳業已將六萬兩全數領竣。臣部即咨行倉場,飭令將多借之二萬四千兩解部歸款。旋據坐糧廳呈稱,補領去冬奏借部庫銀二萬兩,經臣部將多借應即解還之銀抵給二萬兩,以省彼此解費,尚餘多借銀四千兩,仍令解還在案。

兹據倉場侍郎咨,准坐糧廳開報,轉運北倉漕糧用款,乃於船户撥價、飯米折色之外,又開津貼船户銀四千兩,經紀津貼之外,又開經紀飯米折銀八千二百餘兩。又另開經紀個兒錢九千八百餘兩,又開撥船守候口糧、押運盤費、委員薪水、書役飯食等銀六千餘兩,又官撥船油艌銀一千餘兩。共例外浮銷銀二萬五千餘兩。所開款目重疊、濫給,實出情理之外,是否虚捏,不堪窮詰。總之,例價皆由辦過成案酌定,以撥船而論,每隻至少裝二百石,用夫五人,自津抵通三百二十里,寬計十日往返一次,可得雇價十二兩,飯米銀二兩一錢八分零,合制錢二十八串餘,得值不爲不優,何故例外津貼四千餘兩?以經紀而論,每百石二兩五錢計,米三十六萬五千石,北倉離河里許,例定每石抗價六文,需錢二千一百九十串,每日例應轉運米三萬石,半月可以蕆事。即尚有經理一切事宜,寬計一月,諒能完竣。可得津貼銀九千一百餘兩,合制錢一萬八千數百串,除抗價二千一百九十串,尚有一萬六千餘串。其飯食及一切雜費,取給於此,不爲不敷,何故例外開銷飯米銀八千二百餘兩之多?至經紀個兒錢,向例各省旗丁抵通,當時按米每石給經紀錢二十七文。若給銀,則奉例照時價折給,計米三十六萬五千石,只需銀四千八百兩,何以有九千八百餘兩之多,且經紀當時何以不向北倉截卸之旗丁取給?是否重開,無憑覈准。又所稱撥船守候一節,查常年撥船南往衛河、臨清等處迎撥,隨到糧船,本無定期,不能不給糧守候。若米入北倉,春融始行雇船轉運,又何得濫給守候口糧?又所稱押運委員盤費薪水一節,查歷年各幫漕糧抵通,沿河文武員弁無不督率夫役,稽查催押,從無造報押運盤費、委員薪水、夫役飯食之款。北倉漕糧即係年例抵通漕糧,何以各該員弁,忽於此次截卸北倉,獨向坐糧應需索盤費、薪水、飯食銀六千兩?又所稱海運米石同時抵津,用官撥油艙銀一千餘兩,更於北倉無關,何得牽混開報?值此庫款支絀之際,允宜激發天良,事事撙節,何可任意浮銷,致多冒濫!應請旨飭下倉場侍郎,轉飭坐糧廳,按例覈實報銷,其所多借銀二萬四千兩,除抵撥二萬兩外,尚有四千兩,迅即解部,毋任延緩,希冀浮銷,致干重咎。

惟據稱,比較上屆支領數目微有節省等語。臣等查咸豐元年,亦有奏借銀五萬兩,轉運道光三十年截卸北倉米石之案,援引向例每百石用銀九兩五錢零,亦復相同。其册報延至二年冬底,始行題銷到部。查例准開銷外,多揑款目浮銷銀二萬餘兩,現在辦稿題駮,因册内轇轕款目太多,往返咨查倉場,延不明晰聲覆,尚難具題。本年倉場仍循故轍,率行奏借,實因元年經手多報之員濫開其端,若不據實陳奏申明定例,以示限制,遇有用度事件,人人效尤,例外揑報,不遵久經奏定之例,輒援未經議准之案,一意徑行部臣勾稽度支,憑何覈辦!并應請旨飭下倉場侍郎,查明咸豐元年經手辦運北倉漕糧例外多銷銀兩,於各該員名下勒限還繳,以清庫款而昭覈實。

謹據實奏聞,請旨。

爲代遞郎中易文浚呈請於河北等省建碉事奏摺

咸豐三年六月初五日

大學士管理户部事務臣祁寯藻等謹奏,爲據呈代奏,仰祈聖鑒事。

竊據臣部江西司郎中易文浚呈,請於河北各省建立碉座,遏賊北竄。臣等查閱呈内所稱各情,係爲防堵河北保障京師起見,爲此密封陳奏。並將所具圖說恭呈御覽。可否請旨飭下直隸、山東、山西、河南各督撫採擇施行之處,恭候欽定。謹奏請旨。

附件:户部郎中易文浚呈文

咸豐三年六月初一日

具呈。江西司郎中易文浚呈,爲賊匪擾入河南境内,應亟籌河北防堵事宜,以爲京師保障。

竊維賊匪自粤西竄出以後,志不在掠野,而在攻城。守城之法,御内尤須御外,防近不如防遠。賊臨城下,如雲梯爬城,槍礮攻城,以及毁城垛、火城門;又如與奸細通書信,接言談,作手式,送暗號,抛擲火器什物,皆切近故也。而尤莫甚於開挖地道,安設地雷。賊之爲是舉也,必不敢於耳目昭彰之地,是非在城外僻静處聽,即附城居民宅内鼠竊蟻運,無一知之,一旦發作,不可復制。湖北、江南兩省城是其前鑒。湖南省城兩次被轟,若非猛將登陴,幾亦闔城涂炭。是以城濠之設防逾越,實防地雷。惟一遇警急,僅於濠外屯兵拒守,並無壁壘以資捍衛,恐仍不足以御賊。從前失守各城池,當賊至之時,豈毫無堵截?而兵丁動輒潰散,此其明驗也。再四思維,惟有變通鄉守之法,建立碉座,庶可以保城。而遏賊鄉守之法,浚壕築堡,建碉衛堡,然一時已難猝辦。若環城而悉高其壘,環壘悉深其溝,所費不貲,而閲期更久。現當河南被擾,其山東、山西、直隸三省,因賊情靡定,所在戒嚴,值此軍務旁午之際,經費支絀之時,勢難責令舉行。然究不可任賊之奔竄,而一無阻遏,况此三省者,實畿輔之屏藩,西南之門户,三省無虞,則京城無虞矣。

碉之制,即明戚繼光空心臺、周鑒虚敵臺遺法,上覆以瓦,以庇人及火器;中虚作樓,以資栖止;前左右三面,上中下三層,分置銃礮各眼,以御寇。前人建碉,就堡墻中爲之,故謂之碉堡,三面凸出,在内一面空之,銃眼礮眼均内狹外寬,下層銃礮以堡根,中上二層迎敵。砌用窑磚,每塊長一尺,寬五寸,厚二寸;砌四進,連灰計厚二尺有餘。高一百層,連灰計二丈有餘。三面各寬一丈二尺,用磚一萬三千塊,灰之斤數與磚埒。計一碉工價百數十金。此説俱詳原任陝西按察使密如熠集中。惟此係就堡墻中作碉,工價衹百數十金。今既無暇築堡,則碉須補後墻一面,設門出入,其費不無加增,計一碉亦不過二百金而止,此宜於平原建立者也。又有石砌單碉,凡往來要路,其地勢逼仄瑊崎,不能方軌併騎者,則設二三碉樓,作品字形,或連珠形,亦可御賊,此宜於山坡建立者也。惟保城用磚碉尤便，度城大小，應建碉若干，仍分別地之衝要與否，以定疏密。其疏者，亦必須兩碉銃礮接連，得及至碉，距城遠則二三里，近則一二里。每碉揀精壯兵丁，多則二十名，少則十五名及十名守之，寢食其中，毋許擅離，違者以軍法從事。仍派委得力武弁，分碉稽查。並督令守碉兵丁，輪流晝夜梭巡，遇有出入人等，加意盤詰。如實無可疑，方許放行，或一遇警急，無論賊來自何方，除本方碉兵竭力抵御，又左右各碉均來接應，仍留一半守碉，以防賊乘虛闖入。如一方實係賊來甚衆，並無另股分擾，則各方碉兵均出一半相助。再，各碉之外，必有墩軍，以資傳報；各墩之外，必有望樓，以資遠矚，均恪遵號令，毋得松懈錯誤。如此布置周密，聲勢聯絡，賊即狡猾凶悍，亦無所施其伎倆。

至經費一節。如省垣重地，應即動項興修，由同城文職督撫以下，知縣以上；武職提鎮以下，參將游以上，各官養廉内分年扣還歸款。其外府州縣，如僻在一隅及深山窮谷之中，與著名瘠苦者，毋庸議建。其素號富庶，及地當孔道，由本城文武官倡捐，再勸諭富紳、富商湊集趕辦，並制備軍裝、火藥，及兵丁不敷，招募勇壯，由督撫查明，分别給與獎叙。若城本卑薄，或坍缺甚多，未經修葺，尤賴此以爲捍禦。總之，城無論大小，碉無論疏密，均按半里一座，每座銀二百兩計算。小如周圍十里者，建碉二十座，需銀四千兩；大如周圍四十里者，建碉八十座，需銀一萬六千兩。其各該城外原有險可守，毋庸建立，與物料價值原本輕減，其銀仍可節省，似乎所費甚少，所全實多。况業已建碉，則日後因而浚壕，因而築堡，亦易爲力。

又山東、山西、直隸三省，均已有旨飭辦團練，除各鄉村現已浚濠築堡，應否建碉，各聽其便。其有并未浚築者，應令各該地方官勸諭紳民，相度各鄉村形勢，或磚碉，或石碉，均自行捐修，自行守禦。如有捐項較多及防守出力，由該州縣申送督撫請獎。至黄河南北兩岸，除南岸應由河南巡撫派撥兵勇，於津要處所日夜巡查，以防偷渡；其北岸及山東、直隸連浸之運河、衛河、漳河，又山西、直隸連浸之滹沱河，由該督撫轉飭查明各路赴京之緊要渡口，與三省由陸路赴京之扼要通衢，均酌量建碉駐兵，以資堵截。准其動項，作正開銷。如此城鄉各處，水陸各路，一一銅墻鐵壁，賊自不能北竄。一俟江南北勝兵收復各城，與北路精兵併力會剿，則腹背受敵，進退維谷，釜底遊魂，夫復何往？

惟是法雖與時爲變通，而行之得與行之失，則仍視乎其人也。近日東南弃城逃走者，大率諉於兵力單弱，不知此等偷生官弁，即多予以兵，亦難免不懼而思遁。乃官弁遁，而兵亦隨之，是無論非建碉所能爲功，即復建一城，亦復何益？惟領兵者有敢死之氣，斯兵無幸生之心，兵無幸生之心，然後戰無不勝，攻無不取。而尤在紀律嚴肅，功過分明。即以碉兵論，如守碉有功者，立予重賞，其無事擅離及遇警逃走者，立置重典。疇不畏刑，疇不懷賞，一刑一賞，一可當十，百可當千，雖少何害？蓋碉之設，原以逸待勞，以寡禦衆，且我能擊彼，彼不能傷我，固又明明示以藏身之固也。或謂恐賊用礮轟碉，不知設有望子墩軍早經馳報，早經豫備，迨其近而賊礮未燃，我礮已及，就令轟倒一座，尚有左右碉，即時響應。或謂兵丁萬一弃碉逃走，爲賊所據，因而破城，彼轉藉碉以禦我，恐收復更難。不知各兵原係分碉駐守，非若營兵，成隊成旅，肩摩踵接，一人逃，則數十百千人與之悉逃。是當賊之至，各碉守兵各守一方。苟非中懷叵測，豫爲約定，斷無同時悉逃之理。既非同時悉逃，則仍有各方碉兵一半抵禦之法，賊即占據一、二碉，亦奚以爲。又逃兵即時如數撥補。如賊尚未退，仍環攻則環應，分攻則分應，復有城内之兵出爲策應，賊不斃亦必潰矣。若夫慮及藉碉禦我，恐難收復。惟此法原係使賊不獨不能近城，並不敢近碉，如謂碉不足恃，則更何所恃？江南、揚州兩城，久爲賊所踞，未經克復，亦豈是藉碉抗拒之敵？要之，徒法不行，存乎其人。是在領兵文武官弁不辭勞瘁，不畏艱險，不避嫌怨，則庶幾行之爲有效也。

職思賊雖擾入河南，趁此尚未渡河之際，趕緊於直隸、山東、山西三省辦理，可以速成，可以節費，可以遏奔突，可以戢窺探。况京師爲根本重地，尤應外禦，尤應遠防。爲此具呈，並繪具圖説，可否代奏，請旨飭下直隸、山東、山西各督撫，及河南巡撫，採擇施行。伏惟鈞鑒。職謹呈。

爲度支萬分窘迫請飭軍營大臣迅圖蕆事奏摺

咸豐三年六月十六日

大學士管理户部事務臣祁寯藻等謹奏，爲度支萬分窘迫，無款可籌，請飭軍營大臣，迅圖蕆事，並申諭疆吏併力合籌，謹密陳情形，仰祈聖鑒事。

竊惟部撥之款，以外省爲來源，目前之急，以軍需爲最要。自廣西用兵以來，迄今三載，經臣部奏撥軍餉及各省截留籌解，已至二千九百六十三萬餘兩，移緩就急，提後盡前，羅掘之方，實已無微不盡。乃三城未復，久頓重兵，南路則竄擾江西，北路則蔓延皖、豫。糧臺之設，至六七處之多，請餉紛紛，日不暇給，加以福建之會匪未除，豐北之壩工復決，臣等職司出納，敢不竭力圖維。惟經費之絀，自道光二十年以後，即已日甚一日。部撥款項多取給於約徵，然常例所需，究係一年之用，故雖有欠缺，尚可通融，雖非現銀，尚可停待。今則軍需迫不待時，指款懸而無薄，被兵省分既已無可催徵，而素稱完善之區，如江蘇則已請緩徵，山東則早請留用，山、陝、浙江皆辦防堵，是地丁所入，萬難足額矣。揚州久被賊占，漢口瘡痍未復，淮南全綱不可收拾，是鹽課所入去其大樁矣。蕪湖、九江、江寧、鳳陽先後被擾，夔關、蘇關商販亦多裹足，甚至崇文門亦請盡收盡解，是關税所入，僅存虛名矣。此皆常年所指爲例撥者，今以盡供軍需，猶虞不足。於是約徵不可恃，乃借助於捐輸，捐輸不及待，乃乞恩於内帑。近來捐輸之數，業已大減於前，内帑所藏，亦復不敢輕議。此外，補苴之術，如停養廉、開銀礦、提富本、收鋪租，凡臣等管見所及，與在京臣工陳奏各事宜，見之施行者，不下數十款，或祗宜一試，或收效尚遲。有盡之經營，斷不能給無厭之吁請。各省督撫非惟不能各就地方力籌善策，即臣等所擬條款，可行與否，聲覆者亦甚寥寥，而徒知遇事請撥，動輒望之鄰省。誠如聖諭，有平日漫不經心者，有避嫌避怨不肯爲者，亦有限於定例，格於處分，不敢爲者，似乎此情形，實屬計無所出。

現在户部銀庫截至本月十二日止，正項待支銀僅存二十二萬七千餘兩，七月分應發兵餉尚多不敷。臣等備員農部，多或十餘年，少亦一二載，從未見窘迫情形竟有至於今日者。若軍務再不速竣，中外經費同時告竭，臣等裕國無術，罪無可辭，而大局潰散，不堪設想。每一念及，中夜洩徨焦灼，下情不敢不瀆陳聰聽。伏乞皇上特頒嚴諭，予以限期，勒令統兵大臣，先將江南三城依限克復，則賊之根株自絶，北省逆黨無多，自必易於剿辦，即江西、福建之匪，亦可立就殲除。然後内外同心，力圖善後，或可漸有轉機。

臣等非不知賊勢披猖，驟難得手，在事諸臣，未必有心玩誤，然師愈老而愈疲，餉愈糜而愈竭，任其從容布置，賊守安得不堅？但知持重老成，士心安得不懈，豈有孤城窮寇，累月相持，竟無可乘之隙者？即如北竄之賊，分股深入，鄉民之所能困，而官兵乃不能制，疆臣自問，亦當無辭。況東三省官兵素稱勁旅，徵調不爲不多，每調一千，俸賞行裝即需數萬，豈可徒令分布防守。往來調撥，使厚餉耗於行路，而徵兵等於巡防，以一兵而食數兵之餉，而不得一兵之用。此誠臣等之所不解也。至於部撥軍餉，各該督撫往往不能克期起解,以致各路糧臺奏催咨催之案絡繹不絶,雖銀款未能凑手,亦係實在情形,而軍營待用孔殷,豈容停兵候餉。

本年二月,臣部會同大學士九卿等具奏,曾有附近軍營省分酌解錢文一條。原因銀款不敷,藉資接濟,第糧臺時有遷徙,徵兵本無定趨,誠恐轉運不及,仍不能抵銀款之用。擬請將京城現行之官銀票,按應撥餉銀酌定成數,發交各路糧臺抵銀支放。即由該督撫飭令所屬地方各設官錢局,招商認充,俾官兵領票易錢,與銀無異。所需錢文,責令本省籌畫銅斤,添爐鼓鑄,陸續分運官局,以爲票本。携帶易而流通廣,且無安慶、武昌賫賊之患,似亦變通軍餉之一端。如蒙俞允,臣部即行妥議章程,通行辦理。其餘應撥銀兩,仍請飭下各該督撫設法籌辦,一面申勸捐輸,催提正項,務於艱難險阻之中,力求通變權宜之法。有利必有弊,不可畏防弊之難而憚於興利。有功乃有效,不可以收效之遠而怠於圖功。果能竭慮殫心,共求實際,尚可勉力支持,以待賊氛之靖也。

所有度支窘迫情形,理合專摺密陳,伏乞皇上聖鑒。謹奏。

爲軍機章京之缺請以主事賀壽慈鄧廷枏充補事片

咸豐三年六月二十一日*

查軍機章京、吏部郎中林映棠,刑部主事胡家玉,現據該部文稱,該員等均因省親,告假回籍。所遺章京二缺,應請以署缺行走之吏部主事賀壽慈、額外行走之工部主事鄧廷枏充補。賀壽慈所署之缺,應請以額外行走名次在前之工部候補主事李德莪署缺行走,並請添傳記名之户部候補主事郭祥瑞、内閣中書裴季芳在額外行走。謹奏。

咸豐三年六月二十一日奉旨:知道了。欽此。

爲報明續捐軍餉事奏摺

咸豐三年六月二十二日

大學士管理户部事務臣祁寯藻等謹奏,爲請旨事。

咸豐三年三月十一日欽奉諭旨:惠親王等會同户部奏,大臣官員等續捐軍餉摺内所捐銀兩,著即賞收,所有三品以上現任、曾任各大員均著交軍機處存記,統俟軍務告竣開單請旨。其四品以下各員,著户部查明官職並現交銀數具奏,候朕施恩。等因。欽此。欽遵在案。

兹據前長蘆鹽政今升兩淮鹽運使崇綸,前曾捐銀二萬兩,蒙恩賞戴花翎。今又續捐銀二萬兩,於三月十六等日交庫。又,前浙江鹽運使庚長,前曾捐銀一萬兩,奉旨交軍機處存記;今又續捐銀二萬兩,於三月十八等日交庫。查該員等捐助軍餉銀兩,業已全數交庫,洵屬踴躍急公,應如何給予奬勵之處,出自皇上天恩。此外,續捐軍餉人員其銀兩尚未交足,應俟交足部庫後再行彙奏。

理合恭摺奏聞,伏乞皇上聖鑒,謹奏請旨。

爲急籌接濟庫款推廣糶變倉穀等事奏摺

咸豐三年六月二十八日

大學士管理户部事務臣祁寯藻等謹奏,爲急籌接濟庫款,並推廣糶變倉穀,催報扣存養廉,恭摺荷仰祈聖鑒事。

竊臣等於本月十六日將度支窘迫情形密封陳奏,聲明部庫現存銀僅有二十二萬餘兩,七月分兵餉尚多不敷。等因。仰荷聖明洞鑒,通諭各省妥籌在案。

今據銀庫開報,截至本月二十一日止,實存正項待支並奏歸正項共銀二十九萬一千八百餘兩,其已到未收者共銀十四萬七千餘兩,比較歷年七月分放項仍有不敷。等語。臣等檢查歷年七月分應放款項,總在五十四、五萬兩上下。以銀庫現存及各項解到之數計之,已不敷銀十餘萬兩。而轉瞬八月,秋俸届期,文職四品以下、武職三品以下官員,本年春間已奉恩諭,毋庸停給,此次自應照舊支放。加以兵餉雜支本較尋常月分數幾加倍,統計七、八兩月必得銀一百五十餘萬兩方能敷用。現在撥款既無可指,存款又復無多,不得不兼權緩急,迅籌接濟。除應放錢文官票均照定章搭放外,其在京各衙門七、八兩月内應領一切備用及物料雜項銀兩,擬請酌量暫停,俟八月十七日以後再行設法籌給。其俸餉要需刻不可緩者,業已飛咨山西巡撫,於河東鹽課項下先籌銀二十萬兩，趕解備用。惟爲數不多，僅能敷衍七月分之放項，若非别籌鉅款，仍不足以資周轉。

查臣部前此會奏，令四川、河南、江西三省糶變倉穀提價充餉一條，已據四川總督奏報，可糶穀一百萬石。其糶獲銀數雖未報部，按道光七年該省糶穀六十四萬餘石，得價銀四十三萬九千餘兩之數覈算，此次約可得銀六、七十萬兩。第該省距京較遠，解到需時，必須酌量通融，以期迅速。擬請敕下山西巡撫、陝西巡撫，先就各該省無論何款，山西籌銀十五萬兩，陝西籌銀二十五萬兩，共湊足四十萬兩之數，迅委妥員，於七月内趕解到部，俾備供支。該二省現辦防剿，亦當需用之時，應令四川總督先將應糶穀價籌墊銀四十萬兩分解還款，其餘銀兩仍令迅速報部候撥，毋任少延。

再，查糶變倉穀之議，原爲軍餉起見，是以距糧臺較遠省分，前此均未議及。現今待用孔亟，河南、江西糶變穀數尚未奏到，專恃四川糶銀備用，仍多不敷。檢查各省倉穀册籍，如奉天、甘肅等省未便輕議出糶，其餘直隸等省，現存倉穀共計一千三百五十四萬五千餘石。均可酌量售變。應令各該督撫分飭所屬，各就地方情形，分别出糶，仍將所糶價銀迅咨户部，聽候酌撥，不得藉詞諉卸，托故遷延。

至臣部本年二月會同軍機大臣議復升任太僕寺卿李維翰奏暫停養廉一摺，已奉諭旨通行。迄今數月，僅據山西省奏報每季可提銀三萬餘兩。此外，惟河南、陝西、甘肅、直隸有請示起扣之文，别省則毫無一字聲復。此項停扣養廉，原以急籌濟用，業經臣部覆議，凡清查攤扣之案，均准暫緩，總以提解現銀爲急。各該督撫自應迅速查明每季可扣現銀若干，本季已扣現銀若干，分别造報，並速將已扣現銀解部，毋再任意稽延，置之度外，相應請旨，一併飭催，務令趕緊提解，俾得稍佐度支。

除八月分尚有不敷放項容臣等再行酌籌奏撥外，所有部庫急需接濟緣由，理合恭摺具奏，伏乞皇上訓示遵行。謹奏。

爲胞弟祁宿藻加等賜恤謝恩事奏摺

咸豐三年七月初一日

臣祁寯藻跪奏，爲恭謝天恩事。

六月三十日内閣奉上諭：已故江寧布政使祁宿藻，平時辦事認真，朕所素悉。乃以籌防積勞，於賊匪攻城之次日嘔血殞命，亦屬歿於王事。祁宿藻著加恩照藩司軍營病故例，加等賜卹，所有任内一切處分悉予開復，應得卹典，該衙門察例具奏。等因。欽此。

竊臣胞弟宿藻，由翰林檢討，外任知府、運司，洊升廣東按察使。蒙皇上天恩，擢授湖南布政使，調任江寧布政使。因廣東軍營出力，復蒙賞戴花翎。涓埃未報，常懷致命之思；守禦無功，徒抱登陴之恨。前者仰邀硃筆，俯鑒微忱，兹復渥荷丹綸，同叨卹典。恩施逾格，存歿均霑。在臣弟死有餘榮，骸骨待收於他日；而微臣生無寸補，駑駘勉策於衰年。聞命自天，涕零如雨。臣惟有恪勤職守，殫竭血誠，勵晚節而彌堅。敢忘急難孔懷之義，望捷書之迅奏，仰慰推恩布惠之心。

所有微臣感激下忱，謹繕摺叩謝天恩，伏乞皇上聖鑒。謹奏。

爲覈議載銓請開官印局事奏摺

咸豐三年七月初九日

大學士管理户部事務臣祁寯藻等謹奏，爲覈議具奏事。

咸豐三年五月二十二日内閣奉上諭：載銓奏請於官銀號中推廣行使錢票一摺，著户部覈議具奏。欽此。欽遵。於五月二十五日抄出到部。

據原奏内稱，竊聞京城内外，現有殷實山西等省民人，開設鋪面，名曰印局。所有大小鋪户以及軍民人等，俱向其借用錢文，或計日，或計月清算。查京師地方，五方雜處，商賈雲集，各鋪户藉資餘利，買賣可以流通，軍民偶有匱乏日用，以資接濟，是全賴印局之周轉，實爲不可少之事。近日在京開設印局之人，皆止賬不放，以致商賈乏本經營，不能獲利，關閉者不少。旗民無處通融，生計攸關，竭蹶者居多。前因錢鋪有歇業之事，人心頗覺惶惶。現在官設錢鋪數處，咸稱甚便，並無窒礙。體察補偏救弊情形，不若官爲設立印局數處，即照私印局鋪規試辦，如有成效，似於國計民生均有裨益。非與小民争利，而復於政體無傷。相應請旨，飭下户部，即於現開九座官銀號中，推廣行使錢票之法，仍責成該部帶同崇綸一手經理。奴才心思短淺，市井利弊不能詳知，應由户部通盤籌畫，以期流通無弊。等語。

臣等查京城之大,商賈雲集,其最便於民者有二。曰:會兑局。曰:印局。内外所以無滯,全賴會局爲流通;銀錢所以不窮,尤藉印局爲接濟。自賊匪竄擾南省,會兑既已不行。本年二月錢鋪關閉者多,印局皆收而不放,以致富者皆形窘迫,貧者益不聊生。誠發帑金數十萬,官開印局,未嘗非大有益之事。是以臣部春間議開官銀錢號,亦曾計議及此。特以籌款維艱,遂爾中止。玆據親王銜多羅定郡王載銓奏,近日在京開設印局之人,皆止賬不放,以致商賈乏本經營,不能獲利關閉者不少。旗民無處通融,生計攸關,竭蹶者居多。體察補偏救弊情形,不若官爲設立印局數處,即照私印局鋪規試辦,請飭户部即於開設九座官銀號中,推廣行使錢票之法,仍責成該部,帶同崇綸一手經理。等語。

臣等覈其所奏,與臣等意見原自相同,行之有效,於國計民生誠有裨益。惟其中情形有不能不深長計慮者。印局與官銀錢號不同。官錢鋪以餉銀易錢開票,兵丁持票取錢,在我者,可以取懷而予。印局以鉅萬資本分貸各家,按期索取。在人者,未必皆能如期而償。此收放之難也。印局設之自官,與民間來往情勢不同,殷實之户既不肯輕貸官錢,而空虚之家,亦不敢率然借給,此流通之難也。又,開設印局其瑣屑煩難之處,非素開印局之人,斷難辦理。現在歇業者多此項人衆,半回原籍。儻委任不得其人,則辦理不見功效,且恐成本有虧,此得人之難也。凡此情形,皆臣等所夙計。兼以近來部庫需用浩繁,外而軍需,内而兵餉,在在須煩籌畫。今以京城之大,開設印局數處,非數十萬資本不足以資周轉。少則無濟於事,多則力有未逮。臣等從前所以欲議中止,未敢驟然舉行也。今親王銜定郡王載銓奏請官開印局之處,臣等公同商酌,應請暫緩辦理。以後體察情形,如有可以試行之處,再行隨時奏明請旨辦理。

所有臣等覈議緣由,理合恭摺具奏,伏祈皇上聖鑒。謹奏請旨。

爲晉撫請支官兵鹽糧與例不符未便議准事奏摺

咸豐三年七月十三日

大學士管理户部事務臣祁寯藻等謹奏,爲請旨事。

六月十四日山西巡撫哈芬奏,通融酌給本省防堵官兵鹽糧一摺。奉上諭:哈芬奏請通融酌給官兵鹽糧,事竣分别開銷,籌捐歸款,並馬匹草乾援案就近支給之處,均著照所議行。欽此。又於六月十九日另片奏兵丁所帶餘丁、跟役一體酌給鹽糧。等因。奉硃批:該部知道。欽此。欽遵。抄出到部。

據原奏内稱:山西省現在籌辦防堵,業經調大同、太原二鎮官兵,分赴與豫省交界各府、州、縣之渡口、隘口擇要備防。查定例帶兵大小各官,本省防堵不給鹽糧等項,惟該將弁等資斧一時未免拮据。酌議參將每員每日給銀八錢,游擊給銀七錢,都司給銀六錢,守備給銀五錢,千總、把總給銀四錢,外委給銀三錢,額外外委給銀二錢。如内有署事者,均照本銜給領,並跟役在内。其馬步戰守各兵,查照嘉慶十八年章程,每日每名給銀一錢。等語。又另片奏稱,兵丁所帶餘丁、跟役若不一體酌給鹽糧,未免養贍無資。玆酌定例,兵丁十名,准給餘丁、跟役三名,每名月支鹽菜銀五錢,日支口糧八合三勺,由糧臺委員覈明餘丁、跟役實數,交該管官按名給發。等語。

臣等查軍需例載,參將、游擊各月支鹽菜銀四兩二錢,都司月支銀三兩,守備月支銀二兩四錢,千總月支銀二兩,把總、外委各月支銀一兩五錢。此係指出征之將弁而言。其派在本處地方防堵者,衹支口糧,概不准支鹽菜,例有明文,歷經遵辦在案。玆據該撫奏稱,參將每員每日給銀八錢,游擊給銀七錢,都司給銀六錢,守備給銀五錢,千總、把總給銀四錢,外委給銀三錢,額外外委給銀二錢,原爲體恤將弁起見。但本省巡防究與赴調遠行者有間,該撫未諳定例,遂致以防堵所給之銀數轉視例定出征所得之銀數,或加至數倍,或加至數倍有餘。即如出征之參將,例定每月給銀四兩二錢,以該撫酌給防堵之參將計之,每日給銀八錢,每月共給銀二十四兩,計多給銀十九兩八錢。其餘皆可類推。不但顯與例違,亦從無此任意浮開,竟至多寡之懸殊有不可勝計者。將來勦捕各省紛紛援以爲例,遞請加增,竊恐糜費帑項更復不少。

臣部職司度支,一以例爲准繩。凡例外濫支之款,皆當援例指駮,不能因籌補有期,任其漫無限制。其派往懷慶帶兵之將弁,仍照出征例給銀數支給,亦不准例外開銷。至兵丁鹽糧,前廣西軍需案内奏准防兵每日給鹽菜銀七分,口糧八合三勺,折色放給。現在江南、河南等省均照此辦理。今該撫奏請防兵每日給銀一錢,數亦加多,口糧曾否在内,係未聲敘。應令該撫於將來咨部時分晰造報,以歸畫一而杜含混。

再,跟役、餘丁酌給鹽糧一節。查軍需例載:兵丁之餘丁、跟役,本省者,自離營之日至未出口以前;别省者,自離營之日至未出該省交界以前,衹支口糧,不支鹽菜。出口及離該省交界以後,鹽菜口糧一體照例支給。是跟役、餘丁應支鹽菜等項,行師外域,尚須離省之日始行加給。若内地並無准支鹽菜明文,似宜仍照定例,衹支口糧。況現經防堵等省,亦無跟役、餘丁請給鹽糧成案。該撫所請酌給鹽菜之處,臣部未便率行議准,致啓冒濫之端。至該省帶兵官幾員名並防兵起支口糧月日,應令先行分造細册送部,以備查覈。

是否有當,伏乞皇上訓示遵行。謹奏。

爲丁守存撤退軍機章京遺缺請以李德莪充補事片

咸豐三年七月十六日*

查户部員外郎丁守存於七月十三日奉旨撤退軍機章京,所遺章京一缺,應請以署缺行走之工部候補主事李德莪充補。謹奏。

咸豐三年七月十六日:知道了。欽此。

爲請旨簡放崇文門正監督事奏摺

咸豐三年八月初一日

大學士管理户部事務臣祁寯藻等謹奏,爲請旨事。

咸豐三年七月十九日,准崇文門正監督德木楚克札布咨報:於咸豐二年八月初三日接任徵收商税起,照例扣至咸豐三年八月初二日一年期滿,預爲報明。等因前來。

臣等查得,崇文門税差期滿,向由臣部將各衙門保送人員並八旗内務府俸深人員職名開列具題,恭候欽點更替。近年俱專摺奏明請旨,均蒙特簡大員管理在案。今崇文門正監督德木楚克扎布,自咸豐二年八月初三日管理起,扣至本年八月初二日,一年期滿,例應更替,理合專摺具奏,請旨簡放,並將上三届崇文門正監督各員繕寫名單,恭呈御覽。伏俟命下,行令到任管事,仍俟一年期滿,預報臣部,奏請更换。

爲此謹奏請旨。

爲大學士卓秉恬等捐銀全數交庫請旨獎勵事奏摺

咸豐三年八月初四日

大學士管理户部事務臣祁寯藻等謹奏,爲請旨事。

咸豐三年三月十一日欽奉諭旨:惠親王等會同户部奏大臣官員等續捐軍餉摺内所捐銀兩,著即賞收,所有三品以上現任、曾任各大員,均著交軍機處存記,統俟軍務告竣開單請旨。等因。欽此。欽遵在案。

又,四月十四日欽奉諭旨:惠親王等會同户部奏王大臣官員等續捐軍餉摺内,除肅親王華豐已交軍機處存記,大學士、直隸總督訥爾經額已予優叙外,豫親王義道、禮部尚書徐澤醇、内務府大臣基溥、右翼總兵達洪阿、武備院卿文豐、前河南巡撫鄂順安,均著交軍機處存記,統俟軍務告竣開單請旨。其餘各員著户部於所捐銀兩全數完繳後,隨時具奏,候朕施恩。餘依議。欽此。欽遵亦在案。

兹據已革内務府郎中士魁捐銀七千兩,於四月十二及六月二十七等日交庫。查該員捐助軍餉銀兩業已全數交庫,應如何給予獎勵之處,出自皇上天恩。

再,大學士卓秉恬,捐銀一萬兩,於三月二十九及七月十七等日交庫;前任大學士現任工部員外郎宗室耆英,捐銀二萬兩,於三月二十一及七月二十七等日交庫;内務府大臣基溥,捐銀五千兩,於四月二十八日交庫;禮部尚書徐澤醇,捐銀一千兩,於四月二十八日交庫。以上各員,均將所捐銀兩全數完繳。此外,續捐軍餉人員其銀兩尚未交足,臣部前已催令完繳,應俟交足部庫後,再行彙奏。理合恭摺奏聞,伏乞聖鑒訓示。謹奏。

爲賞軍功加級謝恩事奏摺

咸豐三年八月初五日

臣祁寯藻、臣麟魁、臣邵燦、臣彭藴章、臣穆蔭跪奏,爲恭謝天恩事。

本月初四日内閣奉上諭:軍機大臣祁寯藻、麟魁、邵燦、彭藴章、穆蔭夙夜在公贊襄樞務,允宜先沛恩施,均著賞軍功加一級。等因。欽此。

竊臣等供職樞廷，毫無報稱，軍興三載，黽勉從公。時蒙皇上指示周詳，宸謨廣運，方愧承宣無狀，未能迅奏膚功。自賊竄河北以來，仰見聖心焦勞益切，臣等悚懼難安。兹以懷慶解圍，乃荷恩施，優加甄叙。聞命之下，感愧交並，惟望三城及早克復，逆寇迅就蕩平，率土敉安，普天同慶，仰紓聖主宵旰勤勞於萬一。

所有臣等感悚下忱，謹繕摺恭謝天恩，伏乞皇上聖鑒。

再，臣彭藴章現在告假，合併陳明。謹奏。

爲遵旨開呈滿漢章京名單事奏摺

咸豐三年八月初六日

臣祁寯藻、臣麟魁、臣邵燦、臣彭藴章、臣穆蔭跪奏，爲遵旨奏聞事。

本月初五日，臣等面奉諭旨，命將滿、漢章京開單具奏。欽此。臣等謹將滿洲章京十八員、漢章京二十員分繕清單，恭呈御覽。謹奏。

附件一：滿洲章京名單

滿章京頭班。初四日值班。

内閣貼寫中書德椿。道光二十四年二月到直，領班。

户部主事瑞亨。道光二十五年十一月到直，幫辦領班。

理藩院主事衡光。道光二十五年十一月到直。

吏部員外郎桂昌。道光二十六年十月到直。

内閣中書長年。咸豐元年三月到直。

内閣候補中書玉衡。咸豐二年七月到直，初四日值宿。

理藩院筆帖式文衡。咸豐三年正月到直，初四日值宿。

内閣中書英祥。咸豐三年二月到直。

理藩院筆帖式祥保。咸豐三年四月到值。

滿章京二班。

兵部員外郎海慶。道光二十二年五月到直，領班。

内閣中書英秀。道光二十四年三月到直，幫辦領班。

理藩院主事賽音博勒格圖。道光二十三年六月到直。

内閣中書嵩壽。道光二十六年三月到直。

内閣即補中書文吉。道光二十九年六月到直。

户部筆帖式達春布。道光三十年五月到直。

理藩院筆帖式慶霖。咸豐元年五月到直。

内閣中書蘇布。咸豐二年七月到直。

内閣中書鐘秀。咸豐三年三月到直。

附件二:漢章京名單

漢章京頭班。

内閣侍讀學士梁瀚。道光二十年五月到直,領班。

工部員外郎汪檠。道光二十六年閏五月到直。

吏部主事陳鴻翊。道光二十九年閏四月到直。

起居注主事焦祐瀛。咸豐元年三月到直。

刑部候補主事李汝楫。咸豐元年十月到直。

刑部主事程祖誥。咸豐二年三月到直。

吏部主事賀壽慈。咸豐三年二月到直。

工部候補主事李德莪。咸豐三年二月到直。

工部候補主事梁經先。咸豐三年五月到直。

工部候補主事白恩祐。咸豐三年六月到直。

漢章京二班。初四日值班。。

刑部郎中程恭壽。道光二十年六月到直,領班。

禮部郎中王發桂。道光二十四年八月到直,幫領班。

刑部候補主事蔣錫綬。道光二十八年二月到直。

户部員外郎錢寶青。咸豐元年七月到直。

禮部主事吴臺朗。咸豐元年八月到直。

工部候補主事林壽圖。咸豐二年正月到直,初四日值宿。

内閣中書吴兆麟。咸豐三年二月到直。

工部主事鄧廷柟。咸豐三年二月到直。

内閣中書段承實。咸豐三年四月到直。

户部候補主事郭祥瑞。咸豐三年六月到直,初四日值宿。

爲代軍機章京梁瀚等謝恩事奏摺

咸豐三年八月初七日

臣祁寯藻、臣麟魁、臣邵燦、臣彭藴章、臣穆蔭跪奏,爲據情代奏事。

據軍機章京内閣侍讀學士梁瀚等具呈叩謝天恩,請據情代奏,理合將原呈一件恭呈御覽,伏祈聖鑒。謹奏。

爲議覆山西巡撫哈芬條陳鹽務事奏摺

咸豐三年八月十三日

大學士管理户部事務臣祁寯藻等謹奏,爲遵旨妥議具奏事。

咸豐三年七月二十八日山西巡撫哈芬奏鹺務仍循舊章,以裕國課一摺。奉硃批:户部悉心妥議,速行具奏。欽此。欽遵。於八月初二日由内閣抄出到部。

據原奏内稱,伏思變法不如修法,興利不如去弊。河東鹽課向係年清年款,毫無蒂欠。自部議變法以來,現已大形虧短。奴才到任以來,悉心講求,闔晋官紳士庶,皆謂新法之不可行。奴才行抵運城,親臨目睹,確知國課之將虧。而部臣以臆度所及,必欲固執其前議。部駁中,有謂奴才任聽阻撓之詞,並謂公私浮費,勢必不能革除,百弊叢生者。竊思有利之區,何處無弊。得其人則弊自去,不得其人則弊百出。於新法舊章俱無干涉也。河東鹽務係巡撫稽查,河東道經理,若巡撫從中攫取,則屬員皆能挾制。若巡撫毫無沾染,而屬員何敢滋弊。且河東道除巡撫外别無上司,若無挾制,豈肯應付同官屬吏。儻有藉端需索,立予參革,嚴行治罪。總期弊去太甚,法在必行。此奴才正已率屬之愚誠也。部駁中有不换乏商者。竊思人之貧富,時有不同。兩淮水運脚價無幾,山西陸運脚價倍蓰。既出運鹽之價,又費脚價之多,況自銀價昂貴以來,本無利息,乏商實難領運。若定爲長商不换,漸至全疲。鹽務係奴才管理,苟有裨於國課,不得不通盤籌畫。若謂從前有弊,是不得其人耳。若因弊而不顧國課,是猶因噎廢食也。部駁中有謂不舉商而自有起色者。是乏商不换,總綱歸併,漸致俱乏,有何起色。若謂飽官吏之私囊,則奴才竟成聾聵矣。

部駁中有謂礙於捐輸者。上次捐輸何等踴躍,此次捐輸在行新法之後,何等觀望,即明驗也。部駁中有謂下順商情,上籌國用。若以年清年款之綱,一旦辦無成效,司事之人,豈能置身事外者。今商人紛紛呈訴新法之不可行,國課已形虧短,是何順何籌,既知年清年款,去弊則可,何必更張舊制;既知司事者不能置身事外,而部臣何必以臆度所及,固執原議,是猶他人代庖而擇味於厨役也。部駁中有謂官商阻撓廢格,有心誤課、誤運,妄生覬覦,則督辦不力,責有攸歸者。溯查舊章,從無誤課,新法已見虧缺。既知督辦不力,責有攸歸,部臣因何不准鹽政辦理,而以臆度之所及固執原議?在部臣固有糾查之大權,而無代辦之條例。奴才不敢坐視國課之必虧,而附和部臣之固執。惟有懇恩俯准前請,飭交奴才經理,本年新法已行半載,大見虧缺,祇可設法彌補。嗣後國課有虧,惟奴才是問。如有私費,甘當重咎。奴才不敢自安緘默,惟有隨時隨事殫竭血誠,仰副聖主飭綱裕課、除弊便民之至意。等語。

臣等伏查,河東鹺務自道光三十年十月,據前撫臣兆那蘇圖奏陳鹽商疲累酌擬章程摺内,即以復長商爲第一要著。咸豐二年二月,臣王慶雲同聯英、兆那蘇圖會籌河東鹽務案内,仍以永禁僉商爲請,均經臣部覈准,奏奉諭旨允行。是長商之復不始於部議也。本年五月巡撫哈芬以現在之商,必須退換更替。等因具奏。復經臣部將舉商之不可者,指陳數端,請旨飭下該撫持以定力,將新章與舊弊細心比較,自然得有把握。欽奉俞允遵行。兹據該撫復申前請,奉旨令臣等悉心妥議。臣等詳閲該撫原奏,指臣部爲臆度、爲固執,又謂部臣無代辦之條例,此皆負氣之詞,無庸置議外。惟查原奏,謂舉行新章以來,大形虧缺,因而復請舉商。然細覈另片所言虧缺之由,則因河南防堵,鹽斤滯銷,與晋省僉商兩不相涉。又,原奏謂本年已見虧缺,只可設法彌補。此後國課有虧,惟奴才是問。等語。該撫勇於自任,似應别有把握。乃細覈原奏,大意總以不换乏商爲慮,而於鹽務督運、籌銷、緝私、裕課各事宜,概未提及。臣反覆推求,實未知其設法之所在。又,原奏謂山西運脚較多,鹽本無利,乏商實難領運。若定爲長商不换,漸至全疲。等語。臣等思,乏商固不能責令營運,然細覈上年臣部議覆新章,減去浮費七十餘萬,商人省一年之費,可完一年之課。衆商獲利,是以公同具結。失其利者獨官吏與綱總耳。至乏商歇業,新章中原許運商歸併,坐商頂充,二者無人,即就各省運商均匀配認。此乃禁其商外舉商,非一概不准乏商更替也。臣等又將該撫五月間原奏,與臣部上年議覆新章悉心籌劃,若在經費充裕之時,其所請先鹽後課一節尚屬可行。而現在度支緊急,需課尤殷,自難議准。且河東商人一百四十餘家,殷實者多,向係年清年款,今豫省一隅,偶爾滯銷,何致三省商人一律頓形虧缺,臣等有所不解。至臣部前奏舉商之不可行,剴切指陳,業已至再至三,現在公同悉心商酌,仍未便准行。

謹將臣等遵旨妥議緣由,恭摺具奏,伏乞皇上聖鑒。謹奏。

爲派公正大員前往山西查辦鹽務事片

再,查該撫哈芬原奏,謂得其人則弊自去,不得其人則弊百出,於新舊章程俱無干涉。等語。是明知政在得人,顧何獨於新法不准舉商,争之甚力。又謂巡撫毫無沾染,屬員何敢滋弊。並謂如有私費,甘當重咎。等語。該撫反復辯論,自信過勇。臣等恐其受人慫恿,以致忿决力争。現在臣部仍不准其舉商,若再往復指陳,奏銷在即,奸商等必乘機墮課。且鹽務官吏與廳商綱總,素日朋比爲奸,以舉商爲魚肉,鬼蜮伎倆,防不勝防。該撫莅任未久,何由信其必無滋弊,至以重咎,保其私費,更難保不墮人術中矣。

臣等反復思維,可否仰懇天恩,簡派公正大員前往山西查辦之處,恭候欽定。謹附片具奏請旨。

爲陳明關税情形請照常徵收事奏摺

咸豐三年八月十七日

大學士管理户部事務臣祁寯藻等跪奏,爲敬陳關税情形,請照常辦理,以裕税課而杜弊端,恭摺奏祈聖鑒事。

竊查各關關税,向俱按正額盈餘額定銀數徵收。儻有短少,著落管關之員,照數賠繳。如盈餘外再有多餘,亦即盡收盡解。是盡收盡解之名,爲盈餘外再有多收者言之,非正額盈餘尚未徵足,即借口於盡徵盡解,爲徵收關税開一巧便之門也。乃自本年二月,粤匪竄擾江寧以後,始則滸墅、淮安、九江、蕪湖、鳳陽等關,奏請盡徵盡解。繼而崇文門、臨清關,亦俱援案奏請,先後奉旨允准在案。

臣等伏思,各關遠近不一,即情形不同。如龍江、揚州尚未克復,蕪湖、九江據江寧之上游,現在江面尚未肅清,商賈稀少,尚屬實在情形。其滸墅、淮安、鳳陽雖去江寧較近,而地方並無滋擾,商賈尚可往來,與龍江、蕪湖等處情形已異。至臨清關、崇文門,商賈照常往來。較之滸墅、淮安等關情形,又不相同。若竟任其盡徵盡解,而不予以限制,則既經奏請之關,固可因以自便,即未經奏請之關,亦必紛紛效尤。況臣部辦理關税,原以額定税數爲考覈。今不論額定税數,而第曰盡收盡解,則十成内收至九成者,謂之盡徵盡解,即十成内僅收至一、二成者,亦謂之盡徵盡解。是徵收關税可以任意虧短,而臣部亦無憑考覈。其名雖若無弊,而其實最易滋弊矣。夫當經費支絀之際,正賴該管關、巡撫暨監督等,設法招徠,實力稽查,庶足以裕税課而佐度支。若概以盡徵盡解爲詞,在管關之員不免稽查之偶疏,而各關吏役人等,更將包庇賣放,弊端百出,實於税務大有關係。

臣等再四思維,除龍江、揚州未經奏報開徵,蕪湖、九江江面尚未肅清,應暫准其盡徵盡解外。其餘滸墅、淮安、鳳陽等關,不得概以盡收盡解爲詞,任意虧短。至崇文門、臨清關道路通暢,商賈輻輳,尤宜設法整頓,力復舊額。以上各關,擬請仍遵額定税數,照常徵收,以杜取巧之弊。並請旨飭下各關監督,認真經理,嗣後不得援案奏請,徒滋弊端。

臣等爲慎重關税起見,是否有當,伏祈皇上訓示。謹密摺陳奏請旨。

爲查滸墅等關關税徵收情形事片

咸豐三年八月十七日

再,查臣部爲財賦總匯之區,地丁正供而外,鹽課、關税均爲大宗。近年以來,各省辦理鹽務漸形疲敝。惟關税一項,雖有短收之關,而溢額者亦復不少。通融覈算,較之從前實屬有盈無絀。

本年二月間,粵匪竄擾龍江、揚州,尚未奏報開徵,而奏請盡收盡解者,又有七關之多。其餘各關,亦難保不紛紛效尤。若不予以限制,竊恐關税之虧短益甚,則經費之支絀益多。是以臣部將奏請盡徵盡解之滸墅、淮安、臨清等關暨崇文門,擬請仍遵額定税數,照常徵收,以杜取巧之弊。

惟現在逆氛未靖,各關情形今昔究竟不同。將來虧短之數,亦必不少。

應俟一年期滿,各該關奏報到時,由臣部酌量情形,分别應賠應豁之處,奏明請旨辦理。庶該監督等認真徵收,可無因循偷漏之虞,而於關税賠項,亦昭平允矣。

所有臣等悉心酌議緣由,理合附片密奏,伏乞皇上訓示。謹奏請旨。

爲請飭令迅籌疏銷淮南鹽引事奏摺

咸豐三年八月十七日

大學士管理户部事務臣祁寯藻等謹奏,爲淮南鹽務請旨飭令迅籌疏銷,以裕課款事。

竊照淮南鹺綱,甲於天下,統轄通泰二十場,素稱斥鹵豐旺,徵收引課數百萬,實爲撥解大宗,洵天地自然之利,國家無盡之藏也。查本年六月間,兩江總督怡良以淮南鹽引全行阻塞,懇請壬子奏銷及前綱積引,俟軍務告竣,再行開辦,奏奉特旨允准。經臣等覈議,淮南引鹽不行,場産仍舊,鹽即有所自來,課即有所自出,該督並未一語籌及。擬抄録道光十一年今大學士、前太僕寺少卿卓秉恬奏請立廠抽税,前侍讀學士顧蒓奏請課歸場竈,前光禄寺卿梁中靖奏請就場收税,前江西巡撫吴光悦奏請撤商歸竈原奏四件,由臣部咨交兩江總督,並請敕下該督,責成署運使郭沛霖細繹各原奏,迅議章程辦理,奏准飭遵。迄今該督尚未將淮南如何設法辦理情形覆奏。

臣等復思,淮鹽早一日辦有頭緒,即課款早一日得有補苴。再四籌維,不得不力求因時制宜之法。查淮南引鹽,祇緣江路梗塞,不能運赴楚西。而産鹽各場,綜計隸通州者九處,隸泰州者十一處,皆在運河長堤以東,距金陵、揚鎮用兵諸郡尚遠,各場實屬完善之區。該竈丁以煎鹽度日,衣食所在,豈能舍業以嬉。鹽之來源未嘗稍歇,則鹽之去路未嘗稍減。自兩湖以及兩江,凡行銷綱食引鹽處所,雖間有偶遇兵燹,民間不能一日茹淡。加以各處大兵雲集,無一非食鹽之人,即無一非銷鹽之地。若藉詞軍書旁午,任聽竈丁私煎、私售,而不設法經理,非特盡撤藩籬,不可收拾,即目前自然之美利,弃之如遺,於全局大有關係。

臣等公同商酌,可否仰懇天恩,敕下兩江總督,即令運司移駐通泰適中之地,督同運判、場員參酌章程,就場徵課。運司主錢糧,大使管竈户,運判往來稽察偷漏侵越諸弊。其徵課之法,但計竈丁煎鹽成本每引若干,合算應交正雜帑課若干,其餘一切外支雜費概行删除。統核竈丁售鹽歸成本之外,尚有餘息必所深願不拘運數多寡,不問銷路遠近,隨資本之大小,聽商民之貿易。衹交一引之課,准運一引之鹽。如此變通酌辦,外費已删,既有贏羡可獲。納税之後,即任轉運自由,商販聞風,自必倍形踴躍,於課項實有裨益。

昔唐臣劉晏於出鹽之鄉,置吏令亭户轉鬻,官獲其利,而商民稱便。得其遺意,仿而行之,未始非補偏救弊之良策也。現在欽奉簡放兩淮運司庚長,計程尚未到任。應令該督先行責成署運司郭沛霖,悉心經畫,迅籌辦法奏報。務期場鹽不致壅積,引鹽必求暢銷。俾課款源源不竭,藉以充經費而佐軍需。毋得因循遲誤,徒以空言塞責。至淮北鹽務,仍照向章辦理,現據漕督福濟奏陳,周天爵撥運存鹽摺内,聲明積票陸續認銷。

除臣等遵旨另行覈議外,謹將臣等急籌淮南鹽務緣由,繕摺具奏,是否有當,伏乞皇上聖鑒訓示。謹奏請旨。

爲查明山東應撥續徵各銀飭提迅解事奏摺

咸豐三年九月十七日

大學士管理户部事務臣祁寯藻等謹奏,爲查明山東省應行報撥及續徵約徵銀款,請旨飭提迅解事。

竊年來撥款浩繁,部庫時形支絀,節經奏咨,飛飭各省籌款協濟。本年五月間,臣部行令山東巡撫,嚴飭藩司將道光三十年並咸豐元、二兩年,民欠緩徵未完銀兩,同本年各屬應徵上下忙錢糧,作速趕緊催徵勒限解司,務於本年秋撥以前,專摺奏報,聽候撥用,萬勿宕延,致於參處。等因。由五百里飛咨在案。現尚未據奏報撥解。

兹查咸豐元年奏銷册報,實存銀二十三萬一千八百三十五兩零。係屬早應報撥之款。惟咸豐二年秋撥及三年春撥册報,支給各項,共銀九萬餘兩,並未聲叙在此項實存數内。即令於此内動支,亦尚應存銀十四萬餘兩。至道光三十年並咸豐元、二兩年,民欠緩徵共未完銀一百五十四萬二千五百餘兩。查經部撥甘肅及本省兵餉,共銀九十二萬七千餘兩,尚應徵銀六十一萬一千五百餘兩。加以本年約徵地丁等銀三百五十萬一千五百餘兩。除上年冬撥案内,指撥甘肅並本省兵餉,以及徐揚軍需、南河工需、該省防堵經費等款,共用銀一百七十九萬兩,尚餘銀一百六十餘萬兩。内除該省年額應支,及兖運二道工需,滿緑各營俸餉賞恤等款,約需銀八十餘萬兩。計至明年春撥,應得銀七八十萬兩。合之元年實存、節年緩欠,統計不下一百五六十萬兩。

所有前項未完及本年應徵銀兩,前經臣部飛咨該撫飭司催徵勒解,趕於秋撥前奏報撥用。現在自各徵有成數,解存藩庫,當此部餉軍需交迫之時,萬分竭蹶,全賴各督撫協力運籌,共襄國計。況以實存應徵之款,豈容任意宕延,致滋掣肘。應請敕下山東巡撫,轉飭藩司查照前指各款内,先行酌提銀二十萬兩,定於十一月内悉數解部,俾資接濟。如其因循玩泄,漠視時艱,臣部惟有專摺嚴參,請予重處。

再,臣部前次提撥該省節年協餉、飯食等銀十八萬五千餘兩。係屬歸公正款,疊經奏明飛咨催解,務即趕緊解齊,不得與此次提項牽混,以清款目。謹將臣等請飭提解緣由,恭摺具奏,伏乞皇上聖鑒。謹奏。

爲請摘提德順案内要證質訊以證定罪事奏摺

咸豐三年十月初四日

大學士、軍機大臣臣祁寯藻等謹奏,爲解任副都統德順案内解到人證供難憑信,請旨飭查,並摘提要證質訊,以成信讞事。

據都察院奏送密雲駐防已革馬甲魁山京控一案,經刑部以協領海玉等供詞閃爍,奏請革職,並將副都統德順解任,奏奉諭旨:著派軍機大臣會同刑部嚴行審訊。欽此。欽遵在案。

臣等查,魁山呈控密雲報修營房工程六處,估銀二千九百七十五兩,係海玉等承修,僅用銀一千三百兩。海玉挪移銀六百兩。嗣德順到任,查與原估不符,欲行參辦,海玉如數賠還。德順家人高二得贓代爲求情,德順當令闔營具結完案。施將工程拆修,並添修馬城一座,因銀兩不敷,將二十八年應放兵丁平餘銀兩尅扣補修。德順之子二等侍衛托京阿,於二十九年正月間前往密雲拜年,得贓賣缺。高二因未得分肥,與德順嚷至大堂,闔營皆知。德順隨將高二逐出各等情。

查魁山所控海玉挪用銀六百兩,後經賠還一節。訊據海玉業已供認,並已革管庫協領蘇克都亨供亦相同,其所控德順家人高二得贓求情,德順因工程不敷,剋扣兵丁餘銀,德順之子托京阿得贓賣缺,高二未得分肥嚷鬧各情,除高二尚未到案無從質訊,其餘現傳人證,臣等督飭章京、司員隔別研訊,俱與魁山呈控不符。

查現在已到人證,俱係德順酌傳送案,難保無串供狡展情事。若遽憑此定讞,不足以折服魁山之心。檢查魁山原呈既有闔營皆知之語,必須密雲闔營官弁供無異詞,方足以成信讞。因思現署密雲副都統禧恩甫經到任,無所用其回護,相應請旨飭下禧恩將密雲未經傳案之協領以下、驍騎校以上各員,就近逐一訊明,德順曾否剋扣餘銀,托京阿曾否前往密雲賣缺,高二有無得贓求情,並與德順嚷鬧情事,按名各取親供,奏明咨部。如有與魁山控詞相同者,即酌傳數員送部質對,以昭覈實,而杜虚誣。

除逐日再向德順等嚴究確情外,謹合詞恭摺具奏請旨。

爲催辦江蘇海運漕糧事片

咸豐三年十月二十八日

再,查江蘇海運漕糧,歷係於上海設立總局,現在上海尚未克復,所有來春海運一切事宜,作何辦法,數月以來,未據該省督撫等隻字提及。相應請旨敕下兩江總督、江蘇巡撫,即將現在各屬曾否開徵沙船,曾否封雇,上海總局酌量移設何處,及備辦大概情形,迅速奏報,毋得藉詞軍書旁午,置天庾於不顧。至浙江來春海運,前經臣部咨令改由乍浦海口兑裝上船,放洋北上。是否可以照辦,亦未據該撫咨覆,應一併請旨敕下浙江巡撫,即將改由乍浦出口章程妥速議奏。所需沙船不敷,應令直隸總督、山東巡撫出示,諭令衛船前往應募。事關重大,該督撫等自必趕緊籌畫,變通辦理,以重京糈而慰聖懷。

所有奏催備辦海運緣由,理合附片陳明。謹奏請旨。

爲查議科布多倉糧盈餘暫停折銀支放事奏摺

咸豐三年十一月初十日

大學士管理户部事務臣祁寯藻等謹奏,爲遵旨議奏事。

咸豐三年十月初三日，科布多參贊大臣色克通額等奏，爲倉糧盈餘暫停折銀，量爲撙節一摺。奉硃批：該部查議具奏，單併發。欽此。欽遵。由内閣抄出到部。

據原奏内稱，查科布多現在倉存三色糧一萬七千餘石，新糧尚未交納，雖難預定確數，約計總在三、四千石。合舊存新收有二萬餘石。每歲各項動支倉糧四千五百餘石。若將糧折銀停止，改爲滿放糧石，除烏里雅蘇臺撥運軍糧及本城重安廟暨監禁囚糧一千六百餘石，照舊如數支放不計外，其滿蒙緑營官兵，改爲滿放倉糧，統計一年支放糧五千餘石。兹合舊存新收有二萬餘石，足敷二、三年支放，如此一變易間，不但一年可以節省餉銀五千餘兩，即倉糧亦免霉變之虞。奴才等籌商既定，因不知官兵糧折銀兩起自何年，奏准諭令糧餉章京英秀檢查稿件呈閱。

旋據該章京將嘉慶二年、道光十九年奏准之案查出，現在科布多倉糧，又將積至二萬餘石，自應裁減折銀，改歸滿放糧石，援照奏定章程辦理。俟放至二、三年後，倉糧不敷滿放，預爲奏請仍依減半折銀支放。如蒙俞允，奴才等即自咸豐四年正月起，所有改爲滿放官兵口糧數目，年終造入報銷册内，送部覈銷。

又查得，科布多歷年倉存糧石多寡數目，自道光二十二年至三十年約至一萬數千石，咸豐元、二等年皆至二萬餘石，十餘年之久並未遵照奏辦。且以銀折糧與停銀放糧，俱於支放增減無虧。該員等竟未將奏定章程呈出，難保非有心玩誤，若不嚴行參奏，何以袪積壓之弊而儆怠忽之習？除新任糧餉章京英秀到任甫經月餘例不開參外，其自道光二十二年起，歷任糧餉章京，請旨交部，分别議處。所有漏未奏請停止折銀一節，雖經奴才等查出，先於到任後未即查明，亦屬疏忽。請將奴才色克通額、奴才輯瑞交部察議。等語。

臣等伏查，嘉慶二年，前任參贊大臣富俊，以科布多係新疆邊壤之所，軍餉攸關，宜積餘糧以備接放。請將滿蒙緑營各官兵等所關口糧，減半折銀放給。三年後，存至一萬數千石，足敷二年支放，即放給一年本色，再放一年減半折銀。若積有二萬餘石，即全放本色，停止折銀。奏准在案。又於道光十九年，參贊大臣毓書因科布多倉存糧一萬一千一百餘石，本處每年額放及撥運烏里雅蘇臺應用糧六千八、九百石。如均放本色糧，祇剩五千餘石，恐不敷遞年接放之用，覆奏請各官兵應領口糧，仍減半折銀放給。亦在案。是該處折色放給，原因存糧無多，暫行通融籌辦。仍應俟倉庾充積，照舊關支。今該大臣等以現在存糧一萬七千餘石新糧，新糧雖未交納，約計總在三、四千石，合舊存新收，已積有二萬餘石。臣等按歷年題報清册覈算，數目相符。所請除烏里雅蘇臺撥運軍糧及本城重安廟暨監禁囚糧一千六百餘石，照舊如數支放不計外，其滿蒙緑營官兵改爲滿放倉糧，停止折銀一年，約可節省餉銀五千餘兩。該大臣等係因時制宜，量爲撙節起見，與臣部二月間酌籌新疆經費案内，奏請於官吏、兵丁應放各項，令各該大臣酌量以糧搭放之意相同。應如所奏，援照成案，自咸豐四年正月起，官兵口糧全以本色支放，無庸折給銀兩。不特存糧無虞霉變，亦且撥款藉可稍紓。此外，如有可從節省之處，仍令該大臣等隨時體察情形，奏明辦理。

至該大臣等自請察議一節，臣等思，從前奏定章程，係該大臣等自行查明，當此經費支絀之際，細心勾稽，辦事尚屬認真。所有該大臣等自請察議可否寬免之處，恭候聖裁。至奏稱該章京等未將奏定章程呈出，難保非有心玩誤。除新任糧餉章京英秀，到任甫經月餘例不開參外，其自道光二十二年起，歷任糧餉章京請旨交部分别議處等語。吏部查，定例官員撥補地畝不詳，查部文原定款項，錯誤撥取，或原定款項有不便撥給情由，並不預先詳明，輒行改撥者，俱罰俸一年。等語。除在任一年以上之科布多糧餉章京倭興額，在任三年以上之章京主事鄂順布均已病故，毋庸議外。此案科布多糧餉章京濟喇敏泰等，未將奏定章程呈出，以致歷年漏未奏請停止折銀，改放糧石，難保非有心玩誤。經該大臣等奏請交部分别議處，應請將在任半年以上之科布多糧餉章京、筆帖式、候補防禦濟喇敏泰，比照撥補地畝不詳查部文原定款項，錯誤撥取，罰俸一年例，罰俸一年。在任三年以上之前任科布多章京、主事，今升户部員外郎成喜，前任科布多章京、盛京户部主事國慶，均照罰俸一年例上，分别議以降一級留任。係公罪例准抵銷。可否准其抵銷之處，恭候欽定。

謹將臣等查議緣由，繕摺具奏，伏乞皇上訓示遵行。

再，此摺係户部主稿。合併聲明。謹奏。

硃批：色克通額等自請察議之處，著寬免。濟喇敏泰等均准其抵銷。餘依議。

爲變通河東鹽務章程事奏摺

咸豐三年十一月十四日

大學士管理户部事務臣祁寯藻等謹奏，爲河東鹽務急宜變通，請旨飭催山西巡撫速定章程並敬陳管見,恭摺仰祈聖鑒事。

竊照咸豐三年八月十三日奉上諭:户部奏遵議哈芬條陳河東鹽務一摺,並請派大員前往查辦。等語。著派朱鳳標、恒春馳驛前往山西查辦。欽此。旋因恒春奉命簡放山西巡撫,朱鳳標尚未前往,嗣於十月十二日,恒春片奏揀員接署道缺摺内奉硃批:知道了。諸多推托緩辦,乃向來積習,豈可專俟直省凱撤後,再從新料理耶?欽此。仰見聖明洞燭,整飭鹺綱之至意。

鹽務本係巡撫兼管,該撫自必迅速妥籌,力求長策。惟臣等伏思,事期久而無弊,法與時爲變通。山西鹽務自僉舉富户之説起,而百弊叢生,不可究詰。大抵僉舉之初,官吏視爲魚肉,告充之後,伙厮朘其脂膏。是故,定長商則苦於誅求,改短商又虞其規避。自乾隆、嘉慶百數十年來,迄無經久歷遠之法。爲今之計,若仍僅調停於長商、短商之間,亦不過敷衍於五年、十年之際,終爲小補,何裨遠猷。臣等再四熟籌,莫若使現在運商一百餘家,遵照臣部上年捐免充商原奏,准其一律捐免,所有鹽課另議。就場徵收,似爲保民裕國、一舉兩得之善策。

查晋商疲累,一在鹽本之鉅,一在浮費之多,一在運脚之重。而尤莫患於銀價昂貴。今日完銀一兩,足抵昔年二兩有餘,因而商力難支。道光三十年,前撫臣兆那蘇圖奏,商人承辦半簽引地者,每年需賠銀四、五千兩。承辦一簽引地者,其賠累則又倍之。今衹出其頻年賠墊之資,集一成數,即准其告退,俾得爲脱然無累之身,而又永無僉舉之患,有不樂從者,必非人情。其捐免銀數,就各商簽數之多寡,家資之厚薄,按一百餘家合計,多則爲銀三百萬兩,少亦不下二百四、五十萬兩,並足以佐目前軍餉要需,尤爲事機之不可坐失者也。

至於課歸場徵,在河東爲易辦。河東鹽池,周圍百二十里,垣堰之重疊,鋪舍之周密,澆曬之工作,出鹽之界限,一目了然。非如他省之海濱廣斥散漫無稽者可比。無論爲商、爲販,但售一引之鹽,即徵一引之課,責成鹽道督率三場大使,隨徵隨解。此其易辦者一也。

河東鹽法,舊係坐商辦課,後始設立運商。而引目猶用坐商錠名。今運商雖准捐免,坐商仍舊治鹽,美利所在,人必争趨。此其易辦者二也。

河東鹽銷晋、陜、豫三省,其本省平、蒲、潞、澤等府屬,疊嶺重岡,鄰私絶蹟,勢必仰食池鹽。其河南、陜西口岸,壤地相連,凡池脚馱費比本省尤爲輕減。又況課歸場徵,一切浮費更可大裁,成本必輕,銷路必暢,亦無慮鄰私侵占。此其易辦者三也。

河東鹽池,爲天地之大寶。自唐虞三代以來,獲利起家者,往往見之載籍。晋商最工心計,凡省會之所歸,懋遷之所聚,貿易者居多,豈鹽池自然之利,獨無人過而問乎?此其易辨者四也。

臣等公同商酌,就目前之時勢,揣現商之情形,實有見於捐免充商課歸場徵,爲保民裕國、一舉兩得之善策。應請旨敕下山西巡撫恒春,即就臣等指陳各情,體察情形,速議章程,奏明辦理。並先將捐免銀數一面奏報,一面聽候撥用。毋任遷延時日,致誤事機,是爲至要。

臣等爲河東鹽務急宜變通起見,恭摺具奏,是否有當,伏乞皇上聖鑒訓示遵行。謹奏請旨。

爲查明江蘇民欠解運銀米勒限分賠事奏摺

咸豐三年十一月十七日

大學士管理户部事務臣祁寯藻等謹奏,爲遵旨速議具奏,仰祈聖鑒事。

兩江總督怡良等奏請將上年民欠漕米案内應行運解銀米,查明各員欠數,勒限分賠附片。咸豐三年十一月十一日奉硃批:户部速議具奏。欽此。欽遵。抄出到部。

據原奏内稱:本年新賦,業經另摺奏請分别蠲減,則積年舊欠自應一律請緩。惟上年民欠漕米内,尚有應行撥運米二十餘萬石,又節省海運經費銀三十餘萬兩,借領司庫銀十五萬兩,均係亟等運解支放之款。當此倉庫兩匱之時,一經緩徵,更屬無人措手。上年辦漕人員轉得置身事外。而體察民情,萬難再徵。若將辦理不善各員嚴行指參,亦於倉庫無補。可否請旨將減免各處積年舊欠,一概緩至明年秋後帶徵。其應運米二十餘萬石,節省銀三十餘萬兩,借領銀十五萬兩。責成總辦海運之前任藩司倪良耀,查明各員欠數,勒限按成分賠,以濟軍需。等語。

臣等伏查,江蘇省本年海運漕糧,原報起運正耗米一百四萬餘石,節省給丁及耗米糶變等銀六十萬兩。除節省等銀,先由臣部分别指撥,實運到通米石,由驗米大臣驗收外。其截留未運之米二十餘萬石,前經臣部將擅行截留之前任巡撫、藩司暨總司海運人員,指名參奏,仍令設法補足,由海運津。至指撥未解之節省等銀,亦經酌量改撥,嚴催在案。

嗣於本年七月十六日欽奉上諭:倪良耀奏稱:現於截漕民欠内,續徵米一萬二千四百石,暫存上海。未完米石,統俟新漕搭運。等語。所徵米一萬餘石,著怡良、許乃劍飭令該員趕緊運赴上海,妥爲收儲。其餘未完米二十萬數千石,嚴飭倪良耀督同地方官陸續徵完,統於新漕搭運,由海抵津。等因。欽此。當既欽遵行知,並以截漕米石因何忽稱民欠,行令詳細查明。又於八月初一日,將奏撥向榮大營之節省銀兩,奏催解往。各在案。

兹據該督等奏稱:上年民欠漕米案内,尚有應行撥運米二十餘萬石,節省銀三十餘萬兩,借領司庫銀十五萬兩。體察民情,萬難再徵。請責成總辦海運之前任蘇藩司倪良耀,查明各員欠數,勒限按成分賠。等因。

臣等查該省實徵確數,業經奏報在前。截漕米石,亦係留作軍食,何以遲延至今諉稱民欠?當此倉庫兩匱之際,不亟思設法籌補,僅將經理各員一參塞責,各該員等轉得置身事外,誠如該督撫等所奏,於倉庫要需毫無所補。應請旨飭下兩江總督、江蘇巡撫,迅將前項應運米二十餘萬石,節省銀三十餘萬兩,借領司庫銀十五萬兩,嚴飭總辦海運之前任蘇藩司倪良耀,查明經手人員,暨辦漕各州、縣實欠數目,按成分賠。仍責成該督、撫,勒限嚴催。米則限於來歲正月以内,一律交倉。仍遵前奉諭旨,並同徵存一萬餘石,彙入新漕,統歸海運。銀則限於來歲二月以内,掃數全完,專案報部候撥。該督、撫等務當實心實力,通盤籌畫,毋任藉端諉卸,致銀米均歸無著。儻限滿稍有延欠,臣部定行據實嚴參。

至所稱減免各處積年舊欠,緩至明年秋後帶徵一節,究係何年積欠,共欠銀米若干,原奏内未據聲叙,應令詳細查明,分晰報部,再行覈辦。

所有臣等遵旨速議緣由,理合恭摺具奏,伏乞皇上聖鑒。謹奏。

爲籌議江蘇海運新漕事宜事奏摺

咸豐三年十一月二十四日

大學士管理户部事務臣祁寯藻等謹奏,爲蘇省新漕海運亟應先事籌維,請旨飭催,恭摺奏祈聖鑒事。

竊維蘇省海運,向於上海設立總局,一切兑收銀米,封雇船隻,均宜年内趕辦。歷經臣部奏請飭催,迅速奏報,並於本月初二日,因上海尚未克復,由六百里飛咨該省酌覈。各在案。惟該處剿捕情形,臣部無從懸揣,儻上海收復有稽時日,海運又未備辦,京糈支放攸關,貽誤實非淺鮮。臣等計慮及此,焦灼萬分。該省帶兵大吏,如果厚集兵力,將上海賊氛,指日蕩平,自不難遵照原奉諭旨,督率總司海運人員趕辦一切。萬一該處剿捕未能一時竣事,即應一面奏聞,一面變通辦理,方不至臨事周章。相應請旨飭下兩江總督、江蘇巡撫,察看現在情形,督同藩司、糧道迅速妥籌。如上海一切事宜確有把握,即毋庸更改舊章。否則,或將總局移設他處,或同浙江海運改由乍浦出口,是否可行,迅即據實奏報,仰慰聖懷。儻各該處情形别有窒礙,或照臣部先後奏請江廣江安等省由官折解成案,按照正耗粳米每石合銀一兩四錢之數,并同漕項銀米折色解京;或照歷辦海運覈算,將正耗米每石糶銀一兩,其餘節省漕項銀米并各屬給丁津貼銀兩,全數解京供用。并將辦理大概情形,及約計米數銀數,先行分别奏咨,以憑覈辦。此係萬不得已之計,非謂折銀之議,即屬救時善策也。現在京通各倉儲備無幾,易銀解部,究不如運米赴津。上海一經收復,自應照常辦理。

此外,各處果可設局,總宜不避艱阻,設法妥籌。該督撫等受恩深重,應如何悉心籌畫,俾海運事宜得以從容就理,國計軍儲所關甚鉅,萬勿任聽屬員藉詞軍書旁午,畏難推諉,置百餘萬正供於不顧。

臣等爲海運新漕宜及早籌辦起見,是否有當,伏乞皇上聖鑒。謹奏請旨。

爲招諭江浙等省客商販米運津准免税事片

咸豐三年十一月二十四日

再,招諭閩、粤客商販米運津,准其免税,前經臣部奏請在案。第恐招徠不廣,則京師米穀仍屬不豐。查奉天、江、浙等省,均有招商買米之案。現在軍需孔亟,發價採買,未便遽議,而招商販運以應仿照推行,擬請飭下奉天府尹、盛京將軍、兩江、浙閩各總督,江蘇、浙江各巡撫,查照道光二十七年江蘇招商買米成案,出示曉諭各該米商,有能運米至津,自相售買者,准每船八成載米、二成載貨,並回空船料一律免税,即於各該省領取執照。所過關津查驗放行,不得稍事留難。仍令閩、粤各督撫查照臣部本年奏案,申明八成載米、二成載貨,以及回空船料均准免税之議,廣爲招徠。并請飭下直隸總督轉飭天津鎮道,嚴切曉諭。凡有米商至境,毋任胥吏需索,市儈居奇,俾米商無所畏阻,得以源源而來。畿輔米穀日見充盈,民食兵糈,均有裨益。至捐輸米石,各該府尹、將軍、督撫以及熱河都統等,尤當查明臣部奏咨各案,妥速辦理。

謹附片具奏請旨。

爲部庫歲需京餉請改歸冬撥辦理事奏摺

咸豐三年十一月二十七日

大學士管理户部事務臣祁寯藻等謹奏,爲部庫歲需八旗官兵俸餉銀兩,擬請按照各直省兵餉,歸入冬撥案内一律酌撥,以濟要需,仰祈聖鑒事。

竊照部庫支放各項經費,每歲約需銀八九百萬兩。内雜支各款,向有常捐旗租、崇文門等處税銀及各省例解銀兩,藉資接濟。其八旗官兵俸餉等項,爲數甚鉅。歷經臣部於辦理春、秋二撥案内,將各省册報實存銀兩,酌擬款數,奏請撥解部庫,以供支放。近年以來,各省報存銀兩無多,未能指撥解部。而京餉關係緊要,雖經臣部隨時籌款奏撥,仍慮緩不濟急。若不變通辦理,臨時殊費周章。

查各直省歲需兵餉,臣部向於冬撥案内,指款撥給。至部庫應放八旗官兵俸餉,尤當預爲籌畫,俾免匱乏之虞。臣等公同商酌,擬請將此項銀兩,每年以六百萬兩爲率,歸入冬撥案内,與各省歲需兵餉,一律酌撥,以歸簡捷。惟冬撥兵餉,向由臣部照例具題,有需時日。現在京餉萬分支絀,自應趲早辦理。擬請改題爲奏,庶各省得以及時起解,不致貽誤要需。恭候命下,即自咸豐三年冬撥爲始,臣部遵照辦理。

所有臣等預籌京餉變通辦理緣由,理合恭摺具奏,伏乞皇上聖鑒。謹奏。

爲通庫虧款照部庫繳還成案辦理事奏摺

咸豐三年十二月初五日*

大學士管理户部事務臣祁寯藻等謹奏,爲遵旨速議具奏,仰祈聖鑒事。

山東道監察御史彭慶鍾奏請將通庫虧款照部庫繳還成案辦理一摺,咸豐三年十二月初二日奉硃批：所奏甚是，該部速議具奏。欽此。欽遵。抄出到部。

據原奏内稱：該侍郎帶同司員忠淳、王友端等前往查覈，且因王友端歷派天津驗收米石，熟悉情形，以資臂助。業經查覆庫款全虧，自應將歷年經放人員嚴參，責成分賠速繳，以濟急需。現聞辦理此案，僅以經紀吏役爲名，所有歷任經放各員，並不嚴參，又僅分繳數成，似此繳數少而限期寬，誰復有所顧忌。至責令經紀吏役賠繳一節，臣實不解其何所著落。

查道光二十四年以來，經紀長支約計二十三萬餘兩，今盤查應存銀十七萬餘兩，又盡虧缺，則是十年之内，合計虧銀四十萬兩。而雲南司司員猶復陽爲追賠，陰爲開脱。推原其故，衹因該司員每年派往天津收米，與坐糧廳經紀等共事甚久，而回署所辦，又係通倉收放銀米事件，若非徇隱，即是見好。查道光二十二年部庫虧短一案，責令管庫查庫各員，計日分賠，輕則暫行革職，重則監追治罪，應請援照此案辦理。所有新查虧短之十六萬兩，及十年内經紀長支未經扣還之十餘萬兩，自應將歷任經放各員一併照案參處，勒限分賠，迅速措繳。等語。

臣等伏查，臣部左侍郎羅惇衍會同倉場盤查通濟庫一案，業經臣等遵旨查覆，將追賠成數限期照擬覈准，並將坐糧廳照案先議罰俸一年，歷任倉場侍郎奏請交部議處在案。兹據御史彭慶鍾奏請將新虧舊欠，一併援照庫案在歷任經放各員名下參處分賠，係爲嚴追虧項起見，自應以庫案限期與該侍郎現擬限期比較輕重，爲定議關鍵。查庫案原限，查庫管庫各員，應賠銀六千兩以下者，限半年全完，一萬二千兩以下者，限一年全完，届限不完送部監追。該侍郎所擬歷任監督賠項自七千餘兩至二千餘兩，亦係予限一年，届限不完即行監追。而一年之中又分三限，以四個月爲一限，按限完交，較之庫案限期，似屬加緊。庫案係計日分賠，該侍郎所擬係按任分賠，庫案有庫丁、庫吏分成著追之款，該侍郎所擬有經紀、書吏、商人分限追賠之款，均係事同一律，與該御史所請大致相符。惟該御史欲舍經紀、吏役而專責經放之員，意在重懲濫放，且慮及經紀、吏役之不能完繳，誠屬思深慮遠。

臣等細加考覈，此次經紀應追各項，除殘袋變價不敷一款，石壩欠交掣欠一款，均係短交，並非多支，無所謂經放之員。其長支脚價一款，歷來因辦公不敷，先年預支，由倉場自行奏明，或限十五年，或限十年，或限八年，在經紀名下坐扣，監督均不分賠。惟道光十六年一案，經倉場奏明，責令監督分賠四成,並無限期。該侍郎所擬係照該年成案,將限期加緊辦理。其經紀、書吏應追銀數,比照監督加展半年,如一年半不完,亦即送部監追。該御史恐專恃扣款,雖百年亦不能扣清,所慮誠是。第該侍郎所擬監督經紀等現追之銀,共九萬八千餘兩,平餘項下每年提銀六千餘兩,革除浮費項下,每年省銀七千餘兩,計一年有餘即可彌補銀十一萬兩。臣等猶恐其不能迅速,復議令於布價項下,每年提出二成,約可得銀七八千兩,是經紀等賠項屆限盡可交清,不至如庫案之日久遷延,轉歸豁免。至處分一層,庫案人員先行革職,係照監守自盜特旨從嚴。該侍郎所擬於四個月後議以降留,八個月後議以革職,係比照各省清查屆限不完分别降革之案辦理。臣等因其於四個月内交清者未曾先予處分,復查照漕運全書内載,嘉慶十四年長支成案,議將各該監督均請先行罰俸一年,其歷任倉場侍郎,亦一併奏請交部議處,蓋因此項動缺銀兩雖係因公借支,詳報有案,與庫案虧短有間,究屬未能實力督催,是以請旨懲處。此臣等就該侍郎原擬認真查覈,並比照庫案,有同有異之原委也。

至該御史所稱,道光二十四年以來,經紀長支銀二十三萬兩,合之此次清查銀十七萬兩,共有四十萬兩。查前項長支銀兩,即係倉場自行奏明,分年坐扣之案内,已經扣完銀十萬餘兩,其餘尚未到限銀兩,並非現在應存之款,不應列入此次清查。該侍郎原摺均經聲叙。即該御史摺尾亦稱新虧銀十六萬兩,未扣銀十餘萬兩,前後數目參差。是四十萬兩之數係屬重復計算。此項舊欠銀兩均係有著之款,若併入此案催追,轉致欠交之人置身事外,恐追項未繳,領項轉增,自應仍照原案辦理,較有把握。又所稱司員陽爲追賠,陰爲開脱一節,尤爲出入所關,若僅就該司員等究詰,則例案皆符,無可折證,總以該司員等有無自出已見爲憑。臣等面向臣羅惇衍詢問,據稱:原擬成數限期,均係該侍郎親查詳覈照案擬奏,司員等僅止覈對數目,檢查稿件,並未參酌定議,實屬無從開脱。臣等覆查該御史原奏,亦但稱若非徇隱即是見好,並無指實之詞,自應仍以例案無訛爲准。

所有此案分賠成數限期及監督等應得處分,可否即照臣等現議章程辦理,抑或欽派大臣覆覈具奏之處,恭候欽定。理合將遵旨速議緣由恭摺具奏,伏乞皇上聖鑒。

再,左侍郎臣羅惇衍係原辦之員,例不列銜,合併陳明。謹奏。

硃批:著派裕誠、柏葰再行覈議具奏。户部原摺併發。

爲遵議禮部侍郎宋晉請飭糧臺力行撙節事奏摺

咸豐三年十二月十一日

大學士管理户部事務臣祁寯藻等謹奏，爲遵旨覈議具奏事。

内閣抄出署禮部侍郎、光禄寺卿宋晋奏請飭各路糧臺力行撙節一摺。咸豐三年十一月十六日奉上諭：著該部覈議具奏。等因。欽此。欽遵。抄出到部。

據原奏内稱：糧臺濫支之弊，爲軍營痼習。自領兵大帥以至文武各員，每以官職之高卑爲供支之厚薄，大帥營中及左右用事之人事權所在，往往濫糜尤甚。現計用兵以來，糜帑不下四千餘萬，而賊氛蔓延，尚不可收拾。此即一絲一粟盡歸實用，已屬虚糜。况營私冒濫之端，不可勝計。以臣所聞，近日領兵各帥，其職分大者，糧臺每月支應薪水不下五、六百金，道、府等官，每月不下二、三百金。下至微員、幕友，亦每月五、六十金不等。當此餉糈不繼，兵丁因無領款轉致饑寒，官員先事取盈，徒供揮霍。似此痼弊相承，何以服軍心而作士氣。臣思携帶家丁，職分大者，不過七、八名；職分小者，不過一、二名。其募勇及打仗犒賞等項，仍由糧臺隨時支給，何至每人每月須數百金及數十金不等，是非肥己之私心，即屬調劑之陋習，在帑項寬裕時已不容此種蠹耗，矧當籌餉孔亟要需無出，尤不可不痛加裁減。應請明降諭旨，曉示各路總辦糧臺各員，除兵丁例給口糧，不准稍有短絀外，其統兵、領兵各大員，每月酌給薪水百兩，以次疊降。道、府不得過四十兩，佐貳、雜職等官，不得過十兩。其實任人員，尚有半分養廉可領者，覈半給予。至各項效力人員，本屬帶罪之人，未有立功之效，應一概無庸給予薪水，以示薄罰。如此明定限制後，再有濫支濫應等弊，一經查出或被人參奏，即將予受各官一體治罪，並各加倍罰賠，以充軍餉。並請諭令總辦糧臺人員，將各官員每月領項，先行開具清單，三月一行具奏。至在營各官如有情願自備資斧出力者，即報糧臺處，無庸支給。事平之後，稟請格外優獎，以官員之有餘，補兵丁之告匱，亦屬損上益下，激勵兵心之道。等語。

臣等伏查，糧臺冒濫之弊，積習相沿，牢不可破。自軍興以來，疊奉諭旨，並由臣部屢次奏催，行令各省，先定章程，分款奏報，以免將來例外浮銷，訓誡不爲不嚴，防弊不爲不豫。而各路軍餉，隨到隨竭，仍不免於虚糜耗蠹者。推原其故，蓋有數端。該署侍郎所指薪水一項，猶其顯而易見者也。查軍需定例，軍營文武官員各按品級大小支給俸廉、鹽糧、馬乾、馱折、跟役等項，從前外任辦事文員曾有月費一款,定例之時,即已删汰,改爲一律專支鹽糧。其跟役名數,復於嘉慶二十年經軍機大臣會同户部奏明覈減。至隨營效力人員,併鹽糧等項,亦不准給。定例綦嚴,從無酌給薪水名目,即歷來報銷,亦未有以薪水列款入册者。惟本年江西章程有投效人員請給薪水一款,臣部以其例外增添,業經奏駁。是薪水一項,本干例禁,而各路糧臺,竟敢明目張膽,論品秩之崇卑,定供支之多寡,將來奏銷時,任意攤入物價、人工無可稽查各款内,侵耗隱匿,百弊叢生。本年升任臬司江忠源條陳軍務,曾有少用提鎮一員,可養精兵二百名之奏。其實,糧臺例外之支,文員更浮於武職,其以京員發往者,所費尤屬不貲。蓋緣有例支、例銷之款影射其間,事前既無贓證可考,事後又無案牘可憑,痼習相沿,挽回無術。是以臣部本年具奏軍營馬乾減四留六,又奏官員分例以票搭放,皆思損上益下,稍補兵餉之不足。該署侍郎洞悉此弊,而復請明定章程,自係未能深知例案。果如所奏,則匿不敢報之款,竟得公然減支。此亦如道光初年之議定陋規,弊未能除,害轉滋甚,於軍餉仍難覈實。臣等悉心商酌,惟有仰懇特旨,嚴申例禁,通飭各路糧臺,自此次奉旨以後,如敢仍稱薪水款項,或改换名目,任意浮支,予者、受者均按冒濫軍需律從重治罪,仍各責令加倍賠繳,抵充軍餉,以儆侵貪。該署侍郎所請酌量減給之處,應毋庸議。

至所稱官員每月領項,請先開列清單,三月一行具奏。等語。臣等詳加酌覈,不但官員領項必應照此辦理,即糧臺一切用項,均應一體照辦。擬請飭下各路糧臺,照督撫奏報糧價之例,將領項、用項各開一單,每月具奏一次,准其由驛呈遞。其防堵省分,即由總局司道大員奏報,恭呈御覽後,發交臣部。儻或與例不符,即隨時奏駁,與例相符,即留備查覈,將來題銷到時,稍有參差,無難立見。其隨營糧臺每月造報總局糧臺,亦照此例。如蒙俞允,臣部即一律飛咨,通飭遵辦。所有清單款式,再行酌擬通行,使各路糧臺悉歸畫一。

所有臣等遵旨覈議緣由,理合恭摺具奏,伏乞皇上訓示遵行。謹奏。

爲請嚴旨飭河南巡撫迅速撥解安徽餉銀事奏摺

咸豐三年十二月十二日

大學士管理户部事務臣祁寯藻等謹奏,爲請旨嚴飭事。

前十一月十九日由軍機處交發奉上諭:現據江忠源奏報,賊由舒城圍撲廬州,情形緊急,餉需刻不容緩。著英桂於河南省無論何款,先行籌撥銀五六萬兩,即日委員解赴皖省,毋得推諉貽誤。欽此。當經臣部飛咨在案。

兹於十二月初七日據河南巡撫英桂奏稱:司庫實已無款可籌,敕部另撥鄰省現存之款,迅速解往,俾應急需。等語。臣等竊查,河南省地丁耗羡正雜款項每年約徵銀四百萬兩,除河工、兵餉以及本省留支一切開銷外,尚應徵存銀一百數十萬兩,縱各屬偏灾停緩,不能一律徵齊,而節年帶徵之款,其數應足相抵。即謂被賊之處未便追呼,其未經擾及州縣,豈容概從寬緩。况本年二月,臣部奏令文武各官覈減養廉,以濟軍餉,該省自夏季至今,亦可提扣銀十萬餘兩;此外清查追補之項,減成捐監之項,設局勸捐之項,約累計之,奚止億萬。今該撫奏稱庫存不滿二萬,臣等不知該省作何開銷。若無虧挪情弊,斷不竭蹶至此。復思皖省被圍,餉需刻不容緩,該撫受恩深重,自應督飭該署藩司林揚祖設法籌解。乃動稱催徵勸捐,緩不濟急,竟將特旨交辦之項,奏請改撥鄰省。臣等查皖省接壤,北惟山東,西則河南,此次東省已撥解銀數萬,獨河南一省屢以空乏爲辭,顯係該署藩司意存諉謝。既於應徵之款不肯實力催徵,故於應解之款不能實力籌解。又查該省現有協撥甘餉銀二十萬兩,改撥宿遷糧臺銀四萬兩,均未報解,似可藉此一律推諉。誠恐此風一開,各省紛紛效尤,將來軍餉國用,臣部更難措手。

應請旨嚴飭該巡撫,督同該署藩司林揚祖,仍遵前次諭旨,迅速籌撥銀五六萬兩,解赴皖省,以濟急需。並飭將臣部奏撥甘餉二十萬兩、宿遷糧臺未解銀四萬兩,趕緊措辦,分往解收。如再推諉貽誤,臣部惟有據實參奏,以儆玩泄。

謹恭摺具奏,伏乞皇上聖鑒。謹奏。

爲請催山東餉銀事奏摺

咸豐三年十二月十八日

大學士管理户部事務臣祁寯藻等謹奏,爲提撥山東餉銀,逾限未到,請旨嚴催迅解事。

竊臣部於本年九月十七日具奏,山東省應行報撥及續徵地丁並藩庫實存等項内,酌提銀二十萬兩悉數解部一摺。奉上諭:本年山東省各屬應徵上下忙錢糧，並道光三十年、咸豐元年、二年緩徵未完銀兩，除指撥及額支等款外，統計應解銀一百五、六十萬兩，前經户部咨催奏撥，迄今尚未撥解。當此部庫支絀，軍需萬分緊要之時，各省應徵之款，豈可任意遲延。著崇恩即飭署藩司英桂查照部指各款内，先行酌提銀二十萬兩，限於十一月内悉數解部，毋得稍有耽延，貽誤軍需。再，據該部奏，前次提撥該省節年協餉、飯食等銀十八萬五千餘兩，係屬歸公正款，並著該署撫迅飭解齊，不得與此次提項牽混，以清款目。欽此。欽遵。由四百里飛咨該撫遵照在案。又於十月二十日臣部查明，該省清查半年一奏案内，留備軍餉銀三萬兩，又實在存庫銀一萬一千四百餘兩，均令悉數解部。嗣届十一月底，未據將指撥銀兩委員解京。復經臣部於十二月初四日咨行該撫，即於指撥前項銀兩内，先提銀十萬兩，趕緊委員起解，務期於封篆以前到部。其餘銀兩，即令陸續起解。等因。由五百里飛咨，亦在案。

臣等伏查，現在京餉固屬萬分緊要，即順天、天津糧臺，亦需撥銀接濟。山東離京較近，而所指款項均係應徵、應解，以及藩庫實存之銀，並非課虚責有。迺自奉旨飭提以來，幾及三月，尚未據分毫解到，以致臣部不敷周轉，未免意存膜視。若謂該省現辦防堵需用孔殷，總計該省先後奏動正、雜各款銀已有八十七萬四千餘兩之多，均在提解部庫各款之外，何得任意遷延，置解部之款於不問！應再請旨，嚴飭該撫張亮基，迅飭代辦布政使劉源灝，查照臣部十二月初四日飛咨，提解銀十萬兩，速委妥員星夜趲程解部。一面將委員起程日期，先行奏報。其餘銀兩亦即陸續起解，毋再延緩。一俟解到臣部，分别撥解順天、天津糧臺，以資接濟。

所有臣等請催山東餉銀緣由，理合繕摺具奏，是否有當，伏乞皇上聖鑒，訓示遵行。謹奏請旨。

硃批：著嚴催解部。

爲夔渝二關短收盈餘銀兩緣由事奏摺

咸豐三年十二月二十八日

大學士管理户部事務臣祁寯藻等謹奏，爲遵旨議奏事。

四川總督裕瑞奏，夔、渝兩關期滿，短徵銀數懇俟軍務告竣，分年帶徵還款一摺。咸豐三年十二月初六日奉硃批:户部議奏。欽此。欽遵。由内閣抄出到部。

據原奏内稱:竊臣前據夔關監督、署夔州府知府俞文詔具禀,賊匪竄擾湖北,該關來往商船稀少,額徵税項短絀。當經臣繕摺奏明,嚴飭該署府設法招徠,盡收盡解。俟關期届滿,如何情形,再行具奏請旨辦理。嗣於咸豐三年三月十四日欽奉硃批:知道了,户部知道。欽此。欽遵。行司飭遵在案。

兹查夔關每年應徵糧、雜二税正額銀七萬三千七百四十兩四錢九分二厘,盈餘銀一十一萬兩,共銀一十八萬三千七百四十兩四錢九分二厘。自咸豐二年六月初一日起,至三年五月底止,該關按月具報徵收糧雜二税銀數,十一月以前尚敷正額,十一月以後有減無增,計十二個月一年期滿,共僅徵收糧、雜二税正額盈餘銀十萬五千三百一十五兩七錢二分四厘。實短徵雜税盈餘銀七萬八千四百二十四兩七錢六分八厘。又,渝關額徵木税銀五千兩,盈餘銀一百五兩八錢五分九厘。自咸豐二年六月初一日起,至三年五月底止,一年期滿,統計徵收木税銀九百八兩八錢五分三厘,實短徵正額盈餘銀四千一百九十七兩六厘。由藩司楊培查明,委係盡徵盡解,並無徵多報少情弊,詳請具奏前來。

臣查夔、渝兩關上下客商來往,均以湖北漢陽府之漢口鎮爲總彙之區。二年,粤匪由湖南竄擾,湖北漢陽、武昌相繼失守,荆州、宜昌等府處處戒嚴,楚省商艘不能販貨西來,川省商船不敢冒險東下。不但雜税疲滯,木税亦因而告乏。迄後,武昌等處雖經克復,然甫遭兵燹,商民均未復業。且逆氛擾及安徽、江南及江西等省,來源節節皆斷,商人裹足不前,以致該關税務更形短絀。據報,税項未能足額,係屬實在情形。臣尚恐有捏報情弊,復經明查暗訪,實因商販稀少,並非該關監督經徵不力之故。

伏思,關税爲國帑攸關,當此經費支絀之時,自應督徵如額,以期補苴於萬一,豈容任聽短絀,致令款項無著。再四思維,惟有將所短之數,責成該監督分年帶徵,庶幾税項不致虚懸。查現因軍務未竣,道途梗阻,各省商販致未流通。將來賊氛平息,商艘連檣而至,關税定必轉歉爲豐,即可以盈補絀。合無仰懇天恩俯准,將夔關短徵雜税盈餘銀七萬八千四百二十四兩七錢六分八厘,渝關木税正額盈餘銀四千一百九十七兩六厘,俟軍務完竣後,分作四年帶徵完款。如此則徵解不致暫短於目前,更可補完於日後,而於税額仍無虧缺。除飭司將短徵銀數,另造清册咨部。仍飭該關監督實力稽察,設法招徠,不得稍形鬆懈。等語。

查臣部關税定例,各關短徵税銀五萬兩以上者,予限八年完交,限滿不完,即著革職監追。又,各關監督徵收税銀以六成作爲額内盈餘,遇有短少,著落賠繳,仍按額内盈餘短收分數照例議處。又,各關短收盈餘處分,五分上者降二級調用,其短收銀兩仍照例限著賠。等因。

茲據該督奏稱,夔關監督俞文詔,於夔、渝兩關合計每年應徵正額銀七萬八千七百四十兩四錢九分二厘,盈餘銀十一萬一百五兩八錢五分九厘,共銀一十八萬八千八百四十六兩三錢五分一厘。自咸豐二年六月初一日起,至三年五月底止,一年期滿,僅徵收正額盈餘銀十萬六千二百二十四兩五錢七分七厘。臣部援照成案,兩關合併牽算,除正額無虧外,實計短收盈餘銀八萬二千六百二十一兩七錢七分四厘。係在五萬兩以上,例應予限八年完交。内有短收額内盈餘銀三萬八千五百七十九兩四錢三分,係在五分以上,照例應降二級調用。

查川省夔、渝兩關,歷年徵收糧雜、木税均係足額,並無辦過虧短成案。此次該督請將短徵銀兩,俟軍務完竣後,分作四年帶徵完款。臣部歷查各關短收税額,亦無如此辦法,所奏分年帶徵之處,應毋庸議。惟現據該督具奏,實因下游賊匪竄擾,商艘不通,以致税項未能足額,自係實在情形。若遽予以降二級調用,未免與經徵不力者無所區别。伏查本年十一月十七日,臣部議淮安關監督福瑞奏短收税銀例應降二級調用可否免議一摺,奉硃批:福瑞處分原可寬免,但該監督罔顧國課攸關,率行自請免議,殊屬膽大,著改爲降四級留任,不准抵銷。等因。欽遵辦理在案。今此案,夔、渝兩關虧短銀兩,該督並未爲該關監督請免處分,惟覈其因江路未靖,以致短收税銀情形無異。臣等公同酌議,所有該關監督俞文詔應得降二級調用處分,可否援照淮安關監督福瑞短收税銀成案,准其改爲降四級留任,不准抵銷之處,出自皇上天恩。如蒙俞允,臣部即行知川督,飭令該關監督,將短收盈餘銀八萬二千六百二十一兩七錢七分四厘,按例定八年之限,照數完交。如限滿不完,即行革職監追,以嚴考成而重帑項。

所有遵旨議奏緣由,是否有當,伏乞聖鑒,訓示遵行。謹奏請旨。

硃批:俞文詔著改爲降四級留任,不准抵銷。餘依議。

爲江蘇新漕不准改徵折色請仍辦海運事奏摺

咸豐四年正月十一日

大學士管理户部事務臣祁寯藻等謹奏,爲江蘇新漕既有海口兑運,不准改徵折色,請旨飭下該督撫仍辦海運,以實倉儲,恭摺仰祈聖鑒事。

内閣抄出,兩江總督怡良、署江蘇巡撫許乃釗片奏,蘇、常等屬新漕變通辦理。等因。於咸豐三年十二月二十五日奉硃批:户部知道。欽此。欽遵。抄出到部。

據原奏内稱:漕米爲天庾正供,自應徵收本色,趲運北上,以固根本。適聞揚州竄出餘匪,與上游匪船麕聚瓜州,意欲冲突蘇、杭,民情十分惶惑。本地棍徒乘機倡議,聚衆抗租之案,又層見叠出。蘇州府屬長洲等九縣知縣,會同紳士悉心籌議,誠恐開倉之後,糧户運米至倉,紛至沓來,奸匪溷跡其中。且江廣米販不通已將一年,江浙二省所産米石不敷本地民食,恐有缺乏之虞,地方更難安静。請照部議,按正耗粳米,每石合銀一兩四錢之數,無分紳民,改收折色解京採買。其餘各屬情形,亦大略相同。

臣等竊思,江蘇漕務,本多私行勒折,因無一定價值,以致百弊叢生。今既出官紳之兩願,且有部定價值可稽,自應照議辦理。間有情形不同,仍應徵收本色之處,不爲遥制。勒令於年底收足,正月内起運,隨同浙江漕米,一併海運赴津。除督飭該司道嚴定解銀限期,何縣改收折色,何縣仍徵本色,另行分晰詳奏。等語。

臣等伏查,京倉俸甲米石全賴南糧。江廣、江安等省因河道梗阻,又無海道可運,是以暫令變價解京。惟恃江浙漕糧全行海運,俾資接濟。前因上海尚未收復,先由浙江撫臣奏明,劉河口藴草浜可以兑運放洋,咨商該督撫迅速妥籌會辦。該督撫延不奏報,誠恐該二處未能兑運,則收米變價解京,亦出於不得已。

嗣據該督撫奏稱:劉河口可以設局裝兑,自應趕緊妥辦。何以數日之内忽稱,長洲等九縣知縣會同紳士籌議,恐糧户運米至倉,奸匪溷跡,遽准改徵折色。又謂本地辦漕,恐民間米價昂貴,獨不慮京城無米,兵食從何採辦?且採買成案每石合銀二兩二錢、二兩四錢不等,加以抵壩運倉,每石總須二兩六七錢之數。今以折收每石一兩四錢之銀,採買每石二兩六七錢之米。一出一入,折耗過半,是該督撫但爲本省計,而未爲京倉計也。該省海運本屬繁難。以百萬石覈算,除節省銀六十萬餘兩不計外,所需沙船水脚、南北經費不下六、七十萬兩。今改收折色,既無需設局雇船,亦無庸赴津交兑。孰難孰易,不辨自明。是該督撫,但爲其易而不爲其難也。況原議江廣等省變價解京章程,係照舊交米,由官易銀,不許以折銀之議,向民間更改舊章。上諭煌煌,何得顯與奏案相違。相應請旨飭下兩江總督、江蘇巡撫督率藩司糧道,仍遵奏定劉河口兑運原議,協同浙江全數兑米運京,斷不准改徵折色。其長洲九縣即或已徵折色若干,仍應責成各該縣買補兑運,並限於文到五日内馳奏。江蘇向係產米之區,百姓交米較之交銀爲便,如果絲毫不准浮收,自必樂從。至一切經雜各費,臣部亦深知其籌畫維艱,除前議令裁減食米等項外,凡有可以節省之處,仍令隨時裁減,以示體恤。總之,南省不致多取,責在該督撫,津通不許多費,無難咨商臣部會辦也。

臣等爲京糈緊要起見,理合恭摺具奏。伏乞皇上訓示遵行。謹奏請旨。

硃批:著仍遵照前旨,全數運米,不准改折。

爲籌議浙江省新漕海運章程事奏摺

咸豐四年正月十六日

大學士管理户部事務臣祁寯藻等謹奏,爲遵旨速議具奏,仰祈聖鑒事。

浙江巡撫黄宗漢奏浙省新漕海運,改由劉河口受兑放洋,籌議章程一摺。咸豐四年正月初九日奉硃批:户部速議具奏。單併發。欽此。欽遵。於初十日由内閣抄出到部。

據原奏内稱:浙江新漕海運,因上海尚未收復,勘定太倉州屬之劉河口,堪以雇船兑運,改由該處設局辦理。惟内河撥運米石至劉河口,必須經由太倉州城南馬頭及六渡橋地方,約計數十里,水路淺狹,駁船難於行駛,必須挑挖深通,方可濟運。估需挑工銀一萬餘兩,蘇省無款可籌,由浙措借。當經發銀一萬兩解交,趕緊挑挖,克期正月十五日以前完竣。所有另改口岸,一切章程雖無庸盡議更張,亦必須因時制宜,臚列十條,謹繕清單敬呈御覽。

再,浙省撥解挑河經費銀一萬兩,將來應由蘇省籌解歸款。等因。奉旨交臣部速議具奏。除撥解挑河經費銀一萬兩,應照所請仍由蘇省籌解歸款外。臣等按照各條詳加酌覈,恭摺覆奏,謹呈御覽。

一、浙省漕糧改由劉河受兑,内河淤淺,應趕緊挑濬一條。據稱:上海尚未收復,改由太倉州劉河受兑出口。其太倉州至六渡橋一帶,河道淤淺,急應趕緊挑挖,現由浙省籌借銀一萬兩,上緊分段開挖,務於正月中旬一律挑濬深通。俟工程將竣,即飭各州、縣飛速運往受兑。等語。

查太倉州至六渡橋一帶,係撥運必由之路。既經堪明淤淺,應如所奏,責令太倉州知州星夜挑挖,迅速蕆事。並飭各州、縣,將糧米趕緊運往受兑,毋稍稽遲。

一、海運改由劉河出口,其幫辦紳商及斛手人等,宜先期預集一條。據稱:向來海運,其支給水脚,由各紳經手出具承攬,由税行呈送水脚銀色,公估覈定斛運漕糧,由豆行斛手承辦。現在口岸雖改,若另易新章,各商船不無畏縮,自應循舊辦理。劉河去上海百餘里,所有前項人等,已飭趕緊招徠,妥爲安置,俾得悉心幫辦。等語。

查南省海運,向於上海設局,均資該處紳商斛手人等幫辦。此次口岸雖改,該撫現已招徠前項人等幫同照料,既可以資熟手,而商船亦得以相安,應如所奏辦理。

一、委員分辦,以專責成一條。據稱:省局已委署運司晏端書、署紹興府知府繆梓、題升中防同知楊裕深先行籌辦,並飭署藩司黄樂之、糧道周起濱會督辦理。所有劉河口一切事宜,復經札委楊裕深馳往太倉,會同江省地方官設局辦理。其津局各事宜,飭委候補知府玉環、同知葉堃隨同糧道,於劉河驗米後,帶同正佐各員,先期由陸路赴津,會同直隸委員商辦。至江省漕糧,現議本、折兼辦。將來是否出運,尚未及知。若出運專係浙漕,隔省辦事,恐多窒礙。應請飭下江省派委大員管理,仍酌委熟悉海運之員,駐扎劉河,會同浙省委員籌辦。等語。

查海運事宜,省城及受兑處所,並天津交米,均應設立總局。此次海運,省城及天津兩局,業據該撫派員經理。其劉河口係江省所轄地方,又係初次辦理,誠恐隔省呼應不靈。應如所奏,請旨飭下江省派委大員管理,並委熟悉海運之員駐扎劉河,會同浙省委員籌辦,毋得稍分畛域。至江省新漕,現已奉旨飭令全數運米,不准改折,即令一併趕緊設局,派員辦理,毋稍遲誤。

一、商船承運漕糧應悉遵成案一條。據稱:每米一石,給水脚銀四錢,漕糧給耗米八升,白糧給耗米一斗,神福犒賞等項各照定章覈給,每船八成載米,准令二成載貨免税。其載米自一萬石至五萬石以上,分别給予職銜,若捐至五品,無可再加,或另行酌獎。所給耗米,嚴飭州、縣以本色兑交上船,准令在津自行變賣。各船如有遭風等事,驗明大桅已斫,貨物已棄,奏明請豁,並照例優恤。如無故霉變短欠,即令於耗米内如數補交,再有不足,勒令買補。惟船隻設有事故,應令報明所在地方,驗明通報,一面知照津局買足交倉,一面查明餘剩米石,責令船主變糶,繳解省局歸款。其損失米石並耗米水脚等項,概免賠繳。若因逗留失事,及並無實據者,著落税行、船户照數賠繳。等語。

查商船承運漕糧,所有應給水脚銀兩、漕白耗米等項,及准帶二成貨物免税,並分别給獎之處,均係照章辦理。所給耗米,應令嚴飭各州、縣,務將本色交兑上船。到津驗米時,如無短缺霉變,准令該商船自行變賣。如有短缺霉變,即將此項米石賠補易换。毋許各州、縣私給折色,致令到津臨時掣肘。至所稱各船如有遭風事故,查明分别豁免賠補之處,均係查照舊章,應如所奏辦理。

一、白糧宜先期起運,並將樣米帶津呈驗一條。據稱:上届白糧米石,飭令各州、縣先期起運,裝入麻袋,先撥寬大沙船裝運到津,每一石爲一袋。此次仍應照辦。等語。

查白糧米質柔嫩,理宜倍加慎重,先期起運。該撫所請先撥寬大沙船裝運到津之處,應如所奏辦理。仍令嚴飭承辦各員,諄切曉諭各商船,務將白糧全裝麻袋,堆架船艙,毋得散放在艙,以致發熱變色。如有疏忽,惟承辦之員是問。

一、津通用款應暫請墊給,並席竹解銀購辦及簟、羡餘、米價、紙札等銀,照案抵解一條。據稱:上届津通用款籌備銀十萬餘兩,因道路梗塞,交沙衛各船分賫抵津。現在鎮、揚尚未收復,届期恐難起解,自應仍交米船均匀配帶。惟米船到津先後不一,即難如數應手,應請轉飭在於通濟庫以及鹽關各庫,暫行墊給,一俟各船到齊,隨時歸款。至席片、毛竹二項,向同輕賫等項,解赴倉場衙門,酌量購買。應給經紀個兒錢、飯米、折色、廳倉茶果等銀,以洪斛五百石爲一船,分别動支。其應領簟、羡餘、米價、紙札等款,按數抵解,不敷銀兩,由浙補交。等語。

查津通用款,向准在於通濟庫及天津鹽關各庫墊發,俟南省銀兩到齊歸款。惟現在各庫均形支絀,應令先交放洋在前之米船,趕緊帶津,以便應用。

席片、毛竹二項,仍令解銀,由倉場購辦。應給個兒錢等項銀兩,即令倉場查照該省應領簟羨等項,按數抵扣,不敷銀兩,另由赴津委員解交。其個兒銀一項,前已議令給發錢文,毋庸給與銀兩。挖筲一項,亦經議裁,以歸節省。惟輕賫爲通庫要需,務須趕緊如數解交,斷不准截留改撥,致滋貽誤。

一、撥船經紀食耗等米,飭屬運解本色,並天津撥船多爲雇備一條。據稱:天津撥船食米,每石給米一升一合五勺。經紀耗米,漕糧每石給米一升五合,白糧每石給米一升八合。其經紀耗米,亦係由津撥運赴通,一律照給食米。同商船應給耗米,均於原給旗丁耗米内開支。内除應給商船經紀貼耗、撥船食米,共餘耗米二萬一千八百七十三石八斗四升二合九勺,援照上届成案,每石糶變銀一兩,報部候撥。至天津撥船,必須寬爲雇備。應查明現在官撥船數,或可盡數提用,或須添雇民船,趕緊籌備,以濟撥運。等語。

查該省上届海運,所給商船經紀貼耗、撥船食米,均於旗丁應得耗米内劃給,此次自應照辦。惟撥船每百石食米一石一斗五升,前經議令給與本色,仍於飯米折銀内,按每石合銀一兩之數,扣除銀一兩一錢五分,以歸節省。至該省所餘耗米二萬一千餘石,如能搭運赴津,較之由南糶變更有裨益。所需運費,並准作正開銷。應令該撫酌覈辦理,以期多一石抵津,即多一石儲備。其應運漕白正米數目,原奏漏未聲叙,應令該撫迅速咨報臣部,以憑覈辦。至撥船宜寬爲預備,應請飭下直隸總督,轉飭天津道先期調齊備用。所雇民船,毋庸開銷守候口糧,以歸撙節。

一、天津交米之後,循舊責成經紀,以杜諉卸一條。據稱:上届海運,係由直隸總督派委天津道駐津總辦,倉場揀派坐糧廳酌帶經紀斛收,並經户部奏請,欽派大臣赴津查驗。此次仍請照案由各衙門届時奏派。米到天津驗收之後,即與沙船無涉,其由津運通,由通運倉,應照奏准章程,責成經紀承管,如有偷漏攙和,分别賠補究治。等語。

除臣部届時另摺奏請欽派大臣,及直隸總督、倉場衙門照例奏派各員赴津經理外,所請米到津驗收之後,即與沙船無涉之處,查係歷届奏准成案,應如所請辦理。至由津運通,由通運倉,如何稽查,如何防範,儻有潮濕短少,如何責令經紀撥船分賠、獨賠之處,均有成案可循,惟在認真覈辦,毋稍寬縱,以重倉儲,而杜弊竇。

一、商船放洋,宜責成沿海水師防護一條。據稱:上届海運,責成該管水師鎮將統帶備弁兵船,沿途護送出境,一面咨明江南、山東、直隸等省,一體防範接護在案。此次自應照案咨行本省各鎮營，將管轄洋面專任、分任各職名，開摺咨部查考，並咨江南、山東、直隸等省一體照辦。仍准各商船各帶軍器，俾資防護，於入口時呈繳，出口時給領，以備稽考。等語。

查海運章程，均令沿途水師鎮將護送出境，鄰省防範接護，此次自應照辦。應令該省將管轄洋面各職名咨部備考，並令江南、山東、直隸等省一體照辦，毋得稍形松懈。如有疏虞，惟各該省水師鎮將是問。其商船備帶軍器，于入口時呈繳，出口時給領，均係照章辦理，應令嚴密稽查，毋任稍有疏忽。

一、海運經費應覈實支銷，軍船宜酌加調劑一條。據稱：浙省上届海運，將河運一切經費併歸海運支銷。本年漕務彌形掣肘，籌辦益覺維難，自應仍將河運一切經費，併歸海運支銷。至浙省軍船，杭、嘉等幫回空，仍羈東境，湖屬各幫，全船停減應支月糧、苫蓋，按照海運米數空出軍船，全支月糧，其因灾減歇軍船，照半支月糧之例，酌加三分，以資調劑。等語。

查上届該省海運，奏准將河運一切經費，併歸海運開銷。本年海運，據稱籌畫經費維艱，自係實在情形。仍應准其以河運經費，作爲海運開銷。在津一切用款，無論鉅細，應裁者裁，應減者減。尤宜因時制宜，力求撙節。至各軍船分別支給口糧之處，查係照案辦理，應令查明確數，覈實支銷，報部查覈。

以上各條，臣等謹參酌成案，公同詳覈，恭摺覆奏。此外，應辦事宜均有成規可仿，如有應行變通之處，仍由臣部隨時奏請遵行。

所有遵旨速議緣由，謹恭摺具奏，伏乞皇上聖鑒。謹奏。

爲呈浙江新漕海運章程事清單

謹將浙省來歲新漕，仍由海運辦理章程，繕具清單，恭呈御覽。

一、浙省漕糧改由劉河海口受兑放洋，其内河淤淺，應趕緊挑濬深通，以利剥運也。查上届海運，係由上海起運，出吴淞口。此次因上海尚未克復，經江省勘明，改由太倉州劉河受兑出口，浙省自應照辦。其太倉州至六渡橋一帶河道，係剥運必由之路。據署太倉州蔡映斗等勘明淤淺，急應趕緊挑挖，現由浙省籌借銀一萬兩，解發署太倉州蔡映斗、鎮洋縣李翰文上緊如式挑辦。惟上届浙漕係年内起運，兹因改定口岸，内河甫經挑濬興工，若將漕米即行剥運，各船停泊日久，米色必致變壞，且多偷漏諸弊。自應責成該牧令將挑濬事宜,星夜趕辦,分段開挑,務於正月中旬一律挑濬深通。俟工程將竣,即飭各州、縣飛速運往受兑。並令雇備剥船,以三百石爲限,免致臨時淺擱稽滯。

一、海運改由劉河出口,其幫辦紳商及斛手人等,宜先期豫集也。查向年辦理海運,其支給水脚,由各紳經手,出具承攬,由税行呈送水脚銀色,憑公估覈定,斛運漕糧,由豆行斛手承辦。歷届遵循,相安無異。現在口岸雖改,若另易新章,各商船不無畏縮,自應一切循舊辦理。惟自上海滋事,紳商皆已搬移,斛手人等亦多失業分散。且由上海出運各紳商及斛手,均係就近辦理。並得自顧本業,劉河去上海百餘里,祇能專辦運務。所有前項人等已飭趕緊招徠,妥爲安置,俾得悉心幫辦。則商船不慮更張,即運務亦無停阻。

一、委員分辦,以專責成也。查海運事宜,省城及劉河、天津均應設局,委員經理。省局爲總匯之所,已委署運司晏端書、署紹興府知府繆梓、題升中防同知楊裕深先行籌辦,並飭署藩司黄樂之、糧道周起濱會督辦理。及委員分司其事,所有劉河海口經理一切事宜,復經札委幫辦省局之題升中防同知楊裕深馳往太倉,會同江省地方官設局辦理。其津局各事宜,飭委候補知府玉環、同知葉堃隨同糧道,於親赴劉河驗米後,帶同正佐各員,先期由陸路赴津,會同直隸委員商辦。至江省漕糧,現議本、折兼辦,將來是否出運,尚未及知。若出運專係浙漕,隔省辦事,恐多窒礙。應請敕下江省派委大員管理,仍行酌委熟悉海運之員,駐扎劉河,會同浙省委員籌辦一切,以速運務。

一、商船承運漕糧,應悉遵成案也。查上届辦理章程,每米一石,給水脚銀四錢,漕糧給耗米八升,白糧給耗米一斗,此外神福犒賞、席片、氣筒、鐵鍬、土筐及雇用斛手、折給縴夫等項,各照江蘇定章覈給,並以每船八成載米,准令二成載貨,海關查明免税。其載米較多之船商,自一萬石至五萬石以上,分别給予職銜。若捐至五品,無可再加,或另行酌奬。所給耗米,嚴飭州、縣,本色兑交上船,准令該商船在津自行變賣。各船如有遭風鬆艙等事,卸載後驗明大桅已斫,貨物已弃,查照漕船失風之例,奏明請豁,並照例優恤。如無故霉變短少,大桅未斫,貨物未弃,即令於備帶耗米内如數補交,再有不足,勒令買補。均經奏明遵行在案,此次仍應照辦。惟船隻涉歷重洋,設有事故,應令報明所在地方縣汛,驗明通報。一面知照津局即於備帶經費銀内動支,買足交倉,一面查明餘剩米石,責令船主變糶,繳解省局歸款。其損失米石,並同耗米水脚等項,概免賠繳。若因逗遛失事,及並無實據者,著落税行、船户照數賠繳,不准寬免,以杜狡飾。

一、白糧宜先期起運，并將樣米帶津呈驗也。查上届白糧米石，飭令各州、縣先期起運，裝入麻袋，由蘇省先撥寬大沙船，裝運到津。一體斛交，每一石爲一袋。此次仍應照辦。并與漕白糧米均於正米内提出樣米一斗，用麻袋裝盛，粘貼印花，交商船賫帶到津。由委員呈請欽派大臣查驗。

一、津通用款應暫請墊給，並席竹解銀購辦及簟、羨餘、米價、紙札等銀，照案抵解也。查上届津通用款，先經籌備銀十萬餘兩，委員批解。適因鎮揚失守，道路梗塞，起解則沿途之搶竊可虞，匯兑則南北之鋪商多歇，再三計議，因交沙衛各船分賫抵津。現在鎮城尚未收復，届期恐難起解，自應仍交米船均匀配帶。惟米船陸續到津，先後不一，津通用款，先時支放，即難如數應手。歷年辦理海運，均於長蘆鹽庫、天津道庫借墊動放，此次仍宜援案辦理。應請敕下倉場侍郎、直隸總督、長蘆鹽政，轉飭在於通濟庫以及鹽關各庫，暫行墊給，一俟浙省各船陸續到齊，隨時歸款。至席片、毛竹二項，向由糧道衙門動支銀兩，彙同輕賫等項，解赴倉場衙門，酌量購買，此次應請照辦。再查上届章程，海運糧米到津，應給經紀個兒錢、飯米折色、廳倉茶果等銀，悉照蘇省定章，以洪斛五百石爲一船，分别動支。其應領簟、羨餘米價、紙札等款，按數抵解，不敷銀兩由浙補交。經部覈復在案，此次仍請敕下倉場侍郎，查照浙省應領簟、羨餘米價、紙札等項，照案抵撥，其不敷銀兩，另由赴津委員如數解交。

一、剥船經紀食耗等米，飭屬運解本色，並天津剥船多爲雇備也。查上届章程，天津剥船食米不分漕白，每石給米一升一合五勺。經紀耗米，漕糧每石給米一升五合，白糧每石給米一升八合。其經紀耗米，亦係由津剥運赴通。此項剥船，一律照給食米。所有各剥船及經紀食耗等米，同商船應給耗米，均於原給旗丁耗米款内開支。覈計本年漕、白二糧給丁耗米八萬五千二百九石六斗三升九合七勺，内除應給商船貼耗米五萬二十五石七斗五升六合七勺，經紀貼耗米九千三百五十六石四斗八勺，剥船食米七千二百八石九斗九升一合四勺，計餘耗米一萬八千六百一十八石四斗九升八勺。又，白糧項下申糙米二千四百五十二石一斗三升一合六勺。又，清查追補三、四限漕糧原給旗丁耗米七千二百三十二石一斗四升八合二勺，内除應給商船貼耗米四千八百二十一石四斗三升二合一勺，經紀貼耗米九百四石一升八合五勺，剥船食米七百三石四斗七升七合一勺，計餘剩耗米八百三石二斗二升五勺。統計漕、白二糧，並清查搭運米石及申糙，共餘耗米二萬一千八百七十三石八斗四升二合九勺。援照上届成案，每石糶變銀一兩。飭令各州、縣，於廒滿後，趕緊變價解局,移道報部候撥。至天津剥船,必須寬爲雇備。庶海船到津,無守候之虞。應請敕下直隸總督,查明現在官剥船數,或可盡數提用,或須添雇民船,趕緊豫爲籌備,以濟剥運。

一、天津交米之後,循舊責成經紀,以杜諉卸也。查道光五年蘇省漕糧海運,欽奉上諭:海船押運到津,經紀人等難免需索刁難,著軍機大臣届期奏請,欽派一、二員前往。又奉諭旨:商船到津,委員將樣米送交欽派大臣,比對米色,按册驗收。其過剥事宜,責成坐糧廳,帶同經紀一手經理,交米委員將漕糧兑給剥船,即爲竣事,毋庸到通,以免推諉。等因。上届海運,係由直隸派委天津道駐津總辦,倉場揀派坐糧廳酌帶經紀斛收,並經户部奏請欽派大臣,赴津查驗事竣,奏報各在案。此次浙漕海運,仍請照案由各衙門届時奏派。米到天津驗收之後,即與沙船無涉,免其羈候。其由津運通,由通運倉,應照上年户部奏准章程,責成經紀承管。如有偷漏攙和,分别責令賠補究治。

一、商船放洋,宜責成沿海水師防護也。查上届海運各船,責成該管水師鎮將統帶備弁兵船,沿途護送出境,一面咨明江南、山東、直隸等省一體防範接護在案。此次自應照案咨行本省各鎮營,將管轄洋面專任、分任各職名,開摺咨部查考,並咨江南、山東、直隸等省一體照辦。仍准各商船仿照閩廣商船赴津貿易之例,各帶軍器,俾資防護,仍於入口時呈繳,出口時給領,以備稽考。

一、海運經費,應覈實支銷,軍船宜酌加調劑也。查浙省上届海運,奏奉諭旨:將河運一切經費併歸海運支銷。嗣因力求節省,復奏明將漕截負重等款銀兩開支,其餘不敷,盡提各州、縣津貼辦理。本年鎮江未復,上海復行滋事。漕務彌形掣肘,籌辦益覺維難,自應仍遵前奉諭旨,將河運一切經費併歸海運支銷。其能否節省之處,自當隨時確覈辦理。至浙省軍船,杭嘉等幫回空,因河道未通,仍羈東境,湖屬各幫,全船停減應支月糧、苫蓋等銀,自應循照上届,按海運米數空出軍船,全支月糧。其因災減歇軍船,照半支月糧之例,酌加三分,統由糧道籌款,分别優恤,以資調劑。

以上係就上届成案,參酌時宜,籌議章程。臚列十條,如有未盡事宜,容當隨時酌覈奏辦,合併陳明。

硃批:覽。

爲遵旨速議四川學政何紹基等捐輸優叙事奏摺

咸豐四年正月二十七日

大學士管理户部事務臣祁寯藻等謹奏,爲速議具奏事。

四川學政何紹基奏推廣捐輸一摺,咸豐四年正月十六日内閣奉上諭:何紹基奏捐輸銀兩一摺,四川學政何紹基著交部從優議叙,餘著户部速議具奏。欽此。欽遵。抄出到部。

據原奏内稱:竊臣於十二月初二日在渠縣途次接准欽命總理巡防事宜,奉命大將軍、和碩惠親王等札知,遵旨議覆直隸總督桂良奏,軍務未竣,從寬籌餉,應令大小文武,現任、候補官員,無論從前已捐未捐,一體量力捐輸,自數百兩以下至數十兩,俱准具呈交納,由該管上司彙解。有銀數較多者,仍奏請從優獎勵。奉旨:依議。欽此。轉飭遵照辦理到臣。臣思,小醜跳梁,已當惡貫滿盈之候,司農仰屋,偶值軍儲缺乏之時。官員現厠班行,應不恤毁家紓難,士庶咸依覆幬,豈遂忘尚義急公。查各地方在籍官員舉貢,及現在應試文武生童,或榮膺式序,夙叨豢養於天家;或化被烝髦,正冀騰驤於雲路。前次條糧津貼,遽蒙學額優增,兹當軍務將竣,未免帑需更迫。皇上恐煩民力,屢下詔書軫念,感惻顓愚,斯人具有天良,詎容扉屨不供,坐觀急難。臣自按試以來,每以忠孝大端,期與生童交勉。咸知感悟,實易奮興,擬即普勵輸將,彌藉恢宣教育。除現任、候補各官量力捐輸外,其在籍官員及舉貢生童等,俱准量力出資,由各地方官交納。至少由三十兩起,多至數百千兩不等。或因捐有成數,甄厥微勞,非蟻悃所敢邀,出鴻慈之曲被。至一切軍民人等,有深知大義,再效樂輸者,亦均照此辦理。雖涓流之力,明知難益江河,而寸草有心,亦令稍酬雨露。至臣意存推廣,事屬權宜,但期有濟度支,不敢少稽時日。一面咨商督臣,即一面專摺馳奏,趕緊通諭各府、廳、州、縣及各學遍行勸諭。臣謹倡捐銀一千五百兩,臣弟舉人、候選知州何紹京捐銀三百兩,幕友、陜西廩生王弨、彭齡各捐銀二百兩,副貢生馬燦房、增生師臯飏各捐銀一百兩,共捐銀二千四百兩,即交藩庫彙收。襄校本多秦士,尚有同袍同澤之風,從公徧勖泮林,快符獻馘獻囚之頌,區區簞食壺漿,逖聽王師之奏凱,永永先疇舊德,相忘帝力以含和。等語。

臣等伏查,益州素稱殷富之區,蜀土本多忠義之士。前次條糧津貼,曾報捐八十餘萬,洵屬踴躍輸將。本年學額增加,尤足令各屬諸生莫不歡欣鼓舞。兹復據該學政以軍務已將告竣,餉需尚宜寬備,擬以毁家紓難,多勸士子而兼及軍民,冀其助餉贍軍,自數十而多至千百。猶恐空言申勸,未必衆意樂從,因先捐銀一千五百兩,以爲之倡。並其弟何紹京捐銀三百兩,募友王弨、彭齡各捐銀二百兩,馬燦房、師皋颺各捐銀一百兩,共捐銀二千四百兩。即此先聲克樹,士庶必易於奮興,從此軍餉争輸,糗糧何憂乎缺乏〔行下横綫爲硃筆——編者注〕。在該學政等,報效具見悃忱,甄叙允宜優厚。臣等按其所捐銀數,查照常例,逐一覈議。該學政何紹基係翰林院編修,擬請賞給六品頂戴,並隨帶加三級。候選知州何紹京,擬請給予加一級,記録二次。廩生王弨、彭齡均擬請給予貢生,並按察司照磨銜。副貢生馬燦房,擬請給予按察司照磨銜。增生師皋颺擬請給予貢生。儻蒙温綸允准,即由臣部並移咨吏部發給執照。將見濃恩下逮,俾霑雨露之施,庶幾大義咸明,願竭涓埃之報〔行下横綫爲硃筆——編者注〕。

所有臣等速議緣由,理合恭摺具奏,伏乞皇上聖鑒。謹奏。

咸豐四年正月二十七日奉硃批:依議。陳奏事件,貴在詞簡意達。何紹基原摺已屬可笑,該學政奏到次日,朕於召見時曾經諭及,祁寯藻尚云太覺迂拘,何於爾部議奏摺亦如是違用駢體,實屬疏忽。以大學士管理部務,司員所定之稿,豈不敢改一字耶!嗣後應倍加勤慎,嚴以濟寬。勉之。欽此。

爲京畿糧石短絀請設法採買儲備事奏摺

咸豐四年二月十二日

大學士管理户部事務臣祁寯藻謹奏,爲京倉亟宜籌備,請旨飭下各省疆吏,迅速設法採買,以資接濟事。

竊維京倉儲備,支放攸關,全賴南漕接濟。上年因運道梗塞,江安、江西、湖廣等省漕糧未克抵通,疊經臣部奏請,飭令奉天、直隸、山東、河南等省酌量採買,並令廣東、福建及附近京畿、海船常通之天津,各設收米捐局。嗣據廣東、福建奏到,均以暫緩勸捐爲請。直隸、山東並未覆奏。河南、奉天雖有採買米石勸捐搭運之語,亦未據議定章程奏明辦理。

臣等伏查,本年漕糧,江安、江西、湖廣等省,仍因運道未通,議令折銀解部。江蘇海運漕糧,前經奉旨,責令全數運米,不准改收折色,現尚未據奏報。山東、河南據稱春兑春開,亦未報有起運確數。僅有浙江一省,奏報海運米七十六萬石。支放攸關,自應廣爲籌備,以資接濟。

查廣東之洋米、福建之臺米,向來米多價賤,又有海道可通。奉天、直隸、山東、河南等省,離京較近,轉運尤易。雖所産多係雜糧,亦可通融抵放。揆諸時勢,各該省縱難於捐輸,要不難於採買。除廣東省已由臣羅惇衍另摺奏請採買外,相應請旨飭下閩浙總督、福建巡撫,迅速設法採買臺米三十萬石,雇備船支,於南風司令、海帆順利之時,轉運抵津。並請飭下盛京將軍、奉天府尹、直隸總督、山東、河南各巡撫,一律採買。或旱稻米、海粳米;或粟米、白麥、紅麥、高粱。無論何項糧米,各省採買一、二十萬石,奉天仍由海運,山東、河南仍由河運,均於天津交收。直隸省即於天津設局收買。所至關津,米税船鈔均免徵收,并准帶二成貨物免税。

當此京倉短絀,亟宜儲備之時,該督撫等務須實力奉行,斷不可心存畏難,或藉口於歉年,或推諉於無款,置京倉於不顧。均令於文到十日内,妥議章程。一面舉行,一面馳奏,以慰宸廑。至捐輸米石均有成案可仿,各該省如能捐輸、採買兩事並行,亦即迅速奏明,一律妥辦,以期多多益善。

所有籌備京倉緣由,理合恭摺具奏,伏乞皇上訓示遵行。謹奏請旨。

爲各省米價均按市價購買事片

咸豐四年二月十二日

再查,道光四年招商販運福建臺米赴津糶賣,嗣因價昂無人過問。經臣部奏准,官爲收買,每石合銀三兩六錢。又,道光二十九年,浙江被水,廣東代買洋米,運送到浙,每石合銀二兩二錢有奇。所費均屬不貲。蓋道光四年之案,實因招運在先,不得不發價收買,以示體恤。道光二十九年之案,浙省亦因被水成灾,祇有廣東洋米接濟,是以價值昂貴。此次議令該二省採買,事非一律,且銀價較之道光四年幾增一倍,即較道光二十九年亦多數成。自不得援引前案,致滋浮冒。

該二省米價向屬平減,風聞每石不過一兩上下,海船不爭遠近,但得順風旬月可抵津門,該商有利可圖,又准帶貨,自不至多索水脚。其餘各省米價,均應按照實在市價購買，分别某色糧米，每石合銀若干。水脚分别道途遠近，覈計每石合銀若干。均令覈實銷算，先期奏報。至動用款項，除廣東省已由臣羅惇衍前摺聲明外，其餘各省均令各就本省，悉心籌畫，動用何項銀兩，准其先行奏請，作正開銷。如有不敷，即將江廣等省折漕銀兩，酌量撥給，總期有益京倉，而又不至多糜經費，是爲至要。

所有採買米石應令覈實辦理緣由，理合附片陳明。謹奏。

爲請欽派大臣會同查驗海運米石事奏摺

咸豐四年二月十四日

大學士管理户部事務臣祁寯藻等謹奏，爲查驗海運米石，照案先期奏請欽派事。

竊查上届江、浙二省海運漕白糧米到津交收，經臣部援照成案，預行奏請欽派大臣一人，會同倉場侍郎一人，届期赴津查驗一摺。奉硃批：著派王慶雲會同慶祺驗收。欽此。嗣奉上諭：著改派孫瑞珍前往天津，會同慶祺查收海運米石。王慶雲著毋庸前往。欽此。欽遵在案。

查本届咸豐四年起運三年分浙省漕白糧米七十六萬餘石，業已奏報，全由海運。蘇省現在尚未奏報。除由臣部另摺奏參外，應即查照成案，先期奏請欽派大臣一人，會同倉場侍郎一人，俟有天津鎮道呈報沙船抵津信息，即行率同隨帶司員遵奉前往。

理合恭摺具奏，並將上三届驗收海運米石户部尚書、侍郎、倉場侍郎，開列名單，恭呈御覽，伏乞皇上訓示。謹奏請旨。

硃批：著派刑部侍郎李鈞，會同全慶驗收。

爲參奏江蘇海運過限未報督撫司道事奏摺

咸豐四年二月十四日

大學士管理户部事務臣祁寯藻等謹奏，爲特參江蘇海運逾限尚未奏報，請旨將辦理遲延之督撫、藩司、糧道一併交部議處事。

查本年江蘇海運漕糧，前據該督等奏稱：海運新漕變通辦理，請將長洲等九縣改收折色。經臣部奏請飭下該督撫，督率藩司、糧道，仍遵奏定劉河口兑運原議，協同浙江全數運米，其長洲等九縣即或已徵折色若干，仍令買補兑運。並聲明該省海運經費籌劃維艱，凡有可以節省之處，咨商臣部會辦，並限於文到五日内馳奏。等因。於正月十一日具奏，奉硃批：著仍遵照前旨全數運米，不准改折。欽此。欽遵。於是日恭録硃批，由六百里行文該督撫、藩司、糧道欽遵辦理，並飛催各在案。該督撫於接奉部文之日，自應欽遵諭旨，迅速覆奏，乃迄今尚未據將海運大概情形，及實應起運米數奏報。

查向來海運船隻，均在海口寄碇，守過二月初八日風信，即行放洋北上，並由臣部奏請欽派大臣一人，會同倉場侍郎一人，探有沙船進口消息，即行前往天津驗收。現已二月中旬，辦理諸務已形遲滯。覈計行文日期，係在正月十一日。迄今一月有餘，尚未據該省奏報，遲延之咎，實屬難辭。相應請旨將兩江總督、江蘇巡撫及藩司、糧道先行交部議處，仍責成該督撫督率藩司、糧道，趕緊兑收裝載放洋北上，並先將大概情形，及起運米數迅速馳奏，仰慰聖懷。

所有臣等奏參辦理海運遲延緣由，理合恭摺具奏，伏乞皇上訓示遵行。謹奏請旨。

爲奏議經紀應賠大通橋米石按照時價賠繳太輕事奏摺

咸豐四年二月二十二日

大學士管理户部事務臣祁寯藻等謹奏，爲遵旨速議具奏，仰祈聖鑒事。

據鄭親王端華、工部侍郎杜翰奏經紀應賠米石，按照時價太輕一摺，咸豐四年二月十八日奉硃批：户部迅速查議具奏，不必盡拘成例，惟期賠補覈實。欽此。欽遵。咨送到部。

據原奏内稱：竊臣等前經奉命查辦大通橋霉變米石一案，當經奏請，所有霉變米一萬七千餘石。遵照道光三年户部奏准例案，令該經紀等按照時價，折銀賠繳在案。

兹臣端華所署鑲白旗蒙古現在關領甲米，臣訊得，粳米每石價錢三千三百文。伏思粳米户部例價一兩四錢，若照該旗所賣市價太覺輕減，與臣杜翰相商，順天府月報糧價臣等礙難行查，相應據實奏聞，請旨飭令户部查覈。如現在時價較例價爲數過輕,不可拘定成案,反使該經紀等避重就輕,轉得僥倖。仍請照例價,以平斛申算,折銀賠補。若時價較重,自應照例辦理,庶該經紀等知所警惕等語。

臣等伏查漕運全書,内載米石價值,粳米例定每石銀一兩四錢。又查,五城呈報本年二月份糧價,老米每石銀二兩四錢。並聲明所開市價,係紋銀一兩,合制錢一千文。等因。是例價係以銀覈算時價係以錢覈算。若按照時價,粳米每石祇合制錢二千四百文;若按照例價,粳米每石銀一兩四錢。以現在每銀一兩約换制錢二千五百文計算,每石應合制錢三千五百文上下,是時價與例價比較,少至制錢一千餘文。

玆據奏稱,鑲白旗蒙古現在關領甲米、粳米,每石價錢三千三百文。户部例價一兩四錢,若照該旗所賣之市價,較之例價太覺輕減,反使該經紀等避重就輕,轉得僥倖。仍請照例價以平斛申算折銀賠補等語。洵爲慎重倉儲起見,查現在時價,比較例價每石少至制錢一千餘文。自應按照定例,粳米每石銀一兩四錢價值以平斛申算,責令折銀賠補。庶免奸胥猾吏,避重就輕之弊。惟例價原有一定,而時價長落無常。並請嗣後凡係倉場衙門賠補米石之案,應令查明每石時價若干。如時價輕於例價,則按照例價覈算;如例價輕於時價,則按照時價覈算。總須按照價重之數,責令賠交,以重倉儲,而昭覈實。至稷米、粟米、白麥、黑豆,均應照此辦理。

所有臣等遵旨迅速查議緣由,理合恭摺具奏,伏乞皇上聖鑒。謹奏。

硃批:依議行。嗣後并著爲例。

爲遵議四川省請發空名監照事奏摺

咸豐四年二月二十二日

大學士管理户部事務臣祁寯藻等謹奏,爲速議具奏事。

四川總督裕瑞奏請頒發文武監生印照附片一件,咸豐四年二月初十日奉硃批:該部速議具奏,欽此。欽遵。由内閣抄出到部。

據片奏内稱:查前准户部、國子監頒發空名印照各四千張,行令每名捐銀八十八兩,准作監生。當即行據藩司,按各廳、州、縣地方大小均匀給發,令其妥速勸捐。嗣因此次印照是否專准報捐文監,抑或武監生亦准一律收捐,原奏章程内未經議及。當即咨請部示，現尚未接准部復。至部頒印照各屬本有定數。前恐捐輸踴躍，印照不敷分給，曾與藩司楊培籌及，擬俟各屬具報到日，先給實收。玆准前因，彼此意見相同。臣現已行司通飭各屬出示曉諭，一體准其報捐。惟咨部换照有需時日，捐生不無觀望，必須隨捐隨發，方期踴躍。相應請旨飭下户部、國子監，各頒發武監生印照一千張、文監生印照一千張，以廣登進而裕要需。其現在願捐各童，即令由地方官具呈上兑，解交藩庫，給予實收，彙咨户部。俟部照到日，换給所請執照。如有餘剩，統容咨繳查銷。或仍有不敷，即照所給實收咨部添换。謹會同合詞附片具奏。等語。

臣等伏查，上年八月間，臣部奏請頒發四川省空名部照、監照各四千張，行令轉飭各州、縣妥速辦理。嗣於本年正月間，據該督咨請空名監照可否文武兼收，復經臣部咨覆，報捐監生，文武一律准其隨時填名給領，各在案。玆據奏稱：前准户部、國子監頒發空白印照，是否專准報捐文監生，抑或武監生亦准一律收捐。等語。自係尚未接到部文，應令查照臣部前咨辦理。至所稱部頒印照各屬本有定數。前恐捐輸踴躍，印照不敷分給，與藩司楊培籌及，擬俟各屬報到，先給實收。現已行司通飭各屬出示曉諭，一體准其報捐。惟咨部换照有需時日，請飭户部、國子監各頒發武監生印照一千張，文監生印照一千張之處。查此項空名印照，原令該督轉飭妥辦，今以不敷分給，奏請添發辦理。實屬認真，自應准其所請，由臣部再辦空名部照二千張，並移咨國子監衙門，刷印空名監照二千張送部，一併由臣部封發該督，轉飭藩司分發各廳、州、縣。無論報捐文監、武監，均准隨時填給。所收捐監銀兩，應請飭下四川總督遵照奏定章程，催令各州、縣解交藩庫，另款存儲，聽候指撥。仍將解到實數先行奏報，並將應交部監飯銀，照費等項，即交便員解部，以資辦公，毋稍遲延〔行下横綫爲硃筆——編者注〕。

所有臣等遵議緣由，恭摺具奏，伏乞皇上聖鑒。謹奏。

咸豐四年二月二十二日奉硃批：飯銀、照費皆是無要之款。現在各省辦理捐監，雖剔盡弊端，尚恐不能盡除。乃初有成效，即冀專濟部費，是導外省吏胥滋擾也。况軍營餉需尚且不敷，爾部何關緊要，如是之搜羅也。祁寯藻管理部務，非不欲除弊净盡，總覺寬柔過甚。文慶日在公署，乃如是粗率。徐澤醇曾任封疆，其中弊竇，自必深悉，乃亦知而不言。綿森等并未駮斥，亦有不合。祁寯藻等均著傳旨嚴行申飭。辦稿司員，著查明記過一次。餘依議。欽此。

爲左右翼監督任滿請旨簡放事奏摺

咸豐四年三月初八日

大學士管理户部事務臣祁寯藻等謹奏,爲請旨事。

咸豐四年二月十三等日,准左翼監督恩醇、右翼監督宗室載齡,各將差滿日期照例預報,等因前來。

臣等查得,左、右兩翼税差期滿,例由臣部將各衙門保送人員並八旗及内務府俸深人員職名,開列具題,恭候欽點更替。近年俱專摺奏明請旨,均蒙特簡大員管理在案。

今查前任左翼監督瑞麟,於咸豐三年三月十三日起,至八月初一日卸任止,現任監督恩醇於八月初二日到任,接前任計算,扣至四年三月十二日止;前任右翼監督桂良,於咸豐三年三月十三日起,至九月十四日卸任止,現任監督宗室載齡於九月十五日到任,接前任計算,扣至四年三月十二日止,均係一年任滿,例應更替。理合專摺具奏,請旨簡放,並將上三届左、右兩翼監督各員,繕寫名單,恭呈御覽。

伏俟命下,臣部照例行文左、右兩翼,仍俟一年差滿,預報臣部,奏請更换。

爲此謹奏請旨。

附件:上三届簡放左右兩翼監督各員名單

謹將上三届簡放左、右兩翼監督各員開列名單,恭呈御覽。

咸豐元年。

左翼監督特登額,管理一年。

右翼監督舒興阿,管理一年。

咸豐二年。

左翼監督景壽,管理一年。

右翼監督禄普,於咸豐二年三月十三日接任起,至三年三月十二日止。

右翼監督桂良,於咸豐三年二月二十二日接任起,至三年三月十二日止。

咸豐三年。

左翼監督瑞麟,於咸豐三年三月十三日接任起,至八月初一日卸任止。

左翼監督恩醇,於咸豐三年八月初二日接任起,至四年三月十二日止。

右翼監督桂良,於咸豐三年三月十三日接任起,至九月十四日卸任止。

右翼監督宗室載齡,於咸豐三年九月十五日接任起,至四年三月十二日止。

爲請飭江蘇將折漕銀兩採買米石等事奏摺

咸豐四年三月十一日

大學士管理户部事務臣祁寯藻等謹奏,爲遵旨速議具奏事。

據兩江總督怡良等奏,蘇松等屬漕米勢難起運本色一摺,咸豐四年三月初五日奉硃批:户部速議具奏。欽此。欽遵。抄出到部。

據原奏内稱,江蘇漕務决裂,已非一日,抗糧抗租、拒捕毆差之案,層見叠出。臣等到任後,籌辦以捐抵賦,將從前之浮勒一概革除,而捐抵錢糧僅得全額十分之一。及將收漕,適值揚州逆匪竄至瓜州,意圖南竄。蘇常各屬佃户,雖經業户稟官,大張曉諭,原將租米照額減收十之三、四,仍復鳴鑼聚衆,抗不還租。若仍照舊開倉,不浮收不能起運,而一經浮收,必滋事端。藩司陳啓邁因司庫之來源既竭,漕務又將貽誤,督同府縣與紳士,和衷集議,變通成法,改徵折色。此時如再徵收本色,愚民無知,必將嘩然。若令辦漕州、縣買米起運,而蘇省糧價自廬州失守以後,數日之内每石驟增大錢三、四百文。向來江浙食米仰給於川楚,川楚不至,猶可仰給於廬州一帶。今米無來路,儻再採買數十萬石之米,閭閻更形絀乏。此時辦理折徵已極不易,若徵米買米貽誤,有不堪設想者。合無仰懇皇上逾格天恩,俯准改收折色,以固大局而定民心。至此項折漕銀兩,臣等叠飭陳啓邁專款存儲,聽候解部,而陳啓邁再三詳稟,請先濟餉。臣等查京倉部庫,均爲根本重地,必應首先計及。儻非安危在於呼吸,斷不准擅行挪動,亦必得實在有款可抵,不致延宕日久,方准暫時移借。一俟積有成數,仍即委員解部。等語。

臣等伏查,蘇松等屬應運咸豐三年漕米,前據該督等奏請本折兼收,經臣部議駁,奉硃批:著仍遵照前旨全數運米,不准改折。欽此。當即飛咨遵照辦理。嗣因延不覆奏,復經臣部於二月十四日奏參,請旨將辦理遲延之督撫、藩司、糧道等,交部議處。各在案。兹據該督等覆奏,除白糧一項起運本色外,其漕米仍請改收折色,並備陳抗不還租、徵收不易、米無來路、採買維艱各情形。所折銀兩，據稱不准擅動，俟積有成數，仍即委員解部。等因。臣等查，該省現在時勢，寬則漕務廢弛，猛則激生事端。既據該督等奏稱，本屆漕糧勢難起運本色，自不得不因時變通，准其改折。惟京倉現存粳米，僅敷放至本年八月，此時若不急籌，九月即有停放之慮。遠如廣東、福建，尚且議令籌款採買，該省折漕銀兩，固不准該省挪借，即臣部亦斷不敢作爲别項動用。緣京倉惟粳米一項最關緊要，粳米爲江浙所産，就令折漕銀兩備齊到京，北地亦無從採辦，仍應於該省及鄰近該省之區辦理採買。

伏思該省本屆漕糧，無論本色折色，總應將實徵米數先行奏報。乃自冬迄今，叠經臣部奏催咨催，總未據隻字登覆，此次摺内仍未將折漕銀數聲明。

查該省額徵漕白糧一百六十餘萬石，漕項米二十萬石，漕項銀六十餘萬兩，即令蠲緩數多，以徵收五成，每石折銀一兩四錢覈算，連漕項銀約計有一百五、六十萬兩。按照道光二十七年該省採買每石抵津准銷銀二兩二錢成案辦理，除採買白糧外，仍可買粳米六十餘萬石。既據奏稱督同府縣與紳士，和衷集議，自係不致浮收，官民相安。採買成案，均係官爲經理，與民絶不相關，不得藉口滋事。每石開銷銀二兩二錢，辦理裕如，亦不得藉口賠累。惟據稱該省糧價驟增，儻再採買數十萬石之米，閭閻更形缺乏。等語。

查川楚到蘇售賣之米，並無粳米。該省爲産米之區，原不必盡資川楚米船接濟，如果本地米石不敷，無難於鄰近該省之區設法採辦，以視北地採買較有把握。相應請旨責成兩江總督、江蘇巡撫，督飭藩司、糧道，迅將折漕銀兩趕緊分投採辦，即在劉河口受兑，務於五月以前放洋北上。仍限於文到五日内，先將實徵漕糧正耗、漕項銀米數目，並辦理大概情形，由驛馳奏。總之，有漕省分，以該省爲大宗，折漕銀兩原爲採買之用，現在爲日已迫，務須迅速舉行。儻再耽延時日，以趕辦不及爲詞，米無顆粒抵通，銀又全歸無著，致令大省全漕銀米兩空，貽誤京糈，伊誰之咎！臣部惟有據實奏參，請旨從重治罪。

所有臣等速議緣由，理合恭摺具奏。是否有當，伏乞皇上訓示遵行。謹奏請旨。

爲擬請酌量變通部庫支發款項事奏摺

咸豐四年三月十一日

大學士管理户部事務臣祁寯藻等謹奏，爲部庫支發款項，擬請酌量變通，仰祈聖鑒事。

竊思生財之道,不外開源、節流兩端。臣部爲度支總匯之區,自軍興以來,經費浩繁,各省地丁、鹽課、關税等項,既多虧短,照例解部之款,復多撥爲軍需之用。其經臣部指撥部庫者,又或起解遲延,往往緩不濟急。所以在京各衙門例領銀兩,每因部庫支絀,不能隨時發給。

臣等再四思維,銀價既有低昂之分,領項亦有重輕之别,將求撙節之法,勢不得不思變通之方。除八旗兵餉及在京官員俸銀,前經臣部奏准折給制錢,現仍遵照辦理毋庸議外。其餘部庫應發款項,臣等按款酌覈,公同商議,擬請照舊給銀者二十三款,給銀票各半者十八款,折給制錢者六十五款,折給錢鈔各半者三十六款,應行覈減者二十七款,其折給制錢款項如一時銀價頓減,仍行給銀。一俟部庫充裕,由臣部察看情形,再行具奏請旨,照舊辦理。所擬各款,臣等謹繕清單,恭呈御覽。惟款目較繁,其中有無窒礙,可否請欽派大臣覆覈之處,恭候聖裁。

再查外省藩關各庫,均有經費支銷款項,爲數頗鉅。當此庫儲未充之際,亦宜力求撙節。惟各省情形不同,臣部未便懸定。應請旨飭下各直省督撫、河道總督、倉場侍郎、盛京吉林黑龍江各將軍,順天奉天府尹、各關監督查照臣部新定覈減章程,各就本省情形,破除情面,悉心勾稽。或某款可以搭放銀票,某款可以折放錢鈔,某款可以覈減數成,妥速籌議,奏明請旨遵辦,以節浮費而裕度支。

所有臣等擬請酌量變通緣由,是否有當,伏祈皇上訓示遵行。謹奏請旨。

硃批:著裕誠、祁寯藻詳細覈覆奏聞。

爲漢御史考試卷粘簽進呈請欽定名次事奏摺

咸豐四年三月十三日

臣祁寯藻、臣杜翰跪奏。

蒙發下考試漢御史卷二十二本,臣等公同詳閱,擬列名次,謹於卷面粘簽,恭呈御覽,伏候欽定。俟發下再行拆閱彌封,另繕清單進呈。謹奏。

爲豁免内外官員賠罰銀兩各案請暫緩查辦事奏摺

咸豐四年三月十八日

大學士管理户部事務臣祁寯藻等謹奏,爲各省續到豁免文册擬請暫緩查辦,俟軍務告竣,再行奏請豁免,以免牽混而清款項,恭摺仰祈聖鑒事。

查道光三十年正月二十六日恭逢恩詔:查免内外大小官員一切賠罰銀兩。前據内外各衙門將各員應豁款項先後造册送部,經臣部覈明,陸續具奏。嗣因遲至咸豐二年七月尚有甘肅、山西、河南、廣西、奉天等省,未據彙册送部。經臣部於二年七月十七日奏催,並請於接到部文之日起,再限兩個月,即行造册送部,由臣部覈明往返程途,如逾兩個月之限,無論應否豁免,即行一概停止。奉旨:依議。欽此。欽遵。行文各該省遵照去後。除甘肅一省續行造報外,其餘各省截至三年二月十六日限滿,仍未造報。復經臣部於三年二月二十九日奏請將彙册未到省分,暨各省單咨於限滿覆到部者,均遵照前案,即自命下之日起,無論應否豁免,一概截止,以示限制。奉旨:依議。欽此。欽遵。行文各直省遵照。各在案。其尚未停止以前册造已經到部之直隸、湖南、湖北、陝西、山東、貴州、江寧等省彙報,並各省單咨,以及在部具呈請豁各款,經臣部按款覈明,於三年四月初三日奏請豁免,原摺留中。此外仍有未經截止以前,各省彙册到部及單咨請豁應行查辦各案,尚復不少。

臣等伏思現在情形,軍需緊要,此等未完賠罰款項,雖係照例應豁,究恐同時查銷與軍需提墊各款不無轇轕。臣等公同商酌,除停止以後到部請豁文册一概駁回,仍令追繳外,其未經停止以前到部各案,擬請暫行緩辦。臣等仍督飭司員分别覈明,先行登記,俟軍務告竣,再行分起奏豁,以免牽混,而清款項。如蒙俞允,臣等即行知内外各衙門,一體遵照。所有豁免各案暫緩查辦緣由,理合恭摺具奏,是否有當,伏乞皇上聖鑒。謹奏。

硃批:所議甚是。依議行。

爲遵議河南漕糧折銀採買事奏摺

咸豐四年三月二十五日

大學士管理户部事務臣祁寯藻等謹奏,爲遵旨速議具奏事。

咸豐四年三月二十一日,准採買米石大臣基溥等咨稱:三月二十日具奏籌辦米石情形,奉硃批:所請豫糧折銀作爲採買之本,亦因時變通之道。著户部速行覈議具奏。等因。欽此。欽遵。抄録奏片,恭録硃批,知照前來。

據原片内稱:聞河南本年糧米,因衛河阻滯,不能起運。以變價交銀咨部,部中准駁,臣等不能深知。查此項本係交納粟米、麥豆約二十餘萬石,變價折銀約可得銀十七、八萬兩。可否請旨飭下户部覈議,如已准其折銀,即將此項銀兩,撥爲採買資本,以折米之銀,作買米之用,經費並無所損,而一轉移間,於倉儲要需大有裨益。等語。

臣等伏查,河南省咸豐四年應運咸豐三年漕糧,前據該撫奏稱,逆匪竄逸河間一帶,切近運河,請將應徵正耗米麥豆並支軍薊糧等米十三萬四千四百十三石,無分粟米、麥豆,按每石一兩二錢五分,折銀報解,聽候採買。所有例定每石節省銀一錢五分,並輕賫等款,仍循例報解。當經臣部以京倉米石支放不敷,該省新漕議令暫寬時日,一俟運道稍通,即星夜遄行,催趲北上。等因。在案。兹據該大臣等請將豫省新漕折銀撥爲採買資本。等語。查該省漕糧,向例限於三月初一日抵通,現在時日已遲,而賊氛仍然未靖,臨清一帶又多梗阻,誠恐遷延日久,該省徵存米石霉變,折耗在在堪虞。該大臣等請將豫糧折銀,以備採買之處,應如所奏辦理。

惟查該省本屆新漕除蠲緩外,實應運正耗米麥豆一十三萬四千四百餘石。按照該撫原議,以每石一兩二錢五分折銀,並加每石節省銀一錢五分,共應折解銀十八萬八千餘兩。除薊糧項下應撥保定、雄縣、密雲、良鄉、固安等處兵俸等米一萬五千餘石。按照例載河南粟米每石八錢之數,劃出徑解直隸藩庫支放折色外,其餘應折米價以及漕項銀米等款銀兩,爲數甚鉅。以之提解到京,約可採買米二十餘萬石。

應請飭下河南巡撫,迅速妥辦。統限於四月以内,將應折米價以及漕項銀米等款銀兩,全數批解到部,以便撥爲採買資本。毋任延緩虧短,致誤要需。此係臣部變通辦理,萬不得已之計,儻該省應解銀兩延不批解,致採買無所取資,臣部惟有據實奏參,請旨將貽誤京糈之巡撫、藩司、糧道等從重治罪。致輕賫銀兩,該省漕糧雖不抵壩,現在辦理採買捐輸米石轉運需費,仍應照例迅速解通,毋稍遲誤。

所有速議緣由,理合恭摺具奏,伏乞皇上聖鑒。謹奏。

爲查山東新漕折銀採買變通事片

咸豐四年三月二十五日

再,查山東省額徵漕糧三十四萬餘石,叠經臣部奏催咨催,令將咸豐四年起運咸豐三年漕糧,除蠲緩外實應起運米數,專案報部。該省一味因循,迄今未據將起運米數登復,臣部無憑查覈。現在逆匪竄擾臨清,運河梗塞,勢難起運本色。不得不因時變通,以資補救。

查勝保現駐臨清攻勦逆匪,所需兵餉甚急,部庫無款可籌,莫若即將該省漕糧就近接濟。擬令山東巡撫,按照豫省新漕折價原議,無分粟米、麥豆,每石折銀一兩二錢五分,加以每石節省銀一錢五分,共計每石合銀一兩四錢。全數變價,併同漕項銀米等款,一併留存。專爲勝保大營軍需之用,不准別項開銷。仍將應徵米數若干,共應折銀若干,漕項銀米若干,先行專案報部查核。儻因米價平減,或出入折耗,即將徵存米石撥給大營官兵口糧,歸入軍需項下,覈實報銷。此係天庾正供,值兹軍需緊要,暫作權宜辦法。

應令嚴飭糧臺各員撙節動用,不准稍有浮冒。用有盈餘,銀則迅速解部,米則徐商起運,不得恃有此議盡行開除。至輕賫銀兩,該省漕糧今年雖不抵壩,而現在辦理捐輸採買米石,轉運需費,仍應照例迅速解通,毋稍延誤。

所有山東新漕擬令接濟軍需緣由,理合附片陳明,是否有當,伏乞皇上聖鑒,訓示遵行。謹奏。

爲右翼短收盈餘銀兩照例分賠事奏摺

咸豐四年四月初三日

大學士管理户部事務臣祁寯藻等謹奏,爲遵旨議奏事。

内閣抄出,工部右侍郎載齡奏,右翼咸豐三年三月十三日起,至四年三月十二日止,一年期滿,短收盈餘銀六千一百八十二兩六錢七厘,請同前任監督桂良,照例分賠一摺。咸豐四年三月十六日奉硃批:户部議奏。欽此。欽遵。於三月二十日抄出到部。

據工部右侍郎載齡奏稱:奴才管理右翼税務,於咸豐三年九月十五日接印管理起,至四年三月十二日止,共五個月二十八日,連前任接算一年期滿,共收牲畜税銀一萬七千四百十四兩八錢三分一厘,房地税銀三十四兩三錢五分。除交户部正額銀一萬五兩一錢二分,又交西山牲税增銀四十兩,又交房地税銀三十四兩三錢五分,下存銀七千三百六十九兩七錢一分一厘。内除遵照向例動發過犧牲所草豆及本關各項經費等銀□千二百三十兩九錢一分八厘,現祇存銀一千一百三十八兩七錢九分三厘,尚虧盈餘銀六千一百八十二兩六錢七厘。前任監督桂良在任六個月零二日,短收銀三千八百兩三錢九分八厘。奴才接管五個月二十八日,短收盈餘銀二千三百八十二兩二錢九厘。請仍由桂良與奴才各按在任月、日照例分賠。等語。

臣等伏查,例載各關監督徵收盈餘,按定額銀數以六成作爲額内盈餘,遇有短少,著落賠交,照例議處。又,例載短收正額欠不及半分者,降二級調用。短收額内盈餘欠二分以上者,罰俸二年。各等語。兹查右翼應徵正額銀一萬五兩一錢二分,盈餘銀七千三百二十一兩四錢。今該翼自咸豐三年三月十三日起至四年三月十二日止,一年期滿,兩任合徵共收税銀一萬七千四百十四兩八錢三分一厘。又,收房地税銀三十四兩三錢五分,二共收銀一萬七千四百四十九兩一錢八分一厘。内除正額銀一萬五兩一錢二分。又,西山牲税額銀四十兩。又,房地税銀三十四兩三錢五分。又除支給犧牲所草豆及本關各項經費等銀,六千二百三十兩九錢一分八厘,實祇存銀一千一百三十八兩七錢九分三厘。按照額定盈餘銀數,尚短收銀六千一百八十二兩六錢七厘。查前任監督桂良任内,短收銀三千八百兩零,覈計應徵正額銀數,尚短收銀九十九兩零。係短收正額税銀不及半分,例應降二級調用。接任監督載齡任内,短收銀二千三百八十二兩零,覈計應徵額内盈餘銀數,尚短收銀九百三十四兩零。係短收額内盈餘二分以上,例應罰俸二年。

惟查嘉慶二十四年四月十三日,右翼監督普恭奏,税銀虧短實因口外春寒牲畜到京較少一摺。奉旨:右翼税務盈餘缺額加恩免其議處,仍著照數分賠。等因。欽此。又,咸豐三年四川總督裕瑞奏,夔、渝兩關因粤匪竄擾,楚省商船不通,以至税銀虧額一折。經臣部議奏,請將該關監督俞文詔應得降二級調用處分,改爲降四級留任,不准抵銷。於咸豐三年十二月二十八日具奏,奉硃批:俞文詔著改爲降四級留任,不准抵銷。餘依議。欽此。欽遵。各在案。

今右翼税銀虧短,據原奏内稱,實因逆賊竄擾近畿一帶地方,商販畏懼不前,以致虧額等語。該監督所奏,自係實在情形,若遽照定例議處,未免與經徵不力者無所區别。臣等公同商酌,所有接任右翼監督載齡,應得罰俸二年處分,可否援照右翼成案,免其議處。前任監督桂良應得降二級調用處分,可否援照夔、渝兩關成案,改爲降四級留任,不准抵銷之處,出自皇上天恩。至右翼一年期滿,短收税銀六千一百八十二兩六錢七厘,應照臣部奏准定例,各按在任月日,著落桂良。載齡匀攤分賠。

查桂良在任一百八十二日,應攤賠銀三千一百二十五兩六錢五分一厘;載齡在任一百七十八日,應攤賠銀三千五十六兩九錢五分六厘。均遵照定例,一千兩以上至五千兩予限二年完交。統令於奉旨之日起,各按限期照數完交。以符定例。

所有臣等核議緣由,理合恭摺具奏,伏祈皇上訓示。謹奏請示。

硃批:載齡、桂良之罰俸降級處分,均著寬免,仍照數分賠。

爲遵議紫荆關防守官兵口糧請飭直隸籌備事奏摺

咸豐四年四月十五日

大學士管理户部事務臣祁寯藻等謹奏,爲遵旨速議具奏事。

軍機處交出山西巡撫恒春奏,由綏遠城派赴紫荆關官兵應需口糧等項銀兩一摺。咸豐四年四月初十日奉硃批:户部速議具奏。欽此。欽遵。於本日交出到部。

據原奏内稱:准西陵承辦事務衙門咨開,欽奉上諭,令將派赴紫荆關綏遠城官兵一千名所需經費,由臣妥籌交派出隨營辦理糧臺之員,照例支給,轉行軍需局核定應支數目,作速籌款解交。惟查山西省北地方並未安設糧臺,且向來調赴外省之兵,亦無糧員隨往,此項官兵又向不歸臣節制,而直隸此次用兵,其鹽菜口糧馬干跟役等項目如何辦理,晋省無從計算。該處既無款可籌,未便竟分畛域,已查照軍需則例並晋省章程,籌備該官兵等一月口糧馬干等項銀五千四百兩,委員解赴西陵承辦事務衙門交收,即由該處查明官兵數目,覈實散放,以免浮冒。除咨該衙門暨綏遠城將軍外,此後該官兵等應需口糧,應由何處給發,請旨飭部迅速籌撥。等語。

臣等伏查此次由綏遠城派赴紫荆關官兵一千名,雖經該撫不分畛域,查照晋省章程,籌備一月口糧等銀五千四百兩,解交西陵承辦事務衙門支放。嗣後應需口糧等項,自應豫爲籌備。查逆匪竄擾直隸以來,兵勇雲集,各路大營需餉浩繁,屢蒙皇上賞發内帑,及臣部指撥山西等省銀款先後接濟。其固安、東安、涿州等處防兵口糧錢文,亦經臣部籌撥火器營捐輸等款,發交順天糧臺給發,是徵防各兵鹽糧等項,均不歸直隸省局支應。至西陵屯扎訓練兵丁口分,每月需銀三百五十餘兩,係該處奏明,由廣恩庫支發。惟廣恩存款無幾,前項口分僅可發至五六月間,斷難兼顧紫荆關防兵之用。臣等公同商酌,此次派赴紫荆關官兵一千名,每月應需餉銀數千兩,爲數尚不甚巨,且該處距省較近,若由省局籌款動給,諒不致甚費周章,應請旨敕下直隸總督轉飭該藩司迅速籌備供應,毋得推諉遷延,貽誤要需。並令查明該官兵等每月實應需口糧等項銀兩若干,覈實撙節支應,先行專案報部備查,嗣後仍將支用過前項官兵口糧等項銀兩,按月造册送部,以憑查覈。

所有臣等遵旨速議緣由,是否有當,謹繕摺具奏,伏乞皇上聖鑒,訓示遵行,謹奏請旨。

爲將户部鐵錢局移設山西鼓鑄錢文事奏摺

咸豐四年四月十九日

大學士管理户部事務臣祁寯藻等謹奏,爲遵旨將鐵錢局移設山西,派員帶匠前往教演鼓鑄並酌擬章程,恭摺奏聞,仰祈聖鑒事。

竊查臣部於四月初三日奏請將臣部鐵錢局移設山西省近山産鐵地方,揀派司員,挑選熟悉爐匠,帶往教演鼓鑄,以節經費,兼利鈔法。奉旨:依議。欽此。欽遵。

查臣部試鑄鐵錢,原派郎中隋藏珠專司其事,業經鼓鑄如式。於三月初一、十五等日,將鑄成錢文進呈,復經臣等添派主事周悦讓,辦理設廠定卯一切事宜。今將鐵錢局移設山西,擬即派該二員前往,以資教演。其到晋設局開卯章程,臣等公同酌擬開具簡明清單,恭呈御覽。如蒙俞允,即請旨飭下山西巡撫,按照章程單開應辦事宜,先期籌畫。臣部即飭派出司員,帶同揀選爐匠,前往晋省即行設爐教演鼓鑄,以期迅速。其餘未盡事宜,及應隨時酌量變通之處,仍由臣部咨行山西巡撫,查照妥籌辦理。至臣部試鑄以來,所用鐵本、物料、工食銀錢,均係由臣部自行籌款支用。兹將鐵錢局移設山西,應用官吏、匠役車脚路費等項,由臣等捐備銀錢,交該員等撙節支用,均無庸開銷正款。合併陳明。

所有鐵錢局移設山西,派員帶匠前往,並酌擬章程緣由,謹繕摺具奏,伏乞皇上聖鑒。謹奏請旨。

硃批:所擬章程俱妥。著恒春認真協理,不准畏難。餘依議。

爲請飭軍營附近州縣勸捐軍餉事奏摺

咸豐四年四月二十二日

大學士管理户部事務臣祁寯藻等謹奏,爲請飭附近軍營州、縣妥勸捐輸,以濟軍餉事。

竊臣部前因軍餉緊急,部撥款項解運維艱,奏明將揚州、廬州兩路軍餉,令河南、山東、江蘇等省就近協濟,約定數目,按月起解。嗣因豫省逼近皖、楚,軍情吃緊,山東臨清以南復被賊蹤竄擾,江蘇本省軍務方殷,據各該督撫先後入奏,均以未能豫定協濟數目爲詞,所可指者,僅止山西、陝西兩省。該二省正項及捐輸銀兩,又因京餉支絀,亟須撥解部庫,勢不能悉數指撥軍營。且湖北一路待餉亦甚緊急,而餉道梗阻,疊經臺湧、青麟等奏請設法籌解。是各路指撥軍餉,皆有緩不濟急之虞。是非隨地隨時設法接濟,誠恐兵行乏食,枵腹荷戈。即如勝保此次追賊南下,糧臺稍形落後,兵丁即無從覓食,是其明證。因思辦理捐輸疊奉諭旨,飭令地方官員妥爲勸諭,各省士民輸將亦尚踴躍。惟所捐必須銀錢,遇有鄉村、市鎮,平日蓋藏僅止米糧、豆草,無可易换銀錢者,即不能遂其報効之忱,而大軍經過地方,轉以購買無資,軍行遲滯。查上年僧格林沁駐兵王慶坨時,有天津縣民李德泰等捐備草豆,武清縣武舉張秉鋒等捐備軍械,均經該大臣特奏請獎。本年勝保進兵阜城,復有東鹿縣人李全義等捐輸銀錢等項,欽奉硃批嘉獎。似此隨地樂輸,其有裨軍餉,較之設局勸捐尤爲切實,自應責令用兵省分各督撫,仿照勸諭,以佐撥款之不逮。

除應解軍餉,仍由臣部嚴催指撥省分及沿途地方,妥籌飛速運解外,相應請旨飭下直隸、山東、河南、江蘇、安徽、湖北、湖南各督撫,東河、南河漕運各總督，諄飭地方官認真曉諭，不論銀錢、米面、豆草等項，凡有可資軍餉之用者，悉准士民等就近捐輸，特奏請獎。其大兵駐扎及經過地方，或由統兵大臣酌派隨營委員，協同地方官勸辦。總期師行糧隨，兵皆宿飽，則指撥銀兩即使偶有阻滯，亦不至停兵待餉矣。

所有臣等急籌接濟軍餉緣由，理合恭摺具奏，伏乞皇上訓示遵行。謹奏。

硃批：所奏是，依議速行。

爲議奏撙節東陵庫款事奏摺

咸豐四年五月十八日

大學士管理户部事務臣祁寯藻等謹奏，爲遵旨議奏事。

内閣抄出，守護東陵大臣載容等奏撙節庫款，籌擬章程，開單覆奏一摺。咸豐四年五月初七日奉硃批：該部議奏，單併發。欽此。欽遵。於本月初十日抄出到部。

據原奏内稱：前因庫項無多，恐至支絀，擬將各員役兵丁白事賞銀仍行給發，紅事暫行停給。其餘應領各項，酌量緩急，均仿照京中易錢放給，每銀一兩，折給制錢二千，統俟庫款充裕，仍照向來給發等因。奏奉硃批：此應撙節辦理者，所籌章程，迅速覆奏。等因。欽此。奴才等遵即督率總管司員等，再四公同酌量，分別籌擬。除紅白賞銀，白事仍行給發，紅事暫行停給。此外零星工程，酌量緩急修理，並歲修圍墻，守護攸關，勢難停止。應由奴才等覈計實用若干，折給錢文，仍於年終專摺奏銷，以清款目。又年例紙硃薪水等項銀兩，均擬折給錢文，以歸畫一。再，每年由運米歸公項下，動用銀二百兩清挖河道。本年應俟交秋，酌量情形，再行辦理。等語。

臣等伏查，前因軍需浩繁，庫款支絀，京城八旗官員紅白賞、兵丁紅事賞，奏明停止，其兵丁白事賞銀照舊支給。當經行文各省各駐防，遵照辦理在案。兹據載容等奏稱：員役兵丁白事賞銀，仍請照舊支發，紅事暫行停止，覈與原奏及各駐防辦過成案兩歧。應令將官員白事賞銀亦即停止，以符原議。此外歲修圍墻等工，據稱酌量緩急修理，所需工料折錢放給，其餘紙硃薪水各項以及單開養贍香燈等款，均擬以錢折銀，分别酌給。等語。查清單内開，擬照數支給者八項；擬減半支給者三項；擬覈減支給者一項。統按每銀一兩，折制錢二千。係爲節省經費起見,均應如所奏辦理。恭候命下,臣部行文内務府並該大臣等遵照,於年終覈實奏銷。至清挖河道應用銀兩,並令俟交秋再行奏報查覈。

臣等復思,西陵廣恩庫用款,較之東陵永濟庫繁簡即有不同,大致不甚相遠。一切支發前經該處奏明,按成搭放鈔票,而某項可以酌減,某項可以折錢,似宜一律酌籌,以節糜費。應請一併敕下守護西陵大臣等,體察該處情形,悉心籌擬覈減章程,奏明辦理。

所有臣等覈議緣由,是否有當,理合恭摺具奏,伏乞皇上聖鑒。謹奏請旨。

爲請伊犁將軍等妥籌新疆邊餉事奏摺

咸豐四年五月二十六日

大學士管理户部事務臣祁寯藻等謹奏,爲邊餉浩繁,協撥不繼,亟宜變通,以濟時艱而彌後患事。

竊查新疆南北兩路,駐兵五萬餘名,歲需經費一百五六十萬兩,皆由内地撥給。其换防往返鹽菜口糧、裝銀駝價等項不在新疆經費之内者,又復不貲。計自乾隆年間開擴新疆以來,所費實逾萬萬,今即帑藏充足,亦不可不籌議變通,以爲經久之計。況軍興數載,度支告匱,京餉軍需,時虞缺乏。新疆遠在萬里,接濟維艱。若不及時變通,轉恐將來貽誤。

臣等日夜思維,萬分焦灼。上年四月,曾以變通新疆兵制並籌議開墾地畝、鼓鑄大錢、仿行捐輸等事十條,專摺具奏。本年四月,復以甘餉支絀,奏請飭令新疆大臣並陝甘總督設法籌辦。現雖議裁、議減,間有節省,惟節省既屬無多,而協餉尤難濟用。咸豐三年,各省欠解一百八十餘萬兩。本年指撥三百七十餘萬兩,報解者百無一、二。雖有協撥之名,曾無接濟之實,數萬邊兵將何以給。

從前新疆各城,尚有封儲存剩各項銀兩可以挪墊。現俱動用無存,此後愈無可恃。若有兵無餉,非惟不足以壯邊防,更難保不别生事端,致滋後患。思議及此,尤不可不亟籌變通,預防其漸。伏思新疆底定垂及百年,涵泳皇仁,淪肌浹髓,久已悉爲臣僕,固守藩籬。又南北兩路風氣略殊,所以設兵之初,北路駐防而南路换防,亦爲因地制宜,可以隨時損益。揆諸事理,既有可量爲變通之機,念及時艱,復有不能不亟爲變通之勢。

臣等職司度支,即以籌餉一端計之,此後實難爲繼。第事關邊防定制,非臣部所敢輕議,惟祈皇上密諭伊犁將軍、烏魯木齊都統、葉爾羌參贊大臣暨陜甘總督,體察現在兵餉情形,應如何變通,以期經久,迅速妥籌會奏。

至新疆經費、協甘兵餉,内地實已無可撥解,亦應各就地方設法籌辦,以濟急需。毋仍專恃部撥,致有遲誤。

臣等爲節餉籌邊起見,不揣冒昧,專摺瀆陳,是否有當,伏乞皇上聖鑒訓示。謹奏。

爲是否撥换不勘耕種地畝請旨事奏摺

咸豐四年五月二十八日

大學士管理户部事務臣祁寯藻等謹奏,爲前撥分府地畝内有不堪耕種之地,現經内務府題准造册送部撥换,據咨奏聞,請旨遵行事。

竊臣部現據内務府咨稱:題銷莊頭等錢糧本内,新編莊頭謝洪麟等一百三十七名,因原領地畝不堪耕種,具呈退出,另行更换。屢經咨部撥换,未經覆准,以致租項久懸。查此項地畝,係屬一畝更换一畝,覈與原撥額數並無絲毫浮冒,應請敕下户部趕緊撥换,以便啓徵。等因。具題奉旨:知道了。欽此。應將原册咨送户部遵照辦理。等語。

臣等伏查,前經臣部會同内務府籌撥分府應用地畝内,有原領不堪耕種之地,節據内務府咨部更换,經臣部以八項旗租地畝,額徵租銀僅有四十餘萬兩,若再更换,恐於年終賞項有不敷之虞,咨覆該衙門毋庸更换,以重租額。等因在案。

兹據内務府於題銷莊頭錢糧本内聲明,原領不堪耕種地畝,户部未經撥换,以致租項久懸,題請撥换,以便啓徵,自係實在情形。惟八項旗租地畝,係歷經造入奏册徵租之項,臣部未便輕議撥换,可否即照内務府題准撥换之處,伏候欽定,臣部再行遵照辦理。

再,查八項旗地額徵租銀,關係恩賞要需。此次如蒙恩准撥换,以後不得再請更换,以重租額而昭慎重。

所有撥换地畝,據咨陳奏緣由,理合恭摺具奏。伏乞皇上訓示遵行。謹奏。

硃批:著准其撥换。

爲八旗五城抽收房租可否自五月起停止事片

再,查臣部抽收房租章程内載,空填六個月照票,發交八旗五城,給各住户每月持照交錢。等因。計自上年十一月起至本年四月止,六個月之期已滿,所收錢文按八旗五城册報數目覈算,惟上年十一、十二兩月,尚收京錢十一萬及十萬餘吊。本年正月以來,每月不過京錢七萬餘吊及八萬餘吊不等,且寶鈔多至八、九成,現錢不過一、二成,於經費無甚裨益。現届六個月之期已滿,所有抽收房租可否自五月起即行停止之處,臣等未敢擅便,理合附片陳明,伏乞皇上訓示遵行。謹奏請旨。

硃批:巡防王大臣酌覈具奏。

爲請飭完解豫省新舊欠項事奏摺

咸豐四年六月初三日

大學士管理户部事務臣祁寯藻等謹奏,爲豫省新舊欠項爲數太多,請旨飭催完解,以重庫儲而裕經費事。

查河南省地丁錢糧向多積欠,自道光二十七年清查以來,已將從前虧缺之款,分别定限追補,不准再有新虧。乃該省於清查之後,仍照舊完不足額。歷年所欠,或二十餘萬兩,或一十九萬餘兩,或四十萬餘兩不等。去年被賊州、縣,不過歸德、開封、懷慶三府屬,即該三府所屬,亦未必盡遭蹂躪。而該省並以土匪滋擾,臚列四十州、縣,停徵銀至六十八萬餘兩。再,除因灾緩徵之一十二萬餘兩,各屬留支之七十五萬餘兩,其餘應解司庫者,僅一百五十餘萬兩。據該省上下忙册報,止完銀三分以上,而未完之數竟有七十三萬餘兩之多,連舊欠計之,又將及二百萬兩。再,攤徵一款,去年馬儀工加價項下,未完銀三十八萬餘兩,沁堤方價項下未完銀二萬餘兩,護城小金堤及漳、沁等工幫價項下，未完銀五萬九千餘兩，連舊欠計之，亦不下二百萬兩。即謂二十九年以前欠款均奉恩旨查辦豁免，而四年之久，該省延不奏報。迭經臣部奏催，並不將實在民欠數目開單請豁，所謂查辦者何事。又，清查追補項下，除無著之款，應俟十年限滿，另行覈辦外，其有著銀八十八萬餘兩内，惟實存屬庫候解一款，據稱全數完繳外，如書役長支、房屋變價及現任去任各員勒追等款銀兩完繳無多，尚有未完銀五十餘萬。現在業已滿限，該省何以不按照清查章程，分别奏請監追治罪。當此軍需孔亟之時，關税鹽課在在均形短絀，全賴各省地丁以資接濟。而河南一省竟至虧缺若是，縱使實欠在民，該州、縣亦當設法催科，以重職守。況額徵不能完足，何論帶徵；新賦猶且虧空，何論舊欠。似此因循怠玩，必致貽誤要需。應請旨敕下河南巡撫督同藩司，逐款清釐，務將該省一切未完之項，趕緊催追完解，聽候部撥。並令查明豁免民欠數目，克即開單奏報，毋再遲延，致滋弊混。爲此恭摺具陳，伏乞皇上聖鑒。謹奏。

硃批：著英桂督同鄭敦謹趕緊清釐，迅速覈奏。

爲添鑄鉛錢以便民用事奏摺

咸豐四年六月初六日

大學士管理户部事務臣祁寯藻等謹奏，爲局銅甚絀，滇運維艱，擬請添鑄鉛錢，以便民用，恭摺仰祈聖鑒事。

竊惟法與時爲變通，事必求其有濟。近年來，因存局銅斤不敷鼓鑄，於是改鑄各種大錢，以羨補不足。又因放銀之款，大半折給錢文，用錢之數愈多，鑄錢之銅愈少。是以上年臣部有試鑄鐵錢之請，本年巡防王大臣亦奏請捐鑄鐵錢。原期相輔而行，多多益善。現在臣部派員前往山西移爐就鐵，試鑄尚需時日，即巡防處開爐鼓鑄，尚須逐漸增添，亦難克期定有確數。是局鑄銅錢，萬難稍減。第銅之來源，遠在雲南。目前江路未清，運道實形阻滯，就令京師採買、勸捐以及煎煉低潮，並渣土鉛燥設法煎换，百計圖維，亦僅敷衍一時，終難爲久遠之計。

查寶泉局自上年改鑄各種大錢以來，每月需銅三十萬九千餘斤。現在六月以後，卯銅止有煎煉。局中低銅、各廠渣土並商人採買，約可得銅百餘萬斤，止敷四個月之用。至在途各運，止有已入山東境之蔡傳樞、已入直隸境之周力墉、景堯春三運,即使趕緊全數運京,毫無短欠低潮,計應收銅二百四、五十萬斤。分解户局銅一百四、五十萬斤,亦不過用至年底而止。況有無短少遺失,尚不可知。而此後滇銅能否接濟,尤難以懸定。若不預爲籌畫,勢必臨時周章。

臣等伏思,金、銀、銅、鐵、鉛雖有等差,並皆利用。鐵既可以抵銅,鉛似可以佐鐵。當派錢法主事會同寶泉局監督試鑄鉛錢。始慮鉛性脆而易碎,不能耐久。遂督率爐匠悉心講求,僉稱:白鉛質脆,黑鉛質柔,以白鉛八成、黑鉛二成,配搭均勻,加工鑄造,則其質自堅,可便民用。因即如法配鑄,公同閱看,擲地有聲,並無破碎之患,與銅鐵錢相間行使,似亦足以流通。復查局庫,現存白鉛並抵通;兩運分解之鉛以及四廠盈餘,尚可得鉛二百餘萬斤,擬請於每月暫行撤去二卯制錢,改鑄鉛錢,約可節省銅十萬斤。再將二卯當十大錢合制錢四萬九千八百餘串之銅,暫行停鑄,以一卯銅歸入節省,以一卯銅勻半加鑄當五十、當百大錢,合制錢六萬一千九百餘串,非但多得制錢一萬二千一百餘串,又可節省銅四萬九千九百餘斤,並節省工銀一千餘兩,料錢一千餘串。如此則一月之銅可以分抵兩月,所省銅斤,足敷明歲上半年鑄造各種大錢之用。臣等一面再設法籌備,庶免停爐待鑄之虞。

惟局存黑鉛甚少,擬即以節省之工銀料錢,存儲局庫,招商採買,或於各處銀銅礦内所出黑鉛給價收買。臣等隨時酌辦,謹將現在試鑄鉛錢十九枚,進呈御覽。如蒙俞允,恭候命下,由臣等督飭寶泉局監督大使等,即自本年六月起,認真辦理。

所有臣等通籌大局,擬請添鑄鉛錢緣由,理合繕摺具奏。是否有當,伏乞皇上聖鑒,訓示遵行。謹奏。

硃批:依議行。

爲添爐鑄錢請派官役督察事片

咸豐四年六月初六日

再。現在局中添設九爐,每爐三十餘人,所有匠役約有三百餘名之衆。一切稽查彈壓,雖有委員等不辭勞瘁,晝夜巡邏,而遇有偷漏匠役,應照例責懲。若無官役當差,殊難辦理。至平日爐廠,以及出入門户,尤須委員督率官役，嚴加搜檢，方免偷漏之弊。倘遇所犯情節較重者，應交地方官看守，著各委員均有所司，不能擅離公所，亦應有官役押送，以昭慎重。奴才等再四商酌，擬咨交都察院，轉飭五城，於司坊官役中，擇其謹慎老成者，撥送八名，輪班聽用。仍不誤其本差，其工食即由奴才等酌給。理合據實奏聞。

至奴才等欽奉諭旨：著認真督辦。允宜敬謹將事，其關係錢政，尤應細心酌辦。況現在民商踴躍急公，情願開票代行，尤應辦理妥善，以免流弊。倘有經紀把持以及奸商撓阻，或匪徒生事肆行滋擾者，轉恐累及良善商人，亟宜嚴行禁止。如有以上情形，應分别城内、城外，交地方官看管。俟查明，照例辦理。其情節較重者，即行請旨遵辦。

是否有當，合併陳明，附片謹奏。

硃批：知道了。

爲議淮北滯銷鹽斤籌運濟餉事奏摺

咸豐四年六月十九日

大學士管理户部事務臣祁寯藻等謹奏，爲遵旨速議具奏事。

咸豐四年六月十五日由軍機處交出，六月十四日奉上諭：袁甲三奏請就滯銷鹽斤籌運濟餉一摺，著户部速議具奏。欽此。欽遵。交到臣部。

據原奏内稱：查兩淮鹽務暢銷之際，偶遇軍餉，綱商即捐數百萬，無須勸而後繳。嗣淮商改票商，易撤而販難。招販即多，而捐難集。今淮南引地，悉被賊阻，惟淮北引地，尚有可銷之處。其每年正課，原止二十九萬數千兩，改票廣引增至五十七八萬兩。又增代完淮南懸引銀三十一萬八千零，共收正雜懸引課銀九十萬兩。無如例應上年四月全完之癸丑綱，尾欠尚多，例應本年四月全完之甲寅綱分毫未動，合計一百餘萬兩。必須正陽上下河路肅清，方可售鹽納課。事屬真情，並非票販有意推諉也。惟在壩跌價賤售，雖稱得銀完課，實欲收回成本，及早散歸，蓄意已久。該署運司目睹焦灼，不得不議每引减懸引銀六錢九分零，又减不關解課之鹽價一錢，河費一分，以冀招新販而鼓舊販。可趕收甲寅减課之五十八萬兩。惟因滯銷而議减課，課雖减而納仍不速，且懸引三十餘萬。但能設法不减，於國課大有裨益。今聞西壩現存癸丑舊鹽約三十四、五萬引，本年能否銷完，尚未可知。現届六月，尚未開徵甲寅新課，而欲照章本年冬臘間開徵乙綱之課，斷不能行。遞綱積壓，必致銃去一綱，方可辦理。是不特以課作餉，速宜熟籌。即但論鹽務，亦須預籌維商足課之策。

臣留心查訪，莫若令票販將在壩癸丑鹽斤約三十四、五萬引，每引四包，每包按照時價八錢内外之數，悉行交官運銷。内有運至正陽之河尖已售之課、未售之鹽及已在壩扣收之銀，計收鹽價一百一二十萬兩，概抵作癸丑尾欠之課十一、二萬兩，甲寅應上正、雜、懸引等課銀九十萬兩足數外，其餘作爲預上乙卯課銀之成數。俟票販運售甲寅鹽後，再行完足乙卯全課。如此通融辦理，各票販無須在壩守候賣鹽，可省多出旅費，且釋其尾欠之追呼，免其新課之稱貸，既不責以捐輸，又較少於驗資，其新舊課須呈繳現銀者，悉以積滯難銷之鹽作抵，並爲疏通積鹽，利其甲寅綱之銷路，是寬中又寬，體恤備至。該票販雖但知漁利，未始不欲急公，當如何感激而悦服。惟事因籌餉暫行，似類更張，恐鹽務或多阻撓，請爲我皇上歷歷陳之。或謂兩綱並上，恐舊販無兩副成本，不知以鹽抵課，仍止一副成本也。或謂收其壩鹽，恐絀其生計，不知以鹽抵課，後綱之利仍歸舊販，無異取中府而藏外府也。如願幫同官運，更可遂其生計，於交課之外，悉聽取求也。或謂恐新販聞之觀望，招徠不前，不知現無取於新販，而後亦無須另招新販。緣於癸丑存鹽銷竣，即可挨重甲乙綱之鹽，隨意運銷，收足舊本，並得新利。故既可任其散回，將來不須招而自來。此先籌鹽務維商足課之策也。或謂原任侍郎周天爵曾奏請，十萬引由官招商運銷，先鹽後課。至今僅招運一萬餘引，尚未銷脱歸課。倘鹽斤再多三、四倍，官又何力運售？不知今若收此已經在壩之鹽，以時價作抵，即可照時價先銷十數萬引，以作水脚。則鹽雖多，可轆轤轉運。即餉鹽十萬引，無成本運脚者，亦可通融相濟而出矣。計運銷十五、六萬引，即可得課銀八、九十萬。再運銷十五、六萬引，約敷甲乙兩綱原課之數一百七、八十萬兩。仍可得兩綱懸引銀六十三萬六千零矣。或謂池丁望發鹽價，何以安撫，此説更無慮也。池丁止望二十三、四萬引之鹽價，止須撥課二十萬，以收淮北三場池丁之鹽。分别上、中、下鹽質，每引給收價銀四、五錢以内，較昔年收買官鹽有增無減。此池丁所樂從，即可藉以安撫。且收積池鹽，至來年夏秋之間，滷净質老，令票販照例價六錢呈繳，而得好鹽，又票販所樂從。所餘鹽價，每引錢餘計五、六萬兩，亦可歸公充餉。計運售約共鹽二百餘萬包，可得二百六、七十萬兩。内除應用水脚約一百萬兩，已可得銀一百六、七十萬兩。至乙卯收足全課，尚有五、六十萬兩。是一轉移間,可共得銀二百四、五十萬兩。較之兩綱減課,約計兩年尚不能收一百一十六萬兩,豈不遲速分明,多寡懸殊耶。且就近陸續接濟江皖軍需,如餉銀有餘,並可酌解部庫及協濟他省之用。較之零星收捐、勸捐,累月經年,方可得數千數萬者,豈不難易迴别耶。即謂道途未静,辦至年終,但銷六、七十萬包,亦足抵甲寅一綱,不減懸引之全課九十萬兩,何况斷不致僅銷六、七十萬包耶。所最難而可慮者,自臨淮至壽州、正陽及光固接壤,必須商旅無擾,方可一律暢行。臣叠派兵勇沿河掃蕩,現在船隻往來如梭,毫無他虞。惟匪根未盡,難保不日久復聚。擬仍隨時清理,並函商秦定三,將正陽關以上界連豫省之處,一體搜剿,以期裕國便民,不任再有阻窒。等語。

臣等伏查,本月十一日,臣部議覆兩江總督怡良奏請邀免淮南照例奏銷摺内,議令籌撥淮引,運赴琦善、向榮等軍營,計口授鹽,俾資抵餉。又該督請減淮北代納淮南懸課。臣等以軍餉攸關,未便覈准,均奉旨:依議。欽此。行知在案。

兹據左副都御史袁甲三奏稱:淮北遞綱積壓,票販在壩跌價賤售,雖稱得銀完課,實欲收回成本,及早散歸,蓄意已久。莫若令票販將在壩癸丑鹽斤約三十四、五萬引,每引四包,每包按照時價八錢内外之數,悉行交官運銷。計收鹽價一百一二十萬兩,抵作癸丑尾欠之課十一、二萬兩,甲寅應徵正、雜、懸引等課九十萬兩外,其餘作爲預納乙卯課銀。俟該票販運售甲寅鹽後,再行完足乙卯全課。如此通融辦理,各票販無須在壩守候賣鹽,可省旅費,且釋其尾欠之追呼,免其新課之稱貸。其新舊課須呈繳現銀者,悉以積滯之鹽作抵,並爲疏通積鹽,利其甲寅綱之銷路。並據該副都御史以事類更張,恐鹽務阻撓,逐層辦駮,謂皆可以無慮。且援原任侍郎周天爵奏請,餉鹽十萬引由官招商運銷,至今僅招運一萬餘引,尚未銷脱。以爲今若收此已經在壩之鹽,以時價作抵,可轆轤轉運,即餉鹽十萬引,亦可通融相濟而出,就近陸續接濟江、皖軍需。如餉銀有餘,並可酌解部庫及協濟他省之用。等語。

臣等復查,兩淮鹽課甲天下,向爲撥解大宗。今淮南引地被賊阻滯,淮北引地尚屬有路可銷。是以怡良請減代納懸引課銀,當經臣部議駮。值此軍備吃緊、籌餉維艱之際,全在疆吏悉心經理。凡例應徵解之款,督飭屬員相機妥辦,庶期無負委任。臣等詳繹袁甲三所奏,自係因時制宜之道,於恤商裕課,籌備軍需,均有裨益。據稱:自臨淮至壽州、正陽及光固接壤地方,業經叠派兵勇,沿河掃蕩。現在船隻往來如梭,毫無他虞。並函商秦定三將正陽關以上界連豫省之處，一體搜剿。是袁甲三於此事既經全局通籌，自必確有把握，應即責成辦理。惟思慮不厭於精詳，而課款必歸於覈實。原奏稱：票販在壩跌價賤售，實欲收回成本，及早散歸。今以鹽抵課，所有存鹽悉交官運，該票販爲脱然無累之身，去之更速。且票販售鹽完課，其成本仍爲轉運之資。今將在壩之鹽，概抵癸丑尾欠、甲寅全綱、乙卯預納之銀，則成本盡罄。原奏所謂以鹽抵課，仍止一副成本。又謂癸丑存鹽銷竣，即可挨重甲乙兩綱之鹽，隨意運銷，收足舊本，并得新利，即可任其散回，將來不須招而自來。此中似多疑義。再以時價作抵，每包八錢，内外之數，每引約銀三兩二錢有奇。則運銷十五、六萬兩，亦止約銀五十一萬餘兩。原奏可得課銀八、九十萬，再運銷十五、六萬引，約敷甲乙兩綱原課一百七、八十萬兩之數，仍可得兩綱懸引銀六十三萬六千零。雖係屬望之殷，約舉成數，未免多寡懸殊。原奏又稱：約計運售鹽二百餘萬包，可得二百六、七十萬兩，内除應用水脚銀約一百萬兩，已可得銀一百六、七十萬兩。至乙卯收足全課，尚有五、六十萬兩。一轉移間，可共得銀二百四、五十萬兩。查壩鹽約存三十四、五萬引，以每引四包，作三十五萬引計之，止得鹽一百四十萬包，何有二百餘萬包之多？至存壩之鹽，凡包索、繩席、船駁等費，已經票販開銷，即運鹽二百餘萬包，所需水脚亦何用一百萬兩，此數殊未確實。以上各情，臣等悉心講求，尚宜詳加詢考。應請旨責成左副都御史袁甲三，一面將現擬章程委員妥辦，一面將臣等指詢之處迅速登覆，並請敕下袁甲三會同安徽巡撫福濟、江南河道總督楊以增通盤籌畫，飭屬認真辦理。所收課銀分解江、皖各營，接濟軍需。仍分别綱數銀數，由該運司確實造册，詳由兩江總督兼管鹽政怡良報部查覈，以免淆混而杜弊端。

所有臣等遵旨速議緣由，理合恭摺具奏，是否有當，伏乞皇上聖鑒訓示遵行。謹奏請旨。

爲懇恩賞假調理事摺

咸豐四年六月十九日

竊臣於前月起假趨直，胃氣雖未平復，精力尚可支持。乃自月初以來，飲食益減，頭目時覺眩暈。前日退直，又復感受時氣，遍體酸痛，徹夜不寐。以致虚火上升，頭暈增劇。昨日未刻入直，實深惶悚。合無仰懇天恩，賞假十日,俾得趕緊醫治。一俟稍痊,即當銷假當差。

所有微臣因病請假緣由,理合繕摺陳明,伏乞皇上聖鑒。謹奏。

奉旨:賞假十日。欽此。

爲淮安關監督片奏短收税銀請作正開除事奏摺

咸豐四年六月二十六日

大學士管理户部事務臣祁寯藻等謹奏,爲遵旨速議具奏事。

據淮安關監督毓泰片奏,淮、宿、海三關咸豐四年分短收税銀,援照成案,請作正開除一摺。咸豐四年六月十九日奉硃批:户部速議具奏。欽此。欽遵。由軍機處交出到部。

查原奏内稱:前任監督福瑞,自咸豐三年五月十二日開徵起,至四年四月初十日交卸止,計三百二十九日,共收銀五萬六千六百三十兩三錢六分三厘。按日攤算,短收銀二十七萬六千三百五十七兩四錢八分五厘。奴才自咸豐四年四月十一日到任接徵起,至五月十一日關滿止,計三十一日,共收銀一萬二千八百八十九兩七錢七分一厘。按日攤算,短收銀一萬八千四百八十五兩九錢八分三厘。統計一年兩任合徵共收銀六萬九千五百二十兩一錢三分四厘,共短收銀二十九萬四千八百四十三兩四錢六分八厘。又,片奏内稱:查道光二十二年,英夷入犯大江,並東南兩河漫口,所有淮、宿、海三關,短收税銀均經奏准作正開除,免其參賠在案。今南北軍興,豐工緩堵,商途梗塞,迄未疏通。較之道光二十二年情形,尤爲加重,懇將短徵税銀,援照成案作正開除。等語。

臣等伏查,淮、宿、海三關,原定正額銀二十五萬四千三百六十三兩六錢二厘,盈餘銀十一萬兩共應徵銀三十六萬四千三百六十三兩六錢二厘。今該關自咸豐三年五月十二日起至四年五月十一日止,一年期滿,兩任合徵共收税銀六萬九千五百二十兩一錢三分四厘,共短收銀二十九萬四千八百四十三兩四錢六分八厘。據該監督奏稱:因南北軍興,豐工緩堵,商途梗塞,請援照道光二十二年成案,將短徵税銀作正開除。等語。

臣等查,道光二十二年淮安關短收税銀,因長江被擾,商船聞風裹足,復因桃北揚工漫口,南北貨載不通,所有該年短收税銀,經臣部奏准豁免在案。又,查上年二月間,粤匪竄擾江南以後,即據滸墅、淮安、九江等關,先後奏請盡徵盡解。當經臣部以各關情形不同,奏請仍遵額完税數,照常徵收,以杜取巧之弊。於咸豐三年八月十七日奉上諭:嗣後各關均宜設法整頓,不准以盡徵盡解違例奏請,致滋流弊。如將來虧短,實屬有因,俟一年期滿奏報到時,由户部酌量情形,奏明請旨覈辦。等因。欽此。欽遵。通行各關遵照亦在案。

查淮安關咸豐二、三兩年分短收税銀,均因豐北漫口,商賈不通,經臣部援照成案,將該關虧短銀兩,奏請減免一半,奉旨允准。本年淮安關短徵税銀,據該監督奏稱:實因南北軍興,豐工緩堵,以致商途梗塞,自係實在情形。較之咸豐二、三兩年,僅因豐北漫口虧短税銀者有間。但淮安去賊氛稍遠,若照道光二十二年成案全行豁免,亦未免與龍江、揚州等關情形喫重者無所區别。臣等公同商酌,悉心覈議,所有淮安關本年短收銀二十九萬四千八百四十三兩四錢六分八厘,除照上年成案減免一半外,尚剩一半銀十四萬七千四百二十一兩七錢三分四厘,按十成計算,擬請再減免六成銀八萬八千四百五十三兩四分四毫,以示體恤,而昭區别。其餘減剩四成銀五萬八千九百六十八兩六錢九分三厘六毫,仍應著落前任監督福瑞及接徵監督毓泰攤賠。

查該監督等在任時日久暫不同,應查照臣部成案,統年合算,其前項減剩四成銀兩内,有額内盈餘銀一萬四千九百六十八兩六錢九分三厘六毫,覈計短收額内盈餘銀數,係在二分以上,例應罰俸二年。

惟查本年左、右兩翼短收税銀因逆匪竄擾,商販不前,以致缺額。經臣部援照成案,將左翼監督瑞麟應得罰俸一年處分及右翼監督載齡應得罰俸二年處分,擬請寬免。均經奉旨允准在案。今淮安關短收税銀,亦由南北軍興,豐工緩堵所致,虧短係屬有因,所有前任監督福瑞及接任監督毓泰應得罰俸二年處分,可否援照左、右兩翼成案,免其議處之處,出自皇上天恩。

至該關減剩四成銀五萬八千九百六十八兩六錢九分三厘六毫,又經費不敷動支正額銀一萬九千四百九十六兩七錢四分七厘,遵照臣部奏准定例,按三百六十日匀攤分賠。查前任監督福瑞在任三百二十九日,應攤賠銀五萬三千八百九十兩八錢五分八厘,又應賠經費不敷動支正額銀一萬七千八百一十七兩八錢六分,共應賠銀七萬一千七百八兩七錢一分八厘。應遵照定例,五萬兩以上至十萬兩,予限八年完繳。接任監督毓泰在任三十一日,應攤賠銀五千七十七兩八錢六分二厘,又應賠經費不敷動支正額銀一千六百七十八兩八錢八分七厘,共應賠銀六千七百五十六兩七錢四分九厘。應遵照定例,五千兩以上至二萬兩,予限三年完繳。統令於奉旨之日起,按限照數完繳,以符定例。

再查前任監督福瑞，咸豐三年分，短收淮安關税銀及應賠經費不敷動支正額銀共五萬八千六百三十七兩零，前經奏准展限完交，自應仍照原限，未便統入本年應賠税銀數内併案辦理。

所有臣等速議緣由，理合恭摺具奏，是否有當，伏祈皇上訓示遵行。謹奏請旨。

硃批：福瑞、毓泰應得處分，均著寬免。餘依議。

爲請欽派官員監收奉天官莊穀石事奏摺

咸豐四年七月初六日

大學士管理户部事務臣祁寯藻等謹奏，爲請旨事。

查盛京户部所屬官莊徵收穀石，前於康熙五十九年奉旨：嗣後每年所報糧石，派在京各部院堂官一員，會同盛京户部監收。欽此。

臣部歷年遵照每届秋收，將在京部院滿、漢堂官銜名開列具奏。請旨欽派一員前往，會同盛京户部監收。歷經奉旨，派盛京將軍會同五部侍郎一員監收，暨簡派在京部院堂官前往，會同監收在案。

道光三十年七月，經臣部具奏，奉硃批：著派奕興會同培成監收。欽此。咸豐元年奉硃批：著派奕興會同恒毓監收。欽此。咸豐二年奉硃批：著派基溥會同恒毓監收。欽此。咸豐三年奉硃批：著派奕興會同書元監收。欽此。欽遵。各在案。

今咸豐四年時届秋收，所有監收奉天官莊穀石，應行奏請簡派。

除出差有事之員不行開列外，謹將各部院咨送滿、漢堂官銜名並盛京將軍、五部侍郎銜名，分繕清單，恭呈御覽，伏候欽定。爲此謹奏請旨。

硃批：著派英隆會同善濤監收。

爲議奏熱河都統毓書奏請鼓鑄錢文背面清文字様事奏摺

咸豐四年閏七月初七日 *

大學士管理户部事務臣祁寯藻等謹奏，爲遵旨速議具奏事。

准軍機處交出，熱河都統毓書奏鼓鑄錢文背面清文未敢擅擬，恭候欽定，並照案辦理勸捐。等因一摺。咸豐四年閏七月初一日奉硃批：户部速議具奏。該處所鑄錢文與馬蘭鎮事例相同，著户部將錢背面用何字樣，擬定請旨。欽此。欽遵。到部。

據原奏内稱，前經奏請，設法籌款開爐鼓鑄，奉硃批：所奏俱妥，實無可再議。即照所擬行。户部知道。欽此。欽遵。奴才一面飭屬勸捐收買銅斤，一面札飭熱河道裕恒會同司員尹西銘租覓房屋，建立各局，并迅速籌辦。

兹據該道會同該司員詳稱，鼓鑄錢文，現在接閱邸抄，當千、當五百、二百、三百、四百大錢，均奉旨暫行停鑄。今熱河開爐鼓鑄，除鑄制錢外，自應鑄當五、當十、當五十、當百各樣大錢，其各項錢樣，俟由部發下，一體遵照。惟錢文背面清文，未敢擅擬。至勸捐事例，業經奏明，以制錢一千二百文作銀一兩。惟查前次歷奉通行，各省捐輸爲協濟軍需之用，其援籌餉新例、現行常例報捐，應覈減例定銀數二成，再照新定章程，以制錢合銀收捐。又京外各官，捐免歷俸、試俸暨報捐升銜以及加捐封典與加級紀録，覈減例定銀數四成。又如外官捐花翎，原定銀一萬兩，先減三成，合銀七千兩，再減二成，合銀五千六百兩。其餘皆可以此類推。各等因。今熱河勸捐，應請一併仿照通行。凡照籌餉例報捐實在官階，及照常例報捐貢生、監生及一切職銜，均覈減例定銀數二成；京外各官捐免歷俸、試俸等項，核減例定銀數四成；捐翎銀數，亦按通行覈減，再照新奏章程，以制錢一千二百文作銀一兩收捐。遇有零頭不准折扣。又查籌餉事例，由俊秀初捐，均取具同鄉官印結。今熱河係藩封地面，蒙古居多，民鮮土著，兼有駐防，應請援照採買米石捐輸條款，無論蒙古及駐防旗人并民人，如有報捐者，旗人免取圖片，民人免取印結，以廣招徠。如有關銓選分發者，仍照例由部驗看，取結辦理。等因。詳請具奏前來。

奴才查，該道及該司員所擬勸捐請照籌餉新例、現行常例，銀數覈減二成，其捐免歷俸、試俸等項，及捐翎銀數，悉按通行，分别覈減。並報捐各生，免取圖片、印結，均係援照成案辦理。至鼓鑄錢文背面清文字樣，或用寶源、寶泉，或用寶直，或另擬字樣，應恭候欽定。除一切應辦事宜詳細條款陸續分别奏咨外，理合先行具奏。等語。

臣等伏查，臣部設立鐵錢局，前經奏請分設山西産鐵地方，派員前往該省鼓鑄，錢背清文仍用寶泉字樣。又，江南清江等處分局，鼓鑄錢背亦用寶蘇字樣。惟查馬蘭鎮設局鼓鑄錢文，前奉上諭：慶錫奏，遵議。設局鑄造大錢章程各摺、片，覽奏均悉。其錢背應鑄局名，即查照舊例，用清文寶薊二字。至五字、百字，毋庸添寫人旁，以歸畫一。其餘各條，均照所議辦理。欽此。

查會典載，順治十年題准，鑄造制錢背面，薊州即鑄薊字。熱河并無鑄過錢文成案，今既設爐添鑄，仍係寶直分局，擬請仍用寶直清文字樣。恭候命下，臣部即先行摹拓制錢及各項大錢圖樣，行文該都統遵照趕緊鼓鑄，以資兵餉等項應用。至所稱勸捐事例，援籌餉新例、現行常例銀數分別報捐，實在官階、貢生、監生一切職銜，覈減二成，京外各官捐免歷俸、試俸等項，覈減四成，報捐花翎銀數，亦按通行覈減，並請捐生免取圖片、印結。如有關銓選分發，仍照例取結之處，覈與臣部歷屆奏准成案相符，均應如所奏辦理。應仍請旨飭下該都統，一俟勸捐積有成數，即行分晰奏咨報部，由部覈准，分別繕給執照，俾資觀感而廣招徠。

謹將臣等速議緣由，繕摺具奏，是否有當，伏乞皇上聖鑒。謹奏請旨。

硃批：錢背面著用寶德清文。餘依議。

爲恭謝天恩事摺

咸豐四年閏七月十三日

竊臣於本月十九日，由臣杜翰頒到御賜題畫馬圖石刻拓本二幅。仰寶墨之輝煌，荷深恩之策勵。自慚駑鈍，感奮交并。謹擬於銷假日入直叩頭謝恩。兹因假期已届，未能即出當差，不勝惶悚。所有微臣感激下忱，謹繕摺恭謝天恩，伏乞皇上聖鑒。謹奏。

奉旨：賞假十日。欽此。

爲微臣病未痊愈再懇天恩賞假調理事摺

咸豐四年閏七月二十三日

竊臣因感受時氣，不寐、少食、頭暈，於本月十三日具摺請假，蒙恩賞假十日，當即延醫診治。連服清解之劑，外感漸清，惟胃氣總未開通。飲食日減，頭暈益甚，近復左肋脹痛，左腿時形抽掣，起立甚覺吃力。醫云肝火傷脾，心氣太虚,暈摇舊症,此次觸發較劇,非服藥旦夕所能奏效。現在假期已屆,焦灼難安,不得已再懇天恩,賞假二十日,俾得從容静攝,服藥調理。一俟精力稍可支持,即當銷假入直。所有微臣病未痊愈緣由,謹據實瀆陳。伏乞皇上聖鑒。謹奏。

奉旨:賞假二十日。欽此。

爲議駁袁甲三淮北滯鹽官運事奏摺

咸豐四年閏七月二十四日

大學士管理户部事務臣祁寯藻等謹奏,爲遵旨迅速覈議具奏事。

咸豐四年閏七月十九日,兩江總督、管理兩淮鹽政怡良,將淮北滯銷鹽引接濟軍餉之議窒礙難行,妥籌覆奏一摺,奉硃批:户部迅速覈議具奏。欽此。欽遵。由軍機處交出到部。據原奏内稱:竊奴才承准軍機大臣字寄,咸豐四年六月十九日奉上諭:前據袁甲三奏請,就滯銷鹽引籌運濟餉一摺。等因。欽此。當即欽遵飭行署運司郭沛霖,督同海州分司運判許惇詩妥議辦理。兹據查議詳復,並准袁甲三抄録復奏,咨送前來。

奴才伏查,北鹺銷滯價疲,販情涣散,癸丑新綱至今未能開辦,奴才是以有暫減代納淮南懸引之請。經部臣議駁,正飭趕緊開辦新綱之際,而袁甲三亦知積引滯銷,請以在壩之鹽全歸官運,既可羈縻票販,更能裨益軍需,原屬濟時善策。但袁甲三所奏,係爲存鹽甚夥,今則查數無多。初知銷價尚昂,今則岸鹽極賤。所聞既多舛誤,所議自易參差。即如原奏令票販將癸丑鹽約三十四、五萬引交官運銷,抵納兩綱之課。又稱:道途未靖,辦至年終,銷六、七十萬包亦足抵甲寅一綱不減懸引之全課,等語。查淮北西壩所存,係壬子綱鹽。本年綱分係屬癸丑,並非甲寅。現據海州運判查報,壩存不足七十萬包,除去抵繳壬子辦爲鹽價等項尾欠,實存止四十萬包,爲數不及原奏三分之一。且鹽係販本,課已全完,不應奪歸官用。即使迫之以威,令其抵納癸丑新課,票販何敢不遵。惟此項鹽斤,壩銷則每包不過八錢,岸銷則時價不過一兩。若再在池捆運曠日持久,所需運脚更多。袁甲三謂辦至年終,銷六七十萬包。今壩鹽既不足數,當併池鹽計之。就使如數運銷,計現在岸價除水脚亦不過得銀四、五十萬兩。而外辦必不可少之鹽價經費,又停徵三、四十萬兩,辦理殊爲棘手。是袁甲三辦法,不但不足兩綱之課,并不足一綱之課。不但不足一綱全課,並不足一綱停懸引之課。其原奏鹽數銀數,逐層覈算,均不相符。雖由屬望過殷,亦屬傳聞所誤。又如原奏,收已經在壩之鹽,以時價作抵,即可照時價先銷十數萬引,以作水脚。似擬在壩銷售。復奏又稱:官運至正陽、三河尖一帶銷售,不爲湖販所挾制。並現據海州運判詳,奉袁甲三札令,飭票販以存壩之鹽作爲新鹽,公同認買十餘萬引。等語。查運鹽無水脚,則寸步難行。且逐利居奇之術,販巧而官拙;辛工水脚之需,販省而官費;轉運售銷之事,販速而官遲。如照覆奏,以存壩之鹽官運至正陽一帶銷售,此項水脚無從籌措,固屬萬無辦法。如以存鹽四十萬包,就壩銷售作爲水脚,接運場鹽,計由場至岸,水程千數百里,往返動需數月。加以捆掣駁運,盤壩過湖,道上稽查船户,催趲行程,到岸又須聯絡店行,招尋水販,無不委曲繁重。委員人地生疏,年内爲日無幾。竊恐轆轤轉運欲銷至六、七十萬包,實有來不及之勢。如仍令票販買回,則該販繳鹽後已散去矣,何能又令其買鹽。既以販鹽爲官物而代之運,又以官物無運費而强之收,事涉繁苛,情同抑勒。奴才以爲,整飭鹽務,其權在清理銷路而已。方今時事孔棘,票販離心,惟有以情相結,始覺義無可逃。若既收其鹽,又索其資,徒以明年運鹽之説,陽示羈縻,販雖愚昧,未必入此牢籠。彼時欲官運則水脚無出,片引難行;欲仍販運,則失信在官,招之不至。新綱固立見决裂,鹺局更無可挽回,非計之得也。又如原奏,收積池鹽,至來年夏秋之間,滷净質老,令票販照例價呈繳,而得好鹽。覆奏又稱:騰空甲鹽接運乙鹽,輕減一綱之鹽,仍收足一綱之課。各等語。查海屬地瘠民貧,無不仰給於池户。如一綱停運,池户十數萬人無可謀生,勢將聚而滋事。原奏提銀二十萬兩接濟池丁,官運既驟難通行,此銀何所從出。是池鹽停至來年請運,萬不可行。至謂以壩鹽抵本綱之課,而令壩販緩運本綱之鹽,原屬騰空一綱,然販既上課,終必運鹽。雖緩運於本年,將滯銷於來歲。若將來勒販再完甲綱之課,始運癸綱之鹽,則販力難任重徵。若任販運癸綱之鹽,而緩責其甲綱之課,則甲綱憑何造報。若癸、甲並運,則鹽愈壅滯,仍無所爲騰空也。以上各層,皆經反復推求,實屬多所窒礙。

奴才愚昧之見,所有壩鹽交官之議,無裨軍需。應請毋庸置議。至於淮北癸丑新綱,仍責成該署司督同海州運判,趕緊開辦。其代納淮南懸引一款,每引徵銀六錢九分三厘二毫零,屢次駁議,委難徵收。惟有仰懇天恩,俯照奴才原奏,暫行停納,一俟路通價起,即可照舊徵完。明知當此庫儲支絀,籌款未遑,何敢妄議減課。然淮北處極疲之時,舍此別無善全之策。且暫時停減,既維係目前之新綱,又無害日後之鹺局。舍寸得尺,較之更變舊章,似尚稍有把握。等語。

臣等伏查,本年六月兩江總督兼管鹽政怡良等奏,淮北引鹽銷路維艱,販情拮据,請將代納淮南懸引課銀暫行停納,以利新綱。等因。當經臣等以此項銀兩十餘年來,隨同正款徵解,未便准令減免,奏奉俞旨允行。旋於議覆都察院左副都御史袁甲三奏,將淮北滯銷鹽引接濟軍餉摺内議,令一面將現擬章程認真辦理,一面將臣等指詢各條迅速登覆。迨七月間,據該副都御史將臣部指詢之處逐條覆奏,並聲明遵旨會同怡良通盤籌畫,復經臣等覈覆准行。各在案。

兹據該督怡良以袁甲三前奏淮北滯銷鹽引接濟軍餉之議,窒礙難行等詞,反覆陳奏並仍請暫減代納淮南懸引課銀。等因。臣等復思,兩淮爲財賦之區,今淮南引地悉被賊阻,而淮北尚有可銷之處,自應熟籌妥辦,以期裕國便民。此案先據該督怡良等謂非減納課款,實難開辦新綱。經臣等奏駁後,適該副都御史袁甲三奏陳籌運濟餉事宜。臣等以所議辦法主於溢銷裕課,洵爲有見。並於覆准摺内欽奉上諭:著怡良會同袁甲三妥籌辦理。等因。欽此。該督等惟當虛衷商榷,實力圖維,方不失相助爲理之義。乃詳繹該督此次原奏並無疏銷長策,祇冀減免課銀,殊不思因滯銷而議減課,國計軍需於何取給。現當庫儲支絀,籌餉維艱,臣等職掌度支,總以顧課爲第一義,所有該督請減代納懸課之處,臣等仍未便議准。即謂販情渙散,該督等亦應將該處外辦一切浮費可減者,大加删減,以冀保全額課。

再查,淮北鹽務,前經臣等以河督楊以增駐扎清江,距海州較近,情形易悉,呼應亦靈,奏准會同辦理在案。今籌運濟餉之議,該督怡良所奏與袁甲三前奏不符。臣等究未身歷其境,難以懸揣。查河臣楊以增曾經兼管淮北鹽務,情形本爲熟悉。且非此案原議之人,於辦法得失似亦無所用其迴護。應請敕下河督楊以增會同怡良、袁甲三,據實查明,仍力求因時制宜辦法。一面酌定趕辦,一面會銜具奏。其督辦收課捆運,責成河督楊以增督飭。疏銷事宜責成副都御史袁甲三,切勿互相推諉,任令課絀引懸,是爲至要。

謹將臣等遵旨迅速覈議緣由,恭摺具奏,是否有當,伏乞皇上聖鑒。謹奏。

爲崇文門正監督一年任滿請旨簡放事奏摺

咸豐四年八月初一日

大學士管理户部事務臣祁寯藻等謹奏,爲請旨事。

咸豐四年閏七月十八日,准崇文門正監督公裕誠咨報:於咸豐三年八月初三日接任徵收商税起,照例扣至咸豐四年八月初二日一年期滿,預爲報明。等因前來。

臣等查得,崇文門税差期滿,向由臣部將各衙門保送人員並八旗内務府俸深人員職名,開列具題,恭候欽點更替,近年俱專摺奏明請旨,均蒙特簡大員管理在案。

今崇文門正監督公裕誠自咸豐三年八月初三日管理起,扣至本年八月初二日一年期滿,例應更替。理合專摺具奏,請旨簡放,並將上三届崇文門正監督各員繕寫名單,恭呈御覽。伏俟命下,行令到任管事,仍俟一年期滿,預報臣部,奏請更换。

爲此謹奏請旨。

附件:上三届崇文門正監督名單

謹將上三届簡放崇文門正監督職名開列恭呈御覽。

咸豐元年。

崇文門正監督公裕誠,管理一年。

咸豐二年。

崇文門正監督德木楚克扎布,管理一年。

咸豐三年。

崇文門正監督公裕誠,管理一年。

爲續假期摺

咸豐四年八月十四日

臣祁寯藻跪奏,爲微臣續假期滿病尚未愈,再懇天恩賞假調理事。

竊臣因病於閏七月十三日具摺請假，蒙恩賞假十日，嗣因假滿未愈，於二十二日續行請假，復蒙賞假二十日，感激之餘，益增惶悚，兼旬以來，服藥調理，不寐之症較前稍減。惟頭目動輒眩暈，肝火傷脾，爲日已久，少食多卧，氣虚不能運化，月初忽成痢疾，連日醫治，補瀉兼施。痢雖漸止，而元氣大虧，精力甚覺委頓，兼之左腿漲痛，足趾時形抽掣，起立需人。伏思兩次請假，曠職已經匝月，私衷悚惕，焦灼萬分，奈病勢糾纏，仍未奏效，展轉思維，不揣冒昧，謹再懇天恩，賞假十五日，俾得趕緊調理。倘精力稍可支持，即當銷假供職。所有微臣病未痊愈緣由，謹繕摺瀆陳，不勝感悚之至，伏乞聖上聖鑒。謹奏。

奉旨：賞假十五日。欽此。

爲恭謝天恩事摺

咸豐四年八月二十七日

臣祁寯藻跪奏，爲恭謝天恩事。

本月二十六日，由軍機處頒賜御制《開誠痛戒因循詩》以代諭墨刻一幅，臣當即叩頭祇領。仰天章之訓戒，瞻寶墨之輝煌，刻骨銘心，莫名感悚。伏念吏治之弊，莫甚於因循。董勸之方，兼資乎寬猛。故善政必得人而後理，頹風以化導而漸移。我皇上宵旰焦勞，勵精圖治，批章聽政，無時不以察吏安民爲念。兹復開誠抒志，誥諭群僚，深嘉披露之讜言，痛誡模棱之積習。凡屬大小臣工捧觀宸翰，均宜滌除私念，激發良知，以圖報稱。臣各備禁近，先見丹毫，幸得附名跋尾，感奮尤深。故慚衰病之軀，感忘致身之義，惟有懔遵訓勵，刻自針砭，以冀仰答教育生成於萬一。所有微臣感激下忱，謹繕摺叩謝天恩，伏乞皇上聖鑒。謹奏。

奉旨：知道了。欽此。

爲請飭辦來歲江浙海運及豫東新漕事奏摺

咸豐四年八月二十九日

大學士管理户部事務臣祁寯藻等謹奏，爲來歲江浙海運暨豫東新漕，請旨飭催趕辦,恭摺奏祈聖鑒事。

竊查,江蘇省咸豐五年起運咸豐四年分漕糧,前經臣部議令仍徵本色,由海運津。即照浙江海運章程,以河運經費作爲海運開銷。並以該省軍務紛繁,督撫恐難兼顧,請令漕運總督於秋成啓徵後,前往督辦。等因。於本年四月十九日奏蒙俞允遵行。又於六月二十六日附片奏令趕早辦理。各在案。現已啓徵在即,未據該督撫等將辦理大概情形先行奏報。

查蘇省爲産米之區,民間交米易於交銀。且准以河運經費作爲海運開銷,所有歷次節省銀六十萬兩,業經裁去。至津通用款,又經臣部酌量議減。地方官吏如果實力奉行,毋任吏胥絲毫抑勒,既不多取於民,則完納自能踴躍。應再請旨飭下兩江總督、江蘇巡撫,督飭該藩司糧道等,體察情形,妥爲辦理。並請飭令漕運總督,查照臣部歷次奏案,前往督辦。一面將徵收大概情形,會同該省督撫,由驛馳奏,以慰聖懷。一面設立各總局,將海運一切事宜,預爲籌備。應運米石,統於年内運赴海口,派船裝兑。一俟開春,即行放洋北上。其浙省新漕,亦請飭令浙江巡撫,查照臣部六月二十六日奏案,請飭該藩司糧道等,提前趕辦,以期及早抵津。至山東、河南二省,附近京畿,轉運較易爲力。該二省採買既因防剿孔殷,奏請緩辦。應運正漕係年例應徵之款,自應趕緊運通,以供支放。所有咸豐五年起運咸豐四年分漕糧,應一併請旨飭下山東、河南各巡撫,嚴飭各糧道督飭所屬,趕緊徵收兑運,連檣北上,務於二月以前,全數抵通。萬一運河淺阻,即照現運銅斤繞道抵通章程辦理。雖轉運之費照常較多,然較之採買米價脚費,每石多至四、五兩以上者,究屬事半功倍。總之,京倉緊要,能多一石抵通,即多一石儲備。該督撫等務須協力同心,酌量妥辦,毋得畏難諉卸,置倉需於不顧。

是否有當,理合恭摺具奏。伏乞皇上聖鑒。謹奏請旨。

硃批:依議速行。

爲請假開缺摺

咸豐四年八月二十九日

臣祁寯藻跪奏,爲微臣病久未愈,瀝陳感悚下忱,吁懇天恩開缺調理,仰祈聖鑒。

竊臣因病三次具摺請假，均蒙恩准，感激之下，悚惕彌深。近日連服補劑，尚與病症相投。惟少食多卧，氣虚下墜，痢疾又致重復。頭暈，長日視光，動輒心慌，汗出左脅，及腿足脹痛，筋絡不舒，起立需人，總由元氣太虧，藥力一時未能奏效。伏念臣在内廷行走有年，氣體素健，尚能耐勞。近年有頭目暈摇之症，精神未能周貫；語言時有舛誤，起跪每致失儀。仰蒙聖主格外優容，曲加訓勵，撫衷銜感，愧奮交並，時復提攝精神，冀負隕越。詎於五六月間飲食頓減，心氣益虚，前因左肋脹痛，請假醫治，假滿復蒙恩諭體恤，俾令暫緩數日入直。至七月初，始銷假當差，月餘以來，胃氣總未平復。此次感觸較重，以致各症乘虚輒發。因思臣職任繁劇，前後曠職已經兩月有餘，每一念及，難安寢食，愈焦急病愈糾纏。現在假期又届，展轉在床，精力實難支持。再四思維，不敢復請展假，惟有叩懇天恩，賞准開缺，俾臣得專心静養，從容調理。倘荷鴻慈福庇，病體得就速痊，即當泥首宫門，叩求賞給差使。所有微臣病久未愈，吁請開缺調理緣由，謹繕摺瀝陳，不勝惶悚，待命之至，伏乞皇上聖鑒。謹奏。

奉硃批：卿宣勤有年，深資倚任，著不必開缺，仍在家安心調理，亦不必限定假期，總宜氣和心平，勿生忿憒，自可速痊，過數月再行酌量。欽此。

爲恭謝天恩事摺

咸豐四年八月三十日

臣祁寯藻跪奏，爲恭謝天恩事。

本月二十九日臣因病久未愈，具摺吁請開缺。奉硃批：卿宣勤有年，深資倚任，著不必開缺，仍在家安心調理，亦不必限定假期，總宜氣和心平，勿生忿憒，自可速痊，過數月再行酌量。欽此。

竊臣才識庸愚，遭逢恩遇，至優極渥。近雖年逾六旬，不敢自安頽廢，每思竭力趨公，以勤補拙。詎自夏秋以來因病糾纏，屢次請假尚未痊愈，自念曠職日久，陳請開缺，私衷焦灼，不勝惶悚。乃荷丹毫，奬勵重叨，體恤優加。既不限以假期，復不責其曠誤，并蒙垂念臣賦性褊急，恐其或生忿憒。諭令氣和心平，安心調理，自可速痊。臣何人？斯膺兹恩眷，聞命之下，感激涕零，惟有勉遵訓勵，静攝心神，倘於數月内病體就痊，即當銷假供職，以冀稍答高厚生成於萬一。所有微臣感激下忱,謹繕摺,叩謝天恩,伏乞皇上聖鑒,謹奏。

奉旨:知道了。欽此。

爲議奏官局銀票籌有票本請飭糧臺一體收放事奏摺

咸豐四年九月十五日

大學士管理户部事務臣祁寯藻等謹奏,爲遵旨推廣變通,速議具奏事。

兩江總督怡良等會奏官局銀票籌有票本,請飭糧臺一體收放一摺。咸豐四年九月初九日奉硃批:著照所奏行。並著户部推廣變通,速議具奏。欽此。欽遵。於本月十二日由内閣出到部。

據原奏内稱,竊准户部咨以欽差大臣琦善咨,兵丁鹽糧皆係逐日零星給發,未便覈計搭成。至購買物料及官員應領之項,現遵部議,按成搭放。無如軍營以兵丁鹽糧爲大宗,其餘可以搭放之處爲數無多。且兩淮鹽課暨附近關稅錢漕等款,准本大臣提用,原以濟軍餉之不足。咨部覈覆,准該大臣酌覈軍營所用之款,酌提現銀,以濟軍用。等因。咨行前來。

查兵丁鹽糧計口授食,必須逐日零星給發,若以無本之票搭解大營,散給兵丁,各兵無處取錢,勢必藉端滋事。現在臣等會議推行官票一摺,已奉旨允行。凡搭解軍營之票,均已籌有票本提存官局,無論兵民,有以官局售去之票赴局取錢者,隨到隨放。與現銀現錢無異。本月初間,欽差大臣托明阿赴營時,臣等面告一切,已知有本之票營中可用,議明照章搭解。所有此次部咨,係在會議推行官票之先,請飭專管糧臺大員,查照新章,將兵丁鹽糧等項一律搭放有本官票,以歸畫一而冀流通。其推行官票章程,現飭藩司督同局員妥議另奏。等語。

臣等查,臣部上年頒發糧臺官票章程,原議隨營兵丁鹽菜口糧皆係逐日零星給發,未便合計搭成。惟各營帶兵辦差文武員弁,應得俸薪馬干行裝鹽糧等款爲數較多,盡可分成搭放。本年五月准欽差大臣琦善咨,以江南藩關鹽庫徵收課餉,均應隨時解充軍需,在司庫搭收鈔票,必須可以搭解,方可飭商投納。而軍營得此官票,積壓日多,豈能藉資口食。經臣部查係實在情形,咨准該大臣酌覈軍營所用之款,酌提現銀以濟軍用。至運庫所收官票,均准報部候撥,並令該大臣於軍營應行搭放官票各項,分成發給,俾銀款不致支絀。等因。咨覆在案。

今據該督等奏稱,現在奏准推行官票,凡搭解軍營之票,均已籌有票本,提存官局。無論兵民,有以官局售去之票赴局取錢者,隨到隨放,與現銀現錢無異。似此有本之票,軍營自易行用。既可照章搭解,凡兵丁鹽糧等項,亦自可一律搭放。誠如聖諭,應照所奏行。是於原定搭解搭放章程稍爲變通,而於該省官局票法即可藉資周轉。其一切收放章程,俟該督等奏報到日,再行覈議。至各路糧臺行用官票,應否一律搭放之處,前經臣部聲明,由該督撫及各路糧臺大員酌覈情形,隨時奏明辦理。現在各省設局行票章程,亦多未據奏報,如有應行推廣之處,亦擬俟各省覆奏到日,隨時酌辦。

所有臣等遵旨速議緣由,是否有當,伏祈皇上聖鑒。謹奏。

硃批:依議。其餘行票各省,著飭催迅速覆奏。

爲山東奉撥京餉及指撥各款未解請旨嚴催事奏摺

咸豐四年九月十五日

大學士管理户部事務臣祁寯藻等謹奏,爲山東省奉撥京餉及指撥東三省官兵俸餉各款,屢催未解,查明該省積年遞欠地丁銀兩爲數甚鉅,應據咨改奏,請旨嚴催,趕緊徵解,以重餉需,恭摺仰祈聖鑒事。

竊臣部於本年五月,因上年冬撥京餉案内,指撥山東地丁等銀二十五萬兩,未能如期解到。奏令該省自六月爲始,每月批解銀五萬兩,按期解交在案。又,甲寅年東三省官兵俸餉案内,指撥該省地丁銀八萬七千四百四十二兩,充公報銷案内,實存銀三萬兩,追繳歲修紅頭烏船工料銀二千八百五十兩,行令委員徑解盛京户部充餉,亦在案。以上兩款應解銀兩爲數無多,而爲日甚久。該撫如果實力辦公,籌措尚易,乃疊按該撫咨文,總以賊匪竄擾,處處戒嚴,各州縣完納錢糧不能踴躍等詞,咨請改撥。臣等正在覈辦間,旋於八月十一日軍機處交出該撫崇恩原奏、清單各一件,奉上諭:崇恩奏司庫短絀情形一摺。所有下忙正雜錢糧,著崇恩督飭各該地方官,實力催徵,藉資接濟。現在軍務尚未蕆事,勝保大營及該省東、西兩路派防兵勇,需餉急迫。該撫責無旁貸,務宜熟計妥籌,源源應付。毋得以設措艱難爲卸責地步。欽此。除恭録諭旨,行令該撫遵照外。臣等伏查該撫原奏情形與清單内開,兩年半支用各款係將已徵之數就款開除,是以入少出多,益形短絀,此外應徵未徵銀兩爲數甚鉅。

查山東省每年額徵地丁,除各屬坐支外,實應起運解司銀二百七十五萬八千餘兩。自道光三十年奏銷册報起,至咸豐三年年底止,共計未完民欠銀二百八十九萬餘兩。内將逐年因灾緩徵等項暫行除去,統共實在民欠未完地丁竟至一百七十餘萬兩之多,均係額内應徵之款。該撫奏本年上忙較上年短徵三十萬餘兩,上年則已較二年短徵八十萬餘兩。似此現年錢糧愈徵愈少,一歸積欠又置若罔聞,實屬不成事體。雖本年該省金鄉、臨清等處粤匪竄擾,現在高唐逆賊尚未剿滅,原難迫以催科。然山東全省十府、二直隸州,共計州、縣一百有五,不得因金鄉數邑被賊,任聽各府、州、縣完善之區藉詞觀望。臣等伏讀本年七月河南巡撫英桂奏京餉不敷撥解摺内,奉朱批:仍應設法籌解,斷難任汝等備述窘狀,一奏了事。欽此。仰見聖明洞燭,慎重兵儲之至意。除本年下忙錢糧仍令山東巡撫,恪遵前奉聖諭,督飭各該地方官實力催徵,藉資接濟外,應再請旨嚴飭該撫崇恩,督同署藩司景霖,即將道光三十年起至咸豐三年止,及本年上忙未完各錢糧迅速催徵完報,提解司庫,報部候撥。並將各該年因灾緩徵錢糧,查明現在届限起徵若干,遞緩若干,亦即按年釐剔,據實造報。所有奏撥甲寅年東三省官兵俸餉各款銀兩,該撫迄未籌解。現在東三省待放孔殷,仍令該撫趕緊催提,委員解赴盛京户部交納,毋再延宕。至臣部奏撥京餉,自本年六月爲始,每月批解銀五萬兩,已逾四月之久,迄今未據分毫報解。該撫務須按月設法湊解部庫,以濟要需。

謹將臣等查明山東省積欠地丁銀兩,請令趕緊催徵分别起解各緣由,理合繕摺具奏。是否有當,伏乞皇上聖鑒訓示遵行。謹奏請旨。

爲恭謝天恩事摺

咸豐四年十月初二日

臣祁寯藻跪奏,爲恭謝天恩事。

本月初一日,蒙恩賞糕一盤,臣謹叩頭祗領。欽惟皇上治隆泰裕,福協坤元,修嘉德以薦馨香,深宫默契,本至誠以將肅敬,率土蒙庥。兹據孟冬享廟之辰,虔舉朔日祀神之典,儀昭咸秩,惠逮群工。臣以樗庸,幸陪樞直,承恩侍食,屢邀露湑之醲膏,在假居閒,復拜餈糕之厚賜。叨榮逾分,飫德難名。惟祝凱奏兵銷,安億兆耕桑之業。長此時和歲稔,慰九重宵旰之懷。所有微臣感激下忱,謹繕摺叩謝天恩,伏乞皇上聖鑒。謹奏。

奉旨:知道了。欽此。

爲貴州在籍官紳捐輸軍餉請給其子弟議叙事奏摺

咸豐四年十月初五日

大學士管理户部事務臣祁寯藻等謹奏,爲遵旨覈議具奏事。

内閣抄出,貴州巡撫蔣霨遠奏在籍官紳捐輸軍餉,請給子弟分别議叙一摺。咸豐四年七月二十三日奉硃批:該部覈議具奏。欽此。欽遵。抄出到部。

據原奏内稱:咸豐四年三月二十八日接准部咨,欽奉上諭:蔣霨遠奏在籍官紳捐輸軍餉一摺,候補鹽運司副使高以廉著交部從優議叙。湖南攸縣知縣孔憲典、山東益都縣知縣寇秉鈞,均著交部議叙。前任漕運總督朱澍、前任江蘇蘇松太道王玥,著該撫查明該二員子弟,分别奏請獎勵。著照所議辦理。欽此。當即轉行遵照。兹據在籍紳士等呈稱:前任漕運總督朱澍捐防堵經費一千兩,又捐輸軍餉銀五千兩,有親子朱謹度捐納直隸州知州,分發山西候補,緣事革職永不叙用,可否懇恩賞給頂戴。前任蘇松太道王玥捐銀一千五百兩,請爲長子現任陜西岐山縣知縣王澤春議叙加二級,又爲胞姪試用訓導王景春請議叙加捐過籌餉新班,並分缺先用。候補鹽運司副使高以廉捐銀一千五百兩,願將本身議叙注銷,爲胞弟貴築縣學廪生高以莊請議叙以復設訓導分發並分缺先用。前任湖南攸縣知縣孔憲典捐銀二百兩,續捐銀一百五十兩,共銀三百五十兩,願將本身議叙注銷,爲該員女婿由雲南永昌軍需捐雙月選用未入流蘇鴻逵請議叙,以未入流不論雙單月,歸入不積班内選用。前任山東益都縣知縣寇秉鈞捐銀一百兩,願將本身議叙注銷,請以長孫寇宗淇議叙從九品職銜。各等情。臣查與推廣捐輸准給各子弟分别議叙條款相符。等語。

臣等查,本年三月,貴州巡撫奏在籍官紳捐輸軍餉,業經奉旨獎叙,並著該撫查明前任漕運總督朱澍、前任蘇松太道王玥二員子弟分别奏請獎勵。等因在案。兹據該撫將該二員子弟查明具奏請奬，並准候補鹽運司副使高以廉等呈請將本身議叙注銷，分别給予子弟親屬議叙等情。

臣等查，前任江蘇蘇松太道王玥捐銀一千五百兩，請爲長子現任陝西岐山縣知縣王澤春議叙加二級，又請爲胞姪試用訓導王景春議叙過入籌餉新班並分缺先用。候補鹽運司副使高以廉捐銀一千五百兩，願將本身議叙注銷，請爲胞弟貴築縣學廪生高以莊議叙，以復設訓導分發並分缺先用。前任湖南攸縣知縣孔憲典先後捐銀三百五十兩，願將本身議叙注銷，請爲女婿捐納雙月選用未入流蘇鴻逵議叙，以未入流不論雙單月，歸不積班選用。前任山東益都縣知縣寇秉鈞捐銀一百兩，願將本身議叙注銷，請爲長孫寇宗淇議叙從九品職銜。查各該員所捐銀數與所請議叙應交銀數均屬相符，其願將本身議叙注銷，分别給予子弟親屬議叙之處，亦與臣部奏准推廣捐輸准給子弟親屬議叙條款相合，均應准照所請。至前任漕運總督朱澍先後捐銀六千兩，該撫請將該員之子已革直隸州知州朱謹度賞給頂戴，查朱澍係與王玥同奉諭旨查明子弟請奬之員，除王玥已爲子姪請給議叙外，其朱謹度革職原案，現據吏部查明，並非實犯奸贓不准捐復之列，可否將前任漕運總督朱澍之子已革直隸州知州朱謹度賞給原銜頂戴或給予别項頂戴，出自皇上天恩，臣等未敢擅便。謹將覈議緣由恭摺具奏，伏乞聖鑒訓示。

再，此摺因行查吏部，是以覆奏稍遲，合併聲明。謹奏。

硃批：朱謹度著賞還原銜。餘依議。

爲應賠關税各員於捐銅局報捐請准寬免成數事奏摺

咸豐四年十月初五日

大學士管理户部事務臣祁寯藻等謹奏，爲奏明請旨事。

竊查京外各關監督未完關税賠項，均未到限，雖經臣部歷次行催，第恐該員等因賠項較多，措辦維艱，未能先期完繳，當此部庫支絀，需用孔殷之際，於經費轉無裨益。查内務府辦理挑挖河道等工，向係虧短關税各員認備修工銀兩，每次均形踴躍，易於集事，歷經總管内務府大臣奏請寬免賠項，知照臣部。在案。查臣部現在辦理捐銅事宜，雖報捐者尚不乏人，而鼓鑄之用仍須廣爲籌備。臣等公同商酌，擬請援照内務府認修工程之案，所有京外各關監督等，有願將所欠賠項按照捐銅局奏定章程,以制錢一串、寶鈔五百合銀一兩,赴局呈繳者,准其一律兑收,由臣部按照呈繳之數,覈抵現銀。其餘未完銀兩,臣等繕摺呈覽,伏乞皇上加恩,准予寬免成數若干,以期踴躍。如蒙俞允,在京各員,應令自奉旨之日起,限三個月内赴捐銅局呈繳,其在外各員,以接到部文之日起,除去進京程限,亦限三個月内呈繳。如逾限不交者,仍照舊章辦理,以示限制。

臣等爲廣籌捐項,並賠款有著起見,理合恭摺具奏,是否有當,伏祈皇上訓示遵行。謹奏請旨。

爲遵議袁甲三條陳淮北鹽務事奏摺

咸豐四年十月初九日

大學士管理户部事務臣祁寯藻等謹奏,爲遵旨查議具奏事。

咸豐四年九月二十二日内閣奉上諭:袁甲三奏條陳淮北鹽務一摺,著户部查議具奏,片、單併發。欽此。欽遵。由軍機處交出到部。

據原奏内稱:竊臣前因淮北引鹽滯銷,各處需餉甚急,請就在壩積鹽籌運濟餉。奉旨交臣會同督臣怡良妥辦,並以原摺内有聲叙未明之處,經户部指出,臣逐款覆奏,又經部議奏准。各在案。臣兩次奏稿及欽奉諭旨,均經隨時録咨怡良,會同妥辦。叠接怡良來文,毫無異議,並歷次來函,以臣此舉爲公忠體國,任勞任怨,並聲明該督居住蘇省,距淮北較遠,一切應行事宜,均由臣主稿會辦。即或有求全之毁,亦斷不相尤。等語。

臣私心竊喜,以爲怡良開誠布公,和衷商榷,不愧大臣風度。其奸商猾吏之造作蜚語,百計阻撓者,當無足慮也。乃忽於閏七月二十四日接准怡良來咨,以臣前議窒礙難行,已於七月初四日自行由驛具奏,並抄録奏稿前來。計彼時怡良之摺業經奉旨,是以未即奏陳,静候諭旨遵行。本月初九日准户部咨開,咸豐四年閏七月二十四日奉上諭:前據怡良覆奏袁甲三請將淮北滯銷鹽引籌運濟餉一摺,當交户部覆議具奏。兹據奏稱:令楊以增會同怡良、袁甲三查明酌辦。等語。此項淮北滯銷鹽引已逾奏銷,尚未議定銷售章程。若再令會議酌辦,往返咨商,徒延時日,於課款仍無裨益。怡良既稱暫停代納淮南懸引一款,可以維持新綱,又無害於鹺局,自必確有把握,即著該督會同楊以增督同運司設法辦理,袁甲三著無庸會辦。等因。欽此。仰見皇上籌課恤商,權衡至當,欽感何可言喻。

查前次奉旨後,臣已札飭海州運判稟商運司,趕緊妥辦,並令通盤籌劃。如此外另有裕課濟餉之策,臣斷不敢偏執己見,以前奏爲必不可易。等因去後。此次怡良所稱窒礙難行之處,均係該運判許惇詩先後具詳到臣。經臣層層批駁,該運判無詞可辯,遂親赴泰州面見署運司郭沛霖,串通揑詳,朦聳怡良,自行具奏,不復與臣會商,以堅遂其減免懸引之議。除將該運判批稟,另行照録恭呈御覽外,謹將怡良所奏,爲我皇上歷歷陳之。

如原奏以臣摺係爲存鹽過夥,今則查數無多,初知銷價尚昂,今則岸價極賤。所聞既多舛誤,所議自易參差,鹽數銀數覈算不符,此所謂窒礙難行之大綱也。查怡良初次請免懸引摺内聲明,據運司轉據海州運判詳稱,西壩滯銷積鹽、積引一綱有餘。定例一綱一百八十四萬包,加以原任侍郎周天爵奏撥餉鹽已運過壩之數十萬包,臣摺所謂存鹽二百餘萬包,毫無疑義,並無傳聞之誤也。該督係五月具奏,臣係六月具奏,何以一月之間,遂變爲不足七十萬包耶!且此七十萬包内,又扣除抵繳外辦鹽價等項,舊欠實存止四十萬包。淮北向係先鹽後課,鹽既到壩,何以有未完之課。即偶有雜項蒂欠,亦應另行追繳,何竟以三十萬包正鹽扣除作抵耶!該運判初次稟臣,謂前奏係二月所查存數,又謂係連積引五十萬包併計。試問五月奏報仍用二月存數,有是理乎!即謂連積引併計,而自二月至今,積引並無顆粒到壩,又有是理乎!

又,原奏稱:銷價在場不過八錢,在壩不過一兩,若再捆運池鹽,所需運脚更多。即辦至年終,銷至六、七十萬包,除去水脚不過得銀四、五十萬兩。而外辦必不可少之鹽價經費,又停徵三、四十萬兩,辦理殊爲棘手。等語。查壩價八錢内外,臣原摺早經奏明。係因壩上積鹽過多,票販急收成本,兑給湖販。此不得謂之正價也。至在岸之價,原難豫定。而私絶銷暢,則市價自起。即以臨淮而論,五、六月間,每包制錢二千二百文,今已起至二千八百文,臣爲定以三千文以外。三河尖現已起至三千七、八百文,臣爲定以四千文以外。此遠近耳目所昭著。該督所奏岸價不過一兩,其所指何岸,亦所聞何人乎?況臣摺係指該督前奏所稱積存壩鹽而論。今不問壩鹽何往,而以池鹽牽計,自不免多延時日,多費水脚。然即以岸價四千文内外計之,則銷鹽七十萬包,亦得制錢二百七、八十萬串,即除去水脚,仍可敷一綱全課,亦何至僅得銀四、五十萬兩。且臣原摺並無停徵鹽價經費之語。該督謂外辦必不可少之鹽價經費,又停徵三、四十萬,臣不知其何謂。即以所奏數目而論,何以報撥正款,僅得四、五十萬,外辦雜款竟需三、四十萬乎!且雜與正幾至平分,何以正則必不能多,雜則必不可少乎!

又,原奏謂本年爲癸丑綱並非甲寅綱,似係臣訪聞之誤。查淮北票綱,向係甲年辦甲,乙年辦乙,從無一字牽混。即該運判初次具禀到臣,亦仍稱上年爲癸丑綱。七月間忽具禀更正,以上年爲壬子綱,本年爲癸丑綱。當經臣批飭查案詳覆。旋據覆稱:以外間辦運及一切公牘,均係各按各年,與向來奏銷接遞一年不符,已於本年詳請更正。奉督臣批准,並於奏稿内更正。等語。臣查舊章相沿已歷二十餘年,何以忽請改綱,如其無關弊竇,原可無須更張。如其有礙公事,自應詳叙奏改,何以奏稿内僅以甲寅年開辦癸丑綱,遂以爲奏明更正乎!且該運判在任四年,何以早不請改,獨至疲敝之時忽作牽混之舉。自上年金陵、揚州相繼告陷,院司兩署文卷俱毁,無可稽考,乘此時而更正一綱,是否從前已有虧挪,抑或此後希圖推展,必謂其非有意朦混,臣實未敢遽信也。

又,原奏以臣初奏收在壩之鹽,以時價作抵,即可照時價銷去十數萬引,以作水脚,似擬在壩銷售。覆奏又稱:官運至正陽、三河尖一帶銷售,不爲湖販所挾制。等語。似以爲臣兩奏不相符合。不知臣以存鹽二百餘萬包計,在壩銷去十數萬引,不過五分之一,其餘大幫均運至岸銷。臣摺所叙,本自明晰也。

又,原奏謂海州運判詳奉臣札,令飭票販以存壩之鹽,作爲新鹽認買十餘萬引,而極言該販於抵課繳鹽後已散,並稱既收其本,又索其貲,即騰空之説,緩運於今年,將滯銷於來歲。各等語。查票販之鹽,向係在壩兑給湖販,照兑給湖販之價而給與新引,釋其舊欠之追呼,免其新綱之稱貸,何以謂之奪其本乎。況摺内已聲明,願隨官運者,交課之外,悉聽取求乎。鹽悉歸官,可杜衆商争售跌價之病也。鹽有官運,可杜客販挾制跌價之病也。鹽價既起,商有不樂買者乎!商不能向官買,而仍向票販買。票販即以抵課之鹽,賣給别商。官但收其抵課之價,而餘利仍歸票販,何以謂之索其貲乎。況所謂十數萬引,亦不過存鹽五分之一,何曾盡人而强以所難乎?至舊鹽買回一包,即新綱少重一包。不可謂之騰空乎?販以鹽爲質,而官以引爲縻。權歸於官,而利歸於販。販利而官亦同享其利。此中騰挪作用,該運判豈不見及,而故作糊涂耶?如怡良所奏,抵課繳鹽之後,懼其即散,豈賤價給販之後而保其不散耶?且既稱三十萬包抵舊欠,僅以四十萬包抵新課,何以抵舊欠而必不散,抵新課而必散耶?況舊鹽既銷,新鹽易售。若謂緩運於今年,仍滯銷於來歲,豈今年之鹽至來歲而仍未能銷耶？至池丁賣鹽營生，臣前摺早經計及，而並非謂新鹽必不准運也。但令壩鹽既銷，新鹽自必争運。池丁但知賣鹽，原不計爲何綱，而官之計鹽收課，仍各歸各綱，辦法本屬簡明。乃該督於前詳存鹽之多，後詳存鹽之少，概不追究，但以牽混疑難瀆淆聖聽。是怡良之奏，不惟於鹽務本末，未能推求，即臣摺亦未能詳閲。不惟臣摺未能詳閲，即自發之摺，亦不免矛盾矣。

至所稱整飭鹽務，惟在暢其銷路，洵屬要言不繁。銷路暢則價自起，利自厚。不爲之厚其利，而但思輕其本，經年累月積滯不銷，雖無課之鹽，誰肯出貲以認運耶？臣因官引跌滯，均由私鹽充斥，土匪攔截。已於入淮河要路之洪澤湖、浮山口，派員帶兵堵私。又於臨淮設卡查私，私鹽已漸少矣。又分撥兵勇一、二千名，往來淮河九百里之間剿除刷洗，並於豫省銷路，由固始至息縣之洪河口、符家集、毛家大莊、烏龍集等處土匪最多之地，不分畛域，越境剿辦，河道漸次疏通矣。又因争賣跌價，盗賣跌價，已派員於正陽、三河尖一帶查禁搶跌，酌中增價，每包多起六、七百文矣。此共見共聞之事，臣一字不能欺飾者也。怡良原摺無一語籌及辦法，但以臣説窒礙難行，遂其請免懸引之説。且未言減免懸引之後，引課必可全完，倘再有積滯，又將何法以處之耶？

怡良大吏老臣，平日辦事公正，何以蒙混至此。此皆運司與運判誤之也。聞近日假捏商名，多係該運判親友即自行捆運。名爲急公，實則挪移庫款，侵蝕漁利。並聞臣初次批摺未回，該運判聞有此議，即令壩鹽紛紛趕賣。由西壩至臨淮道路紛歧，無從而稽考也。臣前於奉旨後，詳細行知，飭令照札出示。乃該運判並未出示，令商人不知委曲恤商之意，該運判復多方恐嚇，愈肆把持。臣因各路軍營需餉萬分緊急，籌餉萬分艱難，户部前議駁減免懸引之摺，至令軍營發鹽代餉。國計之窮至於此，極可爲痛哭。乃該運判舞弊營私、百端盅惑。該運司亦扶同捏詳，遂其初志。以國家正供，朝遷利權，胥受制於奸商猾吏之手，公事尚堪問乎！臣本非應管鹽務之人，且軍情變换靡常，能否久駐臨淮，尚未可知。怡良既稱舍減引别無善策，自當確有把握，應即責成該督遵旨妥辦，以免歧異。惟理之是非，事之利害，人心之險易，國用之盈絀，臣既有見聞，不敢不據實直陳。

再查淮北鹽引原止三十萬道，從前商疲課缺，經前督臣陶澍稟，承宣宗成皇帝聖謨，改行票法。甫改之初，竭盡心思，而浮言阻撓，幾至無以自白。幸君臣相孚，未爲摇惑，漸有成效。分行八萬引於江運八岸，並於額引各州、縣增至四十六萬引，不特正課全完，並增代納淮南懸引銀三十一萬八千兩，而票販納課仍争先恐後。至驗資給引，引少資多，每年發還六、七百萬兩。當日原因鋪路通暢，銀價亦不甚昂。該票販獲利甚厚，是以成本叠加，而争趨如故。今怡良所奏淮北疲滯情形，原非虚飾。即請免懸引，亦未始非恤商之一法。我皇上念切恫瘝，偶遇灾賑撫恤，動輒發帑數百萬。部臣亦何必計及此懸引三十餘萬乎。只因江運不通，淮北已少課八萬引，再去懸引三十餘萬，共少銀四十餘萬兩。無論各處收租提釐，例外煩苛，不能必得此數。即以各省錢糧而論，除本省坐支外，其不論水旱可以報撥此數者，能有幾省乎。且各省錢糧正賦而外，往往有攤徵加價名目，猶之淮北之代納懸引也。今各省民力拮據已極，若因徵收之疲而令加價全免，有是理乎。部臣前次議駁怡良之摺，不准減免。奉旨：依議。均不得已之苦衷也。今怡良因遠在蘇垣，又兼軍書旁午未暇深考，遂致鹽務官商任意朦蔽，且危言聳聽，以保全大局爲持論之柄，即如此次奏稿，臣於閏七月二十四日始行接到，旋聞相距千餘里之正陽、三河一帶，均抄有奏稿，互相傳播，即向非銷鹽口岸之靈壁縣所屬之固鎮亦有鹽船擅往。於閏七月二十後，經臣委員查勘，該商販即出怡良奏稿給閲，事未奉旨，摺未發抄而已傳寫紙貴，其爲官商賄串一氣，不問可知。况原奏請免懸引，但云每引六錢九分三厘零，而不指明三十餘萬之數已屬含混，且稱暫行停納，一俟路通價起，即可照舊徵完，尤屬巧於立言。大凡應放之款，既增則不能復減，應收之款，既減則不能復增，此一定之理也。試問，如此辦法，路何時通、價何時起耶。即旋通旋起，又誰肯仍復舊制耶。方今軍務未蕆，固當亟思籌畫，即令指日蕩平，而元氣之虧，亦非旦夕所能補救。以此數計之，積至十年，已三百餘萬兩。庫藏充盈，何事不可爲耶。

臣少年新進，未多諳諳，而硜硜愚忱，固不願皇上受屯膏之名，亦不願國事開要挾之漸。爲今之計，既經奉旨准免，萬無反汗之理。惟此款既免，仍應於鹽務籌補此數。除外辦雜費，酌提歸公隨正報解外，其不敷之數，仍責成怡良督飭所屬鹽官，設法歸補，俟何日懸引復舊，即行停止，似於國帑無虧，而理財之權仍操之自上，亦於政體無損也。

再，查鹽務積弊，總以牽混套搭，令上司無從剖析，藉以遂其奸謀詭計，此諺所謂鹽糊塗也。至私鹽充斥，至今已極。私鹽多銷一斤，即官鹽少銷一斤。且私鹽之價，較官價賤至一半，鄉民惟利是視，未有不争食私鹽者。即以臨淮而論，官鹽運到，合計成本已在二十六、七文，而鄉間鹽價不及二十文，其爲私鹽,毫無疑義。所以然者,向來鹽過西壩後,惟順清河及泗州關設有稽察委員,而得錢賣放,循例打戳,竟成虚設。臣於臨淮上下,設法嚴查,其大幫私梟遠在下游者,固已聞風遠避,不敢闖過。其餘奸商夾私,有於定例每包一百一十斤之外,捆至一百二十餘斤者,有舊票不繳累年影射者,有於票内挖補年月者,如咸豐元年、二年之票尚有至今藉以賣鹽者。即官運委員亦無不公然帶私,其報銷水脚盡肥己囊,而沿途盗賣,謂之以鹽運鹽。種種弊竇,不可枚舉。自臣嚴查以來,夾私者照數提出,盗賣者勒令補課,並未照例治罪。原因立法伊始,不敢操之太蹙,寬猛相濟,固已漸有起色。此時若因臣不辦鹽務而稽查之設一旦盡撤,不惟無此政體,且捫心自問,亦斷不忍出此。若移交怡良照辦,無論相距千餘里,耳目難周,即精神亦恐難到。臨淮爲南北冲衝要,臣即有時他往,而不能不留官留兵,藉資控制。可否明降諭旨,將鹽船往來並一切售運提課,仍責成臣隨時稽查,俾得盡一分心,即收一分效,於國事不無小補也。至怡良專司鹽政,自有辦法,臣未便攙越,致有齟齬。且怡良主減引之説,臣主不減引之説。官商人等莫不以怡良爲德,而以臣爲仇。倘再令臣辦,其刁難阻撓,必有百倍於今日者。臣自揣才力,斷不敢再肩此任也。

再,臣前因兩江督臣怡良覆奏淮北鹽務諸多含混,係因署運司郭沛霖、海州運判許惇串通朦詳,於八月十七日縷析陳明,並抄録該運判歷次批禀,恭呈御覽。諒聖明洞鑒,自有權衡也。兹於前次具奏後,續行查出該員等營私各情,再爲我皇上陳之。

查淮北票販,向係按年按綱交課領票。臣前於臨淮查出咸豐元年、二年之票四百餘張,當以該販既已領票何肯耽延數載,始行運鹽。於閏七月二十六日將此中情弊,札飭該運判據實禀覆。該運判無詞可辯,日久未據禀覆。嗣經臣訪聞,各販歷年均有剩票,或因捆運加斤,卡員查出,照加斤之數提去鹽包,包少而票有餘;或在壩零星賣出不及四十包者,即留票不給票有餘;或湖販買鹽將原包拆補,各包不足之數而票有餘。總之餘剩之票,於後綱新鹽到壩時,向由該運判清查,申詳運司繳銷。此次影射牽混,以已廢之票運無課之鹽,其爲該運司、運判勾串奸商,通同舞弊,已可概見。

又據臣委員查明,該運判自七月初三接奉新章以後,至閏七月二十三日,其售鹽十一萬餘包。當經臣以所賣究係何鹽,課銀何以不解,於八月初七日札查去後。嗣於八月二十八日據禀,自七月初三至閏七月下旬,共出棧鹽九萬六千餘包,共收課一萬七千餘兩,除墊用官運水脚五千兩餘,皆接濟竈丁,分文無存。等語。查彼時臣奉命會辦鹽務,該運判既已令販售鹽,何以不行通報,開綱暗收新課,而猶以扣收舊欠爲詞,并串通運司捏詳新綱未能開辦,聳動聖聽,不知是何居心。且稟内所稱墊用官運水脚五千兩,究竟所委何官,所運何鹽。且鹽數若干,一字未報,遽行捏支五千兩。前課未解,後課復用,已出情理之外。至竈丁賠累,不以銷鹽恤其窮,徒以庫款濟其急。儻此數十日内並未收課庫中,將持何款以爲接濟,該運判又將何術以爲周恤。且竈丁之待恤,與戰士之需餉,孰緩孰急,該運判豈不籌及,而故爲此顛倒耶。侵挪肥己,飾詞弊混,似已毫無疑義。

再,查淮北每綱外辦雜費,共二十餘萬兩。其河費以備挑河,近年未見其挑也。穀費以備積穀,近年來見其積也。團費以備團練,未見其團數若干,保衛何地也。營費以備運司轉發鹽捕營弁丁之需。自上年揚州告陷,官與兵是否照額,不知何在,其費亦不知何往也。此尤侵漁之彰明較著者也。淮北爲課款大宗,連江運八岸,共應收課百萬以外。該運司、運判專任其事,責無旁貸。況當此經費萬分支絀,該員等宜如何潔己奉公,悉心經理。乃喪心昧良,至此已極。現當辦理新綱之時,臣若因前議未行,有意挑駁,是不能容人也,是不知時務也。天良尚在,斷不出此。且臣之不能兼管鹽務,前摺業已詳陳。惟以朝廷百萬之課,任愚弄於二人之手,竟至少收一半,種種弊竇,吏治人心,民生國計,所關實非淺鮮。應請徹底根究,以重帑項而肅法紀。等語。

臣等伏查,此案先於本年六月據兩江總督怡良奏,淮北引鹽滯銷,販情拮据,請將代納淮南懸課,暫行停納。當經臣部以淮北代納淮南懸課三十一萬餘兩,十餘年來,隨同正款徵解,未便准令減免,奏駮去後。適據副都御史袁甲三奏請,就在壩積鹽籌運濟餉。臣部覈其所議,係爲溢銷裕課起見,奏令一面將現擬章程認真辦理,一面將臣部指詢各條迅速登覆。旋據袁甲三逐條覆奏,並聲明遵旨會同怡良妥籌辦理,即經臣部覈覆准行。迨閏七月間,又據怡良以袁甲三籌運濟餉之議窒礙難行,其代納淮南懸引一款,仍請暫行停納。復經臣部詳繹該督原奏,並無疏銷長策,惟冀減免課銀,現當庫儲支絀之時,仍未便議准,奏請敕下河督楊以增,會同怡良、袁甲三據實查明,會銜具奏等因。奉上諭:前據怡良覆奏,袁甲三請將淮北滯銷引鹽籌運濟餉一摺,當交户部覈議具奏。兹據奏稱:請令楊以增會同怡良、袁甲三查明酌辦。等語。此項淮北滯銷引鹽,已逾奏銷,尚未議定銷售章程,若再令會議酌辦,往返咨商,徒延時日,於課款仍無裨益。怡良既稱暫停代納淮南懸引一款,可以維繫新綱,又無害於鹺局,自必確有把握,即著該督會同楊以增督同署運司設法辦理,袁甲三著毋庸會辦。怡良職司鹺務,責無旁貸。楊以增近在淮北,稽查較便,務當遴委賢員實力督銷,不得以商疲引滯藉口,致課款再有短絀。欽此。欽遵。通行知照在案。

兹據袁甲三條奏摺、片各件,臣等公同詳繹,其最重情節,則以海州運判許惇詩與署運司郭沛霖串通揑詳,朦聳怡良自行具奏,不復與袁甲三會商,以致減免懸課銀三十一萬餘兩。其西壩存鹽之多寡,口岸銷價之貴賤,以及包數銀數如何不符,彼此各執一詞。總以該運判許惇詩是否舞弊營私,百端蠱惑,該運司郭沛霖是否扶同揑詳,遂其初志,爲此案定讞。惟欲將該二員弊竇徹底根究,當先將淮北鹺綱酌定辦法,庶時日不致遷延,課款亦免貽誤,而於公事實有裨益。袁甲三摺片内既稱:軍情變换靡常,能否久駐臨淮,尚未可知,鹽務不能兼管。若必仍照袁甲三前議,責令辦理,勢將愈形決裂。現據怡良奏報,癸丑引鹽業已開綱,應即責成該督遵旨妥辦,以免歧異。所有減免懸課銀三十一萬餘兩,據袁甲三奏稱:怡良所奏淮北疲滯情形原非虚飾,即請免懸引,未始非恤商之一法。既經奉旨准免,萬無反汗之理。惟此款既免,應仍於鹽務籌補此數。除外辦雜費酌提歸公隨正報解外,其不敷之數仍責成怡良督飭所屬鹽官,設法歸補,俟何日懸引復舊,即行停止。等語。係爲籌補國帑起見,應如所奏,責成怡良督飭所屬鹽官設法歸補。

至疏通銷路,惟在認真緝私。袁甲三既於洪澤湖、浮山口等處,派員設卡,又撥兵勇一、二千名,往來淮河九百里之間,剿除洗刷。並於豫省銷路土匪最多之地,越境剿辦,河道漸通,私鹽漸少。是袁甲三既能不分畛域,實力搜查。臣等知其公忠體國之忱,斷不因鹽務卸肩遂置緝私於不顧。應即責成該副都御史督飭員弁,凡於鹽船往來境地,務將私販嚴拿净盡,俾官引得以暢銷,方爲無負委任。

所請提課一節,查淮北課銀先經臣部奏奉諭旨:分解江蘇、安徽軍營以資接濟。欽此。覆經臣部奏明,欽差大臣托明阿揚州軍營需餉孔亟,令楊以增督辦收課,接濟托明阿軍需之用。奉旨:依議。欽此。是此項課銀,仍應遵旨分解江蘇、安徽軍營,不得專顧一隅,任令各委員紛紛提用,致啓争端。以上各情均即各專責成,以顧全局。

至所參署運司郭沛霖、分司許惇詩營私情節,查該員等如果潔己奉公,毫無弊竇,因何於袁甲三奏定章程之後,並不遵照辦理。即或商販情形今昔迴異,收鹽抵課不無棘手之虞,亦當於袁甲三札飭批駮之時,虚衷商榷,據實稟陳,方不失認真辦公之道。迺該督於奉旨會籌之案,不復公商,徑自單銜奏覆,難保無任聽屬員朦混情事。惟原奏内以怡良更正綱分爲疑。查淮北綱分,經前督臣陶澍於道光十二年題報辛卯奏銷案内聲請,將淮北額引劃出,俟年底覈奏,嗣後均壓一年,本年年底應造報癸丑綱奏銷。是怡良前奏所稱:本年爲癸丑綱,並非甲寅綱,似無疑義。袁甲三又稱:怡良大吏老臣,平日辦事公正,何以蒙混至此?臣等推求其故,向來兩江總督駐扎金陵,原爲控制大江南北。今怡良遠在蘇州,距淮北千數百里,其於銷鹽收課情形均非目擊,勢不能不假手於屬員。袁甲三所謂耳目難周,精神亦恐難到,自係實情。該運判許惇詩飾詞弊混,署運司郭沛霖扶同捏詳,均應徹底根究。

再,據袁甲三奏,淮北每綱外辦雜費二十餘萬兩,以備挑河、積穀、團練、捕營等用,近年均未辦理,亦應逐一嚴查,以期水落石出。該督 祇以鞭長莫及,未免受人欺朦。應請旨敕下怡良,趕緊親赴淮北,將署運司郭沛霖,運判許惇詩是否舞弊營私各情,按照袁甲三摺、片奏參條款,明查暗訪,務得確情,據實奏辦。怡良深受皇上厚恩,膺此兼圻重任,諒不至有不實不盡,代人受過也。所有袁甲三原摺、片、單,一併抄發該督查照辦理。謹將臣等查議緣由,理合繕摺具奏,是否有當,伏乞皇上聖鑒,訓示遵行。謹奏請旨。

爲各員欠交銀款請准交米完納事奏摺

咸豐四年十月十二日

大學士管理户部事務臣祁寯藻等謹奏,爲覈議具奏,恭摺仰祈聖鑒事。

閩浙總督王懿德奏請各員欠交銀款准予交米完納附片,於咸豐四年九月二十一日奉硃批:户部覈議具奏。欽此。欽遵。抄出到部。

查原片内稱,接准採買米石捐輸事宜大臣移咨粘抄原奏條款内開,查曾任各處關差人員虧短盈餘銀兩,從前有認修工程,蒙恩寬免成案。此次辦理採買米石,如欠員有力能呈繳銀米者,查照成案奏明請旨,加恩減免。其曾任督撫以下各官,有應行賠繳及拖欠官項者,亦准一體辦理。等因。移咨到閩。

臣伏查,閩省購買臺米三十萬石,運送天津,業已籌備正耗米三萬八千餘石運津在案。兹查閩省籌辦京倉儲備爲數較多,應請將在閩服官各員,如有短完銀款,於咸豐四年三月二十日,此次王大臣具奏奉旨允准以前,勒限追繳各款及服官他省咨閩追繳者,准予繳米完納。所繳之米,每正耗一石一斗,作銀二兩九錢,並隨交運脚銀一兩三錢,共銀四兩二錢。仍照閩省奏定章程,合銀五兩二錢五分等語。

臣等伏查,本年五月,臣部議覆閩浙總督王懿德奏定捐輸米石章程摺内,議以每正耗米一石一斗,作銀二兩九錢。並令捐生呈繳水脚等銀一兩三錢,共實銀四兩二錢。即按捐銀章程八折申算,作銀五兩二錢五分,奏奉諭旨允准遵行在案。兹據該督援引現在京城採買捐輸米石條款,凡有官員虧欠銀兩,均准交米完繳成案,奏請將在閩服官各員,如有短完銀款,於咸豐四年三月二十日以前,勒限追繳各款及服官他省咨閩追繳者,准予繳米完納。等因。覈與京城現辦採買捐輸米石條款相符,應准其繳米完納。

惟所稱完繳之米,每正耗米一石一斗,作銀二兩九錢,並隨繳運脚銀一兩三錢,共銀四兩二錢,仍照閩省奏定章程,合銀五兩二錢五分。等語。查臣部議覆該督捐米原案,以米合銀,每正耗米一石一斗,連運脚共實銀四兩二錢。因係捐生急公好義,是以准照該督所請,援照各項捐輸八折申算章程,作銀五兩二錢五分。今既係欠交官項之員繳米完納,與捐生之急公好義者不同,自應從實覈算,未便援照捐輸八折申算章程辦理。該省如有欠員交米,應以每正耗米一石一斗連運脚共合實銀四兩二錢,不得按八折申算,作銀五兩二錢五分,以杜冒濫而昭覈實。

所有遵旨覈議緣由,理合恭摺具奏,是否有當,伏乞皇上訓示遵行。謹奏。

爲謝賞准開缺摺

咸豐四年十月二十五日

臣祁寯藻跪奏,爲微臣病久尚未痊愈,謹遵恩旨將數月醫治情形具摺瀆陳,叩懇天恩,賞准開缺,以重職守,而負貽誤,仰祈聖鑒事。

竊臣因三次假滿,病尚未愈,於八月二十九日奏請開缺,欽奉硃批不必開缺,亦不限定假期,並諭令安心調理,過數月後再行酌量,仰蒙聖恩,曲加體恤,無微不至,感激涕零,捐糜難報。數月以來延醫診治,加意調攝,痢疾漸就痊可,飲食亦能知味。惟於九月初間,頭上忽生火瘡,其勢甚劇,自頂心右額下連眉睫之際,腫痛異常,醫云係内熱未盡,温補過早所致。趕緊服清解之劑,並用藥敷洗,幸已收口,唯瘡痂尚未脱落。右目爲瘡火薰蒸,視物尤覺眩暈,精神時形恍惚。左腿左足趾筋仍時時抽掣作痛,牽連脅肋及左手大指,不但不能起跪,即勉强著地,亦非拄杖扶人不能移步。總由痢疾卧床兩月,元氣大虧,血不養筋,雖用藥外敷内補,加以按摩,而年力漸衰,驟難見效。五中焦灼,無可奈何。念臣供職内廷,本應每日入直,且現值京察屆期,臣備員内閣,管理户部事務,稽察欽奉上諭事件處,均應親身到堂與同官密商考覈。臣充實録館監修總裁官,職任綦重,教習庶吉士亦須評閲詩賦。臣自夏秋叠次請假,迄今曠誤已有半載,雖蒙聖主格外優容,不加譴責,而臣曠職日久,負疚滋深,悚惕屏營,莫知所措。似此氣血衰弱,步履艱難,再三酌量,實恐一時未能起假,謹將數月醫治情形據實瀝陳。惟有叩懇天恩,俯准將臣一切差使悉予開缺,庶公事不致日久曠誤。臣仰荷鴻慈福庇,得以從容調理,專心静攝。儻病體得就痊愈,仍能起病當差,再圖報稱,皆出自高厚生成之所賜。感戴恩施,實無涯涘。所有微臣病久未愈,吁請開缺緣由謹繕摺瀆陳,伏乞皇上聖鑒,臣不勝惶悚待命之至。謹奏。

内閣奉上諭:祁寯藻因病久未痊,懇恩開缺一摺,大學士祁寯藻三朝舊臣,在内廷行走有年,並管理部務,勤慎趨公,深資襄贊。八月間因病奏請開缺,諭令不必限定假期,安心調理。兹據奏稱醫治數月尚未痊愈,懇請開缺,情詞肫切,若不允所請,轉無以安其心。祁寯藻著准開缺,以大學士致仕,俾得息心静養,以副朕優眷耆臣至意。欽此。

爲查明官號錢鋪實情事奏摺

咸豐四年十一月初一日

大學士管理户部事務臣祁寯藻等謹奏,爲密摺奏聞事。

竊富興阿奏參官錢鋪一摺,現由臣部遵旨查明,據實具奏。

臣等伏查,臣部上年所開官銀錢號,專爲每月開放兵餉而設。彼時實因左藏未充,隱寓以票代鈔之法。現在鋪商除已墊過京錢一百九十餘萬吊外,其冬臘兩月應放錢糧數目尤多,現在庫存銀祇十餘萬兩,仍須責令各號多墊。

明知該商等惟利是圖,而官無存本,商有墊項,正項錢糧自無從虧短。臣等使貪、使詐牢籠駕馭之法,自在聖明洞鑒之中。以每月一、二十萬兩之銀,抵向來四、五十萬兩之用,全在各號票存架空騰挪。儻以訛傳訛,市間不信官錢鋪,誠恐各處票存全到官錢鋪支取,現錢勢必墊發不及,倒歇堪虞。一鋪如此,他鋪皆然。現當開放十一月兵餉之期,乾豐錢號,臣部已嚴飭各官號,另派妥實商伙前往經理,照常開放,不任該商等因私誤公,藉端諉卸。

惟事關大局,臣等不敢壅於上聞。又未便明登奏牘,使市間窺破虚實,將票存全數支取。總之從前兵丁領餉到手,自向私錢鋪兑换,因而各鋪皆得沾潤。自餉銀彙發官號之後,私鋪各商久經側目,以致浮言繁興。設因此官號竟至倒歇,兵餉攸關,臣部倍形掣肘,爲此密摺奏聞。謹奏。

爲遵旨妥議海運四項事宜奏摺

咸豐四年十一月初五日

大學士管理户部事務臣祁寯藻等謹奏,爲遵旨妥議具奏,仰祈聖鑒事。

順天府府尹譚廷襄奏體察海運情形,據實臚陳附片。咸豐四年十月十八日奉硃批:户部妥議具奏。欽此。欽遵。抄出到部。據原奏内稱:河運未能遽復,專恃海運,以實倉儲,所關尤要。體察現在情形,約有數端,據實臚陳。等因。交臣部妥議具奏。臣等按照原議詳加酌覈,恭摺覆奏,謹呈御覽。

一、放洋宜早一條。據稱:嗣後江浙等省,海運放洋至遲以六月初旬爲斷,不准再逾此限。等語。

臣等查,江、浙兩省,咸豐五年應運咸豐四年分漕糧,前經臣部議令統於年内運赴海口,派船裝兑。一俟開春,即行放洋北上。總期於三月内,一律運津。等因。奏明在案。兹該府尹所稱放洋宜早之處,與臣部前奏相同。應仍請旨飭下兩江總督、江蘇浙江各巡撫及漕運總督,查照臣部前次奏案,妥籌速辦。務於來歲三月内全數運津,俾得及早驗收,毋稍遲誤。

一、米色宜慎一條。據稱:嗣後浙江等省海運提前趕辦,挑選米色務令純潔,並將剥運出口事宜,妥定章程。等語。

臣等查,漕糧爲天庾正供,必須干乾圓潔净,方可久儲。歷屆海運案内,均經臣部奏明,飭令各該省糧道於開倉時親歷查驗。復於海口交兑,再加盤量。來歲江、浙海運，自應照章辦理。應如所請，責成該督撫等嚴飭糧道，於兑運之先，認真挑選，務令乾潔。並將剥運出口事宜，妥籌辦理，毋任有摻雜等弊，以期密益加密。

一、餘米宜覈一條。據稱：海船水脚之外，每石給餘米八升，以備食耗，本屬充足。近來餘米無多，皆因水手先已就地私賣，並未全行上船。應請嗣後江、浙等省海運受兑，務將餘米裝足，設法稽覈，以防侵蝕。等語。

臣等查，餘米一項，向來辦理海運，均令各州、縣全數措給本色，以備到津或有折耗賠補之用。兹據奏稱：海運受兑，務將餘米裝足，設法稽覈。等因。於援案辦理之中，寓嚴禁私賣之意，應如所奏辦理。所有江、浙來歲海運應兑餘米，應令該督撫等轉飭全數裝足。並於裝兑之時，專派妥員實力稽查。如有水手私賣之弊，即行懲辦。抵津之後，如正額無短或賠補缺額仍有盈餘，即行給予價值，官爲收買。庶該船得沾餘利而於倉儲有裨。

一、海船失風被盜宜查一條。據稱：海船遠涉大洋，風濤險阻，盜賊搶掠，勢不能免。本年失事各船，已由各省據報勘辦。其到津報稱失事並無確據者，均飭著賠，以杜捏飾。惟與其臨時追補，莫若先事防閑。應請嗣後浙江等省海運，挑選妥實商船承運。責成同行保結，互相稽查。如有弊端，不准再行領運。並嚴飭水師員弁，實力護送巡查，以昭慎重等語。

臣等查，歷届海運雇募沙船，均經行保互結。准令八成載米，二成載貨。如在洋遭風，除斫桅松倉，驗明糧貨俱損，奏明豁免外，如貨物並未抛弃，獨弃官糧者，雖松倉屬實，短少米石仍令賠補。各在案。來歲江、浙海運，自應一體照辦。應如所奏，務選妥實商船承運，責成同行保結，互相稽查。如在洋遭風，即時報明地方官，履勘覈辦，以杜捏飾。如有弊端，不准再行領運。至海洋盜劫之事，尤宜設法防範。應飭該督撫及直隸、山東各督撫等，務須循照舊章，嚴飭各該水師鎮將，統帶備弁兵船逐段巡查，逐程護送，斷不可稍事偷安，致滋疏懈。如有前項弊端，即行據實參奏。

以上各條，臣等謹就原奏詳加酌覈，恭摺覆奏。伏乞皇上訓示遵行。謹奏。

硃批：依議速行。

爲實録聖訓告竣請撰御制序文事奏摺

咸豐四年十一月初七日

監修總裁官、大學士臣祁寯藻等跪奏,爲恭摺奏聞事。

竊臣等恭查列聖實録、聖訓,均有御制序文各一篇。上屆恭修仁宗睿皇帝實録黄綾本,全數進完之後,於恭進聖訓黄綾本時,一併奏請御制序文。今臣館恭修宣宗成皇帝實録漢字、清字、蒙古字黄綾本,業經先後恭進完竣,聖訓清字、漢字黄綾本,現在次第恭進。自應循照成案,恭請皇上御制序文各一篇,俟發下後,敬謹繕載各正本卷首。

理合恭摺具奏,伏乞聖鑒。謹奏。

咸豐五年六月二十八日奉硃批:著何彤雲敬謹撰擬御制序文二首。欽此。

爲暫緩追繳歸化城課税事奏摺

咸豐四年十一月初八日

大學士管理户部事務臣祁寯藻等謹奏,爲遵旨議奏事。

内閣抄出,山西巡撫恒春奏歸化城咸豐四年分徵收税銀短絀情形等因一摺。咸豐四年十月十七日奉硃批:户部議奏。欽此。欽遵。於十月二十日抄出到部。

據原奏内稱,歸化城每年額徵税課正餘等項,共銀二萬二千八百餘兩。據歸綏道德齡稟稱,自咸豐三年九月十三日起至四年八月十二日止,連閏一年期滿,除實收過銀八千八百六十三兩零,短徵銀一萬三千九百餘兩。實因上年粤匪由豫竄陷平陽等處,商賈聞風畏懼,紛紛歇業。以致南北貨物不能往來,販運既多梗塞,輸納倍形稀少。現在關期已滿,應如何籌補等情,具稟前來。

臣細加察訪,該關税課,全憑商販往來。自四路兵興之後,一切貿易客商來者甚少,雖經該道設法招徠竭力整頓,仍無起色,虧短實屬有因,相應請旨,飭部覈辦。等語。

臣等伏查,歸化城原定正額銀一萬五千兩,錢九千串,向係易銀七千兩。盈餘銀一千六百兩,錢一百三十七串六百一十文。又例載,短收正額欠四分以上者,革職。等語。

今據山西巡撫恒春奏稱,據歸綏道德齡禀稱,自咸豐三年九月十三日起至四年八月十二日止,連閏一年期滿,實收銀八千八百六十三兩零,覈計應徵正額税數及以錢易銀銀數,尚短收銀一萬三千一百三十七兩。係短收正額税銀在四分以上,例應革職。

惟查咸豐三年,四川總督裕瑞奏:夔、渝兩關因粵匪竄擾楚省,商船不通,以致税銀虧額一摺。經臣部議奏,請將該關監督俞文詔應得降二級調用處分,改爲降四級留任,不准抵銷。於咸豐三年十二月二十八日具奏。奉硃批:俞文詔著改爲降四級留任,不准抵銷,餘依議。欽此。欽遵在案。

今查歸化城税銀虧短,據原奏内稱,實因上年粵匪由豫竄陷平陽等處,商賈聞風畏懼,以致貨物不通,税銀虧短實屬有因。該撫所奏自係實在情形,若遽照定例議處,未免與經徵不力者無所區别。臣等公同商酌,所有歸綏道德齡應得革職處分,可否援照夔、渝兩關成案,改爲降三級調用,抑或改爲革職留任之處,出自皇上天恩。

至歸化城一年期滿,共短收正額盈餘銀一萬四千七百三十七兩,盈餘錢一百三十七串六百一十文。應遵照臣部奏准定例,五千兩以上至二萬兩,予限三年完繳。著落歸綏道德齡,自奉旨之日起,按限照數賠繳,儻限滿不完,照例革職監追,以昭炯戒。

所有臣等覈議緣由,理合恭摺具奏,是否有當,伏祈皇上訓示遵行。謹奏請旨。

爲仍由户部指撥京餉勒限解交事奏摺

咸豐四年十一月十二日

大學士管理户部事務臣祁寯藻等謹奏,爲奏聞事。

竊查部庫歲需八旗官兵俸餉等項銀兩,臣部向於辦理春秋二撥案内,將各省册報實存銀兩,酌擬款數,奏撥解部,以供支放。近年因各省報存銀兩無多,歷經臣部隨時籌款奏撥。上年十一月,臣部奏明,將此項京餉歸入冬撥案内,與各省歲需兵餉一律酌撥。原期籌撥較早,則起解得以及時。乃自奏撥以後,僅據山西、陝西二省陸續分批解交,其餘各省迄今將及一載之久,未據報解分釐。雖經臣部叠次奏咨行催,各該省視爲具文,玩延如故。是豫先籌撥仍屬有名無實。

查部庫待用孔殷,京餉尤關緊要。臣等公同商酌,擬請此後京餉,仍由臣部體查各省緩急情形,銀數多寡,隨時籌款指撥,勒限解交,以供要需,毋庸歸入冬撥案内辦理。儻指撥省分延不解到,臣部惟有指名嚴參,庶各省無所推諉,而撥款亦均歸實濟。

理合恭摺具奏,伏乞皇上聖鑒。謹奏。

硃批:成法原屬盡善,著依議仍舊辦理。

爲議蔣達奏請變通徵收各款事奏摺

咸豐四年十一月二十二日

大學士管理户部事務臣祁寯藻等謹奏,爲遵旨議奏事。

户科給事中蔣達奏請變通徵收,以蘇民困,又片奏流通鈔票。咸豐四年十月二十七日奉上諭:給事中蔣達奏,請飭各直省於徵收各款變通辦理,以蘇民困一摺,並另片奏流通鈔票。等語。著户部一併妥議具奏。欽此。欽遵。由内閣抄出到部。

據原奏内稱:近日各州、縣往往有聚衆抗糧之事,實以納糧率多折銀而解費無出,不能不於正項之餘稍加耗羨。每納銀一兩,其耗羨或三四錢、五六錢不等。自去年以來,銀價甚昂,每兩將耗羨合計,須折制錢四千餘或五千餘。當此凋敝之際,有此無形重斂,其何以堪。然在地方官亦實有萬不得已苦衷,辦理稍有失宜,便至激成事變。惟有仰懇飭下各省督撫轉飭各州、縣,於徵收各款稍爲變通。如南直各省之兩江、兩湖、浙閩、雲貴、川廣等處,則令其於交納時銀錢各半,銀價每兩作制錢二千。北直各省之順天、奉天、直隸、河南、山東、山西、陝甘等處,則令其每兩分作三項交納:現銀四成,制錢三成,米豆三成,其制錢准其搭用鈔票。若錢多難解,則於本省官俸、兵餉就近給發,每兩二千。若米豆多而無用,則於各州、縣囚糧、廪米、驛站搭放。一轉移間,在民既可少受銀貴之累,在官亦可全無激變之虞。雖各省情形不同,然斟酌損益,大概或不外是。又,片奏内稱:去年欽奉諭旨,令徵收各項兼用一半寶鈔。於恤民之中,即寓行鈔之法。地方官吏宜如何實力奉行,乃聞各省鈔票從藩司發給州、縣,即皆秘不示人,所有徵收悉如舊式。批解到省,則又將銀鈔兼行。是朝廷無故失此一半現銀,而小民未霑一毫實惠,徒飽官吏之橐,且使寶鈔絶少流通,此等情形,殊堪痛恨。應請飭下各直省督撫,嚴飭各州、縣,嗣後領到鈔票,務須大張告示,窮鄉僻壤亦令通知。鈔票到日,即令鄉民遵每兩二千之制,到縣買换完納。如無鈔票,即有現銀亦不准收,庶鈔票藉以暢行,國課自無抗欠,民力亦不至困乏矣。若有如前隱秘,即許指名嚴參。大吏如有扶同朦混,一經發覺,從重治罪。各等語。

臣等查,該給事中所奏,係爲近年銀少價昂,官民交困,因而計及變通徵收之法,以期消患於未形,誠救時之急務也。所請分别南省、北省,令民間以銀錢、米豆分成搭交,意在少納一分之銀,則少受一分之累。所陳不爲無見。惟現值推行鈔法之際,該給事中既稱錢多難解,米豆多而無用,别求抵給之方,似不若片奏内所稱:請令鄉民遵每兩二千之例,各就本州、縣買鈔交官,尤爲簡捷。且如河南等省,方令漕糧變價,未便又以米豆折銀。奉天等省屢經採買運京,似又可即以米豆抵納。各省情形互異,如有可以按照該給事中分成完納之處,除解撥之項仍照舊徵收銀鈔若干外,其餘各該省留支之款,或搭收現錢,或分收米豆,應由各該督撫酌覈辦理。至片奏一件,專爲流通鈔法起見,所稱各省鈔票由藩司發給州、縣,即皆秘不示人,所有徵收,悉如舊式,及批解到省,則又銀鈔兼行,朝廷無故失此一半現銀,小民未霑一毫實惠,徒飽官吏之橐,使鈔法絶少流通。等語。最爲切中時弊。臣等正在覈議間,復於十一月十三日奉上諭:御史孫觀奏申明鈔法嚴剔弊端,請明定章程一摺。著户部覈議具奏。欽此。

臣等詳閲原奏,亦係令民以錢易鈔,以鈔完糧,辦法與該給事中所奏相同。而又慮及以鈔二千抵銀一兩,則耗羡無出,州、縣恐亦難辦,並請倣照現定崇文門税務,加一徵收章程,以備留支之用。等語。尤覺切近情事,爲流通鈔法第一要著。

惟省之大小、缺之繁簡、民之肥瘠、州縣距省之遠近、歲額留支之多寡,均係各自不同。臣等公同商酌,擬請將此次該給事中附片所陳併入御史孫觀摺内,詳晰覈議,明定章程,再行奏明,請旨遵行。

所有臣等遵旨妥議緣由,是否有當,伏乞皇上聖鑒,訓示遵行。謹奏。

硃批:著軍機大臣會同户部詳議具奏。

爲遵議揚州軍營加增兵餉礙難覈准事奏摺

咸豐四年十一月二十二日

大學士管理户部事務臣祁寯藻等謹奏,爲遵旨速議具奏事。

軍機處交出欽差大臣托明阿等奏,遵旨將酌加兵丁口糧詳細覈奏一摺。咸豐四年十一月初八日奉硃批:户部速議具奏。欽此。欽遵。交出到部。

據原奏内稱:臣等本年九月二十一日附奏,兵丁口糧每名照舊章支給外,每月酌加銀一兩四錢,較近例節省一兩有餘,並未將所以節省明晰聲叙,致奉聖諭指詰。所謂節省者,係照近來成案比較而言,緣兵丁每名日支米八合三勺,月支鹽菜銀九錢,出邊口之日酌加四錢,此舊例也。嗣因百物昂貴,兵丁日用不敷,每名日給銀一錢五分,不支米食,計每月支銀四兩五錢,此近來辦理之成案也。本年閏七月,陝西撫臣王慶雲奏請令各路糧臺運儲糧石,以備兼支,聲稱各省採買加以脚價,一石之糧,約在二兩以下。等因。奉旨准行在案。兵丁每月例支米二斗四升九合,若按市價每石二兩覈算,計需銀四錢九分八厘,連例支鹽菜銀九錢,又加給四錢,共計每月支銀一兩七錢九分八厘。加以現請酌加銀一兩四錢,共算每月支銀三兩一錢九分八厘。較之近來每月支銀四兩五錢,可節省銀一兩三錢零二厘。此前奏内聲稱,比較近例節省銀一兩有餘之原委也。查徵兵口糧每月支銀四兩五錢,已非一日,具揚州軍營積欠兵丁餉糈甚鉅,若一旦猝復舊章,裁減之數過多,未免驟形拮据。惟有仰懇聖恩,仍照前奏,每兵每月准於按照舊章,支給鹽糧之外,酌加恩賞銀一兩四錢,以示體恤。比較近來月支四兩五錢之數,實已節省一兩有餘。等語。

臣等查兵丁口糧舊例日支米八合三勺,月支鹽菜銀九錢,出邊口之日,酌加鹽菜銀四錢。上年據欽差大臣琦善奏請仿照嘉慶十八年河南滑縣用兵章程,每兵日給銀一錢五分,不支米食。經臣部擬令徵兵日給銀一錢五分,不支米食,防兵日支銀七分,米八合三勺,奏奉諭旨行文在案。本年閏七月,又據陝西巡撫王慶雲奏,餉絀難繼,兵丁口糧宜銀米兼放,請復舊例,兵丁每名每月支鹽菜銀九錢,日支米八合三勺,出邊口之日,加給鹽菜銀四錢。覆經軍機大臣會同臣部覆奏,奉旨行文亦在案。兹覆據托明阿等奏,兵丁每月支銀四兩五錢,已非一日,且揚州軍營積欠兵丁餉糈甚鉅,未能清釐,猝復舊章,益形拮据,請於每兵每月例支鹽糧之外,酌加銀一兩四錢,自係爲體恤兵丁起見。惟查本年閏七月軍機大臣會同臣部奏奉諭旨之後,各路軍營除遵照辦理外,亦間有擬請仿照廣西成案酌量加增者。業經臣部據例奏駁,均蒙諭旨准行。兹該大臣所請於例外加銀一兩四錢,僅據聲明兵力拮据,並無例案可循。即所稱米石折銀,亦較之袁甲三所稱兵丁米折每月給銀三錢九分較多銀一錢八厘。同一江北軍營,似未便彼此岐異。且積欠兵餉,亦不止揚州一處。若各路軍營皆藉詞加增,勢必漫無限制,於改復舊章之意,仍係有名無實。所有該大臣奏請每兵每月銀一兩四錢之處,臣等參酌例案,實屬礙難覈准。應請飭下該大臣轉飭總辦糧臺布政使文煜,仍照奏定章程支給,毋庸另議加增,以歸畫一。

所有臣等速議緣由,是否有當,伏乞皇上訓示遵行。謹奏。

爲東南軍務漸有轉機宜急行清漕以蘇民困而收民心奏摺

咸豐四年十一月二十五日

大學士祁寯藻跪奏,爲瀝陳愚昧下忱,仰祈聖鑒事。

竊惟興利除弊,必因其時。恤民蘇困,當先甚急,事當急治,而不可乘,此聖主撥亂返治之資,良臣竭忠振效之實,而不可爲游談危論之所沮也。國家歲漕東南數百萬以供京師,利甚大而弊亦深。數十年來,人知漕務時漸決裂,而終不能毅然釐正之者,徒以正供仰給,關係非輕。兑運徵收,積習已久,把持者衆,根株甚深,不敢輕易措手。而神奸巨蠹膽識日壯,黨與日多,平時務難窮治。若不因大亂之後,痛與湔除,則民困終想不蘇,國恩何時下逮。道光年間,臣蒙宣宗成皇帝簡命視學江南,又叠蒙恩旨典試廣東,辦案福建,凡江南鄰省,如浙江、安徽、江西諸省來往屢經,情形略悉。大抵漕務之弊,非漕之難辦,而辦漕者自難之也。州縣假兑費之名,欲壑無厭。大吏貪漕規之入,風采不揚。污者相濟而並爲一談,廉者勢孤而無從更變。辦漕之弊,各處情形不同,而其大端不外浮收勒折四字。浮收者,一石之入多至數倍。國家仍止此數,民間所出數倍。省垣尚有忌憚,外郡尤極凶惡。糧米以七石而完一石,條銀則以數兩而完一兩。農民竭蹶,滋事時聞。勒折者,應收本色,勒令改折。開倉只數日,驗即閉倉,專收折色。秋成之時,民間米多銀少,乃令以米易銀，遂至終歲所入，不敷完納，少有不進，即謂抗糧。大吏藉名恐長刁風，凡有上控，概從敷衍。民生朘削，控告無門，天怒人怨，於此已極。中外臣工，即有聞風參奏，亦衹就案了案，不爲通盤籌算、徹底根究之舉，以至痼習因仍，積重難返。夫積重難返之弊，難驟革於安常無事之日，而每革於大難削平之後。非常利民之舉，難驟施於因循相忍之日，而不可施於廓清耆定之時。近者湖北撫臣胡林翼，以殘破之餘，更新號令，力行清漕，遂能收撫人心，固守全楚，且以餘力援皖援贛。可知漕務肅清，於軍務、民生皆有裨益。其法詳悉周備，不特下恤民隱，即辦漕官吏亦不曾枵腹從公。楚省既行之有效，則他省亦可推行，即情形稍有不同，而則大者則無不一。今者江省州縣漸次收復，相應請旨敕下督師撫臣曾國藩，會同江蘇、安徽、浙江、江西各撫臣一體遵照，無憚煩重，無搖浮議，督之以嚴，先之以廉，悉力講求。仿楚撫之成規，酌四省之情勢。每收復一處，擇廉明精幹、實心任事之員，體察前此辦漕不善，滋鬧生事之故，痛反所爲。民欲既從，民心必奮。不特已復之區，可期固守無事，即未得之地，亦將鼓舞效忠。破竹之勢，於此可得。然發令之初，必有倡異議謂江浙皖楚情形不同，斷難照辦者。臣雖不能預擬其詞，然揆其大旨，不過謂紳衿吏役，仰食者多兑費，辦公賠累甚鉅，吏不能枵腹而從，官不能無米而炊耳。此數者，臣皆有以折之。紳衿食漕，本干例禁，至於辦公官吏隸胥，楚撫所有章程，本有所贍之者，即有神奸巨蠹，仍狃積習，但使大法小廉，則國家二君具在，何難一裁以法。此時東豫未清，漕運當難舉行，海運不無費用。宜令核明每石約費若干，開明款數，作正開銷。斷然令州縣賠墊一錢，則當有何不可行。至于求漕館，即爲漕館别名，尤宜一概嚴拒，法令自無不行。臣夙夜難維，清漕之法，在今日有可行者二，有必不可不行者二。大兵之後，俱未復業，平日把持之紳衿惡棍當亦漸就澌忘，乘此人心思治，一切咸與維新，可行一也。督臣受恩深重，一切急求整頓。聞其躬行廉儉，力挽頽風。以此誠屬正人，必無敢仍以傾危卑鄙之説久持嘗試，可行二也。國家用兵十年，無不在藉民力。三吴賦籍尤重，京師利賴有二百年。即癸丑以後，强寇近在江鎮。而一面捐資團練，而一面竭蹶供漕。雖由疆臣督辦，而民間力盡筋舒，實亦聖主所深軫念。今本大難削平，不可不有曠世之恩以慰南服之人心，此不可不行之一也。往者有南人必反於漕之諺，不肖官吏，横徵暴斂，藴怒已深。每逢徵收之期，鬧漕之案迭見。猶本下路，人心葸弱，不致遽然起事。今陷賊數年，風聲氣習濡染已深，即弱者亦漸化爲悍。若仍前横行無忌，呼吸即成事端，此不可不行者二也。臣爲整飭紀綱,恤民心而固邦本起見,是否有當,伏乞聖鑒,採擇施行。謹奏。

爲懇請開缺恭謝天恩事摺

咸豐四年十一月二十六日

臣祁寯藻跪奏,爲恭謝天恩事。

本月二十五日,内閣奉上諭:祁寯藻因病久未痊,懇恩開缺一摺。大學士祁寯藻三朝舊臣,在内廷行走有年,并管理部務,勤慎趨公,深資襄贊。八月間因病奏請假,諭令不必限定假期,安心調理。兹據奏稱醫治數月尚未痊愈,懇請開缺,情詞肫切,若不(容)[允]所請,轉無以安其心。祁寯藻著准開缺,以大學士致仕,俾得息心静養,以副朕優眷耆臣至意。欽此。

竊臣山右庸愚,學識譾陋,自嘉慶甲戌通籍,叨列詞垣。道光元年,奉命入直南書房,洊躋正卿,參知政事。我皇上御極之初,仰膺恩命,特擢大學士,俾掌部務,與編纂於實録,領秘笈於文淵。荷三朝豢養之恩,乏寸壤涓流之報。每念勤能補拙,慎以持躬,勉竭駑駘,稍酬高厚。詎意一病糾纏,幾及半載,仰蒙聖恩,格外體恤,不限假期。而臣因病久氣血兩虧,總未痊愈,是以不揣冒昧,具摺再請開缺。方深悚惕,恐導愆尤,乃荷温綸,曲加奬慰,賞准開缺。以大學士致仕,俾得息心静養。聞命自天,涕零如雨,自顧何人渥邀優眷。惟有從容調理,静攝心神。從此衰病餘生,悉賴鴻慈再造。俯慚蒲柳,長承雨露之恩。仰睎軒階,彌切星雲之頌。所有微臣感激下忱,謹繕摺叩謝天恩。伏乞皇上聖鑒。謹奏。

奉旨:知道了。欽此。

爲頒賞福字壽字恭謝天恩事奏摺

咸豐四年十二月十八日

致仕大學士臣祁寯藻跪奏,爲恭謝天恩事。

本月十七日,蒙恩頒賞御書福字一方,壽字一方,臣謹叩頭祗領。欽惟皇上乘乾布闓,調泰延熙,用敷錫厥,庶民春祺普被,俾靖共於有位。宸翰爰頒,何意閑居獲膺異數,瞻天拜寵,伏地銘恩。鳳律初回,恰喜陽韶應節,龍綸雙捧,頓教陋室生輝。臣以衰劣餘生,仰賴鴻慈再造,已荷深仁之曲體,復邀寶墨之榮頒。回思賡和彤廷,竊愧股肱之墮;正值拜陳春帖,仍分奎壁之光。仰戴生成,難名依戀。惟視兵銷凱奏,衍福疇而四氣常調,歲稔民安,躋壽宇而三多共慶。所有微臣感激榮幸下忱,謹繕摺叩謝天恩。伏乞皇上聖鑒。謹奏。

奉旨:知道了。欽此。

爲交部從優議叙恭謝天恩事奏摺

咸豐五年四月二十日

致仕大學士祁寯藻跪奏,爲恭謝天恩事。

四月十八日,内閣奉上諭:現在馮官屯逆匪全股蕩平,北路一律肅清。軍機大臣贊襄軍務,夙夜勤勞,允宜分別加恩,以昭優眷。恭親王奕訢著交宗人府從優議叙。尚書彭蘊章,侍郎穆蔭、杜翰均交部從優議叙,侍郎瑞麟著交部議叙,致仕大學士臣祁寯藻前在軍機大臣上行走,懋著勞勛,著一併交部從優議叙。其滿漢章京各員均著交部議叙。欽此。

竊臣樗櫟庸材,樞榆下士。遭逢寵遇,豢養禁廷。儤直頻年,曾乏涓埃之報,蒙恩致仕,深慚蒲柳之資。前聞連鎮擒渠,畿南綏靖,復聽馮官屯奏凱,河北肅清。仰思宵旰之焦勞,即卜寰區之底定,心傾彌切,額慶方殷,乃荷温綸,同邀優叙,恩施下逮,特矜衰病餘生,録及微勞,益覺感慚無地。鴻慈逾格,鰲戴難名,惟祝歲稔兵銷,民安物阜,風清江漢,遠邁周延,常武之詩。天麗星雲共瞻,欽帝世敷文之德。

所有微臣感激下忱,謹繕摺叩謝天恩,伏乞皇上聖鑒。謹奏。

奉旨:知道了。欽此。

爲賞食全俸恭謝天恩事奏摺

咸豐六年十一月初三日

奏爲恭謝天恩事。

十一月初一日,内閣奉上諭:本日皇考宣宗成皇帝聖訓實録告成,朕祗肅受書,實深欣慶。所有監修總裁、總裁、副總裁等皆能盡心編輯,各矢勤勞,允宜特加優獎。離館之監修總裁致仕大學士祁寯藻,著賞食全俸。等因。欽此。欽惟皇上德符舜孝,治協堯勛。亹僾見於羹墻,紹崇基於堂構。恭逢御殿受書之慶,仰邀推恩錫類之榮。仁暉下逮夫群工,膏澤偏滋夫小草。餘生戴德,九叩銘心。伏念臣藜藿寒門,樞榆朽質。矢一介委蛇之節,退食難安;蒙兩朝豢養之恩,素餐無補。昔充館職編摹,未效寸長。今賦閒居,離局已經數載。何意鴻慈曲被,猶矜駑鈍衰姿。許鶴俸之優沾,俾資禄養;恍鵷班之近接,免趁朝參。渥荷生成,彌增愧悚。且臣自違儤直,屢沐殊施。露製濃穫,賜餈糕於朵殿;雲章糺縵,瞻福壽於蓬廬。前因畿輔凱旋,復拜綸言甄叙。凡此叨榮之逾分,悉非夢寐所敢期。竊思漕政軍需,方賴疇咨於旰食。更念金倉玉粒,何堪坐費於隤齡。恩重難酬,感惶無措。惟願民安歲稔,舞干昭文德之敷;從兹鑿井耕田,擊壤效康衢之祝。

所有微臣感激下忱,謹繕摺叩謝天恩。伏乞皇上聖鑒。謹奏。

奉旨:知道了,和詩留。欽此。

爲祁世長授庶吉士恭謝天恩事奏摺

咸豐十年五月初十日

致仕大學士、臣祁寯藻跪奏,爲恭謝天恩事。

本月初九日,内閣奉上諭:“祁世長著改爲翰林院庶吉士。欽此。”竊臣弱冠登科,歲將四紀,隤(頽)齡解組,今居六年。玉署回翔,曾識雲霄之路;茅廬寂處,猶依日月之光。恩深而廪禄虚糜,學淺而菑畬寡訓。臣子世長,豹窺識陋,蛾術功疏。供職冬官,已叨榮於任子;題名春榜,方抱愧於傳經。兹當金殿對揚,復荷丹毫拔擢。念臣家祖孫父子,蓬瀛並忝清班;沐聖朝涵育栽培,雨露偏滋小草。遭逢獨幸,感悚彌深。臣惟有勖以讀書,教之勵志。守儒生之素業,當思清白承家;膺吉士之新銜,豈僅文章報國。庶幾夙夜無負君師教養之恩,自顧衰庸難酬高厚生成之德。

所有微臣感激下忱,謹遣臣子世長賫摺恭遞,叩謝天恩。伏乞皇上聖鑒,謹奏。

爲請撥庫帑犒賞僧格林沁一軍以作士氣奏摺

咸豐十年七月二十八日

奏爲時勢危急,瀝陳下情,叩乞聖鑒事。

竊臣仰蒙天恩優渥,致仕養痾,今已六年。每念軍務未息,私心焦憂。近聞天津夷匪肆擾,外藉和議,中藏禍心。僧格林沁所督重兵,已由大沽海口退至張家灣一帶。傳聞之言,紛紛不一。又聞值日官員,自園回城,有廷臣公議聖駕巡幸木蘭之舉,僉謂斷不可行,業經合詞具奏。此事關係甚大,誠不可不千萬慎重也。伏思皇上特命僧格林沁統領大兵設防海口,早知夷情詭詐,一味講和,必不可恃,今果不出聖明所料。此時安危之機,惟恃僧格林沁一軍,夷匪猜忌觀望,亦即在此。若鑾輿一動,軍心渙散,即有勝仗,亦恐轉爲敗機,别生患端,後悔莫及。道光年間,臣在樞直,當夷務緊要之時,曾恭聆聖訓,力黜浮言。竊意今日時勢,斷自宸聰,必不至爲所摇惑。再臣思危急之際,惟恩賞足以感衆心而作士氣。今雖庫帑支絀,似可提出一二十萬,速解大營,令僧格林沁傳知兵丁等,諭以皇仁,深念士卒勞苦,特加賞犒,則軍中感激益奮,夷匪亦必聞風稍斂。此一二十萬,可抵一二百萬之用,於大局似有急效。且夷匪有盡而我兵無窮。同力一心,天人相應,必當有濟。臣衰病已甚,無力報恩。既有所聞,不敢不瀝情冒達。伏乞皇上聖鑒,臣不勝迫切感戀之至。謹奏。

留中。

爲條陳妥籌遷都停止北省釐捐諸事奏摺

咸豐十年九月初三日

奏爲瀝陳愚昧下忱,仰祈聖鑒事。

竊臣於八月初九日,恭聞鑾輿自園啓蹕,感戀徬徨,莫知所措。臣雖至愚極陋,亦知聖心因夷務剿撫兩難,萬不得已,暫爲此舉,使逆夷要挾伎倆,聞之稍沮。且夷酋巨奸,聞已成擒,諒必不敢冒險狡逞。既已奪其所恃,又復恩威並用,辦理自當就緒。指日聖駕還宫,人心鎮定,此誠天下臣民之幸也。

然臣竊有過慮者。逆夷此次狂悖無禮已極,即令就撫,其需索無厭,動多牽掣,必不能日久相安。乘輿出警入蹕,勢處萬難,亦非可以常行之事。伏思建國久長之計,值此危急之時,不可不豫籌全局,以弭後患。

竊念天下形勢,以關中爲最勝。居高臨下,可以控制六合。是以由周至漢唐以來,建都長安,實爲上策。自黄河南徙,則形勢以燕薊爲勝。是以遼金元明數代,迭有營建,至我朝而極盛。天下之事,每出所備之外。《易》曰:“窮則變,變則通,通則久。”然非至窮,則不能變,變亦不能通,通亦不能久也。今則海氛日熾,而天津海口,逼近京師,非廣東省城、江蘇、上海可比。豈堪數致驚擾,撓我事權。且數年來,河流北歸故道,其形勢又以西北爲勝。雍州土厚水深,城池雄闊,且駐防人材輩出,官兵整練與都城八旗不相上下。若因其地勢拓此宏規,外無海寇之虞,内有山河之固,此亦窮變通久一大機會也。

聖朝深仁厚澤,二百餘年,民安物阜,萌蘖偶滋。或者天心啓聖,遺大投艱,戡亂之機,在此一舉。

臣再四思維,當今要務,莫切於此。

惟事體重大,一切留守移置,非倉卒所能籌辦。展轉寸心,不能遽决。又念臣受恩深重,值此時勢艱難,既有所見,無論是否,豈宜緘默!且臣病勢日甚,恐一旦先委溝壑,莫由上達。伏望聖明鑒其愚誠,俯加裁度,詢謀僉同,始可定計决策,亦非臣區區一人之管見所敢妄擬也。

再,此時急須維持國體,固結人心,而軍餉所需正供之外,又不能不借資捐輸。惟釐捐一事,窮民未免受累。南省尚有水路運載,北省則皆肩挑負販,備極困苦,所得甚少,所損甚多,不但斂怨滋事,且與捐輸大有妨礙。可否明降諭旨,先將北省釐捐停止,則窮黎感戴皇仁,頌聲所孚,輸將更當踴躍矣!至現在駐蹕所在,爲驛報餉需要路,想已有旨宣示遠近,俾共遵循,不致隔閡。

所有微臣愚昧下忱,謹繕摺冒瀆宸嚴,伏乞皇上聖鑒,不勝戰慄屏營之至。謹奏。

咸豐十年九月初三日恭遞,十月二十日奉到。硃批:知道了,欽此。

爲請停止賞俸片

咸豐十年十月二十日

再,臣以衰病餘生,不能爲國宣力防守,稍助籌策,自揣留京亦無裨益,已於八月十三日扶病出都回籍。瞻望闕廷，感戀慚懼，負疚實深，惟有懇恩停止賞俸，俾免虚糜，益滋重戾。謹附片瀆請。

再，此摺係途次思慮所及，不敢擅奏，謹附山西撫臣英桂，隨報摺之便恭遞，合併陳明，伏乞聖鑒。謹奏。

奉到硃批：著允所請，該部知道。欽此。

外，恭請聖安摺一件，奉硃批：朕安。欽此。

爲條陳末見事奏摺

咸豐十一年十一月二十六日

致仕大學士臣祁寯藻跪奏，爲瀝陳愚昧下忱，仰祈聖鑒事。

竊臣自咸豐四年因病告休，衰朽餘生無力圖報。恭聞皇上踐阼之初，力除權奸，整飭綱紀，廣開言路，策勵人才。此誠虞廷任賢去邪、翕受敷施之盛治也。草莽微臣，曷敢越分言事。惟念一介庸愚，受三朝知遇之恩，至深且厚，值此時事艱危，稍有所見，何敢緘默！是以去年秋間，兩有陳奏，均蒙先皇垂鑒，不加譴責，感涕難名。兹逢朝政維新，中外望治之時，復有管蠡末見，不揣冒昧，敬爲皇上陳之。

一、保護聖躬以崇帝學也。伏惟皇上纘承大統，兩宫皇太后朝夕保護，懿訓常親，不獨寒燠起居，隨時調適，即心思耳目，亦可默收養正之功。自古帝王之學，與儒生異。今日進講之方，亦與平時書房功課不同。蓋讀一句書，即有一句之用；講一件事，即得一事之宜。臣愚擬請侍讀儒臣，除每日功課外，先擇取四子書、五經中有益聖心治道切要之語，講解數條，義取明簡，不可太繁。更取史籍所載古聖帝王往事，明顯易解者，日進一、二條。大致分仁、正、勤、儉四端。如：禹泣罪，湯解網，文王掩骼等類，并令畫院按照故事作爲畫幅，後綴講説數語，於進講後，即請粘貼黼座宴息之所，以備隨時觀覽。心不厭則易入，力不勞則有功，此亦古人左圖右書之遺意也。至於天下輿圖，亦宜漸次口講指畫，明其山川道里、關隘夷險，然後恭舉列聖嚴恭寅畏之心，艱難創垂之事，明白陳説，積時既久，衆理貫通。所謂日就月將，學有緝熙于光明也。至左右近侍，尤宜擇老成謹慤之人，每日侍讀時，勿令攙雜語言。其有導引嬉戲，呈進玩好、滑稽佻巧便佞者，難逃兩宫皇太后洞鑒之中，自必力與屏斥,不少姑容。庶幾聖德益臻純粹,而聖學日崇矣。

一、綏輯民心以清盜源也。粵匪跳梁,已逾十載,東南省分蹂躪迨遍。推原其故,雖由奸民犯法,亦由吏治廢弛,養癰貽患。州、縣爲親民之官,誠能廉正勤明,則吏胥不敢欺謾,聽斷自無偏枉。官民相信,宵小潛蹤。縱有竊發,隨起隨滅。即令辦理團練,必不致聚衆把持。辦理捐輸,亦不致抑勒生事。前者,天津縣知縣謝子澄、六合縣知縣温紹原,皆以民情愛戴,捍衛一方,生而立功、殁而優恤,其明徵也。今民生困憊極矣,其被賊擾害處所,當已被蠲貸之恩,即完善地方,亦不勝徵調繹騷之苦。即如礦税一端,無業游民,易聚難散,動輒釀成巨案。且所得無幾,所害實多,似宜停罷,以弭後患。釐捐之設,雖爲軍餉起見,而窮民受累實深。其勢縱難悉罷,亦宜於通衢要口,酌量抽留,其餘僻地小商,似應概免擾累。此所謂捐小利而施大惠,山陬海澨,咸頌皇仁,自必愈形鼓舞。今之急務,惟在固結民心。而固結民心,必先體恤民隱。臣聞湖北巡撫胡林翼,辦理清漕之法,於兵燹之後,催科不擾,而額徵易完,官民兩便。此當今挽救漕政之善法也。擬請江、浙諸省漸次廓清之後,即須仿照湖北辦法,一洗從前勒折浮收、包攬侵蝕等弊。庶東南民困日蘇,莠民不致藉口倡亂,而國家漕運之利亦經久無弊矣。

一、請重守令以固民心也。民心之得失,視乎州縣之賢否;而州縣之賢否,惟知府知之最悉。知府、州、縣能使民心愛戴,而猶犯上作亂者,未之有也。各省督撫、司道大員,黜陟悉聽聖裁,優劣無難立判。至知府、州、縣職分較卑,若非大吏認真考察,吏治何由整飭。大抵循吏廉正自持,廉則不肯妄取,豈能應酬?正則不肯干求,豈能迎合?爲大吏者,察其官聲,覈其詳案,知其才而舉之,舉數人而通省風氣爲之一變。否則,民之所親,上司之所厭也,同官之所忌也。或以爲迂拘,或以爲才欠開展,含混注考,因而黜之,黜數人而通省風氣亦爲之一變。在知府尚不致輕易甄别,州、縣則改佐貳、改教職,投閑置散,末由自見,誠可惜也。今欲重守令,必以民情愛戴爲憑。若聽斷不公,操守不潔,而欲沽名邀譽,勢必不能。以臣所知,乾隆年間山西知縣汪志伊,嘉慶年間四川知縣劉清,皆因廉明有聲,特邀聖制詩章,以獎勵之,洊擢至總督、布政使。劉清更由布政使改官總兵,以其文武兼資,故不限一格也。道光年間,知府無論特簡、部選、外升,均蒙召見,州、縣亦每蒙召對。咸豐初年,州、縣亦有預備召見者。列聖相承心法治法,即此一端,具有深意。蓋以親民之官,職分雖微,關係綦重。偶蒙召對,於聽斷操守大端,加以策勵,即中人之材,亦知感懼祓濯,勉爲良吏。風聲所樹,各省大吏風氣亦且爲之一變。所舉如此,所劾可知,吏治澄清,民心自然固結,盗賊自然潛消。且今日之守令,即可爲他日之督撫,未有始基不慎而能表率屬員者也。應請敕下各省督撫,隨時認真考察。大計舉劾,亦必陳明優劣實績,不得以空言注考,以符定例。軍興十載,捐例頻開,仕途流品較雜,雖其中可膺民社者甚多,而由科甲出身者,轉形壅塞。部選之缺及外省請補人員,似宜量爲變通,不致互有滯礙。應請敕下部臣妥議章程,以昭公允。庶人材各效其長,而庸劣者亦不得濫竽貽誤,於吏治民心,似有裨益也。

一、請詔開制科以收人才,并請復各省駐防考取文舉人、生員之例,以廣八旗登進之路也。軍務未息,南北各省停科太多。或數科併爲一科,或臨期又復停止。按科舉行者,惟順天、山西、陝甘等省,此中人才湮没不少,其安分積學之士既無由上達,而性情不定,挾才欲試者,又恐誤入歧途。外則海洋招致,内則盗賊擄脅,鋌而走險,甚可慮也。以臣愚見,擬請特開制科,仿照康熙、乾隆年間博學鴻詞之例,而策以經世之學,使之各獻其長,以備録用。此亦古人茂才異等直言極諫之遺意也。可否詔下中外大臣及有言責准奏事諸臣,各舉所知進士、舉貢、生監,皆得與選。其布衣中有品學素著、才識優長者,亦許核實保薦。此皆鴻詞科舊例也。惟所保之人,必須真知灼見,臚陳所學實據,毋得含混冒濫,空言保薦。至京師八旗、各省駐防,如有研習經史、通達治體軍務者,並由都統、將軍、副都統等核實保薦,統限一年内咨送至京,禮部彙齊造册具奏,恭請欽派大臣考取,候旨録用。其有道路阻滯,限期外始到京者,另作一次考試。臣惟時事艱危,非才不濟,而盤錯之會,尤人才奮興之時。即如湖南一省,兩廣總督勞崇光、兩江總督曾國藩、湖北巡撫胡林翼,皆由翰林洊任封疆。現辦軍務地方大員,如左宗棠、劉長佑、彭玉麟、李續宜皆此數年間,仰蒙先皇簡拔,内擢京卿,外擢巡撫。其死綏之臣,如江忠源、羅澤南、李續賓等,忠義衆著,聲名卓然。一省如此,他省可知。各省督撫果能認真延訪,循名責實,必有碩學奇材,爲國家宣力奏績者。文則整頓地方,武則振興軍務。挖羅愈廣,收效必多。士氣由此日興,賊勢由此日蹙。轉移之機,大有關係。然非朝廷特開一科,旁求俊乂,亦不能四方輻輳,薈萃一時也。伏請敕下廷臣,查照博學鴻詞科例,會議具奏。至各省士民中如有武略過人,或團練著有功效者,并請由各督撫督率鎮將,留心訪察,拔入標營備用。其中果有才識卓舉超群,堪勝大用者,准令破格保奏,以備異日干城之選。再查各省駐防,向有考取文舉人、生員之例,至道光年間改爲繙譯後,駐防八旗中通達漢文積學之士,無路上進,人材難得,誠爲可惜。即如瑞常、倭仁皆係駐防科甲,由翰林洊擢正卿。其餘京外各官,由駐防科甲出身者,亦復不少。臣任江蘇學政時,考試江寧鎮江駐防生童,文理優長者頗多。方今時事艱難,需才甚急,各省遺才尚須蒐取。八旗舊例,更宜疏通。臣愚擬於駐防繙譯科甲外,請復駐防考取文舉人、生員之例,與繙譯一體録用,以廣登進。從此八旗人材日衆,足備器使矣。應請旨敕下禮部査議具奏,用副我皇上闢門吁俊之至意。

一、請速剿山東、河南賊匪,并嚴防山西、陝西要隘,以衛畿輔而肅餉道也。竊聞粤寇自竄擾江、浙以來,延蔓日衆。雖江南有曾國藩,江北有袁甲三,暨江蘇、安徽、浙江巡撫分扼要害,屢次克復郡縣,賊勢漸蹙,仍恐廓清尚需時日。惟山東、河南兩省,比年捻匪、土匪勾結搶掠,出没無時,漸漸侵及河北地方。此實畿輔之大患,斷不可任其盤踞巢穴,恣肆横行也。聞僧格林沁、勝保各統大兵,屢有勝仗,擒剿計已不少。河南、山東巡撫亦各督兵練剿辦,但恐此剿彼竄,兵去賊來。而防河要口,又恐兵力單薄,偶被逸賊搶渡,其勢更難撲滅。又聞聯捷等在大名一帶剿匪,此則直隸重地,尤不可不及早肅清也。至山西、陝西皆與河南接壤,雖有河山之險,而隘路處處可通。陝西毗連楚蜀,要隘紛歧,山西又近依畿輔。前此江南逋寇,即由蒲州、平陽、潞安一帶竄入直境,幸而剿滅净盡。然前車之鑒可爲寒心。且山、陝尚屬完善之區,京餉及各路軍餉皆所取給,設有疏失,餉道阻隔,不堪設想。應請敕下統兵大臣及直隸總督,河南、山東巡撫合力會剿,趕緊肅清,勿令滋蔓。並請敕下山西、陝西巡撫,督飭兵練嚴防要隘,勿稍疏虞。蓋必東、豫肅清而後畿輔安謐,山、陝無事而後餉道暢通,方今軍務莫急於此。臣聞副都御史張芾,現在幫辦陝西團練。臣知其前任江西巡撫,守城已著成效,即徽州防堵亦無大失事。惟須專其責成,俾令獨當一面,或可有益。又聞前任雲貴總督吴振棫告病,現寓西安省城。該督曾任陝西、四川大員,於地方情形熟悉,可否會同陝西撫臣辦理防堵。又前任四川總督王慶雲告病,現寓汾州府。前任順天府府尹蔣琦齡養親,現寓澤州府。王慶雲曾任陝西、山西巡撫,情形熟悉。蔣琦齡曾任陝西首府,今寓晋省日久,於澤、潞、平定、遼州一帶地勢民情,亦必諳習,可否會同山西撫臣辦理防堵,伏候聖裁。至南省用兵日久,師老餉絀,必須多方激勵,以振軍心。臣思江蘇、安徽死事之臣,名望最著者,如江蘇巡撫吉爾杭阿、安徽巡撫江忠源、道銜六合縣知縣温紹原,或親督官兵攻城陣亡,或身經百戰守城盡節,或以小邑危城屢挫賊氛,明知無援,死守不去。又如提督張國梁,自廣西投誠以來,深明大義,冲鋒陷陣,屢建奇功,卒以力竭捐軀。此數臣者,可否特旨再加褒恤,遣官於殉難處所致祭,以作戰守將弁感奮之氣。至張國梁所率粤營將士,不知散歸何處,似應妥爲招收,以散賊黨。其各省陣亡殉難,曾邀恩旨褒贈建祠者,并請飭令地方官致祭,此亦激勵軍心之一端也。

一、敦崇節儉,以培元氣也。我朝休養生息二百餘年,列聖深仁厚澤,漸致豐亨裕大,至乾隆時爲極盛。嘉慶初年,川、楚教匪滋事,連歲用兵,耗帑七千餘萬兩,庫儲不敷,始開捐例。而水旱賑貸,河工經費,仍復日不暇給。宣宗成皇帝建極之初,御制聲色貨利論,所以涵養聖心、訓誡後嗣之意,至深且切。三十年中,減免貢獻,罷斥玩好無益之費,西苑三海、圓明園、三山工程,大半停止。又出内務府帑金數百萬兩,以實部庫。此誠古帝王克勤克儉之心法也。是以咸豐初年,先皇特諭館臣纂修實録,恭載崇儉一門,宣昭聖德,垂示天下後世。繼志述事,合揆同符。自軍興以來,各省餉需,約略所費萬萬有餘。其中實用實銷者固多,而虚糜者亦恐不少。比年京餉不敷,旗兵困苦,而都城内外風氣轉益奢靡。若非朝廷示以節儉,何以挽回積習?我皇上躬膺寶祚,時值艱難,罷貢卻珍,已聞恩諭。仰見宸衷默契,尚儉黜奢之至意。竊念聖駕恭奉梓宫還宫,憂勤惕厲,日昃不遑,御園修葺,自必緩圖。即日後經營,亦殊匪易。且游豫隨意,則啓宴安之漸;資繕多缺,則啓進奉之漸。杜漸防微,正在此日。擬請敕下工部、内務府,會同查勘園庭及三山坐落等處,繚以周垣,敬謹看守,切勿更議繕修。其香山健鋭等營操練處所,仍照舊章辦理。南苑歲修,亦請暫止。其餘工程,除壇廟、陵寢重地外,一切修造,可停者即停,可緩者即緩。至各省織造、關差進奉之件,并請敕諭内務府大臣查覈需用緩急,量爲裁減。俾中外人心皆知深宫儉約,慎懷永圖,庶奢靡貪濫之風漸斂,帑饟不致虚糜,而元氣日培日厚矣。

以上數條,謹就臣思慮所及,略陳大概,以備採擇。總之,致治之要,本諸聖心。《書》曰:非知之艱,行之惟艱。《詩》曰:靡不有初,鮮克有終。方今治象清明,彰善癉惡。大小臣工,孰敢不振刷精神,力圖報稱。第恐數年之後,奉行者視爲具文,漸就懈弛。而揣摹逢迎之習,緣隙而生,即言路亦恐因之而塞。竊見乾隆初年,直隸督臣孫嘉淦有三習一弊之奏,其言剴切,深中事情。大致謂:目習於所見,耳習於所聞,心習於所安。以此三習卒歸一弊。其弊惟何,遠君子而近小人而已,臣不能悉舉其辭。伏求敕國史館臣,檢查《孫嘉淦傳》,録其全文恭呈御覽。并請諭令進講。儒臣詳爲解悉,另繕一册置諸左右,庶於聖心有所裨益。

臣衰病已久,昏暈日甚。瞻仰闕廷,銜恩負疚,感懼交并。謹將愚昧下忱,繕摺仰瀆宸嚴。是否有當,伏乞皇上聖鑒訓示。臣不勝悚惕屏營之至。謹奏。

爲陳明衰病難兼部務事奏摺

同治元年二月初九日

大學士銜、禮部尚書臣祁寯藻跪奏,爲恭謝天恩,並陳明現在精力難兼部務,仰乞聖鑒事。

咸豐十一年十二月二十五日内閣奉上諭:祁寯藻著以大學士銜補授禮部尚書。欽此。竊臣以衰病致仕人員,仰荷恩綸,俾來京聽候簡用,當即具摺陳謝,感悚交并。兹當束裝之時,復拜補官之命,叨榮益重,惕厲難安。伏念禮部乃五典所宗,尚書爲群司之長。臣以衰朽忝領清班,敢不黽勉趨公,以圖報稱。惟素有昏暈之疾,步履又復蹇滯,自揣精力,恐不克勝。且部臣開列一切差使,儀典攸關,責任綦重,設有貽誤,負咎實深。再四思維,惟有叩懇恩慈,解臣部務,俾免隕越,感戴生成,實無涯涘。

所有微臣感激悚惕下忱,謹據實陳明,叩謝天恩,伏乞聖鑒。謹奏。

爲呈進書籍事奏摺

同治元年

大學士銜、禮部尚書臣祁寯藻跪奏。

竊臣以衰病退休之員,蒙恩召用,復蒙皇太后懿旨,俾直殿廷,恭侍講幄。竊見皇上聰明天亶,聖度淵冲,誦讀之餘,繼以講解,緝熙光明之學,實基於此。臣雖至愚極陋,亦思勉抒聞見,隨事敷陳,仰答生成,稍圖報稱。無如年迫遲暮,舊疾纏綿,經久不愈,以致展假期滿,未能入直當差。感戴仁恩,悚惶無措,而區區愚忱,有不能不爲皇上陳之者。

恭讀今年二月懿旨:帝王之學,不在章句訓詁,惟冀首端蒙養,懋厥身修,務於一言一動,以及天下民物之賾,古今治亂之原,均各講明,切究係歸篤實。等因。欽此。慈訓昭垂,爲皇上裕養正之規,至深且遠。臣竊惟基學之要,誦讀爲先。而講解之功,更爲切實。蓋非誦讀不能習其文字,非講解不能通其義理也。《大學》一書,皇上業已讀畢。凡制治保邦之要,用人行政之原,胥於是乎。在要之爲人君之道,在止於仁一言而已。治國平天下兩章,言仁者六。而終之以未有上好仁而下不好義。蓋仁者必以仁親爲寶,故能愛人、能惡人。不仁者,則好人之所惡,惡人之所好矣。仁者必以貪戾爲戒,故忠信以得之。不仁者則驕泰以失之矣。仁者以義爲利,不以利爲利,故以財發身;不仁者則以身發財,灾害並至矣。千古治亂之機,判於義利。而義利之判,則由於上之好仁不好仁也。即如近日所講《帝鑒圖説》,下車泣罪,解網施恩,澤及枯骨等事,則即古帝王仁心所見端也。至若納諫求賢,尊儒遠佞,則仁親爲寶,能好能惡之説也。露臺罷工,裘馬卻獻,則以義爲利,不以利爲利之説也。以今考古,以圖徵書,心不厭則易入,力不勞則有功。古人左圖右書,誠不可偏廢也。

臣愚竊謂《帝鑒圖説》講畢,即宜進講輿地之學。《大清會典》中,有皇輿全圖。各省府州廳分圖,山川疆域形勢,開卷了然。且篇幅簡明,較之大圖,易於指畫。並有禮制武備,天文等圖,可資博考。又耕織圖,則農桑之事,衣食之原,纖悉具陳。又馬遠豳風圖,繪事古質,嘉慶年間,取以聯句。内府畫本石刻俱在,可資檢閲。《欽定月令輯要》、《授時通考》二書,皆足與耕織豳風等圖,互相發明。皇上讀書之暇,隨時講求。庶幾知稼穡之艱難,懔守成之不易也。再,宋臣真德秀《大學衍義》,首言帝王爲治之序,爲學之本,自格致誠正,以至修身齊家,臚引經史,法戒昭然。誠聖學之淵源,治道之根柢也。

國朝大學士陳宏謀《輯要》六卷,選擇簡當,尤易披尋。又,臣於道光年間,江蘇學政任内,恭刊《朱子小學》,此書内篇四卷,外篇二卷,多引經傳要語,及先賢名臣格言,於初學最爲切要。又,康熙年間,博學宏詞杜詔所撰《讀史論略》一卷,雖係家塾簡便刻本,而自秦漢以下,歷代史事,治亂興衰之故,大略具見。以上三書皆臣家所舊存者,一併恭呈御覽,以備採擇。

伏願皇上處黄屋之尊,慎丹書之戒,敬勝怠,義勝欲,千古心法,不外乎此,即大學緝熙敬止之實義也。由是經史貫通,日積月累,聖學日懋,聖德日崇。本仁心以行仁政,飭吏治而恤民生。治平之效,庶可復見。臣雖蒲柳衰姿,伏處草莽,亦得優游仁宇,長瞻雲日之輝矣。

所有微臣感激愚忱，並呈進書籍緣由，謹繕摺具陳。伏乞聖鑒。

爲病仍未痊懇請准予開缺致仕事奏摺

同治元年九月十八日

臣祁寯藻跪奏，爲微臣兩次請假病仍未痊，瀝陳下悃，叩懇天恩，准予開缺致仕，仰祈聖鑒事。

竊臣於閏八月二十一日，因頭暈請假。九月初四日，又因臂痛不寐，續假十五日。均蒙恩准。月來趕緊醫治，雖有小效，仍未就痊。始則因頭暈劇發牽痛右臂，繼則因臂痛又加頭暈，徹夜不眠，已十餘日，精神銷鑠，實覺不支，總由氣血兩虚，一時不能奏效。伏念臣直殿廷，恭侍講幄，曠職業經一月，私衷焦灼萬分。又禮部典禮攸關，職任綦要，若以病軀貽誤，負疚滋深。因思臣前於咸豐四年供職軍機時，即以頭暈數發，手足牽痛，幾成風痹之症。迭次展假，經久不痊，不得已吁懇開缺。仰蒙文宗顯皇帝俯察下忱，准以大學士致仕。七年以來，恩施稠叠，渥荷矜全。追思聖德在天，輒不禁涕零如雨也。去冬仰蒙皇上垂念舊臣，特命來京，以備簡用，旋奉旨以大學士銜補授禮部尚書。今年二月復蒙慈安皇太后、慈禧皇太后懿旨，優加獎勵，俾令入直弘德殿，恭侍皇上讀書，且邀格外體恤，一切差使得免開列。臣何人斯，遭逢曠典，是以感激思奮，黽勉趨公。半年之中，仰叨庇蔭，似覺起跪步履較勝於前。臣雖學殖荒落，亦思殫竭血誠，隨時獻納，稍贊聖學，仰答鴻慈。乃自夏間患痢之後，元氣總未平復。入秋驟凉，時有感觸，以致頭暈臂痛舊病增劇，且自揣年已七旬，即藉藥餌調攝，而精力日耗日減，實恐難勝職任。在聖朝優容曲逮，尚存人惟求舊之思；而微臣衰病侵尋，敢忘陳力就列之義。再四思維，惟有叩懇天恩，准予開缺致仕，則餘生之歲月，悉出大造之生成，感戴仁施，實無涯涘。

所有微臣因病吁懇開缺並請致仕緣由，謹繕摺瀝陳，伏乞皇太后、皇上聖鑒。臣不勝悚惕屏營之至。謹奏。

爲假滿病仍未痊再請准予開缺致仕事奏摺

同治元年十一月十七日

臣祁寯藻跪奏，爲恩賞假期已滿，病仍未痊，自揣精力難勝職任，據實瀝陳下悃,再懇天恩,准予開缺致仕,仰祈聖鑒事。

竊臣前因頭暈臂痛,兩次請假未能痊愈。謹於九月十八日具摺,吁懇恩准開缺並請致仕。仰蒙皇太后、皇上格外體恤,未允開缺。復蒙賞假兩月,並派員署理禮部尚書缺,俾臣得以安心調理。自顧何人膺兹恩遇,聞命之下感激涕零。兩月以來,趕緊醫治。雖臂痛漸減,而旋暈舊疾不時觸發,每發輒覺心慌腿軟,非藉扶持,便恐蹉跌。又以咳嗽畏寒特甚,總由氣血兩虚,一時藥餌未能奏效。伏念臣以衰病微軀,蒙恩召用,時值艱難之會,叨陪侍從之班,獲近講筵,感深滋愧。亟思竭誠獻納,稍贊聖功。但使精力略可支持,豈忍自圖安逸。惟年已七旬,衰狀叠見,曠職業經三月,私衷焦灼萬分。雖朝廷曲賜優容,而微臣難安寢饋。展轉思維,惟有再懇天恩,賞准開缺並予致仕,則餘生之歲月,悉出大造之生成,渥荷仁施,實無涯涘。

所有微臣病仍未痊,懇請開缺致仕緣由,謹繕摺瀝陳下悃。伏乞皇太后、皇上聖鑒。臣不勝感激悚惕之至。謹奏。

爲請皇上去奢崇儉杜漸防微事奏摺

同治二年十月

大學士銜、禮部尚書臣祁寯藻跪奏。

臣等恭閲邸抄,本月十四日,御史劉毓楠奏請崇尚節儉,屏絶浮華一摺。奉上諭:逆氛肆擾,兆姓流離,正君臣交儆之時,豈上下恬熙之日?我兩宫皇太后痛念山陵未安,民生未奠,孜孜求治,宵旰不遑。所有内廷供奉,業已隨時酌減爾,内外大小臣工,宜體此意,及時振作,共濟艱難,毋蹈奢靡之習,貪耳目之娱,用副朝廷崇實黜浮,無敢戲豫之至意。等因。欽此。中外臣工,祇承訓誡,自罔不力求儉約矣。而臣等猶有過慮者。皇上沖齡御極,智慧漸開。當此釋服之初,吉禮舉行,聖心之敬肆於此分。風會之轉移,即於此始,則玩好之漸可慮也,游觀之漸可慮也,興作之漸可慮也。嗜好之端開,不惟有以分誦讀之心,而海内之仰窺意旨者,且將從風而靡。安危治亂之幾,其端甚微,而所關至鉅,可無慎乎!方今軍務未平,生民塗炭,時艱蒿目,百孔千瘡,誠如聖諭:正君臣交儆之時,非上下恬熙之日也。伏願皇上恪遵慈訓,時時以憂勤惕厲爲心,事事以逸樂便安爲戒。屏玩好以節嗜欲,慎游觀以定心志,省興作以惜物力。凡内廷服御一切用項,稍涉浮靡,概從裁減。雖向例所有,亦不妨量爲撙節。如是,則外物之紛華不接於耳目,詩書之啓迪益斂夫心思。將見聖學日新,聖德日固,而去奢崇儉之風,亦自不令而行矣。

臣等區區愚悃,爲杜漸防微起見,不揣冒昧,謹合詞恭摺具陳。伏乞皇太后、皇上聖鑒。

爲山東軍務喫緊酌保人才事奏摺

同治四年五月初二日

臣祁寯藻跪奏,爲北路軍務喫緊,畿輔防堵尤要,亟須人才以資任使,謹陳愚見,仰祈聖鑒事。

四月三十日恭讀上諭:國瑞奏,發捻逆匪竄擾山東,僧格林沁督軍迎剿,猝墮賊伏,於四月二十四月夜間在曹州城西力竭陣亡。該親王忠勇性成,著照陣亡例,以親王飾終典禮,從優議恤。並蒙懿旨加恩,配饗太廟,以示朝廷軫念勛舊,有加無已至意。等因。欽此。凡在臣民,同深感涕。

伏查,曹州西路與直隸大名府屬之開州、清豐一帶連界,統帥戰歿,軍心必至惶惑,賊勢恐愈鴟張。此時,惟宜先扼北竄之路,使賊不能蔓延。俟兵力厚集,再圖進剿。現奉諭旨:曾國藩著即前赴山東一帶督兵剿賊。仰見廟謨廣運,先其所急,曷深欽服。惟由江寧馳赴山東,亦需時日,且賊蹤飄忽無常,恐又成尾追之勢。而前路堵截,直隸最爲喫重。若闌入畿輔,人心震動。直隸接壤山西,軍餉道路尤宜保護。總督劉長佑,久歷戎行,必當妥爲布置,仰紓宵旰焦勞。布政使唐訓方,曾任皖撫,亦能帶兵;按察使李鶴年,曾在豫省軍營,頗能得力。現聞出省辦理防堵,此皆堪任統率之職。而將吏中更當擇尤委任,以收指臂之用。謹就臣素所聞知者,酌保數員,另單恭呈御覽,以備採擇録用。

抑臣更有慮者,京師根本重地,神機營所練兵丁,似不宜輕調遠出,以養威望而鎮人心。現宜多發偵探與直隸聯爲一氣,庶能消息相通,早爲准備。但偵探必須選明白慎重者,方不至誤報軍情,轉滋摇惑。又直隸提鎮以下實缺將弁在他省軍營者,似應調回本任,以重職守。

臣今春頭暈舊症觸發較劇,未敢入直内廷。頃聞僧格林沁爲國捐軀,曷勝悲憤,不揣冒昧,稍竭愚忱,並酌保文武各員,繕録清單恭遞,伏乞皇太后、皇上聖鑒。謹奏。

爲頒發大將軍敕印著朝服事奏摺

臣祁寯藻、臣麟魁、臣彭蘊章、臣穆蔭跪奏,臣等恭查禮部則例,内開頒發大將軍敕印,皇帝具龍袍衮服,升太和殿。大將軍蟒袍補服祗受。啓行之日,大將軍服征衣,皇帝仍御龍袍衮服。

今皇上御養心殿,頒發大將軍印。臣等遵旨敬謹酌擬,應請皇上御龍袍龍褂,惠親王穿蟒袍補服。

是否有當,並將禮部則例粘籤進呈,伏乞皇上聖鑒。謹奏。

爲請飭新任兩淮鹽運使李恩慶迅速赴任事片

再,查兩淮鹽課甲天下,向爲撥解大宗。現在著署運使郭沛霖辦理淮北鹽務,據欽差左副都御史袁甲三以串通捏詳、營私舞弊等詞參劾,經臣等奏請敕下怡良查辦,奉旨准行。其現奏淮南就場抽税事宜,該署運使並不通盤籌畫,惟以輕減税則敷衍。目前復經臣等於摺内奏駁,是該署運使郭沛霖辦理淮鹾未能得力,已可概見。而兩淮鹽務關係緊要,必須經理得人,方免貽誤。

恭查本年八月十七日,内閣奉上諭:江國霖著調補廣東鹽運使,所遺兩淮鹽運使即以李恩慶對調。欽此。欽遵在案。查該員李恩慶前由甘肅道員升任運使,復由廣東運使調任兩淮,現在尚未到任,應請旨飭令陝甘總督、兩廣總督轉飭該員李恩慶,迅速前赴兩淮運使之任,俾得悉心經理,實於鹾務有裨。

謹附片具奏請旨。

爲請將山東歷届奏銷遲延督催不力官員交部議處事片

再,據該撫片稱:歷届豁免案内,有民欠緩徵養廉銀兩,俱係歸於耗銀,一並請豁。此次辦理豁免,事同一律。據藩司劉源灝查明,通省各州、縣養廉提解,各屬共民欠緩徵銀二萬二千二百一十三兩零。仍歸坐支各屬,共民欠緩徵銀六千四百六十兩零。此項均係各州、縣例得支領之款。因實欠在民,故清查及交代案内,均准列抵。今民欠、緩徵,均經豁除,則抵款盡成無著。自應於原抵之員名下,照數作賠著追。除今款造册咨部外,附片陳明。等因。奉硃批:覽。欽此。

臣等竊查清查及交代案内,養廉列抵之項,應由民欠耗銀徵收歸款。耗銀既經豁免,抵款盡成無著,應如該撫所奏,仍在原抵各員名下追賠。一俟册造到部,分别覈追,以清數目。

臣等更有請者,此次豁免民欠錢糧内,有緩徵出借常社倉穀一款。因思臣部奏准豁免民欠章程,以奏銷截數爲斷。現查倉穀奏銷,僅報至道光二十五年止。所有請豁三十年以前民欠出借常社倉穀,查係因災緩徵,報明有案,非如熟田未完錢糧,必俟截數奏銷,方准豁免。是以臣部於正折内議准請豁。

惟倉穀奏銷,例應按年提報。該省每遲至數年之久,始行造送。叠經臣部隨題聲請,查取造報遲延及督催不力各職名送議,未據開送。本年二月,復因清查挪虧流攤案内,覈入倉款銀錢兩,其實存穀數若干中越五載,未經題報奏銷,無憑覈對。附片奏催,造具年款細册報查,迄未造送。似此任意玩延,於倉儲大有關係。應請敕下山東巡撫,即飭藩司,查取歷届造報奏銷遲延及督催不力各職名,送部議處,並令將節年未報奏銷,趕緊補題。嗣後務須按年造報,毋任遲延,以重倉儲,而肅功令。

謹附片具奏。

爲請署運司郭沛霖幫辦兩淮鹽務事片

再,臣部請將淮南鹽務力求因時制宜之法,如設廠由税,就場徵課各事宜,俱屬創始。該省大吏必得集思廣益,熟籌妥辦。

查道光三十年,江蘇臬司聯英,咸豐二年,署江西鹽道蔣啓揚,當淮南改行票法之時,均經幫辦鹽務有案。現在運司庚長甫經簡放,署運司郭沛霖屢經臣部奏請責成辦理,該處情形自必加意講求,悉心經畫。擬請敕下該督,將來該運司庚長到任以後,仍令該員郭沛霖幫辦兩淮鹽務,參酌章程,俾臻妥善。俟該運司熟悉情形,再令專辦。

臣等爲鹽務需人慎重,課款起見,是否有當,伏候聖裁。謹附片具奏請旨。

爲直隸藩司庚長捐房辦公請予獎叙事片

再,臣部於上年十一月奏設寶鈔局一所,計房十八間,係現任直隸藩司庚長家産,月給房租京錢三十五千文。

兹據該藩司遣人赴部呈稱,庚長世受國恩,理應報效,情願將此房呈交,作爲公所。不敢仰邀議叙,並將房契等件送部前來。

除據情批准外,臣等查,此房契載價銀已及一千兩,雖據該藩司呈明不敢仰邀議叙,究屬急公,可否量予獎叙之處,出自皇上天恩。理合附片陳明,謹奏請旨。

硃批:庚長著交部從優議叙。

爲酌議河東鹽池官運官銷及官運民銷章程事清單

謹將酌議章程十條,開繕清單,恭呈御覽。

一、山西、陝西兩省,擬改爲官運官銷也。官運之法,責成兩省中向銷河東引鹽各廳、州、縣,自派妥人領運納課。按名清交道庫,均由監掣同知,編明各廳、州、縣額定引鹽票據,給領照運。運畢後,彙繳查銷。惟領運之初,各需借給成本,請於銷價生息本銀内,發交各廳、州、縣每處銀二千兩,以爲運本,永遠列入庫儲。如有虧短,照侵蝕地丁例,嚴行參追。每運先課後鹽,不准稍有懸欠。惟現在銷價本銀,各商均未即交。擬在商捐銀内,暫借銀十數萬兩先作運本,統俟一年後銷價本銀繳齊,即行歸還商捐原銀,報部撥用。

一、河南一省,擬改爲官運民銷也。查河南省向食河東引鹽,各州、縣均係商人運至會興鎮,聽民販自行買銷。今既革除商運,應責成河東道督同監掣同知,遴委妥員,一體借給運本,仍按引運至會興鎮,任聽販買銷。亦定先課後鹽,以杜方欠。

一、鹽池官運官銷及官運民銷,應暫酌定税則,妥爲試辦也。查河東鹽池,坐商措資澆曬,每歲豐欠不等。至豐之歲,約可獲鹽七千餘名。至歉之歲,獲鹽不過三千餘名。截長補短,逐年均作獲鹽五千餘名。酌核每鹽一斤,暫收税銀三厘五毫,每名三萬斤,可收税銀一百零五兩。以五千名合算,約可共收税銀五十二萬餘兩。除交納正課銀四十五萬餘兩外,尚餘銀七萬餘兩,即作爲蒲灘津貼,鹽池歲修及一切公費之用,另行核明咨報,統俟試辦一年後,如果運銷無滯,即可作爲定額。倘因税本較重,或至滯銷虧課,隨時體察情形,再爲設法籌辦,務期便民裕課,兩無窒礙,庶可垂諸久遠。

一、河東各商現計約可公捐銀三百萬兩上下,自應革除充商。請將河工經費、吉蘭太活引及潞澤節省、唐裕歸公等項增添課銀,永遠豁除也。查河工經費、吉蘭太活引,均係嘉慶年間復商後增添,而潞澤節省、唐裕歸公等項,亦由商人按引均攤,並非實有餘利。近年銀價加昂,各商因之受累。今既約可公捐銀三百萬兩上下,將來發典生息,以長年一分計之,每歲應收息銀三十餘萬兩,足補河工經費等款二十數萬兩增課之數,自應將前項課銀全行豁除。衹於官運官銷、官運民銷責納正課。至此項商捐銀兩,現因國帑支絀,暫行撥用,統俟軍務告竣後,再議發典生息,以還原額。

一、河東各商,現已遵議公捐銀兩,應請由部發給,永遠免商執照,以示優恤也。查河東商人承辦引鹽,或充長商,或充短商,每户中均係同族有力者出貲,公辦門數,多寡不一。今既遵議捐免,該商等僉稱,不敢照前定之例,仰邀議給户部山東司職銜,衹求由部查照此次公捐姓名,總給永遠免商執照一紙,以爲存據。自應俯如所請,統俟依限交清銀兩後,再行咨明辦理。

一、鹽池坐商鹽價,毋庸限定銀數也。查河東坐商不下數百户,多係無力之家,畦地租自他人,借貸澆曬。每歲豐歉不等,豐收則獲鹽多,而本輕價賤,歉收則獲鹽少,而本重價增。歷來各運商,自向坐商買鹽行運,其價值均隨豐歉爲長落。素稱兩便,並無居奇。今既改爲官運,若限以例定價值,誠恐一遇歉收,該坐商等遵照定價售賣,不敷工本,勢必多有歇業。則池内鹽斤短絀,轉於運銷收税,大有妨礙。應請坐商鹽價仍聽視豐歉爲長落,毋庸限定銀數,以歸利便。

一、官運鹽斤價值,毋庸例定銀數也。查山西、陝西、河南三省各廳、州、縣,向銷河東引鹽,均係陸運。原按程途之遠近,定價值之多寡。近來承辦各商,每因官引滯銷,私鹽充斥,不得不於例定價值中減數售賣賠課,以致賠累不貲。今既改爲官運官銷、官運民銷,即與票鹽之法無異。應聽各廳、州、縣及委員等,各就地方情形酌定價值,不必示以限制,庶期緝私加緊,滯岸可轉爲暢,不至虧本誤課矣。

一、蒲灘仍應嚴禁照舊查緝並給津貼銀兩也。查河東池鹽,現定官運,則按名納課,鹽本較重。若不加緊緝私,恐充斥必多,竟至滯銷誤課。所有南北、蒲灘二處,自應照舊嚴禁澆曬。其花馬池、吉蘭太各處走私隘口及解州小池,尤應一體嚴查。所有蒲灘原定津貼銀兩及官役弁兵緝私公費,均於税課餘項内議定支給,另行分别咨報。

一、河東各商原領銷價生息銀二十九萬四千兩,請自甲寅年爲始,免繳息銀,並寬限一年,清繳原本,以示體恤也。查河東各商,近年富厚均不如前。今既竭力輸將,吁求分限呈繳,若責令遽交銷價本銀,或仍出息銀,洵屬力有未逮。且内有已革乏商,家産盡絶,無可追完之項,應請緩至甲寅年冬季,再行歸繳原本,並免取一年息銀,以紓商力。統俟追交後,有無虧短,另行分别核明具奏辦理。

一、各商公捐銀兩爲數較多,宜酌寬限期,以示平允也。查山西各商,多係領運半簽。近因銀價增昂,每運各賠銀三、四千兩及五、六千兩不等。今准捐銀免辦,該商等自應樂從。惟據僉稱,通省商民全賴各直省生理流通,藉資營運。乃因賊氛不靖,貲本多致散亡,現雖竭力書捐,而一時全繳現銀,萬難設法。公求於現交銀若干兩外,寬立三限,定於咸豐四年二月、四月、六月内,陸續趕措清交,不致再有延宕,衆口如一。查係實在情形,應請准予分限,以示優恤。

以上各條,倘有試辦窒礙及應行續議之處,隨時奏明辦理。

硃批:覽。

爲條陳保舉循吏事奏摺

竊臣伏讀十月初二日,上諭:左宗棠、徐宗幹,奏故員政績卓著,懇請宣付史館一摺。已故署福建按察使汀漳龍道桂超萬,前在欒城等縣任内,潔已愛民。已故分發浙江知縣徐臺英,前在湖南華容耒陽等縣,輿情愛戴。該二縣皆循聲卓著,遺愛在民。著國史館咨行湖南、直隸各督撫,詳摭該故員等生前政績,編入循吏傳列,以資觀感。欽此。仰見聖朝振興吏治,表彰激勵之至意。臣聞國史館循吏傳,自嘉慶年間編輯後,久未續纂。近年封疆大吏,以此奏請者,亦甚罕見。且自軍興以來,徵兵籌餉,幾視吏治爲緩圖。不知地方果得一賢有司,平日弭盗安良,化民成俗,實足以消患於未萌,其曲突徙薪之切,不在敵愾捐軀者下。現在守城陣亡各員,均蒙隨時賜恤,或奉特旨,宣付史館。此等地方循吏,功在無形,譽得衆口,若不及時表彰,致令沉没,何以昭激勵而勸後來。應請旨飭各省大吏,加意訪察政績官聲,遺愛在民者奏明,並咨史館編入循吏列傳,以資觀感。臣更有請者,竊見各直省州縣供軍需、辦團練,不得不藉資民力。其假公濟私,咈衆斂怨者無論已。即一二潔清自好者,亦不過黽勉辦公。先其所急,設卡抽厘,方慮聚衆滋事。練團築堡,又虞負固抗糧。救過方且不遑,於民生疾苦,地方利弊,勢更不暇兼顧。苟非至誠之心,兼濟變之才,能安用民財力而民不怨畔。故至今日而言,循吏操術爲至難,用心更極苦也。其已故者,固應特予表揚,其現任者,尤宜亟加褒勉。俾得殫竭心力,以衛民生。應請飭下中外大臣,保舉循吏,確核品行,臚列事跡,奏備簡用。其有伏處之士,潛修力行,堪應循吏之選者,如確有見聞,亦准一體保奏。現值大計之年,各省府廳州縣卓異人員,請并飭各督撫,將其政績核據,詳細咨送吏部,於引見時不單進呈,以備量才擢用。近來賊勢日漸潰散,而民生已極凋敝。地方官如何招撫流亡,如何稽察奸宄,如何因時度勢,消患未萌。其軍營保舉人員,未必盡於守土相宜。而捐輸分省各員,又不免流品錯雜,尚待甄别。非慎選牧令,簡拔循吏,何能與民相安,緩急可恃。愚臣竊謂今之急務,正本清源,舍此别無長策也。至保舉流弊,須防情托徇庇。屢奉諭旨,濫保之例,凜然具在。苟有天良,亦孰不洗心滌慮,各舉所知也。臣爲吏治民生起見,繕摺瀝陳,是否有當,伏乞皇上聖鑒。謹奏。

题本

爲四川夔關道光二十八至二十九年徵收税銀事

咸豐元年四月十四日

大學士兼署管理戶部事務臣祁寯藻等謹題,爲遵旨等事。

戶科抄出,四川總督徐澤醇題夔關自道光貳拾捌年捌月初壹日起連閏至貳拾玖年陸月底止,一年期滿徵收税銀動存數目一案。道光叁拾年玖月貳拾日題,拾壹月貳拾柒日奉旨:該部察核具奏。欽此。欽遵。於本日抄出到部。

該臣等查得,四川總督徐澤醇疏稱:據布政使吳振棫詳,據管理夔關税務署夔州府知府福珠朗阿冊報,前府劉裕鉁暨署府全順任内,自道光貳拾捌年捌月初壹日起,連閏至貳拾玖年陸月底止,遵例計算十二個月,一年期滿。徵收雜税正額盈餘共銀壹拾陸萬玖千玖百玖拾兩玖錢肆分伍釐内,除支給夔州協巫山營、梁萬營道光叁拾年春、夏、秋、冬四季分官兵餉米折銀公費、道光貳拾玖年冬并叁拾年春、夏、秋三季各官養廉,及夔州協鹽廠營大昌汛道光叁拾年春、夏、秋、冬四季官兵餉米折銀公費、道光貳拾玖年冬并叁拾年春、夏、秋三季各官養廉,及府屬通判經歷暨石砫廳照磨巡檢道光叁拾年春、夏、秋、冬四季養廉,以及道光貳拾捌年捌月初壹日起連閏至貳拾玖年陸月底止,管理夔關養廉、書巡飯食、筆墨紙張,搬移關房、解銀雜費,通共銀肆萬柒千玖百陸拾兩柒分捌釐,實解司庫銀壹拾貳萬貳千叁拾兩捌錢陸分柒釐。夔關米税,自道光貳拾捌年捌月初壹日起,連閏至貳拾玖年陸月底止,照例計算十二個月,一年期滿。徵收正額盈餘共銀壹萬叁千柒百伍拾貳兩叁錢叁分肆釐内,除書巡飯食及解銀雜費銀捌拾兩壹錢陸分,實解司庫銀壹萬叁千陸百柒拾貳兩壹錢柒分肆釐。以上雜税、米税正額盈餘共銀壹拾捌萬叁千柒百肆拾叁兩貳錢柒分玖釐,兑出積總平餘銀肆百柒拾柒兩柒錢叁分。除額支監察丞倅月費、書巡飯食、筆墨紙燭等項銀叁百陸拾兩外,實解司庫銀壹百壹拾柒兩柒錢叁分。統計褋税、米税正額盈餘及積總平餘共銀壹拾捌萬肆千貳百貳拾壹兩玖釐内,除額支銀肆萬捌千肆百兩貳錢叁分捌釐,實解司庫銀壹拾叁萬伍千捌百貳拾兩柒錢柒分壹釐。出具儘收儘解印結,造具各册,同商人親填檔册,并循環稽查等簿,申賫前來。該司覆查,該關自道光貳拾捌年捌月初壹日起,連閏至貳拾玖年陸月底止,照例計算十二個月,一年期滿。徵收糧雜二税及積總平餘共銀壹拾捌萬肆千貳百貳拾壹兩玖釐内,除正額銀柒萬叁千柒百肆拾兩肆錢玖分貳釐,欽定盈餘銀壹拾壹萬兩,共銀壹拾捌萬叁千柒百肆拾兩肆錢玖分貳釐,計多徵銀肆百捌拾兩伍錢壹分柒釐。照數彈收貯庫。其積總平餘銀兩支存數目照原定章程另詳,請咨充公,呈請察核具題。等情。臣覆核無異,除將簿冊送部外,理合具題。等因前來。

查嘉慶肆年叁月内,欽奉上諭:向來各關徵税,於正額之外,將盈餘一項比較上三届徵收最多年分,如有不敷即着經徵之員賠補。以致司榷各員藉端苛斂,而賠繳之項仍未能如數完繳,徒使有名無實。因思各關情形不同,所有盈餘數目,自應酌中定制,以歸核實而示體卹。已於户部所奏各關盈餘銀數清單内,經朕查照往年較多之數,分别核減。自此次定額之後,倘各關每年盈餘新定之數再有短少,即行着落賠補。如於定數或有多餘,亦即儘收儘解。其三年比較之例,着永行停止。至工部船料、竹木等税,除渝關盈餘向無定額,及由閘等關并無盈餘外,其餘亦經分别減定。嗣後即一律辦理,毋庸再行比較。單并發。欽此。欽遵。在案。查單開,夔關定額徵銀柒萬叁千柒百肆拾兩肆錢玖分貳釐,欽定盈餘銀壹拾壹萬兩,共應徵銀壹拾捌萬叁千柒百肆拾兩肆錢玖分貳釐。今據四川總督徐澤醇疏稱:夔關自道光貳拾捌年捌月初壹日起,連閏至貳拾玖年陸月底止,一年期滿。徵收糧雜二税及積總平餘等銀壹拾捌萬肆千貳百貳拾壹兩玖釐内,除額支銀肆萬捌千肆百兩貳錢叁分捌釐,實解司庫銀壹拾叁萬伍千捌百貳拾兩柒錢柒分壹釐。等語。臣部查前項徵收税銀内,據冊開,夔州等協營官兵俸餉米折銀叁萬捌千叁百肆拾貳兩叁錢柒分肆釐,公費銀壹千捌百柒兩,增設哨船水手餉米銀肆百伍拾壹兩柒錢肆釐,文職養廉銀壹千伍百叁拾兩,武職養廉銀肆千肆百貳拾肆兩,係例應兑支之項,應於該年兵馬養廉各奏銷案内查核。其支給管理關務養廉銀陸百兩,各役工食等銀捌百捌拾伍兩壹錢陸分,積總平餘項下支給丞倅月費等銀叁百陸拾兩,核與年例應支銀數相符,應準開銷。實解司庫銀壹拾叁萬伍千捌百貳拾兩柒錢柒分壹釐,應照數登記。仍令該督造入該年地丁奏銷冊内題報查核。至前項徵收税銀壹拾捌萬肆千貳百貳拾壹兩玖釐,較之額徵并欽定盈餘共銀壹拾捌萬叁千柒百肆拾兩肆錢玖分貳釐,計多徵銀肆百捌拾兩伍錢壹分柒釐,既據疏稱儘收儘解,應毋庸議。

此案科抄於道光叁拾年拾壹月貳拾柒日到部,兹於咸豐元年肆月拾肆日辦理具題,合并聲明。

臣等未敢擅便,謹題請旨。

批紅:依議。

爲雲南東川局道光二十九年鼓鑄用過銀兩報銷事

咸豐元年四月二十一日

大學士兼署管理戶部事務臣祁寯藻等謹題,爲鼓鑄報銷等事。

戶科抄出,前兼署雲南巡撫程矞採題東川局鼓鑄報銷一案。道光叁拾年玖月初陸日題,拾壹月貳拾陸日奉旨:該部察覈具奏。欽此。欽遵。於本日抄出到部。

該臣等查得,前兼署雲南巡撫程矞採,將東川局道光貳拾玖年分連閏鼓鑄錢文用過銅鉛價腳銀兩造册具題前來。

一、册稱:舊管銀柒萬柒百玖拾伍兩伍錢貳分肆釐零,錢陸萬肆百捌拾玖串玖百貳拾玖文零,銅陸千斤。等語。查前項舊管銀錢銅斤,臣部覈與上年實存數目相符,應毋庸議。

一、册稱:新收湯碌大茂等廠銅貳拾壹萬肆千捌百拾壹斤拾伍兩零,者海廠白鉛拾柒萬伍拾玖斤柒兩零,阿那多廠黑鉛壹萬貳千玖百貳拾捌斤柒兩零。等語。查前項新收銅鉛,應於後款查覆。

一、册稱:東川局設爐十座,道光貳拾玖年分連閏鼓鑄三十九卯。共用淨銅拾捌萬零伍百拾肆斤肆兩零,每百斤加耗銅捌斤,共加耗銅壹萬肆千肆百肆拾壹斤貳兩零,二共正耗銅拾玖萬肆千玖百伍拾伍斤陸兩零。每百斤價腳銀柒兩肆錢柒分陸釐零,共銀壹萬肆千伍百柒拾伍兩捌錢肆分貳釐零。白鉛拾肆萬貳千玖百柒斤貳兩零,每百斤價腳銀貳兩叁錢,共銀叁千貳百捌拾陸兩捌錢陸分肆釐零。黑鉛壹萬捌百陸拾肆斤肆兩零,每百斤價腳銀貳兩貳錢,共銀貳百叁拾玖兩零壹分肆釐零。共用銅鉛工本銀壹萬捌千壹百壹兩柒錢貳分壹釐零。帶鑄錢文用銅壹萬捌千伍拾壹斤陸兩零,每百斤加耗銅捌斤,共加耗銅壹千肆百肆拾肆斤壹兩零,二共正耗銅壹萬玖千肆百玖拾伍斤捌兩零。每百斤價腳銀柒兩肆錢柒分陸釐零,共銀壹千肆百伍拾柒兩伍錢捌分肆釐零。白鉛壹萬肆千貳百玖拾斤拾壹兩零,每百斤價腳銀貳兩叁錢,共銀叁百貳拾捌兩陸錢捌分陸釐零。黑鉛壹千捌拾陸斤陸兩零,每百斤價腳銀貳兩貳錢,共銀貳拾叁兩玖錢壹釐零。共用銅鉛工本銀壹千捌百拾兩壹錢柒分貳釐零。又外耗錢文用銅壹萬陸千貳百肆拾陸斤肆兩零,每百斤加耗銅捌斤,共加耗銅壹千貳百玖拾玖斤拾壹兩零,二共正耗銅壹萬柒千伍百肆拾伍斤拾伍兩零。每百斤價脚銀柒兩肆錢柒分陸釐零,共銀壹千叁百拾壹兩捌錢貳分肆釐零。白鉛壹萬貳千捌百陸拾壹斤玖兩零,每百斤價脚銀貳兩叁錢,共貳百玖拾伍兩捌錢壹分柒釐零。黑鉛玖百柒拾柒斤拾貳兩零,每百斤價脚銀貳兩貳錢,共銀貳拾壹兩伍錢壹分壹釐零。共用銅鉛工本銀壹千陸百貳拾玖兩壹錢伍分貳釐零。以上正鑄、帶鑄、外耗,共用銅鉛工本銀貳萬壹千伍百肆拾壹兩肆分柒釐零。等語。查東川錢局道光貳拾玖年分連閏正鑄、帶鑄、外耗共銅鉛價脚銀貳萬壹千伍百肆拾壹兩肆分柒釐零,臣部按冊覈算,與題定應給之數相符,應準開銷。

一、冊稱:東川局道光貳拾玖年分連閏正鑄錢文,除耗銅不計外,共用銅鉛叁拾叁萬肆千貳百捌拾伍斤拾壹兩零。每百斤折耗玖斤,共折耗銅鉛叁萬捌拾伍斤拾壹兩零。淨銅鉛叁拾萬肆千貳百斤,每錢壹文鑄重壹錢貳分,共鑄錢肆萬伍百陸拾串文。内工本錢壹萬捌千壹百壹串柒百貳拾壹文,息錢貳萬貳千肆百伍拾捌串貳百柒拾玖文。帶鑄錢文,除耗銅不計外,共用銅鉛叁萬叁千肆百貳拾捌斤玖兩零,每百斤折耗玖斤,共折耗銅鉛叁千捌斤玖兩零。淨銅鉛叁萬肆百貳拾斤,每錢壹文鑄重壹錢貳分,共鑄錢肆千伍拾陸串文。内工本錢壹千捌百拾串壹百柒拾貳文,息錢貳千貳百肆拾伍串捌百貳拾捌文。外耗錢文,除耗銅不計外,共用銅鉛叁萬捌拾伍斤拾兩零,例不折耗。每錢壹文鑄重壹錢貳分,共鑄錢肆千拾壹串肆百貳拾叁文。内工本錢壹千陸百貳拾玖串壹百伍拾貳文,息錢貳千叁百捌拾貳串貳百柒拾壹文。以上正鑄、帶鑄、外耗,共鑄工本息錢肆萬捌千陸百貳拾柒串肆百貳拾叁文。等語。查東川局道光貳拾玖年分連閏正鑄、帶鑄、外耗共鑄工本息錢肆萬捌千陸百貳拾柒串肆百貳拾叁文,臣部按冊覈算,數目相符,應毋庸議。

一、冊稱:開除:搭放迤東道及東川、昭通、曲靖三府屬各官養廉動支工本錢壹千柒百柒拾壹串陸拾壹文,各廠工本運脚動支工本錢貳萬貳千肆百玖拾叁串肆百陸拾壹文,又搭放曲靖驛堡夫馬工料動支工本錢肆千柒百拾捌串壹百叁拾壹文,東川、昭通、曲靖三屬鞭春、祭祀、鋪工、廩生餼糧動支工本錢壹千叁百叁拾捌串柒拾肆文。以上共動支工本錢叁萬叁百貳拾串柒百貳拾柒文。每錢壹串易銀壹兩,共易回銀叁萬叁百貳拾兩柒錢貳分柒釐,收入司庫銀兩項下。又添放各官養廉息錢叁百伍拾肆串貳百拾貳文,各廠工本運脚息錢肆千肆百玖拾捌串陸百玖拾貳文,驛堡夫馬工料息錢玖百肆拾叁串陸百貳拾陸文,鞭春、祭祀、鋪工、廪生餼糧息銀貳百陸拾柒串陸百壹拾肆文。查搭放錢文每工本錢壹串照例加添息錢貳百文,共動支息錢陸千陸拾肆串壹百肆拾肆文。又正鑄錢文爐匠物料錢貳千柒拾玖串捌百拾肆文,工食錢肆千陸百捌拾串文,加添米炭息錢玖百陸拾叁串叁百文,又帶鑄錢文爐匠物料錢貳百柒串玖百捌拾壹文,官役紙筆等項動支外耗息錢壹千伍百捌拾貳串伍百叁文。等語。查東川局道光貳拾玖年分搭放養廉、廠本運腳、鞭春、祭祀、廪生餼糧動支工本錢叁萬叁百貳拾串柒百貳拾柒文,易回銀叁萬叁百貳拾兩柒錢貳分柒釐。臣部查與定例易銀數目相符,應毋庸議。至動支息錢陸千陸拾肆串壹百肆拾肆文,并正鑄帶鑄爐匠工料等項息錢柒千玖百叁拾壹串玖拾伍文,又支給官役廉食紙筆等項動支外耗息錢壹千伍百捌拾貳串伍百叁文,亦與定例應給之數相符,均應準以開銷。

一、冊稱:實存銀柒萬玖千伍百柒拾伍兩貳錢肆釐零,錢陸萬叁千貳百拾捌串捌百捌拾貳文零,銅陸千斤。等語。查前項實存銀錢、銅斤,臣部按冊覈算,數目相符,應令該督撫造入下年鼓鑄奏銷冊内送部查覈。

此案科抄於道光叁拾年拾壹月貳拾陸日到部,兹於咸豐元年肆月貳拾壹日辦理具題,合并聲明。

臣等未敢擅便,謹題請旨。

批紅:依議。

爲四川西流山水銀廠道光二十九年抽課報銷事

咸豐元年四月二十一日

大學士兼署管理戶部事務臣祁寯藻等謹題,爲開採水銀礦廠事。

戶科抄出,四川總督徐澤醇題西流山水銀廠抽課報銷一案。道光叁拾年陸月拾捌日題,拾壹月貳拾伍日奉旨:該部察覈具奏。欽此。欽遵。於本日抄出到部。

該臣等查得,四川總督徐澤醇疏稱:四川省開採西昌縣屬西流山水銀廠,先準部覆,令將煎獲水銀照原議抽收課水銀變價銀兩,内除支銷管廠書役飯食及解銀腳費等項外,餘銀解司按年造冊請銷。等因。遵奉在案。兹據布政使吳振棫詳稱:查西流山水銀廠道光貳拾玖年分舊管無項。新收:自貳拾玖年正月初壹日起,連閏至年底止,共煎獲水銀捌千陸百壹拾柒斤。内抽收課水銀貳千伍百捌拾伍斤壹兩陸錢,每百斤變價銀肆拾貳兩,共銀壹千捌拾伍兩柒錢肆分貳釐。開除:支該廠書役飯食、油燈、脬紙、筐繩及解銀脚費共銀壹百貳拾肆兩柒錢壹分伍釐捌毫肆絲陸忽。又支應解户部飯食并庫官養廉、院司書吏飯食銀叁拾肆兩壹錢叁分伍釐貳絲。以上共支銀壹百伍拾捌兩捌錢伍分捌毫陸絲陸忽,實批解司庫銀玖百貳拾陸兩捌錢玖分壹釐壹毫叁絲肆忽。所有應解户部及各處飯食銀兩,除照例分別支解并將解到餘銀玖百貳拾陸兩捌錢玖分壹釐壹毫叁絲肆忽收入鹽茶存公項下存儲撥用外,理合照造清冊,詳請察覈題銷。等情。臣覆覈無異,除冊送部外,理合具題。等因前來。

查四川西昌縣屬西流山水銀廠題準定例:每獲水銀百斤抽課叁拾斤,每抽課水銀百斤變價銀肆拾貳兩。又每月支給書役飯食、紙筆等銀捌兩伍錢,每抽課水銀壹百斤給脬紙、筐繩銀叁錢玖分。又解變價銀兩至省,運脚銀兩照運銅之例支給。等因在案。今據該督疏稱:道光貳拾玖年分連閏共煎獲水銀捌千陸百拾柒斤内,抽課水銀貳千伍百捌拾伍斤壹兩零。臣部按照抽收定例覈算,數目相符。至變價銀壹千捌拾伍兩柒錢肆分貳釐,亦與覈準之數相符。其支給書役飯食及解銀脚費并解部飯食、庫官養廉、院司書吏飯食等項,共銀壹百伍拾捌兩捌錢伍分捌毫零。按冊覈算,均與題準應給之數相符,應準開銷。其餘銀玖百貳拾陸兩捌錢玖分壹釐壹毫零,既據聲稱收入鹽茶存公項下收存撥用,應令該督即行造入季冊報部撥用。至應解飯食銀兩,應令即行委員帶解,赴部交納。

此案科抄於道光叁拾年拾壹月貳拾伍日到部,兹於咸豐元年肆月貳拾壹日辦理具題,合并聲明。

臣等未敢擅便,謹題請旨。

批紅:依議。

爲福建各場員道光二十五年收鹽考成事

咸豐元年五月初四日

大學士兼署管理戶部事務臣祁寯藻等謹題,爲遵旨議奏事。

戶科抄出,前任閩浙總督劉韻珂題福建省各場道光貳拾伍年分收鹽分數一案。道光叁拾年陸月貳拾捌日題,拾月初陸日奉旨:該部議奏。欽此。欽遵。於本日抄出到部。

該臣等會議得,前任閩浙總督劉韻珂疏稱:福建省場員收鹽盈絀,經前督臣富勒渾奏準,仿照廣東省考核之例,一體辦理在案。今據福建鹽法道戴嘉穀詳稱:福建省各場員於道光貳拾肆年拾月初壹日起,扣至道光貳拾伍年玖月底止,一年期滿,例應遵照章程確覈産收盈絀,分别賞懲。當經檄飭據實造報,并委員分路盤查,由府覆查結報,暨節次劄催去後。現據各該委員先後具覆,各場收存鹽斤俱係實存無虧,并無虚捏情事,具結。由福州、興化、泉州、漳州等府確查,加結申送前來。經福建鹽法道戴嘉穀查,該年各場收鹽内,除前任潯美場病故鹽大使劉東魯、現任潯美場鹽大使薛啟文俱缺收不及分數,前署潯美場事候補鹽大使陸玉書溢收不及分數,均應請毋庸置議外,現任福興場鹽大使韓繹溢收二分以上,應請照前準部咨,收足一、二分例,記功示奬。前署福清場鹽大使張心陶溢收五分以上、前任福清場鹽大使張振鷺溢收九分以上、前署惠安場現補該場鹽大使黄伯潁溢收二十三分以上,均應請照前準部咨,以溢收三分以上例,各準其紀録一次。前署江陰場事候補鹽大使陸玉書、前署前江場事丁憂回籍鹽大使熊家儀俱缺收一分以上,前任莆田場已經丁憂回籍鹽大使宋鉉、前任莆田場委解坵折殘引進京鹽大使王斑俱缺收二分以上,現任江陰場鹽大使呉國俊、現任下里場鹽大使鄭東、前任浯洲場病故鹽大使劉本樾、前任祥豐場已經丁憂回籍鹽大使範承裕、現任蓮河場鹽大使趙暄、前署浦南場大使事現經丁憂鹽大使周鼎成、現任詔安場鹽大使韓協中俱缺收三分以上,均應請照例各記過一次。合將道光貳拾伍年分各場員督收鹽斤,核計溢缺分數,造具清冊,詳送察核具題。等情。臣覆核無異,除冊送部外,臣謹會同福建廵撫臣徐繼畬,合詞具題前來。

查閩省場員督收鹽斤,向照廣東省考核成例,核計缺溢分數,分别賞懲,歷經辦理在案。今據該督疏稱,道光貳拾肆年拾月初壹日起,至道光貳拾伍年玖月底止,一年期滿内,除前任潯美場病故鹽大使劉東魯、現任潯美場鹽大使薛啟文俱缺收不及分數,前署潯美場事候補鹽大使陸玉書溢收不及分數,均請毋庸置議外,現任福興場鹽大使韓繹溢收二分以上,應請照前準部咨,收足一二分例,記功示奬。前署福清場鹽大使張心陶溢收五分以上、前任福清場鹽大使張振鷺溢收九分以上、前署惠安場現補該場鹽大使黄伯潁溢收二十三分以上,均應請照前準部咨,以溢收三分以上,各準其紀錄一次。等語。吏部查定例:福建場員收鹽,每年按額分作十分,如額外多收一二分者,記功示奬,三分以上者,紀録一次,額内少收三分以下者,姑準記過。等語。應將多收二分以上之福清縣福興團大使韓繹,照例記功示獎。多收三分以上前任福清縣王祥團大使告病病痊張振鷺、前署王祥團大使事試用鹽大使張心陶、惠安場大使黄伯顒,均照例各準其紀録一次。又前署江陰場事候補鹽大使陸玉書、前署前江場事丁憂回籍鹽大使熊家儀俱缺收一分以上,前署莆田場已經丁憂回籍鹽大使宋鉉、前任莆田場委解坵折殘引進京鹽大使王珽俱缺收二分以上,現任江陰場鹽大使呉國俊、現任下里場鹽大使鄭東、前任浯洲場病故鹽大使劉本樾、前任祥豐場已經丁憂回籍鹽大使範承裕、現任蓮河場鹽大使趙暄、前署浦南場大使事現經丁憂鹽大使周鼎成、現任詔安場鹽大使韓協中俱缺收三分以上,均應請照例各記過一次。等語。除前任浯洲場大使劉本樾已經病故毋庸議外,應將少收三分以下之福清縣江陰團大使呉國俊、前署江陰團大使事試用鹽大使陸玉書、莆田縣上里場丁憂大使宋鉉、前署上里場大使事試用鹽大使王珽、下里場大使鄭東、署前江場大使事試用鹽大使熊家儀、祥豐場丁憂大使範承裕、蓮河場大使趙暄、署漳浦縣南場大使事祥豐場丁憂大使周鼎成、詔安場大使韓協中,均照例姑準記過。

此本係户部主稿。於道光叁拾年拾月初陸日科抄到部,拾壹月拾貳日會吏部,咸豐元年叁月初貳日吏部議結送回。兹於伍月初肆日辦理具題,合并聲明。

臣等未敢擅便,謹題請旨。

批紅:依議。

爲前江南鹽巡道吴葆晋卸任交代事

咸豐元年五月初九日

大學士兼署管理户部事務臣祁寯藻等謹題,爲盤查事。

户科抄出,前任江蘇巡撫傅繩勛題鹽巡道吴健彰接收吴葆晋交代一案。道光叁拾年拾壹月初拾日題,咸豐元年正月貳拾伍日奉旨:該部察核具奏。欽此。欽遵。於本日抄出到部。

該臣等查得,前任江蘇巡撫傅繩勛疏稱:江南鹽巡道吴葆晋任内經手錢糧,據江寧布政使楊文定、署江蘇按察使吴其泰會詳稱:前護江巡道吴葆晋任内,自道光叁拾年柒月拾叁日到任起,至捌月初陸日卸事前一日止,冊造舊管銀貳百捌拾陸兩伍錢貳分貳釐,新收銀貳千貳百壹拾肆兩,開除銀貳千貳百壹拾肆兩,實在存庫銀貳百捌拾陸兩伍錢貳分貳釐。經現署巡道吳健彰查明收放相符,解支有據,船隻齊全,由司加結,同送到册結轉詳具題。臣覆核無異,除册結送部查核外,相應具題前來。

查江南鹽巡道吳健彰接收吳葆晉交代,自道光叁拾年柒月拾叁日到任起,至捌月初陸日卸事前一日止,交代册開:舊管存銀貳百捌拾陸兩伍錢貳分貳釐,新收銀貳千貳百拾肆兩。臣部核與吳葆晉接收周啟運交代報存并新收各數,均屬相符。計管收共銀貳千伍百兩伍錢貳分貳釐,内動放道光叁拾年宣樓船工食公費銀壹千肆百拾玖兩,應令江蘇巡撫飭俟兵部準銷之日,專案報部,以便移查銷結。至放給沙船工食公費銀柒百玖拾伍兩,即飭題報臣部核銷。所有實存銀貳百捌拾陸兩伍錢貳分貳釐,既據現署巡道吳健彰接收清楚,取結送部。仍令俟動用之日,報部核辦。

此案科抄於咸豐元年正月貳拾伍日到部,茲於伍月初玖日辦理具題,合并聲明。

臣等未敢擅便,謹題請旨。

批紅:依議。

爲江西安義知縣道光二十三年地丁正耗全完原參開復事

咸豐元年五月十五日

大學士兼署管理戶部事務臣祁寯藻等謹題,爲詳請事。

戶科抄出,前任江西巡撫費開綬將安義縣續完道光貳拾叁年地丁正耗銀兩原參職名題請開復一案。道光叁拾年捌月初捌日題,拾月貳拾陸日奉旨:該部查議具奏。欽此。欽遵。於本日抄出到部。

該臣等會查得,前任江西巡撫費開綬疏稱:江西安義縣應徵道光貳拾叁年地丁正耗錢糧,前於知縣二參一年限滿時尚有未完,當將經徵未完分數、職名題參,接準部覆,照例議處。等因。飭遵去後。今據布政使陸元烺詳稱:催據安義縣將二參案内未完地丁銀貳千叁百壹拾貳兩捌錢玖分玖釐、耗羨銀肆百伍拾玖兩伍錢叁分照數全完,解司兑收儲庫。除初參案内奉議罰俸完結之員毋庸開復外,所有二參案内奉議未完一分以上之安義縣知縣潘尊賢照例降職一級、戴罪徵收之案,相應詳請具題開復。等情。并據將完解兑收銀數日期及已造報緣由,於詳内逐一聲叙。臣覆核無異,理合具題。等因前來。

查定例:直省經徵督催各官參後,或續報全完,或續完幾分,該督撫將應減、應免處分分别題咨,均於文内將收銀儲庫月日及造入何季冊内報撥詳細聲明。戶部照數核咨,即予減免開復。仍於報撥冊内核對,如有舛錯遺漏,將承辦造報之員查參議處。等語。查江西各屬未完道光貳拾叁年地丁正耗銀兩,前據該撫照例題參,經户部會同吏部核議題覆,行令催徵在案。今據該撫題報,催據安義縣將二參未完地丁銀貳千叁百壹拾貳兩捌錢玖分玖釐、耗羨銀肆百伍拾玖兩伍錢叁分照數全完,户部核與該縣未完銀數相符。吏部查定例,錢糧未完各官,於參後續報全完者,題請開復。等語。應將參後續報全完之安義縣知縣潘尊賢原議降職一級、戴罪徵收之案,照例準其開復。至前項已完地丁正耗銀兩,户部核對貳拾玖叁拾兩年春撥、貳拾捌貳拾玖兩年耗羨奏銷各冊内收造銀數,均屬相符。

此本係戶部主稿。科抄於道光叁拾年拾月貳拾陸日到部,隨將原稿咨送吏部會議,於咸豐元年貳月貳拾叁日會回。兹於伍月拾伍日辦理具題,合并聲明。

臣等未敢擅便,謹題請旨。

批紅:依議。

爲山西辦解伊犂等處備用澤綢用過工料銀兩題銷事

咸豐元年五月二十九日

大學士兼署管理戶部事務臣祁寯藻等謹題,爲報銷事。

戶科抄出,山西巡撫兆那蘇圖題鳳臺、高平二縣辦解伊犂等處道光叁拾年備用澤綢用過工料等銀造冊題銷一案。道光叁拾年拾月貳拾玖日題,拾貳月拾壹日奉旨:該部察核具奏。欽此。欽遵。於本日抄出到部。

該臣等查得,山西巡撫兆那蘇圖疏稱:道光叁拾年伊犁需用澤綢貳百匹,如數織造齊全,於道光叁拾年玖月貳拾陸日委員解交陝西轉解訖。所有用過工料雜費銀兩,據鳳臺縣冊報:織造伊犁各處澤綢壹百匹,用價銀叁百陸拾壹兩陸錢玖分柒釐、雜費銀肆兩貳錢玖分貳釐,共用過銀叁百陸拾伍兩玖錢捌分玖釐。又高平縣冊報:織造伊犂各處澤綢壹百匹,用價銀叁百陸拾壹兩柒錢玖分壹釐、雜費銀肆兩伍錢柒分伍釐,共用銀叁百陸拾陸兩叁錢陸分陸釐。該二縣織造澤綢貳百匹,共用過銀柒百叁拾貳兩叁錢伍分伍釐。查前項澤綢分兩丈尺與冊報相符,并無草率輕減情弊。冊造價值銀兩俱係遵照成例及各該縣時價開報,實用實銷,應聽甘肅省移咨伊犁各衙門照數還款。所有山西省墊用銀兩,應請在於道光叁拾年地丁銀内動款開銷。等情。取具清冊,呈詳前來。臣覆核無異,除冊送部外,相應具題。等因前來。

查山西鳳臺、高平二縣辦解伊犂等處道光叁拾年備用各色澤綢,先經臣部行令,將用過工料雜費等銀照例造冊,題銷在案。今據該撫疏稱:鳳臺縣織造澤綢壹百匹,用過絲斤工料市平銀叁百捌拾兩柒錢叁分肆釐,每市平銀壹兩折庫平銀玖錢伍分,共折庫平銀叁百陸拾壹兩陸錢玖分柒釐,雜費銀肆兩貳錢玖分貳釐,共用庫平紋銀叁百陸拾伍兩玖錢捌分玖釐。高平縣織造澤綢壹百匹,用過絲斤工料市平銀叁百捌拾兩捌錢叁分叁釐,每市平銀壹兩折庫平銀玖錢伍分,共折庫平銀叁百陸拾壹兩柒錢玖分壹釐,雜費銀肆兩伍錢柒分伍釐,共用庫平紋銀叁百陸拾陸兩叁錢陸分陸釐。等語。臣部按冊核算,該二縣織造澤綢共墊用庫平紋銀柒百叁拾貳兩叁錢伍分伍釐,核與歷年辦過成案,均屬相符,應準開銷。

此案於道光叁拾年拾貳月拾壹日科抄到部,兹於咸豐元年伍月貳拾玖日辦理具題,合并聲明。

臣等未敢擅便,謹題請旨。

批紅:依議。

爲四川道光二十九年賞給兵丁紅白事件銀兩事

咸豐元年五月二十九日

大學士兼署管理戶部事務臣祁寯藻等謹題,爲議奏等事。

戶科抄出,四川總督兼署成都將軍徐澤醇題四川省道光貳拾玖年分賞給各標鎮協營兵丁紅白事件銀兩一案。道光叁拾年陸月貳拾捌日題,拾月拾叁日奉旨:該部察核具奏。欽此。欽遵。於本日抄出到部。當經臣部將冊開賞過兵丁姓名是否相符,行查兵部去後。今於道光叁拾年拾貳月拾捌日準兵部查覆過部。

該臣等查得,四川總督徐澤醇疏稱:四川省請領地丁銀兩,賞給各營兵丁紅白事件,例應按年具題。今據布政使吳振棫詳查,川省各標鎮協營道光貳拾玖年分,請領地丁銀捌千玖百捌拾肆兩伍錢,開賞兵丁紅白二事銀捌千玖百捌拾肆兩伍錢,理合分晰造冊,詳請察核,具題核銷。等情。臣覆核無異,除造冊送部外,臣謹會同提督臣蘇布通阿,合詞具題。等因前來。

查定例:四川省緑營、旗營及新設五營兵丁,紅事賞銀貳兩壹錢,白事各賞銀貳兩捌錢。征防兵丁,紅事賞銀肆兩貳錢,白事各賞銀伍兩陸錢。充當水手兵丁,照在營兵丁例減半賞給。又例載:四川省緑營紅白賞項,每歲額撥地丁銀壹萬伍百玖拾伍兩,如有餘剩,入冊報撥,按年核實題銷。各等語。先於乾隆肆拾陸年捌月内,各省兵丁紅白事件賞銀欽奉上諭:自乾隆肆拾柒年爲始,俱著於正項支給,造册報銷。嗣於乾隆肆拾柒年正月内,臣部議覆,原任四川總督福康安奏,四川省滿洲并緑營兵丁紅白事件賞銀案内,議令動支地丁正項,奏準行令該督遵照辦理。又,道光捌年貳月内,臣部議覆署陜甘總督鄂山奏,籌議陜甘二省滿漢各營兵丁紅白卹賞銀兩撙節辦理案内,行令四川等省嗣後發給紅白卹賞銀兩,除兵丁繼娶妻室及子嗣,白事均毋庸給與賞銀。等因。奉旨:依議。欽此。欽遵。并令該督於奏銷冊尾及結内,將該兵本身娶妻,并非續娶字樣,聲明報部。各在案。今據四川總督疏稱,道光貳拾玖年分賞給各標鎮協營兵丁紅白事件銀捌千玖百捌拾肆兩伍錢,當將原冊咨送兵部,查覆兵丁姓名相符。臣部按冊核算,與應賞銀數亦屬符合,應準開銷。

此案科抄於道光叁拾年拾月拾叁日到部,當經行查兵部於拾貳月拾捌日覆回。兹於咸豐元年伍月貳拾玖日辦理具題,合并聲明。

臣等未敢擅便,謹題請旨。

批紅:依議。

爲河南題銷調赴江浙防剿官兵支過銀兩一案無憑核辦事

咸豐元年六月初六日

大學士兼署管理户部事務臣祁寯藻等謹題,爲請銷事。

户科抄出,河南巡撫潘鐸題覆河南省道光貳拾壹貳兩年調赴浙江江蘇防剿官兵支過俸賞行裝鹽糧車船等項銀兩一案。道光叁拾年肆月初陸日題,陸月叁拾日奉旨:該部察核具奏。欽此。欽遵。於本日抄出到部。當將官兵員名、程途里數,行查兵部。嗣據兵部咨取請銷原冊,旋即檢齊片送去後。兹於拾貳月貳拾貳日準兵部片覆,已飭令該撫另造妥冊,送部到日,再行核覆。并將檢送原冊存留。等因。知照前來。

該臣等查得，河南巡撫潘鐸疏稱：豫省道光貳拾壹貳兩年，調赴浙江、江蘇清江浦防剿官兵，支過俸賞、行裝鹽菜、口糧、馬乾、車價、鉛藥、火繩、運腳等項銀兩，造冊題銷。接準部咨，令將前項請銷各項銀兩，即飭各屬遵照例案，據案核明聲覆。并將户、兵、工三部款項分別造具總散細數妥冊，加具簡明清冊，同經由程站里數，一并確切查明題覆。等因。遵查此案官兵經由水陸程途，已造冊咨送兵部。其官兵口糧、馬匹豆草就近採買，豫省并非用兵省分，係仿照道光陸柒等年口外兵差過境，并赴閩兵差過境，照例折價，奉部準銷成案辦理。至應扣平餘銀兩，查有協解江蘇、浙江火藥、鉛丸、火繩、需用油簍、牛皮、木箱，價銀貳百肆拾柒兩零。每百兩應扣平餘銀壹兩，共扣銀貳兩零。容俟各州縣找領銀兩時，按數扣收入撥。其餘各項銀兩歷辦成案，均未扣平，應請查照前造原冊準銷。計此案請銷銀兩，除動撥外，尚不敷銀叁萬捌千捌百壹拾伍兩零，遵俟題覆至日，再行查辦。等情。臣覆查無異，相應具題。等因前來。

查河南省供應調赴浙江、江蘇防剿官兵俸裝等款，係道光貳拾壹貳等年供支之項。該省遲至六七年之久，於貳拾玖年始行題報。計請銷銀拾柒萬貳千壹百捌拾玖兩伍錢捌分伍釐。前經臣部以官兵所需口糧，并未動支倉儲，一律折價，當時未據奏明。一切支用亦不扣收平餘，與軍需定例不符。其經由水陸程途，行查兵部，覆稱亦未據報部有案，無憑查核。隨經臣部題令該撫，即飭各屬遵照例案，據實核明聲覆。并令將户、兵、工三部款項分別造具細冊，加具簡明清冊，同兵部行令造報程途里數，一并確切查明，題覆核銷在案。此次該撫題覆，并不遵照部咨，將户、兵、工三部款項分別核明，另造妥冊，隨案送部。又不將因何遲延緣委聲叙。其官兵員名經由程途里數，臣部行查兵部，嗣據咨取請銷原冊，隨即檢齊全案冊籍，片送兵部去後。經兵部行令該撫，將户、兵、工三部款項分別核明，另造妥冊，送部核辦，并將户部送核冊籍，存俟該撫將前項各款造冊送部到日，查對明確，再行核覆外，知照户部。等因。所有此案原冊既由兵部存留，已飭令另造清冊。今該省并未隨案造報前項支銷，各款此時委難確核。應令該撫查照臣部前咨，將此案因何遲至六七年之久始行報銷之處查明聲覆。仍遵照此次兵部咨文，迅即造具，分晰妥冊，加具簡明清冊，補行送部之日，再行會核辦理。

此案科抄於道光叁拾年陸月叁拾日到部，行查兵部及片送原冊，拾貳月貳拾貳日準兵部覆回。兹於咸豐元年陸月初陸日辦理具題，合并聲明。

臣等未敢擅便,謹題請旨。

批紅:依議。

爲題銷山西道光三十年撥解烏里雅蘇臺經費銀兩事

咸豐元年六月初十日

大學士兼署管理戶部事務臣祁寯藻等謹題,爲報銷事。

戶科抄出,山西巡撫兆那蘇圖將山西省撥解烏里雅蘇臺經費銀兩、用過鞘釘等項工料價值造册題銷一案。道光叁拾年捌月貳拾玖日題,拾壹月拾陸日奉旨:該部察核具奏。欽此。欽遵。於本日抄出到部。

該臣等會查得,山西巡撫兆那蘇圖疏稱:據布政使蔣霨遠呈,蒙準户部咨,定邊左副將軍奕格等奏由歸化城提取備用銀貳拾萬兩放給烏里雅蘇臺、科布多二處官兵鹽菜、糧石折色等項銀兩。現今烏里雅蘇臺庫存銀玖千肆百柒拾玖兩伍錢捌分叁釐,不敷明年兩處應放之項。奴才等照例出派官兵,前往歸化城道員處,提取軍需銀貳拾萬兩,以備需用一摺。道光貳拾玖年伍月拾肆日奉硃批:知道了。欽此。當經移飭遵照去後。兹準歸綏道惠徵詳稱:遵查於道光叁拾年分烏里雅蘇臺、科布多二處應領前項經費銀貳拾萬兩,於道光叁拾年肆月拾壹、拾伍、貳拾等日,分運起程訖今,將用過鞘釘、螞蟥,并加用布包、牛皮以及多備鐵箍等項,造册詳送到司。查册開,道光叁拾年分領用銀貳拾萬兩,每鞘裝銀壹千兩,共裝二百鞘。每鞘一個合計需工料銀壹兩壹錢伍分伍釐柒毫,二百鞘共用銀貳百叁拾壹兩壹錢肆分。按册核算,數目相符。應如所請,在於綏遠城庫存軍需銀内,照數核銷。等情。臣覆核無異,除册送部外,相應會同綏遠城將軍臣托明阿,合詞具題。等因前來。

查,先據定邊左副將軍奕格等奏請,由歸化城調取經費銀貳拾萬兩備用。等因。奉硃批:知道了。欽此。當經户部行文山西巡撫遵照在案。今據該撫題報,道光叁拾年分烏里雅蘇臺奏調經費銀貳拾萬兩,已於道光叁拾年肆月拾壹、拾伍、貳拾等日,分運起程。等語。户部核與該將軍奏調經費銀數相符,應準其照數撥解。仍令該將軍俟收到前項銀兩之日,入於道光叁拾年奏銷新收項下,造報查核。至前項撥解烏里雅蘇臺經費銀兩用過解餉木鞘二百個,每個工料銀壹錢伍分伍釐柒毫,共用過工料銀貳百叁拾壹兩壹錢肆分。等語。工部按册核算内,需用匠工、鐵料、牛皮、麻繩等項,均屬與例浮多。應減去銀伍拾貳兩肆錢,實準銷銀壹百柒拾捌兩柒錢肆分。其核減銀兩,應令該撫轉飭,在於承辦之員名下照數著追歸款,報部查核。

再,此本係戶部主稿。於道光叁拾年拾壹月拾陸日科抄到部,於拾貳月拾叁日會工部,咸豐元年叁月初拾日準工部議結送回。茲於陸月初拾日辦理具題,合并聲明。

臣等未敢擅便,謹題請旨。

批紅:依議。

爲江蘇金壇知縣未完道光二十六年熟田漕項題參事

咸豐元年六月十五日

大學士兼署管理戶部事務臣祁寯藻等謹題,爲奏銷事。

戶科抄出,漕運總督楊殿邦題蘇松金壇縣未完道光貳拾陸年分熟田漕項銀兩補報初次年限考成一案。道光叁拾年拾月初柒日題,拾壹月貳拾捌日奉旨:該部察核具奏。欽此。欽遵。於本日抄出到部。

該臣等會議得,漕運總督楊殿邦疏稱:據前署蘇松糧道事候補知府許槤詳稱,查得金壇縣未完道光貳拾陸年分熟田漕項正耗銀兩,前自通案年限屆滿,當經彙造初次年限考成清冊,詳題核議。聲明接徵尚未限滿之金壇縣署印知縣王曉榮,應俟扣滿年限,另行補報考成在案。今查初次年限考成冊報,共應徵正銀貳千陸百玖拾叁兩叁分柒釐,耗羨銀壹百捌拾柒兩玖錢壹分貳釐。内除道光貳拾捌年秋收減色案内遞展正銀壹百陸拾柒兩捌釐,耗羨銀壹拾壹兩陸錢玖分壹釐,應於道光貳拾玖年秋成後啟徵,另行計考造報外,仍該熟田應徵正銀貳千伍百貳拾陸兩貳分玖釐,耗羨銀壹百柒拾陸兩貳錢貳分壹釐。接徵署印知縣王曉榮,自道光貳拾捌年拾月初陸日到任起,扣至道光貳拾玖年拾月初伍日止,除封印日期外,連閏計一年年限屆滿,仍未完解。除尚未限滿之接徵知縣聶汝佶,應俟扣滿年限,另行補報考成外,所有金壇縣接徵前署知縣王曉榮未完二分一釐一毫初參 職名,應行照例開參,相應造具補報初次年限考成清冊,詳題核議。等情。臣覆核無異,除將原冊送部查核外,臣謹具題。等因前來。

查蘇松金壇縣未完道光貳拾陸年分熟田漕項銀兩,前據漕運總督彙造初次年限考成案内聲明,接徵尚未限滿之金壇縣署印知縣王曉榮,應俟扣滿年限,另行補報考成在案。今據疏稱,初次年限考成冊報,共應徵正銀貳千陸百玖拾叁兩叁分柒釐、耗羨銀壹百捌拾柒兩玖錢壹分貳釐。内除道光貳拾捌年秋收減色案内遞展正銀壹百陸拾柒兩捌釐,耗羨銀壹拾壹兩陸錢玖分壹釐,應於貳拾玖年秋成後啟徵,另行計考造報外,仍該應徵正銀貳千伍百貳拾陸兩貳分玖釐,耗羨銀壹百柒拾陸兩貳錢貳分壹釐。接徵署印知縣王曉榮,自道光貳拾捌年拾月初陸日到任起,扣至貳拾玖年拾月初伍日止,除封印日期外,連閏計一年限滿,仍未完解。除尚未限滿之接徵知縣聶汝信,應俟扣滿年限,另行補報考成外,所有金壇縣接徵前署知縣王曉榮未完二分一釐一毫初參職名,應行照例開參。等語。查前項未完銀兩,除遞緩外,户部核與應參數目相符。吏部查,接徵未完二分以上、已於限内卸事之前署金壇縣事試用知縣王曉榮,例止罰俸。事在道光叁拾年正月貳拾陸日欽奉恩詔以前,應行寬免。應令漕運總督將前項未完銀兩,速即嚴飭徵收完報,遞展銀兩亦即按限徵收,仍於限滿之日查明完欠,造報考成。

此本係户部主稿。科抄於道光叁拾年拾壹月貳拾捌日到部,咸豐元年正月貳拾叁日咨送吏部會議,吏部於叁月貳拾肆日議結送回。兹於陸月拾伍日辦理具題,合并聲明。

臣等未敢擅便,謹題請旨。

批紅:依議。

爲雲南委員辦運道光二十七年正運一起京銅報銷事

咸豐元年六月十六日

大學士兼署管理戶部事務臣祁寯藻等謹題,爲銅運報銷等事。

戶科抄出,前兼署雲南巡撫程矞採題委員王階鈺辦運京銅報銷一案。道光叁拾年拾月貳拾壹日題,咸豐元年正月貳拾叁日奉旨:該部察覈具奏。欽此。欽遵。於本日抄出到部。

該臣等查得,前兼署雲南巡撫程矞採,將委員王階鈺辦運道光貳拾柒年正運一起京銅用過水腳雜費養廉等項銀兩造冊,具題前來。

一、冊稱:委員王階鈺辦運道光貳拾柒年正運一起正耗餘銅壹百壹拾萬肆千肆百伍拾斤。内交過户部局正耗并低銅柒拾貳萬斤、工部局正耗并低銅叁拾陸萬斤。至户部局收過低銅拾伍萬伍千貳拾斤,工部局收過低銅捌萬叁千伍百斤,俟煎煉折耗若干,奉文飭知至日,照例在於廠運各員名下,按股攤賠,買補帶解。其原領餘銅貳萬肆千肆百伍拾斤,添補局秤數内交收。等語。查委員王階鈺辦運道光貳拾柒年正運一起京銅,内交過户部局正耗并低銅柒拾貳萬斤,業經臣部寶泉局照數兑收。其交過工部局正耗并低銅叁拾陸萬斤,前據工部咨稱,亦經照數收明。至户部局收過低銅拾伍萬伍千貳拾斤,工部局收過低銅捌萬叁千伍百斤,應俟煎煉後折耗若干,再行移咨滇省,著落賠繳。其原領餘銅貳萬肆千肆百伍拾斤,據稱添補局秤數内交收。臣部查覆相符,應毋庸議。

一、冊稱:委員王階鈺辦運道光貳拾柒年正運一起京銅,共用過水腳起剝夫價等銀壹萬叁千壹百玖拾陸兩貳錢叁分陸釐,雜費銀壹千柒百陸拾壹兩陸分。等語。查該員王階鈺辦運道光貳拾柒年正運一起京銅,冊造用過水腳起剝夫價等銀壹萬叁千壹百玖拾陸兩貳錢叁分陸釐,雜費銀壹千柒百陸拾壹兩陸分。覈與定例及歷運準銷之數,均有浮多。其在江南清河、山東嶧縣等處守壩讓漕,支給食米鹽菜銀兩,冊内并未將起止月日分晰聲明,臣部礙難查覈。應令該督撫轉飭該員,據實查明,刪減報部,以憑覈銷。

一、冊稱:委員王階鈺辦運京銅,自滇省至瀘州領銅至京,及自京回滇省,共準支十七個月七日養廉銀壹千柒百肆拾叁兩玖錢玖分玖釐。因該員銅斤交竣,請假回安徽原籍省親,旋即丁憂。當將請領支銷水腳等項銀兩,造具清冊,專遣家人傅貴赴滇報銷。查自京至安徽程限五十五日,與回滇較近四十四日,每日該支銀叁兩叁錢柒分叁釐零,共銀壹百肆拾捌兩肆錢貳分伍釐不應支銷外,實請銷養廉銀壹千伍百玖拾伍兩伍錢柒分肆釐。等語。查雲南辦解正運京銅定例,每月準支養廉役食雜費銀壹百壹兩壹錢玖分玖釐零。等因。今該員王階鈺辦運京銅,自滇省至瀘州領銅至京,及自京請假回安徽原籍省親,旋即丁憂,與回滇較近四十四日,共該除銀壹百肆拾捌兩肆錢貳分伍釐,實請銷養廉銀壹千伍百玖拾伍兩伍錢柒分肆釐。臣部覈與定例應給之數相符,應準開銷。

一、冊稱:委員王階鈺辦運道光貳拾柒年正運一起京銅,共用過水腳雜費養廉等銀壹萬陸千伍百伍拾貳兩捌錢柒分内,除領過銀壹萬叁千叁百陸拾貳兩伍錢肆分玖釐零,尚應找領銀叁千壹百玖拾兩叁錢貳分伍毫。又在天津全剝銅斤,應扣原給自津至通水腳銀叁百玖拾玖兩陸錢柒分叁釐,實應找領銀貳千柒百玖拾兩陸錢肆分柒釐零。等語。查該員王階鈺辦運道光貳拾柒年正運一起京銅,共用過水腳雜費養廉等銀壹萬陸千伍百伍拾貳兩捌錢柒分内,除領過銀壹萬叁千叁百陸拾貳兩伍錢肆分玖釐零,又應扣原給自津至通水腳銀叁百玖拾玖兩陸錢柒分叁釐,實應找領銀貳千柒百玖拾兩陸錢肆分柒釐零。臣部按冊覈算,數目相符。應令該督撫轉飭,將該員應找銀兩,俟前項水腳雜費等項銀兩覈定删減并煎折低銅賠補全完之日,再行找給清款。

此案科抄於咸豐元年正月貳拾叁日到部,兹於陸月拾陸日辦理具題,合并聲明。

臣等未敢擅便,謹題請旨。

批紅:依議。

爲題銷浙江各營道光二十年用過公費銀兩事

咸豐元年六月二十二日

大學士兼署管理戶部事務臣祁寯藻等謹題,爲請銷事。

戶科抄出,前任閩浙總督劉韻珂題浙江省各營道光貳拾年分用過公費銀兩造冊請銷一案。道光叁拾年柒月貳拾捌日題。拾壹月初陸日奉旨:該部察核具奏。這本内及貼黄俱有大部字樣,殊屬不合,劉韻珂著交部察議。欽此。欽遵。於本日抄出到部。臣部隨將前任閩浙總督劉韻珂應行察議之處恭錄諭旨,移咨吏部察議外。

該臣等會查得,前任閩浙總督劉韻珂疏稱:案準部咨,浙江省各營公費,係於地丁銀内劃出給發,應照地丁奏銷之限,按年題報核銷。等因在案。兹據浙江布政使汪本銓詳稱:將浙江省各標鎮協營開造支用道光貳拾年分公費銀兩冊結,并準杭州協造送承領各營公費款銀、辦回道光庚子年加增添兵二款,配藥硝磺用過價脚等項銀兩,報銷冊結前來備查。舊管:道光拾玖年分通省各營存剩公費銀柒萬陸千叁百柒拾兩玖錢叁分叁釐伍毫。新收:道光貳拾年分減正公費銀壹萬玖千叁拾捌兩玖錢柒分捌釐。管收合共銀玖萬伍千肆百玖兩玖錢壹分壹釐伍毫。除年例支銷户部項下銀陸千柒百捌拾捌兩陸錢捌分玖釐柒毫。工部項下銀壹千柒百叁拾捌兩肆錢陸分貳釐伍毫。又年有年無修造軍裝炮械、軍藥舂藥局房、演武廳、箭廳,專案冊報,奉部覆準先支九分,并找給一分,共銀壹萬貳千貳百捌拾貳兩捌錢貳分叁釐五毫。又定海鎮標貳拾年分陸月以前支用并英夷擾陷定城後失去銀叁千肆百叁拾玖兩伍分陸釐伍毫。以上通共銷用并失去銀貳萬肆千貳百肆拾玖兩叁分貳釐貳毫。實在:存銀柒萬壹千壹百陸拾兩捌錢柒分玖釐叁毫。内除提標等營估辦軍裝炮械、軍藥二局、春藥房屋、演武廳、箭廳等項,專案咨部,共應存工料銀壹萬壹千柒百柒拾玖兩貳錢陸分伍釐伍毫外,尚餘銀伍萬玖千叁百捌拾壹兩陸錢壹分叁釐捌毫。此内定標額給貳拾年公費,係貳拾壹年在鎮海防所領回,該標當時作何支用,有無存剩,應請歸入下屆案内查明造報。其餘各營存銀,仍循向例分存各該營,以爲找支一分,并貳拾壹年續辦軍裝等項公務接濟之用。均俟入於下年冊内開除。該司確加查核,支銷各款,俱奉部準銷有案。惟各營水陸情形物價不同,大小月建參差,是以請銷銀數未能劃一。既據各營將備具有實用無浮印結,應請準其一體報銷。相應攢造簡明司總清冊,并同各營冊結,轉詳察核,具題咨部核銷。再,定標貳拾年分報銷冊結,因英夷擾陷定城,案卷銀兩俱被燬失,以致無從造送。現係由司按依上屆應存於司總内列明,開除冊報。至此案報銷,前因拾肆年之案奉部行查,以故在後各年未能詳辦。迨拾肆年銷冊登覆奉準,業將拾伍、陸、柒、捌、玖五年冊籍,詳請具題。是以將貳拾年銷冊始行詳辦。至貳拾壹年銷冊,再行接續辦理,合并聲明。等情。臣覆核無異,除冊結送部外,理合具題。等因前來。

查浙江省各營公費動用各款,前據閩浙總督遵照户部奏準章程,按年造冊題銷,歷經辦理在案。今據該督造送冊開,浙江省各營道光貳拾年分用過公費,戶部項下請銷銀陸千柒百捌拾捌兩陸錢捌分玖釐柒毫,臣部按冊核算,并與歷屆準銷款目相符,應準開銷。至工部項下請銷銀壹千柒百叁拾捌兩肆錢陸分貳釐伍毫,又年有年無修造軍裝炮械、軍藥春藥局房、演武廳、箭廳,奉部覆準先支九分,并找給一分,共銀壹萬貳千貳百捌拾貳兩捌錢貳分叁釐伍毫。工部查此案,先據户部送部會議,當經工部將冊造製造操演藥鉛等項數目是否相符,應否準其照冊製辦,移查兵部。今準兵部查核相符,準其照冊核辦。工部查冊開年有年無項下修造軍裝炮械、局房等項銀兩,既據聲稱俱係專案造報,應令另冊送部核辦。其製造藥鉛、修製救火器具用過工料等項銀壹千柒百叁拾捌兩肆錢陸分貳釐伍毫,按冊查核,内未據定海營將是年操演藥鉛細數清冊報部,工部礙難準銷。應將原冊發還該督,轉飭該營造具細册,同各營原冊,一并彙齊送部,專案題報核辦。至疏稱定海鎮標道光貳拾年陸月以前支用、并英夷擾陷定城後失去銀叁千肆百叁拾玖兩伍分陸釐伍毫,應令該督轉飭,據實查明,取具切實印加各結送部,以憑核辦。其實存銀柒萬壹千壹百陸拾兩捌錢柒分玖釐叁毫内,除提標等營估辦軍裝炮械、軍藥二局、春藥局房屋、演武廳、箭廳等項咨部,共應聽存工料銀壹萬壹千柒百柒拾玖兩貳錢陸分伍釐伍毫外,尚餘銀伍萬玖千叁百捌拾壹兩陸錢壹分叁釐捌毫。此内定標額給貳拾年公費,係貳拾壹年在鎮海防所領回,該標當時作何支用,有無存剩,請歸下屆案内查明造報。其餘各營存銀仍循例分存各營,以爲找支一分,并續辦貳拾壹年軍裝等項公務接濟之用,均俟入於下年冊内開除造報。應令該督轉飭,將定標額給貳拾年公費并各營存銀,造入下屆舊管項下,報部查核。又,疏稱定標貳拾年分報銷册結,因英夷擾陷定城,案卷銀兩俱被燬失,以致無從造送。現係由司按依上屆應存於司總册内列明,開除冊報之處,應如所題辦理。所有道光貳拾壹年起,至叁拾年止,用過公費銀,應令該督速飭分年、分案造冊,送部核銷,毋稍躭延。

此本係戶部主稿。於道光叁拾年拾壹月初陸日科抄到部,咸豐元年正月貳拾陸日送會工部,伍月初壹日會回。兹於陸月貳拾貳日辦理具題,合并聲明。

臣等未敢擅便,謹題請旨。

批紅:依議。

爲咸豐元年河南調整各州縣應解臨德二倉本色折色事

咸豐元年七月初一日

大學士兼署管理戶部事務臣祁寯藻等謹題,爲請旨事。

戶科抄出,河南巡撫潘鐸題河南省咸豐元年應解臨德二倉銀米照例徵收一案。道光叁拾年拾月拾貳日題。咸豐元年叁月貳拾壹日奉旨:該部議奏。欽此。欽遵。於本日抄出到部。

該臣等查得,河南巡撫潘鐸疏稱:豫省應解臨清、德州二倉本折銀米,奉文照例先年具題。據糧鹽道瑞興詳稱:咸豐辛亥年漕糧,請將河以南祥符等二十八州縣,與河北近水次之各縣,并考城、濬縣、滑、内黄等四縣,應徵臨清倉米石,仍照舊例改徵折色,每石價銀捌錢。德州倉米仍統徵本色,隨漕支軍。其永城等十九州縣臨清倉米一并改徵,每石價銀捌錢。德州倉米,已經改派安陽等縣徵運。所有永城等州縣米石,應同額運漕糧一并徵收,折價抵補安陽等縣之地丁銀兩。等情。臣覆查無異,相應循例具題。等因前來。

查河南省各州縣應解臨德二倉銀米,以爲運軍行月之需。臨清倉米石,向例改折銀兩,德州倉米石,向例徵收本色。今據該撫題報,咸豐元年應將河南祥符等二十八州縣,與河北近水次各縣,并考城、濬縣、滑、内黄等縣,應徵臨清倉米石,仍照舊例改徵折色,每石價銀捌錢。德州倉米石仍統徵本色,隨漕支軍。其永城等十九州縣臨清倉米石一并改折,每石價銀捌錢,即行抵補安陽等縣之地丁銀兩。臣部核與該省節年辦理成案,均屬相符。仍令該撫將收放過銀米數目,造入該二倉咸豐元年奏銷案内,具題查核。

此案科抄於咸豐元年叁月貳拾壹日到部,兹於柒月初壹日辦理具題,合并聲明。

臣等未敢擅便,謹題請旨。

批紅:依議。

爲安徽宿松縣典史張鵬完繳借支養廉原參開復事

咸豐元年七月初一日

大學士兼署管理戸部事務臣祁寯藻等謹題,爲完繳事。

戸科抄出,前任安徽巡撫王植題宿松縣典史張鵬完繳在籍借支養廉銀兩原 參處分題請開復一案。道光叁拾年拾月拾肆日題。拾貳月初肆日奉旨:該部查議具奏。欽此。欽遵。於本日抄出到部。

該臣等會查得,前任安徽巡撫王植疏稱:道光貳拾年分新選安徽宿松縣典史張鵬在籍借支養廉銀伍拾兩。據兼署布政使李本仁詳稱:該員前於道光貳拾年肆月拾叁日到任,未經按限完解,已照例報參。續據該員於道光貳拾壹年拾月貳拾捌日照數完解司庫,業經造入道光貳拾貳年春撥册内報部,及查造貳拾貳年起限限滿册内登明全完。所有奉準部議降俸一級、戴罪再限半年完交之案,詳請具題開復。至該員應完降俸銀兩,統俟奉旨準其開復之日,截扣歸於恩詔案内核辦等情。臣覆核無異,相應照例題請開復前來。

查安徽省道光貳拾年分新選安徽宿松縣典史張鵬,在籍借支養廉銀伍拾兩。前據該撫於查造貳拾壹年文職各員京籍借支養廉起限滿册内照例報參,經户部移咨吏部,核議在案。今據該撫疏稱,未完前項銀兩,該員於道光貳拾壹年拾月貳拾捌日照數完解司庫,造入貳拾貳年春撥册内報部,及查造貳拾貳年起限限滿册内登明全完在案。等語。户部核與原參未完及該年春撥册造銀數,均屬相符。所有該員原議降俸一級、聲請開復之處,吏部查定例,錢糧未完各官,參後續報全完者,將該員原參議處之案,題請開復。等語。應將參後續報全完之宿松縣典史張鵬,原議降俸一級、戴罪完交之案,照例準其開復。仍令該撫將該員應完降俸銀兩,俟奉旨準其開復之日,截扣歸於恩詔案内核辦,統於降罰案内分晰報部查核。

此本係戶部主稿。科抄於道光叁拾年拾貳月初肆日到部,送會吏部,於咸豐元年伍月貳拾玖日議結送回。兹於柒月初壹日辦理具題,合并聲明。

臣等未敢擅便,謹題請旨。

批紅:依議。

爲陝西神木府谷二縣秋禾被雹歉收出借籽種銀兩事

咸豐元年七月初二日

大學士兼署管理戶部事務臣祁寯藻等謹題,爲欽奉事。

戶科抄出,陝西巡撫張祥河將陝西省道光貳拾玖年榆林府屬之神木府谷二縣秋禾被雹出借籽種折色銀兩一案。道光叁拾年拾貳月初貳日題,咸豐元年貳月貳拾捌日奉旨:該部議奏。欽此。欽遵。於本日抄出到部。

該臣等查,陝西巡撫張祥河疏稱:看得陝西省道光貳拾玖年,榆林府屬之神木、府谷二縣秋禾被雹歉收,均經奏明今春出借籽口折色銀兩,以資接濟在案。兹據署布政使朱慶祺詳稱:據神木縣申報,散放過春借籽種折色銀壹百捌拾兩,府谷縣申報,散放過春借籽種折色銀貳百肆拾兩。以上共銀肆百貳拾兩,已在於道光叁拾年地丁銀内動支。造入本年秋撥冊内開支,報部請銷。其應造報銷冊結,飭令分別趕造,俟至日彙詳呈送。所有春借折色銀兩數目,由司詳請核題前來。臣覆查無異,謹會同前任督臣琦善,合詞具題。等因前來。

臣等恭查,道光叁拾年正月初肆日,内閣奉上諭:上年陝西神木、府谷二縣被雹,業經分別蠲緩。惟念今春青黄不接之時,民力未免拮據,加恩著將該二縣被雹地方,均於常社倉内酌借本折籽種口糧,俾窮黎各安生業。該撫即刊刻謄黄,徧行曉諭。務令實惠均霑,毋任吏胥舞弊,用副朕乘春布闓、澤洽閭閻之至意。該部即遵諭行。欽此。欽遵。當經臣部行文該撫遵照在案。今據陝西巡撫疏稱:神木縣散放過春借籽種折色銀壹百捌拾兩,府谷縣散放過春借籽種折色銀貳百肆拾兩,共銀肆百貳拾兩,請在於道光叁拾年地丁銀内動支。等語。臣部核與欽奉諭旨相符,應準其照數動支。仍令該撫轉飭,將應造報銷冊結,送部核辦。

再,此案科抄於咸豐元年貳月貳拾捌日到部,兹於柒月初貳日辦理具題,合并聲明。

臣等未敢擅便,謹題請旨。

批紅:依議。

爲江蘇蘇州等府道光二十八年地丁等項銀米豆石奏銷事

咸豐元年七月初二日

大學士兼署管理戶部事務臣祁寯藻等謹題,爲奏銷等事。

戶科抄出,江蘇巡撫傅繩勛題蘇州等府道光貳拾捌年地丁屯折雜税學租官生空缺等項銀米豆石奏銷一案。道光貳拾玖年玖月貳拾壹日題,拾壹月貳拾肆日奉旨:該部察核具奏。冊并發。欽此。欽遵。於本日抄出到部。隨將撥給節烈婦女建坊,并驛站俸工等項,以及各官事故,移查吏部、禮部、兵部、工部去後。今於道光叁拾年叁月拾肆等日,陸續查覆前來。

該臣等查得,江蘇巡撫傅繩勛疏稱:蘇州、松江、常州、鎮江、太倉等五府州屬,道光貳拾捌年地丁、省衛、屯折、雜税、學租、官生空缺等項銀米豆石,完欠動存各數及已未完各職名,分晰造冊,具題前來。查此案前經户部議覆,原任蘇州布政使吴壇奏稱:地丁奏銷案内,向有專案報銷者,各就本案查核,毋庸遞年登報。其無專案難結之款,如借支驛站以及官生空缺銀兩,各屬解交省倉米豆登記已完各項銀兩米豆四款,另立專案報部。其餘循例支給,向無專案報銷之款,并令逐一摘出,另造細冊報部,分别核銷。等因。又乾隆伍拾壹年户部議令,各省俸工、驛站銀兩一并歸入地丁,并計考成。等因。又乾隆伍拾貳年,户部會同吏部議覆,前任湖北巡撫姜晟奏,各屬南糧嗣後奏銷時如有未完,照三個月限滿不完之例,按照銀數實降實革。等因。又各省耗羨銀兩,經户部議令,隨同正項核計考成一疏題報。如正耗全完,始準議敍。其動用各數仍照舊例,於年終彙奏。又漕項耗羨銀兩,户部議令,自乾隆伍拾貳年爲始,概行解交糧道庫。等因。又於嘉慶伍年貳月内,據原任江蘇巡撫岳起,將江蘇省各官俸、役食、廩糧、祭祀、驛站等銀,以嘉慶伍年為始,在於州縣就近坐支。等因各在案。今蘇州省道光貳拾捌年,額徵地丁、屯折、省衛、雜税、學租、官生空缺等項正銀貳百貳拾壹萬伍千玖百捌拾伍兩貳錢陸分外,溢完銀陸分陸釐。又催提屬欠銀肆千壹百伍拾玖兩壹錢陸分陸釐,統共銀貳百貳拾貳萬壹百肆拾肆兩肆錢玖分貳釐。内準銷相符銀拾陸萬捌千玖百肆拾伍兩肆錢柒分玖釐。内溢完銀陸分。循例支給銀柒拾捌萬玖百柒拾伍兩伍錢捌分貳釐,向有專案核銷銀柒拾萬柒千肆百貳拾陸兩玖錢柒分伍釐。内溢完銀陸釐。又提屬欠銀肆千壹百伍拾玖兩壹錢陸分陸釐,向無專案、應另立專案銀捌千柒百玖拾壹兩捌錢捌分柒釐。熟田未完并因灾緩徵銀伍拾伍萬肆千肆兩伍錢陸分玖釐。額徵米豆貳拾伍萬陸千貳百捌拾肆石貳斗壹升肆合伍勺外,溢完米伍石陸斗伍升玖合壹勺。内準銷相符米肆百貳拾貳石陸斗壹升玖合柒勺,循例支給米拾伍萬捌千柒百陸拾陸石陸斗玖升伍合伍勺,向有專案核銷米豆伍萬伍千肆百玖拾柒石陸斗伍合。内溢完米伍石陸斗伍升壹合叁勺。向無專案、應另立專案米貳百捌拾肆石捌升陸合玖勺外,溢完米柒合捌勺。熟田未完并因灾緩徵米豆肆萬壹千叁百拾捌石捌斗伍升捌合陸勺,隨徵耗羨銀拾貳萬捌千柒百叁拾伍兩玖錢柒分叁釐外,溢完銀壹錢壹分。又文衞各官應扣降罰俸銀叁萬壹千陸百陸兩伍錢壹分肆釐。所有各款數目,開列於後。

一、額徵地丁、損腳、屯折等項:正銀貳百拾柒萬貳千伍百玖拾肆兩捌錢肆分壹釐外,溢完銀壹釐。又催提屬欠銀肆千壹百伍拾玖兩壹錢陸分陸釐,耗銀拾貳萬陸千叁百陸拾玖兩伍錢玖分叁釐。内被灾蠲免,添築炮臺佔廢減則田地,應蠲撥解兵餉、賑餉、恤賞、祭葬、節烈婦女建坊以及已完入撥等項,共正銀拾陸萬叁千柒百拾叁兩貳錢玖分壹釐,耗銀玖拾肆兩玖錢玖分壹釐。等語。查前項地丁屯折銀内,被灾蠲免正銀壹千叁百肆拾兩捌錢柒分玖釐,耗銀玖拾叁兩捌錢陸分貳釐。靖江等縣添築炮堤佔廢減則田地,應蠲正銀拾陸兩壹錢叁分陸釐,耗銀壹兩壹錢貳分玖釐。撥解兵餉、賑餉銀拾伍萬兩,恤賞、祭葬、眷口半餉銀叁百玖拾伍兩伍錢,造入貳拾捌玖兩年春、秋、冬各撥冊内銀壹萬壹千叁百陸拾兩柒錢柒分陸釐。户部核與灾蠲冊造并各原案,及各季撥冊銀數,均屬相符。至撥給節烈婦女,并捐田贍族建坊銀陸百兩,查據禮部,核覆符合,均毋庸議。

一、地丁屯折存留項下:徑撥漕項、官俸、役食、廪膳、孤貧、鋪兵、水手、閘夫、工食、門軍口糧、壇祠祭品、歲貢坊儀、舉人盤纏、雜支各款,共正銀柒拾捌萬叁千叁百叁拾陸兩肆錢玖分捌釐,耗銀叁萬捌千叁百伍拾伍兩柒錢壹分。等語。查前項徑撥漕項正銀陸拾玖萬肆千伍拾玖兩陸錢肆分壹釐,耗銀叁萬捌千叁百伍拾伍兩柒錢壹分,係漕項奏銷案内報銷之款。應令漕運總督、江蘇巡撫即飭造入漕項奏銷,報部查核。又徑撥官俸、役食、廩膳、孤貧、祭品、歲貢坊儀、舉人盤纏、閘夫水手工食、門軍口糧、雜支各款,共銀捌萬陸千叁百捌拾伍兩柒錢玖分捌釐。係每年循例支給之項,應準開銷。所有官俸、役食、廩膳空缺銀貳千捌百玖拾壹兩伍分玖釐,曾否完解司庫,册内未據聲明,無憑查核。除户部照數存查登記外,應令江蘇巡撫轉飭解司,即行造入下屆季撥,毋任遲延。

一、地丁損腳項下:撥鹽課驛站、河工水手工食、武職養廉、官兵俸餉、紅白賞恤、解餉水腳、採買新絲、織造緞紗、旗纛工料、辦解顔料、墊發洋銅雜費,灾借兵餉、冬勘應蠲、參案虧缺、佐雜養廉,共正銀柒拾萬玖千陸百伍兩貳錢柒分玖釐,耗銀壹萬伍百捌兩玖錢肆分柒釐。等語。查各屬徑撥驛站銀肆萬肆千肆百叁拾捌兩柒錢柒分壹釐,移查兵部覆稱,未據江蘇巡撫題報。又撥河工、便民船工食銀陸萬捌千肆百柒拾兩陸錢伍分柒釐,移查工部覆稱,未據江南河道總督、江蘇巡撫造報。應令江南河道總督、江蘇巡撫飭俟造報兵部、工部準銷之日,專案報部,以便移查銷結。又撥兩浙鹽課正銀壹萬伍千玖百柒拾叁兩玖錢壹分壹釐,耗銀肆百陸拾伍兩肆分,應令浙江巡撫委解部庫。其解司鹽課耗銀叁百貳拾玖兩陸錢陸分叁釐,除户部照數登記外,應令江蘇巡撫轉飭造入該年耗羨報銷冊内,報部查核。又撥各營武職養廉、官兵俸餉、解餉水腳、紅白賞恤,採買新絲,織造移領緞紗工料、米豆草折、顔料價腳,共銀肆拾捌萬貳千玖百貳拾捌兩貳錢伍釐。内催提屬欠銀肆千壹百伍拾玖兩壹錢陸分陸釐,溢完銀壹釐。靖江縣撥補灾蠲役食銀肆拾伍兩伍分,又冬勘田地,應蠲正銀壹千伍百肆拾捌兩玖錢貳分柒釐,耗銀壹百捌兩肆錢貳分肆釐。丹徒等縣註緩候豁正銀壹百貳拾陸兩陸錢柒分肆釐,耗銀柒兩肆錢玖分壹釐。又已完耗羨徑支佐雜養廉銀陸千捌百陸拾貳兩叁錢叁分陸釐,又撥寶蘇局墊辦浙江等省銅價雜費等銀貳萬貳拾玖兩捌錢叁釐,均係向有專案報銷之款。今各本案未據到部,應令江蘇巡撫、蘇州織造轉飭造報核銷。又撥存裁馬節省草乾銀肆千捌百柒拾捌兩玖錢,應令江蘇巡撫飭將動用添設官兵俸餉等項,另立專案,報部銷結。又各標營灾借兵餉銀貳萬捌千貳拾陸兩玖錢,仍令該撫轉飭按限扣還,報部查核。又參革奉賢等縣王嘉穀等,虧缺正銀肆萬叁千壹百叁拾柒兩肆錢捌分壹釐,耗銀貳千柒百叁拾伍兩玖錢玖分叁釐,應令江蘇巡撫勒限嚴追完報,毋任延欠。

一、地丁損腳、屯折項下:已完正銀叁百肆拾捌兩叁錢壹分,耗銀肆萬柒千陸百伍兩玖錢捌釐。等語。查已完解司,不在丁田、學租、鄉飲酒禮等項正銀叁百肆拾捌兩叁錢壹分,耗銀肆萬柒千陸百伍兩玖錢捌釐。除户部照數登記外,應令江蘇巡撫飭將正銀造入下屆季撥,耗銀造入貳拾捌、玖兩年耗羨報銷册内,仍俟分别造報之日,專案銷結。

一、地丁損腳、屯折項下:熟田未完并因灾緩徵正銀伍拾壹萬玖千柒百伍拾兩陸錢叁分,耗銀貳萬玖千捌百肆兩叁分柒釐。等語。查前項灾緩地丁屯折等項正銀伍拾萬叁千玖百玖拾玖兩伍分壹釐,耗銀貳萬玖千叁拾陸兩叁錢叁分伍釐,應令該撫飭俟屆限起徵之日,按限催徵完報。如逾限不完,即行扣滿年限,查明完欠,另行補報,開參核議。至未完損腳正銀壹萬伍千柒百伍拾壹兩伍錢柒分玖釐,耗銀柒百陸拾柒兩柒錢貳釐,户部查,應徵損腳銀兩係彙入地丁并計。今該省是年熟田錢糧既報全完,何以損腳項下又有未完銀兩,殊屬不合。并令該撫嚴飭作速催完入撥,仍造入下屆隨本奏銷案内,報部查核。所有該撫開列經接催徵已完各官職名,應否準其照例分别議敘之處,吏部查,地丁錢糧二三官徵完各員,例無議叙。其一官經徵全完,各員是年有無應行起徵節年緩帶徵錢糧,及作分數之雜項錢糧未完,當經咨查户部去後。今據覆稱,該省隨本奏銷尚未到部,無從查覆。等語。應令該撫查明,該員等是年有無應行啟徵節年緩帶徵錢糧,及作分數之雜項錢糧未完,聲覆報部,再行核辦。兵部查定例:衛所守備將一應起運錢糧於奏銷前如數全完一千兩以上、三千兩以下者,紀録二次,三千兩以上者紀録三次。等語。除署鎮江衛守備韓穆未完銀兩,已據後官代徵全完,鎮江衛守備佟熾業經病故,均毋庸議外,應將經徵道光貳拾捌年分屯折銀兩全完一千兩以上之蘇州衛守備朱殿元、太倉衛守備李聯鑣,均照例準其紀録二次。全完三千兩以上之鎮海衛守備賈任洙照例準其紀録三次。至守備朱殿元、李聯鑣、賈任洙未完灾緩銀兩,應令該撫扣滿年限,查明完欠,再行報部核辦。

一、額徵學租:正銀肆千伍拾壹兩肆分叁釐外,溢完銀伍釐。耗銀貳百叁拾肆兩貳錢伍分捌釐内,灾蠲正銀貳兩叁錢柒分柒釐,耗銀壹錢陸分陸釐。撥賑貧膏火等銀伍百叁拾兩壹錢肆分叁釐,學院支用銀貳千柒百兩伍錢玖分陸釐,内溢完銀伍釐。已完存俟造入貳拾捌玖兩年耗羨報銷冊内耗銀壹百捌拾叁兩捌錢柒分叁釐。熟田未完并因灾緩徵正銀捌百拾柒兩玖錢叁分貳釐,耗羨伍拾兩貳錢壹分玖釐。等語。查前項灾蠲正銀貳兩叁錢柒分柒釐,耗銀壹錢陸分陸釐,户部核與灾蠲册造銀數相符,應毋庸議。撥賑貧膏火等銀伍百叁拾兩壹錢肆分叁釐,係循例支給之項,應準開銷。又解學院支用并修學銀貳千柒百兩伍錢玖分陸釐内,溢完銀伍釐。應令江蘇學政俟造報準銷之日,專案核結。又存俟造入貳拾捌玖兩年耗羡報銷册内耗銀壹百捌拾叁兩捌錢柒分叁釐,除照數登記外,仍令飭俟分别造報之日,專案核銷。又灾緩正銀伍百捌拾捌兩貳錢柒分玖釐,耗銀叁拾肆兩貳錢壹分貳釐,并令飭俟屆限起徵之日,按數催徵完報。仍扣滿年限,查明完欠,另行補報開參核議。所有未完正銀貳百貳拾玖兩陸錢伍分叁釐,耗銀拾陸兩柒釐,開列職名報參。等語。吏部查定例,官員承追不作十分之雜項錢糧,未完初參降俸二級,戴罪催追完日開復。又定例,官員任内有承督未完案件,於限内離任者,以罰俸一年完結。又定例,錢糧未完各官,參後續報全完者,扣除免議。等語。除病故之員毋庸議外,至經徵接徵學租項下,初參未完之吴江縣教諭趙彦修、震澤縣訓導孫椿林、丹徒縣知縣張元揆,均例止降俸。初參限内卸事之前任震澤縣訓導邱夢龍、前署震澤縣訓導事試用訓導鄭榮祺、前任上海縣知縣陞任蘇州府同知藍蔚雯、前任上海縣陞任通州直隸州知州金咸,均例止罰俸。事在道光叁拾年正月貳拾陸日欽奉恩詔以前,應行寬免。其有展參各員,仍令該撫按限題參。仍令該撫將前項未完正耗銀兩,即飭按數催徵完報。

一、應扣官生空缺銀叁千陸拾陸兩伍錢捌釐内,已完銀陸百柒拾叁兩陸錢壹分捌釐,未完銀貳千叁百玖拾貳兩捌錢玖分。等語。查各屬已完銀陸百柒拾叁兩陸錢壹分捌釐,據稱存撥署任官俸之用。除户部存查登記外,應令江蘇巡撫飭俟查明,如未動用,仍造入下屆季撥,報部銷結。如已動用,即造署何任何缺并員名支俸細册送部,以歸核實。至未完銀貳千叁百玖拾貳兩捌錢玖分,開列職名報參。等語。除初參未完之前署溧陽縣事婁縣知縣程恩溥例止降俸,已經休致及病故之員俱毋庸議,參後續報全完各員照例準其扣除免議外,應將經徵接徵官生空缺項下初參未完之署震澤縣事試用革職知縣施燕辰、署婁縣事武進縣革職知縣陳嘉勳、金山縣革職知縣陳倖、署荆溪縣事候補革職知縣冷嘉植、前任長洲縣革職知縣周沐潤、前署元和縣事華亭縣革職知縣秋家丞,均照例降俸二級,戴罪催追完日開復。周沐潤、秋家丞於未經限滿之先卸事,應照離任官例,各罰俸一年註册。查初叅未完之長洲縣知縣黄廷瓚、元和縣知縣高長紳、震澤縣知縣沈則可、代理崑山縣事崑山縣典史王鼎逺、奉賢縣知縣王嘉穀、南滙縣知縣李映棻、署青浦縣事候補同知平翰、川沙廳同知何士祁、署江陰縣事崑山縣知縣王省山、署宜興縣事候補知縣邵錕、靖江縣知縣齊在鎔、署靖江縣事試用知縣賈益謙、丹徒縣知縣張元揆、署金壇縣事試用知縣王曉棨、溧陽縣知縣蔡世佑等,俱例止降俸。初參未完於限内卸事之前署吳江縣事金匱縣降調知縣朱子庚、前任吳江縣撤任另補知縣姚銑、前署崑山縣事青浦縣丁憂知縣賈奉乾、前署奉賢縣事吳縣知縣王錫九、前任上海縣陞任蘇州府同知藍蔚雯、前任上海縣陞任通州直隸州知州金咸、前署青浦縣事睢寧縣降調知縣金鎔、前署青浦縣事候補布政使經歷高鏡涵、前署川沙廳同知事候補知府陳延恩、前署川沙廳事候補通判陳元齡、前署金匱縣事候補同知吳雲、前署江陰縣事金壇縣丁憂知縣王清渠、前任宜興縣撤任知縣馮翰等,俱例止罰俸。沈則可又署金匱縣,任内初參未完,例止降俸。何士祁又前署長洲縣任内、黄廷瓚又前署婁縣任内、金咸又前署南滙縣任内、高長紳又前署荆溪縣任内、姚銑又前署金壇縣任内,俱初參未完,於限内卸事,亦例止罰俸。事在道光叁拾年正月貳拾陸日欽奉恩詔以前,應行寬免。其有展參各員,仍令該撫按限題參,仍令該撫將前項未完銀兩,即飭掃數催完報部,毋任延欠。

一、應徵雜税正銀叁萬陸千貳百柒拾貳兩捌錢陸分捌釐外,溢完銀陸分。耗銀貳千壹百叁拾貳兩壹錢貳分貳釐外,溢完銀壹錢壹分。内溢完入撥銀伍千貳百貳拾玖兩捌錢壹分壹釐内,溢完銀陸分。存俟造入貳拾捌玖兩年耗羨報銷册内耗銀叁百捌兩伍錢柒分玖釐。内溢完銀壹錢壹分。未完正銀叁萬壹千肆拾叁兩壹錢壹分柒釐,耗銀壹千捌百貳拾叁兩陸錢伍分叁釐。等語。查前項雜税款内,已完造入貳拾捌玖兩年春、秋、冬撥册内銀伍千貳百貳拾玖兩捌錢壹分壹釐。内溢完銀陸分。户部核與各季撥冊造報銀數,均屬相符,應毋庸議。又已完存俟造入貳拾捌玖兩年耗羨報銷冊内耗銀叁百捌兩伍錢柒分玖釐。内溢完銀壹錢壹分。除照數登記外,仍令該撫飭俟分别造報之日,專案核結。所有未完正銀叁萬壹千肆拾叁兩壹錢壹分柒釐,耗銀壹千捌百貳拾叁兩陸錢伍分叁釐,開列職名報參。等語。吏部,除雜税銀兩初參未完之前署溧陽縣事婁縣知縣程恩溥例止住俸、已經休致及病故之員俱毋庸議外,應將經徵接徵初參未完之金山縣革職知縣陳偉、署荆溪縣事試用革職知縣冷嘉植、署震澤縣事試用革職知縣施燕辰,均照例降俸二級,戴罪催追,完日開復。初參未完限内卸事之前任長洲縣革職知縣周沐潤、前任華亭縣知縣已經革職秋家丞、前任武進縣知縣已經革職陳嘉勲,均照離任官例,各罰俸一年註册。陳嘉勲又署婁縣任内初參未完，應照例再降俸二級，戴罪催追，完日開復。該員又前署華亭縣任内初參未完，於限内卸事，應照離任官例，再罰俸一年註册。查初參未完之長洲縣知縣黄廷瓚、元和縣知縣高長紳、吴縣知縣王錫九、吴江縣撤任留省另補知縣姚銑、震澤縣知縣沈則可、昭文縣調任青浦縣知縣毓慶、代辦崑山縣事崑山縣典史王鼎逺、新陽縣知縣以府經縣丞降補徐敬安、署華亭縣事通州知州金咸、奉賢縣知縣王嘉穀、署青浦縣事候補同知平翰、署武進縣事試用知縣張廣韶、無錫縣告病知縣吳時行、署江陰縣事崑山縣知縣王省山、署宜興縣事試用知縣邵錕、靖江縣知縣齊在鎔、署靖江縣事試用知縣賈益謙、丹徒縣知縣張元揆、丹陽縣知縣張禮、署金壇縣事試用知縣王曉榮、溧陽縣知縣蔡世佑、崇明縣知縣孫豐等，俱例止住俸。初穀未完限内卸事之前署長洲縣事松江府川沙同知何士祁、前署吳縣試用知縣降調捐復鍾光裕、前署吴江縣事金匱縣降調知縣朱子庚、前署崑山縣事青浦縣丁憂知縣賈奉乾□□□□□□吳江縣事金匱縣降調知縣□□□□□□□縣事青浦縣丁憂知縣△△△、前署江陰縣事金壇縣丁憂知縣王清渠△△△△△△△△知縣竇塾、前任上海縣陞任蘇州府同知藍蔚雯、前署青浦縣事睢寕縣降調知縣金鎔、前代理青浦縣事試用布經歷高鏡涵、前署金匱縣事候補同知吳雲、前任宜興縣撤任另補知縣馮翰、前署丹陽縣事試用知縣蔡琳等，俱例止罰俸。沈則可又署金匱縣任内，初參未完，例止降俸。蔡世佑又前署新陽縣任内、王錫九又前署奉賢縣任内、黄廷瓚又前署婁縣任内、金咸又前署上海縣任内、王省山又前署無錫縣任内、王清渠又前署江陰縣任内、高長紳又前在荆溪縣任内、姚銑又署金壇縣任内，俱初參未完，於限内卸事，亦例止罰俸。事在道光叁拾年正月貳拾陸日欽奉恩詔以前，應行寬免。其有展参各員，仍令該撫按限題參。再查雜税一款，各户隨時交納，不準絲毫拖欠。該地方官以例無展參處分，任意延宕。應令該撫將前項未完正耗銀兩，即派委員守提，解司入撥，報部查核。

一、文衛各官應扣罰俸銀叁萬壹千陸百陸兩伍錢壹分肆釐。内已完銀肆百叁拾貳兩玖錢柒分玖釐，免追銀陸千伍百肆拾兩壹錢捌分玖釐，未完銀貳萬肆千陸百叁拾叁兩叁錢肆分陸釐。等語。查已完罰俸銀肆百叁拾貳兩玖錢柒分玖釐，核對貳拾玖年秋撥冊造，銀數相符。又病故、休致、革職各員，未完銀陸千伍百肆拾兩壹錢捌分玖釐，查據吏部片覆符合，核與免追定例無訛，均毋庸議。至告病、降調、丁憂已未起復各員，未完銀壹千肆百玖拾柒兩肆錢肆分叁釐，仍分别開單，移咨吏部，俟各該員補官之日，知照過部辦理。又，浙江寧紹臺道咸齡,未完銀壹千捌拾柒兩貳錢陸分柒釐,福建汀漳龍道桂超萬,未完銀柒百玖拾壹兩捌錢陸分玖釐,應行文浙江、福建各巡撫轉飭完繳,入撥報部。所有本省文衛各員,未完銀貳萬壹千貳百伍拾陸兩柒錢陸分柒釐,并令江蘇巡撫即飭坐扣司庫報撥,毋任延宕。

一、額徵民屯白糧、解南料豆、局糧恤孤等項,共米豆貳拾伍萬陸千貳百捌拾肆石貳斗壹升肆合伍勺外,溢完米伍石陸斗伍升玖合壹勺。内撥漕項恤孤口糧、官兵俸米、馬豆局糧、灾蠲冬勘、應蠲候豁,已完撥剩共米豆貳拾壹萬肆千玖百柒拾壹石柒合壹勺。内溢完米伍石陸斗伍升壹合叁勺。熟田未完并灾緩共米豆肆萬壹千叁百拾捌石捌斗伍升捌合柒勺。等語。查前項米豆内,灾蠲米肆百貳拾貳石陸斗壹升玖合柒勺,户部核與灾蠲冊造數目相符,應毋庸議。又,已完撥給恤孤口糧米壹萬捌百肆拾叁石玖斗柒升捌合柒勺,係循例支給之項,應準開銷。又,撥漕項米拾肆萬柒千玖百貳拾貳石柒斗壹升陸合捌勺,應令漕運總督、江蘇巡撫轉飭,造入漕項奏銷案内,報部查核。又撥各標營兵糧、旗營馬豆、織造匠糧共米豆伍萬肆千玖百伍拾貳石柒斗伍升伍合。内溢完米伍石陸斗伍升壹合叁勺。又靖江縣冬勘應蠲米伍百貳拾伍石叁斗叁升捌合柒勺,又註緩候豁米拾玖石伍斗壹升壹合叁勺,均係向有專案報部之款。今各本案均未到部,應令江蘇巡撫、蘇州織造飭俟造報之日,仍專案銷結。又已完撥剩米貳百捌拾肆石捌升陸合玖勺外,溢完米柒合捌勺。并令迅即提解省倉,俟湊撥兵糧之日,專咨核銷。又灾緩米叁萬柒千壹百玖拾叁石捌斗捌升陸合伍勺,應令該撫飭俟届限起徵之日,按數催徵完報。如逾限不完,查明完欠,即行開參。所有未完米豆肆千壹百貳拾肆石玖斗柒升貳合壹勺,據冊報將已未完數、職名,聽候核議。等語。除參後續報全完各員,照例準其扣除免議,督催未完不及一分之員,例無處分,全完各員,例無議敘,及病故之員,俱毋庸議。查未完米豆三分以上之溧陽縣知縣蔡世佑,例止降留,事在道光叁拾年正月貳拾陸日欽奉恩詔以前,應行寬免。其展參之案,仍令該撫按限題參。至前項未完米豆,應令該撫嚴飭催徵,如逾二參例限不完,即行題報展參。仍一并造入下届隨本奏銷案内,分别造報查核。所有以上未結各款銀米豆石,并令該撫遵照乾隆叁拾陸年欽定五年之限,掃數登覆完結。

再,此本係户部主稿。科抄於道光貳拾玖年拾壹月貳拾肆日到部,隨經移查吏部、禮部、兵部、工部去後。今於叁拾年叁月拾肆等日,陸續查覆前來。於玖月貳拾陸日會吏部、兵部,於咸豐元年叁月拾肆等日,吏、兵二部會回。

茲於柒月初貳日辦理具題,合并聲明。

臣等未敢擅便,謹題請旨。

批紅:依議。

爲盛京新民廳被灾地畝緩徵道光三十年錢糧事

咸豐元年七月初三日

大學士兼署管理户部事務臣祁寯藻等謹題,爲題明事。

户科抄出,盛京户部侍郎兼管奉天府府尹事務恒毓等題道光叁拾年新民廳歉收地畝請照例緩徵錢糧一案。道光叁拾年拾貳月初貳日題。咸豐元年叁月貳拾肆日奉旨:該部議奏。欽此。欽遵。於本日抄出到部。

該臣等查得,盛京户部侍郎兼管奉天府府尹事務恒毓等疏稱:道光叁拾年新民廳所屬地方,河水漲發,地畝被淹。委員勘明沙嶺等六十七村屯實係歉收。又大民屯等一百八十五村屯被水稍輕,收成亦屬歉薄。先經臣等具奏,新民廳屬沙嶺等六十七村屯歉收民地,應徵本年錢糧緩至下年起徵,其帶徵各年錢糧照例遞緩。其大民屯等一百八十五村屯,本年額徵錢糧照數完納,其應帶徵貳拾玖年錢糧,緩至下年帶徵。等因。茲據該廳將歉收地畝應行緩徵錢糧,造冊送核前來。臣等看得,新民廳屬沙嶺等六十七村屯,歉收民地三千八百六十畝一分四釐。共應徵銀肆拾捌兩貳錢伍分貳釐,共應徵米捌拾肆石肆斗肆升伍勺陸抄。徵租餘地二千四百一十畝,又首報六分徵租餘地六十畝,共地二千四百七十畝,共應徵租銀壹百肆拾捌兩貳錢。首報三分徵租餘地六千八百一十九畝,共應徵租銀貳百肆兩伍錢柒分玖釐。民典旗人餘地九百三十四畝六分五釐,共應徵租銀伍拾陸兩柒分玖釐。官兵隨缺地一百二十六畝,共應徵租制錢柒千伍百陸拾文。以上歉收各地應徵錢糧,應緩至咸豐元年秋後按數帶徵,分别造入各該年奏冊報部。再,新民廳道光叁拾年被水稍輕之大民屯等一百八十五村屯,應行帶徵貳拾玖年錢糧,并歉收各地,應帶徵各年緩徵錢糧,請緩至咸豐元年按數帶徵。理合具題。等因前來。

查奉天省道光叁拾年旗民歉收并被灾各地,先據盛京將軍等奏請,分别照例蠲緩。等因。經臣部議覆,令將緩徵錢糧各數目分别造冊,具題核辦在案。今據該府尹冊報,新民廳屬沙嶺等六十七村屯,歉收民地三千八百六十畝一分四釐,共應徵銀肆拾捌兩貳錢伍分貳釐,米捌拾肆石肆斗肆升伍合陸抄。歉收徵租餘地二千四百七十畝,應徵租銀壹百肆拾捌兩貳錢。歉收首報三分徵租餘地六千八百一十九畝,應徵租銀貳百肆兩伍錢柒分。歉收民典旗人餘地九百三十四畝六分五釐,應徵租銀伍拾陸兩柒分玖釐。歉收官兵隨缺地一百二十六畝,應徵制錢柒串伍百陸拾文。以上歉收各地應徵錢糧,請緩至咸豐元年秋後按數帶徵。并新民廳道光叁拾年歉收案内,大民屯等一百八十五村屯,應帶徵貳拾玖年錢糧,以及帶徵各年緩徵錢糧,請遞緩至咸豐元年帶徵之處,臣部查與奏明緩徵年限相符。除隨缺地租錢文仍令依限催交外,其餘各項因灾緩徵錢糧,係在本年欽奉恩旨豁免之列,已據該府尹歸入豁免民欠案内一并奏明請豁。

此案於咸豐元年叁月貳拾肆日科抄到部,兹於柒月初叁日辦理具題,合并聲明。

臣等未敢擅便,謹題請旨。

批紅:依議。

爲盛京道光三十年監收官莊糧石銀兩事

咸豐元年七月初四日

大學士兼署管理戶部事務臣祁寯藻等謹題,爲監收等事。

戶科抄出,盛京戶部侍郎恒毓題道光叁拾年監收官莊糧石一案。道光叁拾年拾貳月拾捌日題,咸豐元年正月貳拾玖日奉旨:該部察核具奏。欽此。欽遵。於本日抄出到部。

該臣等查得,盛京戶部侍郎恒毓疏稱:盛京户部所屬棉莊五名,每年額交棉花叁千伍百斤,鹽莊三名,額交鹽肆萬捌千斤,鹽丁等額交鹽貳萬斤,糧莊一百一十八名,額交糧叁萬貳千叁百玖拾壹石。内應交雜項折銀糧壹萬壹百叁拾柒石捌斗,應折交黑豆肆千捌百捌拾伍石貳斗。查乾隆叁拾貳年拾月,經原任盛京户部侍郎瓦爾達摺奏,莊頭等每年應交黑豆,就近在牛莊旗倉交納,由部派員查收,以便起運。等因。嗣於乾隆伍拾伍年,經原任侍郎宗室宜興奏,莊頭等每年應交稗石内,除存留備用供應三陵及各處歲需雜項稗伍千石外,每年實應交内倉稗壹萬貳千叁百陸拾餘石。此内每年應支放各項口糧稗捌千壹百餘石,尚有盈餘稗肆千貳百餘石,并無用項。請將所餘稗石照依定例,每石折銀貳錢貳分,每年改交折色稗肆千石,一律折徵交庫。等因。經部議覆在案。又嘉慶貳拾壹年正月内,經前任侍郎德文具奏,户部所屬興京撫順糧莊二十名領種官地,被水沖壓。請仿照盛京内務府莊頭官地沖壓計成免差之例,應免交入倉糧貳千肆百柒拾玖石,存留内倉兑用糧玖百貳拾石,二共免交糧叁千叁百玖拾玖石。又免交折徵地畝銀貳拾柒兩玖分貳釐捌毫貳絲貳忽。經部議覆知照,亦在案。今届監收官莊糧石之際,所有莊頭等應交運通豆肆千捌百捌拾伍石貳斗,由盛京户部照例派員查收。其應交雜項折銀稗壹萬壹百叁拾柒石捌斗,應交盈餘折銀稗肆千石,照例每倉石折銀貳錢貳分,共折交銀叁千壹百壹拾兩叁錢壹分陸釐。又莊頭等領種官地折徵銀肆百貳拾伍兩壹分貳釐壹毫叁忽,均交納盛京户部銀庫外,應交倉糧玖千玖百陸拾玖石。查道光貳拾玖年拾月初壹日起,至叁拾年玖月底止,監督廣正等任内,存留糧石除已兑用外,舊剩糧叁百叁拾石壹斗陸升壹勺。又官莊處存留糧石除已兑用外,舊剩糧伍百陸拾石伍斗伍升伍合玖勺,共應交糧壹萬捌百伍拾玖石柒斗壹升陸合。内除存留官莊處糧壹千柒百石,以備折給供應三陵祭祀鷄鵞鴨蛋等項之用,存留内倉糧貳千叁百捌拾石,以備發給各處蘇麥油斤燒酒豆石以及各項匠役口糧之用,今實應交倉糧陸千柒百柒拾玖石柒斗壹升陸合。應交鹽陸萬捌千斤内,遵照舊例,存留備用三陵祭祀需用熬白鹽壹千柒百柒拾壹斤。再查上年存留内倉鹽斥除已兑用外,舊剩鹽叁百肆拾叁斤,實應交倉鹽陸萬陸千伍百柒拾貳斤。應交棉花叁千伍百斤。以上應交本色糧石及糧折銀兩并折徵地畝銀兩、棉花、鹽斤等項,公同監視,收入金銀庫、内倉。供應三陵祭祀需用各項物件折用糧石數目,俟辛亥年奏銷時,另行造報。除將道光貳拾玖年拾月初壹日起至叁拾年玖月底止,折糧用過實數造具細冊,并現在實收糧石及糧折銀兩、棉花鹽斤等項并折徵地畝銀兩數目造具各冊,一并送部查核。等因前來。

查盛京户部所屬官莊一百二十六座内,糧莊一百十八座,棉花莊五座,鹽莊三座。每年額交糧玖千玖百陸拾玖石。又應交雜項折銀糧壹萬壹百叁拾柒石捌斗,折銀稗肆千石,均按每石折銀貳錢貳分,二項共折交庫平銀叁千壹百拾兩叁錢壹分陸釐。又運通豆肆千捌百陸拾伍石貳斗,棉叁千伍百斤,鹽陸萬捌千斤。又莊頭等領種官地折徵銀肆百貳拾伍兩壹分貳釐壹毫叁忽,按年題銷,歷經辦理在案。今據盛京户部侍郎造報:道光叁拾年官莊徵收糧石等項,應交運通豆肆千捌百捌拾伍石貳斗。又應交折銀糧壹萬壹百叁拾柒石捌斗,應交折銀稗肆千石,二項共折銀叁千壹百壹拾兩叁錢壹分陸釐。應交倉糧玖千玖百陸拾玖石。又上年存留内倉備用糧内,未用糧叁百叁拾石壹斗陸升壹勺。官莊處未用糧伍百陸拾石伍斗伍升伍合玖勺。三項共應交糧壹萬捌百伍拾玖石柒斗壹升陸合。除本年存留官莊處備用糧壹千柒百石、存留内倉備用糧貳千叁百捌拾石,實應入倉糧陸千柒百柒拾玖石柒斗壹升陸合。又鹽莊應交鹽陸萬捌千斤,存留祭祀鹽壹千柒百柒拾壹斤,又上年内倉未用鹽叁百肆拾叁斤,實應入倉鹽陸萬陸千伍百柒拾貳斤。又棉花莊應交棉花叁千伍百斤。又莊頭領種官地折徵銀肆百貳拾伍兩壹分貳釐壹毫叁忽,俱已交納倉庫。等語。臣部按册造應徵各細數核算相符,所有存留官莊糧壹千柒百石内,倉糧貳千叁百捌拾石,鹽壹千柒百柒拾壹斤,應令盛京户部轉飭加謹收存,造入報銷案内,報部查核。至應交倉糧陸千柒百柒拾玖石柒斗壹升陸合,鹽陸萬陸千伍百柒拾貳斤,棉花叁千伍百斤,稗糧等折銀叁千壹百壹拾兩叁錢壹分陸釐,莊頭地糧折銀肆百貳拾伍兩壹分貳釐壹毫叁忽,既據該侍郎題報交納倉庫,并令盛京户部造入奏銷各案内,題報查核。至運通豆肆千捌百捌拾伍石貳斗,應令即行按數起運,報部查核。

此案於咸豐元年正月貳拾玖日科抄到部,兹於柒月初肆日辦理具題,合并聲明。

臣等未敢擅便,謹題請旨。

批紅:依議。

爲道光二十九至三十年盛京給過各城官兵紅白銀兩數目事

咸豐元年七月初六日

大學士兼署管理戶部事務臣祁寯藻等謹題,爲遵例事。

戶科抄出,署理盛京將軍覺羅樂斌題給過各城官兵紅白事銀兩一案。道光叁拾年拾壹月拾肆日題。拾貳月拾伍日奉旨:該部察核具奏。欽此。欽遵。於本日抄出到部。當將原册移咨兵部核對去後。今於咸豐元年貳月初拾日準兵部查覆前來。

該臣等查得,署理盛京將軍覺羅樂斌疏稱:查盛京通省官員兵丁等紅白事件應得恩賞銀兩,經原任將軍明福奏請,由盛京户部庫存餘地租銀内動用核給,按年奏銷。等因。嗣於道光貳拾叁年,將軍公宗室禧恩奏各城庫存制錢按成搭放藉可節省摺内,聲請將官員兵丁紅白事賞銀,以制錢五成搭放,奉部覆準。又盛京户部咨,將省城官員兵丁紅白事搭放制錢,由户部動支各外城所需制錢,由各該城旗民庫存錢文開放。等因。行知各在案。今查道光貳拾玖年肆月題銷後,剩存銀玖千壹百貳拾壹兩,制錢玖千壹百貳拾壹串,陸續分發各城,以備賞項應用。續因不敷支放,於道光貳拾玖年閏肆月内,由盛京户部銀庫領銀貳萬兩,追收阿音保冒領銀貳兩、制錢貳串,拾壹月内領制錢貳千串,叁拾年肆月内領制錢肆千叁百肆拾柒串。又,開原領制錢叁百串,并盛京戸部陸續酌撥,各外城由就近旗庫存制錢内,動支壹萬叁千叁百伍拾叁串。前後共銀貳萬玖千壹百貳拾叁兩,制錢貳萬玖千壹百貳拾叁串。自道光貳拾玖年肆月拾柒日起,至叁拾年肆月拾陸日止,盛京本城并各外城官員兵丁等所出紅白事件,核給銀貳萬叁千叁百肆拾陸兩,制錢貳萬叁千叁百肆拾陸串。内應歸入盛京銀庫奏銷制錢玖千玖百玖拾叁串,應歸入該部動存册内年終報部核銷制錢壹萬叁千叁百伍拾叁串,共銀(制錢)肆萬陸千陸百玖拾貳兩(串)。仍剩存銀伍千柒百柒拾柒兩,制錢伍千柒百柒拾柒串。其中並無侵蝕虧缺等弊,出具保結,呈遞前來。臣覆查無異,除將送到各保結存儲備查外,照依内外各城咨報一年官員兵丁等所出紅白事件核給銀兩制錢數目册結,核對明確,彙總造具奏銷細册,咨送户兵二部查核。其剩存銀伍千柒百柒拾柒兩,制錢伍千柒百柒拾柒串,於本年肆月拾柒日起照常分發各處,以備賞項應用。如不敷散放,仍由盛京户部領用,理合一并聲明具題。等因前來。

查盛京各城官員兵丁紅白事賞銀,係乾隆年間軍機大臣議準,在於盛京户部餘地租銀内動給,按年題報,歷經遵辦在案。今據該署將軍疏稱:道光貳拾玖年存剩銀玖千壹百貳拾壹兩,制錢玖千壹百貳拾壹串,核與上年實存銀兩錢文各數相符。至道光貳拾玖年肆月拾柒日起,至叁拾年肆月拾陸日止,應賞紅白事件銀錢,據疏内聲稱存項不敷支放,於道光貳拾玖年閏肆月内,由盛京戸部銀庫領銀貳萬兩,追收阿音保冒領銀貳兩、制錢貳串,拾壹月内領制錢貳千串,叁拾年肆月内領制錢肆千叁百肆拾柒串。又開原領制錢叁百串,又動支旗民庫存制錢壹萬叁千叁百伍拾叁串。前後共銀貳萬玖千壹百貳拾叁兩,制錢貳萬玖千壹百貳拾叁串。内賞過官兵紅白事件銀貳萬叁千叁百肆拾陸兩,制錢貳萬叁千叁百肆拾陸串。查據兵部覆稱,各城給過紅白銀兩兵丁名數,核與該將軍册報相符。臣部按册核算,應給銀兩并奏明搭放五成制錢,各數均屬符合,應準開銷。其餘剩銀伍千柒百柒拾柒兩,制錢伍千柒百柒拾柒串,既據分發各城,以備賞項應用。如有不敷,仍由盛京户部存儲餘地租銀及各城庫儲制錢項下,各半動支。并令造入奏銷案内,具題查核。至追收阿音保冒領銀貳兩、制錢貳串,係本案追收之項。其貳拾玖年閏肆月内領銀貳萬兩,核與該年銀庫奏銷冊内銀數年月均屬相符,毋庸議外,叁拾年肆月内領制錢肆千叁百肆拾柒串,應令造入叁拾年銀庫奏銷冊内,報部查核。至貳拾玖年拾壹月内領制錢貳千串,檢查奏銷冊内,係是年拾貳月支領。核對月分不符,是否即係此款。再,貳拾玖年奏銷冊内,尚有捌月分找領制錢貳千伍百陸拾捌串,本案内并未敘及。其動支旗民庫制錢共壹萬叁千陸百伍拾叁串,亦未聲明何年月日動支,臣部均難核對。應併令該將軍詳細查明,聲覆報部,以憑稽核。

此案於道光叁拾年拾貳月拾伍日科抄到部,行查兵部於咸豐元年貳月初拾日覆回。兹於柒月初陸日辦理具題,合并聲明。

臣等未敢擅便,謹題請旨。

批紅:依議。

爲山西歸綏道代烏里雅蘇臺採買運糧口袋報銷事

咸豐元年七月初七日

大學士兼署管理戶部事務臣祁寯藻等謹題,爲移會事。

戶科抄出,山西巡撫兆那蘇圖題,前準部咨烏里雅蘇臺運糧需用口袋,照例轉飭歸綏道備辦,交委員領回應用。等因。咸豐元年正月貳拾肆日題,肆月拾玖日奉旨:該部察核具奏。欽此。欽遵。於本日抄出到部。

該臣等查得,山西巡撫疏稱:前準部咨,令將烏里雅蘇臺運糧需用毛布、口袋各二千條,照例轉飭歸綏道備辦,交委員領回應用。當經行司轉移遵照去後。兹據布政使蔣霨遠詳:準歸綏道移稱:歸化、綏遠二同知遵照採辦毛布口袋四千條,交給軍營委員驍騎校音政額等,於道光叁拾年玖月貳拾日,從歸化城由臺站起程。所有辦買布口袋二千條,每條價銀壹錢柒分,共用銀叁百肆拾兩。毛口袋二千條,每條價銀壹錢貳分,共用銀貳百肆拾兩。又裝盛口袋所用荆簍三十八個,價銀柒兩陸錢。細縛麻繩一百一十四斤,價銀叁兩肆錢貳分。又用毛氈包襯三十八條,價銀玖兩壹錢貳分。通共用過銀陸百兩壹錢肆分。查與歷次準銷成例均屬相符,應請在於司庫道光叁拾年地丁銀内,動給核銷。等情。造册具題。等因前來。

查此案先準定邊左副將軍奕格奏稱:該處倉存運糧口袋現不敷用,行文山西巡撫轉飭採買在案。今據山西巡撫疏稱:採買布口袋二千條,每條價銀壹錢柒分,共用銀叁百肆拾兩。毛口袋二千條,每條價銀壹錢貳分,共用銀貳百肆拾兩。又裝盛口袋用荆簍三十八個,價銀柒兩陸錢。麻繩一百十四斤,價銀叁兩肆錢貳分。毛氈包襯三十八條,價銀玖兩壹錢貳分。通共用過銀陸百兩壹錢肆分。臣部核與歷次準銷例案相符,應準開銷。其動用銀兩,疏稱在於道光叁拾年地丁銀内動支,仍俟該年地丁造報到日,再行核對。所有採買前項口袋各件,既經交給委員音政額收領,從歸化城由臺起程,應令該將軍俟運到之日,報部查核。

再,此案於咸豐元年肆月拾玖日抄出到部,兹於柒月初柒日辦理具題,合并聲明。

臣等未敢擅便,謹題請旨。

批紅:依議。

爲題銷甘肅供支新疆馬匹及入覲人等赴京銀糧事

咸豐元年七月初八日

大學士兼署管理户部事務臣祁寯藻等謹題,爲檄飭事。

户科抄出,前任陜甘總督琦善題銷甘肅省各屬道光貳拾柒年分伊犁恭進馬匹供支料草及押馬弁兵廪給口食,并新疆各處回子臺吉人等貳拾柒年赴京入覲、貳拾捌年事竣旋回往返食物等項銀糧一案。道光叁拾年肆月貳拾柒日題,捌月初壹日奉旨:該部察核具奏。欽此。欽遵。於本日抄出到部。

該臣等會查得,前任陜甘總督琦善,將甘肅省各屬道光貳拾柒年分伊犁恭進馬匹供支料草及押馬弁兵廪給口食,并新疆各處回子臺吉人等貳拾柒年赴京入覲、貳拾捌年事竣旋回往返食物等項,共用銀叁百伍拾柒兩貳錢壹分貳釐一案,造冊具題,請銷前來。查疏冊内開:

一、冊造道光貳拾柒年分伊犁進貢馬匹,支過倉儲倉斗莞豆拾貳石陸斗,採買倉斗莞豆拾捌石肆斗捌升,用過價銀叁拾玖兩玖分肆釐。倉儲倉斗麥麫壹石肆斗,採買倉斗麥麫拾陸石伍斗貳升,用過價銀拾伍兩柒錢。廠儲拾斤重草伍百叁拾貳束,採買拾斤重草伍百零肆束,用過價銀伍拾貳兩柒錢貳分肆釐。採買籠轠貳拾捌副,用過價銀貳兩伍錢肆分捌釐。廠儲馬掌貳拾捌副,押馬弁兵廪給口食、車價,共銀肆拾捌兩壹錢捌分伍釐。等語。查例載,新疆各城暨外部落恭進馬匹,每匹日支料叁倉升、麥麪貳倉升、拾斤重草一束等語。又,安西州玉門縣運送供應馬匹豆草,每豆壹京石,每草壹百叁拾斤,每百里給脚價銀叁錢,歴經辦理在案。今册造甘肅省各屬供支道光貳拾柒年分伊犁進貢正馬柒匹、備馬柒匹,二共馬拾肆匹,自入哈密境起,至出甘肅平凉境止,每匹日支料豆叁倉升、麥麪貳倉升、拾斤重草壹束,沿途行走共支過倉斗莞豆叁拾壹石捌升、倉斗麥麪拾柒石玖斗貳升、拾斤重草壹千叁拾陸束,除動支倉儲、廠儲不需價銀外,其餘採買豆麪草共用銀壹百柒兩伍錢壹分捌釐。又,安西、玉門二州縣運送各站供應豆草,每豆壹京石,每草壹百叁拾斤,每百里給運脚銀叁錢。各計豆草多寡、程途里數遠近不一,共用運脚銀叁兩柒錢陸分叁釐。户部按册核算,與例案應支數目相符,應準開銷。至前項馬匹,由哈密應付籠韁拾肆副、馬掌拾肆副、沿途備用籠韁拾肆副、馬掌拾肆副,户部核與應用數目符合。内除馬掌貳拾捌副,由廠儲動用,不需價值外,其採買籠韁貳拾捌副,用過價銀貳兩伍錢肆分捌釐。等語。工部按冊查核所開價值銀兩,核與準銷成案相符,應準開銷。至解送馬匹弁兵,支過廪給口食銀肆拾肆兩肆錢貳分貳釐。等語。兵部查,冊開:伊犁差派押送馬匹協領一員,例不支廪糧外,其隨帶官員、兵丁跟役人等各屬,支過廪給口食銀肆拾肆兩肆錢貳分貳釐。核與例支銀數相符,應準開銷。

一、冊造道光貳拾柒年分甘肅省各屬,供支新疆各城回子臺吉暨跟役人等赴京入覲,并貳拾捌年事竣旋回往返,支過採買京斗粳米壹石玖斗肆升貳合貳勺,用過價銀柒兩貳錢捌分柒釐。倉儲京斗粟米貳石貳斗柒升肆合貳勺。採買京斗粟米壹石玖斗肆升貳合貳勺,用過價銀貳兩捌錢伍分叁釐。倉儲京斗小麥壹石壹升捌合貳勺,每石磨麪壹百零捌斤,共磨麪壹百拾斤。倉儲白麪壹百肆拾玖斤。採買白麪柒百拾柒斤,用過價銀拾貳兩玖錢肆分。採買羊肉玖百柒拾陸斤,用過價銀叁拾柒兩叁錢壹分伍釐。辦□清油貳百柒拾柒兩,採買清油壹千肆百肆拾壹兩,用過價銀叁兩伍錢捌分壹釐。採買燒柴貳千陸百玖拾肆斤,用過價銀貳兩陸錢玖分肆釐。又該臺吉人等赴京及旋回,車騾脚價銀壹百叁拾貳兩貳錢玖分壹釐。等語。查例載:新疆各城赴京入覲回目伯克跟役人等沿途供應,頭目每員日支京升粳米捌合叁勺,白麪貳斤,羊肉貳斤,清油叁兩,燒柴伍斤。跟役每名日支京升粟米捌合叁勺,白麪壹斤,羊肉壹斤,清油叁兩,燒柴叁斤。等語。今據冊造,新疆各城回目伯克並跟役人等,道光貳拾柒年赴京入覲、貳拾捌年事竣旋回,在甘肅境内往返行走日期先後不一,共支過京斗粳米壹石玖斗肆升貳合貳勺,京斗粟米肆石貳斗壹升陸合肆勺,白麪玖百柒拾陸斤,羊肉玖百柒拾陸斤。除動支倉儲糧石不需價值外,其餘採買粳粟、米麪、羊肉,共用銀陸拾兩叁錢玖分伍釐。户部按册核算,與例案應支數目相符,應準開銷。至供支清油壹千柒百拾捌兩内,除辦□清油貳百柒拾柒兩不需價銀外,其餘採買清油壹千肆百肆拾壹兩,用過價銀叁兩伍錢捌分壹釐。等語。工部按册核算,採買清油壹千肆百肆拾壹兩,用過價銀叁兩伍錢捌分壹釐,與該處例價相符,應準開銷。又燒柴貳千陸百玖拾肆斤,用過價銀貳兩陸錢玖分肆釐。等語。工部查册開,採買燒柴貳千陸百玖拾肆斤,每斤例價銀壹釐,共銀貳兩陸錢玖分肆釐,核與該省例價相符,應準開銷。又伯克人等赴京,支過車脚價銀壹百叁拾貳兩貳錢玖分壹釐。等語。兵部查册開,甘肅肅州各廳、州、縣,供支新疆各城吐爾扈特臺吉人等赴京入覲進貢并往返,吐爾扈特臺吉人等隨帶行李物件,按伍百貳拾斤給車壹輛,共需車叁輛捌分肆釐。口外每車每百里給銀壹兩貳錢,共銀叁拾叁兩陸錢叁分玖釐。又供支前項臺吉人等事竣旋回,按照部票,應付車拾輛。每車每百里照口外例,給銀壹兩貳錢,共銀捌拾柒兩玖錢。各計程途遠近不一,按册核算,均與例案相符。又供支吐魯番進貢回目梅楞章京愛吉巴黒等十員,跟役六名,按十名給騾捌分,共需騾拾貳頭捌分。每騾每百里給脚價銀貳錢,自肅州至甘州計程肆百貳拾里,共需銀拾兩柒錢伍分貳釐。按册核算,與成案相符。

此案科抄於道光叁拾年捌月初壹日到部,拾月初拾日會兵、工二部,拾貳月初壹日準兵部等部議結送回,兹於柒月初捌日辦理具題。再,此本係户部主稿,合并聲明。

臣等未敢擅便,謹題請旨。

批紅:依議。

爲山西預估咸豐元年應需各鎮營公費銀兩數目事

咸豐元年七月初十日

大學士兼署管理戶部事務臣祁寯藻等謹題,爲酌定緑營公費事。

戶科抄出,山西巡撫兆那蘇圖題預估咸豐元年各鎮營應需公費銀兩一案。道光叁拾年拾貳月拾叁日題,咸豐元年貳月拾陸日奉旨:該部議奏。欽此。欽遵。於本日抄出到部。

該臣等查得,山西巡撫兆那蘇圖疏稱:山西省各協營路預估公費銀兩,準兵、工二部咨行,令照例題估題銷等因,歷經遵照在案。兹據布政使蔣霨遠詳稱:準撫標左右二營將咸豐元年應需公費,共估銀伍百貳拾貳兩壹錢叁分陸釐。又準太原鎮將所屬各協營咸豐元年應需公費,共估銀伍千柒百壹拾伍兩玖錢玖分叁釐。又準大同鎮將各協營路咸豐元年應需公費,共估需銀陸千貳百伍拾壹兩伍錢壹釐。内除動支地租銀貳千伍百伍拾玖兩玖錢柒分捌釐外,實應需銀叁千陸百玖拾壹兩伍錢貳分貳釐。分晰造具估册,移送到司覆。查咸豐元年係有閏之年,撫標左右二營并太原、大同二鎮所屬各協營路,共估公費銀壹萬貳千肆百捌拾玖兩陸錢叁分。内除大同鎮屬餘地租,抵作公費銀貳千伍百伍拾玖兩玖錢柒分捌釐,照舊由鎮支銷外,尚需銀玖千玖百貳拾玖兩陸錢伍分貳釐。按册核算,均屬相符。應請在於道光叁拾年地丁項内照數提出,收入咸豐元年公費項下,另款存留備支,俟年底據實造册報銷。等情前來。臣覆核無異,除册送部外,相應具題。等因前來。

查山西省各鎮營應需公費銀兩,向係預估備支,年終造册題銷。今據該撫疏稱,各協營路咸豐元年共應需公費銀壹萬貳千肆百捌拾玖兩陸錢叁分。内除大同鎮屬餘地租,抵作公費銀貳千伍百伍拾玖兩玖錢柒分捌釐,照舊由鎮支銷外,尚需銀玖千玖百貳拾玖兩陸錢伍分貳釐,應請在於道光叁拾年地丁銀内照數提出,收入咸豐元年公費項下,另款存留備支,俟年終據實造册報銷。等語。臣部核與歷年辦過成案并應提銀數相符,應如該撫所題辦理。仍將本款支給各數,年終照例造册,題報核銷。

此案於咸豐元年貳月拾陸日科抄到部,兹於柒月初拾日辦理具題,合并聲明。

臣等未敢擅便,謹題請旨。

批紅:依議。

爲坐糧廳經紀剥船排造銀兩請於辦公項下動支事

咸豐元年七月二十三日

大學士兼署管理户部事務臣祁寯藻等謹題,爲循例事。

户科抄出,倉場侍郎宗室慶祺等題軍糧經紀蕭桐等名下剥船五十隻俱已滿號請在於橋壩辦公項下支給銀兩排造一案。咸豐元年正月貳拾玖日題,貳月初玖日奉旨:該部議奏。欽此。欽遵。於本日抄出到部。

該臣等查得,倉場侍郎宗室慶祺等疏稱:據坐糧廳吉爾杭阿等呈稱,竊查經紀剥船,乾隆貳拾伍年户部議定章程,十年排造一次,船價銀兩亦分作十年匀扣。等因。又,嘉慶伍年户部議準調劑經紀各款内,將禄米等十一倉放米制銀,并大通橋車戶津貼、個兒錢文停其支給,計每年共扣存銀陸千餘兩,留作排造剥船、修理號房及挑挖護城河等項辦公之用,嗣後無庸復令該役等借款坐扣。等因。各在案。今軍糧經紀蕭桐等名下剥船五十隻,於道光貳拾年排造,迄今已滿十運。職廳等親查該船五十隻,委係船身糟朽,不堪修艌,應請準其照例排造。所有排造船,每隻例給銀貳百玖拾捌兩叁錢玖分陸釐,共應給銀壹萬肆千玖百拾玖兩捌錢。呈請題明在於橋壩辦公項下支給銀兩,飭令該役等購買木料,加工排造以濟新運。等情。臣等復查,裏河剥船於乾隆貳拾伍年經户部議定,十年排造一次,所領銀兩於經紀脚價内,分作十年匀扣歸款,并委廉能之員隨工監造在案。嗣於嘉慶伍年,戶部議準調劑經紀款内,將禄米等十一倉放米制銀,并大通橋津貼、個兒錢文停給,扣存爲經紀等排造等項辦公之用,無庸令該役等借款坐扣。等因。亦在案。兹據坐糧廳呈報,照例排造,動支扣存辦公銀兩,臣等覆核無異,除委員會同坐糧廳監造外,理合具題。等因前來。

查裏河剥船,先經臣部議定,十年排造一次,每隻給價銀貳百玖拾捌兩叁錢玖分陸釐,先於通濟庫内動支,在於該經紀應領脚價内,分作十年匀扣歸款。嗣於嘉慶伍年,經臣部議準,調劑經紀款内,將禄米等十一倉放米制銀,并大通橋車户津貼、個兒錢文停其給發,留為經紀等排造剥船辦公之用,嗣後無庸復令該役等借款坐扣。等因。各在案。今據倉場侍郎宗室慶祺等疏稱:軍糧經紀蕭桐等名下剥船五十隻,於道光貳拾年排造,迄今已滿十運,委係船身糟朽不堪修艌,應請準其照例排造。等語。臣部核與排造年第相符,應如所題,準其給價排造。仍令倉場將排造完工日期及丈尺做法報部查核,并將用過工料銀兩報部核銷。

此案科抄於咸豐元年貳月初玖日到部,兹於柒月貳拾叁日辦理具題,合并聲明。

臣等未敢擅便,謹題請旨。

批紅:依議。

爲江蘇蘇州藩庫道光二十九年收存抄産變價銀兩事

咸豐元年七月二十三日

大學士兼署管理户部事務臣祁寯藻等謹題,爲造報事。

户科抄出,前任江蘇巡撫傅繩勛題蘇州省道光貳拾玖年分收存各案抄産變價銀兩一案。道光叁拾年拾貳月初捌日題。咸豐元年叁月初玖日奉旨:該部察核具奏。欽此。欽遵。於本日抄出到部。

該臣等查得,前任江蘇巡撫傅繩勛疏稱:蘇州藩庫道光貳拾玖年分收存各案抄産變價銀兩動在數目,造具四柱清冊,具題前來。查冊開:

一、舊管存庫、新收、開除、實在,均係無項。

一、外有嘉慶叁年出借松太江巡二道承辦同安等船工料,原動司庫,甘肅抄案,未歸銀柒千陸拾叁兩肆錢玖分捌釐。又嘉慶柒年出借提鎮二標改造大□船隻,原動司庫,甘肅抄産,未歸銀壹千伍百壹拾叁兩貳錢叁分柒釐。應俟寧蘇二屬各州縣攤捐歸款。等語。查嘉慶叁年出借松太江巡二道承辦同安等船工料,原動司庫,甘肅抄案,除陸續攤完外,尚未完銀柒千陸拾叁兩肆錢玖分捌釐。嘉慶柒年提鎮二標改造大□船隻工料,借放銀兩除陸續攤完外,尚未完銀壹千伍百貳拾叁兩貳錢叁分柒釐。迄今久逾例限,經臣部於歷屆報銷案内,行令核明各員應攤細數,按在任月日,著落於應領養廉内,勒限扣還歸款,報部在案。此次冊報分毫仍未攤扣,殊屬延玩。應咨該撫查明曾否攤完,迅即勒限報部。仍先查取催追不力職名,送部核議。

再,此案科抄於咸豐元年叁月初玖日抄出到部,兹於柒月貳拾叁日辦理具題,合并聲明。

臣等未敢擅便,謹題請旨。

批紅:依議。

爲粤海關監督曾維任滿事

咸豐元年八月二十一日

大學士兼署管理户部事務臣祁寯藻等謹題,爲請旨事。

據粤海關監督曾維呈報,於道光叁拾年捌月貳拾貳日到任起,至咸豐元年捌月貳拾壹日止,一年任滿,理合預期呈報前來。

該臣等查得,乾隆叁拾伍年肆月初捌日内,閣奉上諭:向來各省鹽政關差一年任滿,例由該部院題請更换。而關差内間有自行奏請并不經部辦理者,究非體制。嗣後將軍、督撫、鹽政、織造兼管各關,仍由該將軍等照例自行題奏外,其九江、粤海等關將届一年期滿,并著一體報部,聽該衙門具題請旨。著爲令。欽此。欽遵在案。今該監督曾維,自道光叁拾年捌月貳拾貳日到任起,扣至咸豐元年捌月貳拾壹日止,一年任滿。所有粤海關税務,例應題請更换,抑或仍令曾維接管之處,伏俟諭旨遵行。

臣等未敢擅便,謹題請旨。

爲題參起運江南等省漕白幫船過淮違限各弁事

咸豐元年八月二十八日

大學士兼署管理户部事務臣祁寯藻等謹題,爲題參事。

户科抄出,漕運總督楊殿邦將道光貳拾玖年起運江南等省漕白幫船過淮違限各弁題參一案。道光叁拾年拾壹月拾叁日題,咸豐元年正月貳拾陸日奉旨:該部議奏。欽此。欽遵。於叁月初玖日抄出到部户部。先經據揭,將各弁領運該年漕白二糧是否通完,有無失風掛欠之處,行查倉場侍郎去後。今於貳月拾陸日準倉場侍郎查明,咨覆到部。

該臣等會議得,漕運總督楊殿邦疏稱:定例内開,各省重運幫船過淮違限十日以上,運弁捆打二十棍,違限一月以上,捆打四十棍,題參戴罪督催。今道光貳拾玖年起運江南、浙江、湖廣、江西等省漕白過淮幫船違限各官,除押運廳員及督催糧道等官違限職名,應俟各省糧道查詳至日,另行分别題咨,又大河衛前幫,照依例限過淮及例不過淮、并違限不及一月及一月以上、又二月以上之廬州衛頭幫運官孫汝翼,興武衛二幫運官李雲彪,興武衛九幫運官馮衛極、揚州衛頭幫運官劉桂枝、滁州衛蘇州幫運官孫介亭、揚州衛儀徵幫運官葉紹棠、江淮衛頭幫運官劉觀誠,興武衛四幫運官鍾鴻瑞、鎮海衛金山幫運官徐毅莊、委運嘉興府白糧幫運官觀音保、委運臺州衛前幫運官胡廷彪、金衢所幫運官雷葆春、臺州衛後幫運官徐鳳池、杭嚴衛頭幫運官熊步瀛、饒州所幫運官鍾瑜、鉛山幫運官丁化南等,已經先後告病、參革、病故、撤任,毋庸列參,均於册内登明外,查過淮漕船武職違限十七日委運興武衛頭幫運官寶善,違限十八日揚州衛二幫運官劉筠、長淮衛三幫運官王壽名,違限二十三日鳳陽衛鳳中常州幫運官於鵬飛,違限二十八日泗州衛後幫運官林汝勛,違限一月鎮江衛前幫運官王運豐,違限一月二日鎮江衛後幫運官張謙六,違限一月三日長淮衛頭幫運官雲騰霄,違限一月四日宣州衛幫運官馬英麟、建楊衛寧太幫運官葉逢春,違限一月十一日鳳陽衛鳳中二幫運官李光翰、委運江淮衛三幫運官武冠軍、江淮衛九幫運官長福、江淮衛六幫運官哈普奇先布,違限一月十二日常州府白糧幫運官郝淳、鳳陽衛常州幫運官蘇鳳起、新安衛池州幫運官李汝龍,違限一月十七日泗州衛前幫運官張韶,違限一月十八日委運杭嚴衛三幫運官於德寶、委運寧波衛前幫運官雙貴,違限一月十九日興武衛五幫運官詹玉潔、紹興衛後幫運官侯世光、寧波衛後幫運官郝寶慶,違限一月二十日蘇州衛前幫運官姚永平、委運紹興衛前幫運官杜占鰲,違限一月二十一日淮安衛二幫運官樓萝麟,違限一月二十二日廬州衛三幫運官王錫齡,違限一月二十三日委運處州前幫運官馬家彦,違限一月二十四日江淮衛四幫運官李雲漢、太倉衛後幫運官姚太平、嚴州所幫運官單法先,違限一月二十六日委運大河衛三幫運官張藴思,違限一月二十八日淮安衛四幫運官陳虎文、嘉興衛幫運官李節贈違限二月,委運興武衛七幫運官姬文志,違限二月一日太倉衛前幫運官王鐸、興武衛八幫運官黄鳳階、江淮衛五幫運官陳廸怡、江淮衛七幫運官杜如桂,違限二月二日興武衛三幫運官金殿榮、江淮衛八幫運官耿相、清松江府白糧幫運官鄒朝元,違限二月三日安慶衛後幫運官彭滌源,違限二月五日委運大河衛二幫運官韓繼業,違限二月六日江淮衛二幫運官耿清梅、委運廬州衛二幫運官慶昌,違限二月七日温州衛前幫運官王民彤,違限二月八日蘇州衛後幫運官易文瀾,違限二月九日鎮海衛前幫運官陳祖銘、鎮海衛後幫運官陳楚書、蘇州府白糧幫運官陳廸訓,違限二月十日興武衛六幫運官曹邦樞,違限二月十四日温州衛後幫運官黨若鎰,違限二月十五日湖州所幫運官姚文藻、委運湖州府白糧幫運官陳慶瀾,違限二月十六日處州衛後幫運官傅振甲、委運贛州所幫運官蔣芳年、南昌衛前幫運官趙廷耀,違限二月十七日委運杭嚴衛四幫運官趙光琨、安福所幫運官尹肇善、委運吉安所幫運官王鴻統、撫州所幫運官星聯,違限二月十八日杭嚴衛二幫運官廖文源、九江前幫運官彭永齡,違限二月十九日海寧所幫運官趙對淵、湖北頭幫運官文陞、永建所幫運官常修五,違限二月二十日九江後幫運官姚堃、廣信所幫運官杜元平,違限二月二十一日袁州衛幫運官關沅,違限二月二十二日湖北二幫運官謝藩,違限二月二十三日委運湖北三幫運官汪大成,違限二月二十四日委運南昌衛後幫運官李福晟,違限二月二十六日委運湖南頭幫運官福陞、委運湖南二幫運官楊清魁、委運湖南三幫運官吳權等各職名,除造具清册送部查核外,至違限十日以上及一月以上運官,例應於過淮時查明違限日期,照例捆打,仍於題參案内聲明。今道光貳拾玖年過淮違限十日以上及一月以上之委運興武衛頭幫運官寶善等,經臣查照過淮日期,照例分别辦理在案,相應具疏題參。等因前來。

查江南等省起運漕白二糧,行據倉場侍郎查覆,運官寶善、劉筠、王壽名、於鵬飛、林汝勛、王運豐、雲騰霄、馬英麟、葉逢春、李光翰、武冠軍、長福、哈普奇先布、郝淳、蘇鳳起、李汝龍、張韶、於德寶、雙貴、詹玉潔、侯世光、郝寶慶、姚永平、杜占鰲、樓夢麟、王錫齡、馬家彦、李雲漢、姚太平、單法先、張藴思、陳虎文、李節贈、王鐸、黄鳳階、陳廸怡、杜如桂、耿相清、鄒朝元、彭滌源、韓繼業、耿清梅、慶昌、王民彤、易文瀾、陳祖銘、陳楚書、陳廸訓、曹邦樞、姚文藻、陳慶瀾、傅振甲、蔣芳年、趙光琨、廖文源、趙對淵、文陞、謝藩、汪大成等五十九員,均據抵通,并撥運薊州、易州截留,滄州交納通完。其鎮江後幫運官張謙六有奉文,另行題請豁免,漂淌平米貳千肆百貳石壹斗捌升陸合肆勺。興武衛七幫運官姬文志有失風,沉溺平米捌百壹拾貳石伍斗,奉文分限買補搭解。興武衛三幫運官金殿榮有總漕,未經具題,漂淌平米壹千叁拾石貳斗貳升伍合叁勺。温州衛後幫運官黨若鎰有失風,淤没平米玖百捌石柒斗伍升,分作三限買補。南昌衛前幫運官趙廷耀有總漕,未經具題,漂没平米壹千伍石陸升肆合伍勺。安福所運官尹肇善有總漕,未經具題,漂淌平米玖百柒拾玖石捌升壹勺。吉安所運官王鴻統有總漕,未經具題,漂淌平米玖百柒拾壹石貳斗叁合玖勺,又餘平米壹千伍拾叁石柒斗玖合柒勺,奉文緩交,分作三限買補搭運。撫州所運官星聯有失風,漂淌平米壹千壹拾陸石叁升貳合玖勺,分作四限買餘補交。又餘平米陸百柒拾肆石柒斗柒升壹合柒勺,奉文緩交,分作三限買補搭運。九江衛前幫運官彭永齡,有餘平米壹千貳百捌拾捌石壹斗玖升,奉文緩交,分作三限買補搭運。永建所運官常修五有總漕,未經具題,漂淌平米壹千伍石柒斗壹升伍合伍勺,又餘平米壹十肆百柒石玖斗玖升,奉文緩交,分作三限買補搭運。九江衛後幫運官姚堃,有餘平米壹千伍百捌拾柒石柒斗叁升,奉文緩交,分作三限買補搭運。廣信所運官杜元平有總漕,未經具題,漂淌平米壹千玖百捌拾壹石捌斗柒升柒合伍勺,又餘平米壹千壹百玖拾捌石肆斗貳升,奉文緩交,分作三限買補搭運。袁州衛運官闞沅,有餘平米壹千壹百陸拾捌石貳斗玖升,奉文緩交,分作三限買補搭運。南昌衛後幫運官李福晟,有餘平米壹千叁百叁拾石捌斗叁升,奉文緩交,分作三限買補搭運。委運湖南頭幫運官福陞有總漕,未經具題,漂淌平米捌百柒拾肆石肆升,失風沉溺平米柒百陸拾貳石柒斗伍升肆合肆勺,奉文分限買補搭解,又餘平米壹千貳百肆拾肆石貳斗捌合捌勺,奉文緩交,匀分三限搭解。委運湖南二幫運官楊清魁,又餘平米壹千貳百貳拾捌石陸斗貳升肆合肆勺,奉文緩交,匀分三限搭解。委運湖南三幫運官吳權,有餘平米壹千肆拾叁石柒斗,奉文緩交,匀分三限搭解。等語。兵部查定例,各省漕糧領運員弁,過淮違限一月以上者,捆打四十棍,革職戴罪督押。如過淮違限之案,現在到部議處,户部移咨糧已全完者,準其扣除免議。等語。除運官寶善等五十九員,例應捆打,該督業經分别辦理,并據倉場咨報,糧已全完,均照例準其扣除免議外。查過淮違限一月以上之鎮江後幫千總張謙六、委興武七幫千總姬文志、興武三幫千總金殿榮、温州後幫千總黨若鎰、委南昌前幫守備趙廷耀、安福所千總尹肇善、委吉安幫千總王鴻統、撫州所千總星聯、九江前幫千總彭永齡、永建所千總常修五、九江後幫千總姚堃、廣信所千總杜元平、袁州所千總闞沅、委南昌後幫千總李福晟、委湖南頭幫千總福陞、委湖南二幫千總楊清魁、委湖南三幫千總吳權,均例應捆打四十棍,革職戴罪督押。張謙六有漂淌米石,另行題請豁免,應俟該督題請豁免到日,再行辦理。金殿榮、趙廷耀、尹肇善、王鴻統常修五、杜元平、福陞等,均有漂淌漂没米石,未經具題,應俟該督具題到日,再行核辦。王鴻統、常修五、杜元平、福陞,均又有漂淌平米分限買補搭運,姬文志、黨若鎰、星聯、彭永齡、姚堃、闞沅、李福晟、楊清魁、吳權等,均有漂淌平米分限買補搭解,應令該督扣滿年限,查明有無完欠,咨報兵部,再行核辦。

此本係户部主稿。科抄於咸豐元年叁月初玖日到部,叁月貳拾肆日咨送兵部會議,兵部於伍月初伍日議結送回。兹於捌月貳拾陸日辦理具題,合并聲明。

臣等未敢擅便,謹題請旨。

爲淮安關題報道光二十八至二十九年收支税銀數目事

咸豐元年八月二十八日

大學士兼署管理戶部事務臣祁寯藻等謹題,爲恭報等事。

戶科抄出,前任淮安關監督全福題淮安關道光貳拾捌年柒月拾貳日起連閏至貳拾玖年陸月拾壹日止,一年徵收税銀一案。道光叁拾年玖月拾貳日題,拾貳月拾壹日奉旨:該部察核具奏。欽此。欽遵。於本日抄出到部。隨將該關該年徵收税銀紅單底簿,移會户科磨對去後。旋準戶科將該關收税簿單磨對完訖,單冊相符,并將收支撥解各銀數移會到部。

該臣等查得,前任淮安關監督全福疏稱:淮安關税有關倉廠三項,每年正額銀貳拾萬壹千陸百叁拾玖兩陸錢貳釐。又海關之廟灣口正額銀叁千捌百肆拾兩。自道光貳拾捌年柒月拾貳日起,連閏至貳拾玖年陸月拾壹日止,一年共徵收過淮安關正税銀貳拾肆萬柒千貳百捌兩捌錢陸分玖釐,海關廟灣口正税銀陸千伍百拾壹兩壹錢叁分捌釐。又,淮安倉項下儘收儘解茶税銀伍拾玖兩柒錢柒分壹釐,海關儘收儘解海船樑頭鈔銀貳百玖拾壹兩伍錢捌分陸釐。所有淮安關首二兩季銀兩,先經湊撥江南河庫應用,共銀伍萬數内,題明在案。其餘撥剩銀兩,於南河預購歲料,撥銀拾玖萬柒千兩案内,將淮關撥剩銀兩,并撥湊宿關正額銀,照數動撥。又江蘇省兵餉不敷,撥銀肆萬兩案内,又將淮關撥剩銀兩,并湊撥宿海二關正餘銀,照數動撥。又撥南河大汛工需銀伍萬兩案内,將撥剩海關正餘銀并海船鈔銀叁千肆百玖拾壹兩肆錢壹分肆釐,儘數動撥。又湊撥新季徵存銀肆萬陸千伍百捌兩伍錢捌分陸釐,共成伍萬兩之數,解赴江南河庫兑收。所有一年徵收正額盈餘銀兩,以及撥解應用銀數,理合題報。等因前來。

查淮安關税有關倉廠三項,年額税銀壹拾捌萬陸千貳百伍拾伍兩貳釐,銅斤水脚銀壹萬伍千叁百捌拾肆兩陸錢,貳共銀貳拾萬壹千陸百叁拾玖兩陸錢貳釐。又海關廟灣口額税銀叁千捌百肆拾兩。今據前任淮安關監督全福題報,自道光貳拾捌年柒月拾貳日起,連閏至貳拾玖年陸月拾壹日止,一年期滿,共徵收過關倉廠三項正税銀貳拾肆萬柒千貳百捌兩捌錢陸分玖釐。又徵收過海關廟灣口正額盈餘銀陸千伍百拾壹兩壹錢叁分捌釐。又淮安倉項下儘收儘解茶税銀伍拾玖兩柒錢柒分壹釐。又海關儘收儘解海船樑頭鈔銀貳百玖拾壹兩伍錢捌分陸釐。通共徵收銀貳拾伍萬肆千柒拾壹兩叁錢陸分肆釐。内除淮安倉項下支銷銀叁萬玖百叁拾兩捌錢柒分叁釐,已據該監督於淮安倉收支税銀案内題報,應於另案内查核銷結。又,清江廠項下年例應解河工銀貳萬壹千肆拾叁兩陸錢陸分貳釐,核與該監督送到河庫實收數目相符。又,額支書役工食銀壹百捌拾陸兩,係每年應給之項。又,例解庶吉士銀柒拾兩,業經翰林院庶常館咨覆,照數收訖,均準開銷。又,動支辦公銀壹萬兩,查係内務府核銷之項。又,該年火耗不敷經費,動支銀伍千壹百壹兩陸錢貳釐,業據該監督造具支用細數清册送部,應於該年經費案内查核銷結。又除湊撥上屆南河大汛工需銀壹萬玖千壹百陸拾伍兩貳錢柒分叁釐,核與上屆原案湊撥銀數相符。又除撥解南河預購歲料銀拾玖萬柒千兩案内撥銀拾伍萬捌千捌兩叁錢陸分貳釐,并宿遷關正額銀壹萬伍千肆百肆拾玖兩貳錢壹分伍釐,同經費案内節省盤川銀叁百貳拾壹兩陸錢陸分,及動撥淮安倉税銀貳萬叁千貳百貳拾兩柒錢陸分叁釐,共湊足拾玖萬柒千兩之數,解赴江南河庫兑收。又除撥解江蘇兵餉銀肆萬兩案内撥銀陸千柒拾肆兩壹錢柒分捌釐,并宿遷關正額盈餘銀叁萬叁千玖百貳拾伍兩捌錢貳分貳釐,共足肆萬兩之數,均核與撥解原案銀數相符。又除撥解南河大汛工需銀伍萬兩案内撥銀叁千肆百玖拾壹兩肆錢壹分肆釐。查該年共徵收銀貳拾伍萬肆千柒拾壹兩叁錢陸分肆釐,全數動撥無存。均核與該監督送到河庫藩庫實收相符。至不敷銀肆萬陸千伍百捌兩伍錢捌分陸釐,既據疏稱在於下屆新收銀内湊撥,應令該監督造入下屆税銀題銷案内報部查核。至該年宿遷關工税,共動撥銀肆萬玖千叁百柒拾伍兩叁分柒釐,應咨工部查核具題。再查定例,各關商人親填册檔,於任滿依限具題時,即行起解。又例載,各關考核,於税銀册檔起程日,一同分别題咨,逾限議處。各等語。今查淮安關道光貳拾捌年柒月拾貳日起,連閏至貳拾玖年陸月拾壹日止,一年收税册檔并題報考核,例應於貳拾玖年玖月拾壹日以前,起解具題。今該關收税册檔,遲至叁拾年捌月貳拾貳日出呈送部,其題報考核又遲至叁拾年玖月拾貳日具題,核計遲逾例限一年之久,應令該監督即將遲延各職名,照例開揭,送部查議。

此案於咸豐元年叁月拾玖等日,將收支税銀原册移送到部,兹於捌月貳拾捌日辦理具題,合并聲明。

臣等未敢擅便,謹題請旨。

批紅:依議。

爲浙江被災府縣派減漕船照例折半發給運軍銀米事

咸豐元年八月二十八日

大學士兼署管理戶部事務臣祁寯藻等謹題,爲請給等事。

戶科抄出,漕運總督楊殿邦題浙江省道光貳拾玖年起運貳拾捌年分杭州等府屬之仁和等縣被灾緩徵漕白等米派減船隻請給苫蓋月糧銀米一案。道光叁拾年拾月初柒日題,拾壹月貳拾玖日奉旨:該部議奏。欽此。欽遵。於本日抄出到部。

該臣等查得,漕運總督楊殿邦疏稱:據浙江糧道胡元博詳稱,浙江省道光貳拾玖年起運貳拾捌年分,杭州、嘉興、湖州三府屬之仁和、富陽、新城、嘉興、秀水、嘉善、海鹽、平湖、石門、桐鄉、歸安、烏程、德清、武康等十四縣田禾被風被水歉收案内,奉文緩徵漕糧,派減漕船一百四隻,改漕船八隻。内杭嚴衛頭幫、二幫、三幫、四幫,嚴州所幫、湖州所幫、嘉海衛幫等七幫漕糧軍船三十六隻,共應支減半本色月糧連閏米玖百叁拾陸石。内撥南糧抵給湖州所、嚴州所二幫月糧米貳百柒拾叁石,本色月糧米陸百陸拾叁石。寧波衛前幫、後幫,臺州衛前幫、後幫,温州衛前幫、後幫,處州衛前幫、後幫,衢州所幫,紹興衛前幫、後幫等十一幫,漕糧軍船六十八隻,共應支減半本色月糧連閏米折銀肆千玖百伍拾兩肆錢。以上杭嚴衛頭幫等十八幫漕糧軍船一百四隻,共應支減半折色月糧并復給三錢連閏銀貳千柒百肆兩。又嘉興府白糧幫、湖州府白糧幫,改漕船八隻,共應支減半本色月糧米壹百玖拾貳石,又折色月糧并復給三錢連閏車夫銀貳百捌兩。相應造冊,詳送核題。等情。臣覆核無異,除原冊送部查核外,臣謹具題。等因前來。

查定例,各省停運船,均照出運軍船應支本折月糧銀米各數,減半發給。等因。今據該漕督疏稱,浙江省道光貳拾捌年分,杭州等府屬之仁和等縣被灾緩徵漕白等米,派減船隻請支苫蓋月糧銀米。臣部按冊核算,與例給銀米數目相符,應準其照數支給。其前項動支銀米各數,仍歸於該年漕白各奏銷案内核給。

此案於道光叁拾年拾壹月貳拾玖日科抄到部,兹於咸豐元年捌月貳拾捌日辦理具題,合并聲明。

臣等未敢擅便,謹題請旨。

批紅:依議。

爲請免四川道光二十一年奉調赴浙病故等兵丁借裝銀兩事

咸豐元年八月二十九日

大學士兼署管理户部事務臣祁寯藻等謹題,爲詳請事。

戶科抄出,四川總督徐澤醇將道光貳拾壹年出師浙江凱撤回營病故緣事開除兵丁未完借裝銀兩聲請豁免一案。道光叁拾年拾貳月初捌日題。咸豐元年肆月拾伍日奉旨:該部議奏。欽此。欽遵。於本日抄出到部。當將冊造病故、緣事開除兵丁名數是否相符,行查兵部去後。今於伍月拾玖日準兵部核明,片覆前來。

該臣等查得,四川總督徐澤醇疏稱:據布政使吳振棫詳稱,道光貳拾壹年川省各營,奉調赴浙協勦英夷官兵,照依軍需定例,借給行裝銀兩。除現在官兵借支銀兩按季分年坐扣外,其餘病故及緣事開除兵丁二十一名,共原借行裝銀壹百叁拾兩內,已扣銀貳拾壹兩貳錢伍分外,尚未扣銀壹百零捌兩柒錢伍分。該兵丁等回營病故及緣事開除,無餉可扣,核與應免章程相符。理合彙造清册,具題請免。臣覆核無議,除册送部外,爲此具題。等因前來。

查臣部酌定借項章程內載:陣傷亡故及在軍營病故各員弁兵丁,自原營起程及在軍營有預借等項銀兩,一概豁免。又,在軍營及凱旋回營後,緣事革退并逃走未獲或已獲治罪各兵丁,例借銀兩,應行豁免。各等因。此案四川省道光貳拾壹年,奉調赴浙協勦兵丁賈崇恩等二十一名,前經照例借支行裝銀兩。據四川總督冊造,步兵賈崇恩等二十一名共借支銀壹百叁拾兩內,除已經扣過銀貳拾壹兩貳錢伍分外,實未完銀壹百捌兩柒錢伍分。該兵丁等回營後病故、緣事開除,無項可扣,聲請寬免。等語。臣部按冊查核,與辦過成案準免章程,以及兵部查覆兵丁名數,均屬相符,應準其照數豁免。恭候命下,臣部行文四川總督、浙江巡撫遵照銷案。所有已經扣回銀貳拾壹兩貳錢伍分,仍令該督即飭彙總,報部撥用。

此案科抄於咸豐元年肆月拾伍日到部,行查兵部於伍月拾玖日覆回。茲於捌月貳拾玖日辦理具題,合并聲明。

臣等未敢擅便,謹題請旨。

批紅:依議。

爲雲南委員辦運道光二十八年正運三起京銅銀兩報銷事

咸豐元年八月二十九日

大學士兼署管理戶部事務臣祁寯藻等謹題,爲銅運報銷等事。

戶科抄出,兼署雲南巡撫程矞採題委員管諸鐸辦運京銅報銷一案。咸豐元年貳月貳拾日題,伍月拾肆日奉旨:該部察覈具奏。欽此。欽遵。於本日抄出到部。

該臣等查得,兼署雲南巡撫程矞採,將委員管諳鐸辦運道光貳拾捌年正運三起京銅用過水腳、雜費、養廉等項銀兩造冊,具題前來。

一、冊稱:委員管諳鐸辦運道光貳拾捌年正運三起,正耗餘銅壹百拾萬肆千肆百伍拾斤。抵通州分解户部局正耗并低銅柒拾貳萬斤、工部局正耗并低銅叁拾陸萬斤。至户部局收過低銅貳拾萬陸千伍百斤,工部局收過低銅拾叁萬伍百斤,二共低銅叁拾叁萬柒千斤,俟煎煉折耗若干奉文飭知至日,照例在於廠運各員名下,按股攤賠,買補帶解。其原領餘銅貳萬肆千肆百伍拾斤,添補局秤數内交收。等語。查該員管諳鐸辦運道光貳拾捌年正運三起京銅内,收過户部局正耗并低銅柒拾貳萬斤,又收過工部局正耗并低銅叁拾陸萬斤。臣部查與寶泉局監督呈報及工部知照兑收該員解交銅斤數目相符。至戶部局挑出低銅貳拾萬陸千伍百斤,工部局挑出低銅拾叁萬伍百斤,應俟煎煉折耗若干,再行移咨滇省,著落賠繳。其原領餘銅貳萬肆千肆百伍拾斤,據稱添補局秤數内交收,臣部查覈相符,應毋庸議。

一、冊稱:委員管諳鐸辦運道光貳拾捌年正運三起京銅,共用過水腳、起剝夫價等銀壹萬貳千陸百貳拾貳兩伍錢玖分叁釐,雜費銀壹千捌百拾柒兩捌錢捌分肆釐。等語。查定例,雲南辦解京銅正運,每起剝費不得過壹千捌百兩,雇縴工價不得過貳百肆拾兩。等語。今該員管諳鐸辦運道光貳拾捌年正運三起,正耗餘共銅壹百拾萬肆千肆百伍拾斤,冊造用過剝費銀貳千伍拾陸兩肆錢壹分陸釐,計應删減銀貳百拾伍兩陸錢柒分柒釐,縴費銀貳百陸拾貳兩玖錢,計應删減銀拾柒兩肆錢柒分。又,該員用過正項雜費銀壹千伍百叁拾伍兩柒錢叁分肆釐,覈與歷運準銷之數,計應減銀壹百捌兩柒錢捌分伍釐。應令該督撫轉飭該員,遵照删減報部,以節糜費。其餘用過水腳、雜費等項銀兩,均與定例及歷運準銷之數相符,應準開銷。

一、冊稱:委員管諳鐸辦運京銅,自滇省至瀘州領銅至京,及自京回滇省,共準支拾柒個月柒日養廉銀壹千柒百肆拾叁兩玖錢玖分玖釐。等語。查雲南辦解正運京銅定例,每月準支養廉、役食雜費銀壹百壹兩壹錢玖分玖釐零。今該員管諳鐸辦運京銅,自滇省至瀘州領銅至京,及自京回滇省,共請銷養廉銀壹千柒百肆拾叁兩玖錢玖分玖釐。臣部覈,與定例應給之數相符,應準開銷。

一、册稱：委員管諧鐸辦運道光貳拾捌年正運三起京銅，共用過水腳、雜費、養廉等銀壹萬陸千壹百捌拾肆兩肆錢柒分陸釐。内除領過銀壹萬叁千叁百陸拾貳兩伍錢肆分玖釐零，又在天津全剥銅斤，應扣原給自津至通水腳銀叁百玖拾玖兩陸錢柒分叁釐，實應找領銀貳千肆百貳拾貳兩貳錢伍分叁釐零。等語。查該員管諧鐸辦運道光貳拾捌年正運三起京銅，共用過水腳、雜費、養廉等銀壹萬陸千壹百捌拾肆兩肆錢柒分陸釐。内除領過銀壹萬叁千叁百陸拾貳兩伍錢肆分玖釐零，又應扣原給自津至通水腳銀叁百玖拾玖兩陸錢柒分叁釐，實應找領銀貳千肆百貳拾貳兩貳錢伍分叁釐零。臣部按册覈算，數目相符。應令該督撫轉飭，將前項應找銀兩，俟前款删减剥費、縴費并應賠煎折低銅火工鉛價等項銀兩賠補全完之日，再行找給清款。

此案科抄於咸豐元年伍月拾肆日到部，兹於捌月貳拾玖日辦理具題，合并聲明。

臣等未敢擅便，謹題請旨。

批紅：依議。

爲陝西寶陝局道光二十九年鼓鑄錢文報銷事

咸豐元年閏八月初一日

大學士兼署管理户部事務臣祁寯藻等謹題，爲奏聞事。

户科抄出，護理陝西巡撫王懿德題寶陝局鼓鑄錢文報銷一案。咸豐元年貳月初伍日題，肆月貳拾柒日奉旨：該部察覈具奏。這本及貼黄内擡寫違式不合，著飭行。欽此。欽遵。於本日抄出到部。

該臣等查得，護理陝西巡撫王懿德，將寶陝局道光貳拾玖年分連閏鼓鑄錢文、配用銅鉛以及支給爐匠工料等項造册，具題前來。

一、册稱：舊管洋銅伍萬柒千玖百三斤陸兩零，委員鍾章元運回高滇銅拾貳萬捌百貳拾三斤拾壹兩零，餘銅貳千肆百伍拾斤，委員王垂秀運回滇銅貳拾肆萬伍千斤，餘銅貳千肆百伍拾斤，金釵低銅捌萬伍千伍百捌拾捌斤拾壹兩零，耗銅壹千伍拾斤，底洋銅壹千斤，白鉛拾陸萬貳千伍百柒拾伍斤捌兩零，黑鉛砝碼壹百三拾斤，點錫肆拾斤，錢肆萬壹千三拾伍串陸百貳文。等語。查前項舊管銅、鉛、點錫、錢文，臣部覈與上年實存數目相符，應毋庸議。

一、册稱：新收委員宫爾錫領回新正砝碼四個，計重壹百斤。等語。查前項新收砝碼,應於後款查覈。

一、册稱:寶陝局道光貳拾玖年正月初壹日起,至拾貳月底止,連閏鼓鑄十三卯。用洋銅貳萬柒千肆拾斤,外加耗銅貳百貳拾壹斤捌兩零,滇銅陸萬柒千陸百斤,金釵低銅肆萬伍千陸拾斤,外加耗銅玖千三百貳拾捌斤拾貳兩零,白鉛拾貳萬肆千捌百斤,以上共用正項銅鉛貳拾陸萬斤。每百斤折耗玖斤,共折耗銅鉛貳萬三千肆百斤,净銅鉛貳拾三萬陸千陸百斤。每錢壹文鑄重壹錢貳分,共鑄錢三萬壹千伍百肆拾陸串陸百陸拾柒文。帶鑄錢文用洋銅三千三百伍拾陸斤伍兩零,外加耗銅貳拾柒斤柒兩零,滇銅捌千三百玖拾斤拾三兩零,金釵低銅伍千三拾肆斤捌兩零,外加耗銅壹千壹百伍拾柒斤拾肆兩零,白鉛壹萬伍千肆百玖拾斤拾貳兩零,以上共用正項銅鉛三萬貳千貳百柒拾貳斤捌兩。每百斤折耗玖斤,共折耗銅鉛貳千玖百肆斤捌兩零,净銅鉛貳萬玖千三百陸拾柒斤拾伍兩零。每錢壹文鑄重壹錢貳分,共鑄錢三千玖百拾伍串柒百三拾文。以上正鑄帶鑄,共錢三萬伍千肆百陸拾貳串三百玖拾柒文。除帶鑄錢文不給工料外,共鑄銅鉛貳拾陸萬斤,每百斤給工料錢壹串捌百貳拾文,共給過錢肆千柒百三拾貳串文。又支給燈油、紙筆雜費錢壹百陸拾串文,巡官薪水錢壹百三拾串,文書役口食錢壹百貳拾肆串捌百文,實解司錢三萬三百拾伍串陸百文。内較額長解錢三文,係每卯零尾截串之項。至鼓鑄錢文用過銅鉛、價腳銀兩,俟各委員報銷覈準定日,另案造報。等語。查陝西寶陝局道光貳拾玖年分連閏鼓鑄錢文配用銅鉛以及折耗各數目,臣部覈與定例相符,應毋庸議。至支給爐匠工料錢肆千柒百三拾貳串文,燈油、紙筆、薪水、役食等項錢肆百拾肆串捌百文,亦與定例應給之數相符,應準開銷。其用過銅鉛、價腳銀兩,一俟各委員報銷覈定之日,即行覈計成本,報部查覈。

一、册稱:開除道光貳拾玖年分搭放文武各官養廉、公費、役食等項錢三萬三千三百柒拾串伍百柒拾伍文,每錢壹串易銀壹兩,共易回銀三萬三千三百柒拾兩伍錢柒分伍釐。内造入道光叁拾年秋撥册内,搭支文職各官養廉扣回銀壹萬三千伍百拾捌兩三錢捌分三釐,武職養廉扣回銀三千壹百陸拾三兩捌錢壹分柒釐,夫馬工料等項扣回銀壹萬陸千肆百柒拾玖兩柒錢捌分,收税書役口食等項扣回銀貳百捌兩伍錢玖分伍釐。業已報部酌撥在案。等語。查前項搭放錢文、文武養廉公費等項錢三萬三千三百柒拾串伍百柒拾伍文,易回銀三萬三千三百柒拾兩伍錢柒分伍釐,臣部覈與每錢壹串易銀壹兩,數目相符,應毋庸議。其造入道光叁拾年秋撥册内銀三萬三千三百柒拾兩伍錢柒分伍釐，與該季撥冊收造銀數符合，亦毋庸議。

一、冊稱：實存洋銅貳萬柒千貳百伍拾捌斤壹兩零，委員鍾章元運回高滇銅肆萬肆千捌百三拾貳斤拾肆兩零，餘銅貳千肆百伍拾斤，委員王垂秀運回滇銅貳拾肆萬伍千斤，餘銅貳萬肆千伍拾斤，金釵低銅貳萬玖千伍百柒斤柒兩零，耗銅壹千伍拾斤，底洋銅壹千斤，白鉛貳萬貳千貳百捌拾肆斤拾壹兩零，黑鉛並砝碼貳百三拾斤，點錫肆拾斤，錢三萬柒千玖百捌拾串陸百貳拾柒文。等語。查前項實存銅、鉛、點錫、錢文，臣部按冊覈算，數目相符，應令該撫造入下年鼓鑄奏銷冊內，送部查覈。

此案科抄於咸豐元年肆月貳拾柒日到部，茲於閏捌月初壹日辦理具題，合并聲明。

臣等未敢擅便，謹題請旨。

批紅：依議。

爲荊溪知縣續完道光二十八年鳳陽倉銀兩皖撫咨請免議事

咸豐元年閏八月初二日

大學士兼署管理户部事務臣祁寯藻等謹題，爲奏銷錢糧事。

據前任安徽巡撫王植將荊溪縣續完道光貳拾捌年鳳陽倉奏銷案内銀兩聲請扣除免議一案。道光叁拾年拾貳月貳拾壹日咨文到部。

該臣等會查得，前任安徽巡撫王植咨：據江安督糧道沈兆澐詳稱，道光貳拾捌年分原報鳳陽倉實徵奏銷册開，荊溪縣經徵知縣高長紳未完四分九釐五毫，接徵署事即用知縣冷嘉植未完三分七釐五毫，共未完熟田鳳陽倉正銀伍百陸拾柒兩玖錢柒分叁釐，耗羡銀叁拾玖兩柒錢伍分玖釐。催據該縣於道光叁拾年柒月拾玖日照數續完解道兑收，除正銀另於該倉季報簿内造報、耗羡銀兩另於耗羡奏銷案内造報歸結外，所有原參荊溪縣經徵知縣高長紳未完四分九釐五毫、接徵署事即用知縣冷嘉植未完三分七釐五毫各分數職名，相應詳請咨部，扣除免議。等情。相應咨達。等因前來。

查定例：奏銷錢糧未完經徵各員，照例題參。各該員接準部覆後續報徵完者，該督撫題請開復。若已經奉旨，該省尚未接準部文，先已出咨續報全完者，由部具咨，題請開復。等語。此案鳳陽倉道光貳拾捌年奏銷案内荊溪縣未完銀兩，前據該撫核明分數，彙揭題參。經户部會同吏部照例議結，於道光叁拾年拾壹月初玖日題覆在案。今據該撫咨稱:荆溪縣經徵知縣高長紳、接徵署事即用知縣泠嘉植共未完鳳陽倉正銀伍百陸拾柒兩玖錢柒分叁釐,耗銀叁拾玖兩柒錢伍分玖釐,於道光叁拾年柒月拾玖日照數續完,原參職名聲請扣除免議。戶部核與原參未完銀數相符。所有咨請扣除免議之處,該撫咨文到部已在題覆行文之後,無從扣除,應即由部照例據咨題請開復。吏部查,鳳陽倉項下,署印未完三分以上之前署荆溪縣事候補革職知縣泠嘉植,前經户部會同吏部議以罰俸,議結在案。今聲請扣除之處,毋庸議。未完四分以上之前任荆溪縣調任南滙縣知縣高長紳,經吏部查,係事在道光叁拾年正月貳拾陸日欽奉恩詔以前,寛免在案。其聲請扣除之處,亦毋庸議。仍令該撫將前項續完正耗銀兩,造入道光叁拾年季報奏銷隨奏各册内,分晰報部查核,及本年秋撥册内,造報酌撥,毋得遺漏。

此案係戶部主稿。咨文於道光叁拾年拾貳月貳拾壹日到部,旋經咨送吏部會議,於咸豐元年陸月拾貳日議結送回。兹於閏捌月初壹日辦理具題,合并聲明。

臣等未敢擅便,謹題請旨。

批紅:依議。

爲貴州奏銷道光二十九年地丁事

咸豐元年閏八月初四日

大學士兼署管理戶部事務臣祁寯藻等謹題,爲奏銷等事。

戶科抄出,貴州巡撫喬用遷題貴州省道光貳拾玖年分地丁奏銷一案。道光叁拾年伍月拾玖日題,捌月貳拾捌日奉旨:該部察核具奏。册并發。欽此。欽遵。於本日抄出到部。隨將册造支給驛站經費,并節婦建坊、文舉人會試水脚、廪生膳銀、貢生坊儀人名數目,與册是否相符,移查禮部、兵部核明去後。今於道光叁拾年拾壹月初陸等日準兵部、禮部查明,咨覆到部。

該臣等會查得,貴州巡撫喬用遷疏稱:貴州省道光貳拾玖年分額徵地丁并雜項錢糧額徵秋糧改徵并官莊學租米石完解支存各數,及盤查并無虧短,造具册結,題銷前來。據册稱:

一、舊管:銀貳拾肆萬貳千叁百玖拾捌兩柒錢伍分伍釐肆毫。又存留備支各屬道光貳拾伍年分貢生坊儀銀壹百叁拾貳兩,貳拾陸年分貢生坊儀銀壹百叁拾貳兩,貳拾柒年分貢生坊儀銀壹百叁拾貳兩,貳拾捌年分貢生坊議銀壹百叁拾貳兩。又存留湊支各驛站道光貳拾玖年分經費等銀壹萬柒千柒拾肆兩叁錢陸分陸釐。又存留備支文職官役俸工等銀壹萬柒百貳拾捌兩玖錢貳分柒釐。共銀貳拾柒萬柒百叁拾兩肆分捌釐肆毫,秋糧米壹拾肆萬陸千叁百壹拾柒石柒斗伍升柒勺,官莊學租米叁千伍百柒拾肆石捌斗玖升伍合。等語。查前項舊管銀米,臣部核與上年奏銷案内實存數目相符,應毋庸議。

一、新收:道光貳拾玖年分應徵地丁等銀玖萬伍千叁兩捌錢伍分肆毫柒絲捌忽,各屬申解雜項并雜税等銀貳萬捌千肆百玖拾捌兩陸錢玖分玖釐,額徵秋糧并改徵米石及各案採買兵糧共米壹拾捌萬伍百肆拾玖石肆斗柒升陸合玖勺,額徵官莊學租米肆千壹百壹拾肆石伍斗柒升肆合伍勺。等語。查前項新收銀米,臣部按册核算,數目相符,亦毋庸議。

一、支給驛站經費銀捌萬捌百貳拾叁兩壹錢柒分貳釐。内除動支鹽税銀柒千陸百壹拾伍兩肆錢叁分,實支地丁銀柒萬叁千貳百柒兩柒錢肆分貳釐。移查兵部覆稱,核與黔省該年驛站奏銷册造銀數相符。等語。查前項支給驛站經費銀捌萬捌百貳拾叁兩壹錢柒分貳釐,既準兵部覆稱,核與驛站奏銷案内册造銀數相符,内除動支鹽税銀柒千陸百壹拾伍兩肆錢叁分,應於鹽税奏銷案内查核,實支地丁銀柒萬叁千貳百柒兩柒錢肆分貳釐,查係應給之項,應準開銷。

一、支給文職官役俸工等銀叁萬捌千陸拾壹兩柒錢玖分叁釐。内除扣儲缺官俸草,并降革住罰俸銀肆千柒百陸拾柒兩貳錢肆分玖釐,實支地丁銀叁萬叁千貳百玖拾肆兩伍錢肆分肆釐。又除道光貳拾捌年分地丁銀内撥留項下,繳解缺官俸草并降革住罰俸銀壹千捌百肆兩壹錢肆分伍釐,收入貳拾玖年分新收項下造報外,實支俸工銀叁萬壹千肆百玖拾兩叁錢玖分玖釐。等語。查前項應需文職官役俸工等銀叁萬捌千陸拾壹兩柒錢玖分叁釐内,除扣儲繳解缺官俸草并降革住罰俸銀陸千伍百柒拾壹兩叁錢玖分肆釐,實支俸工銀叁萬壹千肆百玖拾兩叁錢玖分玖釐,核與例給銀數相符,應準開銷。

一、支給時憲書紙張工料銀貳百肆兩柒錢捌分柒釐,霜降祭祀銀捌兩。等語。查前項時憲書工料并霜降祭祀銀兩,核與年例應給銀數相符,應準開銷。支給各府廳州縣額設廩生一千六百一十一名,每名額支膳銀伍錢,共銀捌百伍兩伍錢。内除扣儲缺廩膳銀貳拾叁兩貳錢貳分陸釐,實支地丁銀柒百捌拾貳兩貳錢柒分肆釐。又除道光貳拾玖年分地丁銀内撥留項下,繳解缺廩膳銀肆拾肆兩肆錢壹分壹釐，收入貳拾玖年分新收項下造報外，實支廪膳銀柒百叁拾柒兩捌錢陸分叁釐，廪生米伍千玖百貳石捌斗陸升柒合捌勺。移查禮部覆稱，廪生姓名核與檔案相符。等語。查貴州省廪生每名給膳銀伍錢、米肆斗，按照補廪日期分別支給。今黔省道光貳拾玖年分各屬廪生應需膳銀捌百伍兩伍錢内，除扣儲缴解缺廪共銀陸拾柒兩陸錢叁分柒釐，實支廪膳銀柒百叁拾柒兩捌錢陸分叁釐，廪生米伍千玖百貳石捌斗陸升柒合捌勺。既經禮部覆稱，廪生名數相符，所有支給前項銀米，應準開銷。

一、補支貴陽等府廳州縣道光貳拾伍年分額設貢生六十六名，每名額支坊儀銀叁兩共銀壹百玖拾捌兩内，除扣儲缺貢坊儀銀肆拾貳兩，實支地丁銀壹百伍拾陸兩。又除道光貳拾伍年分地丁銀内撥留項下，缴解缺貢坊儀銀陸拾兩，收入貳拾玖年分新收項下造報外，實支貢生坊儀銀玖拾陸兩。移查禮部，覆稱貢生姓名數目相符。等語。查貴州省貢生每名例給坊銀叁兩，今補支道光貳拾伍年分各屬貢生應需坊儀銀壹百玖拾捌兩内，除扣儲缺貢並缴解共銀壹百零貳兩，實支坊儀銀玖拾陸兩，既經禮部覆稱，貢生人名數目相符，應準開銷。

一、補支貴陽等府廳州縣道光貳拾陸年分額設貢生六十六名，每名額支坊儀銀叁兩，共銀壹百玖拾捌兩。内除扣儲缺貢坊儀銀壹拾貳兩，實支地丁銀壹百捌拾陸兩。又除道光貳拾陸年分地丁銀内撥留下缴解缺貢坊儀銀肆拾捌兩，收入貳拾玖年分新收項下造報外，實支貢生坊儀銀壹百叁拾捌兩。移查禮部，覆稱貢生姓名數目相符。等語。查貴州省貢生每名例給坊儀銀叁兩，今補支道光貳拾陸年分各屬貢生應需坊儀銀壹百玖拾捌兩内，除扣儲缺貢并缴解共銀陸拾兩，實支坊儀銀壹百叁拾捌兩。既經禮部覆稱，貢生人名數目相符，應準開銷。

一、補支貴陽等府廳州縣道光貳拾柒年分額設貢生六十六名，每名額支坊儀銀叁兩，共銀壹百玖拾捌兩。内除扣儲缺貢坊儀銀肆拾捌兩，實支地丁銀壹百伍拾兩。又除道光貳拾柒年分地丁銀内撥留項下缴解缺貢坊儀銀伍拾肆兩，收入貳拾玖年分新收項下造報外，實支貢生坊儀銀玖拾陸兩。移查禮部，覆稱貢生姓名數目相符。等語。查貴州省貢生每名例給坊儀銀叁兩，今補支道光貳拾柒年分各屬貢生應需坊儀銀壹百玖拾捌兩。内除扣儲缺貢并缴解共銀壹百零貳兩，實支坊儀銀玖拾陸兩。既經禮部覆稱，貢生人名數目相符，應準開銷。

一、補支貴陽等府廳州縣道光貳拾捌年分額設貢生六十六名，每名額支坊儀銀叁兩，共銀壹百玖拾捌兩。内除扣儲缺貢坊儀銀壹拾伍兩，實支地丁銀壹百捌拾叁兩。又除道光貳拾捌年分地丁銀内撥留項下繳解缺貢坊儀銀叁拾兩，收入貳拾玖年分新收項下造報外，實支貢生坊儀銀壹百伍拾叁兩。移查禮部覆稱，貢生姓名數目相符。等語。查貴州省貢生每名例給坊儀銀叁兩，今補支道光貳拾捌年分各屬貢生應需坊儀銀壹百玖拾捌兩。内除扣儲缺貢並繳解共銀肆拾伍兩，實支坊儀銀壹百伍拾叁兩。既經禮部覆稱，貢生人名數目相符，應準開銷。

一、支貴陽等府廳州縣道光貳拾玖年分額設貢生六十六名，每名額支坊儀銀叁兩，共銀壹百玖拾捌兩。内除扣儲缺貢坊儀銀叁拾玖兩，實支地丁銀壹百伍拾玖兩。又除道光貳拾玖年分地丁銀内撥留項下繳解缺貢坊儀銀柒拾捌兩，收入貳拾玖年分新收項下造報外，實支貢生坊儀銀捌拾壹兩。移查禮部覆稱，貢生姓名數目相符。等語。查貴州省貢生每名例給坊儀銀叁兩，今應支道光貳拾玖年分各屬貢生應需坊儀銀壹百玖拾捌兩。内除扣儲缺貢并繳解共銀壹百壹拾柒兩，實支坊儀銀捌拾壹兩，既經禮部覆稱，貢生人名數目相符，應準開銷。

一、支給各府廳州縣春牛、花鞭、春秋祭祀、鄉飲盤纏、孤貧花布等項銀壹千壹百壹拾伍兩柒錢叁分貳釐。等語。查前項支給春牛、花鞭、祭祀等銀壹千壹百壹拾伍兩柒錢叁分貳釐内，除天柱縣鄉飲銀伍兩玖錢玖分捌釐，收入貳拾玖年分新收項下造報外，實支地丁銀壹千壹百玖兩柒錢叁分貳釐。核與年例應給銀數相符，應準開銷。

一、支給各府廳州縣額設鋪兵七百五十八名，道光貳拾玖年分計一十三個月，除小建六日不支外，計三百八十四日，每名日給工食銀壹分、米壹升，共支工食銀貳千玖百壹拾兩柒錢貳分，口糧米貳千玖百壹拾石柒斗貳升。内除天柱縣鋪兵一十七名，應支米陸拾伍石貳斗捌升，在於秋糧米内支給外，其餘鋪兵七百四十一名，該支口糧米貳千捌百肆拾伍石肆斗肆升，每石折銀壹兩貳錢，共折銀叁千肆百壹拾肆兩伍錢貳分捌釐。二共銀陸千叁百貳拾伍兩貳錢肆分捌釐。等語。查貴州省各府廳州縣鋪兵，例係按每名日給銀壹分、米壹升，遇閏加增小建扣除。内除天柱縣鋪兵口糧米陸拾伍石貳斗捌升，係支本色秋糧米石外，其餘鋪兵口糧米石，每石折銀壹兩貳錢，今前項支過工食銀兩、口糧米折共銀陸千叁百貳拾伍兩貳錢肆分捌釐，核與例給銀數相符，應準開銷。

一、支給天柱縣渡夫工食銀貳兩肆錢伍分貳釐，等語。查前項支過渡夫工食銀兩，核與節年支過銀數相符，應準開銷。

一、支給各屬節婦、烈女、壽婦、壽民一十六名口，每口給建坊銀叁拾兩，共銀肆百捌拾兩。移查禮部覆稱，查來册内開王郭氏一口，檢查檔案有王葛氏一口，是否筆誤。其餘節婦、壽民、壽婦均屬相符。等語。查節婦等歷由禮部題明，每口給建坊銀叁拾兩。今黔省道光貳拾玖年分節婦等一十六名口，共支過建坊銀肆百捌拾兩，既經禮部覆稱，來册内開王郭氏一口，檢查檔案有王葛氏一口，是否筆誤之處，應咨該撫查明報部。至禮部覆稱，其餘節婦等均屬相符，所有支過前項銀兩，應準開銷。

一、支給已酉科文武兩闈鄉場經費銀壹千陸百叁拾肆兩柒錢陸分捌釐。等語。查前項支給已酉科文武兩闈鄉場經費銀壹千陸百叁拾肆兩柒錢陸分捌釐，未據該撫題銷，除俟題銷到部，再行核銷。

一、支給已酉等科中式文舉人匡森林等四十名，每名給會試水脚銀叁兩，共銀壹百貳拾兩。移查禮部覆稱，文舉人張□藻一名尚未覆試外，其餘舉人均屬相符。等語。查貴州文舉人進京會試，例係每名給水脚銀叁兩。今已酉等科中式文舉人匡森林等四十名，支過會試水脚銀壹百貳拾兩，既經禮部覆稱，文舉人張□藻一名尚未覆試等因，應咨該撫轉飭查明，該舉人張□藻曾否進京會試，查覆報部到日，再行核銷。其餘文舉人領過水脚銀兩，據禮部查覆相符，應準開銷。

一、支給前護貴東道淩泰交攤賠屬員那丹珠虧缺常平穀價銀壹百肆拾伍兩玖錢陸分捌釐肆毫。等語。查前項支過穀價銀壹百肆拾伍兩玖錢陸分捌釐肆毫，核與該撫咨報原案銀數相符，應準開銷。

一、支給提撥備支道光叁拾年分官兵俸餉等銀壹拾壹萬捌千柒百玖拾柒兩伍錢貳分。等語。查前項支過官兵俸餉銀壹拾壹萬捌千柒百玖拾柒兩伍錢貳分，核與該年估撥官俸餉案内銀數符合，應準開銷。

一、支給原任貴州提督張國相應給全葬碑價致祭銀捌百柒拾伍兩。等語。查貴州提督張國相應給全塟等銀，核與工、禮二部知照原案相符，所有支過前項銀捌百柒拾伍兩，應準開銷。

一、支給寒生二百七十四名内，除天柱縣寒生四名，每名給銀貳兩肆錢伍分，共銀玖兩捌錢，在於學租穀折銀内動支。其餘寒生二百七十名内，極貧生一百一十七名,每名給米壹石,次貧寒生一百五十三名,每名給米柒斗,共支學租本色及穀折共米二百二十四石壹斗。等語。查貴州省極貧寒生每名給米壹石,次貧寒生每名給米柒斗,天柱縣寒生每名給穀折銀貳兩肆錢伍分。今前項給過寒生銀兩米石,核與應給銀米數目相符,應準開銷。

一、支給鳴讚生八名,每名額支米壹拾貳石,共支官莊穀折米玖拾陸石。又各屬變價充餉學租穀貳百陸拾伍石柒斗貳升捌合貳勺,據稱變價充餉,另册咨報。等語。查貴州省鳴讚生八名,每名年給米壹拾貳石,今前項支過官莊穀折米石,查與歷年支給數目相符,應準開銷。至前項各屬變價充餉學租米石,未據該撫册報,無憑查核,應令該撫造册報部,再行核銷。

一、支給普濟堂收養孤貧一千二百七十名口内,除天柱縣孤貧一十名口,另支秋糧米叁拾陸石、花布銀貳兩玖錢玖分陸釐外,其餘孤貧一千二百六十名口,共支過官莊本色及穀折米叁千伍百玖拾玖石陸斗壹升陸合。等語。查貴州省收養孤貧,題定每大口給米捌合,每小口給米伍合,遇閏加增,小建扣除。今前項給過米石并支過花布銀兩,核與應給銀米數目相符,應準開銷。

一、支給各標鎮協營道光貳拾玖年分兵糧米,壹拾貳萬陸千柒百柒拾壹石玖斗。等語。查前項各標鎮協營兵糧米石,核與該省該年兵馬奏銷案内應支米石數目相符,應準開銷。

一、支給黎平等府州縣道光貳拾玖年分折徵停運丹江、朗洞二營兵糧米叁千伍百捌拾捌石。等語。查黎平等府州縣折徵秋糧米石,核與該撫咨準原案數目相符,應準開銷。

一、支給大定等府、廳、州、縣、州判道光貳拾玖年分平糶過節年徵收支剩秋糧餘米肆萬柒千壹百陸拾玖石壹斗升玖合陸勺。等語。查大定等府廳州縣州判平糶過節年徵收支剩秋糧米石,核與該撫咨報原案相符,應準開銷。

一、實存地丁等銀壹拾伍萬陸千叁百玖拾肆兩柒錢陸分貳釐肆毫柒絲捌忽,秋糧米壹拾肆萬叁千叁百叁拾肆石陸升貳勺,官莊學租米叁千伍百肆石貳升伍合叁勺。等語。查前項實存銀米數目,均屬相符。應仍令該撫造入下年地丁奏銷案内舊管項下,分晰造報。其實存官莊學租叁千伍百肆石貳升伍合叁勺内,官莊米叁千貳百叁拾捌石貳斗玖升柒合壹勺,據該撫册報,存留備支孤貧口糧之用,應令該撫造入下年奏銷案内舊管項下,報部查核。至支剩學租米貳百陸拾伍石柒斗貳升捌合貳勺,據册聲明,現在照例變價充餉,另册造報。應令該撫轉飭即行變價充餉,分晰造册報銷。

至疏稱催徵錢糧全完各官，部查定例：經徵一應起運，本年有分數錢糧三百兩以上未及一萬兩，於奏銷前全完者，紀録一次。一萬兩以上全完者，紀録二次。二萬兩以上全完者，紀録三次。督催不及五萬兩全完者，紀録二次。十萬兩以上全完者，加一級。又定例，一官經徵分數錢糧，能每年於奏銷前全完，應於照常議叙之外，量加優叙。如三百兩以上至二萬兩，一官經徵三年於奏銷前全完者，準其加一級。等語。除經徵不及三百兩并督催經徵通完各員，并非一官經徵，均例無議叙，毋庸議外。應將經徵道光貳拾玖年分地丁錢糧三百兩以上未及一萬兩，於奏銷前全完之貴陽府知府奉旨來京引見廖惟勳、署定番州事印江縣知縣戴鹿芝、署開州事獨山州知州已經休致甘雨施、署貴定縣事廣順州知州趙鴻吉、署龍里縣事都江通判程放、修文縣知縣吳登甲、安順府知府常恩、署郎岱同知事册亨州同周湜、署歸化通判事普定縣知縣已另案降調謝人龍、署永寧州事候補知州陳鏊、署安平縣事婺川縣知縣何鋌、興義府知府張鍈貞、豐州知州蔣時淳、安南縣知縣吳棻、署興義縣事候補同知徐鉉、都匀府知府鹿丕宗、署獨山州事試用知縣明麟、署麻哈州事清江通判李珍、署都匀縣事甕安縣知縣高廷鍈、署清平縣事銅仁縣知縣鄭選士、鎮遠府告病知府朱逢莘、黄平州知州徐豐玉、署鎮遠縣事都匀縣知縣黄紹贄、署施秉縣事下江通判王承淮、思南府知府左遜、石阡府知府福奎、代理龍泉縣事羅斛州判姚世榮、署玉屏縣事松桃廳經歷王近光、署青谿縣事試用同知李晉、開泰縣知縣陶履誠、大定府知府黄宅中、署水城通判事龍里縣知縣嚴錫珍、威寧州知州朱右賢、署平遠州事臺拱同知周獻廷、黔西州知州蔣斯崇、署畢節縣事試用知縣畢楚珍、署正安州事清平縣知縣吳元慶、署桐梓縣事大同州判□闕保、署綏陽縣邛水縣丞萬家學、署仁懷縣事遵義縣知縣趙澤遠、平越州知州曹興仁、署餘慶縣事湄潭縣知縣吳雲煦、署甕安縣事借補布庫大使恩彬、署湄潭縣事鎮遠縣知縣已經丁憂董文炳、仁懷同知汪申禄、安化縣知縣已經丁憂吳化嘐、代理印江縣事候補府經歷曾際盛、署婺川縣事試用知縣林堯年、銅仁府知府王成璐、松桃同知李秀發，均照例準其紀録一次。一萬兩以上全完之貴築縣知縣今陞古州同知郎汝琳、署清鎮縣事試用知縣李隆萼，均照例準其紀録二次。二萬兩以上全完之署鎮遠縣事平遠州知州周守正，照例準其紀録三次。督催不及五萬兩全完之遵義府知府佛爾國春，照例準其紀録二次。十萬兩以上全完之貴州糧儲道孫起端，照例準其加一級。廖惟勳、常恩、張鍈、鹿丕宗、朱逢莘、左遜、福奎、黄宅中、曹興仁、王成璐，均又督催不及五萬兩全完，應照例各再準其紀録二次。王成璐又經徵道光貳拾柒、捌、玖等年地丁,均在三百兩以上,三載全完,應照例再準其加一級。

此本係戶部主稿。經户部行查兵、禮二部,將册造支給驛站經費並廩膳銀兩等項,册造人名數目是否相符,移查去後。今準兵部、禮部於道光叁拾年拾壹月初陸等日查明咨覆到部。於咸豐元年叁月初肆日送吏部會議,伍月拾陸日議結送回。兹於閏捌月初肆日辦理具題,合并聲明。

臣等未敢擅便,謹題請旨。

批紅:依議。

爲織辦新疆各處咸豐二年需用綢緞事

咸豐元年閏八月初五日

大學士兼署管理戶部事務臣祁寯藻等謹題,爲詳請事。

戶科抄出,前任陜甘總督琦善題銷織辦新疆各處咸豐貳年需用綢緞一案。咸豐元年叁月拾叁日題,伍月貳拾肆日奉旨:該部知道。欽此。欽遵。於本日抄出到部。

該臣等查得,前任陜甘總督琦善疏稱:新疆伊犁等處歲需備用綢緞,向係預期將應需各項色様、數目咨詢明確,奏請敕派江寧、蘇州、杭州三織造,按數織辦解送。前於具奏戊午年綢緞案内,經前督臣宜綿附片奏明,嗣後新疆需用綢緞,除咨調數目過多者,仍行奏聞飭辦,以昭慎重。若比較以前,數目多寡不甚相懸,即由甘省具題,一面飛咨江浙各省織造暨山西巡撫,照單預備,毋庸專摺具奏,以省案牘。等因在案。兹據前任甘肅布政使李德詳查:咸豐貳年新疆需用綢緞,前經詳請分咨飭查,節準各處駐劄大臣查明咨覆,飭知到司。查伊犁需用各色綢緞玖百肆拾匹,聲明近年解到綢緞,仍多粗糙,顔色灰暗,丈尺短少,分兩輕薄。請咨三織造,嗣後辦解綢緞,務須質地厚重,顔色鮮明,丈尺寬長,以資需用。等因。又塔爾巴哈臺需用各色綢緞貳百肆拾匹,又阿克蘇需用各色綢緞肆百叁拾叁匹,又烏什需用各色綢緞肆百玖拾伍匹,又葉爾羌需用各色綢緞柒百捌拾陸匹,又喀什噶爾需用各色綢緞伍百柒拾匹,又喀喇沙爾需用各色綢緞叁百匹,又吐魯番回子郡王應需俸緞拾伍匹,哈密回子郡王應需俸緞拾伍匹,以上共需各色綢緞叁千柒百玖拾肆匹。内南省綢緞叁千肆百捌拾肆匹,山西省澤綢叁百壹拾匹,俱各分晰様色、數目,造册咨送到司。覆查新疆各處此次所調綢緞,比較以前,數目多寡不甚相懸,自應遵照奏定之例,請題辦理。當將現調各項綢緞,按照舊定章程,逐一詳細查核,均係歷年辦過之項。其長寬、丈尺、分兩,應悉照原定章程織辦。彙造清册,呈齎核題,聽候部核,分行蘇州、杭州、江寧三織造暨山西巡撫,照例按數織辦。再查道光玖年貳月初壹日,内閣奉上諭:向來新疆俸緞,均由有織造省分派員撥解甘肅,由甘肅轉運各城。近聞所解之緞匹絲綢,往往抽絲減料,賞賜外夷不堪服用,殊屬不成事體。著通諭江南蘇州、杭州各織造,嗣後撥解綢緞,務當加意經理。倘仍前玩視,著新疆各大臣將原解之綢緞奏明駁回原省,仍將該省承辦之人議處,决不寬貸。欽此。欽遵在案。應請由部轉行各織造,嗣後辦解綢緞,務須欽遵諭旨,妥為織辦,依期解送來甘,以便分運各處備用。切勿抽絲減料,致被駁回,有干例議。等情。除冊送部外,爲此具題。等因前來。

查新疆各處歲需備用綢緞,向係預期將應需各項色樣、數目咨詢明確,該督奏請按數織辦解送。嗣於嘉慶元年玖月内,據原任陝甘總督宜綿具奏,新疆需用綢緞,除咨調數目過多者仍行奏辦外,若比較以前數目多寡不甚相懸,即由甘肅省具題,一面飛咨江浙各省織造暨山西巡撫,照單預備。等因在案。今據前任陝甘總督琦善疏稱:新疆各處咸豐貳年需用綢緞内,伊犁需用各色綢緞玖百肆拾匹,塔爾巴哈臺需用各色綢緞貳百肆拾匹,阿克蘇需用各色綢緞肆百叁拾叁匹,烏什需用各色綢緞肆百玖拾伍匹,葉爾羌需用各色綢緞柒百捌拾陸匹,喀什噶爾需用各色綢緞伍百柒拾匹,喀喇沙爾需用各色綢緞叁百匹,吐魯番回子郡王應需俸緞拾伍匹,哈密回子郡王應需俸緞拾伍匹,共需各色綢緞叁千柒百玖拾肆匹。内南省綢緞叁千肆百捌拾肆匹,山西省澤綢叁百拾匹,題請按數織辦。等語。臣部按照各該處調解綢緞數目,核與節年辦解各數目,多寡不甚相懸,應如所題辦理。仍照册開單,行令蘇州、杭州、江寧三處織造暨山西巡撫如式妥協織辦,務須質地堅實,顏色鮮明,毋許再有粗糙、短少等弊,致被駁回。仍派委妥員沿途小心護送,亦不得霉污雨漬,并令陝甘總督俟前項綢緞解到時,詳細點驗,派員轉解各處查收備用。仍令伊犁等處將軍大臣,將前項調解綢緞俟收到之日,於各該處奏銷册内,分晰造報,以憑查核。

此案於咸豐元年伍月貳拾肆日科抄到部,兹於閏捌月初伍日辦理具題,合并聲明。

臣等未敢擅便,謹題請旨。

批紅:依議。

爲直隸各屬代徵道光二十九年撥補地畝租銀事

咸豐元年閏八月初七日

大學士兼署管理户部事務臣祁寯藻等謹題,爲代徵撥補租銀事。

户科抄出,直隸總督訥爾經額等題道光貳拾玖年分直隸所屬代徵民地租銀散給士民收領一案。道光叁拾年拾貳月初拾日題,咸豐元年貳月拾捌日奉旨:該部察核具奏。欽此。欽遵。於本日抄出到部。

該臣等會查得,直隸總督訥爾經額等疏稱:查直隸各屬代徵撥補地租,例有考成,應將一年完欠數目,造册奏銷。兹查道光貳拾玖年分各屬代徵撥補地畝租銀,據布政使陳啟邁分晰造具考成奏册,鈐印詳送,會題前來。臣覆核無異,除冊分送部科外,理合會同兼管順天府府尹臣卓秉恬、前任順天府府尹臣陸應穀,合詞具題。等因前來。

查冊開:道光貳拾玖年分舊管:順天等府州屬,代徵撥補地畝、房間、山場租銀貳萬壹千柒百柒拾伍兩柒錢,租錢壹千捌百陸拾陸千柒百捌拾肆文,小數租錢壹千貳百柒千叁百拾叁文,租糧貳千肆百陸拾叁石肆升叁合柒勺。新收:肅寧、保安二州縣士民呈請交官徵租銀壹兩捌分。開除:士民自行取租銀捌百肆拾伍兩捌錢叁分柒釐,小數租錢柒百貳拾伍文。實在:代徵租銀貳萬玖百叁拾兩玖錢肆分叁釐,租錢壹千捌百陸拾陸千柒百捌拾肆文,小數租錢壹千貳百陸千伍百捌拾捌文,租糧貳千肆百陸拾叁石肆升叁合柒勺。内除大城、蠡縣、藁城、静海等四縣,道光貳拾玖年秋禾被水灾歉,遵奉諭旨緩徵租銀陸百叁拾兩伍分陸釐,應俟限滿,造報歸結,又文安、大城、博野、正定、藁城、武邑、定州、深澤、河間、獻縣、故城、青縣、静海、唐山、蔚州、宣化等十六州縣民,欠未完租銀壹千陸百陸拾貳兩伍錢陸分肆毫,河間縣小數租錢肆拾肆千壹百叁拾貳文,宣化縣租糧貳百貳拾捌石柒斗陸升陸合肆勺,現飭徵收關解外,計各屬徵完租銀壹萬捌千陸百叁拾捌兩叁錢貳分陸釐陸毫,租錢壹千捌百陸拾陸千柒百捌拾肆文,小數租錢壹千壹百陸拾貳千肆百伍拾陸文,租糧貳千貳百叁拾肆石貳斗柒升柒合叁勺。内除武邑、饒陽二縣未據完解銀壹百肆拾兩肆錢伍分壹釐,現在分别勒限嚴提,俟限滿有無完解,另行核實參辦外,實各屬徵完租銀壹萬捌千肆百玖拾柒兩捌錢柒分伍釐陸毫,租錢壹千捌百陸拾陸千柒百捌拾肆文,小數租錢壹千壹百陸拾貳千肆百伍拾陸文,糧貳千貳百叁拾肆石貳斗柒升柒合叁勺。内關解散給取有印收領狀送驗租銀壹萬叁千陸百貳拾柒兩玖錢陸分柒釐陸毫,租錢壹千零拾千玖百貳拾貳文,小數租錢伍百肆拾捌千貳拾文,租糧壹千柒百肆石柒斗伍合壹勺。冊報關解散給現在飭取印收領狀送驗租銀叁千陸百捌拾壹兩陸錢肆分貳釐,租錢壹拾陸千壹百肆拾貳文,小數租錢壹拾千叁百捌拾陸文,糧肆百貳拾貳石壹斗陸升肆合伍勺。冊報徵完現飭關解散給掣取領狀送驗租銀拾貳兩玖錢玖分叁釐。冊報徵完關解已據呈報解收租銀捌拾叁兩伍錢陸分貳釐。冊報扣納業户應完糧銀拾柒兩壹錢玖釐糧壹百柒石肆斗柒合。冊報兑抵業户應完貳拾玖年租銀壹千柒拾肆兩陸錢貳釐,租錢捌百叁拾玖千柒百貳拾文,小數租錢陸百肆千伍拾文。等語。

户部查:舊管租銀、錢文、糧石,核與上年奏銷案内實存數目相符。新收士民呈請交官徵收,開除士民自行取租銀錢,按册核算,均屬符合。實存應徵銀貳萬玖百叁拾兩玖錢肆分叁釐,租錢壹千捌百陸拾陸千柒百捌拾肆文,小數租錢壹千貳百陸千伍百捌拾捌文,租糧貳千肆百陸拾叁石肆升叁合柒勺,應令該督轉飭,造入下年奏銷册内舊管項下,報部查核。并將大城、蠡縣、藁城、静海四縣,緩徵租銀陸百叁拾兩伍分陸釐,依限催徵解交該縣,散給士民收領。又,已徵租銀内,武邑、饒陽二縣,未據完解租銀壹百肆拾兩肆錢伍分壹釐,既據該督聲明勒限嚴提,俟限滿有無完解,即行據實參辦。至徵完租銀、錢文、糧石内,除關解散給士民取有領狀印收送驗者毋庸議外,其册報關解散給現在飭取印收領狀送驗租銀叁千陸百捌拾壹兩陸錢肆分貳釐,租錢拾陸千壹百肆拾貳文,小數租錢壹拾千叁百捌拾陸文,糧肆百貳拾貳石壹斗陸升肆合伍勺,并册報徵完現飭關解散給掣取領狀送驗租銀拾貳兩玖錢玖分叁釐,又徵完關解已據呈報解收租銀捌拾叁兩伍錢陸分貳釐,併令該督分别查明是否屬實,飭取印收查驗,仍造具收領租銀清册,同印收領狀一併送部備查。其扣納并兑抵業户應完糧銀,及貳拾玖年租銀、糧石、錢文,係造入何年奏銷疏册内,未據聲明,應令該督查明,報部查核。

所有文安等十六州縣民欠未完租銀、錢文、糧石,據該督疏稱:臣及前任藩司温予巽,應催未完代徵租銀、錢文各數,核計均不及一分。又,前任霸昌道成山,現任南路同知丁希陶,前任清河道現任大順廣道何耿繩,現任保定府知府吉珩，現任正定府知府馮季曾，現任定州直隸州知州竇琳，現任天津府知府錢炘和，現任順德府知府張光第，亦不及一分，俱毋庸議。又，督催未完一分以上之前署冀州直隸州知州事候補知府金鎧，現任河間府知府王巽，現任口北道裕恒，調任宣化府知府炳綱，應議處分係在道光叁拾年正月貳拾陸日欽奉恩詔以前，應請準予寬免。等語。吏部查，除此案督催不及一分各員例無處分，毋庸議外，此案督催貳拾玖年分撥補租銀未完一分以上之署冀州直隸州知州金鎧、河間府知府王巽、口北道裕恒、前任宣化府調任承德府知府炳綱，俱例止罰俸，事在道光叁拾年正月貳拾陸日欽奉恩詔以前，應行寬免，仍令督催。仍令該督將前項代徵民欠未完租銀、錢文、糧石，迅即催徵全完，關解各州縣散給士民收領，報部查核。

此本係戶部主稿。科抄於咸豐元年貳月拾捌日到部，陸月初柒日送會吏部，柒月初壹日會回。兹於閏捌月初柒日辦理具題，合并聲明。

臣等未敢擅便，謹題請旨。

批紅：依議。

爲河南開封等屬道光二十八年地丁耗羨經征未完題參事

咸豐元年閏八月初九日

大學士兼署管理戶部事務臣祁寯藻等謹題，爲奏銷事。

戶科抄出，前任河南巡撫潘鐸將河南省開封等府州屬道光貳拾玖年應徵道光貳拾捌年緩徵地丁耗羨銀兩已未完數目造册題參一案。道光叁拾年叁月拾貳日題，陸月貳拾壹日奉旨：該部察核具奏。欽此。欽遵。於本日抄出到部。

該臣等會查得，前任河南巡撫潘鐸疏稱：道光貳拾捌年分地丁奏銷册報，開封、彰德、衛輝、懷慶、河南、陳州、許州、汝州等府州屬，未完緩徵地丁等銀陸拾捌萬伍千玖拾捌兩零，耗羨銀玖萬玖千陸百捌拾捌兩零，均於地丁奏銷案内聲明，俟限滿未完，另行補參。今自道光貳拾捌年拾月初壹日起，扣至道光貳拾玖年玖月底，經徵一年限滿。内除開封、彰德二府屬道光貳拾玖年因續報沙壓地畝并秋禾被淹歉收，欽奉上諭緩至道光叁拾年秋後啟徵地丁銀叁萬叁千玖百貳拾肆兩零、耗羨銀肆千柒百貳拾伍兩零。衛輝府屬封邱縣道光貳拾玖年因秋禾被淹，欽奉上諭遞緩，應至咸豐伍年秋後啟徵地丁銀壹萬壹千壹拾玖兩零、耗羡銀壹千壹百壹兩零。衛輝府屬延津、考城二縣,道光貳拾玖年因秋禾被淹,欽奉上諭遞緩,應至咸豐柒年秋後啟徵地丁銀壹萬壹千柒百玖拾陸兩零、耗羡銀壹千壹拾陸兩零。實應徵地丁等銀陸拾貳萬捌千叁百伍拾捌兩零,耗羡銀玖萬貳千捌百肆拾肆兩零。催據各屬已完解司地丁銀貳拾捌萬玖千玖百陸拾陸兩零,又完驛站裁扣銀貳萬貳千貳百壹拾捌兩零,耗羡銀肆萬叁千捌百壹拾叁兩零。尚有未完地丁等銀叁拾壹萬陸千壹百柒拾貳兩零,耗羡銀肆萬玖千叁拾壹兩零,例應補報奏銷,查扣未完分數請參。據前任布政使嚴良訓將緩徵丁耗錢糧已未完數目,并經徵督催不力各職名,造具清册,詳送前來。臣覆查無異,除册送部外,相應具題。等因前來。

查河南省開封等府州屬未完道光貳拾捌年緩徵地丁耗羡銀兩,先據該撫於道光貳拾捌年地丁奏銷案内聲明,緩至道光貳拾捌年秋後啟徵,尚未滿限。俟限滿未完,另行補參。經臣部行令按限催徵完報,如逾限不完,照例查參在案。今據該撫題報:開封、彰德、衛輝、懷慶、河南、陳州、許州、汝州等府州屬,未完緩徵地丁等銀陸拾捌萬伍千玖拾捌兩捌錢伍分陸釐,耗羡銀玖萬玖千陸百捌拾捌兩伍分。自道光貳拾捌年拾月初壹日起,扣至貳拾玖年玖月底止,經徵一年限滿。内除開封、彰德二府屬道光貳拾玖年因續報沙壓地畝并秋禾被淹歉收,欽奉上諭緩至道光叁拾年秋後啟徵地丁銀叁萬叁千玖百貳拾肆兩伍錢玖分捌釐,耗羡銀肆千柒百貳拾伍兩叁錢肆分壹釐,衛輝府屬封邱縣道光貳拾玖年因秋禾被淹,欽奉上諭遞緩,應至咸豐伍年秋後啟徵地丁銀壹萬壹千壹拾玖兩玖錢壹分壹釐、耗羡銀壹千壹百壹兩捌錢玖分貳釐,衛輝府屬延津、考城二縣道光貳拾玖年因秋禾被淹,欽奉上諭遞緩,應至咸豐柒年秋後啟徵地丁銀壹萬壹千柒百玖拾陸兩貳錢貳分壹釐、耗羡銀壹千壹拾陸兩貳錢叁分柒釐,實應徵地丁等銀陸拾貳萬捌千叁百伍拾捌兩壹錢貳分陸釐、耗羡銀玖萬貳千捌百肆拾肆兩伍錢捌分。各屬已完解司地丁銀貳拾捌萬玖千玖百陸拾陸兩捌錢壹分肆釐,又完驛站裁扣銀貳萬貳千貳百壹拾捌兩捌錢肆分叁釐、耗羡銀肆萬叁千捌百壹拾叁兩叁錢叁分叁釐。尚有未完地丁等銀叁拾壹萬陸千壹百柒拾貳兩肆錢陸分玖釐,耗羡銀肆萬玖千叁拾壹兩貳錢肆分柒釐,造册題參。等語。户部查前項應徵地丁、耗羡銀兩,核與原報未完銀數相符。至因災緩至道光叁拾年等年秋後啟徵地丁、耗羡銀兩,尚未據該撫造册具題,無憑核對,應令該撫轉飭,即行專案題報查核。所有未完地丁、耗羡銀兩,經徵督催不力各職名造册題參之處,吏部查定例:地丁錢糧布政使欠不及一分者,停其陞轉,罰俸六個月,戴罪督催。巡撫欠一分以上者,罰俸一年,戴罪督催。又定例:官員任内,有承督未完案件於限内離任者,以罰俸一年完結。等語。除彰德府知府王麟定、鄢城縣知縣熊廷基,俱經病故,應毋庸議。經徵未完不及一分之湯陰縣知縣李在公、林縣知縣康仲芳、前任獲嘉縣知縣已經丁憂王萬齡、前任淇縣知縣已經丁憂又經告病慶保、滑縣知縣徐世琦、考城縣知縣許晋奎、修武縣知縣陳先儀、前任洛陽縣知縣已經丁憂鄭元善,俱例止罰俸。未完一分以上之署中牟縣事候補知州廖圻、汜水縣知縣汪曜奎、臨漳縣知縣惠麟、新鄉縣知縣陳桂齡、輝縣知縣陳焯墀、河内縣知縣裘寶鏞、濟源縣知縣徐燾原、武縣知縣陳光、前鞏縣知縣王恩泰、孟津縣知縣張煜堂、扶溝縣知縣唐鑄更名錫籌;未完二分以上之杞縣知縣羅景恬、通許縣知縣蕭秀棠、滎澤縣知縣王世相、武安縣知縣錢應昇、汲縣知縣夏子齡、濬縣知縣趙樹桐、前任孟縣知縣郎仲連、署陽武縣事試用知縣馬先登、嵩縣知縣王履恒;未完三分以上之祥符縣知縣謝寶、陳留縣知縣梁協南、鄭州知州阮炳輝、前署安陽縣事武陟縣知縣許賡謨、温縣知縣錢世瑞、署宜陽縣事試用知縣郭鳳恩;未完四分以上之郾師縣知縣徐廷烺,俱例止降職。督催未完不及一分之署陳州府事光州直隸州知州周起濱,例止罰俸。督催未完一分以上之前任衛輝府告病知府糜宣哲、署河南府事淅川廳同知崔燾,俱例止降職。經徵未完不及一分已經卸事之前署鄭州事商邱縣知縣孫惠霖、前任汜水縣知縣降調開復留省補用謝益、前代理内黄縣事彰德府經歷景祥、前代理濬縣事候補知州又經降調龔德渤、前代理濟源縣事試用知縣敖國琦、前代理嵩縣事候補知縣周昺潢、前代理長葛縣事試用知縣厲文煒;經徵未完一分以上已經卸事之前署洧川縣事陽武縣知縣李佩青、前任中牟縣調任安陽縣知縣樊琨、前署禹州事試用知縣倪正璽、前任内黄縣知縣已經丁憂李福源、前任新鄉縣調任固始縣知縣朱士廉、前署陽武縣事新息通判文奇、前署鞏縣事試用知縣沈旌善、前代理鞏縣事試用知縣張昶、前署許州事候補直隸州程廷鏡;經徵未完二分以上限内卸事前代理扶溝縣事淮沈項,縣丞梅曾華;經徵未完三分以上限内卸事之前任滑縣調任襄城縣知縣余錦淮、前任洛陽縣陞任睢州知州馬恕、前署安陽縣事宜陽縣知縣周浩;督催未完一分以上限内卸事之前署開封府事彰德府知府瑛桂;督催未完二分以上限内卸事之前署懷慶府事候補知府張維翰,俱例止罰俸。程廷鏡又督催項下,未完不及一分限内卸事,亦例止罰俸。事在道光叁拾年正月貳拾陸日欽奉恩詔以前,均應寬免。其例有展參各員,仍俟該撫按限題參到日，再行核辦外，應將督催未完不及一分之前署河南布政使事河南按察使吳式芬、前任河南布政使嚴良訓，均照例停其陞轉，罰俸六個月，戴罪督催。未完一分以上之前任河南巡撫潘鐸，照例罰俸一年，戴罪督催。吳式芬係署事官，今陞貴州布政使，於未經限滿之先卸事，應照離任官例，於現任内，罰俸一年完結。潘鐸已降補山西按察使，嚴良訓今以三品京堂候補，未據聲明卸事日期。其應照例議結之處，俟覆參案内，吏部再行核議。仍令該撫轉飭，將前項已完地丁驛站裁扣耗羨銀兩，在於隨年地丁耗羨奏銷各冊内新收項下，分晰造報户部查核。并令將未完并緩徵地丁耗羨銀兩查明，截至道光叁拾年年底止續完銀數一并造報。其實欠在民者，即行遵照本年正月初壹日恩旨，開單奏請豁免。再查秋後補徵錢糧奏銷限期，道光叁拾年貳月間該撫咨請部示，户部按例核覆，初參玖月限滿，該年拾貳月内即應具題。此案於道光叁拾年叁月始行出題，未經按例更正，應令該撫嗣後凡補徵錢糧奏銷，均照户部核覆限期趕緊辦理，勿得再有延宕。

此本係戶部主稿。於道光叁拾年陸月貳拾壹日科抄到部，玖月初壹日送會吏部。咸豐元年柒月初叁日準吏部議結送回。兹於閏捌月初玖日辦理具題，合并聲明。

臣等未敢擅便，謹題請旨。

批紅：依議。

爲安徽鳳潁二屬道光二十九年裕備倉糧奏銷事

咸豐元年閏八月初十日

大學士兼署管理戶部事務臣祁寯藻等謹題，爲奏銷事。

戶科抄出，前任安徽巡撫王植題鳳陽潁州二府屬道光貳拾玖年裕備倉糧奏銷一案。道光叁拾年拾貳月貳拾壹日題，咸豐元年四月拾伍日奉旨：該部察核具奏。欽此。欽遵。於本日抄出到部。

該臣等查得，前任安徽巡撫王植疏稱：安徽省鳳陽、潁州二府屬添建裕備倉厫，雜糧增儲貳拾萬石，以備鳳陽、泗州二府州屬就近撥協賑需，每年與常平倉穀一例盤查奏銷。兹據安徽布政使蔣文慶詳稱：今屆造報道光貳拾玖年奏銷之期，所有鳳陽府屬之壽州、鳳陽、鳳臺，潁州府屬之阜陽、潁上、霍邱、亳州、蒙城、太和等九州縣，上屆舊管實：存小麥壹拾壹萬叁千貳百陸拾肆石玖升玖合、黄豆叁萬貳千捌百肆拾叁石玖斗叁升叁合捌勺、穀貳萬伍千石、黑豆壹千肆百石、秫穀貳千肆百石、秫秫捌千貳百捌拾石。壽州、亳州二州領回未買嘉慶叁、陸兩年賑缺麥價銀壹萬陸千捌百叁兩叁錢伍分,鳳臺縣乾隆伍拾玖年借易未還黄豆壹千玖百捌石陸斗壹升柒合貳勺。内嘉慶拾壹年查出,亳州病故知州李廷儀,虧缺小麥壹萬叁千陸百叁拾肆石,黄豆柒百陸拾貳石陸斗伍升,黑豆壹千肆百石,粟穀陸百貳拾石,折麥叁百壹拾石,秫秫肆千肆百石,折麥貳千貳百石,已奉奏參勒追。查明該故員家産盡絶,照例折價攤賠。其原虧麥、豆、粟穀等項,奉部行令,在於司庫正項銀内動支買還。奏明分年買補,俟秋成飭令買補,另於下屆册内登報。仍存小麥玖萬玖千陸百叁拾石玖升玖合,黄豆叁萬貳千捌拾壹石貳斗捌升叁合捌勺,穀貳萬伍千石,粟穀壹千柒百捌拾石,秫秫叁千捌百捌拾石,麥價銀壹萬陸千捌百叁兩叁錢伍分。内據各屬查報各員虧抵,内報入貳次清查案内趙霖等,虧抵小麥捌萬壹千柒百玖石玖升壹合伍勺,已買小麥肆千捌百玖拾壹石玖斗伍升柒合,未買小麥柒萬陸千捌百壹拾柒石壹斗叁升肆合伍勺,麥價銀壹萬貳千捌百叁兩叁錢伍分,黄豆貳萬捌千肆百壹拾陸石伍斗玖升貳合。又,報入叁次清查案内鄭泰等,虧抵小麥壹千叁百捌拾叁石玖斗伍升肆合伍勺,麥價銀肆千兩。又,報入肆次清查案内高質璉等,虧抵小麥肆千伍拾石壹斗肆升柒合,黄豆貳百陸拾玖石貳斗玖升貳合。又,報入伍次清查案内許鴻磐等,虧抵小麥貳百石,黄豆叁千叁百玖拾伍石叁斗玖升玖合捌勺。又,報入陸次清查案内杜茂材等,虧抵小麥壹千壹百陸拾陸石玖斗陸合。以上共報入貳、叁、肆、伍、陸等次清查案内各員,虧抵小麥捌萬捌千伍百壹拾石玖升玖合,已買小麥肆千捌百玖拾壹石玖斗伍升柒合,未買小麥捌萬叁千陸百壹拾捌石壹斗肆升貳合,黄豆叁萬貳千捌拾壹石貳斗捌升叁合捌勺,麥價銀壹萬陸千捌百叁兩叁錢伍分,業於上屆册内將各員虧抵原款,分晰員名,報部查核在案。仍實存小麥壹萬陸千壹拾壹石玖斗肆升柒合,穀貳萬伍千石,粟穀壹千柒百捌拾石,秫秫叁千捌百捌拾石。内續據潁上、蒙城、霍邱等三縣詳報,裕備倉糧石亦有報入清查之款,惟查册造常裕二倉虧缺麥豆數目,係屬籠統,未行分劈。現在嚴飭確查各員虧缺細數。俟查覆至日,另於下屆册内登報外。鳳臺縣乾隆伍拾玖年借易未還黄豆壹千玖百捌石陸斗壹升柒合貳勺,查明實欠在民,業於彙同乾隆陸拾年以前積欠銀米等項造册,詳請題豁。奉準部覆,行令查明積欠銀米已未完解截數月日,另造册結題報核辦。現催各屬查明,詳覆至日,另行專案詳咨。相應造具奏銷清册,詳送具題。等情。臣覆核無異,除册送部查核外,恭疏具題前來。

查乾隆肆拾壹年拾壹月,據原任安徽巡撫閔鶚元奏請,在於鳳陽、潁州二府屬壽州、鳳陽、鳳臺、阜陽、潁上、霍邱、亳州、蒙城、太和等九州縣,添建裕備倉厫,存積麥豆雜糧,以備歉歲協撥賑糶之用,經臣部議準,每年將買補各數照常平倉之例,專案題報核銷在案。今據該撫王植册報,道光貳拾玖年分各屬舊管小麥壹拾壹萬叁千貳百陸拾肆石九升九合,黄豆叁萬貳千捌百肆拾叁石玖斗叁升叁合捌勺,穀貳萬伍千石黑豆壹千肆百石,粟穀貳千肆百石,秫秫捌千貳百捌拾石。内前任亳州病故知州李廷儀,虧缺小麥壹萬叁千陸百叁拾肆石,黄豆柒百陸拾貳石陸斗伍升,黑豆壹千肆百石,粟穀陸百貳拾石,折麥叁百壹拾石,秫秫肆千肆百石,折麥貳千貳百石。前據奏明,該故員家産盡絶,照例折價,議於歷任潁州府知府名下攤賠歸款。其原虧麥、豆、粟穀等項,行令在於司庫正項銀内動給價銀,分年買補歸倉。迄今事歷多年,顆粒未據買補。臣部因倉庾攸關,逐案題催,乃該撫置若罔聞,實屬任意延玩。應仍令該撫遵照前奉諭旨,迅速買補還倉,毋得遷延,致干查辦,并將用過價銀專案題報核銷。至鳳臺縣乾隆伍拾玖年出借未還黄豆壹千玖百捌石陸斗壹升柒合貳勺,并令該撫遵照臣部議覆蠲豁該省積欠原題,速飭查明,題覆核結。所有報入貳、叁、肆、伍、陸等次清查案内,趙霖等虧缺小麥捌萬捌千伍百拾石玖升玖合,黄豆叁萬貳千捌拾壹石貳斗捌升叁合捌勺,又報入貳、叁兩次清查案内,壽州、亳州領存嘉慶叁、陸兩年未買賑缺麥價銀壹萬陸千捌百叁兩叁錢伍分,前經臣部於道光肆年奏銷案内,題令詳查聲覆。嗣據該撫咨報,道光叁年查辦陸次清查奏明,皖省截至嘉慶貳拾伍年止,凡各州縣虧抵各款,均已悉數查出,奏奉諭旨,統歸清查案内分别追賠,并將各員虧抵麥、豆原款,於奏盤册内分晰登明造報。經臣部按册查核,壽州等州縣,虧缺前項小麥捌萬捌千伍百壹拾石玖升玖合,已買補小麥肆千捌百玖拾壹石玖斗伍升柒合,仍未買小麥捌萬叁千陸百壹拾捌石壹斗肆升貳合,黄豆叁萬貳千捌拾壹石貳斗捌升叁合捌勺。又,麥價銀壹萬陸千捌百叁兩叁錢伍分内,於通省半廉彌補銀内派撥歸補,麥折銀壹萬壹千柒百壹兩伍錢肆分伍釐,豆折銀肆千柒百壹拾柒兩貳錢貳分玖釐,麥價銀貳千陸拾壹兩陸錢肆分伍釐,實未完麥柒萬陸千捌百捌石伍斗伍升肆合,黄豆貳萬柒千叁百陸拾肆石伍升肆合捌勺,麥價銀壹萬肆千柒百肆拾壹兩柒錢伍釐。除鄭泰等各員虧抵小麥肆萬陸千壹百伍拾石玖斗捌升肆合叁勺,豆壹萬柒千伍百柒拾陸石伍斗陸升伍合,麥價銀壹萬肆千柒百肆拾壹兩柒錢伍釐,按册核對,與清查册報麥豆及麥價,均屬相符。惟查許鴻磐虧缺小麥貳百石,臣部前以該省原送清查册内聲明,許鴻磐名下虧缺麥貳百石,應咨追銀貳百陸拾兩,現在倉糧册報每麥壹石,祇核銀壹兩,前後所報數目不符,屢經臣部逐案行令轉飭查明報部,日久延未查報。其趙霖等虧抵小麥貳萬柒千肆百肆石壹斗壹升玖合,豆陸千伍百貳拾柒石叁斗叁合捌勺,核與清查册報數目不符。又陳存矩、鄭維祉二員虧缺麥叁千貳百伍拾叁石肆斗伍升柒合,豆叁千貳百陸拾石壹斗捌升陸合。檢查清查冊内,并無該二員虧缺款項,照冊開單駁查在案。歷屆以來未據聲覆。應令該撫將各員虧缺麥豆,究在何款數中及因何與清查原冊數目不符之處,迅速確查覆結,毋任再延。仍將各員虧缺麥、豆及麥價銀兩,現在曾否按數追究,一并查明報部核辦。至前項彌補麥折銀壹萬壹千柒百壹兩伍錢肆分伍釐,豆折銀肆千柒百壹拾柒兩貳錢貳分玖釐,麥價銀貳千陸拾壹兩陸錢肆分伍釐,應仍令該撫查明前項銀兩是否提存藩庫,轉飭遵照臣部原行,嚴飭按數買補還倉,報部查核。又據該撫疏稱,潁上、蒙城、霍邱三縣裕備倉糧石,亦有報入歷次清查之款。惟册造常裕二倉虧缺麥、豆數目,係屬籠統,現在飭查,另於下屆册内登覆。等語。臣部查,該省六次清查,業將各州縣虧抵各款,悉數查出,何以道光伍年又有報入歷次清查之款。且自伍年奏銷後,該撫總以未行分劈細數,現在確查爲詞,究不知何時可以查明登覆,殊非慎重倉儲核實辦公之道。應令該撫速行分别查明,據實聲覆,并將臣部歷年指駁各款登覆遲延之藩司,并延不查報之各州縣,一并迅即查取職名,送部核議。所有實存麥、豆、秫、粟穀肆萬陸千陸百柒拾壹石玖斗肆升柒合,并令嚴提加謹收存,毋任再有續虧,以實倉儲。

此案科抄於咸豐元年肆月拾伍日到部,兹於閏捌月初拾日辦理具題,合并聲明。

臣等未敢擅便,謹題請旨。

批紅:依議。

爲前任蘇松糧道將經手漕項錢糧交待清楚事

咸豐元年閏八月十一日

大學士兼署管理户部事務臣祁寯藻等謹題,爲飭查事。

戶科抄出,前任江蘇巡撫傅繩勳將署任蘇松糧道王夢齡到任接收前道倪良燿經手解放各年漕項錢糧交盤清楚,造册具題一案。咸豐元年貳月貳拾柒日題,伍月拾柒日奉旨:該部察核具奏。欽此。欽遵。於本日抄出到部。

該臣等查得,前任江蘇巡撫傅繩勳疏稱:蘇松糧道倪良燿自道光叁拾年捌月貳拾壹日回任起,至拾月初叁日交收庫項止,前署糧道王夢齡於道光叁拾年拾月初叁日到任接印,所有前道倪良燿經手解放各年漕項錢糧。據前署糧道王夢齡造具冊結,由布政司加具印結,詳請具題前來。據冊開:

一、前署道王夢齡接收前道倪良燿交代案内舊管:各年漕項正耗銀玖萬柒千伍百壹拾叁兩叁分陸釐。等語。查前項舊管銀兩,臣部核與前任交代案内實存銀數相符,應毋庸議。

一、新收各年漕項并提收共銀陸萬貳百伍拾捌兩叁錢叁分壹釐。等語。查前項新收等銀,臣部按冊核算,亦屬符合,應毋庸議。

一、開除:共解放各年漕項正耗并提歸等銀叁萬肆千捌百陸拾肆兩壹錢叁分伍釐。等語。查前項解放各年漕項正耗銀兩,應令轉飭將入於何年漕項奏銷及季撥各冊内造報之處查明,報部查核。至提歸等銀,係於何案内歸還及借動何款,并令查明報部,以憑查核。

一、實存:各年漕項正耗并歸款等銀壹拾貳萬貳千玖百柒兩貳錢叁分貳釐。等語。查前項實存銀兩,臣部照數登記,仍令於後任糧道交代案内,造報查核。

此案科抄於咸豐元年伍月拾柒日到部,兹於閏捌月拾壹日辦理具題,合并聲明。

臣等未敢擅便,謹題請旨。

批紅:依議。

爲題銷浙海關道光二十九至三十年徵收税銀事

咸豐元年閏八月十四日

大學士兼署管理戶部事務臣祁寯藻等謹題,爲恭報事。

戶科抄出,前任浙江巡撫吳文鎔題浙海關道光貳拾玖年柒月初捌日起至叁拾年柒月初柒日止,一年徵收税銀一案。道光叁拾年拾壹月初柒日題,咸豐元年正月貳拾玖等日奉旨:該部察核具奏,册并發。欽此。欽遵。於本日抄出到部。

該臣等查得,前任浙江巡撫吳文鎔疏稱:浙海關自道光貳拾玖年柒月初捌日起,至叁拾年柒月初柒日止,一年徵收正額樑頭貨税銀叁萬貳千叁拾兩陸錢貳分玖釐,長江税銀壹百貳拾柒兩陸錢壹釐,銅斤水脚銀叁千柒百伍拾兩,統共銀叁萬伍千玖百捌兩貳錢叁分。除動支各役工食銀貳百伍拾捌兩,實存銀叁萬伍千陸百伍拾兩貳錢叁分。又,徵收盈餘銀肆萬陸百叁拾捌兩肆錢柒分肆釐,計缺徵盈餘銀叁千叁百陸拾壹兩伍錢貳分陸釐,照數賠補。除支給經費銀柒百捌拾玖兩貳分壹釐,實存盈餘銀叁萬玖千捌百肆拾玖兩肆錢伍分叁釐。現將正額盈餘同賠補盈餘,照數批解司庫。等情。具題前來。

查浙海關每年額税銀叁萬貳千壹百伍拾捌兩貳錢叁分,銅斤水脚銀叁千柒百伍拾兩,例係解交藩庫,留充本省兵餉。又額徵盈餉銀肆萬肆千兩,向係解交部庫,統共每年應徵銀柒萬玖千玖百捌兩貳錢叁分。今據前任浙江巡撫吳文鎔題報,浙海關道光貳拾玖年柒月初捌日起,至叁拾年柒月初柒日止,一年共徵收正額盈餘銀柒萬陸千伍百肆拾陸兩柒錢肆釐。核與應徵正額盈餘銀數,計缺徵銀叁千叁百陸拾壹兩伍錢貳分陸釐。業經該撫奏明,照數補足,應毋庸議。至該年徵收正額銀内動支各役工食銀貳百伍拾捌兩,查係年例應給之項,應準開銷。又盈餘銀内動支經費銀柒百捌拾玖兩貳分壹釐,應俟該撫造具支用細數清册,送部到日,再行查核銷結。其餘實存銀柒萬伍千肆百玖拾玖兩陸錢捌分叁釐,前據該撫奏請將尾數銀伍千肆百玖拾玖兩陸錢捌分叁釐,同賠補缺徵盈餘銀叁千叁百陸拾壹兩伍錢貳分陸釐,一并解交藩庫,另款收存,以資儲備,經臣部議準在案。查該年所收税銀,除動支經費及解存藩庫外,尚存銀柒萬兩。今據疏稱照數批解藩庫。等語。應令浙江巡撫即將留支撥解各細數,轉飭查明,專案報部,以便核辦。并令該關嗣後一年期滿,於原題内將留存撥解各款,務須詳細分晰題報,毋得仍前含混。查定例,各關徵收税銀并收税册檔題報考核,限關期滿後三個月内即行起解具題,逾限題參議處。又例載,收税册檔均於任滿依限具題時即行起解,以科抄到部日起,限二十日内到部,違限參處。各等語。今查浙海關該年徵收税銀并收税册檔,例應於叁拾年拾月初柒日以前起解,迄今已逾例限五月有餘。其科抄係於咸豐元年正月貳拾玖等日到部,扣至貳月拾玖日,已滿二十日之限。該關收税册檔尚未到部,無憑核辦。除俟送部到日,移會户科磨對,再行查核具題外,理合照例題參。應令浙江巡撫即將該年收税册檔并藩庫實收,迅速送部,毋稍再延,并將遲延職名,照例開揭,送部查議。

此案於咸豐元年正月貳拾玖等日科抄到部,兹於閏捌月拾肆日辦理具題,合并聲明。

臣等未敢擅便,謹題請旨。

批紅:依議。

爲題銷淮北道光二十九年己酉綱鹽課錢糧事

咸豐元年閏八月十四日

大學士兼署管理戶部事務臣祁寯藻等謹題,爲遵旨察核具奏事。

戶科抄出,兩江總督陸建瀛題己酉綱淮北綱食引鹽正雜鹽課錢糧一案。咸豐元年貳月初伍日題,肆月貳拾叁日奉旨:該部察核具奏。冊并發。欽此。欽遵。於本日抄出到部。

該臣等查得,兩江總督陸建瀛將道光貳拾玖年已酉綱淮北綱食鹽課錢糧,造冊具題前來。臣等謹照冊開管、收、除、在各款逐一查核,開列於後。

一、冊開:舊管銀伍拾柒萬肆千柒百貳拾陸兩玖錢柒分肆釐。查前項舊管銀兩,核對該省叁拾年題報貳拾捌年册造實存銀數相符,應毋庸議。

一、冊開:新收銀貳拾玖萬叁千叁拾玖兩肆錢捌分柒釐,又帶徵乙酉引課銀壹萬貳千叁百陸拾玖兩壹錢貳分玖釐,又融綱陞課銀壹千陸百拾捌兩陸錢貳分陸釐。查前項新收銀兩内,己酉綱引課銀拾肆萬捌千陸百捌兩陸錢陸分柒釐,加窩引課等銀拾貳萬貳千肆百叁拾兩捌錢貳分,又存融綱陞課銀壹千陸百拾捌兩陸錢貳分陸釐,織造銀貳萬貳千兩,又己酉綱帶徵乙酉引課銀壹萬貳千叁百陸拾玖兩壹錢貳分玖釐。按册核算,應徵銀數相符,應毋庸議。

一、冊開:開除銀叁拾柒萬肆千柒百貳拾陸兩玖錢柒分肆釐。查前項開除銀兩,差官陳皓等解甘肅兵餉銀貳拾捌萬柒千叁百陸拾叁兩肆錢捌分柒釐,又差官諸嘉禄等解江南餉銀捌萬柒千叁百陸拾叁兩肆錢捌分柒釐。臣部核與題報起解銀數相符,應毋庸議。

一、冊開:己酉綱存庫銀伍拾萬伍千肆百捌兩陸錢壹分陸釐。查前項存庫銀兩,除戊申奏銷引課動用外,存銀貳拾萬兩。據疏册聲稱,道光叁拾年肆月初叁日淮南新章開局日止,截查運庫實存現銀統在。不敷正款銀壹百叁拾貳萬陸千貳百餘兩之中,奏明悉屬官商延欠。現歸清查案内,分别嚴追還款。

等語。應令該督趕緊嚴追歸款,毋任延宕。又奉撥盛京兵餉銀叁萬叁千叁百拾捌兩壹錢貳分捌釐,據稱業經委員領解,容俟詳咨開除。應令開款詳咨開除。又己酉應解織造銀貳萬貳千兩,即行委員解交部庫,毋稍遲延。又差官劉沅解辛亥年河工銀柒萬兩,係年額應解之項,應毋庸議。實存庫銀拾捌萬玖拾兩肆錢捌分捌釐,又存融綱陞課銀壹千陸百拾捌兩陸錢貳分陸釐。查前項實存銀兩,查與咸豐元年春季撥册正雜新收項下造報銀數相符。據册稱,實存銀兩留爲奉撥辛亥年甘肅餉銀之用,應毋庸議。

此案於咸豐元年肆月貳拾叁日科抄到部,兹於閏捌月拾肆日辦理具題,合并聲明。

臣等未敢擅便,謹題請旨。

批紅:依議。

爲浙江題銷杭州等被灾府縣用過賞卹銀兩事

咸豐元年閏八月十四日

大學士兼署管理户部事務臣祁寯藻等謹題,爲欽奉事。

户科抄出,陞任浙江巡撫吳文鎔題浙江省杭州等府屬富陽等縣衛道光貳拾陸年被灾,貳拾柒年給過灾民春賞口糧米石并用過查散經費等項銀兩造册題銷一案。道光叁拾年拾月貳拾日題,咸豐元年正月貳拾柒日奉旨:該部察核具奏。欽此。欽遵。於本日抄出到部。

該臣等查得,陞任浙江巡撫吳文鎔疏稱:浙江省杭州、臺州、嚴州三府屬之富陽等縣衛,道光貳拾陸年被水被旱,灾歉貧民請於貳拾柒年春間卹給一月口糧,以資接濟。經前護撫臣存興恭摺具奏,嗣於道光貳拾柒年正月初貳日内閣奉上諭:上年浙江仁和等縣田禾被灾,業經降旨,分别蠲緩撫卹,小民自可無虞失所。惟富陽等縣衛被水被旱,今春青黄不接之時,民力未免拮據。加恩著將富陽、餘杭、新城、寧海、桐廬五縣,今春卹給一月口糧。照例半本半折,銀米兼放。銀動司庫地丁,米動本縣常平倉穀。如各該縣倉穀不敷動碾,即於鄰近縣倉協撥。其杭、嚴衛灾歉屯田,坐落桐廬縣,著歸於坐落之縣一律查辦,以資接濟。該撫即刊刻謄黄,徧行曉諭。務使實惠均霑,毋任吏胥舞弊。用副朕惠愛民元、覃敷春澤至意。該部即遵諭行。欽此。等因。當經前撫臣轉飭遵辦在案。兹據布政使汪本銓詳稱:查道光貳拾柒年春卹一月口糧,據杭州、臺州、嚴州三府,富陽、餘杭、新城、寧海、桐廬五縣,會同印委各員,分别查辦。旋據先後查明實在户口,開揭詳報,并於道光貳拾陸貳拾捌等年地丁款内動支銀兩,給發各該縣領回,分别銀米散放。嗣據各縣詳報,一律散放完竣。今催據富陽、餘杭、新城、寧海、桐廬五縣,將實給過貧民、貧生、屯丁、大小莊户丁口銀米各數簡明報銷清册、印委各結,并用過查散經費及領運協撥各縣存倉米石用過脚費銀兩清册,并準據杭嘉湖道黄樂之、舒化民,寧紹臺道麟桂,護金衢嚴道徐敬,杭州府知府楊鉅源、羅遵殿、徐敬,臺州府知府張英偉,署嚴州府知府方秉,各按縣加具印結,移詳到司。查富陽、餘杭、新城、寧海、桐廬五縣,統共實給過貧民、貧生、屯丁七萬二千五百一十七户。内大口叁拾萬伍千伍百壹拾捌口,小口捌萬玖千貳百伍拾壹口。散給一月口糧,計三十日,照例每日大口該米五合,小口該米二合五勺。令給一半本色米石,共給米貳萬陸千貳百陸拾石柒斗陸升貳合伍勺,合穀伍萬貳千伍百貳拾壹石伍斗貳升伍合。内協撥西安、龍游、蘭谿、臨海、太平、遂安等六縣常平倉穀肆萬叁千陸百肆拾貳石陸斗柒升伍合。富陽、餘杭、寧海等三縣動支本縣常平倉穀捌千捌百柒拾捌石捌斗伍升,碾米散放。又折色銀兩照例每米壹石折銀壹兩貳錢核算,每日大口該銀六釐,小口該銀三釐。今給一半折色銀兩,共給銀叁萬壹千伍百壹拾貳兩玖錢壹分伍釐。在於司庫道光貳拾陸貳拾捌等年地丁款内動支,給領散放。又富陽、餘杭、新城、寧海、桐廬五縣册報用過查散員役人夫薪水、飯食、船隻、造册紙張等項,又富陽、新城、寧海、桐廬四縣册報領運協撥臨海等縣常平倉穀用過押運脚費等項,共銀捌千肆百柒兩柒分捌釐。應請動支司庫耗羡銀兩,按數撥給還款。所有案内動支各縣常平倉穀,俟秋成豐稔,動支司庫地丁銀兩給發,按照時價採買還倉,以實儲備。仍俟買補之日,將用過價脚銀兩,歸於還補案内,造册咨部核銷。擬合分造司總簡明清册,同各縣送到貧民、貧生、屯丁、莊户簡細各册及查散運米經費册、道府縣學衛印委各結,一并詳送,察核具題。再,此案限期,向俟各縣蠲緩撫卹報銷後,限一個月專案請銷。所有貳拾陸年各縣蠲卹報銷,於道光叁拾年陸月拾叁日具題,應於是日起扣限一個月,加司道府轉文各三日,統扣至柒月貳拾壹日屆滿。各屬俱於限内造報,并無遲逾,合并聲明。等情。臣覆核無異,除册結送部外,理合具題。等因前來。

查浙江省富陽等五縣衛,道光貳拾陸年被水被旱,災歉貧民先據護理浙江巡撫存興奏報,於道光貳拾柒年正月初貳日内閣奉上諭:上年浙江仁和等縣田禾被灾,業經降旨,分别蠲緩撫衈,小民自可無虞失所。惟富陽等縣衛被水被旱,今春青黄不接之時,民力未免拮据,加恩著將富陽、餘杭、新城、寧海、桐廬五縣,今春衈給一月口糧。照例半本半折,銀米兼放。銀動司庫地丁,米動本縣常平倉穀。如各該縣倉穀不敷動碾,即於鄰近縣倉協撥。其杭、嚴衛灾歉屯田坐落桐廬縣,著歸於坐落之縣一律查辦,以資接濟。該撫即刊刻謄黄,徧行曉諭。務使實惠均霑,毋任吏胥舞弊,用副朕惠愛民元、覃敷春澤至意。該部即遵諭行。欽此。欽遵。。經臣部行文該撫,遵照辦理在案。今據浙江巡撫疏稱:道光貳拾柒年春衈一月口糧,據杭州、臺州、嚴州三府,富陽、餘杭、新城、寧海、桐廬五縣,會同印委各員,分别查辦。旋據先後查明實在戶口,開揭詳報。并於道光貳拾陸貳拾捌等年地丁款内動支銀兩,給發各該縣領回,分别銀米散放。嗣據各縣詳報,一律散放完竣。今催據富陽、餘杭、新城、寧海、桐廬五縣,將實給過貧民、貧生、屯丁、大小莊戶丁口銀米各數簡明報銷清冊、印委各結,并用過查散經費及領運協撥各縣存倉米石用過脚費銀兩清册,并準據杭嘉湖道黄樂之、舒化民,寧紹臺道麟桂,護金衢嚴道徐敬,杭州府知府楊鉅源、羅遵殿、徐敬,臺州府知府張英偉,署嚴州府知府方秉,各按縣加具印結,移詳到司。查富陽、餘杭、新城、寧海、桐廬五縣,統共實給過貧民、貧生、屯丁七萬二千五百一十七戶。内大口叁拾萬伍千伍百壹拾捌口,小口捌萬玖千貳百伍拾壹口。散給一月口糧,計三十日,照例每日大口該米五合,小口該米二合五勺,今給一半本色米石,共給米貳萬陸千貳百陸拾石柒斗陸升貳合伍勺,合穀伍萬貳千伍百貳拾壹石伍斗貳升伍合。内協撥西安、龍游、蘭谿、臨海、太平、遂安等六縣常平倉穀肆萬叁千陸百肆拾貳石陸斗柒升伍合。富陽、餘杭、寧海等三縣動支本縣常平倉穀捌千捌百柒拾捌石捌斗伍升,碾米散放。又折色銀兩照例每米壹石折銀壹兩貳錢核算,每日大口該銀六釐,小口該銀三釐。今給一半折色銀兩,共給銀叁萬壹千伍百壹拾貳兩玖錢壹分伍釐。在於司庫道光貳拾陸貳拾捌年地丁款内動支,給領散放。等語。查例載,灾戶内有貢監、生員、赤貧應賑者,責成該學教官册報入賑。又例載,貧生賑糧,由該學官散給。各等語。今查餘杭、寧海二縣造報賑衈貧戶口糧册内,并未將貧生戶口米石開報,富陽、新城、桐廬三縣僅止貧生戶口米石總數,未據分晰姓名,均難查核。應令飭取各該學官開報貧生姓名,專案送部核銷。免致牽涉,而昭區别。至富陽、餘杭、新城、寧海、桐廬五縣册報用過查散員役人夫薪水、飯食、船隻、造册紙張等項,又富陽、新城、寧海、桐廬四縣册報領運協撥臨海等縣常平倉穀用過押運脚費等項,共銀捌千肆百柒兩柒分捌釐。應請動支司庫耗羨銀兩,按數撥給還款。等語。查定例,查勘災賑,除現任正印及丞倅等官不準支給盤費外,教雜等官俱按日支給盤費。所帶書吏、跟役口糧雜費均一體支銷。浙江省官每員日給薪水銀壹錢,坐船壹隻,日給船價飯食銀叁錢貳分。隨帶經書貳名,每名日給飯食銀三分。小船壹隻,日給船價飯食銀貳錢。跟從人役每名日給飯食銀三分、船壹隻,日給船價飯食銀貳錢。散銀米廠書役、匠人俱照例支給。查造册籍紙張,於公費銀内動用,據實造銷。等語。今浙江、富陽等五縣道光貳拾陸年被灾,貳拾柒年散給灾民春賞口糧,用過查散員役薪水、飯食、船隻、造册紙張并運米脚費等項,共用過銀捌千肆百柒兩柒分捌釐。臣部檢查各縣册開,赴鄉查勘灾戶及覆查丁口,均各隨帶耆老三百餘名、二百餘名、數十名不等,逐名按日開銷錢糧,查係定例所無,未便準銷。應令該撫轉飭據實删減,造冊送部核辦。所有動支各縣常平倉穀,并令俟秋成豐稔,動項採買還倉,以歸實儲。仍俟買補之日,將用過價脚銀兩,造報核銷。再,聲稱此案限期,向俟各縣蠲緩撫卹報銷後,限一個月專案請銷。所有貳拾陸年各縣蠲卹報銷,於道光叁拾年陸月拾叁日具題,應於是日起扣限一個月,加司道府轉文各三日,統扣至七月二十一日屆滿,各屬俱於限内造報,并無遲逾之處,應毋庸議。

此案於咸豐元年正月貳拾柒日科抄到部,兹於閏捌月拾肆日辦理具題,合并聲明。

臣等未敢擅便,謹題請旨。

批紅:依議。

爲題銷烏魯木齊道光二十八年倉儲屯糧開耗數目事

咸豐元年閏八月十五日

大學士兼署管理戶部事務臣祁寯藻等謹題,爲奏聞事。

戶科抄出,前任陝甘總督琦善題銷烏嚕木齊道光貳拾捌年倉儲屯糧開耗數目一案。咸豐元年正月貳拾柒日題,肆月貳拾肆日奉旨:該部察核具奏。欽此。欽遵。於本日抄出到部。

該臣等查得,乾隆肆拾柒年叁月内,據原任陝甘總督李侍堯具奏,烏嚕木齊所屬各府、廳、州、縣一切錢糧事件自乾隆肆拾柒年爲始,由烏嚕木齊都統核明咨送陜甘總督衙門，飭發藩司，按册確核具詳，會同該都統題銷。等因在案。今據前任陜甘總督琦善疏稱：會同烏嚕木齊都統毓書，將烏嚕木齊所屬迪化、昌吉、阜康、綏來、庫爾喀喇、烏蘇、精河、喀喇巴爾、噶遜等州縣糧員造報道光貳拾捌年倉儲屯糧開耗數目清册，具題請銷前來。查册開：

一、舊管項下：各色京石糧肆拾伍萬玖百陸拾伍石玖合四抄。內小麥叁拾捌萬肆千肆百柒拾捌石柒斗壹升叁合壹勺，莞豆肆萬捌千玖百捌拾叁石伍斗捌升玖合壹勺，青稞貳千肆百柒拾貳石柒斗陸升伍合壹勺，大麥壹千陸百伍拾伍石捌斗陸升壹合伍勺，粟穀壹萬叁千叁百柒拾肆石捌升貳勺肆抄。等語。查前項舊管各色糧石，臣部核與上年實存數目相符，應毋庸議。

一、新收項下：各色京石糧壹拾陸萬貳千肆百伍拾貳石玖斗玖升玖勺。內小麥壹拾叁萬捌千肆百貳石伍斗壹升伍合柒勺，莞豆壹萬伍千肆百貳拾捌石玖斗肆升伍合貳勺，青稞壹千壹百玖拾柒石肆斗壹升，大麥壹千貳百叁拾石伍斗貳升，粟穀陸千壹百玖拾叁石陸斗。等語。查前項新收各色糧石，臣部核對屯田奏銷册造新收，係糧壹拾玖萬陸千壹百叁拾玖石貳斗柒升壹合玖勺，此案計少收糧叁萬叁千陸百捌拾陸石貳斗捌升壹合。應令陜甘總督轉飭查明，報部核辦。

一、開除項下：供支烏嚕木齊經制駐劄屯田各案內官兵口糧以及牲畜料石等項，共各色京石糧壹拾肆萬貳千捌百捌拾陸石叁斗捌升肆合玖勺。內小麥壹拾貳萬陸千玖百貳拾柒石柒斗捌升捌合壹勺，莞豆壹萬叁百柒拾玖石柒斗伍升貳勺，青稞柒百柒拾捌石叁斗陸升玖合壹勺，大麥伍百柒拾貳石壹斗肆升玖合壹勺，粟穀肆千貳百貳拾捌石叁斗貳升捌合肆勺。等語。查前項開除各色糧石，臣部核對經制駐劄屯田各案奏銷冊造開除，共糧壹拾柒萬肆千陸百捌拾玖石貳斗玖升貳合柒勺，此案計少除糧叁萬壹千捌百伍石玖斗柒合捌勺。應令陜甘總督轉飭查明，報部核辦。

一、烏嚕木齊所屬迪化州等處倉儲糧石，道光貳拾捌年共請開耗各色京石糧壹千柒百壹拾伍石陸斗叁升陸勺。內小麥壹千叁百伍拾陸石壹斗柒升捌合陸勺，莞豆貳百貳拾貳石柒斗陸升捌合陸勺，青稞壹拾玖石捌斗伍升叁合貳勺，大麥壹拾伍石柒斗捌升貳勺，粟穀壹百壹石伍升。等語。查前項開耗各色糧石，應俟陜甘總督將前款收除糧數，核與屯田等案內收除糧數不符之處查明登覆後，再行核銷。

一、實存項下：各色京石糧肆拾柒萬伍百叁拾壹石陸斗壹升伍合肆抄。

内小麥叁拾玖萬伍千玖百伍拾叁石肆斗肆升柒勺,莞豆伍萬肆千叁拾貳石柒斗捌升肆合壹勺,青稞貳千捌百玖拾壹石捌斗陸合,大麥貳千叁百壹拾肆石貳斗叁升貳合肆勺,粟穀壹萬伍千叁百叁拾玖石叁斗伍升壹合捌勺肆抄。等語。查前項實存各色糧石,臣部就本案核算,與應存數目相符。仍令陝甘總督轉飭,造入下年舊管項下,報部查核。

此案於咸豐元年肆月貳拾肆日科抄到部,兹於閏捌月拾伍日辦理具題,合并聲明。

臣等未敢擅便。謹題請旨。

批紅:依議。

爲題銷寶泉局道光三十年收支銀兩事

咸豐元年閏八月十五日

大學士兼署管理户部事務臣祁寯藻等謹題,爲題銷等事。

據錢法侍郎宗室禧恩等咨稱:據寶泉局監督呈稱:查職局四廠渣土變價銀兩,道光叁拾年舊管:存銀伍百柒拾伍兩陸錢壹釐。新收:扣回中廠修理住房銀貳拾肆兩陸錢陸分,扣回東廠修理住房銀伍兩伍錢肆分,扣回南廠修理住房銀貳拾肆兩柒錢貳分,收商人余懋鎔補交道光叁拾年分渣土價銀肆百貳拾陸兩叁錢柒分叁釐。開除:發本局修理利字庫等工程銀叁拾伍兩,發本局脩理銀庫工程銀柒兩伍錢,發中廠修理圍牆等工銀壹百伍拾兩,發南廠修理工程銀壹百叁兩陸錢,發西廠修理磨房等工銀拾肆兩陸錢,發北廠修理作門等工銀拾柒兩玖錢,發東廠鑄造萬選錢用銀叁拾兩,發盤庫夫價銀壹百陸拾肆兩叁錢柒分伍釐。實在:存銀伍百叁拾叁兩玖錢壹分玖釐。理合將道光叁拾年動用過渣土項下銀兩,造具四柱清册,備文呈報。等情。應將寶泉局監督呈報道光叁拾年分動用過渣土變價銀兩四柱清册一本,移咨本部查照。等因前來。

查乾隆叁年,臣部議覆原任鴻臚寺少卿楊嗣景條奏寶泉局堆積渣土估變出售案内,每百萬斤價銀伍拾兩,出示招募。如有情願買運者,令其具呈齎價,赴局承領。淘出銅斤準其自行售賣,其賣獲渣土價銀應即留於該局,以為歲修牆垣等項工事之用。等因。奉旨:依議。欽此。又於乾隆叁拾捌年,經臣部以局内積土日增,招商買運,每百萬斤定價銀壹百伍拾兩。等因。奉旨:

知道了。欽此。又乾隆伍拾壹年奏明:局内賣獲渣土銀兩,積存至壹千兩以上,即行撥解部庫查收,以昭慎重。等因。奉旨:知道了。欽此。欽遵。各在案。今據錢法侍郎宗室禧恩等咨稱:據寶泉局監督册報:道光叁拾年舊管:存銀伍百柒拾伍兩陸錢壹釐。新收:扣回中廠修理住房銀貳拾肆兩陸錢陸分,扣回東廠修理住房銀伍兩伍錢肆分,扣回南廠修理住房銀貳拾肆兩柒錢貳分,收商人余懋鎔補交道光叁拾年分渣土價銀肆百貳拾陸兩叁錢柒分叁釐。開除:修理局庫等工共銀肆拾貳兩伍錢、發中廠修理圍牆等工銀壹百伍拾兩,發南廠修理工程銀壹百叁兩陸錢,發西廠修理磨房等工銀拾肆兩陸錢,發北廠脩理作門等工銀拾柒兩玖錢,發東廠鑄造萬選錢用銀叁拾兩,發盤庫夫價銀壹百陸拾肆兩叁錢柒分伍釐。實存:銀伍百叁拾叁兩玖錢壹分玖釐。臣部按册核算,數目相符,應毋庸議。應仍令錢法侍郎轉飭寶泉局監督,如將來積存銀數至壹千兩以上,即遵照原奏撥解部庫,以昭慎重。

此案於咸豐元年肆月貳拾玖日咨文到部,兹於閏捌月拾伍日辦理具題,合并聲明。

臣等未敢擅便,謹題請旨。

批紅:依議。

爲題銷浙江道光二十九年鹽課盈餘銀兩事

咸豐元年閏八月十六日

大學士兼署管理户部事務臣祁寯藻等謹題,爲遵旨察核具奏事。

户科抄出,護理浙江巡撫汪本銓題道光貳拾玖年鹽課盈餘一案。咸豐元年正月貳拾伍日題,伍月貳拾日奉旨:該部察核具奏。欽此。欽遵。於本日抄出到部。

該臣等查得,護理浙江巡撫汪本銓,將兩浙道光貳拾玖年配銷帑鹽溢課盈餘銀兩,造册具題前來。臣等謹照册造徵收數目,開列於後。

一、册開:官厫收買餘鹽,配銷額引貳萬貳千肆百柒拾引貳分伍釐,該正課銀伍千肆百拾柒兩肆錢伍分捌釐,又滴珠銀伍拾肆兩壹錢柒分伍釐,均經彙入該年鹽課奏銷册内造報。等語。查道光貳拾玖年浙江臺州、温州等處府、營、縣,收買餘鹽配銷額引貳萬貳千肆百柒拾引貳分伍釐,應徵正課滴珠銀伍千肆百柒拾壹兩陸錢叁分叁釐。業據彙入該年正課奏銷册内造報,應歸奏銷案内核辦。

一、册開：臺州、温州、杭州、嘉興、寧波、紹興等府各縣場溢銷餘鹽配銷道光貳拾玖年照改餘引叁萬壹千玖百拾引，應徵正課滴珠銀陸千貳百叁拾柒兩肆錢貳分柒釐。又寧波府屬定海營廳，收買餘鹽年額應運肆千叁百引。今據册稱：運鹽減少，銷數亦絀，未能足額。共銷鹽捌百肆拾陸引，該正課滴珠公費銀肆百貳拾肆兩貳錢壹分。又臺州、温州協府并岱山、玉環等處收買竈戶餘鹽，除歸還鹽本外，又得盈餘銀叁千伍百柒拾陸兩壹錢陸分陸釐貳毫伍絲。又寧波府屬之定海營官厫，餘鹽交商撥配，又得餘息銀叁百玖兩柒錢陸分，又臺州所商鎮漁鹽，又輸經費銀拾玖兩捌錢。以上溢銷課費銀壹萬伍百陸拾柒兩叁錢陸分叁釐貳毫伍絲内，除賞給弁兵盤費、巡役工食及修理鹽厫運鹽脚價，共銀貳千柒百肆拾叁兩叁錢肆分玖釐。又松江提標五營官弁鹽賞銀壹千壹百陸拾壹兩。因運鹽減少，銷數亦絀，撥還未能足額。按照運銷鹽數計，收鹽賞銀貳百貳拾捌兩肆錢貳分。又松江府額引改歸臺州所題明，撥補公費銀伍百兩。共開除銀叁千肆百柒拾壹兩柒錢陸分玖釐，尚計盈餘銀柒千玖拾伍兩伍錢玖分肆釐貳毫伍絲，除照數解給浙江省佐雜各官養廉外，尚不敷銀伍千叁百陸拾肆兩肆錢伍釐柒毫伍絲。等語。查温州、杭州等處溢銷并所得盈餘漁鹽經費餘息等款，共銀壹萬伍百陸拾柒兩叁錢陸分叁釐貳毫。内賞給弁員盤費、巡兵工食及修理鹽厫、運鹽脚價、撥補公費共銀叁千肆百柒拾壹兩柒錢陸分玖釐，均係題準動支之項，應準開銷。又，解浙江省佐雜養廉銀柒千玖拾伍兩伍錢玖分肆釐貳毫伍絲。查佐雜養廉每年額給銀壹萬貳千肆百陸拾兩，除解過外，尚不敷銀伍千叁百陸拾肆兩肆錢伍釐柒毫伍絲。據稱另行籌款撥補。應令即行撥補，以符年額。又，松江提標五營官弁鹽賞銀貳百貳拾捌兩肆錢貳分，係奏明停給，應彙入停給鹽規冊内造報候撥。至寧波府屬定海營額運鹽肆千叁百引，今只運銷捌百肆拾陸引，銷數短絀，不能足額，應令趕緊疏銷，不得再有短絀，以符舊制。

一、册開：應存帑本銀拾肆萬玖千叁百肆拾肆兩貳錢貳分貳釐壹毫。查原存帑本銀拾玖萬伍百柒拾伍兩貳分叁釐貳毫内，除道光貳拾年陸月暨貳拾壹年捌月間，因□夷滋擾陷失辦鹽帑本，定海營帑本銀壹萬肆千肆百柒拾捌兩壹錢叁分柒釐捌毫，定海廳帑本銀柒千叁百伍拾陸兩伍錢壹分捌釐，提標中營帑本銀壹萬玖千叁百玖拾陸兩壹錢肆分伍釐叁毫，共銀肆萬壹千貳百叁拾兩捌錢壹釐壹毫，於道光貳拾玖年拾月初陸日奏請豁免，欽奉諭旨允準在案。實存帑本銀拾肆萬玖千叁百肆拾肆兩貳錢貳分貳釐壹毫。前於道光拾捌年拾壹月,據閩浙總督查辦兩浙鹽務案内,經臣部奏令浙江巡撫速飭該管各官,將帑本銀兩實存若干、每年出息若干、有無溢借虧短,據實結報,造册送部。等因在案。迄今未據查明報部,應令該撫轉飭該管各官,務須遵照奏案,迅速確查,專案結報,毋任再延。

此案於咸豐元年伍月貳拾日科抄到部,兹於閏捌月拾陸日辦理具題,合并聲明。

臣等未敢擅便,謹題請旨。

批紅:依議。

爲江蘇丹徒縣淹廢沙潮田地應蠲漕項銀米事

咸豐元年閏八月十六日

大學士兼署管理户部事務臣祁寯藻等謹題,爲清查事。

户科抄出,漕運總督楊殿邦將江蘇丹徒縣業户胡元常等呈報淹廢沙潮田地應蠲漕項銀米,造册具題一案。咸豐元年貳月貳拾玖日題,伍月初捌日奉旨:該部議奏。欽此。欽遵。於本日抄出到部。

該臣等查得,漕運總督楊殿邦疏稱:據前署蘇松糧道事候補知府許槤詳稱:丹徒縣業户胡元常等呈報淹廢沙潮田地,準蘇州藩司將應蠲銀米各數,開移前來。驗該應蠲蘇松糧道衙門漕項銀柒兩叁錢貳分陸釐,漕糧漕項米肆拾捌石玖斗貳升伍合伍勺,有閏之年加蠲閏月銀玖分捌釐。理合造具有閏無閏驗蠲款册,詳候核題請豁,并聲明驗蠲漕糧未及五百石,毋庸裁船。等情。臣覆核無異,除原册送部查核外,謹會同兩江總督臣陸建瀛、前任江蘇巡撫臣傅繩勛,合詞具題。等因前來。

查江蘇丹徒縣業户胡元常等呈報,淹廢沙潮田地應蠲銀米,前據江蘇巡撫題請,從道光貳拾捌年爲始,照數豁除,經臣部覆準在案。所有應蠲漕糧漕項銀米,今據漕運總督疏稱:驗該應蠲蘇松糧道衙門漕項銀柒兩叁錢貳分陸釐,漕糧漕項米肆拾捌石玖斗貳升伍合伍勺,有閏之年加蠲閏月銀玖分捌釐,造具有閏無閏驗蠲款册,具題請豁。并聲明驗蠲漕糧未及五百石,毋庸裁船。等語。查與臣部前次題準豁除錢糧原案相符。所有驗蠲漕糧漕項銀米,亦應準其照數豁除。至驗蠲漕糧,既據聲稱未及五百石,毋庸裁船,核查與例亦屬符合,應毋庸議。

此案科抄於咸豐元年伍月初捌日到部,兹於閏捌月拾陸日辦理具題,合并聲明。

臣等未敢擅便,謹題請旨。

批紅:依議。

爲山東題報菏澤等屬道光三十年因灾緩帶漕項借支司庫銀數事

咸豐元年閏八月二十三日

大學士兼署管理戶部事務臣祁寯藻等謹題,爲勘明事。

戶科抄出,前署理山東巡撫劉源灝題菏澤等州縣道光叁拾年帶徵各年漕米,應需漕項銀兩先於司庫借領一案。咸豐元年叁月拾貳日題,伍月貳拾柒日奉旨:該部議奏。欽此。欽遵。於本日抄出到部。

該臣等查得,前署理山東巡撫劉源灝疏稱:道光叁拾年各屬秋禾被灾,懇請分别緩徵新舊錢漕,經撫臣奏奉上諭:帶徵該年漕米,不帶徵該年錢糧之處,應需漕項銀兩,著照例先由司庫借領解支。欽此。等因。當經轉飭,欽遵辦理在案。今據署布政使福濟、督糧道景霖會詳稱:查得菏澤、臨清、夏津等二(三)州縣帶徵各該年漕米,不帶徵該年錢糧。所有隨漕正耗銀兩,均係解支急需,不容短缺。相應欽遵諭旨,照例由司借領解支。將應行借領銀兩細數□款,核明造具清冊,詳請具題。等情。臣覆查無異,除冊送部外,理合具題。并據冊稱,菏澤等三州縣,應隨漕解支漕項正銀壹百貳拾伍兩肆錢肆分伍釐,耗羡銀壹拾柒兩伍錢陸分叁釐。等因前來。

查山東省菏澤等三州縣,道光叁拾年帶徵各該年漕米,不帶徵該年錢糧。其應需漕項銀兩,前據該撫奏明,先於司庫借領解支。俟該年錢糧啟徵,解司還款。等因在案。今據該撫疏稱:菏澤等州縣道光叁拾年帶徵各該年漕米,不帶徵該年錢糧。所有隨漕正耗銀兩,均係解支急需,不容短缺。欽遵原奉諭旨,照例由司借領解支。等語。查菏澤等三州縣帶徵漕米,應需隨漕銀兩在於司庫借領之處,臣部核與該撫奏明之案相符,應如所題辦理。仍令該撫俟帶徵漕項之日,即行解司歸款,報部查核。

此案於咸豐元年伍月貳拾柒日科抄到部,兹於閏捌月貳拾叁日辦理具題,合并聲明。

臣等未敢擅便,謹題請旨。

批紅:依議。

爲湖南題報寶慶府道光二十九年徵收商税正餘銀數事

咸豐元年九月十一日

大學士兼署管理户部事務臣祁寯藻等謹題,爲奏聞事。

户科抄出,湖南巡撫駱秉章題寶慶府道光貳拾玖年徵收商税正額盈餘銀兩數目造冊題銷一案。咸豐元年肆月貳拾捌日題,柒月拾叁日奉旨:該部察核具奏。欽此。欽遵。於本日抄出到部。

該臣等查得,湖南巡撫駱秉章,將寶慶府道光貳拾玖年徵收商税正額盈餘銀兩,造具收支各冊,恭疏具題,并由署布政使陳之驥取造冊結,送部前來。

查湖南寶慶府每年額徵商税銀叁千柒百叁拾兩壹錢叁分玖釐,遇閏加增銀肆兩貳錢貳分伍釐,盈餘銀兩儘收儘解,歷經辦理在案。今據湖南巡撫駱秉章疏稱:寶慶府道光貳拾玖年徵收商税正額銀叁千柒百叁拾肆兩叁錢陸分肆釐,已於道光貳拾玖年民賦地丁奏銷冊内收造。又盈餘銀捌百肆拾肆兩壹錢壹分柒釐肆毫,亦於道光貳拾玖年耗羡奏銷冊内收造。等語。臣部查前項徵收商税正額銀兩,核與有閏之年額徵銀數相符。其盈餘銀兩,亦與節年徵收之數有盈無絀。并查對該年地丁耗羡奏銷各冊内收造銀數,均屬相符,應毋庸議。

此案於咸豐元年柒月拾叁日科抄到部,兹於玖月拾壹日辦理具題,合并聲明。

臣等未敢擅便,謹題請旨。

批紅:依議。

爲山海關題銷道光二十九年至三十年收支銀兩事

咸豐元年九月十五日

大學士兼署管理户部事務臣祁寯藻等謹題,爲考覈關税錢糧事。

先據山海關監督文發呈報山海關道光貳拾玖年拾壹月貳拾捌日起,至叁拾年拾壹月貳拾柒日止,一年收税冊檔并支過官兵俸餉、養贍等項銀兩各印領,呈送到部。隨將收税紅單底簿,移會户科磨對去後。今於咸豐元年柒月初拾等日準户科等處將該關收税薄單磨對完訖,單冊相符,移覆到部。

該臣等查得,山海關每年額税銀叁萬貳千貳百兩,又鮑家馬頭等七口岸每年額税銀壹千叁百玖兩壹錢肆分壹釐,又黄豆豆餅額税銀貳萬捌千壹百叁拾叁兩貳錢叁分捌釐,統共應徵額税銀陸萬壹千陸百肆拾貳兩叁錢柒分玖釐。兹據前任山海關監督文發,將山海關自道光貳拾玖年拾壹月貳拾捌日起,至叁拾年拾壹月貳拾柒日,一年期滿,共徵收過額税銀叁萬貳千貳百兩,又徵收過鮑家馬頭等七口岸海船商税銀壹千叁百玖兩壹錢肆分壹釐,又徵收過黄豆豆餅額税銀貳萬捌千壹百叁拾叁兩貳錢叁分捌釐,又徵收過人參税銀叁拾玖兩陸錢,以上一年共徵收過各項商税銀陸萬壹千陸百捌拾壹兩玖錢柒分玖釐。查與額徵銀數并該監督奏報數目相符,應毋庸議。

至該關徵收税銀内,除支過山海關駐防官兵俸餉、寡婦半餉、改支半折米銀、養贍銀、節婦建坊、紅白賞等項,共銀肆萬壹千肆百貳拾柒兩捌錢陸分柒釐。臣部按照該監督送到山海關副都統印領覈算,亦屬符合。内支給節婦建坊銀陸拾兩,覈與該副都統咨報原案相符。其支給駐防官兵俸餉銀貳萬貳千叁百陸拾捌兩捌錢柒分伍釐,寡婦半餉銀壹百陸兩,改支半折米銀壹萬貳千叁百貳拾柒兩伍錢,養贍銀伍千陸百貳拾壹兩肆錢玖分貳釐,均未據直隸總督題報覈銷。應俟題報到日,在於該省該年兵馬奏銷案内,查覈銷結。又給發過該關衙役工食銀壹百捌拾陸兩,查與歷年應給銀數相符,應準開銷。實應解部銀貳萬陸拾捌兩壹錢壹分貳釐。又另批扣回借修衙署銀叁百玖拾伍兩,軍器銀壹百捌拾伍兩。又扣回借修衙署軍器房銀帳房共銀叁千捌百伍拾伍兩,均經臣部移付銀庫,照數查收,應毋庸議。

此案於咸豐元年柒月初拾等日準户科等處將該關收税簿單磨對完訖,單冊相符,移覆到部。兹於玖月拾伍日辦理具題,合并聲明。

臣等未敢擅便,謹題請旨。

批紅:依議。

爲山西題報歸化城道光二十九至三十年收支税銀數目事

咸豐元年九月十五日

大學士兼署管理户部事務臣祁寯藻等謹題,爲遵旨議奏事。

戶科抄出,山西巡撫兆那蘇圖題歸化城自道光貳拾玖年拾月拾叁日起至叁拾年拾月拾貳日止,一年徵收正額盈餘銀兩錢文多收一案。咸豐元年貳月貳拾貳日題,陸月初柒日奉旨:該部察覈具奏。欽此。欽遵。於本日抄出到部。

該臣等查得,山西巡撫兆那蘇圖疏稱:歸化城每年額徵稅銀壹萬伍千兩、錢玖千串作爲正額,其餘銀壹千伍百肆拾捌兩柒錢玖分、錢壹百叁拾柒千陸百壹拾文作爲盈餘,所有每年例應支給房租、心紅、紙張、飯食等項,均於盈餘項下支銷。嗣後盈餘再有加增,儘收儘解。又準部咨改奏爲題案内,督撫經徵各關稅課有盈無絀,應循例具題,毋庸再奏。又於嘉慶肆年肆月準部咨,奉上諭:各關盈餘數目酌中定制,此次定額之後,再有短少,著落賠補,或有盈餘儘收儘解。其三年比較之例,永行停止。等因。欽此。欽遵在案。今查歸化城自道光貳拾玖年拾月拾叁日起,至叁拾年拾月拾貳日止,一年期滿,共徵收正餘銀壹萬柒千捌百捌拾叁兩叁錢柒分貳釐。除正額銀壹萬伍千兩,計盈餘銀貳千捌百捌拾叁兩叁錢柒分貳釐。内除支銷各項經費銀壹千貳百肆拾肆兩,淨存盈餘銀壹千陸百叁拾玖兩叁錢柒分貳釐。正額連盈餘共實存銀壹萬陸千陸百叁拾玖兩叁錢柒分貳釐。又徵收土默特牲畜稅錢玖千壹百伍拾柒串伍百伍拾肆文。除正額錢玖千串文,計盈餘錢壹百伍拾柒串伍百伍拾肆文。内除各項經費錢壹百肆串肆百文,淨存盈餘錢伍拾叁串壹百伍拾肆文。正額連盈餘共實存錢玖千伍拾叁串壹百伍拾肆文。照歸化城同知月報錢價,每制錢壹串玖百柒拾伍文以至貳串壹百叁拾文,各錢價不等易銀壹兩,共易銀肆千伍百伍拾伍兩伍錢叁分貳釐。内除歸化城副都統衙門領去道光叁拾年春季分賞給土默特兵丁操演盤費銀壹千伍百兩,又領去道光叁拾年夏季分公費銀貳千兩,又領去道光叁拾年秋季分賞給土默特兵丁操演盤費銀壹千伍百兩,又領去道光叁拾年冬季分公費銀貳千兩,共領銀柒千兩。牲畜稅銀不敷,在於該道養廉銀内墊銀貳千肆百肆拾肆兩肆錢陸分捌釐,湊足柒千兩之數,支給在案。又徵收油酒鋪面課銀陸拾柒兩伍錢。以上雜稅油酒鋪課二項,通共實存銀壹萬陸千柒百陸兩捌錢柒分貳釐。業經歸綏道飭委巡檢朱鳳梯管解報部外,相應轉詳具題。等因前來。

查乾隆陸拾年陸月内,經留京王大臣酌議各省改奏爲題案内,督撫經徵各關稅課,有盈無絀,循例具題,毋庸再奏。經臣部通行遵照在案。查歸化城正額壹萬伍千兩,又嘉慶肆年肆月内欽定盈餘銀壹千陸百兩,二共銀壹萬陸千陸百兩。今據山西巡撫兆那蘇圖題報:歸化城自道光貳拾玖年拾月拾叁日起,至叁拾年拾月拾貳日止,一年期滿,共徵收正餘銀壹萬柒千捌百捌拾叁兩叁錢柒分貳釐。除正額銀壹萬伍千兩,計盈餘銀貳千捌百捌拾叁兩叁錢柒分貳釐。臣部查與歸化城應徵正額盈餘銀數,有盈無絀。内除支給各項經費銀壹千貳百肆拾肆兩,業經該道造具支用細數清冊送部,已於該關該年經費案内查覈銷結。淨存盈餘銀壹千陸百叁拾玖兩叁錢柒分貳釐,正額盈餘共實存銀壹萬陸千陸百叁拾玖兩叁錢柒分貳釐。又徵收土默特牲畜税錢玖千壹百伍拾柒串伍百伍拾肆文,除正額錢玖千串,盈餘錢壹百伍拾柒串伍百伍拾肆文。查與歸化城額徵盈餘錢壹百叁拾柒串陸百壹拾文之數,亦屬有盈無絀。至徵收盈餘錢文項下,内除支銷各項經費錢壹百肆串肆百文,亦據該道另造支用細數清冊送部,係年例應給之項,應準開銷,淨存盈餘錢伍拾叁串壹百伍拾肆文。正額盈餘共實存錢玖千伍拾叁串壹百伍拾肆文。照歸化城同知月報錢價,每制錢壹串玖百柒拾伍文至貳串壹百叁拾文,各錢價不等易銀壹兩,共易銀肆千伍百伍拾伍兩伍錢叁分貳釐。内除歸化城副都統衙門支給道光叁拾年春季分賞給土默特兵丁操演盤費銀壹千伍百兩,夏季分公費銀貳千兩,秋季分賞給土默特兵丁操演盤費銀壹千伍百兩,冬季分公費銀貳千兩,共銀柒千兩,向係理藩院覈銷之項,業經臣部於該道呈報經費案内,移咨理藩院覈銷在案,應仍咨理藩院查覈。至前項正額盈餘錢,易銀肆千伍百伍拾伍兩伍錢叁分貳釐。全數支銷,尚不敷銀貳千肆百肆拾肆兩肆錢陸分捌釐。業據該道於應得養廉銀内墊給,應毋庸議。又徵收油酒課銀陸拾柒兩伍錢。以上雜税油酒課二項,通共實存銀壹萬陸千柒百陸兩捌錢柒分貳釐,已據該道委員朱鳳梯批解到部,經臣部移付銀庫查收,亦毋庸議。

此案於咸豐元年陸月初柒日科抄到部,茲於玖月拾伍日辦理具題,合并聲明。

臣等未敢擅便,謹題請旨。

批紅:依議。

爲題報龍江西新戶關道光二十九至三十年收支税銀數目事

咸豐元年九月十六日

大學士兼署管理戶部事務臣祁寯藻等謹題,爲恭報事。

戶科抄出,龍江西新關監督興保題西新戶關道光貳拾玖年肆月貳拾捌日起連閏至叁拾年叁月貳拾柒日止,一年徵收稅銀一案。道光叁拾年陸月貳拾柒日題,拾貳月初壹日奉旨:該部察覈具奏。欽此。欽遵。於本日抄出到部。隨將該關該年徵收稅銀紅單底簿,移會戶科磨對去後。旋準戶科將該關收稅簿磨對完訖,單冊相符,移覆到部。

該臣等查得,龍江西新關監督興保疏稱:龍江西新關自道光貳拾玖年肆月貳拾捌日起,連閏至叁拾年叁月貳拾柒日止,一年期滿。西新户稅共收銀肆萬壹千肆百玖拾叁兩貳錢陸分陸釐。內除應解正額銅斤水腳銀肆萬壹千叁百柒拾陸兩叁錢貳分伍釐,實收盈餘銀壹百拾陸兩玖錢肆分壹釐。查盈餘項下,例應動支公用、養廉、備公三項,共銀壹萬柒千伍百兩。本年戶稅盈餘收銀壹百拾陸兩玖錢肆分壹釐,不敷動支三項,循例於工稅剩存盈餘銀壹萬壹千柒百柒拾捌兩叁錢捌分玖釐內,動支養廉銀伍千兩、備公銀伍千兩。仍剩存工稅盈餘銀壹千柒百柒拾捌兩叁錢捌分玖釐,同前項戶稅盈餘銀壹百拾陸兩玖錢肆分壹釐,共銀壹千捌百玖拾伍兩叁錢叁分,一并儘數動支公用之款。其正額銀兩第一季、二季、三季,循例應解銀叁萬壹千叁拾貳兩貳錢肆分肆釐,案準奉撥南河修築王營減壩等工,當將前項戶稅正額銀兩全數動撥。并於工稅正額銀內撥銀壹萬叁千玖百陸拾柒兩柒錢伍分陸釐。合共銀肆萬伍千兩,委員解交常鎮道庫兌收。所有第四季應解正額銀壹萬叁百肆拾肆兩捌分壹釐,同工稅剩存正額銀壹萬叁千伍百拾柒兩貳錢叁分柒釐,一并委員解赴戶部兌收。理合恭疏題報。等因前來。

查西新關每年額徵戶稅銀叁萬叁千陸百捌拾肆兩,銅斤水腳銀柒千陸百玖拾貳兩叁錢貳分伍釐,盈餘銀叁萬叁千兩,三共應徵戶稅銀柒萬肆千叁百柒拾陸兩叁錢貳分伍釐。今據龍江西新關監督興保題報,西新户關自道光貳拾玖年肆月貳拾捌日起,連閏至叁拾年叁月貳拾柒日止,一年徵收户稅銀肆萬壹千肆百玖拾叁兩貳錢陸分陸釐。內除應徵正額銅斤水腳銀肆萬壹千叁百柒拾陸兩叁錢貳分伍釐,實收盈餘銀壹百拾陸兩玖錢肆分壹釐。覈與應徵盈餘銀數,計少收盈餘銀叁萬貳千捌百捌拾叁兩伍分玖釐。查龍江西新關户工稅額,向例通融覈算。今該關共少收户工盈餘銀伍萬捌千陸百肆兩陸錢柒分,業經臣部議令前任監督銘海、興保,照數賠繳在案。其盈餘銀內,循例動支織造養廉銀伍千兩,備公銀伍千兩。查係內務府覈銷之項,應咨內務府覈銷。又動支公用銀壹千捌百玖拾伍兩叁錢叁分,業據該關造具支用細數清冊送部,應於該關該年經費案内查覈銷結。三共動支銀壹萬壹千捌百玖拾伍兩叁錢叁分。除將戸稅盈餘銀壹百拾陸兩玖錢肆分壹釐儘數動支外,計不敷銀壹萬壹千柒百柒拾捌兩叁錢捌分玖釐,在於工稅盈餘銀内動支。實應解户稅正額銀肆萬壹千叁百柒拾陸兩叁錢貳分伍釐内,除解撥南河修築王營減壩等工案内撥銀叁萬壹千叁拾貳兩貳錢肆分肆釐,又於工稅正額銀内撥銀壹萬叁千玖百陸拾柒兩柒錢伍分陸釐,共銀肆萬伍千兩,委員解交常鎮道庫兑收。臣部查與借撥原案銀數相符。實存戸稅銀壹萬叁百肆拾肆兩捌分壹釐,據疏稱同工稅剩存正額銀壹萬叁千伍百拾柒兩貳錢叁分柒釐,一并委員解部。等語。查前項實存銀兩,尚未據該關委員解部。應令該關監督迅速委員分别解部交納,毋稍遲延。至龍江關工稅,例由工部考覈。今該年工稅湊支前項備公、養廉、公用,并借撥王營減壩等工,共銀貳萬伍千柒百肆拾陸兩壹錢肆分伍釐,應咨工部查覈具題。

此案於咸豐元年肆月貳拾叁日準戸科移覆到部,茲於玖月拾陸日辦理具題,合并聲明。

臣等未敢擅便,謹題請旨。

批紅:依議。

爲查明陝西道光二十年以前民欠銀糧豁免事

咸豐元年九月十六日

大學士兼署管理戸部事務臣祁寯藻等謹題,爲查明事。

戸科抄出,陝西巡撫張祥河將豁免陝西省道光貳拾年以前民欠正耗銀糧草束以及出借常社倉糧折色銀兩等項,造具花名細冊并取具印加各結題覆核銷一案。咸豐元年肆月貳拾玖日題,柒月初肆日奉旨:該部察核具奏。欽此。欽遵。於本日抄出到部。

該臣等查得,陝西巡撫張祥河疏稱:陝省榆綏二府州屬,自道光拾叁年起至貳拾年年底止,原請題豁民欠緩徵地丁起運正銀壹千壹百柒拾捌兩肆錢壹分捌釐,存留銀肆千捌百肆拾陸兩柒錢玖分叁釐陸毫,耗羨銀玖百叁兩柒錢捌分,本色糧貳萬壹千肆百叁拾叁石壹斗肆合肆勺,草一萬四千五百三十七束十一斤三兩八錢九分九釐,羨餘米叁拾陸石。葭州未完起運本色糧捌拾壹石捌斗伍升捌合伍勺。又西安、延安、漢中、榆林、同州、興安、商州、綏德等府州屬，自道光拾壹年起至貳拾年底止，民欠因灾出借常平倉糧，實未完京斗糧玖千伍百貳拾捌石壹斗捌升，折色銀壹拾伍萬陸千捌百壹兩陸錢叁釐。社倉因灾出借京斗糧貳萬叁千柒百肆拾捌石叁斗柒升叁合叁勺。今奉部咨，令將各屬實在民欠冊結及該道府州加結，送部核辦。其前項地丁銀糧，係於道光貳拾伍年拾壹月貳拾捌日欽奉恩旨準免。何以遲至四年之久，始行籠統造具冊結具題？况葭州既有續完糧石，其餘各處此四年内是否均無續完？行令查明，分晰取具冊結具題，再行核辦。至民欠常社銀糧，事同一律，應令一并查辦。各等因。兹據署布政使陳景亮詳稱：查此案民欠銀糧，屢經確切查明，俱係實欠在民。除葭州之外，其餘各屬委無續完銀糧。至各屬冊結，實屬冊頁繁多，查造需時。其間有造到者，亦多籠統之處。節經往返駁查，是以稍有遲延。據各屬陸續造具妥確花名細數冊結，由府、州、道加結，詳賫核題。等情。除冊結分送部科外，謹會同前任督臣琦善，合詞具題。等因前來。

查道光貳拾伍年欽奉恩旨，豁免道光貳拾年以前積欠錢糧。隨據前署陝西巡撫李星沅查明，開單具奏。經臣部將民欠緩徵地丁起運正銀壹千壹百柒拾捌兩肆錢壹分捌釐，存留銀肆千捌百肆拾陸兩柒錢玖分叁釐陸毫，耗羨銀玖百叁兩柒錢捌分，本色糧貳萬壹千伍百肆拾貳石伍斗玖升叁合壹勺，草一萬四千五百三十七束十一斤三兩八錢九分九釐，羨餘米叁拾陸石，奏請概予豁免。道光貳拾伍年拾壹月貳拾捌日奉旨：依議。欽此。欽遵。行知該撫在案。嗣據陝西巡撫張祥河疏稱：榆綏二府州屬原奏民欠緩徵地丁起運銀壹千壹百柒拾捌兩肆錢壹分捌釐，存留銀肆千捌百肆拾陸兩柒錢玖分叁釐陸毫，耗羨銀玖百叁兩柒錢捌分，本色糧貳萬壹千肆百叁拾叁石壹斗肆合肆勺，草一萬四千五百三十七束十一斤三兩八錢九分九釐，羨餘米叁拾陸石。葭州未完起運本色糧壹百玖石肆斗捌升捌合柒勺。内除續完拾陸年本色糧壹拾捌石壹升陸合壹勺、拾玖年本色糧玖石陸斗壹升肆合壹勺，實未完糧捌拾壹石捌斗伍升捌合伍勺。等因。造具冊結，并稱均由各該管道、府、州查明，實係無力貧民未完緩徵之項。等語。臣部檢查冊造數目，係由該藩司彙核總數，并未將該州縣實在民欠冊籍造送，亦未取具各州縣印結及該管道、府、州加結送部核辦。且前項銀糧草束，係於道光貳拾伍年拾壹月貳拾捌日欽奉恩旨準免，何以遲延四年之久，始行籠統造具冊結具題？况葭州既有續完糧石，其餘各州縣此四年内是否均無續完銀糧草束，亦未據隨案切實聲明。應令陝西巡撫轉飭查明，分晰取具冊結具題，再行辦理。等因具題。於道光叁拾年伍月初柒日奉旨:依議。欽此。又前據前署陜西巡撫李星沅,將民欠未完因災出借常平倉京斗糧玖千伍百叁拾陸石肆斗捌升,折色銀壹拾伍萬柒千壹百伍兩叁錢玖分叁釐,社倉京斗糧貳萬肆千肆百陸拾玖石玖斗伍升叁合叁勺,隨同正賦銀糧奏請豁免。經臣部奏明,令該撫轉飭確切查明,是否實在民欠,另行具奏辦理。奉旨:依議。欽此。嗣據陜西巡撫張祥河將未完銀糧委員查核,均係實欠在民,并無隱混,奏請豁除。道光貳拾玖年柒月初玖日奉硃批:該部知道。欽此。隨據陜西巡撫張祥河疏稱:西安、延安、漢中、榆林、同州、興安、商州、綏德等府州屬,自道光拾壹年起至貳拾年止,民欠因災出借常平倉糧,實未完京斗糧玖千伍百貳拾捌石壹斗捌升,折色銀除續完外實未完銀壹拾伍萬陸千捌百壹兩陸錢叁釐,社倉實未完京斗糧貳萬叁千柒百肆拾捌石叁斗柒升叁合叁勺。既經該管道府及由省委員節次查明,實係無力貧民未完之項,由司造具報銷冊結,具題請豁。等語。經臣部檢查民欠出借銀糧數目,按冊核算,雖與該撫原奏相符,惟各州縣實在民欠冊籍及各屬印結、道府委員加結,仍未隨同造送,與該撫題豁正賦之案,事同一律。亦應令陜西巡撫轉飭據實查明,分晰取具冊結,同前題應豁銀糧冊結,一并送部,再行辦理,以昭核實。等因具題。於道光叁拾年捌月初陸日奉旨:依議。欽此。欽遵。均經行知該撫遵照。各在案。今據陜西巡撫張祥河飭據各屬造具花名細數清冊并取具印加各結,送部題覆。臣部按冊核算,數目均屬相符。所有前項民欠正耗銀糧、草束及出借常社倉糧、折色銀兩等項,均應準其開銷。至民欠銀糧,既據聲稱屢經確查,除葭州之外各屬委無續完,其各屬冊結既稱實屬冊頁繁多,間有籠統造到往返駁查,是以稍遲之處,均毋庸議。

再,此案科抄於咸豐元年柒月初肆日到部,茲於玖月拾陸日辦理具題,合并聲明。

臣等未敢擅便,謹題請旨。

批紅:依議。

爲官辦盧龍等七州縣運銷道光二十九年鹽引全完事

咸豐元年九月二十一日

大學士兼署管理戶部事務臣祁寯藻等謹題,爲遵旨議奏事。

戶科抄出,長蘆鹽政崇綸等題官辦盧龍等七州縣運銷貳拾玖年鹽引一案。咸豐元年陸月拾捌日題,捌月初肆日奉旨:該部議奏。欽此。欽遵。於本日抄出到部。

該臣等查得,長蘆鹽政崇綸等疏稱:查得永平府屬七州縣道光叁拾年運銷貳拾玖年鹽引之盧龍縣知縣蔡五辰、王應奎、謝子澄,撫寧縣知縣徐天秩、李步瀛,昌黎縣知縣王應奎,臨榆縣知縣張佑安,灤州知州焦家麟、高應元,遷安縣知縣於志瀛,樂亭縣知縣馬繼眉等,均已督銷全完,造具清冊會題。等情。臣覆核無異,除將原冊分送部科查核外,謹會同直隸總督臣訥爾經額合詞具題。等因前來。

查道光貳拾柒年正月,據直隸總督訥爾經額等奏永平口岸無商接認援案暫行官辦案内,據稱貳拾伍年積引現已停運,應銷貳拾陸年引目現在甫議官辦,請於考核案内扣除,當經臣部奏奉硃批允準。又於道光貳拾柒年鹽引奏銷案内,據稱永平府屬盧龍等七州縣行銷引壹萬柒千貳百拾道,奉部覆準,於通綱鹽引奏銷考核冊内扣出。俟貳拾玖年叁月内,與該州縣應完奏課,同時分案辦理。等因。各在案。今據長蘆鹽政崇綸疏稱:永平府屬之盧龍、撫寧、昌黎、臨榆、灤州、遷安、樂亭等七州縣,行銷道光貳拾玖年鹽引壹萬柒千貳百拾道,均已督銷全完。臣部查與應銷引數相符,應毋庸議。

此案於咸豐元年捌月初肆日科抄到部。玆於玖月貳拾壹日辦理具題,合并聲明。

臣等未敢擅便,謹題請旨。

批紅:依議。

爲山西題銷寧遠廳經徵原奉恩將軍宏晌入官廠地租銀事

咸豐元年九月二十二日

大學士兼署管理户部事務臣祁寯藻等謹題,爲遵旨事。

户科抄出,山西巡撫兆那蘇圖題道光貳拾玖年分寧遠廳經徵原任奉恩將軍宏晌恭進入官廠地租銀並隨徵耗銀支銷餘剩數目,解充兵餉一案。咸豐元年陸月初伍日題,柒月貳拾伍日奉旨:該部察覈具奏。欽此。欽遵。於本日抄出到部。

該臣等查得,山西巡撫兆那蘇圖疏稱:寧遠廳經徵原任奉恩將軍宏晌入官廠地租銀并隨徵耗銀支銷餘剩數目,例應按年造冊題銷。玆據布政使蔣霨遠詳稱:據寧遠廳冊造,道光貳拾玖年分原任奉恩將軍宏晌牧廠原地并丈出續墾山坡地共壹百柒拾伍頃玖拾柒畝肆分。每畝徵銀壹分肆釐,每兩加徵閏月銀叁分,連閏共徵銀貳百伍拾叁兩柒錢伍分伍釐。内除奉旨每年在於額徵牧廠地租正項銀内賞給宏晌叁分銀柒拾陸兩壹錢貳分陸釐,實應解司庫柒分銀壹百柒拾柒兩陸錢貳分玖釐。每正銀壹兩隨徵耗銀伍分,共徵耗銀壹拾貳兩陸錢捌分捌釐,全數徵完。内除傾銷支用耗銀貳兩柒錢玖分外,餘剩耗銀玖兩捌錢玖分捌釐,批解綏遠城將軍衙門訖。其應給宏晌叁分銀柒拾陸兩壹錢貳分陸釐,業經收存司庫。遇有便員附搭解部,轉給收領。造具清冊,呈詳前來。臣覆覈無異,除冊送部外,相應具題。等因前來。

查原任奉恩將軍宏晌恭進察哈爾牧廠地畝,前經軍機大臣議令,照太僕寺右翼牧廠徵租之例,每頃徵銀壹兩肆錢,每正銀壹兩隨徵耗銀伍分,以爲傾銷解費。等因在案。續經臣部議覆前任察哈爾都統常清等會奏前項地畝陞科案内,欽奉恩旨:此項地畝租息,亦著照訥木謹之例,賞給宏晌拾分之叁。欽此。并將前項地租及餘剩耗銀,歷經解司報撥。嗣因清水河廳遺糧無著豁除米折銀陸千玖百陸拾玖兩貳分陸釐,擬請在於宏晌等家地租銀兩撥補,經臣部覆準在案。今據該撫疏稱:寧遠廳經徵道光貳拾玖年分原任奉恩將軍宏晌原報入官并丈出續墾共地壹百柒拾伍頃玖拾柒畝肆分。每畝徵銀壹分肆釐,每兩加徵閏月銀叁分,正閏共徵銀貳百伍拾叁兩柒錢伍分伍釐。内除遵旨賞給宏晌叁分租地銀柒拾陸兩壹錢貳分陸釐,實應撥解司庫柒分銀壹百柒拾柒兩陸錢貳分玖釐。每正銀壹兩隨徵耗銀伍分,共徵耗銀壹拾貳兩陸錢捌分捌釐。内除傾銷起解支用耗銀貳兩柒錢玖分外,餘剩耗銀玖兩捌錢玖分捌釐,批解綏遠城將軍衙門充餉。等語。臣部按冊覈算,該廳徵完正閏耗地租,與應徵銀數相符。所有徵完正閏耗共銀壹百捌拾柒兩伍錢貳分柒釐,覈與議準撥補原案相符,應令該撫造入兵馬奏銷冊内報查。其傾銷起解支用耗銀貳兩柒錢玖分,覈與章程案内應給銀數,亦屬符合,應準開銷。至應賞宏晌叁分地租銀柒拾陸兩壹錢貳分陸釐,并令該撫即委便員,附搭解部,以便轉傳給領。

此案於咸豐元年柒月貳拾伍日科抄到部,茲於玖月貳拾貳日辦理具題,合并聲明。

臣等未敢擅便,謹題請旨。

批紅:依議。

爲浙江昌化等廳縣續完道光二十九年南米題請開復續參事

咸豐元年九月二十二日

大學士兼署管理户部事務臣祁寯藻等謹題,爲遵旨等事。

户科抄出,護理浙江巡撫汪本銓題昌化等廳縣已未完道光貳拾玖年南秋等米題請開復續參一案。道光叁拾年拾貳月貳拾壹日題,咸豐元年肆月貳拾玖日奉旨:該部察核具奏。欽此。欽遵。於本日抄出到部。

該臣等會查得,護理浙江巡撫汪本銓疏稱:案準部行,各省未完南米,均照湖北省之例,於奏銷後統限叁個月全完,概予開復原參處分。如有完不足數,即按未完分數予以實降實革。等因遵奉在案。臣於藩司任内具詳:浙江省道光貳拾玖年分各屬應徵南秋等米,前於題銷案内冊報未完解省還漕還項穀碾折價等米肆萬肆千陸百肆拾壹石壹斗壹升捌合伍勺。内於奏後據浦江縣續完米肆百陸石捌斗捌升陸合貳勺,先經詳咨減議在案。尚未完米肆萬肆千貳百叁拾肆石貳斗叁升貳合貳勺,應以道光叁拾年陸月初壹日起,至捌月底二參限滿。兹據昌化、定海、諸暨、蘭谿、東陽、湯溪、龍游、江山、常山、開化、樂清、松陽、雲和、宣平等壹拾肆廳縣,共完解米捌千陸拾叁石貳斗柒升壹合貳勺,尚有餘杭、平湖、鎮海、諸暨、臨海、黄巖、太平、寧海、天臺、仙居、義烏、浦江、江山、永嘉、樂清、瑞安、平陽、泰順等一十八縣,未完米叁萬陸千壹百柒拾石玖斗陸升壹合壹勺。理合造具已未完米數清冊,并全完各官應行開復原參職名清冊,及未完各官應參職名,并初參、二參職名揭帖,一并詳送,察核具題。等情。臣覆核無異,除冊揭分送部科外,理合具題。等因前來。

查浙江昌化等廳縣,未完道光貳拾玖年分本折米肆萬肆千陸百肆拾壹石壹斗壹升捌合伍勺,先據該撫於題銷案内將經徵經催各員列揭題參,經户部會同吏部查議在案。今據該護撫疏稱:浙江省道光貳拾玖年分各屬應徵南秋等米,前於題銷案内冊報,未完解省還漕還項穀碾折價米肆萬肆千陸百肆拾壹石壹斗壹升捌合伍勺。内於奏後據浦江縣續完米肆百陸石捌斗捌升陸合貳勺,先經詳咨減議在案。尚有未完米肆萬肆千貳百叁拾肆石貳斗叁升貳合貳勺。應以道光叁拾年陸月初壹日起,至捌月底二參限滿。兹據昌化、定海、諸暨、蘭谿、東陽、湯溪、龍游、江山、常山、開化、樂清、松陽、雲和、宣平等十四廳縣,共完解米捌千陸拾叁石貳斗柒升壹合貳勺,尚有餘杭、平湖、鎮海、諸暨、臨海、黄巖、太平、寧海、天臺、仙居、義烏、浦江、江山、永嘉、樂清、瑞安、平陽、泰順等一十八縣,未完米叁萬陸千壹百柒拾石玖斗陸升壹合壹勺。理合造具已未完米數清冊,并全完各官應行開復原參職名清冊,及未完各官應參職名,并初參、二參職名送部。等語。户部查,昌化等廳縣未完道光貳拾玖年本折南米肆萬肆千貳百叁拾肆石貳斗叁升貳合貳勺,核與題銷案内未完數目相符。今據該護撫疏稱,昌化等一十四廳縣,續完本折米捌千陸拾叁石貳斗柒升壹合貳勺。内已完折價米陸千伍百肆拾玖石壹斗伍合壹勺,每石折徵正耗銀壹兩陸錢,共銀壹萬肆百柒拾捌兩伍錢陸分柒釐,按冊核算折徵銀數相符。所有前項折徵銀兩,彙同題銷案内實存銀貳千柒百柒兩陸錢肆釐,共銀壹萬叁千壹百捌拾陸兩壹錢柒分壹釐。内除支給各廠修造船工銀玖千貳百玖拾壹兩捌錢壹分柒釐貳毫,尚餘銀叁千捌百玖拾肆兩叁錢伍分叁釐捌毫,全數聽給各廠修造船工之用。應令該撫轉飭,將支用銀兩即行造具細冊,專案送部核銷。又已完本色米壹千伍百壹拾肆石壹斗陸升陸合壹勺。應令該撫造入道光叁拾年兵馬錢糧及倉穀題銷各冊内,報部查核。尚未完本折米叁萬陸千壹百柒拾石玖斗陸升壹合壹勺。續據該護撫揭報:餘杭縣未完米貳拾石叁斗肆合貳勺,核計未完考成壹釐伍毫玖絲。今據經徵掌印現任知縣李培基照數續解全完,并聲明核計杭州府屬,均已全完。所有復參杭州府接催掌印現任知府余士璞未完考成壹毫柒絲,并餘杭縣復參職名,請一并扣除免議。各等語。查餘杭縣續完米貳拾石叁斗肆合貳勺,核與復參冊造未完數目相符。應令該撫轉飭造入兵馬錢糧題銷冊内,報部查核。至應行開復及議處并扣除免議,吏部查此案二參未完南米,據户部聲稱業奉恩詔豁免,所有經徵未完各員,均毋庸議。

此本係户部主稿。於咸豐元年肆月貳拾玖日科抄到部,柒月拾壹日送會吏部,捌月貳拾貳日會同。玆於玖月貳拾貳日辦理具題,合并聲明。

臣等未敢擅便,謹題請旨。

批紅:依議。

爲四川道光三十年徵收續徵茶課茶税銀兩奏銷事

咸豐元年九月二十二日

大學士兼署管理户部事務臣祁寯藻等謹題,爲奏銷茶課茶税銀兩事。

戶科抄出,四川總督徐澤醇題川省道光叁拾年分徵收茶課茶稅銀兩一案。咸豐元年肆月貳拾捌日題,柒月拾伍日奉旨:該部察覈具奏。欽此。欽遵。於本日抄出到部。

該臣等查得,四川總督徐澤醇將四川省道光叁拾年分徵收茶課茶稅銀兩,造冊具題前來。覈覆各款,開列於後:

一、冊開:舊管茶課茶稅銀肆萬柒千叁百肆拾捌兩壹錢壹釐。等語。查前項舊管茶課茶稅銀肆萬柒千叁百肆拾捌兩壹錢壹釐,臣部覈與道光貳拾玖年奏銷實存銀數相符,應毋庸議。

一、冊開:新收道光叁拾年分各廳、州、縣額徵茶課銀壹萬陸千貳百玖拾叁兩壹錢貳分伍釐,茶稅銀伍萬伍千伍百叁拾柒兩壹錢陸分伍釐。續收道光貳拾玖年分洪雅、滎經、彭水、邛州等州縣未完茶課茶稅銀陸千玖百貳拾貳兩捌錢柒分伍釐。等語。查前項新收道光叁拾年分茶課茶稅銀柒萬壹千捌百叁拾兩貳錢玖分,續收道光貳拾玖年未完茶課茶稅銀陸千玖百貳拾貳兩捌錢柒分伍釐,臣部覈與道光叁拾年應徵及貳拾玖年未完原案各銀數,均屬相符,應毋庸議。

一、冊開:移解道光貳拾玖年茶課稅銀伍萬壹千柒百壹拾陸兩陸錢壹釐,道光叁拾年茶課稅銀貳百柒兩叁錢肆分伍釐。造入道光叁拾年秋撥。又移解道光叁拾年茶課稅銀貳萬叁千玖百壹拾貳兩柒錢貳分叁釐,貳拾玖年茶課稅銀壹千肆拾伍兩捌錢叁分肆釐。造入咸豐元年春撥。等語。查前項移解各年茶課茶稅共銀柒萬陸千捌百捌拾貳兩伍錢叁釐,臣部覈與道光叁拾年秋撥及咸豐元年春撥收造銀數相符,應毋庸議。

一、冊開:實存茶課茶稅銀肆萬玖千貳百壹拾捌兩柒錢陸分叁釐。等語。查前項實存茶課茶稅銀肆萬玖千貳百壹拾捌兩柒錢陸分叁釐,既據該督疏稱親赴道庫盤查,實存在庫,并無虧缺,出具保結送部,應毋庸議。仍令該督造入季冊報部酌撥。

一:疏稱:原額邊土腹茶引拾叁萬叁百肆拾伍張,已據各屬繳到邊土腹茶引捌萬陸百叁拾伍張,打箭鑪廳茶商孟大誠領行邊引捌張被火焚燬,尚有成都等廳州縣未繳邊土腹茶引肆萬玖千柒百貳張。除將該廳州縣繳引遲延職名,另詳請參。等語。查四川省茶引,每年例由四川總督,將各屬行銷過殘引已未完繳各數目,送部題銷。今道光叁拾年額銷茶引拾叁萬叁百肆拾伍張內,已繳茶引捌萬陸百叁拾伍張,又茶商孟大誠領行茶引捌張被火焚燬,尚有未繳茶引肆萬玖千柒百貳張,臣部覈算數目相符。除前項已繳茶引并被焚茶引毋庸議外,至未繳茶引,既據疏稱將繳引遲延之該廳、州、縣職名另詳請參,應俟請參到日,臣部移咨吏部查議。仍令四川總督嚴飭各屬,將未繳茶引速即照數申繳,解部查銷。

此案科抄於咸豐元年柒月拾伍日到部,兹於玖月貳拾貳日辦理具題,合并聲明。

臣等未敢擅便,謹題請旨。

批紅:依議。

爲陝西題銷回疆兩次軍需動支銀兩册籍駁回補充修改事

咸豐元年九月二十二日

大學士兼署管理戶部事務臣祁寯藻等謹題,爲造報事。

戶科抄出,陝西巡撫張祥河將陝西省道光陸、拾兩年協濟甘肅口外回疆兩次軍需,各路進征官兵俸裝、鹽糧、雇備騾駝、辦解軍裝等項,節次動撥並扣收平餘等款,業經先後分案造報。内分别準銷駁删、攤廉歸款并存剩銀兩報撥各數,統計七十九案,查明彙總題結一案。道光叁拾年拾壹月初捌日題,咸豐元年貳月初壹日奉旨:該部察核具奏。欽此。欽遵。於本日抄出到部。

該臣等查得,陝西巡撫張祥河疏稱:陝西省道光陸、拾兩年協濟甘肅口外回疆兩次軍需,各路進征官兵俸裝、鹽糧、雇備騾駝、辦解軍裝等項,節次動撥扣收、準銷駁删、攤廉歸款並存剩銀兩報撥查造各案,彙總題結一案。據陝西布政使常大淳詳稱:查陝省道光陸、拾兩年供應甘省西口外回疆兩次軍需,調派陝省、外省各路進征官兵俸裝、鹽糧及代甘購買布匹、雇備騾駝、製辦軍裝、解運制錢等項,節次動撥并扣收平餘、扣回借支馬乾各款,共銀捌拾叁萬捌千玖拾伍兩叁釐叁毫。業經先後分案次第造報,統計七十九案,共請銷銀陸拾伍萬玖千肆百玖拾肆兩壹錢玖分捌釐伍毫。又例外支用不能造銷,續經攤廉歸款銀玖萬肆千柒百玖拾貳兩捌錢玖釐。又各營補製帶缺、撥缺軍械工料、征兵、紅白賞卹等項,動用銀伍萬伍千陸百拾肆兩捌錢肆分柒釐。計存剩銀貳萬捌千壹百玖拾叁兩壹錢肆分捌釐捌毫。内除浙省海疆軍需動過銀貳萬陸千壹百壹兩貳錢捌分肆釐肆毫,造入道光貳拾伍年雜項秋撥册内銀壹千柒百伍拾肆兩捌錢叁釐玖毫外,止實存剩銀叁百叁拾柒兩陸分伍毫。請俟奉準部覆後,造入季冊報撥。由司查明收支銀數,同續扣平餘銀兩一并造冊,詳賫核題。等情。會同督臣琦善具題。等因前來。

查道光陸、拾兩年辦理回疆兩次軍需動支一切銀兩,均未據各該督撫等造冊送部,彙總題結。經臣部卷查,從前勦辦教匪并岐郿等各路軍需支銷一切,均於登覆完竣,造具收過開銷各銀兩細冊,報部題結。各在案。當經行催陝甘各督撫等,迅將初、二兩次回疆軍需動用過各項銀兩,造具用過該處庫存,收過何處軍餉,共計若干,自初案至尾案止,各案請銷若干,內由戶、兵、工等部準銷、駁查、刪減、追賠、攤歸、已未領墊辦或核抵盈虧各若干,一并開列分晰總散清冊,送部具題。以符成案,而歸核實。等因。今據冊造,道光陸年該省協勦回疆軍需收支銀兩內,共收各項銀伍拾叁萬陸千叁百肆拾玖兩貳錢叁分玖釐貳毫。開除自第一案至二十三案,又續案第一案至十八案、尾案第一案至第五案,計四十六案,共請銷銀肆拾貳萬壹千捌百陸拾肆兩玖錢柒釐伍毫。內繳回、扣回陝甘各庫及收造共銀壹千叁百拾伍兩捌錢。又刪減銀壹萬壹千捌百拾肆兩陸錢陸分柒釐壹毫內,繳回陝庫及入收銀肆百伍拾壹兩伍錢,請俟攤廉全完報部歸款銀玖千捌百肆拾貳兩貳錢,又俟奉準部覆後報撥銀壹千伍百貳拾兩玖錢陸分柒釐壹毫外,計準銷銀肆拾萬捌千柒百肆拾叁兩肆錢肆分肆毫。又預備過境官兵飯食、修理橋道等項例不入銷,業已攤廉歸補,收入海疆軍需項下銀伍萬玖千陸百柒拾玖兩貳錢肆分伍釐。又補製軍械、賞給弁兵紅白全葬、鹽菜等項銀貳萬捌千伍百捌拾陸兩玖錢柒分伍釐餘剩銀內,動支陝甘各營派往浙江海疆軍需官兵俸裝等項銀貳萬陸千壹百壹兩貳錢捌分肆釐肆毫,存銀壹百拾陸兩捌錢貳分柒釐叁毫,俟下屆季冊造報。十年軍需,共收各項銀叁拾萬壹千柒百肆拾伍兩柒錢陸分肆釐肆毫。開除自第一案至三十案,又續案第一案、第二案并派赴臺灣協勦官兵俸裝等項一案,計三十三案,請銷銀貳拾叁萬柒千陸百貳拾玖兩貳錢玖分壹釐。內收回陝庫入撥及繳存甘庫造報共銀肆百柒拾叁兩肆錢貳分伍釐,刪減銀壹萬捌百貳拾柒兩玖錢貳分內,請俟攤廉全完報部歸款銀捌千伍百陸拾叁兩陸錢,又俟奉準部覆後報撥銀貳千貳百陸拾肆兩叁錢貳分外,計準銷銀貳拾貳萬陸千叁百貳拾柒兩玖錢肆分陸釐。又預備過境官兵房飯、修理橋道等項例不入銷,業已攤廉歸補叁兩伍錢陸分肆釐。又補製軍械、征兵紅白賞卹等項銀貳萬柒千貳拾柒兩捌錢柒分貳釐存賸銀內,已入撥銀壹千柒百伍拾肆兩捌錢叁釐玖毫,俟下屆季冊造報銀貳百貳拾兩叁分叁釐貳毫。等語。臣部按冊核對,各案入收數目并不分晰,開除款内準銷、刪減銀兩均屬不符,駁查各款内均未聲明覆準年月,駁刪攤賠項下現在已攤若干、未攤若干,其動支補製軍械、紅白卹賞銀兩册内,亦未將報部案據聲敘。應令陝西巡撫先將俟覆準後報撥之款,并現存俟下屆季册造報之款,共銀肆千壹百貳拾貳兩叁錢肆分柒釐陸毫,先行報部酌撥,仍飭藩司查照臣部指詢情節,分晰聲明,報部核覆。

此案科抄於咸豐元年貳月初壹日到部,兹於玖月貳拾貳日辦理具題,合并聲明。

臣等未敢擅便,謹題請旨。

批紅:依議。

爲安徽道光二十九年秋禾被水受旱各屬分别蠲緩事

咸豐元年九月二十三日

大學士兼署管理户部事務臣祁寯藻等謹題,爲彙報等事。

户科抄出,護理安徽巡撫蔣文慶將安徽省懷寧等州、縣、衛道光貳拾玖年分秋禾被水受旱成灾及勘不成灾田地,分别蠲緩漕糧漕倉銀米麥石造册具題一案。咸豐元年叁月初貳日題,伍月初捌日奉旨:該部議奏。欽此。欽遵。於本日抄出到部。

該臣等查得,護理安徽巡撫蔣文慶疏稱:安徽省安慶等府州屬,道光貳拾玖年分秋禾被水受旱成灾及勘不成灾田地,當經前撫臣照例彙叙情形,題準部覆,將民衛地丁屯折等項錢糧,照例分别蠲緩。等因。檄行司道轉飭,欽遵辦理。其成灾及勘不成灾各州縣應徵道光貳拾玖年新款漕糧,兹經前撫臣查明,遵奉新例,開具區圖村莊清單,另摺奏明,分别蠲緩。各在案。經臣於安徽布政司任内會同江安督糧道沈兆澐查得,道光貳拾玖年分安省秋禾被水成灾五、六、七、八、九分之懷寧、桐城、宿松、望江、宣城、南陵、貴池、銅陵、東流、當塗、蕪湖、繁昌、無爲、廬江、鳳陽,并臨淮鄉、五河、和州、含山等州縣被灾田地塘,應免十分之一、二、四、六不等民賦漕項銀壹萬肆千陸百柒拾叁兩貳錢肆分柒釐,免剩分年緩帶銀貳萬玖百玖拾壹兩捌錢柒分玖釐。應免漕贈等米伍萬陸千玖百伍拾玖石叁斗貳升叁合陸勺,免剩分年緩帶米捌萬肆千陸百貳拾玖石壹斗玖合。又,東流、當塗、蕪湖、無爲、鳳陽,并臨淮鄉、五河、和州、含山等州縣成灾五、六、七、八、九分衛賦田地,應免十分之一、二、四、六不等漕項銀叁千伍百柒拾兩伍分叁釐,免剩分年帶徵銀肆千伍百陸拾伍兩柒錢壹分陸釐。應免米麥壹千捌百伍拾壹石肆斗陸升壹合壹勺,免剩分年緩帶米麥叁千貳百壹拾石伍斗玖升捌合陸勺。又,懷寧、桐城、宿松、望江、宣城、南陵、當塗、蕪湖、繁昌、鳳陽,并臨淮鄉、五河等州縣成灾五、六、七、八、九分民賦田地,鳳陽倉應免十分之一、二、四、六不等銀肆千柒百陸拾叁兩肆錢捌分,免剩分年緩帶銀陸千柒百柒拾玖兩叁錢壹分叁釐。應免鳳倉米貳百叁石玖斗捌升,免剩分年緩帶米壹千陸百叁拾捌石叁斗叁升柒合肆勺。應免麥柒拾玖石貳斗肆合,免剩分年緩帶麥貳百叁拾玖石壹斗貳升壹合。又,鳳陽并臨淮鄉成灾五六分更名田地,應免十分之一米叁拾石肆斗捌升柒合叁勺,免剩分年緩帶米貳百柒拾肆石叁斗捌升伍合貳勺。又,安慶、宣州、建陽、鳳陽等衛成灾五、六、七、八、九分田,應免十分之一、二、四、六不等漕項銀貳千伍百伍拾捌兩伍錢捌分肆釐,免剩分年緩帶銀肆千捌兩肆分捌釐。又,長淮衛成灾五六分田,應免十分之一鳳倉銀捌兩柒錢捌分叁釐,免剩分年緩帶銀柒拾玖兩肆分貳釐。又,懷寧、桐城、潛山、太湖、宿松、南陵、涇縣、貴池、青陽、建德、當塗、繁昌、合肥、舒城、廬江、巢縣、鳳陽并臨淮鄉、宿州、定遠、靈璧、壽州、鳳臺、懷遠、阜陽、潁上、霍邱、泗州并舊虹、盱眙、天長、滁州、全椒、來安、和州、含山、建平等州縣勘不成灾田地,共應緩民賦漕項銀貳萬貳百捌拾陸兩柒錢肆分捌釐,漕糧等米柒萬柒千肆百柒拾叁石捌斗伍升貳合捌勺,麥壹百壹拾陸石貳斗壹升玖合貳勺。又,巢縣、定遠、壽州、鳳臺、懷遠、霍邱、滁州、全椒、來安、和州等州縣,共應緩衛賦漕項銀伍千貳百伍拾伍兩柒錢肆分貳釐,米麥叁千壹百陸拾捌石柒斗玖升陸合玖勺。又,懷寧、桐城、潛山、太湖、宿松、南陵、涇縣、當塗、繁昌、合肥、巢縣、鳳陽并臨淮鄉、宿州、定遠、靈璧、鳳臺、懷遠、阜陽、霍邱、泗州并舊虹、盱眙、天長、滁州、全椒、來安等州縣勘不成灾田地,共應緩民賦鳳淮倉銀玖千肆百貳拾肆兩伍錢柒分玖釐,米貳千玖百玖拾捌石捌斗壹升柒合陸勺,麥壹千柒百叁拾玖石肆斗伍升叁合貳勺。又,鳳陽并臨淮鄉、泗州等州縣更名田地,應緩鳳倉米貳百柒拾肆石陸斗陸升玖合伍勺,麥叁拾伍石伍斗陸升玖合柒勺。又,壽州應緩衛賦鳳倉銀叁百陸拾捌兩肆錢陸分玖釐,米麥貳百陸拾石玖斗陸升伍合柒勺。又,安慶、建陽、廬州、鳳陽、泗州、長淮等衛勘不成灾屯坐田地,共應緩漕項銀叁千壹拾貳兩柒錢叁分伍釐,麥叁石陸斗玖升陸合陸勺。長淮衛應緩鳳倉銀貳百肆拾捌兩玖錢伍分叁釐。相應分晰造具成灾田地頃畝分數,并應蠲應緩及勘不成灾緩徵漕鳳各款清冊，加具保結，詳送會題。并聲明道、府、州、縣、衛應送印保各結，一俟催取齊全，另文補送。等情。臣覆核無異，除冊結揭送戶部查核外，臣謹會同兩江總督臣陸建瀛、漕運總督臣楊殿邦，合詞具題。等因前來。

查安徽省道光貳拾玖年分秋禾被水受旱及勘不成災各州、縣、衛，前據安徽巡撫開具區圖村莊清單，奏請分別蠲緩漕糧一案，道光貳拾玖年拾月貳拾捌日奉上諭：王植奏查明被水受旱各州縣請分別蠲緩漕米，并將區圖村莊開單呈覽一摺。本年安徽懷寧等州縣被水受旱，收成歉薄，若將應徵漕糧照常徵收，民力恐有未逮。加恩著照所請，所有被水成災五、六、七、八、九分及歉不成災之懷寧、桐城、宿松、望江、宣城、南陵、貴池、銅陵、東流、當塗、蕪湖、繁昌、無爲、廬江、五河等州縣應徵本年漕糧，著照例按分蠲緩。又勘不成災之潛山、太湖、涇縣、青陽、建德、合肥、舒城、巢縣、壽州、宿州、懷遠、定遠、靈壁、鳳臺、阜陽、潁上、霍邱、泗州、盱眙、天長、建平等州縣內，潛山、青陽、建德、壽州、懷遠、靈壁、阜陽、潁上、盱眙、天長、建平等十一州縣災保內，有收高田剔出徵收。其餘勘不成災田地內，太湖、涇縣、合肥、舒城、巢縣、宿州、定遠、鳳臺、霍邱、泗州等十州縣，勘不成災情形較重，各里集應徵本年漕糧，著一并緩徵，以紓民力。該撫即刊刻謄黃，徧行曉諭，務使實惠均霑，毋任吏胥舞弊，用副朕軫念災區至意。餘著照所擬辦理。該部知道。單并發。欽此。當經臣部恭錄行知在案。今據該撫將該省被水受旱成災及勘不成災之懷寧等州、縣、衛、民衛田地，分別應蠲應緩漕糧、漕倉銀米、麥石數目，造具冊結，題報到部。除將冊結備查外，應仍令該撫即飭將前項應蠲應緩銀米、麥石各細數，分別造入道光貳拾玖年分漕倉各奏銷册內題報查核。至道、府、州、縣、衛應送印保各結，并令速飭催取齊全，送部備查，毋任宕延。

此案科抄於咸豐元年伍月初捌日到部，茲於玖月貳拾叁日辦理具題，合并聲明。

臣等未敢擅便，謹題請旨。

批紅：依議。

爲山西道光三十年鹽引奏銷事

咸豐元年九月二十四日

大學士兼署管理戶部事務臣祁寯藻等謹題，爲遵旨察核具奏事。

戶科抄出,山西巡撫兆那蘇圖題道光叁拾年鹽引奏銷一案。咸豐元年伍月拾柒日題,柒月拾柒日奉旨:該部察核具奏。欽此。欽遵。於本日抄出到部。

該臣等查得,山西巡撫兆那蘇圖疏稱:道光叁拾年商行額餘鹽引,并新加活引,例應造册題銷。茲據河東鹽法道張錫蕃,將道光叁拾年應頒部發額餘引伍拾玖萬陸千叁百肆拾伍道,又鳳翔、邠州、興安等處額引貳萬肆千玖百伍拾柒道,又新加活引捌萬柒千伍百道,於停引案内詳請奏明,將原停一半新加活引再展三年。等因遵奉在案。所有一半新加活引肆萬叁千柒百伍拾道,共額餘活引陸拾陸萬伍千伍拾貳道,俱實存在庫,造具清册呈送。臣覆核無異,除册咨送戶部、都察院查核外,理合具題。等因前來。

查定例,河東鹽引,於次年肆月奏銷。茲道光叁拾年額銷部頒商行額餘鹽引共柒拾萬捌千捌百貳道内,新加活引捌萬柒千伍百道。復於道光叁拾年拾貳月,據山西巡撫奏準減停一半引肆萬叁千柒百伍拾道外,淨銷額餘活引陸拾陸萬伍千伍拾貳道。該撫疏稱,俱實存在庫,應令即行解部查銷。

此案於咸豐元年柒月拾柒日科抄到部,茲於玖月貳拾肆日辦理具題,合并聲明。

臣等未敢擅便,謹題請旨。

批紅:依議。

爲承德府屬道光二十九年徵收税銀題銷事

咸豐元年九月二十六日

大學士兼署管理戶部事務臣祁寯藻等謹題,爲循例事。

戶科抄出,前任熱河都統宗室惟勤題銷承德府并豐寧灤平二縣道光貳拾玖年徵收五行税銀并斗税錢易銀兩一案。道光叁拾年拾貳月拾捌日題,咸豐元年叁月拾伍日奉旨:該部察核具奏。欽此。欽遵。於本日抄出到部。

該臣等會查得,前任熱河都統宗室惟勤疏稱:查承德等府縣徵收税務,例應儘收儘解。茲據熱河道定保詳稱:道光貳拾玖年分承德府共徵收五行税銀肆千貳百肆拾柒兩柒分伍釐。内除支給税局賃房、書役家人飯食、紙張筆墨等項共銀叁百捌兩捌錢,又應解銀内每兩扣傾鎔解費銀伍分,共應扣銀壹百玖拾陸兩玖錢壹分叁釐,實應解銀叁千柒百肆拾壹兩叁錢陸分貳釐,照數完解道庫訖。豐寧縣共徵收斗税錢易銀貳百陸拾肆兩陸錢叁分肆釐玖毫,除每兩扣傾鎔解費銀伍分,共扣銀拾叁兩貳錢叁分壹釐柒毫實,應解銀貳百伍拾壹兩肆錢叁釐貳毫。内除前任已故豐寧縣知縣禧銘虧缺銀壹百柒拾兩伍錢壹分貳釐,實應解銀捌拾捌兩捌錢玖分壹釐貳毫,照數完解道庫訖。灤平縣共徵收斗税錢易銀貳百伍拾肆兩捌錢,除每兩扣傾鎔解費銀伍分,共扣銀拾貳兩柒錢肆分,實應解銀貳百肆拾貳兩零陸分。未據完解,另揭請參。以上承德府所報税銀并斗税錢易銀肆千貳百肆拾柒兩柒分伍釐,核與定額之數,計缺額銀壹千肆百伍拾壹兩肆錢柒分捌釐肆毫。現任承德府知府德齡,應照數賠補。除傾鎔解費外,實應賠銀壹千叁百柒拾捌兩玖錢伍釐肆毫,尚未賠補。其豐寧、灤平二縣所報徵收税銀,均屬有盈無絀。請銷解費及承德府請銷賃房、飯食等項,亦與奉部酌定數目相符。除將灤平縣未解銀兩另行開揭送參,俟完解到日,彙解司庫,入撥報部。并摘造簡明總冊,同送到細冊印結,一并詳送核題。等情。臣覆核無異,除冊結送部外,理合具題。等因前來。

查承德府并豐寧、灤平二縣應徵五行税銀并斗税銀兩,先據原任直隸總督方觀承於乾隆拾柒、拾捌等年税銀案内,請將收過税銀折中定額,經户部覆準。熱河廳今改承德府,每年定額銀伍千陸百玖拾捌兩伍錢零。四旗廳今改豐寧縣,每年定額銀貳百叁拾陸兩陸錢零。喀喇河屯今改灤平縣,每年定額銀貳百陸拾兩柒錢零。行令按照徵收,不得有虧定額。如有盈餘,儘收儘解。等因。嗣於乾隆貳拾玖年拾貳月内,據該督題報:喀喇河屯之化育溝一處,係山陬僻壤,向無商販。從前因有駐防兵二百户,附近居民隨趁開設鋪面,是以議設斗税,額定銀拾捌兩柒錢貳分伍釐。近因該處兵丁移駐伊犁,原有鋪户俱已關閉,斗税無從徵收。請將化育溝額定斗税銀兩裁汰,其喀喇河屯、鞍匠屯二處,每年額定銀貳百肆拾貳兩叁分零,仍照從前定額徵收,亦經户部覆準。又,道光柒年原任直隸總督那彦成奏熱河錢糧事件,請照甘肅鎮廸道之例辦理。據護理直隸總督屠之申請將口外一切錢穀案件,悉歸熱河道辦理。詳由都統題奏,核咨列款具題。經户部行令該護督,另行妥議,題覆核辦。嗣於道光玖年拾壹月内,據該督於題覆通盤籌畫另議條款案内,聲請將每年徵收當雜税等項銀兩,留為恭辦木蘭大差橋道經費之用。經户部議令熱河道按年照數解交直隸藩庫,報部撥用。由熱河道核造奏銷,徑呈都統具題,題覆行文遵照。各在案。今據熱河都統疏稱:道光貳拾玖年分承德府共徵收五行税銀并斗税錢易銀肆千貳百肆拾柒兩柒分伍釐,内除支給税局賃房、書役家人飯食、紙張筆墨并傾鎔解費等項共銀伍百伍兩柒錢壹分叁釐，實應解銀叁千柒百肆拾壹兩叁錢陸分貳釐，照數完解道庫。豐寧縣徵收銀貳百陸拾肆兩陸錢叁分肆釐玖毫，内除傾鎔解費銀拾叁兩貳錢叁分壹釐柒毫，應解銀貳百伍拾壹兩肆錢叁釐貳毫。内除前任已故知縣禧銘虧缺銀壹百柒拾兩伍錢壹分貳釐，實應解銀捌拾兩捌錢玖分壹釐貳毫，照數完解道庫。灤平縣徵收銀貳百伍拾肆兩捌錢，内除傾鎔解費銀拾貳兩柒錢肆分，實應解銀貳百肆拾貳兩陸分，未據完解。以上承德府所報稅銀并斗稅錢易銀兩，核與額定之數，計缺額銀壹千肆百伍拾壹兩肆錢柒分捌釐肆毫。内除傾鎔解費外，現任承德府知府德齡應賠銀壹千叁百柒拾捌兩玖錢伍釐肆毫，尚未賠補。其灤平縣未解銀兩，開揭送參。仍俟完解到日，彙解入撥。等語。戶部查，豐寧、灤平二縣徵收稅銀數目，核與定額應徵銀數，有盈無絀。其承德府計缺額銀壹千叁百柒拾捌兩玖錢伍釐肆毫，係現任承德府知府德齡應行賠補。應如該都統所題，在於該員名下，著落賠補。所有承德府并豐寧、灤平二縣徵收稅銀内，支給稅局賃房及書役家人飯食、紙張筆墨雜費銀叁百捌兩捌錢，核與年例應支銀數相符。至傾鎔解費銀貳百貳拾貳兩捌錢捌分叁釐柒毫，按應解銀數核算，亦屬符合，應準開銷。再查道光叁年陸月内，戶部酌議徵收各項雜稅章程案内，請將各省雜稅銀兩，務令年清年款，提解司庫，毋許積存。其欠解爲數無幾，經徵官仍照向例，降俸二級議處。欠解最重之州縣，指名參辦。等因。奉旨：依議。欽此。欽遵在案。今道光貳拾玖年分灤平縣未解銀貳百肆拾貳兩陸分，據熱河都統開揭送參。續據該都統咨覆，該縣金齡未解前項稅銀，已照數批解。所有奉取職名，應請毋庸開送。等語。吏部查，此案既據該都統續報全完，應照例準其扣除免議。仍令熱河都統速飭照數完解，同承德府豐寧縣已完銀兩，一并解交直隸藩庫，并令直隸總督迅即催提報撥。至該府德齡應賠銀壹千叁百柒拾捌兩玖錢伍釐肆毫，業據該都統另案咨請豁免，應於彼案核辦。

此本係戶部主稿。科抄於咸豐元年叁月拾伍日到部，伍月拾叁日會吏部，閏捌月拾伍日會回，茲於玖月貳拾陸日辦理具題，合并聲明。

臣等未敢擅便，謹題請旨。

批紅：依議。

爲湖南安鄉縣被災緩徵銀兩應準在於地丁銀内撥補事

咸豐元年九月三十日

大學士兼署管理户部事務臣祁寯藻等謹題,爲詳請事。

户科抄出,湖南巡撫駱秉章題安鄉縣道光叁拾年被水成灾緩徵存留俸工等銀應請在於道光叁拾年地丁銀内撥補一案。咸豐元年陸月初伍日題,捌月拾陸日奉旨:該部議奏。欽此。欽遵。於本日抄出到部。

該臣等查得,湖南巡撫駱秉章題,安鄉縣道光叁拾年被水成灾,緩徵存留俸工銀兩請在於道光叁拾年地丁銀内撥補緣由,會同湖廣總督程矞采,恭疏具題前來。查湖南安鄉縣道光叁拾年被水成灾,緩徵存留解司俸工等銀叁百伍拾壹兩玖錢陸分柒釐,請在於道光叁拾年地丁銀内照數撥補。臣部查,與緩徵撥補銀數相符,應準其在於道光叁拾年地丁銀内動支。仍令造入該年地丁奏銷册内開支項下,報部查核。

此案於咸豐元年捌月拾陸日科抄到部,兹於玖月叁拾日辦理具題,合并聲明。

臣等未敢擅便,謹題請旨。

批紅:依議。

爲江西題報道光三十年社倉穀石數目事

咸豐元年十月十一日

大學士兼署管理户部事務臣祁寯藻等謹題,爲社倉事。

户科抄出,江西巡撫陸應穀題,江西省道光叁拾年社倉穀石奏銷一案。咸豐元年伍月貳拾玖日題,閏捌月拾貳日奉旨:該部察核具奏。欽此。欽遵。於本日抄出到部。

該臣等查得,江西巡撫陸應穀將江西省道光叁拾年社倉穀石造册具題前來,查册開:

一、舊管穀肆拾貳萬壹千捌拾壹石陸斗柒升貳合柒勺陸抄。新收、開除無項。等語。查前項舊管穀石,核與上年奏銷案内實存數目相符。

一、實存穀肆拾貳萬壹千捌拾壹石陸斗柒升貳合柒勺陸抄。等語。查定例,各省社倉原係民間自行經理積存息穀。如本社有應辦之事,許同社之人及社長公同報官,糶變動用,年終造册送部備查,毋庸核銷。如不糶變者,聽從其便。等語。今查前項實存穀石,應令該撫遵照定例,不必令官吏經手。其收支動存各數目,仍於年終造册,專案送部查核。

此案科抄於咸豐元年閏捌月拾貳日到部,兹於拾月拾壹日辦理具題,合并聲明。

臣等未敢擅便,謹題請旨。

批紅:依議。

爲臺灣武職各官道光十九年養廉銀兩報銷事

咸豐元年十月十二日

大學士兼署管理户部事務臣祁寯藻等謹題,爲報銷事。

户科抄出,前任閩浙總督裕泰將臺灣各營道光拾玖年分武職各官支食養廉銀兩造冊題銷一案。咸豐元年陸月拾叁日題,捌月貳拾陸日奉旨:該部察核具奏。欽此。欽遵。於本日抄出到部。查此案先據該督造冊揭報,當經臣部將武職各官姓名及任卸各日期是否相符,原册行查兵部去後。旋準兵部查覆到部。

該臣等查得,前任閩浙總督裕泰疏稱:道光拾玖年分福建省内地各標鎮協營武職各官支食養廉銀兩,先據福建藩司彙冊,詳經前督臣鄧廷楨於道光貳拾年柒月拾捌日具題請銷。聲明臺灣等營各冊,因遠隔重洋,屢催未準送到,是以未能彙入通省隨同造報。應照上年之例,另行截出,續請題銷在案。兹據布政使慶瑞詳稱:臺灣鎮標中左右三營,臺灣城守左右二軍,南路營南路下淡水營,北路協標中右二營、嘉義營、臺灣水師協標中左右三營、澎湖水師協標左右二營、艋舺營,道光拾玖年分原估額編武職養廉銀貳萬叁千玖百兩。除多估銀叁拾陸兩外,實應支養廉銀貳萬叁千捌百陸拾肆兩。内除各官照例支銷養廉銀貳萬貳千壹拾叁兩陸分肆釐叁毫,計扣缺銀壹千捌百伍拾兩玖錢叁分伍釐柒毫。内除支給署事各員關桂等共支扣缺養廉銀柒百捌拾壹兩肆錢陸分捌釐叁毫外,實存剩銀壹千陸拾玖兩肆錢陸分柒釐肆毫。又多估銀叁拾陸兩,共銀壹千壹百伍兩肆錢□□釐肆毫,合□造冊詳送具題。至此案遲延□,容俟飭取到日,另行開報。合并聲明。等情。臣覆查無異,除冊送部外,臣謹具題。再,福建巡撫係臣兼署,毋庸會銜。合并陳明。等因前來。

查定例:各直省緑營武職各官歲支養廉銀兩,提督每員貳千兩,總兵每員壹千伍百兩,副將每員捌百兩,參將每員伍百兩,遊擊每員肆百兩,都司每員貳百陸拾兩,守備每員貳百兩,千總每員壹百貳拾兩,把總每員玖拾兩,經制外委千把總每員拾捌兩。又福建臺灣總兵於養廉外加賞銀貳百兩。等語。此案先據閩浙總督題報,閩省道光拾玖年分内地各營武職各官支食養廉案内,聲明臺灣各營養廉冊籍未準送到,應除原額銀貳萬叁千玖百兩,另行續請題銷。經臣部行催,并令查取遲延職名送部核議。嗣因屢催未據題報,又於道光貳拾柒年拾壹月拾柒日開單具奏行催。各在案。今據前任閩浙總督裕泰題報,臺灣鎮標等營道光拾玖年分原估額編武職養廉銀貳萬叁千玖百兩。除多估銀叁拾陸兩外,實應支養廉銀貳萬叁千捌百陸拾肆兩。内除各官支銷銀貳萬貳千拾叁兩陸分肆釐叁毫,計扣缺銀壹千捌百伍拾兩玖錢叁分伍釐柒毫。内除支給署事各員關桂等養廉銀柒百捌拾壹兩肆錢陸分捌釐叁毫外,實存剩并多估共銀壹千壹百伍兩肆錢陸分柒釐肆毫。等語。查武職各員弁姓名暨任卸日期,據兵部查覆,均核與該督冊報相符。所有各官支銷養廉銀貳萬貳千拾叁兩陸分肆釐叁毫,署事各官支銷銀柒百捌拾壹兩肆錢陸分捌釐叁毫,臣部按冊核算數目,均屬相符,應準開銷。至實存扣缺并多估銀壹千壹百伍兩肆錢陸分柒釐肆毫,除照數登記外,應令該督轉飭,即於請領臺餉銀内劃扣司庫,并入於咸豐貳年春撥冊内報部查核。再查此案理應於道光貳拾年造冊題報,今遲至拾壹年之久始行具題。其遲延職名,亦未開揭送部議處,實屬瞻狥玩愒。應令該督遵照臣部節次行催,并道光貳拾柒年奏催遵奉諭旨,將道光貳拾年以後武職養廉銀兩,迅即按年題報核銷,并將造報遲延各職名,一并開揭,隨案附參。

此案科抄於咸豐元年捌月貳拾陸日到部,先經兵部查覆,兹於拾月拾貳日辦理具題,合并聲明。

臣等未敢擅便,謹題請旨。

批紅:依議。

爲籌補湖北各州縣道光三十年緩缺不敷兵糧事

咸豐元年十月十四日

大學士兼署管理戶部事務臣祁寯藻等謹題,爲籌款事。

戶科抄出,湖北巡撫龔裕題各州縣道光叁拾年緩缺不敷兵糧米石籌款撥補一案。咸豐元年叁月拾柒日題,陸月初叁日奉旨:該部議奏。欽此。欽遵。於本日抄出到部。

該臣等議得,湖北巡撫龔裕將湖北各州縣道光叁拾年緩缺不敷兵糧,借動原派州縣倉穀碾運,并動附近州縣倉存穀石及完存帶徵米石籌補供支緣由,恭疏具題前來。查湖北各州縣道光叁拾年緩缺不敷兵糧米叁萬叁千捌百伍石捌斗貳升捌合陸勺。内長樂、東湖、均州三州縣倉,應補米壹千肆百捌拾陸石伍斗玖升伍合陸勺,應請在於營坐之長樂、東湖二縣及附近之棗陽、南漳二縣現存常平倉穀内,各按一米二穀,照數動碾支放。又襄陽府倉應補米貳千柒百叁拾壹石玖斗,查有荆門直隸州清查案内徵存節年南糧并漕南實餘耗米貳千貳百玖拾玖石貳升壹合,全數撥解交兑。尚不敷米肆百叁拾貳石捌斗柒升玖合,在於沔陽州現存常平倉穀内,動撥穀捌百陸拾伍石柒斗伍升捌合,碾運供支。又鄖陽府倉應補米壹千伍百柒拾壹石玖斗捌升伍合玖勺内,有該府倉存道光貳拾玖年截曠米肆石玖斗,就倉支放。尚應補米壹千伍百陸拾柒石捌升伍合玖勺,在於房縣倉存節年支剩秋米内,如數動撥,解運供支。又荆州府倉應補米貳萬捌千壹拾伍石叁斗肆升柒合壹勺,查照節年撥補成案,在於嘉魚縣帶征道光貳拾玖年漕糧實餘耗米壹石陸斗伍升玖合壹勺,大冶縣帶徵道光貳拾玖年漕糧實餘耗米柒拾柒石柒升柒合貳勺,漢陽縣徵存節年南糧并實餘耗米貳千陸百壹拾肆石壹斗貳勺,漢川縣道光叁拾年徵存南糧并實餘耗米柒拾叁石叁斗玖升捌合玖勺、又帶徵道光貳拾玖年南糧并實餘耗米玖拾壹石柒斗貳升壹合玖勺,黄岡縣徵存道光貳拾捌年南糧并漕南實餘耗米肆千貳百壹拾陸石叁斗壹升伍勺,黄梅縣帶徵道光貳拾玖年漕糧實餘耗米貳拾捌石伍升捌合壹勺,監利縣徵存道光貳拾伍年南糧并漕南實餘耗米壹百捌拾伍石伍斗捌升壹合肆勺,石首縣徵存道光貳拾壹年南糧并漕南實餘耗米柒拾貳石柒斗壹合柒勺,共米柒千叁百陸拾石陸斗玖合,動撥供支。尚不敷米貳萬陸百伍拾肆石柒斗叁升捌合壹勺,在於荆州府倉報存道光貳拾柒貳拾捌貳拾玖等年支剩米内,如數動支,就倉支放,以合荆倉應補之數。等語。臣部核與該年緩缺米數及撥補成案相符,應如所題辦理。仍令該督撫轉飭,將前項緩缺不敷兵糧米叁萬叁千捌百伍石捌斗貳升捌合陸勺,造入官兵俸餉奏銷冊内報部核銷。并令俟各州縣帶徵節年南糧完日,變價解道,彙案轉發各屬,按照各州縣原碾數目買穀還倉,以實儲備。至動碾各州縣倉穀應需鼠耗狼撒米石,即令各該州縣隨同正米,按數動碾支用。其解運急公南糧所需耗費銀米、原有隨徵水脚耗米,應令照數動支,造入該年南糧脚耗案内報部核銷。所有碾米運脚銀兩,亦應準其在於道庫漕南餘剩水脚銀内支給,仍令該撫轉飭造具支銷細冊,取結送部核辦,毋任延宕。

此案於咸豐元年陸月初叁日科抄到部,兹於拾月拾肆日辦理具題,合并聲明。

臣等未敢擅便,謹題請旨。

批紅:依議。

爲山東德州常豐二倉道光二十九年收放倉項錢糧奏銷事

咸豐元年十月十四日

大學士兼署管理户部事務臣祁寯藻等謹題,爲奏銷錢糧事。

户科抄出,山東巡撫陳慶偕題德州常豐二倉道光貳拾玖年收放倉項錢糧一案。咸豐元年正月貳拾日題,肆月拾玖日奉旨:該部察核具奏。欽此。欽遵。於本日抄出到部。當經行查支放各款目,於伍月貳拾壹日覆回。

該臣等查得,山東巡撫陳慶偕將德州常豐二倉道光貳拾玖年收放錢糧數目,造冊具題前來。據冊開:

一、舊管:銀柒萬貳千玖百拾柒兩陸錢玖分壹釐,米玖千陸百陸拾柒石伍斗叁勺。等語。查前項舊管銀米,核與上屆奏銷案内實存數目相符,應毋庸議。

一、新收:本年并續完各年銀肆萬柒千拾陸兩玖錢叁分陸釐,米壹萬陸千肆百玖石壹斗肆升柒合。又收斛尖并倉穀碾米貳千叁百伍拾肆石伍斗肆升貳合肆勺。二共米壹萬捌千柒百陸拾叁石陸斗捌升玖合肆勺。等語。查前項新收本年并續完各年銀米,核與實徵冊造已完數目相符,應毋庸議。至新收斛尖并常平倉碾穀米石,應令該撫造入常平等倉奏銷案内報部查核。

一、支給德州駐防官兵俸餉米壹萬壹千陸百柒拾叁石柒升壹合貳勺。等語。查前項放過德州駐防官兵俸餉米石,查與該年兵馬奏銷冊造數目相符,應毋庸議。

一、支給濟前等衛各幫道光貳拾玖年分月糧銀壹萬肆千伍百玖拾兩捌分,米陸千陸百叁拾叁石陸斗肆升玖合柒勺。又給德州正左二幫津租銀伍百肆拾兩,小料銀壹百拾伍兩貳錢。等語。查前項支過月糧、津租、小料等項銀米,應令漕運總督造入該年漕項奏銷冊内,分晰具題查核。

一、給德正幫修艌銀貳百拾柒兩伍錢。等語。查前項給過修艌銀兩,應令漕運總督將該年出廠船數、年第造冊,報部查核。

一、給祭祀厫神銀拾伍兩柒錢伍分,蓆葦鋪墊銀壹百肆拾玖兩捌錢壹分捌釐,捅補倉厫銀拾玖兩陸錢,官役俸工銀壹百肆拾叁兩叁錢貳分,倉夫工食米壹百肆石。等語。查前項給過祭祀厫神、蓆葦鋪墊、捅補倉厫、官役俸工銀兩并倉夫工食米石,核與應給之數無浮,應準開銷。

一、撥給密雲等處道光貳拾玖年分潤耗銀柒百伍拾肆兩捌錢玖分玖釐。等語。查前項撥給密雲等處潤耗銀兩,應令漕運總督造入該年漕項奏銷冊内具題查核。

一、解藩庫心紅役食銀貳百貳拾叁兩貳錢。等語。查前項解交藩庫心紅役食銀兩,查與該年地丁奏銷冊造數目相符,應毋庸議。

一、解部各年存庫米麥折色等銀伍萬壹千拾兩柒錢捌釐,差委試用未入鄧文淇解部交兑訖。又解部道光貳拾陸年分折色月糧三修津租等銀肆百貳拾捌兩柒釐,差委試用未入施慶年解部交兑訖。支給解官水腳銀貳拾兩肆錢肆釐,鞘木釘箍銀陸兩陸錢叁分。等語。查前項解部米麥折色并三修津租等項銀兩,均經臣部付庫查收在案,應毋庸議。至支給解官水腳、鞘木釘箍銀兩,核與應給之數無浮,應準開銷。

一、實存銀伍萬壹千陸百玖拾玖兩伍錢壹分壹釐,米壹萬貳拾石肆斗陸升捌合捌勺。等語。查前項實存銀兩,除臣部照數登記外,應令該撫即飭委員解部交納,毋任延宕。其實存米石,節經臣部題令運通交納,此次仍未運通,實屬延玩。應令該撫轉飭,務於下年漕糧内搭運赴通交納,毋任再延,致干參處。

一、歷城等處額徵米玖千叁百肆拾陸石捌斗壹升肆合捌勺,舊管自道光拾伍年起至貳拾捌年止存倉米玖千壹百陸拾陸石肆斗捌升捌合柒勺,二共米壹萬捌千伍百拾叁石叁斗叁合伍勺。支給各營兵丁道光貳拾玖年月糧米捌千肆百叁拾柒石伍斗壹升肆合。德州解倉米柒百玖拾貳石肆斗壹升捌勺,尚存道光拾伍年起至貳拾玖年止共米玖千貳百捌拾叁石叁斗柒升捌合柒勺。鄒平等處額徵折色正耗米捌千陸拾捌石壹斗捌升壹合,每石折銀壹兩,共折銀捌千陸拾捌兩壹錢捌分壹釐。内除鄒平縣應兑支濟南城守營兵丁月米折銀柒百肆拾壹兩柒錢柒分伍釐,奉文改給常平倉穀,此宗米折銀兩應解司庫報撥。實應徵銀柒千叁百貳拾陸兩肆錢陸釐。舊管米折銀壹萬貳千柒百玖拾柒兩伍錢貳分,二共銀貳萬壹百貳拾叁兩玖錢貳分陸釐。支給各營兵丁道光貳拾玖年月米折銀柒千壹百叁兩捌分玖釐,尚存銀壹萬叁千貳拾兩捌錢叁分柒釐。俟道光叁拾年支放月米折銀外,其節年餘剩米折銀兩現在嚴催,俟催解到日,造入下年奏銷冊内。如屬虧缺,即查明虧缺職名,專案報部查核。等語。查歷城、鄒平等處額徵銀米,核與應徵數目相符。支給各營兵丁銀米,查與該年兵馬奏銷冊造數目,亦屬符合。至鄒平縣應徵本年兑支濟南城守營兵丁米折銀柒百肆拾壹兩柒錢柒分伍釐,此宗米折銀兩改給常平倉穀,應解司庫報撥。除付山東司登記外,應令該撫查明前項銀兩造入何季撥冊内,專案分晰,報部查核。至節年餘剩銀米,疊經臣部題令嚴提,分别運通解道。乃此次仍未運解,殊屬玩延。應令該撫嚴飭,將前項餘剩米石,務於下屆運通漕糧内搭運赴通交納。其存積銀兩,亦即催令全數解道,造入下年奏銷冊内新收項下,報部查核。毋任再延,致干參處。又,另冊開載支給各項款内,共扣存減平銀柒拾肆兩貳錢玖分壹釐,應令該撫一并彙解部庫,毋得懸宕。再,此案奏銷,例應於道光叁拾年伍月内具題,乃遲延至今始行題報,久逾例限,應令將遲延職名,飭取送部核議。

此案科抄於咸豐元年肆月拾玖日到部,當經行查支放各款目,於伍月貳拾壹日覆回。兹於拾月拾肆日辦理具題,合并聲明。

臣等未敢擅便,謹題請旨。

批紅:依議。

爲黑龍江索倫鄂倫春道光三十年進貢貂皮事

咸豐元年十月十五日

大學士兼署管理戶部事務臣祁寯藻等謹題,爲進貢貂皮事。

咸豐元年玖月貳拾伍日準理藩院咨稱:準黑龍江將軍咨:道光叁拾年分應進貂皮之索倫達呼爾舊壯丁三千一百八十七名,内開除壯丁十名,新入壯丁四名,現在壯丁三千一百八十一名,應進貂皮叁千壹百捌拾壹張。食錢糧鄂倫春舊壯丁二百十五名,現在壯丁二百十五名,應進貂皮貳百拾伍張。不食錢糧鄂倫春畢拉爾舊壯丁六百三十二名,内開除壯丁十四名,現在壯丁六百十八名,應進貂皮陸百拾捌張。以上索倫達呼爾、鄂倫春畢拉爾共壯丁四千十四名,應進貂皮肆千拾肆張。等因。經内務府會同臣部於玖月拾玖日挑選,分别等第,將貂皮儲庫在案。

該臣等查得,本年索倫達呼爾進到貂皮叁千壹百捌拾壹張,食錢糧鄂倫春進到貂皮貳百拾伍張,二共貂皮叁千叁百玖拾陸張。内驗得三等伍張,四等柒拾叁張,五等貳百肆拾肆張,黄貂皮貳千捌百伍拾玖張。不食錢糧鄂倫春畢拉爾進到貂皮陸百拾捌張,内驗得三等叁張,四等壹百叁拾柒張,五等壹百拾玖張,黄貂皮叁百伍拾玖張。查定例:索倫等每年進貢貂皮,每壯丁一名,應納貂皮壹張。内應交頭等貂皮伍百張,二等貂皮壹千張,其餘俱作爲三等收納。如足數目及等第者,將送來之人賞賜。如足數目不及等第者,將送來之人及未來之人,一并交理藩院議處。其不食錢糧鄂倫春畢拉爾所進貂皮揀選等第,給價收納。二等者作為頭等,每張給價銀肆兩。三等者作為二等,每張給價銀叁兩伍錢。四等五等者均作為三等,每張給價銀叁兩。其餘黄貂皮不給價收納。應給價銀由戶部覈明銀數,劄付銀庫給發。等語。再,嘉慶貳拾叁年拾壹月初陸日奉旨:向來索倫等進貢貂皮,挑驗及等第者,照例賞賜。其有不及等第者,念其既已足數,酌量減半賞賜。近年來所進貂皮,俱不及等第。聞該索倫等,將上等貂皮帶至京師私售,既多獲價值,仍得減半賞項,殊不足以昭勸懲。此次貂皮足數,著免其處分,不及等第者,毋庸給賞。此皆將軍特依順保辦理不善,現已調任。著新任將軍松箖,到任後嚴行查察。如有前項私行售賣,以下等皮張充數情弊,立即嚴參治罪,毋稍寬縱。欽此。歷經臣部欽遵辦理在案。至道光叁拾年所進貂皮,雖足壯丁之數,亦不及等第,應免其處分,停其賞賜。臣部於道光叁拾年拾月貳拾叁日具題,本月貳拾伍日奉旨:依議。欽此。欽遵亦在案。今咸豐元年分索倫達呼爾進到貂皮叁千壹百捌拾壹張,食錢糧鄂倫春進到貂皮貳百拾伍張,内驗得三等、四等、五等者,照例毋庸給價收納。所有不食錢糧鄂倫春畢拉爾進到貂皮陸百拾捌張,内驗得三等叁張,照例作為二等給價,四等壹百叁拾柒張、五等壹百拾玖張,照例均作為三等給價。黄貂皮叁百伍拾玖張,例不給價收納。其應給價貂皮貳百伍拾玖張,共銀柒百柒拾捌兩伍錢。俟命下之日,臣部劄付銀庫給發。至索倫等所進貂皮肆千拾肆張,雖足壯丁之數,但不及等第,自應照歷次成案,免其處分,停其賞賜。

臣等未敢擅便,謹題請旨。

爲廣西鎮安府天保縣開墾水田陞科事

咸豐元年十月二十二日

大學士兼署管理户部事務臣祁寯藻等謹題,爲報明事。

户科抄出,廣西巡撫鄒鳴鶴題廣西省鎮安府天保縣開墾水田詳請陞科一案。咸豐元年陸月拾壹日題,捌月貳拾日奉旨:該部議奏。欽此。欽遵。於本日抄出到部。

該臣等查得,廣西巡撫鄒鳴鶴疏稱:據署廣西布政使吳鼎昌詳稱,竊照粤西各府州屬開墾民田税畝,例應按年造冊,詳請題報。兹道光叁拾年分催據鎮安府屬天保縣冊報:開墾過未入全書下則水田二□一伍,該徵地畝銀貳錢伍分伍釐,本折米無,應於咸豐丙辰年起科。相應核明備造清冊,具文詳賫察核具題。等情。臣覆核無異,除冊分送部科外,臣謹具題。等因前來。

查定例:水田以六年起科。將届起科之期,委員復勘確實。等因。今據該撫疏稱:廣西省道光叁拾年分鎮安府屬天保縣冊報,開墾過未入賦役全書下則水田二□一伍,每□徵銀壹錢貳分,共該徵銀貳銀伍分伍釐,本折米無,應於咸豐丙辰年起科。等語。臣部查廣西天保縣開墾水田,以□伯什伍起科,二伍爲一什,二什爲一伯,二伯爲一□。所有現在冊報應徵銀數并陞科年限,俱屬相符,應準其開墾。仍令該撫轉飭,將前項水田於咸豐丙辰年陞科之期,將應徵銀兩造入該年地丁奏銷冊内,并載入賦役全書,一并送部查核。如尚有未墾田畝,亦即飭令地方官勸民開墾,按年題報查核。

此案於咸豐元年捌月貳拾日科抄到部,兹於拾月貳拾貳日辦理具題,合并聲明。

臣等未敢擅便,謹題請旨。

批紅:依議。

爲山西豐鎮廳續徵經徵二十九三十兩年禮親王牧廠租銀奏銷事

咸豐元年十月二十二日

大學士兼署管理户部事務臣祁寯藻等謹題,爲題銷事。

戶科抄出,山西巡撫兆那蘇圖題道光叁拾年分豐鎮廳經徵禮親王牧廠地租又續徵貳拾玖年分租銀并隨徵耗銀支銷存剩各數解充兵餉一案。咸豐元年陸月貳拾貳日題,捌月拾捌日奉旨:該部察核具奏。欽此。欽遵。於本日抄出到部。

該臣等查得,山西巡撫兆那蘇圖疏稱:豐鎮廳經徵禮親王牧廠并續墾牧地正耗銀兩支銷餘剩數目,例應按年造冊題銷。茲據布政使蔣霨遠詳稱:據豐鎮廳冊造:道光貳拾玖年分額徵禮親王牧廠地一千三百三十二頃三十九畝。每畝徵銀壹分肆釐,共徵正銀壹千捌百陸拾伍兩叁錢肆分陸釐。每兩加徵閏月銀叁分,共徵閏月銀伍拾伍兩玖錢陸分壹釐。隨徵耗銀伍分,共徵耗銀玖拾陸兩陸分陸釐。又續墾禮親王白塔溝空閒牧地五十二頃五十六畝七分。每畝徵銀壹分肆釐,共徵正銀柒拾叁兩伍錢玖分肆釐。每兩加徵閏月銀叁分,共徵閏月銀貳兩貳錢捌釐。隨徵耗銀伍分,共徵耗銀叁兩柒錢玖分。先徵過正銀壹千伍百陸拾陸兩壹錢伍分貳釐。每兩加徵閏月銀叁分,共徵閏月銀肆拾陸兩玖錢捌分伍釐。正閏共銀壹千陸百壹拾叁兩壹錢叁分柒釐。隨徵耗銀伍分,共徵耗銀捌拾兩陸錢伍分柒釐。内除傾銷起解支用銀叁拾柒兩叁錢玖分,節省脚費銀貳兩陸錢,餘剩耗銀肆拾兩陸錢陸分柒釐。以上正閏耗除支用并節省脚費外,共銀壹千陸百伍拾叁兩捌錢肆釐,據該廳批解綏遠城將軍衙門訖。尚有民欠未完正閏銀叁百捌拾叁兩玖錢柒分貳釐,耗銀壹拾玖兩壹錢玖分玖釐。今續徵正閏銀壹百壹拾柒兩壹錢貳分陸釐。隨徵耗銀伍兩捌錢伍分陸釐。内除傾銷起解支用銀壹兩捌錢陸分,餘剩銀叁兩玖錢玖分陸釐,據該廳批解綏遠城將軍衙門訖。尚有民欠未完正閏銀貳百陸拾陸兩捌錢肆分陸釐,耗銀壹拾叁兩叁錢肆分叁釐。現奉恩詔豁免,另冊造報。又徵道光叁拾年分正銀壹千伍百伍拾壹兩壹錢伍分貳釐。隨徵耗銀柒拾柒兩伍錢伍分捌釐。内除傾銷起解支用銀叁拾伍兩伍錢叁分,節省脚費銀貳兩陸錢,餘剩耗銀叁拾玖兩肆錢貳分捌釐。以上正閏耗除支用并節省脚費外,共銀壹千伍百玖拾兩伍錢捌分,批解綏遠城將軍衙門訖。尚有民欠未完正銀叁百捌拾柒兩柒錢捌分捌釐,耗銀壹拾玖兩叁錢捌分玖釐。分晰造冊,由府核轉到司。按冊核算,額徵起解支用并節省脚費、民欠未完各數目,均屬相符。除將解到節省脚費銀貳兩陸錢造入咸豐元年春撥冊内請撥外,取具清冊,呈詳前來。臣覆核無異,除冊送部核銷,再,此項民欠道光貳拾玖年正耗銀,現奉恩詔豁免,容另彙案辦理,合并陳明,爲此具題。等因前來。

查先據山西巡撫勒保題報:查丈和碩禮親王牧廠地一千三百三十二頃三十九畝,照公恒禄等家已墾牧地之例,每畝徵銀壹分肆釐,每正銀壹兩隨徵耗銀伍分,按年徵解藩庫報撥。等因。又續據山西巡撫阿勒清阿題報:和碩禮親王府開墾豐鎮廳屬白塔溝餘剩空閒馬廠地五十二頃五十六畝七分,照舊地之例徵租,按年徵解司庫報撥。嗣於道光拾柒年據山西巡撫查明,清水河廳遺糧無著米折銀陸千玖百陸拾玖兩零,題請照數豁除。所缺兵糈,擬請在於禮親王等家地租銀内撥補。俱經臣部題準。各在案。前據山西巡撫題報:道光貳拾玖年分豐鎮廳經徵禮親王牧廠地租銀兩,除完解外,尚有未完地租正閏銀叁百捌拾叁兩玖錢柒分貳釐,耗銀壹拾玖兩壹錢玖分玖釐。行令嚴飭該廳迅速完解,毋任延緩。等因在案。今據該撫疏稱:豐鎮廳續徵道光貳拾玖年正閏銀壹百壹拾柒兩壹錢貳分陸釐,耗銀伍兩捌錢伍分陸釐。内除傾銷支用銀壹兩捌錢陸分,餘剩耗銀叁兩玖錢玖分陸釐,一并批解綏遠城將軍衙門。等語。臣部按冊核算,該廳續完正閏耗地租,核與原題案内數目并議準撥補原案,均屬相符。應令該撫造入兵馬奏銷冊内,隨造節年新收項下報查。仍未完道光貳拾玖年分正閏銀貳百陸拾陸兩捌錢肆分陸釐,耗銀壹拾叁兩叁錢肆分叁釐,據稱已入豁免單内另冊造報。臣部查此項未完地租,既據聲明已彙入豁免單内請豁,應令查照臣部議覆奏豁單内辦理。又徵道光叁拾年分正銀壹千伍百伍拾壹兩壹錢伍分貳釐,耗銀柒拾柒兩伍錢伍分捌釐。内除傾銷起解支用銀叁拾伍兩伍錢叁分,節省脚費銀貳兩陸錢,餘剩耗銀叁拾玖兩肆錢貳分捌釐,隨同正銀一并批解綏遠城將軍衙門。等語。臣部按冊核算,該廳徵解正耗地租與應徵銀數相符。所有徵解正耗共銀壹千伍百玖拾兩伍錢捌分,核與題準撥補原案相符。應令該撫造入兵馬奏銷冊内報查。其傾銷起解支用耗銀叁拾伍兩伍錢叁分,核與章程案内應給銀數,亦屬符合,應準開銷。至節省脚費銀貳兩陸錢,據稱造入咸豐元年春撥冊内請撥。等語。臣部核對相符,應毋庸議。至疏稱該廳未完叁拾年分正銀叁百捌拾柒兩柒錢捌分捌釐,耗銀壹拾玖兩叁錢捌分玖釐,并令嚴飭該廳迅速徵解,毋任延緩。

此案於咸豐元年捌月拾捌日科抄到部,茲於拾月貳拾貳日辦理具題,合并聲明。

臣等未敢擅便,謹題請旨。

批紅:依議。

爲江西德化縣道光二十六年餘租銀兩全完請將原參開復事

咸豐元年十月二十三日

大學士兼署管理戶部事務臣祁寯藻等謹題,爲詳請等事。

戶科抄出,前任江西巡撫陳阡將江西德化縣未完道光貳拾陸年分餘租銀兩照數全完并徵存未解那墊銀兩歸於清查案内攤捐彌補,原參職名題請開復一案。道光叁拾年拾貳月貳拾壹日題,咸豐元年肆月叁拾日奉旨:該部查議具奏。欽此。欽遵。於本日抄出到部。

該臣等會議得,前任江西巡撫陳阡疏稱:江西德化縣應徵道光貳拾陸年分餘租銀兩,前於二參一年限滿,尚有未完銀伍千肆百叁拾玖兩零。當經查取接徵未完分數、職名題參,接準部覆飭遵去後。今據督糧道鄒鳴鶴會同布政使陸元烺詳稱:查德化縣二參後於道光貳拾捌年清查案内冊報:徵存未解銀伍千壹百叁拾捌兩零,那墊歷年民欠地丁等款,業經彙案詳奏奏請分年攤捐彌補歸款,應歸另案辦理外,實未完銀叁百壹兩零。兹催據德化縣將二參案内未完前項餘租銀叁百壹兩零,於道光叁拾年拾壹月初玖日照數全完,解道兑收貯庫。除俟造入道光貳拾玖年分餘租奏銷冊内九江衞續完項下報核,并二參案内奉議未完三分以上之德化縣知縣鄭長昕,例止降職,事在道光叁拾年正月貳拾陸日欽奉恩詔以前,應行寬免,毋庸開復外,所有初參案内奉議未完三分以上之前任德化縣知縣濟昌,照例降職三級戴罪徵收之案,相應會文詳請具題開復。等情。臣覆核無異,理合具題。等因前來。

查江西德化縣未完道光貳拾陸年分餘租銀兩,前據江西巡撫先後彙冊題參,均經戶部會同吏部核議題覆在案。今據該撫疏稱:查德化縣二參後於道光貳拾捌年清查案内冊報,徵存未解銀伍千壹百叁拾捌兩叁釐,那墊歷年民欠地丁等款,業經彙案詳奏奏請分年攤捐彌補歸款,應歸另案辦理外,實未完銀叁百壹兩伍分伍釐。兹催據德化縣將二參案内未完前項餘租銀叁百壹兩伍分伍釐,於道光叁拾年拾壹月初玖日照數全完,解道兑收貯庫。除俟造入道光貳拾玖年分餘租奏銷冊内九江衞續完項下報核,并二參案内奉議未完三分以上之德化縣知縣鄭長昕,例止降職,事在道光叁拾年正月貳拾陸日欽奉恩詔以前,應行寬免,毋庸開復外,所有初參案内奉議未完三分以上之前任德化縣知縣濟昌,照例降職三級戴罪徵收之案,相應會文詳請具題開復。等語。

查前項已完并徵存未解那墊銀兩,戶部核與原參未完銀數相符。吏部查定例:錢糧未完各官,參後續報全完者,將該員原參議處之案題請開復。等語。應將參後續報全完之前任德化縣丁憂知縣已經服滿濟昌,原議降職三級戴罪徵收之案,照例準其開復。至前項已完銀叁百壹兩伍分伍釐,戶部照數登記,仍令該撫即飭造入道光貳拾玖年分餘租奏銷冊内報部查核。其徵存未解餘租銀伍千壹百叁拾捌兩叁釐,核與清查冊造那墊銀數及奏準分攤原案,均屬相符。并令遵照奏案,嚴飭分年攤捐彌補歸款,報部查核。

此本係戶部主稿。科抄於咸豐元年肆月叁拾日到部,陸月貳拾叁日咨送吏部會議,玖月拾肆日議結送回。兹於拾月貳拾叁日辦理具題,合并聲明。

臣等未敢擅便,謹題請旨。

批紅:依議。

爲山西題銷寧遠廳經徵宗室訥木謹入官牧廠地畝租銀事

咸豐元年十月二十三日

大學士兼署管理戶部事務臣祁寯藻等謹題,爲遵旨事。

戶科抄出,山西巡撫兆那蘇圖題道光貳拾玖年寧遠廳經徵宗室訥木謹恭進入官廠地租銀并隨徵耗銀支銷餘剩已未完數目解充兵餉一案。咸豐元年陸月貳拾貳日題,捌月拾捌日奉旨:該部察核具奏。欽此。欽遵。於本日抄出到部。

該臣等查得,山西巡撫兆那蘇圖疏稱:寧遠廳經徵宗室訥木謹入官廠地租銀并隨徵耗銀支銷餘剩數目,例應按年造冊題銷。兹據布政使蔣霨遠詳稱:據寧遠廳冊造:宗室訥木謹牧廠地并民人李元璠墾種地共六百六十九頃四十五畝一分。每畝徵銀壹分肆釐,每兩加徵閏月銀叁分,道光貳拾玖年分共額徵正閏銀玖百陸拾伍兩叁錢肆分玖釐。所徵牧廠地租内,除奉旨每年在於正項銀内賞給訥木謹叁分銀貳百柒拾捌兩壹錢壹分捌釐,應徵解柒分并李元璠地租共銀陸百捌拾柒兩貳錢叁分壹釐。每兩隨徵耗銀伍分,共徵耗銀肆拾捌兩貳錢陸分捌釐。今僅徵叁分正閏銀貳百伍拾陸兩陸錢貳分玖釐,柒分正閏銀伍百陸拾玖兩肆錢玖分陸釐,李元璠墾種地正閏銀叁拾捌兩貳錢捌分捌釐,共徵正閏銀捌百陸拾肆兩肆錢壹分叁釐。每正銀壹兩隨徵耗銀伍分,共徵耗銀肆拾叁兩貳錢貳分壹釐。内除傾銷起解支用銀貳拾壹兩玖錢陸分,節省脚費銀貳兩,餘剩耗銀壹拾玖兩貳錢陸分壹釐。已據該廳批解綏遠城將軍衙門正閏銀伍百玖拾捌兩捌錢,耗銀拾柒兩捌錢捌分貳釐。又批解正閏銀捌兩玖錢捌分肆釐,耗銀壹兩叁錢柒分玖釐。尚有民欠未完叁分正閏銀貳拾壹兩肆錢捌分玖釐柒分,正閏銀柒拾玖兩肆錢肆分柒釐,耗銀伍兩肆分柒釐。其應給訥木謹叁分銀貳百伍拾陸兩陸錢貳分玖釐,收存司庫,遇有便員,附搭解部,轉給收領。覆查額徵起解支銷餘剩節省并民欠未完各數目,均屬相符。所有節省脚費銀貳兩,一并收庫,已造入道光叁拾年春撥冊内請撥。等情。取具清冊,呈詳前來。臣覆核無異,除冊送部核銷,再此項民欠正閏耗羨銀兩,現奉恩旨豁免,容另彙案辦理,合并陳明。爲此具題,等因前來。

查訥木謹恭進入官廠地六百四十二頃八十九畝九分。又民人李元璠墾種地二十六頃五十五畝二分。據前任山西巡撫覺羅巴延三奏請,自乾隆叁拾捌年起,照太僕寺右翼牧廠徵銀之例,每頃徵銀壹兩肆錢。遇閏之年,每兩加徵閏月銀叁分。每正銀壹兩,隨徵耗銀伍分,以爲傾銷解費。等因。臣部覆準,欽奉恩旨:將訥木謹所進牧廠地每年徵收租銀内,賞給訥木謹拾分之叁。嗣於道光拾柒年據山西巡撫查明,清水河廳逃戶棄地,遺糧無著米折正耗共銀陸千玖百陸拾玖兩零,題請照數豁除。所缺兵糈,擬請在於訥木謹等家地租銀内撥補,俱經臣部題準。各在案。今據山西巡撫疏稱:寧遠廳經徵道光貳拾玖年分宗室訥木謹恭進廠地并民人李元璠墾種共地六百六十九頃四十五畝一分。每畝徵銀壹分肆釐,每兩加徵閏月銀叁分,正閏共徵銀玖百陸拾伍兩叁錢肆分玖釐。内除欽奉恩旨賞給訥木謹三分地租銀貳百柒拾捌兩壹錢壹分捌釐,實應解柒分并民人李元璠地租共銀陸百捌拾柒兩貳錢叁分壹釐。每正銀壹兩隨徵耗銀伍分,共徵耗銀肆拾捌兩貳錢陸分捌釐。今僅徵三分正閏銀貳百伍拾陸兩陸錢貳分玖釐,柒分正閏銀陸百柒兩柒錢捌分肆釐。每正銀壹兩隨徵耗銀伍分,共徵耗銀肆拾叁兩貳錢貳分壹釐。内除傾銷起解支用耗銀貳拾壹兩玖錢陸分,節省脚費銀貳兩,餘剩耗銀壹拾玖兩貳錢陸分壹釐,隨同正閏銀一并批解綏遠城將軍衙門充餉。等語。臣部按冊核算,應徵銀數相符。所有前項徵解正閏耗共銀陸百貳拾捌兩肆錢貳分肆釐,核與議準撥補原案相符。應令山西巡撫、綏遠城將軍造入兵馬奏銷冊内報查。其傾銷起解支用耗銀貳拾壹兩玖錢陸分,核與章程案内應給銀數,亦屬符合,應準開銷。其節省脚費銀貳兩,據稱造入道光叁拾年春撥冊内報撥。等語。臣部核對相符,應毋庸議。尚未完道光貳拾玖年叁分正閏銀貳拾壹兩肆錢捌分玖釐柒分，正閏銀柒拾玖兩肆錢肆分柒釐，耗銀伍兩肆分柒釐，據稱已入豁免案内另冊造報。臣部查此項未完地租，既據聲明已彙入豁免案内請豁，應令查照臣部議覆奏豁單内辦理。至應賞訥木謹叁分地租銀貳百伍拾陸兩陸錢貳分玖釐，并令該撫即委便員，附搭解部，以便轉傳給領。

此案於咸豐元年捌月拾捌日科抄到部，兹於拾月貳拾叁日辦理具題，合并聲明。

臣等未敢擅便，謹題請旨。

批紅：依議。

爲四川夔關道光二十九至三十年徵收動支税銀奏銷事

咸豐元年十月二十三日

大學士兼署管理户部事務臣祁寯藻等謹題，爲遵旨等事。

户科抄出，四川總督徐澤醇題夔關自道光貳拾玖年柒月初壹日起，至叁拾年陸月底止，一年期滿徵收税銀動存數目一案。咸豐元年柒月初叁日題，閏捌月初叁日奉旨：該部察核具奏。欽此。欽遵。於本日抄出到部。

該臣等查得，四川總督徐澤醇疏稱：據布政使吴振棫詳，據管理夔關税務夔州府知府恩成冊報，前署府全順并前府劉裕鉁暨署府福珠朗阿任内，自道光貳拾玖年柒月初壹日起，至叁拾年陸月底止，遵例計算十二個月一年期滿，徵收雜税正額、盈餘共銀壹拾柒萬壹千陸百陸拾捌兩貳錢壹釐。内除支給夔州協巫山營、梁萬營咸豐元年春、夏、秋、冬四季分官兵餉米折銀公費，道光叁拾年冬并咸豐元年春、夏、秋三季各官養廉，及夔州協鹽廠營大昌汎咸豐元年春、夏、秋、冬官兵餉米折銀公費，道光叁拾年冬并咸豐元年春、夏、秋三季各官養廉，及府屬通判、經歷暨石砫廳照磨、巡檢咸豐元年春、夏、秋、冬四季養廉，以及道光貳拾玖年柒月初壹日起至叁拾年陸月底止，管理夔關養廉、書巡飯食、筆墨紙張、搬移關房、解銀雜費，通共銀伍萬玖百肆拾柒兩玖錢肆分玖釐，實解司庫銀壹拾貳萬柒百貳拾兩貳錢伍分貳釐。又，夔關米税，自道光貳拾玖年柒月初壹日起，至叁拾年陸月底止，照例計算十二個月一年期滿，徵收正額盈餘共銀壹萬貳千捌拾叁兩陸分壹釐。内除書巡飯食及解銀雜費銀柒拾陸兩肆錢，實解司庫銀壹萬貳千陸兩陸錢陸分壹釐。以上雜税、米税正額盈餘，共銀壹拾捌萬叁千柒百伍拾壹兩貳錢陸分貳釐，兑出積總平餘銀肆百柒拾柒兩柒錢伍分叁釐。除額支監察丞倅月費、書巡飯食、筆墨紙燭等項銀叁百陸拾肆兩外,實解司庫銀壹百壹拾柒兩柒錢伍分叁釐。統計雜税、米税正額盈餘及積總平餘,共銀壹拾捌萬肆千貳百貳拾玖兩壹分伍釐。内除額支銀伍萬壹千叁百捌拾肆兩叁錢肆分玖釐,實解司庫銀壹拾叁萬貳千捌百肆拾肆兩陸錢陸分陸釐。出具儘收儘解印結,造具各冊同商人親填檔冊并循環稽考等簿,申賫前來。該司覆查:該關自道光貳拾玖年柒月初壹日起,至叁拾年陸月底止,照例計算十二個月一年期滿。徵收糧雜二税及積總平餘共銀壹拾捌萬肆千貳百貳拾玖兩壹分伍釐。内除正額銀柒萬叁千柒百肆拾兩肆錢玖分貳釐,欽定盈餘銀壹拾壹萬兩,共銀壹拾捌萬叁千柒百肆拾兩肆錢玖分貳釐。計多徵銀肆百捌拾捌兩伍錢貳分叁釐,照數彈收存庫。其積總平餘銀兩支存數目,照原定章程,另詳請咨充公。呈請察核具題。等情。覆核無異,除將簿冊送部外,理合具題。等因前來。

查嘉慶肆年叁月内欽奉上諭:向來各關徵税,於正額之外,將盈餘一項比較上三屆徵收最多年分,如有不敷,即著經徵之員賠補。以致司榷各員藉端苛斂,而賠繳之項仍未能如數完繳,徒使有名無實。因思各關情形不同,所有盈餘數目,自應酌中定制,以歸核實而示體恤。已於户部所奏各關盈餘銀數清單内,經朕查照往年較多之數,分别核減。自此次定額之後,倘各關每年盈餘新定之數再有短少,即行著落賠補。如於定數或有多餘,亦即儘收儘解。其三年比較之例,著永行停止。至工部船料、竹木等税,除渝關盈餘向無定額,及由閘等關并無盈餘外,其餘亦經分别減定。嗣後即一律辦理,毋庸再行比較。單并發。欽此。欽遵在案。查單開:夔關定額徵銀柒萬叁千柒百肆拾兩肆錢玖分貳釐,欽定盈餘銀壹拾壹萬兩,共應徵銀壹拾捌萬叁千柒百肆拾兩肆錢玖分貳釐。今據四川總督徐澤醇疏稱:夔關自道光貳拾玖年柒月初壹日起,至叁拾年陸月底止,一年期滿,徵收糧雜二税及積總平餘等銀壹拾捌萬肆千貳百貳拾玖兩壹分伍。内除額支銀伍萬壹千叁百捌拾肆兩叁錢肆分玖釐,實解司庫銀壹拾叁萬貳千捌百肆拾肆兩陸錢陸分陸釐。等語。臣部查前項徵收税銀内,據冊開:夔州等協營官兵俸餉米折銀肆萬壹千貳百玖拾伍兩玖分伍釐,公費銀壹千捌百柒兩,增設哨船水手餉米銀肆百捌拾玖兩玖錢捌分肆釐,文職養廉銀壹千伍百叁拾兩,武職養廉銀肆千肆百貳拾肆兩。係例應兑支之項,應於該年兵馬養廉各奏銷案内查核。其支給管理關務養廉銀陸百兩,各役工食等銀捌百柒拾捌兩貳錢柒分,積總平餘項下支給丞倅月費等銀叁百陸拾兩，核與年例應支銀數相符，應準開銷。實解司庫銀壹拾叁萬貳千捌百肆拾肆兩陸錢陸分陸釐，應照數登記，仍令該督造入該年地丁奏銷冊内題報查核。至前項徵收税銀壹拾捌萬肆千貳百貳拾玖兩壹分伍釐，較之額徵并欽定盈餘共銀壹拾捌萬叁千柒百肆拾兩肆錢玖分貳釐，計多徵銀肆百捌拾捌兩伍錢貳分叁釐。既據疏稱儘收儘解，應毋庸議。

此案科抄於咸豐元年閏捌月初叁日到部，兹於拾月貳拾叁日辦理具題，合并聲明。

臣等未敢擅便，謹題請旨。

批紅：依議。

爲山西題銷寧遠廳經徵宗室德齊等入官牧廠地畝租銀事

咸豐元年十一月初八日

大學士兼署管理戶部事務臣祁寯藻等謹題，爲遵旨事。

戶科抄出，山西巡撫兆那蘇圖題道光貳拾玖年分寧遠廳經徵宗室德齊、奉恩將軍恒林等恭進入官廠地租銀并隨徵耗銀支銷餘剩數目一案。咸豐元年陸月貳拾貳日題，捌月拾陸日奉旨：該部察覈具奏。欽此。欽遵。於本日抄出到部。

該臣等查得，山西巡撫兆那蘇圖疏稱：寧遠廳經徵宗室德齊、奉恩將軍恒林入官廠地租銀，并隨徵耗銀支銷餘剩各數，例應按年造冊題銷。兹據布政使蔣霨遠詳稱：據寧遠廳冊造：道光貳拾玖年分額徵宗室德齊、奉恩將軍恒林牧廠原額并續墾地共肆百玖拾壹頃玖拾伍畝柒分。每畝徵銀壹分肆釐，每兩加徵閏月銀叁分，正閏共徵銀柒百玖兩肆錢壹釐。所徵牧廠地租内，除奉旨每年在於正項銀内賞給德齊、恒林等叁分銀貳百壹拾貳兩捌錢貳分，應徵解柒分銀肆百玖拾陸兩伍錢捌分壹釐。每兩隨徵耗銀伍分，共徵耗銀叁拾伍兩肆錢柒分，全數徵完。内除傾銷支用銀貳拾兩壹錢柒分，節省腳費銀叁兩貳錢外，餘剩耗銀壹拾貳兩壹錢，均批解綏遠城將軍衙門訖。其應給德齊、恒林等叁分銀貳百壹拾貳兩捌錢貳分，收存司庫。遇有便員附搭解部，轉給收領。覆查額徵起解、支銷、餘剩、節省各數目，均屬相符。所有節省腳費銀叁兩貳錢，一并收庫，造入叁拾年春撥冊内報撥。等情。取具清冊，呈詳前來。臣覆覈無異，除冊送部外，相應具題。等因前來。

查乾隆肆拾柒年宗室德齊、奉恩將軍恒林，將殺虎口外原墾牧厰地叁百伍拾壹頃壹拾畝壹分，呈請入官。經軍機大臣議令，照從前訥木謹等恭進地畝之例辦理。嗣於乾隆伍拾年察哈爾都統會同山西巡撫查奏：前項地畝續丈出地壹百肆拾頃捌拾肆畝陸分，請一并入官。照例按年徵銀，隨徵耗銀亦照口外定例開銷，其餘剩耗銀隨同正銀報解。等因。亦經軍機大臣議準奉旨：依議。此項地畝租銀，著照例賞給德齊、恒林拾分之叁。欽此。欽遵。在案。嗣於道光拾柒年據山西巡撫查明，清水河廳遺糧無著米折銀陸千玖百陸拾玖兩貳分陸釐，題請照例豁除。所缺兵糈擬請在於德齊、恒林等家地租銀内撥補。俱經臣部題準。各在案。今據該撫疏稱：寧遠廳經徵道光貳拾玖年分宗室德齊、奉恩將軍恒林等原報并續墾地共肆百玖拾頃玖拾伍畝柒分。每畝徵銀壹分肆釐，每兩加徵閏月銀叁分，正閏共徵銀柒百玖兩肆錢壹釐。内除遵旨賞給德齊、恒林叁分地租銀貳百壹拾貳兩捌錢貳分，實應撥解柒分銀肆百玖拾陸兩伍錢捌分壹釐。每正銀壹兩，隨徵耗銀伍分，共徵耗銀叁拾伍兩肆錢柒分。内除傾銷起解支用耗銀貳拾兩壹錢柒分，節省腳費銀叁兩貳錢外，餘剩銀壹拾貳兩壹錢，隨同正耗銀批解綏遠城將軍衙門充餉。等語。臣部按冊覈算，應徵銀數相符。所有前項徵解正耗銀伍百捌兩陸錢捌分壹釐，覈與議準撥補原案相符。應令綏遠城將軍、山西巡撫造入兵馬奏銷冊内報查。其傾銷起解支用耗銀貳拾兩壹錢柒分，覈與章程案内應給銀數，亦屬符合，應準開銷。其節省腳費銀叁兩貳錢，據稱造入道光叁拾年春撥冊内報撥。等語。臣部覈對該年季撥冊内收造銀數相符，應毋庸議。至賞給德齊、恒林叁分地租銀貳百壹拾貳兩捌錢貳分，并令該撫即委妥員附搭解部，以便轉傳給領。

此案於咸豐元年捌月拾陸日科抄到部，兹於拾壹月初捌日辦理具題，合并聲明。

臣等未敢擅便，謹題請旨。

批紅：依議。

爲河南糧道瑞興督押道光二十九年漕糧全數抵通議敍事

咸豐元年十一月十一日

大學士兼署管理戶部事務臣祁寯藻等謹題，爲循例等事。

戶科抄出，漕運總督楊殿邦題河南糧道瑞興督押道光貳拾玖年分漕糧抵通交卸全完,題請議敘一案。道光叁拾年拾貳月貳拾壹日題,咸豐元年叁月拾貳日奉旨:該部議奏。欽此。欽遵。於本日抄出到部。戶部隨將該員督押該年漕糧曾否交納通完、有無失風掛欠等項事故之處,行查倉場侍郎去後。今於叁月貳拾捌日準倉場侍郎查明,咨覆到部。

該臣等會查得,漕運總督楊殿邦疏稱:糧道管理糧儲,有催徵僉兑之責。如經管漕糧十分全完,例應議敘。茲據河南糧道瑞興詳稱:河南省道光叁拾年起運貳拾玖年分漕糧,正改兑正米柒萬壹千伍百肆拾肆石玖斗叁升叁合叁勺,耗米壹萬陸千玖百壹拾肆石肆斗叁升肆合伍勺。正改兑正白麥捌千壹百壹拾玖石肆斗,耗麥壹千捌百捌拾石陸斗。正改兑正麥貳萬伍千柒百叁拾壹石陸斗叁升貳合陸勺,耗麥陸千柒拾玖石陸斗玖升伍合陸勺。正改兑正豆貳萬柒千伍百柒石叁斗柒升陸合伍勺,耗豆陸千伍百捌拾伍石玖升貳合伍勺。又帶徵道光貳拾壹、貳拾叁、貳拾肆、貳拾柒、貳拾捌等年分正改兑正米貳萬叁千伍百壹拾玖石壹斗叁升貳合玖勺,耗米伍千肆百伍拾捌石叁斗肆升捌勺。正改兑正白麥肆千伍百肆石捌斗壹升柒合伍勺,耗麥壹千貳拾陸石捌斗柒合陸勺。正改兑正麥玖千叁百柒拾柒石壹斗陸升叁合伍勺,耗麥貳千貳百柒石玖斗柒升伍合。正改兑正豆壹萬貳百伍拾玖石玖斗貳升貳合捌勺,耗豆貳千肆百柒拾壹石肆斗陸升叁合叁勺。以上實徵並帶徵正改兑正耗米麥豆貳拾貳萬叁千壹百捌拾捌石柒斗捌升捌合肆勺,俱經通完。又臨後幫搭運額漕支軍餘剩德州倉米肆百肆拾壹石伍斗柒升壹合。均於道光貳拾玖年拾貳月初陸日開幫,由道押運抵通,交卸全完,并無掛欠。領運全單業經詳送移咨坐糧廳,轉呈查驗在案。與全完議敘之例相符,擬合詳請具題請敘。等情。臣覆核無異,理合具題。等因前來。

查例載:糧道督押漕糧抵通十分全完,例應議敘。等因。今據漕運總督疏稱:河南省道光叁拾年起運貳拾玖年分漕糧,實徵并帶徵正改兑正耗米麥豆貳拾貳萬叁千壹百捌拾捌石柒斗捌升捌合肆勺,押運抵通,交卸全完,并無掛欠,題請議敘。等語。查河南糧道瑞興督押貳拾玖年分漕糧,行查倉場侍郎覆稱,該糧道督押該年漕糧抵通,交卸全完,并無失風掛欠、買餘抵補等項事故之處。戶部核與議敘之例相符。吏部查定例:河南省漕糧,經管糧道十分全完者,加一級。等語。應將督運漕糧十分全完之河南糧道瑞興,照例準其加一級。

此本係戶部主稿。於咸豐元年叁月拾貳日科抄到部,行查倉場侍郎於叁月貳拾捌日覆回,玖月拾肆日吏部議結送回。茲於拾壹月拾壹日辦理具題,合并聲明。

臣等未敢擅便,謹題請旨。

批紅:依議。

爲開封河南二府屬已未完道光二十六年丁耗銀兩奏銷事

咸豐元年十一月二十日

大學士兼署管理戶部事務臣祁寯藻等謹題,爲奏銷等事。

戶科抄出,前任河南巡撫潘鐸將河南省開封、河南二府屬道光叁拾年應徵道光貳拾陸年地丁耗羨銀兩已未完數目造冊具題一案。咸豐元年伍月初叁日題,陸月初柒日奉旨:該部察覈具奏。這本内印均倒用不合,潘鐸著交部察議。欽此。欽遵。於本日抄出到部。

該臣等會查得,前任河南巡撫潘鐸疏稱:道光貳拾陸年分地丁補報奏銷冊報:開封、河南二府屬原參未完地丁等銀伍千肆百陸拾玖兩零,耗羨銀貳百伍拾叁兩零,均於地丁奏銷案内聲明,俟限滿未完,另行補參在案。今自道光叁拾年正月初壹日起,至拾貳月底止,經徵一年二參限滿。催據各屬已完解司地丁銀柒百壹拾伍兩零,又完驛站裁扣銀肆百伍拾陸兩零,耗羨銀壹百叁兩零。尚有未完地丁等銀肆千貳百玖拾柒兩零,耗羨銀壹百伍拾兩零,咸豐元年欽奉上諭查辦豁免。各該縣有無徵存銀兩,現已飭府確查。如有徵存即行提解司庫報撥,并於奏豁單内扣除。現屆補報奏銷之期,據前任布政使張集馨將丁耗錢糧已未完數目造具清冊,詳送前來。臣覆查無異,除冊送部外,相應具題。等因前來。

查河南省開封、河南二府屬原參未完道光貳拾陸年地丁耗羨銀兩,先據該撫於道光貳拾玖年地丁奏銷案内聲明,俟限滿未完,另行補參。經臣部行令按限催徵完報在案。今據該撫題報:開封、河南二府屬原參未完地丁等銀伍千肆百陸拾玖兩叁錢伍分伍釐,耗羨銀貳百伍拾叁兩肆錢肆分玖釐。自道光叁拾年正月初壹日起,至拾貳月底止,經徵一年二參限滿。各屬已完解司地丁銀柒百壹拾伍兩肆錢捌分貳釐,又完驛站裁扣銀肆百伍拾陸兩捌錢柒分,耗羨銀壹百叁兩叁錢貳分貳釐。尚有未完地丁等銀肆千貳百玖拾柒兩叁釐,耗羨銀壹百伍拾兩壹錢貳分柒釐,咸豐元年欽奉上諭查辦豁免。各該縣有無徵存銀兩,現已飭府確查。等語。臣部查,前項應徵地丁耗羨銀兩,覈與原報未完銀數相符。至已完地丁、裁扣、耗羨等項銀兩,應令該撫轉飭在於隨年地丁耗羨奏銷各冊内新收項下分晰聲明,造報戶部查覈。其未完地丁耗羨銀兩,聲明咸豐元年欽奉上諭查辦豁免。各州縣有無徵存銀兩,該撫既稱飭府確查,如有徵存提解司庫報撥,即於奏豁案内扣除。應俟該撫奏報到日,再行查覈。

所有本内印均倒用,應行察議之處,吏部查定例:本章倒用印信者,罰俸三個月。等語。此案前任河南巡撫潘鐸,題報道光叁拾年應徵道光貳拾陸年地丁耗羨銀兩未完數目造冊具題本内,印均倒用不合,奉旨交部察議。應請將題本内印信倒用之前任河南巡撫、已另案降調、今授山西按察使潘鐸,照例於現任内罰俸三個月。

此本係戶部主稿。於咸豐元年陸月初柒日科抄到部,捌月拾貳日送會吏部,拾月貳拾伍日準吏部議結送回。茲於拾壹月貳拾日辦理具題,合并聲明。

臣等未敢擅便,謹題請旨。

批紅:依議。

爲河南題銷歸德等屬未完道光二十三年緩徵丁耗銀兩事

咸豐元年十一月二十日

大學士兼署管理戶部事務臣祁寯藻等謹題,爲奏銷事。

戶科抄出,前任河南巡撫潘鐸將河南省歸德等府屬未完道光貳拾叁年緩徵地丁耗羨銀兩數目造冊具題一案。咸豐元年伍月貳拾玖日題,捌月初捌日奉旨:該部察核具奏。欽此。欽遵。於本日抄出到部。

該臣等查得,前任河南巡撫潘鐸疏稱:道光叁拾年緩徵道光貳拾叁年丁耗錢糧,例應奏銷。行據前任布政使張集馨詳稱:查道光貳拾叁年分地丁奏銷冊報:歸德府屬柘城縣未完緩徵地丁銀叁千陸百伍拾伍兩零。歸德等府屬未完緩徵地丁銀叁萬叁千叁拾肆兩零。開封府屬通許縣未完緩徵驛站裁扣銀伍百柒拾柒兩零。三共銀叁萬柒千貳百陸拾柒兩零。内分開封、懷慶二府屬道光叁拾年因原續報沙壓地畝欽奉上諭先行停緩銀陸百叁拾捌兩零,歸德、彰德、陳州等府屬道光叁拾年因秋禾被淹欽奉上諭緩至咸豐叁年麥後啟徵銀叁萬陸千陸百貳拾捌兩零,俱於咸豐元年欽奉上諭查辦豁免。又耗羨奏銷冊報:歸德府屬柘城縣未完緩徵耗羨銀伍百肆拾捌兩零。歸德等府屬未完緩徵耗羨銀肆千捌百玖拾捌兩零。二共銀伍千肆百肆拾陸兩零。内分懷慶府屬陽武縣道光叁拾年因沙壓地畝欽奉上諭先行停緩銀柒兩零,歸德、彰德、陳州等府屬道光叁拾年因秋禾被淹歉收欽奉上諭緩至咸豐叁年麥後啟徵銀伍千肆百叁拾玖兩零,俱於咸豐元年欽奉上諭查辦豁免。等情。造冊詳送前來。臣覆核無異,除冊送部查核外,相應具題。等因前來。

查河南省歸德等府屬未完道光貳拾叁年緩徵地丁耗羨銀兩,先據該撫於道光貳拾玖年隨本奏銷案内聲明,緩至咸豐貳年麥後啟徵。經臣部行令屆限催徵完報在案。今據該撫題報:歸德府屬柘城縣未完緩徵地丁銀叁千陸百伍拾伍兩肆錢貳分叁釐,耗羨銀伍百肆拾捌兩叁錢壹分叁釐。歸德等府屬未完緩徵地丁銀叁萬叁千叁拾肆兩捌錢伍分伍釐,耗羨銀肆千捌百玖拾捌兩捌分。開封府屬通許縣未完緩徵驛站裁扣銀伍百柒拾柒兩肆錢。三共未完地丁等銀叁萬柒千貳百陸拾柒兩陸錢柒分捌釐,二共未完耗羨銀伍千肆百肆拾陸兩叁錢玖分叁釐。内分開封、懷慶二府屬道光叁拾年因原續報沙壓地畝欽奉上諭先行停緩地丁銀陸百叁拾捌兩玖錢陸分伍釐、耗羨銀柒兩叁錢捌分捌釐,歸德、彰德、陳州等府屬道光叁拾年因秋禾被淹歉收欽奉上諭緩至咸豐叁年麥後啟徵地丁銀叁萬陸千陸百貳拾捌兩柒錢壹分叁釐、耗羨銀伍千肆百叁拾玖兩伍釐,俱於咸豐元年欽奉上諭查辦豁免,造冊具題。等語。臣部查前項緩徵地丁耗羨銀兩,核與該年隨本奏銷冊造銀數相符。至聲明未完欽奉上諭查辦豁免之處,應令該撫即於奏報豁免案内,將該年民欠未完銀數彙冊,報部查核。

此案於咸豐元年捌月初捌日科抄到部,兹於拾壹月貳拾日辦理具題,合并聲明。

臣等未敢擅便,謹題請旨。

批紅:依議。

爲河南題銷開封等屬未完道光二十九年丁耗銀兩事

咸豐元年十一月二十三日

大學士兼署管理户部事務臣祁寯藻等謹題,爲奏銷事。

户科抄出,前任河南巡撫潘鐸將河南省開封等府屬道光叁拾年應徵道光貳拾玖年原參地丁耗羨銀兩已未完數目造冊具題一案。咸豐元年伍月貳拾玖日題,捌月貳拾肆日奉旨:該部察核具奏。欽此。欽遵。於本日抄出到部。

該臣等查得,前任河南巡撫潘鐸疏稱:開封等府州屬未完道光貳拾玖年丁耗錢糧,例應將完欠數目隨本年奏銷造冊具題。今屆奏銷道光叁拾年錢糧之期,據前任布政使張集馨詳稱:查道光貳拾玖年分地丁奏銷冊報:開封、歸德、彰德、衛輝、懷慶、河南、南陽、汝寧、陳州、許州、汝州、陜州、光州等府州屬,原參未完地丁等銀伍拾肆萬壹千叁百貳拾柒兩零。內除開封府屬通許縣道光叁拾年因續報沙壓地畝欽奉上諭先行停緩銀壹千叁百陸拾陸兩零,又除開封府屬鄢陵縣道光叁拾年因秋禾被淹欽奉上諭緩至咸豐元年麥後啟徵銀玖千柒百壹拾叁兩零,又除彰德府屬內黄縣道光叁拾年因秋禾被淹欽奉上諭緩至咸豐陸年麥後啟徵銀柒千壹百捌拾貳兩零,又彰德府屬臨漳縣道光叁拾年因秋禾被淹欽奉上諭緩至咸豐捌年麥後啟徵銀貳千柒百壹拾陸兩零,實應徵地丁等銀伍拾貳萬叁百肆拾玖兩零。各屬已完解司地丁銀壹拾壹萬壹百肆拾捌兩零,又完驛站裁扣銀貳萬肆千壹百伍拾肆兩零,未完地丁等銀叁拾捌萬陸千肆拾陸兩零。又,耗羨奏銷冊報:歸德、彰德、衛輝、懷慶、河南、南陽、汝寧、陳州、許州、汝州、光州等府州屬,原參未完耗羨銀陸萬伍百叁拾柒兩零。內除開封府屬通許縣道光叁拾年因續報沙壓地畝欽奉上諭先行停緩銀壹百玖拾陸兩零,開封府屬鄢陵縣道光叁拾年因秋禾被淹欽奉上諭緩至咸豐元年麥後啟徵銀壹千貳百陸拾貳兩零,又除彰德府屬內黄縣道光叁拾年因秋禾被淹欽奉上諭緩至咸豐陸年麥後啟徵銀捌百肆拾肆兩零,又彰德府屬臨漳縣道光叁拾年因秋禾被淹欽奉上諭緩至咸豐捌年麥後啟徵銀叁百捌拾兩零,實應徵銀伍萬柒千捌百伍拾貳兩零。各屬已完解司銀壹萬伍千陸百肆拾貳兩零,未完銀肆萬貳千貳百壹拾兩零。前件銀兩俱於咸豐元年欽奉上諭查辦豁免。等情。造冊詳送前來。臣覆核無異,除冊送部外,相應具題。等因前來。

查河南省開封等府屬未完道光貳拾玖年原參地丁耗羨銀兩,先據該撫於道光貳拾玖年地丁奏銷案內聲明未完,造報題參,經臣部會同吏部核議,行令按限催徵完報在案。今屆道光叁拾年奏銷之期,據該撫題報:開封、歸德、彰德、衛輝、懷慶、河南、南陽、汝寧、陳州、許州、汝州、光州等府州屬,原參未完地丁等銀伍拾肆萬壹千叁百貳拾柒兩柒錢陸分肆釐,耗羨銀陸萬伍百叁拾柒兩肆錢陸分叁釐。內除開封府屬通許縣道光叁拾年因續報沙壓地畝欽奉上諭先行停緩地丁銀壹千叁百陸拾陸兩壹錢叁分貳釐、耗羨銀壹百玖拾陸兩捌錢陸分伍釐，又除開封府屬鄢陵縣道光叁拾年因秋禾被淹欽奉上諭緩至咸豐元年麥後啟徵地丁銀玖千柒百壹拾叁兩玖分貳釐、耗羨銀壹千貳百陸拾貳兩伍錢捌分伍釐，又除彰德府屬内黄縣道光叁拾年因秋禾被淹欽奉上諭緩至咸豐陸年麥後啟徵地丁銀柒千壹百捌拾貳兩捌分伍釐、耗羨銀捌百肆拾肆兩柒錢陸分叁釐，又除彰德府屬臨漳縣道光叁拾年因秋禾被淹欽奉上諭緩至咸豐捌年麥後啟徵地丁銀貳千柒百壹拾陸兩肆錢捌分叁釐、耗羨銀叁百捌拾兩叁錢捌釐，實應徵地丁等銀伍拾貳萬叁百肆拾玖兩玖錢柒分貳釐、耗羨銀伍萬柒千捌百伍拾貳兩玖錢肆分貳釐。各屬已完解司地丁銀壹拾壹萬壹百肆拾捌兩伍錢陸分陸釐，又完驛站裁扣銀貳萬肆千壹百伍拾肆兩伍錢壹分陸釐，耗羨銀壹萬伍千陸百肆拾貳兩陸錢貳分柒釐，未完地丁等銀叁拾捌萬陸千肆拾陸兩捌錢玖分、耗羨銀肆萬貳千貳百壹拾兩叁錢壹分伍釐。前件銀兩俱於咸豐元年欽奉上諭查辦豁免，造冊具題。等語。臣部查前項應徵地丁耗羨銀兩，核與原報未完銀數相符，其已完地丁、裁扣、耗羨銀兩，核與道光叁拾年隨本奏銷冊造銀數符合。至未完銀兩，聲明咸豐元年欽奉上諭查辦豁免之處，應令該撫即於奏報豁免案内，將該年民欠未完銀數彙冊，報部查核。

此案於咸豐元年捌月貳拾肆日科抄到部，兹於拾壹月貳拾叁日辦理具題，合并聲明。

臣等未敢擅，謹題請旨。

批紅：依議。

爲浙江題銷節年額引公費等項銀兩事

咸豐元年十一月二十三日

大學士兼署管理户部事務臣祁寯藻等謹題，爲遵旨察覈具奏事。

户科抄出，浙江巡撫常大淳題節年額引公費等項銀兩考覈一案。咸豐元年伍月貳拾捌日題，玖月初壹日奉旨：該部察覈具奏。冊并發。欽此。欽遵。於本日抄出到部。

該臣等查得，各省辦理奏銷，於題銷現年錢糧之時，將節年未完項下續完若干、未完若干并動用、存儲各數目分别年限，彙造清冊，另繕題本，隨本年奏銷一并具題，由臣部按年查覈，亦隨本年奏銷一并題覆，歷經遵辦在案。今據浙江巡撫常大淳將帶徵道光貳拾壹、貳拾貳、貳拾叁、貳拾肆、貳拾伍、貳拾陸、貳拾柒、貳拾捌等年公費分規等項完解數目,造冊具題前來。臣等謹照冊開管收除在各款,逐一覈算,開列於後。

一、冊開:舊管項下:額引公費分規引目水腳銀壹萬貳千捌百捌拾兩。查前項舊管銀兩,覈算應存銀數相符,應毋庸議。

一、冊開:新收項下:共銀捌萬柒千伍百貳拾玖兩伍錢。查道光貳拾壹、貳拾貳、貳拾叁、貳拾肆、貳拾伍、貳拾陸、貳拾柒等年,共未完銀伍拾伍萬陸千肆百伍拾貳兩。又,貳拾捌年未完額引公費分規引目水腳共銀拾伍萬伍千陸百伍拾壹兩伍錢。內已完銀捌萬柒千伍百貳拾玖兩伍錢,仍未完額引公費分規銀陸萬捌千壹百貳拾貳兩。應令該撫轉飭將節年并貳拾捌年未完銀兩,即行一并掃數全完,勿再拖欠,致干參辦。

一、冊開:開除銀陸萬貳千伍百陸拾壹兩伍錢。查前項開除銀兩內,解浙江藩司衙門賑撫口糧銀壹萬陸千拾捌兩貳錢伍分,又差官顧清昕解浙江藩司兵餉銀叁萬陸千肆百陸拾叁兩貳錢伍分。查與賑撫及題報起解原案銀款,均屬相符。又,差官劉景雯解戶部額引公費分規銀壹萬兩,業經臣部照數收訖。又,解翰林院庶吉士銀捌拾兩,經戶部轉交翰林院庶常館查收。各在案。均毋庸議。

一、冊開:現在存庫銀叁萬柒千捌百肆拾捌兩。查前項存庫銀兩,臣部覈與實存數目相符,仍令該撫造入下屆考覈案內覈覆。

此案於咸豐元年玖月初壹日科抄到部,兹於拾壹月貳拾叁日辦理具題,合并聲明。

臣等未敢擅便,謹題請旨。

批紅:依議。

爲湖南題銷採買道光三十年解部白蠟用過價銀事

咸豐元年十一月二十四日

大學士兼署管理戶部事務臣祁寯藻等謹題,爲傳付事。

戶科抄出,湖南巡撫駱秉章題邵陽等州縣採買道光叁拾年分解部白蠟用過價銀報銷一案。咸豐元年閏捌月初拾日題,拾月初貳日奉旨:該部察核具奏。欽此。欽遵。於本日抄出到部。

該臣等查得,湖南巡撫駱秉章,將邵陽等州縣採買道光叁拾年分解部白蠟二千五百斤,每斤價銀叁錢捌分及肆錢并肆錢貳分、肆錢陸分不等,共用過價銀壹千伍拾柒兩肆錢,會同湖廣總督程矞采恭疏題銷,并由署湖南布政使陳之驥造冊出結送部前來。

查例載:湖南省額解白蠟,每斤定價叁錢。定價不敷,準動存公銀兩協貼。等因。今據湖南巡撫題,邵陽等州縣採買道光叁拾年解部白蠟二千五百斤,每斤價銀叁錢捌分及肆錢并肆錢貳分及肆錢陸分不等,共用過價銀壹千伍拾柒兩肆錢。臣部核與節年報銷銀數相符,應準開銷。至前項白蠟。已據該省委員解部交收,其用過價銀,亦與道光貳拾玖年地丁奏銷冊報支給銀數相符,均毋庸議。

此案於咸豐元年拾月初貳日科抄到部,茲於拾壹月貳拾肆日辦理具題,合并聲明。

臣等未敢擅便,謹題請旨。

批紅:依議。

爲陝西葭州等屬道光二十七年春借折色銀兩題銷事

咸豐元年十一月二十七日

大學士兼署管理戶部事務臣祁寯藻等謹題,爲行知事。

戶科抄出,陝西巡撫張祥河將葭州、神木、府谷三州縣道光貳拾柒年春借籽種口糧折色銀兩造具冊結題銷一案。咸豐元年柒月拾貳日題,閏捌月拾捌日奉旨:該部察核具奏。欽此。欽遵。於本日抄出到部。

該臣等查得,陝西巡撫張祥河疏稱:葭州等州縣道光貳拾柒年春借折色銀兩報銷一案,茲據布政使王懿德詳稱:查此案前準延榆綏道移送,榆林府屬道光貳拾陸年秋禾被雹被旱案內,葭州散放過春借籽種折色銀壹百叁拾伍兩叁錢貳分肆釐,又春借口糧折色銀肆百伍拾壹兩捌分。神木縣散放過春借籽種折色銀貳千陸百兩。府谷縣散放過春借籽種折色銀叁千兩。共春借過籽種口糧折色銀陸千壹百捌拾陸兩肆錢肆釐。已於道光貳拾柒年地丁銀內動支,造入貳拾柒捌兩年地丁春秋撥冊,并貳拾柒年地丁奏銷司總冊內開支報部,請銷在案。所有移來各報銷冊結,由司詳賫核題前來。臣覆核無異,除冊結分送部科外,謹會同前署督臣薩迎阿,合詞具題。等因前來。

查道光貳拾柒年正月初貳日内閣奉上諭:上年陝西神木等縣被旱,業經降旨隨時撫恤,小民自可無虞失所。惟念青黄不接之時,民力未免拮據。加恩著將神木、府谷、葭州三州縣,均於今春酌借籽種口糧。并著照歷辦章程,概給折色,以資接濟。等因。欽此。當經行文陝西巡撫遵照。嗣據該撫題報:葭州散放過春借籽種折色銀壹百叁拾伍兩叁錢貳分肆釐,又春借口糧折色銀肆百伍拾壹兩捌分。神木縣散放過春借籽種折色銀貳千陸百兩。府谷縣春借籽種折色銀叁千兩。共銀陸千壹百捌拾陸兩肆錢肆釐,已於道光貳拾柒年地丁銀内動支。等因。經臣部題明令該撫,即飭核實造冊,報銷在案。今據陝西巡撫將前項春借籽種口糧折色銀陸千壹百捌拾陸兩肆錢肆釐,飭據葭州、神木、府谷三州縣造具報銷冊結送部。臣部核與題報原案借給銀數并按冊核算,均屬相符。所有借給折色銀陸千壹百捌拾陸兩肆錢肆釐,應準開銷。至前項借給銀兩,前在道光貳拾柒年地丁銀内動支,造入奏銷案内題報。因此案并未造冊具題,臣部尚未準銷。應令該撫轉飭,在於道光貳拾柒年地丁登答案内聲明報部,以便核結。其借給籽種口糧銀兩内,除神木縣已完銀捌百柒拾壹兩貳錢捌分外,實未完銀伍千叁百壹拾伍兩壹錢貳分肆釐。前據陝西巡撫彙同未完地丁銀糧等項,一并奏請豁免。經臣部議覆,準其豁免在案,理合陳明。再,此案前於道光貳拾捌年玖月内具題,行令造具冊結題銷,何以遲至二年有餘始行具題。究係因何遲延,應令該撫轉飭查明,開具職名,送部查議。

科抄於咸豐元年閏捌月拾捌日到部,茲於拾壹月貳拾柒日辦理具題,合并聲明。

臣等未敢擅便,謹題請旨。

批紅:依議。

爲雲南黑白安豐三井道光二十九年借支柴本銀兩業經歸還事

咸豐元年十一月二十八日

大學士兼署管理户部事務臣祁寯藻等謹題,爲遵旨察核具奏事。

户科抄出,雲南巡撫張亮基題各井已完貳拾玖年柴本銀兩一案。咸豐元年陸月貳拾日題,閏捌月拾肆日奉旨:該部察核具奏。欽此。欽遵。於本日抄出到部。

該臣等查得,雲南巡撫張亮基疏稱:滇省黑、白、安豐三井每年酌借柴本銀兩,分限一年扣收完款。如逾限不完,應將井員職名照例開參。等因。遵辦在案。茲據雲南布政使徐有壬等會詳稱:奏銷道光貳拾玖年鹽課案内,動支該年借發黑、白、安豐三井道光貳拾玖年分柴本銀貳萬柒千兩。今截至道光叁拾年奏銷之日止,已催據全數扣收完解。業經歸還原款,移解布政司庫兑收外,理合將催收完解銀兩數目造冊,詳請核題。等情。臣覆核無異,除冊分送部科查核外,謹會同雲貴總督臣吳文鎔,合疏具題前來。

查定例:雲南黑、白、安豐三井每年借發柴本銀貳萬柒千兩,在於竈戶賣鹽價值内限一年扣收完款。如收不足數,將提舉等照例開參。茲道光貳拾玖年奏銷案内,借發黑、白、安豐三井柴本銀貳萬柒千兩。截至道光叁拾年奏銷之日止,已催據全數扣收完解,業經歸還原款。臣部查與道光叁拾年鹽課奏銷冊内收完銀數相符。應毋庸議。

此案於咸豐元年閏捌月拾肆日科抄到部,茲於拾壹月貳拾捌日辦理具題,合并聲明。

臣等未敢擅便,謹題請旨。

批紅:依議。

爲河南開封等府屬已未完道光二十七年緩徵丁耗銀兩奏銷事

咸豐元年十一月二十八日

大學士兼署管理戶部事務臣祁寯藻等謹題,爲奏銷事。

戶科抄出,前任河南巡撫潘鐸將河南省開封等府屬道光叁拾年應徵道光貳拾柒年緩徵地丁耗羨銀兩已未完數目造冊具題一案。咸豐元年伍月貳拾玖日題,捌月初柒日奉旨:該部察覈具奏。欽此。欽遵。於本日抄出到部。

該臣等查得,前任河南巡撫潘鐸疏稱:道光叁拾年緩徵道光貳拾柒年丁耗錢糧,例應奏銷。行據前任布政使張集馨詳稱:查道光貳拾柒年分地丁奏銷冊報,開封、歸德、懷慶等府屬未完緩徵地丁銀捌萬玖千肆百陸拾玖兩零。河南府屬偃師縣未完緩徵地丁銀陸千叁百捌拾伍兩零。開封、河南二府屬未完帶徵地丁銀壹萬貳千柒百柒拾柒兩零。三共銀壹拾萬捌千陸百叁拾貳兩零。内除懷慶府屬陽武縣道光叁拾年因沙壓地畝欽奉上諭先行停緩銀貳百肆兩零,開封府屬汜水縣道光叁拾年因秋禾被淹欽奉上諭緩至咸豐元年麥後啟徵銀柒千捌拾貳兩零,歸德府屬寧陵縣道光叁拾年因秋禾被淹欽奉上諭緩至咸豐肆年麥後啟徵銀肆千貳百捌拾兩零,歸德府屬永城、柘城二縣道光叁拾年因秋禾被淹欽奉上諭緩至咸豐陸年麥後啟徵銀貳萬肆千肆百伍拾陸兩零,歸德府屬商邱等州縣道光叁拾年因秋禾被淹欽奉上諭緩至咸豐柒年麥後啟徵銀肆萬陸千陸百陸拾捌兩零,俱於咸豐元年欽奉上諭查辦豁免,實應徵地丁等銀貳萬伍千玖百肆拾壹兩零。各屬已完解司銀柒千伍百兩,未完地丁等銀壹萬捌千肆百肆拾壹兩零,咸豐元年欽奉上諭查辦豁免。又耗羨奏銷冊報:開封、歸德、懷慶等府屬未完緩徵耗羨銀壹萬貳千伍百伍拾伍兩零。河南府屬偃師縣未完緩徵耗羨銀玖百玖拾壹兩零。開封、河南二府屬未完帶徵耗羨銀壹千捌百壹拾叁兩零。三共銀壹萬伍千叁百陸拾兩零。内除懷慶府屬陽武縣道光叁拾年因沙壓地畝欽奉上諭先行停緩銀貳拾肆兩零,開封府屬汜水縣道光叁拾年因秋禾被淹欽奉上諭緩至咸豐元年麥後啟徵銀玖百貳兩零,歸德府屬寧陵縣道光叁拾年因秋禾被淹欽奉上諭緩至咸豐肆年麥後啟徵銀柒百柒拾貳兩零,歸德府屬永城、柘城二縣道光叁拾年因秋禾被淹欽奉上諭緩至咸豐陸年麥後啟徵銀叁千陸百陸拾捌兩零,歸德府屬商邱等州縣道光叁拾年因秋禾被淹欽奉上諭緩至咸豐柒年麥後啟徵銀陸千壹百玖拾肆兩零,俱於咸豐元年欽奉上諭查辦豁免,實應徵銀叁千柒百玖拾捌兩零。各屬已完解司銀壹千肆拾柒兩零,未完耗羨銀貳千柒百伍拾壹兩零,咸豐元年欽奉上諭查辦豁免。各州縣有無徵存銀兩,現已飭府確查。如有徵存,即行提解司庫報撥,并於奏豁單内扣除。等情。造冊詳送前來。臣覆覈無異,除冊送部查覈外,相應具題。等因前來。

查河南省開封等府屬未完道光貳拾柒年緩徵地丁耗羨銀兩,先據該撫於道光貳拾玖年隨本奏銷案内聲明,緩至道光叁拾年麥後啟徵,經臣部行令按限催徵完報在案。今據該撫題報:開封、歸德、懷慶等府屬未完緩徵地丁銀捌萬玖千肆百陸拾玖兩伍錢捌分玖釐,耗羨銀壹萬貳千伍百伍拾伍兩捌錢叁分伍釐。河南府屬偃師縣未完緩徵地丁銀陸千叁百捌拾伍兩柒錢叁分陸釐,耗羨銀玖百玖拾壹兩陸錢肆分叁釐。開封、河南二府屬未完帶徵地丁銀壹萬貳千柒百柒拾柒兩肆分貳釐,耗羨銀壹千捌百壹拾叁兩伍錢叁釐。三共地丁銀壹拾萬捌千陸百叁拾貳兩叁錢柒分,耗羨銀壹萬伍千叁百陸拾兩玖錢捌分壹釐。内除懷慶府屬陽武縣道光叁拾年因沙壓地畝欽奉上諭先行停緩地丁銀貳百肆兩貳錢貳分肆釐、耗羨銀貳拾肆兩伍錢柒釐，開封府屬汜水縣道光叁拾年因秋禾被淹欽奉上諭緩至咸豐元年麥後啟徵地丁銀柒千捌拾貳兩陸錢伍釐、耗羨銀玖百貳兩柒錢貳分壹釐，歸德府屬寧陵縣道光叁拾年因秋禾被淹欽奉上諭緩至咸豐肆年麥後啟徵地丁銀肆千貳百捌拾兩柒分柒釐、耗羨銀柒百柒拾貳兩肆錢肆分陸釐，歸德府屬永城、柘城二縣道光叁拾年因秋禾被淹欽奉上諭緩至咸豐陸年麥後啟徵地丁銀貳萬肆千肆百伍拾陸兩壹錢肆分叁釐、耗羨銀叁千陸百陸拾捌兩肆錢貳分貳釐，歸德府屬商邱等州縣道光叁拾年因秋禾被淹欽奉上諭緩至咸豐柒年麥後啟徵地丁銀肆萬陸千陸百陸拾捌兩肆分玖釐、耗羨銀陸千壹百玖拾肆兩叁錢貳分捌釐，俱於咸豐元年欽奉上諭查辦豁免，實應徵地丁等銀貳萬伍千玖百肆拾壹兩貳錢柒分貳釐、耗羨銀叁千柒百玖拾捌兩伍錢伍分柒釐。各屬已完解司地丁銀柒千伍百兩、耗羨銀壹千肆拾柒兩壹釐，未完地丁等銀壹萬捌千肆百肆拾壹兩貳錢柒分貳釐、耗羨銀貳千柒百伍拾壹兩伍錢伍分陸釐，咸豐元年欽奉上諭查辦豁免。各州縣有無徵存銀兩，飭府確查。等語。臣部查前項應徵并已完地丁耗羨銀兩，覈與該年隨本奏銷冊造銀數，均屬相符。至未完銀兩，聲明咸豐元年欽奉上諭查辦豁免。該州縣有無徵存銀兩，該撫既稱飭府確查，如有徵存，即行提解報撥。仍令該撫即於奏報豁免案内將該年實在民欠未完銀數查明，彙冊報部查覈。

此案於咸豐元年捌月初柒日科抄到部，茲於拾壹月貳拾捌日辦理具題，合并聲明。

臣等未敢擅便，謹題請旨。

批紅：依議。

爲雲南各屬徵收道光三十年商税等項銀兩奏銷事

咸豐元年十一月三十日

大學士兼署管理戶部事務臣祁寯藻等謹題，爲奏銷等事。

戶科抄出，雲南巡撫張亮基題滇省道光叁拾年分各屬徵收商税等項銀兩造冊題銷一案。咸豐元年陸月貳拾肆日題，閏捌月拾玖日奉旨：該部察覈具奏。欽此。欽遵。於本日抄出到部。

該臣等查得，雲南巡撫張亮基疏稱：滇省各屬額徵商牲税餘銀兩，例應按年造册具題。茲據雲南布政使徐有壬詳稱:查滇省道光叁拾年分雲南等府、廳、州、縣,提舉等官,額該抽收商税課程門攤牲税銀壹萬伍千叁百貳拾肆兩玖錢壹分肆釐。又雲南、曲靖、大理、永昌、楚雄、思茅、元江等府、廳、州,抽收商税、税規、歸公共銀壹萬貳千兩。又雲南、曲靖、大理、永昌、楚雄、廣南、元江、思茅、羅平、昆明等府、廳、州、縣,抽收税餘銀貳萬柒千玖百玖拾伍兩伍錢壹分。又安平同知抽收馬白商税銀壹千壹百玖拾陸兩叁錢肆分叁釐。又廣南府抽收剝隘商税銀貳百伍拾伍兩貳錢貳分。又鎮雄州行銷川鹽,抽收税銀,撥抵黔省畢節縣不敷税羨。道光叁拾年分抽收銀壹千伍百貳拾兩壹錢壹分。以上通共實應抽收商牲税課規税餘共銀伍萬捌千貳百玖拾貳兩玖分柒釐,俱經徵解全完。除將經徵數目彙入地丁項下開造外,理合分晰造具清册,詳請查覈會題。又,各屬抽收税銀,道光叁拾年分除定額外,儘抽儘解盈餘銀壹千伍百陸拾伍兩玖錢捌分玖釐。俱據完解司庫,兑收清楚,附入册尾收造,并非常額。其各府、廳、州、縣抽收商牲税課銀兩親填底簿,前於道光貳年題銷案内聲請,自道光叁年起,毋庸隨案送部,咨準在案。合并聲明。等情。臣覆覈無異,除册分送部科查覈外,謹會同雲貴總督臣吳文鎔合疏。等因前來。

查定例:雲南省各屬額徵商牲税課、税規、歸公、税餘及盈餘儘收儘解等項銀兩,按年造册題銷。等因。又鎮雄州行銷川鹽抽收鹽税銀兩,隨同額徵造報,歷經辦理在案。今據雲南巡撫張亮基疏稱:滇省道光叁拾年分雲南等府、廳、州、縣提舉等官額徵商税等項共銀伍萬捌千貳百玖拾貳兩玖分柒釐,俱經徵解全完。彙入地丁項下開造外,并聲明各屬抽收税銀,除定額外,儘收儘解盈餘銀壹千伍百陸拾伍兩玖錢捌分玖釐。俱據完解司庫兑收清楚,附入册尾收造。又各府、廳、州、縣抽收商牲税課銀兩親填底簿,前於題銷案内聲請,自道光叁年起,毋庸隨案送部,奉準免送在案。等語。查前項額徵商牲税課等項銀兩,臣部覈與道光叁拾年地丁奏銷册内收造銀數相符。其額外儘收儘解盈餘銀壹千伍百陸拾伍兩玖錢捌分玖釐,既有盈餘完解司庫,查與現年地丁奏銷册内收造銀數相符。至各商親填底簿,聲請毋庸造送,前經臣部覆準,免其造送在案。應毋庸議。

此案於咸豐元年閏捌月拾玖日科抄到部,茲於拾壹月叁拾日辦理具題,合并聲明。

臣等未敢擅便,謹題請旨。

爲順天府題銷道光三十年大宛二縣及五城領過孤貧錢米事

咸豐元年十一月三十日

大學士兼署管理户部事務臣祁寯藻等謹題,爲遵例題銷事。

户科抄出,大學士兼管順天府府尹事務卓秉恬等題銷大興宛平二縣、五城兵馬司道光叁拾年分領過孤貧錢米數目一案。咸豐元年玖月拾陸日題,拾月拾貳日奉旨:該部察核具奏。欽此。欽遵。於本日抄出到部。

該臣等查得,大學士兼管順天府府尹事務卓秉恬等疏稱:查得大興宛平二縣、五城原額孤貧九百六名口。每名口每月支銀叁錢、米叁斗,每季共應支銀捌百拾伍兩肆錢、米捌百拾伍石肆斗。遇有小建,每名口扣銀壹分、米壹升。雍正肆年,經原任府尹劉於義會同原任步軍統領阿齊圖奏準,每季飭令大興宛平二縣及五城司坊官,細查孤貧實在名數,造冊彙送順天府,查核咨部,給發銀米。著兩縣五城司坊官親身按名散給。若有餘剩銀米,給發普濟、養濟、育嬰三堂收領。又,乾隆伍拾玖年拾月内,準户部知照:各衙門應支公費銀兩,業經奏明酌籌。積錢案内暫行滿支錢文,每兩以壹千文核給,俟積錢支銷完竣後,再行改支銀兩。所有孤貧口糧,向照公費之例支給,自應一體以錢文改支。即於是年秋季起核明錢數,赴部關支。各等因在案。兹據大興宛平二縣、五城兵馬司冊報,原額孤貧九百六名口。道光叁拾年分除扣小建外,共應支銀叁千貳百柒兩貳錢肆分,計折大制錢叁千貳百柒千貳百肆拾文、米叁千貳百柒石貳斗肆升。内四季餘剩孤貧錢叁拾捌千玖百肆拾文、米叁拾捌石玖斗肆升。又於散給時扣除病故孤貧錢拾柒千陸百玖拾文、米拾柒石陸斗玖升。實散給錢叁千壹百伍拾千陸百壹拾文,米叁千壹百伍拾石陸斗壹升。所有原報空缺,並散給時扣除病故孤貧,二共錢伍拾陸千陸百叁拾文、米伍拾陸石陸斗叁升,照例給發普濟堂等處收領。取有領狀,并據各該員出具並無假冒、頂替、重疊、冒領等弊印結,詳請題銷。等情。臣等覆核無異,除將報到各冊結揭送户部外,理合遵例具題。等因前來。

查順天府大興宛平二縣及五城,共原額孤貧九百六名口,每名口每月支銀叁錢、米叁斗。今道光叁拾年分據報共領過銀折制錢叁千貳百柒千壹百肆拾文、米叁千貳百柒石貳斗肆升,扣除空缺及病故孤貧錢米外,實散給過錢叁千壹百伍拾千陸百壹拾文、米叁千壹百伍拾石陸斗壹升。臣部按冊核算,與領過錢米各數目相符,應準開銷。至原報空缺孤貧錢叁拾捌千玖百肆拾、米叁拾捌石玖斗肆升,并散給時扣除病故孤貧錢拾柒千陸百玖拾文、米拾柒石陸斗玖升,二共錢伍拾陸千陸百叁拾文、米伍拾陸石陸斗叁升。既據聲明照例給發普濟堂等處收領,並無冒領等弊,均應準其開銷。仍令順天府府尹遵照從前原奏,每季散給孤貧錢米時,飭令大興宛平二縣、五城司坊官親身按名散給,年終造具細冊,并出具切實印結,送部核銷。

此案科抄於咸豐元年拾月拾貳日到部,兹於拾壹月叁拾日辦理具題。再,此案臣王慶雲係署理順天府府尹,例不列銜,合并聲明。

臣等未敢擅便,謹題請旨。

批紅:依議。

爲餘干等縣帶徵二十一年緩徵地丁未完贛撫督催限滿復參事

咸豐元年十二月初二日

大學士兼署管理戶部事務臣祁寯藻等謹題,爲詳參事。

戶科抄出,前任江西巡撫陳阡題江西各屬未完道光貳拾伍年帶徵貳拾壹年緩徵地丁等項錢糧,巡撫督催二參兩年限滿照例一案。道光叁拾年拾貳月初肆日題,咸豐元肆月叁拾日奉旨:該部察覈具奏。欽此。欽遵。於本日抄出到部。

該臣等會查得,前任江西巡撫陳阡疏稱:江西餘干、萬年、星子、都昌等四縣,道光貳拾伍年應帶徵貳拾壹年緩徵地丁等項錢糧。前於辦理貳拾陸年隨本奏銷時,尚有未完銀叁千陸拾陸兩叁錢貳分壹釐。當將巡撫督催未完分數、職名題參,接準部覆,照例議處。等因遵照在案。今據署布政司事按察使惲光宸詳稱:查初參案内督催前項未完銀兩,催據萬年縣全完地丁、耗羨共銀伍百捌拾貳兩陸錢貳分貳釐,仍有餘干、星子、都昌三縣未完民欠地丁、屯糧、丁耗羨共銀貳千肆百捌拾叁兩陸錢玖分玖釐。以道光貳拾柒年伍月貳拾玖具題奏銷之日起,再限三個月,并除兩次封印月日,連閏應扣至貳拾玖年玖月貳拾伍日二參兩年限滿。所有前任巡撫限内卸事調補浙江撫臣吳文鎔經催已完三絲四忽、未完三絲八忽,前署撫篆限内卸事前任布政使臣費開綬接催未完九忽,前任巡撫限内卸事調補江蘇撫臣傅繩勛接催未完五絲,前任巡撫限外病故臣費開綬接催未完四絲四忽各職名,相應詳請具題,聽候部議。等情。臣覆覈無異,除冊分送部科查覈外,理合具題。等因前來。

查定例,地丁錢糧初參後,督催之巡撫予限二年。如限内不完,仍按原參分數議處。如有接催官員,以到任日爲始,予限二年。限内不完,按現在未完分數,照初參例查議。自奏銷限滿初參具題之日起,再限三個月,作為二參起限日期。其二參屆滿不完者,仍照原定例限參處。至接催錢糧年限已滿,不將自欠分數開報,并不將接催、接徵之藩司等官未完分數分晰查參者,查出俱照原參分數加等議處。等語。查江西餘干等縣未完道光貳拾伍年帶徵貳拾壹年緩徵地丁等項錢糧,前據該撫於道光貳拾陸年隨奏案内照例題參。經戶部會同吏部覈議題覆,行令催徵在案。今據該撫疏冊内稱,餘干等縣未完共銀叁千陸拾陸兩叁錢貳分壹釐内,催據萬年縣全完銀伍百捌拾貳兩陸錢貳分貳釐,仍有餘干、星子、都昌等三縣未完銀貳千肆百捌拾叁兩陸錢玖分玖釐。以道光貳拾柒年伍月貳拾玖具題奏銷之日起,再限三個月并除兩次封印月日,連閏應扣至貳拾玖年玖月貳拾伍日,巡撫督催二參兩年限滿。所有經催接催未完分數各職名,造冊聽候部議。吏部查,此案江西省各屬未完道光貳拾伍年帶徵貳拾壹年緩徵地丁等項,巡撫督催二參一案,既據戶部片稱已據江西巡撫奏報豁免,覈明係在恩詔豁免之列,所有督催各職名均應免其查議。至前項已完銀兩,戶部已於知縣司府各二參案内分晰覈覆在案,應毋庸議。其未完銀兩,仍令該撫轉飭造入下年隨奏冊内題報覈銷。再,此案既於貳拾玖年玖月貳拾伍日限滿,何以遲至一年有餘始行報參,實屬遲延,并令查取遲延職名,送部覈議。

此本係戶部主稿。科抄於咸豐元年肆月叁拾日到部。吏部查此案應議職名,未據江西巡撫隨案開具職揭送部,隨經戶部行文該撫補行開送,嗣據該撫於捌月貳拾玖日補送到部,隨將原稿咨送吏部會議,於拾月貳拾柒日會回。茲於拾貳月初貳日辦理具題,合并聲明。

臣等未敢擅便,謹題請旨。

批紅:依議。

爲河督題銷道光三十年河標官兵馬匹支過俸餉銀米事

咸豐元年十二月初五日

大學士兼署管理戶部事務臣祁寯藻等謹題,爲銷算等事。

戶科抄出,江南河道總督楊以增題河標各營道光叁拾年分官兵馬匹支過奉餉銀米造冊題銷一案。咸豐元年陸月貳拾捌日題,閏捌月初貳日奉旨:該部察覈具奏。冊并發。欽此。欽遵。於本日抄出到部。隨將原冊行查兵部去後。兹於玖月初陸日查覆到部。

該臣等查得,江南河道總督楊以增疏稱:據署江寧布政使聯英造報,河標中、右、廟灣、□湖、洪湖五營,道光叁拾年分官兵實支俸餉米折草折等項共銀肆萬伍千伍百壹兩貳錢伍分伍釐,本色米肆千肆百玖拾玖石伍斗叁升,扣存朋扣銀壹千叁百伍拾貳兩貳錢柒分肆釐,扣存建曠米折罰俸等銀壹千壹百肆拾陸兩柒錢肆分叁釐,本色米壹百肆石捌斗柒升,具題前來。查冊開:

一、各營實支俸餉銀叁萬柒千陸百柒兩柒錢伍分叁釐,本色米肆千肆百玖拾玖石伍斗叁升,米折銀叁千柒百玖拾捌兩玖錢伍分柒釐,草折銀肆千玖拾肆兩伍錢肆分伍釐。等語。查河標各營官兵馬匹數目,移查兵部覆稱,均於該河督冊報相符。所有前項支過俸餉、草乾、銀米,臣部按冊覈算,亦屬符合,應準照數開銷。應令江蘇巡撫即飭在於地丁等項奏銷案内,分晰造報查覈。

一、各營扣存朋扣銀壹千叁百伍拾貳兩貳錢柒分肆釐。等語。查前項扣存朋扣銀兩,係各營扣存買馬之用,應俟兵部議覆該河督造報朋馬奏銷知照到日,再行查覈。

一、各營扣存建曠米折罰俸等銀壹千壹百肆拾陸兩柒錢肆分叁釐内,除撥給署廟灣營千總李崇連半薪銀肆錢壹分叁釐,實扣存銀壹千壹百肆拾陸兩叁錢叁分。據稱收存司庫,聽候撥餉。等語。查前項扣存建曠等項銀兩,既稱收存司庫,聽候撥餉,臣部除照數登記外,應令江蘇巡撫即飭查明造入何季撥冊,專案報部查覈。

一、各營扣存本色米壹百肆石捌斗柒升内,除藩司扣存小建米壹百貳石叁斗貳升,實扣存建曠米貳石伍斗伍升。據稱由營解存淮安府倉,留充兵糧之用。等語。查前項未撥小建米壹百貳石叁斗貳升,既由藩司扣存省倉,應毋庸議。其實扣淮安府倉截曠米貳石伍斗伍升,應令該河督儘數湊撥下年兵糧之用,務於下屆奏銷案内,分晰扣除造報。再,查上屆道光貳拾玖年分奏銷案内,各營扣存淮安府倉截曠米貳石玖斗捌升,前經臣部題令該河督儘數湊撥下年兵糧之用,現屆奏銷案内仍未儘數湊撥。應令該河督即飭查取延不登覆職名,送部覈議。并將因何尚不湊撥緣由,詳細查明登覆,以憑查覈。

再,此案科抄於咸豐元年閏捌月初貳日到部,行查兵部於玖月初陸日查覆。兹於拾貳月初伍日辦理具題,合并聲明。

臣等未敢擅便,謹題請旨。

批紅:依議。

爲貴州咸豐二年武職各官養廉銀兩估撥事

咸豐元年十二月初六日

大學士兼署管理户部事務臣祁寯藻等謹題,爲請撥武職養廉銀兩事。

户科抄出,原任貴州巡撫喬用遷題貴州省各標鎮協營咸豐貳年分武職各官應需養廉銀兩,因本省鉛斤節省銀兩湊支文職養廉公費等項之用,請隨同兵餉一并估撥一案。咸豐元年閏捌月貳拾捌日題,拾月貳拾貳日奉旨:該部議奏。欽此。欽遵。於本日抄出到部。

該臣等查得,原任貴州巡撫喬用遷疏稱:據布政使調補陝西布政使吳式芬詳稱,因鉛斤水腳節省銀兩不敷支放,遵照原議,歸於外省留協項下,隨同兵餉一并估撥解黔,以備供支。今查咸豐貳年分武職各官應需養廉銀捌萬伍千柒百壹拾捌兩。查鉛斤水腳截至道光叁拾年拾壹月底止,存銀壹千伍百壹拾叁兩肆錢柒分陸釐,應請照舊仍存司庫湊支公費等項之用。所需武職養廉銀兩,自應遵照向例詳請題撥,隨同估撥兵餉協撥來黔,以備支領。除將前項養廉銀兩,附同兵餉賞卹公費各冊,另詳咨部外,相應詳請查覈具題。等情。臣覆覈無異,謹會同雲貴總督臣吳文鎔,合詞具題。等因前來。

查貴州省各標鎮協營嵗需武職養廉銀兩,先於乾隆肆拾柒年肆月内據原任貴州巡撫李本奏明,在於運鉛節省水腳銀内動支報銷。嗣因該省鉛斤節省銀兩不敷動給,節據該撫按年題準,在於外省協撥解黔支放在案。今據原任貴州巡撫喬用遷題報,咸豐貳年分黔省武職各官共應需養廉銀捌萬伍千柒百拾捌兩。因本省鉛斤節省截至道光叁拾年拾壹月底止,存銀壹千伍百壹拾叁兩肆錢柒分陸釐,應請照舊仍存司庫湊支公費等項之用。所需武職養廉銀兩,請照向例隨同兵餉估撥。等語。查貴州省咸豐貳年分應需武職養廉銀兩,業據該撫咨請,在於外省協撥項下,隨同兵餉一并估撥,經臣部於題撥該省咸豐貳年分應需兵餉銀兩案内,一并按款估撥在案。應仍令該撫將前項銀兩轉飭造入該年武職養廉報銷案内,題報覈銷。

此案於咸豐元年拾月貳拾貳日科抄到部,茲於拾貳月初陸日辦理具題,合并聲明。

臣等未敢擅便,謹題請旨。

批紅:依議。

爲四川折給駐藏郎中吉麟赴藏行裝等項銀兩數目事

咸豐元年十二月初六日

大學士兼署管理戶部事務臣祁寯藻等謹題,爲詳請等事。

戶科抄出,四川總督徐澤醇題四川省折給駐藏郎中吉麟赴藏行裝馱馬口糧等項銀兩一案。咸豐元年閏捌月初柒日題,玖月貳拾伍日奉旨:該部察覈具奏。欽此。欽遵。於本日抄出到部。

該臣等查得,四川總督徐澤醇疏稱:四川省供應進藏人員,準部行令,遵照題定條例辦理。茲據布政使呉振棫詳:查駐藏郎中吉麟應照五等供支,給本身及跟役衣服、帳房、鍋鍬、馱馬、鞍轡、米、羊共銀陸百肆拾陸兩壹錢壹分捌釐,在於咸豐元年臺費銀内動支,入於該年奏銷冊内開除造報外,理合造冊,詳請察覈題銷。等情。臣覆覈無異,除冊送部外,理合具題。等因前來。

查定例:出差西藏官員一切支應按分九等,郎中應照五等供支。跟役八名,蒙古包一頂,價銀叁拾兩,木橛三十根。青梭布夾帳房一頂,價銀玖兩。鐵鐝八根,木橛三十根,每根價銀壹釐,鐵鐝每根價銀陸分。大銅鍋一口,價銀貳兩貳錢伍分。鍋鏟一副,價銀叁錢伍分。跟役每五人給白布帳房一頂,價銀陸兩伍錢。鐵鐝八根,木橛三十根,中銅鍋一口,鍋鏟一副。鉄鍬鎚斧一套,價銀叁錢伍分。如不足五人,照定例按名折給銀兩。進藏官兵跟役,每員名給馬三匹,每匹價銀捌兩。馱馬鞍屉一副,價銀陸錢。馬籠轡一副,價銀叁分。二人合給馱一隻,價銀貳拾肆兩。馱鞍屜一副,價銀捌錢,回日免其繳還。又例載,進藏官員衣服等銀五等,壹百肆拾兩,跟役每名銀伍兩。又進藏官役每員名月支羊一隻半,每隻價銀玖錢,日支米捌合叁勺,每石價銀叁兩。各等語。今四川總督徐澤醇題報,駐藏郎中吉麟照五等供支,例折給本身及跟役衣服、鍋帳、馬馱、鞍轡、米、羊共銀陸百肆拾陸兩壹錢壹分捌釐,臣部覈與例支數目,均屬相符,應準其在於咸豐元年臺費賞銀内動支。仍咨該督造入該年臺費奏銷冊内,題報覈銷。

此案於咸豐元年玖月貳拾伍日科抄到部,兹於拾貳月初陸日辦理具題,合并聲明。

臣等未敢擅便,謹題請旨。

批紅:依議。

爲江蘇道光二十六年添辦紅飛金用過價腳銀兩題銷事

咸豐元年十二月初六日

大學士兼署管理户部事務臣祁寯藻等謹題,爲請銷事。

户科抄出,江蘇巡撫楊文定題江蘇省道光貳拾陸年額添辦紅飛金用過價腳銀兩報銷一案。咸豐元年玖月拾叁日題,拾月拾玖日奉旨:該部察覈具奏。欽此。欽遵。於本日抄出到部。

該臣等查得,江蘇巡撫楊文定疏稱:江蘇省道光貳拾陸年分應辦原額添辦并改辦紅飛金,先經領銀造齊,委解交收在案。今據蘇州布政使武棠詳稱:辦解道光貳拾陸年分額辦添辦紅飛金陸百塊,計重貳百伍拾捌兩柒錢叁分貳釐。按照歷届準銷折實庫平紋銀壹拾伍換連風飛折耗計,該價銀肆千壹百壹拾叁兩捌錢叁分捌釐。匠工、紙張、飯食等銀貳千陸百柒拾兩捌錢玖分。照例應給水腳銀伍拾壹兩柒錢肆分陸釐。共計價工水腳等銀陸千捌百叁拾陸兩肆錢柒分肆釐。又復添辦紅飛金陸百塊,計重貳百伍拾捌兩柒錢叁分貳釐。按照歷届準銷折實庫平紋銀壹拾伍換連風飛折耗計,該價銀肆千壹百壹拾叁兩捌錢叁分捌釐。匠工、紙張、飯食等銀貳千陸百柒拾兩捌錢玖分。照例應給水腳銀伍拾壹兩柒錢肆分陸釐。共該價工水腳等銀陸千捌百叁拾陸兩捌錢柒分肆釐。又續添辦紅飛金捌百塊,計重叁百肆拾肆兩玖錢柒分陸釐。按照歷届準銷折實庫平紋銀壹拾伍換連風飛折耗計,該價銀伍千肆百捌拾伍兩壹錢壹分捌釐。匠工、紙張、飯食等銀叁千伍百陸拾壹兩壹錢捌分柒釐。照例應給水腳銀陸拾捌兩玖錢玖分陸釐。共該價工水腳等銀玖千壹百壹拾伍兩叁錢壹釐。又改辦紅飛金壹千貳百塊,計重伍百壹拾柒兩肆錢陸分肆釐。按照歷届準銷折實庫平紋銀壹拾伍換連風飛折耗計,該價銀捌千貳百貳拾柒兩陸錢柒分陸釐。匠工、紙張、飯食等銀伍千叁百肆拾壹兩柒錢捌分。應給水腳銀壹百叁兩肆錢玖分貳釐。共該價工水腳等銀壹萬叁千陸百柒拾貳兩玖錢肆分捌釐。照例動支司庫道光貳拾伍年地丁銀兩給辦,造具報銷冊結,詳送具題。臣覆覈無異。除冊結送部查覈外,相應具題前來。

查江蘇省道光貳拾陸年額添改辦紅飛金叁千貳百塊,計重壹千叁百柒拾玖兩玖錢肆釐。每金壹兩價銀拾伍兩、折耗金陸分用銀玖錢計,該價銀貳萬壹千玖百肆拾兩肆錢柒分。又每兩用匠工、紙張、飯食、炭火等銀拾兩叁錢貳分叁釐,計九三折實庫平紋銀壹萬肆千貳百肆拾肆兩柒錢肆分柒釐。又每金壹千兩,給水脚銀貳百兩,共計給銀貳百柒拾伍兩玖錢捌分。共該金價、工費、水脚等銀叁萬陸千肆百陸拾壹兩壹錢玖分柒釐。覈對道光貳拾伍年地丁奏銷案内動支銀數,均屬相符,應準開銷。

再,此案科抄於咸豐元年拾月拾玖日到部,茲於拾貳月初陸日辦理具題,合并聲明。

臣等未敢擅便,謹題請旨。

批紅:依議。

爲福建道光三十年給過勦捕林逆陣亡兵丁眷屬銀兩事

咸豐元年十二月初四日

大學士兼署管理戶部事務臣祁寯藻等謹題,爲勦匪事。

戶科抄出,原任閩浙總督兼署福建巡撫裕泰將閩省道光叁拾年給過勦捕林逆案内陣傷亡故各兵丁遺下無依眷屬半餉及米折銀兩一案。咸豐元年柒月貳拾捌日題,拾月拾壹日奉旨:該部察核具奏。欽此。欽遵。於本日抄出到部。查此案先據該撫題報,經臣部將兵丁名數及起止日期是否相符,行查兵部去後。嗣準兵部於拾壹月初肆日查覆到部。

該臣等查得,原任閩浙總督兼署福建巡撫裕泰疏稱:案準部咨:閩省水陸各營節次打仗陣亡、淹斃、迷失、病故各兵丁遺下無依眷口,每年應給半餉及半餉之半及米折銀兩,準於各亡故兵丁截支糧餉之日爲始,按年支給,造入兵馬奏銷冊内報銷。如該故兵眷屬病故及子弟年已及歲,即行住支報部。至所稱應支銀兩,於建曠項下動給。倘有不敷,於地丁銀内湊給。應如所題辦理。等因。茲據布政使慶端詳稱:準水陸各營將陣亡各兵丁無依眷屬,自道光叁拾年正月起至拾貳月底止應支半餉并米折銀兩,取造冊領,移送前來。查冊開:給過水陸各標鎮協營節次打仗陣亡兵丁各眷屬半餉并米折共銀玖兩貳錢肆分,在於道光叁拾年地丁項下動給,理合造冊具題。并聲明續奉部咨,令將從前議給半餉各案詳細查明,如有應行截支者,即行截支,應行更正者,即行更正。此次清查之後,如再有迴護瞻徇等弊,交部議處。等因。業經通飭各該管州縣,逐一清查各兵眷屬支領半餉,如有應行截支者隨時截住,并無經年累月常行請給情弊。等情。臣覆核無異,除冊送部外,理合恭疏具題。等因前來。

查定例:出征陣亡病故兵丁,若子弟内有可以訓養成材者,即令其頂補本兵糧餉,以資養贍。如并無子弟及子弟幼小不能食糧者,月給半餉銀伍錢、米叁斗。不扣朋建,遇閏加增。統俟其子弟長成,食有名糧,或該故兵所遺眷屬,俱已亡故,立即裁汰。等語。今據福建巡撫題報閩省道光叁拾年分冊開:支給水陸各營前赴臺灣剿捕林逆陣亡兵丁遺下眷屬,一名應支半餉并米折共銀玖兩貳錢肆分,在於道光叁拾年地丁項下動給。等語。查陣傷亡故兵丁名數及起止日期,據兵部查覆相符。所有給過半餉并米折銀兩,臣部核與定例暨核算冊造數目,均屬相符,應準其在於道光叁拾年地丁銀内開銷。至疏稱各該管州縣逐一詳查各兵眷屬支領半餉,如有應行截支者隨時截住,並無經年累月常行請給情弊,仍令該撫轉飭各州縣認真清查,核實辦理。

此案科抄先已到部。兵部於咸豐元年拾壹月初肆日查覆。茲於拾貳月初肆日辦理具題,合并聲明。

臣等未敢擅便,謹題請旨。

批紅:依議。

爲循例彙題各省道光三十年民數穀數事

咸豐元年十二月初八日

大學士兼署管理戶部事務臣祁寯藻等謹題,爲循例彙題事。

該臣等查得,乾隆伍年欽奉諭旨:每歲仲冬令各省督撫將各府、州、縣戶口增減、倉穀存用,一一註明,詳細具奏,并造冊隨奏咨部。臣部於次年年底彙繕總冊進呈,節經遵辦在案。嗣於乾隆肆拾年肆月内,因直省奏報滋生戶口,相沿積習,率多量爲加增,欽奉上諭,令各省督撫等嚴飭所屬,嗣後務須查明實在民數具奏。又於乾隆伍拾玖年正月内欽奉上諭:各省年終彙奏事件,毋庸陸續具奏,著於每年拾月内截數咨報,軍機處仍交部分別核議具題。各等因。欽此。經臣部通行各省遵照辦理亦在案。今届彙題各省道光叁拾年分民數穀數之期,除甘肅省道光叁拾年分民數穀數,屆期未據造報,又江蘇省叁拾年穀數,據該撫咨報,辦理清查,未據造冊送部,又浙江定海鎮叁拾年穀數,據該撫冊稱,俟清釐後另行造報,又福建省叁拾年穀數,並臺灣府屬淡防等七廳縣民數,未據造報,應令陜甘總督、江蘇、浙江、福建各巡撫即飭查造送部,均俟造送到日,臣部歸於下屆彙題冊内開列。其餘奉天、吉林、直隸、安徽、江蘇、江西、浙江、福建、湖北、湖南、山東、河南、山西、陜西、巴里坤、烏嚕木齊、四川、廣東、廣西、雲南、貴州等省,據各該督撫、府尹、將軍等造册送部。臣部按册核算,各省道光叁拾年分實在民屯丁口共肆萬壹千肆百肆拾玖萬叁千捌百玖拾玖名口。較之道光貳拾玖年分肆萬壹千貳百玖拾捌萬陸千陸百肆拾玖名口,計多壹百伍拾萬柒千貳百伍拾名口。據該督撫、府尹、將軍等於咨冊内聲明,俱係確查,并無遺漏。又,奉天、吉林、直隸、安徽、江西、浙江、湖北、湖南、山東、河南、山西、陜西、巴里坤、烏嚕木齊、四川、廣東、廣西、雲南、貴州等省,叁拾年存倉米穀共貳千柒百肆拾玖萬貳千肆百貳拾石貳斗玖升陸合柒勺。較之道光貳拾玖年分貳千伍百柒拾貳萬陸千陸百陸石叁斗叁升叁勺,計多壹百柒拾陸萬伍千捌百壹拾叁石玖斗陸升陸合肆勺。謹將各省册報道光叁拾年分民屯丁口及存倉米穀各數,彙總核明,繕寫黄册,恭呈御覽。

再,福建省道光柒年起至貳拾玖年止穀數,并臺灣府屬嘉慶拾柒年起至道光貳拾玖年止民數,歷屆均未造報,節經行催,迄今仍未造送。又,臺灣府屬嘉慶玖年起存倉穀數,先據該撫咨報,應俟清查辦竣覆奏後,再行按年查造。至清查倉庫,雖據該撫於道光貳年拾月内奏報,惟應造穀數册籍,仍未造送,實屬延宕。應令福建巡撫即將前項册籍,速飭分年查造送部。并將造報遲延職名隨案開揭,送部核議。又,湖南省道光伍年起至貳拾壹年止,社倉穀數均未造送。前據該撫咨報,現在飭查有無虧缺,請暫停造冊,俟查明後再行造送。又,浙江定海廳道光貳拾、貳拾壹、貳拾貳等年民數穀數及貳拾叁、貳拾肆、貳拾伍、貳拾陸等年民數,又定海鎮貳拾叁、貳拾肆、貳拾伍、貳拾陸、貳拾柒、貳拾捌等年穀數,并鄞縣、鎮海二縣道光貳拾壹年民數穀數、貳拾貳年穀數,上屆據該撫冊稱,另行開報。又江蘇省道光貳拾柒、貳拾捌、貳拾玖等年穀數,及浙江省道光貳拾捌、貳拾玖等年米穀數,暨甘肅省道光貳拾玖年民數穀數,并據各該督撫咨報,應俟辦理清查事竣,再行造送。均應令各該督撫,即行分年查造送部。均俟造送到日,臣部歸於下屆彙題冊内開列,合并聲明。

臣等未敢擅便,謹題請旨。

批紅:知道了。册留覽。

爲安徽題銷江寧倉道光三十年已未完各年倉項米石事

咸豐元年十二月初八日

大學士兼署管理户部事務臣祁寯藻等謹題,爲奏銷等事。

户科抄出,安徽巡撫蔣文慶題江寧倉道光叁拾年已未完各年倉項米石一案。咸豐元年柒月拾玖日題,閏捌月拾叁日奉旨:該部察覈具奏。欽此。欽遵。於本日抄出到部。

該臣等查得,雍正拾貳年經臣部奏準,嗣後奏銷現年錢糧之期,令將節年未完項下續完若干、仍未完若干、動用存收數目,分别年限,彙造清册,另繕題本,隨本年奏銷,一并具題。等因在案。今據安徽巡撫蔣文慶將道光貳拾壹年起至貳拾玖年止江寧倉米石,分晰續完、仍欠各數目,造具清册,隨道光叁拾年奏銷,另疏具題前來。據册開:

一、原報道光貳拾壹年起至貳拾玖年止,未完米壹萬伍千肆百石玖斗柒升捌合玖勺。等語。查前項原報未完米石,覈與貳拾玖年隨奏奏銷各案内未完米數相符,應毋庸議。

一、已完解道米貳百玖拾柒石貳斗肆升叁合柒勺。等語。查前項已完解道米石,覈與道光叁拾年奏銷册内新收道光貳拾捌玖兩年米數相符,應毋庸議。

一、仍未完米壹萬伍千壹百叁石柒斗叁升伍合貳勺。内係熟田米肆千陸百伍石叁斗貳合貳勺。灾緩米壹萬肆百玖拾捌石肆斗叁升叁合。各屬節年正耗民欠及因灾緩徵帶徵銀穀,於咸豐元年正月内欽奉上諭:著將道光叁拾年以前實欠在民者,查明奏豁。等因。轉行欽遵在案。所有前項未完米石,統於蠲免册内彙報。等語。查前項未完熟田米石,應令該撫即行查取經徵不力職名,照例題參。毋稍瞻徇,致干參處。并速飭催徵完報,以清款項。至緩徵米石,據該撫聲稱欽遵查辦豁免之處,臣部覈與前奉諭旨行查豁免道光叁拾年以前民欠錢糧之案相符。惟查安徽省民欠錢糧,現在尚未據該撫開單覆奏到部,應俟奏報到日,另行查覈歸結。仍令將前項緩徵米石,俟奏報豁免之日,分晰節年已未完實欠米數,造册報部查覈。

此案科抄於咸豐元年閏捌月拾叁日到部，兹於拾貳月初捌日辦理具題，合并聲明。

臣等未敢擅便，謹題請旨。

批紅：依議。

爲安徽撫標官兵馬匹支過道光三十年俸餉銀米奏銷事

咸豐元年十二月初八日

大學士兼署管理户部事務臣祁寯藻等謹題，爲奏銷等事。

户科抄出，安徽巡撫蔣文慶題安徽省撫標左右并安慶等十八營官兵馬匹支過道光叁拾年分俸餉銀米等項造冊奏銷一案。咸豐元年柒月初柒日題，閏捌月初拾日奉旨：該部察覈具奏。冊并發。欽此。欽遵。於本日抄出到部。隨將官兵馬匹數目是否相符，移查兵部去後。今於閏捌月初拾日據兵部查覆前來。

該臣等查得，安徽巡撫蔣文慶疏稱：撫標左右二營及安慶等十六營官兵馬匹俸餉、米豆草折，原估共銀壹拾陸萬柒千捌百肆拾貳兩捌錢叁分。内除官兵朋扣銀肆千捌百叁拾伍兩貳錢玖分肆釐，又截曠小建米豆草折等銀肆千貳百柒拾柒兩貳錢捌分玖釐，實支俸餉、米豆草折等銀壹拾伍萬捌千柒百叁拾兩貳錢肆分柒釐。原估本色米麥貳萬伍千肆百貳拾伍石，内除截曠小建米肆百玖拾肆石叁斗陸升，實支本色米麥貳萬肆千玖百叁拾石陸斗肆升。將各該營官兵馬匹逐月應支應扣細數，分晰造冊，具題前來。查冊開：

一、撫標左右并安慶、遊兵、潛山、徽州、寧國、池州、蕪採、廣德、六安、廬州、亳州、泗州、壽春、中右、潁州、宿州等十八營官兵馬匹，實支俸餉等銀拾伍萬壹千貳百玖拾捌兩壹錢壹分捌釐。折色米貳千柒百陸拾肆石伍斗玖升。每石折銀柒錢伍分，共折銀貳千柒拾叁兩肆錢肆分叁釐。加增折色米伍千陸百肆拾石柒斗貳升。每石折銀玖錢伍分，共折銀伍千叁百伍拾捌兩陸錢捌分肆釐。統共俸餉、米折等銀拾伍萬捌千柒百叁拾兩貳錢肆分柒釐，本色米貳萬肆千玖百叁拾石陸斗肆升。移查兵部覆稱，覈與該撫冊報數目相符。等語。查安徽省撫標各營道光叁拾年支過俸餉、米折等銀拾伍萬捌千柒百叁拾兩貳錢肆分柒釐，本色米貳萬肆千玖百叁拾石陸斗肆升。既據兵部查覆官兵馬匹數目相符，所有支過前項銀米，臣部按冊覈算，亦屬無訛，應準開銷。仍令該撫轉飭,統於該年地丁奏銷登答案内造報查覈。

一、各營扣存朋扣銀肆千捌百叁拾伍兩貳錢玖分肆釐。等語。查前項扣存朋扣銀兩,係備留買馬之用,應移咨兵部查照。仍令俟買馬事竣造報兵部準銷之日,專案報部查覈。

一、各營扣存建曠等銀肆千貳百柒拾柒兩貳錢捌分玖釐,本色米肆百玖拾肆石叁斗陸升。等語。查前項扣存建曠銀肆千貳百柒拾柒兩貳錢捌分玖釐,除臣部照數登記外,仍令該撫轉飭造入下屆季撥,專案銷結。至扣存本色米肆百玖拾肆石叁斗陸升,并飭先行提解省倉,凑撥兵糧,報部覈銷。

再,此案科抄於咸豐元年閏捌月初拾日抄出到部,兹於拾貳月初捌日辦理具題,合并聲明。

臣等未敢擅便,謹題請旨。

批紅:依議。

爲黑龍江奉旨賞過年老兵丁布折銀兩題銷事

咸豐元年十二月初八日

大學士兼署管理戶部事務臣祁寯藻等謹題,爲題銷事。

戶科抄出,黑龍江將軍宗室英隆等題賞給過年老兵丁布折銀兩一案。咸豐元年閏捌月初叁日題,玖月初捌日奉旨:該部察覈具奏。欽此。欽遵。於本日抄出到部。

該臣等查得,黑龍江將軍宗室英隆等疏稱:道光叁拾年正月内遵奉恩詔,所有齊齊哈爾、黑龍江、墨爾根、呼蘭、打牲等五處,曾在軍前効力之年老辭退食餉九十歲以上老兵一名,八十歲以上老兵五名,七十歲以上老兵十七名,六十歲以上老兵九十名,又曾在軍前効力之年老辭退閒居未食餉,八十歲以上老兵八名,七十歲以上老兵四十名,六十歲以上老兵五十一名,共老兵二百十二名,每名應賞三梭布柒匹,每匹折銀肆錢,白布叁匹,每匹折銀伍錢,共計銀玖百拾壹兩陸錢。據各該處查報,當經造冊咨部。今準戶部咨稱,此項應賞銀兩,照數賞給。仍出具印結,送部題銷。等因。所有齊齊哈爾等五處曾在軍前効力之年老辭退食餉及閒居未食餉兵丁共二百十二名,應賞布折銀玖百拾壹兩陸錢,由稅課銀内動用賞給之處,具結咨送戶部外,將此項賞給布折銀兩,入於年終稅銀報銷冊内,咨報戶部覈銷。爲此謹題。等因前來。

查道光叁拾年正月欽奉恩詔條款内,滿漢兵丁曾經効力行間,因被傷年老閒住者,查明著加賞賚,每名賞給三梭布柒匹,白布叁匹,等因。前據黑龍江將軍將齊齊哈爾等處,年至六十歲以上、前在軍營効力、現成殘疾告退馬甲達凌阿等二百十二名,造冊咨部。查據兵部覆稱,告退兵丁曾經出兵請領養贍銀兩,均於題準後知照在案,聲明前來。所有該閒散等二百十二名請賞布匹,臣部覈與恩詔條款相符,行令該將軍將前項賞給布匹折價銀兩,出具并無浮冒切實印結,即行具題覈銷。各在案。今據該將軍疏稱,齊齊哈爾等五處曾在軍前効力之年老告退食餉并閒住不食餉兵丁,共二百十二名,應賞布折銀玖百拾壹兩陸錢,在於稅銀内動支,出具印結送部,應準開銷。應令造入雜稅報銷案内,報部查覈。

此案於咸豐元年玖月初捌日科抄到部,茲於拾貳月初捌日辦理具題,合并聲明。

臣等未敢擅便,謹題請旨。

批紅:依議。

爲河南題銷臨德二倉道光三十年停緩二十五年分銀米事

咸豐元年十二月初九日

大學士兼署管理戶部事務臣祁寯藻等謹題,爲奏銷等事。

戶科抄出,前任河南巡撫潘鐸題臨德二倉道光叁拾年停緩貳拾伍年分銀米一案。咸豐元年伍月貳拾玖日題,捌月拾陸日奉旨:該部察覈具奏。欽此。欽遵。於本日抄出到部。

該臣等查得,前任河南巡撫潘鐸疏冊内稱:祥符等縣道光叁拾年停緩貳拾伍年分臨清倉米折銀伍百陸拾柒兩捌錢陸分捌釐内,於一件查明事案内,祥符縣沙壓地畝停緩銀叁百柒拾叁兩捌錢玖分。又中牟縣沙壓地畝停緩銀壹百伍拾肆兩玖錢貳分玖釐,又中牟縣收成歉薄展緩銀叁拾玖兩肆分玖釐,緩至咸豐元年秋後啟徵,前件停緩銀兩現奉上諭查辦豁免。再,道光叁拾年停緩貳拾伍年分德州倉正耗米壹千壹拾玖石陸斗伍升壹勺内,於一件查明事案内,祥符縣沙壓地畝停緩米壹千壹拾陸石伍斗貳升叁合壹勺。又陽武縣沙壓地畝停緩米叁石壹斗貳升柒合,前件停緩米石現奉上諭查辦豁免。又停緩賠頭路費席葦等銀壹拾捌兩壹錢壹釐,於一件查明事案内,祥符縣沙壓地畝全數停緩,現奉上論查辦豁免,謹備造清冊,隨同奏冊,一并詳送覈題。等情。除冊送部外,相應具題。等因前來。

查祥符等縣道光叁拾年停緩、展緩臨清倉米折等銀伍百陸拾柒兩捌錢陸分捌釐,德州倉正耗米壹千拾玖石陸斗伍升壹勺,又賠頭路費蓆葦等銀拾捌兩壹錢壹釐。據該撫聲稱,現奉上諭查辦豁免之處,臣部覈與前奉諭旨通行豁免道光叁拾年以前民欠錢糧之案相符。惟查河南省豁免民欠錢糧,現在尚未據該撫開單覆奏到部,應俟奏報到日,另行查覈歸結。仍令將前項緩徵銀米,俟奏報豁免之日,分晰造冊,報部查覈。

此案科抄於咸豐元年捌月拾陸日到部,茲於拾貳月初玖日辦理具題,合并聲明。

臣等未敢擅便,謹題請旨。

批紅:依議。

爲江蘇江寧所屬各標營武職員弁支給養廉銀兩報銷事

咸豐元年十二月初十日

大學士兼署管理户部事務臣祁寯藻等謹題,爲請銷等事。

户科抄出,江蘇巡撫楊文定題江寧所屬各標營武職員弁道光貳拾叁年分支給養廉銀兩報銷一案。咸豐元年柒月拾捌日題,閏捌月拾玖日奉旨:該部察核具奏。欽此。欽遵。於本日抄出到部。隨將正署員弁任卸日期,移查兵部去後。茲於玖月拾壹日準兵部查明,同原冊咨送到部。

該臣等查得,江蘇巡撫楊文定疏稱:各標營武職員弁自乾隆肆拾柒年爲始議給養廉,道光貳拾叁年分所有江寧省應支養廉銀兩先經移營造報。今據署江寧布政使聯英詳題:查江寧所屬督協狼漕河徐各標營,原額并新添等官共五百二十四員,估撥養廉銀伍萬肆拾捌兩。今據冊報,道光貳拾叁年分各標營武職共支給過養廉銀肆萬柒千柒百陸拾肆兩捌錢伍分捌釐。内動正項銀貳萬叁千玖百捌拾肆兩伍錢壹分伍釐,耗羨銀貳萬叁千柒百捌拾兩叁錢肆分叁釐。少支未放銀壹分,節省空缺銀貳千貳百捌拾叁兩壹錢叁分貳釐,内已放銀貳千貳百柒拾叁兩玖錢壹釐。計動正項銀壹千壹百玖拾叁兩肆錢捌分伍釐、耗羨銀壹千捌拾兩肆錢壹分陸釐,存司未放銀玖兩貳錢叁分壹釐。分晰造具報銷清冊,詳送核題前來。

查例載:直省緑營武職養廉,額缺官新任以受劄任事日起支,舊任以離營卸事日住支。又例載:暫行離任之缺委現任官兼署或遞署者,養廉銀兩統歸本任造支,其署任内無庸支給。又,把總拔補千總及經制、外委拔補把總,未經接劄以前,仍照舊任支食。俟接劄之時,再行起支新任養廉。又。新拔外委并無部劄,其奉文準拔以前,仍支食本身糧餉。統於奉文之日,再行起支新任養廉。各等語。今據江蘇巡撫將江寧所屬武職各員道光貳拾叁年支過養廉銀肆萬柒千柒百陸拾肆兩捌錢伍分捌釐題報核銷,移查兵部覆稱,各該員弁任卸起止月日,核與該撫冊報相符。臣部查冊開各營支過養廉銀兩,與定例相符,各員應準其支給。其督標中營署任都司劉萬清等,由本任支食全廉,復支署任全廉。又左哨把總蔡錦榮等,並未聲明奉文受劄日期,遽以任事日起支廉銀。均與定例不符,臣部礙難率準。應開單行令該撫,速飭確切查明駁查各款,另行造冊,題覆核銷。仍將違例透支銀兩,按數追繳歸款。并查取透支舛錯率轉各職名,附疏開參核議。所有節省空缺銀貳千貳百柒拾叁兩壹錢叁分貳釐,臣部照數登記。并令該撫轉飭,掃數嚴提解司,分別造入下屆季冊,報部撥用。至署都司朱隆阿等,其實缺究係何任,亦著該撫查覆。再,該省武職養廉自道光陸年以後駁查透支各款,歷經臣部於題報案内開單行令查覆。迺該撫並不將歷年各員弁透支銀兩照數追還,題覆核銷,殊屬延玩。應令即速查追,分年報部核銷。至此案例應於歲底專案報部,何以遲逾九載始行題報。應飭該撫將各營造報及登覆遲延并督催不力之藩司各職名,一并查取,送部核議。

再,此案科抄於咸豐元年閏捌月拾玖日到部,移查兵部於玖月拾壹日覆回。茲於拾貳月初拾日辦理具題,合并聲明。

臣等未敢擅便,謹題請旨。

批紅:依議。

爲河南題銷駐防滿營道光三十年兵丁紅白事件等項銀兩事

咸豐元年十二月十一日

大學士兼署管理戶部事務臣祁寯藻等謹題,爲傳付事。

戶科抄出,前任河南巡撫潘鐸將河南省駐防滿營道光叁拾年賞卹兵丁紅白事件等項銀兩造冊具題一案。咸豐元年伍月貳拾玖日題,玖月初壹日奉旨:該部察核具奏。欽此。欽遵。於本日抄出到部。隨將賞卹兵丁紅白事件銀兩花名原冊,移查兵部核明數目是否相符去後。今於拾月初貳日準兵部查明,同原冊咨覆到部。

該臣等查得,前任河南巡撫潘鐸疏稱:豫省駐防滿洲營道光叁拾年分賞卹兵丁紅白事件及平糶糧石、買補倒馬等項銀兩借支、歸還各款,據駐防河南城守尉嵩山分晰造冊報銷,由司核明請題前來。臣覆核無異,除冊送部外,相應具題。等因前來。謹按款核覆,開列於後。

一、冊開:駐防滿洲營道光叁拾年賞卹兵丁白事件等項,陸續領過司庫銀玖百玖拾兩。內賞卹兵丁白事用過銀陸百肆拾兩。獎賞兵丁用過銀壹百肆拾玖兩捌錢肆分。修理班房等工用過銀貳百兩。共計用過銀玖百捌拾玖兩捌錢肆分,餘剩銀壹錢陸分。等語。查定例,開封駐防領催白事賞銀壹拾貳兩,披甲白事賞銀捌兩,孀婦孤子白事賞銀陸兩。等語。所有河南駐防滿營道光叁拾年賞卹兵丁白事,并獎賞兵丁、修理班房等工,共動支司庫銀玖百玖拾兩。核與道光貳拾玖、叁拾兩年地丁奏銷冊報開除銀數不符,應令該撫轉飭查明,報部查核。至賞卹兵丁白事件用過銀陸百肆拾兩,移查兵部覆稱,核與該撫造報兵丁名數相符。其獎賞兵丁用過銀壹百肆拾玖兩捌錢肆分,臣部按冊核算,數目亦屬符合,均應準其開銷。惟修理班房等工用過銀貳百兩,係何年月日報部核銷之處,未據分晰聲明。亦令該撫轉飭查明,報部查核。至獎賞餘剩銀壹錢陸分,核與該年地丁奏銷冊報新收銀數相符,應毋庸議。

一、冊開:駐防滿洲營常平倉,原額收存糴糶糧價銀叁千兩。道光叁拾年共買米麥黑豆貳千壹百石,共用過銀貳千玖百玖拾玖兩叁錢。於咸豐元年春季照依原價糶給兵丁,已將糶價並餘剩銀兩收歸原額。等語。查前項實存銀叁千兩,應令該撫轉飭照數收存,以備糶給兵丁之用。入於下年奏銷冊內舊管項下,報部查核。

一、冊開:駐防滿營原存借給兵丁買補倒馬價銀壹千捌百兩。內除修理倉厫用過銀柒拾玖兩叁錢叁分陸釐,餘存銀壹千柒百貳拾兩陸錢陸分肆釐。道光叁拾年倒斃殘傷馬壹百肆拾叁匹,每匹借銀伍兩,共借給銀柒百拾伍兩,已經按月全數扣還歸款。實存銀壹千柒百貳拾兩陸錢陸分肆釐。等語。查前項借給兵丁買補倒馬銀兩,既經如數扣還,應令該撫轉飭,將實存銀兩照數收存備借,造入下年奏銷冊內舊管項下,報部查核。

此案於咸豐元年拾月初貳日準兵部查覆到部,兹於拾貳月拾壹日辦理具題,合并聲明。

臣等未敢擅便,謹題請旨。

批紅:依議。

爲直隸遷安縣民人胥耀宏水沖地畝請除租銀未便覈準事

咸豐元年十二月十一日

大學士兼署管理户部事務臣祁寯藻等謹題,爲專案事。

户科抄出,直隸總督訥爾經額題遷安縣勘報認墾海防荒地案内民人胥耀宏耕種地畝被水沖刷請除租銀一案。咸豐元年拾月初捌日題,拾壹月初陸日奉旨:該部議奏。欽此。欽遵。於本日抄出到部。

該臣等查得,直隸總督訥爾經額疏稱:查遷安縣屬民人胥耀宏之父胥立,承買趙金呈報民荒地三段,共壹頃伍拾叁畝陸分。於道光貳拾叁年歸入海防民荒案内議租,每畝議徵租銀伍分,共應徵租銀柒兩陸錢捌分。承買之後,於道光貳拾陸年閏伍月貳拾玖日河水漲發,因地畝濵臨河溝,全行沖刷,沙石壓蓋,難以耕種。前縣郎汝珊勘明屬實,繪圖存卷,未及詳報卸事。於志瀛到任,復據該民人胥耀宏呈請除租前來,親詣覆勘,實係被水沖刷,無從施弓丈量。察看情形,實難耕種,應請自道光叁拾年除租爲始。詳經飭委灤州知州焦家麟覆勘屬實,出具勘結,造冊加結,詳覆覈轉。等情。呈由府道加結,咨轉到司,覈明詳請具題。等情。臣覆覈無異,除冊結送部外,理合具題。等因前來。

查先經臣部議覆,直隸總督奏查明天津等府屬官荒地畝招佃納租以資海防津貼摺内,共查報官荒地貳千柒百肆頃捌拾肆畝零,草房叁拾貳間。每畝每間議徵租銀伍、陸、柒、捌分不等,共議徵租銀壹萬壹千貳百餘兩。請自道光貳拾叁年啟徵解司,專款存儲。一半作爲海防津貼,一半存爲水旱蠲緩及海口不時之需,按年造冊報部。等語。經臣部議準,行文遵照在案。今據直隸總督疏稱:查遷安縣民人胥耀宏之父胥立,承買趙金呈報民荒地三段,共壹頃伍拾叁畝陸分。於道光貳拾叁年歸入海防民荒案内,議租每畝議徵銀伍分,共應徵租銀柒兩陸錢捌分。承買之後,於道光貳拾陸年閏伍月貳拾玖日,因河水漲發,地畝全行沖刷,沙石壓蓋,難以耕種。前縣郎汝珊勘明,未及詳報卸事。於志瀛到任後,復據民人胥耀宏呈請除租,親詣覆勘,實係被水沖刷,無從施弓丈量。察看情形,實難耕種,應請自道光叁拾年除租爲始。詳經飭委覆勘屬實,造具冊結,詳請具題除租。等語。臣部查,道光貳拾陸年分并無直隸總督咨報遷安縣地畝被水案。據今事隔肆伍年之久,率行題請除租,誠恐此端一開,易啟各州縣揑灾短徵之弊,未便覈準。應令直隸總督轉飭,將前項地畝應徵租銀,仍令按年照舊徵收,造入海防地租案内,報部查覈。

此案科抄於咸豐元年拾壹月初陸日到部,兹於拾貳月拾壹日辦理具題,合并聲明。

臣等未敢擅便,謹題請旨。

爲貴州委員領解戊戌年上運一起京鉛沈溺照例請豁事

咸豐元年十二月十二日

大學士兼署管理戶部事務臣祁寯藻等謹題,爲循例請豁事。

戶科抄出,前任貴州巡撫喬用遷題委員王鎮疆沉鉛請豁一案。咸豐元年柒月拾叁日題,拾月拾柒日奉旨:該部議奏。欽此。欽遵。於本日抄出到部。

該臣等查得,前任貴州巡撫喬用遷疏稱:據布政使調任陜西布政使吳式芬詳稱,查得滇黔等省辦運京局銅鉛,偶遇風濤覆溺,例應自沉溺之日起,統限一年撈獲。如限内無獲及撈不足數,不在三峽險隘,即行參處追賠。如係瞿塘三峽、江湖黄河險隘之處,實在打撈無獲,照例飭令該地方文武員弁查勘,出結呈報,移咨滇黔兩省,會疏保題豁免。今該員王鎮疆在湖北嘉魚縣石磯頭灘沉溺未獲白黑鉛肆萬柒千貳百伍拾斤,既經楚省查明,石磯頭灘係報部著名險隘之處,打撈一年限滿無獲,自應照例豁辦。查該員王鎮疆在該灘沉溺未獲白鉛肆萬貳千伍拾斤、黑鉛伍千貳百斤,計未獲白黑鉛肆萬柒千貳百伍拾斤。合共該工本、水陸脚費、鎔工等項銀壹千捌百陸拾貳兩肆錢叁釐,與豁免之例相符,詳請會疏保題豁免。等情。臣覆查無異,除結送部外,臣謹會同雲貴總督臣吳文鎔、湖北巡撫臣龔裕,合詞保題。等因前來。

查定例,雲貴等省辦運京局銅鉛,如遇瞿塘三峽、江湖黄河險隘處所,猝遇風濤沉失,實在打撈一年限滿無獲或撈不足數,準該地方官查明結報,該省督撫移咨雲貴二省,會疏保題豁免。等因。今貴州委員王鎮疆領解戊戌年上運一起京鉛,行抵湖北嘉魚縣石磯頭灘沉溺未獲白黑鉛肆萬柒千貳百伍拾斤,合共工本、水陸脚費、鎔工等項銀壹千捌百陸拾貳兩肆錢叁釐。既據該撫疏稱,經湖北省查明,石磯頭灘係報部著名險隘,打撈一年限滿無獲,取結加結,會疏保題豁免。等語。臣部查與豁免定例及該省險灘名目相符,應如所題,準其豁免。倘豁免以後,查有捏報險隘及該地方文武各官有扶同徇隱情弊,該督撫即據實嚴參,并將保題各上司一并嚴加議處,所免鉛斤銀兩,著落分賠。

此案科抄於咸豐元年拾月拾柒日到部,茲於拾貳月拾貳日辦理具題,合并聲明。

臣等未敢擅便,謹題請旨。

爲湖南郴州三元冲上坪鉛廠抽課報銷事

咸豐元年十二月十二日

大學士兼署管理戶部事務臣祁寯藻等謹題,爲劄行事。

戶科抄出,湖南巡撫駱秉章題郴州三元冲上坪鉛廠抽課報銷一案。咸豐元年閏捌月貳拾日題,拾月初壹日奉旨:該部察覈具奏。欽此。欽遵。於本日抄出到部。

該臣等查得,湖南巡撫駱秉章將湖南郴州三元冲上坪鉛廠道光貳拾陸年分煉獲鉛斤抽收稅課,并賣過砂價抽收稅銀各款數目,會同湖廣總督臣程矞採,造冊具題前來。

一、冊稱:舊管稅餘黑鉛拾萬柒千肆百柒斤壹兩,白鉛貳萬陸千壹百陸拾陸斤拾肆兩。黑鉛價銀壹千叁百壹兩柒錢柒釐,白鉛價銀壹千玖百陸拾叁兩捌錢貳分柒釐。該州知州吉祿解存未領買補黑鉛價銀貳百捌拾肆兩叁錢肆分玖釐,白鉛價銀壹百陸拾壹兩肆錢叁分玖釐。彙案報撥稅餘銅價銀拾壹兩柒錢捌分壹釐,墊給各廠書役辛工并運鉛腳費銀玖百陸拾兩陸錢伍分捌釐。等語。查前項舊管銅鉛銀兩,臣部覈與上年實存數目相符,應毋庸議。

一、冊稱:新收砂稅市平九八色銀捌拾兩壹錢。煉獲黑鉛壹萬伍千捌百陸拾斤內,抽稅鉛叁千壹百柒拾貳斤。煉獲白鉛伍百斤內,抽稅鉛壹百斤。等語。查湖南郴州三元冲上坪鉛廠,前據該撫題定,賣獲砂價銀兩,以伍分歸官,伍分歸商。每出銅鉛百斤,抽課貳拾斤。等因。今該廠道光貳拾陸年分共抽收砂稅銀捌拾兩壹錢,稅黑鉛叁千壹百柒拾貳斤,稅白鉛壹百斤。臣部按冊覈算,與定例抽收數目相符,應毋庸議。

一、冊稱:開除支給書役辛工銀貳百柒拾肆兩叁錢,在於砂税銀内動支。除將收存砂税銀兩儘數支給外,不敷銀壹百玖拾肆兩貳錢。係該州墊用,俟砂税有銀,再行歸補。又收買餘黑鉛壹萬貳千陸百捌拾捌斤,每百斤價銀叁兩肆錢壹分柒釐零,共銀肆百叁拾叁兩陸錢壹分伍釐。收買餘白鉛肆百斤,每百斤價銀叁兩叁錢叁分,共銀拾叁兩叁錢貳分。等語。查湖南三元冲上坪鉛廠道光貳拾陸年分收買黑白鉛斤用過價銀,臣部按冊覈算,與應給之數相符,應準開銷。其支給書役辛工銀貳百柒拾肆兩叁錢,查該廠支給書役辛工銀兩,前經臣部於該省題銷貳拾貳叁肆伍年案内行令,據實酌減報部。等因在案。應仍令該撫轉飭查照臣部節次前行,迅即覈數酌減報部,以節縻費。

一、疏稱:該州每年應辦黑鉛貳萬柒千柒百柒拾柒斤拾貳兩肆錢。今道光貳拾陸年分該州冊報,辦獲黑鉛壹萬伍千捌百陸拾斤,計缺黑鉛壹萬壹千玖百拾柒斤拾貳兩肆錢。内應抽税鉛貳千叁百捌拾叁斤捌兩捌錢捌分。按照定例每百斤價銀叁兩肆錢壹分柒釐伍毫貳絲肆忽計算,該銀捌拾壹兩肆錢伍分玖釐,應於該管廠員名下著賠。是年係知州吳士俊在任,前項銀兩應於該員名下著賠。至採辦不能足額職名,前奉部咨,既據聲稱并無覈分數明文,應毋庸議。等因知照在案。所有採辦鉛斤不能足額職名,應請免開。等語。查湖南三元冲上坪鉛廠每年額辦黑鉛捌萬叁千餘斤,前據該撫奏明,減辦三分之二,覈計每年應辦鉛貳萬柒千柒百餘斤。今道光貳拾陸年分止辦獲鉛壹萬伍千捌百陸拾斤,計缺額鉛壹萬壹千玖百拾柒斤拾貳兩肆錢。内應抽税鉛貳千叁百捌拾叁斤捌兩零,照例覈計,應賠銀捌拾壹兩肆錢伍分玖釐。既據在於該管廠員名下按數著賠,應仍令該督撫轉飭,迅即在於該員吳士俊名下如數勒追。完繳報部,以憑撥用。至所稱採辦不能足額職名,前奉部咨,並無覈計分數明文,應毋庸議,請免開送。等語。臣部查覈相符,應準免其置議。

一、冊稱:實存税餘黑鉛拾貳萬叁千貳百陸拾柒斤壹兩,白鉛貳萬陸千陸百陸拾陸斤拾肆兩。黑鉛價銀捌百陸拾捌兩玖分貳釐,白鉛價銀壹千玖百伍拾兩伍錢柒釐。該州知州吉祿解存未領買補黑鉛價銀貳百捌拾肆兩叁錢肆分玖釐,白鉛價銀壹百陸拾壹兩肆錢叁分玖釐,彙案報撥税餘銅價銀拾壹兩柒錢捌分壹釐,墊給各廠書役辛工並運鉛脚費銀壹千壹百伍拾肆兩捌錢伍分捌釐。等語。查前項實存銀兩并該州知州解存鉛價銀兩,臣部按冊覈算,數目相符。應令該撫入於下年礦廠奏銷冊内,送部查覈。

此案科抄於咸豐元年拾月初一日到部,兹拾貳月拾貳日辦理具題,合并聲明。

臣等未敢擅便,謹題請旨。

批紅:依議。

爲山西豐鎮廳經徵道光三十年太僕寺牧廠餘地租銀事

咸豐元年十二月十六日

大學士兼署管理戶部事務臣祁寯藻等謹題,爲遵旨事。

戶科抄出,山西巡撫兆那蘇圖題道光叁拾年分豐鎮廳經徵太僕寺牧廠餘地折色地租并隨徵耗銀已未完支銷各數一案。咸豐元年柒月初伍日題,玖月初伍日奉旨:該部察覈具奏。欽此。欽遵。於本日抄出到部。

該臣等查得,山西巡撫兆那蘇圖疏稱:豐鎮廳經徵太僕寺牧廠地畝額徵折色正耗銀兩支銷起解各數目,例應按年造冊題銷。茲據布政使蔣霨遠詳稱:據豐鎮廳冊造:道光叁拾年分額徵太僕寺牧地折色原額,共地伍千貳百柒頃伍拾捌畝。内於道光伍年奉準豁除逃糧地貳拾叁頃陸分,陞墾地肆拾陸頃捌拾叁畝柒分,實共折色地伍千貳百叁拾壹頃肆拾壹畝壹分。共徵正銀柒千叁百貳拾叁兩玖錢柒分伍釐。共徵耗銀叁百陸拾陸兩壹錢玖分玖釐。内應撥歸改折地内不敷耗銀壹兩陸錢柒分肆釐,又除傾銷起解支用耗銀壹百貳拾玖兩柒錢捌分外,餘剩耗銀貳百叁拾肆兩柒錢肆分伍釐。又除折色正銀内原留運米脚價銀貳千柒百貳拾肆兩玖錢肆分叁釐,又撥歸改折地内不敷銀叁拾叁兩肆錢捌分貳釐,係應解直隸藩庫。下餘正銀肆千伍百陸拾伍兩伍錢伍分,捐墊銀壹錢壹分玖釐,共正銀肆千伍百陸拾伍兩陸錢陸分玖釐。又餘剩耗銀貳百叁拾肆兩柒錢肆分伍釐,捐墊銀陸釐,共徵耗銀貳百叁拾肆兩柒錢伍分壹釐,係應解察哈爾都統衙門。今僅徵正銀陸千陸百貳拾壹兩玖錢叁分肆釐,隨徵耗銀叁百叁拾壹兩玖分柒釐,捐墊正銀壹錢壹分玖釐,捐墊耗銀陸釐。正銀内除撥歸改折地内不敷正銀叁拾叁兩肆錢捌分貳釐,耗銀内除撥歸改折地内不敷耗銀壹兩陸錢柒分肆釐,正銀内又除僅徵原留運米脚價銀貳千肆百伍拾捌兩肆錢肆分捌釐。以上共除正耗銀貳千肆百玖拾叁兩陸錢肆釐撥解直隸藩庫外。下餘正銀肆千壹百叁拾兩肆釐,耗銀叁百貳拾玖兩肆錢貳分叁釐内,除傾銷起解支用銀壹百肆兩玖錢壹分外,餘剩耗銀貳百貳拾肆兩伍錢壹分玖釐,通共正耗銀肆千叁百伍拾肆兩陸錢肆分貳釐,亦起解察哈爾都統衙門訖。尚有民欠未完正銀肆百叁拾伍兩伍錢肆分陸釐，耗銀叁拾伍兩壹錢貳釐。又民欠未完運米脚價銀貳百陸拾陸兩肆錢玖分伍釐。覆查冊造額徵牧地折色、陞豁正耗並已未完解支銷餘剩各數目，均屬相符。等情。造具清冊，呈詳前來。臣覆覈無異，除冊送部外，相應具題。再，同案内寧遠廳額徵太僕寺牧地正耗銀兩，未據造報完解，容俟嚴催造報到日，再行請銷，合并陳明。等因前來。

查豐鎮、寧遠二廳經徵太僕寺牧廠餘地租銀，前經户部議覆，照該二廳經徵民地之例，每畝徵銀壹分肆釐。按年解交察哈爾都統衙門，以供駐防兵糈之用。又每正銀壹兩隨徵耗銀伍分，以為傾鎔解費。其支銷款項，悉照乾隆叁拾陸年原任吏部侍郎袁守侗同前撫臣鄂寶奏準酌定章程辦理。嗣於乾隆肆拾年并道光伍年，據該撫先後題報：前地内有覆丈缺額及逃戶遺糧，分別豁減糧銀。又民人續報認墾，照例陞科。均經臣部題覆各在案。今據該撫疏稱：豐鎮廳冊造道光叁拾年分經徵太僕寺牧廠餘地伍千貳百叁拾壹頃肆拾壹畝壹分，共徵正銀柒千叁百貳拾叁兩玖錢柒分伍釐。每兩隨徵耗銀伍分，共徵耗銀叁百陸拾陸兩壹錢玖分玖釐。内應撥歸改折地内不敷耗銀壹兩陸錢柒分肆釐，又除傾銷起解支用耗銀壹百貳拾玖兩柒錢捌分，餘剩耗銀貳百叁拾肆兩柒錢肆分伍釐。又除折色正銀内原留運米脚價銀貳千柒百貳拾肆兩玖錢肆分叁釐，又撥歸改折地内不敷銀叁拾叁兩肆錢捌分貳釐，應撥解直隸藩庫。下餘正銀肆千伍百陸拾伍兩伍錢伍分，捐墊銀壹錢壹分玖釐，共正銀肆千伍百陸拾伍兩陸錢陸分玖釐。餘剩耗銀貳百叁拾肆兩柒錢肆分伍釐，又捐墊銀陸釐，共徵耗銀貳百叁拾肆兩柒錢伍分壹釐，應解察哈爾都統衙門。今該廳僅徵正銀陸千陸百貳拾壹兩玖錢叁分肆釐。每兩隨徵耗銀伍分，共徵耗銀叁百叁拾壹兩玖分柒釐。捐墊正銀壹錢壹分玖釐，捐墊耗銀陸釐。正銀内除撥歸改折地内不敷正銀叁拾叁兩肆錢捌分貳釐。耗銀内除撥歸改折地内不敷耗銀壹兩陸錢柒分肆釐。正銀内除僅徵原留運米脚價銀貳千肆百伍拾捌兩肆錢肆分捌釐。以上共除正耗銀貳千肆百玖拾叁兩陸錢肆釐撥解直隸藩庫外，下餘正銀肆千壹百叁拾兩肆釐，耗銀叁百貳拾玖兩肆錢貳分叁釐。内除傾銷起解支用銀壹百肆兩玖錢壹分，餘剩耗銀貳百貳拾肆兩伍錢壹分玖釐。共正耗銀肆千叁百伍拾肆兩陸錢肆分貳釐，俱起解察哈爾都統衙門。等語。查豐鎮廳經徵道光叁拾年地租正耗銀兩，臣部核與冊報數目相符。既據該撫疏稱，已將徵收支剩銀兩分别解交直隸藩庫、察哈爾都統衙門查收，覈與冊報解交銀數相符,應咨直隸總督、察哈爾都統查照原議辦理。其傾銷起解支用銀壹百肆兩玖錢壹分,按冊核算,亦與奏定章程應支銀數符合,應準開銷。至疏稱尚有民欠未完正銀肆百叁拾伍兩伍錢肆分陸釐,耗銀叁拾伍兩壹錢貳釐,又未完運米腳價銀貳百陸拾陸兩肆錢玖分伍釐,應令嚴飭豐鎮廳迅速催徵全完,趕緊解交,報部查覈。再,疏稱:同案内寧遠廳額徵道光叁拾年太僕寺牧地正耗銀兩,未據造報完解。容俟嚴催造報到日,再行請銷。等語。查寧遠廳額徵太僕寺牧地正耗銀兩,向係隨同豐鎮廳一并批解題銷,今該廳分毫未解,難保無虧那情弊。應令山西巡撫嚴飭詳細查明,如查有以完作欠、虧那情弊,立即嚴參辦理。毋稍姑容,以儆玩延。

此案於咸豐元年玖月初伍日科抄到部,玆於拾貳月拾陸日辦理具題,合并聲明。

臣等未敢擅便,謹題請旨。

批紅:依議。

爲山西寧遠廳經徵輔國公凝陞額等家道光二十九年牧廠租銀事

咸豐元年十二月十六日

大學士兼署管理户部事務臣祁寯藻等謹題,爲請旨事。

户科抄出,山西巡撫兆那蘇圖題道光貳拾玖年分寧遠廳經徵輔國公凝陞額等家牧廠地租并隨徵耗銀支銷餘剩已未完數目一案。咸豐元年陸月貳拾貳日題,閏捌月拾壹日奉旨:該部察覈具奏。欽此。欽遵。於本日抄出到部。

該臣等查得,山西巡撫兆那蘇圖疏稱:寧遠廳經徵輔國公凝陞額等家牧廠並續墾地畝,應徵正耗銀兩支銷數目,例應按年造册題銷。玆據布政使蔣霨遠詳稱:據寧遠廳册造:道光貳拾玖年分額徵凝陞額等家廠地,並續墾宗室常恒等家廠地,共貳百柒拾肆頃貳拾壹畝壹分。每畝徵銀壹分肆釐,每兩加徵閏月銀叁分,正閏共徵銀叁百玖拾伍兩肆錢壹分貳釐。每正銀壹兩隨徵耗銀伍分,共徵耗銀壹拾玖兩柒錢柒分壹釐。今僅徵正閏共銀叁百貳拾伍兩玖錢。每兩隨徵耗銀伍分,共徵耗銀壹拾陸兩貳錢玖分伍釐。内除傾銷起解支用銀伍兩伍錢捌分外,餘剩耗銀壹拾兩柒錢壹分伍釐。又續徵正閏共銀捌兩陸錢陸分玖釐,耗銀肆錢叁分叁釐。據該廳解交綏遠城將軍衙門正閏共銀叁百貳兩捌錢玖分、耗銀捌兩陸錢叁分伍釐。又解交正閏共銀貳拾叁兩壹分、耗銀貳兩捌分。尚有徵存未解正閏共銀捌兩陸錢陸分玖釐、耗銀肆錢叁分叁釐。民欠未完正閏共銀陸拾兩捌錢肆分叁釐、耗銀叁兩肆分叁釐。分晰造冊,由府覈轉到司。覆查經徵起解支用餘剩並徵存未解民欠未完各數目,均屬相符。取具清冊,呈詳前來。臣覆覈無異,除冊送部覈銷,再,此項民欠未完正閏耗銀兩,現奉恩旨豁免,容另彙案辦理,合并陳明,為此具題。等因前來。

查輔國公凝陞額等家口外十八沙湖等處牧地,先因蒙古人等私招民人開墾壹百餘頃,俱係成熟地畝。據該撫題報,請照公恒禄等家牧廠地畝之例,每畝徵銀壹分肆釐,每正銀壹兩隨徵耗銀伍分。除傾鎔解費支用外,餘剩耗銀一并解司報撥。等因。嗣據該撫題報,前項廠地委員續丈壹百拾捌頃柒畝內,有播種成熟地貳拾叁頃陸拾畝柒分,於乾隆肆拾壹年陞科,其餘續墾地玖拾肆頃肆拾陸畝叁分,於乾隆肆拾柒年陞科。又續行查出民人墾種地肆拾壹頃玖拾玖畝伍分,於乾隆伍拾貳年陞科。嗣於道光拾柒年,據山西巡撫查明,清水河廳逃戶遺糧無著,米折正耗共銀陸千玖百陸拾玖兩零,題請照數豁除。所缺兵糈,擬請在於輔國公凝陞額等家地租銀內撥補,均經臣部題準。各在案。今據該撫疏稱:寧遠廳經徵道光貳拾玖年分額徵輔國公凝陞額等家,原報成熟並續墾陞科共地貳百柒拾肆頃貳拾壹畝壹分。每畝徵銀壹分肆釐,每兩加徵閏月銀叁分,正閏共徵銀叁百玖拾伍兩肆錢壹分貳釐。每正銀壹兩隨徵耗銀伍分,共徵耗銀壹拾玖兩柒錢柒分壹釐。今該廳僅徵正閏銀叁百貳拾伍兩玖錢,每兩隨徵耗銀伍分,共徵耗銀壹拾陸兩貳錢玖分伍釐。內除傾銷起解支用耗銀伍兩伍錢捌分外,餘剩銀壹拾兩柒錢壹分伍釐,隨同正閏銀一并解交綏遠城將軍衙門。等語。臣部按册覈算,該廳解交正閏耗地租,與册報數目相符。所有解交正閏耗共銀叁百叁拾陸兩陸錢壹分伍釐,覈與議準撥補原案相符。應令該撫造入兵馬奏銷冊內報查。其傾銷之用耗銀伍兩伍錢捌分,亦與章程案內應給銀數俱屬符合,應準開銷。至疏稱該廳尚有徵存未解正閏銀捌兩陸錢陸分玖釐,耗銀肆錢叁分叁釐等語,既據徵存,應令迅即解交,毋任延宕。其未完正閏銀陸拾兩捌錢肆分叁釐,耗銀叁兩肆分叁釐,據稱現奉恩旨豁免,另案辦理等語,查前項未完銀兩,覈與該撫奏豁單內數目相符,應準其照數豁免。

此案於咸豐元年閏捌月拾壹日科抄到部,玆於拾貳月拾陸日辦理具題,合并聲明。

臣等未敢擅便,謹題請旨。

批紅:依議。

爲陝撫題布政使接收交代經手銀錢一疏駁回重新造冊事

咸豐二年二月十二日

太子太保·大學士兼署管理戶部事務臣祁寯藻等謹題,爲交代事。

戶科抄出,陝西巡撫張祥河將前署布政使陳景亮接收前任布政使王懿德并署布政使易棠接收前署布政使陳景亮各任内經手一切倉庫正雜銀兩錢文并案交代,造冊具題一案。咸豐元年閏捌月貳拾叁日題,拾月貳拾日奉旨:該部察核具奏。欽此。欽遵。於本日抄出到部。

該臣等查得,陝西巡撫張祥河疏稱:據署布政使易棠詳稱,陞任布政使王懿德,原接收前署布政司事督糧道陳景亮交代冊造:截至咸豐元年叁月拾肆日止,舊管存庫兵雜朋合銀共貳拾柒萬捌千陸百壹拾陸兩捌錢柒分柒釐。又各標鎮營路季首闕支官兵俸餉等銀壹百叁萬玖千伍百玖拾玖兩捌錢陸分壹釐,尚未蒙掛到實支正領,作正開銷,應仍收入舊管項下。又應入道光叁拾年建曠不敷,該司詳請動撥驛站夫馬工料銀貳千伍百柒拾玖兩捌錢陸分柒釐。三項共該舊管銀壹百叁拾貳萬柒百玖拾陸兩陸錢伍釐。内應除陞任布政使王懿德任内,於咸豐元年叁月拾伍日接受交代之後,準各標鎮營移送奏銷冊造,道光叁拾年分實支官兵俸餉、養廉、公費等項作正開銷銀陸拾陸萬玖千貳百壹拾玖兩玖錢陸分肆釐。内有扣收朋合銀壹萬柒千伍百捌兩伍錢柒分伍釐,仍收入朋合舊管項下。實該舊管銀陸拾陸萬玖千捌拾伍兩貳錢壹分陸釐。陞任布政使王懿德任内,自咸豐元年叁月拾伍日起,至本年陸月拾伍日止,新收過兵雜共銀柒拾玖萬柒千叁百柒拾捌兩伍錢叁分,開除共銀壹拾貳萬叁千貳百陸拾玖兩玖錢叁分,實在銀壹百叁拾肆萬叁千壹百玖拾叁兩捌錢壹分陸釐。内除各標鎮營路季首闕支官兵俸餉等銀陸拾陸萬捌千捌百叁拾兩壹分,應俟掛到正領之日,有餘不足,找扣明白,作正開銷外,止實在存庫銀陸拾柒萬肆千叁百陸拾叁兩捌錢陸釐。又搭支兵餉錢文,陞任布政使王懿德原接收署布政司事督糧道陳景亮交代冊造:截至咸豐元年叁月拾肆日止,舊管存庫制錢肆萬貳千捌百伍串陸百伍拾文。陞任布政使王懿德任内,自咸豐元年叁月拾伍日起，至本年陸月拾伍日止，新收過正卯錢共肆千陸百貳拾捌串玖百伍拾肆文，開除各官養廉等項錢共壹萬貳千貳百叁拾柒串陸百叁拾玖文，實在存庫制錢叁萬伍千壹百玖拾陸串玖百陸拾五文。俱經前署布政司事督糧道陳景亮將收支各項銀兩、錢文逐款查核，接收清楚。并未屆限，旋即卸事，是以尚未造冊詳請會題。再查，署布政司事督糧道陳景亮接收前陞任布政使王懿德交代冊造：截至咸豐元年陸月拾伍日止，舊管存庫兵雜朋合銀共陸拾柒萬肆千叁百陸拾叁兩捌錢陸釐。又各標鎮營路季首闕支官兵俸餉等銀陸拾陸萬捌千捌百叁拾兩壹分，尚未蒙掛到實支正領，作正開銷，應仍收入舊管項下。二項共該舊管銀壹百叁拾肆萬叁千壹百玖拾叁兩捌錢壹分陸釐。署布政司事督糧道陳景亮任内，自咸豐元年陸月拾陸日起至本年柒月初貳日止，新收過兵雜銀共貳千貳百捌拾貳兩陸錢肆分伍釐，開除共銀叁萬捌千叁百貳拾兩捌錢叁分叁釐，實在銀壹百叁拾萬柒千壹百伍拾伍兩陸錢貳分捌釐。内除各標鎮營路季首闕支官兵俸餉等銀陸拾柒萬肆千捌百玖拾叁兩陸錢捌分，應俟掛到正領之日，有餘不足，找扣明白，作正開銷外，止實在存庫銀陸拾叁萬貳千貳百陸拾壹兩玖錢肆分捌釐。又搭支兵餉錢文，署布政司事督糧道陳景亮接收前陞任布政使王懿德交代冊造，截至咸豐元年陸月拾伍日止，舊管存庫制錢叁萬伍千壹百玖拾陸串玖百陸拾伍文。署布政司事督糧道陳景亮任内，自咸豐元年陸月拾陸日起，至本年柒月初貳日止，新收無項，開除各官養廉等項，共錢捌百伍拾陸串貳百玖拾玖文，實在存庫制錢叁萬肆千叁百肆拾串陸百陸拾陸文。均經該署司逐一按款查核明白，俱有批領存卷。其存庫銀兩錢文，亦經盤收清楚，并無侵那虧缺等弊。由司照依向例，分案造具交代冊結，同動支銀兩錢文款項總冊，一并詳賫察核，并案盤查，加結保題前來。除照例出具印結，同送到冊籍分送部科外，謹會同前暫署督臣薩迎阿，合詞具題。等因前來。

查先於前署布政使多慧接收并案交代案内，經臣部題明，令該撫將季首闕支一款，另爲一冊，先將前任内季首闕支、尚未給發銀兩作爲舊管，本任内已領未發之數，作爲新收，並將所領某項銀兩係於某款銀内動支，一一註明。現在給發銀兩作爲開除，亦註明給發月日，其尚未給發之數，作爲實存。如此分晰開造，庶款目易於檢查，而庫儲亦歸核實。令即照造清冊，專案題覆。復據該撫將前任布政使王懿德等接收并案交代造冊具題，經臣部檢查，各冊均係籠統數目，並未按照該省清查司庫冊内銀數開造。而於季首闕支之項，亦未另造一冊。議令該撫速飭照依查明具奏案内冊造三十八款,按款分晰詳細,各造一冊,並核算明確,另造總冊一本。其季首闗支一款,亦即另爲一冊,分晰收除數目,一併專案題覆,到日再行核辦。等因。各在案。

今查署布政使易棠等接收并案交代各款銀兩及季首闗支銀兩,仍係籠統造冊題報,並未分晰開造。其銀數是否相符,臣部均無憑核對。所有此案交代,應仍令陝西巡撫查明臣部題駁前任布政使王懿德等接收并案交代各案内指示冊式,另造妥冊,題覆到日,再行核辦。並將前駁各案交代,亦即分晰造冊題覆,以憑核對,毋任懸宕。

再,此案科抄於咸豐元年拾月貳拾日到部,兹於貳年貳月拾壹日辦理具題,合并聲明。

臣等未敢擅便,謹題請旨。

批紅:依議。

爲蘇撫題報新舊任署鹽巡道接收交代事

咸豐二年二月十八日

太子太保·大學士兼署管理戶部事務臣祁寯藻等謹題,爲盤查事。

戶科抄出,江蘇巡撫楊文定題現署鹽巡道麟桂接收吳葆晉交代一案。咸豐元年拾月貳拾日題,拾貳月初叁日奉旨:該部察核具奏。欽此。欽遵。於本日抄出到部。

該臣等查得,江蘇巡撫楊文定疏稱:現署鹽巡道麟桂接收吳葆晉任内經手錢糧,據署江寧布政使聯英、署江蘇按察使岳興阿會詳稱:前署江巡道吳葆晉,自咸豐元年叁月初伍日到任起,至柒月貳拾肆日卸事前一日止,冊造:舊管銀叁百貳拾陸兩捌錢肆釐,新收銀捌千壹百肆拾柒兩叁錢伍分壹釐,開除銀捌千叁百陸拾捌兩捌錢,實在存庫銀壹百伍兩叁錢伍分伍釐。經現署巡道麟桂查明,收放相符,解支有據,船隻齊全。由司加結,同送到冊結轉詳具題。臣覆核無異,除冊結送部查核外,相應具題前來。

查現署江南鹽巡道麟桂,接收吳葆晉自咸豐元年叁月初伍日起,至柒月貳拾肆日任事前一日止交代冊開:舊管銀叁百貳拾陸兩捌錢肆釐。臣部核與吳葆晉接收周啟運交代報存銀數相符。新收銀捌千壹百肆拾柒兩叁錢伍分壹釐。計管收共銀捌千肆百柒拾肆兩壹錢伍分伍釐。内動放宣樓船工食公費銀壹千肆百拾玖兩,黄快船工食公費銀陸千壹百伍拾肆兩捌錢,應令江蘇巡撫造報。兵部、工部準銷之日,專案報部,以便移查銷結。又動放沙船工食公費銀柒百玖拾伍兩,并令題報臣部。所有實存銀壹百伍兩叁錢伍分伍釐,加謹收存。俟動用之日,報部查核。

再,此案科抄於咸豐元年拾貳月初叁日到部,兹於貳年貳月拾捌日辦理具題,合并聲明。

臣等未敢擅便,謹題請旨。

批紅:依議。

爲刑部奏銷道光三十年辦理秋審朝審各項經費事

咸豐二年三月十三日

戶部等部,太子太保·大學士兼署管理戶部事務臣祁寯藻等謹題,爲造送奏銷銀兩事。

準刑部將道光叁拾年分辦理秋審、朝審招冊本章及囚衣工價一切雜費工食等項銀兩,造具細冊於咸豐元年拾貳月初肆日咨送到部。

該臣等查得,刑部咨送冊開:道光貳拾玖年伍月内,預領道光叁拾年奏銷銀陸千兩。該年辦理秋審、朝審招冊及囚衣工價一切雜費等項,共用銀肆千貳百壹拾壹兩捌錢捌分叁釐,餘銀壹千柒百捌拾捌兩壹錢壹分柒釐。再查,上年奏銷案内,連歷年不敷,共銀肆萬壹千玖百柒拾玖兩伍錢貳分捌釐。將咸豐元年奏銷銀陸千兩全數動用外,尚不敷銀叁萬伍千玖百柒拾玖兩伍錢貳分捌釐。等語。查乾隆叁拾捌年拾壹月内經刑部奏稱:每年辦理秋審、朝審招冊本章,及囚犯棉衣,醫官、仵作工食,刷印律例等項,乾隆陸年奏準,每年預領銀陸千兩,於次年奏銷。如用數在陸千兩以上,即在預領次年銀内動支墊給。嗣於乾隆拾玖年奏準,删除招冊重複情節,暨乾隆叁拾肆年將初次進呈清漢黄冊及舊緩决招冊等項節次裁減,一切刊刻刷印工價比前較少。以後辦理秋審、朝審等項,每年酌減壹千兩,只領銀伍千兩,以歸實用。統於次年奏銷。嗣後遇有餘剩,即於歲底應領銀内按數扣除。倘有不敷,仍照向例,在於次年銀内動支。等因。奉旨:知道了。欽此。欽遵。知照臣部在案。嗣於道光貳拾年叁月内,復經刑部以辦理秋審需費較多,奏準自貳拾年爲始,改歸舊額,仍領銀陸千兩。嗣後如有不敷,不準再行奏請加增,以示限制。等因。

知照臣部各在案。今據刑部咨冊内開,道光叁拾年辦理秋審、朝審招冊本章及囚衣、工價、一切雜費、工食等項,共用銀肆千貳百壹拾壹兩捌錢捌分叁釐,内除預領咸豐元年奏銷銀陸千兩,臣部核與給發銀數相符。其叁拾年分餘銀壹千柒百捌拾捌兩壹錢壹分柒釐,應於歷年不敷銀内扣除。核算上年奏銷案内,連歷年不敷,共銀叁萬柒千柒百陸拾柒兩陸錢肆分伍釐。將此次餘銀壹千柒百捌拾捌兩壹錢壹分柒釐歸入扣除外,實不敷銀叁萬伍千玖百柒拾玖兩伍錢貳分捌釐。據刑部原題内稱,在於飯銀項下墊發,應聽刑部自行籌辦。

此案於咸豐元年拾貳月初肆日準刑部咨送到部,茲於咸豐貳年叁月拾叁日辦理具題,合并聲明。

臣等未敢擅便,謹題請旨。

批紅:依議。

爲貴州題請協撥咸豐元年文職養廉銀兩事

咸豐二年三月十九日

太子太保·大學士兼署管理戶部事務臣祁寯藻等謹題,爲請撥文職養廉銀兩事。

戶科抄出,原任貴州巡撫喬用遷題貴州省咸豐元年分文職養廉不敷銀兩請隨同官兵俸餉一并估撥一案。咸豐元年閏捌月貳拾捌日題,拾壹月貳拾捌日奉旨:該部議奏。欽此。欽遵。於本日抄出到部。

該臣等查得,原任貴州巡撫喬用遷疏稱:據布政使調補陝西布政使吳式芬詳稱,竊查黔省文職養廉銀捌萬伍千玖百肆拾兩。内除徵收耗羨税羨銀兩,坐支銀叁萬柒千柒百叁拾餘兩。不敷銀兩,向於京鉛節省水脚項下,按年撥補供支。嗣因節省水脚一項,支發廠地加增工本脚價暨歸還長撥公費等款,并無餘銀湊撥養廉。於道光拾肆年奉部議覆,嗣後儻京鉛節省水脚不敷動給,援照武職養廉之案,隨同官兵俸餉在外省協撥,以供支給在案。今咸豐元年分文職養廉不敷支用銀肆萬捌千貳百兩。查京鉛節省水脚項下,己酉年下運委員桂隆報銷冊造,共節省銀壹萬叁千玖百肆拾柒兩貳分肆釐,業已附入道光貳拾玖年工本項下墊辦鉛斤,支用無存。應俟湖北省解歸鉛價清款,再行分别撥用。現在司庫並無節省餘銀撥湊公費。所有咸豐元年文職養廉不敷支用銀肆萬捌千貳百兩,自應援照武職養廉之案,隨同官兵俸餉協撥來黔,以供支給,造冊具題。等情。臣覆核無異,謹會同雲貴總督臣吳文鎔,合詞具題。等因前來。

查黔省歲需文職養廉銀捌萬伍千玖百肆拾兩,除照例在於耗羨稅羨銀內,坐支銀叁萬柒千柒百叁拾餘兩。不敷銀兩,向於運鉛節省水脚銀內動支。嗣因節省水脚一項,支發廠地加增工本等款之用,并無餘銀湊撥養廉。前據貴州巡撫奏撥道光拾肆年分不敷文職養廉銀兩案內,經臣部議令嗣後援照武職養廉之案,隨同官兵俸餉,在於外省協撥,以供支放在案。今據原任貴州巡撫喬用遷題報,咸豐元年分文職養廉不敷銀肆萬捌千貳百兩,請援照武職養廉之案,隨同官兵俸餉估撥。等語。查貴州省咸豐元年分文職養廉不敷銀肆萬捌千貳百兩,業經臣部於題撥該省咸豐貳年應需兵餉銀兩案內一并估撥在案,應毋庸議。仍令該撫將前項銀兩轉□□□該年文職養廉奏銷冊內,報部核銷。

此案於咸豐元年拾壹月貳拾捌日科抄到部,茲於咸豐貳年叁月拾玖日辦理具題,合并聲明。

臣等未敢擅便,謹題請旨。

批紅:依議。

爲直督請撥慕陵員役二年春季俸餉等項銀兩事

咸豐二年六月初四日

太子太保·大學士兼署管理戶部事務臣祁寯藻等謹題,爲題撥事。

戶科抄出,協辦大學士·直隸總督訥爾經額題撥易州供應慕陵各員役咸豐貳年春季分俸餉等項銀兩一案。咸豐貳年正月貳拾日題,貳月貳拾陸日奉旨:該部議奏。欽此。欽遵。於本日抄出到部。

該臣等查得,協辦大學士·直隸總督訥爾經額疏稱:咸豐貳年春季分易州供應慕陵各員役俸餉等銀壹千伍百壹拾兩肆錢伍分玖釐。樹夫匠役工食銀叁百柒拾捌兩。又供應妃園寢月餉銀叁百陸兩貳錢柒分陸釐。又供應宣宗成皇帝祭祀牛羊需用豆草價等銀壹千叁百捌拾肆兩肆錢肆分叁釐。以上共銀叁千伍百柒拾玖兩壹錢柒分捌釐。又供應員役俸餉應需一半米折銀貳千陸百貳拾捌兩捌分叁釐,樹戶等一半米折銀陸拾叁兩,共銀貳千陸百玖拾壹兩捌分叁釐。統共銀陸千貳百柒拾兩貳錢陸分壹釐,飭司在於庫存地糧銀内動撥給領。再,前項銀兩攸關緊要,請照急需錢糧之例,一面具題,一面即行撥給。俾該州及早領回,採買供應。統於奏銷案内覈實銷算,多則解還,不敷找給,理合具題。等因前來。

查易州供應慕陵暨妃園寢各衙門員役俸餉銀兩,例應按季預估題撥。又陵寢各官兵應支俸餉米石,前經臣部奏準,自道光貳拾貳年爲始,半本半折支給。其折色銀兩,由直隸總督籌款,就近撥給,作正開銷。所有陵寢貝子、公以下暨額設禮部差役、工部匠役、内務府家口米石,以及樹户人等半折米石折價銀兩,江米每石壹兩捌錢,白米壹兩陸錢,次白米壹兩伍錢,粳稜米壹兩肆錢,粟米壹兩貳錢。嗣經臣部奏準,八旗并東陵、西陵俸甲米石半本半折内稜米一項,自貳拾貳年捌月初肆日奉旨以後,每石統以壹兩叁錢覈給。各等因。行文遵照在案。今據直隸總督疏稱:易州供應咸豐貳年春季分員役俸餉等銀貳千壹百玖拾肆兩柒錢叁分伍釐,又供應宣宗成皇帝祭祀牛羊需用豆草價等銀壹千叁百捌拾肆兩肆錢肆分叁釐,又一半米折銀貳千陸百玖拾壹兩捌分叁釐,統共銀陸千貳百柒拾兩貳錢陸分壹釐,在於司庫地糧銀内撥給。等語。應如所題,準其撥給。仍令該督轉飭,歸於年終專案,造冊題銷。並將給過銀兩造入該年奏銷冊内,送部查覈。

此案科抄於咸豐貳年貳月貳拾陸日到部,茲於陸月初肆日辦理具題,合并聲明。

臣等未敢擅便,謹題請旨。

批紅:依議。

爲福建奏銷道光三十年正額鹽引事

咸豐二年六月初六日

太子太保·大學士兼署管理户部事務臣祁寯藻等謹題,爲遵旨察核具奏事。

户科抄出,前任閩浙總督裕泰題福建道光叁拾年官商各幫行銷正額引目一案。咸豐元年閏捌月貳拾捌日題,拾貳月初叁日奉旨:該部察核具奏。冊并發。欽此。欽遵。於本日抄出到部。

該臣等查得,前任閩浙總督裕泰疏稱:福建省鹽政行銷引目,案準部咨,令將年銷正引造冊奏銷。其餘引并額外餘引,另冊奏銷。等因飭遵在案。茲據福建鹽法道戴嘉穀詳稱：道光叁拾年分奉部頒發正引伍拾肆萬伍千陸拾貳道壹千陸百柒斤内，除奉文減免西路各商年代龍溪、南靖、長泰、霞浦、福鼎、漳平等縣行銷正額引貳萬伍千壹拾伍道壹百叁拾玖斤外，實應行銷正額引伍拾貳萬肆拾伍道壹千陸百陸拾捌斤。内官運各廳縣場應銷額引，遵即督飭各屬，隨時按額領運銷徵。商運各幫，亦按繳完課銀，核引給運。所有前項引目已未運數目，照例歸於繳引冊内分晰造報外，合將道光叁拾年分官商各幫應銷正額引目，造具清冊，察核具題。并聲明：南平、順昌、將樂、尤溪、永安、建安、甌寧、浦城、邵武、光澤、建寧、泰寧、霞浦、福鼎、福安、寧德、羅源、閩縣、侯官、長樂、福清、江陰、連江、閩清、永福、莆田、仙遊、晉江、南安、惠安、同安、安溪、龍溪、漳浦、海澄、南靖、長泰、平和、詔安、永春、德化、大田、龍巖、漳平、寧洋等州縣場員，及平潭、雲霄二同知應完正額引課，除已完外，尚有未經完楚。業經彙同各縣場員、通判、縣丞，未完圻折銀兩，於正課奏銷案内，將督徵、經徵、接徵職名，照例開參。所有銷引職名，毋庸重開。等情。臣覆核無異，除冊分送部科外，臣謹會同護理福建巡撫臣慶端，合詞具題。至此案冊籍，據該道戴嘉穀於咸豐元年捌月貳拾玖日限内造送，緣冊造數目舛錯，駁飭查改，於閏捌月貳拾叁日改造具詳，是以題報稍稽，合并陳明。等因前來。

查閩省鹽務，有官商之别。官運各幫，先鹽後課。商運各幫，先課後鹽。額定歲行正引伍拾肆萬伍千陸拾貳道，例於次年拾月奏銷。嗣於道光貳拾肆年據閩浙總督奏：該省正溢兩課奏銷，計其時日較近，未免轉輸爲難。請將官商兩幫正課奏銷，每年提早兩月，改於捌月造報。等因。奏準在案。今據該督疏稱：道光叁拾年分，閩省官商各幫應銷正額引鹽内，除奉文減免西路各商年代龍溪等縣行銷正額引鹽貳萬伍千拾伍道外，實應行銷正額引鹽伍拾貳萬肆拾伍道。内官運各幫應銷額引，遵即督飭各屬按額領運銷徵。商運各幫，亦按繳完課銀，核引給運。所有前項引目已未運數目，照例歸於繳引冊内造報。等語。應令該督將前項已銷鹽引照例解部查銷，並轉飭官運各幫，應銷額引，督飭各屬趕緊疏銷，以符年額。至減免各商代銷龍溪等縣正額引鹽貳萬伍千拾伍道，查與奏準減免原案相符。其南平等縣及平潭、雲霄同知未完正引課銀，於正課奏銷案内開參。所有銷引未完職名，應如所請，毋庸重開。至此案冊籍應於咸豐元年捌月貳拾玖日限内造送，緣冊造數目舛錯，駁飭查改，於閏捌月貳拾叁日改造，題報稍遲。既據該督聲明，應毋庸議。

此案於咸豐元年拾貳月初叁日科抄到部，玆於咸豐貳年陸月初陸日辦理具題,合併并聲明。

臣等未敢擅便,謹題請旨。

批紅:依議。

爲晉撫題報預估綠營公費請照例於地丁項下題出備支事

咸豐二年六月十二日

太子太保·大學士兼署管理戶部事務臣祁寯藻等謹題,爲酌定綠營公費事。

戶科抄出,山西巡撫兆那蘇圖題預估咸豐貳年各鎮營應需公費銀兩一案。咸豐元年拾貳月初拾日題,咸豐貳年貳月初捌日奉旨:該部議奏。欽此。欽遵。於本日抄出到部。

該臣等查得,山西巡撫兆那蘇圖疏稱:山西省各協營路預估公費銀兩,準兵、工二部咨,行令照例題估題銷,歷經遵照在案。茲據布政使郭夢齡詳稱:準撫標左右二營將咸豐貳年應需公費,共估銀肆百玖拾貳兩肆錢叁分。又準太原鎮將所屬各協營咸豐貳年應需公費,共估銀伍千肆百伍拾伍兩伍錢叁分。又準大同鎮將各協營路咸豐貳年應需公費,共估銀陸千壹百肆拾玖兩柒錢柒分壹釐。內除動支地租銀貳千伍百伍拾玖兩玖錢柒分捌釐外,實應需銀叁千伍百捌拾玖兩柒錢玖分叁釐。分晰造具估冊,移送到司。覆查咸豐貳年係無閏之年,撫標左右二營并太原、大同二鎮所屬各協營路,共估公費銀壹萬貳千玖拾柒兩柒錢叁分壹釐。內除大同鎮屬餘地租抵作公費銀貳千伍百伍拾玖兩玖錢柒分捌釐,照舊由鎮支銷外,尚需銀玖千伍百叁拾柒兩柒錢伍分叁釐。按冊核算,均屬相符。應請在於咸豐元年地丁項內照數題出,收入咸豐貳年公費項下,另款存儲備支,俟年底據實造冊報銷。等情。呈詳前來。臣覆核無異,除冊送部查核外,相應具題,等因前來。

查山西省各鎮營應需公費銀兩,向係預估備支,年終造冊題銷。今據該撫疏稱,各協營咸豐貳年共需公費銀壹萬貳千玖拾柒兩柒錢叁分壹釐。內除大同鎮屬餘地租抵作公費銀貳千伍百伍拾玖兩玖錢柒分捌釐,照舊由鎮支銷外,尚需銀玖千伍百叁拾柒兩柒錢伍分叁釐。應請在於咸豐元年地丁銀內照數題出,收入咸豐貳年公費項下,另款存儲備支,俟年終據實造冊報銷。等語。臣部核與歷年辦過成案并應題銀數相符,應如該撫所題辦理。仍將本款支給各數,年終照例造冊,題報核銷。

此本於咸豐貳年貳月初捌日科抄到部,□陸月拾貳日辦理具題,合并聲明。

臣等未敢擅便,謹題請旨。

批紅:依議。

爲江蘇奏銷道光二十七年辦理紅飛金用過銀兩事

咸豐二年六月十五日

太子太保·大學士兼署管理戶部事務臣祁寯藻等謹題,爲請銷事。

戶科抄出,江蘇巡撫楊文定題江蘇省道光貳拾柒年額添辦紅飛金用過價腳銀兩報銷一案。咸豐元年拾貳月貳拾壹日題,貳年叁月貳拾叁日奉旨:該部察核具奏。欽此。欽遵。於本日抄出到部。

該臣等查得,江蘇巡撫楊文定疏稱:江蘇省道光貳拾柒年分應辦原額添辦并改辦紅飛金,先經照辦齊全,委員解部在案。今據署蘇州布政使岳興阿詳稱:辦解道光貳拾柒年分額辦添辦紅飛金陸百塊,計重貳百伍拾捌兩柒錢叁分貳釐。按照歷屆準銷折實庫平紋銀壹拾伍換連風飛折耗計,該價銀肆千壹百壹拾叁兩捌錢叁分捌釐。匠工、紙張、飯食等銀貳千陸百柒拾兩捌錢玖分。照例應給水腳銀伍拾壹兩柒錢肆分陸釐。共計價工水腳等銀陸千捌百叁拾陸兩肆錢柒分肆釐。又添辦紅飛金陸百塊,計重貳百伍拾捌兩柒錢叁分貳釐。按照歷屆準銷折實庫平紋銀壹拾伍換連風飛折耗計,該價銀肆千壹百壹拾叁兩捌錢叁分捌釐。匠工紙張飯食等銀貳千陸百柒拾兩捌錢玖分。照例應給水腳銀伍拾壹兩柒錢肆分陸釐。共該價工水腳等銀陸千捌百叁拾陸兩捌錢柒分肆釐。又續添辦紅飛金捌百塊,計重叁百肆拾肆兩玖錢柒分陸釐,按照歷屆準銷折實庫平紋銀壹拾伍換連風飛折耗計,該價銀伍千肆百捌拾伍兩壹錢壹分捌釐。匠工紙張飯食等銀叁千伍百陸拾壹兩壹錢捌分柒釐。照例應給水腳銀陸拾捌兩玖錢玖分陸釐。共該價工水腳等銀玖千壹百壹拾伍兩叁錢壹釐。又改辦紅飛金壹千貳百塊,計重伍百壹拾柒兩肆錢陸分肆釐。按照歷屆準銷折實庫平紋銀壹拾伍換連風飛折耗計,該價銀捌千貳百貳拾柒兩陸錢柒分陸釐。匠工紙張飯食等銀伍千叁百肆拾壹兩柒錢捌分。應給水腳銀壹百叁兩肆錢玖分貳釐。共該價工水腳等銀壹萬叁千陸百柒拾貳兩玖錢肆分捌釐。照例動支司庫道光貳拾陸年地丁銀兩給辦,造具報銷冊結,詳送具題前來。

查江蘇省道光貳拾柒年額添改辦紅飛金叁千貳百塊,計重壹千叁百柒拾玖兩玖錢肆釐。每金壹兩。價銀拾伍兩,折耗金陸分,用銀玖錢。計該價銀貳萬壹千玖百肆拾兩肆錢柒分。又每兩用匠工紙張飯食炭火等銀拾兩叁錢貳分叁釐,計玖叁折實庫平紋銀壹萬肆千貳百肆拾肆兩柒錢肆分柒釐。又每金壹千兩給水腳銀貳百兩,共計給銀貳百柒拾伍兩玖錢捌分。共該金價工費水腳等銀叁萬陸千肆百陸拾壹兩壹錢玖分柒釐。核對道光貳拾陸年地丁奏銷案内,動支銀數均屬相符,應準開銷。

再,此案科抄於咸豐貳年叁月貳拾叁日到部,茲於陸月拾伍日辦理具題,合并聲明。

臣等未敢擅便,謹題請旨。

批紅:依議。

爲江蘇道光三十年漕倉銀兩征解不足六分官員題參事

咸豐二年六月二十三日

太子太保·大學士兼署管理戶部事務臣祁寯藻等謹題,爲詳請等事。

據江蘇巡撫楊文定將江寧等府州屬應徵道光叁拾年分漕倉銀兩咨部核參一案。咨文於咸豐貳年正月初拾日到部。

該臣等會議得,江蘇巡撫楊文定咨稱:據江安督糧道陳克讓詳稱,竊照各屬額徵漕倉銀兩,原爲給丁運費而設,例應隨徵隨解,以濟是年支放。江蘇省之江寧、蘇州等府州屬,每年額解道庫漕倉銀貳拾餘萬兩。如全漕起運之年,應用銀拾餘萬兩。即偶被偏災,幫船減歇,仍有應解通餉并放給起運各幫運費以及苫蓋月糧等銀。各屬應徵熟田漕倉銀兩,亦須照例解足六分,始足以供支放。查道光叁拾年分額解漕倉銀兩,各屬多以被歉為詞,應徵錢糧,花戶完納不前。節經嚴催,仍未據照例解足。所有各屬應徵銀兩,除被歉緩徵外,實徵熟田銀壹拾捌萬貳千餘兩,自應照例解足六分,以供支放。茲各州、廳、縣、衛所解銀兩,截至道光叁拾年拾月底止,共解收銀貳萬伍千捌百陸拾貳兩伍錢陸分肆釐。内除高郵、贑榆、海門等州、廳、縣並揚州、蘇州、鎮江等衛已將熟田銀兩解清外,其餘各州、縣、衛均未解足六分。查例載:上下兩江每年應徵行月錢糧,定限拾月内完解十分之六,給丁濟運。如解不足數,州縣官罰俸六個月。不敷之項,在於道庫減存項下墊給,再限三個月解足補款。如仍徵解不全,再行指參,罰俸一年。等語。今各員於應行按額徵解之漕項錢糧,屢催不能解足六分。隨經移請江蘇兩藩司,將被災各屬應行蠲緩各數,開移核辦去後。復加節催,兹準陸續開移前來。相應照例開參,并將各屬已未完解分數,造具清冊,同經徵、接徵職名,另開揭帖呈送,咨部核議。至未完銀兩,現又嚴催趕解。如各屬仍未能於展參三個月内全行解收,另行查明續完、仍欠各數,照例開參。等情。相應咨達。等因前來。

查漕運全書内載:每年應徵行月錢糧,定限拾月内完解十分之六。解不足數,州縣官罰俸六個月,勒限三個月徵完。如仍徵解不全,再行指參罰俸一年。等因。今據江蘇巡撫咨稱:各屬應徵道光叁拾年分漕倉銀兩除被歉緩徵外,實徵熟田銀拾捌萬貳千餘兩,截至拾月底止,共解收銀貳萬伍千捌百陸拾貳兩伍錢陸分肆釐。内除高郵、贛榆、海門等州、廳、縣并揚州、蘇州、鎮江等衛已將熟田銀兩解清外,其餘各州、縣、衛均未解足六分,相應照例開參。等語。

吏部查:定例江南有漕州縣每年應徵行月錢糧,於拾月内先以六分完解。如不及六分之數,有誤支放者,將經徵之州、縣官罰俸六個月,再限三個月完解。又定例,各官任内有承緝未完案件,於限内離任者,以罰俸一年完結。等語。除起限之後不及一月卸事各員,例得免議,并病故之員俱毋庸議外,應將經徵、接徵行月錢糧初參未完之前任上元縣知縣屠元瑞、代理江寧縣事山陽縣知縣王慶瑞、署句容縣事試用知縣白上釆、代理句容縣事江寧府經歷顧璜、前任高淳縣知縣向柏齡、署高淳縣事試用知縣章乃登、署江浦縣事試用知縣衛榮簡、六合縣知縣都棨森、阜寧縣知縣白聯元、署清河縣事江浦縣知縣於醇儒、安東縣知縣龔舫前、桃源縣知縣吳棠、署鹽城縣事試用知縣焦肇瀛、署鹽城縣事試用知縣陳敦誥、泰州知州張之杲、東臺縣知縣葛起元、江都縣知縣許道身、前任江都縣知縣今以簡缺補用陳第誦、署江都縣事通州州同陸武曽、甘泉縣知縣姚維城、署儀徵縣事候補通判福禄堪、署寶應縣事儀徵縣知縣王筠節、署寶應縣事試用知縣周於諮、署興化縣事試用知州魏源、興化縣知縣梁園棣、前任銅山縣知縣左仁、前任蕭縣知縣顧鴻逵、代理蕭縣事徐州府經歷王炳鈞、署蕭縣事試用知縣馬軼羣、沛縣知縣景步逵、前任碭山縣知縣丁瑞徵、前任豐縣知縣朱學海、署豐縣事鹽城縣知縣楊維藩、宿遷縣知縣任輝第、署睢寧縣事豐縣知縣賈鎮、睢寧縣知縣高丙謀、海州知州毓彬、沭陽縣知縣董夢齡、代理沭陽縣事沭陽縣縣丞陳廉、署沭陽縣事候補通判虞運丈、署通州事候補知府何森林、通州知州金咸泰、興縣知縣張行澍、如皋縣知縣馬雲鶴、前任長洲縣知縣黄廷瓚、署元和縣事婁縣知縣余龍光、前任吳縣知縣王錫九、署吳縣事上元縣知縣劉同纓、前任吳江縣知縣今以簡缺補用姚銑、署吳江縣事試用知縣賈益謙、署震澤縣事試用通判陸保、署震澤縣事試用知縣吳煦、常熟縣知縣黄金韶、署昭文縣事試用知縣章惠、崑山縣知縣王省山、代理新陽縣候補知縣金鎔、署新陽縣事金山縣知縣薛焕、新陽縣知縣陳懋藹、署華亭縣事無錫縣縣丞帥宗㮣、奉賢縣知縣王嘉穀、署上海縣事候補同知平翰、上海縣知縣毓慶、南滙縣知縣高長紳、川沙廳同知何士祁、署川沙廳同知事試用知縣竇塾、青浦縣知縣林德泉、署婁縣事試用知縣李輝德、署金山縣事試用知縣王慶嵩、署武進縣事試用知縣張廣韶、陽湖縣知縣宋備恪、署無錫縣事試用知縣賀際運、署無錫縣事試用知縣張印坦、署金匱縣事震澤縣知縣沈則可、前任江陰縣知縣楊鳳翮、署宜興縣事竇應縣知縣唐守道、署荆溪縣事銅山縣知縣周璞、靖江縣知縣齊在鎔、丹徒縣知縣已經革職又經開復張元揆、丹徒縣知縣已經革職又經開復張禮、代理丹陽縣事試用通判陸以賢、金壇縣知縣聶汝佶、署金壇縣事候補知縣丁國恩、溧陽縣知縣蔡世佑、署太倉州事候補知府洪玉珩、太倉州知州方傳書、署鎮洋縣知縣鄭揚旌、前任鎮洋縣知縣翟鑠覯、前任嘉定縣知縣陳鎔、署寶山縣事候補同知吳雲、寶山縣知縣金衍照、嵩明縣知縣孫豐,均照例罰俸六個月,再限三個月完解。向柏齡已調武進縣知縣,陳第誦已撤任以簡缺補用,又經革職。顧鴻逵、朱學海、薛焕俱已革職,王筠節已經丁憂,姚銑已撤任以簡缺補用。王錫九已經告病,鄭揚旌已告病,病痊坐補原缺。王慶瑞、顧璜、王炳鈞、賈鎮、陳廉俱係代理署事官。焦肇瀛、白上采、魏源、何森林、陸保、金鎔、平翰、王慶嵩、張廣韶、賀際運、陸以賢、洪玉珩、吳雲俱係候補試用之員,俱於未經限滿之先卸事。應照離任官例,向柏齡、王慶瑞、顧璜、王炳鈞、賈鎮、陳廉,均應於現任内罰俸一年完結。王筠節、姚銑、鄭揚旌、焦肇瀛、白上采、魏源、何森林、陸保、金鎔、平翰、王慶嵩、張廣韶、賀際運、陸以賢、洪玉珩、吳雲,均應於補官日罰俸一年完結。王錫九應照病假離任官例,於補官日罰俸一年完結。陳第誦、顧鴻逵、朱學海、薛焕,應各罰俸一年註冊。屠元瑞已陞銅沛同知,吳棠已調清河縣知縣,左仁已陞邳州知州,楊維藩已補鹽城縣知縣,任煇第已調江寧縣知縣,帥宗㮣已陞吳江縣知縣,張元揆、張禮俱已革職又經開復，丁瑞徵、楊鳳翩俱已革職，黄廷瓚已經丁憂，翟鑅觀已調丹徒縣知縣，陳鎔已調江陰縣知縣，章乃登、衛榮簡、於醇儒、陳敦誥、陸武曾、福禄堪、周於諧、馬軼羣、虞運文、余龍光、劉同纓、賈益謙、吳煦、章惠、竇墊、李輝德、張印坦、沈則可、唐守道、周璞、丁國恩，亦係試用署事官，均未聲明卸事日期。其應照例議結之處，俟復參到日再議。方傳書又在江寧縣任内，梁園棣又署句容縣任内，金衍照又在寶應縣任内，許道身又在句容縣任内，金咸又署華亭縣任内，毓慶又在青浦縣任内，薛焕又在金山縣任内，向柏齡又在武進縣任内，賈益謙又署靖江縣任内，俱又經徵、接徵初參未完，應照例各再罰俸六個月，再限三個月完解。方傳書、梁園棣、金衍照、金咸、毓慶、賈益謙均於限内卸事。應照離任官例，方傳書、梁園棣、金衍照、金咸、毓慶，應於現任内各再罰俸一年完結，賈益謙於補官再罰俸一年完結。吳煦又兼宜興縣任内，該員又署荆溪縣任内，應照例於此案每案再罰俸六個月，再限三個月完解。該員均於限内卸事，應照離任官例，每案於補官日各再罰俸一年完結。許道身、薛焕俱未聲明卸事日期，其應照例議結之處，亦俟復參到日再議。

兵部查：定例江南有漕州縣，每年應徵行月錢糧，於拾月内先以六分完解，如不足六分之數，將經徵衛所官罰俸六個月，再限三個月完解。又定例，官員催徵錢糧，於未催完之先離任者，罰俸一年。各等語。除徐州衛守備慶長業經病故毋庸議外，應將經徵道光叁拾年分行月錢糧，初參完解不足六分之署淮安衛事候補守備楊雲書、署大河衛事候補守備穆恒德、署徐州衛事候補守備許立三、鎮海衛守備賈任洙，均照例罰俸六個月，再限三個月完解。賈任洙又兼署太倉衛，經徵行月錢糧，初參完解不足六分，應再罰俸六個月，再限三個月完解。淮安衛守備曹恩元、太倉衛守備李聯鑣，均於未催完之先卸事。應照離任官例，各罰俸一年完結。係屬公罪，例準議抵。曹恩元有尋常紀録三次，應銷去紀録二次，抵免罰俸。李聯鑣於道光叁拾年正月初肆日卸事，係在道光叁拾年正月貳拾陸日欽奉恩詔以前，所議罰俸，應行寬免。至前項已完銀兩，戶部照數登記。仍令該撫即飭造入漕倉各奏銷冊内，查核歸結。未完銀兩，照例勒限三個月催完。如仍徵解不全，再行查明已未完解數目，造册復參。其餘應徵四分銀兩，並令於奏銷期内照數徵完，報部查核。

此本係戶部主稿。咨文於咸豐貳年正月初拾日到部，貳月拾玖日咨送吏、兵二部會議，肆月貳拾壹等日議結送回。玆於陸月貳拾叁日辦理具題，合并聲明。

臣等未敢擅便,謹題請旨。

批紅:依議。

爲雲南報銷東川局鼓鑄錢文用過銅鉛價腳銀兩事

咸豐二年七月十七日

太子太保·大學士兼署管理户部事務臣祁寯藻等謹題,爲鼓鑄報銷等事。

户科抄出,前任雲南巡撫張亮基題東川局鼓鑄報銷一案。咸豐元年拾壹月拾叁日題,貳年貳月初柒日奉旨:該部察核具奏。欽此。欽遵。於本日抄出到部。

該臣等查得,前任雲南巡撫張亮基,將東川局道光叁拾年分鼓鑄錢文用過銅鉛價腳銀兩,造册具題前來。

一、册稱:舊管銀柒萬玖千伍百柒拾伍兩貳錢肆釐零,錢陸萬叁千貳百拾捌串捌百捌拾貳文零,銅陸千斤。等語。查前項舊管銀錢銅斤,臣部核與上年實存數目相符,應毋庸議。

一、册稱:新收湯碌、大茂等廠銅拾玖萬捌千貳百捌拾柒斤拾伍兩零,者海廠白鉛拾伍萬陸千玖百柒拾柒斤拾伍兩零,阿那多廠黑鉛壹萬壹千玖百叁拾叁斤拾伍兩零。等語。查前項新收銅鉛,應於後款查核。

一、册稱:東川局設爐十座,道光叁拾年分鼓鑄三十六卯,共用净銅拾陸萬陸千陸百貳拾捌斤玖兩零。每百斤加耗銅捌斤,共加耗銅壹萬叁千叁百叁拾斤肆兩零。二共正耗銅拾柒萬玖千玖百伍拾捌斤拾叁兩零。每百斤價腳銀柒兩肆錢柒分陸釐零,共銀壹萬叁千肆百伍拾肆兩陸錢貳分肆釐。白鉛拾叁萬壹千玖百拾肆斤肆兩零,每百斤價腳銀貳兩叁錢,共銀叁千叁拾肆兩貳分玖釐。黑鉛壹萬貳拾捌斤玖兩零,每百斤價腳銀貳兩貳錢,共銀貳百貳拾兩陸錢貳分玖釐。共用銅鉛工本銀壹萬陸千柒百玖兩貳錢捌分貳釐。帶鑄錢文用銅壹萬陸千陸百陸拾貳斤拾叁兩零,每百斤加耗銅捌斤,共加耗銅壹千叁百叁拾叁斤零。二共正耗銅壹萬柒千玖百玖拾伍斤拾肆兩零。每百斤價腳銀柒兩肆錢柒分陸釐零,共銀壹千叁百肆拾伍兩肆錢陸分貳釐零。白鉛壹萬叁千壹百玖拾壹斤陸兩零,每百斤價腳銀貳兩叁錢,共銀叁百叁兩肆錢貳釐零。黑鉛壹千貳斤拾叁兩零,每百斤價腳銀貳兩貳錢,共銀貳拾貳兩陸分貳釐零。共用銅鉛工本銀壹千陸百柒拾兩玖錢貳分捌釐。又外耗錢文用銅壹萬肆千玖百玖拾陸斤捌兩零,每百斤加耗銅捌斤,共加耗銅壹千壹百玖拾玖斤拾壹兩零。二共正耗銅壹萬玖千壹百玖拾陸斤肆兩零。每百斤價腳銀柒兩肆錢柒分陸釐零,共銀壹千貳百拾兩玖錢壹分肆釐零。白鉛壹萬壹千捌百柒拾貳斤肆兩零,每百斤價腳銀貳兩叁錢,共銀貳百柒拾叁兩陸分貳釐零。黑鉛玖百貳斤玖兩零,每百斤價腳銀貳兩貳錢,共銀拾玖兩捌錢伍分陸釐零。共用銅鉛工本銀壹千伍百叁兩捌錢叁分叁釐零。以上正鑄、帶鑄、外耗共用銅鉛工本銀壹萬玖千捌百捌拾肆兩肆分叁釐。又放炒銅工費銀伍百玖拾肆兩捌錢陸分肆釐。等語。查東川錢局道光叁拾年分正鑄、帶鑄、外耗共用銅鉛價腳銀壹萬玖千捌百捌拾肆兩肆分叁釐。臣部按册核算,與題定應給之數相符,應準開銷。至放炒銅工費銀伍百玖拾肆兩捌錢陸分肆釐,查道光叁拾年分銅廠奏銷册内,並無造報該局炒銅工費銀兩,無憑查核,應令該撫查明報部核辦。

一、册稱:東川局道光叁拾年分正鑄錢文,除耗銅不計外,共用銅鉛三十萬八千五百七十一斤六兩零,每百斤折耗九斤,共折耗銅鉛二萬七千七百七十一斤六兩零,净銅鉛二十八萬八百斤。每錢壹文,鑄重壹錢貳分,共鑄錢叁萬柒千肆百肆拾串文。内工本錢壹萬陸千柒百玖串貳百捌拾貳文,息錢貳萬柒百叁拾串柒百拾捌文。帶鑄錢文除耗銅不計外,共用銅鉛三萬八百五十七斤二兩零,每百斤折耗九斤,共折耗銅鉛二千七百七十七斤二兩零,净銅鉛二萬八千八十斤。每錢壹文,鑄重壹錢貳分,共鑄錢叁千柒百肆拾肆串文。内工本錢壹千陸百柒拾串玖百貳拾捌文,息錢貳千柒拾叁串柒拾貳文。外耗錢文除耗銅不計外,共用銅鉛二萬七千七百七十一斤六兩零,例不折耗。每錢壹文,鑄重壹錢貳分,共鑄錢叁千柒百貳串捌百伍拾貳文。内工本錢壹千伍百叁串捌百叁拾叁文,息錢貳千壹百玖拾玖串拾玖文。以上正鑄、帶鑄、外耗共鑄工本息錢肆萬肆千捌百捌拾陸串捌百伍拾貳文。等語。查東川局道光叁拾年分正鑄、帶鑄、外耗共鑄工本息錢肆萬肆千捌百捌拾陸串捌百伍拾貳文,臣部按册核算,數目相符,應毋庸議。

一、册稱:開除搭放迤東道及東川、昭通、曲靖三府屬各官養廉,動支工本錢貳千壹百貳拾貳串壹百柒拾捌文。各廠工本運腳動支工本錢貳萬壹千叁串陸百貳拾伍文。又搭放曲靖驛堡夫馬工料,動支工本錢肆千叁百肆拾玖串伍百貳拾柒文。東川、昭通、曲靖三府屬鞭春祭祀、鋪工、廪生餼糧動支工本錢壹千叁百貳拾捌串捌百伍拾叁文。以上共動支工本錢貳萬捌千捌百肆串壹百捌拾叁文。每錢壹串,易銀壹兩,共易囘銀貳萬捌千捌百肆兩壹錢捌分叁釐,收入司庫銀兩項下。又添放各官養廉息錢肆百貳拾肆串肆百叁拾伍文零,各廠工本運腳息錢肆千貳百串柒百貳拾伍文,驛堡夫馬工料息錢捌百陸拾玖串玖百伍文零,鞭春祭祀、鋪工、廪生餼糧息錢貳百陸拾伍串柒百柒拾文零。查搭放錢文,每工本錢壹串,照例加添息錢貳百文,共動支息錢伍千柒百陸拾串捌百叁拾伍文零。又正鑄錢文爐匠物料錢壹千玖百拾玖串捌百貳拾捌文,工食錢肆千叁百貳拾串文,加添米炭息錢捌百捌拾玖串貳百文。又帶鑄錢文爐匠物料錢壹百玖拾壹串玖百捌拾貳文,官役紙筆等項動支外耗息錢壹千肆百陸拾串柒百柒拾貳文。等語。查東川局道光叁拾年分搭放養廉、廠本運腳、鞭春祭祀、廪生餼糧動支工本錢貳萬捌千捌百肆串壹百捌拾叁文,易囘銀貳萬捌千捌百肆兩壹錢捌分叁釐。臣部查與定例易銀數目相符,應毋庸議。至動支息錢伍千柒百陸拾串捌百叁拾伍文零,並正鑄、帶鑄爐匠工料等項息錢柒千叁百貳拾壹串壹拾文,又支給官役廉食紙筆等項,動支外耗息錢壹千肆百陸拾串柒拾貳文,亦與定例應給之相符,均應準其開銷。

一、册稱:實存銀捌萬柒千玖百兩肆錢捌分零,錢陸萬肆千柒百伍拾捌串玖百叁拾貳文零,銅六千斤。等語。查前項實存銀錢銅斤,臣部按册核算,數目相符。應令該督撫造入下年鼓鑄奏銷册内,送部查核。

此案科抄於咸豐貳年貳月初柒日到部,兹於柒月拾柒日辦理具題,合并聲明。

臣等未敢擅便,謹題請旨。

批紅:依議。

爲盛京題銷道光三十年銀庫收支銀錢緞布等項事

咸豐二年七月十八日

太子太保·大學士兼署管理户部事務臣祁寯藻等謹題,爲奏銷事。

户科抄出,盛京將軍宗室奕興等題道光叁拾年銀庫奏銷一案。咸豐元年伍月貳拾肆日題,柒月初貳日奉旨:該部察核具奏。册并發。欽此。欽遵。於本日抄出到部。當經行文盛京户部,將官兵俸餉項下實領繳還各册,速即送部。并將册開給過宗室覺羅紅白事賞銀、節婦建坊、驛站車價並各項工程等款銀兩,開單行查宗人府等衙門去後。今於咸豐元年捌月拾叁、貳拾伍,閏捌月初壹、初伍、拾貳,拾壹月貳拾等日,準宗人府等衙門陸續查覆前來。

該臣等查得,盛京將軍宗室奕興等,將道光叁拾年金銀、緞布、紙張等項舊管、新收、開除、實在各數,造冊具題。謹將各款逐一稽核,開列於後。

一、舊管金銀、錢文項下,據冊開:舊管:金肆千兩,生金柒兩壹錢壹分柒釐,器皿金貳拾柒兩。銀壹百萬零壹千伍百壹拾壹兩貳錢叁分貳釐,船規并餘息市平銀玖千柒百陸拾伍兩壹錢伍分陸釐。大制錢捌千零貳拾捌串陸百玖拾柒文伍分叁釐。查前項舊管金銀、錢文,核與貳拾玖年奏銷案内實存各數,均屬相符。

一、新收銀兩、錢文項下,據冊開:由京領到辛亥年官兵俸餉銀貳拾萬兩。又收船規并餘息市平撥抵俸餉,合庫平銀伍萬貳千肆百肆兩柒錢柒分陸釐陸毫捌絲捌忽。又吉林扣收銀拾壹萬貳千壹百捌兩伍錢叁分捌釐捌毫肆絲壹忽柒纖,打牲烏拉扣收銀玖拾兩叁分伍釐叁毫肆絲捌忽伍纖,黑龍江扣收銀壹萬貳千肆拾玖兩陸錢柒分柒釐伍絲柒忽壹微柒纖伍塵。又扣收盛京各城暨奉天各州、縣、廳地租、雜税,以及各省解到税課、鹽課、地丁等銀。又回繳長支養廉俸餉、應扣草豆價銀、并各項借支及工程核減降罰各款,共銀柒拾壹萬壹千柒百壹兩陸錢玖分捌釐玖毫壹絲陸忽伍微陸纖貳塵。又收船規并餘息市平銀捌萬伍千壹百柒拾兩陸錢陸分,大制錢拾萬壹千伍百肆串叁拾玖文玖分肆釐柒毫陸絲,小數錢貳拾柒萬柒千伍百貳拾捌吊捌百陸拾文。查前項由京領到辛亥年俸餉銀貳拾萬兩,核與叁拾年由京請領銀數相符。吉林扣收銀拾壹萬貳千壹百捌兩伍錢叁分捌釐捌毫肆絲壹忽柒纖,打牲烏拉扣收銀玖拾兩叁分伍釐叁毫肆絲捌忽伍纖,黑龍江扣收銀壹萬貳千肆拾玖兩陸錢柒分柒釐伍絲柒忽壹微柒纖伍塵,查與吉林、黑龍江題銷各官兵俸餉案内數目相符。又扣收船規撥抵俸餉市平折合庫平,并盛京各城暨奉天各州、縣、廳地租、雜税,以及各省解到税課、鹽課、地丁等銀。又回繳長支養廉俸餉、應扣草豆價銀、并各項借支及工程核減降罰各款,共銀柒拾陸萬肆千壹百陸兩肆錢柒分伍釐陸毫肆忽伍微陸纖貳塵。又收船規并餘息市平銀捌萬伍千壹百柒拾兩陸錢陸分,大制錢拾萬壹千伍百肆串叁拾玖文玖分肆釐柒毫陸絲,小數錢貳拾柒萬柒千伍百貳拾捌吊捌百陸拾文。臣部按該侍郎冊造應收、應扣各細數核算,均屬符合,應毋庸議。

一、開除銀錢項下,據冊開:給過盛京等處道光叁拾年春秋二季官兵俸餉銀伍拾萬肆千玖百陸拾柒兩玖錢捌分陸釐,大制錢伍萬柒千捌百拾壹串伍百陸拾肆文貳分伍釐,小數錢貳拾肆萬陸千叁百肆拾陸吊叁百肆拾文。查盛京等處官兵俸餉,向由該侍郎將春秋二季額支官俸,及支放俸餉以後補領官兵俸餉各款,分晰造冊送部。又嘉慶叁年,臣部酌定章程,行文該侍郎,將每年徵收旗民餘地租錢搭放兵餉,每銀壹兩,合給制錢壹串。又於道光貳拾叁年陸月,據盛京將軍等奏,各城庫存制錢請自本年秋季爲始,兵餉搭放二成,紅白賞銀并歲修工程及一切雜項,搭放五成,照例以制錢壹串作銀壹兩。經臣部議覆奏準。各等因。嗣於是年捌月,據盛京戶部咨,請食餉壹兩伍錢至伍錢兵丁,并雜項數在拾兩以下,仍照舊給銀,毋庸以錢搭放,各在案。今前項給過盛京等處道光叁拾年春秋二季官兵俸餉銀伍拾萬肆千玖百陸拾柒兩玖錢捌分陸釐,大制錢伍萬柒千捌百壹拾壹串伍百陸拾肆文貳分伍釐,小數錢貳拾肆萬陸千叁百肆拾陸吊叁百肆拾文,臣部按該將軍等冊造官兵實領俸餉銀錢細數核算,均屬相符,應準開銷。

一、開除銀錢項下,據冊開:吉林由京請領辛亥年俸餉銀拾萬兩,本省扣收銀拾壹萬貳千壹百捌兩伍錢叁分捌釐捌毫肆絲壹忽柒纖,由盛京戶部銀庫領銀拾陸萬捌千兩。又所屬打牲烏拉應領辛亥年俸餉本處扣收銀玖拾兩叁分伍釐叁毫肆絲捌忽伍纖,由盛京戶部銀庫領銀伍萬捌千玖百玖兩肆錢陸分肆釐陸毫伍絲壹忽玖微伍纖。黑龍江由京請領辛亥年俸餉銀拾萬兩,本省扣收銀壹萬貳千肆拾玖兩陸錢柒分柒釐伍絲柒忽壹微柒纖伍塵,由盛京戶部銀庫領銀貳拾壹萬伍千兩、大制錢壹千陸百伍拾貳串肆百玖拾伍文。查東三省請領俸餉銀兩,向由盛京戶部派員總領,分給吉林、黑龍江領回備用。該二省奏銷,亦歸盛京戶部彙題。嗣於道光拾柒年新定章程,吉林、黑龍江應領俸餉銀兩,隨同奉天委員赴部分領。復經臣部行令該二省,將給過官兵俸餉銀兩自行題銷在案。今冊造辛亥年俸餉,吉林由京請領銀拾萬兩,本省扣收銀拾壹萬貳千壹百捌兩伍錢叁分捌釐捌毫肆絲壹忽柒纖,由盛京戶部領銀拾陸萬捌千兩。又打牲烏拉辛亥年俸餉本處扣收銀玖拾兩叁分伍釐叁毫肆絲捌忽伍纖,由盛京戶部領銀伍萬捌千玖百玖兩肆錢陸分肆釐陸毫伍絲壹忽玖微伍纖。黑龍江由京請領辛亥年俸餉銀拾萬兩,本省扣收銀壹萬貳千肆拾玖兩陸錢柒分柒釐伍絲柒忽壹微柒纖伍塵,由盛京戶部領銀貳拾壹萬伍千兩、大制錢壹千陸百伍拾貳串肆百玖拾伍文。臣部查與奏撥銀數及各該省自行扣收并由盛京戶部應領銀錢各數,均屬相符。已據各該將軍造入叁拾年俸餉奏銷新收項下,應毋庸議。

一、開除銀錢項下,據冊開:給過盛京將軍養廉隨甲銀貳千貳百柒拾陸兩,五部侍郎養廉銀壹千貳百兩,前任盛京戶部侍郎書元補領養廉銀柒拾伍兩壹錢玖分貳釐貳毫壹絲,前任盛京禮部侍郎宗室春佑找領養廉銀陸拾柒兩肆錢玖分玖釐柒毫叁絲。盛京、錦州、金州等處副都統三員養廉銀貳千壹百兩。盛京戶部等衙門官員公費銀壹千柒百叁拾伍兩陸錢捌分伍釐捌毫,書吏飯食并估計人等工食銀肆百肆拾陸兩,銀庫官員養廉及經費等銀柒百叁拾陸兩、大制錢伍拾陸串。盛京宗室覺羅及義學並宗室營教習人等公費銀貳千肆百捌拾伍兩肆錢陸分叁釐貳毫,移居宗室覺羅養贍地租銀柒百伍拾陸兩、大制錢伍百玖拾肆串。又領三分之一地租銀柒拾貳兩,又補領貳拾玖年養贍地租銀拾兩捌錢、大制錢肆百玖拾陸串捌百文,宗室營主事鹽菜銀壹百捌拾柒兩貳錢。查盛京五部侍郎養廉,各歲給銀叁百兩,向於京城各部飯銀内通融派撥,由盛京戶部先行墊發,領回歸款。其將軍、副都統養廉等項,查例載:盛京將軍歲給養廉銀貳千兩,額支隨甲銀貳百柒拾陸兩。副都統各歲給養廉銀柒百兩,春秋二季關支。仍以到任離任,按日扣算支給。如有長支,照數追繳。所有盛京五部等衙門官員公費銀兩,向照京城部院之例,減半給與。其書吏飯食以及估計人等工食銀兩,例準每名月給銀壹兩。又盛京宗室教習,每名月給銀叁兩,覺羅并漢教習每名月給銀貳兩,弓箭教習每名月給銀壹兩。又銀庫官役公費,每年酌定銀玖百玖拾兩。今叁拾年給過盛京將軍養廉、隨甲等銀貳千貳百柒拾陸兩,與額定數目符合,應準開銷。又給過五部侍郎養廉銀壹千貳百兩。又前任盛京戶部侍郎書元,補領養廉銀柒拾伍兩壹錢玖分貳釐貳毫壹絲。又前任盛京禮部侍郎宗室春佑,找領養廉銀陸拾柒兩肆錢玖分玖釐柒毫叁絲。又給過盛京、錦州、金州等處副都統三員養廉銀貳千壹百兩。均與額支銀數無浮,應準開銷。又給過盛京戶部等衙門官員公費銀壹千柒百叁拾伍兩陸錢捌分伍釐捌毫,書吏飯食並估計人等工食銀肆百肆拾陸兩,係照例應給之項。銀庫官員養廉及經費等銀柒百叁拾陸兩、大制錢伍拾陸串。核與酌定之數有減無增。宗室覺羅及義學并宗室營教習人等公費銀貳千肆百捌拾伍兩肆錢陸分叁釐貳毫。臣部按冊核算,與應給銀數符合,均準開銷。又給過移居宗室覺羅養贍地租銀柒百伍拾陸兩、大制錢伍百玖拾肆串。又領三分之一地租銀柒拾貳兩。又補領貳拾玖年養贍地租銀拾兩捌錢、大制錢肆百玖拾陸串捌百文,宗室營主事鹽菜銀壹百捌拾柒兩貳錢。均係奏明準給之項,亦應準其開銷。

一、開除銀錢項下，據冊開：給過盛京禮部等衙門雜用及採買祭祀菓品、并嘛哈噶喇佛各寺香燭等銀壹千捌拾貳兩肆錢叁釐伍毫陸絲貳忽伍微，大制錢伍串。實勝寺等處班第做衣服布匹皮張等銀壹千玖拾貳兩柒錢柒分伍釐，北塔喇嘛咸豐元年養贍銀叁百陸拾捌兩捌錢貳釐，西勒圖大喇嘛養贍銀捌百兩，實勝寺等處喇嘛咸豐元年養贍糧折銀壹千伍百捌拾捌兩伍錢捌分伍釐陸毫。又喇嘛等找領緩徵并拖欠地租銀貳拾伍兩，祭祀三陵等處採買菓品銀捌百陸兩，採買牛羊價銀壹百壹拾肆兩壹錢陸分伍釐，肉斤價制錢拾伍串。查支給祭祀菓品並各寺香燭等銀壹千捌拾貳兩肆錢叁釐伍毫陸絲貳忽伍微，大制錢伍串，臣部按冊造細數核算應支銀錢，各數相符。其實勝寺等處班第做衣服布匹皮張等銀壹千玖拾貳兩柒錢柒分伍釐，與歷年應給銀數符合。至北塔喇嘛養贍銀兩，向係在於蠶稅銀内支給。今前項給過北塔喇嘛咸豐元年養贍銀叁百陸拾捌兩捌錢貳釐，係每年額支之款。西勒圖大喇嘛養贍銀捌百兩，係内務府奏準應給之項。實勝寺等處喇嘛咸豐元年養贍糧折銀壹千伍百捌拾捌兩伍錢捌分伍釐陸毫，係嘉慶拾陸年軍機大臣議覆盛京戶、禮二部會議各寺塔廟喇嘛壯丁章程案内，酌議應給之項。又喇嘛等找領緩徵並拖欠地租銀貳拾伍兩，查係應行找領之項，應準開銷。三陵等處祭祀菓品銀捌百陸兩，採買牛羊價銀壹百壹拾肆兩壹錢陸分伍釐，肉斤制錢拾伍串，核與盛京禮部報銷採買菓品等項各案内支給銀數，均屬相符，應準開銷。

一、開除銀錢項下，據冊開：盛京各部衙門心紅紙硃等銀叁百玖兩柒錢叁分貳釐伍毫玖忽玖微伍纖、大制錢玖拾串貳百陸拾貳文捌分玖釐叁毫伍絲伍忽。又盛京兵部支領考試繙譯筆帖式紙硃銀陸兩壹錢壹分柒釐伍毫、大制錢陸串壹百壹拾柒文伍分。又賫送奏銷冊籍騾價銀拾兩、大制錢拾串。戶部奏銷飯食銀壹百貳拾兩，請領花紅委員燭炭銀伍拾兩。官莊買補倒斃牛價銀壹千柒拾壹兩。内倉買補倒斃牛價銀拾肆兩。三陵匠役買補倒斃驢價銀玖兩。盛京禮部匠役買補倒斃驢價銀玖兩。盛京工部木炭廠買補倒斃牛價銀肆拾貳兩、大制錢肆拾貳串。又秫稭廠買補倒斃牛價銀柒兩。奉天府府尹支領中江牛馬二稅盈餘銀壹千肆百捌拾肆兩柒分伍釐。委員主事全善徵收叁拾年運通米豆鋪艙席片、脚價銀叁百壹兩貳錢。盛京刑部支領藥材銀拾肆兩肆錢，秋審公費、赭衣、煤炭銀叁千兩，羈禁倉犯大制錢柒百陸拾串。查盛京各部等衙門心紅紙硃銀兩，先於乾隆叁拾柒年經軍機大臣奏準歲給銀肆百兩，今支銀叁百玖兩柒錢叁分貳釐伍毫玖忽玖微伍纖、大制錢玖拾串貳百陸拾貳文捌分玖釐叁毫伍絲伍忽，核與額定應給銀錢各數無浮。盛京兵部支領考試繙譯筆帖式紙硃銀陸兩壹錢壹分柒釐伍毫、大制錢陸串壹百壹拾柒文伍分，查係應給之項。賫送奏銷冊籍騾價銀拾兩、大制錢拾串，戶部奏銷飯食銀壹百貳拾兩，請領花紅委員燭炭銀伍拾兩，均係年例應給之項。又買補官莊等處倒斃牛驢價共銀壹千壹百伍拾貳兩、大制錢肆拾貳串，核與節年支給銀錢各數相符，均準開銷。奉天府府尹支領中江牛馬二税盈餘銀壹千肆百捌拾肆兩柒分伍釐，已據該府尹造入叁拾年耗羨奏銷新收項下，應毋庸議。支給叁拾年運通米豆鋪艙席片、脚價銀叁百壹兩貳錢，盛京刑部支領秋審公費、赭衣、煤炭等項銀叁千兩，倉犯大制錢柒百陸拾串，查與報部各案内領用銀錢各數，俱屬符合。盛京刑部應支藥材銀兩，每月給銀壹兩貳錢，今支銀拾肆兩肆錢，與應支銀數相符，均準開銷。

一、開除銀錢項下，據冊開：盛京宗室覺羅紅白事賞銀叁千伍百肆拾兩、大制錢叁千玖百柒拾伍串。各城官兵紅白事賞銀貳萬兩、大制錢玖千陸百肆拾柒串。節婦建坊銀壹千貳百陸拾貳兩伍錢、大制錢壹千壹百伍拾柒串伍百文。打牲節婦建坊銀玖拾兩、大制錢玖拾串。又鳳凰城閑散拉布棟阿五世同堂，應領賞銀捌兩，又緞折銀貳兩。盛京禮部校尉等三年一次皮襖銀伍拾陸兩，八旗步兵皮襖銀陸百叁拾叁兩陸錢。冬圍整裝銀叁千捌百肆拾柒兩伍錢、大制錢捌千陸百捌拾伍串，小數錢壹萬伍千伍拾壹吊柒百伍拾文。又盛京兵部支領侍郎恒毓巡查東邊山場隨帶官兵鹽菜市平銀陸百兩，行圍旗纛紡絲銀玖兩壹錢貳分陸釐貳毫伍絲，送麈鹿、鹿尾等物車價銀陸百叁拾玖兩、大制錢貳百柒拾玖串。宗室覺羅學漢教習吳文炤、馬炤伯、鄒英元皮襖銀拾肆兩陸錢、大制錢貳拾壹串玖百文。盛京叁局散放參票公用市平銀玖百陸拾柒兩伍錢，公用參折市平銀玖百陸拾柒兩伍錢。查賞給冬圍兵丁并各處紅白事賞銀，前於乾隆叁拾壹年經理藩院尚書新柱奏準，在於餘地租銀内動給。今給過冬圍整裝銀叁千捌百肆拾柒兩伍錢、大制錢捌千陸百捌拾伍串，小數錢壹萬伍千伍拾壹吊柒百伍拾文，查與歷年額支銀錢數目相符。又盛京兵部支領侍郎恒毓巡查東邊山場隨帶官兵鹽菜市平銀陸百兩，查係奏明應給之項，應準開銷。宗室覺羅紅白事賞銀叁千伍百肆拾兩、大制錢叁千玖百柒拾伍串。據宗人府覆稱，檢齊原文及盛京造送總冊核對，均屬相符，應準開銷。至盛京將軍等支領節婦建坊銀壹千貳百陸拾貳兩伍錢、大制錢壹千壹百伍拾柒串伍百文。打牲節婦建坊銀玖拾兩、大制錢玖拾串。又鳳凰城閑散拉布棟阿五世同堂,應領賞銀捌兩,又緞折銀貳兩。據禮部查覆,節婦等姓氏核與檔案相符,應準開銷。校尉皮襖銀伍拾陸兩,係按三年支給一次之項。八旗步兵皮襖銀陸百叁拾叁兩陸錢,行圍旗纛紡絲銀玖兩壹錢貳分陸釐貳毫伍絲,送麅鹿、鹿尾等物車價銀陸百叁拾玖兩、大制錢貳百柒拾玖串,與歷屆支給銀錢各數符合。給過宗室覺羅學漢教習皮襖銀拾肆兩陸錢、大制錢貳拾壹串玖百文,已據聲明教習呉文炤、馬炤伯、鄒英元姓名,均準開銷。各城官兵紅白賞銀貳萬兩、大制錢玖千陸百肆拾柒串,現據該將軍題報到部,應於彼案内核結。盛京參局散放參票公用市平銀玖百陸拾柒兩伍錢,公用參折市平銀玖百陸拾柒兩伍錢,核與奏明原案應支銀數相符,應準開銷。

一、開除銀兩項下,據冊開:盛京兵部支領舊邊等十二驛補領折車價銀壹千貳百兩。盛京驛補領折車價銀捌百兩,又補領折車價銀貳千玖拾壹兩陸錢叁分肆釐陸毫,又補領折車價銀壹千兩,又補領折車價銀柒百伍拾兩,又補領折車價銀壹千叁百兩,又補領折車價銀伍百兩。又沙河驛補領折車價銀壹千貳百兩,又補領折車價銀伍拾兩。開原驛補領折車價銀壹千兩。小淩河驛補領折車價銀柒拾兩,又補領折車價銀壹百貳拾兩。易路、高麗堡二驛補領折車價銀貳百陸拾兩。沙河驛補領備用公費銀玖百柒兩叁錢陸分貳釐肆毫。鳳凰城驛補領備用公費銀壹百捌拾兩。盛京等二十九驛買補馬價銀貳千陸百陸拾肆兩,又領餧馬草豆銀壹萬陸千貳百捌拾壹兩,又補領各驛扣過借支馬乾銀壹千叁百伍拾陸兩柒錢伍分。盛京禮部支領拉運朝鮮國貢包車價銀壹千柒百柒拾陸兩。查盛京兵部支領舊邊等十二驛補領折車價銀壹千貳百兩。盛京驛補領折車價銀捌百兩,又補領折車價銀貳千玖拾壹兩陸錢叁分肆釐陸毫,又補領折車價銀壹千兩,又補領折車價銀柒百伍拾兩,又領折車價銀壹千叁百兩,又補領折車價銀伍百兩。又沙河驛補領折車價銀壹千貳百兩,又補領折車價銀伍拾兩。開原驛補領折車價銀壹千兩。小淩河驛補領折車價銀柒拾兩,又補領折車價銀壹百貳拾兩。易路、高麗堡二驛補領折車價銀貳百陸拾兩。沙河驛補領備用公費銀玖百柒兩叁錢陸分貳釐肆毫。鳳凰城驛補領備用公費銀壹百捌拾兩。盛京等二十九驛買補馬價銀貳千陸百陸拾肆兩,又領餧馬草豆銀壹萬陸千貳百捌拾壹兩。據兵部覆稱,未據題報,應令盛京兵部即行造冊題銷,以憑移查核結。至給過盛京各驛餧馬草豆銀壹萬陸千貳百捌拾壹兩,與每年額支銀數無浮。又各驛補領扣過借支馬乾銀壹千叁百伍拾陸兩柒錢伍分,亦與部覆準其補領銀數相符,均準開銷。盛京禮部支領拉運朝鮮國貢包車價銀壹千柒百柒拾陸兩,查與報部案内領用銀數相符,亦應準其開銷。

一、開除銀錢項下,據冊開:盛京將軍等支領碾造火藥採辦硝斤銀伍百兩、大制錢伍百串。又配造火藥找領銀捌百捌拾陸兩伍錢肆分貳釐伍毫、大制錢捌百捌拾陸串伍百肆拾貳文伍分。又領煎燒磺斤工價銀叁百玖拾伍兩叁錢貳分壹釐壹毫伍絲伍忽貳微、大制錢柒百玖拾串陸百肆拾貳文叁分壹釐肆絲。盛京將軍領水師營找艙二、七、八、九號戰船四隻、杉板船四隻工料銀拾陸兩壹錢貳分、大制錢拾陸串壹百貳拾文。又領水師營巡洋會哨僱覓商船價銀叁百伍拾肆兩。盛京工部領修理福陵、昭陵鹿角工程找領運脚市平銀叁百柒拾捌兩陸錢叁分伍釐、大制錢叁百柒拾捌串陸百叁拾伍文。又領題修永陵、福陵鹿角工程市平銀叁百肆拾肆兩肆錢貳分伍釐、大制錢叁百肆拾肆串肆百貳拾伍文。又領題修昭陵鹿角工程市平銀肆拾伍兩玖錢貳分伍釐伍毫、大制錢肆拾伍串玖百貳拾伍文伍分。又領修理福陵、昭陵鹿角工程找領木植運脚市平銀壹百捌拾玖兩叁錢壹分柒釐伍毫、大制錢壹百捌拾玖串叁百壹拾柒文伍分。查盛京將軍等支領碾造火藥、採辦硝斤銀伍百兩、大制錢伍百串。又配造火藥找領銀捌百捌拾陸兩伍錢肆分貳釐伍毫、大制錢捌百捌拾陸串伍百肆拾貳文伍分。據工部覆稱,係辦理何年火藥未據聲明,無憑查核。應令盛京將軍、盛京工部查明,並將準銷年月日期聲明報部,再行核結。至領過煎燒磺斤工價銀叁百玖拾伍兩叁錢貳分壹釐壹毫伍絲伍忽貳微、大制錢柒百玖拾串陸百肆拾貳文叁分壹釐肆絲,據工部覆稱,查與歷年數目相符,應準開銷。水師營找艙二、七、八、九號戰船四隻、杉板船四隻工料銀拾陸兩壹錢貳分、大制錢拾陸串壹百貳拾文。據工部覆稱,並未聲明何年月日於何案内報部,無從查核。應令盛京將軍查明,聲覆報部,以憑移查核結。又盛京將軍支領水師營巡洋會哨雇覓商船價銀叁百伍拾肆兩。據工部覆稱,查與原案銀數相符,應準開銷。盛京工部支領修理福陵、昭陵鹿角工程找領運脚銀叁百柒拾捌兩陸錢叁分伍釐、大制錢叁百柒拾捌串陸百叁拾伍文。據工部覆稱,已據盛京將軍先後造冊題銷,均經題覆準銷在案,應準開銷。又盛京工部支領題修永陵、福陵鹿角工程市平銀叁百肆拾肆兩肆錢貳分伍釐、大制錢叁百肆拾肆串肆百貳拾伍文,又領題修昭陵鹿角工程市平銀肆拾伍兩玖錢貳分伍釐伍毫、大制錢肆拾伍串玖百貳拾伍文伍分,又領承修福陵、昭陵鹿角工程找領木植運脚市平銀壹百捌拾玖兩叁錢壹分柒釐伍毫、大制錢壹百捌拾玖串叁百壹拾柒文伍分。據工部覆稱,均未據該將軍等造冊題銷,應令盛京將軍、盛京工部即行造冊題銷,以便移查核結。

一、開除銀錢項下,據冊開:盛京將軍支領左右翼宗室族長、學長獎賞市平銀陸拾柒兩伍錢、大制錢柒拾柒串伍百文。查盛京將軍支領左右翼宗室族長、學長獎賞市平銀陸拾柒兩伍錢、大制錢柒拾柒串伍百文,查係宗人府奏明應給之項,應準開銷。

一、開除銀兩項下,據冊開:盛京禮部支領掌印喇嘛道光貳拾捌年分人丁銀陸拾兩捌錢陸分貳釐伍毫,又領貳拾玖年分人丁銀陸拾兩捌錢陸分貳釐伍毫。又戶部官莊支領倉軍等一半口稗折銀壹百捌拾壹兩玖錢貳分肆釐捌毫肆絲捌忽。盛京禮部支領朝鮮國解送遭風民人李隲益等,賞給差官銀叁拾兩。又盛京將軍支領扣存庫使春和代還伊故父筆帖式福爾當阿刪減轉交工部歸款銀捌拾肆兩陸錢捌分捌釐肆毫,盛京兵部支領扣存筆帖式蘇勒通阿代還伊父已故主事隆德分賠顏料轉交工部歸款銀叁拾貳兩玖錢玖釐貳毫伍絲陸忽。盛京將軍支領水師營官員等修理官房借俸銀玖百貳拾兩,又領另款收存河南代辦白蠟桿運脚不敷銀壹百肆拾玖兩捌釐。吉林將軍支領巡檢養廉銀叁拾壹兩伍錢貳分。查盛京禮部支領掌印喇嘛貳拾捌年人丁銀陸拾兩零捌錢陸分貳釐伍毫,又領貳拾玖年人丁銀陸拾兩零捌錢陸分貳釐伍毫,查係應行支給之項。戶部官莊支領倉軍等一半口稗折銀壹百捌拾壹兩玖錢貳分肆釐捌毫肆絲捌忽,核與折給銀數相符,應準開銷。又盛京禮部支領朝鮮國解送遭風民人李隲益等,賞給差官銀叁拾兩。係奏明應給之項,亦應準其開銷。又盛京將軍支領扣存庫使春和代還伊故父筆帖式福爾當阿刪減轉交工部歸款銀捌拾肆兩陸錢捌分捌釐肆毫,又盛京兵部支領扣存筆帖式蘇勒通阿代還伊父已故主事隆德分賠顏料轉交工部歸款銀叁拾貳兩玖錢玖釐貳毫伍絲陸忽。應令盛京工部查明,曾否照數收訖,報部查核。又盛京將軍支領水師營官員等修理官房借俸銀玖百貳拾兩,又領另款收存河南代辦白蠟桿運脚不敷銀壹百肆拾玖兩零捌釐。吉林將軍支領巡檢養廉銀叁拾壹兩伍錢貳分。查與報部各案內應支銀數相符,均準開銷。

一、開除庫存船規市平銀兩項下,據冊開:撥出船規并餘息市平銀伍萬肆千壹百叁拾柒兩壹錢陸分陸釐。查前項撥出船規并餘息市平銀伍萬肆千壹百叁拾柒兩壹錢陸分陸釐,核與撥抵銀數相符。已據造入新收項下,應毋庸議。

一、實存金銀錢文項下,據册開:金肆千兩,生金柒兩壹錢壹分柒釐,器皿金貳拾柒兩。銀柒拾貳萬柒千壹百叁兩叁錢叁分伍釐,船規并餘息市平銀叁萬柒千貳百叁拾柒兩捌錢肆分柒釐、大制錢貳萬玖百捌串玖百玖拾文貳釐,小數錢壹萬陸千壹百叁拾吊柒百柒拾文。查前項實存金銀錢文,臣部按册核算,應存各數均屬相符。應令盛京戶部侍郎造入咸豐元年奏銷册内舊管項下,題報查核。

一、舊管緞布紙張等物項下,據册開:二丈五尺長杭細肆匹肆庹貳尺,三丈長大卷紅花絹陸匹,四丈長大卷有字緞壹匹,四丈長大卷五色粧緞肆拾叁匹壹庹肆尺貳寸壹分,四丈長大卷紅青寸蟒緞肆匹叁庹叁尺捌寸肆分,黄蟒緞玖丈陸尺肆寸,四丈長大卷五色緞貳拾捌匹貳庹肆尺壹寸玖分,四丈長大卷黄素緞貳拾匹,四丈長大卷片金肆匹陸庹肆尺捌寸玖分,三丈長大卷彭緞貳拾陸匹貳庹貳尺,四丈五尺長小團龍黄緞壹匹陸庹叁尺,三丈長大卷蟒緞叁匹叁庹肆尺伍寸柒分,二丈五尺長五色綾壹匹零壹尺叁寸肆分,四丈長大卷藍硬紗捌匹壹庹叁尺,四丈長大卷閃緞肆匹壹庹壹尺貳寸捌分,四丈長大卷黄雲緞壹百壹拾壹匹壹庹肆尺貳寸捌分,四丈長大卷藍大緞捌匹壹庹叁尺貳寸伍分,二丈五尺長潞綢貳拾叁匹,六丈長棉綢捌拾叁匹貳庹捌寸柒分,四丈長大卷雜色紗拾伍匹叁庹貳尺伍寸,四丈長大卷黄紗肆匹陸庹貳尺,四丈長大卷黄寸蟒緞貳匹叁庹肆尺貳寸伍分,四丈長大卷黄絹肆拾匹伍庹柒寸肆分,四丈長大卷紅紗拾陸匹肆庹肆尺捌寸,二丈五尺長五色紡絲壹百伍拾匹,二丈五尺長屯絹伍拾叁匹叁庹叁尺伍分,三丈長家機布玖百柒拾捌匹壹庹肆尺,二丈長綢機布貳千伍百玖拾柒匹貳庹捌寸柒分捌釐,三丈二尺長山東布叁百叁拾玖匹肆庹壹尺肆寸捌分,二丈長油敦布柒百玖拾貳匹壹庹叁尺叁寸伍分,二丈長毛青布壹千柒百貳拾玖匹壹庹肆寸,四丈長白布捌百叁拾玖匹陸庹肆尺貳寸捌分伍釐,六丈長高麗布貳百壹拾陸匹叁庹貳尺,二丈長漂白布叁百叁拾叁匹貳庹叁尺壹寸,棉花伍千捌百伍拾叁斤伍兩伍分肆釐,棉綫伍拾陸斤拾兩壹錢肆分叁釐肆毫,絨綫貳斤拾叁兩捌錢伍分捌釐,藍絹綫拾兩玖錢,青絹綫拾壹兩玖錢貳分,黄絲陸百陸拾斤拾兩陸錢捌分,黄絨壹百伍斤拾兩伍錢叁分,黄絲綫拾斤,二丈五尺長褡褳布貳拾叁匹貳庹陸寸,木梳壹百伍拾伍把,篦子壹百伍拾伍張,包頭捌拾頂,蘇捌斤肆兩,胭脂叁拾壹帖,粉拾兩柒錢貳分,黄丹伍斤,礬肆斤叁兩叁錢陸分,堿柒兩柒錢貳分,針叁千柒百貳拾枚,斜皮拾陸塊,銀硃貳斤零叁錢叁分叁釐,手巾拾玖條,水銀捌斤貳兩貳錢捌分，棉子拾肆斤拾伍兩玖錢肆分捌釐，帶子捌千肆百貳拾條，黄蠟拾叁斤壹兩，白蠟貳拾伍斤玖兩，夏布玖匹壹庹叁尺叁寸貳分，紅氈伍條，緑花白地倭子紙伍千貳百叁拾肆張，頭號高麗紙貳千捌百陸張柒分，二號高麗紙肆萬貳千捌百肆拾伍張肆分伍釐，呈文紙叁千肆百張，方文紙壹千叁百壹拾叁張肆分，毛頭紙貳千壹百伍拾叁張柒分，毛邊紙伍百壹拾玖張伍分，竹料呈文紙貳千張，西紙貳千捌百玖拾壹張，錦紙叁千伍百陸拾捌張壹分，雙紅紙肆拾捌張，連四紙壹千張，連四抄捌百柒張柒分，竹料連四抄玖百壹拾玖張壹分，方白欒玖百肆拾柒張壹分，棉榜紙壹千肆百貳拾伍張，二白欒貳千伍百玖拾張，西青紙壹千陸百壹拾伍張貳分，扛連紙陸千捌百張，金銀箔拾壹萬壹千肆百伍張，舊皮箱壹個，廣紘柒百玖拾庹，頂青茶捌百陸拾斤。查前項舊管緞布紙張等物，核與貳拾玖年奏銷案内實存各數均屬相符。

一、新收緞布紙張等物項下，據冊開：由京領到四丈長大卷五色粧緞捌拾匹，三丈長大卷蟒緞貳拾貳匹，三丈長大卷彭緞貳百貳拾匹，四丈長大卷黄絹肆拾匹，四丈長大卷黄雲緞叁拾匹，四丈長大卷雜色紗拾匹，二丈五尺長五色紡絲伍拾匹，二丈五尺長屯絹伍拾匹，杭細貳百捌拾匹，四丈長大卷藍大緞伍匹，黄絲綫伍斤，黄絲叁百斤，木梳貳千肆百把，篦子貳千肆百張，包頭貳千肆百頂，帶子壹萬伍千條，針柒萬貳千枚，二丈長漂白布叁百匹，二丈長毛青布貳萬匹，四丈長白布叁千伍百匹，棉綫叁百斤，毛頭紙叁千張，呈文紙壹千張，扛連紙叁千張，金銀箔拾壹萬貳千張，方文紙伍千張，頂青茶捌百陸拾斤。收内務府家機布壹千匹，綢機布壹萬匹，棉花壹千伍百斤。收截留高麗紅緑棉綢貳百匹，高麗布叁百匹，頭號高麗紙叁千張，二號高麗紙肆萬肆千貳百張。收戶部官莊棉花叁千伍百斤，收回成服綢機布肆匹。查道光叁拾年由京領回緞布紙張等物，又收家機布、棉花並截留高麗紅緑棉綢、紙張，以及官莊額交棉花，臣部按冊核算，與由京給發並截留以及應交收回各數均屬相符，應毋庸議。

一、開除緞布紙張等物項下，據冊開：給過盛京禮部等衙門粧緞捌拾玖匹壹庹捌寸貳分，蟒緞貳拾貳匹，彭緞貳百貳拾匹叁庹叁尺，黄雲緞叁拾伍匹柒庹貳寸叁分，五色緞拾肆匹壹庹肆尺叁寸，片金壹匹壹庹叁尺貳寸肆分，藍大緞貳匹伍庹叁尺，黄絹肆拾肆匹柒庹壹尺伍寸陸分，棉紬壹百玖拾貳匹陸庹叁尺，杭細貳百捌拾匹，黄紗貳匹柒庹貳尺，雜色紗肆匹壹庹貳尺伍寸，藍硬紗貳匹貳庹，屯絹肆拾伍匹壹庹叁尺陸寸，紡絲陸拾貳匹肆庹壹尺叁分，黄絲貳百壹拾貳斤拾叁兩叁錢,黄絲綫陸斤陸錢陸分,絨綫貳斤拾兩玖分,青絹綫捌錢捌分,藍絹綫壹兩壹錢,高麗布叁百貳拾柒匹柒庹叁尺陸寸肆分,白布叁千貳百捌拾柒匹伍庹壹尺柒寸玖分捌釐,綢機布玖千玖百貳匹壹庹叁尺貳分,毛青布壹萬玖千伍百捌拾壹匹壹庹貳尺陸寸壹分,漂白布肆百壹拾柒匹壹庹玖寸,油敦布叁百壹匹壹庹貳尺柒寸陸分,家機布壹千匹,山東布貳百貳拾柒匹壹庹肆尺叁寸陸分,棉花肆千捌百壹拾玖斤壹兩叁錢捌分,棉綫貳百玖拾斤叁兩柒錢貳分玖釐,頭號高麗紙叁千肆百伍拾貳張肆分,二號高麗紙肆萬肆千捌百肆拾柒張玖分,毛頭紙壹千柒百叁拾玖張,連四紙壹百捌拾陸張貳分,方文紙壹千貳百陸拾肆張,棉榜紙肆拾張,扛連紙叁千叁百張,毛邊紙陸拾伍張,呈文紙壹千玖拾張,雙紅紙貳拾叁張,金銀箔拾壹萬壹千貳百張,頂青茶捌百陸拾斤,纊絃壹百肆拾庹,銀硃拾伍兩伍錢,木梳貳千叁百玖拾捌把,篦子貳千叁百玖拾捌張,包頭貳千叁百玖拾捌頂,帶子壹萬肆千叁百捌拾捌條,針柒萬壹千玖百肆拾枚。查供應三陵等衙門并賞給赫哲、費雅哈人等所需綢緞、布匹、紙張等物,各該衙門應送印結,已據該侍郎彙總送部。臣部查覆相符,應毋庸議。

一、實存緞布紙張等物項下,據冊開:二丈五尺長杭細肆匹肆庹貳尺,三丈長大卷紅花絹陸匹,四丈長大卷有字緞壹匹,四丈長大卷五色粧緞叁拾肆匹叁尺叁寸玖分,四丈長大卷紅青寸蟒緞肆匹叁庹叁尺捌寸肆分,黄蟒緞玖丈陸尺肆寸,四丈長大卷五色緞拾肆匹肆尺捌寸玖分,四丈長大卷黄素緞貳拾匹,四丈長大卷片金叁匹伍庹壹尺陸寸伍分,三丈長大卷彭緞貳拾伍匹肆庹肆尺,四丈五尺長小團龍黄緞壹匹陸庹叁尺,三丈長大卷蟒緞叁匹叁庹肆尺伍寸柒分,二丈五尺長五色綾壹匹壹尺叁寸肆分,四丈長大卷藍硬紗伍匹柒庹叁尺,四丈長大卷閃緞肆匹壹尺貳寸捌分,四丈長大卷黄雲緞壹百伍匹貳庹肆尺伍分,四丈長大卷藍大緞拾匹肆庹貳寸伍分,二丈五尺長潞紬貳拾叁匹,六丈長棉綢玖拾匹柒庹貳尺捌寸柒分,四丈長大卷雜色紗貳拾壹匹貳庹,四丈長大卷黄紗壹匹柒庹,四丈長大卷黄寸蟒緞貳匹叁庹肆尺貳寸伍分,四丈長大卷黄絹叁拾伍匹伍庹肆尺壹寸捌分,四丈長大卷紅紗拾陸匹肆庹肆尺捌寸,二丈五尺長五色紡絲壹百叁拾柒匹叁尺玖寸柒分,二丈五尺長屯絹伍拾捌匹壹庹肆尺肆寸伍分,三丈長家機布玖百柒拾捌匹壹庹肆尺,二丈長綢機布貳千陸百玖拾玖匹貳尺捌寸伍分捌釐,三丈二尺長山東布壹百壹拾貳匹貳庹貳尺壹寸貳分,二丈長油敦布肆百玖拾壹匹伍寸玖分,二丈長毛青布貳千壹百肆拾柒匹叁庹貳尺柒寸玖分，四丈長白布壹千伍拾貳匹壹庹貳尺肆寸捌分柒釐，六丈長高麗布壹百捌拾捌匹柒庹叁尺叁寸陸分，二丈長漂白布貳百壹拾陸匹壹庹貳尺貳寸，棉花陸千叁拾肆斤叁兩陸錢柒分肆釐，棉綫陸拾陸斤陸兩肆錢壹分肆釐肆毫，絨綫叁兩柒錢陸分捌釐，藍絹綫玖兩捌錢，青絹綫拾壹兩肆分，黄絲柒百肆拾柒斤拾叁兩叁錢捌分，黄絨壹百伍斤拾兩伍錢叁分，黄絲綫捌斤拾伍兩叁錢肆分，二丈五尺長褡褳布貳拾叁匹貳庹陸寸，木梳壹百伍拾柒把，篦子壹百伍拾柒張，包頭捌拾貳頂，蘇木捌斤肆兩，胭脂叁拾壹帖，粉拾兩柒錢貳分，黄丹伍斤，礬肆斤叁兩叁錢陸分，堿柒兩柒錢貳分，針叁千柒百捌拾枚，斜皮拾陸塊，銀硃壹斤捌錢叁分叁釐，手巾拾玖條，水銀捌斤貳兩貳錢捌分，棉子拾肆斤拾伍兩玖錢肆分捌釐，帶子玖千叁拾貳條，黄蠟拾叁斤壹兩，白蠟貳拾伍斤玖兩，夏布玖匹壹庹叁尺叁寸貳分，紅氈伍條，緑花白地倭子紙伍千貳百叁拾肆張，頭號高麗紙貳千叁百伍拾肆張叁分，二號高麗紙肆萬貳千壹百玖拾柒張伍分伍釐，呈文紙叁千叁百壹拾張，方文紙伍千肆拾玖張肆分，毛頭紙叁千肆百壹拾肆張柒分，毛邊紙肆百伍拾肆張伍分，竹料呈文紙貳千張，西紙貳千捌百玖拾壹張，錦紙叁千伍百陸拾捌張壹分，雙紅紙貳拾伍張，連四紙捌百壹拾叁張捌分，連四抄捌百柒張柒分，竹料連四抄玖百壹拾玖張壹分，方白欒玖百肆拾柒張壹分，棉榜紙壹千叁百捌拾伍張，二白欒貳千伍百玖拾張，西青紙壹千陸百壹拾伍張貳分，扛連紙陸千伍百張，金銀箔拾壹萬貳千貳百伍張，舊皮箱壹個，纊絃陸百伍拾庹，頂青茶捌百陸拾斤。查前項實存緞布紙張等物，臣部按冊核算，應存各數均屬相符。應令該侍郎造入咸豐元年奏銷案内舊管項下，具題查核。

此案於咸豐元年柒月初貳日科抄到部，行查盛京戶部等衙門，於咸豐元年捌月拾叁、貳拾伍，閏捌月初壹、初伍、拾貳，拾壹月貳拾等日陸續覆齊。兹於貳年柒月拾捌日辦理具題，合并聲明。

臣等未敢擅便，謹題請旨。

批紅：依議。

爲蘇撫題前後任署鹽巡道接收交代無誤事

咸豐二年七月十八日

太子太保·大學士兼署管理戶部事務臣祁寯藻等謹題，爲盤查事。

戶科抄出,江蘇巡撫楊文定題兼署鹽巡道魏亨逵接收麟桂交代一案。咸豐元年拾貳月貳拾壹日題,叁月初拾日奉旨:該部察核具奏。欽此。欽遵。於本日抄出到部。

該臣等查得,江蘇巡撫楊文定疏稱:兼署鹽巡道魏亨逵接收麟桂任内經手錢糧,據江寧布政使祁宿藻、署江蘇按察使呉葆晉會詳稱:前署鹽巡道麟桂,自咸豐元年柒月貳拾肆日到任起,至拾月初玖日卸事前一日止,冊造舊管銀壹百伍兩叁錢伍分伍釐,新收銀肆百柒拾貳兩貳錢叁分陸釐,開除無項,實在存庫銀伍百柒拾柒兩伍錢玖分壹釐。經兼護巡道魏亨逵查明,收放相符,解支有據,船隻齊全。由司加結,同送到冊結轉詳具題。臣覆核無異,除冊結送部查核外,相應具題前來。

查兼署江南鹽巡道魏亨逵,接收麟桂自咸豐元年柒月貳拾肆日起,至拾月初玖日卸事前一日止交代冊開,舊管銀壹百伍兩叁錢伍分伍釐。臣部核與麟桂接收呉葆晉報存銀數相符。新收銀肆百柒拾貳兩貳錢叁分陸釐。計管收共銀伍百柒拾柒兩伍錢玖分壹釐,實存在庫,并無動放題報臣部。所有實存銀伍百柒拾柒兩伍錢玖分壹釐,應令江蘇巡撫轉飭加謹收存,俟動用之日,報部查核。

再,此案科抄於咸豐貳年叁月初拾日到部,兹於柒月拾捌日辦理具題,合并聲明。

臣等未敢擅便,謹題請旨。

批紅:依議。

爲安徽徵收道光三十年漕倉銀兩不足六分官員題參事

咸豐二年七月十八日

戶部等部,太子太保·大學士兼署管理戶部事務臣祁寯藻等謹題,爲詳請等事。

據安徽廵撫蔣文慶將安慶等府州屬應徵道光叁拾年分漕倉銀兩咨部覈參一案。咨文於咸豐貳年正月初拾日到部。

該臣等會議得,安徽巡撫蔣文慶咨稱:據江安督糧道陳克讓詳稱,竊照各屬額徵漕倉銀兩,原爲給丁運費而設,例應隨徵隨解,以濟是年支放。安徽省之安慶等府州屬,每年額解道庫漕倉銀貳拾餘萬兩。如全漕起運之年,應用銀拾餘萬兩。即偶被偏灾,幫船減歇,仍有應解通餉,并放給起運各幫運費以及苫蓋月糧等銀。各屬應徵熟田漕倉銀兩,亦須照例解足六分,始足以供支放。查道光叁拾年分額解漕倉銀兩,各屬多以被歉為詞,應徵錢糧花戶完納不前。節經嚴催,仍未據照例解足。所有各屬應徵銀兩,除被歉緩徵外,實徵熟田銀壹拾伍萬陸千餘兩,自應照例解足六分,以供支放。兹各州、縣、衛所解銀兩,截至道光叁拾年拾月底止,共解收銀叁萬壹千叁百捌兩玖錢壹分柒釐。内除休寧、祁門、黟縣、寧國、舒城、阜陽、潁上、霍邱、亳州、蒙城、太和、廣德、滁州、來安、六安、盱眙等州縣,並宣州、建陽、廬州、鳳陽、泗州、滁州等衛已將熟田銀兩解清外,其餘各州縣衛均未解足六分。查例載,上下兩江每年應徵行月錢糧,定限十月内完解十分之六,給丁濟運。如解不足數,州縣官罰俸六個月。不敷之項,在於道庫減存項下墊給。再限三個月解足補款,如仍徵解不全,再行指參,罰俸一年。等語。今各員於應行按額徵解之漕項錢糧,屢催不能解足六分,隨經移請安藩司,將被灾各屬應行蠲緩各數開移覈辦去後。兹準安藩司陸續開移前來,相應照例開參。并將各屬已未完解分數造具清冊,同經徵、接徵職名另開揭帖,呈送鑒覈,咨部覈議。至未完銀兩,現又嚴催趕解,如各屬仍未能於展參三個月内全行解收,另行查明續完、仍欠各數,照例開參。等情。除批飭嚴催迅將未完銀兩趕緊完解外,相應咨達。等因前來。

查漕運全書内載,每年應徵行月錢糧,定限十月内完解十分之六。解不足數,州縣官罰俸六個月,勒限三個月徵完。如仍徵解不全,再行指參,罰俸一年。等因。今據安徽巡撫咨稱:各屬應徵道光叁拾年分漕倉銀兩,除被歉緩徵外,實徵熟田銀拾伍萬陸千餘兩。截至十月底止,共解收銀叁萬壹千叁百捌兩玖錢壹分柒釐。内除休寧、祁門、黟縣、寧國、舒城、阜陽、潁上、霍邱、亳州、蒙城、太和、廣德、滁州、來安、六安、盱眙等州縣,並宣州、建陽、廬州、鳳陽、泗州、滁州等衛已將熟田銀兩解清外,其餘各州、縣、衛均未解足六分,相應照例開參。等語。

吏部查定例,江南有漕州縣,每年應征行月錢糧,於十月内先以六分完解。如不及六分之數、有誤支放者,將經征之州縣官罰俸六個月,再限三個月完解。又定例,各官任内有承督未完案件於限内離任者,以罰俸一年完結。等語。除英山縣知縣李文泉已經休致、例止罰俸,及起限之後不及一月卸事及病故之員俱毋庸議外,應將經征、接征行月錢糧初參未完之署懷寧縣事合肥縣知縣張文斌、懷寧縣知縣許垣、桐城縣知縣成福、署桐城縣事石埭縣知縣朱雋甲、前任潛山縣知縣劉夢松、署潛山縣事試用知縣張家駒、太湖縣知縣張寶鎔、宿松縣知縣劉東書、署宿松縣事試用知縣馬新貽、前任望江縣知縣林丙南、署歙縣事試用知縣吳邦傑、歙縣知縣張企栻、署婺源縣事試用知縣黄元吉、署績溪縣事靈璧縣知縣才宇和、署宣城縣事蒙城縣知縣宋佩縉、宣城縣知縣桂林、署南陵縣事候補知縣鍾瀛、署涇縣事舒城縣知縣鈕福疇、旌德縣知縣劉繼美、署太平縣事試用知縣杜滋、貴池縣知縣孫成鑑、署貴池縣事試用知縣武元鶴、署青陽縣事試用知縣範鎮中、署銅陵縣事試用知縣辛本栴、銅陵縣知縣福海、署建德縣事績溪縣知縣方殿謨、建德縣知縣王開貽、東流縣知縣張世燾、署石埭縣事婺源縣縣丞譚凌萬、代理石埭縣事安慶府經歷李耀之、前任當塗縣知縣劉宗城、兼攝當塗縣事太平府通判廬州府同知常裕、署當塗縣事試用知縣汪爾昌、署蕪湖縣事試用知縣王宗濂、前任蕪湖縣知縣李兆、署蕪湖縣事試用知縣田荆、前署繁昌縣事涇太縣丞陳壎、前繁昌縣知縣張世烯、代理無為州事無為州州同陶璋、署無爲州事候補知州郭世亨、署合肥縣事巢縣知縣莫英、合肥縣知縣吳祥麟、廬江縣知縣徐竑、前署巢縣事候補知州陳允中、巢縣知縣邵啟元、前任壽州知州楊斯熙、代理鳳臺縣事宿松縣縣丞劉錫齡、前鳳臺縣知縣林蘭、前任懷遠縣知縣劉緒俶、代理定遠縣事貴池縣縣丞張葆、定遠縣知縣金光筯、宿州知州饒元英、署宿州事試用知縣王啟秀、代理靈璧縣事合肥縣縣丞汪厚圻、代理靈璧縣事宿州州判劉炘、署建平縣事試用知縣金葆、前任和州知州李宗源、署含山縣祁門縣知縣汪銓、代理含山縣事和州州同鄭玉麟、含山縣知縣楊昌拔、全椒縣知縣盧承祖、署英山縣事太平縣知縣李宗羲、前任霍山縣知縣張元鈞、署霍山縣事試用知縣袁青雲、霍山縣知縣胡嘉霖、泗州知州裘寶善、兼護泗州事試用知縣趙蘭階、天長縣知縣王書勳均照例罰俸六個月,再限三個月完解。張文斌、劉宗城、汪銓俱已丁憂,劉夢松已調阜陽縣知縣,方殿謨已調績溪縣知縣,宋佩縉係署事官,已調霍邱縣知縣,辛本栴、譚凌萬、常裕、王宗濂、陶璋、劉錫齡、張葆、汪厚圻、金葆、鄭玉麟、袁青雲、趙蘭階俱係候補試用署事代理之員,李兆、張元鈞俱已告病,陳壎、莫英、陳允中俱已革職,均於未經限滿之先卸事。應照離任官例,張文斌、劉宗城、汪銓、辛本栴、王宗濂、金葆、袁青雲、趙蘭階,均應於補官日罰俸一年完結。李兆、張元鈞應照病假離任官例,各於補官日罰俸一年完結。劉夢松、方殿謨、宋佩縉、譚凌萬、常裕、陶璋、劉錫齡、張葆、汪厚圻、鄭玉麟,均應於現任内罰俸一年完結。陳壎、莫英、陳允中應各罰俸一年註冊。朱雋甲、張家駒、馬新貽、吴邦傑、黄元吉、才宇和、鍾瀛、鈕福疇、杜滋、武元鶴、範鎮中、李耀之、汪爾昌、田荆、郭世亨、王啟秀、劉炘、李宗羲,亦係候補署事試用代理之員,林丙南已調太和縣知縣,張世烯已升直隸州知州,楊斯熙已升亳州知州,林蘭已升無爲州知州,劉緒俶已撤任留省補用,李宗源已經降調,俱未聲明卸事日期。其應照例議結之處,均俟復參到日再議。邵啟元又署太平縣任内,朱雋甲又署無爲州任内,譚凌萬又署定遠縣任内,金光節又署建平縣任内,饒元英又署泗州任内,俱又經征、接征初參未完,應照例再各罰俸六個月,再限三個月完解。邵啟元、朱雋甲俱於限内卸事,應照離任官例,於現任内再各罰俸一年完結。譚凌萬、金光節、饒元英俱未聲明卸事日期,其應照例議結之處,亦俟復參到日再議。

兵部查定例,江南有漕州縣,每年應征行月錢糧,於十月内先以六分,如不足六分之數,將經徵衛所官罰俸六個月。又定例,官員催征錢糧,於未催完之先離任者罰俸一年。各等語。除安慶衛守備石鈞業經勒休,例止罰俸,毋庸議外,應將經征道光叁拾年分行月錢糧初參完解不足六分之新安衛守備林安邦、長淮衛守備李聯鑣均照例罰俸六個月,再限三個月完解。署長淮衛事德州衛守備葉宗訓,於未催完之先卸事,應照離任官例,罰俸一年完結。係屬公罪,例準議抵。葉宗訓並無紀録抵銷。

至前項已完銀兩,户部照數登記,仍令該撫即飭造入漕倉各奏銷冊内,查覈歸結。未完銀兩,照例勒限三個月催完。如仍徵解不全,再行查明已未完解數目,造冊復參。其餘應徵四分銀兩,并令於奏銷期内照數徵完,報部查覈。

此本係户部主稿。咨文於咸豐貳年正月初拾日到部,貳月拾玖日咨送吏、兵二部會議,伍月初伍等日議結送回。兹於柒月拾捌日辦理具題,合并聲明。

臣等未敢擅便,謹題請旨。

批紅:依議。

爲前任滇撫題銷道光二十九年正運一起京銅及用過各款事

咸豐二年七月十九日

太子太保・大學士兼署管理户部事務臣祁寯藻等謹題,爲銅運報銷等事。

户科抄出,前任雲南巡撫張亮基題委員李峥嶸辦運京銅報銷一案。咸豐元年拾貳月貳拾壹日題,貳年叁月拾伍日奉旨:該部察核具奏。欽此。欽遵。於本日抄出到部。

該臣等查得,前任雲南廵撫張亮基,將委員李峥嶸辦運道光貳拾玖年正運一起京銅用過水脚、雜費、養廉等項銀兩,造冊具題前來。

一、冊稱:委員李峥嶸辦運道光貳拾玖年正運一起正耗餘銅壹百拾萬肆千肆百伍拾斤,内除在江南清河縣二井汛地方沉溺未獲銅貳萬陸千壹百叁拾肆斤,實運銅壹百柒萬捌千叁百拾陸斤。内交過户部局正耗並低銅伍拾玖萬柒千柒百捌拾斤,下短銅拾貳萬貳千貳百貳拾斤。除沉溺掛欠銅壹千壹百貳拾貳斤拾兩,逾折銅拾貳萬壹千玖拾柒斤陸兩。又交過工部局正耗並低銅叁拾肆萬肆千斤,下短銅壹萬陸千斤。除沉溺掛欠銅伍百陸拾壹斤陸兩,逾折銅壹萬伍千肆百叁拾捌斤拾兩。二共交過户、工二部局正耗並低銅玖拾肆萬壹千柒百捌拾斤,二共掛欠户、工二部局銅拾叁萬捌千貳百貳拾斤。内除掛欠沉溺銅壹千陸百捌拾肆斤,將來能否撈獲,另案辦理。逾折銅拾叁萬陸千伍百叁拾陸斤,實因沿途起剥盤壩、顛損磕碰所致,俟回任時照例賠價買補。至户部局收過低銅貳拾貳萬壹千陸百捌拾斤,工部局收過低銅玖萬肆千斤,俟煎煉折耗若干奉文飭知至日,照例在於厰運各員名下,按股攤賠,買補帶解。其原領餘銅貳萬肆千肆百伍拾斤,抵補沉溺數内交收。等語。查該員李峥嶸辦運道光貳拾玖年正運一起京銅,内交過户部局正耗並低銅伍拾玖萬柒千柒百捌拾斤,業經臣部寶泉局照數兑收。其交過工部局正耗並低銅叁拾肆萬肆千斤,前據工部咨稱,亦經照數收明。所有逾折銅拾叁萬陸千伍百叁拾陸斤,應令該督撫轉飭,即行核計價脚銀兩,在於該員名下嚴行勒追,依限完繳清款,報部查核。至户部局收過低銅貳拾貳萬壹千陸百捌拾斤,工部局收過低銅玖萬肆千斤,俟煎煉折耗若干,再行移咨滇省,著落賠繳。其原領餘銅貳萬肆千肆百伍拾斤,據稱抵補沉溺數内交收。臣部查核相符,應毋庸議。

一、冊稱:委員李峥嶸辦運道光貳拾玖年正運一起京銅,共用過水脚、起剥、夫價等銀壹萬叁千貳百肆拾貳兩叁錢陸分肆釐,雜費銀壹千陸百貳拾肆兩貳錢壹分伍釐。等語。查該員李峥嶸辦運道光貳拾玖年正運一起京銅,共用過水脚、起剥、夫價等銀壹萬叁千貳百肆拾貳兩叁錢陸分肆釐,雜費銀壹千陸百貳拾肆兩貳錢壹分伍釐。臣部按冊核算,與定例及歴運準銷之數,計應删減剥費銀捌百叁拾柒兩壹錢壹分陸釐,雜費銀貳百貳兩貳錢柒分。應令該督撫轉飭該員一并遵照,删減報部,以節糜費。再查水脚項下,開銷江南儀徵縣更換簍繩價值銀兩,此款應於雜費項下造報,仍飭該員查明更正報部。其餘用過水脚雜費等項銀兩,均與定例及歷運準銷之數相符,應準開銷。

一、冊稱:委員李峥嶸辦運京銅,自滇省至瀘州領銅至京,及自京回滇省,共準支十七個月七日養廉銀壹千柒百肆拾叁兩玖錢玖分玖釐。又在天津縣守凍三十四日,照例減半支銷養廉銀伍拾柒兩叁錢肆分陸釐。等語。查雲南辦解正運京銅,定例每月準支養廉、役食、雜費銀壹百壹兩壹錢玖分玖釐零。如遇守凍,按日加支數減正支之半。等因。今該員李峥嶸辦運京銅,自滇省至瀘州領銅至京,及自京回滇省,共請銷養廉銀壹千柒百肆拾叁兩玖錢玖分玖釐。又在天津縣守凍,減半支銷養廉銀伍拾柒兩叁錢肆分陸釐。臣部核與定例應給之數相符,應準開銷。

一、冊稱:委員李峥嶸辦運道光貳拾玖年正運一起京銅,共用過水脚、雜費、養廉等銀壹萬陸千陸百陸拾柒兩玖錢貳分肆釐零。内除領過銀壹萬叁千叁百陸拾貳兩伍錢肆分玖釐零,尚應找領銀叁千叁百伍兩叁錢柒分肆釐零。内除在江南二井汛沉溺未獲銅斤應扣水脚銀柒拾叁兩壹錢柒分伍釐,又在天津縣起剥銅斤應扣原給自津至通水脚銀壹百玖拾陸兩叁錢捌分貳釐,實應找領銀叁千叁拾伍兩捌錢壹分柒釐零。等語。查該員李峥嶸辦運道光貳拾玖年正運一起京銅,共用過水脚、雜費、養廉等銀壹萬陸千陸百陸拾柒兩玖錢貳分肆釐零。内除領過銀壹萬叁千叁百陸拾貳兩伍錢肆分玖釐零,又除江南沉溺並天津起剥銅斤共應扣繳水脚銀貳百陸拾玖兩伍錢伍分柒釐,實應找領銀叁千叁拾伍兩捌錢壹分柒釐零。臣部按冊核算,數目相符。應令該督撫轉飭將前項應找銀兩,俟前款刪減剥費、縴費並應賠逾折銅價及煎折低銅應賠火工鉛價等銀賠補全完之日,再行核數報部。

此案科抄於咸豐貳年叁月拾伍日到部,兹於柒月拾玖日辦理具題,合并聲明。

臣等未敢擅便,謹題請旨。

批紅:依議。

爲川省派撥護送駐藏大臣弁兵借支銀兩照例辦理事

咸豐二年七月十九日

太子太保·大學士兼署管理户部事務臣祁寯藻等謹題,爲移會事。

戶科抄出,四川總督徐澤醇題四川省派撥護送欽差駐藏大臣額勒亨額赴藏弁兵,借支行裝、馱馬、鞍屜等項銀兩一案。咸豐元年拾壹月貳拾捌日題,貳年貳月貳拾柒日奉旨:該部知道。欽此。欽遵。於本日抄出到部。臣部查,護送弁兵借支行裝等銀,向係核議題覆之件,當將冊開弁兵名數是否相符,行查兵部去後。今於咸豐貳年肆月拾肆日,準兵部查覆過部。

該臣等查得,四川總督徐澤醇疏稱:馳驛赴藏人員撥兵護送,所有借支行裝等銀,例應題報。茲據布政使吳振棫詳:查歷次赴藏人員,由打箭爐出口抵藏,派撥弁兵護送。此次欽差藍翎侍衛額勒亨額自爐出口,派撥官兵十一員名。內軍標把總一員,借支行裝銀壹百貳拾兩。跟役三名,每二名合領馱馬一匹,共馬一匹半。每匹價銀捌兩,共銀壹拾貳兩。鞍屜一副半,每副價銀陸錢伍分,共銀玖錢柒分伍釐。馬兵二名,每名借支行裝銀拾貳兩,共銀貳拾肆兩。合領馱馬三匹,每匹價銀拾貳兩,共銀叁拾陸兩。鞍屜三副,每副價銀陸錢伍分,共銀壹兩玖錢伍分。又督標步兵四名,每名借支行裝銀拾兩,共銀肆拾兩。又每二名合領馱馬三匹,共馬六匹。每匹價銀拾貳兩,共銀柒拾貳兩。鞍屜六副,每副價銀陸錢伍分,共銀叁兩玖錢。又提標馬兵一名,借支行裝銀拾貳兩。步兵三名,每名借支行裝銀拾兩,共銀叁拾兩。又馬步兵每二名合領馱馬三匹,共馬六匹。每匹價銀拾貳兩,共銀柒拾貳兩。鞍屜六副,每副價銀陸錢伍分,共銀叁兩玖錢。統共借支行裝、馱馬、鞍屜銀肆百貳拾捌兩柒錢貳分伍釐,當於司庫臺費銀內動支。除該弁兵借支行裝銀貳百貳拾陸兩,請俟回營之日照例辦理外,其馱馬、鞍屜銀貳百零貳兩柒錢貳分伍釐,俟回營之日,查明有無倒斃牽回變價,另行查辦。□沿途行走所需鹽菜口糧,令各糧臺照換藏官兵之例,一體應付造報。理合造冊,詳請察核具題。等情。臣覆核無異,除冊送部外,理合具題。等因前來。

查定例:川省派往西藏換班把總,借支行裝銀壹百貳拾兩,跟役三名。馬兵借支行裝銀拾貳兩,步兵拾兩。馬步兵每二名合領馱馬三匹,每匹價銀拾貳兩。鞍屜三副,每副價銀陸錢伍分。又跟役每二名合領馱馬一匹,折價銀捌兩。鞍屜一副,折價銀陸錢伍分。等語。今四川總督題報:馳驛赴藏人員自打箭爐出口,應派撥官兵護送,所有此次派撥護送欽差駐藏大臣額勒亨額赴藏弁兵十一員名,共借支行裝及馱馬、鞍屜銀肆百貳拾捌兩柒錢貳分伍釐,應於司庫臺費銀內動支。除該弁兵借支行裝銀貳百貳拾陸兩,請俟回營之日照例辦理外,其馱馬、鞍屜銀貳百貳兩柒錢貳分伍釐,俟旋營之日,查明有無倒斃及牽囬變價之處,另行查核。等語。臣部將冊開弁兵名數行查兵部,核覆相符。所有該弁兵等共借支行裝及馱馬、鞍屜銀肆百貳拾捌兩柒錢貳分伍釐,按冊核算,與例支銀數亦屬符合,應準其借支。仍令該督將借支行裝銀貳百貳拾陸兩,俟該弁兵囬營之日,照例辦理,題報查核。□馱馬、鞍屜銀貳百貳兩柒錢貳分伍釐,亦俟該弁兵囬營之日,查明牽囬馬匹、鞍屜變價確數,取結題銷。至疏稱該弁兵沿途所需鹽菜口糧,照換藏官兵應支定例一體應付之處,并令該督核明照例支給。造入該年奏銷冊内,報部查核。

此案科抄於咸豐貳年貳月貳拾柒日到部,當經行查兵部,於肆月拾肆日覆回。兹於柒月拾玖日辦理具題,合并聲明。

臣等未敢擅便,謹題請旨。

批紅:依議。

爲蘇撫題銷道光二十一年江寧等屬灾賑銀兩一疏分别準駁事

咸豐二年七月二十一日

太子太保·大學士兼署管理戶部事務臣祁寯藻等謹題,爲報銷事。

戶科抄出,江蘇巡撫楊文定題江寧、揚州、通州三府州屬道光貳拾壹年被灾用過賑濟撫恤口糧報銷一案。咸豐元年拾月貳拾日題,拾貳月初肆日奉旨:該部察核具奏。欽此。欽遵。於本日抄出到部。

該臣等查得,江蘇巡撫楊文定疏稱:道光貳拾壹年江寧、揚州、通州三府州屬之上元、江寧、句容、溧水、高淳、江浦、六合、儀徵、泰興等九縣,或因夏秋雨水過多,江河泛漲,山水下注,低窪田廬,多被淹浸,由司委勘成灾。奏請將上元、江寧、句容、溧水、高淳、江浦、六合等七縣被淹較重、實在乏食貧民,先行撫恤一月口糧。嗣勘實成灾分數,又經奏請將上元等九縣,并揚州衛坐落各縣屯田被淹較重,成灾十分、九分、八分、七分極次貧并六分灾極貧灾民、兵屬、貧生、饑軍人等,照例分别給賑。概以折色散放。大建每大口給銀壹錢伍分,小口給銀柒分伍釐。小建每大口給銀壹錢肆分伍釐,小口給銀柒分貳釐伍毫。又經確查,請將上元、江寧、句容、溧水、高淳、江浦、六合、泰興等八縣成灾十分、九分、八分、七分極次貧并六分灾極貧灾民、兵屬、貧生、饑軍人等,概予展賑一月。追次春青黄不接之時,復行查明淮安府屬之山陽縣,應需借給口糧、籽種,淮安、大河二衛,應需借給籽種銀兩,奏蒙恩準,分別撥銀散濟各在案。兹據署江寧布政使聯英詳稱:據各該縣、衛將給過撫恤、正賑、展賑並請借籽種口糧銀款,分别造具報銷冊結,由該管道、府、州覆查,加結移司。核計上元、江寧、句容、溧水、高淳、江浦、六合、儀徵、泰興等九縣撫恤、正賑、展賑災民、兵屬,共計大口一百八十萬一千六百口,小口一百十一萬七千一百七十三口,共給過銀叁拾伍萬叁千柒百陸拾陸兩零。又上元、江寧、句容、溧水、高淳、江浦、六合、儀徵等八縣撫恤、正賑、展賑貧生共計大口一萬五千六百八十七口,小口九千二百二十七口,共給過銀叁千叁拾柒兩零。又山陽縣貧民借給口糧銀貳萬壹千貳百壹拾壹兩零。又山陽縣同淮安、大河二衛屯軍借給災田籽種銀玖千捌百玖拾叁兩零。除將動撥銀兩另於動款冊内分晰造報外,相應彙造報銷冊結,呈候題銷。再,該年貧生一項,例應動支司庫存公另款。惟當時未能分款,是以循照成案,先於賑款内動放。事竣原應於存公銀内歸還,今司庫存公一款抵支廪工經費,現存無幾,不敷放歸。撫、賑本款,除動用外,餘剩尚多,似可就款支用。所有報銷貧生實用銀叁千叁拾柒兩零,應請即於原撥撫、賑款内作正支銷。此項報銷,歷屆成案,扣限六個月造報。應於道光貳拾貳年叁月底放竣之日起,扣至玖月底限滿。因屬冊開報未符,節次飭催,以致核轉稍稽。所有造報遲延職名,現在查取,另行開報。除冊結送部查核外,謹會同兩江總督臣陸建瀛,合詞具題前來。

查江蘇省上元等縣,道光貳拾壹年夏秋被水成災。先據該撫奏報被淹較重之上元、江寧、句容、溧水、高淳、江浦、六合等七縣乏食貧民,先行撫恤一月口糧。嗣經將上元、江寧、句容、溧水、高淳、江浦、六合、儀徵、泰興等九縣,並揚州衛坐落各縣極次貧災民、兵屬、貧生、饑軍人等分别給賑。概以折色散放,並展賑一月在案。又經查明淮安府屬之山陽縣,並淮安、大河二衛,借給口糧籽種銀兩,奏準散濟,均經臣部行文該撫,欽遵辦理各在案。今據該撫疏稱:上元等九縣撫恤、正賑、展賑災民、兵屬大口一百八十萬一千六百口,小口一百十一萬七千一百七十三口,共給過銀叁拾伍萬叁千柒百陸拾陸兩零。又撫恤貧生大口一萬五千六百八十七口,小口九千二百二十七口,共給過銀叁千叁拾柒兩零。又山陽縣借給口糧銀貳萬壹千貳百拾壹兩零。又山陽縣同淮安、大河二衛借給災田籽種銀玖千捌百玖拾叁兩零。造具冊結題銷。所有撫恤正展口糧,臣部按冊核算,均屬相符,應準開銷。至出借籽種口糧,例應春借秋還,何以事隔十餘載之久,分毫并未徵還。率行請銷,殊屬不合,臣部礙難核準。應將原冊七本,鈐印發還。仍令該撫確切查明已徵還若干,未還若干,另造妥冊。并將因何未還之處,速即聲覆題報,毋稍含混。并查取催徵不力各職名,送部核議。至冊報賑剩銀肆百玖拾捌兩叁錢壹分柒釐伍毫,內司庫存剩銀陸拾叁兩陸錢陸分伍釐,各屬解還司庫銀貳百柒拾壹兩肆錢伍分貳釐伍毫,未據聲明造入何年季撥冊內。臣部照數登記,仍令查明報部。其未解銀壹百陸拾叁兩貳錢,據稱造入四次清查追補。其應在何員名下追補,亦未聲明。應令一并查覆報部,以便催追。又據疏稱,此案報銷應於道光貳拾貳年叁月底放竣之日起,扣至貳拾貳年玖月底限滿。因屬冊未符,節次飭催,以致核轉稍稽。所有遲延職名,查取另行開報。等語。臣部查,此案例應按限報銷,即令冊籍未符,何以遲至十年之久,實屬意存延玩。應令即行查取辦理遲延之藩司、道、府、縣等各職名,一并送部核議。

此案科抄於咸豐元年拾貳月初肆日到部,茲於貳年柒月貳拾壹日辦理具題,合并聲明。

臣等未敢擅便,謹題請旨。

批紅:依議。

爲粵海關監督曾維一年任滿事

咸豐二年七月二十一日

太子太保·大學士兼署管理戶部事務臣祁寯藻等謹題,爲請旨事。

據粵海關監督曾維呈報,於咸豐元年捌月貳拾貳日留任起,連閏扣至貳年柒月貳拾壹日止,又屆壹年任滿,理合預期呈報前來。

該臣等查得,乾隆叁拾伍年肆月初捌日內閣奉上諭:向來各省鹽政、關差壹年任滿,例由該部院題請更換。而關差內間有自行奏請,并不經部辦理者,究非體制。嗣後將軍、督撫、鹽政、織造兼管各關,仍由該將軍等照例自行題奏外,其九江、粵海等關將屆壹年期滿,並著一體報部,聽該衙門具題請旨。著爲令。欽此。欽遵在案。

查粵海關監督曾維前於咸豐元年捌月貳拾壹日任滿,經臣部將該監督任滿之處照例具題,奉旨:粵海關稅務仍著曾維接管。欽此。經臣部劄知該監督接管在案。今該監督曾維自咸豐元年捌月貳拾貳日留任起,連閏扣至貳年柒月貳拾壹日止,又屆壹年任滿。所有粵海關稅務例應題請更換,抑或仍令曾維接管之處,伏候諭旨遵行。

臣等未敢擅便,謹題請旨。

批紅:粵海關税務仍著曾維接管。

爲葉爾羌參贊大臣題銷道光二十八年管收支存錢糧等項事

咸豐二年七月二十二日

戶部等部,太子太保·大學士兼署管理戶部事務臣祁寯藻等謹題,爲奏銷事。

據葉爾羌參贊大臣德齡等將葉爾羌、巴爾楚克二處道光貳拾捌年收支動用銀錢、糧石并綢緞、布匹、棉花、牲畜、軍械等項造册送部,彙核題銷前來。查册開:

一、葉爾羌舊管銀伍千捌百叁拾玖兩肆分叁釐,普爾錢壹萬伍千捌百捌拾玖串陸拾玖文,各色糧叁萬陸千玖百叁拾陸石捌升叁合玖勺伍抄。儲備軍餉銀貳拾萬兩,額儲各色糧壹萬叁千玖百壹拾陸石捌斗伍升伍合玖勺叁抄,清油三千九百四十三斤十四兩四錢,各色綢緞綾紗捌拾叁匹半,布壹百陸拾陸匹壹丈捌尺,夾布口袋六百條,牧廠馬九十一匹,牛三十一隻,緑營備差馬四十匹,旱磨六盤,各項器具四十一件,軍臺馬二百三十匹,牛一百三十四隻,生鐵封口、羣子鉛丸、火藥磺六萬二千六百二十一斤十三兩一錢二分,火繩九萬六千五百十丈一尺二寸八分,炮一百三十六位,毛口袋六條,風繩五十二丈,各項軍械七萬五千八百三十七件。等語。查葉爾羌舊管銀錢、糧石、清油、緞布、口袋、牧廠馬匹牛隻、器具等項,戶部核與上年實存數目相符,應毋庸議。至舊管軍臺馬牛、生鐵、封口、羣子、鉛丸、火繩、炮位、口袋、軍械等項,兵部查,册開核與上年存剩軍臺馬牛數目相符。至軍械等項,查與上年實存數目亦屬相符。

一、葉爾羌新收各項共銀伍萬捌千伍拾玖兩陸錢貳分陸釐,各項共錢叁千柒百叁拾伍串壹百玖拾捌文,各色糧貳萬柒千肆百伍石伍斗玖升貳合叁勺伍抄。新收軍需存剩糧捌千貳百肆拾捌石伍斗壹升捌合貳勺伍抄,棉綫塔哈爾一百八十條,夾布口袋三千一十五條,各色綢緞綾紗柒百捌拾陸匹,各色布肆萬玖千伍百肆拾陸匹,棉花壹萬斤,口袋一百八十條,麻綫口袋一千一百八十二條,麻繩九百八十二根,麻稍繩二百四十八根。牧廠新收馬一百五十三匹,牛一十九隻。緑營新收備差馬十二匹。軍臺新收補缺馬六十一匹,牛一十三隻。火藥、羣子、鉛丸、硝磺二萬五千九百六斤三兩五錢,擡炮五十一位,各項軍械一百七十三件。等語。查葉爾羌新收銀錢、糧石、布棉口袋、繩索、馬牛等項,户部核與應收數目相符,應毋庸議。至新收綢緞綾紗柒百捌拾陸匹,核與陜甘總督題準調解數目相符,應毋庸議。至新收軍臺馬牛、火藥、羣子、硝磺、鉛丸、軍械,兵部查,冊開軍臺新收馬六十一匹,牛十三隻,核與該處各軍臺新收馬牛數目相符。至火藥等項按冊查核,亦屬相符。

一、開除供支葉爾羌參贊大臣等支過養廉鹽菜銀貳千貳百貳拾捌兩貳錢陸分肆釐,口糧捌拾伍石玖斗陸升叁合壹勺。等語。查定例:葉爾羌參贊大臣歲支養廉銀壹千伍百兩,跟役十四名。幫辦大臣歲支養廉銀柒百兩,跟役十二名。官役各日支口糧米捌合叁勺,或麪壹斤。等語。今冊造葉爾羌參贊大臣等支過養廉銀兩、口糧,户部各按起止月日,核與應支銀糧數目相符,應準開銷。

一、開除供支葉爾羌駐扎滿洲緑營官兵,并各路軍臺回子、糧員、書識、通事及過往官兵、人犯鹽菜口糧、公費工食等項銀錢、糧石數目,各計起止日期不一,共銀伍萬貳千貳百陸拾玖兩貳錢肆分陸釐,普爾錢壹千陸百捌拾陸串捌百柒拾文,各色糧壹萬壹千玖百玖拾伍石捌斗玖升陸合伍勺。又開除供支葉爾羌幫辦大臣、章京等加增養廉、鹽菜銀折糧叁千陸百貳拾肆石叁斗柒升陸合捌勺。等語。查定例:跟隨將軍大臣辦事章京,月支本身鹽菜銀壹拾伍兩,跟役六名。筆帖式月支本身鹽菜銀捌兩,跟役二名。以上跟役只支口糧,不支鹽菜。管糧同知月支鹽菜銀肆兩,歲支公費銀壹百捌拾兩,跟役四名。挑補檔房辦事書識,每名月支工食銀肆兩捌錢,委署筆帖式月支鹽菜銀貳兩,跟役四名。驍騎校月支鹽菜銀貳兩,跟役二名。滿州兵丁每名月支鹽菜銀壹兩伍錢,每二人合給跟役一名,每名月支鹽菜銀伍錢。緑營參將、遊擊月支鹽菜銀肆兩,跟役六名。都司、守備各月支鹽菜銀貳兩肆錢,跟役四名。千總月支鹽菜銀壹兩柒錢,跟役二名。把總月支鹽菜銀壹兩貳錢,跟役二名。外委月支鹽菜銀玖錢,跟役一名。六品伯克照千總例,月支鹽菜銀壹兩柒錢,跟役二名。以上官兵之跟役餘丁,每名月支鹽菜銀伍錢。官役各日支口糧米捌合叁勺,或麪壹斤。又新疆各臺站遞事,回户照緑營兵丁之例,給與鹽菜銀玖錢。發往各處人犯每名日支米捌合叁勺,或麪壹斤。又搭放兵丁鹽菜每銀壹兩,折普爾錢貳百貳拾文。又回疆南路等城換防緑營馬、步、守兵除每月額支鹽菜銀兩,馬兵月支銀壹兩貳分伍釐,步、守兵月支鹽菜銀壹兩。馬兵每月津貼銀肆錢貳分伍釐,步、守兵每月津貼銀肆錢伍分。又葉爾羌幫辦大臣每年加增養廉銀貳百兩。又道光捌年捌月間,據那彥成等奏請就餘糧抵作官員加增養廉鹽菜銀兩摺内聲明,章京每月加增銀拾兩,部缺筆帖式每名加增銀陸兩,委筆帖式每月加增銀貳兩。葉爾羌章京三員,部缺筆帖式三員,委筆帖式十五員,請於新增餘糧内按回疆例價,每石合銀伍錢,折給各大臣及章京筆帖式等加增養廉鹽菜銀兩。等因。奏明在案。又喀什噶爾裁移葉爾羌回務章京一員,部缺筆帖式一員,委署筆帖式一員,開單咨部在案。又葉爾羌新設經牧章京一員,應支加增銀兩,已據葉爾羌參贊大臣查明聲覆,業於道光拾叁年奏明覆核摺内,照數估計。等因。咨部亦在案。今冊造開除供支葉爾羌駐劄滿州、緑營官兵,并各路軍臺回子、糧員、書識、通事及過往官兵、人犯鹽菜口糧、公費、工食等項銀錢、糧石,并葉爾羌幫辦大臣、章京等加增養廉、鹽菜銀折糧石數目,戶部按照各起止月日,逐一核算,與定例及奏、咨各原案應支銀錢糧石數目,均屬相符,應準開銷。

一、開除供支葉爾羌回務章京主事職銜花良阿兑支道光貳拾捌年分春秋二季京俸銀陸拾兩,俸米抵折小麥貳拾捌石伍斗。又供支承襲郡王銜貝勒邁瑪廸敏兑支道光貳拾捌年分春秋二季京俸銀肆百兩,俸米抵折小麥壹百玖拾石。又供支阿奇木伯克伊斯瑪依爾兑支在京散秩大臣道光貳拾捌年春秋二季養廉銀肆百兩。等語。查冊造供支回務章京主事職銜花良阿兑支道光貳拾捌年春秋二季京俸銀陸拾兩,又郡王銜貝勒邁瑪廸敏兑支道光貳拾捌年春秋二季京俸銀肆百兩,核與數目相符,應準開銷。至主事職銜花良阿俸米折支小麥貳拾捌石伍斗,又供支郡王銜貝勒邁瑪廸敏兑支小麥壹百玖拾石,核與數目相符,應準開銷。至阿奇木伯克伊斯瑪依爾兑支在京散秩大臣道光貳拾捌年春秋二季養廉銀肆百兩,核與該年兩季兑支銀數相符,應準開銷。

一、開除供支葉爾羌致祭關帝廟等處需用祀牲價值,及支給伯克人等羊隻,共用過普爾錢壹拾串貳百貳拾捌文,糧貳拾伍石叁斗捌升肆合肆勺。各廟香火等項用過普爾錢壹拾捌串伍百叁拾文,筵宴伯克用過普爾錢肆串肆百叁拾文。等語。查前項致祭關帝並各廟香燭,及筵宴伯克共用過普爾錢叁拾叁串壹百捌拾捌文,糧貳拾伍石叁斗捌升肆合肆勺,戶部核與歷年準銷成案相符,應準開銷。

一、開除供支滿、漢二營病故官員、兵丁靈柩回籍,需用夫馬車價銀捌拾柒兩柒錢壹分,又供支陣亡回子卹賞銀壹百兩。等語。查前項支過夫馬車價卹賞銀兩,戶部核與覆準並理藩院知照各原案,均屬相符,應準開銷。

一、開除葉爾羌各軍臺道光貳拾柒年管臺無誤兵丁應賞一月鹽菜銀柒拾貳兩柒錢伍分陸釐,普爾錢貳串陸百伍文。又供支陞任阿克蘇四品伯克庫爾班等領過搬眷銀壹百叁拾兩。等語。查前項賞過臺站兵丁鹽菜並伯克搬眷銀兩、普爾錢文,戶部核與覆準各原案應支數目相符,應準開銷。

一、開除葉爾羌撥運巴爾楚克各色糧壹千捌拾肆石,普爾錢肆百壹拾串。等語。查前項撥運糧石、錢文,戶部核與巴爾楚克新收冊造各數目均屬相符,應準開銷。

一、開除葉爾羌接運喀英二城經費生息等銀,用過脚價銀伍拾柒兩伍錢捌分陸釐壹毫。等語。查定例,輓運新疆什物,核明折合糧數每銀貳千兩合糧一京石,每石每百里給脚價銀肆錢等語。今冊造接運喀英二城經費生息等銀用過脚價銀兩,戶部按冊核算,與定例應支數目有減無浮,應準開銷。

一、支放葉爾羌阿奇木伯克并念清書幼子等養廉普爾錢貳百肆拾伍串,在於各項匠役回子應交普爾錢貳百肆拾伍串項下,儘數動支。又扣收缺曠養廉普爾錢壹拾壹串捌百捌拾叁文,儘數搭放兵丁鹽菜。又和闐應交供支色呼庫勒阿奇木伯克養廉普爾錢肆拾伍串文。等語。查冊造供支阿奇木伯克并念清書幼子等養廉普爾錢貳百肆拾伍串,又扣收缺曠養廉搭放兵回鹽菜普爾錢壹拾壹串捌百捌拾叁文,戶部核與歷年支銷原案相符,應準開銷。至供支色呼庫勒阿奇木伯克養廉普爾錢肆拾伍串文,應於和闐奏銷開除項下查核。

一、開除葉爾羌各軍臺馬二百三十四,牛一百三十四隻,春冬二季飼餧糧料壹千貳百捌拾石貳升。又緑營備差馬四十匹,飼餧糧料貳百玖拾柒石壹斗捌合。又支給膏車清油五百二十八斤。等語。查定例:軍臺馬、牛,春、冬二季每匹、隻各日支口料貳升。等語。又辦運伊犁布匹、棉花,自葉爾羌底臺起,至黑色熱巴特臺止,計十五臺,共安設車四十四輛,每輛月支膏車清油一斤,歷經辦理在案。今冊造開除葉爾羌各軍臺馬匹、牛隻春、冬二季並緑營備差馬匹飼餧糧料數目,及支給膏車油斤,戶部按冊開起止月日,逐一核算,與例支數目及辦過成案均屬相符,應準開銷。

一、開除供支駐防滿營例騎馬匹糧料貳千肆百捌石陸斗壹升陸合。等語。查葉爾羌滿營官兵所騎馬匹,每馬一匹日支料叁倉升,春冬二季全數收槽,夏秋二季四分收槽,六分出青,并免扣原營馬乾之處,經前葉爾羌參贊大臣壁昌奏準在案。今冊造供支駐防滿營例騎馬匹共支糧料各數目,戶部按冊開馬匹收槽月日,逐一核算,與奏準原案應支數目相符,應準開銷。

一、葉爾羌餘剩各色糧壹萬叁千捌百柒拾肆石陸斗貳升貳勺,共變普爾錢捌百叁拾捌串壹百柒拾文,每錢貳拾陸文折辦布壹匹,共折辦布貳萬玖千伍百肆拾伍匹,共用普爾錢柒百陸拾捌串壹百柒拾文。每錢柒文折辦棉花壹斤,共折辦棉花壹萬斤,共用普爾錢柒拾串文。又開除盈餘雜糧壹千壹百零肆石貳斗伍升陸合壹勺,共變普爾錢陸拾貳串伍百肆拾壹文,歸入新收項下搭放兵丁鹽菜。等語。查葉爾羌餘剩糧石折辦布匹、棉花,戶部核與歷年成案相符,應準開銷。至開除盈餘糧石變價錢文,搭放兵丁鹽菜,核與咨報原案及收造數目均屬相符,應準開銷。

一、開除葉爾羌運送伊犁各色布肆萬玖千壹百肆拾貳匹,棉花壹萬斤,麻綫口袋一千一百八十二條,麻繩九百八十二根,麻稍繩二百四十八根。又賞給交納硝磺回子等布叁百肆匹。等語。查前項解運伊犁布匹、棉花、口袋、繩索等項,應令伊犁將軍曾否照數收到之處,查明報部查核。至賞給交納硝磺回子等布叁百肆匹,戶部核與節年準銷成案相符,應準開銷。

一、葉爾羌運送伊犁布匹染造價值,及應需麻綫口袋、繩索等項價值,共用普爾錢肆百肆拾捌串伍百貳拾玖文。又做奏摺等項包袱十二個,用布叁匹壹丈貳尺。又印房等處筆帖式、書識等九十三員名,各日支柴一斤、炭一斤。自道光貳拾捌年玖月初壹日起,至貳拾玖年正月底止,計五個月,共需柴、炭一萬三千九百五十斤。每柴一斤,價銀叁釐,共用銀肆拾壹兩捌錢伍分。每炭一斤,價銀壹分,共用銀壹百叁拾玖兩伍錢。二共銀壹百捌拾壹兩叁錢伍分。每銀壹兩,合普爾錢貳百貳拾文,共合普爾錢叁拾玖串捌百玖拾柒文。等語。工部查,冊開採買布匹及應需麻綫口袋、繩索等項,共用普爾錢肆百肆拾捌串伍百貳拾玖文,核與上年準銷成案相符,應準開銷。又做奏摺包袱十二個,用布叁匹壹丈貳尺,核與該處歷年準銷成案相符,應準開除。工部查,冊開柴、炭,核與乾隆叁拾叁年議給價值銀錢數目相符,應準開銷。

一、開除賞給乾竺特伯克沙哈贊伯爾等緞叁匹。等語。查前項動用緞匹,戶部核與奏咨準銷原案應支數目相符,應準開銷。

一、開除道光貳拾捌年變價各色綢緞綾紗捌百壹拾柒匹半,各計價值多寡不同,共變價銀伍千陸百叁拾壹兩貳錢叁分捌釐肆毫。每兩照例合錢貳百文,共合普爾錢壹千壹百貳拾陸串貳百肆拾捌文。等語。查定例,新疆官變綢緞,每銀壹兩,以普爾錢貳百文折收。等因。今葉爾羌綢緞綾紗變價銀兩折收普爾錢文,戶部按冊核算,與應變銀兩并例準折收錢文各數目,均屬相符,所有前項原動綢緞綾紗應準開銷。

一、葉爾羌各軍臺安設馬匹、牛隻内,除倒斃馬六十一匹,牛一十三隻。又牧廠項下撥補葉爾羌各軍臺補缺馬六十一匹,牛一十三隻,撥補和闐軍臺馬六匹。等語。兵部查,冊開葉爾羌各軍臺共安設馬二百三十匹,牛一百三十四隻,今道光貳拾捌年分陸續倒斃馬六十一匹,牛十三隻,按臺站馬匹十分準倒三分、牛十分準倒一分五釐之例核算,均屬相符,應準其撥補。又和闐軍臺馬六匹,亦應準其撥補。

一、開除葉爾羌舊管緑營備差馬四十一匹内,倒斃馬十二匹。牧廠撥給補缺馬十二匹。又撥給巴爾楚克緑營備差補缺馬九匹,撥給和闐備差補缺馬八匹,牛二隻。葉爾羌牧廠倒斃馬二十二匹,牛三隻。又撥給大臣騎馱馬二十三匹。新補印房章京勒莽阿、和闐新補章京色稜額,各應領備差馬九匹,共馬十八匹。等語。查先據那彦成等奏,各營差馬,準其照例三分倒斃,在於經牧廠内撥補。等因。奏明在案。又例載,新疆各處工作運料馬匹,如有倒斃,十分内準以三分報銷,牛隻準以一分五釐報銷。等語。今冊造葉爾羌緑營備差馬内,倒斃馬十二匹,照數撥補。及牧廠倒斃馬二十二匹、牛三隻聲明開銷之處,戶部核與定例及奏明原案相符,應準開銷。至撥給巴爾楚克補缺馬九匹、和闐補缺馬八匹、牛二隻,應於各該處奏銷案内,分别查核。至撥給大臣騎馱馬二十三匹,新補章京勒莽阿、和闐章京色稜額各應領備差馬九匹,共馬十八匹,應令記明檔案,俟該員年滿之日,照例交留,報部查核。

一、開除葉爾羌滿、漢二營兵丁操演需用生鐵封口、羣子、鉛丸、火藥一萬三千八百六十七斤七兩八錢四分。等語。兵部查係操演應用之項,應準其開銷。

一、開除葉爾羌拆壞夾布口袋一百八十條,並聲明動用布玖拾匹,添製口袋一百八十條。等語。查定例;拆毁口袋破爛過重者,以兩條拆修一條。破損稍輕者,以三條拆修二條,不得過於十分銷三之數。等語。今冊造葉爾羌運糧夾布口袋六百條内,拆毁口袋一百八十條,戶部核與定例應銷數目並未逾額,應準開銷。至添製口袋一百八十條,業經造入本案奏銷新收項下。其動用布玖拾匹,亦應準其開銷。

一、已磨小麥壹萬肆千壹百玖拾柒石柒升伍合伍勺,每石照依報銷成例,磨麪捌斗,共磨麪壹萬壹千叁百伍拾柒石陸斗陸升肆勺,應銷折耗糧貳千捌百叁拾玖石肆斗壹升伍合壹勺。等語。查前項磨麪折耗糧貳千捌百叁拾玖石肆斗壹升伍合壹勺,戶部核與每石應銷貳斗之數相符,應準開銷。

一、葉爾羌實存銀捌千零玖拾叁兩壹錢零陸釐,普爾錢壹萬柒千零叁串壹百柒拾捌文,各色糧叁萬玖千叁百柒拾捌石壹斗肆升貳勺。儲備軍餉銀貳拾萬兩,額儲各色糧貳萬貳千壹百陸拾伍石叁斗柒升肆合貳勺,棉綫塔哈爾一百八十條,夾布口袋三千一十五條,清油三千四百一十五斤十四兩四錢,各色緞紗肆拾玖匹,布壹百柒拾叁匹陸尺,夾布口袋六百條。收厰馬八十五匹、牛三十二隻,緑營備差馬四十匹,旱磨六盤,各項器具四十一件,軍臺馬二百三十匹,牛一百三十四隻,生鐵封口、羣子、鉛丸、火藥、磺七萬四千六百六十斤八兩七錢八分,火繩九萬六千五百五十丈一尺二寸八分,炮一百八十七位,毛口袋六條,風繩五十二丈,各項軍械七萬六千一十件。等語。查葉爾羌實存銀錢、糧石、清油、緞紗、布匹、口袋、馬、牛、器具等項,戶部核與支剩應存各數目,均屬相符,應令造入下年舊管項下查核。至軍臺馬牛、生鐵封口、羣子、鉛丸、火藥、磺、火繩、炮位、口袋、風繩、軍械等項,兵部查,冊開葉爾羌實存軍臺馬二百三十匹、牛一百三十四隻,核與該處應存馬牛數目相符。應令該大臣造入下年奏銷案内,報部查核。至軍械等項,查與應存數目相符。應令該大臣造入下年奏銷舊管項下,報部查核。

一、巴爾楚克舊管銀叁拾捌兩陸錢肆分壹釐,普爾錢玖串叁百肆拾陸文,各色糧捌拾陸石玖斗捌升玖合肆勺。備儲各色糧陸千肆百柒拾肆石叁升玖合陸勺,旱磨六盤,備差馬三十匹,鉛丸一萬一千二百十八斤九兩二錢,火藥四萬二千六百三十三斤七兩九錢,火繩四千五百四十四丈三寸五分,炮四十二位,大麻繩三根,風繩一百四十丈,圍繩二十丈,各項軍械二萬一千八百八十件。等語。查巴爾楚克舊管銀錢、糧石、旱磨、馬匹等項,戶部核與上年實存數目,均屬相符,應毋庸議。至舊管鉛丸、火藥、風繩、炮位、軍械等項,兵部查與上年實存數目相符。

一、巴爾楚克新收經費銀壹萬壹千伍百壹拾壹兩,普爾錢肆百壹拾串,各色糧叁千柒百肆拾捌石肆斗陸升玖勺。備儲糧柒百肆拾玖石肆斗玖升伍合壹勺,備差馬九匹,由阿克蘇運到火繩一萬丈。等語。查巴爾楚克新收銀錢、糧石、馬匹等項,戶部核與應收各數相符,應毋庸議。至新收火繩一萬丈,兵部按冊查核相符。

一、開除供支巴爾楚克駐劄緑營官兵鹽菜口糧,各計起止日期不一,供支過銀捌千伍百壹拾捌兩貳錢,普爾錢貳百玖拾肆串柒百伍拾陸文,口糧貳千肆拾貳石柒斗陸升柒合貳勺。又開除供支巴爾楚克招募屯民、兵丁,共支過鹽菜銀貳千玖百玖拾貳兩捌錢,普爾錢壹百柒串壹百捌拾肆文,口糧柒百伍石壹斗陸升。又眷民借給籽種糧壹百陸石,備儲糧貳百壹拾捌石玖合肆勺,共叁百貳拾肆石玖合肆勺。等語。查定例:緑營副將月支本身鹽菜銀柒兩,跟役七名。遊擊月支本身鹽菜銀肆兩,跟役六名。都司、守備各月支鹽菜銀貳兩肆錢,跟役四名。千總月支本身鹽菜銀壹兩柒錢,跟役二名。把總月支本身鹽菜銀壹兩貳錢,跟役二名。經制外委月支本身鹽菜銀玖錢,跟役一名。跟役每名月支鹽菜銀伍錢。又回疆南路等城換防緑營馬、步、守兵,除每月額支鹽菜銀兩,馬兵月支銀壹兩貳分伍釐,步、守兵月支銀壹兩外,馬兵每月津貼銀肆錢貳分伍釐,步、守兵每月津貼銀肆錢伍分。以上官役兵丁各日支口糧米捌合叁勺,或麪壹斤。等語。今冊造開除供支巴爾楚克緑營官兵及招募屯民、兵丁支過銀錢糧石數目,戶部按照冊開起止月日,分别逐一核算,與例支數目均屬相符,應準開銷。至眷民借給籽種糧叁百貳拾肆石玖合肆勺,既據該大臣聲稱俟徵收全完,入於道光貳拾玖年奏銷新收項下造報,應於該年奏銷新收項下查核。

一、開除備差馬内,倒斃馬九匹。又開除備差馬匹支過料貳百壹拾石柒斗玖升捌合。又撥出磨麪小麥叁千肆百叁拾肆石玖斗玖合,每石照依成例磨麪捌斗,共磨麪貳千柒百肆拾柒石玖斗貳升柒合貳勺,應銷折耗糧陸百捌拾陸石玖斗捌升壹合捌勺。等語。查前項備差馬匹,每匹日支料叁京升,春冬二季全數收槽,夏秋二季四分在槽、六分出青,歷經辦理在案。又先據那彦成等奏各營差馬,準其照例三分倒斃。等因。奏明在案。今冊造備差馬内倒斃馬九匹,又開除備差馬匹支過料石,並撥出磨麪小麥,每石照依成例磨麪捌斗。各等語。戶部核與出青、收槽應倒斃馬匹之例,及應支料石數目,悉屬相符。至磨麪小麥核與每石例銷耗糧貳斗之數,亦屬符合,均應準其開銷。

一、開除巴爾楚克操演官兵需用鉛丸五百五十二斤三兩四錢八分,火藥三千二百三十九斤十四兩二錢,火繩五千六丈八尺二寸六分。等語。兵部查係操演應用之項,應準其開銷。

一、巴爾楚克實存銀叁拾捌兩陸錢肆分壹釐,普爾錢壹拾柒串肆百陸文,各色糧捌拾叁石柒斗肆升叁合叁勺。備儲糧柒千伍石伍斗貳升伍合叁勺,旱磨六盤,備差馬三十匹,鉛丸一萬六百九十六斤五兩七錢二分,火藥三萬九千三百九十三斤九兩七錢,火繩九千五百三十七丈二尺九分,炮四十二位,大麻繩三根,風繩一百四十丈,圍繩二十丈,各項軍械二萬一千八百八十件。等語。查前項實存銀錢、糧石、旱磨、馬匹等項,戶部核與支剩應存數目相符,應令造入下年舊管項下查核。至實存炮位、鉛藥、繩索、軍械等項,兵部查與應存數目相符,應令該大臣造入下年奏銷舊管項下,報部查核。

再,此本係戶部主稿。於拾壹月拾貳等日會兵、工二部,拾貳月貳拾等日,準兵、工二部議結送回。兹於咸豐貳年柒月貳拾貳日辦理具題,合并聲明。

臣等未敢擅便,謹題請旨。

批紅:依議。

爲熱河都統題銷道光三十年經徵湯河報墾地畝錢糧事

咸豐二年七月二十三日

太子太保·大學士兼署管理戶部事務臣祁寯藻等謹題,爲錢糧宜歸畫一,以便稽查事。

戶科抄出,熱河都統賡福題銷道光叁拾年大閣兒巡檢經徵湯河報墾地畝錢糧一案。咸豐元年拾貳月貳拾壹日題,貳年肆月初捌日奉旨:該部察核具奏。欽此。欽遵。於本日抄出到部。

該臣等查得,熱河都統賡福疏稱:查張家、獨石二口同知經徵察哈爾地畝錢糧,向係每年同大閣兒巡檢經徵湯河報墾地畝錢糧另案造册奏銷。等因。兹據熱河道定保造具豐寧縣大閣兒道光叁拾年地糧奏册,呈送前來。查册開:大閣兒巡檢將道光叁拾年經徵舊管湯河墾熟民地五十二頃二十畝二分五釐,每畝徵正銀壹分伍釐,共徵正銀柒拾捌兩叁錢肆釐。新收無項,開除無項。實在湯河墾熟民地五十二頃二十畝二分五釐,向不加耗,共徵地糧銀柒拾捌兩叁錢肆釐。照數徵完,批解道庫,造入叁拾年收支册報。據該道核明,另造管收除在清册,詳請核題。等情。臣覆核無異,除册咨送戶部外,理合具題。等因前來。

查前於道光柒年,原任直隸總督那彦成奏熱河錢糧事件,請照甘肅鎮廸道之例辦理。嗣據護理直隸總督屠之申,請將口外一切錢糧案件,悉歸熱河道辦理,詳由都統題奏核咨,列款具題。經臣部行令該護督另行妥議,題覆核辦。又於道光玖年拾壹月内,據該督於題覆通盤籌劃、另議條款案内,請將承德府暨屬州縣徵解道庫地糧正耗,並一切雜款錢糧,均照數留存道庫備用。每年春秋二季,造冊報部。次年奏銷時,將收支各款彙冊送部備查。又承德府屬地糧正耗旗租,并當雜税斗税經費,以及内結各項錢糧,均係道庫收支之款,與司庫無相干涉。均應於道光捌年爲始,在於直隸奏銷案内剔除,由熱河道分項核造奏銷,徑呈都統具題。當經臣部核準題覆,行文遵照在案。

今據熱河都統將大閣兒巡檢經徵道光叁拾年湯河報墾地畝錢糧造册題報,查冊開:舊管湯河墾熟民地五十二頃二十畝二分五釐,共徵正銀柒拾捌兩叁錢肆釐,新收無項,開除無項,實在地五十二頃二十畝二分五釐,共徵正銀柒拾捌兩叁錢肆釐。等語。

臣部查,前項舊管地畝,核與上年題報案内實在數目相符,既據聲明新收、開除無項,所有前項徵解道庫銀柒拾捌兩叁錢肆釐,據原疏内稱,造入道光叁拾年收支冊報。臣部檢查該年收支冊内,并無造有前項銀兩,應令該都統查明報部,并將實存地畝轉飭造入下年奏銷冊内,題報核辦。

此案科抄於咸豐貳年肆月初捌日到部,兹於柒月貳拾叁日辦理具題,合并聲明。

臣等未敢擅便,謹題請旨。

批紅:依議。

爲署江西布政使惲光宸卸任交代清楚事

咸豐二年七月二十三日

太子太保·大學士兼署管理戶部事務臣祁寯藻等謹題,爲交盤事。

戶科抄出,前署江西巡撫王植題署江西布政使惲光宸任内經理一切正雜錢糧交代一案。咸豐貳年貳月初伍日題,肆月拾柒日奉旨:該部察核具奏。欽此。欽遵。於本日抄出到部。

該臣等查得,定例布政使新舊交代,自新任官到任日起,統限兩個月交代清楚,造具冊結,呈詳督撫保題。如署任不及兩月者,并入後任交代案内,彙案辦理。等語。今據前署江西巡撫王植,將署江西布政使惲光宸自咸豐元年閏捌月初伍日署事起,至拾壹月貳拾肆日卸事前一日止,任内經理錢糧交代清楚,造冊具題前來。查冊開:

一、舊管銀叁拾萬貳千壹百玖拾叁兩貳錢柒分柒釐。等語。查前項舊管銀兩,臣部核與上屆交代案内實存銀數相符。

一、新收銀壹拾玖萬貳千捌百貳拾柒兩柒錢捌分柒釐。等語。查前項新收銀兩,按册核算,數目亦屬符合。

一、開除銀叁拾壹萬柒千叁百叁拾叁兩捌錢肆分伍釐。等語。查前項開除各款銀兩,應按款核覆於後。

一、放給委員謝紹鈞領解雲南省銅本銀伍萬兩,水脚、鞘箍銀壹百捌拾捌兩貳錢伍分。又給委員葉世滄等領解廣西軍餉銀壹拾捌萬兩,水脚、鞘箍銀叁百伍拾肆兩壹錢伍分。又給委員狄淵領解南河豐北廳漫口工需銀肆萬兩,水脚、鞘箍銀陸拾柒兩捌錢。又給製辦咸豐貳年時憲書工價銀貳拾捌兩貳錢伍分捌釐,又給撫標右營恩騎尉彭邦循應領咸豐元年秋季世職半俸銀伍兩陸錢貳分伍釐,又給南昌城守營雲騎尉劉瑩輝、恩騎尉謝鳳驤等應領咸豐元年冬季世職半俸銀壹拾陸兩貳錢伍分。等語。查前項放給委員領解廣西軍餉、雲南銅本、南河漫口工需等項共銀貳拾柒萬兩,臣部核與奏撥銀數相符。又放給委員解餉水脚、鞘箍共銀陸百壹拾兩貳錢,又找給製辦咸豐貳年時憲書工價銀貳拾捌兩貳錢伍分捌釐,均係循例支給之項。又放給恩騎尉彭邦循應領咸豐元年秋季世職半俸銀伍兩陸錢貳分伍釐,雲騎尉劉瑩輝等應領咸豐元年冬季世職半俸銀壹拾陸兩貳錢伍分,亦與應給銀數符合。

一、放給咸豐元年冬季省次茅梓馬各船戶工食銀壹百捌拾叁兩叁錢肆分,又給辛亥科新中文舉人牌坊銀貳千肆百捌拾兩,又給本省各營咸豐元年秋冬貳季兵餉銀叁萬捌千玖百陸拾壹兩肆錢伍分捌釐,又給贛標各營咸豐貳年兵餉銀叁千肆百伍拾貳兩柒錢壹分肆釐,又給各營咸豐貳年兵餉提作購買馬價銀壹千伍百玖拾陸兩。等語。查前項放給咸豐元年冬季省次茅梓馬各船戶工食、辛亥科新中文舉人牌坊、本省各營咸豐元年秋冬二季兵餉、贛標咸豐貳年兵餉購買馬價等項,共銀肆萬陸千陸百柒拾叁兩伍錢壹分貳釐。應令該撫俟各本案造報準銷之日,按款分晰準銷年月事案,報部查核。

一、實存銀壹拾柒萬柒千陸百捌拾柒兩貳錢壹分玖釐。等語。查前項實存銀兩,臣部按册核算,數目相符。除另册登記外,應令造入下屆交代册内,報部查核。

此案科抄於咸豐貳年肆月拾柒日到部,兹於柒月貳拾叁日辦理具題,合併并聲明。

臣等未敢擅便,謹題請旨。

批紅:依議。

爲福建道光三十年地丁奏銷案内被參各員減議開復事

咸豐二年七月二十三日

戶部等部,太子太保·大學士兼署管理戶部事務臣祁寯藻等謹題,爲詳請事。

據福建巡撫王懿德將道光叁拾年分地丁奏銷案内未完耗羨耗米各員續據完繳,分别核計已未完分數咨部改議等因,於咸豐貳年貳月初玖日咨報到部。

該臣等會查得,福建巡撫王懿德咨稱:署福州府知府胡應泰道光叁拾年耗羨奏銷,原報督徵未完六分二釐四毫,銀壹萬伍千柒百柒拾柒兩貳錢玖分肆釐肆毫捌絲。兹經該守於奏後催據所屬,續完銀貳千肆百柒拾肆兩肆錢玖分玖釐。計未完銀壹萬叁千叁百零貳兩柒錢玖分伍釐肆毫捌絲,計督徵未完耗羨五分二釐六毫。合將原參經督徵署印官署福州府事延平府知府胡應泰奏後續完職名咨部,查照改議。又甌寧縣知縣李澍道光叁拾年分耗羨奏銷,原報未完五分三毫,銀壹千捌百壹拾捌兩叁錢陸分伍釐。兹據該員奏後續完銀壹百伍拾兩,尚未完銀壹千陸百陸拾捌兩叁錢陸分伍釐,計未完耗羨四分六釐一毫。合將原參經徵掌印官甌寧縣知縣李澍奏後續完職名咨部,查照改議。又永定縣知縣龔洪應徵耗羨未完銀壹千零肆拾兩伍錢肆分捌釐,計未完耗羨七分六釐二毫。兹據該縣奏後續完道光叁拾年分耗羨銀柒百陸拾兩叁錢叁分肆釐,未完銀貳百捌拾兩貳錢壹分肆釐,計未完耗羨二分零五毫。合將原參永定縣經徵掌印官現任知縣龔洪奏後續完職名咨部,查照改議。又莆田縣知縣馬百慶應徵耗羨未完銀陸千壹百玖拾玖兩零捌釐,計未完耗羨八分五釐四毫。兹據該縣奏後續完道光叁拾年分耗羨銀叁千貳百叁拾伍兩陸錢叁分貳釐,未完銀貳千玖百陸拾叁兩叁錢柒分陸釐,計未完耗羨四分零八毫。合將原參莆田縣接徵掌印官現任莆田縣知縣馬百慶奏後續完職名咨部,查照改議。又署南靖縣知縣呉金華道光叁拾年分耗米奏銷,原報未完九分三毫,銀三百捌拾陸兩陸錢貳分柒釐肆毫。兹據該員奏後續完銀貳百伍拾貳兩三錢柒分陸釐,未完銀壹百叁拾肆兩貳錢伍分壹釐,計未完耗米三分一釐四毫。

合將原參署南靖縣事長泰縣知縣吳金華奏後續完職名,咨部查照改議。又署福州府知府胡應泰道光叁拾年分耗米奏銷,原報督征未完七分六釐八毫,銀叁千陸拾壹兩貳錢壹分肆毫。茲經該府於奏後催據所屬續完銀壹千柒拾捌兩壹錢陸分伍釐捌毫,尚未完銀壹千玖百捌拾叁兩肆分肆釐陸毫,計督征未完耗米四分九釐八毫。合將原參經督徵署印官署福州府事延平府知府胡應泰續完職名咨部,查照改議。又莆田縣知縣馬百慶應完九分八毫耗米銀貳百叁拾兩貳錢零捌釐,奏銷案内未據完解。茲據該縣奏後續完銀壹百柒拾叁兩玖錢陸分捌釐,應俟彙入咸豐元年奏銷查辦節年公費彙奏冊内造報。未完銀伍拾陸兩貳錢肆分壹釐,計未完耗米二分二釐二毫。合將原叅莆田縣接徵掌印官現任知縣馬百慶奏後續完職名咨部,查照改議。又松溪縣永和里縣丞額徵道光叁拾年分耗米銀壹拾壹兩玖錢貳分壹釐,奏銷冊報經徵代理官試用縣丞季瀛應完一分一釐四毫銀壹兩叁錢伍分捌釐,又接徵掌印官現任縣丞李賡星應完八分八釐六毫銀壹拾兩伍錢陸分叁釐。茲據該縣丞季瀛、李賡星均已照數解完,應俟彙入咸豐元年奏銷查辦節年公費彙奏冊内造報。合將原叅松溪縣永和里縣丞試用縣丞季瀛及接徵現任縣丞李賡星奏後全數續完清楚職名,咨部查照改議。又署大湖縣丞事候補縣丞邵犖應徵耗羨未完銀陸百壹拾捌兩肆錢叁分,計未完耗羨九分四釐四毫。茲據該縣丞奏後續完銀叁百壹拾陸兩捌錢壹分叁釐,應俟彙入咸豐元年奏銷查辦節年公費彙奏冊内造報。未完銀叁百零壹兩陸錢壹分柒釐,計未完耗羨四分六釐一毫。合將原叅侯官縣大湖縣丞經徵署印官署縣丞事候補縣丞邵犖奏後續完職名咨部,查照改議。又侯官縣大湖縣丞邵犖應徵耗米未完銀壹百零貳兩伍錢伍分捌釐叁毫,計未完耗米九分四釐捌毫。茲據該縣丞續完銀陸拾兩零柒分肆釐,應俟咸豐元年奏銷查辦節年公費彙奏冊内造報。未完銀肆拾貳兩肆錢捌分肆釐叁毫,計未完耗米三分九釐三毫。合將原叅侯官縣大湖縣丞經徵署印官候補縣丞邵犖奏後續完職名咨部,查照改議。各等因前來。

查例載,奏銷本年地丁錢糧未完經徵各官,照例題叅。如該省接準部覆後續報徵完者,該督撫題請開復。若已經奉旨該省尚未接奉部文先已出咨續報全完者,由部據咨題請開復。又各直省經徵督催各官叅後或續報全完,或續完幾分,該督撫將應減、應免處分分别題咨。均於文内將收銀儲庫月日及造入何季冊内報撥詳細聲明,戶部照數核咨,即予減免開復。仍於報撥冊内核對,如有舛錯遺漏,將承辦造報之員查參議處。等語。

此案先據福建巡撫題報,閩省道光叁拾年分地丁奏銷案内,督徵耗羨未完六分以上之署福州府事延平府知府胡應泰,經徵耗羨未完五分以上之甌寧縣知縣李澍,未完七分以上之永定縣知縣冀洪,未完八分以上之莆田縣知縣馬百慶等,均經臣部會同吏部議以照例革職。又經徵耗米未完九分以上之署南靖縣知縣吳金華,照例議以降一級調用。又督徵耗米未完七分以上之署福州府事延平府知府胡應泰,照例議以罰俸一年。接徵耗米未完九分以上之莆田縣知縣馬百慶,照例議以革職留任,戴罪催徵。經徵耗米未完一分以上之代理松溪縣永和里縣丞季瀛,照例議以罰俸三個月。接徵耗米未完八分以上之松溪縣永和里縣丞李賡星,照例議以革職留任,戴罪催徵。經徵耗羨未完九分以上之署大湖縣丞事候補縣丞邵犖,照例議以革職。係署事兼理之員,已於限内卸事,應照離任官例,於補官日罰俸一年完結。經徵耗米未完九分以上之署大湖縣丞事候補縣丞邵犖,照例議以降一級調用。等因。於咸豐元年拾貳月初伍日具題,本月初柒日奉旨:此案因經徵地丁錢糧耗羨銀兩,初參未完五分以上議以革職之李澍,初參未完七分以上議以革職之冀洪,初參未完八分以上議以革職之馬百慶,督徵耗羨未完六分以上議以革職之胡應泰,經徵耗米未完九分以上議以降一級調用之吳金華,俱著該督撫出具考語,送部引見,再降諭旨。餘依議。欽此。經臣部行文該督撫轉飭遵照在案。

今據福建巡撫王懿德咨稱:道光叁拾年分地丁奏銷案内,署福州府知府胡應泰,原報督徵未完六分以上,耗羨銀壹萬伍千柒百柒拾柒兩貳錢玖分肆釐肆毫捌絲。茲於奏後催據各屬續完銀貳千肆百柒拾肆兩肆錢玖分玖釐,尚未完銀壹萬叁千叁百貳兩柒錢玖分伍釐肆毫捌絲,計督徵耗羨未完五分以上。又甌寧縣知縣李澍,原報經徵未完五分以上,耗羨銀壹千捌百拾捌兩叁錢陸分伍釐。茲於奏後續完銀壹百伍拾兩,尚未完銀壹千陸百陸拾捌兩叁錢陸分伍釐,計經徵耗羨未完四分以上。又永定縣知縣冀洪,原報經徵未完七分以上,耗羨銀壹千零肆拾兩伍錢肆分捌釐。茲於奏後續完銀柒百陸拾兩叁錢叁分肆釐,尚未完銀貳百捌拾兩貳錢壹分肆釐,計經徵耗羨未完二分以上。又莆田縣知縣馬百慶,原報接徵未完八分以上,耗羨銀陸千壹百玖拾玖兩捌釐。茲於奏後續完銀叁千貳百叁拾伍兩陸錢叁分貳釐,尚未完銀貳千玖百陸拾叁兩叁錢柒分陸釐,計未完耗羨四分以上。又署南靖縣知縣吳金華,原報接徵未完九分以上,耗米銀叁百捌拾陸兩陸錢貳分柒釐肆毫。茲於奏後續完銀貳百伍拾貳兩叁錢柒分陸釐,尚未完銀壹百叁拾肆兩貳錢伍分壹釐,計未完耗米三分以上。又署福州府知府胡應泰,原報督徵未完七分以上,耗米銀叁千陸拾壹兩貳錢壹分肆毫。茲催據所屬續完銀壹千柒拾捌兩壹錢陸分伍釐捌毫,尚未完銀壹千玖百捌拾叁兩肆分肆釐陸毫,計督徵耗米未完四分以上。又莆田縣知縣馬百慶,原報接徵未完九分以上,耗米銀貳百叁拾兩貳錢捌釐。茲於奏後續完銀壹百柒拾叁兩玖錢陸分捌釐,尚未完銀伍拾陸兩貳錢肆分,計接徵耗米未完二分以上。又代理松溪縣永和里縣丞季瀛,原報未完一分以上,耗米銀壹兩叁錢伍分捌釐。又接徵縣丞李賡星,原報未完八分以上,耗米銀拾兩伍錢陸分叁釐。茲於奏後該二員均已照數解完清楚。又署大湖縣丞事候補縣丞邵犖,原報未完九分以上,耗羨銀陸百拾捌兩肆錢叁分。茲於奏後續完銀叁百拾陸兩捌錢壹分叁釐,尚未完銀叁百壹兩陸錢壹分柒釐,計未完經徵耗羨四分以上。又該縣丞原報未完九分以上,耗米銀壹百零貳兩伍錢伍分捌釐叁毫。茲於奏後續完銀陸拾兩柒分肆釐,尚未完銀肆拾貳兩肆錢捌分肆釐叁毫,計未完經徵耗米三分以上。合將各該員續完職名咨部,查照改議。并聲明續完銀兩,均應俟彙入咸豐元年奏銷查辦節年公費彙奏冊内造報。等語。

戶部查,福建省道光叁拾年分各府、縣、縣丞未完耗羨、耗米銀兩,據該撫咨稱,均於奏銷後分别續完,咨部查照改議。惟查咸豐元年奏銷查辦節年公費冊籍尚未據該撫造送到部,無憑核對。除將續完銀兩分款存記外,應令該撫轉飭即行造入咸豐元年節年公費冊内,報部查核。

所有耗羨、耗米案内,督徵、經徵、接徵續完、未完應改議各官職名,吏部查,定例:地丁錢糧奏銷案内,未完各官於參後續報全完者,若在議覆具題奉旨之後,該省已接準部文者,應由該督撫具題開復。未接部文而全完之咨已到者,戶部即據咨徑請開復。至佐雜、微員例不專案具題者,戶部即據咨核明,將全完之降革佐雜官一體列入題本,聲請開復。又定例:直省經徵督催未完各官,參後續報全完,例應扣減、扣除、開復者,該督撫於題、咨文内,將收銀月日詳細聲明,先予扣減、扣除、開復。等語。此案經徵督徵道光叁拾年分奏銷案内,未完耗羨、耗米各官,前經戶部會議,經臣部將該員等照例議以降調革職。由戶部題準,行知該省遵行在案。茲據該撫將參後續完之知縣李澍、冀洪、馬百慶、吳金華,縣丞季瀛、李賡星、邵犖,知府胡應泰職名咨部改議,復經戶部會議到部。旋於咸豐貳年叁月貳拾貳日内閣抄出,該撫奏請未完耗羨應行革職之知府胡應泰等,均請減議,留省另補。欽奉硃批:吏部議奏。欽此。除督催知府胡應泰參後續完咨請減議并留省另補之處,均由吏部另行核議具奏。至該縣季澍、冀洪、馬百慶、吳金華、邵犖等,雖於奉旨後該省未接部文之先續有完繳,尚未掃數全完,核與參後續報全完、例應扣減、扣除之例不符。聲請減議之處,應毋庸議。應仍令該撫遵照前奉諭旨出具考語,送部引見。至參後續報全完之縣丞季瀛、李賡星,俱已完解清楚,應行開復。應將福建前代理松溪縣永和里縣丞事試用縣丞季瀛,原參未完耗米一分以上,議以罰俸三個月,松溪縣永和里另案革職縣丞李賡星原參未完耗米八分以上,議以革職留任,俱令戴罪催徵之案,一并照例準其開復。至各屬未完地丁耗羨等項銀兩,并令該撫轉飭迅即催徵,全完入撥,報部查核,毋任延玩。

此案於咸豐貳年貳月初玖日,據福建巡撫咨報到部。由戶部據咨改題,叁月拾肆日會吏部,陸月初陸日會回。茲於柒月貳拾叁日辦理具題,合并聲明。

臣等未敢擅便,謹題請旨。

批紅:依議。

爲寧波口一年並無徵收西洋各國貨稅銀兩事

咸豐二年七月二十五日

太子太保·大學士兼署管理戶部事務臣祁寯藻等謹題,爲恭報等事。

戶科抄出,前任浙江巡撫常大淳題寧波口自道光叁拾年拾壹月貳拾陸日起,連閏至咸豐元年拾月貳拾伍日止,一年並無徵收西洋各國貨稅銀兩一案。咸豐元年拾貳月貳拾壹日題,貳年叁月拾捌日奉旨:該部知道。欽此。欽遵。於本日抄出到部。

該臣等查得,前任浙江巡撫常大淳疏稱:據護理浙江海關印務寧紹臺道瑞璸詳稱,查寧波口自道光叁拾年拾壹月貳拾陸日起,連閏扣至咸豐元年拾月貳拾伍日止,計一年期滿,並無西洋各國商貨船隻進出,實無徵收稅銀。所有奉發登填之商填稽考循環季簿等簿,因夷稅無徵,無從登填。除另行詳請咨繳部、科查銷外,再歲需丁役、書巡飯銀等項經費銀兩,因夷稅無徵,業將各書巡裁汰,責令常稅書巡帶管,前項經費無須開支。又夷稅應扣加平及部飯解費等款,現在稅銀無徵,均屬無從扣解,應請一并免解。臣覆核無異,具題。等因前來。

查寧波口自道光叁拾年拾壹月貳拾陸日起,連閏至咸豐元年拾月貳拾伍日止,一年期滿,並無西洋各國商貨船隻進出,亦無徵收税銀,其歲需書役飯食等項銀兩,因夷税無徵,無從開銷。請將各書巡全行裁汰,責令常税書巡帶管前項經費,無須開支。又夷税項下應扣加平及部飯解費等款,應請一并免解,應如該撫所題辦理。

此案於咸豐貳年叁月拾捌日科抄到部,兹於柒月貳拾伍日辦理具題,合并聲明。

臣等未敢擅便,謹題請旨。

批紅:依議。

爲鳳陽淮安二倉道光三十年收放錢糧數目及未完官員題參事

咸豐二年七月二十六日

戶部等部,太子太保·大學士兼署管理戶部事務臣祁寯藻等謹題,爲奏銷錢糧事。

戶科抄出,安徽巡撫蔣文慶等題鳳陽淮安二倉道光叁拾年收放銀兩一案。咸豐元年柒月拾玖日題,玖月初貳日奉旨:該部察覈具奏。冊并發。欽此。欽遵。於本日抄出到部。

該臣等會查得,安徽巡撫蔣文慶,會同兩江總督陸建瀛、漕運總督楊殿邦、江蘇巡撫楊文定等,將鳳陽、淮安二倉道光叁拾年收放錢糧數目造冊具題前來。據冊開:

一、實徵正銀拾壹萬捌千陸百貳拾壹兩叁錢肆分伍釐。内灾緩銀叁萬貳千柒百玖拾柒兩柒錢貳分,義塚坍江坍田減則坍荒佔廢註緩等銀叁拾玖兩叁錢叁分壹釐,已完解道并預完灾緩等銀陸萬壹千肆百肆拾貳兩捌錢伍分,未完銀貳萬肆千叁百肆拾壹兩肆錢肆分肆釐。應徵加壹并伍柒分耗羡銀壹萬捌百拾肆兩捌錢柒分肆釐。内灾緩銀叁千叁拾肆兩,義塚坍江坍田減則坍荒佔廢註緩等銀叁兩伍錢叁分柒釐,已完解道并預完灾緩等銀伍千柒百玖拾捌兩捌錢叁分叁釐,未完銀壹千玖百柒拾捌兩伍錢肆釐。并據疏冊内稱:前項灾緩正耗銀兩,緣上江之壽州、鳳臺、宿州、鳳陽、淮遠、定遠、靈璧、鳳陽、長淮、泗州、五河、盱眙、天長、霍邱、合肥、巢縣、懷寧、桐城、灊山、太湖、宿松、望江、當塗、蕪湖、繁昌、全椒等州、縣、衛,道光叁拾年拾月貳拾玖日欽奉上諭:勘不成灾田地應徵各項銀米,著緩至來年麥熟後啟徵。等因。又下江之長州、元和、吳縣、常熟、昭文、吳江、震澤、崑山、新陽、華亭、奉賢、婁縣、金山、青浦、陽湖、無錫、江陰、宜興、荆溪、靖江、丹徒、丹陽、金壇、太倉、鎮洋、山陽、阜寧、清河、桃源、安東、宿遷、睢寧、高郵、泰州、東臺、江都、甘泉、儀徵、寶應、通州、泰興等州、縣,道光叁拾年拾壹月拾肆日欽奉上諭:被歉田地應徵道光叁拾年地漕銀米,著緩至咸豐元年秋後啟徵。等因。又於咸豐元年正月内欽奉上諭:着將道光叁拾年以前實欠在民者查明奏豁。等因。又貳月内,奉部奏明,道光叁拾年熟田未完錢糧,尚未截數奏銷,不得謂之積欠。所有道光叁拾年因灾緩徵錢糧,確切查明,一并列入單内請豁。等因。均經轉行欽遵辦理在案,統於蠲免冊内造報。所有熟欠銀兩,開列未完分數職名,聽候核議。等語。查前項實徵正耗銀兩,核與無閏之年應徵銀數相符。至灾緩銀兩,前經戶部題明,嗣後如遇灾緩,行令分晰倉項數目,另造妥冊送部,以憑核辦。庶漕倉各歸各款,免致牽混。又嘉慶貳拾伍年題明,令將各州縣成灾輕重分數及緩徵年限,另疏切實註明。并將緩徵銀兩另數開造,毋得與未完銀兩合并開造,致滋牽混。等因在案。今查疏冊内稱:上江之壽州等州、縣、衛勘不成灾田地應徵各項銀米,緩至來年麥熟後啟徵。又下江之長洲等州、縣被歉田地應徵道光叁拾年地漕銀米,緩至咸豐元年秋後啟徵。并據聲稱,前項緩徵銀兩,欽奉上諭查辦豁免之處,臣部核與前奉諭旨行查豁免民欠、緩徵錢糧之案相符。惟查該省豁免民欠錢糧,現在尚未據該督撫開單覆奏到部,應俟奏報到日,另行查核歸結。仍令將前項緩徵銀兩,俟奏報豁免之日,分晰造冊,報部查核。其已未完正耗銀兩,按款核覆於後。

一、舊管正銀貳拾壹萬壹千陸百貳拾肆兩柒錢叁釐,耗銀肆千捌拾貳兩玖錢伍分伍釐。等語。查前項舊管正耗銀兩核與上屆奏銷案内實存數目相符,應毋庸議。

一、新收本年正銀陸萬壹千肆百肆拾貳兩捌錢伍分,耗銀伍千柒百玖拾捌兩捌錢叁分叁釐。又收續完各年正銀壹萬壹千陸百捌兩貳錢叁分,耗銀壹千壹百貳拾貳兩伍錢玖分肆釐。又收已完各年徵存正銀貳千捌拾玖兩貳分叁釐,耗銀壹百捌拾叁兩捌錢捌分捌釐。共收正銀柒萬伍千壹百肆拾兩壹錢叁釐,耗銀柒千壹百伍兩叁錢壹分伍釐。等語。查前項新收本年正耗銀兩,核與已完數目相符,續完各年正耗銀兩,與隨奏冊造續完銀數亦屬符合,應毋庸議。至續完徵存正耗銀兩,查係嘉慶貳拾叁年起,至道光拾年止,歷年徵存之款,理應及早歸入新收項下,何以懸宕數拾年之久,始行造報。應令該撫據實查明,即行報部查核。

一、放給鳳陽、長淮等衛各幫找支上年月糧尾銀柒分貳釐,又放鳳陽、長淮等衛各幫道光叁拾年分現運行月、裁增役工等項銀陸千貳百貳拾陸兩玖錢捌分,又放鳳陽等衛各幫道光叁拾年分減船苫蓋、月糧銀柒百柒拾柒兩捌錢貳釐,又動放江寧、淮安兩廠道光叁拾年分造船料價銀貳萬貳千肆百玖拾貳兩叁錢肆分,又放盧州、鳳陽等衛各幫道光叁拾年分淮安倉現運行月銀陸千貳百伍拾柒兩壹錢玖分捌釐,又放泗州、大河等衛各幫道光叁拾年分減船苫蓋、月糧銀壹百玖拾陸兩捌錢。等語。查前項放給各衛幫行月、役工、減船苫蓋並造船料價銀兩,應令漕運總督造入該年漕項奏銷冊内,分晰報部查核。

一、解直隸藩司道光叁拾年分裁減行月等銀貳千貳百柒拾叁兩壹分肆釐。等語。查前項解給藩庫銀兩,應令直隸總督將收過數目是否相符,即行查明報部。

一、解部道光貳拾玖年分鳳陽倉秋撥冊報留備銀貳萬伍千柒百柒拾兩柒釐,支放解官水腳銀柒拾玖兩貳錢。又解部道光貳拾玖年分淮安倉存庫銀陸萬兩,又解部道光貳拾玖年分淮安倉存庫銀壹萬肆千兩,支放解官水腳銀捌拾玖兩壹錢。等語。查前項解部鳳、淮二倉銀兩,均經戶部付庫照數查收在案,應毋庸議。至支給解官水腳銀兩,係照例應給之項,應準開銷。

一、放給鳳陽府縣並臨淮鄉儒學廩生廩糧銀壹百伍拾壹兩叁錢伍分柒釐。等語。查前項放給鳳陽府縣廩生廩糧銀兩,應令將廩生姓名造入下年循環簿内,報部查核。

一、解給道庫耗羨銀肆千伍百叁拾柒兩肆錢貳分壹釐,造入漕倉耗羨奏銷案内彙報歸結。等語。查前項解給道庫耗羨銀兩,應令漕運總督造入該年漕倉耗羨奏銷冊内,分晰報部查核。

一、實存正銀拾肆萬捌千肆百伍拾兩玖錢叁分陸釐,耗銀陸千陸百伍拾兩捌錢肆分玖釐。等語。查前項實存正銀除照數登記外,應令該撫轉飭造入下年春撥冊内,報部酌撥。至實存耗羨銀兩,并令造入該年漕倉耗羨奏銷冊内,具題查核。

一、未完正銀貳萬肆千叁百肆拾壹兩肆錢肆分肆釐,耗銀壹千玖百柒拾捌兩伍錢肆釐。内鳳陽倉項下未完正銀壹萬玖千玖百拾柒兩伍錢,耗銀壹千陸百叁拾捌兩貳分肆釐。淮安倉項下未完正銀肆千肆百貳拾叁兩玖錢肆分肆釐,耗銀叁百肆拾兩肆錢捌分。據該撫將未完職名於冊内分晰開報。

兹於捌月初拾日,據該撫咨報:寧國縣未完鳳陽倉正銀壹百柒拾柒兩貳錢,耗銀拾柒兩柒錢貳分,照數續完,聲請扣除免議。又於閏捌月貳拾肆日,據該撫咨報:鳳陽衛未完鳳陽倉正耗銀壹百肆拾捌兩伍錢陸分陸釐,今已催據守備王學海續完正銀壹百肆拾壹兩伍錢玖分肆釐,耗銀拾肆兩壹錢伍分玖釐。所有續完銀兩有盈無絀,聲請扣除免議。又於玖月初肆日,據該撫咨報:長淮衛未完鳳陽倉正銀貳百陸拾肆兩貳錢捌分壹釐,耗銀貳拾陸兩肆錢貳分捌釐。又蒙城縣未完鳳陽倉正銀貳拾壹兩陸錢玖分肆釐,耗銀貳兩壹錢陸分玖釐。又太湖縣未完鳳陽倉正銀壹千壹百貳拾肆兩,耗銀壹百拾貳兩肆錢。又昭文縣未完鳳陽倉正銀貳百叁拾肆兩貳錢玖分貳釐,耗銀拾壹兩柒錢壹分肆釐。又崑山縣未完鳳陽倉正銀貳百柒拾陸兩壹錢柒分陸釐,耗銀拾叁兩捌錢玖釐。又奉賢縣未完鳳陽倉正銀伍百肆拾貳兩壹分貳釐,耗銀貳拾柒兩壹錢。又婁縣未完鳳陽倉正銀肆百拾兩玖錢玖分肆釐,耗銀貳拾兩伍錢伍分。又金山縣未完鳳陽倉正銀肆百肆拾捌兩陸分,耗銀貳拾貳兩肆錢叁釐。又上海縣未完鳳陽倉正銀玖百拾捌兩貳錢貳分肆釐,耗銀肆拾伍兩玖錢壹分壹釐。又南滙縣未完鳳陽倉正銀貳百肆拾伍兩貳錢捌釐,耗銀拾貳兩貳錢陸分壹釐。又清浦縣未完鳳陽倉正銀陸百玖拾捌兩貳錢柒分壹釐,耗銀叁拾肆兩玖錢壹分叁釐。又荆溪縣未完鳳陽倉正銀貳百貳拾陸兩陸錢壹分,耗銀拾伍兩捌錢陸分叁釐。又丹徒縣未完鳳陽倉正銀貳百玖拾兩貳錢貳分叁釐,耗銀貳拾兩叁錢壹分陸釐。又鎮洋縣未完鳳陽倉正銀柒兩貳錢陸分伍釐,耗銀叁錢陸分肆釐。又阜寧縣未完鳳陽倉正銀壹百肆拾柒兩肆錢陸分捌釐,耗銀拾肆兩柒錢肆分捌釐。又宿遷縣未完鳳陽倉正銀壹百拾伍兩柒錢捌分捌釐,耗銀拾壹兩伍錢柒分捌釐。又阜寧縣未完淮安倉正銀壹百拾柒兩陸錢肆分捌釐,耗銀拾壹兩柒錢陸分伍釐。又宿遷縣未完淮安倉正銀肆百陸拾叁兩玖錢柒分肆釐,耗銀肆拾陸兩叁錢玖分柒釐。又徐州倉歸并淮安倉項下:奉賢縣未完正銀叁百貳拾壹兩叁錢陸分捌釐,耗銀拾陸兩陸分捌釐。又婁縣未完正銀貳百伍拾壹兩捌錢捌分壹釐,耗銀拾貳兩伍錢玖分叁釐。又金山縣未完正銀貳百陸拾捌兩玖分陸釐,耗銀拾叁兩肆錢伍釐。又上海縣未完正銀伍百肆拾壹兩貳錢貳分捌釐,耗銀貳拾柒兩陸分壹釐。又南滙縣未完正銀壹百肆拾陸兩玖分貳釐,耗銀柒兩叁錢肆釐。又青浦縣未完正銀肆百壹拾貳兩叁錢捌分貳釐,耗銀貳拾兩陸錢壹分玖釐。均照數續完,聲請扣除免議。又於咸豐貳年正月初拾日,據該撫咨報:霍邱縣未完鳳陽倉正銀伍拾叁兩伍錢伍分壹釐,耗銀伍兩叁錢伍分伍釐。當塗縣未完鳳陽倉正銀壹千壹百貳拾柒兩伍錢陸分肆釐,耗銀壹百拾貳兩柒錢伍分陸釐。常熟縣未完鳳陽倉正銀叁百陸拾壹兩叁分柒釐,耗銀拾捌兩伍分貳釐。吳江縣未完鳳陽倉正銀叁百拾玖兩陸錢肆分貳釐,耗銀拾伍兩玖錢捌分壹釐。又懷遠縣未完淮安倉正銀拾貳兩伍錢捌分貳釐,耗銀壹兩貳錢伍分捌釐。均照數續完,聲請扣除免議。戶部核與原參未完銀數均屬相符。又於貳月拾貳日,據該撫咨報:金匱縣未完鳳陽倉正銀柒百陸拾壹兩陸錢貳分玖釐,耗銀伍拾叁兩貳錢陸分貳釐,催據該縣完解正銀壹百陸拾兩,耗銀拾壹兩貳錢貳分壹釐。所有金匱縣續完鳳陽倉仍未完柒分玖釐,鳳陽倉正銀陸百壹兩陸錢貳分玖釐,耗銀肆拾貳兩陸分貳釐。除嚴催完解外,應請咨部查照減議。等語。查金匱縣續完鳳陽倉正耗銀兩,據該撫聲稱續完貳分壹釐,所有聲請扣除免議之處,應由吏部查照核議。

吏部查,定例徐淮臨德等倉錢糧,經徵州縣官欠一分者罰俸六個月,欠三分者降俸一級,欠四分者降俸二級,欠五分者降職一級,欠六分者降職二級,俱令戴罪徵收,停其升轉,完日開復。又定例,經管錢糧道員、知府欠不及一分者,停升督催,欠一分者罰俸三個月,欠二分者罰俸六個月,欠三分者罰俸一年。俱令戴罪督催,停其升轉,完日開復。又定例,署印官欠一分、二分者罰俸三個月,欠三分、四分者罰俸六個月,欠七分、八分者罰俸一年。又定例,官員任內有承督未完案件於限内離任者,以罰俸一年完結。又定例,特旨升調各官,原任內有承督未完案件於限内離任者,即照原處分議結。等語。除參後續報全完各員照例準其扣除免議,并署印未完不及一分之員例無處分,及病故之員均毋庸議外。應將鳳陽倉項下經徵未完一分以上之懷寧縣知縣許垣、桐城縣知縣成福、前繁昌縣知縣張世烯,均照例罰俸六個月。未完三分以上之前江陰縣知縣楊鳳翩、通州知州金咸,均照例降俸一級。未完四分以上之定遠縣知縣金光筯,照例降俸二級。未完五分以上之前懷遠縣知縣劉緒俶,照例降職一級。未完六分以上之前望江縣知縣林丙南,照例降職二級。俱令戴罪徵收,停其升轉,完日開復。督催未完不及一分之前任太平府知府傅繼勛、常州府知府張銓,均照例停升。督催未完一分以上之前任安慶府知府張錫蕃、前任常州府知府嚴正基,均照例罰俸三個月。未完二分以上之前鳳陽府知府王楗、蘇州府知府王蓼齡、前江安督糧道沈兆澐,均照例罰俸六個月,俱令戴罪督催,停其升轉,完日開復。傅繼勛已調安慶府知府,於限内卸事,應照離任官例,於現任内罰俸一年完結。張錫蕃已升山西河東道,嚴正基已升廣西右江道,又授河南布政使,俱於限内卸事,應照特旨升調官例,各於現任内罰俸三個月完結。沈兆澐已升河南按察使,張世烯已升山西解州直隸州知州,林丙南已調太和縣知縣,劉緒僾已撤任另補,王楗已經告病,楊鳳翮已另案革職,其應照例議結之處,均俟復參案内聲明卸事日期,吏部再行核議。署印未完一分以上之前署懷寧縣事合肥縣丁憂知縣張文斌,前署繁昌縣事涇縣革職縣丞陳壎,署震澤縣事試用知縣吳煦,署印未完二分以上之署定遠縣事婺源縣縣丞譚凌萬,前署震澤縣事試用通判陸保,署華亭縣事吳江縣知縣帥宗槷,前署太平府事鳳廬同知劉丙,署太平府事試用直隸州知州潘筠基,均照例罰俸三個月,陳壎應罰俸三個月註冊。署印未完三分以上之前署松江府事徐州府知府鍾殿選,照例罰俸六個月。署印未完七分之署金匱縣事震澤縣知縣沈則可。照例罰俸一年。金咸又淮安倉項下經征未完三分以上,應照例再降俸一級,戴罪徵收,停其升轉,完日開復。劉緒僾、金光筋俱又淮安倉項下經徵未完五分以上,應照例各再降職一級,戴罪徵收,停其升轉,完日開復。沈兆澐又淮安倉項下督催未完一分以上,應照例各再罰俸三個月,戴罪督催,停其升轉,完日開復。王楗又淮安倉項下督催未完二分以上,應照例再罰俸六個月,戴罪督催,停其升轉,完日開復,沈兆澐、王楗、劉緒僾亦未聲明卸事日期,俟復參到日再議。譚凌萬、帥宗槷、鍾殿選俱又淮安倉項下署印未完二分以上,應各再罰俸三個月。

兵部查,定例錢糧未完各官,參後續報徵完者,扣除免議。等語。除署鳳陽衛守備孫殿元、署長淮衛守備葉宗訓,未完倉項銀兩不及一分,例無處分,葉宗訓未完銀兩續據咨報全完,毋庸議外,查鳳陽衛守備王學海、長淮衛守備李聯鏕未完道光叁拾年倉項銀兩,亦據咨報於參後照數全完,均照例準其扣除免議。

仍令該撫將前項續完正耗銀兩,造入下屆撥冊季報隨奏及耗羨奏銷各冊内,報部查核。至仍未完正耗銀兩,速飭按限催徵完報,如屆限不完,即行照例扣限報參。

此本係戶部主稿。科抄於咸豐元年玖月初貳日到部,旋經咨送吏部、兵部會議,於咸豐貳年肆月拾伍等日議結送回,茲於柒月貳拾陸日辦理具題,合并聲明。

臣等未敢擅便,謹題請旨。

批紅:依議。

爲豫省停緩道光二十六年漕糧薊糧漕項銀米查辦豁免事

咸豐二年七月二十六日

太子太保·大學士兼署管理户部事務臣祁寯藻等謹題,爲奏銷等事。

户科抄出,前任河南巡撫李僡題豫省道光貳拾玖年停緩貳拾陸年分漕糧、薊糧、漕項銀米一案。咸豐元年拾壹月拾伍日題,貳年貳月拾肆日奉旨:該部察核具奏。欽此。欽遵。於本日抄出到部。

該臣等查得,前任河南巡撫李僡疏稱:豫省道光貳拾玖年停緩貳拾陸年分漕項銀米,行據糧儲鹽法道瑞興詳稱:遵查,道光貳拾玖年停緩貳拾陸年分停緩截存薊糧正耗米壹萬陸千捌百捌拾捌石壹斗貳升玖合壹勺。内原武縣支河淹佔村莊,停緩截存薊糧正耗米叁拾柒石貳斗肆升陸勺,每石陸錢伍分,共銀貳拾肆兩貳錢陸釐。又中牟縣沙壓地畝,停緩截存薊糧正耗米貳百壹拾柒石伍斗壹升陸合捌勺,每石陸錢伍分,共銀壹百肆拾壹兩叁錢捌分陸釐。又中牟等縣被水被旱被淹並歷年積欠及沙壓地畝各村莊,展緩截存薊糧正耗米壹萬陸千陸百叁拾叁石叁斗柒升壹合柒勺。内分原辦米壹萬伍千玖百玖拾叁石叁斗柒升壹合柒勺,每石陸錢伍分,共銀壹萬叁百玖拾伍兩陸錢玖分叁釐。添辦米陸百肆拾石,每石捌錢,共銀伍百壹拾貳兩。二共銀壹萬玖百柒兩陸錢玖分叁釐,緩至道光叁拾年並咸豐肆、伍兩年秋後,分别啟徵。欽奉上諭,查辦豁免。停緩正耗米、麥、豆捌萬柒千肆拾壹石捌升陸合肆勺。内安陽等縣廣潤陂積水並濱河水佔地畝,停緩正耗米、麥、豆柒百叁拾貳石伍斗叁升壹合肆勺,每石陸錢伍分,共銀肆百柒拾陸兩壹錢肆分伍釐。又武陟縣城荒地畝,停緩正耗米、麥、豆壹百陸拾壹石貳斗玖升壹合壹勺。内分原辦米、麥、豆壹百壹拾貳石伍斗貳合陸勺,每石陸錢伍分,共銀柒拾貳兩捌錢叁分肆釐。添辦米、豆肆拾玖石貳斗叁升捌合伍勺,每石捌錢,共銀叁拾玖兩叁錢玖分。二共銀壹百壹拾貳兩貳錢貳分肆釐。又祥符縣沙壓地畝村莊,停緩正耗米、麥、豆貳百叁拾柒石玖升柒合貳勺,每石陸錢伍分,共銀壹百伍拾肆兩壹錢壹分叁釐。又武陟縣鹽城地畝,停緩正耗米、麥、豆貳百肆拾壹石肆斗伍升柒合伍勺,每石陸錢伍分,共銀壹百伍拾陸兩玖錢肆分柒釐。又陽武縣河佔等項地畝村莊，停緩正耗米、麥、豆貳百玖拾肆石捌斗壹合貳勺，每石陸錢伍分，共銀壹百玖拾壹兩陸錢貳分壹釐。又原武縣支河淹佔村莊，停緩正耗米、豆伍石貳斗叁升捌勺，每石陸錢伍分，共銀叁兩肆錢。又祥符等縣沙壓地畝，停緩正耗米麥豆伍千柒拾叁石柒斗陸勺，每石陸錢伍分，共銀叁千貳百玖拾柒兩玖錢陸釐。又陳留、中牟二縣沙壓地畝，停緩正耗米、麥、豆壹千玖百捌拾捌石壹斗壹升伍合陸勺，每石陸錢伍分，共銀壹千貳百玖拾貳兩貳錢柒分伍釐。又祥符等縣被水、被旱、被淹并歷年積歉及沙壓地畝各村莊，展緩正耗米、麥、豆柒萬柒千玖百玖拾貳石捌斗肆升伍合。内分原辦米、麥、豆伍萬伍千肆百伍拾肆石陸斗捌升肆合壹勺，每石陸錢伍分，共銀叁萬陸千肆拾伍兩伍錢肆分叁釐。添辦米、豆貳萬壹千捌百壹拾肆石貳斗叁升玖合柒勺，每石捌錢，共銀壹萬柒千肆百伍拾壹兩叁錢玖分貳釐。添辦麥柒百貳拾叁石玖斗貳升壹合貳勺，每石捌錢，共銀伍百柒拾玖兩壹錢叁分柒釐。三共銀伍萬肆千柒拾陸兩柒分貳釐，緩至道光叁拾年並咸豐元、貳、叁、肆、伍等年秋後，分別啟徵。又孟縣沙壓河佔地畝村莊，停緩正耗米、麥、豆叁百壹拾肆石壹升陸合，每石陸錢伍分，共銀貳百肆兩壹錢壹分。欽奉上諭，查辦豁免。停緩截蓟裁減潤耗行糧德州倉米玖百柒拾貳石柒斗叁升貳合玖勺。内原武縣支河淹佔村莊，停緩截蓟裁減潤耗米壹石肆斗伍升肆合柒勺，每石陸錢伍分，共銀玖錢肆分陸釐。又中牟縣沙壓地畝，停緩截蓟裁減潤耗米捌石柒斗伍升捌勺，每石陸錢伍分，共銀伍兩陸錢捌分捌釐。又中牟等縣被水、被旱、被淹並歷年積歉及沙壓地畝各村莊，展緩截蓟裁減潤耗行糧德州倉米玖百陸拾貳石伍斗貳升柒合肆勺。内分原辦米玖百叁拾柒石伍斗貳升柒合肆勺，每石陸錢伍分，共銀陸百玖兩叁錢玖分叁釐。添辦米貳拾伍石，每石捌錢，共銀貳拾兩。二共銀陸百貳拾玖兩叁錢玖分叁釐，緩至道光叁拾年並咸豐肆、伍兩年秋後，分別啟徵。欽奉上諭，查辦豁免。停緩潤耗行糧德州倉米玖千玖百捌拾陸石柒斗伍升貳合叁勺。内安陽等縣廣潤陂積水並濱河水佔地畝，停徵潤耗米叁拾石貳斗陸升伍合叁勺，每石陸錢伍分，共銀壹拾玖兩陸錢柒分貳釐。又武陟縣城荒地畝，停緩潤耗米陸石伍斗柒升玖合，每石陸錢伍分，共銀肆兩貳錢柒分陸釐。又祥符縣沙壓地畝村莊，停緩潤耗米玖石肆斗柒升陸合捌勺，每石陸錢伍分，共銀陸兩壹錢陸分。又武陟縣鹽城地畝，停緩潤耗米玖石柒斗玖升陸合叁勺，每石陸錢伍分，共銀陸兩叁錢陸分捌釐。又陽武縣河佔等項地畝村莊，停緩潤耗米壹拾貳石壹斗肆合叁勺，每石陸錢伍分，共銀柒兩捌錢陸分捌釐。又原武縣支河淹佔地畝村莊,停緩潤耗米貳斗肆合叁勺,每石陸錢伍分,共銀壹錢叁分貳釐。又祥符等縣沙壓地畝,停緩潤耗行糧德州倉米壹千叁百玖拾陸石玖斗伍升貳合壹勺,每石陸錢伍分,共銀玖百捌兩壹分玖釐。又陳留、中牟二縣沙壓地畝,停緩潤耗米捌拾壹石貳升貳合柒勺,每石陸錢伍分,共銀伍拾貳兩陸錢陸分伍釐。又祥符等縣被水、被旱、被淹并歷年積歉及沙壓地畝各村莊,展緩潤耗行糧德州倉米捌千肆百貳拾捌石捌升伍合叁勺。内分原辦米肆千玖百叁石捌斗壹升伍合伍勺,每石陸錢伍分,共銀叁千壹百捌拾柒兩肆錢捌分壹釐。添辦米叁千伍百貳拾肆石貳斗陸升玖合捌勺,每石捌錢,共銀貳千捌百壹拾玖兩肆錢壹分伍釐。二共銀陸千陸兩捌錢玖分陸釐,緩至道光叁拾年並咸豐元、貳、叁、肆、伍等年秋後,分别啟徵。又孟縣沙壓河佔地畝村莊,停緩潤耗米壹拾貳石貳斗陸升陸合貳勺,每石陸錢伍分,共銀柒兩玖錢柒分叁釐。欽奉上論,查辦豁免。停緩輕折等銀肆萬伍千玖百肆拾柒兩玖錢伍分柒釐。内安陽、湯陰二縣廣潤陂積水地畝,停徵輕折等銀伍拾伍兩玖錢捌分伍釐,節省等銀肆百叁拾肆兩捌分貳釐,二共銀肆百玖拾兩陸分柒釐。又武陟縣城荒地畝,停緩輕折等銀壹拾壹兩玖分肆釐,節省等銀叁拾玖兩壹錢肆分伍釐,二共銀伍拾兩貳錢叁分玖釐。又祥符縣沙壓地畝村莊,停緩輕折等銀貳拾肆兩壹錢叁分玖釐,節省等銀捌拾伍兩壹錢玖分柒釐,二共銀壹百玖兩叁錢叁分陸釐。又陽武縣河佔等項地畝村莊,停緩輕折等銀貳拾肆兩伍錢壹分壹釐,節省等銀叁拾伍兩肆錢貳分叁釐,二共銀伍拾玖兩玖錢叁分肆釐。又祥符等縣沙壓地畝,停緩輕折等銀壹千柒拾肆兩肆錢叁分陸釐,節省等銀壹千柒百柒拾壹兩貳錢壹分貳釐,二共銀貳千捌百肆拾伍兩陸錢肆分捌釐。又陳留、中牟二縣沙壓地畝,停緩輕折等銀叁百叁拾伍兩玖錢柒分,節省等銀伍百伍拾壹兩伍錢壹分壹釐,二共銀捌百捌拾柒兩肆錢捌分壹釐。又祥符等縣被水、被旱、被淹并歷年積歉及沙壓地畝各村莊,展緩輕折等銀陸千壹百叁拾貳兩伍錢陸分伍釐,節省等銀叁萬叁千柒百貳拾玖兩捌錢。二共銀叁萬玖千捌百陸拾貳兩叁錢陸分伍釐,緩至道光叁拾年并咸豐貳、叁、肆、伍等年麥後秋後,分别啟徵。又洛陽縣秋收歉薄村莊,展緩未完道光貳拾捌年、帶徵貳拾陸年輕折等銀壹百肆拾柒兩貳錢捌分玖釐,節省等銀壹千貳百叁拾叁兩玖分捌釐。二共銀壹千叁百捌拾兩叁錢捌分柒釐,緩至道光叁拾年麥後啟徵。又内黄縣被淹村莊於咸豐元年正月内欽奉上論,展緩未完道光貳拾玖年、帶徵貳拾陸年節省等銀貳百陸拾貳兩伍錢,緩至咸豐元年秋後啟徵。欽奉上諭,查辦豁免。所有道光貳拾玖年停緩貳拾陸年分漕項銀米數目,擬合造具奏銷清册,詳送核題。等情。臣覆查無異,除册送部外,相應具題等因前來。

查豫省道光貳拾玖年停緩貳拾陸年分漕糧、薊糧、漕項銀米,前據河南巡撫題報停徵、停緩、展緩各在案。今據該撫將前項停緩銀米造冊送部,臣部按冊核對,均與河南巡撫題報停徵、停緩、展緩數目相符。至前項停緩銀米各數,既據疏稱欽奉上諭查辦豁免之處,應令該撫速即奏明辦理。

此案於咸豐貳年貳月拾肆日科抄到部,茲於柒月貳拾陸日辦理具題,合并聲明。

臣等未敢擅便,謹題請旨。

批紅:依議。

爲山東咸豐元年辛亥恩科文武鄉試經費報銷事

咸豐二年七月二十六日

太子太保·大學士兼署管理戶部事務臣祁寯藻等謹題,爲報銷事。

戶科抄出,前任山東巡撫陳慶偕題山東省咸豐元年辛亥恩科文武鄉試用過經費銀兩一案。咸豐貳年正月貳拾柒日題肆月初玖日奉旨:該部察核具奏。欽此。欽遵。於本日抄出到部。

該臣等查得,前任山東巡撫陳慶偕疏稱:山東省咸豐元年辛亥恩科鄉試,文武兩場經費報銷一案,據布政使劉源灝詳稱:所需一切鋪墊供給等項銀兩,自乾隆叁年戊午科起題準動支地丁辦理,事竣報銷在案。今咸豐元年辛亥恩科鄉試文武兩闈,應需貢院鋪墊供給以及舉人袍帽等項,先經嚴飭承辦官加意撙節,務期實用實銷,毋得絲毫浮冒。今科場事竣,據委員將用過各項物料價值造具冊結,呈送到司。逐加查核,文場冊開備辦各項,除上科存剩器皿物料按數湊用無庸領銀重備外,實用銀壹千陸百肆拾叁兩陸錢叁分陸釐。文武場備辦供給等項,實用銀貳百柒拾陸兩玖錢叁分貳釐。以上文武兩場,通共實用銀壹千玖百貳拾兩伍錢陸分捌釐。委係據實開報,並無浮冒。除照例在於司庫咸豐元年地丁項下動支給領外,擬合備造細冊,同送到印結加結,詳請查核,加結題銷。等情。臣覆核無異,除冊結送部外,理合具題。等因前來。

查乾隆叁年,據原任山東巡撫法敏題請,山東文武兩場應用一切物件,在於地丁銀内動支,經臣部覆準在案。今據山東巡撫將咸豐元年辛亥恩科文武鄉試應用貢院鋪墊供給以及舉人袍帽等項,除上屆存剩器皿物件按數湊用,毋庸領銀外,實用銀壹千玖百貳拾兩伍錢陸分捌釐,在於咸豐元年地丁項下動給,取具承辦官印加各結送部。臣部按册核算,數目相符,應準開銷。應令該撫轉飭造入該年地丁奏銷案内,報部查核。

此案於咸豐貳年肆月初玖日科抄到部,茲於柒月貳拾陸日辦理具題,合并聲明。

臣等未敢擅便,謹題請旨。

批紅:依議。

爲黑龍江齊齊哈爾等處咸豐元年賞過官兵紅白事銀兩題銷事

咸豐二年七月二十七日

太子太保・大學士兼署管理户部事務臣祁寯藻等謹題,爲核銷事。

先於咸豐貳年叁月貳拾柒日,準黑龍江將軍宗室英隆等將齊齊哈爾、黑龍江、墨爾根、呼蘭等四處咸豐元年賞過官兵紅白事銀兩,造册送部核銷。當經臣部將册造支給紅白賞銀官兵姓名是否相符,行查兵部去後。

今於伍月初拾日,準兵部查覆前來。該臣等查得,黑龍江將軍宗室英隆等咨稱:齊齊哈爾、黑龍江、墨爾根、呼蘭等四處紅白事件備存銀貳萬兩内,自咸豐元年正月初壹日起,至拾貳月叁拾日止,官兵紅白事件共賞給銀玖千捌百拾捌兩外,餘剩銀壹萬壹百捌拾貳兩。所有齊齊哈爾等四處一年賞給銀數分晰造册咨送户部核銷外,此項賞給銀玖千捌百拾捌兩,由部核覆到日,於年終補領備賞。等因前來。

查黑龍江所屬齊齊哈爾等四處官兵紅白事賞銀,向係在於該處賞借銀内動支,歲底造册報銷。嗣於乾隆叁拾叁年拾貳月内,經軍機大臣會同臣部議奏停止賞借銀兩案内,將黑龍江所屬官兵紅白事賞銀,行令在於盛京餘地租銀内動支應用,等因在案。今據黑龍江將軍册報,齊齊哈爾等四處道光叁拾年備存銀貳萬兩,查與上年存剩並請領銀數相符。咸豐元年共賞過銀玖千捌百拾捌兩,行查兵部覆稱,賞過紅白銀兩官兵姓名,核與該將軍册報相符。臣部按册核算,給過銀數亦屬符合,應準開銷。應令盛京户部,俟該將軍請領到日,在於餘地租銀項下,照數領回,存庫備賞。仍令該將軍將前項應領銀玖千捌百拾捌兩及現存銀壹萬壹百捌拾貳兩,一并造入下年報銷案内,報部查核。

此案咨文於咸豐貳年叁月貳拾柒日到部,行查兵部於伍月初拾日覆回,茲於柒月貳拾柒日辦理具題,合并聲明。

臣等未敢擅便,謹題請旨。

批紅:依議。

爲宗人府等衙門道光三十年領過紙硃等項數目事

咸豐二年七月二十七日

太子太保·大學士兼署管理戶部事務臣祁寯藻等謹題,爲彙奏事。

咸豐元年肆月貳拾玖日内閣交出,宗人府等衙門將道光叁拾年分領過紙硃等項繕摺具奏,奉旨:知道了。欽此。欽遵。交出到部。經臣部行查各部院衙門及顔料、緞疋二庫去後。今於咸豐貳年伍月拾叁等日,準各衙門陸續查覆到部。

該臣等查得,乾隆拾貳年肆月貳拾貳日内閣交出,宗人府等衙門將乾隆拾壹年分支過年例領用紙硃等項繕摺具奏,奉旨:知道了。嗣後奏銷紙張時,著各該處將上年領過數目,逐項詳細註明具奏。欽此。欽遵。臣部通行各處遵照在案。今道光叁拾年分照額定數目支領之宗人府、吏部、兵部、工部、領侍衛内大臣處、理藩院、步軍統領衙門、翰林院、詹事府、通政司、大理寺、上駟院、太常寺、太僕寺、鴻臚寺、奉宸苑、國子監、中書科、上諭處、順天府、總督倉場、東陵承辦事務衙門、泰陵禮部及臣部等衙門,又例無定額隨時支用之軍機處、内閣典籍廳、禮部、刑部、都察院、國史館、方畧館、教習庶吉士館、功臣館、光祿寺、欽天監、實錄館等衙門共三十六處。原摺内開,領用過高麗紙壹千零玖拾貳張,黄高麗紙捌拾張,金綫榜紙陸千貳百貳拾張,白榜紙柒萬玖千肆百陸拾陸張,黄榜紙壹萬捌千壹百伍拾捌張,黄脆榜紙陸拾陸張,夾板青棉榜紙拾伍張,夾榜紙貳萬玖千伍百伍拾叁張半,棉榜紙捌萬伍千陸百壹拾壹張,紅榜紙柒拾玖張,藍榜紙柒千貳百伍拾張,黄棉榜紙叁萬叁千張,開化榜紙肆千陸百柒拾叁張,呈文紙伍拾柒萬零捌百玖拾柒張,黄呈文紙陸百伍拾張,南毛頭紙拾玖萬柒千張,毛頭紙拾伍萬捌千肆百肆拾伍張,毛邊紙捌萬零伍拾叁張,黄毛邊紙肆拾張,黄公箋紙肆百捌拾伍張,本紙柒萬壹千貳百柒拾捌張,黄本紙伍拾捌張,紅本紙拾柒張,磁青紙拾陸張,大青連柒紙陸萬叁千貳百玖拾壹張,連肆紙貳萬捌千陸百零叁張,棉連肆紙柒百捌拾張,上號潔白竹料連肆紙壹百柒拾柒張,紅紙伍拾叁張,南紅紙壹百捌拾張,中棉紅紙貳百伍拾張,京紅紙柒拾張,曲紅紙陸張,裱料紙伍萬張,黄連柒紙玖千伍百柒拾貳張,連柒紙壹萬叁千貳百陸拾張,畫心連紙捌拾張,損連紙壹百伍拾叁萬叁千柒百玖拾叁張,毛陸紙肆千柒百柒拾張,白鹿紙肆百張,太史連紙肆萬玖千張,巨心擡連紙捌百張,涇縣榜紙陸千伍百張,白露紙捌百張,土黄公箋紙壹千肆百張,筆壹千壹百捌拾肆枝,墨肆拾柒斤拾伍兩陸錢伍分玖釐又肆百肆拾肆錠,銀硃叁百肆拾玖斤拾叁兩肆錢伍分肆釐,蘇木肆百陸拾貳斤肆兩,鉛粉貳拾斤,白礬貳百肆拾玖斤壹兩,土堿貳拾壹斤拾貳兩,紅花水壹百零貳斤捌兩,紫草肆斤,籐黄叁百貳拾伍斤,印色壹斤,白芨伍斤拾貳兩,廣膠肆百伍拾叁斤玖兩肆分叁釐,水膠伍斤,南胭脂肆百玖拾斤叁兩伍錢伍釐,胭脂捌斤,定粉伍拾捌斤又貳匣半,心紅壹斤,白麪肆百斤,靛青壹斤捌兩,靛花肆拾柒斤捌兩,胭脂捌百捌拾貳個,黄蠟肆百肆拾枝又貳拾斤,羊油蠟貳千陸百肆拾捌枝,白蠟壹百拾伍斤柒錢貳分,定香貳千捌百捌拾枝,時辰香叁千陸百玖拾陸枝,紅土捌斤柒錢,木炭陸千伍百柒拾斤,畫筒壹個,二等玲瓏□□全備兩副,三等漆鞍□全備拾貳副,牛皮板箱肆隻,銅鎖肆把,銅鎖鑰壹副,松木夾板肆副,大油紙捌張,黄布包袱捌個,綫蔴繩貳拾根,蔴綫貳斤,勅書架一座,緑斜皮牙縫一等靴捌雙,緑斜皮牙縫二等靴肆雙,馬皮靴拾貳雙,牛皮靴柒拾陸雙,氈襪柒拾伍雙,堅厚木匣壹個,白氈玖張,油綢捌張,油布捌張,鵝黄龍綾叁丈,紅綾貳拾貳庹肆丈貳尺柒寸,黄緞叁丈貳尺伍寸,金黄綾拾伍庹四尺玖寸,黄綾拾貳庹貳拾叁丈陸尺,黄絹拾叁庹貳尺伍寸,金黄絹玖庹壹尺捌寸,紅絹陸庹壹丈貳尺伍寸,捌庹長黄杭細捌匹,油綢單貳塊,鵝黄絨綫貳兩伍錢,白絨綫貳拾貳兩貳錢貳分,鵝黄絲綫拾斤,金黄絨綫貳兩貳錢,黄絨綫叁兩,紅絨綫伍兩,絹綫壹斤玖兩貳錢,棉綫貳錢貳分,黄布壹丈壹尺伍寸又捌匹,油墩黄布伍尺,白布陸拾柒丈伍尺柒寸貳分,棉花貳百叁拾肆斤肆兩,棕伍斤拾肆兩,松烟貳拾柒斤。並據各衙門將上年領過紙硃等項暨舊存各數,逐一聲叙明晰,開單具奏前來。

查各衙門領過紙硃等項,先經臣部於雍正拾叁年拾貳月内奏明:國史館等處應需紙硃等項,原係陸續支取,難以定額,應仍據實支領。其宗人府等各衙門需用紙硃等項,酌定數目,作為定額,令各衙門按年支領,歲底自行奏明,臣部彙題核銷。等因具奏。奉旨:知道了。欽此。又於乾隆拾柒年陸月內,經原任大學士忠勇公傅恒等奏準,各陵應用香蠟紙張,自行照舊支取。其承辦事務衙門年例紙張等項,亦有浮多之處,應交該部行令各該處酌加裁減,嗣後即照減過之數咨取。等因各在案。

今道光叁拾年各衙門領過紙硃內,宗人府等處及臣部,均係按照從前減定之數支取,與上年領取數目相符。其無定額之禮部等衙門領過紙硃等項,臣部逐一核對,較上年多領高麗紙伍百張,黄高麗紙捌拾張,金綫榜紙陸千張,白榜紙貳千壹百肆拾張,黄榜紙伍千壹百肆拾伍張,夾板青棉榜紙拾伍張,夾榜紙貳千柒百張,黄棉榜紙叁萬張,開花榜紙貳百捌拾張半,呈文紙肆萬壹千玖百零貳張,南毛頭紙拾玖萬陸千張,毛頭紙貳萬壹千肆百伍拾張,毛邊紙貳千叁百叁拾張,黄公箋紙貳百張,本紙肆千壹百伍拾張,磁青紙捌張,棉連肆紙叁百伍拾張,上號潔白竹料連肆紙壹百柒拾柒張,南紅紙壹百捌拾張,中棉紅紙貳百伍拾張,京紅紙柒拾張,裱料紙貳萬張,連柒紙壹萬叁千貳百陸拾張,太史連紙肆萬壹千張,白露紙陸百陸拾張,墨肆百肆拾肆錠,銀硃壹百拾玖斤,蘇木叁百伍拾伍斤捌兩,白礬貳百叁拾斤,籐黄叁百伍斤,白芨伍斤,廣膠叁百拾斤,水膠伍斤,胭脂捌斤,定粉捌兩,白麪貳百斤,靛花伍斤,黄蠟貳拾斤肆百枝,羊油蠟壹千壹百拾貳枝,白蠟捌拾伍斤,時辰香叁千陸百玖拾陸枝,三等漆鞍□全備捌副,牛皮板箱肆隻,銅鎖肆把,銅鎖鑰壹副,松木夾板肆副,大油紙捌張,黄布包袱捌個,綫蔴繩貳拾根,蔴綫貳斤,勅書架一座,綠斜皮牙縫一等靴捌雙,綠斜皮牙縫二等靴肆雙,馬皮靴拾貳雙,牛皮靴柒拾陸雙,氈襪柒拾伍雙,堅厚木匣壹個,白氈玖張,油綢捌張,油布捌張,捌庹長黄杭細捌匹,鵝黄絲綫伍斤,黄布捌匹,棉花伍斤,松烟貳拾柒斤。少領棉榜紙壹千柒拾壹張,大青連柒紙玖千陸百拾柒張,連肆紙壹萬柒千柒百張,黄連柒紙叁千零捌拾張,損連紙叁拾捌萬玖千陸百拾張,筆肆拾枝,墨壹百肆斤玖錢肆分,定香貳百肆拾枝,畫筒叁個,鵝黄素緞貳拾丈,鵝黄花綾貳拾丈,黄緞壹丈柒尺伍寸,黄綾拾丈陸尺叁寸,黄絹壹丈叁尺玖寸,鵝黄絨綫壹兩伍錢,黄布陸丈捌尺伍寸,棕伍拾捌斤叁兩玖錢陸分,梨木板伍拾玖塊。

行查各衙門覆稱,係因事支用,向無定額,是以有多領少領之處。臣部查與因事支用成案相符。所有宗人府等衙門領過紙硃等項,臣部照摺抄單行查工部、內務府、光祿寺及顏料、緞匹二庫,查覆俱與原發數目相符。其各衙門道光貳拾玖年舊存紙硃等項,各數核與上年奏銷案內存剩數目,均各符合,應毋庸議。至本年餘存紙硃等項,據各該處於原摺内聲明,留為下年應用,仍於咸豐元年奏銷案内查核。

此本於咸豐元年肆月貳拾玖日據内閣將原摺叁拾陸件彙交到部,當經行查各衙門,於咸豐貳年伍月拾叁日覆齊。茲於柒月貳拾柒日辦理具題,合并聲明。

臣等未敢擅便,謹題請旨。

批紅:依議。

爲浙江長亭玉泉二場未完竈課豁免原參官員應準開復事

咸豐二年七月二十八日

戶部等部,太子太保·大學士兼署管理戶部事務臣祁寯藻等謹題,爲遵旨查議具奏事。

戶科抄出,前任浙江巡撫常大淳題,長亭、玉泉二場豁免道光貳拾柒捌兩年竈課銀兩開復一案。咸豐元年拾月貳拾貳日題,貳年叁月貳拾柒日奉旨:該部查議具奏。欽此。欽遵。於本日抄出到部。

該臣等會議得,前任浙江巡撫常大淳疏稱:據署浙江鹽運使事温處道慶廉詳稱,查得道光貳拾柒年分鹽課奏銷案内,長亭場鹽大使袁斯浦未完正課滴珠銀肆百柒拾兩貳錢肆分,計考成七分八釐四毫六絲,奉議初參未完七分以上之長亭場大使袁斯浦,照例革職。又道光貳拾捌年分鹽課奏銷案内,玉泉場經徵兼理長亭場大使袁斯浦,未完竈課正課滴珠銀肆百貳拾玖兩玖錢伍分伍釐,計未完考成七分八釐四毫六絲,奉議初叅未完八分以上之兼理玉泉場大使袁斯浦,應照例革職註冊。各等因在案。嗣據該員解完長亭場任内正課滴珠銀伍拾陸兩玖分柒釐,玉泉場任内正課滴珠銀柒拾玖兩肆分叁釐,均經照數收庫。現計道光貳拾柒年分未完長亭場竈課正課滴珠銀肆百拾肆兩壹錢肆分叁釐,道光貳拾捌年分未完玉泉場竈課正課滴珠銀叁百伍拾兩玖錢壹分貳釐。恭逢恩詔豁免節年竈課,查該大使袁斯浦未完銀兩均係實欠在竈,曾經具奏,奉諭旨準予豁免在案。伏查例載,承催督催錢糧欽奉恩旨豁除,該員雖在原任已無承督之責,應將現參及原參各案一并查銷。等語。今前任長亭場大使袁斯浦未完道光貳拾柒捌兩年竈課銀兩已奉豁免,所有長亭、玉泉二場任内初參奉議革職之案,應請一并準予開復。照例留省另補,并免送部引見。至前項完解銀兩,於咸豐元年春季冊内造報銀伍拾陸兩玖分柒釐,秋季冊内造報銀柒拾玖兩肆分叁釐。理合具題,並咨明吏、户二部核辦。等情。臣復核無異,理合具題。等因前來。

查兩浙道光貳拾柒年竈課初參案内未完七分以上之長亭場大使袁斯浦,又貳拾捌年竈課初參案内未完八分以上之兼理玉泉場大使袁斯浦,均據該撫將未完職名分數開列題參,經户部會同吏部照例議處。各在案。今據該撫疏稱:該員未完道光貳拾柒年正課滴珠銀肆百柒拾兩貳錢肆分,該員完解銀伍拾陸兩玖分柒釐。又未完貳拾捌年正課滴珠銀肆百貳拾玖兩玖錢伍分伍釐,該員完解銀柒拾玖兩肆分叁釐。計道光貳拾柒年未完正課滴珠銀肆百拾肆兩壹錢肆分叁釐,貳拾捌年未完正課滴珠銀叁百伍拾兩玖錢壹分貳釐。恭逢恩詔豁免節年竈課,曾經奏豁在案。今前任長亭場大使袁斯浦未完貳拾柒捌兩年竈課銀兩已奉豁免,所有長亭、玉泉二場任内初參奉議革職之案,一并準予開復。照例留省另補,并免送部引見。等語。

吏部查定例:承催督催錢糧,欽奉恩旨豁除,該員雖在原任已無承督之責,應將現參及原參各案一并查銷。又定例:由部揀補各缺,有因經徵未完降革開缺後,旋即全完,開復到部,如員缺業經開選有人,令其留省另補。等語。此案前任長亭場大使袁斯浦,經徵道光貳拾柒年分竈課,初參未完七分以上,該員又兼理玉泉場大使,任内經徵道光貳拾捌年分鹽課,初參未完八分以上,均經户部會同吏部議以革職在案。今據該撫疏稱,該員未完銀兩欽奉恩旨豁除,該員雖在原任已無承督之責,請將原參革職各案一并查銷。等語。應請將經徵道光貳拾柒年竈課初參未完七分以上之長亭場大使袁斯浦原議革職之案,照例準其查銷開復。該員又兼理玉泉場任内經徵道光貳拾捌年鹽課,初參未完八分以上,原議革職註冊之案,照例一并準其查銷開復。查長亭場鹽大使員缺,已於道光貳拾玖年拾壹月將應補鹽大使瑞椿揀補在案。其袁斯浦一員原議革職註冊之案既經開復,準其留省另補。至前項續完銀壹百叁拾伍兩壹錢肆分,據稱咸豐元年春季冊内造報銀伍拾陸兩玖分柒釐,秋季冊内造報銀柒拾玖兩肆分叁釐,户部核與該年各季冊内報收銀數相符。其未完貳拾柒捌兩年竈課銀兩,查據上年六月該撫奏請豁免原案,亦屬符合,均毋庸議。

此本係户部主稿。於咸豐貳年叁月貳拾柒日科抄到部,肆月貳拾捌日會吏部,柒月拾捌日吏部議結送回。兹於柒月貳拾捌日辦理具題,合并聲明。

臣等未敢擅便,謹題請旨。

批紅:依議。

爲晉撫題報歸化城徵收税課銀兩及支銷數目事

咸豐二年七月二十八日

太子太保·大學士兼署管理户部事務臣祁寯藻等謹題,為遵旨議奏事。

户科抄出,山西巡撫兆那蘇圖題歸化城自道光叁拾年拾月拾叁日起連閏至咸豐元年玖月拾貳日止,一年徵收正額盈餘銀兩錢文多收一案。咸豐元年拾貳月初拾日題,貳年叁月初壹日奉旨:該部察核具奏。欽此。欽遵。於本日抄出到部。

該臣等查得,山西巡撫兆那蘇圖疏稱:歸化城每年額徵税銀壹萬伍千兩,錢玖千串,作為正額。其餘銀壹千伍百肆拾捌兩柒錢玖分,錢壹百叁拾柒千陸百壹拾文,作為盈餘。所有每年例應支給房租、心紅、紙張、飯食等項,均於盈餘項下支銷,嗣後盈餘再有加增,儘收儘解。又準部咨改奏爲題案内,督撫經徵各關税課有盈無絀,應循例具題,毋庸再奏。又於嘉慶肆年肆月準部咨,奉上諭:各關盈餘數目,酌中定制,此次定額之後,再有短少,著落賠補。或有盈餘,儘收儘解。其三年比較之例,永行停止。等因。欽此。欽遵在案。今查歸化城自道光叁拾年拾月拾叁日起,連閏至咸豐元年玖月拾貳日止,一年共徵收正餘銀壹萬柒千捌百捌拾叁兩肆錢貳釐。除正額銀壹萬伍千兩,計盈餘銀貳千捌百捌拾叁兩肆錢貳釐。内除支銷各項經費銀壹千貳百肆拾肆兩,淨存盈餘銀壹千陸百叁拾玖兩肆錢貳釐。正額連盈餘共實存銀壹萬陸千陸百叁拾玖兩肆錢貳釐。又徵收土默特牲畜税錢玖千壹百伍拾柒串伍百玖拾壹文,除正額錢玖千串文,計盈餘錢壹百伍拾柒串伍百玖拾壹文。内除各項經費錢壹百肆串肆百文,淨存盈餘錢伍拾叁串壹百玖拾壹文。正額連盈餘共實存錢玖千伍拾叁串壹百玖拾壹文。照歸化城同知月報錢價,每制錢貳串壹百捌拾文至貳串貳百柒拾文各錢價不等易銀壹兩,共易銀肆千捌拾壹兩柒錢伍分陸釐。内除歸化城副都統衙門領去咸豐元年春季分賞給土默特兵丁操演盤費銀壹千伍百兩,又領去咸豐元年夏季分公費銀貳千兩,又領咸豐元年秋季分賞給土默特兵丁操演盤費銀壹千伍百兩,又領去咸豐元年冬季分公費銀貳千兩,共領銀柒千兩。牲畜税銀不敷,在於該道養廉銀内墊銀貳千玖百壹拾捌兩貳錢肆分肆釐,湊足柒千兩之數,支給在案。又徵收油酒鋪面課銀柒拾貳兩伍錢。以上雜税、油酒鋪課二項,通共實存銀壹萬陸千柒百壹拾壹兩玖錢貳釐。業經歸綏道飭委巡檢顧兆魁管解報部外,相應轉詳具題。等因前來。

查乾隆陸拾年陸月内,經留京王大臣酌議各省改奏爲題案内,督撫經徵各關税課有盈無絀,循例具題,毋庸再奏,經臣部通行遵在案。查歸化城正額銀壹萬伍千兩,又嘉慶肆年肆月内欽定盈餘銀壹千陸百兩,二共銀壹萬陸千陸百兩。今據山西巡撫兆那蘇圖題報,歸化城自道光叁拾年拾月拾叁日起,至咸豐元年玖月拾貳日止,一年期滿,共徵收正餘銀壹萬柒千捌百捌拾叁兩肆錢貳釐。除正額銀壹萬伍千兩,計盈餘銀貳千捌百捌拾叁兩肆錢貳釐。臣部查與歸化城應徵正額盈餘銀數,有盈無絀。内除支給各項經費銀壹千貳百肆拾肆兩,業據該道造具支用細數清冊送部,已於該關該年經費案内查核銷結,淨存盈餘銀壹千陸百叁拾玖兩肆錢貳釐。正額、盈餘共實存銀壹萬陸千陸百叁拾玖兩肆錢貳釐。又徵收土默特牲畜税錢玖千壹百伍拾柒串伍百玖拾壹文,除正額錢玖千串,計盈餘錢壹百伍拾柒串伍百玖拾壹文。查與歸化城額徵盈餘錢壹百叁拾柒串陸百壹拾文之數,亦屬有盈無絀。至徵收盈餘錢文項下,内除支銷各項經費錢壹百肆串肆百文,亦據該道另造支用細數清冊送部,係年例應給之項,應準開銷,淨存盈餘錢伍拾叁串壹百玖拾壹文。正額盈餘共實存錢玖千伍拾叁串壹百玖拾壹文。照歸化城同知月報錢價,每制錢貳串壹百捌拾文至貳串貳百柒拾文各錢價不等易銀壹兩,共易銀肆千捌拾壹兩柒錢伍分陸釐。内除歸化城副都統衙門支給咸豐元年春季分賞給土默特兵丁操演盤費銀壹千伍百兩,夏季分公費銀貳千兩,秋季分賞給土默特兵丁操演盤費銀壹千伍百兩,冬季分公費銀貳千兩,共銀柒千兩。向係理藩院核銷之項,業經臣部於該道呈報經費案内,移咨理藩院核銷在案,應仍咨理藩院查核。至前項正額、盈餘錢易銀肆千捌拾壹兩柒錢伍分陸釐,全數支銷,尚不敷銀貳千玖百壹拾捌兩貳錢肆分肆釐,業據該道於應得養廉銀内墊給,應毋庸議。又徵收油酒課銀柒拾貳兩伍錢。以上雜税、油酒課二項共實存銀壹萬陸千柒百壹拾壹兩玖錢貳釐,已據該道委員顧兆魁批解到部,經臣部移付銀庫查收,亦毋庸議。

此案於咸豐貳年叁月初壹日科抄到部,兹於柒月貳拾捌日辦理具題,合并聲明。

臣等未敢擅便,謹題請旨。

批紅:依議。

爲廣東虎門道光三十年屯租銀兩全完原參官員免議事

咸豐二年七月二十八日

户部等部,太子太保·大學士兼署管理户部事務臣祁寯藻等謹題,爲詳咨事。

準廣東巡撫葉名琛將廣東虎門屯防同知續完道光叁拾年分屯租銀兩,原參未完職名咨部扣除免議一案。於咸豐貳年叁月初伍日咨報到部。

該臣等會查得,廣東巡撫葉名琛咨稱:粤東省奏銷道光叁拾年分屯田經費案内,原參册報虎門屯防同知未完租銀伍千陸百陸兩陸錢貳分伍釐,先經開列屯防同知經徵、現署同知事試用通判秦汝燮未完三分以上職名報參,未奉議覆文回。兹據該同知陸續照數徵完租銀伍千陸百陸兩陸錢貳分伍釐,是該同知原參未完前項租銀業已照數徵解全完。所有原參屯防同知經徵、現署同知事試用通判秦汝燮未完三分以上職名未奉議覆之案,理合咨部,扣除免議。除咨吏部外,相應咨達。等因前來。

查定例,各省奏銷錢糧經徵處分,該省未奉部文之先咨報續完者,由部據咨徑行題請開復。等語。今廣東虎門屯防同知續完道光叁拾年分官築屯田租銀伍千陸百陸兩陸錢貳分伍釐,户部核與原參冊報未完數目相符。仍令該撫轉飭,即行造入咸豐元年屯租奏銷冊内,報部查核。至原參屯防同知經徵、現署同知事試用通判秦汝燮未完三分以上職名,先經户部會同吏部,議以經徵官築屯田未完三分以上之署虎門屯防同知事試用通判秦汝燮照例降職三級、戴罪徵收,係試用之員,其應照例議結之處,俟復參到日再議。等因。於咸豐貳年貳月拾肆日題,本月拾陸日奉旨:依議。欽此。當經行文該撫欽遵辦理在案。兹據該撫咨稱:該同知於未奉部覆文回之先,已將未完銀兩照數全完。所有原參虎門屯防同知經徵、現署同知事試用通判秦汝燮未完三分以上職名未奉議覆之案,咨部扣除免議。等語。吏部查定例,錢糧未完各官於參後續報全完者,若在議覆具題奉旨之後,該省未接部文而全完之咨已到者,户部即據咨開復。等語。應將續報道光叁拾年分虎門官築屯田未完三分以上全完之署虎門屯防同知事試用通判秦汝燮原議降職三級、戴罪徵收之案,照例準其開復。

此本係户部主稿。於咸豐貳年叁月初伍日咨報到部,肆月拾壹日咨送吏部會議,陸月貳拾日準吏部議結送回。茲於柒月貳拾捌日辦理具題,合并聲明。

臣等未敢擅便,謹題請旨。

批紅:依議。

爲山西題報豐鎮廳經征咸豐元年折色牧地正閏銀兩數目事

咸豐二年八月初一日

太子太保・大學士兼署管理戸部事務祁寯藻等謹題,爲遵旨事。

戸科抄出,山西廵撫兆那蘇圖題咸豐元年豐鎮廳經徵太僕寺牧厰永盛莊迤東地畝,原徵本色米石改徵折色及隨徵耗銀解交直隸藩庫一案。咸豐貳年叁月初肆日題,伍月初叁日奉旨:該部知道。欽此。欽遵。於本日抄出到部。

該臣等查得,山西廵撫兆那蘇圖疏稱:豐鎮廳經徵太僕寺牧厰永盛莊迤東地畝,原徵米石改徵折色銀兩,起解直隸省藩庫,採買兵糈。奉部行令,將起解日期恭疏題報。兹據布政使郭夢齡詳稱:查得豐鎮廳冊造咸豐元年額徵折色牧地正閏共徵銀貳萬貳百陸拾玖兩叁錢玖分伍釐,每兩隨徵耗銀伍分,共徵耗銀壹千壹拾叁兩肆錢柒分,内除傾銷起解支用銀伍百壹拾陸兩伍錢柒分,餘剩耗銀肆百玖拾陸兩玖錢,及永盛莊迤西折色銀内,原留運米脚價銀貳千柒百貳拾肆兩玖錢肆分叁釐,三共銀貳萬叁千肆百玖拾壹兩貳錢叁分捌釐。今該廳僅徵正閏銀壹萬捌千肆百柒拾玖兩陸錢叁分陸釐,耗羨銀玖百貳拾叁兩玖錢捌分壹釐,内除傾銷起解支用銀肆百陸拾肆兩貳錢肆分,餘剩耗銀肆百伍拾玖兩柒錢肆分壹釐,及永盛莊迤西折色銀内,原留運米脚價銀貳千肆百柒拾玖兩陸錢玖分捌釐,三共銀貳萬壹千肆百壹拾玖兩柒分肆釐。於咸豐元年拾貳月貳拾貳日,起解直隸省藩庫交納訖。所有未徵解正閏并運米脚價銀貳千叁拾伍兩伍釐,耗銀捌拾玖兩肆錢捌分玖釐,現在趕緊催徵。容俟徵完,即行批解。等情。將應徵起解銀數日期造冊呈詳前來。臣覆核無異,除冊移送直隸督臣轉飭查收外,相應具題。再,此案徵收起解銀數俟交收清楚,另取細冊題銷之日,附請咨部核銷,合并陳明,爲此具題。等因前來。

查先於乾隆叁拾柒年,據前任山西巡撫三寶奏準,豐鎮廳經徵太僕寺永盛莊迤東地畝折色銀兩,運解直隸藩庫,以供採買兵糈,每年起解日期歷經該撫題報在案。今據該撫疏稱:咸豐元年,豐鎮廳應徵太僕寺牧廠本色米石改徵折色、正閏耗並原留運解等項,共銀貳萬叁千肆百玖拾壹兩貳錢叁分捌釐內,該廳僅徵解正閏耗並原留運價等銀貳萬壹千肆百壹拾玖兩柒分肆釐,解交直隸藩庫交納。等語。臣部照數登記,應令直隸總督轉飭照數查收。俟有動用,報部查核。尚有未完正閏並運米腳價銀貳千叁拾伍兩伍釐,耗銀捌拾玖兩肆錢捌分玖釐,應令山西巡撫嚴飭趕緊徵解,毋任延緩。并令該廳迅速起解直隸藩庫,交收清楚,即行造冊題銷,報部查核。

此案於咸豐貳年伍月初叁日科抄到部。茲於捌月初壹日辦理具題,合併聲明。

臣等未敢擅便,謹題請旨。

批紅:依議。

爲山東城武縣道光二十六年漕項全完原參官員應準開復事

咸豐二年八月初四日

戶部等部,太子太保·大學士兼署管理戶部事務祁寯藻等謹題,爲奏銷等事。

戶科抄出,漕運總督楊殿邦題山東省曹州府屬之城武縣未完道光貳拾柒年起運貳拾陸年分漕項奏銷案內輕齎等項正耗銀兩續完解道兑收,原參徵催各職名題請開復一案。咸豐元年拾貳月初貳日題,貳年貳月初叁日奉旨:該部查議具奏。欽此。欽遵。於本日抄出到部。

該臣等會查得,漕運總督楊殿邦疏稱:山東省道光貳拾柒年起運貳拾陸年分漕項奏銷錢糧,先據山東糧道分晰已未完數目,考成職名,造冊詳報,經臣題準部覆分別議處。等因。轉行欽遵去後。今據山東糧道景霖詳稱:查得原報曹州府屬之城武縣未完漕項正銀叁拾壹兩叁錢捌分壹釐,耗羨銀肆兩叁錢玖分肆釐,奉部核議,轉行欽遵去後。茲催據城武縣將未完漕項正耗銀兩,於道光貳拾玖年正月拾捌日,續完漕項正銀壹拾叁兩壹分陸釐,耗羨銀肆兩叁錢玖分肆釐,已入於道光貳拾柒年隨奏案內,報部查核。仍有未完漕項正銀壹拾捌兩叁錢陸分伍釐,今催據該縣道光貳拾玖年拾貳月叁拾日全數解道兑收。除俟造入道光貳拾捌年隨奏案內報部查核外,所有初參欠一分以上之城武縣知縣周樂清原議降職一級戴罪徵收、欠不及一分之曹州府知府李天錫原議停其陞轉罰俸六個月戴罪督催各處分,相應詳請具題開復。等情。臣覆核無異,理合具題。等因前來。

查山東省曹州府屬之城武縣未完道光貳拾陸年分漕項正耗銀兩,前據漕運總督造具奏銷初參考成冊揭題參,經戶部會同吏部照例核議題覆在案。今據該督疏稱:催據城武縣續完漕項正銀叁拾壹兩叁錢捌分壹釐,耗羨銀肆兩叁錢玖分肆釐,全數解道兑收。所有初參欠一分以上之城武縣知縣周樂清原議降職一級戴罪徵收,欠不及一分之曹州府知府李天錫原議停其陞轉罰俸六個月戴罪督催各處分,詳請具題開復。等語。查前項續完漕項正耗銀兩,戶部核與原參未完銀數相符。吏部查定例,錢糧未完各員參後續報全完者,該督將該員原參議處之案題請開復。等語。應將道光貳拾柒年起運貳拾陸年漕項錢糧續報全完之前任城武縣今調掖縣知縣周樂清原議降職一級戴罪徵收、前任曹州府今調濟南府知府李天錫原議停其陞轉戴罪督催之案,均照例準其開復。至城武縣續完漕項正銀叁拾壹兩叁錢捌分壹釐,耗羨銀肆兩叁錢玖分肆釐,據稱造入道光貳拾柒年隨奏案内正銀壹拾叁兩壹分陸釐,耗羨銀肆兩叁錢玖分肆釐,造入道光貳拾捌年隨奏案内正銀壹拾捌兩叁錢陸分伍釐,户部核與各該年隨奏案内造報數目相符,應毋庸議。

此本係戶部主稿。於咸豐貳年貳月初叁日科抄到部,陸月拾伍日吏部議結送回。兹於捌月初肆日辦理具題,合并聲明。

臣等未敢擅便,謹題請旨。

批紅:依議。

爲湖南新舊任藩司交代照例會同巡撫盤查藩庫事

咸豐二年八月初五日

太子太保·大學士兼署管理戶部事務臣祁寯藻等謹題,爲交盤事。

戶科抄出,湖南巡撫駱秉章題湖南布政使恒福接收前署藩司陳之驥任内經理各年地丁兵餉等項銀兩交盤一案。咸豐貳年正月貳拾肆日題,肆月初柒日奉旨:該部察核具奏。欽此。欽遵。於本日抄出到部。

該臣等查得,湖南巡撫駱秉章將湖南布政使恒福接收前署藩司陳之驥,自咸豐元年貳月初陸日接事起至拾月貳拾貳日卸事前一日止,任内經理各年地丁兵餉等項銀兩,造具交盤清楚冊結,詳齎盤查。該撫率同布政使恒福親詣藩庫,按款盤查,實存在庫並無短少,會同湖廣總督程矞採,加結恭疏具題前來。

查定例,藩庫錢糧每值交代,自新任布政使到任起,統限兩個月,造具接收清楚冊結呈詳,責成巡撫及同城之總督親往盤查,加結保題。等因。又湖南布政使經理驛站銀兩交盤,先經臣部節次題明,行令歸入地丁等項銀兩交盤案内,分款具題在案。今據湖南巡撫駱秉章將湖南布政使恒福接收前署藩司陳之驥任内經理各年地丁兵餉等項銀兩交盤,並無短少情弊,取具接收藩司暨前署藩司冊結,加結具題臣部。查疏冊内開:舊管:道光叁拾年及咸豐元年地丁兵餉等項銀肆萬肆千肆拾捌兩柒錢玖分,留備協餉銀壹千伍百伍拾貳兩柒錢柒分肆釐,捐監銀貳千陸百叁拾玖兩柒錢壹釐,封儲銀貳拾捌兩捌錢貳釐,耗羨銀伍千玖百壹拾伍兩叁錢貳分玖釐,文職空半養廉銀壹百叁拾玖兩捌錢玖分陸釐,武職存半養廉銀壹萬壹千貳百玖拾貳兩陸錢肆分玖釐,寶南局錢價銀壹千玖百玖拾伍兩叁錢叁分陸釐,穀價盈餘銀肆拾玖兩陸錢叁釐,通米經費銀玖千玖拾叁兩貳錢貳分捌釐,苗疆生息支剩備存銀柒千捌百伍拾陸兩伍錢捌分玖釐,捐輸海疆經費銀伍百叁拾兩。又存扣回錢本銀玖百叁拾伍兩伍錢貳分壹釐。共舊管銀捌萬陸千柒拾捌兩貳錢壹分捌釐,制錢壹千玖拾陸串柒百壹拾捌文。與上屆交盤案内實存銀錢數目相符,應毋庸議,并將前次登記註銷。新收:道光叁拾年及咸豐元年地丁兵餉正雜銀壹百肆拾柒萬玖百貳拾壹兩貳分叁釐,耗羨銀壹拾壹萬柒千壹百玖兩捌錢陸分叁釐,留備銀叁拾貳萬壹百陸拾兩貳錢壹分,捐監正項並加平銀玖萬肆千玖百柒拾捌兩捌錢捌分,封貯銀叁萬肆千肆百壹拾貳兩肆錢捌分肆釐,寶南局錢價銀伍千陸百叁拾肆兩捌錢叁釐,文職空半養廉銀壹萬肆千壹百壹拾叁兩肆錢叁分壹釐,武職空曠養廉銀貳千伍百肆拾玖兩伍分柒釐,共新收銀貳百伍萬玖千捌百柒拾玖兩柒錢伍分壹釐。開除:道光叁拾年及咸豐元、貳兩年正雜兵餉等銀壹百肆拾玖萬肆千柒百柒拾壹兩捌錢柒分柒釐,耗羨銀壹拾壹萬玖千叁百玖拾玖兩陸錢壹分陸釐,留備協餉銀叁拾貳萬壹千肆百玖拾柒兩壹錢玖分,捐監加平銀玖萬陸千玖百兩,封貯銀叁萬肆千肆百肆拾壹兩貳錢捌分陸釐,寶南局錢價銀陸千柒百壹拾兩,文職空半養廉銀壹萬肆千壹百陸拾玖兩玖錢陸分玖釐,武職空曠養廉銀玖百陸拾貳兩柒錢玖分貳釐,苗疆生息支剩銀柒千伍百伍拾捌兩柒錢壹分肆釐,共開除銀貳百玖萬陸千肆百壹拾壹兩肆錢肆分肆釐。按冊逐一核算,新收開除銀兩數目俱屬相符,亦毋庸議。實存:

咸豐元、貳年地丁兵餉等銀貳萬壹百玖拾柒兩玖錢叁分陸釐，留備協餉銀貳百壹拾伍兩柒錢玖分肆釐，耗羨銀叁千陸百貳拾伍兩伍錢柒分陸釐，捐監銀柒百壹拾捌兩伍錢捌分壹釐，文職空半養廉銀捌拾叁兩叁錢伍分捌釐，武職存半養廉銀壹萬貳千捌百柒拾捌兩玖錢壹分肆釐，寶南局錢價銀玖百貳拾兩壹錢叁分玖釐，通米經費銀玖千玖拾叁兩貳錢貳分捌釐，穀價盈餘銀肆拾玖兩陸錢叁釐，苗疆生息支剩備存銀貳百玖拾柒兩捌錢柒分伍釐，捐輸海疆經費銀伍百叁拾兩，又扣回錢本銀玖百叁拾伍兩伍錢貳分壹釐，共實存銀肆萬玖千伍百肆拾陸兩伍錢貳分伍釐。應照數登記。仍令該督撫轉飭同實存制錢壹千玖拾陸串柒百壹拾捌文，俟搭放養廉完竣，扣回銀兩，一并造入下屆交盤冊内舊管項下，題報查核。

此案於咸豐貳年肆月初柒日科抄到部。茲於捌月初伍日辦理具題，合并聲明。

臣等未敢擅便，謹題請旨。

批紅：依議。

爲山西歸綏二廳咸豐元年動撥軍需倉穀採買還倉事

咸豐二年九月二十一日

太子太保·大學士兼署管理戶部事務臣祁寯藻等謹題，爲題請事。

戶科抄出，前任山西巡撫兆那蘇圖題歸化綏遠二廳請買咸豐元年兵糧不敷案内動撥穀石并供支綏遠城駐防官兵口糧借碾軍需倉穀一案。咸豐貳年叁月貳拾日題，伍月貳拾玖日奉旨：該部議奏。欽此。欽遵。於本日抄出到部。

該臣等查得，前任山西巡撫兆那蘇圖疏稱：綏遠城駐防官兵每年需用口糧，先於歸化、綏遠二廳倉儲軍需穀内動撥穀貳萬肆千石碾米供支，秋後買補還倉，歷經遵辦在案。茲據布政使郭夢齡詳稱：歸化、綏遠二廳咸豐元年兵糧不敷，在於歸化廳軍需倉内動撥穀伍千石，綏遠廳軍需倉内動撥穀壹萬石。又咸豐元年年例碾供兵米動用過軍需倉穀各壹萬貳千石。又托克托城安仁等里棄地遺糧案内缺額綏遠城兵糧，每廳各撥穀捌百貳拾伍石陸斗玖升捌合玖勺。又寧遠廳坐西等溝缺額兵糧，在於綏遠廳軍需倉内動撥穀壹千陸百柒拾壹石叁升貳合捌勺。共穀肆萬貳千叁百貳拾貳石肆斗叁升陸勺，均應買補還倉。今據該廳等查明,現在拾壹月下旬,市集時估每穀壹倉石價銀壹兩玖錢,每石應加雜費銀肆錢柒分伍釐,共應需銀貳兩叁錢柒分伍釐。應請按照市集時估採買,以實倉儲,於民食亦無妨礙。等情。由道覈明,移咨到司。覆查該廳等額儲軍需倉穀石,并咸豐元年年例碾供兵米,及托克托城、寧遠二廳棄地遺糧案内動撥穀石,自應一并趕緊採買還倉,以備支放,不致有誤兵糈。應請將歸化、綏遠二廳咸豐元年動撥各項,共穀肆萬貳千叁百貳拾貳石肆斗叁升陸勺,飭令該廳等如數採買還倉,庶兵糈動支不致短缺。覈計歸化廳現在時估每倉石價銀壹兩玖錢,加以雜費銀肆錢柒分伍釐,統計每石需銀貳兩叁錢柒分伍釐,通共應需銀壹□□□□□□分叁釐,請在於司庫咸豐元年地丁銀内動給。仍責成該管歸綏道不時查察,如價值減落,隨時申報,儻遇增長,即請停止。事竣據實造冊報銷。等情。呈詳前來。臣覆覈無異,相應具題。等因前來。

查先據前任山西巡撫巴延三奏準,綏遠城駐防官兵口糧停止搭放倉穀,以壹穀陸米碾米支放,仍將碾運穀石,俟秋後價平,領價採買還倉。又,道光伍年奉旨:歸化、綏遠二廳採買穀石,嗣後著飭令該廳等採買時將市價若干、碾戶承買價值若干之處,確切查明,詳内聲敘明晰,咨部覈辦。等因。欽此。欽遵在案。今據該撫疏稱:歸化、綏遠二廳咸豐元年兵糧不敷,在於歸化廳軍需倉内動撥穀伍千石,綏遠廳軍需倉内動撥穀壹萬石。又咸豐元年年例碾供兵米,動用軍需倉穀各壹萬貳千石。又托克托城安仁等里棄地遺糧案内缺額綏遠城兵糧,每廳各撥穀捌萬貳拾伍石陸斗玖升捌合玖勺。又寧遠廳坐西等溝缺額兵糧,在於綏遠廳軍需倉内動撥穀壹千陸百柒拾壹石叁升貳合捌勺。共穀肆萬貳千叁百貳拾貳石肆斗叁升陸勺,均應買補還倉。請按照拾壹月下旬市集時估每石價銀壹兩玖錢,并聲明碾户承買加雜費銀肆錢柒分伍釐,統計每石需銀貳兩叁錢柒分伍釐,共需銀壹拾萬伍百壹拾伍兩柒錢柒分叁釐,請在於司庫咸豐元年地丁銀内動給。等語。臣部覈於歷年買補成案相符,應準其照數買補。其應加雜費亦與奏明原案數目符合,應準開銷。仍令該撫轉飭該管歸綏道,督飭該廳等上緊採買。如價值減落,隨時詳報,儻遇增長,即行停止。一俟事竣,據實造具逐日細冊,並取具實用實銷印結,送部覈銷。

此案於咸豐貳年伍月貳拾玖日科抄到部,兹於玖月貳拾壹日辦理具題,合并聲明。

臣等未敢擅便,謹題請旨。

批紅:依議。

爲浙江臺州衛未完道光十七年津租銀兩題參事

咸豐二年九月二十六日

戶部等部,太子太保·大學士兼署管理户部事務臣祁寯藻等謹題,爲遵旨等事。

戶科抄出,漕運總督楊殿邦題浙江省臺州衛未完道光拾柒年津租銀兩已屆九參一年限滿,未據徵解全完,造具已未完考成冊揭題參一案。咸豐元年拾貳月初貳日題,貳年貳月初貳日奉旨:該部察覈具奏。欽此。欽遵。於本日抄出到部。

該臣等會查得,漕運總督楊殿邦疏稱:浙江省臺州衛未完道光拾柒年分津租銀兩八參考成案,據浙江糧道造具冊揭詳報,經臣具題在案。今據浙江糧道胡元博詳稱:查得臺州衛未完道光拾柒年分津租銀兩,前因扣至道光貳拾陸年拾貳月初柒日止,八參一年限滿,業經照例造冊,詳題請參。聲明署臺州衛守備饒錦章於道光貳拾陸年正月初伍日到任,該弁係接徵官,應以到任之日爲始,扣至道光貳拾柒年正月初肆日止。接徵一年限滿,未據徵解全完,又經造具冊揭詳題補參,經部覈議在案。今臺州衛未完道光拾柒年分津租銀貳千柒百叁拾肆兩伍錢陸分玖釐,續完銀無,仍未完津租銀貳千柒百叁拾肆兩伍錢陸分玖釐。遵奉部行,以道光叁拾年正月貳拾陸日欽奉恩詔之日,另起初參一年限期。應扣至咸豐元年正月貳拾伍日止,仍未全完,例應詳題九參。所有接徵初參未完不及一分之兼理臺州衛守備事臨海縣知縣仲孫樊,已於道光叁拾年貳月貳拾貳日卸事,係起限不及一月離任,應請覈議。又臺州衛接徵掌印現任守備蔡天培於道光叁拾年貳月貳拾貳日到任,係接徵官,應照例以到任之日爲始,扣限一年接徵,另行開揭請參。相應造具九參已未完考成冊揭,詳送覈題。等情。臣覆覈無異,除將冊揭送部查覈外,臣謹具題。等因前來。

查浙江省臺州衛未完道光拾柒年分津租銀兩,前據漕運總督先後造具八參并補參考成各冊揭題參,均經户部會同兵部覈議題覆在案。茲據該漕督疏稱,臺州衛仍未完津租銀貳千柒百叁拾肆兩伍錢陸分玖釐。以道光叁拾年正月貳拾陸日欽奉恩詔之日,另起初參一年限期,應扣至咸豐元年正月貳拾伍日止,仍未全完,相應造具九參已未完考成册揭題參。等語。查前項未完津租銀兩,户部覈與應參銀數相符。兵部查,臺州衛接徵兼理守備事臨海縣知縣仲孫樊,經徵道光拾柒年分津租銀兩未完不及一分,例無處分,應毋庸議。至臺州衛仍未完津租銀貳千柒百叁拾肆兩伍錢陸分玖釐,應令漕運總督速飭催徵完解,給丁濟運,毋任遲逾。

此本係戸部主稿。於咸豐貳年貳月初貳日科抄到部,捌月初壹日兵部議結送回。兹於玖月貳拾陸日辦理具題,合并聲明。

臣等未敢擅便,謹題請旨。

批紅:依議。

爲湖南安鄉縣咸豐元年被水緩徵存留官俸等銀照數撥補事

咸豐二年十月初七日

太子太保·大學士管理戸部事務臣祁寯藻等謹題,爲詳請事。

戸科抄出,前任湖南巡撫駱秉章題安鄉縣咸豐元年被水緩徵銀照數撥補一案,咸豐貳年肆月貳拾柒日題,陸月貳拾捌日奉旨:該部議奏。欽此。欽遵。於本日抄出到部。

該臣等議得,前任湖南巡撫駱秉章,將安鄉縣咸豐元年應需存留官俸等銀叁百伍拾壹兩玖錢陸分柒釐,因被水災緩徵,應請在於咸豐元年地丁銀内照數撥補。所有撥支細數入於咸豐元年民賦奏銷册内分别開造緣由,會同前任湖廣總督程矞採恭疏具題前來。

查湖南各州縣存留俸工等項銀兩,遇有緩徵,不敷支放,準其核明數目,在於地丁銀内撥補,歷經辦理在案。今據湖南巡撫題報安鄉縣咸豐元年被水成灾,緩徵不敷存留官俸等銀叁百伍拾壹兩玖錢陸分柒釐,請於咸豐元年地丁銀内照數撥補。臣部查係應行補給之項,應如所題辦理。仍令該督撫轉飭將支銷細數造入咸豐元年民賦奏銷册内題報查核。

此案於咸豐元年陸月貳拾捌日科抄到部。兹於拾月初柒日辦理具題,合并聲明。

臣等未敢擅便,謹題請旨。

批紅:依議。

爲山西道光三十年緑營駐防兵丁紅白事件賞恤銀兩報銷事

咸豐二年十月初八日

太子太保·大學士管理戸部事務臣祁寯藻等謹題,爲奏聞事。

戸科抄出,前任山西巡撫兆那蘇圖題山西省道光叁拾年賞給過撫標太原、大同等鎮緑營兵丁並綏遠城右衛、太原等處駐防兵丁紅白事件銀兩造冊題銷一案。咸豐元年拾貳月初拾日題,貳年叁月拾肆日奉旨:該部察核具奏。欽此。欽遵。於本日抄出到部。隨經戸部將冊造賞給過兵丁名數是否相符,行查兵部去後。兹於肆月貳拾壹日準兵部查明咨覆前來。

該臣等查得,前任山西巡撫兆那蘇圖疏稱:兵丁紅白賞恤銀兩欽奉上諭,自乾隆肆拾柒年爲始,著於正項銀内支給,造冊報部核銷。等因。欽此。欽遵在案。今道光叁拾年分山西省各營動用紅白賞銀奏銷,據山西布政使郭夢齡將撫標并太原、大同二鎮所轄各標營,太原右衛、綏遠城駐防兵丁賞恤用過銀兩各數分晰造冊,呈詳前來。臣查:舊管,道光貳拾玖年拾貳月底止,存剩銀叁千玖百陸兩叁錢伍分玖釐。新收,自道光叁拾年正月初壹日起至本年拾貳月底止,共銀壹萬陸千柒百捌拾伍兩叁錢伍分玖釐。開除,自道光叁拾年正月初壹日起至拾貳月底止,共銀壹萬伍千捌百貳拾叁兩叁錢伍分玖釐。實在,自道光叁拾年拾貳月底止,存剩銀肆千捌百陸拾捌兩叁錢伍分玖釐,係應撥還原提道光貳拾玖年地丁之項。臣逐一覆核,均屬相符。除冊送部外,相應具題。至綏遠城冊造動撥牧廠地租生息添放兵丁紅白收存銀兩數目,應由該城另冊造報,合并陳明。等因前來。

查定例:太原駐防兵丁紅事賞銀叁兩,白事賞銀陸兩。綏遠城駐防前鋒、領催、馬甲、閒散紅事各賞銀陸兩,白事各賞銀捌兩。步甲養育兵及孀婦、孤子紅事各賞銀陸兩。右衛駐防領催、馬甲紅事各賞銀伍兩,白事各賞銀捌兩。養育兵及孀婦、孤子紅事各賞銀叁兩,白事各賞銀陸兩。又,山西省緑旗在營兵丁紅事各賞銀叁兩,白事各賞銀陸兩。換防烏里雅蘇臺兵丁紅事賞銀陸兩,白事賞銀拾貳兩。於地丁銀内估撥。等語。又,道光拾壹年拾貳月内本部議準,各省駐防兵丁紅白事件賞項,各按該省例定銀數分為四季支領,一季之内事件較少,即照例定銀數賞給,餘剩銀兩留為下季之用。倘遇閏月或事件較多,亦即儘此一季銀内酌定銀數,均匀支放,於季底按名給領。即自道光拾貳年爲始,悉照新定章程辦理,總不得於額外再行添補。仍將支用銀數於年終分晰造報户部核銷。又,道光拾伍年拾壹月貳拾壹日奉上諭:彦德等奏請撥項生息以資兵丁生計一摺。綏遠城官兵戶口日增,每年額領紅白恩賞銀壹千陸百兩,不敷支放,自應設法調劑。加恩著照所請,準其將大青山後馬廠地租餘剩銀肆萬兩内動撥銀貳萬兩,照依成案,由歸綏道發商,按一分生息,每年所得息銀貳千肆百兩,遇閏加增息銀貳百兩,加以支放坐卡官兵盤費。餘銀柒百捌拾陸兩,再照例由藩庫領紅白事件銀壹千陸百兩,著即作爲該處兵丁紅白事賞銀,仍按照原定捌兩、陸兩、叁兩舊例支放。餘剩銀兩著一併存儲旗庫,留為下年添補支放,年終報部核銷。該部知道。欽此。欽遵在案。

今山西省道光叁拾年賞給過旗營兵丁紅白事件銀兩,據該撫題報,舊管銀叁千玖百陸兩叁錢伍分玖釐,臣部核與上屆題銷案内實存銀數相符。新收銀壹萬陸千柒百捌拾伍兩叁錢伍分玖釐,按冊核算,亦屬符合。開除銀壹萬伍千捌百貳拾叁兩叁錢伍分玖釐,行查兵部,覆稱賞給過兵丁名數,臣部核與該撫冊報相符。内除撥還原提道光貳拾捌年地丁銀叁千玖百陸兩叁錢伍分玖釐,應令造入該年隨本奏銷新收項下報查。實存銀肆千捌百陸拾捌兩叁錢伍分玖釐,應令該撫轉飭照數撥還原提道光貳拾玖年地丁原款,造入該年隨本奏銷案内查核。至綏遠城徵收牧廠地租生息添放兵丁紅白收存銀兩數目,已據綏遠城將軍咨報,應於彼案内查核。

此案於咸豐貳年叁月拾肆日科抄到部。當即行查兵部,於肆月貳拾壹日準兵部覆回。兹於拾月初捌日辦理具題,合并聲明。

臣等未敢擅便,謹題請旨。

批紅,依議。

爲浙江道光二十九年編審軍丁事

咸豐二年十月十四日

太子太保·大學士管理戶部事務臣祁寯藻等謹題,爲奏明等事。

戶科抄出,漕運總督楊殿邦題浙江省道光貳拾玖年分編審軍丁一案。咸豐貳年貳月初捌日題,伍月初柒日奉旨:該部知道,册并發。欽此。欽遵。於本日抄出到部。

該臣等查得,漕運總督楊殿邦疏稱:各省衛所軍丁田産例應四年一次清查。今自道光貳拾伍年編審以後,扣至道光貳拾玖年,已屆四年編查之期。嗣因未得依限造報,據浙江糧道詳請展限,當經咨部在案。茲據浙江糧道胡元博詳稱:統計杭嚴等十二衛所道光貳拾伍年分舊管原額軍丁三萬一千三百九十二丁,道光貳拾玖年分編審新收軍丁一千九百二十六丁,開除軍丁一千五百四十二丁,實存軍丁三萬一千七百七十六丁。擬合造冊同結詳送。等情。臣覆核無異。除將丁名細冊印結分送部科查核外,臣謹會同閩浙總督臣季芝昌、前任浙江巡撫臣常大淳合詞具題。等因前來。

查定例,各省軍丁概按四年一次編審,將各丁田地房產註於各丁户口之下。如家道稍有消乏,隨時另僉。倘有賣富僉貧,分别查參。等因。今浙江省道光貳拾玖年例屆編審軍丁之期,其應造冊結,緣是年夏間桐廬等縣被水,軍户遷移四散,住屋尚未修復,起運丁船未經歸次,丁口田產均難即時查清。所有道光貳拾玖年分復屆編審一案,除仍嚴催各衛所,會同各州縣幫弁上緊編查,務使一無隱漏。惟查辦需時、有稽例限,應請查照貳拾壹年展限一年成案,俟咸豐元年開篆後詳題。今臣部覆準在案。咨據該督疏册内稱:自道光貳拾伍年編審以後,扣至道光貳拾玖年,已屆四年編審之期。統計浙江、杭嚴等十二衛所舊管軍丁三萬一千三百九十二丁,新收軍丁一千九百二十六丁,開除軍丁一千五百四十二丁,實在軍丁三萬一千七百七十六丁,造具册揭題報。等語。查前項各衛所造報軍丁,臣部按照上屆造報各丁逐一核對,均屬相符,應毋庸議。至各丁田地房產,現於各丁户口之下分晰登註,應令漕運總督隨時確查。如有家道消乏之丁,即另行僉換,毋得賣富僉貧,致誤運務。再查道光貳拾壹年分編審軍丁,因沿海軍户遷移未定,咨請展限一年,於貳拾叁年題報到部。今貳拾玖年分編審一案,前據漕運總督咨請查照貳拾壹年展限一年成案,俟咸豐元年開篆後題報,因何遲至貳年貳月始行出疏具題,殊屬不合。應令漕運總督即飭取具編造遲延之州縣衛所各職名,送部核議。再查咸豐叁年又屆編審之期,並令該督一俟屆限,速飭趕緊查造詳題,毋任延緩,亦不得濫請展限,以符定例而清弊混。

此案於咸豐貳年伍月初柒日科抄到部。茲於拾月拾肆日辦理具題,合并聲明。

臣等未敢擅便,謹題請旨。

批紅:依議。

爲福建卸任鹽法道經管錢糧庫銀交代清楚事

咸豐二年十月二十九日

太子太保·大學士管理戸部事務臣祁寯藻等謹題,爲遵旨察核具奏事。

戸科抄出,前任閩浙總督季芝昌題前任鹽法道麟桂交代一案。咸豐貳年伍月拾陸日題,柒月貳拾日奉旨:該部察核具奏,冊并發。欽此。欽遵。於本日抄出到部。

該臣等查得,前任閩浙總督季芝昌疏稱:據福建鹽法道瑞瓚詳稱,前任福建鹽法道麟桂,於咸豐貳年正月初伍日到任起至叁月拾柒日卸事前一日止,經手徵收正雜鹽課錢糧并流交存庫銀柒萬壹千捌百貳拾貳兩貳錢壹分捌釐,業經逐一確查,盤收清楚,理合造具四柱清冊,出具印結,詳送核題。并聲明此案交代例限一個月。該道瑞瓚於咸豐貳年叁月拾柒日到任起扣至肆月拾陸日屆滿,今於肆月拾陸日限内申送冊結,并未逾違。等情前來。臣覆核無異。除冊結分送部科外,臣謹會同福建巡撫臣王懿德合詞具題。等因前來。

查福建前任鹽法道麟桂任内徵收正雜鹽課錢糧并流交存庫銀柒萬壹千捌百貳拾貳兩貳錢壹分捌釐,既據該督聲稱逐一盤查,確收清楚,取具印結送部,應將前項存庫銀兩歸於奏銷案内核辦。仍令該督造入下屆交代冊内報部查核。又疏稱此案交代例限一個月,該道瑞瓚於咸豐貳年叁月拾柒日到任,扣至肆月拾陸日屆滿。今於肆月拾陸日限内申送冊結,并未逾違,應毋庸議。

此案於咸豐貳年柒月貳拾日科抄到部。茲於拾月貳拾玖日辦理具題,合并聲明。

臣等未敢擅便,謹題請旨。

批紅:依議。

爲蘇松長洲知縣未完道光二十三年漕項免其查議事

咸豐二年十一月十二日

太子太保·大學士管理戸部事務臣祁寯藻等謹題,爲奏銷事。

戸科抄出,漕運總督楊殿邦題蘇松長洲縣未完道光貳拾叁年分漕項銀兩補報考成一案。咸豐元年貳月貳拾貳日題,伍月初陸日奉旨:該部察覈具奏。

欽此。欽遵。於本日抄出到部。

該臣等會議得,漕運總督楊殿邦疏稱:據前署蘇松糧道事·候補知府許楗詳稱,查得長洲縣未完道光貳拾叁年分漕項正耗銀兩,前自接徵知縣周沐潤復參屆滿,當經查造四次年限考成清冊,詳題覈議。聲明尚未限滿之接徵知縣黄廷瓚,應俟扣滿年限,另行補報考成在案。今查四次年限考成冊報,共應徵正銀壹千陸拾伍兩玖分叁釐,耗羨銀伍拾叁兩貳錢伍分陸釐。接徵知縣黄廷瓚自道光貳拾捌年拾月初叁日到任起,扣至道光貳拾玖年拾月初貳日止,除封印日期外,連閏計一年年限屆滿,仍未完解。所有長洲縣接徵知縣黄廷瓚未完二釐六毫初參職名,應行照例開參,造具五次補報年限考成清冊,詳題覈議。等情。臣覆覈無異。除將原冊送部查覈外,臣謹具題。等因前來。

查蘇松長洲縣未完道光貳拾叁年分漕項銀兩,前據漕運總督查造四次年限考成案内聲明,尚未限滿之接徵知縣黄廷瓚,應俟扣滿年限,另行補報考成在案。今據疏稱:四次年限考成冊報,共應徵正銀壹千陸拾伍兩玖分叁釐,耗羨銀伍拾叁兩貳錢伍分陸釐。接徵知縣黄廷瓚自道光貳拾捌年拾月初叁日到任起,扣至道光貳拾玖年拾月初貳日止,除封印日期外,連閏計一年年限屆滿,仍未完解。所有長洲縣接徵知縣黄廷瓚未完二釐六毫初參職名,應行照例開參。續據漕運總督咨報,長洲縣未完銀兩續因被灾,全數遞緩,原參處分,應行照例減等議結。咨部查照免議。等語。查前項未完銀兩户部覈與原參數目相符,已據兩江總督等奏請豁免。經户部於咸豐貳年伍月拾玖日具奏,本日奏旨:依議。欽此。吏部查,長洲縣未完道光貳拾叁年分漕項,業經該督等奏奉恩旨全行豁免,均應免其查議。

此本係户部主稿。科抄於咸豐元年伍月初陸日到部,貳年柒月初肆日咨送吏部會議,吏部於玖月貳拾日議結送回,兹於拾壹月拾貳日辦理具題,合并聲明。

臣等未敢擅便,謹題請旨。

批紅:依議。

爲蘇松崑山金匱二縣未完道光二十二年漕項官員均免查議事

咸豐二年十一月十二日

戸部等部,太子太保·大學士管理戸部事務臣祁寯藻等謹題,爲奏銷事。

戶科抄出,漕運總督楊殿邦題蘇松崑山金匱二縣未完道光貳拾貳年分熟田漕項銀兩三次年限考成一案。咸豐元年貳月貳拾貳日題,肆月拾玖日奉旨:該部察核具奏。欽此。欽遵。於本日抄出到部。

該臣等會議得,漕運總督楊殿邦疏稱:據前署蘇松糧道事・候補知府許槤詳稱,查得崑山、金匱二縣未完道光貳拾貳年分熟田漕項銀兩,先經扣滿年限,查明完欠,彙造長洲、崑山等縣二次年限考成册揭,詳題核議在案。今查道光貳拾貳年分熟田漕項二次年限案内,崑山、金匱二縣未完正銀貳千叁百玖拾貳兩肆錢叁分捌釐,耗羨銀壹百肆拾兩玖錢貳分陸釐。應自道光貳拾陸年玖月貳拾日接扣起,除封印日期外,扣至道光貳拾柒年拾月拾玖日止,計三次一年限滿未據完解。除崑山縣署印知縣賈奉乾、金匱縣署印知縣孫琬接徵未滿一年,應俟扣滿年限,另行查明完欠,補報考成,及崑山縣前署知縣劉琅在任接徵,業經病故,已於册内登請免議外,相應查明開列崑山縣經徵知縣王省山三參未完一釐九毫、金匱縣經徵知縣朱子庚三參未完四釐一毫、接徵金匱縣前署知縣莫載初參未完一釐各職名,造具崑山、金匱二縣三次年限考成清冊,詳題核議。等情。臣覆核無異,除將原冊送部查核外,臣謹具題。等因前來。

查蘇松崑山、金匱二縣未完道光貳拾貳年分熟田漕項銀兩,前據漕運總督彙造二次年限考成詳題在案。今據疏稱:二次年限案内崑山、金匱二縣未完正銀貳千叁百玖拾貳兩肆錢叁分捌釐,耗羨銀壹百肆拾兩玖錢貳分陸釐。應自道光貳拾陸年玖月貳拾日接扣起,除封印日期外,扣至道光貳拾柒年拾月拾玖日止,計三次一年限滿未據完解。除崑山縣署印知縣賈奉乾、金匱縣署印知縣孫琬接徵未滿一年,應俟扣滿年限,另行查明完欠,補報考成,及崑山縣前署知縣劉琅在任接徵,業經病故,已於册内登請免議外,相應查明開列崑山縣經徵知縣王省山三參未完一釐九毫、金匱縣經徵知縣朱子庚三參未完四釐一毫、接徵金匱縣前署知縣莫載初參未完一釐各職名,具題核議。□據漕運總督咨報:□□□知縣王省山未完銀兩照數全完,原參職名咨部扣除免議,并聲明署印知縣賈奉乾未完銀兩現在飭催完解另辦。等語。查崑山、金匱二縣未完銀兩除續完外,戶部核與應參數目相符,已據兩江總督等奏請豁免,經戶部於咸豐貳年伍月拾玖日具奏,本日奉旨:依議。欽此。吏部查,蘇松崑山、金匱二縣未完道光貳拾貳年分熟田漕項,業經該督等奏奉恩旨全行豁免,均應免其查議。

此本係戸部主稿。科抄於咸豐元年肆月拾玖日到部，貳年柒月初肆日咨送吏部會議，吏部於玖月貳拾日議結送回。茲於拾壹月拾貳日辦理具題，合并聲明。

臣等未敢擅便，謹題請旨。

批紅：依議。

爲浙江仁和長亭二場竈蕩起科事

咸豐二年十一月十二日

太子太保・大學士管理戸部事務臣祁寯藻等謹題，爲遵旨議奏事。

戸科抄出，前任浙江巡撫常大淳題仁和場報陞竈蕩起科一案。咸豐元年拾貳月貳拾壹日題，貳年叁月叁拾日奉旨：該部議奏。欽此。欽遵。於本日抄出到部。

該臣等查得，前任浙江巡撫常大淳疏稱：據署浙江鹽運使事・温處道慶廉詳稱，仁和場報陞漲沙貳百玖拾畝伍分，應徵正課銀伍兩捌分肆釐，隨徵滴珠車腳銀捌分柒釐，共應徵正課滴珠車腳銀伍兩壹錢柒分壹釐，應請於道光貳拾柒年為始，入額起科徵解。又長亭場報陞蕩田共壹千壹百柒拾貳畝壹分肆釐，應徵正課銀壹拾壹兩肆錢壹分陸釐，隨徵滴珠車腳銀壹錢玖分肆釐柒絲貳忽，共應徵正課滴珠車腳銀壹拾壹兩陸錢壹分柒絲貳忽，應請於道光貳拾玖年為始，入額起科徵解。又長亭場報陞長墩塘蕩塗柒拾□畝肆分，應徵正課銀伍錢玖分伍釐伍毫，隨徵滴珠車腳銀壹分壹毫貳絲叁忽，共應徵正課滴珠車腳銀陸錢伍釐陸毫貳絲叁忽，應請於道光叁拾年為始，入額起科徵解。詳候具題前來。臣覆覈無異，除冊結送部外，理合具題。等因前來。

查兩浙由單内開，仁和場下則沙蕩每畝徵銀壹分柒釐伍毫，又長亭場下則蕩塗每畝徵銀柒釐伍毫。今據前任浙江巡撫常大淳疏稱：仁和場報陞漲沙貳百玖拾畝伍分，應陞正課銀伍兩捌分肆釐。每兩隨徵滴珠銀壹分、車腳銀柒釐，該陞滴珠車腳銀捌分柒釐，共應徵正課滴珠車腳銀伍兩壹錢柒分壹釐，應請於道光貳拾柒年為始，入額徵解。又長亭場報陞蕩塗柒拾畝肆分，應陞正課銀伍錢玖分伍釐伍毫，隨徵滴珠銀壹分、車腳銀柒釐，該陞滴珠車腳銀壹分壹毫貳絲叁忽，共應徵正課滴珠車腳銀陸錢伍釐陸毫貳絲叁忽，請於道光叁拾年為始，入額起科徵解。等語。臣部查與各該場由單科則應陞銀數均屬相符。所有仁和、長亭二場新陞正課滴珠車腳,共銀伍兩柒錢柒分陸釐陸毫貳絲叁忽,應準其自道光貳拾柒並叁拾年為始,入額徵解,造入奏銷冊内具題。又疏稱,長亭場報陞蕩田共壹千壹百柒拾貳畝壹分肆釐,應徵正課銀拾壹兩肆錢壹分陸釐,隨徵滴珠車腳銀壹錢玖分肆毫柒絲貳忽,請於道光貳拾玖年為始,入額徵解,并令該撫一并轉飭該場按數徵解,入於奏銷冊内造報,以憑查覈。

此案於咸豐貳年叁月叁拾日科抄到部。兹於拾壹月拾貳日辦理具題,合并聲明。

臣等未敢擅便,謹題請旨。

批紅:依議。

爲靜海等州縣場被災竈地緩徵錢糧事

咸豐二年十一月十七日

太子太保·大學士管理戶部事務臣祁寯藻等謹題,爲遵旨議奏事。

戶科抄出,前任長蘆鹽政崇綸題靜海等州縣場竈地咸豐元年秋禾被水被雹已未成災分數應緩錢糧一案。咸豐貳年肆月貳拾肆日題,陸月初柒日奉旨:該部議奏。欽此。欽遵。於本日抄出到部。

該臣等查得,前任長蘆鹽政崇綸疏稱:長蘆所屬靜海、滄州、南皮、鹽山、慶雲五州縣並嚴鎮、海豐二場咸豐元年分竈地秋禾被水被雹情形,業經臣照例會疏題報,並檄飭運使遵照去後。兹據長蘆運使楊霈詳稱:靜海等州縣場秋禾被水被雹勘不成災,歉收三四分共竈地壹千柒百肆拾叁頃柒畝貳分玖釐,竈丁貳拾壹丁,連閏共額徵銀壹千捌百壹拾壹兩叁錢柒分壹釐,請援照民糧之例緩至咸豐貳年麥後秋後徵收。彙造冊結,會覈具題前來。臣覆覈無異。除將冊結分送部科查覈外,謹會同大學士·直隸總督訥爾經額合詞具題。等因前來。

查咸豐元年長蘆所屬靜海等五州縣並嚴鎮、海豐二場竈地被水被雹情形,於咸豐貳年肆月據前任長蘆鹽政崇綸題報,經臣部行令飭取應緩錢糧冊結另疏題報。等因在案。今據前任長蘆鹽政崇綸疏稱,靜海等州縣場被水被雹勘不成災,歉收三四分竈地壹千柒百肆拾叁頃柒畝貳分玖釐,竈丁貳拾壹丁,連閏共額徵銀壹千捌百拾壹兩叁錢柒分壹釐,請援照民糧之例緩至咸豐貳年麥後秋後徵收。等語。臣部查與定例相符,應如所題辦理,並令該鹽政按限徵收完報,毋任遲逾。

此案於咸豐貳年陸月初柒日科抄到部。茲於拾壹月拾柒日辦理具題,合併聲明。

臣等未敢擅便,謹題請旨。

批紅:依議。

爲陝西題銷咸豐元年恩科鄉試經費一案駁回重新造冊事

咸豐二年十一月二十八日

太子太保·大學士管理户部事務臣祁寯藻等謹題,爲科舉事。

户科抄出,陝西巡撫張祥河將陝西省咸豐元年辛亥恩科文場鄉試用過經費銀兩造冊題銷一案。咸豐貳年柒月初貳日題,捌月貳拾日奉旨:該部察覈具奏。欽此。欽遵。於本日抄出到部。

該臣等查得,陝西巡撫張祥河疏稱:據布政使吳式芬呈,辛亥恩科鄉試,請動建曠銀伍千柒百玖拾玖兩捌錢貳分伍釐内,除文舉人會試盤纏銀貳千玖拾玖兩貳錢柒分捌釐,又除修理貢院銀壹千壹百柒拾伍兩伍錢叁分叁釐分案造報各部科外,文場止動銀貳千伍百貳拾伍兩壹分肆釐。又文武科場不敷,照例請動耗羨銀玖千壹拾肆兩玖錢叁分伍釐内,除分給武場銀壹千兩,又除主考路費銀壹千兩各另造銷外,文場止動銀柒千壹拾肆兩玖錢叁分伍釐。以上實額動建曠耗羨銀玖千伍百叁拾玖兩玖錢肆分玖釐。茲據咸寧縣知縣陳僅、長安縣知縣謝質卿將辦過辛亥恩科貢院内外供給安置製造舉人衣帽刊造試錄等項,共用過銀玖千壹百玖拾玖兩貳錢肆分叁釐玖毫分造細數清冊,出具印結,由府覈明,加結轉送前來。覆加查覈,冊造共用過耗羨銀柒千壹拾柒兩伍分叁釐玖毫,又應扣存賓興、鹿鳴二宴搭棚結綵及食物等銀叁百肆拾柒兩肆錢肆釐,已造入該年耗羨四柱奏銷冊内新收項下報部在案。計較額多用銀叁百肆拾玖兩伍錢貳分貳釐玖毫,該二縣請在咸豐元年耗羨銀内一并動支。至請動建曠銀貳千伍百貳拾伍兩壹分肆釐,今該二縣冊造止動用銀貳千壹百捌拾貳兩壹錢玖分,尚餘銀叁百肆拾貳兩捌錢貳分肆釐。應俟下屆季冊内造報候撥外,二共動用銀玖千壹百玖拾玖兩貳錢肆分叁釐玖毫。合將動用建曠并耗羨銀兩各另造具細數清冊,照例出具無浮印結,同齎到府縣各結一并詳請覈題。等情。臣覆覈無異。除冊結分送部科外,謹會同督臣舒興阿合詞具題。等因前來。

查前據陝西巡撫咨報,辛亥恩科文場鄉試,請動建曠銀伍千柒百玖拾玖兩捌錢貳分伍釐。經臣部以禮部知照鄉試係在宣宗成皇帝貳拾柒月之内,應行停止筵宴,所有花紅旗傘等項概行停止。當經行令該撫,將文場請動銀兩除修理貢院工料及文舉人盤纏外,止應支經費銀貳千伍百貳拾伍兩壹分肆釐,先按八成支給。等因。嗣又據該撫將文武科場不敷,奏請動支耗羡銀玖千壹拾肆兩玖錢叁分伍釐一摺,奉硃批:户部知道。欽此。欽遵。行知該撫,各在案。

今據陝西巡撫張祥河疏稱:辛亥恩科鄉試請動建曠銀伍千柒百玖拾玖兩捌錢貳分伍釐内,除文舉人會試盤纏銀貳千玖拾玖兩貳錢柒分捌釐,又除修理貢院銀壹千壹百柒拾伍兩伍錢叁分叁釐分案造報各部科外,文場止動銀貳千伍百貳拾伍兩壹分肆釐。又文武科場不敷,照例請動耗羡銀玖千壹拾肆兩玖錢叁分伍釐。内除分給武場銀壹千兩,又除主考路費銀壹千兩各另造銷外,文場止動銀柒千壹拾肆兩玖錢叁分伍釐。今該二縣冊造共用過耗羡銀柒千壹拾柒兩伍分叁釐玖毫。又應扣存賓興、鹿鳴二宴搭棚結綵及食物等銀叁百肆拾柒兩肆錢肆釐,已造入該年耗羡四柱奏銷冊内新收項下報部在案。計較額多用銀叁百肆拾玖兩伍錢貳分貳釐玖毫,請在咸豐元年耗羡銀内一并動支。至請動建曠銀貳千伍百貳拾伍兩壹分肆釐,今該二縣冊造止動用銀貳千壹百捌拾貳兩壹錢玖分,尚餘銀叁百肆拾貳兩捌錢貳分肆釐,應俟下屆季冊内造報候撥。等語。臣部檢查動用建曠銀數并未查照部咨,先按八成支給,已屬不合。其耗羡一項復於額外多用銀叁百肆拾玖兩伍錢貳分貳釐玖毫,尚未具題請銷,聽候部覆,即行照數一并動支,尤屬冒濫。查冊造動用各款價值亦有浮多,殊非覈實辦公之道。應令該撫轉飭大加删減,另造妥冊送部。題覆到日,再行覈銷。至請動建曠銀兩,該布政使因何不照部咨先按八成支給,遽行於額外多支銀兩,應令隨案查明聲叙,毋任支飾。其耗羡項下扣存賓興、鹿鳴二宴搭棚結綵食物等銀叁百肆拾柒兩肆錢肆釐,建曠項下餘銀叁百肆拾貳兩捌錢貳分肆釐,覈與咸豐元年耗羡奏銷及咸豐貳年秋撥各冊新收數目均屬相符,應毋庸議。

再,此案科抄於咸豐貳年捌月貳拾日到部。兹於拾壹月貳拾捌日辦理具題,合并聲明。

臣等未敢擅便,謹題請旨。

批紅:依議。

爲甘肅題報咸豐元年司庫寄存硫磺鉛觔變價銀兩事

咸豐二年十一月二十八日

太子太保・大學士管理戸部事務臣祁寯藻等謹題,爲奏聞事。

戸科抄出,陝甘總督舒興阿將甘肅省咸豐元年司庫寄存硫磺鉛觔變價銀兩收支動存數目造冊具題一案。咸豐貳年伍月貳拾陸日題,柒月貳拾玖日奉旨:該部察核具奏。欽此。欽遵。於本日抄出到部。

該臣等查得,嘉慶貳拾年捌月内,據原任陝甘總督先福具奏查明甘肅藩庫濫借漏扣銀兩分别追賠案内聲明,司庫寄存硫磺并鉛觔二款另造四柱清冊,按年統隨兵馬奏銷一并具題奏銷在案。今據陝甘總督舒興阿將甘肅省咸豐元年司庫寄存硫磺鉛觔變價銀兩收支動存各款,造冊具題前來。查冊開:

一、舊管:硫磺變價項下銀貳萬叁千陸百玖拾捌兩壹錢伍毫貳絲,鉛觔變價項下銀叁萬叁千貳百壹拾兩玖分捌釐叁毫柒絲叁忽伍微内,除安西州借領採辦鉛觔工本腳價銀玖千伍百叁拾肆兩捌錢貳分肆釐玖毫,止該舊管銀貳萬叁千陸百柒拾伍兩貳錢柒分叁釐肆毫柒絲叁忽伍微。等語。查前項舊管銀兩,臣部核與上年實存數目相符,應毋庸議。

一、新收:硫磺變價項下各營應交領買硫磺價銀肆千貳百伍拾壹兩陸錢柒分捌釐玖毫伍絲柒忽,鉛觔變價項下各營應交領買鉛觔價銀叁千叁拾柒兩柒錢伍釐伍毫貳絲,又收安西州採辦鉛觔工本腳價收還原借銀壹百玖拾捌兩肆分柒釐。等語。查前項新收硫磺鉛觔變價銀兩,臣部按冊核算,數目相符,應毋庸議。

一、開除:硫磺變價項下提支涼州府道光叁拾年變獲嘉慶拾玖年硫磺應解盈餘銀貳百柒拾兩肆錢壹分玖釐。又玉門縣買獲嘉慶拾貳年硫磺應解盈餘銀肆百壹拾肆兩肆錢陸分貳釐。又蘭州府肅州平番縣道光叁拾年變獲道光貳年硫磺歸還原借安肅道庫工本銀貳千捌百肆拾柒兩貳錢壹分壹釐玖毫。鉛觔變價項下蘭州府道光叁拾年變獲鉛觔歸還原借鉛觔變價款内工本銀壹百玖拾捌兩肆分柒釐,又應解盈餘銀貳兩捌錢叁分叁釐,又變獲楚鉛歸還原借候撥兵餉款内運鉛腳價銀叁兩捌錢捌釐,又應解盈餘銀壹錢玖分貳釐。又安西州採辦鉛觔借支工本脚價銀伍千陸百捌拾玖兩柒錢肆分伍釐。等語。查前項硫磺變價項下提支涼州府道光叁拾年變獲嘉慶拾玖年硫磺應解盈餘銀貳百柒拾兩肆錢壹分玖釐。又玉門縣變獲嘉慶拾貳年硫磺應解盈餘銀肆百壹拾肆兩肆錢陸分貳釐。又蘭州府肅州平番縣道光叁拾年變獲道光貳年硫磺歸還原借安肅道庫工本銀貳千捌百肆拾柒兩貳錢壹分壹釐玖毫。鉛觔變價項下蘭州府道光叁拾年變獲鉛觔歸還原借鉛觔變價款内銀壹百玖拾捌兩肆分柒釐,又應解盈餘銀貳兩捌錢叁分叁釐,又變獲楚鉛歸還原借候撥兵餉款内運鉛脚價銀叁兩捌錢捌釐,又應解盈餘銀壹錢玖分貳釐。又安西州採辦鉛觔借支工本脚價銀伍千陸百捌拾玖兩柒錢肆分伍釐。臣部核與陜甘總督咨報原案并咸豐元年秋撥、貳年春撥冊造及本案新收銀數均屬相符,應毋庸議。

一、實存:硫磺變價項下銀貳萬肆千肆百壹拾柒兩陸錢捌分陸釐伍毫柒絲柒忽,鉛觔變價項下銀叁萬陸千肆拾貳兩玖錢貳分叁釐捌毫玖絲叁忽伍微内,除安西州借領採辦鉛觔工本脚價銀壹萬伍千貳拾陸兩伍錢貳分貳釐玖毫,止實存銀貳萬壹千壹拾陸兩肆錢玖毫玖絲叁忽伍微。等語。查安西州借領採辦鉛觔工本脚價銀壹萬伍千貳拾陸兩伍錢貳分貳釐玖毫,應令陜甘總督俟鉛觔變獲有數,即行提收歸款。至實存硫磺鉛觔變價銀兩并令轉飭加謹收儲,造入下屆奏銷冊内送部查核。

此案於咸豐貳年柒月貳拾玖日科抄到部。兹於拾壹月貳拾捌日辦理具題,合并聲明。

臣等未敢擅便,謹題請旨。

批紅:依議。

爲奏銷閩海關道光三十年至咸豐元年徵收税銀事

咸豐二年十二月初一日

太子太保·大學士管理戶部事務臣祁寯藻等謹題,爲奏銷關税錢糧事。

戶科抄出,前任福州將軍兼管閩海關印務桂良題,閩海關道光叁拾年拾壹月拾陸日起連閏至咸豐元年拾月拾伍日止一年徵收税銀一案。咸豐貳年正月貳拾陸日題,肆月貳拾玖日奉旨:該部察覈具奏,冊并發。欽此。欽遵。於本日抄出到部。隨將該關該年徵收税銀紅單底簿,移會戶科磨對去後。今準户科將該關收税簿單磨對完訖,單簿相符,移覆到部。

該臣等查得,前任福州將軍桂良疏稱:閩海關自道光叁拾年拾壹月拾陸日起連閏至咸豐元年拾月拾伍日止,一年期滿,共徵收税銀壹拾肆萬陸千柒百叁拾肆兩玖錢伍分捌釐,又隨徵加一耗銀壹萬肆千陸百伍兩貳錢。内除正税支發藩庫撥充兵餉銀陸萬陸千伍百肆拾玖兩伍錢肆分柒釐,又解部銅斤水腳銀柒千兩,又本年期内共用各項銀叁萬柒千捌百玖拾捌兩叁錢陸分壹釐,除動支耗銀壹萬肆千陸百伍兩貳錢,尚不敷銀貳萬叁千貳百玖拾叁兩壹錢陸分壹釐。查照向例於盈餘銀内照數撥湊支銷,實存盈餘銀肆萬玖千捌百玖拾貳兩貳錢伍分。欽遵乾隆伍拾陸年諭旨,如數發交福建藩庫,以備支放兵餉之用。至應解銅斤水腳銀柒千兩,於咸豐元年拾貳月貳拾日委員連慶赴部投納。并彙造清冊,同藩庫實收冊檔咨送部科考覈外,理合恭疏題報。等因前來。

查閩海關每年額税銀陸萬陸千伍百肆拾玖兩伍錢肆分柒釐,例撥藩庫留充兵餉。其銅斤水腳銀柒千兩,向例彙同盈餘解部查收。嗣於乾隆伍拾陸年拾貳月内欽奉諭旨:閩海關盈餘税銀,嗣後不必解部。即著留於福建藩庫,以備支放兵餉之用。欽此。欽遵在案。其銅斤水腳銀兩仍令解部查收。又嘉慶肆年叁月内,欽定盈餘銀拾壹萬叁千兩,共應徵銀壹拾捌萬陸千伍百肆拾玖兩伍錢肆分柒釐。今據前任福州將軍桂良題報,閩海關道光叁拾年拾壹月拾陸日起連閏至咸豐元年拾月拾伍日止,一年共徵收税銀壹拾肆萬陸千柒百叁拾肆兩玖錢伍分捌釐。覈與應徵正額盈餘銀數,計短徵銀叁萬玖千捌百壹拾肆兩伍錢捌分玖釐。前經臣部奏準,將該關徵收夷税銀内撥出銀貳萬伍千兩,以補常税之不足。除將該關徵收夷税銀内劃出銀貳萬伍千兩撥補常税外,尚短徵銀壹萬肆千捌百壹拾肆兩伍錢捌分玖釐。業經前任將軍裕瑞奏請照例賠繳在案。至前項徵收税銀内,除解交藩庫留充兵餉銀拾壹陸千肆百肆拾壹兩柒錢玖分柒釐,查與該將軍送到藩庫實收銀數相符。又該年各項經費共需銀叁萬柒千捌百玖拾捌兩叁錢陸分壹釐,除動支耗銀壹萬肆千陸百伍兩貳錢,尚不敷銀貳萬叁千貳百玖拾叁兩壹錢陸分壹釐,在於盈餘銀内動支。業據該關造具支用細數清冊送部,應於該年經費案内查覈銷結。其銅斤水腳銀柒千兩,亦據該關委員連慶批解到部。經臣部移付銀庫,照數查收在案,應毋庸議。

此案於咸豐貳年柒月貳拾柒日準戶科移覆到部。茲於拾貳月初壹日辦理具題,合并聲明。

臣等未敢擅便,謹題請旨。

批紅:依議。

爲江蘇報銷淮海等屬道光二十三年被灾賑濟銀兩事

咸豐二年十二月初一日

太子太保·大學士管理戸部事務臣祁寯藻等謹題,爲報銷等事。

戸科抄出,江蘇巡撫楊文定題淮海等屬道光貳拾叁年秋禾田地被灾用過賑濟銀兩報銷一案。咸豐貳年陸月貳拾陸日題,玖月拾肆日奉旨:該部察核具奏。欽此。欽遵。於本日抄出到部。

該臣等查得,江蘇巡撫楊文定疏稱:據江寧布政使祁宿藻詳稱,道光貳拾叁年淮安、海州二府州屬之桃源、海州、沭陽等三州縣,陸月間雷雨時作,兼之東省山水驟注,秋禾田地多被淹浸。當經由司委員勘定灾分内,除桃源縣成灾五分、海州勘不成灾田地及大河衛坐落桃源縣屯田例不給賑外,所有沭陽縣成灾八分并大河衛坐落沭陽縣成灾八分屯田,奏請將極次貧灾民、兵屬、貧生、饑軍人等照例給賑。所需賑濟口糧銀兩,概以折色散放。大建每大口給銀壹錢伍分,小口給銀柒分伍釐。小建每大口給銀壹錢肆分伍釐,小口給銀柒分貳釐伍毫。奉經移行,確查戸口,撥發銀兩,易錢散放。嗣奉恩旨垂詢次年春應否接濟等因,又經移行欽遵。飭據沭陽縣查覆,成灾八分田地及大河衛坐落沭陽縣成灾八分屯田,現在水已消退,業已播種二麥,該年冬間又有賑卹,來春毋庸再請接濟。所有桃源縣成灾五分田地及大河衛坐落桃源縣屯田并海州勘不成灾各鄉鎮,積水尚未全消,二麥難期播種。請將貧民、兵屬、貧生、饑軍人等次年春賞給一月口糧,詳奉奏蒙恩準,分别撥銀散濟各在案。

兹催據各該州縣將給過正賑口糧銀款分别造具報銷冊結移司。查沭陽縣成灾八分,正賑灾民、兵屬、貧軍共計極次貧大口十三萬六百九十九口,小口八萬一千五百一十三口,共給過銀貳萬伍千陸百貳拾陸兩肆錢伍釐。又正賑貧生極次貧大口一千五百口,小口一千五百六十六口,共給過銀叁百肆拾壹兩叁錢伍釐。又桃源、海州二州縣賞給乏食貧民、兵屬、饑軍口糧共計大口二十七萬三千二百三十七口,小口二十萬五千一百九口,共給過銀伍萬伍千伍百叁拾陸兩貳錢伍分柒釐。又貧生口糧大口三千二百五十八口,小口二千七百二十口,共給過銀陸百捌拾肆兩伍錢玖分。統計桃源、海州、沭陽三州縣灾民、兵屬、饑軍正賑口糧大口四十萬三千九百三十六口,小口二十八萬六千六百二十二口,共給過銀捌萬壹千壹百陸拾貳兩陸錢陸分貳釐。又貧生正賑口糧大口四千七百五十八口,小口四千二百八十六口,共給過銀壹千貳拾伍兩捌錢玖分伍釐。除將動撥司庫及協撥揚關銀兩另於動款冊内分晰造報外,相應彙造報銷司冊,出具司保結,具文詳送。并將桃源、海州二州縣送到簡明冊結附呈,伏候題銷。再,該年貧生一項,例應動支司庫存公另款。惟當時委查戸口,隨查隨放,未能分款。是以循照歷屆成案,先於統發賑款内動放。事竣原應於存公銀内歸還,今司庫存公一款抵支年例廩工經費等用,現在存銀無多,不敷放歸。而撫賑本款除動用外,餘剩尚多,似可就款支用。所有前項報銷貧生實用銀壹千貳拾伍兩捌錢玖分伍釐,應請即於原撥撫賑款内作正開支。所有撫賑報銷花名冊前奉刪免,現就簡明屬冊核轉。至此案報銷,歷屆成案係照通行部件扣限陸箇月造報,應於道光貳拾肆年叁月底放竣之日起扣至道光貳拾肆年玖月底限滿。因屬冊未齊,間有開造未符之處,節次飭催,以致核轉稍稽。所有造報遲延職名,現在查取,另行開報等情。臣覆核無異。除冊結送部查核外,謹會同兩江總督臣陸建瀛合詞具題前來。

查江蘇省道光貳拾叁年各屬被灾案内,沭陽縣成灾八分田地及大河衛坐落該縣八分屯田,前據兩江總督璧昌等於道光貳拾叁年拾壹月初玖日奏奉恩旨:按照灾分,查明極貧、次貧户口,分别給賑。貧生、兵屬、饑軍一律查辦,概以折色散放。等因。欽此。又,道光貳拾叁年拾貳月拾玖日奉上諭:耆英等奏籌撥賑濟銀款一摺。本年江蘇沭陽、大河二縣衛被水成灾,業經該督等奏明,分别給賑。所需正賑銀肆萬兩,著準其在於江寧司庫地丁等款内按數動撥,事竣核實報銷。該督等即責成該管道州隨時抽查,務使小民均霑實惠。儻有冒濫侵蝕情弊,著即嚴參究辦。該部知道。欽此。又,道光貳拾肆年正月初肆日奉上諭:上年江蘇省各屬灾歉,業經降旨,分别給賑蠲緩,小民自可無虞失所。惟念今春青黄不接之時,民力未免拮據。加恩著將桃源縣黄河北岸崇順恩三鄉各圖成灾五分并海州勘不成灾各鄉鎮乏食貧民及大河衛坐落桃源縣成灾五分屯軍概予賞給一月口糧,貧生、兵屬、饑軍一律查辦,以資接濟。該督等即刊刻謄黄,徧行曉諭。務使實惠均霑,毋任吏胥舞弊,用副朕始和布澤,軫念民依至意。該部即遵諭行。欽此。又,道光貳拾肆年貳月初拾日奉上諭:耆英等奏籌撥桃源等州縣衛口糧銀款一摺。前據耆英奏桃源等處乏食貧民屯軍應需接濟,業經降旨賞給一月口糧,貧生饑軍一律查辦。兹據奏請,將應需銀數籌款協撥。著照所請,所有桃源、海州、大河等三州縣衛應需一月口糧銀陸萬兩,準其於揚州關徵存税餉款内協撥,以資散放,事竣核實報銷。餘著照議辦理。該部知道。欽此。均經恭録行文該督撫遵照辦理,并經臣部議覆江蘇巡撫題報該年被灾情形案内,飭令該督撫將用過賑濟口糧及查賑員役薪水、飯食、公費、紙張等項銀兩,統於事竣之日,據實題報請銷。各在案。

今據該撫疏稱:海州、沭陽、桃源三州縣共計灾民饑軍正賑口糧大口四十萬三千九百三十六口,小口二十八萬六千六百二十二口,共給過銀捌萬壹千壹百陸拾貳兩陸錢陸分貳釐。又貧生正賑口糧大口四千七百五十八口,小口四千二百八十六口,共給過銀壹千貳拾伍兩捌錢玖分伍釐。臣部按照該撫送到簡明總散各冊核對,數目均屬相符,應準照數開銷。所有原撥司庫正項及奏撥揚州關税共銀捌萬柒千兩内,放給前項正賑口糧銀捌萬貳千壹百捌拾捌兩伍錢伍分柒釐,實該餘剩銀肆千捌百拾壹兩肆錢肆分叁釐。又除放給徐州府墊發蕭縣道光貳拾貳年各賞口糧銀貳千兩,又桃源縣餘剩口糧銀内歸入四次清查追補銀叁兩肆分伍釐,實存賑濟餘剩銀貳千捌百捌兩叁錢玖分捌釐,係應行解部之款。應令該撫即飭趕緊委員專解部庫,毋稍遲延,并將委員起解日期先行專案報部備查。至賑濟貧生銀兩,向例動支司庫存公另款。據稱司庫存公一款現存無多,不敷支放,請歸於原撥撫賑款内作正開銷。臣部核與定例不符,且檢查江淮等屬本年造送道光拾陸年存公報銷冊内,實現存銀伍千餘兩之多,何以率稱不敷支放。應令該撫即將前項賑過貧生銀壹千貳拾伍兩捌錢玖分在於司庫存公款内照數提出,同前項實存賑濟餘剩銀兩一并解部,以符定制。

再查此案,查賑員役用過公費銀兩未據分晰造冊附送,臣部無憑查核。應令該撫即行查明,造具細冊報部核辦。至此案報銷,據該撫疏稱,係照通行部件扣限陸箇月造報,應以道光貳拾肆年叁月底放竣之日起扣至道光貳拾肆年玖月底限滿。因屬冊未齊,間有開造未符之處,以致核轉稍稽。所有造報遲延職名,現在查取,另行開報。等語。查此案報銷雖因屬冊未齊,間有開造未符之處。該藩司自應按限核計,遲延月日,據實開報職名,詳請附參。乃迄今遲至捌載之久,并未查取遲延職名送部,仍復飾詞托故,實屬因循玩忽。所有此案題銷遲延并不據實查取職名詳題開參之江寧布政使祁宿藻及不行詳查之江蘇巡撫楊文定各職名,應由臣部移咨吏部照例核辦,仍令該撫將歷任造報遲延職名於接到部文之日照例限拾日内出咨送部核議。

此案科抄於咸豐貳年玖月拾肆日到部。茲於拾貳月初壹日辦理具題,合并聲明。

臣等未敢擅便,謹題請旨。

批紅:依議。

爲廣西鎮安府天保縣咸豐元年開墾水田陞科事

咸豐二年十二月初三日

太子太保·大學士管理户部事務臣祁寯藻等謹題,爲報明事。

户科抄出,廣西巡撫勞崇光題廣西省鎮安府天保縣開墾水田詳請陞科一案。咸豐貳年陸月初伍日題,捌月初陸日奉旨:該部議奏。欽此。欽遵。於本日抄出到部。

該臣等查得,廣西巡撫勞崇光疏稱:據廣西布政使吳鼎昌詳稱:竊照粵西各府州屬開墾民田税畝,例應按年造冊,詳請題報。茲咸豐元年分僅據鎮安府屬天保縣冊報開墾過未入全書下則水田□一△、一伯、一什,該徵地畝銀貳錢壹分,本折米無,應於咸豐丁巳年起科。相應覈明,備造清冊,具文詳咨察覈具題。等因前來。

查定例:水田以六年起科。將届起科之期,委員復勘確實。等因。今據該撫疏稱:廣西省咸豐元年分鎮安府屬天保縣冊報開墾過未入賦役全書下則水田一□一伯一什,每□徵銀壹錢貳分,共該徵銀貳錢壹分,本折米無,應於咸豐丁巳年起科。等語。臣部查廣西天保縣開墾水田,以□、伯、什、伍起科,二伍爲一什,二什爲一伯,二伯爲一□。所有現在冊報應徵銀數并陞科年限俱屬相符,應準其開墾。仍令該撫轉飭,將前項水田於咸豐丁巳年陞科之期,將應徵銀兩造入該年地丁奏銷冊内,并載入賦役全書,一并送部查覈。如尚有未墾田畝,亦即飭令地方官勸民開墾,按年題報查覈。

此案於咸豐貳年捌月初陸日科抄到部。茲於拾貳月初叁日辦理具題,合年并聲明。

臣等未敢擅便,謹題請旨。

批紅:依議。

爲雲南委員辦運道光二十九年正運二起京銅報銷事

咸豐二年十二月初三日

太子太保·大學士管理戶部事務臣祁寯藻等謹題,爲銅運報銷等事。

戶科抄出,前任雲南巡撫張亮基題委員毛紀雲辦運京銅報銷一案。咸豐貳年伍月貳拾捌日題,捌月初玖日奉旨:該部察覈具奏。欽此。欽遵。於本日抄出到部。

該臣等查得,前任雲南巡撫張亮基,將委員毛紀雲辦運道光貳拾玖年正運二起京銅用過水腳雜費養廉等項銀兩,造冊具題前來。

一、冊稱:委員毛紀雲辦運道光貳拾玖年正運二起正耗餘銅壹百拾萬肆千肆百伍拾斤內,除在江南清河縣地方沉溺未獲銅捌萬壹千柒百捌拾斤,實運銅壹百貳萬貳千陸百柒拾斤。內交過戶部局正耗并低銅陸拾肆萬肆千叁百玖拾陸斤拾肆兩,下短銅柒萬伍千陸百叁斤貳兩。除沉溺掛欠銅叁萬捌千貳百貳拾斤,逾折銅叁萬柒千叁百捌拾叁斤貳兩。又交過工部局正耗并低銅叁拾叁萬貳百斤,下短銅貳萬玖千捌百斤。除沉溺掛欠銅壹萬玖千壹百拾斤,逾折銅壹萬陸百玖拾斤。二共交過戶工二部局正耗并低銅玖拾柒萬肆千伍百玖拾陸斤拾肆兩,二共掛欠戶工二部局銅拾萬伍千肆百叁斤貳兩。內掛欠沉溺銅伍萬柒千叁百叁拾斤,將來能否撈獲,另案辦理。逾折銅肆萬捌千柒拾叁斤貳兩,實因沿途起剝盤壩顛損磕碰所致,俟回任時照例賠價買補。至戶部局收過低銅拾玖萬柒千肆百斤,工部局收過低銅拾叁萬貳百斤,俟煎煉折耗若干奉文飭知至日,照例在於廠運各員名下按股攤賠,買補帶解。其原領餘銅貳萬肆千肆百伍拾斤抵補沉溺數內交收。等語。查該員毛紀雲辦運道光貳拾玖年正運二起京銅內,交過戶部局正耗并低銅陸拾肆萬肆千叁百玖拾陸斤拾肆兩,業經臣部寶泉局照數兑收。其交過工部局正耗并低銅叁拾叁萬貳百斤,前據工部咨稱,亦經照數收明。所有逾折銅肆萬捌千柒拾叁斤貳兩,應令該督撫轉飭,即行覈計價腳銀兩,在於該員名下嚴行勒追,依限完繳清款,報部查覈。至戶部局收過低銅拾玖萬柒千肆百斤,工部局收過低銅拾叁萬貳百斤,俟煎煉折耗若干,再行移咨滇省,著落賠繳。其原領餘銅貳萬肆千肆百伍拾斤,據稱抵補沉溺數內交收。臣部查覈相符,應毋庸議。

一、冊稱:委員毛紀雲辦運道光貳拾玖年正運二起京銅,共用過水腳起剝夫價等銀壹萬叁千貳百貳拾叁兩壹釐，雜費銀壹千陸百捌拾柒兩壹錢貳分壹釐。等語。查該員毛紀雲辦運道光貳拾玖年正運二起京銅，共用過水脚起剝夫價等銀壹萬叁千貳百貳拾叁兩壹釐，雜費銀壹千陸百捌拾柒兩壹錢貳分壹釐。臣部按冊覈算，與定例及歷運準銷之數，計應刪減剝費銀肆百玖拾陸兩柒錢捌分玖釐，縴費銀肆兩貳錢柒分。又水脚項下開銷江南儀徵縣更換篗繩價值銀叁百玖拾柒兩陸錢壹分柒釐，應令該督撫轉飭該員一并遵照刪減報部，以節縻費。其餘用過水脚雜費等項銀兩均與定例及歷運準銷之數相符，應準開銷。

一、冊稱：委員毛紀雲辦運京銅，自滇省至瀘州領銅至京及自京回滇省，共準支拾柒個月柒日養廉銀壹千柒百肆拾叁兩玖錢玖分玖釐。又在天津縣守凍一百二十八日，照例減半支銷養廉銀貳百拾伍兩捌錢玖分壹釐。等語。查雲南辦解正運京銅定例：每月準支養廉役食雜費銀壹百壹兩壹錢玖分玖釐零。如遇守凍，按日加支數減正支之半。等因。今該員毛紀雲辦運京銅，自滇省至瀘州領銅至京及自京回滇省，共請銷養廉銀壹千柒百肆拾叁兩玖錢玖分玖釐。又在天津縣守凍，減半支銷養廉銀貳百拾伍兩捌錢玖分壹釐。臣部覆與定例應給之數相符，應準開銷。

一、冊稱：委員毛紀雲辦運道光貳拾玖年正運二起京銅共用過水脚雜費養廉等銀壹萬陸千捌百柒拾兩壹分貳釐內，除領過銀壹萬叁千叁百陸拾貳兩伍錢肆分玖釐零，尚應找領銀叁千伍百柒兩肆錢陸分貳釐零。內除在江南清河縣沉溺未獲銅斤應扣水脚銀貳百貳拾捌兩玖錢捌分肆釐，又在天津縣起剝銅斤應扣原給自津至通水脚銀叁百柒拾捌兩肆錢伍分柒釐，實應找領銀貳千玖百兩貳分壹釐零。等語。查該員毛紀雲辦運道光貳拾玖年正運二起京銅，共用過水脚雜費養廉等銀壹萬陸千捌百柒拾兩壹分貳釐。內除領過銀壹萬叁千叁百陸拾貳兩伍錢肆分玖釐零，又除江南沉溺并天津剝費銅斤，共應扣繳水脚銀陸百柒兩肆錢肆分壹釐，實應找領銀貳千玖百兩貳分壹釐零。臣部按冊覈算，數目相符，應令該督撫轉飭將前項應找銀兩俟前款刪減剝費、縴費并應賠逾折銅價及煎折低銅應賠火工鉛價等銀賠補全完之日，再行覈數報部。

此案科抄於咸豐貳年捌月初玖日到部，茲於拾貳月初叁日辦理具題，合并聲明。

臣等未敢擅便，謹題請旨。

批紅：依議。

爲浙江寶浙局道光三十年分收銅支錢報銷事

咸豐二年十二月初三日

太子太保·大學士管理戸部事務臣祁寯藻等謹題,爲遵旨等事。

戸科抄出,前署理浙江巡撫椿壽題寶浙局收銅支錢報銷一案。咸豐貳年陸月貳拾陸日題,捌月貳拾伍日奉旨:該部察覈具奏。欽此。欽遵。於本日抄出到部。

該臣等查得,前署理浙江巡撫椿壽將寶浙局道光叁拾年分暫停鼓鑄所有收支銅鉛、錢文各數目造册具題前來。

一、册稱:舊管洋銅貳拾捌萬肆千肆百捌拾貳斤捌兩零,高滇銅貳萬伍千捌百叁拾貳斤貳兩零,金釵低銅叁萬肆百拾捌斤拾壹兩零,白鉛玖千捌百壹拾斤拾叁兩零,小錢銅壹千肆百捌拾柒斤捌兩,錢拾柒萬伍千叁百伍拾串玖百貳拾文,銀拾陸萬柒千叁百捌拾柒兩柒錢貳釐零。等語。查前項舊管銅鉛錢文銀兩,臣部覈與上年實存數目相符,應毋庸議。

一、册稱:新收官商洋銅肆萬斤,高滇銅貳拾壹萬柒百伍拾斤,金釵低銅貳拾肆萬捌千斤,錢本銀拾貳萬陸千伍百柒拾玖兩肆錢叁分伍釐。等語。查前項新收銅斤銀兩應於後款查覈。

一、册稱:開除道光叁拾年并咸豐元年分搭放兵餉、堡夫、塘工等項錢拾貳萬陸千伍百柒拾玖串肆百叁拾伍文,每錢壹串易銀壹兩,共易回銀拾貳萬陸千伍百柒拾玖兩肆錢叁分伍釐。又放給辦鉛價腳銀叁萬壹千肆百伍兩捌錢捌分伍毫,又放給塘工經費借支銀貳萬兩。等語。查浙江寶浙局道光叁拾年分放給辦鉛價腳銀叁萬壹千肆百伍兩捌錢捌分伍毫,臣部覈與定例應給之數相符,應準開銷。又放給塘工經費借支銀貳萬兩,應令該撫轉飭,一俟歸還之日,報部查覈。其搭放兵餉塘工錢拾貳萬陸千伍百柒拾玖串肆百叁拾伍文,共易回銀拾貳萬陸千伍百柒拾玖兩肆錢叁分伍釐,覈與定例每錢壹串易銀壹兩之數符合,所易銀兩已於前款新收項下造報,應毋庸議。

一、册稱:實存洋銅叁拾貳萬肆千肆百捌拾貳斤捌兩零,高滇銅貳拾叁萬陸千伍百捌拾貳斤貳兩零,金釵低銅貳拾柒萬捌千肆百拾捌斤壹兩零,白鉛玖千捌百壹拾斤拾叁兩零,小錢銅壹千肆百捌拾柒斤捌兩,錢肆萬捌千柒百柒拾壹串肆百捌拾伍文,銀貳拾肆萬貳千伍百陸拾壹兩貳錢伍分柒釐零。等語。查前項實存銅鉛錢文銀兩,臣部按冊覈算,數目相符,應令該撫造入下年鼓鑄奏銷冊内送部查覈。

此案科抄於咸豐貳年捌月貳拾伍日到部,兹於拾貳月初叁日辦理具題,合并聲明。

臣等未敢擅便,謹題請旨。

批紅:依議。

爲河南道光元五七九等年未完雜税銀兩造冊請豁事

咸豐二年十二月初四日

太子太保·大學士管理戸部事務臣祁寯藻等謹題,爲奏銷事。

戸科抄出,前任河南巡撫李僡將河南省各屬未完道光元伍柒玖等肆年分雜税銀兩歸入清查案内,仍未補各數及虧缺銀兩數目造冊具題一案。咸豐貳年肆月叁拾日題,柒月貳拾伍日奉旨:該部察核具奏。欽此。欽遵。於本日抄出到部。

該臣等查得,前任河南巡撫李僡疏稱:道光元年、伍年、柒年、玖年等肆年分雜税銀兩歸入清查仍未補各數例應造冊具題。今屆咸豐貳年奏銷咸豐元年分雜税銀兩之期,據署布政使鄭敦謹詳稱:遵將各屬未完道光元年、伍年、柒年、玖年分雜税銀兩歸入清查案内仍未補各數目及已入虧缺税銀,現奉部覆,準其豁免等情分晰造冊,詳送前來。臣覆核無異,除冊送部查核外,相應具題。等因前來。

查河南省各屬未完各年雜税銀兩,前據該撫於道光叁拾年奏銷案内聲明歸入清查提解歸補。等因。經臣部行令將未完銀兩遵照章程分别着追彌補在案。今屆咸豐元年奏銷之期,據該撫將道光元伍柒玖等肆年分各屬未完雜税銀兩各數造冊具題。查冊開道光元年分歸德、彰德、河南等三府并光州屬虧缺銀貳萬肆千叁百陸兩捌錢貳分貳釐,道光伍年分歸德府屬夏邑縣虧缺銀伍百兩,上年恭奉恩詔豁免各官分賠代賠銀兩案内造冊請豁,已奉準部覆全數豁免。又道光柒年分河南府屬未完歸入清查案内雜税銀柒千玖百柒拾叁兩肆錢陸分叁釐,道光玖年分河南許州二府州屬未完歸入清查案内雜税銀壹千伍百貳拾壹兩貳錢捌分伍釐,遵照章程按限追補。等語。臣部查道光元伍柒玖等肆年分各屬未完雜税共銀叁萬肆千叁百壹兩伍錢柒分,核與上屆冊報未完數目相符。内道光元伍兩年虧缺雜税銀貳萬肆千捌百陸兩捌錢貳分貳釐，據冊内聲明奉準部覆全數豁免之處，核與該撫請豁原案相符，應毋庸議。其道光柒玖兩年未完歸入清查雜税銀玖千肆百玖拾肆兩柒錢肆分捌釐，仍令該撫轉飭遵照章程，按限追補全完，毋任延緩。

此案於咸豐貳年柒月貳拾伍日科抄到部，茲於拾貳月初肆日辦理具題，合并聲明。

臣等未敢擅便，謹題請旨。

批紅：依議。

爲江西新任九江關監督接收前任經管錢糧清楚無虧事

咸豐二年十二月初五日

太子太保·大學士管理戶部事務臣祁寯藻等謹題，爲接收錢糧等事。

戶科抄出，前署理江西巡撫陸元烺題兼護九江關税務九江府知府陳景曾接收前任監督德新經管錢糧交代清楚一案。咸豐貳年捌月初拾日題，拾壹月初陸日奉旨：該部察核具奏。欽此。欽遵。於本日抄出到部。

該臣等查得，前署理江西巡撫陸元烺疏稱：據兼護江西廣饒九南兵備道事九江府知府陳景曾申稱，護道管理九江關税務於咸豐貳年陸月貳拾陸日到任，接受前監督德新移交徵收九江關咸豐貳年正月初玖日起至陸月貳拾伍日止，共徵正耗銀拾伍萬捌千叁百捌拾壹兩肆錢零。内除凑撥南河大汛工需銀壹萬伍千貳拾捌兩玖錢零，并照例開支外，實存庫銀拾貳萬捌千壹百肆拾貳兩叁錢零。又收平餘、飯食、積平三款共銀壹萬貳百拾貳兩壹錢零，除照例開支外，實存庫銀貳千叁百肆拾捌兩陸錢零。又存咸豐元年分應解戶部暨造辦處等衙門雜款及剩存平餘、窑工、積平等款，共銀伍萬伍千陸百肆兩陸錢零。又扣存咸豐貳年分六分減平銀壹千貳百拾肆兩肆錢零。又咸豐貳年分剩存窑工銀柒千捌百柒拾捌兩伍錢零。以上正雜各款，共存庫銀壹拾玖萬伍千壹百捌拾捌兩伍錢零。逐一按款盤查，均屬支儲相符，并無虧挪，出具印結，申請代題。等情。臣覆核無異，理合恭疏代題。等因前來。

查九江關徵收錢糧接收交代向係專摺具奏，嗣於乾隆陸拾年陸月内經留京王大臣酌議各省接收交代循例具題，毋庸再奏。等因。經臣部通行遵照在案。今據前署理江西巡撫陸元烺題報，兼護九江關税務九江府知府陳景曾接收前任監督德新任内自咸豐貳年正月初玖日起至陸月貳拾伍日止,共徵正耗銀拾伍萬捌千叁百捌拾壹兩肆錢零。内除凑撥南河大汛工需銀壹萬伍千貳拾捌兩玖錢零,并照例開支外,實存庫銀拾貳萬捌千壹百肆拾貳兩叁錢零。又收平餘、飯食、積平三款,共銀壹萬貳百拾貳兩壹錢零。除照例開支外,實存庫銀貳千叁百肆拾捌兩陸錢零。又存咸豐元年應解戶部暨造辦處等衙門雜款及剩存平餘、窑工、積平等款,共銀伍萬伍千陸百肆兩陸錢零。又扣存咸豐貳年分六分減平銀壹千貳百拾肆兩肆錢零。又咸豐貳年分剩存窑工銀柒千捌百柒拾捌兩伍錢零。以上正雜各款,共存庫銀壹拾玖萬伍千壹百捌拾捌兩伍錢零。臣部按疏核算,數目相符。應令該監督俟闗滿時分别解交。至前項正雜各款銀兩,既據該撫疏稱兼護道九江府知府陳景曾逐一盤查,接收清楚,并無虧挪,應毋庸議。

此案於咸豐貳年拾壹月初陸日科抄到部,兹於拾貳月初伍日辦理具題,合并聲明。

臣等未敢擅便,謹題請旨。

批紅:依議。

爲江蘇捐輸運通米石數目不符無憑銷算事

咸豐二年十二月初六日

太子太保·大學士管理戶部事務臣祁寯藻等謹題,爲銷算事。

戶科抄出,倉場侍郎宗室慶祺等題咸豐元年由津運通在津凍阻江蘇省捐輸米石各數造册具題一案。咸豐貳年伍月貳拾捌日題,陸月拾陸日奉旨:該部察覈具奏,册并發。欽此。欽遵。於本日抄出到部,并據坐糧廳於柒月初玖日將清册送部。

該臣等查得,倉場侍郎宗室慶祺等,將在津守凍江蘇捐輸米石現已運到通州數目,造册具題前來。據册開:

一、委員蔣文濤等押運捐輸平粳米陸千捌百壹拾捌石,平秈米伍萬伍千壹百叁拾肆石,京倉收受通完。等語。查前項運通粳秈米石,臣部覈與倉場侍郎於咸豐元年拾壹月貳拾壹日奏報起過米數雖屬相符,惟江蘇省捐輸米石,前據江蘇巡撫傅繩勛奏稱,官生蔣徵蒲等一百六十九員名先後捐輸正粳米壹萬陸千柒拾石,正秈米伍萬壹千陸百貳拾石,加二成秈米壹萬叁百貳拾肆石。兹據該侍郎題報,運通正粳米陸千捌百壹拾捌石,平秈米伍萬伍千壹百叁拾肆石,加以上年題報運通平粳米玖千陸百陸拾石,平秈米肆千肆百貳拾貳石,共合到通平粳米壹萬陸千肆百柒拾捌石,平秈米伍萬玖千伍百伍拾陸石。因何與江蘇巡撫奏報數目多寡不符,應令倉場侍郎即飭查明聲覆,以憑覈辦,毋稍延逾。

此案於咸豐貳年陸月拾陸日科抄到部,并據坐糧廳於柒月初玖日將清冊送部。兹於拾貳月初陸日辦理具題,合并聲明。

臣等未敢擅便,謹題請旨。

批紅:依議。

爲山西經徵咸豐元年察哈爾西四旗民地等租銀核銷事

咸豐二年十二月初八日

太子太保·大學士管理戶部事務臣祁寯藻等謹題,爲遵旨事。

戶科抄出,前任山西巡撫兆那蘇圖題咸豐元年分豐鎮、寧遠二廳經徵察哈爾西四旗民地并莊頭退換圈地應徵正耗銀兩及收過照票錢文支給各數一案。咸豐貳年柒月初肆日題,捌月初拾日奉旨:該部察核具奏。欽此。欽遵。於本日抄出到部。

該臣等查得,前任山西巡撫兆那蘇圖疏稱:豐鎮、寧遠二廳經徵察哈爾西四旗民地,并十四圈等村莊頭退出地畝及莊頭二達子等退換圈地招民認種地租銀兩并隨徵耗銀,例應按年造冊具題。又口外地戶出入邊口照票,每張收錢叁拾文,以爲書役飯食紙筆之費。奉部議準,遵行在案。兹據布政使郭夢齡詳稱:據豐鎮廳冊造咸豐元年分額徵民地折色并十四圈等村莊頭退出地畝及莊頭二達子等退換地畝共貳千柒百壹拾捌頃伍拾畝,每畝徵銀壹分肆釐,共徵銀叁千捌百伍兩玖錢。每兩加徵閏月銀叁分,共徵閏月銀壹百壹拾肆兩壹錢柒分柒釐。正閏共銀叁千玖百貳拾兩柒分柒釐。每兩隨徵耗銀伍分,共徵耗銀壹百玖拾陸兩肆釐。内除傾銷起解支用銀捌拾壹兩叁錢玖分外,餘剩耗銀壹百壹拾肆兩陸錢壹分肆釐。今除正銀已未支解及未完銀數另案報銷外,僅徵耗銀壹百捌拾柒兩貳分玖釐。内除傾銷起解支用銀柒拾柒兩陸錢柒分外,餘剩耗銀壹百玖兩叁錢伍分玖釐,批解綏遠城將軍衙門訖。尚有民欠未完耗銀捌兩玖錢柒分伍釐。又收照票錢陸拾貳千陸百壹拾文,發給豐鎮廳,以爲書役飯食紙筆等費訖。又寧遠廳冊造咸豐元年分額徵民地折色并莊頭二達子照林等退換圈地及革退莊頭鄧世忠等退出圈地共壹千捌百貳拾頃玖畝玖分伍釐,每畝徵銀壹分肆釐,共徵正銀貳千伍百肆拾捌兩壹錢叁分玖釐。每兩加徵閏月銀叁分,共徵閏月銀柒拾陸兩肆錢肆分伍釐。正閏共銀貳千陸百貳拾肆兩伍錢捌分肆釐。每兩隨徵耗銀伍分,共徵耗銀壹百叁拾壹兩貳錢貳分玖釐。内除傾銷起解支用銀肆拾肆兩陸錢伍分外,餘剩耗銀捌拾陸兩伍錢柒分玖釐。今除正銀已完支解及未完銀數另案報銷外,僅徵耗銀壹百貳兩捌錢伍分陸釐。内除傾銷起解支用銀叁拾捌兩壹錢肆分外,餘剩耗銀陸拾肆兩柒錢壹分陸釐,批解綏遠城將軍衙門訖。尚有民欠未完耗銀貳拾捌兩叁錢柒分叁釐。又收照票錢叁拾千玖百玖拾文,給發寧遠廳,以爲書役飯食紙筆等費訖。覆查豐鎮、寧遠二廳額徵正閏耗銀并傾銷起解、支用數目,均屬相符。所有豐鎮廳未完耗銀係隨同未完正銀,按其未完分數,另案彙揭詳請題參。寧遠廳未完正耗銀係因清查案内報有拋荒地畝,委員查辦,未據覆到。隨同未完正銀,業於地丁奏銷冊内登明。等情。造具清冊,呈詳前來。臣覆核無異,除冊送部外,相應具題。等因前來。

查豐鎮、寧遠二廳經徵察哈爾西四旗民地租銀,前於乾隆貳年經臣部議覆原任直隸總督李衛題定章程案内,議令每畝徵銀壹分肆釐,每正銀壹兩隨徵耗銀伍分,以爲傾銷解費等項之用。其地戶出入邊口,照票每張量收制錢叁拾文,以爲書役飯食紙筆之用。又乾隆叁拾陸年經吏部侍郎袁守侗前往山西,會同巡撫鄂寶核議開銷耗羨銀兩奏定章程,每傾元寶壹個,折耗銀柒錢叁分。匠工、夫工銀貳錢。每銀壹千兩,用木鞘一個,每個給銀叁錢。馱騾脚價,每馱日給脚價銀貳錢。解役每名日給飯食銀伍分。嗣於乾隆肆拾叁年據該撫疏稱:莊頭二達子退出圈地招民認種,照例每畝徵銀壹分肆釐,每正銀壹兩隨徵耗銀伍分。請於當年起課,彙入民地租銀,解交綏遠城將軍衙門充餉。等因。又於乾隆肆拾肆年據該撫咨稱,該二廳招民認種□馬口外莊頭照林等退換地畝以及革退莊頭鄧世忠等退出地畝,每年所徵租銀係解交綏遠城將軍衙門之項,照莊頭二達子等退換地畝租銀之例,彙入民地租銀正耗冊内,分款造報,以歸畫一。等因。均經臣部先後覆準在案。今據該撫疏冊内稱:豐鎮廳應徵咸豐元年地租銀叁千捌百伍兩玖錢,每兩加徵閏月銀叁分,共徵閏月銀壹百壹拾肆兩壹錢柒分柒釐。正閏共徵銀叁千玖百貳拾兩柒分柒釐。每兩隨徵耗銀伍分,共徵耗銀壹百玖拾陸兩肆釐。今除正銀已未支解及未完分數另案報銷外,僅徵耗銀壹百捌拾柒兩貳分玖釐。内除傾銷支用銀柒拾柒兩陸錢柒分,餘剩耗銀壹百玖兩叁錢伍分玖釐,批解綏遠城將軍衙門訖。尚有未完耗銀捌兩玖錢柒分伍釐。等語。又寧遠廳應徵咸豐元年地租銀貳千伍百肆拾捌兩壹錢叁分玖釐,每兩加徵閏月銀叁分,共徵閏月銀柒拾陸兩肆錢肆分肆釐。正閏共徵銀貳千陸百貳拾肆兩伍錢捌分肆釐。每兩隨徵耗銀伍分,共徵耗銀壹百叁拾壹兩貳錢貳分玖釐。今除正銀已完支解及未完銀數另案報銷外,僅徵耗銀壹百貳兩捌錢伍分陸釐。内除傾銷支用銀叁拾捌兩壹錢肆分,餘剩耗銀陸拾肆兩柒錢壹分陸釐,批解綏遠城將軍衙門訖。尚有未完耗銀貳拾捌兩叁錢柒分叁釐。等語。查豐鎮廳徵收咸豐元年正閏耗共銀叁千玖百貳拾柒兩陸分捌釐,臣部核與應徵數目相符。現據冊稱,内除存留咸豐元年秋冬二季及貳年春夏二季俸工銀捌百伍拾兩壹錢陸分,臣部核與該撫冊報存留銀數符合。其傾銷起解支用耗銀柒拾柒兩陸錢柒分,亦與章程案内應給銀數相符。餘剩耗銀壹百玖兩叁錢伍分玖釐,既據冊稱正閏耗共銀貳千玖百玖拾玖兩柒錢柒分捌釐,一并解交綏遠城將軍衙門查收,應令山西巡撫、綏遠城將軍俟有動用,造入兵馬奏銷冊内題報查核。尚有民欠未完耗銀捌兩玖錢柒分伍釐,應令該撫嚴飭趕緊完解,專案報部核銷。查寧遠廳應徵咸豐元年地租正閏銀兩應起解綏遠城銀若干、徵存未解銀若干、民欠未完銀若干,該撫并未冊報,臣部礙難核銷。且查此項地租係解充兵餉之用,例應年清年款,以實軍儲。乃該廳任意拖欠,希圖虧那,輒以拋荒地畝,另案報銷,爲辭殊屬不合。至該廳所徵耗銀壹百貳兩捌錢伍分陸釐,開除傾銷起解支用銀叁拾捌兩壹錢肆分,解交綏遠城餘剩耗銀陸拾肆兩柒錢壹分陸釐,核與應解數目相符。尚有未完耗銀貳拾捌兩叁錢柒分叁釐,應即嚴飭該廳隨同正閏銀兩一并趕緊完解,報部查核。至該二廳收過照票制錢玖拾叁千陸百文給發書役飯食紙筆等項,臣部核與題定章程案内應收錢數并每年支用數目,均屬相符,應準開銷。

此案於咸豐貳年捌月初拾日科抄到部。兹於拾貳月初捌日辦理具題,合并聲明。

臣等未敢擅便,謹題請旨。

批紅:依議。

爲彙題咸豐元年民屯丁口及存倉米穀各數事

咸豐二年十二月初八日

太子太保·大學士管理戸部事務臣祁寯藻等謹題,爲循例彙題事。

該臣等查得,乾隆伍年欽奉諭旨,每歲仲冬,令各省督撫將各府、州、縣戸口增減、倉穀存用一一註明,詳細具奏,并造冊隨奏咨部。臣部於次年年底彙繕總冊進呈,節經遵辦在案。嗣於乾隆肆拾年肆月内因直省奏報滋生戸口相沿積習率多量爲加增,欽奉上諭:令各省督撫等嚴飭所屬,嗣後務須查明實在民數具奏。又於乾隆伍拾玖年正月内欽奉上諭:各省年終彙奏事件毋庸陸續具奏。著於每年拾月内截數咨報軍機處,仍交部分别覈議具題。各等因。欽此。經臣部通行各省,遵照辦理亦在案。

今屆彙題各省咸豐元年分民數穀數之期,除浙江定海鎮元年穀數據該撫冊稱俟清釐後另行開報,又福建省元年穀數并臺灣府屬淡防等七廳縣民數未據造報,又廣西永安州元年民數穀數據該撫冊稱被賊滋擾未據該州冊報,俟具報到日再行造送,應令浙江、福建、廣西各巡撫即飭查造送部,均俟造送到日,臣部歸於下屆彙題冊内開列。其餘奉天、吉林、直隸、安徽、江蘇、江西、浙江、福建、湖北、湖南、山東、河南、山西、陝西、甘肅、巴里坤、烏魯木齊、四川、廣東、廣西、雲南、貴州等省,據各該督撫、府尹、將軍等造冊送部。

臣部按冊覈算,各省咸豐元年分實在民屯丁口,共四萬三千二百十六萬四千四十七名口,較之道光叁拾年分四萬一千四百四十九萬三千八百九十九名口,計多一千七百六十七萬一百四十八名口。又甘肅省補送道光貳拾玖年分民屯丁口共一千五百四十三萬四千一十八名口,叁拾年分民屯丁口共一千五百四十三萬七千一百三十五名口。據該督撫、府尹、將軍等於咨冊内聲明,俱係確查,并無遺漏。又奉天、吉林、直隸、安徽、江蘇、江西、浙江、湖北、湖南、山東、河南、山西、陝西、甘肅、巴里坤、烏魯木齊、四川、廣東、廣西、雲南、貴州等省元年分存倉米穀,共貳千柒百壹拾壹萬壹千伍百貳石叁斗柒升肆合陸勺,較之道光叁拾年分貳千柒百肆拾玖萬貳千肆百貳拾石貳斗玖升陸合柒勺,計少叁拾捌萬玖百壹拾柒石玖斗貳升貳合壹勺。又甘肅省補送道光貳拾玖年分穀數,共壹百捌拾捌萬捌千貳百玖拾叁石肆斗陸升貳勺,叁拾年分穀數共壹百貳拾陸萬肆百壹拾柒石捌斗捌升叁合肆勺。謹將各省冊報咸豐元年分民屯丁口及存倉米穀各數彙總覈明,繕寫黄冊,恭呈御覽。再,福建省道光柒年起至叁拾年止穀數、并臺灣府屬嘉慶拾柒年起至道光叁拾年止民數,歷屆均未造報,節經行催,迄今仍未造送。又臺灣府屬嘉慶玖年起存倉穀數,先據該撫咨報應俟清查辦竣覆奏後再行按年查造。至清查倉庫雖據該撫於道光貳年拾月内奏報,惟應造穀數冊籍仍未造送,實屬延宕。應令福建巡撫即將前項冊籍速飭分年查造送部,并將造報遲延職名隨案開揭,送部覈議。又湖南省道光伍年起至貳拾壹年止社倉穀數均未造送。前據該撫咨報,現在飭查有無虧缺,請暫停造冊,俟查明後再行造送。又浙江定海廳道光貳拾、貳拾壹、貳拾貳等年民數穀數及貳拾叁、貳拾肆、貳拾伍、貳拾陸等年民數,又定海鎮貳拾叁、貳拾肆、貳拾伍、貳拾陸、貳拾柒、貳拾捌并叁拾等年穀數,并鄞縣、鎮海二縣貳拾壹年民數穀數,貳拾貳年穀數,上屆據該撫冊稱另行開報。又江蘇省道光貳拾柒、貳拾捌、貳拾玖、叁拾等年穀數及浙江省道光貳拾捌、貳拾玖等年米穀數,前據各該撫咨報,應俟辦理清查事竣,再行造送。均應令各該撫即飭分年查造送部,均俟造送到日,臣部歸於下屆彙題冊内開列,合并聲明。

臣等未敢擅便,謹題請旨。

批紅:依議。

爲江蘇碭山知縣續完道光三十年徐州倉錢糧原參開復事

咸豐二年十二月初九日

太子太保·大學士管理戶部事務臣祁寯藻等謹題,爲奏銷錢糧事。

據兩江總督陸建瀛將碭山縣未完徐州倉道光叁拾年分奏銷案内續完銀兩聲請扣除免議一案。咨文於咸豐貳年叁月貳拾伍日到部。

該臣等會查得,兩江總督陸建瀛咨:據江安督糧道陳克讓詳稱,徐州倉道光叁拾年分錢糧先經分晰造具奏銷各冊,詳請覈題在案。今查,原報碭山縣經徵知縣丁瑞徵未完一分九釐九毫徐州倉熟田正銀肆百壹拾柒兩捌錢柒分伍釐,耗銀肆拾壹兩柒錢捌分捌釐,催據該縣於咸豐元年拾壹月拾玖日照數續完,解道兑收,於該倉隨奏及季報簿内分別造報。所有原參碭山縣經徵知縣丁瑞徵未完一分九釐九毫分數職名詳覈咨部,扣除免議。等情。相應咨達。等因前來。

查定例：奏銷錢糧未完經徵各員照例題參。各該員接準部覆後續報徵完者，該督撫題請開復，若已經奉旨，該省尚未接準部文先已出咨續報全完者，由部據咨題請開復。等語。此案徐州倉道光叁拾年分奏銷錢糧案内碭山等縣未完銀兩，前據兩江總督覈明分數題參，經戸部會同吏部照例覈議，於咸豐貳年正月貳拾柒日題覆在案。今據該督咨稱：碭山縣經徵知縣丁瑞徵續完道光叁拾年徐州倉奏銷案内正銀肆百拾柒兩捌錢柒分伍釐，耗銀肆拾壹兩柒錢捌分捌釐，原參職名聲請扣除免議，戸部覈與原參未完銀數相符。所有咨請扣除免議之處，該督咨文到部已在題覆行文之後，無從扣除，應即由部照例具題開復。吏部查定例，錢糧未完各官參後續報全完者，將該員原參議處之案題請開復。等語。應將參後續報全完之前任碭山縣知縣已另案革職丁瑞徵原議帶罪徵收停其陞轉之案，照例準其開復。至前項續完銀兩，除戸部照數登記外，仍令該督將續完正耗銀兩造入下屆季報奏銷隨奏各撥冊内，分晰報部查覈。

此案係戸部主稿。咨文於咸豐貳年叁月貳拾伍日到部，旋經咨送吏部會議，於拾月貳拾玖日議結送回。茲於拾貳月初玖日辦理具題，合并聲明。

臣等未敢擅便，謹題請旨。

批紅：依議。

爲貴州題銷咸豐元年各屬支過監犯解犯口糧等項銀兩事

咸豐二年十二月初九日

太子太保·大學士管理戸部事務臣祁寯藻等謹題，爲彙題事。

戸科抄出，貴州巡撫蔣霨遠題貴州省咸豐元年分各屬支過監犯解犯口糧鹽菜棉衣等項銀兩造冊題銷一案。咸豐貳年肆月貳拾陸日題，柒月初拾日奉旨：該部察核具奏。欽此。欽遵。於柒月貳拾捌日由刑部片送到部。隨將冊造監犯遞解各犯花名數目并支給口糧、鹽菜、棉衣等項起止月日是否相符之處，咨查刑部去後。今於咸豐貳年玖月貳拾伍日準刑部查覆，該省冊造數目相符，同原冊咨送到部。

該臣等查得，貴州巡撫蔣霨遠疏稱：貴州省咸豐元年分各屬支過監犯解犯口糧、鹽菜、棉衣等項銀兩分晰花名細數，彙造清冊具題，請銷前來。查冊開：

一、按察使司獄并貴陽等府、州、縣及平越、直隸等廳州支給過監犯解犯及留禁各犯口糧,并禁卒、更夫、水夫口糧米叁千伍百石貳斗柒升肆合捌勺,各折價不等,共折銀貳千貳百零叁兩陸錢壹分肆釐。移查刑部覆稱,黔省監囚遞解各犯起止月日覈與該省冊造數目相符。等語。查貴州省咸豐元年分冊造各屬監囚遞解各犯花名數目并起止月日,既經刑部查覆相符,所有前項支過口糧米折銀貳千貳百叁兩陸錢壹分肆釐。臣部按冊覈算,與該年冊報各屬米價數目相符,應毋庸議。

一、按察使司獄并貴陽等府、廳、州、縣及平越、直隸等廳州支過監犯解犯及留禁各犯鹽菜、棉衣、醫藥、棺木等項,共銀叁千壹百柒拾伍兩柒錢肆分。移查刑部覆稱,黔省監囚遞解各犯名數起止月日覈與該省冊造數目相符。等語。查貴州省咸豐元年分冊造支給各屬監囚遞解各犯花名數目并起至月日既準刑部查覆相符,所有前項支過鹽菜、棉衣、醫藥、棺木等項共銀叁千壹百柒拾伍兩柒錢肆分,臣部按冊覆算,數目亦屬相符,應準開銷。再查前項支過各犯口糧米折并鹽菜、棉衣、工食等項,共銀伍千叁百柒拾玖兩叁錢伍分肆釐,覈與咸豐元年分耗羡奏銷冊造隨時動用項下報銷銀數相符,應於年終彙奏耗羡案内覈銷。

此案於咸豐貳年玖月貳拾伍日準刑部查覆相符,同原冊咨送到部。兹於拾貳月初玖日辦理具題,合并聲明。

臣等未敢擅便,謹題請旨。

批紅:依議。

爲雲南安豐等井道光三十年柴本銀兩扣解全完事

咸豐二年十二月初九日

太子太保·大學士管理戶部事務臣祁寯藻等謹題,爲遵旨事。

戶科抄出,前兼署雲南巡撫吳文鎔題各井已完道光叁拾年柴本銀兩一案。咸豐貳年陸月貳拾日題,玖月拾貳日奉旨:該部知道。欽此。欽遵。於本日抄出到部。

該臣等查得,前兼署雲南巡撫吳文鎔疏稱:滇省黑、白、安豐三井每年酌借柴本銀兩分限一年扣收完款,如逾限不完,應將井員職名照例開參。等因遵辦在案。兹據布政使徐有壬等會詳稱:奏銷道光叁拾年鹽課案内動支該年鹽課,借發黑、白、安豐三井道光叁拾年分柴本銀貳萬柒千兩。今截至咸豐元年奏銷之日止,已催據全數扣收完解,業經歸還原款移解布政司兑收外,理合將催收完解銀兩數目造冊詳請覈題。等情。臣覆覈無異。除冊分送部科查覈外,理合恭疏具題前來。

查定例,雲南黑、白、安豐三井每年借發柴本銀貳萬柒千兩,在於竈戶賣鹽價值内限一年扣收完款,如收不足數,將提舉等照例開參。兹道光叁拾年奏銷案内借發黑、白、安豐三井柴本銀貳萬柒千兩,截至咸豐元年奏銷之日止,已催據全數扣收完解,業經歸還原款。臣部查與咸豐元年鹽課奏銷冊内收完銀數相符,應毋庸議。

此案於咸豐貳年玖月貳拾貳日科抄到部。兹於拾貳月初玖日辦理具題,合并聲明。

臣等未敢擅便,謹題請旨。

批紅:依議。

爲江西地丁銀兩核銷事

咸豐二年十二月初九日

太子太保·大學士管理戸部事務臣祁寯藻等謹題,爲循例事。

戸科抄出,前署江西巡撫陸元烺題江西省咸豐元年地丁隨本奏銷一案。咸豐貳年伍月貳拾玖日題,捌月貳拾肆日奉旨:該部察核具奏,冊并發。欽此。欽遵。於本日抄出到部。

該臣等查得,雍正拾貳年經臣部議準,嗣後奏銷現年錢糧之時,將節年未完項下續完若干、仍未完若干并動用存儲各數目,令該省分别年限,彙造清冊,另繕題本,隨本年奏銷一并具題。臣部按年查核,另行繕本亦在本年奏銷,一并題覆,毋庸再行造入現年新收及帶徵項下。等因通行遵照在案。

今據前署江西巡撫陸元烺將江西省道光貳拾壹年起至叁拾年止地丁奏銷案内存剩銀兩及已未完動存數目造冊具題前來。查冊開:

一、舊管:存儲地丁、屯糧丁、折色物料、地丁腳耗、雜税等項,共銀肆拾柒萬叁千陸百柒兩捌錢陸分貳釐。等語。查前項舊管銀兩,臣部核與道光叁拾年奏銷并隨奏各冊造報實存銀數相符。

一、冊報:各屬未完道光貳拾壹年起至叁拾年止民欠并緩徵地丁正耗、屯糧丁、折色物料、地丁腳耗、雜税,共銀貳百玖萬伍千伍百陸拾貳兩伍錢陸分肆釐。内上高縣參革知縣孫樹蘭虧短銀玖百陸拾玖兩壹錢壹分貳釐,業已奏參嚴追完繳。署九江府病故知府韓開景徵收未解銀叁百玖兩伍錢叁分伍釐,業已咨請在於該故守之子韓寶昌名下追繳,均應歸另案辦理。又各屬已徵未解那墊歷年民欠銀貳拾陸萬叁千陸拾壹兩伍分伍釐,又豁免案内查出已徵未解應行嚴催完解銀壹拾壹萬貳千捌百玖拾貳兩肆錢壹分壹釐,奏請豁免銀壹百貳拾陸萬陸千柒拾貳兩玖錢捌分捌釐,實應徵民欠銀肆拾伍萬貳千貳百伍拾柒兩肆錢陸分叁釐,今已徵完銀柒萬肆千叁百捌拾陸兩貳錢玖分捌釐。等語。查前項民欠未完銀兩,臣部核與上屆冊報數目及攤補銀數相符。至歷年那墊民欠銀兩,業據該撫奏請,分年攤還歸款,豁免銀兩亦專案具奏請豁,均經臣部核明覆奏在案。其已徵未解銀兩并上高縣參革知縣孫樹蘭、署九江府病故知府韓開景等虧短銀兩,應令該撫即飭趕緊嚴追歸款完報,毋任遲延。已完各項銀兩,按冊核算亦屬符合。所有已完未完動存各數應於後款核覆。

一、開除:放給各委員解交雲南省壬子年銅本銀壹拾陸萬壹千叁百陸拾肆兩柒錢貳分肆釐,辛亥年銅本銀肆百叁拾伍兩柒錢柒分柒釐,借解廣西軍餉銀捌萬肆千肆百壹拾玖兩貳錢貳分玖釐,福建省辛亥年兵餉銀伍萬兩,南河大汛工需銀壹拾壹萬肆千兩,各委員水腳鞘箍共銀貳千叁拾柒兩叁錢柒分伍釐。等語。查前項放給各委員解交雲南省銅本、廣西軍餉、福建省兵餉、南河大汛工需等項,共銀肆拾壹萬貳百壹拾玖兩柒錢叁分,核與準撥原案相符。至放給各委員水腳鞘箍共銀貳千叁拾柒兩叁錢柒分伍釐,亦與應給銀數符合。均應準其開銷。

一、放給本省咸豐元年各營兵餉銀伍萬貳千叁百壹拾兩玖錢陸分玖釐,又文職養廉銀貳千玖百貳拾陸兩伍錢肆分陸釐,收買各幫𩞄颺等款米價銀壹千柒百叁拾捌兩壹錢陸分,各屬買補道光貳拾年以前出借籽種口糧穀石銀壹萬陸百陸拾壹兩伍錢貳分叁釐,歸入耗羨奏銷冊内支銷銀叁千伍百陸拾壹兩壹分捌釐。等語。查前項放給本省咸豐元年各營兵餉銀伍萬貳千叁百壹拾兩玖錢陸分玖釐,核與該年兵馬奏銷冊内造報銀數相符。其歸入耗羨奏銷冊内支銷銀叁千伍百陸拾壹兩壹分捌釐,核對咸豐元年耗羨奏銷冊内新收銀數亦屬符合。至咸豐元年收買𩞄颺等款米價銀壹千柒百叁拾捌兩壹錢陸分,文職養廉銀貳千玖百貳拾陸兩伍錢肆分陸釐,核與覆準原案相符,均應準其開銷。所有放給各屬買補豁免道光貳拾年以前出借籽種口糧穀石銀壹萬陸百陸拾壹兩伍錢貳分叁釐,仍令該撫即飭買補還倉,取具倉收,造具冊結,專案報部核銷。

一、放給委員承造直隸二限撥船工料銀肆千貳百柒拾兩,三限撥船工料及運費銀叁萬伍千貳百肆拾叁兩,四限撥船外銷工料銀伍千伍百肆拾兩,又給委員找領赴楚採買白鉛水腳銀肆拾壹兩貳錢。等語。查前項放給委員承造直隸二、三、四限撥船工料及運費,共銀肆萬伍千伍拾叁兩,應令該撫俟各本案造報準銷之日,按款分晰準銷年月事案報部查核。至放給採買白鉛水腳銀肆拾壹兩貳錢,亦與應給銀數符合。

一、實存:銀壹萬玖千肆百肆拾肆兩陸錢叁分玖釐。等語。查前項實存銀兩,臣部按冊核算,數目符合,應令該撫轉飭造入下屆隨奏冊内舊管項下,報部查核。

一、各屬仍未完道光貳拾玖年税契銀陸千壹百伍拾兩陸錢柒分、叁拾年地丁、屯糧丁、折色物料、地丁腳耗、雜税等項,共銀叁拾柒萬壹千柒百貳拾兩肆錢玖分伍釐,現在嚴催徵解另報。等語。查前項未完銀兩,應令該撫即飭上緊嚴催完報,毋任遲延。

此案科抄於咸豐貳年捌月貳拾肆日到部。茲於拾貳月初玖日辦理具題,合并聲明。

臣等未敢擅便,謹題請旨。

批紅:依議。

爲山西駐防滿營及緑營支給俸餉等項銀兩覈銷事

咸豐二年十二月初十日

太子太保·大學士管理户部事務臣祁寯藻等謹題,爲奏銷兵馬錢糧事。

户科抄出,前任山西巡撫兆那蘇圖題山西省咸豐元年分太原右衛綏遠城駐防滿營、撫標左右二營、太原大同二鎮緑營官兵支過俸餉米豆草折等項銀兩造冊題銷一案。咸豐貳年陸月貳拾貳日題,捌月初陸日奉旨:該部察覈具奏。欽此。欽遵。於本日抄出到部。隨將原冊移咨兵部,查明官兵馬匹是否與經制相符去後。今準兵部將原冊覈明,咨覆前來。

該臣等查得,前任山西巡撫兆那蘇圖將咸豐元年分太原等處駐防緑旗各營支給俸餉等項銀兩,造冊具題前來。查冊開:

一、册稱:太原等處駐防各營舊管糧貳拾肆萬肆千柒百陸拾壹石伍斗柒升捌合肆勺,草陸千壹百伍拾玖束肆分肆釐。等語。查前項各營舊管糧石草束,臣部覈與上年奏銷案内實存數目相符,應毋庸議。

一、册稱:太原等處駐防各營奉撥新收地丁銀柒拾伍萬叁千柒百貳拾陸兩玖錢伍分捌釐,糧壹拾叁萬貳千伍百玖拾捌石捌斗伍升貳合柒勺。等語。查駐防各營新收銀糧各數,臣部按册覈算,數目相符,應毋庸議。

一、册稱:給過太原等處駐防各營官兵俸餉、米折、馬匹、草折等銀柒拾伍萬叁千壹拾兩捌錢玖分玖釐。等語。查太原駐防各營官兵俸餉、米折、馬匹、草折銀兩既經兵部查覆相符,所有前項給過銀兩,臣部按册覈算,數目相符,應準開銷。至撫標太原駐防等營搭放兵餉錢易銀貳千陸百兩肆錢貳分叁釐,應令該撫查照奏定章程辦理。

一、册稱:綏遠城駐防滿營不敷銀叁千貳百壹拾柒兩叁錢捌分柒釐,請在咸豐貳年春季兵餉銀内動支。又撫標左右二營不敷銀玖拾肆兩捌錢壹分捌釐,在於大同鎮建曠銀内補給。等語。查綏遠城駐防滿營不敷銀叁千貳百壹拾柒兩叁錢捌分捌釐,應如該撫所請,在於咸豐貳年春季兵餉銀内借動,俟清水河等廳米折銀催徵全完,即行歸還原款,報部查覈。至撫標左右二營不敷銀玖拾肆兩捌錢壹分捌釐,已在於大同鎮支剩銀内補給清項,應毋庸議。

一、册稱:給過太原等處駐防各營官兵月米、馬匹料豆糧壹拾叁萬肆千貳百肆拾石玖斗玖升貳合肆勺。等語。查前項各營支過米豆各數,臣部按册覈算,應給數目均屬相符,應準開銷。

一、册稱:太原等處存剩銀叁千玖百叁拾叁兩肆錢肆分陸釐,糧貳拾肆萬叁千壹百壹拾玖石肆斗叁升捌合柒勺,草陸千壹百伍拾玖束肆分肆釐。等語。查前項實存銀兩覈與應存數目亦屬符合,臣部先行照數登記,應令該撫轉飭將實存銀兩全數解司,造入咸豐叁年春撥册内,報部撥用。至實存糧石草束亦與應存數目相符,仍令造入下年舊管項下,題報查覈。

一、疏稱:實在存剩糧貳拾肆萬叁千壹百壹拾玖石零内,有已入清查案内追補虧短糧肆萬玖千叁百柒拾貳石零,應請仍歸清查案内辦理。内粳米肆石零,粟米壹拾壹萬捌千玖百玖拾陸石零内,有已入清查案内勒限追補米壹萬捌千柒拾叁石零,應請仍歸清案内辦理。黑豆捌萬陸千捌百陸拾叁石零内,有已入清查案内勒限追補豆貳萬伍千柒百肆拾石零,應請仍歸清查案内辦理。豌豆貳萬陸百伍石零,穀壹萬陸千陸百肆拾玖石零内,有已入清查案内勒限追補穀伍千伍百伍拾捌石零,應請仍歸清查案内辦理。等語。查前項虧短米豆穀石既據該撫聲明歸入清查案内辦理,應於彼案内查覈。

此案於咸豐貳年捌月初陸日科抄到部,當即片查兵部。準兵部於拾月拾玖日查明咨覆。兹於拾貳月初拾日辦理具題,合并聲明。

臣等未敢擅便,謹題請旨。

批紅:依議。

爲山西寧遠廳經徵莊親王牧廠地畝道光三十年租銀核銷事

咸豐二年十二月十一日

太子太保·大學士管理户部事務臣祁寯藻等謹題,爲奏銷事。

户科抄出,原任山西巡撫兆那蘇圖題,道光叁拾年分寧遠廳經徵和碩莊親王牧廠地租并隨徵耗銀支銷餘剩各數一案。咸豐貳年柒月貳拾玖日題,玖月初捌日奉旨:該部察核具奏。欽此。欽遵。於本日抄出到部。

該臣等查得,原任山西巡撫兆那蘇圖疏稱:寧遠廳經徵莊親王廠地糧銀并隨徵耗銀支銷餘剩數目,例應按年造册題銷。兹據布政使郭夢齡詳稱:據寧遠廳册造道光叁拾年分額徵莊親王牧廠原報成熟并續墾陞科,共地壹千肆百捌拾貳頃叁拾捌畝肆分。每畝徵銀壹分肆釐,共徵正銀貳千柒拾伍兩叁錢叁分捌釐。每畝隨徵耗銀伍分,共徵耗銀壹百叁兩柒錢陸分柒釐。今僅徵正銀壹千貳百貳拾捌兩陸錢柒分伍釐,每兩隨徵耗銀伍分,共徵耗銀陸拾壹兩肆錢叁分肆釐。内除傾銷起解支用銀叁拾肆兩肆錢貳分外,餘剩耗銀貳拾柒兩壹分肆釐。據該廳解交綏遠城將軍衙門正銀壹千貳百貳拾捌兩陸錢柒分伍釐,耗銀貳拾柒兩壹分肆釐。尚有民欠未完正銀捌百肆拾陸兩陸錢陸分叁釐,耗銀肆拾貳兩叁錢叁分叁釐。分晰造册,由府核轉到司。按册核算,經徵起解支用餘剩并已未完解支銷各數目均屬相符,取具清册,呈詳前來。臣覆核無異,除册送部外,相應具題。等因前來。

查先據原任山西巡撫農起等題報和碩莊親王牧廠界内共陸續墾種成熟地壹千肆百捌拾貳頃叁拾捌畝肆分,均照公恒禄等家已墾牧地之例,每畝徵銀壹分肆釐。每正銀壹兩,隨徵耗銀伍分。所需傾鎔解費等項即在所收耗羨銀内支銷,共餘剩耗銀隨同正銀并解司庫報撥。嗣因清水河廳經徵地租内有時和等里逃户遺糧銀肆千餘兩,據前任山西巡撫邱樹棠題請照數豁除。所缺兵糈請將莊親王、簡親王兩家廠地及劉明經入官房地每年所徵租銀儘數撥補。俱經臣部題準各在案。今據該原撫疏稱:寧遠廳經徵道光叁拾年分和碩莊親王牧廠節次開墾共地壹千肆百捌拾貳頃叁拾捌畝肆分,每畝徵銀壹分肆釐,共徵正銀貳千柒拾伍兩叁錢叁分捌釐,每兩隨徵耗銀伍分,共徵耗銀壹百叁兩柒錢陸分柒釐。今該廳僅徵正銀壹千貳百貳拾捌兩陸錢柒分伍釐,每兩隨徵耗銀伍分,共徵耗銀陸拾壹兩肆錢叁分肆釐。内除傾銷起解支用銀叁拾肆兩肆錢貳分,餘剩耗銀貳拾柒兩壹分肆釐,同正銀一并解交綏遠城將軍衙門充餉。等語。臣部按冊核算,數目相符。其傾銷起解支用耗銀亦與王公馬廠章程案内應給銀數符合,應準開銷。所有徵解正耗銀壹千貳百伍拾伍兩陸錢捌分玖釐,據稱一并解交綏遠城將軍衙門交納,臣部核與覆準抵充缺額兵餉原案相符。應令山西巡撫、綏遠城將軍轉飭,照數收存。俟有動用,造入兵馬奏銷冊内報部查核。至疏稱尚未完道光叁拾年正銀捌百肆拾陸兩陸錢陸分叁釐,耗銀肆拾貳兩叁錢叁分叁釐,臣部查此項地租既列入兵餉與正賦,事同一律,例應年清年款,以實軍儲。乃該廳隔年題銷尚未解交清楚,殊屬催徵不力,并令嚴飭趕緊完解,以充兵餉,毋任再延。

此案於咸豐貳年玖月初捌日科抄到部。兹於拾貳月拾壹日辦理具題,合并聲明。

臣等未敢擅便,謹題請旨。

批紅:依議。

爲奉天各屬咸豐元年給過囚糧覈銷事

咸豐二年十二月十二日

太子太保·大學士管理戶部事務臣祁寯藻等謹題,爲題銷事。

戶科抄出,盛京戶部侍郎兼管奉天府府尹事務恒毓等題奉天省咸豐元年各屬囚糧報銷一案。咸豐貳年肆月初拾日題,陸月貳拾叁日奉旨:該部察覈具奏。欽此。欽遵。於本日抄出到部,當經臣部將給過各屬囚糧米石及薪菜棉衣等項銀兩,開單行查刑部去後。今於咸豐貳年拾月貳拾玖日準刑部查明,咨覆前來。

該臣等查得,盛京戶部侍郎兼管奉天府府尹事務恒毓等疏稱:咸豐元年分奉天所屬承德等十一州、縣、府司獄、興京廳、岫巖廳、昌圖廳、新民廳、金州廳、錦州府,共給發過獄囚米貳千柒百壹石玖斗叁升貳合貳勺。除興京廳就近採買米伍拾柒石叁斗陸升壹合叁勺,每石價銀貳兩,用銀壹百壹拾肆兩柒錢貳分貳釐陸毫。昌圖廳就近採買米貳百肆拾捌石玖斗伍升貳勺,每石價銀壹兩捌錢伍分,共用銀肆百陸拾兩伍錢伍分柒釐捌毫柒絲,實用米貳千叁百玖拾伍石陸斗貳升柒勺。薪菜、煤炭、棉衣并解審口糧、禁卒燈油等項,共用銀貳千肆百壹拾貳兩肆錢捌分叁釐。又給過一切遞解人犯口糧錢文,合銀柒拾叁兩伍錢柒分肆釐。以上三項共用過銀叁千陸拾壹兩叁錢叁分柒釐肆毫柒絲,動用咸豐元年分田房税契項下銀叁千陸拾兩貳錢捌分柒釐肆毫柒絲,動用贓罰項下銀壹兩伍分。除將清冊分送戶部刑部查覈外,理合具題。等因前來。

查奉天省各屬支給囚糧等項,向係該府尹報明刑部覈銷,仍造入臣部奏銷案内查覈。嗣於乾隆貳拾叁年拾貳月刑部條奏各省彙題事件章程案内,議令將支給囚糧并遞解軍流口糧二項分款彙成一本,於開印兩個月内具題,會同臣部覈銷。等因。又乾隆肆拾叁年拾月内,臣部酌議各省囚遞口糧按各省地方情形辦理案内,以奉天省遞解人犯每日給米捌合叁勺,實有不敷,議令將口糧捌合叁勺折錢捌文,再給鹽菜錢伍文,每名共給大制錢壹拾叁文。等因各在案。今據奉天府府尹題報,承德等十一州縣,興京、岫巖、昌圖、新民、金州、錦州各府廳,咸豐元年共給過囚糧米貳千柒百零壹石玖斗叁升貳合貳勺。内除興京廳採買米伍拾柒石叁斗陸升壹合叁勺,每石價銀貳兩,用銀壹百壹拾肆兩柒錢貳分貳釐陸毫,昌圖廳採買米貳百肆拾捌石玖斗伍升貳勺,每石價銀壹兩捌錢伍分,用銀肆百陸拾兩伍錢伍分柒釐捌毫柒絲,實用米貳千叁百玖拾伍石陸斗貳升柒勺。又薪菜、煤炭、棉衣并解審口糧、禁卒燈油等項用銀貳千肆百壹拾貳兩肆錢捌分叁釐。據刑部覆稱,查覈數目相符,應準開銷。又遞解人犯口糧錢文,合銀柒拾叁兩伍錢柒分肆釐,亦據刑部查覆,數目相符,均準開銷。至支給興京廳採買米價銀壹百壹拾肆兩柒錢貳分貳釐陸毫,昌圖廳採買米價銀肆百陸拾兩伍錢伍分柒釐捌毫柒絲,臣部查各該處採買米價與酌定價值無浮,應準開銷。

此案於咸豐貳年陸月貳拾叁日科抄到部。行查刑部,於拾月貳拾玖日覆回。茲於拾貳月拾貳日辦理具題,合并聲明。

臣等未敢擅便,謹題請旨。

批紅:依議。

爲雲南題報咸豐元年開墾地畝照例陞科事

咸豐二年十二月十三日

太子太保·大學士管理戶部事務臣祁寯藻等謹題,爲題報等事。

戶科抄出,前兼署雲南巡撫吳文鎔題滇省咸豐元年分安平同知開墾地畝照例陞科一案。咸豐貳年陸月貳拾玖日題,拾月貳拾日奉旨:該部議奏。欽此。欽遵。於本日抄出到部。

該臣等查得,前兼署雲南巡撫吳文鎔疏稱:各屬開墾田地陞科錢糧,例應按年造冊具題。茲據雲南布政使徐有壬等會詳稱:查得滇省咸豐元年分安平同知開改下則民田叁拾肆畝,該秋糧本色米壹斗陸升叁合壹勺,條編銀貳錢陸分貳釐。查此項開墾田地并無地方官抑勒首報情弊,理合分晰造具清冊,詳請覈題。等情。臣覆覈無異,除冊分送部科查覈外,合疏具題。再,此案例應會題,今雲貴總督係臣本任,毋庸列銜。合并陳明。等因前來。

查例載,民間開墾地畝自行首報者,即以自首之年入額陞科。等因。今據前兼署雲南巡撫吳文鎔疏稱:咸豐元年分安平同知開改下則民田叁拾肆畝,該秋糧本色米壹斗陸升叁合壹勺,條編銀貳錢陸分貳釐。查此項開墾地畝并無地方官抑勒首報情弊,造冊具題。等語。查前項陞科錢糧,臣部按照該撫冊造該廳科則田畝覈算,查與賦役全書開載應徵數目相符。應令該撫將安平同知陞科錢糧數目,按年造入地丁奏銷案内,題報查覈。

此案於咸豐貳年拾月貳拾日科抄到部。茲於拾貳月拾叁日辦理具題,合并聲明。

臣等未敢擅便,謹題請旨。

批紅:依議。

爲安徽題報導光二十八年給過囚遞人犯口糧鹽菜銀米事

咸豐二年十二月十三日

戶部等部,太子太保·大學士管理戶部事務臣祁寯藻等謹題,爲請設等事。

戶科抄出,安徽巡撫蔣文慶題安徽省道光貳拾捌年分各屬給過囚遞人犯口糧鹽菜銀米數目一案。咸豐貳年貳月貳拾壹日題,伍月拾陸日奉旨:該部察核具奏。欽此。欽遵。於本日抄出到部。隨將各屬獄囚并遞解各犯花名數目及支給衣藥、棺木等項,是否相符移查刑部去後,今於陸月初肆日準刑部查明,咨覆到部。

該臣等會查得,安徽巡撫蔣文慶將安徽省道光貳拾捌年分各屬支給獄囚、遞解人犯口糧、鹽菜以及棉衣、藥餌、棺木等項銀米動存數目分晰造册,具題前來。查册開:

一、安慶等十三府州屬暨按察司司獄道光貳拾捌年分舊管存剩囚租穀折米叁百壹石玖斗壹升貳合壹勺伍抄,囚租銀肆兩玖錢肆分捌釐。新收囚租穀折米貳百柒拾貳石玖斗玖升叁合貳勺肆抄伍撮,大麥壹石,小麥肆斗,秫秫壹石,地租柒肆錢叁錢玖分,囚租銀捌兩捌錢。等語。查前項管收穀石銀兩按册核算,數目相符,應統歸後款辦理。

一、開除:穀折米陸石壹斗柒升柒合柒勺,大麥壹石,小麥肆斗,地租柒肆錢叁錢玖分,完納本年錢糧漕米訖。通共在監人犯四千一百十三名,共給過口糧米伍千伍百貳拾叁石肆斗壹合。内動支舊管新收囚租穀折米貳百陸拾壹石叁斗貳升肆合捌勺肆抄伍撮,秫秫壹石易米伍斗散給外,又墊支米肆拾貳石玖斗柒升捌合柒勺。俟徵完佃欠囚租歸墊,仍不敷米伍千貳百拾捌石伍斗玖升柒合肆勺伍抄伍撮。遵照新定章程,墊項買米散給應於司庫正項銀内按照例價給發還款。通年共計陸拾陸萬伍千肆百柒拾日,共給鹽菜錢貳千陸百陸拾壹千捌百捌拾文,又宿州途次口糧錢壹拾壹千玖百叁拾肆文,二共錢貳千陸百柒拾叁千捌百拾肆文。按照各該州縣月報錢價核算,共合銀壹千叁百柒拾兩叁錢陸分。除動支囚租銀肆兩叁錢陸分貳釐,又墊支銀柒錢貳分壹釐。俟徵完佃欠歸墊外,仍不敷銀壹千叁百陸拾伍兩貳錢柒分柒釐,應於司庫耗羨銀内動支飭領,易錢散給。實在存剩囚租銀玖兩叁錢捌分陸釐。又存剩囚租穀折米叁百柒石肆斗貳合捌勺伍抄,歸入常平倉内登報。等語。查安徽省册報監禁罪囚并解審途次各人犯,行查刑部覆稱,花名數目相符。所有給過前項口糧米穀鹽菜錢文,戶部按册核算,亦屬符合,應準開銷。至不敷米伍千貳百拾捌石伍斗玖升柒合肆勺伍抄伍撮,應令遵照定章,在於司庫正項銀内按照例價給發。仍將動用銀數若干、係在何款項下動用專案聲明,以憑查核。至給過鹽菜口糧錢合銀壹千叁百柒拾兩叁錢陸分,應令在於司庫耗羨銀内動支飭領,易錢散給,統於耗羨報銷案内造報查核。

一、懷寧等四十八州縣并臨淮、池河二司共接遞犯人一萬三千五百九十八名，共給過口糧米壹百捌拾玖石玖斗壹升貳合叁勺。遵照新定章程，由各該州縣墊項買米散給，應於司庫正項銀内按照例價給發還款。又給鹽菜錢壹百拾肆千肆百伍文，按照各該州縣月報錢價核算，共合銀伍拾陸兩叁分陸釐，應於司庫耗羨銀内動支飭領，易錢散給。等語。查懷寧等州縣并臨池二司遞解軍流徒遣人犯花名數目，既據刑部查覆均屬相符，其給過口糧米穀鹽菜錢文，户部按冊核算，亦屬符合，應準開銷。仍令該撫將前項準銷米壹百捌拾玖石玖斗壹升貳合叁勺，應遵新定章程，飭令該州縣在於司庫正項銀内，按照例價給發，并將用過銀數若干、係在何款項下動用專案咨報，以憑查核。至給過鹽菜錢壹百拾肆千肆百伍文，合銀伍拾陸兩叁分陸釐，係動支耗羨銀兩，仍統歸耗羨報銷案内造報查核。

一、開除：安慶府并懷寧等州縣并按察司司獄共給過衣褲、藥餌、棺木等項銀貳千貳拾兩柒錢玖分叁釐，應於司庫耗羨銀内動支飭領。等語。查前項支給獄囚衣藥、棺木等項銀兩，既據刑部查核相符，應準其在於司庫耗羨款内支給。仍令該撫轉飭，統於各該年耗羨奏銷案内分晰開除造報。

一、外結贓贖項下。舊管懷寧等州縣存庫銀貳百拾叁兩伍錢捌分貳釐伍毫，錢叁百伍拾文，并未變各物等項未完銀貳千肆百叁拾捌兩叁錢伍分柒釐伍毫，玖叁色銀拾叁兩伍錢，元銀叁錠，錢柒百叁拾貳千叁百玖拾壹文，柒伍錢貳千文，柒數錢壹千伍百文，柒肆錢伍百文，贓錢叁百文，馬褂作錢貳百陸拾伍文。又錢肆拾伍文，并未變各物等項新收婺源、旌德、合肥、壽州等四州縣承追銀壹拾壹兩肆錢。等語。查前項舊管實存贓贖銀錢等款，據稱現在勒追之處，刑部查，安徽省承追未完銀錢核與原案相符，應令該撫將未完銀錢上緊勒追，毋任延宕。至存庫銀貳百拾叁兩伍錢捌分貳釐伍毫，錢叁百伍拾文，應令該撫轉飭加謹收存。其未變各物及未完銀錢各款，歷屆疏冊内總以現在勒追爲詞，并不嚴飭分别變價追繳還款，殊屬不合。應令該撫即照刑部所議，嚴飭追繳，抵放下屆獄囚衣藥、棺木等項之用，毋得仍前玩延。仍統於本案報銷冊内分晰造報查核。

一、疏稱：給過銀米行據各屬咸稱俱係按日支給，并無剋扣浮捏情弊。相應彙造花名清冊，詳送核題。等語。刑部查，安徽省給過獄囚銀米等項，核與冊造數目相符。至有無剋扣，仍令該撫隨時認真查察。

一、疏稱：此案應於道光貳拾玖年叁月内造報詳題，因泗州應造道光拾叁年銷冊於道光拾柒年柒月内始行造送，以致不能依限造轉。業將該州王毓芳造冊遲延職名，於是年冊内開報聲明在案。所有道光貳拾捌年分實緣拾叁年羈延以致遞相遲逾，前已開報請參，現在應請邀免復議。等語。查此案應於貳拾玖年叁月内題報。前據咨報，泗州王毓芳造報遲延職名，聲明該州業已病故，經户部於拾叁年奏銷案内準其免議在案。今該撫以遞年積壓皆因泗州王毓芳遲延爲詞，實屬意存迴護。儻能認真辦理，何難迅即造報，以清界限。應仍令該撫即將此案并歷年遲延應議各職名一并送部核議，以昭核實。其各屬未送印加各結，亦即趕緊飭取送部。至道光貳拾玖、叁拾等年并咸豐元年囚糧冊籍，并令嚴飭依限題報，以符例限。儻再任意支飾，由臣部照例參處。

此案係户部主稿。科抄於咸豐貳年伍月拾陸日到部，行查刑部，於陸月初肆日咨覆。送會刑部，於拾壹月初陸日議結送回。玆於拾貳月拾叁日辦理具題，合并聲明。

臣等未敢擅便，謹題請旨。

批紅：依議。

爲廣東各鹽場道光三十年缺收各員議處事

咸豐二年十二月十三日

户部等部，太子太保・大學士管理户部事務臣祁寯藻等謹題，爲遵旨議奏事。

户科抄出，兩廣總督徐廣縉題道光叁拾年各場缺收分數一案。咸豐貳年貳月初捌日題，肆月貳拾陸日奉旨：該部議奏。欽此。欽遵。於本日抄出到部。

該臣等會議得，兩廣總督徐廣縉疏稱：據兩廣鹽運使趙鏞詳稱，粵東各場收鹽奉準部咨，每年按額以十分計算，照缺溢分數分別議叙議處。等因。今道光叁拾年各場收鹽缺溢數目玆屆一年期滿，照例通盤考覈詳題。所有經管週年額内少收三分以上官係上川司署鹽巡檢龔曾蔭、雙恩場委員候補鹽大使盧錦堂、碧甲柵委員候補鹽經歷姚德恒、白石東場大使黄慶澄、白石西場兼理委員白石東場大使黄慶澄、河西柵委員候補鹽知事張履徵、東界場大使章壽祺。二、三官經管額内少收三分以上官係淡水場大使平翼、大洲場署大使事候補鹽知事簡履謙、□白場署大使陳峻、石橋場大使葉經邦、海甲柵委員候補鹽大使余鵠、小靖内場署大使事候補鹽知事胡秉鈞、小靖外厰兼署委員署小靖内場大使候補鹽知事胡秉鈞、招收場署大使事候補鹽知事程居易、隆井場代理大使事候補鹽知事王言鍔、惠來柵委員候補鹽大使蘇雲驥、候補鹽知事劉鶴齡、小江場委員候補鹽知事裘濟堂。經管週年額内少收二分以上官係茂暉場大使陶福亨。二、三官經管額内少收二分以上官係大洲場大使劉重恩、署大使事丁憂候補鹽知事陳應泰、□白場署大使事候補鹽大使陸雲、海甲柵委員候補鹽大使王家齊、博茂場丁憂大使文明。二、三官經管額内少收一分以上官係淡水場調署大使事石橋場大使葉經邦、小靖内場大使翁廷玉、小靖外厰兼理委員小靖内場大使翁廷玉、招收場代理大使事候補鹽知事王承宗、隆井場大使崇元海、山隆澳場委員候補鹽經歷畢坤、候補鹽經歷洪震、小江場委員候補鹽知事程居易。二、三官經管額内少收不及一分官係石橋場調署大使事淡水場大使平翼、博茂場兼理大使事署茂名縣知縣胡宗政、署大使事候補鹽經歷俞旭照。以上額内少收各員相應一并開報,聽候部議。再,缺收各員行據各府查明,實因各場地方陰雨不齊所致,并無縱容售私情弊。又潮屬各場鹽斤現係發帑收鹽,仍照向例一體造報考覈。等由。造冊請題前來。臣覆查無異,除冊送部查覈外,臣謹具題。等因前來。

查乾隆拾玖年陸月,經吏部會同戶部議覆原任兩廣總督班第題嗣後場員收鹽每年按額分作十分,額外收足一、二分者記功示奬,三分以上者照一官全完一年引課之例,準其紀錄一次。其協辦効力委員能於額外收足三分以上者,準其遇缺題補。至額内少收各員,責令知府確查,如係縱容售私以致缺額,即不論分數,嚴參究審。或因本年積雨連陰,實較往歲爲甚,三分以下姑準記過,若至四分以上,即行咨斥。又乾隆伍拾肆年拾壹月戶部議覆原任兩廣總督福康安奏籌辦省河鹽務案内,請設立公局,將場額通盤覈定,凡場柵額收鹽斤俱已業經配運開行者,方準作爲收數入於旬月報之内。每半年由運司會覈一次,如實較定額多配鹽若干,即予記功奬賞。實照定額少配鹽若干,即查照分數參處。庶考成既歸確實,而場員不敢仍前虛報,致留走私地步。各等因在案。

今據兩廣總督徐廣縉疏稱:道光叁拾年各場收鹽,所有經管額内少收三分以上、并二分以上、一分以上、不及一分官之上川司署鹽巡檢龔曾蔭等各職名聽候部議。等語。吏部查定例:廣東場員收鹽按額分作十分,如額内少收三分以下者,姑準記過等。除少收一、二分以上之小靖場大使翁廷玉、大洲場大使劉重恩均經病故,俱毋庸議外,應將少收不及一分之署石橋場大使事淡水場大使平翼、兼理博茂場大使事臨高縣知縣胡宗政、署博茂場大使事候補鹽經歷俞旭照,少收一分以上之署淡水場大使事石橋場大使葉經邦、代理招收場大使事候補鹽知事王承宗、隆井場大使崇元海、山隆澳場委員候補鹽經歷畢坤、海山隆澳場委員候補鹽經歷洪震、小江場委員候補鹽知事程居易,收少二分以上之茂暉場大使陶福亨、署大洲場大使事候補鹽知事陳應泰、署□白場大使事候補鹽大使陸雲、海甲柵委員候補鹽大使王家齊、博茂場丁憂大使文明,少收三分以上之上川司鹽巡檢另案革職龔曾蔭、雙恩場委員候補鹽大使盧錦堂、碧甲柵委員候補鹽經歷姚德恒、白石場大使黄慶澄、河西柵委員候補鹽知事張履徵、東界場大使章壽祺、署大洲場大使事候補鹽知事簡履謙、□白場大使陳峻、石橋場大使葉經邦、海甲柵委員候補鹽大使余鵠、署小靖内場大使事候補鹽知事胡秉鈞、代理隆井場大使事候補鹽知事王言鍔、惠來柵委員候補鹽大使蘇雲驥、惠來柵委員候補鹽知事劉鶴齡、小江場委員候補鹽知事裘濟堂均照例姑準記過。黄慶澄又兼理白石西場委員,平翼又在淡水場大使任内,胡秉鈞又兼署小靖内場委員,程居易又署招收場大使,任内俱少收三分以上,均照例再姑準記過。

此本係戶部主稿。於咸豐貳年肆月貳拾陸日科抄到部,柒月初壹日會吏部,拾壹月貳拾叁日吏部議結送回。茲於拾貳月拾叁日辦理具題,合并聲明。

臣等未敢擅便,謹題請旨。

批紅:依議。

爲浙江咸豐元年給過武職各官養廉銀兩題銷事

咸豐二年十二月十三日

太子太保·大學士管理戶部事務臣祁寯藻等謹題,爲題銷等事。

戶科抄出,前署浙江巡撫椿壽題浙江省咸豐元年分給過武職各官養廉銀兩造冊題銷一案。咸豐貳年柒月貳拾玖日題,拾月貳拾捌日奉旨:該部察覈具奏。欽此。欽遵。於本日抄出到部。查此案先據該前署撫將揭帖并清冊齎投送部,臣部將冊造經制官員外委并任事起止日期是否相符,移查兵部去後。今於咸豐貳年拾月拾捌日準兵部查明原冊,咨覆到部。

該臣等查得,前署浙江巡撫椿壽將浙江省咸豐元年分給過武職各官養廉

銀兩造册具題前來。查册開:

一、舊管銀壹拾叁兩伍錢叁分壹釐。等語。查前項舊管銀兩已據該撫造入咸豐貳年春撥册内報部在案,應毋庸議。

一、新收道光叁拾年契牙雜税銀肆萬柒千貳百陸拾捌兩肆分柒釐壹毫伍絲,又收各營官兵繳還例借行裝銀叁萬貳千捌百伍拾叁兩玖錢伍分貳釐捌毫伍絲,又收咸豐元年朋銀陸千兩,共銀捌萬陸千壹百貳拾貳兩。等語。查前項新收道光叁拾年契牙雜税并各營繳還例借行裝及咸豐元年朋銀各銀兩,覈與酌撥原案相符,應毋庸議。

一、開除:支給過各標鎮協營各官及經制外委養廉銀捌萬伍千貳百伍拾陸兩捌錢壹分捌釐,又給署事人員養廉銀捌百伍拾柒兩玖錢玖分捌釐,共銀捌萬陸千壹百壹拾肆兩捌錢壹分陸釐。移查兵部覆稱,經制官員外委數目并任事起止日期,覈與該撫册報相符。等語。查定例:直省緑營武職各員歲支養廉,提督每員銀貳千兩,總兵每員銀壹千伍百兩,副將每員銀捌百兩,參將每員銀伍百兩,遊擊每員銀肆百兩,都司每員銀貳百陸拾兩,守備每員銀貳百兩,千總每員銀壹百貳拾兩,把總每員銀玖拾兩,經制外委千把總每員銀拾捌兩。等語。今浙江省咸豐元年分各標鎮協營各官及經制外委數目并任事起止日期,既據兵部查覆,覈與該撫册報相符,所有前項支給銀捌萬陸千壹百壹拾肆兩捌錢壹分陸釐,臣部按册覈算,并與定例均屬符合,應準開銷。

一、實存銀柒兩壹錢捌分肆釐,造入咸豐叁年春撥册内報部撥用。等語。查前項實存銀兩按册覈算,與應存數目相符,據稱造入咸豐叁年春撥册内報部。臣部照數登記外,應俟該年春撥册送部到日,再行查覈。

此案於咸豐貳年拾月貳拾捌日科抄到部。玆於拾貳月拾叁日辦理具題,合并聲明。

臣等未敢擅便,謹題請旨。

批紅:依議。

爲雲南題報咸豐元年循例盤查司道庫貯錢糧事

咸豐二年十二月十四日

太子太保·大學士管理户部事務臣祁寯藻等謹題,爲循例事。

户科抄出,前兼署雲南巡撫吳文鎔題,滇省咸豐元年分民屯錢糧盤查司道各庫并無虧缺取結保題一案。咸豐貳年陸月貳拾玖日題,拾月貳拾日奉旨:該部察核具奏。欽此。欽遵。於本日抄出到部。

該臣等查得,前兼署雲南巡撫吳文鎔疏稱:竊照司道庫存錢糧奏銷事例應盤查具題。茲值滇省奏銷咸豐元年分民屯錢糧之期,飭據雲南布政使徐有壬詳稱:司庫實存各款銀壹百捌拾玖萬捌千貳百玖拾柒兩陸錢肆分柒釐内,除銅庫工本運腳借放銀捌拾伍萬叁千玖拾柒兩壹錢捌分捌釐,又除奏平不敷奏明借放銀壹萬肆千玖百柒拾捌兩捌錢肆分玖釐内,除題撥咸豐元年分奏平歸公撥還銀貳千壹百肆兩肆錢,實借放銀壹萬貳千捌百柒拾肆兩肆錢肆分玖釐,實存庫銀壹百叁萬貳千叁百貳拾陸兩壹分。又存封貯急需銀柒百貳拾兩,籌邊備貯銀柒千兩。又銅庫實存各款銀叁萬玖千伍拾貳兩壹錢貳分伍釐。又據糧儲道崔光笏詳稱:道庫實存糧務各款銀肆萬壹千貳百陸拾叁兩柒錢玖分陸釐。各造具冊單,詳請盤查具題。臣親赴司道庫逐一盤查,數目俱屬相符,并無虧缺等弊。除照例出具印結,分送部科查核外,理合恭疏具題。再,此案例應會盤結報,今雲貴總督係臣本任,毋庸列銜。合并陳明。等因前來。

查定例:各省司道庫貯錢糧,每年於奏銷時,督撫會同盤查。如無那移情事,取結保題。等因。今據前兼署雲南巡撫吳文鎔疏稱:司庫實存各款銀壹百捌拾玖萬捌千貳百玖拾柒兩陸錢肆分柒釐内,除銅庫工本運腳借放銀捌拾伍萬叁千玖拾柒兩壹錢捌分捌釐,又除奏平不敷奏明借放銀壹萬肆千玖百柒拾捌兩捌錢肆分玖釐内,除提撥咸豐元年分奏平歸公撥還銀貳千壹百肆兩肆錢,實借放銀壹萬貳千捌百柒拾肆兩肆錢肆分玖釐,實存庫銀壹百叁萬貳千叁百貳拾陸兩壹分。又存封貯急需銀柒百貳拾兩,籌邊備貯銀柒千兩。又銅庫實存各款銀叁萬玖千伍拾貳兩壹錢貳分伍釐。又據糧儲道庫實存糧務各款銀肆萬壹千貳百陸拾叁兩柒錢玖分陸釐。親赴司道庫逐一盤查,取結保題。等語。查糧道庫實存糧務各款銀兩,臣部核與咸豐元年地丁奏銷冊造數目相符。其司庫實存項下借放工本運腳銀捌拾伍萬叁千玖拾柒兩壹錢捌分捌釐,應令該督撫查照臣部奏案辦理。至奏平項下借放司院養廉銀壹萬貳千捌百柒拾肆兩肆錢肆分玖釐,已據該省奏明,業經臣部議覆,準其分限撥補報部。查核其餘實存各款銀兩,既據疏稱并無虧缺,應令該督撫轉飭入於各本案内分別題咨,報部查核。

此案於咸豐貳年拾月貳拾日科抄到部。茲於拾貳月拾肆日辦理具題,合并聲明。

臣等未敢擅便,謹題請旨。

批紅:依議。

爲江西新任督糧道接收前任經手錢糧清楚事

咸豐二年十二月十四日

太子太保・大學士管理戶部事務臣祁寯藻等謹題,爲移查事。

戶科抄出,前署理江西巡撫陸元烺將江西督糧道吳其泰接收前署道沈濤經手錢糧交盤清楚造册具題一案。咸豐貳年柒月貳拾陸日題,拾壹月初貳日奉旨:該部察覈具奏。欽此。欽遵。於本日抄出到部。

該臣等查得,前署理江西巡撫陸元烺疏稱:糧道交代應照年終奏銷之例,督撫親赴盤查。所有收支實存數目,仍令藩司覈明,加結詳送保題。今據署布政司事按察使惲光宸詳稱:查督糧兼巡南撫建道吳其泰於咸豐貳年叁月初貳日到任,其應接收前署道沈濤任内交代倉庫錢糧,當即移令查明接收去後。兹準吳其泰移稱:準沈濤將任内經收支放漕屯兵折錢糧銀米逐一移交前來。俱經查明,接受清楚,造册出結移司。查交盤册開:舊管銀玖萬貳千玖百壹拾兩伍錢零,新收銀捌萬陸千肆百玖兩伍錢零,開除銀壹拾肆萬柒千壹百壹拾兩捌錢零,實存銀叁萬貳千貳百玖兩貳錢零。又舊管兵米壹千陸百柒拾伍石零,新收米肆千肆拾捌石陸斗零,開除米陸百貳拾肆石柒斗零,實存米伍千玖拾捌石玖斗零。又舊管移交咸豐元年分并以前節年緩徵遞緩正改副米伍拾貳萬伍千陸百陸拾肆石玖斗零内,查道光拾壹年起至貳拾年止,各年未完遞緩漕米業經造册,詳蒙奏奉恩旨全行豁免,應請毋庸重録造報。又咸豐元年緩徵正改副米貳萬叁千壹百叁拾叁石壹斗零,新收無項,開除無項,實存米貳萬叁千壹百叁拾叁石壹斗零。同前項存庫存倉銀米,俱經該道吳其泰按款查明,接受清楚,并無虧缺。造具册結,移司覆覈加結,詳送前來。臣親赴道庫逐一盤驗相符,除將送到册結加具印結分送部科外,理合具題。等因前來。據册開:

一、舊管銀玖萬貳千玖百壹拾兩伍錢柒分貳釐,兵米壹千陸百柒拾伍石伍升貳合。又舊管咸豐元年分并以前節年緩徵遞緩正改兑正副米伍拾貳萬伍千陸百陸拾肆石玖斗伍合,并聲明内有道光拾壹年起至貳拾年止遞緩漕糧米石,現奉部議,全行豁免,應毋庸重録造報。又新收銀捌萬陸千肆百玖兩伍錢貳分柒釐,兵米肆千肆拾捌石陸斗玖升肆合壹勺。等語。查前項舊管銀米覈與前道交盤案内實存數目均屬相符,新收銀米按冊覈算亦屬符合。至道光拾壹年起至貳拾年止遞緩漕糧米石,前據江西巡撫造冊請豁,經臣部奏請豁免在案。應毋庸議。

一、放道光叁拾年及咸豐元年分俸工松板并曬颺米價等款,共銀叁萬壹千叁百捌拾兩玖錢肆分陸釐。又咸豐元年分收買曬颺米價銀叁千柒拾貳兩陸錢貳分壹釐,又咸豐元貳等年分修艌、行月、俸工、蘆席等款,共銀拾壹萬貳千陸百伍拾柒兩叁錢叁分壹釐。等語。查前項放給道光叁拾年及咸豐元年俸工等款銀兩,覈與各該年漕項奏銷及撥冊内造報銀數均屬相符。至放給咸豐元年收買曬颺米價銀叁千柒拾貳兩陸錢貳分壹釐,户部檢查貳年秋撥冊内開除項下,并無動放此款銀兩。應令該撫即飭查明究係造入何年何項冊内動放之處,分晰報部,以凴查覈。其放給咸豐元貳等年修艌等項銀兩,并令漕運總督即飭分别造入各該年漕項奏銷案内,題報查覈。

一、放撫標左右南昌城守等三營咸豐貳年分額兵月糧并孤老殘廢兵丁月糧等款米陸百貳拾肆石柒斗捌升。等語。查前項放給咸豐貳年兵糧等款米石,并令該撫即飭造入該年兵米奏銷冊内,報部查覈。

一、實存銀叁萬貳千貳百玖兩貳錢壹釐,兵米伍千玖拾捌石玖斗陸升陸合壹勺。又咸豐元年緩徵正改副米貳萬叁千壹百叁拾叁石壹斗叁升柒合壹勺。等語。查前項實存銀米,臣部照數登記,仍令該撫即飭造入下屆交代案内,報部查覈。至咸豐元年分漕糧米石,應令漕運總督即飭造入該年漕項奏銷案内題報查覈。

此案科抄於咸豐貳年拾壹月初貳日到部。兹於拾貳月拾肆日辦理具題,合并聲明。

臣等未敢擅便,謹題請旨。

批紅:依議。

爲江蘇報銷蘇州等屬道光二十二年支給獄囚錢糧事

咸豐二年十二月十四日

太子太保·大學士管理户部事務臣祁寯藻等謹題,爲報銷等事。

戶科抄出,江蘇巡撫楊文定題蘇州等屬道光貳拾貳年分支給獄囚各犯口糧米石鹽菜錢文造冊報銷一案。咸豐貳年貳月拾伍日題,伍月初柒日奉旨:該部察核具奏。欽此。欽遵。於本日抄出到部。隨將冊開各屬囚遞人犯數目是否相符,移查刑部去後。玆於柒月貳拾伍日準刑部查明,咨覆到部。

該臣等查得,江蘇巡撫楊文定將蘇、松、常、鎮、太五府州屬道光貳拾貳年徵收獄囚租米動存數目并支給罪囚遞解人犯口糧米石錢文,分晰造冊,具題前來。查冊開:

一、江蘇按察司司獄并長洲等縣原設獄田額徵租米捌百肆拾柒石壹斗柒升肆合柒勺内,除缺額減租并扣完條漕米肆拾柒石肆斗陸升貳合,又長洲、元和二縣額租米壹百柒拾石肆升陸勺例係壓徵下年造報外,實徵米柒百玖拾玖石柒斗壹升貳合陸勺。等語。查前項額設獄囚減缺完漕并實徵租米,臣部核與上屆冊報數目相符。仍令該撫將長洲、元和二縣壓徵米石統於下屆題報冊内造報查核。

一、舊管:各屬存剩節年租米伍百拾貳石柒斗玖升叁合伍勺,錢貳拾肆千玖百玖拾文。等語。查前項實存獄租米石錢文,臣部核與上屆冊報數目相符,應毋庸議。

一、新收:各屬徵收道光貳拾貳年分租米叁百柒拾陸石玖斗壹升陸合捌勺,節年租米壹百石玖斗伍升。等語。查前項新收獄租米石,臣部按冊核算,數目相符,應毋庸議。

一、開除:各屬道光貳拾貳年分支給罪囚遞解人犯共米貳千柒百玖拾壹石貳斗玖升捌合叁勺。内除司獄動支租米陸石伍斗柒合貳勺,又各屬支給囚犯獄租米肆百拾柒石貳斗肆升伍合陸勺,實動常平倉穀碾米貳千叁百陸拾柒石伍斗肆升伍合伍勺。又各犯應給柴薪、鹽菜并遞犯口糧共錢壹千陸百捌拾壹千伍百伍文内,除司監動支鹽菜錢叁千肆百拾伍文,實該錢壹千陸百柒拾捌千玖拾文。按照各州、廳、縣月報錢價,應動銀壹千壹百拾貳兩貳錢捌分壹釐,在於司庫耗羨銀内動支,應請核銷。等語。查前項支給各犯口糧米貳千柒百玖拾壹石貳斗玖升捌合叁勺,柴薪、鹽菜錢壹千陸百捌拾壹千伍百伍文,移查刑部覆稱,與該撫冊報數目相符。臣部按冊核算,亦屬符合。所有動支常平倉項下米石,查該年冊報尚未到部,應俟題報到日,再行核對。實動支獄田租米肆百貳拾叁石柒斗伍升貳合捌勺,既據刑部核對相符,準其開銷。至動支耗羨銀兩,檢查貳拾貳年耗羨報銷冊内,亦無開除前款名目。臣部於歷屆題銷疏内飭令該撫查明,專案報部核銷。乃該撫年復一年,置若罔聞,實非辦公之道。仍令該撫於歷屆題銷前項銀米速飭據實查明,專案報部核銷,毋任再延。

一、實在:各屬存倉獄租米肆百陸拾壹石玖斗陸升壹合壹勺、錢貳拾壹千伍百柒拾伍文内,司監存剩米柒拾柒石肆斗捌升捌合貳勺,錢貳拾壹千伍百柒拾伍文。留存濟放囚食。上海縣存剩米叁石叁升壹合貳勺,溧陽縣存剩米叁百捌拾壹石肆斗肆升壹合柒勺,遵照部行,留爲撥補囚糧,不敷另報。等語。應令該撫將前項實存獄租米石錢文轉飭統於下屆冊内,造報查核。

一、長洲、元和、溧陽等縣經徵分管司監并縣獄田未完各年佃欠米叁千貳百捌拾石伍斗玖升玖合陸勺,現飭勒限比追完報。等語。應令該撫嚴飭各屬,分别勒限按數催徵完報,造入下屆冊内。如再不完,即查取承追不力職名,送部查議,毋再耽延。

一、此案報銷例應於次年叁月内報部,今遲至十年有餘,始行造報,實屬不合。應令該撫速將以後囚糧按年造冊題銷,毋再延擱。仍查取造報遲延及督催不力職名,送部核議。

再,此案科抄於咸豐貳年伍月初柒日到部。移查刑部,於柒月貳拾伍日覆回。兹於拾貳月拾肆日辦理具題,合并聲明。

臣等未敢擅便,謹題請旨。

批紅:依議。

爲雲南題銷咸豐元年給過監遣各犯口糧等項銀米事

咸豐二年十二月十四日

太子太保·大學士管理戸部事務臣祁寯藻等謹題,爲循例等事。

戸科抄出,前任雲南巡撫張亮基題滇省咸豐元年分各屬給過監遣各犯口糧等項銀米造冊題銷一案。咸豐貳年肆月初玖日題,陸月貳拾捌日奉旨:該部察核具奏。欽此。欽遵。於本日抄出到部。臣部隨將該撫送到監遣各犯姓名原冊行查刑部去後。今於咸豐貳年拾壹月初陸日準刑部查明,同原冊咨覆到部。

該臣等查得,前任雲南巡撫張亮基將滇省咸豐元年各屬給過監遣各犯口糧、柴菜、棉衣、藥餌等項銀米造冊具題前來。據冊開:

一、給過在監人犯,共給過監犯口糧米肆千壹百叁拾叁石壹斗玖升貳合伍勺。又給過柴菜錢貳千肆百捌拾玖千捌百柒拾伍文。每錢壹千貳百文,合銀壹兩,共該銀貳千柒拾肆兩捌錢玖分陸釐。又給過棉衣、藥餌價值共銀壹千貳百壹拾陸兩陸分壹釐。又在配不能謀食,共給過口糧銀肆百柒拾伍兩柒錢。又遞解過往軍流遣犯,共給過口糧、柴菜錢陸千肆百貳拾文。每錢壹千貳百文合銀壹兩,共該銀伍兩叁錢伍分。統共給過柴菜、棉衣、藥餌價值共銀叁千柒百柒拾貳兩柒釐。俱在於司庫銅息銀内動支。又昆明縣給過司府縣三監留禁人犯口糧米陸拾陸石肆斗,柴菜錢肆拾千文。每錢壹千貳百文作銀壹兩,共作銀叁拾叁兩叁錢叁分叁釐叁毫。以每銀壹兩合米壹石,共合米叁拾叁石叁斗叁升叁合叁勺。在於獄田項下支銷。等語。查定例:雲南省司、府、縣監犯,每名日給口糧米捌合叁勺,柴菜錢伍文。又例載:軍流遞解人犯,每名日給口糧錢壹拾伍文,每錢壹千貳百文作銀壹兩。等因。又各廳、州、縣在監人犯製給棉衣,每件價銀捌錢陸分陸釐,藥餌每劑價銀貳分伍釐。歷年辦理在案。今滇省咸豐元年分各屬監遣各犯姓名、數目以及起止日期行查刑部,覆稱支過監遣各犯口糧人名、數目均屬相符。其給過柴菜、棉衣、藥餌等項銀米,臣部按冊核算,與應給之數亦屬符合,應準開銷。

一、獄田項下舊管米肆千肆百玖拾叁石貳斗壹升陸合叁勺,新收米壹百叁拾貳石,開除司府縣三監留禁人犯口糧米陸拾陸石肆斗,柴菜錢肆拾千文。每錢壹千貳百文作銀壹兩,共作銀叁拾叁兩叁錢叁分叁釐叁毫。以每銀壹兩合米壹石,共合米叁拾叁石叁斗叁升叁合叁勺。共放過米玖拾玖石柒斗叁升叁合叁勺。實存米肆千伍百貳拾伍石肆斗捌升叁合。等語。查前項舊管米石核與上屆報銷案内實存數目相符。新收米石按冊核算,亦屬符合。其開除司府縣三監留禁人犯口糧、柴菜合銀作米已於前款核覆,應毋庸議。所有實存米石核與應存數目相符,應令該撫轉飭入於下屆報銷案内舊管項下,題報查核。

此案於咸豐貳年陸月貳拾捌日科抄到部。行查刑部,於拾壹月初陸日覆回。玆於拾貳月拾肆日辦理具題,合并聲明。

臣等未敢擅便,謹題請旨。

批紅:依議。

爲江蘇報銷江寧所屬道光二十一年支過囚犯銀米事

咸豐二年十二月十四日

太子太保·大學士管理戸部事務臣祁寯藻等謹題,爲報銷事。

戸科抄出,江蘇巡撫揚文定題江寧所屬道光貳拾壹年分支過囚遞人犯口糧銀米錢文造册報銷一案。咸豐元年拾貳月貳拾壹日題,貳年叁月貳拾壹日奉旨:該部察核具奏。欽此。欽遵。於本日抄出到部。隨將册報獄囚遞解各犯數目是否相符,移查刑部去後。兹於柒月初肆日準刑部查明,同原册咨覆到部。

該臣等查得,江蘇巡撫楊文定題江寧所屬道光貳拾壹年分給過囚遞人犯口糧、鹽菜等項,并徵收獄租銀米分晰造册,具題前來。查册開:

一、舊管:高淳、鹽城二縣道光貳拾年分存剩獄租銀拾陸兩伍錢叁分陸釐玖毫。溧水縣貳拾年存剩米肆石壹升陸合柒勺,節年存剩米拾陸石玖升玖合。高淳、鹽城等縣節年存剩銀肆百柒拾玖兩叁錢玖分柒釐貳毫伍絲。高淳縣未完拾壹年灾緩銀拾肆兩壹錢柒分伍釐。六合縣未完道光拾壹年起至貳拾年止灾緩銀陸拾叁兩伍錢。鹽城縣未完拾壹年灾緩銀拾兩伍錢伍分壹釐。江都、甘泉二縣節年存剩錢肆百貳拾玖千玖百貳拾壹文。甘泉縣道光元年起至拾捌年止存剩商捐匣費銀壹百貳拾玖兩捌釐捌毫。江都縣未完道光貳拾年灾緩米貳拾叁石捌斗肆升肆合柒勺。又江寧縣未完道光拾壹、拾叁、拾玖、貳拾等年灾緩米柒拾貳石壹斗陸升。又揚州府節年欠解典息銀拾貳兩伍錢柒分。又溧水縣節年存剩米捌石壹斗叁勺,已據該縣糶變價銀拾肆兩玖錢伍釐,現在催提解司另報。又揚州府并六合、鹽城二縣節年存剩獄租及典息共銀玖百叁兩陸錢叁釐肆毫,前經報入三次清查另報。等語。查前項存剩未解并未完各年灾緩獄租銀米錢文及報入三次清查銀兩,臣部核與上屆册報數目相符,應毋庸議。至溧水縣外有嘉慶拾陸年存剩獄租米捌石壹斗叁勺,歴年册報聲稱變價易銀拾肆兩玖錢伍釐,報入三次清查案内追補,叠經臣部以清查久經停止,行令該撫嚴追速解司庫報部,并取率轉各職名送部核議在案。乃此次仍未據飭追歸款,實屬有意延玩。應令查照前題,即速追解司庫,毋得再延,致干參辦。

一、新收:各屬道光貳拾壹年句容、溧水、甘泉等縣獄田租米捌拾肆石玖斗肆升貳勺。揚州府鹽城、甘泉二縣重犯月糧典息獄田租豆變價共銀壹百貳拾叁兩叁錢貳分。又江、甘二縣動支商捐匣費租豆變價完課餘銀易錢壹百柒拾壹千玖百捌拾柒文。等語。查前項徵收租息銀米錢文,臣部按冊核算數目,均屬符合。統歸後款開除、實在項下,分別查核。

一、開除:各屬道光貳拾壹年支給罪囚并遞解各犯米肆千貳拾伍石壹斗伍升玖合柒勺内,句容、溧水等縣動用獄租米玖拾壹石壹斗叁升玖合壹勺。又桃源縣墊辦米壹百貳拾伍石伍斗伍升肆合壹勺,實動支常平倉米叁千捌百捌石肆斗陸升陸合伍勺。又給各犯柴薪、鹽菜錢貳千肆百貳拾肆千柒百玖拾伍文。内除高淳等縣動支各年租銀易錢并黄豆變價商捐匣費銀易錢貳百玖千肆百陸拾伍文抵放外,實動支蘇藩庫餉錢貳千貳百拾伍千叁百叁拾文。等語。查前項支給囚遞人犯口糧米肆千貳拾伍石壹斗伍升玖合柒勺,柴薪、鹽菜錢貳千肆百貳拾肆千柒百玖拾伍文,移查刑部核覆,與該撫冊報數目相符。所有給過米石錢文,臣部按冊核算,亦屬符合。惟該年常平倉穀報銷尚未到部,無憑查核。應令該撫轉飭統於該年倉穀報銷案内,分晰開除造報。其蘇藩庫餉錢在於何年何項報銷冊内造報,并令一并查明,專案報部查核。至桃源縣墊辦米石,飭俟該縣常平倉穀買補足額之日,即行按數撥還歸款,毋稍牽混。

一、實在:鹽城縣道光貳拾壹年存剩獄租銀貳拾貳兩陸錢貳釐壹毫,又節年存剩銀肆百拾捌兩柒錢伍分伍釐貳毫伍絲。甘泉縣貳拾壹年存剩錢捌千陸百陸拾貳文,節年存剩錢叁百柒拾柒千壹百柒拾壹文,甘泉縣節年存剩商捐匣費銀壹百貳拾玖兩捌釐捌毫。高淳縣節年存剩銀陸拾伍兩陸錢貳分貳釐陸毫,又道光拾壹年并貳拾壹年灾緩銀貳拾捌兩叁錢伍分。六合縣道光拾壹、拾叁、拾伍、拾玖、貳拾、貳拾壹等年灾緩銀柒拾捌兩伍錢。鹽城縣道光拾壹年灾緩銀拾兩伍錢伍分壹釐。江都縣節年存剩銀易錢貳拾千玖百陸拾陸文。江寧縣道光拾壹、拾叁、拾玖、貳拾、貳拾壹等年灾緩米玖拾石貳斗。溧水縣道光拾肆、拾伍、拾玖、貳拾等年存剩米拾叁石壹斗伍升玖合捌勺。又揚州府節年欠解典息銀拾貳兩伍錢柒分。又江都縣道光貳拾年灾緩米貳拾捌石陸斗壹升叁合柒勺。又揚州府并六合、鹽城二縣節年存剩獄租及典息共銀玖百叁兩陸錢叁釐肆毫。前經報入三次清查,應俟追補另報。等語。查鹽城縣本年并節年存剩銀肆百肆拾壹兩叁錢伍分柒釐叁毫伍絲,甘泉縣本年並節年存剩錢叁百捌拾伍千捌百叁拾叁文,江都縣節年存剩錢貳拾千玖百陸拾陸文,甘泉縣節年存剩商捐匣費銀壹百貳拾玖兩捌釐捌毫,高淳縣節年存剩銀陸拾伍兩陸錢貳分貳釐陸毫,又道光拾壹年并貳拾壹年災緩銀貳拾捌兩叁錢伍分,六合縣道光拾壹叁伍玖貳拾貳拾壹等年災緩銀柒拾捌兩伍錢,鹽城縣拾壹年災緩銀拾兩伍錢伍分壹釐,江寧縣節年災緩米玖拾石貳斗,江都縣節年災緩米貳拾捌石陸斗壹升叁合柒勺,亦即按限補徵完款。溧水縣節年存剩米拾叁石壹斗伍升玖合捌勺,并令歸入下届報銷冊内造報查核。又揚州府節年欠解典息銀拾貳兩伍錢柒分,應令該撫轉飭催提司解,毋許積存縣庫,致啟侵那之弊。其報入三次清查銀玖百叁兩陸錢叁釐肆毫,查照章程,按限追補歸款,毋再延宕。

一、此案報銷,例應道光貳拾貳年造報題銷,因何遲延十餘年之久始行題報,實屬不合。所有造報遲延職名開列送部核議,并將上届題報案内造冊遲延各職名一并趕緊催取,送部查辦,毋任懸宕,致干參辦。

再,此案科抄於咸豐貳年叁月貳拾壹日到部。移查刑部,於柒月初肆日覆回。兹於拾貳月拾肆日辦具題,合并聲明。

臣等未敢擅便,謹題請旨。

批紅:依議。

爲山西題銷豐鎮廳經徵咸豐元年太僕寺牧廠改折地畝租銀事

咸豐二年十二月十五日

太子太保·大學士管理户部事務臣祁寯藻等謹題,爲遵旨事。

户科抄出,前任山西巡撫兆那蘇圖題,咸豐元年分豐鎮廳經徵太僕寺牧廠永盛莊迤東地畝,原徵本色米石改徵折色銀兩及隨徵耗銀已未完各數解交直隸藩庫一案。咸豐貳年柒月初肆日題,捌月貳拾日奉旨:該部察覈具奏。欽此。欽遵。於本日抄出到部。

該臣等查得,前任山西巡撫兆那蘇圖疏稱:豐鎮廳經徵太僕寺牧廠永盛莊迤東地畝本色米石改徵折色及隨徵耗銀支銷起解數目,例應按年造冊題銷。兹據布政使郭夢齡詳稱:據豐鎮廳冊造,咸豐元年分原額徵太僕寺改折牧地壹萬叁千伍百柒拾壹頃柒拾肆畝壹分,於道光伍年奉準部覆,豁除逃糧地貳拾捌頃貳拾玖畝壹分,本案内陞墾地伍頃貳拾畝,實共地壹萬叁千伍百肆拾捌頃陸拾伍畝。每畝改徵銀壹分肆釐伍毫,共改徵折色銀壹萬玖千陸百肆拾伍兩伍錢肆分貳釐。每兩隨徵閏月銀叁分,共徵閏月銀伍百捌拾玖兩叁錢陸分柒釐。每兩隨徵耗銀伍分,共徵耗銀壹千壹拾壹兩柒錢肆分陸釐。又從折色牧地内撥收正銀叁拾叁兩肆錢捌分貳釐,閏銀壹兩肆釐,耗銀壹兩柒錢貳分肆釐,通共徵收正閏銀貳萬貳百陸拾玖兩叁錢玖分伍釐,耗銀壹千壹拾叁兩肆錢柒分。内除傾銷起解支用銀伍百壹拾陸兩伍錢柒分,餘剩耗銀肆百玖拾陸兩玖錢。又永盛莊迤西折色銀内,原留運米腳價銀貳千柒百貳拾肆兩玖錢肆分叁釐,通共應解銀貳萬叁千肆百玖拾壹兩貳錢叁分捌釐。今僅徵永盛莊迤東改徵折色正銀壹萬柒千玖百柒兩玖錢壹分貳釐,閏銀伍百叁拾柒兩貳錢叁分柒釐,耗銀玖百貳拾貳兩貳錢伍分柒釐。又從折色牧地内撥收正銀叁拾叁兩肆錢捌分貳釐,閏銀壹兩肆釐,耗銀壹兩柒錢貳分肆釐,共正閏銀壹萬捌千肆百柒拾玖兩陸錢叁分伍釐,耗銀玖百貳拾叁兩玖錢捌分壹釐内,除傾銷起解支用銀肆百陸拾肆兩貳錢肆分,餘剩耗銀肆百伍拾玖兩柒錢肆分壹釐。又僅收永盛莊迤西折色銀内原留運米腳價銀貳千肆百柒拾玖兩陸錢玖分捌釐。通共應解貳萬壹千肆百壹拾玖兩柒分肆釐,批解直隸藩庫交納訖。尚有民欠未完永盛莊迤東改折正銀壹千柒百叁拾柒兩陸錢叁分,閏銀伍拾貳兩壹錢叁分,耗銀捌拾玖兩肆錢捌分玖釐。又未完永盛莊迤西折色銀内運米腳價銀貳百肆拾伍兩貳錢肆分伍釐,已於永盛莊迤西折色案内聲明。覆查冊造改折地畝正閏隨徵耗銀支銷起解并民欠未完各數目,均屬相符。等情造具清冊,呈詳前來。臣覆覈無異,除冊送部外,相應具題。等因前來。

查豐鎮廳永盛迤東近仁等村招民承種太僕寺牧廠地畝,原徵米石改徵折色銀壹萬玖千陸百柒拾玖兩貳分肆釐,原留運米腳價銀貳千柒百貳拾肆兩玖錢肆分叁釐并餘剩耗銀,每年一并解交直隸藩庫,以爲採買兵糈之用。嗣於道光伍年據該撫題報:裕如等村地戸遺棄太僕寺牧廠改徵地貳拾捌頃貳拾玖畝壹分,每年應徵糧銀肆拾壹兩貳分貳釐,請自道光伍年爲始,照數豁除。又富貴等村承認新墾地内認種地伍頃貳拾畝,應陞科銀柒兩伍錢肆分,請自道光伍年起徵并於原徵折色地内撥過銀叁拾叁兩肆錢捌分貳釐。經臣部題覆,準其陞豁,分别抵補。等因各在案。今據該撫疏稱:豐鎮廳咸豐元年額徵太僕寺改折牧地銀壹萬玖千陸百肆拾伍兩伍錢肆分貳釐。每兩隨徵閏月銀叁分,共徵閏月銀伍百捌拾玖兩叁錢陸分柒釐。每兩隨徵耗銀伍分,共徵耗銀壹千壹拾壹兩柒錢肆分陸釐。又從折色牧地内撥收正銀叁拾叁兩肆錢捌分貳釐,閏銀壹兩肆釐,耗銀壹兩柒錢貳分肆釐,共應徵正閏銀貳萬貳百陸拾玖兩叁錢玖分伍釐,耗銀壹千壹拾叁兩肆錢柒分。内除傾銷起解支用銀伍百壹拾陸兩伍錢柒分,餘剩耗銀肆百玖拾陸兩玖錢。又永盛莊迤西折色銀内原留運米脚價銀貳千柒百貳拾肆兩玖錢肆分叁釐,通共應解銀貳萬叁千肆百玖拾壹兩貳錢叁分捌釐。今該廳僅徵正閏銀貳萬玖百伍拾玖兩叁錢叁分叁釐,耗銀玖百貳拾叁兩玖錢捌分壹釐。内除傾銷起解支用銀肆百陸拾肆兩貳錢肆分,餘剩耗銀肆百伍拾玖兩柒錢肆分壹釐,一并起解直隸藩庫交納。等語。臣部查與該廳牧廠改徵地畝陞豁抵補各原案相符,其傾銷起解支用耗銀肆百陸拾肆兩貳錢肆分,亦與章程案内應給銀數相符,應準開銷。通共正閏耗并原留運價等銀貳萬壹千肆百壹拾玖兩柒分肆釐,既據該撫聲稱解交直隸藩庫查收,應令直隸總督將前項解交銀兩遵照原奏,以爲採買兵米之用,仍將買補米石用過銀數造報覈銷。至疏稱該廳尚未完咸豐元年永盛莊迤東改折正閏銀壹千柒百捌拾玖兩柒錢陸分,耗銀捌拾玖兩肆錢捌分玖釐,又未完永盛莊迤西折色銀内運米脚價銀貳百肆拾伍兩貳錢肆分伍釐,應令該撫嚴飭該廳迅速催徵全完,解交直隸藩庫,毋任延緩。

此案於咸豐貳年捌月貳拾日科抄到部。茲於拾貳月拾伍日辦理具題,合并聲明。

臣等未敢擅便,謹題請旨。

批紅:依議。

爲江蘇報銷道光二十四年辦解油墩布匹用過銀兩事

咸豐二年十二月二十八日

太子太保·大學士管理戶部事務臣祁寯藻等謹題,爲請銷等事。

戶科抄出,江蘇巡撫楊文定題江蘇省道光貳拾肆年奉文辦解油墩布匹用過價值銀兩造冊報銷一案。咸豐貳年陸月貳拾陸日題,捌月貳拾伍日奉旨:該部察覈具奏。欽此。欽遵。於本日抄出到部。

該臣等查得,江蘇巡撫楊文定疏稱:江蘇省道光貳拾肆年準部行文派辦油墩布陸萬匹,案經行司,轉飭吳縣督商領辦,并令確訪切實時價,詳候覈給。嗣據布商汪益美等遵照向例開報價值,由府詳司給辦去後。今據署蘇州布政使岳興阿詳稱:奉文派辦油墩布匹業已辦齊填批,請給咨牌,委員督商解部在案。所有油墩布陸萬匹,每匹請銷庫平紋銀肆錢貳分陸釐。該銀貳萬伍千伍百陸拾兩,照例在於司庫收存道光貳拾肆陸兩年地丁銀内動放給辦。覈與歷年奉部準銷之案相符,轉造報銷冊結,詳送具題前來。

查江蘇省道光貳拾肆年奉文派辦油墩布陸萬匹,業據該撫委員督商解部,經臣部緞匹庫照數查收在案。所有用過價值銀兩,現據該撫冊報,辦解前項油墩布陸萬匹,照數每匹實需庫平紋銀肆錢貳分陸釐,共該價銀貳萬伍千伍百陸拾兩,在於司庫收存道光貳拾肆陸兩年地丁銀内動放。等語。臣部覈與歷屆準銷銀數相符,應準照數開銷。

再,此案科抄於咸豐貳年捌月貳拾伍日到部。茲於拾月貳拾捌日辦理具題,合并聲明。

臣等未敢擅便,謹題請旨。

批紅:依議。

爲閩省題銷給過傷亡兵丁眷屬半餉等銀事

咸豐三年正月二十九日

太子太保·大學士管理戶部事務臣祁寯藻等謹題,爲剿匪事。

戶科抄出,兼署閩浙總督·福建巡撫王懿德將閩省咸豐元年分給過剿捕蔡逆案内陣傷亡故、漂没兵丁遺下無依眷屬半餉暨米折銀兩一案。咸豐貳年柒月貳拾捌日題,拾貳月初拾日奉旨:該部察覈具奏。欽此。欽遵。於本日抄出到部。查此案先據該撫造冊結報,經臣部將兵眷名數及起止日期是否相符,行查兵部去後,旋準兵部查覆到部。

該臣等查得,兼署閩浙總督·福建巡撫王懿德疏稱:案準部咨,嘉慶玖年、拾年洋匪蔡牽糾率夥黨,竄赴臺灣,滋擾臺灣。内地水陸各營,先後打仗陣傷亡故、被害漂没無著弁兵,遺下無依眷口二百五十八名,又眷口六十八名。查附送印結内稱,自嘉慶貳拾壹年以後,陸續到司所需半餉及半餉之半暨米折銀兩,應準其結報到司之日起,分别支給。并令按年造冊報銷,遇有年老事故及幼丁挑缺,即行照例截止。其聲請以各亡故弁兵截住糧餉之日爲始,遞年補支餉米之處,仍令嚴催確查,據實題覆。并取具該管鎮將及道府大員印結送部,再行覈辦等因。茲據署布政使楊培詳稱:咸豐元年分連閏給過各標鎮協營陣傷、亡故兵丁三名各眷屬半餉暨米折共銀叁拾兩零叁分。又漂没兵丁一名,眷屬應支半餉之半暨米折銀伍兩零伍釐。共銀叁拾伍兩叁分伍釐,在於咸豐元年地丁項下動給,造冊詳送具題等情。臣覆覈無異,除冊送部外,理合具題。再,閩浙總督係臣兼署,毋庸會銜,合并陳明。等因前來。

查定例:出征陣亡、病故兵丁,若子弟内有可以訓養成材者,即令其頂補本兵糧餉,以資養贍。如并無子弟及子弟幼小,不能食糧者,月給半餉銀伍錢、米叁斗。不扣朋建,遇閏加增。統俟其子弟長成,食有名糧或該故兵所遺家屬,俱已亡故,立即裁汰。又,打仗未出及迷失冲失弁兵,照陣亡例減半議卹者,所遺眷屬,照此例再行減半給與。各等語。今據福建巡撫題報,閩省咸豐元年分冊開,給過各標鎮協營前赴臺灣剿捕蔡逆案内,陣傷、亡故兵丁遺下各眷屬三名,共應給半餉暨米折銀叁拾兩叁分。又,漂没兵丁一名,眷屬應支半餉之半暨米折銀伍兩伍釐共銀叁拾伍兩叁分伍釐,在於咸豐元年地丁項下動給。等語。查陣傷、亡故、漂没各兵丁名數及起止日期,據兵部查覆相符。所有給過兵眷半餉及半餉之半并米折銀兩,臣部覈與定例及覈算數目暨咸豐元年地丁冊造動給銀數,均屬相符,應準開銷。仍令該撫轉飭各州縣逐一查明,如有應行截住者,隨時截住,毋得經年累月常行請給。以昭覈實。

此案科抄於咸豐貳年拾貳月初拾日到部,兵部於拾壹月貳拾叁日查覆,兹於叁年正月貳拾玖日辦理具題,合并聲明。

臣等未敢擅便,謹題請旨。

批紅:依議。

爲熱河請銷承德府并灤平縣等倉收放米石用過銀兩事

咸豐三年正月三十日

太子太保·大學士管理戶部事務臣祁寯藻等謹題,爲循例事。

戶科抄出,熱河都統麐福題銷承德府并灤平縣等倉咸豐元年分收放米石、鋪墊倉厫、人夫蓆片等項銀兩一案。咸豐貳年玖月貳拾陸日題,拾月拾玖日奉旨:該部察覈具奏。欽此。欽遵。於本日抄出到部。查此案先據熱河都統造冊送部,隨經臣部將冊造收放米石數目是否相符,移查内務府去後。今於咸豐貳年拾貳月初貳日準内務府查覆前來。

該臣等查得,熱河都統麐福疏稱:據熱河道裕恒詳稱,據承德府知府崇祥、灤平縣知縣金齡,各將咸豐元年分熱河等處宫倉收放米石數目造冊,詳由該道移查,熱河總管覈對相符,飭據該府等將用過人夫蓆片等項造具報銷清冊,送轉到道,逐加覈明。應請循例在於地糧銀内,照數撥給歸款,將送到原冊,呈送查覈題銷等情。

查承德府冊開,咸豐元年春、夏、秋、冬四季,用過人夫蓆片等項銀貳百捌拾叁兩柒錢陸分伍釐。灤平縣冊開,咸豐元年春、夏、秋、冬四季,用過人夫蓆片等項銀伍拾柒兩肆錢捌分柒釐。按冊查覈,均與部定規條相符。所有該府等共請銷銀叁百肆拾壹兩貳錢伍分貳釐,應請準其報銷。至此項銀兩向在司庫地糧銀内動撥,今口外刑錢事件均歸熱河都統辦理,應循例在於道庫地糧銀内撥給清項。除冊結送部外,理合具題。等因前來。

查定例:承德府灤平縣等倉,每收米肆拾石,給夫一名。每米貳拾石,用蓆一領。放米伍拾石,給夫一名。每夫一名,給工食銀玖分伍釐。每蓆一領,準銷銀壹錢叁分。箕箒、木掀等項,二季更換。鐵斤、繩斤,按季置備。所需銀兩在於司庫地糧銀内動支,按年造冊報銷等語。又,道光玖年拾壹月内,據直隸總督那彦成於題覆熱河錢糧事件仿照鎮廸道光案辦理另議條款案内,請將承德府并屬州縣徵解熱河道庫地糧正耗等項銀兩,均照數存留道庫備用。凡應支俸工工料一切銀兩,毋庸拘定動款,即於解收各項銀兩,隨時湊動。仍於年前先行估計不敷銀數,開具款單,叙作熱河不敷經費名目,由道具詳都統,轉咨總督飭發籌撥,均於春秋二季造冊報部。次年奏銷時,將收支各款彙冊,徑詳都統,隨同奏冊送部備查。又,熱河宫倉,每年收放各米數,即由熱河就近督飭造冊報銷,呈請都統具題。各等因。當經臣部覆準,題覆在案。

今據熱河都統將承德府并灤平縣等倉咸豐元年分收放米石用過人夫、蓆片等項銀兩,造冊題銷。查該都統咨送冊造:承德府倉收過米貳萬伍千柒百肆拾肆石玖斗肆升玖合伍勺,放過米貳萬伍千伍百捌拾捌石壹升叁合。灤平縣倉收過米伍千玖拾貳石叁斗捌升陸合肆勺,放過米伍千伍百伍拾叁石肆斗伍升。臣部移查内務府覆稱,收放米數均屬相符。其請銷人夫、蓆片等項銀叁百肆拾壹兩貳錢伍分貳釐,臣部按冊覈算,與例支銀數以及該督議定章程,均屬符合。應準其題報覈銷,即行在於道庫地糧銀内撥給清項。仍令該都統將前項給過銀兩造入該年奏銷收支各冊内,分别報部查覈。

再,此案科抄於咸豐貳年拾月拾玖日到部,行查内務府於拾貳月初貳日查覆。茲於叁年正月叁拾日辦理具題,合并聲明。

臣等未敢擅便,謹題請旨。

批紅:依議。

爲廣東隨本奏銷道光三十年已未完地丁錢糧事

咸豐三年二月初十日

太子太保·大學士管理戶部事務臣祁寯藻等謹題,爲請定等事。

戶科抄出,陞任廣東巡撫葉名琛等題廣東省咸豐元年地丁隨本奏銷一案。咸豐貳年伍月貳拾玖日題,玖月初柒日奉旨:該部察覈具奏。欽此。欽遵。於本日抄出到部。

該臣等查得,陞任廣東巡撫葉名琛等疏稱:廣東省道光叁拾年原參未完地丁銀壹拾陸萬陸千壹百壹拾叁兩陸錢壹分玖釐,耗羨銀叁萬貳千柒百玖拾貳兩叁錢叁分叁釐。又未完備支經費銀壹萬肆千伍百伍拾兩玖錢貳分陸釐。又道光捌年起至叁拾年止,原報未完煤餉銀貳萬陸千叁百柒拾叁兩柒錢伍分,爐餉銀貳千壹百捌拾玖兩貳錢陸分捌釐,當餉銀壹萬肆千柒百肆拾兩,海陽縣借領堤費銀壹萬貳千肆百叁拾貳兩柒錢貳分肆釐零。又道光貳拾壹貳及貳拾肆伍陸柒捌玖叁拾等年,原報未完地丁米壹拾肆萬捌百玖拾柒石玖斗伍合肆勺。今據各屬已完解司解道地丁銀壹拾壹萬貳千肆百肆拾肆兩柒錢伍分伍釐,耗羨銀貳萬貳千柒拾伍兩柒錢捌分陸釐,備支經費銀壹萬貳百貳拾捌兩柒錢壹分伍釐,煤餉銀壹千捌百伍拾兩,爐餉銀壹百陸兩,當餉銀伍千伍百玖拾兩,借領堤費銀壹千柒拾肆兩伍釐。又已完米陸萬捌千貳百伍拾叁石肆升貳合玖勺零。又欽奉恩詔,查豁民欠米肆萬柒千玖百貳石肆斗叁升捌合玖勺零,尚未完地丁銀伍萬叁千陸百陸拾捌兩捌錢陸分肆釐,耗羨銀壹萬柒百壹拾陸兩伍錢肆分柒釐,備支經費銀肆千叁百貳拾貳兩貳錢壹分壹釐,煤餉銀貳萬肆千伍百貳拾叁兩柒錢伍分,爐餉銀貳千捌拾叁兩貳錢陸分捌釐,當餉銀玖千壹百伍拾兩,借領堤費銀壹萬壹千叁百伍拾捌兩柒錢壹分玖釐零,地丁米貳萬肆千柒百肆拾貳石肆斗貳升叁合伍勺。所有已未完細數及入撥數目,分晰造冊,分送部科查覈外,臣謹具題。等因前來。

查廣東省道光叁拾年原報未完地丁銀壹拾陸萬陸千壹百壹拾叁兩陸錢壹分玖釐,耗羨銀叁萬貳千柒百玖拾貳兩叁錢叁分叁釐。又未完備支經費銀壹萬肆千伍百伍拾兩玖錢貳分陸釐。又道光捌年起至叁拾年止未完煤餉銀貳萬陸千叁百柒拾叁兩柒錢伍分,爐餉銀貳千壹百捌拾玖兩貳錢陸分捌釐,當餉銀壹萬肆千柒百肆拾兩,海陽縣借領堤費銀壹萬貳千肆百叁拾貳兩柒錢貳分肆釐零。又道光貳拾壹貳及貳拾肆伍陸柒捌玖叁拾等年,原報未完地丁米壹拾肆萬捌百玖拾柒石玖斗伍合肆勺,臣部覈與上年隨本及叁拾年地丁奏銷冊報未完銀米各數,均屬相符。今據該撫冊報,各屬帶徵完解司解道地丁銀壹拾壹萬貳千肆百肆拾肆兩柒錢伍分伍釐,耗羨銀貳萬貳千柒拾伍兩柒錢捌分陸釐,備支經費銀壹萬貳百貳拾捌兩柒錢壹分伍釐,煤餉銀壹千捌百伍拾兩,爐餉銀壹百陸兩,當餉銀伍千伍百玖拾兩,借領堤費銀壹千柒拾肆兩伍釐。以上七項共完銀拾伍萬叁千叁百陸拾玖兩貳錢陸分壹釐。内除經費項下收入減平彙解部庫之鄉飲酒禮等銀貳百陸拾肆兩叁錢玖分玖釐,應令該撫轉飭,俟委員解部之日,即行報部查覈,并移付查覈減平處查照外。其開平縣完解備支充餉等項,候入貳年秋季冊報銀肆百捌拾玖兩伍錢叁分貳釐,檢查該季冊内,并未收造。惟春季冊内,列有前項銀兩,係屬舛錯,應毋庸再令查覆,以省案牘。尚餘解司解道正雜各款銀拾伍萬貳千陸百壹拾伍兩叁錢叁分壹釐,臣部覈與咸豐元年秋季暨貳年春秋各季撥冊,以及貳年春季籌備堤岸并元年耗羨各冊報收造銀數,與應行解道數目,亦各符合,均毋庸議。又地丁米石項下續完米陸萬捌千貳百伍拾叁石肆升貳合玖勺零,檢查咸豐元年兵馬奏銷冊報,細加覈算,係屬相符,亦毋庸議。仍令該撫轉飭,嗣後造報隨本冊内,務將已完米石列入兵馬冊内何款項下,詳細聲造,以便查對。至欽奉恩詔,查豁民欠米肆萬柒千玖百貳石肆斗叁升捌合玖勺零,覈與奏豁原案相符,應毋庸議。至未完地丁銀伍萬叁千陸百陸拾捌兩捌錢陸分肆釐,耗羨銀壹萬柒百壹拾陸兩伍錢肆分柒釐,備支經費銀肆千叁百貳拾貳兩貳錢壹分壹釐,煤餉銀貳萬肆千伍百貳拾叁兩柒錢伍分,爐餉銀貳千捌拾叁兩貳錢陸分捌釐,當餉銀玖千壹百伍拾兩,地丁米貳萬肆千柒百肆拾貳石肆斗貳升叁合伍勺,并令該撫轉飭各屬,查照定例,按限徵完,報部查覈。如逾限不完,即將二參應議職名分别開列,送部覈議,毋任稍有拖欠。至海陽縣未完道光貳拾肆伍陸柒捌玖叁拾等年,借領堤費銀壹萬壹千叁百伍拾捌兩柒錢壹分玖釐零。查此案原借銀兩,先據該省於道光貳拾叁年奏奉諭旨:分限十年攤徵完款,如遇完不足數之年,即著落該縣經徵之員照數賠解。等因。欽此。欽遵在案。是此項銀兩與别款未完者不同,該省自應欽遵原奉諭旨辦理,何以初、二、三、四、五、六、七,七限銀兩已歷八、九年之久,僅據完銀壹千柒拾餘兩,其餘未完銀兩,亦不著落賠解。似此遞年拖欠,年復一年,必致日久無著。再,前項銀兩,即有欠解不齊,斷不致連年若是。且該縣責任綦重,豈肯自甘賠累,不爲上緊徵解。覈其情節,恐不無以完作欠情事。況該撫等前奏,既有不完賠解章程,又何得每屆奏銷祇以未據全完一語塞責。尤非覈實辦公之道。節經臣部於遞年隨本奏銷案内,嚴切飭催,該省一味因循,并不認真據實查辦,殊屬徇縱,事關借帑,未便再任延宕。仍令該撫務飭該管藩司遵照前奉諭旨,同咸豐元年奏銷案内未完銀貳千貳拾柒兩柒錢玖分零,一并著落該縣掃數解交清款,入冊報部查覈。以重庫款,而符奏案。倘該縣仍前疲玩,即行據實查參,毋得視爲催欠具文,致干參辦。

此案於咸豐貳年玖月初柒日科抄到部。茲於叁年貳月初拾日辦理具題,合并聲明。

臣等未敢擅便,謹題請旨。

批紅:依議。

爲直隸題撥東陵各衙門員役咸豐二年冬季俸餉事

咸豐三年二月十一日

太子太保·大學士管理戶部事務臣祁寯藻等謹題,爲聖孝獨隆千古事。

戶科抄出,大學士·直隸總督訥爾經額題撥咸豐貳年冬季分東陵各衙門員役俸餉米折等銀一案。咸豐貳年拾月貳拾陸日題,拾壹月貳拾壹日奉旨:該部議奏。欽此。欽遵。於本日抄出到部。

該臣等查得,大學士·直隸總督訥爾經額疏稱:遵化、薊州、豐潤三州縣,每年供應陵工俸餉等項銀兩,例應按季豫期撥給。其員役應支粟米暨白、江、粳三色米石,向係在薊倉截留豫東二省漕米内,按季運交支放。後準部議,自乾隆叁拾壹年正月爲始,將粟米改支折色,每石折銀壹兩肆錢,在於河南、山東二省解交抵給薊糧折色銀内,一并核入動用。所需白、江、粳三色米石,聽倉場侍郎辦理撥運。嗣又經東陵承辦事務固山貝子等將兵役應食粟米奏準部覆,準令改支一半本色。并經前督臣温承惠與該辦事大臣先後奏咨,請自嘉慶拾肆年夏季起,支其一半折色銀兩同腳價運費,仍按季核明,一并題撥散給。又,道光貳拾壹年拾壹月内,奉部奏準行知,以道光貳拾貳年春季爲始,陵糈駐防俸甲米石,就現在每年支領米數,均予半本半折。其折色銀兩,由直隸藩庫遵照例價分別覈明,就近支發。又準戶部議覆,東陵承辦事務貝勒奕絪等奏請,兵役應支粟米,準其仍照舊章,半本半折支放,免再減半,每石按照例價壹兩貳錢折給。各等因。行司遵照在案。兹據布政使陳啟邁呈稱:據遵化州知州梁寶書、署薊州知州汪福庚、豐潤縣知縣湯振羲,將咸豐貳年冬季分應需東陵各員役俸餉并豆草折價及粟米折色等項約需銀兩,具文請領,由司詳請題明撥給。等情。查咸豐貳年冬季分薊州供應樹夫匠役工食銀貳百伍拾貳兩,一半粟米折色銀伍拾肆兩。又供應昭西陵員役俸餉等銀壹千貳百叁拾叁兩捌錢捌分陸釐,一半粟米折色銀玖百壹拾捌兩。豐潤縣供應孝陵各員役俸餉等銀壹千叁百柒拾貳兩捌錢叁釐,一半粟米折色銀玖百陸拾兩。又供應孝東陵員役俸餉等銀壹千伍百捌拾兩貳錢叁分貳釐,一半粟米折色銀玖百陸拾兩。遵化州供應景陵各員役俸餉等銀貳千柒百貳拾伍兩壹錢伍分陸釐,一半粟米折色銀壹千貳百兩。又供應裕陵各員役俸餉等銀壹千柒百叁拾叁兩貳錢陸分陸釐,一半粟米折色銀壹千捌拾兩。又供應樹夫匠役冬季工食銀貳百叁拾壹兩,一半粟米折色銀肆拾玖兩伍錢。又薊州供應妃園寢員役俸餉等銀肆百陸拾玖兩伍錢,一半粟米折色銀陸百兩。又供應裕陵當差樹夫匠役冬季工食銀壹百兩捌錢,一半粟米折色銀貳拾壹兩陸錢。豐潤縣供應理密親王福晉衙門員役俸餉等銀叁拾柒兩伍錢,一半粟米折色銀叁拾玖兩陸錢。又供應端惘固倫公主園寢牛羊、豆草、車價等銀壹百兩。遵化州供應慤惠皇貴園寢員役俸餉等銀貳百壹拾柒兩,一半粟米折色銀叁百叁拾陸兩。又供應純惠皇貴妃園寢員役俸餉等銀肆百貳拾兩,一半粟米折色銀伍百捌拾捌兩。薊州供應端慧皇太子園寢員役俸餉等銀壹百伍拾壹兩伍錢,一半粟米折色銀叁百兩。又供應孝陵景陵當差樹夫匠役冬季一半粟米折色銀壹拾捌兩。又供應裕陵當差樹夫匠役冬季一半粟米折色銀伍兩肆錢。遵化州供應裕陵首領太監冬季錢糧銀肆拾兩。又馬蘭鎮標漢兵冬季應支一半粟米折色銀捌百伍兩陸錢捌分。遵化州供應端惘固倫公主園寢員役俸餉等銀伍拾捌兩伍錢,一半粟米折色銀陸拾叁兩陸錢。以上共約需俸餉等銀壹萬柒百貳拾叁兩壹錢肆分叁釐,一半粟米折色銀柒千玖百玖拾玖兩叁錢捌分。二共銀壹萬捌千柒百貳拾貳兩伍錢貳分叁釐。又薊州供應喇嘛糙粳米改支一半折色銀柒拾捌兩柒錢伍分,太監糙粳米改支一半折色銀肆兩貳錢。豐潤縣供應孝陵當差太監粳米改支一半折色銀捌兩玖錢貳分伍釐。又供應孝東陵太監粳米改支一半折色銀捌兩玖錢貳分伍釐。遵化州供應景陵當差太監粳米改支一半折色銀肆兩貳錢。又供應裕陵當差太監粳米改支一半折色銀肆兩貳錢。以上共銀壹百玖兩貳錢,通共約需銀壹萬捌千捌百叁拾壹兩柒錢貳分叁釐。至馬蘭鎮標漢兵應支一半粟米折色銀兩,仍在於豫東、江南等省解存薊糧折色銀内動支。其員役應需俸餉、豆草折價并粟米、折色等項銀兩,應請在於司庫地糧銀内動撥。查陵工俸餉攸關緊要,員役人等增減無定,確數難以預計。向照急需錢糧之例,一面具題,一面先行撥給。俾各該州縣得以及早領回,分别採買供應。其實在支領數目,統於奏銷案内核實銷算,多則解還,不敷找給,理合具題。等因前來。

查定例:直隸遵化、薊州、豐潤等三州縣供應東陵各衙門員役俸餉及粟米折色銀兩,由直隸總督估計。需用銀數按四季題撥,在於司庫節年地糧銀内動支。又東陵各衙門兵役及馬蘭鎮標兵丁粟米,每年支給一半本色,在於豫東二省漕船截撥。其餘一半每石折銀壹兩肆錢,造冊報銷。又於道光貳拾壹年拾壹月内臣部具奏,各處俸甲米石酌議折支,請將陵糈暨直隸各駐防俸甲米石,就現在每年支領米數,均予半本半折,并折色銀兩,由直隸總督就近支放。等因。奏準行文遵照。旋據東陵承辦事務貝勒奕綑等以兵役一半米石復行減半支給,該兵役等即形苦累,奏請仍照舊半本半折支給,并請每石折銀壹兩肆錢。又經臣部奏準,照舊半本半折支給,仍令遵照例定價值,每石折銀壹兩貳錢。等因各在案。

今據直隸總督訥爾經額疏稱:遵化、薊州、豐潤等三州縣,咸豐貳年冬季分供應東陵各衙門員役俸餉等銀壹萬柒百貳拾叁兩壹錢肆分叁釐,一半粟米折色銀柒千玖百玖拾玖兩叁錢捌分。又喇嘛太監粳米一半折色銀壹百玖兩貳錢。通共約需銀壹萬捌千捌百叁拾壹兩柒錢貳分叁釐。内除馬蘭鎮標漢兵應支一半粟米折色銀捌百伍兩陸錢捌分,在於豫東江南等省解存薊糧折色銀内動支,其員役俸餉等項銀兩,在於司庫地糧銀内動撥等語。

應如所題,將前項約需俸餉米折等銀内馬蘭鎮標漢兵應支一半粟米折色銀兩,在於豫東江南等省解存薊糧改支折色銀内動支外,其餘銀壹萬捌千貳拾陸兩肆分叁釐,應準其在於司庫地糧銀内撥給供應,仍令該督於奏銷冊内分晰聲明,報部查核。

此案科抄於咸豐貳年拾壹月貳拾壹日到部,茲於咸豐叁年貳月拾壹日辦理具題,合并聲明。

臣等未敢擅便,謹題請旨。

批紅:依議。

爲山東濟寧衛漕項錢糧正耗完欠不符題參事

咸豐三年二月十九日

戶部等部,太子太保·大學士管理戶部事務臣祁寯藻等謹題,爲奏明等事。

戶科抄出,漕運總督楊殿邦題,山東省濟寧衛應徵道光三十年分漕項錢糧正耗完欠不符,查取職名造冊題參一案。咸豐貳年陸月拾伍日題,捌月初壹日奉旨:該部議奏。欽此。欽遵。於本日抄出到部。

該臣等會查得,漕運總督楊殿邦疏稱:各省徵收漕項錢糧,例應正耗完欠相符,合計分數,以定考成。如有正耗完欠不符,即應參辦。等因在案。今據山東糧道景霖詳稱:查山東省道光三十年分漕項奏銷案内,濟寧衛應徵未完正銀壹千柒百捌拾壹兩壹錢陸分捌釐,耗羨銀貳百捌拾叁兩伍錢肆釐,合計正耗完欠不符。除於奏銷冊揭内造報外,所有正耗完欠不符職名,係濟寧衛勒休守備路璽,接徵署事徐州衛守備慶長,相應專案造冊,詳請題參等情。臣覆覈無異,除將原冊送部查覈外,理合具題。等因前來。

查定例,各省額徵各款耗羨,均隨同正項錢糧統計分數具題,以定考成。如正耗完欠報解不符,嚴參查辦。等因。今據漕運總督疏稱:山東省道光三十年分濟寧衛應徵未完正銀壹千柒百捌拾壹兩壹錢肆分捌釐,耗羨銀貳百捌拾三兩伍錢肆釐,合計正耗完欠不符。所有正耗完欠不符職名,係濟寧衛勒休守備路璽、接徵署事徐州衛守備慶長,相應專案造冊題參。等語。查該衛應徵正耗完欠不符漕項銀兩,戶部覈與該年漕項奏銷案内造報及應參銀數相符。兵部查定例,營衛各員造報錢糧文冊,不能分晰,以致款項不符,降一級調用。又,定例老病勒休官員,前任内所犯事件,例應降調者,仍按級降去頂戴。各等語。

除守備慶長,業經病故,毋庸議外。應將造報道光三十年分漕項錢糧正耗完欠不符之前任濟寧衛守備路璽,照例降一級調用。係屬公罪,例準議抵。該員并無加級紀錄抵銷,業經勒休,應照例降去頂戴一級。所有濟寧衛未完漕項正耗銀兩,仍令漕運總督速飭催徵完報,無任遲逾。

此本係戶部主稿。於咸豐貳年捌月初壹日科抄到部,拾壹月貳拾柒日兵部議結送回。茲於三年貳月拾玖日辦理具題,合并聲明。

臣等未敢擅便,謹題請旨。

批紅:依議。

爲福建題報支給陣傷亡故兵丁遺眷餉米折銀事

咸豐三年二月二十三日

太子太保・大學士管理戶部事務臣祁寯藻等謹題,爲剿匪事。

戶科抄出,兼署閩浙總督・福建巡撫王懿德將閩省給過剿捕林逆案内陣傷亡故各兵丁遺下無依眷口半餉及米折銀兩一案。咸豐貳年柒月貳拾捌日題,拾貳月拾貳日奉旨:該部察覈具奏。欽此。欽遵。於本日抄出到部。查此案,先據該撫揭報,經臣部將冊造兵丁名數及起止日期是否相符,行查兵部去後,旋準兵部查覆到部。

該臣等查得,兼署閩浙總督・福建巡撫王懿德疏稱:案準部咨,閩省水陸各營,節次打仗陣亡、淹斃、病故、迷失各兵丁遺下無依眷口,每年應給半餉及半餉之半暨米折銀兩。準於各亡故兵丁截支糧餉之日爲始,按年支給,造入兵馬奏銷冊内報銷。如該故兵眷屬病故及子弟年已及歲,即行住支報部。至所稱應支銀兩於建曠項下動給,倘有不敷,於地丁銀内湊給。等因。茲據署布政使楊培詳稱:準水陸各營將陣亡各兵丁無依眷屬自咸豐元年正月起連閏至拾貳月底止,應支半餉并米折銀兩,取具冊領,移送前來。查冊開:給過水陸各標鎮協營節次打仗陣亡兵丁一名眷屬半餉并米折共銀壹拾兩零壹分,在於咸豐元年地丁項下動給,理合造冊具題。并聲明續奉部咨,令將從前議給半餉各案,詳細查明。如有應行截止者,即行截止。如有廻護瞻徇,交部議處。等因。業經通飭各該管州縣逐一清查,各兵眷屬支領半餉并無經年累月常行請給情弊。等情。臣覆覈無異,除冊送部外,理合具題。再,閩浙總督係臣兼署,毋庸會銜,合并陳明。等因前來。

查定例,出征陣亡病故兵丁,若子弟内有可以訓養成材者,即令其頂補本兵糧餉,以資養贍。如并無子弟及子弟幼小不能食糧者,月給半餉銀伍錢、米叁斗。不扣朋建,遇閏加增。統俟其子弟長成食有名糧,或該故兵所遺眷屬俱已亡故,立即裁汰。等語。

今據福建巡撫題報,閩省咸豐元年分冊開:支給水陸各營前赴臺灣剿捕林逆陣亡兵丁遺下眷屬一名應支半餉并米折共銀拾兩壹分,在於咸豐元年地丁項下動給等語。查陣傷亡故兵丁名數及起止日期,據兵部查覆相符。所有給過半餉及米折銀兩,臣部覈與定例并按冊覈算暨咸豐元年地丁冊造開支數目,均屬相符,應準開銷。至所稱各該管州縣逐一清查,各兵眷屬支領半餉并無經年累月常行請給情弊,仍令該撫飭屬認真查辦,毋任浮冒。

此案科抄於咸豐貳年拾貳月拾貳日到部,兵部先已據揭查覆。茲於叁年貳月貳拾叁日辦理具題,合并聲明。

臣等未敢擅便,謹題請旨。

批紅:依議。

爲四川題撥打箭爐道光三十年臺費銀兩事

咸豐三年二月二十四日

太子太保·大學士管理戶部事務臣祁寯藻等謹題,爲詳請等事。

戶科抄出,兼署四川總督裕瑞題撥解打箭爐臺費銀兩需用馱騾腳價等銀一案。咸豐貳年玖月貳拾貳日題,拾貳月初壹日奉旨:該部議奏。欽此。欽遵。於本日抄出到部。

該臣等查得,兼署四川總督裕瑞疏稱:撥解打箭爐臺費銀兩及腳價等項,例應具題。茲據署布政使事·按察使蘇敬衡詳,打箭爐每年額支銀捌萬兩,向由藩庫撥發,該廳收存,分別轉解爐庫。截至咸豐元年拾月,僅存銀玖萬陸千捌百陸拾玖兩壹錢陸分零。查察木多臺費銀壹萬伍千兩,現須撥解。除撥支外,所存不敷咸豐貳年撥解各臺之項,請將道光叁拾年分臺費銀捌萬兩,委員迅速管解來爐,以資接濟。當經在於司庫臺費項下動撥銀捌萬兩,飭委候補府經歷丁文燾管解,赴打箭爐交收。照例每銀貳千兩,用馱騾一頭,共用馱騾四十頭。自省至打箭爐,照例每頭給腳價銀壹兩捌錢,共給腳價銀柒拾貳兩。又,每銀壹萬兩,用油簍、包布、繩索、紙張、漆工等項銀貳兩伍錢伍分,共銀貳拾兩肆錢。以上馱騾腳價等銀玖拾貳兩肆錢,俱於道庫臺費銀內支給,入於雜費冊內報銷,詳請察覈具題。等情。臣覆查無異,理合具題。等因前來。

查川省打箭爐糧務所需臺費銀兩,向於司庫臺費銀內撥解應用。先據四川總督題報,打箭爐庫銀兩所存無幾,不敷支用,請於司庫臺費項下撥銀捌萬兩,委員管解赴爐交收。照例每銀貳千兩,用馱騾一頭。每頭每站給腳價銀壹錢。每萬兩用包布、油簍、繩索、紙張、漆工等項銀貳兩貳錢伍分,經臣部覈題覆準在案。今據該督疏稱:前項撥解銀兩,截至咸豐元年拾月,僅存銀玖萬陸千捌百陸拾玖兩壹錢陸分零。除撥解察木多臺費銀兩外,所存無幾。詳請撥解打箭爐臺費銀捌萬兩,飭委候補府經歷丁文燾管解赴爐交收等語。應如所題,準其在於臺費銀内動撥銀捌萬兩,解存打箭爐庫備用。至據稱撥解前項銀兩,需用馱騾脚價等項共銀玖拾貳兩肆錢,臣部覈與定例支銷銀數相符,亦應準其照數動支。仍令將所撥銀兩動存細數及支過脚價等項,分别造入奏銷册内,題報查覈。

此案於咸豐貳年拾貳月初壹日科抄到部,兹於叁年貳月貳拾肆日辦理具題,合并聲明。

臣等未敢擅便,謹題請旨。

批紅:依議。

爲題報福建咸豐元年給過額外孤貧口糧銀兩事

咸豐三年二月二十六日

太子太保·大學士管理户部事務臣祁寯藻等謹題,爲請增事。

户科抄出,兼署閩浙總督·福建巡撫王懿德將閩省咸豐元年分給過額外孤貧口糧銀兩造册題報一案。咸豐貳年柒月貳拾捌日題,拾貳月拾貳日奉旨:該部察覈具奏。欽此。欽遵。於本日抄出到部。

該臣等查得,兼署閩浙總督·福建巡撫王懿德疏稱:福建省各州縣額外孤貧口糧動支公項,例應按年造册報銷。兹據署布政使楊培呈詳:閩縣等五十一州縣額外孤貧林江等一千四百七十九名口,自咸豐元年正月初壹日起至拾貳月底止,扣除小建陸日外,連閏計叁百捌拾肆日,每名每日給口糧銀壹分,共給口糧銀伍千陸百柒拾玖兩叁錢陸分,在於咸豐元年存公銀内動支。理合造册具題。等情。臣覆覈無異,除册送部外,臣謹具題。等因前來。

查定例:福建省額外收養孤貧,一歲額支口糧銀伍千柒百陸拾柒兩肆錢叁分有奇,於耗羨項下支銷。每名歲支口糧銀叁兩陸錢,遇閏加支銀叁錢。又,直省額徵耗羨銀兩,隨地糧編徵。每年地畝陞除不一,隨徵數目多寡無定。其動用有定款、有定數者,令該督撫酌盈劑虚,通融撙節,實用實銷。由部伍年比較通盤覈算,總不得出範圍之外。倘有任意支銷,以致不敷,即於濫動各官名下著落賠補。各等語。今據兼署閩浙總督·福建巡撫王懿德題報:閩縣等五十一州縣額外孤貧林江等一千四百七十九名口,自咸豐元年正月初壹日起至拾貳月底止,扣除小建陸日外,連閏計叁百捌拾肆日,每名每日給口糧銀壹分,共給口糧銀伍千陸百柒拾玖兩叁錢陸分,在於咸豐元年存公銀內動支。等語。查前項給過孤貧口糧銀兩,臣部按冊覈算,并覈對咸豐元年耗羨奏銷冊造銀數,均屬相符,應準開銷。并令該撫轉飭,歸於伍年匀給案內,咨部覈辦。

此案科抄於咸豐貳年拾貳月拾貳日到部,兹於叁年貳月貳拾陸日辦理具題,合并聲明。

臣等未敢擅便,謹題請旨。

批紅:依議。

爲援例豁免奉派廣西軍營亡故兵丁長支銀兩事

咸豐三年四月二十三日

太子太保·大學士管理戶部事務臣祁寯藻等謹題,爲援例請免長支銀兩事。

兵科抄出,前任四川總督徐澤醇題四川邑梅營奉派出師,在廣西軍營陣亡病故兵丁楊秀誠等長支過餉乾米折銀兩造冊豁免一案。咸豐貳年柒月拾壹日題,捌月貳拾捌日奉旨:該部議奏。欽此。欽遵。兵部於拾月初貳日將正抄咨送到部,隨經臣部將兵丁等姓名是否相符,以及陣亡病故各日期一并行查兵部去後。今於咸豐貳年拾壹月貳拾肆日準兵部查明,咨覆到部。

該臣等查得,前任四川總督徐澤醇疏稱:據署四川布政使蘇敬衡詳,邑梅營守備劉慶雲呈稱:奉派出師在廣西軍營陣亡病故兵丁楊秀誠、白玉明、莫與發、汪士朝、孫克先等五名,長支餉乾米折共銀伍拾兩陸錢捌釐。均係未經奉文之先,經該家屬等於季首各照應支之項,全數關領。俱因家貧,無力完繳。該故兵等奉文出師,効力戎行,以致歿於王事,實堪憫惻。自應準其寬免,以廣皇仁,而昭體卹。仍照例入於咸豐貳年兵餉建曠項下開銷,理合詳請查覈具題。等情。臣覆覈無異,除冊送部外,理合具題。等因前來。

查例載:出師陣亡病故官兵,凡有預借銀兩,準予豁免。等語。今四川總督疏稱:邑梅營奉派出師廣西兵丁楊秀誠等五名,業已陣亡病故,所有該兵丁等家屬長支銀兩,自應照例準予豁免,以示體卹。其冊造該兵等姓名是否相符,以及陣亡病故各日期,查據兵部覆稱:查廣西陣亡兵丁,未據軍營造冊報部。應令廣西巡撫即將該兵等姓名,以及陣亡病故各日期迅速造冊送部備查。所有冊造前項餉乾米折銀伍拾兩陸錢捌釐,入於咸豐貳年兵餉建曠項下開銷之處,應俟該省查明聲覆到日,再行覈辦。惟該督原冊內戰兵莫興發與原抄内莫與發不符。查據兵部覆稱,查該督造送兵部冊內,係莫興發。應令四川總督查照更正。

此案於咸豐貳年拾月初貳日科抄到部,行查兵部,於拾壹月貳拾肆日覆回。茲於叁年肆月貳拾叁日辦理具題,合并聲明。

臣等未敢擅便,謹題請旨。

批紅:依議。

爲盛京戶部題報開原等城徵收雜税銀兩數目事

咸豐三年五月初七日

太子太保·大學士管理戶部事務臣祁寯藻等謹題,爲循例事。

戶科抄出,盛京戶部侍郎恒毓題開原等城徵收雜税銀兩一案。咸豐貳年拾月貳拾柒日題,拾貳月初陸日奉旨:該部察核具奏。欽此。欽遵。於本日抄出到部。

該臣等查得,盛京戶部侍郎恒毓疏稱:戶部議覆原任侍郎蘊著奏請裁汰鳳凰、岫巖二城漁船票,以除偷刨參斤之人運送米糧等弊。又,金州於文會等漁船票壹百柒拾貳張,應徵税銀捌拾陸兩□□,久無人充補,於乾隆貳拾柒年題報雜税案内,題請裁除。經戶部議覆,仍令轉飭不時招募充復。又,乾隆叁拾伍年正月,原任盛京將軍公恒魯等條奏,奉天省牛莊等處添設斗秤帖張,照原有斗秤一體納課,共徵税銀叁百玖拾貳兩零貳分,經戶部覆準。再,牛莊、蓋州、熊岳、復州、金州、岫巖等六城應徵山繭税銀,經原任將軍索諾穆策凌等於乾隆肆拾陸年奏請,以本年徵收税銀陸千陸百玖拾叁兩零作爲定額,亦經戶部覆準,歸入雜項税銀案内,彙總具題。又,道光貳拾伍年正月,準戶部核覆,興京磨紀姚會極香磨壹盤,按年應納税銀□兩伍錢,因被水沖報閉,募補無人,其所遺磨帖,準其暫行銷除。仍令募人充復,報部輸税。經臣部於題報雜税案内,題請裁除。亦在案。所有前項額徵雜税銀伍千壹百肆兩伍分零,又續添牛莊等處斗秤帖張税銀叁百玖拾貳兩貳分，又續增廣寧漁船票税銀拾玖兩伍錢，錦州屬小凌河漁船票税銀壹百陸拾捌兩，寧遠漁船票税銀叁拾陸兩。内除裁汰鳳凰、岫巖二城漁船票税銀貳百零壹兩伍錢，及開除金州漁船票税銀捌拾陸兩，興京香磨帖税銀壹兩伍錢。又奉部文銷除廣寧漁船票税銀壹兩伍錢外，實在額徵雜税銀伍千肆百貳拾玖兩零柒分，額徵山繭税銀陸千陸百玖拾叁兩捌錢肆分。今查得各城雜税銀錢，自咸豐元年肆月貳拾捌、伍月初叁等日起，至咸豐貳年肆月貳拾柒、伍月初貳等日止，此一年内，開原徵收雜税銀壹百貳拾兩零貳錢壹分伍釐，興京徵收雜税銀肆拾柒兩捌錢貳分捌釐，錦州、中前所、中後所、寧遠等四處徵收雜税銀壹千玖百玖拾貳兩柒錢貳分玖釐玖毫，大制錢叁百柒拾陸串肆百零貳文，寧遠漁船票税銀叁拾陸兩，小凌河漁船票税銀壹百陸拾捌兩，廣寧徵收雜税銀貳百叁拾捌兩貳錢零叁釐，大制錢捌拾壹串捌百捌拾文，遼陽徵收雜税銀貳百捌拾貳兩捌錢陸分叁釐，大制錢玖拾貳串柒百柒拾壹文，蓋州徵收雜税銀貳百柒拾貳兩柒錢壹分柒釐，大制錢壹百伍拾柒串叁百叁拾貳文，牛莊徵收雜税銀叁百捌拾貳兩玖錢伍分陸釐，大制錢柒拾叁串叁百玖拾壹文，岫巖徵收雜税銀叁百陸拾捌兩玖錢，大制錢拾壹串壹百貳拾文，金州徵收雜税銀壹百玖拾玖兩柒錢貳分貳釐肆毫，大制錢叁拾伍串肆百貳拾捌文壹分玖釐柒毫陸絲，鳳凰城徵收雜税銀拾肆兩肆錢玖分，大制錢拾肆串肆百玖拾文，熊岳徵收雜税銀壹百柒拾玖兩叁錢壹分，大制錢貳拾肆串陸百肆拾文，義州徵收雜税銀捌百陸拾肆兩捌錢捌分叁釐伍毫，大制錢陸百壹拾串零壹百叁拾文，復州徵收雜税銀陸拾肆兩叁錢叁分，大制錢陸拾壹串叁百叁拾文。以上共徵收雜税銀伍千貳百叁拾叁兩壹錢肆分柒釐捌毫，大制錢壹千伍百叁拾捌串玖百壹拾肆文壹分玖釐柒毫陸絲。俱屬有盈無絀。再，咸豐元年玖月初玖等日起，至咸豐貳年玖月初拾等日止，蓋州、岫巖、復州、金州、熊岳、牛莊等六城徵收山繭税小數錢肆萬零壹百捌拾肆吊伍拾文，俱已存儲各該城旗民庫，備放兵餉。惟開原應徵下季雜税銀柒拾柒兩叁錢貳分伍釐，廣寧應徵漁船票税銀肆拾貳兩，蓋州欠徵漁船票税銀壹百兩零伍錢，屢次嚴催，迄今均未解交，殊屬玩誤。臣部仍嚴行催追，并飭取各該員職名，送部查議。至金州空閑漁票壹百柒拾貳張，現在另行招人充復。俟募有妥人頂充輸税之日，即行歸入題報。其興京香磨帖壹張，臣部仍嚴飭該城守尉，不時招募，俟充補有人，再行報部徵税。理合具題。等因前來。

查開原等城徵收雜税銀兩，於乾隆柒年原任盛京户部侍郎雙喜題定銀伍千壹百肆兩伍分。嗣於乾隆拾貳年肆月内,臣部議覆前任侍郎藴著條奏請裁汰漁票案内,裁除鳳凰、岫巖二城魚捕税票銀貳百壹兩伍錢。又,金州於文會等漁票壹百柒拾貳張,年久無人充補,其應徵税銀捌拾陸兩,亦經題明開除。經臣部覆準,仍令不時募補。又,乾隆貳拾叁肆兩年,牛莊、海城及岫巖等處陸續增添斗秤帖張税銀叁百玖拾貳兩貳分,又新增廣寧漁票税銀貳拾柒兩,俱經臣部覆準,行令照例按年納課。又,乾隆肆拾陸年拾貳月,臣部議覆原任盛京將軍索諾穆策凌奏,牛莊等六城官山蠶繭各税,每年以陸千陸百玖拾叁兩捌錢肆分之數,作爲定額。各在案。今咸豐元年肆月貳拾捌、伍月初叁等日起,至咸豐貳年肆月貳拾柒、伍月初貳等日止,開原等城徵收雜税銀伍千貳百叁拾叁兩壹錢肆分柒釐捌毫,大制錢壹千伍百叁拾捌串玖百壹拾肆文壹分玖釐柒毫陸絲,每制錢壹串合銀壹兩,共合銀壹千伍百叁拾捌兩玖錢壹分肆釐壹毫玖絲柒忽陸微。二共銀陸千柒百柒拾貳兩零陸分壹釐玖毫玖絲柒忽陸微。又收蓋州、岫巖、復州、金州、熊岳、牛莊等六城,自咸豐元年玖月初玖等日起,至貳年玖月初拾等日止,一年徵收山繭税小數錢肆萬零壹百捌拾肆吊伍拾文。臣部按各該城徵收數目,逐一核算相符。應令該侍郎將前項徵存銀錢照數充餉,造入奏銷新收項下,報部查核。并令轉飭各該城,將所徵銀錢各細數,造册送部備查。其開原短徵下季雜税銀柒拾柒兩叁錢貳分伍釐,廣寧短徵漁船票税銀肆拾貳兩,蓋州短徵漁船票税銀壹百兩零伍錢,并令速飭嚴行催追,照數解交充餉,毋任遲延。并飭取各該城經徵不力各員職名,送部查議。

再,金州空閑漁船票壹百柒拾貳張,現在另行招人充補,并令即行招募妥人充補輸税,歸入下年考核案内具題。至興京暫行銷除香磨帖壹張,仍令遵照各題咨原案迅即招募充補,以重課賦。

此案於咸豐貳年拾貳月初陸日科抄到部,兹於叁年伍月初柒日辦理具題,合并聲明。

臣等未敢擅便,謹題請旨。

批紅:依議。

爲湖南題銷辛亥恩科文闈鄉試經費銀兩浮多應予核減事

咸豐三年五月初八日

戶部等部·太子太保·大學士管理戶部事務臣祁寯藻等謹題,爲詳請事。

戶科抄出,前任湖南巡撫駱秉章題咸豐元年辛亥恩科文闈鄉試用過經費銀兩報銷一案。咸豐貳年陸月貳拾伍日題,捌月貳拾貳日奉旨:該部察核具奏。欽此。欽遵。於本日抄出到部。戶部隨將額中舉人名數是否相符,片查禮部去後。今於拾月貳拾肆日準禮部查,與額中名數相符,咨送原冊過部。該臣等會查得,前任湖南巡撫駱秉章將咸豐元年辛亥恩科文闈鄉試用過經費銀兩,加結題銷,并由陞任湖南布政使恒福造具冊結,同承辦官印結,送部查核前來。

查湖南省咸豐元年辛亥恩科文闈鄉試,所需經費銀叁千陸百叁拾陸兩叁錢肆釐,鄉試廣額酌增銀陸百兩,舉人牌坊銀壹千貳百肆拾兩。先據該撫專摺奏明,均在於道光叁拾年地丁銀内動支在案。今據該撫將前項用過銀兩造具細冊,加結題銷。查疏冊内開:供應什物、備辦口味、打造聘牌頂戴發給舉人、牌坊解部、會試經費解送、硃墨試録盤費等項共用過銀貳千陸百貳拾伍兩叁錢。戶部核與節屆準銷銀數浮多,應照準銷成案,實準銷銀貳千貳百肆拾肆兩捌錢貳分柒釐,核減銀叁百捌拾兩肆錢柒分叁釐。應照數登記,仍令該撫速即在於承辦各官名下追還,收入地丁原款,報部撥用,毋任延緩。至買備油燭紙張、綢緞銅錫、木板棹凳、刊刷科場條例工價等項,用過銀壹千柒百玖拾肆兩伍錢陸分。工部查,冊開買備油燭紙張、綢緞銅錫、木板棹凳、刊刷科場條例工價等項,用過銀壹千柒百玖拾肆兩伍錢陸分,所開價值核與成案有浮多之處,應減去銀壹百伍拾叁兩壹錢肆分伍釐,實準銷銀壹千陸百肆拾壹兩肆錢壹分伍釐。其核減銀兩,行令該撫在於承辦之員名下照數著追歸款,報部查核。

所有原動道光叁拾年地丁銀伍千肆百柒拾陸兩叁錢肆釐内,除本案用過銀肆千肆百壹拾玖兩捌錢捌分肆釐外,尚餘銀壹千伍拾陸兩肆錢貳分内,除修理貢院外,其餘銀兩,應令湖南巡撫速飭藩司收還地丁原款,專案聲覆報部,以憑查核。

此本係戶部主稿。於咸豐貳年拾月貳拾肆等日科抄咨文到部,咸豐叁年正月貳拾捌日送會送工部,貳月貳拾玖日準工部議結送回。茲於伍月初捌日辦理具題,合并聲明。

臣等未敢擅便,謹題請旨。

批紅:依議。

爲直隸題覆天津寧河二縣領運奉天米豆交卸遲滯緣由事

咸豐三年五月十二日

太子太保・大學士管理戶部事務臣祁寯藻等謹題,爲題銷事。

戶科抄出,大學士・直隸總督訥爾經額將天津、寧河二縣道光貳拾年領運道光拾玖年奉天米豆赴通交卸遲滯緣由,查明題覆一案。咸豐貳年拾月初陸日題,拾貳月初陸日奉旨:該部察核具奏。欽此。欽遵。於本日抄出到部。

該臣等查得,大學士・直隸總督訥爾經額疏稱:準戶部咨開,天津、寧河二縣道光貳拾年雇覔海船,領運奉天省道光拾玖年米豆叁萬叁千貳拾捌石壹升壹合叁勺肆抄伍撮,共需海程內河水脚并奉天、直隸兩省押運各官兵役飯食以及回奉、回直盤費車價等項共銀柒千叁百伍拾貳兩玖錢肆分陸釐。等語。臣部按冊查核,前項米豆船隻,於叁月初壹日起至陸月初柒日陸續進口運抵天津,自應即時起運,計日抵通,何以遲至拾壹月貳拾日始行交卸完竣,以致官役飯食銀兩均屬多銷。其因何屬滯緣由,疏冊內亦未分晰聲叙。至押送空船員弁,應遵照奏定章程,限一月內齊抵牛莊口岸,其官役飯食,亦應於限內實在抵口之日截止。今冊造該委員等,於叁月貳拾玖、叁拾等日起程,與前據直隸總督咨報委員於肆月貳拾、貳拾玖并伍月初壹、初貳、初叁等日押抵奉天海口,核計未有一月者,而官役飯食概按一月開銷,亦屬浮冒。所有前項支給官役飯食銀兩,臣部均難核準。應令該督將該二縣應删飯食銀兩,即行核明,提解司庫。并將押送空船各員限內、限外實在抵口日期,分別聲叙開參,另造妥冊,題覆到日,再行核銷。再查此項米豆,既於道光貳拾年拾壹月貳拾日交卸完竣,自應隨時造報題銷,何以遲滯貳年有餘,始行題報。并令該督查明係何員造報遲延,亦即開具職名,送部核議。等因。道光貳拾叁年玖月初捌日題,本月初拾日奉旨:依議。欽此。欽遵。等因。當經移飭遵照去後。兹據天津縣詳稱:遵查道光貳拾年領運奉省拾玖年運通米豆船隻抵通遲滯,并折耗沉溺米豆,多銷水脚暨官役飯食等銀,因是年請撥官剥船隻,時值漕務盛行之際,剥船不敷輪轉。漕竣後,奉省米豆船隻於拾壹月始行運通交卸。至折耗沉溺米豆,多銷海程水脚銀兩,亦經聲明,係按實運到津米豆數目核發,準其照數支銷。其直省押送空船官役飯食銀兩,係遵照奏定章程,按一月之限給發,亦無浮冒。至報銷稍遲,亦因往返駁查,致稽時日,并非無故遲延。飭取職名,應請邀免開送。臣覆核無異,除飭天津縣迅將該船戶短運米豆勒限買補運通外,理合具題。等因前來。

查定例:直隸省委員自奉天領運黑豆至天津,海運每石給水脚銀壹錢肆分。自天津至通州内河,每石每百里給水脚銀壹分伍釐。所需運脚,無論海道、内河,均於司庫地糧銀内動給,事竣核實題銷。又,奉天省海運豆石至天津,押運官員每員日給飯食銀壹錢,每兵役日給飯食銀伍分。陸路回省,日給車價銀壹兩。各等語。此案天津、寧河二縣道光貳拾年雇覔海船,領運奉天省道光拾玖年米豆叁萬叁千貳拾捌石壹升壹合叁勺肆抄伍撮,共需海程、内河水脚并奉天押運官役飯食以及回奉、回直盤費車價等項,共銀柒千叁百伍拾貳兩玖錢肆分陸釐。前據直隸總督造冊題銷,經臣部以前項米豆船隻於叁月初壹日起,至陸月初柒日止陸續進口抵津,何以遲至拾壹月貳拾日始行交卸完竣,以致官役飯食均有多銷。其因何遲滯緣由,疏内亦未分晰聲叙。至押送空船員弁官役飯食銀兩,概按一月開銷,亦屬浮冒。此案米豆既於道光貳拾年拾壹月貳拾日在通交卸,自應隨時造報題銷,何以遲滯貳年有餘,始行題報,實屬遲延。并令開具遲延職名,送部核議。等因在案。

今據直隸總督疏稱:道光貳拾年領運拾玖年奉省米豆,於是年陸月初柒等日陸續進口抵津,正值南漕盛行之際,剥船不敷輪轉。俟漕竣後,剥運赴通,是以至拾壹月貳拾日始行交卸。其海程水脚銀兩,係按實運到津米豆數目給發。押運空船委員飯食銀兩,亦係遵照章程給發,并無浮冒。所有造報冊結,因奉駁查,往返登覆,致稽時日。奉取職名,應請邀免。等語。臣部查此案,米豆船隻遲滯緣由,既據該督聲明,於漕竣後始行運通交卸,應毋庸議。其海程水脚銀兩,按冊核算,亦屬符合。至押運空船官役飯食銀兩,遵照奏定章程,發給一月飯食銀兩,委無浮冒之處。既據分晰聲明,均應準其報銷。其造報遲延職名,據稱因往返駁查遲延,尚屬有因,應準免其開送。

此本科抄於咸豐貳年拾貳月初陸日到部,兹於咸豐叁年伍月拾貳日辦理具題,合并聲明。

臣等未敢擅便,謹題請旨。

批紅:依議。

爲安徽題報鳳陽關咸豐元年徵收税銀數目事

咸豐三年七月二十九日

太子太保・大學士管理戶部事務臣祁寯藻等謹題,爲恭報等事。

戶科抄出,前任安徽巡撫蔣文慶題鳳陽關咸豐元年伍月拾伍日起連閏至貳年肆月拾肆日止,一年徵收税銀一案。咸豐貳年柒月拾玖日題,玖月貳拾柒日奉旨:該部察覈具奏。欽此。欽遵。於本日抄出到部。隨將該關該年徵收税銀紅單底簿移會戶科磨對去後,旋準戶科將該關徵收税銀簿單磨對完訖,單冊相符,移覆到部。

該臣等查得,前任安徽巡撫蔣文慶疏稱:據廬鳳道兼管鳳陽關税務奎綬呈稱,自咸豐元年伍月拾伍日起,連閏至貳年肆月拾肆日止,一年共收税銀拾萬柒千貳百叁拾壹兩肆錢伍分。除支鳳陽府縣、臨淮鄉三學咸豐元年秋冬二季、貳年春夏二季廩餼銀玖拾叁兩叁錢肆分捌釐,又除批解部科平飯以及照例支給通關各口經費銀貳萬陸千叁百陸拾玖兩玖錢玖釐,又撥解廣西兵餉銀貳萬伍千兩,南河工需銀叁萬壹千兩外,淨存銀貳萬肆千柒百陸拾捌兩壹錢玖分叁釐。委員竇爾畿管解赴部交納外,理合呈請代題。等因前來。

查鳳陽關每年額税銀柒萬玖千捌百叁拾玖兩,銅斤水脚銀壹萬叁百貳拾兩陸錢。又,嘉慶玖年陸月内,欽定盈餘銀壹萬柒千兩。三共銀拾萬柒千壹百伍拾玖兩陸錢。今據前任安徽巡撫蔣文慶題報,鳳陽關咸豐元年伍月拾伍日起,連閏至貳年肆月拾肆日止,一年共徵收税銀拾萬柒千貳百叁拾壹兩肆錢伍分,覈與應徵正額盈餘銀數有盈無絀。至前項徵收税銀内,除支給鳳陽府縣,臨淮鄉三學咸豐元年秋冬二季、貳年春夏二季廩餼銀玖拾叁兩叁錢肆分捌釐,業經臣部移查禮部,覆稱檢查學冊,與原卷内開姓名均屬相符,應準開銷。又支給經費銀貳萬陸千叁百陸拾玖兩玖錢玖釐,業經該監督造具支用細數清冊送部,應於經費案内查覈銷結。又撥解廣西兵餉銀貳萬伍千兩,南河工需銀叁萬壹千兩,查與奏撥原案銀數相符,實存銀貳萬肆千柒百陸拾捌兩壹錢玖分叁釐。已據該關委員竇爾畿批解到部,經臣部移付銀庫照數查收在案,應毋庸議。

此案前準戶科移覆到部,茲於咸豐叁年柒月貳拾玖日辦理具題,合并聲明。

臣等未敢擅便,謹題請旨。

批紅:依議。

爲山西預估緑營各鎮營咸豐三年應需公費銀兩事

咸豐三年七月二十九日

太子太保·大學士管理户部事務臣祁寯藻等謹題,爲酌定緑營公費事。

户科抄出,前署山西巡撫郭夢齡題預估咸豐叁年各鎮營應需公費銀兩一案。咸豐貳年拾貳月拾捌日題,叁年叁月初捌日奉旨:該部議奏。欽此。欽遵。於本日抄出到部。

該臣等查得,前署山西巡撫郭夢齡疏稱:山西省各協營路預估公費銀兩,準兵、工二部咨,行令照例題估、題銷。等因。歷經遵照在案。兹據署布使英桂詳稱:準撫標左、右二營將咸豐叁年應需公費,共估銀肆百玖拾貳兩伍錢伍分。又準太原鎮將所屬各協營咸豐叁年應需公費,共估銀伍千肆百伍拾柒兩陸錢陸分壹釐。又準大同鎮將各協營路咸豐叁年應需公費,共估需銀陸千壹百伍拾貳兩伍錢叁分捌釐。内除動支地租銀貳千伍百伍拾玖兩玖錢柒分捌釐外,實應需銀叁千伍百玖拾貳兩伍錢陸分。分晰造具估册,移送到司覆查。咸豐叁年係無閏之年,撫標左、右二營并太原、大同二鎮所屬各協營路共估公費銀壹萬貳千壹百貳兩柒錢肆分玖釐。内除大同鎮屬餘地租抵作公費銀貳千伍百伍拾玖兩玖錢柒分捌釐,照舊由鎮支銷外,尚需銀玖千伍百肆拾貳兩柒錢柒分壹釐。按册核算,均屬相符。應請在於咸豐貳年地丁項内,照舊提出,收入咸豐叁年公費項下,另款存儲備支,俟年底據實造册報銷。等情呈詳前來。臣覆核無異,除册送部查核外,相應具題。等因前來。

查山西省各鎮營應需工費銀兩,向係預估備支,年終造册題銷。今據前署撫疏稱:各協營路咸豐叁年共應需公費銀壹萬貳千壹百貳兩柒錢肆分玖釐,内除大同鎮屬餘地租抵作公費銀貳千伍百伍拾玖兩玖錢柒分捌釐,照舊由鎮支銷外,尚需銀玖千伍百肆拾貳兩柒錢柒分壹釐。應請在於咸豐貳年地丁銀内照數提出,收入咸豐叁年公費項下另款存儲備支,俟年終據實造册報銷。等語。臣部核與歷年辦過成案并應提銀數相符,應如前署撫所題辦理。仍將本款支給各數年終照例造册,題報核銷。

此案咸豐叁年叁月初捌日科抄到部,兹於柒月貳拾玖日辦理具題,合并聲明。

臣等未敢擅便,謹題請旨。

批紅:依議。

爲浙江題請蠲免富陽縣被灾地畝咸豐元年漕項銀米事

咸豐三年八月十八日

太子太保·大學士管理戸部事務臣祁寯藻等謹題,爲查明等事。

戸科抄出,浙江巡撫黄宗漢題浙江省道光叁拾年被灾案内聲明富陽縣蠲免咸豐元年漕糧漕項銀米造冊具題一案。咸豐叁年正月貳拾陸日題,叁月貳拾肆日奉旨:該部議奏。欽此。欽遵。於本日抄出到部。

該臣等查得,浙江巡撫黄宗漢疏稱:道光叁拾年被灾案内聲明,富陽縣沙淤石壓難以墾復田畝,請自道光叁拾年起,將應徵銀米蠲免二年,屆期覆加確勘,如實不能墾復,另行題請豁免。除道光叁拾年該縣應免徵漕項銀米,業經前撫臣彙同仁和等州縣被灾蠲緩各款,恭疏具題在案。其應免咸豐元年漕項銀米各款,據糧儲道周起濱詳稱:遵查杭州府屬之富陽縣被水沙淤石壓不能墾復、聲明蠲免二年田地三十七頃七十四畝四分四釐五絲八忽,共應免徵咸豐元年漕項銀壹拾伍兩肆錢,漕糧、灰石、行月等米捌拾石伍斗柒升壹合捌勺,漕截、灰截、路費等銀壹拾柒兩玖錢玖分玖釐,均請照數蠲免。擬合備造銀米清冊,詳送察核具題。等情。臣覆核無異,除冊分送部科外,理合具題。等因前來。

查浙江省道光叁拾年被灾案内,聲明富陽縣沙淤石壓、難以墾復田畝,請自道光叁拾年起將應徵銀米蠲免二年。除道光叁拾年該縣應免徵漕糧漕項銀米,前據該撫彙同仁和等州縣被灾蠲緩各款案内題報在案。今據該撫將富陽縣應免咸豐元年漕糧漕項銀米各數,備造清冊,題請蠲免到部,臣部核與該撫題奏各案均屬相符,應如所題,準其蠲免。其富陽縣被災田畝,現在曾否照額墾復,應令浙江巡撫查勘確實。如已墾復,即自咸豐貳年起,將應徵銀米照常完納,造冊報部,以憑核辦。

此案於咸豐叁年叁月貳拾肆日科抄到部,玆於捌月拾捌日辦理具題,合并聲明。

臣等未敢擅便,謹題請旨。

批紅:依議。

爲川督到任盤查藩庫正雜錢糧實儲無虧事

咸豐三年八月二十一日

太子太保·大學士管理戶部事務臣祁寯藻等謹題,爲循例等事。

戶科抄出,四川總督裕瑞題到任盤查藩庫正雜錢糧實儲無虧一案。咸豐貳年拾壹月初捌日題,叁年肆月初陸日奉旨:該部察覈具奏。欽此。欽遵。於本日抄出到部。

該臣等查得,四川總督裕瑞疏稱:看得督撫到任,盤查藩庫正雜錢糧實存無虧,例應具題。茲據署布政使蘇敬衡詳:藩庫正項奏銷支存各案,存庫管收共銀壹百捌拾叁萬玖千貳百伍兩伍錢貳分貳釐柒毫肆絲伍忽壹微玖塵伍纖,又,金器貳兩玖錢捌分。開除咸豐貳年滿漢官兵俸餉、米折、養廉、公費、馬價,并咸豐叁年春季米折、文職官俸、役食、祭祀、餼糧、舖司驛站、餉鞘、節烈婦女、壽民壽婦建坊、五世同堂緞匹、兵丁紅白賞項、孤貧口糧、文武闈經費、銅斤腳價、兵餉、出師官兵行裝、卹賞祭葬、米價、換防臺藏官兵行裝、駝馬鞍屜、委解爐餉藏餉、喇嘛口糧等項,共銀壹百肆拾陸萬伍千捌百貳兩捌錢貳分伍釐肆毫壹絲貳忽柒微,實在存庫銀叁拾柒萬叁千肆百貳兩陸錢玖分柒釐叁毫叁絲貳忽肆微玖塵伍纖。又,金器貳兩玖錢捌分。屯防經費:舊管銀肆萬壹千玖百壹拾叁兩叁錢捌分肆釐壹毫伍絲柒忽叁微,新收銀壹萬肆千柒百陸拾捌兩,管收共銀伍萬陸千陸百捌拾壹兩叁錢捌分肆釐壹毫伍絲柒忽叁微。開除銀叁萬捌千柒百壹拾陸兩伍錢壹分捌釐陸毫陸絲壹忽叁微,實在存庫銀壹萬柒千玖百陸拾肆兩捌錢陸分伍釐肆毫玖絲陸忽。火耗:舊管銀壹萬壹千陸百玖拾兩陸釐柒毫伍絲捌忽,新收銀壹拾叁萬叁千捌百柒拾捌兩貳錢壹分陸釐捌毫玖絲,管收共銀壹拾肆萬伍千伍百陸拾捌兩貳錢貳分叁釐陸毫肆絲捌忽。開除銀柒萬玖百柒拾陸兩肆分玖釐肆毫,實在存庫銀柒萬肆千伍百玖拾貳兩壹錢柒分肆釐貳毫肆絲捌忽。鹽茶耗羨:舊管銀壹拾壹萬伍千貳百壹拾肆兩玖錢壹分陸釐柒毫叁絲玖忽玖微,新收銀壹拾壹萬叁拾柒兩叁錢伍分捌釐壹毫壹絲,管收共銀貳拾叁萬伍千貳百伍拾貳兩貳錢柒分肆釐捌毫肆絲玖忽玖微。開除銀壹拾貳萬陸千陸拾捌兩陸錢伍分叁釐陸毫伍絲陸忽伍微,實在存庫銀玖萬玖千壹百捌拾叁兩陸錢貳分壹釐壹毫玖絲叁忽肆微。捐納監生:舊管銀壹萬貳千肆百壹拾叁兩肆錢玖分叁毫陸絲,新收銀壹萬伍千柒百伍拾壹兩捌錢,管收共銀貳萬捌千壹百陸拾伍兩貳錢玖分叁毫陸絲。開除銀壹百貳拾肆兩壹錢玖釐,實在存庫銀貳萬捌千肆拾壹兩壹錢捌分壹釐叁毫陸絲。捐納武監生:舊管銀伍百玖拾玖兩叁錢伍分貳釐,新收銀壹千肆百兩壹錢陸分,管收共銀壹千玖百玖拾玖兩伍錢壹分貳釐。開除無項。實在存庫銀壹千玖百玖拾玖兩伍錢壹分貳釐。防邊經費:舊管銀壹萬陸千貳百捌拾兩伍錢伍分柒釐捌毫陸絲。新收無項。開除無項。實在存庫銀壹萬陸千貳百捌拾兩伍錢伍分柒釐捌毫陸絲。雜項存武職截曠留半養廉,文武各員部庫副銷二成養廉,木植一成養廉,寶川局賞借賞番餘茶貳兩平等項,共銀壹拾萬陸千捌百捌拾陸兩陸錢捌分叁釐捌毫伍絲柒忽玖微。以上正雜各項統共存銀柒拾壹萬捌千叁百伍拾壹兩貳錢玖分叁釐叁毫肆絲柒忽柒微玖塵伍纖。又,金器貳兩玖錢捌分。詳請察盤。等情,隨親赴藩庫,將應存各項銀兩逐一盤查,俱係實存在庫,并無虧短。除將册結送部,理合具題。等因前來。

查定例内開:直省布政司庫錢糧,每值奏銷交代,均責成巡撫及同城之總督親赴盤查,具結保題。督撫新任受事,亦一律盤查。所盤錢糧,無論正項、雜項,已入奏銷、未入奏銷,統行察覈。儻有虧挪而扶同徇隱者,事發議處分賠。等語。今據四川總督裕瑞將藩庫盤查各案銀兩,分晰造册送部。臣部查,管收各項共銀貳百肆拾貳萬叁拾玖兩肆錢肆分玖釐零,又,金器貳兩玖錢捌分。既據聲明係按實存收支各數盤查,應毋庸議。開除各案銀壹百柒拾萬壹千陸百捌拾捌兩壹錢伍分陸釐零,應俟各該奏銷到日,再行查覈。實存各案及雜項等款共銀柒拾壹萬捌千叁百伍拾壹兩貳錢玖分叁釐零。又,金器貳兩玖錢捌分,應照數登記。既據該督親赴藩庫盤查,俱係實儲在庫,并無虧缺,出具布政使印結送部,應毋庸議。

此案科抄於咸豐叁年肆月初陸日到部,兹於捌月貳拾壹日辦理具題,合并聲明。

臣等未敢擅便,謹題請旨。

批紅:依議。

爲浙江題銷咸豐元年額徵南米並已未完各官考成事

咸豐三年八月二十七日

太子太保·大學士管理户部事務臣祁寯藻等謹題,爲題銷等事。

戶科抄出,前署浙江巡撫椿壽題浙江省咸豐元年分額徵南米已未完數目造冊題銷一案。咸豐貳年柒月貳拾玖日題,拾月貳拾柒日奉旨:該部察核具奏,冊并發。欽此。欽遵。於本日抄出到部。

該臣等會查得,前署浙江巡撫椿壽疏稱:浙江省咸豐元年額徵南米已未完數目,造冊具題前來。查冊開:咸豐元年額徵本折米貳拾柒萬柒千捌百陸拾捌石壹升玖合貳勺內,除定海廳減徵一成米壹百捌拾肆石柒斗陸升柒合,實該米貳拾柒萬柒千陸百捌拾叁石貳斗伍升貳合貳勺。內已完本折米壹拾陸萬叁千肆百玖拾陸石玖斗貳升柒合肆勺,未完本折米壹拾壹萬肆千壹百捌拾陸石叁斗貳升肆合捌勺。內除被灾緩徵米貳萬肆千陸百肆拾貳石柒斗肆升伍合叁勺外,實未完本折米捌萬玖千伍百肆拾叁石伍斗柒升玖合伍勺。所有支銷各款開列於後:

一、已完本色米壹拾伍萬陸千陸百捌拾貳石捌斗捌升叁合捌勺內,支給乍浦滿營兵糧米壹百肆拾柒石壹斗貳升伍合,各標鎮協營兵糧米捌萬玖千貳拾肆石貳斗陸升捌合玖勺,水師各營舵工米柒百肆拾陸石捌斗陸升,兵丁眷口米貳百伍拾柒石壹斗,抵還還漕米貳萬肆千陸百叁拾柒石伍斗陸升玖合,抵還還項米貳萬伍百肆拾肆石玖斗壹升壹合叁勺,抵還穀碾米柒千捌百貳拾石玖斗叁升,尚餘額徵米壹萬叁千伍百肆石壹斗壹升玖合陸勺等語。查支給咸豐元年乍浦滿營各標鎮協營兵糧、水師各營舵工糧米、兵丁眷口米玖萬壹百柒拾伍石叁斗伍升叁合玖勺,已據該撫造入咸豐元年兵馬題銷冊內報部,應歸於彼案核辦。又,抵還漕還項并抵穀碾米伍萬叁千叁石肆斗壹升叁勺內,造入咸豐元年兵馬題銷冊內米壹萬伍千陸百陸拾肆石陸斗陸升伍合捌勺,亦應歸於彼案核辦。又,留給湖協營兵丁眷口咸豐貳年春、夏、秋兵米貳拾壹石陸斗,據冊稱另歸專案支銷,應令即飭專案報部核銷。其餘米叁萬柒千叁百壹拾柒石壹斗肆升肆合伍勺,應令該撫轉飭造入咸豐貳年兵馬題銷冊內,報部查核。尚餘額徵米壹萬叁千伍百肆石壹斗壹升玖合陸勺內,除零星小戶折價米柒百伍拾陸石陸斗叁升肆合,應歸於後款查辦。又,除造入咸豐元年兵馬冊內米叁千捌百叁拾壹石玖斗捌升叁合伍勺,應歸於該年兵馬案內核辦。又,抵給各營兵丁眷口米壹千玖拾玖石叁斗肆升,據冊稱另歸專案支銷,應令迅即專案報部核銷。又,湊撥下屆并咸豐叁年兵糧,應入咸豐貳年叁年兵馬冊內米柒千捌百壹拾陸石壹斗陸升貳合壹勺,應令該撫轉飭造入咸豐貳、叁等年兵馬題銷冊內,報部查核。

一、已完零戶折價米柒百伍拾陸石陸斗叁升肆合,每石折徵正耗銀壹兩陸錢,共銀壹千貳百壹拾兩陸錢壹分肆釐,協撥咸豐元年耗羨不敷之用。等語。查零星小戶折價米柒百伍拾陸石陸斗叁升肆合,每石折徵正耗銀壹兩陸錢,共銀壹千貳百壹拾兩陸錢壹分肆釐。戶部按冊核算,與折徵銀數相符。所有前項銀兩,據該撫疏稱,協撥咸豐元年耗羨不敷之用,應歸於協撥該年耗羨案内查核。

一、已完折價米陸千捌百壹拾肆石肆升叁合陸勺,每石折徵正耗銀壹兩陸錢,共銀壹萬玖百貳兩肆錢柒分壹釐。内除支給滿營兵糧放費、造冊紙張、吏書工食、省倉腳夫等銀陸百肆拾貳兩捌錢壹分柒釐。又給乍浦、澉浦、海寗、定海四營新添兵丁咸豐元年分一半米折銀肆千伍百陸拾玖兩伍分陸釐,其餘銀伍千陸百玖拾兩伍錢玖分捌釐,聽存修造船工之用。等語。查徵完折價米陸千捌百壹拾肆石肆升叁合陸勺,每石折徵正耗銀壹兩陸錢,共銀壹萬玖百貳兩肆錢柒分壹釐。内除支給滿營兵糧放費、造冊紙張、吏書工食、省倉腳夫等銀陸百肆拾貳兩捌錢壹分柒釐,核與有閏之年支給銀數相符,應準開銷。又給乍浦、澉浦、海寗、定海四營新添兵丁一半米折銀肆千伍百陸拾玖兩伍分陸釐,據冊稱造入咸豐元年兵馬冊内報部,應歸於該年兵馬題銷案内核辦。其餘銀伍千陸百玖拾兩伍錢玖分捌釐,據冊稱聽存修造船工之用,核與工部會同戶部覆準原案相符,應準其聽給。再查此款銀兩,前經戶部行令自道光伍年爲始,按年造冊報部,并於歷年南米題銷案内行催,復經屢次專案行催,均未造冊核銷,實屬玩延。應再仍令該撫即飭遵照戶部前咨,即將金臺米折銀兩一款,按年分晰造冊,送部核銷。并將歷年延不造報職名,一并隨案開揭,送部核議。如再延宕,由臣部奏參。

一、疏稱:經催全完一千石以上之寗紹臺道開具職揭,聽部議敘。等語。吏部查定例,州縣官催徵南秋等米,督催之糧道一年限内全完一萬石以下者,紀錄一次。等語。應將督催咸豐元年分南米全完一千石以上之前任寗紹臺道今授福建鹽法道瑞璸,照例準其紀錄一次。

一、疏稱:未完本折米壹拾壹萬肆千壹百捌拾陸石叁斗貳升肆合捌勺内,除杭州、嘉興、湖州、金華、衢州、處州六府屬被灾歉收緩徵米貳萬肆千陸百肆拾貳石柒斗肆升伍合叁勺,應歸於年限案内徵完外。實未完本折米捌萬玖千伍百肆拾叁石伍斗柒升玖合伍勺内,除杭州、紹興、臺州、金華、衢州、温州等府屬未完折價米叁萬叁千玖百捌拾伍石肆斗捌升叁合伍勺外,實未完本色及零戶穀碾等米伍萬伍千伍百伍拾捌石玖升陸合内,未完還項米伍千貳百肆拾捌石陸斗柒升貳合捌勺,未完還漕米壹萬陸千伍百伍石柒斗捌升肆勺,未完省南米貳萬柒千玖百肆拾肆石柒斗伍升貳合捌勺,未完穀碾米伍千捌百伍拾捌石捌斗玖升。所有經催經徵南米未完之杭州、嘉興、湖州、寧波、紹興、臺州、金華、衢州、嚴州、温州十府,錢塘、海寧、富陽、餘杭、嘉興、秀水、嘉善、海鹽、平湖、石門、桐鄉、歸安、烏程、德清、奉化、山陰、會稽、蕭山、諸暨、臨海、太平、寧海、天臺、仙居、蘭谿、東陽、義烏、浦江、湯溪、龍游、江山、常山、開化、桐廬、永嘉、樂清、瑞安、平陽、泰順等三十九州縣,據該撫開具職揭,聽候部議。續據咨報,諸暨縣續完折價米壹千陸百貳拾伍石,共折徵正耗銀貳千陸百兩,計諸暨縣知縣劉書田續完考成三分六釐三毫五絲,仍未完考成四分九釐六毫七絲。所有原參未完八分以上之諸暨縣經徵掌印見任知縣劉書田續完考成三分六釐三毫六絲,咨部扣減。戶部查諸暨縣續完折價米壹千陸百貳拾伍石,共折徵正耗銀貳千陸百兩,據稱聽給修造船工之用。應令該撫轉飭,將前項聽給船工銀兩支用細數專案造冊,報部核銷。吏部查定例:各省額徵南秋等米,州縣官初參欠不及一分者,罰俸三個月。一分以上者,罰俸六個月。二分以上者、住俸三分以上者,降二級留任。四分以上者,降三級留任。五分、六分以上者,革職留任。俱令戴罪催徵。督催之知府,初參欠三分以上者,住俸。四分以上者,降二級留任。俱令戴罪督催。又定例:各官任内,有承督未完案件,於未經限滿之先離任者,以罰俸一年完結。又,定例署印官,照徐淮、臨德等倉署印官例議處。又定例:徐淮、臨德等倉錢糧,署印官欠一分、二分者,罰俸三個月。三分、四分者,罰俸六個月。五分、六分者,罰俸九個月。等語。

除督催初參未完不及一分之杭州府知府余士瑮、前任寧波府知府羅鏞、衢州府知府徐相,并署印未完不及一分之前署浙江布政使黄宗漢、前署浙江布政使庚長、代理杭州府知府瑞春、署衢州府知府瑞春、署温州府知府陳泰來、代理奉化縣知縣馬培章、署奉化縣知縣舒逵、署臨海縣知縣陳煥聲、代理臨海縣知縣謝樹榆、署臨海縣知縣黄宗貴、署寧海縣知縣王祖望、兼理湯溪縣知縣馬昂霄、署龍游縣知縣李道融、署江山縣知縣段光清、代理開化縣知縣饒作霖、署開化縣知縣伍承吉、代理樂清縣知縣胡德璐,俱例得免議及原任之員均毋庸議外。應將經徵、接徵咸豐元年分南米初參未完不及一分之浦江縣知縣黄維同、龍游縣知縣密雲路、前任江山縣知縣吳春棠均照例罰俸三個月,戴罪催徵。未完一分以上之餘杭縣知縣李培基、前任義烏縣知縣崔家蔭、義烏縣知縣張銘鼎、湯溪縣知縣繆步瀛、樂清縣知縣孫源、泰順縣知縣管燮元,均照例罰俸六個月,戴罪催徵。未完二分以上之嘉善縣知縣顧準、平湖縣知縣邢吉甫、前任山陰縣知縣胡澤沛、東陽縣知縣黄汝梅、前任瑞安縣知縣楊鑑平、陽縣知縣伍紹紳,均照例住俸,戴罪催徵。未完三分以上之石門縣知縣張家縉、會稽縣知縣耿曰德、永嘉縣知縣曾承禧,均照例降二級留任,戴罪催徵。未完四分以上之錢塘縣知縣徐樹楠、富陽縣知縣翟維本、蘭谿縣知縣湯金策、前任諸暨縣知縣劉書田,均照例降三級留任,戴罪催徵。未完六分以上之常山縣知縣李維著、未完七分以上之前任天臺縣知縣許師喜、仙居縣知縣陳鍾彦,均照例革職留任,戴罪催徵。督催初參未完三分以上之杭州府知府余士瑮、嘉興府知府鍾裕、紹興府知府徐榮、金華府知府崇福、嚴州府知府陳泰來,均照例住俸,戴罪督催。未完四分以上之臺州府知府張英偉,照例降二級留任,戴罪督催。吳春棠已另案革職,崔家蔭已調安吉縣知縣,俱於未經限滿之先卸事,應照離任官例,吳春棠應罰俸一年註册,崔家蔭應於現任内罰俸一年。胡澤沛已調仁和縣知縣,劉書田已陞紹興府通判,許師喜已撤任留省另補,楊鑑已另案革職,俱未聲明卸事日期,俟復參到日再議。經徵署印未完一分以上之署富陽縣事試用知縣熊松之、署奉化縣事候補知縣韓培乾、代理臨海縣事該縣縣丞王祖望、署太平縣事黄巖縣知縣劉江、代理蘭谿縣事布政使理問郭培榮、署開化縣事試用知縣伍承吉、署桐廬縣事試用知[縣]許瑶光,未完二分以上之署秀水縣事候補知縣龔振麟、署嘉善縣事山陰縣縣丞林鈞、署桐鄉縣事試用知縣馬昂霄、署歸安縣事試用知縣樂蘅、署德清縣事海寧州州判陳謨、署蕭山縣事試用知縣吳人杰,督催署印未完一分以上之署嚴州府事候補知府汪於泗,未完二分以上之署温州府事嚴州府同知裕禄均,照例罰俸三個月。署印未完三分以上之署富陽縣事試用知縣阮恩洪、署烏程縣事長興縣知縣佘以增、署太平縣事試用知縣袁惠疇、署湯溪縣事德清縣知縣敖彤臣,未完四分以上之署嘉興縣事前任永嘉縣另案降調知縣奉旨送部引見楊炳、署海鹽縣事前任上虞縣縣丞趙景銘,督催署印未完三分以上之署湖州府事温州府知府常恩,均照例罰俸六個月。經徵署印未完六分以上之署浦江縣事寧海縣知縣李溶,照例罰俸九個月。密雲路又署臨海縣任内經徵未完二分以上,林鈞又代理寧海縣任内經徵未完二分以上,繆步瀛又署平陽縣任内經徵未完二分以上,應照例各再罰俸三個月。吳春棠又署海寧州任内接徵未完三分以上,昙人杰又署桐廬縣任内經徵未完三分以上,應照例各再罰俸六個月。佘以增有錢糧紀錄一次,應銷去錢糧紀錄一次,抵罰俸六個月,免其罰俸。

一、疏稱:湖州、紹興二府暨海寧、於潛、嘉興、嘉善、平湖、石門、烏程、武康、孝豐、會稽、新昌、仙居、蘭谿、義烏、武義、浦江、湯溪、龍游、常山、壽昌、泰順、松陽、慶元等二十三州縣,應造南米題銷清冊。又,海寧、嘉興、秀水、嘉善、平湖、石門、烏程、武康、會稽等九州縣,應造零戶南米清冊。現在未據送到,相應列揭附參,聽候部議。續據該撫咨報,將紹興府應送南米府總款冊補咨送部,聲明紹興府知府徐榮遲延兩月以上。又據該撫咨報,將平湖、仙居二縣南米題銷及零戶清冊補咨送部,聲明署平湖縣知縣邢吉甫遲延各兩個月以上,仙居縣知縣陳鍾彦遲延一月以上。又據該撫咨報,將湖州府應送南米府總款冊補咨送部,聲明前任湖州府知府晏端書遲延兩月以上,現署湖州府知府覺羅常恩遲延一月以上。又據該撫咨報,將龍游縣應送南米題銷清冊補咨送部,聲明龍游縣知縣密雲路遲延四月以上。吏部查定例,官員造報各項錢糧文冊,遲延違限一月以上者,罰俸三個月。二月以上者,罰俸六個月。四、五月以上者,罰俸一年。等語。應將造送咸豐元年南米冊遲延違限一月以上之仙居縣知縣陳鍾彦、署湖州府事温州府知府常恩均照例罰俸三個月。違限二月以上之湖州府知府晏端書、紹興府知府徐榮、平湖縣知縣邢吉甫均照例罰俸六個月。違限四月以上之龍游縣知縣密雲路照例罰俸一年。邢吉甫又造送零戶南米冊遲延違限二月以上,應照例再罰俸六個月。至海寧州知州昙春棠,於潛縣知縣莊保誠、署嘉興縣知縣楊炳、署嘉善縣知縣林鈞、石門縣知縣張家縉、署烏程縣知縣佘以增、署武康縣知縣李甫田、孝豐縣知縣倪應升、會稽縣知縣耿曰德、新昌縣知縣孫欽若、蘭谿縣知縣湯金策、義烏縣知縣張銘鼎、武義縣知縣宋賓王、浦江縣知縣黄維同、湯溪縣知縣繆步瀛、常山縣知縣李維著、壽昌縣知縣王錫周、泰順縣知縣管燮元、署松陽縣知縣李澍、慶元縣知縣鳳枔等,造送南米冊遲延。署海寧州知州昙春棠、署嘉興縣知縣楊炳、署秀水縣知縣龔振麟、署嘉興縣知縣林鈞、石門縣知縣張家縉、署烏程縣知縣佘以增、署武康縣知縣李甫田、會稽縣知縣耿曰德等,造送零戶南米冊遲延。均令該撫俟該員等造送冊籍時核計遲延若干月日,開揭報部,以憑核辦。至疏稱定海廳減徵一成米石,核與該廳善後條陳案内奏請減徵原案相符,應毋庸議。仍令該撫將前項未完米石速飭照數催徵完報,毋任拖欠。其應送南米零月清冊一并迅即催取送部查核。

此本係戶部主稿。於咸豐貳年拾月貳拾柒日科抄到部,拾貳月初陸日送會吏部,叁年陸月初陸日會回。茲於捌月貳拾柒日辦理具題,合并聲明。

臣等未敢擅便,謹題請旨。

批紅:依議。

爲歸化廳徵收大青山北牧廠地畝咸豐元年租銀數目事

咸豐三年十月初二日

太子太保·大學士管理戶部事務臣祁寯藻等謹題,爲題銷事。

戶科抄出,署綏遠城將軍盛壎題歸化廳經徵咸豐元年分大青山後迤北牧廠地畝租銀并帶徵道光叁拾年地租已未完數目一案。咸豐叁年叁月貳拾玖日題,伍月拾柒日奉旨:該部察核具奏。欽此。欽遵。於本日抄出到部。

該臣等查得,署綏遠城將軍盛壎疏稱:據歸化城同知清壎將經徵咸豐元年大青山後牧廠地畝租銀完欠數目造冊,由歸綏道德齡核轉前來。該臣等查得,歸化城同知額徵咸豐元年大青山後牧廠地畝租銀壹萬叁千玖百肆兩壹錢肆釐內,已徵銀壹萬貳千伍百叁拾伍兩捌錢叁分柒釐,尚欠未完銀壹千叁百陸拾捌兩貳錢陸分柒釐,核計未完銀數不及一分。所有經徵督催各員例無處分,應請免議。再,帶徵未完道光叁拾年分租銀壹千叁百柒拾柒兩肆錢玖分叁釐内,已徵銀壹拾玖兩捌錢柒分叁釐,仍未完銀壹千叁百伍拾柒兩陸錢貳分,核計未完不及一分。經徵督催各員例處分,應請免議。已徵銀兩存儲糧餉廳庫,以備支放養育兵孀婦孤女餉銀之需。合并聲明。除冊送部外,理合遵例具題。等因前來。

查大青山後迤北空出牧廠地畝,先於乾隆陸拾年據綏遠城將軍奏準,招民開墾,每年可得租銀玖千餘兩。應添養育兵三百名,每名每月給餉銀壹兩伍錢,其孀婦孤女所佔養育兵餉銀,每月另給餉銀壹兩。將舊有養育兵全改步甲當差,所添兵餉即於前項租銀内支給。并據咨明,前項應納糧租照口外各廳徵解米石之例,於每年玖月開徵,次年歲底奏銷,均經奏準辦理。嗣於嘉慶肆年,據該將軍奏,前項地内民人逃棄共有九百三十頃,請將嘉慶叁年應徵租銀壹千玖百玖拾玖兩伍錢寬免。并據聲明,將棄地招民認種地五百叁拾頃,應徵銀壹千壹百叁拾玖兩伍錢。又於嘉慶拾壹年,據前任綏遠城將軍奏明,續墾地二千七百二十五頃,應徵銀伍千捌百伍拾捌兩柒錢伍分。續於道光陸年,據該將軍奏準,前項地内水沖沙壓地畝以道光陸年爲始,應豁免租銀壹百捌拾玖兩壹錢肆分陸釐。等因。各在案。今據署綏遠城將軍疏稱:歸化廳經徵咸豐元年大青山後牧廠地租銀壹萬叁千玖百肆兩壹錢肆釐内,已徵銀壹萬貳千伍百叁拾伍兩捌錢叁分柒釐,尚未完銀壹千叁百陸拾捌兩貳錢陸分柒釐,核計未完不及一分。所有經徵督催各員例無處分,應請免議。再,道光叁拾年未完銀壹千叁百柒拾柒兩肆錢玖分叁釐,前經臣部行文該將軍,嚴飭該廳迅速全完報部查核。今據疏稱,該廳帶徵道光叁拾年銀壹拾玖兩捌錢柒分叁釐,仍未完銀壹千叁百伍拾柒兩陸錢貳分,核計未完不及一分。經徵督催各員例無處分,應請免議。已徵銀兩存儲廳庫,以備支放養育兵孀婦孤女餉銀之需。等語。

臣部查,前項已徵銀兩,既據聲明存儲廳庫,應令綏遠城將軍、山西巡撫造入兵馬奏銷冊内新收項下報查。其未完咸豐元年分銀壹千叁百陸拾捌兩貳錢陸分柒釐,未完道光叁拾年分銀壹千叁百伍拾柒兩陸錢貳分,據稱未完不及一分例無處分,得以任意拖欠,致虧軍餉。並令山西巡撫、綏遠城將軍嚴飭該廳將前項未完銀兩迅速催徵全完,專案報部查核。經此次題催之後,如仍蹈前轍,臣部惟有據實嚴參。

此案於咸豐叁年伍月拾柒日科抄到部,兹於拾月初貳日辦理具題,合并聲明。

臣等未敢擅便,謹題請旨。

批紅:依議。

爲直隸題銷咸豐元年支過兵馬錢糧事

咸豐三年十月初三日

太子太保·大學士管理戶部事務臣祁寯藻等謹題,爲錢糧等事。

戶科抄出,前任大學士·直隸總督訥爾經額將直隸省咸豐元年分支給過各提鎮協營路廳并各駐防兵馬錢糧造冊題銷一案。咸豐貳年拾壹月初柒日題,叁年貳月拾柒日奉旨:該部察覈具奏,冊并發。欽此。欽遵。於本日抄出到部。此案先據直隸總督造冊送部,隨經臣部將冊造綠營并各駐防官兵、筆帖式等官員名馬匹數目,候補委署并世職各員弁任卸日期是否相符,行查吏部、兵部去後。嗣準兵部等部陸續查覆到部。

該臣等查得,前任大學士·直隸總督訥爾經額,將直隸省咸豐元年各提鎮協營路廳并各駐防官兵支過俸餉米豆馬乾等項,會同大學士前兼管順天府府尹事務臣卓秉恬、前署順天府府尹臣王慶雲合詞具題前來。查冊開:

一、舊管銀肆拾肆萬壹千捌百叁拾玖兩壹錢肆分壹釐伍毫,米壹萬捌千壹百柒拾貳石伍斗壹升貳合柒勺玖抄,豆貳千肆百柒拾伍石陸斗伍升壹合,草陸千叁百伍拾陸束。查前項舊管係照上年實存數目造報,惟查上年開除款内行查各款尚未登覆,應俟登覆準銷後按實在數目核計,以昭覈實。新收銀壹百肆拾壹萬捌千肆百拾陸兩柒分柒釐伍毫,米玖萬叁百拾叁石捌斗肆升陸合貳勺,豆伍千肆百柒拾伍石叁斗貳升,草拾陸萬伍千叁百捌拾捌束。開除銀壹百肆拾壹萬玖千貳百陸拾陸兩柒錢陸分伍釐陸毫内,準銷銀貳拾玖萬玖千叁百捌拾陸兩貳錢捌分捌釐伍毫,行查銀壹百拾壹萬玖千捌百捌拾兩肆錢柒分柒釐壹毫,歸於下款查辦外。又,開除米玖萬陸百陸拾貳石陸斗玖升壹合捌勺,豆伍千肆百伍拾叁石柒斗貳升,草拾陸萬伍千叁百捌拾捌束,應準開銷。行查各款開列於後。

一、咸豐元年支給過各提鎮協營路廳并各駐防官員俸銀貳萬叁千壹百柒拾陸兩捌錢貳分玖釐,各官薪銀叁萬玖百肆兩叁錢肆分壹釐,各兵餉銀玖拾柒萬柒千玖百叁拾玖兩伍錢伍分捌釐壹毫,建坊銀玖拾兩,各兵米折銀拾肆萬壹千貳百玖拾壹兩玖錢壹分玖釐,米豆草折銀壹萬肆千叁百貳拾叁兩陸錢叁分玖釐,一半折色米價銀貳萬壹千玖百捌拾玖兩貳錢,馬乾銀拾叁萬貳千伍百伍拾捌兩伍錢玖分貳釐。大興等駐防馬乾銀陸百伍拾壹兩玖錢叁分肆釐,遵化、薊州、豐潤三州縣陵寢披甲餉銀叁萬壹千玖百柒拾肆兩肆錢玖分壹釐,遵化州漢兵米折銀叁千肆百叁拾柒兩貳錢玖分捌釐,獨石口、千家店二駐防官兵俸餉銀肆千玖百兩,四路廳所屬捕役工食銀貳千肆百陸拾壹兩貳錢。等語。查前項支給官兵俸薪餉乾米折、捕役工食共銀壹百叁拾捌萬伍千陸百玖拾玖兩壹釐壹毫。查據兵部、吏部覆稱,各駐防并綠營官兵員名馬匹數目及筆帖式等官員名,均屬相符。所有支給過前項銀兩,按冊核算,雖屬相符。惟開除兵餉銀玖拾柒萬柒千玖百叁拾玖兩伍錢伍分捌釐壹毫,計散數内多造銀壹千兩。各兵米折銀拾肆萬壹千貳百玖拾壹兩玖錢壹分玖釐散數内,計少造銀貳千兩。應開單行令該督查明報部,再行覈銷。再查道光貳拾捌年奏銷案内,計散數内多銀柒兩壹錢捌分。又,貳拾柒年奏銷案内開除總數内,少核銀柒拾捌兩伍錢肆分伍釐。又,貳拾陸年奏銷案内開除兵餉散數内,少造銀柒百叁拾捌兩陸錢。各兵米折散數内,多造銀柒百叁拾捌兩陸錢。又,貳拾貳年奏銷案内,開除薪銀貳萬陸千叁百叁拾伍兩伍錢叁釐,臣部以散覈總,散數内計少銀壹分。又,坊價銀壹百貳拾兩,并未聲叙姓氏。又,貳拾年奏銷案内,開除俸銀壹萬捌千柒百陸兩柒錢陸分陸釐,臣部按冊覈算,散數内少造銀玖拾玖兩玖錢壹分。又,各兵米折銀拾壹萬柒千貳百拾叁兩伍錢叁分貳釐,計散數少造銀捌分壹釐。又,拾玖年奏銷案内,開除俸銀壹萬捌千柒百貳拾陸兩柒錢玖分玖釐,計散數内多造銀叁千陸百伍拾兩柒錢捌分玖釐肆毫。又,餉銀捌拾捌萬叁千陸百貳拾捌兩玖錢陸分壹釐叁毫,計散數内少造銀叁千陸百伍拾兩柒錢捌分玖釐肆毫。又,拾貳年奏銷案内,開除俸薪兵餉、米折馬乾等銀壹百貳拾伍萬伍千玖百拾陸兩捌錢肆分玖釐肆毫,經臣部按照各款冊造覈算,散數内少造銀貳千肆百肆拾陸兩柒錢捌分肆釐。均經隨案題明,行令該督詳細聲覆,再行核銷。各在案。今此次奏銷案内,均未查明聲覆,殊屬延宕。應并令該督即飭查照各原題,據實詳查,分晰報部,以憑覈銷。

一、給各提鎮協營路廳并各駐防官兵俸餉,本色米玖萬陸百陸拾貳石陸斗玖升壹合捌勺,本色豆伍千肆百伍拾叁石柒斗貳升,本色草拾陸萬伍千叁百捌拾捌束。等語。查前項支給米豆草束,臣部按冊覈算,數目相符,應準開銷。其道光貳拾捌年俸餉米石,以散覈總,散數内少造米陸拾石伍斗玖升貳合,豆石項下散數内少造豆拾叁石玖斗玖升伍合,應令該督查明報部,再行核銷。再查貳拾柒年奏銷案内,米石項下散數内多造米肆千肆百捌拾玖石壹斗陸升,豆石項下散數内多造豆壹千陸百柒拾捌石貳斗柒升。又,拾陸年奏銷案内,豆石項下散數内多造豆伍百陸拾貳石叁斗貳升。又,拾伍年奏銷案内,俸餉米石按散數覈算,多給米陸拾石。均經隨案題令該督查明報部在案,迄今未據查覆。應仍令該督即飭按款查明聲覆,報部覈辦,毋任再延。

一、各駐防採買米貳千玖百陸拾肆石伍斗,遵化州并古北口等駐防兵丁折色米價銀玖千柒百伍拾肆兩伍錢,採買豆壹千肆百肆拾玖石貳斗捌升肆合,給價銀壹千拾肆兩肆錢玖分九釐,採買草捌萬柒千壹百拾束,給價銀壹千貳百拾玖兩伍錢肆分。等語。查前項支給採買米豆草束價銀,并支給各駐防米折共銀壹萬壹千玖百捌拾捌兩伍錢叁分玖釐,臣部按照直隸省奏準折中定價數目,并覈對駐防冊造支給米價銀數,均屬相符,應準開銷。

一、咸豐元年并節年建曠項下,支給天津等鎮協雲騎尉温如璋等世俸半俸銀伍千肆拾貳兩叁錢壹分玖釐。又給候補把總陳毅亭等一半俸薪養廉全馬乾,并効力武舉陳樹勳等馬糧餉米乾折等銀壹千壹百捌拾貳兩陸錢陸分伍釐。又給東安、良鄉、采育、寶坻、獨石口、千家店、張家口、三河、冷口、古北口、昌平、霸州、滄州、順義、固安、玉田、雄縣等駐防孤寡錢糧期年半餉,并薊州披甲成佑等之妻孀婦期年半餉等項,暨各駐防不敷米價,共銀壹萬貳千貳百貳拾柒兩陸錢伍分陸釐伍毫。又,馬蘭、泰寧二鎮巡查陵寢地面兵丁盤費等銀壹千伍百玖拾壹兩貳錢。又,督標中協心紅等銀壹百伍拾玖兩陸錢玖分。又,山海關副都統衙門執事人役工食銀伍拾肆兩,四路廳捕役工食銀陸百柒拾貳兩陸錢玖分伍釐。等語。查前項支給過共銀貳萬玖百叁拾兩貳錢貳分伍釐伍毫,既經兵部查覆世職各員及各營委署員弁任卸到標日期相符。所有支給俸廉馬乾等項銀兩,臣部按冊覈算,亦屬符合。其東安等駐防孤寡人等錢糧半餉不敷米價,暨馬蘭、泰寧二鎮巡查陵寢地面兵丁盤費,督標心紅,山海關副都統衙門執事人役工食等項銀兩,核與該督咨報原案并駐防等冊造及年例支給各數目,俱屬相符,應準開銷。再查道光拾貳年奏銷冊造正定鎮開除節年銀壹千柒百陸拾陸兩叁分叁釐,核算散數,計少造銀陸兩,節經臣部題令該督查明聲覆在案。今此次奏銷冊內,仍未聲明。應令該督查照原題,查明報部。

一、咸豐元年節年建曠項下,支給遵化州閑散定壽等之妻元年養贍半餉銀陸百肆拾玖兩。等語。查前項支給養贍半餉銀陸百肆拾玖兩,未據該督分晰細數,亦未聲明何年月日報部,臣部無憑查核。應開單行令該督即飭詳查,報部覈結。再查道光叁拾年奏銷案內建曠項下,總數開除共銀貳萬玖百叁拾伍兩捌分陸釐貳毫。按四柱覈算,數目雖屬相符,惟查散數核算共銀貳萬壹千肆百捌拾叁兩壹錢貳分肆釐貳毫,計多除銀伍百肆拾捌兩叁分捌釐。因何數目不符,行令該督即飭查明,專案咨部核結。又,道光貳拾壹年奏銷案內建曠項下,冊造開除總數銀貳萬貳千陸百叁拾陸兩柒錢伍分伍釐,覈算散數,係銀貳萬貳千陸百叁拾陸兩柒錢叁分叁釐,計不敷銀壹分捌釐,并令查明聲覆。又,貳拾年奏銷案內建曠項下,未經覈銷銀壹千伍百貳拾玖兩捌錢陸分叁釐。又,拾玖年奏銷案內建曠項下,未經覈銷銀壹千壹百柒拾玖兩貳錢伍分柒釐,均經臣部題令該督轉飭詳查,報部覈結。又,拾叁年奏銷案内建曠項下,督標左、右兩營開除各款,散數覈總數計少銀肆錢。又,拾貳年奏銷案內,建曠項下開除各款,散數多造銀貳千肆百肆拾陸兩柒錢捌分肆釐。是否重複開列,抑係造報錯誤,亦經臣部隨案行令該督查明,更正報部。各在案。迄今總未查覆,應仍令該督速飭查明,報部核辦,毋再稽延。

一、實存銀肆拾肆萬玖百捌拾捌兩肆錢伍分叁釐肆毫,米壹萬柒千捌百貳拾叁石陸斗陸升捌勺玖抄,豆貳千肆百玖拾柒石貳斗伍升壹合,草陸千叁百伍拾陸束。等語。查前項實存銀兩、米豆、草束,係按四柱造報。現在既有行查上年實存,本年舊管亦均未覈定,其實在應存數目,無憑核計。應俟該督將歷年行查各款登覆後,按實在應存數目覈計,以昭覈實。再查道光拾肆年奏銷案内舊管項下,冊造溢核米貳百肆拾伍石壹斗肆合壹勺,溢核豆貳拾伍石叁斗玖升,經臣部按照拾叁年四柱核算,并無溢核。其因何溢核之處,并令該督查明報部。又,拾壹年奏銷案内實存米石内,尚有滄州歷任虧空,并留抵領變應歸米肆千肆百伍石捌斗叁升伍勺。當經臣部於題覆案内,行令該督速飭領變完解。并經行催各在案。迄今有無追繳并領變完解之處,未據專案報部。應令該督遵照臣部原題,即將前項米石迅即勒限嚴追,并領變完觧歸款,報部查覈。又,歷年兵馬錢糧奏銷案内不符銀款,俱經臣部於奏銷案内開單,行令查明報部。乃該督并不遵照各原題迅速查覆,殊屬不合。應并令該督即飭將歷年兵馬錢糧奏銷案内行查銀款,查照各原案,速飭分晰查明造冊報部,以憑覈銷,毋再延宕。

此案科抄於咸豐叁年貳月拾柒日到部,并準吏部、兵部陸續查覆,兹於拾月初叁日辦理具題,合并聲明。

臣等未敢擅便,謹題請旨。

批紅:依議。

爲直隸題報多倫諾爾同知徵解咸豐元年至二年旱運木税事

咸豐三年十月初五日

太子太保·大學士管理戶部事務臣祁寯藻等謹題,爲籌辦木税等事。

工科抄出,前任直隸總督訥爾經額題多倫諾爾同知自咸豐元年玖月初肆日起至貳年玖月初叁日止,一年徵收旱運木税銀兩一案。咸豐叁年正月貳拾柒日題,肆月初貳日奉旨:該部察核具奏。欽此。欽遵。於肆月貳拾柒日準工部將科抄咨送到部。

該臣等查得,前任直隸總督訥爾經額疏稱:多倫諾爾同知徵收旱木税銀,例應按年題報。兹據布政使陳啟邁呈稱:據多倫諾爾理事同知奎慶,將咸豐元年玖月初肆日起至貳年玖月初叁日止,一年期滿徵收過旱木税銀肆兩貳錢壹分叁釐,比照原額尚缺銀伍百叁兩肆錢柒釐,已據該同知照數補足,共計徵收旱木税銀伍百柒兩陸錢貳分。又,蒙古合例旱木税銀陸兩壹錢伍分,核與季冊開報銀數相符,應將送到冊結呈送核題,并聲明前項徵收税銀現飭批解戶部兑收,理合循例具題。等因前來。

查商運克什克騰山場木植,運至多倫諾爾地方,除水運進潘桃口售賣者應納税銀,向係工部考核外,其旱運進張家、獨石二口售賣者應納税銀,向係報解戶部。仍係一年期滿報銷考核等因。各在案。今據前任直隸總督訥爾經額題報,多倫諾爾同知奎慶將咸豐元年玖月初肆日起至貳年玖月初叁日止,一年期滿徵收過旱木税銀肆兩貳錢壹分叁釐。又,該同知自行捐足銀伍百叁兩肆錢柒釐,共銀伍百柒兩陸錢貳分。又,徵收蒙古合例旱木税銀陸兩壹錢伍分,造具冊結并取具該同知并無徵多報少印結送部。臣部查與該督咨報該年春秋兩季徵收銀數相符。再查例載:多倫諾爾同知徵收税銀一年彙解,限年滿後三個月内起解。如有逾限不解者,將管關之員參處。等語。今查多倫諾爾同知自咸豐元年玖月初肆日起至貳年玖月初叁日止,一年應解旱木税銀例應於咸豐貳年拾貳月初叁日以前起解,迄今已逾例限六月有餘,尚未批解到部,殊屬遲延。應令該督速即飭取該同知奎慶遲延職名,照例開揭送部查議。仍將應解前項税銀迅速批差解部交納,毋稍延岩。

此案於咸豐叁年肆月貳拾柒日準工部將科抄咨送到部,兹於拾月初伍日辦理具題,合并聲明。

臣等未敢擅便,謹題請旨。

批紅:依議。

爲盛京咸豐元年金銀緞布紙張等項奏銷事

咸豐三年十月初七日

太子太保·大學士管理戶部事務臣祁寯藻等謹題,爲奏銷事。

戶科抄出,盛京將軍宗室奕興等題咸豐元年銀庫奏銷一案。咸豐貳年伍月貳拾捌日題,柒月初陸日奉旨:該部察核具奏,冊并發。欽此。欽遵。於本日抄出到部。當經行文盛京戶部,將官兵俸餉項下實領繳還各冊速即送部,并將冊開給過宗室覺羅紅白事賞銀、節婦建坊、驛站車價以及因公落水淹斃官兵卹賞并各項工程等款銀兩,開單行查宗人府等衙門去後。今於咸豐貳年捌月貳拾肆、貳拾陸,玖月拾叁,拾月初拾,拾壹月拾捌、貳拾、貳拾貳等日,準宗人府等衙門陸續查覆前來。

該臣等查得,盛京將軍宗室奕興等將咸豐元年金銀、緞布、紙張等項舊管新收開除實在各數,造冊具題。謹將各款逐一稽核,開列於後:

一、舊管金銀錢文項下:據冊開:舊管金肆千兩,生金柒兩壹錢壹分柒釐,器皿金貳拾柒兩,銀柒拾貳萬柒千壹百叁兩叁錢叁分伍釐,船規并餘息市平銀叁萬柒千貳百叁拾柒兩捌錢肆分柒釐,大制錢貳萬玖百捌串玖百玖拾文貳釐,小數錢壹萬陸千壹百叁拾吊柒百柒拾文。查前項舊管金銀錢文,核與叁拾年奏銷案内實存各數,均屬相符。

一、新收銀兩錢文項下:據冊開:由京領到壬子年官兵俸餉銀叁拾萬兩。又收船規并餘息市平撥抵俸餉合庫平銀柒萬伍千玖百壹拾柒兩玖錢柒分壹釐伍毫貳絲貳忽捌微柒纖玖塵。又吉林扣收銀拾壹萬壹千肆百玖拾陸兩伍錢伍分貳釐陸毫貳絲捌忽柒微捌纖,打牲烏拉扣收銀壹百貳拾陸兩玖錢伍釐柒毫壹絲玖忽玖微,黑龍江扣收銀壹萬捌千伍百伍陸兩壹錢伍分陸釐柒毫叁絲玖忽壹纖玖塵。又扣收盛京各城暨奉天各州、縣、廳地租雜税以及各省解到税課、鹽課、地丁、耗羡并減平等銀。又回繳長支養廉俸餉應扣草豆價銀,并各項借支及工程核減降罰各款共銀捌拾伍萬貳千柒百叁拾叁兩壹錢玖分叁釐壹毫壹絲伍忽叁微陸塵。又收船規并餘息市平銀陸萬玖千壹百柒拾兩玖錢陸分肆釐,大制錢拾壹萬陸千柒百壹拾串柒百柒拾捌文壹分壹毫陸絲,小數錢貳拾叁萬陸千壹百叁拾叁吊伍百伍拾文。查前項由京領到壬子年俸餉銀叁拾萬兩,核與咸豐元年由京請領銀數相符。吉林扣收銀拾壹萬壹千肆百玖拾陸兩伍錢伍分貳釐陸毫貳絲捌忽柒微捌纖,打牲烏拉扣收銀壹百貳拾陸兩玖錢伍釐柒毫壹絲玖忽玖微,黑龍江扣收銀壹萬捌千伍百伍拾陸兩壹錢伍分陸釐柒毫叁絲玖忽壹纖玖塵,查與吉林、黑龍江題銷各官兵俸餉案内數目相符。又,扣收船規撥抵俸餉市平折合庫平并盛京各城暨奉天各州、縣、廳地租雜税、以及各省解到税課、鹽課、地丁、耗羡并減平等銀。又回繳長支養廉俸餉應扣草豆價銀,并各項借支及工程核減降罰各款,共銀玖拾貳萬捌千陸百伍拾壹兩壹錢陸分肆釐陸毫叁絲捌忽壹微捌纖伍塵。又,收船規并餘息市平銀陸萬玖千壹百柒拾兩玖錢陸分肆釐,大制錢拾壹萬陸千柒百壹拾串柒百柒拾捌文壹分壹毫陸絲,小數錢貳拾叁萬陸千壹百叁拾叁吊伍百伍拾文。

臣部按該侍郎冊造應收應扣各細數核算,均屬符合,應毋庸議。

一、開除銀錢項下:據冊開:給過盛京等處咸豐元年春秋二季官兵俸餉銀伍拾肆萬伍千捌百肆拾玖兩貳錢貳分捌釐,大制錢陸萬柒千肆百陸拾柒串伍百叁拾壹文陸分柒釐肆毫,小數錢折大制錢叁千柒百貳串捌百捌文柒分,小數錢貳拾壹萬柒千貳百捌拾叁吊伍百伍拾文。查盛京等處官兵俸餉,向由該侍郎將春秋二季額支官俸及支放俸餉以後補領官兵俸餉各款,分晰造冊送部。又,嘉慶叁年臣部酌定章程,行文該侍郎,將每年徵收旗民餘地租錢搭放兵餉,每銀壹兩合給制錢壹串。又於道光貳拾叁年陸月,據盛京將軍等奏,各城庫存制錢請自本年秋季爲始,兵餉搭放二成,紅白賞銀并歲修工程及一切雜項搭放五成,照例以制錢壹串作銀壹兩。經臣部議覆奏準。各等因。嗣於是年捌月,據盛京戶部咨請,食餉壹兩伍錢至伍錢兵丁并雜項數在拾兩以下,仍照舊給銀,毋庸以錢搭放。各在案。今前項給過盛京等處咸豐元年春秋二季官兵俸餉銀伍拾肆萬伍千捌百肆拾玖兩貳錢貳分捌釐,大制錢陸萬柒千肆百陸拾柒串伍百叁拾壹文陸分柒釐肆毫,小數錢折大制錢叁千柒百貳串捌百捌文柒分,小數錢貳拾壹萬柒千貳百捌拾叁吊伍百拾文。臣部按該將軍等冊造官兵實領俸餉銀錢細數核算,均屬相符,應準開銷。

一、開除銀錢項下:據冊開:吉林由京請領壬子年俸餉銀拾伍萬兩,本省扣收銀拾壹萬壹千肆百玖拾陸兩伍錢伍分貳釐陸毫貳絲捌忽柒微捌纖,由盛京戶部銀庫領銀拾萬兩。又所屬打牲烏拉應領壬子年俸餉,本處扣收銀壹百貳拾陸兩玖錢伍釐柒毫壹絲玖忽玖微,由盛京戶部銀庫領銀伍萬肆千肆百伍拾伍兩玖分肆釐貳毫捌絲壹微。黑龍江由京請領壬子年俸餉銀拾伍萬兩,本省扣收銀壹萬捌千伍百伍拾陸兩壹錢伍分陸釐柒毫叁絲玖忽壹纖玖塵,由盛京戶部銀庫領銀拾陸萬捌千兩,大制錢壹千伍百貳拾伍串叁百捌拾文。查東三省請領俸餉銀兩,向由盛京戶部派員總領,分給吉林、黑龍江領回備用,該二省奏銷亦歸盛京戶部彙題。嗣於道光拾柒年新定章程,吉林、黑龍江應領俸餉銀兩,隨同奉天委用赴部分領。復經臣部行令該二省,將給過官兵俸餉銀兩,自行題銷在案。今冊造壬子年俸餉,吉林由京請領銀拾伍萬兩,本省扣收銀拾壹萬壹千肆百玖拾陸兩伍錢伍分貳釐陸毫貳絲捌忽柒微捌纖,由盛京戶部領銀拾萬兩,又打牲烏拉壬子年俸餉本處扣收銀壹百貳拾陸兩玖錢伍釐柒毫壹絲玖忽玖微,由盛京戶部領銀伍萬肆千肆百伍拾伍兩玖分肆釐貳毫捌絲壹微。黑龍江由京請領壬子年俸餉銀拾伍萬兩,本省扣收銀壹萬捌千伍百伍拾陸兩壹錢伍分陸釐柒毫叁絲玖忽壹纖玖塵，由盛京戶部領銀拾陸萬捌千兩，大制錢壹千伍百貳拾伍串叁百捌拾文。臣部查與奏撥銀數及各該省自行扣收并由盛京戶部應領銀錢各數均屬相符，已據各該將軍造入咸豐元年俸餉奏銷新收項下，應毋庸議。

一、開除銀錢項下：據冊開：給過盛京將軍養廉隨甲銀貳千貳百柒拾陸兩，五部侍郎養廉銀壹千伍百兩，新任盛京戶部侍郎恒毓補領養廉銀壹百肆拾兩捌錢叁分貳釐柒毫柒絲，新任盛京兵部侍郎廣林補領養廉銀壹百肆拾兩捌錢叁分貳釐柒毫柒絲，新任盛京禮部侍郎耆瑞補領養廉銀伍拾捌兩叁錢叁分叁釐壹毫，盛京、錦州、金州等處副都統三員養廉銀貳千壹百兩，吉林巡檢養廉銀叁拾壹兩伍錢貳分，盛京戶部等衙門官員公費銀壹千捌百柒拾叁兩捌錢玖分肆絲，書吏飯食并估計人等工食銀肆百柒拾壹兩，銀庫官員養廉及經費等銀捌百肆拾陸兩貳錢壹分壹釐柒絲捌微，大制錢伍拾陸串，盛京宗室覺羅及義學并宗室營教習人等公費銀貳千柒百貳拾貳兩壹錢貳分玖釐肆毫貳絲，移居宗室覺羅養贍地租銀柒百陸拾陸兩捌錢，大制錢玖百貳拾捌串捌百文，又領三分之一地租銀壹百伍拾捌兩肆錢，宗室營主事鹽菜銀壹百捌拾柒兩貳錢。查盛京五部侍郎養廉各歲給銀叁百兩，向於京城各部飯銀內通融派撥，由盛京戶部先行墊發，領回歸款。其將軍、副都統養廉等項，查例載：盛京將軍歲給養廉銀貳千兩，額支隨甲銀貳百柒拾陸兩，副都統各歲給養廉銀柒百兩，春秋二季關支。仍以到任、離任按日扣算支給，如有長支，照數追繳。所有盛京五部等衙門官員公費銀兩，向照京城部院之例，減平給與。其書吏飯食以及估計人等工食銀兩，例準每名月給銀壹兩。又盛京宗室教習每名月給銀叁兩，覺羅并漢教習每名月給銀貳兩，弓箭教習每名月給銀壹兩。又銀庫官役公費每年酌定銀玖百玖拾兩，今咸豐元年給過盛京將軍養廉隨甲等銀貳千貳百柒拾陸兩，與額定數目符合，應準開銷。又給過五部侍郎養廉銀壹千伍百兩。又，新任盛京戶部侍郎恒毓補領養廉銀壹百肆拾兩零捌錢叁分貳釐柒毫柒絲。又新任盛京兵部侍郎廣林補領養廉銀壹百肆拾兩捌錢叁分貳釐柒毫柒絲。又新任盛京禮部侍郎耆瑞補領養廉銀伍拾捌兩叁錢叁分叁釐壹毫。查五部侍郎養廉業經全支，所有新任盛京戶部侍郎恒毓補領養廉銀壹百肆拾兩捌錢叁分貳釐柒毫柒絲，又新任盛京兵部侍郎廣林補領養廉銀壹百肆拾兩捌錢叁分貳釐柒毫柒絲，又新任盛京禮部侍郎耆瑞補領養廉銀伍拾捌兩叁錢叁分叁釐壹毫，自係各前任名下長支，應令照數追繳歸款，報部查核。

又給過盛京、錦州、金州等處副都統三員養廉銀貳千壹百兩，吉林巡檢養廉銀叁拾壹兩伍錢貳分，均與每年額支銀數相符，應準開銷。又給過盛京戶部等衙門官員公費銀壹千捌百柒拾叁兩捌錢玖分肆絲，書吏飯食并估計人等工食銀肆百柒拾壹兩，係照例應給之項。銀庫官員養廉及經費等銀捌百肆拾陸兩貳錢壹分壹釐柒絲捌微，大制錢伍拾陸串，核與酌定之數有減無增。宗室覺羅及義學并宗室營教習人等公費銀貳千柒百貳拾貳兩壹錢貳分玖釐肆毫貳絲，臣部按冊核算，與應給銀數符合，均準開銷。又給過移居宗室覺羅養贍地租銀柒百陸拾陸兩捌錢，大制錢玖百貳拾捌串捌百文。又領三分之一地租銀壹百伍拾捌兩肆錢，宗室營主事鹽菜銀壹百捌拾柒兩貳錢，均係奏明準給之項，亦應準其開銷。

一、開除銀錢項下：據冊開：給過盛京禮部等衙門雜用及採買祭祀菓品并嘛哈噶喇佛各寺香燭等銀壹千伍拾捌兩肆分柒釐叁毫壹絲貳忽伍微，大制錢伍串，實勝寺等處班第做衣服布匹皮張等銀壹千玖拾貳兩柒錢柒分伍釐，北塔等處喇嘛咸豐貳年養贍銀叁百陸拾捌兩捌錢貳釐，西勒圖大喇嘛養贍銀捌百兩，實勝寺等處喇嘛咸豐貳年養贍糧折銀貳千壹百貳拾貳兩伍錢柒分柒釐陸毫，祭祀三陵等處採買菓品銀捌百叁拾伍兩，採買牛羊價銀柒拾壹兩壹錢分，肉斤價銀拾伍兩、制錢拾伍串。查支給祭祀菓品并各寺香燭等銀壹千伍拾捌兩肆分柒釐叁毫壹絲貳忽伍微、大制錢伍串，臣部按冊造細數核算，應支銀錢各數相符。其實勝寺等處班第做衣服布匹皮張等銀壹千玖拾貳兩柒錢柒分伍釐，與歷年應給銀數符合。至北塔喇嘛養贍銀兩，向係在於蠶税銀內支給。今前項給過北塔等處喇嘛咸豐貳年養贍銀叁百陸拾捌兩捌錢貳釐，係每年額支之款。西勒圖大喇嘛養贍銀捌百兩，係內務府奏準應給之項。實勝寺等處喇嘛咸豐貳年養贍糧折銀貳千壹百貳拾貳兩伍錢柒分柒釐陸毫，係嘉慶拾陸年軍機大臣議覆盛京戶禮二部會議各寺塔廟喇嘛壯丁章程案內，酌議應給之項。應準開銷。三陵等處祭祀菓品銀捌百叁拾伍兩，採買牛羊價銀柒拾壹兩壹錢壹分，肉斤銀拾伍兩、制錢拾伍串，核與盛京禮部報銷採買菓品等項各案內支給銀數均屬相符，應準開銷。

一、開除銀錢項下：據冊開：盛京各部衙門心紅紙硃等銀叁百玖兩柒錢叁分貳釐伍毫玖忽玖微伍纖，大制錢玖拾串貳百陸拾貳文捌分玖釐叁毫伍絲伍忽。又齎送奏銷冊籍騾價銀拾兩、大制錢拾串，戶部奏銷飯食銀壹百貳拾兩，請領花紅委員燭炭銀伍拾兩，官莊買補倒斃牛價銀壹千柒拾壹兩內，倉買補倒斃牛價銀拾肆兩，三陵匠役買補倒斃驢價銀玖兩，盛京禮部匠役買補倒斃驢價銀玖兩，盛京工部木炭廠買補倒斃牛價肆拾貳兩、大制錢肆拾貳串。又秫稭廠買補倒斃牛價銀柒兩，奉天府府尹支領中江牛馬税盈餘銀壹千肆百捌拾肆兩伍錢叁分伍釐，委員筆帖式全善徵收咸豐元年運通米豆鋪艙席片脚價銀叁百壹兩貳錢，盛京刑部支領藥材銀拾伍兩陸錢，秋審公費赭衣煤炭銀叁千兩，覊禁倉犯大制錢柒百貳拾串。查盛京各部等衙門心紅紙硃銀兩，先於乾隆叁拾柒年經軍機大臣奏準，歲給銀肆百兩，今支銀叁百玖兩柒錢叁分貳釐伍毫玖忽玖微伍纖、大制錢玖拾串貳百陸拾貳文捌分玖釐叁毫伍絲伍忽，核與額定應給銀錢各數無浮。賫送奏銷冊籍騾價銀拾兩、大制錢拾串，戶部奏銷飯食銀壹百貳拾兩，請領花紅委員燭炭銀伍拾兩，均係年例應給之項。又買補官莊等處倒斃牛驢價共銀壹千壹百伍拾貳兩、大制錢肆拾貳串，核與節年支給銀錢各數相符，均準開銷。奉天府尹支領中江牛馬二税盈餘銀壹千肆百捌拾肆兩伍錢叁分伍釐，已據該府尹造入咸豐元年耗羨奏銷新收項下，應毋庸議。支給咸豐元年運通米豆鋪艙席片脚價銀叁百壹兩貳錢，盛京刑部支領秋審公費赭衣煤炭等項銀叁千兩，倉犯大制錢柒百貳拾串，查與報部各案内領用銀錢各數俱屬符合。盛京刑部應支藥材銀兩每月給銀壹兩貳錢，今支銀拾伍兩陸錢，與有閏之年應支銀數相符，均準開銷。

一開除銀錢項下：據冊開：盛京宗室覺羅紅白事賞銀貳千陸百伍兩、大制錢貳千捌百柒拾伍串，各城官兵紅白事賞銀貳萬伍千兩、大制錢壹萬陸百陸拾肆串，節婦建坊銀壹千貳百肆拾柒兩伍錢、大制錢壹千貳百柒拾伍串，打牲節婦建坊銀陸拾兩、大制錢陸拾串，黑牛館壯丁三年一次皮襖貂帽等銀捌拾伍兩陸錢捌分，八旗步兵皮襖銀陸百叁拾叁兩陸錢，銀庫樓軍等五年一次衣褲鞋襪銀貳拾兩，冬圍整裝銀叁千捌百肆拾柒兩伍錢，大制錢伍千肆百陸拾串，小數錢折大制錢壹千捌百肆拾伍串，小數錢貳萬叁千捌拾伍吊，行圍旗纛紡絲銀玖兩壹錢貳分陸釐貳毫伍絲，送鹿羔車價銀肆百貳拾兩，送麀鹿鹿尾等物車價銀陸百叁拾玖兩，大制錢貳百柒拾玖串，宗室覺羅學漢教習李宗泰、李翰穎、楊肆三皮襖銀拾肆兩陸錢，大制錢貳拾壹串玖百文。又覺羅學漢教習袁烋叁拾年分皮襖銀柒兩叁錢，大制錢柒串叁百文。又，宗室學漢教習馬炤伯貳拾玖年分皮襖銀柒兩叁錢。盛京參局散放參票公用市平銀玖百陸拾柒兩伍錢，公用參折市平銀玖百陸拾柒兩伍錢。查賞給冬圍兵丁并各處紅白事賞銀，前於乾隆叁拾壹年經理藩院尚書新柱奏準，在於餘地租銀内動給。

今給過冬圍整裝銀叁千捌百肆拾柒兩伍錢,大制錢伍千肆百陸拾串,小數錢折大制錢壹千捌百肆拾伍串,小數錢貳萬叁千零捌拾伍吊,查與歷年額支銀錢各數相符。宗室覺羅紅白事賞銀貳千陸百伍兩,大制錢貳千捌百柒拾伍串,據宗人府覆稱,檢齊原文及盛京造送總冊核對,均屬相符,應準開銷。至盛京將軍等支領節婦建坊銀壹千貳百肆拾柒兩伍錢,大制錢壹千貳百柒拾伍串,打牲節婦建坊銀陸拾兩,大制錢陸拾串,據禮部查覆節婦等姓氏核與檔案相符,應準開銷。八旗步兵皮襖銀陸百叁拾叁兩陸錢,行圍旗纛縣紡絲銀玖兩壹錢貳分陸釐貳毫伍絲,送麅鹿鹿尾等物車價銀陸百叁拾玖兩,大制錢貳百柒拾玖串,與歷屆支給銀錢各數符合。黑牛館壯丁三年一次皮襖貂帽等銀捌拾伍兩陸錢捌分,與三年支給一次銀數相符。銀庫樓軍等五年一次衣褲鞋襪銀貳拾兩,核與五年應支一次銀數相符。送鹿羔車價銀肆百貳拾兩,亦與報部案内支給銀數相符。給過宗室覺羅學漢教習皮襖共銀貳拾玖兩貳錢,大制錢貳拾玖串貳百文,已據聲明教習李宗泰、李翰潁、楊肆三、袁烋、馬炤伯姓名,均準開銷。各城官兵紅白賞銀貳萬伍千兩,大制錢壹萬陸百陸拾肆串,現據該將軍題報到部,應於彼案内核結。盛京參局散放參票公用市平銀玖百陸拾柒兩伍錢,公用參折市平銀玖百陸拾柒兩伍錢,核與奏明原案應支銀數相符,應準開銷。

一、開除銀兩項下:據冊開:盛京兵部支領舊邊等十二驛補領折車價銀玖百陸拾兩,盛京驛補領折車價銀壹千兩,又補領折車價銀壹千叁百柒拾伍兩貳錢陸分柒釐叁毫,又補領折車價銀伍百兩。又小淩河驛補領折車價銀壹百貳拾兩,開原驛補領折車價銀壹千叁百兩,沙河驛補領備用公費銀壹千壹百捌拾兩柒錢伍分柒釐陸毫,盛京等二十九驛買補馬價銀貳千陸百陸拾肆兩。又領餧馬草豆銀壹萬陸千貳百捌拾壹兩。又領閏月餧馬草豆銀壹千叁百伍拾陸兩柒錢伍分,盛京禮部支領拉運朝鮮國貢包車價銀壹千伍百貳兩肆錢。查盛京兵部支領舊邊等十二驛補領折車價銀玖百陸拾兩,盛京驛補領折車價銀壹千兩,又補領折車價銀壹千叁百柒拾伍兩貳錢陸分柒釐叁毫,又補領折車價銀伍百兩。小淩河驛補領折車價銀壹百貳拾兩,開原驛補領折車價銀壹千叁百兩,沙河驛補領備用公費銀壹千壹百捌拾兩柒錢伍分柒釐陸毫,盛京等二十九驛買補馬價銀貳千陸百陸拾肆兩。檢查兵部行查盛京兵部題銷案内領過銀數相符。至給過盛京各驛餧馬草豆銀壹萬陸千貳百捌拾壹兩,與每年額支銀數無浮。又領閏月餧馬草豆銀壹千叁百伍拾陸兩柒錢伍分,亦係應給之項。盛京禮部支領拉運朝鮮國貢包車價銀壹千伍百貳兩肆錢,查與報部案内領用銀數相符,均應準其開銷。

一、開除銀錢項下:據冊開:盛京將軍等支領碾造火藥、採辦硝斤銀伍百兩,大制錢伍百串。又配造火藥工料銀捌百捌拾陸兩伍錢肆分貳釐伍毫,大制錢捌百捌拾陸串伍百肆拾貳文伍分。又領煎燒磺斤工價銀叁百玖拾伍兩叁錢貳分壹釐壹毫伍絲伍忽貳微,大制錢叁百玖拾伍串叁百貳拾壹文壹分伍釐伍毫貳絲。金州副都統領水師營找艌二、三、六、九號戰船肆隻,杉板船肆隻,工料銀拾陸兩壹錢貳分,大制錢拾陸串壹百貳拾文。又盛京將軍領水師營修理戰船工料銀陸拾叁兩貳錢柒分陸釐,大制錢陸拾叁串貳百柒拾陸文。又,盛京工部領修理長興島渡船工料銀陸拾壹兩貳錢叁分柒釐,大制錢陸拾壹串貳百叁拾柒文。又領修理福陵隆恩殿等工琉璃瓦料市平銀伍百兩,大制錢伍百串。又領修理福陵隆恩殿明樓等工琉璃瓦料市平銀肆百拾兩肆錢陸分叁釐伍毫,大制錢肆百拾串肆百陸拾叁文伍分。又領修理福陵隆恩殿明樓等工琉璃瓦料找領市平銀叁拾貳兩肆錢肆分玖釐伍毫,大制錢叁拾貳串肆百肆拾玖文伍分。又領福陵隆恩殿明樓等工續添琉璃瓦料市平銀壹千叁百玖拾陸兩柒錢貳分柒釐伍毫,大制錢壹千叁百玖拾陸串柒百貳拾柒文伍分。又領保護文溯閣等工市平銀壹千伍百陸拾兩陸分肆釐。又領修理繼思齋等工琉璃瓦料并匠夫運脚等項市平銀陸百肆拾貳兩柒錢捌釐,大制錢陸百肆拾貳串柒百捌文。又領修理太廟東西配殿等工琉璃瓦料并匠夫運脚等銀柒百肆拾玖兩捌錢伍分壹釐,大制錢柒百肆拾玖串捌百伍拾壹文。又領修理太廟東西配殿等工採買木植運脚等銀叁百柒拾貳兩貳錢伍分叁釐伍毫,大制錢叁百柒拾貳串貳百伍拾叁文伍分,領修理三陵鹿角工程市平銀叁百捌拾捌兩柒錢肆分叁釐伍毫,大制錢叁百捌拾捌串柒百肆拾叁文伍分。又盛京將軍領修理福陵隆恩殿等工採辦木植市平銀叁千兩。又領修理福陵隆恩殿等工採辦木植續領市平銀叁千兩。又領福陵隆恩殿等工續估採辦木植市平銀貳千兩。又領修理繼思齋等處工程採辦木植預領市平銀陸□□。又領修理宫殿繼思齋等處工程採辦木植市平銀壹千伍百兩。又領修理宫殿崇謨閣等工採辦木植續領市平銀貳千兩。查盛京將軍等支領碾造火藥、採辦硝斤銀伍百兩,大制錢伍百串,係何年火藥未據聲明。應令盛京將軍、盛京工部查明并將準銷年月日期聲明報部,再行核結。至領過配造火藥工料銀捌百捌拾陸兩伍錢肆分貳釐伍毫,大制錢捌百捌拾陸串伍百肆拾貳文伍分,據工部覆稱,此案銀兩據該將軍題請銷銀貳千柒百柒拾叁兩捌分伍釐,當經核減銀貳拾兩陸錢捌分陸釐,實準銷銀貳千柒百伍拾貳兩叁錢玖分玖釐,與題銷銀數不符。抑或尚有找給之處,無憑查核。應令該將軍等將前項請銷銀兩曾否支領清款,核減銀兩曾否追繳,分晰報部查核。又領過煎燒磺斤工價銀叁百玖拾伍兩叁錢貳分壹釐壹毫伍絲伍忽貳微,大制錢叁百玖拾伍串叁百貳拾壹文壹分伍釐伍毫貳絲。據工部覆稱,查與準銷銀數相符,應準開銷。水師營找艌二三六九號戰船肆隻,杉板船肆隻,工料銀拾陸兩壹錢貳分,大制錢拾陸串壹百貳拾文。又盛京將軍領水師營修理戰船工料銀陸拾叁兩貳錢柒分陸釐,大制錢陸拾叁串貳百柒拾陸文。又盛京工部領修理長興島渡船工料銀陸拾壹兩貳錢叁分柒釐,大制錢陸拾壹串貳百叁拾柒文。據工部覆稱,各款均未將準銷年月日期聲明,無從查核。應令盛京將軍、盛京工部查明聲覆報部,以憑移查核結。盛京工部領修理福陵隆恩殿等工琉璃瓦料市平銀伍百兩,大制錢伍百串。又領修理福陵隆恩殿明樓等工琉璃瓦料市平銀肆百拾兩肆錢陸分叁釐伍毫,大制錢肆百拾串肆百陸拾叁文伍分。又領修理福陵隆恩殿明樓等工琉璃瓦料找領市平銀叁拾貳兩肆錢肆分玖釐伍毫,大制錢叁拾串肆百肆拾玖文伍分。又領修理福陵隆恩殿明樓等工續添琉璃瓦料市平銀壹千叁百玖拾陸兩柒錢貳分柒釐伍毫,大制錢壹千叁百玖拾陸串柒百貳拾柒文伍分。據工部覆稱,未據造冊題銷,無憑查核。應令盛京工部即行造冊題銷,以憑移查核結。又盛京工部等衙門支領保護文溯閣等工市平銀壹千伍百陸拾兩陸分肆釐。據工部覆稱,未據該將軍造冊題銷,無憑查核。應令盛京將軍、盛京工部即行造冊題銷,以憑移查核結。又盛京將軍支領修理福陵隆恩殿等工採買木植市平銀叁千兩。又領前項工程採辦木植續領市平銀叁千兩。又領前項工程續估採辦木植市平銀貳千兩。據工部覆稱,此案先據該將軍請銷銀捌千伍百伍拾柒兩,當經核減銀壹百肆兩貳錢,實準銷銀捌千肆百伍拾貳兩捌錢。本部查核準銷銀數尚應找銀肆百伍拾貳兩捌錢。應令該將軍照數支領清款,報部查核。又盛京將軍支領修理繼思齋等處工程採辦木植預領市平銀陸千兩。又領前項工程採辦木植市平銀壹千伍百兩。又領修理宮殿崇謨閣等工採辦木植續領市平銀貳千兩。據工部覆稱,此案先據該將軍請銷銀玖千玖百捌拾伍兩,當經核減銀柒拾壹兩叁錢貳分叁釐,實準銷銀玖千玖百拾叁兩陸錢柒分柒釐。本部查核準銷銀數,尚應找銀肆百拾叁兩陸錢柒分柒釐。應令盛京將軍照數支領清款,報部查核。又盛京工部支領修理繼思齋等工琉璃瓦料并匠夫運脚等項市平銀陸百肆拾貳兩柒錢捌釐,大制錢陸百肆拾貳串柒百捌文。據工部覆稱,此案先據盛京工部造冊題銷,當經覆準在案,應準開銷。又領修理三陵鹿角工程市平銀叁百捌拾捌兩柒錢肆分叁釐伍毫,大制錢叁百捌拾捌串柒百肆拾叁文伍分。又領修理太廟東西配殿等工琉璃瓦料并匠夫運脚等銀柒百肆拾玖兩捌錢伍分壹釐,大制錢柒百肆拾玖串捌百伍拾壹文。又領修理前項工程採辦木植運脚等銀叁百柒拾貳兩貳錢伍分叁釐伍毫,大制錢叁百柒拾貳串貳百伍拾叁文伍文。據工部覆稱,琉璃瓦料銀兩未據盛京工部題銷,其鹿角工程并太廟東西配殿等工採買木植銀兩,均未據該將軍題銷,無憑查核。應令盛京工部、盛京將軍即行造冊題銷,以憑移查核結。

一、開除銀錢項下:據冊開:盛京將軍支領左右翼宗室族長學長獎賞市平銀拾伍兩。又領市平折合庫平銀叁拾壹兩肆錢陸分,大制錢肆拾柒串伍百文。查盛京將軍支領左右翼宗室族長學長獎賞市平銀拾伍兩。又領市平折合庫平銀叁拾壹兩肆錢陸分,大制錢肆拾柒串伍百文,查係宗人府奏明應給之項,應準開銷。

一、開除銀兩項下:據冊開:盛京禮部支領掌印喇嘛道光叁拾年分人丁銀陸拾兩捌錢陸分貳釐伍毫。又盛京將軍等衙門支領夜捕手、壯丁、驛丁、倉軍、樓軍、匠役等一半口稗折銀肆百貳拾叁兩伍錢肆釐肆毫叁忽捌微壹纖肆塵,盛京禮部支領朝鮮國解送遭風民人賞給差官銀叁拾兩,盛京將軍支領佐領岫雲兆麟等借俸修理官房市平銀陸百兩。又領頭等臺吉額駙何玉璽病故致祭羊酒銀柒兩貳錢。又領興京兵祥陞因公落水淹斃卹賞銀叁拾柒兩伍錢。又領查辦昌圖廳民佃抗欠地租官兵鹽菜市平銀叁千兩。又領加添官兵鹽菜市平折合庫平銀叁千捌百柒拾貳兩。又盛京戶部領委員採買黄油敦布、黄絲價銀伍千陸百玖兩陸錢叁釐柒絲捌忽柒微伍纖。又盛京工部領委員採買藍油敦布、黄絲、黄絨價銀叁千叁百伍拾肆兩伍錢貳分玖釐伍毫玖絲貳忽伍微。查盛京禮部支領掌印喇嘛道光叁拾年分人丁銀陸拾兩捌錢陸分貳釐伍毫,查係應行支給之項。又盛京將軍等衙門支領夜捕手、壯丁、驛丁、倉軍、樓軍、匠役等一半口稗折銀肆百貳拾叁兩伍錢肆釐肆毫叁忽捌微壹纖肆塵,核與折給銀數相符,應準開銷。又盛京禮部支領朝鮮國解送遭風民人賞給差官銀叁拾兩,係奏明應給之項。又盛京將軍支領佐領岫雲兆麟等借俸修理官房市平銀陸百兩。又領頭等臺吉額駙阿玉璽病故致祭羊酒銀柒兩貳錢,查與報部各案内應支銀數相符。又領興京兵祥陞因公落水淹斃卹賞銀叁拾柒兩伍錢,據兵部查覆與題準卹賞銀數相符,均準開銷。又盛京將軍支領查辦昌圖廳民佃抗欠地租官兵鹽菜市平銀叁千兩。又領加添官兵鹽菜市平折合庫平銀叁千捌百柒拾貳兩。查前項銀兩已據盛京將軍奏報以拏獲私木照數變價歸款,應俟盛京戶部收訖咨報之日查核。又盛京戶部支領委員採買黄油敦布、黄絲價銀伍千陸百玖兩陸錢叁釐柒絲捌忽柒微伍纖,查與報部案内支給銀數相符,應準開銷。盛京工部領委員採買藍油敦布、黄絲、黄絨價銀叁千叁百伍拾肆兩伍錢貳分玖釐伍毫玖絲貳忽伍微,現據盛京戶部咨報,應於彼案核結。

一、開除庫存船規市平銀兩項下:據冊開:撥出船規并餘息市平銀柒萬捌千肆百貳拾柒兩陸錢伍分陸釐伍毫叁絲壹忽玖微。查前項撥出船規并餘息市平銀柒萬捌千肆百貳拾柒兩陸錢伍分陸釐伍毫叁絲壹忽玖微,核與抵撥銀數相符,已據折合庫平造入新收項下,應毋庸議。

一、實存金銀錢文項下:據冊開:金肆千兩,生金柒兩壹錢壹分柒釐,器皿金貳拾柒兩。銀陸拾捌萬貳千陸拾貳兩陸錢柒釐,大制錢叁萬肆千壹百陸串伍百捌拾伍文捌釐,小數錢壹萬壹千捌百玖拾伍吊柒百柒拾文。查前項實存金銀錢文,臣部按冊核算,應存各數均屬相符。應令盛京戶部侍郎造入咸豐貳年奏銷冊内舊管項下,題報查核。

一、舊管緞布紙張等物項下:據冊開:二丈五尺長杭細肆匹肆庹貳尺,三丈長大卷紅花絹陸匹,四丈長大卷有字緞壹匹,四丈長大卷五色粧緞貳拾肆匹叁尺叁寸玖分,四丈長大卷紅青寸蟒緞肆匹叁庹叁尺捌寸肆分,黄蟒緞玖丈陸尺肆寸,四丈長大卷五色緞拾肆匹肆尺捌寸玖分,四丈長大卷黄素緞貳拾匹,四丈長大卷片金叁匹伍庹壹尺陸寸伍分,三丈長大卷彭緞貳拾伍匹肆庹肆尺,四丈五尺長小團龍黄緞匹陸庹叁尺,三丈長大卷蟒緞叁匹叁庹肆尺伍寸柒分,二丈五尺長五色綾壹匹壹尺叁寸肆分,四丈長大卷藍硬紗伍匹柒庹叁尺,四丈長大卷閃緞肆匹壹庹壹尺貳寸捌分,四丈長大卷黄雲緞壹百伍匹貳庹肆尺伍分,四丈長大卷藍大緞拾匹肆庹貳寸伍分,二丈五尺長潞綢貳拾叁匹,六丈長棉綢玖拾匹柒庹貳尺捌寸柒分,四丈長大卷雜色紗貳拾壹匹貳庹,四丈長大卷黄紗壹匹柒庹,四丈長大卷黄寸蟒緞貳匹叁庹肆尺貳寸伍分,四丈長大卷黄絹叁拾伍匹伍庹肆尺壹寸捌分,四丈長大卷紅紗拾陸匹肆庹肆尺捌寸,二丈五尺長五色紡絲壹百叁拾柒匹叁尺玖寸柒分,二丈五尺長屯絹伍拾捌匹壹庹肆尺肆寸伍分,三丈長家機布玖百柒拾捌匹壹庹肆尺,二丈長綢機布貳千陸百玖拾玖匹貳尺捌寸伍分捌釐,三丈二尺長山東布壹百壹拾貳匹貳庹貳尺壹寸貳分,二丈長油敦布肆百玖拾壹匹伍寸玖分,二丈長毛青布貳千壹百肆拾柒匹叁庹貳尺柒寸玖分,四丈長白布壹千伍拾貳匹壹庹貳尺肆寸捌分柒釐,六丈長高麗布壹百捌拾捌匹柒庹叁尺叁寸陸分,二丈長漂白布貳百壹拾陸匹壹庹貳尺貳寸,棉花陸千叁拾肆斤叁兩陸錢柒分肆釐,棉綫陸拾陸斤陸兩肆錢壹分肆釐肆毫,絨綫叁兩柒錢陸分捌釐,藍絹綫玖兩捌錢,青絹綫拾壹兩肆分,黄絲柒百肆拾柒斤拾叁兩叁錢捌分,黄絨壹百伍斤拾兩伍錢叁分,黄絲綫捌斤拾伍兩叁錢肆分,二丈五尺長褡褳布貳拾叁匹貳庹陸寸,木梳壹百伍拾柒把,篦子壹百伍拾柒張,包頭捌拾貳頂,蘇木捌斤肆兩,胭脂叁拾壹帖,粉拾兩柒錢貳分,黄丹伍斤,礬肆斤叁兩叁錢陸分,碱柒兩柒錢貳分,針叁千柒百捌拾枚,斜皮拾陸塊,銀硃壹斤捌錢叁分叁釐,手巾拾玖條,水銀捌斤貳兩貳錢捌分,棉子拾肆斤拾伍兩玖錢肆分捌釐,帶子玖千叁拾貳條,黄蠟拾叁斤壹兩,白蠟貳拾伍斤玖兩,夏布玖匹壹庹叁尺叁十貳分,紅氈伍條,綠花白地倭子紙伍千貳百叁拾肆張,頭號高麗紙貳千叁百伍拾肆張叁分,二號高麗紙肆萬貳千壹百玖拾柒張伍分伍釐,呈文紙叁千叁百壹拾張,方文紙伍千肆拾玖張肆分,毛頭紙叁千肆百壹拾肆張柒分,毛邊紙肆百伍拾肆張伍分,竹料呈文紙貳千張,西紙貳千捌百玖拾壹張,錦紙叁千伍百陸拾捌張壹分,雙紅紙貳拾伍張,連四紙捌百壹拾叁張捌分,連四抄捌百柒張柒分,竹料連四抄玖百壹拾玖張壹分,方白欒玖百肆拾柒張壹分,棉榜紙壹千叁百捌拾伍張,二白欒貳千伍百玖拾張,西青紙壹千陸百壹拾伍張貳分,扛連紙陸千伍百張,金銀箔拾壹萬貳千貳百伍張,舊皮箱壹個,纊絃陸百伍拾庹,頂青茶捌百陸拾斤。查前項舊管緞布紙張等物内,粧緞一項叁拾年奏銷案内實存叁拾肆匹叁尺叁寸玖分,今冊造舊管係貳拾肆匹叁尺叁寸玖分。數目因何不符,應令該侍郎查明報部查核。其餘舊管緞布紙張等物,核與叁拾年奏銷案内實存各數,均屬相符。

一、新收緞布紙張等物項下:據冊開:由京領到四丈長大卷五色粧緞捌拾匹,三丈長大卷蟒緞貳拾貳匹,三丈長大卷彭緞貳百貳拾匹,四丈長大卷黄雲緞叁拾匹,四丈長大卷黄紗伍匹,四丈長大卷雜色紗拾匹,二丈五尺長五色紡絲伍拾匹,二丈五尺長屯絹伍拾匹,杭綢貳百捌拾匹,四丈長大卷黄絹肆拾匹,四丈長大卷藍大緞伍匹,黄絲綫五斤黄絲叁百斤,木梳貳千肆百把,篦子貳千肆百張,包頭貳千肆百頂,銀硃伍斤,帶子壹萬伍千條,針柒萬貳千枚,二丈長漂白布叁百匹,二丈長毛青布貳萬匹,四丈長白布叁千貳百匹,棉綫叁百斤,二丈長油敦布伍百匹,毛頭紙伍千張,呈文紙壹千張,扛連紙伍千張,金銀箔拾壹萬貳千張,方文紙伍千張,頂青茶捌百陸拾斤,收内務府家機布壹千匹,綢機布陸千伍百疋,棉花壹千伍百斤,收截留高麗紅緑棉綢貳百匹,高麗布叁百匹,頭號高麗紙叁千張,二號高麗紙肆萬貳千貳百張,收本部官莊棉花叁千伍百斤。查咸豐元年由京領回緞布紙張等物,又收家機布棉花并截留高麗紅緑棉綢紙張以及官莊額交棉花,臣部按册核算,與由京給發并截留以及應交收回各數均屬相符,應毋庸議。

一、開除緞布紙張等物項下:據册開:給過盛京禮部等衙門粧緞捌拾匹,肆庹貳尺肆寸蟒緞貳拾貳匹,彭緞貳百貳拾貳匹叁庹叁尺,黄雲緞叁拾伍匹陸寸捌分,五色緞伍匹肆庹貳尺叁寸,藍大緞伍匹叁庹壹尺,黄絹貳拾壹匹叁庹伍寸,棉綢壹百玖拾肆匹陸庹叁尺,杭細貳百捌拾匹,黄紗叁匹,紅紗肆匹肆尺陸寸,雜色紗陸匹伍庹,屯絹伍拾叁匹貳庹壹尺貳寸,紡絲伍拾玖匹叁庹貳尺貳寸,黄絲柒百肆拾柒斤拾叁兩捌錢捌分,黄絨壹百伍斤拾兩伍錢叁分,黄絲綫陸斤玖錢陸分,絨綫叁兩柒錢陸分捌釐,青絹綫伍兩柒分貳釐,藍絹綫壹兩捌錢,高麗布貳百柒拾匹叁庹貳尺叁寸陸分,白布叁千伍拾玖匹貳庹貳尺柒寸陸分捌釐,綢機布陸千叁百陸拾貳匹貳庹壹尺柒寸,毛青布壹萬玖千柒百叁匹壹庹四尺柒寸肆分,漂白布貳百捌拾壹匹壹尺伍寸,油敦布肆百玖拾伍匹叁庹壹尺伍寸玖分,褡褳布叁匹叁庹叁尺貳寸,家機布壹千匹,山東布壹百壹拾貳匹貳庹貳尺壹寸貳分,棉花肆千捌百捌斤伍兩貳錢叁分,棉綫叁百肆斤拾伍兩柒錢叁分肆釐,頭號高麗紙貳千陸百伍拾玖張肆分,二號高麗紙肆萬貳千肆百肆拾張伍分,毛頭紙叁千伍百玖拾肆張柒分,連四紙陸百貳拾貳張,方文紙肆千貳百柒拾柒張,棉榜紙叁百柒拾陸張,扛連紙叁千叁百張,毛邊紙陸拾伍張,呈文紙壹千玖拾張,金銀箔拾壹萬壹千貳百張,雙紅紙貳拾叁張,頂青茶捌百陸拾斤,纊絃貳拾庹,木梳貳千叁百玖拾捌把,篦子貳千叁百玖拾捌張,包頭貳千叁百玖拾捌頂,帶子壹萬肆千叁百捌拾捌條,針柒萬壹千玖百肆拾枚,銀硃拾伍兩伍錢。查供應三陵等衙門并賞給嚇哲費雅哈人等所需綢緞、布匹、紙張等物,各該衙門應送印結,應令該侍郎彙總送部,以憑查核。

一、實存緞布紙張等物項下:據册開:二丈五尺長杭細肆匹肆庹貳尺,三丈長大卷紅花絹陸匹,四丈長大卷有字緞壹匹,四大長大卷五色粧緞貳拾叁匹肆庹玖寸玖分,四丈長大卷紅青寸蟒緞肆匹叁庹叁尺捌寸肆分,黄蟒緞玖丈陸尺肆寸,四丈長大卷五色緞捌匹肆庹貳尺伍寸玖分,四丈長大卷黄素緞貳拾匹,四丈長大卷片金叁匹伍庹壹尺陸寸伍分,三丈長大卷彭緞貳拾叁匹壹庹壹尺,四丈五尺長小團龍黄緞壹匹陸庹叁尺,三丈長大卷蟒緞叁匹叁庹肆尺伍寸柒分,二丈五尺長五色綾壹匹壹尺叁寸肆分,四丈長大卷藍硬紗伍匹柒庹叁尺,四丈長大卷閃緞肆匹壹庹壹尺貳寸捌分,四丈長大卷黄雲緞壹百匹貳庹叁尺叁寸柒分,四丈長大卷藍大緞拾匹肆尺貳寸伍分,二丈五尺長潞綢貳拾叁匹,六丈長棉綢玖拾陸匹肆尺捌寸柒分,四丈長大卷雜色紗貳拾肆匹伍庹,四丈長大卷黄紗叁匹柒庹,四丈長大卷黄寸蟒緞貳匹叁庹肆尺貳寸伍分,四丈長大卷黄絹伍拾肆匹貳庹叁尺陸寸捌分,四丈長大卷紅紗拾貳匹肆庹貳寸,二丈五尺長五色紡絲壹百貳拾柒匹貳庹壹尺柒寸柒分,二丈五尺長屯絹伍拾肆匹肆庹叁尺貳寸伍分,三丈長家機布玖百柒拾捌匹壹庹肆尺,二丈長綢機布貳千捌百叁拾陸匹貳庹壹尺壹寸伍分捌釐,二丈長油敦布肆百玖拾伍匹肆尺,二丈長毛青布貳千肆百肆拾肆匹壹庹叁尺伍分,四丈長白布壹千壹百玖拾貳匹陸庹肆尺柒寸壹分玖釐,六丈長高麗布貳百壹拾捌匹肆庹壹尺,二丈長漂白布貳百叁拾伍匹壹庹柒寸,棉花陸千貳百貳拾伍斤拾肆兩肆錢肆分肆釐,棉綫陸拾壹斤陸兩陸錢捌分肆毫,藍絹綫捌兩,青絹綫伍兩玖錢陸分捌釐,黄絲貳百玖拾玖斤拾伍兩伍錢,黄絲綫柒斤拾肆兩肆錢捌分,二丈五尺長褡褳布拾玖匹叁庹貳尺肆寸,木梳壹百伍拾玖把,篦子壹百伍拾玖張,包頭捌拾肆頂,蘇木捌斤肆兩,胭脂叁拾壹帖,粉拾兩柒錢貳分,黄丹伍斤,礬肆斤叁兩叁錢陸分,碱柒兩柒錢貳分,針叁千捌百肆拾枚,斜皮拾陸塊,銀硃伍斤壹兩叁錢叁分叁釐,手巾拾玖條,水銀捌斤貳兩貳錢捌分,棉子拾肆斤拾伍兩玖錢肆分捌釐,帶子玖千陸百肆拾肆條,黄蠟拾叁斤壹兩,白蠟貳拾伍斤玖兩,夏布玖匹壹庹叁尺叁寸貳分,紅氈伍條,緑花白地倭子紙伍千貳百叁拾肆張,頭號高麗紙貳千陸百玖拾肆張玖分,二號高麗紙肆萬壹千玖百伍拾柒張伍釐,呈文紙叁千貳百貳拾張,方文紙伍千柒百柒拾貳張肆分,毛頭紙肆千捌百貳拾張,毛邊紙叁百捌拾玖張伍分,竹料呈文紙貳千張,西紙貳千捌百玖拾壹張,錦紙叁千伍百陸拾捌張壹分,雙紅紙貳張,連四紙壹百玖拾壹張捌分,連四抄捌百柒張柒分,竹料連四抄玖百壹拾玖張壹分,棉榜紙壹千玖張,方白欒玖百肆拾柒張壹分,二白欒貳千伍百玖拾張,西青紙壹千陸百壹拾伍張貳分,扛連紙捌千貳百張,金銀箔拾壹萬叁千伍張,舊皮箱壹個,纊絃陸百叁拾庹,頂青茶捌百陸拾斤。查前項實存緞布紙張等物,臣部按冊核算,除粧緞一項數目不符,已於舊管項下行查,應俟聲覆到日再行查核外,其餘應存各項數目均屬相符,應令該侍郎造入咸豐貳年奏銷案内舊管項下,具題查核。

此案於咸豐貳年柒月初陸日科抄到部行查盛京户部等衙門,於咸豐貳年捌月貳拾肆、貳拾陸,玖月拾叁,拾月初拾,拾壹月拾捌、貳拾、貳拾貳等日陸續覆齊。兹於拾月初柒日辦理具題,合并聲明。

臣等未敢擅便。謹題請旨。

批紅:依議。

爲派往河南防剿吉林官兵賞給行裝口糧銀兩題銷事

咸豐三年十月初九日

太子太保·大學士管理户部事務臣祁寯藻等謹題,爲核銷事。

户科抄出,吉林將軍固慶等將出師河南防剿吉林官兵賞給行裝鹽菜口糧銀米數目造冊題銷一案。咸豐叁年正月貳拾柒日題,貳月貳拾捌日奉旨:該部查核具奏。欽此。欽遵。於本日抄出到部。隨經移查兵部,將該官兵員名數目是否相符去後。今於伍月初壹日準兵部查覆到部。

該臣等查得,吉林將軍固慶等疏冊内稱:派往河南出征之吉林所屬八起官兵照例賞給整裝并跟役皮衣等項、至京鹽菜口糧銀米各數:所有副都統二員,各賞銀叁百兩,鹽菜銀各拾貳兩。跟役各二十名,每名鹽菜銀伍錢,皮衣銀貳兩。副都統銜總管一員,賞銀叁百兩,鹽菜銀玖兩。跟役十六名,每名鹽菜銀伍錢,皮衣銀貳兩。協領委營總三員,各賞銀壹百捌拾兩,鹽菜銀各肆兩貳錢。跟役各六名,每名鹽菜銀伍錢,又跟役各二名,每名皮衣銀貳兩。佐領委營總五員,各賞銀壹百伍拾兩,鹽菜銀各肆兩。跟役各四名,每名鹽菜銀伍錢,又跟役各二名,每名皮衣銀貳兩。佐領委參領十四員,各賞銀壹百伍拾兩,鹽菜銀各肆兩。跟役各四名,每名鹽菜銀各伍錢,又跟役各二名,每名皮衣銀各貳兩。防禦委參領十二員,各賞銀壹百貳拾兩,鹽菜銀各肆兩。跟役各四名,每名鹽菜銀伍錢,又跟役各二名,每名皮衣銀各貳兩。雲騎尉委參領一員,賞銀壹百貳拾兩,鹽菜銀肆兩。跟役四名,每名鹽菜銀伍錢,又跟役二名,每名皮衣銀貳兩。驍校委參領十三員,各賞銀捌拾兩,鹽菜銀各貳兩伍錢。跟役各三名,每名鹽菜銀伍錢,又跟役各一名,每名皮衣銀貳兩。驍騎校委章京一員,恩騎尉委章京二員,八品𢈪監委章京一員,領催委筆帖式委章京三員,領催委官委章京十六員,領催委章京七員,前鋒委官委章京三員,領催委官委驍騎校十二員,領催委筆帖式委驍騎校三員,領催委驍騎校十四員,前鋒校委驍騎校六員,前鋒委驍騎校四員,領催委筆帖式五員,領催委筆帖式、記名驍騎校委章京二員,領催記名驍騎校委章京一員,領催委官記名驍騎校委章京二員,領催獎賞藍翎委章京一員,旗錄委筆帖式一員,前鋒委官委驍騎校一員,前鋒委前鋒校四員,披甲委筆帖式十六員,領催委官三十六員,旗錄委官一員,前鋒委筆帖式委章京一員,前鋒委官三員,披甲委筆帖式委官一員,披甲委官四員,領催一百九名,前鋒一百五名,旗錄二十名,披甲一千六百十五名,共二千名,各賞銀叁拾兩,鹽菜銀各壹兩伍錢。二人合帶跟役一名,共一千名,每名鹽菜銀各伍錢,皮衣銀各貳兩。照例應賞行裝皮衣、至京三十日鹽菜共銀柒萬貳千玖百玖拾肆兩陸錢。應於庫存備銀內動用,但吉林所屬各處庫存備銀於道光貳拾肆年遵奉部咨,除將所屬各處抵作官兵俸餉銀肆萬伍千貳百兩零實存備除給一年應用各款外,餘存銀兩不敷,暫於癸丑年俸餉銀內動給。其官兵跟役每人每日各給口糧米捌合叁勺,計應給三十日,共米捌百壹拾玖石柒斗捌合,於公倉糧石內發給。理合分晰造冊,送部查核。等因。再,此次賞給行裝等銀柒萬貳千玖百玖拾肆兩陸錢,交部照數撥補歸還原款,以備放給本年秋季官兵俸餉。相應具題。等因前來。

查軍需例載:吉林官員派往出征者,副都統賞銀叁百兩,總管賞銀貳百伍拾兩,協領賞銀壹百捌拾兩,佐領賞銀壹百伍拾兩,防禦賞銀壹百貳拾兩,驍騎校賞銀捌拾兩,前鋒領催馬兵賞銀叁拾兩,官兵之跟役每名賞給皮衣銀貳兩。又例載:吉林官兵到京給與三十日鹽糧,副都統月支鹽菜銀拾貳兩,跟役二十名。總管月支鹽菜銀玖兩,跟役十六名。協領月支鹽菜銀肆兩貳錢,跟役六名。佐領、防禦月支鹽菜銀肆兩,跟役四名。驍騎校月支鹽菜銀貳兩伍錢,跟役三名。甲兵月支鹽菜銀壹兩伍錢,二人合給跟役一名。官兵之跟役每名月支鹽菜銀伍錢,官員、兵丁、跟役各日支口糧米捌合叁勺。至派調官兵帶兵行走官員有一定額缺,實任官員不敷,由各該大臣揀選委署。又嘉慶貳拾年伍月內軍機大臣議減跟役案內,副都統跟役二十名減去四名,總管十六名減去二名。各等語。今此次調派赴豫防剿之吉林官兵,應賞行裝并跟役皮衣及至京鹽糧等項銀米動用數目,據該將軍等造具漢字花名細冊,送部題銷。臣部查題疏內稱:副都統銜總管一員,照道光十年出兵安集延之打牲副都統職銜總管特松阿,照副都統職任辦給行裝銀叁百兩之數發給。查該年回疆軍需案内,并無該總管特松阿照副都統職銜支給行裝銀兩之案,臣部無憑核準。至雲騎尉委參領一員,賞給行裝鹽糧等項銀數,該將軍係比照五品防禦辦理。惟查帶兵官員有一定額缺,實任不敷,方準該大臣揀選委署。今該將軍并未聲明實任不敷派調,在於世職人員内揀選委用,臣部礙難查核。又,副都統跟役衹應給十六名,總管跟役衹應給十四名。所有給過副都統跟役二十名,總管跟役十六名,皮衣鹽糧均與奏定議減章程不符。其餘各官兵應賞行裝鹽糧等項,臣部按冊核算,與例給數目尚屬相符。惟冊造官兵員名移查兵部覆稱,旗佐花名均屬舛錯。其因何不符之處,應行報部查核。等語。查該官兵旗佐花名,既據兵部查核不符,臣部未便遽準支銷。致有歧誤,應令該將軍飭屬詳晰查明,另造妥冊送部,再行核銷,以昭核實。至聲稱所用銀柒萬貳千玖百玖拾肆兩陸錢,交部照數補領,造入原動項下,以備放給本年官兵秋季俸餉之處,臣部當查,咸豐叁年吉林廳同知應徵收二年分地丁雜税銀伍萬餘兩,并伯都訥同知應解二年地丁雜税等銀貳萬餘兩,均應抵充甲寅年官兵俸餉之款。所有此次支過銀兩,已經咨令該將軍就近在於前項地丁雜税銀内照數動支。備放本年官兵秋季俸餉,毋庸赴部補領,以歸簡易。仍令該將軍造入該年各案奏銷内,報部查核。

此案於咸豐叁年伍月初壹日準兵部查覆到部,兹於拾月初玖日辦理具題,合并聲明。

臣等未敢擅便,謹題請旨。

批紅:依議。

爲江西大庾縣續完餘租銀兩題請開復事

咸豐三年十月初十日

太子太保·大學士管理户部事務臣祁寯藻等謹題,爲詳請等事。

户科抄出,江西巡撫張芾將江西大庾縣全完道光貳拾柒年分餘租銀兩具題開復一案。咸豐年貳年拾壹月初柒日題,叁年貳月貳拾叁日奉旨:該部查議具奏。欽此。欽遵。於本日抄出到部。

該臣等會查得,江西巡撫張芾疏稱:江西大庾縣應徵道光貳拾柒年分餘租銀兩,前於二參一年限滿,尚有未完銀陸百肆拾柒兩伍錢零,當經查取接徵未完分數職名題參,接準部覆,飭遵去後。兹據督糧道吳其泰會同布政使陸元烺詳稱:催據大庾縣將二參案内未完前項餘租銀陸百肆拾柒兩伍錢零照數全完,解道兑收儲庫。除俟造入咸豐元年分餘租奏銷冊内撫州所城軍續完項下報核,并初參案内奉議寬免之員毋庸開復外,所有二參案内奉議未完四分以上之署大庾縣事試用知縣袁翼照例降職四級戴罪徵收之案,相應會文,詳請具題開復。等情。臣覆核無異,理合具題。等因前來。

查大庾縣應徵道光貳拾柒年分餘租銀兩,前據江西巡撫先後造冊題參,均經戶部會同吏部核議題覆在案。今據該撫疏稱:催據大庾縣將二參案内未完前項餘租銀陸百肆拾柒兩伍錢柒分壹釐照數全完,解道兑收儲庫。除俟造入咸豐元年分餘租奏銷冊内撫州所城軍續完項下報核,并初參案内奉議寬免之員毋庸開復外,所有二參案内奉議未完四分以上之署大庾縣事試用知縣袁翼照例降職四級戴罪徵收之案,相應會文,詳請具題開復。等語。查前項已完銀兩,戶部核與原參未完銀數相符。吏部查定例:錢糧未完各官於參後續報全完者,將原參議處之案題請開復。等語。應將參後續報全完,二參案内未完四分以上之大庾縣知縣袁翼原議降職四級戴罪徵收之案,照例準其開復。至前項已完銀陸百肆拾柒兩伍錢柒分壹釐,戶部照數登記,仍令該撫即飭造入咸豐元年分餘租奏銷冊内,報部查核。

此本係戶部主稿。科抄於咸豐叁年貳月貳拾叁日到部,叁月初肆日咨送吏部會議,柒月初叁日議結送回。兹於拾月初拾日辦理具題,合并聲明。

臣等未敢擅便,謹題請旨。

批紅:依議。

爲新疆各處道光二十八年收入動支銀糧等項題銷事

咸豐三年十月十二日

戶部等部,太子太保·大學士管理戶部事務臣祁寯藻等謹題,爲奏銷等事。

查西北兩路新疆地方,每年動用銀糧等項,各該將軍大臣等一面造冊送部,一面開單具奏請銷。嘉慶貳年,葉爾羌大臣奏銷嘉慶元年用過銀糧等項,欽奉諭旨:此等應行彙題案件,前已降旨,令於歲底報部,由部題銷,通行曉諭。今又何須具奏。欽此。欽遵。經軍機處行文各該將軍大臣,嗣後凡遇應行彙題案件,俱照從前所降諭旨,停止具奏,報部銷算。等因。據前任伊犁將軍薩迎阿,將該處道光貳拾捌年供支經制駐劄屯田緑營各官兵俸餉、鹽菜、銀糧、綢緞、牲畜等項造冊送部,彙核題銷前來。查冊開:

一、舊管項下:經制官兵案内。銀拾玖萬玖千伍百肆拾陸兩柒錢壹分伍釐貳毫陸絲捌忽,口食羊五萬四千八百四十八隻。屯田官兵案内。銀壹百肆兩貳錢貳分柒釐,各色糧貳拾玖萬貳千陸百叁拾叁石伍斗陸升捌合柒勺叁抄,清油七十四斤九兩九錢三分,農具口袋等項二萬七千九百五十七件八釐二絲,天平砝碼二全副,戥秤等項九件,絹布貳拾肆匹伍尺貳寸捌分。又另款存儲永遠備儲各色糧壹拾貳萬玖千壹百貳拾肆石玖斗伍升柒合玖勺。駐劄官兵案内。銀拾叁萬玖千捌百捌拾玖兩肆錢捌分捌釐柒毫柒絲柒忽,制錢壹千壹百叁拾壹千壹百叁拾叁文,紅銅八千四十六斤六兩二分二釐四絲,黑鉛一萬三千七百六斤一兩九錢一分九釐四毫八絲,點錫一百五十二斤八錢一分六釐二毫一絲,刷錢器具三十件,軍械鉛凡等項四百七萬六千三百三十四件,硝磺、火藥、繩鉛等項二十萬四千九百七十四斤七兩四錢五分九釐七毫,算盤十三副,磚硯二十六塊。又另款永遠封儲銀叁拾陸萬陸千捌百捌拾貳兩玖錢壹分玖釐肆毫陸絲玖忽。緑營官兵案内。存剩道光貳拾陸年俸餉、養廉、公費、朋合、紅白等銀伍千貳兩叁錢壹分叁釐捌毫肆絲,俟造報道光貳拾玖年奏銷時提歸新收項下,再行開除。又存剩道光貳拾柒年俸餉等銀叁千肆百拾捌兩玖錢柒分壹毫,俟造報道光叁拾年奏銷時提歸新收項下,再行開除。又世職孀婦案内。舊管銀壹萬玖千肆百貳拾捌兩柒錢陸分壹釐柒毫伍絲柒忽。綢緞案内。綢緞、綾紗、絹伍千柒百玖拾肆匹,布貳拾貳萬叁千捌百陸拾玖匹半肆尺,棉花壹萬伍千貳百叁拾叁斤伍兩捌錢捌分捌釐,銀錢壹圓,黑茶一十二萬三千四百四十二斤六兩四錢一分。牲畜案内。駝一萬七千八隻,馬三萬五千二百七十二匹,牛二萬七千九百一十七隻,羊十四萬七千一百九十五隻。等語。查經制、屯田、駐劄、世職孀婦、紬緞、牲畜等案内,舊管銀錢、糧石、農具、口袋、銅錫、綢緞、布匹、棉花、茶葉、牲畜等項,戶部核對上年奏銷案内實存數目相符,應毋庸議。至緑營官兵案内舊管存剩道光貳拾陸、貳拾柒兩年俸餉等項銀兩,據稱俟造報道光貳拾玖、叁拾兩年奏銷時,提歸新收項下再行開除之處,應令伊犁將軍即飭在於各該年奏銷冊内,分別收除,造報查核。至舊管軍械、鉛丸、硝磺、火藥、繩鉛等項,兵部查與上年實存數目相符。

一、新收項下:經制官兵案内。收駐劄案内撥供銀伍拾壹萬叁千玖百柒拾叁兩壹錢伍分叁釐柒毫陸絲捌忽,制錢壹千肆百捌拾肆千叁百陸拾文。收屯田案内撥供各色糧拾貳萬貳千壹百捌拾玖石壹斗伍升肆合陸勺柒抄,收購買哈薩克并本處牧放孳生共羊四萬五千一百七十六隻。屯田官兵案内。收駐劄案内撥供銀玖百玖拾兩,收屯兵回戶等交納各色糧拾柒萬壹千貳百柒拾石陸斗壹合玖勺,清油九百八十斤,收本處製辦農具口袋等項三千三百六十二件,八分膠墨鋼棉等項一百二十三斤十二兩七錢六分,棉綫十斤四兩六錢二分八釐。駐劄官兵案内。收甘省撥解并本處扣收綢緞、布棉、茶價等項共銀柒拾叁萬玖千玖百陸拾伍兩貳錢陸分叁釐壹毫壹絲,又收歸補另款永遠備儲銀貳拾叁萬壹千柒百柒兩捌分伍毫叁絲壹忽,收寶伊局鑄獲制錢壹千柒百貳拾貳千文。收阿克蘇等處解到并本處銅鉛廠交到紅銅九千九百斤,黑鉛四千二百七十二斤。收本處置買點錫一百四十斤,刷錢器具五十一件。收屯田案内撥供各色糧柒千柒百貳拾壹石壹斗柒升伍合捌勺貳抄。收經制案内撥供羊七十六隻。收綢緞案内撥供綢緞綾壹百拾肆匹半。收烏什等處運到硝磺藥鉛等項三萬六百九十三斤二兩一錢三分。收甘省解到奏摺等項一萬四千五百三十五件、單,夾紙一千六合,紅油等紙八百一十張,硃墨等項四十八斤八兩十二錠。緑營官兵案内。收駐劄案内撥供俸餉等銀壹拾叁萬伍千貳百伍拾肆兩叁錢壹分柒釐。收本營道光貳拾伍年存剩銀肆千叁百貳拾捌兩伍錢捌分玖釐陸毫,收俸餉銀内提歸朋合銀壹千玖百叁拾貳兩伍分,倒馬皮臟銀柒拾兩。收屯田案内撥供粟穀貳百伍拾陸石貳斗伍升,青稞肆千伍百柒拾捌石陸斗肆合壹勺。收本營各屯草四十萬六千六百四十四束四分。世職孀婦案内。收駐劄案内撥供銀貳萬貳千柒百捌拾肆兩伍錢壹分捌釐陸毫陸絲肆忽,制錢叁拾玖千陸百玖拾陸文。收屯田案内撥供各色糧叁千貳百玖拾肆石壹斗肆升貳合叁勺貳抄。收經制案内撥供羊三百二十一隻。綢緞案内。收内地辦解綢緞壹千壹百拾匹。收葉爾羌等處運到布玖萬叁千捌百叁拾壹匹半,棉花伍千伍百斤,黑茶一十一萬五斤。牲畜案内。收哈薩克等呈遞并本處收放孳生等項駝四十八隻,馬九千七十一匹,牛五千三百二十五隻。等語。查前項各案内,新收銀糧、農具、口袋、紙硃、綢緞、布棉、茶葉、牲畜等項,戶部按冊核算,數目相符,應毋庸議。至新收歸補另款永遠備儲銀貳拾叁萬壹千柒百柒兩捌分伍毫叁絲壹忽,核與奏咨各案數目相符。至新收鑄獲制錢并銅鉛、點錫、器具等項,查前項新收制錢并銅鉛等項,應令該將軍造入鼓鑄報銷冊内,送部查核。至新收硝磺藥鉛等項,兵部按冊查核相符。

一、開除項下:經制官兵案内。供支伊犁同知、巡檢并書役人等養廉、公費、俸工等銀陸千伍百柒拾叁兩柒錢肆分伍釐肆毫,口糧白麪折小麥壹百玖拾陸石玖升貳合伍勺玖抄,粟米合粟穀壹百陸拾柒石壹升貳合陸勺。等語。查例載:伊犁同知二員,每員歲支俸銀捌拾兩,養廉銀捌百兩,公費銀柒百兩。巡檢四員,每員歲支俸銀叁拾壹兩伍錢壹分玖釐,養廉銀叁百兩。書識每名月支工食銀肆兩捌錢。門子、皂役等每名月支工食銀貳兩。又書役人等每名月支口糧粟米捌合叁勺或麪壹斤。等因。今前項供支同知、巡檢并書役人等養廉、公費、俸工等項銀兩口糧白麪折小麥粟米合粟穀,戶部按冊核算,與例支數目相符,應準開銷。

一、供支伊犁惠遠巴燕岱兩滿營官兵俸餉、糧料、折色等銀叁拾陸萬玖千玖百貳拾伍兩叁錢伍分伍釐壹毫,制錢壹千肆百捌拾肆千叁百陸拾文,口糧白麪折小麥并本色小麥共伍萬柒千肆百拾肆石柒斗柒升柒合柒勺柒抄,炒麪折大麥并本色大麥共捌千叁百貳拾伍石陸斗肆升貳合壹勺貳抄,粟米合粟穀叁萬玖千肆百捌拾陸石伍斗柒升柒合貳勺,口食羊三萬九千四百二十八隻,馬料大麥壹萬叁千伍石伍斗壹升肆合伍勺叁抄。又官兵紅白事件卹賞銀陸千貳百伍拾肆兩。隨將滿營官兵馬匹并紅白事件官兵各姓名數目移查兵部,覆稱,核與伊犁將軍造送冊載數目均屬相符。等語。查例載:伊犁駐防協領一十二員,每員歲支俸銀壹百叁拾兩。粳米家口一十二口,粟米家口一十八口,拴餵馬七匹二分。佐領五十六員,每員歲支俸銀壹百伍兩。粳米家口一十口,粟米家口一十口,馬四匹八分。防禦五十六員,每員歲支俸銀捌拾兩。粳米家口四口,粟米家口十口,馬三匹。驍騎校五十六員,每員歲支俸銀陸拾兩。粳米家口二口,粟米家口一十口,馬二匹四分。筆帖式四員,每員歲支俸銀貳拾壹兩壹錢壹分肆釐,月支鹽菜銀捌兩。粟米家口一十口,馬一匹八分。前鋒領催七百二十名,每名月支錢糧銀叁兩。粟米家口一十口,馬一匹八分。馬甲四千二百五十六名,每名月支錢糧銀貳兩。粟米家口一十口,馬一匹八分。炮手五十六名,每名月支錢糧銀貳兩,粟米家口七口。步甲、匠役、養育兵一千三百五十二名,每名月支錢糧銀壹兩,粟米家口二口。又,官員粳米家口每口月支粳米貳斗伍升,官兵粟米家口每口月支糧折銀壹錢捌分陸釐,本色糧壹拾肆斤拾壹兩,以米麪兼支。又搭放口食羊隻。每羊一隻抵口糧壹拾伍斤,每制錢捌百文抵銀壹兩。又官兵馬匹,春冬二季每匹月支料折銀壹兩叁錢柒分壹釐,本色料貳斗壹升肆合叁勺。又伊犁駐防官兵紅白事件,驍騎校、筆帖式紅事賞銀壹拾兩,白事賞銀壹拾肆兩。前鋒領催紅事賞銀捌兩,白事賞銀壹拾貳兩。馬甲紅事賞銀陸兩,白事賞銀壹拾兩。步甲、匠役、養育兵紅事賞銀肆兩,白事賞銀捌兩。鰥寡孤獨紅事賞銀叁兩,白事賞銀陸兩。各等因。歷經辦理在案。今伊犁惠遠巴燕岱兩滿營官兵馬匹以及紅白事件官兵各姓名數目,既據兵部查覆相符,所有前項支過俸餉糧料折色卹賞等項銀兩錢文,口糧白麪折小麥、炒麪折大麥、粟米合粟穀,口食羊隻、馬料大麥,戶部按冊核算,與應支數目亦屬符合,應準開銷。

一、供支錫伯、索倫、察哈爾、額魯特等營官兵俸餉鹽菜并喇嘛錢糧,共銀拾貳萬伍千肆百柒拾兩肆錢柒分玖釐陸毫,口糧白麪折小麥并本色小麥共壹百捌拾捌石柒斗叁升壹合叁勺玖抄,炒麪折大麥并本色大麥共壹百石壹斗叁升貳合貳勺,粟米合粟穀叁百貳拾陸石陸斗陸升叁合貳勺,口食羊六百七十二隻。等語。查例載:八旗正從三品歲支俸銀壹百叁拾兩,正從四品歲支俸銀壹百伍兩,正從五品歲支俸銀捌拾兩,正從六品歲支俸銀陸拾兩,正從七品歲支俸銀肆拾伍兩。又駐防世職及歲當差者給全俸,及歲不當差者,給半俸,未及歲者,給半俸之半。空翎拜唐阿披甲均月支本身鹽菜銀壹兩伍錢,二人合支跟役一名,鹽菜銀伍錢。官役各日支口糧米捌合叁勺,或麪壹斤。口食羊二隻,抵作一月口糧。隨同卡倫侍衛派往空翎拜唐阿,每月加給鹽菜銀伍錢,跟役全給一名。伊犁駐防前鋒領催月支餉銀叁兩,馬甲月支餉銀貳兩。各等語。又,伊犁堪布大喇嘛一名,連徒弟班第七名,月給錢糧銀玖兩肆錢柒分貳釐,口糧陸百叁拾貳斤,冬月柴炭銀柒兩伍錢陸分。蘇拉喇嘛一名,連徒弟班第三名,月給錢糧銀叁兩柒錢叁分壹釐,口糧貳百柒拾斤,冬月柴炭銀叁兩貳錢肆分。格斯貴喇嘛六名,每名月給錢糧銀壹兩伍錢,口糧肆拾壹斤。格隆喇嘛九十三名,每名月給錢糧銀壹兩,口糧叁拾斤。搭放口食羊隻,每隻折抵口糧拾伍斤。歷經造冊咨部,準銷在案。今冊造道光貳拾捌年供支前項官兵俸餉鹽菜并喇嘛錢糧暨錫伯、索倫二營所添防禦、前鋒、披甲等項,共支過銀拾貳萬伍千肆百柒拾兩肆錢柒分玖釐陸毫,口糧白麪折小麥并本色小麥共壹百捌拾捌石柒斗叁升壹合叁勺玖抄,炒麪折大麥并本色大麥共壹百石壹斗叁升貳合貳勺,粟米合粟穀叁百貳拾陸石陸斗陸升叁合貳勺,口食羊六百七十二隻。戶部按冊核算,與例案應支數目相符,應準開銷。

一、供支惠遠城滿營鳥鎗、步甲口糧白麪折小麥陸百玖拾石捌斗壹升肆合捌勺壹抄,炒麪折大麥陸百肆拾石壹升玖合陸勺,粟米合粟穀壹千陸百肆拾柒石壹斗柒升陸合伍勺,口食羊二千四百隻。撥供駐劄官兵案内羊七十六隻,世職孀婦案内羊三百二十一隻。等語。查前項供支伊犁惠遠城滿營烏鎗步甲口糧白麪折小麥、炒麪折大麥、粟米合粟穀、口食羊隻,戶部核與伊犁將軍奏明原案相符,應準開銷。至撥供駐劄官兵并世職孀婦二案内羊隻,戶部核對各案内新收數目,亦屬相符,應準開銷。

一、撥給普化寺喇嘛演跳步扎并諷經以及致祭廟宇祠堂等項用羊一百六十六隻,又賞給呈遞馬匹等項之吐爾扈特哈薩克才魯特人等口食羊一百八十隻,又撥給廵查布魯特邊界之官兵請買口食羊一百七十三隻,又察哈爾額魯特兩營被灾倒斃口食羊一萬五百六十八隻。等語。查撥給普化寺喇嘛演跳步扎諷經并致祭廟宇祠堂等項用羊一百六十六隻,賞給呈遞馬匹之布魯特等口食羊一百八十隻,係照例賞給之項,應準開銷。至撥給廵查邊界之官兵請買口食羊一百七十三隻,并被灾倒斃羊一萬五百六十八隻,核與奏咨各案相符,亦應準其開銷。

一、伊犁牧廠内陸續倒斃羊一千八十三隻。等語。查例載,牧放羊隻每年每百隻準倒六隻。等因。今伊犁牧放羊一萬九千九百七十八隻,倒斃羊一千八十三隻,戶部核與例倒之數有減無增,應準開銷。

一、屯田官兵案内。撥供經制官兵案内各色糧拾貳萬貳千壹百捌拾玖石壹斗伍升肆合陸勺柒抄。撥供駐劄官兵案内各色糧柒千柒百貳拾壹石壹斗柒升伍合捌勺貳抄。撥供世職孀婦案内各色糧叁千貳百玖拾肆石壹斗肆升貳合叁勺貳抄。撥供緑營官兵案内粟穀貳百伍拾陸石貳斗伍升,青稞肆千伍百柒拾捌石陸斗肆合壹勺。發給軍需案内另款備儲各色糧貳千捌百陸拾壹石伍斗柒升貳合玖勺柒抄。等語。查前項撥供經制各案糧料,戶部核與各案内新收數目相符。至發給軍需案内另款備儲各色糧貳千捌百陸拾壹石伍斗柒升貳合玖勺柒抄,核與軍需報銷案内收造糧數相符,應準開銷。

一、供支屯田兵丁請領籽種小麥貳千貳百石,青稞貳百石,豌豆貳百石,穀子貳百拾石,稻子貳拾石。等語。查伊犁佈種地畝小麥、豌豆、青稞、稻子每畝下籽種壹斗,粟穀每畝下籽種壹升伍合,歷經準銷在案。今道光貳拾捌年屯田兵丁請領各色籽種共糧貳千捌百叁拾石,戶部按冊開佈種地畝應需籽種糧色逐一分别核算,均屬相符,應準開銷。

一、供支屯田豐收兵丁應賞鹽菜銀玖百玖拾兩。等語。查前項賞給屯田豐收兵丁鹽菜銀兩,戶部核與伊犁將軍奏明準賞以及咨報各原案均屬相符,應準開銷。

一、賞給種地人犯籽種、小麥叁石貳斗，穀子叁石貳斗，青稞叁石貳斗。又借給口糧白麪折小麥拾肆石捌斗壹升肆合捌勺，粟米合粟穀拾叁石貳斗捌升。等語。查伊犁爲民種地人犯，每名分給官地十二畝，令其納糧。私地五畝，令其耕種。每名賞給三色籽種陸斗。其麥收以前，每名每日借給口糧壹斤，分作三年繳還，歷經辦理在案。今前項賞給種地人犯籽種、小麥、穀子、青稞，并借給口糧白麪折小麥，粟米合粟穀，户部按册分别核算，與應賞應借各數目均屬相符，應準開銷。仍令伊犁將軍飭將借給口糧按限繳還歸款，報部查核。

一、供支屯田水碾并運糧車輛以及辦公處所共用清油一千一十八斤八兩，燃燈棉花壹斤貳兩叁錢陸分。等語。查前項供支清油、棉花户部按册核算，與歷年所用數目相符，應準開銷。

一、屯所開除損壞農具内，大小手鋸并簸箕等項四十二件二分一釐九毫六絲。擁脖、篩子、弓弦等項二千二百四十二件一分。等語。查伊犁農具内大小手鋸并簸箕等項，每年十分準銷三分。擁脖等項每年十分準銷五分。歷經辦理在案。今道光貳拾捌年伊犁屯所等處農具内，大小手鋸并簸箕等項一百四十件七分三釐二毫，請銷四十二件二分一釐九毫六絲。擁脖等項四千四百八十四件二分，請銷二千二百四十二件一分。户部核與歷年準銷數目相符，應準開銷。

一、屯所各處共請銷夾布口袋一千七十八條八分。等語。查例載，伊犁等處額定口袋，如有破損，每年照例拆修，總不得逾十分銷三之數。等因。今伊犁屯所各處道光貳拾捌年共留需用口袋三千五百九十六條，請銷口袋一千七十八條八分。户部核與例銷數目相符，應準開銷。

一、屯所各處道光貳拾捌年修補鐮刀、口袋等項用鋼一百二十斤，針一百六十八苗，棉綫十斤四兩六錢二分八釐，膠墨二斤十兩四錢。等語。工部按册核算，均與該處歷年準銷數目相符，應準開銷。

一、駐劄官兵案内。供支伊犁將軍并參贊領隊各大臣俸廉隨甲以及伯克養廉等銀壹萬捌百肆兩柒錢肆分壹釐，口糧白麪折小麥貳百叁拾伍石肆斗陸升貳合玖勺，粟米合粟穀壹百肆拾叁石貳斗玖升壹合貳勺，粳米折稻子伍拾柒石捌斗柒升叁合伍勺。等語。查例載：伊犁將軍歲支養廉銀叁千兩，跟役二十四名。參贊大臣歲支養廉銀壹千兩，領隊大臣歲支養廉銀柒百兩，跟役各十三名。又伊犁阿奇木伯克歲給養廉銀伍百兩,伊什罕伯克歲給養廉銀貳百兩。又官役各日支口糧米捌合叁勺或麪壹斤。又西北兩路將軍大臣未到任以前,卸任以後,沿途行走日支鹽菜口糧不支養廉,歷經辦理在案。今冊造道光貳拾捌年供支伊犁將軍參贊領隊各大臣養廉鹽菜并伯克養廉共支銀捌千柒百兩玖錢玖分壹釐,口糧麪折小麥貳百叁拾伍石肆斗陸升貳合玖勺,粟米合粟穀壹百肆拾叁石貳斗玖升壹合貳勺,粳米合稻子伍拾柒石捌斗柒升叁合伍勺。戶部按冊核算,與例案應支數目相符,應準開銷。至領隊大臣副都統忠泰等三員兑支在京四六養銀(原文如此——編者)壹千零肆拾兩,查伊犁領隊大臣忠泰應支道光貳拾捌年秋季鑲紅旗蒙古副都統養廉銀貳百肆拾兩,領隊大臣伊昌阿應支道光貳拾捌年春秋二季副都統銜養廉銀肆百兩,領隊大臣錫拉那應支道光貳拾捌年春秋二季副都統銜養廉銀肆百兩。核與各該員應支銀數相符,應準開銷。又兑支京俸隨甲等銀捌百捌拾玖兩伍錢。等語。查該大臣等兑支過前項京奉隨甲等銀,核與在京應支數目相符,應準開銷。又兑支京俸米折銀壹百柒拾肆兩貳錢伍分,核與在京應支米數相符,應準開銷。

一、供支印房等處辦事官役、書識、醫生、回子、通事人等并差遣各營官兵鹽菜工食勞金等銀柒千陸百叁拾捌兩陸錢玖分柒釐玖毫,口糧白麪折小麥伍百伍石捌斗捌升捌合柒勺柒抄,炒麪折大麥肆百拾玖石陸斗貳升柒合肆勺伍抄,粟米合粟穀玖拾玖石壹斗壹升捌合陸勺,口食羊四十六隻。等語。查例載:佐領月支本身鹽菜銀肆兩,跟役四名,鹽菜銀貳兩。驍騎校月支本身鹽菜銀貳兩,跟役二名,鹽菜銀壹兩。滿兵月支本身鹽菜銀壹兩伍錢,二人合給跟役一名,鹽菜銀伍錢。緑營千總月支本身鹽菜銀壹兩柒錢,跟役二名,鹽菜銀壹兩。兵丁月支本身鹽菜銀玖錢,馬兵四名,步兵五名,合給餘丁一名,鹽菜銀伍錢。又印房辦事部院章京月支鹽菜銀拾伍兩,跟役六名,不支鹽菜銀兩。筆帖式月支本身鹽菜銀貳兩,跟役二名,月支鹽菜銀壹兩。書識月支工食銀肆兩捌錢。又每羊二隻,抵一個月口糧。醫生月支勞金銀伍兩,口糧陸拾斤。新疆各臺通事回戶照緑營兵丁之例給予鹽菜銀兩,官兵跟役餘丁各日支口糧米捌合叁勺或麪壹斤。各等語。今冊造道光貳拾捌年供支前項官役、書識、醫生、回子、通事人等并差遣官兵鹽菜工食勞金等銀柒千壹百伍拾捌兩捌分叁釐玖毫,口糧麪折小麥伍百伍石捌斗捌升捌合柒勺柒抄,炒麪折大麥肆百拾玖石陸斗貳升柒合肆勺伍抄,粟米合粟穀玖拾玖石壹斗壹升捌合陸勺,口食羊四十六隻。戶部按冊核算,與例案應支數目相符,應準開銷。至章京錫善等兑支京俸銀貳百捌拾壹兩壹錢壹分肆釐。等語。查該章京等兑支過京俸銀兩核與在京應支數目相符,應準開銷。又兑支京俸米折銀壹百玖拾玖兩伍錢。等語。核與在京應支米數相符,應準開銷。

一、供支管理倉庫事務官役、書識、斗級人等公費鹽菜工食等銀壹千捌百捌拾陸兩柒錢壹分肆釐,口糧白麫折小麥壹百叁石玖斗陸升貳合玖勺,粟米合粟穀玖拾貳石壹斗肆升陸合陸勺,口食羊三十隻。等語。查例載:伊犁管理糧務之部院章京,每員月支鹽菜銀柒兩貳錢,歲支公費銀壹百捌拾兩。管理糧務通判,每員月支鹽菜銀陸兩,歲支公費銀壹百捌拾兩。民書每名月支工食銀叁兩陸錢,斗級每名月支工食銀壹兩捌錢,各日支口糧白麫壹斤。等因。今前項供支管理糧餉事務官員、書識、斗級人等公費鹽菜工食等項銀兩,口糧白麫折小麥、粟米合粟穀、口食羊隻,戶部按冊核算,與例支數目相符,應準開銷。

一、供支軍臺官兵鹽菜銀玖百捌拾壹兩,口糧白麫折小麥壹百貳拾捌石叁斗叁升叁合叁勺叁抄,炒麫折大麥伍百貳石玖斗肆升壹合壹勺柒抄,粟米合粟穀壹百柒拾捌石捌斗叁升壹合捌勺,豌豆玖百叁拾捌石壹斗。又賞過軍臺兵丁鹽菜銀壹百陸拾貳兩玖錢。等語。查例載:西北兩路換班筆帖式月支鹽菜銀貳兩,跟役二名,鹽菜銀壹兩。滿兵月支本身鹽菜銀壹兩伍錢,二人合給跟役一名,鹽菜銀伍錢。緑營兵丁月支身鹽菜銀玖錢,馬兵四名,步五名,合給餘丁一名,鹽菜銀伍錢。官役兵餘各日支口糧米捌合叁勺或麫壹斤。又臺站馬牛春冬二季每匹日支料貳升。等語。今冊造道光貳拾捌年供支軍臺官兵鹽菜銀兩口糧麫折大小麥石粟穀豌豆等項,戶部按冊核算,與例支數目相符,應準開銷。至賞給軍臺兵丁鹽菜銀壹百陸拾貳兩玖錢,核與滿兵每名月支銀壹兩伍錢、緑營兵每名月支銀玖錢之數符合,亦應準其開銷。

一、供支派往塔爾巴哈臺等處換防并旋回,以及修補橋梁押送人犯等項官兵鹽菜共銀壹百伍拾肆兩玖分貳毫,口糧白麫折小麥壹拾叁石玖斗叁升肆合玖勺捌抄,炒麫折大麥壹拾肆石柒斗玖升壹合貳抄。又賞過吐爾扈特、哈薩克等白麫折小麥肆拾肆石陸斗貳升玖合陸勺,粳米折稻子伍拾肆石柒升伍合柒勺伍抄,粟米合粟穀肆拾肆石伍斗。又,護送堪布喇嘛之理藩院筆帖式臺綳阿鹽菜銀拾兩壹錢,白麫折小麥陸斗柒升伍合玖勺,炒麫折大麥柒斗貳升伍合肆勺。等語。查例載:西北兩路屯田駐劄辦差副都統,月支本身鹽菜銀拾貳兩,跟役十二名,鹽菜銀陸兩。佐領、防禦、雲騎尉均月支本身鹽菜銀肆兩,跟役各四名,鹽菜銀各貳兩。筆帖式、驍騎校、恩騎尉均月支本身鹽菜銀貳兩,跟役二名,鹽菜銀各壹兩。滿兵月支本身鹽菜銀壹兩伍錢,二人合給跟役一名,鹽菜銀伍錢。官兵跟役各支口糧米捌合叁勺或麪壹斤。每羊一隻,抵作一月口糧。各等語。今冊造道光貳拾捌年一歲供支派赴各處換防并旋回官兵修理橋樑、押送人犯等項官兵鹽菜口糧、護送堪布喇嘛委員鹽糧以及賞給吐爾扈特、哈薩克等口糧米麪各數目,戶部核與例案應支數目均屬相符,應準開銷。

一、供支派往塔爾巴哈臺等處換防病故兵丁卹賞銀壹百柒拾兩。又支給喇嘛諷經演跳步扎,并効力當差監禁發遣各項人犯口糧白麪折小麥壹千貳百肆拾玖石捌斗柒升叁勺伍抄,炒麪折大麥叁石貳斗叁升伍合玖勺玖抄,粟米合粟穀壹千貳百玖拾叁石貳斗貳升叁合。等語。查例載:責革効力充當苦差遣犯并枷號罪犯,每名日給口糧米捌合叁勺或麪壹斤。等因。又諷經喇嘛每年需用口糧數目,歷據該將軍造冊請銷,經戶部覆準在案。今冊造道光貳拾捌年供支諷經喇嘛并効力當差各項人犯口糧,麪折大小麥石并粟穀等項,戶部核與例支及歷年請銷數目相符,應準開銷。至支給派往塔爾巴哈臺等處換防病故兵丁卹賞銀壹百柒拾兩,兵部按冊查核相符。

一、供支吐爾扈特漢王、貝勒、貝子、公、臺吉等俸銀伍千陸百伍拾兩,綢緞綾壹百肆匹半。等語。查例載:吐爾扈特漢王,歲支俸銀貳千伍百兩,緞肆拾匹。親王歲支俸銀貳千兩,緞貳拾伍匹。郡王歲支俸銀壹千貳百兩,緞拾伍匹。貝勒歲支俸銀捌百兩,緞拾叁匹。貝子歲支俸銀伍百兩,緞拾匹。公歲支俸銀貳百兩,緞柒匹。臺吉歲支俸銀壹百兩,緞肆匹。各等語。今冊造道光貳拾捌年供支吐爾扈特漢王等俸銀,除扣預借銀兩外,實支銀伍千陸百伍拾兩,綢緞綾壹百拾肆匹半,戶部核與應支數目相符,應準開銷。

一、供支印房糧餉等處柴炭銀貳百壹拾伍兩叁錢捌分。等語。工部查冊開印房等處冬月烤炭銀貳百拾伍兩叁錢捌分,核與乾隆叁拾玖年議給銀數相符,應準開銷。

一、供支原品休致巴里坤領隊大臣副都統職銜阿精阿請領俸銀壹百伍拾伍兩,俸米柒拾肆石内,小麥叁拾柒石,大麥拾貳石叁斗叁升叁合叁勺,粟米貳拾肆石陸斗陸升陸合陸勺,合粟穀肆拾玖石叁斗叁升叁合貳勺。又,供支告休烏什幫辦大臣副都統職銜葉普鑑額請領半俸銀柒拾柒兩伍錢,俸米叁拾柒石内,小麥拾捌石伍斗,大麥陸石壹斗陸升陸升陸合陸勺,粟米壹拾貳石叁斗叁升叁合叁勺,合粟穀貳拾肆石陸斗陸升陸合陸勺。又,供支告休烏什幫辦大臣副都統職銜法福禮請領半俸銀柒拾柒兩伍錢,俸米叁拾柒石内,小麥拾捌石伍斗,大麥陸石壹斗陸升陸合陸勺,粟米拾貳石叁斗叁升叁合叁勺,合粟穀貳拾肆石陸斗陸升陸合陸勺。等語。查前項供支原品休致巴里坤領隊大臣副都統職阿精阿俸銀壹百伍拾伍兩,告休烏什幫辦大臣副都統職銜葉普鑑額俸銀柒拾柒兩伍錢,告休烏什辦事大臣副都統職銜法福禮俸銀柒拾柒兩伍錢。等語。查阿精阿等各兑支過全俸、半俸,核與應支數目相符,應準開銷。至供支原品休致巴里坤領隊大臣副都統職銜阿精阿俸米柒拾肆石内,小麥叁拾柒石,大麥壹拾貳石叁斗叁升叁合叁勺,粟米合粟穀肆拾玖石叁斗叁升叁合貳勺。告休烏什幫辦大臣副都統職銜葉普鑑額俸米叁拾柒石内,小麥壹拾捌石伍斗,大麥陸石壹斗陸升陸合陸勺,粟米合粟穀貳拾肆石陸斗陸升陸合陸勺,告休烏什幫辦大臣副都統職銜法福禮俸米叁拾柒石内,小麥壹拾捌石伍斗,大麥陸石壹斗陸升陸合陸勺,粟米合粟穀貳拾肆石陸斗陸升陸合陸勺,核與在京應支米數相符,應準開銷。

一、供支前任葉爾羌參贊大臣宗室奕山,并塔爾巴哈臺印房筆帖式珠禄布眷屬由伊犁赴任,以及年滿回京固爾扎倉糧員保齡等車價銀壹百捌拾玖兩壹錢玖分捌釐。等語。兵部查冊開:伊犁供支前任葉爾羌參贊大臣宗室奕山眷車四輛,塔爾巴哈臺印房章京珠禄布眷車一輛,年滿回京固爾扎倉糧員保齡眷車二輛,每車每百里照北路例給銀壹兩貳錢,口内給銀肆錢伍分。各計程途遠(原文如此——編者)不一,共需車價銀壹百捌拾玖兩壹錢玖分捌釐,核與例給車數價值相符。所有用過車價銀兩,戶部亦應準其開銷。

一、賞給運送烏魯木齊馬牛等差兵丁鹽菜銀陸拾壹兩貳錢伍分。等語。查前項賞給運送馬牛等項差使兵丁鹽菜銀陸拾壹兩貳錢伍分,戶部核與例賞銀數相符,應準開銷。

一、供支十日以上差使官兵口糧白麪折小麥叁百叁拾貳石叁斗玖升捌合壹勺肆抄,炒麪折大麥叁百伍拾壹石玖斗柒升玖抄。又供支惠遠等營坐卡官員口糧白麪折小麥貳百拾伍石捌斗肆升貳合伍勺玖抄,炒麪折大麥貳百貳拾捌石伍斗肆升玖合壹抄。等語。查例載:伊犁官兵凡遇差遣過十日以上者,俱給與口糧。等因。今前項供支十日以上差使官兵并惠遠等營坐卡官員口糧白麪折小麥、炒麪折大麥,戶部按冊核算,與例支數目相符,應準開銷。

一、供支寶伊局鼓鑄錢文需用鉛四千二百七十二斤,紅銅九千八百二十斤三兩一錢七分一釐,黑鉛四千六十八斤四兩二錢五釐九毫,點錫一百四十斤二兩九錢三釐八毫,損壞器具五十一件。又採買器具等項用銀叁拾兩伍錢捌分壹釐伍毫。等語。查前項鼓鑄錢文配用銅鉛等項,應令該將軍造入鼓鑄奏銷冊內,送部查核。

一、供支寶伊局當差遣犯口糧白麪折小麥壹百拾肆石玖斗貳升伍合玖勺貳抄,粟米合粟穀玖拾捌石貳斗伍合陸勺,馬料大麥伍拾叁石壹斗。等語。查寶伊局當差人犯支給口糧并馬料等項,戶部按冊核算數目相符,應毋庸議。

一、供支惠遠巴燕岱等城滿營操演兵丁并火藥局配造火藥以及屯工驚打蟲獸等項,共用硝磺、火藥、繩鉛等項三萬四千九百八十七斤十五兩二錢六分八釐,鉛丸等項三百二十三件。又,運送塔爾巴哈臺火藥一千五百斤、鉛一百五十斤。等語。兵部查係操演及驚打野牲應用之項,應準其開銷。

一、供支印房糧餉等處需用過奏摺、奏袋等項一萬四千五百三十五件、單,交紙一千六合,紅油等紙八百一十張,硃墨等項四十八斤八兩十二錠。等語。查前項用過奏摺、奏袋各物,戶部核與節年需用數目相符,應準開銷。

一、供支惠遠等營節婦建坊共銀壹千柒百柒拾兩。隨移查禮部覆稱,節婦姓氏銀數核與檔案均屬相符。等語。查前項供支節婦建坊銀兩,既據禮部查覆相符,應準開銷。

一、供支伊犁領大臣(原文如此——編者)補授喀什噶爾領隊大臣副都統職銜錫拉布廉俸米折隨甲等銀柒百柒拾叁兩。又賞給副都統職銜補放英吉沙爾領隊大臣吉魯木圖廉俸米折隨甲鹽菜等銀伍百玖拾伍兩,白麪折小麥叁石陸斗壹升壹合壹勺。等語。查伊犁領隊大臣調補喀什噶爾領隊大臣錫拉布并補放英吉沙爾領隊大臣吉魯木圖二員,道光貳拾捌年分應支各項銀兩內,吉魯木圖自伊犁起程支領一個月路行鹽菜銀拾捌兩,官役口糧叁百玖拾斤,合小麥叁石陸斗壹升壹合壹勺。戶部核與副都統官役十三員名月支鹽菜銀拾捌兩、日支口糧拾叁斤之例相符,應準開銷。至大臣錫拉布、吉魯木圖二員兑支京俸銀叁百拾兩,隨甲銀貳百伍拾貳兩。等語。查錫拉布等二員兑支過京俸銀兩,核與在京應支數目相符,應準開銷。至隨甲餉銀,應準其開銷銀壹百貳拾陸兩,其多支銀壹百貳拾陸兩,應令照數著追,酌款抵用,仍專案報部。又兑支四六養廉銀陸百肆拾兩。查喀什噶爾領隊大臣錫拉布應支道光貳拾捌年春秋二季副都統銜養廉銀肆百兩,英吉沙爾領隊大臣吉魯木圖應支道光貳拾捌年秋季副都統銜養廉銀貳百肆拾兩,核與各該員應支銀數相符,應準開銷。又俸米折價銀壹百肆拾捌兩,核與在京應支米數相符,應準開銷。

一、撥供經制官兵案内銀伍拾壹萬叁千玖百柒拾叁兩壹錢伍分叁釐柒毫陸絲捌忽,制錢壹千肆百捌拾肆千叁百陸拾文。又撥供世職孀婦案内銀貳萬貳千柒百捌拾肆兩伍錢壹分捌釐陸毫陸絲肆忽,制錢叁拾玖千陸百玖拾陸文。又撥供屯田官兵案内銀玖百玖拾兩。又撥供緑營官兵案内銀壹拾叁萬伍千貳百伍拾肆兩叁錢壹分柒釐。又另款備儲項下提出撥入軍需案内解運阿克蘇糧臺銀拾萬兩。又撥入軍需正案内銀柒萬貳千貳百玖拾兩。又撥入軍需尾案内銀貳萬陸千叁百兩。等語。查前項撥供經制等案内銀兩錢文,戶部核對各案,内新收銀錢數目均屬相符,應準開除。至另款備儲項下提出撥入庫需案内解運阿克蘇糧臺銀拾萬兩,又撥軍需正尾各案等銀玖萬捌千伍百玖拾兩,核與伊犁軍需報銷冊造銀數相符,應準開銷。

一、緑營官兵案内供支伊犁鎮標中左右霍爾果斯巴燕岱塔爾奇等營官兵養廉、俸餉、糧料、草折并兵丁紅白事件卹賞等項共銀壹拾叁萬叁千貳百玖兩貳錢叁分伍毫,俸米折粟穀貳百伍拾陸石貳斗伍升,馬料青稞肆千伍百柒拾捌石陸斗肆合壹勺,草四十萬六千六百四十四束四分。隨將鎮標各營官兵馬匹以及紅白事件兵丁姓名數目移查兵部,覆稱核與經制并伊犁將軍造送冊載各數目均屬相符。等語。查伊犁各營内總兵一員,歲支俸銀陸拾柒兩伍錢柒分貳釐,蔬薪等銀肆百肆拾兩,養廉銀貳千壹百兩,例馬一十六匹。參將一員,歲支俸銀叁拾玖兩叁錢叁分陸釐,蔬薪等銀貳百肆兩,養廉銀捌百兩,例馬八匹。遊擊二員,每員歲支俸銀叁拾玖兩叁錢叁分陸釐,蔬薪等銀壹百玖拾貳兩,養廉銀陸百兩,例馬六匹。都司二員,每員歲支俸銀貳拾柒兩叁錢玖分陸釐,蔬薪等銀壹百壹拾肆兩,養廉銀叁百捌拾兩,例馬四匹。守備五員,每員歲支俸銀壹拾捌兩柒錢捌釐,蔬薪等銀柒拾貳兩,養廉銀叁百貳拾兩,例馬四匹。千總十員,每員歲支俸銀壹拾肆兩玖錢陸分肆釐,蔬薪等銀叁拾叁兩陸分陸釐,養廉銀壹百捌拾兩,例馬二匹。把總一十九員,每員歲支俸銀壹拾貳兩肆錢陸分捌釐,蔬薪等銀貳拾叁兩伍錢叁分貳釐,養廉銀壹百貳拾兩,例馬二匹。經制外委二十九員,每員歲支養兩銀貳拾捌兩,餉銀壹拾陸兩,折色糧捌石。額外外委二十九員,每員歲支餉銀壹拾陸兩,折色糧捌石。馬兵一千五百名,每歲支餉銀壹拾陸兩,折色糧陸石。步兵一千五百名,每名歲支餉銀壹拾貳兩,折色糧陸石。又官兵馬匹,春冬二季每匹月支料升(原文如此——編者)草六十束,夏秋二季每匹月支乾銀伍錢。兵丁糧石每石折銀貳兩貳錢,馬匹料草半本半折。每料壹石,折銀壹兩貳錢,每草一束,折銀壹分伍釐。又兵丁紅事賞銀肆兩,白事賞銀陸兩。各等因。歷經辦理在案。今伊犁鎮標各營官兵馬匹以及紅白事件兵丁各姓名數目,既據兵部查覆相符,所有前項支過養廉、俸餉、糧料、草折、卹賞等項銀兩、俸米穀石、馬匹料草,戶部按冊核算,與應支數目亦屬符合,應準開銷。

一、供支惠遠、巴燕岱、錫伯、索倫、察哈爾、額魯特等滿營世職官員并閑散孀婦俸餉、糧料、折色等項共銀貳萬貳千叁百肆拾叁兩伍錢柒分捌釐叁毫,制錢叁拾玖千陸百玖拾陸文,口糧白麪折小麥壹千陸百肆拾壹石捌斗肆升貳合伍勺玖抄,炒麪折大麥貳百貳拾叁石壹斗玖升陸合柒抄,粟米合粟穀壹千壹百玖石柒斗肆升伍合柒勺捌抄,本色大麥叁百拾玖石叁斗伍升柒合捌勺捌抄,口食羊三百二十一隻。隨將各營世職官員并閑散孀婦移查兵部覆稱,各營世職官員并閑散孀婦姓名數目,核與伊犁將軍造送冊載數目相符。等語。查前項支過銀錢、糧石、羊隻既經兵部查覆相符,所有支過銀糧等項戶部按冊核算,與應支數目相符,應準開銷。

一、公費項下,支給鎮標各營開操等項、祭祀買辦祭品并營中書識工食等銀壹百玖拾捌兩捌錢肆分。又運送俸餉脚價銀陸百叁拾陸兩肆錢柒分壹釐。又造冊紙張等項價銀叁拾柒兩伍錢肆分陸釐。等語。查前項支給買辦祭品并書識工食以及運送俸餉脚價等項共銀捌百叁拾伍兩叁錢壹分壹釐,戶部按冊核算,與應支數目相符,應準開銷。至支給造冊紙張等項銀叁拾柒兩伍錢肆分陸釐,工部查冊開支給鎮標各營造冊紙張等項用過銀叁拾柒兩伍錢肆分陸釐,核與該處例價相符,應準開銷。

一、緑營官兵俸餉銀內,提歸本年朋合銀壹千玖百叁拾貳兩伍分。又朋合項下提還撥補過五倒馬價銀壹千伍拾兩,皮臟銀柒拾兩。又應解交兵部飯食銀叁拾捌兩陸錢肆分壹釐。等語。兵部查與該將軍造送冊內數目相符,準其撥用。其應解兵部飯食銀,應令該將軍遇有便員即行解部。

一、綢緞案內撥供駐劄案內綢緞綾壹百壹拾肆匹半。撥供軍需案內綢緞壹百匹。等語。查前項撥供緞匹,戶部核對駐劄案內新收數目相符,應準開除。至撥供軍需案內綢緞壹百匹,核與伊犁軍需報銷冊造綢緞數目相符,應準開銷。

一、各營官兵請買綢緞綾絹紗叁百玖拾叁匹半,共扣收原本脚價銀壹千柒百貳拾壹兩捌錢捌分伍釐壹毫壹絲,布玖萬柒千玖百伍拾匹,共扣收原本脚價銀叁萬玖千壹百捌拾兩。棉花柒千柒百玖拾陸斤半,共扣收原本脚價銀捌百玖拾陸兩伍錢玖分柒釐伍毫。又購换哈薩克皮張等物用過布壹萬玖千貳拾貳匹,共扣收原本脚價銀柒千陸百捌兩捌錢。又請買黑茶十萬八千一百七十九斤,共扣收原本脚價銀壹萬柒千陸百伍拾肆兩捌錢壹分貳釐捌毫,均收入駐劄案内。等語。查各營官兵請買綢緞綾絹紗布棉花黑茶等項,扣收原本脚價銀兩,户部按冊核算,與應扣及駐劄案内新收各銀數均屬相符。所有前項綢緞綾絹紗布棉花黑茶均應準其開銷。

一、賞給呈遞馬匹之吐爾扈特親王鞥克濟爾噶勒等綢緞壹百伍拾柒匹半,布玖百陸拾貳匹,棉花壹百叁拾伍斤。又賞給拿賊奮勉之哈薩克阿哈拉克齊額特克等綢緞伍拾柒匹,布叁百叁拾玖匹。又賞給交糧奮勉回子伯克等緞貳拾匹,布貳百肆拾叁匹。又賞給吐爾扈特貝勒拉特那什底等黑茶二十斤。等語。查前項賞給呈遞馬匹親王并回子伯克人等綢緞、花布、茶葉等項,户部按冊查核均係奏明賞給之項,應準開銷。

一、撥給屯工并銅鉛廠等處縫做口袋、擁脖等項,用布陸百柒匹。又,燃燈需用棉花柒拾壹斤拾伍兩壹錢陸分。等語。查屯工等處燃燈需用棉花柒拾貳斤拾伍兩壹錢陸分,户部核與節年準銷數目相符,應準開銷。至縫做口袋等項用布陸百柒匹,工部按冊核算,均與該處歷年用過數目相符,應準開銷。

一、購買哈薩克羊隻用過布壹千拾伍匹。等語。查前項購買哈薩克羊隻用過布匹,户部核與該處彙題案内準銷數目相符,應準開銷。

一、牲畜案内。撥給察哈爾營領隊大臣伊昌阿請領騎馱馬十八匹,額魯特營領隊大臣錫拉那騎馱馬十八匹,英吉沙爾領隊大臣吉魯木圖騎馱馬十八匹,伊犁參贊大臣奕山請領騎馱馬二十三匹,糧餉處主事職銜薩斌泰騎馱馬九匹。等語。查該處經牧廠内撥給大臣章京等官當差騎馱馬匹,户部核與咨報各案請給數目相符,應準開銷。

一、撥給屯田補缺馬一百二十匹,牛一百八十隻。又撥給銅廠補缺馬三匹,牛二十一隻。又撥給鉛廠補缺馬三匹,牛四隻。等語。查前項動撥馬牛,户部核對屯田并銅鉛廠各冊内新收馬牛數目,均屬相符,應準開銷。

一、撥給種地回子補缺馬四百十匹,牛四百九十隻。等語。查撥給種地回子補缺馬、牛九百匹、隻,歷經辦理在案。今冊造道光貳拾捌年分撥過馬、牛九百匹、隻,核與節年撥給數目相符,應準開銷。

一、撥給緑營官兵補缺馬一百四十匹。又撥給南北軍臺補缺馬九十四匹,牛二十五隻。等語。兵部查冊開,伊犁南北兩路軍臺額設馬三百十七匹,牛百七十二隻。今道光貳拾捌年分陸續倒斃馬九十四匹,牛二十五隻,按臺站馬匹十分準倒三分,牛十分準倒一分五釐之例,核算與應倒馬牛數目,有減無浮,應準其撥補。又撥給綠營兵丁補缺騎操馬一百四十匹,核與該將軍咨報撥給數目相符。

一、撥給烏魯木齊轉運內地各營補缺馬七百匹。又撥給烏魯木齊軍臺補缺馬四百五十匹,牛二百三十三隻。阿克蘇軍臺補缺馬一百十二匹,牛六十六隻。葉爾羌軍臺補缺馬一百二十匹,牛十隻。烏什軍臺補缺馬三十匹,牛五隻。等語。查前項撥給各處馬牛,應令陝甘總督、烏魯木濟都統、阿克蘇、葉爾羌、烏什各大臣,將收到馬牛數目,在於各該處牲畜奏銷冊內入收造報查核。

一、撥給寶伊局拉煤車馬一匹。等語。戶部查與該將軍咨報倒斃馬匹數目相符,應毋庸議。

一、由孳生馬牛內撥入備差廠內馬八十五匹,牛八百三十五隻。又撥入另廠牧放馬二十一匹,牛二百五十五隻。等語。查前項撥入備差并另廠牧放馬牛數目,戶部核與本案造報牲畜冊內開收數目相符,應毋庸議。

一、牧廠內倒斃駝六十一隻,馬四百四匹,牛三百二十八隻。又租馬并伯勒克馬內倒斃馬三十五匹。又察哈爾等營被灾倒斃駝一千八百九十五隻,馬二千九百三十七匹,牛四千九百九十二隻。等語。查例載:在廠牧放駝隻、馬匹每年每百匹準倒六匹、隻。等語。今冊造道光貳拾捌年分倒斃各數目,戶部核與例倒數目相符,應準開銷。至被灾倒斃馬、牛、駝隻,核與奏明原案相符,亦應準其開銷。

一、屯田倒斃馬一百二十匹,牛一百八十隻。銅廠倒斃馬三匹,牛二十一隻。鉛廠倒斃馬三匹,牛四隻。等語。查例載:屯田馬匹每年十分準倒三分,牛隻十分準倒一分五釐。等因。又銅鉛廠馬牛歷年均照屯田之例準倒在案。今前項屯田并銅鉛廠倒斃馬牛,戶部按冊核算,與例案準倒之數相符,應準開銷。

一、春秋二季致祭山河、廟宇、祠堂需用牛二十二隻。等語。查前項致祭山河、廟宇、祠堂需用牛隻,戶部核與歷年準銷數目相符,應準開銷。

一、伊犁牧廠內撥給鉛廠請買牛十隻。又河工處請買牛三十隻,每隻價銀貳兩伍錢,共銀壹百兩,收入駐劄本案新收項下造報。等語。查鉛廠等處請買牛隻價值銀兩,戶部核與駐劄冊造新收銀數相符,所有前項原動牛隻應準開銷。

一、實存項下:經制官兵案内。銀貳拾萬伍千貳百玖拾陸兩貳錢捌分捌釐玖毫叁絲陸忽,口食羊四萬四千九百五十七隻,屯田官兵案内銀壹百肆兩貳錢分柒釐,各色糧叁拾貳萬貳千玖百玖拾柒石壹斗肆升捌合玖勺貳抄,清油三十六斤一兩九錢三分,農具口袋等項二萬七千七百八十八件七分六釐六絲,天平砝碼二全副,戥秤等項九件,絹布貳拾肆匹伍尺貳寸捌分,另款備儲各色糧壹拾貳萬陸千貳百陸拾叁石叁斗捌升肆合玖勺叁抄。駐劄官兵案内。銀壹拾柒萬伍千肆百伍拾兩壹錢玖釐捌毫伍絲伍忽,制錢壹千叁百貳拾玖千柒拾柒文,紅銅八千一百二十六斤二兩八錢五分一釐四絲,黑鉛一萬三千九百九斤十三兩七錢一分三釐五毫八絲,點錫一百五十一斤十三兩九錢一分二釐四毫壹絲,器具三十件,軍械鉛丸等項四百七萬六千十一件,硝磺、火藥、繩鉛等項十九萬四千七百五十七斤十兩三錢二分一釐七毫,算盤十三副,磚硯二十六塊,另款封儲銀肆拾萬兩。緑營官兵案内。本年存剩俸餉等銀肆千肆百拾貳兩壹錢柒分捌釐壹毫。世職孀婦案内。銀壹萬玖千捌百陸拾玖兩柒錢貳釐壹毫貳絲壹忽。綢緞案内。綢緞綾絹紗陸千陸拾壹匹半,布拾玖萬柒千伍百陸拾叁匹肆尺,棉花壹萬貳千柒百貳拾玖斤拾肆兩柒錢貳分捌釐銀錢壹圓,黑茶一十三萬二百四十三斤六兩四錢一分。牲畜案内。駝八千一百七十隻,馬三萬八千四百六十六匹,牛二萬五千五百二十一隻,羊一十四萬七千一百九十五隻。等語。查前項實存銀錢、糧石、農具、口袋、銅鉛、綢緞、布棉、茶葉、牲畜等項,戶部就各本案核算與應存數目均屬相符,應令伊犁將軍即飭造入下年奏銷案内舊管項下,報部查核。至實存軍械、鉛丸、硝磺、火藥、繩鉛等項,兵部查與應存數目相符,應令該將軍造入下年奏銷舊管項下報部查核。

一、伊犁滿緑各營官員支過俸廉公費等項銀兩,共減平銀肆千柒百柒拾伍兩柒分壹釐捌毫。又大臣共扣過減平隨甲銀壹百捌拾陸兩。等語。查前項扣過各營官員俸廉公費等項銀内,減平銀肆千柒百柒拾伍兩柒分壹釐捌毫,應令陝甘總督即將前項扣減平銀轉飭在於撥解該處經費項下,如數扣抵,分晰造入甘省季報減平冊内報部查核,毋得遺漏。仍將造入何年何季冊報之處,專案查明聲覆,以憑稽核。至扣過大臣減半隨甲銀壹百捌拾陸兩。等語。查前項扣過伊犁大臣三員減半隨甲銀兩,核與應減數目相符,應毋庸議。

此本係戶部主稿,由部彙題事件。當經行查禮部、兵部,會議兵部、工部去後。今於咸豐叁年陸月貳拾捌日準兵部等部查覆議結前來。茲於拾月拾貳日辦理具題,合并聲明。

臣等未敢擅便,謹題請旨。

批紅:依議。

爲報銷巴里坤牧馬兵丁加增鹽菜銀兩事

咸豐三年十月十四日

太子太保·大學士管理戶部事務臣祁寯藻等謹題,爲報銷事。

戶科抄出,署陝甘總督易棠題銷巴里坤東西兩廠并濟木薩三廠,咸豐元年連閏一歲支過牧馬兵丁加增鹽菜銀兩一案。咸豐叁年正月貳拾伍日題,肆月貳拾伍日奉旨:該部察覈具奏。欽此。欽遵。抄出到部。隨將牧馬兵丁姓名數目移查兵部去後。今於陸月拾捌日準兵部查覆前來。

該臣等查得,署陝甘總督易棠疏稱:前準部咨,巴里坤鎮屬各廠牧馬兵丁加增鹽菜銀兩,準其在於司庫朋合銀内動支開銷。等因。歷經遵辦在案。茲據甘肅布政使詳稱:巴里坤鎮屬東西兩廠并三廠牧馬兵丁三百六十六名,每名日支加增鹽菜銀貳分,自咸豐元年正月起連閏至年底止計十三個月,除小建六日不支外,一歲共支鹽菜銀貳千捌百壹拾兩捌錢捌分,報明在於司庫朋合款内支給,并無浮冒,應請準銷。等情。除造冊分送部科外,相應具題。等因前來。

查定例:安西、沙州、靖逆等營派赴木壘牧馬兵丁,除每日支給鞋腳銀壹分之外,增給鹽菜銀貳分,於朋合款内動支,年底造冊報銷。等因。今據署陝甘總督易棠疏稱:巴里坤等廠牧馬兵丁三百六十六名,每名日支加增鹽菜銀貳分,咸豐元年連閏一歲共支銀貳千捌百壹拾兩捌錢捌分,在於司庫朋合款内支給。并準兵部查覆,與陝甘總督造送各廠牧馬兵丁數目俱屬相符。所有前項支過銀兩,臣部覈與例給銀數亦屬符合,應準在於司庫朋合款内動支開銷。

此案於咸豐叁年肆月貳拾伍日科抄到部,當經行查兵部去後。今於陸月拾捌日準兵部查覆前來。茲於拾月拾肆日辦理具題,合并聲明。

臣等未敢擅便,謹題請旨。

批紅:依議。

爲四川題銷咸豐元年支過駐防滿營及緑營俸餉銀米等事

咸豐三年十月十六日

太子太保·大學士管理戶部事務臣祁寯藻等謹題,爲恭報等事。

戶科抄出,前任四川總督徐澤醇題,四川省咸豐元年分支過駐防滿營及緑營官兵俸餉馬匹草乾銀米等項一案。咸豐貳年陸月貳拾玖日題,玖月貳拾玖日奉旨:該部察核具奏,冊并發。欽此。欽遵。於本日抄出到部。當經臣部將冊開官兵員名數目及馬匹額數是否相符,行查吏兵二部去後。今於咸豐叁年叁月貳拾等日準吏部兵部陸續查覆過部。

該臣等查得,前任四川總督徐澤醇,將四川省咸豐元年分支過駐防滿營及緑官兵俸餉、馬匹、草乾、銀米等項,造冊具題前來。查冊開:新收部撥地丁、茶課、鹽課、武監生及夔關、打箭爐關税銀,松潘、平番、建昌等鎮營徵收糧折等項,并寶川局制錢易銀共壹百壹拾叁萬肆千捌百貳拾玖兩捌分玖釐,舊管新收本色米壹萬叁千肆百陸拾柒石陸斗伍升叁合伍抄,臣部核與題撥原案及應支銀米數目均屬相符,應毋庸議。

一、支給駐防成都滿營官兵俸餉銀柒萬叁千捌百叁拾柒兩柒錢伍分,白米伍百陸拾叁石玖斗壹升陸合叁勺。每石折銀玖錢,共支米折銀伍百柒兩伍錢貳分伍釐。中米陸萬壹千叁百肆拾柒石伍斗叁升叁合,每石折銀捌錢伍分,共支米折銀伍萬貳千壹百肆拾伍兩肆錢叁釐。豆肆萬貳千叁百肆拾捌石玖斗捌升,每石折銀壹兩,共支豆折銀肆萬貳千叁百肆拾捌兩玖錢捌分。草二百五十一萬五千七百八十二束半,每束折銀壹分,共支草折銀貳萬伍千壹百伍拾柒兩捌錢貳分伍釐。等語。查前項駐防滿洲官兵員名數目及馬匹額數,臣部將原冊移咨兵部查覆相符。所有該官兵等共支過俸餉、米豆、草折銀壹拾玖萬叁千玖百玖拾柒兩肆錢捌分叁釐,按冊核算,與應支銀數亦屬符合,應準開銷。

一、支給總督衙門筆帖式及緑營官兵俸餉銀伍拾伍萬叁百捌拾玖兩捌錢叁分貳釐,本色米壹萬叁千肆百陸拾柒石陸斗伍升叁合伍抄,折色米壹拾壹萬壹千叁拾陸石貳斗柒升陸合玖勺伍抄,每石折銀玖錢貳分至伍兩不等。半麪壹千壹石壹斗玖升,每斗折銀壹錢。米麪共折銀壹拾伍萬陸千肆百伍拾兩柒錢肆分叁釐。馬乾銀伍萬壹千叁拾貳兩伍錢伍分壹釐。又另冊開造各標鎮協營武職署事員弁支過俸薪馬乾等銀肆千柒百貳拾玖兩捌錢伍分壹釐。等語。查定例:守備以上暫行離任之缺,由試用官署理者,照銜給半俸,照缺給半薪,均於截曠項下支銷。由現任官兼署或遞署者,俸薪均歸本任造支。又守備以上陞遷事故之缺,由試用官署理者,俸薪照署缺全支。其即補斯缺,先經委署人員,亦照此例辦理。由現任官兼署或遞署者俸薪各歸本任造支。凡署任内紙紅、蔬炭等銀,無論有無原官均歸署任支銷。至千總以下暫行離任之缺,委原無得項之候補千把總等官署理,概照守備以上各員之例,於截曠項下照銜給半俸,照缺給半薪。其原無得項之候補千把總等官,委署陞遷事故之缺,俸薪照署缺全支。如各項員弁内原有世職俸銀并原有全俸可支者,署暫行離任之缺,準其支食半薪。署陞遷事故之缺,準其支食全薪。其俸銀概不準重支。特旨分發人員,原有一半俸薪可支者,署暫行離任之缺,仍支原食一半俸薪。署陞遷事故之缺,將原食一半俸薪暫行扣除,照署缺支食全俸全薪并給坐馬二匹乾銀,現任兼署者不給。等語。又乾隆伍拾玖年貳月貳拾陸日奉上諭:嗣後文武各員内職分較小無級可降者,遇有承緝降調處分,經該督撫等察其居官尚屬可用者,把總即以經制外委補用,不準食餉。欽此。欽遵在案。今該督造報咸豐元年總督衙門筆帖式及緑營官兵員名數目暨馬匹額數,臣部將原冊移咨吏兵二部查覆相符。所有該官兵等支過俸餉、米麪、馬乾折價等銀共柒拾伍萬柒千捌百柒拾叁兩壹錢貳分陸釐,本色米壹萬叁千肆百陸拾柒石陸斗伍升叁合伍抄,按冊核算,與應支銀米數目亦屬符合,應準開銷。又署事人員冊造支過俸薪等銀肆千柒百貳拾玖兩捌錢伍分壹釐内,順慶營署千總事恩騎尉陳風,係署千總王登元等遞署阜和協副將武慶、署督標副將劉長青引見遺缺,自閏捌月初壹日起至年底,查俸餉冊内劉長青并未引見,陳風等究係遞署何人何項遺缺。又松潘鎮署遊擊事候補都司常啟,係署遊擊懷塔布署順慶營遊擊金占鰲病故遺缺,自叁月初拾日起至柒月初玖日止,支過俸薪銀貳拾肆兩壹錢伍分伍釐。又漳臘營署把總事恩騎尉劉福,係署把總楊祿署本營千總王倖强駐藏遺缺,自貳月初壹日起至閏捌月貳拾陸日止,支過半薪銀柒兩陸錢捌分。又建昌鎮署千總事雲騎尉楊芑,係署千總趙仁署左營守備詹超陞補寧越營都司遺缺,自正月初壹日起至捌月初壹日止,支過馬乾銀壹拾貳兩肆錢伍分伍釐。均與應支銀數不符。又候補都司常啟、額勒和、泰懷、唐武均係何項人員候補,何以一經署任,即於署任内支銷全、半俸銀,其原有俸銀曾否扣除未據聲明。均應令該督逐款查明聲覆,到日再行核辦。

一、綠營官兵朋扣銀貳萬叁拾捌兩肆錢叁分。等語。查前項朋扣銀貳萬叁拾捌兩肆錢叁分,臣部核與兵部知照準銷銀數相符,應準開銷

一、支給各標鎮協營公費銀叁萬肆千伍百兩壹錢捌分。等語。查川省各標鎮協營每年額支公費銀叁萬肆千捌百叁兩捌分,今冊造支過銀叁萬肆千伍百兩壹錢捌分内,除新設平安營撥支公費尚未造銷,是以與原額較少銀叁百貳兩玖錢,應令該督將實支銀數造入該年公費奏銷冊内,報部查核。

一、支給駐防成都病故官兵孀婦週年半俸、半餉、米折等銀壹千壹百柒拾兩柒分伍釐。等語。查定例:駐防官兵身故,其妻矢志守節者,照在京八旗例,無論年歲有無子嗣,該管官具保,支給週年半俸半餉。等語。今冊造咸豐元年成都駐防另戶病故官兵員名數目,臣部移咨兵部查覆相符。所有該孀婦等支過週年半俸、半餉、米折等銀壹千壹百柒拾兩柒分伍釐,按冊核算與應支銀數亦屬符合,并據該督取具該管官保結送部,應準開銷。

一、支給駐防成都出師陣亡兵丁孀婦半餉米折銀肆百伍拾陸兩貳錢陸分貳釐零。等語。查前項駐防成都出師陣亡兵丁名數,臣部移咨兵部查覆相符。所有該孀婦等支過半餉米折銀肆百伍拾陸兩貳錢陸分貳釐零,按冊核算與應支銀數亦屬符合,并據該督取具該管官保結送部,應準開銷。

一、支給駐防成都出師打仗受傷告退兵丁養贍銀肆百柒拾肆兩壹錢叁分叁釐。等語。查前項駐防成都出師殘廢告退兵丁名數,臣部移咨兵部查覆相符。所有該兵丁等支過養贍銀肆百柒拾肆兩壹錢叁分叁釐,按冊核算與應支銀數亦屬符合,并據該督取具該管官保結送部,應準開銷。

一、支給駐防成都出師病故兵丁孀婦餉米銀肆拾陸兩伍分伍釐。等語。查先據成都將軍咨報兵部新增條例内開:出師陣亡病故兵丁,如子弟眷口無倚,及子弟幼小不能食糧者,每月給與半餉銀伍錢、米叁斗。不扣小建朋銀,遇閏加增。其子弟幼小者,俟十六歲以上,堪以頂補食糧,即行截支。其無子弟者,俟該故兵現存之祖父母、父母眷屬亡故之日截止。所有成都駐防八旗前在軍營病故人等,現在并無子弟,雖有子弟殘病并無别項養贍錢糧之孀婦,支過半餉米折銀兩,經臣部核準在案。今該督造報從前出師軍營病故兵丁名數,臣部移咨兵部查覆相符。所有該孀婦等支過餉米銀肆拾陸兩伍分伍釐,按冊核算與應支銀數亦屬符合,并據該督取具該管官保結送部,應準開銷。

一、支給病故恩騎尉托謨爾歡之母并雲騎尉祥慶之母,共支過半俸米折

銀肆拾兩柒錢叁分柒釐零。等語。查先據成都將軍咨報,病故恩騎尉托謨爾歡所遺世職無人承襲。又病故雲騎尉祥慶所遺世職亦無人承襲。均經臣部查照兵部查覆,準其支食伊母半俸,養贍終身,行文該將軍查照辦理。各在案。今冊造病故恩騎尉托謨爾歡之母等共支過半俸米折共銀肆拾兩柒錢叁分柒釐零,臣部核與準支各原案及應支銀數均屬相符,應準開銷。

一、支給承襲騎都尉現任參將應國鋭世職餘俸銀柒拾兩陸錢陸分,現任遊擊李崇勳世職餘俸銀柒拾兩陸錢陸分。又現任陝西平凉營遊擊張文行世職全俸銀壹百壹拾兩,據稱該遊擊俸銀由陝西藩司扣回歸款并未承領原籍俸銀,應請全支。又一等輕車都尉岳維勳世職全俸銀貳百壹拾兩。又騎都尉又一雲騎尉何德洋、曹鈞世職全俸銀貳百柒拾兩,騎都尉王松林、闞國鋭、謝釗世職全俸銀叁百叁拾兩,一等輕車都尉羅本鎮世職半俸銀壹百伍兩。等語。查前項承襲騎都尉現任參將應國鋭,現任遊擊李崇勳,一等輕車都尉岳維勳,騎都尉又一雲騎尉何德洋、曹鈞,騎都尉王松林、闞國鋭、謝釗,一等輕車都尉羅本鎮既據兵部查覆起支日期相符,所有該世職等共支過餘俸、全俸、半俸共銀壹千伍拾陸兩叁錢貳分,核與應支銀數亦屬符合,應準開銷。又騎都尉現任陝西平凉營遊擊張文行世職全俸銀壹百壹拾兩,查陝西省兵馬奏銷冊造,該遊擊應支俸銀按月坐扣,并未支領,其原籍世職俸銀,亦應準其開銷。

一、支給承襲雲騎尉現任守備岳松林、楊世吉、江錦麟三員世職餘俸銀壹百玖拾捌兩捌錢捌分貳釐,又年已及歲發標學習雲騎尉高瑞雲等一百四十四員世職全俸銀壹萬壹千捌百玖拾貳兩陸錢柒分捌釐,又恩騎尉現任都司王凱、現任千總向承憲二員世職餘俸銀肆拾柒兩陸錢肆分壹釐,文生員兼襲恩騎尉李勝寬世職全俸銀肆拾伍兩,又恩騎尉趙俊等八十二員世職全俸銀叁千肆百捌拾玖兩伍錢。等語。查定例:直省發標學習世職人員内,有咨部勒休及緣事革職者,俱以該督撫出咨之日,住支俸銀。等語。今冊造承襲雲騎尉現任守備岳松林、楊世吉、江錦麟,恩騎尉現任都司王凱,現任千總向承憲,文生員兼襲恩騎尉李勝寬,雲騎尉高瑞雲等,恩騎尉趙俊等二百三十一員,共支過世職餘俸、全俸銀壹萬伍千陸百柒拾叁兩柒錢壹釐内,除福建臺灣中營遊擊安定邦俸銀,據稱福建按季扣歸并未承領,所有原籍世職俸銀捌拾伍兩,應請全銷。查福建省咸豐元年臺灣兵馬奏銷未據造報,應俟題報到日,再行核辦。其餘二百三十員,既據兵部查覆起支全俸日期相符。所有該世職等支過餘俸、全俸共銀壹萬伍千伍百捌拾捌兩柒錢壹釐,按冊核算與應支銀數亦屬符合,應準開銷。

一、支給年未及歲雲騎尉靳炳等二十八員世職半俸銀壹千柒拾壹兩肆錢柒分,恩騎尉羅洪德等二十六員世職半俸銀伍百捌拾叁兩陸錢捌分捌釐。等語。查前項年未及歲雲騎尉靳炳等三十八員、恩騎尉羅洪德等二十六員,既據兵部查覆起支日期相符,所有該世職等共支過半俸銀壹千陸百伍拾伍兩壹錢伍分捌釐,按冊核算與應支銀數亦屬符合,應準開銷。

一、支給出師廓爾喀等處病故官員之子承廕八品官馬懷榮等三員世職全俸銀壹百貳拾兩。等語。查前項承廕八品官馬懷榮等三員,既據兵部查覆起支日期相符,所有該廕弁等支過世職全俸銀壹百貳拾兩,與應支銀數亦屬符合,應準開銷。

一、支給承廕把總陳國鈞、七品監生陳瀛等、八品監生羅登高等三十八員,共支過馬糧餉乾米折銀壹千叁百玖拾肆兩壹錢肆分叁釐。等語。查前項難廕把總陳國鈞及七品監生陳瀛等八品監生羅登高等三十八員,既據兵部查覆相符。所有該廕弁等共支過馬糧餉乾米折銀壹千叁百玖拾肆兩壹錢肆分叁釐,按冊核算與應支銀數亦屬符合,應準開銷。

一、支給各標鎮協營殘廢兵二百四十六名,共支過餉米折銀肆千柒百陸拾玖兩陸分。等語。查定例:曾經出征効力兵丁,被傷患病致成殘廢,或年老辭退,如有子弟在營食糧者,月給餉米叁斗,并無子弟在營食糧,給與守糧一分,以資養贍等語。今冊造殘廢兵二百四十六名,共支過餉米折銀肆千柒百陸拾玖兩陸分,按冊查核,內除重慶鎮殘廢兵鄒文貴支過餉米銀壹拾陸兩伍分捌釐,該兵離營以後,有無續有子弟在營食糧,未據聲明。又阜和營殘廢兵蕭天受,支過餉米折銀貳拾兩貳錢肆分叁釐零。該兵丁於道光貳拾玖年冊造現年六十二歲,今冊造年五十四歲,年歲不符。又撫邊綏靖慶寧等營殘廢兵譚喜元、杜正元、洪恩得、馬萬林、馬有貴、王爾祿、張文得、熊文明、胡泗源均未扣除小建。所有支過米折銀壹百捌拾陸兩捌錢肆分,均應令該督即飭查明聲覆再行核辦外,其餘二百三十五名,既據兵部查覆相符,所有該廢兵等共支過餉米折銀肆千伍百肆拾伍兩玖錢壹分玖釐零,核與應支銀數亦屬符合,應準開銷。

一、支給綠營休致員弁養贍俸餉米折銀伍百柒兩陸錢陸分肆釐。等語。查前項休致員弁支過養贍俸餉米折銀伍百柒兩陸錢陸分肆釐,雖據兵部將該員弁等數目查覆相符,惟查嘉慶捌年肆月內兵部知照陣傷亡故兵丁眷屬給餉章程内開,曾經出征打仗受傷年老病休人員,養贍俸餉飭令原籍各州縣加結送部核辦。等因。今本案應送印結,仍未送部。應令該督嚴飭各該營縣迅即查造補送,到日再行核辦。

一、支給維州茂州綏靖等協營屯練月餉銀壹萬貳千柒百玖拾玖兩玖錢玖分陸釐,維州協備挑餘丁減半月餉銀肆千捌百兩。等語。查乾隆伍拾叁年貳月内,原任大學士阿桂等遵旨議奏,四川隨征臺灣屯練一千五百名,降番五百名,作爲定額,每名月給餉銀伍錢。等因。又乾隆伍拾玖年捌月内,原任四川總督福康安等奏,維州協所屬額設備挑屯兵餉銀減半支給,欽奉諭旨允準。各在案。今冊造該屯兵餘丁等共支過月餉半餉銀壹萬柒千伍百玖拾玖兩玖錢玖分陸釐,臣部核與奏準各原案銀數相符,應準開銷。

一、支給各府、廳、州、縣設立昭忠祠并德侯祠春秋祭品銀壹百陸拾貳兩。等語。查四川成都各府、廳、州、縣設立昭忠祠應需祭品銀兩,先據四川總督咨請查照各省致祭賢良祠之例,每處每年酌給銀陸兩。又建造德侯祠,請照該省致祭昭忠祠之例,每年春秋二季共支銀陸兩,均經臣部核準在案。今支過二十七處祭品銀壹百陸拾貳兩,臣部核與準支原案銀數相符,應準開銷。

一、支給阜和協麻書角洛二汛添安兵丁鹽菜銀陸百叁拾柒兩貳錢。等語。查前項麻書角洛二汛添安兵丁支過道光叁拾年鹽菜銀陸百叁拾柒兩貳錢,尚未據該督專案題銷,應俟題報準銷之日,再行核辦。

一、前任軍標副將富隆額借支養廉未完奉部豁免銀貳百陸拾陸兩陸錢陸分陸釐。等語。查四川軍標副將推陞甘肅寧夏鎮總兵富隆額,在川借支養廉銀捌百兩,除扣過外,尚未完銀貳百陸拾陸兩陸錢陸分陸釐。該員業已病故,據伊子呈請,援照恩詔條款查辦。經臣部核與準豁條款相符,準其豁免在案。今冊造前任軍標副將富隆額借支養廉未完奉部豁免銀貳百陸拾陸兩陸錢陸分陸釐,與核準原案銀數相符,應準開銷。

一、建昌鎮及會川等營地震,壓斃官兵吳應貴等長支俸廉餉乾米折奉部準免銀貳百捌拾玖兩陸錢陸分肆釐。等語。查先據四川總督題報建昌鎮及會川營地震,壓斃官兵長支俸廉餉米銀兩,照陣亡弁兵之例,免其追繳在案。今冊造該官兵等長支俸廉餉米銀貳百捌拾玖兩陸錢陸分肆釐,與題準免追原案相符,應準開銷。

一、支給巴州營雲騎尉魏忠得補銷世職俸銀壹拾叁兩伍錢柒分柒釐。等語。查先據四川總督咨報雲騎尉魏忠得應刪半俸銀貳拾伍兩壹錢肆分陸釐,銀數不符。行據該督覆稱,應删半俸銀壹拾壹兩伍錢陸分玖釐,經臣部行令造入季册報撥,其餘銀數相符,已於貳拾肆年兵馬奏銷案内開銷在案。今冊報補銷世職俸銀壹拾叁兩伍錢柒分柒釐,與覆準原案不符。應令查明報部,再行核辦。

一、支給泰寧營補修倉厫及兵房塘房各案,奉部核減未完銀伍百叁拾壹兩肆錢伍分伍釐,千總衙署奉部核減未完銀陸百壹拾壹兩肆錢伍分伍釐,前經工部知照,準其豁免,經臣部彙辦奏免在案。今冊造前項銀陸百壹拾壹兩肆錢伍分伍釐,與原案銀數相符,應準開銷。

一、支給新設平安營官弁兵丁馬匹及署事人員支過俸薪、蔬紅、養廉、餉乾、米折、馬價等銀柒千肆百伍拾壹兩捌錢貳分伍釐,赤水營裁歸永寧營官弁兵丁支過俸薪、養廉、餉乾、米折、馬價銀壹千捌百玖拾玖兩肆錢陸釐。等語。查前項新設平安營及赤水營裁歸永寧營官弁兵丁馬匹及署事人員數目,既據兵部查覆相符,所有該員弁等支過俸薪、蔬紅、養廉、餉乾、米折、馬價等銀玖千叁百伍拾壹兩貳錢叁分壹釐,按册核算,與應支銀數相符,應準開銷。并令該督取具該年文武會同監散兵餉印結,送部查核。

一、支給督標遊擊明安泰支過俸廉馬乾等銀陸拾伍兩捌分肆釐。等語。查督標遊擊新陞雲南副將明安泰,出師廣西,請將新任副將俸廉等銀,由川省給發該家屬承領,經臣部核準在案。今冊造該遊擊支過俸廉馬乾等銀陸拾伍兩捌分肆釐,核與覆準原案及應支銀數均屬相符,應準開銷。

一、支給成都將軍公費銀貳千兩。等語。查成都將軍公費向係在於餘茶息銀内動支,嗣據該督因嘉慶貳拾年以後茶息銀兩不敷支用,奏準改款在於兵餉建曠項下動支。今前項支過銀貳千兩,臣部核與奏準原案應支銀數均屬相符,應準開銷。

一、冊開:滿營官員支過俸銀柒千伍百貳拾伍兩柒錢伍分,減扣京平銀肆百伍拾壹兩伍錢肆分伍釐,綠營官員支過俸薪蔬紅等銀叁萬柒百伍拾捌兩貳錢叁分貳釐,減扣京平銀壹千捌百肆拾伍兩肆錢柒分壹釐,署事人員支過俸薪等銀貳千叁百貳拾兩叁錢壹分柒釐,減扣京平銀壹百叁拾玖兩貳錢壹分玖釐,世職人員支過全半俸銀壹萬捌千陸百壹拾伍兩壹錢柒分玖釐,減扣京平銀壹千壹百壹拾陸兩玖錢壹分,休致人員支過全半俸銀捌拾柒兩貳錢肆分陸釐,減扣京平銀伍兩貳錢叁分伍釐,新設平安營俸薪等銀叁百玖拾伍兩貳錢玖分玖釐,減扣京平銀貳拾叁兩柒錢壹分捌釐,赤水營裁歸永寧營官弁俸薪養廉銀柒拾肆兩玖錢伍分肆釐,減扣京平銀肆兩肆錢玖分柒釐,督標遊擊明安泰支過俸薪養廉銀伍拾肆兩捌錢捌分肆釐減,扣京平銀叁兩貳錢玖分叁釐,成都將軍公費銀貳千兩減扣京平銀壹百貳拾兩。等語。查四川省咸豐元年分支過滿綠各營武職官員俸薪蔬紅并世職全半俸銀,成都將軍公費等款銀内共扣減平銀叁千柒百玖兩捌錢捌分捌釐,未據聲明造入該省何年何季減平冊報,以及扣存銀兩曾否彙解部庫之處,臣部均無從稽核。應令該督即飭逐款詳查分晰,專案咨覆,以憑稽核,毋任延緩。

一、實存銀陸萬肆千玖百壹拾陸兩玖錢叁分柒釐。等語。查此案新收部撥等銀壹拾叁萬肆千捌百貳拾玖兩捌分玖釐,本色米壹萬叁千肆百陸拾柒石陸斗伍升叁合伍抄,開除準銷銀壹百零貳萬捌千玖百拾貳兩陸錢叁分捌釐零,本色米壹萬叁千肆百陸拾柒石陸斗伍升叁合伍抄,另案核銷銀叁萬肆千捌百叁兩捌分,駁查銀陸千壹百玖拾陸兩肆錢叁分叁釐零,實存銀陸萬肆千玖百壹拾陸兩玖錢叁分柒釐。既據該督造入咸豐貳年秋撥冊内報撥,應毋庸議。

此案科抄於咸豐貳年玖月貳拾玖日到部,當經行查吏兵二部,於叁年叁月貳拾等日覆回。兹於拾月拾陸日辦理具題,合并聲明。

臣等未敢擅便,謹題請旨。

批紅:依議。

爲盛京題報咸豐貳年監收官莊糧石銀兩等項事

咸豐三年十月十七日

太子太保・大學士管理戶部事務臣祁寯藻等謹題,爲監收等事。

戶科抄出,盛京戶部侍郎恒毓題咸豐貳年監收官莊糧石一案。咸豐叁年貳月貳拾柒日題。肆月初陸日奉旨:該部察覈具奏。欽此。欽遵。於本日抄出到部。

該臣等查得,盛京戶部侍郎恒毓疏稱:盛京戶部所屬棉莊五名,每年額交棉花叁千伍百斤。鹽莊三名,額交鹽肆萬捌千斤,鹽丁等額交鹽貳萬斤。糧莊一百一十八名,額交糧叁萬貳千叁百玖拾壹石内,應交雜項折銀糧壹萬壹百叁拾柒石捌斗,應折交黑豆肆千捌百捌拾伍石貳斗。查乾隆叁拾貳年拾月經原任盛京戶部侍郎瓦爾達摺奏,莊頭等每年應交黑豆就近在牛莊旗倉交納，由部派員查收，以便起運。等因。嗣於乾隆伍拾伍年經原任侍郎宗室宜興奏：莊頭等每年應交稗石内，除存留、備用、供應三陵及各處歲需雜項稗伍千石外，每年實應交内倉稗壹萬貳千叁百陸拾餘石。此内每年應支放各項口糧稗捌千壹百餘石，尚有盈餘稗肆千貳百餘石，并無用項。請將所餘稗石照依定例，每石折銀貳錢貳分，每年改交折色稗肆千石，一律折徵交庫。等因。經部議覆在案。又嘉慶貳拾壹年正月内，經前任侍郎德文具奏，戶部所屬興京、撫順居住之糧莊二十名，領種官地被水冲壓，請仿照盛京内務府莊頭官地冲壓計成免差之例，應免交入倉糧貳千肆百柒拾玖石，存留内倉兑用糧玖百貳拾石，二共免交糧叁千叁百玖拾玖石。又，免交折徵地畝銀貳拾柒兩玖分貳釐捌毫貳絲貳忽。經部議覆知照，亦在案。今監收咸豐貳年官莊糧石，前據官莊六品官福勒亨阿等呈報，莊頭王永保等三十五名承種地畝被水淹澇。等情。曾經臣部派員查勘是否致灾，未經查明，礙難分別蠲免。暫將莊頭王永保等名下應交銀糧等項數目暫行開除，俟查明到日再行覈辦。當將實應交運通豆叁千壹百貳拾貳石肆斗玖升捌合玖勺陸抄玖撮，由盛京戶部照例派員查收。應交雜項折銀稗陸千肆百柒拾玖石捌斗叁升壹合，應交盈餘折銀稗貳千捌百壹拾叁石伍斗伍升玖合叁勺貳抄貳撮貳粟伍顆，均照例每倉石折銀貳錢貳分，共折交銀貳千肆拾肆兩伍錢肆分伍釐捌毫柒絲玖微。又莊頭等領種官地折徵銀貳百玖拾肆兩柒錢肆分玖釐陸絲捌忽，均交納盛京戶部銀庫外，應交倉糧陸千玖百肆拾壹石壹斗壹升柒勺捌抄玖圭柒粟伍顆。查咸豐元年拾月初壹日起至貳年捌月貳拾陸日止，監督繩武等任内存留糧石除已兑用外，舊剩糧叁百壹拾壹石壹斗貳升伍合。又官莊處存留糧石除已兑用外，舊剩糧肆百叁拾伍石柒升肆合壹勺，共應交糧柒千肆百陸拾伍石玖斗柒升玖合陸勺捌抄玖圭柒粟伍顆。此項糧石内，應存留官莊處糧壹千叁百捌拾肆石，以備折給供應三陵祭祀鷄鵝鴨蛋等項之用，存留内倉糧貳千陸拾肆石，以備發給各處蘇麥油斤燒酒豆石以及各項匠役口糧之用，實應交倉糧肆千壹拾柒石玖斗柒升玖合陸勺捌抄玖圭柒粟伍顆。應交鹽陸萬捌千斤内，遵照舊例，存留備用三陵祭祀需用熬白鹽壹千柒百柒拾壹斤。再查咸豐元年存留内倉鹽斤除兑用外，尚未用完鹽叁百肆拾叁斤，實應交倉鹽陸萬陸千伍百柒拾貳斤，應交棉花叁千伍百斤。以上應交本色糧石及糧折銀兩并折徵地畝銀兩棉花鹽斤等項，眼同監視分別收入倉庫。續據臣部前派查灾委員結稱：莊頭王永保等二十名，官地實係被淹，覈計成灾五分至八分不等，隨照例覈辦。除免交差徭外，尚有應交銀糧，隨經臣部咨請監收。嗣準戶部覆稱，被灾莊頭應交銀糧等項附片一件，咸豐貳年拾壹月貳拾壹日具奏，本日奉硃批：着即派恒毓監收。欽此。等因咨行前來。

臣查咸豐貳年被灾莊頭二十名，遵照定例，各按被淹分數覆算，應免運通豆陸百叁拾肆石伍斗柒升貳合叁勺柒抄壹撮壹圭陸粟，應免雜項折銀稗壹千叁百壹拾陸石捌斗陸升捌合捌勺肆撮，應免盈餘折銀稗肆百貳拾柒石壹斗壹升捌合陸勺肆抄肆撮柒粟壹顆，應免交倉糧壹千貳百叁石壹斗肆升壹勺肆抄肆撮柒圭陸粟玖顆，經臣部另行造報外，實應交運通豆壹千壹百貳拾捌石壹斗貳升捌合陸勺伍抄玖撮捌圭肆粟，由臣部照例派員查收。此外實應交雜項折銀稗貳千叁百肆拾壹石壹斗壹勺陸撮，應交盈餘折銀稗柒百伍拾玖石叁斗貳升貳合叁抄叁撮玖圭肆顆，照例每倉石折銀貳錢貳分共折銀陸百捌拾貳兩玖分貳釐捌毫捌絲貳忽柒微。又莊頭等領種官地，按成灾分數覈算，應免銀拾伍兩貳錢叁分柒釐玖毫陸絲伍忽肆微，實徵銀壹百壹拾伍兩貳分伍釐陸絲玖忽陸微，尚應交倉糧壹千捌百貳拾肆石柒斗肆升玖合壹勺肆抄陸撮貳圭伍粟陸顆。再查前已暫行開除咸豐元年拾月初壹日起至貳年捌月貳拾陸日止，内倉官莊二處舊剩糧貳百貳拾壹石叁斗叁升貳勺，共應交糧貳千肆拾陸石柒升玖合叁勺肆抄陸撮貳圭伍粟陸顆内，除續存官莊備用糧叁百壹拾陸石，内倉備用糧叁百壹拾陸石外，實應續交糧壹千肆百壹拾肆石柒升玖合叁勺肆抄陸撮貳圭伍粟陸顆。以上先後應交本色糧及糧折銀并地畝折徵銀兩等項，眼同監視收入倉庫訖。其咸豐貳年先後存留官莊内倉供應三陵祭祀需用各項物件折用糧石數目，俟癸丑年奏銷時，另行造報。理合將咸豐元年拾月初壹日起至貳年捌月貳拾陸日止，先後收過折糧用過實數并應交本色糧石及糧折銀地畝折徵銀兩、棉花、鹽斤等項分晰造冊一并送部查覈。等因前來。

查盛京戶部所屬官莊一百二十六座内，糧莊一百十八座，棉花莊五座，鹽莊三座。每年額交糧玖千玖百陸拾玖石，又應交雜項折銀糧壹萬壹百叁拾柒石捌斗，折銀稗肆千石，均按每石折銀貳錢貳分，二項共折交庫平銀叁千壹百拾兩叁錢壹分陸釐。又運通豆肆千捌百捌拾伍石貳斗，棉花叁千伍百斤，鹽陸萬捌千斤。又莊頭等領種官地折徵銀肆百貳拾伍兩壹分貳釐壹毫叁忽，按年題銷，歷經辦理在案。今據盛京戶部侍郎造報，咸豐貳年官莊徵收糧石等項，除被淹莊頭應交糧石數目暫行開除另行覈辦外，尚應交運通豆叁千壹百貳拾貳石肆斗玖升捌合玖勺陸抄玖撮。又應交雜項折銀稗陸千肆百柒拾玖石捌斗叁升壹合,應交盈餘折銀稗貳千捌百壹拾叁石伍斗伍升玖合叁勺貳抄貳撮零。二項共折銀貳千肆拾肆兩伍錢肆分伍釐捌毫柒絲玖微。又莊頭等領種官地折徵銀貳百玖拾肆兩柒錢肆分玖釐陸絲捌忽,俱已交納倉庫。臣部按冊造應徵數目覈算相符。所有存留官莊處糧壹千叁百捌拾肆石,存留内倉糧貳千陸拾肆石,鹽壹千柒百柒拾壹斤,應令盛京户部轉飭加謹收存,造入報銷案内,報部查覈。至應交倉糧肆千壹拾柒石玖斗柒升玖合陸勺零,鹽陸萬陸千伍百柒拾貳斤,棉花叁千伍百斤,稗糧等折銀貳千肆拾肆兩伍錢肆分伍釐捌毫柒絲玖微,莊頭地糧折銀貳百玖拾肆兩柒錢肆分玖釐陸絲捌忽,既據該侍郎題報交納倉庫,應令造入奏銷各案内,題報查覈。至運通豆石,疏内聲稱被灾莊頭二十名,被淹地畝應免運通豆陸百叁拾肆石伍斗柒升貳合叁勺柒抄壹撮零,應免雜項折銀稗壹千叁百壹拾陸石捌斗陸升捌合捌勺肆撮,應免盈餘折銀稗肆百貳拾柒石壹斗壹升捌合陸勺零,免交倉糧壹千貳百叁石壹斗肆升壹勺零。續應交運通豆壹千壹百貳拾捌石壹斗貳升捌合陸勺零,應交雜項折銀稗貳千叁百肆拾壹石壹斗壹勺零,應交盈餘折銀稗柒百伍拾玖石叁斗貳升貳合零。二項共折銀陸百捌拾貳兩玖分貳釐捌毫捌絲貳忽柒微。莊頭官地應徵銀壹百叁拾兩貳錢陸分叁釐叁絲伍忽,按成灾分數應免銀拾伍兩貳錢叁分柒釐玖毫陸絲伍忽肆微,應續徵銀壹百壹拾伍兩貳分伍釐陸絲玖忽陸微,續應交倉糧壹千肆百壹拾肆石柒升玖合叁勺肆抄陸撮零,俱經公同監收。臣部按冊逐一查覈,均屬相符,應令一并分别造入各奏銷案内題報。運通豆石按數起運,報部查覈。

此案於咸豐叁年肆月初陸日科抄到部,兹於拾月拾柒日辦理具題,合并聲明。

臣等未敢擅便,謹題請旨。

批紅:依議。

爲甘肅道光三十年常平官社二倉糧石奏銷事

咸豐三年十月十九日

太子太保·大學士管理户部事務臣祁寯藻等謹題,爲移付事。

户科抄出,陝甘總督舒興阿題甘肅省道光叁拾年常平官社二倉糧石奏銷一案。咸豐貳年伍月拾陸日題,柒月拾肆日奉旨:該部察核具奏。欽此。欽遵。於本日抄出到部。續於玖月拾玖日據陝甘總督將奏銷冊籍咨送前來,隨將塘站官兵馬匹支過糧料移查兵部去後,於拾貳月貳拾日準兵部查覆到部。

該臣等查得,陝甘總督舒興阿將甘肅省道光叁拾年常平倉糧并官社倉糧造冊具題請銷前來。查冊開:

一、舊管:常平項下:各項京斗糧壹百壹拾伍萬柒千貳百伍拾壹石肆斗伍合壹抄。官社項下:京斗糧壹千貳百貳拾肆石玖斗貳升叁勺。等語。查前項舊管常平、官社二倉糧石,臣部核與上年奏銷案內實存數目相符,應毋庸議。

一、新收:常平項下:採買并扣回建曠等項京斗糧貳拾玖萬壹百肆拾伍石叁斗柒升柒合叁勺。官社項下:收除無項。等語。查前項新收糧石,臣部按冊核算并核對陝甘總督題咨各冊,造報相符糧玖萬捌千柒百陸拾柒石陸斗貳升玖勺毋庸議外。其餘糧壹拾捌萬陸千叁百捌拾石伍斗陸升陸合,或咨報尚未到部,或數目不符,應開單行文陝甘總督轉飭查明,報部查核。至哈密廳採買道光叁拾年城倉備供京斗莞豆肆千柒百柒拾伍石柒斗壹升肆合捌勺,又蔡湖屯所運交道光貳拾玖年收獲京斗莞豆叁百貳拾壹石肆斗貳升,又玉門縣供支赤金二營道光貳拾叁年奉派西寧換防官兵,多開京斗糧伍升伍合陸勺。查哈密廳採買道光叁拾年城倉備供京斗豆肆千柒百柒拾伍石柒斗壹升肆合捌勺,核與專案咨請採買原案豆伍千肆百石之數不符。應令查明報部,再行查核。至蔡湖屯所運交貳拾玖年收獲莞豆叁百貳拾壹石肆斗貳升,該年奏銷未曾具題,無憑查核。應俟題報到日,再行核對。所有前項玉門縣收造供支道光貳拾叁年金赤二營奉派西寧換防官兵多開口糧,歸還動用捐納京斗小麥伍升伍合陸勺,核與原案內應刪數目相符,應毋庸議。再查河東蘭州、鞏昌、平涼、慶陽四府并直隸秦州、階州、涇州三州屬各處新收總數共糧壹拾叁萬伍百玖拾壹石伍斗玖合壹勺,核對散數係糧壹拾叁萬陸百玖拾壹石伍斗玖合壹勺,數目不符,亦令陝甘總督轉飭查明,報部查核。

一、開除:皋蘭、武威等廳、州、縣道光叁拾年供支駐防并緑營官兵馬匹糧料京斗糧貳拾陸萬捌千玖百玖拾石肆斗伍升玖合捌勺。等語。查前項皋蘭、武威等廳、州、縣道光叁拾年支給駐防并緑營官兵馬匹糧料,臣部核對,除糧數相符者應準開銷外。其清水縣供支清水營兵糧京斗糧貳百玖拾貳石壹斗捌升壹勺,加額徵冊內供支京斗糧壹百伍拾陸石捌斗伍升柒合貳勺,二共糧肆百肆拾玖石叁升柒合叁勺。核對估餉冊造糧肆百肆拾貳石伍斗柒升壹合肆勺。又西固州同供支西固營兵糧京斗糧壹千貳百肆拾捌石玖斗伍合,加額徵冊内供支京斗糧壹千壹百貳拾伍石陸斗陸合伍勺,二共糧貳千叁百柒拾肆石伍斗壹升壹合伍勺。核對估餉冊造糧貳千壹百陸拾叁石柒斗壹升肆合叁勺。又靈州供支花馬池營兵糧京斗糧壹千貳百貳拾叁石貳斗捌升伍合柒勺,加額徵冊内供支京斗糧貳千柒百肆拾柒石壹斗肆升貳合玖勺,二共糧叁千玖百柒拾石肆斗貳升捌合陸勺。核對估餉冊造糧肆千貳拾石肆斗貳升捌合伍勺。又寧夏縣供支寧夏滿營兵糧京斗糧叁萬柒千壹百壹石壹斗柒升捌合肆勺,加額徵冊内供支京斗糧陸千柒百壹拾肆石貳斗捌升伍合柒勺,二共糧肆萬叁千捌百壹拾伍石肆斗陸升肆合壹勺。除滿營估餉冊造寧夏縣派買倉斗糧貳萬肆千肆百柒拾石捌斗貳升伍合,折京斗糧叁萬肆千玖百伍拾捌石叁斗貳升壹合肆勺,核對估餉冊造糧柒千捌百伍拾柒石壹斗肆升貳合玖勺。數目均屬不符,應令陝甘總督轉飭查明報部另核。

一、安西州支給橋灣永寧寺喇嘛道光叁拾年口糧京斗糧貳拾捌石陸斗捌升伍勺。又寧夏等縣道光叁拾年支給孤貧口糧京斗糧伍百壹拾捌石陸斗壹升壹合貳勺。等語。查安西州并寧夏等縣道光叁拾年支給喇嘛并孤貧口糧京斗糧伍百肆拾柒石貳斗玖升壹合柒勺,臣部核對地丁并陝甘總督咨報各冊造報糧數,均屬相符,應準開銷。

一、寧夏等廳、州、縣道光叁拾年供支各軍營塘官兵馬匹糧料京斗糧陸千柒百柒拾玖石柒升伍合陸勺,隨移查兵部覆稱,安西、玉門、哈密等廳、州、縣,供支各塘官兵馬匹糧料京斗糧陸千壹百柒拾玖石柒升伍合陸勺,核與陝甘總督造送該年塘站奏銷冊内數目相符。其寧夏、寧朔二縣支給驛夫口糧驛站奏銷冊籍咨送戶部自行查辦。等語。查安西、玉門、哈密等廳、州、縣,供支各塘官兵馬匹京斗糧料陸千壹百柒拾玖石柒升伍合陸勺,既據兵部查覆相符,所有塘站案内支過糧石,戶部亦應準其開銷。至寧夏、寧朔二縣,支給驛夫口糧京斗糧陸百石,檢查兵部咨送驛站奏銷冊内造報糧數相符,亦應準開銷。

一、平涼縣報入清查案内著追前任劉灼等因公賠累虧那道光叁拾年採買京斗糧叁千貳百捌拾貳石叁斗捌升壹合。等語。查平涼縣劉灼等虧那糧石,據冊内聲稱報入清查案内。惟甘省清查冊籍内有應行更正款目,前經臣部將原冊發交陝甘總督查明登報,現尚未據造送到部,無憑查核。應令陝甘總督迅飭將清查冊籍趕造送部,到日再行核辦,斷勿任其宕延,致干查究。

一、安西州、徽縣、成縣三州縣,道光叁拾年支給監犯口糧壹京斗糧壹百肆石貳斗肆升捌合壹勺。又安西、玉門二州縣道光貳拾捌年并叁拾年支給遣犯口糧京斗糧柒百捌拾陸石捌斗貳升玖合陸勺。又高臺縣道光貳拾玖年支給軍犯口糧京斗糧壹拾貳石伍斗玖升貳合貳勺。等語。查安西州、徽縣、成縣三州縣,道光叁拾年支給監犯口糧并安西、玉門二州縣道光貳拾捌年並叁拾年支給遣犯口糧,以及高臺縣道光貳拾玖年,支給軍犯口糧共京斗糧玖百叁石陸斗陸升玖合玖勺,臣部核對陝甘總督造送道光貳拾捌玖并叁拾等年,監遣軍流各犯報銷冊造糧數均屬相符,應毋庸議。

一、肅州、玉門縣供支哈密郡王差派進貢等口糧京斗糧壹石貳合。又補除哈密廳道光貳拾玖年供支哈密營拴餧差馬、差駝等項京斗糧壹千柒百肆拾貳石玖斗柒升壹合叁勺。等語。查肅州、玉門二州縣,供支哈密郡王進貢等案口糧壹石貳合,并補除哈密道光貳拾玖年拴餧差馬及差駝等項糧壹千柒百肆拾貳石玖斗柒升壹合叁勺,各該奏銷均未題報,無憑查核。應俟造報之日,再行查核。

一、實存:常平項下:各項京斗糧壹百壹拾陸萬伍千壹百肆拾玖石玖斗叁升壹合壹抄。官社項下:京斗糧壹千貳百貳拾肆石玖斗貳升叁勺。等語。查前項常平、官社二倉糧石,臣部核與應存數目相符。應令陝甘總督轉飭加謹收存,俟有動用,報部查核。

此案於咸豐貳年柒月拾肆日科抄到部,續據陝甘總督於玖月拾玖日將奏銷冊籍咨送到部,當經行查兵部去後,於拾貳月貳拾日準兵部查覆前來。茲於拾月拾玖日辦理具題,合并聲明。

臣等未敢便,謹題請旨。

批紅:依議。

爲四川報銷寶川局咸豐元年加鑄二卯錢文事

咸豐三年十月二十三日

太子太保·大學士管理戶部事務臣祁寯藻等謹題,爲遵旨等事。

戶科抄出,四川總督裕瑞題寶川局加鑄二卯錢文報銷一案。咸豐叁年叁月拾伍日題,伍月貳拾捌日奉旨:該部察覈具奏。欽此。欽遵。於本日抄出到部。

該臣等查得,四川總督裕瑞,將四川省寶川局咸豐元年分加鑄二卯錢文用過銅鉛價脚銀兩以及支給爐匠工料等項造冊具題前來。

一、冊稱:舊管:墊支不敷銀貳千貳百叁拾肆兩陸錢捌分壹釐零。新收:扣回庚戌年銅鉛工本銀壹萬陸千捌百伍兩柒錢玖分零。内除歸還上年墊支不敷銀貳千貳百叁拾肆兩陸錢捌分壹釐零,實扣存銀壹萬肆千伍百柒拾壹兩壹錢玖釐。等語。查前項舊管墊支不敷銀兩,臣部覈與上年墊支之數相符,既於新收扣回工本銀内照數撥還,應毋庸議。至實在扣存工本銀兩,應於後款查覈。

一、冊稱:新收:吕家溝廠課銅柒千貳百捌拾肆斤,例不給價耗銅壹千陸百叁拾捌斤拾肆兩零。每百斤價銀玖兩捌錢,共銀壹百陸拾兩陸錢壹分貳釐零。餘銅壹萬叁千柒百肆拾捌觔捌兩零,共銀壹千叁百肆拾柒兩叁錢伍分柒釐零。課耗餘共銅貳萬貳千陸百柒拾壹斤柒兩零,共用過運省脚價、押差、飯食等銀壹百捌拾柒兩捌錢捌分壹釐零。又收烏坡廠課銅壹千零捌拾貳斤捌兩,例不給價耗銅叁百貳拾肆斤貳兩。每百斤價銀玖兩貳錢,共銀貳拾玖兩捌錢柒分柒釐。課耗共銅壹千肆百柒斤肆兩,共用過運省脚價、押差、飯食等銀肆拾玖兩伍錢柒分壹釐零。又收甲豹廠課銅貳千捌百伍拾肆斤陸兩零,例不給價耗銅陸百肆拾貳斤叁兩零。每百斤價銀陸兩叁錢,共銀肆拾兩肆錢陸分壹釐零。餘銅伍千叁百捌拾柒斤拾兩零,共銀叁百叁拾玖兩肆錢貳分叁釐零。課耗餘共銅捌千捌百捌拾肆斤伍兩零,共用過運省脚價、押差、飯食等銀叁百伍拾捌兩伍錢壹分玖釐零。又收金牛廠課銅壹千玖拾貳斤,例不給價耗銅貳百肆拾伍斤拾壹兩零。每百斤價銀玖兩,共銀貳拾貳兩壹錢壹分叁釐。餘銅貳千陸拾壹斤貳兩零,共銀壹百捌拾伍兩伍錢叁釐零。課耗餘共銅叁千叁百玖拾捌斤拾叁兩零,共用過運省脚價、押差、飯食等銀壹百拾玖兩叁錢壹分壹釐零。又收採買商銅柒萬壹千陸百叁拾捌斤貳兩零,每百觔價脚銀拾貳兩,共銀捌千伍百玖拾陸兩伍錢柒分伍釐零。又收採買白鉛捌萬伍千伍百斤,每百斤價脚銀肆兩叁錢,共銀叁千陸百柒拾陸兩伍錢。又收採買黑鉛陸千伍百觔,每百觔價脚銀肆兩貳錢柒分,共銀貳百柒拾柒兩伍錢伍分。又配用吕家溝、烏坡、甲豹、金牛等廠課銅覈價共銀壹千玖拾壹兩伍錢貳分玖釐零。以上共用銅鉛價脚等銀壹萬陸千肆百捌拾貳兩柒錢捌分陸釐零,墊支不敷銀壹千玖百拾壹兩陸錢柒分柒釐零。等語。查四川寶川局咸豐元年分加鑄二卯錢文,共用銅鉛工本銀壹萬陸千肆百捌拾貳兩柒錢捌分陸釐零,臣部按冊覈算,與定例應給之數相符,應準開銷。至墊支不敷銀壹千玖百拾壹兩陸錢柒分柒釐零,應令該督造入下年鼓鑄奏銷冊内,送部查覈。

一、冊稱:寶川局咸豐元年分加鑄二卯正鑄錢文,用紅銅玖萬玖千柒百貳拾柒斤叁兩零,白鉛柒萬捌千玖百伍拾斤拾壹兩零,黑鉛陸千貳斤壹兩零,共用銅鉛拾捌萬肆千陸百捌拾斤。每百斤折耗玖斤,共折耗銅鉛壹萬陸千陸百貳拾壹斤叁兩零,净銅鉛拾陸萬捌千伍拾捌斤拾貳兩零。每錢壹文,鑄重壹錢貳分,共鑄錢貳萬貳千肆百柒串捌百肆拾文。又帶鑄錢文用紅銅捌千貳百柒拾貳斤拾貳兩零,白鉛陸千伍百肆拾玖斤肆兩零,黑鉛肆百玖拾柒斤拾肆兩零,共銅鉛壹萬伍千叁百貳拾斤。每百斤折耗玖斤,共折耗銅鉛壹千叁百柒拾捌斤拾貳兩零,净銅鉛壹萬叁千玖百肆拾壹斤叁兩零。每錢壹文鑄重壹錢貳分,共鑄錢壹千捌百伍拾捌串捌百貳拾陸文。以上正鑄、帶鑄共錢貳萬肆千貳百陸拾陸串陸百陸拾陸文。等語。查四川寶川局咸豐元年分加鑄二卯正鑄帶鑄配用銅鉛并折耗,以及鑄出錢文各數目,臣部按冊覈算,均與定例相符,應毋庸議。

一、冊稱:開除支給爐匠工料錢叁千貳拾伍串伍拾捌文,出易錢貳萬壹千貳百肆拾壹串陸百捌文。每錢玖百玖拾文易銀壹兩,共易回銀貳萬壹千肆百伍拾陸兩壹錢柒分。内除歸還銅鉛并課銅鉛價銀壹萬陸千肆百捌拾貳兩柒錢捌分陸釐零,實獲餘息銀肆千玖百柒拾叁兩叁錢捌分叁釐零。查咸豐元年墊支不敷銀伍萬叁千伍百貳兩叁錢壹分伍釐零,今此案實獲餘息銀肆千玖百柒拾叁兩叁錢捌分叁釐零,儘數歸還尚未撥還銀肆萬捌千伍百貳拾捌兩玖錢叁分貳釐零。又撥供咸豐貳年分武職養廉銀壹萬兩内,除續加一卯冊内撥銀貳千貳百玖拾捌兩叁錢零,尚不敷銀柒千柒百壹兩陸錢玖分玖釐零。二共墊支不敷銀伍萬陸千貳百叁拾兩陸錢叁分壹釐零,俟下年鼓鑄餘息項下撥還歸款。等語。查四川寶川局咸豐元年分加鑄二卯錢文支給爐匠工料錢叁千貳拾伍串伍拾捌文,臣部覈與定例應給之數相符,應準開銷。至出易錢貳萬壹千貳百肆拾壹串陸百捌文,易回銀貳萬壹千肆百伍拾陸兩壹錢柒分。内除歸還銅鉛工本銀壹萬陸千肆百捌拾貳兩柒錢捌分陸釐零,實獲餘息銀肆千玖百柒拾叁兩叁錢捌分叁釐零,儘數歸還墊支不敷銀伍萬叁千伍百貳兩叁錢壹分伍釐零。又應撥咸豐貳年武職養廉銀壹萬兩内,除另案餘息項下撥支銀貳千貳百玖拾捌兩叁錢零,尚不敷銀柒千柒百壹兩陸錢玖分玖釐零,二共墊支不敷銀伍萬陸千貳百叁拾兩陸錢叁分壹釐零。既據聲稱俟下年鼓鑄餘息項下撥還歸款,應令該督造入下年鼓鑄奏銷冊内送部查覈。至墊供咸豐貳年武職養廉銀柒千柒百壹兩陸錢玖分玖釐零,查該年武職養廉報銷,未據該督題報到部,應俟到部之日,再行查覈。

此案科抄於咸豐叁年伍月貳拾捌日到部,兹於拾月貳拾叁日辦理具題,合併聲明。

臣等未敢擅便,謹題請旨。

批紅:依議。

爲江蘇題報靖江縣咸豐元年冬勘坍漲田地事

咸豐三年十月二十三日

太子太保·大學士管理户部事務臣祁寯藻等謹題,爲查勘等事。

户科抄出,前任江蘇巡撫楊文定題靖江縣咸豐元年冬勘坍漲田地一案。咸豐叁年正月拾玖日題,肆月貳拾日奉旨:該部察核具奏。欽此。欽遵。於本日抄出到部。

該臣等查得,前任江蘇巡撫楊文定疏稱:據蘇州布政使聯英詳稱,竊照靖江縣田地三面濱江,坍漲靡常。每年冬勘明漲坍,分別陞蠲,造册題報,歷經遵辦在案。所有咸豐元年冬勘,先經移會該管道府親加履勘,取造册結,送司核轉去後。今準常鎮道督同常州府親詣靖江縣陞坍處所,逐加履勘。實勘得額内新坍平田陸分,應蠲銀肆分捌釐,閏月銀不及一釐。米壹升伍合肆勺,閏月米不及一勺。新漲折實平田捌頃壹畝貳分玖釐,應徵銀陸拾叁兩伍錢肆分捌釐,閏月銀貳錢伍分叁釐,米貳拾石陸斗壹合陸勺,閏月米叁升陸合。屢經該府縣并委員江陰縣暨該管常鎮道層層勘明,坍者盡沉水底,漲者并無捏混,造具册結,移送到司。伏查靖江縣原額民賦漕田如有陞漲,均由民户繳價承買執業,專案詳咨,并於冬勘案内入額起科。前因各屬新漲蘆洲部議歸公召佃,而漕田仍循舊例,不在歸公之列,業經奏奉硃批:依議。户部知道。欽此。并於靖江縣道光捌玖拾等年冬勘案内聲明。該邑户屬漕田,仍照舊例辦理,毋庸官爲召佃收租,均經奉部覆準在案。再查該縣冬勘,向於當年冬内勘明陞坍田地,次年奏銷案内分別陞除造報。兹準據該道、府、縣查明咸豐元年冬勘漲坍田地,逐一親加覆勘確實,造具册結送司,似無捏混循案。於咸豐元年奏銷册内分別陞除造報,并將前項新坍新漲田地陞蠲銀米,統於解司地丁及南米項下分別蠲徵轉造陞蠲錢糧款册,同區圖册結,由司加結詳候具題等情。臣覆核無異,除册結圖送部查核外,謹會同兩江總督臣陸建瀛,合詞具題前來。

查例載:濱江田地每屆冬令,該督撫委員確勘,按照坍漲分别陞蠲,造冊題報。等因。今據江蘇巡撫將靖江縣咸豐元年冬勘新坍平田陸分,應蠲銀肆分捌釐,閏月銀不及一釐。米壹升伍合肆勺,閏月米不及一勺。新漲折實平田捌頃壹畝貳分玖釐,應徵銀陸拾叁兩伍錢肆分捌釐,閏月銀貳錢伍分叁釐,米貳拾石陸斗壹合陸勺,閏月米叁升陸合。造具冊結,請從咸豐元年奏銷冊内分别陞除造報。臣部按照賦役全書科則核算,與蠲陞銀米各數均屬相符。應準其從咸豐元年起,在於該年地丁南米奏銷案内,分别陞除造報。至該縣新漲田地,據稱係屬漕田,均由民戶繳價承買執業,應令該撫即飭查明臣部歷次奏咨各案,按照漕田價值報買,據實專案咨部,以憑核辦。

再,此案科抄於咸豐叁年肆月貳拾日到部,茲於拾月貳拾叁日辦理具題,合并聲明。

臣等未敢擅便,謹題請旨。

批紅:依議。

爲甘肅題銷肅州毛目縣丞咸豐元年運送糧石脚價銀兩事

咸豐三年十月二十四日

太子太保·大學士管理户部事務臣祁寯藻等謹題,爲咨查事。

户科抄出,署陝甘總督易棠將毛目縣丞咸豐元年收獲官民平分糧石運送金塔寺倉用過脚價銀兩一案。咸豐叁年叁月初玖日題,伍月貳拾叁日奉旨:該部察覈具奏。欽此。欽遵。於本日抄出到部。

該臣等查得,署陝甘總督易棠疏稱:據肅州直隸州知州李淳詳稱,據署毛目縣丞陳昌齡將所管毛目屯田咸豐元年運送金塔寺倉平分京斗各色糧柒百玖拾壹石叁斗貳升壹合,照依請定之例,每石每百里給脚價銀壹錢伍分,自毛目至金塔寺計程一百八十里,共給脚價銀貳百壹拾叁兩陸錢伍分柒釐,在於候撥兵餉款内支給,應請在於原動款内作正開銷。相應提造簡明總冊,同散冊印結倉收一并呈賫覈題。等情。臣覆覈無異,除冊結倉收分送部科外,相應具題。等因前來。

查前據陝甘總督題報道光貳拾柒年毛目縣丞運送金塔寺倉平分糧石用過脚價銀兩,自毛目至金塔寺計程一百八十里,移查兵部覆稱,該省程站冊内并無金塔寺地名。經臣部行令陝甘總督查明,咨報兵部覈辦。所有用過脚價銀兩,應俟兵部覈準之日,報部覈銷在案。續據陝甘總督咨稱,甘省程站册籍,自道光拾伍年纂修之後,迄今未奉飭造。是以程站册内未設驛站之金塔寺地名,并未開載。又奉查詢,應請仿照拾伍年成案,飭行各屬將應行補造之四至八到及運送糧石各地名,相距里數查造明確,由司繪圖繕造清册,呈賫備查,實於郵政有裨。等語。又經臣部移咨兵部覈覆,準其補造,并咨陝甘總督將前項運送糧石用過脚價銀兩程站里數清册補造,咨送兵部,覈準之日再行報部覈銷,亦在案。今咸豐元年毛目縣丞運送金塔寺倉平分京斗糧柒百玖拾壹石叁斗貳升壹合,用過脚價銀貳百壹拾叁兩陸錢伍分柒釐,應令陝甘總督即將程站册籍趕緊造送兵部覈辦,俟兵部覈準之日,將前項用過脚價同道光貳拾柒貳拾捌貳拾玖叁拾等年用過脚價銀兩一并報部覈銷,毋再遲延。

此案於咸豐叁年伍月貳拾叁日科抄到部,兹於拾月貳拾肆日辦理具題,合并聲明。

臣等未敢擅便,謹題請旨。

批紅:依議。

爲豁免四川潼川營出師廣西亡故兵丁長支銀兩事

咸豐三年十月二十七日

太子太保·大學士管理户部事務臣祁寯藻等謹題,爲援例請免長支銀兩事。

户科抄出,四川總督裕瑞題四川潼川營奉派出師廣西,在軍營陣亡病故兵丁張永順等長支餉米銀兩造册豁免一案。咸豐貳年拾壹月初柒日題,叁年叁月拾貳日奉旨:該部議奏。欽此。欽遵。於本日抄出到部。當經臣部將該兵丁等姓名是否相符,以及陣亡病故各日期,一并行查兵部去後。今於咸豐叁年叁月貳拾陸日準兵部查明,片覆到部。

該臣等查得,四川總督裕瑞疏稱:據署四川布政使蘇敬衡詳,據署潼川營都司馬宣呈稱,咸豐元年肆月内,奉派出師廣西征勦逆匪。陸續奉文在軍營陣亡病故兵丁張永順、徐廷勳、閆天斗、曾榮陞、鄒占元、鄒時祿、楊朝科、黄天理、劉萬興、周復元、蒙太興、譚必耀、李應鰲、趙登舜等十四名長支餉米,共銀肆拾貳兩捌錢玖分叁釐。均係未經奉文之先,經該家屬等於季首各照應支之項全數關領,俱因家貧無力完繳。該故兵等奉文出師効力戎行,以致歿於王事，殊堪憫惻。自應照例準其寬免，以廣皇仁，而昭體卹。仍照例入於咸豐貳年兵餉建曠項下開銷。理合詳請察覈具題。等情。臣覆查無異，除冊送部外，理合具題。等因前來。

查例載：出師陣亡病故官兵，凡有預借銀兩準予豁免。等語。今四川總督疏稱：潼川營奉派出師廣西兵丁張永順等十四名，業已在軍營陣亡病故。所有該兵丁等家屬長支銀兩，自應照例準予豁免，以示體卹。其冊造兵丁等姓名是否相符，以及陣亡病故各日期，查據兵部覆稱，奉派出師廣西陣亡病故兵丁均未據軍營大臣報部。應令廣西巡撫即將該兵等姓名以及陣亡病故各日期，迅速造冊送部備查。所有冊造前項餉米銀肆拾貳兩捌錢玖分叁釐，入於咸豐貳年兵餉建曠項下開銷之處，應俟該省查明聲覆到日，再行覈銷。至原抄內稱兵丁鄒占元與冊造兵丁鄔占元之姓不符。應令該督查明更正報部，以免岐誤。

此案於咸豐叁年叁月拾貳日科抄到部，行查兵部於叁月貳拾陸日覆回。茲於拾月貳拾柒日辦理具題，合并聲明。

臣等未敢擅便，謹題請旨。

批紅：依議。

爲山東奏銷道光二十六年常平倉穀事

咸豐三年十月二十八日

太子太保·大學士管理戶部事務臣祁寯藻等謹題，爲奏銷等事。

户科抄出，前任山東巡撫李僡題山東省道光貳拾陸年常平奏銷一案。咸豐貳年柒月初捌日題，拾貳月初叁日奉旨：該部察核具奏。欽此。欽遵。抄出到部。隨將冊造補除道光貳拾伍年糧道造報豁免臨清州禹城縣支給旗丁月糧、門軍口糧并高唐營兵米借動常平倉穀豁免數目是否相符，付查雲南司去後。今於陸月初捌日準雲南司查明付覆前來。

該臣等查得，前任山東巡撫李僡，將山東省道光貳拾陸年分常平倉穀奏銷案内米麥穀石，分晰舊管、新收、開除、實在，造冊具題前來。查冊開：

一、舊管：各屬實存穀并米麥抵穀共壹百叁拾貳萬柒千柒百柒拾叁石陸斗捌升伍合壹抄。又存買補各年平糶、借撥鄰境倉穀陸千叁百捌拾壹石玖斗壹升捌合捌勺陸抄，徵存借撥鄰境出借穀壹千捌百石。未買專參案内，前任鉅野縣劉敦、郯城縣謝塘、平原縣林士駿虧賠借撥鄰境糶剩及平糶盤折等項穀叁千叁百貳拾貳石壹斗捌升叁勺肆抄，未買平糶借撥鄰境倉穀及支給青州滿營閏月不敷兵米，借動買存平糶借撥鄰境穀貳千石。又完存穀價合穀陸萬叁千壹拾伍石壹斗肆升玖勺陸抄伍撮，領款列抵穀價合穀叁萬壹千貳百陸拾捌石伍升捌合伍勺壹抄，接扣二成養廉彌補穀陸萬叁千壹百捌拾叁石捌斗伍升捌合伍勺玖抄。前任齊河縣秦謙虧缺，以流攤運直賑米不敷腳價等銀列抵穀價，合穀壹百柒拾叁石伍斗伍升伍合柒勺。又煮賑案内，動用穀貳萬叁百伍拾玖石陸斗伍升伍合陸抄。又分賠虧缺盤查報明核入參案，并專參續虧以及攤賠漏接霉變完存流抵存庫流攤煮賑等項，列抵應追各項，共穀肆拾捌萬捌千柒百零柒石伍斗壹升肆合貳勺柒抄。又未買商輸穀壹萬壹千肆百肆拾叁石玖斗叁升陸合肆勺，清查彌補穀貳拾玖石玖合叁勺，平糶穀貳萬柒千肆拾柒石柒斗捌升陸合玖勺伍抄伍撮，飭買穀拾貳萬陸千玖百捌石伍斗叁升陸合叁勺柒抄，支給營兵穀柒萬壹千陸百拾肆石伍斗陸升玖合陸勺壹抄，未補支給德州滿營緩徵不敷兵米及碾交滿營兵米借動穀肆萬柒千叁百叁拾伍石玖斗捌升肆合柒勺，未買出借兵穀壹拾玖石叁斗伍合，撥運江南賑米肆千石，未還支給孤貧口糧兵米等項借動穀柒千貳百柒拾叁石叁升叁合貳勺，未完道光拾陸年借給鄰境出借穀壹千捌百石，道光貳拾伍年出借穀叁千玖百肆拾肆石柒斗，未買道光叁年并拾叁、拾陸等年借給鄰境平糶穀壹萬壹百伍拾石。等語。查前項舊管實存穀石并米麥抵穀共壹百叁拾貳萬柒千柒百柒拾叁石陸斗捌升肆合壹抄。又存買補各年平糶借撥鄰境倉穀陸千叁百捌拾壹石玖斗壹升捌合捌勺陸抄，徵存借撥鄰境出借穀壹千捌百石。又未買前任郯城縣謝塘、鉅野縣劉敦、平原縣林士駿虧賠借撥鄰境糶剩及平糶盤折等項穀叁千叁百貳拾貳石壹斗捌升叁勺肆抄，未買平糶借撥鄰境倉穀及支給青州滿營閏月不敷兵米借動買存平糶借撥鄰境穀貳千石。又完存穀價合穀陸萬叁千壹拾伍石壹斗肆升玖勺陸抄伍撮，領款列抵穀價合穀叁萬壹千貳百陸拾捌石伍升捌合伍勺壹抄，接扣二成養廉彌補穀陸萬叁千壹百捌拾叁石捌斗伍升捌合伍勺玖抄。又前任齊河縣秦謙虧缺，以流攤運直賑米不敷腳價等銀列抵穀價合穀壹百柒拾叁石伍斗伍升伍合柒勺。煮賑案内動用穀貳萬叁百伍拾玖石陸斗伍升伍合陸抄。又分賠虧賠盤查報明核入參案并專參續虧以及攤賠漏接霉變完存流抵存庫流攤煮賑等項，列抵應追各項共穀肆拾捌萬捌千柒百柒石伍斗壹升肆合貳勺柒抄。又，未買、未補、未還、未完各項穀叁拾壹萬壹千伍百陸拾陸石捌斗陸升壹合伍勺叁抄伍撮。臣部核與貳拾伍年奏銷案内册報數目均屬相符,應毋庸議。

一、册開:新收各項捐輸穀柒百貳石叁斗,徵義田租穀柒拾柒石伍斗陸合,買補道光貳拾陸年高密縣請買嘉慶拾柒年平糶穀壹千肆百叁拾叁石壹斗貳升肆合。又補收、徵收道光貳拾伍年平度州出借穀貳千柒百玖拾肆石柒斗。又撥收齊河等處協撥兵穀叁千捌百捌拾石。等語。查新收各屬捐輸并徵收義田租穀柒百柒拾玖石捌斗陸合,買補道光貳拾陸年高密縣請買穀壹千肆百叁拾叁石壹斗貳升肆合,徵收道光貳拾伍年平度州出借穀貳千柒百玖拾肆石柒斗,撥收、協撥兵穀叁千捌百捌拾石。臣部按册核算,數目相符,應於後款開除實存項下,分别核辦。

一、册開:開除支給營兵穀壹萬叁百捌石叁斗叁升陸合内,除齊河等處協撥穀叁千捌百捌拾石,實支穀陸千肆百貳拾捌石叁斗叁升陸合。又支給道光貳拾陸年青德二營緩徵不敷兵米借動穀伍千肆百拾肆石肆斗肆升捌合貳勺,支給道光貳拾陸年青州滿營閏月不敷兵米借動穀貳升肆百玖拾壹石壹斗壹升肆合貳勺,支給道光貳拾陸年濟南城守營緩徵不敷兵米借動穀陸拾壹石玖斗貳升貳合貳勺。又支給撫標二營緩徵不敷兵米借動穀捌拾貳石壹斗壹升陸合。又支給高唐營緩徵不敷兵米借動穀肆石柒斗柒升捌合陸勺,支給東昌營緩徵不敷兵米借動穀貳拾伍石貳升貳合捌勺,支給梁山營緩徵不敷兵米借動穀肆石叁斗玖升玖合貳勺,支給孤貧緩徵不敷口糧米借動穀肆百柒拾玖石肆斗捌升柒合貳勺,前任昌樂縣鄒光鉞應賠盤折穀貳百陸拾捌石柒斗。又補除道光貳拾伍年支給撫標二營緩徵不敷兵米借動穀貳石貳斗陸升叁合陸勺。又補除道光貳拾伍年出借穀柒千貳百壹石壹斗。又豁免節年臨清州并禹城縣支給緩徵旗丁月糧門軍口糧并高唐營緩徵兵米借動穀叁百柒拾叁石叁斗柒升陸合貳勺,原緩米石已由糧道造册豁免,所借穀石無從徵還,應歸缺額項下買補,與實存無關出入。等語。查道光貳拾柒年,實支營兵穀陸千肆百貳拾捌石叁斗叁升陸合。又支給青德二滿營緩徵不敷兵米并閏月不敷以及支給濟南城守等營緩徵不敷兵米暨支給緩徵孤貧不敷口糧米借動穀捌千伍百陸拾叁石貳斗捌升捌合肆勺,應於後款實存項下分别核辦。又補除道光貳拾伍年支給撫標二營緩徵不敷兵米借動穀貳石貳斗陸升叁合陸勺,補除道光伍年出借穀柒千貳百壹石壹斗,既經查明該年奏銷案内漏未登除,係屬錯誤,應準其補除更正。至前任昌樂縣知縣鄒光鉞應賠盤折穀貳百陸拾捌石柒斗,係於何年月日彙同何款奏咨勒追有案,應令查明聲覆。其豁免節年臨清禹城二州縣支給旗丁月糧門軍口糧及高唐營兵米借動穀叁百柒拾叁石叁斗柒升陸合貳勺,應令迅即買補足額,毋任久懸。至所稱此項穀石已於道光貳拾伍年由糧道造冊報豁之處,臣部檢查該年奏銷豁免冊内,并無前項穀石數目,應令該撫即行分晰詳查咨覆,以憑稽核。

一、冊開:各屬實存倉穀壹百叁拾萬捌千捌百貳拾貳石柒斗肆升叁合肆勺壹抄,米肆百貳拾玖石柒斗壹升叁合柒勺伍抄,抵穀捌百伍拾玖石肆斗貳升柒合伍勺,麥叁百捌拾壹石貳斗柒升叁合,抵穀陸百叁拾伍石肆斗伍升伍合壹勺。又存買補道光拾叁年平糶借撥鄰境倉穀伍百拾伍石,買存道光叁年平糶借撥鄰境倉穀壹千玖百貳拾玖石捌斗壹升玖合陸勺陸抄,買存道光拾陸年平糶借撥鄰境倉穀叁千壹百捌拾叁石。又徵存道光拾陸年平糶借撥鄰境倉穀壹千叁百石,徵存道光拾陸年出借借撥鄰境倉穀伍百石。又未買道光拾叁年平糶借撥鄰境倉穀壹千石,未買專參案内前任鉅野縣劉敦、郯城縣謝塘虧缺道光叁年平糶及糶剩借撥鄰境倉穀壹千叁拾柒石壹斗捌升叁勺肆抄,未買前任平原縣林士駿應賠盤折買存道光拾叁年平糶借撥鄰境倉穀壹千肆百捌拾伍石,未買道光拾捌年支給青州滿營閏月不敷兵米借動買存道光拾陸年平糶借撥鄰境倉穀壹千石。以上買存未買虧賠共九款,均係借撥鄰境倉穀,應俟分別追價飭令買補催徵運還,不在額儲之内。又未買前任平原縣林士駿應賠漏接道光叁年借撥陵縣倉穀支給德州滿營緩徵不敷兵米借動穀捌百石,係陵縣借給平原縣之項,已據前任平原縣林士駿將價銀虧缺,前經造冊報部在案。此項穀石已由陵縣動項買補,應俟追起價銀入正報撥,不在額儲之内。又完存穀價合穀陸萬叁千壹拾伍石壹斗肆升玖勺陸抄伍撮,應俟飭令買補。又領款列抵穀價合穀叁萬壹千貳百陸拾捌石伍升捌合伍勺壹抄,應俟撥正後飭令買補。又接扣二成養廉彌補穀陸萬叁千壹百捌拾叁石捌斗伍升捌合伍勺玖抄,應俟攤扣完竣,分別撥正,飭令買補。又嘉慶拾柒年煮賑案内動用穀貳萬叁百伍拾玖石陸斗伍升伍合陸抄,應於本案追賠銀内追價買補。又前任齊河縣秦謙虧缺,以流攤運直賑米不敷脚價等銀列抵穀價,合穀壹百柒拾叁石伍斗伍升伍合柒勺,應俟抵款攤起,飭令買補。又盤查案内,報明虧賠并院司分賠以及專參案内各員,應賠應追各項穀拾伍萬壹千玖百柒拾柒石柒斗捌升玖合肆勺壹抄伍撮。盤查案内報明官虧核入參案并專參續虧應追各項穀貳拾壹萬捌千肆百伍拾陸石柒斗柒升柒合玖勺壹抄,完存流抵存庫應追各項穀壹萬陸千玖百貳拾柒石叁斗柒升柒合捌勺,流攤煮賑等項列抵應追各項穀壹萬叁千壹百伍拾肆石肆斗玖升捌合柒勺伍撮,濟南等十府及臨清、濟寧二州所屬應攤漏接霉變等項應追各項穀捌萬捌千肆百伍拾玖石柒斗柒升肆勺肆抄,前五款應俟追價買補。等語。查前項實存穀并米麥抵穀共壹百叁拾壹萬叁百拾柒石陸斗貳升陸合壹抄,應咨該撫轉飭,加謹收儲,毋致霉濕。如有動用,隨時報部。又存買補各年平糶借撥鄰境倉穀伍千陸百貳拾柒石捌斗壹升玖合陸勺陸抄,徵存借撥鄰境出借穀壹千捌百石,即飭分别運還,以實倉儲。又前任郯城縣謝塘、鉅野縣劉敦虧缺道光叁年平糶及糶剩借撥鄰境倉穀壹千叁拾柒石壹斗捌升叁勺肆抄,平原縣林士駿應給盤折買存道光拾叁年平糶借撥鄰境倉穀壹千肆百捌拾伍石,速飭在於各該員名下追價買完。又未買道光拾叁年平糶借撥鄰境倉穀壹千石,未買道光拾捌年支給青州滿營閏月不敷兵米借動買存道光拾陸年平糶借撥鄰境倉穀壹千石,亦即作速買補,同應行追價買完穀石一并運還,以清借款。又陵縣動項買補前任平原縣林士駿應賠漏接道光叁年借撥陵縣倉穀支給德州滿營緩徵不敷兵米借動穀捌百石,此項穀石既已動項買補,所有應追價銀自應趕緊在於林士駿名下追繳,入正報撥,毋再稽遲。至完存穀價合穀陸萬叁千壹拾伍石壹斗肆升玖勺陸抄伍撮,查此項完存穀價該省久經實存司庫,總未及時買補。臣部於節届案内行令造入季冊報部撥用,如將來應行採買穀石,再行動款請支,以昭核實,而杜虧那在案。仍令速飭查照前題辦理。又領款列抵穀價合穀叁萬壹千貳百陸拾捌石伍升捌合伍勺壹抄,亦即迅速撥正,報部查核。又接扣二成養廉彌補穀陸萬叁千壹百捌拾叁石捌斗伍升捌合伍勺玖抄,係於何年月日奉部覆準有案,節經臣部行令查明聲覆,迄今總未報部,實屬延玩。仍令速將覆準原案詳查登覆,毋再遲逾。又煮賑案内動用穀貳萬叁百伍拾玖石陸斗伍升伍合陸抄,既稱應於本案追賠銀内追價買補,究應在於何員名下追賠,即行分晰查明,咨部核追。又前任齊河縣秦謙虧缺,以流攤運直賑米不敷腳價等銀列抵穀價,合穀壹百柒拾叁石伍斗伍升伍合柒勺。查此款列抵穀價現在抵款曾否攤起及該員所虧穀石彙入何案造報之處,應令一并詳查聲覆。又應賠分賠虧缺盤查報明核入參案并專參續虧以及攤賠漏接霉變完存流抵存庫流攤煮賑等項,列抵應追各項,共穀肆拾捌萬捌千玖百柒拾陸石貳斗壹升肆合貳勺柒抄,應令該撫速飭查明應追各員名銀數、籍貫任所,造具簡明清冊送部,以便行追,勿再延緩。

一、冊開：未買商輸穀壹萬壹千肆百肆拾叁石玖斗叁升陸合肆勺，清查彌補穀貳拾玖石玖合叁勺，平糶穀貳萬伍千陸百拾肆石陸斗陸升貳合玖勺伍抄伍撮，飭買穀拾貳萬陸千玖百捌石伍斗叁升陸合叁勺柒抄，支給營兵穀柒萬捌千肆拾貳石玖斗伍合陸勺壹抄，未補支給德州滿營緩徵不敷兵米及碾交滿營兵米借動穀伍萬伍千貳百肆拾壹石伍斗肆升柒合壹勺，未買嘉慶拾陸年出借兵穀壹拾玖石叁斗伍合，道光拾貳年撥運江南賑米碾動穀肆千石。前八件應俟飭令買補。又未還支給不敷孤貧口糧、兵米等項借動穀柒千伍百伍拾玖石陸斗肆升陸合陸勺，應俟徵米易穀還倉。未完道光拾陸年借撥鄰境穀壹千捌百石，未完道光貳拾伍年出借穀捌千叁百伍拾壹石壹斗。前二款應俟催徵運還。又未買道光叁年并拾叁、拾陸等年借給鄰境平糶穀壹萬壹百伍拾石，應俟飭令買穀運還。等語。查前項未買、未補、未還、未完各項，共穀叁拾貳萬玖千壹百陸拾石陸斗肆升玖合叁勺叁抄伍撮。内未買借撥鄰境平糶穀壹萬壹百伍拾石，既係借撥之項，應令速飭買完運還，以清借款。又未完出借穀捌千叁百伍拾壹石壹斗，并未完借給鄰境穀壹千捌百石，嚴飭各屬按限催徵，分别還倉。又未還支給不敷緩徵孤貧口糧、兵米等項借動穀柒千伍百伍拾玖石陸斗肆升陸合陸勺，亦即作速徵米易穀還倉。其餘未買未補各項穀叁拾萬壹千貳百玖拾玖石玖斗貳合柒勺叁抄伍撮，查倉穀虧額自應及時買補，以實倉儲。今該省節年未還、未補、未完等項穀石，并不飭屬按限採買徵完，實屬不合，應令速飭按限、按款分别買補還倉，毋再稽遲。至冊内聲稱缺額穀陸拾肆萬柒千貳百玖拾伍石陸斗柒升伍合陸勺陸抄，亦即迅速買補足額，毋任倉儲久懸。再查未完出借穀石，例應將經徵督催不力各職名開參送部。今該年奏銷案内未完出借穀石，并不開參，應令該撫即將經徵督催不力各職名照例開參，送部核議。其應送奏銷倉糧各屬存儲糧石盤查無虧印加各結，亦即迅速催取專案咨部查核。至此案例應按年題報，何得遲至六年之久始行具題，并令將造報遲延以及督催不力各職名，查取咨送吏部核議。再，山東省歷年常平奏銷應行登覆各款，臣部節經行查，乃該省置若罔聞，總未登覆，殊屬延玩。應請一并查取職名，分别議處。仍令按年登覆清楚，以重倉儲，而杜混淆。

此案於咸豐貳年拾貳月初叁日科抄到部，茲於叁年拾月貳拾捌日辦理具題，合并聲明。

臣等未敢擅便，謹題請旨。

批紅：依議。

爲雲南者海廠辦運道光二十八年鼓鑄白鉛報銷事

咸豐三年十一月初二日

太子太保·大學士管理戶部事務臣祁寯藻等謹題,爲領本收買抽課運局鉛斤報銷等事。

戶科抄出,雲南巡撫吳振棫題者海廠辦運省局道光貳拾捌年分鼓鑄白鉛報銷一案。咸豐叁年貳月拾柒日題,伍月拾陸日奉旨:該部察覈具奏。欽此。欽遵。於本日抄出到部。

該臣等查得,雲南巡撫吳振棫疏稱:據布政使徐有壬詳,者海廠所出鉛斤,先儘官爲收買,餘鉛通商,照例抽課報解。等因。轉飭遵辦在案。茲查者海廠道光貳拾捌年分領過工本銀叁千玖百玖拾伍兩捌錢叁釐,每百兩扣收餘平銀壹兩伍錢,共扣收餘平銀伍拾玖兩玖錢叁分柒釐,收入充公項下,另案報銷。該廠共應辦白鉛貳拾壹萬玖千柒百陸拾玖斤貳兩零,每百斤外抽正課鉛拾斤,餘課鉛拾斤,共抽正課鉛壹萬玖千玖百柒拾玖斤零,餘課鉛壹萬玖千玖百柒拾玖斤零。内以伍斤爲管廠官役廉食,該鉛玖千玖百捌拾玖斤捌兩零。每百斤價銀貳兩,該扣價銀壹百玖拾玖兩柒錢玖分,另冊附同報銷。以伍斤充公,該鉛玖千玖百捌拾玖斤捌兩零,該扣價銀壹百玖拾玖兩柒錢玖分,入於充公項下,另案報銷。實收買鉛壹拾柒萬玖千捌百壹拾壹斤貳兩零,每百斤價銀貳兩,該銀叁千伍百玖拾陸兩貳錢貳分叁釐。連收買餘課共鉛壹拾玖萬玖千柒百玖拾斤貳兩零,共發過價銀叁千玖百玖拾伍兩捌錢叁釐。以上正餘課收買共鉛貳拾壹萬玖千柒百陸拾玖斤貳兩零,一并運交省局供鑄,同價腳銀兩入於鼓鑄案内造報。茲據該署縣接收造冊報銷,覆查,者海廠運過省城錢局道光貳拾捌年分鑄鉛貳拾壹萬玖千柒百陸拾玖斤貳兩零,每百斤價銀貳兩,該銀肆千叁百玖拾伍兩叁錢捌分叁釐,已準按察司照數解司,收作者海廠道光貳拾捌年分正課鉛價銀叁百玖拾玖兩伍錢捌分,其餘銀叁千玖百玖拾伍兩捌錢叁釐,發給該署縣收買鉛斤運局供鑄。合將送到清冊詳請查覈具題。等情。臣覆查無異。除冊分送部科外,謹會同雲貴總督調任閩浙總督臣吳文鎔合疏具題。等因前來。

查雲南省者海廠先經題定每出鉛百斤,抽正課鉛拾斤,變價報撥。餘課鉛拾斤,以伍斤作爲廠費,伍斤變價充公,每百斤變價銀貳兩。等因。今該廠道光貳拾捌年分辦供省局白鉛貳拾壹萬玖千柒百陸拾玖斤貳兩零,每百斤抽課鉛拾斤,餘課鉛拾斤,共抽正課鉛壹萬玖千玖百柒拾玖斤零,餘課鉛壹萬玖千玖百柒拾玖斤零。臣部按照抽收定例覈算,數目相符。除正課鉛斤毋庸給價外,其收買餘鉛及收買餘課共鉛拾玖萬玖千柒百玖拾斤貳兩零,每百斤價銀貳兩,共銀叁千玖百玖拾伍兩捌錢叁釐,亦與定例相符,應毋庸議。至餘課鉛斤變價發給管廠官役廉食銀壹百玖拾玖兩柒錢玖分,查與定例亦屬符合,應準開銷。又變價充公銀壹百玖拾玖兩柒錢玖分,并扣收平餘銀伍拾玖兩玖錢叁分柒釐,應令該撫入於充公案内造報。又抽正課白鉛壹萬玖千玖百柒拾玖斤零,共應變價銀叁百玖拾玖兩伍錢捌分,并令該撫造入季冊報部撥用,并將該廠辦供省局鉛貳拾壹萬玖千柒百陸拾玖斤貳兩零,共需價銀肆千叁百玖拾伍兩叁錢捌分叁釐,分晰造入鼓鑄奏銷冊内,送部查覈。

此案科抄於咸豐叁年伍月拾陸日到部,茲於拾壹月初貳日辦理具題,合并聲明。

臣等未敢擅便,謹題請旨。

批紅:依議。

爲甘肅中衛縣咸豐二年地震捐賑事

咸豐三年十一月初九日

太子太保·大學士管理户部事務臣祁寯藻等謹題,爲遵旨事。

户科抄出,署陝甘總督易棠將甘肅省中衛縣咸豐貳年城鄉城(地)震成灾,賑散過灾民口糧、摇倒房屋議給修費錢文捐輸歸款一案。咸豐叁年肆月貳拾捌日題,柒月初貳日奉旨:該部察核具奏。欽此。欽遵。於本日抄出到部。

該臣等查得,署陝甘總督易棠疏稱:查得中衛縣地震成灾,前後賑散過灾民口糧、修費錢文捐輸歸款,例應分晰造銷。兹據甘肅布政使詳稱:準寧夏道吉泰移據寧夏府知府毓科、中衛縣知縣封景岷會同委員補用知州管讓、皋蘭縣知縣張兆長,查出本城暨東關舖東北園、西南北兩園、城東莊、東南莊、東北莊、西南莊、西北莊、高橋莊、馬草湖、柔遠堡、鎮靖堡、鎮羅堡、河南永康堡等處,通共灾民三千五百四十七户内,大口壹萬肆千柒百肆拾貳口,小口玖千肆百捌拾柒口。照例每大口日給倉斗糧伍合,小口貳合伍勺。初賑咸豐貳年柒月分大建一月口糧,倉斗小麥貳千玖百貳拾貳石捌斗貳升伍合,在於該縣倉儲嘉慶拾陸年買補缺額常平糧内動用給散。又摇倒房屋捌千壹百叁拾陸間,每間議給修費錢叁百文,共動用縣庫存儲收回生息本錢貳千肆百肆拾串捌百文。嗣據各灾民懇請續賑,隨於捌月分續賑貳拾伍日口糧,倉斗小麥貳千肆百叁拾伍石陸斗捌升柒合伍勺,在於該縣倉儲嘉慶拾陸年買補缺額常平糧内動用給散。俱係會同按戶、按口核實監散,二共動用嘉慶拾陸年買補缺額常平倉斗小麥伍千叁百伍拾捌石伍斗壹升貳合伍勺。每石壹兩,應作價銀伍千叁百伍拾捌兩伍錢壹分貳釐伍毫。又動用縣庫存儲收回生息本錢貳千肆百肆拾串捌百文,每錢壹串捌百文折銀壹兩,計銀壹千叁百伍拾陸兩,統共計銀陸千柒百壹拾肆兩伍錢壹分貳釐伍毫。例應照數報銷,請領歸款。經該道吉泰捐輸賑卹銀壹千伍百兩,該府毓科捐銀貳千兩,該縣封景岷捐銀貳千兩,寧夏縣知縣李大融續捐銀壹千兩,共捐輸銀陸千伍百兩,即將此項銀兩撥還原動倉庫各款。除將捐項儘數動撥外,尚不敷銀貳百壹拾肆兩伍錢壹分貳釐伍毫,已由該縣封景岷自行捐墊還款。理合將賑卹灾民口糧、修費錢文及續賑口糧、捐輸歸款緣由,造具被灾各戶民散放口糧修費細數清冊印結,由本管道府核加印結,移送前來。臣覆核無異,除冊結分送部科外,相應具題。等因前來。

查陝甘總督題報甘肅省咸豐貳年中衛縣城鄉地震成灾,查出本城暨東關舖東北園、西南北兩園、城東莊、東南莊、東北莊、西南莊、西北莊、高橋莊、馬草湖、柔遠堡、靖遠堡、鎮羅堡、河南永康堡等處灾民三千五百四十七戶。内大口壹萬肆千柒百肆拾貳口,小口玖千肆百捌拾柒口。每大口日給糧伍合,小口貳合伍勺。初賑一月口糧,并續賑貳拾伍日口糧,共動用嘉慶拾陸年常平倉斗糧伍千叁百伍拾捌石伍斗壹升貳合伍勺。摇倒房屋捌千壹百叁拾陸間,每間修費錢叁百文,共動用縣庫存儲收回生息本錢貳千肆百肆拾串捌百文。每糧壹石,作價銀壹兩。每錢壹串捌百文,折銀壹兩。共銀陸千柒百壹拾肆兩伍錢壹分貳釐伍毫,在於寧夏道吉泰等捐賑銀陸千伍百兩撥還原動倉庫各款。不敷銀貳百壹拾肆兩伍錢壹分貳釐伍毫,由該縣封景岷自行捐墊還款。等語。查此案賑卹灾民口糧,臣部檢查現據陝甘總督另案題銷中衛縣城鄉地震成灾,請將被灾較重各處應徵正耗銀糧草束題請豁免案内,聲明東北園、西南園、西南北兩園、城東莊、東北莊、高橋莊、馬草湖等處錢糧,照舊催徵。何以此案内又將東北園等處戶民歸入被灾較重之戶民内,一體散給口糧。應令陜甘總督轉飭據實查明,聲覆到日,再行核辦。再查賑䘏口糧,前據陜甘總督奏報覆勘摺内,係由該府、縣等先行捐廉給予口食。既據聲明捐廉散給,即不應在常平倉内動用糧石,亦不得以生息錢文作爲修費。并令陜甘總督即飭各該員將捐輸銀兩迅即於年内將常平糧石照數買補還倉,以供本年兵糈,并動用生息本錢歸還原款,仍將買還倉糧并歸還生息本錢日期,專案報部查核。

此案於咸豐叁年柒月初貳日科抄到部,兹於拾壹月初玖日辦理具題,合并聲明。

臣等未敢擅便,謹題請旨。

爲題銷烏嚕木齊道光二十九年供支經制官兵俸餉事

咸豐三年十一月十五日

太子太保·大學士管理戶部事務臣祁寯藻等謹題,爲奏聞事。

户科抄出,署陜甘總督易棠題銷烏嚕木齊道光貳拾玖年供支經制官兵俸餉等項銀糧一案。咸豐叁年正月貳拾捌日題,肆月貳拾貳日奉旨:該部察核具奏。欽此。欽遵。於本日抄出到部。隨將廸化等州縣廩生姓名并烏嚕木齊各營官兵馬匹數目以及各州縣監犯名數移查禮部、兵部、刑部去後,於陸月拾肆等日準兵部等部查覆前來。

該臣等查得,乾隆肆拾柒年叁月内,據原任陜甘總督李侍堯具奏,烏嚕木齊所屬各府廳、州、縣一切錢糧事件,自乾隆肆拾柒年爲始,由烏嚕木齊都統核明,咨送陜甘總督衙門飭發藩司按冊確核具詳,會同該都統題銷。等因在案。今據署陜甘總督易棠會同前任烏嚕木齊都統樂斌,將烏嚕木齊道光貳拾玖年,供支經制官兵俸餉等項銀糧造冊具題請銷前來。查冊開舊管無項:

一、新收項下:由屯田案内撥供銀貳拾捌萬肆千玖百伍拾兩肆錢玖分捌釐,各色糧柒萬陸千陸百陸拾陸石貳斗捌升貳合玖勺。等語。查前項新收銀糧,臣部核對屯田案内撥給銀糧數目均屬相符,應毋庸議。

一、開除項下:供支烏嚕木齊額設道員并知州、通判、知縣、縣丞、學正、訓導、吏目、巡檢、典史、所千總等官俸廉公費以及各衙門書役工食等項,共銀叁萬壹千陸百柒拾兩捌錢陸分壹釐,口糧白麪貳拾壹萬貳千玖百伍拾貳斤,小麥玖拾陸石。又供支廸化等州縣廩生餼糧折價銀貳拾柒兩柒錢捌分壹釐。

等語。查定例:烏嚕木齊額設鎮廸道糧務一員,歲支俸銀壹百伍兩,養廉銀叁千兩,公費銀柒百兩。知州一員,歲支俸銀捌拾兩,養廉銀捌百兩,公費銀柒百兩。理事通判一員,歲支俸銀陸拾兩,養廉銀陸百兩,公費銀柒百兩。知縣三員,每員歲支俸銀肆拾伍兩,養廉銀陸百兩,公費銀柒百兩。縣丞一員,歲支俸銀肆拾兩,養廉銀肆百兩。學正一員,歲支俸銀肆拾兩,公費銀捌拾兩。訓導三員,每員歲支俸銀肆拾兩,公費銀陸拾兩。吏目一員、巡檢二員、典史三員,每員歲支俸銀叁拾壹兩伍錢貳分,吏目、巡檢各歲支養廉銀叁百兩,典史歲支養廉銀貳百兩。所千總三員,每員歲支俸銀陸拾陸兩柒錢陸釐,養廉銀肆百兩。額設書辦六十九名,每名月支工食銀肆兩捌錢。門子、皂役等五百五十一名,每名月支工食銀貳兩,各日支口糧粟米捌合叁勺或麪壹斤。斗級每名月支工食銀貳兩,不支口糧。各等因。今道光貳拾玖年烏嚕木齊供支官役支過俸工等項銀兩、口糧、白麪、小麥各數目,臣部按冊核算,與例相符,應準開銷。至廸化等州縣廪生姓名,移查禮部覆稱相符。所有前項支過餼糧折價銀兩,臣部核與應支數目符合,亦應準其開銷。

一、供支烏嚕木齊滿營官兵俸廉餉糧馬匹料草折色等項,共銀貳拾伍萬貳千柒百兩玖錢伍釐,粟米叁百柒拾玖石柒合柒勺,小麥陸萬叁百捌拾石陸斗貳升柒合貳勺,莞豆叁千肆百玖拾捌石肆斗壹升壹合玖勺。隨將滿營官兵馬匹數目移查兵部覆稱,核與陜甘總督造送冊載數目相符。等語。查定例:烏嚕木齊都統歲支養廉隨甲銀貳千叁百捌拾捌兩,副都統歲支銀壹千叁百肆拾兩,領隊大臣歲支養廉銀捌百兩。又各處賞給副都統銜作爲領隊大臣者,除支本任養廉外,仍給予副都統隨甲養廉。等語。又烏嚕木齊都統一員,歲支俸銀壹百捌拾兩,俸米捌拾伍石伍斗。副都統銜領隊大臣一員,歲支俸銀壹百伍拾伍兩,俸米柒拾肆石。協領六員,每員歲支俸銀壹百叁拾兩,粳米家口十二口,粟米家口十八口。佐領二十四員,每員歲支俸銀壹百伍兩,粳米家口十口,粟米家口十口。防禦二十四員,每員歲支俸銀捌拾兩,粳米家口四口,粟米家口十口。驍騎校二十四員,每員歲支俸銀陸拾兩,粳米家口二口,粟米家口十口。筆帖式三員,每員歲支俸銀貳拾壹兩壹錢壹分肆釐,粟米家口十口。恩騎尉一員,歲支俸銀肆拾伍兩,粳米家口二口,粟米家口十口。前鋒領催共三百六十名,每名月支餉銀叁兩。馬兵、炮手共二千三百五十二名,每名月支餉銀貳兩。步兵、匠役、養育兵共六百六十四名,每名月支餉銀壹兩。官員馬二百九十三匹四分,兵丁馬四千七百九十五匹二分。又兵丁每名日支口糧粟米捌合叁勺或麪壹斤。又官員常川拴餵六分馬匹,每匹月支料壹石貳斗,草六十束。兵丁馬匹夏秋二季不支料草,春冬二季每匹月支料壹石貳斗,草六十束,半本半折。料石部折每石折銀壹兩,時折柒分伍釐。料每石折銀壹兩貳錢,餘支本色。草束部折每束折銀壹分,時折貳分伍釐,草每束折銀壹分伍釐,餘支本色。因該處向不徵草,以七斤重草作十斤重草,每束折銀陸分。等因在案。今烏嚕木齊滿營官兵馬匹數目,既據兵部查覆相符,所有前項支過俸餉等項銀糧,臣部按冊核算,與例案應支數目亦屬符合,應準開銷。

一、供支烏嚕木齊提標各營并濟木薩、瑪納斯、庫爾喀喇、烏蘇精河等營官兵馬料小麥肆千伍百伍拾石玖升捌合玖勺,莞豆叁千玖百壹石肆斗玖升陸合,青稞伍百玖拾陸石貳斗柒升捌勺,大麥肆百捌拾貳石貳斗柒合。隨將各營官兵騎操馬匹數目移查兵部,覆稱核與陝甘總督冊造數目相符。等語。查定例:烏嚕木齊提標綠營官兵騎操馬匹,春冬二季每匹月支倉斗料玖斗。等因。今烏嚕木齊提標各營騎操馬匹數目既據兵部查覆相符,所有前項支過馬料數目,臣部按冊核算與例亦屬符合,應準開銷。

一、廸化等州縣致祭博克達山并文廟、關帝廟、文昌帝君廟以及昭忠祠採買牛羊、香燭等物,共用銀叁百柒拾兩捌錢陸分。又供支烏嚕木齊領隊大臣官役口糧白麪伍千柒拾斤。等語。查定例:廸化、昌吉、阜康、綏來等四州縣致祭文廟,每年各支銀肆拾伍兩。又致祭關帝廟,每年各支銀貳拾壹兩捌錢捌分。又致祭文昌帝君廟,每年各支銀壹拾陸兩柒錢陸分。又烏嚕木齊致祭博克達山,每年支銀玖兩捌錢捌分。致祭昭忠祠,每年支銀肆兩伍錢肆分。各等因。今前項供支各處祭品銀兩,臣部按冊核算與例相符,應準開銷。至供支領隊大臣官役口糧麪斤,核與該處季報冊造支給數目相符,亦應準其開銷。

一、廸化、昌吉、阜康、綏來等州縣,供支監犯鹽菜制錢壹百肆拾肆千柒拾叁文。每制錢捌百文,合銀壹兩,共合銀壹百捌拾兩玖分壹釐。口糧粟米壹百叁拾貳石玖斗玖升玖合貳勺,白麪壹萬貳千柒百玖拾壹斤。隨將監犯姓名數目移查刑部,覆稱均屬相符。等語。查廸化等州縣監犯名數,既據刑部查覆相符。所有前項支過鹽菜、錢文、口糧、米麪,臣部按冊核算,與應支數目亦屬符合,應準開銷。至應用制錢壹百肆拾肆千柒拾叁文,每制錢捌百文,合銀壹兩,共合支銀壹百捌拾兩玖分壹釐。查前項用過鹽菜錢文合算銀兩,既據該督取具印結送部,應毋庸議。

一、司總冊造實存無項。等語。查此案收支銀糧,向由屯田案内儘數撥給,動用無存,應毋庸議。

再,此案於咸豐叁年肆月貳拾貳日科抄到部,當經行查禮、兵、刑三部去後。今於陸月拾肆等日準兵部等部查覆前來。茲於拾壹月拾伍日辦理具題,合并聲明。

臣等未敢擅便,謹題請旨。

批紅:依議。

爲福建題銷道光二十年撥戍臺澎班兵眷口米折銀兩事

咸豐三年十一月十六日

太子太保·大學士管理戶部事務臣祁寯藻等謹題,爲遵旨事。

戶科抄出,福建巡撫王懿德將閩省道光貳拾年分撥戍臺灣澎湖各營班兵眷口米折銀兩一案。咸豐叁年正月貳拾伍日題,肆月貳拾伍日奉旨:該部察覈具奏。欽此。欽遵。於本日抄出到部。查此案先據該撫揭報,當經臣部將班兵名數及起止各日期是否相符,原冊行查兵部去後。旋準兵部查覆到部。

該臣等查得,福建巡撫王懿德疏稱:閩省内地水陸各營撥戍臺灣、澎湖各營班兵,於雍正柒年等年欽奉特恩,每年賞銀肆萬兩,以爲班兵内地家屬養贍之資。又每名每月賞給眷口米壹斗。除延平、建寧、邵武、汀州、福寧等府各營,從前本係折給價銀歸於眷銀案内報銷外,其福州、興化、泉州、漳州各營撥戍臺澎各營班兵一萬七百八十八名,應支眷米原係支領本色,前因臺運愆期,議請改給折色,即在臺屬供粟内變價解給,於道光捌年奏奉諭旨允準,轉行欽遵在案。茲據布政使慶端詳稱:道光貳拾年係無閏之年,應需眷米壹萬貳千玖百肆拾伍石陸斗,每石折價銀貳兩,共折價銀貳萬伍千捌百玖拾壹兩貳錢。各營自道光貳拾年正月起至拾貳月止,實領眷口米折銀貳萬肆千柒拾叁兩陸錢捌釐叁毫陸絲,實扣存截曠司庫米折銀壹千捌百壹拾柒兩伍錢玖分壹釐陸毫肆絲。所有眷米價銀遵照原奉部咨,先行由司籌款隨同眷銀給發,續經在於司庫雜項内籌動,即於臺餉内扣收歸款在案。理合備造清冊題銷,并聲明扣存截曠銀兩,另行彙入季冊報撥。等情。臣覆覈無異,除冊送部外,謹會同前署閩浙總督福州將軍臣怡良合詞具題。等因前來。

查例載,福建各營戍臺班兵,每年於額餉外賞銀肆萬兩,查照兵額均勻分給内地家口,以資養贍。又每月給眷米壹斗,遇閏加增。福州、興化、泉州等營每米壹石,折給銀貳兩,在於臺灣府屬每年額徵供粟内糶銀折給,由司隨同眷銀給發,即在臺灣各營赴司請領俸餉銀内劃扣。等因。今據福建巡撫題報:道光貳拾年分福州、興化、泉州、漳州各營撥戍臺澎班兵,應需眷口米壹萬貳千玖百肆拾伍石陸斗。每石折銀貳兩,共折價銀貳萬伍千捌百玖拾壹兩貳錢。自道光貳拾年正月起至拾貳月止,實領眷口米折銀貳萬肆千柒拾叁兩陸錢捌釐叁毫陸絲,扣存截曠米折銀壹千捌百壹拾柒兩伍錢玖分壹釐陸毫肆絲,另行入冊報撥。等語。查班兵名數及起止各日期,據兵部查覆相符。所有該年給過眷口米折銀貳萬肆千柒拾叁兩陸錢捌釐叁毫陸絲,臣部按冊覈算,數目亦屬符合,應準開銷。至扣存截曠銀壹千捌百壹拾柒兩伍錢玖分壹釐陸毫肆絲,除照數登記外,應令該撫轉飭即行造入本年秋撥冊内,報部撥用。

惟查此項眷米折價銀兩,歴經臣部行令於應領臺餉銀兩劃扣歸款在案,迄今總未據按年分晰造報,亦未將歴年節省運脚銀兩提解報撥。至此案例應隔年報銷,何以遲至十餘年之久始行題報,實屬任意玩延。應令該撫嚴飭該藩司,迅即據實查明,按年造冊報部,以憑覈辦。并查取辦理遲延各職名,送部覈議。

此案科抄於咸豐叁年肆月貳拾伍日到部,兵部於柒月拾壹日查覆。兹於拾壹月拾陸日辦理具題,合并聲明。

臣等未敢擅便,謹題請旨。

批紅:依議。

爲新疆阿克蘇道光三十年收支銀糧牲畜等項造冊請銷事

咸豐三年十一月二十四日

戶部等部・太子太保・大學士管理戶部事務臣祁寯藻等謹題,爲奏銷事。

查西北兩路新疆地方,每年動用銀糧牲畜等項,各該將軍大臣一面造冊送部,一面開單具奏請銷。嗣於嘉慶貳年,葉爾羌大臣奏銷嘉慶元年用過銀糧等項,欽奉諭旨:此等應行彙題案件,前已降旨,令於歲底報部,由部題銷,通行曉諭。今又何須具奏。欽此。欽遵。經軍機處行文各該將軍、大臣,嗣後凡遇應行彙題事件。俱照從前所降諭旨,停止具奏,報部銷算。等因。今據阿克蘇辦事大臣圖伽布將道光叁拾年供支該處屯田、駐劄等案官兵養廉、鹽菜銀兩、錢文、口糧、牲畜等項造冊送部，彙核題銷前來。查冊開：

一、舊管項下：屯田官兵案内。不敷糧折當十普爾錢拾捌串玖百貳文、當五普爾錢叁拾柒串捌百叁拾叁文。存銀陸百陸拾貳兩叁錢肆分肆釐玖毫捌絲肆忽，當十普爾錢柒千陸百拾貳串貳百肆拾伍文，當五普爾錢伍千貳百玖拾伍串玖百叁拾陸文，各色糧貳萬伍千拾貳石捌斗捌升陸合貳勺，麩子陸百伍拾捌斤，白布夾口袋一百六十三條，白布五尺，塔哈爾三十九條。另款存儲軍需項下移交各色糧壹萬貳千肆拾肆石柒斗柒升柒合叁勺，白麪玖千柒百叁拾伍斤陸兩捌錢，白布單夾毛口袋六千七百五十一條，農具六十三件，火藥四百九斤十兩四錢八分，鉛五千三百十斤七兩八錢八分二釐，火繩六千一百九十七丈一尺六寸，鉛丸等項四萬五千三百四十出，戰箭八千九百一枝，軍械三千九百三十二件，祖錢肆個，母錢壹串壹百叁拾玖文。又當十母錢貳百貳拾壹文，當五母錢伍百拾叁文，器具一百三十四件，茶葉五十一封三斤七兩，破爛不堪器具十七件。又故民遺留銀貳百柒拾伍兩壹錢叁分肆釐貳絲伍忽，普爾錢叁百柒拾壹串捌百柒拾壹文。駐劄官兵案内。舊管無項。新添防兵案内。舊管銀貳萬叁千貳百伍拾柒兩伍錢叁分貳釐伍毫。稅賦案内。舊管茶稅銀壹萬捌千玖百拾玖兩伍錢叁分伍釐。綢緞案内。舊管綢八匹。紙劄案内。舊管奏摺等項一千五百三十四個，黄綾夾板等項九百四十副，紅黄紙三千三十三張，油紙八百四十張，單紙五百六十九合九十張，夾紙三百九十五合三十三張，竹紙五合，淨紅紙三十四合，筆一千二百五十六枝，墨二十七斤十三兩，銀硃三十三斤十一兩，咨文袋四千八百個，黄絲綫十斤，艾一斤半。牲畜案内。舊管馬三百六十五匹，牛二百五十七隻，駝十八隻。等語。查屯田官兵案内不敷糧折錢文以及舊管銀錢、糧石、農具、口袋、茶葉，并故民遺留及新添防兵等案内舊管銀錢、紙劄、牲畜等項，户部核與上年奏銷案内不敷并實存各數目相符，應毋庸議。惟查舊管筆一千二百五十六枝，户部核對上年奏銷案内，實存筆一千二百八十六枝，數目不符，應令阿克蘇大臣查明報部核辦。至舊管火藥、繩鉛、軍械等項，兵部查與上年實存數目相符。

一、新收項下：屯田官兵案内。由内地撥解經費等銀壹萬伍千柒百貳拾伍兩壹錢肆分玖釐陸毫陸絲。又錢局鑄獲并抽收稅賦、房租、綢緞、變價等項，共當十普爾錢壹千貳百玖拾串陸拾肆文，當五普爾錢壹千柒百陸拾串壹百玖拾陸文。又收新墾地畝應徵糧折當十普爾錢貳百伍拾伍串柒百伍拾文，當五普爾錢伍百拾壹串伍百文。又稻田收獲并回子交納等項，共各色糧壹萬壹千肆拾伍石捌升陸合。又由烏什撥運大藥一千一百三十九斤六兩五錢二分。又回子交納鉛六百七十八斤十二兩,硫磺七千四斤七兩九錢八釐七毫二絲,銅二萬四千一百十四斤七兩,本處採買清油三百三十六斤,白布夾口袋八十八條,蔴口袋九十六條,蔴繩九十六根。又故民遺留普爾錢肆串叁拾肆文。駐劄官兵案内。由屯田官兵案内撥供銀壹萬肆千伍百玖拾玖兩陸錢肆分伍釐貳毫,當十普爾錢貳百叁拾陸串叁百叁拾玖文,當五普爾錢肆百柒拾貳串柒百陸拾壹文。又收糧折當十普爾錢壹百捌拾玖串叁百貳拾玖文,當五普爾錢叁百柒拾捌串陸百伍拾柒文,各色糧捌千玖百柒拾壹石玖斗柒升玖勺。新添防兵案内。由内地撥解經費銀伍千貳百貳拾兩,由屯田官兵案内撥供當十普爾錢柒拾伍串玖百拾伍文,當五普爾錢壹百伍拾壹串捌百叁拾肆文。又收糧折當十普爾錢伍拾貳串貳拾陸文,當五普爾錢壹百肆串伍拾貳文,小麥玖百玖拾叁石貳斗玖升柒合伍勺。稅賦案内。抽收稅賦房租當五普爾錢叁百陸拾伍串伍百柒拾肆文。綢緞案内。由内地辦解綢緞綾四百十八匹。紙劄案内。由内地辦解奏摺等項九百十八個,紅紙一百二十張,單紙二百二合,夾紙四十六合,筆三千八百七十枝,墨二十一斤四兩六錢,銀硃九斤,咨文袋五百個,艾四斤半,白芨二兩。牲畜案内。由伊犁領到并本處撥補等項馬二百六匹,牛九十九隻,駝五隻。等語。查前項新收銀錢、糧石、銅斤、清油、口袋、綢緞、紙劄、馬牛、駝隻等項,戶部按冊核算,數目相符。至新收故民遺留錢文,查新收故民遺留普爾錢文,應令該大臣俟該故民親屬承領之日,即行報部查核。至新收火藥鉛磺等項,兵部按冊查核相符。

一、開除項下:屯田官兵案内。補還上年奏銷冊落不敷糧折借動正項當十普爾錢十八串九百二文,當五普爾錢叁拾柒串捌百叁拾叁文。又撥供駐劄官兵案内銀壹萬肆千伍百玖拾玖兩陸錢肆分伍釐貳毫,當十普爾錢貳百叁拾陸串叁百叁拾玖文,當五普爾錢肆百柒拾貳串柒百陸拾壹文,糧折當十普爾錢壹百捌拾玖串叁百貳拾玖文,當五普爾錢叁百柒拾捌串陸百伍拾柒文,各色糧捌千玖百柒拾壹石玖斗柒升玖勺。又撥供新添防兵案内當十普爾錢柒拾伍串玖百拾伍文,當五普爾錢壹百伍拾壹串捌百叁拾肆文,糧折當十普爾錢伍拾貳串貳拾陸文,當五普爾錢壹百肆串伍拾貳文,小麥玖百玖拾叁石貳斗玖升柒合伍勺。又碾獲粳米動用稻穀伍百叁石叁升伍合。等語。查前項補還上年不敷借動正項錢文,并撥供駐劄官兵、新添防兵二案内銀錢糧石,以及碾獲粳米動用稻穀,戶部按冊遂一查核,各案内應還應收各數目均屬相符,所有補還撥用銀錢糧石應準開除。

一、阿克蘇錢局鑄獲當十普爾錢壹千柒拾捌串貳百肆拾玖文,當五普爾錢壹千叁百叁拾陸串伍百陸拾叁文,連火耗共需用銅二萬一千一百一十四斤七兩。又於鑄獲錢文内分給烏什搭放兵餉當十普爾錢叁百叁拾叁串伍百柒拾文,當五普爾錢陸百陸拾柒串壹百叁拾玖文。分給庫車搭放兵餉當十普爾錢拾柒串肆百捌拾伍文,當五普爾錢叁拾肆串玖百柒拾文。分給喀喇沙爾搭放兵餉當十普爾錢拾柒串柒百貳文,當五普爾錢叁拾伍串肆百伍文。分給各城交銅回子當十普爾錢捌拾肆串陸百壹拾文,當五普爾錢壹百陸拾玖串貳百貳拾肆文。等語。戶部核與該大臣咨報各原案均屬相符,應準開銷。

一、阿克蘇錢局鼓鑄錢文,設爐六座,共用過拌沙茶葉一十五封八兩。又馱運柴炭用過蔴口袋九十六條,蔴繩九十六根。又採買前項蔴口袋蔴繩用過當十普爾錢肆百貳拾文,當五普爾錢捌百肆拾文。等語。查阿克蘇錢局用過拌沙茶葉一十五封八兩,并馱運柴炭用過蔴口袋九十六條,蔴繩九十六根,戶部核與節年準銷數目相符,應準開銷。至採買蔴口袋九十六條,蔴繩九十六根,用過當十普爾錢肆百貳拾文,當五普爾錢捌百肆拾文,工部按冊核算,與該處準銷成案數目相符,應準開銷。

一、阿克蘇運送伊犂銅三千斤。又撥運伊犂硫磺裝用白布夾口袋二十七條,撥運烏嚕木齊硫磺裝用白布夾口袋二十三條,撥運吐魯番硫磺裝用白布夾口袋一條。等語。查阿克蘇運送伊犂銅三千斤,又撥運伊犂、烏嚕木齊、吐魯番硫磺共裝用白布夾口袋五十一條。應令伊犂將軍、烏嚕木齊都統各於收到之日,即飭造入奏銷冊内,報部查核。

一、阿克蘇拆修倉内使用白布夾口袋一百二十六條,内折耗口袋三十七條。等語。查定例:阿克蘇額定夾布口袋一百二十六條,如有破損每年照例拆修,總不得逾十分銷三之數。等因。今阿克蘇拆修折耗白布夾口袋三十七條,戶部核與例銷之數無浮,應準開銷。

一、阿克蘇屯田水磨并軍臺車輛,共用照燈膏車清油三百三十六斤。等語。查阿克蘇屯田水磨,每盤日需照燈清油四兩。又軍臺車輛每輛月需膏車清油半斤,節經核銷在案。今前項屯田水磨并軍臺車輛共用清油三百三十六斤,戶部按冊核算,與應支數目相符,應準開銷。

一、阿克蘇運送伊犂等處硫磺七千四斤七兩九錢八釐七毫二絲,鉛五百九十八斤七兩二錢。又操演兵丁并支放更明砲位,共用火藥一千一百九斤十一兩二錢,鉛七十九斤十二兩一錢五分二釐。等語。兵部查係操演槍炮應用之項,準其開銷。

一、駐劄案内。供支阿克蘇辦事大臣養廉鹽菜等銀肆百貳拾叁兩叁錢玖分玖釐,口糧粳米貳石玖斗玖升陸合叁勺,麪折小麥叁拾伍石肆斗伍升。又供支回子郡王愛瑪特俸銀壹千貳百兩。等語。查定例:阿克蘇辦事大臣歲支養廉銀肆百兩,跟役十二名,官役各日支口糧米捌合叁勺或麪壹斤。等語。今册造供支阿克蘇辦事大臣圖伽布等養廉鹽菜等銀肆百貳拾叁兩叁錢玖分玖釐,口糧粳米貳石玖斗玖升陸合叁勺,麪折小麥叁拾伍石肆斗伍升。等語。户部核與定例及應支數目相符,應準開銷。又供支回子郡王愛瑪特俸銀壹千貳百兩等語。户部核與理藩院知照原案應給俸銀數目相符,應準開銷。

一、供支印房等處官員、書吏、斗級并駐劄緑營官兵、回子通事人等,鹽菜工食等銀捌千伍百貳拾兩貳錢伍分玖釐貳毫,當十普爾錢貳百陸拾叁串肆百捌拾陸文,當五普爾錢伍百貳拾陸串玖百柒拾貳文,口糧各色糧貳千貳百拾叁石壹斗伍升捌合壹勺,口食羊一千二百九十八隻,折給當十普爾錢肆拾串伍百陸拾壹文,當五普爾錢捌拾壹串壹百貳拾捌文。又供支印房等處油燭銀陸拾肆兩,當十普爾錢陸百肆拾文,當五普爾錢壹串貳百捌拾文。又致祭穆素爾嶺神用過香表當五普爾錢柒拾貳文。等語。查定例:跟隨大臣辦事部院章京月支鹽菜銀拾伍兩,跟役六名。部院筆帖式月支鹽菜銀捌兩,跟役二名。以上跟役不支鹽菜銀兩。糧員歲支公費銀壹百捌拾兩,書識月支工食銀肆兩捌錢,州縣以下佐雜官及筆帖式各月支鹽菜銀貳兩,各跟役二名,鹽菜銀壹兩。滿營兵丁月支鹽菜銀壹兩伍錢,每二人合給跟役一名,鹽菜銀伍錢。緑營參將、遊擊各月支鹽菜銀肆兩,跟役六名,鹽菜銀叁兩。千總月支鹽菜銀壹兩柒錢,跟役二名,鹽菜銀壹兩。把總月支鹽菜銀壹兩貳錢,跟役二名,鹽菜銀壹兩。外委月支鹽菜銀玖錢,跟役一名,鹽菜銀伍錢。以上官役各日支口糧米捌合叁勺或麪壹斤。糧員公費每銀壹兩折給普爾錢壹百文,兵丁鹽菜每銀壹兩折給普爾錢貳百貳拾文。等語。又該處換防馬、步、守兵因食物昂貴,防所月給銀壹兩肆錢伍分,經那彦成奏準在案。今册造供支印房等處官員、書吏、斗級并駐劄緑營官兵、回子通事人等鹽菜工食等銀捌千伍百貳拾兩貳錢伍分玖釐貳毫,當十普爾錢貳百陸拾叁串肆百捌拾陸文,當五普爾錢伍百貳拾陸串玖百柒拾貳文,口糧各色糧貳千貳百拾叁石壹斗伍升捌合壹勺,口食羊一千二百九十八隻,折給當十普爾錢肆拾串伍百陸拾壹文,當五普爾錢捌拾壹串壹百貳拾捌文。又供支印房等油燭銀陸拾肆兩,當十普爾錢陸百肆拾文,當五普爾錢壹串貳百捌拾文。又致祭穆素爾嶺神用過香表當五普爾錢柒拾貳文。等語。戶部核與定例及歷年準銷成案相符,應準開銷。至致祭穆素爾嶺神用過香表當五普爾錢柒拾貳文,係年例應需之項,亦應準其開銷。

一、供支錢局官兵、回子、匠役鹽菜銀玖百兩陸分,當十普爾錢貳拾柒串叁百玖拾文,當五普爾錢伍拾肆串柒百捌拾貳文,口糧牲料各色糧叁百伍拾叁石壹斗捌升壹合肆勺,口食羊一百二十二隻,折給當十普爾錢叁串捌百拾貳文,當五普爾錢柒串陸百貳拾陸文。等語。查定例:綠營把總月支鹽菜銀壹兩貳錢,跟役二名,鹽菜銀壹兩。外委月支鹽菜銀玖錢,跟役一名,鹽菜銀伍錢。官役、兵丁各日支口糧米捌合叁勺或麪壹斤。又阿克蘇鑄錢回子每名月支鹽菜銀玖錢,口糧麪叁拾斤。兵丁鹽菜每銀壹兩,折給普爾錢貳百貳拾文。等因。又該處換防馬、步、守兵因食物昂貴,防所月給銀壹兩肆錢伍分,經那彥成奏準在案。又該處節年奏銷案内,供支錢局馱運柴炭,牛隻每隻日支料壹升伍合,歷經辦理在案。今冊造供支錢局官兵、回子、匠役鹽菜銀玖百兩陸分,當十普爾錢貳拾柒串叁百玖拾文,當五普爾錢伍拾肆串柒百捌拾貳文,口糧牲料各色糧叁百伍拾叁石壹斗捌升壹合肆勺,口食羊一百二十二隻,折給當十普爾錢叁串捌百拾貳文,當五普爾錢柒串陸百貳拾陸文。等語。戶部核與定例及歷年準銷成案均屬相符,應準開銷。

一、供支軍臺官兵、回子鹽菜銀壹千捌百叁拾肆兩伍錢陸分,當十普爾錢伍拾柒串玖百伍拾貳文,當五普爾錢壹百拾伍串玖百陸文,口食當十普爾錢貳串文,當五錢肆串文,口糧、牲料、各色糧叁千柒百捌拾石陸斗壹升叁合肆勺。口食羊三百十八隻,折給當十普爾錢玖串玖百叁拾捌文,當五普爾錢拾玖串捌百柒拾肆文。等語。查定例:筆帖式月支鹽菜銀貳兩,跟役二名,鹽菜銀壹兩。千總月支鹽菜銀壹兩柒錢,跟役二名,鹽菜銀壹兩。官役、兵丁各日支口糧米捌合叁勺或麪壹斤。臺站遞事各回子照綠營兵丁之例,給與鹽菜銀兩。又兵丁鹽菜每銀壹兩,折給普爾錢貳百貳拾文。又各城安設馬匹、牛隻,春冬每匹隻日支料貳京升。等因。又該處換防馬、步、守兵因食物昂貴,防所月給銀壹兩肆錢伍分,經那彥成奏準在案。今冊造供支軍臺官兵回子鹽菜銀壹千捌百叁拾肆兩伍錢陸分,當十普爾錢伍拾柒串玖百伍拾貳文,當五普爾錢壹百拾伍串玖百陸文口食當十普爾錢貳串文,當五錢肆串文,口糧牲料各色糧叁千柒百捌拾石陸斗壹升叁合肆勺。口食羊三百十八隻,折給當十普爾錢玖串玖百叁拾捌文,當五錢拾玖串捌百柒拾肆文。等語。戶部核與定例及應支數目均屬相符,應準開銷。

一、供支各官加增養廉銀伍百玖拾玖兩玖錢玖分玖釐,鹽菜折小麥壹千肆百肆拾石。等語。查前據葉爾羌參贊大臣長清等奏,阿克蘇每年約可餘糧壹千陸百餘石,該城章京、筆帖式等加增鹽菜折糧壹千肆百餘石,尚敷支領。又該處駐劄大臣加增養廉糧折銀陸百兩,據阿克蘇大臣按年在於内地調解以備支領在案。今冊造供支各官加增養廉銀伍百玖拾玖兩玖錢玖分玖釐,鹽菜折小麥壹千肆百肆拾石等語,戶部核與奏咨各原案相符,應準開銷。

一、供支印房等處柴炭銀叁拾貳兩,當十普爾錢叁百貳拾文,當五普爾錢陸百肆拾文。等語。工部查冊開印房柴炭銀兩核與應給銀錢數目相符,應準開銷。

一、供支過往攜眷官員,應領車價馬草等銀叁百玖兩貳錢捌分。又供支調補葉爾羌三品阿奇木伯克愛瑪特請領搬眷銀壹百兩。又供支故兵骨殖回營車價銀壹百叁拾陸兩柒錢肆分柒釐。又供支過往官兵并發遣人犯口糧麫折小麥壹千壹百肆拾陸石伍斗柒升壹合柒勺。等語。戶部核與咨報各原案相符,應準開銷。

一、供支軍臺兵丁應賞鹽菜銀陸拾玖兩叁錢,當十普爾錢貳串柒拾玖文,當五普爾錢肆串壹百伍拾捌文。等語。戶部核與咨報原案相符,應準開銷。

一、供支佈種稻田兵丁,應賞鹽菜銀拾壹兩叁錢肆分,當十普爾錢叁百肆拾文,當五普爾錢陸百捌拾文。等語。戶部核與咨報原案相符,應準開銷。

一、供支水山坐臺兵丁勒鞋銀壹百叁兩貳錢。等語。查阿克蘇坐臺兵丁二十名,每名月給勒鞋一雙,折給價銀肆錢叁分,節經準銷在案。今前項供支水山坐臺兵丁勒鞋銀壹百叁兩貳錢,戶部核與應給銀數相符,應準開銷。

一、供支接運葉爾羌等城經費銀兩用過脚價銀貳百玖拾伍兩伍錢壹釐。又供支接運伊犂等處布匹、硝磺、銅斤等項用過背價當十普爾錢拾柒串壹百伍拾文,當五普爾錢叁拾肆串叁百文。等語。查前項接運葉爾羌等城經費銀兩用過脚價銀兩,戶部核與咨報原案相符,應準開銷。至接運伊犂等處布匹、硝磺、銅斤等項背價普爾錢文,核與歷年準銷成案亦屬符合,應準開銷。

一、供支新添駐防兵丁鹽菜銀叁千陸百肆拾壹兩捌錢貳分,當十普爾錢壹百玖串貳百伍拾肆文,當五普爾錢貳百拾捌串伍百拾文,口糧麫折小麥玖百玖拾叁石貳斗玖升柒合伍勺,口食羊五百九十八隻,折給當十普爾錢拾捌串陸百捌拾柒文,當五普爾錢叁拾柒串叁百柒拾陸文。等語。查定例:綠營守備月支鹽菜銀貳兩肆錢,跟役四名,鹽菜銀貳兩。把總月支鹽菜銀壹兩貳錢,跟役二名,鹽菜銀壹兩。經制、外委月支鹽菜銀玖錢,跟役一名,鹽菜銀伍錢。官役各日支口糧米捌合叁勺或麪壹斤。又搭放官兵口食羊隻,每羊二隻抵一月口糧。等因。又該處折給官兵口食羊隻,折給當五普爾錢壹百貳拾伍文,歷經辦理在案。又該處換防馬、步、守兵因食物昂貴,防所月給鹽菜銀壹兩肆錢伍分,經那彦成奏準在案。今冊造供支新添駐防兵丁鹽菜銀叁千陸百肆拾壹兩捌錢貳分,當十普爾錢壹百玖串貳百伍拾肆文,當五普爾錢貳百拾捌串伍百拾文,口糧麪折小麥玖百玖拾叁石貳斗玖升柒合伍勺,口食羊五百九十八隻,折給當十普爾錢拾捌串陸百捌拾柒文,當七普爾錢叁拾柒串叁百柒拾陸文。等語。戶部核與定例及歷年準銷成案均屬相符,應準開銷。

一、税賦案内。供支税務處採買燒柴并巡邏收税兵丁回子飯食等項,共用當五普爾錢壹拾串貳百文。等語。查前項支給錢文戶部核與應支數目相符,應準開銷。

一、供支致祭關帝廟等處買辦果品羊隻等項,共用當五普爾錢壹拾貳串柒拾肆文。等語。戶部核與歷年準銷成案相符,應準開銷。

一、税務處應需印色油土等項,用當五普爾錢壹串貳百文,水磨軍臺採買照燈膏車清油,用當五普爾錢壹串陸百捌拾文。又撥運伊犁等處鉛磺銅斤、採買包裹等項,用當五普爾錢柒串陸拾貳文。又,軍臺修補車輛、採買荒鐵用當五普爾錢柒串叁百叁拾柒文。等語。工部查,冊開採買清油、撥運伊犁鉛磺銅斤包裹等項用過普爾錢文,核與該處歷年準銷成案數目相符,應準開銷。至修補軍臺車輛用過普爾錢文數目,均屬無浮,亦應準其開銷。至税務處應需印色油土等項,用當五普爾錢壹串貳百文,核與該處歷年準銷成案相符,應準開銷。

一、税賦案内。存剩税賦房租當五普爾錢叁百貳拾陸串貳拾壹文,收入屯田案内動用。等語。查前項存剩收入屯田案内錢文,戶部核對屯田案内新收數目相符,應毋庸議。

一、綢緞案内。變賣綢緞綾四百三匹,共變銀貳千陸百陸兩貳錢壹分肆釐肆毫。每銀壹兩,合變當五普爾錢貳百文,共變獲當五錢伍百貳拾壹串貳百肆拾貳文,收入屯田案内動用。等語。查前項變賣綢緞綾匹銀兩折合錢文,戶部核與應變以及屯田案内新收錢文各數目均屬相符,所有原動綢緞綾匹,應準開銷。

一、供支回子郡王愛瑪特應領俸米折領緞十五匹。等語。戶部核與理藩院知照原案應給俸緞數目相符,應準開銷。

一、紙劄案内。供支印房等處需用奏摺等項九百四十三個,黄綾夾板等項七十五副,紅黄紙三百張,油紙一百張,單紙五百九十三合一百八十張,夾紙一百二十九合七十張,咨文袋一千一百個,筆四千一百五十九枝,墨三十九斤一兩六錢,銀硃二十七斤十二兩,黄絲綫一斤,艾四斤半,白芨二兩。等語。查冊造供支印房等處用過奏摺等項,戶部核與歷年準銷成案相符,應準開銷。

一、牲畜案内。撥給各軍臺找領道光貳拾玖年沿途倒缺馬六匹牛三隻。等語。兵部查冊開各軍臺找領倒缺馬牛數目相符。

一、各軍臺道光叁拾年倒斃馬九十九匹,牛二十九隻。又撥給各軍臺補缺馬九十九匹,牛二十九隻。等語。兵部查,冊開阿克蘇所屬東南北三路軍臺十八處,原安馬三百五十三匹,牛二百十八隻。今冊造道光叁拾年倒斃馬九十九匹,牛二十九隻。按臺站馬匹十分準倒三分、牛十分準倒一分五釐之例核算,有減無浮,應準其撥補。

一、錢局道光叁拾年倒斃牛三隻,駝五隻。又撥給錢局補缺牛三隻。又應補倒缺駝五隻,折領牛三十隻。等語。查前項錢局倒斃牛三隻,駝五隻。戶部核與例倒數目相符,應準開銷。至補倒缺牛三隻,駝五隻,折領牛三十隻,亦應準其照數撥補。

一、稻屯道光叁拾年倒斃牛一隻。又,撥補牛一隻。等語。查定例,屯田牛隻每年十分準倒一分五釐。等因。今阿克蘇冊造稻屯耕種牛七隻,倒斃牛一隻,戶部核與例倒之數無浮,應準開銷。至撥補牛一隻,核與稻屯冊内新收數目符合,亦應準其撥補。

一、牲畜案内。撥給新補印房筆帖式恒裕找領馬二匹。等語。戶部核與覆準原案相符,應準開銷。

一、實存項下:屯田官兵案内。不敷糧折當十普爾錢肆串伍百柒文,當五普爾錢玖串肆拾貳文,在於正項錢文内借動。俟秋收後將此項糧折錢文交到之日,照數歸還原款。又實存銀壹千柒百捌拾柒兩捌錢肆分玖釐肆毫肆絲肆忽,當十普爾錢捌千壹百伍拾串陸百陸拾叁文,當五普爾錢伍千伍百伍拾貳串柒百肆拾捌文,各色糧貳萬伍千伍百捌拾玖石陸斗陸升捌合捌勺,麩子六百五十八斤,白布夾口袋一百六十三條,塔哈爾三十九條。另款存儲軍需項下移交各色糧壹萬貳千肆拾肆石柒斗柒升柒合叁勺,白麪玖千柒百叁拾伍斤陸兩捌錢,白布單夾毛口袋六千七百五十一條,農具六十三件,火藥四百三十九斤五兩八錢,鉛五千三百十一斤五錢三分,火繩六千一百九十七丈一尺六寸,鉛丸等項四萬五千三百四十出,戰箭八千九百一枝,軍械三千九百三十二件,祖錢四個,母錢壹串壹百叁拾玖文。又當十母錢貳百貳拾壹文,當五母錢伍百拾叁文,器具一百三十四件,茶葉三十六封二斤十五兩,破爛不堪器具十七件。又故民遺留銀貳百柒拾伍兩壹錢叁分肆釐貳絲伍忽,普爾錢叁百柒拾伍串玖百伍文。駐劄官兵案内。實存無項。新添防兵案内。實存銀貳萬肆千捌百叁拾伍兩柒錢壹分貳釐伍毫。税賦案内。實存茶税銀壹萬捌千玖百拾玖兩伍錢叁分伍釐。綢緞案内。實存綢八匹。紙劄案内。實存奏摺等項一千五百九個,黄綾夾板等項八百六十五副,紅黄紙二千八百五十三張,油紙七百四十張,單紙一百七十七合一百一十張,夾紙三百十一合六十三張,竹紙五合,净紅紙三十四合,咨文袋四千二百個,筆九百六十七枝,墨十斤,銀硃十四斤十五兩,黄絲綫九斤,艾一斤半。牲畜案内。實存馬三百六十五匹,牛二百五十七隻,駝十八隻。等語。查屯田官兵案内不敷糧折錢文既在正項錢内借動,應令俟徵收後速即歸還原款。其餘實存銀錢、糧石、農具、口袋、茶葉、綢匹、紙劄、牲畜等項,户部核與應存數目相符。應令阿克蘇大臣造入下年奏銷案内舊管項下,報部查核。惟查實存當五普爾錢伍千伍百伍拾貳串柒百肆拾捌文,户部按册核算,實應存當五普爾錢伍千伍百伍拾貳串柒百伍拾文,數目不符。應令該大臣查明報部核辦。至實存火藥、繩鉛、軍械等項,兵部查與應存數目相符,應令該大臣造入下年奏銷舊管項下,報部查核。

此本係户部主稿,由部彙題事件。當經會議兵部、工部去後,於咸豐叁年捌月拾捌等日準兵部等部議覆前來。兹於拾壹月貳拾肆日辦理具題,合并聲明。

臣等未敢擅便,謹題請旨。

批紅:依議。

爲蘇州織造緞紗等項用過工料糧銀報銷事

咸豐三年十一月二十六日

太子太保·大學士管理户部事務臣祁寯藻等謹題,爲報銷等事。

户科抄出,前任蘇州織造瑞長題咸豐元年辦解緞紗等項用過工料匠糧銀米造冊報銷一案。咸豐貳年柒月拾伍日題,拾月貳拾叁日奉旨:該部察核具奏,冊并發。欽此。欽遵。抄出到部。隨將原冊移查内務府去後。玆於拾貳月拾玖日準内務府查明,同原冊咨覆到部。

該臣等查得,前任蘇州織造瑞長題:案準户部照會内開,每年派造上用、官用緞匹工料價值細數,繕造黄冊具題核議。等因。前奉内務府會同户部議覆,上用經絲每兩定價銀捌分貳釐,加增銀貳分壹釐。緯絲每兩定價銀柒分柒釐,加增銀壹分陸釐。絨絲每兩定價銀柒分伍釐,加增銀壹分陸釐。上用經絲每兩定價銀捌分壹釐伍毫,加增銀壹分貳釐。緯絲每兩定價銀柒分伍釐,加增銀柒釐。絨絲每兩定價銀柒分肆釐,加增銀柒釐。其餘圓扁金條及各項染料工價等項,俱經分别定議。所有部派緞紗工料價值與内務府派辦緞紗一律辦理,俱照新定條款畫一造冊題報,永爲定例。等因。各在案。所有咸豐元年分織辦上用、官用及部派緞紗、紡絲、布匹并青海郡王等處俸緞及新疆備用綢緞、修理袍船等項用過工料價值水脚,支給匠役口糧米石,分晰造冊具題前來。查冊開:

一、辦解内務府派辦上用緞貳百陸拾伍匹件,廣葛貳百匹,織金龕衣案套、龍鳳糚緞墊子靠背、迎手椅披等件。又官用緞紗肆百壹拾匹件,并花素綾、紡絲、春綢、彩綢、布匹、絲綫等項,循照定例價值,共用銀叁萬柒千貳百陸拾玖兩玖錢柒分肆釐。等語。查前項辦解上用、官用緞紗、廣葛、織金龕衣案套、龍鳳糚緞墊子靠背、迎手椅披、花素綾、紡絲、春綢、彩綢、布匹、絲綫等項,移查内務府覆稱,核對原派及解收匹數并所用工料銀數均屬相符,臣部按冊核算亦屬符合,應準開銷。

一、辦解户部派辦緞紗貳千匹,并青海郡王等處俸緞柒拾捌匹,共動用銀壹萬陸千肆百玖拾捌兩壹錢柒分柒釐。又,給修理袍船并水脚銀伍百兩。等語。查臣部派辦緞紗貳千匹,已據該織造解部交收在案。其甘肅、青海郡王俸緞柒拾捌匹,已據陜西司付稱收到數目相符。所有用過工料等銀壹萬陸千肆百玖拾捌兩壹錢柒分柒釐,臣部按冊核算,與準銷成案正增絲價數目相符。至支給袍船水脚銀伍百兩,查係年例發給之項,應準開銷。

一、織造錢糧每年定例於蘇州藩庫支銀陸萬肆千伍百兩,以爲織造緞紗之用。今咸豐元年分辦解緞紗等項,祇用銀伍萬肆千貳百陸拾捌兩壹錢伍分壹釐,尚存銀壹萬貳百叁拾壹兩捌錢肆分玖釐,如數解還蘇州藩庫。等語。查前項存剩銀壹萬貳百叁拾壹兩捌錢肆分玖釐,臣部除照數登記外,仍令該撫即飭造入下届季冊報部撥用。至織造歷年辦解緞紗等項,支銷例價每兩扣申平銀玖分爲織造衙門各項公費之用,向係另冊造報内務府。應行文内務府查辦,俟議覆之日移咨臣部備查。

一、辦解陜甘總督題明,派辦咸豐辛亥年新疆各處應需緞綢壹千壹百貳拾柒匹,所需工料及解員盤費等項,共該銀伍千壹百玖拾陸兩伍錢玖分陸釐。等語。查前項織辦新疆各處應需綢緞壹千壹百貳拾柒匹,今據該織造造冊題銷,臣部查冊報綢緞匹數與甘省咨報解收數目相符。所有用過工料及解員盤費共銀伍千壹百玖拾陸兩伍錢玖分陸釐,核與歷屆準銷價銀亦屬符合,應準開銷。至解員盤費銀伍拾兩,仍令江蘇巡撫查明,係造入何年何冊專案聲覆,以便查核。

一、長洲、元和、吳縣解到道光叁拾年分匠糧壹萬柒百捌拾捌石肆斗柒合壹勺,上届題報存剩銀叁千肆百壹拾伍兩捌錢陸分玖釐内,除應給道光叁拾年拾、拾壹、拾貳三個月匠役口糧貳千陸百柒拾陸石貳斗貳升玖合玖勺,每石折銀壹兩貳錢,該放給銀叁千貳百壹拾壹兩肆錢柒分陸釐,尚存剩銀貳百肆兩叁錢玖分叁釐。所有長、元、吳三縣解到叁拾年分匠糧壹萬柒百捌拾捌石肆斗柒合壹勺内,放給咸豐元年正月分至玖月匠役口糧柒千玖百玖拾捌石陸斗壹升玖合陸勺,尚存剩局米貳千柒百捌拾玖石柒斗捌升柒合伍勺,應俟續放另報。等語。查前項放給匠役口糧柒千玖百玖拾捌石陸斗壹升玖合陸勺,米折銀叁千貳百拾壹兩肆錢柒分陸釐,臣部按冊核算,與應支銀米數目相符,應準開銷。仍令該撫統於該年地丁南糧各奏銷案内分晰造報查核。歷存剩米貳千柒百捌拾玖石柒斗捌升柒合伍勺,銀貳百肆兩叁錢玖分叁釐,并令加謹收貯,歸於下届冊内造報查核。

再,此案科抄於咸豐貳年拾月貳拾叁日到部,移查内務府,於拾貳月拾玖日覆回,兹於咸叁年拾壹月貳拾陸日辦理具題,合并聲明。

臣等未敢擅便,謹題請旨。

批紅:依議。

爲廣西奏銷咸豐元年各屬常平倉米穀事

咸豐三年十一月二十八日

太子太保·大學士管理户部事務臣祁寯藻等謹題,爲常平一倉等事。

户科抄出,廣西巡撫勞崇光題廣西省咸豐元年分常平奏銷一案。咸豐貳年拾貳月拾玖日題,叁年肆月貳拾日奉旨:該部察核具奏。欽此。欽遵。於本日抄出到部。

該臣等查得,廣西巡撫勞崇光將廣西省桂林等十一府、鬱林直隸州所屬咸豐元年分倉儲米穀收支存剩各數目造冊具題前來。

一、舊管常平倉額儲共穀壹百貳拾柒萬捌千捌百捌拾壹石柒斗壹升陸合肆勺。新收無項。開除無項。實存共穀壹百貳拾柒萬捌千捌百捌拾壹石柒斗壹升陸合肆勺。查前項穀石内,有平樂、梧州、南寧、太平、柳州、思恩、泗城、鎮安、鬱林等九府州屬咸豐元年分原借支兵糧常平倉穀壹萬玖千捌百伍拾壹石壹升壹合陸勺,均已據報買補歸倉,另案彙冊詳咨報銷。又桂林府屬興安縣道光拾年青黄不接,詳明減價平糶常平倉穀柒千伍百石,於道光拾壹年將穀價銀兩請領回縣採買,屢催未據報買歸倉,現在嚴催買補。又柳州府屬雒容縣道光玖年夏間猝被水患,漂失常社倉穀壹萬肆千叁拾陸石貳升伍合,均經奏明籌項分年飭發買補。内已據報買歸倉穀捌千石,尚未買穀陸千叁拾陸石貳升伍合。俟飭行領價買補,造具冊結,專案詳請咨部查核。又雒容、永福二縣被水案内撫卹貧民一月口糧,除動用社倉穀石外,碾動常平倉穀貳千貳拾肆石伍斗伍升,應俟催令造冊繳送到日,彙案詳咨。等語。查前項舊管穀石,核與上屆奏銷實存數目相符,應毋庸議。新收、開除無項。實存穀壹百貳拾柒萬捌千捌百捌拾壹石柒斗壹升陸合肆勺内,平樂等府州屬已買咸豐元年分原借支常平倉穀壹萬玖千捌百伍拾壹石壹升壹合陸勺。應令該撫轉飭造具冊結倉收,加結送部核銷。興安縣道光拾年平糶常平倉未買穀柒千伍百石,據稱該縣於道光拾壹年收穀價銀兩請領回縣採買。等語。前經臣部因與清查案内聲叙提存府庫岐異,查據該撫更正報部在案。今該撫疏内仍未更正,實屬不合。應仍令該撫查明更正,并將造報舛錯職名送部核議。又柳州府屬雒容縣道光玖年被水案内,奏明發價尚未買漂失常社倉穀陸千叁拾陸石貳升伍合,應令該撫俟飭行買補,即行報部查核。至雒容、永福二縣撫卹貧民口糧動用常平倉穀貳千零貳拾肆石伍斗伍升,應令該撫速飭造冊,送部查核,均毋再延。仍將前項實存穀石轉飭加緊收儲,遇有動用,報部查核。倘有虧空,立即嚴參辦理。

一、舊管捐監穀貳萬叁千柒百叁拾肆石壹斗貳升柒合,新收、開除無項。實存穀貳萬叁千柒百叁拾肆石壹斗貳升柒合。等語。查前項舊管捐監穀石,核與上屆奏銷案内實存數目相符,應毋庸議。新收、開除無項。實存穀貳萬叁千柒百叁拾肆石壹斗貳升柒合，應令該撫轉飭加謹收儲，遇有動用報部查核。

一、舊管存倉本色米肆萬貳千捌百捌拾石陸斗壹升玖合壹勺壹抄。新收米伍萬壹千貳百伍拾肆石零壹合陸勺肆抄。開除咸豐元年分兵糧米肆萬陸千貳百伍拾陸石叁斗陸升叁合陸勺伍抄，又除桂林府屬咸豐元年變賣道光叁拾年分本色兵糧米玖千玖百貳拾伍石伍斗伍合捌勺，二共除米伍萬陸千壹百捌拾壹石捌斗陸升玖合肆勺伍抄。實存米叁萬柒千玖百伍拾貳石柒斗伍升壹合叁勺。等語。查前項舊管存倉兵糧米石，核與上屆實存以及本案冊報新收數目均屬相符。開除支給咸豐元年兵米肆萬陸千貳百伍拾陸石叁斗陸升叁合陸勺伍抄，核與該年兵馬奏銷冊内動支數目符合，應毋庸議。至桂林府屬變賣解司米玖千玖百貳拾伍石伍斗伍合捌勺，應令該撫轉飭造冊送部，以憑核辦。實存米叁萬柒千玖百伍拾貳石柒斗伍升壹合叁勺，仍令該撫轉飭加謹收儲，遇有動用，報部查核。

一、舊管本色兵糧米改穀貳拾捌萬陸千陸百捌拾柒石壹斗玖升壹合壹勺貳抄陸撮。新收兵糧米改穀壹萬陸千伍百柒拾柒石貳斗貳升貳合壹勺。開除撥支咸豐元年分兵糧米改穀貳萬捌千肆百肆石玖升壹合陸勺，又撥補各州縣民欠米改穀貳萬玖千貳拾壹石叁升伍合玖勺捌抄，又除昭平縣撥補永安州改穀捌拾伍石捌斗肆升，又除貴縣撥補本縣并寧明州民欠官租穀動撥改穀壹千叁百玖拾叁石貳斗肆升，四共除穀伍萬捌千玖百肆石貳斗柒合伍勺捌抄。實在存倉各年兵糧米改穀貳拾肆萬肆千叁百陸拾石貳斗伍合陸勺肆抄陸撮。内除桂林府屬臨桂縣奏參交代案内借撥存倉兵糧米改穀肆千捌百貳拾貳石肆斗肆升貳合，碾米歸補各前任短交那缺霉折共米貳千肆百壹拾壹石貳斗貳升壹合，湊足支給兵糈及變賣兵米之用，尚實存倉各年兵糧米改穀貳拾叁萬玖千伍百叁拾柒石柒斗陸升叁合陸勺肆抄陸撮。等語。查前項舊管兵糧米改穀石，核與上屆實存以及本案冊報新收數目均屬相符。開除撥補各州縣民欠米改穀貳萬玖千貳拾壹石叁升伍合玖勺捌抄，又撥補貴縣寧明州民欠官租穀壹千叁百玖拾叁石貳斗肆升，核與奏動原案符合。撥支咸豐元年分兵糧米改穀貳萬捌千肆百肆石玖升壹合陸勺，又除昭平縣撥補永安州改穀捌拾伍石捌斗肆升，應於兵馬奏銷案内查核，實存兵糧米改穀貳拾肆萬肆千叁百陸拾石貳斗伍合陸勺肆抄陸撮。内除桂林府屬臨桂縣奏參交代案内借撥存倉兵糧米改穀肆千捌百貳拾貳石肆斗肆升貳合，碾米歸補各前任短交那缺霉折共米貳千肆百壹拾壹石貳斗貳升壹合，湊足支給兵糈及變賣兵米之用，尚實存倉各年兵糧米改穀貳拾叁萬玖千伍百叁拾柒石柒斗陸升叁合陸勺肆抄陸撮，仍令該撫轉飭加謹收儲，遇有動用報部查核。

一、舊管社倉額設穀貳拾伍萬捌千貳百柒拾陸石伍升。新收無項。開除無項。實在社倉存儲穀貳拾伍萬捌千貳百柒拾陸石伍升。内永福縣鹿寨縣丞道光玖年被水，撫卹貧民一月口糧，動用社倉穀壹百陸拾陸石貳斗，應俟行催查明到日辦理。又維容縣未買道光玖年被水漂失穀壹千柒百石，又平樂鎮漂失分儲穀陸百石共漂失穀貳千叁百石，業經奏明分年飭發買補還倉。等語。查前項舊管社倉穀石，核與上屆實存數目相符。新收、開除無項。實存穀貳拾伍萬捌千貳百柒拾陸石伍升。内永福縣鹿寨縣丞道光玖年被水，撫卹貧民動用社倉穀壹百陸拾陸石貳斗，應令該撫速飭詳查造冊報部辦理，毋得僅稱行催辦理，徒懸案牘。又維容縣及平樂鎮巡檢漂失社倉共穀貳升叁百石，應令該撫俟飭行領價買補，即行報部查核。至前項實存穀石，仍令該撫轉飭加謹收儲，遇有動用，報部查核。倘有虧空，立即嚴參辦理。

一、舊管社倉息穀壹萬壹千壹百捌拾貳石壹斗陸升肆勺。新收穀壹百陸拾石。開除無項。實存穀壹萬壹千叁百肆拾貳石壹斗陸升肆勺。等語。查前項舊管社倉息穀，核與上年報銷案内實存數目相符。新收崇善縣咸豐元年分印田租米改收息穀壹百陸拾石，亦與本案冊造數目符合，均毋庸議。開除無項。實存穀壹萬壹千叁百肆拾貳石壹斗陸升肆勺，應令該撫轉飭加謹收儲，遇有動用，報部查核。

一、舊管桂林等府州屬官租共穀柒千陸百捌拾伍石斗肆升捌合貳勺。新收穀陸千柒百叁石玖斗陸升肆合伍勺。開除抵納錢糧穀伍拾叁石柒斗柒升伍合陸勺，又撥支各協營咸豐元年分兵糧穀伍千貳百柒拾玖石肆斗叁升伍合玖勺，二共除穀伍千叁百叁拾叁石貳斗壹升壹合伍勺。實在穀玖千肆百陸拾伍石肆斗貳升壹合貳勺。等語。查前項舊管新收共穀壹萬肆千叁百捌拾肆石伍斗壹升貳合柒勺，開除穀伍千叁百叁拾叁石貳斗壹升壹合伍勺，何以與該撫造報實存穀玖千肆百陸拾伍石肆斗貳升壹合貳勺核算，計多穀肆百壹拾肆石壹斗貳升？應令該撫將前項四柱穀數，因何舛錯之處，即行查明，報部核辦。

一、宜山縣入官田畝徵收租穀。舊管無項。新收租穀壹百玖拾貳石，全數支給鄉勇堡目之用。實存無項。等語。查先於乾隆陸年，據原任兩廣總督瑪爾泰題請白土邱索地方添設巡檢一員，招募堡目鄉勇協同巡緝，將前項入官地畝招佃耕種收租。堡目一名，歲給工食穀拾石。鄉勇三十名，每名歲給工食穀柒石貳斗，共應給穀貳百拾陸石。每年新收租穀除支給外，如有餘剩，歸於下年支銷。倘遇歉收，臨時酌量辦理。等因。經吏部會同臣部題覆在案。今咸豐元年分既據該撫聲明，按照地方收成計算祇有八分，徵收租穀壹百玖拾貳石，照新收之數均勻支給堡目鄉勇之用，臣部查與應給之數相符，應準開銷。

一、宜山縣入官地畝徵收禾把穀斤。舊管無項。新收禾把穀捌千伍百壹拾斤。開除完納錢糧禾把穀壹千貳百玖拾叁斤。又支給鄉勇十名工食禾把穀柒千貳百壹拾柒斤。實存無項。等語。查前項徵收禾把穀捌千伍百壹拾斤內，除完納錢糧禾把穀壹千貳百玖拾叁斤，查係應支之項。至支給鄉勇禾把穀，先於雍正玖年據原任巡撫金鉷咨請設鄉勇十名，每名歲支禾把穀柒百貳拾壹斤，臣部覆準在案。今咸豐元年分支給鄉勇禾把穀柒千貳百壹拾柒斤，亦係應給之項，應準開銷。

一、舊管捐輸備公穀陸千玖百肆拾石叁升，息穀壹百叁拾柒石叁斗貳升叁勺。新收無項。開除無項。實在存倉本穀陸千玖百肆拾石叁升，息穀壹百叁拾柒石叁斗貳升叁勺。等語。查先於乾隆叁拾玖年，據原任廣西巡撫熊學鵬奏請，粵西改遣人犯日積漸多，該犯初到配所，覓食維艱，請將前撫臣宫兆麟酌議捐輸穀陸千玖百餘石，勻撥各州縣，照社倉穀石之例出借，按年收息。其初到配所軍流遣犯，察係貧乏無力謀生者，暫給一月口糧，於年底造冊送部察核。經刑部覆準在案。今據該撫冊造舊管穀陸千玖百肆拾石叁升，息穀壹百叁拾柒石叁斗貳升叁勺，核與上屆實存數目相符。新收無項。開除無項。實存本穀陸千玖百肆拾石叁升，息穀壹百叁拾柒石叁斗貳升叁勺。應令該撫轉飭將實存穀石加謹收存，遇有動用，報部查核。

一、鹽法道冊報，提據各屬解到已買備東穀叁萬伍千捌百伍拾陸石。新收無項。開除無項。實存倉穀叁萬伍千捌百伍拾陸石。等語。查前項鹽法道提解各屬已買備東穀石，核與應提存儲數目相符。新收、開除無項。實存穀叁萬伍千捌百伍拾陸石，應令該撫轉飭加謹收存，遇有動用，報部查核。

一、疏稱：奏參虧缺倉穀案内，義寧、荔浦、岑溪、桂平、貴縣、融縣、來賓、象州、上林九州縣，奉文豁免動款撥補常社倉穀捌萬伍拾貳石柒斗肆升玖合伍勺。又昭平縣未買社倉穀壹千柒百陸拾柒石肆斗捌升捌合柒勺，業已歸入清查案内辦理。又續參灌陽、博白、靈川、寧明等四州縣，交代短缺常平穀貳萬陸千叁百捌拾陸石肆斗玖升柒合玖勺玖抄。又續參藤縣、遷江二縣，交代虧短常平穀貳千柒百陸拾石叁斗伍勺壹抄，應俟分賠追繳飭發買補。又臨桂縣那缺短交米貳千肆百壹拾壹石貳斗貳升壹合，借碾穀肆千捌百貳拾貳石肆斗肆升貳合，業經分別詳咨追賠完繳辦理。又雒容縣被水漂失霉爛共穀壹萬肆千叁拾陸石貳升伍合，均經詳奉奏明籌項分年飭發買補。又永福、雒容二縣被水案内，碾給貧民一月口糧，共穀貳千壹百玖拾石柒斗伍升，遵照部覆飭令另行造冊詳咨核辦。尚有提存司府州庫穀價銀壹拾貳萬貳千貳百肆拾兩伍錢捌釐，合穀貳拾肆萬肆千肆百捌拾壹石壹升伍合柒勺，業於清查案内分晰造報，應俟飭令買補歸倉，造冊送部查核。又道光貳拾柒年分清查各屬交代案内，查出那動穀價墊完豁免民欠，核計穀玖萬捌千叁百肆拾貳石陸斗陸合叁勺。又嘉慶貳拾肆年及道光肆年查出永寧、思恩二州縣那動穀價墊完嘉慶貳拾年以前民欠計穀柒千柒百肆拾壹石陸斗捌升玖合。又各屬查出歷任盤折霉變常平倉共穀伍拾貳萬捌千伍百叁拾陸石肆斗捌升叁合肆勺壹抄，均俟追賠完繳後，分别飭發買補。又那動改穀價銀墊完豁免民欠，核計改穀捌萬叁拾叁石陸斗玖升柒合陸勺玖抄。所有倉貯米穀已據造冊出結送司，相應分案彙造清冊詳送。等語。查上年常平奏銷案内，奏參灌陽等州縣短缺穀貳萬玖千壹百肆拾陸石柒斗玖升捌合伍勺，與清查單開灌陽等州縣短缺穀叁萬伍百玖石捌斗叁升柒合叁勺玖抄，計不符穀壹千叁百陸拾叁石零叁升捌合捌勺玖抄。查據該撫覆稱，參革前署滕縣已故知縣孫塽虧短常社倉穀壹千叁百陸拾叁石零叁升捌合捌勺玖抄，因清查案内登覆後漏未列入奏銷冊内，現在遵照換造更正。那墊改徵穀捌萬叁拾叁石陸斗玖升柒合陸勺玖抄，與奏賠案内核計不符穀叁千玖百叁拾肆石伍斗壹升貳合零壹抄，查據該撫覆稱，實那墊改徵穀捌萬叁千玖百陸拾捌石貳斗零玖合柒勺，於冊内更正送部在案。今該撫疏内參革前署藤縣知縣虧短常社倉穀數目仍未列入，那動改徵穀數亦未更正，實屬不合。應仍令該撫查明更正，即將造報舛錯職名送部核議。并將前項那墊改徵穀捌萬叁千玖百陸拾捌石貳斗零玖合柒勺，及那動墊完民欠穀玖萬捌千叁百肆拾貳石陸斗陸合叁勺，應追穀價銀兩完繳若干、豁免若干、仍未完若干查明確數，分晰造報，以備稽核。至奏參臨桂等州縣虧短倉穀，奉文豁免動款撥補常社倉穀捌萬伍拾貳石柒斗肆升玖合伍勺，提存司道府州庫穀價應買穀貳拾肆萬肆千肆百捌拾壹石壹升伍合柒勺，應令該撫俟發價買補之時,即行報部查核。嘉慶貳拾肆年及道光肆年,查出永寧、思恩二州縣那動穀價墊完嘉慶貳拾年以前民欠核計穀柒千柒百肆拾壹石陸斗捌升玖合,既據該撫聲稱彙入現辦籌補案内歸補,應令該撫如何籌補之處,即行查明報部核辦。至各屬查出歷任盤折霉變常平社倉共穀伍拾貳萬捌千伍百叁拾陸石肆斗捌升叁合肆勺壹抄,應令該撫將應追穀價銀兩,轉行各該省依限追繳,報部查核。臨桂縣那缺短交米借碾穀肆千捌百貳拾貳石肆斗肆升貳合,應令該撫俟通案核定後,於改穀項下開除造報。雒容縣漂失常社倉穀及永福、雒容二縣被水案内貧民口糧動碾常社倉穀,均於各前款内分别聲明,應毋庸議。至昭平縣未買社倉穀壹千柒百陸拾柒石肆斗捌升捌合柒勺,是否係在歷任盤折霉變社倉穀伍拾貳萬餘石之内,應令該撫於下次奏銷案内聲明造報,以免牽混。其前臨桂縣已買穀貳百捌拾捌石壹斗叁升柒合柒勺,應行送部册結倉收,屢催未據送部,實屬玩延。應令該撫嚴催送部,毋再遲延。又據册稱,永安州常社等倉穀石,因該州城池被賊滋擾攻陷,業已克復,是否存儲,俟查覆到日,另行專案報部核辦。等語。應令廣西巡撫轉飭永安州,將前項倉穀是否存儲在倉迅速查明報部,毋稍稽遲。

一、疏稱:本案印結尚有桂林、平樂、梧州、南寧、太平、柳州、思恩、泗城、鎮安、鬱林等府、州、廳、縣,未據該管道府取結加結移送,俟催繳到日,彙核加具司結,另詳送部備查。再,此案奏銷因各屬剿捕逆匪、土匪并辦理兵差軍務事宜,未能一律造册齊全,以致稍稽時日。等語。查此案常平奏銷應出各結,應令該撫速飭催繳送部,以備稽核。并將應送印加各結遲延逾限及督催不力各職名,查取送部核議。至此案奏銷既據該撫聲明,因各屬剿捕逆匪土匪并辦理兵差軍務事宜,未能一律造册齊全,以致銷稽時日,應毋庸議。

此案於咸豐叁年肆月貳拾日科抄到部,兹於拾壹月貳拾捌日辦理具題,合并聲明。

臣等未敢擅便,謹題請旨。

批紅:依議。

爲新疆烏什道光三十年供支駐劄官兵銀糧牲畜等項奏銷事

咸豐三年十一月二十八日

戶部等部,太子太保・大學士管理戶部事務臣祁寯藻等謹題,爲奏銷等事。

查西北兩路新疆地方,每年動用銀糧牲畜等項,各該將軍大臣等一面造冊送部,一面開單具奏請銷。嗣於嘉慶貳年葉爾羌大臣奏銷嘉慶元年用過銀糧等項,欽奉諭旨:此等應行彙題案件,前已降旨,令於歲底報部,由部題銷,通行曉諭。今又何須具奏。欽此。欽遵。經軍機處行文各該將軍、大臣,嗣後凡遇應行彙題事件,俱照從前所降諭旨,停止具奏報部核銷。等因。今據前任烏什大臣麟魁,將該處道光叁拾年供支駐劄官兵養廉、鹽菜、口糧等項銀糧,造冊送部彙核題銷前來。查冊開:

一、舊管項下:駐劄案内。銀肆千陸百叁拾陸兩捌錢玖分肆釐叁毫肆絲陸忽,普爾錢玖千陸百肆拾伍串肆百捌拾文肆釐捌毫内,當十普爾錢伍百陸拾叁串貳百伍拾陸文,當五普爾錢捌千伍百拾捌串玖百陸拾捌文肆釐捌毫,各色糧叁萬陸千肆百玖拾貳石陸斗柒升壹合壹勺伍抄,農具等項三百九十九件,軍械等項一萬三千一件,生熟鐵鉛封口羣子一十五萬八千七百二十出,鉛丸四千九百九十五斤十二兩八錢,鉛五千五十九斤十四兩六錢二分,火藥四萬五千六百七十四斤二兩一錢三釐,硝一萬三千七百三十九斤十一兩三錢三分六釐,硫磺二千二百二十三斤六兩四錢,廢鐵三百六十四斤十二兩一錢,廢銅五十八斤一兩,鋼六十二斤二兩,廢熟鐵一百五十五斤。綢緞案内。綢緞綾紗梭三百九十二匹,銀牌六十面,回子油綠布號衣二十九件,安集延布魯特衣服二套,茶葉一千一百七十九封四十兩一錢,藥材七百九十三斤五兩九錢。房租紙劄二案内。舊管無項。牲畜案内。馬三百一十三匹,牛三十二隻,驢三頭。等語。查前項舊管銀錢、糧石、農具、綢緞、銀牌、衣服、茶葉、藥材、牲畜等項,戶部核與上年奏銷案内實存數目相符,應毋庸議。至舊管軍械、鉛藥、硝磺等項,兵部查與上年實存數目相符。

一、新收項下:駐劄案内。由内地解到經費并徵收糧折銀兩以及扣收茶葉、藥材變價等項,共銀叁萬壹百柒拾陸兩叁錢叁分貳釐壹毫肆絲貳忽玖微。又由阿克蘇解到搭放兵餉并徵收房地租、綢緞變價等項普爾錢貳千伍拾伍串肆百柒拾叁文陸釐伍毫内,當十普爾錢叁百叁拾叁串伍百柒拾文,當五普爾錢壹千叁百捌拾捌串叁百叁拾叁文柒釐伍毫。又回子交納糧捌千叁百貳拾柒石壹斗捌升,油九百三十一斤,本處補製口袋三百四十四條,麻繩五十根,由阿克蘇運到硫磺六百三十三斤六兩二分六釐,本處製造火藥六千三百三十三斤十二兩二錢五分九釐,煎熬硝一萬二千一百九十六斤八兩六錢四分九釐,鉛一百九十八斤七兩二錢,由蘭代製擡砲二十一位。綢緞案内。收内地解到綢緞綾紗四百九十五匹半。房租案内。收本處徵獲房地租普爾錢壹百陸拾捌串壹百肆拾陸文。紙劄案内。收内地解到單紙四百七十六合八十張,夾紙七十三合,筆三千九百四十五枝,墨二十八斤十二兩六錢,銀硃一十八斤十四兩,白芨一兩四錢,封袋五百個,艾四斤,紅黄油紙五百五十張,黄綾夾板二十五副,黄綾黄布包袱五十個,黄絲縧二十五副,黄綾帶二十五根,黄絲綫一斤,奏摺奏袋二千一百三十個。牲畜案内。收布魯特呈遞并由伊犂領到等項馬六十一匹,牛七隻,等語。查前項新收銀錢、糧石、口袋、綢緞、紙劄、牲畜等項,戶部按冊核算,數目相符。至新收鉛藥、硝磺、擡砲等項,兵部按冊查核相符。

一、開除項下:駐劄案内。供支烏什大臣養廉鹽菜銀壹千玖百壹拾兩叁錢伍分,口糧麫折小麥柒拾陸石肆斗捌升叁合叁勺叁抄。等語。查定例:烏什辦事大臣歲支養廉銀柒百兩,加增銀貳百兩,跟役十二名。每員名各日支口糧米捌合叁勺或麫壹斤。又先據烏什大臣咨報,烏什新設幫辦大臣應支養廉,請照和闐辦事大臣養廉銀陸百兩、加增銀貳百兩之例支給,業經覆準照辦在案。今冊造開除項下駐劄案内供支烏什大臣養廉鹽菜銀壹千玖百壹拾兩叁錢伍分,口糧麫折小麥柒拾陸石肆斗捌升叁合叁勺叁抄。等語。戶部核與定例及覆準原案應支數目均屬相符,應準開銷。

一、供支印房等處辦事官員、書識、回子人等并駐劄綠營官兵鹽菜、公費、津貼、工食、油燭等項共銀貳萬肆千玖百壹兩陸錢陸分肆釐,普爾錢壹千貳百肆拾捌串陸百貳拾肆文捌釐叁毫,口糧麫折小麥伍千伍百捌石柒斗柒升玖合玖勺玖抄,糜米壹百陸拾柒石伍斗,口食羊三千三百六十一隻,每隻折銀伍錢,共折銀壹千陸百捌拾兩伍錢。等語。查定例:跟隨將軍大臣辦事部缺筆帖式月支鹽菜銀捌兩,跟役二名,以上跟役不支鹽菜。糧員歲支公費銀壹百捌拾兩,筆帖式及州縣以下佐雜官,均月支鹽菜銀貳兩。各跟役二名,鹽菜銀壹兩。書識月支工食銀肆兩捌錢,披甲月支鹽菜銀壹兩伍錢,每二人合給跟役一名,每名鹽菜銀伍錢。綠營遊擊月支鹽菜銀肆兩,跟役六名,鹽菜銀叁兩。都司、守備各月支鹽菜銀貳兩肆錢,跟役四名,鹽菜銀貳兩。千總月支鹽菜銀壹兩柒錢,把總月支鹽菜銀壹兩貳錢,各跟役二名,鹽菜銀壹兩。外委月支鹽菜銀玖錢,跟役一名,鹽菜銀伍錢。回疆南路烏什等城換防綠營馬、步、守兵,除每月馬兵額支鹽菜銀壹兩貳分伍釐,步、守兵額支鹽菜銀壹兩外,馬兵每月津貼銀肆錢貳分伍釐,步、守兵每月津貼銀肆錢伍分。以上官役兵餘各日支口糧米捌合叁勺或麪壹斤,官員鹽菜每銀壹兩折給普爾錢壹百陸拾文,兵丁鹽菜每銀壹兩折給普爾錢貳百貳拾文。等語。今冊造供支印房等處辦事官員、書識、回子人等并駐劄綠營官兵鹽菜、公費、津貼、工食、油燭等項,共銀貳萬肆千玖百壹兩陸錢陸分肆釐,普爾錢壹千貳百肆拾捌串陸百貳拾肆文捌釐叁毫,口糧麪折小麥伍千伍百捌石柒斗柒升玖合玖勺玖抄,糜米壹百陸拾柒石伍斗,口食羊三千三百六十一隻,每隻折銀伍錢,共折銀壹千陸百捌拾兩伍錢。等語。戶部按冊逐一核算,與例支數目均屬相符,應準開銷。

一、供支軍臺官兵、回子鹽菜津貼等銀叁百貳拾捌兩捌錢,普爾錢壹拾壹串肆百捌拾叁文貳釐,口食折普爾錢叁串貳百文,口糧麪折小麥壹百貳拾陸石貳升伍合。又小麥壹百陸拾貳石,口食羊四十二隻,每隻折銀伍錢,共折銀貳拾壹兩。馬牛料大麥伍百柒拾肆石貳斗伍升。等語。查定例:筆帖式月支鹽菜銀貳兩,跟役二名,鹽菜銀壹兩。回疆南路烏什等城換防綠營馬、步、守兵,除每月馬兵額支鹽菜銀壹兩貳分伍釐,步、守兵額支鹽菜銀壹兩外,馬兵每月津貼銀肆錢貳分伍釐,步守兵每月津貼銀肆錢伍分。以上官役兵餘各日支口糧米捌合叁勺或麪壹斤。鹽菜銀每銀壹兩折給普爾錢貳百貳拾文。等語。今冊造供支軍臺官兵、回子鹽菜津貼等銀叁百貳拾捌兩捌錢,普爾錢壹拾壹串肆百捌拾叁文貳釐,口食折普爾錢叁串貳百文,口糧麪折小麥壹百貳拾陸石貳升伍合。又小麥壹百陸拾貳石,口食羊四十二隻,每隻折銀伍錢,共折銀貳拾壹兩,馬牛料大麥伍百柒拾肆石貳斗伍升。等語。戶部按冊逐一核算,與定例應支數目及歷年準銷成案相符,應準開銷。

一、供支印房等處柴炭銀伍拾陸兩,普爾錢壹串肆百文。等語。工部查,冊開核與議給柴炭銀錢數目相符,應準開銷。

一、供支賞給軍臺兵丁鹽菜銀折普爾錢貳串叁百柒拾陸文。等語。戶部核與覆準原案相符,應準開銷。

一、供支烏什大臣麟魁攜眷赴任應支例馬草折銀貳拾玖兩肆錢,麪折小麥貳石肆斗。等語。戶部核與覆準原案相符,應準開銷。

一、供支滿漢印房、糧餉局、書識羊五隻,每隻折銀伍錢共折銀貳兩伍錢。等語。戶部核與歷年準銷成案相符,應準開銷。

一、供支病故官員骨殖回旗夫馬折價并車價等銀肆百貳拾伍兩玖錢柒分肆釐,麪折小麥叁斗柒升伍合。等語。戶部核與覆準原案相符,應準開銷。

一、供支運到經費銀兩用過腳價普爾錢貳串陸拾叁文貳釐玖毫。等語。戶部核與應支腳價錢文數目相符,應準開銷。

一、撥運移駐阿克蘇綠營官兵口糧小麥貳百肆拾石。等語。查前項撥運移駐阿克蘇綠營官兵口糧小麥貳百肆拾石,戶部核對阿克蘇奏銷冊内新收數目相符,應準開銷。

一、供支印房等處章京伊徹布等單俸銀捌拾柒兩壹錢陸分陸釐陸毫,米折銀肆拾壹兩肆錢肆釐壹毫。等語。戶部核與應支數目相符,應準開銷。

一、供支充當苦差人犯口糧麪折小麥叁石捌斗伍升捌合叁勺叁抄。等語。查定例:新疆充當苦差遣犯不能自行謀食者,均按日支給口糧米捌合叁勺或麪壹斤。等語。今冊造供支充當苦差人犯口糧麪折小麥叁石捌斗伍升捌合叁勺叁抄。等語。戶部核與例支數目相符,應準開銷。

一、倉存糧石共請開小麥叁百伍石叁升捌合肆勺玖抄,大麥叁拾肆石伍斗貳升捌合。又碾獲糜米折耗糜穀叁百叁拾伍石。等語。查例載:烏什等處收存糧石,於收存一月後,每石每月準開耗糧捌勺叁抄叁撮,俱三年後停止。等因。又糜穀每石碾獲糜米伍斗,歷經辦理在案。今前項開耗小麥大麥折耗糜穀,戶部按冊核算與例案準耗數目均屬相符,應準開銷。

一、前任烏什糧員煜堃虧缺小麥貳千貳百石,大麥叁百石。等語。查糧員煜堃虧短小麥貳千貳百石、大麥叁百石,折價銀捌百捌拾陸兩零叁分貳釐,業經呈繳部庫在案,應準開銷。

一、運送伊犂等處火藥硝斤,需用小夾布口袋一百四十六條,水碾磨處需用麻口袋五十條,麻繩五十根。等語。查前項運送伊犂等處火藥硝斤,需用小夾布口袋一百四十六條,水碾磨處需用麻口袋五十條,麻繩五十根,戶部按冊核算,與應需數目相符,應準開銷。

一、烏什倉内酌留口袋裝運糧石,共應銷破爛小夾布口袋一百四十八條。等語。查例載:烏什等處額定口袋如有破損,每年照例拆修,總不得逾十分銷三之數。等因。今烏什倉内酌留口袋四百九十五條,請銷一百四十八條,戶部核與例銷之數無浮,應準開銷。

一、烏什水碾磨盤并軍臺硝局照燈膏車等項,共用過油八百四十六斤。等語。查烏什水磨每盤日需照燈油四兩,水碾每盤日需照燈油四兩,膏臍油四兩。軍臺車輛,每輛月需膏車油八兩。硝局熬硝,每日需照燈油十二兩。節經準銷在案。今前項用過油八百四十六斤,戶部按冊核算,與應用數目相符,應準開銷。

一、操演兵丁并支放更明炮位,共需火藥四千六百八十一斤十三兩七錢三分九釐,硝五千六十七斤二錢七釐,硫磺六百三十三斤六兩二分六釐,鉛一百九十八斤七兩二錢。又運送伊犁等處硝六千八百三十九斤四兩五錢七分,火藥一千六百三十九斤六兩五錢二分。等語。兵部查係操演兵丁鶩打野牲應用之項,應準其開銷。至運送硝斤、火藥,按冊查核,數目亦屬相符。

一、綢緞、房租二案内。供支賞給呈遞馬匹之布魯特莫洛等緞二匹,茶葉四封。又羊四隻,折給普爾錢肆百肆拾文。等語。戶部查係奏明賞給之項,應準開銷。

一、供支印房、糧餉局二處辦事官兵公費、茶葉二十四封。等語。查前項供支茶封,戶部核與應交數目相符,應準開銷。

一、綢緞案内。變賣綢緞綾紗六百五十四匹,共變銀貳千玖百伍拾陸兩伍錢伍分捌釐貳毫柒絲貳忽肆微。每銀壹兩,以錢貳百文折合,共變獲普爾錢伍百玖拾壹串叁百壹拾壹文陸釐伍毫。又搭放官兵茶葉八百五封二十兩,共扣銀柒百陸拾貳兩壹錢陸分玖釐壹毫貳絲伍忽。又變賣藥材一十六斤十三兩五錢,共變銀玖兩叁錢玖分伍釐壹絲柒忽玖微,俱收入駐劄案内。等語。查前項變賣綢緞銀兩折合普爾錢文,并搭放官兵茶葉扣獲銀兩以及藥材變獲銀兩,戶部核對駐劄案内新收銀兩錢文各數目,均屬相符。所有動用綢緞、茶葉、藥材均應準其開銷。

一、房租案内。供支致祭關帝廟并山川神祇、辦買香燭供獻等項,共用普爾錢叁串陸百叁拾伍文。又致祭關帝廟用牛三隻,羊一十五隻。除牛三隻在於牲畜案内供支外,其羊一十五隻,係照依時價採買,動用普爾錢陸串壹百捌拾陸文。等語。戶部核與歷年準銷成案相符,應準開銷。

一、支給稽查貿易布魯特等出入巡邏兵丁、回子飯食普爾錢伍串肆百文。等語。查前項支給錢文,戶部核與應支數目相符,應準開銷。

一、支給硝局修補器具用普爾錢貳串肆拾壹文伍釐。又採買麻口袋、麻繩、羅底共用普爾錢壹串壹百捌拾文。又採買縫做口袋布匹用普爾錢壹拾串壹百肆拾叁文。又採買運送伊犁等處火藥硝斤應需麻口袋、毛氈、馬牛皮共用普爾錢柒串柒百伍拾貳文伍釐。又軍臺修補車輛採買荒鐵用普爾錢壹串肆百捌拾伍文。等語。工部查硝局修補器具、採買麻口袋、麻繩及運送伊犁等處火藥硝斤製辦毛氈口袋、軍臺修補車輛等項,共用普爾錢貳拾貳串陸百零貳文,核與歷辦成案錢數相符,應準開銷。

一、房租項下:共收獲房地租普爾錢壹百陸拾捌串壹百肆拾陸文,除本案動用錢叁拾捌串貳百陸拾叁文外,餘剩錢壹百貳拾玖串捌百捌拾叁文,收入駐劄案内。等語。查前項存剩錢文,户部核對駐劄案内新收數目相符,應準開銷。

一、紙劄案内。供支印房滿漢等處需用單紙四百六十二合八十張,夾紙七十三合,筆三千八百三十三枝,墨二十八斤十二兩六錢,銀硃一十八斤十四兩,白芨一兩四錢,封袋五百個,艾四斤,紅黄油紙五百五十張,黄綾夾板二十五副,黄綾、黄布包袱五十個,黄絲縧二十五副,黄綾帶二十五根,黄絲綫一斤,奏摺奏袋二千一百三十個。等語。查前項用過紙劄等物,户部核與應需數目相符,應準開銷。惟查單紙四百六十二合八十張,筆三千八百三十三枝,核與新收單紙四百七十六合八十張,筆三千九百四十五枝數目不符,應令烏什大臣轉飭查明,報部查核。

一、由牧廠撥補軍臺道光貳拾玖年倒缺馬一十三匹。又軍臺道光三十年陸續倒斃馬一十三匹。等語。兵部查,冊開烏什所屬三軍臺原額馬四十九匹,今道光貳拾玖年撥補馬十三匹,按臺站馬匹十分準倒三分之例核算,與撥補馬匹數目有減,應準其撥補。又道光叁拾年陸續倒斃馬十三匹,按臺站馬匹十分準倒三分之例,亦應準其報倒。

一、由牧廠撥補道光貳拾玖年備差馬内,倒缺馬十匹。新添備差馬内,倒缺馬五匹。硝局倒缺牛二隻。等語。查前項撥補備差馬匹并硝局牛隻,户部核與各該處上年倒斃并本年牲畜冊内新收各數目均屬相符,應準開銷。

一、道光叁拾年備差馬内,倒斃馬一十匹。新添備差馬内,倒斃馬五匹。硝局倒斃牛二隻。等語。查前項倒斃馬牛,户部核與歷年準倒數目相符,應準開銷。

一、實存項下:駐劄案内。銀伍千叁百貳拾捌兩肆錢陸分柒釐柒毫捌絲捌忽玖微,普爾錢壹萬肆百叁拾壹串捌百陸文捌釐壹毫内,當十普爾錢陸百肆拾叁串肆拾肆文,當五普爾錢玖千壹百肆拾伍串柒百拾捌文捌釐壹毫,各色糧叁萬肆千柒百捌拾叁石陸斗壹升叁合壹抄,農具等項三百九十九件,軍械等項一萬三千二十二件,生熟鐵鉛封口羣子一十五萬八千七百二十出,鉛丸四千九百九十五斤十二兩八錢,鉛五千五十九斤十四兩六錢二分,火藥四萬五千六百八十六斤十兩一錢三釐,硝一萬四千二十九斤十五兩二錢八釐,硫磺二千二百二十三斤六兩四錢,廢鐵三百六十四斤十二兩一錢,廢銅五十八斤一兩,鋼六十二斤二兩,廢熟鐵一百五十五斤。綢緞案内。綢緞綾紗梭二百三十一匹半,銀牌六十面,回子油綠布號衣二十九件,安集延布魯特衣服二套,茶葉三百四十六封二十兩一錢,藥材七百七十六斤八兩四錢。房租、紙劄二案内。實存無項。牲畜案内。馬三百十八匹,牛三十二隻,驢三頭。等語。查前項實存銀錢、糧石、農具、綢緞、銀牌、衣服、茶葉、藥材、牲畜等項,戶部就各本案核算,與應存數目均屬相符。仍令烏什大臣造入下年奏銷案内舊管項下,報部查核。至實存軍械、鉛藥、硝磺等項,兵部查與應存數目相符,應令該大臣造入下年奏銷舊管項下,報部查核。

此本係戶部主稿,由部彙題事件。當經會議兵部、工部去後,於咸豐叁年拾月拾捌等日準兵部等部議覆前來。茲於拾壹月貳拾捌日辦理具題,合并聲明。

臣等未敢擅便,謹題請旨。

批紅:依議。

爲廣東題報太平關咸豐元年至二年節省水脚銀兩解部事

咸豐三年十一月二十九日

太子太保·大學士管理戶部事務臣祁寯藻等謹題,爲循例具題事。

戶科抄出,廣東巡撫兼管太平關税務柏貴題太平關自咸豐元年閏捌月貳拾壹日起至貳年捌月貳拾日止,一年節省水脚銀兩隨同木餘税銀解部一案。咸豐叁年貳月貳拾肆日題,伍月拾叁日奉旨:該部知道。欽此。欽遵。於本日抄出到部。

該臣等查得,廣東巡撫兼管太平關税務柏貴疏稱:竊照起解關税節省水脚銀兩,向隨正額盈餘解交戶部。嗣準部咨,督撫經徵各關税課有盈無絀及節省水脚銀兩,均應循例具題,毋庸再奏。等因。亦經遵辦在案。今查太平關自咸豐元年閏捌月貳拾壹日起至貳年捌月貳拾日止,一年期滿,除收額税外,實存盈餘及木税盈餘共銀伍萬陸千肆百伍拾玖兩叁錢肆釐,例應解部。嗣因湖北大營軍餉需用,將前項盈餘木餘銀伍萬陸千肆百伍拾玖兩叁錢,委員解赴湖北大營投納。尚存木餘銀肆釐,并扣存添平飯食水脚銀壹千柒拾肆兩玖錢玖釐,應行解部。照例扣支經費等項,實該節省水脚銀玖百壹拾柒兩伍錢叁分,批差書吏鄧錦芳解部投納,理合循例題報。等因前來。

查太平關節省水脚銀兩,向例隨同盈餘銀兩按年解部,恭摺具奏。嗣於乾隆陸拾年陸月内,經留京王大臣酌議,各關節省水脚銀兩,循例具題,毋庸再奏。經臣部通行遵照在案。今據廣東巡撫兼管太平關税務柏貴題報,太平關自咸豐元年閏捌月貳拾壹日起至貳年捌月貳拾日止,一年節省水脚銀玖百壹拾柒兩伍錢叁分,隨同該年實存木餘并撥解湖北軍需扣存添平水脚等銀壹千柒拾肆兩玖錢壹分叁釐,差吏鄧錦芳請領冊檔之便,解部交納。等語。查前項銀兩,既據該撫疏稱差吏領解,應俟解部到日,再行查覈。至撥解前項湖北軍餉銀兩庫收,應令該撫迅即備文送部查覈。

此案於咸豐叁年伍月拾叁日科抄到部,兹於拾壹月貳拾玖日辦理具題,合并聲明。

臣等未敢擅便,謹題請旨。

批紅:依議。

爲題報北新關咸豐元年至二年徵收税銀事

咸豐三年十一月二十九日

太子太保·大學士管理户部事務臣祁寯藻等謹題,爲恭報等事。

户科抄出,北新關監督烏勒洪額題北新關咸豐元年閏捌月初壹日起至咸豐貳年柒月叁拾日止一年徵收税銀一案。咸豐貳年拾月貳拾柒日題,叁年貳月初貳日奉旨:該部察核具奏,冊并發。欽此。欽遵。於本日抄出到部。隨將該關該年徵收税銀紅單底薄,移會户科磨對去後。今於咸豐叁年肆月貳拾柒日,準户科將該關該年收税簿單磨對完訖,單冊相符,移覆到部。

該臣等查得,北新關監督烏勒洪額疏稱:竊照北新關税課,例應一年考核。兹自咸豐元年閏捌月初壹日起至貳年柒月叁拾日止,一年期滿,共收正額盈餘銀壹拾捌萬捌千貳百叁拾玖兩玖錢肆分捌釐内,除正額銀壹拾萬柒千陸百陸拾玖兩,銅斤水脚銀壹萬伍千叁百捌拾肆兩陸錢伍分外,計盈餘銀陸萬伍千壹百捌拾陸兩貳錢玖分捌釐。伏查北新關每年應徵欽定盈餘銀陸萬伍千兩,計溢餘銀壹百捌拾陸兩貳錢玖分捌釐,業經奏明在案。所有前項徵存税銀内,除應解部科飯食補平及員吏、書役支過薪水役食等銀壹萬陸千玖百肆拾壹兩捌錢伍分貳釐,循例支養廉銀壹萬兩,撥解南新關不敷銀肆千兩,淨計盈餘銀叁萬肆千貳百肆拾肆兩肆錢肆分陸釐。於撥解南河歲料銀伍萬兩,撥解南河工需銀貳萬兩,撥解部庫銀叁萬伍千兩,淨解正餘税銀伍萬貳千貳百玖拾捌兩玖分陸釐,謹遵例具題。等因前來。

查北新關每年應徵正額銀壹拾萬柒千陸百陸拾玖兩,銅斤水脚銀壹萬伍千叁百捌拾肆兩陸錢伍分。又嘉慶肆年欽定盈餘銀陸萬伍千兩。三共銀壹拾捌萬捌千伍拾叁兩陸錢伍分。今據北新關監督烏勒洪額題,北新關自咸豐元年閏捌月初壹日起至貳年柒月叁拾日止,一年共徵收正額盈餘銀壹拾捌萬捌千貳百叁拾玖兩玖錢肆分捌釐,核與應徵正額盈餘銀數有盈無絀。至前項徵收税銀内,除解交部科飯食及各項經費共銀壹萬陸千玖百肆拾壹兩捌錢伍分貳釐,已據該關監督造具支用細數清册送部,應於該年經費案内查核銷結。又撥補南新關不敷銀肆千兩,查係工部核銷之項,應咨工部查核具題。又支過養廉銀壹萬兩,核與例準支給銀數相符,應準開銷。又撥解南河歲料銀伍萬兩,又撥解南河工需銀貳萬兩,均與撥解原案及送到河庫實收銀數相符。又撥解部庫銀叁萬伍千兩,淨存盈餘銀伍萬貳千貳百玖拾捌兩玖分陸釐,均據該關委員鄭士廉等赴部交納,經臣部移付銀庫照數查收在案,應毋庸議。

此案於咸豐叁年肆月貳拾柒日準戶科移覆到部,兹於拾壹月貳拾玖日辦理具題,合并聲明。

臣等未敢擅便,謹題請旨。

批紅:依議。

爲長蘆鹽政題報節年商課錢糧完欠數目事

咸豐三年十二月初六日

太子太保·大學士管理戶部事務臣祁寯藻等謹題,爲遵旨察覈具奏事。

戶科抄出,長蘆鹽政文謙等題長蘆節年商課奏銷錢糧一案。咸豐叁年陸月拾玖日題,捌月初陸日奉旨:該部察覈具奏。欽此。欽遵。於本日抄出到部。

該臣等查得,各省鹽課奏銷,向於奏報現年錢糧之時,將節年商課項下續完若干、未完若干并動用存儲各數目,分别年限,彙造清册,另繕題本,隨本年奏銷一并具題。臣部按年查覈,另行繕本,亦隨本年奏銷一并題覆。歷經遵辦在案。今據長蘆鹽政文謙將長蘆節年商課錢糧逐一盤查造具册結具題前來。臣等謹照冊開管收除在各款逐一覈算,開列於後。

一、冊開:舊管銀叁拾萬捌千陸百肆拾陸兩伍錢叁分柒釐。查前項舊管銀兩,覈對上年題報節年實存銀貳萬伍千玖百拾貳兩叁分貳釐。又續收道光叁拾年引課加課等銀貳拾捌萬貳千柒百叁拾肆兩伍錢伍釐。按冊覈算數目相符。

一、冊開:新收銀肆萬玖千貳百柒兩肆錢捌分貳釐。查長蘆節年課項應徵銀貳萬捌千玖百玖拾玖兩玖錢伍分内,運司應捐河工銀壹萬兩,銅斤腳價銀壹萬捌千玖百玖拾玖兩玖錢伍分。據該鹽政冊稱,内除官辦盧龍等九州縣應完河工銀叁百捌拾肆兩柒錢伍釐,銅斤腳價銀捌百叁拾兩柒錢肆分伍釐,另冊造報。又參遺固安等州縣懸引銀叁千壹百叁拾玖兩捌錢肆分柒釐,據稱趕緊歸補。應令該鹽政速飭催追全完,毋再任意延欠。現商應完河工銅斤銀貳萬肆千陸百肆拾肆兩陸錢伍分叁釐。又續收延慶、懷來二州縣道光叁拾年包課銀壹千肆百柒拾捌兩玖分柒釐。又收張錦文完交收回鹽價應抵參商趙文炳未完道光貳拾玖年引課、加課銀肆千貳百陸拾貳兩伍錢玖分玖釐。又收參商麗澤恒等道光叁拾年正、雜課銀共壹萬捌千捌百貳拾貳兩壹錢叁分叁釐。按冊覈算,徵收銀數相符,應毋庸議。

一、冊開:開除銀叁拾叁萬叁千貳百玖兩叁錢陸分陸釐。查前項開除銀兩内,差官張立誠等解湖南軍需銀叁拾萬兩。又差官傅培楨等解盛京戶部銀壹萬叁千捌百貳拾壹兩陸錢肆分。又差官馬篤垕解江南總河銀捌千伍百叁兩柒錢叁分。又差官傅培林解淮安糧臺總局銀壹萬捌百捌拾叁兩玖錢玖分陸釐。覈與題報起解銀款均屬相符。

一、冊開:實存銀貳萬肆千陸百肆拾肆兩陸錢伍分叁釐。查前項存庫銀兩内,應解河工銀柒千捌百兩叁錢柒分壹釐。應令速飭委員報解,毋任延緩。實存銅斤腳價銀壹萬陸千捌百肆拾肆兩貳錢捌分貳釐。據稱湊解盛京俸餉擬定起解。等語。應令趕緊委員起解,專案題報。

一、冊開:節年未完銀叁拾陸萬陸千兩貳分肆釐,制錢伍萬陸千壹百陸拾伍串肆百壹文。又緩徵引課等銀陸百貳拾玖萬玖千伍百陸拾貳兩貳錢玖分伍釐。又歷年積欠銀捌萬肆千捌百玖拾柒兩叁錢陸分壹釐。又道光貳拾捌年經欽差王大臣查辦長蘆鹽務酌改章程案内,蘆商停引拾萬道,奏準展限五年。道光貳拾玖、叁拾年、咸豐元貳兩年停引課銀貳拾伍萬叁千伍百叁拾叁兩肆錢貳分。又參退各商未補貳拾捌年引課等銀肆萬肆百叁拾捌兩陸分玖釐。又,未補道光貳拾玖、叁拾兩年引課等銀壹萬玖千玖百肆拾捌兩伍錢貳分伍釐。查前項未完節年銀叁拾陸萬陸千兩貳分肆釐,制錢伍萬陸千壹百陸拾伍串肆百壹文内,延慶州知州王中枚等虧短包課銀壹千肆百陸拾柒兩玖錢伍分壹釐。仍令迅即催追完款,毋再延欠。又貳拾柒年祥符等州縣被旱,各商應完銀貳萬貳千捌百貳拾壹兩,制錢伍萬陸千壹百陸拾伍串肆百壹文,已於貳拾捌年冊造節年奏銷案内,各商完交銀陸千捌百拾叁兩柒錢捌釐,制錢柒千壹百玖拾貳串伍百叁文。業經臣部照數查收在案。尚未完銀壹萬陸千柒兩貳錢玖分貳釐,制錢肆萬捌千玖百柒拾貳串捌百玖拾捌文。又未完節年銀叁拾肆萬壹千柒百拾壹兩柒分叁釐,共銀叁拾伍萬柒千柒百拾捌兩叁錢陸分伍釐。又貳拾叁年至貳拾捌年止,減停引課共銀叁拾捌萬叁百兩壹錢叁分。又緩徵引課等銀伍百玖拾壹萬玖千貳百陸拾貳兩壹錢陸分伍釐。二共銀陸百貳拾玖萬玖千伍百陸拾貳兩貳錢玖分伍釐。又歷年積欠銀捌萬肆千捌百玖拾柒兩叁錢陸分壹釐。據稱均於道光貳拾捌年欽差王大臣查辦長蘆鹽務章程案内,奏準覈入歷年積欠銀貳千叁百餘萬兩數内,自貳拾玖年起,按引分攤徵收解部。惟查前項積欠銀兩,係道光貳拾捌年經欽差王大臣奏奉諭旨,自貳拾玖年起按引徵收解部之款,臣部於咸豐元年閏捌月專案咨催,迄今貳年之久,尚未咨覆。今本年造報元年奏銷前項積欠,又未據攤徵報解,實屬任意玩延。應令長蘆鹽政文謙督飭運司,即將貳拾玖年起按引攤徵銀兩,趕緊按款徵收報部撥用。仍專案咨覆,并查取前任現任鹽政運司督催不力各職名,先行交部議處。又貳拾陸年會籌蘆綱章程案内,暫停貳拾伍年引課銀拾捌萬壹千伍百叁拾陸兩壹錢捌分壹釐,銅斤腳價銀伍千肆百肆拾柒兩玖分玖釐,河工銀陸千捌百肆拾柒兩捌錢壹分陸釐。查與奏準停減并暫停引目原案相符,仍令俟停引復額後,即行分別年限,帶交完款。又道光貳拾玖、叁拾年并咸豐元貳兩年,停引課銀貳拾伍萬叁千伍百叁拾叁兩肆錢貳分。此項停引課銀,如何歸補,冊内及原奏均未聲敘。歷經臣部行令查覆,總未據登覆報部,任意延宕。仍令該鹽政將前項停引課銀,究竟如何歸補,即行查明聲覆,毋許再延。又參退各商未補道光貳拾捌、貳拾玖、叁拾等三年引課,共銀陸萬叁百捌拾陸兩伍錢玖分肆釐,據冊稱趕緊設法歸補。查此項未補銀兩,係每年應完之款。該鹽政自當實力籌補,不得以空言搪塞。乃前欠未歸,本年又有未完之銀,似此按年拖欠,愈積愈多,殊非辦公之道。況現在需用孔亟,該鹽政自應激發天良,認真經理。當將每年應完銀兩,嚴飭照數全完,方爲正辦。今未補道光貳拾捌等年引課銀兩,屢催未報,殊屬不成事體。仍令該鹽政速飭參退各商未補銀兩,趕緊歸補,毋許再延。

一、冊開:餘平項下。舊管無項。新收銀壹萬伍千玖百拾兩玖錢柒分伍釐,歷年積欠餘平銀貳萬玖千叁拾陸兩貳錢貳分捌釐。查前項餘平銀兩,據冊稱:餘平積欠項下共未完銀貳萬玖千叁拾陸兩貳錢貳分捌釐,於道光貳拾捌年經欽差王大臣查辦長蘆鹽務章程案内,覈入歷年積欠銀貳千叁百餘萬兩數内,自貳拾玖年起,按引分攤徵收。等語。查前項積欠餘平銀兩,臣部於咸豐元年閏捌月專案咨催徵收,迄今未據查覆,而本年奏銷又未徵收造報。仍令該鹽政即將攤徵餘平銀兩,查明徵收若干,專案報部撥用,毋任再延。開除銀壹萬玖百陸拾陸兩伍錢叁分捌釐,據稱解盛京戶部銀壹萬玖百貳拾伍兩柒錢肆分陸釐,又解淮安糧臺總局銀肆拾兩柒錢玖分貳釐,覈與題報起解銀款相符。實存銀肆千玖百肆拾肆兩肆錢叁分柒釐,已於本年柒月初伍日,據該鹽政委員解交部庫,業經臣部照數查收在案,均毋庸議。

此案於咸豐叁年捌月初陸日科抄到部,兹於拾貳月初陸日辦理具題,合并聲明。

臣等未敢擅便,謹題請旨。

批紅:依議。

爲長蘆鹽政題報永平府屬州縣咸豐元年鹽引運銷情形事

咸豐三年十二月初六日

太子太保·大學士管理戶部事務臣祁寯藻等謹題,爲遵旨察覈具奏事。

戶科抄出,長蘆鹽政文謙等題官辦盧龍等七州縣運銷咸豐元年鹽引一案。咸豐叁年陸月拾玖日題,柒月拾壹日奉旨:該部察覈具奏。欽此。欽遵。於本日抄出到部。

該臣等查得,長蘆鹽政文謙疏稱:查得永平府屬七州縣,咸豐貳年運銷元年鹽引之盧龍縣知縣喬文蔚、撫寧縣敖星煌、昌黎縣知縣胡璧華、灤州知州焦家麟、樂亭縣知縣淡春暉均已督銷全完,造具清冊詳請會題。再查臨榆、遷安二縣,經管職名屢催未到,俟造冊詳送到日,另文補送,合并聲明。等情。臣覆覈無異,除將原冊分送部科查覈外,謹會同前任大學士直隸總督臣訥爾經額合詞具題。等因前來。

查道光貳拾柒年正月，據直隸總督訥爾經額等奏永平口岸無商接認援案暫行官辦案内，據稱貳拾伍年積引現已停運，應銷貳拾陸年引目，現在甫議官辦，請於考覈案内扣除。當經臣部奏奉硃批允準。又於道光貳拾柒年鹽引奏銷案内，據稱永平府屬盧龍等七州縣行銷引壹萬柒千貳百拾道，奉部覆準，於通綱鹽引奏銷考覈冊内扣出，俟貳拾玖年叁月内，與該州縣應完奏課同時分案辦理。等因。各在案。

今據長蘆鹽政文謙疏稱，永平府屬之盧龍、撫寧、昌黎、灤州、樂亭等五州縣行銷咸豐元年鹽引壹萬柒千貳百拾道，均已督銷全完，臣部查與督銷引數相符。至疏稱臨榆、遷安二縣應造經管鹽引職名清冊，俟送到日另文補送。等語。查臨榆縣知縣玉簡、遷安縣知縣馮章各將運銷咸豐元年鹽引文冊，已於本年捌月拾陸日據該鹽政咨送到部，應毋庸議。

此案於咸豐叁年柒月拾壹日科抄到部，茲於拾貳月初陸日辦理具題，合并聲明。

臣等未敢擅便，謹題請旨。

批紅：依議。

爲長蘆鹽政題報咸豐貳年行銷鹽引數目事

咸豐三年十二月初六日

太子太保·大學士管理戶部事務臣祁寯藻等謹題，爲遵旨察核具奏事。

戶科抄出，長蘆鹽政文謙題長蘆咸豐貳年鹽引一案。咸豐叁年陸月拾玖日題，柒月貳拾玖日奉旨：該部察核具奏。欽此。欽遵。於本日抄出到部。

該臣等查得，長蘆鹽政文謙疏稱：據兼護長蘆鹽運使司天津府知府錢炘和詳稱，長蘆每年額引玖拾陸萬陸千肆拾陸道内，於道光元年提繳一成引玖萬陸千陸百伍道，又於道光貳拾壹年提并一成引捌萬陸千玖百肆拾肆道。又於道光貳拾肆年援照山東引課并展成案，自道光貳拾叁年起，每年停引拾萬道，予限陸年復額。道光貳拾捌年，欽差王大臣查辦鹽務奏準展限伍年，今咸豐貳年分應行銷引陸拾捌萬貳千肆百玖拾柒道。除永平府屬盧龍縣、撫寧縣、昌黎縣、臨榆縣、灤州、遷安縣、樂亭縣七州縣行銷引壹萬柒千貳百拾道，於通綱鹽引奏銷考核冊内扣出，俟咸豐肆年伍月内，與該州縣應完奏課同時分案辦理，實應行銷引陸拾陸萬伍千貳百捌拾柒道。内有銷不及額，循例撥與能銷之州縣通融代銷，計引捌萬壹千捌百叁拾捌道，本岸應行銷引伍拾捌萬叁千肆百肆拾玖道。查定例：督銷鹽引各官能於奏銷前一官全完一年引課者，照例議叙。除通融銷售州縣并一年二、三官分任銷完及計引核銀不及三百兩者均不開列外，所有霸州知州喬作新等三十六州縣，俱各照額引行銷地方一官督銷，於奏銷前全完并無通融銷售，亦無本年帶銷未完之項，核與議叙之例相符，應請俟該州縣所銷引目截角解部後，照案題叙。又於道光貳拾捌年會議長蘆鹽務章程案内，因長蘆滯銷各岸，例準匀出三、四分在暢岸代銷，如遇水旱灾傷經鄰邑代銷者，免其議處。又道光捌年奏定章程，融銷之外，仍有未完，一并撥歸暢岸代銷。嗣於道光貳拾伍年復經部議，缺銷之員截清未完分數，照例議處，不得因融銷概予免議。第督銷原爲裕課，滯岸未完引鹽，既經暢岸代爲銷竣，則課皆有著，若仍將滯岸州縣參處，未免向隅。應請嗣後無論何州縣將引撥歸他邑代銷者，不計分數多寡年歲豐歉，概免議處，奉部議準。今查大興縣、宛平縣、良鄉縣、固安縣、香河縣、通州、三河縣、寶坻縣、寧河縣、昌平州、涿州、薊州、採育營、舊州營、遵化州、玉田縣、豐潤縣、滿城縣、安肅縣、定興縣、新城縣、唐縣、博野縣、容城縣、完縣、蠡縣、雄縣、高陽縣、易州、淶水縣、冀州、新河縣、寧晋縣、深澤縣、肥鄉縣、大名縣、河内縣、孟縣等三十八州、縣、營，通融代銷自一分至六分不等，應請概免議處。又道光貳拾捌年會議長蘆鹽務章程案内，因商人之領運、州縣之督銷各有專責，如商人年運年額存鹽莫售，則咎在州縣，自當照例參處，如因銷數未完，不論引目是否領齊，鹽斤是否運到，置商人於不問，轉將州縣開參，是使誤運商人置身事外，無辜州縣枉罹處分，似不足以昭公允。應請嗣後商人誤運，按照岸額以十分爲率，欠運一分者，笞四十。二分者，笞五十。三分者，杖六十。四分者，杖七十。五分者，杖八十。六分者，杖九十。七分者，杖一百。八分者，參革究追。其欠運一分至四分者，勒限三個月領運全完。欠運五分至七分者，勒限六個月領運全完。逾限不完，參革究辦。罪既坐商，其無鹽督銷州縣，請免考核。奉部議準。今督銷未完之河内縣知縣周沚、裘寶鏞，豐潤縣知縣湯振畿，遵化州知州梁寶書，三河縣知縣尹佩瑲、劉寶楠，寧晋縣知縣丁學易，薊州知州高驤雲、呉中順、汪福庚，玉田縣知縣王廷才、孫康壽，開州知州鍾秀，定州知州寶琳，内黄縣知縣景祥，長垣縣知縣陳壽昌，衡水縣知縣雷五福，藁城縣知縣胡塍，晋州知州張黼榮，陳留縣知縣敖國琦，臨潁縣知縣馬殿元，邢臺縣知縣鄭光和，延津縣知縣崔承灝，封邱縣知縣徐鎬，密縣知縣劉慶恩，以上二十五員未完均係不及一分,例無參處。又督銷未完一分之唐縣知縣温鳴玉,清豐縣知縣鄭光和,鉅鹿縣知縣春和,陽武縣知縣呉啟瑞,藁城縣回任知縣胡塍,中牟縣知縣鄧懷恩,祥符縣知縣裘寶鏞,商水縣知縣方長澤,封邱縣知縣澹臺繼、夏張晉,密縣知縣王綬林,又未完二分之任縣知縣廷桂,寶坻縣知縣車汝震,饒陽縣知縣秦聚奎,寧河縣知縣黄開鼎,清豐縣知縣陳政典,封邱縣知縣杜宇昕,并回任未完一分、又未完三分之開州知州劉煦,元城縣知縣楊子儀,冀州知州葛之鏞,大名縣知縣黄賜履,南皮縣知縣趙士桐,鉅鹿縣知縣張溶,陽武縣知縣李佩青,并回任未完二分臨漳縣知縣姚恩達、惠麟,中牟縣知縣陳肇鏞,并回任未完一分、又未完四分之定州知州劉衡,内黄縣知縣何懷珍,商水縣知縣潘錫齡,并回任未完一分、又未完五分之長垣縣知縣錫桂,藁城縣知縣姚煦,祥符縣知縣羅景恬,又未完六分之正定縣知縣石元善,衡水縣知縣謝學元,晉州知州上官懋本,束鹿縣知縣馮霦,陳留縣知縣梁協南,臨潁縣知縣覺羅榮泰,密縣知縣麗復敦,又未完七分之深州知州陳希敬,郾城縣知縣魯杰,邢臺縣知縣毓山,禹州知州程佶,延津縣知縣楊宗程,東明縣知縣鄒培經,沈邱縣知縣馮誎,許州知州金梁。以上督銷未完一分至七分四十八員,因商人侯恭和等無鹽運往,業經罪坐商人,勒限領運,該州縣無可督銷,應免考核。又豫省懸岸杞縣、通許縣、尉氏縣、洧川縣、鄢陵縣、蘭儀縣、鄭州、新鄭縣、淮寧縣、項城縣、太康縣、扶溝縣、長葛縣、汲縣、滑縣等十五州縣應銷引鹽,於咸豐元年奏請自咸豐貳年爲始改歸官辦,委員運鹽存廠,令州縣接運銷售。今咸豐貳年應銷額鹽全數運廠,各州縣曾否照額接運,尚未據具報,所有銷鹽分數無憑核計。請暫緩考核,俟查報到日專案造報。又直省懸岸懷柔縣、密雲縣、平鄉縣、廣宗縣、雞澤縣等五縣,應銷引鹽於豫省懸岸收歸官辦案内,一并自咸豐貳年爲始,委員運鹽赴岸,責令該縣督銷。當經委員候補經歷孫鴻墀、候補知事鄭承培捆運鹽叁千貳百伍拾包,分運銷售。未經續運鹽斤,并非該縣等督銷不力,應請免其考核。此外沙河縣、南和縣、隆平縣、永年縣、曲周縣、邯鄲縣、武安縣、涉縣等八縣,未銷引目俱係參遺懸岸官販領運未能足額,非因該縣等督銷不力,應免考核。理合造具額引已未完總冊,并應叙免議通融代銷各冊,具文詳送題咨。再查涿州、永清縣、武清縣、大興縣、宛平縣、良鄉縣、滿城縣、安肅縣、定興縣、沙河縣、唐山縣、平穀縣、武邑縣、無極縣、蘭儀縣、舞陽縣等十六州縣應送文冊,屢催未到。所有經管、接管各職名,到任、離任各日期以及已未完分數,無憑查造,已於冊内聲明,應俟呈送到日核轉,并將該州縣等造冊遲延緣由,另詳請咨。等情。臣覆核無異,除將原冊分送部科查核外,理合會同前任直隸總督臣訥爾經額合詞具題。等因前來。

查長蘆正引玖拾陸萬陸千肆拾陸道,道光元年奏準提繳一成引玖萬陸千陸百伍道。又道光貳拾壹年奏準再減一成引捌萬陸千玖百肆拾肆道。又道光貳拾肆年援照山東引課并展成案,奏準自道光貳拾叁年存庫引内起,每年減停引十萬道,予限陸年復額。又於道光貳拾捌年欽差王大臣查辦鹽務案内,奏準再展五年。又道光貳拾柒年直隸總督訥爾經額等奏,永平口岸無商接辦,請將盧龍縣、昌黎縣、撫寧縣、臨榆縣、灤州、遷安縣、樂亭縣七州縣行銷引壹萬柒千貳百拾道,暫行官辦外,淨行銷引陸拾陸萬伍千貳百捌拾柒道。查例載:引目滯銷之區,準於應銷正引内,每年勻出三、四分在暢銷州縣代銷。又道光貳拾捌年叁月户部奏會議長蘆鹽務章程案内,因長蘆滯銷各岸,例準勻出三、四分在暢岸代銷,如遇水旱灾傷,經隣邑代銷者,免其議處。又道光捌年奏定章程,融銷之外仍有未完,一并撥歸暢岸代銷。嗣於道光貳拾伍年,復經部議,各州縣如果全數銷竣,引俱截角解部,方準議叙。并將缺銷之員截清未完分數照例議處,不得因融銷概予免議。等因。議準行知在案。第督銷原爲裕課,滯岸未完引鹽既經暢岸代爲銷竣,則課皆有著。若仍將滯岸州縣參處,未免向隅。應請嗣後無論何州縣將引撥歸他邑代銷者,不計分數多寡,年歲豐歉,概免議處。各等因。均經覆議準行。亦在案。

今據長蘆鹽政文謙等疏稱:咸豐貳年長蘆額引玖拾陸萬陸千肆拾陸道,照兩次奏案提減二成額引拾捌萬叁千伍百肆拾玖引。又奏準停減引拾萬道。又永平口岸盧龍等七州縣官辦行銷引壹萬柒千貳百拾道,淨行銷引陸拾陸萬伍千貳百捌拾柒道。内除通融代銷引捌萬壹千捌百叁拾捌道,實應行銷引伍拾捌萬叁千肆百肆拾玖道。查定例:督銷鹽引各官,能於奏銷前一官全完,照例議叙。今霸州知州喬作新等三十六州縣疏銷咸豐貳年鹽引全完,應俟各該州縣所銷引目截角解部後,照案題叙。所有大興等三十八州、縣、營通融代銷自一分至六分不等,應請免議。等語。查州縣督銷鹽引全完,必須引俱截角解部,方準議叙。所有霸州等州縣銷引全完各員,照例議叙,應俟該州縣將所銷引目截角解部後,照案題叙。至滯銷口岸勻歸暢岸代銷,其應銷之引有無照額全清,課項有無短缺,應令該鹽政一并聲覆報部,再行核辦。又督銷未完之内河縣(應爲河内縣——編者)知縣周泩等二十五員,均係不及一分,例無參處。所有督銷未完一分至七分之唐縣知縣温鳴玉等四十八員,因商人侯恭和等無鹽運往,業經罪坐商人,勒限領運。該州縣無可督銷,應免考核。臣部核與奏準原案相符。又疏稱,豫省懸岸杞縣等十五州縣應銷鹽引,於咸豐元年奏準,自咸豐貳年爲始改歸官辦,委員運鹽存廠。今各州縣曾否照額接運,未據具報。所有銷鹽考核,俟查報到日,專案報部。又直隸懸岸懷柔等五縣應銷鹽引,於豫省懸岸改歸官辦,一并自咸豐貳年爲始,委員運鹽,責令該縣督銷。當經委員孫鴻墀等運鹽叁千貳百伍拾包,分運銷售。未經續運鹽斤,并非該員等督銷不力,請免考核。查咸豐元年拾貳月及貳年柒月據該鹽政奏準各原案,均屬符合。應令該鹽政督飭各州縣,即將官運存廠鹽斤,按額運銷,并查取銷引遲延職名送部查議。其直隸懷柔等五縣未銷鹽斤,即飭委員趕緊領運銷售,毋許任意延緩。又沙河等八州縣未銷引目,俱係參遺懸岸,官販領運未能足額,非該縣等督銷不力,應免考核。等語。臣等查,參遺懸岸既係官販領運,該鹽政自當督同運司設法辦運,方昭核實。今本年奏銷,又有八州縣懸岸運銷未能足額,似此引積課虧,鹺務終無起色,殊非認真經理之道。仍令該鹽政督同運司嚴飭各該縣,即將懸岸未運引目設法辦運,以符課額,毋任再遲。至疏稱涿州、永清、武清、大興、宛平、良鄉、滿城、安肅、定興、沙河、唐山、平穀、武邑、無極、蘭儀、舞陽等十六州縣應送咸豐貳年鹽引文册,屢催未到。俟造送到日,另詳請咨。等語。查涿州、永清、武清、大興、宛平、安肅、定興、沙河、唐山、平穀等十州縣鹽引文册,已於七月據該鹽政呈送到部,尚有良鄉、滿城、武邑、無極、蘭儀、舞陽等六縣未據送部。應令查取各該縣造册遲延職名,送部查議,毋任遲延。

此案於咸豐叁年柒月貳拾玖日科抄到部,兹於拾貳月初陸日辦理具題,合并聲明。

臣等未敢擅便,謹題請旨。

批紅:依議。

爲長蘆鹽政題銷咸豐二年應徵節年竈課錢糧事

咸豐三年十二月初六日

太子太保·大學士管理戶部事務臣祁寯藻等謹題,爲遵旨察覈具奏事。

戶科抄出,長蘆鹽政文謙題長蘆節年竈課錢糧一案。咸豐叁年陸月拾玖日題,柒月拾陸日奉旨:該部察覈具奏。欽此。欽遵。於本日抄出到部。

該臣等查得,長蘆鹽政文謙疏稱:奏銷現年錢糧之時,例應將歷年錢糧已未完動用實存各數目,分晰造具清册,隨同本年奏銷具題。兹據兼護長蘆鹽運使天津府知府錢炘和詳稱:咸豐貳年分應徵歷年竈課銀叁千肆百兩貳錢捌分捌釐,舊管存銀陸百肆兩玖錢肆分壹釐,新收銀叁千叁百捌拾陸兩貳錢肆釐,又續收慶雲等縣解交咸豐元年徵存未解竈課銀陸百捌拾叁兩伍錢玖分玖釐,舊管、新收、續收通共銀肆千陸百柒拾肆兩柒錢肆分肆釐。開除銀叁千捌百拾壹兩叁錢陸分叁釐,實在存銀捌百陸拾叁兩叁錢捌分壹釐。造具清册,詳請會題。再,慶雲縣知縣曾貫之未解銀拾肆兩捌分肆釐,勒提解到,另文詳報等情。臣隨親詣運庫,將實存銀兩逐一盤查并無虧缺。除照例出具印結隨同原册分送部科查覈外,謹會同前任大學士直隸總督臣訥爾經額合詞具題。等因前來。

查長蘆咸豐貳年竈課奏銷案内,應徵歷年竈課銀叁千肆百兩貳錢捌分捌釐。今新收銀叁千叁百捌拾陸兩貳錢肆釐,續收銀陸百捌拾叁兩伍錢玖分玖釐,二共新收銀肆千陸拾玖兩捌錢叁釐。舊管銀陸百肆兩玖錢肆分壹釐,新舊共銀肆千陸百柒拾肆兩柒錢肆分肆釐。開除銀叁千捌百拾壹兩叁錢陸分叁釐。據册稱,委員傅培林解盛京户部銀壹千拾壹兩叁錢陸分叁釐。又委員傅培林解淮安糧臺總局銀貳千捌百兩,覈與題報起解銀款相符。實存銀捌百陸拾叁兩叁錢捌分壹釐,已於本年柒月初肆日據長蘆鹽運使委員解交部庫,業經臣部照數查收在案。至慶雲縣未解元年徵存竈課銀拾肆兩捌分肆釐,亦於本年柒月貳拾陸日據長蘆鹽政呈報,慶雲縣批解元年竈課銀拾肆兩捌分肆釐,入於咸豐叁年秋撥册内造報查覈。該季册内報收銀數相符,咨覆該鹽政亦在案,均毋庸議。

此案於咸豐叁年柒月拾陸日科抄到部,兹於拾貳月初陸日辦理具題,合并聲明。

臣等未敢擅便,謹題請旨。

批紅:依議。

爲廣東南海等縣借領基費銀兩帶徵未完造册題參事

咸豐三年十二月初六日

户部等部,太子太保·大學士管理户部事務臣祁寯藻等謹題,爲被水事。

戶科抄出，廣東巡撫柏貴題廣東省咸豐元年秋收後起至咸豐貳年玖月底止，陸次帶徵南海、番禺、三水等縣原展未完道光拾肆年被水借領基費銀兩已未完數目造册題參一案。咸豐叁年正月貳拾陸日題，伍月初伍日奉旨：該部察覈具奏。欽此。欽遵。於本日抄出到部。

該臣等會查得，廣東巡撫柏貴疏稱：廣東南海、番禺、三水等三縣，道光拾肆年被水冲決圍基，借給脩費資本銀兩一案，先經奏明奉準部咨，欽奉上諭：本年肆、伍月間，江水漲發，南海、番禺、三水、高要、高明、四會六縣，尚有道光拾叁、拾肆兩年借脩基費及買秧資本銀兩，逾限未繳，本年各該縣收成稍歉，若將前次借項照常催追，民力實有未逮，自應量予展緩。加恩著照所請，準其將南海、番禺、三水等三縣未完拾叁年基費，并高明、四會、高要等三縣未完拾肆年基費，并買秧資本銀兩，均展緩壹年，至道光貳拾伍年秋收後，催徵完納。至南海、番禺、三水等三縣，未完拾肆年基費買秧資本銀兩，并著遞行推展，俟徵完拾叁年借項後，接續啟徵，仍限壹年徵完歸款，以紓民力。等因。欽此。當卽轉行欽遵辦理在案。茲據署廣東布政使崔侗詳稱：查南海、番禺、三水三縣，道光拾肆年分借領基費并買秧資本銀兩，除秧本奉準豁免完結外，其應徵基費銀兩，應自咸豐元年秋收後起至咸豐貳年玖月底止，業已壹年限滿。內南海縣道光拾肆年分各業戶原借領基費銀肆千肆百陸拾兩，除已完解司銀肆百伍拾伍兩捌錢壹分壹釐，已收還地丁扣存平餘項內，造入道光貳拾肆年春季册報銀壹百柒拾壹兩貳錢肆分伍釐，又收還米耗盈餘項內，造入道光貳拾肆年春季册報銀貳百兩，又造入道光貳拾肆年秋季册報銀捌拾肆兩伍錢陸分陸釐外，尚未完銀肆千肆兩壹錢捌分玖釐。係經徵現任南海縣知縣馮沅。番禺縣道光拾肆年分各業戶原借領基費銀玖百兩，除已完解司銀貳百貳拾兩，已收還地丁扣存平餘項內，造入道光貳拾伍年春季册報外，尚未完銀陸百捌拾兩。係經徵前任番禺縣知縣壽祺，接徵現任番禺縣知縣李福泰。三水縣道光拾肆年分各業戶原借領基費銀壹萬壹千陸百兩，除已完解司銀叁千肆百玖拾壹兩壹錢貳分肆釐，已收還米耗盈餘項內，造入道光貳拾肆年秋季冊報銀叁百肆拾兩，又造入道光貳拾伍年春季冊報銀叁千壹百伍拾壹兩壹錢貳分肆釐外，尚未完銀捌千壹百捌兩捌錢柒分陸釐。係經徵前署三水縣事試用知縣文焌，接徵現署三水縣事試用知縣沈亨惠。所有咸豐元年秋收後，應徵各業戶借領基費銀兩已未完數目及經徵職名，理合造册，詳請查覈具題。等由。臣覆覈無異，除分送部科查覈外，臣謹會同署兩廣總督臣葉名琛合詞具題。

等因前來。

查廣東南海等縣道光拾肆年被水案内,借領基費、秧本銀兩,前據兩廣總督等奏,因貳拾肆年復又被水,將南海、番禺、三水等三縣未完基費、秧本銀兩,俟拾叁年借項於貳拾伍年秋收催徵後,即於貳拾陸年接續啟徵,仍限壹年徵完歸款,以紓民力。等因。欽奉恩旨俞允。當經戶部行文該督等欽遵辦理在案。又原借買秧資本已完及未完奉準豁免各數,已於伍次帶徵案内覈結。亦在案。今據該撫將咸豐元年秋收後起至咸豐貳年玖月底止,應徵基費銀兩陸次帶徵已未完數目造册題報。查册開,廣東南海、番禺、三水等三縣,借領基費銀壹萬陸千玖百陸拾兩,戶部覈與原借各數均屬相符,應毋庸議。内未經奏展以前已據各屬完解司庫銀肆千壹百陸拾陸兩玖錢叁分伍釐,亦經戶部查與道光貳拾肆、貳拾伍等年春秋各季扣存平餘米耗盈餘各册内收回銀數符合,題覆完結在案,俱毋庸議。至各屬未完借領基費銀壹萬貳千柒百玖拾叁兩陸分伍釐,現據册開,三縣俱未全完。此項銀兩原係體卹民間逾格賞借之款,原限屆滿未繳,迨經續次被水,又復奏展,疊沛恩施,自應按照奏展之限於貳拾陸年秋收後全數完解。迺帶徵銀限又越陸年之久,其原展未完銀兩秧本一項已邀全數豁免,而基費仍復分釐未繳。戶部前令查開督催不力之該管上司各職名,又未隨案開參。似此疲玩,殊出情理之外。各業戶俱有天良,何至事越拾餘年之久尚未歸款而經徵之員又甘代爲參處?覈其情節,恐該縣等不無以完作欠情事。該管上司例有督催之責,因何一任延宕,限滿僅以一題塞責,更屬不成事體。竊思國帑攸關,豈容歷久懸宕。且現當籌用孔殷之際,凡一切積欠,亟應確切查明。已完縣庫者,嚴提完報,未完者設法督催,總期一律清完,方爲覈實籌裕經費之道。而屢奉部催,置若罔聞,此等積習尤當隨事整飭,毋蹈故轍,庶裨庫款。應令該撫務飭遵照此次文行,認真據實查辦。并嚴飭各屬,將前項未完銀兩,趕緊催完,掃數解司,清款入册,報部查覈。毋得再任蒂欠,致干參處。并將督催不力之該管上司各職名,補行開列送部覈議。至本案應徵未完職名,現據該撫分晰造册候部覈議。等語。

吏部查,定例:官員承追不作十分之雜項錢糧未完,初參降俸貳級,帶罪催追,完日開復。又定例:官員任内,有承督未完案件,於限内離任者,以罰俸壹年完結。等語。應將經、接徵咸豐元年帶徵道光拾肆年分借領基費銀兩初參未完之南海縣知縣馮沅、前任番禺縣知縣壽祺、番禺縣知縣李福泰、前署三水縣事試用知縣文焌、署三水縣事試用知縣沈亨惠,均照例降俸貳級,帶罪催追完日開復。壽祺已陞羅定州知州，文焌係署事官，又經另案革職，均於限内卸事，應各照離任官例，壽祺應於現任内罰俸壹年完結，文焌應罰俸壹年完結註册。沈亨惠係試用署事之員，其應照例議結之處，係復參到日再議。

此本係戶部主稿。於咸豐叁年伍月初伍日科抄到部，陸月貳拾日咨送吏部會議，拾壹月初拾日準吏部議結送回。兹於拾貳月初陸日辦理具題，合并聲明。

臣等未敢擅便，謹題請旨。

批紅：依議。

爲奏銷京城各倉咸豐二年收放糧石數目事

咸豐三年十二月初七日

太子太保·大學士管理戶部事務臣祁寯藻等謹題，爲奏銷糧斛事。

戶科抄出，倉場侍郎宗室慶祺等題京城各倉咸豐貳年收放糧石數目一案。咸豐叁年伍月貳拾柒日題，陸月初捌日奉旨：該部察核具奏，册并發。欽此。欽遵。於本日抄出到部。節經行催奏銷等册，於拾月貳拾捌日陸續造送齊全。該臣等查得，倉場侍郎宗室慶祺等，將咸豐貳年禄米等十一倉并本裕豐益内倉等倉，收放糧石數目造册具題前來。據册開：

一、舊管米叁百叁萬玖千叁百玖拾陸石壹斗伍升貳合肆勺，麥貳萬肆百玖拾肆石肆斗肆升伍合肆勺，豆陸萬玖千陸百陸拾叁石肆斗肆升陸合貳勺，白糧肆千陸百肆拾叁石柒斗陸升陸合貳勺。等語。查前項舊管漕白米麥豆石核與上届奏銷案内實存數目相符。惟禄米倉奏銷册内舊管項下計多米壹勺，因何與上年實在項下數目不符之處，應令倉場轉飭查明報部，以憑查核。

一、新收米壹百柒拾貳萬貳千柒百拾捌石柒斗伍升叁合柒勺，麥陸萬伍千伍拾貳石玖斗伍升伍合柒勺，豆柒萬柒千貳百陸拾陸石貳合柒勺，白糧壹千玖百石伍升陸合陸勺叁抄。等語。查前項新收白糧、麥石核與到通銷算册造進倉數目相符，應毋庸議。新收米壹百柒拾萬陸千柒百石陸斗肆升，又收盈餘米伍千叁百陸拾壹石壹斗叁升肆合玖勺，奉天省米壹萬陸百伍拾陸石玖斗柒升捌合捌勺，共收米壹百柒拾貳萬貳千柒百拾捌石柒斗伍升叁合柒勺。除盈餘外，新收奉天省米石核與該省到通案内實運米數相符。惟新收漕米核與到通銷算册造實進倉米壹百柒拾萬陸千陸百玖拾陸石捌斗壹合柒勺肆抄，計倉收多米叁石捌斗叁升捌合貳勺陸抄。新收豫東二省豆陸萬玖百貳拾叁石壹斗貳合捌勺，又收盈餘豆玖拾石壹斗貳升伍合，奉天省豆壹萬陸千貳百伍拾貳石柒斗柒升肆合玖勺，共收豆柒萬柒千貳百陸拾陸石貳合柒勺。除盈餘外，新收奉天省豆石，核與該省到通案内實運豆數相符。惟新收豫、東二省豆石，核與到通銷算冊造實進倉豆陸萬玖百貳拾肆石壹斗貳合捌勺，計倉收少豆壹石。因何收受多寡不符之處，應令倉場即行分晰查明報部，以憑核銷。

一、開除米貳百陸拾貳萬貳千伍百拾陸石玖斗壹升叁合伍勺叁抄伍撮，麥陸萬伍千柒百肆拾陸石捌升貳合陸勺，豆捌萬柒千玖百貳拾伍石伍斗柒升，白糧貳千叁百肆拾柒石陸斗柒合貳勺玖抄叁撮。等語。查前項開除漕白米麥豆石核與各該倉循環簿内放過數目相符，應毋庸議。

一、實在米貳百拾叁萬玖千伍百玖拾柒石玖斗玖升貳合伍勺陸抄伍撮，麥壹萬伍千捌百壹石叁斗壹升捌合伍勺，豆伍萬玖千叁石捌斗柒升捌合玖勺，白糧肆千壹百玖拾陸石貳斗壹升伍合伍勺叁抄柒撮。等語。查前項實存漕白米麥豆石，應令倉場侍郎轉飭造入下屆奏銷冊内舊管項下，具題查核。

此案科抄於咸豐叁年陸月初捌日到部，節經行催，奏銷等冊於拾月貳拾捌日陸續造送齊全。兹於拾貳月初柒日辦理具題，合并聲明。

臣等未敢擅便，謹題請旨。

批紅：依議。

爲四川題銷綠營各部咸豐元年動用公費銀兩事

咸豐三年十二月初七日

戶部等部，太子太保・大學士管理戶部事務臣祁寯藻等謹題，爲詳請題銷事。

工科抄出，四川總督裕瑞題四川省各標鎮協營咸豐元年分動用公費銀兩造冊請銷一案。咸豐貳年拾貳月拾伍日題，叁年叁月貳拾柒日奉旨：該部察核具奏。欽此。欽遵。抄發工部，於肆月貳拾壹日準工部將正抄片送到部。當經戶部將冊開派撥各項差兵名數及經由程站里數是否相符，行查兵部去後。今於咸豐叁年陸月貳拾壹日準兵部查覆過部。

該臣等會查得，四川總督裕瑞，將四川省各標鎮協營咸豐元年分動用公費銀兩，造冊請銷前來。據冊開：

一、新收:道光叁拾年分原撥公費銀叁萬肆千捌百叁兩捌分,交商生息銀陸百貳拾肆兩,上年餘存銀玖百貳兩壹錢柒分玖釐,奉部刪減銀壹兩柒錢貳分。等語。查前項新收部撥及交商生息上年餘存奉部刪減銀叁萬陸千叁百叁拾兩玖錢柒分玖釐,戶部核與題咨各原案及交商生息等銀均屬相符,應毋庸議。

一、開除:各標鎮協營咸豐元年分支過祭祀迎神并賞需物件、領餉脚價、差兵盤費、奏銷紙張等銀貳萬陸千肆拾捌兩玖錢柒分壹釐,并奉文裁撥平安營半年公費銀叁百貳兩玖錢。等語。查前項祭祀迎神并賞需物件、領餉脚價、差兵盤費、奏銷紙張及奉文裁撥平安營半年公費等銀貳萬陸千叁百伍拾壹兩捌錢柒分壹釐内,除巡查差兵普安營春、夏、秋、冬四季共支過銀叁百捌拾兩柒錢,安阜營春、夏、秋、冬四季共支過銀壹百壹拾兩捌錢捌分,重慶鎮春、夏、秋、冬四季共支過銀陸百叁拾壹兩捌錢,忠州營春、夏、冬、三季共支過銀壹百肆拾壹兩陸錢,綏寧右營春、夏、秋三季共支過銀叁拾肆兩捌分,黔彭營冬季支過銀壹拾叁兩陸錢捌分,酉陽營春季支過銀貳拾壹兩壹錢貳分,邑梅營春、秋、冬三季共支過銀貳拾柒兩叁錢陸分,通江營夏、秋二季共支過銀叁拾伍兩壹錢,太平營夏季支過銀壹拾肆兩伍錢捌分,松潘鎮中、左二營春季初次并夏季、冬季初次二次共支過銀肆百玖拾貳兩陸錢,又右營春、秋、冬三季共支過銀捌拾肆兩貳錢肆分,漳臘營春、夏、秋、冬四季共支過銀壹百叁拾陸兩伍錢,平番營夏季支過銀陸兩肆錢捌分,維州協右營春、夏二季共支過銀貳拾兩伍錢貳分,泰寧營春、夏、秋、冬四季共支過銀貳百柒拾伍兩貳錢捌分。戶部按各上年冊造逐一核對,重慶鎮多派差兵十二名至十六名不等,其餘各營多派一名至六名不等,又多派差兵及往返日期較多之馬邊協并分駐三河口左營春、夏、秋、冬四季共支過銀叁百玖拾壹兩伍錢陸分,峩邊左營春、夏、秋、冬四季共支過銀肆百伍拾陸兩柒錢捌分,懋功協春、夏、冬三季共支過銀捌拾柒兩柒錢貳分,綏靖營夏季支過銀壹拾伍兩壹錢貳分。又綏寧協右營造冊紙張項下,多銷綾殼銀壹兩,工食銀柒錢。又造冊工食銀内,邑梅營多銷銀壹兩,太平營多銷銀陸錢,茂州營多銷銀壹錢柒分,冕山營多銷銀貳兩,會川營多銷銀陸兩,懷遠營多銷銀壹兩,并散核總保安營多銷銀叁錢陸分,梁萬營造冊紙張多銷銀伍錢,夔州協多銷棕箱一口、銀壹錢,均應刪減。應令該督逐款核明,將應支應刪銀數報部核辦外,其餘銀貳萬貳千玖百陸拾兩柒錢肆分壹釐,既據兵部查覆,派撥各項差兵名數及經由程站里數與該督冊報相符,戶部按冊核算,與咨準及應支銀數并節年準銷成案均屬符合,應準開銷。

一、開除:補銷道光叁拾年各標鎮協營製造藥鉛等項銀捌千捌百壹拾壹兩肆錢肆分壹釐。等語。工部查,冊開補銷道光叁拾年分各標鎮協營操演藥鉛共用過銀捌千伍百貳拾壹兩貳分壹釐,核與該督專案題報準銷銀數無浮,應準開銷。至製辦餉鞘項下共銀貳百柒拾捌兩肆錢貳分,又冊開製造定更炮用過火藥工料銀拾貳兩,按冊查核均與歷屆準銷銀數相符,亦應準其開銷。

一、開除:咸豐元年製補哨塘船隻、風篷、篙撓、□繩等銀壹百肆拾貳兩伍錢貳釐。等語。工部查,冊開製補哨塘船九十隻,需用風篷、撓篙、□繩等項共用過銀壹百肆拾貳兩伍錢貳釐,查與歷年公費案内準銷銀數相符,應準開銷。

一、道光叁拾年原撥公費交商生息上年餘存奉部核減等銀叁萬陸千叁百叁拾兩玖錢柒分玖釐,開除各項銀叁萬伍千叁百伍兩捌錢壹分肆釐内,各標鎮協營原撥公費支剩銀壹千伍百貳拾兩捌錢陸分玖釐,交商生息銀陸百貳拾肆兩,上年餘存銀玖百貳兩壹錢柒分玖釐,奉部核減銀壹兩柒錢貳分。除城守、重慶、忠州、夔州、巫山、梁萬等鎮協營,原撥公費不敷銀壹千捌百伍拾壹兩陸錢玖分肆釐,懋功協屬五營補銷道光叁拾年藥鉛不敷銀壹百柒拾壹兩玖錢玖釐,請在於各營餘存交商生息奉部核減等銀内迭除,實在餘存銀壹千貳拾伍兩壹錢陸分伍釐。等語。查前項原撥公費及交商生息上年餘存奉部核減共銀叁萬陸千叁百叁拾兩玖錢柒分玖釐,開除各項銀叁萬伍千叁百伍兩捌錢壹分肆釐内,各標鎮協營原撥公費支剩銀壹千伍百貳拾兩捌錢陸分玖釐,交商生息銀陸百貳拾肆兩,上年餘存銀玖百貳兩壹錢柒分玖釐,奉部核減銀壹兩柒錢貳分,除城守、重慶、夔州、巫山、梁萬等鎮協營,原撥公費不敷銀壹千捌百伍拾壹兩陸錢玖分肆釐,懋功協屬五營,補銷道光叁拾年藥鉛不敷銀壹百柒拾壹兩玖錢玖釐,在於各營餘存交商生息奉部核減等銀内迭除,實在餘存銀壹千貳拾伍兩壹錢陸分伍釐。户部核與應存數目相符,應令該督造入下年新收項下,報部查核。

一、冊開:咸豐元年各標鎮協營支過造冊賞需、馱騾、脚價、餉鞘、工食、船隻、房租、員弁、巡查盤費等銀捌千壹百伍拾捌兩玖錢玖分柒釐,減扣京平銀肆百捌拾玖兩伍錢叁分玖釐,俟有便員即行委解。等語。查前項扣存減平銀兩,臣部照數登記,應令該督迅即委員解部,毋任遲逾。

此案係户部主稿。科抄於咸豐叁年叁月貳拾柒日抄發工部,於肆月貳拾壹日送部。當經行查兵部,於陸月貳拾壹日覆回。於玖月初叁日送工部會議,於拾壹月拾壹日議結送回。玆於拾貳月初柒日辦理具題,合并聲明。

臣等未敢擅便,謹題請旨。

批紅:依議。

爲直隸題報咸豐二年順天等府州縣報墾地畝陞科事

咸豐三年十二月初九日

太子太保·大學士管理戶部事務臣祁寯藻等謹題,爲欽奉事。

戶科抄出,前任直隸總督訥爾經額等題報咸豐貳年分順天等府州縣報墾地畝陞科一案。咸豐叁年柒月初捌日題,玖月拾貳日奉旨:該部議奏。欽此。欽遵。於本日抄出到部。

該臣等查得,前任直隸總督訥爾經額等疏稱:查直隸省開荒地畝應徵正雜等銀,統於年底彙造清冊具題。等因。遵照在案。玆查咸豐貳年分據順天府屬之通州、武清、薊州,天津府屬之青縣,遵化州屬之豐潤等五州縣報墾地伍拾頃柒拾柒畝陸分柒釐貳毫叁絲叁忽,共徵正銀伍拾貳兩柒錢壹分伍釐壹毫貳絲肆忽,共均攤丁匠銀壹拾兩柒錢玖分陸釐玖毫捌絲,共徵地閏銀肆兩玖錢肆分叁釐貳毫,丁閏銀肆錢柒分叁釐壹毫,通共徵正并均攤丁匠、地閏、丁閏共銀陸拾捌兩玖錢貳分捌釐肆毫肆忽,應請於道光叁拾年并咸豐元貳等年分別徵糧爲始,造入咸豐貳年地糧奏銷新收補徵各項下,報部查核。造具總冊,呈送具題。等情。臣覆核無異,除冊送部外,理合會同兼管順天府府尹臣翁心存、順天府府尹臣宗元醇合詞具題。等因前來。

查定例:民間開墾地畝,以自首之年入額陞科。等因。今據前任直隸總督訥爾經額等將順天府屬報墾成熟地畝數目題報陞科,查冊開,順天、天津、遵化等三府州屬報墾地伍拾頃柒拾柒畝陸分柒釐貳毫叁絲叁忽,共徵正均攤丁匠、地閏、丁閏等銀陸拾捌兩玖錢貳分捌釐肆毫肆忽,於道光叁拾年并咸豐元貳等年分別徵糧爲始,造入咸豐貳年地糧奏銷新收補徵各項下報部。等語。臣部查前項報墾地畝徵收糧銀,據該督按該州縣報墾頃畝數目分別查造。所有各該年應徵糧銀,應令該督先行造入咸豐貳年地糧奏銷新收補徵各項下,報部查核。惟查前項地畝係何項荒地,其應徵糧銀按何項科則徵收,疏冊內均未分晰聲明,臣部無從查核。并令該督迅即分飭查明題覆,另造妥冊送部核議。

此案科抄於咸豐叁年玖月拾貳日到部,兹於拾貳月初玖日辦理具題,合并聲明。

臣等未敢擅便,謹題請旨。

爲四川題銷咸豐元年獅子山鉛廠抽課事

咸豐三年十二月初十日

太子太保·大學士管理户部事務臣祁寯藻等謹題,爲試採等事。

户科抄出,四川總督裕瑞題獅子山廠抽課報銷一案。咸豐叁年伍月貳拾伍日題,捌月拾伍日奉旨:該部察核具奏。欽此。欽遵。於本日抄出到部。

該臣等查得,四川總督裕瑞,將四川省獅子山廠咸豐元年分連閏抽收課耗銀鉛各數目造册具題前來。

一、册稱:舊管:存銀柒拾兩柒錢玖分伍釐零。等語。查前項舊管銀兩,臣部核與上年實存數目相符,應毋庸議。

一、册稱:新收:咸豐元年分連閏共煎獲黑鉛壹萬柒千陸百柒拾斤内,抽課鉛叁千伍百叁拾肆斤,耗鉛柒百玖拾伍斤貳兩零。共煎獲銀叁百陸拾捌兩捌錢捌分内,抽課銀柒拾叁兩柒錢柒分陸釐,耗銀拾陸兩伍錢玖分玖釐零。等語。查定例:四川各廠每出鉛百斤,抽課貳拾斤,另收耗鉛肆斤捌兩。每出銀壹兩,抽課銀貳錢,另收耗銀肆分伍釐。等因。今該廠咸豐元年分連閏共煎獲黑鉛壹萬柒千陸百柒拾斤内,抽課鉛叁千伍百叁拾肆斤,耗鉛柒百玖拾伍斤貳兩零。共煎獲銀叁百陸拾捌兩捌錢捌分内,抽課銀柒拾叁兩柒錢柒分陸釐,耗銀拾陸兩伍錢玖分玖釐零。臣部按照抽收定例核算數目相符,應毋庸議。其新收銀兩應於後款查核。

一、册稱:開除:收買餘鉛陸千陸百柒拾斤陸兩零,每百斤價銀壹兩陸錢,共銀壹百陸兩柒錢貳分陸釐零。課耗餘共鉛壹萬玖百玖拾玖斤玖兩零,共用過運省脚價雜費等銀貳百捌拾伍兩貳錢伍分肆釐零。又應支廠費銀壹百肆拾玖兩伍錢,除將抽收課耗銀玖拾兩叁錢柒分伍釐零儘數供支外,尚不敷銀伍拾玖兩壹錢貳分肆釐零,由廠員自行捐墊,毋庸撥補。等語。查四川獅子山廠咸豐元年分收買餘鉛陸千陸百柒拾斤陸兩零,共給價銀壹百陸兩柒錢貳分陸釐零,又運省局鉛壹萬玖百玖拾玖斤玖兩零,共用脚價、竹筐、押差、飯食等銀貳百捌拾伍兩貳錢伍分肆釐零。臣部按冊核算,與定例應給之數相符,應準開銷。又應支廠費銀壹百肆拾玖兩伍錢,除將課耗銀玖拾兩叁錢柒分伍釐零儘數供支外,不敷銀兩由廠員自行捐墊,毋庸撥補,亦與定例相符,應毋庸議。至運局鉛斤用過脚價銀兩,仍令該督造入鼓鑄奏銷冊内,送部查核。

一、冊稱:實存銀叁百貳拾壹兩壹錢捌分伍釐零。等語。查前項實存銀兩,臣部按冊核算數目相符,應令該督造入下年礦廠奏銷冊内,送部查核。

此案科抄於咸豐叁年捌月拾伍日到部,兹於拾貳月初拾日辦理具題,合并聲明。

臣等未敢擅便,謹題請旨。

批紅:依議。

爲貴州咸豐元年支給各標鎮協營兵馬錢糧奏銷事

咸豐三年十二月初十日

太子太保·大學士管理户部事務臣祁寯藻等謹題,爲奏銷兵馬錢糧事。

兵科□□□□雲貴總督吳文鎔題貴州省咸豐元年分支給各標鎮協營官兵馬□俸餉、馬乾、月糧等項銀米并支給屯軍工食一案。咸豐貳年陸月拾玖日題,拾月初拾日奉旨:該部察核具奏,冊并發。欽此。欽遵。於本日抄出到部。隨將冊造官兵馬匹、屯軍各數及委署各員弁署事卸事各日期,并承廕監生,以及出師興義、黔楚、川陝、湖南、廣東、仁懷陣傷亡故弁兵眷口人名,及承襲各項世職人員花名數目,并受傷辭休勒休官弁花名數目,起止各日期,及買補馬匹動支兵部充公等銀,并冊造製備屯軍操演鉛價銀曾否準銷數目,是否相符之處,移查兵部工部去後。今於咸豐叁年叁月初陸等日準工部兵部查明咨覆到部。

該臣等查得,前任雲貴總督吳文鎔,將貴州省咸豐元年分支給撫提二標、安義等四鎮、清江等十協、臺拱等二十五營、都江等二廳標官兵俸餉、馬乾月糧等項銀米,并屯軍米石各數,造冊題前來。據冊開:

一、舊管:扣存道光叁拾年分朋罰、建曠、皮臟、世俸、半餉等銀壹萬柒千伍百壹拾兩陸錢伍分柒釐内,除撥充咸豐貳年兵餉銀陸拾貳兩肆分捌釐,其餘銀壹萬柒千肆百肆拾捌兩陸錢玖釐,造入季冊報撥。舊管秋糧米壹拾肆萬伍千捌百肆拾柒石叁升伍合柒勺,屯糧米玖千捌百陸拾玖石捌升捌合肆勺。

等語。查前項舊管銀兩,臣部查與撥充咸豐貳年分兵餉銀數相符。其餘銀壹萬柒千肆百肆拾捌兩陸錢玖釐,尚未據入撥造報,應令該督轉飭即行造入本年秋季冊内造報。至舊管秋糧、屯糧、米石,核與上屆奏銷案内實存數目亦屬符合,應毋庸議。

一、新收:江西、雲南、兩浙鹽課及蕪湖關稅協黔并本省撥充庫存各款,共銀捌拾玖萬貳千捌百叁兩柒錢肆分。内除武職養廉、紅白賞卹、營中公費并文職養廉及苗弁苗兵工食、蕪湖關協黔兵餉短平共銀壹拾柒萬捌百叁拾陸兩陸錢壹分,實計兵馬奏銷案内新收銀柒拾貳萬壹千玖百陸拾柒兩壹錢叁分。又扣存本年皮臟銀叁百陸拾陸兩伍錢,新收秋糧并採買兵糧共米壹拾貳萬叁千玖百伍拾壹石叁斗陸升柒合捌勺,屯糧米伍千肆百玖拾捌石貳斗貳升零柒勺。等語。查前項新收兵餉及本色秋糧屯糧、採買米石,臣部查與酌撥咸豐元年分兵餉各原案及米石數目均屬相符,應毋庸議。

一、開除:俸餉項下:支給各標鎮協營官兵俸薪等銀叁萬玖百壹拾叁兩伍錢伍分陸釐,兵丁餉銀伍拾捌萬貳千玖百貳拾兩柒錢叁分肆釐,馬乾銀肆萬捌千壹百陸拾壹兩柒分,餉米壹拾肆萬貳拾壹石叁斗肆升内,本色米壹拾貳萬陸千玖拾壹石玖斗貳升,銀折米壹萬叁千玖百貳拾玖石肆斗貳升,每石價銀自陸錢叁分起至壹兩肆錢貳分不等,共折銀壹萬陸千肆百捌拾玖兩肆錢叁分柒釐。等語。查黔省各標鎮協營額設官兵馬匹額數,經臣部移查兵部,查核相符。所有前項支過俸餉、馬乾等銀陸拾陸萬壹千玖百玖拾伍兩叁錢陸分,本色米壹拾貳萬陸千玖拾壹石玖斗貳升,按冊核算數相符,應準開銷。至支給折色米壹萬叁千玖百貳拾玖石肆斗貳升,應令該督轉飭,俟各案報銷全完之日咨報臣部,以憑查核。

一、俸餉項下:支給各標鎮協營出師興義陣傷亡故兵丁眷口半餉米折銀貳拾肆兩陸錢肆分。又各標鎮協營出師川陝陣傷亡故兵丁眷口半餉米折銀壹百貳拾伍兩肆錢叁分叁釐。等語。查黔省各標鎮協營出師興義、川陝陣傷亡故兵丁眷口數目,經臣部移咨兵部,查覆均屬相符。所有前項支過半餉米折銀壹百伍拾兩零柒分叁釐,按冊核算,亦屬相符,應準開銷。

一、俸餉項下:支給各標鎮協營承襲各項世職,并職官兼襲人員世俸、餘俸銀壹萬柒千壹百柒兩玖錢肆分壹釐。等語。查黔省承襲各項世職人員姓名,經臣部移咨兵部查核相符。所有前項支過世俸、餘俸銀壹萬柒千壹百柒兩玖錢肆分壹釐,按冊核算,銀數亦屬相符,應準開銷。

一、建曠項下:支給各標鎮協營委署員弁額外一半俸薪全例馬乾銀叁千伍百捌拾叁兩捌錢伍分。又各標鎮協營經制外委、咨補把總應得本身馬餉乾銀玖百貳兩伍錢叁分叁釐。又提標安義鎮遠三標分發候補遊擊、千把總,未經署缺以前并卸事以後,應支額外一半俸薪銀伍拾叁兩捌錢陸分捌釐。等語。查黔省各標鎮協營委署各員弁到任署事、卸事并外委咨補把總到任各日期,經臣部移咨兵部查覆相符。所有支過前項俸薪、馬乾并外委本身馬乾共銀肆千肆百捌拾陸兩叁錢捌分叁釐,其提標等標分發候補遊擊、千把總應支一半俸薪銀伍拾叁兩捌錢陸分捌釐,查與應給之例并支給銀數均屬相符,應準開銷。

一、建曠項下:支給各標鎮協營委署員弁一半養廉銀壹千伍百柒拾壹兩玖錢叁分捌釐。等語。查前項支給委署員弁一半養廉銀兩,核與武職養廉報銷原案銀數相符,應準開銷。

一、建曠項下:支給各標協營出師黔楚陣傷亡故兵丁眷口半餉米折銀肆拾兩肆分。又各標協營出師湖南陣傷亡故兵丁眷口半餉米折銀柒拾貳兩肆錢叁分壹釐。又各標協營出師廣東陣傷亡故兵丁眷口半餉米折銀叁百柒拾兩叁錢柒分。又各標協營出師仁懷陣傷亡故兵丁眷口半餉米折銀叁百肆拾玖兩柒錢玖釐。又各標鎮協營承廕監生應支馬餉乾銀貳百伍拾壹兩貳錢柒釐。等語。查黔省各標鎮協營出師黔楚、湖南、廣東、仁懷陣傷亡故兵丁眷口人名并承廕監生姓名數目,經臣部移咨兵部,查覆均屬相符。所有前項支過半餉米折并馬乾銀壹千零捌拾叁兩柒錢伍分柒釐,按冊核算銀數相符,應準開銷。

一、建曠項下:支給提標等標協營學習期滿進京雲騎尉李步雲等二員,恩騎尉陳臨川等六員,共借支年半俸銀陸百陸拾兩。等語。查承襲世職人員,發△學習期滿,赴部引見,奏明準借年半俸銀,以資路費。俟回省之日,在於應得世職俸銀内,分作三年扣還歸款。今黔省提標等標協營學習期滿,進京雲騎尉李步雲二員,恩騎尉陳臨川等六員,共借支年半俸銀陸百陸拾兩,臣部核與借支原案相符,應準開銷。

一、建曠項下:支給貴陽等十五府、廳、州設立昭忠祠,春秋二季應需祭品銀玖拾兩。等語。查黔省設立昭忠祠,每處春秋二季祭祀酌給祭品銀陸兩,準於建曠項下動用,年終報部核銷在案。今黔省、貴陽等十五府、廳、州設立昭忠祠,支過前項祭品銀玖拾兩,臣部核與應給銀數相符,應準開銷。

一、建曠項下:支給各標鎮協營出師黔楚、興義、川陜、湖北、小竹山、石峴、曾周、馬場、仁懷、廣東等處打仗出力受傷、年老辭休勒休官弁兵丁,支過全俸、半俸步餉、守餉米折銀貳千貳百伍拾肆兩捌錢壹分。等語。查黔省各標鎮協營年老辭休勒休官弁兵丁姓名數目,經臣部移咨兵部查覆相符。所有前項支過全俸、半俸步餉、守餉米折銀貳千貳百伍拾肆兩捌錢壹分,按冊核算銀數相符,應準開銷。

一、建曠項下:支給提標遊擊紀冠軍補給山西都司養廉銀伍拾兩捌錢柒分柒釐。等語。查前項補給養廉銀兩,臣部按冊查核,銀數相符,應準開銷。

一、建曠項下:支給各標鎮協營買補倒馬價銀玖千捌百捌拾貳兩。又兵部充公銀貳百叁拾捌兩捌錢玖分。又本年皮臟銀内,支給兵部充公銀柒兩叁錢叁分。等語。查黔省各標鎮協營買補倒馬價銀并兵部充公銀兩,經臣部移查兵部覆稱,核與該省咸豐元年朋馬奏銷冊造數目均屬相符。所有前項支過倒馬價銀并兵部充公等銀壹萬壹百貳拾捌兩貳錢貳分,按冊核算銀數相符,應準開銷。

一、屯糧項下:支給古州恩榮等堡屯軍百戸等工食米肆千玖拾捌石。等語。查黔省屯軍數目,經臣部移咨兵部查覆相符。所有前項支過屯軍百戸等工食米肆千玖拾捌石,按冊核算,米數亦屬相符,應準開銷。

一、屯糧項下:支給古州恩榮等堡製備操演藥鉛工料,動支屯糧米叁百貳拾陸石伍斗零捌合貳勺肆抄肆撮。查照道光叁拾年分各該處秋成價值,每石變價銀自壹兩零貳分起至壹兩肆錢貳分不等,共變價銀叁百玖拾肆兩柒錢伍分叁釐捌絲。等語。查黔省屯軍操演藥鉛工料銀兩,臣部移咨工部,覆稱現在移查兵部。所有前項支過屯糧米叁百貳拾陸石零捌合貳勺肆抄肆撮,應俟工部核銷咨覆到日,再行查核。

一、屯糧項下:支給古州等九衛道光叁拾年底存剩屯糧米壹千柒拾叁石柒斗壹升貳合肆勺伍抄伍撮。查照咸豐元年分各該處夏收時價,每石自壹兩零叁分起至壹兩肆錢伍分不等,共變價銀壹千叁百壹拾玖兩玖錢捌分壹釐零。等語。查前項存剩屯糧米壹千柒拾叁石柒斗壹升貳合肆勺伍抄伍撮,變價銀壹千叁百壹拾玖兩玖錢捌分壹釐零。臣部按照黔省咸豐元年分夏收分數冊造各衛中米時價核算相符,應準開銷。

一、實存:俸餉項下:扣存本年朋罰、建曠、皮臟、世俸、半餉等銀貳萬貳千柒百兩肆錢叁釐,秋糧米壹拾肆萬叁千柒百陸石肆斗捌升叁合伍勺,屯糧米玖千捌百陸拾玖石捌升捌合肆勺。等語。查前項實存本年朋罰、建曠、皮臟、世俸、半餉等銀貳萬貳千柒百兩肆錢叁釐,除臣部照數登記外,應令該督即飭造入季報册内送部酌撥。其實存秋糧米壹拾肆萬叁千柒百陸石肆斗捌升叁合伍勺,轉飭加謹收存,毋致霉爛。至實存屯糧米玖千捌百陸拾玖石捌升捌合肆勺,先經臣部奏準屯軍每戶酌留壹石外,餘剩米石查照夏收時價變價充公在案。今前項支剩屯糧,應令該督酌留變價,造入下年奏銷册内,送部查核。

此案官兵俸餉、馬匹、屯糧各款,準兵部工部於咸豐叁年叁月初陸等日,查明咨覆過部。兹於拾貳月初拾日辦理具題,合并聲明。

臣等未敢擅便,謹題請旨。

批紅:依議。

爲覈銷廣西道光三十年武職各官支過養廉銀兩事

咸豐三年十二月初十日

太子太保·大學士管理戶部事務臣祁寯藻等謹題,爲遵旨等事。

戶科抄出,廣西巡撫勞崇光題覆廣西省道光叁拾年分武職各官支過養廉銀兩一案。咸豐叁年叁月貳拾伍日題,陸月拾玖日奉旨:該部察覈具奏。欽此。欽遵。於本日抄出到部。

該臣等查得,先於乾隆肆拾陸年拾貳月内,經軍機大臣會同臣部等部遵旨酌議,各△武職親丁名糧覈給養廉案内,提督覈△養廉銀貳千兩,總兵覈給養廉銀壹千伍百兩,副將覈給養廉銀捌百兩,參將覈給養廉銀伍百兩,遊擊覈給養廉銀肆百兩,都司覈給養廉銀貳百陸拾兩,守備覈給養廉銀貳百兩,千總覈給養廉銀壹百貳拾兩,把總覈給養廉銀玖拾兩,經制外委、千把總覈給養廉銀拾捌兩,在於正項銀内動支,仍專案造册題報覈銷。等因。奏準通行在案。今據該撫將廣西省道光叁拾年分支過武職養廉銀兩造册,具題前來。

一、册稱:新收部撥銀伍萬壹千柒百伍拾捌兩。等語。查前項新收銀兩,臣部覈與撥給之數相符,應毋庸議。

一、册稱:各標鎮協營官二百七十一員,經制外委一百八十一員,共支過養廉銀肆萬玖千叁百兩零叁錢肆分壹釐。等語。查此案先於咸豐貳年陸月内題覆廣西巡撫題報道光叁拾年分武職各官支過養廉銀肆萬玖千叁百叁拾玖兩貳錢伍分伍釐内,兼署麥嶺營把總事本營外委李勝龍,自捌月初拾日起至拾貳月底止,支給把總全廉銀叁拾伍兩貳錢伍分。又正月初壹起至拾貳月底止,支給外委全廉銀拾捌兩。該員李勝龍本任、署任俱支全廉,覈與例内現任官兼署者全支本任、半支署任之條不符。至冊造調補桂林營把總王鳳清,自正月初壹日起至叁月初叁日,支給把總全廉銀拾伍兩伍錢。又冊造義寧協拔補把總王鳳清,捌月初壹日起至玖月貳拾伍日接劄止,計一個月零二十四日,該員尚未接劄,仍支外委舊任養廉銀貳兩柒錢。查該員王鳳清拔補把總捌月初壹日起至玖月貳拾伍日未接劄以前,自應仍支舊任外委養廉,何以正月初壹日起至叁月初叁日竟支把總全廉。前後兩歧。代理義寧協副將事署中軍都司孫裕慶,自正月拾捌日起至貳拾陸日止,支給半廉銀壹拾柒兩柒錢柒分捌釐。查該員代理義寧協副將,自應支食半廉,何以按日覈算仍支副將全廉。署桂林營千總秦茂林,自正月初壹日起至柒月拾捌日止,支給全廉銀壹拾伍兩陸錢陸分柒釐。查該員如有本缺,祇應支食署任半廉,不支全廉,如係候補人員,自應支食署任全廉。何以按日覈算計少支銀伍拾兩。左江鎮總兵德亮,自拾貳月拾叁日起至月底止,支給全廉銀柒拾伍兩叁錢,何以按日覈算計多銀叁錢。又總兵德亮由浙江紹興協副將進京引見,於道光叁拾年柒月初壹日奉旨補授廣西左江鎮總兵之日起,至拾貳月拾叁日到新任之日止,支給半廉銀叁百玖拾玖兩玖錢玖分玖釐。不知係照何案辦理?以上各員養廉不符之處,應將原冊粘簽發還,該撫查照臣部指撥情節,另造妥冊題覆,到日再行覈辦。等因。行文該省遵辦在案。今據該撫將把總王鳳清、署都司孫裕慶、兼署把總李勝龍等與例不符養廉銀叁拾捌兩玖錢壹分肆釐,遵照刪除,并將署千總秦茂林、總兵德亮等養廉銀兩誤寫數目查明更正。暨德亮由浙江副將陞授廣西總兵,養廉係照阿克敦布等支食半廉成案造報,俱於原冊内粘簽登覆。實支過養廉銀肆萬玖千叁百兩叁錢肆分壹釐,造冊具題。等語。臣部按冊覈算,與應給之數亦屬符合,應準開銷。復查前冊造報把總王鳳清等三員,與例不符養廉銀兩,迨經臣部粘簽撥查,該撫始行刪除,係屬違例請銷。至該署千總秦茂林等二員養廉銀數舛錯,以及粘簽登覆各款并未鈐印,率用白簽,均屬不合。應令該撫將違例請銷暨造冊舛錯、率用白簽各職名,一并送部覈議。

一、冊稱:各標鎮協營支剩空缺養廉銀貳千肆百伍拾柒兩陸錢伍分玖釐内,除酌給撫標左營代辦參將秀山等支過養廉銀壹千壹百捌拾陸兩壹錢叁分肆釐,實存銀壹千貳百柒拾壹兩伍錢貳分伍釐内,除各營弁照額請領支剩養廉先已扣收平銀壹百伍拾捌兩捌錢陸分柒釐,歸入扣平項下造報外,尚實存銀壹千壹百壹拾貳兩陸錢伍分捌釐。等語。查廣西省武職委署各官任事日期,片查兵部,覆稱與該撫冊報相符。所有前項支過養廉銀壹千壹百捌拾陸兩壹錢叁分肆釐,臣部按冊覈算與應支數目亦屬符合,應準開銷。實存銀壹千貳百柒拾壹兩伍錢貳分伍釐内,除扣平銀壹百伍拾捌兩捌錢陸分柒釐,應於扣平案内另行查覈外,尚實存銀壹千壹百拾貳兩陸錢伍分捌釐,應令該撫造入該年武職留半養廉冊内,報部查覈。

此案於咸豐叁年陸月拾玖日科抄到部,兹於拾貳月初拾日辦理具題,合并聲明。

臣等未敢擅便,謹題請旨。

批紅:依議。

爲江蘇丹徒縣淹廢沙潮田地豁免銀米應另行查勘事

咸豐三年十二月十一日

太子太保·大學士管理戶部事務臣祁寯藻等謹題,爲清查等事。

戶科抄出,前任江蘇巡撫楊文定題丹徒縣業戶王芳等呈報九、十、十一、十三、十四等區淹廢沙潮田地請豁銀米一案。咸豐叁年正月拾玖日題,肆月貳拾伍日奉旨:該部議奏。欽此。欽遵。於本日抄出到部。

該臣等查得,前任江蘇巡撫楊文定疏稱:丹徒縣業戶王芳等呈報,淹廢坍没減則沙潮田地四頃一十八畝九分五釐,坐落沿江一帶,△山之上,焦山之下,易於坍卸,委係淹廢坍没屬實,并無捏飾。其應完道光貳拾陸年以前錢糧,據稱遵照定例,按忙清完漕米,冬間赴倉完納,年清年款,并無蒂欠。應請查照例案,從道光貳拾柒年爲始,準其豁減糧賦,以免賠累。詳候具題前來。

查丹徒縣東鄉業戶王芳等呈報九、十、十一、十三、十四等區,沙潮田四頃十八畝九分五釐。查纲原科正銀伍拾肆兩叁錢貳分肆釐,米陸拾叁石柒斗柒升捌合捌勺,遇閏加編銀柒錢伍分柒釐,米貳升陸合柒勺。内除坍没減則沙潮田地應徵銀米照額豁減外,實改則佈蘆應徵正銀貳拾貳兩肆錢壹釐,米貳拾肆石柒斗柒升柒合玖勺,遇閏加編銀叁錢貳分叁釐,米壹升肆勺。據該撫造具冊結圖形,請從道光貳拾陸年爲始,照數豁減。臣部查江蘇各屬沙潮田地,近年題報豁減之案甚多,其與準豁例案相符者,均經題覆準豁。此項沙潮田地,於道光貳拾捌年原任撫臣陸建瀛援例聲請豁減,臣部爲慎重國課起見,業經題駁在案,何得復行題請。應令現任撫臣,將此案丹徒縣業戶王芳具報淹廢田畝,另委隔屬道府大員詳加覆勘,取具切結送部,再行覈辦。其道光貳拾陸年以前錢糧,今據該撫題稱俱係年清年款,亦未據冊報專咨何日完解,徒托空言,臣部無憑查覈。仍令該撫嚴飭勒限造具完納銀米細冊,一并送部。至該省各屬業戶完納銀米,相應先行造具詳細冊結送部,以便勾稽。并令據實題覆,毋任延擱,致干查參。

再,此案科抄於咸豐叁年肆月貳拾伍日抄出到部,兹於拾貳月拾壹日辦理具題,合并聲明。

臣等未敢擅便,謹題請旨。

批紅:依議。

爲天津静海等州縣場竈地被災請蠲緩咸豐二年錢糧事

咸豐三年十二月十一日

太子太保·大學士管理戶部事務臣祁寯藻等謹題,爲遵旨議奏事。

戶科抄出,長蘆鹽政文謙題天津静海等州縣場竈地咸豐貳年秋禾被水被潮已未成灾分數應緩錢糧一案。咸豐叁年伍月拾貳日題,捌月初拾日奉旨:該部議奏。欽此。欽遵。於本日抄出到部。

該臣等查得,長蘆鹽政文謙疏稱:長蘆所屬天津静海、青縣、滄州、南皮、鹽山、慶雲、衡水、海豐等玖州縣,并豐財、蘆臺、嚴鎮、海豐等肆場,咸豐貳年分竈地秋禾被水被潮情形,業經臣照例會疏題報,并檄飭運司查取冊結去後。兹據長蘆鹽運使楊霈詳稱:天津等縣場秋禾被水成灾伍分,共竈地柒百壹拾伍頃陸拾貳畝陸分伍釐壹絲,草蕩地叁頃肆拾捌畝伍分捌毫,竈丁貳百壹拾壹丁柒分貳釐捌毫壹絲,共額徵銀陸百捌拾叁兩肆錢陸分伍釐,應照例蠲免拾分之壹銀陸拾捌兩叁錢肆分陸釐,尚應徵銀陸百壹拾伍兩壹錢壹分玖釐,請分貳年帶徵。又天津等州縣場秋禾被水被潮勘不成灾歉收叁肆分共竈地貳千陸百肆拾叁頃陸拾貳畝玖分玖釐伍毫捌絲,草蕩地壹頃貳拾陸畝叁分玖釐伍毫伍絲,竈丁伍百伍丁貳分捌釐叁毫,共額徵銀貳千柒百捌兩陸錢肆分貳釐。内除衡水、海豐貳縣於未被水被潮之先徵完銀肆拾陸兩捌錢捌分捌釐,尚應徵銀貳千陸百陸拾壹兩柒錢伍分肆釐。請援照民糧之例,緩至咸豐叁年麥後秋後徵收。分項彙造清册,加具印結,詳送具題。臣覆覈無異,除將册結分送部科查覈外,謹會同前任大學士直隸總督臣訥爾經額合詞具題。等因前來。

查咸豐貳年,長蘆所屬天津静海、青縣、滄州、南皮、鹽山、慶雲、衡水、海豐等玖州縣并豐財、蘆臺、嚴鎮、海豐等肆場竈地被水被潮情形,於咸豐叁年肆月據長蘆鹽政文謙題報,經臣部行令飭取應緩錢糧册結,另疏題報。等因在案。今據長蘆鹽政文謙疏稱:天津等州縣場被水成災伍分竈地柒百拾伍頃陸拾畝陸分伍釐壹絲,草蕩地叁頃肆拾捌畝伍分捌毫,竈丁貳百拾壹丁柒分貳釐捌毫壹絲,共額徵銀陸百捌拾叁兩肆錢陸分伍釐,照例蠲免拾分之壹銀陸拾捌兩肆分陸釐,尚應徵銀陸百拾伍兩壹錢壹分玖釐,請分貳年帶徵。又天津等州縣場被水被潮勘不成灾、歉收叁肆分共竈地貳千陸百肆拾叁頃陸拾貳畝玖分玖釐伍毫捌絲,草蕩地壹頃貳拾陸畝叁分玖釐伍毫伍絲,竈丁伍百伍丁貳分捌釐叁毫,共額徵銀貳千柒百捌兩陸錢肆分貳釐。内除衡水、海豐貳縣未被灾之先徵完銀肆拾陸兩捌錢捌分捌釐,尚應徵銀貳千陸百陸拾壹兩柒錢伍分肆釐。請援照民糧之例,緩至咸豐叁年麥後秋後徵收。等語。臣部查與定例相符,應如所題辦理,并令該鹽政按限徵收完報,毋任遲延。至衡水、海豐貳縣未被灾之先徵完銀肆拾陸兩捌錢捌分捌釐,覈與咸豐貳年竈課奏銷案内徵完銀數相符,應毋庸議。

此案於咸豐叁年捌月初拾日科抄到部,兹於拾貳月拾壹日辦理具題,合併聲明。

臣等未敢擅便,謹題請旨。

批紅:依議。

爲甘肅題銷各提鎮協營咸豐元年用過公費銀兩事

咸豐三年十二月十二日

戸部等部,太子太保·大學士管理戸部事務臣祁寯藻等謹題,爲酌定等事。

戸科抄出,陝甘總督舒興阿題甘肅省各提鎮協營咸豐元年用過公費銀兩一案。咸豐貳年柒月拾伍日題,拾月初貳日奉旨:該部察覈具奏。欽此。欽遵。於本日抄出到部。隨將各提鎮協營掌稿書識、派往阿克蘇坐臺兵丁、新疆換防書識等姓名是否相符,以及烏嚕木齊提標四營配造火藥工料,濟木薩營撥給葉爾羌等處添演擡炮鉛藥工料等項銀兩,移查兵部工部去後。今於拾貳月初捌等日準兵部工部查覆到部。

該臣等會查得陝甘總督舒興阿,將甘肅省各提鎮協營咸豐元年用過公費銀兩造册具題請銷前來。查册開:

一、舊管:銀捌萬肆百伍拾玖兩玖錢陸分壹毫叁絲壹忽。等語。查前項舊管銀兩,戶部覈與道光叁拾年奏銷案内實存數目相符,應毋庸議。

一、新收:各提鎮協營支領司庫歲額原估公費銀肆萬伍千貳百肆拾貳兩叁錢玖分叁釐。又收雜款銀壹千玖百玖拾貳兩貳錢肆分叁釐叁毫。等語。查前項原估并雜款銀兩,戶部覈與原估銀數及本案開除銀數均屬相符,應毋庸議。

一、開除:支給各提鎮協營兵丁操演鎗炮用過火藥工料銀壹萬柒千玖百柒拾玖兩貳錢捌分叁釐。又採買銷三鉛鐵用過正腳價銀叁千貳百捌拾貳兩肆錢陸分肆釐伍毫。等語。工部查,此款先據戶部送部會議,當經工部將册造製辦操演藥鉛等項數目是否相符,應否準其照册製辦,移查兵部。今準兵部覆稱,查甘肅各營咸豐元年分製辦操演藥鉛,按册查覈,并未將差假事故兵丁節省藥鉛一律扣除,礙難率準。應咨該督轉飭另造細册,送部題報覈辦。等語。應將原册發還該督,轉飭查照兵部原議辦理,俟造報兵部覈準之日,再將用過工料銀兩,即行照例分晰,另造清册送部。題報到日,再行覈辦。

一、支給各提鎮協營春秋二季開操祭祀、置買祭品等項銀壹千壹百叁拾伍兩壹錢肆分。等語。查各提鎮協營開操祭祀等項,先據酌議成規,額定大標營制祭祀壹次,用銀貳兩叁錢陸分叁釐。都守營制祭祀壹次,用銀壹兩貳錢壹分叁釐。專設營汛祭祀壹次,用銀捌錢陸分叁釐。其每營每年應祭幾次,并未議及,以致用銀浮多。復經戶部於乾隆伍拾伍年公費奏銷案内,行令陝甘總督按營酌定次數報部。旋據陝甘總督題覆,提鎮副將大營,每歲祭祀陸次,其餘參將以下營分,每歲止準祭祀肆次,嗣後定為章程。等因。議準在案。今咸豐元年各提鎮協營春秋二季開操祭祀置買祀品共用銀壹千壹百叁拾伍兩壹錢肆分,戶部覈與歷年準銷銀數相符,應準開銷。

一、支給各提鎮協營造辦各案奏銷册籍用過紙張字工等項銀陸千柒百叁拾伍兩伍錢陸分陸釐捌毫。等語。查酌定成規内開:督標五營照臯蘭縣例價,雙裁紙每百張價銀貳錢貳分,肆裁紙每百張價銀壹錢。甘肅提標五營照依張掖縣例價,雙裁紙每百張價銀壹錢肆分,肆裁紙每百張價銀壹錢叁分。固原提屬照固原州例價,雙裁紙每百張價銀壹錢伍分,肆裁紙每百張價銀捌分。烏嚕木齊提屬雙裁紙每百張價銀叁錢,肆裁紙每百張價銀貳錢捌分。涼州府屬照武威縣例價,雙裁紙每百張價銀壹錢捌分,肆裁紙每百張價銀壹錢伍分。寧夏鎮屬照寧夏縣例價,雙裁紙每百張價銀壹錢貳分,肆裁紙每百張價銀壹錢。西寧鎮屬照西寧縣例價,雙裁紙每百張價銀壹錢伍分,肆裁紙每百張價銀壹錢貳分。肅州鎮屬照肅州例價,雙裁紙每百張價銀貳錢,肆裁紙每百張價銀壹錢捌分。河州鎮屬照河州例價,雙裁紙每百張價銀貳錢,肆裁紙每百張價銀壹錢。巴里坤鎮屬雙裁紙每百張價銀貳錢陸分,肆裁紙每百張價銀貳錢伍分。永固協屬照山丹縣例價,雙裁紙每百張價銀壹錢肆分,肆裁紙每百張價銀壹錢叁分。靜寧協屬照靜定州例價,雙裁紙每百張價銀壹錢陸分,肆裁紙每百張價銀壹錢貳分。又於乾隆伍拾伍年,營中公費奏銷案內,據該督酌議,嗣後將造報官兵俸餉、養廉、紅白、朋合、差馬等項册籍在鎮字工全行删除,即令各鎮營字識幫繕。在蘭字工僱繕拾分之柒,定爲章程。等因。覆準在案。今咸豐元年各提鎮協營造辦各案,奏銷册籍用過紙張字工等項銀陸千柒百叁拾伍兩伍錢陸分陸釐捌毫。户部查道光貳拾伍年起至叁拾年止,用過銀兩未據陝甘總督題報登覆。今咸豐元年用過銀兩,應俟各前案登覆覈準之日,再行接續題報覈銷。

一、支給各提鎮協營請領官兵俸餉用過盤腳口食、鞘箍工料銀伍千貳百陸兩伍錢陸釐壹毫。等語。查酌定成規内開:各營常年請領官兵俸餉等項銀兩,口内每銀鞘折重叁百玖拾斤,需車壹輛,每百里給腳價銀叁錢玖分。口外每銀鞘折重伍百貳拾斤,每百里給腳價銀壹兩貳錢。又領餉差派外委兵丁,無論往回,每百里每員名給口食銀肆分。等因。今咸豐元年各提鎮協營請領官兵俸餉用過盤腳口食銀伍千壹百肆拾叁兩柒錢玖分柒毫,户部查,道光貳拾伍年起至叁拾年止,用過銀兩未據陝甘總督題報登覆。今咸豐元年用過銀兩,應俟各前案登覆覈準之日,再行接續題報覈銷。至用過鞘箍工料銀陸拾貳兩柒錢壹分伍釐肆毫,工部按册覈算,所開工料銀兩均屬與例相符,應準開銷。

一、支給各提鎮協營備儲征兵炒麵用過搧簸人夫柴炭等項銀叁百伍拾壹兩貳錢捌分陸釐肆毫。等語。查乾隆伍拾年貳月内,經軍機大臣議覆,原任陝甘總督福康安具奏備儲征兵裹帶口糧事宜案内,征兵每名備儲炒麵壹拾伍斤，在於附近州縣倉儲麥石内支交營員辦磨成熟，各製口袋標記、本兵姓名，收儲軍庫。所有磨工柴炭等項，均準於公費内開銷，仍按季更換散給各兵，即抵應得月糧。等因。覆準在案。今咸豐元年各提鎮協營磨辦備儲征兵炒麵，用過搧簸人夫工食并柴炭等項銀叁百伍拾壹兩貳錢捌分陸釐肆毫，戶部按冊覈算銀數相符，應準開銷。

一、支給各提鎮協營設立掌稿工食銀壹千壹百玖拾陸兩肆錢。又差赴蘭州造册字識口食銀壹千伍百壹拾兩玖錢，隨將掌稿書識柒拾捌名移查兵部，覆稱覈與設立原案相符。等語。查乾隆伍拾伍年營中公費奏銷案内，酌議甘肅各營離省窎遠，每年正月開印後，造辦官兵馬匹、俸餉、養廉、紅白等案奏銷，至伍月初旬方可蕆事。隨即續造△合册籍，必須捌玖月完竣。更兼造辦一切軍需、軍裝、公費等案登答册籍，均係隨時應辦之件，原無一定月日。常年酌派字識壹貳名及叁肆名者，亦有按營差派壹名者。應請嗣後每各提鎮協并統轄營汛之參將、遊擊、都司大營，每年各派字識壹名，自正月開印後赴省，至拾貳月封印後回營，覈實造銷口食，其餘派赴各本鎮字識以及守備以下營汛，專派字識概行删除，以節糜費，請續入章程按照造報。等因。覆準在案。今咸豐元年各提鎮協營掌稿書識柒拾捌名，既據兵部查覆，覈與設立原案相符。所有前項支過工食銀壹千壹百玖拾陸兩肆錢，戶部按册覈算，銀數相符，應準開銷。至派赴蘭州造册字識口食銀壹千伍百壹拾兩玖錢，查道光貳拾伍年起至叁拾年止，用過銀兩未據陝甘總督題報登覆，今咸豐元年用過銀兩，應俟各前案登覆覈準之日，再行接續題報覈銷。

一、支給各提鎮協營派往阿克蘇坐臺兵丁領穿鞦鞋銀玖拾壹兩伍錢玖分。又各營坐臺兵丁口食銀叁百肆拾玖兩貳錢叁分。又各營派往新疆換防書識口食銀貳百貳拾捌兩捌錢，安家銀壹百伍兩。移查兵部覆稱，覈與原案銀數相符。等語。查派往阿克蘇等處換防坐臺兵丁支過鞦鞋口食安家等項，共銀柒百柒拾肆兩陸錢貳分，既經兵部查覆銀兩數目相符，戶部亦應準其照數開銷。

一、烏嚕木齊提標四營打造銷三農具用過雜費銀陸拾伍兩陸錢陸分玖釐。等語。查乾隆伍拾陸年捌月内，戶部議覆甘肅酌議公費章程内開，烏嚕木齊三營并濟木薩營常年打造銷三農具鐵局祭祀爐神，準用銀叁錢肆分，鐵廠需用拽車牛隻，每日支給倉石青稞壹升，草壹束，照依時價覈實報銷。等因在案。今咸豐元年烏嚕木齊提標四營打造銷三農具祭祀爐神用銀叁錢肆分，覈與原議銀數相符。又喂養牛隻需用倉石合京石青稞壹拾陸石肆斗伍升柒合壹勺,每石價銀柒錢貳分,共銀壹拾壹兩捌錢肆分玖釐。柒斤重草壹千壹百伍拾貳束,每束價銀叁分,共銀叁拾肆兩伍錢陸分。覈與迪化州咸豐元年肆月分月報糧價并歷年準銷成案均屬相符,應準開銷。至採買清油、煤炸、擁脖、韁繩、籠頭等項共銀壹拾捌兩玖錢貳分,工部按册查覈與該處例案相符,應準開銷。

一、瑪納斯協營硝廠補製器具等項銀貳百貳拾玖兩叁錢叁分玖釐捌毫。等語。工部按册查覈與該處例案相符,應準開銷。

一、支給甘肅提標五營代進哈密鮮瓜、製辦馱轎工料等項銀陸百玖兩肆錢壹分伍釐。等語。查咸豐元年甘肅提標五營代進哈密鮮瓜用過盤費騾脚等銀伍百伍拾叁兩,户部按册覈算,與每年額支銀數相符,應準開銷。其製辦馱轎工料銀伍拾陸兩肆錢壹分伍釐,工部按册查覈,與每年準銷銀數相符,應準開銷。

一、支給巴里坤鎮標三營東打板掃雪兵丁鞋脚銀壹百伍拾陸兩等語。兵部查與每名月支鞝鞋銀叁錢之例相符,應準其開銷。

一、烏嚕木齊提標四營咸豐元年配造驚打野牲并門更炮火藥用過工料銀壹拾陸兩陸分伍釐壹毫。又濟木薩營撥給葉爾羌、阿克蘇、英吉沙爾等處添演擡炮,咸豐貳年需用鉛藥工料銀肆百兩。移查工部覆稱,查與歷年銀數相符。等語。

查烏嚕木齊提標四營咸豐元年配造火藥工料并濟木薩營撥給葉爾羌等處添演擡炮,咸豐貳年需用鉛藥工料銀兩,既據工部查覆相符,户部亦應準其開銷。

一、烏嚕木齊提標四營奉文在於公費銀内,撥補司庫豁免派赴塔爾巴哈臺屯田病故兵丁李興等未完製裝銀壹拾叁兩柒錢伍分。又烏嚕木齊提屬各營奉文派赴喀什噶爾、英吉沙爾、葉爾羌、和闐、巴爾楚克道光叁拾年防兵配帶鉛藥脚價銀柒百陸拾玖兩貳錢貳分貳釐。等語。查道光叁拾年烏嚕木齊派赴各城防兵,配帶鉛藥應需脚價銀柒百陸拾玖兩貳錢貳分貳釐,户部覈與報明原案銀數相符,應準開銷。至病故兵丁李興等未完製裝銀拾叁兩柒錢伍分,該督原册并未將兵丁花名及各該兵未完細數聲敘,無憑查覈。應令該督即飭造具花名銀數細册送部,到日再行查覈。

一、甘肅三岔等營汛撥給慶陽等營堡不敷公費共銀壹千玖百玖拾貳兩壹錢貳分肆釐叁毫。等語。查前項三岔等營汛撥給慶陽等營堡不敷公費銀兩，戶部覈對本案新收數目均屬相符，應毋庸議。

一、疏稱：口内營制限叁個月造報，提鎮標彙總限貳拾日，應扣至肆月貳拾日爲滿。今内地之靖遠協屬册結於伍月拾貳日送司，計遲延貳拾貳日。慶陽營屬册結於陸月初叁日送司，計遲延壹個月零壹拾叁日。合將彙總遲延營員職名由司開具揭帖，隨詳附送。再，司限貳拾日，應於陸月初叁日起至陸月貳拾叁日爲滿，今於限内呈齎。等語。兵部查，造報關係錢糧册結，遲延未及壹月之靖遠協屬營員并慶陽營屬造報册結遲延壹月以上，均有處分。應令該督查取遲延武職應議各職名，迅即查參，咨報兵部覈議。

一、各營舊管不敷銀貳千陸兩陸錢肆分貳釐陸毫貳絲貳忽内，除本年存剩銀内歸還銀壹百壹拾玖兩玖錢柒分肆釐肆毫陸絲外，止該舊管不敷銀壹千捌百捌拾陸兩陸錢陸分捌釐壹毫陸絲貳忽。又本年不敷銀貳千叁百肆拾伍兩捌錢叁分壹釐柒毫内，除動用舊管存剩銀壹千伍百玖拾兩壹錢貳分壹釐柒毫外，止該本年不敷銀柒百伍拾伍兩柒錢壹分，二共不敷銀貳千陸百肆拾貳兩叁錢柒分捌釐壹毫陸絲貳忽。等語。查甘肅省各提鎮協營公費銀兩，前於嘉慶元年奏銷案内聲明，有本年存剩下年不敷動用，亦有本年不敷下年復有存剩，原無定數，況乾隆伍拾伍年議定章程，以後每年用過差派提鎮造册字識口食并各案内造册字工，俱有應收自行删減及奉部覈減并駁令不準之項。請自嘉慶肆年爲始，飭令各營將各年删減覈減以及奉部不準銀兩，全數收造，仍將補製軍械各案準銷銀兩，如數除銷。并此案請銷銀兩如數收除外，實存不敷若干，在於嘉慶肆年公費册内聲明，全行劃抵清款。其以後各年各營若有不敷，隨時專案請撥。如此辦理，不致各營互相混淆，錢糧亦得清楚。等因。經戶部覆準在案。今咸豐元年在於存剩銀内歸還舊管不敷銀壹百壹拾玖兩玖錢柒分肆釐肆毫陸絲。又於舊管銀内歸補本年不敷銀壹千伍百玖拾兩壹錢貳分壹釐柒毫。戶部覈與實存項下歸還銀數相符，應毋庸議。其尚未提還節年不敷銀壹千捌百捌拾陸兩陸錢陸分捌釐壹毫陸絲貳忽，本年不敷銀柒百伍拾伍兩柒錢壹分，應令陝甘總督即飭在於實存銀内，如數劃抵清款，毋得仍有不敷名目，致滋牽混。

一、實在項下：舊管存剩銀捌萬肆百伍拾玖兩玖錢陸分壹毫叁絲壹忽内，除本年不敷動用銀壹千伍百玖拾兩壹錢貳分壹釐柒毫外，止該舊管存剩銀柒萬捌千捌百陸拾玖兩捌錢叁分捌釐肆毫叁絲壹忽。又本年存剩銀柒千壹百伍拾陸兩柒錢壹分陸釐内,除歸還舊管不敷銀壹百壹拾玖兩玖錢柒分肆釐肆毫陸絲外,止該本年存剩銀柒千叁拾陸兩柒錢肆分壹釐伍毫肆絲,二共存銀捌萬伍千玖百陸兩伍錢柒分玖釐玖毫柒絲壹忽。等語。查前項舊管銀内歸還本年不敷銀壹千伍百玖拾兩壹錢貳分壹釐柒毫。又本年存剩銀内歸還舊管不敷銀壹百壹拾玖兩玖錢柒分肆釐肆毫陸絲,戶部覈與前款聲明撥補銀數相符,應毋庸議。止該共存銀捌萬伍千玖百陸兩伍錢柒分玖釐玖毫柒絲壹忽。内除前款議令劃清不敷銀貳千陸百肆拾貳兩叁錢柒分捌釐壹毫陸絲貳忽,尚該實存銀捌萬叁千貳百陸拾肆兩貳錢壹釐捌毫玖忽。係各提鎮協營餘存之項,未便久存營庫。應令陜甘總督速飭提解司庫,造入下年奏銷册内報部查覈。

此本係戶部主稿。於咸豐貳年拾月初貳日抄出到部,當經行查及會議兵部工部去後。今於咸豐叁年拾壹月拾陸等日準兵部工部查明議覆前來。玆於拾貳月拾貳日辦理具題,合并聲明。

臣等未敢擅便,謹題請旨。

批紅:依議。

爲雲南咸豐元年各標鎮協營用過公費銀兩題銷事

咸豐三年十二月十四日

太子太保·大學士管理戶部事務臣祁寯藻等謹題,爲奏銷等事。

戶科抄出,前任雲貴總督吳文鎔題滇省咸豐元年分各標鎮協營用過公費銀兩造冊題銷一案。咸豐貳年拾貳月初貳日題,叁年肆月初壹日奉旨:該部察核具奏。欽此。欽遵。於本日抄出到部。

該臣等會查得,前任雲貴總督吳文鎔疏稱:據布政使徐有壬詳稱,查各標□□營,咸豐元年分應需公費銀兩,動支道光叁拾年分商税銀貳萬伍千捌百捌拾伍兩壹錢陸分柒釐。查此項銀兩,係布政使徐有壬任内全數動撥供支。内除應由戶部核銷製辦祭祀牲醴、報資津貼、請餉馬腳盤費、鏨餉火工、造冊紙張等項有定數銀捌千伍百捌拾捌兩捌錢叁分捌釐,支給各堆卡燈油、牛燭、燈籠等項無定數銀肆千貳百肆拾壹兩陸分捌釐,由兵工部核銷製造火藥、鉛丸等項銀肆千玖百柒拾叁兩柒錢伍分伍釐,又修補盔甲、帳房、腰刀等項工料銀貳千肆百肆拾壹兩玖錢捌分伍釐,以上共放銀貳萬貳百肆拾伍兩陸錢肆分陸釐。係布政使徐有壬任内全數動放,茲按各營細冊逐一核算,總散數目并無舛錯。所有咸豐元年分支銷前項有定數公費銀兩,核與應支銀數相符,并無浮冒。其支給各堆卡油燭等項無定數公費銀兩,亦與各營現設堆卡及歷屆準銷價值符合。又製造年操藥鉛、修製軍械等項,俱與奉頒成規例價準銷工料并修製年限扣算無浮,應請於各彼冊内查核準銷。至實存銀伍千陸百叁拾玖兩伍錢貳分壹釐,查前項實存公費銀兩,前經督臣具奏,於咸豐貳年陸月初貳日内閣奉上諭:吴文鎔奏動款分年修造軍械等項一摺。雲南省道光貳拾伍陸等年永昌案内,并雲緬彌渡保山等案内,損失軍械用缺火藥鉛丸等項,經該督查照各標營報冊分别準駁,籌款修造,約需銀肆萬叁千餘兩。著照所請,準其將各營公費歲撥餘剩節省銀兩,儘數動用,伍年後一律照額補全。另片奏,此次應補軍械,挨年遞辦,統由該督在省委員監視修造,毋庸交各營領辦之處,均著照所請行。該督務當隨時查核,毋任草率偷減。此項工程,免其分案造冊題估,仍於每年工竣後,由該督隨同按年奏銷公費之案,另行造冊奏銷。餘著照所議辦理。該部知道。欽此。即將該省各營應製應修各項軍器名目件數,并將换下銅鐵舊料,照例據實分别回火變抵,造具細冊送部查核。所有前項實存銀兩,應遵照奏準之案,留存各營製補軍械及用缺火藥鉛丸等項之用,毋庸報撥。應俟下屆每年工竣後,隨同按年奏銷公費之案,將所修所造名目件數,按照例價奏銷一次。又各營公費内實銷請餉馬脚盤費、桶筐繩蓆、鏨餉火工、包封造冊、紙張燈籠、領運硝磺鉛斤脚價、筐繩盤費、修補軍械共銀玖千陸拾伍兩肆分,應扣減平銀伍百肆拾叁兩玖錢叁釐,除俟歸入造報咸豐貳年分減平總冊内收造詳咨撥抵滇餉外,至公費内應扣減平及不應扣各情節,已據各該營於各款報銷冊内備細分晰聲登,請於各彼冊内查核。相應將各營送到報銷并減平清冊及文員印結彙造總冊,詳請查核具題。等情。臣覆核無異,除冊結送部外,臣謹會同雲南巡撫臣吴振棫恭疏具題。等因前來。

查滇省各標鎮協營應需公費銀兩,每年於地丁銀内按年造冊題銷在案。今據雲貴總督吴文鎔疏稱:各標鎮協營咸豐元年分應需公費銀兩,動支道光叁拾年分商税銀貳萬伍千捌百捌拾伍兩壹錢陸分柒釐。内除應由户部核銷製辦祭祀牲醴、報資津貼、請餉馬脚盤費、鏨餉火工、造冊紙張等項有定數銀捌千伍百捌拾捌兩捌錢叁分捌釐,支給各堆卡燈油、牛燭、燈籠等項無定數銀肆千貳百肆拾壹兩陸分捌釐,由兵工部核銷製造火藥、鉛丸等項銀肆千玖百柒拾叁兩柒錢伍分伍釐,又修補盔甲、帳房、腰刀等項公料銀貳千肆百肆拾壹兩玖錢捌分伍釐，以上共放銀貳萬貳百肆拾伍兩陸錢肆分陸釐，相應請銷。等語。查前項有定數項下支放各款銀捌千伍百捌拾捌兩捌錢叁分捌釐，查與該督專案咨報酌定銀數無異，其無定數項下支放各款銀肆千貳百肆拾壹兩陸分捌釐，核與各營細冊内，各堆卡支給燈油、牛燭、燈籠等項銀數均屬符合，應準開銷。至製造火鉛丸等項銀肆千玖百柒拾叁兩柒錢伍分伍釐，又修補盔甲、帳房、腰刀等項工料銀貳千肆百肆拾壹兩玖錢捌分伍釐，兵部查製造火藥、鉛丸，係操演應用之項，應準其製造。至修製帳房等項，核與該督冊報相符，亦應準其分别修補。工部查製造藥鉛及修製軍裝等項，既經兵部查核相符，準其製造修補。冊開藥鉛項下共銀肆千玖百柒拾叁兩柒錢伍分伍釐，按冊查核所開工料銀兩，均與準銷例案相符，應準開銷。又冊開修製軍裝項下，共銀貳千肆百肆拾壹兩玖錢捌分伍釐。按冊查核，内維西東川等協營修理腰刀、添用荒銅數目與例浮多，應減去銀叁拾玖兩叁錢捌分壹釐，實準銷銀貳千肆百零貳兩陸錢肆釐。其核減銀兩，應咨該督轉飭在於承辦官名下，照數追繳歸款，報部查核。至實存銀伍千陸百叁拾玖兩伍錢貳分壹釐，查與該督撫奏明準其留作修造損失軍械之用，應令該督撫遵照辦理。至各營公費内實銷請餉馬腳盤費、桶筐繩蓆、鏨餉火工、包封造冊紙張燈籠、領運硝磺鉛斤腳價、筐繩盤費、修補軍械共銀玖千陸拾伍兩肆分，應扣減平銀伍百肆拾叁兩玖錢叁釐，除俟歸入造報咸豐貳年分減平總冊内收造詳咨撥抵滇餉外，至公費内應扣減平及不應扣各情節，已據各該營於各報銷冊内備細分晰聲登，請於各彼冊内查核之處，核與貳拾肆年公費報銷案内分晰聲登，經臣部核覆在案，應毋庸議。

此本係户部主稿。於咸豐叁年肆月初壹日科抄到部，玖月拾柒等日兵工二部議結送回。兹於拾貳月拾肆日辦理具題，合并聲明。

臣等未敢擅便，謹題請旨。

批紅：依議。

爲四川西流山水銀礦廠抽收咸豐二年課水銀變價報銷事

咸豐四年正月二十八日

太子太保・大學士管理户部事務祁寯藻等謹題，爲開採水銀礦廠事。

户科抄出，四川總督裕瑞題西流山水銀廠抽課報銷一案。咸豐叁年伍月貳拾伍日題,拾月拾捌日奉旨:該部察核具奏。欽此。欽遵。於本日抄出到部。

該臣等查得,四川總督裕瑞疏稱:四川省開採西昌縣屬西流山水銀廠,先準部覆,令將煎煉水銀照原議抽收課水銀變價銀兩内,除支銷管廠書役飯食及解銀腳費等項外,餘銀解司,按年造冊請銷。等因。遵奉在案。兹據署布政使事按察使蘇敬衡詳稱:查西流山水銀廠咸豐貳年分舊管無項。新收:水銀廠自咸豐貳年正月初壹日起至年底止,共煎獲水銀捌千斤。内抽收課水銀貳千肆百斤,每百斤變價銀肆拾貳兩,共變價銀壹千捌兩。開除:支該廠書役飯食、油燈、脬紙、筐繩及解銀腳費共銀壹百壹拾伍兩貳錢壹釐壹毫柒絲。又支應解户部飯食并庫官養廉、院司書吏飯食銀叁拾壹兩陸錢玖分叁毫。以上共支銀壹百肆拾陸兩捌錢玖分壹釐肆毫柒絲,實批解司庫銀捌百陸拾壹兩壹錢捌釐伍毫叁絲。所有應解户部及各處飯食銀兩,除照例分别支解,并將解到餘銀捌百陸拾壹兩壹錢捌釐伍毫叁絲,入於鹽茶存公項下收存撥用外,理合照造清冊,詳請察核題銷。等情。臣覆核無異,除冊送部外,理合具題。等因前來。

查四川西昌縣屬題準定例,每獲水銀百斤抽課叁拾斤,每抽課水銀百斤變價銀肆拾貳兩。又每月支給書吏飯食、紙筆等銀捌兩伍錢。每抽課水銀百斤給脬紙、筐繩銀叁錢玖分。又解變價銀兩至省運腳銀兩,照運銅之例支給。等因在案。今據該督疏稱:咸豐貳年分共煎煉水銀捌千斤内,抽課水銀貳千肆百斤。臣部按照抽收定例核算,數目相符。至變價銀壹千捌兩亦與核準之數相符。其支給書役飯食及解銀腳費并解部飯食、庫官養廉、院司書吏飯食等項,共銀壹百肆拾陸兩捌錢玖分壹釐零,按冊核算,均與題準應給之數相符,應準開銷。其餘銀捌百陸拾壹兩壹錢捌釐零,既據聲稱入於鹽茶存公項下收存撥用,應令該督即行造入季冊,報部撥用。至應解飯食銀兩,并令即行委員帶解赴部交納。

此案科抄於咸豐叁年拾月拾捌日到部。兹於咸豐肆年正月貳拾捌日辦理具題,合并聲明。

臣等未敢擅便,謹題請旨。

批紅:依議。

爲查對八旗支放俸餉銀米馬匹錢糧數目事

咸豐四年正月二十九日

太子太保·大學士管理戶部事務祁寯藻等謹題,爲欽奉上諭事。

先於雍正叁年拾貳月貳拾日大學士馬齊等奏請,嗣後將八旗支放過俸餉銀米、馬匹錢糧數目黄冊,於歲底畫一開造,交户部查對。等因。奏準遵行在案。今準八旗滿洲、蒙古、漢軍都統將咸豐元年分支過王公以下頂戴官員以上俸祿,兵丁等錢糧,馬匹、豆石、隨甲錢糧等銀,教習公費錢文以及俸米、餉米支放各數具奏原摺,陸續送交臣部覈對。將支放過俸銀米石行查各旗内務府倉場去後,今於咸豐叁年拾貳月拾玖日準雲南司付送到司,并據聲稱於拾捌日準倉場覆送到部。

該臣等查得,鑲黄旗滿洲、蒙古、漢軍三旗共支放過俸餉等項銀柒拾柒萬陸千肆百拾兩叁錢伍分壹釐,錢拾肆萬捌千貳百柒拾叁串肆拾叁文,米肆拾壹萬叁千叁百柒拾貳石叁斗柒升叁合柒勺,豆貳千玖百拾捌石伍斗。正白旗滿洲、蒙古、漢軍三旗,共支放過俸餉等項銀柒拾捌萬貳千玖拾叁兩捌錢柒分肆釐,錢拾伍萬貳千叁百陸拾捌串柒百叁拾肆文,米肆拾壹萬捌千捌百貳拾陸石捌斗柒升壹合捌勺,豆貳千玖百肆拾陸石。鑲白旗滿洲、蒙古、漢軍三旗,共支放過俸餉等項銀伍拾柒萬柒千捌百柒拾貳兩肆錢叁分肆釐,錢拾萬玖千伍百叁拾伍串叁百拾玖文,米貳拾柒萬柒千肆百捌拾石陸斗玖升玖合貳勺,豆壹千陸百肆拾貳石伍斗。正藍旗滿洲、蒙古、漢軍三旗,共支放過俸餉等項銀陸拾捌萬壹百玖拾壹兩捌錢柒釐,錢拾貳萬伍千捌拾肆串陸百捌拾貳文,米玖萬陸百捌拾陸石肆斗陸升柒合捌勺,豆伍百陸拾石。正黄旗滿洲、蒙古、漢軍三旗,共支放過俸餉等項銀柒拾柒萬壹千壹百拾陸兩肆錢捌分伍釐,錢拾肆萬玖千捌百拾陸串叁百柒拾陸文,米肆拾壹萬叁千壹百伍拾柒石壹斗貳升玖合捌勺,豆貳千玖百肆拾柒石伍斗。正紅旗滿洲、蒙古、漢軍三旗,共支放過俸餉等項銀伍拾壹萬肆千玖百伍拾陸兩貳錢柒分玖釐,錢玖萬柒千叁百玖拾柒串肆百玖文,米貳拾壹萬伍千肆拾陸石壹斗陸合貳勺,豆壹千叁百玖拾壹石伍斗。鑲紅旗滿洲、蒙古、漢軍三旗,共支放過俸餉等項銀伍拾柒萬陸千叁百玖拾壹兩捌錢柒分壹釐壹毫,錢拾壹萬貳千捌拾壹串捌百貳拾肆文,米貳拾肆萬貳千捌拾壹石伍斗玖升叁合玖勺,豆壹千叁百捌拾伍石。鑲藍旗滿洲、蒙古、漢軍三旗,共支放過俸餉等項銀陸拾捌萬陸千貳百伍拾柒兩捌錢叁分捌釐,錢拾貳萬壹千捌百伍拾貳串肆百肆拾壹文,米叁拾萬柒千柒百陸拾玖石玖斗肆升陸合玖勺,豆壹千柒百柒拾石壹斗。以上八旗滿洲、蒙古、漢軍三旗,共支放過俸餉等項銀伍百叁拾陸萬伍千貳百玖拾兩玖錢叁分玖釐壹毫,錢壹百壹萬陸千肆百玖串捌百貳拾捌文,米貳百叁拾柒萬捌千肆百貳拾壹石壹斗捌升玖合叁勺,豆壹萬伍千伍百陸拾壹石壹斗。

臣部按照各旗原領銀錢米石内,除繳還銀兩并除扣留存倉米石及折銀交部等項逐一覈算,與實領數目相符,理合照例具題,請旨。

批紅:依議。

爲江西豐城等縣未完道光三十年兵米照例復參事

咸豐四年二月初五日

戶部等部,太子太保・大學士管理戶部事務祁寯藻等謹題,爲詳參事。

户科抄出,前任江西巡撫張芾題豐城等縣未完道光叁拾年本折兵米及耗羨銀兩二參一年限滿照例復參一案。咸豐貳年拾壹月初柒日題,叁年貳月貳拾叁日奉旨:該部察核具奏。欽此。欽遵。於本日抄出到部。

該臣等會查得,前任江西巡撫張芾疏稱:江西省各屬應徵道光叁拾年分本折兵米及耗羨銀兩,前於咸豐元年奏銷屆期尚有未完,當將經接催徵未完分數各職名題參,現候部議在案。今據布政使陸元烺詳準督糧道吳其泰移稱:查初參案内尚有豐城、進賢、吉水、泰和、龍泉、餘干、德興、建昌、瑞昌、贛縣等十縣,共未完節省米石變價銀叁千壹百貳拾陸兩玖錢伍分捌釐,節省變解回疆米石變價銀肆百捌拾玖兩壹錢貳分,節省變解天津米石變價銀陸拾陸兩捌錢捌分,折色米折銀肆千壹百壹拾柒兩陸錢陸分壹釐,耗羨銀肆百壹拾壹兩柒錢陸分陸釐,迭經嚴催未據完解。以咸豐元年伍月貳拾柒初參具題之日起再限三個月起扣二參,并除封印月日連閏,扣至貳年捌月貳拾陸日二參一年限滿,相應將接徵未完分數各職名造冊開揭,移送核參、再參後,兑收各州縣全完、續完銀數月日及入冊造報緣由,現於冊内附造報核,合并聲明。等因。覆查無異,合將送到冊結詳請具題,聽候部議。等情。臣覆核無異,除冊揭分送部科外,理合具題。等因前來。

查定例:地丁錢糧初參後戴罪經徵各官予限一年,如限内不完,仍按原參分數議處。如有接徵官員,以到任日爲始予限一年,限内不完,按現在未完分數照初參例查議。經徵之州、縣、衛、所官員,自奏銷限滿初參具題之日起,再限三個月作爲二參起限日期,其二參屆滿不完者,仍照原定例限參處。各等語。查江西各屬未完道光叁拾年分本折兵米及耗羨銀兩,前據該撫照例題參,經户部會同吏部核議,題覆行令催徵在案。今據該撫疏冊内稱:催據新昌等州縣全完及豐城等縣完解節省米價銀叁千陸百肆拾玖兩壹錢貳分,節省變解回疆米價銀玖百柒拾捌兩陸錢,節省變解天津米價銀肆百玖拾伍兩貳錢玖分陸釐,改折銀壹千壹百壹拾貳兩柒錢壹分貳釐,米折銀壹萬陸千肆百貳拾貳兩柒錢捌分玖釐,耗銀壹千陸百肆拾貳兩貳錢柒分玖釐。尚有豐城等十縣共未完節省米價銀叁千壹百貳拾陸兩玖錢伍分捌釐,節省變解回疆米石變價銀肆百捌拾玖兩壹錢貳分,節省變解天津米石變價銀陸拾陸兩捌錢捌分,折色米折銀肆千壹百壹拾柒兩陸錢陸分壹釐,耗銀肆百壹拾壹兩柒錢陸分陸釐。迭經嚴催,未據完解,以咸豐元年伍月貳拾柒初叅具題之日起,再限三個月,并除封印月日連閏扣至貳年捌月貳拾陸日,二叅一年限滿,應將接徵未完分數各職名開揭,聽候部議。吏部查,定例:各省每年額徵南秋等米通作十分核算,如有未完初參州縣官欠二分以上者,住俸,戴罪催徵。再限一年徵完,完日開復。違限不完,即加倍議處,如已罰俸六個月者住俸,如已住俸者降二級留任,如已降二級者降四級留任,俱令戴罪催徵,完日開復。署印官照徐淮、臨德等倉署印官例議處。又定例:徐淮、臨德等倉署印官欠一分、二分者,罰俸三個月,欠不及一分者,免議。又定例:錢糧未完各官,參後續報全完者,扣除免議。等語。除參後續報全完各員,照例準其扣除免議外,應將接徵未完二分以上之瑞昌縣知縣周鳴鹿照例住俸,戴罪催徵。再限一年徵完,完日開復。原欠二分以上之贛縣知縣叢占鰲、進賢縣知縣李新幹均照例降二級留任。原欠三分以上之吉水縣知縣楊昇照例降四級留任。俱令戴罪催徵,完日開復。署印未完一分以上之署進賢縣事坐補安義縣知縣潘尊賢、署贛縣事寧都直隸州知州楊豫成,均照例罰俸三個月。楊豫成應於現任内罰俸三個月,潘尊賢應於補官日罰俸三個月。至前項已完節省米價等項銀兩,户部核對咸豐元年兵米隨奏冊内收造節省米價銀叁千陸百肆拾玖兩壹錢貳分,節省變解回疆米價銀玖百壹拾叁兩叁錢陸分捌釐,節省變解天津米價銀肆百肆拾兩玖錢叁分陸釐,改折銀壹千壹百壹拾貳兩柒錢壹分貳釐,米折銀壹萬伍千伍百伍拾玖兩捌錢壹分肆釐,耗銀壹千伍百伍拾伍兩玖錢捌分貳釐,數目相符。

其餘米折銀捌百陸拾貳兩玖錢柒分伍釐，耗銀捌拾陸兩貳錢玖分柒釐，節省變解回疆米價銀陸拾伍兩貳錢叁分貳釐，節省變解天津米價銀伍拾肆兩叁錢陸分，應照數登記。仍令該撫即飭造入咸豐貳年兵米隨奏冊内報部查核，未完銀兩并令上緊嚴催完報。如逾限不完，亦即照例扣限報參。

此本係户部主稿。科抄於咸豐叁年貳月貳拾叁日到部，隨將原稿咨送吏部會議，於拾貳月初陸日會回。兹於肆年貳月初伍日辦理具題，合并聲明。

臣等未敢擅便，謹題請旨。

批紅：依議。

爲江蘇江寧等屬未完咸豐元年漕倉銀兩造冊復參事

咸豐四年二月初六日

戶部等部，太子太保・大學士管理戶部事務祁寯藻等謹題，爲詳請等事。

據前代辦江蘇巡撫倪良燿將江寧等府州屬應徵咸豐元年分漕倉銀兩造冊復參一案，咨文於咸豐叁年肆月初拾日到部。

該臣等會查得，前代辦江蘇巡撫倪良燿咨稱：據江安督糧道陳克讓詳稱，竊照各屬徵解咸豐元年分漕倉銀兩爲濟運緊款，應於十月内照例解足六分，以供支放。前因叠次嚴催，截至咸豐元年十月底，止僅據解收銀貳萬叁千玖百柒拾柒兩壹錢肆分陸釐。内除溧水等州、廳、縣、衛已將應徵熟田銀兩解足六分外，其餘各屬均未解足六分。當將各屬已未完解分數經徵接徵職名造具冊揭，詳請咨部核議。其各屬未完銀兩嚴催趕解，如於再限三個月内仍未據全數解收，再行查明續完仍欠各數照例開參，造報在案。兹查各屬應解咸豐元年分漕倉銀兩截至咸豐貳年正月底止，催據各屬續解銀叁萬壹千陸百柒兩肆錢叁分伍釐。内除句容、高淳、山陽、阜寧、清河、鹽城、高郵、泰州、東臺、儀徵、興化、海州、通州、泰興、如臯、靖江、太倉、鎮洋、寶山、崇明等州縣并徐州、蘇州、太倉、鎮海等衛解足六分外，其餘各屬仍未能於咸豐元年拾壹月初壹日起至咸豐貳年正月底止再限三個月内全行解收，應再照例開參。所有經徵接徵職名，節經移催，兹準江蘇兩藩司將各屬職名開移前來。相應查明續完仍欠分數，造具清冊，另開揭帖送候咨部核議。等因前來。

查江寧等府州屬應徵咸豐元年分漕倉銀兩，前據江蘇巡撫造冊咨參，經户部會同吏兵二部核議在案。今據該撫咨稱，查各屬應解咸豐元年分漕倉銀兩截至咸豐貳年正月底止，催據各屬續解銀叁萬壹千陸百柒兩肆錢叁分伍釐。内除句容、高淳、山陽、阜寧、清河、鹽城、高郵、泰州、東臺、儀徵、興化、海州、通州、泰興、如皋、靖江、太倉、鎮洋、寶山、崇明等州縣并徐州、蘇州、太倉、鎮海等衛解足六分外，其餘各屬仍未能於咸豐元年拾壹月初壹日起至咸豐貳年正月底止再限三個月内全行解收，應再照例開參。所有經徵接徵職名，節經移催，兹準江蘇兩藩司將各屬職名開移前來，相應查明續完仍欠分數造具清冊，另開揭帖，咨部核議。等語。吏部查，定例：江南有漕州縣每年應徵行月錢糧，於十月内先以六分完解道庫，給丁濟運。如不足六分之數，有誤支放者，將經徵州縣罰俸六個月，再限三個月完解。如尚不完，罰俸一年。等語。除前任嘉定縣知縣陳鎔已經休致，例止罰俸及原任之員俱毋庸議外，應將經徵接徵行月錢糧再限不完之上元縣知縣劉同纓、署江寧縣事山陽縣知縣王慶瑞、署江浦縣事試用知縣衛榮簡、代理六合縣事試用知縣温紹原、江都縣知縣許道身、甘泉縣知縣姚維成、寶應縣知縣唐守道、蕭縣知縣李昌琛、前碭山縣知縣已經革職又經開復丁瑞徵、前宿遷縣調任青浦縣知縣張銘曉、署長洲縣事候補同知平翰、署元和縣事試用知縣賈益謙、吳縣知縣丁國恩、前任吳江縣革職知縣帥宗槷、前任震澤縣革職知縣沈則柯、常熟縣知縣黄金韶、昭文縣知縣任鯤池、崑山縣知縣王省山、前新陽縣調任江陰縣知縣陳懋藹、華亭縣知縣潘時敏、奉賢縣知縣王嘉穀、署上海縣事元和縣革職知縣姚輝第、南滙縣知縣高長紳、署川沙撫民廳事試用知縣已另案革職竇墪、署青浦縣事婁縣革職知縣余龍光、署婁縣事試用知縣劉郇膏、署金山縣事試用知縣陰昌庚、署無錫縣事試用知縣張印坦、署金匱縣事試用知縣高鳳清、署江陰縣事試用知縣蔡琳、宜興縣知縣富克精阿、丹徒縣知縣翟鑅覯、署丹陽縣事試用知縣孫亮功、署金壇縣事荆溪縣知縣景其淦、署溧陽縣事試用知縣張蓋均照例罰俸一年。衛榮簡、温紹原、丁瑞徵、平翰、賈益謙、劉郇膏、陰昌庚、張印坦、高鳳清、蔡琳、孫亮功、張蓋均應於補官日罰俸一年。帥宗槷、沈則柯、姚輝第、竇墪、余龍光均罰俸一年註冊。王慶瑞、潘時敏均有紀録五次，衛榮簡有紀録三次，黄金韶、劉郇膏、張蓋均有紀録二次，王省山、蔡琳均有紀録四次，應各銷去紀録二次，俱抵罰俸一年，均免其罰俸。兵部查，定例：江南有漕州縣每年應徵行月錢糧於十月内，先以六分完解，如不足六分之數，將經徵衛所官罰俸六個月，再限三個月完解，如尚不完，罰俸一年。等語。應將經徵咸豐元年分行月錢糧二參未完之淮安衛守備陳廸怡、署大河衛候補守備穆恒德照例各罰俸一年，係屬公罪,例準議抵。穆恒德有尋常紀録一次,應銷去紀録一次,抵罰俸六個月,仍俟補官日罰俸六個月。陳廸怡并無紀錄抵銷。至前項已完銀叁萬壹千陸百柒兩肆錢叁分伍釐,户部照數登記。仍令該撫即飭造入漕倉各奏銷案内,報部查核。其未解足六分以及下剩四分銀兩,并令嚴飭於奏銷期内催徵完款,統於奏銷案内查核歸結。

此本係户部主稿。咨文於咸豐叁年肆月初拾日到部,伍月拾陸日咨送吏、兵二部會議,拾貳月初陸等日議結送回。玆於肆年貳月初陸日辦理具題,合并聲明。

臣等未敢擅便,謹題請旨。

批紅:依議。

爲刑部奏銷咸豐二年辦理秋審朝審等項用去銀兩事

咸豐四年二月初七日

太子太保·大學士管理戶部事務祁寯藻等謹題,爲造送奏銷銀兩事。

準刑部將咸豐貳年分辦理秋審朝審招冊本章及囚衣工價一切雜費工食等項銀兩造具細冊,於咸豐叁年拾貳月初柒日咨送到部。

該臣等查得,刑部咨送冊開:咸豐元年伍月内預領咸豐貳年奏銷銀陸千兩,該年辦理秋審朝審招冊本章及囚衣工價一切雜費工食等項,共用銀陸千貳百壹拾壹兩肆錢叁分玖釐,將咸豐叁年奏銷銀陸千兩全數動用外,不敷銀貳百壹拾壹兩肆錢叁分玖釐。連歴年不敷,共銀叁萬肆千叁百壹拾玖兩陸錢柒分捌釐。等語。

查乾隆叁拾捌年拾壹月内,經刑部奏稱,每年辦理秋審朝審招冊本章及囚犯棉衣、醫官仵作工食、刷印律例等項,乾隆陸年奏準每年預領銀陸千兩,於次年奏銷。如用數在陸千兩以上,即在預領次年銀内動支墊給。嗣於乾隆拾玖年奏準删除招冊重複情節,暨乾隆叁拾肆年將初次進呈清漢黄冊及舊緩決招冊等項,節次裁減,一切刋刻刷印工價比前較少,以後辦理秋審朝審等項,每年酌減壹千兩,只領銀伍千兩,以歸實用。統於次年奏銷,嗣後遇有餘剩,即於歲底應領銀内按數扣除,倘有不敷,仍照向例在於次年銀内動支。等因。奉旨:知道了。欽此。欽遵。知照臣部在案。嗣於道光貳拾年叁月内,復經刑部以辦理秋審需費較多,奏準自貳拾年爲始,改歸舊額仍領銀陸千兩。

嗣後如有不敷,不準再行奏請加增,以示限制。等因。知照臣部各在案。今據刑部咨冊内開:咸豐貳年分辦理秋審朝審招冊本章及囚衣工價一切雜費工食等項,共用銀陸千貳百壹拾壹兩肆錢叁分玖釐。内除預領咸豐叁年奏銷銀陸千兩外,不敷銀貳百壹拾壹兩肆錢叁分玖釐。

臣部核與給發銀數相符,查上年奏銷案内歷年不敷銀叁萬肆千壹百捌兩貳錢叁分玖釐,今貳年分不敷銀貳百拾壹兩肆錢叁分玖釐,連歷年不敷,共銀叁萬肆千叁百壹拾玖兩陸錢柒分捌釐。據刑部原題内稱,在於飯銀項下墊發,應聽刑部自行籌辦。

此案於咸豐叁年拾貳月初柒日準刑部咨送到部。兹於咸豐肆年貳月初柒日辦理具題,合并聲明。

臣等未敢擅便,謹題請旨。

批紅:依議。

爲題銷道光二十八年烏嚕木齊各屬倉儲糧石收支數目事

咸豐四年二月十四日

太子太保・大學士管理户部事務祁寯藻等謹題,爲奏聞事。

户科抄出,陝甘總督易棠題銷烏嚕木齊所屬各廳、州、縣倉儲糧石道光貳拾捌年收支存剩各數目一案。咸豐叁年捌月拾叁日題,拾壹月初拾日奉旨:該部察覈具奏。欽此。欽遵。於本日抄出到部。

該臣等查得,陝甘總督易棠疏稱:烏嚕木齊所屬各廳、州、縣倉儲糧石,例應造報奏銷之後造冊題銷,歷經遵辦在案。兹查鎮西府屬宜禾、奇臺二縣并吐嚕番廳、廸化直隸州及所屬之昌吉、阜康、綏來三縣,庫爾喀喇、烏蘇精河、喀喇巴爾噶遜三屯糧員舊管道光貳拾柒年拾貳月底止,共儲各色京石糧捌拾陸萬肆千叁百柒拾陸石伍斗叁升捌合貳勺陸抄,又白麪肆拾玖萬叁千叁百柒拾貳斤捌兩叁錢叁分壹釐。新收道光貳拾捌年正月起至年底止,共收各色京石糧貳拾柒萬捌百肆拾肆石伍斗伍升肆合叁勺,又白麪伍拾壹萬捌千陸百捌拾斤肆兩伍錢。開除道光貳拾捌年正月起至年底止,共除各色京石糧貳拾伍萬壹千柒百肆拾壹石柒斗貳合柒勺,又白麪伍拾壹萬叁千柒百陸拾陸斤伍錢捌分。實在道光貳拾捌年拾貳月底止,共儲各色京石糧捌拾捌萬叁千肆百柒拾玖石叁斗捌升玖合捌勺陸抄,又白麪肆拾玖萬捌千貳百捌拾陸斤拾貳兩貳錢伍分壹釐。前項實儲糧石,據各廳、州、縣屯糧冊登,俱各實儲在倉。至開除供支各案糧石,按冊覈算均屬相符,并無浮冒,應請準銷。所有造到冊籍理合彙造簡明總冊,同各散冊相應一并詳齎會題前來。臣覆覈無異,除冊分送部科外,相應會同前任烏嚕木齊都統臣樂斌合詞具題。等因前來。

查烏嚕木齊所屬各廳、州、縣倉儲糧石麪斤,道光貳拾捌年舊管、新收、開除、實在各項數目,臣部按冊覈對,烏嚕木齊屯田、經制駐劄并吐嚕番銀糧各案奏銷冊造舊管、新收、開除、實在各項數目均屬相符,已於各案分款逐一覈覆,此案應毋庸議。惟查鎮西府屬奇臺縣冊造新收各色糧貳萬柒千伍百貳拾石叁斗柒升柒合伍勺,覈對鎮西府銀糧案内奇臺縣冊造新收各色糧貳萬柒千伍百石叁斗柒升柒合伍勺,合計少收糧貳拾石。是何案冊内錯造之處,應令陜甘總督速飭查明報部,再行覈辦。并將前項實儲在倉糧石麪斤造入下年奏銷案内舊管項下,報部查覈。

此案於咸豐叁年拾壹月初拾日科抄到部。兹於肆年貳月拾肆日辦理具題,合并聲明。

臣等未敢擅便,謹題請旨。

批紅:依議。

爲福建題報新任布政使接收前任經手正雜錢糧事

咸豐四年三月初一日

太子太保·大學士管理户部事務祁寯藻等謹題,爲交代事。

户科抄出,前任福建巡撫王懿德將福建布政使慶端接收前署布政使楊培任内經手正雜錢糧一案。咸豐叁年正月貳拾伍日題,肆月貳拾叁日奉旨:該部察覈具奏,冊并發。欽此。欽遵。於本日抄出到部。當經臣部將冊造應查各款行查禮部等處去後。今於拾貳月初貳等日準禮部等處陸續查覆到部。

該臣等查得,前任福建巡撫王懿德,將福建布政使慶端於咸豐貳年拾壹月初壹日任事,接收前署布政使楊培自咸豐貳年叁月貳拾日署理起至拾壹月初壹日卸事前壹日止,任内經手正雜錢糧交盤清楚,造冊具題前來。查冊開:

一、舊管:銀陸拾捌萬玖千陸百陸拾貳兩叁錢貳分陸釐伍毫叁絲柒忽。等語。查前項舊管銀兩,臣部覈與前署藩司楊培接收交代冊造實存數目相符,應毋庸議。

一、新收:銀壹百柒萬壹千玖百壹拾壹兩肆錢柒分伍釐陸毫玖絲捌忽。等語。查前項新收各款銀兩,臣部按冊覈算數目相符,應毋庸議。

一、開除:支給咸豐元年分滿洲并各營官兵俸餉等銀陸萬伍千玖百陸拾柒兩柒錢玖分捌毫,各營咸豐元年分公費銀壹萬肆百肆拾柒兩壹錢叁分玖釐肆毫,緑營兵丁紅白賞項銀壹萬捌千肆百柒拾肆兩肆錢捌分,旗營兵丁紅白賞項銀貳千肆百兩,祭品銀柒拾柒兩柒錢柒分,武職各官養廉銀肆千叁百捌拾伍兩伍錢貳分肆釐,陸路提鎮各營馬價銀叁百玖拾捌兩伍錢,賞號銀壹百捌拾兩,水師各營執事人役工食銀壹百肆拾捌兩捌錢,臺澎各營辦理營中公務銀貳百柒拾伍兩貳分柒釐,旗營操賞月課銀柒百貳拾兩,滿洲八旗并水師旗營藥鉛工價銀玖拾貳兩貳錢柒分柒釐,出洋弁兵鹽菜銀壹千貳百肆兩肆錢,兵部飯食銀貳百叁拾肆兩伍錢壹分,臺澎各營遊巡車輛并革伍兵丁回籍路費銀叁千兩,辦解揸連紙張價脚銀貳千壹百伍拾捌兩玖錢陸分貳釐,臺灣撥運兵米粟石脚費銀壹千捌百柒拾伍兩玖錢伍分柒釐,琉球國來閩進接貢官伴水梢蔬薪鹽菜行糧等項銀肆百捌拾壹兩叁錢柒分柒釐,候補守備張高禄全葬銀壹百兩、致祭銀壹拾兩共銀壹百壹拾兩,原任雲貴總督林則徐病故議給碑價銀叁百伍拾兩,委解粤西軍餉、製辦木鞘鐵箍工價銀叁兩,又銀玖兩,又銀拾叁兩伍錢,又支給委解捐監木鞘鐵箍工價銀肆兩捌錢,支給委員劉其鍾管解粤西軍餉沿途水脚銀拾玖兩捌錢,又委員黄廷彪水脚銀捌拾玖兩壹錢,委員胡斌第管解捐監水脚銀肆拾伍兩肆錢肆分,閩縣等縣及駐防馬甲之妻節烈婦女、壽民壽婦坊價銀共陸百陸拾兩,海壇左營永字肆號等船遭風擊碎溺水淹斃署守備王金釗卹銀壹百伍拾兩,署左營千總把總楊必榮卹銀壹百兩,溺水得生及淹斃戰守兵魏晉龍等共給卹銀陸千柒百拾兩,統共銀陸千玖百陸拾兩。又海壇左營新快貳槳船遭風擊碎溺水得生戰兵林朝春等共給卹銀陸百陸拾兩,左營淹斃外委張景英卹銀柒拾兩,戰守兵趙明章等共給卹銀陸百伍拾兩,統共銀壹千叁百捌拾兩。又水師提標後營清字陸號等船遭風擊碎溺水得生及淹斃戰守兵吴振發等共給卹銀捌百貳拾兩。又清字伍號船溺水得生額外吴順風銀玖百叁拾兩,福州廠拆造安字伍號船及小修督水靖字壹號等叁船福左新字壹號等船正價共銀捌百兩陸錢捌分壹釐,增夫工食銀貳百玖拾柒兩陸錢,廪給口糧銀柒拾兩玖錢玖分,咸豐貳年分滿洲并各營官兵俸餉等銀陸拾伍萬肆百玖拾兩壹錢伍分肆釐,祭品銀柒拾柒兩柒錢柒分,各營咸豐貳年分公費銀叁千叁百壹拾捌兩貳錢玖分玖釐,緑營兵丁紅白賞項銀壹千壹百柒拾壹兩陸錢,武職各官養廉銀陸萬貳百陸拾兩貳錢陸分壹釐,陸路各營賞號銀壹千叁百兩,執事人役工食銀陸百陸拾玖兩陸錢,辦理營中公務銀壹百叁拾叁兩叁錢叁分肆釐,藥鉛工價銀貳拾貳兩貳錢柒分柒釐,琉球國來閩進接貢官伴水梢蔬薪鹽菜口糧等項銀壹百肆拾叁兩壹錢柒分捌釐,署雲霄廳楊景濂管解減平銀兩水脚銀壹百肆拾貳兩,木鞘鐵箍工價銀壹拾伍兩,動借司庫存儲閩海關税等款以爲咸豐元年兵餉銀貳拾玖萬伍千肆百玖拾柒兩玖錢貳釐柒毫叁絲伍忽貳微。又借動司庫存儲俸工等款以爲咸豐元年武職各官養廉銀叁萬柒千陸百兩,前署雲霄廳楊景濂管解減平銀赴部投納銀伍萬兩,咸豐叁年分滿洲并各營官兵俸餉等銀叁千玖百伍拾陸兩玖錢伍釐,武職各官養廉銀伍百貳拾捌兩,臺屬府、廳、縣請領墊辦防剿逆夷軍需銀肆萬兩。又城守左軍把總吕大隆例無支俸,應行劃回銀捌兩肆錢貳分壹釐叁毫。又劃回前侯官縣黄宅中完存貴州省庫借領匀賠米價應歸閩省作正開除動支咸豐貳年秋撥銀叁百兩。又劃回臺匪沈知等滋事案内,所需經費準予支銷,應在咸豐貳年秋撥開除銀壹萬貳千壹百捌拾肆兩捌錢捌分貳釐。又劃回臺匪胡布等滋事案内,所需經費準予支銷,應在咸豐貳年秋撥開除銀捌千柒百捌拾玖兩叁錢柒分肆釐。又劃回臺匪洪協等滋事案内,所需經費準予支銷,應在咸豐貳年秋撥開除銀壹萬玖千陸百伍拾兩叁錢陸分貳釐。等語。查前項開除各款銀兩除支給咸豐元年官兵俸餉各營公費,緑營旗營兵丁紅白賞項祭品、武職養廉、操賞月課,出洋弁兵鹽菜,臺澎各營遊巡車輛并兵丁回籍路費,辦解臺連紙張價脚運米脚費,琉球國官伴蔬薪鹽菜,總督林則徐、守備張高禄祭葬碑價,委解粤餉製辦鞘箍工價、沿途水脚,節烈婦女、壽民壽婦等坊價,淹斃官兵卹賞、廪給口糧,前署雲霄廳楊景濂管解減平銀兩并沿途水脚鞘箍工價秋撥,劃回把總吕大隆俸銀、黄宅中完存米價各案,臺匪經費,咸豐貳年秋撥開除等款共銀貳拾壹萬叁千柒百肆拾玖兩零。臣部覈與題咨各案暨撥冊開支銀數及工部、兵部等處查覆銀數,均屬相符,應準開銷外。惟查支給臺屬府、廳、縣墊辦防剿逆夷軍需銀肆萬兩究係何案軍需,籌動何款墊辦。又歸還原動借司庫存儲閩海關税等款以爲咸豐元年兵餉銀貳拾玖萬伍千肆百玖拾柒兩玖錢零,借動司庫存儲俸工等款以爲咸豐元年武職養廉銀叁萬柒千陸百兩。查兵餉銀兩向係按年估撥,武職養廉亦有專款動用,該撫何以在於關税、俸工等款銀内自行借動,殊屬不合,臣部礙難覈準。應令該撫轉飭即行照數提回歸款,報部覈辦。至支給陸路各營咸豐元年分馬價銀叁百玖拾捌兩伍錢,賞號銀壹百捌拾兩,水師各營執事人役工食銀壹百肆拾捌兩捌錢,臺澎各營辦理營中公務銀貳百柒拾伍兩貳分柒釐,兵部飯食銀貳百叁拾肆兩伍錢壹分,增夫工食銀貳百玖拾柒兩陸錢,支給咸豐貳年分陸路各營賞號銀壹千叁百兩,水師各營執事人役工食銀陸百陸拾玖兩陸錢,臺澎各營辦理營中公務銀壹百叁拾叁兩叁錢叁分肆釐,據兵部覆稱,未據該撫報部有案。支給滿洲八旗并水師旗營咸豐元年藥鉛工價銀玖拾貳兩貳錢柒分柒釐,貳年藥鉛工價銀貳拾貳兩貳錢柒分柒釐,據工部查覆,於何年月日奉部準銷,未據分晰聲明。福州廠修造安字等號船正價銀捌百兩陸錢捌分壹釐,亦未據分案造冊題銷。又支給咸豐貳年分琉球國官伴蔬薪鹽菜等銀壹百肆拾叁兩壹錢柒分捌釐,并據禮部覆稱,未據該撫咨報有案,均屬無從查覆。各等語。并令該撫轉飭按款查明,題咨報部,以憑覈辦。其支給咸豐貳年滿洲并各營官兵俸餉等銀陸拾伍萬肆百玖拾兩壹錢伍分肆釐,叁年俸餉等銀叁千玖百伍拾陸兩玖錢伍釐,貳年公費銀叁千叁百壹拾捌兩貳錢玖分玖釐,緑營兵丁紅白賞項銀壹千壹百柒拾壹兩陸錢,武職養廉銀陸萬貳百陸拾兩貳錢陸分壹釐,并叁年武職養廉銀伍百貳拾捌兩,均未據該撫造冊題報,臣部無從稽考。并令該撫查明,分案報部,應俟題報到日,再行查覈辦理。

一、實存銀肆拾伍萬貳百叁拾伍兩捌錢貳分陸釐玖毫玖絲玖忽捌微。等語。查前項實存銀兩臣部按四柱覈算,實應存銀肆拾伍萬叁佰伍兩捌錢貳分陸分陸釐玖毫玖絲玖忽捌微,計少存銀柒拾兩,應令該撫即飭查明報部。

一、疏稱,本案交代係屬限内結報,并無遲逾,臣謹會同前署閩浙總督臣怡良合詞恭疏具題。等語。查定例,布政使新舊交代自新任官到任日期起,統限兩個月交代清楚,造具冊結呈詳,督撫保題。若署任不及兩月者,正署交代彙疏報題。等語。此案交代既據該撫聲明,係屬限内結報,并無遲逾,取具印結送部,應將送到印結存部,以備查覈。

此案科抄於咸豐叁年肆月貳拾叁日到部,拾貳月初貳等日準禮部等處陸續查覆。兹於肆年叁月初壹日辦理具題,合并聲明。

臣等未敢擅便,謹題請旨。

批紅:依議。

爲山東報銷咸豐二年各屬用過獄囚并遞解人犯口糧事

咸豐四年三月初五日

太子太保·大學士管理户部事務祁寯藻等謹題,爲請設等事。

户科抄出,前任山東巡撫李僡題山東省咸豐貳年分各屬用過獄囚口糧并遞解軍流人犯口糧一案。咸豐叁年陸月初貳日題,柒月貳拾柒日奉旨:該部察覈具奏。欽此。欽遵。於本日抄出到部。臣部隨將冊造支給獄囚口糧并遞解軍流人犯口糧各數目以及起支月日是否相符,原冊移查刑部去後。今於咸豐叁年拾壹月拾伍日準刑部查明,同原冊送回到部。

該臣等查得,前任山東巡撫李僡題,山東省咸豐貳年支給獄囚口糧并遞解軍流人犯口糧造冊報銷,具題前來。

一、疏稱:查獄囚口糧,每名每日按例支給米捌合叁勺,柴薪鹽菜等錢伍文。今將咸豐貳年分東省各屬共支過囚糧貳千貳百玖拾陸石玖斗伍升捌合陸勺,除濟南府府獄照依舊定章程,於歷城縣豐儲倉内支米貳拾肆石捌斗,毋庸糴買外,其餘米貳千貳百柒拾貳石壹斗伍升捌合陸勺,按照季首時價,共合銀叁千肆百陸拾玖兩玖錢陸釐。柴薪、鹽菜并支更、禁卒、燈油等錢壹千叁百捌拾叁千柒百拾文,每千折銀壹兩共折銀壹千叁百捌拾叁兩柒錢壹分。各屬本年共應領司庫存公銀肆千捌百伍拾叁兩陸錢壹分陸釐,買米易錢支用。俱係按名按日照數支用。等語。查山東省支給獄囚口糧等項,向例該撫有案造報,刑部覈明人犯各數、起支月日,移咨户部查辦覈銷。又各屬監犯日支口糧,先經户部題明改爲捌合叁勺。等因在案。今據該前撫李僡題報,咸豐貳年分支給獄囚口糧米石、柴薪鹽菜并支更、禁卒、燈油錢文,既據刑部查覆相符,所有前項支過囚米貳千貳百玖拾陸石玖斗伍升捌合陸勺内,除歷城縣豐儲倉内支米貳拾肆石捌斗毋庸糴買外,其餘米貳千貳百柒拾貳石壹斗伍升捌合陸勺,按照季首時價,共合銀叁千肆百陸拾玖兩玖錢陸釐,柴薪鹽菜并支更、禁卒、燈油等錢壹千叁百捌拾叁千柒百壹拾文,每千折銀壹兩共折銀壹千叁百捌拾叁兩柒錢壹分,通共應領司庫存公銀肆千捌百伍拾叁兩陸錢壹分陸釐。臣部按冊查覈,係應行支給之項,應準開銷,仍令該撫將用過銀兩造入該年充公報銷案内報部查覈。

一、疏稱:咸豐貳年分遞解軍流遣犯通省共計壹千肆百貳拾肆起,通計叁千零肆拾捌名,按程按日遠近不等,共支過口糧叁千玖百陸拾伍分,每分按天支大錢拾貳文,共大錢肆拾柒千伍百捌拾文,每千折銀壹兩,共折銀肆拾柒兩伍錢捌分,俱係按名按程支給。等語。查前項支過遞解軍流遣犯口糧叁千玖百陸拾伍分,每分按日支大錢拾貳文,共大錢肆拾柒千伍百捌拾文,每千折銀壹兩,共折銀肆拾柒兩伍錢捌分。臣部按冊覈算,應支錢數均屬符合,應準其照數動支,至用銀兩造入該年充公耗羨冊内報部以憑稽覈。

此案於咸豐叁年拾壹月拾伍日刑部查明覆回。兹於肆年叁月初伍日辦理具題,合并聲明。

臣等未敢擅便,謹題請旨。

批紅:依議。

爲題銷道光二十九年支過巴里坤古城駐防滿營俸餉等項銀糧事

咸豐四年三月初十日

太子太保·大學士管理户部事務祁寯藻等謹題,爲奏聞事。

户科抄出,陜甘總督易棠題銷巴里坤、古城駐防滿洲官兵道光貳拾玖年支過俸餉等項銀糧一案。咸豐叁年肆月初捌日題,陸月貳拾日奉旨:該部察核具奏。欽此。欽遵。於本日抄出到部。隨將冊造駐防滿洲官兵馬匹數目移查兵部去後。於拾月初捌日準兵部查覆前來。

該臣等查得,乾隆肆拾柒年叁月内,據原任陜甘總督李侍堯具奏,烏魯木齊所屬各府、廳、州、縣一切錢糧事件,自乾隆肆拾柒年爲始,由烏魯木齊都統核明,咨送陜甘總督飭發藩司按冊確核具詳,會同該都統題銷。等因在案。今據陜甘總督易棠疏稱,會同前任烏魯木齊都統樂斌,將宜禾、奇臺二縣供支巴里坤、古城二滿營官兵道光貳拾玖年俸餉等項銀糧造冊具題請銷前來。查冊開:

一、舊管項下:銀貳千貳百陸拾陸兩捌錢玖釐,京斗糧料伍百貳拾貳石陸斗陸升捌勺。内小麥肆百叁拾捌石陸斗貳升貳合,豌豆肆拾玖石叁斗肆升柒合陸勺,青稞叁拾肆石陸斗玖升壹合貳勺。等語。查前項舊管銀糧,臣部核與上年實存數目相符,應毋庸議。

一、新收項下:由甘肅藩庫撥解到銀壹拾陸萬柒百壹拾肆兩陸錢捌分壹釐。又收宜禾縣動用房租銀壹百肆兩。又收原估京斗糧料肆萬壹千玖百肆拾玖石柒斗伍升貳合壹勺内,小麥叁萬捌千伍百伍拾玖石肆升叁合,豌豆貳千貳百伍拾肆石陸升伍合玖勺,青稞壹千壹百叁拾陸石陸斗肆升叁合貳勺。等語。查前項新收銀糧,臣部核對該年甘肅兵馬奏銷册内支給銀糧,數目相符。新收房租銀兩應俟該年鎮西府銀糧奏銷册籍送部之日,再行查對。

一、開除項下:供支巴里坤、古城駐防滿洲官兵養廉、鹽菜、俸餉、口糧、馬料、草折等銀拾伍萬陸千柒百伍拾叁兩肆錢陸分壹釐。本色京斗糧料肆萬壹千肆百零肆石柒升陸合陸勺内,小麥叁萬捌千玖拾肆石貳斗貳升陸合肆勺伍抄,豌豆貳千貳百捌石伍升陸合陸勺伍抄,青稞壹千壹百壹石柒斗玖升叁合伍勺。又供支古城領隊大臣副都統銜阿彦達歲額養廉銀捌百肆拾兩,巴里坤領隊大臣副都統銜景亮歲額養廉銀柒百兩,四六養廉銀肆百兩,連閏隨甲米折銀壹百伍拾叁兩,俸銀壹百伍拾伍兩,俸米折小麥柒拾肆石,等語。查定例:巴里坤、古城各領隊大臣原額養廉銀伍百兩,加增銀貳百兩。又新疆領隊大臣係副都統銜補放者,支給本任大臣養廉外,并照京旗蒙古漢軍副都統給予俸廉隨甲錢糧,如係賞給侍衛銜補放省(者),支給本任大臣養廉外,給予侍衛馬錢。各等因。又協領四員,每員歲支俸銀壹百叁拾兩。粳米家口一十二口,粟米家口一十八口,拴餧馬七匹二分。佐領一十六員,每員歲支俸銀壹百伍兩,粳米家口一十口,粟米家口一十口,拴餧馬四匹八分。防禦一十六員,每員歲支俸銀捌拾兩,粳米家口四口,粟米家口一十口,拴餧馬三匹。驍騎校一十六員,每員歲支俸銀陸拾兩,粳米家口二口,粟米家口一十口,拴餧馬二匹四分。筆帖式二員,每員歲支俸銀貳拾壹兩壹錢壹分肆釐,鹽菜銀玖拾陸兩,加增銀肆拾捌兩,拴餧馬一匹八分。委筆帖式四員,每員歲支鹽菜銀叁拾陸兩,加增銀貳拾肆兩。前鋒領催一百六十名,每名歲支餉銀叁拾陸兩,粟米家口一十口,拴餧馬一匹八分。馬甲一千五百三十六名,每名歲支餉銀貳拾肆兩,粟米家口一十口,拴餧馬一匹八分。炮手三十二名,每名歲支餉銀貳拾肆兩,粟米家口七口。步甲、匠役、養育兵共四百四十名,每名歲支餉銀壹拾貳兩,粟米家口二口。又官員粳米家口,每口歲支粳米叁石,每石折銀壹兩伍錢。官兵粟米家口,每口歲支粟米叁石,半本半折。部折每石折銀壹兩,時折每石折銀壹兩伍錢,餘支本色。又官員拴餧六分馬匹,每匹月支料壹石貳斗,草六十束。兵丁馬匹夏、秋二季不支料草,春、冬二季每匹月支料壹石貳斗、草六十束。半本半折料石,部折每石折銀壹兩,時折每石折銀壹兩貳錢,餘支本色。草束部折每束折銀壹分,時折每束折銀壹分伍釐,餘支本色。因該處素不産草,以七斤重草折作十斤重草,每束折銀陸分。又官兵寡婦應支半俸半餉銀兩米石,在於建曠銀糧内支給。等因。歷經辦理在案。今巴里坤、古城二滿營道光貳拾玖年駐防官兵馬匹數目移查兵部,覆稱核與陝甘總督造送册載數目相符,所有前項支過養廉、俸餉、鹽菜、口糧等項銀兩糧料,臣部按册核算,與例案應支數目符合,應準開銷。至供支古城領隊大臣副都統銜阿彦達養廉銀捌百肆拾兩,除例定額支并加增養廉共銀柒百兩外,其餘銀兩係何項支銷,册内并未聲明。應令陝甘總督轉飭查明報部,再行核銷。又供支巴里坤領隊大臣副都統銜景亮俸銀壹百伍拾伍兩,連閏隨甲米折銀壹百伍拾叁兩。等語。查該大臣兑支過春、秋二季俸銀壹百伍拾伍兩,核與在京應領數目相符,應準開銷。至支過春、夏、秋、冬四季連閏隨甲米折銀壹百伍拾叁兩,應準其減半開銷銀柒拾陸兩伍錢。其多銀柒拾陸兩伍錢,應令照數著追酌款抵用,仍專咨報部。又養廉銀肆百兩,查巴里坤領隊大臣景亮應支道光貳拾玖年分副都統銜春、秋二季養廉銀肆百兩,核與應支銀數相符,應準開銷。又俸米折支小麥柒拾肆石,核與在京應支米數相符,應準開銷。

一、實存項下:銀肆千捌拾肆兩貳分玖釐内,道光貳拾捌年存剩銀貳千貳百陸拾陸兩捌錢玖釐,已造入咸豐貳年春撥册内,止實存銀壹千捌百壹拾柒兩貳錢貳分。又存京斗糧料玖百玖拾肆石叁斗叁升陸合叁勺内,道光貳拾捌年存剩糧料伍百貳拾貳石陸斗陸升捌勺,應令宜禾、奇臺二縣造入倉糧奏銷册内,止實存道光貳拾玖年下剩糧料肆百柒拾壹石陸斗柒升伍合伍勺。内小麥叁百玖拾石捌斗壹升陸合伍勺伍抄,豌豆肆拾陸石玖合貳勺伍抄,青稞叁拾肆石捌斗肆升玖合柒勺。等語。查前項實存銀兩内,造入咸豐貳年春撥册内銀貳千貳百陸拾陸兩捌錢玖釐。臣部核對該撥册内收造銀數相符,應毋庸議。至實存糧料内,造入倉糧奏銷册内糧料伍百貳拾貳石陸斗陸升捌勺,係造入何年倉糧奏銷,未據聲明,臣部無憑查核。應令陝甘總督轉飭分晰查明,報部核辦。其餘實存銀兩、糧料,臣部就本案核算,與應存數目相符。仍令將現存銀兩,照數解司造入撥册。現存糧料收入該處倉糧奏銷册内,并將收入何年何項倉糧奏銷之處,隨册聲叙,以憑核對。

此案於咸豐叁年陸月貳拾日科抄到部。當經行查兵部去後,於拾月初捌日準兵部查覆前來。兹於肆年叁月初拾日辦理具題,合并聲明。

臣等未敢擅便,謹題請旨。

批紅:依議。

爲黑龍江給過咸豐三年官兵俸餉等項錢糧奏銷事

咸豐四年三月十三日

太子太保・大學士管理戶部事務祁寯藻等謹題,爲奏銷錢糧事。

户科抄出,前任黑龍江將軍宗室英隆題咸豐叁年給過官兵俸餉等項銀兩造冊題銷一案。咸豐叁年捌月初伍日題,玖月初柒日奉旨:該部察核具奏。欽此。欽遵。於本日抄出到部。當經臣部隨將冊開給過節婦建坊并驛站廪給以及修船匠役路費各款銀兩,開單移查禮部、兵部、工部去後。今於咸豐叁年拾壹月拾玖等日準禮部等衙門,陸續查覆前來。

該臣等查得,前任黑龍江將軍宗室英隆,將咸豐叁年給過齊齊哈爾等處官兵俸餉等項銀兩造冊具題前來。查東三省俸餉銀兩,向由盛京户部派員總領分給吉林、黑龍江領回備用。該二省奏銷,亦歸盛京户部彙辦。嗣於道光拾柒年新定章程,吉林、黑龍江應領銀兩,隨同奉天委員赴京分領。臣部因令其自行題銷。等因。各在案。今據黑龍江將軍將咸豐貳年支領銀兩給過咸豐叁年俸餉等項造冊題銷。臣部謹按收支各款逐一核對,開列於後:

一、舊管項下:據冊開:餘剩長領以及平餘、盈餘共銀叁萬壹千柒百捌拾捌兩玖錢陸分壹毫伍絲伍忽玖微陸纖玖沙。查前項舊管餘剩長領以及平餘盈餘等銀叁萬壹千柒百捌拾捌兩玖錢陸分壹毫伍絲伍忽玖微陸纖玖沙,核與咸豐貳年奏銷案内應存銀數,均屬相符。

一、新收項下:據冊開:咸豐貳年由盛京户部銀庫領俸餉等項銀貳拾柒萬肆千兩,大制錢壹千伍百貳拾伍串貳百陸拾文。又豁免口糧歸補備用銀伍萬兩。内由盛京户部銀庫領銀肆萬貳千陸百兩,吉林捐輸銀陸千貳百兩,黑龍江捐輸銀壹千貳百兩。又扣收罰俸、降級、留任、革職及告退病故各員并食餉閑散等回繳餘剩俸餉各款,共銀肆千伍百柒拾叁兩捌錢壹分伍釐捌絲。又收官員廉俸公費等銀内,扣過減平銀叁千肆百柒拾捌兩伍錢陸釐陸毫柒絲壹忽壹微柒纖捌沙。又收咸豐元年茂興等站倒斃馬牛皮臟變價及建曠銀叁百柒拾捌兩貳錢捌分叁釐。又收盈餘銀貳百貳拾壹兩陸錢貳分。查前項由盛京户部銀庫領俸餉等項銀貳拾柒萬肆千兩。又豁免口糧歸補備用銀伍萬兩内,由盛京户部銀庫領銀肆萬貳千陸百兩,吉林捐輸銀陸千貳百兩,黑龍江捐輸銀壹千貳百兩。查與奏明給領銀數相符。又由盛京户部銀庫領大制錢壹千伍百貳拾伍串貳百陸拾文,查與盛京户部題報咸豐貳年銀庫奏銷冊内撥給錢數符合。又扣罰俸降留革職及告退病故各員暨食餉閒散等回交餘剩俸餉等銀肆千伍百柒拾叁兩捌錢壹分伍釐捌絲。又收咸豐元年茂興等站倒斃馬牛皮臟變價暨建曠銀叁百柒拾捌兩貳錢捌分叁釐。按該將軍冊造細數核算,應扣應收銀數,亦屬符合。又官員廉俸公費銀内,扣過減平銀叁千肆百柒拾捌兩伍錢陸釐陸毫柒絲壹忽壹微柒纖捌沙。又盈餘銀貳百貳拾壹兩陸錢貳分,核與報部各原案扣收銀數符合,應毋庸議。

一、開除項下:據冊開:咸豐叁年齊齊哈爾等六處官員兵丁等俸餉銀貳拾伍萬叁千玖拾叁兩玖錢陸分捌釐,大制錢壹千伍百貳拾伍串貳百陸拾文。呼倫貝爾原處未及歲一等超勇公祥保咸豐叁年兩季半俸之半俸銀壹百柒拾伍兩,已故雲騎尉伊隆額之妻孀婦咸豐叁年兩季半俸銀肆拾貳兩伍錢。又齊齊哈爾等六處新放官員等補領咸豐貳年春秋兩季俸餉銀叁千玖百捌拾叁兩伍錢玖分壹釐。又已故官員兵丁之妻孀婦等補領咸豐貳年春秋兩季週年半分俸餉銀貳千陸百柒兩。查齊齊哈爾等處,咸豐叁年給過官員兵丁俸餉銀貳拾伍萬叁千玖拾叁兩玖錢陸分捌釐,大制錢壹千伍百貳拾伍串貳百陸拾文。又給過未及歲一等超勇公祥保半俸之半俸銀壹百柒拾伍兩。又孀婦半俸銀肆拾貳兩伍錢。臣部按該將軍冊造官員兵丁應領俸餉銀數及未及歲一等超勇公祥保半俸之半以及孀婦半俸銀兩各數核算,均屬相符。又新放官員補領咸豐貳年俸餉銀叁千玖百捌拾叁兩伍錢玖分壹釐。又已故官員兵丁等之妻孀婦補領咸豐貳年週年半俸半餉銀貳千陸百柒兩,查係應行補給之項,均應準其開銷。

一、開除項下:據冊開:給過將軍副都統等咸豐叁年養廉役食等銀叁千捌百柒拾陸兩。又呼倫貝爾副都統職銜總管筆帖式等補領道光叁拾年鹽菜銀貳百貳拾柒兩伍錢。查給過咸豐叁年將軍副都統等養廉役食等銀叁千捌百柒拾陸兩。查與歲支應給銀數相符。又呼倫貝爾副都統職銜總管筆帖式等補領道光叁拾年鹽菜銀貳百貳拾柒兩伍錢,核與題銷案内給過銀數符合,均應準其開銷。

一、開除項下:據冊開:齊齊哈爾、黑龍江、呼蘭等三處已故幼丁之妻樊氏等十口節婦建坊銀叁百兩。查前項節婦建坊銀兩,移查禮部覆稱,各節婦姓名銀數,核與檔案均屬相符,所有給過建坊銀叁百兩應準開銷。

一、開除項下:據冊開:茂興、墨爾根等站咸豐叁年買補倒斃馬牛價銀貳千貳百陸拾捌兩。又給過草豆銀壹萬伍千柒百叁拾貳兩。又給過齊齊哈爾至呼倫貝爾等十七臺咸豐叁年買補馬牛、修理車輛銀伍百玖拾兩。又茂興、墨爾根等站補領咸豐元年廪給銀伍百叁拾玖兩柒錢柒分。查給過咸豐叁年茂興、墨爾根等站買補馬牛價銀貳千貳百陸拾捌兩,齊齊哈爾等處臺站買補馬牛、修理車輛銀伍百玖拾兩。據疏冊内聲稱,此二項銀兩於咸豐肆年肆月内題銷時,咨報兵部。應俟兵部核覆知照到日,再行核結。至茂興、墨爾根等站補領咸豐元年廪給銀伍百叁拾玖兩柒錢柒分,查據兵部覆稱,核與該將軍題銷數目相符,應準開銷。又給過茂興、墨爾根等驛站草豆銀壹萬伍千柒百叁拾貳兩,核與無閏之年應支銀數相符,亦應準其開銷。

一、開除項下:據冊開:給過墨爾根城道光叁拾年修造船隻需用兵丁、匠役、水手等路費銀拾貳兩。查前項給過墨爾根城道光叁拾年修船匠役等路費銀拾貳兩,查據工部覆稱,與準銷原案相符,應準開銷。

一、開除項下:據冊開:給過墨爾根城咸豐元年採買四成糧石價銀叁百陸拾兩。查前項給過墨爾根城咸豐元年採買糧石價銀叁百陸拾兩與報部準給銀數相符,應準開銷。

一、開除項下:據冊開:齊齊哈爾等四處給過咸豐元年官兵紅白事賞銀玖千捌百壹拾捌兩。又給過咸豐貳年官莊買補倒斃牛隻價銀貳千柒拾捌兩捌錢。又齊齊哈爾等三處咸豐元年因糧價不敷動用備存銀陸千伍百陸拾兩貳錢柒分玖釐叁毫貳絲。又道光叁拾年因税銀不敷動用備存銀貳千陸百伍拾貳兩貳錢叁分玖釐玖毫壹絲肆忽。又領回被灾人等豁免口糧銀伍萬兩。内歸補抽扣咸豐叁年官兵俸餉銀壹萬壹拾兩伍錢捌分叁釐捌毫貳絲肆忽玖微,歸補備用銀叁萬玖千玖百捌拾玖兩肆錢壹分陸釐壹毫柒絲伍忽壹微。又巴拜等處新設十一處官屯壯丁等每年買補倒斃牛隻備用銀壹百肆拾貳兩叁錢。查前項給過官兵紅白事賞銀玖千捌百壹拾捌兩,核與上年題銷案内銀數相符。齊齊哈爾等處官莊買補牛隻價銀貳千柒拾捌兩捌錢,查與每年應支銀數符合。咸豐元年備倉報銷糧價不敷動支備用銀陸千伍百陸拾兩貳錢柒分玖釐叁毫貳絲,牛馬税銀不敷動支備用銀貳千陸百伍拾貳兩貳錢叁分玖釐玖毫壹絲肆忽,又補領豁免被灾人等借支口糧銀伍萬兩,查與奏咨各案歸補銀數相符。又巴拜等處新設官屯壯丁等,每年買補牛隻備用銀壹百肆拾貳兩叁錢,係奏明按年應支之項,均應準其留存備用。至領回豁免口糧銀内,歸補抽扣咸豐叁年官兵俸餉銀壹萬壹拾兩伍錢捌分叁釐捌毫貳絲肆忽玖微,查係墊發出征官兵資裝之用,應令該將軍俟具題準銷後,專案報部,以憑核結。

一、實存項下:據冊開:現存餘領銀玖千壹百陸拾兩陸錢壹分陸釐陸毫柒絲叁忽壹微肆纖柒沙,盈餘銀貳百貳拾壹兩陸錢貳分。查前項實存長領銀玖千壹百陸拾兩陸錢壹分陸釐陸毫柒絲叁忽壹微肆纖柒沙,盈餘銀貳百貳拾壹兩陸錢貳分,應令該將軍造入甲寅年奏銷案内舊管項下題報查核。以上舊管、新收共銀叁拾陸萬肆千肆百肆拾壹兩壹錢捌分肆釐玖毫柒忽壹微肆纖柒沙,大制錢壹千伍百貳拾伍串貳百陸拾文内,開除銀叁拾伍萬伍千伍拾捌兩玖錢肆分捌釐貳毫叁絲肆忽,大制錢壹千伍百貳拾伍串貳百陸拾文,實存銀玖千叁百捌拾貳兩貳錢叁分陸釐陸毫柒絲叁忽壹微肆纖柒沙。臣部按冊核對,分别核結準銷,并令該將軍查照辦理。

此案於咸豐叁年玖月初柒日科抄到部。行查禮部等衙門,於拾壹月拾玖等日陸續覆齊。兹於肆年叁月拾叁日辦理具題,合并聲明。

臣等未敢擅便,謹題請旨。

批紅:依議。

爲熱河都統題銷承德府屬經徵咸豐元年各項旗租銀兩事

咸豐四年三月十四日

太子太保·大學士管理戸部事務祁寯藻等謹題,爲查明等事。

户科抄出,前任熱河都統賡福題咸豐元年分承德等府州縣經徵本節年各項旗租銀兩一案。咸豐貳年拾貳月拾玖日題,叁年叁月貳拾陸日奉旨:該部察核具奏,冊并發。欽此。欽遵。於本日抄出到部。

該臣等會查得,熱河應徵各項旗租銀兩,先於道光柒年據原任直隸總督那彦成奏,熱河錢糧事件請照甘肅鎮廸道之例,由熱河道督催,詳報都統題咨,經臣部議覆,準照辦理。又於道光玖年,據直隸總督屠之申於另議條款具題案内,請將承德府屬地糧旗租各項錢糧,均與司庫無相干涉,應於道光捌年爲始,在於直隸奏銷案内剔除,由熱河道分項核造奏銷,徑呈都統具題。并將解存道庫旗租銀兩,俟年終由熱河道委員轉解户部兑收。等因。亦經臣部核準題覆,行文遵照各在案。

今據熱河都統,將承德府并所屬州縣經徵咸豐元年分存退另案莊頭四次、奴典公產等六項本節年旗租銀兩造冊題報，臣部核與奏定章程相符。

一、舊管：存退另案莊頭四次、奴典公產等六項共地柒百拾伍頃柒畝壹分捌釐陸毫陸絲貳忽，基園、場園、院子、地基、房身等地壹頃陸拾畝肆釐，瓦、草、土房、棚柒百捌拾陸間，水道壹條，共徵租銀貳千壹百貳拾玖兩肆錢捌分捌釐玖毫陸絲貳忽玖微伍纖。等語。查舊管房地租銀各數，核與上年實在數目，均屬相符，應毋庸議。

一、新收：存退項下：入官共地拾捌頃叁拾柒畝壹分捌釐柒毫柒絲，共徵租銀叁拾叁兩貳錢柒分捌毫壹絲伍忽伍微。灤平縣新收弁兵退出地拾肆頃伍拾柒畝捌分伍釐，共徵租銀貳拾柒兩伍錢捌分柒毫伍絲。新收張啟盛名下地叁頃柒拾玖畝叁分叁釐柒毫柒絲，共徵租銀伍兩陸錢玖分陸絲伍忽伍微，等語。查此項新收灤平縣存退項下入官地拾捌頃叁拾柒畝壹分捌釐柒毫柒絲，共徵租銀叁拾叁兩貳錢柒分捌毫壹絲伍忽伍微，核與原案議租銀數，均屬相符。第查新收弁兵退出地拾肆頃伍拾柒畝捌分伍釐，共徵租銀貳拾柒兩伍錢捌分柒毫伍絲。前經本部行令該都統轉飭將前地租銀自嘉慶拾伍年退交之年徵租爲始，新收張啟盛名下地三頃柒拾玖畝叁分叁釐柒毫柒絲，共徵租銀伍兩陸錢玖分陸絲伍忽伍微。前經行令該都統將前地租銀於道光拾柒年勘議之年啟徵，惟此二項地畝應行補徵租銀當即按限催徵完報，何以遲延至今，總未據將歷年補徵租銀一律催齊完解造冊結報，僅將咸豐元年分報解，殊屬不合。應令該都統轉飭各屬，將歷年如何未解之處聲覆報部，以便辦理，毋再遲延，致干參辦。至豐寧縣水冲薄城各地，有無墾復水涸沙退之處，亦即分別查勘報部核辦，毋再延宕。并令將歷前縣徵租遲限各職名先行查取，送部核議。

一、實在：存退另案莊頭四次、奴典公產等六項共地柒百叁拾叁頃肆拾肆畝叁分柒釐肆毫叁絲貳忽，基園、場園、院子、地基、房身等地壹頃陸拾畝肆釐，瓦、草、土房、棚柒百捌拾陸間，水道壹條，共徵租銀貳千壹百陸拾貳兩柒錢伍分玖釐柒毫柒絲捌忽肆微伍纖。内除扣納民糧銀肆拾叁兩玖錢玖分陸釐，豐寧縣民欠未完銀壹百玖拾捌兩壹錢，實徵完銀壹千玖百貳拾兩陸錢陸分肆釐。等語。查冊造完解銀壹千玖百貳拾兩陸錢陸分肆釐，又豐寧縣完解道光叁拾年分民欠租銀壹百玖拾捌兩貳錢，二共完解銀貳千壹百拾捌兩捌錢陸分肆釐，核與該都統委員解部銀數相符。所有招納民糧銀肆拾叁兩玖錢玖分陸釐，應於地糧奏銷案内查核外，至豐寧縣民欠未完銀壹百玖拾捌兩壹錢，應於後款未完租銀項下會同吏部核議。

一、本年民欠未完租銀項下:豐寧縣未完銀壹百玖拾捌兩壹錢,等語。查經徵租銀如有未完,照正項錢糧例議處。吏部查,定例:直隸應征旗租銀兩,未完經徵州縣并督催之道府,均照地丁錢糧例辦理。又定例:地丁錢糧經徵州官,初參欠不及一分者,停其陞轉,罰俸一年,戴罪徵收。又定例:督催之知府、道員,初參欠不及一分者,停其陞轉,罰俸六個月,戴罪督催。又定例:督催之巡撫,初參欠不及一分者,停其陞轉,罰俸三個月,戴罪督催。又定例:各官任内,有承督未完案件,於未經限滿之先離任者,以罰俸一年完結。等語。應將經徵咸豐元年分旗租銀兩初參未完不及一分之前署豐寧縣事承德府經歷俸滿撤回方壽昌、前任豐寧縣知縣常生均照例停其陞轉,罰俸一年,戴罪徵收。督催初參未完不及一分之前任承德府知府炳綱、前任熱河道定保均照例停其陞轉,罰俸六個月,戴罪督催。初參未完不及一分之因病開缺前任熱河都統宗室惟勤照例停其陞轉,罰俸三個月,戴罪督催。方壽昌係署事官,炳綱已授甘肅鎮廸道,宗室惟勤現因託疾勒休,俱於未經限滿之先卸事,應照離任官例,炳綱於現任内罰俸一年,方壽昌應於補官日罰俸一年。常生已經丁憂,定保已授永定河道,未據聲明卸事日期,俟復參到日再議。查宗室惟勤任内并無紀録抵銷,該員現已勒令休致,其罰俸一年之處應行註冊,仍令該都統將前項銀兩即飭催徵全完,造入下年奏冊報部查核。

一、節年未完租銀項下:豐寧縣未完道光叁拾年分租銀壹百玖拾捌兩貳錢,批解道庫。等語。查冊造完解前項銀兩,核與上年未完數目及該都統委員解部兑收銀數相符,應毋庸議。再查道光拾壹年奏銷案内,補徵搬福名下租銀内,有直隸司庫扣收過銀肆兩壹錢伍分壹釐零,查係應行歸入熱河奏銷案内造報,節經臣部題令撥還,并咨行直隸總督轉飭如數撥還熱河,由該都統解部。乃事閱多年屢催未覆,應令直隸總督迅將扣收過補徵搬福租銀肆兩壹錢伍分壹釐零,速即如數撥還熱河解部歸款,毋再延宕,致干查議。并令該都統俟前項租銀查覆撥還後,即行造入咸豐貳年奏銷,報解部庫。至直隸省經徵旗租奏銷定例於捌月内具題,所有前項奏銷,係於該省奏銷案内改歸熱河道詳題之案,自應按限具題,以符限制。嗣因題報稽延,節經臣部於奏銷案内題令該都統依限題報,如有遲延,查取職名隨案附參。今此次奏銷仍於拾貳月内始行題報,殊屬遲延,應令該都統即行查取職名,咨送吏部核議。

此本係户部主稿。科抄於咸豐叁年叁月貳拾陸日到部,陸月拾陸日送會吏部、兵部，肆年貳月初肆日會回。兹於叁月拾肆日辦理具題，合并聲明。

臣等未敢擅便，謹題請旨。

批紅：依議。

爲河南經徵道光二十二年丁耗銀兩完欠動存數目事

咸豐四年三月十五日

太子太保·大學士管理户部事務祁寯藻等謹題，爲請定事。

户科抄出，前任河南巡撫陸應穀將河南省咸豐貳年應徵道光貳拾貳年緩徵地丁耗羨銀兩未完數目隨本具題一案。咸豐叁年陸月拾貳日題，捌月拾柒日奉旨：該部察核具奏。欽此。欽遵。於本日抄出到部。

該臣等查得，前任河南巡撫陸應穀疏稱：歷年未完錢糧，例應將完欠動存各數，隨本年奏銷造册具題。今届奏銷咸豐貳年錢糧之期，據代理布政使沈兆澐將咸豐貳年緩徵道光貳拾貳年分丁耗錢糧完欠動存各數目，造具清册詳送前來。臣覆核無異，除册送部外，相應具題。等因前來。

查河南省奏銷現年地丁錢糧，向據該撫將歷年未完項下續完若干、仍未完若干，并動用存剩各數分晰造册，另繕題本，隨本年奏銷一并具題，查核在案。今届咸豐貳年奏銷之期，據該撫將道光貳拾貳年緩徵地丁耗羨銀兩未完數目造册具題。查册開：舊管地丁銀壹兩陸錢叁分捌釐，耗羨銀貳百伍拾捌兩叁錢肆分叁釐。歸德、陳州二府屬未完緩徵地丁銀捌千捌百貳拾陸兩陸錢壹分肆釐，耗羨銀壹千貳百玖拾捌兩捌錢叁分伍釐。開封、衛輝、懷慶、陳州等府屬未完緩徵地丁銀壹拾肆萬捌千陸百壹拾叁兩叁錢貳分捌釐，耗羨銀貳萬壹百陸拾陸兩陸錢柒分玖釐。開封、歸德、彰德、懷慶、陳州等府屬未完緩徵地丁銀壹拾玖萬伍千貳百伍拾貳兩捌錢貳分伍釐，耗羨銀貳萬陸千陸百捌拾兩捌錢柒分壹釐。彰德、衛輝二府屬未完緩徵地丁銀貳萬壹千玖百玖拾伍兩柒錢肆分壹釐，耗羨銀貳千肆百捌拾捌兩貳錢陸分陸釐。開封府屬蘭儀縣未完緩徵地丁銀伍千貳百伍拾兩伍錢伍釐，耗羨銀伍百伍拾壹兩貳錢捌分伍釐。南陽府屬裕州未完地丁銀貳百陸拾陸兩叁錢叁分捌釐，耗羨銀叁拾玖兩玖錢伍分壹釐。陳州府屬西華、太康二縣未完地丁銀貳萬陸千伍拾叁兩陸錢伍分壹釐，耗羨銀叁千叁百玖拾伍兩伍錢柒分肆釐。陳州府屬沈邱縣未完地丁銀壹千玖兩伍錢壹分肆釐，耗羨銀壹百壹拾捌兩柒錢壹分捌釐。八共地丁銀肆拾萬柒千貳百陸拾捌兩伍錢壹分陸釐,耗羨銀伍萬肆千柒百肆拾兩壹錢柒分玖釐。欽奉上諭查辦,豁免、新收無項。開除:支給開歸道壬子年歲麻加價動用前項舊管地丁銀壹兩陸錢叁分捌釐,又支給委官候補縣丞鄭汝言領解甘省文職養廉,動用前項舊管耗羨銀伍拾捌兩柒錢壹分捌釐,實在存庫耗羨銀壹百玖拾玖兩陸錢貳分伍釐。造册具題。等語。

臣部查前項舊管并應徵地丁耗羨銀兩,查核數目相符。新收無項。開除:支給開歸道壬子年歲麻加價并委官領解甘省文職養廉,動用前項舊管地丁耗羨共銀陸拾兩叁錢伍分陸釐,核與咸豐貳年地丁耗羨奏銷各册内開除銀數均屬符合,應毋庸議。實存耗羨銀兩仍令該撫轉飭在於下年奏銷册内舊管項下造報查核。至未完地丁耗羨銀兩,聲明欽奉上諭查辦豁免之處,應令該撫即行查明具奏,并於奏報案内將該年民欠未完數目造册報部,以憑核辦。

此案係應行查核該年地丁奏銷,今據該撫於咸豐肆年正月拾玖日册造到部。兹於叁月拾伍日辦理具題,合并聲明。

臣等未敢擅便,謹題請旨。

批紅:依議。

爲陝西咸豐元年常平倉儲糧石收支數目造册題銷事

咸豐四年三月十九日

戶部等部,太子太保·大學士管理戶部事務祁寯藻等謹題,爲欽奉事。

户科抄出,前任陝西巡撫張祥河將陝西省各屬咸豐元年常平倉儲各項糧石收支數目造册題銷一案。咸豐叁年貳月初伍日題,肆月貳拾壹日奉旨:該部察核具奏。欽此。欽遵。於本日抄出到部。

該臣等會查得,前任陝西巡撫張祥河,將陝西省各屬咸豐元年常平倉儲各項糧石,造册具題前來。查册開:

一、咸豐元年舊管道光叁拾年實存各色京斗糧壹百陸拾伍萬伍千捌百捌拾叁石伍斗捌合柒勺肆抄。又存各年兵借糧價銀貳萬叁千叁百捌拾捌兩伍錢柒分貳釐。等語。查前項舊管糧石及扣存糧價銀兩,户部核與上年實存數目相符,應毋庸議。

一、新收項下:收還各年民欠出易京斗穀貳萬肆千壹百肆拾壹石叁斗柒升捌合貳勺,京斗稻穀貳萬壹千玖百玖拾壹石壹斗玖升伍合,京斗麥壹拾陸萬伍百叁拾陸石肆斗肆升玖合壹勺伍抄,京斗米陸百石,京斗豆肆百貳拾玖石陸斗伍升肆合,京斗莜麥貳百柒拾壹石捌斗伍升。又收存留項下撥歸常平京斗麥貳百壹拾貳石貳斗肆升伍合捌勺,京斗米貳百叁拾貳石捌斗陸升伍合肆勺,京斗豆伍百陸拾肆石捌斗壹升柒勺貳抄。又收新灘地畝租糧京斗麥陸石陸斗玖升陸合伍勺。又收支剩兵糧撥補常平缺額京斗米陸拾肆石捌斗肆升柒合玖勺。又收採買缺額京斗穀肆千石,京斗稻穀壹千貳石貳斗肆升壹合陸勺,每石價銀陸錢,共動用司庫支剩兵糧糶價銀叁千壹兩叁錢肆分伍釐。又收捐賠脱逃軍流各犯長支口糧京斗穀貳石柒斗叁升玖合。又收徵還道光貳拾柒、貳拾捌、叁拾等年未完緩徵兵糧借動常平倉京斗穀貳千伍百壹石柒斗捌升陸合捌勺。又收各年兵借京斗麥壹萬貳千捌石伍斗柒升玖勺,共動用原扣價銀壹萬貳千捌兩伍錢柒分。又收入官租穀壹石肆斗貳升捌合陸勺。等語。查前項新收各色京斗糧貳拾貳萬捌千伍百陸拾捌石柒斗伍升玖合伍勺柒抄,户部按冊核算數目相符,應毋庸議。

一、開除項下:支給囚犯口糧京斗穀壹千捌拾壹石叁斗貳升肆合,京斗稻穀捌百壹拾石叁斗壹升肆合肆勺,京斗麥柒百壹拾壹石肆斗肆升貳合捌勺,京斗米壹百貳拾玖石叁斗伍升肆合伍勺,京斗豆柒石伍斗肆升肆合柒勺,京斗莜麥肆拾貳石肆斗壹升叁合。又支給安插軍流各犯口糧京斗穀叁百伍拾壹石壹斗捌升玖合陸勺,京斗稻穀肆拾壹石捌斗捌升壹合捌勺,京斗麥貳百壹拾陸石陸斗陸升叁合貳勺,京斗米貳拾玖石捌斗捌升,京斗豆貳石玖斗捌升捌合。又支給截留羈監各犯口糧,京斗麥柒石叁斗柒升捌合柒勺。等語。查支給監囚各犯并安插軍流各犯各色京斗糧叁千肆百叁拾貳石叁斗柒升肆合柒勺,户部核與覆準原案相符,應準開銷。

一、開除:出易京斗穀貳萬肆千捌百壹石肆斗玖升捌合叁勺,京斗稻穀壹萬玖千貳百玖拾捌石伍升,京斗麥壹拾陸萬貳百陸拾叁石貳斗柒升伍合,京斗米玖百石,京斗豆叁百石,京斗莜麥陸百石。等語。查出易各色京斗糧貳拾萬陸千壹百陸拾貳石捌斗貳升叁合叁勺,户部核與題報案内數目相符,應準開銷。惟查各年出易糧石乃按年出陳易新,非因灾出借可比,前經户部奏明,嗣後出易常糧勒令當年徵完,如完不足數著勒原放之員賠補,等因在案。今咸豐元年出易糧石檢查後款冊造,仍有未完,除經徵之員參處外,應令該撫將未完糧石即在原放之員名下如數追賠,專案報部查核,毋稍遲延,致干參處。

一、舊管外存節年兵借糧價銀貳萬叁千叁百捌拾捌兩伍錢柒分貳釐内,買糧動用銀壹萬貳千捌兩伍錢柒分，下餘銀壹萬貳千叁百捌拾兩貳釐，在實存項下外列。等語。户部查前項買糧動用銀壹萬貳千捌兩伍錢柒分，買還京斗糧壹萬貳千捌石伍斗柒升玖勺，已據列入新收所有用過銀兩，應準開銷。其下餘銀壹萬壹千叁百捌拾兩貳釐，既據列入實存項下，應於後款查核。

一、實存京斗糧壹百陸拾柒萬肆千捌百伍拾柒石柒升叁勺壹抄内，京斗穀伍拾壹萬壹千陸拾陸石柒斗肆升叁合貳勺肆抄，京斗稻穀叁拾壹萬壹千壹百貳拾壹石捌斗柒升玖合叁勺玖抄，京斗麥捌拾萬陸千貳百壹拾叁石伍斗伍合柒勺貳抄，京斗米壹萬叁千貳百壹拾叁石叁斗伍升伍合捌勺伍抄，京斗豆貳萬伍千肆百玖拾叁石貳斗貳升伍合柒勺壹抄，京斗莜麥柒千柒百肆拾捌石叁斗陸升肆勺。又存各年兵借糧價銀壹萬壹千叁百捌拾兩貳釐。等語。户部查，實存各色京斗糧壹百陸拾柒萬肆千捌百伍拾柒石柒升叁勺壹抄，各年兵借糧價銀壹萬壹千叁百捌拾兩貳釐，應令該撫轉飭造入下届奏銷案内舊管項下報部查核。其未買各年兵借京斗糧貳萬捌百柒拾柒石壹斗肆升貳合伍勺，歷年久遠，倉儲虚懸，况近年以來該省并無灾歉，未便再爲延宕，應令該撫速飭各屬，將未買糧石立即領價採買還倉，毋任藉詞支飾，以實倉儲。

一、道光拾壹年至貳拾捌年止民欠出易出借京斗糧捌萬壹千叁百壹拾石柒斗肆升玖合貳勺，據該撫疏稱，已於咸豐元年柒月内欽奉上諭照數豁免。等語。户部查前項未完糧石前於道光叁拾年常平奏銷案内，因題報糧數與原奏請豁數目不符，行查該撫在案，現在并未查覆，應仍令該撫轉飭將題報糧數與奏請豁免數目因何不符之處詳細查明報部，并造具冊結，專案題銷之日，再將前項糧石報部核結。

一、道光貳拾叁、貳拾肆、貳拾柒、貳拾捌、叁拾等年，未完籌撥緩徵本色兵糧，共借動常平倉京斗穀叁千貳百陸拾伍石柒斗捌升玖合，原因神木、府谷二縣各該年額徵本色兵糧因灾緩徵，隨經詳明在於常平倉内先行借動供支，一俟該二縣兵糧徵完還款。今查咸豐元年欽奉恩詔，已將民欠此項緩徵本色兵糧準予豁免，所有籌撥借動常平倉糧無項，徵還應請作正開銷。等語。户部查前項借動兵糧，係於何案内報部，冊内并未聲明，而各該縣請豁糧石亦未造冊具題，所有請銷數目無憑查核，應令該撫轉飭分晰題咨到部之日，再行報部核結。

一、咸豐元年民欠出易京斗稻穀貳百陸拾貳石玖斗伍升，京斗麥叁百叁拾陸石陸斗，京斗莜麥陸百石。等語。查咸豐元年民欠未完出易糧石，户部按冊核算,數目相符。其疏内聲稱,自該年秋後十月初一日開徵起至次年奏銷止催徵不力之佛坪、永壽二廳縣職名照例造冊請參。等語。吏部查定例,官員承追不作十分之雜項錢糧未完,初參降俸二級,戴罪催追。等語。應將經徵咸豐元年分常平倉糧初參未完之佛坪廳同知李夢恩、永壽縣知縣趙培之照例降俸二級,戴罪催追。

一、道光拾捌、拾玖、貳拾、貳拾壹、貳拾貳、貳拾叁、貳拾肆、貳拾伍、貳拾陸等年,共墊買囚糧京斗穀捌百貳拾伍石柒斗陸升壹合壹勺。等語。查前項墊買囚糧穀石,前據該撫於道光貳拾玖、叁拾等年奏銷案内,列入實在項下,節經户部行令查明報部,未據登覆。今復據照數開列,應令該撫將前項墊買糧石,因何列入實在項下之處,即飭查明報部查核。

一、折色銀兩:冊造舊管收還道光貳拾貳、貳拾肆、貳拾柒、叁拾等年民欠出借籽種折色銀壹千陸百叁拾玖兩壹錢捌分肆釐,業已造入咸豐貳年春撥冊内報部酌撥。等語。查前項舊管報撥銀兩,户部核與上年奏銷實存并該季撥冊收造銀數均屬相符,應毋庸議。

一、道光貳拾貳、貳拾肆、貳拾柒等年,民欠出借籽種口糧折色共銀壹萬柒拾叁兩肆錢伍分捌釐,據該撫疏稱,已於咸豐元年柒月内,欽奉上諭照數豁免。等語。户部查,前項未完銀兩前於道光叁拾年奏銷案内,因與上屆未完銀數計少壹錢,行令查覆在案。今查不符之處,未據聲覆,而豁免銀兩,亦未造具冊結題銷。應令該撫將銀數不符之處,即飭查明,并將豁免銀兩,造冊題銷到日,再行報部核結。

再,此案科抄於咸豐叁年肆月貳拾壹日到部,於陸月叁拾日會吏部,拾貳月拾陸日會回。兹於肆年叁月拾玖日辦理具題。此本係户部主稿,合并聲明。

臣等未敢擅便,謹題請旨。

批紅:依議。

爲盛京題報咸豐二年給過各城官兵紅白事件銀兩事

咸豐四年三月二十六日

太子太保・大學士管理户部事務祁寯藻等謹題,爲遵例事。

户科抄出,前任盛京將軍宗室奕興等題給過各城官兵紅白事銀兩一案。咸豐叁年拾壹月拾陸日題,拾貳月拾玖日奉旨:該部察核具奏。欽此。欽遵。

於本日抄出到部。

該臣等查得,前任盛京將軍宗室奕興等疏稱:查盛京通省官員兵丁等紅白事件應得恩賞銀兩,經原任將軍明福奏請,由盛京户部庫存餘地租銀内動用核給。等因。嗣於道光貳拾叁年將軍公宗室禧恩奏各城庫存制按成搭放藉可節省摺内,聲請將官員兵丁紅白事賞銀以制錢五成搭放,奉部覆準。又盛京户部咨,將省城官員兵丁紅白事搭放制錢由户部動支,各外城所需制錢,由各該城旗民庫存制錢文開放。等因。行知各在案。今查咸豐貳年肆月題銷後剩存銀陸千壹百陸拾壹兩,制錢陸千壹百陸拾壹串,陸續分發各城以備賞項應用。續因不敷支放,於咸豐貳年肆月内,由盛京户部銀庫領銀貳萬兩,陸月内領制錢陸千串,叁年叁月内領銀伍千兩,肆月内領制錢叁千柒百捌拾肆串,并盛京户部陸續酌撥各外城就近旗庫存制錢内動支壹萬伍千貳百拾陸串。前後共銀叁萬壹千壹百陸拾壹兩,制錢叁萬壹千壹百陸拾壹串。自咸豐貳年肆月拾柒日起至肆月拾陸日止,盛京本城并各外城官員兵丁等所出紅白事件,核給銀貳萬陸千柒百肆拾伍兩伍錢,制錢貳萬陸千柒百肆拾伍串伍百文。内應歸入盛京銀庫奏銷制錢壹萬壹千伍百貳拾玖串伍百文,應歸入該部動存冊内年終報部核銷制錢壹萬伍千貳百拾陸串,共銀制錢伍萬叁千肆百玖拾壹兩串。仍剩存銀肆千肆百拾伍兩伍錢,制錢肆千肆百拾伍串伍百文。將剩存銀肆千肆百拾伍錢,派員解繳盛京户部銀庫歸款,其剩存制錢肆千肆百拾伍串伍百文,照常分發各處以備賞項應用。如不敷散放,仍由盛京户部領用理。合一并聲明具題。等因前來。

查盛京各城官員兵丁紅白事賞銀,係乾隆年間軍機大臣議準,在於盛京户部餘地租銀内動給,按年題報。歷經遵辦在案。今據該將軍疏稱,咸豐貳年存剩銀陸千壹百陸拾壹兩,制錢陸千壹百陸拾壹串,核與上年實存銀兩錢文各數相符。至咸豐貳年肆月拾柒日起至叁年肆月拾陸日止,應賞紅白事件銀錢,據疏内聲稱:存項不敷支放,於貳年肆月内由盛京户部銀庫領銀貳萬兩,陸月内領制錢陸千串,又叁年叁月内領銀伍千兩,肆月内領制錢叁千柒百捌拾肆串,又動支旗庫存制錢壹萬伍千貳百拾陸串。前後共銀叁萬壹千壹百陸拾壹兩,制錢叁萬壹千壹百陸拾壹串。内賞過官兵紅白事件銀貳萬陸千柒百肆拾伍兩伍錢,制錢貳萬陸千柒百肆拾伍串伍百文。查據兵部覆稱,賞過紅白銀兩兵丁姓名核與該將軍冊報相符。臣部按冊核算,應給銀兩并奏明搭放五成制錢各數均屬相符,應準開銷。其餘剩銀肆千肆百拾伍兩伍錢,據該將軍聲明派員解繳盛京户部歸款,應令盛京户部造入銀庫奏銷大進冊内報部查核。至餘剩制錢肆千肆百拾伍串伍百文,既據分發各城以備賞項應用,如有不敷,仍由盛京户部領用,并令造入奏銷案内具題查核。至動支旗庫制錢壹萬伍千貳百拾陸串,未據聲明何年月日動支,臣部無憑核對,應令該將軍查明聲覆報部,以憑稽核。

此案於咸豐叁年拾貳月拾玖日科抄到部。兹於肆年叁月貳拾陸日辦理具題,合并聲明。

臣等未敢擅便,謹題請旨。

爲甘肅題報供支青海致祭各官員隨帶兵丁馬匹用銀事

咸豐四年四月十九日

戶部等部,太子太保・大學士管理戶部事務祁寯藻等謹題,爲檄飭事。

户科抄出,陝甘總督易棠題甘肅省道光貳拾捌年供支青海副都統出口致祭青海神查辦事宜隨帶兵丁,及致祭已故扎薩克多羅郡王之福晉差員筆帖式岳清阿應需鹽菜、鍋帳、騾脚等項銀兩一案。咸豐叁年肆月貳拾捌日題,柒月初伍日奉旨:該部察覈具奏。這本内擡寫違式不合,著飭行。欽此。欽遵。於本日抄出到部。隨將供支在京病故堪布達喇嘛洛布藏端羅布徒弟搬送骨殖回藏應需喫食、騎馱、騾頭、馬匹、牛隻折價等項銀兩,移查理藩院去後,今於拾月初拾日準理藩院查覆前來。

該臣等遵即恭錄欽奉諭旨,先行移咨陝甘總督轉飭遵照辦理外,兹會查得陝甘總督易棠,將甘肅省道光貳拾捌年供支青海副都統出口致祭青海神查辦事宜隨帶兵丁,及致祭扎薩克多羅郡王之福晉應需鹽菜、鍋帳、騾脚等項銀兩,造冊具題請銷前來。查冊開:

一、西寧縣道光貳拾捌年供支青海大臣哈勒吉那出口前赴察漢托洛亥致祭青海神查辦一切事宜,隨帶綠營馬戰兵丁支過鹽菜、馱馬、鞍屜等項銀貳拾壹兩陸錢,口糧折價銀捌錢叁分陸釐陸毫,馬叁拾匹。等語。查定例:跟隨副都統出口會盟派兵丁貳拾名,每名月支鹽菜銀玖錢,日支口糧京斗粟米捌合叁勺。又兵丁貳名合給馱馬叁匹,在於營馬内摘撥,并不給價。又各給隨馬鞍屜壹副,給價製辦。等因。今前項供支跟隨青海副都統出口之綠營馬戰兵丁貳拾名,應需鹽菜、馱馬、鞍屜等銀貳拾貳兩肆錢叁分陸釐陸毫。户部按冊覈算,與供應例款相符,應準開銷。至馱馬叁拾匹,在於營馬内摘撥。兵部查,冊造道光貳拾捌年跟隨青海副都統出口兵丁貳拾名,每貳名合給馱馬叁匹,共給馬叁拾匹,在於營馬内摘撥,覈與該督咨報原案相符。

一、西寧縣道光貳拾捌年,供支前往青海致祭已故扎薩克多羅郡王恭木楚克集克黙特之母福晉差員筆帖式岳清阿應需涼棚、鍋帳、羊酒、騾脚等項銀肆拾陸兩玖錢伍釐内,除該員事竣繳回破爛涼棚等項,估變銀壹拾壹兩肆錢捌分貳釐收還原款外,止實請銷銀叁拾伍兩肆錢貳分叁釐。等語。查前項供支致祭已故郡王恭木楚克集克黙特之母福晉差員筆帖式岳清阿應需涼棚、鍋帳、羊酒、騾脚等項銀肆拾陸兩玖錢伍釐,户部按冊覈算,與例支數目相符,除事竣繳回涼棚等項銀壹拾壹兩肆錢捌分貳釐,既據聲明收還原款,應毋庸議。其實支銀叁拾伍兩肆錢貳分叁釐應準開銷。

一、西寧縣道光貳拾捌年,供支在京病故堪布達喇嘛洛布藏端羅布骨殖回藏之徒弟應需喫食、騾脚等項銀貳百壹拾兩柒錢伍分,移查理藩院覆稱,覈與陝甘總督咨報數目相符。等語。查前項供支在京病故堪布達喇嘛洛布藏端羅布骨殖回藏之徒弟應需喫食、騾脚等項銀貳百壹拾兩柒錢伍分,既據理藩院查覆數目相符,户部亦應準其照數開銷。

一、丹噶爾廳道光貳拾捌年供支致祭青海神應需祭品牛羊等項銀柒兩叁錢陸分柒釐。等語。查定例:西寧地方每歲秋季致祭青海神壹次,應需祭品銀柒兩叁錢陸分柒釐。等因。今道光貳拾捌年動支祭祀銀兩,户部覈與應給銀數相符,應準開銷。

一、疏稱:以上共用過銀貳百柒拾伍兩玖錢柒分陸釐陸毫内,除領獲司庫銀貳百壹拾捌兩壹錢壹分柒釐,應請在於原動款内作正開銷外,尚該縣庫墊用銀伍拾柒兩捌錢伍分玖釐陸毫,亦請在於候撥兵餉款内動支飭領還墊。等語。查前項供支各款銀貳百柒拾伍兩玖錢柒分陸釐陸毫内,除領獲司庫銀貳百壹拾捌兩壹錢壹分柒釐,應準其就款開銷外,尚該縣庫墊用銀伍拾柒兩捌錢伍分玖釐陸毫,亦應如所題,準其在於司庫候撥兵餉款内照數給領清款,報部查覈。

此本係户部主稿。於咸豐叁年柒月初伍日科抄到部,當經行查理藩院及會議兵部去後。於肆年貳月拾貳日準理藩院查覆并兵部會議前來。兹於肆月拾玖日辦理具題,合并聲明。

臣等未敢擅便,謹題請旨。

批紅:依議。

爲河南道光二十四年緩徵丁耗未完數目隨本具題事

咸豐四年五月初三日

太子太保·大學士管理戶部事務祁寯藻等謹題,爲請定事。

户科抄出,前任河南巡撫陸應穀將河南省咸豐貳年應徵道光貳拾肆年緩徵地丁耗羨銀兩未完數目隨本具題一案。咸豐叁年陸月拾貳日題,捌月拾柒日奉旨:該部察核具奏。欽此。欽遵。於本日抄出到部。

該臣等查得,前任河南巡撫陸應穀疏稱:歷年未完錢糧例應將完欠動存各數隨本年奏銷,造冊具題。今屆奏銷咸豐貳年錢糧之期,據代理布政使沈兆澐將咸豐貳年緩徵貳拾肆年分丁耗錢糧完欠動存各數目,造具清冊詳送前來。臣覆查無異,除冊送部外,相應具題。等因前來。查河南省奏銷現年地丁錢糧,向據該撫將歷年未完項續完若干、仍未完若干,并動用存剩各數分晰造冊另繕題本,隨本年奏銷一并具題,查核在案。今屆咸豐貳年奏銷之期,據該撫將道光貳拾肆年緩徵地丁耗羨銀兩未完數目,造冊具題。

查冊開:舊管地丁銀壹百伍拾肆兩伍錢捌分捌釐,耗羨銀柒千貳百叁拾柒兩貳錢肆分柒釐。彰德、懷慶、陳州等府屬未完緩徵地丁銀陸萬壹千捌百玖兩貳錢捌分壹釐,耗羨銀捌千叁百貳拾壹兩壹錢壹分陸釐。開封、衛輝、懷慶、陳州等府屬未完緩徵地丁銀陸萬貳千貳百柒拾捌兩捌錢貳分,耗羨銀捌千叁百貳拾壹兩伍錢玖分柒釐。歸德、陳州、光州等府州屬未完緩徵地丁銀叁萬貳百伍拾肆兩肆錢陸分玖釐,耗羨銀肆千叁百壹兩捌錢叁分肆釐。衛輝、懷慶二府屬未完緩徵地丁銀壹萬玖百陸兩柒錢玖分叁釐,耗羨銀壹千壹百伍拾壹兩壹錢玖分柒釐。開封府屬杞縣未完緩徵地丁銀陸萬柒千肆百伍拾陸兩伍錢肆分柒釐,耗羨銀玖千壹百叁拾柒兩柒錢玖分陸釐。衛輝、懷慶、陳州等府屬未完緩徵地丁銀壹萬陸百叁拾肆兩捌錢柒釐,耗羨銀壹千柒拾捌兩伍錢貳分貳釐。開封、歸德、彰德、懷慶、陳州等府屬未完緩徵地丁銀壹拾玖萬伍千叁百玖拾貳兩伍釐,耗羨銀貳萬柒千貳百肆拾捌兩肆錢叁分陸釐。彰德、衛輝二府屬未完緩徵地丁銀貳萬肆千壹百陸拾貳兩伍錢玖分柒釐,耗羨銀叁千叁百貳拾叁兩玖錢伍分伍釐。開封府屬蘭儀縣未完緩徵地丁銀貳千叁百玖拾壹兩壹錢陸分伍釐,耗羨銀貳百陸拾叁兩貳錢捌分伍釐。彰德府屬内黄縣未完緩徵地丁銀壹千伍百玖拾貳兩伍錢陸分貳釐,耗羡銀壹百柒拾柒兩貳錢柒分捌釐。開封府屬尉氏縣未完緩徵地丁銀捌千捌百伍拾玖兩捌錢伍釐,耗羡銀壹千叁拾柒兩伍錢玖分柒釐。南陽府屬裕州未完地丁銀叁百陸兩伍錢貳分貳釐,耗羡銀肆拾伍兩玖錢玖分叁釐。歸德府屬虞城縣未完地丁銀肆千玖百叁拾捌兩陸錢貳分柒釐,耗羡銀柒百肆拾兩柒錢玖分肆釐。開封府屬尉氏縣未完地丁等銀叁千叁百肆拾柒兩貳錢壹分陸釐,耗羡銀肆百壹拾玖兩肆錢柒分柒釐。陳州府屬沈邱縣未完地丁銀貳千肆百柒拾肆兩陸錢陸分陸釐,耗羡銀叁百壹拾壹兩伍分捌釐。陳州府屬沈邱縣未完地丁銀叁百伍拾捌兩柒錢肆分陸釐。又未完地丁銀貳千陸百叁拾捌兩柒錢捌釐,耗羡銀叁百肆拾叁兩叁分叁釐。共地丁銀肆拾捌萬玖千捌百叁兩叁錢叁分陸釐,耗羡銀陸萬陸千貳百貳拾貳兩玖錢陸分捌釐。欽奉上諭查辦豁免、新收無項。開除:支給開歸道壬子年歲麻加價動用前項舊管地丁銀壹百伍拾肆兩伍錢捌分捌釐,委員候補縣丞鄭汝言領解甘省文職養廉動用耗羡銀肆拾兩陸錢貳分捌釐。實在存庫耗羡銀柒千壹百玖拾陸兩陸錢壹分玖釐。造冊具題。等語。臣部查前項舊管并應徵地丁耗羡銀兩數目相符,新收無項,開除支給開歸道壬子年歲麻加價及委官領解甘省文職養廉動支舊管地丁、耗羡共銀壹百玖拾伍兩貳錢壹分陸釐,核與咸豐貳年地丁耗羡奏銷各冊内造報開除銀數,均屬符合,應毋庸議。其實存耗羡銀兩,仍令該撫轉飭在於下年奏銷冊内舊管項下造報查核。至未完地丁耗羡銀兩,聲明欽奉上諭查辦豁免之處,應令該撫即行查明具奏,并於奏報案内,將該年民欠未完數目造冊報部,以憑核辦。

此案係應行查核該年地丁奏銷,今據該撫於咸豐肆年正月拾玖日冊造到部。兹於伍月初叁日辦理具題,合并聲明。

臣等未敢擅便,謹題請旨。

批紅:依議。

爲大興縣民人劉五應追違例地價錢文遵例豁免事

咸豐四年五月二十三日

太子太保·大學士管理户部事務祁寯藻等謹題,爲題請豁免事。

查臣部則例内載:民人典置旗地,察出地畝入官。業主、售主俱照違例律治罪,地畝價銀一并撤出入官。至應追違例典賣地價銀兩,本人物故或家産全無,實屬無可著追,該管各官確切查明,取結報部。如數在伍百兩以上,專案題請豁免,伍百兩以下,咨部年終彙題請豁。等語。歷經辦理在案。今咸豐叁年,大興縣民人劉五應追得過違例地價錢文一案,經該管各官確查取結報部,咨請豁免。臣部核與題請豁免之例相符,遵例將大興縣民人劉五應追得過違例地價京錢叁百貳拾吊,題請豁免。俟命下之日,臣部行文直隷總督,遵照銷案。

所有遵例題請豁免之處,臣等未敢擅便,謹題請旨。

批紅:依議。

爲浙江咸豐二年奏銷各屬已未完各年耗羨并收支銀數事

咸豐四年五月二十四日

太子太保・大學士管理戶部事務祁寯藻等謹題,爲請定奏銷成例以昭畫一事。

户科抄出,浙江巡撫黄宗漢題浙江省咸豐貳年分各屬已未完各年耗羨銀兩隨本奏銷一案。咸豐叁年捌月初陸日題,拾月拾伍日奉旨:該部察核具奏。欽此。欽遵。於本日抄出到部。

該臣等查得,浙江巡撫黄宗漢,將浙江省咸豐貳年分各屬已未完各年耗羨銀兩并收支數目一案,造冊具題前來。查冊開:

一、未完道光叁拾年列參耗羨銀壹萬柒千捌百玖拾貳兩陸錢叁釐,屯耗銀伍百伍拾捌兩柒錢壹分壹釐。又未完咸豐元年列參耗羨銀叁萬叁千伍百玖拾肆兩柒錢貳分貳釐,屯耗銀柒百肆兩壹錢肆分。又未完咸豐元年緩徵地耗銀柒千壹百貳拾兩玖錢伍分玖釐。又緩徵鹽課耗羨銀玖拾伍兩貳錢貳分貳釐。等語。查未完道光叁拾年并咸豐元年地丁、屯餉、耗羨及咸豐元年緩徵地耗、鹽課、耗羨共銀伍萬玖千玖百陸拾陸兩叁錢伍分柒釐,臣部核與該年奏銷案内未完數目相符,應毋庸議。

一、續完咸豐元年地耗銀壹千伍百陸拾陸兩伍錢貳分柒釐,屯耗銀叁拾肆兩貳錢。等語。查續完咸豐元年地丁、屯餉、耗羨共銀壹千陸百兩柒錢貳分柒釐,據稱造入咸豐貳年耗羨奏銷冊内報部,核對銀數相符,應毋庸議。

一、實在未完道光叁拾年列參耗羨銀壹萬柒千捌百玖拾貳兩陸錢叁釐,屯耗銀伍百伍拾捌兩柒錢壹分壹釐。又未完咸豐元年列參耗羨銀叁萬貳千貳拾捌兩壹錢玖分伍釐,屯耗銀陸百陸拾玖兩玖錢肆分。又未完咸豐元年緩徵地耗銀柒千壹百貳拾兩玖錢伍分玖釐。又緩徵鹽課耗羡銀玖拾伍兩貳錢貳分貳釐。等語。查未完道光叁拾年并咸豐元年地丁、屯餉、耗羡及咸豐元年緩徵地耗、鹽課、耗羡共銀伍萬捌千叁百陸拾伍兩陸錢叁分,應令該撫嚴飭催徵完報,毋任拖欠。

此案於咸豐叁年拾月拾伍日科抄到部。因地丁耗羡冊結未據送到,經臣部奏參嚴催,今於咸豐肆年叁月初壹日造送到部。兹於伍月貳拾肆日辦理具題,合并聲明。

臣等未敢擅便,謹題請旨。

批紅:依議。

爲四川題銷供支駐藏大臣海枚赴藏行裝馱馬等項銀兩事

咸豐四年五月二十八日

太子太保·大學士管理户部事務祁寯藻等謹題,爲詳請等事。

户科抄出,四川總督裕瑞題四川省折給駐藏大臣二等侍衛海枚赴藏行裝馱馬口糧等項銀兩一案。咸豐叁年拾壹月拾玖日題,肆年貳月貳拾肆日奉旨:該部察核具奏。欽此。欽遵。於本日抄出到部。

該臣等查得,四川總督裕瑞疏稱:四川省供應欽差進藏人員,遵照條例辦理。兹據布政使楊培詳:今欽差駐藏大臣二等侍衛海枚,應照五等供支折給本身及跟役衣服、器皿、帳房、銅鍋、馬馱、鞍轡、米羊等銀陸百肆拾陸兩壹錢壹分捌釐,在於咸豐叁年臺費銀内折給,入於該年奏銷冊内開除造報外,理合造冊詳請察核具題。等情。臣覆核無異,理合具題。等因前來。

查定例:出差西藏官員一切支應,按分九等。五等二等侍衛跟役八名。蒙古包一頂,價銀叁拾兩。青梭布夾帳房一頂,銀玖兩。鐵橛八根,每根價銀陸分。木橛六十根,每根價銀壹釐。大銅鍋一口,價銀貳兩貳錢伍分。鍋鐣一副,價銀叁錢伍分。跟役每五人給白布帳房一頂,價銀陸兩伍錢。鐵橛八根,木橛三十根,中銅鍋一口,鍋鐣一副,鐵鍬、鎚斧一套,價銀叁錢伍分。如不足五人,照定例按名折給銀兩。進藏官員跟役,每員名給馬三匹,每匹價銀捌兩。馱馬鞍屜一副,價銀陸錢。馬籠轡一副,價銀叁分。二人合給駝一隻,價銀貳拾肆兩。駝鞍屜一副,價銀捌錢。回日免其繳還。又例載:進藏官員衣服等銀,五等壹百肆拾兩,跟役每名銀伍兩。又進藏官役每員名月支羊一隻半,每隻價銀玖錢,日支米捌合叁勺,每石價銀叁兩。等語。今四川總督裕瑞題報欽差駐藏大臣二等侍衛海枚赴藏,照五等供支,例折給本身及跟役衣服、鍋帳、馬馱、鞍韁、米羊等銀陸百肆拾陸兩壹錢壹分捌釐。臣部核與例支等第銀數均屬相符,應準其在於咸豐叁年西藏臺費銀内動支,仍令該督造入該年臺費奏銷冊内題報核銷。

此案科抄於咸豐肆年貳月貳拾肆日到部。兹於伍月貳拾捌日辦理具題,合并聲明。

臣等未敢擅便,謹題請旨。

爲順天府題銷咸豐二年大興宛平五城領過孤貧錢米數目事

咸豐四年五月二十九日

太子太保·大學士管理户部事務祁寯藻等謹題,爲遵例題銷事。

户科抄出,協辦大學士吏部尚書兼管順天府府尹事務賈楨等題銷大興宛平二縣五城兵馬司咸豐貳年分領過孤貧錢米數目一案。咸豐肆年正月貳拾貳日題,叁月初肆日奉旨:該部察核具奏。欽此。欽遵。於本日抄出到部。

該臣等查得,協辦大學士吏部尚書兼管順天府府尹事務賈楨等疏稱:查得大興宛平二縣五城原額孤貧玖百陸名口,每名口每月支銀叁錢,米叁斗,每季共應支銀捌百拾伍兩肆錢,米捌百拾伍石肆斗。遇有小建,每名口扣銀壹分,米壹升。雍正肆年,經原任府尹劉於義會同原任步軍統領阿齊圖奏準,每季飭令大興宛平二縣及五城司坊官細查孤貧實在名數,造冊彙送順天府查核咨部。給發銀米,著兩縣五城司坊官親身按名散給。若有餘剩銀米,給發普濟、養濟、育嬰三堂收領。又乾隆伍拾玖年拾月内準户部知照,各衙門應支公費銀兩,業經奏明酌籌積錢案内暫行滿支錢文,每兩以壹千文核給,俟積錢支銷完竣後,再行改支銀兩。所有孤貧口糧向照公費之例支給,自應一體以錢文改支,即於是年秋季起核明錢數赴部關支。各等因在案。兹據大興宛平二縣五城兵馬司冊報,原額孤貧玖百陸名口,咸豐貳年分除扣小建外,共應支銀叁千貳百柒兩貳錢肆分,計折大制錢叁千貳百柒千貳百肆拾文,米叁千貳百柒石貳斗肆升。内四季餘剩孤貧錢叁拾柒千壹百柒拾文,米叁拾柒石壹斗柒升。又於散給時扣除病故孤貧錢壹千柒百陸拾文,米壹石柒斗陸升,實散給錢叁千壹百陸拾捌千叁百壹拾文,米叁千壹百陸拾捌石叁斗壹升,所有原報空缺并散給時扣除病故孤貧二共錢叁拾捌千玖百叁拾文,米叁拾捌石玖斗叁升,照例給發普濟堂等處收領,取有領狀,并據各該員出具并無假冒頂替、重疊冒領等弊印結,詳請題銷。等情。臣等覆核無異,除將報到各冊結揭送户部外,理合遵例具題。等因前來。

查順天府大興宛平二縣及五城共原額孤貧玖百陸名口,每名口每月支銀叁錢,米叁斗。今咸豐貳年分共領過銀折制錢叁千貳百柒千貳百肆拾文,米叁千貳百柒石貳斗肆升,扣除空缺及病故孤貧錢米外,實散給過錢叁千壹百陸拾捌千叁百壹拾文,米叁千壹百陸拾捌石叁斗壹升。臣部按冊核算,與領過錢米各數目相符,應準開銷。至原報空缺孤貧錢叁拾柒千壹百柒拾文,米叁拾柒石壹斗柒升,并散給時扣除病故孤貧錢壹千柒百陸拾文,米壹石柒斗陸升,二共錢叁拾捌千玖百叁拾文,米叁拾捌石玖斗叁升。既據聲明照例給發普濟堂等處收領,并無冒領等弊,均應準其開銷。仍令順天府府尹遵照從前原奏,每季散給孤貧錢米時,飭令大興宛平二縣五城司坊官親身按名散給,年終造具細冊并出具切實印結,送部核銷。

此案科抄於咸豐肆年叁月初肆日到部。玆於伍月貳拾玖日辦理具題,合并聲明。

臣等未敢擅便,謹題請旨。

批紅:依議。

爲直隸奏銷咸豐二年易州供應西陵員役俸餉銀米事

咸豐四年五月二十九日

太子太保·大學士管理戶部事務祁寯藻等謹題,爲聖孝獨隆千古事。

户科抄出,直隸總督桂良題銷咸豐貳年分易州供應西陵各衙門員役俸餉等項銀兩一案。咸豐叁年拾貳月初拾日題,肆年貳月初叁日奉旨:該部察覈具奏。欽此。欽遵。於本日抄出到部。隨將冊造員役俸餉銀米并餧養牛羊、豆草等項數目是否相符,行查西陵承辦事務衙門去後,今於肆年叁月初伍日查覆前來。

該臣等查得,直隸總督桂良將咸豐貳年分易州供應泰陵、泰東陵、昌陵等衙門員役俸餉銀米并採買餧養牛羊豆草以及運送車價等項銀兩造冊具題前來。查冊開：

一、官兵俸餉銀壹萬貳千玖百玖拾貳兩叁錢伍分，樹夫匠役工食銀叁千捌百陸拾肆兩，俸餉一半本色米貳萬壹千柒百捌拾柒石玖斗柒升叁合伍勺貳抄伍撮，一半折色米價銀貳萬貳千壹百捌兩貳錢叁分玖釐，豆肆千伍百陸拾陸石伍斗貳升，草貳拾叁萬貳千捌百捌拾柒束。又泰寧鎮一半本色兵米叁千貳百貳拾玖石壹斗貳升貳勺，一半折色米價銀叁千捌百柒拾伍兩肆分。永福寺一半本色粳米壹百肆拾壹石陸斗貳升伍合，一半折色米價銀壹百玖拾捌兩貳錢柒分伍釐。等語。查陵寢各官兵應支俸餉米石，前經臣部奏準，自道光貳拾貳年爲始，半本半折支給。其折色銀兩，由直隸總督籌款就近撥給，作正開銷。所有陵寢貝子、公以下暨額設禮部差役、工部匠役、内務府家口米石，以及樹户人等半折米石折價銀兩，江米每石壹兩捌錢，白米壹兩陸錢，次白米壹兩伍錢，粳稜米壹兩肆錢，粟米壹兩貳錢。嗣經臣部奏準，八旗并東陵、西陵俸甲米石半本半折内，稜米一項，自本年捌月初肆日奉旨以後，每石統以壹兩叁錢覈給。等因。行文遵照各在案。今前項支給官兵俸餉及樹夫匠役工食等項銀米并米折銀兩以及餧養牛羊豆草，據西陵承辦事務衙門查覆相符，臣部按冊覈算，并半折米價銀數亦屬符合，應準開銷。其永福寺喇嘛米石并折色銀兩，覈對該年題銷喇嘛錢糧米石數目相符，應毋庸議。至支給泰寧鎮兵米，臣部查該年兵馬奏銷冊籍未據造送，無憑查覆。應令該督速飭造報到日，再行覈銷。

一、採買豆肆千伍百陸拾陸石伍斗貳升，每石價銀叁兩陸錢柒分至叁兩柒錢柒分不等，共銀壹萬柒千玖拾陸兩壹錢壹分貳釐。草貳拾叁萬貳千捌百捌拾柒束，每束價銀貳分陸釐至貳分玖釐不等，共銀陸千肆百陸拾壹兩伍錢玖分陸釐。等語。查前項採買豆草價值銀兩，臣部按冊覈算，數目相符，應準開銷。

一、自白溝河運至易州白糧、粳稜、粟米貳萬捌千伍百捌拾貳石捌斗叁升陸合玖勺，計程壹百貳拾里，每石每百里給車價銀壹錢肆分，共銀肆千捌百壹兩玖錢壹分柒釐。又自州城運至泰陵、泰東陵、昌陵等衙門米豆貳萬陸千叁百伍拾肆石肆斗玖升叁合伍勺貳抄伍撮内，除樹夫匠役支食米陸百柒拾捌石肆斗柒升柒合不支運腳外，其餘米豆貳萬伍千陸百柒拾陸石壹升陸合伍勺貳抄伍撮，計程叁拾貳里，每石每里給車價銀壹釐肆毫，共銀壹千壹百伍拾兩貳錢捌分伍釐。又運送泰寧鎮兵米叁千貳百貳拾玖石壹斗貳升貳勺，計程叁拾貳里,每石每里給價銀壹釐肆毫,共銀壹百肆拾肆兩陸錢陸分肆釐。又運送草貳拾叁萬貳千捌百捌拾柒束,每草柒拾束用車壹輛,共用車叁千叁百貳拾柒輛,每車每百里給車價銀捌錢肆分,計程叁拾貳里,共銀捌百玖拾肆兩貳錢玖分玖釐。等語。查前項撥運白糧、粳稄、粟米自白溝河運至易州,所需車價銀肆千捌百壹兩玖錢壹分柒釐,臣部覈與該督題撥截漕車價案内銀數相符。又自州城運至泰陵、泰東陵、昌陵等衙門并泰寧鎮米豆、草束車價銀貳千壹百捌拾玖兩貳錢肆分捌釐,亦覈與陵工事宜案内奏準定例相符。臣部按冊覈算,亦屬符合,應準開銷。

一、官兵俸餉等項,共請銷銀肆萬柒千肆百伍兩貳錢貳分叁釐,題撥過司庫地糧銀叁萬貳千肆百肆兩陸錢肆分,尚計長墊銀壹萬伍千兩伍錢捌分叁釐。内已在於司庫地糧銀内撥給過銀陸千兩,實計長墊銀玖千兩伍錢捌分叁釐。又官兵以及樹夫匠役并泰寧鎮兵米暨永福寺喇嘛俸餉米石一半折色銀貳萬陸千壹百捌拾壹兩伍錢伍分肆釐,題撥過司庫地糧銀貳萬伍千壹百柒拾貳兩貳錢柒分,尚計長墊銀壹千玖兩貳錢捌分肆釐。内除動用慕陵各員役餘剩米折銀壹百肆拾肆兩玖錢陸分,實計長墊銀捌百陸拾肆兩叁錢貳分肆釐。等語。查前項題撥司庫俸餉米折并祭祀牛羊豆草價銀以及續撥長墊新收慕陵餘剩米價銀兩,臣部覈與該督題撥各原案并續撥長墊銀兩覈算數目相符,至俸餉米折長墊未領銀玖千捌百陸拾肆兩玖錢柒釐,應令該督即飭照數撥給清項,造入奏銷冊内,送部查覈。

一、舊管米叁萬貳千玖拾壹石捌斗伍升柒合壹勺貳抄伍撮。新收米貳萬柒千捌百陸拾肆石叁斗伍升壹合壹勺内,自白溝河運至易州,每石折耗米貳升,共除米伍百伍拾柒石貳斗捌升柒合,實自州城運至該處稄粟米貳萬柒千叁百柒石陸升肆合貳勺。又霸州營田糙粳代粟米貳百伍拾玖石壹斗,每石報銷耗米叁升玖合,共除米壹千柒拾伍石捌升叁勺。又收三色白米壹千貳百柒拾伍石柒斗柒升貳合捌勺,每石報銷耗米壹升玖合,共除米貳拾肆石貳斗叁升玖合陸勺。實新收米貳萬柒千柒百肆拾貳石陸斗壹升柒合壹勺。開除米叁萬壹千叁百捌拾陸石柒升叁合叁勺柒抄伍撮内,墊放粳米伍石柒斗陸升肆合肆勺壹抄。實存米貳萬捌千肆百伍拾肆石壹斗陸升伍合貳勺陸抄。等語。查前項舊管米石,臣部覈與上年題銷案内實存數目相符。新收截撥米石自白溝河運至易州稄粟米貳萬柒千捌百陸拾肆石叁斗伍升壹合壹勺,每石報銷耗米貳升,共除米伍百伍拾柒石貳斗捌升柒合,亦與該督專案題報米數符合,均毋庸議。其州城運至泰陵、泰東陵、昌陵等衙門粳稜粟米貳萬柒千伍百陸拾陸石壹斗陸升肆合貳勺,每石報銷耗米叁升玖合。又三色白米壹千貳百柒拾伍石柒斗柒升貳合捌勺,每石報銷耗米壹升玖合,共除米壹千玖拾玖石叁斗壹升玖合玖勺。查陵工事宜案内,臣部題明易州撥運漕白米石,出入盤量并遠運顛損折耗,議令粳稜粟米每石折耗米叁升玖合,其三色白米準折耗米壹升玖合,按年造入奏冊報銷。等因在案。所有折耗米石,臣部覈算數目相符。開除米石亦覈與前款并永福寺喇嘛報銷數目符合。除已歸另案題報準銷慕陵各員役俸餉米陸千貳百貳拾柒石叁斗伍升肆合陸勺伍抄外,其餘米貳萬伍千壹百伍拾捌石柒斗壹升捌合柒勺貳抄伍撮,應準開除。其實存米貳萬捌千肆百伍拾肆石壹斗陸升伍合貳勺陸抄,轉飭加謹收儲,造入下年舊管項下題報查覈。再查歷年題銷此案俸餉,向於柒捌月間具題。今該督題銷咸豐貳年俸餉銀兩,遲至叁年拾貳月始行具題,殊屬遲延。并令該督嗣後題銷俸餉銀兩,仍按年於柒月内題報查覈,毋任稽延。

此案科抄於咸豐肆年貳月初叁日到部。臣部行查西陵承辦事務衙門於叁月初伍日查覆。兹於伍月貳拾玖日辦理具題,合并聲明。

臣等未敢擅便,謹題請旨。

批紅:依議。

爲甘肅題銷咸豐二年支過緑營各官養廉銀兩事

咸豐四年六月初一日

太子太保·大學士管理户部事務祁寯藻等謹題,爲移付事。

兵科抄出,陝甘總督易棠題甘肅省咸豐貳年分武職各官支過養廉銀兩一案。咸豐叁年伍月貳拾陸日題,捌月初伍日奉旨:該部察核具奏。欽此。欽遵。抄發兵部。於捌月貳拾柒日準兵部將科抄咨送到部,隨將正署各員姓名銜缺并任卸日期是否相符,移查兵部去後,於拾貳月貳拾日準兵部查覆到部。

該臣等查得,據陝甘總督易棠,將甘肅省咸豐貳年督標并各提鎮協營正署員弁支過養廉銀兩,造冊具題請銷前來。查冊開:

一、舊管項下:銀叁千貳百玖拾陸兩玖錢陸分陸釐,等語。查前項舊管銀兩,臣部核與上年實存數目相符,應毋庸議。

一、新收項下:原估銀壹拾肆萬玖千捌百貳拾貳兩。又收咸豐貳年兵餉建曠銀内,收入武職養廉銀玖千柒百陸拾柒兩伍錢玖分。又收道光叁拾年各營長支養廉扣過減平提歸原款銀叁百柒拾柒兩柒錢玖分。等語。查前項新收原估并提收咸豐貳年兵餉建曠以及道光叁拾年各營長支養廉扣過減平提歸原款等項銀兩,臣部核與咸豐貳年兵馬奏銷及陝甘總督咨報原案并道光叁拾年奏銷案内扣過減平銀數均屬相符,應毋庸議。

一、支督標并各提鎮協營正任及兼署各員養廉銀壹拾肆萬伍千玖百捌兩柒錢貳分玖釐。移查兵部覆稱,武職正署各官姓名銜缺并任卸日期,核與陝甘總督造送兵部册載相符。等語。查督標并各提鎮協營正署各官姓名銜缺任卸日期,既據兵部查覆相符,所有前項支過養廉銀兩,臣部按册核算,與應支數目亦屬符合,應準開銷。

一、支各提鎮協營署事各官養廉銀壹萬叁千肆百貳拾壹兩陸錢陸分叁釐。等語。查各提鎮協營署事員弁任卸日期,移查兵部覆稱,與陝甘總督册報相符,所有支過養廉銀兩,臣部按册核算銀數亦屬符合,應準開銷。

一、實存銀叁千玖百叁拾叁兩玖錢伍分肆釐内,除扣過減平銀貳百叁拾伍兩柒錢叁分壹釐,於減平款内提歸武職養廉銀内統入下屆奏銷案内造報外,止該實存銀叁千陸百玖拾捌兩貳錢貳分叁釐。等語。查前項實存并扣過減平銀兩,應令陝甘總督造入下年奏銷案内報部查核。

一、册稱:甘肅省咸豐貳年武職正署各官支過養廉銀兩,應扣減平銀玖千伍百伍拾玖兩捌錢貳分柒釐,於各年減平季報册内報部。等語。查前項扣存減平銀兩,應令該督即飭造入估撥兵餉案内聲明扣抵,毋得遺漏。

此案於咸豐叁年捌月貳拾柒日,準兵部將科抄咨送到部,當經行查兵部去後,於拾貳月貳拾日準兵部查覆前來。兹於咸豐肆年陸月初壹日辦理具題,合并聲明。

臣等未敢擅便,謹題請旨。

批紅:依議。

爲廣東徵收道光二十四年曠軍羨餘等項銀米題銷事

咸豐四年六月初三日

太子太保·大學士管理戶部事務祁寯藻等謹題,爲遵旨等事。

户科抄出,廣東巡撫柏貴題廣東省道光貳拾肆年分徵收曠軍羨餘及官租銀米穀石支存各數一案。咸豐叁年拾月貳拾玖日題,肆年正月貳拾肆日奉旨:該部察核具奏。欽此。欽遵。於本日抄出到部。

該臣等查得,廣東省各屬曠軍羨餘官租米穀銀兩一案,先於雍正陸年玖月内,據前任兩廣總督孔毓珣,以粤東省原設衛所,緣當日屯丁逃亡,田地抛荒,衛所各官給發工本招民墾復,按畝輸租。除完納額糧之外,所有羨餘米穀,收作養廉,積習已久。今衛所裁并附近州縣管理,仍循舊額徵輸。但州縣自有地丁、火耗、養廉。今查出海陽等十一縣曠軍米穀錢文,自雍正伍年爲始,應請歸公悉歸常平倉以備賑糶。等因具題。又雍正捌年柒月内,前任兩廣總督郝玉麟,以粤東屯羨米穀銀兩,除解兵米盤脚及辦公等費外,其餘確查報出番禺等二十八州、縣、衛、所屯羨米穀銀錢,應請歸公。又清遠等五縣報出官租銀米應請并案造報。等因具奏。經原任大學士張廷玉等及臣部覆在案。又乾隆貳年叁月内,前任兩廣總督鄂彌達欽遵上諭,將屯糧羨餘詳加確查分晰,曠軍羨餘米穀銀兩仍照舊例歸公,其原報徵收之屯糧羨餘盡行革除,額徵屯米,照民米每石收耗壹斗陸升之例,畫一徵收。所有應支兵米脚費及監犯柴鹽等項不敷銀兩,均於耗米内支給報銷。等因具奏。經臣部覆準,亦在案。今據廣東巡撫,將道光貳拾肆年分番禺等州縣徵收曠軍羨餘及官租銀米穀石各數造冊具題前來。

據冊開,道光貳拾肆年分徵收曠軍羨餘及官租穀叁千陸拾石叁斗柒升柒合伍勺,羨餘米壹拾叁石貳斗壹升貳合肆勺,羨銀及官租共銀叁百肆拾肆兩叁分玖釐,臣部核與節年應收銀米穀石各數,均屬相符,應將支存各數開列於後。

一、支羨穀壹千壹百伍拾伍石陸斗叁升捌合玖勺,折米伍百柒拾柒石捌斗壹升玖合伍勺。又支羨銀肆拾兩玖錢肆分伍釐,折米伍拾捌石肆斗玖升貳合柒勺,動給解送兵米口糧脚費之用。等語。查前項支給解送兵米脚費銀兩穀石,共折米陸百叁拾陸石叁斗壹升貳合貳勺,核與該省一米二穀及定例每石柒錢折價之數相符。至各州縣所解兵米程站及向給細數,臣部按冊核算,亦屬符合,應準開銷。

一、支羨穀壹千陸百伍拾柒石柒斗捌升捌合陸勺,又羨米壹拾叁石貳斗壹升貳合肆勺,羨銀壹百捌拾柒兩陸錢玖分肆釐,動給囚犯柴鹽等項之用,應於囚糧案内造報。等語。查前項動給囚犯柴鹽等項銀米穀石,臣部核與該年囚犯口糧案内造報各數,均屬相符,應毋庸議。

一、實存:佛岡同知等五廳、州、縣官租穀貳百肆拾陸石玖斗伍升,官租銀壹百壹拾伍兩肆錢。等語。查前項實存官租穀石,應俟該年倉穀奉銷題報到部,歸於彼案内查核外,其實存官租銀壹百壹拾伍兩肆錢,已據該撫列入道光貳拾伍年耗羨冊報,銀數相符,應毋庸議。

此案於咸豐肆年正月貳拾肆日科抄到部。兹於陸月初叁日辦理具題,合并聲明。

臣等未敢擅便,謹題請旨。

批紅:依議。

爲倉場侍郎題報咸豐二年通濟庫收放銀兩事

咸豐四年六月初四日

太子太保・大學士管理户部事務祁寯藻等謹題,爲察覈事。

户科抄出,倉場侍郎宗室慶祺等將通濟庫咸豐貳年分收放銀兩造冊具題一案。咸豐叁年伍月貳拾柒日題,陸月初捌日奉旨:該部察覈具奏,冊并發。欽此。欽遵。於本日抄出到部。兹於拾貳月貳拾叁日,據倉場及坐糧廳將奏銷清冊咨送前來,當經臣部行查倉場侍郎去後,今於肆年叁月拾捌日查覆到部。

該臣等查得,倉場侍郎宗室慶祺等,將通濟庫咸豐貳年分收放銀兩造冊具題前來。據冊開:

一、舊管銀貳拾萬柒百伍拾叁兩肆錢壹釐叁絲玖忽玖微,新收銀肆拾萬壹千柒百壹拾叁兩玖錢柒釐壹絲肆忽捌微,管收共銀陸拾萬貳千肆百陸拾柒兩叁錢捌釐伍絲肆忽柒微。等語。查前項舊管銀兩,臣部覈與上屆實存數目相符。新收銀兩按冊覈算,亦屬符合。所有開除各數,應按款覈覆於後。

一、米折項下:放撥入倉茶果銀肆千伍百兩。又放撥入白糧蔴袋銀伍百兩。等語。查前項倉茶果及白糧蔴袋不敷支放動撥米折銀兩,俱經奏明在於米折項下動撥之處,臣部覈與奏明原案相符,應毋庸議。所有借動米折銀兩應令倉場侍郎俟來歲徵收銀兩一有餘存,即行歸款,報查部覈。

一、橋壩辦公項下:放大通橋車户領咸豐貳年挑挖朝陽門外護城河銀陸百兩。又領修理號房銀肆百捌拾貳兩貳錢柒分伍釐。等語。查祿米等拾壹倉放米制銀及大通橋車户津貼個兒錢銀,定例扣存通庫作爲排造撥船、修理號房、挑挖護城河等款之用。今前項支放挑挖護城河、修理號房銀兩,臣部覈與咨報動支之案相符,應準覈銷。

一、海運撥費項下:海運到津漕糧平米玖拾柒萬肆千貳百肆拾玖石玖升陸合叁勺,又收買應給經紀耗米壹萬肆千陸百壹拾叁石柒斗叁升陸合肆勺,二共米玖拾捌萬捌千捌百陸拾貳石捌斗叁升貳合柒勺。内除收買經紀耗米不給運費外,實應給運費漕糧正米柒拾柒萬玖千叁百玖拾玖石零,放軍糧經紀等領飯米折色每石貳分伍釐捌毫柒絲伍忽,共銀貳萬壹百陸拾陸兩玖錢肆分玖釐。又領每石貳分柒釐個兒錢銀貳萬壹千肆拾叁兩柒錢柒分叁釐。又領一半津貼銀除民船裝運不給外,實官撥船運米柒拾萬肆千捌百貳拾陸石零,每石壹分貳釐伍毫,共銀捌千捌百壹拾兩叁錢貳分伍釐。經倉場侍郎奏明,每兩減去壹錢,覈減銀捌百捌拾壹兩叁分叁釐,實給津貼銀柒千玖百貳拾玖兩貳錢玖分貳釐。又抗價挖筲照通壩抗價每石貳釐,給發共銀壹千伍百伍拾捌兩柒錢玖分捌釐。等語。查前項海運到津漕糧,由津運通支給經紀飯米、個兒錢銀、抗價挖筲以及撥船一半津貼等款銀兩,臣部覈與海運章程及奏明準給覈減之案,均屬相符,應準覈銷。

一、海運到津白糧正耗平米柒萬貳千陸石柒斗叁升,又收買應給經紀耗米壹千貳百玖拾陸石壹斗貳升壹合壹勺肆抄,二共米柒萬叁千叁百貳石捌斗伍升壹合壹勺肆抄。内除撥運薊州、易州米貳千叁百肆拾貳石壹斗捌升陸合柒勺壹抄,實撥運到壩米柒萬玖百陸拾石陸斗陸升肆合肆勺叁抄。内除收買經紀耗米不給運費外,實應給運費白糧正米陸萬玖千貳拾伍石。放白糧經紀等領海運飯米折色每石貳分伍釐捌毫柒絲伍忽,共銀壹千柒百捌拾陸兩貳分貳釐。又領每石貳分柒釐個兒錢銀,共壹千捌百陸拾叁兩陸錢柒分伍釐。又抗價挖筲照通壩,抗價每石貳釐,給發共銀壹百叁拾捌兩伍分。等語。查前項支給白糧經紀飯米折色個兒錢銀以及抗價挖筲等款銀兩,臣部覈與奏明應給之數相符,應準覈銷。

一、由閘項下:運進京倉白糧正米壹千捌百貳拾玖石零,放白糧經紀石壩外河落崖抗價每石壹釐,共給銀壹兩捌錢貳分玖釐,裏河落崖抗價每石叁釐伍毫,共銀陸兩肆錢貳釐。又脚價每石壹分捌釐,共銀叁拾貳兩玖錢貳分貳釐。又普濟等四閘,每石捌釐柒毫叁絲柒忽陸微,共銀壹拾伍兩玖錢捌分壹釐。又大通橋車户每石車價貳分捌釐,共銀伍拾壹兩貳錢壹分貳釐。又大通橋水脚每石貳釐壹毫捌絲肆忽肆微,共銀叁兩玖錢玖分伍釐。運進通倉海運白糧正米陸萬肆千玖百捌拾捌石零,土壩外河落崖抗價每石壹釐共銀陸拾肆兩玖錢捌分捌釐。裏河落崖抗價每石叁釐伍毫共銀貳百貳拾柒兩肆錢伍分捌釐。又腳價每石壹分,共銀陸百肆拾玖兩捌錢捌分。等語。查前項運進京通各倉白糧正米,臣部覈與各倉新收冊報數目均屬不符,顯係任意浮開,應令倉場侍郎即飭查明報部。所給腳抗價銀,俟查覆至日再行覈銷。

一、祿米等倉運送内務府黄老米壹萬捌千捌拾石,共給車價銀陸百叁拾貳兩捌錢,麥柒千捌百石,共給車價銀貳百柒拾叁兩。又運麥蔴袋柒千捌百條給價銀叁百玖拾兩。又麥囤席繩價銀伍拾伍兩壹錢肆釐,西、中二倉運送内務府白米叁千捌百石,共給車價銀貳百貳拾捌兩。等語。查定例:京倉運送内務府米麥,每石給車價銀叁分伍釐。通倉運送内務府米麥,每石給車價銀陸分。又運麥蔴袋每條給價銀伍分,麥囤、席繩價銀每囤襯丈席貳拾領、梅亭陸領,紮繩重拾伍兩貳錢,丈席每領銀捌分,梅亭丈席每領貳錢肆分,連繩每斤銀貳分貳釐伍毫。今前項運送内務府黄白老米、麥石車價、麥囤席繩銀兩,臣部覈與支領案内銀米數目相符,應準覈銷外,惟冊造麥石覈與支領案内數目不符,應令倉場侍郎詳查報部。其所開運麥蔴袋及車價銀兩,俟查覆至日,再行覈銷。

一、給祿米等倉鋸板工價銀陸百壹拾捌兩玖錢貳釐。又建造木斛工價銀壹百貳拾陸兩。等語。查建造木斛,每張例給工價銀柒錢。今前項支給建造木斛工價銀兩,臣部覈與請造案内支領之數相符,應準覈銷。至鋸板工價銀兩,是否與例給之數相符,應令工部查明咨覆過部,以憑覈銷。

一、給坐糧廳心紅工食銀貳百玖拾兩肆錢,西倉心紅工食銀貳百陸兩肆錢,中倉心紅工食銀壹百貳拾壹兩。又漕運通判俸工銀叁百叁拾柒兩叁錢。又通惠河河兵肆拾名,每名每月餉銀壹兩貳錢内,除小建不給外,由閘項下實給銀肆百叁拾貳兩,其餘餉銀動用茶果銀兩給發。又通濟庫庫大使俸工銀伍拾叁兩壹錢壹分貳釐。等語。查前項放給心紅工食等項銀兩,臣部按照冊開各員役覈算,均與應給之數相符,其河兵月餉不敷動支茶果銀兩,覈查數目,亦屬符合,均應準其覈銷。

一、通州所出運船貳拾隻,屯丁貳拾名,每船應領修艌銀貳拾兩玖錢柒分,共銀肆百壹拾玖兩肆錢。屯丁每名應領減半折色月糧銀叁拾捌兩肆錢,共銀柒百陸拾捌兩。又天津所出運船壹拾柒隻,每船應領修艌銀貳拾兩玖錢柒分,共銀叁百伍拾陸兩肆錢伍分。等語。查漕運全書内載:通州、天津二所出運船隻,每隻支給修艌銀貳拾兩玖錢柒分。又每丁例支月糧米玖石陸斗,半本半折,折色每石給銀捌錢。等因。查通濟庫冊造,屯丁每名應領減半折色月糧銀叁兩捌錢肆分,按貳拾名覈算,共應領銀柒拾陸兩捌錢,何以冊稱應領銀柒百陸拾捌兩,應咨倉場查明報部。今據覆稱,漕船貳拾隻運丁貳百名,每隻頭丁壹名,是以冊造貳拾名,查明咨覆前來。臣部照例覈算,均屬相符,應準覈銷。

一、輕賚項下:運進京倉米麥豆壹百伍拾肆萬柒千陸百陸拾陸石叁斗陸升叁合捌勺肆抄內,除收買經紀耗米壹萬壹千陸百玖拾石玖斗捌升玖合壹勺不給腳抗價外,實軍糧經紀運過正米麥豆壹百貳拾貳萬捌千柒百捌拾石零。每石給腳價銀壹分捌釐,共銀貳萬貳千壹百壹拾捌兩肆分。白糧經紀運送正米叁拾萬柒千壹百玖拾伍石零,每石給協撥腳價銀貳分,共銀陸千壹百肆拾叁兩玖錢。又軍白糧經紀外河落崖抗價每石叁釐,共銀肆千陸百柒兩玖錢貳分伍釐,裏河落崖抗價每石叁釐,共銀肆千陸百柒兩玖錢貳分伍釐。等語。查軍白糧經紀轉運漕糧,運進京倉,軍糧經紀每石實給腳價銀壹分捌釐,外河裏河落崖抗價實給銀壹釐,白糧經紀實給協撥價銀貳分,今前項支給腳抗價銀以及暫增之數,臣部覈與暫增貳釐之案及運過米數覈算,均與應支之數相符,應準覈銷。至所增銀兩,係扣抵經紀歷年長支,應令查照奏案,將每年扣還銀若干下短若干奏報一次,以昭覈實。

一、普濟等四閘運送米麥豆壹百伍拾肆萬柒千陸百陸拾陸石叁斗陸升叁合捌勺肆抄,每石給水腳抗價銀壹分捌毫,共銀壹萬陸千柒百壹拾肆兩柒錢玖分叁釐。又大通橋水腳抗價每石給銀貳釐柒毫,共銀肆千壹百柒拾捌兩陸錢玖分捌釐。等語。查定例:普濟等四閘抗米過閘水腳,每石給抗價銀壹分捌毫。大通橋水腳抗米落崖堆貯號房,每石給抗價銀貳釐柒毫。等因。今前項給過水腳抗價銀兩,臣部按照運送米數覈算,均屬相符,應準覈銷。

一、大通橋車户腳價,除截留該橋承買黑豆壹萬陸千石不給腳價外,實運進祿米等七倉米、麥、豆捌拾捌萬柒千陸百壹拾壹石肆斗陸升柒合伍勺,每石給腳價銀叁分肆釐,共實給銀叁萬壹百柒拾捌兩柒錢玖分。又運進太平倉正米壹拾伍萬壹千壹百壹拾貳石叁斗捌升伍合壹勺,每石腳價銀壹分伍釐玖毫,共銀貳千肆百貳兩陸錢捌分柒釐。萬安倉正米麥陸萬玖千叁百柒拾捌石陸升捌合,每石腳價銀貳分伍釐玖毫,共銀壹千柒百玖拾陸兩捌錢玖分貳釐。裕豐倉正米麥柒萬玖千貳百貳拾玖石柒斗捌升壹合貳勺,每石腳價銀貳分貳釐,共實給銀壹千柒百肆拾叁兩伍分伍釐。儲濟倉正米麥豆壹拾捌萬柒千陸百壹拾柒石貳斗伍升伍合伍勺,每石腳價銀貳分陸釐,共實給銀肆千捌百柒拾捌兩肆分玖釐。本裕倉正米陸萬陸千陸百柒拾肆石壹斗柒升肆合叁勺,每石腳價銀玖分肆釐,共實給銀陸千貳百陸拾柒兩叁錢柒分貳釐。豐益倉正米伍萬陸千肆百玖拾石捌斗陸升捌合肆勺,每石腳價銀壹錢貳分肆釐,共實給銀柒千肆兩捌錢陸分捌釐。恩豐倉正米壹萬壹千伍百伍拾貳石,每石腳價銀叁分肆釐,共給銀叁百玖拾貳兩柒錢陸分捌釐。内倉正米豆貳萬貳千石,每石腳價銀叁分肆釐,共給銀柒百肆拾捌兩。又顧長等役祿米等七倉并太平、萬安、裕豐、儲濟、内倉等五倉,每石給五成腳價銀陸釐叁毫伍絲,共實給銀捌千捌百柒拾兩陸錢貳分陸釐。本裕、豐益、恩豐三倉,每石給腳價銀壹分貳釐柒毫,共給銀壹千柒百壹拾兩玖錢陸釐。等語。查前項運進各倉米麥豆石給過腳價銀兩,臣部覈與各倉新收冊報數目,均屬相符,應準開銷。

一、暫囤太平倉米石囤費銀壹千貳百兩。等語。查前項囤費米若干,每石囤費銀若干,原冊内均未分晰聲明,臣部無憑查覈,應令倉場侍郎詳查報部,以憑覈銷。

一、運進通倉漕糧肆千石,給白糧經紀陸運腳價每石叁分肆釐,共銀壹百叁拾陸兩。給西倉雇長等役五成腳價銀陸釐叁毫伍絲,實給銀貳拾伍兩肆錢。等語。查前項運進通倉漕糧,給過腳價銀兩,臣部覈與該倉新收冊報數目不符,其因何不符之處,應令倉場侍郎查明報部。所給腳價銀兩,俟查覆至日,再行覈銷。

一、運進京倉奉天洪斛米豆貳萬壹千伍百貳拾柒石零,給軍糧經紀腳價每石貳分肆釐,共銀伍百壹拾陸兩陸錢肆分捌釐。又外河落崖抗價,每石壹釐共銀貳拾壹兩伍錢貳分柒釐,裏河落崖抗價每石壹釐,共銀貳拾壹兩伍錢貳分柒釐。又普濟等肆閘水腳抗價,每石壹分捌毫共銀貳百叁拾貳兩肆錢玖分貳釐。又大通橋水腳抗價,每石貳釐柒毫,共銀伍拾捌兩壹錢貳分叁釐。又大通橋車户運進祿米等二倉奉米柒千壹百捌拾陸石肆斗,每石給腳價銀叁分肆釐,共銀貳百肆拾肆兩叁錢叁分捌釐。運進儲濟倉米豆壹萬肆千叁百肆拾石陸斗,每石給腳價銀貳分陸釐,共銀叁百柒拾貳兩捌錢伍分陸釐。又祿米、儲濟等二倉雇長等役,每石給五成腳價銀陸釐叁毫伍絲,共銀壹百叁拾陸兩陸錢玖分柒釐。又給祿米、南新、儲濟等三倉舖墊奉米奉豆蓆折共銀壹拾捌兩貳錢玖分捌釐。等語。查前項轉運京倉奉天米豆給過各項腳價并蓆折銀兩,臣部按照轉運米豆各數覈算,均與應給之數相符,應準覈銷。

一、放軍糧經紀領咸豐貳年袋價銀叁萬肆千玖百肆拾肆兩,白糧經紀袋價銀肆千叁百陸拾捌兩。等語。查軍白糧經紀每年例製口袋壹拾捌萬條,每條例價銀貳錢壹分捌釐肆毫,應給袋價銀叁萬玖千叁百壹拾貳兩,於乾隆伍拾壹年奏明酌減經紀腳價,軍糧經紀每石扣減銀陸釐,白糧經紀每石扣減銀肆釐,留爲買布製袋之用。倘有不敷,在於輕齎項下支銷。等因。今前項支給袋價銀兩覈與應給之數相符,應毋庸議。

一、放海運漕糧、□夫、羨餘、米價、紙劄等銀叁萬壹千捌百玖拾兩捌錢貳分柒釐,係遵照道光陸年議定章程抵撥廳倉茶果外,多出銀兩即作應支經紀個兒錢飯米折色等項之用。等語。查定例:漕船每幫給運官紙劄銀貳兩。又江、廣等省按實運過壩正米,每石給□夫銀壹分。山東、河南二省不準支給。又羨餘銀兩山東、河南二省每船給銀壹兩,江南每船給銀貳兩,浙江、江西、湖廣等省,每船給銀肆兩。又,□羨銀兩按到通船隻覈給,其失風事故買補等船停其支給。又茶果銀兩,廳茶果係按船覈計,倉茶果係按米覈計,經紀個兒錢每石貳拾柒文,飯米折色每石折給銀貳分伍釐捌毫柒絲伍忽。各等因。今海運漕糧支給□羨等款銀兩撥抵應交廳倉茶果外,多出銀兩即應作支經紀個兒錢、飯米折色等項之用,是否按米按船覈給撥抵,應令倉場侍郎即飭逐款查明,專案報部,以憑覈銷。

一、放軍糧經紀咸豐貳年海運漕糧耗米折價銀叁拾柒兩陸錢叁分肆釐。據冊稱:查照道光陸年收買成案,每石按壹兩肆錢折價,儘數抵交貳拾柒年逾額掣欠銀兩。等語。查前項軍糧經紀應得耗米除扣抵掣欠外,其餘米石援案折銀抵作貳拾柒年逾額掣欠之處,臣部覈與歷辦成案及新收之數均屬相符,應毋庸議。

一、墊放本茶果銀陸千玖百陸拾貳兩玖錢伍分陸釐。等語。查前項因本款不符支放,循例借動輕齎墊放之處,臣部覈與廳茶果報銷案内動墊之數相符,應毋庸議。所有借動銀兩,應令倉場侍郎俟來歲徵收銀兩一有餘存,即行歸款,報部查覈。

一、墊放江蘇省海運經費短平銀貳千捌百伍拾捌兩捌錢叁分伍釐,等語。查前項短平銀兩,臣部覈與前次倉場呈請咨催補解之案相符,應毋庸議。其墊放銀兩,俟該省解到即行兑收,歸款報部查覈。

一、通州六州縣,額徵紅撥地糧銀壹萬肆千伍百肆拾玖兩伍錢,除山東、河南帶運兵米船壹百貳拾壹隻外，共原運并海運漕白船叁千捌百陸拾伍隻，每隻該派紅撥銀叁兩柒錢陸分肆釐。内除截留、撥運、失風、買雇、白糧等船叁百壹拾捌隻，該派紅撥銀壹千壹百玖拾陸兩玖錢伍分貳釐及餘剩銀壹兩陸錢肆分，每船分派不及壹釐，照例扣存。至實到通漕船叁千伍百肆拾柒隻，共應領紅撥銀壹萬叁千叁百伍拾兩玖錢捌釐。内除北運河舊設淺夫陸百陸拾名，每名月給工食銀壹兩貳錢，計拾貳個月内，除小建陸日不給外，實給銀玖千叁百肆拾伍兩陸錢。又標夫叁拾叁名，每名日給工食銀捌分，自叁月貳拾日糧船過關起至拾月初玖日回空出關止，除小建外，計壹百玖拾柒日，實給銀伍百貳拾兩捌分。又每名月給標桿銀伍錢，除小建外，計壹百玖拾柒日，實給銀壹百捌兩叁錢伍分。三共放銀玖千玖百柒拾肆兩叁分，實餘剩銀叁千叁百柒拾陸兩捌錢柒分捌釐，按實到通漕船分派，每船該派銀玖錢伍分貳釐，尚有尾銀壹錢叁分肆釐分散各船不及壹釐，亦應扣存。内江浙、江廣并海運等船貳千柒百壹拾貳隻，應領銀貳千伍百捌拾壹兩捌錢貳分肆釐。北運河新設淺夫貳百名，每名月給工食銀壹兩貳錢。前經倉場侍郎奏準在於南糧各幫應領紅撥銀内支給，計拾貳個月内，除小建陸日不給外，實給銀貳千捌百叁拾貳兩。除將南糧各幫應得紅撥銀兩全數給發外，尚不敷銀貳百伍拾兩壹錢柒分陸釐，在於雇募等船銀内添補給發。實扣存雇募等船銀玖百肆拾陸兩柒錢柒分陸釐。至東、豫二省到通漕船捌百叁拾伍隻，應領銀柒百玖拾肆兩玖錢貳釐，扣存通庫，俟給發後造冊報銷。等語。查紅撥地糧銀兩，除例給北運河淺標各夫工食及標竿銀兩外，餘剩銀兩按照到通船隻數目分派，東、豫二省，照數給發。其江南、浙江、江西、湖廣各幫全數扣留，作爲北運河添設刮板淺夫經費之用。統於通濟庫奏銷造報，俱於紅撥銀兩動支。惟查此項銀兩既於紅撥銀内動支，何以又於輕齎項下開銷，且新收款内并無收有紅撥銀兩，節經臣部題令倉場侍郎查明報部在案。續據查覆，紅撥銀兩向由通州等六州縣於紅撥地畝内徵收，由各州縣自行解交藩庫，由司徑解臣部。當即檢查，并無直隸總督咨報有案，隨即咨查前項銀兩何以歷年并不解部，并咨催各在案。現在尚未據查覆，應俟查覆到日，再行覈辦。其扣存豫東各幫銀兩，應領給發後造冊報銷。

一、放給東豫各幫咸豐元年到通漕船應領扣存紅撥銀伍百柒拾貳兩柒錢貳分壹釐。等語。查前項扣存東豫各幫應領紅撥銀兩，既據冊稱已於咸豐貳年照數放給，臣部覈與元年奏銷案内造報扣存之數相符，應毋庸議。

一、給各幫□羨、紙箚共銀玖千肆百叁拾兩肆錢肆分柒釐。等語。查定例:漕船各幫給運官紙箚銀貳兩。又江廣等省按實在起運過壩正米,每石給□夫銀壹分,山東河南二省不準支給。又羨餘銀兩,山東河南二省每船給銀壹兩,江南省每船給銀貳兩,浙江、江西、湖廣三省,每船給銀肆兩。又,□羨銀兩,按到通船隻覈給,其失風事故、買雇等船停其支給。山東省自備各船照漕船支給。等因。臣部按冊覈算,均與例給之數相符,應毋庸議。

一、收買餘米麥豆共貳萬柒千玖百陸拾柒石捌升捌合貳勺內,粟米麥豆壹萬貳千柒百陸拾肆石肆斗捌升捌合陸勺,稜米壹萬肆千肆百捌拾柒石捌斗叁升伍合柒勺,粳米柒百壹拾肆石柒斗陸升叁合玖勺,共給價銀壹萬伍千伍百柒拾伍兩貳錢捌分。等語。查定例:旗丁交剩叁升捌合餘米,給與價值,在於茶果銀內動支。如茶果不敷,準其動用輕齎銀兩給發。等因。今前項收買餘米給過價值,臣部按照粳米柒錢、稜米陸錢、粟米麥豆伍錢例價分別覈算,數目相符,應準覈銷。

一、實存銀貳拾捌萬捌千柒百肆拾兩玖釐伍絲肆忽柒微內,有扣存東豫各幫咸豐貳年餘剩紅撥銀柒百玖拾肆兩玖錢貳分,俟給發後造冊報銷。等語。查前項實存銀兩,臣部覈與應存數目相符,除東豫各幫應領紅撥銀兩外,其餘銀兩,應令倉場侍郎即飭坐糧廳,委員解部交納。

此案科抄於咸豐叁年陸月初捌日到部。拾貳月貳拾叁日據坐糧廳呈送清冊前來,當經行查倉場侍郎去後。今於肆年叁月拾捌日查覆到部。玆於陸月初肆日辦理具題,合并聲明。

臣等未敢擅便,謹題請旨。

批紅:依議。

爲山西題銷咸豐二年豐鎮廳徵收承安莊頭退出官地租銀事

咸豐四年六月初四日

太子太保·大學士管理戶部事務祁寯藻等謹題,爲咨行事。

户科抄出,山西巡撫恒春題豐鎮廳經徵咸豐貳年分新平口外承安莊頭退出入官地租銀兩已未完數目一案。咸豐叁年拾月貳拾伍日題,拾貳月拾肆日奉旨:該部察核具奏。欽此。欽遵。於本日抄出到部。

該臣等查得,出西巡撫恒春疏稱:豐鎮廳經徵新平口外承安莊頭退出入官地畝正耗等銀起解支用數目,例應按年造冊題銷。兹據豐鎮廳冊造:咸豐貳年分額徵承安名下莊頭退出招民認種共地二千五百六十四頃二十一畝八分,每畝徵銀壹分肆釐,共徵銀叁千伍百玖兩玖錢伍釐。每頃攤徵莊頭原交差銀壹錢陸分零,共攤徵差銀肆百壹拾柒兩,正差共徵銀肆千陸兩玖錢伍釐。除攤徵差銀例不徵耗外,每兩隨徵耗銀伍分,共徵耗銀壹百柒拾玖兩肆錢玖分伍釐。今僅徵正銀貳千捌百玖拾玖兩玖錢陸分,耗銀壹百肆拾肆兩玖錢玖分捌釐,差銀叁百叁拾陸兩捌錢伍分陸釐。耗銀内除傾銷起解支用銀柒拾伍兩捌分,餘剩耗銀解交綏遠城將軍衙門正銀貳千捌百玖拾玖兩玖錢陸分,耗銀陸拾玖兩玖錢壹分捌釐,差銀叁百叁拾陸兩捌錢伍分陸釐,尚有民欠正銀陸百捌拾玖兩玖錢肆分伍釐,耗銀叁拾肆兩肆錢玖分柒釐,差銀捌拾兩壹錢肆分肆釐,分晰造冊,由府核轉前來。覆查正項差耗并已未完支銷餘剩各數目,均屬相符,造具清冊呈詳前來。臣覆核無異,除冊送部外,相應具題。等因前來。

查先據内務府議奏,新平口外承安入官地二千四百九十八頃八十五畝零,莊頭養身地五頃。又多丈出地六十頃三十六畝,交與前任綏遠將軍永焜會同山西巡撫委員確丈,按旗地例徵租報部。續據該撫題,援照乾隆叁拾肆年助馬口外莊頭之例,每畝徵銀壹分肆釐,仍按民地之例每兩隨徵耗銀伍分。至各莊頭應交差銀,每畝攤徵銀壹釐陸毫零,共攤徵銀肆百壹拾柒兩,隨同正銀并餘剩銀,一并解交綏遠城將軍衙門充餉。經臣部覆準在案。今據該撫疏稱:咸豐貳年額徵租銀叁千伍百玖兩玖錢伍釐,又攤徵差銀肆百壹拾柒兩,共徵正差銀肆千陸兩玖錢伍釐。除差銀例不加耗外,每兩隨徵耗銀伍分,共徵耗銀壹百柒拾玖兩肆錢玖分伍釐。今該廳僅徵正銀貳千捌百玖拾玖兩錢陸分,每兩隨徵耗銀壹百肆拾肆兩玖錢玖分捌釐,差銀叁百叁拾陸兩捌錢伍分陸釐内,除傾銷起解支用耗銀柒拾伍兩捌分,餘剩耗銀陸拾玖兩玖錢壹分捌釐。正差并餘剩耗共銀叁千叁百陸兩柒錢叁分肆釐,一并解綏遠城將軍衙門充餉。等語。查前項徵解正差耗銀兩,臣部按冊核算,數目相符,其支銷銀兩核與章程案内應支銀數亦屬符合,應準開銷。所有正差耗共銀叁千叁百陸兩柒錢叁分肆釐,據稱解交綏遠城將軍衙門充餉,應令山西巡撫綏遠城將軍轉飭照數收存。俟有動用,造入兵馬奏銷冊内,報部查核。至疏稱尚有未完正銀陸百捌拾玖兩玖錢肆分伍釐,耗銀叁拾肆兩肆錢玖分柒釐,差銀捌拾兩壹錢肆分肆釐。等語。臣部查此項地租,係列入兵餉,與正賦事同一律。應令該撫嚴飭該廳趕緊徵解,毋得任其再延,致干參處。

此案於咸豐叁年拾貳月拾肆日科抄到部。兹於肆年陸月初肆日辦理具題,合并聲明。

臣等未敢擅便,謹題請旨。

批紅:依議。

爲長蘆咸豐二年竈課錢糧完欠動支數目事

咸豐四年六月初六日

户部等部,太子太保·大學士管理户部事務祁寯藻等謹題,爲遵旨察核具奏事。

户科抄出,長蘆鹽政文謙題咸豐貳年竈課錢糧一案。咸豐叁年陸月拾玖日題,捌月貳拾陸日奉旨:該部察核具奏。欽此。欽遵。於本日抄出到部。

該臣等會議得,長蘆鹽政文謙將咸豐貳年竈課錢糧逐一盤查,造具冊結,具題前來。臣等謹照冊開管收除在逐一核算,開列於後。

一、冊開:舊管銀捌千玖百肆拾玖兩捌錢叁分肆釐。查前項舊管銀兩,核與咸豐貳年竈課奏銷案内造報銀數相符,應毋庸議。

一、冊開:新收銀捌千玖百叁拾陸兩伍錢叁分陸釐。查長蘆應徵竈課銀玖千柒百肆兩叁錢叁分陸釐,據冊稱,天津、寶坻、慶雲、寧津、衡水、樂亭、越支等縣場徵存未解銀柒百陸拾柒兩捌錢,今完收銀捌千玖百叁拾陸兩伍錢叁分陸釐,按冊核算,數目相符。其天津等縣未完銀兩嗣於柒月貳拾陸日據該鹽政呈報,寶坻、寧津、衡水、樂亭共完解銀肆百肆兩貳錢壹分伍釐,天津、慶雲、衡水、越支等縣場尚短解銀叁百陸拾叁兩伍錢捌分伍釐。應令該鹽政嚴飭該縣場將前項短解銀兩迅即完解,專案報部,毋再延宕。

一、冊開:開除銀壹萬壹千捌拾玖兩伍錢伍分玖釐。查前項開除銀兩内,支發青磚鹽斤工價銀壹百肆拾肆兩捌錢貳分伍釐。又支運司等官俸工銀壹千伍百玖拾壹兩貳錢,均係年額應支之項,應準開銷。又差官傅培楨解盛京户部銀捌千玖百肆拾玖兩捌錢叁分肆釐。又差官傅培林解淮安糧臺總局銀肆百叁兩柒錢。核與題報起解銀款相符,均毋庸議。

一、冊開:實存銀陸千柒百玖拾陸兩捌錢壹分壹釐。查前項實存銀兩,已於本年柒月初肆等日據該鹽政委員解交部庫,業經臣部照數查收在案,應毋庸議。又疏稱催徵全完之濟民場大使蔡傅謹等二員,俱係一官催徵全完,并無本年未完之項,與議叙之例相符,聽候部議。等語。吏部查,定例:各省經徵鹽課各官,能於奏銷前一官徵收全完者,照地丁錢糧例議叙。又定例:州縣官經徵一應起運本年有分數錢糧三百兩以上不及一萬兩,於奏銷前全完者,紀録一次。等語。應將經徵咸豐貳年分竈課錢糧三百兩以上不及一萬兩於奏銷前全完之濟民場大使蔡傅謹、歸化場大使徐述溶均照例準其紀録一次。

一、册開:煎辦内務府鹽拾玖萬玖千壹百肆拾玖斤拾兩叁錢捌分玖釐,除解内務府鹽柒萬斤應咨内務府查核,其餘剩鹽拾貳萬玖千壹百肆拾玖斤拾兩叁錢捌分玖釐,據稱俟各場并各州縣解到,照例變價造報。應令催解變價,入於奏銷册内報部查核。

此本係户部主稿。於咸豐叁年捌月貳拾陸日科抄到部,拾壹月貳拾貳日會吏部,肆年肆月初肆日吏部議結送回。玆於陸月初陸日辦理具題,合并聲明。

臣等未敢擅便,謹題請旨。

批紅:依議。

爲奏銷咸豐元年淮安倉徵收商税錢糧事

咸豐四年六月初六日

太子太保·大學士管理戶部事務祁寯藻等謹題,爲酌定題銷事。

户科抄出,淮安關監督福瑞題淮安倉徵收咸豐元年商税錢糧一案。咸豐叁年拾貳月初伍日題,肆年叁月初貳日奉旨:該部察覈具奏,册并發。欽此。欽遵。於本日抄出到部。

該臣等查得,淮安關監督福瑞,將前任監督全福自道光叁拾年陸月拾貳日起至咸豐元年叁月貳拾肆日卸事止,計玖個月拾叁日,又前任監督雙明自咸豐元年叁月貳拾伍日到任接徵起至陸月拾壹日,計貳個月拾柒日,兩任合徵壹年淮安倉商税銀兩數目,造册具題前來。據册開:徵收商税正額銀肆千陸百捌拾肆兩壹錢肆分,又收盈餘銀捌千叁百貳拾捌兩肆錢陸分肆釐,又收撥歸四税銀貳萬伍千兩,税契銀壹千貳百陸兩柒錢叁分壹釐,共銀叁萬玖千貳百拾玖兩叁錢叁分伍釐。除盈餘銀兩應於盈餘考覈案内查覈外,其餘額徵銀兩覈與應徵數目相符。所有支給款項開列於後。

一、給河工動撥四税銀伍千柒百捌拾壹兩壹錢肆分肆釐。等語。查前項解發河工銀兩,應令江南河道總督將收過數目是否相符,報部查覈。

一、給發淮安府巡防官兵俸工四税銀壹千貳百拾陸兩壹錢陸分柒釐。等語。查前項給發淮安府官兵俸工銀兩,應令漕運總督造冊具題查覈。

一、給淮安、大河二衛門軍口糧動撥商税銀柒百拾貳兩捌錢。等語。查前項給過門軍口糧銀兩係照例應給之項,應準開銷。

一、實存正銀貳萬叁千壹百捌拾兩柒錢陸分。又盈餘銀捌千叁百貳拾捌兩肆錢陸分肆釐,全數撥解河庫豫購歲料工需應用。等語。查前項撥解河庫豫購歲料銀兩,應令江南河道總督將收過銀兩是否相符,即行報部查覈。

此案科抄於咸豐肆年叁月初貳日到部。玆於陸月初陸日辦理具題,合并聲明。

臣等未敢擅便,謹題請旨。

批紅:依議。

爲雲南奏銷咸豐二年各屬徵收商税等項銀兩事

咸豐四年六月初八日

太子太保·大學士管理户部事務祁寯藻等謹題,爲奏銷等事。

户科抄出,雲南巡撫吳振棫題滇省咸豐貳年分各屬徵收商税等項銀兩造冊題銷一案。咸豐叁年陸月貳拾玖日題,拾貳月初壹日奉旨:該部察核具奏。欽此。欽遵。於本日抄出到部。

該臣等查得,雲南巡撫吳振棫疏稱:滇省各屬額徵商牲税餘銀兩,例應按年造冊具題。玆據雲南布政使史致蕃詳稱:查滇省咸豐貳年分雲南等府、廳、州、縣提舉等官,額該抽收商税課、程門攤牲税銀壹萬伍千叁百貳拾肆兩玖錢壹分肆釐。又雲南曲靖、大理、永昌、楚雄、思茅、元江等府、廳、州抽收商税、税規、歸公共銀壹萬貳千兩。又雲南、曲靖、大理、永昌、楚雄、廣南、元江、思茅、羅平、昆明等府、廳、州、縣,抽收税餘銀貳萬柒千玖百玖拾伍兩伍錢壹分。又安平同知抽收馬白商税銀壹千壹百玖拾陸兩叁錢肆分叁釐。又廣南府抽收剝隘商税銀貳百伍拾伍兩貳錢貳分。又鎮雄州行銷川鹽抽收税銀,撥抵黔省畢節縣不敷税羡,咸豐貳年分抽收銀壹千伍百貳拾兩壹錢壹分。以上通共實應抽收商牲税課、税規、税餘共銀伍萬捌千貳百玖拾貳兩玖分柒釐,俱經徵解全完。除將經徵數目彙入地丁項下開造外,理合分晰造具清冊,詳請查核會題。又各屬抽收税銀,咸豐貳年分除定額外,儘抽儘解盈餘銀壹千伍百陸拾陸兩柒錢玖釐,俱據完解司庫,兑收清楚,附入冊尾收造,并非常額。其各府、廳、州、縣抽收商牲税課銀兩,親填底簿,前於道光貳年題銷案内聲請,自道光叁年起毋庸隨案送部,咨準在案。合并聲明。等情。臣覆核無異,除冊分送部科查核外,謹會同前任雲貴總督調任閩浙總督臣吳文鎔合疏具題。等因前來。

查定例:雲南省各屬額徵商牲税課、税規、歸公税餘及盈餘儘收儘解等項銀兩,按年造冊題銷。等因。又鎮雄州行銷川鹽抽收鹽税銀兩,隨同額徵造報,歷經辦理在案。今據雲南巡撫吳振棫疏稱:滇省咸豐貳年分雲南等府、廳、州、縣提舉等官,額徵商税等項共銀伍萬捌千貳百玖拾貳兩玖分柒釐,俱經徵解全完,彙入地丁項下開造外,并聲明各屬抽收税銀除定額外,儘收儘解盈餘銀壹千伍百陸拾陸兩柒錢玖釐,俱據完解司庫,兑收清楚,附入冊尾收造。又各府、廳、州、縣抽收商牲税課銀兩,親填底簿,前於題銷案内聲請自道光叁年起毋庸隨案送部,奏準免送在案。等語。查前項額徵商牲税課等項銀兩,臣部核與咸豐貳年地丁奏銷冊内收造銀數相符,其額外儘收儘解盈餘銀壹千伍百陸拾陸兩柒錢玖釐,既據完解司庫,查與貳年地丁奏銷冊内收造銀數亦屬符合。至各商親填底簿聲請毋庸造送,前經臣部覆準,免其造送在案,應毋庸議。

此案於咸豐叁年拾貳月初壹日科抄到部。茲於肆年陸月初捌日辦理具題,合并聲明。

臣等未敢擅便,謹題請旨。

批紅:依議。

爲山西徵收咸豐二年禮親王牧廠地租并動存各數奏銷事

咸豐四年六月初十日

太子太保·大學士管理戶部事務祁寯藻等謹題,爲奏銷事。

戶科抄出,山西巡撫恒春題鹹豐貳年分豐鎮廳經徵禮親王牧廠地租并隨徵耗銀支銷存剩各數解充兵餉一案。鹹豐三年拾月貳拾伍日題,肆年貳月初三日奉旨:該部察核具奏。欽此。欽遵。於本日抄出到部。

該臣等查得,山西巡撫恒春疏稱:豐鎮廳經徵禮親王牧廠并續墾牧地正耗銀兩支銷餘剩數目,例應按年造冊題銷。兹據豐鎮廳冊造鹹豐貳年分額徵禮親王牧廠地壹千三百三拾貳頃三拾玖畝,每畝徵銀壹分肆釐,共徵正銀壹千捌百陸拾伍兩三錢肆分陸釐。每兩隨徵耗銀伍分,共徵耗銀玖拾三兩貳錢陸分柒釐。又續墾禮親王白塔溝空閑牧地伍拾貳頃伍拾陸畝柒分,每畝徵銀壹分肆釐,共徵正銀柒拾三兩伍錢玖分肆釐。每兩隨徵耗銀伍分,共徵耗銀三兩陸錢捌分。統共應徵正銀壹千玖百三拾捌兩玖錢肆分,耗銀玖拾陸兩玖錢肆分柒釐。今徵收正銀壹千三百伍拾玖兩三錢伍分捌釐,隨徵耗銀陸拾柒兩玖錢陸分捌釐,内除傾銷起解支用銀三拾壹兩捌錢壹分,解司節省腳費銀貳兩陸錢外,餘剩耗銀三拾三兩伍錢伍分捌釐,已據該廳隨同正銀批解綏遠城將軍衙門訖。尚有民欠未完正銀伍百柒拾玖兩伍錢捌分貳釐,耗銀貳拾捌兩玖錢柒分玖釐,容俟徵齊支解清楚,再行請銷。等情。造冊由府核轉到司,覆查已未完解支用并節省腳費各數目,均屬相符。除將解到節省腳費銀貳兩陸錢收儲司庫,造入鹹豐三年春撥冊内請撥外,取具清冊呈詳前來。臣覆核無異,除冊送部外,相應具題,等因前來。

查先據山西巡撫勒保題報,查丈和碩禮親王牧廠地壹千三百三拾貳頃三拾玖畝,照公恒祿等家已墾牧地之例,每畝徵銀壹分肆釐,每正銀壹兩隨徵耗銀伍分,按年徵解藩庫報撥。等因。又續據山西巡撫阿勒清阿題報,和碩禮親王府開墾豐鎮廳屬白塔溝餘剩空閒馬廠地伍拾貳頃伍拾陸畝柒分,照舊地之例徵租,按年徵解司庫報撥。嗣於道光拾柒年,據山西巡撫查明清水河廳遺糧無著米折銀陸千玖百陸拾玖兩零,題請照數豁除所缺兵糈,擬請在於禮親王等家地租銀内撥補,俱經臣部題準。各在案。今據該撫疏稱:豐鎮廳應徵鹹豐貳年分禮親王牧廠并續墾地租正銀壹千玖百三拾捌兩玖錢肆分,每兩隨徵耗銀伍分,共徵耗銀玖拾陸兩玖錢肆分陸釐。今該廳僅徵正銀壹千三百伍拾玖兩三錢伍分捌釐,耗銀陸拾柒兩玖錢陸分捌釐。内除傾銷起解支用銀三拾壹兩捌錢壹分,節省腳費銀貳兩陸錢,餘剩耗銀三拾三兩伍錢伍分捌釐,隨同正銀一併批解綏遠城將軍衙門。等語。臣部按冊核算,該廳額徵正耗地租與應徵銀數相符,所有徵解正耗銀壹千三百玖拾貳兩玖錢壹分陸釐,核與題準撥補原案相符。應令山西巡撫、綏遠城將軍造入兵馬奏銷冊内,題報查核。其傾銷起解支用耗銀三拾壹兩捌錢壹分,核與章程案内應給銀數亦屬符合,應準開銷。至節省腳費銀貳兩陸錢,據稱造入鹹豐三年春撥冊内請撥。

等語。臣部核對該季冊内收造銀數相符,應毋庸議。至疏稱該廳尚未完鹹豐貳年分正銀伍百柒拾玖兩伍錢捌分貳釐,耗銀貳拾捌兩玖錢柒分玖釐,并令嚴飭該廳迅速催徵全完,報部查核,毋任延緩。

此案於鹹豐肆年貳月初三日科抄到部。兹於陸月初拾日辦理具題,合併聲明。

臣等未敢擅便,謹題請旨。

批紅:依議。

爲江蘇額辦添辦道光二十九年紅飛金用過價脚銀兩奏銷事

咸豐四年六月十一日

太子太保·大學士管理户部事務祁寯藻等謹題,爲請銷事。

户科抄出,江蘇巡撫許乃釗題江蘇省道光貳拾玖年額添辦紅飛金用過價脚銀兩報銷一案。咸豐叁年拾月拾玖日題,拾貳月拾叁日奉旨:該部察核具奏。欽此。欽遵。抄出到部。

該臣等查得,江蘇巡撫許乃釗疏稱:江蘇省道光貳拾玖年分應辦原額添辦改辦紅飛金,先經飭行呉縣照辦齊全,委員解部在案。今據蘇州布政使倪良燿詳稱:辦解道光貳拾玖年分額辦添辦紅飛金陸百塊,計重貳百伍拾捌兩柒錢叁分貳釐,按照歷届準銷折實庫平紋銀壹拾伍換連風飛折耗計,該價銀肆千壹百壹拾叁兩捌錢叁分捌釐,匠工、紙張、飯食等銀貳千陸百柒拾兩捌錢玖分。照例應給水脚銀伍拾壹兩柒錢肆分陸釐,共該價工水脚等銀陸千捌百叁拾陸兩肆錢柒分肆釐。又添辦紅飛金陸百塊,計重貳百伍拾捌兩柒錢叁分貳釐,按照歷届準銷折實庫平紋銀壹拾伍換連風飛折耗計該價銀肆千壹百壹拾叁兩捌錢叁分捌釐,匠工、紙張、飯食等銀貳千陸百柒拾兩捌錢玖分,照例應給水脚銀伍拾壹兩柒錢肆分陸釐,共該價工水脚等銀陸千捌百叁拾陸兩肆錢柒分肆釐。又續添辦紅飛金捌百塊,計重叁百肆拾肆兩玖錢柒分陸釐,按照歷届準銷折實庫平紋銀壹拾伍換連風飛折耗計該價銀伍千肆百捌拾伍兩壹錢壹分捌釐,匠工、紙張、飯食等銀叁千伍百陸拾壹兩壹錢捌分柒釐,照例應給水脚銀陸拾捌兩玖錢玖分陸釐,共該價工水脚等銀玖千壹百壹拾伍兩叁錢壹釐。又改辦紅飛金壹千貳百塊,計重伍百壹拾柒兩肆錢陸分肆釐,按照歷届準銷折實庫平紋銀壹拾伍換連風飛折耗計價銀捌千貳百貳拾柒兩陸錢柒分陸釐,匠工、紙張、飯食等銀伍千叁百肆拾壹兩柒錢捌分,應給水脚銀壹百叁兩肆錢玖分貳釐,共該價工水脚等銀壹萬叁千陸百柒拾貳兩玖錢肆分捌釐,照例動支司庫道光貳拾捌年地丁銀兩給辦,造具報銷冊結,詳送具題前來。

查江蘇省道光貳拾玖年,額添改辦紅飛金叁千貳百塊計重壹千叁百柒拾玖兩玖錢肆釐,每金壹兩,價銀拾伍兩,折耗金陸分,用銀玖錢,計該價銀貳萬壹千玖百肆拾兩肆錢柒分。又每兩用匠工、紙張、飯食、炭火等銀拾兩叁錢貳分叁釐,計玖叁折實庫平紋銀壹萬肆千貳百肆拾肆兩柒錢肆分柒釐。又,每金壹千兩給水脚銀貳百兩共計給銀貳百柒拾伍兩玖錢捌分,共該金價工費水脚等銀叁萬陸千肆百陸拾壹兩壹錢玖分柒釐,核對道光貳拾捌年地丁奏銷案內動支銀數,均屬相符,應準開銷。惟查此項用過價脚銀兩,原應照例次年依限造冊報銷,迄今已逾三載之久,始據造報題銷,殊屬玩泄。應將造報遲延二年以上之承辦員名,開列移咨吏部,照例核議。

再,此案科抄於咸豐叁年拾貳月拾叁日到部。兹於肆年陸月拾壹日辦理具題,合并聲明。

臣等未敢擅便,謹題請旨。

批紅:依議。

爲雲貴總督到任盤查雲南司道各庫實存各款銀兩事

咸豐四年六月十三日

太子太保·大學士管理户部事務祁寯藻等謹題,爲盤查等事。

户科抄出,雲貴總督羅繞典題到任盤查司道各庫實存正雜各款銀兩并無虧缺等弊一案。咸豐叁年玖月初捌日題,拾壹月貳拾玖日奉旨:該部察核具奏。欽此。欽遵。於本日抄出到部。

該臣等查得,雲貴總督羅繞典疏稱:竊照司道庫儲銀兩,督撫到任例應盤查具題。等因。兹臣欽奉恩命補授雲貴總督,於咸豐叁年柒月拾伍日到任,所有司道庫儲銀兩例應盤查。行據雲南布政使史致蕃、糧儲道崔光笏、署鹽法道桑春榮,各將庫儲銀兩按款造冊,呈送前來。臣會同撫臣吳振棫親赴該司道庫逐一盤查。布政司庫截至咸豐叁年柒月貳拾叁日止,應存正雜各款銀壹百肆拾肆萬壹千柒百貳拾玖兩捌錢叁分捌釐內,除銅庫工本運脚借放銀捌拾伍萬叁千玖拾柒兩壹錢捌分捌釐,又除奏平不敷奏明借放院司養廉銀壹萬柒百柒拾兩肆分玖釐,又除咸豐叁年兵餉借放銀叁拾萬兩,實存庫銀貳拾柒萬柒千捌百陸拾貳兩陸錢壹釐。又另存封儲急需銀柒百貳拾兩,籌邊備儲銀柒千兩。三共合銀貳拾捌萬伍千伍百捌拾貳兩陸錢壹釐。又銅庫實存銀貳萬玖千壹百壹拾柒兩捌錢肆分壹釐,以上共實存銀叁拾壹萬肆千柒百兩肆錢肆分貳釐。又糧儲道庫截至咸豐叁年柒月拾捌日止,實存糧務各款銀伍萬玖千捌百伍拾伍兩肆錢貳分。鹽法道庫截至咸豐叁年柒月貳拾日止,實存各井新舊課款銀伍萬肆百伍拾柒兩陸錢貳釐柒毫。俱係實儲在庫,并無那移虧缺情弊。所有盤查無虧緣由,謹會同雲南巡撫臣吳振棫合詞恭疏具題。等因前來。

查定例:督撫到任,例應親赴司道庫逐一盤查,將實存錢糧有無挪移虧缺情事核實具題。等因。今據雲貴總督羅繞曲疏稱:親赴司道庫逐一盤查。布政使庫截至咸豐叁年柒月貳拾叁日止,應存正雜各款銀壹百肆拾肆萬壹千柒百貳拾玖兩捌錢叁分捌釐內,除銅庫工本運腳借放銀捌拾伍萬叁千玖拾柒兩壹錢捌分捌釐,又除奏平不敷奏明借放院司養廉銀壹萬柒百柒拾兩肆分玖釐,又除咸豐叁年兵餉借放銀叁拾萬兩,實存庫銀貳拾柒萬柒千捌百陸拾貳兩陸錢壹釐。又另存封儲急需銀柒百貳拾兩。籌邊備儲銀柒千兩。又銅庫實存銀貳萬玖千壹百壹拾柒兩捌錢肆分壹釐。又糧儲道庫截至咸豐叁年柒月拾捌日止,實存糧務各款銀伍萬玖千捌百伍拾伍兩肆錢貳分。鹽法道庫截至咸豐叁年柒月貳拾日止,實存各井新舊課款銀伍萬肆百伍拾柒兩陸錢貳釐柒毫。俱係實儲在庫,并無虧缺。等語。查雲貴總督羅繞典到任盤查司道庫儲銀兩,既據疏稱親往盤查,俱係實存,并無虧缺,應毋庸議。至司庫項下借放工本運腳銀捌拾伍萬叁千玖拾柒兩壹錢捌分捌釐,應令該督撫查照臣部奏案辦理。至奏平不敷借放司院養廉銀壹萬柒百柒拾兩肆分玖釐,并令該督撫遵照奏案,分限撥還歸款,報部查核。其咸豐叁年兵餉借放銀叁拾萬兩,并令一俟兵餉解到,即行撥還歸款,報部查核,毋任遲延。

此案於咸豐叁年拾壹月貳拾玖日科抄到部。玆於肆年陸月拾叁日辦理具題,合并聲明。

臣等未敢擅便,謹題請旨。

批紅:依議。

爲浙江咸豐二年耗羡銀兩不敷支用題請協撥事

咸豐四年六月十三日

太子太保·大學士管理戶部事務祁寯藻等謹題,爲遵旨議奏事。

户科抄出,浙江巡撫黄宗漢題浙江省咸豐貳年分耗羡銀兩不敷支用,請將咸豐貳年司庫平餘及零户米折并咸豐元年貳年文職截廉叁年秋撥各款銀兩協撥聽用一案。咸豐叁年捌月初陸日題拾月拾柒日奉旨:該部議奏,欽此。欽遵。於本日抄出到部。

該臣等查得,浙江巡撫黄宗漢疏稱:乾隆肆拾貳年貳月内奉文停劃恩賞備公一款,所有年額應支學政、糧道、杭嘉湖道養廉心紅、各屬常雩祭品架木部價、囚棉衣藥、各營硝磺配舡工價、藥械戰船工價、乍浦營雜費、教習養贍、提塘兵丁米折工食、撫卹難番等款銀兩,統歸耗羨項下支銷,以致額收不敷動用案,於乾隆伍拾貳年至咸豐貳年共四十六次經歷任撫臣先後題咨,協撥本省雜款及司庫平餘文職截曠、養廉等銀歸入耗羡項下動用,造册報銷在案。兹據署布政使事按察使黄樂之詳稱:咸豐貳年耗羡自應照例協撥,請將咸豐貳年司庫平餘銀玖百陸拾陸兩陸錢玖分,又零户米折銀壹百貳拾肆兩捌錢,又咸豐元年文職截廉銀壹萬叁千貳百玖拾肆兩叁錢陸分壹釐,又咸豐貳年文職截廉銀壹萬陸千貳百壹拾叁兩捌錢貳分肆釐,又咸豐叁年秋撥銀玖萬兩,共銀壹拾貳萬伍百玖拾玖兩陸錢柒分伍釐,一并收歸咸豐貳年耗羨新收項下備用。仍於奏銷案内造具四柱清册,咨部核銷。理合詳請查核具題。等情。臣覆核無異,理合具題。等因前來。

查浙江省耗羡銀兩於雍正陸年因耗羡不敷支用,經臣部奏明欽奉恩旨,每年於地丁項下劃給銀壹拾萬兩備用。該省耗羡積有叁拾餘萬兩,足敷數年之需,請將備公銀壹拾萬兩停其於地丁銀内劃給。俟數年之後,漸次用完,仍須協濟之處,該省題報到日,臣部於耗羡有餘省分籌酌協撥。等因。乾隆肆拾貳年貳月貳拾日奏,本日奉旨:依議。欽此。欽遵。行文該撫遵照在案。嗣於乾隆伍拾貳年、伍拾捌年、嘉慶捌年、拾伍年至貳拾貳年及貳拾肆年、貳拾伍年、道光元年起至叁拾年及咸豐元年止,均據該撫題報,因該省耗羡銀兩不敷支用,陸續請撥本省雜款等項銀兩,均經臣部題覆,準其協撥,各在案。今據該撫疏稱:咸豐貳年耗羡項下額收不敷動用,自應照例協撥,請將咸豐貳年司庫平餘銀玖百陸拾陸兩陸錢玖分,又零户米折銀壹百貳拾肆兩捌錢,又咸豐元年文職截廉銀壹萬叁千貳百玖拾肆兩叁錢陸分壹釐,又咸豐貳年文職截廉銀壹萬陸千貳百壹拾叁兩捌錢貳分肆釐,又咸豐叁年秋撥銀玖萬兩共銀壹拾貳萬伍百玖拾玖兩陸錢柒分伍釐,一并收歸咸豐貳年耗羨新收項下,備用報部。臣部查咸豐貳年耗羨項下協撥前項銀兩,既據該撫疏稱:該年耗羨不敷動用,自應準其協撥聽用。所有撥給銀兩,核與該年耗羨冊内收造銀數相符。其支銷存剩數目,應歸於耗羨冊造彙奏案内查辦。

此案於咸豐叁年拾月拾柒日科抄到部,因地丁耗羨冊結未據送到,經臣部奏參嚴催,今於咸豐肆年叁月初壹日造送到部。兹於陸月拾叁日辦理具題,合并聲明。

臣等未敢擅便,謹題請旨。

批紅:依議。

爲題銷咸豐元年烏嚕木齊倉儲屯糧開耗數目事

咸豐四年六月十三日

太子太保·大學士管理戶部事務祁寯藻等謹題,爲奏聞事。

户科抄出,陜甘總督易棠題銷烏嚕木齊咸豐元年倉儲屯糧開耗數目一案。咸豐叁年拾月叁拾日題,拾貳月拾伍日奉旨:該部察核具奏。欽此。欽遵。於本日抄出到部。

該臣等查得,乾隆肆拾柒年叁月内,據原任陜甘總督李侍堯具奏,烏嚕木齊所屬各府、廳、州、縣一切錢糧事件自乾隆肆拾柒年爲始,由烏嚕木齊都統核明咨送陜甘總督衙門,飭發藩司按冊確核具詳,會同該都統題銷。等因在案。今據陜甘總督易棠疏稱:會同前任烏嚕木齊都統樂斌將烏嚕木齊所屬廸化、昌吉、阜康、綏來、庫爾喀喇烏蘇、精河、喀喇巴爾噶遜等州縣糧員造報咸豐元年倉儲屯糧開耗數目清冊具題請銷前來。查冊開:

一、舊管項下:各色京石糧肆拾壹萬肆千玖百玖拾石玖斗伍升壹合陸勺肆抄内,小麥叁拾肆萬陸千貳百柒石肆斗捌升肆勺,豌豆肆萬捌千捌石叁斗貳升柒合伍勺,青稞肆千伍石陸斗壹升肆合伍勺,大麥貳千伍百拾肆石肆升肆合伍勺,粟穀壹萬肆千貳百伍拾伍石肆斗捌升肆合柒勺肆抄。等語。查前項舊管各色糧石,臣部核與上年實存數目相符,應毋庸議。

一、新收項下：各色京石糧拾陸萬叁千玖百伍拾壹石叁斗陸升壹勺内，小麥拾肆萬伍千肆百拾肆石貳斗肆升貳合壹勺，豌豆壹萬壹千柒百伍拾捌石玖斗玖合玖勺，青稞壹千叁百叁拾壹石壹斗柒升，大麥陸百捌拾石捌斗壹升捌合壹勺，粟穀肆千柒百陸拾陸石貳斗貳升。等語。查前項新收各色糧石，臣部核對屯田奏銷冊造新收糧係貳拾貳萬柒千伍百肆拾貳石壹斗肆升捌合玖勺伍抄，此案計少收京石糧陸萬叁千伍百玖拾石柒斗捌升捌合捌勺伍抄。其因何少收之處，未據聲明。應令該督轉飭查明，分晰報部，毋任延宕。

一、開除項下：供支烏嚕木齊經制、駐箚、屯田各案内官兵口糧以及牲畜料石共各色京石糧拾伍萬叁千陸百伍石伍斗陸升貳合捌勺。内小麥拾叁萬陸千柒百玖拾貳石陸斗貳升伍合肆勺，豌豆玖千伍百捌拾貳石貳斗捌升伍合壹勺，青稞陸百柒拾肆石貳斗柒升玖勺，大麥伍百捌拾柒石肆斗伍升伍合捌勺，粟穀伍千玖百陸拾捌石玖斗貳升伍合陸勺。等語。查前項開除各色糧石，臣部核對經制、駐箚、屯田各案奏銷冊造，開除共糧拾玖萬捌千玖百拾貳石叁斗捌升捌勺，此案開耗冊造計少除糧肆萬伍千叁百陸石捌斗壹升捌合。其因何少除之處，抑或有不應造入開耗各案之糧石緣由，仍令該督轉飭查明，分晰報部。并令嗣後造報倉糧開耗及屯田各奏銷冊内，務將例不開耗各項糧石一一註明，以便核對，而免查詢。

一、烏嚕木齊所屬廸化州等處倉儲糧石，咸豐元年共請開耗各色京石糧壹千柒百柒拾壹石伍斗柒升陸勺。内小麥壹千叁百玖拾肆石伍斗柒升壹合陸勺，豌豆貳百伍拾貳石伍斗肆升叁合捌勺，青稞叁拾肆石伍斗陸升叁合玖勺，大麥拾玖石玖斗柒升壹合肆勺，粟穀陸拾玖石玖斗壹升玖合玖勺。等語。查前項開耗各色糧石，應俟該督將前款收除糧數查明登覆核準後，再行核銷。

一、實存項下：各色京石糧肆拾貳萬叁千伍百陸拾伍石壹斗柒升捌合叁勺肆抄。内小麥叁拾伍萬叁千肆百叁拾肆石伍斗貳升伍合伍勺，豌豆肆萬玖千玖百叁拾貳石肆斗捌合伍勺，青稞肆千陸百貳拾柒石玖斗肆升玖合柒勺，大麥貳千伍百捌拾柒石肆斗叁升伍合肆勺，粟穀壹萬貳千玖百捌拾貳石捌斗伍升玖合貳勺肆抄。等語。查前項實存各色糧石，臣部就本案核算，與應存數目相符，仍令陝甘總督轉飭造入下年舊管項下，報部查核。

此案於咸豐叁年拾貳月拾伍日科抄到部。茲於肆年陸月拾叁日辦理具題，合并聲明。

臣等未敢擅便，謹題請旨。

批紅:依議。

爲題銷道光二十九年烏嚕木齊供支駐劄官兵鹽菜等項銀糧事

咸豐四年六月十四日

戶部等部・太子太保・大學士管理戶部事務祁寯藻等謹題,爲奏聞事。

户科抄出,陝甘總督易棠題銷烏嚕木齊道光貳拾玖年供支駐劄官兵鹽菜等項銀糧一案。咸豐叁年正月貳拾捌日題,肆月貳拾壹日奉旨:該部察核具奏。欽此。欽遵。於本日抄出到部。隨將節婦姓氏并紅白事件官兵姓名,運送銀兩茶封經由程途里數,以及發遣各犯名數移查禮部、兵部、刑部去後,今於陸月初壹等日準禮部等部查覆前來。

該臣等會查得,乾隆拾柒年叁月内據原任陝甘總督李侍堯具奏,烏嚕木齊所屬各府、廳、州、縣一切錢糧事件,自乾隆肆拾柒年爲始,由烏嚕木齊都統核明咨送陝甘總督衙門,飭發藩司按冊確核具詳,會同該都統題銷。等因在案。今據陝甘總督易棠會同前任烏嚕木齊都統樂斌將烏嚕木齊道光貳拾玖年供支駐劄官兵鹽菜等項銀糧造冊具題請銷前來。查冊開,舊管無項。

一、新收項下:由屯田案内撥供銀叁萬壹千貳百貳兩柒錢玖分肆釐陸毫,各色糧壹萬叁千柒百拾陸石柒斗陸升玖合壹勺。等語。查前項新收銀糧,户部核對屯田案内撥給銀糧數目均屬相符,應毋庸議。

一、開除項下:廸化州并庫爾喀喇烏蘇糧員供支印房等處辦事章京、筆帖式以及檔房書役人等鹽菜工食等銀肆千叁百柒拾陸兩肆錢伍分,口糧白麪貳萬肆百柒拾貳斤,粟米叁石柒斗捌升肆合捌勺。又支印房主事菩薩保春秋二季雙俸銀壹百貳拾兩,糧餉處主事志永春秋二季單俸銀陸拾兩,俸米折支小麥貳拾捌石伍斗。等語。查例載:烏嚕木齊等處章京每員每月額支鹽菜銀拾伍兩,加增銀拾兩。部缺筆帖式每員每月額支鹽菜銀捌兩,加增銀肆兩。委筆帖式每員每月額支鹽菜銀叁兩,加增銀貳兩。民書每名月支工食銀肆兩捌錢,又官員書役人等每員名各日支口糧米捌合叁勺或麪壹斤。等因。今烏嚕木齊所屬廸化州等處供支章京、筆帖式、書役人等鹽菜工食等銀肆千叁百柒拾陸兩肆錢伍分,口糧白麪貳萬肆百柒拾貳斤,粟米叁石柒斗捌升肆合捌勺,户部按冊核算,與例支數目相符,應準開銷。至印房等處主事菩薩保等支過俸銀壹百捌拾兩,核與在京應支俸銀數目相符,應準開銷。又俸米折支小麥貳拾捌石伍斗,核與在京二季應支米數相符,應準開銷。

一、庫爾喀喇烏蘇、精河二糧員支過公費鹽菜并書役工食等銀捌百伍兩捌錢,口糧白麪肆千捌百肆拾陸斤,炒麪壹千肆百肆拾斤,粟米貳拾壹石肆升捌合捌勺。等語。查例載:庫爾喀喇烏蘇、精河二糧員各歲支公費銀壹百兩,月支鹽菜銀叁兩,官役各日支口糧麪壹斤,民書每名月支工食銀肆兩捌錢,書識每名月支工食銀叁兩陸錢,仵作每名月支工食銀貳兩,斗級壯役每名月支工食銀壹兩捌錢,又每名各日支口糧粟米捌合叁勺或麪壹斤。等因。今前項供支糧員公費鹽菜、書役工食等項銀兩、口糧、米麪,户部按冊核算,與例支數目相符,應準開銷。

一、庫爾喀喇烏蘇糧員供支庫爾喀喇烏蘇大臣惠林養廉銀捌百兩,官役口糧白麪貳千叁百肆斤。等語。查例載:庫爾喀喇烏蘇大臣歲支養廉銀肆百兩,又加增養廉銀肆百兩,官役各日支口糧麪壹斤。等因。今前項供支養廉銀兩、口糧麪斤,户部按冊核算,與例支數目相符,應準開銷。

一、廸化州并庫爾喀喇烏蘇糧員供支清漢檔房煤炭柴薪銀貳百壹拾貳兩。等語。工部查,冊開支給迪化州清漢檔房煤炭銀貳百兩,庫爾喀喇烏蘇柴炭銀拾貳兩,核與乾隆貳拾捌年議給銀數相符,應準開銷。

一、廸化、昌吉、阜康、綏來等州縣并庫爾喀喇烏蘇、精河、喀喇巴爾噶遜各糧員供支軍臺并提標等營坐卡出差各官兵鹽菜銀捌千叁百肆拾捌兩貳錢陸分陸毫,白麪拾捌萬玖千玖百拾叁斤,炒麪壹萬叁千玖拾斤,小麥叁百叁拾叁石肆斗柒升陸合肆勺,粟米拾伍石貳斗捌升叁勺,豌豆捌拾捌石陸斗貳升玖合壹勺。等語。查例載:派往西北兩路屯田駐劄辦差部院司員月支本身鹽菜銀肆兩貳錢,跟役六名,鹽菜銀叁兩。筆帖式、驍騎校均月支本身鹽菜銀貳兩,跟役各二名,鹽菜銀各壹兩。披甲各月支本身鹽菜銀壹兩伍錢,二人合支跟役一名,鹽菜銀伍錢。緑營千總月支本身鹽菜銀壹兩伍錢,跟役二名,鹽菜銀壹兩。把總月支本身鹽菜銀壹兩貳錢,跟役二名,鹽菜銀壹兩。外委月支本身鹽菜銀玖錢,跟役一名,鹽菜銀伍錢。兵丁月支本身鹽菜銀玖錢。官役各日支口糧米捌合叁勺或麪壹斤。又烏嚕木齊所屬各臺站馬匹秋冬二季每匹日支料貳升。各等語。今冊造前項軍臺并坐卡出差等項官兵支過鹽菜銀兩、口糧麪麥粟米、馬料豌豆等項,户部按冊核算,與例支數目相符,應準開銷。

一、廸化、昌吉、阜康、綏來等州縣供支驛站夫馬工料站價等銀貳千柒百肆拾貳兩肆錢貳分叁釐,小麥肆百陸拾捌石玖斗貳升捌合伍勺,又供支買補倒馬價銀玖拾兩。等語。兵部查迪化州所屬昌吉、綏來、阜康等州縣所管各驛,共原設馬七十一匹,每日支草料銀捌分,每馬歲支外備銀叁兩肆錢貳分伍釐,馬夫三十五名半,驛書十五名,每名遇雙月支折色銀壹兩,單月支本色糧壹石。今冊造道光貳拾玖年分,除小建六日不支外,連閏實支料草銀貳千壹百捌拾壹兩壹錢貳分,歲支外備銀貳百肆拾叁兩壹錢柒分伍釐,馬夫、驛書雙月支折色銀叁百拾捌兩壹錢貳分捌釐,單月支折色糧叁百貳拾捌石貳斗伍升,折京斗糧肆百陸拾捌石玖斗貳升捌合伍勺,按冊核算,與應支銀糧數目相符。又買補倒馬十二匹,每匹價銀捌兩。内除皮臟變價銀伍錢外,實支銀柒兩伍錢,共銀玖拾兩。按驛站馬匹十分準倒二分之例核算,應倒馬數有減無浮,買補價值核與例相符,應準開銷。

一、廸化、綏來、精河等州縣糧員供支過往官役并滿洲營派赴塔爾巴哈臺等處换防以及瑪納斯協卡倫各官兵鹽菜駄價等項共銀貳千伍百貳拾貳兩伍錢叁分伍釐,口糧白麪壹萬肆千玖百肆拾肆斤捌兩。等語。查例載:派往西北兩路屯田駐劄辦差各城大臣月支本身鹽菜銀拾貳兩,跟役十二名鹽菜銀陸兩。部院司員月支鹽菜銀肆兩貳錢,跟役六名,鹽菜銀叁兩。跟隨將軍大臣辦事之部院章京每月給銀拾伍兩,不計跟役。協領、佐領防禦均月支本身鹽菜銀肆兩,跟役各四名,鹽菜銀貳兩。驍騎校月支本身鹽菜銀貳兩,跟役二名,鹽菜銀壹兩。披甲月支本身鹽菜銀壹兩伍錢,二人合支跟役一名,鹽菜銀五錢。緑營都司、守備均月支本身鹽菜銀貳兩肆錢,跟役四名,鹽菜銀各貳兩。千總月支本身鹽菜銀壹兩柒錢,跟役二名,鹽菜銀壹兩。把總月支本身鹽菜銀壹兩貳錢,跟役二名,鹽菜銀壹兩。外委月支本身鹽菜銀玖錢,跟役一名,鹽菜銀伍錢。兵丁月支本身鹽菜銀玖錢,馬兵四名,步兵五名,各合給餘丁一名,鹽菜銀伍錢。官役餘丁各日支口糧米捌合叁勺或麪壹斤,各等語。今冊造前項官兵人等支過鹽菜駝價銀兩口糧麪斤,户部按冊核算,與例支數目相符,應準開銷。

一、昌吉、阜康、綏來三縣并精河、喀喇巴爾噶遜二糧員供支護送過往人犯、馬匹、餉鞘、茶封等差官兵口糧白麪肆萬捌千捌百貳拾陸斤,又麪折小麥壹百伍拾貳石捌斗捌升捌合捌勺。等語。查例載:新疆各處辦差官兵各日支口糧麪壹斤。等因。今前項支過護送過往人犯等差官兵口糧白麪并麪折小麥,户部按冊核算,與例支數目相符,應準開銷。

一、廸化州供支烏嚕木齊滿洲營協領副都統銜固呢杭阿應領貳拾玖年春秋二季俸銀壹百伍拾伍兩,俸米柒拾肆石折銀柒拾肆兩。等語。查烏嚕木齊滿洲營協領副都統銜固呢杭阿應領俸銀壹百伍拾伍兩,核與在京應支俸銀數相符,應準開銷。又俸米折銀柒拾肆兩,核與在京二季應支米數相符,應準開銷。

一、廸化州供支軍臺遞送事件無誤兵丁應賞鹽菜銀壹百捌兩。等語。查例載:緑營辦差兵丁每名月支鹽菜銀玖錢。等語。今冊造廸化州各軍臺遞送文報無誤兵丁一百二十名,每名賞給一個月鹽菜銀玖錢,共銀壹百捌兩,户部核與應賞銀數相符,應準開銷。

一、廸化州供支烏嚕木齊滿洲營官兵紅白卹賞銀肆千玖拾伍兩,隨將卹賞官兵姓名數目移查兵部覆稱,核與陝甘總督冊報相符。等語。查例載:烏嚕木齊駐箚滿洲營筆帖式、驍騎校紅事各賞銀拾兩,白事各賞銀拾肆兩,前鋒、領催紅事各賞銀捌兩,白事各賞銀拾貳兩,馬甲紅事賞銀陸兩,白事賞銀拾兩,步甲、匠役、養育兵紅事各賞銀肆兩,白事各賞銀捌兩,孀婦、孤子紅事各賞銀叁兩,白事各賞銀陸兩。等因。今烏嚕木齊滿洲營紅白事件官兵姓名、數目既據兵部查覆相符,所有前項支過卹賞銀兩,户部按冊核算,與例賞銀數亦屬符合,應準開銷。

一、廸化州供支轉運伊犁等處滿餉、經費、茶封等項用過脚價銀伍千壹百伍拾柒兩壹錢叁分柒釐,隨將經由程途里數移查兵部覆稱,核與程站冊載里數相符。等語。查例載:新疆一切運送車價,北路每車每百里給脚價銀壹兩貳錢,等因。今烏嚕木齊轉運伊犁等處滿餉、經費、茶封等項經由程途里數既據兵部查覆相符,所有前項支過脚價銀兩,户部按冊核算,與例支銀數亦屬符合,應準開銷。

一、廸化州供支烏嚕木齊滿洲營陣亡馬甲之妻瓜勒佳氏補領半餉折色等項銀伍兩柒錢捌分玖釐,小麥貳石貳斗伍勺。等語。户部查前項支給半餉米折銀兩,核與道光貳拾玖年該都統咨報原案相符,應準開銷。惟查支給小麥與咨報案内應領貳拾捌年肆伍陸三個月口糧壹石捌斗貳升捌合壹勺貳抄伍撮之數不符,應令該督轉飭查明報部核銷。

一、廸化州供支病故官員靈柩回旗夫馬折價銀伍拾肆兩伍錢肆分,白麪叁拾捌斤。又滿洲營派赴塔爾巴哈壹等處換防病故兵丁卹賞銀壹百貳拾柒兩伍錢。等語。兵部查,冊開病故通判文弼靈柩回旗,照例給夫十二名、馬二匹,每匹折夫三名,共夫十八名。每名每百里折銀壹錢,自烏嚕木齊至肅州計程三千三十里，應支夫馬折價銀伍拾肆兩伍錢肆分，核與定例并按程折給銀數，均屬相符，應準開銷。又滿洲營派赴塔爾巴哈壹等處換防病故馬甲雙岱等十名應領卹賞銀兩，核與該大臣等咨部題準銀數均屬相符，應準開銷。

一、廸化州供支滿洲營節婦李佳氏等建坊銀貳百柒拾兩，隨將節婦姓氏移查禮部，覆稱均與檔案相符。等語。查烏嚕木齊滿洲營節婦姓氏既據禮部查覆相符，所有前項支過建坊銀兩，户部按冊核算，與應支數目亦屬符合，應準開銷。

一、廸化州供支滿洲營鰥寡孤獨人等口糧麪折小麥肆千柒百叁拾捌石捌斗捌升捌合捌勺。等語。查前項供支小麥，户部按冊核算，與應支數目相符，應準開銷。

一、廸化、綏來、精河、喀喇巴爾噶遜等州縣糧員供支當差爲奴各項遣犯口糧白麪肆拾肆萬捌千叁百陸拾伍斤，炒麪叁萬壹百柒拾陸斤，小麥伍百貳拾石伍斗柒升肆合壹勺。等語。查例載：新疆責革效力兵丁暨發往充當苦差及屯種遣犯不能自行謀食者，均按日給口糧米捌合叁勺或麪壹斤。等語。今冊造前項廢員并當差爲奴各項人犯口糧麪麥，户部按冊核算，與例支數目并刑部查覆名數均屬相符，應準開銷。

一、廸化州綏來縣供支發往伊犁等處遣犯鹽菜制錢捌拾叁串柒拾伍文，每制錢捌百文合銀壹兩，共合銀壹百叁兩捌錢肆分叁釐。又支車價銀玖百柒拾肆兩陸錢玖分柒釐，粟米貳拾捌石陸斗捌升肆合捌勺，白麪叁千陸百肆拾伍斤。又精河糧員供支殘廢遣犯口糧白麪壹千伍百陸拾捌斤捌兩，炒麪壹千伍百貳拾斤捌兩，隨將各項遣犯名數移查刑部，覆稱均屬相符。等語。查例載：發往伊犁遣犯每名日給鹽菜錢伍文，口糧米捌合叁勺或麪壹斤，又殘廢遣犯每名日給麪半斤。各等因。今前項發往伊犂等處并殘廢各項遣犯名數既據刑部查覆相符，所有支過鹽菜、制錢、口糧、粟米、白麪等項，户部按冊分別核算，與例支數目亦屬符合，應準開銷。至用過制錢捌拾叁千柒拾伍文，每制錢捌百文合銀壹兩，共合銀壹百叁兩捌錢肆分叁釐。查前項用過鹽菜錢文合算銀兩既據該督取具印結送部，應毋庸議。至支給遣犯車價銀玖百柒拾肆兩陸錢玖分柒釐，兵部查冊開廸化綏來等州縣供支發往伊犁等處遣犯周詳等八百八十九名，按六名給車一輛，共需車一百四十八兩一分六釐零，每車每百里照北路例給銀壹兩貳錢，各計程途遠近不一，共需車價銀玖百柒拾肆兩陸錢玖分柒釐，按冊核算，與應支銀數目符，應準開銷。

一、司總冊造實存無項。等語。查此案收支銀糧向由屯田案内儘數撥給動用無存,應毋庸議。

再此本係户部主稿。於咸豐叁年肆月貳拾壹日科抄到部。當經行查禮部、兵部、刑部及會議兵部、工部去後,今於肆年肆月初陸等日準兵部等部議覆前來。兹於陸月拾肆日辦理具題,合并聲明。

臣等未敢擅便,謹題請旨。

批紅:依議。

爲陝西奏銷壬子科文鄉試用過經費一案礙難允準事

咸豐四年六月十五日

太子太保·大學士管理戶部事務祁寯藻等謹題,爲科舉事。

户科抄出,前任陝西巡撫張祥河將陝西省壬子科文鄉試用過經費銀兩造冊題銷一案。咸豐叁年拾貳月初貳日題,肆年貳月貳拾貳日奉旨:該部察核具奏。欽此。欽遵。於本日抄出到部。

該臣等查得,前任陝西巡撫張祥河疏稱:壬子科鄉試請動地丁銀柒千陸百壹拾肆兩捌分肆釐内,除文武舉人會試盤纏銀肆千壹百玖拾捌兩伍錢伍分柒釐,又除分給武場銀貳百兩,又除修理貢院銀壹千壹百柒拾伍兩伍錢叁分叁釐,分案造報外,文場止動銀貳千叁拾玖兩玖錢玖分肆釐。又文武科場額設正項不敷,照例請動耗羡銀捌千玖百貳拾肆兩壹錢伍分伍釐内,除分給武場銀壹千兩,又除主考路費銀壹千兩各造銷外,文場止動銀陸千玖百貳拾肆兩壹錢伍分伍釐。今咸長二縣冊造共用過耗羡銀柒千叁百貳拾伍兩貳分伍釐陸毫,計較額多用銀肆百兩捌錢柒分陸毫,據稱俱係實用實銷,并無浮冒,應請在於咸豐貳年耗羡銀内一并動支。至請動咸豐貳年地丁銀貳千叁拾玖兩玖錢玖分肆釐,今該二縣冊造止動用銀貳千叁拾叁兩玖錢玖分,尚餘剩銀陸兩肆釐,應俟下季撥冊内造報候撥外,二共動用地丁耗羡銀玖千叁百伍拾玖兩壹分伍釐陸毫,各另造細數清冊,照例出具無浮印結同賫到府縣各結一并呈賫,詳請核題前來。臣覆核無異,除冊結分送部科外,謹會同督臣易棠合詞具題。等因前來。

查前據陝西巡撫咨報陝西省壬子科文武鄉試貢院供給等項共銀柒千陸百壹拾肆兩捌分肆釐,已在估餉冊内扣留候支,統爲請動。又文武科場不敷及主考路費、加增中額等項共銀捌千玖百貳拾肆兩壹錢伍分伍釐，均請在耗羨銀内動支。經臣部行令，請動地丁項下銀柒千陸百壹拾肆兩捌分肆釐，耗羨項下銀捌千玖百貳拾肆兩壹錢伍分伍釐。内除主考路費銀壹千兩外，其餘銀兩均令先按八成動給，俟事竣後核實造冊題銷在案。今據該撫疏稱：壬子科鄉試請動地丁銀柒千陸百壹拾肆拾捌分肆釐内，除文武舉入會試盤纏銀肆千壹百玖拾捌兩伍錢伍分柒釐，又除分給武場銀貳百兩，又除修理貢院銀壹千壹百柒拾伍兩伍錢叁分叁釐分案造報外，文場止動銀貳千叁拾玖兩玖錢玖分肆釐。又文武科場額設正項不敷，照例請動耗羨銀捌千玖百貳拾肆兩壹錢伍分伍釐内，除分給武場□□千兩，又除主考路費銀壹千兩各另造銷外，文場止動銀陸千玖百貳拾肆兩壹錢伍分伍釐。今冊造共用過耗羨銀柒千叁百貳拾伍兩貳分伍釐陸毫，計較額多用銀肆百兩捌錢柒分陸毫，應請在於咸豐貳年耗羨銀内一并動支。至請動咸豐貳年地丁銀貳千叁拾玖兩玖錢玖分肆釐，今該二縣冊造止動用銀貳千叁拾叁兩玖錢玖分，尚餘剩銀陸兩肆釐，應俟下季撥冊内造報候撥。等語。

查前項請動地丁耗羨各銀兩既經臣部行令先按八成動給，自應遵照辦理，以免將來核實刪減、輾轉行追之煩，今查請動銀兩仍係照原估數目動用，而檢查冊造各項物件價值均有浮多，况一切器皿歷科添製理應敷用，此次何以又逐件增添辦理，顯有浮冒。且耗羨項下復於定額之外，又多用銀肆百兩捌錢柒分陸釐，種種情節，均屬不合。所有前項用過銀兩礙難準銷，應令陜西巡撫轉飭大加刪減，另造妥冊，題覆到日，再行核銷。并將未按八成動用之擅動職名查取送部核議。其地丁項下餘剩銀陸兩肆釐已據造入咸豐肆年春撥冊内新收項下報部，應毋庸議。

再此案科抄於咸豐肆年貳月貳拾貳日到部。兹於陸月拾伍日辦理具題，合并聲明。

臣等未敢擅便，謹題請旨。

批紅：依議。

爲山西豐鎮廳徵收咸豐二年緑營舊馬廠地畝租銀事

咸豐四年六月十六日

太子太保・大學士管理户部事務祁寯藻等謹題，爲移會事。

户科抄出,山西巡撫恒春題豐鎮廳經徵咸豐貳年分拒墻堡口外大同緑營舊馬廠地,并原報案内沙鹻地畝招民認種正銀及隨徵耗銀已未完支銷各數,餘剩銀兩解充兵餉一案。咸豐叁年拾月貳拾伍日題肆年貳月初玖日奉旨:該部察核具奏。欽此。欽遵。於本日抄出到部。

該臣等查得,山西巡恒春疏稱:豐鎮廳經徵拒墻堡口外大同鎮緑營遺留舊馬廠地租正耗銀兩支銷起解數目,例應按年造冊題銷。兹據豐鎮廳冊造:咸豐貳年分應徵拒墻堡口外遺留馬廠地陸百陸拾頃肆畝玖分,每畝徵銀壹分肆釐,共徵正銀玖百貳拾肆兩陸分零。又續墾沙鹻地肆拾肆頃叁拾貳畝玖分,應徵正銀陸拾貳兩陸分零。二共徵正銀玖百捌拾陸兩壹錢叁分,每兩隨徵耗銀伍分,共徵耗銀肆拾玖兩叁錢柒釐。今徵收正銀柒百叁兩壹錢玖分壹釐,隨徵耗銀叁拾伍兩壹錢陸分。正銀内除給過弓兵工食銀叁拾陸兩外,實解正銀陸百陸拾柒兩壹錢玖分壹釐。耗銀内除傾銷起解支用銀壹拾伍兩捌錢玖分,解司節省脚費銀壹兩陸錢外,餘剩耗銀壹拾柒兩陸錢柒分,已據該廳隨同正銀一并批解綏遠城同知衙門查收訖。尚有民欠未完正銀貳百捌拾貳兩玖錢叁分玖釐,耗銀壹拾肆兩壹錢肆分柒釐,容俟徵齊支解清楚,再行請銷。等情。造冊由府核轉到司,按冊核算額徵起解支用并節省脚費民欠未完各數目,均屬相符。除將解到節省脚費銀壹兩陸錢收儲司庫造入咸豐叁年春撥冊内請撥外,取具清冊呈詳前來。臣覆核無異,除冊送部外,相應具題。等因前來。

查先據山西巡撫奏,大同鎮馬廠水草不敷,請將承安抄産地畝賞給牧放馬匹。嘉慶貳拾肆年叁月内奉旨:著照所請。即將此項地畝賞給大同鎮緑營作爲馬廠,俾資牧放。其拒墻堡口外舊廠交地方官另行招墾,照例陞科。欽此。欽遵。嗣後該撫題報,查照從前口外廠地陞科之例,每畝徵銀壹分肆釐。每正銀壹兩,隨徵耗銀伍分。遇閏之年每兩隨徵閏月銀叁分。按年徵解司庫報撥,其傾銷解費等項即於所徵耗銀内動用。并據該撫題請將該廳司獄兼巡檢分防新設莊村添弓兵六名,每兵每年給銀陸兩,計需銀叁拾陸兩,應於道光伍年即在於新開廠地糧銀内留支。經臣部會同吏部覆準,并令按年造冊題銷。復據該撫題報續墾地肆拾肆頃叁拾貳畝玖分,請自道光玖年爲始題報陞科。又於道光拾柒年據山西巡撫查明,清水河廳逃户遺糧無著米折正耗共銀陸千玖百陸拾玖兩零,題請照數豁除,所缺兵糧擬請在於拒墻堡等處地租銀内撥補。均經臣部題準,各在案。今據該撫疏稱:豐鎮廳額徵咸豐貳年分拒墻堡口外馬廠并續墾地共柒百肆頃叁拾柒畝捌分,每畝徵銀壹分肆釐,共徵正銀玖百捌拾陸兩壹錢叁分,每兩隨徵耗銀伍分,共徵耗銀肆拾玖兩叁錢柒釐。今該廳僅徵正銀柒百叁兩壹錢玖分壹釐、耗銀叁拾伍兩壹錢陸分。内除給過弓兵工食銀叁拾陸兩外,實應解正銀陸百陸拾柒兩壹錢玖分壹釐。耗銀内除傾銷支用銀壹拾伍兩捌錢玖分,節省脚費銀壹兩陸錢,餘剩耗銀壹拾柒兩陸錢柒分,隨同正銀一并批解綏遠城將軍衙門。等語。臣部按冊核算,該廳徵解正耗地租共銀陸百捌拾肆兩捌錢陸分壹釐,核與議準撥補原案相符,應令該撫造入兵馬奏銷冊内報查。其給過弓兵工食及傾銷支用共銀伍拾壹兩捌錢玖分,核與題定章程案内應支銀數符合,應準開銷。至節省脚費銀壹兩陸錢,據稱造入咸豐叁年春撥冊内報撥。等語。臣部核對該季撥冊内收造銀數相符,應毋庸議。至疏稱尚有未完咸豐貳年分正銀貳百捌拾貳兩玖錢叁分玖釐,耗銀壹拾肆兩壹錢肆分柒釐,并令嚴飭該廳迅速掃數完解,報部核銷,毋任延宕,致干參辦。

此案於咸豐肆年貳月初玖日科抄到部。兹於陸月拾陸日辦理具題,合并聲明。

臣等未敢擅便,謹題請旨。

批紅:依議。

爲山西豐鎮等屬徵收咸豐二年察哈爾西四旗等民地租銀事

咸豐四年六月十六日

太子太保·大學士管理户部事務祁寯藻等謹題,爲遵旨事。

户科抄出,山西巡撫恒春題咸豐貳年分豐鎮寧遠二廳經徵察哈爾西四旗民地,并莊頭退換圈地應徵正耗銀兩及收過照票錢文支給各數一案。咸豐叁年拾月貳拾伍日題,拾貳月拾貳日奉旨:該部察核具奏。欽此。欽遵。於本日抄出到部。

該臣等查得,山西巡撫恒春疏稱:豐鎮、寧遠二廳經徵察哈爾西四旗民地并十四圈等村莊頭退出地畝及莊頭二達子等退换圈地招民認種地租銀兩并隨徵耗銀,例應按年造冊具題。又口外地户出入邊口照票,每張收錢叁拾文以爲書役飯食、紙筆之費,奉部議準,遵行在案。兹據豐鎮廳冊造,咸豐貳年額徵民地折色并十四圈等村莊頭退出地畝及莊頭二達子等退换地畝共二千七百一十八頃五十畝,每畝徵銀壹分肆釐,共徵銀叁千捌百伍兩玖錢。每兩隨徵耗銀伍分,共徵耗銀壹百玖拾兩貳錢玖分伍釐。内除傾銷起解支用銀柒拾玖兩伍錢叁分外,餘剩耗銀壹百壹拾兩柒錢陸分伍釐。今除正銀已完支解及未完銀數另案報銷外,僅徵耗銀壹百柒拾柒兩捌錢陸釐。内除傾銷起解支用銀柒拾肆兩捌錢捌分外,餘剩耗銀壹百貳兩玖錢貳分陸釐,批解綏遠城將軍衙門訖。尚有民欠未完耗銀壹拾貳兩肆錢捌分玖釐。又收照票錢陸拾貳千陸百壹拾文,給發豐鎮廳以爲書役飯食、紙筆等費訖。又寧遠廳冊造咸豐貳年分額徵民地折色并莊頭二達子照林等退换圈地及革退莊頭鄧世忠等退出圈地共一千八百二十頃九畝九分五釐,每畝徵銀壹分肆釐,共應徵正銀貳千伍百肆拾捌兩壹錢叁分伍釐,每兩隨徵耗銀伍分,共應徵耗銀壹百貳拾柒兩肆錢柒釐。今除正銀已完支解及未完銀數别案報銷外,先徵耗銀玖拾陸兩捌錢陸分叁釐係前任通判盛福收未移交,續徵耗銀陸兩捌錢玖分伍釐係現署通判書勲收存廳庫,均未支解,尚有民欠未完耗銀貳拾叁兩陸錢肆分玖釐。又收照票錢叁拾千玖百玖拾文,給發寧遠廳以爲書役飯食、紙筆等費訖。覆查豐鎮、寧遠二廳已徵耗銀分别傾銷起解支用并未完數目及收用照票錢文均屬相符等情,造具清冊,呈詳前來。臣覆核無異,除冊送部外,相應具題,等因前來。

查豐鎮、寧遠二廳經徵察哈爾西四旗民地租銀前於乾隆貳年經臣部議覆,原任直隸總督李衛題定章程案内議令每畝徵銀壹分肆釐,每正銀壹兩隨徵耗銀伍分以爲傾銷解費等項之用,其地户出入邊口照票每張量收制錢叁拾文以爲書役飯食、紙筆之用。又乾隆叁拾陸年經吏部侍郎袁守侗前往山西,會同巡撫鄂寶核議開銷耗羨銀兩奏定章程,每傾元寶一個,折耗銀柒錢叁分,匠工、夫工銀貳錢。每銀壹千兩用木鞘一個,每個給銀叁錢。馱騾脚價每馱日給脚價銀貳錢,解役每名日給飯食銀伍分。嗣於乾隆肆拾叁年據該撫疏稱,莊頭二達子退出圈地招民認種,照例每畝徵銀壹分肆釐,每正銀壹兩隨徵耗銀伍分,請於當年起課彙入民地租銀解交綏遠城將軍衙門充餉,等因。又於乾隆肆拾肆年據該撫咨稱,該二廳招民認種助馬口外莊頭照林等退换地畝以及革退莊頭鄧世忠等退出地畝每年所徵租銀係解交綏遠城將軍衙門之項,照莊頭二達子等退换地畝租銀之例彙入民地租銀正耗冊内分款造報,以歸畫一。等因。均經臣部先後覆準在案。今據該撫疏冊内稱:豐鎮廳應徵咸豐貳年地租銀叁千捌百伍兩玖錢,每兩隨徵耗銀伍分,共應徵耗銀壹百玖拾兩貳錢玖分伍釐。今除正銀已未支解及未完分數另案報銷外,僅徵耗銀壹百柒拾柒兩捌錢陸釐。内除傾銷支用銀柒拾肆兩捌錢捌分,餘剩耗銀壹百貳兩玖錢貳分陸釐,批解綏遠城將軍衙門訖。尚有未完耗銀壹拾貳兩肆錢捌分玖釐。等語。又寧遠廳應徵咸豐貳年地租銀貳千伍百肆拾捌兩壹錢叁分玖釐,每兩隨徵耗銀伍分,共應徵耗銀壹百貳拾柒兩肆錢柒釐。今除正銀已完支解及未完銀數另案報銷外,僅徵耗銀玖拾陸兩捌錢陸分叁釐,係前任通判盛福收未移交。續徵耗銀陸兩捌錢玖分伍釐,係現署通判書勳徵存廳庫,均未支解,尚有未完耗銀貳拾叁兩陸錢肆分玖釐。等語。查豐鎮廳徵收咸豐貳年正耗銀叁千柒百叁拾叁兩玖錢壹分玖釐,臣部核與應徵數目相符。現據冊稱:内除存留咸豐貳年秋冬二季及叁年春夏二季俸工銀捌百伍拾兩壹錢陸分,臣部核與該撫冊報存留銀數符合。其傾銷起解支用耗銀柒拾肆兩捌錢捌分,亦與章程案内應給銀數相符。餘剩耗銀壹百貳兩玖錢貳分陸釐,既據冊稱正耗共銀貳千捌百捌兩捌錢柒分玖釐,一并解交綏遠城將軍衙門查收。應令山西巡撫、綏遠城將軍俟有動用,造入兵馬奏銷冊内,題報查核。尚有未完正銀貳百肆拾玖兩柒錢捌分柒釐,耗銀壹拾貳兩肆錢捌分玖釐,應令該撫轉飭趕緊完解,專案報部核銷。查寧遠廳應徵咸豐貳年分地租正銀貳千伍百肆拾捌兩壹錢叁分玖釐,例應聲明起解綏遠城銀若干,徵存未解銀若干,民欠未完銀若干,以憑查核。乃該撫并未冊報,實屬含混,殊非慎重辦公之道。至該廳所徵耗銀玖拾陸兩捌錢陸分叁釐,據稱係前任通判盛福收未移交,續徵耗銀陸兩捌錢玖分伍釐係現署通判書勳徵存廳庫,均未支解。等語。應令該撫迅速催解,專案報部,毋得任其延不解交,致啟虧挪情弊。尚有民欠未完耗銀貳拾叁兩陸錢肆分玖釐,應即嚴飭該廳隨同正銀一并趕緊完解報部查核。再查該二廳收過照票制錢玖拾叁千陸百文給發書役飯食、紙筆等項,臣部核與題定章程案内應收錢數并每年支用數目均屬相符,應準開銷。

此案於咸豐叁年拾貳月拾貳日科抄到部。兹於肆年陸月拾陸日辦理具題,合并聲明。

臣等未敢擅便,謹題請旨。

批紅:依議。

爲前任蘇州布政使倪良燿交代經手司庫銀錢數目事

咸豐四年六月十九日

太子太保·大學士管理户部事務祁寯藻等謹題,爲飭查等事。

户科抄出,前任江蘇巡撫許乃釗題蘇州布政使陳啟邁承查前任布政使倪良燿在任經手司庫銀錢交代一案。咸豐叁年拾貳月貳拾日題,肆年叁月初陸日奉旨:該部察核具奏。欽此。欽遵。於本日抄出到部。

該臣等查得,前任江蘇巡撫許乃釗疏稱:前任蘇州布政布倪良燿自咸豐叁年貳月拾柒日到任起至玖月拾捌日卸事前一日止,在任經手司庫銀錢交代造具管收除在清冊,加結具題前來。查冊開:

一、舊管:存庫銀陸萬玖千貳百伍拾伍兩捌錢伍分叁釐,餉錢伍串叁百伍拾文。等語。查前項舊管銀兩錢文,臣部核與上屆交代案内實存數目相符,應毋庸議。

一、新收:各款共銀貳拾伍萬肆百玖拾肆兩陸錢壹分壹釐,餉錢陸百玖拾柒串叁百肆拾壹文。等語。查前項新收銀兩錢文,臣部按冊核算數目相符,應毋庸議。

一、開除:共放銀叁拾壹萬柒千玖百叁拾肆兩肆錢柒分肆釐,餉錢陸百玖拾柒串叁百肆拾壹文。内放給蘇織造各員俸米、豆草折銀、兵餉專款、各衙門皂役工食、各屬署俸、撥借復堵豐北工需、借撥向榮行營暨陸路糧臺軍餉、省城籌防局并各處防堵團練經費、動撥耗羨不敷各營俸餉、養廉、賞卹、放還、溢解等款共銀叁拾壹萬陸千玖百拾壹兩肆錢肆分貳釐。等語。查前項放給各款銀兩,均係年例應支及應歸各本案造報之款,應令該撫即飭歸於各本案分别題咨,報部查核。

一、放入咸豐叁年春撥專款共銀壹千貳拾叁兩叁分貳釐。等語。查前項放入季撥銀兩,臣部核與該省造報冊内入撥銀數相符,應毋庸議。

一、實在:存庫銀壹千捌百拾伍兩玖錢玖分,錢伍串叁百伍拾文。等語。查前項實存銀兩錢文,臣部除照數登記外,仍令該撫飭俟遇有動用,隨時專案報部查核。

一、寶蘇局舊管銅鉛錫壹百貳拾伍萬叁千壹百陸拾壹斤柒兩伍錢玖分,新收洋銅玖萬肆千伍百柒拾伍斤,開除共放銅鉛拾叁萬叁千貳百柒斤壹兩玖錢捌分肆釐,實在存庫銅鉛錫壹百貳拾壹萬肆千伍百貳拾玖斤伍兩陸錢陸釐。等語。查前項存庫銅鉛錫斤,臣部核與上屆交代案内及現屆冊造收放數目均屬相符,仍令該撫轉飭加謹收儲,遇有動用,歸於下屆交代案内造報查核。

一、寶蘇局舊管存錢肆萬壹千陸串壹百肆拾陸文,新收錢叁萬壹千玖百玖拾肆串捌百捌拾文,開除共放錢伍千貳百叁拾伍串伍百肆拾陸文,實存錢陸萬柒千柒百陸拾伍串肆百捌拾文。等語。查前項實存局庫錢文,臣部按冊核算數目相符,除照數登記外,應令該撫飭俟遇有動用,即行報部查核。

再此案科抄於咸豐肆年叁月初陸日到部。兹於陸月拾玖日辦理具題,合并聲明。

臣等未敢擅便,謹題請旨。

批紅:依議。

爲杭州織造題銷織辦咸豐二年上用官用綢緞料工銀兩事

咸豐四年六月二十日

太子太保·大學士管理户部事務祁寯藻等謹題,爲恭報事。

户科抄出,杭州織造烏勒洪額題織辦咸豐貳年起運緞紗綢綾紡絲杭細等項用過料工銀兩造冊題銷一案。咸豐叁年拾貳月拾捌日題,肆年叁月初拾日奉旨:該部察核具奏。欽此。欽遵。於本日抄出到部。隨經臣部將冊造織辦上用内用緞紗、綢綾、紡絲、杭細等項數目是否相符、曾否照數查收之處移查内務府去後。今於咸豐肆年肆月貳拾貳日準内務府將原冊查明,咨覆到部。

該臣等查得,杭州織造烏勒洪額疏稱:竊照杭州織辦咸豐元年分咸豐貳年起運上用緞紗綢匹伍百肆拾匹,内用緞紗肆百伍拾匹,綢綾、紡絲、杭絲壹千壹百伍拾匹,并衣綫及裝盛皮背包内所有包袱、紙箚、蔴連、油布、雨袱、用過挑花色綫、竹簉、紙炭等項,例該價銀壹萬捌千捌拾玖兩肆錢伍分肆釐。又奉文先解緞紗、綢綾、衣綫等項共該價銀貳萬貳千叁百捌拾柒兩玖錢玖釐。又緣織辦咸豐貳年運緞紗、綢匹等項需用絲斤循例於咸豐元年採買,因是年絲價昂貴,原定之價不敷購辦,應遵奉奏準上用經絲每兩增銀不過貳分壹釐,緯絨絲每兩增銀壹分陸釐,官用經絲每兩僧銀不過壹分貳釐,緯絨絲每兩增銀柒釐之例,辦理所有用過經緯粧絨共應加增絲價銀貳千捌百伍拾伍兩玖錢柒分,通共用銀肆萬叁千叁百叁拾叁兩叁錢叁分叁釐。又辦解部派緞紗綾紡壹千壹百伍拾匹,并裝盛皮箱用過挑花色綫、竹簉、紙炭等項,例該價銀壹萬伍千伍百伍拾兩貳錢貳分。又奉文先解緞紗綾紡等項共該價銀貳萬貳千壹百玖兩捌錢,又採買前項絲斤按照定例加增絲價銀壹千叁百壹拾壹兩陸錢柒分,通共用銀叁萬捌千玖百柒拾壹兩陸錢玖分。又辦解部派夏布壹千匹,絹綫伍千斤,按照例價,除節省銀貳千貳百玖拾兩解交户部銀庫查收外,實該料工等銀貳萬肆百肆拾捌兩柒錢伍分。又攢本紙張銀貳拾玖兩捌錢叁釐,遵奉新例減平外,準布政司移解銀貳拾捌兩壹分肆釐捌毫貳絲。又挑花、倒花匠自咸豐元年肆月初壹日起至咸豐貳年叁月底止,連閏計一十三個月,應支工食銀伍百壹拾壹兩玖錢玖分捌釐。遵照新例,除扣減平外,陸續準布政司實給工食銀肆百捌拾壹兩貳錢柒分捌釐貳絲。除將用過工料錢糧造冊送部外,理合照例分晰具題。再查奏定章程如遇絲貴之年,準其按照定例加增,所有咸豐元年分採買前項絲斤,實緣是年絲價昂貴,是以遵照例增之數請銷,合并聲明。等因前來。

查杭州織造織辦咸豐貳年起運上用内用緞紗、綢綾、紡絲、杭細等項用過料工及加增絲價,共銀肆萬叁千叁百叁拾叁兩叁錢叁分叁釐。據内務府咨覆,查對原派及所收緞匹等項并用過銀兩數目均屬相符。又辦部派緞紗、綾紡等項用過料工及加增絲價共銀叁萬捌千玖百柒拾壹兩陸錢玖分,臣部按照定例核算銀數并緞匹庫所收緞匹數目俱屬符合,均應準其開銷。其用過攢本紙張銀貳拾玖兩捌錢叁釐,除扣減平外,實給銀貳拾捌兩壹分肆釐捌毫貳絲,核與歷屆支給銀數相符。又挑花、倒花匠工食銀伍百壹拾壹兩玖錢玖分捌釐,除扣減平外,實給銀肆百捌拾壹兩貳錢柒分捌釐貳絲,核與有閏之年支給銀數相符,均應準其開銷。所有前項準銷銀兩,應令浙江巡撫轉飭造入咸豐元貳等年地丁登答及叁年地丁題銷各案内報部查核。至辦解部派夏布、絹綫等項用過料工銀兩,應令杭州織造另歸專案造具細冊,題報核辦。

此案於咸豐肆年叁月初拾日科抄到部,肆月貳拾貳日行查内務府覆回。兹於陸月貳拾日辦理具題,合并聲明。

臣等未敢擅便,謹題請旨。

批紅:依議。

爲廣東奏銷續完道光三十年咸豐元年地丁等項事

咸豐四年六月二十二日

太子太保·大學士管理户部事務祁寯藻等謹題,爲請定等事。

户科抄出,廣東巡撫柏貴題廣東省咸豐貳年地丁隨本奏銷一案。咸豐叁年伍月貳拾捌日題,拾壹月初捌日奉旨:該部察核具奏。欽此。欽遵。於本日抄出到部。

該臣等查得，廣東巡撫柏貴疏稱：廣東省道光叁拾年及咸豐元年原參未完地丁、雜稅、驛傳等銀貳拾柒萬柒千陸百陸拾捌兩捌錢陸分陸釐，耗羨銀伍萬柒千貳百陸拾伍兩伍錢肆分玖釐零。又前署三水縣文焌徵存在縣未解地丁銀壹萬貳千陸百伍拾兩捌錢陸分陸釐，耗羨銀貳千壹百叁拾柒兩玖錢玖分柒釐。又各屬未完備支經費銀貳萬柒千柒百叁拾貳兩肆錢肆分肆釐。又道光捌年起至咸豐元年止原報未完煤餉銀貳萬捌千伍百肆拾叁兩柒錢伍分，爐餉銀貳千陸百伍拾肆兩貳錢陸分捌釐，當餉銀壹萬伍千肆拾伍兩，海陽縣借領堤費銀壹萬叁千叁百捌拾陸兩伍錢壹分零。又道光叁拾年及咸豐元年各屬原報未完地丁米陸萬捌百肆拾捌石捌升捌合伍勺。今據各屬已完解司解道地丁、雜稅、驛傳等銀拾捌萬壹千叁百叁拾貳兩陸錢陸分，耗羨銀叁萬玖千陸百貳拾兩貳錢捌分玖釐。又前署三水縣文焌完解徵存地丁銀柒千陸百玖拾捌兩玖錢，耗羨銀壹千叁百壹兩壹錢。又各屬完解備支經費銀貳萬貳百玖拾兩捌錢陸分玖釐，煤餉銀壹千捌百兩，爐餉銀壹百陸兩，當餉銀肆千壹百捌拾伍兩，借領堤費銀壹千兩。又已完米壹萬肆千伍百玖拾伍石伍斗肆升叁合叁勺，尚未完地丁驛傳等銀玖萬陸千叁百叁拾陸兩貳錢陸釐，耗羨銀壹萬柒千陸百肆拾伍兩貳錢陸分零。前署三水縣文焌徵存未解地丁銀肆千玖百伍拾壹兩玖錢陸分陸釐，耗羨銀捌百叁拾陸兩捌錢玖分柒釐。又各屬未完備支經費銀柒千肆百肆拾壹兩伍錢柒分陸釐，煤餉銀貳萬陸千柒百肆拾叁兩柒錢伍分，爐餉銀貳千伍百肆拾捌兩貳錢陸分捌釐，當餉銀壹萬捌百陸拾兩，借領堤費銀壹萬貳千叁百捌拾陸兩伍錢壹分零，地丁米肆萬陸千貳百伍拾貳石伍斗肆升伍合貳勺，所有已未完細數及入撥數目分晰造冊，分送部科查核外，臣謹具題。等因前來。

查廣東省道光叁拾年及咸豐元年原報未完地丁、雜稅、驛傳等銀貳拾柒萬柒千陸百陸拾捌兩捌錢陸分陸釐，耗羨銀伍萬柒千貳百陸拾伍兩伍錢肆分玖釐零。又前署三水縣文焌徵存未解地丁銀壹萬貳千陸百伍拾兩捌錢陸分陸釐，耗羨銀貳千壹百叁拾柒兩玖錢玖分柒釐。又各屬未完備支經費銀貳萬柒千柒百叁拾貳兩肆錢肆分肆釐。又道光捌年起至咸豐元年止未完煤餉銀貳萬捌千伍百肆拾叁兩柒錢伍分，爐餉銀貳千陸百伍拾肆兩貳錢陸分捌釐，當餉銀壹萬伍千肆拾伍兩，海陽縣借領堤費銀壹萬叁千叁百捌拾陸兩伍錢壹分零。又道光叁拾年及咸豐元年各屬原報未完地丁米陸萬捌百肆拾捌石捌升捌合伍勺。臣部核與上年隨本暨咸豐元年地丁奏銷冊報未完銀米各數均屬相符。今據該撫冊報各屬帶徵完解司解道地丁、雜税、驛傳等銀拾捌萬壹千叁百叁拾貳兩陸錢陸分，耗羨銀叁萬玖千陸百貳拾兩貳錢捌分玖釐。又前署三水縣文焌完解咸豐元年分徵存在縣未解地丁銀柒千陸百玖拾捌兩玖錢，耗羨銀壹千叁百壹兩壹錢。又各屬完解備支經費銀貳萬貳百玖拾兩捌錢陸分玖釐，煤餉銀壹千捌百兩，爐餉銀壹百陸兩，當餉銀肆千壹百捌拾伍兩，借領堤費銀壹千兩。以上九項連溢共完銀貳拾伍萬柒千叁百叁拾肆兩捌錢壹分玖釐。内除經費項下收入減平彙解部庫之鄉飲酒禮等銀肆百柒拾貳兩玖錢貳分捌釐，應令該撫轉飭俟委員解部之日，即行報部查核，并移付查核減平處查照外。其解司解道正雜各款銀貳拾伍萬陸千捌百陸拾壹兩捌錢玖分壹釐内，咸豐元年分續完地丁解收道庫銀柒千陸百陸拾肆兩柒分肆釐，查應撥咸豐貳年春季兵餉銀叁拾萬兩，前據該省題報元年地丁奏銷冊報已於司道各庫全數撥足。是此後續完銀兩自應解司入撥，以符向辦成案，因何前項完銀仍有解道之款，殊屬含混。應令該撫轉飭遵照指查情節迅即查明，據實專案覆部辦理，毋任延宕。其餘解司入冊造報及道光叁拾年分解收道庫地丁等項共銀貳拾肆萬肆千貳百貳拾兩壹錢捌分捌釐内，除地丁項下惠來縣完銀肆千柒百捌拾貳兩捌錢，大埔縣完銀壹千伍百肆拾兩貳錢壹分伍釐造入咸豐叁年春季冊報檢，查該季冊内收造銀數短少不符。其因何短少之處，應令飭查聲覆。下餘銀貳拾叁萬柒千捌百玖拾柒兩壹錢柒分叁釐，臣部核與咸豐貳年秋季暨叁年春秋各季撥冊以及叁年春季籌備堤岸并貳年耗羨各冊報收造銀數，與應行解道數目亦各符合，均毋庸議。至已完驛傳候入季冊入撥銀肆千玖百柒拾柒兩陸錢貳分玖釐，相應照數登記，仍令該撫轉飭遵照新定章程，歸補封儲急需借款，入冊報部查核。又地丁米石項下續完米壹萬肆千伍百玖拾伍石伍斗肆升叁合叁勺，檢查咸豐貳年兵馬奏銷冊報細加核算，係屬相符，亦毋庸議。仍令該撫轉飭，嗣後造報隨本冊内務將已完米石列入兵馬冊内何款項下詳細聲造，以便查對。至未完地丁驛傳等銀玖萬陸千叁百叁拾陸兩貳錢陸釐，耗羨銀壹萬柒千陸百肆拾伍兩貳錢陸分零，備支經費銀柒千肆百肆拾壹兩伍錢柒分陸釐，煤餉銀貳萬陸千柒百肆拾叁兩柒錢伍分，爐餉銀貳千伍百肆拾捌兩貳錢陸分捌釐，當餉銀壹萬捌百陸拾兩，地丁米肆萬陸千貳百伍拾貳石伍斗肆升伍合貳勺，并令該撫轉飭各屬查照定例按限徵完報部查核，如逾限不完，即將二參應議職名分别開列送部核議，毋任稍有拖欠。至前署三水縣文焌未完徵存在縣未解地丁銀肆千玖百伍拾壹兩玖錢陸分陸釐，耗羨銀捌百叁拾陸兩捌錢玖分柒釐,應咨該撫即飭歸於參追案内分别辦理。又海陽縣未完道光貳拾肆伍陸柒捌玖叁拾等年及咸豐元年借領堤費銀壹萬貳千叁百捌拾陸兩伍錢壹分零。查此案原借銀兩先據該省於道光貳拾叁年奏奉諭旨:分限十年攤徵完款,如遇完不足數之年,即著落該縣經徵之員照數賠解,等因。欽此。欽遵在案。是此項銀兩與别款未完者不同,該省自應欽遵原奉諭旨辦理,何以初、二、三、四、五、六、七、八八限銀兩已歷十年之久,僅據完銀壹千兩,其餘未完銀兩亦不著落賠解。似此遞年拖欠,年復一年,必致日久無著。再前項銀兩即有欠解不齊,斷不致連年若是,且該縣責任綦重,豈肯自甘賠累不爲上緊徵解,核其情節,恐不無以完作欠情事。況該撫等前奏既有不完賠解章程,又何得每屆奏銷衹以未據全完一語塞責,尤非核實辦公之道。節經臣部於遞年隨本奏銷案内嚴切飭催,該省一味因循,并不認真據實查辦,殊屬徇縱。事關借帑,未便再任延宕,仍令該撫務飭該管藩司遵照前奉諭旨同咸豐貳年奏銷案内未完銀貳千貳拾柒兩柒錢玖分零,一并著落該縣掃數解交清款,入冊報部查核,以重庫款,而符奏案。倘該縣仍前疲玩,即行據實查參,毋得視爲催欠具文,致干參辦。

此案於咸豐叁年拾壹月初捌日科抄到部。兹於咸豐肆年陸月貳拾貳日辦理具題,合并聲明。

臣等未敢擅便,謹題請旨。

批紅:依議。

爲江西道光二十九年碾運京米用過運脚銀兩題銷事

咸豐四年六月二十二日

太子太保·大學士管理户部事務祁寯藻等謹題,爲報銷等事。

户科抄出,前任江西巡撫張芾題江西省道光貳拾玖年碾運京米用過運脚銀兩造冊題銷一案。咸豐叁年拾貳月貳拾日題,肆年叁月拾貳日奉旨:該部察核具奏。欽此。欽遵。於本日抄出到部。

該臣等查得,前任江西巡撫張芾疏稱:江西省道光貳拾玖年欽奉上諭,飭令動碾常平倉穀拾萬石交幫船灑帶運通。等因。當經前司道等會詳議派附近水次之義寧、奉新、武寧、高安、宜春、分宜、清江、新喻、峽江、廬陵、吉水、永豐、泰和、龍泉、安福、永新、臨川、金谿、崇仁、南城、南豐、新城、上饒、玉山、廣豐、弋陽、樂平、浮梁、安仁等二十九州縣,酌動常平倉穀拾萬石、碾米伍萬石,運送省城饒州水次便兑交十三幫軍船均匀灑帶,并將一切碾米搭運各事宜,業經分晰聲叙,咨部在案。所有各屬墊用内河裝運米石水陸脚費,原議俟事竣一并於司庫雜款銀内核實給領還墊。今據布政使陸元烺、督糧道鄧仁堃會詳稱催據南昌等府申據義寧等州縣各將用過脚費等項銀兩造冊請銷前來。覆加查核。各屬挑米至水次上船,每石每里給挑脚銀貳釐,自縣雇募民船,運至軍船水次搭運,均照部準嘉慶拾玖年碾運京米準銷成案,無論上下水,概以一百里爲一站,每石每站給水脚銀捌釐,通共墊用内河水陸脚費銀貳千貳百玖拾伍兩伍錢零,俱係實用實銷,并無浮冒,應請俟部覆至日,另行動項給領還墊。其義寧等州縣碾米伍萬石,動支常平倉穀拾萬石,業奉奏明,在於鹽道每年鹽規項下所存穀價銀捌千兩按年移解司庫,飭令分年買補穀石還倉。兹查鹽務改換新章,所有鹽規項下已奉裁除,并無存銀,應請在於司庫雜税項下動給買補。容俟事竣取造冊結另請核銷外,合將各屬碾運米石内河用過水陸脚費銀兩細數造具清冊,會文詳請具題核銷。等情前來。臣覆核無異,除將清冊分送部科查核外,理合具題,等因前來。

查江西省道光貳拾玖年動碾常平倉穀拾萬石,前據江西巡撫奏明兑交幫船灑帶運通在案。今據該撫疏冊内稱:義寧等二十九州縣酌動常平倉穀拾萬石,碾米伍萬石,每石每里給挑脚銀貳釐,共給銀叁百玖拾玖兩捌錢。又每石每站給水脚銀捌釐,共銀壹千捌百玖拾伍兩柒錢陸分。共請銷銀貳千貳百玖拾伍兩伍錢陸分。等語。臣部按照各該州縣挑運水陸程途里數核算,與準銷成案相符,應準開銷。至應行分年買補歸還常平倉穀價銀,該撫聲請在於司庫雜税項下動給,應如所題辦理。仍令該撫將動墊銀兩造入司庫雜税項下,報部查核。

此案科抄於咸豐肆年叁月拾貳日到部。兹於陸月貳拾貳日辦理具題,合并聲明。

臣等未敢擅便,謹題請旨。

批紅:依議。

爲雲南奏銷各屬抽收税契銀兩事

咸豐四年六月二十四日

太子太保·大學士管理戸部事務祁寯藻等謹題,爲奏銷等事。

户科抄出,雲南巡撫吳振棫題滇省咸豐貳年分各屬抽收税契銀兩核明已未完各數造冊題報一案。咸豐叁年陸月貳拾玖日題,拾壹月貳拾玖日奉旨:該部察核具奏。欽此。欽遵。於本日抄出到部。

該臣等查得,雲南巡撫吳振棫疏稱:滇省各屬抽收税契銀兩,例應於每年奏銷時將已未完數目,分别造冊具題。玆據雲南布政使史致蕃詳稱:滇省咸豐貳年分各廳、州、縣、州判,共據冊報抽獲税契銀貳萬陸千貳拾叁兩玖錢壹分。内除已故署寧州孫昺抽獲未解銀肆百肆拾捌兩叁錢壹分,現在另案參辦外,實抽獲銀貳萬伍千伍百柒拾伍兩陸錢,俱經如數完解司庫兑收清款。除於咸豐貳年奏銷收支冊内收造外,理合分晰經徵、接徵職名、起止日期及抽收已完銀數,造具清冊,詳請核題。臣覆核無異,除冊分送部科查核外,謹會同前任雲貴總督調任閩浙總督臣吳文鎔合疏具題。等因前來。

查滇省各屬抽收税契銀兩,前經臣部奏準於每年奏銷時將已未完數目分晰造冊具題在案。今據雲南巡撫吳振棫疏稱:咸豐貳年分各廳、州、縣、州判,共據冊報抽獲税契銀貳萬陸千貳拾叁兩玖錢壹分。内除已故署寧州孫昺抽獲未解銀肆百肆拾捌兩叁錢壹分,現在另案參辦外,實抽獲銀貳萬伍千伍百柒拾伍兩陸錢,俱經如數完解司庫,入於咸豐貳年地丁奏銷冊内收造。等語。查前項抽收税契銀兩,臣部核與該年地丁奏銷冊内收造銀數相符,應毋庸議。其已故署寧州孫昺抽獲未解銀肆百肆拾捌兩叁錢壹分據稱另案參辦,應令雲南巡撫速飭催追完解,報部查核,毋任遲延。

此案於咸豐叁年拾壹月貳拾玖日科抄到部。玆於咸豐肆年陸月貳拾肆日辦理具題,合并聲明。

臣等未敢擅便,謹題請旨。

批紅:依議。

爲貴州報銷咸豐元年至二年興發鉛廠抽課事

咸豐四年六月二十四日

太子太保·大學士管理户部事務祁寯藻等謹題,爲報銷等事。

户科抄出,貴州巡撫蔣霨遠題興發廠抽課報銷一案。咸豐叁年拾貳月初叁日題,肆年叁月貳拾陸日奉旨:該部察覈具奏。欽此。欽遵。於本日抄出到部。

該臣等查得，貴州巡撫蔣霨遠疏稱：大定府屬水硐、帕興、發白鉛廠抽獲課鉛變價以及支銷人役工食等項，例應按年造册報銷。今據布政使吕佺孫詳報：該廠自咸豐元年伍月起至貳年肆月底止，連閏計一十三個月，各爐户共燒出鉛捌萬陸千陸百柒拾斤零叁兩伍錢壹分陸釐柒毫伍絲，抽課鉛壹萬柒千叁百叁拾肆斤柒錢叁釐叁毫伍絲，除將課鉛全數變價銀貳百肆拾貳兩陸錢柒分柒釐支銷廠内人役工食，尚不敷支給銀叁拾壹兩壹錢零叁釐，係該府自行墊給、另册造報外，所有送到各册，理合照造清册，取具各結，詳請題銷。等情。臣覆覈無異，除册結送部外，臣謹具題。

再，該廠據大定府册報，自咸豐元年伍月起至貳年肆月底止連閏計一十三個月，共燒出鉛捌萬陸千陸百柒拾斤零叁兩伍錢壹分陸釐柒毫伍絲，抽課鉛壹萬柒千叁百叁拾肆斤柒錢叁釐叁毫伍絲，經該司照案移查，據兼護貴西道張鉷轉據署大定府楊書魁申稱，實係儘收儘報，并無抽多報少情弊。出具印結，經該道加結，由司覈明，詳送前來。除嚴飭上緊設法調劑採辦并將各結咨部查考外，合并陳明，等因前來。

查貴州大定府屬水硐、帕興、發白鉛廠，題準定例每出鉛百斤抽課貳拾斤，每百斤定價銀壹兩肆錢，每月應支廠費銀貳拾叁兩肆錢。嗣因出鉛短少，酌減一成廠費，遇閏之年實支銀貳百柒拾叁兩柒錢捌分，於課鉛項下變價支給。等因。今該廠自咸豐元年伍月起至貳年肆月底止連閏計十三個月，共燒出鉛捌萬陸千陸百柒拾斤叁兩零，共抽課鉛壹萬柒千叁百叁拾肆斤零。臣部按照抽收定例覈算，數目相符。應令該撫將該廠所産鉛斤於收買案内分晰聲明，報部查覈。至册稱咸豐元年伍月起至貳年肆月底止，共應支廠費銀貳百柒拾叁兩柒錢捌分，除將課鉛變價銀貳百肆拾貳兩陸錢柒分柒釐儘數支給外，尚不敷銀叁拾壹兩壹錢叁釐係該府自行墊給。等語。臣部覈與應給之數相符，應準開銷。再查該廠出産鉛斤仍前短絀，該管廠員任其衰疲，并不設法調劑，殊非覈實辦公之道。應仍令該撫嚴飭廠員督率砂丁上緊設法採辦，務期克復原額，毋任再有短缺，以裕税課。

此案科抄於咸豐肆年叁月貳拾陸日到部。兹於陸月貳拾肆日辦理具題，合并聲明。

臣等未敢擅便，謹題請旨。

批紅：依議。

爲貴州報銷採辦咸豐元年滇銅用過價脚等項銀兩事

咸豐四年六月二十七日

太子太保·大學士管理戶部事務祁寯藻等謹題,爲報銷事。

户科抄出,貴州巡撫蔣霨遠題委員倪應謙採辦滇銅報銷一案。咸豐叁年玖月貳拾捌日題,拾貳月拾叁日奉旨:該部察覈具奏。欽此。欽遵。於本日抄出到部。

該臣等查得,貴州巡撫蔣霨遠將委員倪應謙採買咸豐元年分滇銅用過價脚等項銀兩,造冊具題前來。

一、冊稱:委員倪應謙採買滇省正高銅叁拾玖萬伍千陸百玖拾壹斤拾貳兩零。每百斤價銀玖兩貳錢,共銀叁萬陸千肆百叁兩陸錢肆分陸釐,每正銅百斤外加耗銅壹拾壹斤,共耗銅肆萬叁千伍百貳拾陸斤壹兩零,不給價值。共正耗銅肆拾叁萬玖千貳百拾柒斤拾肆兩零。等語。查貴州委員倪應謙採買滇省高銅叁拾玖萬伍千陸百玖拾壹斤拾貳兩零,耗銅肆萬叁千伍百貳拾陸斤壹兩零,除耗銅不給價值外,每正銅百斤價銀玖兩貳錢,共銀叁萬陸千肆百叁兩陸錢肆分陸釐。臣部按照定例覈算,數目相符。業據滇省咨報照數兑收存庫,應毋庸議。

一、冊稱:委員倪應謙領運白羊廠銅肆萬斤,係赴雲南省店領運。自雲南省至貴州省城錢局,每百斤給脚費等銀貳兩叁錢捌分伍釐零,共銀玖百伍拾肆兩貳分捌釐。又領運迴龍廠銅拾萬斤,除自下關至雲南省城脚費歸滇報銷外,自雲南省運至貴州省城錢局,每百斤給脚費等銀貳兩叁錢捌分伍釐零,共銀貳千叁百捌拾伍兩柒分。又領運義都廠銅伍萬斤,除自廠至雲南省城歸滇報銷外,自雲南省運至貴州省城錢局,每百斤給脚費等銀貳兩叁錢捌分伍釐零,共銀壹千壹百玖拾貳兩伍錢叁分伍釐。又領運萬寶廠銅拾萬斤內,分運省局銅伍千壹百玖拾伍斤捌兩零,除自廠至雲南省城脚費歸滇報銷外,自雲南省城至貴州省城錢局,每百斤給脚費等銀貳兩叁錢捌分伍釐零,共銀壹百貳拾叁兩玖錢壹分柒釐。又分運大定局銅玖萬肆千捌百肆斤柒兩零,除自廠至雲南省城脚費歸滇報銷外,自雲南省城運至貴州大定錢局,每百斤給脚費等銀貳兩伍錢柒分貳釐零,共銀貳千肆百叁拾捌兩玖錢壹分貳釐。又領運寧臺廠銅捌萬玖千貳百拾柒斤拾肆兩零,除自下關至雲南省城脚費歸滇報銷外,自雲南省城至貴州省城錢局,每百斤給脚費等銀貳兩叁錢捌分伍釐零,共銀貳千壹百貳拾柒兩玖錢壹分。又領運老硐坪廠銅陸萬斤,自蒙自縣運至貴州省城錢局,每百斤給脚費等銀叁兩柒錢陸分零,共銀貳千貳百伍拾陸兩肆分貳釐。又支給馱銀馬脚銀捌拾肆兩陸錢。以上銅本運費馬脚等項共用過銀肆萬柒千玖百陸拾陸兩陸錢陸分,除原領銀肆萬陸千玖百陸拾叁兩玖錢全數開支外,尚墊用銀壹千貳兩柒錢陸分,已經給領清款。等語。查貴州委員倪應謙領運銅斤用過運費馬脚等銀壹萬壹千伍百陸拾叁兩壹分肆釐,臣部按册覈算,與該省委員準銷之數相符,應準開銷。至銅本運費馬脚等項共用過銀肆萬柒千玖百陸拾陸兩陸錢陸分内,除領過銀肆萬陸千玖百陸拾叁兩玖錢外,計不敷銀壹千零貳兩柒錢陸分,既據該撫聲稱業經照數給領清款,應毋庸議。

一、疏稱:一切工稱及辦運等項事件辦竣之日,限兩個月造册報銷,如有動項數盈壹萬兩以上者,仍準四個月造報。今委員倪應謙採辦滇銅動項肆萬兩以上,應照苗疆例,扣限四個月,自咸豐叁年伍月拾壹日運竣之日起,統限六個月造報,應扣至咸豐叁年拾壹月拾壹日限滿。今該員於咸豐叁年伍月拾捌日造册申送到司,係在限内,并未逾違。等語。查貴州委員倪應謙採辦滇銅報銷限期,既據該撫疏稱該員自咸豐叁年伍月拾壹日運竣之日起,統限六個月造報,應扣至咸豐叁年拾壹月拾壹日限滿。今該員於咸豐叁年伍月拾捌日造册申送到司,係在限内,并未逾違。臣部覈計應扣統限,尚無逾違,應毋庸議。

此案科抄於咸豐叁年拾貳月拾叁日到部。兹於咸豐肆年陸月貳拾柒日辦理具題,合并聲明。

臣等未敢擅便,謹題請旨。

批紅:依議。

爲四川題請酌撥臺費銀兩事

咸豐四年六月二十八日

太子太保·大學士管理户部事務祁寯藻等謹題,爲詳請等事。

户科抄出,四川總督裕瑞題四川省司庫臺費銀兩不敷動用請於隣省酌撥供支一案。咸豐叁年拾貳月拾捌日題,肆年肆月初貳日奉旨:該部議奏。欽此。欽遵。於本日抄出到部。

該臣等查得,四川總督裕瑞疏稱:四川省西藏一路應用臺費銀兩,向係隣省協撥。查咸豐貳年臺費項下存庫銀兩不敷支放,曾經題請於隣省酌撥銀叁拾萬兩。準部行令在於四川紳民捐輸項下撥銀拾萬兩,實存鹽茶銀内撥銀捌萬兩,封儲銀兩撥銀肆萬兩,壬子年應徵地丁銀内撥銀捌萬兩,共銀叁拾萬兩以供支用在案。玆據布政使楊培詳查:咸豐貳年臺費項下存銀捌萬肆千壹百陸拾貳兩肆分貳釐零,又收前項協撥銀叁拾萬兩,又收咸豐元年遊巡官兵繳回一半行裝銀貳百貳拾兩伍錢,又收駐防巴塘都司陳廷貴未滿年限應繳行裝銀貳拾兩,又收駐防安阜營千總王體仁未滿年限繳回行裝銀陸拾玖兩壹錢玖分。以上管收共銀叁拾捌萬肆千肆百柒拾壹兩柒錢叁分貳釐零。内除支給咸豐貳年飭委試用府經歷丁文熹管解爐餉銀捌萬兩,又除詳委試用知縣宋鑒源管解藏餉銀拾萬兩,又除咸豐貳年駐藏大臣寶清赴藏衣服器皿銀伍百壹拾壹兩肆錢柒分捌釐,又除成華二縣請領前後藏喇嘛進京朝貢事畢回川口糧脚價銀壹千壹百壹拾柒兩捌錢,又支換防火竹卡官兵借支行裝馱馬銀壹百貳拾捌兩,又支換防東西臺站官兵借支行裝、馱馬、鞍屜銀叁千壹百伍拾伍兩叁錢伍分,又支換防前後藏官兵借支行裝、馱馬、鞍屜銀肆千陸百柒拾伍兩貳分伍釐,又支咸豐叁年飭委候補知縣張嗣成管解爐餉銀捌萬兩,又支駐藏大臣海枚赴藏衣服器皿銀陸百肆拾陸兩壹錢壹分捌釐,又支駐藏大臣諄齡赴藏衣服器皿銀壹千壹百貳拾伍兩叁錢捌釐,又支護送駐藏大臣諄齡、海枚赴藏弁兵借支行裝、馱馬、鞍屜銀柒百玖拾兩伍錢,又支換防江卡汛通江營守備麥熾昌借支行裝銀壹百兩,又支駐防前後藏松潘中營遊擊沐恩借支行裝、馱馬、鞍屜銀叁百叁拾肆兩陸錢,以上共支過銀貳拾柒萬貳千伍百叁兩壹錢柒分玖釐。現在臺費項下實存銀壹拾壹萬壹千玖百陸拾捌兩伍錢伍分叁釐零。現在撥解藏餉銀拾萬兩所存無幾,又值打箭爐請撥臺費銀捌萬兩并年例應用各款,實在不敷動支。自應照例題請勅部在於隣省酌撥銀叁拾萬兩來川,以資應用。等情。詳請具題,等因前來。

查四川省打箭爐口外至西藏一路應需臺費銀兩,向於隣省協撥及本省地丁等項銀内酌撥供用。今據該督疏稱:西藏臺費銀兩前於咸豐貳年請撥,部議在於四川紳民捐輸項下撥銀拾萬兩,實存鹽茶銀内撥銀捌萬兩,封存銀内撥銀肆萬兩,壬子年應徵地丁銀内撥銀捌萬兩,共銀叁拾萬兩以供支用。查咸豐貳年臺費項下存銀捌萬肆千壹百陸拾貳兩肆分貳釐零,又收前項協撥銀叁拾萬兩,又收咸豐元年遊巡官兵繳回一半行裝銀貳百貳拾兩伍錢,又收巴塘都司陳廷貴繳回行裝銀貳拾兩,又收安阜營千總王體仁繳回行裝銀陸拾玖兩壹錢玖分,以上管收共銀叁拾捌萬肆千肆百柒拾壹兩柒錢叁分貳釐零。內除支給换防臺藏官兵借支行裝、馱馬、鞍屜及撥解西藏打箭爐臺費并應支一切口糧脚價等項,共銀貳拾柒萬貳千伍百叁兩壹錢柒分玖釐。等語。臣部核與應支散總數目不符,應令該督查明報部核辦外,其現在臺費項下實存銀壹拾壹萬壹千玖百陸拾捌兩伍錢伍分叁釐零。現撥藏餉銀拾萬兩,又打箭爐請撥銀捌萬兩并年例應用各款,實在不敷動支,請於隣省酌撥銀叁拾萬兩以資應用。查四川臺費向係預行請撥陸續支發,現在軍需浩繁,經費支絀,臣等公同商酌,擬先撥給四川春撥實存茶課銀貳萬貳百兩,春撥實存武監生銀叁千兩,封儲銀貳萬玖千捌百兩,鹽茶銀伍千兩,甲寅年應扣文武各官養廉銀貳萬貳千兩,甲寅年應徵地丁銀貳萬兩,以上共撥銀拾萬兩。其餘銀貳拾萬兩,俟臣部籌有款項再行撥給。仍令該督將所撥銀兩支存細數,造入臺費奏銷册內,報部查核。

此案科抄於咸豐肆年肆月初貳日到部。兹於陸月貳拾捌日辦理具題,合并聲明。

臣等未敢擅便,謹題請旨。

批紅:依議。

爲四川題銷咸豐二年支過滿洲緑營官兵俸餉等項銀米事

咸豐四年六月二十九日

太子太保·大學士管理户部事務祁寯藻等謹題,爲恭報等事。

户科抄出,四川總督裕瑞題四川省咸豐貳年分支過駐防滿洲營及緑營官兵俸餉馬匹草乾銀米等項一案。咸豐叁年陸月貳拾玖日題,玖月拾玖日奉旨:該部察核具奏,册并發。欽此。欽遵。於本日抄出到部。當經臣部將册開官兵員名數目及馬匹額數是否相符行查吏、兵二部去後。今於咸豐肆年正月貳拾玖等日準吏部、兵部陸續查覆過部。

該臣等查得,四川總督裕瑞,將四川省咸豐貳年分支過駐防滿洲營及緑營官兵俸餉、馬匹草乾銀米等項造册具題前來。查册開新收部撥地丁、茶課、鹽課、武監生及夔關、打箭爐關税銀、松潘、平番、建昌等鎮營徵收糧折等項并寶川局制錢易銀共壹百陸萬壹千壹百伍兩壹錢壹分柒釐,舊管新收本色米壹萬叁千肆百陸拾陸石壹斗捌升叁合伍抄。臣部核與題撥原案及應收銀米數目均屬相符,應毋庸議。

一、支給駐防成都滿洲營官兵俸餉銀陸萬捌千伍百貳拾壹兩貳分捌釐,白米伍百壹拾柒石柒斗捌合壹勺,每石折銀玖錢,共支米折銀肆百陸拾伍兩玖錢叁分柒釐,中米伍萬陸千伍百捌拾貳石玖斗貳升肆合捌勺,每石折銀捌錢伍分,共支米折銀肆萬捌千玖拾伍兩肆錢捌分陸釐,豆叁萬捌千玖拾玖石伍斗伍升伍合,每石折銀壹兩,共支豆折銀叁萬捌千玖拾玖兩伍錢伍分伍釐,草二百二十八萬一千二十九束,每束折銀壹分,共支草折銀貳萬貳千捌百壹拾兩貳錢玖分。等語。查前項駐防滿洲官兵員名數目及馬匹額數,臣部將原冊移咨兵部查覆相符。所有該官兵等共支過俸餉、米豆、草折銀壹拾柒萬柒千玖百玖拾貳兩貳錢玖分陸釐,按冊核算,與應支銀數亦屬符合,應準開銷。

一、支給總督衙門筆帖式及緑營官兵俸餉銀伍拾萬叁千玖百肆兩玖錢叁分壹釐,本色米壹萬叁千肆百陸拾陸石壹斗捌升叁合伍抄,折色米壹拾萬陸拾壹石叁斗柒升陸合玖勺伍抄,每石折銀玖錢貳分至伍兩不等,半麥玖百壹拾壹石伍斗伍升,每斗折銀壹錢,米麥共折銀壹拾肆萬壹千壹百伍拾壹兩陸錢貳分壹釐,馬乾銀肆萬伍千肆百捌拾玖兩陸錢陸分叁釐。又另冊開造各標鎮協營署事員弁支過俸薪馬乾等銀陸千肆百捌拾肆兩叁錢玖分陸釐。等語。查定例:守備以上暫行離任之缺由試用官署理者照銜給半俸,照缺給半薪,均於裁曠項下支銷,由現任官兼署或遞署者,俸薪均歸本任造支。又守備以上陞遷事故之缺,由試用官署理者俸薪照署缺全支,其即補斯缺先經委署人員亦照此例辦理,由現任官兼署或遞署者俸薪各歸本任造支。凡署任内紙紅蔬炭等銀,無論有無原官,均歸署任支銷。至千總以下暫行離任之缺,委原無得項之候補千、把總等官署理,概照守備以下各員之例於截曠項下照銜給半俸,照缺給半薪。其原無得項之候補千、把總等官,委署陞遷事故之缺,俸薪照署缺全支。如各項員弁内原有世職俸銀并原有全俸可支者,署暫行離任之缺,準其支食半薪,署陞遷事故之缺,準其支食全薪。其俸銀概不準重支。特旨分發人員,原有一半俸薪可支者,署暫行離任之缺,仍支原食一半俸薪。署陞遷事故之缺,將原食一半俸薪暫行扣除,照署缺支食全俸、全薪,并給坐馬二匹乾銀,現任兼署者不給。等語。又乾隆伍拾玖年貳月貳拾陸日奉上諭:嗣後文武各員内,職分較小無級可降者,遇有承緝降調處分,經該督撫等察其居官尚屬可用者,把總即以經制外委補用,不準食餉。欽此。欽遵在案。今該督造報咸豐貳年總督衙門筆帖式及緑營官兵員名數目暨馬匹額數,臣部將原冊移咨吏、兵二部,查覆相符。所有該官兵等支過俸餉、米麫、馬乾、折價共銀陸拾玖萬伍百肆拾陸兩貳錢壹分伍釐,本色米壹萬叁千肆百陸拾陸石壹斗捌升叁合伍抄,按冊核算,與應支銀米數目均屬符合,應準開銷。再據兵部覆稱,維州協右營把總馬全紳降補中營右哨外委,其是否承緝降調未據聲明,應令該督另行核明追繳報撥,再行辦理。又署事人員冊造支過俸薪等銀陸千肆百捌拾肆兩叁錢玖分陸釐內,軍標署副將事候補副將奎林係署副將常山,署松潘鎮總兵萬福署提督蘇布通阿出師湖南遺缺,自玖月貳拾捌日起至年底,支過半俸薪銀貳拾伍兩伍錢伍釐。又,提標署參將事坐補綏靖營遊擊張定川,係署參將巴彦布出師廣西遺缺,自正月初壹日起至肆月初壹日止,支過半薪銀壹拾玖兩陸錢壹分柒釐。又會鹽營署遊擊事揀發都司懷唐武,係署遊擊姚鵬程委署峩邊營參將,嗣又仍署遊擊姚鵬程出師湖南遺缺,自貳月初拾日起至年底,支過一半俸薪銀柒拾壹兩叁錢柒釐。又川北鎮署遊擊事候補參將順福,係接署遊擊張延慶陞補峩邊營參將遺缺,自拾月貳拾日起至年底,支過馬乾銀壹拾壹兩貳錢。又署把總事恩騎尉蘇天賜,係署把總王榮棟出師遺缺。自伍月貳拾肆日委署起至年底,支過馬乾銀壹拾壹兩貳錢陸釐。均與應支銀數不符。又候補副將奎林、德恩,參將廣泰,遊擊張定川、鍾琦,都司謝國泰、常啟、穆雅琿、懷唐武、霍隆武,千總蕭明遠,把總沈廷揚,均係何項人員候補,何以一經署任,即於署任内支銷全、半俸銀,其原有俸銀,曾否扣除,未據聲明。均應令該督逐款查明,聲覆到部,再行核辦。

一、緑營官兵朋扣銀壹萬捌千叁百柒拾伍兩貳錢肆分肆釐。等語。查前項朋扣銀壹萬捌千叁百柒拾伍兩貳錢肆分肆釐,臣部核與兵部知照準銷銀數相符,應準開銷。

一、支給各標鎮協營公費銀叁萬肆千壹百玖拾柒兩貳錢捌分,存平安營公費銀陸百伍兩捌錢。等語。查前項支給及撥存公費共銀叁萬肆千捌百叁兩捌分,應令該督造入該年公費奏銷新收項下報部查核。

一、支給駐防成都病故官兵孀婦週年半俸半餉米折等銀捌百貳拾兩叁錢陸釐。等語。查定例:駐防官兵身故,其妻矢志守節者,照在京八旗例,無論年歲,有無子嗣,該管官具保,支給週年半俸半餉。等語。今冊造咸豐貳年成都駐防另户官兵員名數目,臣部移咨兵部,查覆相符。所有該孀婦等支過週年半俸半餉米折等銀捌百貳拾兩叁錢陸釐,按冊核算與應支銀數,亦屬符合,并據該督取具該委管保結送部,應準開銷。

一、支給駐防成都出師陣亡兵丁孀婦半餉米折銀叁百叁拾捌兩玖錢貳分伍釐。等語。查前項駐防成都出師陣亡兵丁名數,臣部移咨兵部,查覆相符。所有該孀婦等支過半餉米折銀叁百叁拾捌兩玖錢貳分伍釐,按冊核算與應支銀數,亦屬符合,并據該督取具該管官保結送部,應準開銷。

一、支給駐防成都出師打仗受傷告退兵丁養贍銀叁百柒拾貳兩捌錢叁分肆釐。等語。查前項駐防成都出師殘廢告退兵丁名數,臣部移咨兵部查覆相符。所有該兵丁等支過養贍銀叁百柒拾貳兩捌錢叁分肆釐,按冊核算與應支銀數,亦屬符合,并據該督取具該管官保結送部,應準開銷。

一、支給駐防成都出師病故兵丁孀婦餉米銀叁拾陸兩貳錢肆分。等語。查先據成都將軍咨報兵部新增條例内開:出師陣亡病故兵丁,如子弟眷口無倚及子弟幼小不能食糧者,每月給與半餉銀伍錢、米叁斗,不扣小建朋銀,遇閏加增。其子弟幼小者,俟十六歲以上堪以頂補食糧,即行截支。其無子弟者,俟該故兵現存之祖父母、父母眷屬亡故之日截止。所有成都駐防八旗前在軍營病故人等,現在并無子弟、雖有子弟殘病并無别項養贍錢糧之孀婦支過半餉米折銀兩,經臣部核準在案。今該督造報從前出師軍營病故兵丁名數,臣部移咨兵部,查覆相符。所有該孀婦等支過餉米銀叁拾陸兩貳錢肆分,按冊核算與應支銀數,亦屬符合,并據該督取具該管官保結送部,應準開銷。

一、支給病故恩騎尉托謨爾歡之母并雲騎尉祥慶之母支過半俸米折銀玖拾捌兩肆錢伍分。等語。查先據成都將軍咨報,病故恩騎尉托謨爾歡,所遺世職無人承襲。又病故雲騎尉祥慶,所遺世職亦無人承襲。均經臣部查照兵部查覆,準其支食伊母半俸,養贍終身,行文該將軍查照辦理。各在案。今冊造病故恩騎尉托謨爾歡之母等共支過半俸米折共銀玖拾捌兩肆錢伍分,臣部核與準支各原案及應支銀數,均屬相符,應準開銷。

一、支給現任井研縣知縣三等子爵王鳳翥世職餘俸銀玖百伍拾柒兩壹錢柒分零。等語。查前項現任井研縣知縣三等子爵王鳳翥,支過世職餘俸銀玖百伍拾柒兩壹錢柒分零。按冊查核,内除該世職自道光叁拾年叁月貳拾玖日到任起至年底止,支過餘俸銀叁百貳拾柒兩壹錢柒分陸毫,與應支銀數不符,應令該督查明報部核辦外,其自咸豐元貳兩年共支過世職餘俸銀陸百叁拾兩,核與準支原案及應支銀數,均屬相符,應準開銷。

一、支給承襲騎都尉現任參將應國鋭世職餘俸銀柒拾兩陸錢陸分,現任陝西平涼營遊擊張文行、江西九江營遊擊李崇勲,各支過世職全俸銀壹百壹拾兩共銀貳百貳拾兩。據稱該遊擊等俸銀由陝西、江西各藩司扣歸,并未承領原籍俸銀,均請全支。一等輕車都尉岳維勳,世職全俸銀貳百壹拾兩,又騎都尉又一雲騎尉何德洋、曹鈞,世職全俸銀貳百柒拾兩,騎都尉王松林、關國鋭、謝釗,世職全俸銀叁百叁拾兩,一等輕車都尉羅本鎮,世職半俸銀壹百伍兩。等語。查前項承襲騎都尉現任參將應國鋭,一等輕車都尉岳維勳,騎都尉又一雲騎尉何德洋、曹鈞,騎都尉王松林、關國鋭、謝釗,一等輕車都尉羅本鎮,既據兵部查覆起支日期相符,所有該世職等共支過餘俸、全俸、半俸共銀玖百捌拾伍兩陸錢陸分,核與應支銀數亦屬符合,應準開銷。又騎都尉現任陝西平涼營遊擊張文行,支過世職全俸銀壹百壹拾兩,查陝西省兵馬奏銷冊造,該遊擊應支俸銀按月坐扣,并未支領其原籍世職俸銀,亦應準其開銷。至騎都尉現任江西九江營遊擊李崇勲,應領世職俸銀壹百壹拾兩,據稱由江西省按季扣歸,并未承領。查江西省咸豐貳年兵馬奏銷未據造報,應俟題報到日,再行辦理。

一、支給承襲雲騎尉現任守備岳松林、楊世吉、江錦麟三員世職餘俸銀壹百玖拾捌兩捌錢捌分貳釐。又年已及歲發標學習雲騎尉高瑞雲等一百四十二員,世職全俸銀壹萬壹千捌百叁拾伍兩陸分捌釐。又恩騎尉現任守備王凱、現任千總向承憲二員,世職餘俸銀肆拾柒兩陸錢肆分壹釐。文生員兼襲恩騎尉李勝寬,世職全俸銀肆拾伍兩。又恩騎尉趙俊等八十八員,世職全俸銀叁千柒百玖拾兩叁錢柒分伍釐。等語。查前項承襲雲騎尉現任守備岳松林、楊世吉、江錦麟,恩騎尉現任守備王凱,現任千總向承憲,文生員兼襲恩騎尉李勝寬,雲騎尉高瑞雲等,恩騎尉趙俊等二百三十六員,共支過世職餘俸、全俸銀壹萬伍千玖百壹拾陸兩玖錢陸分陸釐。内除福建、臺灣中營遊擊安定邦俸銀,據稱由福建省按季扣歸并未承領,所有原籍世職俸銀捌拾伍兩,應請全銷。查福建省咸豐貳年臺灣兵馬奏銷未據造報,應俟題報到日再行核辦。其餘二百三十五員,既據兵部查覆起支全俸日期相符,所有該世職等支過餘俸全俸共銀壹萬伍千捌百叁拾壹兩玖錢陸分陸釐,按冊核算與應支銀數,亦屬符合,應準開銷。

一、支給年未及歲雲騎尉李啟實等二十三員,世職半俸銀捌百玖拾捌兩陸錢肆分。恩騎尉羅洪得等二十六員,世職半俸銀肆百玖拾柒兩玖錢叁分玖釐。等語。查前項年未及歲雲騎尉李啟實等二十三員,恩騎尉羅洪得等二十六員,既據兵部查覆起支日期相符,所有該世職等共支過半俸銀壹千叁百玖拾陸兩伍錢柒分玖釐,按冊核算與應支銀數,亦屬符合,應準開銷。

一、支給出師廓爾喀等處病故官員之子承廕八品官馬懷榮等三員世職全俸銀壹百貳拾兩。等語。查前項承廕八品官馬懷榮等三員,既據兵部查覆起支日期相符,所有該廕弁等共支過全俸銀壹百貳拾兩,與應支銀數,亦屬符合,應準開銷。

一、支給承廕把總陳國鈞、七品監生陳瀛、八品監生羅登詰等三十九員,共支過馬糧餉乾米折銀壹千叁百捌拾伍兩捌錢伍分伍釐。等語。查前項難廕把總陳國鈞及七品監生陳瀛、八品監生羅登詰等三十九員,既據兵部查覆相符,所有該廕弁等共支過馬糧餉乾米折銀壹千叁百捌拾伍兩捌錢伍分伍釐,按冊核算,與應支銀數亦屬符合,應準開銷。

一、支給候補副將德恩奎林、候補都司霍隆武全俸及一半俸薪共銀壹拾叁兩伍錢貳分玖釐。等語。查前項候補副將德恩奎林、候補都司霍隆武,共支過全俸及一半俸薪銀壹拾叁兩伍錢貳分玖釐,雖與應支銀數相符,但未扣除朋銀,礙難核準,應令該督查明聲覆,以憑核辦。

一、支給推陞甘肅涼州鎮總兵馬龍在川兑支俸薪養廉銀壹千叁百柒拾捌兩柒錢陸分玖釐,雲南曲靖協副將明安泰在川兑支俸薪養廉銀陸百伍拾伍兩柒分玖釐,山西北樓營參將虎嵩林在川兑支俸薪養廉銀伍百玖拾壹兩貳錢肆分叁釐。等語。查前項在軍營推陞甘肅涼州鎮總兵馬龍等在川兑支俸薪養廉銀貳千陸百貳拾伍兩玖分壹釐,臣部核與報部準銷原案相符,應準開銷。

一、支給標鎮協營殘廢兵二百四十五名,共支過餉米折銀肆千柒百玖拾貳兩柒錢肆分伍釐。等語。查定例:曾經出征効力兵丁被傷患病致成殘廢或年老辭退,如有子弟在營食糧者,月給餉米叁斗,并無子弟在營食糧,給與守糧一分,以資養贍。等語。今冊造殘廢兵二百四十五名,共支過餉米折銀肆千柒百玖拾貳兩柒錢肆分伍釐。按冊查核,内除安阜營殘廢兵蕭天受支過餉米折銀壹拾捌兩陸錢陸分壹釐零,該兵於道光貳拾玖年冊造,現年六十二歲,今冊造年五十五歲,阜和協左營殘廢兵陳有福支過餉米折銀貳拾貳兩陸分,該兵上年冊造年五十六歲,今冊造年五十五歲,年歲不符。又綏靖營殘廢兵馬萬林、馬有貴、王爾禄、張耀龍、蔡天貴、胡文陞等六名,又慶寧營殘廢兵張文德、熊文明、彭泗源等三名,均未扣除小建。所有支過米折銀玖拾柒兩貳錢,均應令該督即飭查明聲覆核辦外,其餘二百三十四名,既據兵部查覆相符,所有該廢兵等共支過餉米折銀肆千陸百伍拾肆兩捌錢貳分肆釐,核與應支銀數亦屬符合,應準開銷。

一、支給緑營休致員弁養贍俸餉米折銀肆百陸拾貳兩玖錢壹分叁釐。等語。查前項休致員弁支過養贍俸餉米折銀肆百陸拾貳兩玖錢壹分叁釐,雖據兵部將該員弁等數目查覆相符,惟查嘉慶捌年肆月内兵部知照陣傷亡故兵丁眷屬給餉章程内開:曾經出征打仗受傷年老病休人員養贍俸餉,飭令原籍各州縣加結送部核辦。等因。今本案應送印結仍未送部,應令該督嚴飭各該營縣迅即查造補送,到日再行核辦。

一、支給維州、懋功、綏靖等協營屯練月餉銀壹萬壹千柒百玖拾兩玖錢玖分陸釐,維州協備挑餘丁減半月餉銀肆千肆百貳拾伍兩。等語。查乾隆伍拾叁年貳月内,原任大學士阿桂等遵旨議奏,四川隨征臺灣屯練一千五百名,降番五百名作爲定額,每名月給餉銀伍錢。等因。又乾隆伍拾玖年捌月内,原任四川總督福康安等奏,維州協所屬額設備挑屯兵餉銀減半支給,欽奉諭旨允準。各在案。今冊造該屯兵餘丁等共支過月餉半餉銀壹萬陸千貳百貳拾肆兩玖錢玖分陸釐,臣部核與奏準各原案銀數相符,應準開銷。

一、支給各府、廳、州、縣設立昭忠祠并德侯祠春秋祭品銀壹百陸拾貳兩。等語。查四川成都各府、廳、州、縣設立昭忠祠應需祭品銀兩,先據四川總督咨請查照各省致祭賢良祠之例,每年每處酌給銀陸兩。又建造德侯祠,請照該省致祭昭忠祠之例,每年春秋二季,共支銀陸兩。均經臣部核準在案。今支過貳拾柒處祭品銀壹百陸拾貳兩,臣部核與準支原案銀數相符,應準開銷。

一、支給阜和協麻書、角洛二汛添安兵丁鹽菜銀陸百玖拾壹兩貳錢。等語。查前項麻書、角洛二汛添安兵丁支過咸豐元年鹽菜銀陸百玖拾壹兩貳錢,未據該督專案題銷,應俟題報準銷之日,再行核辦。

一、支給打箭爐廳造辦估撥壬子年兵餉案内,多報銀壹拾兩。等語。查前項造辦估撥壬子年兵餉案内,多報銀壹拾兩,係在何款項下多報,未據聲明,應令該督查明報部核辦。

一、支給新設平安營官弁兵丁馬匹及署事人員俸薪、蔬燭紙紅、養廉、餉乾、米折、馬價等銀壹萬貳千柒百貳拾貳兩伍錢柒分柒釐,赤水營裁歸永寧營官弁、兵丁,俸薪、養廉、餉乾、米折、馬價等銀叁千貳百柒拾捌兩陸錢柒分叁釐。等語。查前項新設平安營及赤水營撥歸永寧營官弁、兵丁、馬匹及署事人員數目，既據兵部查覆相符，所有該員弁兵丁等支過俸薪、蔬燭、紙紅、養廉、餉乾、米折等銀壹萬陸千壹兩貳錢伍分，按冊核算，與應支銀數相符，應準開銷。并令該督取具該年文武會同監散兵餉印結，送部查核。

一、支給成都將軍公費銀貳千兩。等語。查成都將軍公費，向係在於餘茶息銀内動支，嗣據該督因嘉慶貳拾年以後茶息銀兩不敷支用，奏準改款在於兵餉建曠項下動支。今前項支過銀貳千兩，臣部核與奏準原案應支銀數相符，應準開銷。

一、冊開：滿洲營官員支過俸銀柒千貳百貳拾伍兩柒錢伍分，減扣京平銀肆百叁拾叁兩伍錢肆分伍釐。緑營官員支過俸薪、蔬紅等銀貳萬玖千玖百壹拾陸兩伍錢伍分伍釐，減扣京平銀壹千柒百玖拾肆兩玖錢捌分柒釐。署事大員支過俸薪銀叁千壹百叁拾肆兩捌錢肆分伍釐，減扣京平銀壹百捌拾捌兩玖分壹釐。三等子爵王鳳翥，支過世職餘俸銀玖百伍拾柒兩壹錢柒分陸毫，減扣京平銀伍拾柒兩肆錢叁分。世職人員支過全俸半俸銀壹萬捌千陸百叁拾玖兩貳錢伍釐，減扣京平銀壹千壹百壹拾捌兩叁錢伍分貳釐。候補副將德恩，支過全俸銀貳兩伍錢貳分叁釐，減扣京平銀壹錢伍分壹釐。候補副將奎林，支過一半俸薪銀伍兩肆錢捌分肆釐，減扣京平銀叁錢貳分玖釐。候補都司霍隆武，支過一半俸薪銀伍兩伍錢貳分貳釐，減扣京平銀叁錢叁分壹釐。總兵、副將、參將馬龍等共支過俸薪養廉銀貳千陸百貳拾伍兩玖分壹釐，減扣京平銀壹百伍拾柒兩伍錢伍釐。休致人員支過全俸半俸共銀捌拾柒兩貳錢肆分陸釐，減扣京平銀伍兩貳錢叁分伍釐。新設平安營俸薪等銀陸百陸拾壹兩玖錢肆分玖釐，減扣京平銀叁拾玖兩柒錢壹分玖釐。赤水營裁歸永寧營官弁支過俸薪養廉銀壹百肆拾壹兩陸錢，減扣京平銀捌兩肆錢玖分陸釐。成都將軍公費銀貳千兩，減扣京平銀壹百貳拾兩。等語。查四川省咸豐貳年支過滿洲營緑營武職官員俸薪、蔬紅并世職全半俸銀、成都將軍公費等款銀内，共扣減平銀叁千玖百貳拾肆兩壹錢柒分壹釐，未據聲明造入該省何年何季減平冊報，以及扣存銀兩曾否彙解部庫之處，臣部均無從稽核。應令該督即飭逐款詳查分晰，專案咨覆，以憑稽核，毋任延緩。

一、實存銀陸萬柒千貳百柒拾壹兩壹錢柒分陸釐零。等語。查此案新收部撥等銀壹百陸萬壹千壹百伍兩壹錢壹分柒釐，本色米壹萬叁千肆百陸拾陸石壹斗捌升叁合伍抄。開除準銷銀玖拾伍萬柒百捌兩柒錢叁分壹釐，本色米壹萬叁千肆百陸拾陸石壹斗捌升叁合伍抄。另案核銷銀叁萬肆千捌百叁兩捌分,駁查銀捌千叁百貳拾貳兩壹錢貳分玖釐陸毫。實存銀陸萬柒千貳百柒拾壹兩壹錢柒分陸釐肆毫,既據該督造入咸豐叁年秋撥冊内報撥,應毋庸議。

此案科抄於咸豐叁年玖月拾玖日到部。當經行查吏、兵二部,於肆年正月貳拾玖等日覆回。兹於陸月貳拾玖日辦理具題,合并聲明。

臣等未敢擅便,謹題請旨。

批紅:依議。

爲奉天題銷各屬徵收咸豐元年民典旗地租銀并各官考成事

咸豐四年七月初三日

太子太保·大學士管理户部事務祁寯藻等謹題,爲遵旨等事。

户科抄出,盛京户部侍郎兼管奉天府府尹事務恒毓等題奉天所屬各城州、縣、廳咸豐元年民典旗人餘地考成一案。咸豐貳年拾貳月初肆日題,叁年肆月初肆日奉旨:該部察核具奏。欽此。欽遵。於本日抄出到部。嗣於咸豐肆年貳月拾貳日準該府尹將復州續完租銀咨報到部。

該臣等會查得,盛京户部侍郎兼管奉天府府尹事務恒毓等,將奉天所屬承德等州、縣、廳咸豐元年額徵民典旗人餘地及永遠徵租、暫行徵租、絶嗣入官、撥給寡獨養贍各項地畝應徵租銀造具考成清冊,送部查核。并據冊開:承德等十一州縣并興京、岫巖各通判,金州、新民各同知咸豐元年額徵民典旗人餘地貳拾捌萬陸千陸百叁拾捌畝肆釐,應徵租銀壹萬捌千壹百貳拾陸兩玖錢捌釐伍毫。新收復州民人於文章領種入民張明名下餘地叁畝捌釐,應徵租銀貳錢壹分陸釐。新舊共地貳拾捌萬陸千陸百肆拾壹畝壹分貳釐,應徵租銀壹萬捌千壹百貳拾柒兩壹錢貳分肆釐伍毫。内除岫巖廳嘉慶拾陸年被海水潮淹,請暫行開除租銀陸兩玖錢玖分玖釐,實應徵租銀壹萬捌千壹百貳拾兩壹錢貳分伍釐伍毫。内已完銀壹萬伍千肆百玖拾捌兩陸錢捌分柒釐柒毫。續據咨報,徵完租銀陸百貳兩貳錢肆分捌釐肆毫,金州廳、新民廳、義州未完銀貳千拾玖兩壹錢捌分玖釐肆毫。又金州廳、新民廳、義州等處,咸豐元年應帶徵道光叁拾年奏銷未完銀貳千伍百捌拾貳兩貳錢叁分柒毫,已完銀玖百陸拾柒兩貳錢玖分伍釐伍毫,未完銀壹千陸百壹拾肆兩玖錢叁分伍釐貳毫。永遠徵租地壹萬柒千陸百陸拾陸畝柒分肆釐,應徵租銀壹千壹百伍兩捌錢貳釐,已完銀壹千柒拾壹兩陸錢肆分肆釐,義州未完銀叁拾肆兩壹錢伍分捌釐。又義州咸豐元年應帶徵道光叁拾年奏銷未完銀肆拾叁兩玖錢捌分陸釐,已完銀拾柒兩壹錢叁分貳釐,未完銀貳拾陸兩捌錢伍分肆釐。暫行徵租地貳萬伍千壹百陸拾壹畝貳分玖釐肆毫,應徵租銀壹千伍百陸拾兩柒錢玖分,已完銀壹千肆百玖拾貳兩叁分貳釐,新民廳、義州未完銀陸拾捌兩柒錢伍分捌釐。又新民廳、義州咸豐元年應帶徵道光叁拾年奏銷未完銀肆拾貳兩捌錢貳分陸釐,已完銀壹兩玖錢陸分,未完銀肆拾兩捌錢陸分陸釐。絶嗣入官撥給寡獨養贍地叁百柒拾伍畝玖分,應徵租銀貳拾叁兩貳錢柒分肆釐,照數徵完。造具經徵督催已未完各官職名送部。等語。

查乾隆叁拾伍年閏伍月内,原任盛京將軍宗室恒魯等具奏,查辦回贖民典旗地事宜内開,旗人典出餘地係徵租官田,毋庸動帑回贖。租從地出,應照依原奏,仍令民人承種,按則輸租。若令該旗界官向民人徵收,恐致紛擾,應責成該州縣官催徵,照舊撥餉,以符旗地原額,造報考成。等因。又各地暫行徵租候贖地畝,於乾隆肆拾壹年登覆回贖旗地案内,經户部行令,自乾隆肆拾年起,按照各城餘地等則徵租,歸入餘地考成案内造報查核。又嘉慶叁年,盛京將軍等會議動撥餘地租錢案内,該府尹聲請奉天餘地租,自嘉慶叁年爲始,銀錢各半徵收,經户部於嘉慶伍年奏準在案。今據奉天府府尹題報,咸豐元年承德等十一州縣并興京、岫巖通判,金州、新民同知原額民典旗人餘地并永遠徵租、暫行徵租以及絶嗣入官各地叁拾貳萬玖千捌百肆拾壹畝玖分柒釐肆毫,應徵租銀貳萬捌百壹拾陸兩柒錢柒分肆釐伍毫。新收復州民人於文章領種入民張明名下餘地叁畝捌釐,應徵租銀貳錢壹分陸釐。新舊共地叁拾貳萬玖千捌百肆拾伍畝伍釐肆毫,應徵租銀貳萬捌百壹拾陸兩玖錢玖分伍毫。内除岫巖廳嘉慶拾陸年被海水潮淹暫行開除租銀陸兩玖錢玖分玖釐,實應徵各項地租銀貳萬捌百玖兩玖錢玖分壹釐伍毫。内已完各項地租銀壹萬捌千捌拾伍兩陸錢叁分柒釐柒毫。續據咨報,徵完租銀陸百貳兩貳錢肆分捌釐肆毫,未完民典旗人餘地租銀貳千拾玖兩壹錢捌分玖釐肆毫,未完永遠徵租地租銀叁拾肆兩壹錢伍分捌釐,未完暫行徵租地租銀陸拾捌兩柒錢伍分捌釐。按該府尹冊造,實在應徵地畝并應徵租銀已未完各數核算相符。又金州廳、新民廳、義州等處咸豐元年應帶徵道光叁拾年奏銷未完各項地租銀貳千陸百陸拾玖兩肆分貳釐柒毫,已完銀玖百捌拾陸兩叁錢捌分柒釐伍毫,未完銀壹千陸百捌拾貳兩陸錢伍分伍釐貳毫。户部按冊核算,除已徵完各項租銀壹萬玖千柒拾貳兩貳分伍釐貳毫,未完額徵銀貳千柒百貳拾肆兩叁錢伍分叁釐捌毫,又未完帶徵銀壹千陸百捌拾貳兩陸錢伍分伍釐貳毫。應將現報經徵督催已未完各官職名照冊開單,移咨吏部核議。

吏部查,定例:直隸旗租銀兩經徵督催各官,均照地丁錢糧例辦理。如能於奏銷前全完,亦照地丁錢糧例議叙。又定例:地丁錢糧自三百兩以上未及一萬兩於奏銷前全完者,紀録一次。又定例:地丁錢糧經徵州縣官初參欠二分者,降職二級,三分者降職三級,俱令帶罪徵收。督催之知府初參欠一分者,罰俸一年,欠三分者降職二級,俱令帶罪督催。等語。除數不及三百兩全完及二官經徵全完各官例無議叙,及病故之員并參後續報全完之復州知州何煥經,照例扣除免議,均毋庸議外。應將經徵咸豐元年民典旗人餘地租銀三百兩以上未及一萬兩全完之前任海城縣知縣事今陞寧遠州知州延瑞,前任蓋平縣知縣今調海城縣知縣王肇光,前任鐵嶺縣知縣今陞義州知州愷榕均照例準其紀録一次。至經徵接徵咸豐元年民典旗人餘地租銀初參未完二分以上之署金州廳同知事奉天府通判臺隆阿,照例降職二級。未完三分以上之署新民廳同知事候補知縣劉榮桂,前任新民廳同知靳廷鈺,署議州知州事昌圖廳理事通判舒齡均照例降職三級,俱令帶罪徵收。督催未完一分以上之奉天府治中曹敦錡,照例罰俸一年。三分以上之錦州府知府德亨,照例降職二級,俱令帶罪督催。臺隆阿、劉榮桂、舒齡俱係署事官,靳廷鈺已經告病,俱未聲明卸事日期,俟復參到日再議。曹敦錡又署錦州府任内督催初參未完三分以上,照例再降職二級,帶罪督催。係署事官未據聲明卸事日期,俟復參到日再議。所有前項徵完租銀壹萬玖千柒拾貳兩貳分伍釐貳毫内,除續完租銀陸百貳兩貳錢肆分捌釐肆毫,應於咸豐叁年奏銷案内查核。其興京廳暫行徵租銀壹兩玖錢伍分,遼陽等處寡獨養贍地租銀貳拾叁兩貳錢柒分肆釐全徵銀兩外,其餘銀錢各半徵收,動存各數應於下款查核。

一、舊管銀錢項下:據冊開:舊管銀玖千壹百貳拾貳兩伍錢柒釐陸毫,制錢壹萬陸千玖百捌拾玖串捌百伍拾捌文肆毫柒忽。查前項舊管銀錢各數,核與上年實存數目相符,應毋庸議。

一、新收銀錢項下:據冊開:新收銀玖千伍百肆拾捌兩陸錢貳分肆釐陸毫,制錢玖千伍百貳拾叁串肆百文陸毫。又收參革義州知州覺羅春垚寓所什物變價歸還虧缺銀壹百壹兩貳分。又收該革員措交虧缺制錢貳千捌百貳串伍百肆拾捌文。又收前任蓋平縣知縣許瀛置買器具等項變價歸還虧缺銀拾叁兩貳錢玖分。又追收前任復州知州鮑勤堂虧缺銀肆百叁拾肆兩貳錢肆分柒釐。查前項新收銀錢以及追收清查案内虧缺銀錢各數按冊核算相符,應毋庸議。

一、開除銀錢項下:據冊開:解交盛京户部收存元年暫行徵租銀壹兩玖錢伍分。又解交參革義州知州覺羅春垚寓所什物變價歸還銀壹百壹兩貳分。又元年提解盛京户部備撥俸餉制錢壹萬肆千肆百貳拾串。又除解交參革義州知州覺羅春垚措交虧短貳拾玖叁拾兩年未解充餉制錢貳千叁百串。查解交盛京户部收存銀壹百貳兩玖錢柒分,制錢壹萬陸千柒百貳拾串,應令盛京户部將解交收訖各數是否相符即行查明,報部查核。

一、實存銀錢項下:據冊開:實存銀壹萬玖千壹百壹拾陸兩柒錢壹分玖釐貳毫,制錢壹萬貳千伍百玖拾伍串捌百柒文柒忽。查前項實存銀壹萬玖千壹百壹拾陸兩柒錢壹分玖釐貳毫,制錢壹萬貳千伍百玖拾伍串捌百柒文柒忽,例應於奏銷後即行照數解交充餉,不準久存屬庫,致啟虧那之弊。應令該府尹轉飭各屬趕緊報解,仍咨盛京户部於前項銀錢解到時,即將收訖日期報部。并令造入下年奏銷案内,題報查核。

此案於咸豐叁年肆月初肆日科抄到部。嗣於咸豐肆年貳月拾貳日,據該府尹將續徵銀兩咨報到部。叁年捌月初叁日咨送吏部會議,肆年伍月拾捌日準吏部議結送回。兹於柒月初叁日辦理具題。再,此本係户部主稿,合并聲明。

臣等未敢擅便,謹題請旨。

批紅:依議。

爲題報殺虎口咸豐二年至三年徵收税銀數目事

咸豐四年七月初四日

太子太保·大學士管理戶部事務祁寯藻等謹題,爲徵收錢糧事。

户科抄出,殺虎口監督恩保題殺虎口自咸豐貳年陸月貳拾貳日起至叁年陸月貳拾壹日止一年徵收税銀一案。咸豐叁年玖月初拾日題,拾貳月初肆日奉旨:該部察覈具奏。欽此。欽遵。於本日抄出到部。

該臣等查得,殺虎口監督恩保疏稱:自咸豐貳年陸月貳拾貳日起至叁年陸月貳拾壹日止,一年共徵收正耗銀肆萬陸千貳百捌拾貳兩貳錢貳分。内應解工部歸化城額徵落地木税銀肆百肆拾陸兩,應解户部正額銀壹萬陸千玖百壹拾玖兩玖錢玖分陸釐。内支給巡皂工食銀壹百叁拾貳兩,支給管理殺虎口驛站主事恩光馬價銀壹千叁拾玖兩伍錢,實解交户部正額銀壹萬伍千柒百肆拾捌兩肆錢玖分陸釐。又徵火耗盈餘銀貳萬捌千玖百壹拾陸兩貳錢貳分肆釐内,撥解工部抵補大青山木税額銀柒千貳百兩,支給書巡人等飯食銀貳千壹百貳拾肆兩,支給解交錢糧盤費、部科飯銀經費共銀壹千貳百叁拾肆兩零柒分捌釐,實剩應交内務府盈餘銀壹萬捌千叁百伍拾捌兩壹錢肆分陸釐。照例存庫,俟臣任滿親齎到京奏明交納,理合恭疏具題。等因前來。

查殺虎口每年應徵户税正額銀壹萬陸千玖百拾玖兩玖錢玖分陸釐。今據殺虎口監督恩保題報,自咸豐貳年陸月貳拾貳日起至叁年陸月貳拾壹日止,一年共徵收正額銀壹萬陸千玖百壹拾玖兩玖錢玖分陸釐,核與應徵銀數相符。查前項正額銀内支給巡皂工食銀壹百叁拾貳兩,又支給殺虎口驛站主事恩光馬價銀壹千叁拾玖兩伍錢,查與該監督呈報應支銀兩原案相符。其實存解部銀壹萬伍千柒百肆拾捌兩肆錢玖分陸釐,業據該監督批差解部,經臣部移付銀庫照數查收,應毋庸議。至徵收火耗盈餘銀貳萬捌千玖百壹拾陸兩貳錢貳分肆釐内,支給各項經費銀叁千叁百伍拾捌兩柒分捌釐,業據該監督造具支用細數清冊送部,應於該關該年經費案内查核。又盈餘銀内撥解工部抵補大青山木税額銀柒千貳百兩,查與每年撥補銀數相符,同徵解歸化城落地木税銀肆百肆拾陸兩,二共銀柒千陸百肆拾陸兩。現據該監督解交工部,應由工部查核具題。再查該年實存應解内務府盈餘銀壹萬捌千叁百伍拾捌兩壹錢肆分陸釐,據該監督疏稱,俟任滿親齎到京奏明交納,應仍令該監督自行奏聞。

至此案於咸豐叁年拾貳月初肆日科抄到部。兹於肆年柒月初肆日辦理具題,合并聲明。

臣等未敢擅便,謹題請旨。

批紅:依議。

爲咸豐三年户部例只題咨事件開單彙核具奏事

咸豐四年七月初六日

太子太保·大學士管理户部事務祁寯藻等謹題,爲遵旨彙覈具奏事。

乾隆陸拾年陸月内,經留京王大臣永琅等奏稱:各省督撫題奏事件未能畫一,經軍機大臣奏明交與臣等會同詳查,分別應奏、應題,妥議具奏。伏查各省督撫辦理地方事務,如係奉旨交辦及命盗邪教重案、貪劣不職屬員、事涉更定舊章、關係民瘼并一切緊要事宜,自應隨時具奏。若尋常事宜,本係照例題報之件,部中俱有例案可稽,册檔可覈,自毋庸復行具奏,致滋煩複。謹將事隸各部條款,開列清單,恭呈御覧。等因。乾隆陸拾年陸月貳拾陸日奉旨:依議。欽此。又欽奉上諭:留京王大臣會同六部議將各省題、奏事件畫一辦理一摺,應依議。但此次王大臣等所改題、咨各款,各省如何遵照辦理之處,仍著各該部,按照彙奏事件之例,於本年年終開單彙奏一次。欽此。欽遵在案。今咸豐叁年分所有王大臣原議案内事隸臣部各款,應行開單彙覈具奏,恭候命下之日,臣部行文各該督撫等一體遵照辦理。

再查此案,原例開載改奏爲咨款内,尚有動用存公耗羨及實存銀數二款,經臣部於道光貳年纂修則例案内,議以嘉慶伍年臣部議奏,動用耗羨銀兩,數在叁百兩上下者,準其咨部覈明動用。儻數逾伍百兩以上,即令奏明動用。如有擅動,責令賠補。又查耗羨實存銀數,各省咨報到部,臣部每歲彙奏一次。是例内動用耗羨存公及耗羨實存銀數二款,雖經乾隆陸拾年改奏爲咨,現尚有應行具奏之處,擬删在案。是以清單内毋庸開列,理合聲明。

此案係臣部具題之件,并無科抄到部日期。兹於咸豐肆年柒月初陸日辦理具題,合併聲明。

臣等未敢擅便,謹題請旨。

批紅:依議。

爲四川題銷咸豐二年鹽課銀兩事

咸豐四年七月初八日

戶部等部,太子太保・大學士管理戶部事務祁寯藻等謹題,爲遵旨察核具奏事。

户科抄出,四川總督裕瑞題咸豐貳年鹽課銀兩一案。咸豐叁年肆月叁拾日題,柒月初叁日奉旨:該部察核具奏。欽此。欽遵。於本日抄出到部。

該臣等會議得,四川總督裕瑞疏稱:徵收鹽課税銀例應按年報銷,兹據鹽茶道清安泰詳:咸豐貳年舊管咸豐元年分鹽課税銀叁萬貳千捌百兩玖錢叁分肆釐,新收咸豐貳年分鹽課税銀壹拾肆萬玖千伍拾叁兩玖錢陸分叁釐,續收咸豐元年分鹽税銀壹千捌拾伍兩柒錢捌分柒釐,管收共銀壹拾捌萬貳千玖百肆拾兩陸錢捌分肆釐。開除準部撥銀壹拾肆萬叁千貳百叁拾捌兩陸錢柒分壹釐,實存銀叁萬玖千柒百貳兩壹分叁釐,未完咸豐貳年分鹽課税銀陸千叁百壹拾柒兩伍錢捌分壹釐。又未完犍爲增行湖北長樂縣咸豐元年分由楚省籌解鹽税銀壹千伍拾伍兩伍錢伍分,又未完道光叁拾年分鹽税銀壹千伍拾伍兩伍錢伍分,已於各年奏銷案内聲明未完在案。今將撥解存庫銀兩數目造具四柱清册,詳請察盤題銷。又查咸豐叁年奏銷貳年分尚有灌縣、大寧、犍爲、宣恩、利川等州縣未完鹽課税銀陸千叁百壹拾柒兩伍錢捌分壹釐内,除犍爲增行長樂未完銀兩經徵職名前經奉準部咨免其開報,所有經徵不力職名係前任灌縣知縣覺羅恒保、大寧縣知縣阿斯杭阿,督催道員職名,係四川鹽茶道清安泰。相應開送。至湖北宣恩、利川經徵不力職名,并督催知府職名及應議叙全完之鶴峯、恩施、建始、咸豐、來鳳各職名,係屬隔省,疊經飭取,未據造送前來,無憑開報。除將未完銀兩分數及該管督催職名并未完咸豐元年、道光叁拾年分銀兩數目,於册内分晰聲明外,查咸豐貳年分原額水陸鹽引十六萬八千九十七張,兹據各屬繳到水陸鹽引三萬四千八百六十三張,引根紙四百三十張一并呈送。等情。臣覆核無異,除出具保結同送到册結分送部科外,臣謹具題。等因前來。

查四川鹽課,定例於次年肆月奏銷。今據該督疏册内稱:舊管咸豐元年鹽課税銀叁萬貳千捌百兩玖錢叁分肆釐,新收咸豐貳年鹽課税銀拾肆萬玖千伍拾叁兩玖錢陸分叁釐,又續收鶴峯、長樂二州縣咸豐元年鹽課税銀壹千捌拾伍兩柒錢捌分柒釐,管收共銀拾捌萬貳千玖百肆拾兩陸錢捌分肆釐。内除奉撥布政司留備兵餉銀拾肆萬叁千貳百叁拾捌兩陸錢柒分壹釐,應令該督轉飭布政司將撥解銀數是否相符,另文報部查核。其餘實存銀叁萬玖千柒百貳兩壹分叁釐,户部查與咸豐叁年秋撥册内報收銀數相符,應毋庸議。又疏册内稱:於奏銷前一官經徵課税銀叁百兩以上全完之新繁縣知縣趙戣等職名,題請議叙。等語。吏部查,定例:各省經徵鹽課各官能於奏銷前一官經徵全完者,照地丁錢糧例議叙。又定例,州縣官經徵一應起運本年有分數錢糧三百兩以上不及一萬兩,於奏銷前全完者紀録一次。等語。除病故之員毋庸議外,應將經徵咸豐貳年分鹽課三百兩以上不及萬兩,於奏銷前全完之新繁縣知縣趙戣、金堂縣知縣余珽、新都縣知縣鐃恒、郫縣知縣鄭霖溥、署崇慶州事試用同知沈英、新津縣知縣鄭東革、雙流縣知縣楊觀曜、漢州知州鄭安仁、署廣安州事試用知州宣維禮、岳池縣知縣何日愈、署達縣事試用知縣何樹年、東鄉縣知縣張其信、渠縣知縣沈崧曾、南部縣知縣朱鳳檽、巴縣知縣覺羅祥慶、署璧山縣事試用知縣呉雲程、永川縣知縣丁鳳臯、綦江縣知縣楊銘、南川縣知縣魏崧、合州知州榮慶、定遠縣知縣王聯堂、署涪州事邛州直隸州知州金旃、銅梁縣知縣桂蔭、忠州知州强望泰、署酆都縣事梓潼縣知縣周樹棠、梁山縣知縣藏翰、署奉節縣事試用知縣張奮翼、前任石柱直隸廳丁憂同知王槐齡、南溪縣知縣陳價藩、署長寧縣事試用通判朱百城、高縣知縣鄭兆荃、屏山縣知縣黄漢章、合江縣知縣潘銘鑒、江安縣知縣談澐,均照例準其紀録一次。又疏稱:咸豐貳年未完鹽課銀陸千叁百拾柒兩伍錢捌分壹釐。又犍爲增行湖北長樂縣未完咸豐元年由楚省籌解鹽税銀壹千伍拾伍兩伍錢伍分,又未完道光叁拾年鹽税銀壹千伍拾伍兩伍錢伍分,迄今未據完納。應令湖廣總督即將前項未完銀兩趕緊解川,毋許再延。至咸豐貳年未完鹽課各官職名之灌縣、大寧、犍爲、宣恩、利川等州縣内,除犍爲增行長樂縣經徵職名準免開送,其湖北宣恩、利川經徵督催各職名應歸楚省開報,尚有經徵不力係前任灌縣知縣覺羅恒保、大寧縣知縣阿斯杭阿、督催鹽茶道清安泰等職名,相應開報。又於捌月初拾日據該督咨報灌縣續完銀陸百捌拾叁兩壹錢貳分,大寧縣續完銀貳千捌百捌拾兩貳錢貳分伍釐,職名扣除免議等語,相應免其查議。至前項續完銀叁千伍百陸拾叁兩叁錢肆分伍釐,核與咸豐叁年秋季册内報收銀數相符,尚未完銀貳千柒百伍拾肆兩貳錢叁分陸釐,應令該督轉飭趕緊全數完解報部,毋任延欠。又疏稱:原額水陸鹽引十六萬八千九十七張,已據各屬繳到水陸鹽引三萬四千八百六十三張,引根紙四百三十張,應令解部查銷。其未繳水陸鹽引十三萬三千二百三十四張速飭催繳解部,如有未完,照例扣限請參。

此本係户部主稿。於咸豐叁年柒月初叁日科抄到部,拾壹月貳拾貳日會吏部,肆年伍月貳拾日吏部議結送回。兹於柒月初捌日辦理具題,合并聲明。

臣等未敢擅便,謹題請旨。

批紅:依議。

爲江蘇題報咸豐元年至二年江海關徵收夷税動存數目事

咸豐四年七月初八日

太子太保・大學士管理户部事務祁寯藻等謹題,爲考覈等事。

户科抄出,前任江蘇巡撫許乃釗題江海關咸豐元年拾月貳拾陸日起至貳年拾月貳拾伍日止壹年徵收夷税銀兩一案。咸豐叁年拾月拾玖日題,拾貳月拾叁日奉旨:該部察覈具奏。欽此。欽遵。於本日抄出到部。

該臣等查得,前任江蘇巡撫許乃釗疏稱:江海關自咸豐元年拾月貳拾陸日起至貳年拾月貳拾伍日止,壹年期滿,徵收西洋各國税鈔,除折耗外,實徵銀壹百貳拾壹萬捌千叁百貳兩壹錢伍分。又帶徵内地叁關湖絲税正耗銀陸萬伍千柒拾伍兩肆錢玖分柒釐。查前項徵收夷税内,除扣解部飯銀叁萬柒千貳百壹拾柒兩玖錢伍分貳釐,扣解費銀玖千陸百貳拾伍兩叁錢叁分貳釐,又撥解南河歲料銀壹拾捌萬貳千兩,又撥解湖北兵餉不敷銀壹萬陸千兩,又改撥江寧省兵餉不敷銀肆萬叁千捌百壹拾陸兩肆錢,又撥解部餉銀壹拾玖萬兩,隨解加平銀貳千捌百伍拾兩,又續撥湖南兵餉銀貳萬伍千兩,又續撥湖南軍餉銀肆萬玖千兩,又撥解豐工復堵工需銀陸拾萬兩,又撥解江寧藩庫防堵銀伍萬兩,又批解北新關絲税正耗銀壹萬柒千叁百壹拾陸兩玖錢壹分陸釐,又截留改撥軍餉贛關絲税正耗銀壹萬捌千陸百陸拾玖兩玖錢肆分伍釐,又支繕書工食、紙張銀壹百玖拾貳兩,又支給盤驗所人役工食經費銀伍千肆百肆拾捌兩,又支給修葺碼頭、巡船等銀陸百貳拾兩,又支給起解税餉置備木鞘、鐵箍等銀叁百捌拾兩肆錢。以上奉撥批解并動支各款共計銀壹百貳拾肆萬捌千壹百叁拾陸兩玖錢肆分伍釐,計餘存銀叁萬伍千貳百肆拾兩柒錢貳釐内,劃出銀叁萬兩同畸零尾數,一并分解寧蘇兩藩庫兑收存儲外,海關并無餘存銀兩。至代徵太平關絲税正耗銀貳萬玖千捌拾捌兩陸錢叁分陸釐,仍彙入江海關彙解應送冊檔,現在關書領齎起程外,臣謹循例具題,等因前來。

查江海關自咸豐元年拾月貳拾陸日起至貳年拾月貳拾伍日止,壹年徵收西洋各國夷税,并帶徵叁關補納湖絲税耗共銀壹百貳拾捌萬叁千叁百柒拾柒兩陸錢肆分柒釐,臣部查與該撫奏報徵收數目相符。至前項徵收税銀内,除撥解南河歲料銀壹拾捌萬貳千兩,又撥解湖北兵餉不敷銀壹萬陸千兩,又撥江寧兵餉不敷銀肆萬叁千捌百壹拾陸兩肆錢,又撥解湖南兵餉銀貳萬伍千兩,又續撥湖南軍餉銀肆萬玖千兩,又撥解豐工復堵工需銀陸拾萬兩,又撥江寧防堵銀伍萬兩,又截留改撥軍需撥贛關絲税正耗銀壹萬捌千陸百陸拾玖兩玖錢肆分伍釐,又撥解部庫銀壹拾玖萬兩,隨解加平銀貳千捌百伍拾兩,臣部覈與奏撥各原案及解部銀數均屬相符。其各案藩庫實收尚未據該關送部。又批解北新關絲税正耗銀壹萬柒千叁百壹拾陸兩玖錢壹分陸釐,除在於該關稅銀考覈案内查覈另行辦理外,又扣出解部飯銀叁萬柒千貳百壹拾柒兩玖錢伍分貳釐,扣解費銀玖千陸百貳拾伍兩叁錢叁分貳釐,又支給繕書工食銀壹百玖拾貳兩,又支給盤驗所人役工食銀伍千肆百肆拾捌兩,又支給修葺碼頭、巡船等銀陸百貳拾兩,又支給置備木鞘等銀叁百捌拾兩肆錢,應俟該關將支銷各項經費細冊送部到日,再行查覈銷結。以上撥解并動支各款共銀壹百貳拾肆萬捌千壹百叁拾陸兩玖錢肆分伍釐,尚餘存銀叁萬伍千貳百肆拾兩柒錢貳釐。據疏稱,内劃出銀叁萬兩,同畸零尾數銀伍千貳百肆拾兩柒錢貳釐,一并分解寧蘇兩藩庫,另款收存,以資儲備。等語。臣部查與奏準原案相符,應令江蘇巡撫轉飭將分解兩司存儲銀數及藩庫實收專案報部,以備查覈。再查定例:江海關徵收稅銀冊檔題報考覈,限關期滿後叁個月内即行起解具題,逾限參處。等語。今該關該年應解收稅冊檔及題報考覈,例應於咸豐叁年正月貳拾伍日以前起解具題。今題報考覈遲至叁年拾月拾玖日始行具題,覈計已逾例限玖月有餘。其應解收稅冊檔及藩庫實收迄今久逾例限,尚未據該關咨報起解,殊屬任意延宕。并令江蘇巡撫轉飭管關道,即將該關該年應解收稅冊檔及各項庫收支銷經費各冊,迅速批差起解,并將該管關道遲延各職名照例開揭,送部查議,毋再遲延。

此案於咸豐叁年拾貳月拾叁日科抄到部。兹於肆年柒月初捌日辦理具題,合并聲明。

臣等未敢擅便,謹題請旨。

批紅:依議。

爲貴州奏銷坡坳板堦二廠咸豐元年開採硃砂雄磺稅課事

咸豐四年七月初九日

太子太保·大學士管理户部事務祁寯藻等謹題,爲開採砂磺報銷事。

户科抄出,貴州巡撫蔣霨遠題貴州省與義府屬坡坳、板堦二廠咸豐元年分抽收砂磺報銷一案。咸豐叁年玖月貳拾捌日題,拾貳月拾叁日奉旨:該部察核具奏。欽此。欽遵。於本日抄出到部。

該臣等查得,貴州巡撫蔣霨遠疏稱:貴州興義府冊亨州同所屬坡坳、板堦二廠咸豐元年分出產硃砂、雄磺二八抽課并發賣價銀以及支過廠員養廉、書役工食等項造冊題銷前來。據冊開:

一、舊管:道光叁拾年底收存砂磺課價銀伍百捌拾玖兩肆錢柒分,造入咸豐貳年分公費冊内送部查核。等語。查前項舊管銀兩,臣部核與上屆報銷案内并送到咸豐貳年公費冊報銀數,均屬相符,應毋庸議。

一、新收:咸豐元年分坡坳廠出產豆砂貳千貳百柒拾伍斤,每百斤抽課貳拾斤,共抽豆砂課肆百伍拾伍斤。又出產米砂壹千壹百肆拾肆斤拾肆兩柒錢伍分,每百斤抽課貳拾斤,共抽米砂課貳百貳拾捌斤拾伍兩柒錢伍分。板増廠出產腰磺玖千貳百陸拾貳斤捌兩,每百斤抽課貳拾斤共抽腰磺課壹千捌百伍拾貳斤捌兩。又出產豆磺貳萬叁千叁百貳拾斤壹兩伍錢,每百斤抽課貳拾斤,共收豆磺課肆千陸百陸拾肆斤叁錢。等語。查定例:貴州省興義府屬坡坳、板増二廠硃砂、雄磺,每百斤抽課貳拾斤。等語。今據該撫題報黔省咸豐元年分坡坳廠抽收豆砂、米砂課陸百捌拾叁斤拾伍兩柒錢伍分,板増廠抽收腰豆、磺課陸千伍百壹拾陸斤捌兩叁錢,臣部按冊核算,查與定例應抽正課數目相符,應毋庸議。

一、坡坳廠咸豐元年分發賣豆砂肆百伍拾伍斤,每斤照市價捌錢貳分,共變賣價銀叁百柒拾叁兩壹錢。又發賣米砂貳百貳拾捌斤拾伍兩柒錢伍分,每斤照市價肆錢捌分,共變賣價銀壹百玖兩玖錢壹分貳釐。板増廠發賣腰磺壹千捌百伍拾貳斤捌兩,每百斤照市價玖兩,共變賣銀壹百陸拾陸兩柒錢貳分伍釐。又發賣豆磺肆千陸百陸拾肆斤叁錢,每百斤照市價肆兩伍錢,共變賣價銀貳百玖兩捌錢捌分壹釐,以上共變賣砂磺課銀捌百伍拾玖兩陸錢壹分捌釐。等語。查定例:貴州省興義府屬坡坳、板増二廠抽課砂磺照市價變賣。等語。今前項發賣砂磺柒千貳百斤捌兩伍分,共變賣價銀捌百伍拾玖兩陸錢壹分捌釐。既據該撫聲明照依市價變賣,并取具承辦官并無抽多報少印結具題,臣部核與變價數目相符,應毋庸議。

一、開除:坡坳、板増二廠經管廠員,原議月給養廉銀肆兩。又廠書各一名,課長各一名,巡攔各四名,共計一十二名,每名月給工食銀壹兩。每廠月給燈油紙筆銀伍錢。今咸豐元年分計一十三箇月,給過廠員養廉銀伍拾貳兩,書役工食銀壹百伍拾陸兩,燈油、紙筆銀壹拾叁兩,共銀貳百貳拾壹兩。至前項砂磺應銷運費腳費、紙張等項銀兩,因就近在廠變價,毋庸開銷。等語。查前項給過咸豐元年分廠員養廉并書役工食、燈油、紙筆共銀貳百貳拾壹兩,臣部核算俱與應給銀數相符,應準開銷。至抽課砂磺應銷運費腳費、紙張等項銀兩,既據聲明就近在廠變價,毋庸開銷,應毋庸議。

一、實存:咸豐元年分該二廠砂礦價銀陸百叁拾捌兩陸錢壹分捌釐,俟造入咸豐叁年公費冊内報查。等語。查抽課砂礦變價銀兩,臣部按冊查核,與該撫題報應存銀數相符。既據該撫疏冊内稱造入咸豐叁年公費冊報之處,除臣部照數登記外,應仍令該撫轉飭造入咸豐叁年公費冊内,報部查核。

此案於咸豐叁年拾貳月拾叁日科抄到部。兹於肆年柒月初玖日辦理具題,合并聲明。

臣等未敢擅便,謹題請旨。

批紅:依議。

爲浙江題報咸豐二年文武各官已未完降住罰俸銀兩事

咸豐四年七月初十日

太子太保·大學士管理户部事務祁寯藻等謹題,爲通行事。

户科抄出,浙江巡撫黄宗漢題浙江省咸豐貳年分文武各官已未完降住罰俸銀兩一案。咸豐叁年捌月初陸日題,拾月拾陸日奉旨:該部察核具奏。欽此。欽遵。於本日抄出到部。

該臣等查得,浙江巡撫黄宗漢疏稱:案準部咨,文武各官應完降住罰俸銀兩,應令各造一冊,於伍月内專案具題。等因。遵照在案。兹據署布政使事按察使黄樂之詳稱:浙江省咸豐貳年分文職大小各官,通共應扣降住罰俸銀肆萬肆千肆拾貳兩壹釐。内除各官完繳降住罰俸銀壹千叁百貳拾柒兩叁錢玖分叁釐,内一銀貳百肆拾肆兩肆錢伍分伍釐,係準補安吉縣知縣崔家蔭專案完繳,業經造入咸豐叁年春季存庫冊内報部撥用在案。一銀陸百玖拾壹兩叁錢壹分壹釐,係現任人員完繳。一銀貳拾貳兩壹分貳釐,係降調人員完繳。一銀貳百陸拾伍兩叁錢捌分陸釐,係丁憂告病人員完繳。一銀壹百肆兩貳錢貳分玖釐,係革職告休人員完繳。共銀壹千捌拾貳兩玖錢叁分捌釐,均係扣俸抵完,現經造入咸豐叁年秋季存庫冊内報部候撥。計未完銀肆萬貳千柒百壹拾肆兩陸錢捌釐内,除陞遷事故人員内,請咨新任銀壹千陸百玖拾捌兩壹錢叁分伍釐,補官扣報銀玖千貳百玖拾伍兩捌分肆釐,註冊免追銀貳千叁百貳拾捌兩貳錢柒分,實未完銀貳萬玖千叁百玖拾叁兩壹錢壹分玖釐,應請照例按年扣俸抵完,入於下屆未完舊案罰俸冊内另報。又武職大小員弁通共應扣罰俸銀壹千柒百伍拾叁兩伍錢肆分玖釐内,除已完銀貳拾捌兩壹錢叁分肆釐,業經造入咸豐叁年秋季存庫冊内報部候撥,未完銀壹千柒百貳拾伍兩肆錢壹分伍釐,應請照例按年扣俸抵完,入於下屆節年未完降住罰俸冊内另報。理合分晰文武二職,造具事由簡明清冊,詳送察核具題。等情。臣覆核無異,除冊送部外,理合具題。等因前來。

查浙江省文武各官完繳降住罰俸銀兩,向係文武彙入一冊,附入地丁案内,一并題銷。其間人數衆多,查核易滋糾纏,先經臣部行令自乾隆肆拾捌年爲始,文武各列一冊,於次年伍月專案具題在案。今據該撫造送冊開,咸豐貳年分文職大小各官,通共應扣降住罰俸銀肆萬肆千肆拾貳兩壹釐。内準補安吉縣知縣崔家蔭完繳銀貳百肆拾肆兩肆錢伍分伍釐,據稱造入咸豐叁年春撥冊内報部,檢查冊内銀數不符,應令查明報部。又現任人員完繳銀陸百玖拾壹兩叁錢壹分壹釐,降調人員完繳銀貳拾貳兩壹分貳釐,丁憂告病人員完繳銀貳百陸拾伍兩叁錢捌分陸釐,革職告休人員完繳銀壹百肆兩貳錢貳分玖釐,共銀壹千捌拾貳兩玖錢叁分捌釐,據稱業經造入咸豐叁年秋撥冊内報部,核對銀數相符,應毋庸議。至未完銀肆萬貳千柒百壹拾肆兩陸錢捌釐内,除陞遷事故人員請咨新任并補官扣報及注冊免追共銀壹萬叁千叁百貳拾壹兩肆錢捌分玖釐,應歸於專案核辦外,實未完銀貳萬玖千叁百玖拾叁兩壹錢壹分玖釐。又武職各官通共應扣罰俸銀壹千柒百伍拾叁兩伍錢肆分玖釐内,已完銀貳拾捌兩壹錢叁分肆釐,據稱業經造入咸豐叁年秋撥冊内報部,核對銀數相符,應毋庸議。至未完銀壹千柒百貳拾伍兩肆錢壹分伍釐,應令該撫轉飭,同文職各員未完銀兩一并照例按年扣俸抵完,入於下屆已未完節年罰俸冊内,報部查核。

此案於咸豐叁年拾月拾陸日科抄到部。因冊籍未據送到,經臣部奏參嚴催,今於咸豐肆年叁月初壹日造送到部。兹於柒月初拾日辦理具題,合并聲明。

臣等未敢擅便,謹題請旨。

批紅:依議。

爲左翼監督題報咸豐二至三年徵收動支稅銀數目事

咸豐四年七月十一日

太子太保·大學士管理户部事務祁寯藻等謹題,爲考覈錢糧事。

先據左翼監督恩醇將前任監督景壽任内自咸豐貳年叁月拾叁日起至叁年叁月拾貳日止,壹年收支税銀數目造册送部,隨將册造辦過猪羊、牛隻、騾頭、馬匹各項數目是否相符之處,行查各該處去後。今準上駟院、太常寺、禮部等處先後查覆,數目均屬相符,咨覆到部。

該臣等查得,左翼額税銀壹萬兩,今據左翼監督恩醇咨報,前任監督景壽任内自咸豐貳年叁月拾叁日起至叁年叁月拾貳日止壹年期滿,徵收正額銀壹萬零捌兩,查與額徵銀數有盈無絀。又徵收過房地税銀壹千貳百玖拾兩壹錢壹分伍釐伍毫,二共銀壹萬壹千貳百玖拾捌兩壹錢壹分伍釐伍毫。内除支給採買猪、羊、牛價銀玖千玖百伍拾貳兩柒錢肆分,採買騾頭價銀肆百肆拾兩,採買犛馬價銀陸拾肆兩,業經上駟院、太常寺、禮部等處先後查覆,數目價值均屬相符,應準開銷。以上共動用銀壹萬肆百伍拾陸兩柒錢肆分,實存房地税銀捌百肆拾壹兩叁錢柒分伍釐伍毫,業據該翼批差解部交納,經臣部移付銀庫照數查收在案,應毋庸議。至左翼徵收盈餘銀兩,向係該監督自行奏明辦理,合并聲明。

臣等未敢擅便,謹題請旨。

批紅:依議。

爲山西題報預估咸豐四年緑營應需公費銀兩事

咸豐四年七月十二日

太子太保·大學士管理户部事務祁寯藻等謹題,爲酌定緑營公費事。

户科抄出,山西巡撫恒春題預估咸豐肆年各鎮營應需公費銀一案。咸豐肆年正月貳拾日題,叁月拾叁日奉旨:該部議奏。欽此。欽遵。於本日抄出到部。

該臣等查得,山西巡撫恒春疏稱:山西省各協、營、路預估公費銀兩,準兵工二部咨行,令照例題估題銷。等因。歷經遵照在案。兹據署布政使沈兆澐詳稱:準撫標左右二營,將咸豐肆年應需公費連閏共估銀伍百貳拾貳兩壹錢叁分陸釐。又準太原鎮將所屬各協營咸豐肆年應需公費連閏共估銀伍千柒百壹拾伍兩玖錢玖分叁釐。又準大同鎮將各協、營、路咸豐肆年應需公費連閏共估需銀陸千貳百伍拾壹兩伍錢壹釐。内除動支地租銀貳千伍百伍拾玖兩玖錢柒分捌釐外,實應需銀叁千陸百玖拾壹兩伍錢貳分叁釐。分晰造具估冊，移送到司。覆查咸豐肆年係有閏之年，撫標左右二營并太原、大同二鎮所屬各協、營、路，連閏共估公費銀壹萬貳千肆百捌拾玖兩陸錢叁分。内除大同鎮屬餘地租抵作公費銀貳千伍百伍拾玖兩玖錢柒分捌釐照舊由鎮支銷外，尚需銀玖千玖百貳拾玖兩陸錢伍分貳釐。按冊核算，均屬相符。應請在於咸豐叁年地丁項内照數提出，收入咸豐肆年公費項下另款存儲備支，俟年底據實造冊報銷。等情。呈詳前來。臣覆核無異，除冊送部查核外，相應具題。等因前來。

查山西省各鎮營應需公費銀兩，向係預估備支，年終造冊題銷。今據該撫疏稱：各協、路咸豐肆年連閏共應需公費銀壹萬貳千肆百捌拾玖兩陸錢叁分内，除大同鎮屬餘地租抵作公費銀貳千伍百伍拾玖兩玖錢柒分捌釐照舊由鎮支銷外，尚需銀玖千玖百貳拾玖兩陸錢伍分貳釐。應請在於咸豐叁年地丁銀内照數提出，收入咸豐肆年公費項下另款存儲備支，俟年終據實造冊報銷。等語。臣等核與歷年辦過成案并應提銀數相符，應如該撫所題辦理。仍將本款支給各數年終照例造冊，題報核銷。

此案於咸豐肆年叁月拾伍日科抄到部。茲於柒月拾貳日辦理具題，合并聲明。

臣等未敢擅便，謹題請旨。

批紅：依議。

爲雲南奏銷咸豐二年武職各官支過養廉銀兩事

咸豐四年七月十三日

太子太保·大學士管理户部事務祁寯藻等謹題，爲奏銷等事。

户科抄出，前任雲貴總督吳文鎔題滇省咸豐貳年分武職各官支過養廉銀兩造册題銷一案，咸豐叁年陸月貳拾貳日題，拾壹月貳拾玖日奉旨：該部察核具奏。欽此。欽遵。於本日抄出到部。臣部隨將該督揭送武職各官到任署卸各日期原册行查兵部去後，今準兵部查明同原册咨覆到部。

該臣等查得，前任雲貴總督吳文鎔疏稱：武職年支養廉銀兩，例應按年造册題銷。兹據雲南布政使史致蕃詳稱：查滇省咸豐貳年分督、撫、提等二十八標、鎮、協、營武職養廉，原撥收銀捌萬伍百肆拾捌兩，係前任布政使徐有壬任内經收。開除：一放各營官弁共支養廉銀柒萬捌千肆兩伍錢肆釐。内係前任布政使徐有壬任内放銀捌萬伍百肆拾柒兩玖錢玖分貳釐,計長放銀貳千伍百肆拾叁兩肆錢捌分捌釐,已於前任布政使徐有壬任内收回銀壹千陸百捌拾陸兩玖錢玖分肆釐,布政使史致蕃任内收回銀捌百伍拾陸兩肆錢玖分肆釐,另於下屆交代册内收造。二任共收銀貳千伍百肆拾叁兩肆錢捌分捌釐。即合長放之數,共截曠養廉銀貳千伍百肆拾叁兩肆錢玖分陸釐。内除支放臨元鎮推陞直隸杜勝營都司白人鵬就滇支食,并各營署事各員阿克敦布等一百二員共支銷全半養廉銀叁千壹拾肆兩叁分肆釐。除將前項截存養廉銀貳千伍百肆拾叁兩肆錢玖分陸釐儘數支放外,尚不敷銀肆百柒拾兩伍錢叁分捌釐。查此不敷銀兩,係因滇省現任人員半多出師粵、楚,而所遺之缺,係委武舉世職發滇候補等項人員署理,均經詳明照例在於扣缺項下支食半廉銀兩。又因出師之年應行引見者暫緩送部,是以截半養廉較之歷年又屬減少,以致不敷支放。署事人員半廉之項,業經詳咨,請照歷年兵餉建曠不敷詳咨動支地丁之案,聲請在於節年鹽課銀内照數找撥銀肆百柒拾兩伍錢叁分捌釐,收入養廉款内供支。所撥銀兩,俟於鹽課奏銷及下屆交代各册内分晰造報。以上共放委署各官支食全半養廉共銀叁千壹拾肆兩叁分肆釐内,係前任布政使徐有壬任内放銀貳千柒百叁拾叁兩壹錢伍分柒釐,布政使史致蕃任内放銀貳百捌拾兩捌錢柒分柒釐,二任共放即合共銷之數。所有奏銷前項養廉銀兩俱係實用實銷,年清年款,應請查核準銷。實存庫銀無項。又各營官弁實銷全半養廉銀捌萬壹千壹拾捌兩伍錢叁分捌釐,應扣減平銀肆千捌百陸拾壹兩壹錢壹分貳釐。内除已由四季册造支過銀伍萬捌千伍百柒拾陸兩肆錢,業經繳過減平銀叁千伍百壹拾肆兩伍錢捌分肆釐外,今奏銷核實,計找支全半廉銀貳萬貳千肆百肆拾貳兩壹錢叁分捌釐,尚應補繳減平銀壹千叁百肆拾陸兩伍錢貳分捌釐。除俟歸入造報咸豐貳年分藩庫補繳各款減平司總册内收造詳咨,并遵照奏準章程留抵咸豐肆年滇餉外,所有扣繳前項減平銀兩,俱係按照實銷實扣,相應將收支武職養廉銀兩數目彙造總册,同各營細册及減平各册詳請查核題銷。等情。臣覆核無異,除册分送部科外,臣謹會同雲南巡撫臣吳振棫合詞恭疏具題。等因前來。

查定例:各省綠營武職各官歲支養廉銀兩,提督每員貳千兩,總兵每員壹千伍百兩,副將每員捌百兩,參將每員伍百兩,遊擊每員肆百兩,都司每員貳百陸拾兩,守備每員貳百兩,千總每員壹百貳拾兩,把總每員玖拾兩,經制外委、千把總每員壹拾捌兩。又例載:雲南之騰越鎮龍陵營總兵歲支銀壹千陸百兩,副將每員玖百兩,參將每員陸百兩,遊擊每員肆百伍拾兩,都司每員叁百兩,守備每員貳百貳拾兩,千總每員壹百肆拾兩,把總每員壹百兩,經制外委、千把總每員貳拾貳兩。又試用候補人員委署暫行離任之缺,支給養廉十分之五。又例載:雲南提督於養廉外加賞銀伍百兩,雲南總兵於養廉外每員加賞銀貳百兩。又例載:各直省綠營武職額缺員弁養廉銀兩,新任官以受劄任事之日起支,舊任以離營卸事之日住支。由外陞調人員雖經任事,尚未奉旨者,仍照舊任職銜支給。如業已奉旨任事,祇未受劄及未經引見者,準其支食新任養廉。暫行離營之缺,委分發試用候補人員署理者,準照缺酌給養廉十分之五。陞遷事故員缺委試用官署理者,養廉銀兩照缺全支。由現任官兼署者全支,本任半支。署任由現任遞署不兼本任者,就署任遞支。各等因。今據前任雲貴總督吳文鎔將滇省咸豐貳年分武職官弁支過養廉銀兩造册題銷,原撥收銀捌萬伍百肆拾捌兩,核與咸豐貳年春撥册内撥收銀數相符。其各員到任、署卸、接劄日期行查兵部,覆稱均與該督册報相符。所有放各標、鎮、協、營官弁共支過養廉銀柒萬捌千肆兩伍錢肆釐内,係前任布政使徐有壬任内放銀捌萬伍百肆拾柒兩玖錢玖分貳釐,計長放銀貳千伍百肆拾叁兩肆錢捌分捌釐,已於前任布政使徐有壬任内收回銀壹千陸百捌拾陸兩玖錢玖分肆釐,布政使史致蕃任内收回銀捌百伍拾陸兩肆錢玖分肆釐,另於下屆交代册内收造。共截曠養廉銀貳千伍百肆拾叁兩肆錢玖分陸釐内,除支放臨元鎮推陞直隸杜勝營都司白人鵬就滇支食并各營署事各員阿克敦布等一百二員,共支銷全半養廉銀叁千壹拾肆兩叁分肆釐,除將前項截存養廉銀貳千伍百肆拾叁兩肆錢玖分陸釐儘數支放外,尚不敷銀肆百柒拾兩伍錢叁分捌釐。查此項不敷銀兩係因滇省現任人員半多出師粵楚,而所遺之缺係委武舉世職發滇候補等項人員署理,均經詳明,照例在於扣缺項下支食半廉銀兩。又因出師之年應行引見者暫緩送部,是以截半養廉較之歷年又屬減少,以致不敷支放。署事人員半廉之項業經詳咨,請照歷年兵餉建曠不敷詳咨動支地丁之案,聲請在於節年鹽課銀内,照數找撥銀肆百柒拾兩伍錢叁分捌釐,收入養廉款内供支。所撥銀兩俟於鹽課奏銷及下屆交代各册内分晰造報。等語。查前項放給各標鎮協營員弁支過養廉銀柒萬捌千肆兩伍錢肆釐,又放臨元鎮推陞直隸杜勝營都司白人鵬就滇支食并各營署事各員阿克敦布等一百二員,共支銷全半養廉銀叁千壹拾肆兩叁分肆釐,核與例給銀數相符,應準開銷外,至截曠項下不敷,在於鹽課銀内找撥銀肆百柒拾兩伍錢叁分捌釐,查與該撫專案咨報找撥銀數相符。其該藩司收回長放銀貳千伍百肆拾叁兩肆錢捌分捌釐,應令該撫即飭造入咸豐叁年地丁奏銷册内收造,報部查核。至應扣減平共銀肆千捌百陸拾壹兩壹錢壹分貳釐,應令該督撫即飭撥充該省兵餉,報部查核。

此案於咸豐叁年拾壹月貳拾玖日科抄到部。兹於肆年柒月拾叁日辦理具題,合并聲明。

臣等未敢擅便,謹題請旨。

批紅:依議。

爲奉天徵收咸豐元年民人餘地租銀數目并官員考成事

咸豐四年七月十六日

戶部等部,太子太保·大學士管理戶部事務祁寯藻等謹題,爲遵旨事。

户科抄出,盛京户部侍郎兼管奉天府府尹事務恒毓等題奉天所屬各州、縣、廳咸豐元年民人餘地考成一案。咸豐貳年拾貳月初肆日題,叁年肆月拾柒日奉旨:該部察核具奏。欽此。欽遵。於本日抄出到部。嗣於咸豐肆年貳月拾貳日,準該府尹將復州續完租銀咨報到部。

該臣等會查得,盛京户部侍郎兼管奉天府府尹事務恒毓等,將承德等十一州縣并興京、岫巖、金州、新民等廳丈出餘地,照奉天章程分别等則徵收租銀數目,彙造考成清冊,送部查核。并據冊開:咸豐元年承德等州、縣、廳,原額徵租餘地陸拾萬肆千壹百叁拾伍畝貳分壹釐陸毫壹絲柒忽伍微,應徵租銀叁萬陸千捌百捌拾兩叁錢叁分肆釐。内除岫巖廳嘉慶拾陸年被海水潮淹地伍千捌百陸拾叁畝壹分貳毫,題請開除租銀叁百叁拾壹兩柒錢柒分貳釐,實應徵租銀叁萬陸千伍百肆拾捌兩伍錢陸分貳釐。已完租銀貳萬捌千捌百陸拾壹兩伍錢捌分壹釐陸毫,續據咨報徵完租銀捌百貳拾貳兩肆錢伍分陸釐陸毫。金州廳、岫巖廳、新民廳、寧遠州、義州未完租銀陸千捌百壹兩柒錢叁分叁釐捌毫,中前所佐領、臨榆縣知縣承催未完租銀陸拾貳兩柒錢玖分。又金州廳、新民廳、寧遠州、義州并中前所佐領、新臺門防禦、臨榆縣知縣咸豐元年應帶徵道光叁拾年奏銷未完餘地租銀伍千叁百壹拾叁兩陸錢壹分玖釐,已完銀貳千陸百貳拾兩貳錢捌毫,未完銀貳千陸百玖拾叁兩肆錢壹分捌釐貳毫。加賦餘地壹萬伍千捌百玖畝柒分陸釐玖毫,應徵租銀壹千貳百陸拾肆兩柒錢捌分壹釐,耗銀壹百貳拾陸兩肆錢捌分貳釐。内除岫巖廳嘉慶拾陸年被海水潮淹,題請暫行開除租銀叁拾陸兩陸錢肆分,耗羡銀叁兩陸錢陸分肆釐,實應徵租銀壹千貳百貳拾捌兩壹錢肆分壹釐,耗羡銀壹百貳拾貳兩捌錢壹分捌釐。已完銀壹千貳百貳拾叁兩壹錢捌分壹釐,耗銀壹百貳拾貳兩叁錢貳分壹釐捌毫。義州未完銀肆兩玖錢陸分,耗銀肆錢玖分陸釐貳毫。又義州咸豐元年應帶徵道光叁拾年奏銷未完租銀捌兩陸錢玖分捌釐,耗銀捌錢柒分。已完銀柒兩貳分貳釐,耗銀柒錢貳釐貳毫。未完銀壹兩陸錢柒分陸釐,耗銀壹錢陸分柒釐捌毫。首報私開地拾伍萬陸百肆拾柒畝陸分陸釐伍毫,應徵租銀肆千伍百壹拾玖兩肆錢叁分。内除岫巖廳嘉慶拾陸年被海水潮淹,題請暫行開除租銀陸拾兩伍錢壹分叁釐,尚應徵銀肆千肆百伍拾捌兩玖錢壹分柒釐,已完租銀肆千壹百柒拾肆兩玖錢玖分伍釐。岫巖廳、新民廳、義州未完銀貳百捌拾叁兩玖錢貳分貳釐。又新增首報私開地玖千貳百壹拾貳畝玖分柒釐,應徵租銀貳百柒拾陸兩叁錢捌分玖釐壹毫,照數徵完。又新民廳、義州咸豐元年應帶徵道光叁拾年奏銷未完租銀壹百陸拾叁兩伍錢柒分貳毫,已完銀捌拾叁兩叁錢叁分玖釐貳毫,未完銀捌拾兩貳錢叁分壹釐。造具已完未完經徵督催各官職名送部。

查奉天所屬各州、縣、廳丈出餘地,先於乾隆叁拾壹年肆月内經原任理藩院尚書新柱等奏請,分别等則,於乾隆叁拾壹年爲始,按年徵租。所收租銀係銀錢兼收,除賞給冬圍兵丁銀兩外,如有餘剩,搭放兵餉。其承催督催各官照例一體考察。等因。又嘉慶叁年盛京將軍等奏會議動撥餘地租錢案内,據該府尹聲稱,奉天餘地租自嘉慶叁年起銀錢各半徵收,經户部奏準在案。又嘉慶肆年欽奉上諭:據琳寧奏,查明奉天旗民私墾餘地,隱佔日久。若不清查辦理,恐妄啟爭端,請將從前私種之罪,并地方官失察處分,俱行寬免。賞限二年,令各業户將浮多地畝自行首報,不拘數目,照依紅冊納糧之例,一律交納。等語。所奏尚是。此等私墾地畝爲日已久,應清查辦理,以杜爭端。著照所請,賞限二年,令各業户將浮多地畝,自行首報,其從前私種之罪及地方官失察處分,俱著加恩寬免。惟所稱照依紅冊地畝納糧一節,尚未妥協。向來納租餘地,每畝交銀陸分,今著加恩,每畝酌中納租叁分,折交錢文,自於旗民生計爲便。欽此。行文該府尹遵照辦理,各在案。

今據奉天府府尹將承德等十一州縣并興京、岫巖、金州、新民四處,原額徵租餘地陸拾壹萬玖千玖百肆拾肆畝玖分捌釐伍毫壹絲柒忽伍微,應徵租銀叁萬捌千壹百肆拾伍兩壹錢壹分伍釐,耗銀壹百貳拾陸兩肆錢捌分貳釐。首報餘地拾伍萬陸百肆拾柒畝陸分陸釐伍毫,應徵租銀肆千伍百壹拾玖兩肆錢叁分。又續增首報私開地玖千貳百壹拾貳畝玖分柒釐,應徵租銀貳百柒拾陸兩叁錢捌分玖釐壹毫。以上通共應徵租銀肆萬貳千玖百肆拾兩玖錢叁分肆釐壹毫,耗銀壹百貳拾陸兩肆錢捌分貳釐。内除岫巖廳嘉慶拾陸年被海水潮淹,題請暫行開除租銀肆百貳拾捌兩玖錢貳分伍釐,耗銀叁兩陸錢陸分肆釐,實應徵租銀肆萬貳千伍百壹拾貳兩玖釐壹毫,耗銀壹百貳拾貳兩捌錢壹分捌釐。已完租銀叁萬肆千伍百叁拾陸兩壹錢肆分陸釐柒毫,耗銀壹百貳拾貳兩叁錢貳分壹釐捌毫。續據咨報,徵完租銀捌百貳拾貳兩肆錢伍分陸釐陸毫。金州廳、岫巖廳、新民廳、寧遠州、義州未完銀柒千玖拾兩陸錢壹分伍釐捌毫,耗銀肆錢玖分陸釐貳毫。中前所佐領、臨榆縣知縣承催未完租銀陸拾貳兩柒錢玖分。户部按冊核算,與應徵并已未完各銀數均屬符合。又金州廳、新民廳、寧遠州、義州并中前所、新臺邊門、臨榆縣等處,咸豐元年應帶徵道光叁拾年奏銷未完各項地租銀伍千肆百捌拾伍兩捌錢捌分柒釐貳毫,耗銀捌錢柒分,已完租銀貳千柒百壹拾兩伍錢陸分貳釐,耗銀柒錢貳釐貳毫,未完租銀貳千柒百柒拾伍兩叁錢貳分伍釐貳毫,耗銀壹錢陸分柒釐捌毫。應將現報經徵督催各官已未完各職名照冊開單,移咨吏部核議。吏部查,定例:奉天府所屬各廳、州、縣經徵民人餘地租銀,應照地丁錢糧例議處。又定例:州縣經徵有分數錢糧三百兩以上未及一萬兩於奏銷前全完者,紀録一次。又定例:地丁錢糧經徵州縣官初參欠二分者,降職二級。欠三分者,降職三級。欠四分者,降職四級。俱令戴罪徵收。督催不力之知府,初參欠二分者,降職一級,戴罪督催。各等語。除經徵不及三萬(百)兩全完及二三官分徵全完各員,俱例無議叙,及病故之員并開原縣知縣三神保已另案革職并參後續報全完之復州知州何焕經,照例扣除免議,均毋庸議,臨榆縣知縣承催未完職名,俟户部查取到日再議外。應將經徵咸豐元年分租銀三百兩以上未及一萬兩全完之前任海城縣今陞寧遠州知州延瑞、前任蓋平縣調任海城縣知縣王肇光、前任鐵嶺縣知縣今陞義州知州愷榕,均照例準其紀録一次。經徵初參未完二分以上之署金州廳同知事奉天府通判臺隆阿、前署新民廳同知事候補知縣劉榮桂、接徵前任新民廳同知靳廷鈺,均照例降職二級,戴罪徵收。初參未完三分以上之前任岫巖廳通判世昌、接徵署岫巖廳通判事坐補昌圖廳理事通判賡音,均照例降職三級,戴罪徵收。初參未完四分以上之接徵前署義州事昌圖廳理事通判舒齡,照例降職四級,戴罪徵收。初參督催二分以上之奉天府治中曹敦琦、接徵初參未完二分以上之錦州府知府德亨,均照例降職一級,戴罪督催。曹敦錡又署錦州府知府任内初參督催未完二分以上,應照例再降職一級,戴罪督催。臺隆阿、劉榮桂、賡音、舒齡、曹敦錡俱係署事官,世昌已另案降調,靳廷鈺已經告病,俱未聲明卸事日期,其應照例議結之處,俟復參到日再議。

所有徵完銀兩,除耗羨銀壹百貳拾叁兩貳分肆釐應令造入奉天省地丁耗羨項下報部,續報徵完租銀捌百貳拾貳兩肆錢伍分陸釐陸毫,應於咸豐叁年奏銷案内查核,其民人餘地租銀陸錢貳分陸釐,又續增首報私開地畝應徵銀貳百柒拾陸兩叁錢捌分玖釐壹毫全徵銀兩外,其餘銀叁萬陸千玖百陸拾玖兩陸錢玖分叁釐陸毫,銀錢各半徵收。所有動存各數應於下款查核。

一、舊管銀錢項下:據冊開:舊管銀壹萬玖千壹百壹拾肆兩陸錢壹分伍釐柒毫,制錢肆萬玖千貳百玖拾陸串陸百陸拾玖文柒毫陸絲。查前項舊銀壹萬玖千壹百壹拾肆兩陸錢壹分伍釐柒毫,制錢肆萬玖千貳百玖拾陸串陸百陸拾玖文柒毫陸絲,核與上年實存數目相符。

一、新收銀錢項下:據冊開:新收銀壹萬捌千柒百陸拾壹兩捌錢陸分壹釐玖毫,制錢壹萬捌千肆百捌拾肆串捌百肆拾陸文捌毫。又收添設兵丁操演馬匹、交商生息歸款制錢肆千叁百叁拾串。又收錦縣追繳現任知縣伊克唐阿歸還清查銀叁百捌拾玖兩肆錢陸釐柒壹絲(原文如此)。又收寧遠州徵還前任知州陳瀛清查銀柒拾兩叁錢伍釐柒絲,制錢拾捌串貳百肆拾文伍絲。又收義州徵還前任知州覺羅春垚清查銀壹兩叁錢叁分伍釐。又收叁拾年鐵嶺、開原、昌圖等廳縣補清查制錢壹百陸拾串。又收元年各州縣分補清查制錢玖百捌拾玖串伍百文。查前項新收餘租銀兩錢文并交商生息歸款錢文以及追收歸補清查案内虧短銀錢各數,按冊核算,均屬相符。

一、開除銀錢項下:據冊開:解交盛京户部收存追繳道光貳拾捌年清查案内銀叁百捌拾玖兩肆錢陸釐柒毫壹絲。又興京廳咸豐元年民人餘地租銀陸錢貳分陸釐。又承德等州縣元年題解盛京户部備撥貳年俸餉制錢叁萬伍千伍百捌拾串。又盛京户部咨撥咸豐貳年春秋二季兵餉制錢伍千貳拾叁串壹百陸拾陸文壹釐伍毫陸絲叁忽。又解交盛京户部收存道光叁拾年各州縣歸補貳拾捌年清查案内制錢壹千叁百柒拾玖串伍百文。查前項解交盛京户部收存元年民人餘地租銀陸錢貳分陸釐。又解交追繳貳拾捌年清查銀叁百捌拾玖兩肆錢陸釐柒毫壹絲。又題解并咨撥貳年春秋二季兵餉制錢肆萬陸百叁串壹百陸拾陸文壹釐伍毫陸絲叁忽。又解交道光叁拾年各州縣歸補貳拾捌年清查案内制錢壹千叁百柒拾玖串伍百文。應令盛京户部即將解交銀兩錢文并提解咨撥制錢各數是否相符,分晰按款查明報部,以憑查核。

一、實存銀錢項下:據冊開:實存銀叁萬柒千玖百肆拾柒兩肆錢玖分壹釐陸毫柒絲,制錢叁萬壹千貳百玖拾陸串伍百捌拾玖文肆絲柒忽。查前項實存銀叁萬柒千玖百肆拾柒兩肆錢玖分壹釐陸毫柒絲,例應於奏銷後隨時照數解交充餉,毋任久存屬庫,致啟虧挪之弊。應令盛京户部於前項銀兩解到時,將收訖日期報部備查。其實存制錢叁萬壹千貳百玖拾陸串伍百捌拾玖文肆絲柒忽,係應行撥給兵餉之項,仍令造入下年奏銷案内,報部查核。

此案於咸豐叁年肆月拾柒日科抄到部。嗣於咸豐肆年貳月拾貳日據該府尹將續徵銀兩咨報到部。叁年捌月初叁日咨送吏部會議,肆年伍月拾捌日準吏部議結送回。兹於柒月拾陸日辦理具題。再,此本係户部主稿,合并聲明。

臣等未敢擅便,謹題請旨。

批紅:依議。

爲山東道光三十年隨本奏銷已未完銀兩并動存各數目事

咸豐四年七月二十日

戶部等部·太子太保·大學士管理戶部事務祁寯藻等謹題,爲請定等事。

户科抄出,前任山東巡撫李僡題山東省道光叁拾年隨本奏銷已未完各款銀兩并動存各數目一案。咸豐貳年拾貳月初柒日題,叁年貳月初柒日奉旨:該部察核具奏。欽此。欽遵。於本日抄出到部。隨將冊開支給兖沂道另案埽工墊款,運河道豐、蕭、碭三縣應扣曠盡撥補、蠲免河道正耗以及支給歷城縣遞運所夫價,菏澤縣借領漕糧所需漕項正耗,日照縣墊辦防堵軍需報明列抵等款銀兩,是否與原報準銷銀數相符,開單移咨工部、兵部,并付查雲南等司處去後。今於咸豐叁年拾壹月貳拾貳等日,準工部等部查明咨覆前來。

該臣等會查得,前任山東巡撫李僡將山東省道光叁拾年隨本奏銷案内,已未完各款并動存各數目造冊,具題前來。

一、未完道光貳拾壹年起至貳拾玖年止地丁、折色、脚價,并嘉慶拾年起至道光貳拾玖年止課程、牛驢、牙雜、税契、雜税、各役、孤貧、小建、鄉飲、缺俸以及軍需二成等款,共銀伍百肆拾壹萬肆千壹百伍拾肆兩貳錢柒分叁釐,耗羡銀柒拾壹萬捌千貳百柒拾柒兩叁錢貳分貳釐,未完降罰俸銀壹萬陸千肆百柒兩叁錢伍分玖釐。等語。查道光貳拾壹年起至貳拾玖年止,未完地丁、折色、脚價并節年課程、牛驢、牙雜、税契、雜税、各役、孤貧、小建、鄉飲、缺俸、軍需、二成等款,共銀伍百肆拾壹萬肆千壹百伍拾肆兩貳錢柒分叁釐,未完耗羡銀柒拾壹萬捌千貳百柒拾柒兩叁分貳分(原文如此——編者)貳釐,未完降罰俸銀壹萬陸千肆百柒兩叁錢伍分玖釐。户部按冊核算,原報未完以及此次加增各銀數,均屬相符。

一、已完節年地丁折色脚價、課程、牛驢、牙雜、抽税、馬税、税契、當税、各役、孤貧、小建、鄉飲、缺俸、空缺等銀叁萬柒千叁百叁拾玖兩叁錢肆釐,已完耗羡銀伍千捌百叁拾肆兩陸錢玖分。等語。查已完節年地丁折色脚價、課程、雜款、雜税等項,共銀叁萬柒千叁百叁拾玖兩叁錢肆釐,已完耗羡銀伍千捌百叁拾肆兩陸錢玖分,户部按冊核算完解銀數均屬相符。其已完銀内動存各數目,應於後款項下分别核辦。

一、已完節年正雜各款銀内,支給委官候補知縣葉蓮等解部交納銀肆千拾陸兩肆錢叁分肆釐,候補知縣楊延俊解部交納銀肆拾兩伍錢叁分玖釐,菏澤縣借領帶徵貳拾陸年漕糧所需漕項正耗銀拾捌兩肆錢,兖沂道己酉年另案磚埽各工墊款銀貳千玖百伍拾玖兩伍錢陸分玖釐,歷城縣貳拾玖年遞運所夫價銀伍兩貳錢捌分,運河道道光貳拾玖年豐、蕭、碭三縣應扣曠盡銀貳拾肆兩,運河道道光貳拾陸年東平等處被水成灾撥補蠲免河道正耗銀捌拾柒兩叁錢伍分玖釐,登標右營道光貳拾玖年不敷公費銀陸拾玖兩陸錢柒分貳釐,單縣營道光貳拾年不敷公費銀拾捌兩伍錢捌分伍釐,安東營貳拾玖年不敷公費銀伍拾伍兩壹錢捌分貳釐,曹標二營貳拾玖年不敷公費銀陸拾伍兩陸錢壹分玖釐,青州府咸豐元年春季滿洲營養贍孤寡生息銀貳百拾柒兩柒錢貳分壹釐,青州府咸豐元年滿洲營德佈珠爾遺産生息銀肆兩壹錢伍分捌釐。等語。查支給委官候補知縣葉蓮并楊延俊等解部交納計二款共銀肆千伍拾陸兩玖錢柒分叁釐,核與該委員等解部銀數不符,應令即將湊解各年款數目,分别造具細冊送部稽核。又支給菏澤縣借領帶徵貳拾陸年漕糧所需漕項正耗銀拾捌兩肆錢,核對題報借領銀數相符,仍令即飭在於徵存漕項銀内解還司庫,以清借款。又支給兖沂道己酉年另案磚埽各工墊款銀貳千玖百伍拾玖兩伍錢陸分玖釐,據工部查覆,尚未該河督造冊報部,無憑查覆。又支給歷城縣貳拾玖年遞運所夫價銀伍兩貳錢捌分,據兵部查覆,係藩司交代細數,該撫向不造報,無憑查覆。應咨河東河道總督、山東巡撫遵照兵、工二部查覆緣由即飭分晰造冊報部,以憑核結。又運河道道光貳拾玖年豐、蕭、碭三縣應扣曠盡銀貳拾肆兩,工部覆稱已據該河督委員解部。其支給運河道道光貳拾陸年東平等處被水成災撥補蠲免河道正耗銀捌拾柒兩叁錢伍分玖釐,據工部查覆,核與該撫題報蠲免數目相符,均毋庸議。又支給登標右營道光貳拾玖年不敷公費起,至曹標二營貳拾玖年不敷公費止,計四款共銀貳百玖兩伍分捌釐。户部逐一檢查,尚未據該撫題咨有案,無憑稽核。應令迅即題咨報部,以憑核辦。又青州滿洲營借領咸豐元年春季養贍孤寡生息銀貳百拾柒兩柒錢貳分壹釐,青州滿洲營借領咸豐元年德佈珠爾遺産生息銀肆兩壹錢伍分捌釐,以上二款共銀貳百貳拾壹兩捌錢柒分玖釐,係借給之項,現在有無催解還款,并令速即詳查咨覆,毋任延緩。

一、冊開:實在存庫地丁正銀貳萬伍千柒百貳拾貳兩玖錢柒分肆釐,已完耗羨銀伍千捌百叁拾肆兩陸錢玖分,存庫折色、脚價銀壹百肆兩壹錢肆分叁釐,存庫課程銀陸百捌拾陸兩貳錢陸分,牛驢牙雜抽税銀壹千貳百拾叁兩叁錢肆分陸釐,馬税銀壹兩伍錢叁分,各役孤貧小建等銀壹百伍拾柒兩玖錢捌分柒釐,税契銀壹千陸百叁拾兩伍錢肆分陸釐,當税銀貳百肆拾兩。等語。查前項實存地丁、折色、脚價、課程、牛驢牙雜抽税、馬税、各役孤貧小建、税契、當税等項,共銀貳萬玖千柒百伍拾陸兩柒錢捌分陸釐,應令即將造入何年何季撥冊報部之處,轉飭查明分晰聲覆,以便稽核。其已完耗羨銀伍千捌百叁拾肆兩陸錢玖分,應於該年耗羨奏銷案内分晰動存細數,報部核辦。

一、未完道光貳拾壹年起至貳拾玖年止,地丁正銀并耗羨折色、脚價銀伍百叁拾萬壹千叁拾玖兩肆分玖釐,開除利津、海豐等處道光貳拾伍年被潮成灾應歸潮灾本案豁免銀陸千陸百肆拾叁兩柒錢壹分貳釐,平原等處參案報虧應歸參案核辦銀捌萬柒千陸百肆拾貳兩陸錢伍分壹釐,日照縣墊辦道光貳拾、貳拾壹貳等年,防堵軍需報明列抵銀柒兩貳錢壹釐。又蠲免案内,查明章邱賠款銀貳千叁百玖拾柒兩柒分壹釐,臨清等州縣清查報虧銀貳百拾玖萬壹千陸百陸拾兩玖錢柒分陸釐。蠲免案内,報明臨清等州、縣、衛,已徵未解銀拾貳萬玖百零肆兩肆錢捌分陸釐,萊蕪等州縣道光貳拾陸年被水成灾應歸被灾本案豁免銀柒百肆拾壹兩玖錢肆分壹釐,又道光貳拾柒年,益都、武城二縣就款開除耗銀壹千零伍拾兩,係何員欠解,應歸清查年款造報。福山縣道光貳拾叁年被水成灾,預完已支脚價貳拾肆年續奏冊報,誤作未完耗羨,應行補除銀壹拾兩壹錢貳分玖釐。又清查案内,報明諸城縣墊辦兵差作賠銀壹百拾玖兩捌錢伍分壹釐,道光貳拾捌年肥城縣欠解折色脚價銀叁拾柒兩貳錢陸分玖釐,應俟查明另行辦理。下剩未完地丁正耗銀貳百捌拾肆萬肆千貳百陸拾肆兩捌錢肆分肆釐,已欽奉恩旨蠲免。又未完折色脚價銀肆萬伍千伍百伍拾叁兩玖錢壹分捌釐,應俟另詳請豁。等語。查利津、海豐等處,道光貳拾伍年被潮成灾,同萊蕪等州縣道光貳拾陸年被水成灾,應歸各本案豁免,計二款共銀柒千叁百捌拾伍兩陸錢伍分叁釐,應令該撫即飭歸於各本案,分别專案題豁。又平原等處參案報虧應歸參案核辦銀捌萬柒千陸百肆拾貳兩陸錢伍分壹釐,既經查明,即應趕緊清釐,勒限嚴追,不得日久無著。仍將何員虧缺、其所虧銀數逐案詳查,現在曾否追繳完款,分晰造送各該員專參年款清冊咨部,以憑稽核。又蠲免案内,查明章邱縣賠款正耗以及道光貳拾捌年肥城縣欠解折色、脚價二款銀貳千肆百叁拾肆兩叁錢肆分,其究係何員欠解,彙入何年何案報部核追,亦即轉飭詳細查明報部。至蠲免案内,報明臨清等州、縣、衛已徵未解銀拾貳萬玖百零肆兩肆錢捌分陸釐,前據該撫於蠲免本案聲明,當經户部行令,嚴飭該藩司趕緊催提報部,倘各州縣延不起解,立即照例查參在案。查東省此次蠲免民欠查出前項已徵未解銀兩,迄今日久,究竟曾否嚴提解司,尚未據該省報部,實屬延宕。當此籌款惟艱之際,該撫務須嚴飭實力催提解存司庫,聽候撥用,不得任其遷延,致啟各屬挪移之漸。如有提解不前、任催罔應之員,應即據實查參,以肅綱紀,而重課賦。其道光貳拾叁年福山縣被水成灾預完已支脚價,貳拾肆年續奏冊報誤作未完耗羡銀壹拾兩壹錢貳分玖釐,既據查明係屬貳拾肆年續奏冊内誤報,應準其補除更正。又道光貳拾柒年,益都、武城二縣,就款開除耗銀壹千零伍拾兩,并清查案内報明諸城縣墊辦兵差作賠銀壹百拾玖兩捌錢伍分壹釐,應令即行在於欠解之員名下著追完報,勿稍任其延緩。又道光貳拾壹年起至貳拾柒年止,臨清等州縣清查報虧地丁正耗、折色、脚價共銀貳百拾玖萬壹千陸百陸拾伍兩玖錢柒分陸釐,同日照縣墊辦道光貳拾、貳拾壹貳等年防堵軍需列抵銀柒兩貳錢壹釐,應於後款未完雜款開除項下分别辦理。至冊稱豁免民欠地丁正耗銀貳百捌拾肆萬肆千貳百陸拾肆兩捌錢肆分肆釐,户部核對該省造送蠲免本案聲叙銀數相符,應毋庸議。仍令將未完道光貳拾壹年起至貳拾玖年止,折色、脚價銀肆萬伍千伍百伍拾叁兩玖錢壹分捌釐迅速奏報請豁,毋再稽遲,致滋含混。

一、未完嘉慶拾年起至道光貳拾玖年止,課程、牛驢牙雜抽税、船税、馬税、各役孤貧小建、鄉飲、缺俸、空缺、税契、當税、軍需二成等款銀陸拾捌萬柒千陸百肆拾壹兩肆錢捌分陸釐，開除清查案内報虧銀陸拾捌萬伍千伍百玖拾貳兩壹分柒釐，道光捌年黄縣參案報虧課程、牛驢牙雜抽税、船税銀捌拾貳兩伍錢捌分肆釐，平陰縣知縣戈其逐虧缺道光貳拾捌年課程、牛驢牙雜抽税、各役孤貧小建、鄉飲、缺俸、空缺等銀捌拾壹兩玖錢伍分，嘉慶拾伍陸柒等年牙欠無著課程、牛驢牙雜抽税現在另案核追銀壹百貳拾柒兩貳分伍釐，日照縣墊辦道光貳拾、貳拾壹貳等年防堵軍需報明列抵動支牛驢牙雜抽税、船税銀壹千零柒拾肆兩肆分陸釐，滎成縣道光貳拾玖年長報船税銀壹兩貳錢，又嘉慶拾柒捌并道光伍年及道光捌年起至貳拾柒年止等年未入清查俟查明另案辦理各役孤貧小建、鄉款、缺俸、空缺、當税等銀陸百捌拾貳兩陸錢陸分肆釐。等語。查報入清查案内，嘉慶拾年起至道光貳拾柒年止課程、牛驢牙雜抽税、船税、馬税、各役孤貧小建、鄉飲、缺俸、空缺、税契、當税、軍需二成等款銀陸拾捌萬伍千伍百玖拾貳兩壹分柒釐，同前款地丁正耗、折色、脚價項下清查報虧銀貳百拾玖萬壹千陸百陸拾伍兩玖錢柒分陸釐，共銀貳百捌拾柒萬柒千貳百伍拾柒兩玖錢玖分叁釐，既稱各賠員虧缺，應歸清查本案造報，自應於清查奏結後，即行造送年款清冊。乃該省遲致數年之久，總未造送，節經户部奏咨行催，仍復置若罔聞，實屬疲玩。應令嚴飭該藩司迅將清查年款清冊，速行妥造送部稽核，如再遲延，户部即行據實奏參，以儆怠玩。仍將清查案内，在東、離東各員已完銀兩於年款冊内詳細聲叙，以憑查考。又道光捌年黄縣參案報虧課程、牛驢牙雜、船税等銀捌拾貳兩伍錢捌分肆釐，究係何員虧缺，亦未分晰聲明，并令即將該縣所虧銀兩已歸何員名下核追，以及曾否追繳完款，從前彙入何案報部，一并詳細查明咨覆，毋任延緩。其平陰縣知縣戈其逐虧缺道光貳拾捌年課程、牛驢牙雜、各役孤貧小建等銀捌拾壹兩玖錢伍分，核對該員虧缺年款冊造銀數相符，應歸本案核辦。又嘉慶拾伍陸柒等年牙欠無著課程、牛驢牙雜抽税銀壹百貳拾柒兩貳分伍釐，亦即速飭在於經手之員名下追賠，勿稍延宕。又滎成縣長報道光貳拾玖年船税銀壹兩貳錢，既據查明係屬長報，應準開除。又嘉慶拾柒、拾捌兩年、道光伍年、以及道光柒年起至貳拾柒年止等年未入清查應俟查明另案辦理。各役孤貧小建、鄉飲、缺俸、空缺、税契、當税等銀陸百捌拾貳兩陸錢陸分肆釐，既未歸入清查，其應歸何案辦理，抑係各州縣另案虧缺，均未分晰聲明，户部礙難查核。應令山東巡撫即將此項未完各役孤貧小建、鄉飲、缺俸、空缺、税契、當税等銀陸百捌拾貳兩陸錢陸分肆釐,究竟因何另案辦理,迅速專案報部,如係牙欠無著,應即在於經管之員名下追繳,仍造具各員追賠清冊,送部勒追,不得日久虚懸,致滋無著。又日照縣墊辦道光貳拾、貳拾壹貳等年防堵軍需,報明列抵動支道光貳拾、貳拾壹貳拾貳等年牛驢牙雜抽税等銀壹千零柒拾肆兩肆分陸釐,同前款動支道光貳拾壹、貳拾貳兩年地丁耗羡項下銀柒兩貳錢壹釐,共銀壹千零捌拾壹兩貳錢肆分柒釐,查該省墊辦防堵軍需動用地丁列抵銀兩,未據專咨報部,户部無憑查核。惟此項該縣列抵銀兩,現在曾否由司給發領回歸款,抑係就款開除彙入攤扣三成養廉之内一律攤完,冊内未經聲叙,户部無從核辦。應令即行咨報,以憑辦理。仍將各屬動墊防堵軍需列抵銀兩,分别造具動支年款細冊,送部查核。

一、冊開未完節年課程、雜税、雜項等款銀壹拾萬伍百柒拾柒兩陸分陸釐。等語。查前項未完道光拾肆年起至貳拾玖年止課程、雜税、雜項等款銀壹拾萬伍百柒拾柒兩陸分陸釐,均係儘收儘解之項,豈容日久延欠,即經户部歷屆奏銷案内飭令掃數全完,今查該年隨本奏銷案内,倶仍未完解,實屬任意延宕。現當軍需緊廹,部庫待餉孔殷,其有未完銀兩,該撫惟當嚴飭藩司,破除情面,實力催提,完解司庫,造入季冊,專案咨報户部,聽候撥用,倘查有各屬經徵不力及已徵未解情事,立即指名參奏,以杜挪移,而儆玩泄。

一、揭稱各官未完應支俸扣抵降住罰俸并應本官完納銀壹萬陸千肆百零柒兩叁錢伍分玖釐内,陞任官按察使王懿德應於現任内,完納銀壹萬伍千貳百叁拾柒兩柒錢貳分肆釐,仍未完銀壹千壹百陸拾玖兩陸錢叁分伍釐,冊列未完職名報參。等語。吏部查定例,官承追不作十分之雜項錢糧未完,二參罰俸一年,仍令催追。降罰俸銀未完,亦照此例議處。等語。應將道光貳拾玖年分降罰俸銀兩復參未完之前任山東鹽運使司徒照照例罰俸一年,仍令完納。該員已陞四川按察使,今陞陝西布政使,應於現任内罰俸一年。有紀録四次,應銷去紀録二次,抵罰俸一年,免其罰俸。

此本係户部主稿。於咸豐叁年貳月初柒日科抄到部。咸豐肆年正月貳拾柒日會吏部,陸月拾柒日準吏部議結送回。兹於柒月貳拾日辦理具題,合并聲明。

臣等未敢擅便,謹題請旨。

批紅:依議。

爲浙江題報咸豐二年常平永濟二倉米穀收支實存數目事

咸豐四年七月二十六日

太子太保·大學士管理户部事務祁寯藻等謹題,爲請嚴等事。

户科抄出,浙江巡撫黄宗漢題浙江省咸豐貳年常平永濟二倉米穀收支實存數目造冊題銷一案。咸豐叁年捌月初陸日題,拾壹月拾捌日奉旨:該部察覈具奏。欽此。欽遵。於本日抄出到部。

該臣等查得,浙江巡撫黄宗漢疏稱,浙江省咸豐貳年分常平、永濟二倉米穀收支實存數目造冊具題前來。查冊開:

一、常平倉舊管:報存穀貳百柒拾萬玖百叁拾叁石壹斗貳升陸勺,又存米叁千玖石陸斗柒升肆合伍勺,又定海鎮額存穀叁千石,又永濟倉存米柒萬捌千陸百肆拾石捌斗叁升捌合捌勺。等語。查常平、永濟二倉及定海鎮舊管報存米穀,臣部覈與上屆實存數目相符,應毋庸議。

一、常平倉新收:官捐穀伍百叁拾陸石叁斗。等語。查前項新收官捐穀伍百叁拾陸石叁斗,臣部按冊覈算,數目相符,應毋庸議。

一、常平倉開除:支給咸豐元年軍流人犯并琉球國難民口糧穀伍百伍拾陸石玖升肆合。等語。查前項支給咸豐元年軍流人犯并琉球國難民口糧穀石,檢查冊造,俱係籠統開報,應令該撫轉飭即行查明,分晰造報,以便查覈。

一、常平倉應存穀貳百柒拾萬玖百壹拾叁石叁斗貳升陸合陸勺内,除未徵未買各年糶借協撥并清查盤缺等穀貳百壹拾肆萬伍千陸百玖石壹斗肆升叁合捌勺肆抄伍撮,實應存穀伍拾伍萬伍千叁百肆石壹斗捌升貳合柒勺伍抄伍撮。又存米叁千玖石陸斗柒升肆合伍勺,挪缺無存,應行著追歸補。又定海鎮額存穀叁千石,因被夷滋事,所有前項穀石是否實存,容俟覆到另行開報。又永濟倉存米柒萬捌千陸百肆拾石捌斗叁升捌合捌勺内,除未徵未買各年平糶賑濟并清查盤缺糶穀折米陸萬玖千捌百陸拾肆石柒斗柒升玖合叁勺,實存捌千柒百柒拾陸石伍升玖合伍勺。等語。查常平倉實存穀伍拾伍萬伍千叁百肆石壹斗捌升貳合柒勺伍抄伍撮,臣部按冊覈算,應存數目雖屬相符,惟查常平倉應存穀貳百柒拾萬玖百壹拾叁石叁斗貳升陸合陸勺内,除未徵未買各年糶借協撥并清查盤缺等穀貳百壹拾肆萬伍千陸百玖石壹斗肆升叁合捌勺肆抄伍撮,又存米叁千玖石陸斗柒升肆合伍勺,挪缺無存,應行著追買補。又永濟倉存米柒萬捌千陸百肆拾石捌斗叁升捌合捌勺内,除未徵未買各年平糶賑濟并清查盤缺等米陸萬玖千捌百陸拾肆石柒斗柒升玖合叁勺,實存米捌千柒百柒拾陸石伍升玖合伍勺。查常平、永濟二倉未徵未買及清查盤缺米穀,前經臣部行令將未徵者共若干、未買者共若干、清查著追者共若干,均應分款按限嚴飭催徵,迅速買補還倉。今查冊送仍係籠統開報,并不及時催徵買補,著追還倉,實屬含混拖欠。應令該撫迅即遵照前題分别催徵買補,著追還倉,報部查覈,毋再任意玩延。又定海廳額存穀叁千石,據稱因夷匪滋事,前項穀石是否扣存,容俟移查覆到,另行開報。查前項穀石節經臣部行令查明專案報部,迄今事閱多年,仍稱容俟查覆另行開報,實屬有意延玩。應令迅即查明造報,毋得再延。至未送到道府各結,催取另呈,應令該撫即飭催取,送部查覈。

此案於咸豐叁年拾壹月拾捌日科抄到部。因冊籍逾限未到,經臣部奏參嚴催,今於咸豐肆年叁月初壹日造送到部。兹於柒月貳拾陸日辦理具題,合并聲明。

臣等未敢擅便,謹題請旨。

批紅:依議。

爲魯撫盤查山東藩庫新舊錢糧無虧遵例保題事

咸豐四年閏七月初五日

太子太保·大學士管理戶部事務祁寯藻等謹題,爲盤查等事。

戶科抄出,前任山東巡撫張亮基題咸豐元年奏銷盤查司庫實存銀兩并無虧那遵例保題一案。咸豐叁年拾貳月貳拾日題,肆年叁月初陸日奉旨:該部察覈具奏。欽此。欽遵。於本日抄出到部。

該臣等查得,前任山東巡撫張亮基疏稱:藩庫新舊錢糧例應於奏銷時盤查保題。今值咸豐元年奏銷之時,據布政使劉源灝具結詳請盤查,臣親赴司庫逐一查得:咸豐元年分奏銷案内起運地丁等項存庫共銀貳拾叁萬貳千柒百捌拾柒兩玖錢玖分柒釐。又續完道光貳拾叁肆伍陸柒捌玖叁拾等年地丁等項存庫共銀壹萬陸千伍百叁拾肆兩壹錢玖分捌釐。又自咸豐貳年正月初壹日起至叁月拾伍日止,新收起運地丁等項存庫共銀壹拾貳萬叁千肆百捌兩叁錢陸分伍釐。又節年存庫共銀壹拾陸萬肆千貳百貳拾玖兩肆錢陸分柒釐。

俱係實在存庫,并無挪報,亦無那新補舊情弊。除將布政使劉源灝送到印結并臣加具印結分送部科查覈外,理合遵例保題。等因前來。

查定例:各省於每年奏銷時,該撫將藩庫錢糧親身盤查,如無虧空,於奏銷本内一并保題。儻保題之後仍有查出虧空者,即將該撫照例治罪。等因在案。今據前任山東巡撫張亮基疏稱:咸豐元年奏銷案内存庫起運地丁等項,以及節年續完并本年新收各項銀兩親詣藩庫逐一盤查,俱係實在存庫,并無挪報亦無那新補舊情弊,取結遵例保題。等語。查山東省咸豐元年奏銷案内,存庫共銀貳拾叁萬貳千柒百捌拾柒兩玖錢玖分柒釐,又續完節年存庫共銀壹萬陸千伍百叁拾肆兩壹錢玖分捌釐。臣部覈對該年正奏以及節年續奏冊報數目,均屬相符。至咸豐貳年新收存庫共銀拾貳萬叁千肆百捌兩叁錢陸分伍釐,又節年存庫共銀拾陸萬肆千貳百貳拾玖兩肆錢陸分柒釐。應令該撫轉飭,於各該年奏銷案内,將動存細數分晰造報,以憑查覈。

此案於咸豐肆年叁月初陸日科抄到部,兹於閏柒月初伍日辦理具題,合并聲明。

臣等未敢擅便,謹題請旨。

批紅:依議。

爲奏銷奉天府徵收地丁等項錢糧事

咸豐四年閏七月初六日

戶部等部,太子太保·大學士管理戶部事務祁寯藻等謹題,爲奏銷錢糧事。

戶科抄出,盛京戶部侍郎兼管奉天府府尹事務恒毓等題咸豐元年分奉天省徵收地丁等項銀米一案。咸豐貳年伍月貳拾玖日題,玖月貳拾肆日奉旨:該部察核具奏,冊并發。欽此。欽遵。於本日抄出到部。隨將冊開支給廩生餼糧、歲貢生旗匾、中式武舉人花紅、會試公宴、節婦建坊、供應驛站米豆及豆價等項各數,行查禮部、兵部、順天府等衙門去後,今於咸豐貳年拾壹月拾貳、拾肆、貳拾等日,準禮部等衙門陸續查覆到部。

該臣等會查得,盛京户部侍郎·兼管奉天府府尹事務恒毓等,將奉天省徵收咸豐元年地丁等項銀米動存數目造冊具題,謹照冊開逐一稽核,開列於後:

一、應徵地丁項下。據冊開:銀米各半徵收地壹百捌拾肆萬肆千捌百玖拾貳畝叁分柒釐陸毫,應徵米肆萬叁千肆拾石貳斗玖千叁合陸勺捌抄玖撮,銀貳萬叁千陸拾壹兩壹錢伍分叁釐叁毫肆絲。内除鐵嶺、岫巖二處被水衝壓地畝暫行開除地米拾石柒斗伍升捌合捌勺,銀伍兩壹分壹釐,實應徵米肆萬叁千貳拾玖石伍斗叁升肆合捌勺捌抄玖撮,銀貳萬叁千伍拾陸兩壹錢肆分貳釐叁毫肆絲。全徵銀兩地捌萬陸千捌拾叁畝陸分捌釐玖毫,應徵銀壹千捌百柒兩柒錢伍分柒釐玖毫。新舊人丁六萬三千九百三十一丁,應徵丁銀壹萬壹千壹百肆拾捌兩貳錢。以上共應徵地丁銀叁萬陸千壹拾貳兩壹錢貳毫肆絲,耗羨銀叁千陸百壹兩貳錢壹分,米肆萬叁千貳拾玖石伍斗叁千肆合捌勺捌抄玖撮。查前項地畝人丁應徵銀米并被水衝壓暫行開除銀米各數,按冊核算相符。

一、舊管銀兩項下。據冊開:承德等州、縣、廳舊管地丁等銀壹萬伍千陸百陸拾叁兩肆錢玖分柒釐肆毫肆絲,雜税等銀柒千玖百伍拾壹兩捌錢捌分伍釐貳毫。扣留道光叁拾年地丁等銀壹萬柒千叁百柒拾壹兩柒錢伍分柒釐,道光叁拾年俸工經制并雜支等款扣存減平銀壹千叁百貳兩壹錢柒分壹釐。查前項舊管共銀肆萬貳千貳百捌拾玖兩叁錢壹分陸毫肆絲。核與叁拾年奏銷案内應存銀數相符,應毋庸議。

一、新收銀兩項下。據冊開:咸豐元年承德等州、縣、廳徵收地丁銀叁萬叁千玖百陸拾貳兩柒錢伍釐柒毫肆絲。又收金州廳、新民廳、寧遠州、義州帶徵道光叁拾年奏銷案内未完地丁銀壹千玖百叁拾柒兩柒分柒釐玖毫。又收承德縣入民壯丁李世芳等名下咸豐元年地租銀柒兩柒錢伍分。又收道光貳拾捌年奏銷案内暫行開除追繳木商汪清洋等嘉慶貳拾叁年辦差借領盛京戶部庫銀貳百捌拾柒兩捌分。又收貳拾捌年奏銷案内暫行開除貳拾叁年地丁銀貳百叁拾伍兩貳錢肆分陸釐玖毫。又收貳拾捌年奏銷案内暫行開除貳拾伍年地丁銀伍拾伍兩柒錢壹分壹釐貳毫捌絲,鐵嶺縣雜税銀柒拾叁兩玖錢捌分,昌圖廳雜税銀貳百壹拾柒兩叁錢伍分肆釐,新民廳雜税銀壹百肆拾兩陸錢捌分,承德等州縣廳田房税契銀陸千貳百捌拾壹兩叁錢肆分壹釐伍毫,奉天府理事通判房號牙税銀貳千伍百兩伍錢,寧遠州屬中後所巡檢坐扣咸豐元年養廉歸還道光貳拾伍年房號牙税銀拾捌兩肆錢叁分柒釐,錦縣屬天橋廠巡檢坐扣咸豐元年養廉歸還道光貳拾柒年房號牙税銀貳拾肆兩陸錢貳分伍釐。又收道光貳拾捌年清查案内各員歸補捐炮銀陸百玖拾玖兩柒錢捌分。又收清查案内各員未繳長支俸銀伍拾叁兩肆分陸釐。又收道光貳拾捌年清查案内民欠各年運通米豆價銀陸百玖拾兩肆錢貳釐捌毫。查承德等州縣廳新收咸豐元年地丁銀叁萬叁千玖百陸拾貳兩柒錢伍釐柒毫肆絲。又收金州廳、新民廳、寧遠州、義州帶徵道光叁拾年奏銷案内未完地丁銀壹千玖百叁拾柒兩柒分柒釐玖毫。又收承德縣入民壯丁李世芳等名下咸豐元年地租銀柒兩柒錢伍分。又收道光貳拾捌年奏銷案内暫行開除追繳木商汪清洋等嘉慶貳拾叁年辦差借領盛京戸部庫銀貳百捌拾柒兩捌分。又收貳拾捌年奏銷案内暫行開除貳拾叁年地丁銀貳百叁拾伍兩貳錢肆分陸釐玖毫。又收貳拾捌年奏銷案内暫行開除貳拾伍年地丁銀伍拾伍兩柒錢壹分壹釐貳毫捌絲,鐵嶺縣雜税銀柒拾叁兩玖錢捌分,昌圖廳雜税銀貳百壹拾柒兩叁錢伍分肆釐,新民廳雜税銀壹百肆拾兩陸錢捌分,承德等州、縣、廳田房税契銀陸千貳百捌拾壹兩叁錢肆分壹釐伍毫,奉天府理事通判房號牙税銀貳千伍百兩伍錢,寧遠州屬中後所巡檢坐扣咸豐元年養廉歸還道光貳拾伍年房號牙税銀拾捌兩肆錢叁分柒釐,錦縣屬天橋廠巡檢坐扣咸豐元年養廉歸還道光貳拾柒年房號牙税銀貳拾肆兩陸錢貳分伍釐。又收道光貳拾捌年清查案内各員歸補捐炮銀陸百玖拾玖兩柒錢捌分。又收清查案内各員未繳長支俸銀伍拾叁兩肆分陸釐。又收道光貳拾捌年清查案内民欠各年運通米豆價銀陸百玖拾兩肆錢貳釐捌毫。户部按該府尹冊造細數核算,均屬相符,應毋庸議。

一、開除銀兩項下。據冊開:承德等州、縣、廳支給祭祀文廟等處銀壹千壹兩玖錢玖分貳釐。查係年例應給之項,應準開銷。

一、給奉天、錦州二府屬咸豐元年分官員俸工役食等銀壹萬肆千伍百柒兩貳錢壹分壹釐,除扣存減平銀捌百柒拾兩肆錢叁分,實給銀壹萬叁千陸百叁拾陸兩柒錢捌分壹釐。查前項支給官員俸工以及役食等項,除扣減平等銀外,實支銀壹萬叁千陸百叁拾陸兩柒錢捌分壹釐。臣部按冊核算相符,應準開銷。

一、給站夫工食銀伍百陸拾伍兩柒錢叁分貳釐。查奉天老邊等二十六站夫工食每年額支銀陸百貳拾捌兩陸錢叁分貳釐,今支銀伍百陸拾伍兩柒錢叁分貳釐,較額定銀數有減無增,應準開銷。

一、給孤貧花布銀貳百肆拾玖兩。查乾隆貳年原任府尹宋筠題定孤貧四百九十八名,每名每年給花布銀伍錢。等因。今支銀貳百肆拾玖兩與額定孤貧銀數相符,應準開銷。

一、給承德等州、縣、廳監犯柴薪等銀貳千玖百捌拾陸兩柒錢壹分肆釐，遞解人犯口糧銀柒拾叁兩伍錢柒分肆釐。查前項支給監犯柴薪以及遞解人犯口糧共銀叁千陸拾兩貳錢捌分捌釐，已據該府尹具題核銷在案，應準開銷。

一、給咸豐元年不敷莊頭餧馬豆價銀肆千柒拾壹兩捌錢陸分柒釐，除扣存減平銀貳百肆拾肆兩叁錢壹分貳釐，實給銀叁千捌百貳拾柒兩伍錢伍分伍釐。查莊頭餧馬豆價銀兩，原任盛京將軍恒魯等奏準每豆壹名折銀陸錢，在於地丁銀内撥給移交官莊衙門以備餧馬。等因。今支給餧馬豆價銀兩内除扣存減平銀兩外，實給銀叁千捌百貳拾柒兩伍錢伍分伍釐。應令盛京將軍將該年莊頭餧馬應需豆石若干分晰本色、折色，造冊送部備查。

一、給咸豐元年運通米豆車脚等銀壹千玖百壹拾壹兩柒錢陸分陸釐，除扣存減平銀壹百壹拾肆兩柒錢叁釐，實給銀壹千柒百玖拾柒兩陸分叁釐。查前項支給運通米豆車脚等銀除扣減平銀兩外，實給銀壹千柒百玖拾柒兩陸分叁釐，核與盛京將軍題銷起運通倉米豆案内撥用銀數相符。惟内有紮囤繩席等項用過庫平銀叁百伍兩陸分，前經户部題令刪除在案。應令奉天府府尹迅即照數刪除，歸款報部。再查貳拾肆、伍、陸、柒、捌、玖、叁拾等年奏銷案内，尚有刪除繩席等項庫平銀共貳千叁百壹拾捌兩肆錢玖分壹釐，仍未據刪除報部。并令該府尹一并速即刪除，造入奏銷冊内，毋再遲延，致干查參。

一、給蓋平縣採買不敷粢盛穀價銀貳錢壹分陸釐，承德、錦縣、廣寧、岫巖、新民等五處採買供應驛站豆價銀貳拾陸兩肆錢柒分貳釐。查蓋平縣給過祭祀粢盛穀價銀貳錢壹分陸釐係年例應行採買之項。承德等五處採買驛站豆價銀貳拾陸兩肆錢柒分貳釐，移查兵部送到驛站冊内採買豆價銀數相符，均準開銷。

一、給奉天、錦州二府屬滿漢廩生餼糧銀叁百壹拾玖兩伍錢叁分壹釐，承德、開原、復州、金州、廣寧等處歲拔貢生旗匾銀貳百貳拾兩。查前項廩生餼糧銀叁百壹拾玖兩伍錢叁分壹釐，又歲拔貢生旗匾銀貳百貳拾兩，除扣減平銀拾叁兩貳錢，實給銀貳百陸兩捌錢。據禮部查覆廪貢生姓名餼糧等項銀兩均屬相符，應準開銷。

一、給壬子科會試公宴銀拾伍兩，辛亥科中式武舉人花紅銀拾兩，金州廳耆民劉君懷、妻張氏夫婦五世同堂緞匹銀拾柒兩，承德、蓋平二縣節婦總坊銀叁拾兩，共銀柒拾貳兩。除扣減平銀肆兩叁錢貳分，實給銀陸拾柒兩陸錢捌分。查前項給過壬子科會試公宴銀拾伍兩，金州廳五世同堂緞匹銀拾柒兩，承德、蓋平二縣節婦總坊銀叁拾兩,共銀陸拾貳兩,除扣減平銀叁兩柒錢貳分,實給銀伍拾捌兩貳錢捌分。據禮部覆稱姓名銀數均屬相符,應準開銷。至支給辛亥科中式武舉人花紅銀拾兩,據順天府府尹覆稱:辛亥恩科鄉試,係在宣宗成皇帝二十七個月内,應行停止筵宴,所有花紅概行停止。等因。令前項給過辛亥科中式武舉慶禄、趙光甲等花紅銀拾兩,應令照數追繳,歸款報部查核。

一、給承德縣咸豐元年修監工料銀玖百肆拾玖兩叁分伍釐貳毫,除扣減平銀伍拾陸兩玖錢肆分貳釐,實給銀捌百玖拾貳兩玖分叁釐貳毫。查與工部會題案内銀數相符,應準開銷。

一、給解交盛京戶部收存銀壹萬捌千壹百壹拾陸兩壹分玖釐柒毫貳絲。查前項撥解銀壹萬捌千壹百壹拾陸兩壹分玖釐柒毫貳絲,應令盛京户部查明曾否照數收訖,仍將收訖日期報部查核,毋任遲延。

一、實存地丁等銀壹萬玖千叁拾玖兩肆錢壹分伍釐伍毫肆絲,雜税等銀柒千玖百玖拾貳兩柒錢貳分陸釐叁毫。扣留咸豐貳年俸工經制等銀壹萬柒千叁百柒拾壹兩柒錢伍分柒釐,咸豐元年支銷各款扣存減平銀壹千叁百叁兩玖錢柒釐。查前項實存地丁雜税及扣存減平等銀肆萬伍千柒百柒兩捌錢伍釐捌毫肆絲。户部按收支細數核算,與應存銀數相符。應令該府尹將實存銀兩照例於奏銷截數後,即行解交盛京户部充餉,毋得久存屬庫,致啟虧那之弊。仍將各州、縣、廳解交銀兩各日期專案報部。其扣留地丁銀壹萬柒千叁百柒拾壹兩柒錢伍分柒釐,應令造入咸豐貳年奏銷案内,題報查核。

一、舊管米豆項下。據冊開:舊管米拾玖萬叁千壹百叁拾捌石柒斗伍升柒合伍勺玖抄伍撮柒圭,捐輸粟米并穀折米壹千伍百柒拾叁石陸斗壹升壹合捌勺,豆柒石捌斗貳升。查前項舊管米豆并捐輸米石,核與道光叁拾年奏銷案内實存數目相符,應毋庸議。

一、新收米石項下。承德等州、縣、廳徵收咸豐元年地米肆萬陸百捌拾壹石柒斗陸升叁合貳勺柒抄壹撮。又收金州廳、新民廳、寧遠州、義州帶徵道光叁拾年奏銷案内未完地米壹千陸百捌石捌升壹合壹勺捌抄。又收錦縣、寧遠州、義州徵還道光貳拾捌年清查案内民欠各年地米壹千叁百壹拾陸石捌斗柒升玖合壹勺。查承德等州、縣、廳新收咸豐元年地米肆萬陸百捌拾壹石柒斗陸升叁合貳勺柒抄壹撮。又收金州廳、新民廳、寧遠州、義州帶徵道光叁拾年奏銷案内未完地米壹千陸百捌石捌升壹合壹勺捌抄。又收錦縣、寧遠州、義州徵還道光貳拾捌年清查案内民欠各年地米壹千叁百壹拾陸石捌斗柒升玖合壹勺。户部按冊核算,與應徵及帶徵并歸補清查案内民欠米石各數均屬相符,應毋庸議。

一、開除米石項下。支給府尹并佐雜等官咸豐元年俸米叁百肆石伍斗伍升伍合伍勺伍抄,金州水師營秋季俸餉米壹千陸百柒拾柒石陸斗。查前項給過官員俸米叁百肆石伍斗伍升伍合伍勺伍抄,係年例應給之項。又金州水師營俸餉米壹千陸百柒拾柒石陸斗,核與報部案内應支米數符合,應準開銷。

一、給承德等州、縣、廳咸豐元年孤貧口糧米壹千玖百壹拾貳石叁斗貳升。查孤貧口糧,乾隆貳年原任府尹宋筠題定孤貧四百九十八名,每名每日給米壹升。等因。今支給過孤貧口糧米壹千玖百壹拾貳石叁斗貳升,核與有閏之年額定孤貧名數應領米石相符,應準開銷。

一、給咸豐元年監犯口糧米貳千叁百玖拾伍石陸斗貳升柒勺。查支給咸豐元年監犯口糧米貳千叁百玖拾伍石陸斗貳升柒勺,核與該府尹題銷案内應給米數相符,應準開銷。

一、給山海關咸豐貳年兵米肆千肆百石。查前項撥給山海關兵米肆千肆百石,核與直隸總督咨報領運米數相符,應準開銷。

一、給咸豐元年供應驛站米貳百貳拾石壹斗肆升壹合壹勺,豆叁斗貳升。查前項供應驛站米貳百貳拾石壹斗肆升壹合壹勺,豆叁斗貳升,核與兵部送到驛站冊内支給米豆數目均屬相符,應準開銷。

一、給咸豐元年新民廳借給白旗堡兵等口糧米壹千陸百捌石。又借給巨流河兵等口糧米壹千陸百捌石。查與報部準借米數相符,應準開銷。惟查出借米石例應秋後還倉,所有前項出借共米叁千貳百壹拾陸石,因何并未催追還倉,造入新收項下,殊屬不合,應令查取催交不力職名送部查議。仍將米石迅即照數催交,還倉報部,毋任遲延。

一、實存米貳拾貳萬貳千陸百壹拾玖石貳斗肆升叁合柒勺玖抄陸撮柒圭,捐輸米并穀折米壹千伍百柒拾叁石陸斗壹升壹合捌勺豆柒石伍斗。查前項實存米豆,核與應存數目相符。應令該府尹轉飭加謹收存,造入咸豐貳年奏銷案内題報查核。再查奉天省通屬額存米伍拾貳萬石,節年動支缺額。現查各州、縣、廳倉存米僅止貳拾貳萬貳千陸百壹拾玖石零,核計缺額米貳拾玖萬柒千餘石。節經臣部題令酌量買補,該府尹并未隨時查看豐歉情形,通融買補,實屬任意因循。再查道光貳拾捌年玖月貳拾叁日奉上諭:御史王本梧奏各省倉穀有名無實,請飭採買足額并嚴禁虧缺一摺。各省倉儲原爲備荒而設,本年江南湖北等省均被水成灾,迭經朕準留庫存銀兩并撥款濟賑。事關拯救民生,雖動費百萬帑金,何所吝惜。各直省州縣常平等倉皆有實儲,偶值灾歉,碾動賑濟,甚覺裕如,何至各省紛紛截款採買?若如該御史所奏,各州縣每乘出借名色任意侵挪,甚至捏造册籍,非以無爲有,即折銀代穀,種種弊端,殊堪痛恨。著各督撫即將所有倉穀派員認真盤查,倘有虧缺,即行從重參辦,並責令賠補足數,以昭核實。至直隸、山東、河南、山西、陝西、甘肅等省本年秋收豐稔,所有常平倉穀正可及時採買。并著各督撫及時督飭地方官買補足額。如鄉村有原立義倉者,地方者尤當勸捐倡辦,不準官爲經理,致滋流弊。庶倉儲充裕,緩急皆有可恃。各省督撫如漫不經心,苟且從事,上何以對朝廷,下何以對萬姓。言念及此,仍不動心,朕不忍言之也,爲封疆大吏者,反堪忍耶?捫心自問可也。將此通諭知之。欽此。應令奉天府府尹遵照前奉諭旨,實心經理,以期倉儲充盈,有備無患。

至造送職名册内聲稱:咸豐元年,奉天、錦州二府,承德等十四州、縣、廳,額徵并帶徵道光叁拾年奏銷案内未完地丁共銀叁萬玖千陸百貳兩捌錢柒分叁釐壹毫肆絲,加一耗羨并帶徵耗羨共銀叁千玖百陸拾兩貳錢捌分柒釐。已完地丁銀叁萬伍千捌百玖拾玖兩柒錢捌分叁釐陸毫肆絲,耗羨銀叁千伍百捌拾玖兩玖錢柒分柒釐叁毫。應徵米共肆萬陸千伍百陸拾叁石叁斗伍升壹合貳勺陸抄玖撮,已完米肆萬貳千貳百捌拾玖石捌斗肆升肆合肆勺伍抄壹撮。金州廳、新民廳、寧遠州、義州未完地丁銀叁千柒百叁兩捌分玖釐伍毫,耗羨銀叁百柒拾兩叁錢玖釐柒毫,未完米肆千貳百柒拾叁石伍斗陸合捌勺壹抄捌撮,將經徵督催已完未完各官職名造册送部。等語。查耗羨銀兩向係隨同正項核計考成,所有督催經徵已完未完各官職名照册開單移咨吏部核議。吏部查定例:州縣官經徵一應起運,本年有分數錢糧三百兩以上不及一萬兩,於奏銷前全完者紀錄一次。等語。除二、三官分徵全完例無議叙,并開原縣知縣三神保業經革職,毋庸議外,應將經徵咸豐元年分地丁錢糧三百兩以上不及一萬兩於奏銷前全完之前任承德縣陞任金州廳同知興泰,署海城縣事寧遠州知州延瑞,署蓋平縣事海城縣知縣王肇光,前任鐵嶺縣陞任義州知州愷榕,復州知州何煥經,前任岫巖廳另案降調通判世昌,均照例準其紀録一次。再查定例:地丁錢糧經徵州縣官初參欠不及一分者,停其陞轉,罰俸一年,戴罪徵收。欠二分者,降職二級。欠三分者,降職三級。俱令戴罪徵收。又定例:督催之知府初參欠不及一分者,停其陞轉,罰俸六個月,戴罪督催。欠一分者,罰俸一年,戴罪督催。等語。除病故之員毋庸議外,應將經徵接徵咸豐元年分地丁錢糧初參未完不及一分之署新民廳同知事候補知縣劉榮桂照例停其陞轉,罰俸一年,戴罪徵收。未完二分以上之署金州廳同知事奉天府通判臺隆阿照例降職二級,戴罪徵收。未完三分以上之署義州事昌圖廳通判舒齡均照例降職三級,戴罪徵收。督催初參未完不及一分之奉天府治中曹敦錡照例停其陞轉,罰俸六個月,戴罪督催。未完一分以上之錦州府知府德亨照例罰俸一年,戴罪督催。臺隆阿、劉榮桂、舒齡俱係署事官,未據聲明卸事日期,俟復參到日再議。曹敦錡又署錦州府任内督催初參未完一分以上,應照例再罰俸一年,戴罪督催。未據聲明卸事日期,俟復參到日再議。

此案於咸豐貳年玖月貳拾肆日科抄到部。行查禮部、兵部、順天府,於拾壹月貳拾等日覆齊。叁年伍月貳拾陸日咨送吏部會議,肆年伍月拾捌日準吏部議結送回。兹於閏柒月初陸日辦理具題。再,此本係户部主稿,合并聲明。

臣等未敢擅便,謹題請旨。

批紅:依議。

爲雲南委員辦運道光三十年正運一起京銅報銷事

咸豐四年閏七月初八日

太子太保·大學士管理戶部事務祁寯藻等謹題,爲銅運報銷等事。

户科抄出,工科外抄,雲南巡撫吳振棫題委員鄭訓逵辦運京銅報銷一案。咸豐叁年拾月貳拾陸日題,肆年正月貳拾叁日奉旨:該部察覈具奏。欽此。欽遵。於貳月貳拾伍日外抄到部,當經臣部行取工部正抄去後,今準工部於叁月拾柒日將正抄咨送到部。

該臣等查得,雲南巡撫吳振棫將委員鄭訓逵辦運道光叁拾年正運一起京銅,用過水脚雜費養廉等項銀兩,造冊具題前來。

一、冊稱:委員鄭訓逵辦運道光叁拾年正運一起正耗餘銅壹百拾萬肆千肆百伍拾斤内,交過户部局正耗并低銅柒拾貳萬斤,又交過工部局正耗并低銅叁拾叁萬斤,下短銅叁萬斤。二共交過户、工二部局正耗并低銅壹百伍萬斤。尚掛欠工局逾折銅叁萬斤,實因沿途起剥顛磕擦碰所致,俟到任時照例賠價買補。至户部局收過低銅貳拾捌萬貳千斤,工部局收過低銅拾陸萬肆千陸百斤,俟煎煉折耗若干奉文飭知至日,照例在於廠運各員名下按股攤賠,買補帶解。其原領餘銅貳萬肆千肆百伍拾斤,抵補逾折數内交收。等語。查該員鄭訓逵辦運道光叁拾年正運一起京銅内,交過户部局正耗并低銅柒拾貳萬斤,業經臣部寶泉局照數兑收。其交過工部局正耗并低銅叁拾叁萬斤,前據工部咨稱,亦經照數收明。所有逾折銅叁萬斤,應令該督撫轉飭即行覈計價脚銀兩,在於該員名下嚴行勒追,依限完繳清款,報部查覈。至户部局收過低銅貳拾捌萬貳千斤,工部局收過低銅拾陸萬肆千陸百斤,俟煎煉折耗若干,再行移咨滇省著落賠繳。其原領餘銅貳萬肆千肆百伍拾斤,據稱抵補逾折數内交收,臣部查覈相符,應毋庸議。

一、冊稱:委員鄭訓逵辦運道光叁拾年正運一起京銅,共用過水脚起剥夫價等銀壹萬叁千貳拾兩叁錢貳分貳釐,雜費銀壹千玖百貳拾伍兩伍錢陸分陸釐。等語。查該員鄭訓逵辦運道光叁拾年正運一起京銅,共用過水脚起剥夫價等銀壹萬叁千貳拾兩叁錢貳分貳釐,雜費銀壹千玖百貳拾伍兩伍錢陸分陸釐。臣部按冊覈算,與定例及歷運準銷之數,計應刪減剥費銀肆百貳拾玖兩玖錢叁分玖釐,縴費銀貳百貳兩貳錢柒分。應令該督撫轉飭該員,遵照刪減報部,以節糜費。其餘用過水脚雜費等項銀兩,均與定例及歷運準銷之數相符,應準開銷。

一、冊稱:委員鄭訓逵辦運京銅,自滇省至瀘州領銅至京及自京回滇,共準支拾柒個月柒日養廉銀壹千柒百肆拾叁兩玖錢玖分玖釐。今回滇銷差時,因廻避調補貴州,例應由京到黔。除回滇程限較近拾日不應支外,實請銷銀壹千柒百拾兩貳錢陸分陸釐。又在武清縣守凍壹百拾伍日,照例減半支銷養廉銀壹百玖拾叁兩玖錢陸分伍釐。等語。查雲南辦解正運京銅,定例每月準支養廉役食雜費銀壹百壹兩壹錢玖分玖釐零。如遇守凍,按日加支數減正支之半。等因。今該員鄭訓逵辦運京銅,自滇省至瀘州領銅至京及自京到黔,共請銷養廉銀壹千柒百拾兩貳錢陸分陸釐。又在武清縣守凍,減半支銷養廉銀壹百玖拾叁兩玖錢陸分伍釐。臣部覈與定例應給之數相符,應準開銷。

一、冊稱:委員鄭訓逵辦運道光叁拾年正運一起京銅,共用過水脚雜費養廉等銀壹萬陸千捌百伍拾兩壹錢壹分玖釐。内除領過銀壹萬叁千叁百陸拾貳兩伍錢肆分玖釐零,尚應找領銀叁千肆百捌拾柒兩伍錢陸分玖釐零。又在天津縣起剥銅斤,應扣原給自津至通水脚銀叁百玖拾玖兩陸錢柒分叁釐,實應找領銀叁千捌拾柒兩捌錢玖分陸釐。等語。查該員鄭訓逵辦運道光叁拾年正運一起京銅,共用過水脚雜費養廉等銀壹萬陸千捌百伍拾兩壹錢壹分玖釐。内除領過銀壹萬叁千叁百陸拾貳兩伍錢肆分玖釐零,又除天津全剥銅斤應扣水脚銀叁百玖拾玖兩陸錢柒分叁釐,實應找領銀叁千捌拾柒兩捌錢玖分陸釐。臣部按冊覈算數目相符,應令該督撫轉飭將前項應找銀兩,俟前款刪減剥費繂費并應賠逾折銅價及煎折低銅應賠火工鉛價等銀賠補全完之日,再行覈數報部。

此案科抄於咸豐肆年貳月貳拾伍日到部。臣部於叁月拾貳日行查工部,準工部於叁月拾柒日覆回。茲於閏柒月初捌日辦理具題,合并聲明。

臣等未敢擅便,謹題請旨。

批紅:依議。

爲直隸題撥東陵各衙門員役咸豐四年春季俸餉米折等銀事

咸豐四年閏七月十三日

太子太保・大學士管理戶部事務祁寯藻等謹題,爲聖孝獨隆千古事。

户科抄出,直隸總督桂良題撥咸豐肆年春季分東陵各衙門員役俸餉米折等銀一案。咸豐肆年貳月初捌日題,叁月貳拾貳日奉旨:該部議奏。欽此。欽遵。於本日抄出到部。

該臣等查得,直隸總督桂良疏稱:遵化、薊州、豐潤三州縣,每年供應陵工俸餉等項銀兩,例應按季豫期撥給。其員役應支粟米暨白、江、粳三色米石,向係在於薊倉截留豫、東二省漕米内,按季運交支放。後準部議,自乾隆叁拾壹年正月爲始,將粟米改支折色。每石折銀壹兩肆錢,在於河南、山東二省解交抵給薊糧折色銀内,一并核入動用。所需白、江、粳三色米石,聽倉場侍郎辦理撥運。嗣又經東陵承辦事務固山貝子等,將兵役應食粟米奏準部覆,準令改支一半本色。并經前督臣温承惠與該辦事大臣先後奏咨,請自嘉慶拾肆年夏季起,支其一半折色銀兩。仍按季核明,一并題撥散給。又於道光貳拾壹年拾壹月内奉部奏準,行知以道光貳拾貳年春季爲始,陵寝駐防俸甲米石就現在每年支領米數,均予半本半折。其折色銀兩,由直隸藩庫遵照例價,分别核明,就近支放。又準户部議覆,東陵承辦事務貝勒奕絪等奏請,兵役應支粟米,準其仍照舊章半本半折支放,免再減半,每石按照例價壹兩貳錢折給。各等因。行司遵照在案。茲據署布政使穆清阿呈稱:據遵化州、薊州、豐潤縣,將咸豐肆年春季分應需東陵各員役俸餉并豆草折價及粟米折色等項約需銀兩,具文請領,由司詳請題明撥給。等情。查咸豐肆年春季分,薊州供應樹夫、匠役工食銀貳百伍拾貳兩,一半粟米折色銀伍拾肆兩。又供應昭西陵員役俸餉等銀壹千叁拾肆兩捌錢伍分捌釐,粟米折色銀貳千肆兩。豐潤縣供應孝陵各員役俸餉等銀壹千貳百捌拾貳兩捌錢玖分叁釐,粟米折色銀貳千貳百陸拾捌兩。又供應孝東陵員役俸餉等銀壹千肆百柒拾柒兩玖錢貳分壹釐,粟米折色銀壹千玖百伍拾陸兩。遵化州供應景陵各員役俸餉等銀貳千壹百叁拾壹兩捌錢柒分陸釐,粟米折色銀貳千叁百柒拾陸兩。又供應裕陵各員役俸餉等銀壹千叁百柒拾玖兩叁錢肆釐,粟米折色銀貳千貳百肆拾肆兩。又供應樹夫、匠役春夏二季工食銀肆百玖拾貳兩玖錢壹分捌釐,一半粟米折色銀壹百捌拾兩。又供應裕陵當差樹夫匠役春季工食銀貳百叁拾壹兩,一半粟米折色銀肆拾玖兩伍錢。薊州供應妃園寢員役俸餉等銀肆百伍拾陸兩,粟米折色銀壹千叁百壹拾貳兩捌錢。又供應裕陵當差樹夫、匠役春季工食銀壹百兩捌錢,一半粟米折銀貳拾壹兩陸錢。豐潤縣供應理密親王福晉衙門員役俸餉等銀叁拾柒兩伍錢,一半粟米折色銀壹百貳兩。遵化州供應慤惠皇貴妃園寢員役俸餉等銀貳百陸兩貳錢伍分,粟米折色銀陸百壹拾貳兩。又供應純惠皇貴妃園寢員役俸餉等銀肆百壹拾柒兩,粟米折色銀壹千貳百兩。薊州供應端慧皇太子園寢員役俸餉等銀壹百伍拾叁兩柒錢伍分,粟米折色銀陸百柒拾貳兩。豐潤縣供應陵寢當差樹夫、匠役春季一半粟米折色銀貳拾貳兩伍錢。薊州供應孝陵景陵當差樹夫、匠役春季一半粟米折色銀壹拾捌兩;又供應裕陵當差樹夫、匠役春季一半粟米折色銀伍兩肆錢。遵化州供應裕陵首領太監春季錢糧銀肆拾兩。又馬蘭鎮標漢兵應支春季一半粟米折色銀捌百伍兩陸錢捌分。又供應端憫固倫公主園寢員役俸餉等銀伍拾捌兩伍錢,粟米折色銀壹百貳拾捌兩玖錢貳分伍釐。以上共約需俸餉等銀玖千柒百伍拾貳兩伍錢柒分,一半粟米折色銀壹萬陸千叁拾貳兩肆錢伍釐。二共銀貳萬伍千柒百捌拾肆兩玖錢柒分伍釐。薊州供應昭西陵并妃園寢以及端慧皇太子園寢官員白米改支一半折色銀壹百肆拾兩,江米改支一半折色銀貳拾貳兩伍錢,糙粳米改支一半折色銀壹百伍拾柒兩伍錢,喇嘛糙粳米改支一半折色銀柒拾捌兩柒錢伍分,太監糙粳米改支一半折色銀肆兩貳錢。豐潤縣供應孝陵各官俸江米改支一半折色銀壹拾叁兩伍錢,白米改支一半折色銀壹百貳拾兩,粳米改支一半折色銀壹百壹拾玖兩。又供應孝東陵官俸江米改支一半折色銀玖兩,白米改支一半折色銀捌拾兩,粳米改支一半折色銀柒拾柒兩。遵化州供應景陵駐防官員白米改支一半折色銀壹百肆兩捌錢,江米改支一半折色銀壹拾叁兩伍錢,粳米改支一半折色銀壹百貳兩貳錢,太監粳米改支一半折色銀肆兩貳錢。又供應裕陵駐防官員白米改支一半折色銀捌拾捌兩,江米改支一半折色銀壹拾貳兩陸錢,粳米改支一半折色銀捌拾陸兩捌錢,太監粳米改支一半折色銀肆兩貳錢。又供應慤惠皇貴妃園寢官員白米改支一半折色銀貳拾兩捌錢,江米改支一半折色銀叁兩陸錢,粳米改支一半折色銀貳拾壹兩。又供應純惠皇貴妃園寢官員白米改支一半折色銀貳拾柒兩貳錢,江米改支一半折色銀伍兩肆錢,粳米改支一半折色銀貳拾陸兩陸錢。以上共銀壹千叁百肆拾貳兩叁錢伍分。通共約需銀貳萬柒千壹百貳拾柒兩叁錢貳分伍釐。至馬蘭鎮標漢兵應支粟米折色銀兩,仍在於豫東江南等省解存薊糧折色銀内動支。其員役應需俸餉豆草折價并粟米折色等項銀兩,應請在於司庫地糧銀内動撥。查陵工俸餉攸關緊要,員役人等增減無定,確數難以預計。向照急需錢糧之例,一面具題,一面先行撥給,俾各該州縣領回採買供應。其實在支領數目統於奏銷案内核實銷算,多則解還,不敷找給。理合具題,等因前來。

查例載,直隸遵化、薊州、豐潤等三州縣,供應東陵各衙門員役俸餉及粟米折色銀兩,由直隸總督估計需用銀數,按四季題撥,在於司庫節年地糧銀内動支。又東陵各衙門兵役及馬蘭鎮標兵丁粟米每年支給一半本色,在於豫東二省漕船截撥,其餘一半每石折銀壹兩肆錢,造冊報銷。又於道光貳拾壹年拾壹月内,臣部具題各處俸甲米石酌議折支,請將陵糈暨直隸各駐防俸甲米石,就現在每年支領米數均予半本半折,其折色銀兩由直隸總督就近支放。等因。奏準行文遵照。旋據東陵承辦事務貝勒奕綳等以兵役一半米石復行減半支給,該兵役等即形苦累,奏請仍行照舊半本半折支給,并請每石折銀壹兩肆錢。又經臣部奏準照舊半本半折支給,仍令遵照例定價值每石折銀壹兩貳錢。等因。各在案。今據直隸總督桂良疏稱:遵化、薊州、豐潤等三州縣咸豐肆年春季分供應東陵各衙門員役俸餉等銀玖千柒百伍拾貳兩伍錢柒分,一半粟米折色銀壹萬陸千叁拾貳兩肆錢伍釐,又官員等白、江、粳米一半折色銀壹千叁百肆拾貳兩叁錢伍分,通共約需銀貳萬柒千壹百貳拾柒兩叁錢貳分伍釐。内馬蘭鎮標漢兵應支一半粟米折色銀捌百伍兩陸錢捌分,仍在豫東江南等二省解存薊糧折色銀内動支,其餘銀兩在於司庫地糧銀内動撥。等語。應如所題,將前項約需俸餉米折等銀内,除馬蘭鎮標漢兵應支一半粟米折色銀兩,在於豫東江南等省解到薊糧改支折色銀内動支外,其餘銀貳萬陸千叁百貳拾壹兩陸錢肆分伍釐,應準其在於司庫地糧銀内撥給供應。仍令該督於奏銷冊内分别聲明,報部查核。

此案科抄於咸豐肆年叁月貳拾貳日到部。玆於閏柒月拾叁日辦理具題,合并聲明。

臣等未敢擅便,謹題請旨。

批紅:依議。

爲甘肅道光三十年茶馬奏銷事

咸豐四年閏七月十四日

太子太保·大學士管理户部事務祁寯藻等謹題,爲奏銷等事。

户科抄出,陝甘總督易棠題甘肅省道光叁拾年茶馬奏銷一案。咸豐叁年拾貳月貳拾日題,肆年叁月初伍日奉旨:該部察覈具奏,冊并發。欽此。欽遵。於本日抄出到部。

該臣等查得,陝甘總督易棠疏稱:據甘肅布政使段大章呈稱:甘肅省道光叁拾年茶馬奏銷案内,各司徵完官茶并各屬額徵茶課等項銀兩,分晰造冊,具題前來。查冊開:

一、舊管項下:莊浪司各年官茶貳萬叁千貳百伍拾伍篦貳分伍釐,西寧司各年官茶貳萬肆千貳百捌拾篦,甘州司各年官茶貳萬玖千伍百柒拾玖篦叁斤貳錢叁分陸釐。等語。查莊浪、西寧、甘州叁司舊管茶篦,臣部覈與上年實存數目均屬相符,應毋庸議。

一、新收項下:莊浪司商人應納道光叁拾年分壹成官茶肆千陸百伍拾壹篦,玖成官茶改折銀貳萬伍千壹百壹拾伍兩肆錢。西寧司商人應納道光叁拾年分壹成官茶肆千捌百伍拾陸篦,玖成官茶改折銀貳萬陸千貳百貳拾貳兩肆錢。甘州司商人應納道光叁拾年分舊額及撥歸新增共壹成官茶肆千玖百玖拾壹篦,玖成官茶改折銀貳萬陸千玖百伍拾壹兩肆錢。等語。查莊浪等叁司茶引貳萬柒千貳百玖拾陸道,每道徵茶伍拾斤,按伍斤爲壹封,貳封爲壹篦,共交官茶貳拾柒萬貳千玖百陸拾封,合壹拾叁萬陸千肆百捌拾篦。先據原任陝甘總督楊應琚以庫存茶引存積難銷,奏準每封改折銀叁錢。嗣於乾隆叁拾陸年,經原任陝甘總督吴達善以伊犂等處有安插投誠吐爾扈特人衆,應需賞茶壹萬封,奏準以貳成本色捌成折色徵收。至乾隆肆拾貳年,經原任陝甘總督勒爾謹以庫儲茶封足敷新疆拾年之用,奏準於乾隆肆拾叁年徵收乾隆肆拾貳年茶引爲始,改徵壹成本色,其餘均徵折色。等因。續於乾隆伍拾貳年,原任陝甘總督福康安奏,陝西榆林每年額頒引壹千道,行茶之蒙古地方因毗連晉省,蒙古人等就近買食晉茶,榆林額引壅滯,請分甘肅甘州司地方行銷引伍百道。又嘉慶肆年原任陝甘總督松筠以鄂爾多斯等叁旗并無買食官茶,題請榆林原額茶引伍百道内,改撥甘肅商人行銷肆百道。又於嘉慶拾壹年捌月内,據原任陝甘總督倭什布奏,甘肅甘州地方額頒茶引較少,請增引捌百道給商行銷。又於嘉慶拾柒年玖月内,原任陝甘總督那彦成奏,甘肅省庫存茶封存積,暫停交納壹成本色,酌請全以折色叁兩徵收。又嘉慶貳拾壹年拾壹月内,原任陝甘總督先福奏,甘省茶課自嘉慶拾柒年停徵本色已逾肆載,歷年存剩官茶僅存拾萬肆千餘封,若不統爲籌議,恐致臨時有誤。請自嘉慶貳拾壹年爲始,仍舊徵收玖成折色,壹成本色。均經臣部先後議準在案。今據陝甘總督易棠題銷冊造莊浪等叁司道光叁拾年應納舊額并新增壹成本色官茶壹萬肆千肆百玖拾捌篦,玖成官茶改折銀柒萬捌千貳百捌拾玖兩貳錢。臣部按冊覈算,數目相符,應毋庸議。

一、開除項下:莊浪司解道光叁拾年分改折銀貳萬伍千壹百壹拾伍兩肆錢,西寧司解道光叁拾年分改折銀貳萬陸千貳百貳拾貳兩肆錢,甘州司解道光叁拾年分改折銀貳萬陸千玖百伍拾壹兩肆錢,俱交甘肅布政司庫訖。又莊浪司撥運新疆搭放官兵俸餉動用道光貳拾伍、貳拾陸兩年官茶陸千捌百貳拾叁篦,西寧司撥運新疆動用道光貳拾伍、貳拾陸兩年官茶玖千柒百壹拾貳篦,甘州司撥運新疆動用道光貳拾肆、貳拾伍兩年官茶玖千陸百壹拾伍篦。等語。查莊浪等叁司解道光叁拾年官茶改折銀柒萬捌千貳百捌拾玖兩貳錢。據冊稱,造入咸豐肆年春撥冊内,臣部覈對該年撥冊内收造銀數相符,應毋庸議。至莊浪等叁司撥運新疆搭放官兵俸餉共茶貳萬陸千壹百伍拾篦,臣部覈對陝甘總督咨報撥運數目相符,應準開銷。

一、實存項下:莊浪司各年官茶貳萬壹千捌拾叁篦貳分伍釐,西寧司各年官茶壹萬玖千肆百貳拾肆篦,甘州司各年官茶貳萬肆千玖百伍拾伍篦叁斤貳錢叁分陸釐。等語。查莊浪等叁司實存茶篦,臣部按冊覈算,與應存數目相符。仍令陝甘總督轉飭加謹收存,俟有動用,報部查覈。

一、蘭州道額徵道光叁拾年分舊額及撥歸新增共徵收捐助、養廉、充公等銀叁萬陸千壹百玖拾陸兩捌分,俱交甘肅布政司庫。等語。查乾隆伍拾叁年,據原任陜甘總督勒保咨報,陜西榆林神木額頒引張,經原任陜甘總督福康安奏請,分撥伍百道歸甘州地方行銷。查莊浪等叁司舊額茶引貳萬柒千貳百玖拾陸道,每道徵養廉銀肆錢叁分陸釐,捐助充公銀柒錢叁分貳釐捌毫。又除陜西西安、鳳翔、漢中、同州肆府商銷引壹百叁拾貳道外,每道徵充公銀捌分,所有撥歸引伍百道請照定例徵收。嗣於嘉慶肆年玖月内,據原任陜甘總督松筠題請,將陜西存留額頒茶引伍百道内,再撥甘州司商人行銷引肆百道。又於嘉慶拾壹年,據原任陜甘總督倭什布奏甘州司商人增引捌百道。自嘉慶拾年爲始一體輸課。等因在案。今據陜甘總督易棠册稱,蘭州道徵收道光叁拾年捐助、養廉、充公等銀叁萬陸千壹百玖拾陸兩捌分,造入咸豐叁年秋撥并肆年春撥册内。臣部覈對各該年撥册内收造銀數相符,應毋庸議。

一、莊浪司應徵道光叁拾年分官禮銀壹千肆百陸拾玖兩柒錢壹分陸釐,西寧司應徵道光叁拾年分官禮銀壹千玖百肆拾貳兩肆錢,甘州司應徵道光叁拾年分舊額及撥歸新增共官禮銀貳千叁百玖拾伍兩陸錢捌分,俱交甘肅布政司庫。等語。查乾隆伍拾叁年據原任陜甘總督勒保咨報,陜西省撥歸甘州司行銷茶引,每道照甘州司之例徵收官禮銀貳錢肆分,等因在案。今據陜甘總督易棠册報,莊浪等叁司徵收道光叁拾年分官禮銀伍千捌百柒兩柒錢玖分陸釐,造入咸豐肆年春撥册内,臣部覈對該年撥册收造銀數相符,應毋庸議。

一、寧夏道屬應徵道光貳拾玖年茶課銀壹千伍拾叁兩,解交甘肅布政司庫。等語。查寧夏道屬徵收道光貳拾玖年茶課銀兩,臣部覈對咸豐貳年秋撥册内收造銀數相符,應毋庸議。

一、延榆綏道屬應徵道光叁拾年茶課銀壹千壹百柒拾兩,解交西安布政司庫。等語。查延榆綏道屬徵收道光叁拾年茶課銀兩,臣部覈對咸豐元年春秋并叁年春撥各册内收造銀數相符,應毋庸議。

一、興安、漢中貳府屬應徵道光叁拾年茶課銀伍百叁拾叁兩叁錢貳分柒釐,解交西安布政司庫,等語。查興安、漢中貳府屬徵收道光叁拾年茶課銀兩,臣部覈對道光叁拾年秋并咸豐元年春秋各撥册内收造銀數相符,應毋庸議。

此案於咸豐肆年叁月初伍日科抄到部。兹於閏柒月拾肆日辦理具題,合并聲明。

臣等未敢擅便,謹題請旨。

批紅:依議。

爲河南支過咸豐二年官兵俸餉銀兩奏銷事

咸豐四年閏七月十七日

太子太保・大學士管理戶部事務祁寯藻等謹題,爲奏銷事。

兵科抄出,前任河南巡撫陸應穀將河南省咸豐貳年分支過官兵俸餉銀兩造冊具題一案。咸豐叁年陸月拾貳日題,捌月初貳日奉旨:該部察核具奏,冊并發。欽此。欽遵。據兵部將正抄咨送,并據該撫於咸豐肆年正月拾玖日冊造到部,隨將原冊移咨兵部查明實在官兵馬匹數目是否相符去後。玆於貳月貳拾肆日,準兵部查覆到部。

該臣等查得,前任河南巡撫陸應穀疏稱:咸豐貳年分滿洲緑營官兵俸餉等項銀兩,奉部撥本省辛亥年應徵地丁銀壹拾壹萬伍千兩。又奉撥本省辛亥年未完地丁銀貳拾柒萬陸千柒百伍拾壹兩玖錢壹分壹釐。又考城營遊擊守備俸薪、經費、馬乾等銀肆百陸拾捌兩叁分玖釐,奉議在於滑、濬二縣逆產變價發當生息銀内動支。三項共銀叁拾玖萬貳千貳百壹拾玖兩玖錢伍分。查滿洲營官兵俸餉、米折、馬匹、草豆、折色等銀壹拾萬伍千玖百叁兩壹錢捌分捌釐。緑營官兵俸餉米折、馬乾等項,除事故不支外,共動支銀貳拾陸萬柒千捌百壹拾柒兩陸分肆釐。以上共動支部撥并滑、濬二縣逆產變價發當生息銀叁拾柒萬叁千柒百貳拾兩貳錢伍分貳釐,未動銀壹萬捌千肆百玖拾玖兩陸錢玖分捌釐,仍歸地丁項下入冊造報。據代理布政使沈兆澐造冊詳報前來。其應送部科清冊,行令布政司徑送部科查核外,理合具題。等因前來。謹按款核覆,開列於後:

一、舊管:咸豐元年朋扣等銀肆千捌百玖拾捌兩玖錢玖分伍釐,聲明支給開歸道辛亥年秋汛防險動支銀肆百伍拾叁兩壹錢柒釐,實在儲庫銀肆千肆百肆拾伍兩捌錢捌分捌釐。等語。查前項舊管銀兩,核與上屆實存銀數相符。至支給開歸道辛亥年秋汛防險銀肆百伍拾叁兩壹錢柒釐,并餘存銀肆千肆百肆拾伍兩捌錢捌分捌釐,查與咸豐元貳兩年地丁奏銷冊造各數不符。應令該撫轉飭查明,報部查核。

一、新收:部撥地丁銀叁拾玖萬壹千柒百伍拾壹兩玖錢壹分壹釐,滑、濬二縣逆產變價發當生息銀肆百陸拾捌兩叁分玖釐。等語。查河南省咸豐貳年官兵俸餉,臣部於道光叁拾年冬撥案内,預撥本省辛亥年地丁銀壹拾壹萬伍千兩。又於咸豐元年冬撥案内,再撥本省辛亥年地丁銀貳拾柒萬陸千柒百伍拾壹兩玖錢壹分壹釐。題準行文在案。又先於道光貳年據河南巡撫題報,新設考城汛遊擊一員、守備一員,應需俸薪等銀請在於滑、濬二縣逆產地租銀内動支。經兵部會同臣部題明覆準。嗣因逆産地畝全行召變,經該撫籌議,在於變價銀内,撥銀叁萬兩發當一分生息,每年所得息銀,作爲遊擊守備俸薪等項支用。各在案。所有冊造新收部撥銀兩,核與臣部題撥銀數相符。其動支滑、濬二縣逆產地畝變價發當生息銀兩亦與該撫奏明原案符合,均毋庸議。

一、開除:支給駐防滿洲營官兵俸餉、米豆、草束等項,共銀壹拾萬伍千玖百叁兩壹錢捌分捌釐。内除扣小建銀壹千叁百陸兩柒錢捌分伍釐,又除俸銀俸米等項,内除扣減平銀貳百捌拾壹兩柒錢壹分肆釐外,實支銀壹拾萬肆千叁百壹拾肆兩陸錢捌分玖釐。又支給撫鎮協標各營官兵俸餉,共銀貳拾肆萬貳千壹百肆拾肆兩柒錢壹分壹釐。内除各官案衣傢伙、朋扣小建、缺官俸薪、降革住罰、截扣俸薪、經費馬乾、兵丁截曠、餉乾等銀壹萬肆千肆百叁拾捌兩捌錢伍分陸釐,又除各官俸薪經費減平銀陸百伍拾陸兩肆錢貳分叁釐,實支銀貳拾貳萬柒千肆拾玖兩肆錢叁分貳釐。又兵丁月米肆萬捌千陸百叁拾玖石陸斗内,除小建、截曠米捌百叁拾肆石柒斗貳升,該米折銀壹千壹百肆兩陸錢陸分壹釐,實支米肆萬柒千捌百肆石捌斗捌升。内本色米貳萬玖千壹拾壹石捌斗陸千玖合貳勺,折色米壹萬捌千柒百玖拾叁石壹升捌勺,共米折銀貳萬肆千伍百陸拾柒兩陸錢玖分貳釐。通共支銀叁拾柒萬叁千柒百貳拾兩貳錢伍分貳釐。内除考城營遊擊守備俸薪馬乾等項動用滑、濬二縣逆產變價發當生息銀肆百陸拾捌兩叁分玖釐,實支地丁銀叁拾柒萬叁千貳百伍拾貳兩貳錢壹分叁釐。等語。查例載:兵米本色,河南省陜州一營給與折色,其餘撫鎮各標營於額徵兵糧内派支,不敷折給。又例載:緑營兵米折色價值,河南省每石自捌錢玖分至壹兩叁錢叁分有奇,駐防兵米每石折銀壹兩貳錢,每豆壹石,折銀壹兩壹錢,每草壹束,折銀壹分柒釐。各等語。復查冊開支給各鎮營并滿洲營官兵俸餉等項應支、應扣各數,按冊核算,數目相符。其官兵馬匹數目,移查兵部覆稱亦屬符合,應準開銷。至前項銀兩扣除減平等銀玖百叁拾捌兩壹錢叁分柒釐,係應行解部之項。應令該撫轉飭,即行委解赴部交納,毋任延緩。

一、餘存未動銀壹萬捌千肆百玖拾玖兩陸錢玖分捌釐。等語。查前項餘存未動銀兩據稱仍歸地丁項下造報,應令該撫轉飭,在於隨年地丁奏銷冊内聲明造報查核。

一、冊造駐防滿洲營米豆、草束銀内,扣除小建銀壹千叁百陸兩柒錢捌分伍釐。撫鎮協標各營俸餉銀内,扣除朋建等銀壹萬肆千肆百叁拾捌兩捌錢伍分陸釐。米折銀内,扣除建曠等銀壹千壹百肆兩陸錢陸分壹釐。三共銀壹萬陸千捌百伍拾兩叁錢貳釐。内除支給候補人員支食署任一半俸薪、養廉、馬乾等銀叁千伍百貳拾伍兩貳錢壹釐,承襲雲騎尉張獻廷等世職俸銀叁千貳百肆拾肆兩柒錢壹分叁釐,各鎮營買補倒馬動支銀叁千壹百貳兩伍錢,解兵部朋餘部飯銀捌拾陸兩壹分貳釐,南河堵築豐北工需動支銀肆百叁拾伍兩捌分玖釐,開歸道咸豐貳年秋汛防險動支銀貳千捌百伍拾兩柒錢玖分伍釐,歸并地丁奏銷造報缺官俸薪降革住罰俸銀肆百陸拾玖兩貳錢玖分貳釐,實存咸豐貳年分朋建等銀叁千壹百叁拾陸兩柒錢。等語。查各營扣收朋建等項銀兩,按冊核算數目相符。其支給候補人員署任俸廉及世職俸銀,係應行支給之項,應準開銷。至買補倒馬并解兵部朋餘部飯銀兩,移查兵部覆稱,核與該省朋馬奏銷冊造銀數相符。又支給開歸道咸豐貳年秋汛防險銀兩,查與咸豐貳年地丁奏銷冊造銀數符合,均毋庸議。至撥解南河堵築豐北工需及歸并地丁奏銷造報之缺官俸薪等項銀兩,核對該年地丁奏銷冊内造報銀數不符,應令該撫轉飭,查明報部。實存咸豐貳年分朋建等銀叁千壹百叁拾陸兩柒錢,仍令該撫轉飭,在於下年官兵俸餉奏銷冊内舊管項下,聲明造報查核。

此案於咸豐肆年貳月貳拾肆日準兵部查覆到部。玆於閏柒月拾柒日辦理具題,合并聲明。

臣等未敢擅便,謹題請旨。

批紅:依議。

爲彙報江蘇咸豐二年被灾情形分別賑卹蠲緩事

咸豐四年閏七月十七日

太子太保・大學士管理戸部事務祁寯藻等謹題,爲彙報事。

戸科抄出,前任江蘇巡撫許乃釗題江蘇省咸豐貳年秋禾木棉被水被旱及勘不成灾情形,分別賑卹蠲緩一案。咸豐叁年拾貳月貳拾日題,肆年肆月貳拾貳日奉旨:該部議奏。欽此。欽遵。於本日抄出到部。

該臣等查得,前任江蘇巡撫許乃釗疏稱:江蘇省咸豐貳年入夏以來,江以南亢晴日久,高阜腹裏田地,戽水維艱,禾棉類多黄萎。迨後得雨,已經受旱在先,未能一律轉甦。江以北疊被風雨,江潮湖河泛漲,車中一壩通埸過水。兼之豐工未堵,黄水下注,田廬被淹,秋禾均多受傷。所有被灾被歉情形,業經前督撫臣先後奏聞,并行司遴委大員督飭該管道、府、州會同印委各員確勘稟辦在案。據江寧布政使祁宿藻、蘇州布政使聯英彙叙情形詳題,前任撫臣楊文定未經辦理。臣幫辦軍務之餘,清釐稽牘,覆加確核。查江蘇省各州、縣、衛咸豐貳年被水被旱輕重情形,已據該司、道、府、州暨印委各員層層查勘明確。所有成灾十分、九分、八分之豐縣、沛縣、銅山、邳州四州縣,并全境歉收之碭山縣乏食貧民,業已奏明派撥江廣截漕米石按月賑濟。此外海州、沭陽二州縣被六分灾之極貧,同成灾五分之清河、桃源、安東及勘不成灾情形較重之宿遷等六州縣,凡黄水徑由之區乏食貧民,均請酌給口糧。即於奏明留備截漕米叁萬貳千石内,酌量派給,由各州縣分别散給。其徐州、大河二衛坐落各縣貧軍,同各州縣貧生兵屬與民户,一律賑卹。海沭等處六分灾次貧及五分灾貧民不敷賑米,由該州縣勸捐接濟,均可毋庸另請帑項。所用賑濟口糧米石,統俟事竣另行核實造冊報銷。至各屬成灾田地應徵咸豐貳年地漕屯折租課等項錢糧,照例按分蠲免。蠲剩銀米分年帶徵。其成灾各州、縣、衛内有勘不成灾之區,同上元、江寧、句容、江浦、六合、長洲、元和、吴縣、吴江、震澤、常熟、昭文、崑山、新陽、華亭、奉賢、婁縣、金山、南滙、青浦、宜興、荆溪、丹徒、丹陽、金壇、溧陽、山陽、阜寧、鹽城、高郵、泰州、東臺、江都、甘泉、儀徵、興化、寶應、碭山、宿遷、蕭縣、睢寧、太倉、鎮洋等四十三州縣,并蘇州、太倉、鎮海、淮安、揚州五衛收成歉薄、勘不成灾田地應徵咸豐貳年地漕等項銀米,概請緩至咸豐叁年秋成後起,分作二年帶徵。其各州縣并衛、屯、漕、蘆課、學租、湖河灘租、公費闢租、油麻地租、雜辦雜税、津貼增租、攤徵河銀、出借籽種口糧、新陞地畝蘆葦、牧馬草場復賦、召變籌餉等款以及抄案入官地畝,錯雜民田之内,俱照坐落地方一律分别查辦。鹽場竈地,應聽鹽政衙門辦理。又淮揚二屬減則蘆葦田地并海州屬一水一麥減則田地應徵錢糧,請照歷屆成案,一體緩徵。至灾歉各屬無力貧民貧軍來春應否接濟及酌借籽種口糧之處,統俟察看情形,再行辦理。又成灾及勘不成灾田地應徵癸丑年上忙新賦,江淮等屬灾歉頻仍,與蘇屬情形不同。現在體察民情,實形拮據,若令一體徵輸,力有未逮,仍請緩至該年秋後啟徵。其蘇松等屬雖經被旱,但交秋後得雨普霑,無礙種麥。且當年錢糧,現請緩至咸豐叁年秋後分限徵納,民力已經舒徐。所有咸豐叁年上忙新賦,仍令照常徵解,毋庸展緩。嗣於江寧失守案内,經藩司倪良燿奏請展至秋後啟徵在案。又江淮等屬灾歉各州、縣、衛未完道光叁拾年熟田舊欠及咸豐元年未完灾熟民欠,凡咸豐貳年坐落灾區者,應請照例一并緩至咸豐叁年秋成後啟徵。其不在灾區成熟田地并未經被灾收成減色之高淳、溧水、通州、海門四州、廳、縣應徵舊欠錢糧原應全行帶徵,惟江屬係積歉之區,户鮮蓋藏,秋成僅止中稔,小民完納當年新賦已屬竭蹷,若再責令兼完逋欠,力實未逮。至咸豐元年未完之熟田貳年仍坐熟田者不得謂之積歉,概行剔出,隨同該年新賦一律帶徵。所有應徵道光叁拾年熟田并咸豐元年灾緩初限錢糧以及不在豁免案内道光叁拾年以前津貼增租銀兩,并請一并緩至咸豐叁年秋後帶徵。其蘇松等屬被歉各州縣,咸豐元年歉田原緩銀米本應從貳年秋後起分限起徵,因是年秋收亦形減色,民情拮據,力難并納,應請展緩至咸豐叁年秋後,再行酌量帶徵。至未完道光叁拾年并咸豐元年熟田民欠錢糧,蘇屬僅止歉收,與江屬情形有别,未便一律請緩。應同咸豐貳年熟田應徵銀米,一并照常徵輸。又成灾五分以上州縣中之成熟村莊應徵錢糧,例準一體緩至次年秋後起徵。今銅山縣除岸熟田與灾區相隔一河,應徵咸豐貳年錢糧遽請照常徵收外,其餘黄河堤北毗連灾區各鄉及邳州并徐州衛坐落銅山縣屯田成灾分數均在額田五分以上,成熟村莊皆與灾區毗連,間有薄收,僅資口食,若令完納糧賦,民力實有未逮。應徵地漕等款新舊錢糧及銅山縣南岸各鄉莊舊欠并請照例緩至咸豐叁年秋後啟徵。此外灾歉各屬熟田應徵現年錢糧仍照常徵輸。再,阜寧、清河、桃源、宿遷、海州、沭陽、贛榆等七州縣,漕糧向係民折官辦,業經奏準,毋庸官爲買米改折徵收。咸豐貳年除贛榆縣全境成熟外,其餘阜寧、清河、桃源、宿遷、海州、沭陽六州縣均被灾歉,改徵折色銀兩,應請隨同各屬漕糧漕項銀米,一體分别蠲緩,熟田銀兩仍行照徵報解。除飭江蘇兩藩司將實在應蠲應緩銀米確數取造册結,并將區圖村莊頃畝細册另行分别詳請題咨外,所有江蘇省咸豐貳年各州、廳、縣、衛,秋禾木棉成灾及勘不成灾情形分别辦理緣由,相應據詳先行題報,聽候部議。謹會同兩江總督臣怡良、前任漕運總督臣福濟合詞具題前來。

查江蘇省咸豐貳年各屬秋禾木棉被水被旱成灾及勘不成灾情形分别賑濟蠲緩一案,前據該督撫奏報,於咸豐貳年拾貳月拾陸日奉上諭:陸建瀛、楊文定奏查明被灾各屬懇請分别賑濟蠲緩一摺。本年江蘇豐□等州、縣、衛,被水被旱并風雨受傷成灾，收成歉薄，民力實形拮據。加恩著照所請，所有成灾十分、九分、八分之豐縣、沛縣、銅山、邳州四州縣并全境歉收之碭山縣乏食貧民，業經派撥江廣截漕米石，按月賑濟。此外海州、沭陽二州縣被灾六分之極貧，同成灾五分之清河、桃源、安東及勘不成灾情形較重之宿遷等六州縣乏食貧民，均著酌給口糧，即於留備截漕米叁萬貳千石内酌量派給，由各州縣分别散放。其徐州、大河二衛坐落各縣貧軍，同各州縣貧生兵屬與民户，一律賑卹。至各屬成灾田地應徵咸豐貳年地漕屯折租課等項錢糧，著照例按分蠲免。蠲剩銀米分年帶徵。其成灾各州、縣、衛内，有勘不成灾之區，同上元、江寧、句容、江浦、六合、長洲、元和、吳縣、吳江、震澤、常熟、昭文、崑山、新陽、華亭、奉賢、婁縣、金山、南滙、青浦、宜興、荆溪、丹徒、丹陽、金壇、溧陽、山陽、阜寧、鹽城、高郵、泰州、東臺、江都、甘泉、儀徵、興化、寶應、碭山、宿遷、蕭縣、睢寧、太倉、鎮洋等四十三州縣，并蘇州、太倉、鎮海、淮安、揚州五衛收成歉薄、勘不成灾田地，應徵咸豐貳年地漕等項銀米，均著緩至咸豐叁年秋成後起，分作二年帶徵。其各州縣并衛屯漕、蘆課、學租、湖河攤租、公費闗租、油麻地租、雜辦雜税、津貼增租、攤徵河銀、出借籽種口糧、新陞地畝蘆葦、牧馬草場復賦、召變籌餉等款以及抄案入官地畝，錯雜民田之内，俱照坐落地方一律分别查辦。又淮揚二屬減則蘆葦田地并海州屬一水一麥減則田地應徵錢糧，著照歷屆成案一體緩徵。又成灾及勘不成灾田地應徵癸丑年上忙新賦，江淮等屬著緩至該年秋後啟徵。其蘇松等屬次年上忙新賦，仍著照常徵解。又江淮等屬灾歉各州縣未完道光叁拾年熟田舊欠及咸豐元年未完灾熟民欠，凡坐落本年灾區者，著一并緩至咸豐叁年秋成後啟徵。其不在灾區成熟田地并未經被灾收成減色之高淳、溧水、通州、海門四廳、州、縣應徵舊欠錢糧，除咸豐元年熟田未完本年仍坐熟田者概行剔出，隨同本年新賦一律帶徵，所有應徵道光叁拾年熟田并咸豐元年灾緩初限錢糧以及不在豁免案内道光叁拾年以前津貼增租銀兩，著一并緩至咸豐叁年秋後帶徵。其蘇松等屬被歉各州縣咸豐元年歉田原緩銀米，著展緩至咸豐叁年秋後再行酌量帶徵。至未完道光叁拾年并咸豐元年熟田民欠錢糧，仍同本年熟田應徵銀米一并照常徵輸。又成灾五分以上之銅山縣除南岸熟田本年錢糧照常徵收外，其餘黄河堤北毗連灾區各鄉及邳州并徐州衛坐落銅山縣屯田成熟村莊應徵本年地漕等款新舊錢糧，及銅山縣南岸各鄉莊舊欠，均著緩至來年秋後啟徵。此外灾歉各屬熟田應徵現年錢糧，仍照常徵輸。再阜寧等七州縣民折漕糧除贛榆縣全境成熟外，其餘阜寧、清河、桃源、宿遷、海州、沭陽六州縣均被灾歉，所有改徵折色銀兩，著隨同各屬漕糧漕項銀米一體分别蠲緩。熟田銀兩仍行照徵報解。餘俱照所議辦理。該督撫即刊刻謄黄，徧行曉諭，務使實惠及民，毋任吏胥舞弊，以副朕軫念灾區至意。該部知道。欽此。欽遵。當經臣部行令該督撫遵照辦理在案。

今據江蘇巡撫將江蘇省各州、縣、衛被灾分數及勘不成灾情形，賑濟貧民口糧，分别應蠲應緩各事宜先行題報。臣等伏查此案，既據該撫飭委司道府州暨印委各員層層查勘，明確自係實在情形，均應如所題辦理。應令該撫即將應蠲、應緩銀米確數取造冊結并區圖村莊頃畝細冊，分别題咨，先行報部查核。至應徵熟田未完銀兩，仍令掃數徵解，不得混入緩徵數内，以清界限。其各屬應緩錢糧，亦即遵照帶徵年限催徵完解。如逾限不完，照例補報緩徵考成題參。所有賑給貧民口糧米石，既據聲稱統俟事竣另行核實造報，迄今一載有餘，尚未造冊報銷，實屬任意遲延。并令該撫即飭趕緊造具報銷清冊題報，以憑查核。

再，此案科抄於咸豐肆年肆月貳拾貳日到部。兹於閏柒月拾柒日辦理具題，合并聲明。

臣等未敢擅便，謹題請旨。

批紅：依議。

爲江西咸豐二年地丁循例奏銷事

咸豐四年閏七月十九日

太子太保・大學士管理户部事務祁寯藻等謹題，爲循例事。

户科抄出，前任江西巡撫張芾題江西省咸豐貳年地丁隨本奏銷一案。咸豐叁年拾壹月貳拾玖日題，肆年叁月貳拾柒日奉旨：該部察覈具奏，冊并發。欽此。欽遵。於本日抄出到部。

該臣等查得，雍正拾貳年經臣部議準，嗣後奏銷現年錢糧之時，將節年未完項下續完若干、仍未完若干并動用存儲各數目，令該省分别年限彙造清冊，另繕題本，隨本年奏銷一并具題。臣部按年查覈，另行繕本，亦在本年奏銷一并題覆，毋庸再行造入現年新收及帶徵項下。等因。通行遵照在案。今據前任江西巡撫張芾，將江西省道光貳拾壹年起至咸豐元年止地丁奏銷案内存剩銀兩，并已徵未解及已未完動存數目，造冊具題前來。查冊開：

一、舊管：存儲地丁、屯糧丁、折色物料、地丁腳耗等項共銀伍拾萬貳千玖百陸拾玖兩肆錢柒釐。等語。查前項舊管銀兩，臣部覈與咸豐元年奏銷并隨奏各冊造報實存銀數相符。

一、冊報：各屬未完道光貳拾玖年民欠稅契，并叁拾年、咸豐元年民欠及緩徵地丁、正耗、屯糧丁、折色物料、地丁腳耗、雜稅，共銀柒拾捌萬壹千肆百壹拾柒兩貳錢陸分貳釐。内德興縣參革丁憂知縣彭申錫虧短銀柒千壹百伍拾陸兩伍錢，業已奏參監追完繳，應歸另案辦理。各屬因災緩徵銀貳萬捌千貳百叁拾玖兩陸錢柒分玖釐，實應徵民欠銀柒拾肆萬陸千貳拾壹兩捌分叁釐，今已徵完銀柒萬陸千柒百伍拾玖兩捌錢貳分。又各屬已徵未解道光貳拾壹年起至貳拾玖年止地丁等項共銀壹拾壹萬貳千玖百肆拾柒兩伍錢陸分，今已完解銀柒千肆百貳拾肆兩壹錢壹分。等語。查前項民欠未完銀兩，臣部覈與上屆冊報數目相符。至德興縣參革丁憂知縣彭申錫虧短銀兩，仍令該撫即飭趕緊嚴追，歸款完報。並將緩徵銀兩轉飭依限催徵，造入下年冊内，題報查覈。其各屬已徵未解銀壹拾壹萬貳千玖百肆拾柒兩伍錢陸分，覈與上年冊報銀壹拾壹萬貳千捌百玖拾貳兩肆錢壹分壹釐數目不符。檢查咸豐元年隨奏案内，已據靖安縣完解道光貳拾捌年折色物料銀伍拾伍兩壹錢肆分玖釐，今未剔除。應令該撫即飭查明，更正前項。已徵未解銀兩除完解外，尚未完銀壹拾萬伍千肆百陸拾捌兩叁錢壹釐，亦即掃數提解司庫入撥，報部撥用。毋再炊懸，致干參辦。至已完各項銀兩按冊覈算，均屬符合。所有已未完動存各數應於後款覈覆。

一、開除：放給各委員解交雲南省癸丑年銅本銀伍萬兩，貴州省癸丑年鉛本銀壹拾叁萬陸千肆百捌拾陸兩陸錢肆分陸釐，各委員水腳鞘籠銀柒百伍拾玖兩柒錢陸分柒釐。等語。查前項放給各委員解交雲南省銅本、貴州省鉛本共銀壹拾捌萬陸千肆百捌拾陸兩陸錢肆分陸釐，覈與準撥原案相符。至放給各委員水腳鞘籠，共銀柒百伍拾玖兩柒錢陸分柒釐，亦與應給銀數符合，均應準其開銷。

一、放給本省咸豐貳年各營兵餉銀陸萬貳千陸百柒拾叁兩柒錢壹分陸釐。又文職養廉銀叁萬壹千伍百柒拾伍兩陸錢貳分壹釐，武職養廉銀壹千陸百叁拾伍兩柒錢陸分肆釐。各屬買補道光貳拾年以前出借各年籽種穀石銀壹千貳百陸拾伍兩伍錢柒分。又給委員赴蘇運回道光貳拾玖、叁拾兩年官商洋銅腳費銀肆百捌兩伍釐,歸入耗羨奏銷冊内支銷銀柒千陸百壹拾貳兩伍錢柒分伍釐。等語。查前項放給咸豐貳年文職養廉銀叁萬壹千伍百柒拾伍兩陸錢貳分壹釐,武職養廉銀壹千陸百叁拾伍兩柒錢陸分肆釐,道光貳拾玖、叁拾兩年洋銅腳費銀肆百捌兩伍釐,覈與覆準原案均屬相符。其歸入耗羨奏銷冊内支銷銀柒千陸百壹拾貳兩伍錢柒分伍釐,覈對咸豐貳年耗羨奏銷冊内新收銀數亦屬符合,均應準其開銷。至咸豐貳年各營兵餉銀陸萬貳千陸百柒拾叁兩柒錢壹分陸釐,應令該撫即飭造入該年兵馬奏銷冊内,題報覈銷。所有放給各屬買補豁免道光貳拾年以前出借各年籽種穀石銀壹千貳百陸拾伍兩伍錢柒分,并令該撫速飭買補還倉,取具倉收,造具冊結,專案報部覈銷。

一、放給雲南癸丑年銅本,奏請截留江西防堵經費銀壹拾捌萬叁千伍百柒拾玖兩壹錢壹分陸釐。又各屬辦理防堵經費銀伍萬柒千壹拾壹兩伍錢柒分貳釐。又給委解雲南癸丑年銅本銀伍萬兩,行至湖北黄岡縣寄存縣庫被逆匪刦去,咨部在案。又給各營出師湖南官兵倖賞銀貳千叁百叁拾伍兩伍錢叁分貳釐。等語。查前項放給雲南癸丑年銅本,奏請留作江西防堵經費并各屬辦理防堵經費共銀貳拾肆萬伍百玖拾兩陸錢捌分捌釐,又各營出師湖南官兵倖賞銀貳千叁百叁拾伍兩伍錢叁分貳釐,應令該撫轉飭分别造入軍需凱撤各報銷冊内,送部覈銷。至放給委解雲南癸丑年銅本銀伍萬兩,前據該撫片奏,該委員行至湖北黄岡縣,因道路梗塞將銀寄存縣庫,被逆匪刦去。等因。奉硃批:户部知道。欽此。當經臣部抄録附片,行文湖廣總督,將前項寄存黄岡縣庫銀兩是否被匪刦去迅即查明,奏辦在案。迄今未據該督覆奏,實屬遲延。應再嚴催該督,即將前項寄存銀兩,是否被刦趕緊查明奏辦。毋再延擱,致干未便。

一、實存:銀壹千捌百玖兩肆錢伍分叁釐。等語。查前項實存銀兩,臣部按冊覈算數目符合,應令該撫轉飭,造入下届隨奏冊内舊管項下,報部查覈。

一、各屬仍未完道光貳拾玖年税契銀陸千陸拾捌兩叁錢貳分壹釐,叁拾年咸豐元年地丁、屯糧丁、折色物料、地丁、腳耗、雜税等項共銀陸拾陸萬叁千壹百玖拾貳兩玖錢肆分貳釐,現在嚴催徵解另報。等語。查前項未完銀兩,應令該撫即飭上緊嚴催完報,毋任遲延。

此案科抄於咸豐肆年叁月貳拾柒日到部。兹於閏柒月拾玖日辦理具題,合并聲明。

臣等未敢擅便,謹題請旨。

批紅:依議。

爲山西咸豐二年隨本奏銷節年已未完地丁事

咸豐四年閏七月二十三日

戶部等部·太子太保·大學士管理戶部事務祁寯藻等謹題,爲請定事。

户科抄出,前任山西巡撫哈芬題咸豐貳年分地丁隨本奏銷一案。咸豐叁年柒月拾玖日題,玖月拾貳日奉旨:該部察核具奏。欽此。欽遵。於本日抄出到部。

該臣等會查得,雍正拾貳年户部具奏:各省地丁等項奏銷錢糧續完數目,例不劃一。嗣後奏銷現年錢糧之時,將節年未完項下續完若干、仍未完若干、動用存剩各數,分别年限彙造清冊,另繕題本,隨同本年奏銷一并題覆。等因。奉旨:依議。欽此。欽遵。通行遵照各在案。今據前任山西巡撫哈芬,將節年地丁等項未完續完并支用存剩各數彙造清冊,另繕題本,隨同咸豐貳年地丁奏銷具題前來。查冊開:山西省道光貳拾捌年起至咸豐元年止,庫存地丁、支剩、驛站、學租、土鹽税、雜税以及文武各官住降罰俸等項共銀捌拾肆萬伍千捌百壹拾柒兩貳錢柒分玖毫,新收撥收餘剩紅白并借提驛站加增草料及帶徵米折、文武罰俸、雜税等項共銀肆萬玖千叁百肆拾捌兩叁錢叁分柒釐,開除共銀柒拾肆萬貳千捌百捌拾肆兩伍錢玖分壹釐,實存銀壹拾伍萬貳千貳百捌拾壹兩壹分陸釐玖毫,所有支用各數,開列於後:

一、給繁峙縣知縣姬泰聚等管解部庫撥解湖南、甘肅并解交盛京户部等銀柒拾肆萬壹千陸百玖拾陸兩肆錢貳分貳釐,又給永濟縣辦解科布多磚茶并木箱工料銀壹千壹百伍拾肆兩伍錢伍分玖釐,又給清水河廳解交綏遠城米折銀叁拾叁兩陸錢壹分。等語。查前項管解湖南軍需、甘肅兵餉撥解部庫并解交盛京户部等銀柒拾肆萬壹千陸百玖拾陸兩肆錢貳分貳釐,應令該撫分别題咨,各歸各款辦理。又給永濟縣辦解科布多磚茶等銀壹千壹百伍拾肆兩伍錢伍分玖釐,户部核與準銷原案相符,應準開銷。又給清水河廳解交綏遠城米折銀叁拾叁兩陸錢壹分,已據造入新收項下,應毋庸議。

一、冊稱:實存銀壹拾伍萬貳千貳百捌拾壹兩壹分陸釐玖毫。等語。查前項實存銀兩,户部核與應存數目相符。除照數登記外,仍令該撫造入下年隨本奏銷冊内,題報查核。

一、冊稱:右玉縣未完咸豐元年賞功雜糧伍拾陸石貳斗貳升捌合壹勺,左雲縣未完咸豐元年賞功雜糧肆拾伍石伍斗,平魯縣未完咸豐元年賞功雜糧捌拾石肆斗陸升陸合玖勺。等語。查右玉、左雲、平魯三縣,未完雜糧未據該撫開揭報參,臣部無憑核議。應令該撫查明有無未完應議職名,專案聲覆核辦。仍令該撫將前項未完雜糧,迅即催徵全完,造入下年隨本奏銷冊内,題報查核。

一、冊稱:綏遠城地租項下舊管銀壹萬壹千柒百伍拾壹兩捌錢捌分伍釐,新收銀壹萬壹千陸百伍拾肆兩陸錢壹分伍釐,開除銀壹萬肆百貳兩伍錢玖分伍釐内,除存留清水河、豐鎮、寧遠等廳估充咸豐貳年兵米銀壹萬捌拾叁兩捌錢叁分陸釐,又給歸化廳領買米價銀叁百壹拾捌兩柒錢伍分玖釐,實存銀壹萬叁千叁兩玖錢伍釐。等語。查前項舊管銀壹萬壹千柒百伍拾壹兩捌錢捌分伍釐,户部核與上年奏銷案内實存數目相符。新收銀壹萬壹千陸百伍拾肆兩陸錢壹分伍釐,按冊核算,亦屬符合。開除給過清水河、豐鎮、寧遠、歸化等廳估充咸豐貳年兵米銀壹萬肆百貳兩伍錢玖分伍釐,已據造入該年兵馬奏銷冊内新收項下,應於彼案内查核,應準開銷。實存銀壹萬叁千叁兩玖錢伍釐,核與應存數目符合。仍令造入下年隨本奏銷冊内舊管項下,題報查核。

一、另冊造報道光叁拾年文職各官未完罰俸共銀壹百玖兩肆錢肆釐内,請於别省補官日完解銀捌兩陸錢貳分伍釐,請於本省補官日完解銀柒兩貳錢伍分,請於起用日完解銀貳兩,請於别省現任内完解銀捌兩肆錢壹分伍釐,現在坐扣銀柒拾貳兩陸錢壹分肆釐,未抵解銀壹拾兩伍錢。等語。查前項文職各官未完罰俸銀壹百玖兩肆錢肆釐内,請於别省補官日完解銀捌兩陸錢貳分伍釐,請於别省現任内完解銀捌兩肆錢壹分伍釐,應令該撫分咨各省分别追繳。請於本省補官起用日完解銀玖兩貳錢伍分,應令俟各該員得缺之日照數扣抵。現在坐扣銀柒拾貳兩陸錢壹分肆釐,應令該撫轉飭,在於各該員名下照數坐扣,報部查核。未抵解銀壹拾兩伍錢内,係前任臨晉縣知縣魯鴻疇,未抵解銀壹拾兩伍錢,據該撫開揭報參。吏部查定例:官員承追不作十分之雜項錢糧未完,初參降俸二級,戴罪催追,完日開復。降罰俸銀未完,亦照此例議處。等語。應將道光叁拾年分降罰俸銀初參未完之前任臨晉縣知縣魯鴻疇,照例降俸二級,戴罪完納。該員已陞河東監掣同知,另案革職,未據聲明卸事日期。其應照例議結之處,俟復參到日再議。仍令將前項未解銀兩迅即催解,報部查核。

一、冊稱:石樓縣未完咸豐元年耗羨廉費銀玖百貳拾兩,武鄉縣未完元年廉費銀柒百叁拾伍兩叁錢玖分壹釐,永濟縣未完元年耗羨銀壹千壹百陸拾兩,猗氏縣未完元年廉費銀捌百伍拾叁兩陸錢陸分伍釐,長子縣未完元年廉費銀捌百玖拾兩,陽城縣未完元年耗羨銀肆百肆拾兩,臨晉縣未完元年耗羨銀伍百兩。據該撫將經徵督催各官復參職名開揭報參。等語。吏部查定例:地丁錢糧經徵州縣官,初參欠不及一分者,停其陞轉,罰俸一年,戴罪徵收。布政使、知府、直隸州知州、經管錢糧道員,初參欠不及一分者,停其陞轉,罰俸六個月,戴罪督催。巡撫初參欠不及一分者,停其陞轉,罰俸三個月,戴罪督催。州縣官被參後,再限一年徵收,限滿不完不復另作分數,即照原參分數處分。原欠不及一分年限内不全完者,降一級留任催徵。布政使、經管錢糧道員、知府、直隸州知州被參後,再限一年半催徵,原欠不及一分年限内不全完者,降一級戴罪督催。又定例:官員任内,有承督未完事件,於限内離任者,以罰俸一年完結。等語。除前任長子縣知縣萬年、代理陽城縣知縣金福增,均於起限復不及一月卸事,例得免議,及已經病故之員毋庸議外。應將經徵咸豐元年分正耗銀兩原欠不及一分年限内不全完之前任石樓縣事試用知縣任墉、前任武鄉縣知縣劉熙敬、前任永濟縣知縣沈林、猗氏縣知縣傅猷著、前任臨晉縣知縣魯鴻疇,均照例降一級留任,再限一年催徵。原欠不及一分年限内不全完之沁州知州潘遵顔、潞安府知府金昫善、汾州府知府胡長庚、澤州府知府陳蘭第、蒲州府知府瑞昌、山西布政使郭夢齡均照例降一級,戴罪督催接徵。初參欠不及一分之石樓縣知縣毛鉞、前任長子縣知縣馬枌、前任陽城縣知縣殷銘、署長子縣事試用知縣聶文炳、署陽城縣事試用知縣張懷堃、署臨縣事試用通判胡傑、臨晉縣知縣福倫泰、代理猗氏縣事候補知縣章青選,均照例停其陞轉,罰俸一年,戴罪徵收督催。初參欠不及一分之署山西布政使事按察使英桂,照例停其陞轉,罰俸六個月,戴罪督催。任墉、聶文炳、張懷堃、魯鴻疇、胡傑、章青選,均於限内卸事,應照離任官例,各於補官日罰俸一年完結。魯鴻疇已陞監掣同知,另案革職,應罰俸一年,註冊。劉熙敬已調高平縣知縣,已另案革職。沈林、金昫善、郭夢齡均已另案革職。馬枌已調沁水縣。殷銘已調左雲縣。又經告病英桂係署事之員,已陞河南巡撫。均未聲明卸事日期,其應照例議結之處,俟復參到日再議。郭夢齡又署巡撫任内督催欠不及一分,應照例停其陞轉,罰俸三個月,戴罪督催。亦未據聲明卸事日期,其應照例議結之處,俟復參到日再議。查馬枌有尋常紀錄四次,殷銘有尋常紀錄一次,英桂有尋常紀録十一次,并非錢糧軍功紀録,應毋庸議抵。仍令該撫將未完各員嚴飭催徵全完,造入下年隨本奏銷冊内報部查核。

一、冊稱:神池縣未完元年糧壹千柒百陸拾伍石玖斗肆升貳勺,據該撫將經徵督催各官復參職名開揭報參。等語。吏部查定例:田房税契等銀隨徵隨解,如有遲延,將州縣官罰俸一年。等語。應將道光叁拾年分商畜税正額盈餘、牙當等税銀兩批解遲延之寧武府知府保齡、和順縣知縣劉端均照例罰俸一年。仍令該撫轉飭,將前項未完糧石迅速催徵全完,造入下年隨本奏銷冊内,題報查核。

一、冊稱:寧武府未完道光叁拾年商税等銀捌百伍兩伍錢陸分柒釐,和順縣未完道光叁拾年牙税銀壹拾伍兩伍分,據該撫將經徵各官復參職名開揭報參。等語。吏部查定例:田房税契銀兩隨徵隨解,如有遲延,將州縣官罰俸一年。等語。除鳳遠縣知縣李薌已經病故毋庸議外,應將咸豐元年分商畜税正額盈餘、牙當等税銀兩批解遲延之前任介休縣知縣程震佑、署介休縣事太谷縣知縣何玉端、寧鄉縣知縣姚麟、寧武府知府保齡、陽城縣知縣殷銘、和順縣知縣劉端、盂縣知縣康孔照,均照例罰俸一年。程震佑已另案革職,應罰俸一年,註冊。姚麟已奏請以府經縣丞降補,應照例於補官日罰俸一年。查何玉端、殷銘均有紀録一次,應各銷去紀録一次,抵罰俸六個月,仍各罰俸六個月。仍令該撫轉飭,將前項未完銀兩迅速催徵全完,造入下年隨本奏銷冊内,題報查核。

一、冊稱:介休縣未完咸豐元年商税等銀叁百叁拾貳兩肆錢肆分,寧鄉縣未完元年當税銀貳拾兩,寧武府未完元年商税等銀柒百陸拾陸兩肆錢玖分,鳳臺縣未完元年商税等銀貳千貳百兩伍錢陸釐,陽城縣未完元年牲畜税銀壹百玖拾壹兩叁錢壹分柒釐,和順縣未完元年商税等銀捌拾貳兩肆錢陸分壹釐,盂縣未完元年當税銀貳百肆拾兩。據該撫將經徵各官復參職名開揭報參。等語。吏部查定例:地丁錢糧經徵州縣官初參欠不及一分者,停其陞轉,罰俸一年,戴罪徵收。又定例:官員任内有承督未完事件於限内離任者,以罰俸一年完結。等語。除前任靈邱縣知縣賈棻已經病故毋庸議外,應將咸豐元年分驛站錢糧接徵初參欠不及一分之代理靈邱縣事大同府經歷葉廷棟、靈邱縣知縣王心田,均照例停其陞轉,罰俸一年,戴罪徵收。葉廷棟已於限内卸事,應照離任官例於現任内罰俸一年完結。仍令該撫將前項未完銀兩嚴飭催徵全完,造入下年隨本奏銷冊内,題報查核。

一、冊稱:清水河通判未完道光叁拾年折色正銀壹千壹百壹拾叁兩叁錢捌分,耗銀伍拾伍兩陸錢陸分玖釐。應州未完叁拾年地丁銀壹千貳百玖拾肆兩陸分貳釐,耗銀壹百肆拾玖兩伍錢貳分。朔州未完叁拾年地丁銀壹千壹百捌拾肆兩捌錢伍分陸釐,耗銀伍拾玖兩壹錢壹分肆釐。寧遠通判未完叁拾年地糧銀柒百陸兩陸分,耗銀叁拾肆兩捌錢伍分玖釐。清水河通判未完咸豐元年折色正銀壹千陸百肆拾捌兩肆錢玖分,耗銀捌拾貳兩肆錢貳分肆釐。應州未完元年地丁銀貳千叁百肆拾肆兩捌錢伍分,耗銀壹百肆拾玖兩伍錢貳分。朔州未完元年地丁銀壹千貳百貳拾玖兩肆錢柒分玖釐,耗銀伍拾玖兩壹錢壹分肆釐。寧遠通判未完元年地糧銀陸百叁拾叁兩陸錢肆釐耗銀貳拾捌兩叁錢柒分叁釐。等語。查前項未完銀兩,據冊稱歸於拋荒地内豁除,但拋荒地畝尚未奉旨題準,該廳等何得竟作豁除。應令該撫將未完各員應議職名專案送部,以憑核議。

一、冊稱:靈邱縣未完咸豐元年下剩驛站銀伍百玖拾陸兩柒錢壹分貳釐。據該撫造具復參職名清冊送部。等語。吏部查定例:地丁錢糧經徵州縣官初參欠不及一分者,停其陞轉,罰俸一年,戴罪徵收。布政使知府初參欠不及一分,停其陞轉,罰俸六個月,戴罪督催。巡撫初參欠不及一分者,停其陞轉,罰俸三個月,戴罪督催。州縣官被參後,限一年徵收,限滿不完,不復另作分數。原欠不及一分年限内不全完者,降一級留任,限一年催徵。巡撫被參後限二年催徵。布政使知府被參後,限一年半催徵。原欠不及一分年限内不全完者,降一級,戴罪催徵。又定例:官員任内有承督未完事件於限内離任者,以罰俸一年完結。等語。除已經病故之員毋庸議外,應將經徵咸豐元年分糧石原欠不及一分年限内不全完之代理神池縣事試用布經歷王殿魁,照例降一級留任,再限一年催徵。原欠不及一分年限内不全完之寧武府知府保齡、山西布政使郭夢齡,均照例降一級,戴罪催徵接徵。初參欠不及一分之署神池縣事試用通判姚銓、神池縣知縣岳玉溪均照例停其陞轉,罰俸一年,戴罪徵收督催。初參欠不及一分之署山西布政使事按察使英桂照例停其陞轉,罰俸六個月,戴罪督催。王殿魁、姚銓均於限内卸事,應照離任官例,各於補官日罰俸一年完結。郭夢齡已另案革職,英桂係署事之員,已陞河南巡撫,均未聲明卸事日期。其應照例議結之處,俟復參到日再議。郭夢齡又署巡撫任内督催初參欠不及一分,應照例再停其陞轉,罰俸三個月,戴罪督催,亦未聲明卸事日期。其應照例議結之處,俟復參到日再議。查英桂有尋常紀録十一次,并非錢糧軍功紀録,應毋庸議抵。仍令該撫將前項未完銀兩嚴飭勒限催解,仍造入下年隨本奏銷冊内,題報查核。

一、冊稱:太原縣未完道光貳拾陸年田房税契等銀叁百玖兩肆錢伍分。長治縣未完貳拾陸年田房税契等銀陸百玖拾肆兩貳錢柒分捌釐,未完貳拾柒年田房税契等銀陸百玖拾肆兩貳錢柒分捌釐,未完貳拾捌年田房税契等銀玖拾兩壹錢肆分肆釐。太原縣未完道光貳拾陸年商税等銀捌百貳拾陸兩貳錢陸分壹釐。長治縣未完貳拾陸年牙税銀壹千貳拾壹兩捌錢。虞鄉縣未完貳拾陸年牲畜税銀壹拾捌兩貳錢玖分玖釐。長治縣未完貳拾柒年牙税銀壹千貳拾壹兩捌錢。虞鄉縣未完貳拾柒年牲畜牙税等銀壹百壹拾伍兩壹錢伍釐。長治縣未完道光貳拾捌年當税銀叁百陸拾伍兩。山陰縣未完貳拾捌年商税等銀壹拾捌兩捌錢陸分陸釐。虞鄉縣未完貳拾捌年當税等銀壹百壹拾伍兩貳錢貳分伍釐。以上共銀伍千貳百玖拾兩伍錢陸釐,均已歸於清查案内,勒限追解。應請仍歸清查案内辦理。等語。查前項各州縣未完道光貳拾陸柒捌等三年商税等項銀兩,既據冊稱歸入清查案内,勒限追解,應令該撫查照清查案内奏定限期,照數完解。毋得任意稽延,致干查參。

此本係户部主稿。於咸豐叁年玖月拾貳日科抄到部,肆年正月貳拾日會吏部,陸月貳拾日準吏部議結送回。兹於閏柒月貳拾叁日辦理具題,合并聲明。

臣等未敢擅便,謹題請旨。

批紅:依議。

爲題報浙江咸豐元年管收動支鹽課錢糧數目事

咸豐四年閏七月二十四日

太子太保·大學士管理户部事務祁寯藻等謹題,爲遵旨察核具奏事。

户科抄出,浙江巡撫黄宗漢題咸豐元年鹽課考核一案。咸豐叁年柒月初壹日題,拾壹月初陸日奉旨:該部察核具奏,冊并發。欽此。欽遵。於本日抄出到部。

該臣等查得,浙江巡撫黄宗漢,將咸豐元年應徵鹽課錢糧考核造冊,具題前來。臣等按照管收除在各款逐一核算,開列於後:

一、冊開:舊管銀貳拾陸萬陸百拾壹兩貳錢柒分壹釐捌毫陸絲玖忽玖微。查前項舊管銀兩核與咸豐貳年題報元年考核案内實存銀數相符,應毋庸議。

一、冊開:新收銀肆拾柒萬陸千捌百肆拾玖兩貳錢肆分。查前項新收銀兩内,鹽課銀叁拾伍萬玖千玖百貳拾捌兩伍錢貳分伍釐,積引改銷餘引課銀貳萬捌千陸百捌拾叁兩捌錢壹分陸釐,額引紙硃銀貳千肆百拾陸兩壹錢捌分捌釐,銅觔水脚銀叁萬兩,契税銀壹百柒拾捌兩貳錢玖釐,鹽規銀柒百肆拾肆兩,餘引租價銀貳千叁百柒拾柒兩陸錢捌分捌釐,耗羨等銀陸千玖百捌拾兩捌錢捌分捌釐,縣場課銀肆萬伍千伍百叁拾玖兩玖錢貳分陸釐。按冊核算收完銀數相符,應毋庸議。

一、冊開:開除銀叁拾貳萬捌千捌百陸拾壹兩肆錢肆分貳釐。查前項開除銀兩内,差官宗佑解江南河工銀壹萬貳千貳百伍拾兩,又差官宋亨解山東藩司賑濟銀壹千玖百陸拾玖兩肆錢伍釐,又差官張光璧解湖南軍需銀柒萬兩,又差官林寵銑等解貴州兵餉銀貳拾壹萬捌千壹百叁拾兩玖分肆釐。核與該撫題報起解銀款均屬相符。又差官宋亨等解户部紙硃銀貳千肆百拾陸兩壹錢捌分捌釐,又解鹽課銀貳萬肆千玖拾伍兩柒錢伍分伍釐,均經臣部照數查收在案,應毋庸議。

一、冊開:存庫銀肆拾萬捌千伍百玖拾玖兩陸分玖釐捌毫陸絲玖忽玖微。查前項存庫銀兩,臣部核與該撫造報銀數相符,其支存各款應歸該年奏銷案内查核。

一、冊開:各縣場未完銀柒萬陸千貳百柒拾兩貳錢貳分壹釐。查前項未完銀兩已於咸豐元年鹽課奏銷案内,據該撫咨報先後續完銀貳萬陸千柒百肆拾貳兩伍錢伍分伍釐,又緩徵銀壹萬柒千玖百貳拾柒兩玖錢伍分陸釐外,仍未完銀叁萬壹千伍百玖拾玖兩柒錢壹分。仍令該撫速飭照數全完,毋任延欠。

此案於咸豐叁年拾壹月初陸日科抄到部。兹於肆年閏柒月貳拾肆日辦理具題,合并聲明。

臣等未敢擅便,謹題請旨。

批紅:依議。

爲貴州報銷咸豐二年文武鄉試經費銀兩事

咸豐四年閏七月二十八日

太子太保·大學士管理戶部事務祁寯藻等謹題,爲報銷科場經費事。

户科抄出,貴州巡撫蔣霨遠題貴州省咸豐貳年壬子科文武鄉試支用經費銀兩造冊報銷一案。咸豐叁年拾貳月初叁日題,肆年叁月拾捌日奉旨:該部察核具奏。欽此。欽遵。於本日抄出到部。

該臣等查得,貴州巡撫蔣霨遠疏稱:據布政使吕佺孫詳稱,案準户部咨,凡遇鄉試之年,場務事竣,照例造具冊結,具題核銷。等因。又黔省文武鄉試需用花紅、盃盤、試卷及舉人衣帽等項,歷科額支正項銀壹千陸百叁拾肆兩柒錢陸分捌釐。其號舍供應米折等項,在於公項銀内動辦,經部酌定經費銀肆千貳百伍拾柒兩柒錢捌分。又正副主考盤費銀壹千肆百兩。等因。咸豐貳年壬子科鄉試,除主考盤費在部庫支過銀肆百兩外,黔省實支銀壹千兩,毋庸造冊。又修理簾房號舍等項,共需工料銀陸百伍拾兩玖錢捌分伍釐,另案咨部核銷。今貴築縣承辦文武兩闈内外供給試卷并修補器皿什物、供應房考匠役以及米折等項,共用過銀肆千叁百玖拾柒兩柒錢柒分柒釐玖毫叁絲陸忽伍微。内除動支正項銀壹千陸百叁拾肆兩柒錢陸分捌釐,公項銀貳千柒百陸拾叁兩玖釐玖毫叁絲陸忽伍微。由府核明加結,詳送前來。該司通盤核算,壬子科一切經費并修理貢院簾房號舍,總共用銀伍千零肆拾捌兩柒錢陸分貳釐玖毫叁絲陸忽伍微。照部定額計節省銀捌百肆拾叁兩柒錢捌分伍釐零陸絲叁忽伍微,不出部定章程之外。按冊查核,均屬實用,由司加結,詳請題銷。等情。臣覆核無異,除冊結分送部科外,理合具題,等因前來。

查定例,貴州省文武鄉試經費動支地丁銀壹千陸百叁拾肆兩柒錢陸分捌釐,公項銀肆千貳百伍拾柒兩柒錢捌分。又正副主考盤費銀壹千肆百兩,例於該省存公銀内支給,事竣造具冊結題銷。等語。今據貴州巡撫蔣霨遠疏稱:黔省咸豐貳年壬子科鄉試文武兩闈内外供給,并備辦試卷修補器皿什物、供應房考匠役以及米折并修理貢院簾房號舍等項,共用過銀伍千零肆拾捌兩柒錢陸分貳釐玖毫叁絲陸忽伍微。臣部核與該省原定應給額數,計節省銀捌百肆拾叁兩柒錢捌分伍釐陸絲叁忽伍微。係屬有減無浮,應準開銷。至前項銀兩内,除動支正項銀壹千陸百叁拾肆兩柒錢陸分捌釐,公項銀貳千柒百陸拾叁兩玖釐玖毫叁絲陸忽伍微内,除支給修理貢院房簾號舍等項估需工料銀陸百伍拾兩玖錢捌分伍釐,既據該撫疏稱另案造冊咨部核銷,應令該撫轉飭,造報工部準銷之日,再行報部查核。又主考盤費銀壹千肆百兩,除先在部支過銀肆百兩業據該撫咨報照數扣除,其餘銀壹千兩,係照例應給之項,亦應準其開銷。

此案於咸豐肆年叁月拾陸日科抄到部。茲於閏柒月貳拾捌日辦理具題,合并聲明。

臣等未敢擅便,謹題請旨。

批紅:依議。

爲浙海關題銷咸豐二至三年徵收税銀一案無憑核辦事

咸豐四年八月初一日

太子太保·大學士管理户部事務祁寯藻等謹題,爲恭報事。

户科抄出,浙江巡撫黄宗漢題浙海關咸豐貳年陸月初捌日起至叁年陸月初柒日止一年徵收税銀一案。咸豐叁年拾貳月貳拾日題,肆年叁月初貳日奉旨:該部察核具奏,冊并發。欽此。欽遵。於本日抄出到部。

該臣等查得,浙江巡撫黄宗漢疏稱:浙海關自咸豐貳年陸月初捌日起至叁年陸月初柒日止,一年收過正額樑頭貨税銀叁萬貳千叁拾兩陸錢貳分玖釐,長江税銀壹百貳拾柒兩陸錢壹釐,銅斤水脚銀叁千柒百伍拾兩,統共銀叁萬伍千玖百捌兩貳錢叁分。内除動支各役工食銀貳百伍拾捌兩,實該銀叁萬伍千陸百伍拾兩貳錢叁分。又徵收盈餘銀貳萬陸千柒百玖拾兩柒錢肆分,計缺徵銀壹萬柒千貳百玖兩貳錢陸分。又應支給經費銀壹千捌百陸拾兩貳錢貳分陸釐,實在盈餘銀貳萬肆千玖百叁拾兩伍錢壹分肆釐。現將正額盈餘銀兩照數批解司庫。等情。具題前來。

查浙海關每年額税銀叁萬貳千壹百伍拾捌兩貳錢叁分,銅斤水脚銀叁千柒百伍拾兩,例係解交藩庫,留充本省兵餉。又額徵盈餘銀肆萬肆千兩,向係解交部庫。統共每年應徵銀柒萬玖千玖百捌兩貳錢叁分。今據浙江巡撫黄宗漢題,浙海關咸豐貳年陸月初捌日起至叁年陸月初柒日止,一年共徵收正額盈餘銀陸萬貳千陸百玖拾捌兩玖錢柒分,核與應徵正額銀數計缺徵銀壹萬柒千貳百玖兩貳錢陸分。前據該撫奏請酌量核辦等因,經臣部議令匀攤分賠,并令將該管關道等在任起止月日分晰查明,覆奏在案。應俟該撫查覆到日,再行核辦。至該年徵收正額銀内動支各役工食銀貳百伍拾捌兩,查係年例應給之項,應準開銷。又盈餘銀内動支經費銀壹千捌百陸拾兩貳錢貳分陸釐,應俟該撫造具支用細數清冊,送部到日,再行核銷。其餘實存銀陸萬伍百捌拾兩柒錢肆分肆釐,前據該撫奏稱,將叁萬兩作爲正額盈餘,僅存銀叁萬伍百捌拾兩零,并無尾銀填交藩庫收儲。等語。查浙海關正額銀兩例係解交藩庫留充本省兵餉外,其盈餘銀叁萬伍百捌拾兩柒錢肆分肆釐,據疏内稱現解藩庫,此項作何動用、有無撥解,應令浙江巡撫查明分晰報部。再查定例:各關徵收税銀并收税冊檔題報考核,限關期滿後三箇月内即行起解具題,逾限題參議處。又例載:收税冊檔於任滿依限具題時即行起解,以科抄到部日起限二十日内到部,逾限參處。各等語。今查浙海關該年徵收税銀并收税冊檔例於叁年玖月初柒日以前起解具題,今該關題報遲至拾貳月貳拾日始行具題,核計已逾例限三月有餘,其科抄於肆年叁月初貳日到部,扣至貳拾貳日已滿二十日之限,該關收税冊檔尚未解送到部,臣部無憑核辦。除俟該關送部到日移會户科磨對,再行考核具題,理合照例題參。應令浙江巡撫轉飭該關道即將該年收税冊檔及藩庫實收迅速簽差送部,毋稍再延。并將遲延各職名照例開揭,送部查議。

此案於咸豐肆年叁月初貳日科抄到部。兹於捌月初壹日辦理具題,合并聲明。

臣等未敢擅便,謹題請旨。

批紅:依議。

爲山西奏銷歸化城咸豐二至三年徵收正額盈餘銀兩錢文事

咸豐四年八月二十四日

太子太保·大學士管理户部事務祁寯藻等謹題,爲遵旨議奏事。

户科抄出,山西巡撫恒春題歸化城自咸豐貳年玖月拾叁日起至叁年玖月拾貳日止一年徵收正額盈餘銀兩錢文多收一案。咸豐□年貳月初肆日題,肆年叁月貳拾陸日奉旨:該部察覈具奏。欽此。欽遵。於本日抄出到部。

該臣等查得,山西巡撫恒春疏稱:歸化城每年額徵税銀壹萬伍千兩,錢玖千串作爲正額。其盈餘銀壹千伍百肆拾捌兩柒錢玖分,錢壹百叁拾柒千陸百壹拾文作爲盈餘。所有每年例應支給房租、心紅、紙張、飯食等項,均於盈餘項下支銷。嗣後盈餘再有加增,儘收儘解。又準部咨改奏爲題案内,督撫經徵各關税課有盈無絀,應循例具題,毋庸再奏。又於嘉慶肆年肆月準户部咨,奉上諭:各關盈餘數目酌中定制,此次定額之後一有短少,著落賠補,或有多餘,儘收儘解。其三年比較之例永行停止。等因。欽此。欽遵在案。今查歸化城自咸豐貳年玖月拾叁日起,至叁年玖月拾貳日止,一年期滿,共徵收正餘銀壹萬柒千捌百捌拾叁兩肆錢陸分肆釐。除正額銀壹萬伍千兩,計盈餘銀貳千捌百捌拾叁兩肆錢陸分肆釐。内除支銷各項經費銀壹千貳百肆拾柒兩,淨存盈餘銀壹千陸百叁拾陸兩肆錢陸分肆釐。正額連盈餘共實存銀壹萬陸千陸百叁拾陸兩肆錢陸分肆釐。共徵收土默特牲畜税錢玖千壹百伍拾柒千陸百伍拾叁文,除正額錢玖千串,計盈餘錢壹百伍拾柒千陸百伍拾叁文。内除各項經費錢壹百肆千陸百文,淨存盈餘錢伍拾叁千伍拾叁文。正額連盈餘共實存錢玖千伍拾叁千伍拾叁文。照歸化城同知月報錢價,每制錢貳千壹百玖拾文以至貳千伍百捌拾伍文各錢價不等易銀壹兩,共易銀叁千柒百貳拾玖兩陸錢伍分壹釐。内除歸化城副都統衙門領去咸豐貳年冬季分公費銀貳千兩,又領去咸豐叁年春季分賞給土默特兵丁操演盤費銀壹千伍百兩,又領去咸豐叁年秋季分賞給土默特兵丁操演盤費銀伍百兩,共領銀肆千兩。查所收牲畜税錢易存銀兩不敷給發,於該道養廉銀内墊銀貳百柒拾兩叁錢肆分玖釐,湊足肆千兩之數,支給在案。又徵收油酒鋪面課銀柒拾兩。以上雜税、油酒鋪課二項統共實存銀壹萬陸千柒百陸兩肆錢陸分肆釐。業經歸綏道飭委巡檢朱鳳梯管解報部外,□應轉詳具題。等因前來。

查乾隆陸拾年陸月内,經留京王大臣酌議各省改奏爲題案内,督撫經徵各關税課有盈無絀,循例具題,毋庸再奏。經臣部通行遵照在案。查歸化城正額銀壹萬伍千兩,又嘉慶肆年肆月内欽定盈餘銀壹千陸百兩,二共銀壹萬陸千陸百兩。今據山西巡撫恒春題報歸化城自咸豐貳年玖月拾叁日起至叁年玖月拾貳日止,一年期滿,共徵收正餘銀壹萬柒千捌百捌拾叁兩肆錢陸分肆釐。除正額銀壹萬伍千兩,計盈餘銀貳千捌百捌拾叁兩肆錢陸分肆釐。臣部查與歸化城應徵正額盈餘銀數有盈無絀。内除支給各項經費銀壹千貳百肆拾柒兩,業據該道造具支用細數清冊送部,應於該關該年經費案内查覈銷結,淨存盈餘銀壹千陸百叁拾陸兩肆錢陸分肆釐。正額連盈餘共實存銀壹萬陸千陸百叁拾陸兩肆錢陸分肆釐。又徵存土默牲畜税錢玖千壹百伍拾柒千陸百伍拾叁文,除正額錢玖千串,計盈餘錢壹百伍拾柒千陸百伍拾叁文。查與歸化城額徵盈餘錢壹百叁拾柒千陸百壹拾文之數,亦屬有盈無絀。至徵收盈餘錢文項下,内除支銷各項經費錢壹百肆千陸百文,亦據該道另造支用細數清冊送部,係年例應給之項,應準開銷,淨存盈餘錢伍拾叁千伍拾叁文。正額連盈餘共實存錢玖千伍拾叁千伍拾叁文。照歸化城同知月報錢價,每制錢貳千壹百玖拾文至貳千伍百捌拾伍文各錢價不等易銀壹兩,共易銀叁千柒百貳拾玖兩陸錢伍分壹釐。内除歸化城副都統衙門支領咸豐貳年冬季分公費銀貳千兩,又咸豐叁年春秋兩季賞給土默特兵丁操演盤費銀貳千兩,共銀肆千兩,向係理藩院覈銷之項。至前項正額盈餘錢易銀叁千柒百貳拾玖兩陸錢伍分壹釐,全數支銷,尚不敷銀貳百柒拾兩叁錢肆分玖釐,業據該道在於應得養廉銀内墊給。等語。臣等查歸化城副都統衙門每年支領公費銀肆千兩,土默特兵丁操演盤費銀叁千兩,共柒千兩,向係在於該城徵收牲畜税錢易銀項下支給。如有不敷,在於該道應得養廉銀内墊給。向係年清年款并無遲延未支,歷經遵辦在案。今據該撫題銷該城該年税銀案内僅支銀肆千兩,其餘未領銀叁千兩,原題内并未聲明。應令山西巡撫轉飭歸綏道仍照舊章辦理,即將該年副都統衙門未領公費銀貳千兩、土默特兵丁未領操演盤費銀壹千兩迅速給發。不得另請開銷,亦不得遲延拖欠,致有那新掩舊之弊,并專案報部查覈。又徵收油酒鋪課銀柒拾兩。以上雜税、油酒鋪課二項通共實存銀壹萬陸千柒百陸兩肆錢陸分肆釐。業據該道委員朱鳳梯批解到部,經臣部移付銀庫查收,亦毋庸議。

此案於咸豐肆年叁月貳拾陸日科抄到部。兹於捌月貳拾肆日辦理具題,合并聲明。

臣等未敢擅便,謹題請旨。

批紅:依議。

爲山西供應宣化大同二鎮派往科布多換防官兵錢糧題銷事

咸豐四年九月十五日

太子太保·大學士管理戶部事務祁寯藻等謹題,爲咨行事。

户科抄出,山西巡撫恒春題供應直隸宣化鎮西大同鎮咸豐叁年派往科布多換防緑營官兵支過口糧、馬駝、豆草、俸餉、鹽菜、駝價等項銀兩一案。咸豐肆年叁月貳拾玖日題,伍月拾玖日奉旨:該部察核具奏。欽此。欽遵。於本日抄出到部。

該臣等查得,山西巡撫恒春疏稱:直隸宣化鎮、山西大同鎮奉派科布多換防緑營官兵應需一切口糧等項,例應俟官兵起程後,分晰造報請銷。兹據署布政使沈兆澐詳稱:據各該府、廳、縣造報:供應宣化、大同二鎮派往科布多換防官兵并跟役以及馬駝等項共支過口糧米折穀陸拾伍石壹斗伍升伍合,共支過本色豆壹拾石玖斗貳升,又支過俸賞、鹽菜、米折、豆草、鹽茶、駝價、鞍屜、繩索等項共銀柒百肆拾柒兩柒錢貳分叁釐。逐一覆核,均屬相符。其支過口糧米折穀石應請在於大同縣大有倉穀内開銷,本色豆石在於右玉縣留支客兵豆内開銷。支過俸賞鹽菜皮衣等銀在於綏遠城庫儲軍需銀内核銷,支過鹽菜、米豆、草折并駝價、鞍屜、繩索等銀在於山西藩庫咸豐叁年耗羨銀内核銷。等情。分晰彙冊,詳請題銷。臣覆核無異,除冊送部外,相應具題。等因前來。

查直隸宣化鎮、山西大同鎮咸豐叁年派往科布多換防官兵,前據直隸總督、山西巡撫咨報,咸豐叁年五年期滿,例應更換。所有派往官兵銀米、豆草、俸賞、鹽菜、駝價等項請照上屆換防事宜辦理,經臣部覆準在案。今據山西巡撫疏冊内稱:各廳、州、縣供應咸豐叁年宣化、大同二鎮派往換防官兵并跟役支過口糧米折穀陸拾伍石壹斗伍升伍合,請於大同縣大有倉穀内開銷。本色豆壹拾石玖斗貳升,請於右玉縣留支客兵豆内開銷。又支過俸賞、鹽菜、皮衣、米豆、草折并駝價、鞍屜、繩索等銀柒百肆拾柒兩柒錢貳分叁釐内,綏遠城同知供支過俸賞、鹽菜、皮衣等銀叁百伍拾柒兩陸分捌釐,請於綏遠城庫存軍需銀内開銷。其各廳、州、縣支過鹽菜、米折、豆草并鞍屜、繩索等銀叁百玖拾兩陸錢伍分伍釐,請於司庫咸豐叁年耗羨銀内開銷。等語。臣部按冊核算,數目均屬相符。所有前項支過官兵口糧米折穀陸拾伍石壹斗伍升伍合,豆壹拾石玖斗貳升,應準其在於大有倉軍需倉内并右玉縣留支客兵豆内開銷。其支給官兵俸賞、鹽菜等銀柒百肆拾柒兩柒錢貳分叁釐,應準其在於綏遠城軍需銀内及咸豐叁年耗羨項下分别動支。仍將給過銀米豆石數目造入倉糧軍需耗羨各奏銷冊内,題報查核。

此案於咸豐肆年伍月拾玖日科抄到部。兹於玖月拾伍日辦理具題,合并聲明。

臣等未敢擅便,謹題請旨。

批紅:依議。

爲江蘇咸豐二年海運蘇州等府州漕米銷算事

咸豐四年九月十八日

太子太保·大學士管理户部事務祁寯藻等謹題,爲海運漕糧銷算事。

户科抄出,前任倉場侍郎宗室慶祺等題江蘇省咸豐貳年海運元年分蘇松常鎮太四府一州到通漕糧造册具題一案。咸豐叁年伍月拾柒日題,陸月初捌日奉旨:該部察核具奏,册并發。欽此。欽遵。於本日抄出到部。并據坐糧廳於捌月初壹日將清册送部。

該臣等查得,前任倉場侍郎宗室慶祺等,將江蘇省咸豐貳年海運元年分漕糧運到通州,造册具題前來。據疏册内開:

一、蘇、松、常、鎮、太四府一州,共正兑改兑正米柒拾捌萬壹千陸百陸拾貳石貳斗伍合肆勺肆抄,搭運隨正交倉經紀耗平米壹萬肆千陸百壹拾叁石柒斗叁升陸合肆勺,以上實應運通米柒拾玖萬陸千貳百柒拾伍石玖斗肆升壹合捌勺肆抄。等語。查前項起運正兑改兑正米,前據驗米大臣奏報由海運津漕白平斛糧米壹百肆萬陸千貳百伍拾伍石捌斗貳升陸合叁勺。臣部分别核算,除白糧平斛米柒萬貳千陸石柒斗叁升,實漕糧平斛米玖拾柒萬肆千貳百肆拾玖石玖升陸合叁勺。内除正兑二五改兑一七耗米壹拾玖萬貳千伍百捌拾陸石捌斗玖升肆勺外,該正米柒拾捌萬壹千陸百陸拾貳石貳斗伍合玖勺。核與銷算册造數目相符。至承運經紀隨正交倉耗米,據該大臣奏報壹萬伍千玖百玖石捌斗伍升柒合伍勺。臣部詳細核算,除白糧項下一升八合經紀耗米壹千貳百玖拾陸石壹斗貳升壹合壹勺外,該漕糧項下一升五合經紀耗米壹萬肆千陸百壹拾叁石柒斗叁升陸合肆勺,查與銷算册造數目,亦屬符合,均毋庸議。

一、海運到通漕糧項下,共收耗米壹拾壹萬壹千壹百貳拾捌石柒升貳合玖勺。等語。查正兑漕糧挽運京倉每石收耗壹斗肆升肆合玖勺肆抄,改兑漕糧運進通倉每石收耗捌升叁合陸勺捌抄。今前項耗米壹拾壹萬壹千壹百貳拾捌石柒升貳合玖勺。臣部除平米不計外,按照運通正兑改兑正米分别核算,與應收耗米數目相符,應毋庸議。

一、前項正兑改兑正耗及搭運隨正交倉經紀耗平,共米玖拾萬柒千肆百肆石壹升肆合柒勺肆抄。内改兑進京倉正米叁萬伍千叁百伍拾捌石貳斗陸升伍勺,每石乞出貳升以作五閘顛抗折耗,共米柒百柒石壹斗陸升伍合貳勺,實進京倉平米玖拾萬陸千陸百玖拾陸石捌斗肆升玖合伍勺肆抄。等語。查改兑漕糧運進京倉每石準除顛抗折耗米貳升,前項運進京倉改兑米石乞除顛抗折耗米柒百柒石壹斗陸升伍合貳勺。臣部按照正糧核算及例準折耗之數相符,應毋庸議。

一、收餘平米貳萬玖千叁百貳拾壹石玖斗陸升,照數存倉訖。又原備篩颺耗米叁萬陸千捌百貳拾玖石伍斗柒升肆合捌勺内,驗看折耗米貳萬壹千叁百壹石伍斗柒升肆合捌勺,各倉作正收受米壹萬伍千伍百貳拾捌石,并聲明以上進京倉米内有收買經紀一五耗米壹萬肆千陸百壹拾叁石柒斗叁升陸合肆勺。内除抵補該經紀起運前項糧石掣欠米壹萬肆千伍百捌拾石壹斗叁升伍合,尚餘耗米叁拾叁石陸斗壹合肆勺。案蒙户部覆準,飭將此項耗米援照上屆成案核折洪斛每石按壹兩肆錢折價,儘數扣留,抵交歷年未完逾額掣欠銀兩。等語。查定例:到通餘米按正糧每石收米叁升捌合。又例載:原備篩颺耗米按正兑正米每石收米肆升柒合陸抄,改兑正米每石收米肆升捌合叁勺貳抄。各等因。查前項收受餘米按照蘇、松、常、鎮、太正糧核算,蘇、松、鎮、太共計少收餘米壹石伍斗叁升零,常州計少收餘米叁百柒拾玖石陸斗伍升。因何少收之處,應令倉場侍郎即飭查明聲覆,以憑核辦。其收受曬颺耗米按照正兑改兑正米分别核算,與所收之數相。應令倉場侍郎轉飭各倉監督驗看折耗米石,取具印結送部,以憑核辦。至收買經紀一五耗米壹萬肆千陸百壹拾叁石柒斗叁升陸合肆勺内,除抵補掣欠米壹萬肆千伍百捌拾石壹斗叁升伍合,臣部核與前經倉場侍郎咨報經紀應得一五耗米并抵補掣欠數目均屬相符外,尚餘折價扣留抵交歷年未完逾額掣欠米叁拾叁石陸斗壹合肆勺,應歸於通濟庫奏銷案内核結。

此案於咸豐叁年陸月初捌日科抄到部。并據坐糧廳於捌月初壹日將清冊送部,玆於肆年玖月拾捌日辦理具題,合并聲明。

臣等未敢擅便,謹題請旨。

批紅:依議。

爲庫車供支駐劄官兵等錢糧軍需等項奏銷事

咸豐四年九月二十三日

户部等部,太子太保·大學士管理户部事務祁寯藻等謹題,爲奏銷事。

前任庫車辦事大臣承芳,將咸豐元年分供支駐劄官兵等養廉、鹽菜、公費、工食、銀錢、糧石、牲畜、軍械等項造冊送部,彙核題銷前來。查冊開:

一、庫車舊管銀伍千玖百叁拾伍兩伍錢伍分伍毫,當十普爾錢貳拾伍千壹百叁拾貳文,當五普爾錢貳百捌拾千叁百肆拾玖文,各色糧壹萬捌百叁拾柒石柒斗壹升叁合伍勺,夾布口袋二百八十條,牧廠馬八十七匹、牛六十隻,軍臺馬一百三十六匹、牛五十四隻,各項軍械六萬四千八百零二件,鉛丸一萬五千六百出，又存撥鉛丸一萬八千七百六十四出六分，又存捐辦擡炮鉛丸六百四十五出，擡炮十尊，廢銅三斤，生鐵三百八十六斤四兩，火繩二千八百九十五斤，等語。查前項舊管銀錢、糧石、口袋、牧廠馬牛等項，户部核與上年實存各數目，均屬相符，應毋庸議。至舊管軍臺馬牛、軍械、鉛丸、銅鐵、擡炮、火繩等項，兵部查，冊開舊管軍臺馬一百三十六匹、牛五十四隻，核與上年奏銷案内實存數目相符。至軍械等項，核與實存數目相符。

一、新收：各項共銀捌千陸百柒拾玖兩壹錢叁分，當十普爾錢貳拾玖千貳百壹文，當五普爾錢壹百壹拾玖千陸百柒文，各色糧肆千捌百零肆石壹斗肆升。新收牧廠馬六匹、牛六隻，軍臺馬四十匹、牛一十隻。又由哈密運到擡炮鉛丸二千一百六十出。等語。查前項新收銀錢、糧石、牧廠馬牛，户部核與應收數目相符，應毋庸議。至新收軍臺馬匹、牛隻、鉛丸等項，兵部查，冊開新收軍臺馬四十匹、牛一十隻，核與新收數目相符。至鉛丸等項按冊查核，亦屬相符。

一、開除：供支辦事大臣承芳養廉銀陸百兩内扣減平銀叁拾陸兩外，實支銀伍百陸拾肆兩。又加增養廉共折小麥肆百肆拾陸石貳斗貳升貳合貳勺。等語。查定例：各城辦事大臣跟役十二名，官役各日支口糧米捌合叁勺或麪壹斤。等語。又道光捌年正月貳拾伍日奉上諭：庫車辦事大臣，現支銀陸百兩，著加增銀貳百兩。等因。欽此。又據庫車辦事大臣咨報本處大臣加增銀兩，照依那彦成奏明原案，在於新增糧内每石按銀伍錢折給支領。等因。經户部覆準在案。今冊造供支辦事大臣承芳支過養廉銀兩、口糧麪斤并加增養廉折支糧石各數目，户部核與定例及奏明并準銷各原案均屬相符，應準開銷。至扣過減平銀叁拾陸兩，查前項扣收減平銀兩，應令陝甘總督即飭在於撥解該處經費銀内如數扣抵，造入甘省統案季報減平冊内報部查核，毋得遺漏。

一、開除：供支駐劄辦事章京、緑營官兵、書識、斗級并過往官兵、軍臺官役、兵役、回子通事等項鹽菜、公費、工食銀兩各計起止日期不一，共銀捌千零伍拾肆兩貳錢壹分玖釐陸毫。口糧麪并加增養廉共折小麥叁千伍百拾陸石叁斗肆升陸合壹勺。又開除庫車六軍臺原設馬牛一百一十四匹隻，計咸豐元年春、冬二季除缺曠外，實支大麥叁百玖拾捌石貳斗肆升。等語。查定例：跟役。隨將軍大臣、辦事章京每員月支鹽菜銀拾伍兩，跟役六名。部缺筆帖式月支鹽菜銀捌兩，跟役二名。以上跟役不支鹽菜，只支口糧。書識月支工食銀肆兩捌錢，斗級月支工食銀壹兩捌錢。筆帖式月支鹽菜銀貳兩，跟役二名。

都司、守備各月支鹽菜銀貳兩肆錢,跟役四名。千總月支鹽菜銀壹兩柒錢,跟役二名。把總月支鹽菜銀壹兩貳錢,跟役二名。外委月支鹽菜銀玖錢,跟役一名。管糧同知歲支工費銀壹百捌拾兩。以上官員之跟役每名月支鹽菜銀伍錢,官兵餘丁各日支口糧米捌合叁勺或麪壹斤。又新疆各臺站遞事回户照依緑營兵丁之例給與鹽菜銀兩。臺站馬牛每匹隻日支料貳京升。等語。又,回疆南路庫車等七城無論馬、步、守兵,每名月支銀壹兩肆錢伍分,經那彦成等奏準在案。又道光捌年捌月間那彦成等奏請將各城徵收糧石抵作官員加增鹽菜銀兩摺内聲明,章京每月加增銀拾兩,部缺筆帖式每月加增銀陸兩,委筆帖式每月加增銀貳兩。庫車章京二員,部缺筆帖式二員,委筆帖式八員,請於新增糧石内按回疆例價每石合銀伍錢折給。等因。奏準亦在案。今冊造供支駐劄辦事章京、緑營官兵、書識、斗級及軍臺官役兵餘、回子通事鹽菜口糧并加增養廉折支小麥、軍臺馬牛料石等項,户部按冊逐一核算,與定例及奏明各原案應給數目均屬相符,應準開銷。

一、開除:新陞和闐伯克庫楚克搬眷銀伍拾兩,又軍臺供差無誤兵丁應賞一月鹽菜銀拾柒兩壹錢。等語。户部核與奏咨各原案相符,應準開銷。

一、開除:致祭關帝廟採買祭品,用過當五普爾錢叁千肆百貳拾叁文,牛三隻。又庫車、沙雅爾二城派赴銅廠挖銅回子六十名,支過當十普爾錢壹拾貳千柒百陸拾叁文,當五普爾錢壹拾陸千壹百捌拾伍文。等語。查庫車致祭關帝廟採買祭品及用過牛隻并挖銅回子工價用過普爾錢文,户部核與年例應支及奏明原案均屬相符,應準開銷。

一、開除:供支駐劄滿漢官兵口食羊折當十普爾錢壹拾柒千肆百捌拾伍文,當五普爾錢伍拾壹千零叁拾文。等語。查定例:搭放官兵口食羊隻以兩隻抵作一月口糧,等語。又,該處官兵口食羊隻每隻折價當五普爾錢壹百貳拾伍文,歷經辦理在案。今冊造供支駐劄滿漢官兵口食羊隻折給普爾錢文,户部核與定例及辦過成案均屬相符,應準開銷。

一、開除印房支給冬月柴薪銀叁拾兩,普爾錢叁千文。等語。工部查冊開印房冬月柴炭,核與乾隆貳拾捌年議給銀錢數目相符,應準開銷。

一、舊存口袋二百八十條内,撥出常川使用口袋九十八條,按照十分銷三之數,共拆毁口袋二十九條。等語。查定例:庫車額定口袋如有破損,每年照例拆修不得逾十分銷三之數。等語。今冊造常川使用口袋九十八條,共拆毁口袋二十九條。户部核與定例及咨報各原案均屬相符,應準開銷。

一、開除:兵丁拴養跑馬四匹,共支大麥料肆拾陸石捌升。等語。查先據喀什噶爾參贊大臣鐵保奏,各城添設兵丁跑馬所需料石、草束本有應支分例,但用以跑射須加意餧養,請略增麸料。庫車添設馬四匹,每年需用大麥肆拾叁石貳斗,遇閏按月加增,在於該處盈餘糧石項下支給。等因在案。今冊造前項跑馬四匹除建曠外,實支大麥肆拾陸石捌升。户部核與奏明應支原案數目相符,應準開銷。

一、牲畜項下:牧廠馬匹、牛隻内,陸續倒斃馬四匹、牛三隻。等因。今冊造前項倒斃馬牛等語,户部核與例倒數目相符,應準開銷。

一、開除:牧廠撥補軍臺馬四十匹、牛一十隻。等語。兵部查冊開撥補軍臺馬四十匹、牛一十隻,核與倒斃馬牛數目相符,應準其在於牧廠内照數撥補。

一、各路軍臺原設馬一百三十六匹、牛五十四隻内,合例倒斃馬四十匹、牛一十隻。除合例倒斃外,計逾額倒斃馬一匹,價銀捌兩。牛二隻,每隻價銀肆兩肆錢,共銀捌兩捌錢。二共應賠馬牛價銀拾陸兩捌錢,應請在於管臺各員名下照數追繳。等語。兵部查冊開,庫車所屬十軍臺原額馬一百三十六匹、牛五十四隻,今據冊報倒斃馬四十匹、牛一十隻内,除應銷馬三十九匹、牛八隻,按臺站馬匹十分準倒三分、牛十分準倒一分五釐之例核算應倒馬牛數目有減,其逾額馬一匹價銀捌兩,牛每隻價銀肆兩肆錢,共銀捌兩捌錢,二共銀拾陸兩捌錢。應令該大臣轉飭在於各員名下照數追繳完款,報部查核。

一、開除:防兵操演需用鉛丸二千五百零二出九分,操演擡炮鉛丸二百四十三出。等語。兵部查係操演應用之項,應準開銷。

一、庫車實存銀伍千捌百玖拾玖兩叁錢陸分玖毫,當十普爾錢貳拾肆千零捌拾伍文,當五普爾錢叁百貳拾陸千叁百拾捌文,各色糧壹萬壹千貳百叁拾肆石玖斗陸升伍合貳勺,夾布口袋二百五十一條,牧廠馬四十九匹、牛五十隻,軍臺馬一百三十六匹、牛五十四隻,各項軍械六萬四千八百零二件,鉛丸一萬五千六百出,又存撥鉛丸一萬六千二百六十一出七分,又存擡炮鉛丸二千五百六十二出,擡炮十尊,廢銅三斤,生鐵三百八十六斤四兩,火繩二千八百九十五斤。等語。查前項實存銀錢、糧石、口袋、牧廠馬牛等項應令造入下年舊管項下查核。至實存軍臺馬牛、軍械鉛丸、銅鐵擡炮、火繩等項,兵部查冊開,核與應存馬牛數目相符。應令該大臣造入下年奏銷案内,報部查核。至軍械等項,均與應存數目相符,應令彙入造報。

再,此本係户部主稿。於咸豐肆年陸月貳拾日會兵、工二部,捌月貳拾捌日準兵、工二部議結送回。兹於玖月貳拾叁日辦理具題,合并聲明。

臣等未敢擅便,謹題請旨。

爲題銷吉林等處公用銀兩事

咸豐四年九月二十九日

太子太保·大學士管理戶部事務祁寯藻等謹題,爲題銷事。

户科抄出,吉林將軍景淳題咸豐叁年吉林等處公用銀兩一案。咸豐肆年肆月拾叁日題,伍月初柒日奉旨:該部察核具奏。欽此。欽遵。於本日抄出到部。當將給過監犯柴薪、更夫燈油等項銀兩數目是否相符,行查刑部。去後,今於咸豐肆年閏柒月初陸日,準刑部查覆前來。

該臣等查得,吉林將軍景淳疏稱:吉林咸豐叁年衙門公務等項,照例於税銀内撥銀壹千兩。除一年各項公務用銀玖百玖拾捌兩陸錢捌分,餘銀壹兩叁錢貳分,不敷支給更夫燈油等項。循例於税銀内,動添銀陸百捌拾伍兩叁錢伍分捌釐。寧古塔咸豐叁年衙門公用,照例於存庫糶糧銀内備撥銀壹百陸拾兩。除一年各項公用訖,監犯炭斤、更夫燈油等項用銀叁拾壹兩肆錢貳分柒釐,照例於將軍衙門庫存税銀内取用。伯都訥咸豐貳年公務用餘銀貳錢,叁年衙門公用照例於庫存糶糧銀内備撥銀捌拾玖兩捌錢,共銀玖拾兩。除一年各項公務用銀捌拾玖兩捌錢、餘銀貳錢,監犯炭斤、更夫燈油等項用銀貳拾伍兩玖錢肆分叁釐,照例於將軍衙門庫存税銀内支給。三姓咸豐叁年公用,照例於庫存糶糧銀内備撥銀壹百叁拾兩。除一年各項公用訖,監犯炭斤、更夫燈油等項用銀貳拾貳兩貳錢肆分柒釐,照例於將軍衙門庫存税銀内支給。阿勒楚喀咸豐叁年公用,照例於税銀内備撥銀壹百陸拾兩。除一年公用訖,監犯炭斤、更夫燈油等項用銀壹百陸拾伍兩伍錢陸分壹釐,照例於將軍衙門庫存税銀内支給。拉林咸豐叁年會齊處公用,照例於課税銀内備撥銀貳拾兩。一年各項公用訖,打牲烏拉咸豐叁年總管衙門公用,照例於吉林將軍庫存税銀内領銀壹百肆拾兩。一年各項公用訖,所有吉林、寧古塔、伯都訥、三姓、阿勒楚喀、拉林、打牲烏拉各項公用、監犯炭斤、棉衣、更夫燈油等項用銀數目,分晰造冊,送部核銷。等因前來。

查吉林等處將軍副都統衙門,每年一切公用銀兩定例:吉林備用銀壹千兩,寧古塔備用銀壹百陸拾兩,伯都訥備用銀玖拾兩,三姓備用銀壹百叁拾兩,阿勒楚喀、拉林各備用銀玖拾兩,俱於賣糧銀内并徵收稅銀内動支。各處監犯柴薪棉衣、更夫燈油等項亦於備存銀内動用。如有不敷,準其在於稅銀内添補應用。又乾隆叁拾肆年伍月内軍機大臣議覆前任將軍博良奏裁汰拉林副都統案内,以拉林副都統歸於阿勒楚喀副都統辦理,將拉林原設公務備用銀玖拾兩,撥留本處公用銀貳拾兩,其餘銀柒拾兩,分撥阿勒楚喀副都統衙門備用。又乾隆叁拾陸年柒月内,内務府議準打牲烏拉總管衙門每年應用紙硃等項銀壹百肆拾兩。自乾隆叁拾柒年爲始,吉林將軍聲明於雜稅銀内動用,入於公用案内題報。等因。各在案。今據吉林將軍題報咸豐叁年吉林、寧古塔、伯都訥、三姓、阿勒楚喀副都統、打牲烏拉總管各衙門用過紙硃等項共銀壹千陸百玖拾捌兩肆錢捌分,臣部按冊造各衙門額定銀數核算無浮,應準開銷。支給監犯柴薪棉衣、更夫燈油等項銀玖百叁拾壹兩捌錢伍分陸釐,行查刑部覆稱,該將軍造報咸豐叁年分給過監犯柴炭等項銀兩數目查核相符,自應準其開銷。應令該將軍將咸豐叁年給過各處公用等銀入於稅銀及賣糧銀内造冊核銷。伯都訥餘剩銀貳錢造入下年報銷案内,具題查核。

此案於咸豐肆年伍月初柒日科抄到部,行查刑部,於閏柒月初陸日覆回。兹於玖月貳拾玖日辦理具題,合并聲明。

臣等未敢擅便,謹題請旨。

批紅:依議。

爲浙江奏銷咸豐元年額引公費分規銀兩事

咸豐四年十月初四日

太子太保·大學士管理戶部事務祁寯藻等謹題,爲遵旨察覈具奏事。

户科抄出,升任浙江巡撫黄宗漢題咸豐元年額引公費分規銀兩考覈一案。咸豐叁年柒月初壹日題,拾壹月初陸日奉旨:該部察覈具奏,冊并發。欽此。欽遵。於本日抄出到部。

該臣等查得,升任浙江巡撫黄宗漢,將咸豐元年額引商鹽應徵公費分規銀兩造冊具題前來,謹將收完解存及未完各款逐一覈算。開列於後:

一、冊開:新收銀壹萬玖千肆百玖拾柒兩陸錢,筆帖式分規銀柒千伍百捌拾貳兩肆錢。查前項額徵公費,每引徵銀壹錢捌分,共應徵銀拾貳萬柒千伍百叁拾肆兩陸錢捌分。今已完銀壹萬玖千肆百玖拾柒兩陸錢,仍未完銀拾萬捌千叁拾柒兩捌分。又額徵筆帖式分規,每引徵銀柒分,共應徵銀肆萬玖千伍百玖拾陸兩捌錢貳分。今已完銀柒千伍百捌拾貳兩肆錢,仍未完銀肆萬貳千拾肆兩肆錢貳分。又額徵引目水腳銀伍千陸百兩,據冊稱,現在催商完納。應令該撫轉飭運司將前項未完公費分規等項銀兩迅即催商,趕緊完報,毋稍延欠。

一、冊開:開除銀壹萬柒千兩。查前項開除銀兩内,除扣捐銅斤水腳銀壹萬伍千兩,已入正課考覈冊内新收項下,又支給浙江鹽運使舒化民等養廉銀貳千兩。係例應支給之項,應準開銷。

一、冊開:存庫銀壹萬捌拾兩。查前項存庫銀兩内,公費銀叁千伍拾柒兩陸錢,分規銀柒千貳拾貳兩肆錢。臣部查與咸豐叁年春季冊内銀數相符,應毋庸議。

此案於咸豐叁年拾壹月初陸日科抄到部。茲於肆年拾月初肆日辦理具題,合并聲明。

臣等未敢擅便,謹題請旨。

批紅:依議。

爲浙江題報咸豐二年行銷鹽引數目事

咸豐四年十月十二日

太子太保·大學士管理戶部事務祁寯藻等謹題,爲遵旨察覈具奏事。

戶科抄出,陞任浙江巡撫黄宗漢題咸豐貳年鹽引一案。咸豐叁年拾貳月貳拾日題,肆年叁月初伍日奉旨:該部察覈具奏。冊并發。欽此。欽遵。於本日抄出到部。

該臣等查得,陞任浙江巡撫黄宗漢疏稱:兩浙銷過引目案準部行,於每年奏銷之時一并造冊具題。等因。遵照在案。今據署浙江鹽運使事陞任福建汀漳龍道晏端書詳稱:兩浙年額行銷正票引目共捌拾萬伍千叁百玖拾陸引。遵照部行,將咸豐貳年分各州縣經銷、接銷正署各官職名起止月日,應銷引數造冊詳送前來。臣覆覈無異,除冊分送部科外,理合具題。等因前來。

查例載浙省每年額銷正引柒拾萬肆千陸百玖拾捌道,票引拾萬陸百玖拾捌道,均於次年拾貳月奏銷。玆據疏冊内稱,咸豐叁年正票引目捌拾萬伍千叁百玖拾陸引,全數銷完。臣部覈與該省歲銷定額相符,應毋庸議。仍令該撫轉飭,將此項殘引趕緊全數解部查銷,毋任積壓,以符課運。

此案於咸豐肆年叁月初伍日科抄到部。兹於拾月拾貳日辦理具題,合并聲明。

臣等未敢擅便,謹題請旨。

批紅:依議。

爲和闐咸豐元年動用錢糧軍需等項奏銷事

咸豐四年十月二十一日

户部等部,太子太保·大學士管理户部事務祁寯藻等謹題,爲奏銷事。

據前任和闐辦事大臣法福禮,將咸豐元年分動用過銀錢、糧石、布匹、棉花、牲畜、軍械等項造冊送部彙覈題銷前來。查冊開:

一、和闐舊管經費生息銀叁千壹百伍兩肆錢陸分柒釐,普爾錢叁千柒百玖拾陸串柒百貳拾玖文,各色糧貳千玖百壹拾捌石肆斗肆升叁合伍勺,提存備儲銀肆千兩,小麥玖千石,牧廠馬三十匹、牛一十五隻,天平一架,砝碼全副,夾剪一把,宰子一把,大秤一桿,小秤一桿,戥子二把,算盤四面,石硯五塊,軍臺馬三十匹、牛一十八隻、驢一十七頭,炮三十位,火藥四千一百二斤八兩八錢,火繩十萬九千六百八丈七尺四寸,鉛丸一萬二千一百五斤一十三兩六錢,軍械三千八百六十五件。等語。查和闐舊管銀錢、糧石、牧廠馬牛、器具等項,户部覈與上年實存數目均屬相符,應毋庸議。至軍臺馬牛驢頭、炮位、火繩、藥鉛、軍械等項,兵部查,冊開覈與上年該處原存軍臺馬牛驢頭數目相符,至砲位、軍械等項覈與實存數目亦屬相符。

一、和闐新收經費生息等銀伍千伍百兩零伍錢肆分柒釐,普爾錢壹千叁百串零捌拾叁文,各色糧肆千柒百肆拾石伍斗柒升肆勺,白布三萬八千八百三十二匹,棉花五千斤,口袋八百七十六條,蔴繩七百七十六根,經牧備差馬八匹、牛二隻,軍臺馬六匹,天平一架,砝碼全副,夾剪一把,宰子一把,官戥二把,硯臺五塊,算盤四面,大秤一桿,小秤一桿,秤錘二個,京斛二把,京斗二張。等語。查前項新收銀錢、糧石、棉花、口袋、繩索、馬牛、器具等項,户部覈與咨報各案應收數目相符,應毋庸議。至新收軍臺馬匹,兵部查,冊開和闐新收軍臺馬六匹,覈與該處各軍臺該年倒馬數目相符。

一、開除:供支和闐辦事大臣等并駐劄滿洲緑營官兵、軍臺回子、書識通事、莫洛人等支過養廉、鹽菜、口糧、工食等項銀錢糧石,各計起止日期不一,共支過銀伍千捌拾叁兩貳錢肆分柒釐,銀折糧柒百壹拾伍石肆斗肆升,普爾錢肆百捌拾陸串壹百玖拾叁文,口糧麪壹千伍百貳拾壹石貳斗捌升伍合玖勺。軍臺飼喂馬牛糧料壹百石,餘抵小麥柒拾叁石捌斗壹升叁合叁勺。等語。查定例:和闐辦事大臣歲支養廉銀陸百兩,跟役十二名,官役各日支口糧米捌合叁勺或麪壹斤。又道光貳拾肆年拾月奏明官員養廉以二成五分搭放小麥。又定例:跟隨將軍、大臣辦事章京月支本身鹽菜銀拾伍兩,跟役六名。筆帖式月支鹽菜銀捌兩,跟役二名。以上跟役只支口糧、不支鹽菜。委筆帖式月支本身鹽菜銀貳兩,跟役二名。披甲月支本身鹽菜銀壹兩伍錢,每二名合給跟役一名。又緑營都司、守備各月支本身鹽菜銀貳兩肆錢,跟役四名。千總月支本身鹽菜銀壹兩柒錢,把總月支本身鹽菜銀壹兩貳錢,跟役各二名。外委月支本身鹽菜銀玖錢,跟役一名。以上官員跟役各日支口糧米捌合叁勺或麪壹斤。軍臺馬牛春、冬二季每匹隻日支料二京升。等語。今冊造供支咸豐元年分和闐辦事大臣并駐劄滿洲緑營官兵、軍臺回子、書識通事、莫洛人等支過養廉、鹽菜、口糧、工食等項銀錢糧石各數目,户部按冊開起止月日逐一覈算,與定例應支數目及奏明原案均屬相符,應準開銷。

一、供支和闐辦事大臣及章京筆帖式等加增養廉、鹽菜銀伍百壹拾貳兩,每銀伍錢折糧壹石,共折糧壹千貳拾叁石玖斗玖升肆合。等語。查定例:和闐辦事大臣每年加增銀貳百兩,又道光捌年捌月間據那彦成等奏請就餘糧抵作官員養廉、鹽菜銀兩摺内聲明,章京每月加增銀拾兩,部缺筆帖式每月加增銀陸兩,委筆帖式每月加增銀貳兩。和闐章京一員、部缺筆帖式一員、委筆帖式二員,請於新增餘糧内,按回疆例價,每石合銀伍錢折給。各大臣、章京、筆帖式等加增養廉、鹽菜銀兩,等因。奏明在案。今冊造供支和闐辦事大臣及章京、筆帖式等加增養廉、鹽菜銀兩折合糧石數目,户部覈與定例及奏明原案均屬相符,應準開銷。

一、開除:和闐致祭關帝廟等處採買祀牲共用過普爾錢叁串柒百柒拾貳文。軍臺兵丁二十四名,各賞一月鹽菜銀玖錢。除撤回兵丁十四名轉咨原營賞給,現在告駐兵丁十名,共賞一月鹽菜銀玖兩。撥運巴爾楚克小麥捌百石。等語。查和闐致祭各廟及賞給兵丁鹽菜銀兩,户部覈與歷年準銷成案及覆準原案均屬相符,應準開銷。至撥運巴爾楚克小麥捌百石,應於巴爾楚克奏銷案内查覈。

一、開除：和闐印房章京主事職銜色稜額兑支咸豐元年分春、秋二季京俸銀陸拾兩，又俸米抵折小麥貳拾捌石伍斗。又回籍從九品許竹亭支過鹽菜、騾脚等項銀陸拾陸兩柒錢陸分，口糧麪壹斗柒升肆合叁勺。等語。查前項支給鹽菜、騾脚等項銀兩，户部覈與覆準原案相符，應準開銷。至印房主事職銜色稜額兑支元年分春、秋二季京俸銀陸拾兩，覈與在京應支銀數相符，應準開銷。至俸米抵折小麥貳拾捌石伍斗，覈與在京應支米數相符，應準開銷。

一、和闐餘剩各色糧壹萬貳千肆百陸拾捌石捌斗貳升玖合陸勺內，小麥每石變價錢柒拾文，高粱每石變價錢伍拾陸文，糜子每石變價錢肆拾伍文，莞豆每石變價錢伍拾柒文，各計多寡不等，計共變價錢柒百叁拾貳串叁拾文。每錢貳拾肆文折辦布一匹，共折交白布二萬九千四十二匹。共用過普爾錢陸百玖拾柒串捌文，又每錢柒文折辦棉花一斤，共折辦棉花五千斤。共用普爾錢叁拾伍串文，餘剩錢貳拾貳文，入於本年奏銷新收項下造報。等語。户部查，和闐餘剩糧石折變錢文辦買布匹、棉花并餘剩錢文，業經該大臣分别收入本案新收項下造報，應毋庸議。

一、和闐撥解伊犁咸豐元年分各色布三萬八千八百三十二匹，棉花五千斤，口袋八百七十六條，蔴繩七百七十六根。等語。查前項運交伊犁布匹、棉花、口袋、蔴繩，伊犁曾否收到，户部無憑查覈。應咨伊犁將軍查明報部，以憑覈辦。

一、開除：和闐運送伊犁布匹、棉花需用染造價值、蔴綫、口袋、繩索等項，共用過普爾錢壹百叁拾串壹百玖拾捌文。等語。工部查，册開和闐染造布匹并據採買口袋、繩索等項，共用過普爾錢壹百叁拾串壹百玖拾捌文，覈與該處歷年準銷成案相符，應準開銷。

一、開除：和闐支放伯克人等養廉普爾錢叁百玖拾柒串捌百伍拾文，又撥運葉爾羌添給色哷庫勒伯克等歲支養廉普爾錢肆拾捌串柒百伍拾文。等語。查前項支放伯克人等養廉普爾錢文，户部覈與準銷成案相符，應準開銷。至運解葉爾羌添給色哷庫勒伯克等養廉錢文，應於葉爾羌奏銷案內查覈。

一、開除：和闐各軍臺原存馬三十匹內，倒斃馬六匹。又兵丁操演共用過火藥五百四十六斤三兩一錢五分，火繩六百五丈二尺五寸，鉛丸九十九斤四錢五分。等語。兵部查，册開和闐六軍臺原設馬三十匹，按站臺馬十分準倒三分之例覈算，與應倒馬匹數目有減，應準開銷。至動用藥鉛等項，查係操演應用之項，亦應準其開除。

一、和闐牧廠項下:原存馬三十匹、牛一十五隻内,合例倒斃馬八匹、牛二隻,從葉爾羌領獲馬八匹、牛二隻。等語。查定例:各處工作運糧馬匹如有倒斃,十分内準銷三分,牛十分内,準銷二分。等語。今冊造和闐牧廠倒斃馬牛,户部覈與例倒數目有減無浮,應準開銷。至收獲馬八匹、牛二隻,應於葉爾羌奏銷案内查覈。

一、和闐舊管糧内撥出磨麪小麥壹千柒百捌拾肆石捌斗貳升伍合叁勺,照依成例每石磨麪捌斗,共磨麪壹千肆百貳拾柒石捌斗陸升貳勺,共應銷耗糧叁百伍拾陸石玖斗陸升伍合壹勺。等語。查前項磨麪折耗糧石,户部覈與歷屆準銷成案相符,應準開銷。

一、和闐實存經費生息銀叁千叁百捌拾柒兩零柒釐,普爾錢肆千零叁拾串肆拾玖文,各色糧叁千叁拾捌石捌斗肆升壹合叁勺,提存備儲銀肆千兩,小麥玖千石,牧廠馬三十匹、牛一十五隻,天平一架,砝碼全副,夾剪一把,宰子一把,大秤一桿,小秤一桿,官戥二把,算盤四面,硯臺五塊,秤錘二個,京斛二把,京斗二張,舊天平、砝碼等項器具二十三件,軍臺馬三十匹、牛一十八隻,驢一十七頭,炮三十位,火藥三千五百五十六斤五兩六錢五分,火繩一十萬九千三丈四尺九寸,鉛丸一萬二千六斤十三兩一錢五分,軍械三千八百六十五件,等語。查和闐實存銀錢、糧石、牧廠、馬牛、器具等項,户部覈與支剩應存數目相符,應於下年舊管項下查覈。至實存軍臺馬牛驢頭、炮位、火繩、火藥、鉛丸、軍械等項,兵部查,冊開和闐實存馬三十匹、牛十八隻、驢十七頭,覈與該處應存馬牛驢頭數目相符,應令該大臣造入下年奏銷案内報部查覈。至炮位、軍械均與應存數目相符,亦仍令彙入造報。

再,此本係户部主稿。於咸豐肆年陸月拾捌日會兵、工二部,玖月貳拾日準兵、工二部議結送回。茲於拾月貳拾壹日辦理具題,合并聲明。

臣等未敢擅便,謹題請旨。

爲甘肅靖遠縣民人報墾地畝入額陞科事

咸豐四年十月二十九日

太子太保・大學士管理戶部事務祁寯藻等謹題,爲請定事。

户科抄出,陝甘總督易棠題甘肅省靖遠縣民人胡萬岳等報墾地畝照例題請入額陞科一案。咸豐肆年伍月初拾日題,柒月初陸日奉旨:該部察覈具奏。

欽此。欽遵。於本日抄出到部。

該臣等查得,陝甘總督易棠疏稱:據甘肅布政使段大章詳稱,前奉部咨,令將各州縣嗣後報墾地畝,務於年底彙□□册請題,以歸簡易。等因。茲準蘭州道祥裕咨:據蘭州府知府鄧慶恩詳:據靖遠縣知縣郭炳墀册造,民人胡萬岳等在於縣屬西鄉、中圈子等處開墾成熟□地叁頃玖拾肆畝叁分柒釐,遵照部示科則,每畝科徵本色倉斗糧叁升陸合,共應徵本色倉斗糧壹拾肆石壹斗玖升柒合叁勺,共應徵加一五耗羡倉斗糧貳石壹斗貳升玖合陸勺。詳請照依旱田下則十年起科之例,自道光貳拾肆年報墾起,扣至咸豐叁年入額徵收。等情。造具陞科册圖,取具地鄰地主并正委印甘各結,由府道加結轉移到司。該司覆查册造陞科糧數□與該縣賦役全書科則均屬相符。所有送到陞科册結圖説,相應詳請具題前來。臣覆覈無異,除册結圖説分送部科外,相應具題。等因前來。

查定例:户民開墾地畝,旱田十年起科,水田六年起科。又,所墾荒地,墾户取結給照,限年陞科。每於歲底,州縣將歲墾荒地及填用司頒印照各數造册申司,該司彙請督撫具題。仍於陞科時覈實奏銷。等因。今據陝甘總督易棠題報,靖遠縣民人胡萬岳等報墾西鄉、中圈子地方開墾成熟旱地叁頃玖拾肆畝叁分柒釐,每畝科徵本色倉斗糧叁升陸合,共應徵本色倉斗糧壹拾肆石壹斗玖升柒合叁勺,共應徵加一五耗羡倉斗糧貳石壹斗貳升玖合陸勺。照依旱田十年陞科之例,自道光貳拾肆年報墾起,扣至咸豐叁年入額徵收,并於咸豐叁年奏銷册内收造報銷。等語。臣部按册覈算,與原報案内開墾地畝數目并賦役全書開載應徵科則以及陞科年限均屬相符。應如所題,將應徵糧石自咸豐叁年起入額徵收,并按年入於地丁奏銷册内造報查覈。

此案於咸豐肆年柒月初陸日科抄到部。茲於拾月貳拾玖日辦理具題,合并聲明。

臣等未敢擅便,謹題請旨。

批紅:依議。

爲雲南各標鎮協營咸豐二年用過公費銀兩奏銷事

咸豐四年十一月初八日

戶部等部,太子太保·大學士管理戶部事務祁寯藻等謹題,爲奏銷等事。

户科抄出,雲貴總督羅繞典題滇省咸豐貳年分各標鎮協營用過公費銀兩造冊題銷一案。咸豐叁年拾貳月貳拾日題,肆年叁月初陸日奉旨:該部察核具奏。欽此。欽遵。於本日抄出到部。

該臣等會查得,雲貴總督羅繞典疏稱:布政使史致蕃詳稱,查各標鎮協營咸豐貳年分應需公費銀兩,動支咸豐元年分商税銀貳萬伍千捌百捌拾伍兩壹錢陸分柒釐。查此項銀兩係前任布政使徐有壬任内全數動撥供支,内除應由户部核銷製辦祭祀、牲醴報資、津貼請餉、馬脚盤費、鑿餉火工、造冊紙張等項有定數銀捌千伍百捌拾捌兩捌錢叁分捌釐,支給各堆卡燈油、牛燭、燈籠等項無定數銀叁千玖百貳拾叁兩伍錢捌釐,由兵工部核銷製造火藥、鉛丸等項銀伍千壹百肆拾壹兩肆錢叁分貳釐。以上共放銀壹萬柒千陸百伍拾叁兩柒錢柒分捌釐,係前任布政使徐有壬任内全數動放。兹按各營細冊逐一核算總散數目,并無舛錯。所有咸豐貳年分支銷前項有定數公費銀兩,核與應支銀數相符,并無浮冒。其支給各堆卡油燭等項無定數公費銀兩,亦與各營現設堆卡及歷届準銷價值符合。又製造年操藥鉛等項,俱與奉頒成規例價無浮,應請於各彼冊内查核準銷。至實存銀捌千貳百叁拾壹兩叁錢捌分玖釐,查前項實存公費銀兩經前督吳文鎔具奏,於咸豐貳年陸月初貳日内閣奉上諭:吳文鎔奏動款分年修造軍械等項一摺。雲南省道光貳拾伍陸等年永昌案内并雲緬、彌渡、保山等案内,損失軍械、用缺火藥鉛丸等項,經該督查照各標營報冊分别準駁,籌款修造,約需銀肆萬叁千餘兩。著照所請,準其將各營公費歲撥餘剩節省銀兩儘數動用,五年後一律照額補全。另片奏,此次應補軍械挨年遞辦,統由該督在省委員監視修造,毋庸交各營領辦之處,均著照所請行。該督務當隨時查核,毋任草率偷減。此項工程免其分案造冊題估,仍於每年工竣後,由該督隨同按年奏銷公費之案,另行造冊奏銷。餘著照所議辦理。該部知道。欽此。即將該省各營應製、應修各項軍器名目件數并將换下銅鐵舊料照例據實分别回火變抵,造具細冊送部查核。嗣前督院劄飭滇省各標鎮協營歷次出師永昌、雲緬等處,損失軍械應即修製補額一案,前經奏明在省修造。兹據各營分别首修、緩修、次緩修、後修名目,陸續造冊呈核,自應均準次第動項興修。惟查各營道路遠近不同,若將損壞各械運省補完發回以及新製之械由省解營,往返盤川無出,勢難拘泥盡行由省製造。擬將損失各項軍械仍由各營自行製辦,所需銀兩即由營具文專弁請領,以便親發。等因。當經飭行各營遵照辦理。嗣各營請領首修各項軍械銀兩,業經由司在於咸豐元貳兩年歲修餘剩公費款内,呈送轉發各營請領回營製補在案。現在各營有具報工竣造冊報銷者,有未具報工竣亦未造冊報銷者。應俟催造到齊,即將咸豐元年及咸豐貳年實存銀兩修補軍械另造細冊,詳請奏銷。至各營公費内,實銷請餉馬脚盤費、桶筐繩蓆、鏨餉火工、包封、造冊紙張、燈籠、領運硝磺鉛斤脚價、筐繩盤費等項共銀陸千陸百伍拾伍兩柒錢肆分叁釐,應扣減平銀叁百玖拾玖兩叁錢肆分伍釐。除俟歸入造報咸豐叁年分減平總冊内收造詳咨撥抵滇餉外,至公費内應扣減平及不應扣各情節,已據各該營於各款報銷冊内備細分晰聲登,請於各彼冊内查核,相應將各營送到報銷并減平清冊及文員印結彙造總冊,詳請查核具題。等情。臣覆核無異,除冊結送部外,臣謹會同雲南巡撫臣吳振棫合詞恭疏具題。等因前來。

查滇省各標鎮協營應需公費銀兩,每年於地丁銀内按年造冊題銷在案。今據雲貴總督羅繞典疏稱:各標鎮協營咸豐貳年分應需公費銀兩,動支咸豐元年分商税銀貳萬伍千捌百捌拾伍兩壹錢陸分柒釐。内除應由户部核銷製辦祭祀牲醴、報資津貼、請餉馬脚盤費、鏨餉火工、造冊紙張等項有定數銀捌千伍百捌拾兩捌錢叁分捌釐,支給各堆卡燈油、牛燭、燈籠等項無定數銀叁千玖百貳拾叁兩伍錢捌釐,由兵、工部核銷製造火藥鉛丸等項銀伍千壹百肆拾壹兩肆錢叁分貳釐。以上共放銀壹萬柒千陸百伍拾叁兩柒錢柒分捌釐,相應請銷。等語。查前項有定數項下支放各款銀捌千伍百捌拾捌兩捌錢叁分捌釐,查與上年支銷銀數無異,其無定數項下支放各款銀叁千玖百貳拾叁兩伍錢捌釐,核與各營細冊内各堆卡支給燈油、牛燭、燈籠等項銀數均屬符合,應準開銷。其由兵、工部核銷製造火藥鉛丸等項銀伍千壹百肆拾壹兩肆錢叁分貳釐,兵部查製造火藥鉛丸係操演應用之項,應準其製造。至修製帳房等項,核與該督冊報相符,亦應準其分别修補。工部查,此款據户部將原冊咨送到部,所有冊開製造藥鉛等項共銀伍千壹百肆拾壹兩肆錢叁分貳釐,按冊查核所開工料銀兩,均與準銷例案無浮,應準開銷。至前項實存銀捌千貳百叁拾壹兩叁錢捌分玖釐,同上次元年分實存銀伍千陸百叁拾玖兩伍錢貳分壹釐,前據督臣吳文鎔奏明,因道光貳拾伍陸等年永昌等處回匪滋事案内,損失軍械、用缺火藥鉛丸等項急需籌補。請將每年用剩公費實存銀兩,自咸豐元年起儘數動用,五年後一律照額補全。并據片奏,此次應補軍械,挨年遞辦統由該督委員監造,毋庸交營領辦。等因。各在案。令據該督疏内聲稱,損失軍械用缺等項急需籌補,因各營道路遠近不同,往返盤川無出,仍請由各營自行製辦之處,現當整飭軍務撙節庫項之際,該督宜如何認真經理,以期工歸核實,項不虚糜。乃以甫經奏定在省監造,因何仍由各營自行製辦,於該省奏定章程實屬兩歧,顯係不實不盡,臣部礙難核準。況前項實存銀兩早經動放,何以尚稱各營有具報工竣造册報銷者,亦有未報工竣亦未造銷者。似此任意延宕,即難保無捏報浮銷情弊,應仍令該督遵照奏定章程認真提省督辦,以杜浮冒。并查明前項實存銀兩已放何營若干,未放若干,速飭詳細造報,以憑查核。仍將各營辦理遲延職名據實查明,送部核議。至各營公費内實銷請餉馬脚盤費、桶筐繩蓆、鏨餉火工、包封造册、紙張燈籠、領運硝磺、鉛斤脚價、筐繩盤費等項共銀陸千陸百伍拾伍兩柒錢肆分叁釐,應扣減平銀叁百玖拾玖兩叁錢肆分伍釐。除俟歸入造報咸豐叁年分減平總册内收造詳咨撥抵滇餉外,至公費内應扣減平銀兩不應扣各情節,已據各該營於各款報銷内備細分晰聲登,請於各彼册内查核之處,核與貳拾肆年公費報銷案内分晰聲登,經户部核覆在案。應毋庸議。

此本係户部主稿。於咸豐肆年叁月初陸日科抄到部。玖月初伍等日兵、工部議結送回。兹於拾壹月初捌日辦理具題,合并聲明。

臣等未敢擅便,謹題請旨。

批紅:依議。

爲陝西清吏司換鑄司印事

咸豐四年十一月初八日

太子太保·大學士管理戶部事務祁寯藻等謹題,爲印信字跡糢糊題明換鑄事。

查得臣部陝西清吏司司印一顆,於道光貳拾伍年間換鑄,迄今拾年之久。逐日印用并兼用各省茶引,以致字跡糢糊,難以辨認,理合題明換鑄。恭候命下之日,知照禮部查照舊式,鑄造户部陝西清吏司司印一顆,并將字畫刻深,方可經久。俟新印鑄造完竣咨送臣部之日,即將舊印咨繳禮部銷燬。

臣等未敢擅便,謹題請旨。

爲直隷題報布政使接收前任經手錢糧各款分別準駁事

咸豐四年十一月十一日

太子太保・大學士管理戶部事務祁寯藻等謹題,爲循例具題事。

户科抄出,前任大學士・直隷總督訥爾經額題報,署布政使穆清阿接收前任布政使陳啟邁任内經手一切正雜錢糧等項交代清楚一案。咸豐叁年捌月拾貳日題拾月貳拾叁日奉旨:該部察覈具奏。欽此。欽遵。於本日抄出到部。隨經臣部將冊造應查各款行查禮部、兵部、工部、鑾儀衛等衙門去後,今於咸豐肆年捌月初陸等日陸續查覆前來。

該臣等查得,前任大學士・直隷總督訥爾經額,將署布政使穆清阿接收前任布政使陳啟邁,自道光叁拾年叁月拾捌日到任至咸豐叁年叁月初叁日卸事之日止,任内經手一切錢糧造冊具題前來。查冊開:

一、舊管:前任布政使陳啟邁接收前署布政使恒福恒裕庫項下銀貳百玖拾壹萬壹千伍百陸兩捌錢柒分内,除溢覈借支兵餉等銀叁萬叁千玖百貳拾捌兩貳錢陸分叁釐查明刪除外,實舊管銀貳百捌拾柒萬柒千伍百柒拾捌兩陸錢柒釐。寶直局制錢貳萬陸千肆百捌拾柒串玖百壹拾捌文,制錢壹萬貳千貳百貳拾捌串捌百陸拾叁文,清錢肆拾伍串柒百壹文,廢錢貳千貳百伍拾文。餉庫項下銀叁萬貳千陸百貳拾兩柒錢壹分肆釐。外寄庫項下銀肆萬陸千伍百陸拾叁兩壹分。等語。查前項舊管銀錢係照前任實存數目造報,溢覈銀兩雖據查明更正,惟查歷前任開除款内行查各款,尚未據專案登覆。應俟登覆準銷後,按實在數目覈計,以昭覈實。

一、新收:恒裕庫項下。銀壹千捌拾壹萬壹千玖百柒拾壹兩伍錢捌分柒釐,寶直局制錢陸百捌拾玖串叁百玖拾伍文,制錢叁萬肆千貳百柒拾貳串伍百柒拾叁文。餉庫項下。銀叁百玖拾伍萬玖千肆百捌拾柒兩伍錢柒分叁釐。外寄庫項下。銀壹萬捌百肆兩陸錢肆分肆釐。等語。查前項新收銀兩錢文,臣部按冊覈算,數目符合,應毋庸議。

一、開除:恒裕庫項下。銀壹千叁拾陸萬捌千肆百陸拾貳兩貳錢柒分壹釐,寶直局制錢肆拾伍串叁百陸拾文,制錢叁萬壹千壹百陸拾肆串貳百肆拾陸文。餉庫項下。銀叁百捌拾肆萬陸千貳百壹拾玖兩柒錢伍分肆釐。外寄庫項下。銀壹萬壹千壹百陸拾陸兩陸錢陸分伍釐。等語。查前項開除各項銀兩，準銷撥查各款開列於後。

一、地糧項下。支給陵工各員役俸餉米折、運米脚價、喇嘛口糧行糧、文武鄉會試供給、恩賞兵丁錢糧等項銀壹百捌拾壹萬壹千肆百柒拾柒兩陸錢。等語。查前項支給俸餉等項銀兩，臣部覈與覆準各原案并該季撥册數目相符，應毋庸議。

一、地糧銀款。支給直屬各州縣缺額俸工、豁缺工料、各營紅白賞銀、灾賑折色、辦差經費、長墊橋道等項銀叁百柒拾玖萬肆千壹百玖拾柒兩捌錢伍分陸釐。等語。查前項支給俸工等項銀兩，臣部逐一查對，有未據題報覈銷者，有未據專案報部及覈對撥册不符者，臣部均難查覈。應照册開單，行令該督轉飭查明，報部覈辦。

一、耗羡銀款。支給東陵承辦事務衙門運米津貼、直屬各州縣常雩祭品、潮白二河水手工食、换防駝屜、微員回籍路費等項銀玖萬伍千叁百捌拾叁兩玖錢壹分柒釐。等語。查前項支給運米津貼等項銀兩，臣部覈與咨報各原案銀數相符，應毋庸議。

一、耗羡銀款。支給直屬各州縣養廉辦公、武職養廉、囚犯柴薪等項銀玖拾柒萬捌千叁百捌拾壹兩肆錢柒分柒釐。等語。查前項支給養廉等項銀兩，有尚未造册題報覈銷者，有與奏銷册造銀數不符及并未專案報部者，臣部無憑查覈。應令該督轉飭查明，報部覈辦。

一、當税銀款。支給易州等州縣辦差經費銀叁萬肆千壹百肆拾捌兩玖錢肆釐，雜税銀款支給良鄉等州縣夫價、柴炭等銀貳拾叁萬玖千壹百柒拾兩玖錢貳分捌釐，文職罰俸銀款支給直屬兵餉銀捌兩玖錢貳分肆釐，武職罰俸銀款支給貳年永定河添辦稭料等銀捌百玖拾伍兩叁分貳釐，缺官銀款支給盧龍等縣溢解缺官等銀叁拾柒兩伍錢伍分陸釐，師生銀銀款支給高陽等縣溢解師生等銀叁百貳拾柒兩捌錢柒分貳釐，帶辦銀款支給吴橋等州縣會試盤費、旗匾等銀伍千壹百柒拾肆兩肆分陸釐，户各案銀款支給静海等州縣借支俸工等銀叁萬叁千叁百叁拾伍兩伍錢貳分捌釐，兵各案銀款支給趙州等州縣常行車價等銀肆萬伍百柒拾壹兩捌錢壹分，題報賍變銀款支給直屬各州縣囚衣等銀伍千壹百貳拾壹兩貳錢貳分叁釐，驛站留二銀款支給邢臺等州縣雇夫車價等銀柒萬玖千玖百陸兩捌錢陸分壹釐，節省馬乾銀款支給直屬各營差兵盤費等銀伍萬貳千陸百玖拾兩肆錢捌分伍釐，廩糧銀款支給直屬各州縣廩糧等銀玖萬玖千伍百肆拾肆兩玖錢肆分捌釐，驛站小建銀款支給各州縣夫馬、小建常行車價等銀叁千肆拾貳兩叁錢玖分，歸公平飯銀款支給山海關通判運米脚價等銀肆千玖拾陸兩玖錢柒分貳釐，文職借部養廉銀款支給添辦稭料等銀肆百□兩玖錢壹分伍釐，道朋銀款支給提標右營等營修理軍器庫工料等銀玖千貳百伍拾壹兩肆錢肆分伍釐，道建銀款支給直屬各營世職俸新廉乾等銀叁萬叁千肆百叁拾壹兩捌錢柒分，關税盈餘銀款支給委員楊肇懋等解部正餘税銀壹萬壹千陸百拾柒兩叁錢伍分肆釐，屯耗糶價銀款支給宣化等州縣運米脚價等銀貳千柒百陸拾玖兩叁錢叁分玖釐，寶直局錢款支給東陵隆福寺喇嘛念經車價制錢肆拾伍串叁百陸拾文，武職養廉銀款支給直屬各營并河營武職養廉銀肆千肆百玖拾伍兩肆錢伍分柒釐，晉省米價銀款支給張家口駐防採買米價銀叁千叁百玖拾兩伍錢陸分貳釐，陵工米折銀款支給馬蘭鎮漢兵米折銀玖千玖百叁拾陸兩柒錢貳分，鑾儀衛地租銀款支給委員周憲曾等轉解鑾儀衛地租銀壹萬肆千捌百兩、制錢叁萬壹千串，馬舘地租銀款支給委員周憲曾等解交兵部租銀壹萬貳千肆百兩，鹽斤加價銀款支給添辦稭料銀壹千叁百肆拾兩，海防經費銀款支給雄縣補買硝斤銀叁百柒兩玖錢柒分伍釐，捐輸軍餉銀款支給委員程仁傑等解部銀拾伍萬叁千兩，解部貳兩平銀款開除溢扣恒前司半廉平銀玖兩柒錢伍分，餉朋銀款支給易州等營修理火藥局房間工料等銀叁千肆百柒拾捌兩肆錢壹釐，餉建銀款支給直屬各駐防孤寡養贍等銀壹萬捌千叁百陸拾柒兩玖錢貳分柒釐。等語。查前項支給易州等州縣辦差經費等項三十二款，共銀捌拾柒萬柒千柒拾柒兩壹錢玖分肆釐，制錢叁萬壹千肆拾伍串叁百陸拾文，臣部覈對各原案并各該年撥冊以及兵部、工部、鑾儀衛等衙門查覆數目，均屬相符，應毋庸議。

一、存莊地租銀款。支給良鄉等州縣存退地租等銀拾陸萬柒千玖百叁拾玖兩伍分陸釐，雜税銀款支給良鄉縣辦差經費等銀壹萬柒百叁拾捌兩柒錢陸分伍釐，文職罰俸銀款支給添辦稭料等銀捌百貳拾兩，缺官銀款支給添辦稭料銀玖百兩，師生銀款支給滄州等州縣長解師生等銀貳拾伍兩叁錢肆分肆釐，帶辦銀款支給清河等州縣會試盤費等銀貳萬捌千貳百伍拾叁兩叁錢玖分叁釐，户各案銀款支給盧龍等州縣孤貧小建等銀捌萬叁千伍百捌拾陸兩伍錢壹分伍釐，兵各案銀款支給蔚州等州縣屯米價銀伍千叁百兩柒錢伍分貳釐，題報賍變銀款支給三河縣囚衣等銀壹千捌百貳拾兩叁錢捌分，驛站留二銀款支給直屬各營并河營武職養廉銀壹萬柒千兩，廩糧銀款支給新樂縣廩糧等銀壹萬陸千壹百貳拾陸兩叁錢叁釐，驛站小建銀款支給直屬各營并河營武職養廉等銀貳萬陸千壹百玖拾捌兩壹錢捌分叁釐，領劄飯食銀款支給委員楊肇懋等領解兵部飯銀貳百伍兩，節年旗租銀款支給委員卞賓書等轉解部庫八項旗租銀壹百叁拾叁萬玖千柒百貳拾伍兩玖錢叁分貳釐，會試盤費銀款支給直屬各州縣會試盤費等銀壹百拾玖兩陸錢陸分陸釐，歸公平飯銀款支給滄州等州縣長解平飯等銀貳千貳百捌拾柒兩捌錢肆分叁釐，報院各案銀款支給督院衙門各役工食銀捌百叁拾貳兩柒錢玖分貳釐，文職空曠銀款支給易州等州縣辦差經費等銀叁萬壹千伍百肆拾柒兩玖錢叁分，各役工食銀款支給藩司衙門各役工食銀捌百伍拾捌兩玖錢捌分，盈餘海税銀款支給藩臬兩司心紅紙張等銀壹萬叁千柒百伍兩陸錢，道朋銀款支給直屬各營馬價銀貳萬肆千叁百捌拾壹兩，道建銀款支給各營武職俸廉全乾等銀貳千貳百玖拾肆兩捌錢捌分伍釐，恩賞備賑銀款支給保安州灾賑盤費紙張等銀伍拾柒兩壹錢捌分貳釐，屯耗糶價銀款支給萬全等縣長墊修理塓工等銀叁百玖兩壹錢陸釐，永年學租銀款支給各駐防養廉銀伍百柒拾伍兩，紅白賞銀款支給直屬各營并各駐防紅白賞等銀拾萬陸百叁拾叁兩叁錢玖分肆釐，晉省米價銀款支給萬全等州縣採買張家口駐防兵米價銀叁萬叁千叁百壹兩叁錢玖分，陵工米折銀款支給布政使司經歷湯雲楷辦差銀伍千兩，鑾儀衛地租銀款支給通州等州縣租銀肆百貳拾捌兩肆錢柒分陸釐，制錢壹百陸拾肆串貳百肆拾陸文，馬舘地租銀款支給順義等州縣租銀貳千伍百肆兩伍錢壹分，武職空曠銀款支給開州協修理衙署工料等銀伍百貳拾陸兩柒錢叁分伍釐，武職留半銀款支給各營武職半廉等銀玖百玖拾貳兩叁錢，武職養廉銀款支給各營武職養廉銀叁拾叁萬叁千玖百玖拾柒兩伍錢叁分柒釐，營中公費銀款支給各營公費銀伍萬陸千肆百肆拾柒兩貳錢壹分貳釐，嘉慶拾玖年恩賞經費銀款支給保安州灾賑運米脚價銀壹百兩伍錢陸分貳釐，道光貳年協撥賑餉銀款支給定州借領俸工工料銀玖拾玖兩伍錢柒分，道光拾貳年奏撥經費銀款支給武强等州縣灾賑紙張盤費等銀陸拾貳兩捌錢壹分壹釐，海防經費銀款支給易州旗荒地租等銀叁萬叁千伍百拾玖兩貳錢柒分貳釐，儲備軍餉銀款支給委員鄭光和管解防護砲臺弁兵口糧等銀貳萬拾伍兩柒錢陸分陸釐，捐輸軍餉銀款支給直屬各營并各駐防叁年夏、秋、冬官兵俸餉等銀拾肆萬肆千伍百柒拾肆兩，兵差經費銀款支給清苑等州縣備辦防兵飯棚等銀貳拾壹萬捌千柒百拾玖兩伍錢陸分叁釐，解部貳兩平銀款支給衡水等州縣溢扣俸工部平銀拾萬柒千貳百伍拾柒兩捌錢伍分，兵餉銀款支給直屬各營兵餉并各州縣斗級倉夫、捕役工食等銀叁百捌拾萬伍千叁百伍拾肆兩肆錢貳分陸釐,餉朋銀款支給直屬各營馬價等銀壹萬玖千拾玖兩,城工京市平銀款支給永定河稭料等銀捌百玖拾玖兩玖錢玖分捌釐,旗租平飯銀款支給委員周憲曾轉解部庫飯食銀壹萬貳百陸拾陸兩陸錢陸分柒釐。等語。查前項支給良鄉等州縣存退地租等銀四十六款,共銀陸百陸拾陸萬玖千叁百叁拾兩陸錢肆分陸釐,制錢壹百陸拾肆串貳百肆拾陸文。有未據按年題咨報部覈銷者,有未據造冊報部者,又有未據聲明造入何年何季撥冊及覈與撥冊銀數不符者,臣部均難查覈。應照冊開單,行令該督轉飭查明,報部查覈。

一、實存:恒裕庫項下。銀叁百叁拾貳萬壹千捌拾柒兩玖錢貳分叁釐,寶直局制錢貳萬柒千壹百叁拾壹串玖百伍拾叁文,制錢壹萬伍千叁百叁拾柒串壹百玖拾文,清錢肆拾伍串柒百壹文,廢錢貳千貳百伍拾文。餉庫項下。銀拾肆萬伍千捌百捌拾捌兩伍錢叁分叁釐。外寄庫項下。銀肆萬陸千貳百兩玖錢捌分玖釐。以上共銀叁百伍拾壹萬叁千壹百柒拾柒兩肆錢肆分伍釐,寶直局制錢貳萬柒千壹百叁拾壹串玖百伍拾叁文,制錢壹萬伍千叁百叁拾柒串壹百玖拾文,清錢肆拾伍串柒百壹文,廢錢貳千貳百伍拾文。内歷前任借墊未歸銀叁百叁拾萬肆千陸百柒拾玖兩陸錢貳分柒釐,寶直局制錢貳萬肆千捌百貳拾壹串肆百貳拾陸文,制錢壹萬壹拾壹串叁百叁拾陸文,清錢肆拾伍串柒百壹文。内除清釐藩司歷任借墊未歸奏準就款開除銀壹百柒拾貳萬柒百陸拾貳兩肆錢陸分叁釐外,實借墊未歸共銀壹百伍拾捌萬叁千玖百壹拾柒兩壹錢陸分肆釐,寶直局制錢貳萬肆千捌百貳拾壹串肆百貳拾陸文,制錢壹萬壹拾壹串叁百叁拾陸文,清錢肆拾伍串柒百壹文。實存現銀貳拾萬捌千肆百玖拾柒兩捌錢壹分捌釐,寶直局制錢貳千叁百壹拾串伍百貳拾柒文,制錢伍千叁百貳拾伍串捌百伍拾肆文,廢錢貳千貳百伍拾文。等語。查前項舊管銀錢係按四柱造報,現在既有行查各款,前任舊管本任實存亦均未覈定,其實在應存數目無憑覈計。應令該督將歷任行查各款登覈,俟準銷後按實在數目覈算,以昭覈實。至歷任借墊未歸銀叁百叁拾萬肆千陸百柒拾玖兩陸錢貳分柒釐内,清釐庫款案内就款開除銀壹百柒拾貳萬柒百陸拾貳兩肆錢陸分叁釐,覈與奏準就款開除原案銀數有少無多,實計借墊未歸銀壹百伍拾捌萬叁千玖百拾柒兩壹錢陸分肆釐,查與該督另案咨報咸豐貳年及歷年庫款借墊案内未歸銀壹百伍拾肆萬柒千柒百柒拾陸兩柒錢叁分貳釐數目不符。又寶直局制錢項下借墊未歸錢文係何年月日借墊何項錢文、因何尚未歸還,節經臣部於前任布政使顔伯燾等任交代案内行令查明報部,迄今并未登覆,應令該督一并查明報部。至此次冊造開除借款銀壹百肆萬壹千玖百陸拾叁兩伍分玖釐，實直局制錢肆百伍拾串文，制錢貳千伍百伍拾叁串文，查咸豐叁肆兩年借墊各款尚未據該督造冊送部，應令即飭查造送部，并將歷任借墊未歸各款銀兩速即分别提解歸還原款，造入奏撥各冊，另案報部覈辦。再查前任布政使慶格等各任内開除各款銀兩，前經臣部覈對奏撥各冊，銀數不符各款，行令查明聲覆覈辦，并節次行催在案。迄今未據登覆，實屬玩延。應令該督迅即查照臣部節次前咨，逐款造冊，聲覆覈辦，毋任再延。

再，此案科抄於咸豐叁年拾貳月貳拾叁日到部，隨經臣部行查禮部、兵部、工部、鑾儀衛等衙門去後。今於咸豐肆年捌月初陸等日陸續查覆到部。兹於拾壹月拾壹日辦理具題，合并聲明。

臣等未敢擅便，謹題請旨。

批紅：依議。

爲廣東咸豐元年徵收動撥地丁銀米奏銷及官員考成事

咸豐四年十一月十一日

戶部等部，太子太保·大學士管理戶部事務祁寯藻等謹題，爲奏銷等事。

户科抄出，前任廣東巡撫陞授兩廣總督葉名琛等題廣東省咸豐元年分徵收地丁正雜錢糧銀米已未完暨收支存剩各數造冊題銷一案。咸豐貳年伍月貳拾玖日題，玖月拾柒日奉旨：該部察核具奏，冊并發。欽此。欽遵。於本日抄出到部。户部隨將應查各款移查吏部、禮部、兵部、工部去後。復經片催，今準各部陸續查覆到部。

該臣等會查得，前任廣東巡撫陞授兩廣總督葉名琛等，將廣東省咸豐元年分徵收地丁正雜錢糧銀米已未完及收支存剩各數造冊具題前來。據冊開：

一、舊管：銀肆萬陸千貳百玖拾陸兩捌錢叁分玖釐零。等語。查前項舊管銀兩，户部按冊核算，與應存數目相符，應毋庸議。

一、咸豐元年分額徵地丁雜税等項連閏共銀壹百叁拾伍萬伍千肆百捌兩肆錢陸分伍釐内，除改徵本色米價民糧、鹽課、乳源縣移抵漁課虚米等項，共銀貳拾叁萬陸千玖百捌拾玖兩伍錢捌分捌釐另歸本款奏銷外，尚實徵地丁雜税等項銀壹百壹拾壹萬捌千肆百壹拾捌兩捌錢柒分柒釐。外加各屬應徵當餉、爐餉、煤餉、商税、學租，高要、香山二縣濠租，雙漁、大鵬二所屯丁等項共銀貳萬貳千壹百陸拾叁兩柒錢玖分叁釐。統共應徵咸豐元年分地丁等銀壹百壹拾肆萬伍百捌拾貳兩陸錢柒分。内覆準開銷銀叁拾陸萬捌千柒百壹拾陸兩叁錢肆分叁釐。除緩徵各屬墊支驛傳銀玖百柒拾肆兩肆錢肆釐外,實開銷地丁等銀叁拾陸萬柒千柒百肆拾壹兩玖錢叁分玖釐,另案登覆銀叁拾肆萬貳千叁百伍拾叁兩叁錢壹分陸釐。存剩地丁及節存降香價脚等項以及續完徵存在縣地丁已經入季報撥銀貳萬貳千陸百叁拾肆兩玖錢柒分壹釐零,登記行令歸補封儲銀肆千伍百貳拾貳兩玖分肆釐,應行查辦緩徵地丁、驛傳經費共銀壹拾叁萬壹千肆百柒拾陸兩伍分壹釐,徵存縣庫未解地丁銀壹萬貳千陸百伍拾兩捌錢陸分陸釐,未完地丁、驛傳、經費、當餉、爐餉、煤餉共銀貳拾伍萬柒千捌百玖拾陸兩貳錢叁分肆釐。又學租銀壹千叁百柒兩貳錢壹分。又前項實徵地丁正項銀壹百柒萬陸千叁拾伍兩陸錢柒分陸釐,每兩隨徵耗羨銀壹錢陸分玖釐,共應徵咸豐元年耗羨銀壹拾捌萬壹千捌百伍拾兩叁分捌釐。内已完并續完徵存在縣共銀壹拾壹萬壹千壹百陸拾貳兩陸錢捌分陸釐零,應行查辦緩徵銀貳萬貳千兩叁錢伍分貳釐,徵存縣庫未解銀貳千壹百叁拾柒兩玖錢玖分柒釐,未完銀肆萬陸千伍百肆拾玖兩貳釐零。又額徵米叁拾肆萬捌千肆百叁拾柒石肆斗伍升伍合陸勺,内已完米貳拾柒萬柒千伍百陸拾柒石叁斗貳千貳合,應行查辦緩徵米叁萬肆千柒百壹拾玖石肆斗貳合陸勺,緩買米肆拾伍石陸升陸合,未完米叁萬陸千壹百伍石陸斗陸升伍合。另海陽縣咸豐元年分應徵還借領堤費銀貳千貳拾柒兩柒錢玖分零,均未全完。又文武各官應扣節年降住罰俸共銀陸萬貳千肆百叁拾伍兩伍錢叁分叁釐,内已完造入季冊報撥銀壹千伍百肆拾柒兩貳錢伍分陸釐,休致病故免追銀玖百伍拾叁兩柒錢陸分陸釐,補官日完納并參革註冊待扣銀柒千陸百壹兩陸錢壹分柒釐,降調留粵候補各官仍行本省查扣銀柒百壹拾捌兩柒錢伍分,新任扣抵銀壹萬陸千柒百貳拾伍兩捌錢貳分壹釐,各官不敷扣抵銀叁萬肆千捌百捌拾捌兩叁錢貳分叁釐。所有新收銀米支銷存剩并罰俸項下,已未完各數及開除各項細數,按款開列於後。

一、開除:支給通省各府、州、縣額編各祭祀及拜牌香燭等項共銀壹萬壹千叁百拾叁兩壹錢柒分貳釐。等語。查前項支給額編各祭祀及拜牌香燭等項共銀壹萬壹千叁百壹拾叁兩壹錢柒分貳釐,均係年例額支之款,應準開銷。

一、支給通省文職各官官俸役食及將軍、副都統衙門人役工食并添給高廉道衙門官俸役食等項共銀捌萬柒千肆百貳拾肆兩陸錢柒分貳釐。等語。

查前項支給銀兩,户部按冊核算,與應給銀數相符,應準開銷。

一、支給駐防滿漢各旗及各州縣壽民、壽婦并貞孝節烈婦女坊價共銀柒百陸拾伍兩,又支給天后宫香油、時憲書、工料等項共銀貳百壹拾壹兩叁錢壹分玖釐。等語。查前項支給駐防各旗及各屬壽民、壽婦貞孝節烈婦女坊價共銀柒百陸拾伍兩,既據禮部查覆姓氏名數均屬相符,應準開銷。至支給天后宫香油、時憲書、工料等項共銀貳百壹拾壹兩叁錢壹分玖釐,户部查係應給之項,亦應準其開銷。

一、支給咸豐元年分孤貧口糧銀壹萬陸千伍百拾貳兩,又支給抵補漁課虚米銀壹拾肆兩貳錢伍分。等語。查廣東省額定孤貧四千六百八十一名,於乾隆叁年據前任廣東巡撫王謩於推廣皇恩等事案内題準,每名每日給口糧銀壹分,遇閏加增,小建扣除。等因在案。所有支給前項孤貧口糧銀壹萬陸千伍百壹拾貳兩,户部按冊核算數目相符,應準開銷。其支給抵解漁課虚米銀壹拾肆兩貳錢伍分,查係龍川縣無徵漁課,應在額徵經費銀内抵解之項,亦應準其開銷。

一、支給咸豐元年分辦解停解廣膠、高錫、白臘、降香、榆梨二木等項價脚共銀柒千玖百陸拾肆兩肆錢肆分伍釐,又扣存降香價脚候入咸豐貳年秋季冊報銀貳百壹拾玖兩柒錢叁分叁釐。等語。查前項支給辦解停解廣膠、高錫、白臘、降香、榆梨二木價脚共銀柒千玖百陸拾肆兩肆錢肆分伍釐,核與遞年動支數目相符,應準開銷。其扣存降香價脚候入咸豐貳年秋季冊報銀貳百拾玖兩柒錢叁分叁釐,核與該季冊報銀數相符,應毋庸議。

一、扣留候給神安等司咸豐貳年民壯工食銀柒百玖拾貳兩,又奉文裁減鄉飲酒禮及江浦等司巡丁工食等項彙入減平案内,解交部庫銀貳千肆百伍拾陸兩捌錢捌分陸釐。等語。查前項扣留神安等司民壯工食銀柒百玖拾貳兩,仍令該撫轉飭,俟給發齊全造報準銷之日,分晰報部查核。至裁減各項應行解部交納銀貳千肆百伍拾陸兩捌錢捌分陸釐,并令俟委員解部之日報部查核。仍移付查核處查照。

一、徵完存儲州縣各倉及支給各標鎮協營寨咸豐元年兵餉等項米貳拾柒萬柒千伍百陸拾柒石叁斗貳升貳合,又動支地丁撥給咸豐元年本省兵餉銀貳拾萬兩,又撥給咸豐貳年本省兵餉銀叁拾萬兩,另在緩徵各州縣撥支解省本色米壹千陸百石。等語。查前項徵完存儲州縣各倉并支給咸豐元年兵餉等項米貳拾柒萬柒千伍百陸拾柒石叁斗貳升貳合,又動支地丁撥給咸豐元年本省兵餉銀貳拾萬兩,户部核與該年兵馬奏銷冊報銀米各數均屬相符,應毋庸議。其撥給咸豐貳年本省兵餉銀叁拾萬兩,應令該撫俟造報準銷之日,分晰報部查核。至另在緩徵各州縣撥支解省本色米壹千陸百石係作何支用,及是否即在元年兵馬奏銷冊報撥支兵米貳萬柒千餘石之内,未據分晰,難以核辦。并令該撫飭即查明報部,再行辦理。

一、留給各營咸豐貳年賞兵紅白事件銀叁萬陸千壹百陸拾兩柒錢叁分柒釐,等語。查前項留給各營咸豐貳年賞兵紅白事件銀兩,應令該撫俟本案準銷之日,報部查核。

一、應徵驛傳連閏共銀壹萬伍千叁拾柒兩肆錢柒分叁釐内,應行查辦緩徵銀玖百拾玖兩貳錢陸分陸釐。又已完銀捌千叁百柒拾兩柒錢玖分伍釐内,支給各州縣站船水手工食夫價等銀叁千捌百肆拾捌兩柒錢壹釐,連緩徵各屬墊支銀捌百壹拾壹兩伍錢柒分肆釐,共實支銀肆千陸百陸拾兩貳錢柒分伍釐,尚餘剩解司銀肆千伍百貳拾貳兩玖分肆釐。又未完銀伍千柒百肆拾柒兩肆錢壹分貳釐,又各州縣另在地丁項下扣支站船水手工食夫價等項銀陸千玖百肆拾肆兩貳錢玖分貳釐,另緩徵各屬應行扣支銀壹百陸拾貳兩捌錢叁分,連前實扣支銀柒千壹百柒兩壹錢貳分貳釐。等語。查前項應徵驛傳銀兩,除緩徵未完兩項,共銀陸千陸百陸拾陸兩陸錢柒分捌釐歸於後款辦理外,其已完驛傳并另在地丁項下扣支,連緩徵各屬墊支扣支咸豐元年站船水手工食夫價等項,共銀壹萬壹千柒百陸拾柒兩叁錢玖分柒釐。既據兵部查覆與該省題銷案内造報銀數相符,應準開銷。内緩徵各屬墊支及扣支共銀玖百柒拾肆兩肆錢肆釐係在何款銀内動墊之處,疏冊内均未分晰,礙難查辦。應令該撫飭即查明報部再行核辦。至餘剩候入季冊報撥銀肆千伍百貳拾貳兩玖分肆釐,查此項銀兩,向係登記行令入撥,惟前經户部以各省封儲殊多缺額奏定章程,行令此後將餘剩驛站銀兩儘數提解司庫以補封儲。等因具奏,奉旨允準,通行各省,欽遵辦理在案。所有前項餘剩銀兩自應遵照辦理,以符奏案。第查廣東省封儲銀兩,從前動缺後總以本省監餉陸續歸補,且現在封儲一項計動缺銀拾柒萬兩,若專以餘存驛傳銀兩籌補,每年歸銀不過數千餘兩,於封儲缺項何時彌補。雖近年軍需告急,固不暇計及封儲,俟軍務告竣,仍須照向例辦理。一面將監餉相間陸續輪補,一面將餘存驛站銀兩,於解司後立即湊同補儲并入季冊内,分晰報部查核。俟封儲歸補完足後,仍復照常入撥。但此項銀兩歷係候奉部文始行入季報撥,未免懸宕。并咨該撫轉飭,此後總於奏銷前先行入撥，庶銀兩得以隨時撥用，而題銷之案亦可就案核結，案款更易清釐。除將前項餘存銀兩照數登記付知北檔房查照外，仍令該撫轉飭，嗣後即遵奏定章程全數提出，歸入封儲項下，入冊報部查核。

一、支給吳川縣買補缺額屯米價銀壹百陸拾玖兩肆分叁釐。等語。查前項支給吳川縣買補缺額屯米價銀壹百陸拾玖兩肆分叁釐，應令該撫俟本案造報準銷之日，分晰報部查核。

一、支給各營出洋巡緝遇賊打仗傷斃并遭風淹斃以及被淹受傷受困幸獲生存，暨剿捕廣西灘匪巡查河道與派赴廣西軍營及英德縣剿捕匪徒打仗陣亡傷斃受傷各官兵人等，并病故福建水師提督竇振彪等卹賞祭葬等項，共銀貳萬伍千陸百玖拾伍兩伍錢。又給陣亡都統銜廣州副都統烏蘭泰欽奉恩賞銀壹千兩。等語。查支給前項卹賞祭葬等銀貳萬伍千陸百玖拾伍兩伍錢，既據禮、兵二部查覆相符，户部按冊核算，與應給銀數亦屬符合，應準開銷。再查籍隸正黃旗漢軍及雲南等省之廣東參將左炘、守備劉恩錫、騰躍龍等三員，在任所領過卹賞祭葬等銀壹千伍百拾貳兩，業經户部隨案知照各該故員旗籍在案，亦毋庸議外，至福建病故水師提督竇振彪應領祭葬碑價銀捌百柒拾伍兩，廣西陣亡賀縣縣丞賴錦榮應領祭葬銀壹百陸兩，出洋捕盜在山東洋面陣亡之廣東水勇周大長應領卹賞銀伍拾兩，俱在原籍支領之處，應知照福建、廣西、山東各巡撫轉飭查照，以免重支。暨付知福建、廣西、山東等司一體查照。又賞給陣亡都統銜廣州副都統烏蘭泰銀壹千兩，亦與兵部知照恩賞原案相符，應毋庸議。

一、支給各屬廪生餼糧、膳夫工食及賢良祠人役工食等項共銀伍千叁百貳拾叁兩玖錢陸釐。等語。查前項支給各屬廪生餼糧、膳夫工食共銀伍千叁百壹拾柒兩伍錢陸釐，既據禮部查覆姓名相符，其支給賢良祠人役工食銀陸兩肆錢亦係應給之項，均應準其開銷。

一、額徵學租銀壹千玖百叁拾兩捌分柒釐內，已完支過文貧生陳漋等一百八十六名，共給銀叁百伍兩陸錢捌分陸釐壹毫陸絲肆忽。武貧生余淩鳳等一百九十三名，共給銀叁百壹拾柒兩壹錢玖分肆毫捌絲貳忽。尚未徵完銀壹千叁百柒兩貳錢壹分，俟催徵全完再行按名分派報銷，并查取經徵遲延應議各職名咨送核辦。等語。查前項支給文武貧生銀兩既據禮、兵二部查覆姓名相符，所有已完支過銀陸百貳拾貳兩捌錢柒分柒釐，户部按冊核算，銀數相符，應準開銷。再，此項學租銀兩歷來均係年清年款，從無絲毫蒂欠。乃道光貳拾伍年起至咸豐元年,每年均欠至壹千餘兩。查年歲即間有豐歉亦不過偶有一二州縣暫時未完,何致各屬於近年陡然逐歲延欠,總不清解。核其情節,難保無以完作欠情弊。況學租原為優卹寒士之資,豈得轉任承辦之員從中侵肥,致滋弊混。此次恭逢恩詔,雖有豁免學租之條,惟嗣經户部於廣東學政請示學租賑給款項應否豁免案内,以此項學田本係紳衿自相義助,且歷年未完已積至數千餘兩之多,若全行豁免,轉致貧生向隅,殊不足以昭平允。所有欠解歷年學租,不得以拖欠未完,率請豁免。等因。行文遵照在案。應仍咨該撫嚴飭各屬務將道光貳拾伍陸柒捌玖叁拾等年及咸豐元年未完銀兩確切查明,迅速掃數清完,并按名分派取結,造冊報部核銷,以清案款,而示體卹。倘再仍前延欠,即行據實嚴參,毋稍瞻徇,致干未便。并將各年經徵遲延各職名,分年隨案送部核議。

一、支給辦理咸豐元年辛亥恩科鄉試文武二場經費銀壹千陸百兩。等語。查前項支給辦理咸豐元年,辛亥恩科鄉試文武二場經費銀壹千陸百兩,應令該撫俟本案造報準銷之日,分晰報部查核。

一、支給南海鑄造廣鍋二成工料及領辦廣鍋包裹物料以及委員張書璽解運廣鍋水脚各項,共銀壹百壹兩捌錢伍釐零。移查工部覆稱廣東委員張書璽解到廣鍋共用工料等銀貳百玖拾伍兩壹錢肆分玖釐。前據該撫造冊題銷,業經準銷知照。等語。查前項辦解廣鍋支過工料等銀壹百壹兩捌錢伍釐零,連道光叁拾年地丁奏銷案内,支過八成工料銀壹百玖拾叁兩叁錢肆分叁釐零,二共湊支銀貳百玖拾伍兩壹錢肆分玖釐。户部核與工部查覆知照準銷銀數均屬相符,應毋庸議。

一、支給理事同知製造駐防八旗操演鎗炮、火藥工料銀壹千壹百柒拾肆兩陸錢伍分。移查工部覆稱,已據該省題報,現經移查兵部,應俟核覆再行知照。等語。查前項支給銀兩應令該撫轉飭,俟工部準銷之日,迅即分晰報部,再行核辦。

一、實存:司庫地丁經費、當餉、爐餉、煤餉、商税、地租等項共銀貳萬壹千叁百陸拾陸兩壹錢柒分柒釐零,又徵完耗羨銀壹拾壹萬玖百捌拾伍兩叁錢玖分伍釐零。又廣東卸署三水縣事試用知縣文焌續完徵存在縣地丁銀壹千肆拾玖兩陸分壹釐,耗羨銀壹百柒拾柒兩貳錢玖分壹釐。等語。查前項實存及續完徵存在縣地丁等項造入咸豐元貳等年春秋各季冊報,并入撥後撥解廣西軍需共銀貳萬貳千肆百壹拾伍兩貳錢叁分捌釐零,又徵完并續完徵存在縣耗羡共銀壹拾壹萬壹千壹百陸拾貳兩陸錢捌分陸釐零。户部核與各該季冊報銀數及咸豐元年耗羡各冊報收造數目均屬相符,應毋庸議。

一、文職各官降住罰俸銀伍萬伍千伍百玖拾柒兩貳錢捌分内,已完候入咸豐貳年秋季冊報銀捌百捌拾捌兩玖分捌釐。又參革註冊待扣銀肆千陸百肆拾陸兩叁錢貳分貳釐,補官日完納銀貳千捌百貳兩玖錢玖分伍釐,休致、病故免追銀肆百柒拾壹兩肆錢壹分,新任扣抵銀壹萬陸千柒百貳拾伍兩捌錢貳分壹釐,各官不敷扣抵銀叁萬陸拾貳兩陸錢叁分肆釐。等語。查前項已完候入咸豐貳年秋季冊報銀捌百捌拾捌兩玖分捌釐,户部核與該季冊報銀數相符,應毋庸議。又參革註冊待扣及丁憂等項人員補官日完納共銀柒千肆百肆拾玖兩叁錢壹分柒釐内,除吏部查覆業已病故之參革原任廣東始興縣知縣莫春暉、告病原任廣東長樂縣知縣侯坤元等二員未完銀壹百捌拾兩,應與吏部查覆相符之休致、病故各員未完銀肆百柒拾壹兩肆錢壹分一并免其追繳,又除原任廣東肇慶府降調知府吏部查覆以直隸州知州仍留廣東補用之蔡振武,及原任廣東清遠縣降調知縣現據查覆留於廣東以縣丞補用之程兆桂等二員,未完銀柒百拾捌兩柒錢伍分,應仍咨廣東巡撫轉飭照例查扣完報外,尚參革註冊待扣并補官日完納銀陸千伍百伍拾兩伍錢陸分柒釐,應抄單移咨吏部,俟該員等補官日即行知照過部,以便行文新任查扣。又原任廣東布政使已陞河南巡撫柏貴新任扣抵銀壹萬陸千柒百貳拾伍兩捌錢貳分壹釐,查該撫現已奉旨調補廣東巡撫,所有前項未完銀兩應同各官不敷扣抵銀叁萬陸拾貳兩陸錢叁分肆釐,一并行令該撫轉飭,按年坐扣,入季報撥。

一、武職各官降俸罰俸銀陸千捌百叁拾捌兩貳錢伍分叁釐内,已完候入咸豐貳年秋季冊報銀陸百伍拾玖兩壹錢伍分捌釐,又參革註冊待扣銀壹千伍拾壹兩伍分,休致病故免追銀叁百貳兩叁錢伍分陸釐,各官不敷扣抵銀肆千捌百貳拾伍兩陸錢捌分玖釐。等語。查前項已完候入咸豐貳年秋季冊報銀陸百伍拾玖兩壹錢伍分捌釐,户部核與該季冊報銀數相符,應毋庸議。又參革註冊待扣銀壹千伍拾壹兩伍分,應抄單移咨兵部,俟該員等補官得缺之日知照過部,以便行文新任查扣。又休致病故免追銀叁百貳兩叁錢伍分陸釐,既據兵部查覆相符,應免追繳。至各官不敷扣抵銀肆千捌百貳拾伍兩陸錢捌分玖釐,應令該撫轉飭,按年坐扣入季報撥。

一、各屬應行查辦緩徵地丁銀壹拾萬玖千貳拾叁兩柒錢捌分壹釐,驛傳銀玖百壹拾玖兩貳錢陸分陸釐,經費銀貳萬壹千伍百叁拾叁兩肆釐,耗羡銀貳萬貳千兩叁錢伍分貳釐,米叁萬肆千柒百壹拾玖石肆斗貳合陸勺,又緩買米肆拾伍石陸升陸合。等語。查廣東省被賊滋擾,各屬未完咸豐元年地丁銀米,先據兩廣總督等於咸豐貳年柒月内奏明,除已徵收者仍飭速解司庫,其實欠在民者,查明分别量予緩徵以紓民困。等因。奏準行文遵照在案。嗣據該督等查明各屬實應緩徵地丁銀叁萬叁拾叁兩柒錢捌釐,耗羨銀伍千柒拾伍兩陸錢玖分陸釐,米捌千柒百肆拾貳石陸斗玖升肆合叁勺,耗米壹千叁百玖拾捌石捌斗叁升玖勺零,屯米肆拾石柒斗貳升壹合捌勺伍抄,奏請援照道光叁拾年成案,自咸豐伍年春徵起分限二年帶徵完款。等因。經户部議覆以前項請緩銀米内,高要等九州縣咸豐叁、肆兩年,均有帶徵道光叁拾年之項,準其自伍年春徵起,分限二年接續帶徵,以紓民力。其羅定等三州縣僅祗帶徵元年應緩銀米,自應提前一年於肆年春徵起,分限二年帶徵完款,以示區别。并令按限催徵,另疏列册題報清完。倘逾限不完,即行開揭報參。至此外尚應徵完地丁銀柒萬捌千玖百玖拾兩柒分叁釐,驛傳銀玖百拾玖兩貳錢陸分陸釐,經費銀貳萬壹千伍百叁拾叁兩肆釐,耗羨銀壹萬陸千玖百貳拾肆兩陸錢伍分陸釐,民屯米貳萬伍千玖百叁拾伍石玖斗捌升陸合肆勺伍抄。又應買米肆拾伍石陸升陸合。户部檢查該省另文送到各州縣結内,祗稱均已完納,但現在有無一律批解并買補清楚及曾否入册造報之處,未據照依前奏據實詳查,列册咨報。且奏咨案内,亦未切實聲叙。均經議令該省確查,造册送部核辦。等因。具奏奉旨:依議。欽此。當經行文遵照辦理在案。應仍咨廣東巡撫轉飭,遵照户部前議分别按款迅速歸於彼案内查辦完結,毋任稍延,致干未便。

一、廣東卸署三水縣事試用知縣文焌徵存未解地丁銀壹萬貳千陸百伍拾兩捌錢陸分陸釐,耗羨銀貳千壹百叁拾柒兩玖錢玖分柒釐。等語。查廣東卸署三水縣事試用知縣文焌,徵存未解地丁銀壹萬貳千陸百伍拾兩捌錢陸分陸釐,耗羨銀貳千壹百叁拾柒兩玖錢玖分柒釐。該省前因勒催未解曾經奏參革職拿問,户部當即行文遵辦在案。今據該省另文咨報該縣未解前項正耗銀兩均已照數續解全完,業經歸於後款扣除外,應毋庸議。

一、各屬未完地丁銀貳拾壹萬捌千貳百伍拾貳兩伍錢玖分,驛傳銀伍千柒百肆拾柒兩肆錢壹分貳釐,耗羨銀肆萬陸千伍百肆拾玖兩貳釐零,米叁萬陸千壹百伍石陸斗陸升伍合。又未完備支經費銀貳萬叁千肆百壹拾兩貳錢叁分貳釐,當餉銀伍千捌百玖拾伍兩,爐餉銀伍百柒拾壹兩,煤餉銀肆千貳拾兩，又海陽縣未完借領堤費銀貳千貳拾柒兩柒錢玖分零。等語。查先於乾隆伍拾叁年拾貳月内，户部議請各直省耗羨銀兩，隨同正項錢糧通計分數一疏具題，以定考成。如正耗全完，方準議敘。未完正耗銀數相符，核計分數議處。倘正耗欠數不符，即行嚴參查辦。通行各在案。今前項已未完正耗銀兩户部按冊核算，除和平、電白、石城、欽州、徐聞、瓊山、崖州、儋州、萬州、樂會、臨高、澄邁、會同、定安、文昌、昌化、吳川、遂溪、茂名、海康等州縣完欠正耗不符，經户部開具清單專案咨查，并知照吏部照例核議亦在案，應俟查覆到日另行分別辦理外，其餘各州縣完欠正耗銀兩數目均屬相符。所有完欠銀米應敘、應參各職名，并據該撫題請核議。

至前項未完地丁驛傳正耗銀兩内，除聞縣未完地丁銀肆百捌拾柒兩肆錢捌分肆釐，耗羨銀捌百肆拾伍兩肆錢玖分叁釐。龍門縣未完地丁銀叁千柒百叁拾壹兩伍錢柒分肆釐，耗羨銀陸百柒拾玖兩伍錢肆分伍釐。增城縣未完地丁銀貳千貳百拾貳兩陸錢零肆釐，耗羨銀伍百叁拾柒兩貳錢玖分玖釐。鎮平縣未完地丁銀壹千零陸拾兩陸錢貳分，耗羨銀貳百零叁兩玖錢伍分貳釐。南雄州未完地丁銀壹萬貳千壹拾貳兩貳錢玖分肆釐，耗羨銀貳千貳百零陸兩玖錢柒分捌釐。潮陽縣未完銀柒千玖百叁拾捌兩伍錢壹分叁釐，耗羨銀壹千伍百拾貳兩陸錢伍分伍釐。昌化縣未完銀叁拾柒兩伍錢柒分柒釐，耗羨銀貳百貳拾肆兩捌錢壹分叁釐。文昌縣未完銀肆千陸百玖拾伍兩叁錢柒分壹釐，耗羨銀壹千伍百玖拾肆兩伍錢叁分貳釐。定安縣未完銀捌拾陸兩捌錢陸分玖釐，耗羨銀柒拾叁兩伍錢叁分柒釐。會同縣未完銀壹拾伍兩叁錢肆分貳釐，耗羨銀伍百柒拾壹兩肆錢伍分壹釐。澄海縣未完銀伍千柒百捌拾貳兩零壹分叁釐，耗羨銀壹千零壹拾陸兩零壹分玖釐。海康縣未完銀叁千陸百陸拾肆兩零柒分肆釐，耗羨銀叁百零陸兩捌錢玖分叁釐。樂昌縣未完銀壹千壹百玖拾壹兩叁錢捌分，耗羨銀貳百陸拾陸兩零柒分捌釐。欽州未完銀柒百叁拾伍兩柒錢捌分捌釐，耗羨銀叁百零玖兩捌錢肆分陸釐。仁化縣未完銀貳千伍百伍拾陸兩肆錢陸分捌釐，耗羨銀伍百兩零叁錢柒分柒釐。陽江縣未完銀叁千貳百肆拾壹兩零捌分捌釐，耗羨銀陸百玖拾玖兩零陸分。崖州未完銀陸兩肆錢捌分玖釐，耗羨銀伍百玖拾壹兩柒錢捌分肆釐。萬州未完銀肆拾陸兩零叁分，耗羨銀肆百壹拾玖兩捌錢零貳釐。儋州未完銀壹拾伍兩貳錢柒分叁釐，耗羨銀壹千叁百零陸兩貳錢壹分叁釐。長寧縣未完銀壹千陸百陸拾兩零肆錢叁分叁釐，耗羨銀叁百叁拾貳兩柒錢伍分捌釐。澄邁縣未完銀壹兩肆錢伍分玖釐,耗羡銀柒百兩零陸分貳釐。臨高縣未完銀陸兩肆錢零叁釐,耗羡銀伍百貳拾玖兩捌錢伍分。樂會縣未完銀玖兩零伍分,耗羡銀叁百伍拾柒兩肆錢貳分捌釐。開平縣未完銀肆千零玖拾壹兩伍釐,耗羡銀柒百捌拾叁兩玖錢肆釐。電白縣未完銀壹千陸百捌拾壹兩陸錢壹分壹釐,耗羡銀壹千伍百柒拾壹兩叁錢壹分叁釐。翁源縣未完銀捌百捌拾肆兩玖錢捌分貳釐,耗羡銀貳百壹拾兩肆分陸釐。廣州府未督徵完銀肆萬伍千柒百拾肆兩玖錢壹分壹釐,耗羡銀捌千叁百拾肆兩玖錢伍釐。三水縣未完銀壹萬貳千陸百伍拾兩捌錢陸分陸釐,耗羡銀貳千壹百叁拾柒兩玖錢玖分柒釐。東莞縣未完銀壹萬肆千捌百伍拾伍兩柒錢伍分玖釐,耗羡銀貳千陸百柒拾肆兩肆錢陸釐。清遠縣未完銀陸千貳百壹拾陸兩肆錢叁分肆釐,耗羡銀壹千壹百柒拾壹兩壹錢伍分陸釐。新安縣未完銀陸千肆拾柒兩陸錢柒分肆釐、耗羡銀壹千壹百壹拾肆兩伍錢貳釐。連平州未完銀壹千柒百陸拾柒兩叁分貳釐,耗羡銀叁百伍拾柒兩玖錢叁分壹釐。河源縣未完銀貳千玖百肆拾肆兩零肆分伍釐,耗羡銀伍百柒拾兩零玖錢柒分肆釐。乳源縣未完銀貳千陸百伍拾伍兩伍錢零玖釐,耗羡銀伍百零陸兩貳錢陸分玖釐。永安縣未完銀貳千捌百伍拾兩捌分肆釐,耗羡銀伍百叁拾叁兩柒錢捌分捌釐。海豐縣未完銀壹千捌百陸兩貳錢壹分陸釐,耗羡銀叁百肆拾陸兩伍錢捌分陸釐。恩平縣未完銀叁千柒百捌拾伍兩捌錢肆分柒釐,耗羡銀陸百捌拾柒兩叁錢玖分貳釐。米石項下,開平縣未完米捌拾肆石叁斗叁升叁合壹勺,翁源縣未完米叁百叁拾玖石陸斗肆升壹合肆勺,南海縣未完米伍千貳百玖拾石柒斗陸升貳合叁勺,番禺縣未完米叁千捌百石玖斗玖升貳合玖勺,廣州府未督徵完米壹萬柒千玖百玖拾貳石捌斗伍勺,東莞縣未完米柒千伍百叁拾柒石玖斗壹升捌合伍勺,清遠縣未完米壹千叁百陸拾叁石壹斗貳升陸合捌勺,河源縣未完米陸百柒拾捌石壹升柒合肆勺。備支經費項下,龍門縣未完銀貳百捌拾玖兩肆錢零叁釐,欽州未完銀貳百伍拾柒兩捌錢肆分壹釐,澄海縣未完銀貳百貳拾玖兩玖錢叁分叁釐,鎮平縣未完銀壹百肆拾陸兩壹錢玖分伍釐,陽江縣未完銀捌百玖拾伍兩叁錢陸分叁釐,潮陽縣未完銀壹千零壹拾貳兩壹錢零伍釐,河源縣未完銀肆百叁拾肆兩肆錢玖分柒釐,昌化縣未完銀叁百壹拾兩零捌錢肆分肆釐,高明縣未完銀肆百壹拾玖兩伍錢捌分玖釐,崖州未完銀肆百玖拾肆兩伍錢貳分叁釐,曲江縣未完銀伍百零柒兩叁錢柒分陸釐,乳源縣未完銀叁百肆拾兩零壹錢陸分柒釐,仁化縣未完銀肆百零肆兩叁錢肆分貳釐,樂會縣未完銀貳百壹拾柒兩伍錢柒分陸釐,會同縣未完銀貳百零捌兩壹錢捌分玖釐，定安縣未完銀叁百肆拾伍兩捌錢貳分貳釐，臨高縣未完銀壹百肆拾肆兩貳錢陸分伍釐，儋州未完銀伍百貳拾壹兩貳錢叁分，翁源縣未完銀叁百伍拾柒兩捌錢玖分，增城縣未完銀玖百陸拾陸兩陸錢柒分捌釐，樂昌縣未完銀叁百捌拾叁兩零肆分叁釐，英德縣未完銀壹百柒拾柒兩肆錢貳分陸釐，瓊山縣未完銀陸百貳拾肆兩肆錢肆分壹釐，南雄州未完銀壹千肆拾陸兩柒錢肆分玖釐，連平州未完銀叁百伍拾兩玖錢貳釐，長寧縣未完銀叁百捌兩伍錢肆分伍釐，豐順縣未完銀肆拾肆兩肆錢捌分玖釐，東莞縣未完銀玖百陸拾玖兩壹錢貳分陸釐，開平縣未完銀伍百肆拾柒兩肆錢柒分柒釐，澄邁縣未完銀貳百伍拾肆兩壹錢壹分肆釐，普寧縣未完銀貳百玖拾叁兩肆分肆釐，文昌縣未完銀叁百伍拾陸兩肆錢陸分玖釐，徐聞縣未完銀肆百壹拾柒兩壹錢玖釐，揭陽縣未完銀伍百柒拾伍兩伍錢叁分，電白縣未完銀肆百玖拾捌兩玖錢陸分伍釐，萬州未完銀肆百玖兩陸錢捌分叁釐，始興縣未完銀玖百捌拾兩玖錢叁分柒釐，博羅縣未完銀肆百陸拾玖兩伍錢肆分，永安縣未完銀叁百捌兩肆錢貳分叁釐，海豐縣未完銀貳百肆拾肆兩伍錢玖分壹釐，平遠縣未完銀壹百叁拾肆兩陸錢壹分，新安縣未完銀伍百肆拾柒兩壹分貳釐，清遠縣未完銀柒百拾叁兩肆錢捌分捌釐。當餉項下，封川縣未完銀壹拾兩，歸善縣未完銀壹百壹拾兩，臨高縣未完銀壹拾兩，澄邁縣未完銀伍兩，豐順縣未完銀肆拾兩，陵水縣未完銀伍兩，清遠縣未完銀伍兩，電白縣未完銀壹百伍拾兩，興寧縣未完銀貳百玖拾伍兩，合浦縣未完銀伍兩，鶴山縣未完銀伍兩。爐餉項下，翁源縣未完銀伍拾叁兩，英德縣未完銀伍拾叁兩。續據該撫另文咨報，均已照數全完。

户部除將原參冊内註銷外，所有原參經督徵地丁正耗銀米未完不及一分之徐聞縣經徵代理縣事離代雷州府經歷楊述綸、接徵署縣事試用知縣廖文燿，龍門縣經徵病故知縣侯榮封、接徵署縣事試用知縣張經贊，增城縣經徵丁憂離任知縣吕應樞，鎮平縣經徵代理縣事試用縣丞潘銘憲，南雄州經徵署州事試用知州孫福謙，潮陽縣經徵現任知縣李福泰，昌化縣經徵兼理縣事病故署感恩縣試用知縣潘祜之、接徵兼理縣事代理感恩縣試用府經歷王靜觀，文昌縣經徵調署萬州事離任知縣袁名洋，定安縣經徵現任知縣梅占元，會同縣經徵代理縣事試用直隸州州判伍懋蘇，澄海縣經徵署縣事病故試用知縣趙鈞謨，海康縣經徵現任知縣金琛，樂昌縣經徵署縣事病故試用知縣萬時喆，欽州經徵署州事候補知縣吕銓，仁化縣接徵現任知縣劉福蔭，陽江縣經徵現任知縣童光晉，崖州經徵代理州事試用直隸州州判徐永韶，萬州經徵代理州事離代試用府經歷劉典臣，儋州經徵署州事調省差委離署恩平縣知縣張亨釪、接徵署州事澄邁縣知縣孫宗禮，長寧縣經徵署縣事潮陽縣縣丞李廷鑾，澄邁縣經徵調署儋州事離任知縣孫宗禮、接徵署縣事候補知縣高溥，臨高縣經徵代理縣事候補縣丞周承熙，樂會縣接徵代理縣事候補縣丞麗炳堃，開平縣經徵署縣事試用知縣彭卿雲，電白縣經徵現任知縣盛濟川，翁源縣接徵現任知縣陳德銓，南海縣經徵現任知縣馮沅，番禺縣經徵現任知縣壽祺，廣州府經督徵現任知府張百揆，三水縣經徵署縣事離署試用知縣文焌，東莞縣經徵署縣事離署原任新會縣開復候補知縣邱才潁、接徵署縣事即用知縣華廷傑，清遠縣經徵署縣事即用知縣馬映階，新安縣經徵署縣事候補知縣張起鵾，連平州經徵署州事準補陽山縣開缺候補直隸州知州吳昌壽，河源縣經徵現任知縣施禹泉，乳源縣經徵署縣事病故試用知縣季錫鉞、接徵代理縣事卸代署曲江縣縣丞捐班前補用布政司照磨沈瑛、接徵署縣事開平縣知縣冒芬，永安縣經徵現任知縣徐良梅，海豐縣經徵前任知縣準陞南澳同知朱慶棠，恩平縣經徵署縣事試用知州春霖，經費項下，龍門縣經徵前任病故知縣侯榮封、接徵現署縣事試用知縣張經贊，欽州經徵現署州事候補知縣吕銓，澄海縣經徵前署縣事病故試用知縣趙鈞謨、接徵現兼理縣事署惠來縣知縣張邦泰，鎮平縣經徵現代理縣事試用縣丞潘銘憲，陽江縣經徵現任知縣童光晉，潮陽縣經徵現任知縣李福泰，河源縣經徵現任知縣施禹泉，昌化縣經徵前兼理縣事署感恩縣知縣潘祐之、接徵現兼理縣事代理感恩縣試用府經歷王靜觀，高明縣經徵前署縣事候補知縣喬應庚、接徵現署縣事新選曲江縣知縣施紹文，崖州經徵現代理州事試用直隸州州判徐永韶，曲江縣經徵現任知縣陳應聘，乳源縣經徵前署縣事試用病故知縣季錫鉞、接徵前代理縣事署曲江縣縣丞補用布政司照磨沈瑛、接徵現署縣事開平縣知縣冒芬，仁化縣經徵前署縣事試用知縣簡士珍、接徵現任知縣劉福蔭，樂會縣經徵前署縣事病故候補知縣王楚材、接徵現代理縣事候補縣丞麗炳堃，會同縣經徵現代理縣事試用直隸州州判伍懋蘇，定安縣經徵現任知縣梅占元，臨高縣經徵現代理縣事即補縣丞周承熙，儋州經徵前署州事恩平縣知縣張亨釪、接徵現署州事澄邁縣知縣孫宗禮，翁源縣經徵前代理縣事陞補東莞縣知縣海廷琛、接徵現任知縣陳德銓，增城縣經徵前任丁憂知縣吕應樞、接徵現署縣事準陞普寧縣知縣倪森，樂昌縣經徵前署知縣事試用知縣萬時喆、接徵前代理知縣事韶州府經歷王步墀、接徵現署知縣事靈山縣知縣經文，英德縣經徵現任知縣葉儁昌，瓊山縣經徵前代理縣事試用直隸州州判張霈、接徵現任知縣李文烜，南雄州經徵現署州事試用知州孫福謙，連平州經徵署州事準補陽山縣候補直隸州知州吳昌壽，長寧縣經徵現署縣事潮陽縣縣丞李廷鑾，豐順縣經徵現署縣事試用知縣丁櫺樟，東莞縣經徵前署縣事原任新會縣開復候補知縣邱才潁、接徵現署縣事即用知縣華廷傑，開平縣經徵現署縣事試用知縣彭卿雲，澄邁縣經徵調署儋州事離任知縣孫宗禮、接徵現署縣事候補知縣高溥，普寧縣經徵前署縣事試用知縣曾師海、接徵現署縣事鶴山縣知縣林蕃茂，文昌縣經徵調署萬州事離任知縣袁名洋、接徵現代理縣事試用直隸州州判糜德鈞，徐聞縣經徵前代理縣事雷州府經歷楊述綸、接徵現署縣事試用知縣廖文燿，揭陽縣經徵現署縣事澄海縣知縣劉世淳，電白縣經徵現任知縣盛濟川，萬州經徵前代理州事試用府經歷劉典臣、接徵現署州事文昌縣知縣袁名洋，始興縣經徵前署縣事試用知縣程志篚、接徵現任知縣舒隆，博羅縣經徵現署縣事試用知縣三多，永安縣經徵現任知縣徐良梅、接徵前代理縣事試用縣丞五福，海豐縣經徵準陞南澳同知離任知縣朱慶棠、接徵現任知縣林芝齡，平遠縣經徵現任知縣扎倫布，新安縣經徵現署縣事準補鎮平縣知縣張起鵾，清遠縣經徵現署縣事準補乳源縣知縣馬映階，當餉項下，封川縣經徵現任知縣德佑，歸善縣經徵現署縣事新安縣知縣王銘鼎，臨高縣經徵現代理縣事即補縣丞周承熙，澄邁縣經徵調署儋州事離任知縣孫宗禮、接徵現署縣事候補知縣高溥，豐順縣經徵現署縣事試用知縣丁櫺樟，陵水縣經徵代理縣事儘先補用縣丞李甲傳、接徵現署縣事試用知縣林淑泉，清遠縣經徵現署縣事準補乳源縣知縣馬映階，電白縣經徵現任知縣盛濟川，興寧縣經徵奉調入闈離任知縣樊世照、接徵現署縣事候補知縣傅裕，合浦縣經徵現署縣事準補高要縣知縣顧駿、鶴山縣經徵調署普寧縣離任知縣林蕃茂、接徵現署縣事試用知縣徐槐廷，爐餉項下，翁源縣經徵代理縣事離代準陞東莞縣知縣海廷琛、接徵現任知縣陳德銓，英德縣經徵現任知縣葉儁昌等未完各職名，現據該撫造冊咨請扣除免議。等語。

吏部查定例：經徵有分數錢糧其自三百兩以上未及一萬兩於奏銷前全完者，紀錄一次。一萬兩以上全完者，紀錄二次。二萬兩以上全完者，紀錄三次。三萬兩以上全完者，加一級。督催之府州直隸州各計所屬不及五萬兩全完者，紀錄二次。又定例：地丁錢糧經徵州縣官初參欠不及一分者，停其陞轉、罰俸一年。欠一分者，降職一級。欠二分者，降職二級。欠三分者，降職三級。欠四分者,降職四級,俱令戴罪徵收。欠五分以上者革職。布政使、知府、直隸州、經管錢糧道員合計所屬初參欠不及一分者,停其陞轉、罰俸六個月。欠一分者,罰俸一年。欠二分者,降職一級。欠三分者,降職二級。欠四分者,降職三級,俱令戴罪督催。巡撫合計,通省所屬初參欠二分者,降俸二級,戴令督催。又定例:官員承追不作十分之雜項錢糧未完初參,降俸二級,戴罪催追。又定例:官員任内,有承督未完案件於限内離任者,以罰俸一年完結。等語。除經徵地丁錢糧未完不及一分之代理乳源縣事試用布政司照磨沈瑛於起限後不及一月卸事例得免議,暨病故身故各員均毋庸議,并續報全完各員均準其扣除免議外。應將經徵地丁錢糧三百兩以上不及一萬兩於奏銷前全完之署陸豐縣事虎門同知袁名泰、綏猺同知張壽齡、連州知州德濬、署陽山縣事樂會縣丁憂知縣周振璘、前任嘉應州陞任惠州府知府文晟均照例準其紀錄一次。二萬兩以上全完之署順德縣事新寧縣知縣郭汝誠、代理新會縣事試用知縣胡湘,均照例準其紀錄三次。三萬兩以上全完之前任香山縣知縣已陞欽州知州劉丙慶,照例準其加一級。德濬又督徵地丁錢糧不及五萬兩全完,照例再準其紀録二次。經接徵地丁錢糧初參未完不及一分之兼理吳川縣事高州府通判姚恭訓、署遂溪縣事吳川縣知縣高玉森、代理瓊山縣事試用州判張霈,均照例停其陞轉,罰俸一年,戴罪徵收。未完一分以上之前任曲江縣知縣陳應聘、署普寧縣事鶴山縣知縣林蕃茂、署茂名縣事樂昌縣知縣胡寶賢、署石城縣事新興縣知縣邱在濂均照例降職一級,戴罪徵收。未完二分以上之署茂名縣前任臨高縣知縣胡宗政均照例降職二級,戴罪徵收。未完三分以上之署歸善縣事新安縣知縣王銘鼎、署博羅縣事試用知縣三多、署揭陽縣事澄海縣知縣劉世淳、署高明縣事龍門縣知縣喬應庚、署吳川縣事試用知縣鍾斯敬、興寧縣知縣樊世照,均照例降職三級,戴罪徵收。未完四分以上之英德縣知縣葉僑昌、龍川縣知縣王天錫、署惠來縣事試用知縣張邦泰、代理饒平縣事瓊山縣縣丞王皆春、署普寧縣事試用知縣曾師海、大埔縣知縣漆象曾、署豐順縣事試用知縣丁櫺樟、署新興縣事長寧縣知縣張步蟾、署始興縣事試用知縣程志簠,均照例降職四級,戴罪徵收。未完五分以上之代理長樂縣事試用縣丞江繩明、署和平縣事試用知縣戴廣仁、署遂溪縣事試用知縣曹正笏,均照例革職督徵。未完不及一分之署惠州府事前任海防同知陸孫鼎、前任肇慶府知府李敦業、署廉州府事高廉道沈棣輝,均照例停其陞轉,罰俸六個月,戴罪督催。未完一分以上之前任肇慶府知府蔡振武、署高州府事候補知府胡美彦、前任瓊州府知府林鴻年、督糧道王增謙,均照例罰俸一年,戴罪督催。未完二分以上之署韶州府事候補直隸州知州陶澐、署惠州府事候補知府蔣立昂、前任廣東布政使柏貴,均照例降職一級,戴罪督催。未完三分以上之前任潮州府知府劉潯,照例降職二級,戴罪督催。未完四分以上之署雷州府事候補知府盧端黼、署南雄州事候補知州孫福謙、前任嘉應州陞任惠州府知府文晟,均照例降職三級,戴罪督催。督徵未完二分以上之前任廣東巡撫葉名琛,照例降俸二級,戴罪督催。姚恭訓、張霈、喬應庚、鍾斯敬、曾師海、程志簠、曹正笏、蔣立昂俱係署事代理之員,陸孫鼎已經丁憂,蔡振武、胡美彦均已另案降調,胡宗政、劉潯均已另案革職,俱於限内卸事。應照離任官例,姚恭訓、喬應庚、蔡振武今補南雄州知州,各於現任内罰俸一年完結。張霈、鍾斯敬、曾師海、程志簠、曹正笏、蔣立昂、陸孫鼎、胡美彦各於補官日罰俸一年完結。胡宗政、劉潯各罰俸一年註冊完結。高玉森、林蕃茂、胡寶賢、邱在濂、王銘鼎、三多、劉世淳、張邦泰、王皆春、丁櫺樟、張步蟾、沈棣輝、陶澐、盧端黼、孫福謙亦係署事官,沈棣輝已調廣西左江道,仍留原省以道員候補,陳應聘已調新會縣知縣,李敦業已陞福建督糧道,林鴻年已經丁憂,柏貴已陞廣東巡撫,葉名琛已陞兩廣總督,江纁明、王天錫俱已另案降調,漆象曾已另案革職,其應照例議結之處,均俟復參到日再議。當餉項下經接徵初參未完之署東莞縣事候補知縣邱才穎、署東莞縣事香山縣知縣華廷傑、署新安縣事鎮平縣知縣張起鵾、署博羅縣事試用知縣三多、河源縣知縣施禹泉、前任海豐縣知縣朱慶棠、海豐縣知縣林芝齡、署陸豐縣事虎門同知袁銘泰、龍川縣知縣王天錫、署龍川縣事東莞縣知縣海廷琛、海陽縣知縣王治溥、署海陽縣事候補知縣帖臨藻、潮陽縣知縣李福泰、兼理澄海縣事試用知縣張邦泰、署揭陽縣事澄海縣知縣劉世淳、署普寧縣事試用知縣曾師海、代理饒平縣事瓊山縣縣丞王皆春、大埔縣知縣漆象曾、署高要縣事試用知縣李鰲、署新興縣事長寧縣知縣張步蟾、署茂名縣事前任臨高縣知縣胡宗政、署茂名縣事樂昌縣知縣胡寶賢、東安縣知縣陳昴、惠州府知府文晟、代理長樂縣事試用縣丞江纁明、代理鎮平縣事試用縣丞潘銘憲,均照例降俸二級,戴罪催追。邱才穎、曾師海均係署事官,朱慶棠已陞南澳同知,胡宗政已另案革職,俱於限内卸事,應照離任官例,朱慶棠應於現任内罰俸一年完結,邱才穎、曾師海均於補官日罰俸一年完結,胡宗政應罰俸一年註冊完結,華廷傑、張起鵾、三多、袁銘泰、海廷琛、帖臨藻、張邦泰、劉世淳、王皆春、李鰲、張步蟾、胡寶賢、潘銘憲亦係署事官,江纁明、王天錫俱另案降調,漆象曾已另案革職,其應照例議結之處,均俟復參到日再議。林蕃茂又署普寧縣任内,張邦泰又署惠來縣任内,俱經徵當餉銀兩初參未完,照例再降俸二級,戴罪催追。俱係署事官,其應照例議結之處,均俟復參到日再議。爐餉項下經接徵初參未完之前任曲江縣知縣陳應聘、河源縣知縣施禹泉、前任嘉應州陞任惠州府知府文晟、興寧縣知縣樊世照、署興寧縣事試用知縣傅裕、代理鎮平縣事試用縣丞潘銘憲,均照例降俸二級,戴罪催追。陳應聘已調新會縣知縣,傅裕、潘銘憲俱係署事官,其應照例議結之處,均俟復參到日再議。煤餉項下經接徵初參未完之前任曲江縣知縣陳應聘、署恩平縣事試用知州春霖、興寧縣知縣樊世照、署興寧縣事・候補知縣傅裕均照例降俸二級,戴罪催追。陳應聘已調新會縣知縣,陶應榮、春霖、傅裕俱係署事官,其應照例議結之處,均俟復參到日再議。堤費項下經接徵初參未完之海陽縣知縣王治溥、署海陽縣事候補知縣帖臨藻,均照例降俸二級,戴罪催追。帖臨藻係署事官,其應照例議結之處,俟復參到日再議。經費項下經接徵初參未完之署歸善縣事新安縣知縣王銘鼎、龍川縣知縣王天錫、署龍川縣事東莞縣知縣海廷琛、署和平縣事試用知縣戴廣仁、署惠來縣事試用知縣張邦泰、大埔縣知縣漆象曾、署新興縣事長寧縣知縣張步蟾、署恩平縣事試用知州春霖、署石城縣事新興縣知縣邱在濂、興寧縣知縣樊世照、代理興寧縣事候補知縣傅裕、代理長樂縣事試用縣丞江纁明,均照例降俸二級,戴罪催追。楊述綸係署事官,俱於限内卸事,應照離任官例,朱慶棠各於現任内罰俸一年完結,五福、程志篚各於補官日罰俸一年完結,王銘鼎、海廷琛、戴廣仁、張邦泰、張步蟾、春霖、邱在濂、傅裕、江纁明亦係署事官,江纁明已經降調,王天錫亦經另案降調,漆象曾已經革職,其應照例議結之處,均俟復參到日再議。其餘未完銀米,仍令該撫嚴行轉飭,按限催徵完報。如逾限不完,即行照例開揭報參。毋得僅以初參了事,致滋疎縱。至各屬續完銀米,并令該撫在於地丁隨本奏銷案内,分晰報部查核。

再,吳川縣缺額屯丁銀兩,節經該撫分别題咨,請於茂名縣十三坡租銀項内暫行抵補。經户部節次駁令查照奏明原案,在於各屬墾荒項下撥補。并令查照南雄、仁化二州縣清丈之案實力趕緊查辦,不得照常報陞,致滋延宕。等因各在案。嗣於道光拾肆年據該省咨報各屬陸續報墾額外荒税漏徵銀米,共可撥補銀壹百陸拾玖兩肆分叁釐,尚不敷撥補米價銀壹百玖兩陸錢玖分叁釐,屯丁銀貳兩陸分肆釐貳毫,仍請以茂名縣坡租項下暫行撥抵。俟平遠、開平二縣互爭案内丈出私墾税額陞科之日，再行撥補。等因。户部於本案内行令該撫轉飭該二縣，速將查出私墾税畝一律陞科，專案咨報。迄今十餘年之久未據報陞，殊屬玩延已極。應令該撫轉飭，遵照户部前咨迅即查辦完結，并查明報陞遲延職名送部核議，毋得再任延宕，致干參辦。

再，海陽縣應完咸豐元年借支堤費銀兩，係奏明按年如數徵解之項，與别款未完者不同。今既逾奏銷期限，自應欽遵前奉諭旨，著落該縣經徵之員照數賠解。因何僅以未完開報職名，一言塞責。似此拖延，實屬不合。況值待用孔殷之際，一切應解款項尤應上緊徵收，豈得狥縱，任滋懸宕。應仍令該撫即行嚴飭該縣照數解繳清款入冊報部查核，以重庫項而符奏案。

此本係户部主稿。於咸豐貳年玖月拾柒日科抄到部，嗣因冊籍未到，移會科道展限。旋於拾月初拾日據該省將冊籍齎送到部，户部隨移查吏部、禮部、兵部、工部，并辦理副會分送吏部會議去後。復經片催，嗣於咸豐肆年捌月初伍等日準吏部等部陸續查覆議結送回。兹於肆年拾壹月拾壹日辦理具題，合并聲明。

臣等未敢擅便，謹題請旨。

批紅：依議。

爲廣東太平關咸豐二至三年節省水腳銀兩解部交納事

咸豐四年十一月十三日

太子太保·大學士管理戶部事務祁寯藻等謹題，爲循例具題事。

户科抄出，廣東巡撫兼管太平關税務柏貴題太平關自咸豐貳年捌月貳拾壹日起至叁年捌月貳拾日止，一年節省水脚銀兩解部交納一案。咸豐肆年叁月初玖日題，柒月拾捌日奉旨：該部察核具奏。欽此。欽遵。於本日抄出到部。

該臣等查得，廣東巡撫兼管太平關税務柏貴題：竊照起解關税節省水脚銀兩，向隨正額盈餘解交户部。嗣準部咨，督撫經徵各關税課有盈無絀及節省水脚銀兩，均應循例具題，毋庸再奏。等因。亦經遵照在案。今太平關自咸豐貳年捌月貳拾壹日起至咸豐叁年捌月貳拾日止，一年期滿，除收額税外，實存正税盈餘及木税盈餘共銀肆萬陸千玖百捌拾陸兩捌錢肆分叁釐。嗣因購辦夷炮需用經費，動用銀肆萬伍千兩，尚存木餘銀壹千玖百捌拾陸兩捌錢肆分叁釐。又該道賠解盈餘銀壹萬壹千壹百柒兩玖錢叁分,應行解部。茲據管關委員南韶連道祥和列冊報銷,照例扣支經費等項,實該節省水脚銀捌百肆拾貳兩陸錢叁分,同木餘等銀一并批給惠州府司獄陳肇淳解部投納。再,購辦夷炮動用盈餘木餘銀兩應扣出添平銀陸百柒拾伍兩,餘存水脚銀貳百肆拾兩肆錢叁分肆釐,俱即隨同解部投收。理合循例題報。等因前來。

查太平關節省水脚銀兩,向係隨同盈餘稅銀按年解部恭摺具奏。嗣於乾隆陸拾年陸月內經留京王大臣酌議,各關節省水脚銀兩循例具題,毋庸再奏,經臣部通行遵照在案。今據廣東巡撫兼管太平關稅務柏貴題報,太平關自咸豐貳年捌月貳拾壹日起至叁年捌月貳拾日止一年期滿,徵收正額銀兩業據該撫另疏題報外,實收盈餘及木稅盈餘,共銀肆萬陸千玖百捌拾陸兩捌錢肆分叁釐。內除購辦夷炮案內動用銀肆萬伍千兩,尚存木餘銀壹千玖百捌拾陸兩捌錢肆分叁釐。又賠解盈餘銀壹萬壹千壹百柒兩玖錢叁分,應行解部。照例扣支經費等項,實該節省水脚銀捌百肆拾貳兩陸錢叁分。又購辦夷炮動用盈餘銀兩,扣出添平銀陸百柒拾伍兩,餘存水脚銀貳百肆拾兩肆錢叁分肆釐。據該撫疏稱,現同木餘等銀一并批給委員陳肇淳解部交納。等語。查前項銀兩,前據該撫咨報委員領解起程,應俟該委員解部到日,由臣部移付銀庫查收。

此案於咸豐肆年柒月拾捌日科抄到部。茲於拾壹月拾叁日辦理具題,合并聲明。

臣等未敢擅便,謹題請旨。

批紅:依議。

爲四川奏報打箭爐關徵收咸豐三年茶稅銀兩數目事

咸豐四年十一月十四日

太子太保·大學士管理戶部事務祁寯藻等謹題,爲奏明等事。

户科抄出,前任四川總督裕瑞題打箭爐關咸豐叁年分徵收茶稅銀兩動存數目一案。咸豐肆年陸月貳拾貳日題,閏柒月貳拾伍日奉旨:該部察核具奏。欽此。欽遵。於本日抄出到部。

該臣等查得,前任四川總督裕瑞疏稱:據布政使楊培詳:據管理爐關稅務署打箭爐同知錢濤冊報,咸豐叁年正月初壹日起至年底止,共徵收茶稅銀壹萬柒千叁百壹拾叁兩貳錢肆分玖釐陸毫,行銷過額引玖萬伍千肆百壹拾伍張,徵收過餘茶銀壹百肆拾肆兩,通共徵收銀壹萬柒千肆百伍拾柒兩貳錢肆分玖釐陸毫。除支銷過銀伍千玖百柒拾兩捌錢柒分肆釐柒毫陸絲貳忽伍微,實存銀壹萬壹千肆百捌拾陸兩叁錢柒分肆釐捌毫叁絲柒忽伍微。造冊加結到司。該司覆核徵收支存各項銀兩數目,均屬相符,詳請核題。并聲明,該關自咸豐叁年正月初壹日起至年底止,共徵收茶稅銀壹萬柒千肆百伍拾柒兩貳錢肆分玖釐陸毫,按引照額徵稅,并無短絀。至打箭爐關咸豐叁年徵收茶稅銀兩,應與元年閏捌月貳拾貳日起至貳年捌月貳拾壹日止徵收雜稅米豆稅及官房地租等稅銀數比較。等情。臣覆核無異,除冊結送部外,理合具題。等因前來。

查嘉慶陸年拾貳月内欽奉諭旨:四川打箭爐關徵收稅銀,其正額盈餘向無定數,是以嘉慶肆年分酌定各關盈餘時,僅令儘令儘解。自肆年以後,經徵之員任意短少,年復一年,伊於何底。自應照各關之例,定以正額。嗣後打箭爐關每年徵收稅銀,著以貳萬兩作爲定額。如有盈餘,儘收儘解。倘定額數内或有短少,著落管關之員賠補,以示限制。等因。欽此。欽遵。又於道光陸年柒月内,據四川總督奏稱,打箭爐關地處邊隅,僅通西藏一路。夷人帶貨進口,例免抽稅。商人銷售米豆等項,每年稅銀止貳千數百兩。所恃以敷定額者,全賴茶稅一項。嘉慶肆年以前,當年關稅至次年四月題銷,商人得以從容完納。自奏改拾貳個月爲一年期滿以來,共計遇閏十次,每次趲前一月。截至道光伍年分,已趲至該年陸月題銷。商人於叁月内領引距題銷之期僅止叁月,因定限所關,不得不令墊納。以後再積閏年,必至未經發引先湏徵銀,實覺格礙難行。請於爐關稅銀内,將茶稅一項劃出,自道光柒年爲始,另行按年題銷,俾商人不致墊累。其餘雜稅仍按十二個月計算題報。等因。經臣部照奏覆準。各在案。今據前任四川總督裕瑞題:打箭爐自咸豐叁年正月初壹日起至年底止,徵收過茶稅銀壹萬柒千叁百壹拾叁兩貳錢肆分玖釐陸毫,行銷過額引玖萬伍千肆百壹拾伍張,徵收過餘茶銀壹百肆拾肆兩,通共徵收過銀壹萬柒千肆百伍拾柒兩貳錢肆分玖釐陸毫。除支銷過銀伍千玖百柒拾兩捌錢柒分肆釐柒毫陸絲貳忽伍微,實存銀壹萬壹千肆百捌拾陸兩叁錢柒分肆釐捌毫叁絲柒忽伍微。并據聲明,該關自咸豐元年閏捌月貳拾貳日起至貳年捌月貳拾壹日止,拾貳個月一年期滿,徵收過雜稅等項銀兩,應與此次報徵茶稅銀數比較。臣部查前項徵收過茶稅銀壹萬柒千肆百伍拾柒兩貳錢肆分玖釐陸毫内,支銷過恩賞達賴喇嘛茶價銀伍千玖百柒拾兩捌錢柒分肆釐柒毫陸絲貳忽伍微,核與年例應支銀數相符,應準開銷。實存銀壹萬壹千肆百捌拾陸兩叁錢柒分肆釐捌毫叁絲柒忽伍微,例應兑支兵餉。應令四川總督俟兑支兵餉之日造入兵馬奏銷冊内,報部查核。至該關咸豐元年閏捌月貳拾貳日起至貳年捌月貳拾壹日止,十二個月一年期滿,徵收過雜税銀貳千伍百柒拾伍兩肆錢柒釐柒毫肆絲肆忽,連咸豐叁年茶税通共徵收過銀貳萬叁拾貳兩陸錢伍分柒釐叁毫肆絲肆忽,較之欽定銀貳萬兩之數并無短缺,應毋庸議。其徵收盈餘銀兩有無短徵之處,并令該督在於各該奏銷案内聲明,報部辦理。嗣後徵收茶税銀兩應與何年雜税比較,仍將年分及徵過銀數核算有無短缺,一并詳細聲明題報,以憑查核。

此案科抄於咸豐肆年閏柒月貳拾伍日到部。兹於拾壹月拾肆日辦理具題,合并聲明。

臣等未敢擅便,謹題請旨。

批紅:依議。

爲黑龍江索倫等進貢咸豐三年貂皮事

咸豐四年十一月十五日

太子太保·大學士管理戶部事務祁寯藻等謹題,爲進貢貂皮事。

咸豐肆年拾月拾陸日準理藩院咨稱:準黑龍江將軍咨,咸豐叁年分應進貂皮之索倫、達呼爾舊壯丁二千四百三十五名内,開除壯丁五百六十六名、新入壯丁六名,現在壯丁一千八百七十五名,應進貂皮壹千捌百柒拾五張。食錢糧鄂倫春舊壯丁一百四十五名内,開除壯丁五十一名,現在壯丁九十四名,應進貂皮玖拾肆張。不食錢糧鄂倫春、畢拉爾舊壯丁六百三十四名内,開除壯丁十六名,現在壯丁六百十八名,應進貂皮陸百拾捌張。以上索倫、達呼爾、鄂倫春、畢拉爾共壯丁二千五百八十七名,應進貂皮貳千伍百捌拾柒張,等因。經内務府會同臣部揀選,分别等第,將貂皮儲庫在案。

該臣等查得,本年索倫、達呼爾進到貂皮壹千捌百柒拾伍張,食錢糧鄂倫春進到貂皮玖拾肆張,二共貂皮壹千玖百陸拾玖張。内驗得三等貳張,四等拾叁張,五等壹百叁拾伍張。黄貂皮壹千捌百拾玖張内,駁回壹百捌拾張。不食錢糧鄂倫春、畢拉爾進到貂皮陸百拾捌張内,驗得三等貳張,四等陸拾捌張,五等貳百柒拾柒張,黄貂皮貳百柒拾壹張。查定例:索倫等每年進貢貂皮,每壯丁一名應納貂皮壹張内,應交頭等貂皮伍百張,二等貂皮壹千張,其餘俱作爲三等收納。如足數目及等第者,將送來之人賞賜。如足數目不及等第者,將送來之人及未來之人,一并交理藩院議處。其不食錢糧鄂倫春、畢拉爾所進貂皮,揀選等第,給價收納。二等者作爲頭等,每張給價銀肆兩。三等者作爲二等,每張給價銀叁兩伍錢。四等、五等者,均作爲三等,每張給價銀叁兩。其餘黄貂皮不給價收納。應給價銀,由户部核明銀數劄付銀庫給發。等語。

再,嘉慶貳拾叁年拾壹月初陸日奉旨:向來索倫等進貢貂皮挑驗及等第者,照例賞賜。其有不及等第者,念其既已足數,酌量減半賞賜。近年來所進貂皮俱不及等第,聞該索倫等將上等貂皮帶至京師私售,既多獲價值,仍得減半賞項,殊不足以昭勸懲。此次貂皮足數,著免其處分,不及等第毋庸給賞。此皆將軍特依順保辦理不善,現已調任。著新任將軍松箖到任後,嚴行查察,如有前項私行售賣、以下等皮張充數情弊,立即嚴參治罪,毋稍寬縱。欽此。歷經臣部欽遵辦理在案。至咸豐叁年所進貂皮雖足壯丁之數,亦不及等第,應免其處分,停其賞賜。臣部於咸豐叁年拾壹月肆日題,本月初陸日奉旨:依議。欽此。欽遵亦在案。今咸豐肆年分索倫、達呼爾進到貂皮壹千捌百柒拾伍張,食錢糧鄂倫春進到貂皮玖拾肆張内,除駁回黄貂皮壹百捌拾張,經内務府奏明飭令明年如數補交外,其餘驗得三等、四等、五等者,照例毋庸給價收納。所有不食錢糧鄂倫春、畢拉爾進到貂皮陸百拾捌張内,驗得三等貳張,照例作爲二等給價,四等陸拾捌張、五等貳百柒拾柒張,照例均作爲三等給價。黄貂皮貳百柒拾壹張,例不給價收納。其應給價貂皮叁百肆拾柒張,共銀壹千肆拾貳兩。查本年肆月欽派大學士裕誠等核覆部庫放款章程内開,黑龍江等處進貢貂皮價銀減二成給銀。本年應給價銀自應遵照減二成給發,共應給八成實銀捌百叁拾叁兩陸錢。俟命下之日,臣部劄付銀庫給發。至索倫等所進貂皮貳千伍百捌拾柒張,雖足壯丁之數,但不及等第,自應照歷次成案免其處分,停其賞賜。

臣等未敢擅便,謹題請旨。

批紅:依議。

爲浙江題報文武各官咸豐三年已未完降住罰俸銀兩事

咸豐四年十一月十六日

太子太保·大學士管理戶部事務祁寯藻等謹題,爲通行事。

戶科抄出,陞任浙江巡撫黄宗漢題浙江省咸豐叁年分文武各官已未完降住罰俸銀兩一案。咸豐肆年捌月初壹日題,玖月貳拾陸日奉旨:該部察核具奏。欽此。欽遵。於本日抄出到部。

該臣等查得,陞任浙江巡撫黄宗漢疏稱:案準部咨,文武各官應完降住罰俸銀兩應令各造一册,於伍月内專案具題。等因。遵照在案。兹據布政使韓椿詳稱:浙江省咸豐叁年分文職大小各官,通共應扣降住罰俸銀叁萬貳千肆百伍拾叁兩叁錢捌分肆釐。内除各官完繳罰俸銀捌百玖拾伍兩肆錢捌分玖釐,内一銀肆百叁拾貳兩叁錢肆分係現任人員完繳,一銀捌拾壹兩柒分伍釐,係陞任人員完繳,一銀壹百肆拾叁兩肆錢壹分貳釐,係丁憂人員完繳,一銀貳百叁拾捌兩陸錢陸分貳釐,係計參病故人員完繳,共銀捌百玖拾伍兩肆錢捌分玖釐。均係扣俸抵完,現經造入咸豐肆年秋季存庫册内,報部候撥。計未完銀叁萬壹千伍百伍拾柒兩捌錢玖分伍釐。内除陞遷事故人員,内請咨新任完繳銀壹千陸百玖拾壹兩柒錢陸分伍釐,補官日扣報銀陸千柒百玖拾兩陸錢陸分,註册免追銀肆千伍百壹拾貳兩叁錢壹釐,實未完銀壹萬捌千伍百陸拾叁兩壹錢陸分玖釐。應請照例按年扣俸抵完,入於下屆未完舊案罰俸册内另報。又武職大小員弁通共應扣罰俸銀壹千玖拾壹兩肆錢肆分肆釐,内除已完銀叁拾肆兩捌錢玖分肆釐,亦經造入咸豐肆年秋季存庫册内報部候撥外,實未完銀壹千伍拾陸兩伍錢伍分。應請照例按年扣俸抵完,入於下屆節年未完降住罰俸册内另報。理合分晰文武二職,造具事由簡明清册,詳送察核具題。等情。臣覆核無異,除册送部外,理合具題。等因前來。

查浙江省文武各官完繳降住罰俸銀兩,向係文武彙入一册,附入地丁案内一并題銷。其間人數衆多,查核易滋糾纏。先經臣部行令自乾隆肆拾捌年爲始,文武各列一册,於次年伍月專案具題在案。今據該撫造送册開:咸豐叁年分文職大小各官,通共應扣降住罰俸銀叁萬貳千肆百伍拾叁兩叁錢捌分肆釐。内除現任人員完繳銀肆百叁拾貳兩叁錢肆分,陞任人員完繳銀捌拾壹兩柒分伍釐,丁憂人員完繳銀壹百肆拾叁兩肆錢壹分貳釐,計參病故人員完繳銀貳百叁拾捌兩陸錢陸分貳釐,共銀捌百玖拾伍兩肆錢捌分玖釐,據稱造入咸豐肆年秋撥册内報部,核算銀數相符,應毋庸議。至未完銀叁萬壹千伍百伍拾柒兩捌錢玖分伍釐,内除陞遷事故人員請咨新任并補官扣報及註册免追,共銀壹萬貳千玖百玖拾肆兩柒錢貳分陸釐,應歸於彼案核辦外,實未完銀壹萬捌千伍百陸拾叁兩壹錢陸分玖釐。又武職各官,通共應扣罰俸銀壹千玖拾壹兩肆錢肆分肆釐,内除已完銀叁拾肆兩捌錢玖分肆釐,據稱造入咸豐肆年秋撥册報部,核對銀數亦屬符合,應毋庸議。至未完銀壹千伍拾陸兩伍錢伍分,應令該撫轉飭,文武各員未完銀兩一并照例按年扣俸抵完,入於下屆已未完節年罰俸册内,報部查核。

此案於咸豐肆年玖月貳拾陸日科抄到部。兹於拾壹月拾陸日辦理具題,合并聲明。

臣等未敢擅便,謹題請旨。